KW-289-622

英汉汉英词典

An English-Chinese Chinese-English Dictionary

非常英语词典编写组

（缩印本）

外文出版社

图书在版编目（CIP）数据

英汉汉英词典：缩印本/非常英语词典编写组编.
北京：外文出版社，2005（2007 年重印）
（非常英语工具书系列）
ISBN 978 - 7 - 119 - 04090 - 5

Ⅰ.英… Ⅱ.非… Ⅲ.①英语 – 词典②词典 – 英、汉 Ⅳ.H316
中国版本图书馆 CIP 数据核字（2005）第 056600 号

英汉汉英词典（缩印本）
编　　者：非常英语词典编写组

责任编辑：曾惠杰　刘承忠
封面设计：张　瑜
印刷监制：冯　浩

©外文出版社
出版发行：外文出版社
地址：中国北京西城区百万庄大街 24 号　　邮政编码：100037
网址：http://www.flp.com.cn
电话：(010)68996177
　　　(010)68995844 / 68995852（发行部）
　　　(010)68327750 / 68996164（版权部）
电子信箱：info@flp.com.cn / sales@flp.com.cn
印　　刷：北京市文林印务有限公司
经　　销：新华书店/外文书店
开　　本：880×1230mm　1/64
印　　张：16
字　　数：1300 千字
装　　别：精
版　　次：2007 年第 1 版第 4 次印刷
书　　号：ISBN 978 - 7 - 119 - 04090 - 5
定　　价：22.00 元

版权所有 侵权必究

总 目 录

英 汉 词 典
English-Chinese Dictionary

非常英语词典编写组

内容简介

这部词典共收入 20 000 余词条。选择词条的原则是：人们日常生活和工作中使用频率较高及常见的词汇。考虑到读者对象主要是学生(从初学者到大学专业学生)，对较生僻的词及一些词不常用的含义，在此词典中不予收入或解释。

鉴于美国英语在当今社会接触和应用得更为普遍，我们在编写过程中更多地参考了这方面的资料，在释义和做例句时，更多地突出美国文化背景和特点。对专业性较强的词汇，词典中特别注明其应用范围。另外，尽可能地在例句中体现该词汇的使用方法和语法特点。

在本词典编写过程中我们参考了多种国内外出版的图书和报刊资料，限于篇幅未在词典中一一注明来源，在此特表示感谢。

限于水平，疏漏不当之处一定很多，敬请读者批评谅解。

体例说明

一　词　条

　　一个词条的主要部分是本词和释义,有的有习语、派生词、复合词等。

二　本　词

　　1. 本词用黑体字。拼法相同、词源及词义不同的词,分立词条。一个词有不同拼法时,若拼法接近,排在同一词条内,中间用逗号隔开;若拼法相差较大,分立词条,但释义只出现于一处,另一处注明同某词。

　　2. 本词后用国际音标注明发音。词缀、构词成分及缩写词语等一般不注发音。

　　3. 音标后注明词性。词性用英语缩写形式注出:名词(***n.***),动词(***v.***),助动词(***v. aux.***),代词(***pron.***),数词(***num.***),形容词(***a.***),副词(***ad.***),前置词(***prep.***),连接词(***conj.***),感叹词(***int.***),冠词(***art.***)。分写的复合词一般不注词性。

　　4. 名词是复数形式或单复同形的,都在方括号内标注。

三　释　义

　　1. 一个词(包括派生词、复合词)或一个习语有多条不同的释义时,各条释义分别列出,前面标以①②等码数。基本相同的若干释义列在同一条内,词义较近的用逗号分隔,较远的用分号。提示该词的用法时,用方括号;提示词义背景或可替代的对象时,用圆括号。

　　2. 释义后根据需要收入词组或句子作为例证,例证后附汉语译文,均放在六角括号〔〕内。

四　派生词及复合词

　　1. 派生词及复合词大部分列在词条内,少数由于较常用或释义、用法较复杂等原因,单独列为词条。

　　2. 列在词条内部的派生词及复合词普通不另注音。

　　3. 列在词条内部的派生词均注明词性。若释义相当于词条本词的释义,不再注出释义。

五　略语表

(以汉语拼音顺序排列)

〔贬〕	贬义		〔地〕	地理
〔船〕	船舶;造船		〔电〕	电学;电工;电子

[动]	动物学	[史]	历史
[法]	法律	[数]	数学
[方]	方言	[俗]	俗语
[纺]	纺织	[体]	体育
[古]	古语	[天]	天文学
[海]	航海	[微]	微生物
[机]	机械	[物]	物理学
[建]	建筑学	[无]	无线电
[解]	解剖学	[戏]	戏剧
[经]	经济学	[心]	心理学
[军]	军事	[讯]	通讯
[空]	航空	[药]	药物;药物学
[口]	口语	[医]	医学
[矿]	矿业;矿物学	[音]	音乐
[拉]	拉丁语	[印]	印刷
[俚]	俚语	[语]	语言学
[蔑]	蔑称	[喻]	比喻
[农]	农业	[原]	原子能
[气]	气象学	[哲]	哲学
[商]	商业	[植]	植物学
[生]	生物学;生理学	[自]	自动控制
[生化]	生物化学	[宗]	宗教
[诗]	诗歌用语		

说明:某些表意较明显的,未加入上表。

《英汉词典》目录

内容简介

体例说明

𝒜 a **A** a

A,英文字母表中第一个字母

a [ə 或 *ei*]*art.* 〔 *art.* ①一，一种〔 Mother baked a cake. 妈妈烤了一块糕饼。〕②每一，任何〔A dog that bites should be tied up. 咬人的狗应该拴起来。〕③在…(内)，每(…)〔It costs ten cents a box. 10 美分一盒。〕

aback [ə'bæk]*ad.* 向后地；后/**taken aback** 受惊吓，吃惊，使糊涂〔She was taken aback by my angry answer. 她被我气愤的回答吓了一跳。〕

abacus ['æbəkəs]*n.* 算盘/**abacuses, abaci**['æbəsai]〔复〕

abaft [ə'bɑːft]*ad.* 在船尾地，向船尾地 *prep.* 在…后面[海员用语]

abandon [ə'bændən]*v.* ①抛弃，放弃〔Don't abandon hope of being saved. 不要放弃得救的希望。〕②舍弃，离去〔The crew abandoned the burning ship. 船员们舍弃了燃烧着的船。〕‖ *n.* 纵情，放任；无拘无束〔She danced with wild abandon. 她纵情地跳舞。〕/**abandonment** *n.*

abase [ə'beis]*v.* 降低地位或自尊；屈辱，贬〔The king's subjects abased themselves before him. 国王的臣民们在国王面前都很谦卑。〕/**abasement** *n.*

abash [ə'bæʃ]*v.* 使局促不安；感觉不自然〔She was abashed by his kindness after she had insulted him. 她侮辱了他之后，他仍是那么和蔼,她感到很不自然。〕

abate [ə'beit]*v.* 减少；减小；减弱〔The hurricane winds abated. 飓风减弱了。〕/**abatement** *n.*

abbreviate [ə'briːvieit]*v.* 缩短，缩写〔Abbreviate your speech. 讲话简短些。〕

abbreviation [ə,briːvi'eiʃən]*n.* ①缩短②缩写式

abdicate ['æbdikeit]*v.* 退(位)；放弃(权力)/**abdication** *n.*

abdomen ['æbdəmen]*n.* ①腹(部)②(昆虫的)腹

abdominal [æb'dɔminl]*a.* 腹部的〔Abdominal pains may be caused by eating too much. 腹痛可能是由于吃得过多引起的。〕

abduct [æb'dʌkt]*v.* 绑架；诱拐〔He abducted his sweetheart just before she was to marry another. 在他的恋人要嫁给另一个人之前,他绑架了她。〕/**abduction, abductor** *n.*

aberration [æbə'reiʃən]①不正常，越轨〔Stealing is an aberration in conduct. 偷窃是一种越轨行为。〕②反常或不正常的行为或性格

abet [ə'bet]*v.* 教唆，唆使；帮助，支持〔He was guilty of aiding and abetting the young thief. 他犯有支持、怂恿这位年轻窃贼之罪。〕

abeyance [ə'beiəns]*n.* 中止,暂搁

abhor [əb'hɔː]*v.* 憎恶,厌恶,憎恨〔He abhors fighting. 他憎恨打架。〕

abhorrence [əb'hɔrəns]*n.* ①痛恨〔I can't hide my abhorrence for her. 我掩饰不住对她的痛恨。〕②嫌恶,极其讨厌的(事)

abhorrent [əb'hɔrənt]*a.* 可恶的,讨厌

A

的,不相容的〔His cruelty is abhorrent. 他的残酷available恶。〕

abide〔ə'baid〕v.　①保持;继续;逗留〔They will all abide in peace. 他们会继续和睦地生活。〕②等待〔We shall abide your return. 我们将等待你的归来。〕③容忍,忍受〔Some people cannot abide loud noises. 有些人不能容忍大声喧哗。〕/**abide by**①遵守〔You must abide by our agreement. 你必须遵守我们的协议。〕②让步〔I shall abide by the decision. 我将执行决定。〕

abiding〔ə'baidiŋ〕a. 永恒的〔abiding faith in the goodness of man 永远相信人性本善〕

ability〔ə'biliti〕n.　①能力〔Does he have the ability to pay? 他有能力付钱吗?〕②才能,才智〔Mozart showed a special ability for music at a very early age. 莫扎特在很小的时候就显示出特殊的音乐才能。〕

abject〔'æbdʒekt〕a.　①凄惨的,可怜的〔abject misery 悲惨的不幸〕②卑鄙的〔an abject coward 一个可鄙的懦夫〕/abjectly ad.

abjure〔ə'bdʒuə〕v.（公开）发誓放弃某种权力、观点等〔Galileo was forced to abjure his ideas about astronomy. 伽利略被迫放弃他的天文学观点。〕/**abjuration**〔æb'dʒuə'reiʃən〕n.

ablaze〔ə'bleiz〕a.　①着火燃烧的〔The barn was ablaze. 谷仓燃烧起来。〕②光辉明亮的〔The courtyard was ablaze in the noon day sun. 庭院在正午的阳光中光辉明亮。〕③兴奋,激昂〔He was ablaze with anger. 他气得发怒。〕

able〔'eibl〕a.　①有能力、办法去做某事〔He is able to take care of himself. 他能照顾自己。〕②有才智的,干练的〔an able mechanic 一位熟练技工〕

-able〔əbl〕[后缀]①可…的,能…的②有…趋向的

able-bodied〔'eibl-bɔdid〕a. 强壮的,健康的

ably〔'eibli〕ad. 能干地;有技巧地

abnegation〔æbni'geiʃən〕n. 放弃（权力、主张、欲望等）

abnormal〔æb'nɔ:məl〕a. 反常的;不规则的或不平均的;不典型的〔Snow in July is abnormal here. 这里 7 月下雪是不正常的。〕/**abnormally** ad.

abnormality〔æbnɔ:'mæliti〕n.　①变态②反常的事物或部分〔A sixth finger on the hand is an abnormality. 手上的第六个指头就是畸形。〕

aboard〔ə'bɔ:d〕ad. 在船（或飞机）上等 ‖ prep. 在（船、飞机、车）上〔They are aboard the airplane. 他们在飞机上。〕

abolish〔ə'bɔliʃ〕v. 废除;取消〔Congress may abolish a law. 国会可以废除法律的。〕

abolition〔'æbə'liʃən〕n. 废除,被迫废除〔the abolition of slavery 奴隶制的废除〕

A-bomb〔'eibɔm〕n. 原子弹

abominable〔ə'bɔminəbl〕a.　①可恶的,讨厌的;可恨的〔an abominable crime 可恨的犯罪行为〕②非常令人不快的,不合意的〔He finds this music abominable. 他发现这首乐曲令人不愉快。〕

abort〔ə'bɔ:t〕v.　①夭折,抑制,失败〔The flight of the missile was aborted when it began to veer off course. 导弹在转向时脱离轨道终止了飞行。〕②小产,流产

abortion〔ə'bɔ:ʃən〕n. 流产,早产,小产

abortive〔ə'bɔ:tiv〕a.　①夭折的②失败的;无结果的〔an abortive plan 一项无结果的计划〕

abound〔ə'baund〕v.　①丰富〔Tropical plants abound in the jungle. 丛林中热带植物丰富。〕②充满〔These woods abound with birds. 树林中有大量的鸟。〕

about〔ə'baut〕ad.　①周围;到处〔look about 环顾四周〕②处处〔Birds fly about. 鸟儿到处飞。〕③附近〔It is somewhere about. 就在附近的某个地方。〕④相反方向;围绕〔Turn yourself about. 转过身来。〕⑤大约〔about forty years old 大约 40 岁〕⑥差不多〔口〕〔I'm just about ready. 我几乎准备好了。〕‖ a. 活跃的;警觉到的或

acclamation. 这位英雄受到热烈的称赞。〕
②鼓掌通过〔The chairman was elected by acclamation. 一致鼓掌通过了选出的主席。〕

acclimate [ə'klaimit] v. 使服水土, 使适应新环境, 使适应气候〔George is still not acclimated to the new neighborhood. 乔治仍然不适应新的邻居关系。〕

accolade ['ækəleid] n. 嘉奖, 表扬

accommodate [ə'kɔmədeit] v. ①适应, 顺应, 迁就, 调合〔He accommodated his walk to the slow steps of his friend. 他调整了一下自己的步伐以适应他朋友缓慢的步子。〕②借给, 通融, 贷, 供应〔I can accommodate you with a loan. 我可以向你贷款。〕③留宿, 容纳, 接纳, 招待〔This motel will accommodate fifty people. 这家汽车旅馆可供 50 人住宿。〕④调和, 调整, 使适应〔My eyes have trouble accommodating to faraway objects. 我的眼睛看远处的东西有困难。〕

accommodating [ə'kɔmədeitiŋ] a. 与人方便的, 随和的, 亲切的〔The accommodating waiter let us sit by the window. 这位随和的侍者让我们坐在窗子的位子上。〕

accommodation [ə,kɔmə'deiʃən] n. ①适应；调节〔the accommodation of old ideas to a new plan 调整旧观念适应新计划。〕②便利, 通融〔Our store has a public telephone as an accommodation to the customers. 我们百货店有一台公用电话以方便顾客。〕③accommodations〔复〕旅馆房间, 住所

companiment [ə'kʌmpənimənt] n. 伴随物, 伴奏〔the piano accompaniment to song 钢琴伴奏歌曲〕

companist [ə'kʌmpənist] n. 伴奏者

company [ə'kʌmpəni] v. ①陪伴〔He companied her to the movies. 他陪她去看电影了。〕②伴奏

complice [ə'kɔmplis] n. 从犯〔The river of the car was an accomplice in the robbery. 这位小汽车的司机是这次抢劫

案的从犯。〕

accomplish [ə'kɔmpliʃ] v. 达成, 贯彻成功, 完成〔The task was accomplished in record time. 这项任务在最短的时间内完成了。〕

accomplishment [ə'kɔmpliʃmənt] n. ①完成；达成②成就, 功业, 功绩〔Crossing the desert was a great accomplishment. 穿过沙漠是一项伟大的壮举。〕③社交能力, 才艺〔Not the least of Mary's accomplishment is her talent for cooking. 玛丽根本不会做饭。〕

accord [ə'kɔːd] v. ①给予, 许予〔He was accorded many honors. 他被授予许多荣誉。〕②一致, 协调〔The story he tells does not accord with the facts. 他讲的故事与事实不符。〕‖ n. 协议, 协调, 一致〔Everyone was in accord on the new plan for lower taxes. 大家一致同意这个减低税金的新计划。〕/**of one's own accord** 自愿地

accordance [ə'kɔːdəns] n. 一致, 协调〔He built it in accordance with the plans. 他是按照设计图案建筑它的。〕/**accordant** a.

according [ə'kɔːdiŋ] a. 一致的, 符合的, 协调的/**according to** ①遵照〔The bus left according to schedule. 汽车按时发车。〕②依照〔They were seated according to age. 按照年龄, 他们被安排就座。〕③根据〔According to the newspaper, the fire caused great damage. 据报道火灾造成很大损失。〕

accordion [ə'kɔːdiən] n. 手风琴

accost [ə'kɔst] v. 打招呼, 向人搭讪〔A stranger accosted him in the station and asked directions. 一位陌生人在车站向他打招呼询问方向。〕

account [ə'kaunt] v. ①认为, 视为〔The new process was accounted of little value in cutting costs. 新程序在削减费用上被认为没有多大价值。〕②报账〔He had to account to his father for every penny he spent. 他所花的每一个便士都得向父亲报账。〕③解释, 说明〔How do you account

又站起来〔He is up and about again. 他又活跃起来了。〕②地区存在的〔There is much illness about. 疾病流行。〕‖ prep. ①在…周围〔The waves rose about the boat. 浪花在小船四周升涌。〕②处处〔Stop running about the house. 停止在房子周围跑动。〕③在附近〔He was born about 1920. 他大约出生在 1920 年。〕④关于〔He has his brains about him. 他对他有自己的看法。〕

about-face [ə'bautfeis] n. ①向后转, 改变观点等 ‖ v. [,ə,baut'feis] 向后转

above [ə'bʌv] ad. ①在较高的地方；在上面〔See the birds flying above. 看鸟儿在高处飞翔。〕②前文〔This is my goal, as I have stated above. 这就是我的目标, 正如我在上文中阐述的那样。〕‖ prep. ①高于；在…之上〔We flew above the clouds. 我们在白云之上飞行。〕②超越；过〔the road above the town 越过城镇的大路③优于—超过〔above the average 优于一般水平〕④多于；较…更为〔It cost above five dollars. 花了 5 美元多。〕⑤上〔The above facts are correct. 上述事实是正确的。〕/**above all** 尤其是

abrasion [ə'breiʒən] n. ①擦伤；磨损②磨蚀〔the abrasion of rock by wind and water 风或水磨蚀的岩石〕③擦伤处, 磨损处

abridge [ə'bridʒ] v. ①删节, 节略, 缩短②剥夺〔Congress shall make no law abridging the freedom of speech. 议会决不会制订剥夺言论自由的法律。〕

abridg(e)ment [ə'bridʒmənt] n. ①节略, 节本, 缩写

abroad [ə'brɔːd] ad. ①流行〔A report is abroad that the king is ill. 国王生病了的报道已经传开。〕②户外〔Couples strolled abroad in the park. 成双成对的人们漫步在公园里。〕③国外〔We are going to Europe this winter. 今年冬季他要到欧洲去。〕/**from abroad** 从国外, 舶来的

abrogate ['æbrəugeit] v. 结束；废除（法律等）〔to abrogate a law 废除一项法律〕

abrupt [ə'brʌpt] a. ①突然的, 猝然的〔He made an abrupt stop. 他突然停了下来。〕②粗暴的, 生硬的（态度）〔He answered with an abrupt "No!" 他生硬地回答"不!"〕③险峭的, 陡的；急转〔an abrupt cliff 陡峭的绝壁〕/**abruptly** ad.

abscond [əb'sɔnd] v. 潜逃, 隐匿, 失踪；潜伏

absence ['æbsəns] n. ①不在, 缺席〔During the absence of the president, the vice-president will preside. 主席不在期间, 由副主席负责。〕②缺乏；无〔In the absence of proof, a man cannot be held guilty. 在缺乏证据的情况下, 一个人不能被判为有罪。〕

absent ['æbsənt] a. ①不在的, 缺席的〔He was absent from school for a week. 他缺课一周。〕②缺少, 不在③不在意的, 茫然的, 恍惚的〔an absent manner 茫然举止〕‖ v. [æb'sent] 使缺席〔He absents himself from classes. 他不去上课了。〕

absentee [æbsən'tiː] n. 缺席者, 不在者

absently ['æbsəntli] a. 心不在焉地, 不注意地

absent-minded [æbsənt'maindid] a. ①心神恍惚的, 心不在焉的②记忆力差的

absolute ['æbsəluːt] a. ①绝对的, 完全的〔I demand absolute silence. 我要求绝对寂静。〕②纯粹的, 完全的〔absolute alcohol 纯酒精〕③无限制的；专制的〔Dictators are absolute rulers. 独裁者是专制的统治者。〕④确实的〔It's an absolute certainty that he will be pass. 那是确定无疑的, 他会通过的。〕⑤真实的〔an absolute truth 绝对真理〕/**absolutely** ad.

absolution [æbsə'luːʃən] n. 赦免, 免罚

absolve [əb'zɔlv] v. ①免除, 宽恕, 赦免〔The priest absolved the sinner. 神父赦免了罪人。〕②解（约）, 开脱（责任）

absorb [əb'sɔːb, əb'zɔːb] v. ①吸〔A sponge absorbs water. 海绵吸水。〕②并吞；合并；同化〔The city absorbed that small town. 该城市合并了那个小镇。〕

A

吸引(注意)，使(精神)贯注〔He was so absorbed in his work that he forgot to eat. 他全神贯注于工作，以至忘记了吃饭。〕④吸收〔The black wall absorbs light. 黑色的墙壁吸光。〕⑤(无反冲地)承受〔The rubber mat absorbed the shock of his fall. 胶垫减弱了他下落引起的震动。〕

absorbent [əbˈsɔːbənt] a. 吸收的，有吸收力的〔an absorbent cloth 吸湿布〕

absorbing [əbˈsɔːbiŋ] a. 非常有趣的〔It is an absorbing tale of adventure. 那是一个非常有趣的历险故事。〕

absorption [əbˈsɔːpʃən] n.①吸收，合并②热衷，专注〔His absorption in the book made him late. 他完全专注于那本书，使得他迟到了。〕

abstain [əbˈstein] v. 戒除，断，弃权〔He abstains from meat on Friday. 他星期五戒肉。〕

abstention [æbˈstenʃən] n. 戒绝；克制；回避，弃权

abstinence [ˈæbstinəns] n. 禁欲；节制；戒酒

abstract [ˈæbstrækt] a.①抽象的〔an abstract idea of justice 正义的抽象概念〕〔"Beauty" is an abstract word. "美"是个抽象词。〕②难解的，深奥的〔His explanation is too abstract. 他的解释太深奥了。〕③抽象派的〔an abstract painting 一幅抽象派绘画〕‖ n. [ˈæbstrækt] 摘要，概括‖ v. [æbˈstræt] 摘录，概括〔He abstracted the main facts of the story. 他概括了故事的主要情节。〕

abstracted [æbˈstræktid] a. 分心的，心不在焉的

abstraction [æbˈstrækʃən] n.①抽象观念②抽象艺术③出神发呆

abstruse [æbsˈtruːs] a. 难解的；深奥的〔Dictionary definition should not be abstruse. 字典的定义不应该深奥难懂。〕

absurd [əbˈsɔːd] a. 不合理的；荒谬的，荒诞的〔It is absurd to eat peas with a knife. 用刀子吃豆子是荒唐可笑的。〕/ **absurdly** ad.

absurdity [əbˈsɔːditi] n. 荒谬，谬论，荒唐事

abundance [əˈbʌndəns] n. 丰富，充裕〔Where there is an abundance of goods, prices go down. 物资丰富，物价下跌。〕

abundant [əˈbʌndənt] a.①丰富的，大量的〔an abundant supply of meat 丰富的肉食品供应〕②富足，充裕〔a lake abundant in fish 一个盛产鱼儿的湖〕

abuse [əˈbjuːz] v.①滥用，妄用，误用〔Don't abuse the privilege of recess. 不要滥用休假的特权。〕②虐待，凌辱〔He thought the lion tamer abused the caged beasts. 他认为驯狮员虐待笼中的野兽。〕③骂，讲坏话〔əˈbjuːs〕‖ n.①滥用，乱用，误用〔We object to any abuse of voting rights. 我们不赞成滥用投票权。〕②虐待，凌辱③骂人话，污蔑

abusive [əˈbjuːsiv] a.①骂人的，说人坏话的；虐待的 ②无礼的

abut [əˈbʌt] v. 邻接；靠近〔Our north pasture abuts on their farm. 我们北边的牧场与他们的农场邻接。〕

abutment [əˈbʌtmənt] n. 邻接；接合；桥座

abysmal [əˈbizməl] a.①极糟的 ②地狱似的，深不可测的/ **abysmally** ad.

abyss [əˈbis] n.①深渊 ②深不可测〔an abyss of shame 奇耻大辱〕

academic [ˌækəˈdemik] a.①学院的，大学的〔the academic life of a college professor 大学教授的教学生涯〕②文科的，文学的〔Literature, languages, and social studies are included in an academic course. 文科课程包括文学、语言学和社会学。〕③非实用的；学术上的〔an academic discussion about life on Mars 一场关于火星上的生命的学术讨论〕/ **academically** ad.

academy [əˈkædəmi] n.①专科院校，中等学校②私立高等学校③专业院校④研究院，学术协会，文艺协会

accede [ækˈsiːd] v.①就职，即位〔Eliza-

beth Ⅱ acceded to the British throne in 1952. 伊丽莎白Ⅱ世于1952年登上英国王位。〕②同意，依从，允诺〔We acceded to his request. 我们答应了他的要求。〕

accelerate [ækˈseləreit] v.①加速〔to accelerate an engine 发动机加速〕②催促，促进〔New industries accelerated the growth of the city. 新工业促进城市发展。〕③速度增加

accelerator [ækˈseləreitə] n. 加速器；加速者；催速剂

accent [ˈæksənt] n.①重音，强音〔The accent in "establish" is on the second syllable. "establish"的重音在第二音节。〕②重音；次重音③地方口音〔She speaks English with an Irish accent. 她讲英语带有爱尔兰地方口音。〕④韵符；抑扬‖ v. [ˈæksənt]①重读〔Accent the second syllable of "Detroit". "Detroit"的第二个音节重读。〕②给…加上重音符号③强调，着重说

accentuate [ækˈsentjueit] v.①重读，给…加重读符号②着重说，着重指出，强调〔The low windows accentuated the height of the room. 矮窗户强调房间的高度。〕

accept [əkˈsept] v.①接受，收(礼)〔The dealer accepted $50 for the used stove. 那台旧火炉，这位商人收了50美元。〕②理解，承认，容纳〔Hoop skirts were once accepted as the fashion. 带有裙环的女裙曾流行一时。〕③同意，答应，赞成〔He will not accept defeat. 他不赞同失败。〕④认可〔We accept your invitation. 我们接受你的邀请。〕

acceptable [əkˈseptəbl] a. 可接受的，令人满意的；合意的〔an acceptable answer 一个令人满意的答复〕/ **acceptably** ad.

acceptance [əkˈseptəns] n.①接受；验收②认可，赞同，相信〔This theory has the acceptance of most scientists. 多数科学家对这一理论表示认可。〕

access [ˈækses] n.①捷径〔The access to the farm is by this road. 这条路是去农场

的捷径。〕②能够接近，进入或使用的权利〔I have access to the information ... 使用这一资料吗?〕

accessible [əkˈsesibl] a. ...可以进入的〔The atomic powe... cessible only to employees. 只...可以进入原子能发电厂。...可以得到的〔Fresh fruit is no... all winter long. 现在整个冬季...果了。〕/ **accessibility** n.

accession [əkˈseʃən] n. ...〔the accession of Queen Victo... 维多利亚王后于1837年继...〔The United States expanded... accession of a vast region in ...领土于1803年扩展到西部...③增加物〔The museum's ne... a Picasso painting. 博物馆新...加索的绘画。〕

accessory [ækˈsesəri] n. ...的，附带的〔The electric sto... for accessory appliances. 这...带装置的电源插座。〕②...附属品〔A radio and heater ... on an automobile. 收音机和...的附件。〕②同谋，从犯〔...因帮助凶手逃脱，他成了同...

accident [ˈæksidənt] n. ...〔Our meeting was a happy...的相遇是一件巧...②...幸，灾难〔He's had three...he's been driving a car. 自...生过三次事故。〕③偶发...accident. 我意外地获胜了...

acclaim [əˈkleim] v. ... (为...着欢迎(某人)，欢呼着同...audience acclaimed the sop... liant solo. 观众为这位女高...而喝彩。〕②鼓掌通过，...claimed him president. 他们...总统。〕‖ n. 喝采，欢呼...

acclamation [ˌæklə... 掌，称赞〔The hero was r...

for the sudden drop in prices? 你如何解释这次物价突跌?〕④杀死,击落,解决〔He accounted for five of the enemy. 他杀死了5个敌人。〕‖ n. ①账目,帐②价值估价,重要性,考虑〔a thing of small account 一件无足轻重的东西〕③解释,说明〔No satisfactory account of their failure has been given. 他们没有为他们的失败做出令人满意的解释〕④报告,叙述〔This is the account of their travels. 这就是他们的旅行报告。〕/call to account 质问,对…进行清算/on account 偿还部分账款〔He received the radio by paying five dollars on account. 他接收这台收音机是先付5美元作为部分付款。〕/on account of 因为/on no account 决不/take into account, take account of 考虑,重视/turn to account 利用

accountable 〔ə'kauntəbl〕a. ①有解释义务的,有责任的〔A baby is not accountable for its conduct. 婴儿对自身的行为并不负责。〕②应加解释的〔His absence is accountable. 他应解释缺席的原因。〕/accountably ad.

accountant 〔ə'kauntənt〕n. 会计,出纳,会计师

accounting 〔ə'kauntiŋ〕n. ①会计,会计学②帐;记帐;清算帐目

accouterments 〔ə'ku:təmənts〕 n. 〔复〕①衣服②（武器军服外的）装备

accredit 〔ə'kredit〕v. ①授权,任命〔She was accredited as a delegate to the convention. 她被任命为大会的代表。〕②相信,认可〔Smith's report of the expedition is the only one now accredited. 史密斯的探险报告是现在惟一可相信的。〕③鉴定…为合格〔an accredited college 一所合格的大学〕

accretion 〔æ'kri:ʃən〕n. 生长,增长,增加物,增大,〔地〕冲积层〔Some rocks are formed by accretion. 有些岩石是由冲积层形成的。〕

accrue 〔ə'kru:〕v. ①自然增长或产生〔与to 连用,后接人；与form 连用,后接

事物〕〔Power accrues to the wealthy. 财大气粗。〕②（利息等）自然增值〔Interest accrues to your savings account from July. 你的存款从7月1日起可以得到利息。〕

accumulate 〔ə'kju:mjuleit〕v. 堆积,积累,积聚〔He has accumulated a large library. 他积累了大量图书〕

accumulation 〔əkju:mju'leiʃən〕n. ①累积,收集②聚积物;堆积物〔an accumulation of books 一堆书〕

accuracy 〔'ækjurəsi〕n. 精确

accurate 〔'ækjurit〕a. 准确的,精确的〔an accurate report 一份准确无误的报告〕/accurately ad.

accusation 〔ækju:'zeiʃən〕n. ①谴责,告发,控告②（被指控）的罪名,罪状〔He denied the accusation that he had lied. 他否认他说过谎。〕

accusative 〔ə'kju:zətiv〕a. & n. 〔语〕直接宾格(的)

accuse 〔ə'kju:z〕v. ①指责,谴责〔I am accusing him of taking my books. 我谴责他拿走了我的书。〕②控诉,控告〔You can't accuse her of carelessness. 你不能指控他不负责任。〕/accuser v.

accustom 〔ə'kʌstəm〕v. 使习惯于,惯于〔He accustomed himself to his new house. 他使自己习惯于新居。〕

accustomed 〔ə'kʌstəmd〕a. 习惯性的;按照惯例的〔He greeted us with his accustomed charm. 他以自己特有的风采来欢迎我们。〕/accustomed to 惯于的;通常的〔He is accustomed to obeying orders. 他习惯于服从命令。〕

ace 〔eis〕n. ①扑克中的么点,同花色中最大的牌。②专家,能手②网球、棒球中的优秀选手以发球直接赢一分‖ a. 〔口〕一流的;突出的〔an ace salesman 一流的推销员〕

acetate 〔'æsitit〕n. 〔化〕醋酸盐;醋酸酯,醋酸根;醋酸基;醋酸纤维素/acetic acid 〔ə'si:tik〕醋酸

ache 〔eik〕v. ①痛,疼痛〔My head aches.

A

我头痛。②[口]渴望[I'm aching to go with you. 我想和你一起去。] ‖ 痛，疼痛

achieve [ə'tʃiːv] v. ①完成；做到；获得（胜利）等[The legislature achieved very little in its last session. 议会在上一届期间未取得任何成就。]②努力而获得或达到[We achieved a great victory. 我们经过努力取得了巨大的胜利。]

achievement [ə'tʃiːvmənt] n. ①完成；达到②成就；成绩

acid ['æsid] n. [化]酸 | a. ①酸性的②[喻]尖酸刻薄的/**acidly** ad.

acidity [ə'siditi] n. 酸味；酸性；酸度

acknowledge [ək'nɔlidʒ] v. ①承认[I acknowledge that you are right. 我承认你是对的。]②致函或宣布收到；公认[They acknowledged him as their king. 他们公认他做他们的国王。]③答谢[He acknowledged my greeting with a nod. 他点头示意感谢我来迎接他。]

acknowledgment, acknowledgement [ək'nɔlidʒmənt] n. ①承认，自认；供认②感谢，谢意③收条[法]承认书

acme ['ækmi] n. 顶点；极点；极致[Playing Hamlet was the acme of his career. 扮演哈姆雷特是他创作生涯的顶峰。]

acoustic [ə'kuːstik] a. 听觉的；声学的；助听的；传音的[The acoustic tile on the walls muffled the noise in the room. 墙上的传音瓷砖使室内的噪音变得低沉。]

acoustics [ə'kuːstiks] n. [复]①（剧院、大厅等）音响装置；音响效果②[用单数]声学

acquaint [ə'kweint] v. ①把某事告知（通知、介绍）给某人[He acquainted himself with all the facts. 他使自己了解了全部事实。]②使了解；使熟悉[多用被动语态][Are you acquainted with Sarah? 你了解萨拉吗?]

acquaintance [ə'kweintəns] n. ①相识，相熟，熟人[a thorough acquaintance with modern music 精通现代音乐]②由经验得到但不深刻的知识/**make someone's acquaintance, make the acquaintance of sb.** 与某人结识

acquiesce [ækwi'es] v. 默许，默认；勉强同意[Our nation will never acquiesce to the enemy's demands. 我们的国家从不答应敌人的无理要求。]

acquiescence [ækwi'esns] n. 默认，默许/**acquiescent** a.

acquire [ə'kwaiə] v. ①得，取得，获得[The museum acquired an Egyptian mummy for its collection. 博物馆获得一具埃及木乃伊作为收藏。]

acquirement [ə'kwaiəmənt] n. ①取得，获得；学得②[复]学识，技艺

acquisition [ækwi'ziʃən] n. ①取得，获得，习得②取得物[Our library's new acquisitions include an encyclopedia. 我们图书馆最近收集的书中包括一本百科全书。]

acquisitive [ə'kwizitiv] a. 渴望获得的，可以得到的，可以学得的[a miser's acquisitive nature 吝啬鬼的贪得无厌的性格]

acquit [ə'kwit] v. ①宣判无罪[The court acquitted the prisoner. 法院宣判这个犯人无罪。]②表现，完成，履行

acquittal [ə'kwitəl] n. ①宣判无罪②（义务的）履行③（债务的）清偿

acre ['eikə] n. ①英亩[复]土地，耕地，地产[golden acres of grain 金色的谷田]③[复][口]大量

acrid ['ækrid] a. ①辣的，苦的或腐蚀性的[the acrid smell of ammonia 氨水的刺鼻气味]②尖刻的，刻毒的[acrid comments 尖刻的评论]

acrimonious [ækri'məunjəs] a. 尖刻的，刻薄的，剧烈的

acrimony ['ækriməni] n. （态度、语言等）激烈，刻毒

acrobat ['ækrəbæt] n. ①卖艺者；杂技演员②（主张、政见等）善变者

又站起来[He is up and about again. 他又活跃起来了。]②地区存在的[There is much illness about. 疾病流行。] ‖ *prep.* ①在…周围[The waves rose about the boat. 浪花在小船四周升涌。]②处处[Stop running about the house. 停止在房子周围跑动。]③在附近[He was born about 1920. 他大约出生在 1920 年。]④关于[He has his brains about him. 他对他有自己的看法。]

about-face [ə'bautfeis] *n.* ①向后转,②改变观点等 ‖ *v.* [ˌə'baut'feis] 向后转

above [ə'bʌv] *ad.* ①在较高的地方;在上面[See the birds flying above. 看鸟儿在高处飞翔。]②前文[This is my goal, as I have stated above. 这就是我的目标,正如我在上文中阐述的那样。] ‖ *prep.* ①高于;在…之上[We flew above the clouds. 我们在白云之上飞行。]②超越;过[the road above the town 越过城镇的大路]③过于…超过[above the average 优于一般水平]④多于;较…更为[It cost above five dollars. 花了 5 美元多。] ‖ *a.* 上述的[The above facts are correct. 上述事实是正确的。]/**above all** 尤其是

abrasion [ə'breiʒən] *n.* ①擦伤,磨损②磨蚀[the abrasion of rock by wind and water 风和水磨蚀的岩石]③擦伤处,磨损处

abridge [ə'bridʒ] *v.* ①删节,节略,缩短②剥夺[Congress shall make no law abridging the freedom of speech. 议会决不会制订剥夺言论自由的法律。]

abridg(e)ment [ə'bridʒmənt] *n.* ①节略,节本,概略

abroad [ə'brɔːd] *ad.* ①流行[A report is abroad that the king is ill. 国王生病了的报道已经传开。]②户外[Couples strolled abroad in the park. 成双成对的人们漫步在公园里。]③国外[He will go abroad to Europe this winter. 今年冬季他要到欧洲去。]/**from abroad** 从国外,舶来的

abrogate [æb'rəugeit] *v.* 结束,废除(法律等)[to abrogate a law 废除一项法律]

abrupt [ə'brʌpt] *a.* ①突然的,猝然的[He made an abrupt stop. 他突然停了下来。]②粗暴的,生硬的(态度)[He answered with an abrupt "No!" 他生硬地回答"不!"]③险峭的,陡的;急转[an abrupt cliff 陡峭的绝壁]/**abruptly** *ad.*

abscond [əb'sɔnd] *v.* 潜逃,隐匿,失踪;潜伏

absence [ˈæbsəns] *n.* ①不在,缺席[During the absence of the president, the vice-president will preside. 主席不在期间,由副主席负责。]②缺乏;无[In the absence of proof, a man cannot be held guilty. 在缺乏证据的情况下,一个人不能被判为有罪。]

absent [ˈæbsənt] *a.* ①不在的,缺席的[He was absent from school for a week. 他缺课一周。]②缺少,不在③不在意的,茫然的,恍惚的[an absent manner 茫然举止] ‖ *v.* [æb'sent] 使缺席[He absents himself from classes. 他不去上课了。]

absentee [ˌæbsən'tiː] *n.* 缺席者,不在者

absently [ˈæbsəntli] *ad.* 心不在焉地,不注意地

absent-minded [ˌæbsənt'maindid] *a.* ①心神恍惚的,心不在焉的②记忆力差的

absolute [ˈæbsəluːt] *a.* ①绝对的;完全的[I demand absolute silence. 我要求绝对寂静。]②纯粹的,完全的[absolute alcohol 纯酒精]③无限制的;专制的[Dictators are absolute rulers. 独裁者是专制的统治者。]④确实的[It's an absolute certainty that he will be pass. 那是确定无疑的,他会通过的。]⑤真实的[an absolute truth 绝对真理]/**absolutely** *ad.*

absolution [ˌæbsə'luːʃən] *n.* 赦免,免罚

absolve [əb'zɔlv] *v.* ①免除,宽恕,赦免[The priest absolved the sinner. 神父赦免了罪人。]②解(约),开脱(责任)

absorb [əb'sɔːb, əb'zɔːb] *v.* ①吸[A sponge absorbs water. 海绵吸水。]②并吞;合并;同化[The city absorbed that small town. 这城市合并了那个小镇。]③

吸引(注意)，使(精神)贯注〔He was so absorbed in his work that he forgot to eat. 他全神贯注于工作，以至忘记了吃饭。〕④吸收〔The black wall absorbs light. 黑色的墙壁吸光。〕⑤〔无反冲地〕承受〔The rubber mat absorbed the shock of his fall. 胶垫减弱了他下落引起的震动。〕

absorbent 〔əb'sɔːbənt〕 *a.* 吸收的，有吸收力的〔an absorbent cloth 吸湿布〕

absorbing 〔əb'sɔːbiŋ〕 *a.* 非常有趣的〔It is an absorbing tale of adventure. 这是一个非常有趣的历险故事。〕

absorption 〔əb'sɔːpʃən〕 *n.* ①吸收，合并②热衷，专注〔His absorption in the book made him late. 他完全专注于那本书，使得他迟到了。〕

abstain 〔əb'stein〕 *v.* 戒除，断，弃权〔He abstains from meat on Friday. 他星期五戒肉。〕

abstention 〔æb'stenʃən〕 *n.* 戒绝；克制；回避，弃权

abstinence 〔'æbstinəns〕 *n.* 禁欲；节制；戒酒

abstract 〔'æbstrækt〕 *a.* ①抽象的〔an abstract idea of justice 正义的抽象概念〕〔"Beauty" is an abstract word. "美"是个抽象词。〕②难解的，深奥的〔His explanation is too abstract. 他的解释太深奥了。〕③抽象派〔an abstract painting 一幅抽象派绘画〕‖ *n.* 〔'æbstrækt〕摘要，概括 ‖ *v.* 〔æb'strækt〕抽象〔He abstracted the main facts of the story. 他概括了故事的主要情节。〕

abstracted 〔æb'stræktid〕 *a.* 分心的，心不在焉的

abstraction 〔æb'strækʃən〕 *n.* ①抽象观念②抽象艺术③出神发呆

abstruse 〔æbs'truːs〕 *a.* 难解的；深奥的〔Dictionary definition should not be abstruse. 字典的定义不应该深奥难懂。〕

absurd 〔əb'sɔːd〕 *a.* 不合理的；荒谬的，荒诞的〔It is absurd to eat peas with a knife. 用刀子吃豆子是荒唐可笑的。〕/ **absurdly** *ad.*

absurdity 〔əb'sɔːditi〕 *n.* 荒谬，谬论，荒唐事

abundance 〔ə'bʌndəns〕 *n.* 丰富，充裕〔Where there is an abundance of goods, prices go down. 物资丰富，物价下跌。〕

abundant 〔ə'bʌndənt〕 *a.* ①丰富的，大量的〔an abundant supply of meat 丰富的肉食品供应〕②富足，充裕〔a lake abundant in fish 一个盛产鱼儿的湖〕

abuse 〔ə'bjuːz〕 *v.* ①滥用，妄用，误用〔Don't abuse the privilege of recess. 不要滥用休假的特权。〕②虐待，凌辱〔He thought the lion tamer abused the caged beasts. 他认为驯狮员虐待笼中的野兽。〕③骂，讲坏话〔ə'bjuːs〕 *n.* ①滥用，乱用，误用〔We object to any abuse of voting rights. 我们不赞成滥用投票权。〕②虐待，凌辱③骂人话，污蔑

abusive 〔ə'bjuːsiv〕 *a.* ①骂人的，说人坏话的②无礼的

abut 〔ə'bʌt〕 *v.* 邻接；靠近〔Our north pasture abuts on their farm. 我们北边的牧场与他们的农场邻接。〕

abutment 〔ə'bʌtmənt〕 *n.* 邻接；接合；桥座

abysmal 〔ə'bizməl〕 *a.* ①极槽的 ②地狱似的；深不可测的/ **abysmally** *ad.*

abyss 〔ə'bis〕 *n.* ①深渊 ②深不可测〔an abyss of shame 奇耻大辱〕

academic 〔ækə'demik〕 *a.* ①学院的；大学的〔the academic life of a college professor 大学教授的教学生涯〕②文科的，文学的〔Literature, languages, and social studies are included in an academic course. 文科课程包括文学、语言学和社会学。〕③非实用的；学术上的〔an academic discussion about life on Mars 一场关于火星上的生命的学术讨论〕/ **academically** *ad.*

academy 〔ə'kædəmi〕 *n.* ①专科院校，中等学校②私立高等学校③专业院校④研究院，学术协会，文艺协会

accede 〔æk'siːd〕 *v.* ①就职，即位〔Elizabeth Ⅱ acceded to the British throne in 1952. 伊丽莎白Ⅱ世于 1952 年登上英国王位。]②同意，依从，允诺〔We acceded to his request. 我们答应了他的要求。〕

accelerate 〔æk'seləreit〕 v. ①加速〔to accelerate an engine 发动机加速〕②催促，促进〔New industries accelerated the growth of the city. 新工业促进城市发展。〕③速度增加

accelerator 〔æk'seləreitə〕 n. 加速器；加速者；催速剂

accent 〔'æksənt〕 n. ①重音，强音〔The accent in "establish" is on the second syllable. "establish" 的重音在第二个音节。〕②重音；次重音③地方口音〔She speaks English with an Irish accent. 她讲英语带有爱尔兰地方口音。〕④韵律；抑扬 ‖ v. 〔'æksənt〕①重读〔Accent the second syllable of "Detroit". "Detroit" 的第二个音节重读。〕②给…加上重音符号③强调，着重说

accentuate 〔æk'sentjueit〕 v. ①重读，给…加重读符号②着重指出，强调〔The low windows accentuated the height of the room. 矮窗户强调房间的高度。〕

accept 〔ək'sept〕 v. ①接受，收（礼）〔The dealer accepted ＄50 for the used stove. 那台旧火炉，这位商人收了 50 美元。〕②理解，承认，容纳〔Hoop skirts were once accepted as the fashion. 带有裙环的女裙曾流行一时。〕③同意，接受〔He will not accept defeat. 他不赞同失败。〕④认可〔We accept your invitation. 我们接受你的邀请。〕

acceptable 〔ək'septəbl〕 a. 可接受的；令人满意的；合意的〔an acceptable answer 一个令人满意的答复〕/ **acceptably** ad.

acceptance 〔ək'septəns〕 n. ①接受②认可，赞同，相信〔This theory has the acceptance of most scientists. 多数科学家对这一理论表示认可。〕

access 〔'ækses〕 n. ①捷径〔The access to the farm is by this road. 这条路是去农场

的捷径。〕②能够接近，进入或使用〔May I have access to the information? 我可以使用这一资料吗？〕

accessible 〔ək'sesibl〕 a. ①能接近的，可以进入的〔The atomic power plant is accessible only to employees. 只有工作人员可以进入原子能发电厂。〕②能接近的，可以得到的〔Fresh fruit is now accessible all winter long. 现在整个冬季都有新鲜水果了。〕/ **accessibility** n.

accession 〔æk'seʃən〕 n. ①就任，继任〔the accession of Queen Victoria in 1837. 维多利亚王后于 1837 年继位。〕②增加〔The United States expanded west by the accession of a vast region in 1803. 美国的领土于 1803 年扩展到西部广大地区。〕③增加物〔The museum's new accession is a Picasso painting. 博物馆新增了一幅毕加索的绘画。〕

accessory 〔æk'sesəri〕 a. 辅助的，附属的，附带的〔The electric stove has outlets for accessory appliances. 这台电炉子有附带装置的电源插座。〕‖ n. 零件，附件，附属品〔A radio and heater are accessories on an automobile. 收音机和发热器是汽车的附件。〕②同谋，从犯〔He became an accessory by helping the murderer escape. 因帮助凶手逃跑，他成了同谋。〕

accident 〔'æksidənt〕 n. ①意外，偶然〔Our meeting was a happy accident. 我们的相遇是一件巧事。〕②故障，事故，不幸，灾难〔He's had three accidents since he's been driving a car. 自他开车以来，发生过三次事故。〕③偶发事件〔I won by accident. 我意外地获胜了。〕

acclaim 〔ə'kleim〕 v. （为…）喝彩，欢呼着欢迎（某人），欢呼着同意（某事）〔The audience acclaimed the soprano for her brilliant solo. 观众为这位女高音的精彩独唱而喝彩。〕②鼓掌通过，称赞〔They acclaimed him president. 他们鼓掌通过他为总统。〕‖ n. 喝采，欢呼

acclamation 〔ˌæklə'meiʃən〕 n. ①鼓掌，称赞〔The hero was received with wild

A

acclamation. 这位英雄受到热烈的称赞。〕②鼓掌通过〔**The chairman was elected by acclamation.** 一致鼓掌通过了选出的主席。〕

acclimate 〔ə'klaimit〕v. 使服水土，使适应新环境，使适应气候〔George is still not acclimated to the new neighborhood. 乔治仍然不适应新的邻居关系。〕

accolade 〔'ækəleid〕n. 嘉奖，表扬

accommodate 〔ə'kɔmədeit〕v. ①适应，顺应，调节，迁就，迎合〔He accommodated his walk to the slow steps of his friend. 他调整了一下自己的步伐以适应他朋友缓慢的步子。〕②借给，通融，贷，供应〔I can accommodate you with a loan. 我可以向你贷款。〕③留宿，容纳，接纳，招待〔This motel will accommodate fifty people. 这家汽车旅馆可供 50 人住宿。〕④调和，调整，调节〔My eyes have trouble accommodating to faraway objects. 我的眼睛看远处的东西有困难。〕

accommodating 〔ə'kɔmədeitiŋ〕a. 与人方便的，随和的，爽气的〔The accommodating waiter let us sit by the window. 这位随和的侍者让我们坐在靠窗子的位子上。〕

accommodation 〔ə,kɔmə'deiʃən〕n. ①适应；调节〔the accommodation of old ideas to a new plan 调整旧观念适应新计划〕②便利，通融〔Our store has a public telephone as an accommodation to the customers. 我们百货店有一台公用电话作方便顾客。〕③accommodations〔复〕旅馆房间，住所

accompaniment 〔ə'kʌmpənimənt〕n. 伴随物，伴奏〔the piano accompaniment to a song 钢琴伴奏歌曲〕

accompanist 〔ə'kʌmpənist〕n. 伴奏者

accompany 〔ə'kʌmpəni〕v. ①陪伴，伴随〔He accompanied her to the movies. 他陪她去看电影了。〕②伴奏

accomplice 〔ə'kɔmplis〕n. 从犯〔The driver of the car was an accomplice in the robbery. 这位小汽车的司机是这次抢劫

案的从犯。〕

accomplish 〔ə'kɔmpliʃ〕v. 达到，贯彻成功，完成〔The task was accomplished in record time. 这项任务在最短的时间内完成了。〕

accomplishment 〔ə'kɔmpliʃmənt〕n. ①完成；达成②成就，功业，功绩〔Crossing the desert was a great accomplishment. 穿过沙漠是一项伟大的壮举。〕③社交能力，才艺〔Not the least of Mary's accomplishment is her talent for cooking. 玛丽根本不会做饭。〕

accord 〔ə'kɔːd〕v. ①给予，许予〔He was accorded many honors. 他被授予许多荣誉。〕②一致，协调〔The story he tells does not accord with the facts. 他讲的故事与事实不符。〕‖ n. 协议，协调，一致〔Everyone was in accord on the new plan for lower taxes. 大家一致同意这个减低税金的新计划。〕**/of one's own accord** 自愿地

accordance 〔ə'kɔːdəns〕n. 一致，协调〔He built it in accordance with the plans. 他是按照设计图案建筑它的。〕**/accordant** a.

according 〔ə'kɔːdiŋ〕a. 一致的，符合的，协调的**/according to** ①遵照〔The bus left according to schedule. 汽车按时发车。〕②依照〔They were seated according to age. 按照年龄，他们被安排就座。〕③根据〔According to the newspaper, the fire caused great damage. 据报道火灾造成很大损失。〕

accordion 〔ə'kɔːdiən〕n. 手风琴

accost 〔ə'kɔst〕v. 打招呼，向人搭讪〔A stranger accosted him in the station and asked directions. 一位陌生人在车站和他打招呼询问方向。〕

account 〔ə'kaunt〕v. ①认为，视为〔The new process was accounted of little value in cutting costs. 新程序在削减费用上被视为没有多大价值。〕②报账〔He had to account to his father for every penny he spent. 他所花的每一个便士都要向父亲报账。〕③解释，说明〔How do you account for the sudden drop in prices? 你如何解释这次物价突跌?]④杀死,击落,解决〔He accounted for five of the enemy. 他杀死了5个敌人。〕‖ n. ①账目,帐②价值估价,重要性,考虑〔a thing of small account 一件无足轻重的东西〕③解释,说明〔No satisfactory account of their failure has been given. 他们没有为他们的失败做出令人满意的解释。〕④报告,叙述〔This is the account of their travels. 这就是他们的旅行报告。〕/call to account 责问,对…进行清算/on account 偿还部分账款〔He received the radio by paying five dollars on account. 他接收这台收音机是先付5美元作为部分付款。〕/on account of 因为/on no accout 决不/take into account, take account of 考虑,重视/turn to account 利用

accountable 〔əˈkauntəbl〕a. ①有解释义务的,有责任的〔A baby is not accountable for its conduct. 婴儿对自身的行为并不负责。〕②应解释的〔His absence is accountable. 他应解释缺席的原因。〕/**accountably** ad.

accountant 〔əˈkauntənt〕n. 会计,出纳,会计师

accounting 〔əˈkauntiŋ〕n. ①会计,会计学②帐;记帐;清算帐目

accouterments 〔əˈkuːtəmənts〕n. 〔复〕①衣服②(武器军服外的)装备

accredit 〔əˈkredit〕v. ①授权,任命〔She was accredited as a delegate to the convention. 她被任命为大会的代表。〕②相信,认可〔Smith's report of the expedition is the only one now accredited. 史密斯的探险报告是现在惟一可相信的。〕③鉴定…为合格〔an accredited college 一所合格的大学〕

accretion 〔æˈkriːʃən〕n. 生长,增长,增加物,增大,〔地〕冲积层〔Some rocks are formed by accretion. 有些岩石是由冲积层形成的。〕

accrue 〔əˈkruː〕v. ①自然增长或产生〔与 to 连用,后连人;与 form 连用,后接事物〕〔Power accrues to the wealthy. 财大气粗。〕②(利息等)自然增值〔Interest accrues to your savings account from July. 你的存款从7月1号起可以得到利息。〕

accumulate 〔əˈkjuːmjuleit〕v. 堆积,积累,积聚〔He has accumulated a large library. 他积累了大量图书。〕

accumulation 〔əkjuːmjuˈleiʃən〕n. ①积累,收集,积聚②聚积物;堆积物〔an accumulation of books 一堆书〕

accuracy 〔ˈækjurəsi〕n. 精确

accurate 〔ˈækjurit〕a. 准确的,精确的〔an accurate report 一份准确无误的报告〕/**accurately** ad.

accusation 〔ækjuːˈzeiʃən〕n. ①遣责,告发,控告②(被指控)的罪名,罪状〔He denied the accusation that he had lied. 他否认他说过谎。〕

accusative 〔əˈkjuːzətiv〕a. & n. 〔语〕直接宾格(的)

accuse 〔əˈkjuːz〕v. ①指责,遣责〔I am accusing him of taking my books. 我遣责他拿走了我的书。〕②控诉,控告〔You can't accuse her of carelessness. 你不能指控她不负责任。〕/**accuser** n.

accustom 〔əˈkʌstəm〕v. 使习惯于,惯于〔He accustomed himself to his new house. 他使自己习惯于新居。〕

accustomed 〔əˈkʌstəmd〕a. 习惯性的;按照惯例的〔He greeted us with his accustomed charm. 他以自己特有的风采来欢迎我们。〕/**accustomed to** 惯于的;通常的〔He is accustomed to obeying orders. 他习惯于服从命令。〕

ace 〔eis〕n. ①扑克中的么点,同花色中最大的牌,②专家,能手②网球、棒球中的优秀选手以发球直接赢一分‖ a. 〔口〕一流的;突出的〔an ace salesman 一流的推销员〕

acetate 〔ˈæsitit〕n. 〔化〕醋酸盐;醋酸酯,醋酸根;醋酸酯;醋酸纤维素/**acetic acid** 〔əˈsiːtik〕醋酸

ache 〔eik〕v. ①痛,疼痛〔My head aches.

A

我头痛。〕②〔口〕渴望〔I'm aching to go with you. 我想和你一起去。〕‖ *n.* 痛，疼痛

achieve [əˈtʃiːv] *v.* ①完成；做到；获得（胜利）等〔The legislature achieved very little in its last session. 议会在上一届期间未取得任何成就。〕②靠努力而获得或达到〔We achieved a great victory. 我们经过努力取得了巨大的胜利。〕

achievement [əˈtʃiːvmənt] *n.* ①完成；达到的业绩；成就；成绩

acid [ˈæsid] *n.* 〔化〕酸 ‖ *a.* ①酸性的②〔喻〕尖酸刻薄的/**acidly** *ad.*

acidity [əˈsiditi] *n.* 酸味；酸性；酸度

acknowledge [əkˈnɔlidʒ] *v.* ①承认〔I acknowledge that you are right. 我承认你是对的。〕②致函或宣布收到；公认〔They acknowledged him as their king. 他们公认他做他们的国王。〕③答谢〔He acknowledged my greeting with a nod. 他点头示意感谢我来迎接他。〕

acknowledgment, acknowledgement [əkˈnɔlidʒmənt] *n.* ①承认，自认；供认②感谢，谢意③收条④〔法〕认证书

acme [ˈækmi] *n.* 顶点；极点；极致〔Playing Hamlet was the acme of his career. 扮演哈姆雷特是他创作生涯的顶峰。〕

acoustic [əˈkuːstik] *a.* 听觉的；声学的；助听的；传音的〔The acoustic tile on the walls muffled the noise in the room. 墙上的传音瓷砖使室内的噪音变得低沉。〕

acoustics [əˈkuːstiks] *n.* 〔复〕①〔剧院、大厅等〕音响装置；音响效果②〔用单数〕声学

acquaint [əˈkweint] *v.* ①把某事告知（通知、介绍）给某人〔He acquainted himself with all the facts. 他使自己了解了全部事实。〕②使了解；使熟悉〔多用被动语态〕〔Are you acquainted with Sarah? 你了解萨拉吗？〕

acquaintance [əˈkweintəns] *n.* ①相识，相熟，熟人〔a thorough acquaintance with modern music 精通现代音乐〕②由经验得到但不深刻的知识/**make someone's acquaintance**，**make the acquaintance of sb.** 与某人结识

acquiesce [ˌækwiˈes] *v.* 默许，默认；勉强同意〔Our nation will never acquiesce to the enemy's demands. 我们的国家从不答应敌人的无理要求。〕

acquiescence [ˌækwiˈesns] *n.* 默认，默许/**acquiescent** *a.*

acquire [əˈkwaiə] *v.* ①得，取得，获得〔The museum acquired an Egyptian mummy for its collection. 博物馆获得一具埃及木乃伊作为收藏。〕

acquirement [əˈkwaiəmənt] *n.* ①取得，获得；学得②〔复〕学识，技艺

acquisition [ˌækwiˈziʃən] *n.* ①取得，获得，习得②取得物〔Our library's new acquisitions include an encyclopedia. 我们图书馆最近收集的书中包括一本百科全书。〕

acquisitive [əˈkwizitiv] *a.* 渴望获得的，可以得到的，可以学得的〔a miser's acquisitive nature 吝啬鬼的贪得无厌的性格〕

acquit [əˈkwit] *v.* ①宣判无罪〔The court acquitted the prisoner. 法院宣判这个犯人无罪。〕②表现，完成，履行

acquittal [əˈkwitəl] *n.* ①宣判无罪②（义务的）履行③（债务的）清偿

acre [ˈeikə] *n.* ①英亩②〔复〕土地，耕地，地产〔golden acres of grain 金色的谷田〕③〔口〕大量

acrid [ˈækrid] *a.* ①辣的，苦的或腐蚀性的〔the acrid smell of ammonia 氨水的刺鼻气味〕②尖刻的，刻毒的〔acrid comments 刻毒的评论〕

acrimonious [ˌækriˈməunjəs] *a.* 尖刻的，刻薄的，剧烈的

acrimony [ˈækriməni] *n.* （态度、语言等）激烈，刻毒

acrobat [ˈækrəbæt] *n.* ①卖艺者；杂技演员②（主张、政见等的）善变者

acrobatic [ˌækrəuˈbætik] a. ①卖艺人的 ②似卖艺人的〔an acrobatic dancer 特技演员〕

acrobatics [ˌækrəuˈbætiks] n. 〔复〕①〔用作单或复〕杂技②〔军〕特技飞行

across [əˈkrɔs] ad. 从…的一边到另一边；横过〔The new bridge makes it easy to get across. 这座新桥使人们很容易从这边到达对岸。〕‖ prep. ①从一边到另外一边〔He swam across the river. 他从这边游到了对岸。〕②在…的另一边〔He lives across the street. 他住在这条街的对面。〕③偶尔遇见；偶尔发现〔I came across an old friend yesterday. 昨天我意外地遇见了一位老朋友。〕

act [ækt] n. ①行为；举止〔an act of bravery 勇敢的举动〕②行动；行动之际〔caught in the act of telling a lie 说谎时当场被捉〕③法案〔an act of Congress 国会法案〕④〔戏剧的〕一幕〔The first act of *Hamlet*《哈姆雷特》的第一幕〕⑤节目〔Her dancing act came next. 下一个节目是她的舞蹈。〕‖ v. ①扮演角色，演出〔She acted Juliet. 她扮演朱丽叶。〕②充当，装作〔He always acts the fool. 他总是装傻。〕③举止〔Please act like a gentleman. 请你举止像位绅士。〕④行动，采取行动〔Because of the emergency, we must act immediately. 由于紧急情况，我们必须立即采取行动。〕⑤对…起作用〔Acids act on metal. 酸对金属起作用。〕/**act for** ①采取行动②代理/**act up**〔口〕调皮，捣蛋

action [ˈækʃən] n. ①行动，动作，做法〔An emergency calls for quick action. 紧急情况要求快速行动。〕②所做之事〔actions〔复〕行为〔the actions of a coward 懦夫行为〕④由…产生的作用〔the action of a drug 药物作用〕⑤机械装置中有动作的部分〔the action of a washing machine 洗衣机的作用〕⑥诉讼⑦战斗〔He was wounded in action. 他在战斗中负伤。〕/**in action** ①在运转，在战斗中/**take action** ①采取行动②提出诉讼

activate [ˈæktiveit] v. 使活泼，使带辐射性/**activation** n.

active [ˈæktiv] a. ①活动的，自动的，能做事的，惯于做事的，精力充沛的，活跃的〔That company is no longer active. 那家公司不再有活力了。〕②主动的/**actively** ad.

activity [ækˈtivity] n. ①活动性；能动性；活跃，敏捷〔subjective activity 主观能动性〕②活力，精力〔His mental activity did not lessen in old age. 他的精力并不因年老而减退。〕③活动〔She took part in many activities after school. 毕业后她参加过许多活动。〕

actor [ˈæktə] n. 演员，角色

actress [ˈæktris] n. 女演员，女角色

actual [ˈæktjuəl] a. 真实的，确实的，实际的〔The king's brother was the actual ruler. 国王的兄弟才是真正的统治者。〕

actuality [ˌæktjuˈæliti] n. ①现实，现存，现实性，实际，真实〔In actuality, Columbus never set foot upon the American continent. 实际上，哥伦布从来没有踏上美洲大陆。〕

actually [ˈæktjuəli] ad. 实际地，实际上，真地，居然〔The man actually cried. 这个男人真哭了。〕

actuate [ˈæktjueit] v. ①开动（机械等）〔The starter of the car is actuated by turning the key. 用钥匙发动汽车。〕②驱使；激励（人等）〔What motives actuated him? 什么动力驱使他？〕

acute [əˈkjuːt] a. ①尖锐的，锐利的，〔植〕尖尖的的〔a leaf with an acute tip 带有尖尖的叶子〕②（指五官、感觉、智力）敏锐的，锐利的，伶俐的〔acute eyesight or hearing 机敏的目光，敏锐的嗅觉〕③（指疾病）急性的；剧烈的，严重的〔an acute disease 急性病 There was an acute shortage of trained workers. 技工严重短缺。〕④锐角/**acutely** ad. /**acuteness** n.

acute accent 撇形重音符号

A. D. 公元

A

adage ['ædidʒ] n. 格言, 箴言, 古话, 谚语

adamant ['ædəmənt] a. 坚硬无比的, 坚定不移的 [The king remained adamant to her please for mercy. 国王并不因她的乞求而宽恕她。]

adapt [ə'dæpt] ① 使适应, 使适合, 使适于 [This radio can be adapted for use with direct current. 这台收音机可适用于直流电。] ②使自身适于新的环境 [It was hard for the colonists to adapt themselves to the new land. 殖民地开拓者们很难使他们自己适应新的土地。] ③修改, 改编

add [æd] v. ①加, 增, 添, 追加, 附加 [We added some books to our library. 我们图书馆增加一些书。] ②又说; 补充说 [Jack agreed to come but added that he would be late. 杰克同意来, 但又说他可能来得晚些。] ③加法, 累积 [Add 3 and 5. 5 加 3。] ④增加 [Music adds to my pleasure at meals. 吃饭时听音乐可增加我的乐趣。] / **add up to** 总计, 共达

addict [ə'dikt] n. 沉溺于某种 (尤指不良) 嗜好之人 [a drug addict 吸毒者] ‖ v. 沉溺于, 嗜好 [Many people are addicted to watching television. 许多人沉溺于看电视。] / **addiction** n. 热衷于; 沉溺; 嗜好, 吸毒成瘾

addition [ə'diʃən] n. ①加法 ②附加, 增加 [The lemonade was improved by the addition of sugar. 通过加入食糖可使柠檬更可口。] ③增加物 / **in addition to** 除外

additional [ə'diʃənl] a. 附加的, 追加的; 另外的 [We must order an additional supply of notebooks this year. 今年我们必须多订购笔记本。] / **additionally** ad.

addle ['ædl] v. ①使变混乱 [His mind is addled. 使他的思想变得混乱。] ②(指蛋) 变坏

address [ə'dres] v. ①向…讲话或发表演说; 写给 [She addressed her remarks to the editor. 她向编辑发表她的评论。] ②(在信封, 包裹等上) 写收件人的姓名地址 ③从事于; 忙于 [We must address ourselves to the problem. 我们必须着手解决这个问题。] ‖ n. ①演说; 谈话 ②通讯处, 住址

adduce [ə'djuːs] v. (作为证据或例子) 而提出; 举出 [To show that the earth is not flat he adduced the fact that ships disappear below the horizon. 为了说明地球不是扁平的, 他举出那些船消失在地平线以下的事实。]

adept [ə'dept] a. 长于…的, 擅于…的; 精于…的专家, 擅长者 [adept at tennis 擅长打网球]

adequate ['ædikwit] a. 适当的, 足够的, 充分的, 相当胜任的 [an adequate supply of food 足够的食物供应]

adhere [əd'hiə] v. ①粘着, 固着 [This stamp won't adhere to the envelope. 这张邮票在信封上不会粘牢。] ②忠于, 坚持 [to adhere to a plan or a decision 坚持计划或决定]

adherent [əd'hiərənt] n. 追随者; 支持者; 拥护者, 信徒 ‖ a. 粘附…的; 依附…的

adhesion [əd'hiːʒən] n. 粘附; 附着; 粘附力; 同意, 加入; [医]粘连物

adhesive [əd'hiːsiv] a. ①粘附性的, 胶粘的 ②带粘性的; 有附着力的 [Adhesive tape is used to hold bandages in place. 用粘胶带在适当的部位固定绷带。] ‖ n. 胶合剂; 粘合剂 [Glue is an adhesive. 胶是一种粘合剂。]

adipose ['ædipəus] a. 脂肪的; 多脂肪的 [adipose tissue 脂肪组织]

adjacent [ə'dʒeisənt] a. 毗邻的, 接近的 [The playground is adjacent to the school. 运动场就在学校附近。] / **adjacently** ad.

adjective ['ædʒiktiv] n. ①[语]形容词; 修饰语 ②形容词的, 修饰性的 ③辅助的; 从属的 / **adjectival** a.

adjoin [ə'dʒɔin] v. 临近; 接界; 毗连 [The bell tower adjoins the church. 钟塔临近教堂。] / **adjoining** a.

adjourn [ə'dʒəːn] v. ①使会议停止, 休

会〔Congress has adjourned for two weeks. 国会已经休会两周了。〕②〔口〕搬会场；移座位〔Let's adjourn to the porch. 让我们将会址改到走廊。〕**/adjournment** n.

adjudge 〔ə'dʒʌdʒ〕v. ①宣判；判定〔The boy was adjudged innocent. 这个男孩被判判无罪。〕②判给〔A sum of $5,000 was adjudged to the accident victim. 判给受害人5 000美元赔款。〕

adjunct 〔'ædʒʌŋkt〕n. ①附加物；附属物②〔语〕附属语；修饰语

adjure 〔ə'dʒuə〕v. 恳求；以发誓或威胁的方式要求某人〔The judge adjured him to tell all he knew. 法官要求他讲出他所知道的一切。〕**/adjuration** n. 恳求

adjust 〔ə'dʒʌst〕v. ①为了适应而改变或调整〔You can adjust the driver's seat to suit your size. 你可以按自己的身材调节驾驶座位。〕②调准；校正③核算（盈亏），清理帐目〔We adjust our accounts at the end of the month. 月底时我们要清理帐目。〕

adjustable 〔ə'dʒʌstəbl〕a. 可调整的；可校准的

adjuster, adjustor 〔ə'dʒʌstə〕n. 调整者，调解者；〔机〕调整器〔The adjuster came to settle the insurance claims. 调解人来裁定保险赔额。〕

adjustment 〔ə'dʒʌstmənt〕n. 调整；调节（装置）〔An adjustment on our television set can make the picture brighter. 电视上的调节装置可以使画面更清晰。〕

administer 〔əd'ministə〕v. ①管理，处理，指导〔The principal administers the school. 校长管理这所学校。〕②执行，实施〔My father administered the spanking. 我父亲动手打我的屁股。〕③给予；用（药等）〔She is trained to administer first aid in emergencies. 训练她在紧急情况下实施急救。〕④使…发誓；使保证〔The Chief Justice administers the oath of office of a president-elect. 大法官要求参加总统候选人发誓。〕⑤有助于，辅助〔She administered to the sick. 她帮助病人。〕

administration 〔ədminis'treiʃən〕n. ①管理；掌管②政府的行政部门，行政院；内阁〔The Administration was criticized for its foreign policy. 政府因外交政策而受到批评。〕③（官员的）任职期〔Barkley was vice-president during Truman's administration. 巴克利在杜鲁门任职期间曾作过副总统。〕**/administrative** a.

administrator 〔əd'ministreitə〕n. ①管理人；理事②〔法〕遗产管理人③代管教区的牧师

admirable 〔'ædmərəbl〕a. ①令人钦佩的;令人赞美的②妙的，极好的**/admirably** ad.

admiral 〔'ædmərəl〕n. ①海军将军,海军上将②舰队司令③海军元帅

admiralty 〔'ædmərəlti〕n. ①英国的海军部②海事法,海事法庭

admiration 〔ædmə'reiʃən〕n. ①令人赞美的人（物）〔The guests stood in admiration of the garden. 客人们站在令人赞美的花园中。〕②赞赏,赞美,钦佩〔Her golden hair was the admiration of all the girls. 她的金发令所有姑娘赞美。〕

admire 〔əd'maiə〕v. ①赞赏,钦佩,羡慕〔The painting was admired by everyone. 人人赞赏这幅画。〕②表示赞美,夸奖**/admirer** n. **/admiringly** ad.

admissible 〔əd'misəbl〕a.〔法〕可被采纳为法庭之证据的,可被允许的;可被考虑的〔The witness's opinions were not admissible evidence. 目击者的建议未被采纳为法庭证据。〕

admission 〔əd'miʃən〕n. ①允许,被许可②允许进入〔The reporters were denied admission to the house. 记者们被拒绝进入。〕③门票〔Admission to the zoo is fifty cents. 进入动物园的门票为5角。〕④供认;承认〔His silence was an admission of guilt. 他的沉默就是承认自己有罪。〕

admit 〔əd'mit〕v. ①让…进入；让…享有〔One ticket admits two persons. 一张票允许两人进入。〕②可容纳〔The hall admits

A

500 people. 大厅可容纳 500 人。]③承认[Lucy will never admit that she was mistaken. 露西从不承认自己的错误。]

admittance [əd'mitəns] n. 进入；允许进入[Can I get admittance to the army camp? 能允许我进入军营吗?]

admonish [əd'mɔniʃ] v. ①警告某人必须改正错误，劝告[The judge admonished him to drive more slowly. 法官警告他不要开得更快。]②以温和方式告诫或批评[Mother admonished Bill for coming home late. 妈妈责备比尔回来得晚了。]

admonition [ˌædmə'niʃən] n. ①警告，劝告②责备或以温和的方式批评

ado [ə'du:] n. 无谓的纷扰；张惶；麻烦为忙乱[Much ado was made about his going away for a week. 由于他走了一周而产生了许多麻烦。]

adobe [ə'dəubi] n. ①砖坯②制砖的土③用砖坯砌成的建筑，土墙

adolescence [ˌædəu'lesns] a. 青春期；青春

adolescent [ˌædəu'lesnt] a. ①青春期的②年青的 ‖ n. 青年，少年

adopt [ə'dɔpt] v. ①收养[They adopted their son Jim when he was one year old. 当杰姆一岁时，他们收养了他。]②采用，采纳[Most inventors adopt and develop the earlier ideas of others. 大多数发明者都是继承和发展了前人的思想理论。]③选定〔职业，道路等〕[We must adopt a new plan of action. 我们必须选定新的行动计划。]/**adoption** n.

adorable [ə'dɔ:rəbl] a. ①[罕]值得崇拜的②[口]极可爱的[What an adorable cottage! 多么可爱的小农舍!]

adoration [ˌædɔ:'reiʃən] n.①崇拜②敬爱

adore [ə'dɔ:] v. ①崇拜(上帝)②深爱；敬重[He adored his wife. 他深深地爱着妻子。]③[口]极为喜爱，很喜欢[She adored the hat. 她很喜欢这顶帽子。]

adorn [ə'dɔ:n] v. 装饰，佩戴(珠宝等)；增加…的优美[A gold vase adorned the table. 一只金色的花瓶使这张桌子更美。]

adornment [ə'dɔ:nmənt] n. ①装饰②装饰物

adrift [ə'drift] a. & ad. ①漂浮，漂流②漂泊[The boat was adrift in the ocean. 这只船在海里漂流着。]③漫无目的的漂泊[He felt adrift in life. 他感到生活没有着落。]

adroit [ə'drɔit] a. 灵巧的；机敏的[He is adroit handling of an awkward situation. 他机敏地应付尴尬局面。]/**adroitly** ad. /**a-droitness** n.

adulation [ˌædju'leiʃən] n. 谄媚，奉承，拍马屁[The singer was greeted by the adulation of his fans. 这位歌手受他的歌迷们的吹捧。]

adult ['ædʌlt] a. ①已成熟的，已成年的[an adult person or plant 成年人或成熟的植物]②成年人的[an adult novel or play 成年人的小说或剧本] ‖ n. ①成年人②发育成熟的动物③[生]成体；成虫/**a-dulthood** n. 成年

adulterate [ə'dʌltəreit] v. 掺杂，掺假[The milk was adulterated with water. 奶中掺了水。]/**adulteration** n.

adultery [ə'dʌltəri] n. 通奸

advance [æd'vɑ:ns] v. ①前进[He advanced his foot a bit. 他朝前向前移动了一下。]②提出③推进，促进生长或发展[The law advances the building of new homes. 这项法令促进建立新的家园。]④引起提前发生[The date of the test was advanced from May 10 to May 5. 考试日期已由 5 月 10 号提前到 5 月 5 号。]⑤增加，提高(物价)[Food prices continues to advance. 食品价格持续上涨。]⑥预付；借贷(款)⑦提升(某人)[She advanced from assistant principal to principal of the school. 她从校长助理被提升为学校的校长。] ‖ n. ①前进；进步[the new advances in science 科学领域的新发展]

②(物价、价格、价值或工资的)上涨,升高[His wages did not keep up with the advance in prices. 他的工资跟不上物价的上涨。]③预付[He asked for an advance of next week's allowance. 他要求预付下月的津贴。]④殷勤,设法接近某人;接近[Our new neighbors have made several advances. 我们的新邻居已经成了朋友。]

advanced [əd'vɑːnst] a. ①超过的,在前面②年高的[He became a painter at an advanced age. 他年事已高时才成为画家。]③高深的,先进的[advanced ideas 先进思想]

advancement [əd'vɑːnsmənt] n. ①前进②改进;进步;擢升;促进[We work for the advancement of mankind. 我们为人类的进步而工作。]

advantage [əd'vɑːntidʒ] n. ①占优势[His speed gave him an advantage over me. 他的速度使他比我占优势。]②有利条件;利益[A friendly manner is an advantage in business. 友好的举止在经营中就是一个有利条件。]/**take advantage of** 利用[Take advantage of your opportunities. 抓住你的机会。]/**to advantage** 有利地,更有效地[I can use that money to advantage. 我会更有效地使用那笔钱。]

advantageous [ˌædvən'teidʒəs] a. 有利的,有益的[an advantageous position有利位置]

Advent [ˈædvent] n. ①圣诞节前包括四个星期日之节期②耶稣再临③advent 来临;到来[the advent of spring 春天的到来]

adventure [əd'ventʃə] n. ①冒险的行为或事[The story tells of his adventures on the moon. 故事说的是他在月球上的冒险经历。]②奇遇,冒险经历[Going to a circus is an adventure for a child. 去看马戏对一个儿童来说是一种奇遇。]

adventurer [əd'ventʃərə] n. ①冒险家②投机家

adverb [ˈædvəːb] n. 副词/**adverbial** a.

adversary [ˈædvəsəri] n. 敌手,对手

adverse [ˈædvəːs] a. ①相反的,敌对的[adverse criticism 非难]②不利的,有害的/**adversely** ad.

advertise [ˈædvətaiz] v. ①为…做广告[They will advertise the new cars in magazines and on television. 他们将在杂志和电视上为新式汽车做广告。]②通知,登广告[to advertise for servant 登广告招聘服务员]/**advertiser** n.

advertisement [əd'vəːtizmənt] n. 做广告,登广告;公告,广告

advertising [ˈædvətaizing] n. ①广告(总称)②设计广告的职业(或技术)

advice [əd'vais] n. 建议,劝告,忠告[We followed his advice in selecting a new home. 我们在选择新住宅方面听从了他的劝告。]

advisable [əd'vaizəbl] a. 明智的,合理的,可行的,适当的[It is advisable to wear rubbers when it rains. 下雨时应该穿胶鞋。]/**advisability** n.

advise [əd'vaiz] v. ①劝告[The doctor advised me to have an operation. 医生劝我做手术。]②建议[I should advise a long ocean trip. 建议做一次长途航海旅行。]③通知[The letter advised us that the meeting was to be on Tuesday. 信中通知我们会议在星期二开。]

advisement [əd'vaizmənt] n. 深思熟虑[He will take our suggestion under advisement before he decides what to do. 在他决定该做什么之前,他会认真考虑我们的建议。]

adviser, advisor [əd'vaizə] n. 劝告者,顾问

advisory [əd'vaizəri] a. 劝告的,顾问的[advisory experts 咨询专家]

advocacy [ˈædvəkəsi] n. 辩护,拥护,提倡

advocate [ˈædvəkeit] v. 拥护,提倡,支持[The senator advocated a new housing bill. 参议员拥护新的住宅议案。] ‖ n. [ˈædvəkit] ①拥护者;提倡者,鼓吹者②

A

辩护者,律师

aegis [ˈiːdʒis] n. 庇护,保护,支持〔He spoke under the aegis of the university. 他在大学的支持下作了发言。〕

aerate [ˈeiəreit] v. ①使暴露于空气中②充气于,灌气〔to aerate water with carbon dioxide 将二氧化碳注入水中〕

aerial [ˈɛəriəl] a. ①空气的,大气的,空中的②似空气的,无形的,虚幻的③空中经过的,航空的〔aerial maps 航空图〕‖ n. 天线(无线电或电机)

aeronautics [ˌɛərəˈnɔːtiks] n. 〔复〕航空学,航空术/**aeronautic(al)**

aeroplane [ˈɛərəplein] n. 飞机

aerospace [ˈeərəuspeis] n. 航空和宇航空间(指地球大气层及其外面的空间)

aesthetic [esˈθetik] a. ①美学的,美的②审美的,美术的/**aesthetically** ad.

afar [əˈfɑː] ad. 〔罕〕〔诗〕在远处,遥远地/**from afar** 从远处〔We heard the barking from afar. 我们听到远处的狗叫声。〕

affable [ˈæfəbl] a. 和蔼可亲的,有礼而友善的,易交谈的/**affability** n. /**affably** ad.

affair [əˈfɛə] n. ①事件,事情〔The meeting will be a long, tiresome affair. 会议是一件冗长而令人厌烦的事。〕② affairs 〔复〕事务;事态〔His affairs will be taken care of by his secretary while he is away. 他的事务在他离开期间由他的秘书处理。〕

affect [əˈfekt] v. ①影响〔Bright light affects the eyes. 强烈的光线损害眼睛。〕②感动〔The little boy's accident has affected us deeply. 小男孩的事故深深地感动了我们。〕

affect [əˈfekt] v. ①喜欢用(穿等)〔She affects plaid coats. 她喜欢穿方格花纹外衣。〕②假装〔Although he disliked sports, he affected an interest in baseball. 尽管他不喜欢运动,他还是假装对棒球有兴趣。〕

affected [əˈfektid] a. ①感染,传染〔She

rubbed powder on the affected part of the skin. 她将药粉擦在被感染的皮肤上。〕②动人的,哀婉的〔The president's death left them deeply affected. 总统的去世使他们深深地陷入悲哀。〕

affected [əˈfektid] a. 不自然,假装的,做作的〔affected politeness 假装斯文〕

affecting [əˈfektiŋ] a. 感人的,动人的,哀婉的〔The book Oliver Twist is an affecting story of an orphan.《雾都孤儿》是一个讲述孤儿的感人故事。〕

affection [əˈfekʃən] n. ①亲爱,爱,慈爱〔The affection one feels for a pet is not the same as love. 一个人对宠物的爱不同于爱情。〕②病,疾病,患病〔an affection of the liver 肝病〕

affectionate [əˈfekʃənit] a. 温柔的,亲切的,挚爱的/**affectionately** ad.

affidavit [ˌæfiˈdeivit] n. 宣誓书,口供书

affiliate [əˈfilieit] v. 接纳…为会员,入会,加盟〔Three new stores have become affiliated with the chain of supermarkets. 三家新店成为超级市场的联号。〕‖ n. [əˈfiliit] 会员,分支机构

affinity [əˈfiniti] n. ①同类,近似,密切关系〔Folk ballads show the close affinity of music with poetry. 民歌与配乐诗很相近。〕②共鸣,吸引③有吸引力的人

affirm [əˈfəːm] v. 断言,声言,肯定地说〔I cannot affirm that Smith is guilty of any crime. 我不能肯定地说史密斯犯了罪。〕/**affirmation** [ˌæfəːˈmeiʃən] n.

affirmative [əˈfəːmətiv] a. 肯定的〔an affirmative reply 一个肯定的答复〕‖ n. ①肯定,肯定词〔She nodded her head in the affirmative. 她点头肯定。〕②赞成的方面〔There were more votes in the negative than in the affirmative. 反对票多于赞成票。〕

affix [əˈfiks] v. ①使固定,粘上,贴上〔Affix a label to the jar. 在坛子上贴上一个标签。〕②签署,附添,加(附言),盖(章)〔You must affix your signature to the contract. 你必须在合同上署名。〕‖ n.

afflict〔ə'flikt〕v. 使苦恼〔She is afflicted with a skin rash. 她为患皮疹所苦。〕

affliction〔ə'flikʃən〕n. 苦恼, 苦事

affluence〔'æfluəns〕n. 富裕, 丰富/**affluent** a.

afford〔ə'bɔːd〕v. ①担负得起〔…费用、损失、后果等〕〔Can we afford a vacation in Canada this year? 我们能负担得起今年去加拿大度假的费用吗?〕②敢于做〔I can afford to speak frankly. 我可以坦率地讲话。〕③提供, 给予〔Music affords her pleasure. 音乐给她欢乐。〕

affray〔ə'frei〕n. 吵架, 打架, 闹事

affront〔ə'frʌnt〕v. 当众侮辱, 有意冒犯〔He affronted us by yawning in a bored way. 他用一种令人讨厌的方式打哈欠有意冒犯我们。〕‖ n. 当众侮辱, 故意表示不敬〔Criticism of her cooking is an affront to a hostess. 对她的烹调水平的批评就是对女主人的不恭。〕

aflame〔ə'fleim〕ad. & a. ①着火的, 燃烧中的②发亮, 发光火光, 发红〔fields aflame with sunlight 阳光照耀下的一片火红的田野〕

afloat〔ə'fləut〕a. ①漂浮的〔We set some paper boats afloat on the river. 我们放了一些纸船在河面上漂浮。〕②在海上的, 在船上的〔He spent most of his life afloat. 他生命中的大部分时间是在海上度过的。〕③为水所淹的, 浸满水的④传播各处的, 流传的〔Rumors were afloat. 谣言四处流传。〕

afoot〔ə'fut〕ad. & a. ①步行的〔They set out afoot for the beach. 他们步行去海滨。〕②在进行中的, 在活动〔There is trouble afoot. 麻烦在逼近。〕

afore〔ə'fɔː〕ad. prep. & conj.〔罕〕在…前

aforementioned〔ə'fɔːmenʃənd〕a. 前面提到过的〔The aforementioned people all pass the test. 前面提到的人都通过了测试。〕

afoul〔ə'faul〕ad. & a. 纠缠着, 吵架/**run**

afoul of 同…发生冲突, 同…吵架, 同…纠缠〔He ran afoul of the law. 他在法律问题上有些麻烦。〕

afraid〔ə'freid〕a. 害怕〔afraid of dark 害怕黑暗〕a. fraid 在日常用语有抱歉之意〔I'm afraid I can't go. 我恐怕不能去。〕

afresh〔ə'freʃ〕ad. 重新, 再〔He tore up the letter and started writing afresh. 他把信撕了, 开始重新再写。〕

aft〔ɑːft〕a. & ad. 在船尾, 向船尾

after〔'ɑːftə〕ad. ①后面〔You go on ahead, and we'll follow after. 你在头里走, 我们在后面跟。〕②后来, 以后〔They met in May and were married three months after. 他们五月份相遇, 3个月后结婚了。〕‖ prep. ①在…后面〔The soldiers marched one after the other. 战士们一个接一个地前进。〕②追, 探求〔What are you after? 你在追求什么?〕③在…以后〔He worked after quitting time. 下班时间以后他工作。〕④鉴于, 由于, 因为〔After what has happened, he won't go. 既然发生了这一切, 他就不去了。〕⑤尽管〔After all the bad luck he has had, he is still cheerful. 尽管经历了厄运, 他依然乐观。〕⑥(顺序)跟在…后面, 次于〔A captain comes after a major. 上尉在少校之下。〕⑦仿照, 依照, 有…之风格〔a novel after the style of Dickens 一本有狄更斯风格的小说〕⑧为, 以…名字取名〔He is named after Lincoln. 他是以林肯的名字命名的。〕⑨关于, 有关〔She asked after you. 她问过关于你的情况。〕‖ conj. 在…之后〔They left the party after we did. 我们走了以后他们就离开了。〕‖ a. 以后的, 随后的〔in an after period of his career 他的职业生涯的后期〕

aftereffect〔'ɑːftəri·fekt〕n. 后效, 后来的影响, 副作用〔This drug has no harmful aftereffects. 这种药没有有害的副作用。〕

afternoon〔'ɑːftə'nuːn〕n. 下午, 午后

afterward〔'ɑːftəwəd〕, **afterwards**〔'ɑːftəwədz〕ad. 后来, 以后〔We had dinner and went for a drive afterward. 我们吃

A

了晚饭，后来又驾车去兜风。〕

again [ə'gein] *ad.* ①再一次，再〔If you don't understand the sentence, read it again. 如果你不懂这句子，再读一遍。〕②又像从前一样〔He is home again. 他又回家了。〕③再者，此外，而且，另一方面〔She wants to sing and, then again, she's afraid to. 她想唱，可又害怕。〕/**again and again** 再三，屡次

against [ə'geinst] *prep.* ①逆，反对〔the fight against disease 反疾病斗争〕②撞击，碰着〔Throw the ball against the wall. 把球向墙抛去。〕③逆反（方向）〔He drove against the traffic. 他驾车逆行。〕④防备，预防〔We provided against a poor crop. 我们预防荒年。〕

agape [ə'geip] *ad. & a.* 目瞪口呆，张开着〔We stared at the strange sight agape. 我们目瞪口呆地凝视着这奇怪的景象。〕

age [eidʒ] *n.* ①年龄，年纪〔He left school at the age of fourteen. 他 14 岁就失学了。〕②阶段〔She is at the awkward age. 她正处在缺乏自信心的青春期。〕③晚年，老年〔Age had turned his hair grey. 晚年他的头发变得灰白。〕④一代（人）〔Future ages will read his book. 下一代人能够读到他的书。〕⑤时代〔the Middle Ages 中世纪 the Stone Age 石器时期〕⑥〔口〕很久，很长时间〔常用复〕〔It has been ages since I'd seen him. 我很久没有见到他了。〕‖ *v.* （使）变老〔He is aging rapidly. 他正迅速地衰老。Hard work has aged him. 艰苦的工作使他变老了。〕/**of age** 成年〔A man comes of age at twenty-one. 21 岁的男子就是成年了。〕

-age [后缀] ①表示"活动"，"动作"〔marriage 结婚〕②表示"数量之数"〔acreage 亩数〕③费用〔postage 邮资〕④表示"身分"，"状态"，"一群（人）"〔peerage 贵族〕⑤表示"家"，"处所"〔hermitage 隐居处〕

aged ['eidʒid] *a.* ①年老的〔his aged aunt 他的年老的姑母〕②[eidʒd]〔常作表语〕…岁的〔a girl aged ten years 10 岁的女孩〕

agency ['eidʒənsi] *n.* ①工具，媒介，作用〔Electricity is the agency by which our homes are lighted. 我们家用电灯照明。〕②经办，代理，公司〔an insurance agency 保险公司〕

agenda [ə'dʒendə] *n.* 〔复〕议事日程〔常用单数动词〕

agent ['eidʒənt] *n.* ①动因，力量，作用者〔Education is a powerful agent in helping people to understand one another. 教育在帮助人们相互理解中起着强大的作用。〕②代理人，代理商〔Most actors have agents to handle their business matters. 多数演员都有自己的代理人处理他们的事务。〕

aggrandize [ə'grændaiz] *v.* 扩展…的权力，增加…的财富〔Some public officials used their office to aggrandize themselves. 有些政府官员利用他们的公职扩充自己的权力。〕/**aggrandizement** [ə'grændizmənt] *n.*

aggravate ['ægrəveit] *v.* ①使更恶化，加重（病情，负担，罪行等）〔He aggravated his sprained ankle by walking. 他因走路又加重了扭伤的脚的病情。〕②〔口〕激怒，使恼火〔You'll aggravate Dad if you're late for dinner again. 你要是再次吃晚饭时迟到，会使爸爸很恼火。〕/**aggravation** *n.*

aggregate ['ægrigit] *a.* 聚集的，合计的，总数的〔the aggregate number of schools in this area 这一地区学校的总数〕‖ *n.* 聚集体合计，合计〔the aggregate of books in the library 图书馆的藏书总数〕

aggressive [ə'gresiv] *a.* ①好与人争吵的，性好攻击的〔an aggressive bully 好斗的暴徒〕②敢作敢为的，有进取心的〔an aggressive leader 一个敢作敢为的领导〕/**aggressively** *ad.* /**aggressiveness** *n.*

aggressor [ə'gresə] *n.* 侵略者

aggrieve [ə'gri:v] *v.* 觉得受了委屈，觉得感情受了伤害，使悲痛〔The colonists were much aggrieved by the stamp tax. 邮资税伤了殖民地居民的感情。〕

aghast 〔ə'gɑːst〕a. 吓坏的, 惊骇的

agile 〔'ædʒail〕a. 敏捷的, 灵活的, 活泼的〔an agile jumper 一个敏捷的跳跃者〕‖ **agilely** ad.

agitate 〔'ædʒiteit〕v. ①摇动, 搅动 ②使不安定, 使焦虑〔The news of the disaster agitated him. 受灾的消息使 他焦虑不安。〕③热烈讨论, 激烈辩论(问题、计划等)〔He agitated for better work conditions. 他为了较好的工作条件进行了激烈的争论。〕

agitator 〔'ædʒiteitə〕n. 鼓动者, 搅拌器

aglow 〔ə'glou〕ad. & a. 发亮, 发红, 灼热, 发光彩地(的)〔Her face was aglow with joy. 她脸上泛着喜悦的光彩。〕

agnostic 〔æg'nɔstik〕n. 不可知论者

ago 〔ə'gou〕a. 以前〔five years ago 五年前〕‖ ad. …以前〔long ago 很久以前〕

agrarian 〔ə'grεəriən〕a. ①耕地的, 土地的〔The large estates were divided among the peasants to solve the agrarian problem. 大批的土地被农民分割以解决耕地问题。〕②农场的, 农民的, 农业的 ‖ n. 主张平均地权的人〔**agrarianism** n.

agree 〔ə'griː〕v. ①同意, 答应, 允诺〔John agreed to go if we paid him. 如果我们付费用, 约翰同意去。〕②赞同, 承认〔The waiter agreed that the steak was overdone. 服务员也承认牛排烧得过火了。〕③同意, 意见一致〔Our taste in art agree. 我们在艺术方面的情趣是一致的。I agree with my father in matters of politics. 我和父亲在政治方面的见解是一致的。〕④适宜…的健康或品味〔This climate agrees with him. 这种气候适宜于他的体质。〕⑤〔语〕呼应, 一致〔The verb agrees with its subject in number and person. 这个动词与它的主语在数和人称上一致〕

agreeable 〔ə'griəbl〕a. ①惬意的, 令人愉快的〔an agreeable odor 令人愉快的气味〕②准备同意的, 欣然同意〔She was agreeable to our plan. 她同意了我们的计划〕/**agreeably** ad.

agreement 〔ə'griːmənt〕n. ①同意, (意见)一致〔The news report was not in agreement with the facts. 新闻报道与事实不符。〕②协定, 协议〔trade agreement 贸易协议〕

agricultural 〔æɡri'kʌltʃərəl〕a. 农业的, 农艺的

agriculture 〔'æɡrikʌltʃə〕n. 农业, 农艺, 农学

agricultur(al)ist 〔æɡri'kʌltʃər(əl)ist〕n. 农学家

ague 〔'eigju〕n. ①疟疾 ②寒颤

ahead 〔ə'hed〕ad. 在前, 在前面, 在前头〔The lighthouse was directly ahead of the ship. 灯塔位于船的正前方。〕/**ahead of** 前面, 以前〔He arrived ahead of the other guests. 他比其他客人来得早。〕/**get ahead of** 胜过; 超过

aid 〔eid〕v. 给予帮助, 援助〔The medicine aided him in his recovery. 这药可以帮助他恢复健康。〕‖ n. ①帮助, 援助〔The compass is an aid to navigation. 罗盘有助于航海。〕②助手, 辅助物〔Sue is a nurse's aide. 苏是护士的助手。〕

aide 〔eid〕n. 〔法〕副官, 随从参谋, 助手

aide-de-camp 〔'eiddə'kæmp〕n. (将级军官的)副官, 侍从军官〔复〕/**aides-de-camp, aids-de-camp**

aigrette 〔'eigret〕n. 用羽毛所做的帽饰, 仿羽毛形状而用珠宝排成的装饰品

ail 〔eil〕v. ①使受痛苦, 使苦恼〔The doctor doesn't know what ails me. 医生并不知道使我痛苦的原因。〕②生病, 不舒服〔Grandfather is ailing today. 爷爷今天生病了。〕

aileron 〔'eiləron〕n. (飞机的)副翼

ailment 〔'eilmənt〕n. 失调(指较轻微的病), 精神不安

aim 〔eim〕v. ①以(枪)瞄准, 对准, (对着…)打击或评论〔He aimed the dart at the target's center. 他瞄准靶心上的黑点。〕②目的在于〔We aimed at complete victory. 我们的目的在于取得最后胜利。We aim

A

to please. 我们目的在于使大家高兴。‖ n.①(以枪)对准,瞄准〔My aim is blocked by that tree. 那棵树挡住了我的目标。〕②打算,目的〔His chief aim in life is to help others. 他生活的主要目的是帮助他人。〕/take aim 瞄准(对着…)打击、评论

aimless ['eimlis] a. 无目标、无目的〔a vagabond's aimless life 漂荡的、无目的生活〕/**aimlessly** ad.

air [ɛə] n.①空气,大气②空中,天空〔The lark flew into the air. 云雀飞上了天空。〕③态度,样子,风度,气派〔An air of luxury fills the room. 房间里显示出豪华气派。The stranger had an air of mystery. 陌生人有一种神秘的样子。〕④美妙的乐曲,歌声 ‖ v. 空中的(与飞机,空军有关的)〔a country with air power 具有制空权的国家〕‖ v.①让空气进入或通过,以便晾干,通风,晒干〔We must air the rooms before we move in. 在我们搬进之前,我们必须把房子晾干。〕②示示,炫耀,使人知道(自己的意见、冤屈等)〔I wish Jane wouldn't air her troubles. 我多么希望简不知道她的苦衷。〕/**give oneself airs**,**put on airs** 充气派,自大,摆架子/**on the air** 广播中,播送中/**up in the air** (计划等)未决,渺茫/**walk on air** 洋洋得意

airbase 航空(空军)基地

air-condition [ɛəkən'diʃən] v. 在…上装空调,调节…的空气/**air-conditioned** a.

aircraft [ˈɛəkrɑːft] n. [单或复]航空器飞行器,飞机〔Airplanes, dirigibles, balloons, and helicopters are all aircraft. 飞机、飞船、热气球、直升机都是飞行器。〕

aircraft carrier 航空母舰

airdrome [ˈɛədrəum] n. 飞机场,飞机棚,飞机库

airily [ˈɛərili] ad. 轻快地,活泼地,快活地〔He spoke airily of the dangers he had faced. 他简单地讲述了所遇到的危险。〕

airing [ˈɛəriŋ] n.①晾,晒,烘干〔These blankets need an airing. 这些毛毯需要晾

晾。〕②广播〔The newspapers gave the scandal an airing. 这家报刊将丑闻公布于众。〕③散步,乘汽车兜风

airless [ˈɛəlis] a. 缺少新鲜空气的,不通风的〔a musty, airless attic 发霉、不通风的阁楼〕

air mail ①航空邮件②航空邮政/**air-mail** a. 航空邮件的,航空邮政的

airplane [ˈɛəplein] n. 飞机

airport [ˈɛəpɔːt] n. 机场

air raid [ˈɛəreid] n. 空袭

airsick [ˈɛəsik] a. 航空病,晕机的

airstrip [ˈɛəstrip] n.(速成)机场跑道,简易机场

airtight [ˈɛətait] a.①密闭的,不透气的,严密的〔an airtight can of coffee 密闭的咖啡罐〕②(防卫等)严密的,(论点等)无懈可击的〔an airtight alibi 无懈可击的辩解〕

airy [ˈɛəri] a.①通风的,(织物)使人凉爽的〔an airy room 通风良好的房间〕②空气的,似空气的,空灵质的〔airy schema 无形的计划〕③活泼的;轻盈的〔airy music 轻音乐〕④不诚恳的,表面的,虚伪的〔airy merriment 表面上的欢乐〕⑤快活的,优美的/**airily** ad.

aisle [ail] n.①(戏院、客车内的)过道〔(教堂)的走廊,耳房〕②任何狭长的通道

ajar [əˈdʒɑː] ad. & a.(门)微开的,半开着〔The door stood ajar. 门半开着。〕

akimbo [əˈkimbəu] ad. & a. 叉着腰

akin [əˈkin] a.①同族的,有血缘关系的②同类的,相似的

-al [əl] [后缀]①…的,有…性质,…特有的〔musical sounds 悦耳的声音〕②表示"动作""过程"〔Denial is the act of denying. 否定是否认的行为。〕

alabaster [ˈæləbɑːstə] n. 雪花石膏 ‖ a. 雪花石膏制的,雪花石膏似的

alacrity [əˈlækriti] n. 乐意,欣然的敏捷之状,爽快〔She ran to the door with alacrity. 她敏捷地向门口跑去。〕

alarm [əˈlɑːm] n.①警报,警报之声音或

讯号，报警器〔He blew his bugle to sound the alarm. 他吹响了军号报警。〕②敲钟，警报器报警〔a fire alarm 火警〕③惊慌，恐慌〔The village was filled with alarm when the river started to flood. 当河水泛滥时，使整个村庄充满了恐慌。〕‖ v. ①使恐慌，惊吓②向…报警，使惊觉〔He was alarmed to find the house empty. 使他感到恐慌的是发现屋内空无一人。〕

alarming [ə'lɑːmiŋ] a. 使人惊慌的，引起惊慌的，告急的，危言耸听的〔There has been an alarming increase in traffic deaths. 因交通事故而死亡的人数惊人地上升。〕/**alarmingly** ad.

alb [ælb] n. （牧师、神父穿的）白长袍

albatross ['ælbətrɔs] n. 信天翁

albeit [ɔːl'biːit] conj. 〔古〕纵令，即令〔He was an unlearned man, albeit no fool. 他虽然不傻，但却是一个无知的人。〕

albino [æl'biːnəu] n. ①患白化病的人（或动植物）②〔生〕白化体/**albinos** [复]

album ['ælbəm] n. ①相片簿，邮票簿②文选，画片选，摄影选③唱片集，片套

albumen ['ælbjumin] n. ①蛋白②〔生化〕白朊，白蛋白

albumin ['ælbjuːmin] n. 〔生化〕白朊，白蛋白

alchemist ['ælkimist] n. 炼金术士，炼丹家

alchemy ['ælkəmi] n. ①（中古时代）炼金术，炼丹术②魔力，魔法

alcohol ['ælkəhɔl] n. ①酒精，乙醇②酒〔The doctor warned against the use of alcohol. 医生告诫不要喝酒。〕

alcoholic [ˌælkə'hɔlik] a. 酒精的，含酒精的 ‖ n. 酒鬼

alcove ['ælkəuv] n. 壁橱，凹室

alert [ə'ləːt] a. ①留心的，机警的〔an alert guard a机警的哨兵〕②活跃的，机灵的〔Grandmother is very alert for a woman of eighty-five. 作为一位85岁的妇女来说祖母是很机灵了。〕‖ n. ①警戒，

报警②警戒期间 ‖ v. 使警觉，使…处于待命状态〔The soldiers were alerted before the attack. 在进攻之前，使士兵们都处于待命状态。〕/**on the alert** 警惕，提防/**alertly** ad. /**alertness** n.

algae ['ældʒiː] n. [复]海藻/**alga** [单]

algebra ['ældʒibrə] n. 代数学，代数

algebraic [ˌældʒi'breiik] a. 代数的/**algebraically** ad.

alias ['eiliæs] n. 化名，别名 ‖ ad. 别名〔John Bell alias Paul Jones. 贝尔约翰别名保罗·琼斯。〕

alien ['eiljən] a. ①外国的，异国的；异己的，相异的；不相容的 ‖ n. ①外国人②外侨/**alien to** 与…相反，不合〔Cruel words were alien to his lips. 脏话不会出自他的口。〕

alienate ['eiljəneit] v. ①使疏远〔His bad temper alienated us. 他的坏脾气使我们都疏远他。〕②让渡（财产）的所有权/**alienation** n.

alienist ['eiljənist] n. 精神病学家，精神病医生

alight [ə'lait] v. ①下（马、公共汽车等）〔She alighted from her horse. 她从马上下来。〕②（指鸟）落（枝头）〔The bird alighted on the ground. 这只鸟落到地上。〕③偶然发现，碰见

align [ə'lain] v. ①使成一条线，使成一行〔Align the chairs along the wall. 把椅子沿墙边排好。〕②使…一致，使密切合作，使结盟〔Senator Blake has aligned himself with the conservatives. 布莱克议员与保守党密切合作。〕

alignment [ə'lainmənt] n. 列队，成直线〔The front wheels are out of alignment. 前面的轮子偏了。〕②结盟，联合，组合〔a new alignment of western European nations 一个西欧国家新盟体〕

alike [ə'laik] a. 相同的，一样的，相似的〔His mother and sister look alike. 他的母亲和姐姐相貌相似。〕‖ ad. 一样，相等，相似〔Their father treated them alike. 他们的父亲对他们同等对待。〕

A

alimony ['ælimǝni] *n.* 赡养费,抚养费, 生活费

alive [ǝ'laiv] *a.* ①活着的,在世的 ②有活力的,有生气的 [to keep old memories alive 记忆犹新] ③敏感的,感觉到的,注意到的 / alive to 注意到 / alive with 充满(活的或动的东西)

alkali ['ælkǝlai] *n.* 碱,强碱的 / alkalis, alkalies [复]

alkaline ['ælkǝlain] *a.* 碱性的,含碱的,碱性的 / alkalinity [ælkǝ'liniti] *n.*

all [ɔːl] *a.* ①一切的,所有的,整个的,全部的 [in all England 在整个英格兰] ②每一个的 [All men must eat. 所有的人必须吃饭。] ③尽可能的,极度 [My apology was made in all sincerity. 我衷心地致以歉意] ④任何的 [true beyond all question 真理不允许怀疑] ⑤惟一的,独自的 [Life is not all pleasure. 生活不光是享乐。] ‖ *pron.* ①每一个个;全体;整个 [All of us are here. 我们全都在这儿。] ②所有的一切 [All is over between them. 他俩之间的一切全完了。] ③每一部分 [All of the candy is gone. 糖全部溶掉了。] ‖ *n.* ①[与物主代词连用]所有的一切 [He gave his all to the cause. 他将自己的全部精力投入到这项事业。] ②全部 [That is all you are going to get. 那就是你要得到的一切。] ‖ *ad.* ①全部地,完全地,十分 [all through the night 一整夜] / [球赛等] 双方得分相等的,打平的 [The score is thirty all. 比分是30平。] / above all 首先,首要 / after all 毕竟,终究 / all but 几乎,差一点 / all in [口]疲乏到极点 / all in all 总的说来,总而言之;头等重要的,最心爱的东西 / all over 全部结束,完毕②浑身;到处 / at all ①全然,最少程度②在任何方面③在任何条件下 / for all 尽管,/ In all 总共

all-around *a.* 全面的,才能多方面的,(工具等)多用途的 [A tractor is a piece of all-around farm machinery. 拖拉机是一种多用途的农机具。]

allay [ǝ'lei] *v.* ①使休息,使安静,使沉着,减轻 [His confident manner helped to allay their fears. 他的自信举止有助于减轻他们的恐惧。] ②缓和(痛苦、烦恼、兴奋)

allegation [æli'geiʃǝn] *n.* ①陈述;辩解②断言,主张(尤指提不出证明的) [a false allegation of bribery 一次对贿赂的错误判断]

allege [ǝ'ledʒ] *v.* ①断言(常指无根据的) [He alleged that he had seen a flying saucer. 他断言他曾看到过飞碟。] ②(作为事实、理由、借口、辩解) 提出 [In his defense he alleged insanity at the time of the crime. 在他的辩护中他经常为罪犯辩解。]

allegiance [ǝ'liːdʒǝns] *n.* ①忠诚,忠于 [We pledge allegiance to the flag as a symbol of our country. 我们对国旗宣誓忠于祖国。] ②效忠

allergic [ǝ'lɔːdʒik] *a.* ①过敏的②变态反应的

allergy ['ælǝdʒi] *n.* 变态反应,过敏症 [Hay fever is often caused by an allergy to certain pollens. 枯草热常常是对于某些花粉接触而引起的过敏症。]

alleviate [ǝ'liːvieit] *v.* 减轻,缓和 [Drugs are sometimes used to alleviate pain. 有时使用药物减轻疼痛。] / alleviation *n.*

alley ['æli] *n.* 胡同,小巷,公园(庭院)中的小径

alliance [ǝ'laiǝns] *n.* ①联合,同盟,联盟②联姻③[植]群落属

allied [ǝ'laid] *a.* ①同盟的 [allied nations 同盟国] ②性质上有密切联系的

allies [ǝ'laiz] *n.* ally 的复数形式 / the Allies 同盟国,盟国,盟军

alligator ['æligeitǝ] *n.* 短嘴鳄

alliteration [ǝ'litǝ'reiʃǝn] *n.* 押头韵;头韵

allocate ['ælǝukeit] *v.* ①把(物资、资金)划归 [Congress has allocated funds for building large dams. 国会已为建设大坝调拨了资金。] ②分配,分派(指按计划) [He allocated his time between work and play. 他按计划平均分配工作和娱乐时间。]/**allocation** n.

allot [ə'lɔt] v. ①(按股或按规定)分配，配给[The land was allotted equally to the settlers. 将这片土地平均分配给移居者。]②规定，派定[Each speaker is allotted five minutes. 每个发言者规定为 5 分钟。]

allotment [ə'lɔtmənt] n. 分配，分派，份额

allow [ə'lau] v. ①允许，准许[Allow us to pay. 允许我们付款。]②给，让…得到，同意给予[She allowed herself no candy. 她戒食糖果。]③允许进入或允许许可[Dogs are not allowed on buses. 公共汽车不允许带狗。]④认同，承认[His claim for ＄50 was allowed. 他的 50 美元的索赔得到了承认。]⑤酌加，酌减[Allow an inch for shrinkage. 酌加 1 公分作为收缩的余地。]/**allow for** 考虑到，顾及，体谅[In comparing Jack's skill with Jerry's, allow for the difference in their ages. 把杰克与杰丽进行技能比较，要考虑到他们年龄上的差异。]

allowance [ə'lauəns] n. ①津贴，所允许给予的量，补助费[We give an allowance of ＄2 on your used tire when you buy a new one. 当你买一个新轮胎时我们给你 2 美元作为你的旧胎车贴。]②给予的余地，斟酌，酌量，估量②原谅，体谅[make allowance for]

alloy [ˈælɔi] n. ①合金(金银)的成色，成份 ‖ v. [ə'lɔi] ①熔合(金属)合铸②使(金属)减低成色，减损(兴趣等)[His kindness is alloyed by his desire to be praised. 由于他急于得到表扬而减弱了他的好意。]

all right ①满意的，足够的[Your work is all right. 你的工作是令人满意的。]②同意，是的，很好[All right, I'll do it. 好的，我会做的。]③当然[She'll go all right, but she wants to be coaxed. 她当然会去的，只是需要好言相劝。]

all-round [ə'raund] a. 同 all-around

allude [ə'lju:d] v. 暗示，暗指，(婉转)提到[He alluded to secrets which he could not reveal. 他暗示他不可能揭示秘密。]

allure [ə'ljuə] v. 引诱，诱惑，勾引 ‖ n. 诱惑力，魅力[the allure of far away place 远方的诱惑力]

allurement [ə'ljuəmənt] n. ①诱惑②诱惑力③诱惑物

alluring [ə'ljuəriŋ] a. 诱惑的；迷人的；引人的；媚人的[an alluring offer 引人向往的提议]

allusion [ə'lju:ʒən] n. ①暗指②引喻

alluvial [ə'lju:vjəl] a. 冲积的；淤积的[alluvial deposits at the mouth of the river 河口那儿的冲积物]

ally [ə'lai] v. ①使结盟；使联姻[Nations often ally themselves by treaty. 国家之间常常按照条约结成联盟。]②与…(在起源或性质上)关联[The onion is allied to the lily. 洋葱与百合有亲缘关系。] ‖ n. 同盟国；同盟者；伙伴；助手[England was our ally during World War Ⅱ. 在第二次世界大战期间英国是我们的盟国。]

almanac [ˈɔ:lmənæk] n. 历书，年历，年鉴

almost [ˈɔ:lməust] ad. 差不多，几乎，将近[She tripped and almost fell. 她被绊了一下，差一点摔倒了。Dan is almost twelve. 丹快 12 岁了。]

alms [ɑ:mz] n. [单复同]施舍物；救济金

almshouse 贫民所；救济院

aloft [ə'lɔft] ad. ①高高地；向上[The boy swung aloft into the upper branches of the tree. 这个男孩在树叉上向上荡秋千。]②[海]在桅杆上高处

alone [ə'ləun] ad. & a. ①单独地[The hut stood alone on the prairie. 小屋孤零零地坐落在草原上。]②独自地[She likes to walk alone. 她喜欢独自散步。]③[用于名词或代词后面]只，只有；仅仅[The carton alone weighs five pounds. 只这个纸盒箱就五磅重。]/**let alone** ①不干涉；不管②更不用说[Let well enough alone.

A

满足于现状。〕

along〔ə'lɔŋ〕*prep.* 沿着〔Put these planks along the wall. 将木板沿墙摆放。〕‖ *ad.* ①一起〔Come along with us. 和我们一起来。〕②向前〔The policeman told us to move along. 警察告诉我们向前移动。〕③在手边〔Take your camera along. 带着你的相机吧。〕/**all along** 始终,一直,一贯〔She knew our secret all along. 她对我们的秘密了如指掌。〕/**along with** 一道,一起②以外/**get along** ①向前走②过活,生活〔How can you get along on $50 a week? 一周 50 美元,你怎么生活呢?〕③进展,进步④友好相处,和谐

alongside〔ə'lɔŋ'said〕*prep.* 在…旁边,与…并肩〔You will find the car alongside the building. 你会发现车在大楼的旁边。〕/**alongside of** 在…旁边,与…并肩

aloof〔ə'luːf〕*a. & ad.* 离开,避开,远离,冷淡的,孤零零的

aloud〔ə'laud〕*ad.* ①高声,响亮〔You may whisper in the library, but do not talk aloud. 在图书馆里,可以低声说话,但不要大声讲话。〕②出声地

alphabet〔'ælfəbit〕*n.* ①字母表②字母系统

alphabetical〔͵ælfə'betikəl〕*a.* ①字母(表)的,按字母顺序的/**alphabetically** *ad.*

alphabetize〔'ælfəbətaiz〕*v.* 依字母顺序排列

already〔ɔːl'redi〕*ad.* 已经,早已〔When we arrived, dinner had already begun. 我们到达时,晚餐已经开始了。〕I am already ten minutes late. 我已迟到了 10 分钟。〕

also〔'ɔːlsəu〕*ad.* 亦,也,同;而且,还〔He wrote the play and also acted in it. 他写了剧本,而且在剧中表演。〕

altar〔'ɔːltə〕*n.* ①祭坛;圣坛②(基督教中)圣餐桌,神坛

alter〔'ɔːltə〕*v.* 变更,改变,改换,改建(房屋)〔The weather alters with the seasons. 气候随季节变换。The tailor altered the shoulders on the jacket. 裁缝改了上衣的

肩膀处。〕/**alterable** *a.*

alternate〔ɔːl'təːneit〕*a.* ①交替的,轮流的②隔一的,间隔的〔We take piano lessons on alternate Tuesdays. 每隔一个星期二我们有钢琴课。〕‖ *n.* 代理人,代表人 ‖ *v.*〔'ɔːltəneit〕①交替,轮流〔Good times alternate with bad. 好时光与恶运交流交替。〕②轮流,交替〔The boys and girls alternate in using the swimming pool. 男孩子和女孩子轮流使用游泳池。〕/**alternately** *ad.* /**alternation** *n.*

alternative〔ɔːl'təːnətiv〕*a.* 二中选一的〔There are alternative routes you can take to town. 去城里有两条路可供选择。〕‖ *n.* ①二者之一,二中选一②选择对象,替换物/**alternatively** *ad.*

although〔ɔːl'ðəu〕*conj.* 尽管,虽然(有时拼作 altho)〔Although the sun is shining, it may rain later. 尽管阳光明媚,过会儿也许会下雨。〕

altimeter〔'æltimiːtə〕*n.* 测高计,高度表

altitude〔'æltitjuːd〕*n.* ①高,高度,海拔②高处,高位

alto〔'æltəu〕*n.* ①女低音,男声最高音,中音部②中提琴 ‖ *a.* 中音部的/**altos**〔复〕

altogether〔͵ɔːltə'geðə〕*ad.* ①完全的,全部的〔You're not altogether wrong. 你并不是完全错了。〕②总而言之,总的说来

altruism〔'æltruizəm〕*n.* 利他主义,利他/**altruist** *n.* 利他主义者

always〔'ɔːlwəz〕*ad.* ①永远地,始终,总是,经常〔We always have potatoes at dinner. 我们晚餐总是吃土豆。〕②不断地,永远〔He swore to love her always. 他发誓永远爱她。〕

am〔æm〕动词 be 的第一人称,单数,与 "I" 连用在现在式中〔I am happy. 我很幸运。〕

AM, AM. 调幅

AM, am, 午前,上午〔Be here at 8：30 AM 上午 8：30 到这儿。〕

amalgamate〔ə'mælgəmeit〕*v.* 混合;联合;合并〔Five small businesses were amalgamated to form the corporation. 这家公司是由 5 个小企业合并而成的。)/**amalgamation** n.

amass [əˈmæs] v. 堆积；收集；积聚 [to amass much money 积累钱财]

amateur [ˈæmətə(ː)] n. ①业余爱好者②非专业性人员 ‖ a. ①爱好……的 [an amateur performance 游艺会]②业余的 [an amateur athlete 业余运动员]

amateurish [ˌæməˈtəːriʃ] a. 业余的，不熟练的

amatory [ˈæmətəri] a. 爱情的，色情的，爱人的，恋爱的 [Romeo's amatory speech 罗密欧的爱情表白]

amaze [əˈmeiz] v. 使大为惊异，使惊愕，使愕然 [They were amazed at the great height of the waterfall. 巨大的瀑布使他们大为吃惊。]

amazement [əˈmeizmənt] n. 吃惊，惊奇，诧异

amazing [əˈmeiziŋ] a. 令人吃惊的/**amazingly** ad. 吃惊地；非常

ambassador [æmˈbæsədə] n. ①（驻外国的）大使②特使，专使

amber [ˈæmbə] n. ①琥珀②琥珀色 ‖ a. 琥珀制的，琥珀色的

ambergris [ˈæmbəgri(ː)s] n. 龙涎香

ambidextrous [ˌæmbiˈdekstrəs] a. 两手均可灵活使用的

ambiguity [ˌæmbiˈɡjuːiti] n. ①意义含糊；模棱两可的话②可做两种或多种解释

ambiguous [æmˈbiɡjuəs] a. ①有两种或两种以上解释的，含糊的②不明确的 [Don't be so ambiguous in your answers. 你的回答意义要明确。]/**ambiguously** ad.

amble [ˈæmbl] v. ①（马的）溜蹄，慢步；缓行②（人的）散步；缓步 ‖ n. ①（马的）慢步；溜蹄②（人的）散步，慢步

ambuscade [ˌæmbəsˈkeid] n. & v. 埋伏；伏兵

ambush [ˈæmbuʃ] n. ①伏兵②埋伏①埋

伏以待 [Ambush your troops in the woods. 把你们的部队埋伏在树林中。]②伏击 [He was ambushed and captured as he approached the bridge. 当他接近大桥时遭到了伏击并被俘获。]

ameliorate [əˈmiːljəreit] v. 改善；改良 [The workers sought to ameliorate their working conditions. 工人们争取改善他们的工作条件。]/**amelioration** n.

amenable [əˈmiːnəbl] a. 应服从的；顺从的；有服从义务的 [Bob is amenable to kindness, but not to force. 鲍勃是个服软不服硬的人。]/**amenability** n. /**amenably** ad.

amend [əˈmend] v. ①改善；改良；改正 [Harold was told to amend his manners. 有人告诉哈罗德改正他的举止。]②修正（规则、提案等）[Some selfish groups try to get laws amended to favor them. 有些自私的团体试图修改法律以便他们有利。]

amendment [əˈmendmənt] n. ①改善；改良②修正③修 正 [The first ten amendments to the Constitution are called the Bill of Rights. 对宪法的前 10 个修正案称为权利法案。]

amends [əˈmendz] n. [单复数] 赔偿，补偿，赔罪 [He tried to make amends for his rudeness by apologizing. 他试图以道歉的形式来补偿他的粗鲁。]

amenity [əˈmiːnəti] n. ①使人愉快的事物，环境等 [The amenity of the Mexican climate attracted us. 墨西哥令人愉快的气候吸引着我们。]②[复] 寒暄；令人愉快的举动；(社交) 礼节 [The amenities require her to thank him. 出于礼节，她感谢他。]

America [əˈmerikə] n. ①美洲，既可以指北美 也可以指 南美、南美 和中美洲共同组成美 洲②美国

American [əˈmerikən] a. ①美洲的，美国的 [the American Indians 美国印第安人]②美国外交的 [American foreign policy 美国外交政策] ‖ n. ①美洲人②美 国人；美国公民

A

amiable ['eimjəbl] *a.* 亲切的, 友好的, 和蔼可亲的〔an amiable companion 友好的伴侣 an amiable remark 友好的评论〕/ **amiably** *ad.*

amid [ə'mid] *prep.* 在…中, 在…当中〔Weeds grew amid the flowers. 花中长草了。〕

amidships [ə'midʃip(s)] *ad.* 在(或朝着)船舰中部的; (船)在纵中线上〔The larger vessel struck us amidships. 那艘大船撞着我们船中部。〕

amidst [ə'midst] *prep.* 在…之中; 在…中间

amiss [ə'mis] *ad. & a.* 偏, 歪, 错误地; 有差错的; 不恰当的〔If nothing goes amiss, he will return on Monday. 如果没有差错, 他星期一将返回。〕

amity ['æmiti] *n.* 和好, 和睦, 友好, (尤指国与国之间的关系)友谊

ammunition [æmju'niʃən] *n.* 弹药〔进攻或防御手段〔The encyclopedia provided him with ammunition for his argument. 百科全书为他的论点提供依据。〕

amnesty ['æmnesti] *n.* 大赦〔The king granted amnesty to the imprisoned rebels. 国王下令对在押的反叛者实行大赦。〕

among [ə'mʌŋ] *prep.* ①被…所环绕; 在…中间〔You are among friends. 你在朋友中间。〕②从…中〔He passed among the crowd. 他挤过人群。〕③〔与复数名词、代词或集合名词连用, 表示包括在内, 有连带关系〕在…之中〔She is the fairest among women. 她是女人中最美丽的。〕④〔表示涉及二人以上之〕划分, 分配; 所有; 联合活动〔The estate was divided among the relatives. 这份遗产分配给亲属们。〕⑤相互〔Don't quarrel among yourselves. 你们不要相互争吵。〕

amongst [ə'mʌŋst] *prep.* 在…中间

amorous ['æmərəs] *a.* ①多情的; 色情的; 与爱情有关的②恋爱的〔amorous words 情话 an amorous suitor 求爱者〕②爱情/**amorously** *ad.*

amorphous [ə'mɔːfəs] *a.* ①无定形的〔The amoeba is a tiny, amorphous animal. 阿米巴原虫是一种小的、不定形动物。〕②难以明确定形、定性的〔an old mansion of a rambling, amorphous style 凌乱的难以定形的旧式建筑〕③非结晶的〔a lump of amorphous charcoal 一大堆非结晶的木炭〕

amount [ə'maunt] *v.* ①总计, 共达〔The bill amounts to ＄450. 帐单总计 450 美元。〕②等于〔His failure to answer our request amounts to a refusal. 他没答复我们的请求等于拒绝。〕‖ *n.* ①总数, 数量②量〔a small amount of rain 小量雨水〕

ampere ['æmpɛə] *n.* 安培(电流强度单位)

amphibious [æm'fibiəs] *a.* ①两栖〔an amphibious plant 两栖植物〕②两栖的交通工具〔an amphibious truck 两栖卡车〕

ample ['æmpl] *a.* ①宽敞的, 宽大的②充分的, 足够的; 富裕的〔From his ample funds, he gave to many in need. 他用钱帮助了许多需要的人。Our coal supply is just ample for the winter. 我们的煤贮备足够过冬用的。〕

amplification [æmplifi'keiʃən] *n.* ①扩大, 放大, 加强②扩充, 详述〔Your report needs some amplification. 你的报告需要扩充一些。〕

amplifier ['æmplifaiə] *n.* ①放大器, 扩大器, 增幅器②扩音机

amplify ['æmplifai] *v.* ①放大, 增强②引申, 详述, 作进一步阐述〔He bored us by amplifying every small point in the story. 他对故事中的每一个小细节都作详述使我们厌烦。〕

amplitude ['æmplitjuːd] *n.* ①广大, 广阔②充足, 丰富

amply ['æmpli] *ad.* 广大地, 广泛地, 充足地, 详细地〔You will be amply rewarded. 你将获得充分的奖励。〕

amputate ['æmpjuteit] *v.* ⒉〔医〕切断, 截(肢)〔The doctor amputated his leg below

讯号，报警器［He blew his bugle to sound the alarm. 他吹响了军号报警。］②敲钟，警报器报警［a fire alarm 火警］③惊慌，恐慌［The village was filled with alarm when the river started to flood. 当河水泛滥时，使整个村庄充满了恐慌。］‖ v. ①使恐慌，惊吓②向……报警，使警觉［He was alarmed to find the house empty. 使他感到恐慌的是发现屋内空无一人。］

alarming［ə'lɑ:miŋ］a. 使人惊慌的，引起惊慌的，告急的，危言耸听的［There has been an alarming increase in traffic deaths. 因交通事故而死亡的人数惊人地上升。］/**alarmingly** ad.

alb［ælb］n.（牧师、神父穿的）白长袍

albatross［'ælbətrɔs］n. 信天翁

albeit［ɔ:l'bi:it］conj.［古］纵令，虽然［He was an unlearned man, albeit no fool. 他虽然不傻，但却是个无知的人。］

albino［æl'bi:nəu］n. ①患白化病的人（或动植物）②［生］白化体/**albinos**［复］

album［'ælbəm］n. ①相片簿，邮票簿②文选，画片选，摄影选③唱片集，片套

albumen［'ælbjumin］n. ①蛋白②［生化］白朊，白蛋白

albumin［'ælbju:min］n.［生化］白朊，白蛋白

alchemist［'ælkimist］n. 炼金术士，炼丹家

alchemy［'ælkəmi］n. ①（中古时代）炼金术，炼丹术②魔力，秘法

alcohol［'ælkəhɔl］n. ①酒精，乙醇②酒［The doctor warned against the use of alcohol. 医生告诫不要喝酒。］

alcoholic［ælkə'hɔlik］a. 酒精的，含酒精的‖ n. 酒鬼

alcove［'ælkəuv］n. 壁橱，凹室

alert［ə'lə:t］a. ①留心的，机警的［an alert guard 一位机警的哨兵②活跃的，机灵的［Grandmother is very alert for a woman of eighty-five. 作为一位85岁的妇女来说祖母是很机灵了。］‖ n. ①警戒，

警报②警戒期间 ‖ v. 使警觉，使……处于待命状态［The soldiers were alerted before the attack. 在进攻之前，使士兵们都处于待命状态。］/**on the alert** 警惕，提防/**alertly** ad. /**alertness** n.

algae［ældʒi:］n.［复］海藻/**alga**［单］

algebra［'ældʒibrə］n. 代数学，代数

algebraic［ældʒi'breiik］a. 代数的/**algebraically** ad.

alias［'eiliæs］n. 化名，别名 ‖ ad. 别名［John Bell alias Paul Jones. 贝尔约翰别名保罗·琼斯。］

alien［'eiljən］a. ①外国的，异国的；异己的，相异的；不相容的 ‖ n. ①外国人②外侨/**alien to** 与……相反，不合［Cruel words were alien to his lips. 脏话不会出自他的口。］

alienate［'eiljəneit］v. ①使疏远［His bad temper alienated us. 他的坏脾气使我们都疏远他。］②让渡（财产）的所有权/**alienation** n.

alienist［'eiljənist］n. 精神病学家，精神病医生

alight［ə'lait］v. ①下（马、公共汽车等）［She alighted from her horse. 她从马上下来。］②（指鸟）落（枝头）［The bird alighted on the ground. 这只鸟落到地上。］③偶然发现，碰见

align［ə'lain］v. ①使成一条线，使成一行［Align the chairs along the wall. 把椅子沿墙边排好。］②使……一致，使密切合作，使结盟［Senator Blake has aligned himself with the conservatives. 布莱克议员与保守党密切合作。］

alignment［ə'lainmənt］n. 列队，成直线［The front wheels are out of alignment. 前面的轮子偏了。］②结盟，联合，组合［a new alignment of western European nations 一个西欧国家新盟团体］

alike［ə'laik］a. 相同的，一样的，相似的［His mother and sister look alike. 他的母亲和姐姐相貌相似。］‖ ad. 一样，相等，相似［Their father treated them alike. 他们的父亲对他们同等对待。］

A

alimony [ˈæliməni] n. 赡养费,抚养费,生活费

alive [əˈlaiv] a. ①活着的,在世的 ②有活力的,有生气的 ③ to keep memories alive 记忆犹新 ③敏感的,感觉到的,注意到的/alive to 注意到/alive with 充满(活的或动的东西)

alkali [ˈælkəlai] n. 碱,强碱的/alkalis, alkalies [复]

alkaline [ˈælkəlain] a. 碱的,含碱性的/alkalinity [ælkəˈliniti] n.

all [ɔːl] a. ①一切的,所有的,整个的,全部的[in all England 在整个英格兰] ②每一个的[All men must eat. 所有的人必须吃饭。] ③尽可能的,极度的[My apology was made in all sincerity. 我衷心地致以歉意] ④任何的[true beyond all question 真理不允许怀疑] ⑤惟一的,独自的[Life is not all pleasure. 生活不光是享乐。] ‖ pron. ①每一个;全体;整个[All of us are here. 我们全都在这儿。] ②所有的一切[All is over between them. 他俩之间的一切全完了。] ③每一部分[All of the candy is gone. 糖全部溶解了。] ‖ n. ①[与物主代词连用]所有的一切[He gave his all to the cause. 他将自己的全部精力投入到这项事业。] ②全部[That is all you are going to get. 那就是你要得到的一切。] ‖ ad. ①全部地,完全地,十分[all through the night 一整夜] ②(球赛等)双方得分相等的,打平的[The score is thirty all. 比分是30平。] ‖/above all 首先,首要/after all 毕竟,终究/all but 几乎,差一点/all in [口]疲乏到极点/all in all 总的说来,总而言之;头等重要的,最心爱的东西/all over 到处,完全之涣/all 全然,最少程度①②在任何方面③在任何条件下/for all 尽管,/in all 总共

all-around a. 全面的,才能多方面的,(工具等)多用途的[A tractor is a piece of all-around farm machinery. 拖拉机是一种多用途的农机。]

allay [əˈlei] v. 使休息,使安静,使沉着,减轻[His confident manner helped to allay their fears. 他的自信举止有助于减轻他们的恐惧。] ②缓和(痛苦、烦恼、兴奋)

allegation [æliˈgeiʃən] n. ①陈述;辩解 ②断言,主张(尤指提不出证明的)[a false allegation of bribery 一次对贿赂的错误判断]

allege [əˈledʒ] v. ①断言(常指无根据的)[He alleged that he had seen a flying saucer. 他断言他曾看到过飞碟。] ②(作为事实、理由、借口、辩解)提出[In his defense he alleged insanity at the time of the crime. 在他的辩护中他经常为罪犯辩解。]

allegiance [əˈliːdʒəns] n. ①忠诚,忠于[We pledge allegiance to the flag as a symbol of our country. 我们对国旗宣誓忠于祖国。] ②效忠

allergic [əˈləːdʒik] a. ①过敏的 ②变态反应的

allergy [ˈælədʒi] n. 变态反应,过敏症[Hay fever is often caused by an allergy to certain pollens. 枯草热常常是对于某些花粉接触而引起的过敏症。]

alleviate [əˈliːvieit] v. 减轻,缓和[Drugs are sometimes used to alleviate pain. 有时使用药物减轻疼痛。]/alleviation n.

alley [ˈæli] n. 胡同,小巷,公园(庭院)中的小径

alliance [əˈlaiəns] n. ①联合,同盟,联盟 ②联姻 ③[植]群落属

allied [əˈlaid] a. ①同盟的[allied nations 同盟国] ②性质上有密切联系的

allies [əˈlaiz] n. ally 的复数形式/the Allies 同盟国,盟国,盟军

alligator [ˈæligeitə] n. 短嘴鳄

alliteration [əˌlitəˈreiʃən] n. 押头韵;头韵

allocate [ˈæləukeit] v. ①把(物资、资金)划归[Congress has allocated funds for building large dams. 国会已为建设大坝调拨了资金。] ②分配,分派(指按计划)[He allocated his time between work and play. 他按计划平均分配工作和娱乐时间。]/**allocation** n.

allot [ə'lɔt] v. ①(按股或按规定) 分配，配给 [The land was allotted equally to the settlers. 将这片土地平均分配给移居者。] ②规定，派定 [Each speaker is allotted five minutes. 每个发言者规定为 5 分钟。]

allotment [ə'lɔtmənt] n. 分配，分派，份额

allow [ə'lau] v. ①允许，准许 [Allow us to pay. 允许我们付款。] ②给，让…得到，同意给予 [She allowed herself no candy. 她戒食糖果。] ③允许进入或允许住在 [Dogs are not allowed on buses. 公共汽车不允许带狗。] ④认同，承认 [His claim for $ 50 was allowed. 他的 50 美元的索赔得到了承认。] ⑤酌加，酌减 [Allow an inch for shrinkage. 酌加 1 公分作为收缩的余地。]/**allow for** 考虑到，顾及，体谅 [In comparing Jack's skill with Jerry's, allow for the difference in their ages. 把杰克与杰丽进行技能比较，要考虑到他们年龄上的差异。]

allowance [ə'lauəns] n. ①津贴，所允许给予的量，补助费 [We give an allowance of $ 2 on your used tire when you buy a new one. 当你买一个新轮胎时我们给予 2 美元作为你的旧胎车贴。] ②允许有余地，斟酌，酌量，估量 ②原谅，体谅 /**make allowance for** ①留有余地，斟酌，酌量，估量 ②原谅，体谅

alloy ['ælɔi] n. ①合金 ②(金银) 的成色，成份 ‖ v. [ə'lɔi] ①熔合 (金属) 合铸 ②使 (金属) 减低成色，减损 (兴趣等) [His kindness was allowed by his desire to be praised. 由于他急于得到表扬而减弱了他的好意。]

all right ①满意的，足够的 [Your work is all right. 你的工作是令人满意的。] ②同意，是的，很好 [All right, I'll go. 好的，我会做的。] ③当然 [She'll go all right, but she wants to be coaxed. 她当然会去的，只是需要好言相劝。]

all-round [ɔl'raund] a. 同 all-around

allude [ə'lju:d] v. 暗示，暗指，(婉转) 提到 [He alluded to secrets which he could not reveal. 他暗示他不可能揭示秘密。]

allure [ə'ljuə] v. 引诱，诱惑，勾引 ‖ n. 诱惑力，魅力 [the allure of far away place 远方的诱惑力]

allurement [ə'ljuəmənt] n. ①诱惑 ②诱惑力 ③诱惑物

alluring [ə'ljuriŋ] a. 诱惑的；迷人的；引人的；媚人的 [an alluring offer 引人向往的提议]

allusion [ə'lju:ʒən] n. ①暗指 ②引喻

alluvial [ə'lju:vjəl] a. 冲积的；淤积的 [alluvial deposits at the mouth of the river 河口那儿的冲积物]

ally [ə'lai] v. ①使结盟；使联姻 [Nations often ally themselves by treaty. 国家之间常常按照条约结成联盟。] ②与…(在起源或性质上) 关联 [The onion is allied to the lily. 洋葱与百合有亲缘关系。] ‖ n. 同盟国；同盟者；伙伴，助手 [England was our ally during World War Ⅱ. 在第二次世界大战期间英国是我们的盟国。]

almanac ['ɔ:lmənæk] n. 历书，年历，年鉴

almost ['ɔ:lməust] ad. 差不多，几乎，将近 [She tripped and almost fell. 她被绊了一下，差一点摔倒了。Dan is almost twelve. 丹快 12 岁了。]

alms [a:mz] n. [单复同] 施舍物；救济金

almshouse 贫民所；救济院

aloft [ə'lɔft] ad. ①高高地；向上 [The boy swung aloft into the upper branches of the tree. 这个男孩在树叉上向上荡秋千。] ② [海] 在桅杆高处

alone [ə'ləun] ad. & a. ①单独地 [The hut stood alone on the prairie. 小屋孤零零地坐落在草原上。] ②独自地 [She likes to walk alone. 她喜欢独自散步。] ③ [用在名词或代词后面] 只，只有；仅仅 [The carton alone weighs five pounds. 只这个纸盒箱就五磅重。]/**let alone** ①不干涉；不管 ②更不用说 [Let well enough alone.

A

满足于现状。]

along [ə'lɒŋ]*prep.* 沿着[Put these planks along the wall. 将木板沿墙摆放。]‖ *ad.* ①一起[Come along with us. 和我们一起来。]②向前[The policeman told us to move along. 警察告诉我们向前移动。]③在手边[Take your camera along. 带着你的相机吧。]/**all along** 始终,一直,一贯[She knew our secret all along. 她对我们的秘密了如指掌。]/**along with** 一道,一起②以外/**get along** ①向前走②过活,生活[How can you get along on $ 50 a week? 一周50美元,你怎么生活呢?]③进展,进步④与友好相处,和谐

alongside [ə'lɒŋ'said]*prep.* 在…旁边,与…并肩[You will find the car alongside the building. 你会发现车在大楼的旁边。]/**alongside of** 在…旁边,与…并肩

aloof [ə'lu:f] *a. & ad.* 离开,避开,远离,冷淡的,孤零零的

aloud [ə'laud] *ad.* ①高声,响亮[You may whisper in the library, but don't talk aloud. 在图书馆里,你可以低声说话,但不要大声讲话。]②出声地

alphabet [ˈælfəbit] *n.* ①字母表②字母系统

alphabetical [ˌælfəˈbetikəl] *a.* ①字母(表)的,按字母顺序的/**alphabetically** *ad.*

alphabetize [ˈælfəbətaiz] *v.* 依字母顺序排列

already [ɔ:lˈredi] *ad.* 已经,早已[When we arrived,dinner had already begun. 我们到达时,晚餐已经开始了。I am already ten minutes late. 我已迟到了10分钟。]

also [ˈɔ:lsəu] *ad.* 亦,也,同;而且,还[He wrote the play and also acted in it. 他写了剧本,而且还在剧中表演。]

altar [ˈɔ:ltə] *n.* ①祭坛;圣餐台;圣坛②(基督教中)圣餐桌,神坛

alter [ˈɔ:ltə] *v.* 变更,改变,改换,改建(房屋)[The weather alters with the seasons. 气候随季节变换。The tailor altered the shoulders on the jacket. 裁缝改了上衣的

肩膀处。]/**alterable** *a.*

alternate [ˈɔ:ltəneit] *a.* ①交替的,轮流的②隔一的,间隔的[We take piano lessons on alternate Tuesdays. 每隔一个星期二我们有钢琴课。]‖ *v.* [ˈɔ:ltəneit]①交替,使交替[Good times alternate with bad. 好时光与恶运轮流交替。]②轮流,交替[The boys and girls alternate in using the swimming pool. 男孩子和女孩子轮流使用游泳池。]/**alternately** *ad.* /**alternation** *n.*

alternative [ɔ:lˈtə:nətiv] *a.* 二中选一的[There are alternative routes you can take to town. 去城里有两条路可供选择。]‖ *n.* ①二者之一,二中选一②选择对象,替换物/**alternatively** *ad.*

although [ɔ:lˈðəu] *conj.* 尽管,虽然(有时拼作 altho)[Although the sun is shining,it may rain later. 尽管阳光明媚,过会儿也许会下雨。]

altimeter [ˈæltimitə] *n.* 测高计,高度表

altitude [ˈæltitju:d] *n.* ①高,高度,海拔②高处,高位

alto [ˈæltəu] *n.* ①女低音,男声最高音,中音部②中提琴‖ *a.* 中音部的/**altos** [复]

altogether [ˌɔ:ltəˈgeðə] *ad.* ①完全的,全部的[You're not altogether wrong. 你并不是完全错了。]②总而言之,共计

altruism [ˈæltruizəm] *n.* 利他主义,利他/**altruist** *n.* 利他主义者

always [ˈɔ:lweiz] *ad.* ①永远地,始终,总是,经常[We always have potatoes at dinner. 我们晚餐总是吃土豆。]②不断地,永远[He swore to love her always. 他发誓永远爱她。]

am [æm] 动词 be 的第一人称,单数,与"I"连用在现在式中[I am happy. 我很幸运。]

AM, AM. 调幅

AM, am, 午前,上午[Be here at 8:30 AM 上午8:30 到这里。]

amalgamate [əˈmælgəmeit] *v.* 混合;联合;合并[Five small businesses were amalgamated to form the corporation. 这家公司是由 5 个小企业合并而成的。〕/**amalgamation** n.

amass 〔ə'mæs〕v. 堆积;收集;积累〔to amass much money 积累钱财〕

amateur 〔'æmətə(:)〕n.①业余爱好者②非专业性人员‖a.①爱好…的〔an amateur performance 游艺会〕②业余的〔an amateur athlete 业余运动员〕

amateurish 〔ˌæmə'tə:riʃ〕a. 业余的,不熟练的

amatory 〔'æmətəri〕a. 爱情的,色情的,爱人的,恋爱的〔Romeo's amatory speech 罗密欧的爱情表白〕

amaze 〔ə'meiz〕v. 使大为惊异,使惊愕,使愕然〔They were amazed at the great height of the waterfall. 巨大的瀑布使他们大为吃惊。〕

amazement 〔ə'meizmənt〕n. 吃惊,惊奇,诧异

amazing 〔ə'meiziŋ〕a. 令人吃惊的/**amazingly** ad. 吃惊地;非常

ambassador 〔æm'bæsədə〕n.①(驻外国的)大使②特使,专使

amber 〔'æmbə〕n.①琥珀②琥珀色‖a. 琥珀制的,琥珀色的

ambergris 〔æmbəgri(:)s〕n. 龙涎香

ambidextrous 〔'æmbi'dekstrəs〕a. 两手均可灵活使用的

ambiguity 〔ˌæmbi'gju:iti〕n.①意义含糊;模棱两可的话②可做两种或多种解释

ambiguous 〔æm'bigjuəs〕a.①有两种或两种以上解释的;含糊的②不明确的〔Don't be so ambiguous in your answers. 你的回答意义要明确。〕/**ambiguously** ad.

amble 〔'æmbl〕v.①(马的)溜蹄,慢步;缓行②(人的)散步;缓步‖n.①(马的)慢步;溜蹄②(人的)散步,慢步

ambuscade 〔ˌæmbəs'keid〕n. & v. 埋伏;伏兵

ambush 〔'æmbuʃ〕n.①伏兵②埋伏‖①埋

伏以待〔Ambush your troops in the woods. 把你们的部队埋伏在树林中。〕②〔He was ambushed and captured as he approached the bridge. 当他接近大桥时遭到了伏击并被俘获。〕

ameliorate 〔ə'mi:ljəreit〕v. 改善;改良〔The workers sought to ameliorate their working conditions. 工人们争取改善他们的工作条件。〕/**amelioration** n.

amenable 〔ə'mi:nəbl〕a. 应服从的;顺从的;有服从义务的〔Bob is amenable to kindness, but not to force. 鲍勃是个服软不服硬的人。〕/**amenability** n. /**amenably** ad.

amend 〔ə'mend〕v.①改善;改良,改正〔Harold was told to amend his manners. 有人告诉哈罗德改正他的举止。〕②修正(规则、提案等)〔Some selfish groups try to get laws amended to favor them. 有些自私的团体试图修改法律以便他们有利。〕

amendment 〔ə'mendmənt〕n.①改善;改良;改正②修正〔The first ten amendments to the Constitution are called the Bill of Rights. 对宪法的前 10 个修正案称为权利法案。〕

amends 〔ə'mendz〕n.〔单复数〕赔偿,补偿,赔罪〔He tried to make amends for his rudeness by apologizing. 他试图以道歉的形式来补偿他的粗鲁。〕

amenity 〔ə'mi:niti〕n.①使人愉快的事物,环境等〔The amenity of the Mexican climate attracted us. 墨西哥令人愉快的气候吸引着我们。〕②〔复〕寒暄;令人愉快的举动;(社交)礼节〔The amenities require her to thank him. 出于礼节,她感谢他。〕

America 〔ə'merikə〕n.①美洲,既可以指北美也可以指南美、北美、南美 和中美洲共同组成美洲③美国

American 〔ə'merikən〕a.①美洲的,美国的〔the American Indians 美国印第安人〕②美国的〔American foreign policy 美国外交政策〕‖n.①美洲人②美 国人;美国公民

A

amiable ['eimjəbl] a. 亲切的,友好的, 和蔼可亲的〔an amiable companion 友好 的伴侣 an amiable remark 友好的评论〕/ **amiably** ad.

amid [ə'mid] prep. 在…中,在…当中 〔Weeds grew amid the flowers. 花中长草 了。〕

amidships [ə'midʃip(s)] ad. 在(或朝 着)船舰中部的;(船)在纵中线上〔The larger vessel struck us amidships. 那艘大船 撞着我们船中部。〕

amidst [ə'midst] prep. 在…之中;在…中 间

amiss [ə'mis] ad. & a. 偏,歪;错误地; 有差错的;不恰当的〔If nothing goes a-miss,he will return on Monday. 如果没有 差错,他星期一将返回。〕

amity ['æmiti] n. 和好,和睦,友好,(尤指 国与国之间的关系)友谊

ammunition [ˌæmju'niʃən] n. 弹药(2) 进攻或防御手段〔The encyclopedia pro-vided him with ammunition for his argu-ment. 百科全书为他的论点提供依据。〕

amnesty ['æmnesti] n. 大赦〔The king granted amnesty to the imprisoned rebels. 国王下令对在押的反叛者实行大赦。〕

among [ə'mʌŋ] prep. ①被…所环绕;在 …中间〔You are among friends. 你在朋友 中间。〕②从…中〔He passed among the crowd. 他挤过人群。〕③〔与复数名词、代 词或集合名词连用,表示包括在内,有连 带关系〕在…之中〔She is the fairest a-mong women. 她是女人中最美丽的。〕④ 〔表示涉及二人以上之〕划分,分配;所 有;联合活动〔The estate was divided a-mong the relatives. 这份遗产分配给亲属 们。〕⑤相互〔Don't quarrel among your-selves. 你们不要相互争吵。〕

amongst [ə'mʌŋst] prep. 在…中间

amorous ['æmərəs] a. ①多情的;色情 的;与爱情有关的;恋爱的〔amorous words 情话 an amorous suitor 求爱者〕② 爱情的/**amorously** ad.

amorphous [ə'mɔːfəs] a. ①无定形的 〔The amoeba is a tiny, amorphous animal. 阿米巴原虫是一种小的、不定形动物。〕 ②难以明确定形,定性的〔an old mansion of a rambling, amorphous style 凌乱的难以 定形的旧式建筑〕③非结晶的〔a lump of amorphous charcoal 一大堆非结晶的木 炭〕

amount [ə'maunt] v. ①总计,共达〔The bill amounts to $450. 帐单总计 450 美 元。〕②等于〔His failure to answer our re-quest amounts to a refusal. 他没答复我们 的请求等于拒绝。〕‖n. ①总数,数额,数 量②量〔a small amount of rain 小量雨水〕

ampere ['æmpɛə] n. 安培(电流强度单 位)

amphibious [æm'fibiəs] a. ①两栖的 〔an amphibious plant 两栖植物〕②两栖 的交通工具〔an amphibious truck 两栖卡 车〕

ample ['æmpl] a. ①宽敞的,宽大的②充 分的,足够的;富裕的〔From his ample funds, he gave to many in need. 他用钱帮 助了许多需要的人。Our coal supply is just ample for the winter. 我们的煤贮备足 够过冬用的。〕

amplification [ˌæmplifi'keiʃən] n. ①扩 大,放大,加强②扩充,详述〔Your report needs some amplification. 你的报告需要 扩充一些。〕

amplifier ['æmplifaiə] n. ①放大器,扩大 器,增幅器②扩音机

amplify ['æmplifai] v. ①放大,增强②引 申,详述,作进一步阐述〔He bored us by amplifying every small point in the story. 他 对故事中的每一个小细节都作详述使我 们厌烦。〕

amplitude ['æmplitjuːd] n. ①广大,广 阔②充足,丰富

amply ['æmpli] ad. 广大地,广泛地,充足 地,详细地〔You will be amply rewarded. 你将获得充分的奖励。〕

amputate ['æmpjuteit] v. 〔医〕切断,截 (肢)〔The doctor amputated his leg below the knee. 医生为他做了小腿截肢术。〕/ **amputation** n.

amuck [ə'mʌk] ad. 杀气腾腾地；疯狂地，狂暴地/**run amuck** 乱砍乱杀，胡作非为

amulet ['æmjulit] n. 护身符

amuse [ə'mju:z] vt. ①给…娱乐（或消遣）〔We amused ourselves with games. 我们做游戏来消遣。〕②逗…乐，逗…笑〔His jokes amused me. 他的玩笑逗得我直乐。〕

amusement [ə'mju:zmənt] n. ①娱乐；消遣，乐趣②娱乐活动〔The merry-go-round is my favorite amusement in the park. 公园里的转木马是我最喜欢的娱乐活动。〕/**amusing** a. 逗乐的/**amusingly** ad.

an [æn 强，ən 弱] a. ①一个；一种〔He drives an automobile to work. 他驾车去上班。〕②（表示同类中的）任何一个〔An ant is a kind of insect. 蚂蚁是一种昆虫。〕③不定冠词④（在习惯用法上，相当于介词 in,for,on,的作用）…换得〔He earns one dollar an hour. 他 1 小时挣得 1 美元。〕

-an [ən][后缀]①…的，有…特性；属于…的〔a diocesan bishop 主教管区的主教〕②…地方的人〔a European 欧洲人〕

analgesic [ænəl'dʒesik] a. 止痛的，痛觉丧失的‖n. 止痛药

analogous [ə'næləgəs] a. 类似的，相似的；模似的〔An electronic calculating machine is analogous to the human brain. 电子计算器与人脑相似。〕

analogy [ə'nælədʒi] n. 比喻；相似，类似

analysis [ə'næləsis] n. 分析，分解，解析

analyst ['ænəlist] n. 分析者，化验员，分解者

analytic(al) [ˌænə'litik (əl)] a. ①分析的，分解的，解析的〔an analytical process 分析的过程〕②分析学家〔an analytical person 一个分析学者〕/**analytically** ad.

analyze ['ænəlaiz] v. 分析，分解，解析〔to analyze a chemical 分解化学制品 to analyze the causes of war 分析战争原因〕

anarchism ['ænəkizəm] n. 无政府主义

anarchist ['ænəkist] n. ①无政府主义者②扰乱秩序的人

anarchy ['ænəki] n. ①无政府状态②混乱无秩序/**anarchic** [æ'nɑ:kik] a.

anatomical [ˌænə'tɔmikəl] a. 解剖的，解剖学上的

anatomist [ə'nætəmist] n. 解剖学者，解剖者

anatomy [ə'nætəmi] n. ①解剖术，分析，解剖学②解剖体，组织，构造③人体骨骼〔The anatomy of a frog is in many ways like that of a person. 青蛙的骨骼非常像人的骨骼。〕

-ance [əns][后缀]①表示"行动"②表示"状况"③表示"性质"

ancestor ['ænsistə] n. ①祖先，祖宗〔His ancestors lived in Italy. 他的祖先们生活在意大利。〕②动物品种的原型，原种/**ancestress** ['ænsestris] n.

ancestral [æn'sestrəl] a. 祖传的，祖先的〔ancestral jewels 祖传的宝石〕

ancestry ['ænsistri] n. 家世，世系；列祖〔a man of noble ancestry 出身贵族世家的人〕

anchor ['æŋkə] n. ①锚，锚状物②[喻]依靠，危难时可依靠的人（或物）〔In time of trouble, faith was his only anchor. 困难时期，信仰是他的惟一支柱。〕‖v. ①把…固定住②抛锚，固定〔The shelves are anchored to the wall. 架子被固定在墙上。〕/**weigh anchor**①起锚②起动，离去

ancient ['einʃənt] a. ①古代，远古（大约公元 500 年前）②已往的，旧式的〔their ancient quarrel 他们已往的争吵〕/**the ancients** 古代民族，古人

anciently ['einʃəntli] ad. 从前，古时候，在古代〔The world was anciently believed to be flat. 古时候世界被认为是平的。〕

A

-ancy [ənsi] [后缀]同-ance

and [ænd 强, ənd 弱] conj. ①和，又，与，同，并，兼 [Come to the party and bring your friend. 来参加晚会并带着你的朋友。] ②加，加上 [6 and 2 makes 8. 6 加 2 等于 8。] ③那么，就会，…就 [Help me and I'll be grateful. 帮助我，我将非常感激。] ④ [口] [用于 go，come，try 等动词间] [Try and come. 尽量来。]

anecdote [ˈænikdəut] n. 轶事；趣闻 [He told an anecdote about the first time he tried to ski. 他讲述了他首次滑雪的趣闻。] / **anecdotal** a.

anemia [əˈniːmiə] n. 贫血，贫血症

anemic [əˈniːmik] a. 贫血的

anemometer [ˌæniˈmɔmitə] n. 风速表

anemone [əˈneməni] n. ① [植] 白头翁 ②秋牡丹 ③海葵

anesthesia [ˌænisˈθiːzjə] n. 失去知觉，麻醉状态，麻醉学

anesthetic [ˌænisˈθetik] a. 麻醉的 [an anesthetic drug 麻醉药] ‖ n. 麻醉剂；局部麻醉剂 [a local anesthetic 局麻药 a general anesthetic 全麻]

anesthetist [æˈniːsθətist] n. 麻醉师

anesthetize [æˈniːsθətaiz] v. 麻醉

anew [əˈnjuː] ad. ①重新；再一次 [The truce ended and the war began anew. 停战结束了，战争又重新开始了。] ②以一种新的或不同的方式 [They tore down the slums and began to build anew. 他们拆除了贫民窟，以一种新的方式重新建设。]

angel [ˈeindʒəl] n. ①天使 ②可爱或纯洁的人③守护神 [your good angel 吉神]

angelic(al) [ænˈdʒelik(1)] a. ①天使的；如天使的②有天使性质的

anger [ˈæŋgə] n. 怒，忿；愤怒 ‖ v. 使发怒 [Her rude reply angered her brother. 她的粗鲁回答激怒了她的兄弟。]

angle [ˈæŋgl] n. ①角 [acute angle 锐角 right angle 直角 obtuse angle 钝角] ② [事物的] 方面；角度③观点，看法 [Consider the problem from all angles. 以全面的观点考虑这个问题。] ‖ v. ①使(摄像机等)转向某一角度② [口] 诡计，手段，隐蔽的个人动机

angle [ˈæŋgl] v. ①钓鱼② [用不正当的手段] 获取 [to angle for a compliment by flattering another 以恭维别人的方法博得夸奖]

angler [ˈæŋglə] n. ①钓鱼者②沽名钓誉者，追逐(名利等)的人

angleworm [ˈæŋglwəːm] n. 蚯蚓

Anglo- [ˈæŋgləu] prefix. [字首] 英国的 [an Anglo-American treaty 英美条约]

angry [ˈæŋgri] a. ①发怒的，愤怒的 [angry words 愤怒的语言 an angry crowd 愤怒的人群] ②(风雨等)狂暴的 [an angry sea 怒涛] ③(患处)肿痛发炎的 [an angry wound 红肿的伤口]

anguish [ˈæŋgwiʃ] n. (尤指心理上的)剧烈痛苦，烦恼，苦闷 [She was in anguish until her child was found. 她心里一直极端苦恼直到找到了她的孩子。] / **anguished** a.

angular [ˈæŋgjulə] a. ①有角的；有尖角的②用角度量的；角的③不灵活的；生硬的④骨瘦如柴的 [an angular face 削瘦的面孔]

animal [ˈæniməl] n. ①动物②四足动物③兽；畜牲 ‖ a. ①动物的 [animal fats 动物脂肪] ②野兽的；肉体的 [He lives an animal existence. 他过着野兽一样的生活。]

animate [ˈænimeit] a. 有生命的；活的；生气勃勃的 [animate beings 活体] ‖ v. ①赋予生命②使活泼，使有生气 [A smile animated her face. 微笑使她的脸上增添了无限生机。] ③使受鼓舞 [She is animated only by a desire to help others. 想帮助别人的愿望鼓舞着她。]

animated [ˈænimeitid] a. ①栩栩如生的 [an animated cartoon 栩栩如生的卡通片] ②精力旺盛的，生气勃勃的 [an animated conversation 生气勃勃的谈话] / **animatedly** ad.

animation [ˌæniˈmeiʃən] n. ①生气；活

A

跃②兴奋;激励〔They spoke with animation of their trip to Mexico. 他们兴奋地讲述了他们的墨西哥之行。〕③动画片制作;动画片

animosity [ˌæniˈmɔsiti] n. 憎恶, 仇恨; 敌意;仇视〔He aroused her animosity by making fun of her. 他因为与她开了个玩笑,而引起她的憎恶。〕

ankle [ˈæŋkl] n. 踝,踝部

anklet [ˈæŋklit] n. ①脚镯;踝环②(妇女和儿童穿的)有脚跟的扣带的鞋③略高于脚踝的短袜

annals [ˈænəlz] n. 〔复〕年鉴②历史记载

annex [əˈneks] v. 附加,添加,附带〔Texas was annexed to the Union in 1845. 1845年美邦又增加了得克萨斯州。〕‖. [ˈæneks] 附加物;附录;附属建筑物群房/**annexation** n.

annihilate [əˈnaiəleit] v. 歼灭;消灭;摧毁〔An atomic war could annihilate whole nations. 原子战争能毁灭全人类。〕/**annihilation** n.

anniversary [ˌæniˈvəːsəri] n. ①周年纪念日,周年纪念日②纪念日‖a. 每年的;周年的;年年的〔an anniversary party 周年晚会〕

annotate [ˈænəteit] v. 给(书等)作注释

annotation [ˌænəuˈteiʃən] n. ①注释②注解

announce [əˈnauns] v. ①宣布;发表;通告〔to announce the opening of a new store 宣布一家新的百货商店开张〕②告知;报知〔He announced that he wasn't going with us. 他告知他不能和我们一起去。〕③预告〔The butler announced each guest as he entered. 男管家通告每个客人的到来。〕④通报,表明〔Footsteps announced his return. 脚步声说明他回来了。〕

announcement [əˈnaunsmənt] n. ①通告;布告;宣告;预告; 声明〔Wedding announcements are usually engraved. 婚礼常常铭刻心间。〕②宣布…即将来临(或已经发生)

announcer [əˈnaunsə] n. ①宣告者②广播员,报幕员,解说员

annoy [əˈnɔi] v. 打搅;烦恼;使颇为生气〔Their loud talk annoyed the librarian. 他们的大声谈话使图书馆管理员颇为生气。〕/**annoying** a.

annoyance [əˈnɔiəns] n. ①烦恼或使人烦恼,为难;麻烦〔He showed his annoyance by frowning. 从那紧皱眉头可以看出他很烦恼。〕②烦恼的事情(或人)〔A barking dog is an annoyance to neighbors. 不停吠叫的狗吵得四邻不安。〕

annual [ˈænjuəl] a. ①每年的,一年一次的〔an annual vacation 每年一次的假〕②年度的〔an annual wage 年薪〕③(植物)一年一生的,季生的〔The marigold is an annual plant. 万寿菊属于年生长植物。〕‖ n. ①年刊,年报,年鉴②年轮;年生植物,季生植物

annuity [əˈnju(ː)iti] n. ①养老金;养老保障金②年金;年金享受权

annul [əˈnʌl] v. 废止(契约、法律等);取消;宣告(某事)无效〔The marriage was annulled after a week. 一周后宣布婚姻无效。〕/**annulment** n.

Annunciation [əˌnʌnsiˈeiʃən] n. ①天使报喜;圣母领报②圣母领报节(3月25日)

anode [ˈænəud] n. 〔电〕阳极,正极

anomalous [əˈnɔmələs] a. 不规则的;异常的;破格的

anomaly [əˈnɔməli] n. 破格;不按常规;异常;畸形物

anon [əˈnɔn] ad. ①不久以后;立即,即刻②再一次;另一次〔I leave now but I shall see you anon. 我现在离开,但不久又会晤到你。〕

anon. [缩]anonymous 匿名的

anonymous [əˈnɔniməs] a. ①无名的〔an anonymous writer 无名作者〕②匿名的〔an anonymous letter 匿名信〕/**anonymously** ad.

another [əˈnʌðə] a. ①又一,另,另外的

A

[May I have another cup of tea? 我可以再要一杯茶吗?]②不同的[She exchanged the dress for another one. 她又换了一件上衣。]③作为同种之一 ‖ *pron.* ①再一;另一[I've had a cookie but I'd have another. 我已经吃了一个小甜饼,但我想再来一个;类似的一个[If one store doesn't have it try another. 如果一个百货店没有,到另一个店看一看。]

answer ['ɑ:nsə] *n.* ①回答;答复[His answer to the insult was to turn his back. 他对侮辱的答复是不予理睬。]②答案 ‖ *v.* ①回答②以…作答;适应;适合[A small tack will answer my purpose. 一颗小钉可助我实现我的目的。]③负责;保证[You must answer for the children's conduct. 你必须对孩子们的行动负责。]/**answer to a description** 与所述相符

answerable ['ɑ:nsərəbl] *a.* ①应负责的[He is old enough to be answerable for his actions. 他已经到了对自己行为负责的年龄。]②可答复的[an answerable argument 一个可驳斥的争论]

ant [ænt] *n.* 蚂蚁

-ant [ænt] [后缀]表示①行为者②…的人(物)

antacid ['ænt'æsid] *a.* 解酸的;抗酸的;防酸的;弱酸 ‖ *n.* 抗酸剂;解酸药

antagonism [æn'tægənizəm] *n.* 对抗,对抗性;对抗作用

antagonistic [,æn'tægənistik] *a.* 对抗的,敌对的,不友好的/**antagonistically** *ad.*

antagonize [æn'tægənaiz] *v.* 对…起反作用;中和;(无意识地)…引起对抗(或反感等)[She antagonized us by her rudeness. 她的粗鲁引起了我们的反感。]

antarctic [æn'tɑ:ktik] *a.* 南极的;南极区的/**Antarctic** *n.* 南极区;南极圈

ante- [前缀]表示"前"

anteater [ænt'i:tə] *n.* 食蚁兽

antecedent [,ænti'si:dənt] *a.* 先行的;先时的;先前的[The witness told of an e-vent antecedent to the robbery. 目击者讲述了先前的抢劫事件。]前事;前事[One's antecedents can mean "one's past history." 前事指人的过去历史。]②[语]先行词;前置代词

antechamber ['æntit∫eimbə] *n.* 前室;接待室

antedate ['ænti'deit] *v.* ①前于,先于[The American Revolution antedated the French Revolution. 美国革命先于法国革命。]②把…上的日期填早(若干时间)[You antedate a check written on May 3 if you put May 1 on it. 如果你把支票写上5月1号,实际上把5月3号的支票填早两天。]

antelope ['æntiləup] *n.* 羚羊

antenna [æn'tenə] *n.* ①触角②天线/**antennae**, **antennas**[复]

anthem ['ænθəm] *n.* ①国歌②[宗]圣歌;颂歌;赞美诗

anthology [æn'θɔlədʒi] *n.* (诗、歌、文、曲)选集

anthracite ['ænθrəsait] *n.* 无烟煤

anthrax ['ænθræks] *n.* 炭疽病

anthropoid ['ænθrəpɔid] *a.* ①(猿等)似人的②似猿的

anthropologist ['ænθrə'pɔlədʒist] *n.* 人类学者(家)

anthropology [,ænθrə'pɔlədʒi] *n.* 人类学/**anthropological** *a.*

anti- [前缀]①表示"反对"②对抗;排斥

antibiotic ['æntibai'ɔtik] *n.* 抗生素;抗菌素,如青霉素

antic ['æntik] *a.* 滑稽的;古怪的 ‖ *n.* 滑稽动作,古怪行为丑角;小丑

anticipate [æn'tisipeit] *v.* ①预期;期望[He anticipated great pleasure from his visit to the ranch. 他期望访问大牧场将获得极大快乐。]②行动在(请求、吩咐等)之前[Our host anticipated our every wish. 我们的主人事先预见到我们每个人的希望。]③抢…之先;占…之先[Some think that the vikings anticipated Clumbus in discovering America. 有些人认为北欧海盗在哥伦布之前就发现了美洲。]/**antici-pation** n.

anticlimax ['ænti'klaimæks] n. ①(修辞中)突降法②(重要性、兴趣等)突降;(命运等的)突然衰败;虎头蛇尾[Last week he wrecked his car, broke his leg, and then, as an anticlimax, caught cold. 上周他驾车失事,摔断了腿,后来又雪上加霜患了感冒。]

antidote ['æntidaut] n. ①解毒药②矫正方法;除害物[a good antidote to the sadness. 解除悲哀的最好良药。]

antifreeze ['ænti'fri:z] n. 防冻剂;防冻液;抗凝剂

antimony [æn'timani] n. [化]锑

antipathy [æn'tipaθi] n. ①反感,厌恶,憎恶[Tom has an antipathy towards dogs. 汤姆十分憎恶狗。]②被人厌恶的事物

antipodes [æn'tipadi:z] n. [复]对跖地,地球上相反的地区

antiquarian [æntikwɛəriən] a. 研究文物的,收藏古物的 ‖ n. 文物工作者,古物收藏者,古董商

antiquary ['æntikwəri] n. 文物工作者,古物收藏者,古董家

antiquated ['æntikwitid] a. 废弃的,变得过时的[antiquated styles 过时的式样 antiquated ideas 陈旧的思想]

antique [æn'ti:k] a. 古时的,自古就有的 ‖ n. 古物,古器,古玩;古式[He sells antiques of colonial America. 他卖了殖民地时期的美国古玩。]

antiquity [æn'tikwiti] n. ①古代(尤指中世纪前)②古迹;古物[The pyramids are of great antiquity. 金字塔是著名的古迹。]③古代的风习(制度等)[a student of Roman antiquities 研究古罗马的学者]

antiseptic [ænti'septik] a. 防腐的 ‖ n. 防腐剂;抗菌剂,如酒精,碘酒

antisocial ['ænti'səuʃəl] a. ①厌恶社交的,孤僻的②反社会的;反对社会组织的[All crimes are antisocial acts. 所有犯罪

都是反社会的行为。]

antithesis [æn'tiθisis] n. [复]①对照,对立,对立面[Joy is the antithesis of sorrow. 高兴和悲伤是对立的意思。]②对语,对句,对偶(修辞学)

antler ['æntlə] n. ①鹿角②多叉鹿角/**antlered** a.

antonym ['æntənim] n. 反义词

anus ['einəs] n. 肛门

anxiety [æŋk'zaiəti] n. ①忧虑;担心;焦急[Her anxiety is caused by John's delay in coming home. 由于约翰没能及时回家而使她焦虑不安。]②渴望,热望[He fumbled the ball in his anxiety to shoot. 尽管他渴望踢好球,可是还是漏掉一球。]

anxious ['æŋkʃəs] a. ①令人忧虑的;在焦急中度过的[She was anxious all during the airplane flight. 飞机飞行期间她一直处于焦虑之中。]②忧虑的;担心的;焦急的[an anxious hour 焦急的时刻]③渴望的;急要的[anxious to do his best 渴望尽他最大的努力]/**anxiously** ad.

any ['eni] a. ①任何,无论哪一[Any pupil in the class may answer. 班上的任何一个人都可以回答。]②[常用于疑问句、否定句、条件从句中,或与含有疑问、否定意义的词连用]什么;一些[Do you have any apples? 你有苹果吗?]③任何的;(三个以上中的)任一[I haven't any dimes. 我没有一分钱。]④任何一个[Any person knows this. 每个人都知道这件事。] ‖ pron. 无论哪一个;无论哪些;一个;一些[I lost my pencils, do you have any? 我把铅笔丢了,你有铅笔吗?] ‖ ad. [常与比较级连用]稍;丝毫[Is any better today? 他今天好些吗?]

anybody ['enibɔdi] pron. 无论谁;任何人[Is anybody home? 屋里有人吗?]

anyhow ['enihau] ad. ①无论怎样[I like eggs anyhow they may be prepared. 无论怎样做我都喜欢鸡蛋。]②无论如何,至少[I don't like the color and anyhow it is not my size. 我不喜欢这颜色,至少型号也不合适。]③随随便便地[Don't do it just anyhow, do it right. 不要随随便便地做，要做就要做好。〕

anyone ['eniwʌn] *pron.* 无论什么人，任何人〔Does anyone know where he lives? 谁知道他住在哪儿?〕

any one ①表示任何人〔Any one boy should be able to carry it by himself. 每一个男孩儿应该自己带着它。〕②任何单数的人或事〔Take one;any one you want. 你想带谁，只能是一个人。〕

anything ['eniθiŋ] *pron.* 〔用于疑问、否定句、条件从句，或用于肯定句但与含有疑问、否定意义的词连用〕任何事（物），什么事（物）〔Did anything important happen while I was gone? 我不在时，发生了什么重要事情了?〕‖ *n.* 事，无论什么样的事〔When she shops she buys anything and everything. 当她逛商店时，她什么东西都买。〕‖ *ad.* 〔作为副词用，加强某一意义〕〔Her hat isn't anything like yours. 她的帽子毕竟与你的不同。〕**anything but**①决不是是〔②除…什么都不；不；单单不〔I'm anything but lonely. 我决不是孤独。〕

anyway ['eniwei] *ad.* 同 anyhow

anywhere ['eniweə] *ad.* ①无论何处〔She always has a good time anywhere she is. 无论她在哪儿，她总是生活得很幸福。〕②任何地方〔He isn't going anywhere. 他哪儿地不去。〕

aorta [ei'ɔːtə] *n.* 〔复〕主动脉/**aortas**, **aortae**〔复〕

apace [ə'peis] *ad.* 飞快地;迅速地〔The plane went forward apace. 飞机向前疾飞。〕

apart [ə'pɑːt] *ad.* ①分开;分离〔The eruptions of the geyser come about one hour apart. 喷泉大约隔 1 小时喷发一次。〕②离开;离去〔Each year I set one week apart to go to the seashore. 每年我要离开一周，去海边度假。〕③拆开〔The ship was blown apart by the bomb. 这颗炸弹把船炸得粉碎。〕‖ *a.* 分离的〔During the war, we were apart for three years. 战争期间，我

们分离了 3 年。〕/**apart from** 除…以外;且莫说〔Apart from newspapers he reads very little. 除了报纸外，他几乎什么也不看。〕

apartment [ə'pɑːtmənt] *n.* 公寓住宅

apathetic [æpə'θetik] *a.* ①无感情的，无感觉的〔Her pitiful plea touched her father who usually seemed apathetic. 她可怜的请求使她的平时看起来毫无感情的父亲深受感动。〕②冷漠的，不感兴趣的，漠不关心的〔It was hard to arouse the apathetic public to danger. 很难唤起冷漠的公众对危险引起注意。〕/**apathetical** *ad.*

apathy ['æpəθi] *n.* ①无感情，无感觉②冷漠;漠然〔Public apathy resulted in a light vote. 公众的冷漠导致选票微乎其微。

ape [eip] *n.* ①无尾猿;类人猿②猴子③模仿者,学样子的人④粗野的大汉 ‖ *v.* 模仿;学…的样

aperture ['æpətjuə] *n.* 裂隙;孔眼，口，孔

apex ['eipeks] *n.* ①顶,顶点〔the apex of a pyramid 金字塔的顶 the apex of his career 他事业上的顶点〕/**apexes**, **apices**〔复〕

aphid ['eifid] *n.* 蚜虫

aphorism ['æfərizəm] *n.* 格言,警句

apiece [ə'piːs] *ad.* 每个;每人;各〔Candy bars are ten cents apiece. 糖棒每个 10 美分。〕

apocryphal [ə'pɔkrifəl] *a.* ①真伪难辨的②作者可疑的

apologetic [əpɔlə'dʒetik] *a.* 道歉的,辩护的,辩解的/**apologetically** *ad.*

apologist [ə'pɔlədʒist] *n.* 辩护士

apologize [ə'pɔlədʒaiz] *v.* ①道歉,谢罪〔John apologized to Mary for interrupting her. 约翰为打断了玛丽的话而表示道歉。〕②辩解;辩护

apology [ə'pɔlədʒi] *n.* ①道歉,认错,谢罪〔Miss Smith wrote an apology to the person she insulted. 史密斯小姐向她着

辱过的人写了一封道歉信。]②辩解;辩护

apoplectic [ˌæpəuˈplektik] a. ①中风的②易患中风的

apoplexy [ˈæpəpleksi] n. [医]中风

apostasy [əˈpɒstəsi] n. 背教,变节,脱党

apostate [əˈpɒstit] n. 背教者,变节者,脱党者

apostrophe [əˈpɒstrəfi] n. ①(表示所有格和复数的)撇号,省字号②[语]呼语

apothecary [əˈpɒθikəri] n. 药剂师;药商

appal (l) [əˈpɔːl] v. 吓坏;使惊骇;使胆寒[The sight of the wreck appalled him. 目睹了沉船使他害怕极了。]/**appalling** a. 令人震惊的;骇人听闻的

apparatus [ˌæpəˈreitəs] n. 器械;设备;仪器装置;器官;机构[Beakers and Bunsen burners are the apparatus of the chemist. 烧杯和本生灯是化学家的仪器。]

apparel [əˈpærəl] n. 衣服;服饰[They sell only women's apparel. 他们只卖女装。]‖ v. 给…穿衣服;给…修饰[The king was appareled in his robes of state. 国王身着龙袍。]

apparent [əˈpærənt] a. ①明显的;显而易见的[His poorly written letter makes it apparent that he will not get the job. 他的申请信写得很糟糕,很明显他不会去找到工作。]②表面上的;貌似的,外观上的[His apparent genius is only a good memory. 由于他具有良好的记忆所以看起来他很有天才。]/**apparently** ad.

appeal [əˈpiːl] v. ①呼吁;要求[He appeal to me for a loan. 他要我为他贷款。]②(作品)有感染力;有吸引力[a book that appeals to both boys and girls 一部对青少年有强烈吸引力的书]③诉(诸);求助(于);[法]上诉‖ n. ①呼吁;要求②感染力;号召力[Her great appeal lay in her kindness. 她的巨大号召力在于他仁慈。]③[法]上诉

appear [əˈpiə] v. ①出现,显露[A ship appeared on the horizon. 有一艘船出现在地平线上。]②来到;(在公开或正式场合)露面,出版,发表[He has appeared on television. 他曾经在电视上露过面。The magazine appears monthly. 这家杂志每月一期。]③出庭;出场[I must appear in court on Friday. 星期五我必须出庭。]④显得,好像[He appears to be in good health. 他好像很健康。]

appearance [əˈpiərəns] n. ①出现,显露,来到,露面②外貌,外观,外表[From his appearance, we knew he was angry. 从他的外表来看,我们知道他很生气。]③出版;刊行④[法]出庭

appease [əˈpiːz] v. ①平息,抚慰,使息怒[Primitive people tried to appease their gods by making sacrifices. 原始人试图通过献祭品使上帝息怒,原始平安。]②充(饥);解(渴);满足[Water appease thirst. 水能止渴。]③绥靖;对…让步/**appeasement** n.

appellate [əˈpelit] a. [法]受理上诉的[an appellate court 受理上诉的法院]

appellation [ˌæpeˈleiʃən] n. 名,名称,称号

append [əˈpend] v. ①附加[Append a list of the books you used at the end of your report. 在你的报告末尾附加你的参考书目表。]②贴上;挂上

appendage [əˈpendidʒ] n. ①附属物,附加物②[生]附器,附肢

appendicitomy [əˌpenˈdektəmi] n. [医]阑尾炎切除术

appendicitis [əˌpendiˈsaitis] n. [医]阑尾炎

appendix [əˈpendiks] n. 附录②附属物,阑尾;蚓突/**appendixes, appendices** [复]

appertain [ˌæpə(ː)ˈtein] v. ①属于;关于②适合于

appetite [ˈæpitait] n. ①食欲;胃口[Exercise give him a strong appetite. 运动可以

A

使他增加食欲。〕②渴望；爱好〔an appetite for good books 渴望好书〕

appetizer ['æpitaizə] n. ①正餐前的开胃品②刺激欲望的事物

appetizing ['æpitaiziŋ] a. ①促进食欲的；开胃的，鲜美的②刺激欲望的，诱人的

applaud [ə'plɔːd] v. 鼓掌欢迎；欢呼；向…喝彩；称赞；赞成

applause [ə'plɔːz] n. 鼓掌欢迎；欢呼；喝彩；称赞；赞成

apple ['æpl] n. ①苹果；苹果树②形似苹果的果实③炸弹；手榴弹；〔棒球的〕球④〔俚〕人，家伙/apple of one's eye 瞳孔；珍爱的人；宝贝

appliance [ə'plaiəns] n. ①用具，器具，器械，装置②应用；适用

applicable ['æplikəbl] a. ①能应用的，可适用的〔Your suggestions are not applicable to the problems we face. 你的建议不适用我们所面临的问题。〕②适当的，合适的/applicability n.

applicant ['æplikənt] n. 申请人，请求者

application [æpli'keiʃən] n. ①适用，运用〔This job calls for the application of many skills. 这项工作要求运用多种技术。〕②敷用；敷用药③应用或使用的方式〔The word "run" has various applications. 单词"run"有许多用法。〕④申请；请求；申请表〔an application for membership in a club 加入俱乐部的申请表〕⑤努力；注意〔He became an honor student by application to his studies. 由于努力学习，他当上了优秀学生。〕

applied [ə'plaid] a. 实用的；应用的〔an applied science 应用科学〕

applique ['æpli:kei] n. 贴花

apply [ə'plai] v. ①贴上；敷；涂〔Apply glue to the surface. 把胶涂于表面。〕②应用；使用〔Apply your knowledge to this problem. 应用你的知识去解决这个问题。〕③集中精力做某事〔He applied himself to his studies. 他集中精力学习。〕④

（向某人）申请（职位），请求〔Why don't you apply for permission to leave early? 你为什么不申请允许早些离开?〕⑤适用〔This rule applies to you. 这项规定适合于你。〕

appoint [ə'pɔint] v. ①决定；指定；定〔Let's appoint a time for our meeting. 让我们定一下开会的时间。〕②指派；委派；任命〔Federal judges are appointed by the President. 由总统任命联邦法官。〕

appointee [ə'pɔinti:] n. ①被任命者；被指定者②〔法〕被指定为财产受益者

appointment [ə'pɔintmənt] n. ①任命；委派〔The appointment of Jones as Chairman came as no surprise. 琼斯被任命为主席的决定是预料中的事。〕②被任命的职位；职务③约会；约见〔She did not keep her appointment with me for lunch today. 今天她不能如（守）约与我共进午餐。〕④〔复〕家具〔a hotel with fine appointments in every room. 一个每个房间都有家具的旅馆。〕

apportion [ə'pɔːʃən] v. 平均分配〔The money that was collected will be apportioned to the various charities. 收集起来的钱将平均分配给各个赈济所。〕/apportionment n.

apposition [æpə'ziʃən] n. 〔语〕同位；同格

appraisal [ə'preizəl] n. ①鉴定②评价，估价

appraise [ə'preiz] v. ①估价〔The agent appraised the house at $25000. 代理商估价这所房子值25000美元。〕②评价；鉴定；品定〔It is the literary critic's work to appraise books. 文学评论家的工作就是评价各类图书。〕/appraiser n.

appreciable [ə'priːʃiəbl] a. 可看见的；可感到的/appreciably ad.

appreciate [ə'priːʃieit] v. ①欣赏，鉴赏，赏识〔He has learned to appreciate good music. 他学会了鉴赏好音乐。〕②感谢，感激〔We appreciate all you have done for our family. 我们感谢你为我们的家庭

所做的一切。]③意识到，懂得[I can appreciate your problem in making a decision. 我能理解你作出决定的麻烦。]④抬高…的价格[The new shopping center will appreciate the homes in the area. 新的购物中心抬高了这一地区的房价。]/**appreciation** n.

appreciative [ə'pri:ʃjətiv] a. ①有欣赏力的;有眼力的②欣赏的②感激的

apprehend [,æpri'hend] v. ①逮捕;拘押[The police have not yet apprehended the burglar. 警察还没有抓到夜盗。]②理解，领悟[He quickly apprehended the problem and solved it. 他很快就理解了这个问题，并解决了这个问题。]③畏惧;忧虑[I apprehended disaster in the snow storm ahead. 在暴风雪到来之前，我害怕有灾难降临。]

apprehension [,æpri'henʃən] n. ①逮捕;拘捕[the apprehension of a criminal —名罪犯被逮捕]②理解;领悟[He has no apprehension of my meaning. 他没有领悟我的意图。]③[常用复]恐惧;忧虑;担心;挂念[He opened the telegram with apprehension. 他怀着恐惧的心情拆开了这封电报。]

apprehensive [,æpri'hensiv] a. ①担心的;忧惧的[Talk about war made us apprehensive. 提起战争使我们感到恐惧。]②有理解力的;善于领会的;聪明的;敏捷的

apprentice [ə'prentis] n. ①艺徒;学徒;徒弟②初学者;生手 ‖ v. 当学徒[Benjamin Franklin was apprenticed to a printer at an early age. 本杰明·富兰克林很小时候就做印刷学徒。]

apprise, apprize [ə'praiz] v. 通知;报告[The spy apprised General Washington of the enemy's failure to fortify Trenton. 密探向华盛顿将军报告了敌人未在特伦顿设防。]

approach [ə'prəutʃ] v. ①向…靠近[He saw three riders approaching. 他看见3个骑马的人越来越近。]②接近;近似[Va-

cation time approaches. 假期逐渐临近。The painter used a green paint that approached what we wanted. 画家采用近似我们想要的绿色颜料。]③与…打交道[Have you approached your father about letting you have a bicycle? 你和你父亲谈过你想要一辆自行车吗?]‖ n. ①接近;靠近;临近[The first robin marks the approach of spring. 第一只知更鸟的到来预示着春天临近了。]②进路;入口[The approaches to the city are clogged with traffic. 这个城市的进路因交通事故而阻塞了。]

appropriate [ə'prəupriit] v. ①拨出(款项等)[Congress has appropriated money for building roads. 国会已拨出专款修建公路。]②擅用;挪用;占用[Jane appropriated her sister's pearl necklace. 简擅用她姐姐的珍珠项链。]‖ a. 适当的;恰如其分的[The chorus sang songs appropriate to Christmas. 唱诗班在圣诞节演唱的歌曲真是恰如其分。]/**appropriately** ad.

appropriation [ə,prəupri'eiʃən] n. ①占用;挪用;盗用②拨给;(一笔)拨款

approval [ə'pru:vəl] v. ①赞成;同意[The audience showed its approval by applauding. 观众们以热烈的掌声表示赞成。]②批准;认可[He sent that letter without my approval. 没经我允许(批准)他就把那封信寄出去了。]/**on approval** (商品)供试用的;包退包换的

approve [ə'pru:v] v. ①赞成,称许;满意;[She doesn't approve of most television shows. 她对大多数电视节目表示不满。]②批准;通过[Have these plans been approved by the mayor? 这些计划得到市长的批准了吗?]

approximate [ə'prɔksimit] a. 近似的;大约的 ‖ v. [ə'prɔksimeit] 接近,近似[These artificial flavors do not even approximate real fruit flavors. 这些人造风味与天然果味还有一定差别。]

approximately [ə'prɔksimitli] ad. 近于,几乎

approximation [ə,prɔksi'meiʃən] n. ①

A

近似②近似值；略计；近似法

appurtenance [ə'pɜːtinəns] n. 附属物；从属物

apricot ['eiprikɔt] n. ①[植]李属②杏；杏树③杏黄色

April ['eiprəl] n. 四月

April Fools' Day 愚人节

apron ['eiprən] n. ①围裙；工作裙；挡板③舞台幕前突出的部分，台口

apropos [æprə'pəu] a. 恰当的，中肯的[an apropos suggestion 中肯的建议]/**apropos of** 关于；至于[Apropos of your vacation, what will you do? 关于你的假期，你打算怎么安排？] || ad. 恰当地；中肯地；及时

apt [æpt] a. ①易于…的；有…倾向的[It is apt to rain today. 今天有雨。]②恰当的；贴切的[an apt remark 恰当的评价]③聪明的；灵巧的[John is an apt student. 约翰是个聪明的学生。]/**aptly** ad.

aptitude ['æptitjuːd] n. ①能力，才能[Napoleon had an aptitude for military planning. 拿破仑具有军事谋略方面的才能。]②敏悟；颖悟[a scholar of great aptitude 一位非常聪颖的学者]③自然倾向

aquamarine [ˌækwəmə'riːn] n. ①[矿]海蓝宝石②蓝晶，蓝绿色 || a. 蓝绿色的

aquanaut ['ækwənɔːt] n. 海底观察员；海底实验室工作人员

aquaplane ['ækwəplein] n. 冲浪板；滑水板[v. 站在冲浪板上滑水

aquarium [ə'kwɛəriəm] n. ①养鱼缸；水族池②水族馆/**aquariums, aquaria** [复]

aquatic [ə'kwætik] a. ①水的；水产的；水生的；水栖的[Seaweeds are aquatic plants. 海藻是水生植物。]②水上的，水中的[Sailing is an aquatic sport. 划船是一种水上运动。]

aqueduct ['ækwidʌkt] n. ①导水管；高架渠；水管桥②[解剖]导管

aqueous ['eikwiəs] a. 水的；含水的；水状的；多水的

arable ['ærəbl] a. 适合耕作的；可耕的[The flooded land is no longer arable. 洪水冲刷过的土地已不能再被种了。]

arachnid [ə'ræknid] n.[动]蛛蛛纲的动物

arbiter ['ɑːbitə] n. ①仲裁人；公断人②主宰者

arbitrary ['ɑːbitrəri] a. 任意的；专横的；武断的[an arbitrary decision 专横的决定/an arbitrary person 专横独断的人]/**arbitrarily** ad.

arbitrate ['ɑːbitreit] v. ①仲裁；公断[Labor and management have decided to arbitrate their dispute over wages. 工会和资方（劳资双方）决定仲裁他们关于工资上的争议。]②把（争端）交付仲裁；使听任公断[The United Nations will arbitrate in the border dispute. 联合国将仲裁这界争端。]/**arbitration** n.

arbitrator ['ɑːbitreitə] n. ①仲裁人②公断人

arboreal [ɑː'bɔːriəl] a. ①树木的；木本的②树状的③栖息在树上的，生活在树上的

arborvitae [ˌɑːbə'vaiti] n. ①[植]侧柏，金种柏属③[解剖]小脑

arc [ɑːk] n. ①弧；弓形（物）；拱（洞）②[电]弧光

arch [ɑːtʃ] n.①[建]拱；拱门；弓形结构②弓形；半圆形；弓形[the arch of the foot 足弓] || v. ①使成弓形[The cat arched its back. 猫弓起它的背。]②拱起；成为弓形[The bridge arches over the valley. 拱桥横跨峡谷。]

arch [ɑːtʃ] a. ①为首的；主要的[the arch villain 主要的恶棍]②狡猾的；调皮的[an arch smile 狡黠的微笑]

arch- [前缀]表示"为首的""主要的""总的"

archaeology [ˌɑːki'ɔlədʒi] n. 考古学/**archaeologlcal.** a. 考古学的/**archaeologist** n. 考古学家

archaic [ɑː'keiik] a. ①古代的；古风的

〔The yard was enclosed by an archaic iron fence. 这个园子由古式的铁栅围绕。〕②（语言上）古体的，陈旧的

archangel 〔'ɑ:keindʒəl〕n. 天使长；大天使

archbishop 〔'ɑ:tʃ'biʃəp〕n. 大主教

archeology 〔ɑ:ki'ɔlədʒi〕n. 考古学；古物学；文化遗物

archer 〔'ɑ:tʃə〕n. 弓箭射手

archery 〔'ɑ:tʃəri〕n. ①射箭(术)②弓箭手，射箭运动员

archetype 〔'ɑ:kitaip〕n. 原始模型；原型

architect 〔'ɑ:kitekt〕n. 建筑师；设计师

architecture 〔'ɑ:kitektʃə〕n. ①建筑学②建筑物；建筑式样；建筑风格/**architectural** a. /**architecturally** ad.

archives 〔'ɑ:kaivz〕n.〔复〕①档案馆②档案，案卷

arctic 〔'ɑ:ktik〕a. 北极的；北极区的；极冷的‖ n. 北极；北极区

Arctic Ocean 北冰洋

ardent 〔'ɑ:dənt〕a. ①热情的；热烈的②炽热的③强烈的；烈性的/**ardently** ad.

ardor 〔'ɑ:də〕n. ①热情，热心

arduous 〔'ɑ:djuəs〕a. ①艰巨的；艰苦的〔arduous work 艰巨的工作〕②努力的；勤奋的〔make arduous efforts 努力奋斗〕/**arduously** ad.

are 〔强 ɑ: 弱 ə,ə〕be 的第二人称现在式

area 〔'ɛəriə〕n. ①面积②地区；区域〔Bananas grow in tropical areas. 香蕉生长在热带地区。〕③范围，领域〔a picnic area 野餐的地方〕

argon 〔'ɑ:gɔn〕n.〔化〕氩

argosy 〔'ɑ:gəsi〕n. ①大商船②船队

argue 〔'ɑ:gju:〕v. ①争辩；争论；言论〔to argue against a bill in Congress 国会反对议案〕②不一致；争吵〔Ruth and her father are always arguing about politics. 露丝和她父亲总是因政治而争吵。〕③表明；证明〔His fine manners argue a good upbringing. 他的绅士举止表明他受过良好

的教育。〕④用辩论证明〔They argued me into staying a week. 他们终于说服我呆一周。〕

argument 〔'ɑ:gjumənt〕n. ①争论；辩论②论据；论点；理由〔The senator gave good arguments for lowering taxes. 参议员举出充分的论点要求降低税率。〕③概要；梗概；主题

aria 〔'ɑ:riə〕n.〔音〕咏叹调；唱腔，唱段

arid 〔'ærid〕a. ①干旱的；(土地)贫瘠的②枯燥无味的；无生气的/**aridity** 〔'æriditi〕/**aridly** ad.

aright 〔ə'rait〕ad. 正确地〔Did I hear you aright? 我没听错吗?〕

arise 〔ə'raiz〕v. ①出现，升起②由…而引起；由…而产生〔Clouds of dust arise from the dry plains. 尘云是从干旱的平原升起来的。〕③开始于…兴起〔Many new businesses have arisen in the town. 许多新的商业在城市兴起。〕④作为…结果而出现〔Prejudice arise from ignorance. 偏见源于无知。〕

aristocracy 〔æris'tɔkrəsi〕n. ①贵族②贵族政府；贵族统治的国家③最优等的人

aristocrat 〔'æristəkræt〕n. ①贵族；贵族阶级中一员②贵族的政治；贵族的气派

aristocratic 〔,æristə'krætik〕a. ①贵族的；(主张)贵族政治的②贵族式的/**aristocratically** ad.

arithmetic 〔ə'riθmətik〕n. ①算术；计算②算术教科书/**arithmetical** a.

arm 〔'ɑ:m〕n. ①臂；前肢②臂状物(如树枝、机器的曲柄、海湾等)③袖子④(椅子)扶手；靠手⑤〔喻〕权力/**arm in arm** 臂挽臂(地)/**with open arms** 张着双臂(欢迎)；热情的

arm 〔'ɑ:m〕n. 武器‖v. ①武装，装备②打开(雷等的)保险；装备保护〔armed against the cold with a heavy coat 穿上厚大衣可以御寒〕

armada 〔ɑ:'mɑ:də〕n. ①舰队②(飞机)机群

A

armadillo [ɑːməˈdiləu] n. [动]犰狳

armament [ˈɑːməmənt] n. ①[常用复数]武力力量②武器(战舰,战机,战车等)

armature [ˈɑːmətjuə] n. ①[电]电枢;转子电容器板②衔铁③引铁④甲胄⑤[建]骨架(塑像的)钢筋

armor [ˈɑːmə] n. 盔甲②(军舰、战车等)装甲

armored [ˈɑːməd] a. ①装甲的[an armored car 装甲车]②穿戴盔甲的[the armored divisions of an army 军队中的装甲部队]

armorer [ˈɑːmərə] n. ①武器制造者②军械士

armorial [ɑːˈmɔːriəl] a. 盾形纹章的;盾徽的

armory [ˈɑːməri] n. ①军械库②美军后备队训练基地③兵工厂

armpit [ˈɑːmpit] n. 腋窝

arms [ɑːmz] n. [复]①军械;武器②战争;比武;两人对打③(盾、旗上的)纹章[coat of arms 盾形纹章]/**bear arms** 服兵役/**take up arms** 拿起武器/**up in arms** 起来进行武装斗争;竭力反对

army [ˈɑːmi] n. ①军队;陆军②大群[The Salvation Army 救世军]③大军[an army of campers 野营大军]

aromatic [ˌærəuˈmætik] a. ①芳香的;香味的[aromatic herbs 芳草]②[化]芳香族的

around [əˈraund] ad. ①旋转[The wheel turned around. 车轮旋转。]②围绕[A baseball measures just about nine inches around. 棒球测其周长约为9英寸。]③在周围[The valley is hemmed around by mountains. 这个峡谷四周环山。]④回转[We turn around and went back home. 我们向后转,回家。]⑤到(彼此知道)的某一地方[The women went into the store look around. 妇女们去逛百货商店。]⑥[口]在周围;在附近[Stay around in case we need you. 别走开,以防我们需要你。]

‖ prep. ①在…周围;环绕着[Pine trees grew around the lake. 在湖的周围生长着松树。]②在…各处;在…附近[the suburbs around the city. 城市周边的郊区。]Toys were scattered around the room. 玩具扔在屋内各处。③大约[口][It cost around four dollars. 大约价值4美元。]

arouse [əˈrauz] v. ①唤醒②唤起,引起[The trembling animal aroused our pity. 发抖的动物引起我们的怜悯之。]

arquebus [ˈɑːkwibəs] n. 火绳枪

arraign [əˈrein] v. ①传讯;提审②控告③指责;责难/**arraignment** n.

arrange [əˈreindʒ] v. ①整理;分类、排列②筹备;安排[I arranged to meet him at his office. 我安排在他的办公室里会见他。]③调解;调停[This violin solo has been arranged for the guitar. 已经将这场小提琴独奏改为吉它表演。]

arrangement [əˈreindʒmənt] n. ①整理;排列②布置;安排[a new arrangement of furniture in the room 室内家具新布置]③[常用复数]准备;计划[Arrangements have been made for the party. 已为晚会做好各项准备。]

arrant [ˈærənt] a. 彻头彻尾的;臭名昭著的

array [əˈrei] v. ①使…排列成阵势[The troops were arrayed for battle. 使军队排列成战斗队形。]②打扮[arrayed in an elegant silk gown 穿上华丽的丝绸罩衫] ‖ n. ①(军队)列阵[soldiers in battle array 士兵们严阵以待]②大型展览[an array of fine china 精细瓷器展览]③衣服;盛装

arrears [əˈriəz] n. [复]①欠款;尾数;欠②尾欠;未完成的工作[arrears of unanswered letters 待回复的信件]/**in arrears** 拖欠,拖延(款项、工作)

arrest [əˈrest] v. ①阻止,抑制[A coat of paint will arrest the rust. 油漆可以防锈。]②吸引,吸住[The canary's song arrested her attention. 金丝雀的歌声吸引了她的注意力。]③逮捕,拘留[The policeman arrested him for careless driving. 由于他驾车粗心，警察拘留了他。‖ n. 逮捕，拘捕/**under arrest** 被逮捕

arresting [ə'restiŋ] a. 吸引人注意的；显著的[an arresting performance 一场吸引人的演出]

arrival [ə'raivəl] n. ①到达，抵达[the arrival of spring 春天的到来]②到达之人或物[He is a recent arrival to the U. S. from France. 他是最近从法国到达美国的。]

arrive [ə'raiv] v. ①到达，抵达某地[When does the bus from Chicago arrive here? 来自芝加哥的汽车何时到这里？]②到，来[The time has arrived to say goodbye. 是说再见的时候了。]③成功，成名[The pianist had arrived by the age of 25. 这位钢琴家25岁时就成名了。]/**arrive at** ①到达②达到，达成；谈妥[Have you arrived at a decision? 你们达成协议了吗?]

arrogance [ˈærəgəns] n. 骄傲自大，傲慢

arrogant [ˈærəgənt] a. 骄傲自大的，傲慢的/**arrogantly** ad.

arrow [ˈærəu] n. ①箭②箭状物；箭号

arrowhead [ˈærəuhed] n. 箭头；镞

arsenal [ˈɑːsinl] n. 军火库；兵工厂

arsenic [ˈɑːsnik] n. [化]砷

arson [ˈɑːsn] n. 放火，纵火

art [ɑːt] n. ①艺术②美术品，艺术品③文科④技术，技巧，技艺[the art of cooking 烹调技术]⑤诡计；诈术；手段，巧计；策术[She used all her arts to gain his love. 她使用了全身解数去获得他的爱。]

arterial [ɑːˈtiəriəl] a. ①动脉的，像动脉的

artery [ˈɑːtəri] n. ①动脉②干线[a railroad artery 铁路干线]

artesian well [ɑːˈtiːzjən] 自流井，深井

artful [ˈɑːtful] a. 精明的，机灵的[artful reasoning 精明的说理]②狡猾的，欺诈的[an artful swindle 一次狡猾的欺骗]/**art-**

fully ad.

arthritis [ɑːˈθraitis] n. [医]关节病/**arthritic** [ɑːˈθraitik] a.

article [ˈɑːtikl] n. ①物件，物品[an article of clothing 一件衣物]②条款条目③文章；论文；专论④定冠词，不定冠词

articulate [ɑːˈtikjuleit] a. ①(指语言)发音清晰的[an articulate reply 清晰的答复]②(指人)能用清晰之言语表达思想感情的[an articulate spokesman for a cause 一位能言善辩的发言人]③有关节相连的[The legs are articulate limbs. 腿是有关节相连的肢体。]‖ v. ①清楚地说出；说话；说话清晰②以关节连接[The arm articulates with the body at the shoulder. 上肢在肩部位以关节与身体连接。]

artifact [ˈɑːtifækt] n. 人工制品

artifice [ˈɑːtifis] n. ①技巧；技术②巧计；妙计；策略；手段[using every artifice to avoid capture 使用各种妙计避免被捕]

artificer [ɑːˈtifisə] n. 技术工人

artificial [ˌɑːtiˈfiʃəl] a. ①非天然的；人造的[Man-made satellites are called artificial moons. 人造卫星被称作人造月球。]②非真实的[an artificial smile 假笑]/**artificiality** [ˌɑːtifiʃiˈæliti] n. ①人性性；人为状态；不自然②人造物；人为的事情/**artificially** ad.

artillery [ɑːˈtiləri] n. ①[总称]火炮；大炮/**the artillery** [总称]炮兵部队

artisan [ˌɑːtiˈzæn] n. 手工业工人；手艺人；工匠

artist [ˈɑːtist] n. ①艺术家；美术家②(某方面的)能手[His cook is an artist with pastries. 他的厨师是一名做糕点的能手。]

artistic [ɑːˈtistik] a. ①艺术的；美术的[an artistic job of redecorating 重新装饰的艺术作品]②艺术家的；美术家的③爱好艺术的；艺术性强的/**artistically** ad.

artistry [ˈɑːtistri] n. ①艺术性；艺术效果②艺术才能；艺术技巧

artless [ˈɑːtlis] a. ①粗笨的；拙劣的②

朴实的;天真;不矫揉造作的;自然的[An artless of speaking 朴实的发言]

-ary [后缀]①表示"与…有关的"②表示"从事…的人""与…有关的物"

as [æz] ad. ①一样;一般[Are you as tall as your father? 你和你父亲一样高吗?]②例如[Some plants, as corn and potatoes, are native to America. 有些植物,如玉米、土豆,为美洲所产。] ‖ conj. ①如,像,似[I flew straight as an arrow. 我像箭一样垂直飞行。I'm hungry as you are. 我像你那样饥饿。]②如同,按照[引导表示状态的副词子句][Do as I tell you. 照我说的做。]③当…之时[She wept as she spoke. 她讲话时擦着泪水。]④因为,既然[As I am tired, I'll stay home. 因为累了,我就留在家里。]⑤以至于;以便[She was so brave as to put us all shame. 她如此勇敢,真是让我们大家羞愧。]⑥虽然,尽管[Full as he was, he kept on eating. 尽管他已经饱了,他还继续吃。] ‖ pron. 这些[She's tired, as anyone can see. 大家都看得出她累了。] ‖ prep. 作为…当作,视为[He poses as a friend. 他以一位朋友的身分出现。]/**as for, as to** 至于,关于[As for me, I'll have milk 至于我,我要牛奶。]/**as if, as though** 好像,仿佛[He looked as if he wanted to fight. 他看上去,好像要打架。]/**as is** [俚] 照现有的样子/**the same as** 像…样[Your hat is the same as mine. 你的帽子和我的一样。]

asbestos [æz'bestɔs] n. 石棉

ascend [ə'send] v. 上升,登上,往(河)上游走[The procession ascended the hill. 队伍登上山顶。]

ascendancy, ascendency [ə's-endənsi] n. 优势,支配地位

ascendant, ascendent [ə'sendənt] a. ①上升的,向上的②占优势的,占支配地位的/**in the ascendant** 权势日隆的

ascension [ə'senʃən] n. 升高,上升,往上/**the Ascension** 耶稣升天

ascent [ə'sent] n. ①上升,上行,上坡路[a rapid ascent to leadership 很快地升到

领导职位]

ascertain [æsə'tein] v. 探出真相,确实知道,探知,查明,确定[He ascertained the metals in the ore by using chemical tests. 他用化学试验查明了矿石中的金属。]/**ascertainable** a. /**ascertainment** n.

ascetic [ə'setik] n. 修道者,苦行者 ‖ a. 克己的,苦行的,修道的/**asceticism** n.

ascribe [əs'kraib] v. ①认为是…原因,归咎于,归功于[He ascribed his poor work to worry over money matters. 他把自己工作得不好归咎于财政问题操心。]②认为…属于[The poems are ascribed to Homer. 这些诗是荷马写的。]/**ascription** [əs'kripʃən] n.

ash [æʃ] n. 灰,灰烬

ashamed [ə'feimd] a. 惭愧的;感到羞耻的,害臊[The boy was ashamed of his tears. 这男孩子为他的眼泪感到羞耻。]②不好意思[He was ashamed to be seen in his old suit. 让人看到他穿着旧衣服感到不好意思。]

ashen ['æʃən] a. ①灰烬的②灰色的,苍白的[an ashen face 苍白的脸色]

ashes [æʃiz] n. [复]①灰②骨灰,遗体

ashore [ə'ʃɔː] ad. & a. 上岸,上陆,岸上,陆[He jumped overboard and swam ashore. 他跳下船游上岸去。]

ash tray 烟灰缸,烟灰盘

ashy ['æʃi] a. ①覆盖着灰的②苍白的,灰色的

Asia ['eiʃə] n. 亚洲

aside [ə'said] ad. ①在旁边,到(向)旁边[She pulled the curtains aside. 她将窗帘拉向一边。]②撇开不谈[All joking aside I mean what I said. 别开玩笑了,我说的是正经的。] ‖ n. 独白,旁白/**aside from** 除…外,加之[Aside from tennis, I don't enjoy sports. 除了网球外,我不喜欢别的运动。]

asinine ['æsinain] a. 愚蠢的;固执的,驴的;像驴的

ask [ɑːsk] v. ①问；询问[We asked how

much it cost. 我们问了一下那个值多少钱。Ask her where she's going. 问她一下她要到哪儿去。〕②请求；要求〔We asked the bank for a loan. 我们请求银行贷款。John asked to be excused from school. 约翰要求请假不上课。〕③要价；讨价〔They are asking one dollar a pound for coffee. 咖啡他们要价 1 美元 1 磅。〕④邀请〔We weren't asked to the party. 我们没有被邀请去参加晚会。〕

askance 〔ɔsˈkæns〕 ad. ①横眼(看)，斜眼(看)②斜 眼看某人〔They looked askance to the plan for moving. 他们斜视这份计划，以表示对此项计划的怀疑。〕

askew 〔ɔsˈkju:〕 ad. & a. 歪的；歪斜地〔He wore his hat askew. 他歪带着帽子。〕

aslant 〔ɔˈslɑ:nt〕 ad. & a. 倾斜 ‖ prep. 倾斜地横过

asleep 〔ɔˈsli:p〕 a. ①睡着的；熟睡的②(四肢)发麻，麻木〔I've been sitting on my foot so long that it is asleep. 由于坐得太久了，我感到双腿麻木。〕ad. 睡熟〔to fall asleep 入睡；长眠；死〕

aspect 〔ˈæspekt〕 n. ①样子；外表；外貌〔In the shadows his face had a frightening aspect. 在阴影里，他的面孔很吓人。〕②(问题事物等)方面〔Have you considered all the aspects of the problem? 你全面考虑了这个问题吗?〕③方向；方位〔the eastern aspect of the house 房子的东面〕

asperity 〔æsˈperiti〕 n. ①严酷(指气候)；粗糙；(声音)刺耳②〔常用复数〕严酷的气候；艰苦的条件；粗暴的话语

aspersion 〔æsˈpɔ:ʃən〕 n. ①诽谤〔The candidate cast aspersion on his opponent's character. 这位候选人诽谤他的对手。〕②洒水；〔宗〕洒圣水

asphalt 〔ˈæsfælt〕 n. ①沥青；沥青混合料②铺路用的混合料

asphyxiate 〔æsˈfiksiˈeit〕 v. 窒息〔When a person suffocates, as in drowning he has been asphyxiated. 溺水时，当人的供氧受阻,他会窒息死亡。〕**asphyxiation** n.

aspic 〔ˈæspik〕 n. ①肉冻②〔植〕薰衣草

③〔诗〕毒蛇

aspirant 〔əsˈpaiərənt〕 n. ①有上进心的人②(名誉、地位等的)追求者〔an aspirant to the presidency 一位想当总统的人〕

aspirate 〔ˈæspəreit〕 v. ①〔语〕把…发成送气音；把…发作(h)音 ‖ n.〔语〕送气音；〔h〕音 ‖ a. (发成)送气音的；发〔h〕音的

aspiration 〔æspəˈreiʃən〕 n. ①渴望；志气；抱负〔His aspirations is to become a doctor. 他的志向是做一名医生。〕②发送气音；送气音③吸出

aspire 〔əsˈpaiə〕 v. 渴望；追求(知识、名誉)〔Napoleon aspire after a French empire. 拿破仑渴望建立法兰西帝国。Most writers aspire after fame. 大多数作家追求名誉。〕

aspirin 〔ˈæspərin〕 n. 阿斯匹林

ass 〔æs〕 n. ①驴子②傻瓜；蠢人

assail 〔əˈseil〕 v. ①攻击；殴打(责备、质问)某人/**assailable** a.

assailant 〔əˈseilənt〕 n. 攻击者

assassinate 〔əˈsæsiˈneit〕 v. ①暗杀；行刺②中伤；破坏(名誉)/**assassination** n.

assault 〔əˈsɔ:lt〕 n. ①攻击；袭击〔The soldiers made an assault on the fortress. 士兵们向要塞发起突然攻击。〕②〔法〕殴打(尤指未遂的)〔(用语言的)威胁〔assault and battery 殴打(已遂)，人身攻击〕 ‖ v.①突袭；攻击；袭击②殴打

assemblage 〔əˈsemblidʒ〕 n. ①一群人；众人；集合物〔an assemblage of musicians 一群音乐家〕②集合；装配；装配而成的大件

assemble 〔əˈsembl〕 v. ①集合；群集〔The members of the family assembled for a reunion. 家庭成员团聚。〕②装配〔His hobby is assembling model trains. 他的嗜好是装配模型火车。〕

assembly 〔əˈsembli〕 n. ①聚集在一起的一批人；集合②议会③集会；〔总称〕与会者④(A ~)议会，(美国某些州的)州

议会众议院④装配;装配车间⑤装配线〔the tail assembly of an airplane 飞机尾部装配线〕⑥集合号;集合鼓

assent 〔ə'sent〕n.①同意;赞成〔to assent to a proposal 对某项建议表示同意〕‖ v.同意;赞成〔We would not give our assent to the plan. 我们对这项计划表示反对。〕

assert 〔ə'sə:t〕v.①宣称;断言〔His doctors assert that his health is good. 他的医生们断言,他的身体状况是好的。〕②维护;坚持(权利等)/**assert oneself** 坚持自己的权利;表明(或表现)自己

assertion 〔ə'sə:ʃən〕n.①主张;断言②维护;坚持

assertive 〔ə'sə:tiv〕a.①断言的;肯定的②过分自信的;肯定的/**assertively** ad.

assess 〔ə'ses〕v.①对财产进行估价(作为征税根据)〔A county official assessed the house at $10000. 一位县政府官员把这所房子估价为 1 万美元。〕②确定(税款、罚款等)的金额③征收(税款、罚款等)〔The club assessed each member twenty dollars. 俱乐部向每个成员征收 20 美元。〕

assessment 〔ə'sesmənt〕n.①估价;评价②估计数③估价法

assessor 〔ə'sesə〕n.①估价财产的人;确定税款(罚款)的人②(法官,官方委员会等的)技术顾问;顾问;助理陪审;推事

asset 〔'æset〕n.①财产②资产;宝贵的(物)〔Charm is her chief asset. 魅力是她最宝贵的财富。〕

asseverate 〔ə'sevəreit〕v.(严正地)宣称;断言/**asseveration** n.

assiduity 〔æsi'dju(:)iti〕n.①刻苦;勤奋的学生〔复〕殷勤

assiduous 〔ə'sidjuəs〕a.①刻苦的;勤奋的〔an assiduous student 勤奋的学生〕②殷勤的/**assiduously** ad.

assign 〔ə'sain〕v.①指定,选定〔Let's assign a day for the meeting. 让我们定一下

开会的日期。〕②派遣,指派〔I was assigned to guard the bicycles. 委派我去看守自行车。〕③分配;把…分配给〔The teacher assigned a new lesson. 老师布置新的作业。〕④把…归功于;〔法〕把…转让给〔The author has assigned all rights in his book to his wife. 作者已经把他的书的所有权转让给他妻子。〕

assignment 〔ə'sainmənt〕n.①分配;委派②(分派)任务;指定的(课外)作业③〔法〕(财产、权利的)转让;转让证书④(理由、动机等的)说明陈述

assimilate 〔ə'simileit〕v.①吸收(食物、思想、文化等)〔The body assimilates food. 肌体吸收外界食物 America has assimilated people of many nations. 美国吸收了各民族的人。〕②同化(民族、语言成分等)〔The immigrant assimilated his ways to those of the new land. 移民把自己与新的环境同化。〕/**assimilation** n.

assist 〔ə'sist〕v.①帮助;帮助〔He assisted me in preparing the program. 他帮助我准备这个项目。〕②挽扶 ‖ n.帮助;援助

assistance 〔ə'sistəns〕n.帮助;援助

assistant 〔ə'sistənt〕n.助手;助理,助教〔an assistant to the president 总统助理〕 a.辅助的;助理的〔an assistant principal 配角〕

associate 〔ə'səufieit〕v.①把…联系起来〔We associate the taste of something with its smell. 我们把某种食品的风味与它的味道联想起来。〕②使发生联系;使联合③与某人结合从事一项企业〔Don't associate with people who gossip. 不要与爱讲闲话的人搞在一起。〕‖ n.伙伴;同事,同人;朋友 ‖ a.①同伙的,同伴的②准的,副的〔an associate professor 副教授〕

association 〔ə'səusi'eiʃən〕n.①联合;联系;联盟②协会;社团③联想〔The association of the color blue with coolness. 蓝色联想到凉爽〕④友谊;交情;联谊会;合伙关系;伙伴关系;合伙关系

assorted 〔ə'sɔ:tid〕a.①各式各样的,混杂的〔a box of assorted candies 一盒各

A

式各样的糖果]②分类的;分类排列的[These buttons are assorted as to size. 按照大小把这些扣子分类。]③相配的;相称的[a poorly assorted pair 不相称的一对]

assortment [əˈsɔːtmənt] n. ①分类[花色品种各种各样的聚合[an assortment of books 各种各样的书]

assuage [əˈsweidʒ] v. ①缓和,减轻[Her kind words assuaged my grief. 她善意的劝导减轻了我的悲痛。]②使安静;平息(愤怒等)[Nothing will assuage his anger. 没有办法使他平息愤怒。]

assume [əˈsjuːm] v. ①采取(某种形式、面貌)[In a Greek myth, Zeus assumes the form of a bull. 在希腊神话中,宙斯以公牛的形式出现。]②假装;佯作;使用[Although afraid, he assumed an air of bravery. 尽管很害怕,他还假装勇敢。]③担任;承担;接受[to assume an obligation 承担义务 to assume control 得到控制权]④假想;设想[let's assume that he will be on time. 让我们假定他会准时。]

assumption [əˈsʌmpʃən] n. ①假装;作态;担任;承当[an assumption of power 假装很有能力的样子]②认为理所当然的;所假设而未被证实之事③[the ~]基督教圣母升天(节)

assurance [əˈʃuərəns] n. ①确信;信心[I have no assurance that we will win. 我不敢说我们会赢。]②保证;承诺;担保[The flood victims received assurances of government aid. 受水灾危害的人们接受了政府援助的保证。]③自信;把握。胸有成竹[The young lawyer lacked assurance. 年轻的律师缺乏自信。]④保险

assure [əˈʃuə] v. ①使(某人)相信,使确信[What can we do to assure him of our friendship? 我们做什么能使他确信我们的友谊?]②断然地说;有信心地说[I assure you I'll be there. 我保证我将在那儿。]③使确定;保证;担保[His gift of money assured the success of our campaign. 他的捐款保证了我们竞选的成功。]

assured [əˈʃuəd] a. ①有保障的;有保证的[an assured income 确定的收入]②自信的;自大的;自满的[an assured manner 自信的举止]/**assuredly** ad.

astern [əˈstɜːn] ad. & a. ①船尾[②在(向着)船的尾部③]向后

asteroid [ˈæstərɔid] a. 星状的;星形的 ‖ n. (数)星形线

asthma [ˈæsmə] n. 哮喘

astigmatism [æˈstigmətizəm] n. 散光;(指眼)乱视;(透透镜)像散性;像散现象

astir [əˈstɜː] ad. & a. ①在活动中;在骚乱状态中[The town is astir with visitors. 随着旅游者的增多,这个城市轰动起来了。]②起床各处走动

astonish [əˈstɔniʃ] v. 使大为惊异,使惊骇;使惊愕/**astonishing** a. /**astonishingly** ad. /**astonishment** n.

astound [əˈstaund] v. 使大受惊骇;震惊/**astounding** a. /**astoundingly** ad.

astray [əˈstrei] ad. & a. 迷途;离开正路,误入歧途[The cows went astray and trampled the flower garden. 牛群离开正路践踏了花园。]

astride [əˈstraid] ad. & a. 两腿分开骑;跨骑[She sits astride when riding horseback. 骑马时她跨骑马背。] ‖ prep. 跨骑[He sat astride the bench. 他跨骑在长椅上。]

astringent [əˈstrindʒənt] n. [药]收敛剂;止血剂 ‖ a. 收缩的;收敛的,止血的

astrology [əˈstrɔlədʒi] n. 星占学;占星术/**astrologer** n. 星占学家;占星术家/**astrological** a.

astronaut [ˈæstrənɔːt] n. 宇宙航行员

astronautics [ˌæstrəˈnɔːtiks] [复]宇宙航行学

astronomer [æˈstrɔnəmə] n. 天文学家

astronomical [ˌæstrəˈnɔmikəl] a. ①天文学的②极巨大的

astronomy [əˈstrɔnəmi] n. 天文学

astute [əs'tjuːt] a. ①敏锐的；精明的；聪明的②狡猾的；诡计多端的/**astutely** ad. /**astuteness** n.

asunder [ə'sʌndə] ad. ①(向不同方向)分开②散；碎 [The boat struck the rock and fell asunder. 这只船触礁了，撞得粉碎。]

asylum [ə'sailəm] n. ①避难所②救济院；收容所

at [æt, ət] prep. ①(指地方)在 [Are they at home? 他们在家吗?]②(指方向)朝 [Look at her. 看着她。]③出席，到 [Tom was at the party. 汤姆出席晚会。]④从事 [men at work 男人们从事工作]⑤(状态)处于…之中 [England and France were at war. 英法处于交战状态。]⑥(指活动)方式 [The boy ran at a trot. 这个男孩一路小跑。]⑦指原因 [terrified at the sight 见状而害怕]⑧指速度或程度，价值，价钱 [at five cent each 每个价值 5 分]⑨(时刻，年节，年龄)在… [Byron died at thirty-six. 拜伦死 36 岁时逝世。]

-ate [后缀]构成动词，表示"成为…"②表示"使化合""处理"③表示"具有…特征的"④构成名词，表示"…职务"

atheist ['eiθiist] n. 无神论者/**atheism** n. 无神论/**atheistic** a. 无神论的

athlete ['æθliːt] n. 运动员，体育家

athletic [æθ'letik] a. ①运动的；运动员的；体育家的②体格健壮的；行动敏捷的；活跃的/**athletically** ad.

athletics [æθ'letiks] n. [复]体育运动；竞技；运动技巧

athwart [ə'θwɔːt] prep. ①逆；相反 [to come athwart opposition 来自相反方向]②横跨 [A school of sharks passed athwart the ship. 一群鲨鱼飞跃这只船。]③从一边到另一边

atingle [ə'tingl] a. 激动兴奋的

-ation [后缀]①表示"动作"②表示"状态"③表示"结果"

-ative [后缀]表示"有…性质的"，有…倾向的，"有…关系的"

Atlantic [ət'læntik] n. 大西洋 ‖ a. 大西洋的

atmosphere ['ætməsfiə] n. ①大气；大气层②空气③气氛；环境④(艺术品的)基调 [the cheerful atmosphere of a gaily painted room 用亮色粉刷的房间的欢快基调]

atmospheric [ætməs'ferik] a. ①大气的；空气的；大气中的，大气层的 [Lightning is an atmospheric disturbance. 闪电是一种大气扰动。]②大气所引起的

atom ['ætəm] n. ①原子②微粒③微量 [He hasn't an atom of sense. 他麻木不仁。]

atomic [ə'tɔmik] a. ①原子的②原子能的③原子武器的④极微的⑤强大的/**atomically** ad.

atomic bomb , atom bomb 原子弹

atomic energy 原子能

atomic number 原子数

atomic periodic table 原子周期表

atomic weight 原子重量

atomizer ['ætəmaizə] n. 喷雾器

atone [ə'təun] v. 赎回，偿还 [He tried to atone for his sins by giving his wealth to charity. 他把他的财富献给慈善事业以赎回他的罪过。]

atonement [ə'təunmənt] n. ①补偿②赎罪

atop [ə'tɔp] a. & ad. 顶上 [The lightning rod stood atop of the chimney. 避雷针位于烟囱顶上。] ‖ prep. 在…顶上 [a feather atop his hat 在他帽子上的羽毛]

atrocious [ə'trəuʃəs] a. ①凶恶的；残暴的②[口]糟透的；恶劣的 [an atrocious climate 恶劣的气候]

atrocity [ə'trɔsiti] n. ①凶恶，残忍②残暴的行为 [the atrocities of the Nazi concentration camps 纳粹集中营的残暴行径]③[口]凶恶，不愉快的事物

atrophy ['ætrəfi] n. 萎缩，虚脱 [Paralysis of the arm resulted in the atrophy of its muscles. 臀部麻痹导致其肌肉的萎缩。‖ v. 使萎缩,使虚弱[Muscles can atrophy from lack of use and so can the mind. 肌肉由于缺少活动而导致萎缩,大脑也同样是这个道理。]

attach [ə'tætʃ] v. ①附上,贴上,缚上[Attach a stamp to the letter. 给这封信贴上邮票。]②使依恋,使执著[Most people become attached to their pets. 大多数人越来越依恋他们的宠物。]③加上(条件等)[Will you attach your signature to this petition? 你愿意在请愿书上签上你的名字吗?]④认为…的原因,使与…相关,附属于[I attach great importance to this bit of news. 我很重视这一新闻。]⑤任命,委派[The lieutenant is temporarily attached to our regiment. 中尉被暂时委派到我们团。]⑥依法扣留;查封[We had to attach Smith's salary to collect what he owed us. 我们不得不扣除史密斯的薪水以收回他所欠我们的帐。]/**attach to** 归属;附属[Certain duties attach to this position. 某些责任属于这个职位的。]

attachment [ə'tætʃmənt] n. ①附着;附带②附属物;附件③情感;深情;附加装置[Her sewing machine has an attachment for making buttonholes. 她的缝纫机有个做扣眼的附属装置。]

attack [ə'tæk] v. ①攻击,进攻[The prisoner attacked the guard. 犯人攻击了警卫。Our regiment will attack at dawn. 我军将在挑晓发起进攻。]②非难,抨击,反对[The senator attacked the proposed law with strong word. 这个参议员措词强烈地抨击提议议法案。]③(干劲十足地)投入,着手[to attack a problem 积极着手解决问题]④(疾病)侵袭[An disease attacked him suddenly. 他突然发病。]‖ n. ①攻击;进攻[the enemy's attack 敌人的进攻 an attack on someone's character 对某人的性格进行攻击]②(疾病)侵袭[an attack of flu 患急性感冒]③非难;抨击

attain [ə'tein] v. ①(通过努力)完成;获得,达到[to attain success 获得成功]②

到达[He attained the age of ninety. 他活到了90岁高龄。]/**attainable** a.

attainder [ə'teində] n. [法](被判处死刑者等的)公民权利的剥夺;财产的没收

attainment [ə'teinmənt] n. ①达到;到达[the attainment of one's ambitions 实现了某人的抱负]②成就;造诣[a doctor famous for his great attainments in surgery 一位在外科方面很有造诣的医生]

attaint [ə'teint] v. ①玷污;凌辱②[法]宣告剥夺(被判处死刑者等的)公民权利(或财产等)

attempt [ə'tempt] v. ①尝试;试图[to attempt to swim the English Channel 试图游过英吉利海峡 to attempt a hard task 努力完成艰巨任务]②试图夺取(要塞等)‖ n. ①企图;试图;尝试[He succeeded in his first attempt. 他的第一次尝试成功了。]②[法]未遂行为[An attempt was made on his life. 对他的谋杀未遂。]/**attempt the life of** sb. 企图杀害

attend [ə'tend] v. ①出席;参加[We attend school five days a week. 我们一周上5天学。]②照顾,护理,侍候[Susan attended the bride as she dressed for the wedding. 苏珊侍候新娘穿婚礼服。]③伴随,陪伴[Success attend his efforts. 成功伴随着他的勤奋。]/**attend to** ①专心;注意②照顾;护理;侍候[I attend to the matter soon. 我很快会顾及到这件事。]

attendance [ə'tendəns] n. ①出席;到场②出席人数[the attendance at the ball game 出席球赛的观众]

attendant [ə'tendənt] a. ①在场的;护理的[an attendant nurse 护理员]③伴随的;附随的[Every job has its attendant problems. 每项工作都存在自身的问题。]‖ n. 随从,服务员,侍者[an attendant at the zoo 动物园的服务员 the queen and her attendants 女王和她的随从]

attention [ə'tenʃən] n. ①注意力[Your attention was very poor during the lecture. 讲演期间你的注意力非常不集中。]②注意;留心;关心[Her loud laugh caught my

A

attention. 她的笑声引起了我的注意。〕③殷勤；厚待〔The soldiers were grateful for the letters, packages, and other attentions from home. 士兵们非常感谢来自家乡的信件、包裹和其它的厚待。〕④立正姿势〔The soldier stood at attention. 士兵立正。〕

attentive 〔ə'tentiv〕a. ①注意的；当心的〔A performer likes an attentive audience. 表演者喜欢聚精会神观看表演的观众。〕②殷勤的，有礼貌的；关心的〔an attentive husband 一位殷勤的丈夫〕/**attentively** ad. /**attentiveness** n.

attenuate 〔ə'tenjueit〕v. ①使变细；使变小〔a vase attenuated at its mouth. 花瓶在口儿那里变细。〕②使减弱；使减少〔The power of King John was attenuated by the Magna Charta. 约翰国王的权力被大宪章削减了。〕/**attenuation** n.

attest 〔ə'test〕v. ①证明；表明〔The purity of the diamond was attested by the jeweler. 珠宝商能够证明钻石的纯度。〕②证实〔I can attest to the time of his arrival. 我可以证实他到达的时间。〕

attire 〔ə'taiə〕v. 穿衣；打扮；装饰〔a bride attired in white 新娘身着白纱〕‖ n. 服装，盛装

attitude 〔'ætitjuːd〕n. ①姿势〔We knelt in an attitude of prayer. 我们跪下做出乞求的姿势。〕②态度，看法〔a friendly attitude 友好的态度〕

attorney 〔ə'təːni〕n. ①（业务或法律事务中的）代理人〔a power of attorneys 代理权；委托书〕②律师

attorney general 检察总长；司法部长/**attorneys generals, attorney generals**〔复〕

attract 〔ə'trækt〕v. ①吸引〔A magnet attracts iron and steel. 磁石可以吸引钢铁。〕②引起（注意、兴趣、赞赏）〔Her beauty attracted people. 她的美貌引起了人们的注意。〕③诱惑

attraction 〔ə'trækʃən〕n. ①吸引力〔Money has a great attraction for him. 金钱

对他具有极大的吸引力。〕②吸引物，喜闻乐见的事物，诱惑力③引力

attractive 〔ə'træktiv〕a. ①有吸引力的，引起注意的②引起兴趣的；有迷惑力的〔an attractive dress 迷人的服装〕

attribute 〔ə'tribju(ː)t〕v. ①认为是某人所有的〔认为……是某人创造〔a poem attributed to Homer 一首被认为是荷马创作的诗〕②把……归于〔以……归咎于〕n. 〔'ætribjuːt〕①属性，品质，特征〔Cupid's attribute is the bow and arrow. 丘比特的特征是弓和箭。〕②标志，象征〔Freedom of speech is an attribute of democracy. 言论自由是民主的象征。〕/**attribution** n.

attrition 〔ə'triʃən〕n. ①摩擦②消耗〔The long siege turned into a war of attrition. 长期的围困陷入了消耗战。〕

attune 〔ə'tjuːn〕v. ①使协调〔Their minds have become attuned to scientific reasoning. 他们的思想已与科学论证相协调。〕②〔音〕调乐器的音

auction 〔'ɔːkʃən〕n. ①拍卖②拍卖式桥牌〔auction bridge（纸牌游戏的）叫牌〕‖ v. 拍卖

auctioneer 〔ɔːkʃə'niə〕n. 拍卖商‖ v. 拍卖

audacious 〔ɔː'deiʃəs〕a. ①大胆的；有冒险精神的②鲁莽的，放肆的；蛮横无理的；厚颜无耻的

audacity 〔ɔː'dæsiti〕n. ①大胆；冒险性②鲁莽，放肆③蛮横无理，厚颜无耻③鲁莽行为，放肆的话

audible 〔'ɔːdəbl〕a. 听得见的〔an audible whisper 听得见的耳语〕/**audibility** n. /**audibly** ad.

audience 〔'ɔːdjəns〕n. ①听众；观众；读者②倾听；意见等被听取的机会③（国家领导人等对外国使节等的）正式会见；接见；拜会〔an audience with the Pope 拜会教皇〕

audio 〔'ɔːdiəu〕a. ①听觉的；声音的②〔物〕音频

audio-visual 声视频

audit ['ɔ:dit] n. ①审计；查帐②决算 ‖ v. 审查,审计；查帐

auditor ['ɔ:ditə] n. ①审计员,查帐人② 听者;听众之一③(大学)旁听生

auditorium [ɔ:di'tɔ:riəm] n. ①听众席; 观众席;旁听席②礼堂,讲堂

auditory ['ɔ:ditəri] a. 听觉的 [the auditory nerve 听觉神经]

auger ['ɔ:gə] n. 钻

aught [ɔ:t] n. ①任何事物,任何一部分 [Do you have aught to show for your work? 你有对你的作品的说明吗?]②零

augment [ɔ:g'ment] v. 扩大;增加,增长;[军]扩编 [The teacher augmented his income by selling insurance. 这位教师通过出售保险单增加收入。]

augmentation [ɔ:gmen'teiʃən] n. ①扩大;增加;增长；[军]扩编②增加物③[音]主题延长

August ['ɔ:gəst] n. 八月

august [ɔ:'gʌst] a. 尊严的；可敬的；庄严的；威严的；雄伟的 [an august assembly of scholars 庄严的学者集会]

aunt [ɑ:nt] n. 姨母；姑母；伯母

aura ['ɔ:rə] n. ①(人或物发出的)气味或香味；气氛②先兆,预感 [There was an aura of gentleness about the old doctor. 人们都感到老医生和善可亲]

auricle ['ɔ:rikl] n. ①[解]耳廓②[解]心耳

aurora borealis [ɔ:'rɔ:rəbɔ:ri'eilis] n. 北极光

auspices ['ɔ:spis] n. [复]保护；赞助；主办 [a plan under government auspices — 项政府主办下的计划]

auspicious [ɔ:s'piʃəs] a. ①吉利的；吉祥的 [He scored 100 on his first test. an auspicious beginning for the new school year. 他第一次考试得了100分,预示着新学年的良好开端。]②顺利的；繁荣昌盛的／**auspiciously** ad.

austere [ɔs'tiə] a. ①峻峭的；严厉的② 严正的；严肃的,稳重的③简朴的；朴素

的 [Pioneers usually lead an austere life. 拓荒者常常过着简朴的生活。]／**austerely** ad.／**austerity** n.

authentic [ɔ:'θentik] a. ①可靠的；可信的,权威的,有根据的 [an authentic news report 一份可靠的新闻报导]②真正的；真实的；真的 [an authentic antique 一件真品]／**authentically** ad.

authenticate [ɔ:'θentikeit] v. 证实；鉴定;使生效

author ['ɔ:θə] n. ①作家；作者；著者② 创造者；创始人；发起人 [Darwin was the author of the theory of evolution. 达尔文是进化论的创始人。] ‖ v. ①著(书);写作 ②创造；创始

authoritative [ɔ:'θɔritətiv] a. ①有权势的;命令式的 [He gave orders in an authoritative manner. 他以权势发布命令。] ②官方的,当局的③有权威的；可相信的 [an authoritative opinion 有权威性的主张]／**authoritatively** ad.

authority [ɔ:'θɔriti] n. ①权力 [He learned to respect the authority of his teachers. 他懂得尊敬老师的权力。]②当局,官方 [The authorities are searching for the missing child. 官方正在寻找丢失的小孩。]③权威 [Years of study made Dr Hall an authority on tropical diseases. 多年的研究使霍尔博士成了热带疾病的权威。]

authorization [ɔ:θərai'zeiʃən] n. ①核准,认可②授权；委任

authorize ['ɔ:θəraiz] v. ①批准；允许，认可②授权,委任,委托 [The president has authorized him to sign the treaty. 总统授权他签署条约。]

authorship ['ɔ:θəʃip] n. ①著作②原作者③原创造者；根源 [This is a story of unknown authorship. 这是一个不知原作者姓名的小说。]

auto- [前缀] ①表示"自身""自己"②表示"自动"

autobiography [ɔ:təubai'ɔgrəfi] n. 自传,自传文学／**autobiographic** /**autobiographical** a.

autocracy [ɔːˈtɔkrəsi] n. ①独裁;专制;制度②独裁政府;独裁统治的国家

autocrat [ˈɔːtəkræt] n. ①独裁者;专制君主②独断专行的人

autocratic [ɔːtəˈkrætik] a. 独裁的,专制的;独断专行的/**autocratically** ad.

autograph [ˈɔːtəɡrɑːf] n. ①亲笔;亲笔签名;手稿 [Some people collect autographs of famous persons. 有些人搜集著名人物的亲笔签名字(手稿)。]②亲笔(或手稿)的石板复制品 ‖ **autographic** a. ① 亲笔书写②在…上亲笔签名 [Please autograph my program. 请在我的计划上亲笔签名。]

automatic [ɔːtəˈmætik] a. ①无意识的,机械的 [The blinking of the eyes is usually automatic. 眨眼常常是无意的动作。]②自动的 ‖ n. 自动装置;自动枪或炮/**automatically** ad.

automation [ɔːtəˈmeiʃən] n. ①自动,自动化②自动学

automaton [ɔːˈtɔmətən] n. 机器人,自动化系统

automobile [ˈɔːtəm[bi:l] n. 汽车,机动车

automotive [ˌɔːtəˈməutiv] a. ①自动的,机动的②汽车的;机动车的 [the automotive industry 汽车工业]

autonomous [ɔːˈtɔnəməs] a. 自治的,自主的,独立的 [an autonomous nation 自治民族]/**autonomously** ad.

autonomy [ɔːˈtɔnəmi] n. 自治,自主 [a town with local autonomy 自治县]

autopsy [ˈɔːtɔpsi] n. 尸体剖检(以查死因)

autumn [ˈɔːtəm] n. 秋季,秋天 ‖ a. 秋季的,秋天的/**autumnal** a.

auxiliary [ɔːɡˈziliəri] a. 辅助的,帮助的 [Auxiliary firemen were called out. 后备消防队员得到了指示。] ‖ n. 辅助人员(物) [This club had a women's auxiliary. 这个俱乐部有一个妇女辅助队伍。]

auxiliary verb 助动词

avail [əˈveil] v. 有用,有益 [His plea to his uncle for help availed him nought. 他要叔叔帮忙的请求是徒劳的。]/**avail oneself of** 利用

available [əˈveiləbl] a. 可用的,有效的,可获得的 [The dress is available in three colors. 这件衣服有 3 种颜色。]/**availability** n.

avalanche [ˈævəlɑːnʃ] n. 雪崩,大量的东西突然到来 [an avalanche of mail 如雪片飞来的信件 an avalanche of blow 一连串的突然打击]

avenge [əˈvendʒ] v. 为…报仇,报复,为所受伤害和委屈而报复 [to avenge an insult 为受辱而报复]

avenue [ˈævənjuː] n. ①大道(尤指宽街道)②道路,小路,(两旁都有树的)大车道,大马路③通向…的道路(途径,方法) [Books are avenues to knowledge. 书是通向知识的大道。]

aver [əˈvəː] v. 断言,确信 [He averred his innocence all the way to the gallows. 一直到我绞刑时他还确信自己无罪。]

average [ˈævəridʒ] n. ①平均数②一般的水平,平均标准 [His intellegence is above the average. 他的智力水平一般。] ‖ a. 平均的②一般的,正常的 [average man 平凡的人] ‖ v. 求…平均数 [Will you average the prices for me. 请帮我算一下平均价钱。]②平均达到 [He averages eight hours of sleep a day. 他每天睡眠平均达到 8 小时。]/**on the average** 平均来说 [He earns $80 a week on the average. 平均来说他每周挣 80 美元。]

averse [əˈvəːs] a. 不愿意的,反对 [She is averse to lending money. 她不愿意借钱给别人。]

aversion [əˈvəːʃən] n. ①厌恶 [He has an aversion to parties. 他讨厌晚会。]②讨厌的事 [Spinach is her chief aversion. 菠菜是她最讨厌的菜。]

avert [əˈvəːt] v. ①转开,避开 [to avert one's eyes 转开眼睛]②避免,防止 [He apologized to avert trouble. 为避免麻烦他

道了歉。]

aviation [ˌeivi'eiʃən] n. 航空,飞行;航空术;航空学

aviator ['eivieitə] n. 飞行员,航空员

avid ['ævid] a. 热望的,贪求的[an avid reader of books 如饥似渴的读者 avid for power 渴望权利]/**avidly** ad.

avidity [ə'viditi] n. 渴望,热切

avocado [ˌævə'kɑ:dəu] n. ①鳄梨 ②鳄梨树/**avocados** [复]

avocation [ˌævəu'keiʃən] n. 副业,基于爱好而从事的业余工作[The doctor's avocation is making furniture. 这个医生的业余爱好是做家具。]

avoid [ə'vɔid] v. 避免,逃避,规避[to avoid crowd 避开人群 to avoid trouble 避免麻烦]/**avoidable** a. /**avoidance** n.

avoirdupois [ˌævədə'pɔiz] n. 常衡

avouch [ə'vautʃ] v. ①证明真实或正确[Her innocence was avouched by three witnesses. 三个目击者证明她无罪。] ②担保,保证

avow [ə'vau] v. 公开宣布或承认[He avowed that had been mistaken. 他承认自己错了。]/**avowal** n.

avowed [ə'vaud] a. 公开宣布的,公开承认的,自认的[Robinhood was an avowed enemy of injustice. 罗宾汉是非正义的公开敌人。]/**avowedly** ad.

await [ə'weit] v. ①等候,盼望[We are awaiting your arrival. 我们正等待你的到来。] ②准备以待,等待[A pleasant vacation in Europe awaits you. 愉快的欧洲之行正等着你。]

awake [ə'weik] v. ①醒来,被唤醒 ②使活跃,变活跃,激起[to awake old memories 使想起往事] ‖ a. ①醒着的 ②活跃的,警惕的

awaken [ə'weikən] v. 醒来,起来

awakening [ə'weikəniŋ] n. 觉醒,明白,觉悟

award [ə'wɔ:d] v. ①判给[The court awarded her $2,000 in damages. 法庭判给

她 2 000 美元损失费。] ②比赛中由裁判结果而给予[His essay was awarded first prize. 他的文章获得一等奖。] ‖ n. ①裁决 ②奖品,奖赏

aware [ə'wɛə] a. 知道的,明白的,觉察的,意识到的[Are you aware of the problem facing us ? 你意识到我们所面临的问题了吗?]

away [ə'wei] ad. ①到另一地方[Tom Sawyer ran away from home. 汤姆索亚离开了家。] ②远[away behind 远在后面] ③离开,除掉[The janitor cleared the snow away. 清洁工人清扫了积雪。] ④丢失[Don't give away the secret. 别泄露秘密。] ⑤听不见或看不见[The sound faded away. 声音逐渐消失了。] ⑥立即[Fire away! 立即射击!] ⑦不断继续[He worked away all night. 他工作了一整夜。] ‖ a. ①不在此,缺席的,不在[She is away on vacation. 她外出度假了。] ②在远处[ten miles away 10 英里远] ‖ int. 走开![滚开! /**away with** 拿走[Away with the knave! 赶走那个混蛋!] /**do away with** 废除;干掉,杀掉;结束

awe [ɔ:] n. 畏惧,敬畏[They looked up at the starry sky and were filled with awe. 他们抬头看着满天繁星,心中充满了敬畏。] ‖ v. 使敬畏,使畏惧,吓倒[The. crowds were awed by the doring leap of the driver. 人们被司机的飞车吓倒了。] /**stand(be) in awe of** 敬畏

awesome ['ɔ:səm] a. ①使…感到畏惧[The explosion of an atomic bomb is an awesome sight. 原子弹的爆炸是一种令人畏惧的场面。] ②表现出畏惧,感到畏惧[an awesome look on his face 他脸上露出的畏惧的神情]/**awe-stricken** ['ɔ:strikən] a. 畏惧的,恐惧的,害怕的

awful ['ɔ:ful] a. ①使人感到敬畏,可怕的,吓人的[an awful scene of destruction 一场可怕的破坏场景] ②[口] 极坏的,丑陋的;非常的,异常的,很大的[an awful joke 特别的笑话]

awfully ['ɔ:fuli] ad. ①可怕地,吓人地 ②

〔口〕极端,非常〔an awfully pretty dress 非常漂亮的衣服〕

awhile〔ə'wil〕ad. 一会儿〔Sit down and rest a while. 坐下休息一会儿。〕

awkward〔'ɔ:kwəd〕a. ①笨拙的,不雅观的,不熟练的,不灵活的〔an awkward dancer 动作笨拙的舞蹈演员〕②难以使用,难管理,使用不方便〔The Long handle makes this an awkward tool. 长长的把柄使这成了笨拙的工具。〕③不合适的,活动不方便的〔He was sitting in an awkward position. 他坐在一个不舒适的位子上。〕④使人窘迫的,使人局促不安的,使人焦急的〔His awkward remark was followed by an even more awkward pause. 他先是做了困窘的说明,接着便是更使人局促不安的停顿。〕/**awkwardly** ad. /**awkwardness** n.

awl〔ɔ:l〕n. 锥子

awning〔'ɔ:niŋ〕n. 帆布篷;雨篷;遮日篷

awry〔ə'ri〕ad. & a. ①扭,曲,歪,斜,歪斜地〔He pulled the covers awry in his sleep. 他睡觉时把被子拽斜了。〕②错误,差错,有毛病的〔Our plans went awry. 我们的计划出了问题。〕

ax , axe〔'æks〕n. 斧子

axial〔'æksiəl〕a. 轴的,轴周围的,轴向的〔an axial rod 轴杆〕

axiom〔'æksiəm〕n. 公理,原理,原则〔It is an axiom that no one lives for ever. 没有人能长生不老,这是一条公理。〕

axiomatic〔,æksiə'mætik〕a. ①公理的,自明的②充满公理的,完全自明的/**axiomatically** ad.

axis〔'æksis〕n. ①轴〔The axis of the earth passes through the North and South poles. 地轴穿过南、北极。〕②轴线/**the Axis** (第二次世界大战中的) 轴心国/**axes**〔'æksi:z〕〔复〕

axle〔'æksl〕n. ①轮轴②车轴

axletree〔'æksltri:〕n. 轮轴;车轴

azalea〔ə'zeiliə〕n.〔植〕杜鹃花

azure〔'eiʒə〕n. 碧蓝的天空 ‖ a. 天蓝色的,碧蓝的

ℬ 𝑏 **B** b

B,b[bi:]英语字母表的第二个字母/**B's**,
b's[复]

ba[bɑ:]*n.* 羊的叫声 ‖ *v.* 发出(似)羊叫
的声音;乞求

babble ['bæbl]*v.* ①发出(似)婴儿学语
的声音②喋喋不休地说,胡言乱语地说
③(流水)发出潺潺的声响 ‖ *n.* ①婴孩呷
哑学语声②胡言乱语,潺潺流水声

babe [beib]*n.* 乳儿,婴孩

baboon [bə'bun]*n.* [动]狒狒

baby ['beibi]*n.* ①婴孩②不能自立的人
③一个群体中年纪最小的人。‖ *a.* ①为
婴儿的[baby food 婴儿食品]②年幼的,
非常小的[a baby box 一只小盒子]③婴
儿的,孩子气的[baby talk 儿语]‖ *vt.* 把
…当作婴儿对待,娇惯

babyhood ['beibihu:d]*n.* 婴孩期

babyish ['beibiiʃ]*a.* 孩子气的,胆怯的

bachelor ['bætʃələ]*n.* ①单身汉,未婚
男子②学士[He is a Bachelor of Science
in chemistry. 他是化学专业的理科学
士。]

bacillus [bə'siləs]杆菌/**bacilli**[复]

back [bæk]*n.* ①背,脊背,背部。②脊骨
③椅背,靠背[the back of the cup-
board 碗橱的后部]④背面,反面[the
back of a rug 小块地毯的(背面)]⑥(足
球运动中)后卫 ‖ *a.* ①后部的②过去的,
过时的,拖欠的[a back copy of a news-
paper 一份过时的报纸 back pay 拖欠的
工资]③相反的,反方向的[the back
stroke of a piston 活塞的后力]④离开闹
市的[a back street 偏僻的街巷]‖ *ad.* ①

在后部,向后部[Please move back in the
bus. 上汽车后请往后面走。]②返回[I
threw the ball to him and he threw it back.
我把球扔给他,他又把球扔给我。]③恢
复(以前的状态)[We nursed him back to
health. 我们把他调养得又恢复了健康。]
④归还[Give back the money you bor-
rowed. 把你借的钱还回来。]‖ *v.* ①向后
方移动[The truck backed up to the plat-
form. 卡车倒着上了平台]②支持[The
plan can't fail if we all back it. 如果我们大
家都支持这个计划,它不会失败。]③放
到后面[The rug is backed with rubber. 这
块小地毯的背后有一层橡胶。]/**back
and forth** 前后(左右)地/**back down**
放弃,取消(已开始的工作、声明等)/
back out,go back on [俚]失信,失言/
behind one's back 背着某人/**in back
of** 在…的后部

backbite ['bækbait]*v.* 背后说别人坏话

backbone ['bækbəun]*n.* ①脊柱,脊梁,
脊梁骨②中流砥柱,中坚力量③意志,决
心,骨气,志气,勇气[It takes backbone to
be a pioneer. 作一个开拓者是要有勇气
的。]

backer ['bækə]*n.* 支持者,赞助人

backfield ['bækfi:ld]*n.* (足球场)后场

backfire ['bækfaiə]*n.* (内燃机、汽车等)
回火 ‖ *v.* ①发生回火[The truck backfired
twice. 卡车引擎有两次回火。]②得到未
曾想到的坏结果[His plan backfired. 他
的计划失败了。]

background ['bækɡraund]①(画)背

B

景②底面，背景面③不被人注意的地方
〔The mayor's wife tried to stay in the background. 市长夫人尽量采在不让人注意的地方。〕④经历，背景〔She has a good background for office work. 她有很好的从事科室工作的经历。〕⑤背景情况〔This book tells about the background of the civil war. 该书讲了有关美国内战的背景情况。〕

backhand ['bækhænd] n. 反手击球 ‖ a. 反手的〔a backhand swing 反手挥拍〕‖ ad. 反手地

backhanded [bæk'hændid] a. ①反手的②间接挖苦的，正话反说的

backing ['bækiŋ] n. ①支持物，加固物②支持，援助〔He has the backing of the president. 他得到了总统的支持。〕

backlog ['bæklɔg] n. 积压的工作(文件等)

backslide ['bækslaid] v. 倒退，走下坡路

backstage ['bæksteidʒ] a. 在后台，往后台的 ‖ a. 在后台的，往后台的

backstroke ['bækstrəuk] n. ①反手击球②仰泳

back talk 回嘴，顶嘴；反唇相讥

backtrack ['bæktræk] (从原路)返回

backward ['bækwəd] ad. ①向后的〔to look backward 向后看〕②背向前的③相反，逆方向〔Neol is loen spelled backward. neol 是 loen 反着拼成的词。〕④由好到坏，恶化 ‖ a. ①转向后面的，逆方向的〔a backward glance 向后的一瞥〕②畏缩的，羞怯的③迟钝的，落后的〔backward nations 落后的国家〕

backwards ['bækwədz] ad. 同 backward

backwater ['bækwɔːtə] n. ①反流的水，被阻挡回的水②任何死气沉沉没有生气的地方或状况

backwoods ['bækwudz] n. 〔复〕边远的未开发的土地或林带

bacon ['beikən] n. 咸猪肉，熏猪肉

bacteria [bæk'tiəriə] n. 〔复〕细菌／bac-

terium [bæk'tiəriəm] 〔单〕／**bacterial** a.

bacteriology [bæk,tiəri'ɔlədʒi] n. 细菌学

bad [bæd] a. ①不好的，不道德的；恶劣的，不相宜的〔bad workmanship 粗劣的做工〕②不舒适的；不受欢迎的〔bad news 坏消息〕③腐烂的〔a bad apple 烂苹果〕④错误的；有缺点的〔bad spelling 错误拼法〕⑤坏的；邪恶的⑥受伤的，有害的〔Reading in poor light is bad for the eyes. 在暗的光线下看书对眼睛有害。〕⑦严重的；厉害的〔a bad storm 大风暴〕⑧遗憾的，不愉快的〔George felt bad about losing the money. 乔治为丢了钱而懊恼。〕‖ ad. 〔口〕恶劣地〔He wants to go bad. 他极想离去。〕‖ n. ①坏事物或恶劣的状况〔to go from bad to worse 每况愈下〕②邪恶〔In fairy tales the bad are always punished. 在童话中，邪恶总是受到惩罚。〕／**not bad** 〔口〕相当好／**badness** n.

badblood [,bæd'blʌd] n. 对敌人的憎恨

badge [bædʒ] n. ①徽章；标志〔a policeman's badge 警徽〕②标记；象征

badger ['bædʒə] n. ①獾②獾的毛皮 ‖ v. 使困恼；纠缠〔a speaker badgered by interruptions 被不断打断的演说者〕

badlands ['bædlændz] n. 〔复〕不毛之地

badly ['bædli] ad. ①恶劣地；有害地；不愉快地；错误地；恶毒地②〔口〕很严重

badminton ['bædmintən] n. 羽毛球

bad-tempered ['bæd'tempəd] a. 情绪不好；坏脾气；易怒的

baffle ['bæfl] v. ①使受阻而无法做成某事；困惑〔The crime has baffled the police for months. 这个犯罪案困扰了警察数月。〕②干涉；踌躇；妨碍〔to baffle sound 难以发音〕‖ n. 墙，隔板

bag [bæg] n. ①书包，袋子②小提箱，妇女的提包③形似袋子的东西〔bags under the eyes 眼袋〕④被猎人捕杀的猎物⑤捧球垒 ‖ v. ①把…装进袋里②使成凸状〔His trousers bag at the knees. 他裤子的膝部凸起。〕③捕杀猎物

baggage ['bægidʒ] n. ①旅行用的提箱；行李②军用装备

baggy ['bægi] a. 膨胀如袋的, 宽松下垂的[baggy trousers 宽松垂落的裤子]/**bagginess** n.

bail [beil] n. 保释金 ‖ v. 准许保释；为…做保释人[His friends bailed him out. 朋友将他保释出来。]/**jump bail** [口]在保释中逃跑

bail [beil]v. 从(船)中舀水/**bail out** 从(飞机)上跳伞。

bail [beil]n. 犀斗, 桶

bait [beit] n. 鱼饵②引诱物 ‖ v. ①装饵于②引诱③用语言折磨或戏弄人[The boys baited Paul by calling him "Fatty". 男孩子们戏谑地称保罗为"肥仔"。]

bake [beik] v. ①烤, 烘[She baked a cake. 她烤了一块蛋糕。]②烧硬, 焙干

baker ['beikə] n. 面包师傅

bakery ['beikəri] n. 面包烘房, 面包店

balance ['bæləns] n. ①均衡②平衡[He lost his balance when he looked down from the ladder. 当他从梯子上向下看时失去了平衡。]③情绪的稳定④收付平衡⑤银行结余⑥收付差额[口]余额⑧天平, 称⑨平衡轮, 摆轮 ‖ v. ①称②平衡[The seal balanced the ball on his nose. 海豹平衡地将球顶在他的鼻子顶端。The dancer balanced on her toes. 舞蹈演员用足尖调解她身体的重心。]③使平衡[We can balance the boat. 我们可以使船保持平衡。]④与…相抵；抵消[His kind acts balanced his rough manner. 他的善良行为与他的粗鲁态度相抵。]⑤交出与收入相抵[to balance a checking account 结帐]

balcony ['bælkəni] n. ①阳台②(戏院的)楼厅

bald [bɔːld] a. ①秃顶的②无掩饰的; 光秃的[a bald rocky hill 岩石裸露的秃丘]③明白的; 直率的[the bald facts 明显的事实]/**baldly** ad. /**baldness** n.

balderdash ['bɔːldədæʃ] n. 胡言乱语

baldric ['bɔːldrik] n. 肩带, 饰带

bale [beil] n. (棉花、干草、稻草等)大包, 大捆 ‖ v. 把…打包, 捆[to bale the hay 捆干草]

baleful ['beilful] a. 有害的; 邪恶的; 不吉祥的[a baleful glance 恶毒的目光]/**balefully** ad. /**balefulness** n.

balk [bɔːk] v. ①畏缩不前②阻碍[The project was balked by a lack of funds. 该方案因缺少资金而受挫。] ‖ n. ①障碍②(棒球)投手假装投球的动作

balky ['bɔːki] a. 倔强的

ball [bɔːl] n. ①球, 球状物[a meat ball 肉丸子 ball of yarn 毛线团]②球类[a golf ball 高尔夫球]③球类活动, 尤指棒球[Let's play ball. 我们打球吧。]④游戏用的球[to throw a fast ball 投快球]⑤棒球投手投的坏球⑥弹丸 ‖ v. 使…成球形

ball [bɔːl] n. 大型舞会

ballad ['bæləd] n. ①[音]叙事曲②民歌

ballast ['bæləst] n. ①压载; 压舱物②铺路基用的碎石(尤指铁路)③使稳定

ball bearing n. ①滚动轴承②珠轴承/**ballbearing** a.

ballerina [ˌbæləˈriːnə] n. 芭蕾舞女演员

ballet [bæˈlei] n. ①芭蕾舞②芭蕾舞剧团

ballistics [bəˈlistiks] n. [复]弹道学[用作单或复]/**ballistic** a.

balloon [bəˈluːn] n. ①氢气球②玩具气球 ‖ v. 使膨胀如气球

ballot ['bælət] n. ①选票②投票 ‖ v. 投票

balm [bɑːm] n. ①香脂②止痛药膏③[喻]安慰物[Sleep was a balm to his troubles. 睡眠能解除他的烦恼。]

balmy ['bɑːmi] a. 香脂的, 有香气的; 安慰的, 温和的, 舒适的[a balmy day 令人愉快的一天]/**balminess** n.

baloney [bəˈləuni] n. 胡言乱语, 荒谬

baluster ['bæləstə] n. 栏杆柱

balustrade [ˌbæləsˈtreid] n. 栏杆

bamboo [bæmˈbuː] n. 竹

bamboozle [bæmˈbuːzl] v. ①欺骗②[口]迷惑[The riddle has us bamboozled. 这个谜语把我们难住了。]

B

ban [bæn] v. 禁止 [Some cities have tried to ban certain books. 一些城市禁销某些书。] ‖ n. 禁令②诅咒

banal [bə'nɑːl] a. 平庸的；陈腐的

banana [bə'nɑːnə] n. ①香蕉树②香蕉

band [bænd] n. ①带形物，箍 [The iron bands around the barrel broke. 箍在桶外的铁箍断了。]②条，带③波段 [a short wave band 短波]④一伙人 [a band of explorers 一伙勘探者]⑤乐队（尤指管乐队）‖ v. ①用带结之 [Pigeons were banded on the leg. 鸽子的腿上系着带子。]②联合 [The neighbors banded together to build the barn. 邻居们联合建起这座谷仓。]

bandage ['bændidʒ] n. 绷带 ‖ v. 用绷带包扎

bandbox ['bændbɔks] n. 装帽子或衣领等的硬纸盒

bandeau ['bændəu] n. 细头带（妇女用）/bandeaux ['bændəuz] [复]

bandit ['bændit] n. 土匪，叛徒

bandmaster ['bændmɑːstə] n. 乐队队长，乐队指挥

bandstand ['bændstænd] n. 露天音乐台②乐团演奏的台子

bandwagon ['bændwægn] n. （游行队伍前的）乐队车/on the band wagon [口]看风使舵

bandy¹ ['bændi] v. 来回掷；往复传递 [to bandy gossip 散布流言蜚语]/bandy words 口角

bandy² ['bændi] a. 膝向外弯曲的；弓形的 [bandy legs 向外弯曲的腿]

bandy-legged ['bændilegd] a. 腿向外弯曲的

bane [bein] n. 毒物，灾祸/baneful a.

bang [bæŋ] v. ①猛敲 [The shutters banged against the house. 窗板砰砰地撞在房上。]②砰地把…关上 [Don't bang the door. 不要用力关门。]③怦怦作响 [He heard a gun bang twice. 他听见了两声枪响。] ‖ n. ①猛击，猛敲 [a bang on the door 怦怦地敲门]②砰砰的声音 [The dy-namite went off with a bang. 那炸药砰砰地爆炸了。] ‖ ad. 砰地，突然地 [The car ran bang into the wall. 这辆小汽车砰地一声撞进墙里。]/bang up 砰地摔上

bang [bæŋ] v. 剪短，剪成刘海 ‖ n. [常用复数]额前刘海式

bangle ['bæŋgl] n. 手镯，脚镯

banish ['bæniʃ] v. ①流放，放逐②消除，排除 [She tried to banish all thought of the tragedy. 她试图排除心中所有的悲哀。]/banishment n.

banister ['bænistə] n. 栏杆小柱，楼梯的扶手

bank¹ ['bæŋk] n. ①银行②库 [a blood bank 血库] ‖ v. 把钱存入银行/bank on [口]指望，信赖

bank² ['bæŋk] n. ①一堆，一排 [a bank of clouds 一团云]②岸，堤③浅滩 [The ship ran aground on the sand bank. 轮船在沙滩搁浅。] ‖ v. ①在…旁筑堤 [The snow was banked along the driveway. 雪在车道上堆积起来。]②使（船的转弯部）倾斜③飞机倾斜转弯④封（炉火）

bank³ [bæŋk] n. ①排桨②系列 [a bank of keys on an organ 风琴上的一排键盘]

banker ['bæŋkə] n. 银行家

banking ['bæŋkiŋ] n. 银行业；银行事务

bankrupt ['bæŋkrʌpt] a. ①无力还债的②丧失了价值的 [a bankrupt policy 无信誉的政策] ‖ n. 无力还债的人 ‖ v. 使破产

bankruptcy ['bæŋkrʌptsi] n. 破产

banner ['bænə] n. ①写或印在布上的标志②旗帜 [the Star-Spangled Banner 星条旗]③报纸的头条标题 ‖ a. 杰出的，第一流的

banquet ['bæŋkwit] n. 宴会 ‖ v. ①宴请②饮宴；设宴招待

bantam, Bantam ['bæntəm] n. [动]矮脚鸡；好斗的女人

banter ['bæntə] n. 善意的取笑或逗弄 ‖ v. 开玩笑

banyan ['bæniən] n. 榕树

baptism ['bæptizəm] n. ①（基督教）洗礼②［喻］洗礼［new troops receiving their baptism of fire 接受战斗洗礼的新部队］/ **baptismal** a.

baptize [bæp'taiz] v. ①给…施洗礼②命名；赐名

bar [baː] n. ①条，杆，棒②条状物［bar of soap 肥皂条］③障碍物［The sand bar blocked the river channel. 沙洲挡住了河道。］④（光、颜色的）线，条［Bars of sunlight came through the clouds. 阳光透过云层。］⑤法庭⑥制裁［the bar of public opinion 舆论制裁］⑦律师⑧律师职业⑨酒吧，售餐、酒的柜台⑩［音］乐谱的节线，小节 ‖ v. ①闩上［The door is barred and bolted. 门被闩住了。］②阻挡，中止，拦住［A fallen tree bars the path. 一棵倒下的树拦住了道路。］③禁止，妨碍［State law bars convicts from voting. 国家法律禁止犯人参加投票选举。］④排斥，逐除［The dog was barred from the house. 不准狗进屋。］⑤饰以条纹 ‖ prep. 除…外，除非

barb [baːb] n.（鱼钩等的）倒钩 ‖ v. 装以倒钩

barbarian [baː'bɛəriən] n. ①野蛮人，原始人②粗鲁无礼的人；残暴的人 ‖ a. 野蛮的，粗野的，残暴的

barbaric [baː'bærik] a. 野蛮的，粗野的，未开化的

barbarism ['baːbərizəm] n. ①野蛮的行为或习性②不规范的语句或文字

barbarity [baː'bæriti] n. ①暴行；残暴②粗俗、低级的作风及趣味

barbarous ['baːbərəs] a. ①未开化的；原始的②野蛮的，粗野的③残暴的［a barbarous style or taste 低级趣味］④（语言等）不规范的/**barbarously** ad.

barbecue ['baːbikjuː] n. ①烤炙的整只猪（牛等）②野宴的烤肉③（吃烤肉的）野外宴会④可携带的烤肉架 ‖ v. ①烤炙②加作料烤炙烤鱼或肉

barbed [baːbd] a. ①有钩的②讽刺的［barbed remarks 讽刺性评论］

barbed wire 带刺铁丝网

barber ['baːbə] n. 理发师

barberry ['baːbəri] n. ①［植］牵牛花②牵牛花浆果

barbershop ['baːbəʃɔp] n. 理发店

bare [bɛə] a. ①赤裸的，无遮拦的［bare legs 裸露之腿］②无装饰的；空的［a bare room 一间空屋子］③简单的，不加掩饰的［the bare facts 简单明了的事实］④仅有的；稀少的［a bare ten inches away 只有10英尺远］‖ v. 露出，裸露；使裸露/**lay bare** 揭露；暴露；展现

bareback ['bɛəbæk] ad. & a. 不用马鞍地；无鞍的

barefaced ['bɛəfeist] a. 无耻的；厚颜的；无礼的［a barefaced lie 无耻谎言］

barefoot ['bɛəfut] a. & ad. 赤足的；赤足地

barefooted ['bɛəfutid] a. 赤足的

bareheaded ['bɛəhedid] a. & ad. 光着头的；不戴帽的

barely ['bɛəli] ad. ①仅，只有②赤裸裸地；拙劣地［a barely furnished office 一间陈设不多的办公室］

bargain ['baːgin] n. ①交易［Let's make a bargain to help each other with our chores. 让我们做笔交易来解决双方的难题。］②廉价货 ‖ v. 讨价还价［He bargained with the salesman for an hour before buying the car. 在买车前，他花了 1 小时与卖主讨价还价。］/**bargain for** 希望，意料［more trouble than he had bargained for 困难比他所预料的还多］/**into the bargain** 另外，也

barge [baːdʒ] n. ①驳船②大平底载货船 ‖ v. ①闯入

baritone ['bæritəun] n. ①［音］男中音②男中音歌手 ‖ a. 男中音的

bark¹ [baːk] n. 树皮 ‖ v. ①剥皮②擦…皮

bark² [baːk] v. ①狗叫②（枪、引擎等）发出响声［The rifles barked. 枪响了。］③叫喊［to bark orders 喊令］‖ n. 犬吠声；（枪

的)声响;叫喊声

barker ['bɑːkə] n. 大叫大喊的人(尤指在戏院门口高声招揽观众的人)

barley ['bɑːli] n.①大麦粒②大麦类

barnyard ['bɑːnjɑːd] n. 谷仓附近的场地

barometer [bə'rɔmitə] n.①气压计,气压表②[喻]标记[The stock market is a barometer of business. 股票市场是商业的晴雨表。]/**barometric** [,bærə'metrik] a.

baron ['bærən] n.①男爵②贵族

baroness ['bærənis] n.①男爵夫人②女男爵

baronet ['bærənit] n. 从男爵

baronial [bə'rəunjəl] a. 男爵的,适合男爵身分的

barracks ['bærəks] n.[复]兵营[These barracks are old. 这些兵营是旧的。]

barrage ['bærɑːʒ] n.①火力网;掩护炮火②[喻]猛击[a barrage of insults 接连不断的侮辱]

barrel ['bærəl] n.①桶②一桶(一种容量单位,在美国一般等于31.5加仑)③枪管‖ v.①把…装桶②[俚]高速行进

barrel organ 手风琴

barren ['bærən] a.①不生育的[a barren woman 不能生育的女人]②贫瘠的,不毛的[barren soil 贫瘠的土地]③无结果的,贫乏的[a barren plan 空洞无效的计划]④没有…的,空的[barren of charm 缺少诱惑力]‖ n. 土地贫瘠的地区/**barrenness** n.

barricade [,bæri'keid] n. 街垒;临时修的防御工事②路障‖ v.①设路障于[The streets were barricaded with logs and barbed wire. 街道上设置了木头和铁丝网。]②阻挡[She barricaded herself in her room. 她把自己关在屋里。]

barrier ['bæriə] n.①栅栏,屏障②(海关等)关卡;障碍

barring ['bɑːriŋ] prep. 不包括…;除…外[Barring rain, we will leave tonight. 今晚不下雨我们就走。]

barrister ['bæristə] n.(英国可在高等法院出庭的)律师

barroom ['bɑːruːm] n. 酒馆,酒吧

barrow¹ ['bærəu] n.①担架②独轮车③手推车

barrow² ['bærəu] n. 古墓

barter ['bɑːtə] v. 易货贸易;交易[He bartered his overcoat for food. 他用大衣换取食物。]‖ n. 物物交换;易货

basal ['beisl] a. 基础的,基本的

base¹ [beis] n.①基础;底部,底层[A cement slab forms the base of the statue. 雕像的底座是水泥板。]②主要部分,根据地③[体]棒球全④起点,目标⑤[军]基地⑥[化]碱‖ v. 把…基于[love based on respect 基于尊敬的爱]

base² [beis] a.①卑鄙的;低劣的[a base coward 卑鄙的懦夫]②低级的[base servitude 下等苦役]③劣等的/**basely** ad./**baseness** n.

baseball ['beisbɔːl] n.①[体]棒球运动②棒球

baseboard ['beisbɔːd] n. 护壁板

baseless ['beislis] a. 无根据的[baseless beliefs 盲目信任]

basement ['beismənt] n.[建]地下室;底层

bash [bæʃ] v. 打坏;[口]猛击,猛撞

bashful ['bæʃful] a. 害羞的;忸怩的/**bashfully** ad./**bashfulness** n.

basic ['beisik] a.①基础的,基本的;首要的②[化]碱性的;碱式的/**basically** ad.

basin ['beisn] n.①盆子②洗脸盆,水槽③水坞,海湾[a yacht basin 船坞]④盆地

basis ['beisis] n. 基础;根据[There is no basis for the rumor. 这个谣言没有根据。]/**bases** ['beisiz] [复]

bask [bɑːsk] v.①取暖②[喻]得以乐趣;感到舒适

basket ['bɑːskit] n.①篮,筐②一篮(筐)的量[Apples are $2.00 a basket. 每筐苹

果某美元。③形状或作用类似篮、筐之物④（篮球运动中的）篮

basketball ['bɑ:skitbɔ:l] n. ①篮球运动②篮球

bass [beis] n. ①男低音②男低音的音调③低音部 ‖ a. 低音的[a bass drum 低音鼓]

bass [bæs] n. 鲈鱼/**bass, basses**[复]

bassinet ['bæsi'net] n. 摇篮

bassoon [bə'su:n] n. [音]低音管,巴松管

basswood ['bæswud] n. 菩提树

bast [bæst] n. [植] 韧皮部;韧皮纤维

bastard ['bæstəd] n. [贬] 私生子

baste [beist] v. 用长针脚疏缝

baste [beist] v. 烤肉时浇以油脂

Bastille [bæs'ti:l] n. ①巴士底狱②bastille 监狱

bastion ['bæstiən] n. ①堡②阵地工事

bat [bæt] n. ①球棒②短棍③(棒球的)球球④[口]打击 ‖ v. 用球棒打(球)⑤棒球中的击球/**not bat an eye** [口]不眨眼,处之泰然

bat [bæt] n. 蝙蝠/**blind as a bat** 有眼无珠

batch [bætʃ] n. ①一次生产(使用)量[a batch of cookies 一批小甜饼]②一批[a batch of dishes to wash 一批要洗的盘子]

bath [bɑ:θ] n. ①浴,洗澡②浴水[The bath is too hot. 洗澡水太烫了。The hot metal was dipped in an oil bath. 烧热的金属浸在油池里。]③浴缸,澡盆④浴室⑤(公共)澡堂/**baths**[bɑ:ðz][复]

bathe [beið] v. ①洗澡,给…洗澡;洗②把…浸在液体中;弄湿[to bathe a wound in alcohol 用酒精清洗伤口]③游泳[to bathe in the sea 洗海水浴]④打湿;笼罩[Sweat bathed his brow. 汗水打湿了他的眉毛。]/**bather** n.

bathhouse ['bɑ:θhaus] n. ①海滨更衣处②公共浴堂

bathrobe ['bɑ:θrəub] n. 浴衣,睡衣

bathroom ['bɑ:θrum] n. 洗澡间

bathtub ['bɑ:θtʌb] n. 浴缸,浴盆

baton ['bætən] n. ①警棍②官杖③指挥棒

battalion [bə'tæljən] n. ①大部队;营②群,一大队

batten ['bætn] n. 木板条(尤指船用条板),压条 ‖ v. 用木条钉牢

batter¹ ['bætə] v. ①连续猛击;重击[The waves battered the rocks on the shore. 海浪冲击岸上的岩石。]②击碎[The firemen battered down the door. 消防队员破门而入。]③磨损,用旧 ‖ n. (奶、蛋、面粉等的) 糊状物

batter² ['bætə] n. 棒球击球手

battery ['bætəri] n. ①一组类似或相联的东西[A battery of microphones surrounded the Mayor. 市长被麦克风包围了。]②电池③攻击④炮兵群;炮的待发状态⑤棒球的投手和接手

battle ['bætl] n. ①战役②战斗[He limps from a wound received in battle. 他在战斗中负伤而跛了腿。] ‖ v. 搏斗[The little ship battled against the storm. 小船与风暴搏斗。]/**give battle or do battle** 作战/**battler** n.

battlefield ['bætlfi:ld] n. 战场

battleground ['bætlgraund] n. 战场,战地

battlement ['bætlmənt] n. ①城垛②雉堞

battleship ['bætlʃip] n. 主力舰,战舰

bauxite ['bɔ:ksait] n. [矿]铝矿

bawdy ['bɔ:di] a. 淫秽的,猥琐的;低级的

bawl [bɔ:l] v. ①高声叫喊;吆喝[口]大哭/**bawl out** [俚]责骂

bay [bei] n. 海湾

bay [bei] n. ①房屋的凹进部分[Tools and lumbers are kept in different bays in the ware house. 在仓房的各个凹进部分存放工具和无用的杂物。]②房屋的凸部/**bay window** 凸窗

bay [bei] v. 向…吠叫,吠叫着追赶 ‖ n. ①

B

吠声②走投无路③被追杀的野兽穷途反噬之状态〔The deer kept the hunters at bay with his antlers. 鹿用它的角抵御猎人。〕

bay [bei] *n.* 月桂树／**bay leaf** 月桂树叶

bay [bei] *n.* ①红棕色②红棕色的马 ‖ *a.* 红棕色的

bayberry ['beibəri] *n.* ①月桂果②杨梅属植物

bayonet ['beiənit] *n.* 刺刀 ‖ *v.* 用刺刀刺

bazaar, bazar [bə'zɑ:] ①义卖②(东方国家的)集市，市场

bazooka [bə'zu:kə] *n.* 火箭筒；反坦克火箭炮

B. C. [缩] 公元前

be [bi:] *v.* ①是②存在，发生；逗留〔Lincoln is no more. 林肯死了。〕③作为助动词与过去分词、现在分词和不定式连用〔Bill is gone. 比尔已经走了。Jane is going. 简就要离去。

be- [前缀] ①表示"包围" ②表示"充分" ③表示"去" ④表示"关于" ⑤表示"使" ⑥表示"供应"，"遮盖"

beach [bi:tʃ] *n.* 海滩，湖滨，河滩 ‖ *v.* 移(船)靠岸〔to beach a boat 使小船靠岸〕

beachhead ['bi:tʃhed] *n.* 滩头堡

beacon ['bi:kən] *n.* ①导向标，信标②灯塔；定向无线电波

bead [bi:d] *n.* ①有孔小珠②水珠，气泡〔There were beads of sweat on his forehead. 他的额前挂着汗珠。〕‖ *v.* 用珠装饰〔a beaded handbag 镶珠手提袋〕／**draw a bead on** 用枪瞄准／**tell one's beads** 祷告

beady ['bi:di] *a.* 圆小晶亮如珠的〔the beady eyes of a snake 小而发光的蛇眼睛〕

beak [bi:k] *n.* ①鸟嘴②鸟嘴状物

beaker ['bi:kə] *n.* ①大杯子②烧杯

beam [bi:m] *n.* ①梁，桁②船的最大宽度③天平④光线⑤[喻]笑容，喜色⑥无线电波束，射束 ‖ *v.* ①发光〔A light beamed from the window. 从窗口射来的光束。〕微笑，开颜②发射(无线电信号等) [to

beam the program to France 对法国播音]／**on the beam** ①飞机按指示航线或航向飞行②[俚]正好

bean [bi:n] *n.* ①蚕豆②有豆的豆荚③豆科类植物④豆状果实〔coffee bean 咖啡豆〕

bear¹ [beə] *v.* ①挑，负荷，携带〔The guests arrived bearing gifts. 客人带着礼物来。〕②表示，具有〔She bears resemblance to you. 她长得像你。The letter bore his signature. 有他署名的信。〕③担；承受〔Will the walls bear the weight of the roof? 这些墙能承受住房顶的重量吗?〕④生育〔She has borne three children. 她生了3个孩子。〕⑤产生，结(果实)〔Our pear tree bore no fruit. 我们的梨树没结果。〕⑥举止，表现〔He bears himself with pride. 他举止清高。〕⑦忍受，承受，忍耐〔I can't bear this heat. 我无法忍受这种热度。〕⑧负担，承担⑨怀含⑩移；行〔The ship bore west. 船向西行。〕①怀有，需求〔His suspicious actions bear watching. 他的可疑行动引起注意。〕／**bear down** ①压制②平定／**bear on** 向…逼进，论及〔This evidence does not bear on the crime. 这种迹象谈不上是犯罪。〕／**bear out** 证实／**bear up** 鼓起勇气，保持信心／**bear with** 忍耐，容忍／**bearable** *a.*／**bearer** *n.*

bear² [beə] *n.* ①熊②粗鲁的人，拙笨的人／**bearish** *a.*

beard [biəd] *n.* ①胡须；络腮胡子②(动物或植物的)髯毛或芒 ‖ *v.* 勇敢面对；蔑视／**beard** *a.*

bearer ['beərə] *n.* ①负荷者②运载工具③持票(支票、票据等)人

bearing ['beəriŋ] *n.* ①(站立或行走的)方位；姿势〔the upright bearing of a soldier 士兵笔挺站立的姿势〕②风度③关系，联系〔The price of feed had a direct bearing on the cost of beef. 牛肉的成本与饲料的价格有直接的联系。〕④[复]方向⑤轴承

beast [bi:st] *n.* ①兽〔A lion is a beast of prey. 狮子是一种食肉兽。〕②凶残的人

beastly ['bi:stli] *a.* ①野兽般的;凶残的 ②[口]令人不愉快的〔beastly weather 令人不愉快的天气〕/**beastliness** *n.*

beat [bi:t] *v.* ①连击,打〔Rain was beating on the roof. 雨敲打着屋顶。〕②毒打〔He doesn't approve of beating children. 他不赞成毒打孩子。〕③搅拌※挤进,挤出;拍打〔The robin beat his wings against the window. 知更鸟用翅膀拍打窗户。〕⑤敲平,踏平〔We beat a path through the tall grass. 我们在草丛中踏出一条小径。〕⑥推进,开路〔He beat his way through the crowd. 他在人群中开出一条路来。〕⑦搏动,跳动发出声〔We heard war drums beating. 我们听到战鼓咚咚作响。〕⑨打拍子⑩胜过;击败〔Our football team beat Central High twice. 我们的足球队两次击败中心高中球队。〕⑪[口]使迷惑,使窘困 ‖ *n.* ①(心脏)跳动声②(连续的)敲击声〔the beat of the hail on the window 冰雹击打窗子的声音〕③常走的路线〔a policeman's beat 警察出更巡逻的路线〕④节拍,拍子/**beat a retreat** 鸣鼓退兵;败退/**beat back**, **beat off** 击退,打退

beaten ['bi:tn] beat 的过去分词 ‖ *a.* ①被打击的,被鞭挞的〔He cringed like a beaten dog. 他像一只挨了打的狗一样畏缩。〕②踏平的〔a beaten path through the field 被人踏出的田间小径〕③锤薄的〔beaten gold 金箔〕④疲倦的;精神沮丧的

beater ['bi:tə] *n.* 拍打器〔an egg beater 打蛋器〕

beatific [bi:ə'tifik] *a.* 极乐的,愉快的

beatify [bi'ætifai] *v.* ①赐福于,使极乐②为…行宣福礼/**beatification** *n.*

beau [bəu] *n.* ①向女子献殷勤的男人;(女人的)情人②[古]花花公子/**beaus**, **beaux** [bəuz] [复]

beautiful ['bju:təful] *a.* 美丽的;美好的〔a beautiful face 美丽的面孔〕/**beautifully** *ad.*

beautify ['bju:tifai] *v.* 使美丽;装饰/**beautification** *n.*

beauty ['bju:ti] *n.* ①美,美丽〔the beauty of a sunset 落日之美景〕②美人;美丽的东西,美好的事物

beauty shop, beauty salon, beauty parlor 美容院

beaver ['bi:və] *n.* ①[动]河狸②河狸毛皮

beaver ['bi:və] *n.* 护面具

becalmed [bi'kɑ:md] *a.* (船)因风平浪静而不能移动的

because [bi'kɔz] *conj.* 因为,由于〔I'm late because I overslept. 我因为睡过了头而迟到了。〕/**because of** 因为,由于

beck [bek] *n.* (点头招手)示意/**at the beck and call of** 听命于人

beckon ['bekən] *v.* (用招手等方式)召唤

become [bi'kʌm] *v.* ①成为,变成〔Her baby brother had become a young man. 她的小弟弟已成了小伙子。〕②适合;同…相称〔That hat becomes you. 那顶帽子很适于你。〕/**become of** 降临;遭遇〔What became of John after he left home? 约翰离家后会有怎样的境遇呢?〕

becoming [bi'kʌmiŋ] *a.* 合适的;相称的〔a becoming gown 一件合身的长服〕

bed [bed] *n.* ①床;床铺,铺位,垫褥〔A park bench was his bed. 公园的长凳子便是他的床。〕③睡觉〔Farmers go to bed early. 农夫们睡得早。〕④(苗)圃,床⑤河床,湖底⑥底盘;地基,路基⑦层〔a bed of coal 煤层〕‖ *v.* 使睡;供…住宿〔We'll bed down here in the woods. 我们将在树林里住宿。〕/**bed and board** 膳宿

bedbug ['bedbʌg] *n.* 臭虫

bedchamber ['bed,tʃeimbə] *n.* 卧房

bedclothes ['bedkləuðz, 'bedkləuz] *n.* 床上用品(指被、褥等)

bedding ['bediŋ] *n.* ①被褥;床上用品②(家畜的)垫草

bedeck [bi'dek] *v.* 装饰

bedew [bi'dju:] *v.* 沾湿,湿润〔cheeks bedewed with tears 双颊挂泪〕

B

bedfellow ['bed,feləu] n. 同床者

bedizen [bi'daizn] v. 俗丽地打扮

bedlam ['bedləm] n. 精神病院

bedraggled [bi'dræɡld] a. 衣着邋遢的,不修边幅的,凌乱肮脏的

bedridden ['bed,ridn] n. (因病)卧床不起的

bedroll ['bedrəul] n. 铺盖卷

bedroom ['bedrum] n. 卧房,寝室

bedside ['bedsaid] n. 床侧〔The nurse was at his bedside constantly. 护士时常守在他的床边。〕

bedspread ['bedspred] n. 床单,床罩

bedspring ['bedspriŋ] n. 弹簧床垫

bedstead ['bedsted] n. 床架

bedtime ['bedtaim] n. 就寝时间

bee [bi:] n. ①蜜蜂②集会,聚会

beech [bi:tʃ] n. ①[植]山毛榉②山毛榉木材/**beeched** a.

beechnut ['bi:tʃnʌt] n. 山毛榉坚果

beef [bi:f] n. ①牛肉②长成待宰的牛/**beeves, beefs**[复]

beefsteak [bi:f'steik] n. 牛排

beefy ['bi:fi] a. 结实的,肌肉发达的,粗壮的〔a beefy football player 足球健儿〕

beehive ['bi:haiv] n. ①蜂窝②人口密集而热闹的地方

beeline ['bi:lain] n. 直线,最短的路

beer [biə] n. ①啤酒②由植物的根酿成的饮料〔root beer 淡酒 ginger beer 姜酒〕

beeswax ['bi:zwæks] n. 蜂蜡

beet [bi:t] n. 甜菜,糖萝卜

beetle ['bi:tl] n. 甲虫

beetling ['bi:tliŋ] a. 突出的;悬垂的

befall [bi'fɔ:l] v. 降临;发生〔Many adventures befell Robinson. 鲁宾逊经历了许多的冒险活动。〕

befit [bi'fit] v. 适合,相宜

befog [bi'fɔɡ] v. ①把…笼罩在雾中②使困惑;迷惑

before [bi'fɔ:] prep. ①在…前面(表方位)〔The long valley stretched before him. 他的前方展现了一条长长的峡谷。〕②在…之前(指顺序,方位)〔a dainty dish to set before a king 一盘放在国王面前的美味佳肴〕③在…之前(表示时间)〔Will you finish before noon? 你午前能干完么?〕④与其…,宁愿…〔I'd choose death before dishonor. 我宁死不受辱。〕‖ ad. ①过去;以前〔I've heard that song before. 我以前听过这首歌。〕②提前,更快〔The doctor can see you at ten o'clock, but not before. 你可以在 10 点钟看医生,但不能再提前了。〕③在前面〔They marched off, the banners going before. 旗帜指引他们前进。〕‖ conj. ①在…前(表示时间)〔Wash your hands before you eat. 你吃东西之前要先洗手。〕②宁愿…

beforehand [bi'fɔ:hænd] ad. & a. 预先,事先〔Let's arrange the seating beforehand. 让我们事先安排好席位。〕

befriend [bi'frend] v. 以朋友态度对待

befuddle [bi'fʌdl] v. 使迷惑;使烂醉

beg [beɡ] v. ①乞讨②乞求,恳求〔She begged me not to tell the secret. 她恳求我保守这个秘密。〕③请求〔I beg your pardon. 请再说一遍。〕/**beg off** 请求免除/**go begging** 去乞讨

beget [bi'ɡet] v. ①[古]为…之父②招致;产生〔Poverty begets crime. 贫穷产生罪恶。〕

beggar ['beɡə] n. ①乞丐②贫穷的人 ‖ v. ①使沦为乞丐,使贫穷②使成为无用;难以待…〔Her beauty beggars description. 她的美丽难以形容。〕

beggarly ['beɡəli] a. 似乞丐的;贫穷的

begin [bi'ɡin] v. 开始,着手〔Work begins at 8:00 A. M. 上午八点钟开始工作。His cold began with a sore throat. 他患感冒开始于喉咙痛。〕

beginner [bi'ɡinə] n. 初学者,新手

beginning [bi'ɡiniŋ] n. 开始,开端

begonia [bi'ɡəunjə] n. [植]秋海棠

begrime [bi'ɡraim] v. 沾污;弄脏

begrudge [bi'ɡrʌdʒ] v. ①妒忌〔They begrudged him his good fortune. 他们妒忌

他的好运气。②勉强给，吝惜

beguile 〔bi'gail〕v. ①欺骗，欺诈〔Delila beguiled Samson into telling her the secret of his strength. 迪莉娅诱骗萨姆松说出关于他力量的奥秘。〕②消磨时间〔They beguiled the long evening with singing. 他们用唱歌来消磨时间，以度长夜。〕③使高兴，迷住〔Her beauty beguiled us. 我们被她的美丽迷住了。〕

behalf 〔bi'ha:f〕n. 支持；利益〔Many of his friends spoke in his behalf. 他的许多朋友都为他讲话。〕/**on behalf of** ①为了②代表…

behave 〔bi'heiv〕v. ①举止，表现〔The boys behaved badly at the picnic. 在野餐中男孩子们的举止不佳。〕②举止端正，循规蹈矩〔Try to behave yourself in public. 在公众场合要检点自己。〕

behavior 〔bi'heivjə〕n. 举止，行为〔Marie Curie studied the behavior of radium. 玛丽·居里研究镭的属性。〕

behead 〔bi'hed〕v. 砍…的头，斩首

behest 〔bi'hest〕n. 命令，训谕

behind 〔bi'haind〕ad. ①在后〔The children trailed behind. 孩子们跟在后面。〕②向后〔He tried to leave his past behind. 他试图抛开他的过去。〕③迟于，落后于〔He fell behind in his studies. 他学习上落后了。〕‖ prep. ①在…后面〔He sits behind me. 他坐在我后面。〕②迟于，晚于…〔He is two grades behind me in school. 他在学校比我低两个年级。The train was behind schedule. 火车误点了。〕③支持〔Everyone is behind the campaign for a new school. 所有的人都支持建新学校的计划。〕‖ a. 向后的；在后的〔Everyone passed his paper to the person behind. 学生们按座次把卷子向后传。〕‖ n. 〔口〕屁股

behindhand 〔bi'haindhænd〕ad. & a. 迟的，落后的，在后的

behold 〔bi'həuld〕v. 注视；见到〔He never beheld a sadder sight. 他从未见到比这更惨的景象。〕‖ int. 看！瞧！

beholden 〔bi'həudən〕a. 受惠的；铭感的，蒙恩的

behoove 〔bi'həuv〕v. 理应，必须，尽责于〔It behooves you to think for yourself. 你必须替自己着想。〕

beige 〔beiʒ〕n. & a. 米色；米色的

being 〔'bi:iŋ〕be 的现在分词 ‖ n. ①存在；生命〔The Boy Scouts came into being in 1908. 童子军成立于 1908 年。〕②生物；生存者〔a human being 一个人〕/**for the time being** 暂时，眼下

belabor 〔bi'leibə〕v. ①痛打；鞭笞②辱骂；嘲弄；批评

belated 〔bi'leitid〕a. 过时的，延误的/**belatedly** ad.

belay 〔bi'lei〕v. 系绳子，拴上〔belaying pin 系绳拴〕‖ int. 停！〔Belay there! 停住！（水手行话）〕

belch 〔beltʃ〕v. 爆发〔The volcano belched flame. 火山喷焰。〕

beldam, **beldame** 〔'beldəm〕n.（貌丑、凶悍的）老太婆

beleaguer 〔bi'li:gə〕v. 围困，围攻

belfry 〔'belfri〕n. 塔；钟楼

belie 〔bi'lai〕v. ①给人以…的假象；掩饰〔His smile belies his anger. 他的笑容掩饰了他的气愤。〕②与…不符〔Her cruelty belied her kind words. 她善良的话语与她的残酷行为不符。〕

belief 〔bi'li:f〕n. ①信仰；信念②信任；信心〔I have belief in his ability. 我对他的能力有信心。〕③〔宗〕信奉；意见〔What are your religious beliefs? 你的宗教信仰是什么？〕

believe 〔bi'li:v〕v. ①相信〔Can we believe his story？我们能相信他的话么？〕②信奉〔to believe in a life after death 信奉死而复生〕③信任〔I believe in you. 我信任你。〕④支持；推测/**believable** a. /**believer** n.

belittle 〔bi'litl〕v. 小看，轻视〔"Anyone could score 100 on the test .," she said in belittling tones. "谁都可以在那种测验中

B

得到 100 分，"她轻蔑地说。〕

bell〔bel〕n. ①铃，钟②铃声，钟声③钟状物〔a bell of a trumpet 钟形喇叭〕④报时钟〔Eight bells mark the end of each four hours watch. 8 次钟响表明每 4 小时一次的观察结束了。〕‖v. ①系铃于〔to bell a cow 给牛系铃〕②使成钟形

bellboy〔'belbɔi〕n. 侍者

belle〔bel〕n. 美女〔尤指一群人中最为人所倾慕的〕〔the belle of the ball 舞会中最受赞赏的美人〕

bellicose〔'belikəus〕a. 好斗的，好战的

belligerent〔bi'lidʒərənt〕a.①交战中的②好战的；好斗的‖n. 交战者/**belligerence, belligerency** n. /**belligerently** ad.

bellow〔'beləu〕v.①（公牛等）吼叫②怒吼。n. 吼声，怒吼声

bellows〔'beləuz〕n.〔单复数〕①风箱；吹风器②老式照相机的皮腔

belly〔'beli〕n.①人的肚，腹，腹腔②动物的腹部③胃部④物件的内部〔the belly of a ship 轮船的内部〕⑤凸出部分〔the belly of a sail 被风鼓起的帆〕‖v. 使涨满；鼓起〔The sail bellied out in the wind. 帆乘风扬起。〕

bellybutton〔'beli,bʌtn〕n.〔口〕肚脐

belong〔bi'lɔŋ〕v. 应归入，应属于人〔This chair belongs in the corner. 这把椅子应放置在墙角处。〕/**belong to**①对…合适；适合〔The gray buttons belong to my dress. 这些灰扣子配我的衣服正合适。〕②属于〔The magic lamp belonged to Aladdin. 这盏神灯属于阿拉丁了。〕③是…的一员〔He belongs to the Boy Scouts. 他是童子军的一员。〕

belongings〔bi'lɔŋiŋz〕n.〔复〕附属物；所有物

beloved〔bi'lʌvd〕a. 被热爱的〔my beloved son 我的爱子〕‖n. 被爱的人

below〔bi'ləu〕ad. & a. 在下面，向下〔I'll take the upper bunk and you can sleep below. 我睡上铺，你可以睡下铺。〕‖prep. 在…下面，在…以下〔the people living below us 住在我们下面的人〕

belt〔belt〕n.①腰带，带子②带状物，带状地带〔The Cotton Belt is the region in the South where cotton is grown. 产棉区是指南部产棉花的地带。〕③〔机〕（轮机）皮带‖v.①在…上系腰带②〔口〕用带子重打

bemoan〔bi'məun〕v. 哀泣；悲叹〔to bemoan one's fate 自叹命薄〕

bench〔bentʃ〕n.①长凳②工作台〔a carpenter's bench 木工台〕③法官席④法官席位⑤Bench〔总称〕法官〔a member of the Bench 法官中一员〕‖v.（使运动员）退出比赛〔The coach benched his star player for fighting. 教练员把与人争斗而犯规的主力队员换下场。〕

bend〔bend〕v.①使弯〔Bend the branch down so we can reach the cherries. 把树枝弯下来我们就可以摘到樱桃了。〕②使弯曲〔The tree bent under the weight of the snow. 雪把树枝压弯了。〕③转向〔He bent his steps from the path. 他从小径调转了脚步。〕④顺从〔He bends to her wishes. 他顺从她的意愿。〕⑤俯身；屈从〔Bend over and touch your toes. 俯身去摸你的足尖。〕‖n. 弯曲②弯曲处

bended〔'bendid〕a. 弯曲的〔on bended knee 屈膝哀求〕

beneath〔bi'ni:θ〕ad. & a. 在下方；在底下〔The cups are on the shelf beneath. 杯子在柜子下层。〕‖prep.①在…（正）下方；在…底下〔the ground beneath his feet 他脚下的大地〕②有失…的身份〔beneath one's dignity 有失某人的尊严〕

benefaction〔,beni'fækʃən〕n. 善行

benefactor〔'benifæktə〕n. 捐助人，施善的人，施主/**benefactress** n.（女施主）

beneficence〔bi'nefisns〕a.①慈善；善行②施善物品，捐助物/**beneficent** a.

beneficial〔,beni'fiʃəl〕a. 有利的，有助的，有益的〔beneficial advice 忠告〕

beneficiary〔,beni'fiʃəri〕n.①受益人②享受保险赔偿的人；信托受益人

benefit ['benifit] n. ①恩惠;利益,善举 [Speak louder for the benefit of those in the rear. 大点声说,让后面的人也能听清。] ②benefits [复]津贴,救济金;保险赔偿费 ③义演 ‖ v. ①有益于;援助;帮助 [The new tax law benefits large businesses. 这项新的税收法有益于大商行。] ②受益于;受助于;有利于 [The children benefited from the fresh air and exercise in camp. 孩子们在野营中受益于新鲜的空气和锻炼。]

benevolence [bi'nevələns] n. 善行;仁慈;慷慨

benevolent [bi'nevələnt] a. 乐善的;仁慈的;慷慨的

benighted [bi'naitid] a. 陷入黑暗中的;愚昧的,无知的

benign [bi'nain] a. ①温和的;仁慈的 [a benign smile 和蔼的笑容] ②有益的,有助的,良好的 ③无害的,良性的 [a benign tumor 良性肿瘤] /**benignly** ad.

benignant [bi'nignənt] a. ①慈祥的,宽厚的 ②温和的

benison ['benizn] n. 祝福

bent [bent] bend 的过去式和过去分词 ‖ a. ①弯的,扭曲的 [He used a bent pin for a fishhook. 他用一根弯曲的大头针做鱼钩。] ②倾心的,决心的 [Hitler was bent on conquering Europe. 希特勒一心要征服欧洲。] ‖ n. 癖好;技艺

benumb [bi'nʌm] v. 使麻木;使失去感觉 [She was benumbed by grief. 悲痛使她变得麻木了。]

benzene ['benzi:n] n. [化] 苯

bequeath [bi'kwi:ð] v. ①遗赠,遗留 [He bequeathed his entire fortune to his nephew. 他把他全部财产都遗赠给他的侄子。] ②把…给予后代;传给 [The artist bequeathed his talent to his son. 艺术家把他的才能传给了儿子。]

bequest [bi'kwest] n. 遗赠,遗产;遗物

berate [bi'reit] v. 训斥

bereave [bi'ri:v] v. 剥夺 /**bereavement** n.

bereft [bi'reft] bereave 的过去式和过去分词 ‖ a. 被剥夺的 [Bereft of all power, Napoleon was exiled to St. Helena. 拿破仑被剥夺了一切权利,被流放到圣赫勒拿岛。]

beret ['berei] n. 贝雷帽

berg [bə:g] n. 冰山

beriberi ['beri'beri] n. [医] 脚气病

berry ['beri] n. & v. [植] 浆果 /**go berrying** 采浆果

berserk ['bə:sə:k] a. & ad. 狂暴的,狂暴地

berth [bə:θ] n. ①(火车的)卧铺;(轮船的)舱位 ②停泊地,锚位 ③职位 [He applied for a berth as an engineer. 他申请一个工程师的职位。] /**give a wide berth to** 避开,敬而远之

beryl ['beril] n. [矿] 绿宝石,绿玉石

beseech [bi'si:tʃ] v. 恳求

beseem [bi'si:m] v. (与…)相称,适合于

beset [bi'set] v. 围攻;包围 [He was beset with worries. 他被烦恼所缠绕。]

beside [bi'said] prep. ①在…边,在旁,接近 [The garage is beside the house. 汽车库在这幢房子旁边。] ②与…相比 [My share seems small beside yours. 我的股份和你的比就显得少了。] ③除…外/**beside oneself** 发狂,忘形/**beside the point** 离题

besides [bi'saidz] ad. 而且,还有 ‖ prep. 除…外,也 [Will anyone be there besides you? 除了你还有别人在那儿么?]

besiege [bi'si:dʒ] v. ①围困,包围 ②拥集在…的周围 [Reporters besieged him and requested for more information. 记者们拥住他要求得到更多的信息。]

besmear [bi'smiə] v. 涂抹;弄脏

besmirch [bi'smə:tʃ] v. 弄脏,玷污 [a name besmirched by scandal 被丑闻玷污的名字]

besom [bi'zəm] n. 扫帚

besotted [bi'sɔtid] *a.* 痴迷的，沉溺于酒色的

bespangle [bi'spæŋgl] *v.* 饰以晶亮之物，使发光

bespatter [bi'spætə] *v.* 溅污；诽谤

bespeak [bi'spi:k] *v.* ①证明；表明；示〔His large mansion bespeaks his wealth. 他的大宅邸表明了他的富有。〕②预见，预订〔Are these seats bespoken? 这些座位预订出去了么?〕

best [best] *a.* 最上等的，最好的，最合意的，最合适的〔What is the best time to plant tulips? 种植郁金香的最佳时节是什么时候?〕②最；大部分的〔Driving to work takes the best part of an hour. 开车去工作用了半个多小时。〕/good 的最高级 ‖ *ad.* 最多地，最〔Of all your dresses I like the pink one best. 你所有的衣服中我最喜欢这件粉色的。〕/好的最高级 ‖ *n.* ①最优秀者；最合适者〔When he buys shoes, he buys the best. 他买鞋时，总是选最好的。〕②极力；最大限度〔He did his best to win. 他竭力获胜。〕*v.* 胜过；打败〔He bested them at tennis. 在网球赛中他赢了他们〕/all for the best (完全) 出于好意/at best 充其量，至多/get the best of 充分利用 (时机等)

bestial ['bestjəl] *a.* 野兽的，野兽般的；残酷的/**bestiality** *n.*

bestir [bi'stə:] *v.* 使发奋，鼓舞〔She bestirred herself and made lunch. 她打起精神做了午餐。〕

best man 男傧相

bestow [bi'stəu] *v.* 赠与，给予〔Andrew Carnegie bestowed millions of dollars on libraries. 安德鲁·卡内基赠给图书馆几百万元钱。〕/**bestowal** *n.*

bestrew [bi'stru:] *v.* 撒满；散置〔a lawn bestrewed with leaves 撒满了树叶的草坪〕

bestride [bi'straid] *v.* 横跨…之上；跨骑着〔to bestride a horse or a ditch 跨在马上或横跨壕沟〕

bet [bet] *n.* ①打赌 ②打赌的对象；赌金〔The bet was for one candy bar. 下的赌注是一块糖。〕‖ *v.* ①用…打赌〔I'll bet one candy bar that I finish first. 我肯定先干完，我跟你赌一块糖。〕②打赌，敢断定〔I bet he'll be late. 我敢说他准迟到。〕

betake [bi'teik] *v.* 使用；去〔The knight betook himself to his castle. 骑士亲自到他的城堡去。〕

bethink [bi'θiŋk] *v.* 想到，想起〔I suddenly bethought myself of what I had come for. 我突然想起自己为什么到这儿来。〕

betide [bi'taid] *v.* 发 生/**woe betide (someone)** 让某人受难 (咀咒语)

betimes [bi'taimz] *ad.* 早，及时〔He awoke betimes to journey forth before daylight. 他在天亮前就及时醒来外出去旅行。〕

betoken [bi'təukən] *v.* 预示；表示〔This ring betokens our friendship. 这枚戒指是我们友谊的象征。〕

betray [bi'trei] *v.* ①出卖，背叛；泄漏；辜负〔He betrayed his parents'trust by wasting money at college. 他在大学挥霍金钱，辜负了父母的信任。〕②暴露，显示〔His shaky voice betrayed his fear. 他发抖的声音表明了他的畏惧。〕/**betrayal** *n.*

betroth [bi'trəuð] *v.* 同…订婚〔to betroth a daughter 给女儿订婚〕

betrothal [bi'trəuðəl, bi'trɔðəl] *n.* 订婚，婚约

betrothed [bi'trəuðd, bi'trɔðd] *n.* 订婚

better ['betə] *a.* ①更好的，更优秀的，更合适的，更如意的〔I have a better idea. 我有一个更好的主意。〕②大半的〔It takes the better part of a day to get there. 到达那里要大半天的时间。〕③有所好转的/good 的比较级 ‖ *ad.* ①更好地；更卓越地；更合适地〔They will sing better with more practice. 经过更多的练习，他们将唱得更好。〕②更，更多〔I like your pink dress better than the green. 与那件绿衣服

相比,我更喜欢你这件粉色的。]/well 的
比较级 ‖ n. ①较好的人或物[This ball is
the better of the two. 两个球中这个更好
些。]②较为富裕的人[Obey your betters.
遵奉比你更富的人。] ‖ v. 改善;改进;胜
过[He has bettered the record for the mile
run by two seconds. 他提前了两秒钟从而
刷新了一英里赛跑的纪录。]/**better off**
境况更佳/**for the better** 好转[His work
had changed for the better. 他的工作有了
起色。]/**get the better of** 胜过,超过/
had better 还是…好,最好还是…/
think better of 改变想法(而放弃)

better , bettor ['betə] v. 打赌者

betterment ['betəmənt] n. 改善,改进

between [bi'twi:n] prep. ①在…之间(时
间或位置)[a lake between the U. S. and
Canada 位于美国和加拿大之间的一个湖
a color between blue and green 介于蓝色
和绿色之间的一种颜色]②与…的联
系[the war between the North and the
South 南北间的战争]③相连接[a bond
between friends 友谊的纽带]④以联合行
动;共享[虽然 between 和 among 有时可
以互换,但前者一般只用于表达两者之
间的,后者用于表达两者以上的。[Be-
tween them they landed the fish. 他们联合
起来捕鱼。The men had fifty dollars be-
tween them. 这些男人共享着 50 块钱。]
⑤两者之间[You must choose between
love and duty. 你必须在爱情和责任中做
选择。]⑥由于…共同作用的结果[Be-
tween work and study ,he had no time for
play. 由于工作和学习,他没有时间
玩。]/**between you and me** 只限你我
之间的秘密/**in between** ①在其间②在
中间

betwixt [bi'twikst] prep. 同 between(只用
于短语中)/**betwixt and between** 两可
之间的

bevel ['bevəl] n. ①[数]斜面,斜角②
[机]斜角规 ‖ v. 斜切[Bevel the edges of
the mirror. 把镜子切成斜角形。] ‖ a. 倾
斜的;斜角的[a bevel edge 斜边]

beverage ['bevəridʒ] n. 饮料

bevy ['bevi] n. ①一群(妇女)②一群
(鸟,尤指鹌鹑)

bewail [bi'weil] v. 痛苦;悲叹[to bewail
one's luck 为某人的命运而悲伤]

beware [bi'weə] v. 当心,谨防[Beware
of ice on the sidewalks. 当心人行道上的
冰。]

bewilder [bi'wildə] v. 使迷惑;使昏乱
[The city's winding streets bewildered us.
这个城市弯曲的道路把我们搞糊涂
了。]/**bewilderment** n.

bewitch [bi'witʃ] v. ①施魔力于;蛊惑
[Circe bewitched Ulysses'companions and
turned them into pigs. 女妖施魔法于尤利
西斯的同伴们,使他们变成了猪。]②使
销魂;迷住[The youth was bewitched by
her beauty. 这个青年被她的美丽所迷
住。]/**bewitching** a.

beyond [bi'jond] prep. ①在…的那边,远
于[The town is just beyond the hill. 这个
城镇在山坡那边。]②迟于[I stayed up
beyond midnight. 我呆到半夜未睡。]③出
于…之外;为…所不能及[He is beyond
help. 他已无可挽救。]④超出;高于
[He says nothing beyond what we already
know. 他说的事我们无一不晓。] ‖ ad. 更
远地[The field is behind the house, the for-
est lies beyond. 田野在房子的后面,树林
更远了。]/**the beyond, the great be-
yond** 来世

bi- [前缀]①"双"[a bicuspid tooth 双尖
齿]②"两"[a biennial election 两年一度
的选举]③"复","重"[biannual meetings
一年开两次的会议]

biannual [bai'ænjuəl] a. 一年两次的/
biannually ad.

bias ['baiəs] n. ①(布的)斜纹②倾向性;
偏见;癖好 ‖ v. 对…有倾向性;对…有偏
见;对…有影响[The jury had been biased
by newspaper stories. 报纸上的新闻报道
使陪审团产生了偏向性。]/**on the bias**
斜线,斜角[cloth cut on the bias 斜裁的
布料]

Bible ['baibl] *n.* ①[宗]基督教《圣经》, 犹太教《圣经》②圣经 [The koran is the Moslem Bible. 古兰经是穆斯林圣经。]/ **Biblical**, **biblical** ['biblikəl] *a.*

bibliography [bibli'ɔgrəfi] *n.* 文献目录, 书目提要/ **bibliographical** [,bibliəu'græfik(ə)l] *a.*

bicameral [bai'kæmərəl] *a.* 两个议院的；两院制的

bicarbonate of soda [bai'kɑːbənit][化]小苏打，碳酸氢钠

biceps ['baiseps] *n.* [解]二头肌

bicker ['bikə] *v.* (为了小事与人)口角

bicuspid [bai'kʌspid] *n.* [解]两尖齿

bicycle ['baisikl] *n.* 自行车 | *v.* 骑车

bid [bid] *v.* ①命令，吩咐 [Do as you are bidden. 照你吩咐你的去做。] ②说 [He bade his friend farewell. 他向朋友道别。] ③出价，开价 [She bid ten dollars for the chair at the auction. 在拍卖中，她对这把椅子的开价为 10 元。] ‖ *n.* ①出价，喊价；投标②企图，试图 [a bid for fame 追求名声]/ **bid fair** 有可能，有机会 [This winter bids fair to a cold one. 今冬可能很冷。]

bidder ['bidə] *n.* 出价人；投标者

bide [baid] *v.* ①留；等候②居住(用于短语中)/ **bide one's time** 等待时机

biennial [bai'eniəl] *a.* ①两年一次的，每持续两年的 [a biennial plant 一种两年生植物] ‖ *n.* [植]两年生植物

bier [biə] *n.* 尸体架；棺架

bifocals ['bai'fəukəlz] *n.* [复]双光眼镜，双焦点透镜

big [big] *a.* ①巨大的，大的 [a big cake 一块大蛋糕]②响亮的 [a big voice 响亮的声音]③重要的；显要的 [a big day in his life 一生中重要的一天]④炫耀的；傲慢的，自大的 [a lot of big talk 大话连篇]⑤昂贵的；宽宏大量的 [a big heart 宽大的胸襟]⑥的 ‖ *ad.* ①炫耀地，自大地 [to talk big 炫耀地说]②极大地，[口]空想地 [Think big! 妄想!]/ **bigness** *n.*

bigamy ['bigəmi] *n.* 重婚罪/ **bigamist** *n./* **bigamous** *a.*

bight [bait] *n.* ①绳环②海岸线的弯曲部分③湾，海湾

bigot ['bigət] *n.* 偏执的人；顽固的人/ **bigoted** *a.*

bigotry ['bigətri] *n.* 偏执，偏执的态度、行为

bike [baik] *n. & v.* [口]自行车

bilateral [bai'lætərəl] *a.* ①两边的；在两边的②双方的；两方面的

bile [bail] *n.* ①胆汁②坏脾气；愤怒

bilge [bildʒ] *n.* ①[船]舭(船腹)②船底污水③[俚]废话

bilious ['biljəs] *a.* ①患胆病的，患肝病的②暴躁的；易怒的/ **biliousness** *n.*

bilk [bilk] *v.* 蒙骗，欺骗

bill¹ [bil] *n.* ①帐单 [a grocery bill 一张食品帐单]②单子，清单 [a bill of fare 菜单]③广告，传单②钞票，纸币⑤法案 [a housing bill now before Congress 提交给国会的一项住房法案] ‖ *v.* 给⋯⋯开帐单；通告 [This store bills us on the first day of the month. 这家商店月初给我们开帐单。]

bill² [bil] *n.* ①(细长而扁平的)鸟嘴②形似鸟嘴的东西(如甲鱼的嘴) ‖ *v.* 抚爱(用于短语)/ **bill and coo** 互相接吻；爱抚，调情；恩爱

billboard ['bilbɔːd] *n.* 广告招贴板

billet ['bilit] *v.* 分配(士兵)住宿之处 [The troops were billeted in farms along the border. 部队奉命宿营在沿边界的农场中。] ‖ *n.* [军队的]住宿分配命令

billfold ['bilfəuld] *n.* 钱夹

billion ['biljən] *n. & a.* ①(美、法)十亿②(英、德)万亿

bill of sale 卖据

billow ['biləu] *n.* ①巨浪②似巨浪之物 [Great billows of smoke poured from the chimney. 烟囱里冒出滚滚浓烟。] ‖ *v.* 使翻腾 [The sails billowed in the wind. 帆被风鼓起。]/ **billowy** *a.*

billy ['bili] *n.* 警棍

bimonthly ['bai'mʌnθli] a. & ad. ①两月一次的〔A bimonthly magazine comes out six times a year. 双月刊的杂志每年出 6 期。〕②一个月两次

bin [bin] n. (贮藏面粉、煤、工具等的)箱子

bind [baind] v. ①捆,绑〔Bind these logs together to make a raft. 把这些圆木捆扎成一个木筏子。〕②钉;(使)结成硬块〔The swallow uses mud to bind its nest. 燕子用泥筑巢。〕③使尽义务⑧约束,束缚〔What binds you to your job? 是什么束缚了你的工作?〕⑤使受法律约束〔The witness is bound by oath to tell the truth. 证人在法律面前发誓讲真话。〕⑥包扎〔The nurse will bind your wounds. 这位护士将给你包扎伤口。〕⑦装订(书)⑧镶;给…滚边(缀钉)⑨使便秘

binder ['baində] n. ①缚者,包扎者②用以捆绑或粘附之物品〔Tar is used as a binder for gravel in paving. 焦油被用作铺路砂石粘结料。〕③装订机④收割机上使穗成米的部分;收割机

bindery ['baindəri] n. 装订所

binding ['baindiŋ] a. 有约束力的;附有义务的〔a binding contract 有约束力的契约〕‖ n. ①(书的)装订②捆绑③镶边,滚条

binnacle ['binəkl] n. [海]罗经柜

binoculars [bi'nɔkjuləz] n. [复]双筒望远镜

biochemistry [,baiəu'kemistri] n. 生物化学

biodegradable [,baiəudi'greidəbl] a. 易分解的〔a biodegradable detergent 易分解的清洁剂〕

biographer [bai'ɔɡrəfə] n. 传记作者

biography [bai'ɔɡrəfi] 传 记/**biographical** [,baiəu'ɡræfik(ə)l] a.

biological [,baiə'lɔdʒikəl] a. 生物学的/**biologically** ad.

biology [bai'ɔlədʒi] n. 生物学;生态学/**biologist** n.

bipartisan [bai'pɑ:tizən] a. 由两党成员组成的,代表两党的

biped ['baiped] n. 两足动物

biplane ['baiplein] n. 双翼飞机

birch [bə:tʃ] n. ①桦,白桦②桦木③(鞭打用的)桦条或桦条束

bird [bə:d] n. ①鸟,禽②羽毛球③[俚]人(尤指非凡的人)/**birds of a feather** 一丘之貉

birdlime ['bə:dlaim] n. 粘鸟胶

bird's-eye ['bə:dzai] a. 俯视的〔We get a bird's-eye view from the tower. 我们从塔上鸟瞰。〕

birth [bə:θ] n. ①分娩,出生〔the anniversary of Lincoln's birth 林肯诞生周年纪念日〕②起源,背景〔Alexander Hamilton was West Indian by birth. 亚历山大·汉密尔顿原是西印度群岛人。〕③开始〔1942 makes the birth of the Atomic Age. 1942 年标志着原子时代的新纪元。〕/**give birth to** 生,产生〔The cow gave birth to a calf. 母牛生了一只小牛。〕

birthday ['bə:θdei] n. ①生日②诞辰

birthmark ['bə:θmɑ:k] n. 胎记

birthplace ['bə:θpleis] n. 诞生地;发源地

birthrate ['bə:θreit] n. 出生率

birthright ['bə:θrait] n. 生来就有的权利;长子继承权〔Freedom of speech is part of our American birthright. 言论自由是我们美国人与生俱来的权利。〕

biscuit ['biskit] n. ①[美]小甜面包,软饼②[英]饼干

bisect ['baisekt] v. ①分切为二〔Budapest is bisected by the Danube River. 布达佩斯被多瑙河隔为两部分。〕②分成二等份〔A circle is bisected by its diameter. 圆被它的直径分为二等份。〕

bishop ['biʃəp] n. ①主教②(国际象棋中的)象

bishopric ['biʃəprik] n. ①主教的管区②主教职位

bismuth ['bizməθ] n. [化]铋

bison ['baisn] n. [动] 美洲野牛/**bison** [复]

bit [bit] n. ①马嚼子②工具上的钻、切部分③钥匙齿

bit [bit] n. ①一点；一些 [tear to bits 撕成碎片]②[口] 一会儿 [Wait a bit longer. 稍等片刻] ‖ a. 极小 [a bit part in movie 电影中的小角色]/**a bit of** 相当地，有几分 [He's a bit of a bully. 他有些惹人恶霸。]/**bit by bit** 一点一点地，渐渐地/**two bits** [口] 25 美分

bitch [bitʃ] n. 母狗，母狼

bite [bait] v. ①抓住；咬住；卡住 [The dog bit the mailman's leg. 狗咬了邮递员的腿。The trap bit into his foot. 陷阱卡住了他的脚。]②蜇；刺 [The cold wind bites my face. 冷风刺痛了我的脸。]④紧紧攫住；夹紧 [The wheels of the car bit into the snow. 小汽车的轮子陷在雪里了。]⑤（鱼）上钩，（人）上当 [The fish won't bite. 鱼没上钩。] ‖ n. ①咬 [The bite of a dog can be dangerous. 被狗咬是会有危险的。]②被咬或叮的伤口③刺痛，痛感 [the bite of an October wind 十月的刺骨寒风]④一口 [Don't take such big bites. 不要这么大口地吃。]⑤[口] 便餐，快餐⑥上下齿的齿合情况 [She wears braces to correct her bite. 她带了钢丝套以校正齿合。]/**bite the dust** 阵亡，被杀

biting ['baitiŋ] a. 尖利的，刺人的 [a biting wind 刺骨的风 a biting criticism 尖锐的批评]

bitter ['bitə] a. ①辛酸的；痛苦的 [The seed in a peach pit is bitter. 桃仁是苦的。]②难受的，不自在的，难堪的 [They suffered bitter hardships during the war. 他们在战争中饱经磨难。]③刺骨的，厉害的 [a bitter wind 刺骨寒风]④怀恨的，厌恶的 ‖ ad. 痛苦地，厉害地 [The night was bitter cold. 夜里冷得厉害。]/**bitterly** ad./**bitterness** n.

bittersweet ['bitəswiːt] n. ①[植] 白英②美洲南蛇藤 ‖ a. 又苦又甜的；苦中有乐的

bitumen [bi'tjuː(ː)min] n. [矿] 沥青

bivalve ['baivælv] n. [动] 牡蛎；双壳贝类

bivouac ['bivuæk] n. 临时宿营地 ‖ v. 露营

biweekly [bai'wiːkli] a. & ad. 两周一次的(地)

bizarre [bi'zɑː] a. 古怪的，异乎寻常的

blab [blæb] v. ①泄漏(秘密)，饶舌②闲聊；瞎说

black [blæk] a. ①黑色的②黑暗的，暗淡的 [a black and moonless night 暗淡无月的夜晚]③黑肤色的，黑发的，黑人的④邪恶的；恶劣的 [black deeds 恶行]⑤阴郁的，悲惨的，不愉快的，令人沮丧的 [black thoughts 阴郁的思想]⑥气愤的；愠怒的 [black looks 怒色] ‖ n. ①黑色；黑颜料，黑漆②黑衣，尤指丧服③黑肤色的人，黑人 ‖ v. ①弄黑；变黑②用黑鞋油擦/**black out** 对…实行灯火管制②晕过去/**blackness** n.

black-and-blue ['blækən'bluː] a. 青肿的，遍体鳞伤的

blackball ['blækbɔːl] v. 投票反对

blackberry ['blækbəri] n. ①黑莓②黑莓丛或藤

blackboard ['blækbɔːd] n. 黑板

blacken ['blækən] v. ①使变黑；使变暗 [Rain clouds blacken the sky. 乌云使天变得阴暗。]②诽谤

blackguard ['blækɡɑːd] n. 恶棍；出言不逊的人，坏人

blackhead ['blækhed] n. 丘疹；黑头粉刺

blacking ['blækiŋ] n. 黑鞋油

blackjack ['blækdʒæk] n. ①用来做武器的短棍②赌博中的 21 点 ‖ v. 棒打

blacklist ['blæklist] v. 把…列入黑名单

blackmail ['blækmeil] n. ①敲诈，勒索②敲诈得得的钱 ‖ v. 敲诈；向…勒索

blackout ['blækaut] n. ①灯火管制②失去知觉

black sheep 害群之马，败家子

blacksmith ['blæksmiθ] n. 铁匠

B

blacktop ['blæktɔp] n. 铺路用沥青 ‖ v. 用柏油铺路

bladder ['blædə] n. ①[解] 膀胱②囊状物 [a football bladder 足球胆]

blade [bleid] n. ①物体的扁平部分 [the blade of an oar 桨片②the shoulder blade 肩胛骨]②剑、刀的锋口③剑或击剑人④浪荡少年，恶少⑤草或谷类的叶片

blame [bleim] v. ①责备，遣责 [Don't blame others for your own mistakes. 不要为你自己的错而责备别人。]②把…归咎；推诿；批评 [I can't blame you for being angry. 我不怪你生气。] ‖ n. ①(过失、失败的)责备②责备，责怪 [a letter full of blame 充满责难的信] /**be to blame** 该受责备，应负责

blameless ['bleimlis] a. 无责难的，无过错的

blameworthy ['bleim,wə:ði] a. 应受责备的；有过错的

blanch [blɑ:ntʃ] v. ①使变白，漂白，使(面部)苍白 [to blanch with fear 吓得脸色苍白]②使有白色光泽③去皮；用沸水去皮

bland [blænd] a. ①温和的，和蔼的②平淡无奇的，乏味的 /**blandly** ad. /**blandness** n.

blandishment ['blændiʃmənt] n. 奉承，讨好

blank [blæŋk] a. ①空白的 [a blank sheet of paper 一张空白纸]②茫然的 [His face remained bland. 他神色茫然。]③空虚的 [It is hard to keep your mind blank. 很难使你什么都不想。] ‖ n. ①空白的表格 [an application blank 空白申请书]②印刷物或书写物的空白 [Fill in all the blanks. 把所有的空白都填满。]③空炮弹 /**blankly** ad. /**blankness** n.

blanket ['blæŋkit] n. ①毡子，毛毯②似毯的东西 [a blanket snow 一层雪] ‖ a. 包括一系列的；全部的 [The captain issued blanket instructions to cover all emergencies. 船长下达了一系列应付所有紧急情况的命令。] ‖ v. 覆盖空白处 [Leaves

blanketed the lawn. 草地上盖满了树叶。]

blare [blɛə] v. 高声鸣叫 [Car horns blared. 小汽车喇叭高鸣。] ‖ n. 粗声

blarney ['blɑ:ni] n. 花言巧语；奉承话

blasé ['blɑ:zei] a. 厌烦享乐或厌烦人生的；玩腻了的

blaspheme ['blæsfi:m] v. 亵渎；辱骂

blasphemy ['blæsfimi] n. 亵渎神明的语言或行为 /**blasphemous** a.

blast [blɑ:st] n. ①一阵疾风；一股强大的气流②喇叭类乐器声或汽笛声③爆炸，爆炸 ‖ v. ①(用炸药)炸 [to blast rock 用炸药炸岩石]②摧毁；使枯萎 [The sudden frost blasted our lemon tree. 突然降临的寒霜使我们的柠檬树枯萎了。] /**at full blast** 飞快地，最有效地

blatant ['bleitənt] a. 喧哗的，吵嚷的 /**blatancy** n. /**blatantly** ad.

blaze[1] [bleiz] n. ①火焰，火②光亮 [the blaze of searchlights 探照灯的灯光]③(感情的)迸发；爆发 [a blaze of glory 荣誉感的激发]④光辉；光彩 [The garden was a blaze of color. 花园里五光十色。] ‖ v. ①燃烧 [At night the carnival blazed with lights. 狂欢节的夜晚灯火辉煌。]②迸发出强烈的感情 [to blaze with anger 盛怒]

blaze[2] [bleiz] n. ①马、牛等脸上的白斑②(刮去树皮后)树身上留下的痕迹 ‖ v. 在树皮上刻痕指示道路

blazer ['bleizə] n. 色彩鲜艳的运动衫；发光体

blazon ['bleizn] v. ①绘制纹章②宣扬 [a deed that blazoned his name far and wide 一项使他扬名四海的功绩] ‖ n. 纹章

bleach [bli:tʃ] v. 漂白或晒白 ‖ n. 漂白剂

bleachers ['bli:tʃəz] n. [复] 露天看台

bleak [bli:k] a. ①风吹雨打的；无遮蔽的；光秃的 [the bleak plains 荒凉的平原]②寒冷的；凛冽的③凄凉的，暗淡的 [a bleak future 暗淡的前途] /**bleakly** ad. /**bleakness** n.

B

blear [bliə] v. 使模糊不清

bleary ['bliəri] a. 模糊不清的；目光不明的

bleat [bli:t] v. ①(羊或小牛)叫②轻声颤抖地说 ‖ n. 羊、小牛的叫声或类似声音

bleed [bli:d] v. ① 流血 [The wound stopped bleeding. 伤口不再流血。]②悲痛；同情 [Her heart bleeds for the poor. 她同情穷人。]③给…放血 [In earlier times, doctors often bled people to try to make them well. 过去的年代里医生经常用放血的方法给病人治病。]④[口]被敲诈

blemish ['blemiʃ] n. 瑕疵，污点，缺点 [a blemish in his character 他性格上的缺点] ‖ v. 玷污，损害

blench [blentʃ] v. 退缩；畏缩

blend [blend] v. ① 把…掺在一起 [to blend tea or paint 把不同的茶叶或颜料掺在一起]②混合，交融 [The sky blended with sea at the horizon. 在地平线上，海天交融为一体。]③相称；调和 ‖ n. 混合物；混成品 [a blend of coffee 混合咖啡]

bless [bles] v. ① 使神圣化②为…祈神赐福 [The minister blessed the congregation. 牧师为教徒们祈祷。]③赐福于；使幸福 [God bless you! 上帝保佑你!]④赞美，颂扬 [to bless the Lord 赞美上帝] ‖ [B~] 常作感叹词 [Bless me if it isn't Jane! 那一定是简，我的天!]

blessed ['blesid] a. ①神圣的，圣洁的②幸福的；幸运的 [blessed in having two fine children 庆幸有两个好孩子] /**blessedness** n.

blessing ['blesiŋ] n. ①祈神赐福②祝福，赞同 [The parents gave the engaged couple their blessing. 父母向这对订婚的伴侣表示祝福。]③幸事；愉快的事

blight [blait] n. ①害虫②使人受损害或受挫的事物或因素 [Slums are a blight on a city. 贫民窟会使一个城市黯然失色。] ‖ v. 损害；摧残 [Our hopes were blighted. 我们的希望破灭了。]

blind [blaind] a. ①瞎的，失明的②盲目的；视而不见的；无识别能力的 [The father was blind to his son's faults. 父亲对儿子的缺点视而不见。]③隐蔽 [a blind stitch 缝针方法缝的针脚]④堵死的⑤一端不通的 [a blind alley 死胡同]⑥单凭仪表操纵的 [blind flying in a fog 在雾中凭仪表飞行] ‖ v. ①使失明②使失去判断力 [His eagerness blinded him to the danger. 他急切得忘记了危险。] ‖ n. ①窗帘；百叶窗；遮光物②诱饵 /**blindly** ad. /**blindness** n.

blinders ['blaindəz] n. [复](马的)眼罩

blindfold ['blaindfəuld] v. 蒙住…的眼睛 ‖ a. 盲目地；‖ v. 遮眼的蒙布

blindman's buff ['blaindmænz 'bʌf] 捉迷藏

blink [bliŋk] v. ①眨眼睛②使闪烁 ‖ n. 闪光/**on the blink** [俚]不能使用，坏了

blinker ['bliŋkə] n. 闪光物，尤指信号灯

bliss [blis] n. 巨大的幸福，极乐

blissful ['blisful] a. 极乐的 [a blissful marriage 美满的婚姻]

blister ['blistə] n. ①脓疱；水泡②像疱状状的隆起物 [blisters in coat of paint 漆器上的泡] ‖ v. ①使起疱 [The sun blistered my nose. 太阳把我的鼻子晒得起了疱。]②起泡

blithe [blaið] a. 愉快的；无忧无虑的 /**blithely** ad.

blithesome ['blaiðsəm] a. 欢乐的，愉快的

blizzard ['blizəd] n. 暴风雪

bloat [bləut] v. 使肿起，使膨胀 /**bloated** a.

blob [blɔb] n. (软而粘的)一小块，一滴 [a blob of jelly 一小块果冻]

bloc [blɔk] n. 为某种共同目的而采取一致行动的一群人组成的集团

block [blɔk] n. ①大块木料或石料 [a butcher's block 屠夫用的切肉木墩]②拍卖台③模 [a hat block 帽楦]④障碍物 [Laziness is a block to success. 懒惰是成功的障碍。]⑤一组，一批 [We have reserved a block of seats for the concert. 我们为音乐会预订了一些座位。⑥街区(四条街道当中的地区)⑦两条平行街道之间的街的距离⑧滑轮,滑车 ‖ v. ①拦阻,阻塞〔The fallen tree blocked the path. 这棵倒下的树挡住了道路。〕⑥阻挡〔Block the sweater after you wash it. 洗过毛衣后把它定好形。〕/**block, block out**草图;草拟大纲/**block up** 堵塞,阻碍

blockade [blɔ'keid] n. 封锁 ‖ v. 封锁/ **run the blockade** 冲破封锁线

blockhead ['blɔkhed] n. 傻瓜

blockhouse ['blɔkhaus] n. 碉堡;地堡

blond, blonde [blɔnd] a. ①有金黄色头发和白皙皮肤的②淡色的〔blond furniture 浅色家具〕 ‖ n. 金发碧眼白肤的人(blond 一般指男人或男孩, blonde 指女人)/**blondness, blondeness** n.

blood [blʌd] n. ①血液,血②血统;血统关系(一般指男性的血统关系)〔They are of the same blood. 他们是同一家族的。〕/ **bad blood** 恨,恶感/**in cold blood** 残酷地,蓄意地

bloodcurdling ['blʌd,kə:dliŋ] a. 令人毛骨悚然的

blooded [·blʌdid] a. 纯种的

bloodless ['blʌdlis] a. ①无血的;缺血的;灰白的②无生气的;无生命的③不动干戈的〔a bloodless revolution 不流血的革命〕

blood poisoning 血中毒,血液症

blood pressure 血压

bloodshed ['blʌdʃed] n. 流血致死〔War brings much bloodshed. 战争导致了大量的流血。〕

bloodshot ['blʌdʃɔt] a. 充血的,有血丝的〔bloodshot eyes 有血丝的眼睛〕

bloodsucker ['blʌd,sʌkə] n. ①吸血动物,吸血虫②吸血鬼

bloodthirsty ['blʌd,θə:sti] a. 嗜杀的;行凶的

blood vessel 血管

bloody ['blʌdi] a. ①流血的〔a bloody

nose 流血的鼻子〕②血淋淋的③嗜杀的 ‖ v. 血染,血污

bloom [blu:m] n. ①一朵花或全部花朵②开花期③兴旺时期〔She was in the bloom of girlhood. 她处在少女妙龄时期。〕④年青人的红润〔the bloom on her cheeks 她双颊红润〕⑤(葡萄、李子等)果实的粉衣,粉霜 ‖ v. ①开花〔Tulips bloom in the spring. 郁金香在春季开花。〕②进入青春时代,处于最佳状况〔The children bloomed at camp this summer. 孩子们在今年夏季的野营中精神焕发。〕

blossom ['blɔsəm] n. ①花(尤指果树的花)〔apple blossoms 苹果树的花〕②开花期 ‖ v. ①开花②长成,发展〔The ugly duckling blossomed into a beautiful swan. 丑小鸭长成了一只美丽的天鹅。〕

blot [blɔt] n. ①污渍,尤指墨水渍②污点,缺点,瑕疵〔That shack is a blot on the landscape. 那间简陋木屋是这片风景中的瑕疵。〕 ‖ v. ①弄上污渍〔The ink ran and blotted the writing. 渗出的墨水使字迹弄上了墨渍。〕②抹去,遮盖,除掉〔These memories were soon blotted from her mind. 这些记忆很快就从她脑海中抹去了。〕③(用吸墨水纸等)吸干

blotch [blɔtʃ] n. ①(皮肤上的)斑,小脓疱②大片的污渍 ‖ v. 弄脏/**blotchy** a.

blotter ['blɔtə] n. ①吸墨水纸②记事簿

blouse [blauz] n. ①(妇女和儿童的)宽松短衫②军队制服上衣

blow¹ [bləu] v. ①吹〔There is a wind blowing. 刮风了。〕②吹气〔Blow on your hands to warm them. 向你的手上呵气使它们得以暖和。〕③使通气〔to blow one's nose 擤鼻子〕④呼吸困难;气喘⑤吹响〔The noon whistle is blowing. 午间哨吹响了。〕⑥吹动〔My hat suddenly blew off. 我的帽子突然被吹落。〕⑦被吹走〔The fan blew the paper out of the window. 纸被扇子扇到了窗外。〕⑧充气〔to blow bubbles 吹泡泡〕 ‖ n. ①吹;疾风;大风/ **blow out** ①熄火②车胎爆炸③保险丝烧断/**blow over** ①移开②停止;被遗

B

忘/**blow up** ①打气②爆炸，爆发③[口]发脾气

blow² [bləu] n. ①打，打击②(精神上的)打击 [One swift blow can win the battle. 快速出击可以赢得战争。]③灾祸，震惊/**come to blows** 互相动手打

blower ['bləuə] n. ①吹制工人，吹者[a glass blower 玻璃器吹制工]②风箱；鼓风机

blowgun ['bləugʌn] n. 吹矢枪

blown [bləun] blow 的过去分词 ‖ a. 喘不过气来的[blown from running 跑得喘不过气来]

blowout ['bləuaut] n. 爆破

blowpipe ['bləupaip] n. 吹风管，吹火管

blowtorch ['bləutɔːtʃ] n. 喷灯

blubber ['blʌbə] n. 海兽脂 ‖ v. 哭闹

bludgeon ['blʌdʒən] n. 大头短棒 ‖ v. ①用大头短棒猛击②威胁，强迫

blue [bluː] a. ①蓝色的②沮丧的，忧郁的 ‖ n. ①蓝色②蓝颜料或染料③蓝色物 ‖ v. 把…染成蓝色/**out of the blue** 突然地，意想不到地/**the blues** ①[口]垂头丧气的心情②黑人民歌中的一种类型，带有低沉的爵士乐格调和悲哀的歌词

blueberry ['bluːbəri] n. [植]①乌饭树的紫黑浆果②乌饭树

bluebird ['bluːbəd] n. [动]蓝知更鸟

bluebonnet ['bluːbɔnit] n. [植]矢车菊

bluebottle ['bluːbɔtl] n. [动]绿头大苍蝇

bluefish ['bluːfiʃ] n. [动]青鱼

bluejacket ['bluːdʒækit] n. 水兵，水手

blueprint ['bluːprint] n. 蓝图，计划

blue ribbon 第一流的

bluff¹ [blʌf] v. 虚张声势地吓人 ‖ n. ①吓唬；假装 [His threat is just a bluff. 他的威胁只不过是虚张声势。]②吓唬人的人

bluff² [blʌf] n. 陡崖；峭壁 ‖ a. ①陡峭的②粗率的；坦率的

bluish ['bluː(ː)iʃ] a. 带蓝色的，浅蓝色的

blunder ['blʌndə] n. 谬误，愚蠢的错误 ‖ v. ①愚蠢地做错事②行动妄进；致误

blunt [blʌnt] a. ①不锋利的，钝的②直率的，不转弯抹角的 [blunt reply 直率的回答] ‖ v. 把…弄钝 [The knife was blunted from long use. 由于用过太久，这把刀弄钝了。]/**bluntly** ad. /**bluntness**

blur [bləː] v. ①使模糊；使不锋利；迟钝 [The face in the picture is blurred. 照片上的脸模糊不清。]②涂污，弄脏 [His leaking pen blurred the paper. 他漏水的钢笔弄脏了纸。] ‖ n. ①污迹；模糊的东西；暗淡或混乱的环境②污点，污渍

blurt [bləːt] v. 脱口说出 [to blurt out a secret 脱口道出了秘密]

blush [blʌʃ] v. 羞红脸 [Helen blushed at the compliment. 海伦被称赞得羞红了脸。] ‖ n. ①脸红，赤面②玫瑰色，红色/**at first blush** 初见，乍一看

bluster ['blʌstə] v. ①狂吹 [blustering winds 呼啸的狂风]②咆哮；恫吓 ‖ n. ①狂风声②高声吵嚷；空洞的大话/**blustery** a.

boa ['bəuə] n. ①蟒蛇②女用毛皮围巾

boa constrictor [kən'striktə] n. 大蟒蛇

boar [bɔː] n. ①(未阉的)公猪②野猪

board [bɔːd] n. ①木板(建筑用)②(特殊用途的)板子或牌子 [a checker board 棋盘 a bulletin board 告示板]③餐桌④伙食，膳食⑤委员会，理事会，董事会[board of education 教育委员会]⑥船舷[to jump overboard 从船上跳入水中] ‖ v. ①用板堵②(收费)供膳或供膳宿③上(车、船、飞机等)/**on board** 在船上

boarder ['bɔːdə] n. 寄膳者，寄膳宿者

boardinghouse ['bɔːdiŋhaus] n. 供膳的寄宿处；公寓

boardwalk ['bɔːdwɔːk] n. (沿海滨)用木板铺成的散步道

boast [bəust] v. 夸口；自夸 [We are tired of hearing him boast of his bravery. 对他夸耀自己的勇敢之词我们都听腻了。]

boastful ['bəustful] a. 自夸的, 自负的; 喜好浮夸的

boat [bəut] n. ①小船, 艇②船形器皿 [gravy boat 酱碟] v. 乘船, 划船 [We boated down the river for a mile. 我们向河的下游划了一英里。] / **in the same boat** 处境相同, 面临同样的危险

boatswain ['bəutswein] n. 水手长

bob [bɔb] v. ①上下或来回疾动 [His head bobbed up and down as the car bounced over the ruts. 他的头随着颠簸的小汽车而上下跳动。②剪短 [to bob a dog's tail 把狗尾巴剪短] ‖ n. ①摆动②妇女的短发式③[物]摆锤, 振子④钓鱼竿线上的浮子

bobbin ['bɔbin] n. [纺]筒管; 线轴

bobby ['bɔbi] n. [俚]警察

bobtail ['bɔbteil] n. ①截短的尾巴②截短了尾巴的动物 ‖ a. 截尾的

bode [bəud] v. 预兆, 预示 [The black cloud bodes rain. 那片黑云预示要下雨。] / **bode ill** 凶兆 / **bode well** 吉兆

bodied ['bɔdid] a. 有体形的 [able bodied 强壮的]

bodiless ['bɔdilis] a. 无形体的

bodily ['bɔdili] a. 身体的 [bodily labor 体力劳动] / ad. 亲身; 整体

body ['bɔdi] n. ①(人或动物的)身体 [He has a weak body but a strong mind. 他身体虚弱但意志坚定。]②躯干 [The fighter received many blows to the body. 这个战士身上多处被打。]③主体, 主要部分④物体的一部分; 群 [The stars are heavenly bodies. 星星是天体的组成部分。]⑤团体; 一群, 一批 [a body of facts 一系列事实] ⑥[口]人 [What else can a body do? 一个人还能做什么?]

bodyguard ['bɔdigɑːd] n. 保镖

bog [bɔg] n. 泥塘; 沼泽 v. 陷入泥沼 / **boggy** a.

bogey ['bəugi] n. 鬼怪

bogus ['bəugəs] a. 伪造的; 虚假的 [a bogus dollar bill 一张伪造的钞票]

bogy ['bəugi] n. ①妖怪②使人害怕的人或物

boil [bɔil] v. ①沸 [Water boils at 212°F. 水在华氏 212 度沸腾。]②把水等煮沸③烹, 煮 [to boil potatoes 煮土豆]④(由于生气而感情)激动; 愤怒 ‖ n. 沸腾, 沸 [Bring the soup to a boil. 把汤煮沸。] / **boil down** ①熬浓②压缩③摘要

boil [bɔil] n. [医] 疖子

boiler ['bɔilə] n. ①煮具(锅、壶等)②锅炉③烧热水或贮存热水的大容器

boisterous ['bɔistərəs] a. ①狂暴的, 汹涌的②吵吵嚷嚷的; 兴高采烈的

bold [bəuld] a. ①大胆的, 勇敢的②冒失的; 无礼的, 鲁莽的③醒目的; 轮廓清楚的 / **boldly** ad. / **boldness** n.

bole [bəul] n. 树干

bolster ['bəulstə] n. 长枕或长靠垫 ‖ v. 撑住; 支持 [His jokes bolstered up my spirits. 他的玩笑使我振作起来。]

bolt[1] [bəult] n. ①螺栓, 螺丝钉②(门、窗的)插销③锁闩④(布的)匹⑤闪电⑥弩箭⑦逃跑 [He made a sudden bolt from the room. 他突然冲出屋去。] v. ①闩(门), 拴住②突然跑掉或冲出③囫囵吞下 [to bolt one's lunch 匆匆吃午饭]④退出某政党派 [to bolt a political party 退出某政党] / **a bolt from the blue** 晴天霹雳; 意外事件(或不幸)

bolt[2] [bəult] n. 筛

bomb [bɔm] n. 炸弹 v. 炸毁; 轰炸

bombard ['bɔmbɑːd] v. ①炮击; 轰炸②连珠炮似地质问(某人) / **bombardment** n.

bombardier [ˌbɔmbə'diə] n. 投弹手; 炮手

bombast ['bɔmbæst] n. 夸大的言辞 / **bombastic** a.

bomber ['bɔmə] n. 轰炸机

bombshell ['bɔmʃel] n. ①炸弹②[喻] 出人意料的事件

B

bonafide [ˈbəunəˈfaidi] a. 真正的,真诚的

bonanza [bəˈnænzə] n. ①[地] 富矿脉 ②[口] 富源

bonbon [ˈbɔnbɔn] n. 夹心糖

bond [bɔnd] n. ①结合物,联结,束缚物 [Handcuffs or shackles are called bonds. 手铐或镣铐被称作束缚之物。]②结合的力量,团结[the bonds of friendship 友谊的力量]③契约④有奖债券⑤[建] 砌合 ‖ v. 作保(以证券作抵押)

bondage [ˈbɔndidʒ] n. 奴役

bonded [ˈbɔndid] a. 抵押的;货物扣存关栈以待完税的[bonded imports 保税进口商品]

bondman [ˈbɔndmən] n. [复] 奴隶,农奴

bondsman [ˈbɔndzmən] n. ①受束缚的人②奴隶,奴仆/**bondsmen**[复]

bondwoman [ˈbɔndˌwumən] n. 女奴,女仆

bone [bəun] n. ①骨;身体中的硬组织 [There are about 200 bones in a person's body. 一个人的身体大约有两百块骨头。]②骨骼③骨状物;骨制品 ‖ v. 剔去…的骨头[to bone fish 把鱼刺剔去]/**make no bones about** 毫不犹豫

boner [ˈbəunə] n. [俚] 愚蠢可笑的错误

bonfire [ˈbɔnfaiə] n. 篝火

bonny, bonnie [ˈbɔni] a. 英俊的;强健的;快活的

bonus [ˈbəunəs] n. 额外津贴;奖金,红利

bony [ˈbəuni] a. ①骨的,像骨的多骨的③骨骼突出的;瘦的;憔悴的[Lincoln's bony face 林肯瘦骨嶙峋的脸]

booby [ˈbuːbi] n. ①笨蛋,呆子②[动] 鲣鸟

booby trap 陷阱;隐藏害人的手段或方式

boohoo [ˈbuːhuː] 哭闹

book [buk] n. ①书,书籍;册②卷[His book will be published in two volumes. 他的书分两卷出版。]③篇[" Genesis" is the first book of the Bible. "创世纪"是《圣经》的第一篇。]④(像书一样装订成册的)簿,册[an account book 帐簿]⑤装订如书的小物品[a book of matches 一盒火柴] ‖ v. ①登记姓名;列入名单[The police book arrested people who are brought into the station. 警察把被逮捕进警察局的人登记入册。]②预订[to book a passage on a ship 订购船票]/**an open book** 尽人皆知的事/**by the book** 按常规/**keep books** 上帐,记帐/**the Book, the Good Book** 圣经

bookcase [ˈbukkeis] n. 书架,书柜

bookish [ˈbukiʃ] a. ①书生气的,好读书的②书呆子的,咬文嚼字的,枯燥的[a bookish style of writing 迂腐的文体]

bookkeeper [ˈbukˌkiːpə] n. 簿记员,记帐员

bookkeeping [ˈbukˌkiːpiŋ] n. 簿记

booklet [ˈbuklit] n. 小册子

bookmark [ˈbukmɑːk] n. 书签

bookmobile [ˈbukməˌbiːl] n. 流动图书馆

bookshelf [ˈbukʃelf] n. 书架

bookworm [ˈbukwəːm] n. ①蛀书虫②书呆子

boom¹ [buːm] v. 发出隆隆声 ‖ n. 隆隆声

boom² [buːm] n. ①帆的下桁②吊杆③水栅,横江铁索

boom³ [buːm] n. ①突然增加,迅速增长[Industry boomed after the war. 战后工业迅速增长。]②广为宣传;出名[Returning soldiers boomed the general for president. 归国的士兵们为将军竞选总统而大肆宣传。] ‖ n. 激增

boomerang [ˈbuːməræŋ] n. ①回飞镖②[喻] 自食其果的言行 ‖ v. 自食其果

boon [buːn] n. ①恩赐,恩惠②[古] 恩惠;请求

boor [buə] n. 粗野的人/**boorish** a.

boost [buːst] v. ①升,提[Tom boosted the

child into the tree. 汤姆把那孩子举上树去。]②提高，促进［A transformer boosts the voltage in an electric line. 变压器使电线的电压增高。]③吹捧［Let's form a club to boost the football team. 让我们组织一个俱乐部把这个足球队捧起来。]‖ n. ［口］升，增，帮助［Lower prices resulted in a boost in sales. 低价格使销售量增加。]/booster n.

boot¹ [buːt] n. ①长统靴②汽车行李箱③［俚］解雇 ‖ v. ①穿靴②踢［to boot a football 踢足球］

boot² [buːt] v. ［古］有益于，有利于［It boots us little to object. 它对我们目的无多大益处。]/to boot 另外；除…之外

bootblack ['buːtblæk] n. 擦鞋童

bootee ['buːtiː] n. 幼儿的毛线袜或布料鞋

booth [buːð] n. （有篷的）货摊；亭［a voting booth 选举时的投票站 a restaurant booth 餐馆中的小间隔］

bootleg ['buːtleg] v. 非法地制造运输或贩卖(酒等)/**bootlegger** n.

bootless ['buːtlis] a. 无益的，无用的

booty ['buːti] n. ①战利品②掠夺物；赃物③［幽］礼物，奖赏

border ['bɔːdə] n. ①边界线②边境地区②边，边沿［a red tablecloth with a blue border 镶蓝边的红桌布］‖ v. ①镶边，加边［The dress is bordered with lace. 这件衣服镶了花边。]②毗连，接连［Lilies border the path. 百合花与这条小径相毗连。]/**border on,border upon** 相紧接；接近［His grief borders on madness. 他悲痛得几乎发了疯。]

borderland ['bɔːdəlænd] n. ①边疆②［喻］模糊不清的境界［the borderland between waking and sleeping 似睡似醒的境况］

borderline ['bɔːdəlain] n. 界线；国界，边界 ‖ a. ①边界上的［a borderline town 边境城镇]②不明确的［a borderline type of mental illness 多疑型精神病］

bore [bɔː] v. ①钻孔，挖洞［A tunnel was bored through the mountain. 穿透这座山开一条隧道。]②使厌烦［The speaker bored the audience with his old jokes. 讲演者的陈词滥调令听众生厌。]‖ n. ①管子的内径②钻孔器③(被钻的)孔,洞④令人讨厌的人(或物)

boredom ['bɔːdəm] n. 厌烦，无趣

borer ['bɔːrə] n. ①钻孔器②在水果中钻孔的虫

boric acid ['bɔːrik] n. ［化］硼酸

born [bɔːn] bear (生孩子) 的过去分词［The twins were born an hour apart. 这对双胞胎出生的时间相隔一小时。]‖ a. ①生，存在［a newly born idea 一个新萌生的主意]②天生的，生来的［She is a born musician. 她是个天生的音乐家。]

borrow ['bɔːrəu] v. ①借［You can borrow that book from the library. 你可以到图书馆借到那本书。]②借用…的词或主意［The Romans borrowed many of their myths from the Greeks. 罗马的神话有许多是希腊神话的翻版。]/**borrow trouble** 自找麻烦

bosh [bɔʃ] n. & int. ［口］胡说，废话

bosom ['buzəm] n. ①胸，胸部②胸怀，内心［Deep within his bosom, he knew he was wrong. 他从心底里知道他错了。]③内部，当中［in the bosom of her family 在她的家人中]④(衣服的)胸襟 ‖ a. 亲密的，知己的

boss¹ [bɔs] n. ①工头，老板，上司②政治团体中的首领 ‖ v. ［口］当老板指挥

boss² [bɔs] n. 凸饰 ‖ v. 饰以突起物

bossy ['bɔsi] a. ［口］专横跋扈的

bosun ['bəusn] n. 水手长

botanical [bə'tænikəl] a. 植物的；植物(学)的［Plants are raised for study and exhibit in a botanical garden. 植物园里种的植物是用于研究和观赏的。]/亦作 **botanic**

botany ['bɔtəni] n. 植物学/**botanist** n.

botch [bɔtʃ] v. 拙劣地补缀；笨手笨脚地

B

弄坏〔He failed to match the color and so botched the paint job. 他笨手笨脚地调不好色彩，把画搞得一团糟。〕‖ *n.* 粗劣的工作

both 〔bəuθ〕 *a. & pron.* 两，两者，双方〔Both birds are small and both sing well. 两只都是小鸟，它们的歌都唱得好。〕‖ *conj. & ad.* 〔与 and 连用〕两个都，既…又…；不但…而且…〔I am both tired and hungry. 我又累又饿〕

bother 〔'bɔðə〕 *v.* ①打扰，烦扰，搅扰〔Does the noise bother you? 嘈杂声打扰您了么?〕②烦恼，麻烦〔Don't bother to answer this letter. 不必费心回此信。〕‖ *n.* 令人讨厌的事物；麻烦的事

bothersome 〔'bɔðəsəm〕 *a.* 讨厌的，麻烦的

bottle 〔'bɔtl〕 *n.* ①瓶子②一瓶(的量)‖ *v.* 装入瓶中〔隐藏；抑制〔to bottle up the enemy 遏制敌人〕

bottleneck 〔'bɔtlnek〕 *n.* 〔喻〕瓶颈，妨碍或阻挡前进、进步的事物〔This narrow street is a bottleneck during rush hours. 在流量高峰的时候，这条狭窄的街道成了通行的障碍。〕

bottom 〔'bɔtəm〕 *n.* ①下部，底②底部，下端，基础〔Any side on which a crate rests becomes its bottom. 板条箱的任何一面都可以做它的底部。〕③椅面④水底⑤bottoms〔复〕河边低地 ⑥根底，原因〔Get to the bottom of the problem. 找出问题的根源。〕‖ *a.* 底部的；最低的

bottomless 〔'bɔtəmlis〕 *a.* 无底的，深不可测的

boudoir 〔'bu:dwɑ:〕 *n.* 闺房

bouffant 〔bu:'fɑ:nt〕 *a.* 向外鼓起的，鼓胀的〔a bouffant skirt 膨起的裙子〕

bough 〔bau〕 *n.* 大树枝

bouillon 〔'bu:jɔŋ〕 *n.* 清汤

boulder 〔'bəuldə〕 *n.* 巨大而圆滑的砾石

boulevard 〔'bu:livɑ:d〕 *n.* 林荫大道

bounce 〔bauns〕 *v.* ①反跳，弹起〔to bounce a ball against a wall 把球打到墙上

反跳回来 to bounce up and down on a sofa 在沙发上蹦跳〕②匆促地动，一跃而起〔He bounced out of bed when the alarm clock rang. 闹钟响时他从床上一跃而起。〕‖ *n.* ①弹，跳跃②弹力，反弹力/**bouncer** *n.*

bouncing 〔'baunsiŋ〕 *a.* 大的；重的；强壮的

bound¹ 〔baund〕 *v.* ①跳跃；跳跃而行〔The dog came bounding down the path. 狗跳下人行道。〕②弹回，反跳，弹 ‖ *n.* ①跳，跃〔He reached the door with one bound. 他一下就跳到了门口。〕②一跃

bound² 〔baund〕bind 的过去式和过去分词 ‖ *a.* ①一定的，必定的〔He's bound to lose. 他必然会输。〕②装订的，覆盖的③〔口〕下了决心的/**bound up in** 忙于〔a man bound up in his work 一个忙于工作的男人〕

bound³ 〔baund〕 *a.* 准备(或正在)到…去的；已出发的〔We are bound for home. 我们启程回家。〕

bound⁴ 〔baund〕 *n.* 边界线，界线 ‖ *v.* 形成…的边界〔The river bounds the town on the south. 这条河成为该城南部的界河。〕/**out of bound**①出界(球等)②不被使用，不被采纳；被禁止

boundary 〔'baundəri〕 *n.* 分界线，边界线

bounden 〔'baundən〕 *a.* 有责任的，有义务的〔a bounden duty 义不容辞的责任〕

boundless 〔'baundlis〕 *a.* 无边无际的，无限的

bounteous 〔'bauntiəs〕 *a.* ①慷慨的；好施的②充足的，丰富的〔a bounteous harvest 丰收〕

bountiful 〔'bauntiful〕 *a.* 慷慨的，丰富的，充足的

bounty 〔'baunti〕 *n.* ①恩惠；慷慨②赠物；赠礼③奖金

bouquet 〔'bu(:)kei，bu'kei〕 *n.* ①花束②香味

bourgeois 〔'buəʒwɑ:〕 *n.* 中产阶级分

子;资产阶级分子 ‖ *a.* 中产阶级的;资产阶级的;(现在常用以形容)庸俗鄙陋的;平庸的;体面的;舒适的/**bourgeois** [复]

bourgeoisie [ˌbuəʒwɑːˈziː] *n.* [单复数]资产阶级;中产阶级

bourn，bourne [buən] *n.* 小河,小溪

bout [baut] *n.* ①竞赛;较量②一个回合;一段时期 [a bout of the flu 流行性感冒流行期]

bovine [ˈbəuvain] *a.* ①牛的②牛一般的;冷漠的,迟钝的

bow[1] [bau] *v.* ①鞠躬;点头(以示招呼、恭敬、应允)②放弃;屈从 [I shall bow to your wishes. 我服从您的意愿。]③压垮 [His back was bowed down by the load. 他的背被担子压弯了。] ‖ *n.* 鞠躬,点头/**take a bow** 鞠躬答礼

bow[2] [bəu] *n.* ①弓②琴弓③弓形物④蝴蝶结 ‖ *v.* ①弯曲,成弓形 [The wall bowed outward. 墙向外倾斜。]②用弓拉琴

bow[3] [bəu] *n.* 舰首,船头

bowels [ˈbauəlz] *n.* [复]①肠子(尤指人类的)②内部 [the bowels of the earth 地壳底下]

bower [ˈbauə] *n.* 树荫处,凉亭

bowl[1] [bəul] *n.* ①碗②一碗的量③碗状物 [Tobacco is put in the bowl of a pipe. 烟草被放进烟斗里。]

bowl[2] [bəul] *n.* ①滚木球游戏中的木球②滚木球游戏中的投球 ‖ *v.* ①玩滚木球游戏②轻快而平稳地行驶 [The car bowled along the highway. 这辆小汽车沿公路疾驶。]/**bowl over** ①击倒②[口]大吃一惊,震惊/**bowler** *n.*

bowlegged [ˈbəulegd] *a.* 膝内翻的

bowling [ˈbəuliŋ] *n.* ①保龄球②滚木球游戏

bowman [ˈbəumən] *n.* 射手,弓箭手

bowstring [ˈbəustriŋ] *n.* 弓弦

box[1] [bɔks] *n.* ①箱,盒②一箱或一盒的容量 [I ate two boxes of popcorn. 我吃了两盒玉米花。]③类似箱,盒形的东西(如法庭上的专席、电话亭、棒球中的投手区等) ‖ *v.* 把…装箱(或盒) [Box the oranges for shipping. 把这些准备航运的橘子装箱。]/**box in, box up** 拦住

box[2] [bɔks] *n.* 一掌,一拳,(尤指)一掴 ‖ *v.* ①拳击,掌击,掴②拳斗

box[3] [bɔks] *n.* [植] 黄杨

boxcar [ˈbɔkskɑː] *n.* 棚车

boxer [ˈbɔksə] *n.* ①拳击手②一种身体粗壮、小耳朵的大狗

boxing [ˈbɔksiŋ] *n.* 拳击,打拳 [boxing gloves 拳击手套]

boy [bɔi] *n.* ①男孩,少年②男人,家伙③[贬]勤杂工,男服务员 ‖ *int.* (高兴或惊讶时的)惊呼

boycott [ˈbɔikɔt] *v.* 联合抵制;联合排斥 [The whole town boycotted the dairy because of unclean conditions there. 由于该乳品店的不卫生,整个城市采取联合抵制其货物的行动。] ‖ *n.* 联合抵制,联合排货

boyhood [ˈbɔihud] *n.* 少年时代

boyish [ˈbɔiʃ] *a.* 孩子气的,孩子般的/**boyishly** *ad.*

bra [brɑː] *n.* [口] 奶罩

brace [breis] *v.* ①撑得更稳固 [We can brace the shelf by nailing a wedge under it. 我们可以在书框下钉一个木楔使它更牢固。]②做好快速出击(或进攻)的准备③激励,振奋 [The cool fresh air will brace you. 凉爽的空气会将使你振作起来。] ‖ *n.* ①一双,一对②支柱;支架③[复][英]吊裤带;吊裤带④大括号⑤[海]转帆索/**brace up** 奋起,振作

bracelet [ˈbreislit] *n.* 手镯

bracing [ˈbreisiŋ] *a.* 振奋精神的;凉爽的

bracket [ˈbrækit] *n.* ①托架②(墙上装的)托座③括号④等级,阶层 ‖ *v.* ①用托架托住②给…分类③相提并论 [Grant and Lee are bracketed in history. 格兰特和

李在历史上被相提并论。]

brackish ['brækiʃ] a. ①稍咸的(水)；含盐的 ②味道不好的

bract ['brækt] n. [植] 苞片，苞

brad [bræd] n. 无头钉，曲头钉，土钉

brag [bræg] v. 吹牛 ‖ n. 夸张，大话

braggart ['brægət] n. 吹牛自夸的人

braid [breid] v. 编辫子或把稻草、丝带等编成束 ‖ n. ①辫子 ②编带，镶边

Braille，braille [breil] n. 盲字(用凸点符号供盲人书写、摸读的文字符号体系)

brain [brein] n. ①脑 ②[复] 脑力，智能 [Use your brains. 动动你的脑子。] ‖ v. 重击头部/**beat one's brains** 绞尽脑汁

brainless ['breinlis] a. 愚蠢的，没头脑的

brainstorm ['breinstɔːm] n. [口] 突然的灵机；妙主意

brainy ['breini] a. [口] 多智的，聪明的

braise [breiz] v. (用文火)蒸 [to braise meat 蒸肉]

brake [breik] n. 制动器，刹车，闸 ‖ v. 制动，刹车

brake [breik] n. 灌木丛

brakeman ['breikmən] n. 制动手，司闸员

bramble ['bræmbl] n. [植] 悬钩子，黑莓属植物；荆棘

bran [bræn] n. 麸，糠

branch [brɑːntʃ] n. ①树的枝叉 ②类似从主干分出的树叉的东西与事物 [the branch of a river 河流分支] ③部门，部分 ④分部 [Our public library has branches in the suburbs. 我们的图书馆在郊区设有分部。] ‖ v. 使分支；分割 [The road branches two miles east of the town. 这条路在离城东两英里处分成叉道。]/**branch off** 分叉，岔开/**branch out** 扩充(兴趣、活动、事业等)

brand [brænd] v. ①燃烧的木头 ②烙在皮肤上的印记 ③打印用的烙铁；[喻] 耻辱的标记 [He bore the brand of traitor. 他背

着叛徒这个耻辱的罪名。] ⑤商标；牌子 ⑥特殊种类；制造 [a new brand of cigarettes 一种新品种的香烟] ‖ v. ①在…上打上烙印 ②污辱，给…抹黑 [to brand him a liar 污辱他是个骗子]

brandish ['brændiʃ] v. 挥舞 [to brandish a sword 舞剑]

brandnew ['brænd'njuː] a. 全新的，崭新的

brandy ['brændi] n. 白兰地酒 ②一种果汁酒

brant [brænt] n. 黑鹰

brash [bræʃ] a. 急躁的，鲁莽的 ②无礼的；冒失的

brass [brɑːs] n. ①黄铜 ②[复] brasses 黄铜制品，黄铜器[总称] ③[口] 厚颜无耻

brassiere，brassiere ['bræsiə] n. 乳罩

brass winds 铜管乐器/**brass-wind** a.

brassy ['brɑːsi] a. ①似黄铜的，黄铜的 ②厚颜无耻的 ③尖锐刺耳的 [a brassy voice 刺耳的声音]/**brassiness** n.

bravado [brə'vɑːdəu] n. 虚势声势

brave [breiv] a. ①勇敢的 ②好的；华丽的；辉煌的 ‖ n. 北美印第安武士 ‖ v. 勇敢地面对，抵抗 [to brave a storm 冒着暴风雨]/**bravely** ad.

bravery ['breivəri] n. ①勇敢，勇气 ②耀眼或华丽的服装

bravo ['brɑːvəu] int. & n. 喝彩声，叫好声/**bravos，bravoes** [复]

brawl [brɔːl] n. 喧嚷；吵架 ‖ v. 对骂，吵架/**brawler** n.

brawn [brɔːn] n. 肌肉；臂力/**brawny** a.

bray [brei] n. 驴叫声 ②似驴叫声 ‖ v. 驴叫；发出高而刺耳的声音

brazen ['breizn] a. ①黄铜制的，黄铜般的 ②厚颜无耻的 [a brazen lie or a brazen liar 厚颜无耻的谎言]/**brazen it out** 厚颜无耻地干 [Although caught naping, she tried to brazen it out. 尽管她的欺骗行为已被识破，但她仍企图厚着脸皮骗下

去。〕/**brazenly** ad.

brazier〔'breiziə〕n. 铜匠

Brazil nut 巴西胡桃

breach〔'briːtʃ〕n. ①裂口，破裂〔a breach of friendship 友谊的破裂〕②违反，破坏，不履行③突破 ‖ v. 冲破，攻破

bread〔bred〕n. ①面包②似面包的食品〔quick breads 快酱面包 corn bread 窝头〕③食物，生计〔Give us this day our daily bread. 我们今天就要面包些。〕‖ v. 在…外裹上面包屑〔breaded pork chops 裹了面包屑的猪排〕/**break bread** 进餐（尤指与人共同进餐）/**know which side one's bread is buttered on** 知道自己的利益所在

breadth〔'bredθ〕n. ①宽度，广度②数量；程度〔breadth of understanding 理解的程度〕

break〔breik〕v. ①打破，破裂〔The rusty hinge broke. 生锈的铰链断裂了。〕②破坏，损坏〔You can break your watch by winding it too tightly. 发条上得过紧就会损坏你的手表。〕③翻土，开垦〔to break ground for a new building 破土兴建一幢楼房〕④制服〔The cowboy broke the wild pony. 牛仔制服了这匹小野马。〕⑤超过，打破（纪录）〔to break a record 打破一项记录〕⑥拆开〔The soldiers broke ranks and ran. 士兵们离开队伍跑步。〕⑦违背，违反〔to break an agreement 违背契约〕⑧结束，停止，中断〔The net broke his fall. 他被网接住了。〕⑨使破产〔Another such loss will break me. 再有一次这样的亏损就会使我破产。〕⑩突然改变，减弱，受阻〔The old man's voice broke as he sobbed out his story. 当老大爷诉说他的故事时，他的声音变了。〕⑪破晓；闯入〔Dawn was breaking. 黎明降临。〕⑫传开；传播〔The news story broke today. 今天这个新闻传开了。〕⑬投（变化球）‖ n. ①破，破裂②破损处，裂隙〔The X ray showed a small break in the bone. 这张 X 光片上显示出骨头有一处小裂隙。〕③破晓④中断③逃跑（出监狱）⑥〔俚〕运气，机会〔Give

me a break. 饶了我吧。〕/**break away** 突然离开/**break down**①失去自我控制；情不自禁地痛哭②中止，停顿③分解，把…拆开（进行研究）/**break in**①闯入②打断③训练（做某事做动作）/**break into**①闯入②突然做某事（说话或动作）③中断/**break off**①突然停止②绝交/**break out**①发疹②爆发③逃跑/**break up**①打碎；拆散②停止，结束③搅乱/**break with**①绝交②打破

breakable〔'breikəbl〕a. 易破碎的；脆的

breakage〔'breikidʒ〕n. ①破，破损②损耗

breakdown〔'breikdaun〕n. ①故障，损坏②身体或精神不支③破裂；分解；分析

breaker〔'breikə〕n. 破碎者

breakfast〔'brekfəst〕n. 早餐 ‖ v. 进早餐

breakneck〔'breiknek〕a. 极危险的，不安全的

breakwater〔'breikˌwɔːtə〕n. 防波堤

breast〔brest〕n. ①胸（膛）②乳房③胸怀，心绪〔Anger raged within his breast. 他心满腔怒火。〕‖ v. 毅然面对/**make a clean breast of** 和盘托出，坦白

breastbone〔'brestbəun〕n. 胸骨

breastplate〔'brestpleit〕v. 护胸甲

breastwork〔'brestwɔːk〕n.〔军〕胸墙

breath〔breθ〕n. ①气息②呼吸〔Wait till I get my breath back. 等我喘过气来。〕③生命；精神④微风〔There wasn't a breath of air. 没有一丝风。〕/**below one's breath, under one's breath** 低声悄语地/**catch one's breath**①喘息②屏息/**in the same breath** 同时/**save one's breath** 沉默，不白费唇舌

breathe〔briːð〕v. ①呼吸②生存〔While I breathe, you are safe. 我活着你就安全。〕③说出，耳语〔Don't breathe a word of it to anyone. 此事不要向外透露一个字。〕④歇口气，停一下〔to breathe a horse after a long run 跑了长路后让马歇口气〕

breather〔'briːðə〕n.〔口〕片刻的休息

breathless ['breθlis] a.①气喘吁吁的 ②屏息的③绝的

breathtaking ['breθteikiŋ] a. 激动人心的;惊险的

breech [bri:tʃ] n. 炮尾

breeches ['britʃiz] n. [复]①马裤②[口]裤子

breed [bri:d] v.①生产,孕育,繁殖[Mosquitoes breed in swamps. 蚊子在沼泽中繁殖。]②饲养,选种繁殖(牲畜等)③培育,育种④引起,产生[Poverty breeds crime. 贫穷引起犯罪。]⑤训练,养育[born and bred to be a farmer 土生土长的农民]‖n.品种,种类[Spaniels and poodles are breeds of dogs. 长毛垂耳狗和长卷毛狗是狗的两个品种。]/**breeder** n.

breeding ['bri:diŋ] n.①(动植物)生育,繁殖,育种②教养,熏陶[His manners show good breeding. 他的举止显示出良好的教养。]‖n.品种,种类

breeze [bri:z] n. 微风,和风‖v. 轻快地前进

breezy ['bri:zi] a.①有微风的,轻风拂面的②活泼轻快的,快活的/**breezily** ad.

brevity ['breviti] n. 简短,简洁

brew [bru:] v.①酿造[to brew beer 酿造啤酒]②泡[to brew tea 泡茶]③图谋,策划[The boys are brewing mischief. 那些男孩子图谋捣乱。]④酝酿,开始形成[A storm is brewing. 风暴即将来临。]‖n. 调制的饮料,酿的酒

brewer ['bru:ə] n. 酿酒人,酿酒商

brewery ['bru:əri] n. 啤酒厂,酿酒厂

bribe [braib] v. 贿赂,行贿‖n. 贿赂

bribery ['braibəri] n. 行贿,受贿

bricabrac ['brikəbræk] n. 古玩,小摆设

brick [brik] n.①砖,砖块②砖状物[a brick of icecream 冰砖] ‖ a. 用砖砌造的 ‖v. 用砖建造,用砖填补

brickbat ['brikbæt] n.①碎砖(用以扔人的)②贬责的话

bricklayer ['brikleiə] n. 砌砖工人/

bricklaying n.

brickwork ['brikwə:k] n. 砖房

bridal ['braidl] a. 新娘的,婚礼的[a bridal gown 婚服 a bridal feast 婚宴]

bride [braid] n. 新娘

bridegroom ['braidgrum] n. 新郎

bridesmaid ['braidzmeid] n. 女傧相

bridge[1] [bridʒ] n.①桥,桥梁②鼻梁③(眼镜的)鼻梁④(提琴等的)琴马⑤(船上的)驾驶台,桥楼⑥(假牙的)齿桥 ‖ v. 架桥于,架桥[to bridge a river 在河上架桥]

bridge[2] [bridʒ] n. 桥牌

bridgehead ['bridʒhed] n. 桥头堡

bridle ['braidl] n. 马勒,辔绳 ‖ v.①给马上辔头②抑制,约束[You must bridle your anger. 你必须抑制住愤怒。]③昂首,仰头(表示愤怒、轻蔑等)

bridle path 马道

brief [bri:f] a.①短暂的②简短的;简洁的 ‖ n. [法]诉讼要点摘录 ‖ v. 作指示[to brief pilots before a flight 飞行前向飞行员作最后指示]/**hold a brief for** 为…辩护/**in brief** 简言之/**briefly** ad.

brier ['braiə] n.①[植]欧石南②欧石南的根

brigade [bri'geid] n.①[军]旅②执行一定任务的队[a fire brigade 消防队]

brigadier general 准将

brigand ['brigənd] n. 土匪,强盗

brigantine ['brigəntain] n. 双桅帆船

bright [brait] a.①明亮的,发光的[a bright star 明亮的星 a bright day 明亮的日子]②(颜色)鲜明的,(声音)嘹亮的[a bright red 鲜红色,the bright tones of a cornet 短号乐器明亮的声音]③生气勃勃的,欢快的④伶俐的,聪明的[a bright child 聪明的孩子]⑤充满希望的,光辉灿烂的 ‖ ad. 光亮地,鲜明地[stars shining bright 星光灿烂]/**brightly** ad. / **brightness** n.

brighten ['braitn] v.①使发光,使发亮[The new lamps brighten up the room. 新

灯照亮了房间。]②使快活,使活跃[Her
smile has brightened my day. 她的微笑给
我带来喜悦。]

brilliance [ˈbriljəns] , **brilliancy**
[ˈbriljənsi] n. 光辉,辉煌;显赫;聪颖,才
气焕发

brilliant [ˈbriljənt] a. ①极明亮的,光辉
灿烂的②显赫的,卓越的③极聪明的,才
华横溢的[a brilliant discovery 伟大的发
现] ‖ n. 宝石(尤指多角形的钻石)/**bril-
liantly** ad.

brim [brim] n. ①(杯、碗等的)上沿儿
[filled to the brim 满到边]②边,缘[the
brim of a hat 帽边] ‖ v. 注满,满溢[eyes
brimming with tears 充满泪水的双眼]

brimful [ˈbrimful] a. 满的,洋溢着…

brimstone [ˈbrimstəun] n. 硫黄

brindle [ˈbrindl] a. 有斑纹的 ‖ n. 色
斑,斑纹②有斑纹的动物

brindled [ˈbrindld] a. 有斑纹(点)的

brine [brain] n. ①盐水,咸水②海,海水

bring [briŋ] v. ①带来,拿来,使(人)来
到[Take this book back and bring me an-
other. 把这本书拿走,拿来另一本。Bring
your friend to my party next week. 下周带
你的朋友参加我的晚会。]②产生,引起,
导致[War brings death and famine. 战争
导致死亡和饥荒。]③劝说,影响[I can't
bring myself to tell her. 我不能亲自告诉
她。]④卖得(多少钱)[Eggs bring a high
price today. 现在鸡蛋很贵。]/**bring a-
bout** 带来,造成,引起/**bring around**,
bring round ①使改变思想,劝诱②[口]
使恢复知觉/**bring forth** ①使产生,生
(孩子),孕育②使知道,知晓/**bring for-
ward** 提出,介绍,显示/**bring off** 使成
功,完成/**bring on** 引起,导致/**bring
out** ①使显出,使明白表示出来②出版,
生产/**bring over** ①带来(访
问)/**bring to** ①使恢复知觉②(船等)停
下/**bring up** ①教育,养育②使注意到,
提出③呕吐④突然停下

brink [briŋk] n. ①峭壁顶端的边缘②边
缘[at the brink of war 战争边缘]

briny [ˈbraini] a. 盐水的,很咸的

brisk [brisk] a. ①轻快的,生气勃勃的②
爽快的,清新的[a brisk October morning
10月里一个清爽的早晨]/**briskly** ad./
briskness n.

brisket [ˈbriskit] n. (动物的)胸部,胸肉

bristle [ˈbrisl] n. ①短而硬的毛,(尤指)
猪的鬃毛[(刷子等的)毛] ‖ v. ①(毛发
等)直立[The hairs on the cat's back bris-
tled as the dog came near. 狗走近的时候,
猫背部的毛倒竖起来。]②发怒,准备格
斗[He bristled at the insult. 他因受辱而
发怒。]③密密地覆盖[The tournament
field bristled with lances and banners. 锦标
赛场地旗帜林立。]/**bristly** a.

British [ˈbritiʃ] a. ①不列颠的,英国的,
英国人的,②英联邦的,英联邦人的/**the
British** 英国人

**British Commonwealth of Na-
tions** 英联邦

Britisher [ˈbritiʃə] n. 英国人

British Isles 大不列颠,爱尔兰及其他
一些小岛

brittle [ˈbritl] a. 易碎的,易损坏的

broach [brəutʃ] v. ①开始谈论,开始讨
论[I'll broach the subject to him at dinner.
用餐时我将和他讨论这个题目。]②钻孔

broad [brɔːd] a. ①宽的,宽广的②清楚
的,明朗的[broad daylight 光天化日]③
易理解的,明白显著的④广大的,广泛
的;非限制的[a broad variety 种类繁多]
⑤宽宏大量的,气量大的 ⑥主要的,概
括性的[the broad outlines of a subject 一
个题目的提纲]/**broadly** ad.

broadcast [ˈbrɔːdkɑːst] v. ①(用无线
电)广播[to broadcast a program 广播节
目]②传播,散播 ‖ n. ①广播②广播节目
‖ ad. 四散地[Seed may be sown either
broadcast or in rows. 种子可以散播也可
以行播。]

broadcloth [ˈbrɔːdklɔθ] n. ①各色细平布
②绒面呢

broaden [ˈbrɔːdn] v. 变宽,加阔,使扩大

broad jump 跳远

broadloom [ˈbrɔːdluːm] a. 用阔幅织布机织成的

broad-minded [ˈbrɔːdˈmaindid] a. 宽宏大量的，无偏见的，有气度的/**broad-mindedness** n.

broadside [ˈbrɔːdsaid] n. ①（水面以上的）舷侧②舷炮的齐射③单面印刷④连珠炮似的攻击性语言 ‖ ad. ①侧面地 [The train rammed the car broadside. 火车正好撞在汽车的一侧。]②无目标地 [She criticized the class broadside. 她泛泛地对班级提出了批评。]

broadsword [ˈbrɔːdsɔːd] n. 大刀, 大砍刀

broil [brɔil] v. ①烤, 焙, 炙 [to broil steaks over charcoal 在炭火上烤肉片]②变热, 受到灼热 [a broiling summer day 火辣辣的夏天]

broiler [ˈbrɔilə] n. ①烤焙用的平锅, 烤架②烤炉的烤焙部分③适合于烤焙的小鸡

broke [brəuk] break 的过去式 ‖ a. [俚] 一个钱也没有, 穷到极点, 破产

broken [ˈbrəukən] break 的过去分词 ‖ a. ①破碎的, 骨折的 [a broken leg 骨折的腿]②不工作的, 不运转的 [a broken watch 走不走的表]③背弃的, 违背的 [broken sleep 时醒时睡]⑤蹩脚的⑥衰弱的, 沮丧的, 低沉的

brokendown a. ①衰弱之极的, 精疲力尽的②没用的, 垮掉的

brokenhearted a. 伤心的, 断肠的

broker [ˈbrəukə] n. 经纪人, 掮客

brokerage [ˈbrəukəridʒ] n. ①经纪业②付给经纪人的经手费, 佣金, 回扣

bromide [ˈbrəumaid] n. ①[化]溴化物②庸俗讨厌的话

bromine [ˈbrəumiːn] n. [化]溴

bronchi [ˈbrɔŋkai] n. [复]支气管/**bronchus** [单]

bronchial [ˈbrɔŋkiəl] a. 支气管的, 细支气管的

bronchitis [brɔŋˈkaitis] n. [医]支气管炎

bronze [brɔnz] n. ①青铜②青铜制艺术品③青铜色 ‖ a. 青铜的, 青铜色的 ‖ v. 镀青铜于; 上青铜色于

brooch [brəutʃ] n. 胸针, 饰针

brood [bruːd] n. ①同窝幼鸟; 一次产出的幼鸟②（一家的）孩子们 ‖ v. ①孵蛋, 孵出②盘算, 忧思, 思索 [She brooded over the loss of her money. 她算计着损失的钱。]

brooder [ˈbruːdə] n. ①孵卵的动物, 沉思的人②（鸡的）孵房

brook¹ [bruk] n. 小河, 溪

brook² [bruk] v. 容忍, 忍受 [I will brook no interference. 我不能容忍任何干扰。]

brooklet [ˈbruklit] n. 小溪, 涧

broom [bruːm] n. ①扫帚②金雀花

broomstick n. 扫帚柄

broth [brɔθ] 肉汤, 清汤

brother [ˈbrʌðə] n. ①兄弟②同一种族（宗教、行业）的人/**brethren** [古] [复]

brotherhood [ˈbrʌðəhud] n. ①兄弟（般）的关系 [the brotherhood of man 人的手足之情]②兄弟会, 同志会 [古] [复]

brother-in-law n. ①大伯, 小叔, 内兄, 内弟②姐夫, 妹夫/**brothers-in-law** [复]

brotherly [ˈbrʌðəli] a. ①兄弟般的, 兄弟的②友好的, 友善的/**brotherliness** n.

brow [brau] n. ①眉, 眉毛②前额③悬崖, 山顶

browbeat [ˈbraubiːt] v. 对…吹胡子瞪眼睛, 吓唬

brown [braun] n. 褐色, 棕色 ‖ a. 褐色的, 棕色的 ‖ v. 使变成褐色, 棕色 [The turkey is browning in the oven. 火鸡在烤箱中变褐色。]

brownie [ˈbrauni] n. ①夜间替人做好事的小精灵②一种胡桃巧克力小方饼③**Brownies** [复]5 至 8 岁的女童子军

brownish [ˈbrauniʃ] *a.* 有些发褐、棕色的

browse [brauz] *v.* ①吃草，放牧〔deer browsing in the forest 在树林中吃草的鹿〕②浏览，随便翻阅

bruise [bruːz] *v.* ①〔使皮肉〕青肿〔His bruised knee turned black and blue. 他的肿起的膝盖青一块紫一块。〕②碰伤〔Several of the peaches were bruised. 几个桃子碰坏了。〕③伤害，挫伤〔Her feelings were bruised by his remarks. 她的感情被他的话挫伤了。〕

bruit [bruːt] *v.* 传播，散布（谣言等）〔His fame had been bruited about. 他的名声被传开了。〕

brunch [brʌntʃ] *n.* 早餐和午餐并作一顿吃的一餐

brunet(te) [bruːˈnet] *a.* 浅黑（头发、眼睛、皮肤）的 ‖ *n.* 浅黑的人（brunette 指女人，brunet 指男人）

brunt [brʌnt] *n.* 主要的压力，最沉重的部分〔to bear the brunt of the blame 承受最重的责任〕

brush [brʌʃ] *n.* ①刷子，毛刷，画笔②刷子刷，刷③轻轻地擦过④粗大的尾巴，（尤指）狐狸尾巴⑤矮灌木丛⑥长满灌木而少人居住的土地⑦小冲突，小争吵 ‖ *v.* ①刷，擦，拂，拂〔Brush your shoes. 刷刷你的鞋子。〕②擦过，掠过〔The tire is scuffed where it brushed against the curb. 轮胎接触路面的部分受到磨损。〕③（掸）去，除去〔Brush the flies away from that cake. 把苍蝇从那块蛋糕上掸走。〕／**brush off** 除去，把⋯打发走，解散／**brush up** 复习

brushwood [ˈbrʌʃwud] *n.* ①柴②灌木丛

brusque [brusk] *a.* 粗暴的，鲁莽的／**brusquely** *ad.*

brutal [ˈbruːtl] *a.* 兽性的，残忍的，蛮横的／**brutally** *ad.*

brutality [bruːˈtæliti] *n.* ①残忍，野蛮②残忍、野蛮的行为

brute [bruːt] *n.* ①野兽②残忍、粗野的人 ‖ *a.* 畜生般的，残忍的，无理性的〔War is the use of brute force to get one's way. 战争就是用残忍的力量达到目的。〕／**brutish** *a.*

bubble [ˈbʌbl] *n.* ①泡〔soap bubbles 肥皂泡〕②气泡，水泡③无法实现的计划、意念等 ‖ *v.* ①冒泡，沸腾〔Boiling water bubbles. 沸水沸腾。〕②汩汩地流淌，发嘤嘤声〔a bubbling brook 汩汩的溪流〕／**bubble over** 抑制不住地激动起来

bubonic plague [bjuːˈbɔnik] 淋巴腺鼠疫

buccaneer [ˌbʌkəˈniə] *n.* 海盗

buck [bʌk] *n.* ①雄性动物（尤指鹿、羊、兔）②[俚]美元 ‖ *v.* ①（指马）四足离地拱背而跳跃②（像山羊似的）低着头撞过去〔In football, the fullback often bucks the opponent's line. 在足球运动中，后卫经常冲破对方防线。〕③强烈反对／**buck up** [口] 精神振作起来／**pass the buck** 推卸责任给

buckboard [ˈbʌkbɔːd] *n.* 装弹簧座椅的四轮马车

bucket [ˈbʌkit] *n.* ①桶，水桶，提桶②（挖土机等的）铲斗，勺斗③一桶，满桶

bucketful [ˈbʌkitful] *n.* 一桶，满桶

buckeye [ˈbʌkai] *n.* ①[植]七叶树②七叶树果实

buckle [ˈbʌkl] *n.* ①扣子，扣环②（鞋等的）扣形装饰品 ‖ *v.* 扣住，扣紧／**buckle down** 认真干起来

buckle [ˈbʌkl] *v.* 变弯曲，变形，坍塌〔The bridge began to buckle under the weight of the truck. 在卡车的重压下桥开始坍塌。〕‖ *n.* 变曲，坍塌的部分

buckler [ˈbʌklə] *n.* 圆盾，防御物

buckram [ˈbʌkrəm] *n.* （装订书籍用的）硬布

bucksaw [ˈbʌksɔː] *n.* 木锯

buckshot [ˈbʌkʃɔt] *n.* 大号铅弹

buckskin [ˈbʌkskin] *n.* ①鹿皮②buckskins[复]鹿皮衣服，鹿皮鞋

B

bucktoothed ['bʌktu:θt] a. 有龅牙的,有獠牙的

buckwheat ['bʌkwi:t] n. ①荞麦②荞麦籽③荞麦粉

bucolic [bju:'kɔlik] a. 农村风味的,牧民生活的②乡村生活的,乡村的

bud [bʌd] n. ①芽,苞,胚芽②萌芽时期 ‖ v. ①发芽,萌芽②开始生长或开花 [When he was only three years old, Mozart was recognized as a budding genius. 莫扎特三岁的时候即被认为是个天才。] ∕nip in the bud 把…消灭于萌芽状态,防…于未然

Buddhism ['budizəm] n. 佛教∕Buddhist a. & n.

buddy ['bʌdi] n. [口] 好朋友,伙伴,弟兄

budge [bʌdʒ] v. 微微移动 [Both of us together could not budge the rock. 我们两人合力也移不动这块石头。]

budget ['bʌdʒit] n. 预算 ‖ v. ①编预算②安排,预定 [I budget my time as well as my money. 我像计算钱一样地计算我的时间。]

buff [bʌf] n.①暗黄色皮革 [用以清洁、磨光的] 皮制品③暗黄色 ‖ a. 暗黄色的 ‖ v. 用软皮擦亮,擦净

buffalo ['bʌfələu] n. 野牛,水牛∕buffa-loes [复]

buffer ['bʌfə] n.①用软皮擦亮的人②擦…的轮或棍③缓冲器

buffet[1] ['bʌfit] n.①掴,拍,猛击②打击,折磨 [Hamlet felt the buffets of misfortune. 哈姆雷特感受到不幸的打击。] ‖ v. 打击,拍奏 [The strong winds buffeted the old elm. 狂风猛烈地摇曳着老榆树。]

buffet[2] ['bufei] n. 餐柜,餐具架②自助餐

buffoon [bʌ'fu:n] n. 滑稽演员,丑角

buffoonery [bʌ'fu:nəri] n. 滑稽,打诨

bug [bʌg] n.①臭虫,虫子②[口] 病菌

bugaboo ['bʌgəbu:] n. 令人烦扰或害怕的事物∕bugaboos [复]

bugbear ['bʌgbɛə] n.①吓人的东西,鬼怪②无端的恐惧

buggy ['bʌgi] n.①轻便马车②婴儿的手推车

bugle ['bju:gl] n. 军号,喇叭∕bugler n.

build [bild] v.①建筑,造 [to build a house 盖房子] ②建立,创立,发展 [to build a business 创一项事业] ‖ n. 构造,体格,造型 [a stocky build 矮而壮的体格]

builder ['bildə] n. 建筑工人

building ['bildiŋ] n.①建筑物,营造物,房屋②营造,建筑

built-in ['bilt-in] a. [建] 嵌入的,内装的 [built-in cabinets 嵌入的壁橱]

bulb [bʌlb] n.①[植] 球茎,鳞茎②长于地下的类似球茎的东西 [A crocus bulb is not a true bulb. 番红花茎并非真的球茎。] ③球茎状物

bulbous ['bʌlbəs] a.①由鳞茎生长的②鳞茎状的 [a bulbous nose 蒜头鼻头]

bulge [bʌldʒ] n. 膨胀,肿胀 ‖ v. 膨胀,鼓起 [The postman's bag bulged with mail. 邮递员的邮袋里装满了信件。]

bulk [bʌlk] n.①大量,巨量,巨大的体积②主要部分,大部分 ‖ v. 显得巨大,重要∕in bulk 散装 [to sell rice in bulk 零售大米]

bulkhead ['bʌlkhed] n. (船、飞机的) 舱壁

bulky ['bʌlki] a. 庞大的,笨大的

bull[1] [bul] n.①公牛②雄性动物 (如象、鲸等大动物) ‖ a. 雄性的

bull[2] [bul] n. 矛盾可笑的错误

bulldog ['buldɔg] n. 叭喇狗 ‖ v. (抓住牛角) 摔牛

bulldoze ['buldəuz] v. [口] 强迫,威胁

bulldozer ['buldəuzə] n.①恐吓者,威胁者②推土机

bullet ['bulit] n. 子弹,弹丸

bulletin ['bulitin] n.①新闻快报②公报,公告

bulletin board 公告牌

bullfight ['bulfait] n. 斗牛∕bullfighter

n. /**bullfighting** *n.*

bullfrog [ˈbulfrɔg] *n.* 牛蛙,喧蛙

bullion [ˈbuljən] *n.* (造币用的)条金,条银

bullock [ˈbulək] *n.* 公牛,小公牛

bull's eye *n.* ①靶的中心②打中靶心,十环

bully [ˈbuli] *n.* 恶霸,恃强凌弱的人 ‖ *v.* 威吓,欺侮 ‖ *a. & int.* [口]好,妙

bulrush [ˈbulrʌʃ] [植]灯心草,纸莎草

bulwark [ˈbulwək] *n.* ①堡垒,防御物,保护人[a bulwark of our civil liberties 公民自由的保障]/**bulwarks** [复][船]舷墙

bum [bʌm] *n.* 无业游民,流浪者,乞丐 ‖ *v.* 游荡,消磨时间 ‖ *a.* [俚]低劣的,不好的

bump [bʌmp] *v.* ①碰撞,撞击②颠簸而行[The old car bumped down the road. 这辆旧车在路上颠簸而行。] ‖ *n.* ①碰,撞,撞击②颠簸之处③肿起,肿块

bumper [ˈbʌmpə] *n.* ①保险杠,缓冲器②满杯 ‖ *a.* 大的,满的[a bumper crop 大丰收]

bumpkin [ˈbʌmpkin] 乡下人,土佬儿

bumpy [ˈbʌmpi] *a.* 崎岖不平的,颠簸的/**bumpily** *ad.*

bun [bʌn] *n.* ①小圆果子面包②(头发)髻

bunch [bʌntʃ] *n.* ①(一)串,束[a bunch of bananas 一串香蕉]②[口]一群人[A whole bunch of us are going. 我们一群人都要去。] ‖ *v.* 使成束(串,捆)[Passengers bunched up at the front of the bus. 乘客挤在汽车前。]

bundle [ˈbʌndl] *n.* ①捆,束,包②包袱,包裹 ‖ *v.* ①包,捆,扎[Bundle your old newspapers together. 把你的旧报纸捆到一起。]②匆匆遣走,匆匆离去[The children were bundled off to bed. 孩子们被打发上床。]/**bundle up** 使穿得暖和

bung [bʌŋ] *n.* ①(桶等的)塞子②桶孔(也作 bunghole) ‖ *v.* 用塞子塞住,阻止

bungalow [ˈbʌŋgələu] 单层房,平房

bungle [ˈbʌŋgl] *v.* 把事情做得一团糟,搞坏,贻误[He became nervous and bungled his part in the play. 他十分紧张,没演好他在剧中的角色。] ‖ *n.* 搞坏,贻误②拙劣的工作/**bungler** *n.*

bunk¹ [bʌŋk] *n.* ①(倚壁而设的)床铺,铺位②窄床 ‖ *v.* ①睡在铺位上②临时睡在…[Gene and I bunked in the barn. 吉恩和我临时睡在谷仓。]

bunk² [bʌŋk] *n.* [俚]空话,废话

bunker [ˈbʌŋkə] *n.* ①煤箱,(船上的)燃料舱,煤舱②(高尔夫球场上的)洞,障碍

bunny [ˈbʌni] *n.* 小兔子(儿童对兔的爱称)

bunt [bʌnt] *v.* (棒球等的)用短打打出 ‖ *n.* ①短打②用短打打出的球

bunting [ˈbʌntiŋ] *n.* ①旗布②(用以装饰的)旗帜③包婴儿用的毯子

buoy [bɔi] *n.* ①浮标②救生圈(也作 life buoy) ‖ *v.* ①使浮起,使漂浮②鼓励,支持[The team was buoyed up by hopes of victory. 这个队被胜利的希望所鼓舞。]

buoyancy [ˈbɔiənsi] *n.* ①浮力,弹性②保持漂浮的力③快活,轻快

buoyant [ˈbɔiənt] *a.* ①有浮力的②能使…持续漂浮的③轻快的,精神活泼的[buoyant spirit 精神活泼]/**buoyantly** *ad.*

bur(r) [bəː] *n.* ①刺球,芒刺②有芒刺的植物③易附着之物

burden¹ [ˈbəːdn] *n.* ①负担,担子,负荷②重负,责任,义务 ‖ *v.* 装货,使负重担[I won't burden you with my problems. 我不会以我的问题来烦扰你。]/**burden of proof** 举证责任

burden² [ˈbəːdn] *n.* ①(歌的)反复或合唱部分②主题

burdensome [ˈbəːdnsəm] *a.* 难以负担的,麻烦的

burdock [ˈbəːdɔk] *n.* [植]牛蒡

bureau [bjuəˈrəu] *n.* ①装有镜子的衣柜

B

②(商业)办公室②(政府部门的)局，司，处等[The Bureau of Internal Revenue is in charge of collecting federal taxes. 国内税收处是主管收联邦税的。]／**bureaus, bureaux**[复]

bureaucracy [bjuə'rɔkrəsi] *n.* ①官僚政治,官僚主义②官僚

bureaucrat ['bjuərəukræt] *n.* ①官僚②墨守成规的官员／**bureaucratic** *a.*

burg [bə:g] *n.* 城,镇

burgess ['bə:gis] *n.* ①市民,自由民②美国独立战争前马里兰州或弗吉尼亚州的议员

burglar ['bə:glə] *n.* 窃贼

burglary ['bə:gləri] *n.* 夜盗行为,盗窃

burial ['beriəl] *n.* 埋葬,葬

burlap ['bə:læp] *n.* 粗麻布,打包麻布

burlesque [bə:'lesk] *n.* ①对严肃事物的滑稽、讽刺性模仿②滑稽剧,粗俗的歌舞表演‖ *a.* 滑稽的,讽刺的‖ *v.* 滑稽、讽刺地模仿

burly ['bə:li] *a.* 粗壮的,强壮的

burn [bə:n] *v.* ①烧,点着[The candle burned for a long time. 蜡烛点着很长时间了。]②燃烧(以发光、发热)[They burn coal in their furnace. 他们的炉子烧煤。]③烧毁,被烧毁[We burn our rubbish at the dump. 我们在垃圾堆烧掉要扔的垃圾。]④烧伤,被烧伤⑤烧制,烧成[He burned a hole in his coat. 他在衣服上烧了个洞。]⑥使感到辣、热[Pepper burned his throat. 辣椒辣了他的喉咙。]⑦感到热[My head is burning with fever. 我的头烧得厉害。]⑧激动,激怒,渴望‖ *n.* 烧伤,灼伤

burner ['bə:nə] *n.* ①灯头;煤气;炉膛②炉,炉子;燃烧器②烧者,烧制者[a brick burner 烧砖工人]

burnish ['bə:niʃ] *v.* 因受擦而发亮,擦亮[burnished gold 擦亮的金子]‖ *n.* 光亮,光泽,擦光

burnt [bə:nt] burn 的过去式和过去分词‖ *a.* 烧成的,烧过的

burp [bə:p] *n.* &*v.* [俚]打嗝

burr [bə:] *n.* ①机]毛口,毛头②(牙科用)圆头锉,钻锥③显著的"r"音,口音[a Scottish burr 苏格兰口音]④嘎嘎声,辘辘声

burrow ['bʌrəu] *n.* 洞,穴‖ *v.* ①打洞,掘穴②住在洞里,藏在洞里③探查,密查

burst [bə:st] *v.* ①爆裂,炸破,胀破[A balloon will burst if you blow too much air into it. 往气球中吹入太多气它会爆炸的。]②突然出现,突然发生,突然产生[He burst into the room. 他闯入房间。]③充满[a room bursting with people 挤满人的房间]‖ *n.* ①突然爆发,爆炸[He was greeted with a burst of cheers. 人们以欢呼来迎接他。]②突发,一阵进发

bury ['beri] *v.* ①埋葬,葬[The Egyptians buried the Pharaohs in pyramids. 埃及人将法老埋葬在金字塔内。]②遮盖,掩蔽[She buried her face in the pillow. 她将脸埋在枕头中。]③放在一边并忘记[Let's bury our feud. 让我们捐弃旧怨。]④埋头于…,深埋于…[He buried himself in his work. 他埋头于工作。]

bus [bʌs] *n.* 公共汽车

bush [buʃ] *n.* ①灌木,矮树②未开垦的丛林地‖ *v.* 丛生／**beat around the bush** 旁敲侧击

bushel ['buʃl] *n.* ①蒲式耳(计量谷物等的容量单位)②容量为一蒲式耳的容器

bushing ['buʃiŋ] *n.* 螺丝关节,连接套管

bushy ['buʃi] *a.* ①浓密的[bushy eyebrows 浓眉]②灌木茂盛的

busily [bizili] *ad.* 忙碌地

business ['biznis] *n.* ①谋生手段,工作,职业[Shakespeare's business was writing plays. 莎士比亚以写剧本为生。]②职责,任务,责任[You had no business telling her I was here. 你没有必要告诉她我在这里。]③事务,事[Let's settle the whole business of what I'm to do. 让我们先确定一下我该做什么。]④买卖,生意,

商业,贸易⑤商店,工商企业等〔He owns three businesses. 他拥有 3 家企业〕‖ a. 商业的,贸易的〔business hours 营业时间〕/**mean business**[口]当真,说正经的

businesslike ['biznislaik] a. 事务式的,有条理的

businessman ['biznismæn] n. 商人

buskin ['bʌskin] n. 半高统靴

bust¹ [bʌst] n. ①半身雕塑像②(女性的)胸部

bust² [bʌst] v. [俚]爆裂,爆发,击破

bustle¹ ['bʌsl] v. 匆忙,忙乱 ‖ n. 喧闹,奔忙,忙乱〔the bustle of traffic during the rush hour 高峰期忙乱的交通〕

bustle² ['bʌsl] n. 裙撑架

busy ['bizi] a. ①工作着的,活跃的,有事做的②繁忙的,忙的③占用着的,没空的〔Short buzzs on the phone tell that the line is busy. 电话的忙音表示占线。〕‖ v. 使忙,忙碌〔The women busied themselves in the kitchen. 妇女们在厨房忙碌着〕

busybody ['bizibɒdi] n. 爱管闲事的人

but [bʌt] prep. 除了〔Nobody came but me. 除了我谁也没来。〕‖ conj. ①但是,可是,然而〔The story is long, but it is never dull. 故事很长,但一点儿也不枯燥。〕②相反地〔I am old , but you are young. 我老了,可你还年轻。〕③若不,除非〔It never rains but it pours. 不雨则已,一雨倾盆。〕④相当于“that”〔I don't question but you're correct. 我并未怀疑你的正确。〕‖ ad. ①只,只〔if I had but known 只要我知道〕②仅仅/**all but** 几乎/**but for** 倘没有,要不是/**cannot but** 不得不,不能不

butcher ['butʃə] n. ①屠夫②卖肉者③屠杀者,残杀者 ‖ v. ①屠宰②屠杀,残杀〔The army butchered the helpless civilians. 军队屠杀无助的百姓。〕③弄糟,搞坏

butchery ['butʃəri] n. 屠杀者,残杀者

butler ['bʌtlə] n. 男管家,男主管

butt¹ [bʌt] n. ①粗端〔a rifle butt 枪托〕②

残余部分,根端〔a cigar butt 烟蒂〕③笑柄,嘲笑的对象

butt² [bʌt] v. ①顶撞②冲撞〔Goats butt. 山羊以头顶撞。〕‖ n. 顶撞,冲撞/**butt in**, **butt into**[俚]插手,干涉

butt³ [bʌt] n. 大酒桶

butter ['bʌtə] n. ①黄油,奶油②似黄油的东西〔peanut butter 花生酱〕‖ v. 涂黄油于…〔Butter the toast. 在面包片上涂黄油。〕

butterfat ['bʌtəfæt] n. 乳脂

butterfly ['bʌtəflai] n. 蝴蝶

buttermilk ['bʌtəmilk] n. 将奶油提出后的酸牛奶

butternut ['bʌtənʌt] n. ①灰胡桃②灰胡桃树

butterscotch ['bʌtəskɒtʃ] n. 黄油硬糖

buttocks ['bʌtəks] n. [复]臀部

button ['bʌtn] n. ①纽扣②按钮 ‖ v. 扣,扣紧〔Button up your overcoat. 扣紧你的外衣。〕

buttonhole ['bʌtnhəul] n. 纽孔,扣眼 ‖ v. 强留…长谈

buttonwood ['bʌtnwud] n. ①悬铃木树②悬铃木

buttress ['bʌtris] n. [建]①扶梁,扶壁②支撑,支柱,支持 ‖ v. 支撑,支持〔to buttress a wall 支住墙壁 to buttress an argument 支持一论点〕

buxom ['bʌksəm] a. 丰满的,有健康美的

buy [bai] v. 买,购买〔The Dutch bought Manhattan Island for about ＄24. 荷兰人用大约 24 美元买下了曼哈顿岛。〕买,购买;买得上算的货物〔Turnips are your best buy in January vegetables. 萝卜是 1 月份的蔬菜当中最上算的菜。〕/**buy off** 收买/**buy out** 买下…的全部产权/**buy up** 尽可能买进,全买/**buyer** n.

buzz [bʌz] v. ①嗡嗡叫,营营响〔Bees buzz in flight. 蜜蜂在飞行中嗡嗡叫。〕②用低沉兴奋的音调谈论〔The town buzzes with the news. 城里人在兴奋地谈论着这

个消息。〕③（飞机）低飞掠过〔A pilot was fined for buzzing the tower. 一名飞行员因低飞掠过塔而受处罚。〕④用蜂音器传信 ‖ n. ①嗡嗡声，营营声 ②唧唧喳喳，嘈杂声 /**buzz about**, **buzz around** 闹哄哄地跑来跑去 /**give someone a buzz** 〔俚〕打电话给…

buzzer 〔'bʌzə〕n. 蜂音器，汽笛

by 〔bai〕prep. ①在…旁边，靠近〔Sit by the fire. 坐在炉火边上。〕②在…期间〔We traveled by night. 我们在夜间旅行。〕③以固定时间〔paid by the hour 以小时付钱〕④不迟于〔Be back by ten o'clock. 10 点前回来。〕⑤经由，通过〔to New Jersey by the Holland Tunnel 经由荷兰隧道去新泽西〕⑥经过…旁边〔He walked right by me. 他刚刚走过我身旁。〕⑦为…，因…的利益〔He did well by his children. 他为孩子们做好了安排。〕⑧（表示方法、手段）用…，靠，通过〔books by Alcott 奥尔科特著的书 to travel by car 乘车旅行〕⑨根据，按〔to play by ear 根据听觉演奏〕⑩逐一〔It grows dark by degrees. 天一点点黑下来。〕⑪允许〔by your leave 你可以离开〕⑫以…的数量〔cheaper by the dozen 成打买便宜 cloth by the yard 以码计量布〕‖ ad. ①在近旁，在附近〔Stand by! 站住！〕②放在一边〔Put some money by for a rainy day. 留一些钱以备困难的日子用。〕③从旁经过〔We watched the parade go by. 我们看到游行队伍从面前经过。〕/**by and large** 总的说来，大体上/ **by the way** 顺便说到

by- 〔前缀〕①表示"附近""邻近" ②表示"边"、"侧"、"次要的"〔by-product 副产品〕

by-and-by 将来

bygone 〔'baigɔn〕a. 过去的，以往的 ‖ n. 过去的事情，往事

bylaw 〔'bailɔ:〕n. 社团所订的规章

by-line 〔'bailain〕n. 报刊开头标出作者姓名的一行

bypass 〔'baipɑ:s〕n. 迂回的旁道，旁通管〔Route 2A is a bypass around the town. 2A 线是城镇周围的旁路。〕‖ v. 绕过，绕…走

bypath 〔'baipɑ:θ〕小道，僻径

byplay 〔'baiplei〕n. 〔戏〕穿插的演出

byroad 〔'bairaud〕n. 小路，支路

bystander 〔'bai,stændə〕n. 旁观者

byway 〔'baiwei〕n. 偏僻小路

byword 〔'baiwə:d〕n. ① 谚语，俗话〔"Waste not want not" is a byword with him. "不浪费不愁缺"是他的口头禅。〕②（因恶事而）为人谈论的人、事等〔His cruelty has made him a byword. 他的残忍成为话柄。〕

𝒞 c C c

C, c [si:] n. 英语的第三个字母——/**C's, c's** [si:z][复]

cab [kæb] n. ①出租马车或出租汽车②（机车、卡车、起重机等的）司机室

cabal [kə'bæl] n. ①阴谋小集团 ②（阴谋小集团的）阴谋

cabaret ['kæbərei] n. 有歌舞表演的餐馆

cabbage ['kæbidʒ] n. [植] 甘蓝, 卷心菜

cabin ['kæbin] n. ①（简陋的）小屋②船舱（尤指卧舱）③飞机上的客舱

cabinet ['kæbinit] n. ①（存放或陈列用的）橱, 柜（a china cabinet 瓷器柜 a medicine cabinet 药柜）②内阁（常用 Cabinet）

cabinetmaker ['kæbinit,meikə] n. 家具木工, 细木工匠

cable ['keibl] n. ①粗大的缆, 索, 钢丝绳②电缆③海底电报 ‖ v. 给…发海底电报

cablegram ['keiblgræm] n. 海底电报

cacao [kə'kɑːo, kə'keiəu] n. [植] ①可可树 ②可可豆

cache [kæʃ] n. ①（贮藏食品或供应品的）藏物处 ②贮藏之物 ‖ v. 贮藏

cactus ['kæktəs] n. [植] 仙人掌, 仙人球 /**cactuses, cacti** [复]

cad [kæd] n. 举止粗俗、行为不端的人, 无赖

cadaverous [kə'dævərəs] a. 苍白的, 死灰色的

caddie , caddy ['kædi] n. 球童 ‖ v. 当球童

cadence ['keidəns] n. ①节奏, 拍子〔the cadence of waves 浪的节奏〕②声音的抑扬顿挫；音调〔音〕收束

cadet [kə'det] n. ① 军官候补生 ②军校学员

café ['kæfei] n. ①咖啡②咖啡馆；餐馆

caf(f)eine ['kæfiːn] n. [化] 咖啡碱；咖啡因

cage [keidʒ] n. ①笼子②鸟笼③骨架构造③战俘营④篮球的球篮（冰球的球门）‖ v. 把…关入笼子中；把冰球等击入球门

cagey, cagy ['keidʒi] a. ①[口] 狡猾的；机智的②[口] 谨慎小心的，不敢表态的

caisson [kə'suːn] n. ①[军] 弹药箱；炮兵弹药车，地雷箱②（打捞沉船用的）充气浮筒③[建] 沉箱④Caisson disease 潜水员病；沉箱病

caitiff ['keitif] n. 卑鄙的小人 ‖ a. 卑鄙的

cajole [kə'dʒəul] v. 哄骗；勾引, 引诱/**cajolery** [n.]

cake [keik] n. ①饼；糕；蛋糕②（苏格兰）燕麦饼③块；饼状物〔fish cake 鱼干, 鱼片〕④（硬或脆的）块结物 ‖ v. 使结块, 板结, 使胶凝〔The paint was old and had caked in the can. 油漆放的时间太久了, 已经在油漆桶里胶凝了〕

calabash ['kæləbæʃ] n. ①葫芦树②葫芦果③烟斗（用葫芦壳制成的）。

calamine ['kæləmain] n. ①[药] 炉甘石, 用于制作皮肤洗剂, 是一种含锌化合物②[矿] 菱锌矿；水锌矿；异极矿

calamitous [kə'læmitəs] *a.* 造成灾难的;灾难的;不幸的

calamity [kə'læmiti] *n.* ①灾难,灾害,不幸的事件②困苦,不幸

calcify ['kælsifai] *v.* ①[医]使钙化,②(使)僵化

calcimine ['kælsimain] *n.* 墙粉 ‖ *v.* 刷墙粉于

calcine ['kælsain] *v.* 煅烧,焙烧

calculate ['kælkjuleit] *v.* ①计算,核算 [Calculate the amount of cloth you will need for the shirt. 计算一下这件衬衫你需要多少布料。]②预测;推测[He tried to calculate the effect of his decision. 他试图预测出他的决定的后果。]③[常用被动语态]计划;打算[His joke was calculated to shock us. 他打算开这个玩笑使我们大吃一惊。]

calculating ['kælkjuleitiŋ] *a.* ①精打细算的;慎重的②计算(用)的,有打算的;不落空的

calculation [,kælkju'leiʃən] *n.* ①计算;计算出来的结果②仔细的分析③自私的打算④预测⑤算计

calculator ['kælkjuleitə] *n.* ①计算者②计算机③计算表④操纵计算机的人

calculus ['kælkjuləs] *n.* [数] 微积分(学)②计算;演算 [医] 结石;积石

caldron ['kɔːldrən] *n.* 釜;大锅

calendar ['kælində] *n.* ①历法②历书,日历,月历③日程表;一览表

calender[1] ['kælində] *n.* ①[机]研光机;轧压机;压延机,轧光机 ‖ *v.* 用研光机研光;把上轮压轧

calender[2] ['kælində] *n.* 托钵僧

calf[1] [kaːf] *n.* ①小牛②小象,小鲸鱼;小河马;小海狸等③小牛皮

calf[2] [kaːf] *n.* ①小腿;腓②[口]呆头呆脑的年轻人/**calves**[复]

caliber,calibre ['kælibə] *n.* ①口径②直径③能力;质量;器量

calibrate ['kælibreit] *v.* ①测量…的口

径②定标;分度③标准④使标准化;使含标准/**calibration** *n.*

calico ['kælikəu] *n.* ①印花布②有斑点的兽(如斑马)③[俚]女人,姑娘 ‖ *a.* ①花布制成的 ②有斑点的/**calico(e)s**[复]

callipers ['kælipəz] *n.* [复]①卡钳,两脚规②纸(或纸板的)厚度

calisthenics [,kælis'θeniks] *n.* [复]柔软体操;健美体操

call [kɔːl] *v.* ①大声读(说)出;叫;叫唤[The sergeant called the roll. 中士在点名。]②传唤;召集 [Mother is calling me home. 妈妈召我回家。]③拜访;访问(指短期) [The minister called, but he didn't say long. 部长来访,但他只作了简短的指示。]④打电话给,用电话传递⑤把…叫做;称呼 [George is called Bud by his friends. 朋友们把乔治称作巴德。]⑥[Ask the hotel clerk to call you at 7 o'clock. 告诉旅馆服务员 7 点钟叫醒你。]⑦认为,估计为 [I call such gossip shameful. 我认为背后讲这种闲话是不道德的。]⑧[体]停止(比赛);判定[The umpire called the game, because of rain. 因为下雨裁判员停止比赛。] ‖ *n.* ①叫喊;呼喊;大声说出②召集,传唤,邀请③[神等的]威召;由神威召而得的圣职;(自然界等的)吸引(力) [Do you feel the call of the sea? 你感到海洋的吸引力了吗?]④必要;要求,义务⑤信号通话 [Did you get your telephone call from New York? 你接到了来自纽约的电话吗?]⑥呼声;鸣叫;鸣声⑦短暂的访问,逗留[The doctor is out making calls. 医生出去做短暂的访问(随诊)。]/**call for** ①要求,请求,提倡;号召②去拿(物件);去接(某人);邀约③为争取…而叫喊/**call forth** 唤起;引起 [Call forth your courage. 唤起你的勇气。]/**call off** ①叫走;叫…走开②报告数字,依次唱名 [call off the roll 点名]③[口语]命令停止;宣告终止;取消/**call on** ①访问;拜访②号召;呼吁;请求/**call out** ①大声叫唤;大声叫出来②出动(军

队)③唤起,引起④(工头)命令(工人们)罢工⑤要求与…进行决斗/**call up**使人想起②传(讯);征召(服役)③打电话给…on/**on call** 随叫随到的;[军]待命的;随时可去取的;随时可收回/**caller** n. 访问者;招请者;来访者;打电话者

calla [ˈkælə] n. 水芋属植物

calliope [kəˈlaiəpi] n. 汽笛风琴

callisthenics [ˌkælisˈθeniks] n. 柔软体操,健美体操

callous [ˈkæləs] a. ①起老茧的;硬结的②冷淡的;无情的;无感觉的[a callous remark 无情的评价] ‖ v. ①使硬结②使无感觉;使麻木不仁

callow [ˈkæləu] a. ①乳臭未干的;没有经验的②(鸟)羽毛未生的;幼小的

callus [ˈkæləs] n. [医]胼胝;骨痂;硬瘤

calm [ka:m] a. 镇静的,沉着的;平静的[a calm mind 心情平静] ‖ v. 使平静下来,使镇静/**calmly** ad. /**calmness** n.

calomel [ˈkæləmel] n. [化]甘汞,氯化亚汞

caloric [kəˈlɔrik] a. ①热的②卡(路里)的 ‖ n. ①热(量)②热质

calorie [ˈkæləri] n. 卡[One large egg supplies about 100 calories. 一个大鸡蛋可提供约 100 卡的热量。]

calumny [ˈkæləmni] n. 诽谤,诬蔑

calyx [ˈkeiliks] n. [植](花)萼/**calyces**, **calyces**[复]

cam [kæm] n. [机]凸轮,偏心轮

camaraderie [ˌkɑːməˈrɑːdəri] n. 同志间的感情,友谊,友爱

camber [ˈkæmbə] n. 向上弯曲,翘曲;弯度;(机翼的)弯曲,曲度弧 ‖ v. 向上弯,翘起

cambric [ˈkeimbrik] n. 细薄布,麻纱细纺(棉织物)

camellia [kəˈmiːljə] n. [植]山茶(花)

cameo [ˈkæmiəu] n. (玉石、贝壳上的)浮雕;有浮雕的玉石(贝壳等)

camera [ˈkæmərə] n. ①照相机,②摄影机

camouflage [ˈkæmuflɑːʒ] n. ①伪装②[喻]幌子③隐瞒,欺瞒 ‖ v. 使改头换面,伪装;掩饰,隐蔽

camp [kæmp] n. ①野营,帐篷,战场,阵地②露营地 ‖ v. ①设营,宿营,露宿[Let's camp by the river tonight. 让我们今晚在河边宿营吧。]②临时安顿/**break camp** 撤营

campaign [kæmˈpein] n. ①战役②竞选运动,运动[a campaign to get someone elected 一次竞选运动] ‖ v. 参加运动,搞运动/**campaigner** n.

campanile [ˌkæmpəˈniːli] n. (独立的)钟楼

camper [ˈkæmpə] n. ①露营者②(可随车携带、折叠的)活动住房,野营帐篷

campfire [ˈkæmpfaiə] n. 营火,营火会

camphor [ˈkæmfə] n. 樟脑

campus [ˈkæmpəs] n. 校园,学校场地

can¹ [kæn] v. ①会[He can add and subtract. 他会加减计算。]②能[The baby can walk. 这个婴儿能走路了。]③表示有权利[He can vote when he is twenty one. 他到 21 岁时就有选举权了。]④表示许可[Can I go out to play? 我可以出去玩吗?]

can² [kæn] n. ①罐头,铁罐[a milk can 奶粉罐]②食品罐③一罐;满罐 ‖ v. ①把…装成罐头②解雇;辞退;抛弃;开除(学生)/**canner** n.

canal [kəˈnæl] n. ①运河;沟渠;水道②[解]管道[the alimentary canal 消化道]

canape [ˈkænəpei] n. (加鱼、肉、乳酪等的)开胃饼干(烤面包)

canard [kæˈnɑːd] n. ①谣言;误传②熏鸭

canary [kəˈnɛəri] n. ①[动]金丝雀②淡黄色

cancel [ˈkænsəl] v. ①划掉;删去;略去②注销;盖销;取消③把…作废[Postage stamps and checks are canceled to show that they have already been used. 注销的邮票和支票表示已经用过了。]③取消[to cancel an order or an appointment 取消命令或约会]④抵消;偿还[His vote of no canceled my vote of yes. 他的反对票抵消了我的赞成票。)

cancellation [ˌkænsəˈleiʃən] n. ① 删除；勾销②取消；撤销；注销；盖销；废除；解除 ③[数]相消；相约

cancer [ˈkænsə] n. ① [医] 癌症；癌瘤；肿瘤②弊病；社会恶习 ③ 巨蟹宫 [the Tropic of Cancer 北回归线；夏至线]/**cancerous** a. 得癌症的

candelabra [ˌkændiˈlɑːbrə] n. ① 枝状烛台；烛架②[建]华柱

candelabrum [kændiˈlɑːbrəm] n. 大型枝状烛台/**candelabra, candebrums**[复]

candid [ˈkændid] a. ①公平的，无偏见的②正直的；耿直的；坦率的；直言相告的 [a candid opinion 坦率的建议] ③ 趁人不备时拍摄的/**candidly** ad.

candidacy [ˈkændidəsi] n. 候选人的身分或资格

candidate [ˈkændidit] n. 候选人；候补者

candied [ˈkændid] a. ① 糖制的；蜜饯的；糖渍的；蜜糖的；砂糖结晶的

candle [ˈkændl] n. ① 蜡烛，烛形物②[物]烛光 ‖ v. 对着光检查 (蛋是否新鲜)/**not hold a candle to** 远不如；与…不能相比

candlelight [ˈkændllait] n. 烛光

candlepower [ˈkændlˌpauə] n. [物]烛光 (光强度单位)；用烛光表示的光强度

candlestick [ˈkændlˌstik] n. 烛台

candor [ˈkændə] n. ①公正，公平 ②坦率；率直

candy [ˈkændi] n. 水果糖；蜜饯，糖果 ‖ v. ①糖煮；蜜饯 [to candy orange peel 蜜饯陈皮] ②使结晶成为砂糖 [The sirup has candied. 糖浆已经板结了。]

cane [kein] n. ①(藤、竹等的) 茎②手杖；藤杖 ③甘蔗④藤科⑤棍；棒 ‖ v. ①用藤杖打②用藤制作 (椅) [to cane a chair seat 编一把藤椅

canine [ˈkeinain] a. 犬的；似犬的；犬属的 ‖ n. 犬

canine tooth 犬齿，犬牙

canister [ˈkænistə] n. (放茶叶等的) 罐

canker [ˈkæŋkə] n. ① [医] 口腔溃疡，口疮②造成腐败的恶劣影响或趋势；败坏、腐败的原因/**cankerous** a.

canna [ˈkænə] n. [植]美人蕉

canned [kænd] a. 罐装的 [canned milk or fruits 罐头牛奶或水果]

cannery [ˈkænəri] n. 罐头食品厂

cannibal [ˈkænibə] n. ①吃人的人 ②吃同类的动物/**cannibalism** n. 同类相食/**cannibalistic** a.

cannon [ˈkænən] n. [复]大炮，火炮，机关炮

cannonade [ˌkænəˈneid] n. 炮轰

cannon ball 炮弹

canny [ˈkæni] a. 精明的，机警的，谨慎的/**cannily** ad.

canoe [kəˈnuː] n. ①独木舟②皮舟；划子 ‖ v. ①划独木舟②乘独木舟

canon [ˈkænən] n. ①基督教或天主教教规；宗教法规③准则；标准 [Free speech is a canon of democracy. 言论自由是民主的准则。] ③原则④基督教 (圣经) 的正经⑤天主教的圣经名单⑥大教堂牧师会的一员/**canonical** a.

canopy [ˈkænəpi] n. ①华盖；天篷；罗伞②[植]树冠；冠层 ‖ v. 天篷遮盖；遮有天篷的

cant¹ [kænt] n. ①行话；行业术语②隐语；伪善的话

cant² [kænt] n. 应时标语；时髦语 ‖ v. 用伪善的口吻解释；诱谈；讲时髦语；讲黑话；瞎聊天

cantaloup(e) [ˈkæntəluːp] n. ① [植]罗马甜瓜②[俚]棒球运动中的球

cantankerous [kənˈtæŋkərəs] a. 脾气不好的；爱争吵的

cantata [kænˈtɑːtə] n. 清唱剧大合唱

canteen [kænˈtiːn] n. ①(兵营、工厂等

的)小卖部② 临时(流动)餐室③ 私人
经营的士兵俱乐部

canter ['kæntə] n. ①（马）慢跑［The
horse went at a canter. 这匹马在跑。］②流
浪汉③ 讲行话的人；说伪善话的人

cantilever ['kæntiliːvə] n. ①［建］伸臂,
悬臂② 悬臂梁

cantilever bridge ['kæntiliːvə bridʒ]
n. 悬臂桥

cantonment [kən'tuːnmənt] n. ①［军］
驻扎宿营；临时营房②（印度）的兵站

canvas ['kænvəs] n. ①粗帆布② 风帆③
篷帐④ 油布画；油画⑤ 供刺绣等用的网
形粗布 ‖ a. 用帆布做的/**under canvas**
①（士兵等）过篷帐生活的 ②（船）扯着
风帆的

canvass ['kænvəs] v. ①在（或向）...游
说,（向人）拉票② 详细检查,讨论［The
club will canvass ways of raising money at
today's meeting. 俱乐部将在今天的会议
上详细讨论筹集资金的问题。］‖ n.（选
用的）详细检查；讨论；游说/**canvasser**
n. 检票员；游说者；兜揽生意的人；推销
员

canyon ['kænjən] n. 峡谷

caoutchouc ['kautʃuk] n.［化］生橡胶

cap [kæp] n. ①便帽；制服帽,军制帽② 盖,
罩；套；蘑菇的苔盖［a bottle cap 瓶盖］③
［军］大帽,雷管 ‖ v. ①戴帽子［cap the
bottle 给瓶子戴帽］② 覆盖［Snow capped
the hills. 大雪覆盖了小山。］③ 胜过［The
other runners could not cap John's winning
time. 其他赛手并不能胜过约翰。］

capability [,keipə'biliti] n. ①能力；才能
②性能；容量；接受能力③［复］潜在能力

capable ['keipəbl] a. 有能力的；有才能
的,有技能的/**capable of** ①有...能力
的,能做的（坏事）的倾向
［He's quite capable of telling lie. 他具有
相当的说谎能力。］②（事物）能...的；可
以...的［This table is capable of seating ten
persons. 这张桌子可以坐10个人。］/**ca-
pably** ad.

capacious [kə'peiʃəs] a. 宽敞的；容积
大的［a capacious trunk 大衣箱,大皮箱］

capacity [kə'pæsiti] n. ①（装饰性的
stadium with a seating capacity of 80 000
一座可容纳80 000人的竞技场)②能力,
才干,本领③职位,性能

caparison [kə'pærisn] n. ①（装饰性
的）马衣；华丽的鞍辔②华丽的服装 ‖ v.
给...穿华丽的服装

cape[1] [keip] n. 披肩,抖篷

cape[2] [keip] n. 海角；岬

caper ['keipə] v. 跳跃；雀跃 ‖ n. ①跳跃
②把戏；开玩笑/**to cut a caper** 雀跃；嬉
戏

capillary [kə'piləri] n. ①毛细管；微管
② 毛细血管 ‖ a. 毛细管的；毛细作用的；
毛细现象的②表面张力的

capital ['kæpitl] a. ①可处死刑的；致死
的［Murder is a capital crime. 谋杀可处以
死刑。］②首位的,重要的,基本的③首都
的［a capital city 首都城市］④［口］顶好
的,第一流的 ‖ n. ①资本；方方②首都；
首府；省会③大写字母④柱头/**make
capital of (out)** 利用；从中取利

capitalism ['kæpitəlizəm] n. 资本主义；
资本主义制度

capitalist ['kæpitəlist] n. 资本家；富豪

capitalistic [,kæpitə'listik] a. 在资本主
义下存在（或经营）的；有资本主义特征的

capitalization [,kæpitəlai'zeiʃən] n. ①
资本化；投资②（收入等的）资本估价③
作首都④用大写

capitalize ['kæpitəlaiz] v. ①用大写字母
开始写（或印）②使变成资本；使作为资
本③投资于；提供资本给④利用［He cap-
italized on (upon) my errors. 他利用了我
的错误。］

capitulate [kə'pitjuleit] v. ①（有条件）
投降 ②停止抵抗/**capitulation** n.

capon ['keipən] n. 阉鸡

caprice [kə'priːs] n. ①不能解释的怪想
（或行为）；突变②反复无常③空想的艺

术(尤指音乐)作品;随想曲

capricious [kə'priʃəs] a. 反复无常的；任性的；变幻莫测的［a capricious child 任性的小孩]

Capricorn ['kæprikɔːn] n. [天]摩羯星；摩羯宫［The Tropic of Capricorn 南回归线；冬至线]

capsize [kæp'saiz] v. (船等)倾覆；翻身［The lifeboat capsized in the stormy sea. 救生船在海暴中倾覆。]

capstan ['kæpstən] n. 绞盘；起锚机

capsule ['kæpsjuːl] n. ①[医]囊；胶囊②[植]蒴果；孢蒴(苔藓)；荚膜③[空]气密小座舱；太空舱

captain ['kæptin] n. ①首长；队长［a police captain 警长]②(陆、空军的)上尉③[军]舰长④海军上校；船长 ‖ 做…的首领；指挥［Joe captains the chess team. 乔当棋队的首领。］/**captaincy** n.

caption ['kæpʃən] n. ①(章、节、文章、文件的)标题②(图片)解说词③字幕

captious ['kæpʃəs] a. ①吹毛求疵的；②强词夺理的

captivate ['kæptiveit] v. ①(以某种感染力)吸引；迷惑住②[古]逮捕，征服

captive ['kæptiv] n. ①俘虏；被监禁的人②着迷的人 ‖ a. 被俘虏的；被监禁的；被控制的

captivity [kæp'tiviti] n. 监禁；被俘；束缚

captor ['kæptə] n. 捕捉者；夺得者

capture ['kæptʃə] v. ①捕获；俘获，赢得；引起注意［to capture the attention 引起注意]②捕获；夺得［Capture of the spy is certain. 捕获特务是无疑的。]②夺得；占领

car [kɑː] n. ①车；车辆②(火车)车厢③电梯④汽车，小汽车；轿车

carafe [kə'rɑːf] n. (餐桌上的)玻璃水瓶；饮料瓶；咖啡瓶

caramel ['kærəmel] n. ①焦糖；酱色②(牛奶等制的)小块坚硬糖果

carat ['kærət] n. ①克拉(宝石的重量单位，等于200毫克)②开(黄金纯度单位)

caravan ['kærəvæn] n. ①(往返于沙漠等地带的)商队；旅行队②结队行进的车马③有篷的车辆；大篷车

caraway ['kærəwei] n. ①[植]芷茴香②蒿

carbine ['kɑːbain] n. 卡宾枪

carbohydrate [,kɑːbəu'haidreit] n. 碳水化合物

carbolicacid [kɑː'bɔlikæsid] n. [化]石炭酸

carbon ['kɑːbən] n. ①碳②复写纸③复写的副本［carbon copy 复写副本]

carbonate ['kɑːbənit] n. 碳酸盐，黑金刚石 ‖ v. ①充碳酸气；使与碳酸化合；使化合成碳酸盐［Soda pop is carbonated drink. 苏打汽水是充了碳酸气的饮料。]②使氧化，焦化，使烧成炭

carbon dioxide 二氧化碳

carbonic [kɑː'bɔnik] a. [化](含)碳的，由碳(或二氧化碳)中得到的

carbonic acid 碳酸

carboniferous [kɑːbə'nifərəs] a. ①(含)碳的②[地]石炭纪的［carboniferous layers in the earth 地球上的石炭层]

carbonize ['kɑːbənaiz] v. ①使碳化②使焦化

carbuncle ['kɑːbʌŋkl] n. ①[矿]红玉；红宝石②[医]痈;酒刺

carburetter [kɑː'bjuretə] n. ①[机]汽化器②[化]增碳器

carcass ['kɑːkəs] n. ①(动物的)尸体②[蔑]人的死尸，身躯③(船舶、房屋等的)架子；骨架④(废物的)遗骸

card¹ [kɑːd] n. ①卡；名片；请帖；入场券；牌；广告［A show card is used for advertising something. 广告牌一般用于商品广告。post card 明信片]②[口]令人发笑的人；怪人／**put(lay) one's cards on the table** 摊牌；公布自己的打算／**play one's trump card** 打出王牌

card² [kɑːd] n. [纺]梳棉(或梳毛)梳麻机 ‖ v. (用梳棉机)梳理

cardboard ['kɑːdbɔːd] n. 卡(片)纸板

卡纸

cardiac ['kɑːdiæk] a. ①心脏的；心脏病的②贲门的

cardigan ['kɑːdigən] n. 羊毛衫；羊毛背心；开襟绒线衫

cardinal ['kɑːdinl] a. ①主要的；基本的②深红的 ‖ n. ①红衣大主教②枢机主教③北美红雀/**cardinal number** 基数/**ordinal number** 序数

cards [kɑːdz] n.[复]用纸牌玩的游戏

care [kɛə] n. ①忧虑；烦恼［常用复数］心事②关怀；爱护；照看；管理［Mother's care helped me get well. 妈妈的关怀使我恢复了健康。］③小心；慎重 ‖ v. ①关切，操心，忧虑［Do you care if I go? 要是我走了的话你在乎吗？］②介意，计较［I don't care if I did lose. 就算我输了我也不在乎。］③想；要；喜欢［Do you care to come along? 你愿意一道来吗？］/**care for** ①照顾；管理②喜欢［She doesn't care for dancing. 她不喜欢跳舞。］③想；要［Do you care for any gravy? 你想要肉汁吗？］/ **care of, in care of** (信封上用语，略作 c/o) 烦…转交［Send the letter (in) care of my parents. 这封信由我父母转交。］/ **have a care, take care, take care of** ①照顾；照料；保护［Take care of my little girl. 照顾我的小姑娘。］②收拾；处理；清除［I took care of that matter quickly. 我很快处理了那件事。］

careen [kə'riːn] v. ①(修理船只时) 使船侧倾②(船) 侧倾③(车等) 歪歪斜斜地疾驰 小汽车在颠簸的山坡上疾驰。［The car careened down the bumpy hill. 小汽车在颠簸的山坡上疾驰。］

career [kə'riə] n. ①全速②生涯；经历［Have you thought of teaching as a career? 您想过做教育工作吗？］③历程；发展；职业；专业 ‖ v. 猛跑；飞跑

carefree ['kɛəfriː] a. 无忧无虑的；快活的

careful ['kɛəful] a. ①小心的；当心的；慎重的②小心做出的；显出认真和慎重的［careful work 细心做的作品］/**carefully** ad. /**carelessness** n.

caress [kə'res] v. ①抚爱；抚摩［He caressed his dog fondly. 他友善地抚摩着他的狗。The breeze caressed the trees. 微风轻抚着树木。］②奉承；哄騙 ‖ n. 抚爱；拥抱；亲吻

caret ['kærət] n. 脱字号；补注号

caretaker ['kɛəˌteikə] n. ①看管者；管理人；看守(人)；看门的人②暂时代理(职务的)人

careworn ['kɛəwɔːn] a. 操心的；忧虑的［a careworn face 忧虑的神情］

cargo ['kɑːgəu] n. 船货；货物/**cargoes, cargos** [复]

caricature ['kærikəˌtjuə] n. ①漫画；讽刺画②讽刺文③对别人的声音、姿态等的滑稽模仿；歪曲的模仿；笨拙的模仿③漫画艺术；漫画手法 ‖ v. 用漫画 (或讽刺画) 表现；使滑稽化/**caricaturist** n.

caries ['kɛəriːz] n.[医] 齲齿病；骨疡

carillon [kə'riljən] n. ①钟琴；电子钟琴②供钟琴演奏的乐曲

carload ['kɑːˌləud] n. 车辆载货量；一车皮货物；一车皮载重量

carmine [kɑː'main] n. ①洋红色②胭脂色；洋红；‖ a. 洋红色的

carnage ['kɑːnidʒ] n. ①残杀；大屠杀② (总称) 被屠杀的人 (或动物) 的尸体；成堆的尸体

carnal ['kɑːnl] a. ①肉体的；物质的［carnal desires 肉欲］②性欲的，好色的③世俗的

carnation [kɑː'neiʃən] n. ①石竹属植物，麝香石竹②淡红色；肉色③石竹花

carnival ['kɑːnivəl] n. ①[宗] 嘉年华会；狂欢节②庆祝欢宴；狂欢

carnivorous [kɑː'nivərəs] a. 食肉的

carol ['kærəl] n. 颂歌；欢乐之歌；鸟声［a Christmas carol 圣诞颂歌］‖ v. 愉快地唱歌；唱圣诞颂歌

carouse [kə'rauz] v. 痛饮；狂饮 ‖ n. 闹饮/**carousal** n.

carp [kɑːp] n. 鲤鱼；鲤科鱼

carp [kɑːp] v. 找岔子；挑剔；吹毛求疵

carpel ['kɑ:pel] n. [植]心皮;果爿

carpenter ['kɑ:pintə] n. 木工;木匠

carpentry ['kɑ:pintri] n. ①木工业②[总称]木作;木器

carpet ['kɑ:pit] n. ①地毯;毛毯②似地毯一样的覆盖物 ‖ v. 铺地毯在…之上/**on the carpet**①在被考虑之中;在被审议之中②[口]受训斥

carriage ['kæridʒ] n. ①车;(四轮)马车;(大车)客车厢②车架;炮架;飞机起落架[a gun carriage 一座炮架]③(打字机的)活动架,(电传机的)托架[The carriage of a typewriter holds the paper. 打字机的活动架咬住纸。]④(站立时的)姿态;仪态⑤运输;运费

carrier ['kæriə] n. ①搬运人;投递人;[美]邮递员;送报人[a mail carrier 邮递员 an aircraft carrier 航空邮递]②从事运输业的人(或公司);两个邮局间运输邮件的运输线/**common carrier** 联运公司

carrion ['kæriən] n. ①动物尸体的腐肉②腐朽、污秽的东西

carrot ['kærət] n. ①胡萝卜②[俚]红头发的人③政治诱骗,不能兑现的允诺

carrousel [kæru'zel] n. ①旋转比赛;骑马舞蹈表演②游艺场中的旋转木马

carry ['kæri] v. ①携带;搬运;将…从甲地运送到乙地;传递[Please help me carry these books home. 请帮我把这些书搬到屋里去。Air carries sounds. 空气可以传导声音。]②领去,带去[A love of travel carried him around the world. 热爱旅游促使他游遍世界。]③进位;进(出…)移;移入一位;占领,夺取;获胜;赢得[John easily carried the argument. 约翰很容易赢得了这场争论。]⑤支持;承担(重物)[These beams carry the weight of the roof. 这些横梁可以支撑屋顶的重量。]⑥含有(意义),有[The letter carried a threat. 这封信含有恐吓的意思。]⑦以某种姿势坐、站立、走路[The captain carried himself stiffly. 船长的举止很呆板。]⑧出售[Does this store carry toys? 这家商店出

售玩具吗?]⑨能够远距离传导,传播[His voice carries well. 他的声音可以传得很远。]⑩(音调相当准地)唱,演奏[I just can't carry a tune. 我无法正确演奏这个音。]/**carry away** 运走,使失去自制力;冲昏…的头脑/**carry off** 夺去…的生命;获得(奖品等)/**carry on** ①继续开展;进行下去②坚持下去③[口]举止幼稚、愚蠢,行动失调;吵吵闹闹;歇斯底里;发作/**carry out** ①进行(到底);开展;实现[to carry out a threat 进行恐吓]②贯彻;执行;落实

car-sick ['kɑ:sik] a. 晕车的

cart [kɑ:t] n. (二轮运货)马车,大车,手推车[a grocery cart 杂货车] ‖ v. 用车运送/**put the cart before the horse** 本末倒置/**carter** n. 驾驶货车的人

cartage ['kɑ:tidʒ] n. 马车运输;(马车)运费

carte blanche ['kɑ:t'blɑ:ntʃ] 白纸;署名空白纸;全权委托

cartel [kɑ:'tel] n. ①俘虏交换协定②决斗书;挑战书③卡特尔,联合企业,政党间的联盟

cartilage ['kɑ:tilidʒ] n. [解]软骨组织/
cartilaginous[,kɑ:tə'lædʒinəs] a.

carton ['kɑ:tən] n. ①纸板,厚(板)匣②靶心,正中靶心的(子弹)

cartoon [kɑ:'tu:n] n. ①(报刊上的)漫画,连环画②卡通,动画片③草图,底图 ‖ v. (为…)画漫画;(为…)画草图(使)漫画化/**cartoonist** n.

cartridge ['kɑ:tridʒ] n. [军]弹药筒;子弹②软片;胶卷

cartwheel ['kɑ:thwi:l] n. ①大型车轮②[俚]大银币;五先令银币;[美俚]一元银币

carve [kɑ:v] v. ①刻,雕刻[to carve a statue in marble 用大理石雕刻一座雕像]②切开,切(熟肉,鸡肉等)[Will you carve the turkey? 您能把这个火鸡切开吗?]/**carver** n.

carving ['kɑ:viŋ] n. ①雕刻术,雕刻品②

雕刻物;切肉

cascade [kæs'keid] n. ①小瀑布(尤指连续数级瀑布中的一级)②瀑布状物‖ v. ①(使)瀑布似地落下②(使)阶式地连接

cascara [kæs'kɑːrə] n. ①[植]药鼠李②[药]药鼠李皮

case[1] ['keis] n. ①事例;实情[a case of carelessness 疏忽大意 four cases of mensles 四例麻疹病人]②与某事相关的事实或环境[the case of the missing jewels 与失宝案有关的事实]③[法]案件,讼案;诉讼[Two attorneys will handle his case. 两名律师将处理他的讼案。]④[医]病人;病例⑤[文法]格‖**in any case** 无论如何,总之/**in case** 如果,若是;万一;以防;免得(用作连词)/**in case of** 要是;如果;万一/**in no case** 决不

case[2] ['keis] n. ①箱,盒[a watch case 钟表盒]②[量]一箱;一组;一对;两个[A case of root beer is 24 bottles. 一箱啤酒是24瓶。]③窗框‖ v. 把…装入箱(袋内);把…插入鞘内;给…加框;包围

casein ['keisiin] n. 酪蛋白;酪素

casement ['keismənt] n. 窗户

cash [kæʃ] n. ①现款;现金②收据;款子;支票‖ v. 把…兑换成现金[to cash a check 把支票兑换成现金]②为…付(收)现款

cashier[1] [kæ'ʃiə] n. 出纳员;银行的财务主任

cashier[2] [kæ'ʃiə] v. ①把…撤职;驱逐;革职②废除;抛弃

cashmere [kæʃ'miə] n. ①羊绒②羊绒围巾③羊绒衫,呢大衣

cash register 现金收付记录机;现金出纳机

casing ['keisiŋ] n. ①外(车)胎;套管;罩壳②(窗等的)框子;围子;围墙②装箱,装袋,入鞘

casino [kə'siːnəu] n. ①夜总会②(意大利的)小别墅,小住宅③(公园等处的

凉棚/**casinos** [复]

cask [kɑːsk] n. ①桶②一桶

casket ['kɑːskit] n. ①珠宝盒②棺材;骨灰盒

cassava [kə'sɑːvə] n. 热带植物,木薯

casserole ['kæsərəul] n. ①(有柄)砂锅;砂锅菜品②[化]勺皿,瓷勺,柄皿

cassette [kæ'set] n. ①录音带盒②(放珠宝或文件的)匣子;摄影胶卷暗匣;弹夹③盒式录音带

cassia ['kæsiə] n. ①[植]山扁豆属②肉桂③桂皮

cassock ['kæsək] n. ①(教士穿的)黑袍法衣;军人长大衣;女外套②(喻)牧师;教士

cast [kɑːst] v. ①投;扔;掷,抛[to cast stones into the water 把石头扔进水里]②转向或送至某一特定方向;投射[to cast one's eyes or attention on a thing 将注意力集中于某事]③脱掉;甩掉[The snake casts its skin. 这条蛇开始蜕皮。]④[冶]浇铸,铸造;[印]把(纸)型浇成铅板[John is casting book ends in the metal shop today. 约翰今天正在金属店内将书两端铸金。]⑤选派角色[Morris was cast in the leading role. 摩里斯被选上演主角。]‖ n. ①一掷,一撒,一举;抛垂鱼钩②撒网③铸型;铸件;模子;模型[a bronze cast of a statue 铸铜像]④用塑料塑造义肢⑤演员表;班底⑥斜视;瞥见⑦型;性质;特色;色调[His face had the cast of a typical Navaho Indian. 他的外表具有典型的努瓦克印地安人的特色。]⑧(较浅的)色彩;色泽[The water is blue with greenish cast. 这水呈淡蓝色。]/ **cast about** ①设法;计划②寻找;调查/ **cast aside**, **cast away** 抛弃;排斥;废除/**cast off** ①摆脱;丢弃②[海]放船;解缆/**cast one's ballot**, **cast one's vote** 投票

castanets [ˌkæstə'nets] n. [音]响板

castaway ['kɑːstəwei] n. ①乘船遇难的人②被抛弃的人或物③无赖汉

caste [kɑːst] n. ①(印度的)社会等级,

种姓②特权阶级；等级制度；社会地位/
lose caste 失去社会上的地位

caster ['kɑːstə] n. ①投掷者②赌博者③
铸工④装醋、盐、芥末等调料的小容器⑤
桌椅等的脚轮

castigate ['kæstigeit] v. ①惩罚；鞭打②
申斥；严厉批评③修订（书等）/**castiga-
tion** n. /**castigator** n.

casting ['kɑːstiŋ] n. 铸造，铸件

cast-iron ['kɑːst'aiən] a. ①铸铁制的；
坚硬的，无伸缩性的②刚直的；不通融
的；强健的

castle ['kɑːsl] n. ①城堡②巨大建筑物③
（国际象棋的）车④不受侵扰的退避所‖
v. ①置…于城堡中；筑城堡 防御②（国
际象棋）用车护王

castoff ['kɑːstɔ(ː)f] a. 被丢弃的；无用
的；放弃的‖n. 被遗弃的人或物

castor ['kɑːstə] n. ①海狸②海狸香③海
狸皮；海狸皮（或其它皮）帽④调味瓶；调
味品架⑤（家具、机器等的）小脚 轮⑥
[植]蓖麻

castor oil 蓖麻油

castrate [kæs'treit] v. ①阉割[A capon is
a castrated rooster. 阉鸡是已去势的公
鸡。]②使丧失精力③删改（书籍）④
[植]去雄

casual ['kæʒuəl] a. ①偶然的，碰巧的②
随便的；非正式的[a casual remark 随便
的评论]③临时的；不定期的；即席的
[casual labor 临时工]④荒唐的，漫不经
心的/**casually** ad. /**casualness** n.

casualty ['kæʒuəlti] n. ①事故；横祸；灾
难；损坏②死伤(者)；受伤者③[军]伤
亡(人数)

casuistry ['kæzjuistri] n. ①决疑法；诡
辩术②用伦理学判断行为的是非/**cas-
uist** n.

cat [kæt] n. ①猫②猫科动物（如虎、狮、豹
等）③脾气不好（爱骂人）的女人；爱抓
(挠)人的女子/**cat-o'-nine-tails** 九尾
鞭/**let the cat out of the bag** 使秘密泄
露；露马脚

cataclysm ['kætəklizəm] n. 任何特大的
变化（如大洪水、大地震、大变动、大革命
等）/**cataclysmic** a.

catacomb ['kætəkəum] n. ①地下墓室
②酒窖

catalogue ['kætələg] n. ①（图书或商
品等）目录；目录册②大学学年中行事一
览表‖v. 为…编目录；把…编入目录；按
目录分类/**cataloguer** n.

catalyst ['kætəlist] n. [化]催化剂；接触
剂；刺激（或促进）因素/**catalytic** a.

catamount ['kætəmaunt] n. ①野猫；山
猫②喜欢吵架的人

catapult ['kætəpʌlt] n. ①弹弓；弹皮弓
②古代的石弩③[军]弹弓或飞机的
弹射器‖v. ①用弹射器发射；一下子
把…抬到高处②被发射；突然冲…捧
出名[Lindbergh catapulted into fame by
crossing the Atlantic. 林白由于跨越大
西洋的飞行突然被捧出名。]

cataract ['kætərækt] n. ①大瀑布②奔
流；大水；大雨③白内障

catarrh [kə'tɑː] n. [医]粘膜炎

catastrophe [kə'tæstrəfi] n. ①大灾难，
大祸；大败②大变动③[地]灾祸④戏剧（尤
指 悲 剧） 的 结 局/**catastrophic**
[,kætəs'trɔfik] a.

catboat ['kætbəut] n. [船]独桅艇

catcall ['kætkɔːl] n. （会议或剧场中）表
示不赞成的嘘声‖v. 用嘘声表示反对；
发出嘘声

catch [kætʃ] v. ①捉(住)；抓住；逮住[to
catch a thief 抓住小偷]②钩住；陷阱
阱抓住[to catch fish 钓鱼]③用手或上肢
抓住[to catch a ball 接球]④绊住；缠住；
套住，挂住[My sleeve caught on the door
knob. 我的袖子挂住了门柄。]⑤及时赶
到；赶上[to catch a bus 赶上汽车]⑥看
到；听到；想到[to catch sight of a thing 看
到某事 to catch what a person says or
means 听懂（懂了）某人的意思]⑦偶
然（或突然）撞见；发觉[She caught him
reading a comic book in the study hall. 她

偶然发现他正在大教室内读一本喜剧剧本。〕⑧突然打中〔The blow caught him by surprise. 一阵风吹来使他吃了一惊。Her hat caught my fancy. 她的帽子吸引了我。〕⑨着火〔The dry grass caught fire from a spark. 火星引起干草燃烧了。〕⑩接球 ‖ n. ①抓；接球②捕获物（或量）；（值得）获得的物（或人）③窗钩；门扣；拉手④轮唱；（歌曲的）片段⑤（声息等）哽咽⑥〔口〕欺骗；诡计；难人的问题（或办法）〔There is a catch in his offer. 他的好意里有蹊跷。〕/catch it〔口〕受责，受罚/catch on ①变得流行②理解/catch up ①努力赶上 ②握住；吸住；把…卷入

catcher 〔'kætʃə〕n. 捕捉者；捕捉器②棒球接手

catching 〔'kætʃiŋ〕a. ①（疾病）传染性的〔Measles is catching disease. 麻疹是具有传染性的疾病。〕②有感染力的

catchup 〔'kætʃəp〕n. 番茄酱

catchy 〔'kætʃi〕a. ①（曲调等）易记的，〔a catchy tune 易记的曲调〕②使人上当的；难人的③吸引人的

catechism 〔'kætikizəm〕n. ①问答教学法②〔宗〕教义问答

catechize, catechise 〔'kætikaiz〕v. ①用问答法教学②盘问/**catechist** n.

categorical 〔ˌkæti'gɔrikəl〕a. ①无条件的；绝对的②明言的；明确的；断言的③范畴的/**categorically** ad.

category 〔'kætigəri〕n. 种类；部属；类目

cater 〔'keitə〕v. ①供应伙食〔His business is catering for large parties. 他的业务是为大型团体提供伙食。〕②提供娱乐节目〔This store caters to young people. 这家商店向年轻人提供娱乐节目。〕

caterpillar 〔'kætəpilə〕n. ①〔动〕毛虫；虫蜀（一般指鳞翅目幼虫）②履带拖拉机（或牵引车）

caterwaul 〔'kætəwɔːl〕n. 发出像猫叫春的声音；猫的叫春声 ‖ v. 发出像猫叫春的声音

catfish 〔'kætfiʃ〕n. ①鲇科的鱼；鲇鱼②鲴鱼

catgut 〔'kætɡʌt〕n. 羊肠线

cathartic 〔kə'θɑːtik〕n. 泻药 ‖ a. 导泻的

cathedral 〔kə'θiːdrəl〕n. ①（一个教区内的）总教堂②大教堂

cathode 〔'kæθəud〕n. 〔电〕阴极；负极

catholic 〔'kæθəlik〕a. ①一般的；普通的；广泛的②Catholic 天主教的；天主教义的或信条等 ‖ n. Catholic 天主教徒/**Catholicism** 〔kə'θɔlisizəm〕n. 天主教

catholicity 〔ˌkæθə'lisiti〕n. 宽宏大量

catkin 〔'kætkin〕n. 〔植〕柳絮；杨花；柔荑花序

catnap 〔'kætnæp〕n. 瞌睡

cat's paw 〔'kætspɔː〕n. ①被人利用的人；②〔气〕猫掌风（一种小区域微风）

catsup 〔'kætsəp〕n. 番茄酱

cattle 〔'kætl〕n. ①〔总称〕牛②牲口，家畜

cattleman 〔'kætlmən〕n. 〔复〕牧牛人，养牛人

catty 〔'kæti〕a. 猫一般的

catwalk 〔'kætwɔːk〕n. 狭窄的人行道；狭窄的过道

caucus 〔'kɔːkəs〕n. 决策委员会；政党选举候选人或决定政策的秘密会议；干部会议 ‖ v. 召开决策会议

caudal 〔'kɔːdl〕a. ①尾的，尾巴的②在或接近尾部的

cause 〔kɔːz〕n. ①原因，起因②理由，缘故③事业，奋斗的目标 ‖ v. 引起，使产生，使发生〔The icy streets caused several accidents. 多冰的街道引起多起事故。〕**causeless** a.

causeway 〔'kɔːzwei〕n. ①高于路面的人行道②堤道③公路

caustic 〔'kɔːstik〕a. ①苛性的，腐蚀（性）的②刻薄的，挖苦的，讽刺的〔caustic comments 尖刻的评论〕 ‖ n. 腐蚀剂，苛性物/**caustically** ad.

cauterize 〔'kɔːtəraiz〕v. 烧灼，烙，腐蚀〔Warts can be removed by cauterizing them. 疣可以用烧灼的方法将它们去掉。〕

caution ['kɔːʃən] *n.* ①小心, 谨慎〔Use caution in crossing street. 过马路要小心。〕②告诫, 警告〔a word of caution 警告语〕‖ *v.* 告诫, 告诫〔The sign cautioned us to slow down. 这个标志警诫我们慢行。〕

cautious ['kɔːʃəs] *a.* 细心的, 谨慎的/**cautiously** *ad.*

cavalcade [ˌkævəl'keid] *n.* ①骑马队伍, 车队, 船队②游行行列

cavalier [ˌkævə'liə] *n.* ①骑士②对女人献殷勤的男子 ‖ *a.* ①自由自在的, 豪强的,奔放的②傲慢的,献殷勤的

cavalry ['kævəlri] *n.* 骑兵, 高度机动的地面部队

cavalryman ['kævəlrimən] *n.* 骑兵

cave [keiv] *n.* 山洞, 窑洞/**cave in** 下陷, 坍陷

cavern ['kævən] *n.* 大洞穴, 大山洞

cavernous ['kævənəs] *a.* ①洞穴状的, 深陷的②多孔的, 充满山洞的

caviar, caviare ['kæviɑː] *n.* 鱼子酱

cavil ['kævil] *v.* 挑剔, 吹毛求疵 ‖ *n.* 吹毛求疵

cavity ['kæviti] *n.* 洞; 中空

cavort [kə'vɔːt] *v.* 乱跳跃, 欢跃

cayenne [kei'en] *n.* 辣椒类, 辣椒粉

cease [siːs] *v.* 停息

ceaseless ['siːslis] *a.* 不停的, 不绝的/**ceaselessly** *ad.*

cede [siːd] *v.* 放弃, 让与, 割让〔Spain ceded Puerto Rico to the United States in 1898. 1898 年西班牙将波多黎各割让给美国。〕

ceiling ['siːliŋ] *n.* ①天花板; 顶篷②最高限度〔a ceiling on prices 价格的最高限度〕③升限, 上升限度; 云幕高度

celebrate ['selibreit] *v.* ①庆祝〔to celebrate a birthday with a party 开会庆祝生日 to celebrate the Fourth of July with fire works 放烟火庆祝 7 月 4 日〕②歌颂, 赞美〔Aesop's fables have been celebrated

for centuries. 伊索寓言几个世纪来一直被歌颂着。〕③举行宗教仪式〔to celebrate mass 举行弥撒〕/**celebration** *n.*

celebrated ['selibreitid] *a.* 著名的, 驰名的

celebrity [si'lebriti] *n.* ①著名的人士②著名, 名声〔He seeks no celebrity. 他并不是追求声誉。〕

celerity [si'leriti] *n.* 迅速, 敏捷

celery ['seləri] *n.* 〔植〕芹菜

celestial [si'lestʃəl] *a.* ①天的, 天空的②神圣的〔celestial bliss 天堂〕

celibacy ['selibəsi] *n.* 独身生活; 独身

cell [sel] *n.* ①小房间〔修道院、监禁室〕②槽, 盒, 蜂房巢室②细胞④热元件, 燃料电池

cellar ['selə] *n.* 地窖, 地下室

cellist ['tʃelist] *n.* 大提琴手, 大提琴家

cello ['tʃeləu] *n.* 大提琴/**cellos** 〔复〕

cellophane ['seləfein] *n.* 玻璃纸; 赛璐珞

cellular ['seljulə] *a.* 细胞的, 由细胞组成的〔cellular tissue 蜂窝状结缔组织〕

celluloid ['seljulɔid] *n.* 赛璐珞, 假象牙

cellulose ['seljuləus] *n.* 植物纤维物质

cement [si'ment] *n.* ①水泥②胶接剂, 结合剂③〔牙科等用的〕粘固粉 ‖ *v.* ①用水泥粘合; 粘接, 胶合〔to cement the pieces of a broken cup 将破碎的杯子胶合起来〕②巩固, 加强; 凝成, 把…结合在一起〔to cement a friendship 加强友谊〕

cemetery ['semitri] *n.* 公墓, 墓地/**cemeteries** 〔复〕

censer ['sensə] *n.* 香炉

censor ['sensə] *n.* ①检查官②保密检查员③〔古罗马调查户口、检查社会风纪等的〕监察官 ‖ *v.* 审查〔新闻, 书刊, 电影等〕, 检查〔信件、电报〕/**censorship** *n.*

censorious [sen'sɔːriəs] *a.* 爱挑剔的, 吹毛求疵的, 苛评的/**censoriously** *ad.*

censure ['senʃə] *n.* 指责, 非难 ‖ *v.* 指责, 非难, 苛评

census ['sensəs] *n.* 人口调查, 人口普查

cent [sent] n. 分，百；分币

centaur [ˈsentɔː] n. [希神] 半人半马的怪物

centenary [senˈtiːnəri] a. ①一百年，一世纪②一百周年纪念／**centenaries** [复]

centennial [senˈtenjəl] a. ①(每)一百年的②继续了一百年的③一百周年纪念的 ‖ n. 一百周年纪念，一百年，一世纪

center [ˈsentə] n. ①中心，中央②中心区 [a shopping center 购物中心] ‖ v. ①居中，被置于中心 [Try to center the design on the page. 将图样置于书页的中心。]②集中，使聚集在一点 [We centered all our attention on the baby. 我们把注意力都集中在婴儿身上了。]

center of gravity 重心

centigrade [ˈsentigreid] a. 百分度的；摄氏温度计的

centigram, centigramme [ˈsentigræm] n. 厘克 (= 1/100 克)

centimeter, centimetre [ˈsentiˌmiːtə] n. 公分，厘米

centipede [ˈsentipiːd] n. [动] 蜈蚣

central [ˈsentrəl] a. ①中心的，中央的②中枢的 [We chose a central meeting place. 我们选择中心会场。]③主要的／**centrally** ad.

Central America 中美洲

centralize [ˈsentrəlaiz] v. ①形成中心，集中②把(权力)集中在中央组织；把…集中起来 [All government powers were centralized under a dictator. 所有的政府权力都集中在独裁者手中。]／**centralization** n.

centrifugal force [senˈtrifjugəl] [物] 离心力

centripetal forces [senˈtripitl] n. [物] 向心力 (与离心力相对)

century [ˈsentʃuri] n. ①世纪②百年

century plant [植] 世纪树 (龙舌兰)

ceramics [siˈræmiks] n. [复] ①制陶术；陶瓷学 [与单数动词连用]②陶瓷制品／**ceramic** a.

cereal [ˈsiəriəl] n. ①谷类植物②谷类③加工过的谷类食物 ‖ a. 谷类制成的；谷类植物的；谷类的

cerebellum [ˌseriˈbeləm] n. 小脑

cerebral [ˈseribrəl] a. 脑的，大脑的

cerebral-plasy 大脑发育

cerebrum [ˈseribrəm] n. [解] 大脑

cerement [ˈsiəmənt] n. 寿衣

ceremonial [ˌseriˈməunjəl] a. 礼仪的；仪式的；正式的 ‖ n. ①仪式 (特别指宗教) [a ceremonial for baptism 洗礼仪式]②礼仪

ceremonious [ˌseriˈməunjəs] a. ①(过分讲究) 礼节的②客套的；死板的／**ceremoniously** ad.

ceremony [ˈseriˌməuni] n. ①典礼，仪式 [the ceremony of inaugurating the president 总统就职典礼]②礼节；礼仪；客气／**stand on ceremony** 讲究客套

cerise [səˈriːz] n. & a. 樱桃色(的)，鲜红色(的)

certain [ˈsəːtən] a. ①一定的，必然的，确信的，有把握的 [Are you certain of your facts? 你对你的事实有把握吗?]②必定会发生的 [His aim was certain. 他的目的是确定了的。]③某，某一，某一些 [to a certain extent 在一定程度上]／**for certain** 肯定地，确凿地

certainly [ˈsəːtənli] ad. 一定，必定 [I shall certainly be there. 我一定会在那儿的。]

certainty [ˈsəːtənti] n. ①必然，确定，肯定②必然的事，毫无疑问的事 [I know for a certainty that they are related. 我确实知道他们有关系。]

certificate [səˈtifikit] n. 证(明)书，执照

certify [ˈsəːtifai] v. ①(用保证书或许可证) 证明 [The doctor's letter certified that Hatty's absence was due to illness. 医生的信证明了海蒂是因病缺席。]②(银行) 担保 (支票的) 可靠性③发证书给…；用证书证明 [A certified public accountant has a certificate of approval from the state. 注册

会计师持有国家许可证书。〕/**certifica-tion** n.

cerulean [si'ru:ljən] a. 天蓝色的

cessation [se'seiʃən] n. 停止，休止

cession ['seʃən] n.（领土的）割让；权利、财产等的让与或转让

cesspool ['sespu:l] n. 污水渗井，污水池

chafe [tʃeif] v. ①擦热（双手或皮肤）〔to chafe one's hands 擦热双手〕②擦皮肤，擦伤，擦痛〔The stiff collar chafed his neck. 硬挺的领子擦痛了他的脖子。〕③恼怒；使急躁〔The delay chafed her. 拖延使她急躁。〕/**chafe at the bit** 焦躁 n. ①摩擦，擦伤（处）②焦躁，发怒（in a chafe 愤怒，焦躁）

chaff [tʃɑ:f] n. ①谷壳②无价值的东西③诙谐，打趣 ‖ v.（对…）打趣，（跟…）开玩笑

chafing dish ['tʃeifiŋ diʃ] 火锅，暖锅

chagrin [ʃə'grin] n. 懊恼，悔恨，委屈 ‖ v. 使懊恼，使悔恨〔Our hostess was chagrined when the guest of honor failed to appear. 贵客未到使女主人感到懊恼。〕

chain [tʃein] n. ①链，链条〔a chain of steel 钢链〕②枷锁，镣铐，囚禁；束缚③一连串；一系列；连锁〔a chain of events 一连串的事件〕④测链 ‖ v. ①用链条 拴住②拘禁，束缚〔Dad is chained to his job. 爸爸工作束缚住了。〕/**chain mail** 锁子甲

chair [tʃeə] n. ①椅子，单人靠背椅②主席，议长；会长/**chairmen**〔复〕**chair-manship** n.

chalice ['tʃælis] n. 酒杯；圣餐杯

chalk [tʃɔ:k] n. ①白垩②粉笔 ‖ v. 用粉笔写（或画）/**chalk up** ①记下（分数，货帐等）②达到，得到（chalk it up to experience 将它作为经验记下来）/**chalky** a.

chalkboard ['tʃɔ:kbɔ:d] n. 黑板

challenge ['tʃælindʒ] v. ①提出挑战；表示异义：非难；怀疑〔to challenge a claim 对所提要求表示异议〕②向某人提出挑

战要求比赛〔He challenged me to a game of checkers. 他向我提出挑战要比赛跳棋。〕③查问的口令〔The sentry waited for the password after challenging the soldier. 哨兵发出询问后，等候士兵口令。〕‖ n. ①挑战②要求，需求，鞭策/**challenger** n.

chamber ['tʃeimbə] n. ①房间，寝室②〔复〕单人套间，会议室〔a judge's chambers 法官议事室〕③会议厅，会员〔A chamber of commerce promotes business activities. 商会促进商业活动。〕⑤（动植物体内的）腔，室〔a chamber of the heart 心室〕④（枪）弹堂，药室

chamberlain ['tʃeimbəlin] n. ①国王的内侍；贵族的管家②大臣

chambermaid ['tʃeimbəmeid] n. 女服务员，侍女

chamber-music 室内乐

chameleon [kə'mi:ljən] n. ①变色蜥蜴，变色龙②反复无常的人

chamois ['ʃæmwɑ:] n.〔复〕①小羚羊②羚羊皮，鹿皮

champ[1] [tʃæmp] v. ①大声地嚼②捣烂

champ[2] n. 〔口〕冠军

champagne [ʃæm'pein] n. 香槟酒

champaign ['tʃæmpein] n. 平原，原野

champion ['tʃæmpjən] n. ①冠军，得胜者②战士；斗士 ‖ a. 优胜的，第一流的〔a champion bull 冠军牛〕‖ v. 拥护，支持〔Carrie Chapman Catt championed women's right to vote. 卡丽·钱普曼·凯特支持妇女选举权。〕

championship ['tʃæmpjənʃip] n. ①冠军地位，冠军称号②拥护，支持；提倡

chance [tʃɑ:ns] n. ①机会；偶然〔They left it to chance when they would meet again. 他们再次相遇，实属偶然。〕②可能性③机会，机遇〔This is your chance to succeed. 这是你成功的机会。〕④冒险〔to take a chance on winning 冒险获胜〕⑤偶然的 ‖ v. ①碰巧；偶然发生〔I chanced to be passing by. 我碰巧路过。〕②冒…的

险;碰碰运气〔This plan may fail but let's chance it. 这项计划也许会失败,还是让我们碰碰运气吧。〕/**by chance** 偶然;意外地/**chance on , chance upon** 碰巧遇见;偶然发现

chancel [´tʃɑːnsəl] *n.* 圣坛

chancellor [´tʃɑːnsələ] *n.* 大臣;司法官;总理;校长

chandler¹ [´tʃɑːndlə] *n.* 蜡烛商人

chandler² [´tʃɑːndlə] *n.* 杂货零售商

change [tʃeindʒ] *v.* ①改变,变化,变〔Time changes all things. 时间改变了一切。The quiet town has changed into a busy city. 寂静的村镇已变成繁忙的城市。〕②更换,调换,替换〔He has changed jobs twice this year. 今年他已调换了两次工作。〕③兑换,以…换;交换;换去〔The two boys changed seats. 两个男孩调换了座位。〕④换车,换船〔The passengers change at Chicago. 乘客们在芝加哥换车。〕‖ *n.* ①转变,变化,改变②找头,零钱③兑换〔I have change for your $ 10 bill. 我能给你换10美元的钞票。〕④小币,零钱

changeable [´tʃeindʒəbl] *a.* 可变的,易变的,不定的

changeless [´tʃeindʒlis] *a.* 不变的,无变化的〔a changeless love 永恒的爱〕

channel [´tʃænl] *n.* ①小道;航道②河床,河底③沟渠④海峡⑤槽⑥途径,路线,方法〔We get news through newspapers and other channels. 我们通过报纸和其他途径获得消息。〕⑦[讯]波道,信道 ‖ *v.* ①开辟(或形成)小道,②为…开辟途径;引导

chant [tʃɑːnt] *n.* ①歌,单调的歌②圣歌③一种唱歌的调子 ‖ *v.* 单调重复地唱或说话

chantey , chanty [´ʃænti] *n.* 水手(起锚时)的劳动号子

chanticleer [´tʃænti´kliə] *n.* 雄鸡

chaos [´keiɔs] *n.* 浑沌,混乱

chaotic [kei´ɔtik] *a.* 浑沌的,混乱的/

chaotically *ad.*

chap¹ [tʃæp] *n.* [口]家伙,小伙子

chap² [tʃæp] *v.* (使皮肤等)皲裂,龟裂,变粗糙

chapel [´tʃæpəl] *n.* ①小教堂②教堂内的私人祈祷处③(医院、学校或军队的)附属教堂

chaperon (e) [´ʃæpərəun] *n.* 在社交场合陪伴未婚少女的年长妇女 ‖ *v.* 陪伴,护送

chaplet [´tʃæplit] *n.* ①花冠;项圈,串珠②[建]串珠饰③[动]昆虫刺冠

chapter [´tʃæptə] *n.* ①(书的)章,篇②部分,一段〔a chapter of one's life 某人生活中的一段〕③支部,分会

char [tʃɑː] *v.* ①(把)…烧成炭②(把)…烧焦,烧黑

character [´kæriktə] *n.* ①性情;性格;特性②品格;个性;力量③特点,特性,特质④文字,字母⑤(小说、戏剧中的)角色,人物⑥[口]出名的人,不平凡的人

characteristic [ˌkæriktə´ristik] *a.* 特别的,表明…性格的;独特的 ‖ *n.* 特点,特质,特色,特征/**characteristically** *ad.*

characterize [´kæriktəraiz] *v.* ①描绘性格,塑造人物〔Tennyson characterized King Arthur as wise and brave. 坦尼森将亚瑟王描绘得聪明而勇敢。〕②具有…特性,表示…的特性/**characterization** *n.*

charcoal [´tʃɑːkəul] *n.* 炭,木炭

charge [tʃɑːdʒ] *v.* ①装弹于(枪炮)…;充电于(电池)〔to charge a gun with ammunition 将火药装进枪里 to charge a battery with electricity 给电池充电〕②交付责任;交…负责照料〔I charge you with delivering this message. 我交于你负责传达这一消息。〕③命令;指示;训令〔A judge charges a jury. 法官对陪审团训令。〕④指控,控告⑤索价,要价〔Barbers once charged a quarter for a haircut. 理发师曾经理一次发仅要价两角五分钱。〕⑥记账(作为债务)〔If you have no cash , this store will charge your purchases. 如果

帐。]突袭;猛攻;冲锋[Our troops charged the enemy. 我们的部队突袭了敌人。] ‖ n. ①炸药量;电量;充电②责任,委托[The children were the nurse's charges. 孩子们由护士负责照料。]③指控;控告[He denied the charge that he had cheated. 他否认他犯有诈骗罪的指控]④突袭⑤价格;费用⑥赊账⑦突然猛冲⑧冲锋号[The bugler sounded the charge. 号手吹响了冲锋号。]/charge off①把…当作损耗处理;对…扣除损耗费②把…归于某一项[charge off his mistake to lack of experience 把他的错误归咎于缺乏经验]/in charge 主管,掌管,看管/chargeable a.

charge account (客户购货的)赊购账

charger[1] ['tʃɑ:dʒə] n. ①战马②充电器

charger[2] ['tʃɑ:dʒə] n. 大浅盘

charily ['tʃɛərili] ad. 节俭地;吝啬地;有戒心地

charisma [kə'rizmə] n. 领袖人物感人的超凡魅力;神授的能力/**charismata** [复]

charitable ['tʃæritəbl] a. ①大慈大悲的;慈善的②宽厚的/**charitably** ad.

charity ['tʃæriti] n. ①施与;周济②慈善团体③宽厚④[宗]博爱

charlatan ['ʃɑ:lətən] n. 冒充内行者

charley horse ['tʃɑ:li] [口]肌肉抽痛,四头肌僵痛

charm [tʃɑ:m] n. ①被认为有魔力之物;符咒②链条(或镯子)上的小饰物③魅力;魔力;诱人之处,可爱之处 ‖ v. ①施魔术于;似以魔力影响或保护②吸引;迷人,使陶醉/**charmed life** 似有魔法保护的生命

charming ['tʃɑ:miŋ] a. 迷人的,可爱的,娇媚的/**charmingly** ad.

chart [tʃɑ:t] n. ①海图,航(线)图②图,图案,曲线图解 ‖ v. ①制图②用图表表示或说明[to chart the weather 用图表表示天气情况]

charter ['tʃɑ:tə] n. ①特许证②宪章[the Charter of the United Nations 联合国宪章]③(社团对成立分会等的)许可证 ‖ v. ①特许,发执照给…②出租,包租[to charter a bus 包租一辆公共汽车]

chartreuse [ʃɑ:'truːz] n. & a. 黄绿色

charwoman ['tʃɑ:wumən] n. 打杂女工

chary ['tʃɛəri] a. ①谨慎的,小心的②节俭的,吝啬的[He was chary of his favors to friends. 他不愿帮助朋友。]

chase [tʃeis] v. ①追赶,追逐,追赶②驱逐[He waved his hand to chase the flies away. 他挥手赶走了苍蝇。] ‖ n. ①追求;追赶,追击②打猎③被追猎的动物或人/**give chase** 追赶,追击/**chaser** n.

chasm ['kæzəm] n. ①[地](地壳的)陷窟,断层,裂②峡谷③空隙;中断处

chassis ['ʃæsi] n. ①(汽车等的)底盘②(收音机或电视机的)底架,机壳/**chassis** ['ʃæsiz] [复]

chaste [tʃeist] a. ①贞洁的②纯洁的,简洁朴实的

chasten ['tʃeisn] v. ①惩戒[to chasten a disobedient child 责罚一个不顺从的孩子]②遏制,缓和

chastise [tʃæs'taiz] v. 惩罚,责打/**chastisement** n.

chastity ['tʃæstiti] n. 贞洁,纯洁,高雅,简洁朴实

chat [tʃæt] v. 闲谈,聊天 ‖ n. 闲谈,非正式的谈话

chattel ['tʃætl] n. (一件)动产[Land and buildings are not chattels. 土地和房屋是不动产。]

chatter ['tʃætə] v. ①燕雀兽类的短而快的叫声[Birds and apes chatter. 小鸟喞啾,猿猴低鸣。]②喋喋不休,饶舌③(牙齿)打颤 ‖ n. ①喞啾,震颤声②喋喋不休/**chatterer** n.

chatty ['tʃæti] a. ①爱闲聊的②亲切的,闲话家常般的[a chatty letter 家信]

chauffeur ['ʃəufə, ʃəu'fə:] n. (汽车)司

机‖做汽车司机工作

cheap [tʃiːp] a. ①便宜的②价格低廉的〔a chain of cheap cafeterias 廉价自助餐馆连锁店〕③花钱少而货色好的,合算的④轻松的〔a cheap victory 轻松的胜利〕⑤价低的,品质低劣的〔That radio is made of cheap parts that will wear out. 那台收音机是由品质低劣、会耗损的原件组装的。〕⑥可鄙的‖ad. 便宜地,廉价地〔I bought these shoes cheap at a sale. 在大减价时便宜地买到了这些鞋。〕/**cheaply** ad. /**cheapness** n.

cheapen [ˈtʃiːpən] v. 减低…的价格,降低价格

cheapskate [ˈtʃiːpskeit] [俚]吝啬的人,小气的人

cheat [tʃiːt] v. 欺骗;诈取〔to cheat a person of money 骗took某人的钱 to cheat in a test 在考试中作弊〕②用智谋挫败(对方);逃脱〔to cheat death 逃脱死亡〕‖n. 骗子②欺诈行为,欺骗,骗取

check [tʃek] n. ①突然停止②控制〔He held his temper in check. 他控制自己的脾气。〕③能控制或阻止的人或物④检查,检验,核对⑤√⑥寄存物的凭证,号牌〔baggage check 行李票〕⑦(餐馆的)帐单⑧支票⑨方格花布⑩(象棋中)王受攻击的位置,将军‖v. ①突然停止②控制,制止③检查,检验,核对〔These figures check with mine. 这些数字与我的相符合。〕④作记号(参照名词用法5)⑤在…上画(或印)方格图案〔a checked suit一套方格西装〕⑥寄存,托运⑦(象棋中)将(对方的"王")一军,将军(参照名词用法10)‖int. 行! 对!/**check in** 登记,报到/**check out** (旅馆中)清帐后离去/**in check** 被控制住/**checker** n.

checkbook [ˈtʃekbuk] n. 支票簿

checker [ˈtʃekə] n. ①棋盘中的一小方格②呈方格形图案的样式③棋子(参见checkers)‖v. 把…画成(制成)方格图形案

checkerboard [ˈtʃekəbɔːd] n. 棋盘

checkered [ˈtʃekəd] a. ①有格子花的,

有交错的②盛衰无常的,多波折的

checkers [ˈtʃekəz] n. [复]西洋跳棋[用作单数]

checkmate [ˈtʃekmeit] n. ①(象棋)将死②失败,垮台‖v. 将死,打败,使受挫折

checkrein [ˈtʃekrein] n. 马缰绳

checkroom [ˈtʃekrum] n. 衣帽间,行李寄存处

checkup [ˈtʃekʌp] n. 检查,查对

cheek [tʃiːk] n. ①面颊,脸蛋②[口]厚脸皮,没礼貌(或冒失)的话(或行为)

cheep [tʃiːp] n. (小鸟等)吱吱的叫声‖v. 吱吱地叫

cheer [tʃiə] n. ①欢呼,喝彩②高兴,欢愉,喜悦‖v. ①使欢慰,使高兴②欢呼,喝彩/**be of good cheer** 高兴,充满希望/**cheer up** 感到振奋,感到高兴

cheerful [ˈtʃiəful] a. ①快乐的,愉快的,令人高兴的②使人高兴和愉快的,使人振奋的③乐意的,心甘情愿的〔a cheerful worker 一位高兴的工人〕/**cheerfully** ad. /**cheerfulness** n.

cheerless [ˈtʃiəlis] a. 缺乏快乐的,无欢笑的,阴暗的/**cheerlessly** ad.

cheery [ˈtʃiəri] a. 欢乐的,愉快的,活泼的〔They gave us a cheer welcome. 他们愉快地欢迎我们。〕/**cheerily** ad. /**cheeriness** n.

cheese [tʃiːz] n. 乳酪,干酪

cheesecloth [ˈtʃiːzklɔːθ] n. 干酪包布

cheetah [ˈtʃiːtə] n. [动](可训练用来猎鹿等的)猎豹

chef [ʃef] n. ①厨师长,主厨②厨师

chemical [ˈkemikəl] a. ①化学的〔a chemical process 化学作用〕②化学上用的,用化学方法得到的‖n. 化学产品,化学药品/**chemically** ad.

chemise [ʃiˈmiːz] n. 女式无袖衬衫

chemist [ˈkemist] n. ①化学家,化学师②[英]药剂师

chemistry [ˈkemistri] n. 化学

cheque [tʃek] n. [英]支票

cherish [ˈtʃeriʃ] v. ①爱护，珍爱〔to cherish one's family 珍爱家人 to cherish one's rights 爱护正义〕②抱有（希望）,怀有（感情）

cherry [ˈtʃeri] n. ①樱桃②樱桃树③樱桃木④桃红色，鲜红色

cherub [ˈtʃerəb] n. ①（《圣经》中的）小天使；（绘画中）有翅膀的孩子②可爱的、天真无邪的孩子/**cherubim** [ˈtʃerəbim] [复]

cherubic [tʃəˈruːbik] a. 小天使似的，天真可爱的；(脸)胖胖的

chess [tʃes] n. 国际象棋

chest [tʃest] n. ①箱子，盒子〔a tool chest 工具箱〕②五斗橱，衣柜③胸膛，胸部

chestnut [ˈtʃesnʌt] n. ①栗子②栗树③栗木④栗色⑤(俗)已不能再引起人兴趣的陈腐的故事或笑话

cheviot [ˈtʃeviət] n. 粗绒布;酷似粗绒的棉布

chew [tʃuː] v. 咀嚼 ‖ n. 咀嚼,所要嚼之物/**chewy** a.

chewing gum 橡皮糖,口香糖

chic [ʃiːk; ʃik] a. (指妇女或她们的衣服)漂亮的,时髦的,有高雅之风格的 ‖ n. 高雅的风格或款式

chicanery [ʃiˈkeinəri] n. 诡计,诈骗,诡辩

chick [tʃik] n. ①小鸡②小鸟

chickadee [ˈtʃikədiː] n. 山雀鸟

chicken [ˈtʃikin] n. ①小鸡,幼鸡雏②鸡肉

chicken-hearted [ˈtʃikinhɑːtid] a. 胆怯的,怯懦的,软弱的

chicken pox 〔医〕水痘

chicle [ˈtʃikl] n. 〔化〕糖胶树胶

chicory [ˈtʃikəri] n. 〔植〕①菊苣属植物②菊苣

chide [tʃaid] v. (chided, chid [tʃid]) 责骂,责备 [She chided John for being rude. 她责骂约翰的无礼。]

chief [tʃiːf] n. 首领,头目,领袖〔the chief

of a hospital staff 医院主任〕 ‖ a. ①首席的,主任的〔the chief executive 主管〕②主要的,最重要的〔Bill's chief interest is baseball. 比尔对棒球最感兴趣。〕/**in chief** 主要地,在首席地位地〔commander-in-chief 总司令〕

chief justice 审判长,首席法官,最高法院院长

chiefly [ˈtʃiːfli] ad. 主要地,首要地;尤其〔A watermelon is chiefly water. 西瓜里主要是水。〕

chieftain [ˈtʃiːftən] n. ①部落酋长,家族的族长②首领,头目,头子

chiffon [ˈʃifɔn] n. 雪纺绸,薄绸

chigger [ˈtʃigə] n. 跳蚤

chilblain [ˈtʃilblein] n. 冻疮

child [tʃaild] n. ①胎儿,婴儿②小孩(可指男孩或女孩)③儿子,女儿/**child's play** 容易干的事/**children** [复]/**childless** a.

childbirth [ˈtʃaildbəːθ] n. 分娩,生小孩

childhood [ˈtʃaildhud] n. 幼年(时代),童年

childish [ˈtʃaildiʃ] a. ①孩子的,孩子所特有的②幼稚的,傻气的/**childishly** ad. /**childishness** n.

childlike [ˈtʃaildlaik] a. 孩子般天真的,诚实的,纯真的

chili [ˈtʃili] n. 干辣椒/**chilies** [复]

chill [tʃil] n. ①寒战,风寒②寒意,由寒冷所引起的不舒服的感觉/**chilly** v. ①使寒冷,变寒冷〔Melons taste better if they are chilled. 把西瓜冷藏一下,更好吃。〕②使发冷,感到寒冷〔The wind chilled her. 风使她感到寒冷。〕

chilly [ˈtʃili] a. ①寒冷的②冷淡的,不友好的/**chilliness** n.

chime [tʃaim] n. ①一组乐钟中的一只钟②(钟表或门铃里的)钟铃③chimes [复]一组乐钟所发的乐音 ‖ v. 在钟上敲出和谐的声音,鸣钟/**chime in** ①插话②插话表示赞成

chimney [ˈtʃimni] n. ①烟囱,烟筒②(灯

的)玻璃罩

chimpanzee [ˌtʃimpənˈziː, ˌtʃimpænˈziː] *n.* 非洲大猿,黑猩猩(比 gorilla 小)

chin [tʃin] *n.* 颏,下巴 ‖ *v.* 引体向上

China [ˈtʃainə] *n.* 中国

china [ˈtʃainə] *n.* ①瓷料②陶瓷③(又称 chinaware) 瓷器

chinch bug [tʃintʃbʌg] *n.* 臭虫;谷物害虫

Chinese [tʃaiˈniːz] *n.* ①中国人②汉语,中国话 ‖ *a.* 中国的,中国人的,汉语的/ **Chinese** [复]

chink¹ [tʃiŋk] *n.* 缝隙,裂口 ‖ *v.* ①形成裂缝②堵塞……的裂缝

chink² [tʃiŋk] *n.* (敲击钱币等的)丁当声,发出丁当响声 ‖ *v.* (使)丁当响

chinook [tʃiˈnuk] *n.* 温暖的西南湿风

chintz [tʃints] *n.* 印花棉布

chip [tʃip] *v.* ①切成薄片②击破,击碎,破损 [This glass chips easily. 这个玻璃杯很容易破损。]③削成,凿成,铲成(某种形状) [chip a hole in the ice 在冰上凿个洞] ‖ *n.* ①薄片②(破碎的)凸口或缺口③筹码/**chip in** [口] 提供帮助,捐助/**chip off the old block** 与父亲一模一样的儿子

chipmunk [ˈtʃipmʌŋk] *n.* 金花鼠

chipper [ˈtʃipə] *a.* 快乐的,活泼的

chiropodist [kiˈrɔpədist] *n.* 足科医生

chiropractor [ˈkaiərəˌpræktə] *n.* 按摩脊柱治疗者,手医

chirp [tʃəːp] *v.* (鸟等)吱吱地叫,(虫等)唧唧地叫 ‖ *n.* 鸟叫声,虫鸣声

chirrup [ˈtʃirəp] *v.* 虫反复发出的吱吱唧唧叫声 ‖ *n.* 连续的吱喳鸣声

chisel [ˈtʃizl] *n.* 凿子,錾子 ‖ *v.* ①凿,镂,雕②[俚] 欺骗,诈骗/**chiseller** *n.*

chitchat [ˈtʃittʃæt] *n.* 闲谈,聊天

chivalrous [ˈʃivələs] *a.* ①有骑士气概的,侠义的,有礼貌的,勇武的②骑士制度时代的/**chivalrously** *ad.*

chivalry [ˈʃivəlri] *n.* ①(中世纪的)骑士制度②骑士气概或品质

chive [tʃaiv] *n.* 细香葱

chloride [ˈklɔːraid] *n.* [化] 氯化物

chlorinate [ˈklɔːrineit] *v.* 用氯气处理、消毒,使氯化 [to chlorinate a swimming pool 用氯为游泳池消毒]

chlorine [ˈklɔːriːn] *n.* [化] 氯气

chloroform [ˈklɔːrəfɔːm] *n.* [化] 氯仿,三氯甲烷 ‖ *v.* ①用氯仿麻醉②用氯仿杀死 [He chloroforms the insects before putting them in his collection. 在把昆虫收藏起来之前,他把它们都麻醉死了。]

chlorophyl(l) [ˈklɔːrəfil] *n.* [生化] 叶绿素

chock [tʃɔk] *n.* 楔子,垫木 ‖ *v.* 用垫木垫使稳固,用楔子支持

chockfull [ˌtʃɔkˈful] *a.* (塞)满了的,挤得满满的

chocolate [ˈtʃɔkəlit] *n.* ①巧克力②巧克力饮料③巧克力糖④巧克力色,赭色 ‖ *a.* 巧克力制的,含有巧克力的

choice [tʃɔis] *n.* ①选择,抉择 [You may have two books of your own choice. 你可以自己选择两本书。]②选择机会,选择权,选择能力③被选中的东西,入选者④供选择的种类 ‖ *a.* 精选的,上等的 [choiced fruits 上等的水果]

choir [ˈkwaiə] *n.* ①(教会的)歌唱队,唱诗班②歌唱队,唱诗班的席位

choke [tʃəuk] *v.* ①窒息,有物哽咽在喉中②闷塞,闷死,使窒气 [The smoke in the room made me choke. 屋里的烟使我透不过气来。]③堵塞,阻塞 [Garbage choked the drain in the sink. 垃圾堵塞了洗涤槽的下水道。]④抑制,压往 [Weeds are choking the grass in the lawn. 杂(野)草把草地上的青草压住了。]⑤[机] 阻塞……的气门 ‖ *n.* ①窒息,嘎塞②[机] 阻气门,阻气门/**choke back** 抑制(怒气或眼泪等)/**choke down** 硬咽(食物)/**choke off** 使(某人)放弃(做某事),除掉(某人)/**choke up** ①阻塞,填满②(由于害怕或紧张)说不出话来

choker ['tʃəukə] n. ①窒息物,阻塞物② 短项链,颈链

cholera ['kɔlərə] n. 霍乱

choleric ['kɔlərik] a. 易怒的,性情暴躁 的

choose [tʃuːz] v. ①选择,挑选〔Choose a topic from this list. 从这张表中选择一个 题目。〕②选定,愿意〔He did not choose to run for mayor. 他不愿意竞选市长。〕

choosy ['tʃuːzi] a. 喜欢挑剔的,难讨好 的

chop[1] [tʃɔp] v. ①砍,劈〔to chop down a tree 砍倒一棵树〕②砍,猛击〔The batter chopped at the ball. 击球手猛击一球。〕③ 切细,剁碎〔chop some nuts for the filling 为馅剁碎点坚果仁〕‖ n. ①砍,劈,剁② 一块排骨/**chopper** n.

chop[2] [tʃɔp] n. 颚

chop[3] [tʃɔp] v. (风等)突然转向

choppy ['tʃɔpi] a. ①波涛汹涌的,波浪 滔滔的②不平稳的,颠簸的

chops [tʃɔps] n. ①颚②颚颊部分

chopsticks ['tʃɔpstiks] n. [复]筷子

chopsuey ['tʃɔp'suːi] n. 由米饭、肉、蘑 菇等炒成的食物

choral ['kɔːrəl] a. ①合唱队的,唱诗班 的②合唱的,唱诗班所唱的

choral(e) [kɔ'rɑːl] n. ①(合唱的)赞美 诗

chord[1] [kɔːd] n. [音]和弦,和音

chord[2] [kɔːd] n. ①弦[诗]琴弦③心 弦

chore [tʃɔː] n. ①家庭杂务,日常零星工 作〔His chores include mowing the lawn. 他 的家务活包括修剪草坪。〕②困难的(或 不合意的)工作

choreography [ˌkɔriˈɔɡrəfi] n. 舞蹈 设计(尤指芭蕾舞蹈)/**choreographer** n.

chorister ['kɔristə] n. 唱诗班歌手(尤 指男孩)

chortle ['tʃɔːtl] v. 哈哈大笑

chorus ['kɔːrəs] n. ①合唱队②合唱曲

③音乐剧中作配角的合唱章与舞蹈者 ④齐声,一齐⑤(歌)的迭句,合唱句‖ v. 合唱;异口同声地说〔The Senators chorused their approval. 参议员们异口同声 地同意。〕/**in chorus** 一齐,大家共同

chosen ['tʃəuzn] choose 的过去分词‖ a. 挑选出来的,精选的

chow [tʃau] n. ①中国种的狗②[俚]食 物

chowder ['tʃaudə] n. 杂烩

chowmein [ˌtʃau'mein] n. 炒面

Christ [kraist] n. [宗]耶稣基督

christen ['krisn] v. [宗]为…施洗礼;洗 礼时命名〔to christen sb. named Thomas. 婴儿洗礼时被命名为托马斯。〕②命 名〔We christened the boat Speedwell Ⅱ. 我们命名这条船为施皮德维尔二世。〕/ **christening** n.

Christendom ['krisndəm] n. ①基督教 徒 ②基督教世界

Christian ['kristjən] n. 基督教徒,信徒 ‖ a. ①耶稣基督及教训的②基督教及其 信仰的③具有基督教徒的性格的

Christianity [ˌkristi'æniti] n. ①基督教 ②基督教徒

Christmas ['krisməs] n. [宗]圣诞节

chromatic [krə'mætik] a. ①色彩的,颜 色的②[音]半音阶的

chromosome ['krəuməsəum] n. [生] 染色体

chronic ['krɔnik] a. ①长期的,慢性的 ②经常的,习惯的〔a chronic complainer 总是抱怨的人〕/**chronically** ad.

chronicle ['krɔnikl] n. 年代记,编年史 ‖ v. 把…载入编年史,记述/**chronicler** n.

chronological [ˌkrɔnə'lɔdʒikəl] a. ① 按时间顺序的,按年代先后的②年代学 的/**chronologically** ad.

chronology [krə'nɔlədʒi] n. ①年代学 ②按年月次序的排列

chronometer [krə'nɔmitə] n. 精密记时 计,天文钟,航行表

chrysalis ['krisəlis] *n.* ①[动] 蝶蛹②[动] 茧

chrysanthemum [kri'sænθəməm] *n.* ①[植] 菊, 菊花②[植] 菊属

chrysolite ['krisəlait] *a.* 贵橄榄石, 黄色或绿色的宝石

chubby ['tʃʌbi] *a.* 圆脸的, 丰满的 (a chubby little boy 圆脸蛋的小男孩) / **chubbiness** *n.*

chuck [tʃʌk] *v.* ①轻拍, 抚弄②赶走, 驱逐③丢弃, 放弃 ‖ *n.* ①抚弄②撵出, 赶走, 扔掉

chuck [tʃʌk] *n.* (牛等) 颈肉

chuckle ['tʃʌkl] *v.* 轻笑地笑, 暗自笑 ‖ *n.* 轻声笑, 暗自笑

chug [tʃʌg] *n.* (发动机发动时的) 嚓嘎声, 突突声 ‖ *n.* 嚓嘎地响, 发出突突声

chum [tʃʌm] *n.* 好朋友 ‖ *n.* 成为好朋友

chummy ['tʃʌmi] *a.* 亲密的, 友好的

chump [tʃʌmp] *n.* [口] 呆子, 笨蛋

chunk [tʃʌŋk] *n.* 厚块/**chunky** *a.*

church [tʃə:tʃ] *n.* ①教堂, 礼拜堂②[宗] 礼拜 [Church will be held earlier than usual next Sunday. 下星期日, 礼拜要比平常进行得早一点。]③教会, 教派, 教会全体成员

churchman ['tʃə:tʃmən] *n.* ①牧师②教士, 教徒/**churchmen** [复]

churchyard ['tʃə:tʃjɑ:d] *n.* 教堂庭院 (常用以作墓地)

churl [tʃə:l] *n.* ①[英史] 下层自由民, 出身低贱的人②农民, 乡下人; 粗暴无礼的人/**churlish** *a.*/**churlishness** *n.*

churn [tʃə:n] *n.* 搅乳器 ‖ *v.* ①用搅乳器搅拌②剧烈搅动; 剧烈搅拌 [The motorboats churned up the water of the lake. 汽艇剧烈地搅动着湖水。]

chute[1] [ʃu:t] *n.* ①急流, 瀑布②斜道, 滑运道

chute[2] [ʃu:t] *n.* 降落伞

cicada [si'kɑ:də] *n.* [动] 蝉

-cide [said] [后缀] 表示 "杀者"、"杀" [suicide 自杀]

cider ['saidə] *n.* 苹果汁, 苹果酒

cigar [si'gɑ:] *n.* 雪茄烟, 叶卷烟

cigarette, cigaret [,sigə'ret] *n.* 纸烟, 香烟, 卷烟

cilia ['siliə] *n.* [复] ①[解] 睫毛②[动] 纤毛

cinch [sintʃ] *n.* ①(马鞍等的) 肚带②[俚] 容易做的事情, 必然发生的事 ‖ *v.* ①给 (马) 系上肚带②[俚] 搞定 [The salesman cinched the deal. 商人搞定了这项交易。]

cinchona [siŋ'kəunə] *n.* ①[植] 金鸡纳树属②金鸡纳皮

cincture ['siŋktʃə] *n.* 束带, 腰带

cinder ['sində] *n.* ①炉渣, 矿渣, 煤渣; 未燃尽的木炭 [The wind blew a cinder in his eye. 风把一粒煤渣吹到了他的眼里。]②[复] 灰烬

Cinderella [,sində'relə] *n.* 灰姑娘

cinema ['sinimə] *n.* ①电影, 影片②[英] 电影院

cinnamon ['sinəmən] *n.* ①樟属植物②樟属植物的芳香内皮③黄褐色

cipher ['saifə] *n.* ①零②不重要的人, 无价值的东西③密码, 暗号; 密码电报④译解暗码或密码的方法或解答 ‖ *v.* [俗] 计算, 算出

circa ['sə:kə] *prep.* [拉] 大约

circle ['sə:kl] *n.* ①圆②圆周③圆形物, 圈, 环状物④周期, 循环, 周而复始⑤ (具有共同兴趣、利益的人们所形成的) 圈子、集团 [a circle of friends 交际圈] ‖ *v.* ①环绕, 绕过, 围 [The children circled the Maypole. 孩子们围在五朔节花柱周围。]②旋转, 盘旋 [The planets circle the sun. 行星环绕太阳运转。]

circlet ['sə:klit] *n.* ①小圈②戴在头、颈或手臂上作装饰用的环形饰物

circuit ['sə:kit] *n.* ①环行, 周线 [The moon's circuit of the earth takes about 28 days. 月球绕地球环行一周需 28 天。]②周游, 巡回, 巡游 [the mailman's circuit 邮

差的巡行路线)③巡回经过的类似路线
④统一经营的若干剧院⑤[电]电路;回
路,线路

circuitous [səˈkjuːitəs] *a.* 迂回的,绕
行的

circular [ˈsəːkjulə] *a.* ①圆形的,环形的
②圆周的,圆的[circular measurement 圆
周测量]③环绕一圈的,环行的,循环的
‖ *n.* 通知,通函

circulate [ˈsəːkjuleit] *v.* ①循环,流através
[Blood circulates through the body from the
heart. 血液从心脏开始在全身循环。]②
传播[That rumor has been circulating
through the town. 那谣言已在全镇传播开
了。]

circulation [ˌsəːkjuˈleiʃən] *n.* ①流通
(血液等)循环,流通③传播,发行④发行
额,流通额销量

circulatory [ˈsəːkjuleitəri] *a.* (血液)
循环的,循环上的

circum-[前缀]表示"绕""周"

circumcise [ˈsəːkəmsaiz] *v.* [医] 割除
…的包皮(或阴蒂),对…进行环切术/
circumcision [ˌsəːkəmˈsiʒən] *n.*

circumference [səˈkʌmfərəns] *n.* ①圆
周②周线,圆周线

circumflex [ˈsəːkəmfleks] *n.* 附加在元
音字母上的声调符号

circumlocution [ˌsəːkəmləˈkjuːʃən]
n. 迂回的说法,累赘的话,累赘的句子

circumnavigate [ˌsəːkəmˈnævigeit] *v.*
环航[to circumnavigate the earth 环航世
界]/**circumnavigation** *n.*

circumscribe [ˈsəːkəmskraib] *v.* ①在
…周围画线,标出…的范围或界限②限
制,约束[His interests were very circum-
scribed until he went away to college. 直到
他去上大学为止,他的爱好还是很有限
的。]

circumspect [ˈsəːkəmspekt] *a.* 谨慎小
心的,周到的,慎重的/**circumspectly**
ad. /**circumspection** *n.*

circumstance [ˈsəːkəmstəns] *n.* ①与

某事件或某人有关的情况、事实等;环
境,形势②礼仪,仪式③[复]经济情形,
境况/**under (in) no circumstances**
无论如何,决不 /**under the circum-
stances**(情况)既然这样

circumstantial [ˌsəːkəmˈstænʃəl] *a.*
①根据情况的,按照情况的②详细的,
详尽的

circumvent [ˌsəːkəmˈvent] *v.* 对…用计
取胜,智胜

circus [ˈsəːkəs] *n.* ①马戏团(或杂技团)
的表演②[口]非常可笑的人或物③马戏
场,杂技场;(古罗马的)竞技场

cirrus [ˈsirəs] *n.* [气] 卷云/**cirri**[ˈsiˈrai]
[复]

cistern [ˈsistən] *n.* 蓄水池,贮水器

citadel [ˈsitədl] *n.* 城堡,堡垒

citation [saiˈteiʃən] *n.* ①[法]传讯,传票
②引文,引证,引用③[军]嘉奖令,嘉奖
状,荣誉状

cite [sait] *v.* ①[法]传讯[He was cited for
bad brakes. 他因刹车失灵而被传讯。]②
引用,引证[She cited four books to prove
her point. 她引用四本书来证明其观
点。]③[军]传令嘉奖[The brave army
nurse was cited in official reports. 在官方
文件中,那位勇敢的军队护士被传令嘉
奖。]

citizen [ˈsitizn] *n.* ①(一国中享有完全权
利的)公民②一组(群)中的一员

citizenry [ˈsitiznri] *n.* [总称]公民

citizenship [ˈsitizn fip] *n.* 公民(或市
民)的身分;公民的权利和义务

citric [ˈsitrik] *a.* 柠檬的,柠檬性的

citron [ˈsitrən] *n.* [植]枸橼,香橼②枸
橼树,香橼树③用于做蛋糕、布丁等的香
橼蜜饯

citrus [ˈsitrəs] *n.* ①[植]柑橘属②柑橘
树 ‖ *a.* 柑橘属的

city [ˈsiti] *n.* 都市,城市

city manager 市行政官

civet [ˈsivit] *n.* ①[动]香猫②[植]麝猫
香

civic ['sivik] a.①城市的 [plans for civic development 城市发展计划]②市民的,公民的 [Voting is a civic duty. 选举是公民的义务。]

civics ['siviks] n. [复]公民学 [作单数用]

civil ['sivl] a.①公民的,市民的 [civil rights 公民权]②国内的,国民间的;文职的 [civil war 内战]③文明的,有礼貌的④非神职的,非宗教的 [civil marriage 世俗婚姻]/**civilly** ad.

civil engineering 土木工程学/**civil engineer** 土木工程师

civilian [si'viljən] n. 平民,老百姓(与军,警相对而言) ‖ a. 平民的,民间的,民用的

civility [si'viliti] n. 礼貌,客气,礼仪

civilization [ˌsivilai'zeiʃən] n. ①文化,文明②文明世界③文明生活,文化生活

civilize ['sivilaiz] v. 使文明,开化

clack [klæk] v.①作噼啪声,作啪嗒声,发出短而尖锐的碰撞声 [Spanish dancers clack their heels on the floor. 西班牙舞者们把鞋跟敲击地板发出噼噼啪啪的响声。]②喋喋不休,唠叨 ‖ n. 噼啪声,啪嗒声

clad [klæd] clothe 的过去式和过去分词 ‖ a. 穿衣的 [a poorly-clad boy 穿着破旧的男孩]

claim [kleim] v.①(根据权利)要求,认领,索取 [He claimed the package at the post office. 他在邮局认领了包裹。]②需要,值得 [This problem claims our attention. 这个问题值得我们注意了。]③声言,宣称,说某事为事实 [He claimed that he had been cheated. 他宣称他被骗了。]‖ n.①(根据权利而提出的)要求②权力,所有权③所要求之物;要求(而得到的)土地④主张,断定/**lay claim to**(根据权利)要求,主张,自以为

claimant ['kleimənt] n. 提出要求者

clairvoyance [klɛə'vɔiəns] n. 超人的视力,超人的洞察力

clairvoyant [klɛə'vɔiənt] a.①超人洞察力的,超人视力的②(看上去)有超人洞察力的,有超人视力的 ‖ n. 有超人洞察力的人,有超人视力的人

clam [klæm] n. [动]蛤,蚌;蛤肉 ‖ v. 捞蛤,拾蚌

clambake [klæm'beik] n. 海滨野餐会

clamber ['klæmbə] v. 攀登,爬 [He clambered up the side of the cliff. 他从悬崖的侧面往上爬。]

clammy ['klæmi] a. 冷湿的,滑腻的,粘糊糊的

clamor ['klæmə] n. 吵闹,喧嚷 ‖ v. 吵闹,喧嚷/**clamorous** a.

clamp [klæmp] n. 夹钳,夹子 ‖ v.(用尖钳)夹住,夹紧/**clamp down** 压制,取缔

clan [klæn] n.①家族,宗族,氏族②宗派,小集团,一伙人

clandestine [klæn'destin] a. 秘密的,暗中的,私下的/**clandestinely** ad.

clang [klæŋ] n. 铿锵声;鸣叫声 ‖ v. 发铿锵声,鸣叫

clangor ['klæŋgə] n.①铿锵声,当当声②连续的铿锵声,丁丁当当声 [the clangor of church bells 丁丁当当的教堂钟声]

clank [klæŋk] n. 当啷声,铿锵声(较clang 声音略小) ‖ v. 发出当啷声,发出铿锵声

clannish ['klæniʃ] a.①氏族的,家族的,宗族的②宗派的,小集团的 [We objected to the club because its members were so clannish. 我们反对那家俱乐部,因为其成员太宗派化了。]

clansman ['klænzmən] n. 氏族(或部族,家族)的人/**clansmen** [复]

clap [klæp] v.①拍,轻拍②鼓掌,③用手掌轻拍 ["Good work!" he said, clapping me on the shoulder. "干得好!"他说着用手轻拍我的肩。]④猛推,迅速或有力地放置 [He was clapped into jail. 他被投入狱中。]‖ n.①霹雳声,破裂声 [a clap of thunder 雷鸣]②拍手(声)

clapboard ['klæp'bɔːd] n. 护墙板,隔板,楔形板

clapper [ˈklæpə] n. 拍手者;钟锤,铃舌

claret [ˈklærət] n. ①红葡萄酒,红酒②紫红色

clarify [ˈklærifai] v. ①澄清[strain the liquid to clarify it 过滤液体,使它澄清]②变得易懂[He clarified the problem by drawing a diagram. 他画了一幅图,使问题变得更易懂。]/**clarification** n.

clarinet [ˌklæriˈnet] n. [音]单簧管

clarion [ˈklæriən] a. 响亮清晰的[the clarion sounds of a trumpet 喇叭那响亮清晰的声音]

clarity [ˈklæriti] n. 清澈,透明,明晰

clash [klæʃ] n. ①(刀、剑等金属的)碰撞声②抵触,冲突,不调和 ‖ v. ①(使)碰撞作声[He clashed the cymbals together. 他使铙钹碰撞作声。]②(意见、利益、颜色等)抵触,不调和[They clashed in debate. 他们在辩论中出现了意见冲突。]

clasp [klɑːsp] n. ①扣子,钩子,扣紧物(如书夹等)②拥抱,抱紧③紧握 ‖ v. ①扣住,扣紧,钩住②拥抱,抱紧[The little girl fell asleep clasping her doll. 小女孩抱着玩具娃娃睡着了。]③紧握[I clasped his hand in greeting. 在相互问候时,我与他紧紧握手。]

class [klɑːs] n. ①种,类,门类;[生](动植物分类系)纲②班,课堂,节③同年入学同年毕业的一班学生,级[the class of 1966 1966 届毕业班]④等级,种类⑤[口]优越,出众 ‖ v. 把…分类,把…归入某类,某等级[My teacher classes me with his best students. 我的老师把我归入好学生这类。]

classic [ˈklæsik] a. ①最佳的,第一流的,具有公认的无可争议的价值和地位的②古代罗马及希腊文学、艺术之标准的③有古典艺术风格的④因历史悠久而著名的 ‖ n. ①杰作,名著,名曲②文豪,大艺术家③传统的著名的赛事/ **the classics** 古罗马或希腊的古典文学

classical [ˈklæsikəl] a. ①参见 classic ①、②、③条②古典的

classification [ˌklæsifiˈkeiʃən] n. 分类,分级,类别,等级

classify [ˈklæsifai] v. 把…分类,把…分等级[Plants and animals are classified into various orders, families, species etc. 植物和动物被分为各种各样的族、系、科等。]

classmate [ˈklɑːsmeit] n. 同班同学

classroom [ˈklɑːsruːm] n. 教室,课堂

clatter [ˈklætə] n. ①得得声,铿锵声,卡嗒声[the clatter of children running through the halls 孩子们跑过大厅的得得声]②喧嚷,骚动 ‖ v. 使得得地响,使卡嗒嗒地响

clause [klɔːz] n. ①[语]分句,从句②条款,款项

clavicle [ˈklævikl] n. [解]锁骨

claw [klɔː] n. ①(动物或鸟的)爪②有爪的脚(蟹、虾等的)钳,螯④似爪的工具 ‖ v. 用爪挖,用爪抓(揭、撕)

clay [klei] n. ①粘土,泥土②肉体,人体

clayey [ˈkleii] a. ①粘土的,粘土似的②内含或覆盖着粘土的

clean [kliːn] a. ①清洁的,干净的,无污垢的②纯洁的,不淫秽的③整齐的,光洁的④技术熟练的,干净利落的,巧妙的⑤清白的⑥彻底的,完全的 ‖ v. 把…弄干净,使净化/**clean out** ①清除 ②[口]一文不名/**clean up** ①清除,扫除,收拾整齐②[口]完成/**cleanness** n.

clean-cut [ˈkliːnˈkʌt] a. ①轮廓分明的,清楚的②整洁好看的,形态优美的

cleaner [ˈkliːnə] n. ①清洁工人,打扫清洁的人②清洁器,除垢剂

cleanly[1] [ˈkliːnə] a. 清洁的,一直保清洁的/**cleanliness** n.

cleanly[2] [ˈkliːnli] ad. 清洁地,干净地

cleanse [klenz] v. 使清洁,使纯洁,净化[to feel cleansed of sin 清除邪念,感到纯洁]

cleanser [ˈklenzə] n. 清洁剂

clear [kliə] a. ①[气]晴;碧空②清澈的,透明的,光亮的③无污垢的,无瑕的,无污点的,光滑的④清晰可闻的,嘹亮

的,清纯的[a clear tone 嘹亮的声音]⑤清楚的,分明的,条理清楚的[a clear mind 清楚的头脑]⑥(理解)清楚的,明确的⑦明白无疑的,显而易见的⑧完全的,十足的⑨整个的⑨无罪的,清白的,天真的⑩纯净的,纯洁的⑪畅通的,无阻的[a clear view 畅通无阻的视野 a clear passage 畅通的通道]‖ ad.①清楚地,清晰地[The bells rang out clear. 钟声清晰地响起。]②[口]一直,整整[We walked clear through the town. 我们一直步行穿过小镇。]‖ v.①变清澈,变清楚,变光滑[The sky cleared after the storm. 风暴后,天晴了。This salve will clear your skin. 这药膏能使你的皮肤变得光滑。]②扫除,清除,卸货[clear the trash from the basement 从地下室清除垃圾 They cleared the ship of cargo. 他们卸掉船上的货物。]③宣布⋯⋯无罪,开释[to clear a suspect of a crime 宣布嫌疑犯无罪]④穿过,越过[The horse leaped and cleared the fence by two feet. 马儿跳起,越过栅栏二尺。The tug barely cleared the bridge. 拖船几乎通不过桥。]⑤净得[He cleared $ 5 in that sale. 在那次大甩卖中,他净赚了5美元。]/**clear away**,**clear off** 清除,排除/**clear out**①把⋯⋯清出②[口]离开,走开/**clear up**①整理;(天气)放晴②解释[in the clear①不受到阻碍(或限制)②[口]无嫌疑,无罪/**clearly** ad./**clearness** n.

clearance [ˈkliərəns] n.①清除,清理,出空②[建]净空(如车辆通过隧道时两侧或上面所留下的空隙)

clear-cut [kliəˈkʌt] a.①轮廓清楚的②明确的,鲜明的

clearing [ˈkliəriŋ] n.(森林中的)空旷地

cleat [kliːt] n.①楔子,固着楔②[海]系索耳,系索栓,系索扣

cleavage [ˈkliːvidʒ] n.劈开,分裂;劈开处[the cleavage between North and South over slavery 北方和南方在奴隶制上的分裂]

cleave¹ [kliːv] v. 劈,劈开[The tree was cleft by lightning. 树被雷劈开了。]

cleave² [kliːv] v. 粘着,粘住[barnacles cleaving to a rock 藤壶附着在岩石上 to cleave to a belief 坚持信仰]

cleaver [ˈkliːvə] n. 屠夫的切肉刀

clef [klef] n. [音]谱号

cleft [kleft] cleave 的过去式和过去分词‖ a. 劈开的,裂开的‖ n. 裂缝,裂口[a cleft in the chin 下颏上的豁口]

clematis [ˈklemətis] n. [植]铁线莲,铁线莲

clemency [ˈklemənsi] n.①仁慈,宽厚②温暖,温和

clement [ˈklemənt] a.①仁慈的,宽厚的②温暖的,温和的

clench [klentʃ] v. ① 握紧,咬紧[to clench the teeth 咬紧牙关]②捏紧,抓牢‖ n. 握紧,捏紧

clergy [ˈkləːdʒi] n. 教士,牧师/**clergies** [复]

clergyman [ˈkləːdʒimən] n. 牧师,教士

cleric [ˈklerik] n. 牧师,教士

clerical [ˈklerikəl] a.①牧师的,教士的②办事员(式)的,办公室工作的

clerk [klɔːk,英 klɑːk] n.①职员,办事员,秘书等②店员,售货员

clever [ˈklevə] a.①聪明的,伶俐的②有技巧的③显示能力和技巧的/**cleverly** ad./**cleverness** n.

clew [kluː] n.①线团②线索③(船)横帆的一只下角的金属环(用来缚牢升起风帆和降落风帆的绳子)

cliche [kliːˈʃei] n. 陈词滥调,陈腐思想

click [klik] n.卡嗒一声‖ v.①发出卡嗒一声②[俚]成功,进行顺利

client [ˈklaiənt] n.①委托人,(律师的)当事人②顾客

clientele [ˌkliːɑːnˈteil] n. [集合名词]委托人,顾客

cliff [klif] n. 悬崖,峭壁

climactic [klaiˈmæktik] a. 顶点的,极点

的,高潮的/**climactically** ad.

climate ['klaimit] n. ①气候②地带〔They went south to a warmer climate. 他们向南走到了一处较温暖的地带〕③一般趋势,风气

climatic [klai'mætik] a. 气候的〔climatic conditions 气候条件〕/**climatically** ad.

climax ['klaimæks] n. (兴趣等的)顶点,极点,(小说,戏剧等的)高潮

climb [klaim] v. ①攀登,爬〔to climb the stairs 爬楼梯 to climb up or down a tree 爬上或下一棵树〕②逐渐上升,向上爬,爬升〔He climbed to power in ten years. 他在10年中攀到大权。The airplane climbed to 20,000 feet. 飞机爬升到2万英尺高。〕③(植物)攀缘向上,倾斜向上〔The ivy climbed the wall. 常春藤缘墙向上。〕‖ n. 攀登/**climber** n.

clinch [klintʃ] v. ①敲弯,钉住,钉牢②确定,决定〔The extra $100 clinched the deal. 额外的100美元确定了这项交易。〕③(摔跤时)扭住对手‖ n. 敲弯,钉牢/**clincher** n.

cling [kliŋ] v. 粘着,缠着〔The vine clings to the wall. 葡萄藤附着在墙上。〕

clinic ['klinik] n. ①会诊②诊所,门诊部③特殊病例的分析会议;讨论课〔a child guidance clinic 对儿童特殊病例的分析处理〕④临床(或临诊)讲授,临床(或临诊)课/**clinical**

clink [kliŋk] n. 丁当声‖ v. 丁当作响,使丁当作响

clinker ['kliŋkə] n. [冶] 渣块,渣滓,熔渣

clip[1] [klip] v. ①(用剪子等)剪,剪短〔to clip wool from a sheep 从羊身上剪羊毛〕②剪取(羊等的)毛,修剪〔We had our dog clipped. 狗的毛被剪掉了。〕③痛剪,猛击④[口] 疾飞而过〔The car clipped right along. 汽车疾驰而过。〕‖ n. ①剪,剪短,修剪②[口] 猛击③[口] 快速

clip[2] [klip] n. 夹,钳,回形针,钢夹子〔a pa-

per clip 纸夹子〕‖ v. 夹住,钳牢

clipper ['klipə] n. ①剪取者,剪削者〔常用复数〕(理发,修指甲等的)轧刀,大剪刀,钳子〔a barber's clippers 理发推子〕③快速帆船

clipping ['klipiŋ] n. ①剪下物〔a clipping from a plant 从植物上剪下来的(枝叶)〕②(报纸,杂志等的)剪辑,剪报

clique [kliːk] n. 派系,小集团

cloak [kləuk] n. ①斗篷,大氅②覆盖(物),隐蔽③掩饰‖ v. ①覆盖②隐藏,藏匿〔She cloaked her disappointment with gay talk. 她用快乐的交谈掩盖她的失望情绪。〕

cloakroom ['kləukrum] n. 衣帽间,寄物处

clobber ['kləbə] v. [俚] 不停地痛打,狠揍

clock[1] [klɔk] n. 时钟‖ v. 为(比赛等)记时,为(运动员)记秒数

clock[2] [klɔk] n. 袜子跟部(或旁边)织绣的花样

clockwise ['klɔkwaiz] ad. & a. 顺时针方向的(地)

clockwork ['klɔkwəːk] n. 时钟机构,类似时钟机构的装置/**like clockwork** 有规律地,自动地

clod [klɔd] n. ①土块,泥块②呆子,蠢人

clog [klɔg] n. ①阻碍行动的重物②木底鞋‖ v. ①阻碍,妨碍②阻塞,填塞〔Dirt clogged the drainpipe. 垃圾堵塞了排水管。〕

cloister ['klɔistə] n. ①修道院,修道院的生活②隐居地③回廊,走廊‖ v. 使居于修道院中,使与尘世隔绝/**cloistered** a.

close[1] [kləuz] a. ①近的,接近的,②紧密的,稠密的③紧贴的,齐根的〔a close shave 剃光的胡须〕④亲密的〔(关系)密切的⑤几乎相等的〔a close copy 几乎相同的复制品〕⑥仔细的,严密的,周密的⑦势均力敌的⑧小心保护的⑨秘密的,隐藏的,嘴紧的,沉默的⑩吝啬的,小气的⑪闷人的,不通风的‖ ad.

紧,接近,紧密地[Follow close behind. 紧跟在后。] ‖ n. 场地,院子/**closely** ad. /**closeness** n.

close² [kləuz] v. ①关,闭[to close the door 关门]②封闭[to close a hole 封闭一个洞]③终止,结束[to close a speech 结束讲话]④使靠拢,接近,会合[to close ranks 紧密团结] ‖ n. 结束,终止/**close down** 关闭,停止/**close in** 包围,封闭/**close out** 抛售/**close up** ①靠近,靠拢②关闭,停歇

closefisted ['kləuz'fistid] a. 吝啬的

close-mouthed [kləuz'mauθd] a. 嘴紧的

closet ['klɔzit] n. ①小房间,壁橱②私室,密室 ‖ v. 把…关在小室中,把…引进密室会谈[The chairman was closeted with his close advisers. 主席和他的贴身顾问们关在密室会谈。]

close-up ['kləuzʌp] n. 特写镜头

closure ['kləuʒə] n. (议会中的)终止辩论(以进行投票)

clot [klɔt] n. 凝块,块 ‖ v. (使)结团

cloth [klɔ(:)θ] n. ①(棉、羊毛、丝、麻等织的)布,毛料,丝绸,麻布②作某种特殊用途的一块布[a tablecloth 桌布 a wash-cloth 洗碟布]/**the cloth** 教士/**cloths** [复][klɔ(:)θ]布的种类;[复][klɔ(:)ðz]几块布

clothe [kləuð] v. ①给…穿衣②为…提供衣服[It costs much to clothe a large family. 要给一大家子买衣服,需要花很多钱。]③覆盖,披上[a hero clothed in glory 享有荣誉的英雄]

clothes [kləuðz] n. [复]①衣服,各种衣物②被褥

clothesline ['kləuðz,lain] n. 晒衣绳

clothespin ['kləuðzpin] n. 晒衣用的衣夹

clothier ['kləuðiə] 布商,服装商

clothing ['kləuðiŋ] n. [总称]衣服,被褥

cloud [klaud] n. ①云,云片②云状物③

飞过的一大群或一大队④朦胧的影影,(大理石等的)黑斑⑤引起不愉快或恐惧之事物[under a cloud of suspicion 在嫌疑的阴影下] ‖ v. ①使布满着云,云层密布[The sun is clouded over. 太阳被密布的云层挡住了。His reputation is clouded with gossip. 他的名誉遭到流言蜚语的诽谤。]②(脸色等)阴沉下来③扰弄得模糊不清,布满斑点/**in the clouds** 在云层中②虚无飘渺③空想,心不在焉

cloudburst ['klaudbə:st] n. 大暴雨

cloudless ['klaudlis] a. 无云的,晴朗的

cloudy ['klaudi] a. ①云的,云一般的;多云的;被云遮住的②(大理石等)有云纹的③模糊的,不明了的

clout [klaut] n. [口](用手的)一击 ‖ v. [口](用手)猛击

clove [kləuv] n. [植]丁香,丁香树

cloven ['kləuvn] cleave 的过去分词 ‖ a. 劈开的;分趾的,偶蹄的

clover ['kləuvə] n. [植]三叶草/**in clover** 生活优裕,养尊处优

cloverleaf ['kləuvəli:f] n. 苜蓿叶式(立体)交叉公路

clown [klaun] n. ①(马戏、喜剧等的)小丑,丑角②乡下佬,粗人/**clownish** a.

cloy [klɔi] v. 过饱,吃腻[Our appetites were cloyed with rich food. 因吃油腻食物过多而倒胃口。]

club [klʌb] n. ①棍棒(通常指一端较粗的)②球棒③(纸牌中的)梅花,(一张)梅花纸牌④俱乐部,夜总会,会,社⑤俱乐部(或夜总会)的会所 ‖ v. ①用棍棒打②凑集,聚集

clue [klu:] n. 线索,暗示

clump [klʌmp] n. ①丛,簇,群②(密密的)一团,一块 ③重踏的脚步声 ‖ v. 用沉重的脚步行走

clumsy ['klʌmzi] a. ①笨拙的,手脚不灵活的②制作粗陋的,愚笨的/**clumsily** ad. /**clumsiness** n.

cluster ['klʌstə] n. 一串,一束,一簇,一

群,一组‖ v. 群集,集成〔Pigeons clustered around her. 鸽子聚集在她周围。〕

clutch [klʌtʃ] v. 抓住,攥住2抓,攥〔to clutch at straws 抓救命稻草〕‖ n. ①抓住,攥住②[复]掌握,控制③离合器,离合器踏板,离合器杆

clutter ['klʌtə] n. 杂乱,零乱,乱七八糟‖ v. 乱糟糟地堆满,把…弄得杂乱

co- [前缀]①表示"共同的","一起的"②表示"相同的"

co, c. o. [缩] care o· 由…转交〔Send me the box c. o. my mother. 寄给我的盒子,由我妈妈转交。〕

coach [kəutʃ] n. ①四轮大马车,公共马车②(铁路上的)客车③公共汽车④辅导者,教练员,指导‖ v. 训练,指导,辅导〔Will you coach me for the test in French? 你可以辅导我的法语考试吗?〕

coachman ['kəutʃmən] n. 赶马车的人

coagulate [kəu'ægjuleit] v. 凝结,使合成一体/**coagulation** n.

coal [kəul] n. ①煤,煤块②木炭‖ v. ①上煤,加煤②把…烧成炭

coalesce [ˌkəuə'les] v. 接合,愈合,结合〔Several political groups coalesced in 1854 to form the Republican Party. 1854年几个政党携手联合成共和党。〕/**coalescence** n.

coalition [ˌkəuə'liʃən] n. 结合,联合,结合体,联盟

coarse [kɔːs] a. ①粗的,粗线条的②粗糙的③粗鲁的,粗暴的,粗俗的④粗劣的/**coarsely** ad. /**coarseness** n.

coarsen ['kɔːsn] v. 使变粗,变粗〔Outdoor life coarsened his skin. 野外生活使他的皮肤变粗了。〕

coast [kəust] n. ①海岸,海滨(地区)②适宜滑雪的山坡,滑行下坡‖ v. ①沿岸航行②滑行下坡③不用动力而向下滑行〔We ran out of gas but the car coasted to the gas station. 我们用完了汽油,但是却向下滑行到了加油站。〕

coastal ['kəustl] a. 海岸的,沿岸的

coaster ['kəustə] n. ①沿海航行者②沿海航船③滑坡的车(或橇)④(杯子、酒瓶等的)垫子,杯托

coast guard n. ①海岸警卫队②海岸警卫(或缉私救生)队员③Coast Guard [美]财政部下属)海岸缉私队

coat [kəut] n. ①外套,上衣②(动物的)皮毛,(植物的)表皮③(漆等的)涂层‖ v. 给…穿上外套;在…上涂〔The street is coated with ice. 街道上被冰覆盖。〕

coating ['kəutiŋ] n. ①涂层(a coating of enamel 搪瓷的涂层)②上衣衣料

coat of arms 盾形纹章,盾徽

coat of mail 铠甲

coax [kəuks] v. 用好话劝,哄(出),诱(出)〔He coaxed his parents to let him go swimming. 他哄父母让他去游泳。〕

coaxial cable [kəu'æksiəl] n. 同轴电缆,共轴电缆

cob [kɔb] n. ①玉米棒子②[动] 雄鸽③结实的矮脚马

cobalt ['kəubɔːlt] n. [化] 钴,钴类颜料

cobble ['kɔbl] v. 修,补

cobbler ['kɔblə] n. 补鞋匠,修鞋匠

cobblestone ['kɔblstəun] n. 圆石块,大鹅卵石

cobra ['kəubrə] n. [动] 眼镜蛇

cobweb ['kɔbweb] n. 蜘蛛网,蜘蛛网状的东西(指长年积累的陈腐物,杂乱困人的东西)

cocain(e) [kə'kein] n. 可卡因,古柯碱

coccus ['kɔkəs] n. [微] 球菌/**cocci** ['kɔkai] [复]

cock¹ [kɔk] n. ①雄禽,尤其指公鸡②(水管、煤气管等的)旋塞③(枪的)击铁‖ v. ①卷起,竖起〔He cocked his hat over his ear. 他把帽边卷到耳朵上。〕②使翘起,使竖起〔The dog cocked his ears. 狗竖起耳朵。〕③(板起击铁)准备击发

cock² [kɔk] n. (田中)锥形的小干草堆

cockade [kɔ'keid] n. 帽章,帽上的花结

cockatoo [ˌkɔkə'tuː] n. [动]白鹦

cockerel ['kɔkərəl] n. 小公鸡

cockeyed ['kɔkaid] a. ①斜眼的②
[俚]弯曲的,向一边歪斜的③[俚]荒诞
的,愚蠢的

cockhorse ['kɔkhɔːs] n. 木马

cockle ['kɔkl] n. [植]麦仙翁

cockney ['kɔkni] n. ①伦敦佬(尤指住
在英国伦敦东区的人),伦敦方言①伦敦
英语 ‖ a. 伦敦佬的,伦敦方言的

cockpit ['kɔkpit] n. 飞机座舱

cockroach ['kɔkrəutʃ] n. 蟑螂

cockscomb ['kɔkskəum] n. ①鸡冠②
鸡冠花

cocksure [kɔk'ʃuə] a. 过于自信的,十
分肯定的,自信过强的,骄横的

cocktail ['kɔkteil] n. ①鸡尾酒②西餐中
头道进食的开胃品(如茄汁等)

cocky ['kɔki] a. 骄傲自大的,趾高气扬
的/ **cockily** ad. / **cockiness** n.

coco ['kəukəu] n. ①[植]椰子树②椰子

cocoa ['kəukəu] n. 可可粉;可可茶;可可
树

coconut, cocoanut ['kəukənʌt] n. 椰
子

cocoon [kə'kuːn] n. 茧

cod [kɔd] n. [动]鳕鱼

coddle ['kɔdl] v. ①煮②悉心照料,娇
养,溺爱

code [kəud] n. ①法典,法规②规则,准
则③电码,代号,代码④密码 ‖ v. 把…译
成电码(密码)

codeine ['kəudiːn] n. [化]可待因(碱)

codger ['kɔdʒə] n. [口]怪僻的老人

codify ['kɔdifai] v. 编纂,整理/ **codifica-
tion** n.

codling moth ['kɔdliŋmɔθ] 苹果虫蛾

cod-liver oil ['kɔd'livəɔil] n. 鱼肝油

coed, co-ed ['kəu'ed] n. [美,俗](男
女同校的)女学生

coeducational [ˈkəuˌedju(ː)'keiʃ
(ə)l] a. 男女同校教育的

coerce [kəu'əːs] v. 强制,迫使[He was
coerced by threats into helping them. 他遭
恐吓而被迫帮助他们。]

coexist [ˌkəuig'zist] v. 同时存在,共存/
coexistence n.

coffee ['kɔfi] n. ①咖啡②咖啡豆,咖啡
树

coffee table n. 咖啡茶几

coffer ['kɔfə] n. ①保险箱②coffers [复]
资产,财源

coffin ['kɔfin] n. 棺材,柩

cog [kɔg] n. ①[机]嵌齿,(齿轮的)轮牙
②无足轻重的人

cogent ['kəudʒənt] a. 有说服力的,无法
反驳的/ **cogency** n. / **cogently** ad.

cogitate ['kɔdʒiteit] v. 慎重考虑,谋划/
cogitation n.

cognate ['kɔgneit] a. 同族的,同语族
的,同性质的

cognizance ['kɔgnizəns] n. 认识,认
知,观察,注意/ **take cognizance of** 认
识到,注意到/ **cognizant** a.

cohere [kəu'hiə] v. ①粘着,粘合②紧
凑,连贯,符合[The ideas in your report do
not cohere. 你的报告上的观点不够连
贯。]

coherent [kəu'hiərənt] a. ①粘着的,粘
附的②紧凑的,表达清楚的/ **coherence**
n. / **coherently** ad.

cohesion [kəu'hiːʒən] n. 粘着,粘合,内
聚力/ **cohesive** [kəu'hiːsiv] a.

cohort ['kəuhɔːt] n. ①(古罗马的)步兵
队②一队,一群,一帮③同伙,同谋者,追
随者

coiffure [kwɑ:'fjuə] n. 花边头饰

coil [kɔil] v. 卷,盘绕,把…卷成圈[The
sailors coiled the ropes on the deck of the
ship. 水手在甲板上把绳子卷起来。The
vine coiled around the tree. 葡萄藤盘绕在
树上。] ‖ n. ①线圈,线组②(一)卷,
(一)圈,弯绕,环绕[This spring has weak
coils. 这种弹簧有易弯的圈。]

coin [kɔin] n. ①具有一定价值的金属钱

C

币② 硬币 ‖ v.①铸造(硬币),把(金属)铸成硬币②创造,发明[The word "gas" was coined by a Belgian chemist in the 17th century. "gas"一词是在 17 世纪由比利时化学家造出来的。

coinage [ˈkɔinidʒ] n.①造币,铸币,造币权;创造②硬币,货币③新造的词语,新创造的字

coincide [ˌkəuinˈsaid] v.①一致的,相符合[If one circle fits exactly over another, they coincide. 如果两个圆恰好重合,那么它们就相一致。]②同时发生,占同一时期[Since our birthdays coincide, let's celebrate together. 由于我们的生日恰巧在同一天,咱们就一起庆祝吧。]③(意见等)一致,协调[Our interests do not coincide 我们的兴趣不一致。]

coincidence [kəuˈinsidəns] n.①巧合,巧合的事物②符合,一致

coincident [kəuˈinsidənt] a.①同时发生的,重合的②一致的,符合的

coincidental [kəuˌinsiˈdentl] a. 符合的,巧合的

coke [kəuk] n.焦,焦炭

colander [ˈkɔləndə] n.滤器,滤锅

cold [kəuld] a.①冷,寒冷②温度低的,温度明显低于惯常标准的③比寒冷的,感到冷的[If you are cold, put on your coat. 如果你感到冷,穿上大衣。]④冷淡的,不热情的⑤(颜色)使人有冷感的 ‖ n.①寒冷,低温度②伤风,感冒/catch cold 伤风,感冒/throw cold water on 对…泼冷水/coldly ad. /coldness n.

cold-blooded [ˈkəuldˈblʌdid] a.①冷血的②无情的,残酷的

cold cream 冷霜,润肤膏;雪花膏

cold-hearted [ˈkəuldˈhɑːtid] a. 冷淡的,无同情心的

cold sore (伤风时)嘴边的疱疹,唇疱疹

cold war 冷战

coleslaw, cole slaw [ˈkəulˈslɔː] 卷心菜色拉

colic [ˈkɔlik] n. 腹痛,绞痛,疝痛

coliseum [ˌkɔliˈsiəm] n. 公共娱乐场

collaborate [kəˈlæbəreit] v.①协作,合作[Charles and Mary Lamb collaborated in writing "Tales from Shakespeare". 查尔斯和玛丽·兰姆合著《莎士比亚故事》。]②与…勾结/collaboration n. /collaborator n.

collapse [kəˈlæps] v.①倒塌,崩溃,塌陷[The bridge collapsed when the flood water weakened its piers. 当洪水冲塌桥墩时,大桥塌陷了。]②病倒,颓丧,崩溃,瓦解[Our hope had collapsed. 我们的希望破灭了。The wounded soldier collapsed from loss of food. 伤员由于缺乏食物而健康衰退。]③折迭[A convertible automobile had a top that collapses. 敞篷汽车有可折迭的顶篷。] ‖ n. 倒塌,崩溃,衰弱/collapsible a.

collar [ˈkɔlə] n.①衣领,硬领②(狗等的)脖圈,颈圈③(马等的)轭④[机]环,轴环 ‖ v.①给…上领子,扭轭②扭住…的领口(或头颈)[The thief was collared as he left the store. 小偷被扭住了领口,离开商店。]

collarbone [ˈkɔləbəun] n. [解]锁骨

collateral [kɔˈlætərəl] a.①并行的,附属的,伴随的,第二位的②(指亲属)旁系的 ‖ n. 附属担保品

colleague [ˈkɔliːg] n. 同事,同僚

collect [kəˈlekt] v.①聚集,收集,堆积[Collect the rubbish and burn it. 把垃圾堆积到一起烧掉。Water collects around the drain in the sink. 水在阴沟的排水管周围聚集起来。]②搜集,收集[Paul began collecting stamps when he was ten. 保罗从 10 岁开始收集邮票。]③收款,收帐[The building manager collects the rent. 大厦管理员为业主收取租金。] ‖ a. & ad. 由收到者付款的(地),送到即付现款的(地)

collected [kəˈlektid] a.①收集成的②泰然自若的,镇定的

collection [kəˈlekʃən] n.①收集,收取

②收藏品，收集物③聚集在一起的东西
④募集的捐款

collective [kə'lektiv] a. ①共同的②集体的，集团的③集合的，聚集性的/**collectively** ad.

collector [kə'lektə] n. 收集人，收藏家，收集物

college [ˈkɔlidʒ] n. ①高等教育机关，学院(独立成为综合大学的一部分)②高等专科学校③学会，社团

collegian [kəˈliːdʒən] n. 高等学校学生，学院学生，刚从大学或专门学校毕业的学生

collegiate [kəˈliːdʒiit] a. 学院的，大学的，大学生的(collegiate life 大学生活)

collide [kəˈlaid] v. ①(车、船等)猛撞[The car collided with a train. 汽车与火车相撞。]②冲突，抵触[Our ideas collide on this matter. 在这件事上，我们的意见不一致。]

collie [ˈkɔli] n. (长毛)大牧羊犬

collier [ˈkɔliə] n. ①(煤矿)矿工②运煤船

colliery [ˈkɔljəri] n. 煤矿

collision [kəˈliʒən] n. ①(车、船等的)碰撞②(利益、意见等的)冲突

colloid [ˈkɔlɔid] n. 胶体，胶质/**colloidal** a.

colloquial [kəˈloukwiəl] a. 口语的，会话的，用通俗口语的/**colloquially** ad.

colloquialism [kəˈloukwiəlizəm] n. 口语，口语用法，方言

colloquy [ˈkɔləkwi] n. 正式谈话，会谈/**colloquies** [复]

collusion [kəˈljuːʒən] n. 共谋，勾结，串通

colon[1] [ˈkəulən] n. 冒号

colon[2] [ˈkəulən] n. [解] 结肠

colonel [ˈkəːnl] n. 陆军(或空军、海军陆战队)上校

colonial [kəˈləunjəl] a. ①殖民地的，关于殖民地的②(美国独立前)13 州时代的 ‖ n. 殖民地居民

colonist [ˈkɔlənist] n. ①殖民地开拓者②殖民地居民

colonize [ˈkɔlənaiz] v. ①开拓殖民地[Spain was the first nation to colonize the new world. 西班牙是第一个在新大陆开拓殖民地的国家。]②移民于殖民地/**colonization** n.

colonnade [ˌkɔləˈneid] n. [建] 柱廊

colony [ˈkɔləni] n. ①移民队，殖民团②聚居地③殖民地④(艺术家、外交家等的)一群，同类人的聚居地⑤(住在外国大都市一区域的)侨民，侨居地⑥[生] 群体，集群，菌落

color [ˈkʌlə] n. ①色彩②颜色，染料，颜料③[复]旗帜，绶带，徽章④外貌(表面)的真实性 ‖ v. ①给…着色，获得颜色，变色[Billy colored the drawings with crayons. 比利用蜡笔为图画着色。The fever colored her cheeks. 她因发烧而脸色发红。]②改变…的颜色，染色③渲染，掩饰[His opinions color his reports. 他的见解歪曲了报告。]/**call to the colors** 应征入伍/**show one's colors** 露出真面目，表明立场观点/**with flying colors** 出色地，成功地

coloration [ˌkʌləˈreiʃən] n. 着色法，色彩

color-blind [ˈkʌləblaind] a. 色盲的

colored [ˈkʌləd] a. ①有色的②有色人种的(尤指黑人的)

colorful [ˈkʌləful] a. ①颜色丰富的，多色的，艳丽的[colorful wallpaper 颜色丰富的壁纸]②丰富多彩的，吸引人的，生动的

coloring [ˈkʌləriŋ] n. ①着色(法)②颜料，染料③色彩，色调

colorless [ˈkʌləlis] a. ①无色的②无趣味的，不生动的，无特色的

colossal [kəˈlɔsl] a. 庞大的，巨大的/**colossally** ad.

colt [kəult] n. 小马(尤指小雄马)，驹子

column [ˈkɔləm] n. ①柱，石柱，圆柱②柱状物③书页上狭长的直栏，栏④(报刊

中的)专栏⑤[军]纵队,小分队

columnist [ˈkɔləmnist] n. 报刊专栏作者

com- [前缀] 表示"与""合""共""全"

coma [ˈkəumə] n. [医]昏迷,麻木,惰意

comb [kəum] n. ①梳子②马梳③[动]肉冠,鸡冠状的东西④[动]蜂房 ‖ v. ①梳(发),用马梳梳毛②彻底搜查某处 [We've combed the house for that book. 我们已搜查过这房子,找那本书。]

combat [ˈkɔmbæt] v. 跟……战斗,反对 [Sir Galahed rode out to combat the dragon. 加兰海德爵士策马与龙战斗。] ‖ n. ①战斗,格斗②斗争,冲突

combatant [ˈkɔmbətənt, ˈkɔmbətənt] n. 战士,斗士 ‖ a. 战斗者,战斗员

combative [ˈkɔmbətiv, ˈkɔmbætiv] a. 好斗的

comber [ˈkəumə] n. ①梳刷者,梳刷机②卷浪

combination [ˌkɔmbiˈneiʃən] n. ①结合,联合,合并②结合体,联合体③结合在一起的若干人或物,团体④字码(或号码)锁

combine [kəmˈbain] v. (使)结合,(使)联合 [to combine work with pleasure 把工作和乐趣结合起来 to combine chemical elements 把化学元素化合] ‖ n. [ˈkɔmbain] ①联合收割机②[ˈkɔmbain, kəmˈbain] [口] (为某种目的而联合的)集团

combustible [kəmˈbʌstəbl] a. ①易燃的,可燃的②易于激动的

combustion [kəmˈbʌstʃən] n. 燃烧

come [kʌm] v. ①来,来临 [Come to me. 上我这儿来。 Will you come to our party? 你能光临我们的晚会吗?] ②来到,到达,出现 [Help will come soon. 救援马上就到。] ③按一定的顺序出现 [After 9 comes 10. 9 之后是 10。] ④来(自);出生(于) [He comes from a large family. 他来自于一个大家庭。] ⑤产生 [Poor grades may come from lack of study. 低分数是由于缺

乏学习导致的。] ⑥成为,变成 [My shoes came loose. 我的鞋变松了。] ⑦(货物等)被供应 [The dress comes in four colors. 这种连衣裙有四种颜色供应。] ⑧总计,共计达到,等于 [Your grocery bill comes to $ 10. 你的食品帐单共计达 10 美元。] ‖ int. (表示不耐烦、生气、猜测等)喂!嗨!得啦![Come, Come! You can't play ball in here! 喂,你们不能在这儿玩球!] /come about 发生/come across,come upon 偶然遇见,偶然发现/come at 攻击,击打/come back 回来/come between 离间,使分开 [Don't let a little quarrel come between us. 不要让吵嘴破坏我们的感情。] /come by 得到,获得 [This rare stamp is hard to come by. 这枚珍贵的邮票很难获得。] /come into ①进入②得到,继承 [He came into a fortune. 他继承了一笔财产。] /come off ①(从…)离开②进行,举行 [The whole affair came off badly. 整个事情进行得很糟。] /come out ①传出,被获知;(本性、秘密等)露出 [Your secret will come out. 你的秘密将会被传出来。] ②被刊行,被出版 [This book came out last month. 这本书上个月出版了。] ③结束,告终/come over 发生 [What's come over you? 你出什么事了?] /come to 苏醒,复苏,恢复生机/come up 被提出/come up to 达到,符合/how come? [口] 为什么?

comedian [kəˈmiːdjən] n. 喜剧演员,丑角式人物

comedienne [kəˌmediˈen] n. 女喜剧演员

comedy [ˈkɔmidi] n. ①喜剧,喜剧作品②喜剧性事件,喜剧场面

comely [ˈkʌmli] a. 标致的,秀丽的/comeliness n.

comer [ˈkʌmə] n. 来者,前来(申请参加)的人

comet [ˈkɔmit] n. [天]彗星

comfit [ˈkʌmfit] n. 糖果,蜜饯

comfort [ˈkʌmfət] v. 安慰,使舒适 [How can we comfort the boy who lost his dog?

我们怎样安慰那个丢狗的男孩?〕‖ n. ①安慰②安慰者,给予安慰的东西③舒适,安逸

comfortable ['kʌmfətəbl] a. 无痛苦的,惬意的,轻松自在的〔a comfortable pair of shoes 一双舒适的鞋子〕②舒适的,安逸的〔Are you comfortable in that chair? 你坐在那张椅子上感到舒适吗?〕/**comfortably** ad.

comforter ['kʌmfətə] n. ①安慰者②盖被;棉被;尼龙被

comic ['kɔmik] a. 喜剧的,滑稽的,好笑的‖ n. ①喜剧演员②〔复〕(报刊上的)连环漫画

comical ['kɔmikəl] a. 好笑的,滑稽的

comic book 连环漫画小册子

comic strip (报刊上的)连环漫画

coming ['kʌmiŋ] a. 正在来到的,即将来到的‖ n. 来到,到来

comma ['kɔmə] n. 逗号

command [kə'mɑ:nd] v. ①指挥,统帅,命令〔I command you to halt! 我命令你立定。〕②控制,对…有支配权,拥有…〔Captain Stone commands company B. 斯通上尉控制 B 公司。〕③应得,博得〔His wisdom commands our respect. 他的睿智博得了我们的尊重。〕‖ n. ①命令,口令②统帅(地位);指挥(权);控制③军区,防御区,部队

commandant [,kɔmən'dænt] n. 指挥官,司令

commandeer [,kɔmən'diə] v. 征用,强征…入伍〔The army commandeered the school for use as a hospital. 军队征用学校作为医院。〕

commander [kə'mɑ:ndə] n. ①指挥员(官),司令员(官)②海军中校

commander in chief 总司令/**commanders in chief**〔复〕

commanding [kə'mɑ:ndiŋ] a. ①指挥的,统率的②威严的

commandment [kə'mɑ:ndmənt] n. 戒律/**Ten Commandments**〔基督教〕十

诫

commando [kə'mɑ:dəu] n. 突击队,突击队员/**commando(e)s**〔复〕

commemorate [kə'meməreit] v. 纪念〔The Washington Monument commemorates our first President. 华盛顿纪念碑纪念我们的第一位总统。〕

commemoration [kə,memə'reiʃən] n. ①纪念②纪念会,纪念仪式,纪念物/**in commemoration of** 纪念

commence [kə'mens] v. 开始,(正式)倡导

commencement [kə'mensmənt] n. ①开始,开端②学位授与典礼(日),毕业典礼(日)

commend [kə'mend] v. ①称赞,表扬,嘉奖〔The general commended the troops for their bravery. 将军称赞军队的勇敢表现。〕②把…交托给/**commendation** [,kɔmen'deiʃən] n.

commendable [kə'mendəbl] a. 值得称赞的,值得表扬的

commensurate [kə'menʃərit] a. ①同量的,同大的②相称的,相当的

comment ['kɔment] n. ①注释,评注②评论,品头论足‖ v. 注释,评论〔The doctor could not comment on his patient's illness. 医生不能评论患者的病情。〕

commentary ['kɔməntəri] n. ①注解(本),评注②评论

commentator ['kɔmenteitə] n. ①评论员,注释者②实况广播员

commerce ['kɔmə(:)s] n. 商业,贸易

commercial [kə'mə:ʃəl] a. ①商业的,商业上的,商务的②商业化的,以获利为目的‖ n. 电台(电视)广告/**commercially** ad.

commercialize [kə'mə:ʃəlaiz] v. 使商业化,使商品化〔Radio and television in the U. S are largely commercialized. 在美国,广播和电视都被大大地商业化了。〕

commingle [kɔ'miŋgl] v. 混和,搀和

commiserate [kə'mizəreit] v. 怜悯,同

情 [His friend commiserated with him on his loss. 他的朋友们都同情他的失败。] / **commiseration** n.

commissariat [ˌkɔmi'seəriət] n. 军粮部门,军粮供应

commissary ['kɔmisəri] n. [军] 粮库,补给库 / **commissaries** [复]

commission [kə'miʃən] n. ①委托状,[军] 任职令,授衔令②委托,委任;代办(权),代理(权)③委员会④犯(罪)⑤佣金 ‖ v. ①委任,任命 [Generals, colonels, majors, captains and lieutenants are called commissioned officers. 陆军上将、上校、少校、上尉和中尉都被称为受委任的军官。]②委托③把(船、舰等)编入现役 / **in commission** ①现役中②可使用 / **out of commission** ①退出现役②不能使用,破损

commissioner [kə'miʃənə] n. ①委员②地方长官,高级代表

commit [kə'mit] v. ①把…委托给,把…提交给 [to commit a patient to a mental hospital 把患者交往精神病院] ②犯(错误,罪行),干(坏事、傻事) [to commit a crime 犯罪 to commit suicide 自杀] ③使承担义务,约束,承诺,使自己负有责任 [If you join that book club, you commit yourself to buying six books. 如果你加入那个读书俱乐部,你就要承诺买 6 本书。] / **commit to memory** 把某事记住

commitment [kə'mitmənt] n. ①交托(看管或保管),提交②承担义务,承诺,约束

committee [kə'miti] n. 委员会

commode [kə'məud] n. ①小衣橱,五斗橱②洗脸台③便桶

commodious [kə'məudjəs] a. 宽敞的,有充分空间的

commodity [kə'mɔditi] n. 用品,(尤指)商品 / **commodities** [复]

commodore [kə'mɔdɔ:] n. ①海军上将②游船俱乐部的主席

common ['kɔmən] a. ①共有的,共用

的②公共的③共同的④普遍的,常见的,常常发生的,处处可见的⑤普通的,一般的⑥无军衔的⑦粗俗的,低劣的 ‖ n. **commons** [复] 平民;老百姓;庶民 / **in common** 共用,公有,共同 / **commonness** n.

commoner ['kɔmənə] n. 平民

commonly ['kɔmənli] ad. 通常地,平常地

commonplace ['kɔmənpleis] a. 平凡的,普通的 ‖ n. 平凡的事物

commonsense ['kɔmənsens] a. 有常识的;明明白白的,一望而知的

common sense 常识

commonweal ['kɔmənwi:l] n. 公益,公共福利

commonwealth ['kɔmənwelθ] n. ①全体国民②共和国,民主国③美国的任何一州

commotion [kə'məuʃən] n. 混乱,动乱,骚动

communal ['kɔmjunl] a. 公社的,公共的

commune ['kɔmju:n] v. 亲密地交谈,谈心 [It was thought that witches communed with the devil. 那被认为是巫师与魔鬼亲密地交谈。]

communicable [kə'mju:nikəbl] a. 可以传授的,传染性的

communicant [kə'mju:nikənt] n. ①[宗] 接受圣餐的人②传达消息的人,报道情况的人

communicate [kə'mju:nikeit] v. ①通信,传送,传达 [Copper wire can communicate electricity. 铜线导电。]②交换,交流,交往 [to communicate by telephone 通电话] ③(房间、道路等)互通 [The living room communicates with the dining room. 起居室与饭厅互通。]

communication [kə,mju:ni'keiʃən] n. ①通讯,通信,传达,传染②交通,交通工具③传达的信息,信

communicative [kə'mju:nikətiv,

kə'mjuːnikeitiv] a. 爱说话的，爱传话的

communion [kə'mjuːnjən] n. ①共享，共有②思想、感情等的交流③Communion [宗]圣餐

communique [kə'mjuːnikei] n. 公报

communism ['kɔmjunizəm] n. ①共产制度② Communism 共产主义运动

communist ['kɔmjunist] n. ①共产主义者②Communist 共产党员

community [kə'mjuːniti] n. ①同一地区的全体居民，公众②团体，社会③共有，共同性，一致/**communities** [复]

commutation [ˌkɔmjuː(ː)'teiʃən] n. ①交换，代偿②(持有长期车票在两地间的)经常来往，通勤③减刑

commute [kə'mjuːt] v. ①购买和使用长期车票经常来往，通勤②减轻(刑罚等) [to commute a prisoner's sentence from five to three years 把罪犯的服刑年限由 5 年减到 3 年]

commuter [kə'mjuːtə] n. 长期车票使用者，经常来往于某两地间的人，通勤者

compact [kəm'pækt, 'kɔmpækt] a. ①坚实的，结实的②紧密的③(文体)简洁的，紧凑的 ‖ n. ['kɔmpækt]①连镜小粉盒②契约，合同

companion [kəm'pænjən] n. ①同伴，同事，同(乐的人②成对物之一

companionable [kəm'pænjənəbl] a. 好交友的，表示友好的

companionship [kəm'pænjənʃip] n. 伴侣关系；友谊，同伴

company ['kʌmpəni] n. ①一群，一队，公司②[军] 连；连队③伴随，陪伴，与他人在一起④同伴，朋友⑤[口] 客人/**keep company with** 交好，和…亲热②陪伴某人，陪某人同走[I'll stay at home to keep you company. 我在家陪你。]/**companies**[复]

comparable ['kɔmpərəbl] a. ①类似的，②可比较的，比得上的/**comparably** ad.

comparative [kəm'pærətiv] a. ①比较

的，比较上的②比较而言的，相当的③[语]比较级的 ‖ n. 比较级/**comparatively** ad.

compare [kəm'pɛə] v. ①比喻，比作[He compared the sound of thunder to the roll of drums. 他把雷声比作击鼓声。]②比较，对照[Let's compare our report cards. 让我们比较一下记录卡。]③比得上，相比[Few dogs can compare with the Great Dane in size. 几乎没有什么狗能比得上丹麦种大狗的个头。]④把(形容词或副词)变成比较级(或最高级)/**beyond compare** 无与伦比

comparison [kəm'pærisn] n. ①比较，对照②比喻，相似③(形容词或副词的)各比较等级/**in comparison with** 与…比较

compartment [kəm'pɑːtmənt] n. 分隔空间，分隔间；火车包间

compass ['kʌmpəs] n. ①罗盘，指南针②[复]圆规③界限④范围 ‖ v. ①围绕…而行，包围②达到(目的)，获得③了解，领会

compassion [kəm'pæʃən] n. 同情，怜悯

compassionate [kəm'pæʃənit] a. 有同情心的，怜悯的/**compassionately** ad.

compatible [kəm'pætəbl] a. 可和谐共存的，适利的，一致的/**compatibility** n. / **compatibly** ad.

compatriot [kəm'pætriət] n. 同国人，同胞

compeer [kɔm'piə] n. ①地位(或年龄等)相同的人②同伴，伙伴

compel [kəm'pel] v. 强迫，迫使屈服[The Governor compelled William Tell to shoot the apple off his son's head. 总督强迫威廉泰尔把苹果从他儿子的头上射下来。]

compensate ['kɔmpenseit] v. 补偿，赔偿，酬报[He worked late to compensate for time off. 他为补偿失去的时间而工作得很晚。]

C

compensation [ˌkɔmpenˈseiʃən] n. ① 补偿行为,补偿,补偿,酬报 ② 补偿物,赔偿费 [He will receive a pension as compensation for his injury. 他将因被伤害而得到一笔抚恤金做为补偿。]

compete [kəmˈpiːt] v. 比赛,竞争,对抗 [Two hundred students competed for the scholarship. 有 200 名学生竞争奖学金。]

competence [ˈkɔmpitəns], **competency** [ˈkɔmpitənsi] n. 能力,胜任

competent [ˈkɔmpitənt] a. 有能力的,能胜任的/**competently** ad.

competition [ˌkɔmpiˈtiʃən] n. 比赛,竞争

competitive [kəmˈpetitiv] a. 竞争的,比赛的/**competitively** ad.

competitor [kəmˈpetitə] n. 竞争者,比赛者,敌手

compilation [ˌkɔmpiˈleiʃən] n. 编辑,汇编;编辑物

compile [kəmˈpail] v. 编辑,编集,汇编 [He compiled a book of rules for games. 他编辑了一本有关于球类运动规则的书。]/**compiler** n.

complacent [kəmˈpleisnt] a. 自满的,自鸣得意的/**complacency**, **complacence** n.

complain [kəmˈplein] v. ① 抱怨,叫屈,诉苦;抗议 [Mother is always complaining about our lack of neatness. 妈妈总抱怨我们不整洁。] ② 申诉,控告 [We complained to the police about the noise. 我们向警察申诉噪声问题。]

complainant [kəmˈpleinənt] n. 控诉人,原告

complaint [kəmˈpleint] n. ① 抱怨,叫屈,诉讼 ② 抱怨(或痛苦)的缘由 ③ 疾病

complaisant [kəmˈpleizənt] a. 殷勤的,恳切的,讨好的/**complaisance** n.

complement [ˈkɔmplimənt] n. ① 补足物 ② 船上的定员,舰员人数 ③ [语] 补(足)语 ‖ v. [ˌkɔmpliˈment] 补充,补足 [A bright scarf would complement your black

dress. 一条亮丽的头巾会使你的黑色连衣裙增色不少。]

complementary [ˌkɔmpliˈmentəri] a. 补足的,补充的,互补的

complete [kəmˈpliːt] a. ① 完整的,完全的 [a complete deck of cards 一副完整的纸牌] ② 完的,结束的 ③ 圆满的,十足的 ‖ v. 完成,结束,使完满 [When will the new road be completed? 新路什么时候能完工?]/**completely** ad.

completion [kəmˈpliːʃən] n. 完成,结束

complex [ˈkɔmpleks] a. 合成的,复杂的,综合的 ‖ n. ① 合成物,复杂的事物 [Inside the radio there was a complex of wires. 在收音机里面有复杂的金属线。] ② (不正常的)心理状态

complexion [kəmˈplekʃən] n. ① 肤色 (尤指面部肤色) ② 情况,外观,局面

complexity [kəmˈpleksiti] n. ① 复杂(性) ② 复杂的事物/**complexities** [复]

complex sentence 复合句

compliance [kəmˈplaiəns] n. ① 依从,顺从,听从 ② 屈从,卑屈/**in compliance with** 依从,按照/**comliant** a.

complicate [ˈkɔmplikeit] v. 使复杂,使麻烦 [Heavy debts have complicated his life. 沉重的债务使他的生活复杂化了。]

complicated [ˈkɔmplikeitid] a. 复杂的,难懂的

complication [ˌkɔmpliˈkeiʃən] n. ① 复杂,混乱,纠纷 ② 复杂的情况,增加新困难的事物

complicity [kəmˈplisiti] n. 同谋关系,共犯关系 [complicity in a crime 共谋犯罪]

compliment [ˈkɔmplimənt] n. ① 赞美的话,称赞,恭维 ② 赞美的行为,恭维的行为 ③ [复] 问候,道贺,贺词 ‖ v. [ˌkɔmpliˈment] 赞美,向…致意,祝贺 [We complimented the actors on their successful performance. 我们祝贺演员们的演出成功。]

complimentary [ˌkɔmpliˈmentəri] a. ① 赞美的,表敬意的,问候的 ② 免费赠送

的

comply [kəm'plai] v. 照做，依从，服从〔He wouldn't comply with the rules of the game. 他不遵守比赛规则。〕

component [kəm'pəunənt] n. 组成部分，成分 ‖ a. 组成的，合成的

comport [kəm'pɔːt] v. ①举动，表现〔He comported himself properly. 他举止得体。〕②（举动、行为等）适合，一致〔His comic remarks did not comport with the seriousness of the matter. 他的幽默话语与事件的严肃性不相符合。〕

compose [kəm'pəuz] v. ①组成〔Mortar is composed of lime, sand and water. 灰泥由石灰、沙子和水组成。〕②按一定的顺序构成〔The figures in this painting are well composed. 这幅画人物安排得井然有序。〕③创作，作曲〔to compose a song or poem 创作乐曲或诗歌〕④调停〔to compose a quarrel 调停纠纷〕⑤使安定，平静〔Try to compose yourself before you speak. 在说话之前，试着让自己平静下来。〕⑥〔印〕排字，排版

composed [kəm'pəuzd] a. 镇静自若的

composer [kəm'pəuzə] n. 作曲者，创作者

composite ['kɔmpəzit] a. ①合成的，混成的，复合的②〔植〕菊科的 ‖ n. 合成物，混和物

composition [ˌkɔmpə'ziʃən] n. ①合成的（形式、行动等）②作品，作文，乐曲③成分，构成，组成④合成物，混和物

compost ['kɔmpɔst] n. 堆肥，混和肥料

composur[kəm'pəuʒə] n. 镇静，沉着

compound ['kɔmpaund] n. ①混和物，合成物②〔化〕化合物 ‖ a. 复合的，合成的 ‖ v.〔kɔm'paund〕使复合，使混和，使化合，使合成〔to compound a medical prescription 开药方〕

compound sentence 复合句

comprehend [ˌkɔmpri'hend] v. ①了解，领会〔I cannot comprehend this book. 我不能理解这本书。〕②包含，包括

comprehensible [ˌkɔmpri'hensəbl] a. 能理解的；易理解的

comprehension [ˌkɔmpri'henʃən] n. 理解，理解力

comprehensive [ˌkɔmpri'hensiv] a. ①包含内容多的，综合的②理解的，有理解力的/**comprehensively** ad.

compress [kəm'pres] v. 压缩，浓缩〔The air in a tire is compressed. 轮胎里的空气是被压缩的。〕‖ n.〔'kɔmpres〕（止血、消炎用的）敷布；压布/**compression** [kəm'preʃən] n. /**compressor** n. 压缩机

comprise [kəm'praiz] v. 包含，由…组成〔His library comprises 2,000 books. 他的图书馆有 2000 本藏书。〕

compromise ['kɔmprəmaiz] n. 妥协，和解 ‖ v. ①妥协，让步，互相解决（分歧，争端等）〔The boys compromised by taking turns on the bicycle. 男孩子们以轮换着骑自行车的方法来解决争执。〕②危及，使遭致损害〔Do not compromise your reputation by cheating. 不要因为欺骗而损害自己的名誉。〕

compulsion [kəm'pʌlʃən] n. 强制，强迫/**compulsive** a.

compulsory [kəm'pʌlsəri] a. 强迫的，强制的，义务的

compunction [kəm'pʌŋkʃən] n. 内疚，后悔，懊悔

compute [kəm'pjuːt] v. 计算，估计〔to compute the tax 计算税款〕/**computation** [ˌkɔmpju(ː)'teiʃən] n.

computer [kəm'pjuːtə] n. ①计算者②计算机，电脑

computerize [kəm'pjuːtəraiz] v. 给…装备电子计算机；用计算机计算〔a bank's computerized accounting system 用电子计算机计算的银行账目系统〕

comrade ['kɔmrid] n. 同志，亲密的同伴，朋友/**comradeship** n.

con¹ [kɔn] ad. 从反面 ‖ n. 反对的论点；反对票；投反对票者

con² [kɔn] v. 研究，精读

con- [前缀]同 com-(用在一些辅音之前)

concave ['kɔn'keiv] a. 凹的,凹面的/ **concavely** ad. / **concavity** [kɔn'kæviti] n.

conceal [kən'si:l] v. 把…隐藏起来,隐藏,隐瞒 [She concealed her amusement. 她隐瞒了她的消遣活动。The robber concealed his gun. 盗贼隐藏起他的枪。]

concealment [kən'si:lmənt] n. ①隐藏,隐蔽②隐蔽处

concede [kən'si:d] v. ①承认 [He will not concede that he has failed. 他决不认可他已失败了。]②给与,让与 [We concede you the victory. 我们把胜利让给你。]

conceit [kən'si:t] n. 自负,自高自大,骄傲,自满 [A pretty woman's conceit can make her unattractive. 一位骄傲自满的漂亮女人会使其失去应有的吸引力。]/ **conceited** a.

conceivable [kən'si:vəbl] a. 可想像的,想得到的 [He had no conceivable reason for lying. 他没有令人信服的理由要撒谎。]/ **conceivably** ad.

conceive [kən'si:v] v. ①构想出(主意、计划等),想像,设想 [I have conceived a plan for making a fortune. 我已构想出一个发财的计划。]②明白,理解 [It is difficult to conceive how this motor works. 弄懂这台发动机怎样工作是挺困难的。]③怀孕

concentrate ['kɔnsentreit] v. ①集中,全神贯注 [I must concentrate on this problem. 我必须倾全力于这个难题。]②集中于一点 [The troops are concentrated at the border. 军队集结在边境地区。]③浓缩 [You can concentrate the jam by boiling off some of the water. 你可以用气化沸水的方法来浓缩果酱。] ‖ n. 浓缩物

concentration [,kɔnsen'treiʃən] n. ①集中②专心③浓缩,浓度

concentration camp 集中营

concentric [kɔn'sentrik] a. 同心的,同轴的 [concentric circles 同心圆]

concept ['kɔnsept] n. 概念,观念,思想

conception [kən'sepʃən] n. ①概念的形成,思想的构成②概念,观念,想法③开始怀孕

concern [kən'sə:n] v. ①涉及,对…有关系 [This matter concerns all of us. 这件事涉及到我们大家。]②使担心,使关心 [Don't let the loss of a game concern you. 不要让一场竞赛的失利使你担心。] ‖ n. ①(利害)关系,所关心的事②关心,忧虑,挂念③[经]康采恩,商行,企业/ **as concerns** 关于

concerned [kən'sə:nd] a. ①关切的②担心的,忧虑的

concerning [kən'sə:niŋ] prep. 关于

concert ['kɔnsət] n. 音乐会,演奏会/ **in concert** 一致,一齐

concerted [kən'sə:tid] a. 商定的,一致的

concertina [,kɔnsə'ti:nə] n. 六角手风琴

concerto [kən'tʃə:təu] n. 协奏曲/ **conecertos, concerti** [kən'tʃə:ti] [复]

concession [kən'seʃən] n. ①(退一步)承认,让步②让步的事,退让的东西③(政府、公司给予的)特许,特许权

conch [kɔŋk] n. ①海螺②海螺的贝壳

conciliate [kən'silieit] v. 赢得…的好感,使(某人)友好 [Traders conciliated the Indians with gifts of beads. 商人们用珠宝礼物赢得印第安人的欢心。]

conciliatory [kən'siliətəri] a. 抚慰的,调和的 [a conciliatory act 抚慰的行为]

concise [kən'sais] a. 简明的,简洁的,简要的/ **concisely** ad. / **conciseness** n.

conclave ['kɔnkleiv] n. 秘密会议

conclude [kən'klu:d] v. ①结束②决定,安排 [to conclude an agreement 达成协定]③断定,决定 [I concluded that he was right. 我断定他是对的。]

conclusion [kən'klu:ʒən] n. ①结尾,结局,结束②结论,推断③缔结,议定/ **in conclusion** 最后,在结束时

conclusive [kən'kluːsiv] a. 令人确信的, 确定的/**conclusively** ad.

concoct [kən'kɔkt] v. 编造, 策划 [to concoct a new recipe 编制配方 to concoct an excuse 编造借口]

concoction [kən'kɔkʃən] n. ①编制, 策划, 阴谋②调制品, 混合物, 配合, 调制

concomitant [kən'kɔmitənt] a. 相伴的, 伴随的 ‖ n. 相伴物, 伴随的情况

concord [ˈkɔŋkɔːd] n. 和谐, 一致, 协调/协定, 协约

concordance [kən'kɔːdəns] n. 和谐, 一致, 协调②词语索引

concourse [ˈkɔŋkɔːs] n. ①汇合, 合流②群集③群集场所(火车站的大厅)③宽阔的马路, 空地

concrete [ˈkɔŋkriːt], [ˈkɔŋkriːt] n. 混凝土, 三合土 ‖ a. ①实物的, 具体存在的, 有形的②混凝土制的, 混凝土制的

concubine [ˈkɔŋkjubain] n. 姘妇; 妾

concur [kən'kəː] v. ①同意, 一致, 赞成 [Dr. Smith concurred in Dr. Black's diagnosis. 史密斯医生同意布莱克医生的诊断。]②同时发生 [Several events concurred to cause this result. 几种情况凑合在一起产生了这个结果。]

concurrence [kən'kʌrəns] n. ①同意, 一致②同时发生, 凑合, 协力

concurrent [kən'kʌrənt] a. ①同时发生的, 共存的, 并存的②同意的, 一致的

concussion [kən'kʌʃən] n. ①震动, 震荡, 冲击②(对脑部的)伤害, 脑震荡; (由打击或摔跌所造成的)剧烈震荡

condemn [kən'dem] v. ①谴责 [Our teachers condemn comic books about crime. 我们的老师谴责连环漫画中有关犯罪的内容。]②宣告(某人)有罪 [A jury tried and condemned him. 陪审团审判宣布他有罪。]③判罪, 处刑 [The judge condemned him to life imprisonment. 法官判他无期徒刑。]④宣告没收充公 [The land was condemned for use as an army base. 土地被没收用于军事基地。]⑤

宣告…不适用 [The old school was condemned for lack of fire escapes. 因没有安全出口宣告这所学校不适用。]/ **condemnation** [ˌkɔndem'neiʃən] n.

condensation [ˌkɔnden'seiʃən] n. ①冷凝, 凝集缩合②压缩, 节缩的东西

condense [kən'dens] v. ①凝缩, 凝结, 缩合, 浓缩 [Milk is condensed by evaporation. 蒸发可使牛奶。]②缩短(文章); 作简要的叙述 [The author condensed his book into a magazine article. 作者把他的书缩短为杂志的一篇文章。]

condenser [kən'densə] n. ①冷凝器, 凝结器②聚光器, 电容器

condescend [ˌkɔndi'send] v. ①带着优越感表示关心, 以恩赐的态度相待 [The actor condescend to sign just a few autographs. 这位演员以恩赐的态度只签了几个名。]②屈身, 屈尊, 降低身分 [The judge condescended to join in the game. 法官屈尊参加了这场游戏。]/**condescension** [ˌkɔndi'senʃən] n.

condiment [ˈkɔdimənt] n. 调味品

condition [kən'diʃən] n. ①人或事物的状况, 状态②健康状况良好③地位, 身分④条件 ‖ v. ①使达到适合的情况 [Spring training helps to condition baseball players. 春训使棒球队员处于良好的状态。]②形成习惯 [Our dog is conditioned to bark at strangers. 我们的狗养成了对陌生人狂叫的习惯。]③决定为…的条件 [the things that condition our happiness 决定我们幸福的事情]

conditional [kən'diʃənl] a. ①依赖条件的②有条件的/**conditionally** ad.

condole [kən'dəul] v. 表示同情 [Her friends came to condole with her in mourning. 她的朋友前来吊唁。]

condolence [kən'dəuləns] n. 慰问, 吊唁, 吊慰

condone [kən'dəun] v. 宽恕, 原谅 [Many mothers condone the mistakes of their own children. 很多母亲原谅自己孩子的过错。]

condor ['kɔndɔ:] n. 神鹰,秃鹰

conduce [kən'dju:s] v. 有助于,帮助产生,导致 [Eating the right foods conduces to good health. 进食得当有助于健康。]

conductive [kən'dʌktiv] a. 有助于的

conduct ['kɔndʌkt] n.①行为,品行,举动②处理,经营,进行 ‖ [kən'dʌkt]①引导,带领,指导,指挥 [The waiter conducted us to our table. 服务员引导我们来到桌旁。]②经营,管理,指挥 [to conduct a meeting 主持会议 to conduct an orchestra 指挥管弦乐队]③行为 [He conducted himself like a gentleman. 他的举止像个绅士。]④传导 [Copper conducts electricity. 铜导电。]

conduction [kən'dʌkʃən] n. 传导

conductivity [,kɔndʌk'tiviti] n. 传导率,传导性

conductor [kən'dʌktə] n.①管理人,指导者②售票员③导体

conduit ['kɔndit] n.①管道,道管,水道,水管②导线管,管道(电缆)

cone [kəun] n.①圆锥体②圆锥形之物(如蛋卷冰淇淋)③某些常绿树的球果

confection [kən'fekʃən] n. 糖果,点心

confectioner [kən'fekʃənə] n. 制卖糕饼点心的商人

confectionery [kən'fekʃnri] n.①糖果,点心②糕饼点心店

confederacy [kən'fedərəsi] n. 同盟,联盟,联邦/the Confederacy [美史] 1860年至1861年间南部11洲的南部联盟

confederate [kən'fedərit] a.①同盟的,联合的②Confederate 南部邦联的 ‖ n.①共谋者,同伙,党羽②[美史]南部邦联的支持者 ‖ v. [kən'fedəreit] 结成同盟,联合,结党

confederation [kən,fedə'reiʃən] n.①组织同盟,同盟,联盟,联邦②邦联

confer [kən'fə:] v.①授予 [Many honors were conferred upon the scientist. 很多荣誉授予了这位科学家。]②商谈,商议,协商,讨论 [The president conferred with his advisers. 总统与其顾问们商谈。]

conference ['kɔnfərəns] n.①会议,讨论会,协商会②(学校运动等的)联合会

confess [kən'fes] v.①供认,坦白;承认(错误,罪行) [John confessed that he had started the fight. 约翰供认是他挑起了打斗。]②表明信仰,承认 [I confess that operas bore me. 我承认歌剧使我厌烦。]③向神父认罪忏悔(向)(神父)听取忏悔

confession [kən'feʃən] n.①承认,招供,告解,忏悔②供状,自白书;(表明信仰等的)声明,表白

confessional [kən'feʃənl] n. 神父听取忏悔的忏悔室,告解所

confessor [kən'fesə] n.①供认者,忏悔者②听忏悔的神父

confetti [kən'feti(:)] n.[复][用作单](狂欢节等投掷的)五彩纸屑

confidant [,kɔnfi'dænt] n. 知己的女友

confide [kən'faid] v.①吐露(秘密等) [She confided her troubles to me. 她向我吐露她的烦恼。]②信任某人能保守秘密 [He confided in his sister 他信任他的姐姐。]③信任,交托,委托 [She confided the care of her fortune to her lawyer. 她把财产委托给律师监护。]

confidence ['kɔnfidəns] n.①信赖,信任②自信③信任某人守秘密④秘密

confident ['kɔnfidənt] a. 确信的,有信心的/confidently ad.

confidential [,kɔnfi'denʃəl] a.①秘密的,机密的②极受信任的/confidentially ad.

configuration [kən,figju'reiʃən] n. 形状,构造,外形

confine [kən'fain] v.①限制,限于范围之内 [Please confine your talk to five minutes. 请把你们的谈话控制在五分钟之内。]②禁闭,使闭门不出 [to confine in prison 监禁,拘禁 confined to the house by illness 因病不出门]③[用作被动语态]分娩,坐月子 ‖ n. ['kɔnfain] [常用复数]境界,边缘;区域范围/confinement n.

confirm [kən'fə:m] v. ①确认 [The Senate confirmed the treaty. 参议院确认了条约。]②证实,确定 [to confirm a rumor 证实谣言]③(基督教中)施致坚信礼(使成为正式教徒)

confirmation [ˌkɔnfə'meiʃən] n. ①确认②证据,证实批准 ③(基督教中的)按手礼,坚信礼

confirmed [kən'fə:md] a. ①坚定了的,确定的,成习惯的,根深蒂固的②确定了的,证实了的

confiscate ['kɔnfiskeit] v. 没收,把…充公,征用 [to confiscate land in order to build a highway 征收土地建设公路]/ **confiscation** n.

conflagration [ˌkɔnflə'greiʃən] n. 大火,火灾

conflict ['kɔnflikt] n. ①斗争,战斗②抵触,冲突,争论 ‖ v. [kən'flikt] 倾轧,抵触,冲突 [His ideas conflict with mine. 他的想法与我的想法相抵触。]

confluence ['kɔnfluəns] n. ①合流,汇合处,汇流而成的河②集合,集聚,人群/ **confluent** a.

conform [kən'fɔ:m] v. ①使相似,适应 [He conformed his thinking to ours. 他使自己的想法适应我们的想法。]②符合,顺从,遵守 [to conform to rules 遵守规则]/ **conformable** a./ **conformist** n.

conformation [ˌkɔnfɔ:'meiʃən] n. 构造,结构,组成

conformity [kən'fɔ:miti] n. 一致,符合,相似②遵守,顺从/ **conformities** [复]

confound [kən'faund] v. 混淆,混乱,糊涂 [The old man was so confounded by the traffic that he was afraid to move. 车辆往来使老人惊惶失措,动都不敢动。]/ **Confound it** 讨厌! 该死的!

confront [kən'frʌnt] v. ①面对,面临,勇敢地(或镇定地)面对 [to confront an enemy 面对敌人]②使面对,使面临,使遭遇 [He confessed when confronted with the evidence. 当面对着他的犯罪证据的时候,

他认罪了。]

confrontation [ˌkɔnfrʌn'teiʃən] n. (持有不同观点的双方)对抗

confuse [kən'fju:z] v. ①使混乱,使混淆,使糊涂 [You will confuse him with so many questions. 你这么多问题会把他弄糊涂的。]②把…混同,弄错 [You are confusing wisdom and knowledge. 你在混淆智慧和知识。]/ **confusedly** [kən'fju:zidli] ad.

confusion [kən'fju:ʒən] n. ①混乱,混乱状态,骚乱②混淆,弄错

confute [kən'fju:t] v. 证明(某人或观点)是错的,推翻,驳倒 [to win an opponent in a debate 在辩论中驳倒对方]/ **confutation** [ˌkɔnfju:'teiʃən] n.

congeal [kən'dʒi:l] v. 使冻结,使凝结 [Melted fat congeals as it cools. 溶化的油脂冷却凝固。]

congenial [kən'dʒi:njəl] a. ①性情相似的,兴趣相投的②相合的,相宜的,惬意的

congenital [kən'dʒenitl] a. 先天的,天生的

congest [kən'dʒest] v. ①使充血 [A cold causes the nose to become congested. 寒冷使鼻子红肿。]②充满,拥挤 [The market is always congested on Saturday. 星期六市场总是拥挤的。]/ **congestion** n.

conglomerate [kən'glɔməreit] v. 聚成球形,(使)成团 ‖ a. [kən'glɔmərit] 聚成球形的,成团的,由不同种类的部分组成的 ‖ n. [kən'glɔmərit] 密集体;团;混合物/ **conglomeration** n.

congratulate [kən'grætjuleit] v. 向某人道贺,祝贺,庆贺 [I congratulate you on your marriage. 我祝贺你结婚。]

congratulation [kənˌgrætju'leiʃən] n. 祝贺,[常用复数]祝贺辞

congregate ['kɔngrigeit] v. 集合,聚集 [We congregated around the piano. 我们聚集在钢琴的周围。]

congregation [ˌkɔngri'geiʃən] n. ①集

C

合,聚集,人群②参加宗教礼拜仪式的会众

congregational [ˌkɔŋɡri'ɡeiʃənl] a. ①群众的,会众的 ②Congregational 公理会(为独立教会之联盟,各教会自行处理其事务)的/**congregationalist** n. & a.

congress ['kɔŋɡres] n. ①(代表)大会,全国性大会②Congress(美国等的)国会,议会;国会会议

congressional [kɔŋ'ɡreʃənl] a. 代表大会的,国会的,议会的

congressman ['kɔŋɡresmən] n. 国会议员(尤指美国众议员)

congresswoman ['kɔŋɡresˌwumən] n. 国会女议员(尤指美国女众议员)

congruent ['kɔŋɡruənt] a. 适合的,一致的,和谐的

congruous ['kɔŋɡruəs] a. ①同 congruent②适合的,适当的,协调的

conical ['kɔnikəl] a. ①圆锥的②圆锥形的/**conically** ad.

conifer ['kɔunifə] n. [植]针叶树/**coniferous** [kəu'nifərəs] a.

conjecture [kən'dʒektʃə] n. 推测,猜想,假设,猜测而得的结论 ‖ v. 猜测,假设,猜想出/**conjectural** a.

conjoin [kən'dʒɔin] v. (使)结合,(使)联合/**conjointly** ad.

conjugal ['kɔndʒuɡəl] a. 婚姻的

conjugate ['kɔndʒuɡeit] v. [语]列举(动词)人称、数、时态等的变形[Conjugate"to be," beginning "I am, you are, he is."列举人称、数、时态的变化由"I am, you are, he is"开始。]/**conjugation** n.

conjunction [kən'dʒʌŋkʃən] n. ①结合,联合,连续②[语]连接词

conjure ['kʌndʒə] v.①念咒召鬼,施魔法②祈求,恳求,哀求[For your mother's sake, I conjure you not to leave home. 为了你母亲,我恳求你不要离家。]/**conjure up** 用魔法召(鬼),追忆[The music conjured up memories. 音乐唤起了记忆。]

connect [kə'nekt] v. 连接,连结[Many bridges connect north and south London. 很多桥梁连接伦敦北部和南部。]②把…联系起来,联想[Do you connect Bill's silence with Ann's arrival? 你把比利的沉默和安的到来联系起来了吗?]③连结,相通,衔接[Does this train connect with the bus for Marysville? 这辆火车衔接去马里斯维尔的汽车吗?]

connection [kə'nekʃən] n. ①连接,联系②连接物,连接点③连接关系④相关的人⑤联运列车(汽车、船等)/**in connection with** ①与…相连②关于

connective [kə'nektiv] a. 连接的,连接的 ‖ n. [语]起连接作用的词(词组)

connivance [kə'naivəns] n. 默许,纵容

connive [kə'naiv] v.①假装不见,默许,纵容②共谋,取得默契

connoisseur [ˌkɔni'sə:] n. 鉴赏家,鉴定家,行家,内行

connotation [ˌkɔnəu'teiʃən] n. 含蓄,词义或词组的涵义,内涵

connote [kə'nəut] v. 暗示,含蓄[The word "mother" means female parents but it usually connotes love, care and tenderness. "母亲"一词的意思是"双亲中的女性",但它常包含着爱、关心和温柔。]

conquer ['kɔŋkə] v.①征服[The Spaniards conquered Mexico. 西班牙人征服了墨西哥。]②克服,击败[He conquered his bad habits. 他克服了坏习惯。]/**conqueror** ['kɔŋkərə] n.

conquest ['kɔŋkwest] n. ①征服,赢得,获得②掠夺物,征服地

conscience ['kɔnʃəns] n. 良心,道德心/**on one's conscience** 因为某事而内疚

conscientious [ˌkɔnʃi'enʃəs] a. ①有责任心的,负责的,尽责的②认真的,诚心诚意的,谨慎的/**conscientiously** ad.

conscientious objector 为了道德和宗教上的原因而拒绝服兵役者

conscious ['kɔnʃəs] a. ①有意识的,

意识到的，自觉的②清醒的，明白的③有
…意识的/**consciously** ad.

consciousness ['kɔnʃəsnis] n. ①知
觉,感觉②意识

conscript [kən'skript] v. 征召(某人)服
兵役;召集(服兵役) ‖ n. ['kɔnskript]被
征召者/**conscription** n.

consecrate ['kɔnsikreit] v. ①献祭[The
priest consecrated the water. 牧师献祭圣
水。]②奉献[He consecrated his life to
helping the poor. 他把一生奉献给救助穷
人的事业。]/**consecration** n.

consecutive [kən'sekjutiv] a. 连续的,
连贯的,顺序的/**consecutively** ad.

consensus [kən'sensəs] n. (意见等
的)一致

consent [kən'sent] v. 同意,赞成[He
consented to serve as president. 他同意担
任总统。] ‖ n. 同意,赞成[May I have
your consent to leave early? 我能得到你
的同意,早点离开吗?]

consequence ['kɔnsikwəns] n. ①结
果,后果,成果②重要(性)/**take
the consequences** 承担后果

consequent ['kɔnsikwənt] a. 作为结
果的 ‖ n. 当然的结果

consequential [ˌkɔnsi'kwenʃəl] a. ①
作为结果的 ②引出重要结果的,重大的

consequently ['kɔnsikwəntli] ad. 因
而,所以[The frost spoiled the crops and
consequently prices rose. 霜冻坏了庄稼,
因而价格上涨。]

conservation [ˌkɔnsə(:)'veiʃən] n. 保
存,保护

conservatism [kən'sə:vətizəm] n. 保
守主义,守旧性

conservative [kən'sə:vətiv] a. ①保守
的,守旧的②谨慎的,不冒险的,稳健的
‖ n. 因循守旧的人,保守主义者

conservatory [kən'sə:vətri] n. ①温
室,暖房②音乐学校

conserve [kən'sə:v] v. 保存;保全[to
conserve one's strength 保存实力] ‖ n.

['kɔnsə:v]蜜饯;果酱

consider [kən'sidə] v. ①考虑;思考
[Please consider my suggestion. 请考虑我
的建议。]②顾虑,考虑到[His health is
fine if you consider his age. 如果你考虑到
他的年龄,他的身体情况还是很好的。]
③顾及,体谅[to consider the feelings of
others 顾及别人的感情]④认为,觉得;相
信[I consider him a fine scholar. 我认为他
是个优秀的学者。]

considerable [kən'sidərəbl] a. ①值
得考虑的,重要的②相当大(多)的[con-
siderable success 相当大的成功]

considerably [kən'sidərəbli] ad. 相当
地,十分地[I feel considerably better. 我
感觉身体好多啦。]

considerate [kən'sidərit] a. 考虑到他
人的感情,为他人着想,顾虑周到的/
considerately ad.

consideration [kənˌsidə'reiʃən] n. ①
考虑,思考②做事情的理由,被当作理由
的事实③报酬,补偿④体谅,原谅,考虑
(到别人的感情)/**consideration of** ①
由于②作为对…的酬报/**take into con-
sideration** 考虑到;顾及/**under con-
sideration** 考虑中,研究中

considered [kən'sidəd] a. 经过细心考
虑决定的

considering [kən'sidəriŋ] prep. 鉴于,
就…而论,考虑到[He's done well,consid-
ering all that's happened. 鉴于所发生的情
况,可以说他干得很不错。]

consign [kən'sain] v. ①把…委托给,把
…交付与[I consign my books to your
care. 我把我的书交给你来保管。]②寄
递,运送[This shipment is consigned to our
New York office. 这一船货物被运送到我
们纽约办事处。]

consignment [kən'sainmənt] n. ①递
运;委托②所运送的货物,委托物

consist [kən'sist] v. ①由…组成,含有
[Bronze consists of copper and tin. 青铜是
铜与锡之合金。]②在于,存在于[Wis-
dom does not consist only in knowing facts.

才智不仅仅在于知道事实真相。]

consistence [kən'sistəns] n. 一致，一贯，固守同样的原则

consistency [kən'sistənsi] n. ①浓度，硬度，稠度②一致性，连贯性，固守同样的原则

consistent [kən'sistənt] a. ①一致的，连贯的，始终如一的[Parents should be consistent in their discipline. 家长的戒律应保持一致。]②与…一致，符合[His words are not consistent with his acts. 他的言行不一。]/**consistently** ad.

consistory [kən'sistəri] n. 宗教集会，宗教法庭/**consistories**[复]

consolation [ˌkɔnsə'leiʃən] n. ①安慰，慰问②起安慰作用的人

console¹ [kən'səul] v. 安慰，慰问[A toy consoled the lost child. 玩具安慰了那个迷路的男孩。]

console² [kɔn'səul] n. ①风琴的操作部分（包括键盘、踏板等）②（落地式收音机、照相机、电视的）外壳

consolidate [kən'sɔlideit] v. ①联合，团结[The corporation was formed by consolidating many companies. 这个集团是联合很多公司组成的。]②（使）巩固，（使）坚强[The troops consolidated their position by bringing up heavy guns. 军队利用重型武器巩固其阵地。]/**consolidation** n.

consonance [ˈkɔnsənəns] n. 一致，协调

consonant [ˈkɔnsənənt] a. 协调的，和谐的 ‖ n. [语] 辅音，辅音字母

consort [ˈkɔnsɔːt] n. 配偶（尤指帝王的）‖ v. [kən'sɔːt] 陪伴，交往，交往[She consorts with snobs. 她与势利小人交往。]

conspicuous [kən'spikjuəs] a. ①明显的，显著的②惹人注目的，引人注意的，突出的/**conspicuously** ad.

conspiracy [kən'spirəsi] n. ①阴谋，密谋[a conspiracy to kill the king 杀害国王的阴谋]②协同作用/**conspiracies**[复]

conspirator [kən'spirətə] n. 共谋者，阴谋家

conspire [kən'spaiə] v. ①密谋策划②协力促成[Rain and cold conspired to spoil our vacation. 雨水和寒冷交加破坏了我们的假日。]

constable [ˈkʌnstəbl] n. 警察

constabulary [kən'stæbjuləri] n. 警察队，保安队

constancy [ˈkɔnstənsi] n. 坚定，坚贞，志向不变

constant [ˈkɔnstənt] a. ①不变的，坚定的②忠实的，忠诚的③经常的，永恒的，不断的 ‖ n. 常数；恒星；恒定/**constantly** ad.

constellation [ˌkɔnstə'leiʃən] n. 恒星群

consternation [ˌkɔnstə(ː)'neiʃən] n. （极度的）惊愕，惊恐

constipate [ˈkɔnstipeit] v. 使便秘

constipation [ˌkɔnsti'peiʃən] n. 便秘

constituency [kən'stitjuənsi] n. ①全体选民，选区的居民②选区

constituent [kən'stitjuənt] a. ①形成的，构成的[a constituent part 组成的成分]②有选举的③有权制定（或修改）宪法的[a constituent assembly 立宪会议] ‖ n. ①成分，要素②选民，选举人

constitute [ˈkɔnstitjuːt] v. ①组成，形成，构成[Twelve people constitute a jury. 十二人组成一个陪审团。]②建立，设立[A committee was constituted to study the problem. 人们设立委员会研究这个问题。]③指定，任命[We constitute you to be our spokesman. 我们任命你为我们的代言人。]

constitution [ˌkɔnsti'tjuːʃən] n. ①建立，设立，制定，任命②人的体格，体质，性格，素质；事物的构造、组成方式③制度，宪法

constitutional [ˌkɔnsti'tjuːʃənl] a. ①人体质上的，气质上的，构造的②符合宪法的，符合规章的 ‖ n. [口] 保健散步/**constitutionally** ad.

constitutionality [͵kɔnsti͵tjuʃə'næliti] n. 合宪法性[to test the constitutionality of an act 检验法案的合法性]

constrain [kən'strein] v. 强逼，强使，强迫[constrained to agree 被迫同意 a constrained laugh 强笑]

constraint [kən'streint] n. ①强逼，强制，强迫②勉强，拘束

constrict [kən'strikt] v. 使变小，使收缩，压缩，阻塞[The tight collar constricted his neck. 窄小的领口使他的脖颈感到受压。]/**constriction** n. /**constrictive** a. /**constrictor** n.

construct [kən'strʌkt] v. 建造，建筑，建立[to construct a house or a theory 建造房屋或建立理论]

construction [kən'strʌkʃən] n. ①建筑，建设②建筑术③建造物④解释；意义⑤字在句子中的安排，句子结构，句法关系

constructive [kən'strʌktiv] a. 建设的，建设性的，有裨益的

construe [kən'stru:] v. ①解释，译注[We construed her silence to mean that she agreed. 我们把她的沉默看作是默许。]②作句法分析

consul ['kɔnsəl] n. ①领事②[史](古罗马)执政官/**consular** a.

consulate ['kɔnsjulit] n. ①领事职位和任务②领事馆

consult [kən'sʌlt] v. ①商量，商议[Let's consult about our vacation plan. 咱们商量一下我们的假期计划吧。]②与……商量，请教，咨询；找(医生)看病[If your coughing continues, consult a doctor. 如果你咳嗽还继续的话，找医生看看病。]③考虑，顾及[Consult your own wishes in the matter. 考虑你在此事中自己的愿望。]

consultant [kən'sʌltənt] n. 顾问，被咨询的专家

consultation [͵kɔnsəl'teiʃən] n. ①商量，磋商②商量的会议，协商会

consume [kən'sju:m] v. ①毁灭，烧毁②用尽，耗尽，消费，浪费[The meeting consumed most of the day. 会议用了大半天。]③喝光，吃光[He consumed two rolls. 他吃掉了两个面包卷。]/**consumed with** 心中充满，to be consumed with envy 心中充满羡慕

consumer [kən'sju:mə] n. 消费者，消费品，生活资料

consummate ['kɔnsʌmeit] v. 完成[to consummate a project 完成规划] ‖ a. [kən'sʌmit] 完全的，完美的，至高无上的，无比的/**consummation** n.

consumption [kən'sʌmpʃən] n. ①消耗②消耗量[What is the annual consumption of paper in the U. S? 美国纸张的年消耗量是多少?]③[医]肺结核，结核病

consumptive [kən'sʌmptiv] a. 肺结核的，肺结核病的 ‖ n. 肺结核病人

contact ['kɔntækt] n. ①接触②交往③联系，联络 ‖ v. [口]与某人接触，与……联系

contagion [kən'teidʒən] n. ①(接触)传染②传染病③(感情、思想等的)蔓延

contagious [kən'teidʒəs] a. ①(接触)传染的②有传染性的，有感染力的/**contagiously** ad.

contain [kən'tein] v. ①包含，含有，容纳[This bottle contains cream. 这个瓶子里盛有乳脂。Your list contains 25 names. 你的名单上有25个名字。]②能容纳，可盛，可装，相等于[This jug contains a gallon. 这个罐子能容纳一加仑。A gallon contains four quarters. 一加仑等于四夸脱。]③控制，抑制，遏制[Try to contain your tears. 尽量控制眼泪。]

container [kən'teinə] n. 容器

contaminate [kən'tæmineit] v. 弄脏，玷污，污染，腐蚀[Automobile fumes are contaminating the air. 机动车的烟污染空气。]/**contamination** n.

contemn [kən'tem] v. 蔑视，轻视，藐视

contemplate ['kɔntempleit] v. ①注视，

凝视；仔细考虑，沉思〔He contemplated the problem for a long time. 这道题他冥思苦想了好长时间。〕②在心中打算，期待，期望〔I contemplate going to Mexico next summer. 我打算明年夏天去墨西哥。〕/**contemplation** n.

contemplative 〔'kɔntempleitiv〕a. 多思想的，好深思的

contemporaneous 〔kən,tempə'reinjəs〕a. 同时存在的，同时发生的

contemporary 〔kən'tempərəri〕a. 同时存在的，同时发生的 ‖ n. 同代人

contempt 〔kən'tempt〕n. ①轻视，轻蔑②被轻视，被蔑视③不尊敬，不顾

contemptible 〔kən'temptəbl〕a. 卑鄙的，不齿的，可轻视的

contemptuous 〔kən'temptjuəs〕a. 轻视的，轻蔑的，傲慢的

contend 〔kən'tend〕v. ①竞争，斗争〔to contend with greed and envy 同贪婪、妒嫉作斗争〕②比赛〔Jones will contend for the prize. 琼斯参赛要争得大奖。〕③争论，坚决主张〔We contend that he is guilty. 我们认为他是有罪的。〕/**contender** n.

content[1] 〔kən'tent〕a. 满足的，满意的 ‖ v. 使满意，满足〔I must content myself with reading about travel. 我一定要满足自己阅读旅游书籍的愿望。〕‖ n. 满足，满意

content[2] 〔'kɔntent〕n. ①容量，含量②〔复〕内容，容纳的东西③（书刊等的）目录

contented 〔kən'tentid〕a. 满意的，满足的

contention 〔kən'tenʃən〕n. ①竞争，斗争，争论②争论中所持的论点

contentious 〔kən'tenʃəs〕a. 好争论的

contentment 〔kən'tentmənt〕n. 满足，满意

contest 〔'kɔntest〕v. ①争辩；辩论，争论，反驳〔to contest a will 辩驳一遗嘱〕②竞争以夺取，争取〔to contest a prize 争取

获奖〕‖ n. ①斗争，竞争，争论②竞赛，比赛

contestant 〔kən'testənt〕n. 竞争者，参加比赛者

context 〔'kɔntekst〕n. 文章的上下文

contiguous 〔kən'tiɡjuəs〕a. ①接触着的②相连的，接近的/**contiguity** 〔,kɔnti'ɡju(:)iti〕n.

continence 〔'kɔntinəns〕n. 自制，克制，节欲/**continent** a.

continent 〔'kɔntinənt〕n. 大陆，陆地；大洲/the Continent 欧洲大陆

continental 〔,kɔnti'nentl〕n. ①大陆的，大陆性的②Continental 欧洲大陆的③Continental 美国独立战争时期美洲殖民地的〔The Continental Congress 大陆会议〕/**Continental** n. ①欧洲大陆人②美国独立战争中的士兵

contingency 〔kən'tindʒənsi〕n. ①偶然，偶然性②可能，可能性②偶然发生的事，意外事故

contingent 〔kən'tindʒənt〕a. ①偶然的，意外的②视当时情形而定的，不一定的；靠不住的，有条件的 ‖ n. ①意外事情，偶然事故②分遣队，构成较大集团之一部分的一批人

continual 〔kən'tinjuəl〕a. ①不断的，频繁的②连续不断的，不停的/**continually** ad.

continuance 〔kən'tinjuəns〕n. ①连续，持续，断续②延期

continuation 〔kəntinju'eiʃən〕n. ①继续，断续，连续②（停一段时间后的）再继续③继续部分；扩建物，增加物，延长物

continue 〔kən'tinju(:)〕v. ①继续，持续〔The war continued for four years. 战争持续了四年。In spite of the noise I continued reading. 尽管有噪音，我继续读书。〕②留，依旧〔The chairman will continue in office for another year. 主席还要留任一年。〕③（经打断后）重新开始，再继续〔After a sip of water the speaker continued. 呷了一口水之后，讲话人继续说。〕

④延续；延伸〔This road continues to the main highway. 这条路延伸到主干线。〕⑤延期〔The trial will be continued until Monday. 审问将延期到星期一。〕

continuity 〔ˌkɔnti'nju(ː)iti〕n. ①连续性，持续性②连续性的情节和对话③广播电视节目的对白，说明词

continuous 〔kən'tinjuəs〕a. 继续的，连续的，持续的，不停歇的/**continuously** ad.

contort 〔kən'tɔːt〕v. 扭弯，弄歪，曲解〔a face contorted with pain 因疼痛而扭曲的脸〕

contortion 〔kən'tɔːʃən〕n. 扭弯，弄歪，（尤指面部和身体变成的异样）歪曲的状况

contour 〔'kɔntuə〕n. 轮廓，外形

contraband 〔'kɔntrəbænd〕n. 禁运品，违禁品，走私货

contract 〔'kɔntrækt〕n. ①契约，合同②（桥牌）合约 ‖ v.〔kən'trækt〕订立合约，承包，①承购〔得（病）〔to contract a disease 染患疾病〕②缩小，缩短，缩窄〔Cold contracts metal. 寒冷使金属收缩。His brows were contracted in a frown. 他的眉毛皱在一起。〕

contraction 〔kən'trækʃən〕n. ①收缩，缩短，缩小②收缩之物；缩写式

contractor 〔kən'træktə〕n. 立契约的人或商店；承包商，包工头

contradict 〔ˌkɔntrə'dikt〕v. ①反驳，驳斥〔The witness contradicted the story told by the suspect. 证人驳斥了嫌疑犯所讲的故事。Stop contradicting me. 不要和我顶嘴。〕②相矛盾，相抵触〔The facts contradict your theory. 你的理论与事实相矛盾。〕

contradiction 〔ˌkɔntrə'dikʃən〕n. ①反驳，驳斥②自相矛盾的说法

contradictory 〔ˌkɔntrə'diktəri〕a. 爱反驳别人的

contralto 〔kən'træltəu〕n. ①女低音②女低音歌手 ‖ a. 女低音的/**contraltos**

〔复〕

contraption 〔kən'træpʃən〕n. 奇妙的装置，新发明的玩艺儿

contrariwise 〔'kɔntrərɪwaiz〕ad. ①以相反的方式②作对地③相反地

contrary 〔'kɔntrəri〕a. ①相反的，完全不同的②反对的，违犯的③〔俗〕〔kən'trɛəri〕顽固的，倔强的 ‖ n. 相反/**on the contrary** 相反地，正相反

contrast 〔kən'trɑːst〕v. ①对比〔to contrast two systems 对比两种制度〕②对照〔Their methods contrast sharply with ours. 他们的方法同我们的方法形成了明显的对照。〕‖ n.〔'kɔntrɑːst〕①对比②明显的差别；显示明显差别之物

contribute 〔kən'tribju(ː)t〕v. ①捐助，贡献〔He contributes to his church. 他为教堂倾尽全部心力。〕②投稿/**contribute to** 有助于，促成〔His jokes contributed to our fun. 他的玩笑给了我们欢笑。〕

contribution 〔ˌkɔntri'bjuːʃən〕n. 贡献，捐献②贡献物，捐献物，捐款，稿件

contributor 〔ˌkɔntri'bjuːtə〕n. 捐助者，投稿者，捐献物

contributory 〔kən'tribjutəri〕a. 起一份作用的，有助于…的

contrite 〔kən'trait, 'kɔntrait〕a. ①对于做错的事深表懊悔的②悔罪的，悔悟的/**contrition**〔kən'triʃən〕n.

contrivance 〔kən'traivəns〕n. ①发明，设计，设法②发明物，发明装置，想出的计划

contrive 〔kən'traiv〕v. ①发明，规划，想办法〔We must contrive a way to help her. 我们必须想出办法帮助她。〕②发明，设计〔He contrived a new kind of car. 他设计出一种新型汽车。〕③设法〔I'll contrive to meet you there. 我要设法去那里接你。〕

control 〔kən'trəul〕v. ①控制，管理，支配，指挥〔The Secretary of State controls the foreign affairs of the nation. 国务卿管理国家的外交事务。②抑制感情〔Control your temper! 控制你的脾气！〕‖ n.①指挥的权力，管理的权力②支配，调

解,抑制③操纵装置,控制器/**controlla-ble** a.

controller [kən'trəulə] n. ①管理员,主计员,审证员②(组,处)主任,控制器,操纵器,调解器

controversial [ˌkɔntrə'və:ʃəl] a. 争论的,爱争论的,引起争论的/**controversially** ad.

controvert [ˈkɔntrəvə:t] v. ①辩驳,否认②参加争论

contumacious [ˌkɔntju(:)'meiʃəs] a. 拒不服从的,反抗的,倔强的/**contumacy** [ˈkɔntjuməsi] n.

contumely [ˈkɔntju(:)mli] n. ①侮辱的态度或言语②侮辱

contusion [kən'tju:ʒən] n. 挫伤,撞伤,打青(而不破皮)

conundrum [kə'nʌndrəm] n. 双关语谜

convalesce [ˌkɔnvə'les] v. 恢复健康,病后康复

convalescence [ˌkɔnvə'lesəns] n. 逐渐恢复健康;恢复期

convalescent [ˌkɔnvə'lesənt] a. 恢复健康的,渐愈的,恢复期的 ‖ n. 恢复中的病人

convection [kən'vekʃən] n. 传送,(热、气、电等的)运流,对流

convene [kən'vi:n] v. 召集(人们开会等);集合 [Congress regularly convenes in January. 议会定期在1月份召开会议。]

convenience [kən'vi:njəns] n. ①方便,便利②个人的方便,对个人的便利③方便的用具、机械、安排等/**at one's convenience**(自认为)最方便的时候

convenient [kən'vi:njənt] a. 方便的,合适的,使免除麻烦或困难的/**conveniently** ad.

convent [ˈkɔnvənt] n. 女修道会,女修道院

convention [kən'venʃən] n. ①会议,大会;全国性大会②(个人、国家之间的)约,协定③惯例,习俗

conventional [kən'venʃənl] a. ①惯例

的,常规的②普通平凡的③(艺术等)因袭的,传统的/**conventionally** ad.

conventionality [kənˌvenʃə'næliti] n. ①习惯性,因袭性②习俗,老一套的行为

converge [kən'və:dʒ] v. 会聚,集中,聚集到一点 [Railroad tracks converge as they move off into the distance. 当火车轨道伸向远方时,它们集中到一点。The crowds converged on the stadium. 人群在体育馆会聚。

convergence [kən'və:dʒəns] n. 会聚,集中/**convergent** a.

conversant [kən'və:sənt] a. 熟悉的,精通的

conversation [ˌkɔnvə'seiʃən] n. 交谈,会话

conversational [ˌkɔnvə'seiʃənl] a. ①交谈的,会话的②健谈的

converse[1] [kən'və:n] v. 交谈,谈话,谈心 ‖ n. [ˈkɔnvə:s] 交谈,谈论

converse[2] [ˈkɔnvə:s] a. 相反的,颠倒,逆的 ‖ n. 反转语,反转句/**conversely** ad.

conversion [kən'və:ʃən] n. 转变,改变,变化①改变,更换

convert [kən'və:t] v. ①转变 [The mill converts grain into flour. 碾磨机把谷物变成了面粉。②使(人)改变信仰 [Missionaries tried to convert them to Christianity. 传教士努力使他们成为基督教徒。③兑换 [She converted her cash into jewels. 她把现金兑换成宝石。④将球踢入球门而完成(进球) [He converted(:)t] n. 改教者,改信仰者/**converter** n.

convertible [kən'və:təbl] a. 可变换的,可改变的 ‖ n. 车篷可折叠起来的汽车

convex [ˈkɔnveks]或[kɔn'veks] a. 表面弯曲如球的,外侧凸起的/**convexity** n.、**convexly** ad.

convey [kən'vei] v. ①运送,搬运,输送 [The cattle were conveyed in trucks to market. 牛被用卡车送往市场。②传播 [The chimney conveys the smoke to the outside. 烟通过烟囱散发到外面去。③传达〔Did you convey my message to him? 你把我的口信传给他了吗?〕④让与,转让

conveyance [kən'veiəns] n. ①运送,转送②运输工具(尤指车辆)

conveyer, conveyor [kən'veiə] n. 搬运者,输送者,转让者;运输物,输送机,运输带

convict [kən'vikt] v. 证明…有罪,宣判…有罪,使知罪〔The jury convicted him of robbery. 陪审团宣判他有盗窃罪。〕‖ n. 〔'kɔnvikt〕罪犯,囚犯(常指长期被监禁者)

conviction [kən'vikʃən] n. ①定罪,宣告有罪②深信,确信

convince [kən'vins] v. 使确信,使信服〔I'm convinced you're right. 我确信你是对的。〕使认识错误(或罪行)

convincing [kən'vinsiŋ] a. 有说服力的,使人信服的

convivial [kən'viviəl] a. 欢乐的,欢宴的,爱吃喝交际的

convocation [ˌkɔnvə'keiʃən] n. 召集,召开会议(尤指为某种目的而召开的会议)

convoke [kən'vəuk] v. 召集…开会,召集会议

convolution [ˌkɔnvə'luːʃən] n. ①卷绕,旋绕②旋卷,卷折

convoy [kɔnvɔi] v. 护送,护卫,护航〔Two destroyers convoyed the oil tanker. 两艘驱逐舰护送油轮。〕‖ n. 〔'kɔnvɔi〕护送,护卫,护航②护舰队,护送队

convulse [kən'vʌls] v. ①使剧烈震动,摇动〔The building was convulsed by an explosion. 爆炸使楼房震动。〕②使痉挛,使抽搐〔convulsed with laughter 笑得前仰后合 convulsed with pain 疼痛剧烈〕

convulsion [kən'vʌlʃən] n. ①痉挛,惊厥②震动,震撼,动乱,骚动

convulsive [kən'vʌlsiv] a. 震动的,起痉挛的

cony [kəuni] n. ①兔 ②兔毛皮

coo [kuː] n. 鸽鸠声 ‖ v. ①咕咕地叫②温柔发恋地说

cook [kuk] v. ①烹调,煮,烧②适合烹调〔The roast should cook longer. 肉应烤得时间长一些。〕‖ n. 厨师,炊事员/**cook up** 造出,伪造,虚构

cooker [kukə] n. 炊具

cookery [kukəri] n. 烹调法

cooky, cookie [kuki] n. 小甜饼/**cookies** [复]

cool [kuːl] a. ①凉的,凉快的②不太热,舒服的③沉着;冷静的④冷淡的,表示不友好,不热心,不喜欢⑤整数的,实足的,不少(于…)⑥(颜色)淡⑦令人凉爽的 ‖ n. 凉快的地方,凉快的时候 ‖ v. ①变凉,冷却下来〔The soup is cooling. 汤在变凉。〕②使凉快,使冷却〔He blew on the soup to cool it. 他吹着汤,使它变凉。〕/**coolly** ad. /**coolness** n.

cooler [kuːlə] n. 冷却器,冰箱〔a meat cooler 肉类冷藏箱〕

coon [kuːn] n. 浣熊,浣熊毛皮

coop [kuːp] n. (关家禽的)笼,棚 ‖ v. 把家禽关进笼子(或棚);把…禁闭起来〔He felt cooped up in the cabin. 他在小屋中,有被关闭的感觉。〕

cooper [kuːpə] n. 制桶工人,修桶工人

cooperate [kəu'ɔpəreit] v. 合作,协作〔If we all cooperate we can finish the job in a week. 如果我们大家一起合作,我们能在一周内完成这项工作。〕/**co-operation, cooperation** n.

cooperative [kəu'ɔpərətiv] a. ①愿意合作的②抱合作态度的 ‖ n. 合作社,合作商店;合作机构

coordinate [kəu'ɔːdinit] a. 同等重要的 ‖ v. 〔kəu'ɔːdineit〕使平等,使同等,使有适当的连络;调和;使协调〔By coordinating our efforts we moved the piano. 我们协调力量,共同努力,挪动了这架钢琴。〕

coordination [kəuˌɔːdi'neiʃən] n. 平等,同等;协调,调和,调整

cop [kɔp] n. [俚]警察

cope [kəup] v. (成功地)应付,对付,对抗 [She was able to cope with the unruly children. 她能应付这些不守规矩的孩子。]

copilot [ˈkəuˌpailət] n. (飞机)副驾驶员

coping [ˈkəupiŋ] n. 压顶,墙顶

copious [ˈkəupjəs] a. 丰富的/**copi-ously** ad.

copper [ˈkɔpə] n. ①铜②钢制物,钢容器,铜币③铜色的

copperhead [ˈkɔpəhed] n. 铜头蛇

copra [ˈkɔprə] n. 椰子仁干,干椰肉

copse [kɔps] n. 矮林,小灌木丛

copy [ˈkɔpi] n. ①抄本,复本,摹本,复制品②(书、报等的)一本,一册,一份,③范本,字帖④(供排字复印的)稿子 ‖ v. ①抄写 [Copy the questions on the blackboard. 把黑板上的问题抄下来。]②模仿,抄袭

copycat [ˈkɔpikæt] n. 盲目的模仿者

copyright [ˈkɔpirait] n. 版权,著作权 ‖ v. 为…取得版权,保护…的版权 [Books are not copyrighted until they are published. 书出版后才取得了版权。]

coquette [kəuˈket] n. 卖弄风情的女人;卖俏者/**coquettish** a. 卖弄风情的

coral [ˈkɔrəl] n. ①珊瑚②珊瑚玛瑙③珊瑚色(尤指红色)

cord [kɔːd] n. ①粗线;细绳②索状组织③电塞销,软线④灯芯绒类布⑤木柴堆的体积单位 ‖ v. ①捆,缚,绑②成捆地堆积材

cordage [ˈkɔːdidʒ] n. [总称]绳索,船上索具

cordial [ˈkɔːdjəl] a. 热诚的,衷心的,真诚的 ‖ n. 兴奋饮料/**cordially** ad.

cordiality [ˌkɔːdiˈæliti] n. 热诚,热诚亲切的话语(或举动)

cordon [ˈkɔːdən] n. [军]警戒线,哨兵线,警戒圈

corduroy [ˈkɔːdərɔi] n. ①灯芯绒②[复]灯芯绒裤子 ‖ a. ①灯芯绒制的,像灯芯绒条纹的②用木头铺成的

cordwood [ˈkɔːdwud] n. 一堆出售或堆积的木材

core [kɔː] n. ①果实的核②核心③精髓 ‖ v. 挖去…的果心

cork [kɔːk] n. ①软木树皮②软木制的瓶塞③软木制的,可用作玻璃和橡皮塞 ‖ v. 用软木塞塞住 [to cork a bottle 用软木塞将瓶子塞住]

corkscrew [ˈkɔːkskruː] n. 起软木塞的螺丝起子,瓶塞钻

corm [kɔːm] n. 植物生于地下的球茎

cormorant [ˈkɔːmərənt] n. 鸬鹚

corn¹ [kɔːn] n. ①谷粒,玉米粒②麦类①用盐腌肉

corn² [kɔːn] n. 鸡眼,硬化皮肤

corn bread 玉蜀黍粉制的面包

corncob [ˈkɔːnkɔb] n. 玉蜀黍穗轴

cornea [ˈkɔːniə] n. [解]角膜

corned [kɔːnd] a. 腌的

corner [ˈkɔːnə] n. ①角,隅②线面之间的空间③两街相交之处④地区;区域⑤垄断市场 ‖ v. ①逼至一隅②迫人困境③垄断市场 ‖ a. 在角落里/**cut corners** ①抄近路②削减费用(时间,劳动等)

cornerstone [ˈkɔːnəstəun] n. ①建筑物的基石②最重要的部分;基础

cornet [ˈkɔːnit] n. 乐器,短号

cornflower [ˈkɔːnflauə] n. [植]矢车菊

corn sirup 玉米糖浆

cornstarch [ˈkɔːnstɑːtʃ] n. (精磨)玉米粉,玉米淀粉

corny [ˈkɔːni] a. 过时的,[俚]陈词滥调的

corolla [kəˈrɔlə] n. [植]花冠

corollary [kəˈrɔləri] n. [数]由已证明之事物所得的,推论式定理;推断

corona [kəˈrəunə] n. 日月周围的光环,日冕

coronation [ˌkɔrəˈneiʃən] n. 加冕典礼

coroner [ˈkɔrənə] n. 验尸官

coronet [ˈkɔrənit] n. ①(王子或显贵戴

的)冠②冠状头饰品

corporal¹ ['kɔːpərəl] *n.* 警卫班长

corporal² ['kɔːpərəl] *a.* 肉体的，身体的

corporate ['kɔːpərit] *a.* ①结合成为一个团体的，社团的②市政当局的，共同的；全体的〔corporate debts 共同债务〕

corporation [,kɔːpə'reiʃən] *n.* 社团，法人

corporeal [kɔː'pɔːriəl] *a.* ①肉体的②物质的〔corporeal property 物质财富〕

corps [kɔː] *n.* ①陆军中的特种部队②共同工作者的团体

corpse [kɔːps] *n.* 通常指人类的尸体

corpulent ['kɔːpjulənt] *a.* （指人或其身体）肥胖的，肥大的/corpulence *n.*

corpuscle ['kɔːpʌsl] *n.* 血球

corral [kɔː'rɑːl] *n.* ①畜栏；捕捉野兽的栅栏②（作防御用的）车阵 *v.* ①把…关进畜栏②把牲畜围成栅栏

correct [kə'rekt] *v.* ①改正，纠正错误〔correct your spelling before you turn in your papers. 交试卷前纠正拼写错误。〕②指正〔correct a child's behavior 指正孩子的作风举止〕‖ *a.* ①正确的，无错误的②合适的，适宜的/correctly *ad.* /correctness *n.*

correction [kə'rekʃən] *n.* ①改正，纠正②改正的东西③惩罚，责备

corrective [kə'rektiv] *a.* 有矫正作用的

correlate ['kɔːrileit] *v.* 联系，连接〔to correlate the results of several experiments 把几次试验的结果联系起来〕

correlation [,kɔːri'leiʃən] *n.* 联系，关系

correlative [kə'relətiv] *a.* 有联系的

correspond [,kɔːris'pɔnd] *v.* ①符合，一致〔His opinions correspond with mine. 他的意见同我的意见一致。〕②相当，相应〔A general in the army corresponds to an admiral in the navy. 陆军的 general（上将）相当于海军的 admiral（上将）。〕③通信

correspondence [,kɔːris'pɔndəns] *n.*

①相符；一致，相似②通信③互通的信件

correspondent [,kɔːris'pɔndənt] *n.* ①通信者②通讯员，记者

corridor ['kɔridɔː] *n.* 走廊；通路

corroborate [kə'rɔbəreit] *v.* 进一步巩固，确证，证实〔Two witnesses corroborated his story. 两位证人证实他的故事。〕/corroboration *n.*

corrode [kə'rəud] *v.* 腐蚀；侵蚀/corrosion [kə'rəuʒən] *n.*

corrosive [kə'rəusiv] *a.* 可腐蚀的，可侵蚀的 ‖ 腐蚀剂

corrugate ['kɔrugeit] *v.* 弄皱，使起波纹〔corrugated paper 瓦楞纸〕‖ ['kɔrugit] *a.* 起皱的，起波纹的，弄皱的/corrugation *n.*

corrupt [kə'rʌpt] *a.* 败坏的，贿赂的；多讹误的 *v.* 使败坏，腐蚀/corruptly *ad.*

corruptible [kə'rʌptəbl] *a.* 可败坏的，可贿赂的

corruption [kə'rʌpʃən] *n.* ①腐败②起腐化作用的东西③贪污，贿赂，腐化④衰落，腐烂

corsair ['kɔːsɛə] *n.* ①海盗②海盗船

corselet ['kɔːslit] *n.* 盔甲，胸甲

corset ['kɔːsit] *n.* 妇女的紧身褡（胸衣）

cortege [kɔː'teiʒ] *n.* ①送葬人的行列②随从们

cortex ['kɔːteks] *n.* ①外壳，表皮层②树皮/cortices ['kɔːtisiːz]〔复〕/cortical ['kɔːtikəl]

cosmetic [kɔz'metik] *n.* 化妆品 ‖ *a.* 化妆用的，整容的

cosmic ['kɔzmik] *a.* ①宇宙的②广大无边的

cosmicrays [,kɔzmik'reiz] 宇宙射线

cosmopolitan [,kɔzmə'pɔlitən] *a.* ①全世界的②有四海一家观念的 ‖ *n.* 无国家偏见者，世界主义者

cosmos ['kɔzmɔs] *n.* ①井然有序的整个宇宙②井然有序的整个体系③〔植〕大波斯菊

cost [kɔst] *v.* ①价值为〔It costs a dime.

它值一角。] ②花费 [This small kindness will cost you little effort. 做这件好事，你毫不费力。]‖ *n.* ①成本，费用②损失③ [复]诉讼费 (尤指判处负方偿付胜方的诉讼费用)/**at all costs** 不惜任何代价，(欲获得某物所付的)代价

costermonger [ˈkɔstəmʌŋgə] *n.* [英]叫卖水果蔬菜的小贩

costly [ˈkɔstli] *a.* 昂贵的，代价高的 [costly clothes 价格昂贵的衣服] /**costliness** *n.*

cost of living (衣、食、住等必要的)生活费用

costume [ˈkɔstjuːm, kɔsˈtjuːm] *n.* ①服装，式样，装束②戏装，化装服 *v.* 为…提供服装

costumer [ˈkɔstjuːmə, kɔsˈtjuːmə] *n.* 做服装的人，服装商

cosy [ˈkəuzi] *a.* & *n.* 暖和，舒服的；保暖罩

cot¹ [kɔt] *n.* 折叠床

cot² [kɔt] *n.* ①[诗]小屋，茅舍②棚，圈，栏③[手指(或脚趾)套

cote [kəut] *n.* 畜槛，鸽(笼) [a dove cote 鸽棚，鸽房]

coterie [ˈkəutəri] *n.* 志同道合的一伙，排外的小圈子

cottage [ˈkɔtidʒ] *n.* 村舍，小屋

cotton [ˈkɔtn] *n.* ①棉花②棉属植物③棉线，棉布 ‖ *a.* 棉花的

cotton gin 轧棉机

cottonseed [ˈkɔtnsiːd] *n.* 棉籽

cottonwood [ˈkɔtnwud] *n.* ①三角叶杨，木棉树②白杨木，三角叶杨木

cotyledon [ˌkɔtiˈliːdən] *n.* [植]子叶

couch [kautʃ] *n.* ①睡椅，长沙发椅②休息处 ‖ *v.* ①躺下②端着准备攻击 [to couch a spear 端着矛]③表达，隐含 [His speech was couched in flowery language. 他用词藻华丽的语言演讲。]

cougar [ˈkuːgə] *n.* 美洲狮

cough [kɔf] *v.* ①咳嗽②咳出 [to cough up phlegm 咳出痰]‖ *n.* ①咳嗽，咳嗽声

②咳嗽病

could¹ ①can 的过去式 [At one time you could buy a hamburger for five cents. 以前五分钱可买一个汉堡包。] ②可作助动词，与 can 意思相同，但语气较弱，较不肯定 [You could be right. 你也许是对的。I could do it tomorrow. 我可以明天再干。]

coulee [ˈkuːli] *n.* ①溶岩流②深沟，干河谷

council [ˈkaunsil] *n.* ①议会，政务会②市(镇)政会或议会

councilman [ˈkaunsilmən] *n.* 市政会议员

councilor, councillor [ˈkaunsilə] *n.* 议员

counsel [ˈkaunsəl] *n.* ①商议，评议；审议②劝告，忠告，意见③律师，辩护人 ‖ *v.* ①劝告；忠告②向…建议

counselor, counsellor [ˈkaunsələ] *n.* ①顾问②律师③夏令营管理人

count [kaunt] *v.* ①点，数，从一数到… [Can you count to ten in French? 你能用法语从一数到十吗?] ②计数 [Count the money in your pocket. 数数口袋里的钱。] ③算(人) [There will be ten at dinner counting the host and hostess. 男女主人计算在内，将有十人出席晚宴。This practice game won't count. 这种训练游戏不算数(不起作用)。] ④认为 [I count myself lucky. 我认为自己很幸运。] ⑤重要的，有(考虑的)价值 [Every bit of help counts. 每一点帮助都重要。] ‖ *n.* ①计算，合计②[法](被控告的一条)罪状/**count off** 挑出，选出/**count on** 依靠

count [kaunt] *n.* (某些西方国家的)伯爵

countenance [ˈkauntinəns] *n.* ①面部表情②面容③赞助，支持 ‖ *v.* 赞助，支持，鼓励 [I will not countenance such rudeness. 我不赞成这样粗鲁。]

counter¹ [ˈkauntə] *n.* ①计算者，计算器②游戏等记分用的筹码③(商店，饭店等的)柜台

counter² [ˈkauntə] *ad.* 反方向地；(与

……) 相反地〔I failed because I went counter to your advice. 因违背了你的忠告我失败了。〕‖ a. 相反的，对立的，反对的‖ v. 反对；反击，抵消〔to counter one plan with another 用另一个建议来对抗一个建议〕

counter- 〔前缀〕表示"反"，"逆"或"对应"

counteract 〔ˌkauntəˈrækt〕v. 违犯；抵制；阻碍〔The rains will help counteract the dry spell. 雨水将有助于缓解旱情。〕

counterattack 〔ˈkauntərəˌtæk〕n. & v. 反攻，反击

counterbalance 〔ˈkauntəˌbæləns〕n. 平衡，平衡力；抗衡‖ v. 使平衡；抵消

counterclaim 〔ˈkauntəkleim〕n. 反要求，反诉

counterclockwise 〔ˌkauntəˈklɔkwaiz〕a. 逆时针方向的

counterfeit 〔ˈkauntəfit〕a. 仿造的，假冒的‖ n. 伪造物，假冒物，伪造品‖ v. ①伪造，仿造〔to counterfeit money 造伪币〕②假装〔to counterfeit sorrow 假装悲伤〕/ **counterfeiter** n. 伪造者

countermand 〔ˌkauntəˈmɑːnd〕v. 召回

counterpane 〔ˈkauntəpein〕n. 床罩

counterpart 〔ˈkauntəpɑːt〕n. ①极相似的物，相对应的人②配对物

counterpoint 〔ˈkauntəpɔint〕n. 〔音〕配合旋律；旋律配合法

counterpoise 〔ˈkauntəpɔiz〕n. ①用以平衡另一重物之重物，砝码，秤锤②平衡力，均衡力‖ v. 使平衡，使均衡，抵消

counterrevolution 〔ˈkauntəˌrevəˈluːʃən〕n. 反革命

countersign 〔ˈkauntəsain〕n. 〔军〕口令，暗号‖ v. 加另一签字于(文件)以加强其效力；连署，附署，会签

countersink 〔ˈkauntəsiŋk〕v. ①加大孔洞的顶端(以便螺丝钉与螺栓头旋入而与表面平整)②使(螺栓等)插入

countess 〔ˈkauntis〕n. 伯爵夫人，女伯爵

countinghouse 〔ˈkauntiŋhaus〕n. (公司，商店等的)存账室，办公室

countless 〔ˈkauntlis〕a. 无数的，多得不计其数的

countrified 〔ˈkʌntrifaid〕a. 乡下派头的，乡土气息的

country 〔ˈkʌntri〕n. ①旷野，地域，地带②国土，国家③全体国人，全民④祖国，故乡⑤乡村，土地‖ a. 祖国的，故乡的，农村的，田园的

countryman 〔ˈkʌntrimən〕n. ①国人，同胞；同乡②乡下人

countryside 〔ˈkʌntrisaid〕n. ①农村，乡下②农村居民

county 〔ˈkaunti〕n. ①美国的县(州之下最大的行政区)②英国的郡③居民

coup 〔kuː〕n. 突然的一击，漂亮的一击；政变/**coups** 〔kuːz〕〔复〕

coupe[1] 〔ˈkuːp，ˈkuːpei〕n. 小轿车；单舱气艇

coupe[2] 〔ˈkuːpei〕n. ①一种有篷的马车(篷内一个座位可坐两人，篷外有车夫座)②小汽车

couple 〔ˈkʌpl〕n. ①(一)对，(一)双②夫妇，定亲的男女，跳舞的一对男女③几个，两三个‖ v. 连接，结合，把……拴在一起，使成夫妇〔Hard work coupled with good luck made him a rich man. 艰苦的劳动和良好的机遇使他成为富人。〕

couplet 〔ˈkʌplit〕n. 两行诗，对句，对联

coupling 〔ˈkʌpliŋ〕n. ①联结，结合②联结器，联轴节

coupon 〔ˈkuːpɔn〕n. ①商家的优待券，(附在商品上的)赠券②报酬支付时剪下的(公债、债务券的)息票

courage 〔ˈkʌridʒ〕n. 勇气，英勇，胆量

courageous 〔kəˈreidʒəs〕a. 有胆量的，勇敢的/**courageously** ad.

courier 〔ˈkuriə〕n. 送急件的人，信使

course 〔kɔːs〕n. ①过程；经过；进程②某事物的所经之路③进行方向④行动方针⑤一串，连续⑥一道菜或点心⑦课程

学程⑧任何一门课程⑨一层砖石 ‖ *v.* 跑,追逐〔blood coursing through the veins 在血管中奔流的血 hounds coursing rabbits 猎兔的猎犬〕**/a matter of course** 当然的事**/in the course of** 在…期间/ **of course**①自然②当然

court [kɔːt] *n.* ①四周由墙壁或建筑物围绕成的庭院,大天井②一端通大厅的陋巷③运动场④朝廷,宫廷⑤委员们,理事们⑥市政议会⑦求爱;求婚⑧法官⑨法院,法庭⑩立法机关议会 ‖ *v.* ①设法获得〔Politicians usually court the voters before an election. 在竞选之前,政治家们总是设法获得选票。〕②求爱,追求〔He has been courting her for five years. 他追求她已五年之久。〕③招致,招惹〔to court praise 希望得到表扬〕

courteous [ˈkəːtjəs] *a.* 彬彬有礼的,客气的,谦恭的

courtesy [ˈkəːtisi] *n.* 谦恭有礼的态度②谦恭的行为与言词

courthouse [ˈkɔːthaus] *n.* ①法院②县政府办公大楼

courtier [ˈkɔːtjə] *n.* ①廷臣,相臣②奉承者,献媚者

courtly [ˈkɔːtli] *a.* 谦和而威严的/ **courtliness** *n.*

courtmartial [ˈkɔːtˈmɑːʃəl] *n.* ①军事法庭②军事审讯 ‖ *v.* 对…进行军法审判

courtroom [ˈkɔːtrum] *n.* 审判室

courtship [ˈkɔːtʃip] *n.* 求爱,求婚

courtyard [ˈkɔːtjɑːd] *n.* 庭院,院子

cousin [ˈkʌzn] *n.* ①堂或表兄弟;堂或表姐妹②远亲

cove [kəuv] *n.* 小海湾

covenant [ˈkʌvinənt] *n.* 契约;盟约 ‖ *v.* 订立契约

cover [ˈkʌvə] *v.* ①用东西盖住〔Cover the bird cage at night. 夜间把鸟笼子盖上。Cover the wall with white paint. 把墙涂上白灰。Water covered the fields. 水淹没了田地。〕②遮盖,遮蔽〔He tried to cover up his mistake. 他设法隐蔽他的过错。〕③保

护,保险④适用〔Is this case covered by the rules? 这些规则适用于这种情况吗?〕⑤包括,包含〔His talk covered his travels in Europe. 他的报告包括去欧洲的旅行。〕⑥行过(路程)〔The camel covered 65 miles that day. 那匹骆驼那天行走了65英里。〕⑦(枪、炮等)对准〔Cover him while I call the police. 我打电话给警察,(你)把枪口对准他。〕⑧对…进行新闻采访报道〔He covers the police court. 他报导了审讯情况。〕⑨[体]掩护〔Cover firstbase. 掩护第一垒。〕 ‖ *n.* ①盖子,套子;(书的)封面,封底,封皮等②掩护(物),掩蔽(物)**/takecover** 掩蔽处

coverage [ˈkʌvəridʒ] *n.* 所包括的范围(数额等)

coveralls [ˈkʌvərɔːlz] *n.* (衣裤相连的)工作服

covered wagon 有帆布篷顶的大马车

covering [ˈkʌvəriŋ] *n.* 覆盖物,套,罩

coverlet [ˈkʌvəlit] *n.* 床罩

covert [ˈkʌvət] *a.* 隐藏的,暗地里的 ‖ *n.* (兽类等)的隐藏处**/covertly** *ad.*

covet [ˈkʌvit] *v.* 妄想(别人的东西)

covetous [ˈkʌvitəs] *a.* 贪婪的,妄想占有的**/covetously** *ad.*

covey [ˈkʌvi] *n.* ①(鹧鸪等的)一窝,一小群②(人的)一小群,一伙

cow[1] [kau] *n.* ①母牛,奶牛②母象,母鲸牛,母鲸等

cow[2] [kau] *v.* 恐吓,威胁

coward [ˈkauəd] *n.* 懦夫,胆怯者

cowardice [ˈkauədis] *n.* 懦弱,胆怯

cowardly [ˈkauədli] *a. & ad.* 怯懦的(地),胆怯的(地)

cowboy [ˈkaubɔi] *n.* ①牧童;牧场工人②美国西部的骑马持枪放牧者,牛仔

cower [ˈkauə] *v.* 畏缩,抖缩

cowhide [ˈkauhaid] *n.* ①牛舍②牛皮制的皮革③牛皮鞭

cowl [kaul] *n.* ①僧衣的头巾②(僧人所穿的)连带头巾的宽松袍③罩

cowlick ['kaulik] n. 一簇扭曲的头发

cowling ['kaulin] n. 发动机整流罩

cowpox ['kaupɔks] n. 牛痘

coxcomb ['kɔkskəum] n. 花花公子

coxswain ['kɔkswein, 'kɔksn] n. 舵手, 艇长 (尤指赛艇艇长)

coy [kɔi] a. 害羞的; 装作害羞的/**coyly** ad.

coyote ['kɔiəut, 'kaiəut] n. 郊狼, 小狼

cozen ['kʌzn] v. 欺骗, 哄骗/**cozenage** n.

cozy ['kəuzi] a. 暖和舒服的 ‖ n. (茶壶等的) 保暖罩/**cozily** ad.

crab¹ [kræb] n. 毛虱; 蟹; 蟹肉 (作为食物)

crab² [kræb] n. ①野苹果②脾气乖戾的人, 爱发牢骚的人 ‖ v. 就…发牢骚, 抱怨, 挑剔 [The soldiers crabbed about the food. 士兵们抱怨食物。]

crabapple ①酸苹果②酸苹果树

crabbed ['kræbid] a. ①脾气坏的; 易怒的②(文章等) 难懂的; 晦涩的

crabby ['kræbi] a. 脾气坏的, 爱发牢骚的, 易怒的/**crabbily** ad.

crack [kræk] v. ①发出爆裂声, 劈啪地响 [Thunder rolled and lightning cracked. 雷闪电鸣。] ②裂开, 爆裂, 断裂 [The snowball cracked the window. 雪球打破了窗子。Crack the coconut open. 打开椰子。] ③(噪音) 变粗, 变哑 [Her voice cracked when she sang the highest note. 当她唱最高音时, 她的嗓子变哑了。] ④[口] 砰地一声, 把…碰痛 [I cracked my knee against the desk. 我的膝盖撞到书桌上。] ⑤[俚] 撞坏, 使发疯 [He cracked under the strain. 在高度紧张下, 他发疯了。] ⑥[俚] 闯进, 破门而入 [The burglar cracked the safe. 盗贼撬开了保险箱。] ⑦[俚] 说笑话, 嘲弄 ‖ n. ①啪的一声②裂缝③缝隙④[口] 听得见响声的重击⑤尝试⑥俏皮话, 幽默的讽刺语及驳诘 ‖ a. 第一流的, 技术高超的/**crack down on** [口] 处罚某人, 镇压/**crack up to be**

[口] 吹捧某人 (某事物)

cracked [krækt] a. ①有裂缝的, 碎的② (噪音) 粗的, 哑的③[口] 发疯的, 疯癫的

cracker ['krækə] n. ①一种薄脆饼干②爆竹

crackle ['krækl] v. ①劈劈啪啪地响 [The dry wood crackled as it burned. 干柴燃烧时劈劈啪啪地响。] ‖ n. ①劈啪声, 爆裂声② (瓷器等上的) 细裂纹, 碎裂花纹

crackling ['kræklin] n. ①劈啪的响声, 爆裂声②(烤猪肉的) 脆皮

crack-up ['krækʌp] n. ①撞坏, 撞毁②失去控制

-cracy [krəsi] [后缀] 表示 "统治", "支配"

cradle ['kreidl] n. ①摇篮②策源地, 发源地③形似摇篮或用如摇篮之框架等④镰刀上所附使被割物排列均匀的装置 ‖ v. 置于摇篮中

craft ['krɑ:ft] n. ①手艺, 技巧 ②手工艺③同业; 工会④手腕, 诡计⑤[复] 船, 艇

craftsman ['krɑ:ftsmən] n. 技工; 工匠, 精于工艺的匠人/**craftsmen** [复]

crafty ['krɑ:fti] a. 诡计多端的, 狡猾的/**craftily** ad.

crag [kræg] n. 峭壁; 危岩

craggy ['krægi] a. 多峭壁的, 嶙峋的/**cragginess** n.

cram [kræm] v. ①填塞, 塞满 [The cupboard was crammed with dishes. 碗橱里装满了碟子。] ②把…塞进 [He crammed the papers into a drawer. 他把信件塞进抽屉。] ③[口] 填鸭式地教 (学生) **cramp** [kræmp] n. ①抽筋, 痉挛 (通常由寒冷或过劳而起) ②[复] 急性腹痛③铁箍, 铁塔; 钢筋 ‖ v. ①使抽筋②束缚

crane [krein] n. ①鹤②起重机 ‖ v. 引 (颈) 伸长脖子

cranium ['kreinjəm] n. 头盖骨, 颅/**crania** [kreinjə] [复]/**cranial** a.

crank [kræŋk] n. ①(用以转动机器的) 曲柄②[口] 怪人③[口] 脾气坏的人 ‖

v. 把…弯成曲柄状

crankcase ['kræŋkkeis]n. 曲柄轴箱

crankshaft ['kræŋkʃɑːft]n.[机]曲柄轴

cranky ['kræŋki] a. 古怪的,脾气急躁的

cranny ['kræni]n.(墙上等的)裂缝,裂口

crape [kreip]n.①绉纱,绉布②(哀悼时袖上戴的)黑纱

crash[1] [kræʃ] v. ①发出猛烈声音的碰撞,倒下坠落②坠落,坠毁[The airplane crashed. 飞机坠毁。]③[口] 无票进入(会场、剧场等)‖ n.①(发出猛烈声音的)猛撞②(飞机等的)坠毁③破产,垮台

crash[2] [kræʃ] n. 粗布

crass [kræs] a. 愚不可及的,粗糙的/**crassly** ad./**crassness** n.

crate [kreit]n. 板条箱,柳条箱‖v.用(长箱或柳条箱等)装

crater ['kreitə]n.①火山口②弹坑

cravat [krə'væt]n. 领带,围巾

crave [kreiv] v.①热望,需求[to crave food 需要食物]②恳求,请求[to crave pardon 请求原谅]

craven ['kreivən] a. 胆小的,怯懦的‖n. 懦夫,胆小鬼/**cravenly** ad.

craving ['kreiviŋ]n. 渴望,热望

craw [krɔː]n.①嗉囊②动物的胃

crawfish ['krɔːfiʃ]n. 小龙虾

crawl [krɔːl]v.①爬行,爬②匍匐前进③缓慢地移动[The truck crawled up the steep hill. 卡车在陡峭的山坡上缓慢地爬行驶。]④爬满,充斥着[The rotten log was crawling with worms. 腐烂的木头爬满了虫子。]⑤在…上爬[It makes my flesh crawl to hear ghost stories. 听到鬼的故事使我毛发直竖。]‖ n.①爬,爬行,缓慢地行进②自由式游泳

crayfish ['kreifiʃ]n.①小龙虾②螯虾

crayon ['kreiən]n. 粉笔,蜡笔,颜色笔‖v.用颜色铅笔绘画

craze [kreiz]v.①发狂[crazed by grief 悲伤欲绝]②形成细微的裂纹‖ n. 风行一时的东西

crazy ['kreizi] a.①疯狂的 ②愚蠢的③[口]狂热的,热衷的,着迷的/**crazily** ad./**craziness** n.

crazyquilt ['kreizikwilt]n. 用碎布块拼成的布面

creak [kriːk]v. 吱吱嘎嘎地作响‖ n. 吱吱嘎嘎的声音/**creaky** a.

cream [kriːm]n.①乳脂②含奶油的食品③似乳脂之物;(用以清洁护肤用的)膏,霜,油④精华,精粹⑤奶油色‖ v.①把…打成奶油状②结成奶油状物

cream cheese 奶酪

creamery ['kriːməri]n.①乳脂制造厂②奶品商店

creamy ['kriːmi] a. 含有大量奶油的

crease [kriːs]n.①褶痕,绉,褶②皱纹‖ v. 打迭

create [kri(ː)'eit]v.①创作,创造[Rembrandt created many fine works of art. 伦勃朗创造了许多优秀的艺术作品。]②封授[The President created three new generals. 总统新任命了三位上将。]

creation [kri(ː)'eiʃən]n.①创作②天地万物,宇宙③创造物,创作物

creative [kri(ː)'eitiv] a. 有创造力的,创造性的

creator ['kri(ː)'eitə]n. 创造者/**the Creator** God 上帝,造物主

creature ['kriːtʃə]n. 生物(人或动物)

credence ['kriːdəns]n. 相信(所说的情况)

credentials [kri'denʃəlz]n.[复]信任状,证书

credible ['kredəbl] a. 可信的,可靠的/**credibility** [,kredi'biliti]n./**credibly** ad.

credit ['kredit]n.①信任,相信②称赞③光荣,荣誉,功绩④带给荣誉之事物⑤信用,信誉⑥存折中尚余的存款‖ v.①相信,信赖[He wouldn't credit my excuse. 他不相信我的理由。]②记入贷方[Credit him with 3. 50. 在他的贷方记入 3. 50 美元。]/**credit someone with** 相信某人,确信某人[to credit someone with honesty 相信某人诚实]/**do credit to** 为……带来光荣或信誉/**on credit** 赊买(卖)[to buy a car on credit 赊买汽车]/**to one's credit** 足以使某人增光,值得赞扬

creditable [ˈkreditəbl] a. 可信的,值得赞扬的/**creditably** ad.

creditor [ˈkreditə] n. 债权人

credulity [kriˈdjuːliti] n. 轻信,易信

credulous [ˈkredjuləs] a. 轻信的,易信的

creed [kriːd] n. ①信经,信条,教义②信念,纲领

creek [kriːk] n. ①小河,小溪②小港,小湾

creel [kriːl] n. 鱼篮

creep [kriːp] v. ①爬行,匍匐而行②微微地移动,蹑手蹑脚地走动[The cars crept along in the heavy traffic. 在拥挤的交通中,汽车缓缓移动。The thieves crept into the store at night. 盗贼们在晚上蹑手蹑脚地走进商店。]③不知不觉而来[Old age crept up on him. 他不知不觉地就上了年纪。]④沿地面或墙而蔓延 ‖ n. 爬动,蠕动/**make one's flesh creep** [口] 使某人皮肤感觉着若有虫爬的(不寒而栗)/**give sb the creeps** 使某人毛骨悚然

creeper [ˈkriːpə] n. ①爬行者;爬行动物②匍匐植物(爬山虎属)

creepy [ˈkriːpi] a. 感到毛骨悚然的

cremate [kriˈmeit] v. 焚毁,把(尸体等)烧成灰/**cremation** n.

creosote [ˈkriəsəut] n. [化](木材防腐用的)杂酚油,木馏油

crepe [kreip] n. ①绉绸,绉纱②绉纸

crescendo [kriˈʃendəu] a. & ad. 逐渐增强(地) ‖ n. 渐强/**crescendos** [复]

crescent [ˈkresnt] n. ① 新月,弯月,半钩月②新月形的东西 ‖ a. 渐渐增大的,

新月状的

cress [kres] n. 水芹

crest [krest] n. ①(鸟、禽的)冠,鸡冠,冠毛②从前头盔顶上所饰鸡冠状装饰物③鹰头冠状的饰章

crested [ˈkrestid] a. 有饰章的,有冠毛的

crestfallen [ˈkrestfɔːlən] a. (因失败等)垂头丧气的,沮丧的,难过的

cretonne [kreˈtɔn] n. (做窗帘、椅子套等用的)印花(提花)布

crevasse [kriˈvæs] n. 裂缝,尤指冰河

crevice [ˈkrevis] n. 罅隙,裂缝

crew [kruː] n. ①水手;全体船员;飞机上全体乘员②同事,一起工作的人们③一帮人,一伙人④赛艇的全体队员

crew cut 小平头

crib [krib] n. ①有栏杆的婴儿床②牲畜用的食槽③贮藏玉蜀黍等的箱或桶④用于进入煤矿之竖坑的支撑钢架⑤[口]抄袭他人的作品,剽窃之作 ‖ [口]抄袭

cribbage [ˈkribidʒ] n. 一种纸牌游戏,用木钉在小木板上记分

crick [krik] n. 颈部发生痉挛

cricket[1] [ˈkrikit] n. 蟋蟀

cricket[2] [ˈkrikit] n. ①板球②[口]公平的行为;合乎运动精神的行为

crier [ˈkraiə] n. ①大声叫喊的人,好哭的人(尤指婴儿)②传令员;沿街向市民宣读公告的人

crime [kraim] n. ①罪行,罪恶②愚昧或错误的行为

criminal [ˈkriminl] a. ①犯罪的②犯法的 ‖ n. 犯罪者,罪犯/**criminally** ad.

crimp [krimp] v. ①使有褶[The lace ruffles on her dress were crimped. 她衣服上的花边打褶了。]②头发卷曲,使成波形 ‖ n. ①皱褶②使折褶或弯曲成波形[The rain put a crimp in her hair. 雨水使她的头发打卷。]

crimson [ˈkrimzn] a. & n. 深红色 ‖ v. 使成深红色,变深红色

cringe [krindʒ] v. 因恐惧等而退缩,畏缩 [The dog cringed and put its tail between its legs. 那狗夹着尾巴畏缩成一团。]

crinkle ['kriŋkl] v. ①使皱,使卷曲 [Old paper money is usually crinkled from use. 旧的纸币通常由于使用而起皱。]②发出沙拉沙拉声响

crinoline ['krinəlin] n. ①用以支撑裙子的衬裙②带衬架的裙子

cripple ['kripl] n. 跛子,残废的人(或动物) ‖ v. ①使跛,使残废 [crippled by polio 由于小儿麻痹症而残废]②使受伤病,削弱 [The snowstorm crippled railroad service. 暴风雪使铁路运输瘫痪。]

crisis ['kraisis] n. ①危险期②转折点③艰苦危难时期

crisp [krisp] a. ①脆的,酥的②干脆的,干净利落的;活跃的,有生气的③清新的,爽快的④卷曲的,卷曲的 ‖ v. 使变脆,使卷曲/**crisply** ad. /**crispness** n.

crispy ['krispi] a. 干脆的;生气勃勃的;干净利落的;卷曲的

crisscross ['kriskrɔs] a. 十字形的,线条交叉作十字状的 ‖ v. 交叉而行;以十字线表示 [Railroad tracks crisscross the valley. 火车轨道在山谷间交叉。]

criterion [krai'tiəriən] n. 尺度,准则,标准

critic ['kritik] n. ①批评家,评论家②吹毛求疵者

critical ['kritikəl] a. ①吹毛求疵的②批评(性)的,批判(性)的③对某事表示谴责的④危险的,紧要的⑤造成危机的/**critically** ad.

criticism ['kritisizəm] n. ①评论②评论文③吹毛求疵

criticize ['kritisaiz] v. ①评论②吹毛求疵 [His wife criticizes everything he does. 他的妻子对他做的一切事情都挑剔。]

critique [kri'ti:k] n. ①评论文,短评②批评术,批评法

critter , crittur ['kritə] n. [方] 生物,动物,家畜

croak [krəuk] v. ①深沉地呱呱叫 [Frogs and ravens croak. 青蛙和乌鸦呱呱叫。]②凄惨地说,沙哑地说 [The tired runner croaked a warning. 疲劳的赛跑者沙哑地发出预告。] ‖ n. 嘶哑的声音

crochet ['krəuʃei] n. 用钩针编织的织物 ‖ v. 用钩针编织

crock [krɔk] n. 瓦,罐

crockery ['krɔkəri] n. 瓦器,陶器

crocodile ['krɔkədail] n. 鳄鱼

crocus ['krəukəs] n. [植] 藏红花/**crocuses** [复]

crone [krəun] n. 老太婆;老母羊

crony ['krəuni] n. [俚] 亲密的朋友,老朋友

crook [kruk] n. ①弯曲部分,钩状物②牧羊人用的曲柄杖③[口]无赖,骗子,窃贼 ‖ v. 弯曲,成钩形 [to crook one's arm 弯曲胳膊]

crooked ['krukid] a. ①弯的,歪的,扭曲的②不诚实的,欺诈的

croon [kru:n] v. 低声歌唱,哼唱 [to croon lullabies 哼唱催眠曲]

crop [krɔp] n. ①(麦子、棉花、水果等的)熟,一次收获量,收成②一批,一群,大量的③(鸟类的)嗉囊④鞭柄,鞭稍有卷的短柄鞭⑤剪平头 ‖ v. ①(指畜类)咬去(青草、植物等) [The goat cropped the grass. 羊吃青草。]②剪短 [to crop hair 剪头]/**crop out , crop up** 意外地出现或发生

cropper ['krɔpə] n. 收获者,收割机/**come a cropper** ①跌倒②失败

croquet ['krəukei] n. 槌球

croquette [krəu'ket] n. 炸肉丸,炸鱼丸

crosier ['krəuʒə] n. 主教的权杖

cross [krɔs] n. ①十字架(所用的刑具)②(耶稣被钉死在上面的)十字架③磨难,苦难,烦恼④十字形或叉形记号⑤动植物的异种交配⑥异种动植物杂交所生的混合种 ‖ v. ①[基督教]画十字于 [to cross oneself 在自己身上画十字]②使交叉,使相交 [cross your fingers 交叉手

指]③画横线穿过[Cross your "t's". 写字母 t 时要划一横线。]⑤越过,穿过,渡过[He crossed the ocean. 他渡过大海。the bridge crosses the river. 桥横跨河的两岸。]⑤交叉,错过[Our letters crossed in the mail. 我们的信在邮寄过程中错过了邮班。]⑥反对,阻碍[No one likes to be crossed. 没有人喜欢受到阻碍。]⑦使杂交 ‖ a.①交叉的,横穿过的②脾气坏的,易怒的/to cross off, cross out 划掉,勾销/to cross one's mind (念头) 出现于脑中/to cross one's path 遇见某人/crossly ad.

crossbar ['krɔsbɑ:] n. 横木,横杆(尤指足球场的球门横木)

crossbones ['krɔsbəunz] n. 头盖骨下面象征死亡的两条交叉股骨,用作死亡危险的警告

crossbreed ['krɔsbri:d] v. 使…杂交 ‖ n. 杂种

cross-country ['krɔs'kʌntri] a. 横穿全国的,越野的

crosscut ['krɔskʌt] a. 横切的,横穿的 ‖ n. 捷径,横穿 ‖ v. 横切,横穿

cross-examine ['krɔsig'zæmin] v. 严密询问,盘问/**cross-examination** n.

cross-eyed ['krɔsaid] a. 斜眼的,对眼的

crossing ['krɔsiŋ] n. ①横渡,横穿,横越②交叉点,十字路口③渡口,横道

crosspiece ['krɔspi:s] n. 横档

cross-purpose ['krɔs'pəːpəs] n. 相反的目的,自相矛盾/**at cross-purposes** 互相误解,有矛盾

cross-question ['krɔs'kwestʃən] v. 盘问

cross-reference v. & n. 相互参照,相互参照条目

crossroad ['krɔsrəud] n. ①横路,交叉路②与另一路交错或连接大路者③十字路口

crosssection ①横切②截面③(有代表性的)剖面,典型

crosswalk ['krɔswɔːk] n. 人行横道,过街人行道

crossway ['krɔswei] n. 横路,交叉路

crossways ['krɔsweiz] ad. 横地,斜地

crosswise ['krɔswaiz] ad. ①作十字状地②横地,斜地

crossword puzzle ['krɔswəːd 'pʌzl] n. 一种纵横填字字谜

crotch [krɔtʃ] n. ①树的叉枝,叉杆,叉状物②人体两腿分叉处

crotchet ['krɔtʃit] n. 不合理的奇思怪想/**crotchety** a.

crouch [krautʃ] v. 蹲伏 ‖ n. 蹲伏的姿势

croup[1] [kru:p] n. 哮吼/**croupy** a.

croup[2] [kru:p] n. 马的臀部

crow[1] [krəu] n. 鸦,乌鸦/**as the crow flies** 笔直地,按直线地

crow[2] [krəu] v. ①雄鸡啼叫②因愉快、高兴而发出欢呼声;鸡叫声;吹嘘自擂

crowbar ['krəubɑ:] n. 撬棍,起货钩

crowd [kraud] n. ①群,人群②大众,老百姓③[口]大众的想法 ‖ v. ①挤[Can we all crowd into one car? 我们能挤进一辆车子吗?]②拥挤[People crowded to see the show. 人们挤着看表演。]③塞满,装满,堆满

crown [kraun] n. ①王冕,皇冕(黄金、珠宝制成)②王权,君权③国王,王后④花冠,象征荣誉和胜利⑤顶标⑥像王冠状的东西⑦顶部,头或帽的顶部⑧齿冠⑨英国旧制五先令硬币 ‖ v. ①为…加冕,为…加冠,立…为王[Elizabeth I was crowned in 1588. 伊丽莎白一世 1588 年加冕为王。]②以荣誉等酬报[The victor was crowned with glory. 胜利者获得了荣誉。]③位于…顶,顶上有[Woods crowned the hill. 山顶上覆盖着森林。]④为牙冠镶假齿冠⑤使…圆满结束[Success crowned his efforts. 他的努力获得圆满成功。]⑥[口]打…头部

crow's nest ['krəu'znest] n. 桅杆瞭望台,守望楼

crucial ['kru:ʃ(j)əl] a. 决定性的,紧要

关头/**crucially** ad.

crucifix [ˈkruːsifiks] n. [宗]耶稣钉在十字架上的图像；十字架

crucifixion [ˌkruːsiˈfikʃən] n. ①在十字架上钉死的刑罚②the Crucifixion 耶稣在十字架上钉死的图像或图像

crucify [ˈkruːsifai] v. ①把…钉死在十字架上②折磨，使苦恼

crude [kruːd] a. ①粗鲁的，粗野的②天然的，未加工的/**crudely** ad. /**crudeness** n.

cruel [ˈkruːəl] a. ①残忍的，残酷的②令人痛苦的/**cruelly** ad.

cruelty [ˈkruːəlti] n. ①残忍，残酷②残酷的行为

cruet [ˈkruː(ː)it] n. 餐桌上的调味品瓶

cruise [kruːz] v. ①巡航，巡游②用巡航速度飞行 [The airplane cruised at 300 miles per hour. 飞机以每小时 300 英里的速度飞行。] ‖ n. 巡航，巡游

cruiser [ˈkruːzə] n. ①巡洋舰②警察巡逻车；巡航机动船

cruller [ˈkrʌlə] n. 油煎饼

crumb [krʌm] n. ①面包屑，糕饼屑②少许，点滴 ‖ v. 捏碎，弄碎

crumble [ˈkrʌmbl] v. ①弄碎，把…弄成细屑 [He crumbled the crackers into his soup. 他把薄脆饼干弄碎撒进汤里。]

crumbly [ˈkrʌmbli] a. 易弄碎的，易推毁的

crumple [ˈkrʌmpl] v. ①把…弄皱；扭弯 [He crumpled the paper in his hand. 他把这张纸在手里弄皱了。This fabric won't crumple. 这种织品不起皱。]②碎裂，崩溃

crunch [krʌntʃ] v. ①嘎吱嘎吱地咬嚼 [to crunch carrots 嘎吱嘎吱地嚼胡萝卜]②嘎吱嘎吱地碾（踏）过 [The wheels crunched the pebbles in the drive. 车轮嘎吱嘎吱地通过鹅卵石路。] ‖ n. 嘎吱嘎吱的声音，嘎吱嘎吱的咬嚼

crunchy [ˈkrʌntʃi] a. 发嘎吱嘎吱声的

crupper [ˈkrʌpə] n. ①连在马鞍后边兜过马尾下的皮带②马屁股

crusade [kruːˈseid] n. ①[史]十字军东征，宗教战争②任何赞助善事或反对恶事的奋斗或运动 ‖ v. 参加某种运动（以反对或赞助）/**crusader** n.

cruse [kruːz] n. [古]缸，罐，壶

crush [krʌʃ] v. ①压碎，压坏，压伤 [He crushed the walnut in his hand. 他压碎了手里的胡桃。His hat was crushed when he sat on it. 他坐在帽子上，把帽子压坏了。]②磨碎，碾碎 [This machine crushes rocks. 这台机器可压碎石头。]③压服，压倒，压垮 [The government crushed the revolt. 政府镇压了反叛。]④弄皱，揉搓 [Her cotton dress crushes easily. 她的棉布衣服容易起皱。] ‖ n. ①压碎，毁坏，压皱②极度拥挤③迷恋，迷恋的对象

crust [krʌst] n. ①硬外皮②干面包皮③一片面包，碎饼干的面包外皮④一层薄冰 ‖ v. 以硬壳覆盖 [The roofs were crusted with ice and snow. 房顶上被一层冰雪覆盖。]

crustacean [krʌsˈteiʃən] n. 甲壳类动物

crusty [ˈkrʌsti] a. ①有硬壳的，硬如壳的②厉声厉色的，脾气暴躁的/**crustily** ad.

crutch [krʌtʃ] n. ①跛足者腋下用的拐杖②似拐杖的支持物

crux [krʌks] n. 关键

cry [krai] v. ①喊叫，号叫 [She cried out in fright when she saw the face at the window. 当她看见窗户上的面孔时，吓得喊叫起来。]②哭泣，啜泣③叫喊，大声地说 [“Help！Help！” She cried. “救命，救命！”她大声地叫喊。] ‖ n. ①叫喊，喊声②呼声，舆论③（一阵）哭泣④各种兽的叫声/**a far cry** ①遥远的距离，一大段距离 [It was a far cry from the farm to the town. 农场离城很远。]②大不相同的东西 [The new school was a far cry from the old one. 新学校同旧学校大不相同。]/**cry for** ①哭着要；吵着要求；恳求②迫切需要/**cry one's eyes out** 哭个痛快

crybaby [ˈkraibeibi] n. ①好哭的婴儿②爱哭或爱抱怨的人

crying [ˈkraiiŋ] a. 急需处理的

cryogenics [ˌkraiəˈdʒeniks] *n.* 低温学；低温试验法

cryptic [ˈkriptik] *a.* 隐蔽的，秘密的；神秘的/**criptically** *ad.*

cryptogram [ˈkriptəugræm] *n.* 密码，暗号，密码文

crystal [ˈkristl] *n.* ①水晶，结晶（体）②水晶饰品③水晶玻璃④由某些物质的分子所构成的结晶体 ‖ *a.* ①水晶体的②水晶般的，清澈的，透彻的

crystalline [ˈkristəlain] *a.* ①水晶制的②清澈透明的，清晰的③结晶体组成的，结晶状的

crystallize [ˈkristəlaiz] *v.* ①形成结晶体；使结晶 [Boil the maple sirup until it will crystallize. 煮枫树糖浆直到它结晶为止。] ②使定形，使…具体化 [Their customs were crystallized into law. 在法律上他们的习俗得到肯定。] /**crystallization** *n.*

cub [kʌb] *n.* 幼兽

cubbyhole [ˈkʌbihəul] *n.* 舒适的小房间，小壁橱；鸽笼式文件架，分类格

cube [kjuːb] *n.* ①立方形，立方体②[数]立方，三次幂 ‖ *v.* ①使自乘至三次幂 [5 cubed is 125. 5 的立方是 125。] ②使成方体；把…切成方块 [She cubed the fruit for a salad. 她把水果切成色拉块。]

cubic [ˈkjuːbik] *a.* ①立方体的，立方形的②三次曲线，三次方程

cubicle [ˈkjuːbikl] *n.* 大房间里以墙或幕隔成的小室

cuckoo [ˈkukuː] *n.* ①杜鹃，布谷鸟②杜鹃叫声，学杜鹃叫的咕咕声 ‖ *a.* 疯狂的，疯癫的

cucumber [ˈkjuːkʌmbə] *n.* ①黄瓜②蔓生植物/**as cool as a cucumber** 泰然自若，极为冷静

cud [kʌd] *n.* 嚼咽；反刍的食物

cuddle [ˈkʌdl] *v.* ①拥抱，怀抱 [to cuddle a baby 怀抱婴儿] ②紧贴着身子躺 [to cuddle up in a chair 蜷缩着身子躺在椅子里]

cudgel [ˈkʌdʒəl] *n.* （短而重的）棍棒 ‖ *v.* 用棍棒打/**cudgel one's brains** 冥思苦想

cue[1] [kjuː] *n.* ①[戏]片白，提示②演奏指示乐节③暗示 ‖ *v.* 给…暗示

cue[2] [kjuː] *n.* ①（台球中用的）弹子棒②发辫；长队，长蛇阵

cuff[1] [kʌf] *v.* 用巴掌打 ‖ *n.* 掌击，一巴掌

cuff[2] [kʌf] *n.* ①袖口，护腕②裤脚的反边③手铐

cuff links （衬衫袖口的）链扣

cuirass [kwiˈræs] *n.* 护甲，护胸铁甲

cuirassier [ˌkwirəˈsiə] *n.* 着胸甲的骑兵

cuisine [kwi(ː)ˈziːn] *n.* ①烹饪 [a Swedish cuisine 瑞典烹饪] ②已烧好的食物

culinary [ˈkʌlinəri] *a.* 厨房的；烹饪的，烹饪用的

cull [kʌl] *v.* ①采集，挑选，选拔②选出，拾出 [to cull a cornfield for ripe ears 在玉米地里挑捡出成熟的米穗] ‖ *n.* 剔除之物

culminate [ˈkʌlmineit] *v.* 达到顶点 [His career culminated in his being elected president. 他当选总统后事业达到最高峰。] /**culmination** *n.*

culpable [ˈkʌlpəbl] *a.* 应受谴责的；应受处罚的，有罪的/**culpably** *ad.* /**culpability** [ˌkʌlpəˈbiliti] *n.*

culprit [ˈkʌlprit] *n.* ①犯人，犯罪者②被控犯罪之人，刑事被告

cult [kʌlt] *n.* ①[宗]礼拜，祭礼；宗教信仰及崇拜的体系②狂热的崇拜

cultivate [ˈkʌltiveit] *v.* ①耕种（田地）②栽培（植物）③翻土，除草④培养，修养；花费心思以发展某事物 [cultivate your mind 修心养性] ⑤培养与某人的友谊 [to cultivate a person 力求结交某人]

cultivation [ˈkʌltiveiʃən] *n.* ①耕作②栽培；养殖③培养，修习，教养

cultivator [ˌkʌltiˈveitə] *n.* ①耕种者，栽培者②[农]耕耘机

culture [ˈkʌltʃə] *n.* ①耕田②养殖；栽培 [bee culture 养蜂] ③细菌的培养④教养，陶冶；修养⑤人类社会；文化，文明/**cultural** *a.* /**culturally** *ad.*

C

cultured [ˈkʌltʃəd] a. ①文明的②有修养的，高尚的，优雅的

culvert [ˈkʌlvət] n. 涵洞，暗渠，下水道，地下电缆道

cumber [ˈkʌmbə] v. 阻碍，拖累

cumbersome [ˈkʌmbəsəm] a. 沉重的，笨重的，不便携带的

cumulative [ˈkjuːmjulətiv] a. 累积的，渐增的，累加的

cumulus [ˈkjuːmjuləs] n. 一堆，积云

cuneiform [ˈkjuːniifɔːm] a. 楔形的；楔形文字的

cunning [ˈkʌniŋ] a. ①精巧的，熟练的②狡猾的，熟练的③可爱的 ‖ n. 灵巧，熟练，狡诈/**cunningly** ad.

cup [kʌp] n. ①杯子②(一桶)一杯，一杯的容量③优胜杯，奖杯④经历，遭遇⑤高尔夫球洞 ‖ v. 使成杯状[cup your hands 使手成杯状]

cupbearer [ˈkʌpˌbeərə] n. 斟酒者

cupboard [ˈkʌbəd] n. 碗碟厨，食橱

cupcake [ˈkʌpkeik] n. 杯形糕饼

cupful [ˈkʌpful] n. (一)满杯；半品脱之量 /**cupfuls** [复]

cupidity [kju(ː)ˈpiditi] n. 贪财，贪心

cupola [ˈkjuːpələ] n. ①圆屋顶，小圆屋顶②圆顶炉

cur [kəː] n. ①杂种狗②坏种，卑恭的家伙

curable [ˈkjuərəbl] a. 可医好的

curative [ˈkjuərətiv] a. 治病的，有疗效的 ‖ n. 治疗物，药品

curator [kjuəˈreitə] n. 管理者，掌管者；博物馆、图书馆等的馆长

curb [kəːb] n. ①勒马的链条或皮带②阻止物，抑制的东西③(街道的)路边镶边石 ‖ v. 控制，抑制，约束[to curb one's appetite 控制食欲]

curd [kəːd] n. 凝乳，凝乳状物

curdle [ˈkəːdl] v. 使……凝结/**curdle one's blood** 吓得某人浑身冰凉

cure [kjuə] n. ①药物②治愈，痊愈③治疗法 ‖ v. ①使……恢复健康，治愈[to cure a sick person of a disease 治愈某人的病]②消除弊病[Low grades cured me of neglecting my homework. 低分祛除了我忽视家庭作业的恶习。]③被加工处理(指腌、熏、晒、烤)

cure-all [ˈkjuərɔːl] n. 万应灵药

curfew [ˈkəːfjuː] n. ①晚钟；晚钟声，打晚钟的时刻②禁止人们外出的时间或信号；宵禁

curio [ˈkjuəriəu] n. 稀奇古怪的艺术品，古董，古玩，珍品/**curios** [复]

curiosity [ˌkjuəriˈɔsiti] n. ①好奇心，求知欲②好管闲事③珍奇的事物

curious [ˈkjuəriəs] a. ①渴望知道的，好奇的②古怪的，不寻常的，难懂的/**curiously** ad.

curl [kəːl] v. ①使……弯曲，扭曲[to curl hair 卷曲头发]②缭绕[The fog curled around our feet. 雾在我们的脚边环绕。]③起波纹；把身子蜷成一团；倒下了[The dampness curled the pages of the book. 潮湿把书页弄卷了。I curled up on the sofa. 我蜷伏在沙发上。] ‖ n. ①鬈毛，鬈发②卷曲物，螺旋状物

curlicue [ˈkəːlikjuː] n. (文字等)花体 ‖ v. ①形成花体②以花体装饰

curly [ˈkəːli] a. ①卷曲的②鬈毛(或鬈发)的/**curliness** n.

currant [ˈkʌrənt] n. ①一种小的甜葡萄干，用于制作小面包、糕饼、布丁等②红醋栗

currency [ˈkʌrənsi] n. ①通货，货币②通用，流通；流传，传播③某一事物流行的时期

current [ˈkʌrənt] a. ①现时的，当前的，现行的②通用的，流通的③公认的 ‖ n. ①水流，气流，电流；趋势，倾向，潮流/**currently** ad.

curriculum [kəˈrikjuləm] n. 学校的全部课程/**curriculums, curricula** [kəˈrikjulə]

curry[1] [ˈkʌri] v. 梳刷动物的皮毛/**curry favour** 求宠(于某人)，拍(某人)马屁

curry² [ˈkʌri] n. ①咖喱粉②咖喱食品

curse [kəːs] n. ①诅咒,咒骂②咒语,骂人话③祸因,祸根,不幸的事 ‖ v. ①诅咒,咒骂②口出恶言③使…受害,使…受苦,因…而遭殃[cursed with illness 受疾病之苦]

cursed [ˈkəːsid] a. ①被咒骂的②该死的,可恶的

cursive [ˈkəːsiv] a. (字迹)草写的

cursory [ˈkəːsəri] a. 匆促的,粗略的,不精细的/**cursorily** ad.

curt [kəːt] a. 简短的,唐突的,粗率无礼的/**curtly** ad.

curtail [kəːˈteil] v. 截短,缩短,削减(经费等)/**curtailment** n.

curtain [ˈkəːtən] n. ①帘,窗帘,舞台上的幕②幕状物 ‖ v. 装幕于,以幕遮盖

curtsy, curtsey [ˈkəːtsi] n. 屈膝礼 ‖ v. 行屈膝礼/**curtsies, curtseys** [复]

curvature [ˈkəːvətʃə] n. 弯内,弯曲部分

curve [kəːv] n. ①曲线,弧线②(棒球)曲线球 ‖ v. ①弄弯,使成曲线,把…扳成弯形[The trail curves to the left. 小路向左弯曲。]②(依)曲线前进[The next pitch curved in to the batter. (棒球)下一投依曲线向击球手抛出。]

cushion [ˈkuʃən] n. ①垫子,软垫,座垫,椅垫②(台球台子的)边缘内侧的橡皮边 ‖ v. ①给…安上垫子[a cushioned seat 带垫子的座位]②使减少震动,减震作用[Grass cushioned his fall. 草地减缓他的坠落力。]

cusp [kʌsp] n. ①尖点,会切点②(牙)尖

cuspid [ˈkʌspid] n. 犬齿

cuspidor [ˈkʌspidɔː] n. 痰盂

cuss [kʌs] n. & v. ①诅咒,咒骂

cussed [ˈkʌsid] a. ①该诅咒的,可恶的②执拗的,别扭的

custard [ˈkʌstəd] n. 乳蛋糕

custodian [kʌsˈtəudjən] n. ①管理人,看守人②保管人

custody [ˈkʌstədi] n. ①保管,保护,监护② in custody 在保管中,在拘留(或监审)中

custom [ˈkʌstəm] n. ①习惯,惯例②风俗③[复]货物进口税,海关④由于经常购买某货物而给予经商者的照顾 ‖ a. ①订制的②专做订货的

customary [ˈkʌstəməri] a. 惯常的,习惯的/**customarily** ad.

customer [ˈkʌstəmə] n. ①顾客②顾主③家伙[a rough customer 粗暴无礼的家伙]

customhouse [ˈkʌstəmhaus] n. 海关

custom-made [ˈkʌstəmˈmeid] a. 订制的,订做的

cut [kʌt] v. ①用刀或其它利器割破口[He cut his chin while shaving. 刮脸时他伤了下颏。]②切,割,分割[Will you cut the cake? 请你切开这块糕点好吗?]③掘成,凿成,开辟[He cut a path through the underbrush. 他在小丛林中开出一条路。]④修剪[to cut one's hair 剪头发]⑤削减,缩短,删节[Prices were cut. 物价降低了。]⑥伤害,刺痛,刺穿[cut by the cold wind 寒风刺骨]⑦切,割,截,剪,砍,削[This wood cuts easily. 这种木头容易截切。]⑧斜穿,抄近路[The path cuts across the meadow. 这条小路穿过草地。The tunnel cuts through the mountain. 隧道穿山而过。]⑨长出牙齿⑩削球⑪假装不看见某人,不理睬某人 ‖ n. ①切,割②油,击③伤口,切口④某一部位的食用肉⑤削减,缩短,删节,删掉的一部分⑥ short cut 近路,捷径⑦式样,类型⑧伤人的话或行为⑨插图,版画⑩[口]分摊到的一份/cut and dried 已决定的,不大会改变的/cut back 截短/cut down ①砍倒②削减,缩短/ cut in ①突然插入[A car cut in ahead of ours. 一辆轿车抢档在我们面前。]②插嘴/cut off ①切掉,割掉,剪掉,剪下,删去②突然中止,中断,关掉/cut out ①切掉,割掉,删掉②去掉,删除,遗漏,略去③剪裁出,排定(工作等)④[口]停止,放弃/cut out for 适合于/cut short 使停止,中断/cut up ①切碎②[口]恶作剧,胡闹

cute [kjuːt] a. ①聪明的,伶俐的[a cute trick 一个聪明的恶作剧]②漂亮的,逗人喜爱的/**cutely** ad.

cuticle ['kju:tikl] n. ①表皮②角质层

cutlass, cutlas ['kʌtləs] n. 短剑,弯刀

cutler ['kʌtlə] n. 刀匠,磨刀匠,刀具工人; [总称]经营刀具的商人

cutlery ['kʌtləri] n. ①刀剑,刃具②西餐的刀叉餐具③刀具(剑)制造业

cutlet ['kʌtlit] n. ①肉片,炸肉排②一厚块连骨的肉或鱼

cutoff ['kʌtɔf] n. ①近路 ②(河流弯曲处)截弯曲直的河道

cut-rate ['kʌt'reit] a. 减价的,有减价货出售的[cut-rate drugs 减价药品]

cutter ['kʌtə] n. ①从事切割(或剪削等)工作的人②快艇,小汽艇

cutthroat ['kʌtθrəut] n. 凶手,谋杀者‖a. 残酷的,无情的,杀人的

cutting ['kʌtiŋ] n. ①切;割;剪;削,掘②切(割,剪,削)下的东西;插枝,插条‖a. ①供切(割等)用的;锋利的[a cutting edge 锋利的刀刃]②凛冽的,寒风刺骨的[a cutting wind 凛冽的寒风]③刺骨的,剧烈的[a cutting remark 刺耳的话]

cuttlefish ['kʌtlfiʃ] n. 乌贼,墨鱼;乌贼在危险时喷出黑色液体

cutworm ['kʌtwə:m] n. 夜盗虫

-cy [si] [后缀] ①表示"性质","状态"②表示"职位","级别"

cyanide ['saiənaid] n. [化]氰化物

cycle ['saikl] n. ①周期,循环,一转②(一段)长时期,一个时代③自行车,三轮脚踏车,机器脚踏车④(描写同一个人物,表现同一个主题的)一组故事或歌曲,诗歌等‖v. 骑自行车(骑三轮脚踏车,机器脚踏车)

cyclic ['saiklik] a. 周期的,循环的,轮转的

cyclist ['saiklist] n. 骑自行车(三轮脚踏车,机器脚踏车)者

cyclone ['saikləun] n. 气旋,旋风,暴风

cyclonic [sai'klɔnik] a. 气旋式的,暴风的

cyclopedia, cyclopaedia [,saikləu'pi:djə] n. 百科词典,百科全书

cyclotron ['saiklətrɔn] n. 原子回旋加速器

cygnet ['signit] n. 小天鹅

cylinder ['silində] n. ①圆筒,圆柱体②汽缸

cylindrical [si'lindrikəl] a. 圆柱体的,圆筒性的

cymbal ['simbəl] n. 铜钹,铙钹

cynic ['sinik] n. 玩世不恭的人,愤世嫉俗者

cynical ['sinikəl] a. ①愤世嫉俗的;玩世不恭的②冷嘲热讽的∥**cynically** ad.

cynicism ['sinisizəm] n. ①愤世嫉俗,玩世不恭②挖苦话,冷言冷语

cynosure ['sinəzjuə, sainəzjuə] n. 引起众人注视的人(或事物)[As he dropped his fork, he felt he was the cynosure of all eyes. 当他的叉子掉落时,他感觉到自己成为众人注意的目标。]

cypress ['saipris] n. ①(丝)柏树②柏树枝

cyst [sist] n. [生]胞,囊,包囊

Czar [zɑ:] n. 沙皇,皇帝;大权独揽的人物,特权人物

𝒟 𝑑 **D** d

D,d 〔di:〕n. 英语字母表中的第四个字母/
D's,d's〔di:z〕〔复〕

dab 〔dæb〕v. 轻拍,轻敲,轻敷,轻搽〔to dab
one's face with lotion 用洗液轻搽某人的脸
to dab paint on a surface 在表面上敷色彩〕
‖ n.①轻搽,轻拍,轻敲②软而湿的小块

dabble〔'dæbl〕v.①溅水;戏水;使出入水
中②把…作为爱好尝试一下〔He dabbles
in music. 他涉足音乐。〕/**dabbler** n.

dacron〔'deikrən〕n. 涤纶②涤纶物品

dactylic〔dæk'tilik〕a. 扬抑抑格的(句
子)

daddy〔'dædi〕n. 爸爸,爹爹(儿语)

daffodil〔'dæfədil〕n.〔植〕①黄色水仙
花②黄色

daft〔dɑːft〕a. 傻的,愚蠢的,疯狂的

dagger〔'dægə〕n.①匕首,短剑②剑号

daguerreotype〔də'geriətaip〕n. 老式
照片

daily〔'deili〕a. 每日的,每周的 ‖ n. 日
报 ‖ ad. 每日,天天

dainty〔'deinti〕a.①美丽的,精致的②
讲究的,挑剔的③美味的,精选的 ‖ n. 美
味,珍馐/**dainties**〔复〕/**daintily** ad./
daintiness n.

dairy〔'dɛəri〕n.①牛奶房,制酪场②奶品
农场;牛奶及乳品店

dairymaid〔'dɛərimeid〕n. 牛奶场女工

dairyman〔'dɛərimən〕n.①牛奶场男工
②牛奶场主;牛奶及乳品商人

dais〔'deiis〕n. 房间一端的平台,讲台
〔The throne stood on a dais. 君王站在平
台上。〕/**daises**〔复〕

daisy〔'deizi〕n.①雏菊属植物②雏菊花

dalliance〔'dæliəns〕n.①戏弄、调戏、玩弄
的行为②放荡度日

dally〔'dæli〕v.①(以轻视和游戏态度)对
待,戏弄,调戏,玩弄〔to dally with an idea
不慎重地考虑一项意见〕②浪费时间

dam〔dæm〕n.①水坝,堤坝;筑坝拦(水);
拦阻,抑制〔to dam a river 筑坝拦河 to dam
up one's energy 抑制某人的活力〕

dam〔dæm〕n. 母畜

damage〔'dæmidʒ〕n.①损害,毁坏,损失
②〔复〕损害赔偿金 ‖ v. 损害,毁坏〔The
frost damaged the crops. 严寒损坏了庄稼。〕

damask〔'dæməsk〕n.①缎子,锦缎②粉红
色,玫瑰色③大马士革钢 ‖ a.①(像)缎子
的,锦缎的②粉红色的,玫瑰色的

damn〔dæm〕v.①指责,把…骂得一钱不值
〔All critics damned the play. 所有的批评家
都指责这部剧。〕②使人受罚〔His own
sins have damned him. 他的罪过使他永受
惩罚。〕③诅咒 ‖ n. 诅咒,愤怒/**damnation**
n.

damnable〔'dæmnəbl〕a. 该诅咒的;糟透
的;可恶的/**damnably** ad.

damp〔dæmp〕a. 微湿的,潮湿的 ‖ n.①湿
气,潮湿②矿井中的有毒气体 ‖ v.①使潮
湿;抑郁,闷住(火)〔to damp a fire 灭火〕/
damply ad./**dampness** n.

dampen〔'dæmpən〕v.①使潮湿〔Dampen
the shirts before ironing them. 熨衣服前先将
其弄湿。〕②使沮丧,使败兴,阻止〔His cold
reply dampened our enthusiasm. 他的冷漠答
复使我们扫兴。〕

damper ['dæmpə] n. ①气流调节器②起抑制作用的人或物；令人扫兴的人或物

dance [dɑːns] v. ①跳舞，舞蹈〔to dance a waltz or a minuet 跳华尔兹或小步舞〕②跳跃，雀跃〔waves dancing in the moonlight 月光下波涛荡漾 children dancing with joy 高兴得手舞足蹈的孩子们〕‖ n. ①跳舞；一个舞②舞步③舞会④舞曲

dancer ['dɑːnsə] n. 跳舞者

dandelion ['dændilaiən] n. 蒲公英

dandle ['dændl] v. 在膝上将小孩举上放下逗弄

dandruff ['dændrʌf] n. 头皮屑

dandy ['dændi] n. ①过分注意衣着和外表的男人，花花公子②[俚]第一流的东西‖ a. [俚]极好的，第一流的

danger ['deindʒə] n. ①危险；冒险②危险物

dangerous ['deindʒrəs] a. 危险的，不安全的/**dangerously** ad.

dangle ['dæŋgl] v. ①悬吊着以使前后摆动〔A long tail dangled from the kite. 风筝的长绳子摇摆不定。〕②摇晃地挂着〔The girl dangled her doll by one arm. 小女孩拎着她的玩具娃娃的一只手。〕

dank [dæŋk] a. 阴湿的/**dankness** n.

dapper ['dæpə] a. ①整洁漂亮的；衣冠楚楚的②小而活泼的

dapple ['dæpl] a. 有斑点的，有花纹的‖ v. 使有斑点〔Clumps of daisies dappled the meadow. 簇簇雏菊点缀着草地。〕

dare [dɛə] v. ①敢，敢于〔I wouldn't dare to oppose him. 我不敢反对他。〕②勇敢地面对，公然反抗〔The hunter dared the dangers of the jungle. 猎人敢冒丛林之险。〕③激将，挑战〔He dared me to swim across the lake. 他激我游过湖去。〕‖ n. 激将/**dare say** 大概

daredevil ['dɛəˌdevl] n. 胆大妄为的人‖ a. 胆大妄为的

daring ['dɛəriŋ] a. 大胆的，无畏的‖ n. 鲁莽

dark [dɑːk] a. ①黑暗的，暗的②黑色的，深色的③隐藏的，隐秘的④阴暗的，无望的⑤无知的，蒙昧的‖ n. ①黑暗，暗处②暗色/**in the dark** 不知道，毫不知情〔I'm in the dark about your plans. 我对你的计划毫不知情。〕/**darkly** ad./**darkness** n.

darken ['dɑːkən] v. 使变暗，使变黑

dark horse [口] 出人意料的获胜者，黑马

darling ['dɑːliŋ] n. 心爱的人‖ a. 心爱的，宠爱的

darn [dɑːn] v. ①织补‖ n. 织补处

dart [dɑːt] n. ①镖，箭②飞快的动作‖ v. ①急冲，突进〔The beacon darted its beam into the sky. 灯塔光束直射云天。〕②突然而迅速地移动〔The birds darting through the trees. 鸟儿飞快地穿过树林。〕

dash [dæʃ] v. ①击碎〔He dashed the bottle to the floor. 他把瓶子摔在地上。〕②猛掷，猛撞〔The high wind dashed the boat on the rocks. 劲风把船猛撞在礁石上。〕③溅〔We dashed some water in his face. 我们把水喷洒到他脸上。〕④使破灭〔Her hopes are dashed. 她的希望破灭了。〕⑤匆忙完成〔I dashed off a note to Agnes. 我匆匆给艾格尼丝写了个便条。〕⑥飞速移动〔The thief dashed down the alley. 小偷飞快地溜进胡同。〕‖ n. ①重击，击碎②少许，少量③短跑，猛冲④活力，精力⑤破折号

dashboard ['dæʃbɔːd] n. （车辆的）挡泥，仪表板

dashing ['dæʃiŋ] a. ①精神抖擞的，冲劲很足的②多彩而炫耀的

dastard ['dæstəd] n. 卑怯的人，懦夫/**dastardly** a.

data ['deitə] n. [复] ①动词用单、复数均可〕事实资料/**datum** [单]

date¹ [deit] n. ①日期②日子③（硬币、信等）说明日期的数字或文字④[口] 约会‖ v. ①注明日期〔The letter is dated May 15. 信的日期是 5 月 15 日。〕②确定…的年代〔A tree can be dated by counting the rings in its trunk. 树的年龄可由树干的年轮来确定。〕③属于某一历史时期〔a painting that dates from the artist's earliest work 这位艺术

家早期作品中的一幅画〕④[口]约会〔Sarah is dating Joe tonight. 今晚萨拉和乔约会。〕/**out of date** 废弃的,过时的/**up to date** 现代的,新式的,时兴的/**dateless** a. 无日期的

date² ['deit] n. 海枣,枣

dative ['deitiv] a. [语]与格的 ‖ n. 格

datum ['deitəm] data 的单数形式

daub [dɔ:b] v. ①涂抹〔She daubed salve on his burned finger. 她给他烧伤的手指涂药膏。〕②乱画,乱涂 ‖ n. ①涂料〔daubs of plaster 灰泥涂料〕②拙劣的画,涂鸦之作/**dauber** n.

daughter ['dɔ:tə] n. ①女儿②与某人或某事有联系的女性〔a daughter of France 法国妇女〕

daughter-in-law ['dɔ:təinlɔ:] n. 儿媳妇;继女/**daughters-in-law** [复]

daunt [dɔ:nt] v. 威吓,使气馁〔She was never daunted by misfortune. 不幸从来吓不倒她。〕

dauntless ['dɔ:ntlis] a. 无所畏惧的,吓不倒的/**dauntlessly** ad.

davenport ['dævnpɔ:t] n. 长沙发

davit ['deivit] n. 吊艇柱,吊艇架

dawdle ['dɔ:dl] v. 虚掷时光,闲荡,闲混

dawn [dɔ:n] v. ①破晓〔Day is dawning. 天刚亮。〕②开始出现,开始发展〔With the discovery of electricity, a new age dawned. 由于电的发现,一个新时代开始了。〕③逐渐被理解,感知〔The meaning suddenly dawned on me. 我恍然大悟其意义。〕‖ n. ①黎明,拂晓②开端

day [dei] n. ①白昼,白天②一天,一日③时代,时期④全盛时期⑤工作日⑥[复]寿命,生命/**call it a day** [口]收工/**win the day** 打胜

daybreak ['deibreik] n. 黎明

daydream ['deidri:m] n. 白日梦;空想 ‖ v. 做白日梦;幻想

daylight ['deilait] n. ①日光,阳光②黎明③白天

daylight-saving time 夏令时

daytime ['deitaim] n. 白天,日间

daze [deiz] v. 使发昏,使茫然〔He was dazed by the news of her marriage. 她结婚的消息使他感到茫然。〕‖ n. 迷乱,茫然

dazzle ['dæzl] v. ①使眼花,使目眩〔I was dazzled by the headlights of approaching cars. 驶过来的汽车的前灯照花了我的眼睛。〕②产生敬佩,产生深刻印象〔the dazzling skill of the pianist 钢琴家令人折服的技巧〕

de- [前缀] ①离开②除去③向下④完全⑤倒转;否定

deacon ['di:kən] n. ①副主祭②执事

dead [ded] a. ①死的,无生命的②废弃的③无感觉的,麻木的④呆板的,死气沉沉的⑤不活动的,不工作的⑥准的,丝毫不差的⑦完全的 ‖ ad. 完全地,绝对地〔I am dead tired from running. 我跑得累坏了。〕②直接地,正对地〔Steer dead ahead.——直向前开!〕‖ n. 最冷的时刻/**the dead** 死者

deaden ['dedn] v. ①使失去感觉,使麻木〔The dentist deadens the nerve before he drills. 牙医钻牙前先麻醉神经。〕②使缓和〔Heavy curtains will deaden street noises. 厚厚的帘子隔绝街上的噪音。〕

dead end 死胡同;(街道,管道等)闭塞不通的一头

dead-end a. 一头不通的;没出路的;贫民区的

dead letter (无法投递的)死信

deadline n. 最后期限

deadlock n. 僵局 ‖ v. 陷入僵局

deadly ['dedli] a. ①致命的;毒性的②不共戴天的;殊死的③死一般的④[口]死气沉沉的 ‖ ad. ①死一般地〔She turned deadly white. 她脸色变得毫无血色。〕②非常,极〔He is deadly serious. 他十分严肃。〕

dead reckoning 航位推测法

deaf [def] a. ①聋的②不听;不注意/**deafness** n.

deafen ['defn] v. ①使聋②使听不见

deaf-mute n. 聋哑者

deal [di:l] v. ①与…有关;处理;注重〔Science deals with facts. 科学注重事实。]②对待,对付〔I don't think he dealt fairly with me. 我认为他对我不公正。]③做买卖,经营〔My uncle deals in rare books. 我叔叔经营珍奇书籍。]④买进卖出〔Do you deal with our grocer? 你与杂货商有生意往来吗?]⑤分配;分给〔He dealt the knight a stout blow on the head. 他在骑士的头上重重地一击。]⑥发牌〔 ① 交易,协定②计划③发牌④数量/**a good deal**, **great deal** 大量〔I have a good deal of time. 我有的是时间。 Walk a good deal faster. 走快些。]

dealer ['di:lə]n. ①商人②发牌者

dealing ['di:liŋ]n.〔常用复数〕对待;处理;联系

dean [di:n]n. ①院长;系主任;教务长②(基督教的)教长③老前辈,长者

dear [diə] a. ①亲爱的②(信函中表示礼貌)尊贵的,尊敬的③贵的,索价高的 ‖ ad. 高价地〔You'll pay dear for saying that. 你将为你说的话付出高昂的代价。〕‖ n. 亲爱的人,可爱的人 ‖ int. 表示惊奇、遗憾等〔Oh dear! What shall I do? 天啊,我该怎么办?〕/**dearly** ad. /**dearness** n.

dearth [də:θ]n. 供应不足,缺乏

deary, **dearie** ['diəri]n.〔口〕亲爱的,宝贝儿

death [deθ]n. ①死亡,逝世②灭亡,消亡③死亡的状态④死亡的原因/**put to death** 杀死,处死/**to death** 极度〔She worries me to death. 她十分令我担心。〕

deathbed ['deθbed]n. 死亡时睡的床;弥留之际 ‖ 临终时做的

deathless ['deθlis] a. 不死的,永恒的

deathlike ['deθlaik] a. 死一样的,死了似的〔a deathlike calm 死一样的平静〕

deathly ['deθli] a. ①致死的②死一样的 ‖ ad. 死了似地〔She is deathly ill. 她病入膏肓。〕

death rate 死亡率

death's-head 骷髅

debacle [dei'bɑ:kl]n. 突然的大灾难;崩溃

debar [di'bɑ:]v. 排除,禁止(某项权力或特

权)〔He was debarred from voting. 他被剥夺选举权。〕

debase [di'beis]v. 贬低,降低(价值、品格等)〔to debase oneself by lying 说谎降低人格 to debase money by raising the price of gold or silver 通过提高金银价来降低货币价值〕

debatable [di'beitəbl] a. 可争论的,可争辩的〔a debatable question 可争论的问题〕

debate [di'beit]v. ①争论,辩论,讨论〔The Senate debated the question of foreign treaties. 参议院就对外条约的问题展开辩论。〕②考虑理由〔He debated the problem in his own mind. 他在头脑里思考问题。〕‖ n. 争论,辩论,讨论/**debater** n.

debauch [di'bɔ:tʃ]v. 使堕落;使人歧途;腐蚀

debauchery [di'bɔ:tʃəri] n. 放荡;狂饮暴食;淫逸

debilitate [di'biliteit] v. 使衰弱〔Too much bed rest after surgery can be debilitating to the body. 手术后过多卧床休息会使身体虚弱。〕

debility [di'biliti] n. 虚弱,衰弱

debit ['debit]n. 借方,记入借方的款项〔v. 将…记入借方〕

debonair, **debonaire** [,debə'nɛə] a. 高兴的,轻松的

debrief [di'bri:f]v. 向某人询问执行任务的情况以获取信息

debris ['debri:]n. 碎片;废墟

debt [det]n. ①债,债务②欠债的状况

debtor ['detə]n. 欠债的人

debunk [di:'bʌŋk]v.〔口〕揭穿;暴露

debut, **début** ['deibu:]n. ①(演员的)首次演出;首次露面的②初进社交界

debutante, **débutant** ['debju(:)tɑ:nt]n. 初进社交界的女子

deca-, **dec-**[前缀]表示"十"

decade ['dekeid]n. 十年,十年期

decadence ['dekədəns]n. 颓废,堕落;肮脏/**decadent** a.

decagon ['dekəgɔn]n. 十角形,十边形

decamp [di'kæmp] v. ①撤营②突然而秘密地离开〔The treasurer decamped with the tax money. 司库携税金出逃。〕

decant [di'kænt] v. 轻轻倒出；倾注〔to decant wine 倒酒〕

decanter [di'kæntə] n. 玻璃酒瓶

decapitate [di'kæpiteit] v. 将…斩首，杀…的头/**decapitation** n.

decathlon [di'kæθlən] n. 〔体〕十项全能运动

decay [di'kei] v. ①腐烂，腐朽〔The fallen apples decayed on the ground. 落下的苹果在地上烂掉了。〕②衰败，衰微，衰退〔Spain's power decayed after her fleet was destroyed. 舰队被摧毁后，西班牙的势力衰退了。〕‖ n. 腐烂；腐朽；衰retreat

decease [di'si:s] n. 〔法〕死亡

deceased [di'si:st] a. 已死的，死去的/**the deceased** 死者

deceit [di'si:t] n. 欺骗，说谎②谎言，骗术

deceitful [di'si:tful] a. 欺诈的，说谎的，骗人的/**deceitfully** ad. /**deceitfulness** n.

deceive [di'si:v] v. 欺骗；愚弄；使away错〔The queen deceived Snow White by pretending to be her friend. 王后骗白雪公主，说是她的朋友。〕/**deceiver** n.

December [di'sembə] n. 十二月

decency ['di:snsi] n. ①正当，适合；可敬②〔复〕像样的生活所需要的东西

decent ['di:snt] a. ①正当的，适合的；可敬的②像样的，令人满意的③公平的，大方的/**decently** ad.

decentralize [di:'sentrəlaiz] v. 分散（政权等）/**decentralization** n.

deception [di'sepʃən] n. ①欺骗，愚弄②骗人的东西

deceptive [di'septiv] a. 骗人的，靠不住的/**deceptively** ad.

decide [di'said] v. ①决定，决意〔She can't decide which dress to wear. 她拿不定主意穿哪件衣服。〕②解决；裁决；判决

〔A jury will decide this case. 陪审团将判决此案。〕

decided [di'saidid] a. ①清楚的，明确的，显然的②肯定的，坚决的/**decidedly** ad.

deciduous [di'sidjuəs] a. ①（在一定时期）脱落的②每年落叶的

decimal ['desiməl] a. 十进的；以十进位的 ‖ n. 小数（十进小数）

decimate ['desimeit] v. 选杀…的十分之一，大批杀死〔The city was decimated by the bombing attacks. 该城的多数地区被炸毁。〕/**decimation** n.

decipher [di'saifə] v. ①译解（密码等）②辨认（潦草的字迹等）

decision [di'siʒən] n. ①决定，决心②果断，坚定

decisive [di'saisiv] a. ①决定性的②明确的，果断的

deck [dek] n. ①甲板，舱面②一副纸牌 ‖ v. 装饰，打扮〔She decked herself in expensive furs. 她穿着贵重的毛皮。〕/**clear the decks**

declaim [di'kleim] v. 高声而带强烈感情地说；朗诵

declamation [,deklə'meiʃən] n. ①慷慨激昂的演说②朗诵，朗读

declamatory [di'klæmətəri] a. ①朗诵的，适于朗诵的②演说的

declaration [,deklə'reiʃən] n. ①宣布②公告，宣言

declarative [di'klærətiv] a. 陈述的

declare [di'kleə] v. ①宣布，宣告，声明〔Let us declare a war on disease. 让我们向疾病宣战。〕"I'm leaving for good!" he declared. 他宣称："我要永远离开了！"②申报（纳税品等）〔At the customs office, we declared the camera we bought in Canada. 在海关，我们把在加拿大购买的相机报税。〕/**I declare!** 怪了！

declension [di'klenʃən] n. ①〔语〕（名词、代词、形容词的）变格②词尾变化

decline [di'klain] v. ①下倾，下降，下垂〔The lawn declines to the sidewalk. 草坪向

人行道倾斜。〕②变少,衰退〔A person's strength usually declines in old age. 人老了精力通常衰退。〕③谢绝,拒绝〔I am sorry I must decline your invitation. 很抱歉我不能接受您的邀请。〕④〔语〕使变格 ‖ n.①衰退,衰落〔最后部分③斜坡,斜面

D

declivity ['di'kliviti] n. 斜坡

decode [,di:'kəud] v. 译码

decompose [,di:kəm'pəuz] v. ①腐烂,腐蚀②分解〔Electrolysis will decompose water into hydrogen and oxygen. 水可以电解成氢和氧。〕/**decomposition** n.

decongestant [,di:kən'dʒestənt] n. 〔医〕解充血药

decorate ['dekəreit] v. ①装饰,使生色〔to decorate a blouse with embroidery 以刺绣装饰外套〕②室内装饰、布置③授予(勋章等)〔The general decorated the soldier for bravery. 将军给英勇的士兵授勋。〕

decoration [,dekə'reiʃən] n. ①装饰②装饰品③勋章,奖章

decorative ['dekərətiv] a. 装饰的

decorator ['dekəreitə] n. 装饰家,室内装潢家

decorous ['dekərəs] a. 有教养的,有礼貌的;举止适度的

decorum [di'kɔ:rəm] n. 礼貌,体面,得体

decoy [di'kɔi] n. ①(诱捕鸟兽用的)引诱物②诱人入圈套的人或物 ‖ v. 诱骗

decrease [di:'kri:s] v. 减少,减小〔Father has been decreasing my allowance for several weeks. 几星期以来父亲缩减了我的零用钱。The pain is decreasing. 疼痛减轻。〕 ‖ n. ①减小,减少②减少额,减小量/**on the decrease** 在减少中

decree [di'kri:] n. 法令,政令 ‖ v. 颁布法令〔The governor decreed an increase in taxes. 州长发布法令提高税金。〕

decrepit [di'krepit] a. 老弱的,衰老的

decrepitude [di'krepitju:d] n. 老弱,衰老

decrescendo [,di:kri'ʃendəu] a. & ad. 〔音〕渐弱(符号) ‖ n. 渐弱音/**decrescendos** [复]

decry [di'krai] v. 诋毁,大声反对〔to decry dishonesty in government 谴责管理机构的不正当行为〕

dedicate ['dedikeit] v. ①奉献,贡献〔The church was dedicated to the worship of God. 教堂是供奉上帝之处。The doctor has dedicated his life to cancer research. 医生献身于对癌症的研究。〕②题献〔The author dedicated the novel to his wife. 作家把小说题献给妻子。〕/**dedication** n.

dedicatory ['dedikətəri] a. 奉献的,贡献的

deduce [di'dju:s] v. 演绎,推断〔The existence of the planet Neptune was deduced before its actual discovery. 在海王星被发现以前人们就推断出它的存在。〕

deduct [di'dʌkt] v. 扣除,减去〔to deduct $ 10 from a price for paying cash 支付现金可使价格低10元〕

deduction [di'dʌkʃən] n. ①扣除②扣除额③演绎,演绎法④推论/**deductive** a.

deed [di:d] n. ①行为,行动②〔法〕契约 ‖ v. 立契转让

deem [di:m] v. 认为,相信判断〔He deems it necessary that we go along. 他认为我们应该一起走。〕

deep [di:p] a. ①深的②纵深的③(声音)低沉的④深奥的⑤非常的,极度的(感情)深切的,深厚的⑦深浓的⑧深陷的,专注的 ‖ n. ①深,深渊②最深部分〔the deep of the night 深夜〕 ‖ ad. 深深地〔to dig deep 深挖〕/**the deep** 〔诗〕海/**deeply** ad. /**deepness** n.

deepen ['di:pən] v. 加深,深化

deep-rooted ['di:p'ru:tid] a. ①根深的②根深蒂固的

deer [diə] n. 鹿/**deer** [复]

deerskin ['diəskin] n. ①鹿皮②鹿皮服装

deface [di'feis] v. 损伤…外观;损坏,毁

坏[to deface a picture by writing on it 在画上写字使画受到损坏]

defamation [ˌdefəˈmeiʃən] n. 诽谤,造谣中伤

defamatory [diˈfæmətəri] a. 诽谤的,诋毁的

defame [diˈfeim] v. 破坏…的名誉,诽谤/**defamer** n.

default [diˈfɔːlt] v. ①不负责;不到场②不还债‖v. 不负责;不还债

defeat [diˈfiːt] v. ①战胜;击败[to defeat a foe 打败敌人]②使幻灭,使失败[His hopes were defeated by a stroke of bad luck. 厄运使他的希望破灭。]‖n. ①战败,失败②战胜,击败/**defeatist** [diˈfiːtist] 失败主义者‖失败主义(者)的/**defeatism** n.

defect [diˈfekt] n. 缺点,欠缺,不足之处‖v. 逃跑,开小差,背叛/**defection** n.

defective [diˈfektiv] a. 有缺点的,不完美的

defence [diˈfens] n. defense 的英国拼法

defend [diˈfend] v. ①防守,护卫[Soldiers swear to defend their country. 士兵宣誓保卫祖国。]②为…辩护③辩解,给出理由[Can you defend your rudeness? 你能对你的粗鲁作出解释吗?]/**defender** n.

defendant [diˈfendənt] n. [法] 被告

defense [diˈfens] n. ①防御,保卫②防御物,防御手段③辩护④被告方

defenseless [diˈfenslis] a. 无防御的;无助的;没有保护的

defensible [diˈfensəbl] a. 能防御的;能辩护的

defensive [diˈfensiv] a. 防御的,保卫的‖n. 防御,守势/**defensively** ad.

defer¹ [diˈfəː] v. 推迟,延期[The judge deferred the trial until the following week. 法官将审判推迟到下周。]/**deferment** n.

defer² [diˈfəː] v. 听从,遵从[He deferred to his father's decision. 他听从了父亲的决定。]

deference [ˈdefərəns] n. 听从,依从/in deference to 遵从,服从

deferential [ˌdefəˈrenʃəl] a. 恭敬的

defiance [diˈfaiəns] n. 挑战,违抗/in defiance of ①蔑视,对抗②无视,轻视

defiant [diˈfaiənt] a. 挑战的,对抗的/**defiantly** ad.

deficiency [diˈfiʃənsi] n. 缺乏,不足

deficient [diˈfiʃənt] a. 不足的,缺乏的

deficit [ˈdefisit] n. 赤字

defile¹ [diˈfail] v. 弄脏,玷污[The well was defiled by flood waters. 洪水污染了井水。]/**defilement** n.

defile² [diˈfail] v. 单列前进‖n. 隘路(只容单人通过的狭道)

define [diˈfain] v. ①解释,给…下定义[This paragraph defines the word "define". 这一段给"define"这个词下定义。]②详细描述,表述清楚[Can you define your duties as a secretary? 你能详细说明一下你作为秘书的职责吗?]③立(界限),限定[to define a boundary 立界]

definite [ˈdefinit] a. ①界限明确的②确切的,清楚的③一定的,肯定的/**definitely** ad.

definite article 定冠词

definition [ˌdefiˈniʃən] n. ①定界,界限②定义,解说③明确性,鲜明性

definitive [diˈfinitiv] a. 肯定的,最后的,决定的

deflate [diˈfleit] v. ①(排去空气)使缩小,使瘪下去[to deflate a tire 放掉轮胎的气]②降低…的重要性[He felt deflated when they ignored his arrival. 他们无视他的到来时,他感到被轻视了。]

deflation [diˈfleiʃən] n. ①放气,缩小,弄瘪②压缩通货

deflect [diˈflekt] v. (使)转向,(使)弯曲[to deflect a ball with one's leg 用腿转变球的方向]/**deflection** n.

defoliate [diːˈfəulieit] v. (使)落叶

deforest [diːˈfɔrist] v. 砍伐…的森林,砍

掉(土地)上的树林

deform [di'fɔːm] v. 损坏…的形状；破相
[a tree deformed by disease 因病害变形的树]

deformity [di'fɔːmiti] n. ①畸形，丑恶②畸形的人(或物)，残缺的东西

defraud [di'frɔːd] v. 欺骗，诈取

defray [di'frei] v. 支付(经费、费用等)
[to defray expenses 支付花销]/**defrayal** n.

defrost [di(ː)'frɔst] v. 除去…的冰霜[to defrost a refrigerator 给冰箱除霜]

defroster [diː'frɔstə] n. 除霜器

deft [deft] a. 灵巧的，熟练的/**deftly** ad.

defunct [di'fʌŋkt] a. 不再存在的，已死的，已消灭的

defy [di'fai] v. ①公然反抗，蔑视[to defy authority 蔑视权威]②使不能，使落空[This problem defies solution. 这问题不能解决。]③向…挑战，激，惹[I defy you to prove me wrong. 我看你不能证明我错了。]

degeneracy [di'dʒenərəsi] n. 退化，衰退；堕落

degenerate [di'dʒenərit] a. 退化的，堕落的，颓废的/**degeneration** n.

degrade [di'greid] v. ①使降级；贬黜②使堕落，使卑微，使低落[He would not degrade himself by cheating on the test. 他不会考试作弊降低自己的人格。]/**degradation** n.

degree [di'griː] n. ①阶段，程度②度(温度的单位)③度(角的单位)④地位，身分，阶层⑤学位，学衔⑥程度，数量⑦[语](形容词和副词的)级

dehumidifier [diː'hjuː'midifaiə] n. 除湿器

dehydrate [diː'haidreit] v. ①使脱去水分[Powdered milk is milk that has been dehydrated. 奶粉是脱水的牛奶。]②脱水变干/**dehydration** n.

deify [diːifai] v. 神化，奉若神明[The Romans deified their emperors. 罗马人神化了他们的君主。]/**deification** n. 自然神

论

deign [dein] v. 降低自己的身分；屈尊
[Would you deign to have dinner with us? 您可以屈尊同我们进餐吗？]

deist [diːist] n. 自然神论者/**deism** n. 自然神论

deity [diːiti] n. ①神，女神②神性/**the Deity** 上帝

dejected [di'dʒektid] a. 沮丧的，情绪低落的/**dejectedly** ad.

dejection [di'dʒekʃən] n. 沮丧，情绪低落

delay [di'lei] v. ①推迟[The bride's illness will delay the wedding. 因新娘生病，婚礼将推迟。]②耽搁，延误[I was delayed by the storm. 我被暴风雨耽搁了。] ‖ n. 耽搁，延迟

delectable [di'lektəbl] a. 使人愉快的

delectation [diːlek'teiʃən] n. 欢娱；享乐

delegate ['deligit] n. 代表 ‖ v. ①委派，为代表②授权，把…委托给[The people delegate the power to make laws to a legislature. 人民把制定法律的权力给了立法机关。]

delegation [deli'geiʃən] n. ①委派，派遣②代表团

delete [di'liːt] v. 删除(文字等)[His name had been deleted from the original list. 他的名字从原始名单中被删除了。]

deleterious [deli'tiəriəs] a. (对身心)有害的，有毒的

deliberate [di'libərit] a. ①深思熟虑的，蓄意的，故意的②审慎的，不慌不忙的③缓慢的，不急的 ‖ v. [di'libəreit] 仔细考虑[The jury deliberated for six hours before reaching a verdict. 陪审团在裁决前仔细考虑了六小时。]/**deliberately** ad.

deliberation [di'libə'reiʃən] n. ①考虑，细想②[常用复数]商讨，辩论

delicacy ['delikəsi] n. ①细软，娇嫩；精美，精致；娇气；脆弱②精美的食物

delicate ['delikit] a. ①细软的，娇嫩的②精美的，精致的③细微的，不易察觉的

④易坏的,脆弱的⑤微妙的,棘手的⑥灵敏的,精密的

delicatessen [ˌdelikə'tesn] n. ①熟食店②现成副食品,熟食

delicious [di'liʃəs] a. 美味的,可口的

delight [di'lait] v. ①给予乐趣[This feast would delight a king. 宴席真是太丰盛了。]②使高兴,喜悦[We delighted in our good fortune. 我们因好运而喜悦。] ‖ n. 欣喜,乐趣②乐事,乐趣

delightful [di'laitful] a. 令人高兴的,使快乐的/**delightfully** ad.

delineate [di'linieit] v. ①描绘②叙述,描写[The hero of the story is delineated as a man of courage. 小说的主人公被描绘成英男人物。]/**delineation** n.

delinquency [di'liŋkwənsi] n. ①懈怠,失职②犯罪[juvenile delinquency 少年犯罪]

delinquent [di'liŋkwənt] a. ①懈怠的,失职的②过期的 ‖ n. 有过失者,违法者(特指少年犯罪者)

delirious [di'liriəs] a. ①神志昏迷的,说胡话的②极度兴奋的

delirium [di'liriəm] n. ①神志昏迷,说胡话②极度兴奋

deliver [di'livə] v. ①传送,移交[Deliver the groceries to my house. 把食品送到我家。 I delivered your message by phone. 我用电话传达你的信息。]②分发[Milkmen deliver milk. 牛奶工分送牛奶。]③大声说或读[to deliver a speech 发表演讲]④打击[deliver a blow 打一下]⑤释放,解放[Lincoln delivered the slaves. 林肯解放了奴隶。]⑥助产[The doctor delivered the twins. 医生为双胞胎接生。]/**deliver oneself of** 大声说,表达

deliverance [di'livərəns] n. 解救;释放

delivery [di'livəri] n. ①传送,移交,分发②说话方式③分娩④投掷;打击等

dell [del] n. 小山谷

delude [di'lu:d] v. 欺骗,哄骗

deluge ['delju:dʒ] n. ①洪水②大雨,暴雨③如洪水涌至的事物 ‖ v. 使泛滥,如洪水涌至/the Deluge (圣经)诺亚时代的大洪水

delusion [di'lu:ʒən] n. ①欺骗,迷惑②误会,错觉;[医]妄想

delusive [di'lu:siv] a. 欺骗的,虚妄的

deluxe [di'lʌks] a. 品质高超的;精美的,豪华的

delve [delv] v. 探究,钻研[to delve into books 钻研书籍 delve into the past 考究历史]

demagogue ,demagog ['deməɡɔɡ] n. 煽动者,蛊惑民心的人

demagogy ['deməɡɔɡi] n. 煽动行为

demand [di'mɑ:nd] v. ①要求[They demanded to see the mayor. 他们要求见市长。]②需要[This work demands great care. 这项工作要十分细致。] ‖ n. ①所要求的事物②需求,需要[This job makes great demands on my time. 这项工作需要大量时间。]③需求量[When the demand is greater than the supply, prices go up. 当需求大于供给时,价价就上涨。]/**in demand** 需要的

demarcation [ˌdi:mɑ:'keiʃən] n. ①分界,定界②界限

demean¹ [di'mi:n] v. 行为,举止[He demeaned himself like a gentleman. 他的举止像位绅士。]

demean² [di'mi:n] v. 使降低身分,使卑下[You demean yourself by telling a lie. 你说谎降低了自己的身分。]

demeanor [di'mi:nə] n. 行为,举止,举行

demented [di'mentid] a. 发狂的

demerit [di:'merit] n. ①过失②缺点

demesne [di'mein] n. ①领地②领域;范围

demijohn ['demidʒɔn] n. 坛

demilitarize [ˌdi:'militəraiz] v. 废除军备,解除武装[to demilitarize a captured country 解除被占领国的武装]/**demilitarization** n.

demise [di'maiz] n. 死亡

demobilize [di:'məubilaiz] v. 使复员，遣散/**demobilization** n.

democracy [di'mɔkrəsi] n. ①民主政治②民主制③平等权;平等机会、待遇

democrat ['deməkræt] n. ①民主主义者,民主人士②Democrat 民主党党员

democratic [,demə'krætik] a. ①民主的,民主主义的,民主政体的②人人平等的③Democratic 民主党的/**democratically** ad.

Democratic Party (美国)民主党

democratize [di'mɔkrətaiz] v. (使)民主化

demolish [di'mɔliʃ] v. 拆毁,破坏,推翻[The tornado demolished the barn. 龙卷风摧毁了谷仓。Our hopes were demolished by his refusal. 他的拒绝使我们的希望破灭。]

demolition [,demə'liʃən] n. 拆毁,破坏

demon ['di:mən] n. ①恶魔②凶狠残忍的人或物

demoniac [di'məuniæk] a. ①恶魔般的,凶恶的②着魔的

demoniacal [,di:mə'naiəkəl] a. 恶魔般的,凶恶的

demonstrable ['demənstrəbl] a. 可论证的,可表明的/**demonstrably** ad.

demonstrate ['demənstreit] v. ①论证,证实[He demonstrated his desire for an education by working at night. 他以晚上工作证实他对受教育的决心。]②以事例说明,以实验说明[We can demonstrate the laws of heredity by breeding fruit flies. 我们可以繁殖果蝇来说明遗传法则。]③演示[The salesman demonstrated the carpet sweeper. 推销员示范使用地毯清洁器。]④表明,表示(感情);示威[Thousands joined in the march to demonstrate for peace. 上千人为了和平而示威。]

demonstration [,deməns'treiʃən] n. ①论证,证明,说明②示威

demonstrative [di'mɔnstrətiv] a. ①感情外露的②指示的

demonstrator ['demənstreitə] n. 证明者,示范者,示威者

demoralize [di'mɔrəlaiz] v. ①使道德败坏,使变坏[Are children demoralized by comic books showing violence? 孩子们被描写暴力的连环漫画引导坏了吗?]②使士气低落[The soldiers were demoralized by a lack of supplies. 由于给养不足,士兵士气低落。]/**demoralization** n.

demote [di'məut] v. 使降级[The soldier was demoted from sergeant to private. 该士兵由中士降为二等兵。]/**demotion** n.

demur [di'mə:] v. 表示异议,反对,踌躇[I want to help, but I demur at doing all the work. 我想帮忙,但工作太多了。]

demure [di'mjuə] a. 拘谨的,娴静的;假正经的/**demurely** ad. /**demureness** n.

den [den] n. ①兽穴,窝②匪窟,贼窝③私室,书斋

denature [di:'neitʃə] v. 使变性

denial [di'naiəl] n. ①拒绝②否定,否认③剥夺④拒绝接受,拒绝承认

denim ['denim] n. 工作服,工装裤

denizen ['denizn] n. 居于某地的人(动物、植物)

denominate [di'nɔmineit] v. 给…命名;称呼

denomination [di,nɔmi'neiʃən] n. ①命名;名称②宗派,派别/**denominational** a.

denominator [di'nɔmineitə] n. 分母

denotation [,di:nəu'teiʃən] n. ①指示,表示②确切意义

denote [di'nəut] v. ①指示,表示[Dark, low clouds denote rain. 低低的乌云表示要下雨。]②意味着;为…之名称[The words "metaphor" and "simile" denote two different figures of speech. 隐喻和明喻是两种修辞方法。]

denounce [di'nauns] v. ①谴责,斥责②告发③通告废除条约

dense [dens] a. ①密集的,稠密的②愚钝的/**densely** ad. /**denseness** n.

density ['densiti] n. ①密集,稠密②密度

dent [dent] *n.* 凹部 ‖ *v.* ①使凹②变凹

dental ['dentl] *a.* 牙齿的,牙科的

dentifrice ['dentifris] *n.* 牙粉,牙膏,洗牙水

dentin(e) ['denti:n] *n.* [解]牙质

dentist ['dentist] *n.* 牙科医生

dentistry ['dentistri] *n.* 牙医术

denture ['dentʃə] *n.* 全口假牙等

denude [di'nju:d] *v.* 剥光,剥夺[land denuded of trees 无树的土地]

denunciation [di,nʌnsi'eiʃən] *n.* 斥责,谴责;告发等

deny [di'nai] *v.* ①否认[He denied that he had ever been in Chicago. 他否认去过芝加哥。]②拒绝承认,拒绝给予[to deny permission 不允许]③否认…是自己的[to deny one's religion 否认自己的宗教]④拒绝…使用[to deny a golf course to all except members 除成员外任何人不得使用高尔夫球场]/deny oneself 节制,戒绝,摒弃

deodorant [di:'əudərənt] *a.* 除臭的 ‖ *n.* 除臭剂

deodorize [di:'əudəraiz] *v.* 除去…的臭味

depart [di'pa:t] *v.* ①离开,起程[The train will depart on time. 火车准时发车。]②违反,不合[to depart from custom 违反传统]③去世

departed [di'pa:tid] *a.* 去世的,过去的/the departed 死者

department [di'pa:tmənt] *n.* 部门,分支,系,科/departmental *a.*

department store 百货商店

departure [di'pa:tʃə] *n.* ①离开②转换③死亡

depend [di'pend] *v.* ①依…而定[The attendance at the game depends on the weather. 比赛的出席人数依天气而定。]②信赖,相信[You can't depend on the weather. 你不可相信天气。]③依靠,依赖[Carl depends on his brother for money. 卡尔靠哥哥的钱生活。]④下垂,悬挂

dependable [di'pendəbl] *a.* 可靠的/dependability *n.*

dependence [di'pendəns] *n.* ①被控制②依赖,依靠③信任,信赖

dependency [di'pendənsi] *n.* ①依赖②从属国

dependent [di'pendənt] *a.* ①由…而定的,随…而定的②依靠的,依赖的 ‖ *n.* 依赖者

dependent clause [语]从属句

depict [di'pikt] *v.* ①描绘[This painting depicts a London street. 这幅图画画的是伦敦的一条街道。]②描写,描述[His novel depicts life in a small town. 他的小说讲的是小镇生活。]/depiction *n.*

deplete [di'pli:t] *v.* 弄空,用尽[Our water supply will be depleted unless it rains soon. 如果不马上下雨,我们的水供给将枯竭。His energy was depleted. 他精疲力竭。]/depletion *n.*

deplorable [di'plɔ:rəbl] *a.* 可叹的,悲惨的/deplorably *ad.*

deplore [di'plɔ:] *v.* 哀叹,痛惜[The editorial deplored the lack of playgrounds in the city. 这篇社论为该城市里缺少运动场而发感慨。]

depopulate [di:'pɔpjuleit] *v.* 减少人口[A plague depopulated Europe in the 14th century. 十四世纪的瘟疫使欧洲人口减少。]/depopulation *n.*

deport [di'pɔ:t] *v.* ①驱逐…出国,放逐[He was deported for having entered the country illegally. 他因非法入境而被驱逐。]②举止[Billy deported himself like a gentleman. 比利使自己的举止像个小绅士。]

deportation [,di:pɔ:'teiʃən] *n.* 驱逐,放逐

deportment [di'pɔ:tmənt] *n.* 行为,举止

depose [di'pəuz] *v.* ①废黜,免…的职②宣誓作证

deposit [di'pɔzit] *v.* ①存放储蓄②付定金[They deposited $ 500 on a new car. 他

们买新车先付 500 美元定金。〕③放下，沉淀〔He deposited his books on the chair. 他把书放在椅子上。The river deposits tons of mud at its mouth. 河流在入海口沉淀了数吨淤泥。〕‖ n. ①存放，寄存物②储藏③定金，押金④沉积，矿床

deposition [ˌdepəˈziʃən] n. ①免职，废黜②作证，作证书

depositor [diˈpɔzitə] n. 存放者；储户

depository [diˈpɔzitəri] n. 保藏处，仓库

depot [ˈdiːpəu] n. ①仓库 ②车站③ [ˈdepəu] 兵站

deprave [diˈpreiv] v. 使堕落，使腐败〔Life in prison has depraved him. 监狱生活使他变坏。〕

depravity [diˈprævəti] n. 堕落，腐败

deprecate [ˈdeprikeit] v. 反对〔The speaker deprecated our lack of interest. 演讲者不赞同说我们缺乏兴趣。〕/**deprecation** n.

deprecatory [ˈdeprikətəri] a. 表示反对的

depreciate [diˈpriːʃieit] v. ①降低…的价值，使贬值〔An automobile depreciates with age. 汽车随着使用的时间而贬值。〕②蔑视，低〔I don't like to hear you depreciate yourself. 我不喜欢听你贬低自己。〕/**depreciation** n.

depredation [ˌdepriˈdeiʃən] n. 劫掠，毁坏

depress [diˈpres] v. ①使沮丧，使消沉②压下，降低〔Depress the gas pedal slowly. 慢慢地踩油门踏板。〕③使不活跃，使萧条〔High tariffs have depressed world trade. 高税率使世界贸易不景气。〕

depression [diˈpreʃən] n. ①沮丧，意志消沉②压下，降低③凹地，洼地④萧条期

deprive [diˈpraiv] v. ①夺去，夺〔The Indians were deprived of their lands. 印第安人被剥夺了土地。〕②使不能使用或享受〔I hope this won't deprive me of your company. 我希望这不妨碍我和你交往。〕/**deprivation** n.

depth [depθ] n. ①深，深度②（色泽）浓度②［常用复］深处，正中/**out of one's depth, beyond one's depth** 非自己所能理解，非自己力所能及

deputation [ˌdepjuˈteiʃən] n. ①委派代表②代表团

depute [diˈpjuːt] v. 将（工作等）委托给…〔Early painters often deputed helpers to finish their paintings. 早期的画家经常让助手完成他们的画。〕

deputize [ˈdepjutaiz] v. 委派…为代表

deputy [ˈdepjuti] n. 代理人〔a sheriff's deputy 代理行政司法长官〕

derail [diˈreil] v. 使出轨〔to derail a train 使火车脱轨〕/**derailment** n.

derange [diˈreindʒ] v. ①使精神错乱，使发狂②搞乱，扰乱，打乱〔Our routine was deranged by their visit. 他们的来访打乱了我们的日常程序。〕/**derangement** n.

Derby [ˈdɑːbi] n. ①竞赛，赛马②derby 圆顶礼帽

derelict [ˈderilikt] a. ①被抛弃的，遗弃的②玩忽职守的，不负责的 ‖ n. ①海上弃船②乞丐

dereliction [ˌderiˈlikʃən] n. ①抛弃②玩忽职守

deride [diˈraid] v. 嘲笑，嘲弄

derision [diˈriʒən] n. 嘲笑，嘲弄

derisive [diˈraisiv] a. 嘲笑的，嘲弄的/**derisively** ad.

derivation [ˌderiˈveiʃən] n. ①引出，诱导②起源，由来③ [语] 派生

derivative [diˈrivətiv] a. 被引出的，派生的 ‖ n. 引出物；派生物

derive [diˈraiv] v. ①取得，得到〔We derive gasoline from petroleum. 我们从石油中提炼汽油。He derived enjoyment from the music. 他从音乐中得到乐趣。〕②由…而来，源出〔Our laws derive from those of England. 我们的法律源自英国法律。Many English words are derived from Latin. 许多英语词汇源出拉丁语。〕

derma [ˈdɑːmə] n. [解] 真皮

derogatory [di'rɔgətəri] *a.* 毁损的,贬抑的[derogatory remarks 贬抑的评论]

derrick ['derik] *n.* ①起重机②钻塔,井架

descant ['deskænt] *v.* 评论;详谈

descend [di'send] *v.* ①下来,下去[to descend from a hilltop 从山顶下来 to descend a staircase 从楼梯下来]②下降,降低[Prices have descended during the past month. 上个月物价已下跌了。]③为…后裔[He is descended from pioneers. 他是先驱的后代。]④传下,遗传[This house will descend to my son. 这房子将传给我儿子。]⑤降低身分,屈尊[He has descended to begging for money. 他已沦为乞丐讨钱。]⑥突袭[The troops descended upon the enemy camp. 军队突袭敌营。]

descendant [di'sendənt] *n.* 后裔,子孙

descent [di'sent] *n.* ①下降,降下②坡道,斜坡③突袭④降低,衰退⑤血统,遗传

describe [dis'kraib] *v.* ①描写,描绘,叙述[to describe a trip one has taken 描述进行过的一次旅行]②画、制(图)[His hand described a circle in the air. 他在空中画了个圆。]/**describable** *a.*

description [dis'kripʃən] *n.* ①描写,叙述②种类

descriptive [dis'kriptiv] *a.* 描写的,描述的,说明的

descry [dis'krai] *v.* 望见,辨认出[We suddenly descried land straight ahead. 我们猛然发现正前方的陆地。]

desecrate ['desikreit] *v.* 把(神物)供俗用,亵渎[to desecrate a Bible by marking it up 提高《圣经》价格是一种亵渎行为]/**desecration** *n.*

desegregate [di:'segrigeit] *v.* 取消种族隔离/**desegregation** *n.*

desert [di'zə:t] *v.* ①抛弃,遗弃[to desert one's wife 抛弃妻子]②开小差,逃跑/**deserter** *n.*/**desertion** *n.*

desert¹ ['dezət] *n.* 沙漠,不毛之地 ‖ *a.* 沙漠的,荒芜的,无人居住的

desert² [di'zə:t] *n.* [常用复]应得的赏或罚

deserve [di'zə:v] *v.* 应受;值得[This matter deserves thought. 这件事值得深思。Bill deserves a scolding. 比尔该骂。]/**deservedly** *ad.*

deserving [di'zə:viŋ] *a.* 值得…的,有功的

desiccate ['desikeit] *v.* 使干燥,使脱水[Prunes are desiccated plums. 李脯是脱水的李子。]

design [di'zain] *v.* ①计划,谋划[to design a new model of a car 设计一种新型汽车]②设计,安排[Who designed this lovely book? 这本漂亮的书是谁设计的?]③留作专用;打算[This table was not designed to be sat on. 这桌子不是用来坐的。] ‖ *n.* ①计划,谋划[the designs for an airplane 飞机的设计]②图案,图样③目的,意向[It was his design to study law. 他想学法律。]④[复]企图,图谋[He had designs on her money. 他是想着她的钱。]/**by design** 故意地,蓄意地

designate ['dezigneit] *v.* ①指明,指出[Capital cities are designated on this map by circled dots. 这张地图是以小圆点表示首都。]②指定,选派[We have designated Smith to be chairman. 我们指定史密斯为主席。]③把…叫做;称呼[The top grade beef is designated as "prime". 最上等的牛肉叫做"prime"。]/**designation** *n.*

designer [di'zainə] *n.* 设计者,制图者

designing [di'zainiŋ] *a.* ①有事先计划的②阴谋的,诡诈的 ‖ *n.* 设计工作

desirable [di'zaiərəbl] *a.* 想要的,值得有的;称心的,合意的/**desirability** *n.*/**desirably** *ad.*

desire [di'zaiə] *v.* ①想望,期望,希望[to desire success 期望成功]②要求,请求[The principal desires to see you in his office. 校长要在办公室见你。] ‖ *n.* ①强烈的愿望②想要的东西

desirous [di'zaiərəs] *a.* 想望的,渴望的[to be desirous of learning 渴望学习]

desist [di'zist] v. 停止〔Desist from fighting. 停战。〕

desk [desk] n. 书桌,写字台,办公桌

desolate ['desəlit] a. ①孤寂的,凄凉的 ②荒凉的;无人居住的 ③被毁坏的 ④十分不高兴的,悲惨的‖v. 破坏,毁坏〔The tornado desolated many towns. 龙卷风给许多城镇造成破坏。〕②使孤寂;遗弃③使不高兴,使痛苦/**desolation** n.

despair [dis'peə] n. 绝望②令人绝望的人或物‖v. 绝望〔The prisoner despaired of ever being free again. 囚犯对重获自由感到绝望。〕

desperado [,despə'rɑːdəu] n. 亡命之徒,暴徒/**desperadoes**, **desperados** 〔复〕

desperate ['despərit] a. ①不顾一切的,孤注一掷的②令人绝望的,危急的〔a desperate illness 重病〕/**desperately** ad.

desperation [,despə'reifən] n. ①绝望②因绝望而不顾一切

despicable ['despikəbl] a. 可鄙的,卑鄙的/**despicably** ad.

despise [dis'paiz] v. 鄙视,看不起〔He despises cheaters. 他瞧不起骗子。〕

despite [dis'pait] prep. 不管,任凭〔We started out despite the storm. 不顾暴风雨,我们出发了。〕‖n. 恶意,怨恨,轻视

despoil [dis'pɔil] v. 抢劫,剥夺〔The museum was despoiled of its treasures. 博物馆的珍品遭到抢劫。〕

despondent [dis'pɔndənt] a. 沮丧的,泄气的,失望的/**despondency**, **despondence** n.

despot ['despɔt] n. 专制君主,暴君/**despotic** a./**despotism** n.

dessert [di'zət] n. 甜点心

destination [,desti'neifən] n. 目的地,终点

destine ['destin] v. 命定,注定〔The play seemed destined to be a success. 这个剧看来注定会成功。〕/**destined for**①打算作为〔My old clothes are destined for the rummage sale. 我打算将我的旧衣服义卖。〕②到…去,开往…的〔We were destined for home. 我们回家去。〕

destiny ['destini] n. ①命运②定数,天命

destitute ['destitjuːt] a. ①贫困的,赤贫的②没有的,缺乏的

destitution [,desti'tjuːfən] n. 贫穷,赤贫

destroy [dis'trɔi] v. 破坏,摧毁,毁灭〔The flood destroyed 300 homes. 洪水毁了300个家。〕

destroyer [dis'trɔiə] n. ①破坏者;起破坏作用的东西②驱逐舰

destruction [dis'trʌkfən] n. 破坏,毁灭

destructive [dis'trʌktiv] a. 破坏的,毁灭的〔a destructive child 喜欢搞破坏的小孩〕

desuetude [di'sjuː(ː)itjuːd] n. 废弃,不用

desultory ['desəltəri] a. 散漫的,随意的

detach [di'tætf] v. ①分开,拆开〔Five cars were detached from the train. 从火车上卸下五辆小汽车。〕②分遣,派遣〔Soldiers were detached to guard the president's train. 士兵们被派遣去保卫总统专列。〕/**detachable** a.

detached [di'tætft] a. ①分离的,独立的②孤立的,超然的;公正的

detachment [di'tætfmənt] n. ①分开,拆开②分遣队,特遣舰队③超然,不偏不倚

detail ['diːteil] n. ①细目,详情②逐一处理,详细③小分队‖v. [di'teil] ①详述,细说〔The salesman had to detail all expenses in his report. 推销员必须在报告中详细说明所有费用。〕②分遣,选派/**in detail** 详细叙述,逐一说明

detain [di'tein] v. 耽搁,阻止〔A long freight train detained us. 一长列货车阻止我们前进。〕

detect [di'tekt] v. 查明,查出〔to detect a slight flaw 查出瑕疵〕/**detection** n.

detective [di'tektiv] n. 侦探‖a. 侦探的,侦探用的

detector [di'tektə] n. ①觉察者,探测器②[无]检波器

D

detention [di'tenʃən] n. 耽搁，阻止，拘留

deter [di'tə:] v. 使不敢，威慑，吓住，阻止〔Does capital punishment deter crime? 死刑阻止犯罪了吗?〕

detergent [di'tə:dʒənt] a. 使干净的，使清洁的 ‖ n. 清洁剂，洗涤剂

deteriorate [di'tiəriəreit] v. 使恶化，变坏〔His health has deteriorated during the past year. 去年他的健康状况恶化。〕/**deterioration** n.

determinant [di'tə:minənt] a. 决定性的 ‖ n. 决定因素

determination [di,tə:mi'neiʃən] n. ①决定，确定②决心

determine [di'tə:min] v. ①决定，确定〔I haven't determined whether to go to college. 我还没决定是否上大学。〕②下决心，决意〔He was determined to succeed. 他决心要成功。〕③明确地找出〔First determine the area of the floor. 首先测定场地面积。〕④作为决定性的事实〔A boy's hobbies often determine his choice of a career. 少年的爱好常常决定他对事业的选择。〕

determined [di'tə:mind] a. ①决意的；已决定的②坚决的

deterrent [di'terənt] a. 制止的，威慑的 ‖ n. 制止物，威慑物

detest [di'test] v. 嫌恶，憎恶，痛恨/**detestable** a. /**detestation** n.

dethrone [di'θrəun] v. 废黜，使从重要位置下台

detonate ['detəuneit] v. 爆炸，引爆〔to detonate a bomb 引爆炸弹〕/**detonation** n.

detonator ['detəuneitə] n. 雷管，起爆管

detour ['di:tuə] n. 迂回①迂回路，弯路 ‖ v. 绕过，兜过

detract [di'trækt] v. 减损，毁损〔Weeds detract from the beauty of a lawn. 杂草影响草坪美观。〕/**detraction** n. /**detractor** n.

detriment ['detrimənt] n. 损害，伤害，损害物/**detrimental** a.

deuce [dju:s] n. ①(纸牌的)两点②(网球、乒乓球比赛终局前的)平分③[用于诅咒]倒霉，晦气，恶魔

devastate ['devəsteit] v. 毁灭，破坏；使荒芜〔An atomic war could devastate the world. 原子战争将毁灭世界。〕/**devastation** n.

develop [di'veləp] v. ①成长，发育，展开，发展〔The seedling developed into a tree. 树苗长成树。Reading develops one's knowledge. 读书增长知识。〕②出现，产生；逐渐产生出〔Dr Salk developed a vaccine for polio. 塞尔克医生发现了小儿麻痹疫苗。A fungous growth developed on the plants. 植物上有真菌生长。〕③[摄显(影)，冲洗④为…所知〔It developed that Sally had won several contests. 据说萨利赢了几场比赛。〕

development [di'veləpmənt] n. ①生长，发育；发展②开发③发生；事件

deviate ['di:vieit] v. 背离，偏离〔to deviate from the truth 偏离真理〕/**deviation** n.

device [di'vais] n. ①(特定用处的)器械，装置，设备②设计，计划

devolve [di'vɔlv] v. 转移，移交〔In my absense, these duties will devolve on you. 我不在期间这些任务将移交给你。〕

devote [di'vəut] v. 把…奉献，把…专用〔He has devoted his life to painting. 他献身于绘画。〕

devoted [di'vəutid] a. 慈爱的；忠诚的；热心的

devotee [,devəu'ti:] n. 热心之士，爱好者

devotion [di'vəuʃən] n. ①献身②忠诚，忠实，热心③[常用复]祈祷/**devotional** a.

devour [di'vauə] v. ①狼吞虎咽似地吃②毁灭〔The little town was devoured by the landslide. 山崩毁灭了这座小城。〕③贪看，贪听〔My nephew devours fairy tales. 我侄子迷恋童话。〕④吸引，吸住〔He was devoured by curiosity. 他心中充满好奇。〕

devout [di'vaut] a. ①虔诚的，虔敬的②诚恳的/**devoutly** ad.

dew [dju:] n. ①露,露水②露水一样的东西(如汗水、泪水等)/**dewy** a.

dewdrop ['dju:drɔp] n. 露珠

dewlap ['dju:læp] n. (牛等动物)下垂的皮肉

dexterity [deks'teriti] n. 灵巧,敏捷

dexterous ['dekstərəs] a. (身、手)灵巧的,敏捷的;聪明的/**dexterously** ad.

dextrose ['dekstrəus] n. [化]右旋糖,葡萄糖

di- [前缀]表示"二","二倍"[carbon dioxide 二氧化碳]

dia- [前缀]表示"通过","横过"[diagonal line 对角线]

diabetes [ˌdaiə'bi:ti:z] n. [医]糖尿病

diabetic [ˌdaiə'betik] a. 糖尿病的,患糖尿病的 ‖ n. 糖尿病患者

diabolic(al) [ˌdaiə'bɔlik(əl)] a. 恶魔(似)的,凶暴的,残忍的/**diabolically** ad.

diacritic [ˌdaiə'kritik] n. 发音符号

diacritical mark 发音符号

diadem ['daiədem] n. ①王冠②王冠状物

diagnose ['daiəgnəuz] v. 诊断

diagnosis [ˌdaiəg'nəusis] n. ①[医]诊断②[法]调查分析,判断[a diagnosis of the last election 对最后选举的调查分析]③判断分析后的决定,观点/**diagnoses** [复]

diagonal [dai'ægənl] a. ①对角线的,对顶的②斜的,斜纹的 ‖ n. 对角线,斜行,斜列/**diagonally** ad.

diagram ['daiəgræm] n. 图解,图表,示图 ‖ v. 用图解法表示/**diagrammatic** a.

dial ['daiəl] n. ①表面,钟面,日晷面②(仪表等的)标度盘,刻度盘③(电话机的)拨号盘 ‖ v. ①调(收音机电台)②拨(电话号码)

dialect ['daiəlekt] n. 地方话,方言/**dialectal** a.

dialogue , dialog ['daiəlɔg] n. ①对话②(小说、戏剧中的)对白

diameter [dai'æmitə] n. ①直径②直径长

度

diametric(al) [ˌdaiə'metrik(əl)] a. ①直径的②正好相反的/**diametrically** ad.

diamond ['daiəmənd] n. ①金刚石,钻石②菱形③(纸牌)方块④(棒球、垒球的)内场,球场

diapason [ˌdaiə'peisn] n. [音]音域②音叉

diaper ['daiəpə] n. 尿布

diaphragm ['daiəfræm] n. ①[解]膈②[讯](电话机等的)膜片,振动膜③[物]光阑,光圈

diarrhea , diarrhoea [ˌdaiə'riə] n. [医]腹泻

diary ['daiəri] n. ①日记②日记簿

diatribe ['daiətraib] n. 漫骂,讽刺

dice [dais] n. [复]骰子 ‖ v. 将…切成小方块[to dice beets 将甜菜切成小块]

dickens ['dikinz] n. [委婉语]魔鬼[What the dickens! 到底是什么!]

dicker ['dikə] v. 做小生意

dictaphone ['diktəfəun] n. 口述录音机

dictate [dik'teit] v. ①口述,使听写[to dictate a letter to a secretary 向秘书口述一封信]②命令,支配[Let your conscience dictate what you do. 凭良心做事。] ‖ n. ['dikteit] 命令,支配

dictation [dik'teiʃən] n. ①口述,听写②口述,听写的文字③命令,支配

dictator [dik'teitə] n. ①独裁者②有权威的人③口述者/**dictatorship** n.

dictatorial [ˌdiktə'tɔ:riəl] a. 独裁的,专政的;盛气凌人的

diction ['dikʃən] n. ①措词,用词风格②发音,发音法

dictionary ['dikʃənəri] n. ①词典

dictum ['diktəm] n. 名言,格言/**dictums, dicta** [复]

didactic [di'dæktik] a. ①教训的,教诲的②说教的/**didactically** ad.

die¹ [dai] v. ①死②停止运动(行动等)[The motor sputtered and died. 发动机爆响一声熄火了。]③变弱,消失,平息[The sound of music died away. 音乐声消失了。〕④[口]渴望,切望〔She's dying to know my secret. 她急于知道我的秘密。〕/ **die off** 先后死去,一一死去

die² [dai] n. ①骰子②印模,冲模,铆头模/**The die is cast.** [谚]木已成舟。〕/ **dice**[复]释义①,**dies**[复]释义②

die-hard , diehard n. 顽固分子,死硬分子

Diesel , diesel ['di:zəl] n. 内燃机,柴油机

diet¹ ['daiət] n. ①饮食,食物②特种饮食 || v. 进规定的饮食,忌食

diet² ['daiət] n. 议会,国会

dietary ['daiətəri] a. 饮食的,规定食物的

dietetic [,daiə'tetik] a. 饮食的,营养的

dietetics [,daiə'tetiks] n. [复][动词用单数]饮食学,营养学

dietitian , dietician [,daiə'tifən] n. 饮食学家,营养学家

differ ['difə] v. ①不同,相异〔Our tastes in music differ. 我们对音乐的口味不同。〕②意见不同〔We differed about the meaning of the poem. 我们对这首诗的含义有不同的见解。〕

difference ['difərəns] n. ①差异,差别②不和,争论③[数]差,差额/**make a difference** 有重要性,有关系,有影响

different ['difərənt] a. ①差异的,不同的②分别的,各不相同的③异常的/**differently** ad.

differential [,difə'renfəl] a. 根据情况不同而异的 || n. ①差别,差异②[机]差速器,分速器,差动齿轮

differentiate [,difə'renfieit] v. ①区别,鉴别〔Only an expert could differentiate between the original painting and the copy. 只有专家才能辨别出原作与复制品。〕②使不同〔What differentiates the polar bear from other bears? 北极熊与其它熊类有什么不同?〕/**differentiation** n.

difficult ['difikəlt] a. ①不容易的,困难

的;需要技巧或能力的②不易取悦的,难于相处的

difficulty ['difikəlti] n. ①困难,艰难②难事/麻烦,烦恼的原因

diffident ['difidənt] a. 缺乏自信的,羞怯的/**diffidence** n./**diffidently** ad.

diffraction [di'frækʃən] n. [物]衍射,绕射

diffuse [di'fju:s] a. ①弥漫的,散开的,扩散的②冗长的,啰嗦的 || v. [di'fju:z] ①散布,传播,传布[to diffuse light, heat, information, etc 散光,散热,传播消息]②慢慢混合,混合/**diffusely** ad./**diffusion** n.

dig [dig] v. ①以铲、手爪等掘地〔The pirates dug for buried treasure. 海盗用铲掘地埋藏的财宝。〕②挖,掘〔to dig a well 挖井〕③挖穿〔The miners are digging through a wall of clay. 矿工们挖穿土墙。〕④掘取,挖出〔to dig potatoes 挖马铃薯〕⑤发掘,探究〔to dig out the truth 发掘真理〕⑥插入,戳〔to dig into the ribs 戳入某人的肋骨〕⑦[口]努力学习,工作 || n. ①戳,刺②[口]挖苦

digest [di'dʒest, dai'dʒest] v. ① 消化〔Small babies cannot digest solid food. 婴儿无法消化硬食物。〕②被消化〔Some foods do not digest easily. 一些食物不易消化〕③领会,领悟〔Read and digest that article. 阅读并领会那篇文章。〕 || n. ['daidʒest]摘要,文摘

digestible [di'dʒestəbl, dai'dʒestəbl] a. 可消化的;可作摘要的

digestion [di'dʒestʃən, dai'dʒestʃən] n. ①消化②消化能力/**digestive** a.

digger ['digə] n. 挖掘者;挖掘物

digit ['didʒit] n. ①数字②手指;足趾

digitalis [,didʒi'teilis] n. 洋地黄制剂

dignified ['dignifaid] a. 有尊严的,高贵的

dignify ['dignifai] v. 使有尊严,授…以荣誉;使高贵〔to dignify a politician by calling him a statesman 尊称从事政治者为政治家〕

dignitary ['dignitəri] n. 职位高的人

D

dignity ['digniti] n. ①尊贵,高贵;真实价值②(举止、态度)庄严,尊严,端庄③高位,显职④自尊,自重

digress [dai'gres] v. 扯开,离开主题/**digression** n.

dike [daik] n. 堤,堰,坝‖v. 筑堤防护

dilapidated [di'læpideitid] a. 残破的,失修的,倒塌的

dilapidation [di,læpi'deiʃən] n. 残破,倒塌,塌毁

dilate [dai'leit] v. 使膨胀,使扩大〔The pupils of the eyes become dilated in the dark. 瞳孔在黑暗中扩大。〕/**dilation** n.

dilatory ['dilətəri] a. 拖拉的

dilemma [di'lemə] n. 窘境,困境;进退两难

dilettante [,dili'tænti] n. 艺术爱好者;浅薄的涉猎者/**dilettantes, dilettanti**[复]

diligence ['dilidʒəns] n. 勤勉,勤奋;用功;努力

diligent ['dilidʒənt] a. 勤勉的,勤奋的,用功的/**diligently** ad.

dill [dil] n. 莳萝

dillydally ['dilidæli] v. (因犹豫不决)而浪费时间

dilute [dai'lju:t] v. ①冲淡,稀释〔to dilute condensed milk 稀释炼乳〕②(用搀杂的方法)削弱〔The force of his writing is diluted by his use of too many words. 过多的文字削弱了他文章的生动性。〕‖a. 稀释的,淡的

dim [dim] a. ①不明亮的,微暗的,暗淡的②模糊的,不清楚的③看不清楚的,理解不清的‖v. 使变暗,使变模糊〔Approaching cars should dim their lights. 驶近的汽车应减弱车灯亮度。〕/**dimly** ad. /**dimness** n.

dime [daim] n. (美国、加拿大的)一角银币

dimension [di'menʃən] n. ①度量②大小;面积;重要性

diminish [di'miniʃ] v. 减少,减小,缩减;削弱…的权势(重要性)〔An early winter quickly diminishes the squirrel's store of nuts. 早来的冬天减少了松鼠的坚果贮存。The danger of frost begins to diminish after the first of April. 四月一日以后霜冻的威胁减小。〕

diminuendo [di,minju'endəu] a. & ad. [音]渐弱的‖n. [音]渐弱音;渐弱/**diminuendos**[复]

diminution [,dimi'nju:ʃən] n. 减小,减少,缩减

diminutive [di'minjutiv] a. ①小的,小型的②指小的〔The word "booklet" is formed by adding the diminutive suffix "-let" to "book". "Booklet" 这个词是由 "book"和表示小的后缀"-let"构成的。〕‖n. [语]小词

dimity ['dimiti] n. 凸纹条格细平布

dimple ['dimpl] n. ①酒窝,笑窝②涟漪,波纹‖v. 出现酒窝;起涟漪〔Her cheeks dimple when she smiles. 她笑时现出酒窝。〕

din [din] n. 闹音,喧声,骚扰声‖v. ①喧嚣,吵闹②絮絮不休地说〔He dinned the warning into my ears. 他喋喋不休地警告我。〕

dine [dain] v. ①吃饭,进餐,就餐②招待…吃饭,宴请〔to dine a visitor 宴请来访者〕

diner ['dainə] n. ①就餐者②餐车③餐车式的饭店

dinette [dai'net] n. 小吃饭间

ding [diŋ] n. 铃声‖v. (铃)丁当作响

dinghy ['diŋgi] n. 小船,划艇

dingy ['dindʒi] a. 暗黑的,脏的;褴褛的〔a dingy room 昏暗的房间〕/**dinginess** n.

dining room 餐室,食堂

dinner ['dinə] n. ①正餐②宴会

dinosaur ['dainəsɔ:] n. 恐龙

dint [dint] n. 力量,精力

diocesan [dai'ɔsisən] a. 主管教区的‖n. 主教

diocese ['daiəsis] n. 主管教区

dioxide [dai'ɔksaid] n. [化]二氧化物

dip [dip] v. ①浸,沾,蘸[to dip a brush into paint 将刷子蘸一下油漆]②将…放入涂体中并迅速取出[The oars of the galley dipped in rhythm. 划艇的桨有节奏地划着。]③降下又开起[The airplane dipped its right wing. 飞机右翼下摆。The tree-tops dipped in the wind. 树顶在风中摇摆。]④倾斜∮汲出,舀取[to dip water from a bucket 从桶中舀水]⑤制造蜡烛⑦浏览,稍加探究[to dip into a book 浏览一本书]‖n.①浸;沾;舀取;斜坡②汲取;舀出的东西③(浸物体的)液体,溶液

diphtheria [dif'θiəriə] n. [医]白喉(症)

diphthong ['difθɔŋ] n. [语]双元音,复合元音

diploma [di'pləumə] n. 毕业文凭,学位证书

diplomacy [di'pləuməsi] n.①外交,外交手腕②交际手段

diplomat ['dipləmæt] n.①外交家,外交官②善于应付场合者;善于办交涉者

diplomatic [,diplə'mætik] a.①外交上的②有外交手腕的,老练的,有策略的/**diplomatically** ad.

dipper ['dipə] n.①浸制工人,浸渍工人;浸制器②长柄勺③北斗七星[Big Dipper 大熊星座的北斗七星 Little Dipper 小熊星座的北斗七星]

dire ['daiə] a. 可怕的,悲惨的

direct [di'rekt] a.①直接的,径直的②直率的,坦白的③直的④直系的⑤恰好的;全然的⑥直接引述‖v.①管理,支配,指挥,指导[to direct the building of a bridge 指挥桥梁建设 to direct a glee club 指挥合唱队 to direct a play 导演戏剧]②命令[You are directed to appear in court. 你被命令出庭。]③指引,指路[Will you please direct me to the city hall? 你可以指给我去市政厅的路吗?]④指向;针对…[His remarks were directed at me. 他的话是针对我说的。]‖ad. 直接地[Go direct to your house. 直接去你家。]/**directness** n.

direct current 直流电

direction [di'rekʃən] n.①支配,指导,管理②命令③[常用复]指示,用法说明④方向,方位,方面⑤趋向,倾向/**directional** a.

directive [di'rektiv] n.命令,指示,指示

directly [di'rektli] ad.①径直地[Come directly home after school. 放学后直接回家。The town lies directly to the north. 这座城镇位于正北方向。]②直接地[He is directly responsible to me. 他直接对我负责。]③正好地[directly opposite 正好相反,正面对]

direct object 直接宾语

director [di'rektə] n.①指导者,处长,局长,总监,导演[the director of a play 戏剧导演]②理事,董事/**directorship** n.

directory [di'rektəri] n. 姓名地址录

dirge [də:dʒ] n. 挽歌,哀悼歌;庄重悲哀的东西

dirigible ['diridʒəbl] n. 飞船,飞艇

dirk [də:k] n. 短剑,匕首

dirt [də:t] n.①污物,污垢②泥土,松土③下流的话(作品或行动)

dirty ['də:ti] a.①脏的,污秽的②下流的,卑鄙的③(颜色)灰褐的,不清的④(气候)恶劣的;暴风雨的 ‖ v. 弄脏,变脏/**dirtiness** n.

dis- [前缀]①表示"分离","除去","离开"[displace 转移]②表示"相反"[dishonest 不诚实的]③表示"失败","停止","拒绝"等[disagree 不同意]

disability [,disə'biliti] n.①无能,无力②伤残

disable [dis'eibl] v. 使无能,使伤残[She is disabled by arthritis. 她因关节炎致残。]

disabuse [,disə'bju:z] v. 去除…的错误想法,纠正[She disabused her pupils of their belief in fairies. 她纠正了学生们关于仙女存在的想法。]

disadvantage [,disəd'va:ntidʒ] n.①不利,不利条件②损失,损害/**disadvan-**

tageous *a.*

disadvantaged [ˌdisəd'vɑːntidʒd] *a.* 被剥夺了基本权利的;生活条件差的

disaffected [ˌdisə'fektid] *a.* 不忠的;不满的/**disaffection** *n.*

D

disagree [ˌdisə'griː] *v.* ①意见不同,不同意,争执[to disagree on politics 政治上意见不同]②不一致,不符[His story of the accident disagreed with hers. 他和她对该事故的讲述不同。]③不适合,有害[Corn disagrees with me. 我不适合吃玉米。]

disagreeable [ˌdisə'griːəbl] *a.* ①不合意的,不愉快的[a disagreeable odor 难闻的气味]②难相处的,脾气坏的/**disagreeably** *ad.*

disagreement [ˌdisə'griːmənt] *n.* ①争论,争执②意见不同③不一致,差别

disappear [ˌdisə'piə] *v.* 不见,消失[The car disappeared around a curve. 汽车在转弯处不见了。Dinosaurs disappeared millions of years ago. 恐龙在几百万年前就消失了。]/**disappearance** *n.*

disappoint [ˌdisə'pɔint] *v.* 使失望,使落空,使不满意[We were disappointed in the weather. 我们对天气感到失望。Although all promised to come, two of the boys disappointed us. 尽管大伙儿都许诺要来,还是有两个男孩使我们失望了。]

disappointment [ˌdisə'pɔintmənt] *n.* ①失望,扫兴[one's disappointment over not winning 由于未得胜而沮丧]②使失望的人;令人扫兴的事[The team has been a disappointment to us. 这个队令我们失望。]

disapprobation [ˌdisæprəu'beiʃən] *n.* 不认可,不赞同

disapproval [ˌdisə'pruːvəl] *n.* 不赞成,不同意[The crowd showed its disapproval by booing. 群众以讥笑表示异议。]

disapprove ['disə'pruːv] *v.* 不赞同,不同意;非难[The Puritans disapproved of dancing. 清教徒不赞成跳舞。]/**disapprovingly** *ad.*

disarm [dis'ɑːm] *v.* ①缴…的械[The policeman disarmed the robbers. 警察缴了抢劫者的武器。]②裁减军备[When all nations disarm, there will be peace. 如果每个国家都没有军备,和平就会到来。]③消除(怒气、敌意、怀疑等),使友好[the disarming manner of a child 孩子的那种使人消除怒气的举止]

disarmament [dis'ɑːməmənt] *n.* ①放下武器②裁军,解除军备

disarrange [ˌdisə'reindʒ] *v.* 使混乱,扰乱[Do not disarrange the papers on my desk. 别弄乱我桌上的纸。]/**disarrangement** *n.*

disarray [ˌdisə'rei] *n.* 混乱,杂乱

disassemble [ˌdisə'sembl] *v.* 拆卸,分解[to disassemble a motor 拆发动机]

disaster [di'zɑːstə] *n.* 灾难,祸患,天灾/**disastrous** *a.*

disavow [ˌdisə'vau] *v.* 不承认,抵赖[He can never disavow the letter he wrote. 他永远不会否认这封信是他写的。]

disband [dis'bænd] *v.* 解散,遣散[The principal disbanded all fraternities at our school. 校长解散我们学校所有的联谊会。]

disbar [dis'bɑː] *v.* [法]取消…的律师资格/**disbarment** *n.*

disbelief [ˌdisbi'liːf] *n.* 不信,怀疑[He stared at me in disbelief. 他怀疑地盯着我。]

disbelieve [ˌdisbi'liːv] *v.* 不相信,怀疑

disburden [dis'bəːdn] *v.* 卸下…的重负,解除…的负担

disburse [dis'bəːs] *v.* 支出,支付/**disbursement** *n.*

discard [dis'kɑːd] *v.* ①丢弃,抛弃,遗弃②(纸牌游戏中)垫牌,打出无用的牌 ‖ *n.* ['diskɑːd]①抛弃②被弃物

discern [di'səːn] *v.* 看出,辨出,识别,了解[Can you discern a sail on the horizon? 你能看见地平线上的小船吗? I cannot discern what reason he might have had. 我看不出他会有什么理由。]/**discernible** *a.* /**discernment** *n.*

discerning [di'sə:niŋ] a. 有眼力的, 有洞察力的

discharge [dis'tʃɑːdʒ] v. ①允许…离开, 释放〔to discharge a soldier from the army 令士兵退伍 to discharge a patient from a hospital 让病人出院 to discharge a prisoner from jail 放犯人出狱〕②解雇③卸货〔The boat discharged its cargo. 将货从船上卸下来。〕④排出〔The steam is discharged through this pipe. 蒸汽从此管排出。〕⑤清偿；履行〔I have discharged all my obligations. 我已履行了所有职责。〕⑥射出,开(炮等)⑦[电]放电〔to discharge a battery 将电池放电〕‖ n. ①卸货；发射；排出；放电；清偿；履行②证明书③流出物,排泄物

disciple [di'saipl] n. ①门徒, 信徒, 追随者②[宗]耶稣十二门徒之一

disciplinarian [ˌdisipli'nɛəriən] n. 执行纪律者

disciplinary ['disiplinəri] a. 纪律的, 惩戒性的〔to take disciplinary action 实行处分〕

discipline ['disiplin] n. ①训练②训练的结果；纪律,风纪③惩罚,惩戒 ‖ v. ①训练, 使有纪律〔Regular chores help to discipline children. 经常的家务劳动有助于训练儿童。〕②惩罚

disclaim [dis'kleim] v. 放弃, 不认领；否认, 不承认〔to disclaim one's rights to property 放弃财产权 to disclaim knowledge of a crime 否认知道犯罪案情〕

disclose [dis'kləuz] v. ①揭开, 揭露〔He opened his hand and disclosed a silver dollar. 他张开手, 露出一枚银币。〕②透露, 泄露〔to disclose a secret 泄露秘密〕

disclosure [dis'kləuʒə] n. ①揭发；泄露②被揭发、泄露出来的事物

discolor [dis'kʌlə] v. 使变色, 使褪色；使污染〔The strong soap discolored his socks. 烈性皂使他的袜子褪了色。〕/**discoloration** n.

discomfit [dis'kʌmfit] v. 使困惑, 使窘迫；使混乱/**discomfiture** n.

discomfort [dis'kʌmfət] n. ①不舒适, 不自在, 不安②使不舒适(不自在)的事物

discompose [ˌdiskəm'pəuz] v. 使不安, 使烦恼；扰乱〔Unexpected guests always discompose mother. 不速之客常使母亲烦恼。〕/**discomposure** n.

disconcert [ˌdiskən'sə:t] v. 使困窘, 使为难〔to be disconcerted by a sudden change in plans 因突然改变计划而感到为难〕

disconnect [ˌdiskə'nekt] v. 拆开, 分离, 断开〔Disconnect the radio by pulling the plug from the socket. 拔掉插头闭收音机。〕/**disconnection** n.

disconsolate [dis'kɔnsəlit] a. 忧郁的, 郁郁不乐的

discontent ['diskən'tent] n. 不满意

discontented ['diskən'tentid] a. 不满的

discontinue ['diskən'tinju(ː)] v. 中止, 中断, 放弃〔to discontinue a subscription to a magazine 停止订阅杂志〕

discontinuous ['diskən'tinjuəs] a. 不连续的, 间断的, 断续的

discord ['diskɔːd] n. ①不和, 倾轧；不一致, 不调和〔Discord among nations may lead to war. 国家间不和会导致战争。〕②嘈杂声③[音]不和谐音

discordance [dis'kɔːdəns] n. 不一致, 不调合

discordant [dis'kɔːdənt] a. ①不一致的, 矛盾的②嘈杂的, 刺耳的③不和谐的/**discordantly** ad.

discount ['diskaunt] n. 折扣 ‖ v. ①打折②认为有夸张之处, 半信半疑

discountenance [dis'kauntinəns] v. ①使羞愧, 使尴尬〔He was discountenanced by their laughter. 他们的笑声使他很尴尬。〕②不赞同, 使泄气

discourage [dis'kʌridʒ] v. ①阻碍, 劝阻〔We discouraged him from risking his money. 我们劝他不要拿钱冒险。The storm discouraged any further boating. 暴风

D

雨阻止了继续远航。〕②使失去信心，使沮丧〔The singer was discouraged by the lack of applause. 稀落的掌声使歌唱者沮丧。〕/**discouragement** n.

discourse [dis'kɔːs] n.①谈论，谈话②演说论文‖v. 演讲〔The professor discoursed on early church music. 教授就早期教堂音乐进行演讲。〕

discourteous [dis'kəːtjəs] a. 不礼貌的，失礼的/**discourteously** ad.

discourtesy [dis'kəːtisi] n. 无礼，失礼，粗鲁行为

discover [dis'kʌvə] v. ①发现，发觉〔Newton discoverd the laws of gravity. 牛顿发现万有引力定律。〕②(偶然)发现；学到〔I discovered many facts I never knew in the almanac. 我发现了许多在历书上找不到的事实。〕

discovery [dis'kʌvəri] n.①发现②被发现的事物

discredit [dis'kredit] v.①使成为不可信〔His earlier lies discredit anything he may say. 他先前的谎言使他的任何话都变得不可信。〕②使丧失信誉，使丢脸〔The judge has been discredited by the newspapers. 报纸使法官名誉扫地。〕‖ n.①怀疑，不信②失名誉，丢面子

discreditable [dis'kreditəbl] a. 有损信誉的，丢脸的

discreet [dis'kriːt] a. 谨慎的，考虑周到的/**discreetly** ad.

discrepancy [dis'krepənsi] n. 差异，不一致，不符合

discretion [dis'kreʃən] n. ①谨慎，考虑周到②判断，斟酌

discretionary [dis'kreʃənəri] a. 可自由处理的，可自由决定的

discriminate [dis'krimineit] v. ①区别，辨别〔He is color-blind and cannot discriminate between red and green. 他色盲，分不清红与绿。〕②以不同方式对待，歧视〔Some business discriminate against women in hiring. 有些企业招募人员时对妇女有歧视。〕

discrimination [dis,krimi'neiʃən] n.①辨别，区别②区别对待，歧视③识别力，辨别力

discursive [dis'kəːsiv] a. 东拉西扯的，散漫的；离题的

discus [diskəs] n. [体]铁饼

discuss [dis'kʌs] v. 讨论，商讨；辩论〔Congress is discussing a new tax law. 国会在讨论新税法。〕/**discussion** n.

disdain [dis'dein] v. 轻视，蔑视；不屑，鄙弃〔She disdained their insulting remarks. 她对他们的污辱不屑一顾。〕‖ n. 轻视，蔑视/**disdainful** a.

disease [di'ziːz] n. 病，疾病/**diseased** a.

disembark [disim'baːk] v. 使上岸，登陆/**disembarkation** n.

disembodied [disim'bɔdid] a. 脱离肉体的

disenchant [,disin'tʃaːnt] v. 使清醒；使脱离错误想法〔Anyone who thinks it never rains in Mexico city will be disenchanted by a visit there. 认为墨西哥城从不下雨的人到了那里就会知道真相。〕/**desenchantment** n.

disencumber [disin'kʌmbə] v. 使摆脱

disengage [disin'geidʒ] v. 解开，解除；使脱离〔to disengage oneself from a pledge 解除誓约 to disengage troops from battle 使军队撤离战场 to disengage gears 拆开齿轮组〕/**disengagement** n.

disentangle [disin'tæŋgl] v. 解开，解决〔Disentangle the yarn. 解开纱线。We tried to disentangle the truth in his story from the lies. 我们试着分清他叙述中的真话与谎言。〕

disfavor [dis'feivə] n.①不赞成，不喜欢②受冷待，失宠

disfigure [dis'figə] v. 毁坏…的外形；毁容；损害〔Severe burns had disfigured his hands. 严重烧伤毁了他的双手。〕/**disfigurement** n.

disfranchise [dis'fræntʃaiz] v. 剥夺…的公民权/**disfranchisement** n.

disgorge [dis'gɔ:dʒ] v. 吐出，呕吐，流出〔The whale disgorged Jonah. 鲸吐出了乔纳。The volcano disgorged lava. 火山喷出熔岩。〕

disgrace [dis'greis] n. ①丢脸，耻辱，不光彩②丢脸的事；丢脸的人 ‖ v. 使丢脸，使受耻辱〔His crime has disgraced the family. 他的犯罪给家庭带来耻辱。〕

disgraceful [dis'greisful] a. 不名誉的，丢脸的，不光彩的/**disgracefully** ad.

disgruntle [dis'grʌntl] v. 使不满，使不高兴〔She was disgruntled when she didn't win a prize. 她因未获奖而郁郁不乐。〕

disguise [dis'gaiz] v. ①把…假扮起来，把…假装起来，伪装〔to disguise onself with a false beard 用假胡须乔装自己 to disguise one's voice 伪装自己的声音〕②隐瞒，隐蔽掩饰〔She disguised her dislike of him by being very polite. 她十分礼貌地对待他以掩饰对他的厌恶之情。〕‖ n. ①伪装衣，伪装物，伪装的行为②假装，伪装

disgust [dis'gʌst] n. 厌恶，憎恶 ‖ v. 使厌恶，使讨厌/**disgusting** a./**disgustingly** ad.

dish [diʃ] n. ①盘，碟②盘装食品，一道菜③菜 ‖ v. 上菜，把…放在盘中端上〔Dish up the beans. 上蚕豆。〕/**dishful** n.

dishcloth ['diʃklɔθ] n. 洗碟布

dishearten [dis'hɑ:tn] v. 使失去勇气，使沮丧，使失去信心/**disheartening** a.

dishevel(l)ed [di'ʃevəld] a. 散乱的，乱蓬蓬的

dishonest [dis'ɔnist] a. 不老实的，不诚实的，不正直的/**dishonestly** ad./**dishonesty** n.

dishonor [dis'ɔnə] n. 不光彩，耻辱 ‖ v. 使丧失名誉，使丢脸，使受耻辱

dishonorable [dis'ɔnərəbl] a. 失名誉的，不光彩的，耻辱的/**dishonorably** ad.

disillusion [,disi'lu:ʒən] v. 使醒悟；使幻灭〔Janet disillusioned Timmy about Santa. 珍妮特打破了蒂米关于圣诞老人的幻想。〕‖ n. 醒悟，幻灭

disinclined [,disin'klaind] a. 不情愿的，无意的/**disinclination** n.

disinfect [,disin'fekt] v. 杀死…的细菌；给…消毒，使洗净〔to disinfect water with chlorine 用氯气净化水〕

disinfectant [,disin'fektənt] n. 消毒剂

disinherit ['disin'herit] v. 剥夺…的继承权〔She disinherited her son when he eloped. 她因儿子出走而剥夺了他的继承权。〕

disintegrate [dis'intigreit] v. 崩溃；分裂，分解〔The explosion disintegrated the airplane. 飞机被炸成碎片。The Roman Empire began to disintegrate in the 4th century. 四世纪时罗马帝国开始分裂。〕/**disintegration** n.

disinter ['disin'tə:] v. 从坟墓中掘出，发掘出

disinterested [dis'intristid] a. ①无私的，公平的，无偏见的②[口]不感兴趣的，不关心的

disjoint [dis'dʒɔint] v. 自关节处拆开，拆散〔to disjoint a duck 肢解鸭子〕

disjointed [dis'dʒɔintid] a. 不连贯的，支离的；次序混乱的，没有条理的

disk [disk] n. ①圆盘，圆板②圆盘状物③唱片

dislike [dis'laik] v. 不喜爱，厌恶〔I dislike people I can't trust. 我不喜欢不值得信任的人。〕‖ n. 不喜欢，厌恶

dislocate [dis'ləkeit] v. ①使关节脱位，使脱臼〔to dislocate one's hip 使髋关节脱臼〕②打乱…的正常秩序〔to dislocate traffic 使交通混乱〕/**dislocation** n.

dislodge [dis'lɔdʒ] v. 移去，取出〔The landslide dislodged a big rock. 山崩巨石动。〕

disloyal [dis'lɔiəl] a. 不忠诚的/**disloyalty** n.

dismal ['dizməl] a. ①阴郁的，悲哀的②阴暗的，黑暗的/**dismally** ad.

dismantle [dis'mæntl] v. ①去掉…的覆盖物，拆除…的设备〔to dismantle an old ship 拆除旧船的设备〕②拆卸〔to dismantle heavy machinery in order to move it 拆卸卸笨重的机器以移动它]

dismay [dis'mei] v. 使惊慌, 丧胆[We were dismayed at the sight of the destruction. 看到毁灭的景象我们胆战心惊。] ‖ n. 灰心, 沮丧, 惊愕

dismember [dis'membə] v. 肢解, 割裂, 瓜分[to dismember a body 肢解尸体 to dismember a conquered country 瓜分被占领国家] / **dismemberment** n.

dismiss [dis'mis] v. ①让…离开, 打发[The teacher dismissed the class at two o'clock. 老师在两点钟放了学。]②免…的职, 解雇, 开除③消除, 不考虑[Dismiss your worries and enjoy your vacation. 消除顾虑, 过好假期。] / **dismissal** n.

dismount ['dis'maunt] v. ①下马, 下车②取下, 卸下[The mechanic dismounted the motor to work on it. 机修工取下发动机, 开始工作。]

disobedience [,disə'bi:djəns] n. 不服从, 不顺从 / **disobedient** a. / **disobediently** ad.

disobey ['disə'bei] v. 不服从, 不顺从

disorder [dis'ɔ:də] n. ①混乱, 杂乱, 无序[a disorder 骚动, 骚乱]②疾病; 失调[a nervous disorder 神经错乱] ‖ v. 使混乱, 错乱

disorderly [dis'ɔ:dəli] a. ①混乱的, 杂乱的②造成混乱的, 骚乱的 / **disorderliness** n.

disorganize [dis'ɔ:gənaiz] v. 使紊乱, 瓦解, 打乱[Mother's illness disorganized the household. 妈妈生病使家里乱了套。] / **disorganization** n.

disown [dis'əun] v. 否认…是自己的; 否认…同自己有关系[to disown one's family 同自己家庭脱离关系]

disparage [dis'pæridʒ] v. 轻视, 贬低, 毁谤[Her envious brother disparaged her high grades. 嫉妒她的哥哥贬低她的好成绩。] / **disparagement** n.

disparity [dis'pæriti] n. 不同, 不等, 悬殊, 不一致[**disparities**[复]

dispassionate [dis'pæʃənit] a. 不动

情感的, 平心静气的; 不带偏见的 / **dispassionately** ad.

dispatch [dis'pætʃ] v. ①派遣, 派出, 发送[We've dispatched a man to repair the break in the wire. 我们已派人去修电线的断处。]②杀死, 处决③迅速办理, 迅速完成[to dispatch one's business 迅速完成某人的事务] ‖ n. ①迅速, 急速②急件, 公文急报③电讯报导

dispatcher [dis'pætʃə] n. 发送者, 调度员

dispel [dis'pel] v. 驱散, 赶跑, 消除[The wind dispelled the fog. 风驱散了雾。]

dispensary [dis'pensəri] n. 药房, 配药处, 门诊部

dispensation [,dispen'seiʃən] n. ①分配, 分给, 施予②治理, 天道③宗教体制④[宗]特许, 豁免

dispense [dis'pens] v. ①分配, 分发[The agency dispensed clothing to the refugees. 某部门向难民分发衣物。]②配制并分发[A pharmacist dispenses medicines. 药剂师配药。] / **dispense with** 省却, 免除[to dispense with formality 省却手续] / **dispenser** n.

disperse [dis'pə:s] v. 驱散, 散开[The crowd at the game began to disperse. 观看比赛的群众开始散开。 The wind dispersed the clouds. 风驱散云彩。] / **dispersal**, **dispersion** n.

dispirit [di'spirit] v. 使气馁, 使沮丧 / **dispirited** a.

displace [dis'pleis] v. ①移置, 转移[The telephone wires were displaced by the storm. 暴风雨将电话线移位了。]②取代…的职位; 替换[A ship displaces a certain amount of water. 船有一定的排水量。]

displaced person 由于战争而逃离本国者

displacement [dis'pleismənt] n. ①移置, 转移, 替换②排水量

display [dis'plei] v. ①展开, 陈列, 展览[to display a collection of stamp 邮展]②炫耀, 夸耀[to display one's courage 炫耀

D

勇气〕‖ n.①陈列,展览,展示②虚假表现

displease [dis'pli:z] v. 使不愉快,使不满意,惹怒

displeasure [dis'pleʒə] n. 不愉快,不满,生气

disport [dis'pɔ:t] v. 娱乐,玩耍〔Puppies are disporting themselves on the lawn. 小狗在草坪上嬉戏。〕

disposable [dis'pəuzəbl] a. 可任意处理的,用后可扔掉的〔disposable bottles 一次性瓶子〕

disposal [dis'pəuzəl] n. 布置;处理,处置;卖掉,让与/**at one's disposal** 由某人作主,听某人之使,由某人支配

dispose [dis'pəuz] v. ①配置,布置,安排〔She disposed the children in a circle about her. 她让孩子们在她周围站成圈。〕②使愿意或准备做某事〔I am not disposed to agree. 我不准备同意。〕③使倾向于,使有意于〔Hot weather disposes me to laziness. 炎热的天气使我懒惰。〕/**dispose of**①处理,处置,卖掉〔We must dispose of these apples before they rot. 我们必须在苹果腐烂之前处理掉它们。〕②解决,办妥〔to dispose of a problem 解决问题〕

disposition [ˌdispə'ziʃən] n.①排列,布置;安排;愿意,倾向②支配权,处理权③性情,气质

dispossess [ˌdispə'zes] v. 使不再占有,剥夺〔The bank dispossessed them of their house. 银行剥夺了他们的房屋。〕/**dispossession** n.

disproof ['dis'pru:f] n.①反证,反驳②反驳物,反驳的证据

disproportion ['disprə'pɔ:ʃən] n. 不相称,不均衡

disproportionate [ˌdisprə'pɔ:ʃənit] a. 不均匀的,不相称的,过大或过小的

disprove ['dis'pru:v] v. 证明…不成立,反驳,驳斥〔to disprove a theory 证明一理论不成立〕

disputant [dis'pju:tənt] n. 争论者,辩论

者

disputation [ˌdispju(:)'teiʃən] n. 争论,辩论

dispute [dis'pju:t] v.①争论,辩论,争执②对…提出质疑〔The U.S. disputed Spain's claim to Cuba. 美国对西班牙宣称古巴为其所属提出质疑。〕③争夺〔The retreating army disputed every foot of ground. 撤退中的军队争夺每一寸土地。〕‖ n. 争论,辩论,争执

disqualify [dis'kwɔlifai] v. 取消…的资格,使不合格,使不能〔The constitution disqualifies a foreign-born person from becoming president. 宪法规定在外国出生的人不能当选总统。〕

disquiet [dis'kwaiət] v. 打搅,使不安,使忧虑〔The deadly silence was disquieting. 死一样的沉寂使人不安。〕‖ n. 不安,焦虑

disquietude [dis'kwaiətju:d] n. 不安,焦虑

disquisition [ˌdiskwi'ziʃən] n. 专题论文,学术讲演

disregard ['disri'gɑ:d] v. 不理,不顾,无视〔to disregard a warning 无视警告〕‖ n. 漠视,忽视〔with total disregard for his safety 完全无视他的安全〕

disrepair ['disri'peə] n. 失修,破损〔an old barn in disrepair 失修的谷仓〕

disreputable [dis'repjutəbl] a. 名誉不好的,声名狼藉的

disrepute ['disri'pju:t] n. 坏名声,声名狼藉

disrespect ['disris'pekt] n. 无礼,失礼/**disrespectful** a. /**disrespectfully** ad.

disrobe ['dis'rəub] v. 脱衣服

disrupt [dis'rʌpt] v. 分裂,瓦解,使混乱,破坏〔A few noisy members disrupted the meeting. 几个乱说话的人扰乱了整个会议。〕/**disruption** n.

dissatisfaction [ˌdis,sætis'fækʃən] n. 不满,不平

dissatisfy [dis'sætisfai] v. 使不满,使不平

dissect [di'sekt] v. ①解剖〔We dissect frogs in biology class. 我们在生物课上解剖青蛙。〕②仔细分析,研究〔The senators dissected the budget report. 参议员仔细研究预算报告。〕/**dissection** n.

dissemble [di'sembl] v. 掩饰,伪装〔to dissemble fear by smiling 以微笑掩饰恐惧〕

disseminate [di'semineit] v. 散布,传播〔Books disseminate ideas. 书籍传播思想〕/**dissemination** n.

dissension [di'senʃən] n. 意见分歧,不合,纠纷

dissent [di'sent] v. 不同意,异议〔Several of us dissented from the majority vote. 我们中有几个人的选票不同于大多数。〕‖ n. 不同意,异议/**dissenter** n.

dissertation [ˌdisə(:)'teiʃən] n. 专题论述,学术演讲

disservice ['dis'sə:vis] n. 危害,损害

dissever [dis'sevə] v. 分裂,分割

dissimilar ['di'similə] a. 不一样的,不同的/**dissimilarity** n.

dissimulate [di'simjuleit] v. 掩饰,假装/**dissimulation** n.

dissipate ['disipeit] v. ①驱散,消散〔to dissipate smoke 将烟驱散 to dissipate sorrow 驱除悲伤〕②浪费,挥霍〔to dissipate one's wealth 挥霍财产〕③放荡/**dissipation** n.

dissociate [di'səuʃieit] v. 使分离,分裂〔to dissociate two ideas 将两种观念分开〕/**dissociation** n.

dissolute ['disəlju:t] a. 无节制的,放荡的

dissolution [ˌdisə'lju:ʃən] n. ①溶解,融化,液化;分解〔解除,结束

dissolve [di'zɔlv] v. ①融化,溶解,液化〔to dissolve sugar in coffee 把糖放在咖啡里溶解〕②分解,消失,使消失〔His courage dissolved in the face of danger. 在危险面前,他丧失了勇气。〕③终结,结束〔They dissolved their partnership. 他们中止伙伴关系。〕

dissonance ['disənəns] n. ①不和谐音②不和谐,不谐调,不一致/**dissonant** a.

dissuade [di'sweid] v. 劝阻,劝止〔Try to dissuade her from going. 力劝她不要走。〕/**dissuasion** n.

distaff ['distɑ:f] n. 手工纺织杆,绕线杆

distance ['distəns] n. ①距离②远隔,远离③远处,远方 ‖ v. 落在后面,超过〔He distanced all of his competition. 他将所有竞争者都甩在后面。〕/**keep at a distance** 对某人保持疏远/**keep one's distance** 保持疏远

distant ['distənt] a. ①远的,遥远的②远离的③疏远的,冷淡的④远房的,关系远的/**distantly** ad.

distaste [dis'teist] n. 不喜欢,厌恶

distasteful [dis'teistful] a. 令人厌恶的,不合口味的/**distastefully** ad.

distemper [dis'tempə] n. 犬瘟热,(兽类)疾病

distend [dis'tend] v. 扩张,膨胀〔The pelican's pouch was distended with fish. 鹈鹕的肚囊因吃鱼而变大。〕

distil(l) [dis'til] v. ①蒸馏〔to distill ocean water for drinking 蒸馏海水饮用〕②用蒸馏法提取〔to distill alcohol from fermented grain 用发酵的粮食酿酒〕③提取…的精华〔to distill the meaning of a poem 概括诗的意义〕

distillation [ˌdisti'leiʃən] n. ①蒸馏②蒸馏得到的东西,馏出物

distiller [dis'tilə] n. 蒸馏器,制酒者

distillery [dis'tiləri] n. 酒厂

distinct [dis'tiŋkt] a. ①不同的,独特的②分开的,独立的③明显的,清楚的④确切的,肯定的/**distinctly** ad. /**distinctness** n.

distinction [dis'tiŋkʃən] n. ①分别,区别②不同之点,差别之处③优越,卓越,非凡④荣誉,头衔,授勋

distinctive [dis'tiŋktiv] a. 区别性的,有特色的,与众不同的/**distinctively** ad.

distinguish [dis'tiŋgwiʃ] v. ①作为…的特性；使别于〔What distinguishes man from the apes? 什么使人有别于猿？〕②辨别，区别〔to distinguish right from wrong 辨别正误〕③〔凭感觉器官〕辨认出〔I could distinguish no odor of gas in the room. 我没闻到房间里有煤气味。〕④使杰出，使显出特色〔Einstein distinguished himself as a scientist. 爱因斯坦以科学家闻名于世。〕/**distinguishable** a.

distinguished [dis'tiŋgwiʃt] a. ①著名的，卓越的〔a distinguished poet 著名的诗人〕②有杰出人物外表的〔an old gentleman with a distinguished air 气质高贵的年长绅士〕

distort [dis'tɔːt] v. ①弄歪（形状、面貌等）〔a face distorted with anger 因愤怒而扭曲的脸〕②歪曲，曲解〔to distort facts 曲解事实〕/**distortion** n.

distract [dis'trækt] v. ①分散（注意、心思等）〔The show distracted him from his worries. 表演减轻了他的忧虑。〕②弄昏，迷惑〔The three-ring circus distracted Jane. 三环马戏场把简弄糊涂了。〕

distraction [dis'trækʃən] n. ①注意力分散②使人烦恼的事；娱乐；消遣③心神烦乱，发狂

distrait [dis'treit] a. 心不在焉的

distraught [dis'trɔːt] a. 心情纷乱的，狂乱的

distress [dis'tres] v. 使悲痛，使苦恼，使忧伤〔The bad news distressed her. 坏消息令她悲恼。〕‖ n. ①悲痛，苦恼，忧伤〔②引起悲痛、苦恼的事③危机，麻烦／**distressful** a.

distribute [dis'tribju(ː)t] v. ①分发，发配〔The toys will be distributed among all the children. 玩具将分给所有孩子。〕②散布，分布〔The population is distributed unevenly over the continents. 各大洲的人口分布不均。〕③把…分类，分开〔The flowers were distributed in neat rows in the garden. 花园里鲜花分布得整齐成行。〕

distribution [ˌdistri'bjuːʃən] n. 分发，分

配；配给物／**distributive** a.

distributor [dis'tribjutə] n. ①分发者，分配者；销售者②〔电〕配电盘

district [ˈdistrikt] n. ①区；为特殊目的而划出的地区②地区，区域

district attorney 地方检察官

distrust [dis'trʌst] n. 不信任，怀疑 ‖ v. 不信任，怀疑／**distrustful** a.

disturb [dis'təːb] v. ①扰乱（平静）〔Croaking frogs disturbed the night. 蛙鸣声扰乱了夜的平静。〕②使忧虑，使不安〔He was disturbed by her strange behavior. 他为她的奇怪行为而不安。〕③弄乱〔Who has disturbed the books on this shelf? 谁弄乱了书架上的书？〕④烦扰，打搅〔Don't disturb me while I am working. 我工作的时候别打扰我。〕

disturbance [dis'təːbəns] n. ①扰乱，干扰，妨害②扰乱，干扰，妨害的事物③纷乱，失调

disunion [dis'juːnjən] n. ①分离，分裂②不团结，不和，倾轧

disunite [ˈdisjuː'nait] v. 分离，分裂

disuse [ˌdis'juːz] n. 不用，废弃

ditch [ditʃ] n. 沟，沟渠〔There is often a ditch along a road. 路边通常有沟。〕‖ v. ①开沟筑渠②扔进，开入（沟内）③〔俚〕除去，除掉

dither [ˈdiðə] n. 慌乱，兴奋

ditto [ˈditəu] n. ①与说（写）的一样②用作表示"同上""同前"的符号／**dittos**〔复〕

ditty [ˈditi] n. 小调，小曲

diurnal [dai'əːnl] a. ①每日的②白天的

divan [di'væn] n. （可作床用的）长沙发

dive [daiv] v. ①（头先入水地）跳水②（手、身体、精神等）深入，扎入〔The soldiers dived into their foxholes. 士兵们跳入散兵坑。I dived into my homework right after dinner. 饭后我立即做作业。〕③（飞机等）俯冲，突然下降 ‖ n. ①跳水②突然，投入，下降③〔口〕下等饭店，下等娱乐场所

diver [ˈdaivə] n. ①跳水者②潜水员③潜

水鸟

diverge [dai'və:dʒ] v. ①分叉，岔开〔The light passing through the lens broke up into rays which diverged. 光通过透镜变成光束。〕②(意见)分歧，背驰

divergence [dai'və:dʒəns] n. ①分叉，岔开②分歧，背驰/**divergent** a.

diverse [dai'və:s] a. 不一样的，明显不同的/**diversely** ad.

diversify [dai'və:sifai] v. 使不同，使变化，使多样化〔Farmers diversify crops to keep soil healthy. 农场主为保持土壤肥沃而栽种不同的庄稼。〕

diversion [dai'və:ʃən] n. ①转向，转移②消遣，娱乐

diversity [dai'və:siti] n. ①差异②多样性，变化

divert [dai'və:t] v. ①转移，转向，牵制〔to divert enemy troops 牵制敌军 to divert one's attention 转移注意力〕②使欢娱，使高兴〔The fiddlers diverted king Cole. 小提琴家为科尔王助兴。〕/**diverting** a.

divest [dai'vest] v. ①脱去〔The knight divested himself of his armor. 骑士脱去盔甲。〕②剥夺，放弃〔The officer was divested of his rank. 官员被免职。〕

divide [di'vaid] v. ①分，分开〔Germany was divided after the World War Ⅱ. 二战后德国被分为两部分。〕②除①划分，分类，归类〔Trees are divided into two classes:those that shed their leaves and those that do not. 树可以分为两类:落叶的和不落叶的。〕④隔开，隔离〔A stone wall divides their farms. 一道石墙隔开他们的农场。〕⑤分配，分享〔Divide the cake among the children. 孩子们分蛋糕。〕⑥(意见)分歧〔The Senate divided on the issue of taxes. 参议院在税收问题上有分歧。〕‖ n. 分水岭，分界线

dividend ['dividend] n. ①[数] 被除数②红利，股息，股息

divination [ˌdivi'neiʃən] n. ①占卜②预言，预见

divine [di'vain] a. ①神的，如神的②神

发出的，神圣的③敬神的，宗教的④极好的，伟大的 ‖ n. 神学学者，牧师 ‖ v. ①占卜，预言②推测〔I divined the purpose of her visit from the way she looked. 我从她的表情推测她的来意。〕/**divinely** ad. / **diviner** n.

diving board 跳板

divinity [di'viniti] n. ①神性，神威②神，女神③神学/**the Divinity** 神，上帝

divisible [di'vizəbl] a. 可分的，可分割的;可除尽的/**divisibility** n.

division [di'viʒən] n. ①分，分开②除法③分配,分及④意见分歧，不一致⑤间隔物,分界线⑥部分,部门⑦[军] 师/**divisional** a.

divisor [di'vaizə] n. [数] 除数，约数

divorce [di'vɔ:s] n. ①离婚②分离,脱离 ‖ v. ①使离婚②使分离,使脱离〔He divorced himself from the pleasures of life. 他使自己失去了生活的快乐。〕

divorcee [di'vɔ:si:] n. 离了婚的人(尤指女人)

divulge [dai'vʌldʒ] v. 泄露〔to divulge a secret 泄露秘密〕

dizzy ['dizi] a. ①头晕目眩的，晕眩的②使人眩晕的/**dizzily** ad. /**dizziness** n.

DNA [缩] deoxyribonucleic acid[生化]脱氧核糖核酸

do [du:] v. ①做，做出(动作)〔I'll do the job. 我将做此工作。Do your duty. 执行你的职责。〕②结束，完成〔Dinner has been done for an hour. 饭已做好一小时了。〕③带来，引起〔The storm did a lot of damage. 暴风雪带来巨大破坏〕④运用〔do one's best. 我会尽全力。〕⑤处理，照料〔Who will do the dishes? 谁来洗碗碟?〕⑥合适,适于〔This color will never do. 这颜色不合适。〕⑦进展,进展〔The patient is doing well. 病人的病情好转。〕⑧给，予〔to do honor to a famous person 给名人以荣誉〕/其他用法:①提问②加强语气〔I do have to go. 我必须走了。Do stay for dinner. 留下吃饭吧。I do not believe you. 我真的不相信你。〕③代替其他动词〔He

will vote as I do. 他将像我一样投票。]/
do away with ①除去②杀死/**do up** ①
准备好,安排②包好,捆起/**have to do
with** 与……有关/**made do** (用…)设法应
合着用,凑合着用

doc [dɔk] n. [俚]医生

docile [ˈdəusail] a. 容易管教的,驯顺
的,驯良的/**docilely** ad. /**docility** n.

dock[1] [dɔk] n. ①船坞,船坞之间的水
③干坞④码头,停泊处 ‖ v. ①把船引入
船坞[Tugs help to dock ocean liners. 拖船
有助于将远洋客轮拖入船坞。]②入船
坞,靠码头[The ship docks at pier 9. 这
船停靠在9号码头。]

dock[2] [dɔk]. 刑事法庭的被告席

dock[3] [dɔk]. 尾巴的骨肉部分 ‖ v. ①剪
短(尾巴)[to dock a horse's tail 剪短马
尾]②削减,扣除[They will dock your wa-
ges if you are absent. 如果你不来他们将
扣你工资。]

docket [ˈdɔkit]. n. ①[法]备审案件目录
②预定事项表,议事日程 ‖ v. 把…记入
备审案件目录

dockyard [ˈdɔkjɑːd] n. 船舶修造厂

doctor [ˈdɔktə] n. ①医生,医师,大夫♂
博士[Doctor of philosophy 哲学博士] ‖
v. ①诊治,医治[to doctor oneself 自行医
治]②[口]秘密修改;篡改[The dishon-
est lawyer tried to doctor the evidence. 不
诚实的律师篡改了证据。]

doctrine [ˈdɔktrin]. n. 教义,教条,主义/
doctrinal a.

document [ˈdɔkjumənt] n. ①公文,文
件,文献②证件,凭证 ‖ v. [ˈdɔkjument]
用文件(文献等)证明

documentary [ˌdɔkjuˈmentəri] a. 公文
的,文件的,证书的

documentation [ˌdɔkjumenˈteiʃən] n.
文件(或证书)的提供(使用);提供(使
用)的文件(或证书)

dodder [ˈdɔdə]. v. 蹒跚而行;哆嗦

dodge [dɔdʒ]. v. ①躲闪,躲开,闪开[to
dodge a blow 闪开一击]②以巧计或诡计

躲开[to dodge a question 回避问题] ‖ n.
①躲闪,躲开②诡计,妙计/**dodger** n.

doe [dəu] n. 雌鹿,雌兔,雌羚羊/**does,
doe** [复]

doer [ˈdu(ː)ə]. n. ①做某事的人②实干
家

doeskin [ˈdəuskin]. n. ①雌鹿皮,雌山羊
皮②[纺]驼丝棉

doff [dɔf] v. 脱(衣帽等)

dog [dɔg] n. ①狗,犬,犬科动物②抓,扣
等装置♂dogs [复] ‖ 双脚 ‖ v. 尾随,追踪
[The child dogged his father's footsteps. 小
孩跟随父亲的脚步。]

dog days 三伏天,大热天

dog-ear [ˈdɔgiə]. n. (书页的)折角/
dog-eared a.

dogfish [ˈdɔgfiʃ] n. [动]角鲨,星鲨

dogged [ˈdɔgid] a. 顽强的,顽固的,固
执的/**doggedly** ad.

doggerel [ˈdɔgərəl]. n. 拙劣的诗,打油
诗

dogma [ˈdɔgmə]. n. ①教义,教理,教条
②信条

dogmatic [dɔgˈmætik]. a. ①教条的,教
义的②教条主义的,武断的

dogmatism [ˈdɔgmətizəm]. n. 教条主
义,武断

dogtrot [ˈdɔgtrɔt]. n. 小步跑

dogwood [ˈdɔgwud]. n. 木属植物,山茱
萸

doily [ˈdɔili]. n. (碗碟或小摆设下的)小
垫

doings [ˈduːiŋz]. n. [复]活动,举动,所
作所为

doldrums [ˈdɔldrəmz]. n. ①[复][气]
赤道无风地带②忧郁,消沉

dole [dəul]. n. ①施舍,救济②施舍物,救
济物 ‖ v. 少量地发放[Father doled out
our allowance a nickel at a time. 父亲每次
给我们五分钱的零花钱。]

doleful [ˈdəulful]. a. 悲哀的,哀婉的/
dolefully ad.

doll [dɔl]. n. ①玩具娃娃②漂亮的孩子或

女人 ‖ v.〔俚〕漂亮地打扮〔She's all dolled up for the party. 她打扮得漂漂亮亮地去参加宴会。〕

dollar ['dɔlə] n.①美元②其它国家(如加拿大)的货币单位

dolly ['dɔli] n.①[儿语]洋娃娃②运送重物的辘轴车

D

dolorous ['dɔlərəs] a.忧伤的,悲哀的/**dolorously** ad.

dolphin ['dɔlfin] n.海豚

dolt [dəult] n.笨蛋,傻瓜/**doltish** a.

-dom [dəm] [后缀] ①表示"职位""领域"〔kingdom 王国〕②表示"状态""性质"〔wisdom 智慧〕③表示"集体"〔officialdom 官场〕

domain [də'mein] n.①领域,领地,领土②(活动,思想等的)范围,领域

dome [dəum] n.①圆屋顶,圆盖,穹隆②似圆屋顶之物〔the dome of a mountain 山的圆顶〕

domestic [də'mestik] a.①家里的;家庭的②本国的,国内的,国产的③家养的,与人生活在一起的,驯养的④享受家庭生活的 ‖ n.家仆,佣人/**domestically** ad.

domesticate [də'mestikeit] v.驯化(动植物),驯养动物②使喜爱家居,使喜欢家庭生活〔Marriage has domesticated Jim. 婚姻使吉姆喜欢上家庭生活。〕/**domestication** n.

domesticity [ˌdəumes'tisiti] n.①家庭生活②对家庭生活的爱好

domicile ['dɔmisail] n.住处 ‖ v.定居,安家

dominant ['dɔminənt] a.支配的,统治的,占优势的/**dominance** n.

dominate ['dɔmineit] v.①支配,统治,控制〔Greed dominates his actions. 贪婪支配他的行动。〕②高于,高耸〔That building dominates the city. 那幢楼高耸在城市里。〕/**domination** n.

domineer [ˌdɔmi'niə] v.跋扈,作威作福〔She domineered over the servants. 她对仆人作威作福。〕/**domineering** a.

dominion [də'minjən] n.①统治权,支配权,统治②疆土,领土版图/Dominion [古]英帝国的自治领

domino ['dɔminəu] n.①西洋骨牌,多米诺骨牌②(遮眼睛用的)眼罩面具,化装外衣/**dominoes** [复]

don [dɔn] v.披上,穿上,戴上

donate [dəu'neit] v.捐赠,赠送〔to donate clothes to charity 向慈善机构捐赠衣物〕/**donation** n.

done [dʌn] do 的过去分词 ‖ a.①完毕了的②煮熟的

donkey ['dɔŋki] n.驴

donor ['dəunə] n.赠予人,捐献者

doodle ['du:dl] v.心不在焉地写(画) ‖ n.乱写乱画出来的东西/**doodler** n.

doom [du:m] n.①厄运,毁灭,死亡②定罪 ‖ v.判定,注定(坏的结局)〔doomed to die 判定死罪〕

doomsday n.[宗]最后审判日,世界末日

door [dɔ:] n.①门②房间③门口/**out of doors** 同 outdoors

doorman ['dɔ:mən] n.看门人

door mat 门前的擦鞋垫

doorstep ['dɔ:step] n.门前的石阶

doorway ['dɔ:wei] n.①门口,②进入之路

dope [dəup] n.①(机翼)涂料,涂布油②[俚]麻醉品,毒品③[俚]愚蠢之人④[俚]情报,消息 ‖ v.给…服用兴奋剂(毒品)/**dopey** a.

dormant ['dɔ:mənt] a.①休眠的,蛰伏的②不活动的,安静的

dormer ['dɔ:mə] n.①有天窗的屋顶斜坡②天窗,屋顶窗

dormitory ['dɔ:mitri] n.①大寝室②(学校的)宿舍

dormouse ['dɔ:maus] n.[动]睡鼠/**dormice** [复]

dorsal ['dɔ:səl] a.背面的,背部的

dory ['dɔ:ri] n.小平底渔船

dosage ['dəusidʒ] n.①剂量,用量②一

剂,一服

dose [dəus] n. (药的)剂量,用量,一剂,一服 ‖ v. 给…服药

dot [dɔt] n. 小点⊘圆点⊘电报符号,摩尔斯电码 ‖ v. 打点于,星罗棋布于〔Islands dotted the bay. 小岛星罗棋布于海湾。〕/**on the dot** [口] 准时地

dotage ['dəutidʒ] n. 老年昏聩,老年糊涂

dotard ['dəutəd] n. 年老昏聩的人,老糊涂

dote [dəut] v. ①昏聩,(因年老)智力衰退②溺爱,过分喜爱

double ['dʌbl] a. ①成双的,成对的②两类的,双重的③加倍的,两倍的④供两人用的⑤重瓣的 ‖ ad. ①加倍地②成双地,成对地〔to ride double on a horse 两人共骑一马〕‖ n. ①加倍,两倍②极为相似的人或物〔The boy is a double of his father. 小男孩和他的父亲像极了。〕③(棒球)二垒得分④[复](网球、羽毛球等)双打 ‖ v. ①使加倍,增加一倍〔Double the recipe. 将食谱用料加倍。The population of the city has doubled. 这个城市的人口增加了一倍。〕②对折,折叠〔She doubled over the edge of the cloth to make a hem. 她折起衣料的边做成边。He doubled his fist. 他攥紧拳头。〕③急转身,往回走〔to double on one's tracks 原路返回〕④兼作〔The living room doubles as a dining area. 起居室兼作饭厅。〕⑤[海]绕过〔The ship doubled the cape. 船绕过海角。〕/**double up** ①折叠,弯下身〔to double up with laughter 笑弯腰〕②与别人共用房间/**on the double** [口] 很快地,迅速地

double boiler 双层煮器

double-breasted a. (外套等)双排纽扣的

double-cross v. [俚]欺骗,出卖/**double-crosser** n.

double-dealing n. 搞两面派

double-jointed a. 双重关节的,可作不寻常弯曲之关节的

double-quick a. 很快的 ‖ n. 跑步

double talk 不知所云的话

doubly ['dʌbli] ad. ①加倍地〔doubly cautious 加倍小心的〕②每次两个

doubt [daut] v. 怀疑,不信,拿不准〔I doubt if this is the right road. 我拿不准是不是这条路。Never doubt my love. 别把疑我的爱。〕‖ n. ①怀疑,拿不准②拿不准或未决定的情况/**beyond** ② **doubt**, **without doubt** 毫无疑问地/**no doubt** ①无疑地②可能地,probably/**doubter** n.

doubtful ['dautful] a. 怀疑的,疑惑的,难料的,不确定的/**doubtfully** ad.

doubtless ['dautlis] ad. ①无疑地②可能地

dough [dəu] n. ①(揉捏好的)生面②[俚]钱

doughnut ['dəunʌt] n. 炸面饼圈

doughy ['dəui] a. 面团似的;苍白的

dour [duə] a. 严厉的,执拗的,阴郁的

douse [daus] v. ①把…浸入水里〔The blacksmith doused the hot metal in water. 铁匠把灼热的金属放入水中。〕②浇(酒、泼)液体在…上③[口]熄灯、熄火

dove [dʌv] n. 鸽子(尤指小鸽子)

dovecot(e) ['dʌvkɔ(əu)t] n. 鸽棚,鸽房

dovetail ['dʌvteil] v. ①用鸠尾榫接合,用楔形榫接合②和…吻合,使吻合,使相呼应 ‖ n. 鸠尾榫,楔形榫

dowager ['dauədʒə] n. ①受有亡夫遗产或称号的寡妇②[口]年长有钱的贵妇

dowdy ['daudi] a. 不整洁的,不漂亮的,过时的

dowel ['dauəl] n. [建]暗销;榫钉,合缝钢条

dower ['dauə] n. ①寡妇从亡夫得到的产业②嫁妆③天赋,天资 ‖ v. 给…以产业,给…以嫁妆,赋予…以才能

down [daun] ad. ①向下,在下面〔to tumble down 跌倒〕②在,到一个被认为是低的地方〔The sun goes down in the evening. 晚上太阳落下。〕③(时间)从早到晚〔down through the years 这些年来〕

④情况恶化，处于低落状态〔to break down in body or mind 身体或精神垮掉〕⑤数量减少，降低〔to come down in price 物价下跌 to boil down maple sirup 熬浓糖浆〕⑥停当，认真地〔to settle down to work 认真开始工作〕⑦完全地，彻底地，满满地〔loaded down 装满〕⑧现（付）〔Pay down and ＄5 a week. 付现金，一周五元。〕⑨写下，记下〔Take down her name. 记下她的名字。〕‖ a. ①向下的，下行的；现付的 ②病的，生病的 ③沮丧的 ‖ prep. 在下，沿着 ‖ v. 下来〔The bus rolled down the hill. 汽车驶下山来。〕‖ v. 击落，打倒；喝下，吞下；放下〔The fighter downed his opponent. 战士打倒了他的敌手。She downed a glass of milk. 她喝下一杯牛奶。〕‖ n. ①坏运气〔to have one's ups and downs 有好运也有厄运沉浮〕②〔足球〕往前运球〖down and out 穷困潦倒/down on〔口〕对…有怨气，怒气〖down with 打倒！拿下！

down [daun] *n.* ①绒毛，绒羽 ②软毛，汗毛

downcast [ˈdaunkɑːst] *a.* ①向下看的 ②沮丧的，悲哀的

downfall [ˈdaunfɔːl] *n.* ①毁灭，败灭 ②（雨、雪）降下

downgrade [ˌdaunˈɡreid] *n.* （路的）斜坡，下坡〖on the downgrade 变小，变少，减弱

downhearted [ˌdaunˈhɑːtid] *a.* 沮丧的，悲哀的

downhill [ˌdaunˈhil] *ad. & a.* 向下地〖go downhill 变小，变少，减弱

downpour [ˈdaunpɔː] *n.* 倾盆大雨

downright [ˈdaunrait] *ad.* 彻底地，十分地〔a downright good book 极好的书〕‖ *a.* 完全的，彻头彻尾的

downstairs [ˌdaunˈsteəz] *ad. & a.* 至楼下，下楼地〔to go downstairs 下楼〕‖ *n.* 楼下

downstream [ˌdaunˈstriːm] *ad. & a.* 顺流的(地)，下游的(地)

downtown [ˌdaunˈtaun] *a. & ad.* (在) 城市商业区的

downtrodden [ˈdauntrɔdn] *a.* 受压迫的，被蹂躏的

downward [ˈdaunwəd] *ad. & a.* ①(位置)向下的(地) ②(时间)从早至晚的(地)

downy [ˈdauni] *a.* 绒毛的，像绒毛的，用绒羽制成的

dowry [ˈdauəri] *n.* 嫁妆

doze [dəuz] *v.* 瞌睡，假寐 ‖ *n.* 瞌睡，假寐/**doze off** 打盹儿，打瞌睡

dozen [ˈdʌzn] *n.* 一打，十二个

DP〔缩〕displaced person 由于战争、迫害等逃离本国的人/**DP's**〔复〕

drab [dræb] *n.* 黄褐色 ‖ *a.* ①黄褐色的，单调的，无生气的，不吸引人的

draft [drɑːft] *n.* ①气流，通风 ②通风装置 ③一种饮料 ④征兵，征集，征集的人 ⑤草案，草图 ⑥草稿 ⑦汇票，支取（款项）⑧拖，拉 ⑨（船的）吃水深度 ‖ *v.* ①征兵，征集 ②选派〔They drafted him to act as chairman. 他们选他作主席。〕③起草，为…打样，设计〔to draft a speech 起草讲稿〕

draftee [drɑːfˈtiː] *n.* 应征入伍者

draftsman [ˈdrɑːftsmən] *n.* 起草人，打样人，制图员

drafty [ˈdrɑːfti] *a.* 通风的〔a drafty room 通风的房间〕

drag [dræɡ] *v.* ①拖拉，打〔He dragged the sled up the hill. 他把雪橇拉上山。〕②拖曳而进〔Her skirt dragged in the mud. 她的裙子拖在泥浆里。〕③拖宕，拖长〔Time dragged as he waited for his turn. 当他等候时，时间过得很慢。〕④用拖网捞 ‖ *n.* ①被拖曳的东西（如耙、拖网等）②拖累之物，阻碍物

draggle [ˈdræɡl] *v.* 拖脏，拖湿

dragnet [ˈdræɡnet] *n.* ①拖网，捕捞网 ②法网，天罗地网

dragon [ˈdræɡən] *n.* 龙

dragonfly [ˈdræɡənflai] *n.* 蜻蜓

dragoon [drəˈɡuːn] *n.* 龙骑兵，重骑兵

‖ *v.* 迫使，强迫

drain 〔drein〕*v.* ①流出，排掉〔Drain the water from the potatoes. 排除土豆的水分。〕②排去水或其他液体，变空〔to drain a swimming pool 排去游泳池的水〕③流掉〔The water won't drain from our flat roof. 水不会从我们的平屋顶流走。〕④变空，变干〔Our bathtub drains slowly. 我们浴缸里的水慢慢流干。〕⑤流入，注入〔The Ohio River drains into the Mississippi. 俄亥俄河注入密西西比河。〕⑥耗尽，用光〔The hard work drained his energy. 艰苦的工作使他精力衰竭。〕‖ *n.* ①排水管，排水沟②消耗

drainage 〔'dreinidʒ〕*n.* ①排水，放水，排水法②排出的水，排出的液体

drake 〔dreik〕*n.* 雄鸭

drama 〔'drɑːmə〕*n.* ①剧本，戏剧②戏剧艺术③戏剧性事件，戏剧场面

dramatic 〔drə'mætik〕*a.* ①戏剧的，剧本的，演剧的②戏剧般的，戏剧性的，激动人心的〔a dramatic baseball game 激动人心的棒球赛〕/ **dramatically** *ad.*

dramatics 〔drə'mætiks〕*n.* 〔复〕〔动词用单数〕演戏活动，演剧艺术

dramatist 〔'dræmətist〕*n.* 剧作家

dramatize 〔'dræmətaiz〕*v.* ①把…改编为剧本〔The life of Edison was dramatized in a movie. 爱迪生的生平被改编为电影剧本。〕②把…戏剧化；使惹人注目；演似地假装〔She dramatizes all her illnesses. 她戏剧般地假装生病。〕/ **dramatization** *n.*

drape 〔dreip〕*v.* ①（松乱随便地）披上（衣服等），披盖〔The windows were draped with red velvet. 窗上挂着红天鹅绒窗帘。〕②（成褶地）悬挂装饰〔She draped the shawl about her shoulders. 她披着围肩。〕‖ *n.* 窗帘，布帘，褶皱

drapery 〔'dreipəri〕*n.* 窗帘，褶织织物

drastic 〔'dræstik〕*a.* 激烈的，猛烈的，严厉的/ **drastically** *ad.*

draughts 〔drɑːfts〕*n.* 〔英〕西洋象棋

draw 〔drɔː〕*v.* ①拉，牵〔The mules drew the wagon. 骡子拉车。〕②拖曳〔to draw the drapes 拉上窗帘 draw a cork from a bottle 拔瓶塞〕③取出，得到〔to draw money from the bank 从银行提款 to draw a conclusion 得出结论〕④引，吸引〔to draw a large audience 吸引大量观众〕⑤移动，到来〔We drew near the town. 我们离城镇越来越近了。The train drew away from the station. 火车驶离车站。〕⑥带来，引发〔His question drew no reply. 他的问题没人回答〕⑦绘画§描写，描述〔He drew a glowing picture of the future. 他描绘了一个光辉的未来。〕⑧开票据⑨变形，扭歪〔to draw a rope tight 系紧绳子 a face drawn with fear 由于恐惧而扭曲的脸〕⑪吸入〔to draw a deep breath. 做深呼吸。〕⑫通风〔This chimney draws well. 烟囱通风很好。〕⑬（船）吃水〔This ship draws 30 feet. 船吃水 30 英尺。〕‖ *n.* ①拖，拉，吸②拖（拉，吸）的东西③（比赛）平局，不分胜负④沟壑，溪谷/ **draw out** ①拉长，拖长〔He always draws out his stories. 他经常拖长他的故事。〕②逗引…说话/ **draw up** ①草拟，制订〔to draw up a contract 草拟合同〕②使停住，停住〔The car drew up in front of the house. 车在房前停了下来。〕

drawback 〔'drɔːbæk〕*n.* 缺陷，障碍，不利

drawbridge 〔'drɔːbridʒ〕*n.* 吊桥

drawer 〔'drɔːə〕*n.* ①拖曳者②〔drɔː〕抽屉

drawers 〔drɔːz〕*n.* 〔复〕内裤

drawing 〔'drɔːiŋ〕*n.* ①绘图，②图画，图样③抽签

drawing room 客厅，休憩室

drawl 〔drɔːl〕*v.* 慢吞吞地说，拉长声地说 ‖ *n.* 慢吞吞地说出的话

drawn 〔drɔːn〕draw 的过去分词 ‖ *a.* 精疲力尽的样子

dray 〔drei〕*n.* 大车，运货马车

drayman 〔'dreimən〕*n.* 运货马车车夫

dread 〔dred〕*v.* 畏惧，恐怖，担心〔I dread having to give a speech. 我担心不得不进

行讲演。〕‖ n. 畏惧,惧怕,担心 ‖ a. 令人畏惧的

dreadful ['dredful] a. ①令人恐惧的,可怕的②[口]糟透的,令人不快的/**dreadfully** ad.

dreadnought, dreadnaught ['drednɔːt] n. 无畏战舰

dream [driːm] n. ①梦②梦想,空想 ‖ v. ①做梦②梦想,空想③向往,想到〔I wouldn't dream of going without you. 我想不出如果你不和我一起走会怎样。〕/**dreamer** n.

dreamy ['driːmi] a. ①爱空想的,不实际的②梦一般的,朦胧的,恍惚的,轻柔的/**dreamily** ad.

dreary ['driəri] a. 沉闷的,阴郁的,枯燥的/**drearily** ad. /**dreariness** n.

dredge¹ [dredʒ] n. ①挖泥机,疏浚机〕(捕鱼等用的)拖网 ‖ v. 疏浚,挖掘捞取

dredge² [dredʒ] v. 撒,洒〔Dredge the chicken with flour before frying. 在炸鸡前先撒上点面粉。〕

dregs [dregz] n. [复]①残渣,残剩物②渣滓,废物

drench [drentʃ] v. 浸透,淋透〔The garden was drenched by the rain. 雨水浸湿了花园。〕

dress [dres] n. ①外衣②(统指)服装 ‖ v. ①穿衣②梳理头发③敷裹伤口④处置妥当,准备〔to dress a chicken 用佐料浸味—只鸡 to dress leather 鞣草〕⑤使悦目动人,装饰〔to dress a store window 装饰商店橱窗〕⑥整列(士兵)

dresser ['dresə] n. ①穿衣者,装饰者,处理者②梳妆台

dressing ['dresiŋ] n. ①包伤用品(绷带,药膏等)②调味品(油,醋等)③填馅,填料

dressing gown 晨衣,睡袍

dressmaker ['dresmeikə] n. 做女服的裁缝/**dressmaking** n.

dressy ['dresi] a. ①讲究穿的,衣着考究的〔Those shoes are too dressy for

school. 穿这双鞋上学太显眼了。〕②[口]时髦的

dribble ['dribl] v. ①滴下,使滴下〔Water dribbled from the pipe. 水从管子漏出来。Contributions dribbled in. 零零散散地投稿。〕②口角流涎③(篮球、足球等)运球,短传球 ‖ n. ①点滴,细流,流涎②运球,短传球

driblet ['driblit] n. 少量,小额

drier ['draiə] dry 的比较级 ‖ n. ①干燥剂②同 dryer

drift [drift] v. ①飘动,漂流〔The log drifted downstream. 圆木顺流而下。The leaves drifted to the ground. 叶子飘落在地上了。〕②放任自流,无目的前进〔He drifted from job to job. 他无目的地更换工作。〕③吹积〔The snow drifted against the door. 雪在门前吹积起来。〕‖ n. ①飘动,漂流②(漂流或吹积的)一堆③要旨,大意/**drifter** n.

driftwood ['driftwud] n. 浮木

drill [dril] n. ①钻,钻头②操练,训练③练习 ‖ v. ①钻(孔)②教练,练习〔Will you help drilling them in spelling? 你可以帮助教他们拼写吗?〕③操练,训练(士兵)

drill [dril] n. 播种机,条播机

drink [driŋk] v. ①饮,喝〔to drink water 喝水〕②吸收〔The dry soil quickly drank up the rain. 干裂的土地迅速吸收了雨水。〕③欣赏,渴望获得〔to drink in knowledge 渴望获得知识〕④酗酒,纵饮 ‖ n. ①饮料②酒/**drink to** 干杯

drip [drip] v. ①滴下〔Sweat dripped from his brow. 汗从他额头上滴下。〕②滴落,漏下〔The faucet dripped all night. 水龙头整夜都在滴着水。〕‖ n. ①滴下,滴落②流滴,水滴

drippings ['dripiŋz] n. [复]烤肉上滴下的油汁

drive [draiv] v. ①驾驶②移动〔The truck drove slowly up the hill. 卡车缓缓爬上山。〕③驾车去,载行〔Shall we drive to New York? 我们开车到纽约去好吗?Mother drives the children to school. 母亲

驾车送孩子们上学。〕④驱，赶〔They drove the cattle along the trail. 他们沿小路赶牛。〕⑤钉，钉人〔to drive a nail 钉钉子〕⑥迫使(某人)处于某种状态，迫使做某事〔They're driving her mad. 他们使她发疯。〕⑦使努力工作⑧努力引起〔to drive a bargain 力促成交〕‖ n. ①驾驶，乘坐②街，路，车道③击球，抽球⑤有组织的努力或运动⑥精力，活力/**drive at** 意指/**let drive**(对准…)打，瞄准

drive-in a. (餐馆、电影院等)可驶车入内的

drivel ['drivl] v. ①说傻话，谈傻②淌水 ‖ n. 胡言乱语，傻话/**driveler, driveller** n.

driver ['draivə] n. ①驾驶员，司机②高尔夫球的长打棒

driveway ['draivwei] n. 车道

drizzle ['drizl] v. 下蒙蒙细雨，下毛毛雨 ‖ n. 毛毛雨，小雨/**drizzly** a.

droll [drəul] a. 滑稽可笑的，古怪离奇的〔a droll clown 滑稽的小丑〕/**drolly** ad.

dromedary ['drʌmədəri] n. 善跑的乘骑用的骆驼；单峰骆驼

drone [drəun] n. ①雄蜂②寄生虫，懒汉③嗡嗡声 ‖ v. ①发出嗡嗡声〔The planes droned overhead. 飞机在头顶嗡嗡作响。〕②喋喋不休

drool [dru:l] v. 流口水

droop [dru:p] v. ①低垂，下垂〔The heavy snow made the branches droop. 厚厚的雪压弯了树枝。〕②变弱，疲劳，萎靡〔The team's spirit drooped after the defeat. 失败后球队萎靡不振。〕‖ n. 低垂，下垂/**droopy** a.

drop [drɔp] n. ①滴，点滴②滴状物③少量，少许④骤降，骤减⑤下落的距离 ‖ v. ①滴落，使滴下〔Tears dropped from her eyes. 眼泪从她的眼里夺眶而出。〕②落下，使落下〔Ripe fruit dropped from the trees. 成熟的果实从树上落下。He dropped his lunch in the mud. 他将午餐掉在了泥里。〕③杀，伤④过渡到一定状态，进入…状态〔She dropped off to sleep. 她睡着了。〕⑤停止，结束，使离开〔Let's

drop this argument. 我们别再争论了。He was dropped from his job last week. 上星期他被解雇了。〕⑥下降，降至〔The temperature dropped 20 degrees. 气温降低了20度。〕⑦偶然寄出〔to drop a hint 偶然暗示〕⑧遗漏〔He dropped a line when he rewrote the poem. 他重写这首诗时漏了一行。〕⑨〔口〕下车〔The taxi dropped him at his hotel. 出租车把他拉到旅馆门口。〕/**drop back, drop behind** 落后/**drop in** 偶然拜访/**drop out** 弃权，放弃

droplet ['drɔplit] n. 小滴，微滴

dropout ['drɔpaut] n. 退学者

dropper ['drɔpə] n. 滴管，滴瓶

dropsy ['drɔpsi] n. 〔医〕水肿，浮肿/**dropsical** a.

dross [drɔs] n. ①〔冶〕浮渣②废物，渣滓

drought [draut], **drouth** [drauθ] n. 干旱季节

drove [drəuv] n. ①畜群②(移动的)人群

drover ['drəuvə] n. ①赶牲畜上市的人②买卖牲畜(牛)的商人

drown [draun] v. ①淹死②浸没〔Cheers drowned out the speaker. 欢呼声淹没了演讲者的声音。〕

drowse [drauz] v. 打瞌睡，打盹儿

drowsy ['drauzi] a. ①昏昏欲睡的，瞌睡的②催眠的/**drowsily** ad. /**drowsiness** n.

drub [drʌb] v. 棒打，连续敲打

drudge [drʌdʒ] n. 做苦工的人，做单调乏味工作的人 ‖ v. 做苦工，干单调乏味的工作

drudgery ['drʌdʒəri] n. 苦工，单调乏味的工作/**drudgeries** [复]

drug [drʌg] n. ①药物，药材②麻醉药，毒品 ‖ v. ①使麻醉②下麻醉剂(毒品)于…〔They had drugged his coffee. 他们在他的咖啡里下了药。〕③使感到无聊，迷乱/**drug on the market**(产品)滞销

druggist ['drʌgist] n. 药商，药剂师

drugstore ['drʌgstɔ:] n. 药房；杂货店

drum [drʌm] n. ①鼓②鼓声③鼓状物‖ v. ①打鼓②连续敲击/**drum into** 反复向某人灌输以使其记住/**drum up** 召集，争取[to drum up new business 争得新生意]

drum major 行进军乐队的指挥/**drum majorette** 女指挥

D

drummer ['drʌmə] n. ①鼓手②[口]旅行推销员

drumstick ['drʌmstik] n. ①鼓槌②家禽腿下部

drunk [drʌŋk] drink 的过去分词‖a. 醉的，陶醉的‖n. [俚]醉汉，醉鬼

drunken ['drʌŋkən] [古] drink 的过去分词‖a. 醉酒引起的②醉的/**drunkenly** ad. /**drunkenness** n.

dry [drai] a. ①干的，干燥的②无水的③无雨的，少雨的④干枯的，枯竭的⑤无奶的⑥无泪的⑦口渴的⑧无奶油、黄油的⑨无粘液的⑩不形于色的⑪无趣味的，枯燥的⑫明白的，赤裸的⑬无甜味的⑭禁酒的‖v. 使干，变干/**dry up** 完全变干/**dryly** ad. /**dryness** n.

dry cell 干电池

dry-clean v. 干洗/**dry cleaner** 干洗剂，干洗商/**dry cleaning**

dry dock 干船坞

dryer ['draiə] n. ①干燥器②同 drier

dry goods 织物类

dry ice 干冰

dry measure 干量(容量单位)

dual ['dju(:)əl] a. 双的，二重的[The actor played a dual role. 这位演员饰演双重角色。]

dub [dʌb] v. ①用剑拍肩封…为爵士②授与，给…起绰号[Tom's friends dubbed him "slim". 汤姆的朋友给他起个绰号"瘦子"。]③刮光，锤平

dubious ['dju:bjəs] a. ①怀疑的，不确定的②引起怀疑的，含义不明的③可能不好的，不利的；不道德的；有问题的/**dubiously** ad.

duck¹ ['dʌk] n. ①鸭，雌鸭 ②鸭肉③水陆两用军车

duck² [dʌk] v. ①突然潜入水中②迅速低下头(身体)闪避‖ n. 突然的一潜，闪避

duck³ [dʌk] n. 帆布，粗布

duckling ['dʌkliŋ] n. 小鸭，幼鸭

duct [dʌkt] n. ①管，输送管②导管③(电线)管道

ductile ['dʌktail] a. ①易拉长的，可伸展的，可锻的②(粘土等)可塑的，易变形的/**ductility** n.

ductless gland [解]无管腺，内分泌腺

dud [dʌd] n. ①哑炮，闷弹②[俚]不中用的人或物

dude [dju:d] n. ①纨袴子弟，花花公子②[美西部俚语]城里人，旅游者(尤指来自东部的人)

dudgeon ['dʌdʒən] n. 愤恨，愤怒/**in high dudgeon** 非常愤怒

due [dju:] a. ①当付的，应支付的②适当的，恰当的，适宜的③预期的；预定的，应到的‖ad. (方位等)正向[a town due west of Detroit 在底特律正西的城镇。]‖n. ①应得之物[复]应付之款，缴纳之费/**due to** ①应归于，由…引起[losses due to carelessness 由于粗心造成的损失]②[口]因为[The train is late due to the storm. 暴风雨使火车晚点。]

duel ['dju(:)əl] n. ①决斗②类似的竞赛‖v. 决斗/**duelise**，**duellist** n.

duet [dju(:)'et] n. [音]①二重唱，二重奏②二重唱者，二重奏者

dugout ['dʌgaut] n. ①独木舟②挖在山坡或地下的洞，避难地③棒球运动员休息处

duke [dju:k] n. ①君主②公爵/**dukedom** n.

dulcet ['dʌlsit] a. 悦耳的，好听的[a dulcet voice 悦耳的声音]

dulcimer ['dʌlsimə] n. 洋琴

dull [dʌl] a. ①钝的②迟钝的，隐约感到的③感觉迟钝的，反应迟缓的，愚笨的④萧条的，无生气的⑤无趣味的，枯燥的，单

调的⑥不鲜艳的,阴暗的⑦不清楚的,沉闷的 ‖ v. 变钝,变迟钝,使不清楚/**dullness** n. /**dully** ad.

dullard ['dʌləd] n. 愚笨的人

duly ['dju:li] ad. 按时地,及时地;充分地,适当地〔Are you duly grateful? 你很愉快吗? Their rent was duly paid. 他们的租金已按时付了。〕

dumb [dʌm] a. ①哑的,不能说话的②无言的;沉默寡言的③口笨的,愚蠢的/**dumbly** ad. /**dumbness** n.

dumbbell ['dʌmbel] n. 哑铃

dumb-waiter ['dʌm'weitə] n. 送菜升降机

dum(b)found ['dʌm'faund] v. 使惊讶得发呆

dummy ['dʌmi] n. ①(橱窗中陈列的)模型,假人②(牌戏,尤其桥牌)明手③〔俚〕愚蠢的人 ‖ a. ①假的,模型的②傀儡的,不能独立行动的

dump [dʌmp] v. ①倾倒(垃圾等)②扔掉,除掉 ‖ n. ①垃圾堆②军需品集散处③〔俚〕肮脏丑陋的地方/**in the dumps** 感到沮丧

dumpling ['dʌmpliŋ] n. ①汤团②水果布丁

dump truck 自动卸货卡车

dumpy ['dʌmpi] a. 矮胖的

dun¹ [dʌn] a. & n. 暗褐色的(的)

dun² [dʌn] v. 催款 ‖ n. 催债,催讨

dunce [dʌns] n. 笨人

dune [dju:n] n. (风吹积成的)沙丘

dung [dʌŋ] n. 粪,粪肥(尤指牲畜的)

dungaree [ˌdʌŋɡə'ri:] n. 粗棉布/**dungarees**[复]粗布工作服

dungeon ['dʌndʒən] n. 土牢,地牢

dunk [dʌŋk] v. (吃时)把面包等在咖啡或其他液体中泡一泡,浸一浸

dupe [dju:p] n. 容易受骗的人 ‖ v. 愚弄,欺骗

duplex ['dju:pleks] a. 双的,二倍的,二重的〔a duplex house 供两家居住的房屋〕

duplicate ['dju:plikit] a. ①复制的,完全一样的〔duplicate keys 复制的钥匙〕②二重的,二倍的 ‖ n. 复制品,副本,抄件 ‖ v. ['dju:plikeit] 复制,复印;重复/**in duplicate** 一式两份/**duplication** n.

duplicity [dju(:)'plisiti] n. 欺骗/**duplicities**[复]

durable ['djuərəbl] a. 耐用的,持久的/**durability** n. /**durably** ad.

durance ['djuərəns] n. 监禁(现主要用于 in durance vile 监禁)

duration [djuə'reiʃən] n. 持续时间,期间

duress [djuə'res] n. 强迫,胁迫

during ['djuəriŋ] prep. ①在…期间〔The lake is frozen during the winter. 冬季期间湖结冰。〕②在…期间之某一时间〔He left during the night. 夜间他离开了。〕

dusk [dʌsk] n. 薄暮,黄昏,幽暗

dusky ['dʌski] a. 微暗的,暗淡的,暗黑色的/**duskiness** n.

dust [dʌst] n. ①灰尘,尘土②遗骸 ‖ v. ①去掉…的灰尘〔Dust the table. 擦掉桌上的灰尘。〕②撒粉末,撒在…上〔Dust the cake with powdered sugar. 等糖撒在蛋糕上。〕/**bite the dust**(战斗中)被杀,受伤/**shake the dust off one's feet** 愤然或轻蔑地离去/**throw dust in someone's eyes** 迷惑或蒙蔽某人

duster ['dʌstə] n. ①揩布,掸帚,除尘器②避尘衣,风衣

dustpan ['dʌstpæn] n. 畚箕

dusty ['dʌsti] a. ①满是灰尘的②灰土一般的,粉末状的③土灰色的/**dustiness** n.

Dutch [dʌtʃ] a. 荷兰的,荷兰人的,荷兰语的 ‖ n. ①荷兰语②荷兰人/**go Dutch**〔口〕各人自己付钱/**in Dutch**〔俚〕处境困难

Dutchtreat〔口〕各自付账的聚餐(或娱乐)

duteous ['dju:tjəs] a. 忠实的,顺从的/**duteously** ad.

dutiful ['dju:tiful] a. 尽职的,尽本分的

D

〔a dutiful son 尽职的儿子〕/**dutifully** *ad.*

duty〔'djuːti〕*n.* ①责任,义务,本分②职责,职务③敬意,孝道④税,关税

dwarf〔dwɔːf〕*n.* ①侏儒,矮子②(神话故事中的)小妖 ‖ *v.* ①相比之下使…显得矮小〔The redwood dwarfs other trees. 红杉使其他树木显得矮小。〕②阻碍…发育〔Poor diet dwarfed the children. 营养不足阻碍儿童生长发育。〕‖ *a.* 矮小的/**dwarfish** *a.*

dwell〔dwel〕*v.* 住,居住于/**dwell on, dwell upon** 细想,详述/**dweller** *n.*

dwelling〔'dweliŋ〕*n.* 住处,寓所

dwindle〔'dwindl〕*v.* 缩小,变小,减少〔His fortune had dwindled away. 他的运气越来越不好。〕

dye〔dai〕*n.* ①染料②染色 ‖ *v.* 染,染色/

dyer *n.*

dyestuff〔'daistʌf〕*n.* 染料,颜料

dynamic〔dai'næmik〕*a.* ①动力的,动态的②有生气的,有力的,能动的/**dynamically** *ad.*

dynamics〔dai'næmiks〕*n.* 〔复〕①力学,动力学②(一项运动的)所有力量〔the dynamics of politics 政治动力〕

dynamite〔'dainəmait〕*n.* 炸药 ‖ *v.* 用炸药炸毁

dynamo〔'dainəməu〕*n.* 发电机

dynasty〔'dainəsti〕*n.* ①世袭统治者②朝代,王朝/**dynastic** *a.*

dysentery〔'disəntri〕*n.* 痢疾

dyspepsia〔dis'pepsiə〕*n.* 消化不良

dyspeptic〔dis'peptik〕*a.* ①消化不良的②阴郁的,暴躁的

ℰ𝑒 **E** 𝑒

E, e [iː] n. 英语的第五个字母/E's, e's [iːz] [复]

each [iːtʃ] a. & pron. 各，各自的；每，每个 ‖ ad. 每个，各 [These balls cost 50 cents each. 这些球的单价为 5 角。]/ each other 互相

eager [ˈiːɡə] a. 渴望的，热切的/eagerly ad. /eagerness n.

eagle [ˈiːɡl] n. 鹰

eaglet [ˈiːɡlit] n. 小鹰

ear¹ [iə] n. ①耳朵②耳朵的部分③耳状物④听觉⑤注意，留心/be all ears 全神贯注地倾听/fall on deaf ears 未受注意，没被理睬/keep an ear to the ground 注意舆论的动向/play by ear 不看乐谱演奏/turn a deaf ear 对…根本不听，对…置若罔闻

ear² [iə] n. 穗 [an ear of corn 玉米穗]

earache [ˈiəreik] n. 耳痛

eardrum [ˈiədrʌm] n. [解]耳鼓

earl [əːl] n. [英]伯爵/earldom n.

early [ˈəːli] ad. & a. ①早的②提前，提早 [The train arrived early. 火车提前到了。]/earliness n.

earmark [ˈiəmaːk] n. ①加于牛、马等耳朵上的耳号 (表示属于何人之有) ② 人或事所具有的特点或特性 ‖ v. ①加以耳号 [to earmark cattle 给牛打耳号]②为特殊的目的而做标记 [supplies earmarked for the army 注明为军队提供的供给品]

earmuffs [ˈiəmʌfs] n. [复](御寒用的)耳套

earn [əːn] v. ①赚得，挣得 [He earns $ 90 a week. 他一周挣九十美元。]②博得，赢得，使得到 [His bravery has earned him a medal. 他因为勇敢而获得了一枚奖章。]③获利 [a bond earning 3% interest 获百分之三利息的债券]

earnest [ˈəːnist] a. 认真的，严肃的，诚挚的/In earnest 认真地，严肃地/earnestly ad. / earnestness

earnings [ˈəːniŋz] n. [复]挣得的钱；工资，收入，利润

earphone [ˈiəfəun] n. 耳机，听筒，头戴受话机

earring [ˈiəriŋ] n. 耳环，耳饰

earshot [ˈiəʃɔt] n. 听觉所及的范围

earth [əːθ] n. ①地球②陆地③土地/down to earth 实际的，现实的/move heaven and earth 竭尽全力/run to earth 追踪，追获

earthen [ˈəːθən] a. ①泥土做的②陶制的

earthenware [ˈəːθənwɛə] n. 陶器

earthly [ˈəːθli] a. ①地球的，现世的，世俗的②可能的

earthquake [ˈəːθkweik] n. 地震

earthwork [ˈəːθwəːk] n. 土木工事

earthworm [ˈəːθwəːm] n. 蚯蚓

earthy [ˈəːθi] a. ①泥土(似)的②简朴的，粗陋的，朴实的

ease [iːz] n. ①容易，不费力，轻易②自在，放松③安逸，舒适 ‖ v. ①使安心，安慰 [Her father's kind words eased the upset girl. 父亲一番亲切的话使烦意乱的女儿感到安慰。]②减轻(痛苦) [The pills eased his headache. 这药使他的头痛减轻了。〗③放松,放宽〖常与复数连用〖Ease up that rope. 松一松那根绳子。〗④小心缓慢地移动〖The big ship eased into the dock. 巨轮缓缓地驶进码头。〗

easel ['izzl] n. 画架,黑板架

easily ['i:zili] ad. ①容易地,不费力地〖I can do that problem easily. 我可以轻松地做出那道题。〗②毫无疑问地,大大地〖Our team is easily the best. 我们的队毫无疑问是最好的。〗③很可能,多半〖The train may easily be an hour late. 火车很可能晚点一小时。〗

easiness ['i:zinis] n. 容易,轻松,安逸

east [i:st] n. ①东(方)②东部,东部地区③East 世界的东方〖Near East 近东 Middle East 中东 Far East 远东〗‖ a. ①东方(部)的,朝东的②从东方来的 我们的队国家、地区)的③东部的〖East Pakistan 东巴基斯坦〗‖ ad. 在东方,向东方〖Follow that road east. 沿那条路向东走。〗

Easter ['i:stə] n. 复活节

easterly ['i:stəli] a. & ad. ①东方的,向东②从东方来的,从东方

eastern ['i:stən] a. ①东的,东方的,朝东的②来自东方的③Eastern 世界东方的

Eastern Church 东正教

easterner ['i:stənə] n. 东方人,东部人

Eastern Hemisphere 东半球

easternmost ['i:stənməust] a. 最东的,极东的

East Indies 东印度群岛

eastward ['i:stwəd] ad. & a. 向东的‖ n. 向东,东部

easy ['i:zi] a. ①容易的,不费力的②安逸的③舒服的,舒适的④从容的,大方的⑤易忍受的;宽容的,不苛求的⑥不急的,平稳的〖口〗词语〖口语〗不紧张,从容,不急 ‖ ad. 〖口〗不紧张,从容,不急 〖take it easy〗〖口语〗不紧张,从容,不急

easygoing, easy-going ['i:zigəuiŋ] a. 从容不迫的;轻松的,随和的

eat [i:t] v. ①吃②吃饭〖Who is eating here today? 今天谁在这吃饭?〗③耗尽,消耗〖High prices ate up his savings. 高物价耗

尽了他的积蓄。〗④腐蚀,销蚀〖The acid ate holes in the cloth. 酸在布上烧了几个洞。hinges esten away by rust 被锈坏的折叶〗/**eat one's words** 收回前言,认错道歉

eatable ['i:təbl] a. 可食用的‖ n. 〖复〗食物,食品

eaves [i:vz] n. 〖复〗屋檐

eavesdrop ['i:vzdrɔp] v. 偷听

ebb [eb] n. ①落潮,退潮②衰弱,减少‖ v. ①退潮,衰落②减少,减弱〖Our hopes for victory ebbed. 我们胜利的希望不大了。〗

ebbtide 落潮,退潮

ebullient ['ibʌljənt] a. 沸腾的,起泡的,热情奔放的

eccentric [ik'sentrik] a. ①举止反常的,古怪的②不同圆心的③离心的,偏心的‖ n. 行为古怪的人/**eccentrically** ad.

eccentricity [,eksen'trisiti] n. 古怪的举止,怪癖/**eccentricities**〖复〗

ecclesiastic [i,kli:zi'æstik] n. 教士,牧师‖ a. 同 ecclesiastical

ecclesiastical [i,kli:zi'æstikəl] a. 教会的,教士的

echelon ['eʃəlɔn] n. ①梯队,梯次排列②部队中的一级

echo ['ekəu] n. 回音,回波,反响‖ v. ①充满回声〖The long hall echoed. 大厅里充满了回声。〗②起回声,起共鸣〖His words echoed in the valley. 他的话在山谷中回荡。〗③重复,仿效

eclair ['eikleə] n. 包奶油的点心

eclipse [i'klips] n. ①食②晦暗,失色‖ v. ①掩蔽②使黯然失色,超越〖His latest book has eclipsed all his earlier ones. 他最近写的这本书使他以前的书黯然失色。〗

ecology [i:'kɔlədʒi] n. 生态学

economic [,i:kə'nɔmik] a. ①经济管理的②经济(上)的

economical [,i:kə'nɔmikəl] a. 节俭的,节约的/**economically** ad.

economics [,i:kə'nɔmiks, ,ekə'

nomiks] *n*. [复]经济学[与单数动词连用]/**economist** *n*. 经济学家

economize [i'konəmaiz] *v*. 节约,节省

economy [i'konəmi] *n*. ①经济②节约,节省

ecru ['eikru:] *a*. & *n*. 淡褐色

ecstasy ['ekstəsi] *n*. 狂喜,着迷

ecstatic [eks'tætik] *a*. ①狂喜的②使人狂喜的,令人激动的/**ecstatically** *ad*.

eczema ['eksimə] *n*. 湿疹

-ed [后缀]①加在规则动词后,构成过去式和过去分词,过去分词经常可当作形容词[boiled water 开水]②表示"有","具有…的特征"[moneyed man 有钱人]

eddy [edi] *n*. 旋涡,涡流 ‖ *v*. 起旋涡,旋转

edge [edʒ] *n*. ①刀口;利刃②边棱,边缘,边界③(悬崖等的)边缘 ‖ *v*. ①给…加上边[She edged the dress with lace. 她给连衣裙镶上边]②侧着行动③徐徐移动,逐渐移进[He edged away from the dog. 他小心翼翼地躲开狗]/**on edge** 紧张不安,急切,忍不住

edgeways ['edʒweiz], **edgewise** ['edʒwaiz] *ad*. 把刀刃朝前,把边缘朝前

edging ['edʒiŋ] *n*. 边缘,缘饰;边界

edgy ['edʒi] *a*. 紧张不安的,急躁的

edible ['edibl] *a*. 可以吃的,食用的

edict ['i:dikt] *n*. 法令,教令

edifice ['edifis] *n*. 大建筑物,大厦

edify ['edifai] *v*. 教诲,启发[an edifying sermon 启发性的布道]

edit ['edit] *v*. 编辑,校订[任…的编辑]

edition [i'diʃən] *n*. ①版,版本②版次,出版

editor ['editə] *n*. 编辑,校订者②社论;撰稿人

editorial [,edi'tɔ:riəl] *a*. &*n*. 编辑的,编者的 ‖ *n*. 社论/**editorially** *ad*.

educate ['edjukeit] *v*. 教育,培养

education [,edju(:)'keiʃən] *n*. ①教育工作②教育,培养

educational [,edju(:)keiʃənl] *a*. ①教育的②有教育意义的/**educationally** *ad*.

educator ['edjukeitə] *n*. 教育(工作)者

-ee [i:] [后缀]①表示"受动者"[appointee 被任命人]②表示"处于某一情况下的人"[employee 雇员]③表示"与…有关的人(或物)"[goatee 山羊胡子]

eel [i:l] *n*. 鳗鲡

-eer [iə] [后缀]①表示"与…有关的人"[auctioneer 拍卖商]②表示"做与…有关的事"[electioneer 进行竞选活动]

eerie, eery ['iəri] *a*. 令人恐惧的,怪异的

efface [i'feis] *v*. 擦掉,涂抹,抹去[The date on the old coin was effaced. 这枚古币上的日期磨损掉了。Time effaces many memories. 时间会抹掉许多回忆。]②不露面;隐居

effect [i'fekt] *n*. ①结果,影响②作用,效果,效应③印象,外观④[复]财物,动产 ‖ *v*. 产生,引起[The new manager effected many changes in the office. 新来的经理给办公室带来许多变化。]/**give effect to** 实行/**in effect** ①实际上②在实行中,有效/**of no effect** 无效,无用 **take effect** 见效,起作用

effective [i'fektiv] *a*. ①有效的,有作用的②生效的,在实行中的③给人深刻印象的/**effectively** *ad*. /**effectiveness** *n*.

effectual [i'fektjuəl] *a*. 奏效的,有效的,灵验的/**effectually** *ad*.

effeminate [i'feminit] *a*. 女子气的,柔弱的;娇气的/**effeminacy**

effervesce [,efə'ves] *v*. ①冒气泡,起泡沫②生气勃勃,兴高采烈 ‖ *n*. **effervescent** *a*.

effete [e'fi:t] *a*. 衰老的,枯竭的;虚弱的

efficacious [,efi'keiʃəs] *a*. 有效的,灵验的/**efficaciously** *ad*.

efficacy ['efikəsi] *n*. 功效,效验

efficient [i'fiʃənt] *a*. 效率高的,有能力的;能胜任的/**efficiency** *n*. /**efficiently** *ad*.

effigy ['efidʒi] *n*. (被憎恨的人的)肖像,

雕像，模拟像

effort ['efət] n. ①努力，尽力②尝试，企图③努力的成果，成就

effortless ['efətlis] a. 不作努力的；容易的，不费力的/**effortlessly** ad.

effrontery [e'frʌntəri] n. 厚颜无耻

effulgence [e'fʌldʒəns] n. 光辉，灿烂

effusion [i'fjuːʒən] n. ①流出，溢出②(感情、语言等的)抒发，倾泻，倾吐

effusive [i'fjuːsiv] a. 溢出的；溢于言表的；滔滔不绝的/**effusively** ad.

eft [eft] n. 水蜥

egg¹ [eg] n. ①蛋，卵②卵细胞③鸡蛋

egg² [eg] v. 怂恿，煽动 [The boys egged Fred on to climb the tree. 男孩们鼓动弗雷德爬树。]

eggplant ['egplɑːnt] n. 茄子

eggshell ['egʃel] n. 蛋壳 ‖ a. 黄白色的

eglantine ['egləntain] n. 多花蔷薇

ego ['egəu] n. 自我，自己/**egos** [复]

egoism ['egəuizəm] n. ①自我主义，利己主义②同 egotism/**egoist** n.

egotism ['egəutizəm] n. ①自我中心，自我吹嘘，自高自大②同 egoism/**egotist** n./**egotistic, egotistical** a.

egregious [i'griːdʒəs] a. 显而易见的，异乎寻常的 [egregious errors 大错]

egress ['iːgres] n. ①外出，去出②出路，出口

egret ['iːgret] n. ①白鹭，鹭②(妇女帽子上作装饰用的)白鹭羽毛

eider ['aidə] n. 绒鸭，绒鸭的绒毛

eight [eit] n. & a. 八，八个

eighteen ['ei'tiːn] n. & a. 十八；十八个

eighteenth ['ei'tiːnθ] a. 第十八 ‖ n. ①第十八个②十八分之一

eighth [eitθ] a. 第八 ‖ n. ①第八个②八分之一

eighth note 八分音符

eightieth ['eitiiθ] a. 第八十 ‖ n. 第八十个②八十分之一

eighty ['eiti] n. & a. 八十；八十个②

either ['aiðə, 'iːðə] a. ①(两者中的)任何一个②(两者中)每一个的，各 ‖ pron. (两者之中)任何一个 [Either of the suits will fit you. 这两套衣服你穿哪一套都合体。] ‖ conj. 或者，要么 [Either come with me or stay at home. 要么和我一起走，要么呆在家里。] ‖ ad. [用于否定句中] 也 [If she doesn't go, he won't either. 要是她不去，他也不去。]

ejaculate [i'dʒækjuleit] v. 突然喊出/**ejaculation** n.

eject [i'dʒekt] v. 喷出，吐出，逐出，驱逐 [The chimney ejects smoke. 烟囱冒出烟来。The heckler was ejected from the meeting. 诘问者被驱逐出会场。]/**ejection** n.

eke [iːk] v. ①竭力维持 [to eke out a living 勉强糊口]②弥补…的不足 [She eked out her income by taking in washing. 她靠洗衣服来增加些收入。]

elaborate [i'læbərit] a. 精心做的；详尽的；煞费苦心的 [an elaborate plan 周密制定的计划] ‖ v. [i'læbəreit] ①精心制作 [to elaborate a theory 精心研究出一套理论]②详细描述 [The reporters asked the President to elaborate on his statement. 记者们要求总统详细阐述自己的观点。]/**elaboration** n.

elapse [i'læps] v. (时间)过去，消逝 [An hour elapsed before his return. 过了一个小时他才回来。]

elastic [i'læstik] a. ①有弹性的②灵活的，可伸缩的 ‖ n. 橡皮带，松紧带/**elastically** ad.

elasticity [ˌelæs'tisiti] n. 弹性；灵活；顺应性

elate [i'leit] v. 使得意洋洋，使欢欣鼓舞 [We're all elated by her success. 她的成功使我们大家欢欣鼓舞。]

elation [i'leifən] n. 得意洋洋，欢欣鼓舞

elbow ['elbəu] n. ①肘②肘状物；弯头 ‖ v. 用肘推(挤)

elbow grease [口] 苦干；重活

elbowroom ['elbəurum] n. 可自由活动的空间

elder ['eldə] a. ①年龄较大的 ‖ n. 年长者② (教会的)长老

elder ['eldə] n. 接骨木

elderberry ['eldəberi] n. 接骨木

elderly ['eldəli] a. 上了年纪的

eldest ['eldist] a. 最年长的

elect [i'lekt] v. ①选举, 推选 [to elect a student council 选举学生会成员]②选择, 决定 [He elected to go. 他决定去。] ‖ a. 选上而未上任的/**the elect** 特权阶层

election [i'lekʃən] n. 选举

electioneer [i,lekʃə'niə] v. 拉选票

elective [i'lektiv] a. ①由选举产生的②可选择的, 选修的 ‖ n. 选修课程

elector [i'lektə] n. ①有选举权的人②选举团的成员/**electoral** a.

electoral college (美国的)选举团

electorate [i'lektərit] n. 全体选民

electric [i'lektrik] a. ①电的②导电的②发电的;用电的③电动的②惊心动魄的

electrical [i'lektrikəl] a. ① 同 electric ②电气科学的

electrically [i'lektrikəli] ad. 用电;电学上

electric eye 光电池;电眼

electrician [ilek'triʃən] n. 电工;电气技术员

electricity [ilek'trisiti] n. 电

electrify [i'lektrifai] v ①使充电②使用电气化 [Most farms have now been electrified. 大多数农场现已电气化。]③使触电;使震惊;使兴奋 [The good news electrified the students. 这条好消息使学生们非常兴奋。]/**electrification** n.

electro- [前缀] ①电的 [electromagnet 电磁体]②电 [electrocute 电刑]

electrocute [i'lektrəkjuːt] v. 使触电而死;以电刑处死/**electrocution** n.

electrode [i'lektrəud] n. 电极

electrolysis [ilek'trɔlisis] n. 电解

electrolyte [i'lektrəulait] n. 电解质, 电离质/**electrolytic** [i,lektrəu'litik] a.

electromagnet [i,lektrəu'mægnit] n. 电磁体;电磁铁/**electromagnetic** [i'lektrəumæg'netik] a.

electromotive [i'lektrəuməutiv] a. 发电的

electron [i'lektrɔn] n. 电子

electronic [ilek'trɔnik] a. ①电子的②因电子产生的

electronics [ilek'trɔniks] n. [复]电子学

electron tube 电子管

electroplate [i'lektrəupleit] v. 电镀

electrotype [i'lektrəutaip] n. 电版, 电铸版

elegant ['eligənt] a. ①雅致的, 优美的②文雅的, 礼貌的/**elegance** n.

elegy ['elidʒi] n. 哀歌, 挽歌

element ['elimənt] n. ①成分;基础②元素③元件/**in one's element** 处于适宜的环境/**the elements** 自然力, 风雨/**elemental** [eli'mentəl] a.

elementary [eli'mentəri] a. 基本的, 基础的, 初级的

elementary school 小学

elephant ['elifənt] n. 大象

elephantine [,eli'fæntain] a. 如象的;巨大的;笨重的

elevate ['eliveit] v. 抬起;使升高;振奋;提升 [The play elevated our spirits. 这场戏使我们精神振奋。The bishop was elevated to a cardinal. 这位主教被提升为红衣主教。]

elevation [,eli'veiʃən] n. ①提高;提升②高地, 高处 [We set up our tent on an elevation of the ground. 我们在一块高地上搭起帐篷。]

elevator ['eliveitə] n. ①升降机;电梯②粮仓③ (飞机的)升降舵

eleven [i'levn] n. & a. 十一;十一个

eleventh [i'levnθ] a. 第十一 ‖ n. ①第十一个②十一分之一

elfish ['elfiʃ] a. 小精灵般的;淘气的

elicit [i'lisit] v. 使发出,引起[His jokes e-licited laughter. 他的笑话引人发笑。]

eligible ['elidʒəbl] a. 合格的,符合当选条件的

eliminate [i'limineit] v. 排除,消除,消灭[to eliminate waste matter from the body 把体内排泄废物]/**elimination** n.

E

elixir [i'liksə] n. 炼金药;长生不老药

elk [elk] n. 麋/**elk, elks** [复]

ellipse [i'lips] n. 椭圆

elliptical [i'liptikəl], **elliptic** [i'liptik] a. 椭圆的

elm [elm] n.①榆树②榆木

elocution [ˌeləˈkjuːʃən] n. 演说术;雄辩术/**elocutionist** n.

elongate ['iːlɔŋgeit] v. 拉长,(使)伸长/**elongation** n.

elope [i'loup] v. 私奔/**elopement** n.

eloquence ['eləkwəns] n. 雄辩

eloquent ['eləkwənt] a.①雄辩的,有说服力的②富于感情的,意味深长的/**eloquently** ad.

else [els] a.[放在它所修饰词的后面]①其他的,别的[I thought you were some-one else. 我还以为你是别人。]②另外的,附加的[Do you want anything else? 您还要什么?]‖ ad.①另外,其他[Where else did you go? 你还去哪儿了?]②否则,不然[You tell him or else I will. 你告诉他,不然我就告诉。]

elsewhere ['els'hwɛə] a. 在别处,向别处

elucidate [i'ljuːsideit] v. 阐明,解释/**elucidation** n.

elude [i'ljuːd] v.①(巧妙地)逃避,躲避[The convict eluded the police for a week. 毕犯逃避警方追捕长达一周。]②使不理解,难倒[The point you are trying to make eludes me 你要说的论点我不懂。]

elusive [i'ljuːsiv] a.①常逃跑的②难以理解的,容易忘记的,难以捉摸的

em-[前缀]同 en-[em-用在 p,b,m 前]

emaciate [i'meiʃieit] v. 使消瘦[He was emaciated after his long illness. 久病之后他十分消瘦。]/**emaciation** n.

emanate ['eməneit] v. 发出;散发[The order emanated from the headquarters. 命令是从总部下达的。]/**emanation** n.

emancipate [i'mænsipeit] v. 解放,使不受束缚[Lincoln emancipated the Negro slaves. 林肯使黑奴获得了自由。]/**emancipation** n.

emasculate [i'mæskjuleit] v.①阉割②使无力,削弱[The law against gambling was emasculated by lowering the fine. 反赌博法因为罚金的减少而受到削弱。]/**masculation** n.

embalm [im'bɑːm] v. 以(香料)涂(尸)防腐

embankment [im'bæŋkmənt] n. 堤岸,堤防;路堤

embargo [em'bɑːgəu] n.①封港令②禁止贸易令[v. 禁止(船只)出入港;禁运

embark [im'bɑːk] v.①上船,使上船[We embarked at Dalian for Japan. 我们在大连乘船去日本。]②从事,开始搞[to embark on an adventure 开始冒险活动]/**embarkation** [ˌembɑːˈkeiʃən] n.

embarrass [im'bærəs] v.①使窘迫,使为难[Nancy is always embarrassed when someone pays her a compliment. 南希在被人夸奖时总是难为情。]②麻烦,使忧虑[to be financially embarrassed 财政困难]

embarrassment [im'bærəsmənt] n.①窘迫②使人窘迫的事情

embassy ['embəsi] n.①大使馆②大使及其随员,大使馆全体人员

embattled [im'bætld] a. 严阵以待的,准备战斗的

embed [im'bed] v. 嵌入;埋置[to embed tiles in cement 把瓦砖嵌入水泥中]

embellish [im'beliʃ] v. 装饰,修饰;给添加细节/**embellishment** n.

ember ['embə] n. 余火,余烬

embezzle [im'bezl] v. 盗用,贪污[The bank teller embezzled $20,000. 这位银行

出纳员贪污了两万美元。〕/**embezzlement** n. /**embezzler** n.

embitter [im'bitə]v. 加苦味于；激怒〔embittered by his failure 因为他的失败而痛苦〕

emblazon [im'bleizən]v. ①（用鲜艳颜色）装饰②用纹章装饰〔His shield was emblazoned with a golden lion. 他的徽章上饰有金狮图案。〕③颂扬，庆祝〔deeds emblazoned in legend 在传奇文学中被称颂的行为〕

emblem ['embləm]n. 象征，标志；徽章〔The bald eagle is the emblem of the U.S. 秃鹫是美国的象征。〕

emblematic [,embli'mætik] a. 象征的，典型的

embody [im'bɒdi]v. ①体现；化身〔The Constitution embodies Jefferson's ideas on government. 美国宪法体现了杰弗逊的政府思想。〕②收录，包含③合并，组合，编入〔His latest findings are embodied in his new book. 他的最新发现都编入了他的新著。〕/**embodiment** n.

embolden [im'bəuldən]v. 给…壮胆，给…勇敢

embolism ['embəlizəm] n. 栓塞，栓子

embosom [im'buzəm]v. ①把…藏入胸怀，怀抱②环绕，遮掩

emboss [im'bɒs]v. ①作浮雕，压印花纹〔wallpaper embossed with a leaf design 印有叶形图案的凹凸壁纸〕②使凸起〔Lincoln's head is embossed on the penny. 林肯的头像凸刻在美分上。〕

embower [im'bauə]v. 用凉亭遮蔽

embrace [im'breis] v. ①拥抱〔The groom embraced his bride. 新郎拥抱新娘。〕②接受，信仰〔to embrace a religion 信仰某一宗教〕③包括，包含 ‖ n. 拥抱

embroider [im'brɔidə]v. ①绣（花纹）〔She embroidered roses on her blouse. 她在衬衣上绣上玫瑰花。〕②对…加以渲染

embroidery [im'brɔidəri] n. ①绣花②绣制品/**embroideries** [复]

embroil [im'brɔil]v. 使卷入纠纷

embryo ['embriəu] n. ①胎，胎儿②胚芽③萌芽时期〔Our vacation plans are still in embryo. 我们的假期计划仍在酝酿中。〕/**embryos** [复]

embryonic [,embri'ɒnik] a. ①胚胎的②未成熟的

emend [i'mend]v. 校勘，校订/**emendation** [,i:men'deifən] n.

emerge [i'mə:dʒ] v. ①露出，出现〔A bear emerged from the woods. 从树林中出来一只熊。〕②暴露，被知晓〔The true story of his life emerged after his death. 他死后人们才知道他真实的生活经历。〕/**emergence** [i'mə:dʒəns] n.

emergency [i'mə:dʒənsi] n. 紧急情况；突发事件

emeritus [i'meritəs] a. 荣誉退休而保留头衔的〔an emeritus professor 名誉教授〕

emery ['eməri] n. 宝砂，刚玉砂

emetic [i'metik] a. 催吐的 ‖ n. 催吐药

emigrant ['emigrənt]n. 移居外国的人，移民

emigrate ['emigreit] v. 移居外国〔Many people have emigrated from Ireland to the U.S. 很多人从爱尔兰移居到美国。〕/**emigration** n.

eminence ['eminəns] n. ①显赫；卓越〔Shakespeare's eminence in literature 莎士比亚在文学上的卓越地位〕②高地，高处③Eminence 罗马天主教中对红衣主教的尊称

eminent ['eminənt] a. 显赫的，杰出的，著名的/**eminently** ad.

emissary ['emisəri]n. 使者；间谍

emission [i'mifən]n. ①散发，放射②发射物，发出物

emit [i'mit]v. 散发，发出，放射〔The owl emitted screech. 猫头鹰发出尖叫。〕

emolument [i'mɒljumənt] n. 薪水，酬金

emotion [i'məufən]n. ①激动〔a voice choked with emotion 因激动而哽咽的声音〕②情感；感情

emotional [i'məuʃənl] a. ①感情上的,情绪上的[emotional problems 感情上的问题]②激动的;动情的[an emotional speech 动情的讲话]③易动情感的,易激动的/**emotionally** ad.

emperor ['empərə] n. 皇帝

emphasis ['emfəsis] n. ①强调,重点②重音,加强语气/**emphases** ['emfəsi:z][复]

emphasize ['emfəsaiz] v. 强调,着重[I want to emphasize the importance of honesty. 我想强调诚实的重要性。]

emphatic [im'fætik] a. ①强调的,着重的②断然的,无疑的[an emphatic defeat 大败]/**emphatically** ad.

empire ['empaiə] n. ①帝国政府②帝国[the Roman Empire 罗马帝国]③绝对统治

empirical [em'pirikəl] a. 经验主义的;以经验为根据的

emplacement [im'pleismənt] n. 炮台

employ [im'plɔi] v. ①雇用[This company employs fifty people. 这家公司雇用五十人。]②用,使用[He employed clever tactics in his rise to power. 在晋升的过程中,他使用了许多聪明的手腕。]③使忙碌,占用[She needs something to employ her mind. 她需要某种东西来充实心灵。]‖ n. 雇用[He is no longer in our employ. 我们不再雇用他了。]

employee, employe [emplɔi'i:] n. 雇员,雇工

employer [im'plɔiə] n. 雇主,雇用者

employment [im'plɔimənt] n. ①雇用②职业,工作

emporium [em'pɔ:riəm] n. 大商场,百货商店/**emporiums, emporia** [em'pɔriə][复]

empower [im'pauə] v. 授权,准许[The warrant empowered the police to search the house. 搜查令授权警方搜查这座房子。]

empress ['empris] n. ①皇后②女皇

empty ['empti] a. ①空的;未占用的[an empty jar 一只空坛子]②空洞的;无实在意义的[empty promises 空洞的许诺]‖ v. ①使成为空的[The auditorium was emptied in ten minutes. 礼堂里的人十分钟就走光了。]②倒,倒空[Empty the dirty water into the sink. 把脏水倒入洗涤槽里。]③流入,注入[The river empties into the bay. 这条河流入海湾。]‖ n. 空瓶;空箱;空货车/**emptily** ad. /**emptiness** n.

empyreal [,empai'ri:əl] a. 苍天的

empyrean [,empai'ri:ən] n. ①最高天②苍天,太空‖ a. 同 empyreal

emulate ['emjuleit] v. 仿效;同…竞赛[He will do well if he emulates his father. 如果他仿效他父亲,他会干得不错。]/**emulation** n.

emulous ['emjuləs] a. 好竞争的,好胜的

emulsify [i'mʌlsifai] v. 使乳化

emulsion [i'mʌlʃən] n. 乳胶,乳剂

en- [前缀] ①表示"放进","放在…上面"[enthrone 使登基]②表示"使","让"[enable 使能够]③表示"在里面"[enclose 封入]④经常用来加强语气[enliven 使快活]

-en [后缀] ①表示"使";"变得"[darken 使黑暗,变黑暗]②表示"得到";"给予"[strengthen 加强]③表示"由…制的"[wooden 木制的]/[-en 也用来构成某些动词的过去分词,如 fallen;或某些名词的复数,如 oxen]

enable [i'neibl] v. 使能够;使成为可能[A loan from his uncle enabled George to finish college. 乔治从他叔叔那里借的钱才使他念完了大学。]

enact [i'nækt] v. ①制定(法律);通过;颁布[Congress enacted a bill raising tariffs. 国会通过提高关税的法案。]②扮演,演出[to enact the part of a judge 扮演一个法官的角色]

enactment [i'næktmənt] n. ①制定;颁布②法令,法规

enamel [i'næməl] n. ①搪瓷;珐琅②珐琅质③瓷漆‖ v. 涂瓷釉;彩饰

enamor, enamour [i'næmə] v. 使倾心,使迷恋

encamp [in'kæmp] v. 扎营,野营〔The army encamped in the valley. 军队在山谷中扎营。〕/**encampment** n.

encase [in'keis] v. ①把…装箱,把…放入盒内②封闭,把…包起来〔a turtle encased in its shell 藏身在壳里的乌龟〕

-ence [后缀]表示"动作","状态";"性质"〔indulgence 任性;沉溺 excellence 优秀,杰出〕

enchant [in'tʃɑːnt] v. ①用魔法迷惑②使陶醉,使喜悦〔I'm enchanted by his garden. 他的花园令我陶醉。〕/**enchanter** n. /**enchantress** n. [女性]/**enchanting** a.

enchantment [in'tʃɑːntmənt] n. ①迷惑②迷惑人的东西③陶醉

encircle [in'səːkl] v. ①环绕;包围〔Hills encircle the valley. 山环绕着山谷。〕②绕行〔The earth encircles the sun. 地球绕太阳运行。〕/**encirclement** n.

enclose [in'kləuz] v. ①围住;圈起〔High walls enclose the garden. 高墙围住了花园。〕②把…封住〔I enclosed a check in the envelope with my order. 我将一张支票同定单一起封入信封。〕

enclosure [in'kləuʒə] n. ①封入②围场③圈地③附件;包入物④围栏,围墙

encomium [en'kəumiəm] n. 赞扬;颂词

encompass [in'kʌmpəs] v. 围绕,包围

encore [in'kɔː] int. 再来一个! 再演奏(演唱)一次! ‖ n. 重演,重唱

encounter [in'kauntə] v. ①(意外地)遇见,遇到〔He encountered a former classmate on his vacation. 他在假期遇到一位老同学。〕②遭遇〔to encounter trouble 遇到麻烦〕③冲突 ‖ n. ①(意外的)遇到②冲突,遭遇战

encourage [in'kʌridʒ] v. ①鼓励;怂恿〔His praise encouraged me to go on with the project. 他的表扬鼓励我继续进行这项科研项目。〕②赞助;促进〔Warm weather encourages the sale of ice cream. 暖和的天气有助于冰淇淋的销售。〕

encroach [in'krəutʃ] v. ①侵蚀〔The lake has encroached upon the shore line. 湖水已侵蚀了湖岸线。〕②侵占;侵犯〔Over the years, campers has been encroaching on the farmer's land. 这些年来,野营者们在不断地侵占农民的土地。〕/**encroachment** n.

encrust [in'krʌst] v. ①镶饰〔a bracelet encrusted with diamonds 镶满钻石的手镯〕②包外壳于〔His shoes were encrusted with mud. 他的鞋上沾了一层泥。〕/**encrustation** n.

-ency [后缀]表示"动作","性质","状态"〔efficiency 效率〕

encyclical [en'siklikəl] a. 传阅的,广泛传送的 ‖ n. (罗马教皇给大主教的)通谕,通告

encyclopedia,   **encyclopaedia** [en,saikləu'piːdjə] n. 百科全书

encyclopedic,   **encyclopaedic** [en,saikləu'piːdik] a. 百科全书的;包含各种学科的

end [end] n. ①结局;终止②末端;尽头③死亡;毁灭④目的;目标⑤残片,残余⑥后і ‖ v. 结束;停止 ‖ a. 结尾的;最终的〔an end product 最终结果;最后产物〕/**at loose ends** 处于未定状态/**end up** 结束,终止/**make both ends meet** 使收支相抵,勉强维持生活

endanger [in'deindʒə] v. 危害,危及〔to endanger one's life 危及某人的生命〕

endear [in'diə] v. 使受钟爱,使受喜爱〔Her smile endeared her to us. 她的微笑使我们很喜欢她。〕

endearment [in'diəmənt] n. ①亲爱②亲爱的表示

endeavor [in'devə] v. 努力,尽力 ‖ n. 尽力

endemic [en'demik] a. 某地特产的,地方性的〔an endemic disease 地方病〕

ending ['endiŋ] n. 结尾;结局

endive ['endiv] n. 苣荬菜

endless ['endlis] a. ①无止境的,无穷的②没完的,冗长的③两端连接的,环状

的/**endlessly** ad.

endocrine gland ['endəukrain] n. 内分泌腺

endorse [in'dɔːs] v. ①（在支票背面）签名；批注（公文）②赞同；认可；支持〔The newspaper endorsed our candidate. 报纸支持我们的候选人。〕/**endorsement** n. /**endorser** n.

endow [in'dau] v. ①赋予〔a girl endowed with musical talent 有音乐天赋的女孩 a land endowed with natural resources 一块有自然资源的土地〕②捐赠资金给…，资助/**endowment** n.

endue [in'djuː] v. 授与，赋予〔His fear endued him with strength. 恐惧使他产生了力量。〕

endurance [in'djuərəns] n. 忍耐，忍受力；耐久〔Boxing takes endurance. 拳击需要耐力。〕

endure [in'djuə] v. ①忍受，耐〔to endure pain 忍受痛苦 to endure insults 忍受污辱〕②持久，耐久〔His fame will endure for ages. 他将流芳百世。〕/**endurable** a.

endways ['endweiz]　　**endwise** ['endwaiz] ad. ①竖着〔②末端向前进〔The boat came into the dock endways. 船倒入码头。〕③两端相连接

enema ['enimə] n. 灌肠法

enemy ['enimi] n. ①敌人，仇敌②反对者③有害物，大害

energetic [ˌenə'dʒetik] a. 有生命力的；精神饱满的；有力的/**energetically** ad.

energize ['enədʒaiz] v. 给…能量；使…有活力〔The fresh air energized us. 清新的空气使我们精神振奋。〕

energy ['enədʒi] n. ①活力，劲头，精力②能，能量

enervate ['enəːveit] v. 使衰弱〔Lack of exercise has enervated Fred. 弗雷德因缺乏锻炼而身体衰弱。〕/**enervation** n.

enfeeble [in'fiːbl] v. 使衰弱

enfold [in'fould] v. ①包裹；包〔enfolded in layers of clothes 被几层衣服裹着〕②拥抱，抱〔The nurse enfolded the baby in her arms. 护士抱着婴儿。〕

enforce [in'fɔːs] v. ①实施，执行〔to enforce traffic laws 实施交通法规〕②坚持（要求）〔The teacher enforced complete silence. 教师要求绝对安静。〕/**enforceable** a. /**enforcement** n.

engage [in'geidʒ] v. ①订婚〔He is engaged to his childhood sweetheart. 他与他青梅竹马的情人订婚了。〕②保证〔She engaged to tutor the child after school. 她保证放学后给孩子辅导。〕③雇用，聘〔He engaged Smith as his lawyer. 他聘请史密斯担任他的律师。〕④忙于，占用〔I have no time to engage in dramas. 我没时间从事演出工作。Tennis engages all his spare time. 打网球占去了他所有的业余时间。〕⑤使参加，使卷入〔She engaged him in conversation. 她同他交谈。〕⑥吸引住〔I'm trying to engage his attention. 我在试图吸引他的注意力。〕⑦与…交战〔to engage enemy forces 与敌军交战〕⑧咬合，啮合

engagement [in'geidʒmənt] n. ①约束，保证②婚约③约会④雇用⑤交战

engaging [in'geidʒiŋ] a. 吸引人的，迷人的

engender [in'dʒendə] v. 产生，引起〔Friction engenders heat. 摩擦生热。〕

engine ['endʒin] n. ①引擎，发动机②机车，火车头③机械，器械〔engines of warfare 兵器，武器〕

engineer [ˌendʒi'niə] n. ①工程师；技师②火车司机，轮机员③工兵‖ v. ①设计；建造②策划；操纵〔to engineer a merger of companies 操纵企业集团〕

engineering [ˌendʒi'niəriŋ] n. 工程，工程学

England ['iŋɡlənd] n. 英格兰

English ['iŋɡliʃ] a. 英格兰的；英格兰人的；英语的‖ n. ①英国人②英语③英语课④english（球）的旋转运动

engraft [in'ɡrɑːft] v. ①嫁接②灌输（思想）

engrave [in'greiv] v. ①雕上，刻上〔

date engraved on a cornerstone 刻在奠基石上的日期〕②镌版;用镂版印〔an engraved invitation 用镂版印制的请帖〕③铭记,牢记〔The poem is engraved in my memory. 这首诗在我的记忆中留下深刻印象。〕/**engraver** n.

engraving [in'greiviŋ] n. ①雕刻②雕版,版画

engross [in'grəus] v. 使全神贯注〔to be engrossed in a book 被一本书吸引〕

engulf [in'gʌlf] v. 吞没;席卷〔A huge wave engulfed the swimmer. 一个巨浪吞没了游泳者。〕

enhance [in'ha:ns] v. 提高,增加〔The soft music enhanced the scene. 柔和的音乐使人感到景色更迷人了。〕

enigma [i'nigmə] n. 谜;令人不解的人或物

enigmatic [ˌenig'mætik], **enigmatical** [ˌenigˈmætikəl] a. 谜一般的;高深莫测的/**enigmatically** ad.

enjoin [in'dʒɔin] v. ①责成,命令〔The judge enjoined the jury not to talk about the case. 法官不让陪审团讨论这桩案子。〕②禁止〔The court enjoined the union from picketing. 法院不许联合会有警戒。〕

enjoy [in'dʒɔi] v. ①享受;欣赏,喜爱〔Did you enjoy the baseball game? 你爱看那场棒球比赛吗?〕②享有〔The book enjoyed large sales. 这本书销售量很大。〕/**enjoy oneself** 玩得快活/**enjoyment** n.

enjoyable [in'dʒɔiəbl] a. 令人愉快的,快乐的

enlarge [in'la:dʒ] v. 扩大,扩展/**enlarge on**, **enlarge upon** 详述

enlargement [in'la:dʒmənt] n. ①扩大;扩展②扩大物;放大的照片

enlighten [in'laitn] v. 启发;开导;给…启蒙教育/**enlightenment** n.

enlist [in'list] v. ①征募;应募,入伍〔He enlisted in the navy. 他参加了海军。〕②谋取…支持,得到…赞助〔Try to enlist your father's help. 想办法得到你父亲的帮

助。〕/**enlistment** n.

enliven [in'laivn] v. 使有生气,使活跃;使快活〔He enlivened the party by telling stories. 他讲滑稽故事,使在场的人很开心。〕

enmesh [in'meʃ] v. 网捕,使陷入〔enmeshed in troubles 陷入困境〕

enmity ['enmiti] n. 敌意,仇恨

ennoble [i'nəubl] v. 封…为贵族;使崇高

enormity [i'nɔ:miti] n. ①穷凶极恶〔the enormity of his crime 罪大恶极〕②穷凶极恶的罪行

enormous [i'nɔ:məs] a. 极大的,巨大的/**enormously** ad. /**enormousness** n.

enough [i'nʌf] a. 足够的,充足的 ‖ n. 足够,充分 ‖ ad. ①足够地,充分地〔The steak is not cooked enough. 这份牛排没熟透。〕②十分,相当地〔Oddly enough, I wasn't even there. 说也奇怪,我当时竟没在那儿。〕

enrage [in'reidʒ] v. 激怒

enrapture [in'ræptʃə] v. 使狂喜

enrich [in'ritʃ] v. 使富裕,使丰富〔Music enriches one's life. 音乐丰富人的生活。This bread is enriched with vitamins. 这种面包含有丰富的维生素。〕/**enrichment** n.

enroll, **enrol** [in'rəul] v. ①登记;报名〔New students must enroll Monday. 新生必须在星期一入学。〕②吸收,招收〔I'd like to enroll you in our art class. 我想吸收你参加我们的美术班。〕

enrollment, **enrolment** [in'rəulmənt] n. ①登记;注册②注册人数

enroute [ɑ:n'ru:t] ad. 在途中〔Will you stop in New York enroute to Europe? 在去欧洲的途中,你能在纽约逗留吗?〕

ensconce [in'skɔns] v. 隐蔽;躲,呆在〔Father was ensconced in his favorite easy chair. 父亲坐在那把他最喜欢的安乐椅上。〕

ensemble [ɑ:n'sɑ:mbl] n. ①整体;整体

效果②配套的衣服③合奏,合唱〔a string ensemble 弦乐合奏〕

enshrine 〔in'frain〕v. ①放入龛内;放入灵柩内〔Washington's body is enshrined at Mount Vernon. 华盛顿的遗体存放在弗农山的灵柩内。〕②铭记;珍藏〔His memory is enshrined in our hearts. 他的形象深深珍藏在我们的心中。〕

enshroud 〔in'fraud〕v. 掩盖,遮蔽〔towers enshrouded in mist 被雾笼罩的塔〕

ensign 〔'ensain〕n. ①旗,国旗②海军少尉

ensilage 〔'ensilidʒ〕n. 青贮饲料

enslave 〔in'sleiv〕v. ①使成为奴隶,奴役②制服,征服〔She was enslaved by her work. 她被工作所牵累。〕/ **enslavement** n.

ensnare 〔in'snɛə〕v. 诱捕

ensue 〔in'sju:〕v. ①随之而来;接着发生〔We met in school and a long friendship ensued. 我们在学校相识,随后便建立了长期的友谊。〕②结果产生,结果是,导致〔the damage that ensued from the flood 洪水造成的损失〕

-ent 〔后缀〕①表示"动作","性质"〔persistent 坚持的,固执的〕②表示"动作者","行为者"〔president 总统〕

entail 〔in'teil〕v. ①必须,使承担,要求〔The plan entails much work. 这项计划需要大量工作。〕②限定…的继承人 ‖ n. 限定继承人的地产;限定继承人

entangle 〔in'tæŋgl〕v. ①缠住,套住〔The fishing lines became entangled. 鱼线缠在一起了。Flies get entangled in a spider's web. 苍蝇被蜘蛛网缠住了。〕②使卷入,使陷入,牵连〔They entangled him in a dishonest business deal. 他们使他卷入一项不正当的交易。〕/ **entanglement** n.

entente 〔ɑ:n'tɑ:nt〕n. ①协定,协议,协约②有协定关系的国家

enter 〔'entə〕v. ①进,入〔to enter a room 走进一个房间〕②穿入,钻入〔The bullet entered his leg. 子弹穿入了他的大腿。〕③参加,加入〔to enter the navy 参加海军〕④开始进入〔to enter a career 开始从事一个职业〕⑤使进入,使参加〔to enter a horse in a race 让马参加比赛〕⑥把…记入;登录〔His name was entered on the honor roll. 他的名字被记入了荣誉名册。〕⑦在法庭上正式提出〔He entered a plea of guilty. 他在法庭上认罪。〕/ **enter on**, **enter upon** 开始,着手

enterprise 〔'entəpraiz〕n. ①事业;事业单位,企业单位②进取精神,事业心

enterprising 〔'entəpraiziŋ〕a. 有进取心的;有魄力的,有胆量的

entertain 〔,entə'tein〕v. ①使欢乐,使娱乐〔He entertained us by playing the violin. 为了让我们高兴,他为我们拉小提琴。〕②款待,招待〔to entertain friends at dinner 请朋友们吃饭〕③请客〔It's expensive to entertain these days. 如今,请客要花很多钱。〕④考虑〔He entertained the idea of going to Europe. 他有去欧洲的想法。〕/ **entertaining** a.

entertainer 〔,entə'teinə〕n. 款待者;供人娱乐者;表演者

entertainment 〔,entə'teinmənt〕n. ①招待,款待②娱乐节目;娱乐物

enthrall, **enthral** 〔in'θrɔ:l〕v. ①迷住,吸引住〔We were enthralled by his exciting story. 我们被他那激动人心的故事吸引住了。〕②奴役

enthrone 〔in'θrəun〕v. ①使…登位,使…为王②推崇;使占最高地位

enthuse 〔in'θju:z〕v. 〔口〕使热心

enthusiasm 〔in'θju:ziæzəm〕n. 热情,热心〔an enthusiasm for golf 对高尔夫球热心〕

enthusiastic 〔in,θju:zi'æstik〕a. 热情的,热心的,热烈的/ **enthusiastically** ad.

entice 〔in'tais〕v. 诱使,怂恿〔He enticed the bird to eat from his hand. 他诱使小鸟到他手上吃食。〕/ **enticement** n.

entire 〔in'taiə〕a. ①整个的,全部的②完整的,不缺的/ **entirely** ad.

entirety [in'taiəti] n. 整体，全部/**in its entirety** 全面地，全盘

entitle [in'taitl] v. ①给…权力（资格）〔This ticket entitles you to be admitted free. 凭这张票你可以免费入场。〕②给…题名

entity ['entiti] n. ①存在物，实体〔A person is an entity. 人是一种存在。〕②生存，存在

entomb [in'tu:m] v. 埋葬

entomology [ˌentə'mɔlədʒi] n. 昆虫学/**entomological** [ˌentəmə'lɔdʒikəl] a. /**entomologist** n.

entrails ['entreilz] n. [复]内脏，肠

entrain [in'trein] v. 上火车，使上火车

entrance[1] ['entrəns] n. ①进入 ②入口 ③入场权

entrance[2] [in'trɑːns] v. ①使出神 ②使欢喜，使入迷〔We were entranced by the sunset. 我们被日落的景象吸引住了。〕

entrant ['entrənt] n. 进入者，参加者

entrap [in'træp] v. ①使入陷阱 ②使陷入圈套〔to entrap a man into telling a lie 诱使某人说谎〕

entreat [in'tri:t] v. 请求，恳求〔I entreat you to heed his warning. 我请求你重视他的警告。〕

entreaty [in'tri:ti] n. 请求，乞求

entree ['ɔntrei] n. ①入场权②主菜

entrench [in'trentʃ] v. ①用壕沟围，使壕沟防御〔Enemy troops were entrenched across the river. 敌军在河对岸用壕沟防卫石了。〕②使处于牢固地位，固定〔an official entrenched in office 被职务所束缚的官员〕/**entrenchment** n.

entrust [in'trʌst] v. ①委托，信托〔I will entrust you with my records. 我将把我的唱片交给你。〕②托管〔Entrust my key to me. 把你的钥匙交给我代管吧。〕

entry ['entri] n. ①进入②入口；通道③条目；帐目；项目④参加比赛的人

entwine [in'twain] v. 使缠绕，使盘绕〔a fence entwined with ivy 常春藤缠绕的篱笆〕

enumerate [i'nju:məreit] v. 数，点，列举〔He enumerated all his cousins to me. 他给我说了他所有表兄弟的名字。〕/**enumeration** n.

envelop [in'veləp] v. 包，裹，遮蔽〔Darkness enveloped the camp. 黑暗笼罩着营地。〕/**envelopment** n.

envelope ['enviləup] n. ①信封②外壳，包裹物〔a seed envelope 种子外壳〕

envenom [in'venəm] v. ①毒于〔The air was envenomed by a deadly gas. 一种致命的气体使空气变得有毒。〕②使狠毒，使狠毒〔He was envenomed by his master's cruelty. 他对主人的残忍怀恨在心。〕

enviable ['enviəbl] a. 值得羡慕的；引起忌妒的〔with enviable skill 有令人羡慕的技术〕

envious ['enviəs] a. 妒忌的/**enviously** ad.

environment [in'vaiərənmənt] n. 环境，外界/**environmental** a.

environs [in'vaiərənz] n. [复]城郊，郊区

envisage [in'vizidʒ] v. 想象，设想〔The scientist envisaged the happiness his invention would bring. 这位科学家设想着他的发明将带来的快乐。〕

envoy ['envɔi] n. ①使者，代表②公使

envy ['envi] n. ①妒忌；羡慕②忌妒对象‖ v. 妒忌；羡慕〔to envy a person for his wealth 妒忌某人的财产〕

enwrap [in'ræp] v. 包，裹

enzyme ['enzaim] n. 酶

eon ['i:ən,'i:ɔn] n. 永世，万古

epaulet, epaulette ['epəulet] n. 肩章

ephemeral [i'femərəl] a. 朝生暮死的，短命的〔ephemeral pleasures 一时的快乐〕

epi- [前缀] 表示"在…上面"，"在…之上"，"在…外面"〔epidermis 表皮〕

epic ['epik] n. ①史诗②史诗般的文艺作

品 ‖ a. 史诗的;英雄的;壮丽的

epicure ['epikjuə] n. 讲究饮食的人

epicurean [,epikjuə'ri:ən] a. 讲究饮食的,爱享乐的 ‖ n. 讲究饮食的人,享乐者

epidemic [,epi'demik] n. 流行病 ‖ a. 流行性的,传染的

epidermis [,epi'də:mis] n. 表皮

epiglottis [,epi'glɔtis] n. [解] 会厌

epigram ['epigræm] n. 警句,警辟语/**epigrammatic** [,epigrə'mætik] a.

epilepsy ['epilepsi] n. 癫痫

epileptic [,epi'leptik] a. 癫痫的 ‖ n. 癫痫病人

epilogue, epilog ['epilɔg] n. 尾声;后记;闭幕词;收场白

episode ['episəud] n. 一部曲;插曲;一个事件

epitaph ['epitɑ:f] n. 墓志铭

epitome [i'pitəmi] n. 缩影,集中体现[She is the epitome of motherhood. 她是母亲的缩影。] ②梗概,节录

epitomize [i'pitəmaiz] v. 集中体现;概括[Daniel Boone epitomizes the frontiersman. 丹尼尔布恩是拓荒者的代表。]

epoch ['i:pɔk] n. ①纪元② 时期,时代③世纪/**epochal** a.

epoxy [e'pɔksi] a. 环氧的

equable ['ekwəbl] a. ①稳定的;平稳的②平静的/**equably** ad.

equal ['i:kwəl] a. ①相等的,相同的②平等的 ‖ n. 同等的人或物 ‖ v. ①等于,相等[His broadjump equals the record. 他的跳远成绩平了纪录。Six minus two equals four. 六减二等于四。]②比得上,赶得上[You can equal my score easily. 你可以很容易地赶上我的成绩。]/**equal to** 胜任的[I'm not equal to climbing the hill. 我爬不上那座山。]/**equally** ad.

equality [i'kwɔliti] n. 同等;平等;均等

equalize ['i:kwəlaiz] v. 使相等;使平等/**equalizer** n.

equal mark, equal sign 等号

equanimity [,i:kwə'nimiti] n. 沉着,平静,镇定

equate [i'kweit] v. 使相等,使等同[Many people equate wealth with happiness. 许多人认为财富等于幸福。]

equation [i'kweiʃən] n. ①方程,等式②均衡;相等

equator [i'kweitə] n. 赤道

equatorial [,ekwə'tɔ:riəl] a. 赤道的;赤道附近的

equestrian [i'kwestriən] a. ①马的;马术的②骑马的 ‖ n. 骑马人;马术演员/**equestrienne** [i,kwestri'en] n. 女马术演员

equi- [前缀] 表示"同等"

equidistant ['i:kwi'distənt] a. 等距离的

equilateral ['i:kwi'lætərəl] a. 等边的

equilibrium [,i:kwi'libriəm] n. 平衡,均衡

equine ['i:kwain] a. 马的;马科的

equinoctial [,i:kwi'nɔkʃəl] a. 春分的;秋分的

equinox ['i:kwinɔks] n. 春分;秋分

equip [i'kwip] v. 装备,配备[The soldiers were equipped for battle. 士兵们装备整齐,准备战斗。The truck was equipped with air brakes. 这台卡车上装有气刹车。]

equipage ['ekwipidʒ] n. ①装备②(有仆从的)马车

equipment [i'kwipmənt] n. ①设备,器材[fishing equipment 渔具]②装备,配备

equipoise ['ekwipɔiz] n. ①平衡,均衡②平衡物;平衡力

equitable ['ekwitəbl] a. 公平的,公正的/**equitably** ad.

equity ['ekwiti] n. 公平,公道

equivalent [i'kwivələnt] a. 相等的,相当的 ‖ n. 相等物/**equivalence** n.

equivocal [i'kwivəkəl] a. ①多义的;模棱两可的,含糊的②不明确的,不肯定的[an equivocal outcome 未定的结局]③可疑的,暧昧的[equivocal conduct in politics 政治上的暧昧行为]/**equivocally** ad.

equivocate [i'kwivəkeit] v. 支吾,含糊其辞/**equivocation** n.

-er [后缀]①表示"…的人";"…物"②表示"…地方的人"③表示"从事…的人"④表示"更"(构成比较级)

era [ˈiərə] n. ①纪元②时代,年代〔We have entered the era of space travel. 我们已经进入了太空旅行的时代。〕

eradicate [iˈrædikeit] v. 连根拔除,根除;消灭〔to eradicate crime 根除犯罪〕/**eradication** n.

erase [iˈreiz] v. ①擦掉,抹掉〔to erase writing 擦掉字迹 to erase a blackboard 擦黑板〕②忘掉

eraser [iˈreizə] n. 擦除器

erasure [iˈreiʒə] n. ①擦除;消除②被擦掉的字迹

ere [ɛə] prep. & conj. 在…以前〔Nor shall I leave ere sundown. 日落前我不走。〕

erect [iˈrekt] a. 直立的;垂直的〔树立,建立〔to erect a house 建起一座房子〕②使竖立〔to erect a telephone pole 竖起一个电话线杆〕/**erection** n.

ergo [ˈəːgəu] ad. & conj. 〔拉〕因此

ermine [ˈəːmin] n. 〔貂②貂皮(尤其用来制作贵族或法官的长袍)

erode [iˈrəud] v. 腐蚀;侵蚀〔Rust eroded the iron fence. 锈腐蚀了铁栅栏〕

erosion [iˈrəuʒən] n. 腐蚀;侵蚀〔the erosion of soil by water and wind 水和风对土壤的侵蚀〕

err [əː] v. ①出错;犯错误〔The speaker erred in calling Columbus a Spaniard. 讲演者错把哥伦布说成了西班牙人。〕②作恶;犯罪〔"To err is human, to forgive divine." "犯罪是人,宽恕是神。"〕

errand [ˈerənd] n. 差使

errant [ˈerənt] a. ①周游的;漂泊的〔a knight-errant 游侠〕②走入歧途的;错误的

erratic [iˈrætik] a. ①不稳定的;不规律的②古怪的,奇怪的/**erratically** ad.

erroneous [iˈrəuniəs] a. 错误的,不正确的〔an erroneous idea 一个错误的想法〕/**erroneously** ad.

error [ˈerə] n. ①错误;谬误;谬见②(棒球中的)错打

erstwhile [ˈəːsth)wail] a. 以前的,从前的〔my erstwhile friend 我以前的朋友〕

erudite [ˈeruːdait] a. 有学问的,博学的/**eruditely** ad.

erudition [ˌeruːˈdiʃən] n. 博学,博识;学识

erupt [iˈrʌpt] v. ①喷发;喷出②喷岩浆,喷水等③出疹子

eruption [iˈrʌpʃən] n. ①喷发②发疹;疹子

eruptive [iˈrʌptiv] a. 发疹的

-ery [ˈəri] [后缀]①表示"干…的场所"〔brewery 酿酒厂〕②表示"为…准备的场所"〔nunnery 女修道院〕③表示"职业","技术"〔surgery 外科手术〕④表示"…类的产品"〔pottery 陶器〕⑤表示"集体"〔crockery 陶器,瓦器〕⑥表示"状况"〔slavery 奴隶制〕

escalate [ˈeskəleit] v. ①(像乘自动传送带那样)逐步上升②升级;提高

escalator [ˈeskəleitə] n. 楼梯式传送带,电梯

escalop, escallop [isˈkɔləp] n. & v. 同 scallop

escapade [ˌeskəˈpeid] n. 恶作剧

escape [isˈkeip] v. ①逃脱;逃脱②逃避;避免〔Very few people escaped the plague. 很少有人躲过那场瘟疫。〕③漏出;流出〔Gas was escaping from the pipe. 管子漏煤气了。〕④被…忘掉〔Her name escaped me. 我记不起她的名字了。〕⑤无意发出声音〔A scream escaped from her lips. 她禁不住尖叫一声。〕‖ n. ①逃跑②逃脱③逃路;出口③泄漏④忘记

escapement [isˈkeipmənt] n. ①(钟、表等的)司行器,摆轮②(打字机上控制间隔的)棘轮装置

escarpment [isˈkɑːpmənt] n. ①悬崖②陡坡

eschew [isˈtʃuː] v. 避免,避开

escort ['eskɔːt] n. ①护卫队；护卫舰②护送者；陪同person ‖ v. 〔kɔːt〕陪同

escrow ['eskrəu] n. 由第三者保存，待条件完成后即交受让人的契据

escutcheon [is'kʌtʃən] n. 饰有纹章的盾

-ese [后缀] 表示"…国的"，"…地方的"〔Chinese 中国的〕

esophagus [i'sɔfəgəs] n. 食管

esoteric [esəu'terik] a. 奥秘的，深奥的，秘传的

especial [is'peʃəl] a. 特别的，特殊的

especially [is'peʃəli] ad. 主要；特别，尤其〔I like all fruit, but I am especially fond of pears. 我喜欢吃各种水果，尤其喜欢吃梨。〕

espionage [espiə'nɑːʒ] n. 谍报；间谍活动

espousal [is'pauzəl] n. ①拥护；赞助②〔常用复〕订婚；婚礼

espouse [is'pauz] v. ①拥护，支持〔Grandmother espoused the cause of women's rights. 祖母拥护女权运动。〕②娶

esprit ['espri] n. 精神；机智

esprit de corps ['espriːdəkɔː] 团结精神，集体精神

espy [is'pai] v. 窥见；(偶然) 看见〔Alex espied a snake half hidden in the tall grass. 亚历克斯突然看到一条蛇，蛇身的一半隐在高草中。〕

esquire [is'kwaiə] n. ①(地位次于骑士的) 绅士 ②Esquire …先生 (略作 Esq. 放在名字后)

-ess [后缀] 表示"女的"，"雌的"〔lioness 雌狮〕

essay ['esei] n. ①小品文章，随笔②尝试；企图〔e'sei〕‖ v. 试图，试做

essayist ['eseiist] n. 小品文作者，随笔作者

essence ['esns] n. ①本质，实质〔The essence of law is justice. 法律的本质是公正。〕②精华；要素③香油

essential [i'senʃəl] a. ①本质的；基本的〔Kindness was an essential part of his character. 善良是他的性格的基本部分。〕②必要，必不可少的〔It is essential for guards on duty to stay awake. 执勤的卫兵一定不能睡觉。〕‖ n. 要素，要点；必需品/**essentially** ad.

-est [后缀] (用在许多形容词和副词之后构成最高级) 表示"最"〔greatest 最伟大的〕

establish [is'tæbliʃ] v. ①使被永久性地接受；形成〔to establish a habit 形成习惯〕②使就职〔King Charles Ⅱ was established on the throne of England in 1660. 查王查尔斯二世于 1660 年登上英国王位。〕③创立，建立〔Ghana was established in 1957. 加纳成立于 1957 年。〕④证实〔The suspect was released when he established his alibi. 嫌疑犯在出示了不在犯罪现场的证据后获释放。〕

establishment [is'tæbliʃmənt] n. ①建立；设立；创办②建立的机构/**the Establishment** 幕后统治集团

estate [is'teit] n. ①财产，产业②庄园/**man's estate** 成年

esteem [is'tiːm] v. ①尊重，尊敬；珍重〔I esteem his praise above all others. 我十分珍重他的表扬。〕②认为，感到〔We esteem it an honor to be your guest. 能到您这做客，我们感到十分荣幸。〕‖ n. 尊重，尊敬〔to hold someone in high esteem 十分尊重某人〕

ester ['estə] n. 酯

esthetic [iːs'θetik] a. 同 aesthetic

estimable ['estiməbl] a. 值得尊重的，好的

estimate ['estimeit] n. 估计；估量；预算〔He estimated the size of the audience to be 500. 他预计观众的人数是五百。〕‖ ['estimit] n. ①估计；预算〔An estimate of $ 50 to repair your car. 修你的车估价是五十美元。〕②看法；判断〔Was this a good book in your estimate? 您认为这是本好书吗？〕

estimation [ˌesti'meiʃən] n. ①估计；预算②尊重，尊敬

estrange [is'treindʒ] v. 使疏远，使远离 [She has estranged her friends by gossiping. 她因讲闲话使她的朋友们疏远了。] /**estrangement** n.

estuary ['estjuəri] n. 港湾，河口湾 /**estuaries** [复]

-et [后缀] 表示"小" [eaglet 小鹰]

etc. 拉丁文 et cetera 的缩写

et cetera [it'setrə] [拉] 等等，以及其它

etch [etʃ] v. 蚀刻(图案)；浸蚀(金属版等)

etching ['etʃiŋ] n. ①蚀刻画②蚀刻版印刷画③蚀刻法

eternal [i:'tə:nl] a. ①永久的；永恒的②无休止的；不停的 ③永远不变的，永恒的/**the Eternal** 上帝/**eternally** ad.

eternity [i:'tə:niti] n. ①永恒；无穷②(似乎)无终止的一段时间③来生，来世

-eth 见-th

ether ['i:θə] n. ①乙醚②[物]以太，能媒③[诗]天空，苍天

ethereal [i:'θiəriəl] a. ①飘渺的，轻飘的 [ethereal music 飘渺的音乐] ②非人间的，天上的

ethical ['eθikəl] a. ①伦理学的；伦理的；道德的②合乎道德的/**ethically** ad.

ethics ['eθiks] n. ①(用作单数)伦理学；道德学②伦理观，道德标准

ethnic ['eθnik] a. 种族的，民族的

ethnology [eθ'nɔlədʒi] n. 人种学，民族学/**ethnological** [ˌeθnə'lɔdʒikəl] a./**ethnologist** n.

etiquette [ˌeti'ket] n. 礼节，礼仪

-ette [后缀] ①表示"小" [kitchenette 小厨房] ②表示"女性" [drum majorette 军队中的女鼓手长] ③表示"替代的" [leatherette 人造革]

etude [ei'tju:d] n. 练习曲

etymology [ˌeti'mɔlədʒi] n. ①词源，语源②词源学，语源学/**etymological** [ˌetimə'lɔdʒikəl] a.

eu- [前缀] 表示"良好"；"优美" [euphony 悦耳的声音]

eucalyptus [ˌju:kə'liptəs] n. 桉树属植物/**eucalyptuses**, **eucalypti** [ˌju:kə'liptai]

Eucharist ['ju:kərist] n. ①圣餐②圣餐中用的面包和酒/**Eucharistic** a.

eugenics [ju:'dʒeniks] n. [用作单数] 优生学/**eugenic** a.

eulogize ['ju:lədʒaiz] v. 颂扬，赞颂/**eulogistic** a.

eulogy ['ju:lədʒi] n. 颂词，颂文

eunuch ['ju:nək] n. 宦官，太监

euphemism ['ju:fimizəm] n. ①委婉语；婉词②委婉法/**euphemistic** a.

euphony ['ju:fəni] n. 悦耳的声音/**euphonious** [ju:'fəunjəs] a.

Europe ['juərəp] n. 欧洲

European [ˌjuərə'pi:ən] a. 欧洲的；欧洲人的‖n. 欧洲人

Eustachian tube [ju:s'teifjən] [解] 耳咽管

evacuate [i'vækjueit] v. ①使撤离；抽掉 [to evacuate troops from a region 把部队从某地区撤走 to evacuate air from a jar 将空气从坛子里抽出] ②撤离，离开 [Evacuate the building in case of fire. 一旦发生火灾就撤离大楼。] ③使…空；搬空 [to evacuate the stomach 排空胃里的东西] /**evacuation** n.

evade [i'veid] v. 逃避；躲避 [The fullback evaded the tackler by dodging. 后卫队员一闪晃过了截球队员。 Jones was fined for evading the payment of his taxes. 琼斯因逃税而被罚款。]

evaluate [i'væljueit] v. 把…估值；评价 [Critics evaluate the new books as they are published. 新书出版后，评论家们对它们作出评价。] /**evaluation** n.

evanescent [ˌi:və'nesnt] a. 很快消失的；短暂的/**evanescence** n.

evangelical [ˌi:væn'dʒelikəl] a. ①福音的②福音派新教会的

evangelism [i'vændʒilizəm] n. 福音传道

evangelist [i'vændʒilist] n.① 福音传教士② Evangelist 福音书的作者/**evangelistic** a.

evaporate [i'væpəreit] v.① 使蒸发〔Heat evaporates water. 热使水蒸发。The perfume in the bottle has evaporated. 瓶里的香水蒸发掉了。〕② 消失〔His courage evaporated when he saw the lion. 当他见到狮子时，勇气失去了。〕③ 使脱水，除去…的水〔to evaporate milk 炼乳〕/**evaporation** n.

evasion [i'veiʒən] n. 逃避，回避

evasive [i'veisiv] a. 逃避的；推诿的/**evasively** ad.

eve [i:v] n.①（节日的）前夜，前夕〔Christmas Eve 圣诞节前夕〕②（某事发生的）前夕〔on the eve of victory 胜利前夕〕③ [诗] 傍晚

even¹ [ˈiːvən] a.① 平的；平滑的② 平稳的，均匀的③ 齐的；同样高的④ 双数的，偶的⑤ 相等的，平均的⑥ 对等的，互不欠的⑦ 平静的，不易激动的⑧ 恰好的，整整的 ‖ ad.①（用来加强语气）甚至（…也），连（…都）〔Even a child could do it. 连小孩都能干。He didn't even look. 他连看都没看。〕② 甚至更（an even better meal 更好的一顿饭）③ 恰好，刚刚〔He hurt himself even as I had said he would. 我刚说完他会受伤，他就受伤了。〕④ 与此同时，正当〔Even as he spoke，the bell rang. 他正说着话铃响了。〕 ‖ v. 使平坦；使平〔Even off the ends of the logs. 把圆木两端削平。〕/**even if** 即使，纵然/**get even with** 报复/**evenly** ad./**evenness** n.

even² [ˈiːvən] n. [诗] 傍晚

evening [ˈiːvniŋ] n. 傍晚，晚上

evening star 晚星（尤指金星）

event [i'vent] n.① 事件，大事② 比赛项目③ 结果，后果/**in any event** 无论怎样/**in the event of** 如果…发生

eventful [i'ventful] a.① 多事的，充满大事的② 重要的，重大的

eventide [ˈiːtaid] n. [诗] 傍晚，黄昏

eventual [i'ventjuəl] a. 最后的，结局的

eventuality [i,ventju'æliti] n. 可能发生的事，不测事件/**eventualities** [复]

eventually [i'ventjuəli] ad. 终于，最后〔We eventually became friends. 我们最后成了朋友。〕

ever [ˈevə] ad.① 在任何时候〔Have you ever seen a falling star? 你曾经见过流星吗？〕② 老是，总是〔They lived happily ever after. 从那以后他们一直幸福地生活〕③（用来加强语气）究竟，到底〔How ever did you cut yourself? 你到底是怎么把自己割破的？〕/**ever so** [口语] 非常

everglade [ˈevəgleid] n. 沼泽地/**the Everglades** 美国佛罗里达州南部大沼泽地

evergreen [ˈevəgriːn] a. 常绿的，常青的 ‖ n. 常青树；常青植物

everlasting [,evə'lɑːstiŋ] a.① 永久的，无穷尽的② 冗长的，没完没了的/**the Everlasting** 上帝

evermore [,evə'mɔː] ad. 永远，始终〔Promise that you will evermore be true. 你要保证永远真诚。〕/**for evermore** 永远地

every [ˈevri] a.① 每一的，每个的② 一切的，全部的③ 每隔…的/**every other** 每隔/**every now and then，every so often** [口] 时常，不时

everybody [ˈevribɔdi] pron. 每人，人人〔Everybody loves a good story. 人都喜欢好小说。〕

everyday [ˈevridei] a.① 每日的② 日常的；平常的

everyone [ˈevriwʌn] pron. 每人，人人

every one（已知的人或物当中的）每一个〔I told every one of the boys. 我告诉了每一个男孩。〕

everything [ˈevriθiŋ] pron.① 每件事，事事；每件东西〔Did you remember to bring everything to the picnic? 你记得要带上野餐用的每件东西吗？〕② 最重要的事物〔Money is everything to him. 对他来

说钱是最重要的.〕

everywhere 〔'evrihwɛə〕ad. 处处,到处〔I see happy faces everywhere. 我处处见到幸福的笑脸.〕

evict 〔i:'vikt〕v. 驱逐,赶出/**eviction** n.

evidence 〔'evidəns〕n. 证据‖v. 使明显,显示/**in evidence** 明显的,显而易见的

evident 〔'evidənt〕a. 明显的;明白的/**evidently** ad.

evil 〔i:vl〕a.①坏的,邪恶的②不幸的;有害的‖n.①邪恶,罪恶②不幸;痛苦/**evilly** ad.

evildoer 〔'i:vldu:ə〕n. 坏人,作恶的人

evil-minded 〔'i:vl'maindid〕a. 狠心的;恶毒的

evince 〔i'vins〕v. 表明,显示〔His smile evinced his pleasure. 他的微笑显示了他的快乐.〕

evoke 〔i'vəuk〕v. 引起,唤起〔Those cookies evoke memories of my childhood. 这些小甜饼唤起了我童年的回忆.〕

evolution 〔i:və'lu:ʃən〕n.①渐进;演变,发展②进化,演化③规定的动作/**evolutionary** a.

evolve 〔i'vɔlv〕v. 使发展;使进化〔to evolve a new theory 发展一种新理论〕

ewe 〔ju:〕n. 母羊

ewer 〔'ju:ə〕n. 大水壶,水罐

ex- 〔前缀〕①表示"出自","向外","超过"〔exhale 呼气 exceed 超过〕②表示"前…","前任的"〔ex-judge 前任法官〕

exact 〔ig'zækt〕a.①正确的,准确的,精确的②严格的;严厉的‖v. 要求,强求〔to exact a high fee 索要高额费用 to exact obedience 强使人服从〕/**exactness** n.

exacting 〔ig'zæktiŋ〕a.①苛求的,严格的②要求条件高的;艰难的

exaction 〔ig'zækʃən〕n.①强求;勒索②强索的费用,苛捐杂税

exactitude 〔ig'zæktitju:d〕n. 正确性;精确性

exactly 〔ig'zæktli〕ad.①确切地,精确地〔Do exactly as I say. 就按我说的去做.〕②确实如此(表示赞同地回答)

exaggerate 〔ig'zædʒəreit〕v. 夸张,夸大〔He exaggerated his illness in order to get sympathy. 他夸大病情以获得同情.〕/**exaggeration** n.

exalt 〔ig'zɔ:lt〕v.①赞扬,赞颂〔to exalt God 赞颂上帝〕②提升,提拔③使喜悦;使得意〔We were exalted by the music. 音乐使我们振奋.〕

exaltation 〔ˌegzɔ:l'teiʃən〕n.①提高,提拔②兴奋;得意

exam 〔ig'zæm〕n.〔口〕同 examination

examination 〔igˌzæmi'neiʃən〕n.①观察,检查②考试

examine 〔ig'zæmin〕v.①观察;诊查〔to examine the sky for signs of rain 观察天空来寻找下雨的迹象 to examine a sick patient 为病人诊查〕②查问;对…进行考试〔to examine a witness in court 在法庭上查问证人〕/**examiner** n.

example 〔ig'zɑ:mpl〕n.①例子,实例②榜样;样本/做成/**set an example** 树立榜样

exasperate 〔ig'zɑ:spəreit〕v. 激怒;使气恼〔Such carelessness is enough to exasperate anyone. 如此的粗心足可以使任何人恼怒.〕/**exasperation** n.

excavate 〔'ekskəveit〕v.①开凿,挖掘〔to excavate a hill in building a tunnel 在山下挖掘隧道〕②挖成〔to excavate the basement for a house 挖出基底盖房子〕③挖出(矿砂,泥土)〔to excavate a ton of earth 挖出一吨土〕④发掘〔to excavate the ruins of a temple 发掘一个寺庙的遗址〕/**excavator** n.

excavation 〔ˌekskə'veiʃən〕n.①开凿;挖掘;发掘②坑,洞

exceed 〔ik'si:d〕v.①超出,越出〔You have exceeded your authority. 你已经越权了.〕②超过;胜过〔The scenery of Alaska exceeded our hopes. 阿拉斯加的风景比我们希望得还好.〕

exceeding 〔ik'si:diŋ〕a. 超常的;极度

的

exceedingly 〔ik'si:diŋli〕 ad. 非常；极端地〔He is exceedingly rich. 他极富有。〕

excel 〔ik'sel〕 v. 胜过；优于〔Rudy excels us all at chess. 鲁迪棋下得比我们都强。〕

excellence 〔'eksələns〕 n. 杰出，优秀

Excellency 〔'eksələnsi〕 n. 阁下（对大使、主教、总督等的尊称）

excellent 〔'eksələnt〕 a. 优秀的，杰出的/**excellently** ad.

excelsior 〔ek'selsiə〕 ad. & interj. 〔拉〕更高些，更向上 ‖ n. 木丝，细刨花

except 〔ik'sept〕 prep. 除…之外〔Everyone except Anne went home. 除安妮以外大家都回家了。〕‖ v. 把…除外；不计〔He excepted Jones from his criticism. 他惟独没有批评琼斯。〕‖ conj. 〔罕〕除非

excepting 〔ik'septiŋ〕prep. 除…外

exception 〔ik'sepʃən〕 n. ①例外，除外②例外的事物/**take exception** 反对；表示异议

exceptional 〔ik'sepʃənl〕 a. 例外的；罕见的；特殊的；特别好的/**exceptionally** ad.

excerpt 〔'eksə:pt〕 n. 摘录，节录 ‖ 〔ek'sə:pt〕摘选

excess 〔ik'ses〕 n. ①超过，过多②过量，过剩 ‖ a. 过量的，额外的/**in excess of** 超过/**to excess** 过度，过分〔to eat too excess 吃得过多

excessive 〔ik'sesiv〕 a. 过多的，过分的/**excessively** ad.

exchange 〔iks'tʃeindʒ〕 v. ①交换，交易〔He exchanged the bicycle for a larger one. 他把自行车换成一辆大的。〕②互换；交流〔Jane and I always exchange birthday cards. 我和简经常互换生日贺卡。〕‖ n. ①交换，交易②互换；交流③交易所④电话局，总机

exchequer 〔iks'tʃekə〕 n. ①国库；金库②Exchequer 英国财政部

excise[1] 〔ik'saiz〕 n. 货物税

excise[2] 〔ek'saiz〕 v. 切去，割去〔The surgeon excised the tumor with no difficulty. 外科医生很容易地切除了肿瘤。〕

excision 〔ek'siʒən〕 n. 切除，删除

excitable 〔ik'saitəbl〕 a. 易兴奋的，易激动的/**excitability** n.

excite 〔ik'sait〕 v. ①激发，激励；刺激〔Tapping on the hive excited the bees. 敲打蜂箱使蜜蜂骚动起来。〕②唤起；引起〔The child's tears excited our pity. 那孩子的眼泪唤起了我们的怜悯之心。〕③使兴奋，使激动〔The news of Lindbergh's flight excited the country. 林德伯格飞行的消息使全国为之兴奋。〕

excited 〔ik'saitid〕 a. 兴奋的，激昂的/**excitedly** ad.

excitement 〔ik'saitmənt〕 n. ①兴奋，激动；骚动②刺激的事物

exciting 〔ik'saitiŋ〕 a. 令人兴奋的，使人激动的

exclaim 〔iks'kleim〕 v. 呼喊，惊叫；大声喊〔"She's falling!" he exclaimed. "她要摔倒了!" 他喊道。〕

exclamation 〔,eksklə'meiʃən〕 n. ①呼喊，惊叫②感叹词；感叹语

exclamation mark, exclamation point 感叹号，惊叹号(!)

exclamatory 〔eks'klæmətəri〕 a. 叫喊的；感叹的，惊叹的

exclude 〔iks'klu:d〕 v. 把…排除在外；排除；拒绝接纳〔They excluded John from their club. 他们拒绝约翰成为他们俱乐部的成员。Don't exclude the possibility of an error in the date. 别排除日期搞错的可能性。〕

exclusion 〔iks'klu:ʒən〕 n. 排除，排斥

exclusive 〔iks'klu:siv〕 a. ①专有的，独占的；惟一的②排外的；不大众化的③全部的，专一的/**exclusive of** 除，不计算…在内〔How long is the school year, exclusive of holidays? 不算假日，一学年有多长时间?〕/**exclusively** ad.

excommunicate 〔,ekskə'mju:nikeit〕

v. 开除…的教籍；把…逐出教会/**ex-communication** *n.*

excrement ['ekskrimənt] *n.* 粪便

excrescence [iks'kresns] *n.* 赘生物；赘疣

excrete [eks'kri:t] *v.* 排泄；分泌

excretion [eks'kri:ʃən] *n.* ①排泄；分泌 ②排泄物

excruciating [iks'kru:ʃieitiŋ] *a.* 造成剧痛的；极痛苦的；难以忍受的

excursion [iks'kə:ʃən] *n.* ①短途旅行 ②(乘公共汽车、火车等的)游览

excusable [iks'kju:zəbl] *a.* 可原谅的

excuse [iks'kju:z] *v.* ①成…的理由；为…辩解〔That was a selfish act that nothing will excuse. 那是自私的行为，完全没有理由可言。〕②原谅〔Please excuse my interrupting you. 请原谅，打扰了。〕③给…免去〔The busy teacher was excused from serving the jury. 那位繁忙的教师被同意不参加陪审团。〕④同意…离开〔You may be excused from the table. 你可以离开餐桌了。〕‖ *n.* [iks'kju:s] ①理由，辩解 ②免去③托词，借口

execrable ['eksikrəbl] *a.* 可憎的；讨厌的；恶劣的/**execrably** *ad.*

execrate ['eksikreit] *v.* ①痛骂；咒骂 ②憎恶，嫌恶/**execration** *n.*

execute ['eksikju:t] *v.* ①实施；履行；演奏〔to execute a plan 实施一项计划 to execute a difficult piece of music on the piano 在钢琴上弹奏一首难度大的曲子〕②执行〔The President promises to execute the law passed by the Congress. 总统保证要执行议会通过的法律。〕③处…以死刑，处死〔to execute a criminal 处决罪犯〕④作成，制成(艺术品等)〔to execute a statue 制成塑像〕

execution [,eksi'kju:ʃən] *n.* ①实行；实施；执行，履行 ②处死刑 ③手法；技巧；演奏④生效，合法；签署

executioner [,eksi'kju:ʃənə] *n.* 刽子手；死刑执行者

executive [ig'zekjutiv] *n.* ①行政人员；执行者 ②行政长官 ‖ *a.* ①行政的；善于执行的 ②有行政权力和责任的

executor [ig'zekjutə] *n.* 指定的遗嘱执行人

exemplary [ig'zempləri] *a.* ①模范的，值得模仿的 ②警戒性的；惩戒性的

exemplify [ig'zemplifai] *v.* 举例说明；作为…的例子(榜样)/**exemplification** [ig,zemplifi'keiʃən] *n.*

exempt [ig'zempt] *v.* 豁免，免除〔He was exempted from military service because of his age. 他因年龄大而免服兵役。〕‖ *a.* 被免除的，被豁免的

exemption [ig'zempʃən] *n.* ①免除，豁免 ②免税(尤指部分所得税)

exercise ['eksəsaiz] *n.* ①行使，运用 ②锻炼，运动③[常用复数]体操④练习，习题，功课〔piano exercises 钢琴练习曲〕⑤[复]典礼；仪式 ‖ *v.* ①使用；实行〔Exercise caution in driving. 驾驶时必须谨慎。〕②训练；锻炼〔Exercise your weak ankle. 你要锻炼无力的踝节部。 I exercise every morning. 我每天早晨锻炼身体。〕

exert [ig'zə:t] *v.* 行使；运用；使用〔Exert your will. 使出干劲。〕/**exert oneself** 努力，尽力

exertion [ig'zə:ʃən] *n.* ①行使，使用 ②努力，尽力

exhale [eks'heil] *v.* ①呼出；呼气〔Take a deep breath and then exhale. 深吸一口气，然后呼出。〕② 散发；蒸发/**exhalation** [,ekshə'leiʃən] *n.*

exhaust [ig'zɔ:st] *v.* ①用完；耗尽；竭尽〔I've exhausted my patience. 我已忍无可忍。〕②排空；放干；抽干〔The leak exhausted the gas tank. 煤气罐漏光了。〕③使精疲力尽〔Tennis exhausts her. 打网球使她精疲力尽。〕④详尽无遗地论述(或研究)〔to exhaust a subject 对一个题目作详尽的论述〕‖ *n.* ①排出的气 ②排出；排气 ③排气管

exhaustion [ig'zɔ:stʃən] *n.* ①耗尽；排气 ②精疲力尽

exhaustive [ig'zɔ:stiv] *a.* 耗尽的；彻底

的，详尽无遗的

exhibit [ig'zibit] v. ①展览，展出[to exhibit a stamp collection 展出收集的邮票]②表示，显示[Such an act exhibits great courage. 这样的行动显示出极大的勇气。] ‖ n. ①展览品，陈列品②证据，物证

exhibition [ˌeksi'biʃən] n. ①展览，表演②展览会

exhibitionist [ˌeksi'biʃənist] n. 好出风头者

exhibitor, exhibiter [ig'zibitə] n. 展出者，参展人

exhilarate [ig'ziləreit] v. 使高兴，使活跃/**exhilaration** n.

exhort [ig'zɔ:t] v. 激励，规劝[He exhorted us to try harder. 他勉励我们要更加努力。]/**exhortation** n.

exhume [eks'hju:m] v. (从墓内)掘出

exigency ['eksidʒənsi] n. 急事；紧急，危急/**exigencies**[复]

exile ['eksail] v. 流放，放逐 ‖ n. ①流放，放逐②被流放者

exist [ig'zist] v. ①有，存在[The unicorn never really existed. 从未有过身体像马的独角兽。]②具有，具备[to find the qualities that exist in a person 某人所具有的素质]③生活，生存[Fish can't exist long out of water. 鱼离开水活不多久。]

existence [ig'zistəns] n. ①存在，存在状态②存在物；实体 ③生活/**existent** a.

exit ['egzit, 'eksit] n. ①出口；通道；安全门②出去；离去③(演员)的退场

exonerate [ig'zɔnəreit] v. 证明…无罪，宣布…清白[The prisoner was exonerated by the testimony of two witnesses. 由于两位证人的证词，这位刑事被告被证明无罪。]/**exoneration** n.

exorbitant [ig'zɔ:bitənt] a. 太高的，太多的；不公平的/**exorbitance** n.

exorcise, exorcize ['eksɔ:saiz] v. 废除，驱妖

exotic [eg'zɔtik] a. 奇异的，异乎寻常的，异国情调的/**exotically** ad.

expand [iks'pænd] v. ①使扩张，使膨胀；展开，扩大[Take a deep breath to expand your chest. 深吸一口气使胸腔扩张。The peacock expanded his tail. 孔雀开屏了。]②详谈，扩展[to expand an idea into a short story 将一个想法扩展成短篇小说]

expanse [iks'pæns] n. 广阔；浩瀚

expansion [iks'pænʃən] n. ①扩大，膨胀②扩大物；扩大部分

expansive [iks'pænsiv] a. ①扩张的，膨胀的②广阔的，浩瀚的③开朗的；豪爽的；滔滔不绝的

expatiate [eks'peiʃieit] v. 细说；详述[to expatiate on a subject 详细阐述一个题目]

expatriate [eks'pætrieit] v. 把…逐出国外，流放 ‖ n. [eks'pætriit] 被流放的人；移居国外的人/**expatriation** n.

expect [iks'pekt] v. ①期待，盼望[I expect to hear from Mary soon. 我盼望着不久能收到玛丽的信。]②期望，指望[Some parents expect too much of their children. 有些父母对孩子寄予的希望太高。]③[口]猜想，料想

expectancy [iks'pektənsi] n. ①期待，盼望②期望的事物

expectant [iks'pektənt] a. 期待的；期望的/**expectantly** ad.

expectation [ˌekspek'teiʃən] n. ①期望；盼望②[常用复数]期望的事；盼望的事

expectorate [eks'pektəreit] v. 吐痰/**expectoration** n.

expediency [iks'pi:djənsi] n. ①便利，方便②(出于私利的)权宜之计/**expediencies**[复]

expedient [iks'pi:djənt] a. ①得策的，得计的；便利的②出于私利的 ‖ n. 紧急的手段(作法)/**expediently** ad.

expedite ['ekspidait] v. 加快，促进[We can expedite the loading by adding two men to the crew. 在装卸队中加两个人可以加快装货速度。]/**expediter** n.

expedition [ˌekspi'diʃən] n. ①远征；探险②远征队；探险队 ③迅速，敏捷

expeditionary [ˌekspi'diʃənəri] a. 远征的；探险的

expeditious [ˌekspi'diʃəs] a. 迅速的，敏捷的；高效的

expel [iks'pel] v. ①排出；弹射 [This gun automatically expels the cartridges. 这种枪自动将子弹上膛。]②驱逐；开除 [Bruce was expelled from school for stealing. 布鲁斯因偷窃被开除学籍。]

expend [iks'pend] v. 花费，用尽

expendable [iks'pendəbl] a. 可消费的，可消耗的；值得牺牲的

expenditure [iks'penditʃə] n. ①消费，花费；耗尽②支出额，消费额；经费

expense [iks'pens] n. ①花费，消费②[常用复数]开支，经费③费钱之物④损失，代价

expensive [iks'pensiv] a. 花钱多的，高价的，昂贵的/**expensively** ad.

experience [iks'piəriəns] n. ①经验②经历，阅历③(实践中学到的)技能，熟练

experienced [iks'piəriənst] a. 有经验的，熟练的，老练的

experiment [iks'perimənt] n. 实验，试验‖ v. 进行实验(或试验)/**experimentation** [eks,perimən'teiʃən] n.

experimental [eks,peri'mentl] a. ①根据实验的，试验的②试验性的，尝试的/**experimentally** ad.

expert ['ekspəːt] a. ①熟练的，老练的，有经验的②专家的，内行的‖ n. 专家；内行；权威人士

expertise [ˌekspəˈtiːz] n. 专门知识，专长

expiate ['ekspieit] v. 抵偿，补偿；赎 [He expiated his sins by doing good work. 他通过好好工作来赎罪。]/**expiation** n.

expiration [ˌekspaiə'reiʃən] n. ①满期，届期，告终②呼气，吐气

expire [iks'paiə] v. ①期满；终止，结束 [Our lease expires next month. 我们的租约下个月期满。]②死亡③呼气，吐气

explain [iks'plein] v. ①说明，阐明，讲解 [The coach will explain the new play. 教练将说明这种新玩法。]②解释 [The teacher explained the story. 教师解释了这个故事。]③说明…的原因，为…辩解 [Can you explain your absence? 你能说明缺席的原因吗？]

explanation [ˌeksplə'neiʃən] n. ①阐明，说明②原因③解释

explanatory [iks'plænətəri] a. 解释的，说明的

expletive [eks'pliːtiv] n. ①语助词，虚词②惊叹词

explicit [iks'plisit] a. 明晰的，清楚的，明确的/**explicitly** ad.

explode [iks'pləud] v. ①爆炸；使爆破；破裂 [The firecracker exploded. 爆竹爆炸了。The engineer exploded the dynamite. 工程师把炸药引爆了。]②破除；戳穿 [Science has helped to explode many superstitions. 科学在破除许多迷信方面起了作用。]③突发，爆发 [He exploded with anger. 他勃然大怒。]

exploit ['eksplɔit] n. 英勇的行为‖ v. [iks'plɔit] ①开发，利用 [to exploit the water power of a river 开发河水能源]②利用…而自肥；剥削 [Talented children are sometimes exploited by their parents. 有天赋的孩子有时被他们的父母所利用。]/**exploitation** n.

explore [iks'plɔː] v. ①勘探；在…探险 [to explore a wild jungle 勘探无人迹的森林]②探究，探索；钻研 [to explore a problem 钻研一个问题]/**exploration** n./**explorer** n.

explosion [iks'pləuʒən] n. ①爆炸，炸裂②爆发，迸发

explosive [iks'pləusiv] a. ①爆炸性的，可爆炸的②爆炸般的‖ n. 爆炸物，炸药

exponent [eks'pəunənt] n. ①阐述者，说明者；讲解人②典型；标本；例子

export [eks'pɔːt] v. 出口‖ ['ekspɔːt] n. ①出口，输出②出口物，输出品/**expor-**

tation n. /**exporter** n.

expose [iks'pəuz] v. ①使遭受，使面临〔By playing with Billy, the children have all been exposed to the measles. 由于和比利一起玩，孩子们都有传染上麻疹的危险。〕②使暴露，使露出〔Copper that is exposed to the weather will turn green. 放在露天下的铜会变绿。〕③外露，展示，展览〔He removed the bandage and exposed the wound. 他拿掉纱布，露出伤口。〕④揭露，揭发〔to expose a crime 揭露一个罪行〕⑤使曝光

exposition [ˌekspə'ziʃn] n. ①展览会，博览会②说明，讲解；评注

expositor [eks'pɔzitə] n. 说明者，讲解者

expository [eks'pɔzitəri] a. 解释的，说明的

expostulate [iks'pɔstjuleit] v. 规劝，忠告；争辩〔The players expostulate in vain with the umpire. 运动员们与裁判争辩，但毫无用处。〕/**expostulation** n.

exposure [iks'pəuʒə] n. ①曝露，暴露；揭露②（表状态的）曝露；暴露③方向，方位④暴露的时间问题，软片，摄

expound [iks'paund] v. 详细阐述〔to expound a theory 详述一个理论〕

express [iks'pres] v. ①表达，表白〔It is hard to express my meaning. 我的意思很难表达。〕②表示〔His frown expressed doubt. 他皱起眉头，表明他怀疑。〕③快速邮递 ‖ a. ①明白的，明确的②特快的，快的③用于快速驾驶的 ‖ n. ①快车（火车或公共汽车）②快速邮递业务③快速邮递的物品 ‖ ad. 以快速方式〔The package came express. 这个包裹是以快件来的。〕/**express oneself** 表达自己的思想或情感

expression [iks'preʃn] n. ①表达，表示②表达方式，表现方式③词句，措词④表现，流露⑤表情；脸色

expressive [iks'presiv] a. ①表现的，表达…的②富于情感的，意味深长的

expressly [iks'presli] ad. ①明白地，明

确地〔I told you expressly not to go. 我明确告诉你不要去。〕②特意地，特地；为了〔Sarah went to college expressly to become a nurse. 萨拉上大学就是为了当护士。〕

expressway [iks'preswei] n. 高速公路

expulsion [iks'pʌlʃən] n. 驱逐；排除；开除

expunge [eks'pʌndʒ] v. 删去；除去；勾销〔to expunge a word from a sentence 从一个句子中删去一个字〕

expurgate ['ekspəgeit] v. 删除…中的不妥词句，修订〔to expurgate a book 修订一本书〕

exquisite ['ekskwizit] a. ①精致的，精巧的②精美的，优美的③高质量的；卓越的④剧烈的，极度的/**exquisitely** ad.

extant [eks'tænt] a. 尚存的，未遗失的

extemporaneous [eks,tempə'reinjəs] a. 即席的，当场无准备的

extend [iks'tend] v. ①延长，伸长〔Careful cleaning extends the life of a rug. 认真清扫会延长地毯的使用寿命。〕②伸展，延续〔The fence extends along the meadow. 栅栏在草地上延伸。〕③扩大，扩展〔to extend one's power 扩大某人的权势〕④致；提供〔May I extend congratulations to the bride? 我可以向新娘致贺吗？〕⑤伸出，伸出〔Extend your arm for the vaccination. 伸出胳膊接种牛痘疫苗。〕/**extended** a.

extension [iks'tenʃən] n. ①伸长，扩展②扩大的部分；附加部分③电话分机

extensive [iks'tensiv] a. ①广大的；广阔的②广泛的，大规模的/**extensively** ad.

extent [iks'tent] n. ①范围②程度，限度③一大片（地区）

extenuate [eks'tenjueit] v. （用偏袒的辩解或借口）减轻/**extenuation** n.

exterior [eks'tiəriə] a. ①外部的；外面的②外来的 ‖ n. 外部，外表

exterminate [eks'tə:mineit] v. 根除，灭

绝;消灭/**extermination** n./**exterminator** n.

external [eks'tə:nl] a. ①外部的,在外的②外用的,体外的③外来的④表面的,形式上的⑤对外的;外国的 ‖ n. 外部事物;外表/**externally** ad.

extinct [iks'tiŋkt] a. ①绝种的,灭绝的②熄灭的,消灭的

extinction [iks'tiŋkʃən] n. ①绝种,灭绝②取消;消除③熄灭,扑灭

extinguish [iks'tiŋgwiʃ] v. ①熄灭,扑灭[to extinguish a fire or light 熄灭一场火或一盏灯]②消灭,毁灭[to extinguish all hopes 毁灭一切希望]

extinguisher [iks'tiŋgwiʃə] n. 灭火者;灭火人

extirpate ['ekstə:peit] v. ①根除②消灭,灭绝;破除[to extirpate prejudice 破除偏见]/**extirpation** n.

extol, extoll [iks'tɔl] v. 赞美,赞扬

extort [iks'tɔ:t] v. 敲诈,勒索,强取

extortion [iks'tɔ:ʃən] n. ①敲诈;勒索②被敲诈的财物/**extortionist** n.

extortionate [iks'tɔ:ʃənit] a. 敲诈的;强求的;过分昂贵的

extra ['ekstrə] a. 额外的,外加的;另收费的 ‖ n. ①额外的人;额外的东西,外加费用②(报纸的)号外③临时演员 ‖ ad. 特别地,格外地[Today's meeting was an extra long one. 今天的会议时间特别长。]

extract v. ①拔出;抽出[to extract a tooth 拔牙 to extract a promise 迫使作出承诺]②榨出;提取[to extract orange juice 榨桔子汁]③引出;推断出[to extract the meaning of a remark 推断出一个符号的意思]④摘录;精选 ‖ n. ['ekstrækt]①精华;汁②摘录;选录

extraction [iks'trækʃən] n. ①拔出;榨出;取出②血统;出身

extracurricular ['ekstrəkə'rikjulə] a. 课外的

extradite ['ekstrədait] v. 引渡(罪犯等)/**extradition** [,ekstrə'diʃən] n.

extraneous [eks'treinjəs] a. 外部的;

外来的,新异的

extraordinary [iks'trɔ:dinəri] a. 非常的;非凡的;离奇的,使人惊奇的/**extraordinarily** ad.

extravagant [iks'trævigənt] a. ①奢侈的;浪费的②过度的,过分的/**extravagance** n./**extravagantly** ad.

extreme [iks'tri:m] a. ①极度的,极端的②末端的,尽头的③激进的;激烈的 ‖ n. 极端;极端不同的事物/**go to extremes** 走极端

extremist [iks'tri:mist] n. 极端主义者;过激分子

extremity [iks'tremiti] n. ①末端,终极②[复]四肢,手足③极度,极端④绝境⑤非常手段;激烈措施

extricate ['ekstrikeit] v. 使脱离;使解脱;解救[The boy tried to extricate his foot from the crevice. 这个男孩试图将脚从裂缝里拔出来。]/**extrication** n.

extrinsic [eks'trinsik] a. 非固有的;非本质的;外部的,外表的

extrovert ['ekstrəuvə:t] n. 外向性格的人

exuberant [ig'zju:bərənt] a. ①充满活力的,精神旺盛的;心情舒畅的②繁茂的,茂盛的/**exuberance** n.

exude [ig'zju:d] v. 渗出;流出[Maple trees exude sap in the spring. 枫树在春天渗出树液。]

exult [ig'zʌlt] v. 狂喜;欢跃[to exult in victory 为胜利而欢欣鼓舞]

exultant [ig'zʌltənt] a. 狂喜的;欢欣鼓舞的;得意的

exultation [,egzʌl'teiʃən] n. 狂喜;欢跃;得意

eye [ai] n. ①眼睛②虹膜③视力④看,瞧⑤观察力⑥[常用复数]观点;判断⑦眼状物;孔 ‖ v. 看;注视[She looked at the stranger suspiciously. 她怀疑地注视着这个陌生人。]/**catch one's eye** 引某人注目/**feast one's eyes on** 看着…以饱眼福/**have an eye for** 能看出,能鉴赏/**keep an eye on** 照看;密切注视着/**lay eyes on, set eyes**

on 看见,瞧着/**make eyes at** 向…送秋波/**open one's eyes** 使某人看清…/**see eye to eye** 看法完全一致/**shut one's eyes to** 闭眼不看;不愿去想

eyeball ['aibɔːl] v. 眼球

eyebrow ['aibrau] n. 眉;眉毛

eyeglass ['aiglɑːs] n. ①眼镜片②[复]眼镜

eyelash ['ailæʃ] n. 睫毛

eyeless ['ailis] a. 没有眼睛的;瞎的

eyelet ['ailit] n. ①小孔,小眼②(孔眼的)锁缝,铁环

eyelid ['ailid] n. 眼睑

eyepiece [aipiːs] n. (望远镜、显微镜中的)目镜

eyesight ['aisait] n. ①视力②视力范围

eyesore ['aisɔː] n. 丑的东西;刺眼的东西

eyestrain ['aistrein] n. 眼疲劳

eyetooth ['aituːθ] n. 上颚犬牙/**eyeteeth**[复]

eyewitness ['aiwitnis] n. 目击者;见证人

E

𝓕 𝑓 **F** f

F,f 〔ef〕英语的第六个字母/**F's,f's**〔efs〕〔复〕

fable 〔'feibl〕n. 寓言②虚构的故事

fabled 〔'feibld〕a. 寓言中的；虚构的

fabric 〔'fæbrik〕n. ①织物,织品②构造物;结构;组织〔the fabric of a poet's writing 诗人的诗集〕

fabricate 〔'fæbrikeit〕v. ①制作;装配;生产②捏造;伪造〔He fabricated an excuse for being late. 他为了迟到编造了一个借口。〕/**fabricator** n.

fabulous 〔'fæbjuləs〕a. ①寓言般的;虚构的;想像的②难以置信的,惊人的,非常的/**fabulously** ad.

facade 〔fə'sɑːd〕n. 正面,门面

face 〔feis〕n. ①脸,面孔②面容,表情③表面,正面④面子,威信 ‖ v. ①面向,面对;朝…〔Please face the class. 请面向全班学生。〕②正视,面临〔to face danger 面临危险〕③给…贴面〔The courthouse is faced with marble. 法院用大理石贴面。〕/**face to face** ①面对面②很近/**in the face of** ①在…的情况下②纵然,即使/**make a face** 做鬼脸/**on the face of it** 从表面判断/**to one's face** 当着某人的面;公开地

facet 〔'fæsit〕n. ①(多面体的)面②某一方面

facetious 〔fə'siːʃəs〕a. 滑稽的/**facetiously** ad. /**facetiousness** n.

facial 〔'feiʃəl〕a. 面部的;面部用的 ‖ n. 面部按摩;美容

facile 〔'fæsil〕a. ①容易的②敏捷的;流畅的/**facilely** ad.

facilitate 〔fə'siliteit〕v. 使容易;有助于〔The new machine will facilitate your work. 这台新机器将使你的工作变得便利。〕/**facilitation** n.

facility 〔fə'siliti〕n. ①容易;熟练②设备,工具;便利

facing 〔'feisiŋ〕n. ①贴边,镶边②(建筑物的)贴面,饰面

facsimile 〔fæk'simili〕n. 摹真本;传真

fact 〔fækt〕n. ①事实,实际,真相,真实③论据/**as a matter of fact,in fact** 事实上,其实

faction 〔'fækʃən〕n. ①派别;宗派②内讧,内讧

factious 〔'fækʃəs〕a. 好搞派性的,充满派性的,因宗派而产生的

factitious 〔fæk'tiʃəs〕a. 做作的,不自然的;人为的

factor 〔'fæktə〕n. ①因素,要素②因子,因数③代理商

factory 〔'fæktəri〕n. 制造厂,工厂

factotum 〔fæk'təutəm〕n. 打杂的;家务总管

factual 〔'fæktjuəl〕a. 事实的;真实的/**factually** ad.

faculty 〔'fækəlti〕n. ①本能,感觉②才能,技能③全体教员④(大学的)系

fad 〔fæd〕n. 一时的风尚,一时的爱好

fade 〔feid〕v. ①(颜色)褪去〔Sunlight may fade your curtains. 日晒会使你的窗帘褪色。〕②枯萎,凋谢〔The roses faded and their petals fell. 玫瑰花凋谢了,花瓣都落

了。〕③(声音等)衰弱下去,消失〔The music faded away. 音乐逐渐消失。〕

fag [fæg] v. 使疲劳〔I was fagged after cutting the grass. 割完草我累极了。〕

Fahrenheit ['færənhait] a. 华氏温度计的,华氏的

fail [feil] v. ①失败;没能够〔I am afraid I'd fail as an artist. 作为画家我恐怕不会成功。〕②不及格〔舍弃;使失望〔Do not fail me in my hour of need. 在我困难的时候别抛下我。〕③消失,失去〔His courage failed him when he saw the policeman. 他一见警察就丧失了勇气。〕④(体力等)衰退,衰弱〔The wounded knight was failing fast. 受伤的骑士体力迅速衰退。〕⑥破产〔Many banks failed in 1933. 1933年有许多银行破产。〕/**without fail** 必定,务必

failing ['feiliŋ] n. ①缺点,弱点②失败‖ prep. 如果没有…,若无…时〔Failing some rain soon, the crops will wither. 如果不很快下点雨,庄稼就要枯萎了。〕

failure ['feiljə] n. ①失败②衰退,减弱③没做到;疏忽④破产⑤不及格⑥失败的人,失败的尝试

fain [fein] [诗] a. 高兴的,愿意的‖ ad. 欣然地,乐意地〔I fain would go with you. 我很愿意和你一起去。〕

faint [feint] a. ①虚弱的,微弱的;不清楚的②将昏晕的;萎顿无力的‖ n. 昏厥‖ v. 晕倒;昏厥

fainthearted ['feint'hɑːtid] a. 懦怯的,胆小的

fair[1] [fɛə] a. ①美丽的,干净的,无污点的,清晰的③白皙的,金黄色的④晴朗的⑤公平的,合理的⑥中等的;尚好的得好评的⑧可捕猎的〔fair game 准予捕猎的鸟兽〕⑧(棒球)中被击中的‖ ad. ①公平地,公正地〔Play fair. 公平地比赛。〕②径直地,正面地〔The ball hit him fair in the face. 球正打在他的脸上。〕/**bid fair** 有希望,有可能/**fairness** n.

fair[2] [fɛə] n. ①商品展览会,商品交易会

〔a world fair 世界博览会〕②义卖市场

fairly ['fɛəli] ad. ①公平地,合理地②相当,还算〔It's fairly hot. 天有点热。〕③完全,简直〔His voice fairly rang. 他的声音十分宏亮。〕

fairway ['fɛəwei] n. 高尔夫球场上的矮草坪地段

fairy ['fɛəri] n. 小妖精;仙女‖ a. ①小妖精的,仙女的②仙女似的;优雅的,小巧玲珑的

fairy tale ①神话故事,童话②谎言

faith [feiθ] n. ①信念,信任②信仰;宗教信仰③教④信义;忠诚⑤保证,诺言‖ int. 的确,确实/**bad faith** 背信弃义/**good faith** 忠诚

faithful ['feiθful] a. ①守信的;忠诚的②如实的,可靠的/**the faithful** 虔诚的教徒,信徒/**faithfully** ad. /**faithfulness** n.

faithless ['feiθlis] a. 背信弃义的,不忠的;不虔诚的,不可靠的/**faithlessly** ad.

fake [feik] v. 伪造,伪装,赝造‖ n. 假货,赝品;冒充者,骗子‖ a. 假的,冒充的/**faker** n.

falcon ['fɔːlkən, 'fɔːkən] n. 隼,猎鹰

falconry ['fɔːlkənri, 'fɔːkənri] n. 猎鹰训练术;鹰猎/**falconer** n.

fall [fɔːl] v. n. ①落下,降落〔Rain is falling. 下雨了。Apples fell from the tree. 苹果从树上掉下来。〕②跌倒;坍倒〔The runner stumbled and fell. 赛跑者绊倒了。The old building fell to the ground. 这幢旧楼坍倒了。〕③朝下,向下〔Her glance fell. 她目光朝下。The land falls away to the river. 这块地朝河边倾斜。〕④下降;减退;减弱〔Prices are falling. 价格在下跌。Her voice fell. 她的声音逐渐减弱。〕⑤落地,着陆〔The arrow fell wide of its mark. 箭在距目标很远的地方落下。〕⑥受伤,阵亡〔Thousands fell at Gettysburg. 数千人在葛底斯堡阵亡。〕⑦被攻克,陷落〔Berlin fell to the Allies. 柏林被盟军攻克。〕⑧垮台,下台〔The government fell. 政府垮台了。〕⑨进入…状态;成为〔to fall asleep 睡着to fall into a rage. 勃然大怒〕⑩(脸色)变阴

沉[His face fell. 他的脸沉下来了。]⑪适逢[My birthday falls on a Friday. 我的生日是星期五。]⑫落到[The estate falls to the son. 遗产落入儿子手中。]⑬在(…地方)[The accent falls on the first syllable. 重音在第一个音节上。]⑭被分成[The poems fall into two classes. 这些诗被分成两类。] || n. ①落下②跌倒③倾斜, 斜坡③[复]瀑布④降落⑤降落量⑥落差⑥秋季, 秋天⑦崩溃, 衰亡③堕落⑧降低, 衰弱/fall back 撤退, 后退/fall back on 求助于; 转而依靠/fall behind ①落在…后面, 落后②拖欠/fall flat 完全失败/fall for [俚]①爱上, 迷恋②受…的骗, 上…的当/fall in ①集合②加入③同意/fall off ①下落②减少, 缩小; 变坏/fall on (upon)袭击, 进攻/fall out ①争吵②失败/fall through 失败, 成为泡影/fall to ①着手②开始吃/fall under 被列为; 归入…类

fallacious [fəˈleiʃəs] a. 谬误的/**fallaciously** ad.

fallacy [ˈfæləsi] n. ①谬误②错误的推理

fallen [ˈfɔːlən] a. ①落下的; 倒下的; 伏地的②被推翻的; 被攻克的; 摧毁的③死去的

fallible [ˈfæləbl] a. 易犯错误的/**fallibility** n.

fallout [ˈfɔːlaut] n. ①(放射性尘粒的)回降, 沉降②放射性坠尘

fallow [ˈfæləu] a. (耕地)休闲的 || n. 休闲地, 休耕地

false [fɔːls] a. ①谬误的②不诚实的, 说谎的③不真实的, 不实际的④不真实的, 不可靠的⑤虚伪的 || ad. 错误地, 虚假地/to play a person false 欺骗某人; 叛卖某人/**falsely** ad. /**falseness** n.

falsehood [ˈfɔːlshud] n. 谎言, 谎话

falsetto [fɔːlˈsetəu] n. 假声 || a. 用假声唱的 || ad. 用假声/**falsettos** [复]

falsify [ˈfɔːlsifai] v. ①歪曲; 篡改[to falsify one's feelings 歪曲某人的情感 to falsify records 篡改记录]②说谎/**falsification** n.

falsity [ˈfɔːlsiti] n. ①虚假, 不真实; 不正确②谎言, 谬误

falter [ˈfɔːltə] v. ①蹒跚, 踉跄②摇晃③颤抖; 支吾[He faltered as he told of his tragedy. 谈到自己的不幸, 他的声音颤抖了。]③犹豫, 踌躇[The army faltered under the enemy fire. 在敌人的炮火下, 部队犹豫不决。] || n. 颤抖; 犹豫

fame [feim] n. 名声, 名望

famed [feimd] a. 有名的, 著名的

familiar [fəˈmiljə] a. ①友好的, 熟悉的, 亲密的②无拘束的, 放肆的③了解的, 熟悉的, 通晓的④众所周知的, 普通的, 常见的 || n. 密友

familiarity [fəˌmiliˈæriti] n. ①友好, 亲密②放肆; 随便③通晓; 熟悉

familiarize [fəˈmiljəraiz] v. ①使熟悉, 使通晓[to familiarize oneself with a city 使自己熟悉某个城市]②使家喻户晓[a song familiarized by much playing 因反复播放而为人们熟知的歌曲]/**familiarization** n.

family [ˈfæmili] n. ①家, 家庭②家人③子女④亲属; 氏族, 家族⑤(动植物的)科⑥相关的事物

famine [ˈfæmin] n. ①饥荒②饥饿③严重缺乏

famish [ˈfæmiʃ] v. ①挨饿; 使挨饿[We were famished after a hard day's work. 干了一天的累活, 我们都饿坏了。]②饿死

famous [ˈfeiməs] a. 著名的, 出名的

fan [fæn] n. ①扇子; 风扇②扇形物[The turkey spread its tail into a fan. 火鸡将尾巴呈扇形展开。] || v. ①扇风②给…扇风[She fanned herself with the program. 她用节目单给自己扇风。The wind fanned the flames. 风吹起了火焰。]③成扇形展开[The police fanned out to search the field. 警察们成扇形展开, 搜查这片地区。]

fan [fæn] n. 狂热爱好者

fanatic [fəˈnætik] n. 狂热者, 盲信者/**fanatical**, **fanatic** a. 狂热的/**fanatically** ad.

fanaticism [fəˈnætisizəm] n. 狂热, 盲信

fancier [ˈfænsiə] n. (养动植物的)行家,

迷

fanciful ['fænsiful] a.①奇异的,怪诞的②不真实的,想像出来的

fancy ['fænsi] n.①想像力,幻想力;幻想②设想,空想③喜欢,迷恋 ‖ a.①花哨的,精心制做的②特级的,高档的,品质优良的③技术高超的④太高的,过高的,奢侈的 ‖ v.①想像[I can't fancy you as a dancer. 我想不出你还是个舞蹈演员。]②喜欢,迷恋[He fancies Swiss chocolate. 他喜欢瑞士巧克力。]③(无根据地)相信,认为[I fancy that I saw her there. 我想我在那儿见过她。]

fanfare ['fænfɛə] n.①嘹亮的喇叭声②夸耀,鼓吹

fang [fæŋ] n.①尖牙,犬齿②毒牙

fantail ['fænteil] n.①扇形尾部②扇尾鸽;扇尾金鱼

fantastic [fæn'tæstik] a.①异想天开的;奇特的,古怪的②难以置信的/**fantastically** ad.

fantasy ['fæntəsi] n.①幻想,怪念头②想入非非,幻想作品

far [fɑː] a.①遥远的;久远的②较远的;那一边的 ‖ ad.①向远方;从远方[He has travelled far. 他已经走得很远了。]②到某种距离或程度[How far have you read in this book? 这本书你读了多少了?]③大大…;…得多[He is far taller than I am. 他比我高得多。]/**as far as, so far as** 就…;尽…;那么远/**by far, far and away** 非常,大大,远远/**from far** 来自远处/**so far** 至此,迄今,到现在为止/**So far, so good.** 到目前为止一切顺利。

faraway ['fɑːrəwei] a.①遥远的,久远的②恍惚的,朦胧的

farce [fɑːs] n.①笑剧,滑稽戏②滑稽,可笑的事物

farcical ['fɑːsikəl] a. 笑剧似的,滑稽的

fare [fɛə] v.①进展;生活[He fared well on his trip. 他旅途顺利。]②发生,产生[How did it fare with him? 他怎么样了?] ‖ n.①车费,船费②乘客③食物

farewell ['fɛə'wel] int. 再见! ‖ n. 告别;a. 最后的[a farewell wave 挥手告别]

farfetched ['fɑː'fetʃt] a. 不自然的,牵强的

far-flung ['fɑː'flʌŋ] a. 辽阔的,分布很广的

farm [fɑːm] n.①农场,农庄②饲养场,畜牧场 ‖ v. 种地;耕种[He farmed ten acres. 他种了十英亩地。]/**farm out** ①佃出,租出②包出(活计)

farmer ['fɑːmə] n. 农场主;农民

farmhouse ['fɑːmhaus] n. 农场里的住房

farming ['fɑːmiŋ] n. 农事,耕作;畜牧

farmstead ['fɑːmsted] n. 农场的农田和建筑,农庄

farmyard ['fɑːmjɑːd] n. 农场空地,场院

far-off ['fɑː'rɔf] a. 远方的,遥远的

far-reaching ['fɑː'riːtʃiŋ] a. 深远的,广泛的

farrier ['færiə] n. 钉马蹄铁的铁匠;兽医

farrow ['færəu] n. 一胎小猪 ‖ v. 下小猪

farseeing ['fɑː'siːiŋ] a.①看得远的②有远见的,深谋远虑的

farsighted ['fɑː'saitid] a.①远视的②有远见的,有先见之明的/**farsightedness** n.

farther ['fɑːðə] far 的比较级 ‖ a.①较远的,更远的②更多的,附加的 ‖ ad. 更远地[I can swim farther than you can. 我能比你游得远。]②进一步地③而且,此处/[在表示形容词的第2条意思和副词的…的②、③条意思时更为常用。]

farthermost ['fɑːðəməust] a. 最远的

farthest ['fɑːðist] far 的最高级 ‖ a.①最远的②最长的 ‖ ad. 最远地,最大程度地[Who threw the ball farthest? 谁把球抛得最远?]

fascinate ['fæsineit] v.①迷住,使神魂颠倒,强烈地吸引住[The puppet show fascinated the children. 木偶戏把孩子们迷住了。]②吓住,使呆住/**fascination** n.

fascism, Fascism [ˈfæʃizəm] n. 法西斯主义/**fascist, Fascist** a. & n.

fashion [ˈfæʃən] n. ①时髦,风尚,流行②样式;方式 ‖ v. 形成,制做[Bees fashion honeycombs out of wax. 蜜蜂用蜂蜡制成蜂窝。]/**after a fashion, in a fashion** 多少,勉强

fashionable [ˈfæʃənəbl] a. 流行的,时髦的/**fashionably** ad.

fast¹ [fɑːst] a. ①快的,迅速的②适于快速的③占用时间短的④偏快的,时间提前的⑤忠实的,可靠的⑥不褪色的⑦紧的,牢的⑧放荡的 ‖ ad. ①快,迅速地[Don't eat so fast. 别吃得这么快。]②牢固地,紧紧地[The boat was stuck fast on the sand bar. 船被牢牢地阻在沙堤上。]③酣畅地;彻底地[fast asleep 酣睡]

fast² [fɑːst] v. 禁食;斋戒 ‖ n. ①禁食;节食②斋戒③禁食期;斋戒期

fasten [ˈfɑːsn] v. ①连接[The collar is fastened to the shirt. 领子和衬衫连着。]②扎牢,扣住,使牢固[Fasten the door. 把门锁牢。]③使集中于[Fasten your attention on this experiment. 把注意力集中于这项试验上来。]/**fastener** n.

fastidious [fæsˈtidiəs] a. 难讨好的,爱挑剔的/**fastidiously** ad.

fastness [ˈfɑːstnis] n. ①牢固;迅速②要塞

fat [fæt] n. ①脂肪②动植物油③最好的地方 ‖ a. ①肥胖的;肥大的;丰满的②多油脂的,多脂肪的③厚的;宽的④收益多的;优厚的⑤丰富的;塞得满满的 ‖ v. 养肥

fatal [ˈfeitl] a. ①致命的[a fatal disease 绝症]②毁灭性的③至关重要的;决定命运的/**fatally** ad.

fatalist [ˈfeitəlist] n. 宿命论者/**fatalistic** a.

fatality [fəˈtæliti] n. ①死亡②致命性;灾祸

fate [feit] n. ①命运②命中注定的事;运气③结局/**the Fates** (希腊和罗马神话中的)命运三女神

fated [ˈfeitid] a. 命运决定的,注定要毁灭的[the fated day 末日]

fateful [ˈfeitful] a. ①预言的②重大的③命中注定的④致命的,毁灭性的/**fatefully** ad.

father [ˈfɑːðə] n. ①父亲;岳父;公公②Father 上帝③创始人,奠基人;发明者⑤fathers 长者;长老;元老⑥教父,教士 ‖ v. ①当…的父亲[He fathered three sons. 他是三个儿子的父亲。]②(像父亲般)照顾,保护③创立;创造[to father an idea 首先想出一个主意]/**fatherhood** n. /**fatherless** a.

father-in-law [ˈfɑːðərinlɔː] n. 岳父;公公/**fathers-in-law** (复数)

fatherland [ˈfɑːðəlænd] n. 祖国

fatherly [ˈfɑːðəli] a. 父亲的,父亲般的/**fatherliness** n.

fathom [ˈfæðəm] n. 呼(等于6英尺,主要用于测量水深) ‖ v. ①测…的深度②彻底了解,领悟,看穿[I can't fathom the mystery. 我弄不懂其中的奥秘。]

fathomless [ˈfæðəmlis] a. ①深不可测的,无法测量的②神秘莫测的;无法了解的

fatigue [fəˈtiːg] n. 疲劳,劳累 ‖ v. 使疲劳

fatten [fætn] v. 养肥

fatty [ˈfæti] a. ①脂肪的;油脂的[fatty tissue 脂肪组织]②肥胖的;油腻的

fatuous [ˈfætjuəs] a. 愚昧的,昏庸的/**fatuously** ad.

faucet [ˈfɔːsit] n. 龙头,旋塞

fault [fɔːlt] n. ①缺点,毛病②错误,差错③责任,过失/**at fault** 有责任,有过错/**find fault** 挑剔,找茬/**find fault with** 批评,抱怨

faultless [ˈfɔːltlis] a. 无缺点的,无错误的;完美无缺的/**faultlessly** ad.

faulty [ˈfɔːlti] a. 有缺点的;有错误的;不完善的/**faultily** ad.

fauna [ˈfɔːnə] n. (某一地区或时期的)动物群[the fauna of Iceland 冰岛的动物]

F

favor [ˈfeivə] n. ①恩惠，善意的行为②好感，喜欢；欢心③小礼物，纪念品 ‖ v. ①喜爱，赞成 [I favor his plan of lower taxes. 我赞成他的低税收计划。]②有助于，有利于 [The dark night favored his escape. 漆黑的夜晚有利于他逃跑。]③偏袒 [Some parents favor their youngest child. 有些父母偏袒他们最小的孩子。]④体恤，小心使用 [He favored his injured leg. 他小心使用他受伤的那条腿。]/**in favor of** ①赞同…，支持…②有利于/**in one's favor** 对某人有利

favorable [ˈfeivərəbl] a. ①有利的②支持的；赞成的/**favorably** ad.

favorite [ˈfeivərit] n. ①特别喜爱的人（或物）②最有希望获胜者 ‖ a. 最喜欢的

favoritism [ˈfeivəritizəm] n. 偏爱，偏袒

fawn [fɔ:n] v. ①摇尾巴等表示欢喜 [Dogs fawn. 狗摇尾巴表示欢喜。]②讨好，奉承 [to fawn a rich person 巴结有钱人]

faze [feiz] v. [口] 扰乱，使混乱

fealty [ˈfi:əlti] n. (对封建主的)效忠

fear [fiə] n. ①害怕，畏惧 [Jungle animals have a natural fear of lions. 森林中的动物生来就怕狮子。]②担心，忧虑 [I have no fear that it will rain. 我不担心下雨的。]③引起恐惧之物 [What is your greatest fear? 你最怕什么？] ‖ v. ①畏惧，害怕 [Shepherds fear wolves. 牧羊人害怕狼。]②担心，忧虑 [I fear that she'll be angry. 我担心她会生气。]

fearful [ˈfiəful] a. ①可怕的，吓人的②害怕的；担心的③由恐惧引起的④[口]极坏的，极大的/**fearfully** ad.

fearless [ˈfiəlis] a. 不怕的，大胆的，无畏的/**fearlessly** ad.

fearsome [ˈfiəsəm] a. 可怕的，吓人的

feasible [ˈfi:zəbl] a. ①可行的，行得通的②可能的，有理的/**feasibility** n.

feast [fi:st] n. ①宴会，筵席②(宗教)节日；节期 ‖ v. ①参加宴会②盛宴款待使得到享受 [She feasted her eyes on the jewels. 她欣赏这些宝石饰物，大饱眼

福。]

feat [fi:t] n. 功绩；手艺，技艺

feather [ˈfeðə] n. ①羽毛；翎毛②羽状物，轻的东西③同类 ‖ v. 用羽毛覆盖/**feather in one's cap** 可以夸耀的事物/**in fine feather** 精神饱满，身体健康/**feathery** a.

feature [ˈfi:tʃə] n. ①面貌的一部分(眼、口、鼻等)②特征；特色③主要节目；(电影)正片④特写，特辑 ‖ v. 是…的特色 [Acrobats are featured on the program. 杂技是这个节目的特色。]

February [ˈfebruəri] n. 二月

fecund [ˈfi:kənd] a. 生殖力旺盛的；多产的，丰饶的/**fecundity** [fiˈkʌnditi] n.

fed [fed] feed 的过去式和过去分词/**fed up** [俚] 恶心的，厌烦的

federal [ˈfedərəl] a. ①联邦的，联邦制的②Federal 联邦政府的；美国联邦政府的③Federal 拥护联邦制的④Federal (南北战争时期)北部联邦同盟的；亲联邦政府的 ‖ n. (南北战争时期)联邦政府支持者/**federalist** n. & n.

federate [ˈfedərit] v. 结成联邦(或同盟)

federation [ˌfedəˈreiʃən] n. 联盟；联邦，联合会 [the Federation of Women's Clubs 妇女俱乐部联合会]

fee [fi:] n. ①费，费用；税；报酬 [a license fee 牌照费]②土地所有权；财产所有权/**hold in fee simple** 享有不限制具有一定身分的人才能继承的土地

feeble [ˈfi:bl] a. 虚弱的，无力的/**feebleness** n. /**feebly** ad.

feeble-minded [ˈfi:blˈmaindid] a. 低能的

feed [fi:d] v. ①喂，饲养 [Feed the children first. 先喂孩子。]②用…喂 [to feed oats to horses 用燕麦喂马]③吃 [The cattle are feeding. 牛正在吃草。]④供应；输送；进料 [We fed the stove with wood. 我们给炉子加木头。Their insults fed his anger. 他们的侮辱使他更加气愤。] ‖ n. ①饲料 [口]一顿饭/**feed on**, **feed upon** ①吃②从…中得到满足

feed back ['fi:dbæk] *n.* 面授,反馈

feel [fi:l] *v.* ①摸,触;试探 [Mother felt the baby's bottle to see if the milk was warm. 妈妈摸摸孩子的奶瓶,看牛奶是否热。] ②感觉,感到 [He felt rain on his face. 他感到脸上有雨水。Do you feel pain in the tooth? 你感到牙痛吗?] ③意识到,觉得 [I feel sad. 我觉得难过了。] ④因…而感到难过,同情等 [He felt her death deeply. 他对她的死深感难过。] ⑤给人某种感觉 [The water feels warm. 水很热。] ⑥认为,相信 [I feel that you are wrong. 我认为是你错了。] ⑦摸索;摸索着寻找 [He felt his way down the dark hall. 他在黑暗的大厅中摸索着朝前走。] ‖ *n.* ①感受,感觉②摸,触摸 [You can tell it's good material by the feel of it. 摸一下就知道这是块好布料。] /**feel like** [口] 想要 [I don't feel like talking. 我不想说话。] /**feel up to** [口] 觉得能担当

feeler ['fi:lə] *n.* ①探索者;试探器②触角;触须③试探的话

feeling ['fi:liŋ] *n.* ①触觉②感觉,知觉③感情④同情;怜悯⑤看法;意见 ‖ *a.* 富于感情的;富于同情心的 [to hurt one's feelings 伤害人的感情] /**feelingly** *ad.*

feign [fein] *v.* ①捏造,杜撰 [to feign an excuse 编造借口] ②假装,佯作 [to feign illness feign]

feint [feint] *n.* ①佯攻,虚击②假相,伪装 ‖ *v.* (拳击中)佯攻,虚击

felicitate [fi'lisiteit] *v.* 祝贺 /**felicitation** *n.*

felicitous [fi'lisitəs] *a.* 恰当的,巧妙的

felicity [fi'lisiti] *n.* ①幸福,福气,幸运②(措词)恰当,巧妙;恰当的语句

feline ['fi:lain] *a.* ①猫的;猫科的②像猫的 ‖ *n.* 猫科动物

fell [fel] *v.* ①打倒,击倒 [The boxer felled his opponent with a blow. 拳击手一拳击倒了对手。] ②砍倒;砍伐 [to fell a tree 伐倒一棵树]

fell [fel] *a.* 凶猛的,残暴的

fellow ['feləu] *n.* ①人;小伙子②同伙,助手③配对物,一对中之一④同学⑤(学术团体的)会员 ‖ *a.* 同伴的,同事的

fellowship ['feləuʃip] *n.* ①友谊;交情;伙伴关系②团体,会③助学金

felon ['felən] *n.* 重罪犯

felony ['feləni] *n.* 重罪 /**felonious** [fi'ləunjəs] *a.*

felt [felt] *n.* 毡 ‖ *a.* 毡制的

female ['fi:meil] *a.* ①雌的,雌性的②女的;妇女的 ‖ *n.* 女子;雌性动物或植物

feminine ['feminin] *a.* ①女性的;妇女的②女子气的;娇柔,软弱的③(语法中)阴性的/**femininity** [,femi'niniti] *n.*

femur ['fi:mə] *n.* 股骨

fen [fen] *n.* 沼泽

fence [fens] *n.* ①栅栏;围栏;篱笆②买卖赃物的人 ‖ *v.* ①用围栏围住②击剑/**on the fence** 抱骑墙态度,保持中立/**fencer** *n.*

fencing ['fensiŋ] *n.* ①击剑;击剑术②筑栅栏的材料

fend [fend] *v.* 挡开;躲开 [to fend off danger 避开危险] /**fend for oneself** 自己谋生

fender ['fendə] *n.* ①(车辆的)挡泥板②火炉围栏

fennel ['fenl] *n.* 茴香

ferment [fə:'ment] *v.* ①使发酵②发酵 [The milk fermented and became sour. 牛奶发酵后变酸。] ③使激动;使骚动 ‖ *n.* ['fə:ment] 酶,酵素②发酵③激动;混乱,骚动

fermentation [,fə:men'teiʃən] *n.* 发酵

fern [fə:n] *n.* 蕨,蕨类植物

ferocious [fə'rəuʃəs] *a.* ①凶恶的,凶猛的;凶残的②[口]极大的,极度的/**ferociously** *ad.*

ferocity [fə'rɔsiti] *n.* 凶恶,凶猛

ferret ['ferit] *n.* 白鼬,雪貂 ‖ *v.* ①用雪貂逐出②查获,查明 [to ferret out the truth 查明真相]

ferric ['ferik], **ferrous** ['ferəs] *a.* 铁的,含铁的

ferrule ['feru:l] n. 金属箍,金属包头

ferry ['feri] v. ①渡运,运送②把飞机飞往指定的交付地 ‖ n. ①渡船②渡口,渡船场③摆渡,渡运

fertile ['fə:til,fə:tail] a. ①丰产的;肥沃的;富饶的②能丰产的;能多产的③能繁殖的,能生育的④(创造力或想像力)丰富的/**fertility** [fə:'tiliti] n.

fertilize ['fə:tilaiz] v. ①使肥沃;施肥于;使丰富 Fertilize your lawn in the spring and in the fall. 在春天和秋天要给你的草坪施肥。②使受精 Bees fertilize flowers by carrying pollen from one to another. 蜜蜂把花粉从一朵花带到另一朵花上,从而使花受精。/**fertilization** n.

fertilizer ['fə:tilaizə] n. 肥料,化肥

ferule ['feru:l] n. (责打学生用的)戒尺

fervent ['fə:vənt] a. ①热情的;热烈的;激烈的②炽热的/**fervency** n. /**fervently** ad.

fervid ['fə:vid] a. 热情的;强烈的

fervor ['fə:və] n. 炽热;热烈;热情

festal ['festl] a. 节日的,喜庆的

fester ['festə] v. ①溃烂,化脓 [The cut on his arm festered. 他手臂上的刀口化脓了。]②引起气恼 [His envy festered in him. 妒忌使他感到气恼。] ‖ n. 脓疮

festival ['festəvəl] n. ①节日,喜庆日②庆祝活动

festive ['festiv] a. 节日的;欢乐的

festivity [fes'tiviti] n. ①欢庆,欢乐②[复]庆祝活动

fetch [fetʃ] v. ①(去)拿来,取来 [The dog fetched my slippers. 狗叼来了我的拖鞋。]②发出;引出 [She fetched a sign. 她叹了一口气。]③卖得 [The sofa should fetch $50. 这张沙发应卖五十美元。]

fetching ['fetʃiŋ] a. 吸引人的,迷人的

fete [feit] n. 节日;盛宴 ‖ v. 款待,盛宴款待 [The poet was feted many times on his lecture tour. 诗人在演讲旅行途中多次受到盛情款待。]

fetid ['fi:tid,fetid] a. 恶臭的

fetish ['fi:tiʃ, 'fetiʃ] n. ①被认为具有神力的物品②迷恋物;偶像

fetter ['fetə] n. ①脚镣②桎梏;束缚,羁绊 ‖ v. 为…上脚镣;束缚 [fettered by debts 债务缠身]

fettle ['fetl] n. 身体和精神状况

fetus ['fi:təs] n. 胎,胎儿

feud [fju:d] n. 长期不合,(家族间的)世仇 ‖ v. 结下世仇

feudal ['fju:dl] a. 封建的,封建制度的

feudalism ['fju:dəlizəm] n. ①封建主义,封建制度

feudatory ['fju:dətəri] n. ①封建领主②封邑

fever ['fi:və] n. ①发热,发烧②热病③高度紧张,高度兴奋

fevered ['fi:vəd] a. ①发烧的②兴奋的,紧张的

feverish ['fi:vəriʃ] a. ①发烧的,低烧的②发烧引起的③引起发烧的④兴奋的,紧张的/**feverishly** ad.

few [fju:] a. 少数的,不多的 ‖ n. & pron. 不多,少数/**quite a few** [口]相当多,不少

fiance [ˌfiɑ:n'sei] n. 未婚夫

fiancee [ˌfiɑ:n'sei] n. 未婚妻

fiasco [fi'æskəu] n. 惨败;可耻的下场/fiascoes, fiascos[复]

fiat ['faiæt] n. 命令,法令

fib [fib] n. 无关紧要的谎言 ‖ v. 撒小谎/**fibber** n.

fiber, fibre ['faibə] n. ①纤维②纤维质③性格

fibrin ['faibrin] n. 纤维蛋白

fibroid ['faibrɔid] a. 纤维性的;由纤维组成的 [a fibroid tumor 纤维瘤]

fibrous ['faibrəs] a. ①纤维构成的②纤维状的

fibula ['fibjulə] n. 腓骨/**fibulae** ['fibjuli:], **fibulas**[复]

-fication [fi'keiʃən] [后缀]表示"形成""…化" [glorification 美化]

fickle ['fikl] a. (在感情方面)易变的,无

常的/**fickleness** n.

fiction ['fikʃən] n. ①虚构的作品,小说 ②小说创作③虚构物,杜撰的事物/**fictional** a.

fictitious [fik'tiʃəs] a. 虚构的,杜撰的; 非真实的〔a fictitious character in a play 剧中虚构的人物〕

fiddle ['fidl] n. 〔口〕小提琴 ‖ v. ①〔口〕 拉小提琴②紧张不安地拨弄〔Stop fiddling with your tie. 别摆弄领带。〕/**fit as a fiddle** 非常健康/**fiddler** ['fidlə] n.

fiddlestick ['fidlstik] n. 〔口〕提琴弓

fidelity [fai'deliti, fi'deliti] n. ①忠诚,忠 实②(抄写或翻译的)准确,正确

fidget ['fidʒit] v. ①坐立不安〔to fidget in one's seat 在座位上动个不停〕/**the fidgets** 烦躁;坐立不安/**fidgety** a.

fief [fi:f] n. 封地,采邑

field [fi:ld] n. ①田地,牧场②场地;产地 ③战场④广阔的一片⑤(活动)范围,场 (可看见的)区域⑥(学术等)领域,界⑦ 背景,底子⑧田径运动的项目;田径运动 场⑨全体出场的运动员 ‖ n. ①(棒球中)截球,守球②使运 动员或球队上场/**to take the field** 开始 比赛;上阵;开始作战

fielder ['fi:ldə] n. (棒球、板球)外场员; 守队队员

field glasses 双筒望远镜

field goal (足球)定位进球

field marshal 陆军元帅;最高级的陆 军将领

fiend [fi:nd] n. ①魔鬼②恶魔般的人,极 邪恶的人③…狂,…迷/**fiendish** a.

fierce [fiəs] a. ①疯狂的②凶残的;猛烈 的②强烈的,热烈的〔a fierce effort 拼命 的努力〕/**fiercely** ad. /**fierceness** n.

fiery ['faiəri] a. ①火的,火焰的②火一般 的,火辣辣的②充满激情的,激烈的②暴 躁的

fiesta ['fi:estɑ:] n. 节日

fifteen ['fif'ti:n] n. & a. 十五,十五个

fifteenth ['fif'ti:nθ] a. 第十五 ‖ n. ①第

十五个②十五分之一

fifth [fifθ] a. 第五 ‖ n. ①第五个②五分 之一

fiftieth ['fiftiiθ] a. 第五十 ‖ n. ①第五十 个②五十分之一

fifty ['fifti] n. & a. ①五十②[复]五十年 代

fifty-fifty ['fifti'fifti] a. & ad. 〔口〕对半 的;对半;各半的;各半

fig [fig] n. ①无花果②无花果树③少许, 一点儿〔not worth a fig 一点也不值〕

fight [fait] v. ①打架;打仗;搏斗〔to fight hand to hand 短兵相接;肉搏 to fight a war 打一场战争〕②与人,克服〔to fight against fear 克服惧怕心理〕‖ n. ①战斗, 搏斗②斗争③战争精神,战斗力/**fighter** n.

figment ['figmənt] n. 臆造的事物;虚构 的事

figurative ['figjurətiv] a. 比喻的;象征 的/**figuratively** ad.

figure ['figə] n. ①外形,轮廓;体形②插 图,图表③图案④人物;形象⑤数字⑥ [复]算术,计算⑦价格,价钱⑧舞步;(滑 冰)花式⑨修辞格 ‖ v. ①算出,计算 〔Please figure how much I own you. 请 算一下我欠你多少钱。〕②〔口〕估计,相 信〔I figure it will rain today. 我估计今天 要下雨。〕③用图案装饰④与…有关系 〔Lack of education figured in his failure. 他 的失败与缺乏教育有关。〕/**figure on** 指 望/**figure out** 解决,了解,弄清楚

figured ['figəd] a. 有图案的

figurehead ['figəhed] n. ①船头雕饰② 傀儡

figurine ['figjuri:n] n. 小雕像;小塑像

filament ['filəmənt] n. 细丝,细线

filch [filtʃ] v. 偷〔不贵重的东西〕

file¹ [fail] n. ①文件夹,文件箱②档案,案 卷;汇订的卡片(或杂志等)③纵列 ‖ v. ①把…归档〔File these letters according to date. 根据日期把这些信归档。〕②提出 〔to file a claim for a piece of land 提出索 要一块土地〕③排成纵队行进〔The chil-

dren filed out of the school. 孩子们排队走
出了学校。〕/in file 排队，依次/on file
存档

file² 〔fail〕n. 锉 ‖ v. 锉平，把…锉光〔to file
one's toenails 锉脚趾甲〕

filet 〔'filei,fi'lei〕n. ①方网眼花边的②鱼片，
肉片

filial 〔'filjəl〕a. 子女的，孝顺的〔filial de-
votion 孝顺〕

filibuster 〔'filibʌstə〕v. 阻碍议案通过 ‖
n. ①阻挠议事②阻挠议事的议员

filigree 〔'filigri〕n. (金丝、银丝等的)精
致装饰物 ‖ a. 华丽但不坚固的 ‖ v. 用金
丝饰品装饰

filing 〔'failiŋ〕n. 锉屑

fill 〔fil〕v. ①装满,注满,充满②全部占据;
占满③充满④担任(职务)⑤供应,配
(药方)⑥填补,填补⑦喂饱⑧张满(帆)
‖ n. 饱;满足;充分⑧填充物/fill in①
填满②临时补缺,暂代/fill out①使…
大,使…丰满②填写/fill up 装满,淤积

filler 〔'filə〕n. ①装填者;装填物②填料,
填补物

fillet 〔'filit〕n. ①头带,束发带②〔'filei,
fi'lei〕鱼片;肉片

filling 〔'filiŋ〕n. 填充物,补补物

filling station 汽车加油站

fillip 〔'filip〕n. ①弹指②刺激;刺激因素
‖ v. 用指弹

filly 〔'fili〕n. 小雌马

film 〔film〕n. ①薄层②薄膜②胶片②胶卷③
薄雾;模糊不清的东西④电影 ‖ v. ①在
…上蒙上薄膜②把…拍成电影〔to film a
stage play 拍摄舞台戏〕

film strip 〔'filmstrip〕n. 幻灯片

filmy 〔'filmi〕a. 薄膜似的;朦胧的

filter 〔'filtə〕n. ①过滤物②过滤用的多孔物
质③滤光器,滤色镜 ‖ v. ①过滤,滤过〔to
filter smoke 过滤烟〕②成为…的过滤物
③滤清,滤除④慢慢传开〔The news fil-
tered through town. 消息慢慢传遍全城。

filth 〔filθ〕n. ①污秽,污物②淫猥,淫狠之
物

filthy 〔'filθi〕a. 不法的,污秽的;猥亵的/
filthily ad. /**filthiness** n.

filtration 〔fil'treiʃən〕n. 过滤

fin 〔fin〕n. ①鳍②鳍状物

final 〔'fainl〕a. ①最后的,最终的②决定
性的;不容更改的 ‖ n. ①最后的事物②
[复]期终考试;决赛/**finally** ad.

finale 〔fi'nɑ:li〕n. ①曲终②(戏剧的)最后
一场②尾声,结局

finalist 〔'fainlist〕n. 决赛选手

finality 〔fai'næliti〕n. ①结尾;定局②最
后的行动,最后的言论

finalize 〔'fainlaiz〕v. 把…最后定下来,
结束〔Businessmen talk of finalizing agree-
ments. 商人为最后达成协议而谈判。

finance 〔fai'næns, fi'næns〕n. ①[复]收
入;财力②财政,金融 ‖ v. 供给经费,投
资于〔loans to finance new buildings 投放
于新建筑的贷款〕

financial 〔fi'nænʃəl〕a. 财政的;金融
的/**financially** ad.

financier 〔fai'nænsiə, finən'siə〕n. 财政
家;金融家

find 〔faind〕v. ①发现〔I sometimes find vi-
olets in the woods. 我有时在树林里发现
紫罗兰。②找到〔The prospectors found
gold in 1849. 勘测者们于1849年找到了
黄金。③找回,找到〔Have you found the
missing book yet? 你找到丢的那本书了
吗?〕④发觉,得知〔I find that I was
wrong. 我发现自己错了。⑤裁决〔The
jury found him guilty. 陪审团裁决他有
罪。⑥达到〔The arrow found its mark. 箭
射中了目标。‖ n. 发现,发现物(尤指很
有价值的东西)/**find out** 查明,发现〔to
find out a secret 发现一桩秘密〕

finder 〔'faində〕n. ①发现者;探测器②
(照像机的)取景器,寻像器

finding 〔'faindiŋ〕n. ①发现②发现物③
裁决,判决

fine¹ 〔fain〕a. ①美好的,优良的,优秀的
②纯净的;精炼的③晴朗的④细粒的⑤
细的;纤细的⑥精致的,精巧的⑦锋利
的;敏锐的⑧细微的,难懂的 ‖ ad. [口]

很好/**finely** ad. /**fineness** n.

fine²〔fain〕n. 罚金,罚款‖v. 罚款〔He was fined five dollars for speeding. 他因超速驾驶被罚款五美元。〕

finesse〔fi'nes〕n. ①技巧;手段;策略②细腻

finger〔'fiŋgə〕n. ①手指(尤指大拇指以外的手指)②手套的手指部分③指状物‖v. ①用手指触碰,抚摩〔Don't finger the toys on the counter. 别摸柜台上的玩具。〕②用指弹奏〔How would you finger this chord? 这个合弦怎么弹?〕

fingernail〔'fiŋgəneil〕n. 指甲

fingerprint〔'fiŋgəprint〕n. 指纹

finical〔'finikəl〕,**finicky**〔'finiki〕a. 过分讲究的,过分挑剔的

finis〔'fainis, 'fi:nis〕n. 结尾,终止

finish〔'finiʃ〕v. ①结束,完毕,完成〔Did you finish your homework? 你做完作业了吗? The game finished ahead of time. 比赛提前结束了。〕②磨光,涂层③抛光,使完美④用完;耗尽;吃完〔Finish what's on your plate. 把你盘子里的都吃掉。〕‖n. ①最后阶段;结束②完美;(举止的)优雅③罩面漆,漆面/**finish off** ①结束②杀死,毁掉/**finish up** ①用尽,耗尽/**finish with** ①结束②与…断绝关系/**finished** a.

finite〔'fainait〕a. 有限的,有尽的〔finite distance 有限的距离〕

finny〔'fini〕a. ①有鳍的②鳍状的③多鱼的

fire〔'faiə〕n. ①火②炉火③火灾④热情,激情⑤炮火⑥抨击‖v. ①激起,激动;使充满热情〔to fire one's imagination 激发某人的想像力 to fire a revolt 煽动造反〕②点燃,燃烧〔to fire a furnace 点燃火炉〕③烧制〔to fire bricks 烧砖〕④开火,射击⑤〔口〕猛地投击,猛地投掷〔The shortstop fired the ball to first base. 游击手将球快速投向一垒。〕⑥〔口〕解雇,开除/**between two fires** 腹背夹攻/**catch fire** 着火/**fire up** 生气/**hang fire** 延迟,拖延/**miss fire**①(枪,炮)打不响②失败/

on fire ①着火,在燃烧②非常激动/**open fire** 开始开火/**set fire to** 点燃/**take fire** ①开始燃烧②激动起来/**under fire** 受到攻击(或批评)

firearm〔'faiərɑːm〕n. 火器(步枪、手枪等)

firebrand〔'faiəbrænd〕n. ①燃烧的木头②煽动叛乱者

firecracker〔'faiəkrækə〕n. 鞭炮

firedamp〔'faiədæmp〕n. 沼气

firefly〔'faiəflai〕n. 萤火虫/**fireflies**〔复〕

firelight〔'faiəlait〕n. 火光

fireman〔'faiəmən〕n. ①消防队员②司炉工,烧火工人/**firemen**〔复〕

fireplace〔'faiəpleis〕n. 壁炉

fireplug〔'faiəplʌg〕n. 消防龙头,灭火塞

fireproof〔'faiəpruːf〕a. ①防火的;耐火的〔a fireproof hotel 防火旅馆〕‖v. 使防火,使耐火

fireside〔'faiəsaid〕n. ①炉边②家,家庭生活

fire station 消防站

firetrap〔'faiətræp〕n. 无防火措施的建筑物

firewood〔'faiəwud〕n. 木柴,柴火

fireworks〔'faiəwəːks〕n. 烟火

firm¹〔fəːm〕a. ①结实的;坚硬的②牢固的,稳固的③稳定的,不变的④坚定的;强有力的,坚决的

firm²〔fəːm〕n. (合伙)商号,商行,公司

firmament〔'fəːməmənt〕n. 天空,太空

first〔fəːst〕a. ①首先的,最初的;第一的;第一流的②唱(或演奏)高音部的‖ad. ①首先,最初②唱(或演奏)高音部的〔The guests will be served first. 将先招待客人。〕②初次,首次〔When did you first meet her? 你是什么时候第一次遇见她的?〕③宁愿〔When told to beg, he said he'd starve first. 当别人告诉他乞讨时,他说他宁愿饿死。〕‖n. ①第一个人②开始③(月的)第一日

first aid 急救/**first-aid** a.

first-born〔'fəːstbɔːn〕a. 头生的,最年长的的‖n. 头生子女,最年长的孩子

first-class ['fə:st'klɑ:s] a. 头等的, 第一流的 ‖ ad. 坐一等舱

firsthand ['fə:st'hænd] a. & ad. 第一手的, 原始的;直接的

first-rate ['fə:streit] a. 第一流的, 优秀的 ‖ n. [口] 很好 [I feel first-rate. 我感觉很好。]

firth [fə:θ] n. 河口湾, 港湾

fiscal ['fiskəl] a. 财政的 /**fiscal year** 财政年度, 会计年度

fish [fiʃ] n. ①鱼②鱼肉 ‖ v. ①捕鱼, 钓鱼②掏出, 摸索出 [He fished a dime out of his pocket. 他从兜里掏出一枚硬币。] ③拐弯抹角地用语 [to fish for a compliment 拐弯抹角地恭维] /**fish** [复] (如表示不同种类时用 fishes) [He caught three fish. 他捕到三条鱼。 The aquarium exhibits many fishes. 水族馆有许多种类的鱼供参观。]

fisher ['fiʃə] n. 捕鱼人, 捕鱼的动物

fisherman ['fiʃəmən] n. 捕鱼人

fishery ['fiʃəri] n. ①渔业②渔场③养鱼场

fishhook ['fiʃhuk] n. 鱼钩

fishing ['fiʃiŋ] n. 捕鱼, 钓鱼

fishing rod 钓竿

fishmonger ['fiʃmʌŋgə] n. 鱼贩子

fishy ['fiʃi] a. ①多鱼的②有鱼味儿的③枯燥的;无表情的④[口] 可疑的, 靠不住的

fission ['fiʃən] n. 分裂;裂变

fissure ['fiʃə] n. 裂缝, 裂隙

fist [fist] n. 拳

fisticuffs ['fistikʌfs] n. [复] 拳头;互殴

fistula ['fistjulə] n. ①管道, 管②瘘, 瘘管 /**fistulas, fistulae** ['fistjuli:] [复]

fit [fit] v. ①合体, 合身 [Does the coat fit you? 你穿这件上衣合身吗?] ②使合体, 使合身 [His new suit has to be fitted. 他的新套服得改一改才合身。] ③符合, 适合 [Let the punishment fit the crime. 让处罚和罪行相称。] ④使符合, 使适合 [to fit words to music 使词曲和谐] ⑤[口] 装

备, 为…提供装备 [to fit out a ship for a voyage 装备轮船准备出航] ‖ a. ①合格的, 相称的②正当的, 恰当的③健康的 ‖ n. 适合;合身 /**fitly** ad. /**fitness** n.

fit [fit] n. ①发作;突发②痉挛 /**by fits and starts** 一阵阵地, 间歇地

fitful ['fitful] a. 间歇的, 一阵阵的;不规则的 /**fitfully** ad.

fitting ['fitiŋ] a. 适当的, 适合的;相称的 ‖ n. ①试穿定身②装置, 设备;家具

five [faiv] n. & a. 五;五个

fix [fiks] v. ①固定;牢记 [a flagpole fixed in concrete 固定在水泥里的旗杆 an idea fixed in the mind 牢记在心中的想法] ②吸引;凝视 [to fix one's eyes on something 眼睛盯住某物] ③使僵硬, 绷紧 [a jaw fixed in determination 坚定地绷紧下巴] ④确定, 决定 [to fix the date of a wedding 定下结婚日期] ⑤修理 [to fix one's hair 梳头] ⑥修好;修理 [He fixed the broken chair. 他把坏椅子修好。] ⑦准备好, 准备 [to fix dinner 准备晚饭] ⑧使 (颜色) 固着, 使经久不褪 [to fix photographic film 给胶卷定影] ⑨[口] 用不正当手段获得 [to fix an election 用不正当手段在选举中获胜] ⑩[口] 向…报仇;惩罚 ‖ n. [口] 困境, 窘境 /**fix on, fix upon** 选择, 选定 /**fix up** ①修理②解决, 安排妥当③照顾 /**fixed** a. /**fixedly** ['fiksidli] ad.

fixation [fik'seiʃən] n. 固定;定位, 定向

fixings ['fiksiŋs] n. [复] [口] 设备;装饰;配料

fixture ['fikstʃə] n. ①固定物, 固定装置②固定于某职务的人

fizzle ['fizl] v. ①嘶嘶地响②[口] 失败 (尤指开始有希望成功的情况下) ‖ n. ①嘶嘶声②[口] 失败

flabbergast ['flæbəgɑ:st] v. 使目瞪口呆;使大吃一惊

flabby ['flæbi] a. 松弛的, 不结实的 [flabby muscles 松软的肌肉] /**flabbi-ness** n.

flaccid ['flæksid] a. 松弛的, 不结实的

flag¹ [flæg] n. 旗, 国旗 ‖ v. 打旗号/**flag-**

down 打旗号使…停下

flag²〔flæg〕*n.* 菖蒲,香蒲

flag³〔flæg〕*v.* 萎垂;衰退;疲劳〔The hikers began to flag after the tenth mile. 走过十英里后徒步旅行者们开始疲乏了。〕

flagellate〔'flædʒeleit〕*v.* 鞭打,鞭挞/**flagellation** *n.*

flagitious〔flə'dʒiʃəs〕*a.* 罪大恶极的;无耻的

flagpole〔'flægpəul〕*n.* 旗杆

flagrant〔'fleigrənt〕*a.* 罪恶昭彰的;残暴的〔a flagrant crime 残暴的罪行〕

flagship〔'flægʃip〕*n.* 旗舰

flagstone〔'flægstəun〕*n.*（铺路用的）扁石,石板

flair〔flɛə〕*n.* 天资;鉴别力

flake〔fleik〕*n.* 薄片 ‖ *v.* 剥落,成片地降落〔The plaster had flaked from the walls. 泥灰已从墙上剥落。〕

flaky〔'fleiki〕*a.* ①薄片的,薄片构成的②易剥落的;易成薄片的

flamboyant〔flæm'bɔiənt〕*a.* ①火红色的,火焰似的②艳丽的;浮夸的

flame〔fleim〕*n.* ①火焰,火舌②燃烧③火焰般的东西 ‖ *v.* ①发火焰,燃烧②爆发〔to flame with anger 勃然大怒〕

flamingo〔flə'miŋgəu〕*n.* 火烈鸟

flammable〔'flæməbl〕*a.* 易燃的〔Gasoline is flammable. 汽油易燃。〕/**flammability** *n.*

flank〔flænk〕*n.* ①胁;胁腹②侧面;侧翼 ‖ *v.* ①位于…的侧面〔Fountains flank the statue on either side. 塑像的两侧都有喷泉。〕②包抄敌军的翼侧

flannel〔'flænl〕*n.* ①法兰绒,绒布②〔复〕法兰绒衣服

flannelette〔ˌflænl'et〕*n.* 棉法兰绒

flap〔flæp〕*n.* ①下垂物;盖②拍打,拍动声 ‖ *v.* ①拍动;飘动;摆动〔The flag flapped in the wind. 旗在风中飘动。〕②上下摆动;振翅〔The bird flapped its wings. 鸟扇动翅膀。〕

flapjack〔'flæpjæk〕*n.* 煎饼;烤饼

flare〔flɛə〕*v.* ①闪耀〔The torch flared in the wind. 火把在风中闪亮。〕②扩张（成喇叭形）,张开〔The lower end of a clarinet flares out. 单簧管的下端向外张开。〕‖ *n.* ①闪烁,闪耀②作为遇险信号用的闪光灯;照明弹③突然爆发④张开;外张部分/**flare up** ①突然燃起②突然发怒;突然激动

flash〔flæʃ〕*v.* ①闪光,闪亮〔Electric signs flashed all along the street. 沿街闪耀着电光招牌。〕②（眼光等）闪耀〔Her eyes flashed with anger. 她的眼中闪着愤怒的火焰。〕③掠过,闪过;迅速传遍〔The train flashed by. 火车一闪而过。The news was flashed to Paris by radio. 消息通过无线电迅速传到巴黎。〕‖ *n.* ①闪光;闪现②刹那,转瞬间③（过时的）电讯

flashbulb〔'flæʃbʌlb〕*n.* 闪光灯泡

flashcube〔'flæʃkjub〕*n.* 方形闪光灯

flashing〔'flæʃiŋ〕*n.*（屋顶上的）金属盖片,防雨板

flashlight〔'flæʃlait〕*n.* ①手电筒②闪光

flashy〔'flæʃi〕*a.* 浮华的;炫耀的

flask〔flɑːsk〕*n.* 长颈瓶;烧瓶

flat¹〔flæt〕*a.* ①平坦的,平的②平伸的,平展的③扁平的;浅的④断然的;直截了当的⑤不变的;稳定的⑥走了味的,没气泡的⑦跑了气的⑧暗淡的;不鲜明的⑨降音的;降半音的 ‖ *ad.* ①平直地;断然地;以降音〔to fall flat on the floor 实实地掉在地板上〕②恰恰,正好〔He ran the race in 10 seconds flat. 他这次比赛跑了十秒整。〕‖ *n.* ①平坦部分②平地③托盘④降半音;降号 ‖ *v.* 使平;使降半音〔to flat a note 给一个音调降半音〕/**fall flat** 达不到预想效果〔His joke fell flat. 他的玩笑没能使人发笑。〕

flat²〔flæt〕*n.*（楼房的）一层

flatboat〔'flætbəut〕*n.* 平底船

flatcar〔'flætkɑː〕*n.*（铁路）平板车

flatfish〔'flætfiʃ〕*n.* 比目鱼

flatfoot〔'flætfut〕*n.* 平足/**flat-footed** *a.*

flatiron〔'flætaiən〕*n.* 熨斗

F

flatten [ˈflætn] v. 把…弄平；变平

flatter [ˈflætə] v. ①谄媚，奉承②使看上去胜过〔The picture flattered me. 这张照片比我本人漂亮。〕③使高兴，使满意〔I'm flattered that you remember me. 我很高兴你记得我。〕**/flatter oneself** 自以为是〔Don't flatter yourself that he will forgive you. 别自以为他会原谅你。〕**/flatterer** n.

flattery [ˈflætəri] n. 奉承，谄媚

flaunt [flɔ:nt] v. ①夸耀，炫耀〔to flaunt one's wealth 炫耀自己的财富〕②招展；(炫耀地)挥动

flavor [ˈfleivə] n. ①味，风味②香味，气味 ‖ v. 加味于，给…调味

flavoring [ˈfleivəriŋ] n. 调味品，调味香料

flaw [flɔ:] n. ①裂隙，裂缝，瑕疵②错误/**flawless** a.

flax [flæks] n. ①亚麻②亚麻纤维

flaxen [ˈflæksən] a. ①亚麻的②亚麻色的，淡黄的〔flaxen hair 淡黄的头发〕

flay [flei] v. ①剥…的皮②严厉批评，痛责

flea [fli:] n. 蚤，跳蚤

fleck [flek] n. 雀斑，斑点 ‖ v. 使有斑点〔brown cloth flecked with green 有绿色斑点的棕色布〕

fledgling, fledgeling [ˈfledʒliŋ] n. ①刚会飞的小鸟②初出茅庐的人，尚缺乏经验者

flee [fli:] v. ①逃，逃离〔The farmers fled when they heard the flood warnings. 农民们听到洪水警告后都逃走了。〕②消失，匆匆而过

fleece [fli:s] n. 羊毛 ‖ v. ①剪下的(羊)毛②诈取

fleecy [ˈfli:si] a. ①羊毛的；羊毛似的〔fleecy clouds 朵朵浮云〕

fleet¹ [fli:t] n. ①舰队②(国家的)海军③船队；车队

fleet² [fli:t] a. 快速的，敏捷的

fleeting [ˈfli:tiŋ] a. 疾驰的；短暂的

flesh [fleʃ] n. ①肉(尤指皮肤与骨头之间的部分)②(供食用的)兽肉③人体；人类④果肉/**in the flesh** ①亲自，本人②活着的/**one's own flesh and blood** 亲骨肉，亲人

fleshly [ˈfleʃli] a. 肉体的；尘世的；肉欲的

fleshy [ˈfleʃi] a. 多肉的，肥胖的

flex [fleks] v. ①弯曲〔to flex an arm 弯曲手臂〕②绷紧；收缩〔to flex a muscle 收缩肌肉〕

flexible [ˈfleksəbl] a. ①柔韧的，易弯曲的②灵活的，可变通的/**flexibility** n.

flick [flik] n. ①(用鞭)轻打，轻弹②轻击声；轻弹声 ‖ v. 轻弹〔He flicked the ant off the table. 他轻轻地将蚂蚁从桌子上弹下去。〕

flicker [ˈflikə] v. ①闪烁；摇曳〔The candles flickered in the wind. 蜡烛在风中摇曳。〕②晃动，摆动〔flickering shadows 摆动不定的影子〕‖ n. ①闪烁；摇曳②(表情、感情的)一闪

flier [ˈflaiə] n. ①飞行物②飞行员③(公共汽车、火车等的)快车

flight¹ [flait] n. ①飞行，飞翔②(空中的)行程，飞行距离③飞行的一群④超越限制；奔放⑤楼梯(或台阶的)一段

flight² [flait] n. 逃跑，溃退/**put to flight** 使逃跑

flighty [ˈflaiti] a. 反复无常的，轻浮的

flimsy [ˈflimzi] a. 易损坏的；脆弱的；不可信的/**flimsiness** n.

flinch [flintʃ] v. 退缩；畏缩〔The soldier never flinched from duty. 这个士兵从不逃避责任。〕‖ n. 退缩；畏缩

fling [fliŋ] v. ①(用力地)扔，掷；使突然陷入；投入；猛冲〔He flung the spear at the tiger. 他把矛掷向老虎。The lost child was flung into a panic. 迷路的孩子陷入恐慌。He flung himself into his work. 他全身心投入自己的工作。She flung out of the room in a rage. 她气冲冲地奔出房间。〕‖ n. ①抛，掷②(一时的)放释，放纵③(苏格兰高地流行的)奔放的舞蹈④[口]尝试

flint [flint] *n.* 燧石,打火石/**flinty** *a.*

flip [flip] *v.* ①翻动,翻转〔The acrobat flipped over twice in the air. 杂技演员在空中翻了两次。〕②抛硬币〔按其落下的正反面作出选择〕‖ *n.* 翻转;抛硬币

flippant [ˈflipənt] *a.* 轻率的;无礼的/**flippancy** *n.*

flipper [ˈflipə] *n.* 阔鳍,鳍状肢

flirt [fləːt] *v.* ①调情,卖俏②不认真地考虑(或对待)〔Jim flirted with the idea of studying law. 吉姆没经过认真地考虑就要学法律。〕③摆弄,挥动〔The sparrow flirted its tail. 麻雀晃动着尾羽。〕‖ *n.* ①调情者,卖俏者②调情,卖俏

flirtation [fləːˈteiʃən] *n.* 调情/**flirtatious** *a.*

flit [flit] *v.* 掠过,迅速飞过〔butterflies flitting from blossom to blossom 在花丛中飞来飞去的蝴蝶 memories flitting through the mind 在心头闪过的回忆〕

float [fləut] *n.* ①漂浮〔Ice floats. 冰能漂浮。〕②漂浮,飘动〔Clouds floated overhead. 云在天空飘动。〕③使漂浮〔You may float your boats in this pond. 你可以在这个池塘里划船。〕④发行;筹款〔to float a loan 募集贷款〕‖ *n.* ①漂浮物;漂移物②浮球阀②(游行)彩车/**floater** *n.*

flock [flɔk] *n.* ①(动物、飞禽的)群②一群人;同一教堂的全体教徒‖ *v.* 群聚〔Birds of a feather flock together. 物以类聚。〕

flog [flɔg] *v.* 鞭打,鞭挞

flood [flʌd] *n.* ①洪水,水灾②涨潮,涨水③大量涌出;(发出的)大量;滔滔不绝‖ *v.* 淹没,溢出②充满,充斥;涌进〔The sound of trumpets flooded the air. 喇叭声响彻云霄。〕

floodgate [ˈflʌdgeit] *n.* 水闸,水闸门

floodlight [ˈflʌdlait] *n.* ①泛光灯②泛光照明‖ *v.* 用泛光灯照明

floor [flɔː] *n.* ①地面,地板②底,底部②(楼房的)层④(在会上的)发言权‖ *v.* ①在…上铺地板②把…打倒在地③[口]难倒,使…糊涂〔His answer floored me. 他

的回答把我搞糊涂了。〕

flooring [ˈflɔːriŋ] *n.* ①室内地面②地板材料

flop [flɔp] *v.* ①扑拍,拍动〔a beagle with ears flopping 扇动着耳朵的小猎兔犬〕②猛然落下(或倒下)〔He flopped into a chair. 他蓦地坐在椅子上。〕③[口]失败〔Our school play flopped. 我们学校的剧演砸了。〕‖ *n.* ①拍击,拍击声②[口]失败

floral [ˈflɔːrəl] *a.* 花的;像花的

florid [ˈflɔrid] *a.* ①血色好的,红润的②过于修饰的,炫耀的/**floridly** *ad.* /**floridness** *n.*

flotilla [fləuˈtilə] *n.* ①小舰队②船队

flotsam [ˈflɔtsəm] *n.* (遇难船只的)漂浮的残骸(或其货物)

flounce [flauns] *n.* (衣裙上的)荷叶边‖ *v.* 在…镶上荷叶边

flounder[1] [ˈflaundə] *v.* ①踉跄前进;挣扎②胡乱地说话(或做事)〔to flounder through a speech 颠三倒四地讲话〕

flounder[2] [ˈflaundə] *n.* 比目鱼

flour [flauə] *n.* 面粉②(谷物磨成的)粉‖ *v.* 撒面粉于…/**floury** *a.*

flourish [ˈflʌriʃ] *v.* ①茂盛,繁荣;兴旺〔The arts flourished in ancient Greece. 古希腊艺术繁荣。〕②挥舞〔He greeted the crowd by flourishing his hat. 他挥舞帽子向人群致意。〕‖ *n.* ①手舞足蹈②(手写文字上的)花饰②装饰性乐段;响亮的吹奏

flout [flaut] *v.* 藐视;嘲笑〔to flout one's advice 对某人的劝告不屑一顾〕

flow [fləu] *v.* ①流动〔Oil flows through the pipeline. 石油流过管道。〕②川流不息;流畅〔The crowds flowed by. 人群川流而过。The talk flowed on for hours. 谈话滔滔不绝达几个小时。〕③来自;产生〔"Praise God from whom blessings flow." "赞美赐予我们幸福的上帝吧"。〕④飘垂,飘拂〔Her hair flowed down her back. 她的头发飘垂在背后。〕‖ *n.* ①流动;流量②流动物〔a flow of mail 来往不绝的邮

件)③涨潮

flower ['flauə] n. ①花②花卉③开花植物③精华④盛时,最佳时期‖v. ①开花②成熟;繁荣;达到鼎盛时期[As a poet he flowered early. 作为诗人,他成熟得很早。]

flowered ['flauəd] a. 印花的,饰有花的②图案的[a flowered dress 花连衣裙]

flowerpot ['flauəpɔt] n. 花盆

flowery ['flauəri] a. ①花的;花饰的②词藻华丽的/**floweriness** n.

flu [flu:] n. 流行性感冒

fluctuate ['flʌktjueit] v. 起伏,波动;动摇[The price of eggs fluctuates. 鸡蛋的价格不稳定。]/**fluctuation** n.

flue [flu:] n. 烟道,暖气管,通气道

fluency ['flu:ənsi] n. 流利,流畅

fluent ['flu:ənt] a. 流畅的②(说话、写字)流利的/**fluently** ad.

fluff [flʌf] n. ①绒毛,蓬松毛‖v. 使蓬松,使疏松[to fluff a pillow 使枕头蓬松]

fluffy ['flʌfi] a. ①蓬松的,疏松的②有绒毛的

fluid ['flu:id] n. 流体,流质‖a. ①流动的,流体状的②易变的;不固定的

fluke¹ [flu:k] n. ①锚爪,锚钩②(箭、长矛等的)倒钩③鲸的尾鳍

fluke² [flu:k] n. [口] 运气,侥幸;倒霉

flume [flu:m] n. ①流水槽;渡槽②有溪流的峡谷

flunk [flʌŋk] v. [口] 失败,不及格

flunky ['flʌŋki] n. ①仆从,奴才(现已不用此义)②奉承者,势利小人/**flunkies**,**flunkeys** [复]

fluorescent [fluə'resnt] a. 荧光的,发荧光的/**fluorescence** n.

flurry ['flʌri] n. ①阵风/小雨;小雪②激动,慌张‖v. 使慌张,使激动[The heavy traffic flurried the new driver. 车辆和行人很多,使新司机感到很慌。]

flush [flʌʃ] v. ①使脸发红②涨红脸[Fever had flushed his cheeks. 高烧使他脸颊通红。Grace flushed with anger. 格雷斯气得

满脸通红。]②使得意;使兴奋;使激动[Our team was flushed with victory. 我们队获胜后都很兴奋。]③冲洗[to flush a toilet 冲马桶]④惊起,惊飞[The dog flushed a pheasant in the tall grass. 狗在高草丛中惊飞一只野鸡。]‖n. ①奔流;涌②脸红③(感情的)突发,一阵④萌发;茂盛‖a. ①大量的,富裕的②齐平的,同平面的③直接的;径直的‖ad. 齐平,平面[The storm doors close flush with the door frame. 御风暴的外重门与门框贴合得很严。]

fluster ['flʌstə] v. 使激动;使慌乱;激动,慌乱‖n. 慌乱,激动

flute [flu:t] n. ①长笛②(柱子等上的长条形)凹槽‖v. ①吹长笛;发出长笛般的声音②做凹槽

fluting ['flu:tiŋ] n. 凹槽

flutter ['flʌtə] v. ①振翼,拍翅[The sick bird fluttered helplessly. 那只病鸟徒劳地拍动着翅膀。]②飘动,飘扬[The flag fluttered in the breeze. 旗帜在微风中飘扬。]③焦急地乱动,坐立不安④颤动;发抖[His heart fluttered when the car skidded. 汽车打滑时他的心为之振颤。]‖n. ①振翼;飘扬②激动③激动,慌乱

flux [flʌks] n. ①流动②流出③不断的变化;波动③(液体的)异常流出④助熔剂,焊剂

fly [flai] v. ①飞;飞行②乘飞机旅行③驾驶飞机④飘扬,飘荡⑤飞舞⑥突然打开;飞奔,飞逝[The door flew open. 门突然打开了。Time flies. 光阴似箭。]⑥逃跑,逃避⑦(棒球)打飞球‖n. ①(衣服等的)纽扣遮布;拉链遮布②(棒球)飞球/**let fly** 发射,投射/**on the fly** ①在飞行中②[俚]匆忙地

flying saucer 飞碟

flyleaf ['flaili:f] n. (书籍前后的)空白页,衬页/**flyleaves** ['flaili:vz] [复]

flyspeck ['flaispek] n. ①蝇屎污点②小点

flywheel ['flaihwi:l] n. 飞轮,惯性轮

F

foal [fəul] n. 驹 ‖ v. 产(驹)

foam [fəum] n. 泡沫 ‖ v. 起泡沫；吐白沫 [The mad dog foamed at the mouth. 那条疯狗嘴里吐着白沫。]

foamy ['fəumi] a. 起泡沫的；布满泡沫的；泡沫似的 [the foamy water in the rapids 泛着泡沫的急流] /**foaminess** n.

fob [fɔb] n. ①(裤子上的)表袋②(怀表上的)短链及饰物

focal ['fəukəl] a. 焦点的；在焦点上的

focus ['fəukəs] n. ①焦点②焦距③对焦点，聚焦④(活动或兴趣的)中心，集中点 ‖ v. ①聚焦；使聚焦 [to focus light rays 对光]②调节焦距，使看清 [Glasses help him to focus his eyes on small print. 戴眼镜有助于他看清小印刷字体。]③集中 [He couldn't focus his attention on his homework. 他不能将注意力集中到家庭作业上来。] /**in focus** 清晰，清楚/**out of focus** 模糊不清/**focuses**, **foci** ['fəusai] [复]

fodder ['fɔdə] n. 饲料，草料

foe [fəu] n. 敌人；仇人

fog [fɔg] n. ①雾，云雾②尘雾③迷惑，困惑 ‖ v. ①以雾笼罩②使迷惘；使模糊 [a fogged photograph 一张模糊的照片 a fogged mind 糊涂的心绪]

foggy ['fɔgi] a. ①有雾的，多雾的②模糊的，朦胧的/**foggily** ad. /**fogginess** n.

foghorn ['fɔghɔːn] n. 雾中信号喇叭，雾笛

fogy ['fəugi] n. 守旧者，老保守

foible ['fɔibl] n. (性格上的)小缺点，弱点

foil¹ [fɔil] v. 挫败，阻挠；使成泡影 [He was foiled in his plot. 他的阴谋破产了。] ‖ n. (练剑术用的)钝头剑

foil² [fɔil] n. ①箔，金属薄片②陪衬物

foist [fɔist] v. 骗售；蒙混 [to foist a false diamond on someone 将假钻石骗售给某人]

fold [fəuld] v. 折叠，对折 [You fold a letter before putting it in an envelope. 先把信纸折叠起来再放入信封。]②合拢，交叠 [to fold the arms 交臂]③抱住 [He folded the child in his arms. 他把孩子抱在怀里。]④包，包裹 [Fold your lunch in this newspaper. 用这张报纸把你的午饭包起来。] ‖ n. ①折页；褶皱②折痕，褶痕

-fold [fəuld] [后缀] 表示"…倍"，"…重"，"…次" [a tenfold division 分十份；分十次]

folder ['fəuldə] n. ①文件夹②折叠式印刷品③折叠者；折叠机

foliage ['fəuliidʒ] n. (簇)叶，叶子

folio ['fəuliəu] n. ①对折纸；对开纸①对开本，对折本②张数号码/**folios** [复]

folk [fəuk] n. ①人民，民族②[复]人们 ‖ a. 民间的/**one's folks** [口] 家属，亲属/**folk**, **folks** [复]

folk dance, **folk song**, **folk tale** 民间舞蹈，民歌，民间故事

folklore ['fəuklɔː] n. 民间传说，民间故事；民俗

follicle ['fɔlikl] n. 小囊

follow ['fɔləu] v. ①跟随 [The lamb followed Mary to school. 小羊跟着玛丽上学。 Monroe followed Madison as President. 门罗继麦迪逊之后任总统。]②结果产生；是…的结果 [He worked hard and success followed. 他努力工作，因此取得成功。]③沿着…走 [Follow this road for two miles. 沿着这条路走两英里。]④跟踪；侧听⑤领会，听清楚 [I can't follow your reasoning. 我不明白你的推理。]⑥从事，以…为业 [He followed the plumber's trade. 他干了管道工的行当。]⑦听从；追随；遵循 [to follow rules 遵守规则 to follow a leader 追随领导 to follow advice 听从劝告]/**as follows** 如下/**follow out**, **follow up** 把…贯彻到底/**follow through** (高尔夫球)继续打球

follower ['fɔləuə] n. ①追随者；跟随器②跟从，仆人

following ['fɔləuiŋ] a. 接着的，后面的 [the following week 下周] ‖ n. 追随者，随

从/**the following** 下面（要提到的人或事）

folly [ˈfɔli] n. ①愚笨，愚蠢②蠢事；蠢念头

foment [fəuˈment] v. 激起，煽动〔to foment a riot 煽动暴乱〕

fond [fɔnd] a. ①亲切的②珍爱的/**fond of** 喜爱，爱好/**fondly** ad. /**fondness** n.

fondle [ˈfɔndl] v. 爱抚，抚弄〔to fondle a doll 抚弄洋娃娃〕

font [fɔnt] n. ①洗礼盘，圣水器②泉，源

food [fuːd] n. ①食物；养料②食品③材料，资料〔food for thought 帮助思考的材料〕

foodstuff [ˈfuːdstʌf] n. 食物；粮食

fool [fuːl] n. ①蠢人，傻子②（中世纪贵族家或王宫中供人娱乐的）弄臣，小丑 ‖ v. ①愚弄，欺骗〔He fooled his mother by pretending to be asleep. 他假装睡着了，骗他的母亲。〕②干蠢事，演滑稽角色；开玩笑/**fool with**〔口〕乱弄，瞎弄

foolhardy [ˈfuːlhɑːdi] a. 莽撞的，蛮干的/**foolhardiness** n.

foolish [ˈfuːliʃ] a. 愚蠢的，傻的，荒谬的，可笑的/**foolishly** ad. /**foolishness** n.

foolproof [ˈfuːlpruːf] a. 极简单的；极安全的，不会出错的

foot [fut] n. ①脚，足②最下部，底部；底座③尾部，末尾④盖脚的部分⑤英尺⑥（诗的）音步 ‖ v. 〔口〕付〔to foot the bill 付帐〕/**foot it** 〔口〕跳舞；走步，跑步/**on foot** 步行/**put one's foot down**〔口〕坚决，坚定/**under foot** 挡道的；妨碍人的/**feet**〔复〕

football [ˈfutbɔːl] n. ①足球；橄榄球②足球运动；橄榄球运动

footfall [ˈfutfɔːl] n. 脚步声

foothill [ˈfuthil] n. 山麓小丘

foothold [ˈfuthəuld] n. ①立足点，落脚点②据点

footing [ˈfutiŋ] n. ①落脚点，立足点②基础；关系〔to put a business on a sound foot-ing 将生意建立在牢固的基础上〕

footlights [ˈfutlaits] n. 〔复〕台前灯，脚灯

footman [ˈfutmən] n. 男仆；帐房助手

footnote [ˈfutnəut] n. 脚注

footpath [ˈfutpɑːθ] n. 小路；人行道

footprint [ˈfutprint] n. 脚印，足迹

footsore [ˈfutsɔː] a. 走痛了脚的

footstep [ˈfutstep] n. ①脚步；一步的长度②脚步声③脚印/**follow in someone's footsteps** 踏着某人的后尘

footstool [ˈfutstuːl] n. 脚凳

footwear [ˈfutwɛə] n. 鞋类

footwork [ˈfutwɜːk] n. 步法

fop [fɔp] n. 纨绔子弟，花花公子/**foppish**

for [fɔː, fə] prep. ①代，替〔He used a rope for his belt. 他用一根绳子代替腰带。〕②支持，赞成，拥护〔to vote for levy 投票赞成征兵〕③为纪念；为向…表示尊敬〔The baby was named for his uncle. 男孩的名字是为纪念他的叔叔而起的。〕④为了（表目的）〔He walks for exercise. 他散步锻炼身体。She left for home. 她动身回家。I asked for Bill. 我询问比尔的情况。〕⑤寻找〔Look-ing for berries. 找浆果。〕⑥供；适合于（表对象、用途）〔dresses for young girls 适合于年轻姑娘们穿的衣服 money for pay-ing bills 用来付帐的钱〕⑦对于；关于〔a need for improvement 改进的必要 an ear for music 欣赏音乐的能力〕⑧当作，作为〔Do you take me for a fool? 你把我当作傻瓜了吗？〕⑨考虑到；就…而言〔He is tall for his age. 就他的年龄而言，他算是高个儿。〕⑩因为，由于〔He was praised for his honesty. 他因诚实而受到表扬。〕⑪尽管，虽然〔She was unhappy for all her money. 尽管她有钱，她并不感到幸福。〕⑫交换；对比〔For every dollar he earned, his father gave him another. 他每挣一美元，他的爸爸就给他一美元。〕⑬等于，与…等量〔a bill for ＄60 60美元的帐单〕⑭以…的价格〔Joe sold his bicycle for

❋10. 乔以十美元卖了他的自行车。〕⑮〔距离〕达,计〔I walked with him for two miles. 我同他走了两英里。〕⑯〔时间〕达,计〔The movie lasts for an hour. 这个电影演一个小时。〕‖ conj. 因为〔Comfort her, for she is sad. 安慰安慰她,因为她很难过。〕/O! for…要是能有…多好啊!〔O! for a glass of cold water. 要是能有一杯冰水该有多好啊!〕

forage ['fɔridʒ] n. 草料,饲料 ‖ v. ①搜寻饲料,吃草〔The sheep were foraging in the meadow. 羊在草地上吃草。〕②搜,寻找〔I foraged in the attic for some old magazines. 我在顶楼里找些旧杂志。〕③掠夺,抢劫/ **forager** n.

foray ['fɔrei] n. (为了掠夺而进行的)突然袭击,袭击 ‖ v. 袭击;掠夺

forbear [fɔ:'beə] v. ①克制,自制〔The other children were teasing the dog, but Jim forbore. 其他孩子都在逗狗玩,但吉姆却没这样做。〕②控制情感

forbearance [fɔ:'beərəns] n. 忍耐,克制

forbid [fə'bid] v. 禁止,不许〔Did she forbid you to leave the house? 她禁止你离开这座房子了吗? Talking is forbidden in the halls. 大厅里禁止交谈。〕

forbidding [fə'bidiŋ] a. 险恶的,可怕的

force [fɔ:s] n. ①力②暴力,武力③说服力;控制力④(物理中的)力⑤(从事某种活动的)队,组,人员 ‖ v. ①强迫,迫使〔You can't force a child to eat. 你不能逼孩子吃饭。Hunger forced him to steal. 饥饿迫使他去偷窃。〕②强行…,强加…〔He forced the lock with a pick. 他用锡撬锁。〕③用力夺取;塞〔I forced the gun from his hand. 我把枪从他的手里夺过来。He forced another book into the box. 他又将一本书塞入箱子里。〕④努力做出〔Marcia forced a smile, through her tears. 玛莎流着眼泪,强作笑脸。〕⑤促进(植物)早熟〔Gardeners force tomatoes in a greenhouse by giving them extra heat and light. 园丁们

通过额外供给热量和光线的方法使温室里的西红柿早熟。〕⑥(棒球)使跑垒人跑下一垒然后使他出局/**in force**①有效的〔Is this law still in force? 这项法律仍然有效吗?〕②大规模地,大举

forceful ['fɔ:sful] a. 强有力的;强大的,有说服力的/**forcefully** ad.

forceps ['fɔ:seps] n. 镊子,钳子/**forceps**[复]

forcible ['fɔ:səbl] a. ①强行的;用暴力的〔The robbers made a forcible entry into the bank. 抢劫犯们强行闯入银行。〕②有力的,有说服力的〔forcible arguments 有说服力的论据〕/**forcibly** ad.

ford [fɔ:d] n. 可涉水而过的地方 ‖ v. 徒涉,趟过

fore [fɔ:] ad. & a. 在前面(的);在船头(的) ‖ n. 前部;船头 ‖ int.〔打高尔夫球者的喊声〕让开! /**to the fore** 在前面;能看得见

fore- [前缀]表示:①在…之前〔forenoon 上午〕②前部的;前面的〔foreleg 前腿〕

forearm[1] ['fɔ:rɑ:m] n. 前臂

forearm[2] [fɔ:r'ɑ:m] v. 预处武装;预先准备

forebear [fɔ:'beə] n. 祖先,先辈

forebode [fɔ:'bəud] v. 预示〔His angry looks forebode a quarrel. 他气愤的表情预示着一场争吵。〕

foreboding [fɔ:'bəudiŋ] n. (凶事的)先兆

forecast ['fɔ:kɑ:st] v. 预报;预测〔Rain is forecasted for this evening. 据预报,今晚有雨。〕‖ n. 预报〔a weather forecast 天气预报〕/**forecaster** n.

forecastle ['fəuksl] n. ①前甲板②船首楼

foreclose [fɔ:'kləuz] v. 取消抵押品赎回权〔A bank can foreclose a mortgage if payments on its loan are not made in time. 如果贷款不及时偿还,银行可以取消抵押品的赎回权。〕/**foreclosure** [fɔ:'kləuʒə] n.

forefather ['fɔ:,fɑ:ðə] n. 祖先,祖宗

forefinger ['fɔːfiŋgə] n. 食指

forefoot ['fɔːfut] n. (兽等的)前脚/**forefeet** [复]

forefront ['fɔːfrʌnt] n. ①最前方②最前线

forego [fɔːˈgəu] v. ①走在…之前②放弃,摒弃

foregoing [fɔːˈgəuiŋ] a. 在前面的;前述的/**the foregoing** 以上提到的

foregone [fɔːˈgɔn] a. 预先决定的;无可避免的

foreground ['fɔːgraund] n. (图画的)前景

forehand ['fɔːhænd] n. (网球中的)正手打 ‖ a. 正手打的 ‖ ad. 用正手打地

forehead ['fɔrid] n. 额,前额

foreign ['fɔrin] a. ①外国的;外地的②外国来的;对外的;外国产的③不适合的,异样的

foreigner ['fɔrinə] n. 外国人

foreknowledge ['fɔːˈnɔlidʒ] n. 预知,先知

foreleg ['fɔːleg] n. (兽的)前腿

forelock ['fɔːlɔk] n. 额发,前发

foreman ['fɔːmən] n. ①工头,领班②陪审长,陪审团发言人/**foremen** [复]

foremast ['fɔːmɑːst] n. 前桅

foremost ['fɔːməust] a. 最初的;最前面的;最重要的 ‖ ad. 在最前;最重要地 [He is first and foremost a teacher. 他首先是位教师。]

forenoon ['fɔːnuːn] n. 午前,上午

forensic [fəˈrensik] a. 法庭的;辩论的 [forensic language 雄辩的语言]

foreordain ['fɔːrɔːˈdein] v. 预先注定

forepaw ['fɔːpɔː] n. (兽的)前爪

forerunner [fɔːˈrʌnə] n. ①预报者,传令官②前兆

foresee [fɔːˈsiː] v. 预见,预知 [to foresee the future 预见未来]

foreshadow [fɔːˈʃædəu] v. 预示,预兆

foreshorten [fɔːˈʃɔːtn] v. (绘画中)按透视法缩短;缩描

foresight ['fɔːsait] n. ①先见,预见②预见的能力③前视,向前看④深谋远虑

foreskin ['fɔːskin] n. 包皮

forest ['fɔrist] n. 森林,森林地带 ‖ v. …造林

forestall [fɔːˈstɔːl] v. 先下手,先发制人 [to forestall an argument by changing the subject 通过改变论题在辩论中抢先争取主动]

forester ['fɔristə] n. 护林员,林务员

forestry ['fɔristri] n. 林学;林业

foretaste ['fɔːteist] n. 先尝;预示

foretell [fɔːˈtel] v. 预言;预示

forethought ['fɔːθɔːt] n. 预谋;事先的考虑

forever [fəˈrevə] ad. ①永远,永久 [No man lives forever. 没有人常生不死。]②总是,常常 [The child is forever interrupting us. 这孩子是扰我们的。]

forevermore [fəˌrevəˈmɔː] ad. 永远,永久

forewarn [fɔːˈwɔːn] v. 预先警告 ["Forewarned is forearmed". "预知则有备"。]

foreword ['fɔːwəːd] n. 序,序言,前言

forfeit ['fɔːfit] v. 丧失,放弃 [Because our team was late in arriving, we had to forfeit the game. 由于我们队来迟了,失去了比赛权。] ‖ n. ①丧失的东西;没收物;罚金②丧失,剥夺

forfeiture ['fɔːfitʃə] n. ①丧失,没收②没收物

forgather [fɔːˈgæðə] v. 聚会;偶遇

forge¹ [fɔːdʒ] n. ①锻炉②锻造车间 ‖ v. ①锻造;锻炼②伪造;犯伪造罪

forge² [fɔːdʒ] v. 艰难地行进 [They forged ahead through the snow. 他们在雪中艰难地前进。]

forger ['fɔːdʒə] n. ①锻工②伪造者

forgery ['fɔːdʒəri] n. ①(签字,文件等的)伪造②伪造品,赝品

forget [fəˈget] v. ①忘,忘记 [I have forgotten Henry's address. 我把亨利的地址

忘了。②忽略，遗漏〔You forgot to lock the door. 你忘锁门了。I forgot my books again. 我又忘带书了。〕/**to forget oneself** 忘乎所以

forgetful ['fəgetful] a. ①健忘的，记忆力差的②粗心大意的；疏忽的/**forgetfulness** n.

forget-me-not [fə'getminɔt] n. 〔植〕勿忘我

forgive [fə'giv] v. 原谅，饶恕，宽恕〔She forgave him for his rudeness. 她原谅了他的鲁莽。〕/**forgivable** a.

forgiveness [fə'givnis] n. ①饶恕，宽恕②准备饶恕

forgo [fɔ:'gəu] v. 摒弃，放弃〔I'll forgo dessert today. 我今天不吃甜点心。〕

fork [fɔ:k] n. ①叉；耙②叉状物③岔路；树叉；分岔④分支 ‖ v. ①分岔〔Go left where the road forks. 在岔道口向左拐。〕②叉起〔Fork some hay into the stalls. 往马厩里叉些干草。〕/**fork over, fork out** 〔口〕支付，交付

forlorn [fə'lɔ:n] a. 孤独凄凉的；被遗弃的；可怜的

form [fɔ:m] n. ①形状；外形；体型②模子③体制；体裁；种类④形式，方式⑤举止；礼节⑥表格；格式⑦身体状况；精神状态⑧词形，形式式⑨（教室里的）长板凳 ‖ v. ①形成；塑造〔Bill formed the wet sand into a castle. 比尔用潮湿的沙子造了一座城堡。〕②培养，训练〔to form the character of a child 培养孩子的性格〕③养成；逐步形成〔He has formed good habits. 他养成了良好的习惯。〕④成立，组成〔Let's form a club! 咱们成立一个俱乐部! 〕⑤构成〔The U. S. is formed of 50 states. 美国由 50 个州构成。〕

formal ['fɔ:məl] a. ①正式的②不自然的，呆板的③在正式场合穿的④整齐的，有条理的 ‖ 〔口〕女式夜礼服/**formally** ad.

formality [fɔ:'mæliti] n. ①拘泥形式，拘谨②礼仪；正式手续

formation [fɔ:'meiʃən] n. ①形成；构成②结构；队形

formative ['fɔ:mətiv] a. 形成的；发育的

former ['fɔ:mə] a. ①以前的，从前的②前一个

formerly ['fɔ:məli] ad. 以前，从前〔Iran, formerly called Persia. 伊朗以前叫波斯。〕

formidable ['fɔ:midəbl] a. ①可怕的，令人生畏的②艰难的，棘手的/**formidably** ad.

formless ['fɔ:mlis] a. 不成形的；无形状的

formula ['fɔ:mjulə] n. ①俗套话②配方，处方〔a formula for the baby's milk 婴儿牛奶的配方〕③公式，程式④化学式，分子式

formulate ['fɔ:mjuleit] v. 系统地阐述；用公式表示〔to formulate a theory 系统地阐述一套理论〕/**formulation** n.

forsake [fə'seik] v. 遗弃，抛弃〔He will never forsake a friend in trouble. 他绝不会抛弃一个患难中的朋友。〕

forswearWTBZJ [fɔ:'sweə] v. ①发誓抛弃〔to forswear smoking 发誓戒烟〕②发伪誓；作伪证

fort [fɔ:t] n. 堡垒，要塞

forte [fɔ:t] n. 长处，特长

forth [fɔ:θ] ad. ①向前；向前〔He never said a word from that day forth. 从那天起他从没说过一句话。〕②向外，现出〔The bears came forth from their den. 这些熊从窝里走出来。〕/**and so forth** 等等

forthcoming [fɔ:θ'kʌmiŋ] a. ①即将出现的；即将到来的②现成的

forthright ['fɔ:θrait] a. 直率的，直截了当的〔a forthright criticism 坦率的批评〕

forthwith [fɔ:θ'wiθ] ad. 立即，马上〔Give us your answer forthwith. 马上给我们答复。〕

fortieth ['fɔ:tiiθ] a. 第四十 ‖ n. 第四十个④四十分之一

fortification [ˌfɔ:tifi'keiʃən] n. ①加强②筑垒，设防③防御区；设防地区

fortify ['fɔ:tifai] v. ①加强,使…坚强 [to fortify concrete with steel wire 用钢筋加固混凝土 to fortify an argument with many facts 运用大量事实加强论点] ②筑御工事;设防 ③增加维生素(或矿物质) [milk fortified with vitamin D 加有维生素 D 的牛奶]

fortitude ['fɔ:titju:d] n. 坚韧,刚毅

fortnight ['fɔ:tnait] n. 两周/**fortnightly** a. & ad.

fortress ['fɔ:tris] n. 堡垒,要塞

fortuitous [fɔ:'tju:itəs] a. 偶然发生的,偶然的 [a fortuitous meeting 偶然相遇]

fortunate ['fɔ:tʃənit] a. 幸运的,侥幸的 [a fortunate man 幸运者]/**fortunately** ad.

fortune ['fɔ:tʃən] n. ①命运;运气②某人未来的命运③好运;成功④一大笔钱,财富

fortuneteller ['fɔ:tʃəntelə] n. 算命先生,算命者

forty ['fɔ:ti] n. & a. ①四十②[复]40 年代

forum ['fɔ:rəm] ①(古罗马的)广场②讨论会;论坛

forward ['fɔ:wəd] a. ①在前面的;向前的②进步的;激进的,过激的③热心的,急切的④鲁莽的;放肆的 ‖ ad. ①向前,朝前②将来,今后 ‖ n. (篮球,足球中的)前锋 ‖ v. ①促进;加快②转递,转交 [Forward her mail to Paris 把她的信转送到巴黎。]/**forwardness** n.

fossil ['fɔsl] n. ①化石②[口]老顽固,守旧者

foster ['fɔstə] v. ①养育,抚养②助长;促进 [Dirty hands foster disease. 脏手容易使人患病。] ③怀有,抱有 [to foster a hope 抱有希望] ‖ a. 有领养关系的 [a foster father 养父]

foul [faul] a. ①肮脏的;恶臭的,腐败的;污秽的②(污物)堵塞的,淤塞的③邪恶的,可恶的④暴风雨的,险恶的⑤下流的,粗俗的,(语言)污秽的⑥被缠住的(绳、链)⑦不正当的,犯规的⑧[口]讨厌的,不好的 ‖ n. ①犯规动作②(棒球中)犯规球 ‖ v. ①弄脏,污染 [The city sewers have fouled the lake. 城市下水道污染了湖水。]②使堵塞 [Rust has fouled the pipes. 锈把管道堵塞了。]③缠住 [fouled yarn 乱纱]④(比赛中)对…做犯规动作 [The boxer fouled his opponent by hitting below the belt. 拳击手击打对方皮带以下部位,有犯规动作。]⑤(棒球中)打犯规球/**run foul of** 与…发生纠葛/**foully** ad./**foulness** n.

found[1] [faund] v. ①创立;创办 [to found a new college 创办一所新大学]②为…打基础 [an argument founded on facts 以事实为依据的论点]

found[2] [faund] v. 铸,铸造

foundation [faun'deiʃən] n. ①地基,地脚②根据;基础③建立,创办④基金

founder[1] ['faundə] n. ①奠基者;创立者;缔造者②铸造工,翻砂工

founder[2] ['faundə] v. ①沉没 [The ship struck a reef and foundered. 这艘船触礁后沉没了。]②倒坍;垮倒;跌倒

foundling ['faundliŋ] n. 弃儿

foundry ['faundri] n. 铸造厂;铸工车间

fount [faunt] n. ①泉;泉水②源泉;来源

fountain ['fauntin] n. ①泉;泉水②喷泉;喷泉装置③源,来源④饮料柜台

fountainhead ['fauntinhed] n. 根源,本源

fountain pen 自来水笔

four [fɔ:] n. & a. 四;四个/**on all fours**①四只脚走路②爬着

four-footed ['fɔ:'futid] a. 四足的 [The bear is a four-footed animal. 熊是四足动物。]

fourscore ['fɔ:'skɔ:] a. & n. 八十

foursome ['fɔ:səm] n. (高尔夫球中的)双打

foursquare ['fɔ:'skweə] a. ①正方的②直率的,坦白的

fourteen ['fɔ:'ti:n] n. & a. 十四;十四个

fourteenth [ˈfɔːˈtiːnθ] a. 第十四 ‖ n. ①第十四个②十四分之一

fourth [ˈfɔːθ] a. 第四 ‖ n. ①第四个②四分之一

fowl [faul] n. ①禽鸟②家禽③禽肉

fowler [ˈfaulə] n. 捕野禽者

fouling piece [ˈfaulin] n. 鸟枪

fox [fɔks] n. ①狐狸②狐皮③狡猾的人

foxglove [ˈfɔksglʌv] n. 毛地黄(植物)

foxhound [ˈfɔkshaund] n. 捕狐的大猎狗

fox trot ①狐步舞②狐步舞曲

foxy [ˈfɔksi] a. 狡猾的,似狐的

foyer [ˈfɔiei] n. (剧场、旅馆的)门厅,休息处

fracas [ˈfrækɑː] n. 喧闹的打架;大声吵架

fraction [ˈfrækʃən] n. ①分数②分数式③一点,一小部分/**fractional** a.

fractious [ˈfrækʃəs] a. 倔强的;易怒的;暴躁的

fracture [ˈfræktʃə] n. ①破裂;折断②裂缝;裂痕;骨折 ‖ v. 破裂,折断[an arm fractured in a fall 跌倒时摔断的一只手臂]

fragile [ˈfrædʒail] a. 易碎的,易损坏的;脆弱的/**fragility**[frəˈdʒiliti] n.

fragment [ˈfrægmənt] n. ①碎片,碎块②片断

fragmentary [ˈfrægməntəri] a. 碎块的,零碎的;不完全的

fragrance [ˈfreigrəns] n. 芬芳;香味

fragrant [ˈfreigrənt] a. 香的,芬芳的

frail [freil] a. ①易碎的;易损的;虚弱的②易被引诱的,意志薄弱的

frailty [ˈfreilti] n. ①脆弱②虚弱;薄弱;错误;缺点

frame [freim] n. ①构架,骨架②身躯③框架,框子④(地滚球中)一局 ‖ v. ①制定,拟出;想出[to frame laws 制定法律 to frame an excuse 想出借口]②给…装框子[to frame a picture 给一幅画装上框子]③[口]陷害/**frame of mind** 心情

frame-up [ˈfreimʌp] n. [口]阴谋,诬害

framework [ˈfreimwəːk] n. 框架;构架;结构

franchise [ˈfræntʃaiz] n. ①政府的特权,特许②选举权③专卖权

frank [fræŋk] a. 坦白的,直率的;真诚的 ‖ v. 免费邮寄[Senators may frank official mail. 参议员可以免费邮寄官方信件。]‖ n. 免费邮寄权;免费邮寄戳/**frankly** ad. /**frankness** n.

frantic [ˈfræntik] a. (因愤怒、痛苦、悲伤等)发狂的/**frantically** ad.

fraternal [frəˈtəːnl] a. 兄弟的,兄弟般的

fraternity [frəˈtəːniti] n. ①兄弟关系;友爱②大学生联谊会(常以希腊字母命名)③一群同职业(或同兴趣、同信仰)的人

fraternize [ˈfrætənaiz] v. 亲如兄弟;友善

fraud [frɔːd] n. ①欺骗,欺诈②欺骗手段;诡计③[口]骗子;虚伪的人

fraudulent [ˈfrɔːdjulənt] a. ①欺骗的,欺诈的[a fraudulent scheme 骗局]②骗得的

fraught [frɔːt] a. 充满…的

fray¹ [frei] n. 吵架,打架

fray² [frei] v. 磨损[a coat frayed at the elbows 肘部磨损的外衣]

frazzle [ˈfræzl] v. ①穿破,磨损②疲惫 ‖ n. [口]磨损;疲惫

freak [friːk] n. ①畸形的动物(或植物)②怪诞的行为;怪念头 ‖ a. 反常的,奇特的/**freakish** a.

freckle [ˈfrekl] n. 雀斑 ‖ v. 生雀斑

free [friː] a. ①无拘束的,自由的②有政治、民主权利的③放开的,松的④空闲的;无…的⑤不符合常规的,随便的;自由的⑥大手大脚的,慷慨的⑦免费的⑧免税的⑨畅通的,无阻的[The harbor is free of ice all winter. 这个港口整个冬天不冻冰。]‖ ad. ①免费地[He let us in free. 他免费放我们进去了。]②自由地;随意地[The wind blows free. 风肆意地刮。]‖ v. 使自由,释放,放出[The sailors

F

worked to free the tangled ropes. 水手们忙着去解开那些缠在一起的绳子。〕/**free from , free of** 没有…的，无…的②免于/**freely** ad.

freebooter [ˈfriːbuːtə] n. 海盗

freedom [ˈfriːdəm] n. ①自由；自主②（行动、使用的）自由权③灵活性④直率，坦率，放肆，过分亲密

freehand [ˈfriːhænd] a. 徒手的

freelance [ˈfriːlɑːns] n. 自由作家；自由演员；自由画家

freeman [ˈfriːmən] n. 自由民

freestone [ˈfriːstəun] a. （果实等）容易与核分开的〔a freestone peach 离核的桃子〕

freethinker [ˈfriːˈθiŋkə] n. （宗教上的）自由思想家

freeway [ˈfriːwei] n. 超速干道，快车道

free will 自愿，自由意志/**free-will** a.

freeze [friːz] v. ①结冰，凝固〔Water freezes at 32°F. 水在华氏 32 度结冰。〕②用冰覆盖；装满冰〔The river froze over. 河水全部冻结了。〕③使冻僵；使冻伤（或冻死）〔The sudden cold spell froze our peaches. 突然来临的寒潮把我们的桃子冻了。〕④冻牢，冻住〔The wheels froze to the ground. 车轮冻在地上了。〕⑤（气缸活塞）卡滞⑥使呆住；愣住〔to freeze with terror 吓呆〕⑦使冷淡，变冷淡⑧冻结（工资、物价等）‖ n. ①结冰，凝固②严寒期，寒潮

freeze-dry [ˈfriːzˌdrai] v. 冻干，升华干燥

freezer [ˈfriːzə] n. ①冰淇淋机②冰箱，冷藏箱

freight [freit] n. ①货物②运费③货运 ‖ v. ①装货于②运送

freighter [ˈfreitə] n. 货船

frenzy [ˈfrenzi] n. 狂乱，疯狂〔a frenzy of joy 狂喜 a frenzy of fear 惊恐〕/**frenzied** a.

frequency [ˈfriːkwənsi] n. ①屡次，频繁②频率，周率，(发生)次数

frequent [ˈfriːkwənt] a. 屡次的，频繁的

‖ v. [friˈkwent] 常到，常去；常在〔She frequents movie theaters. 她常去电影院。〕/**frequently** ad.

fresh[1] [freʃ] a. ①新的，新鲜的②未腌制的；不是罐装的③精神饱满的；有生气的④（衣服）干净的⑤有生气的，气色好的⑥有创见的；与众不同的⑦新来的⑧凉爽的，清新的⑨淡的/**freshly** ad. /**freshness** n.

fresh[2] [freʃ] a. [俚]冒失的，无礼的，放肆的

freshen [ˈfreʃn] v. 使新鲜；使精神饱满；使淡化

freshman [ˈfreʃmən] n. 中学九年级学生；大学一年级学生/**freshmen**[复]

fret [fret] v. ①使烦恼；使发愁；烦躁〔Don't fret about things you can't change. 别为你不能改变的事烦恼。别为你不能改变的事烦恼。她常因小麻烦发愁。〕②磨损；腐蚀 ‖ n. 烦恼，烦躁

fretful [ˈfretfəl] a. 烦恼的，烦躁的

fretwork [ˈfretwəːk] n. 格子细工，浮雕细工

friable [ˈfraiəbl] a. 脆的，易粉碎的〔friable soil 松散的土〕

friction [ˈfrikʃən] n. ①摩擦②争议，摩擦③摩擦阻力

Friday [ˈfraidi] n. 星期五

fried [fraid] fry 的过去式和过去分词 ‖ a. 油煎的，油炸的

friend [frend] n. ①朋友，友人②（斗争中的）同盟者，朋友③赞助者，支持者〔a friend of liberty 赞同自由的人〕④Friend（基督教）友谊会教友/**make friends with** 与…交朋友

friendly [ˈfrendli] a. ①朋友的，朋友般的，友好的②愿意作朋友的，表示友善的〔a friendly nation 友好国家〕 ‖ ad. 友好地，朋友般地/**friendliness** n.

friendship [ˈfrendʃip] n. ①友好②友谊

fright [frait] n. ①惊吓，惊怖②[口]奇形怪状的东西

frighten [ˈfraitn] v. ①使惊恐；恐惧①使

恐惧而做某事[I'll frighten him away. 我要吓唬他跑。]

frightful [ˈfraitful] a. ①令人恐怖的，吓人的②令人震惊的，惊人的③[口]极大的/**frightfully** ad.

frigid [ˈfridʒid] a. ①寒冷的，冷淡的，生硬的/**frigidity** [friˈdʒiditi] n.

frill [fril] n. ①(服装的)褶边，饰边②不必要的装饰，虚饰/**frilly** a.

fringe [frindʒ] n. ①穗，缘饰；毛边②边缘[He stood at the fringe of the crowd. 他站在人群的边上] ‖ v. 镶边，加边缘[Trees fringe the lake. 湖边种着树。]

frippery [ˈfripəri] n. ①便宜而俗艳的服装(或装饰品)②(态度、语言的)浮夸，低俗的炫耀

frisk [frisk] v. ①欢跃，轻快活泼地跳跃②[俚]搜身

frisky [ˈfriski] a. 活泼的/**friskily** ad. / **friskiness** n.

fritter [ˈfritə] n. (果馅或玉米馅)油煎饼

frivolity [friˈvɔliti] n. ①轻薄，轻浮②轻薄举动

frivolous [ˈfrivələs] a. ①轻薄的，轻浮的，琐屑的

frizzle [ˈfrizl] v. 使头发卷曲，烫发/**frizzly, frizzy** a.

frog [frɔg] n. ①青蛙②盘花纽扣/ **frog in the throat** 轻度喉哑

frolic [ˈfrɔlik] n. ①嬉戏，欢乐的聚会②闹着玩]‖ v. 嬉戏，闹着玩

frolicsome [ˈfrɔliksəm] a. 嬉戏的，爱闹着玩的

from [frɔm, fram] prep. ①从；从…起[from Erie to Buffalo 从伊利到布法罗 from noon to midnight 从中午到午夜]②从…里[to take clothes from a closet 从衣橱里拿衣服 to release a person from jail 把某人从狱中放出来 to keep a child from mischief 不让孩子淘气]③(表示来源)从，从…来[a letter from Mary 玛丽寄来的信]④离开[Keep away from the dog. 离那条狗远点。]⑤表示减去[Take 2 from 4. 四减二。]⑥表示区别[I can't tell one baby from another. 我分不清两个婴儿。]⑦由于，因为[He trembled from fear. 他吓得发抖。]

frond [frɔnd] n. ①蕨类的叶子②棕榈的叶

front [frʌnt] n. ①前面，正面②前部，开头③外表，态度④海边(或湖边的)土地，路边⑤前线，前方⑥挂名负责人，出面人物；掩护物⑦锋(冷暖空气团的分界处) ‖ a. 前面的，前部的；在前的 ‖ v. 面对，朝向[The house fronts the lake. 这座房子对着湖。]

frontage [ˈfrʌntidʒ] n. ①(建筑物的)正面②(土地)正面的长度③(临街或临湖的)土地

frontal [ˈfrʌntl] a. 前面的，正面的

frontier [ˈfrʌntjə] n. ①国境，边境②边远地区，边疆③(科学技术等的)新领域，尖端[the frontier of medicine 医学尖端]

frontiersman [frʌnˈtjəzmən] n. 边疆居民

frontispiece [ˈfrʌntispiːs] n. (书籍的)卷首插画

frontlet [ˈfrʌntlit] n. ①额饰；额上护符②(动物的)前额

frost [frɔst] n. ①霜②冰冻，严寒天气 ‖ v. 结霜于…上

frostbite [ˈfrɔstbait] n. 冻伤

frostbitten [ˈfrɔstbitn] a. 冻伤的[frost-bitten toes 冻伤的脚趾]

frosting [ˈfrɔstiŋ] n. ①(覆在糕饼上的)糖霜混合物②玻璃粉

frosty [ˈfrɔsti] a. ①霜冻的；寒冷的②被霜覆盖的③冷若冰霜的，冷淡的

froth [frɔθ] n. ①泡沫②渣滓，废物 ‖ v. 起泡沫[The dog frothed at the mouth. 那条狗嘴里吐白沫。]/**frothy** a. /**frothiness** n.

froward [ˈfrəwəd] a. 不易控制的，难驾驭的；固执的

frown [fraun] v. ①皱眉，蹙额②表示不满，不赞许[Father frowns upon such waste of food 爸爸对这样浪费食物表示不满。] ‖ n. 皱眉

frowzy [ˈfrauzi] a. ①肮脏的，不整洁的/

frowziness n.

frozen ['frəuzn] freeze 的过去分词 ‖ a.
①冻冰的,结冰的②冻伤的,冻死的③冰
冻保鲜的④震惊的

frugal ['fruːgəl] a. ①节约的,节俭的②
花钱少的/**frugality** [fruːˈgæliti]
n. /**frugally** ad.

fruit [fruːt] n. ①水果②果实,产物③成
果,结果 ‖ v. 结果实

fruitage ['fruːtidʒ] n. ①结果实②果实③
结果,产物

fruitful ['fruːtful] a. ①果实累累的②多
产的③有利的;有效的/**fruitfully** ad. /
fruitfulness n.

fruition [fruːˈiʃən] n. ①结果实②成就,
实现

fruitless ['fruːtlis] a. ①无效果的;失败
的[fruitless efforts 徒劳]②不结果实的

fruity ['fruːti] a. 果味的

frustrate [frʌsˈtreit] v. 挫败,破坏,阻挠,
使落空[The rain frustrated our plans for a
picnic. 下雨使我们野餐的计划落空。He
is constantly frustrated by his lack of skill
in sports. 他因缺乏体育技巧而屡遭失
败。]/**frustration** n.

fry¹ [frai] v. 油炸,油炒,油煎 ‖ n. ①油煎
食品野餐会[复]油煎食品

fry² [frai] n. [单复数]鱼秧,鱼苗/**small
fry**①小孩②小人物

fuddle ['fʌdl] v. 使迷糊,使醉

fudge [fʌdʒ] n. 一种牛奶软糖②胡言,胡
说

fuel ['fjuəl] n. ①燃料②刺激物,使感情更
强烈的东西 ‖ v. ①加油②得到燃料

fugitive ['fjuːdʒitiv] a. ①逃亡的,逃跑
的②短暂的,易消失的 ‖ n. 逃亡者

-ful [后缀]①表示"充满"[joyful 充满快
乐的]②表示"有…的倾向"[forgetful 爱
忘事的]③表示"充满…所需的量"[tea-
spoonful 一茶匙容量]④表示"有…的性
质"[masterful 极有支配人的]

fulcrum ['fʌlkrəm] n. 支点;支轴/**ful-
crums, fulcra** ['fʌlkrə][复]

fulfill, fulfil [fulˈfil] v. 履行;完成,达到
[to fulfill a promise, a duty, a purpose, a
mission 履行诺言,完成任务,达到目标,
完成使命]/**fulfillment, fulfilment** n.

full [ful] a. ①满的,装满的②有很多的;
丰富的;充实的③吃饱的④完全的,十足
的⑤洪亮的⑥又胖又圆的,丰满的⑦宽
大的,大皱褶的 ‖ ad. ①完全地[a full-
grown boy 成熟的男孩]②直接地,径直
地[The ball hit him full in the face. 球正
好打在他的脸上。]/**full many** [诗]大量
的/**full well**(身体)很好的/**in full**①充
足,十足[paid in full 全部付清]②不缩
写,用完整的词[Write your name in full.
完整地写出你的名字。]/**fullness** n.

fullback ['fulbæk] n. (足球)后卫

fuller ['fulə] n. 漂洗工;缩绒工

full-fledged ['fulˈfledʒd] a. 成熟的;经
过训练的[a full-fledged pilot 熟练的飞行
员]

full-grown ['fulˈgrəun] a. 长足的,成熟
的

fully ['fuli] ad. 充分地,完全地[to under-
stand fully 完全理解 to be fully ripe 完全
成熟]

fulminate ['fʌlmineit] v. ①爆炸②大声
指责;大声呵斥 ‖ n. 炸药/**fulmination**
n.

fulsome ['fulsəm] a. 令人厌恶的;虚伪
的[fulsome flattery 令人作呕的恭维]

fumble ['fʌmbl] v. ①乱摸,摸索[He
fumbled for the keys in his pocket. 他在口
袋里摸索钥匙。]②(球类运动中)漏接,
未拿到球[to fumble a football 漏接足球]
‖ n. 摸索,乱摸;失球

fume [fjuːm] n. (浓烈或难闻的)烟,气,
汽 ‖ v. ①冒烟;出汽②表现出不满,生气
[He fumed at the long delay. 他对长时间
拖延表示气愤。]

fumigate ['fjuːmigeit] v. 用烟熏消毒以
除去细菌(害虫、老鼠)等等

fun [fʌn] n. 嬉戏;娱乐;乐趣/**for fun** 或 **in
fun** 开玩笑地,闹着玩地,非认真地/
make fun of 取笑;嘲弄

function [ˈfʌŋkʃən] n. ①人或物的特殊功能;作用;作用;机能②正式集会;祝典 ‖ v. 尽职责;起作用〔The motor is not functioning properly. 发动机坏了。〕/ **functional** a. /**functionally** ad.

functionary [ˈfʌŋkʃənəri] n. 官员;工作人员/**functionaries** [复]

fund [fʌnd] n. ①基金;专款〔a scholarship fund 奖学金〕②[复]现款;储存物

fundamental [ˌfʌndəˈmentl] a. 基础的,基本的 ‖ n. 根本;基本原理/**fundamentally** ad.

funeral [ˈfjuːnərəl] n. 丧礼;葬礼 ‖ a. 葬礼的〔a funeral march 丧礼进行曲〕

funereal [fjuˈ(ː)niəriəl] a. 葬礼似的,悲哀的;忧郁的

fungous [ˈfʌŋɡəs] a. 真菌的;(似)真菌类的

fungus [ˈfʌŋɡəs] n. 真菌,真菌类植物/**fungi** [ˈfʌndʒai],**funguses** [复]

funk [fʌŋk] n. [口] 恐惧,惊惶

funnel [ˈfʌnl] n. ①漏斗②烟囱 ‖ v. 使通过漏斗或烟囱

funny [ˈfʌni] a. 有趣的;好玩的②[口]奇特的,不寻常的/**funnily** ad.

fur [fəː] n. ①(动物之)软毛②兽类的皮③皮衣,围脖等等④舌苔 ‖ a. 毛皮的 ‖ v. 用毛皮盖;装以毛皮

furbelow [ˈfəːbiləu] n. (女服的)衣裙边饰〔frills and furbelows 裙边、褶边的装饰〕

furbish [ˈfəːbiʃ] v. ①擦亮;刷亮②刷新;恢复〔to furbish up an old sofa 刷新旧沙发〕

furious [ˈfjuəriəs] a. ①狂怒的②狂暴的,猛烈的,强烈的/**furiously** ad.

furlough [ˈfəːləu] n. (指军人、水手的)休假 ‖ v. 准…休假

furnace [ˈfəːnis] n. 炉子;熔炉,高炉

furnish [ˈfəːniʃ] v. ①供给,提供〔to furnish a lawyer with facts 给律师提供事实〕②布置、配备(家具等)〔to furnish a home 布置房间〕

furnishings [ˈfəːniʃiŋz] n. [复]①家具②(穿戴的)服饰品

furniture [ˈfəːnitʃə] n. 家具

furor [ˈfjuːrɔː] n. ①激发,狂热〔His new book has caused quite a furor. 他的新书风靡一时。〕②狂怒,暴怒〔The furor of the mob 一伙人的狂暴〕

furrier [ˈfʌriə] n. 皮货商,皮毛加工者,(修、改)缝制毛皮衣服的人

furrow [ˈfʌrəu] n. ①犁沟,垄沟②皱纹 ‖ v. 犁,使起皱纹〔Trouble had furrowed his brow. 麻烦事使他皱起眉来。〕

furry [ˈfəːri] a. ①覆有毛皮的,衬有皮毛的〔a furry kitten 一种长皮毛的小动物〕②毛皮的,似毛皮的〔furry cloth 毛皮衣物〕

further [ˈfəːðə] a. ①更多的,进一步的〔I have no further news. 我没有更多的消息了。〕②较远的 ‖ ad. ①更进一步,更多地〔We must investigate further. 我们必须进一步地调查研究。〕②此外,而且,并且〔Further, I want you to leave at once. 此外,我要你立刻离开了。〕③较远地,进一步地/[在形容词]①条、副词②条③条中常用 farther] ‖ v. 增进,促进〔to further the cause of education 促进教育事业的发展〕

furtherance [ˈfəːðərəns] n. 促进,推动〔the furtherance of a plan 促进这一计划〕

furthermore [ˈfəːðəˈmɔː] ad. 此外,还,而且

furthermost [ˈfəːðəməust] a. 最远的

furthest [ˈfəːðist] a. 最远的 ‖ ad. 最远地〔His ideas were the furthest removed from mine. 他的想法与我的相差甚远。〕

furtive [ˈfəːtiv] a. 偷偷摸摸的,鬼鬼祟祟的〔a furtive glance 偷偷的一瞥〕/**furtively** ad. /**furtiveness** n.

fury [ˈfjuəri] n. 暴怒,狂怒②暴力,剧烈/**furies** [复]

fuse¹ [ˈfjuːz] n. 导火索,引爆线②(电)保险丝,熔丝

fuse² [ˈfjuːz] v. ①熔合,熔化②合并,完全合为一体

fuselage [ˈfjuːzilɑːʒ, ˈfjuːzilidʒ] n. (飞机之)机身

fusible [ˈfjuːzəbl] a. 易熔的,可熔化的/ **fusibility** n.

fusible, **fusileer** [ˌfjuːziˈliə] 明火枪手

fusillade [ˌfjuziˈleid] n. ①一齐射击②一连串的猛烈迸发〔a fusillade of questions 连珠炮似的质问〕

fusion [ˈfjuːʒən] n. 熔化,熔解,熔合

fuss [fʌs] n. 过分烦恼,忧虑,小题大做,激动紧张 ‖ v. 忙乱,大惊小怪,烦恼

fussy [ˈfʌsi] a. 总是大惊小怪的,为琐事烦恼的;过分注意细节的②为不必要的琐事担忧的/**fussiness** n.

fustian [ˈfʌstiən] n. 粗而结实的棉布,粗斜纹布②夸张话,浮夸的文章

fusty [ˈfʌsti] a. 发霉的,发腐的,霉臭的

②老式的,过时的

futile [ˈfjuːtail] a. 徒劳的,无用的,无希望的②不重要的,无结果的/**futility** [fju(ː)ˈtiliti] n. 无用,无效

future [ˈfjuːtʃə] a. 将来的,未来的〔a future date 将来的日子〕‖ n. ①将来,未来②前途,远景③成功的机会

futurity [fju(ː)ˈtjuəriti] n. 将来,未来/**futurities** [复] 远景,未来的事

fuzz [fʌz] n. 绒毛,茸毛,纤维

fuzzy [ˈfʌzi] a. ①有绒毛的,似毛状的〔a fuzzy sweater 一件绒毛衫〕②不清楚的,不明显的,模糊的〔a fuzzy picture on TV 电视上模糊不清的图像〕

-fy 后缀 ①使成为…,使变成…〔purify 使纯化〕②成为,感到〔terrify 恐惧〕

𝒢 𝑔 𝐆 𝐠

G, g [dʒi:] n. 英语的第七个字母/**G's, g's** [dʒi:z] [复]

gab [gæb] v. 空谈,闲聊,唠叨 ‖ n. [口] 空谈,唠叨

gabble [ˈgæbl] v. 急促不清地说话 ‖ n. 急促不清的话

gabby [ˈgæbi] a. [口] 多嘴的,饶舌的

gable [geibl] n. 三角形墙,三角形屋顶

gabled [geibld] a. 三角形的

gad [gæd] v. 闲荡,游荡,追求刺激

gadabout [ˈgædəbaut] n. 游手好闲的人,寻欢作乐的人,闲荡者

gadfly [ˈgædflai] n. ①牛虻②惹人讨厌的人

gadget [ˈgædʒit] n. (有特殊用处的)小机械,工具②小玩意儿,小器械,小机件

gaff [gæf] n. ①鱼叉,手钩②帆椼上斜杆 ‖ v. 用鱼叉叉(鱼),用手钩拉(鱼),**stand the gaff** [俚]忍受任何困难,经受住惩罚,有胆量,屹然挺住

gag [gæg] v. ①使干呕,使作呕②塞住…的口(使不能说话)③[俚]笑话

gage [geidʒ] n. ①(武士挑战时所扔下的)手套②挑战③抵押品,担保物

gaiety [ˈgeiəti] n. 欢快,高兴②娱乐,作乐③欢乐的精神/**gaieties** [复]

gaily [ˈgeili] ad. ①欢乐地,快活地,高兴地,②华丽地 [a gaily decorated hall 装饰华丽的大厅]

gain [gein] n. ①增加,增进②利润,获益 [常用复数]③财富的获取 ‖ v. ①获得,获胜,取得 [to gain a living 谋生 to gain first prize 获得一等奖]②增加,增益 [He

gained ten pounds in two months. 他在两个月内体重增加 10 英磅。]③赶上,到达 [We drove all day, hoping to gain our destination 我们行驶了一整天,希望抵达目的地。④进步,改进/**gain on** ①赶上②做得好于…,跑得快于…/**gainer** n.

gainful [ˈgeinful] a. 有利益的,获利的/**gainfully** ad.

gainsay [ˌgein'sei] v. 否认,反驳

gait [geit] n. 步态,步法

gaiter [ˈgeitə] n. (布或皮制的)鞋罩,绑腿套

gal [gæl] n. [俚]女孩

gala [ˈgeilə] n. 庆祝的,节日的 ‖ n. 节日,庆祝,盛典

galaxy [ˈgæləksi] n. ①Galaxy 银河系,银河②银河类的星群③一群显赫的人

gale [geil] n. ①强风②一阵喧闹

gall¹ [gɔ:l] n. ①胆汁②苦味③[口] 莽撞,厚颜无耻

gall² [gɔ:l] n. 擦伤,(马的)鞍伤 ‖ v. ①擦伤,擦痛②烦扰,激怒 [The thought of losing galled Jim. 想到损失吉姆就烦恼。]/**galling** a.

gallant [ˈgælənt] a. ①宏伟的,华丽的,勇敢的②[gə'lænd] (对女子) 殷勤的,恭敬的②[gə'lænd] 漂亮的,炫耀的,显赫的 ‖ n. ①勇敢的人,高贵的人②(对女子) 献殷勤者/**gallantly** ad.

gallantry [ˈgæləntri] n. ①勇敢,②(对女子) 殷勤的举止、行为③殷勤的举止或言论

gall bladder 胆囊,苦胆

gallery [ˈgæləri] n. ①（剧院里的）包厢②座位②普通人，观众③长廊，走廊⑤陈列室⑥特殊用处的房间（如室内靶场）

galley [ˈgæli] n. ①大帆船②船上厨房/**galleys** [复]

gallivant [ˌɡæliˈvænt] v. 游荡，闲逛

gallon [ˈgælən] n. 加仑

gallop [ˈgæləp] n. ①（马等）飞跑，奔驰②骑马奔驰 ‖ v. ①飞跑，疾驰②快速行动，急速进行

gallows [ˈgæləuz] n. ①绞刑架②受绞刑的人/**gallowses** [ˈgæləuziz], gallows [复]

galore [gəˈlɔ:] ad. 许多，丰富 [to have fun galore 尽情地玩 to attract crowds galore 吸引着许多人]

galosh [gəˈlɔʃ] n.（雨雪天穿的）高统胶鞋

galvanic [gælˈvænik] a. ①电流的②骇人听闻的，令人震惊的

galvanize [ˈgælvənaiz] v. ①通电流于②使激励，惊起，使兴奋③镀锌 [Iron is often galvanized to keep it from rusting. 铁通常镀锌以防生锈。

gamble [ˈgæmbl] v. ①赌博②打赌③冒险，冒着…的险 [By giving up school for a job, Bill is gambling with his future. 比尔弃学求职是用自己的前途冒险。] ‖ n. 打赌，赌博/**gamble away** 赌博输了/**gambler** n.

gambol [ˈgæmbəl] v. 跳跃，嬉戏 ‖ n. 蹦跳，嬉闹

game[1] [geim] n. ①比赛，竞赛，运动，游戏②娱乐，玩要③游戏或比赛的用具④猎物⑤谋略计划 ‖ a. ①野味的，与狩猎有关的②有胆量的，勇敢的 ‖ v. 赌博/**gamely** ad. /**gameness** n.

game[2] [geim] a. 跛的

gamecock [ˈgimkɔk] n. 斗鸡

gamesome [ˈgeimsʌm] a. 好玩的，好作乐的/**gamesomeness** n.

gamester [ˈgeimstə] n. 赌棍，赌徒

gamin [ˈgeimin] n. 街头流浪儿

gaming [ˈgeimiŋ] n. 赌博

gamut [ˈgæmət] n. ①全音域，音阶②全范围，全部

gamy [ˈgeimi] a. ①有野禽气味的，有强烈气味的②勇敢的，大胆的

gang [gæŋ] n. ①群，队，组②一帮恶人③一套（工具机械）/**gang up, gang up on** [口] 合伙袭击，联合反对

gangling [ˈgæŋgliŋ] a. 瘦长的，笨拙的，瘦得难看的

gangplank [ˈgæŋplæŋk] n. 跳板

gangrene [ˈgæŋgriːn] n. 坏疽/**gangrenous** [ˈgæŋgrinəs] a.

gangster [ˈgæŋstə] n. 歹徒，匪贼

gangway [ˈgæŋwei] n. ①通道②船上通道 ‖ int. 让路，躲开

gangnet [ˈgænit] n. 塘鹅

gantlet [ˈgɔ:ntlit] n. 惩罚，夹道鞭笞

gaol [dʒeil] n. [英] 监牢，牢狱/**gaoler** n.

gap [gæp] n. ①缺口，裂缝②山峡，山间狭路③空间，空白，中断

gape [geip] v. ①张嘴，打呵欠②张嘴注视，目瞪口呆地凝视 [The child gaped at the elephants. 孩子睁大眼睛注视着大象。]③裂开 [a gaping wound 裂口的创伤] ‖ n. 张口

garage [ˈgærɑ:dʒ] n. ①汽车间，车库②修车场

garb [gɑ:b] n. 服装，装束 ‖ v. 穿衣，为…着装，为…穿衣

garbage [ˈgɑ:bidʒ] n. 垃圾，残羹剩饭

garble [ˈgɑ:bl] v. 混淆，断章取义

garden [ˈgɑ:dn] n. 花园，菜圃，园子 ‖ v. 种植花木，从事园艺（工作）/**gardener** [ˈgɑ:dnə] n.

gargle [ˈgɑ:gl] v. 漱口，漱喉 ‖ n. 含漱剂

garish [ˈgɛəriʃ] a. 过于艳丽的，花花绿绿的，俗不可耐的/**garishly** ad. /**garishness** n.

garland [ˈgɑ:lənd] n. 花环，花冠 ‖ v. 用花环装饰，给…戴上花环

garlic [ˈgɑ:lik] n. 大蒜

G

garment [ˈgɑːmənt] n. 衣服,服装

garner [ˈgɑːnə] v. 收集,贮备 ‖ n. 谷仓

garnet [ˈgɑːnit] n. ①石榴石②石榴红

garnish [ˈgɑːniʃ] v. 装饰,修饰 [to garnish potatoes with parsley 用香菜配制土豆菜] ‖ n. 装饰品

garnishee [ˌgɑːniˈʃiː] v. 扣押(债务人的财产),扣发(债务人的工资)

garret [ˈgærət] n. 顶楼,阁楼

garrison [ˈgærisn] n. ①驻军,要塞②驻防,警military部队 ‖ v. 镇守,守卫(城市、要塞)

garrulous [ˈgærələs] a. 爱说话的,喋喋不休的/**garrulously** ad.

garter [ˈgɑːtə] n. 吊袜带

gas [gæs] n. ①气体②天燃气,煤气③沼气④毒气⑤汽油 ‖ v. ①用毒气杀伤(人),以毒气攻击…②[俚]空谈,吹牛

gaseous [ˈgeizjəs] a. 汽态的,汽体的

gash [gæʃ] v. 切口,划开深长口 ‖ n. 伤口,切口

gasket [ˈgæskit] n. 垫圈,垫片

gas mask 防毒面具

gasoline, gasolene [ˈgæsəliːn] n. 汽油

gasp [gɑːsp] v. ①喘气,喘息②喘息而语,气喘吁吁地说[He gasped out his story. 他气喘吁吁地讲了他的故事。] ‖ n. 喘息[a gasp of horror 恐惧的喘息]

gas station 加油站

gastric [ˈgæstrik] a. 胃的,胃部的

gate [geit] n. ①围墙门,大门,篱笆门②门口③闸门,阀门

gateway [ˈgeitwei] n. ①入口,门口②(出入的)通道[the gateway to knowledge 获得知识的途径]

gather [ˈgæðə] v. ①收集,收拾,采集[The child gathered her toys together. 孩子把玩具都收拾到一起。The families gathered for a reunion. 全家重新团聚。]②积累,集聚,聚合[to gather wealth 积聚财富]③采集,搜集[to gather crops 收庄稼]④推测[I gather that he is rich. 我猜

他很有钱。]⑤给…打褶,皱拢[to gather cloth 给衣物打褶](脓疮)出头 ‖ n. 衣物的褶/**gatherer**.

gathering [ˈgæðəriŋ] n. ①聚集,集合②脓肿,疖

gaud [gɔd] n. 华而不实的东西

gaudy [ˈgɔːdi] a. 华而不实的/**gaudily** ad. / **gaudiness** n.

gauge [geidʒ] n. ①标准尺寸,标准规格,厚度②量器,量计;规、表等小器具 ‖ v. ①量度,测定②评价,估计[to gauge a man's honesty 评价某人的诚实]/**gauger** n.

gaunt [gɔːnt] adj. ①枯瘦的,骨瘦如柴的,憔悴的②荒凉的/**gauntly** ad. / **gauntness** n. 海岛岸边一片荒凉,礁石嶙峋

gauntlet[1] [ˈgɔːntlit] n. ①(骑士戴的)铁手套②长手套/**throw down the gauntlet** 挑战

gauntlet[2] [ˈgɔːntlit] n. 两面痛击的惩罚,夹道鞭笞的刑罚

gauze [gɔːz] n. 纱布,薄纱

gauzy [ˈgɔːzi] a. 如纱的,透明的/**gauziness** n.

gavel [ˈgævəl] n. 小木槌,议事槌

gawk [gɔːk] v. [口]呆视

gawky [ˈgɔːki] a. 粗笨的,笨拙的/**gawkiness** n.

gay [gei] a. ①快乐的,愉快的②轻快的,五光十色的[gay colors 明快的色彩]/**gayness** n.

gaze [geiz] v. 注视,凝视[The crowd gazed at the strange aircraft. 人们注视着那架奇怪的飞机。] n. 凝视/**gazer** n.

gazelle [gəˈzel] n. 瞪羚

gazetteer [ˌgæziˈtiə] n. 地名词典,地名索引

gear [giə] n. ①[机]齿轮,传动装置②齿轮③排挡④工具,用具 ‖ v. ①装备,安装机器②使适合,适合于[Our new cafeteria is geared to handle more students. 我们的新自助食堂适于为更多的学生服务。]/

high gear 高速档,高速度/**in gear** 齿轮已与机器联接,正常/**low gear** 低速档,低速度/**out of gear** 齿轮脱开,失常,有毛病/**shift gears** 变速,调档,换档

gearing [ˈɡiəriŋ] n. 齿轮装置,传动装置

gearshift [ˈɡiəʃift] n. 操纵杆

gearwheel [ˈɡiəwiːl] n. 齿轮

gecko [ˈɡekəu] n. 小壁虎/**geckos**,**geckoes** [复]

gelatin,**gelatine** [ˌdʒeləˈtiːn] n. (动物等)胶质胶,植物胶

gelatinous [dʒiˈlætinəs] a. 骨胶的,胶质的,胶状的

gem [dʒem] n. ①珠宝,宝石②珍贵之物,被尊敬或受喜爱的人

gender [ˈdʒendə] n. [语] 性

gene [dʒiːn] n. 遗传因子

genealogy [ˌdʒiːniˈælədʒi] n. ①家谱,宗谱②家系学/**genealogical** a.

general [ˈdʒenərəl] a. ①普通的,全体的,全面的②广泛的,普遍的③大概的,概括的④一般的,普通的,综合的⑤最高的,最重要的/**in general** 大致上,一般来说

generality [ˌdʒenəˈræliti] n. ①概论,通则②大多数,大部分③一般性,普遍性

generalize [ˈdʒenərəlaiz] v. ①归纳,概括 [To generalize from my experience with tabby,I would say that cats make clean friendly pets. 总结我对斑猫的经验,我会说斑猫成为干净、温和的宠物。]②推广,普及 [The doctors hope to generalize the use of the new vaccine. 医生们希望能推广使用这种新疫苗。]

generally [ˈdʒenərəli] ad. ①普遍地,大多数地,广泛地 [Is it generally known that prisoner escaped? 是不是大多数人都知道囚犯逃跑了?]②通常,多数情况下 [I generally go straight home from school. 我通常是放学就回家。] ③一般地说 [Speaking generally,I think he's right. 总地来说,我想他是对的。]

generalship [ˈdʒenərəlʃip] n. ①将军职位,权力②军事中的将才,才干③领导

能力,指挥才能

generate [ˈdʒenəreit] v. 使引起,发生,产生 [A dynamo generates electricity. 发电机能发电。Faith can generate hope. 信心能产生希望。]

generation [ˌdʒenəˈreiʃən] n. ①一代人,世代,代②同代人③一代(常为30年)④产生,发生

generative [ˈdʒenərətiv] a. 有产生力的,产生的

generator [ˈdʒenəreitə] n. ①发生器,发电机②创始者,发生者

generic [dʒiˈnerik] a. 属的,类的;一般性的/**generically** ad.

generosity [ˌdʒenəˈrɔsiti] n. ①大度,慷慨②慷慨的行为,宽宏的行为

generous [ˈdʒenərəs] a. ①大方的,无私的,好施舍的,宽宏大量的②大量的,充分的③高尚的/**generously** ad. /**generousness** n.

genetics [dʒiˈnetiks] [复] [与单数动词连用]遗传学/**genetic** a.

genial [ˈdʒiːnjəl] a. 友好的,愉快的②高兴的,健康的 [a genial climate 暖和的气候]/**geniality** [ˌdʒiːniˈæliti] n. /**genially** ad.

genitals [ˈdʒenitlz] n. [复]生殖器,外阴部

genitive [ˈdʒenitiv] a. 所有格的,生格的 ‖ n. 所有格

genius [ˈdʒiːnjəs] n. ①天赋,才华②天子,天才③天资④(古罗马人信仰的)守护神⑤精灵,神灵,予以人好或坏的人⑥民族精神,时代精神/**geniuses**,**genii** [复]

genteel [dʒenˈtiːl] a. 文雅的,有教养的

gentian [ˈdʒenʃiən] n. 龙胆,龙胆属植物

gentility [dʒenˈtiliti] n. ①上流阶层,出身高贵②斯文,有礼貌,文雅

gentle [ˈdʒentl] a. ①温柔的,柔和的,从容的,不猛烈的②驯服的③轻度的,缓和的④上流阶层的,出身高贵的⑤好心的,耐心的/**gentleness** n.

gentlefolk [ˈdʒentlfəuk] n. [复]上流人

士,出身高贵的人

gentleman ['dʒentlmən] n. ①彬彬有礼的人,有教养的人,有自尊的人②出身高贵的人,有身分的人③先生(男性尊称)/ **gentlemen**[复]/ **gentlemanly** ad.

gently ['dʒentli] ad. 有礼貌地;温柔地,柔和地

gentry ['dʒentri] n. ①中上阶层人,绅士们②一类人,一批人

genuine ['dʒenjuin] a. ①真正的,名副其实的,正确的②真诚的,诚实的/ **genuinely** ad. / **genuineness** n.

genus ['dʒiːnəs] n. 种类,属,类/ **genera,genuses**[复]

geo-[前缀]表示"地球"

geographical [dʒiə'græfikəl], **geographic**[dʒiə'græfik] a. 地理学的,地理的/ **geographically** ad.

geology [dʒi'ɔlədʒi] n. 地质学/ **geologist** n.

geometric [dʒiə'metrik], **geometrical** [dʒiə'metrikəl] a. ①几何学的②几何图形的

geometry [dʒi'ɔmitri] n. 几何学

germ [dʒəːm] n. ①细菌,微生物,病菌②种子芽体③起始,萌芽[the germ of an idea 思想的起源]

germinate ['dʒəːmineit] v. (种子)发芽,使发生/ **germination** n.

gerund ['dʒerənd] n. 动名词

gesticulate [dʒes'tikjuleit] v. (讲话时)做手势,用(手、臂等)姿势示意,用动作表示/ **gesticulation** n.

gesture ['dʒestʃə] n. ①姿势,手势②表示,姿态 ‖ v. 打手势,做动作

get [get] v. ①收到,得到,买到,取得,获得[We got a new car. 我们买了一辆新车。He got a raise in salary. 他的薪水涨了。]②达到,到…[They got home late. 他们回家晚了。]③收听到,接通④去拿,摘到,拿来[Get my slippers for me. 去把我的拖鞋拿来。]⑤生(病),得(病),患(病)[John often gets cold. 约翰常常患感冒。]⑥劝说,说服,使得…[Get her to

sing for us. 叫她给我们唱歌。]⑦使成为…状态,使变成…结果[We can't get the door shut. 我们关不上门。He got his hand dirty. 他把手弄脏了。]⑧变成,变得[He got caught in the rain. 他受雨淋了。Don't get angry. 别生气。]⑨准备[She's getting dinner. 她正在做饭。]⑩[口]必须[与have,can 连用][He's got to pass his test. 他必须考试及格。]⑪[口][与have 或 has 连用]有,拥有[He's gotten ten dollars. 他有十元钱。]⑫[口]精通,克服,斗争,杀死,疑惑,掌握[The blow got him in the eye. 这拳击中了他的眼睛。The hunter got two birds. 猎人捕到两只鸟。The problem gets me. 此题难住了我。Did you get the point of the joke? 你弄懂这个笑话了吗?]⑬[俚]注意到[Get the look on his face! 注意他脸上的表情!]/ **get along**①继续,走开②生活,过活,成功③同意,相处融洽/ **get around**①到达②泄露③避免,克服(困难)④笼络某人(为某种目的)/ **get away**①离开②逃脱③出发/ **get along with**①侥幸做成…,(做了某错事而)设法逃避惩罚/ **get by** 设法通过/ **get down to** 开始/ **get in**①进入②插入,放进/ **get off**①从…下来,下车②动身③(使)逃脱④出发,开始/ **get on**①进展,进步②穿上③接近…,年事渐高④一致同意,相处融洽⑤设法通过,成功/ **get out**①出去②离开③泄露④出版/ **get out of** 避免/ **get over**①恢复,痊愈②忘记/ **get through** 结束,完成/ **get together** 聚集,积聚/ **get up**①起立,起床②组织,筹备

getaway ['getəwei] n. ①起步,出发②逃跑

get-together ['gettə,geðə] n. 小型会议,联欢会

get-up ['getʌp] n. ①装束,打扮②[口]勇气,劲头

gewgaw ['gjuːgɔ] n. 小件饰物,小玩意儿

geyser ['gaizə] n. 间歇泉

ghastly ['gɑːstli] a. ①可怕的,恐怖的

G

②面色惨白的，面无人色的③［口］糟透的，很坏的

gherkin ['gəːkin] n. 小胡瓜，小黄瓜

ghost ['gəust] n. ①鬼，灵魂②一点阴影，一丝痕迹，一点／**give up the ghost** 死，断气

ghostly ['gəustli] a. 鬼的，似鬼魂的

ghoul [guːl, gaul] n. ①食尸鬼②盗尸者③做恐怖事的人，做令人憎恶事的人／**ghoulish** a. ／**ghoulishness** n.

giant ['dʒaiənt] n. ①巨人②巨大的人或物‖ a. 庞大的，大力士的／**giantess** n. 女巨人

gibbet ['dʒibit] n. 绞刑架‖ v. 处…绞刑

gibbon ['gibən] n. 长臂无尾猿

gibe [gaib] v. 嘲笑，嘲弄‖ n. 讥笑，嘲弄

giblets ['dʒiblits] n.［复］内脏杂件

giddy ['gidi] a. ①眼花缭乱的，头晕的②使人眩晕的③轻率的，轻浮的

gift [gift] n. ①礼物②天赋，才能

gifted ['giftid] adj. 有天赋的，天才的

gig [gig] n. ①轻便双轮马车②轻便快艇

gigantic [dʒai'gæntik] a. 巨大的，庞大的

giggle ['gigl] v. 格格地笑，傻笑‖ n. 格格地笑，傻笑／**giggly** a.

gild [gild] v. ①镀金，给…涂上金色②使有光彩，装饰，虚饰

gilt [gilt] v. gild 一词的过去式和过去分词‖ n. 镀金，金色涂层‖ a. 镀了金的，烫金的

gimmick ['gimik] n.［俚］灵巧的小机械，骗人的玩意儿

gin¹ [dʒin] n. 杜松子酒

gin² [dʒin] n. 轧棉机‖ v. 轧棉

ginger ['dʒindʒə] n. ①姜，生姜②植物根③［口］精力，活力

ginger-ale [dʒindʒə eil] n. 姜汁啤酒，姜汁酒

gingerbread ['dʒindʒəbred] n. ①姜饼②华丽的装饰

gingerly ['dʒindʒəli] ad. 小心谨慎地［She lifted the trap gingerly. 她小心翼翼

地提起了捕捉器。］‖ a. 小心谨慎的

gingersnap ['dʒindʒəsnæp] n. 姜汁饼干

gingham ['giŋəm] n. 印花棉布，条格平布

ginseng ['dʒinseŋ] n. 人参

giraffe [dʒi'rɑːf] n. 长颈鹿

gird [gəːd] v. ①系紧，束以带②以带束紧③围绕，围起［Farmlands girded the castle. 农田围绕着城堡。］④准备［He girded himself for battle. 他准备参加战斗。］

girder ['gəːdə] n. 大梁，桁梁

girdle ['gəːdl] n. ①带子②腰带③围绕物‖ v. 包围，围绕，束缚

girl [gəːl] n. ①女孩子，未婚女子②［口］女子，女人③女朋友

girlhood ['gəːl huːd] n. 少女时代

girlish ['gəːliʃ] a. 少女的，少女似的，适合女孩的／**girlishly** ad. ／**girlishness** n.

girth [gəːθ] n. ①围长②（马的）肚带

gist [dʒist] n. 要点，要旨，要领

give [giv] v. ①传给，递送［Give me your coat and I'll hang it up. 把你的衣服给我，我给你挂上。］②送给［Uncle Joe gave me this book for my birthday. 乔叔叔送我这本书作为生日礼物。］③付给，赐予［Music gives most people pleasure. 音乐给大多数人带来欢乐。］④提供，供给［Cows give milk. 奶牛产奶。］⑤献出，献身于［He gave his life for his country. 他为国献身］⑥宣布，声明，说出［Please give me your answer. 请说出你的答案。］⑦举行，演出［to give a concert 举行音乐会］⑧产出，给予，让步，屈服［He tugged so hard that the drawer suddenly gave. 他用力地拉，抽屉突然拉开了。］‖ n. 弹性，弹力／**give away** ①分发，赠送②［口］泄露，泄密／**give back** 归还，交还／**give in** 让步，屈服，投降／**give off, give forth** 放出，发出（气味等）／**give out** ①宣布②分发③用尽，耗尽／**give up** ①送弃②放弃［to give up smoking 戒烟］③停止④对…失去希望／**giver** n.

giveaway ['givəwei] n. ①泄露，暴露②

[口](用来招引顾客的)赠品,降价出售

given ['givn] give 的过去分词 ‖ a. ①习惯的,癖好的,喜爱的②提及到的,确定的,明确的

gizzard ['gizəd] n. (鸟的)砂囊

glacial ['gleisiəl] a. 冰的,冰河的

glacier ['glæsjə] n. 冰河,冰川

glad [glæd] a. ①高兴的,幸福的,愉快的②使高兴的,使愉快的③情愿的④灿烂的,美丽的

gladden ['glædn] v. 使高兴,使变得快乐

glade [gleid] n. 林间空地

gladiator ['glædieitə] n. ①(古罗马)角斗士,斗剑士②争论者,辩论者

gladiatorial [,glædiə'tɔːriəl] a. 格斗的,争论的

gladiola [,glædi'əulə] n. [植] 唐菖蒲

gladiolus [,glædi'əuləs] n. [植] 唐菖蒲/**gladioluses, gladioli** [,glædi'əuli] [复]

gladsome ['glædsəm] a. 可喜的,令人高兴的,快乐的,欢乐的

glamour, glamor ['glæmə] n. 魔力,魅力/**glamorous** a.

glance [glɑːns] v. ①一滑,掠过[The hail glanced off the roof. 冰雹从屋顶滑下。]②看一下,扫视,一瞥[She glanced in my direction. 我看见她这边望了一眼。]③闪光,闪耀 [The sunlight glanced off their shields. 阳光照耀着他们的徽章。] ‖ n. ①掠过,擦过②扫视,一瞥

gland [glænd] n. [解]腺

glandular ['glændjulə] a. 腺的,似腺的,由腺组成的,有腺的

glare [glɛə] v. ①眩目地照射,闪耀②怒目注视,瞪眼 ‖ n. ①眩目的光,强烈的阳光②愤怒的目光,瞪眼③光滑明亮的表面

glaring ['glɛəriŋ] a. ①耀眼的,闪光的②炫耀的,显眼的③目瞪的,怒目而视的④显著的/**glaringly** ad.

glass [glɑːs] n. ①玻璃②玻璃杯,玻璃制品③眼镜④一杯(的容量) ‖ v. 给…装

上玻璃,嵌以玻璃 ‖ a. 玻璃制的

glassful ['glɑːsful] n. 一玻璃杯(的容量)/**glassfuls**[复]

glassware ['glɑːswɛə] n. 玻璃制品

glassy ['glɑːsi] a. ①如玻璃的,像玻璃的②迟钝的,呆滞的[a glassy stare 呆滞的凝视]/**glassiness** n.

glaze [gleiz] v. ① 上釉于,上光于[to glaze pottery 给陶器上釉]② 浇糖浆于…的表面[to glaze doughnuts 在炸面饼圈上浇糖浆]③使变呆滞,使变模糊[His eyes were glazed from lack of sleep. 他的眼睛因缺少睡眠变得呆滞无光。]④装玻璃于…(窗)上 ‖ n. ①上釉②釉料

glazer ['gleizjə] n. 安装玻璃的工人

gleam [gliːm] n. ①微光,闪光②闪烁,发微光③一丝微光 ‖ v. 使闪烁[We polished the car until it gleamed. 我们一直把车擦到发亮。]

glean [gliːn] v. ①拾起(落穗)② 搜集(新闻,资料)/**gleaner** n.

glee [gliː] n. ①欢欣,快乐[to laugh in glee 开心地笑]② 无伴奏的三部以上的重唱曲

gleeful ['gliːful] a. 充满欢乐的,令人兴奋的

glen [glen] n. 峡谷,幽谷

glib [glib] a. 随便的,圆滑的,油嘴滑舌的/**glibly** ad. /**glibness** n.

glide [glaid] v. ①滑动,滑动② 溜走,悄悄地走[Time glides by. 时间悄悄地过去。] ‖ n. 滑动,滑过

glider ['glaidə] n. ① 滑翔者,滑翔物②滑翔机③ 滑动或摆动式游廊座椅

glimmer ['glimə] v. 发出微光,隐约出现[The stars glimmered in the sky. 星星在空中闪烁着微光。] ‖ n. ① 微弱的闪光②少量,微量,模糊的感觉

glimpse [glimps] v. ①瞥见,看一眼[We glimpsed the President as his car sped by. 当总统的车驶过时,我们看见了他。]②匆匆地看[to glimpse at a book 浏览一本书] ‖ n. ① 瞥见,看[隐约的迹象,微弱的概念,意向

glint [glint] n. 闪烁,闪光 v. 闪烁,闪光

glisten ['glisn] v. 反光,闪耀

glitter ['glitə] v. ①闪闪发光,闪烁 [The Christmas tree glittered with tinsel. 圣诞树金光闪烁。] ② [His speech glittered with wit. 他的讲演充满睿智。] ‖ n. ① 闪光,灿烂辉煌 [the glitter of gold 金子的闪光] ② 华丽夺目/**glittery** a.

gloaming ['gləumiŋ] n. 黄昏

gloat [gləut] v. 爱慕地凝视,贪婪地盯着,幸灾乐祸地注视 [to gloat over another's misfortune 幸灾乐祸地看着别人的不幸 to gloat over one's jewels 心满意足地看着自己的珠宝]

global ['gləubl] a. ①球形的 ② 全球性的

globe [gləub] n. ① 球体,球形体,地球仪② 地球③ 地球仪,天体仪

globular ['glɔbjulə] a. ① 圆形的,球形的② 有小球组成的,由点滴集成的

globule ['glɔbju:l] n. 小球状物,液滴

glockenspiel ['glɔkənspi:l] n. 钟琴

gloom [glu:m] n. 阴暗,黑暗② 忧愁,失望,情绪低落

gloomy ['glu:mi] a. ①黑暗的,幽暗的②阴郁的,令人沮丧的/**gloomily** ad. ∕**gloominess** n.

glorify ['glɔrifai] v. ①使光荣,赞美 [His deeds have glorified his name. 他的功绩给他的名字增添了荣耀。] ② 崇拜,赞美 [to glorify God 赞美上帝] ③ 使更美,使增色,使更壮丽 [Old soldiers often glorify war. 老战士总是使战斗取得辉煌胜利。]／**glorification** n.

glorious ['glɔriəs] a. ①光荣的,辉煌的②灿烂的,壮丽的③ [口]非常愉快的,令人高兴的

glory ['glɔri] n. ①光荣,荣誉② 崇拜,赞美③令人赞颂的事物,成功的事④ 壮丽,权力,荣耀 v. 自豪,欢乐 [to glory in one's victory 因胜利而自豪]／**gone to glory** 死亡 [in one's glory 开心,得意/**glories** [复]

gloss [glɔs] n. ①光泽,光彩②上光于…

表面,掩饰(坏事或错事) ‖ v. ① 掩盖,掩饰 [to gloss over a mistake with a joke 用开玩笑来掩盖错误]

glossary ['glɔsəri] n. 语汇表,术语汇编,语汇

glossy ['glɔsi] a. 有光泽的,光滑的/**glossiness** n.

glove [glʌv] n. ①手套② 拳击手套 ‖ v. 戴手套,供给…手套

glow [gləu] v. ①发热② 发光 [Fire-flies glowed in the dark. 萤火虫在黑暗中发出光。] ③ 发出热,发红光 [cheeks glowing with health 两颊发出健康的红光] ④ 容光焕发 [His face glowed with delight. 他高兴得满脸通红。] ‖ n. ① 赤热② 热情,兴高采烈③红光焕发④热情,激情

glower [glauə] v. 怒目而视,凝视 ‖ n. 怒目凝视

glowworm ['gləuwə:m] n. 萤火虫

glucose ['glu:kəus] n. ①葡萄糖② 糖浆

glue [glu:] n. ①胶,胶水②各种胶粘物 ‖ v. ①用胶粘之②胶合,粘牢,使移不动 [The exciting movie kept us glued to our seats. 令人兴奋的电影使我们舍不得离开座位。]

glum [glʌm] a. 阴郁的,闷闷不乐的/**glumly** ad. ∕**glumness** n.

glut [glʌt] v. ①使充饱② 过多地供应,充斥(市场) [The market was glutted with used cars. 旧汽车充斥了市场。] ‖ n. 供过于求,吃得过饱

gluten ['glu:tən] n. 面筋,麸质

glutinous ['glu:tinəs] a. 粘的

glutton ['glʌtn] n. ① 贪食者② 酷爱的人,对…入迷的人 [a glutton for hard work 酷爱干辛苦的工作的人]／**gluttonous** a.／**gluttony** n.

glycerin, glycerine ['glisərin, ˌglisə'ri:n] n. 甘油,丙三醇

gnarl [nɑ:l] n. 木节,木瘤

gnarled [nɑ:ld] a. 多节的,扭曲的 [gnarled hands 弯曲变形的手]

gnash [næʃ] v. 咬牙,切齿

gnat [næt] *n.* 小昆虫

gnaw [nɔː] *v.* ① 咬，啃，咬成 [The rat gnawed the rope in two. 老鼠咬断了绳子。The dog gnawed on the bone. 狗啃了骨头。]② 侵蚀，腐蚀，消耗 [to gnaw a hole 侵蚀成一个洞]③ 折磨，烦恼 [Jealousy gnawed at his heart. 他的心里充满嫉妒。]

gnome [nəum] *n.* (传说故事中地下财宝的)守护神，土地神

gnu [njuː] *n.* 牛羚

go [gəu] *v.* ① 走，行走，离去，走过 [go ten miles down the road 沿路往下走十哩 Time goes fast. 时间飞逝。The rumor went all over town. 谣言传遍全镇。]② 过去，离开，消失，分开 [The years come and go. 年复一年。Has the pain gone? 疼痛消了吗？]③ 失败，变糟 [His hearing is going. 他的听觉在衰退。]④ 给予，售出 [The prize goes to Jean. 奖励授予吉恩。The chair went for $30. 这把椅子卖了30美元。]⑤ 结果（是）[Our plans went wrong. 结果我们的计划出了问题。]⑥ 成为，变成 [to go hungry for days 挨饿数日 to go mad 发狂]⑦ 起作用，运转⑧（有某种）说法，（有某种）曲调 [How does that poem go? 那首词怎样写？]⑨ 作 …动作，发出 …声音 [The gun went "bang". 枪发出"砰"的一声。]⑩ 使 …处某种状态，惹来 [He went to a lot of trouble. 他惹了很大的麻烦。]⑪ 开始某种动作，参加某活动 [Will you go to college? 你打算上大学吗？ Let's go swimming. 我们去游泳吧！]⑫ 归属或置于 …[The brooms go in that closet. 扫帚应放在那小屋里。]⑬ 适于，适合 [Does this belt go well with my dress? 这条腰带与我的衣服相配吗？] ‖ *n.* ① 成功②[口] 精力，热心③[口] 试一下，干一下/**go along** ① 继续进行，前进② 赞同③（陪 …）一起去/**go at** 着手干，从事/**go back on** [口] 背弃②食约，违背（诺言）/**go beyond** 超过，越出/**go by** ① 走过②被忽视，放过③按 …指导/称为，叫做/go for①努力获取②拥护，支持③[口] 袭击，抨击④[俚] 被吸引/**go in for** [口] 从事于，参

加/**go in with** 参加/**go off** ① 离开② 爆炸③发生/**go out** ① 过完，熄灭② 参加（社交活动）/**go over** ① 查看，仔细检查② 再一次做，再仔细检查一遍③[口] 使成功/**go through** ① 做完，履行② 经历③搜查④ 成交，同意/**go through with**完成，做完/**go together** ① 相配，匹配②[口] 恋爱/**go without** 在缺少 …的情况下做某事/**let go** ① 释放②放手③放弃/**let oneself go** 情不自禁，尽情/**no go** ① 不可能，没用/**on the go** [口] 忙个不停

goad [gəud] *n.* ①（赶牛用的）刺棒② 刺激物 ‖ *v.* 刺激，用刺棒驱赶 [goaded into a rage by insults 侮辱使人勃然大怒]

goal [gəul] *n.* ① 终点② 目标，目的 [Her goal was to be a nurse. 她的目标是当名护士。]③ 进球得分

goalie ['gəuli] *n.* (足球的)守门员

goalkeeper ['gəulkiːpə] *n.* (球类)守门员

goal post (球类运动的)门柱

goat [gəut] *n.* 山羊

goatee [gəu'tiː] *n.* 山羊胡子

goatherd ['gəuthəːd] *n.* 牧羊人，牧养山羊者

goatskin ['gəutskin] *n.* ① 羊皮革② 羊皮③（装酒或水的）羊皮囊

gobble[1] ['gɔbl] *n.* 火鸡的叫声 ‖ *v.* 发出火鸡般的叫声

gobble[2] ['gɔbl] *v.* 狼吞虎咽，吞并，贪食

gobbler ['gɔblə] *n.* 雄火鸡

gobetween ['gəubi'twiːn] *n.* 中间人

goblet ['gɔblit] *n.* 高脚杯，酒杯

goblin ['gɔblin] *n.* (传说中的)恶鬼，丑妖怪

gocart ['gəukɑːt] *n.* 婴儿坐的推车

god [gɔd] *n.* ① 神，偶像② 上帝③ 神像，崇拜物④受尊崇的人或物

godchild ['gɔdtʃaild] *n.* 教子，教女/**godchildren** [复]

goddess ['gɔdis] *n.* ① 女神②美女

godfather ['gɔd'fɑːðə] *n.* 教父

godhead ['gɔdhed] n. ① 神性②上帝

godless ['gɔdlis] a. ① 不信神的② 邪恶的

godlike ['gɔdlaik] a. 上帝般的,如神的,神圣的

godly ['gɔdli] a. 虔诚的,宗教的/**godliness** n.

godmother ['gɔd,mʌðə] n. 教母

godparent [gɔd'pɛərənt] n. 教父母

godsend ['gɔdsend] n. 意外获得的心爱之物,天赐之物

godson ['gɔdsʌn] n. 教子

Godspeed ['gɔdspiːd] n. 成功,好运气

goggle ['gɔgl] v. 瞪眼看 [He goggled at the odd sight. 他瞪大眼看那奇景。] a. 凸出的 [goggle eyes 突出的眼睛] n. 护目镜,风镜

going ['gəuiŋ] n. ①离去②道路的状况,行走的情况 a. 成功经营的,正常运转的/**be going to** 将要,就要,正打算

goiter, goitre ['gɔitə] n. ① 甲状腺肿② 肿大,隆起部位

gold [gəuld] n. ① 金子,黄金② 金币,钱财,贵重之物③ 金黄,金黄色 a. ①金的,含金的②金色的,黄金般的

golden ['gəuldən] a. ① 金制的,含金的②金黄色的③可贵的,好的④ 幸福的,兴隆繁荣的

golden rule 金科玉律

gold-filled ['gəuldfild] a. 镀金的

goldfinch ['gəuldfintʃ] n. 金翅雀

goldfish ['gəuldfiʃ] n. 金鱼

goldsmith ['gəuldsmiθ] n. 金匠

golf [gɔlf] n. 高尔夫球 v. 打高尔夫球/ **golfer** n.

Golgotha ['gɔlgəθə] n. 墓地;殉难处(耶稣钉死之处)

gondola ['gɔndələ] n. ①狭长而平底尖尾的船②(铁路的)敞篷货运列车③(汽车或船艇下的)吊舱,吊篮

gondolier [,gɔndə'liə] n. 平底船的船夫

gone [gɔn] go 的过去分词 a. ① 离去的② 失去的,毁灭的,死去的③耗尽的

goo [guː] n. [俚]粘性物质,甜而粘的东西/**gooey** a.

goober ['guː(ː)bə] n. 落花生

good [gud] a. ①好的②良好的,令人满意的③愉快的,满意的,高兴的,幸福的④有用的,有益的⑤对……合适的,正当的⑥合适的⑥慈善的,友好的⑦处于良好状态的,健全的,新鲜的⑧高尚的,受尊敬的⑨十足的,完全的,彻底的⑩大的,许多的⑪不少于……的,多于……的 n. ① 良好的事物②利益,好处 int. (表示同意、愉快、满意等)好的! /**as good as** 和……一样,实际上……**good and** [口]非常 [He's good and angry. 他非常生气。]/**good for** ① 有效的② 有……支付能力/**make good**①赔偿,获得并保持②偿付③实现……(诸言,意图)/**no good** 无用的,无价值 /**to the good** 有好处

good-by, goodby ['gud'bai] int. & n. 再见 [good-bys,good bys[复]]

good-humored ['gud'hjuːməd] a. 高兴的,心情好的

good-looking ['gud'lukiŋ] a. 美的,漂亮的

goodly ['gudli] a. ① 颇大的②讨人喜欢的,漂亮的/**goodliness** n.

goodnatured ['gud'neitʃəd] a. 和蔼的,友善的,易接近的

goodness ['gudnis] n. 优良,佳,善 int. 啊呀,天呀!

goods [gudz] n. ①商品,货物②动产③布,纺织品

good Samaritan 行善者

good-sized ['gud'saizd] a. 相当大的,大型的

good-tempered ['gud tempəd] a. 温和的,脾气好的

good-turn 恩惠,友谊或善意的行为

good will, goodwill ['gudwil] n. ① 好意,友好② 信誉,商誉

goody ['gudi] n. 好吃的糖果,甜饼等食物 int. [口]好啊!

goose [guːs] n. 鹅,雌鹅②鹅肉③呆子

傻瓜/**cook one's goose**[口]挫败某人的计划(机会)

gooseberry [ˈguzbəri] n. 醋栗果

goose flesh, goose pimples 鸡皮疙瘩

gore[1] [gɔ:] n. 血,成块的血

gore[2] [gɔ:] v. 用角或獠牙抵触,刺伤

gorge [gɔdʒ] n. ①峡谷②咽喉,食道 ‖ v. 狼吞虎咽[to gorge oneself with cake 肚子里塞满了蛋糕]/**make one's gorge rise** 使…厌恶,使…生气,使…恶心

gorgeous [ˈgɔːdʒəs] a. 灿烂的,豪华的,华丽的/**gorgeously** ad.

gorilla [gəˈrilə] n. 大猩猩

gory [ˈgɔːri] a. ①粘满鲜血的,血淋淋的②骇人听闻的,充满杀气的/**goriness** n.

goshawk [ˈgɔshɔːk] n. 苍鹰

gosling [ˈgɔzliŋ] n. 小鹅,幼鹅

gossamer [ˈgɔsəmə] n. ① 蛛丝,游丝② 薄纱 ‖ a. 轻如蛛丝的

gossip [ˈgɔsip] n. ① 闲话,闲言蜚语②爱讲闲话的人 ‖ v. 传播流言蜚语,闲谈闲聊/**gossipy** a.

gouge [gaudʒ] n. 半圆凿,弧口凿 ‖ v. ① 挖出②[口]骗取(钱财),榨取

goulash [ˈguːlæʃ] n. 炖牛肉

gourd [guəd] n. ① 葫芦属植物;葫芦② 葫芦制成的容器

gourmand [ˈguəmənd] n. 贪吃的人

gourmet [ˈguəmei] n. 食物品尝家

gout [gaut] n. 痛风/**gouty** a.

govern [ˈgʌvən] v. ① 统治,管理[to govern a nation 统治国家 to govern one's feelings 控制自己的感情]②指导(思想或行动),影响,决定[Newspapers help govern public opinion. 报纸有助于引导公众舆论。]/**governable** a.

governess [ˈgʌvənis] n. 家庭女教师,保育员

government [ˈgʌvənmənt] n. ①行政管理②政体③政府/**governmental** a.

governor [ˈgʌvənə] n. ①(美国)州长②

地方官,省长③主管人员④节速器,控制器,调节器/**governorship** n.

gown [gaun] n. ① 女人穿的衣服② 睡衣③ 长袍④法官,教士,大学生穿的长服,礼服

grab [græb] v. ①掠夺,攫取,霸占 ‖ n. ①掠夺,抓住②被抓住之物

grace [greis] n. ① 优美,优雅②文雅举止③情理,明理④宽限⑤(饭前饭后的)感恩祷告⑥Grace 阁下,大人(对公爵及夫人和大主教等的尊称)⑦(上帝赐给的)恩典,慈悲⑧(希腊神话中掌管美丽、温雅的)三女神 ‖ v. 使增光彩[The mayor graced our banquet with his presence. 市长的光临给宴会增色。]②使优美[Paintings graced the walls. 油画使四壁生辉。]/**fall from grace** 失宠,堕落,犯罪/**in the bad grace of** 不受喜欢,失宠/**in the good grace of** 受宠爱/**with good grace** 乐于做某事/**with bad grace** 勉强做某事

graceful [ˈgreisful] a. 优雅的,优美的/**gracefully** ad. /**gracefulness** n.

graceless [ˈgreislis] a. ①不明智的,不知礼的[a graceless thief 一个可耻的小偷]② 不优美,不雅致的/**gracelessly** ad. /**gracelessness** n.

gracious [ˈgreiʃəs] a. ①善良的,礼貌的,优美的② 优雅的,舒适的,美丽的 ‖ int. 天啊! 啊呀! /**graciously** ad. /**graciousness** n.

grackle [ˈgrækl] n. 鹩哥

gradation [grəˈdeiʃən] n. ①渐变[a gradation of color from pink to deep red 从淡红色变成深红色]②分级,分等

grade [greid] n. ①等级,年级②级别(指地位,军衔)③班级,年级④分数,成绩⑤同等级,同类人等之物⑥[路口]坡度 ‖ v. ①分等,分级,分类②给苹果分等[to grade apples 给苹果分等]② 给…评分③使…近于水平,减少坡度④渐渐改变[green grading into blue 绿色渐渐变蓝]/**make the grade** 使成功

grade crossing (铁路、公路的)平面交叉

grade school 小学

gradual ['grædjuəl] a. 逐渐的,逐步的/**gradually** ad.

graduate ['grædjuit] n. 大学毕业生,中学毕业生 ‖ a. ①毕业的②研究生的 ‖ v. ['grædjueit] ①准予毕业,得到毕业证②给…标刻度,刻度于…[A thermometer is a tube graduated in degrees. 温度计是测量温度的管子。]/**graduation** n.

graft [grɑːft] n. ①接枝,嫁接,接木②嫩枝③移植,移植物④受职,贪污(尤指利用职权) ‖ v. ①嫁接,移植[to graft skin from the thigh onto the chest 把大腿的皮移植到胸部]②贪污,受贿

graham ['greiəm] a. 全麦粉做的

grain [grein] n. ①谷类,谷物②谷类植物③粒子,细粒④少许,小粒子⑤谷,喱(最小的重量单位)⑥纹理,木纹,石纹⑦(人的)性格 ‖ v. 把…画成木纹

gram [græm] n. 克

-gram [græm] [后缀] 表示"书写物","描绘物"[A cablegram is a message written for sending by electric cable. 海底电报是通过电缆发送的电文。]

grammar ['græmə] n. ①词法,文法②语法③语法书④语法,措辞,说法

grammarian [grə'meəriən] n. 语法学家

grammar school ① [美] 小学② [英] 中学

grammatical [grə'mætikl] a. 语法上的/**grammatically** ad.

grampus ['græmpəs] n. ①逆戟鲸②海豚的一种

granary ['grænəri] n. 谷仓

grand [grænd] a. ① 雄伟的,壮丽的②显赫的,高贵的,豪华的③重要的,高级的④最重要的,主要的⑤高贵的,崇高的,杰出的⑥完全的,全部的⑦自大的,傲慢的⑧[口]快乐的,满足的 ‖ n. [俚] 一千美元/**grandly** ad. /**grandness** n.

grandam ['grændæm] n. [古] 老妇人,老太婆,祖母,外祖母

grandaunt ['grændɑːnt] n. 姑姥,姨姥,

舅姥

grandchild ['græd,tʃaild] n. 外孙(女),孙(女)/**grandchildren** [复]

granddaughter ['grænd,dɔːtə] n. (外)孙女

grandeur ['grændʒə] n. ①宏伟,壮观,豪华,庄严②权力,高地位

grandfather ['grænd,fɑːðə] n. ①(外)祖父②祖先

grandiloquent [græn'diləkwənt] a. 夸张的,夸大的/**grandiloquence** n.

grandiose ['grændiəus] a. ①宏伟的,雄伟的,壮观的② 浮夸的,夸大的,自以为是的

grandma ['grændmɑː] n. [口] 祖母,外祖母

grandmother ['grænd,mʌðə] n. (外)祖母

grandnephew ['grænd'nefju] n. 侄孙,侄外孙

grandpa ['grændpɑː] n. [口] 外祖父

grandparent ['grænd,pɛərənt] n. (外)祖父,(外)祖母

grand piano 平台式钢琴

grandsire ['grændsaiə] n. ①祖父,老人②祖先(古)

grandson ['grændsʌn] n. 孙子,外孙

grandstand ['grændstænd] n. (户外体育场等)大看台,正面观众席位

granduncle ['grænd,ʌŋkl] n. 叔(伯)父,姑父,舅公

grange [greindʒ] n. ①农庄,农场②格兰其(农民"保护农业社")

granite ['grænit] n. 花岗石,花岗岩

granny, grannie ['græni] n. ①奶奶,外婆② [口] 老奶奶,老婆婆

grant [grɑːnt] v. ① 准予…要求,授予,同意[He granted permission for us to go. 他同意让我们走。]②假定…(正确),(姑且)承认[I grant that you have reason to be angry. 姑且承认你有理由发脾气。] ‖ n. ①准许,同意,授予②授予某物,给予某物/**take for granted** 认为…合理

granular ['grænjulə] a. 粒状的，有细粒的

granulate ['grænjuleit] v. 使成颗粒，使成粒状的 [to granulate sugar 制成砂糖]

granule ['grænjuːl] n. 颗粒，细粒

grape [greip] n. ①葡萄②葡萄藤③葡萄弹

grapefruit ['greipfruːt] n. 葡萄柚，柚子

grapevine ['greipvain] n. ①葡萄藤树②谣言

graph [grɑːf] n. 图表，曲线图

-graph [grɑːf] [后缀]①被写下，被记录下 [A photograph is a picture recorded by a camera. 照片是用像机拍下的一种图片。]②写下…，记下…[A seismograph records earthquakes. 地震仪记下了地震（强度）。]

graphic ['græfik] a. ①图表的②生动的③绘画的，雕刻的④书法的/**graphically** ad.

graphite ['græfait] n. 石墨

grapnel ['græpnəl] n. ①小锚②铁爪钩

grapple ['græpl] v. ①抓住，格斗，扭打 [to grapple with a burglar 与窃贼搏斗 to grapple with a problem 尽力解决问题]②抓住，捉牢，握紧 ‖ n. ①抓住，格斗，扭打②铁抓钩，铁钩

grasp [grɑːsp] v. ①抓住，抓紧②领悟，了解，明白 [Did you grasp what he was trying to say? 你领会他说的是什么了吗?] ‖ n. ①抓住，抓紧②控制，自制③控制力，把握力②了解，知道，领悟/**grasp at** ①欲抓住②想要抓住，贪欲 [I would grasp at the chance to go. 我要抓住这个机会去。]

grasping ['grɑːspiŋ] a. 贪欲的，攫取的

grass [grɑːs] n. ①草，草地②禾木科植物/**grassy** a.

grasshopper ['grɑːshɔpə] n. 蚱蜢

grassland ['grɑːslænd] n. 大草原，草地，牧草地

grate[1] [greit] v. ①磨碎 [to grate cabbage 绞碎白菜] ②磨响，磨擦发出刺耳的声音 [The wheel grated on the rusty axle. 车轮与生锈的车轴磨擦发出刺耳的声音。His voice grated. 他的声音刺耳。]③使人烦躁，激怒，刺激 [His boasting grated on us all. 他的夸口使我们大家都感到厌烦。]

grate[2] [greit] n. ①炉栅②火炉，壁炉③格栅 ‖ v. 磨擦

grateful ['greitful] a. ①感激的，感谢的②令人高兴的，受欢迎的/**gratefully** ad.

grater ['greitə] n. ①磨擦者，磨碎…的人，磨碎…的工具，擦子②（炊具）擦子

gratify ['grætifai] v. ①使高兴，使满足 [Actors are gratified by applause. 掌声使演员们得到满足。]②使满意，使满足 [to spoil a child by gratifying his every wish 满足孩子的每一欲望会宠坏孩子]/**gratification** n.

grating[1] ['greitiŋ] n. （窗门上的）栅栏，格子

grating[2] ['greitiŋ] a. ①声音刺耳的②讨厌的，激怒的

gratis ['greitis] ad. & a. 免费地（的） [This ticket will admit you gratis. 这张票免费招待你。]

gratitude ['grætitjuːd] n. 感谢，感激

gratuitous [grə'tju(ː)itəs] a. ①无偿的，免费的②没有理由的，不必要的，无缘故的/**gratuitously** ad.

gratuity [grə'tju(ː)iti] n. 小费，赏金

grave[1] [greiv] a. ①重要的，严肃的，严重的②可怕的，危险的③低沉的，庄重的/**gravely** ad. /**graveness** n.

grave[2] [greiv] n. ①墓穴，坟墓② 葬身之地③死 ‖ v. 雕刻，铭记

gravel ['grævəl] n. 砂砾，碎石 ‖ v. 以砾石铺路

graven ['greivən] grave 的过去分词 ‖ a. 雕刻的，刻记的 [a graven image 雕像]

gravestone ['greivstəun] n. 石碑，墓碑

graveyard ['greivjɑːd] n. 墓地

gravitate ['græviteit] v. ①受引力作用 [The moon gravitates toward the earth. 月

球受地球引力吸引。②下沉，沉淀③使受吸引而移动〔The crowd gravitated toward the main tent of the circus. 人群向马戏团的中心帐篷移动。〕

gravitation 〔ˌɡrævi'teiʃən〕 n. ①引力作用②万有引力/**gravitational**

gravity 〔'ɡræviti〕 n. ①严肃，认真②危险，威胁〔the gravity of his illness 他的病危险了〕③引力，地球引力〔Things fall to the ground because of gravity. 因地球引力东西掉在地上。〕④重量，重力/**center of gravity** 重心/**specific gravity** 比重

gravy 〔'ɡreivi〕 n. ①肉汁②肉卤

gray 〔ɡrei〕 n. ①灰色②着灰制服的人‖ a. ①灰色的②灰暗的，阴暗的③有灰头发的‖ v. 使变灰色

graybeard 〔'ɡreibiəd〕 n. 胡须花白的老人

grayish 〔'ɡreiiʃ〕 a. 带灰色的，浅灰色的

grayling 〔'ɡreiliŋ〕 n. 茴鱼

gray matter ① 灰白质，②〔口〕头脑，智力

graze 〔ɡreiz〕 v. 擦过，擦破，掠过〔The car swerved and grazed the tree. 汽车转弯时刮着那棵树了。The bullet grazed his arm. 子弹擦破了他的手臂。〕‖ n. ①擦伤②擦过，掠过，抓破

grease 〔ɡriːz〕 n. ①动物脂肪，动物油②油脂‖ v. 用油脂润滑〔to grease a cake pan 润滑煎锅 to grease machine parts 润滑机器部件〕

greasy 〔'ɡriːsi〕 a. ①沾有油脂的，油污的②油脂过多的，油腻的③像油脂的，油腻的/**greasily** ad. /**greasiness**

great 〔ɡreit〕 a. ①巨大的，极大的，多的②非常多的③非常重要的，著名的，伟大的④老一辈的，小一辈的⑤〔口〕擅长的，精明的⑥〔口〕好的，优秀的/**greatly** ad. /**greatness**

great-aunt 〔'ɡreitɑːnt〕 n. 叔（伯）祖母，姑婆，姨婆，舅婆

greatcoat 〔'ɡreitkəut〕 n. 大衣

great-grandchild 〔ˌɡreit'ɡrændtʃaild〕 n. 外曾孙，(外) 曾孙女

great-grandparent 〔ˌɡreit'ɡrænd,pɛərənt〕 n. (外) 曾祖父, (外) 曾祖母

greathearted 〔'ɡreit'hɑːtid〕 a. ① 勇敢的，无畏的，高贵的，不自私的

great-uncle 〔'ɡreit'ʌŋkl〕 n. 伯祖，叔祖，伯外祖父，叔外祖父

greed 〔ɡriːd〕 n. 贪欲，贪婪〔the miser's greed for money 守财奴之贪财〕

greedy 〔'ɡriːdi〕 a. 贪婪的，贪财的，贪食的/**greedily** ad. /**greediness**

green 〔ɡriːn〕 a. ①绿色的②未成熟的，没受训练的，没有经验的④未愈合的，没治愈的，未干的⑤新鲜的，不陈的，不褪色的，不衰弱的‖ n. ①绿色，青色②草地，草坪③青菜/**greenness**

greenery 〔'ɡriːnəri〕 n. 绿叶，草木，枝叶等

greenhorn 〔'ɡriːnhɔːn〕 n. (移民) 新来者，新手，没有经验的人

greenhouse 〔'ɡriːnhaus〕 n. 温室，玻璃暖房

greenish 〔'ɡriːniʃ〕 a. 带绿色的

green pepper 青辣椒

greensward 〔'ɡriːnswɔːd〕 n. 草地

greenwood 〔'ɡriːnwud〕 n. 绿色森林

greet 〔ɡriːt〕 v. ①迎接，欢迎，向⋯致敬〔Our host greeted us with a warm "Hello!" 主人用热情的 "你们好" 欢迎我们。〕②遇到，接受，打招呼〔He greeted her with a wave of the hand. 他挥手向她打招呼。〕③呈现出〔A roaring sound greeted his ears. 吼声进入他的耳中。〕

greeting 〔'ɡriːtiŋ〕 n. ① 欢迎，问候，祝贺辞，致贺之动作②〔复〕贺词，问候语

gregarious 〔ɡre'ɡɛəriəs〕 a. ①爱交际的，爱群居的②群居的

grenade 〔ɡri'neid〕 n. 手榴弹

grenadier 〔ˌɡrenə'diə〕 n. ①掷弹兵②(英军) 士兵

grid 〔ɡrid〕 n. ① 格子，栅栏，铁格子②铅板③栅极 (电子管中的细丝网，用于控制管中的电子流动)

griddle ['gridl] n. 大平铁盘/**griddle cakes** 烙饼，烤饼

grief [gri:f] n. ①悲痛②可忧之事，伤心事/**come to grief** 受伤，遭难

grievance ['gri:vəns] n. 不平，不满，冤情

grieve [gri:v] v. ①使悲痛，使伤心 [His death grieved the whole nation. 他的逝世使全国人民悲痛。]②悲痛，伤心 [It is useless to grieve over a lost opportunity. 为失去的机会伤心没什么用处。]

grievous ['gri:vəs] a. ①使人伤心的，令人悲痛的②悲痛的③难受的，严重的④非常残忍的，极恶的/**grievously** ad.

grill [gril] n. ①烤架，铁箅子②烤制的食物③烤肉店 ‖ v. ①在烤架上炙烤②用酷热对…行刑③对…用火刑拷问 [The police grilled the suspect. 警察拷问了嫌疑犯。]

grille [gril] n. 铁栅，铁栏

grim [grim] a. ①残忍的，冷酷无情的②不屈的，坚强的③苛刻的，可憎的，狰狞的④可怕的，骇人听闻的/**grimly** ad. /**grimness** n.

grimace [gri'meis] n. (玩闹、痛苦和厌恶等)鬼脸 ‖ v. 装鬼脸，作怪相

grime [graim] n. 尘垢 ‖ v. 使积尘灰，使肮脏

grimy ['graimi] a. 积满污垢的，肮脏的/**griminess** n.

grin [grin] v. 露齿而笑 ‖ n. 露齿的笑

grind [graind] v. ①磨碎 [The farmer grinds his grain between millstones. 农民在石磨间磨碎谷物。]②磨快，磨光 [to grind a knife 把刀磨快]③嘎嘎地挤压，咯咯地磨(牙) [She ground her teeth in anger. 她气得咬牙切齿。]④折磨，压榨 [a people ground by tyranny 受暴政压迫的民族]⑤转动(磨机) [to grind a pepper mill 开动磨辣椒机]⑥[口]刻苦用功，努力工作 ‖ n. ①磨，磨碎②碾子，磨③埋头刻苦的人，做苦工的人④刻苦学习的学生/**grind out** 苦心用功地做出

[to grind out a novel 搜索枯肠地写出小说]

grinder ['graində] n. 磨工，研磨机，磨床

grindstone ['graindstəun] n. 磨石，砂轮

grip [grip] v. ①(用手)抓住，(用牙)咬住②吸引住，控制 [The tale of terror gripped them. 令人恐怖的故事吸引住了他们。] ‖ n. ①抓住，抓紧②特殊方式的握手③把手，柄④理解力，掌握力，控制力⑤把柄⑥手提包/**come to grips** 搏斗起来，扭扭在一起

grisly ['grizli] a. 吓人的，恐怖的

grist [grist] n. 磨碎的谷物，制粉用谷物

gristle ['grisl] n. 软骨，脆骨

gristly ['grisli] a. ①软骨的② 软骨般的

gristmill ['gristmil] n. 磨坊

grit [grit] n. ①粗砂，砂石② 粗砂石③刚毅，勇敢，振奋 ‖ v. 磨擦 [to grit one's teeth in anger 气得咬牙作响]

grits [grits] n. [复]粗谷物

gritty ['griti] a. ①有砂的，砂砾般的② [口]勇敢的，坚韧的

grizzled ['grizld] a. 灰色的，有灰斑的

grizzly ['grizli] a. 浅灰色的，带灰色的 ‖ n. 灰熊

grizzly bear 灰熊

groan [grəun] v. ①呻吟，发出呻吟声 [We groaned when our team lost. 我们队失利时我们都发出了叹息声。]② 发出吱吱嘎嘎的声音 [The heavy gate groans on its hinges. 挂在合页上的沉重大门发出吱吱的响声。]③负担过重，装满 [The table groaned with food. 桌子由于摆满了菜肴而发出吱吱嘎嘎的声音。] ‖ n. 呻吟声

grocer ['grəusə] n. 食品商，杂货商

grocery ['grəusəri] n. ①杂货店，食品店② [复]杂货食品

grog [grɔg] n. ①掺水烈酒②(任何含酒精的)汁液

groggy ['grɔgi] a. 不稳的，晕眩的(欲睡、欲醉的)/**groggily** ad.

groin [grɔin] n. ①腹股沟②穹棱，拱肋 ‖

v. 使成穹棱 [a groined vault 穹棱形顶]

groom [grum] n. ①马夫② 新郎 ‖ v. ① 洗刷(马)② 使整洁 [to groom one's hair 整理自己的头发]③ 推荐，准备 [He was groomed to take over the manager's job. 他准备好担任经理的工作。

groove [gru:v] n. ①沟，槽，凹槽之②（唱片上的）纹道③ 常规，习惯 ‖ v. 挖沟于，开槽于

grope [grəup] v. ①暗中摸索 [to grope for the keys in one's pocket. 在衣袋里摸钥匙 to grope for knowledge 探索知识]②搜寻，摸索 [to grope one's way in the dark 在黑暗中摸索着走]

gross [grəus] a. ①恶劣的，突出的 [a gross error 严重的错误 a gross lie 十足的谎话]② 粗鄙的，不雅的，粗野的 [gross language 粗俗的语言 gross manners 粗野的举止]③ 臃肿的，粗壮的 [gross feature 粗壮的外貌]④ 整个的，全部的，总的 [What is your gross income before you pay taxes? 在纳税前你的全部收入是多少？] ‖ n. ① 全部，总体② 十二打 ‖ v. [口] 总共赚得；总计，整体/**grossly** ad. /**grossness** n.

grotesque [grəu'tesk] a. ①奇怪的，虚构的②古怪的，荒唐的，可笑的 ‖ n. 奇怪的人或事物/**grotesquely** ad.

grotto ['grɔtəu] n. ①洞穴②洞室/**grottoes, grottos** [复]

grouch [grautʃ] v. 发脾气，不满 ‖ n. ①发脾气的人，发牢骚的人②[口]坏脾气

grouchy [grautʃi] a. [口]发脾气的，不满的，发牢骚的/**grouchily** ad. /**grouchiness** n.

ground [graund] n. ① 地，地面②场所③[复]场地，庭园④理由，原因，根据⑤[复]沉淀物，渣滓⑥底色，底子⑦地面上的线 [the ground floor of a building 楼房的底层] ‖ v. ①把…放在地上②搁浅，使触海底 [The ship grounded on the reef. 船触礁搁浅了。]③ 基于…；建立在…基础上，根据… [On what do you

ground your argument? 你的论点是基于什么基础上呢?④ 良好的或基础的训练⑤ 使停飞 [The airplanes were grounded by the storm. 因暴雨飞机被迫停飞。]⑥ 使接地，通地/**break ground** ① 破土，动工② 创建，始建立/**cover ground** ① 穿过，通过，旅行② 涉及，提到，论及/**gain ground** 前进，进步/**give ground** 退却，让步/**lose ground** 衰退，落伍/**ground out** 逐出

ground hog 土拨鼠

ground-hog day [graundhɔg] 圣烛节

groundless ['graundlis] a. 无足够的根据的，无足够理由的

groundwork ['graundwə:k] n. 基础，基本成分

group [gru:p] n. ①组，群，团体② 一类，一组 ‖ v. 把…归类，把…排成 [Group yourselves in a circle. 把你们自己围成圈]

grouse [graus] n. 松鸡/**grouse** [复]

grove [grəuv] n. 小树林

grovel [grɔvl] v. ①趴，匍匐② 卑躬屈膝/**groveler, groveller** n.

grow [grəu] v. ①发育，成长 [Our business has grown rapidly. 我们的业务发展迅速。]②逐渐，变 [to grow from childhood to adulthood 从童年长到成年]③ 使形成，生存 [Oranges grow in warm regions. 桔子在温暖地区生长。]④种，栽培 [They grow wheat on their farm. 他们在农场种植了小麦。]⑤ 变成，形成 [He grew tired after the long drive. 长时间驾驶后，他累了。]/**grow on** 逐渐增加…的喜爱，逐渐变得越来越受好/**to grow out of**① 产生于…②长得太大而不适于/**grow together** 逐渐长到一起/**grow up** 成熟，成年/**grower** n.

growl [graul] v. ①(狗的)嗥叫② 咆哮③. 嚎叫(声)，咆哮

grown [grəun] grow 的过去分词形式 ‖ a. 发育完成的，成年的 [a grown man 成年人]

grown-up, grownup ['grəunʌp] n. ①

成熟的②成人的 ‖ n. 成年人

growth [grəuθ] n. ①生长, 成长②增大, 增长③生产物, 产物

grub [grʌb] v. ①掘地, 刨出, 掘除…根② 做苦工 ‖ n. ①蛆, 蛴螬②[俚]食物

grubby ['grʌbi] a. 脏的, 污秽的

grubstake ['grʌbsteik] n. [口]供给探 矿者的贷款或物品

grudge [grʌdʒ] v. ①嫉妒[They grudged him his success. 他们嫉妒他的成功。]② 吝惜, 不愿给[The miser grudges his dog its food. 守财奴不愿给狗食物吃。] ‖ n. 恶意, 心怀不满/**grudgingly** ad.

gruel [gruəl] n. 粥

grueling, gruelling ['gruəliŋ, gru:əliŋ] a. 令人筋疲力尽的, 疲劳的

gruesome ['gru:səm] a. 可怕的, 可憎 的, 令人畏惧的

gruff [grʌf] a. ①生硬的, 粗暴的[a gruff reply 生硬的回答]②苛刻的, 嘶哑的

grumble ['grʌmbl] v. ①作隆隆声② 牢骚, 抱怨, 鸣不平[The soldiers grumbled about the food 士兵们对伙食不满。] ‖ n. 怨言/**grumbler** n.

grumpy ['grʌmpi] a. 粗暴的, 脾气坏的

grunt [grʌnt] v. ①(猪等)发哼哼声; 打 呼噜②发出类似的哼哼声[Tom grunted as he picked up the heavy load. 汤姆提起 重物时发出了哼哼声。]③咕哝地说 ["No!" he grunted. 他咕哝着说"不"!] ‖ n. 咕哝声, 哼哼声

guarantee [ˌɡærən'ti:] n. ①担保②保证 ③担保物, 抵押品④保证人, 担保人 ‖ v. ①担保②许诺, 保证[I cannot guarantee that he'll be there. 我不能保证他将在那 儿。]

guarantor [ˌɡærən'tɔ:] n. 保证人

guaranty ['ɡærənti] n. ① 保证②担保 物, 抵押品

guard [ɡɑːd] v. ①看守, 守卫[Shepherds guard their flocks by night. 牧羊人在夜间 守护羊群。]②警戒, 看守[Two sentries guarded the prisoners. 两个警卫看守犯 人。]③防范, 警惕[Lock the door to guard

against prowlers. 把门锁上以防小偷。] ‖ n. ①看守, 警惕, 防范②防备物, 保护器 ③卫兵, 警卫队, 护卫队④守门员⑤后 卫/**on one's guard** 警惕, 警戒着

guarded ['ɡɑːdid] a. ①被看守的, 被保 卫的②有人看守的, 小心的[a guarded reply 谨慎的回答]/**guardedly** ad.

guardhouse ['ɡɑːdhaus] n. 卫兵室, 禁 闭室

guardian ['ɡɑːdjən] n. ①监护人②保护 人, 管理员/**guardianship** n.

guardroom ['ɡɑːdrum] n. 禁闭室, 哨兵 室

guardsman ['ɡɑːdzmən] n. ①卫兵, 哨 兵②[美]国民警备队员

guerrilla, guerilla [ɡə'rilə] n. 游击队 员

guess [ges] v. ①猜测, 推测[Can you guess how old she is? 你能猜出她多大年 龄吗?]②猜中, 猜对[He guessed the ex-act number of beans in the jar. 他准确地猜 中了坛子里豆的数量。]③想, 认为[I guess you're right. 我认为你是对的。] ‖ n. 猜测, 推测

guesswork ['geswə:k] n. 猜测, 臆测

guest [gest] n. ①客人, 宾客②顾客, 旅 客 ‖ a. ①宾客的②被邀请的

guffaw [ɡʌ'fɔ:] n. 狂笑, 哄笑 ‖ v. 大笑, 狂笑

guidance ['ɡaidəns] n. ①指导, 指引, 领 导②引导, 导航

guide [ɡaid] v. ①带领, 引路[Can you guide me through the museum? 你能带我 在博物馆里参观吗?]②管理, 操纵, 支 配[to guide the affairs of state 管理国事] ‖ n. ①导游者②指南, 指导, 支配③手 册, 指导卡, 入门书

guidebook ['ɡaidbuk] n. 旅行指南, 参 考手册

guided missile 导弹

guideline ['ɡaidlain] n. 指导方针, 行动 纲领

guidepost ['ɡaidpəust] n. 路标, 指路牌

guild [gild] n. ①(中世纪的)行会,同业公会②协会,互助会

guildhall [ˈgildˈhɔːl] n. ①会馆② 市政厅

guile [gail] n. 狡计,诈术,骗术/**guileful** a.

guileless [ˈgaillis] a. 不狡猾的,诚实的,坦白的/**guilelessly** ad.

guillotine [ˈgiləˈtiːn] n. 断头台 ‖ v. 在断头台上斩首

guilt [gilt] n. ①罪,罪行②内疚

guiltless [ˈgiltlis] a. 无罪的,无辜的

guilty [ˈgilti] a. ①内疚的②有罪的,犯罪的③感觉有罪,心虚的/**guiltily** ad. /**guiltiness** n.

guinea fowl 珍珠鸡

guinea hen 雌性珍珠鸡

guinea pig ①豚鼠②供医学实验用的人或物

guise [gaiz] n. ①装束② 外表,外观,伪装

guitar [giˈtɑː] n. 吉他,六弦琴

gulch [gʌlʃ] n. 干谷,峡沟

gulf [gʌlf] n. ①海湾②深坑,断层③隔阂,鸿沟

gull [gʌl] n. 易受骗的人 ‖ v. 欺骗,使上当

gullet [ˈgʌlit] n. ① 食管,食道② 咽喉,颈部

gully [ˈgʌli] n. 溪谷/**gullies**[复]

gulp [gʌlp] v. ① 狼吞虎咽地吃〔He gulped his breakfast and ran to school. 他狼吞虎咽地吃了早饭就跑去上学了。〕②咽下,忍住〔She gulped down her sobs. 她吞声饮泣。〕③ 哽塞,喘不过气来〔The swimmer came up gulping for air. 游泳者忍不住伸出来换气。〕‖ n.①吞②一次吞饮之量

gum[1] [gʌm] n.①树脂,树胶②产胶之树③橡胶④胶皮糖,口香糖 ‖ v. ①(用树胶)粘合② 使有粘性〔The drain in the sink is gummed up. 水池的下水管粘住了。〕

gum[2] [gʌm] n. [复]齿龈,牙床

gumbo [ˈgʌmbəu] n. ① 秋葵,秋葵荚② (用秋葵做成的)浓汤,烩汤/**gumbos** [复]

gummy [ˈgʌmi] a. ① 粘性的,树胶性的,含有树胶的② 多胶的,胶粘的

gumption [ˈgʌmpʃən] n. [口]勇敢,大胆

gun [gʌn] n. ①枪,炮② 枪状物③信号,敬礼(用鸣枪或鸣炮的方式) ‖ v. 用枪射击,用枪打猎/**stick to one's guns** 坚守阵地,固执己见

gunboat [ˈgʌnbəut] n. 炮舰,炮艇

guncotton [ˈgʌnkɔtn] n. 火药棉

gunfire [ˈgʌnˌfaiə] n. 炮火〔the sound of gunfire far away 远处的炮火声〕

gunlock [ˈgʌnlɔk] n. 扳机

gunman [ˈgʌnmən] n. 持枪抢劫的人,带枪歹徒/**gunmen**[复]

gunner [ˈgʌnə] n.①炮手,枪手,猎枪手② (军舰)枪炮官

gunnery [ˈgʌnəri] n. 造枪(炮)术,枪炮射击法

gunny [ˈgʌni] n. ① 粗麻布②麻布袋/**gunnies**[复]

gunpowder [ˈgʌnˌpaudə] n. 火药

gunshot [ˈgʌnʃɔt] n.① 火炮(枪)射击② (枪)炮的射程〔a duck within gunshot 一只在射程内的鸭子〕

gunsmith [ˈgʌnsmiθ] n. 造枪匠,修枪匠

gunstock [ˈgʌnstɔk] n. 枪托,枪柄

gunwale [ˈgʌnəl] n. 船舷的上缘

guppy [ˈgʌpi] n. 热带彩鱼/**guppies**[复]

gurgle [ˈgəːgl] v. ①(水) 作汩汩声②(人) 发出格格声 ‖ n. 格格声,汩汩声

gush [gʌʃ] v. ①涌出,喷出,进出〔Water gushed from the broken pipe. 水从破裂的管子里喷出来。〕② [口]滔滔不绝地说 ‖ n.①涌出,喷出〔a gush of water 水进出来〕② [口]滔滔不绝地讲话/**gushy** a.

gusher [ˈgʌʃə] n. 自喷油井

gust [gʌst] n. ①阵风,一阵狂风〔a gust of

wind 一阵狂风 gusts of smoke 阵阵烟雾〕② 突然一阵(笑)怒等/**gusty** a.

gusto〔ˈgʌstəu〕n. 爱好,嗜好,趣味〔to eat with gusto 津津有味地吃 to sing with gusto 兴致勃勃地唱歌〕

gut〔gʌt〕n. ①〔罕〕〔复〕肠②内脏③〔俚〕勇气‖v. ①从…取出内脏〔to gut a fish 取出鱼的内脏〕② 损坏…的内部装置〔The building had been gutted by fire. 建筑里的设施全被大火烧毁。〕

gutta-percha〔ˈgʌtəpəːtʃə〕n. 树胶

gutter〔ˈgʌtə〕n. ①街道两侧的水沟,水槽②屋顶的檐槽③边沟,槽,滑槽‖v. 流,淌,很快融化〔The wind made the candle gutter. 风使蜡烛很快化掉。〕

guttural〔ˈgʌtərəl〕a. ①喉的,喉音的②生硬的,令人不快的(声音)

guy¹〔gai〕n. 索,链,绳

guy²〔gai〕n.〔俗〕家伙,小伙子,男人‖v.

开玩笑〔口〕

guzzle〔ˈgʌzl〕v. 大吃大喝

gym〔dʒim〕n. ①体育馆②〔俗〕大学的体育课

gymnasium〔dʒimˈneizjəm〕n. 体育馆,健身房

gymnast〔ˈdʒimnæst〕n. 体操运动员,体操家

gymnastics〔dʒimˈnæstiks〕n.〔复〕体操/**gymnastic** a.

gyp〔dʒip〕v. n.〔俚〕欺骗,骗局,骗子

gypsum〔ˈdʒipsəm〕n. 石膏

gypsy moth 舞毒蛾

gyrate〔ˌdʒaiəˈreit〕v. 旋转,螺旋式前进/**gyration** n.

gyroscope〔ˈgaiərəskəup〕n. 陀螺仪,回转仪

G

𝓗 𝒽 **H** h

H , h [eitʃ] n. 英语字母的第八个字母/
H's , h's ['eitʃiz][复]

habeascorpus ['heibjəs'kɔːpəs] n.人身
保护令

haberdasher ['hæbədæʃə] n.男子服
饰用品商

haberdashery ['hæbədæʃəri] n.①男
子服饰用品商店②男子服饰用品

habiliments [hə'bilimənts] n.[复]服
饰

habit ['hæbit] n.①习惯,癖好②习性,常
态③特别场合的服装

habitable ['hæbitəbl] a.适于居住的

habitat ['hæbitæt] n.(动物的)栖息地,
(植物的)产地

habitation [hæbi'teiʃən] n.①住处②居
住

habitual [hə'bitjuəl] a.①习惯的②习
以为常的,形成习惯的③惯常的,通常
的/**habitually** ad.

habituate [hə'bitjueit] v.使习惯于[to
habituate oneself to a cold climate 使自己
习惯于寒冷的气候]

hack¹ [hæk] v.①劈,砍②干咳 ‖ n.①砍
痕②干咳

hack² [hæk] n.①出租的马(马车)②老
而无用的马③出租车内文人④文人 ‖ v.①
平庸文人的②平庸文人做的

hackle ['hækl] n.①(雄鸡,鸽等)颈上的
羽毛②[复]狗颈背部竖起的毛

hackney ['hækni] n.①乘用的马②出租
马车

hackneyed ['hæknid] a.陈腐的

hack saw 钢锯

had [hæd] have 的过去式和过去分词,它
也与某些表示比较的词如 better, rather,
sooner 等一起使用[You had better leave
now.你最好在离开。]

haddock ['hædək] n.黑线鳕/had-
dock, haddocks[复]

haft [hɑːft] n.(刀,斧等的)柄,把

hag [hæg] n.老丑妇(尤指做坏事的)

haggard ['hægəd] a.憔悴的,形容枯槁
的

haggle ['hægl] v.讨价还价;争论

hail¹ [heil] v.①欢呼[The Romans hailed
Caesar as emperor.罗马人向凯撒欢呼,称
他为皇帝。②招呼[He hailed a cab.他
叫了一辆出租车。] ‖ n.①欢呼;欢迎②
能听到呼叫的距离[The boat approached
within hail of shore.船靠近岸,岸上人们
的喊声都能听到了。] ‖ int.(欢呼声)万
岁! /**hail from** 来自[My family hails
from Iowa.我家来自衣阿华州。]

hail² [heil] n.①冰雹②像雹子般落下的
东西 ‖ n.①下雹[It hailed last night.昨晚
下雹子了。②大量落下[Arrows hailed
down on them from the castle walls.大量的
箭如雹子般从城墙上向他们射来。]

hailstone ['heilstəun] n.雹子粒,冰雹

hair [hɛə] n.①毛发,头发②极少量,一点
③植物茸毛/**split hairs** 拘泥小节

hairbreadth ['hɛəbredθ], **hairsbreadth**
['hɛəzbredθ] n.极微小的距离 ‖ a.一发之
差的

haircloth [ˈheəklɔθ] n.（马、驼的毛织成的）毛布

haircut [ˈheəkʌt] n. 理发；发式

hairdo [ˈheəduː] n.（女人的）头发式样

hairdresser [ˈheədresə] n.（为女子服务的）美发师

hairless [ˈheəlis] a. 无毛发的

hairline [ˈheəlain] n. ①极细的线②发型轮廓

hairpin [ˈheəpin] n. 发束 ‖. U字形的

hairraising [ˈheəreiziŋ] a.［口］恐怖的

hairy [ˈheəri] a. ①长毛的，多毛的②毛状的/**hairiness** n.

halberd [ˈhælbəd, ˈhælbəːt] n. 戟

halcyon [ˈhælsiən] a. 平静的，愉快的

hale [heil] a. 健壮的

half [hɑːf] n. ①一半②部分 ‖ a. ①一半的②近一半的③不全的 ‖ ad. ①一半地，近一半地〔half full 半饱 half baked 烤得半熟〕②部分地；某种程度地〔I was half convinced. 我不全信。〕/**in half** 成两半/**not half bad** 相当好

halfback [ˈhɑːfbæk] n.（足球中的）中卫

halfbaked [ˈhɑːfbeikt] a. ①烤得半生不熟的②不成熟的，无经验的；蠢的

half-breed [ˈhɑːfbriːd] n. 混血儿

half brother 同父异母（或同母异父）的兄弟

halfcaste [ˈhɑːfkɑːst] n. ①混血儿②欧亚混血儿

halfhearted [ˈhɑːfhɑːtid] a. 无兴趣的，不热心的/**halfheartedly** ad.

halfhour [ˈhɑːfauə] n. ①半小时②半小时的间隔 ‖ a. 半小时的

half-mast [ˈhɑːfmɑːst] n. 半旗（表示哀悼）

half note 二分音符

half sister [ˈhɑːfsistə] n. 同父异母（或同母异父）的姐妹

halfway [ˈhɑːfwei] a. ①半途中的②部分的，不彻底的 ‖ ad. ①中途〔They had gone halfway home. 他们已在回家的半路上。〕②部分地〔The house is halfway built.

房子正在建筑中。〕/**meet halfway** 迎合，迁就

half-wit [ˈhɑːfwit] n. ①低能人②愚蠢人/**halfwitted** a.

halite [ˈhælait] n. 石盐

hall [hɔːl] n. ①门厅②走廊③会堂；娱乐厅④办公楼⑤学院楼，学生宿舍⑥贵族的乡间邸宅

hallmark [ˈhɔːlmɑːk] n. ①（金、银器上的标明产地、纯度的）印记②标志；特点 ‖ v. 在…上做检验标记

hallucination [həˌluːsiˈneiʃən] n. ①幻觉②因幻觉听（见）到的景象

hallucinogen [həˈluːsinədʒən] n. 幻觉剂/**hallucinogenic** a.

hallway [ˈhɔːlwei] n. 门厅；过道

halo [ˈheiləu] n.（日、月、路灯等的）晕圈②（神、天像头上的）光环/**halos, haloes**［复］

halt[1] [hɔːlt] n. & v. 停止〔He worked all morning without a halt. 他不停地工作了一上午。Rain halted the game. 下雨使比赛暂停。〕/**call a halt** 命令停止

halt[2] [hɔːlt] v. ①跛行②踌躇〔to be halting in one's speech 讲话吞吞吐吐〕 ‖ a. 跛的

halter [ˈhɔːltə] n. ①（拴动物的）缰绳②女用三角背心③绞索

halve [hɑːv] v. ①分成相等的两份②减半〔This new process will halve our costs. 新工序将使成本减半。〕

halves [hɑːvz] n. half 的复数形式/**go halves** 均担费用

halyard [ˈhæljəd] n. 旗缆，帆绳

ham [hæm] n. ①火腿②膝；腿臀③［俚］表演得过火的演员④［俚］无线电报的业余爱好者

hamburger [ˈhæmbəːgə] n. ①汉堡包；牛肉饼②碎牛肉

hamlet [ˈhæmlit] n. 小村庄

hammer [ˈhæmə] n. ①榔头②（形状、用途方面）像锤子的东西 ‖ v. ①锤打（击）〔He hammered on the door with his fists.

他用拳头砸门。〕②用锤子做成〔to hammer together a box 钉成一只箱子〕③硬性灌输〔to hammer an idea into somebody's head 硬向某人灌输某种观念〕/**hammer away at** ①刻苦钻研〔②苦心想出〔to hammer out a plan 想出一计划〕

hammock ['hæmək] n. 吊床

hamper ['hæmpə] v. 阻碍〔to be hampered by a lack of education 受缺乏教育的阻碍〕

hamper ['hæmpə] n. 有盖大篮子

hamster ['hæmstə] n. 仓鼠

hamstring ['hæmstriŋ] n. ①(人的)腘旁腱②(动物的)后腿腱‖v. 割断…的后腿腱,使跛足

hand [hænd] n. ①手②钟表指针③侧④手工,雇员⑤技巧,手法⑥控制,权利⑦参加⑧来源⑨答应婚约⑬一掌之宽(约四英寸)⑭手中的牌‖a. 手的;手工的‖v. ①用手递,传递〔Hand me the book please. 请把书递给我。〕/**at hand** 近在手边/**at the hand of** 出自…之手/**by hand** 用手/**change hands** 转换所有者,易手,转手/**from hand to mouth** 刚够糊口/**hand down** ①传下来②宣判/**hand in glove, hand and glove** 亲密地/**hand in hand** ①拉手②在一起/**hand down** 易如反掌地〔to win hands down 轻易获胜〕/**hand to hand** 逼近地〔to fight hand to hand 交手战,短兵相接〕/**in hand** 控制住/**lay hands on** ①袭击②抓住/**on hand** ①近②现有③出席/**upper hand** 优势/**wash one's hands of** 洗手不干…;与…断绝关系

handbag ['hændbæg] n. ①女人钱包②小旅行包

handball ['hændbɔːl] n. ①手球赛②手球

handbill ['hændbil] n. 传单

handbook ['hændbuk] n. 手册

handcuff ['hændkʌf] n. 手铐‖v. 上手铐

handful ['hændful] n. ①一把②少数③[口]难控制的人(物)/**handfuls** [复]

handicap ['hændikæp] n. ①给优者不利条件或给劣者有利条件以使得胜机会均等的比赛②这样的比赛条件③障碍,缺陷‖v. 妨碍;使有缺陷

handicraft ['hændikrɑːft] n. ①手艺②手艺工作,技工

handily ['hændili] ad. 便利地,灵巧地

handiness ['hændinis] n. 便利,灵巧

handiwork ['hændiwəːk] n. ①手工②亲手做的事情

handkerchief ['hæŋkətʃif] n. 手帕

handle ['hændl] n. 柄,把手‖v. ①拿,触〔Handle that china cup with care. 小心点拿那只瓷杯。〕②管理,照顾〔This restaurant can handle hundreds of customers during the lunch hour. 开午饭时,这家饭店能接待数百名顾客就餐。〕③处理,对待〔There are various ways of handling this problem. 有许多种解决这个问题的方法。〕④易于操纵〔My new bicycle handles well. 我的新自行车很灵活。〕⑤经营,买卖〔Most drugstores handle a variety of items. 大多数杂货店经营项目繁多。〕/**handler** n.

handle bar (自行车或摩托车的)车把

handmade ['hænd'meid] a. 手工制造的

handout ['hændaut] n. 施舍物,散发物

handrail ['hændreil] n. 扶手;栏杆

handshake ['hændʃeik] n. 握手

handsome ['hænsəm] a. ①漂亮的,清秀的(尤指男子)②相当大的③合适的,得体的/**handsomely** ad. /**handsomeness** n.

handspring ['hændspriŋ] n. 双手、双脚先后轮流着地向前(或向后)的翻跳

handwriting ['hænd'raitiŋ] n. ①手写物,手写稿②笔迹

handy ['hændi] a. ①手边的,近便的②便于使用的;省时的③手灵巧的

hang [hæŋ] v. ①悬挂〔to hang laundry on

a clothesline 将洗完的衣服挂在晾衣绳上〕③吊死④安装（活动的东西）〔The shutters are hung on hinges. 窗板安在合叶上。〕④贴，粘（墙 壁纸等）〔to hang wallpaper 贴墙壁纸〕⑤（通过挂画、帘等）装饰⑥垂下〔He hung his head in shame. 他不好意思地垂下了头。〕⑦悬而不决〔The jury was hung because its members couldn't agree in a verdict. 陪审团不能做出裁决，因为其成员们对判决意见不一致。〕‖ n. ①悬挂方式〔the hang of the curtains 窗帘的挂法〕②做法；用法③大意，要点/**hang around**，**hang about** ①闲荡/**hang back** 畏缩不前/**hang fire** 犹豫不决/**hang on** ①握着②有赖于③倚，靠④靠近听/**hang out** ①（上身）探出②〔俚〕居住/**hang over** ①突出，伸出②在…上盘旋②威胁/**hang together** ①结合在一起②（故事等）有意义/**hung up** ①挂起来②挂断电话③延迟

hangar [ˈhæŋə] n. 飞机棚，飞机库

hangdog [ˈhæŋdɔg] a. 羞愧的，畏缩的〔a hangdog look 羞愧畏缩的样子〕

hanger [ˈhæŋə] n. ①挂东西的人；糊东西的人②挂物的东西，挂勾

hanger-on [ˈhæŋəˈɔn] n. 随从/**hangers-on** [复]

hanging [ˈhæŋiŋ] a. 悬重的 ‖ n. ①吊死②（墙上，窗上的）悬挂装饰物

hangman [ˈhæŋmən] n. 绞刑执行人/**hangmen** [复]

hangnail [ˈhæŋneil] n. 手指上的倒刺

hang-up [ˈhæŋʌp] n. 〔俚〕个人感情方面的难题

hank [hæŋk] n. （毛或纱的）一束，一团

hanker [ˈhæŋkə] v. 热望，追求〔to hanker after fame 追求名誉〕

hansom [ˈhænsəm] n. 车夫在后的单马双轮棚车

hap [hæp] n. 机会；幸运 ‖ v. 〔罕〕偶然发生

haphazard [ˌhæpˈhæzəd] a. 偶然的，没有计划的〔haphazard events 偶发事件〕‖ ad. 偶然地，随意地〔Toys scattered hap-

hazard on the floor. 玩具随意散在地板上。〕ad.

hapless [ˈhæplis] a. 不幸的，倒霉的

haply [ˈhæpli] ad. 〔罕〕偶然地；或许

happen [ˈhæpən] v. ①发生（尤指偶然地）〔When did the accident happen? 事故什么时候发生的？It happened to rain that day. 那天碰巧下雨了。〕②正巧，碰巧〔I happened to meet him. 我正巧遇到了他。〕/**happen long**，**happen by** [口]偶然来到/**happen on** 偶然见到，偶遇

happening [ˈhæpəniŋ] n. 偶然发生的事，事件〔the day's happening 那天发生的事〕

happy [ˈhæpi] a. ①愉快的，快乐的；满足的②幸运的，幸福的③恰当的；巧妙的/**happily** ad. /**happiness** n.

happy-go-luck [ˈhæpigəuˌlʌki] a. 听天由命的；无忧无虑的

harangue [həˈræŋ] n. 慷慨激昂的长篇演说 ‖ v. 作长篇大论的演说

harass [ˈhærəs, həˈræs] v. ①使烦忧，折磨〔He was harassed with many debts. 他负债累累。〕②骚扰〔Flies harassed the horse. 苍蝇搅得马不安宁。〕/**harassment** n.

harbinger [ˈhɑːbindʒə] n. 通报者；预言者

harbor [ˈhɑːbə] n. ①港口；港湾②避难所；藏身处 ‖ v. ①隐匿，窝藏〔to harbor an outlaw 窝藏罪犯〕②怀有（某种思想）〔to harbor ill will 居心不良〕

hard [hɑːd] a. ①硬的；难的；费力的③强烈的；激烈的④冷酷的⑤严格的；严厉的⑥出力的⑦烈性的（酒），酒精成分高的⑧发硬音的 ‖ ad. ①努力地〔to work hard 努力工作〕②用力地〔to pull hard 用力拉〕③痛苦地；猛烈地〔He was hard bit by her death. 她的死给他造成沉痛打击。〕④坚定地〔to hold on hard 坚持住；抓住〕⑤坚固地〔to freeze hard 冻成固体〕⑥近，靠近〔We lived hard by the woods. 我们住在森林附近。〕/**hard and fast** 严格的，不变的/**hard of hearing** 听

力不好/**hard up** [口]急需钱, 手头紧。

hard-boiled ['hɑ:d'bɔild] a. ①（蛋等）煮透的②[口]无情的；强硬的

harden ['hɑ:dn] v. 变硬；使硬

hardheaded ['hɑ:dhedid] a. ①顽固的②讲究实际的

hardhearted ['hɑ:d'hɑ:tid] a. 无情的, 冷酷的

hardihood ['hɑ:dihud] n. 大胆

hardly ['hɑ:dli] ad. ①几乎不；仅, 才〔I can hardly tell them apart. 我几乎不能把他们区分开。There is hardly any time left. 几乎没剩多少时间。〕②不可能〔That can hardly be the case. 情况不可能这样。〕③严厉地；粗鲁地；艰难地

hardness ['hɑ:dnis] n. 硬；难

hardship ['hɑ:dʃip] n. 苦难, 困苦

hardtack ['hɑ:dtæk] n. 船上食用的硬饼干

hardware ['hɑ:dwɛə] n. 金属器具

hardwood ['hɑ:dwud] n. 坚硬的木材

hardy ['hɑ:di] a. ①强壮的；能吃苦的②勇敢的/**hardily** ad. /**hardiness** n.

hare [hɛə] n. 野兔

harebrained ['hɛəbreind] a. 轻率的；蠢的

harelip ['hɛəlip] n. 兔唇

hark [hɑ:k] v. [诗]认真听〔Hark! the herald angels sing "听! 天使们在唱"〕/**hark back**（想像中的）返回, 追溯〔to hark back to one's childhood 追溯到童年时代〕

Harlequin ['hɑ:likwin] n. ①（哑剧中的）头戴面具, 身穿五颜六色服装的角色②harlequin 丑角

harlot ['hɑ:lət] n. 妓女

harm [hɑ:m] v. ①损害, 伤害②邪恶‖v. 损害；伤害

harmful ['hɑ:mful] a. 损害的, 伤害的/harmfully ad.

harmless ['hɑ:mlis] a. 无损害的/harmlessly ad.

harmonic [hɑ:'mɔnik] a. 和声的‖n.

同 overtone

harmonica [hɑ:'mɔnikə] n. 口琴

harmonious [hɑ:'məunjəs] a. ①协调的, 相称的②和睦的, 融洽的

harmonize ['hɑ:mənaiz] v. ①协调；以和声唱（或演奏）〔Brown harmonized with green. 棕色和绿色相配协调。The voices harmonized in a quartet. 这些人的嗓音在四重唱中很和谐。〕②使协调〔to harmonize the colors in a room 使屋里的颜色协调 to harmonize a melody 使曲调和谐〕

harmony ['hɑ:məni] n. ①协调, 和谐②融洽〔We worked in perfect harmony. 我们配合十分默契。〕③音乐④和声⑤和声学/**harmonies** [复]

harness ['hɑ:nis] n. ①马具②马具似的绳索‖v. ①套上马具②治理；利用〔to harness one's energies 利用某人的能力〕

harp [hɑ:p] n. 竖琴‖v. ①唠叨〔He's always harping on his illness. 他总是唠叨他的病。〕②弹竖琴

harpist ['hɑ:pist] n. 竖琴演奏者

harpoon [hɑ:'pu:n] n. 鱼叉‖v. 用鱼叉叉

harpsichord ['hɑ:psikɔ:d] n. 拨弦古钢琴

harquebus ['hɑ:kwibəs] n. 火绳枪

harrier ['hæriə] n. 猎兔狗

harrow ['hærəu] n. 耙‖v. 用耙耙地

harrowing ['hærəuiŋ] a. 悲惨的；折磨人的

harry ['hæri] v. ①掠夺；蹂躏〔Invaders from Demark harried the early British tribes. 丹麦侵略者对英国早期的部落进行了掠夺。〕②折磨；苦恼〔harried by debts 被债务所困扰〕

harsh [hɑ:ʃ] a. ①粗糙的；刺耳的②严厉的；苛刻的/**harshly** ad. /**harshness** n.

hart [hɑ:t] n. 公鹿

harum-scarum ['hɛərəm'skɛərəm] a. 轻率的；莽撞的‖n. 冒失鬼

harvest ['hɑ:vist] v. ①收获②收获期①

收成‖v. ①收获〔to harvest peaches 收桃〕②从…收获〔to harvest a field 收获田里的庄稼〕

harvester ['hɑːvistə] n. ①收获人②收割机

has [hæz] have 第三人称单数现在时形式〔The boy has his book. 孩子有自己的书。Has she gone? 他走了吗? She has a new dress. 她有件新连衣裙。〕

hash [hæʃ] n. ①肉丁烤菜②拼凑起来的东西‖v. 切碎

hasp [hɑːsp] n. (门、窗等上的) 搭扣

hassle, hassel ['hæsl] n. 〔俚〕激烈争论,争吵

hassock ['hæsək] n. 蒲团,膝垫

haste [heist] n. ①急速,紧迫②仓促;轻率/make haste 赶紧

hasty ['heisti] a. ①急速的②仓促的;轻率的/**hastiness** n. /**hastiness** n.

hat [hæt] n. 帽子(一般指有边的)/**pass the hat** 募捐/**take one's hat off** 祝贺

hatch¹ [hætʃ] v. ①孵化〔Birds hatch their eggs by keeping them warm. 鸟类靠保温来孵蛋。〕②从蛋(卵)中孵出〔Our chicks hatched this morning. 我们的小鸡今天上午出壳了。〕③图谋;策划〔They hatched a plot to kill the king. 他们图谋杀害国王。〕

hatch² [hætʃ] n. 舱口②出口,开口,小门

hatchery ['hætʃəri] n. 孵卵处

hatchet ['hætʃit] n. 短柄小斧/**bury the hatchet** 休战,讲和

hatchway ['hætʃwei] n. 舱口;升降口

hate [heit] v. 恨;憎恨;很不喜欢〔to hate an enemy 憎恨敌人 to hate to wash dishes 讨厌洗碗〕‖n. 憎恨;厌烦/**hater** n.

hateful ['heitful] a. ①可恨的;讨厌的②〔罕〕表示敌意的/**hatefully** ad. /**hatefulness** n.

hatred ['heitrid] n. 仇恨,憎恨

hatter ['hætə] n. 制帽子的人,帽商

hauberk ['hɔːbəːk] n. (中世纪武士穿的)锁子甲

haughty ['hɔːti] a. 傲慢的,骄傲的/**haughtily** ad. /**haughtiness** n.

haul [hɔːl] v. ①曳,拖,拖〔We hauled the boat up on the beach. 我们把船拖上海滩。〕②用车运载〔He hauls coal. 他用车运煤。〕③船改变航向④拖,曳‖n. ①一次捕获量②拖运距离③拖运量/**haul off** 〔口〕挥拳打人之前先缩回手臂

haunch [hɔːntʃ] n. ①腿臀部②(动物的)腰腿〔a haunch of mutton 羊大腿〕

haunt [hɔːnt] v. ①常去,常出没于〔The boys haunted the drugstore. 男孩子们常去杂货店。A haunted house is one that is supposed to be visited by a ghost. 闹鬼的房子就是鬼出没的房子。〕②在脑际萦绕,总想起〔Memories haunt her. 她常沉浸于回忆中。〕‖n. 常去的地方

have [hæv] v. ①有,拥有〔He has money. 他有钱。She has red hair. 她有红头发。〕②包含〔A week has seven days. 一周有7天。〕③知道,了解;懂得④体验,经受;患有〔to have the measles 患麻疹 to have a good time 过得愉快〕⑤得到,拿到〔have a piece of candy 得到一块糖〕⑥作…的父(母)〔Mrs. Smith has twins. 史密斯夫人是一对双胞胎的母亲。〕⑦使;让〔Have the plumber fix the leak. 让管子工修修渗漏的地方。He had his shoes shined. 他让人擦亮了鞋。〕⑧忍受,容许〔I won't have any fighting here. 我不容许在这里打架。〕⑨不得不〔I have to go now. 我现在得走了。〕⑩表明;说〔Rumor has it that he's rich. 传说他很富有。〕⑪〔口〕优于,胜过〔He has me on that point. 在那点上他比我强。〕/作为助动词的 have 后面跟过去分词〕〔He has won. 他赢了。He had won. 他已经赢了。He will have won. 他将会赢的。〕/〔have 有时被 have got 代替〕〔I have got to go. 我得走了。I've got new shoes. 我有新鞋。〕/**have on** 穿着/**have to do with** 与…有关系

haven ['heivən] n. ①港口;抛锚处②避难所

haversack ['hævəsæk] n. (行军或旅行

用的)帆布背包

havoc ['hævək] n. 大破坏 ‖ **play havoc with** 破坏

haw¹ [hɔ:] n. ①山楂果②山楂树

hawk¹ [hɔ:k] n. 鹰 ‖ v. 带鹰打猎

hawk² [hɔ:k] v. 叫卖, 兜售／**hawker** n.

hawk³ [hɔ:k] v. 清嗓, 咳嗽

hawk-eyed ['hɔ:kaid] a. 目光锐利的

hawse [hɔ:z] n. ①有锚链孔的船首部分②锚链孔

hawser ['hɔ:zə] n. (系船、下锚用的)粗绳

hawthorn ['hɔ:θɔ:n] n. 山楂

hay [hei] n. 干草 ‖ v. 晒干草

haycock ['heikɔk] n. 小干草堆

hay fever 枯草热, 花粉热

hayfield ['heifi:ld] n. 干草地

hayloft ['heilɔft] n. (马厩等处)储藏草料的顶棚

hayride ['heiraid] n. 乘坐装草的车

haystack ['heistæk] n. 大干草堆

haywire ['heiwaiə] n. 捆干草用的铁丝 ‖ a. [俚]乱的, 疯狂的

hazard ['hæzəd] n. ①危险[the hazard of icy streets 有冰的街道危险]②高尔夫球场;障碍 ‖ v. 冒险作出[to hazard a guess 做无把握的猜测]

hazardous ['hæzədəs] a. 危险的

haze¹ [heiz] n. ①雾;烟雾②(头脑)糊涂

haze² [heiz] v. 欺侮;戏弄[It is forbidden to haze freshmen at our school. 我们学校不许欺侮一年级学生。]

hazel ['heizl] n. 榛 ‖ a. 淡褐色的

hazelnut ['heizlnʌt] n. 榛子

hazy ['heizi] a. ①多烟雾的②不定的, 模糊的／**hazily** ad.／**haziness** n.

he [hi:] pron. ①他[John knew he was late. 约翰知道他晚了。]②某人, 任何人[He who hesitates is lost. 迟疑者败。] ‖ n. 男性;雄性[This cat is a he. 这猫是雄性。]

head [hed] n. ①头②头脑, 才智③个人;(动物的)头数④[常作复]印有头像的

硬币的)正面⑤(物体的)顶部⑥(物体的)前部⑦用来打击的部位⑧舵面⑨河的源头⑩负责人, 领导者⑪最高的地位⑫疖头⑬转折点;危机⑭题目 ‖ a. ①最重要的, 最高位的②前面的;前面来的 ‖ v. ①领导, 指挥[A colonel heads a regiment. 上校率领一个团。]②在前面, 带头[Marcia heads the class in spelling. 在拼写方面玛莎在班里号屈一指。]③转向某一方向, 前往[Head the horse home. 把马赶回家。Are you heading towards town? 你要进城去吗?]／**go to one's head**①使某人醉(发昏)②使某人感觉自大(虚荣)／**head off** 抢到前面并迫使其停止／**keep one's head** 控制自己镇静／**lose one's head** 无法控制自己／**out of one's head** [口] 发疯; 大怒／**over one's head** 难以解释／**put heads together** 一起谈计划; 密谋／**turn one's head** 使某人感到骄傲／**headless** a.

headache ['hedeik] n. ①头疼②[口]令人头痛的事

headdress ['heddres] n. 头巾;头饰

header ['hedə] n. [口]头朝下的一跳(或跌落)

headfirst ['hedfə:st], **headforemost** ad. 头向前地[to dive headfirst into water 头朝下跳入水中]

headgear ['hedgiə] n. 头饰, 帽子

heading ['hediŋ] n. ①头部(前端、顶部)的东西②题目, 标题③主题

headland ['hedlənd] n. 岬, 海角

headlight ['hedlait] n. (车等的)前灯

headline ['hedlain] n. (报刊新闻的)大字标题 ‖ v. 担任主角

headlong ['hedlɔŋ] ad. & a. ①头在前的[to fall headlong 头朝下跌倒 to dive headlong 头朝下跳水]②急速的[a headlong (的)[to rush headlong into a fight 冲过去打仗]

headmaster ['hedmɑ:stə] n. (尤指私立男子学校的)校长

headmistress ['hedmistris] n. (尤指私立女子学校的)女校长

head-on ['hedɔn] a. & ad. 迎头（的）；正面的〔a head-on crash 正面撞击 to hit head-on 迎头打击〕

headphone ['hedfəun] n. ①头戴受话机②[复]一副耳机

headpiece ['hedpi:s] n. 头戴物，头饰（如帽子、耳机等）

headquarters ['hed'kwɔ:təz] n. [复] ①军事总部，司令部②(任何机关的)总部[有时也与单数动词连用]

headsman ['hedzmən] n. 死刑执行人

headstrong ['hedstrɔŋ] a. 倔强的，任性的

headwaters ['hedwɔ:təz] n. [复]河源，水源

headway ['hedwei] n. ①前进②进步③[建]净空

heady ['hedi] a. ①鲁莽的；顽固的②(酒等)上头的，醉人的

heal [hi:l] v. 医治，治愈；恢复健康〔The wound healed slowly. 伤口愈合得很慢。Time heals grief. 时间能治愈忧伤。〕/ healer n.

health [helθ] n. ①健康②健康状况③干杯时祝健康的祝福

healthful ['helθful] a. 有益于健康的

healthy ['helθi] a. ①健康的②显示健康的③益于健康的/ healthiness n.

heap [hi:p] n. ①堆②[口]大量 ‖ v. ①堆积〔toys heaped in the corner 堆在角落里的玩具〕②大量地给〔He heaped gifts upon me. 他给我许多礼物。〕③装满〔a plate heaped with food. 装满食物的盘子〕

hear [hiə] v. ①听见〔I hear music. 我听见有音乐声。He doesn't hear well. 他听不清。〕②听，注意〔Hear what I tell you. 注意听我跟你说的话。〕③审问；听证人陈述④允许；服从⑤听说〔I hear prices are going up. 我听说要涨价。〕/ hear from 得到…的消息；收到来信/ not hear of 不准许

hearing ['hiəriŋ] n. ①听②听力③被听取发言的机会④听力所及的距离

hearsay ['hiəsei] n. 见闻；传闻

hearse [hə:s] n. 柩车

heart [hɑ:t] n. ①心脏②中心部分③要点；本质④感情；爱情；良心⑤勇气；精神⑥心爱的人；崇拜的人⑦心形⑧(扑克牌中的)红桃/ after one's heart 符合心意/ at heart 在感情深处；在内心①凭记忆②从记忆中/ change of heart 改变主意；变心/ set one's heart on 很想要…，决心要做…/ take heart 鼓起勇气，打起精神/ take to heart 把…忧虑，伤心/ with all one's heart 诚心诚意地②十分愿意地

heartache ['hɑ:teik] n. 心痛，伤心

heartbreaking ['hɑ:tbreikiŋ] a. 令人心碎的

heartbroken ['hɑ:tbrəukən] a. 悲伤欲绝的

heartburn ['hɑ:tbə:n] n. 胃灼热

hearted ['hɑ:tid] a. [主要用于复合词中]有…心肠的

hearten ['hɑ:tn] v. 振作，鼓励

heartfelt ['hɑ:tfelt] a. 深深感觉到的，衷心的〔heartfelt gratitude 衷心的感谢〕

hearth [hɑ:θ] n. ①壁炉内的地面②家庭③炉膛，炉缸

hearthstone ['hɑ:θstəun] n. ①炉石②家庭

heartily ['hɑ:tili] ad. ①诚恳地；亲切地〔to welcome heartily 诚恳地欢迎〕②热情地〔to work heartily 热情地工作 to eat heartily 大吃一顿〕③完全，非常〔heartily sorry for lying 对说谎深深表歉欢〕

heartless ['hɑ:tlis] a. 无情的，残酷的/ heartlessly ad. / heartlessness n.

heart-rending ['hɑ:trendiŋ] a. 引起悲痛的；悲哀的

heartsick ['hɑ:tsik] a. 沮丧的，闷闷不乐的

heartstrings ['hɑ:tstriŋz] n. [复]心弦，深情

hearty ['hɑ:ti] a. ①亲切的；热诚的②强烈的③精神饱满的；健壮的④丰盛的/ heartiness n.

H

heat [hi:t] n. ①热②热天气;酷热③(室内的)取暖④激烈,热烈⑤(赛跑的)预赛,(比赛的)一轮‖v. ①加热 ②使激动 [a heated argument 激烈的争论]

heater ['hi:tə] n. 加热器

heath [hi:θ] n. ①石南丛生的荒地②欧石南属植物

heathen ['hi:ðən] n. ①异教徒②未开化的人‖a. 异教的;未开化的/**heathen, heathens**[复]/**heathenish** a.

heather ['hi:ðə] n. 石南属植物

heave [hi:v] v. ①用力举起;扔 [We heaved the sofa onto the truck. 我们把沙发举到汽车上。]②(费力地)发出(声音) [to heave a sign or groan 发出叹息或呻吟声。]③起伏 [His chest heaved with sobs. 他的胸脯随着呜咽声起伏。]④喘息⑤呕吐⑥曳;卷(缆绳号子) [Heave in the anchor! 起锚!]⑦移动,前进 [We saw a ship heave into view. 我们看到一艘船渐渐驶来。]‖v. 拉,扔,举/**heave ho!** 用力拉/**heave to** (令)船停

heaven ['hevn] n. ①[常作复]天,天空②天国,天堂③Heaven 上帝④极乐之地;极乐的事

heavenly ['hevnli] a. ①天空的,天的②天国的,超凡的③极好的,逗人爱的

heavenward ['hevnwəd] a. & ad. 朝天的;朝上的 [a heavenward glance 朝天看一眼]

heavy ['hevi] a. ①重的②重载,超载的③(数量、程度、尺寸等)超常的④令人忧伤的;(心情)沉重的⑤难做的;难忍的;困难的⑥暗淡的⑦难消化的⑧(眼皮)沉重的,昏昏欲睡的⑨笨重的‖ad. 沉重地;大量地;笨重地 [Time hangs heavy on his hands. 他觉得时间过得慢而无聊。]/**heavily** ad. /**heaviness** n.

heavy-weight ['heviweit] n. ①重量级拳击(或摔跤)运动员②特别重的人(或物)

heckle ['hekl] v. 诘问,诘难 [The speaker was heckled by the audience. 讲演者受到听众们的诘问。]/**heckler** n.

hectic ['hektik] a. ①发烧的②(因得病而)面部潮红的③激动的;忙乱的

hector ['hektə] v. 威吓;愚弄

hedge [hedʒ] n. ①树篱②保护物;障碍物‖v. ①用树篱围住 [The yard was hedged with roses. 院子周围种着玫瑰花。]②包围 [Switzerland is hedged in by mountains. 瑞士被山包围着。]③推诿 [Phil hedged when I asked him for a loan. 我向费尔借钱时,他推诿不借。]

hedgehog ['hedʒhɔg] n. ①猬②豪猪

hedgerow ['hedʒrəu] n. 栽成树篱的一排灌木

heed [hi:d] v. 注意,留意 [Heed my advice. 注意我的劝告。]‖n. 注意,留意/**heedful** a. /**heedfully** ad.

heedless ['hi:dlis] a. 不注意的,掉以轻心的/**heedlessly** ad. /**heedlessness** n.

heehaw ['hi:'hɔ:] n. ①驴叫声②哄笑;傻笑

heel¹ [hi:l] v. 倾斜 [The ship heeled to port under the strong wind. 强风使船向左舷倾斜。]

heel² [hi:l] n. ①脚后跟②袜后跟③鞋后跟④尾部物;跟部物;底后脚‖v. ①加后跟 [to heel shoes 给鞋钉后跟]②跟随 [Did you teach your dog to heel? 你教你的狗在后面跟着了吗?]/**down at the heels** 褴褛的,衣衫破烂的/**take to one's heels** 逃走

heft [heft] v. ①举起②举起来测试重量‖n. [口]重量

hefty ['hefti] a. ①很重的②很大的;[口]强壮的 [the hefty wrestler 魁梧的摔跤手]

heifer ['hefə] n. 未生育过的小母牛

height [hait] n. ①高,高度②顶点,绝顶③海拔④高处,高地

heighten ['haitn] v. 增高;增大;增强

heinous ['heinəs] a. 极可恨的;极凶残的

heir [ɛə] n. 后嗣;继承人

heiress [ˈεəris] n. 女继承人

heirloon [ˈεəluːn] n. 传家宝

helicopter [ˈhelikɔptə] n. 直升飞机

heliotrope [ˈheljətrəup] n. ①天芥菜属植物②紫红色

helium [ˈhiːljəm] n. 氦

hell [hel] n. ①地狱②阴间③苦境

hellish [ˈheliʃ] a. 地狱似的；魔鬼般的；凶恶的[a hellish plot 凶恶的阴谋]

hello [ˈheləu, həˈləu] int. 喂!

helm [helm] n. ①舵柄；舵轮②(政府、企业的)领导；机要部门

helmet [ˈhelmit] n. 头盔

helmsman [ˈhelmzmən] n. 舵手/**helmsmen** [复]

Helot [ˈhelət] n. ①古代斯巴达的奴隶②helot 奴隶,农奴

help [help] v. ①帮助；救济；援助[He helped his poor relatives. 他帮助他的穷亲戚。Help me lift this. 帮我把这个抬起来。]②治疗；补救[This medicine will help your cold. 这药可以治你的感冒。]③避免；抑制；忍耐[I can't help feeling sad. 我不禁感到忧伤。] ‖ n. ①帮助②有助益的事,助手③(雇来做家务或农活的)帮手/**help oneself to** ①自由取食[Help yourself to some food. 随便吃点。]②任意占用/**help out** 帮助做事/**helper** n.

helpful [ˈhelpful] a. 有帮助的；有用的/**helpfully** ad. /**helpfulness** n.

helping [ˈhelpiŋ] n. ①帮助,支援②(食物的)一份

helpless [ˈhelplis] a. ①不能自助的②无助的；无保护的/**helplessly** ad. /**helplessness** n.

helpmate [ˈhelpmeit] n. 配偶

helter-skelter [ˈheltəˈskeltə] ad. & a. 手忙脚乱地(的)；混乱地(的)[He threw his clothes helter-skelter around the room. 他把衣服在屋里到处乱扔。She worked in a helter-skelter way. 她工作手忙脚乱。]

helve [helv] n. (斧等的)柄

hem [hem] n. (裙、帘、毛巾等的)褶边 ‖ v. ①缝边[hem a skirt 给裙子加边]②围住；关进[troops hemmed in by the enemy 被敌军包围的部队]

hemi- [前缀] 表示"半"[hemisphere 半球]

hemisphere [ˈhemisfiə] n. ①球体的一半,半球②地球的一半,半球

hemlock [ˈhemlɔk] n. ①铁杉②毒胡萝卜；毒芹②毒胡萝卜种

hemoglobin [ˌhiːməuˈgləubin] n. 血红蛋白

hemorrhage [ˈheməridʒ] n. 出血,大出血

hemp [hemp] n. ①大麻②大麻纤维/**hempen** a.

hemstitch [ˈhemstitʃ] n. 布边抽丝做成的花边 ‖ v. 用抽丝法做花边

hen [hen] n. 母鸡

hence [hens] ad. ①因此；由此[He eats too much and is hence overweight. 他吃得太多,因此很胖。]②从此地；离去[We shall be ten miles hence by dusk. 黄昏前我们可走10英里。]③从今以后,今后[A year hence thing may be different. 一年后情况就会不同的。]

henceforth [ˈhensˈfɔːθ] ad. 今后[We shall henceforth be friends. 我们今后就是朋友。]

henceforward [ˈhensˈfɔːwəd] ad. 今后

henchman [ˈhentʃmən] n. 顺从者,仆从

henpeck [ˈhenpek] v. 虐待丈夫,管制丈夫/**henpecked** a.

her [hə:] pron. ①[she 的宾格] 她[I saw her. 我见到她了。Give it to her. 把这给她。]②[she 的所有格形式] 她的[her dress 她的衣服 her work 她的工作]

herald [ˈherəld] n. ①(旧时的)传令官②通报者；预言者；预兆 ‖ v. 预示；宣布[The crocus heralds spring. 藏红花预示着春天的来临。]

heraldic [heˈrældik] a. 传令官的；纹章学的

heraldry [ˈherəldri] n. ①纹章学②纹章③规范的举止/**heraldries**[复]

herb [həːb] n. 草本植物；草药

herbaceous [həːˈbeiʃəs] a. 草本的，药草的

herbage [ˈhəːbidʒ] n. 草本植物(尤指牧草)

herbicide [ˈhəːbisaid] n. 除莠剂

herd [həːd] n. ①兽群，牧群②[仅用于复合词中]牧人③群众，众人 ‖ v. ①成群②放牧

herdsman [ˈhəːdzmən] n. 牧人

here [hiə] ad. ①在这里[Who lives here? 谁住在这儿？]②到这里来[Come here. 过来。]③在这一点上；这时[Here everyone applauded. 这时所有人都鼓起掌来。]④在世上，在尘世间[No one is here forever. 没人能长生不死。]‖ int. (引起注意)喂！(点名时的回答)到！‖ n. ①这里[Let's go out of here. 我们离开这里。]②当前；今生；此时[He cares more about the here than the hereafter. 他关心的是今生今世而不是来世。]/**here and there** 到处/**neither here nor there** 无关正题；离题；不中肯

hereabout [ˈhiərəˈbaut], **hereabouts** [ˈhiərəˈbauts] ad. 在这附近，在这一带

hereafter [hiərˈɑːftə] ad. 此后，今后[Hereafter I'll be careful. 今后我要小心。]‖ n. 将来，来世

hereby [ˈhiəbai] ad. (公文中)特此，以此[You are hereby ordered to appear in court. 特此命令你出庭。]

hereditary [hiˈreditəri] a. ①继承的，祖传的②世袭的③遗传的

heredity [hiˈrediti] n. ①遗传②遗传特征

herein [ˈhiəˈrin] ad. ①此中；于此[His name is listed herein. 他的名字列于此。]②在此问题上[Herein you are wrong. 在这个问题上你错了。]

hereof [hiərˈɔv] ad. 此；关于这个

heresy [ˈherəsi] n. ①异教②异端邪说③信奉异教[guilty of heresy 犯有异教信仰之罪]

heretic [ˈheretik] n. 异教徒

heretical [hiˈretikəl] a. ①异教的，异端的②含异教内容的

heretofor [ˌhiətəˈfɔː] ad. 迄今为止

hereupon [ˌhiərəˈpɔn] ad. 于是；关于这个

herewith [hiəˈwið] ad. 同此，并此[You will find my check inclosed herewith. 你会见到我所附支票。]

heritable [ˈheritəbl] a. 被继承的；可继承的；可遗传的

heritage [ˈheritidʒ] n. 世袭财产；传统

hermetic [həːˈmetik], **hermetical** [həːˈmetikəl] a. 密封的，封闭的/**hermetically** ad.

hermit [ˈhəːmit] n. 隐士

hermitage [ˈhəːmitidʒ] n. 隐士的住处

hermit crab 寄居蟹

hernia [ˈhəːnjə] n. 疝

hero [ˈhiərəu] n. ①英雄；勇士②(小说，剧中的)男主角，男主人公/**heroes**[复]

heroic [hiˈrəuik] a. ①英雄的；勇士的②英勇的③歌颂英雄的 ‖ 也作 heroical/**heroically** ad.

heroics [hiˈrəuiks] n. [复]夸张的言行

heroin [ˈherəuin] n. 海洛因

heroine [ˈherəuin] n. 女英雄

heroism [ˈherəuizəm] n. 英雄气概；英雄行为；英勇

heron [ˈherən] n. 苍鹭

herring [ˈheriŋ] n. 鲱鱼

herringbone [ˈheriŋbəun] n. 人字形 ‖ a. 人字形的

hers [həːz] pron. [she 的名词性物主代词，后不跟名词]她的(东西)；她的家人[This book is hers. 这本书是她的。Hers are larger than ours. 她的比我们的大。]

herself [həˈself] pron. ①她自己[She cut herself. 她把自己割伤了。]②她亲自，她本人[She herself told me so. 她亲口对我这么说的。]③正常情况下的她[She's not herself today. 她今天不舒服。]

hertz [həːtz] n. 赫,赫兹(频率单位)

hesitancy [ˈhezitənsi] n. 踌躇;犹豫

hesitant [ˈhezitənt] a. 踌躇的,犹豫的

hesitate [ˈheziteit] v. ①踌躇;犹豫 [He never hesitated to speak the truth. 他说真话毫不犹豫。 She hesitated at the door before entering. 她在门口犹豫了一下才进去。]②感到很不愿意 [I hesitate to ask you for money. 我不愿向你要钱。]

hesitation [ˌheziˈteiʃən] n. ①踌躇;犹豫②停顿

heterodox [ˈhetərədɔks] a. 异端的;异教的/**heterodoxy** n.

heterogeneous [ˌhetərəˈdʒiːnjəs] a. 异类的,异质的

hew [hjuː] v. ①(用斧、刀等)砍,劈 [to hew wood for a fire 劈木头生火]②砍成;劈出 [a statue hewn from wood 用木头砍成的塑像]/**hewer** n.

hex [heks] n. 妖法;不祥的东西 ‖ v. [口] 带给…坏运气

hexagon [ˈheksəgən] n. 六角形;六边形

hexagonal [hekˈsægənəl] a. 六角形的,六边形的

heyday [ˈheidei] n. 全盛期

hiatus [haiˈeitəs] n. 裂缝;遗漏;疏漏 [a hiatus in an old manuscript 旧手稿中的疏漏]/**hiatuses** n. [复]

hibernate [ˈhaibəneit] v. 冬眠 [Bears hibernate in caves ,holes ,etc. 熊在洞穴等处冬眠。]/**hibernation** n.

hiccup, hiccough [ˈhikʌp] n. 打嗝,打呃 ‖ v. 打嗝

hickory [ˈhikəri] n. ①山核桃属树②山核桃木

hidden [ˈhidn] hide 的过去分词 ‖ a. 隐藏的;秘密的

hide [haid] v. ①藏 [He hid the present in his pocket. 他把礼物藏在衣袋里。]②隐瞒,掩饰 [She tried to hide her sorrow. 她尽力掩盖自己的忧伤。]③遮掩 [The billboard hid the view. 广告牌遮住了视线。]④躲藏 [I hid in the closet. 我藏在衣橱里。]

hide [haid] n. ①兽皮,皮革②[谑]人皮

hide-and-seek [ˈhaidənˈsiːk] n. 捉迷藏

hidebound [ˈhaidbaund] a. 墨守陈规的;气量狭窄的

hideous [ˈhidiəs] a. 骇人听闻的;丑恶的/**hideously** ad. /**hideousness** n.

hideout [ˈhaidaut] n. [口](匪盗等的)巢穴,藏身处

hiding [ˈhaidiŋ] n. [口]痛打;鞭打

hie [hai] v. 赶紧;催促 [You'd better hie yourself to school. 你最好赶紧去上学。

hierarchy [ˈhaiərɑːki] n. ①僧侣统治②僧侣统治集团③等级制度/**hierarchical** a.

hieroglyphic [ˌhaiərəˈglifik] n. ①象形文字②[复]象形文字的写法③[复]难理解的文字 ‖ a. 象形文字的

hi-fi [ˈhaifai] n. & a. 同 high fidelity

high [hai] a. ①高的②高度的③远离地面的④向高处的;从高处的⑤高地位的;高级的⑥好的,赞成的⑦主要的⑧严重的(数量、代价、动力等)过大的⑩音调高的⑪(肉等)略变质的⑫快乐的⑬[俚]喝醉了的 ‖ ad. 高 [Throw the ball high. 把球扔高点。] ‖ n. ①高处,高位;高度②(齿轮等的)高速转动/**high and dry** 孤立无援/**high and low** 各处 [to look high and low 到处看]/**on high** 在高空,在天上

highborn [ˈhaibɔːn] a. 出身高贵的

highbrow [ˈhaibrau] n. [俚]有学问的人;浮夸的人

high fidelity (收音机、录音机的)高保真度

high-flown [ˈhaifləun] a. 高超的 [high-flown speech 高超的讲演]

high-grade [ˈhaiˈgreid] a. 优质的,上等的

highhanded [ˈhaiˈhændid] a. 高压的;专横的

high jump 跳高

highland ['hailənd] n. 高地, 高原/**the Highlands** 苏格兰高地/**highlander, Highlander** n.

highlight ['hailait] v. ①以强光线照射 [Her cheeks are highlighted in the picture. 照片中她的脸部显明亮。] ②使显著, 使突出 [Highlight these books in your display. 把这些书陈列在明显的地方。]

high light ①最明亮部分; (图画中)较明亮部分 ②有趣的(或重要的)部分

highly ['haili] ad. ①高, 非常 [highly pleased 非常满意] ②赞许地 [He speaks highly of you. 他称赞你。] ③高地位 [a highly placed official 高级官员] ④按高价 [highly paid 付高价]

high-minded ['hai'maindid] a. 品格高尚的 [a high-minded attitude 高姿态]

Highness ['hainis] n. ①殿下 (对王室成员的尊称) ②highness 高, 高度

high-pressure ['hai'preʃə] a. ①高压的, 耐高压的 ②强行推销的

high-rise ['hairaiz] n. 高楼

highroad ['hairəud] n. 大路, 公路

high school 中学

high seas 公海

high-sounding ['hai'saundiŋ] a. 夸大的; 高调的

high-spirited ['hai'spiritid] a. ①有力的; 活跃的 ②有勇气的; 勇敢的

high-strung ['hai'strʌŋ] a. 紧张的, 敏感的

high tide ①高潮 ②高潮线

high time 为时不晚

highway ['haiwei] n. 公路, 大路

highwayman ['haiweimən] n. 拦路强盗/highwaymen [复]

hijack ['haidʒæk] v. [口] 劫持; 抢劫 [to hijack an airplane 劫持飞机 to hijack a truckload of goods 抢劫一卡车的货物]

hike [haik] n. 长途步行 (尤指野外长途跋涉) [口] v. 作长途步行 ② [口] 拉起, 升起 [to hike prices 提价]

hilarious [hi'lɛəriəs] a. 愉快的; 热闹的

hilarity [hi'læriti] n. 热闹; 愉快

hill [hil] n. ①小山 ②小堆 ③ (植物根部的) 土墩

hillock ['hilək] n. 小丘

hillside ['hilsaid] n. 小山坡

hilltop ['hiltɔp] n. 小山顶

hilly ['hili] a. 多小山的, 丘陵的 [hilly country 丘陵地区]/**hilliness** n.

hilt [hilt] n. (刀, 剑的) 柄

him [him] pron. [he 的宾格形式] 他 [Call him back. 把他叫回来。The dog jumped on him. 狗往他身上扑。]

himself [him'self] pron. ①他自己 [He hurt himself. 他伤了自己。] ②通常情况下的他 [He isn't himself today. 他今天不舒服。] ③ [用来强调主语] [He himself told me so. 他亲口对我这么说的。]

hind [haind] a. 后面的 [a hind leg 后腿]

hinder ['hində] v. 妨碍; 阻止 [Poor eyesight hindered Tim in his schoolwork. 蒂姆的视力不好, 妨碍他做学业。]

hinder ['haində] a. 后面的

hindmost ['haindməust], **hindermost** ['haindəməust] a. 最后的

hindrance ['hindrəns] n. ①阻碍的人 (或物), 障碍 ②妨碍的行为

hindsight ['haindsait] n. 事后的认识

hinge [hindʒ] n. ①铰链, 折叶 ‖ v. 安折叶 ②随着折叶转动 ③依…而定

hint [hint] n. 暗示 ‖ v. 暗示

hinterland ['hintəlænd] n. ①内地 ②远离城镇的地方

hip [hip] n. 臀部

hippie ['hipi] n. [俚] 嬉皮士

hippodrome ['hipədrəum] n. ① (古希腊, 罗马) 赛马场; 赛车场 ②马戏场

hire ['haiə] v. ①雇用 [He has hired a new secretary 他新雇了一位秘书。] ②租用 [We hired a hall for the dance. 我们租了一间大厅用来跳舞。] ③出租 [The farmer hires out his horses. 这位农民把他的马租出去了。] ‖ n. 租金; 酬金/**for hire** 供租用

hireling ['haiəliŋ] n. 雇工；为挣钱而愿做任何事情的人

his [hiz] pron. 他的[This book is his. 这本书是他的。] his 也可作 he 的所有格，作形容词用[his hat 他的帽子 his work 他的工作]

hiss [his] v. ①发出嘶嘶声[The snake hissed. 蛇发出嘶嘶声。Gas hissed from the stove burner. 煤气从火炉的煤里嘶嘶冒出。]②(表示不喜欢)发出嘘声[They hissed the speaker. 他们朝讲演者发出嘘声。] ‖ n. 嘶嘶声

historian [his'tɔːriən] n. 历史学家

historic [his'tɔrik] a. 历史上有名的；历史的[a historic invention 有历史意义的发明]

historical [his'tɔrikəl] a. ①历史学的，有关历史的[a historical record 有根据的，真实的；历史上的③根据历史的④有历史意义的/**historically** ad.

history ['histəri] n. ①历史②对过去事件的记载，大事记③历史学④经历；过去的事

histrionics [,histri'ɔniks] n. [复]舞台艺术/**histrionic** a.

hit [hit] v. ①碰撞[The car hit the tree. 汽车撞到了树上。I hit my head on the door. 我的头撞到了门上。]②打，打击[The boxer was hit on the jaw. 拳击手的下颚被击中。]③射击命中[He shot at the target with his next shot. 他第二枪打中了靶子。]④使遭受；使苦恼[Sally was hard hit by the loss of her cat. 萨莉失去了猫，感到十分悲伤。]⑤偶然碰到，找到[He hit upon the right answer. 他得到了正确答案。]⑥(棒球中)安打[to hit a home base 打一个本垒打] ‖ n. 命中，击中②演出成功[The play was a hit. /**hit it off** 相处得好/**hit it out** 猛打②打击/**hitter** n.

hit-and-run ['hitn'rʌn] a. 肇事逃逸的

hitch [hitʃ] v. ①急拉；急推[He hitched his chair forward. 他把椅子猛向前推。]②钩住；拴住[to hitch a horse to a fence 把马拴在栅栏上]③被钩住；被拴住；被挂

住④[俚]搭车 ‖ n. ①急拉②障碍③拴住；套住；拴住部分④易解开的结

hitchhike ['hitʃhaik] v. 沿途免费搭车旅行/**hitchhiker** n.

hitherto [hiðə'tuː] ad. 迄今，到目前为止[a hitherto unknown writer 目前仍默默无闻的作家]

hive [haiv] n. ①蜂房，蜂箱②蜂群③很多人繁忙做事的场所 ‖ v. 进入蜂房

hives [haivz] n. 荨麻疹

hoar [hɔː] a. 灰白的 ‖ n. 白霜

hoard [hɔːd] n. 秘密积聚[A miser hoards money. 守财奴积聚钱财。] ‖ n. 秘藏的东西/**hoarder** n.

hoarfrost ['hɔːfrɔst] n. 白霜

hoarse [hɔːs] a. 声音嘶哑的/**hoarsely** ad. /**hoarseness** n.

hoary ['hɔːri] a. ①灰白的②头发灰白的③古老的；久远的/**hoariness** n.

hoax [həuks] n. 戏弄，骗局 ‖ v. 戏弄

hob [hɔb] n. 顽皮的小精灵（妖怪）/**play hob, raise hob** 恶作剧

hobble ['hɔbl] v. ①跛行，蹒跚②拴住…的腿[to hobble a horse 拴住马腿]③阻碍 ‖ n. ①跛行②缚马腿的绳子（或带子）

hobby ['hɔbi] n. 业余爱好，癖好

hobbyhorse ['hɔbihɔːs] n. ①（用作玩具的）竹马②摇动木马

hobgoblin ['hɔb,gɔblin] n. ①小妖精（或精灵）②虚构的吓人的东西

hobnail ['hɔbneil] n.（鞋底的）平头钉

hobnob ['hɔbnɔb] v. 亲切交往[The reporter hobnobs with politicians and prize fighters. 这个记者与政治家和职业拳击手交往甚密。]

hobo ['həubəu] n. 流动工人；无业游民

hock¹ [hɔk] n.（马、牛、狗等的）跗关节

hock² [hɔk] v. & n. [俚]典当，抵押

hockey ['hɔki] n. ①冰球（也作 ice hockey）②曲棍球（也作 field hockey）

hocus-pocus ['həukəs'pəukəs] n. 变戏法的咒语

hod [hɔd] n. ①灰浆桶；砖泥斗②煤斗

H

hodge-podge ['hɔdʒ'pɔdʒ] n. 混杂物;杂乱的东西

hoe [həu] n. 锄头 ‖ v. 锄

hog [hɔːg, hɑːg] n. ①猪(尤指肉用猪)②[口](自私、贪婪、腌臜的)人 ‖ v. [俚]全占,多占/**hoggish** a.

hoist [hɔist] v. (用吊车、滑轮、绳索)扯起,举起,升起[to hoist a statue into lace 把塑像吊到它的位置上] ‖ n. ①升降机;滑轮②升起;举起

hold [həuld] v. ①握住,抓住,拿住[Will you hold the baby for a while? 你抱会儿孩子可以吗?]②保持;扣留[Hold your head up. 抬起头。He was held in jail. 他被关在狱中。]③控制住;止住;吸引住[Hold your temper. 控制点脾气。The speaker held our attention. 讲话人吸引住了我们的注意力。]④拥有,占有,担任[He held the office of mayor. 他任市长。]⑤举行;办[Our club held a meeting on Tuesday. 我们俱乐部星期二开了个会。]⑥容纳[This elevator will hold ten people. 这电梯可容纳10人。This can holds one pint. 这只罐头的容量为一品脱。]⑦持有(见解);相信;认为[The judge held that I was at fault. 法官认为我有责任。]⑧维持,保持[Will that hold? 那能持久吗?]⑨仍适用[This rule of etiquette still holds. 这项礼节仍适用。] ‖ n. ①抓仕,握住;抓持方式②大的影响;威力③(船)的货舱;底层舱/**get hold of** ①抓住,握住②得到,获得/**hold forth** ①滔滔不绝地演说②提供,提出/**hold off** 离开,不接近/**hold on** ①握牢,抓牢②坚持下去③等一等! 别住!/**hold out** ①继续,持续②不退让/**hold over** 期满后仍保持(担任)…/**hold up** ①举起,不落下②展示③持续④阻止⑤拦劫/**holder** n.

holding ['həuldiŋ] n. [常作复](土地、股份、债券等所有的)财产

hole [həul] n. ①破洞②洞,孔③(动物的)洞穴④(高尔夫球的)穴⑤缺陷,缺点 ‖ v. 把(高尔夫球)打入洞中;赶入洞

/hold up 蛰居洞中[Bears hold up in caves. 熊在洞穴中蛰居。]②长期居住

holiday ['hɔlədi] n. ①假日,节日②宗教节日

holiness ['həulinis] n. ①神圣②Holiness 陛下(对罗马教皇的尊称,与His或Your连用)

hollow ['hɔləu] a. ①空的②碗状的,凹形的③凹陷的④空虚的;虚伪的⑤声音沉重的,空洞的 ‖ n. ①凹地;穴②小山谷 ‖ n. 成凹形;成空洞/**hollow out** ①挖空②凿成/**hollowness** n.

holocaust ['hɔləkɔːst] n. ①大屠杀②大破坏

holster ['həulstə] n. 手枪套

holy ['həuli] a. ①神圣的,神的②极好的;虔诚的;圣洁的③唤起敬仰的

homage ['hɔmidʒ, 'ɔmidʒ] n. ①敬意,尊敬②(中世纪封建制度下封臣对君主的)效忠

hombre ['hɔmbrei, 'ɔːmbri] n. [俚]老兄,伙计

home [həum] n. ①家,住宅②家乡③家庭生活;家人④疗养所,养育院⑤(动、植物)的产地⑥发源地⑦(比赛中的)终点;(棒球中的)本垒 ‖ a. ①家的,国家的;国内的②总部的;中心的 ‖ ad. ①在家;到家;回家[Go home! 回家!]②深入地;中要害[He drove the nail home. 他把钉子敲到底。The speaker drove his argument home. 发言人的辩论切中要害。] ‖ v. ①回家②安家[Where does the eagle home? 鹰在哪住?]/**at home** ①在家②舒适,自在③情愿接待客人/**bring home to** 为某人弄清楚,使某人明白/**homeless** a.

home economics 家政学

homeland ['həumlænd] n. 祖国

homelike ['həumlaik] a. 像家一样的;舒适的

homely ['həumli] a. ①家常的;简朴的②不漂亮的/**homeliness** n.

homemade ['həum'meid] a. 家制的;国产的

homemaker ['həummeikə] n. 持家的妇

女;主妇

home plate (棒球的)本垒

home run (棒球)本垒打

homesick ['həumsik] a. 想家的/**homesickness** n.

homespun ['həumspʌn] n. ①家织布②土布 ‖ a. ①家里织的;由家织布做的②简单朴实的[homespun humor 淳朴的幽默]

homestead ['həumsted] n. ①家宅(包括房子和周围田地)②分给定居的移民耕种的土地 ‖ v. 成为定居者/**homesteader** n.

homestretch ['həum'stretʃ] n. ①跑道的最后一个转弯到终点的距离②(工作的)最后一部分

homeward ['həumwəd] a. & ad. 往家去(的)

homework ['həumwə:k] n. ①家里做的工作②家庭作业,课外作业

homey ['həumi] a. [口]家庭似的;温暖舒适的

homicide ['homisaid] n. 杀人;杀人者/**homicidal** a.

homing pigeon 信鸽

hominy ['homini] n. 玉米片

homogeneous [,homə'dʒi:njəs, ,homə'dʒi:njəs] a. 相似的,构造相近的

homogenize [hə'mɔdʒinaiz] v. 使均匀

homonym ['homənim] n. 同音异义词

hone [həun] n. 磨石 ‖ v. 在磨石上磨

honest ['onist] a. ①可信的,可靠的;老实的②用正当手段获得的③真诚的,真心的④诚实的,坦率的

honestly ['onistli] ad. ①诚实地;真正地;可靠地②真的,说真的[Honestly, it is so. 真的,是这样的。]

honesty ['onisti] n. 诚实,老实;正直

honey ['hʌni] n. ①蜂蜜②甜;甜蜜③亲爱的人,宝贝儿 ‖ v. ①加蜜②说甜言蜜语;奉承

honeybee ['hʌnibi:] n. 蜜蜂

honeycomb ['hʌnikəum] n. ①蜜蜂窝②蜂窝状的东西 ‖ v. ①使成蜂窝状,使充满孔洞[The hill is honeycombed with caves. 小山上满是小洞。] ‖ a. 蜂窝似的[a honeycomb design 蜂窝状图案]

honeyed ['hʌnid] a. ①加了蜜的②甜如蜜的[honeyed words 甜言蜜语]

honeymoon ['hʌnimu:n] n. 蜜月 ‖ v. 度蜜月/**honeymooner** n.

honeysuckle ['hʌnisʌkl] n. 忍冬属植物

honk [hɔŋk] n. ①雁叫声②似雁叫的声音 ‖ v. 发雁叫声

honor ['onə] n. ①尊敬,敬意②光荣;带来光荣的人;荣誉③名誉④荣誉④Honor(用来称呼法官、市长等)阁下,先生⑤好名声,名誉⑥自尊心,廉耻⑦[复]给优等生的特别荣誉 ‖ v. ①尊敬[America honors the memory of Lincoln. 美国人尊敬林肯。Honor your father and your mother. 要尊敬你的父母。]②做…以表敬意[We honored our track team with a banquet. 我们设宴款待我们的田径队。]③承兑[Will the bank honor your check? 银行会兑你的支票吗?]/**do the honor** 尽主人之谊

honorable ['onərəbl] a. ①可敬的;高尚的②正直的,真诚的③带来荣誉的④Honorable(放在某些官员的名字前)阁下/**honorably** ad.

honorary ['onərəri] a. ①荣誉的②义务的,无报酬的,名誉的

hood [hud] n. ①头巾;(连在外套上的)兜帽②(似帽的)罩,盖 ‖ v. 盖上,罩上/**hooded** a.

-hood [hud] [后缀] ①表示"境遇","状态","时期"[childhood 童年]②表示"所有成员"[priesthood 全体教士]

hoodlum ['hu:dləm] n. [口]恶棍;违法者

hoodoo ['hu:du:] n. ①同 voodoo ②[口]不吉利的人;不祥之物

hoodwink ['hudwiŋk] v. 欺骗,蒙蔽[Don't be hoodwinked by his promise. 不要被他的许诺所蒙蔽。]

hoof [huf, hu:f] n. ①蹄壳 ②蹄 ‖ v. [俚]
跳舞/**on the hoof** 活着的,尚未屠宰的/
hoofs [复]

hook [huk] n. ①钩 ②钩状物;河湾 ③(拳
击中)肘弯击 ‖ v. ①弯成钩形 ②钩住
[Hook the screen door. 用钩子挂上屏风
门。I hooked a fish. 我钓了一条鱼。] ③
[口]欺骗;偷/**by hook or by crook** 想
方设法,不择手段/**hook up** 组装(无线
电等)/**on one's own hook** 独立地,独
自地

hooked [hukt] a. ①钩状的 ②有钩的 ③
钩织的[a hooked rug 钩织地毯]

hook-up [ˈhukʌp] n. 线路图

hookworm [ˈhukwə:m] n. 钩虫

hoop [hu:p] n. ①桶箍 ②箍状物,环 ‖ v.
箍在一起

hoot [hu:t] n. ①猫头鹰(般)的叫声 ②表
示蔑视不满的叫声 ‖ v. ①发出猫头鹰般的
叫声 [The train whistle hooted. 火车汽笛
呜呜鸣叫。] ②发出轻蔑不满的叫声 ③起
哄 [The actors were hooted off the stage. 演
员们副被哄下台。]

hop[1] [hop] v. ①独脚跳 ②跳上;跳过[to
hop on a bus 跳上公共汽车 to hop a fence
跳过栅栏] ③(鸟、蛙等)跳 ④[俚]快活
地进行 ‖ n. ①单足跳;弹跳 ②[口]舞会

hop[2] [hop] n. ①蛇麻草 ‖ v. [复]蛇麻子

hope [həup] n. ①希望 ②愿望 ③寄予希
望的人(物) ‖ v. 希望;盼望,期待[I hope
to see you again soon. 我希望不久再见到
你。]

hopeful [ˈhəupful] a. ①抱有希望的 ②
有希望的/**hopefully** ad. /**hopefulness**
n.

hopeless [ˈhəuplis] a. ①没有希望的;
绝望的 ②令人失望的/**hopelessly** ad. /
hopelessness n.

hopper [ˈhopə] n. ①单足跳者 ②跳出
料斗,漏斗

hopscotch [ˈhopskɔtʃ] n. (儿童的)跳
方格游戏

horde [hɔ:d] n. ①蒙古的游牧部落 ②

大群[a horde of picnickers 一大群野餐
者]

horizon [həˈraizn] n. ①地平线 ②眼界,
见识

horizontal [ˌhɔriˈzontl] a. ①地平的,水平
的;卧式的 ‖ n. 水平线;水平面/**hori-
zontally** ad.

hormone [ˈhɔ:məun] n. 荷尔蒙,激素

horn [hɔ:n] n. ①(牛、羊等头上的)角 ②
角质,角质物 [Horn is used to make the
frames of some eyeglasses. 角质物被用来
做眼镜框。] ③角状物,(月牙的)尖端 ④
角制容器[a powder horn 角制的火药筒]
⑤(管乐器)号,管 ⑥警报器 [a foghorn 雾
笛]/**horn in** [俚]干涉,入侵/**hornless**
a.

horned [hɔ:nd] a. 有角的

hornet [ˈhɔ:nit] n. 大黄蜂

hornpipe [ˈhɔ:npaip] n. ①(过去水手们
跳的)号笛舞 ②号笛舞曲

horny [ˈhɔ:ni] a. ①坚硬如角的;起老茧
的 ②角制的 ③有角的

horoscope [ˈhɔrəskəup] n. 星占图;算
命天宫图

horrible [ˈhɔrəbl] a. ①令人毛骨悚然
的,可怕的,恐怖的 ②[口]糟透的,令人
不快的/**horribly** ad.

horrid [ˈhɔrid] a. ①令人恐怖的 ②[口]
糟透的,丑陋的

horrify [ˈhɔrifai] v. ①使恐怖,使毛骨悚
然 ②使震惊;使厌恶 [We were horrified by
his bad manners. 他那粗俗的举止令我
们十分厌恶。]

horror [ˈhɔrə] n. ①恐怖,战栗 ②极端厌
恶 ③可怕的事 ④引起恐怖的事

horse [hɔ:s] n. ①马 ②(有脚的)支架 ③
(体育的)木马 ‖ v. 备马/**horse around**
[俚]哄闹,胡闹

horseback [ˈhɔ:sbæk] n. 马背 ‖ ad. 在
马背上[to ride horseback 骑在马背上]

horse chestnut 七叶树 ②七叶树果

horsefly [ˈhɔ:sflai] n. 虻

horsehair [ˈhɔ:shɛə] n. ①马鬃;马尾毛

②马鬃制成的布 ‖ a. 马鬃制的;马鬃填充的[a horsehair sofa 马鬃填充的沙发]

horsehide [ˈhɔːshaid] n. ①马皮②马皮革

horseman [ˈhɔːsmən] n. ①骑马人②擅长养马的人/**horsemanship** n.

horseplay [ˈhɔːsplei] n. 胡闹

horsepower [ˈhɔːspauə] n. 马力(功率单位)

horseradish [ˈhɔːsˌrædiʃ] n. ①辣根②辣根制的调味品

horseshoe [ˈhɔːsʃuː] n. ①马蹄铁②马蹄铁形的东西③[复]往桩子上投马蹄铁的游戏 ‖ v. 给马钉掌

horsewhip [ˈhɔːswhip] n. 马鞭 ‖ v. 用马鞭打

horsewoman [ˈhɔːsˌwumən] n. 女骑手

horsy [ˈhɔːsi] a. ①马的;像马的[a horsy face 马脸]②爱马的;爱赛马的

horticulture [ˈhɔːtikʌltʃə] n. 园艺学/**horticultural** a. /**horticulturist** n.

hose [həuz] n. ①长筒袜;短袜[常作复数]②长统水管,软管[a garden hose for sprinkling 花园喷水管]③紧身裤 ‖ v. 用水管浇水/**hose** [复]①和②义/**hoses** [复]②义

hosiery [ˈhəuʒəri] n. 长筒袜;短袜

hospitable [ˈhɔspitəbl, hɔsˈpitəbl] a. ①好客的;招待周到的②易于接受的/**hospitably** ad.

hospital [ˈhɔspitl] n. 医院

hospitality [ˌhɔspiˈtæliti] n. 好客,款待

hospitalize [ˈhɔspitəlaiz] v. 送往医院[I was hospitalized for my broken leg. 我因腿骨折被送往医院。]/**hospitalization** n.

host¹ [həust] n. ①主人②旅馆老板③(生物)寄主,宿主

host² [həust] n. ①一大群,许多②军队

hostage [ˈhɔstidʒ] n. 人质

hostel [ˈhɔstəl] n. 旅店,(徒步旅行者的)招待所

hostelry [ˈhɔstəlri] n. 旅馆,客栈

hostess [ˈhəustis] n. ①女主人②餐馆女

服务员

hostile [ˈhɔstail] a. ①敌人的,敌对的②敌意的;不喜欢的;不友善的/**hostilely** ad.

hostility [hɔsˈtiliti] n. ①憎恨;不喜欢敌意②[复]战争行动

hostler [ˈhɔslə, ˈɔslə] n. (旅馆、马厩的)马夫

hot [hɔt] a. ①热的,高温的②辛辣的③热烈的;激烈的;激动的;急躁的④紧随的⑤[俚]新的 ‖ ad. 热地;激烈地[The fire burns hot. 火烧得旺。]/**hotly** ad. /**hotness** n.

hotbed [ˈhɔtbed] n. ①温床②促使事物迅速发展的地方

hotel [həuˈtel] n. 旅馆,旅社

hotheaded [ˈhɔtˈhedid] a. 性急的,鲁莽的

hotplate 厨用小炉,电炉,煤气灶

hound [haund] n. ①猎狗②狗 ‖ v. 紧追[He was hounded by reporters. 他是记者们追逐的对象。]

hour [ˈauə] n. ①一小时②时间,时刻③一段时间④一小时内走完的距离/**after hours** 下班后的时间

hourglass [ˈauəglɑːs] n. 沙漏

hourly [ˈauəli] a. ①每小时一次的②每小时的,按小时计算的③时时,常常 ‖ ad. ①每小时[Bells ring hourly. 铃每小时响一次。]②不久[We expect him hourly. 我们希望他不久能来。]

house [haus] n. ①住房②家庭;(皇室)家族③库房;楼堂;棚④商号;商业场所⑤观众,听众⑥议院成员;议员大楼 ‖ v. [hauz] ①给…房子住②房子住了[The cottage housed a family of five. 这小屋里住着五口之家。]②存放;遮蔽[We housed their furniture in our attic. 我们把他们的家具放在我们的顶楼里。]/**keep house** 管理家务;做家务

houseboat [ˈhausbəut] n. 住着人家的船

housebreaking [ˈhausˌbreikiŋ] n. (为抢劫等而)闯入住宅;入宅犯罪

household ['haushəuld] n. ①家庭；家人②家务〔to manage a household 操持家务〕

householder ['haus,həuldə] n. ①占有房子的人；住户②户主

housekeeper ['hauski:pə] n. 女管家；家庭主妇

housemaid ['hausmeid] n. 女仆

housetop ['haustɔp] n. 屋顶

housewarming ['haus,wɔ:miŋ] n. 乔迁宴会

housewife ['hauswaif] n. 家庭主妇

housework ['hauswə:k] n. 家务活

housing ['hauziŋ] n. ①住房供给②[总称]房屋,住房③套,壳

hovel ['hʌvəl, 'hɔvəl] n. 破旧的小屋

hover ['hʌvə, 'hɔvə] v. ①翱翔,盘旋〔The butterfly hovered over the flower. 蝴蝶在花的上方飞舞。〕②附近 逗留〔The courtiers hovered about the queen. 群臣侍奉在女王周围。〕③踌躇,彷徨〔to hover between hope and despair 彷徨在希望与绝望之间〕

how [hau] ad. ①怎样（方式）〔How do you start the motor? 你怎么发动马达的？〕②（情况）怎样〔How is your mother today? 你妈妈今天好吗？〕③（原因）怎么,为什么〔How is that you don't know? 你怎么会不知道？〕④（数量,程度）怎样,多少〔How high will it fly? 它能飞多高？〕〔用来加强感叹〕〔How nice! 多好哇！〕**How so?** 为什么？

however [hau'evə] ad. ①究竟怎么,究竟怎样〔However did you find the place? 你究竟怎样找到这地方的？〕②无论如何,不管怎样〔However hard the task , he succeeded. 不管任务多么艰巨,他还是成功了。〕‖ conj. 然而,可是〔I'll go however I don't want. 我会去的,然而我并不想去。〕

howitzer ['hauitsə] n. 榴弹炮

howl [haul] v. ①（狗,狼等）嗥叫②嚎哭；号叫〔The boy howled in pain. 这男孩疼得不停地大叫。〕③大声嘲笑④喝走,哄走

〔The audience howled the actor off the stage. 观众把演员哄下台。〕‖ n. 大叫；嚎叫

howsoever [,hausəu'evə] ad. 无论如何,不管怎样

hoyden ['hɔidn] n. 顽皮姑娘,男孩子般的女孩

hub [hʌb] n. ①毂②中心,中枢

hubhub ['hʌbhʌb] n. 吵闹声,喧哗

huckster ['hʌkstə] n. 小贩（尤指卖水果和蔬菜的）

huddle ['hʌdl] v. ①挤在一起,挤作一团〔Cows often huddle together in a storm. 在暴风雨中牛常挤在一起。We huddled the children into the car. 我们将孩子们挤放在汽车里。〕②蜷缩〔The child huddled under the blanket. 孩子蜷缩在毛毯下面。〕‖ n. ①杂乱的一群人（一堆东西）②橄榄球比赛开始时队员们挤在一起③[俚]密谈

hue [hju:] n. 色彩,色调

huff [hʌf] n. 激怒

hug [hʌg] v. ①紧抱,拥抱②靠近〔The car hugged the curb. 汽车靠近道边石。〕‖ n. 紧抱,拥抱

huge [hju:dʒ] a. 巨大的,庞大的,极大的〔the huge trunk of the redwood tree 巨大的红木树干〕/**hugely** ad. /**hugeness** n.

hulk [hʌlk] n. ①废船船体②巨大笨重的人（或物）

hulking ['hʌlkiŋ] a. 庞大的,笨重的

hull [hʌl] n. ①（坚果,豆类,谷物的）外壳②（草莓等浆果的）花萼③机身；船身‖ v. 脱去壳〔to hull peanuts 剥花生〕

hullabaloo [,hʌləbə'lu:] n. 喧嚷,吵闹

hum [hʌm] v. ①（像蜜蜂,马达等）发出嗡嗡声②哼曲子③[口]忙碌；活跃〔Business is humning. 生意红火。〕‖ n. 嗡嗡声,嗡嗡声

human ['hju:mən] a. ①人的,人类的②凡人皆有的,显示人类特点的‖ n. 人

humane [hju:'mein] a. 人道的；仁慈的,

H

宽大的

humanist ['hju:mənist] n. 人道主义者

humanitarian [hju:ˌmæni'tɛəriən] n. 慈善家;人道主义者 ‖ a. 慈善家的;人道主义的

humanity [hju:'mæniti] n. ①人类②仁爱,慈善③人道,人性/**the humanities** 文史哲学,人文学

humanize ['hju:mənaiz] v. 赋予人性,使人格化/使变得仁慈、宽大;使开化

humankind ['hju:mən'kaind] n. 人类

humanly ['hju:mənli] ad. 以人的方式,采用人的手段[Do all that is humanly possible to help him. 尽人力能做到的一切帮助他。]

humble ['hʌmbl] a. ①谦卑的,谦逊的②下贱的,低级的;简陋的 ‖ v. 使谦卑;压下锐气;使丧失威信[John Paul Jones humbled the British Navy. 约翰·保罗·琼斯挫伤了英国海军的锐气。]/**humbleness** n. /**humbly** ad.

humbug ['hʌmbʌg] n. ①骗人的话;骗人的东西;骗局②骗子 ‖ v. 欺骗

humdrum ['hʌmdrʌm] a. 单调的,无聊的

humid ['hju:mid] a. 潮湿的

humidify [hju:'midifai] v. 使潮湿/**humidifier** n.

humidity [hju:'miditi] n. 湿气;湿度

humiliate [hju:'milieit] v. 羞辱,使丢脸[It humiliated Mary that no one asked her to dance. 没人请玛丽跳舞,使她感到丢脸。]/**humiliation** n.

humility [hju:'militi] n. 谦卑;谦逊;恭顺

hummingbird ['hʌmiŋˌbə:d] n. 蜂鸟

hummock ['hʌmək] n. ①小圆丘,圆岗②冰丘

humor ['hju:mə] n. ①幽默,诙谐②幽默感③情绪,心情④古怪念头,想入非非 ‖ v. 屈从,迁就[Susan whines if people don't humor her. 如果人们不依着苏姗,她就发牢骚。]/**out of humor** 情绪不好,脾气坏

humorist ['hju:mərist] n. 幽默家,幽默作家

humorous ['hju:mərəs] a. 幽默的;有趣的,滑稽的

hump [hʌmp] n. ①驼峰②小丘 ‖ v. 作弓状隆起[A cat often humps its back. 猫常弓起背。]

humpback ['hʌmpbæk] n. ①驼背人②驼背/**humpbacked** a.

humus ['hju:məs] n. 腐殖土

hunch [hʌntʃ] v. ①弓起身体[He hunched himself over his desk. 他弓身伏在桌子上。]②推着向前移动[He hunched his way through the crowd. 他在人群中推挤着向前走。] ‖ n. ①背上的隆肉②[口]预感,第六感觉

hundred ['hʌndrəd] n. & a. 百

hundredfold ['hʌndrədfəuld] a. ad. & n. 一百倍

hundredth [hʌndrədθ] a. 第一百的 ‖ n. ①第一百个②百分之一

hunger [hʌŋgə] n. ①饿,饥饿②食欲③渴望,欲望 ‖ v. ①饥饿②渴望[to hunger for love 渴望得到爱情]

hungry ['hʌŋgri] a. ①饥饿的②渴望的/**hungriness** n.

hunk [hʌŋk] n. 大片,大块[a hunk of chocolate 一大块巧克力]

hunt [hʌnt] v. ①猎取;狩猎②搜索,探求[to hunt for buried treasure 寻找埋藏的财宝]③驱赶[The mob hunted him out of town. 众人将他赶出了城。] ‖ n. ①狩猎;追赶;搜寻②打猎队

hunter ['hʌntə] n. ①猎人②猎犬;猎马

hunting ['hʌntiŋ] n. ①打猎;搜索;追寻 ‖ a. 打猎的,搜寻的;追寻的

huntress ['hʌntris] n. 女猎人

huntsman ['hʌntsmən] n. ①猎人②猎犬管理人/**huntsmen**[复]

hurdle ['hə:dl] n. ①(赛跑或赛马用的)跳栏②(用树枝编成的)可移动的篱笆③障碍,难关 ‖ v. ①跳过(栏等)②克服(障碍)

hurdy-gurdy ['hə:di'gə:di] n. 手摇风琴/hurdy-gurdies [复]

hurl [hə:l] v. ①猛投 [to hurl a javelin 投标枪] ②激烈愤怒地说 [to hurl insults 口出恶言] /hurler n.

hurly-burly ['hə:li;bə:li] n. 骚乱, 喧闹

hurricane ['hʌrikən] n. 飓风

hurried ['hʌrid] a. 仓促的, 慌忙的; 草率的/hurriedly ad.

hurry ['hʌri] v. ①匆忙; 急派; 急运 [You fell because you hurried. 你跌倒是因为走得太快了。A taxi hurried us home. 出租车急忙送我们回家。] ②加快 [Please try to hurry dinner. 请快点准备饭。] ③催促 [Don't hurry me when I'm eating. 我吃饭时别催我。] ‖ n. ①匆忙; 仓促, 慌忙 ②匆忙的必要

hurt [hə:t] v. ①伤害; 刺痛 [The fall hurt my leg. 我跌倒伤了腿。] ②疼痛 [My head hurts. 我头痛。] ③损害, 危害 [Water won't hurt this table top. 水不会损坏这张桌面。] ④激怒, 使不快 [His criticism hurt my feelings. 他的批评伤了我的感情。] ‖ n. 疼痛; 伤害; 损害

hurtful ['hə:tful] a. 有害的; 造成伤痛的

hurtle ['hə:tl] v. 疾奔; 猛飞; 猛掷 [The racing cars hurtled through the town. 赛车从城里飞驰而过。]

husband ['hʌzbənd] n. 丈夫 ‖ v. 节俭地使用 [to husband one's money 节俭花钱]

husbandry ['hʌzbəndri] n. ①节俭, 节约 ②农业; 饲养 [animal husbandry 畜牧业]

hush [hʌʃ] v. 静下来; 使静下来 [I hushed the baby. 我使孩子静了下来。Hush, or you will wake her. 安静, 不然会把她吵醒的。] ‖ n. 静寂; 沉默

husk [hʌsk] n. 干外皮, 外壳 ‖ v. 除去外皮 [to husk corn 剥玉米皮]

husky ['hʌski] a. ①(声音)沙哑的; 粗糙的 [a husky voice 沙哑的嗓音] ②结实的; 健壮的/huskily ad. /huskiness n.

hussy ['hʌsi, 'hʌzi] n. ①轻佻的女子, 荡妇②鲁莽的女子

hustle ['hʌsl] v. ①硬挤, 拥挤 [to hustle through a crowd 挤过人群] ②急忙赶走 [The waiter hustled the rowdy customer out of the door. 服务员忙把无赖顾客赶出门。] ③赶快; 快干; 使劲干 ‖ n. 硬挤, 拥挤, 强逼/hustler n.

hut [hʌt] n. 小屋; 棚屋

hutch [hʌtʃ] n. ①(小动物的)笼, 舍②箱; 橱; 碗架

hyacinth ['haiəsinθ] n. 风信子

hybrid ['haibrid] n. ①(动植物中的)杂种②混合源物; 混合词 ‖ a. 杂种的; 混合的

hybridize ['haibridaiz] v. 杂交; 混杂 [to hybridize corn 杂交玉米] /hybridization n.

hydrate ['haidreit] n. 水合物

hydraulic [hai'drɔ:lik] a. ①液力的, 水力的②水硬的③水力学的/hydraulicly ad.

hydraulics [hai'drɔ:liks] n. [复] [与单数动词连用]水力学

hydrocarbon ['haidrəu'kɑ:bən] n. 碳氢化合物, 烃

hydrochloric acid ['haidrəuklɔrik] 盐酸, 氢氯酸

hydroelectric ['haidrəui'lektrik] a. 水力发电的

hydrogen ['haidridʒən] n. 氢

hydrogenate [hai'drɔdʒineit] v. 氢化 [Vegetable oils are often hydrogenated in making margarine. 植物油通常被氢化来生产人造黄油。]

hydrogen bomb 氢弹

hydrometer [hai'drɔmitə] n. (液体)比重计

hydrophobia [,haidrəu'fəubjə] n. 狂犬病

hydroplane ['haidrəuplein] n. ①水面滑行汽艇②水上飞机

hyena [hai'i:nə] n. 鬣狗

hygiene ['haidʒi:n] n. 卫生学, 保健学

hygienic [hai'dʒi:nik] a. ①卫生的, 无

菌的〔This farm has hygienic dairy equipment. 这家农场有无菌制奶设备。〕② 有关卫生(健康)的/**hygienically** ad.

hygienist 〔'haidʒiːnist〕n. 卫生学家

hyper- [前级]表示"超出","过于","极度"〔a hypercritical person 过于挑剔的人〕

hyperbole 〔hai'pəːbəli〕n. 夸张法;夸张/**hyperbolic**〔,haipəː'bɔlik〕a.

hypercritical 〔,haipəː'kritikəl〕a. 吹毛求疵的,过分挑剔的

hypersonic 〔,haipəː'sɔnik〕a. 超音速的(指超过音速五倍以上)

hypertension 〔,haipəː'tenʃən〕n. 高血压

hyphen 〔'haifən〕n. 连字符号

hyphenate 〔'haifəneit〕v. 用连字符连/**hyphenation** n.

hypnosis 〔hip'nəusis〕n. 催眠状态

hypnotic 〔hip'nɔtik〕a. ① 催眠的② 催眠术的,催眠性的 ‖ n. ① 催眠药② 催眠状态中的人;易被催眠的人/**hypnotically** ad.

hypnotism 〔'hipnətizəm〕n. 催眠,催眠状态

hypnotist 〔'hipnətist〕n. 催眠术师

hypnotize 〔'hipnətaiz〕v. 使进入催眠状态

hypo 〔'haipəu〕n. 五水合硫代硫酸钠

hypochondria 〔,haipəu'kɔndriə〕n. 疑病症

hypocrisy 〔hi'pɔkrəsi〕n. 伪善,虚伪/**hypoc-risies**[复]

hypocrite 〔'hipəkrit〕n. 伪君子,虚伪的人

hypocritical 〔,hipə'kritikəl〕a. 伪善的,虚伪的/**hypocritically** ad.

hypodermic 〔,haipə'dəːmik〕n. ① 皮下注射器② 皮下注射 ‖ a. 皮下的

hypotenuse 〔 hai'pɔtinuːs, hai'pɔtinjuːs〕n. 直角三角形中的斜边,弦

hypothesis 〔hai'pɔθisis〕n. 假设

hypothetical 〔,haipəu'θetikəl〕a. 假设的/**hypothetically** ad.

hysteria 〔his'tiəriə〕n. ① 癔病② 歇斯底里

hysterical 〔his'terikəl〕a. ① 癔病的② 歇斯底里的

hysterics 〔his'teriks〕n. [复]歇斯底里

$\mathscr{T}$ i I i

I, i〔ai〕n. 英语字母表中的第九个字母/**I's, i's**〔aiz〕〔复〕

I〔ai〕pron. 我 I like candy. 我喜欢吃糖果。It is I. 是我/**we**〔复〕

iambic〔ai'æmbik〕a.（诗中）短长格的，抑扬格的〔an iambic line 一行抑扬格诗〕

-ian〔iən, jən〕〔后缀〕①表示"…的"，"与…有关的"〔reptilian fossils 爬行动物化石〕②表示"…地方的人"〔an Italian 意大利人〕

ibex〔'aibeks〕n. 野山羊

-ible〔ibl〕〔后缀〕①表示"可…的"，"能…的"〔divisible 可整除的〕②表示"有…趋向的"〔sensible 合理的〕

-ic〔ik〕〔后缀〕①表示"…似的"，"有…特征的"〔an angelic voice 天使般的嗓音〕②表示"由…产生的"，"由…引起的"〔photographic 摄影的〕③表示"含有…的"〔an alcoholic drink 含酒精饮料〕

-ical〔ikl〕〔后缀〕同-ic（但在某些词中的含义不同，如 economical 是"节俭的"意思，而 economic 是"经济的"）

ice〔ais〕n. ①冰②冰状物③冰点心④糕点的糖霜‖v. ①结冰；冻冰〔The lake iced over. 湖面结冰了。〕②冷冻；加冰〔to ice a drink 在饮料中加冰块〕③加糖霜〔to ice a cake 在糕点上加糖霜〕

iceberg〔'aisbə:g〕n. 冰山

iceboat〔'aisbəut〕n. ①冰上滑行船②破冰船

icicle〔'aisikl〕n. 冰柱

icing〔'aisiŋ〕n. 糕点上的酥皮；糖霜

icon〔'aikɔn〕n. ①肖像；画像②（耶稣、圣母玛利亚等的）圣像

iconoclast〔ai'kɔnəklæst〕n. ①反对崇拜偶像的人②攻击传统观念的人/**iconoclastic** a.

-ics〔iks〕〔后缀〕①表示"…学"，"…术"〔dietetics 饮食学〕②表示"活动"，"体系"〔athletics 体育〕

icy〔'aisi〕a. ①冰封的，多冰的②冰似的；冰冷的③冷淡的，生疏的/**icily** ad. /**iciness** n.

idea〔ai'diə〕n. ①主意；思想②想像；意见

ideal〔ai'diəl〕a. ①理想的，称心如意的，完美的②概念的，虚构的，空想的‖n. ①理想②完美的典型，模范/**ideally** ad.

idealism〔ai'diəlizm〕n. ①唯心主义②唯心论

idealist〔ai'diəlist〕n. ①唯心主义者，唯心论者②理想主义者/**idealistic** a. /**idealistically** ad.

idealize〔ai'diəlaiz〕v. 使理想化/**idealization** n.

identical〔ai'dentikəl〕a. ①同一的②完全相同的/**identically** ad.

identification〔ai,dentifi'keiʃən〕n. ①认出，识别②身分的证明

identify〔ai'dentifai〕v. ①使等同于②认出，识别③一致

identity〔ai'dentiti〕n. ①同一，一致②身分，本体

ideology〔aidi'ɔlədʒi〕n. 思想体系，思想意识

idiocy〔'idiəsi〕n. ①白痴②极端愚蠢

idiom〔'idiəm〕n. ①语言的习惯用法②习

语，成 语/**idiomatic**　a. /**idiomatically** ad.

idiosyncrasy [ˌidiə'siŋkrəsi] n. 癖性

idiot ['idiət] n. ①白痴②极端愚蠢的人

idiotic [ˌidi'ɔtik] a. 白痴的，愚蠢的/**idiotically** ad.

idle ['aidl] a. ①空闲的，闲着的[idle machines 闲置的机器]②懒散的，无所事事的③无用的，无效的，无根据的 ‖ v. ①虚度，空费②空转，慢转/**idleness** n. /**idly** ad.

idler ['aidlə] n. 游手好闲的人，懒汉

idol ['aidl] n. ①偶像②崇拜的对象

idolater [ai'dɔlətə] n. 偶像崇拜者

idolatrous [ai'dɔlətrəs] a. ①崇拜偶像的②盲目崇拜的

idolatry [ai'dɔlətri] n. ①偶像崇拜②盲目崇拜

idolize ['aidəlaiz] v. ①把…当偶像崇拜②过度崇拜

idyl, idyll ['idil, 'aidil] n. ①描写田园生活的短诗②适合田园诗文的主题

idyllic [ai'dilik, i'dilik] a. 田园诗般的/**idyllically** ad.

if [if] conj. ①如果②要是，假如③虽然，即使[If he makes a mistake at least he meant well. 即使他做错了，至少他的本意不坏。]④要是…多好[If I could only have another chance! 要是我再有一个机会多好！]

igneous ['igniəs] a. 火的，似火的

ignite [ig'nait] v. ①点燃；点火于②使灼热

ignition [ig'niʃən] n. ①点火②着火

ignoble [ig'nəubl] a. 卑鄙的，可耻的/**ignobly** ad.

ignominious [ˌignə'miniəs] a. 耻辱的，可鄙的，不光彩的

ignominy ['ignəmini] n. 耻辱

ignoramus [ˌignə'reiməs] n. 毫无知识的人/**ignoramuses**[复]

ignorance ['ignərəns] n. 无知，没有常识

ignorant ['ignərənt] a. ①无知的②没有学识的③不知道的

ignore [ig'nɔ:] v. 不顾，不理，忽视

iguana [i'gwɑ:nə] n. 鬣蜥

il-[前缀](用在以字母 l 开始的词前面)表示"否定"

ilk [ilk] n. 家族，同类，等级[of that ilk 相同的]

ill [il] a. ①有病的，不健康的②坏的，不吉祥的，邪恶的③拙劣的，不完美的 ‖ ad. ①坏，不利地②粗暴地，不友好地 ‖ n. 坏，恶，病，害，不幸

Ill [缩]Illinois

ill-bred [ilbred] a. 教养不好的，粗鲁的

illegal [i'li:gəl] a. 不合法的，非法的，违规的

illegible [i'ledʒəbl] a. 难以辨认的，字迹模糊的，印刷模糊的/**illegibly** ad.

illegitimate [ˌili'dʒitimit] a. ①非法的，违法的②私生的

ill-fated [ilfeitid] a. 注定要倒霉的，倒运的，招致不幸的

ill-favored [il'feivəd] a. ①其貌不扬的，凶恶的[an ill-favored man 一个其貌不扬的人]

ill-gotten [ilgɔtən] a. 非法获得的[ill-gotten gains 不义之财]

illiberal [i'libərəl] a. ①非自由的②吝啬的，小气的

illicit [i'lisit] a. 违法的，违禁的，不正当的

illimitable [i'limitəbl] a. 无限的，无边无际的

illiterate [i'litərit] a. ①文盲的，未受教育的②无知的 ‖ n. 文盲，无知的人/**illiteracy** n.

ill-mannered ['il'mænəd] a. 举止粗鲁的

ill-natured ['il'neitʃəd] a. 怀着恶意的，脾气坏的

illness ['ilnis] n. 病，疾病

illogical [i'lɔdʒikəl] a. 不合逻辑的，说不通的

ill-tempered [ˈilˈtempəd] a. 情绪不好的，易发火的，阴郁的

ill-treat [ˈilˈtreit] v. 虐待，不友好地对待/ **ill-treatment** n.

illuminate [iˈljumineit] v.①照亮，照明 [Candles illuminated the room. 蜡烛照亮了房间。]②阐明，使明白③使显扬，使光辉灿烂

illumine [iˈljumin] v. 照亮，启发

illuse [ˈiljus] v. 虐待；滥用

illusion [iˈljuːʒən] n.①错觉，幻觉②假相

illusive [iˈljuːsiv] a. 产生错觉的，因错误产生的，虚幻的，迷惑人的

illusory [iˈljuːsəri] a. 同 illusive

illustrate [ˈiləstrit] v.①（用图或例子等）说明，阐明②用插图等装饰（书、报等）

illustration [ˌiləsˈtreiʃən] n.①说明，图解②例证，实例③插图

illustrative [ˈiləstreitiv] a. 用作说明的，解说性的，作为例证的

illustrator [ˈiləstreitə] n. 插图画家

illustrious [iˈlʌstriəs] a. 卓越的，著名的

ill will 恶意

im- [前缀]①否定②在…内，向…（im- 是in- 的形式，用在以 b、m、p 开始的词前面）

image [ˈimidʒ] n.①像，肖像，偶像②映像，影像 [He saw his own image reflected in the pool. 他从水池倒影中看到自己的映像。]③相像的人 [Joan is the image of her aunt. 琼像她的姨妈。]④形象，印象；想法⑤形象化的描绘 ‖ v. 做…的像，使…成像②反映

imagery [ˈimidʒəri] n.①像，雕像②形象化的描述，比喻

imaginable [iˈmædʒinəbl] a. 可以想像得到的

imaginary [iˈmædʒinəri] a. 想像中的，假想的，虚构的

imagination [iˌmædʒiˈneiʃən] n.①想

像力②想像出来的事物

imaginative [iˈmædʒinətive] a. 富于想像力的

imagine [iˈmædʒin] v.①想像②设想，料想

imbecile [ˈimbisiːl] n.①低能者，低能儿②笨人 ‖ a. 低能的，愚笨的

imbecility [ˌimbiˈsiliti] n. 低能②愚笨

imbibe [imˈbaib] v.①喝，饮②吸入③吸收

imbroglio [imˈbrəuliəu] n. [意]①一团糟②错综复杂的局面/**imbroglios** [复]

imbue [imˈbjuː] v. 使充满，鼓舞②使浸透

imitate [ˈimiteit] v.①模仿，仿效 [Some birds can imitate human speech. 一些鸟能模仿人类讲话。]②学样③仿造/**imitator** n.

imitation [ˌimiˈteiʃən] n.①模仿②仿造 ‖ a. 仿造的

imitative [ˈimitətiv] a. 模仿的，摹仿的

immaculate [iˈmækjulit] a.①纯洁的，无瑕疵的②无缺点的/**immaculately** ad.

immaterial [ˌiməˈtiəriəl] a.①不重要的②非物质的，无形的

immature [ˌiməˈtjuə] a. 发育不全的，未成熟的/**immaturity** n.

immeasurable [iˈmeʒərəbl] a. 无法计量的，无边无际的

immediate [iˈmiːdjət] a.①立即的，即时的②紧靠着的③最接近的，直接的/**immediately** ad.

immemorial [ˌimiˈmɔːriəl] a. 无法追忆的，古老的

immense [iˈmens] a. 极大的/**immensely** ad.

immensity [iˈmensiti] n. 大尺寸

immerse [iˈməːs] v.①浸入（水或其他液体）；沉溺于，陷入 [immersed in study 埋头学习 immersed in despair 陷入绝望]/**immersion** n.

immigrant [ˈimigrənt] a.（从异地）移

来的,侨民的‖ n. 移民,侨民

immigrate ['imigreit] v. 移入,移居入境〔Over 15 million persons immigrated into the U.S. from 1900 to 1955. 从1900年到1955年 1500 多万人移居美国。〕/**immigration** n.

imminent ['iminənt] a. 逼近的,即至的/**imminently** ad.

immobile [i'məubail, -bil] a. 不能移动的,不动的/**immobility** n.

immobilize [i'məubilaiz] v. 使不动

immoderate [i'mɔdərit] a. 无节制的,极端的〔an immoderate thirst 非常口渴〕

immodest [i'mɔdist] a. 不适当的,不礼貌的,粗野的

immoral [i'mɔrəl] a. 不道德的,邪恶的/**immorality** n. /**immorally** ad.

immortal [i'mɔːtl] a. 不朽的,永存的/**immortality** n. /**immortally** ad.

immortalize [i'mɔːtəlaiz] v. 使不朽〔Whistler immortalize his mother in a painting. 惠斯勒在一幅画中赋予他母亲不朽的生命。〕

immovable [i'muːvəbl] a. 不可移动的,不动产

immune [i'mjuːn] a. 免除的,安全的/**immunity** n.

immunize ['imjunaiz] v. 使免除

immure [i'mjuə] v. 监禁,幽禁

immutable [i'mjuːtəbl] a. 不可改变的

imp [imp] n. 魔鬼之子

impact ['impækt] n. 碰撞,撞击

impair [im'pɛə] v. 使弱,伤害〔The disease impaired his hearing. 疾病损害了他的听力。〕/**impairment** n.

impale [im'peil] v. 刺穿,刺住〔to impale a dead moth on a pin 把死蛾穿在大头针上〕

impalpable [im'pælpəbl] a. 不能感触到的,以理解的

impanel [im'pænl] v. 将(人名)列入陪审名簿

impart [im'pɑːt] v. 把(物品、性质等)给

与;分给〔The onion imparted its smell to the soup. 汤里有了洋葱味。to impart news 告知消息〕

impartial [im'pɑːʃəl] a. 公平的,无私的/**impartiality** n. /**impartially** ad.

impassable [im'pɑːsəbl] a. 不可通行的

impasse [im'pɑːs] n. 死巷,死路,绝境,僵局

impassioned [im'pæʃənd] a. 充满热情的

impassive [im'pæsiv] a. 冷淡的,无感觉的/**impassively** ad.

impatience [im'peiʃəns] n. 不耐烦,急躁

impatient [im'peiʃənt] a. 不耐烦的,急躁的/**impatiently** ad.

impeach [im'piːtʃ] v. 责问,怀疑〔President Andrew Johnson was impeached in the U.S. Senate but was found innocent. 安德鲁·约翰逊总统受到参议院怀疑,但结果他是无辜的。This gossip impeaches his honor. 流言蜚语损害了他的名誉。〕

impeccable [im'pekəbl] a. 无瑕疵的/**impeccably** ad.

impecunious [ˌimpi'kjuːnjəs] a. 无钱的

impede [im'piːd; im'pid] v. 阻碍,妨碍,阻塞〔The accident impeded traffic. 这次肇事阻塞了交通。〕

impediment [im'pedimənt] n. 妨碍物,障碍

impel [im'pel] v. ①推进,前进②驱使,驱策〔What impels her to die? 是什么导致了她的死?〕

impend [im'pend] v. ①即将发生,预示,有…的征兆〔Disaster seemed to be impending. 灾难看来就要降临了。〕②临头,笔架迫近〔impending cliffs 迫近绝壁〕

impenetrable [im'penitrəbl] a. ①不能穿过的,不能透过的,不能刺入的②无法理解的,无法识别的

impenitent [im'penitənt] a. 不感到羞耻的,不感到遗憾的;不为所为感到抱歉

的/**impenitently** ad.

imperative〔im'perətiv〕a. ①必须做的;必要的,紧急的②必须服从的,强制的;祈使的③命令的,专横的‖n. 命令;规则

imperceptible〔impə'septəbl〕a. 太小或太轻微而不能被注意到的/**imperceptibly** ad.

imperfect〔im'pə:fikt〕a. ①不完善的;有些缺点或缺陷的②有缺陷的;不完全的;未完成的/**imperfectly** ad.

imperfection〔impə'fekʃən〕n. ①不完善的条件,不完善的状况②缺点,缺陷

imperial〔im'piəriəl〕a. 帝国的,皇帝的,女皇的‖n. 下巴上长的尖形小胡子

I

imperialism〔im'piəriəlizm〕n. 帝国主义/**imperialist** n. /**imperialistic** a.

imperil〔im'peril〕v. 使陷于危险或危机中〔Their lives were imperiled by the fire. 他们的生命因这场火灾而陷于危险中。〕

imperious〔im'piəriəs〕a. ①独裁者似的,傲慢的,专横的②必须的,急切的,紧急的/**imperiously** ad.

imperishable〔im'periʃəbl〕a. 不灭的,不死的,不朽的;持续很长时间或永远的

impersonal〔im'pə:sənl〕a. ①非特指某人的②不具人格的;非人的③〔语〕非人称的/**impersonally** ad.

impersonate〔im'pə:səneit〕v. ①扮演…的角色〔Who impersonated Tom Sawyer in the play? 这出戏中扮演汤姆·索耶的人是谁?〕②在戏剧中模仿或效仿③伪装,伪装〔He was arrested for impersonating an officer. 他因假扮一个军官而被捕。〕/**impersonation** n. /**impersonator** n.

impertinent〔im'pə:tinənt〕a. ①无礼的,失礼的,鲁莽的②不合适的,不适当的/**impertinence** n.

imperturbable〔impə'tə:bəbl〕a. 不易激动的;不易干扰的;镇静的

impervious〔im'pə:viəs〕a. ①使…不能穿透或透过的②不受…的影响

impetuous〔im'petʃuəs〕a. ①猛烈的,

急促的,冲动的②鲁莽的,冲动的;缺少思考的;轻率的/**impetuosity**〔impetʃu'ositi〕n. /**impetuously** ad.

impetus〔'impitəs〕n. ①动力;原动力②刺激力;推动力;推动力;激动物

impiety〔im'paiəti〕n. ①对神圣事物的不尊敬②不虔敬的行为或评论

impinge〔im'pindʒ〕v. ①冲击;接触;撞击〔The sound of trumpets impinged on their eardrums. 喇叭声冲击着他们的鼓膜。〕②打断,扰乱;侵入,侵犯,触犯,害〔Censorship impinges on our freedoms. 新闻书刊的检查侵犯了我们的自由。〕/**impingement** n.

impious〔im'paiəs〕a. 不虔敬的;对应崇敬和崇拜的人或物表现出不敬的

impish〔'impiʃ〕a. 小魔鬼的;似小魔鬼的;顽皮的/**impishly** ad. /**impishness** n.

implacable〔im'plækəbl,im'pleikəbl〕a. 不能平息的;不能平静的;无情的/**implacably** ad.

implant〔im'plɑ:nt,im'plænt〕v. ①牢固地种植〔to implant seeds 深深种下种子〕②思想上种下;灌输(思想)〔Respect for the law was implanted in their minds. 遵守法律的观念已经被灌输入他们的思想中。〕

implement〔'implimənt〕n. 工具;装备;设备‖v. 实现;应用,完成〔to implement a plan 实现一个计划〕

implicate〔'implikeit〕v. 显示某人是…中的一分子(特别指某些坏事时)〔His reply implicated Jones in the crime. 他的回答把琼斯牵扯到这件犯罪案件中。〕

implication〔impli'keiʃən〕n. ①牵连②建议,暗示③含有…的意思,暗示

implicit〔im'plisit〕a. ①暗示的;不明说的;含蓄的②不置疑的;不隐晦的;完全的;真实的,无疑的/**implicitly** ad.

implore〔im'plɔ:〕v. 恳求,哀求,祈求〔The woman implored Lincoln to spare her son's life. 这个女人哀求林肯赦免她的儿子。〕

imply〔im'plai〕v. 暗示,含有…的意思

[His frown implied disapproval. 他皱了皱眉暗示不赞成。]

impolite [ˌimpəˈlait] a. 不礼貌的，粗鲁的/**impolitely** ad./**impoliteness** n.

impolitic [imˈpɔlitik] a. 不明智的，不小心的;缺少判断力的

import [ˈimpɔ:t] v. ①输入，进口[England imports much of her food. 英格兰大部分食品靠进口。]②含有…的意思，表示，说明[Some say a red sunset imports a fair day on the morrow. 有人说红色落日意味着第二天是个好天气。] ‖ n. ①输入品，进口货②含义，意义③重要

importance [imˈpɔ:tns] n. 重大，重要

important [imˈpɔ:tnt] a. ①重要的，很有价值的②显著的，位尊的，有权力的/**importantly** ad.

importation [ˌimpɔ:ˈteiʃn] n.①输入品，进口货②输入，进口

importer [imˈpɔ:tə] n. 进口公司，进口商人

importunate [imˈpɔ:tʃunət] a. 反复请求的，纠缠不休的

importune [ˌimpəˈtju:n] v. 再三要求，不断请求[Tim kept importuning his father to take him to the circus. 蒂姆不断地请求他父亲带他去马戏团。]

importunity [ˌimpəˈtju:nəti] n. 令人烦恼的请求，缠扰不休

impose [imˈpəuz] v. ①增加(负担、责任、处罚等)[to impose a tax on furs 增加毛皮货的税收 to impose a fine on speeders 增加对超速行驶者的罚款]②强使 某人接受某事物，给别人制造麻烦[Can I impose on you to drive me home? 可以麻烦你送我回家吗?]③欺骗，骗取[to impose on the public 欺骗公众]

imposing [imˈpəuziŋ] a. (在体积、性格、外观或其它方面)极好的

imposition [ˌimpəˈziʃn] n. ①强加，强迫接受，过分的要求②强加之事物(在税、罚金或负担上)

impossible [imˈpɔsəbl] a. ①不可能的，不可能发生的②[口]令人不愉快或

很困难去从事的/**impossibility** n./**impossibly** ad.

impost [ˈimpəust] n. 进口货物税

impostor [imˈpɔstə] n. 冒充者，骗子

imposture [imˈpɔstʃə] n. 冒充;蒙骗

impotent [ˈimpətənt] a. 无力的，无能力的;无助的/**impotence** n.

impound [imˈpaund] v.①将…关进栏中或包围起来[Stray dogs will be impounded. 野狗将被关起来。]②收押,扣押,没收[The police impounded his car. 警察扣押了他的车。]

impoverish [imˈpɔvəriʃ] v. ①使穷困[Gambling had impoverished him. 赌博使他穷困潦倒。]②使失去力量或富有[Planting the same crops every year impoverishes the soil. 每年周而复始地种同一种谷物使这里的土壤贫瘠了。]/**impoverishment** n.

impracticable [imˈpræktikəbl] a. 不能实行的,不能用的/**impracticably** ad.

impractical [imˈpræktikl] a. 不切实际的,不能实行的,没用的

imprecation [ˌimpriˈkeiʃn] n. 咒语

impregnable [imˈpregnəbl] a. 无法击败的,无法克服的;不屈服的,不让步的/**impregnability** n.

impregnate [ˈimpregneit] v.①充满,使饱和[Their clothes was impregnated with smoke. 他们的衣服里冒着烟。]②使怀孕,授胎/**impregnation** n.

impress¹ [imˈpres] v. ①被强迫在军队中服役[The British used to impress men into their navy. 英国人过去常常强迫男人在海军里服役。]②强占有,占据充公[The general impressed the house for his headquarters. 将军占用这座房子做他的司令部。]

impress² [imˈpres] v. ①影响思想或感觉[His quick answers impressed us all greatly. 他快速的回答使我们十分惊讶。]②使留下深刻印象[Let me impress on you the importance of fire drills. 我会让你们深深记住灭火演习的重要性。]③刻下

标记,压印〔The envelopes were impressed with her name. 信封上印有她的名字。〕‖ n. ①印记②深刻印象;印象

impression [im'preʃən] n. ①压印盖戳 ②印记③印象④某种行为制造的影响⑤一种模糊的意念

impressionable [im'preʃənəbl] a. 易受影响的,易受感动的

impressive [im'presiv] a. 给人深刻印象的/**impressively** ad.

imprint [im'print] v. ①印,盖(印)〔The paper was imprinted with the state seal. 文件盖了国家的印章。〕②在…上压上记号〔Her face is imprinted in my memory. 她的脸庞深深地印在我的记忆里。〕‖ n. ①印,印记②痕迹③版本说明

imprison [im'prizən] v. ①关押②限制,约束/**imprisonment** n.

improbable [im'prɔbəbl] a. 未必会的,不大可能的〔It is improbable that he will win again. 他未必再次打赢。〕/**improbability** n. /**improbably** ad.

impromptu [im'prɔmptju] a. & ad. 没有准备地,即兴地,临时地〔The governor gave an impromptu speech at the airport. 总督在机场发表了一个即兴演说。〕

improper [im'prɔpə] a. ①不适当的②不合理的③不正派的/**improperly** ad.

improper fraction 假分数

impropriety [,imprə'praiəti] n. ①不适当,不正确,②用词不当

improve [im'pruːv] v. ①改善②使变得更好

improvement [im'pruːvmənt] n. 改进,改良

improvident [im'prɔvidənt] a. 无远见的,不注意节约的/**improvidence** n.

improvise ['imprəvaiz] v. ①即席创作(演奏)②暂时凑成〔We improvised a bed by putting some chairs together. 我们用几把椅子凑成了一张床。〕/**improvisation** n.

imprudent [im'pruːdənt] a. 轻率的,鲁莽的/**imprudence** n. /**imprudently** ad.

impudent ['impjuːdənt] a. 厚颜无耻的/**impudence** n. /**impudently** ad.

impugn [im'pjuːn] v. 指责,怀疑〔Do you impugn my sincerity? 您怀疑我的诚意吗?〕

impulse ['impʌls] n. ①推动,冲力②刺激,冲动

impulsive [im'pʌlsiv] a. ①冲动的②冲击的/**impulsively** ad.

impunity [im'pjuːniti] n. 不受惩罚,免罪

impure [im'pjuə] a. ①不纯的②掺假的③不正当的

impurity [im'pjuəriti] n. ①不纯②杂质/**impurities**[复]

impute [im'pjuːt] v. 归罪于/**imputation** n.

in [in] prep. ①在…里②在多长时间内③在视线内④在…中⑤从事于…⑥用…手段⑦在…状态下⑧进…用⑨朝着…方向②在…包围中‖ a. ①朝着的②朝里面的‖ n. ①在朝派,执政者②门路

inability [inə'biliti] n. 无能,无力

inaccessible [inæk'sesəbl] a. 达不到的,不能的/**inaccessibility** n.

inaccuracy [in'ækjurəsi] n. ①不精确(性),不准确(度)②差错

inaccurate [in'ækjurit] a. 不精密的,不准确的/**inaccurately** ad.

inaction [in'ækʃən] n. 无行动,不活跃,迟钝

inactive [in'æktiv] a. 迟钝的,不活跃的/**inactively** ad. /**inactivity** n.

inadequate [in'ædikwit] a. 不充足的,不适当的/**inadequacy** n. /**inadequately** ad.

inadmissible [inəd'misəbl] a. 不能容纳的,不能承认的

inadvertent [inəd'vəːtənt] a. 不经心的,疏忽的,非故意的/**inadvertence** n. /**inadvertently** ad.

inadvisable [inəd'vaizəbl] a. 不可取的,失策的,不明智的

inalienable [in'eiljənəbl] a. 不可分割

的,不可让与的,不可剥夺的

inane [i'nein] a. 空的,空洞的,空虚的/**inanely** ad.

inanimate [in'ænimit] a. ①无生命的②无生气的

inanity [i'næniti] n. ①空虚,虚幻,空洞②愚蠢

inapplicable [in'æplikəbl] a. 不适用的

inappropriate [inə'prəupriit] a. 不恰当的,不相宜的

inapt [in'æpt] a. ①不适当的,不合适的②不熟练的,拙劣的/**inaptly** ad.

inarticulate [ina:'tikjulit] a. ①口齿不清的②说不出口的

inartistic [ina:'tistik] a. 非艺术的,缺乏艺术性的/**inartistically** ad.

inasmuch [inəz'mʌtʃ] conj. 因为,由于[I couldn't have seen him inasmuch as he wasn't there. 我没见到他,因为他没去那儿。]

inattention [inə'tenʃən] n. 不注意,漫不经心

inattentive [inə'tentiv] a. 不注意的,漫不经心的

inaudible [in'ɔ:dibl] a. 听不见的/**inaudibly** ad.

inaugural [i'nɔ:gjurəl] a. 就职的,开幕的 ‖ n. 就职演说

inaugurate [i'nɔ:gjureit] v. ①举行典礼②开创③开幕/**inauguration** n.

inauspicious [inɔ:s'piʃəs] a. 不祥的,凶兆的,不利的

inboard [in'bɔ:d] a. 机内的,舱内的

inborn [in'bɔ:n] a. 生来的,天生的,先天的

inbred [in'bred] a. ①选种生产的②生来的,天生的

inbreeding [in'bri:diŋ] a. 近亲繁殖的

incalculable [in'kælkjuləbl] a. ①数不清的,无数的②难预测的,不可靠的/**incalculably** ad.

incandescent [inkæn'desənt] a. ①白

热的,白炽的②极亮的,灿烂的/**incandescence** n.

incantation [inkæn'teiʃən] n. ①咒语,妖术②咒符

incapable [in'keipəbl] a. ①无能为力的,不能的②无资格的/**incapability** n.

incapacitate [inkə'pæsiteit] v. 使无能为力,使残废

incapacity [inkə'pæsiti] n. 无能力

incarcerate [in'ka:səreit] v. 监禁,禁用/**incarceration** n.

incarnate [in'ka:neit] a. 化身的,人体化的 ‖ v. ①赋予形体,使成化身②使实体化,体现

incarnation [inka:'neiʃən] n. 化身,体现;[医]肉化

incautious [in'kɔ:ʃəs] a. 不谨慎的,不小心的,鲁莽的,轻率的

incendiary [in'sendjəri] a. ①放火的,纵火的②燃烧的③煽动性的,激起的(麻烦) ‖ n. 纵火者,燃烧弹,可引燃的东西,煽动弹

incense[1] ['insens] n. ①香②焚着时的烟和发出的香味③任何一种好闻的香气

incense[2] [in'sens] v. 使发怒,激怒[He was incensed at her lies. 他被她的谎言激怒了。]

incentive [in'sentiv] n. 刺激,鼓励,激励

inception [in'sepʃən] n. 开端,开始

incessant [in'sesnt] a. 不停的,连续的,持续不断的,似乎没有尽头的/**incessantly** ad.

incest ['insest] n. 乱伦

inch [inch] n. 英寸 ‖ v. 缓慢地移动,渐进[He inched along ledge. 他沿着壁架缓慢地移动。]/**by inches**, inch by inch 慢慢地,一点一点地,/**within an inch of** 差点儿

incidence ['insidəns] n. 发生影响

incident ['insidənt] n. 附带事件,小事件,事情 ‖ a. 易发生的,伴随而来的

incidental [,insi'dentəl] a. ①附带的,

伴随的，非主要的②不重要的，微不足道的‖ n. ①附带事件②[复]杂项，杂费

incidentally [ˌinsi'dəntli] ad. ①附带地；偶然地②顺便说及地 [Incidentally what time is it? 顺便问一句，几点了?]

incinerate [in'sinəreit] v. 把…烧成灰，烧尽/**incineration** n.

incinerator [in'sinəreitə] n. 焚化炉；火葬炉

incipient [in'sipiənt] a. 开始的，刚出现的，早期的

incise [in'saiz] v. 切入，切开；雕刻 [Letters were incised in stone. 石头上雕了字。]

incision [in'siʒən] n. ①切开②切口③雕刻

incisive [in'saisiv] a. 切入的，锋利的，深刻的，透彻的/**incisively** ad. /**incisiveness** n.

incisor [in'saizə] n. 门牙，切牙

incite [in'sait] v. 激励；刺激，煽动；促成 [to incite a mob to riot 煽动一伙暴徒闹事]/**incitement** n.

incivility [ˌinsi'viliti] n. 无礼貌，粗暴，不礼貌的言行，粗暴的言行

inclement [in'klemənt] a. ①(天气、气候)险恶的，酷烈的，寒冷的[狂风暴雨的 [inclement weather 恶劣的气候]②(人)严酷的，无情的[an inclement king 一个冷酷的国王]/**inclemency** n.

inclination [ˌinkli'neiʃən] n. ①倾斜，点头，弯腰②倾向，爱好 [an inclination to talk 喜欢讲话]

incline [in'klain] v. ①倾斜②屈身，低头③倾向于；赞同，喜爱 ‖ n. 斜面，斜坡 [a road with a steep incline 带有陡峭斜坡的道路]

include [in'kluːd] v. 包括，包含，包住 [Prices include taxes. 物价包括税金。]

inclusion [in'kluːʒən] n. ①包括，包含②内含物

inclusive [in'kluːsiv] a. 包括的，包含的，包围住的，范围广的/**inclusively** ad.

incognito [in'kɔgnitəu] a. & ad. 隐匿身分的(地)，微行的(地)[The king toured the country incognito. 国王在全国微服私访。]

incoherent [ˌinkəu'hiərənt] a. 无凝聚力的；支离破碎的，松散的，不连贯的/**incoherence** n.

incombustible [ˌinkəm'bʌstibl] a. 不燃烧的，阻燃的，防火的

income ['inkəm] n. 收入；收益，进款，所得

incoming [in'kʌmiŋ] a. 即将到来的，就要到来的‖ n. 进来，到来

incommensurate [ˌinkə'menʃərit] a. ①不相称的，不均衡的，不适当的，不充足的②不能相比较的

incommode [ˌinkə'məud] v. 使感不便，妨碍，打扰

incommunicable [ˌinkə'mjuːnikəbl] ad. 不可告人的，不可言传的

incommunicado [ˌinkəˌmjuːni'kaːdəu] a. 不能与外界接触的

incomparable [in'kɔmpərəbl] a. 无比的，无双的，不能比较的/**incomparably** ad.

incompatible [ˌinkəm'pætəbl] a. ①不相容的，不一致的，不能共存的②不能溶为一体的/**incompatibility** n.

incompetent [in'kɔmpitənt] a. ①不胜任的②法律上无资格的/**incompetence** n. /**incompetently** ad.

incomplete [ˌinkəm'pliːt] a. 不完全的，未完成的，不完善的/**incompletely** ad.

incomprehensible [ˌinkɔmpri'hensəbl] a. 不能理解的，难懂的，莫名其妙的/**incomprehensibly** ad.

inconceivable [ˌinkən'siːvəbl] a. 不能想像的，不可思议的，不可理解的/**inconceivably** ad.

inconclusive [ˌinkən'kluːsiv] a. 缺乏决定性的，非最后的/**inconclusively** ad.

incongruity [ˌinkɔn'gru(ː)iti] n. ①不调合，不一致，不适合，不相称②不协调

incongruous [in'kɔŋgruəs] a. 不调合的,不一致的,自相矛盾的;不适合的,不适当的,不合理的/**incongruously** ad.

inconsequential [,inkɔnsi'kwenʃəl] a. 无意义的,无关紧要的,不连贯的/**inconsequentially** ad.

inconsiderable [,inkən'sidərəbl] a. 不值得考虑的,无足轻重的,微小的

inconsiderate [,inkən'sidərit] a. ①不替别人着想的,不体谅别人的②考虑不周的,粗心的

inconsistency [,inkən'sistənsi] n. ①不一致,不协调,前后矛盾②不一致的事物,自相矛盾的行为(或言论)

inconsistent [,inkən'sistənt] a. ①不一致的,不协调的,不一贯的②前后矛盾的,不合逻辑的/**inconsistently** ad.

inconsolable [,inkən'səuləbl] a. 没法安慰的,极度沮丧的/**inconsolably** ad.

inconspicuous [,inkən'spikjuəs] a. 难以察觉的,不显著的,不引人注意的/**inconspicuously** ad. /**inconspicuousness** n.

inconstant [in'kɔnstənt] a. (人)反复无常的,轻率多变的,不坚定的,常变的,无规则的/**inconstancy** n.

incontestable [,inkən'testəbl] a. 无可争辩的,无可否认的

incontinent [in'kɔntinənt] a. 不能自制的,无节制的,不能保持的/**incontinence** n.

incontrovertible [,inkɔntrə'və:tibl] a. 无可辩驳的,颠扑不破的,不容置疑的,无可否认的

inconvenience [,inkən'vi:njəns] n. ①不方便打扰②不方便之处,烦扰的事情 ‖ v. 打扰,使感不便

inconvenient [,inkən'vi:njənt] a. 不方便的,引起麻烦的,打扰的

incorporate [in'kɔ:pəreit] v. ①结合,收编〔Incorporate these new facts into your report. 将这些新的事实编到你的报告里去。〕②合并〔The two churches have been

incorporated into one. 两个教派已合并成一个教派。〕③组成公司,成为社团/**incorporation** n.

incorporeal [,inkɔ:'pɔ:riəl] a. 非物质的,无实体的,精神的

incorrect [,inkə'rekt] a. 不正确的,错误的,不妥当的,不是真的/**incorrectly** ad. /**incorrectness** n.

incorrigible [in'kɔridʒəbl] a. 难以纠正的;不可改造的,难以救药的,固执的,难弄的 ‖ n. 一个不可救药的人

incorruptible [,inkə'rʌptəbl] a. ①不易腐蚀的,不易败坏的②(人)收买不了的,廉洁的〔an incorruptible official 清官〕

increase [in'kri:s] v. 增加,增长,增进〔When he increased his wealth his power increased. 财富增长的时候他的权力也增加了。〕 ‖ n. ①增加;增长,增进②(数量)增长,增加

increasingly [in'kri:siŋli] ad. 逐渐地,渐增地〔He became increasingly happy. 他变得越来越幸福。〕

incredible [in'kredəbl] a. 不可相信的,难以置信的/**incredibly** ad.

incredulity [,inkri'dju:liti] n. 不相信,不轻信,怀疑

incredulous [in'kredjuləs] a. ①不相信的;不轻信的;怀疑的②表示怀疑的/**incredulously** ad.

increment ['inkrimənt] n. ①增长;增额;增值②增大,变大,增量

incriminate [in'krimineit] v. 控告,显示…有罪/**incrimination** n.

incubate ['inkjubeit] v. ①孵(卵),孵化②使发展,把…酝酿成熟〔An idea was incubating in my mind. 一种想法在我头脑中酝酿成熟。〕/**incubation** n.

incubator ['inkjubeitə] n. ①孵卵器;孵卵员②早产婴儿保育箱

incubus ['inkjubəs] n. ①梦魇,梦魔②沉重的负担,梦魇般的精神压力

inculcate ['inkʌlkeit] v. 反复灌输〔to inculcate obedience in children 向儿童反复灌输服从的思想〕/**inculcation** n.

incumbent [in'kʌmbənt] n. ①教会中任职者,教区牧师②政府(或团体、学术机构等的)任职者③ a. 成为责任的;义不容辞的/**incumbency** n.

incur [in'kə] v. 招致,惹起,遭受,给…带来不幸[He incurred debts because of his illness. 他因病而负债。]

incurable [in'kjuərəbl] a. 不可救药的,(人或病)医不好的,不能矫正的‖ n. 不可救药的人/**incurably** ad.

incursion [in'kəʃən] n. 侵入,袭击;侵犯

indebted [in'detid] a. 受惠的,蒙恩的,感激的

indebtedness [in'detidnis] n. ①受惠,蒙恩②负债

indecency [in'di:snsi] n. ①下流,猥亵,粗鄙下流的言行

indecent [in'di:snt] a. ①下流的,粗鄙的②不合适的,下流粗俗的,不尊重的/**indecently** ad.

indecision [in'disiʒən] n. 没有决断力,犹豫不决

indecisive [ˌindi'saisiv] a. ①没能决定的②犹豫不定的[an indecisive reply 一个不明确的回答]/**indecisively** ad.

indecorous [in'dekərəs] a. 不合礼节的,不雅的,不适当的,未变化的

indeed [in'di:d] ad. 事实上,确实,真正的[It is indeed warm. 天真热。]‖ int. 表示怀疑,惊讶,轻视等

indefatigable [ˌindi'fætigəbl] a. 不倦的,不屈不挠的

indefensible [ˌindi'fensibl] a. ①不可防守的,不可保护的

indelicacy [in'delikəsi] n. ①不雅,粗俗,粗鲁,粗率②粗俗的东西,粗鄙的言行

indelicate [in'delikeit] a. 不文雅的,粗俗的,粗鄙的[indelicate jokes 粗俗的笑话]

indemnify [in'demnifai] v. 赔偿,保护不受损害[We were indemnified for our stolen car. 我们被偷的车得到了赔偿。]②保障,保护/**indemnification** n.

indemnity [in'demniti] n. ①保障,保护②赔偿,补偿

indent [in'dent] v. ①把…刻成锯齿形,使成犬牙状②缩进排(写);在…上压凹痕

indenture [in'dentʃə] n. 契约,双联合同‖ v. 以契约束缚[an indentured servant 契约佣人]

independence [ˌindi'pendəns] n. 独立,自主,自由

Independence Day 独立日,7 月 4 日美国国庆节

independent [ˌindi'pendənt] a. ①独立的,自主的,不受外援的,不承担义务的[an independent grocery 独立经营的杂货店]③不受约束的④自主独立的⑤收入足够维持闲居生活的,无需工作而过富裕生活的‖ n. 独立人士(特指未参加任何政党的人)/**independently** ad.

indescribable [ˌindis'kraibəbl] a. 难以形容的,描写不出的/**indescribably** ad.

indestructible [indis'trʌktəbl] a. 不可毁灭的,破坏不了的,特别强大的/**indestructibility** n. /**indestructibly** ad.

indeterminate [ˌindi'tə:mineit] a. 不确定的,无定限的,不明确的,模糊的

index ['indeks] n. ①索引②指示,标准,指标③标志④指示[to index a book 为一本书编制索引]/**indexes,indices**[复]

Indian Ocean 印度洋

indicate ['indikeit] v. ①指示,指出[Indicate with a pointer where India is on the map. 在地图上用标志指出印度的位置。]②表明,预示,暗示[Smoke indicates fire. 烟预示着起火。]

indication [indi'keiʃən] n. ①指示;指出②表示,显示,象征,迹象

indicative [in'dikətiv] a. ①指示的,表示的,象征的,预示的②语法中表示陈述的,直陈的

indicator ['indikeitə] n. 指示者, 指示物; (机械中)指示器; 示功器

indict [in'dait] v. 控告, 告发, 对…起诉 [A grand jury can indict a person if it decides there is enough evidence to do so. 如有足够的证据,最高陪审团可对某人提出起诉。] /**indictment** n.

indifference [in'difrəns] n. ①不关心, 冷淡②无关紧要, 不重要

indifferent [in'difrənt] a. 不关心的, 冷淡的, 不感兴趣的

indigenous [in'didʒinəs] a. 土产的; 本地所产的

indigent ['indidʒənt; 'indədʒənt] a. 贫穷的; 贫乏的 /**indigence** n.

indigestible [ˌindi'dʒestibl, ˌindai'dʒestəbl] 不能消化的; 难消化的

indigestion [ˌindi'dʒestʃən] n. 消化不良症; 未被消化的状态

indignant [in'dignənt] a. 愤慨的; 不平的

indignity [in'digniti; in'dignəti] n. 轻蔑; 侮辱; 有伤尊严

indignation [ˌindig'neiʃən, ˌindig'neiʃən] n. 愤怒; 愤慨; 义愤

indigo ['indigəu] n. (次要的、间接得到的)好处 ‖ n. ①产靛之豌豆科植物②深紫蓝色

indirect [ˌindi'rekt] a. ①间接的; 迂回的 [an indirect route 迂回的道路]②第二的; 次要的③兜圈子的; 不着边际的; 不得要领的/**indirectly** ad.

indirect object 间接宾语

indiscreet [ˌindis'kri:t] a. 不稳重的; 轻率的/**indiscreetly** ad.

indiscretion [ˌindis'kreʃən] n. ①不谨慎; 鲁莽; 轻率 ②不审慎的言行

indiscriminate [ˌindis'kriminit] a. 不分青红皂白的, 不加选择的/**indiscriminately** ad.

indispensable [ˌindis'pensəbl] a. 不可缺少的, 绝对必要的

indisposed [ˌindis'pəuzd] a. ①不愿意的②微感不适的

indisposition [ˌindispə'ziʃən] n. ①不适②不愿; 不欲

indisputable ['indis'pju:təbl] a. 不容置辩的; 不容怀疑的; 固定的 [an indisputable truth 无可争辩的事实]/**indisputably** ad.

indissoluble [ˌindi'sɔljubl] a. 不可分解的(物质), 不可溶解的; 永恒不变的

indistinct [ˌindis'tiŋkt] a. 不清楚的, 模糊的/**indistinctlly** ad.

indistinguishable [ˌindis'tiŋgwiʃəbl] a. 不能区别的, 不能辨别的

indite [in'dait] v. 撰写 [to indite a poem 写一首诗]

individual [ˌindi'vidʒuəl] a. ①个人的, 个体的②供一人用的③独特的; 有特性的 ‖ n. ①个人, 个体②人

individualism [ˌindi'vidʒuəlizəm] n. ①个性②利己主义/**individualist** n. /**individualistic** a.

individuality [ˌindi,vidʒu'æliti] n. ①个性; 个人的人格②状态; 独立存在

individualize [ˌindi'vidʒuəlaiz] v. 使个体化; 使具有个性 [to individualize one's writing 使某人的作品具有个性]

individually [ˌindi'vidʒuəli] ad. 个别地; 单独地 [I shall answer you individually. 我将单独回答你。]

indivisible [ˌindi'vizəbl] a. ①不可分的②不能除尽的 [The number 17 is indivisible. 数字 17 是除不尽的。]/**indivisibly** ad.

indoctrinate [in'dɔktrineit] v. 教; 灌输/**indoctrination** n.

indolent ['indələnt] a. 懒惰的/**indolence** n. /**indolently** ad.

indomitable [in'dɔmitəbl] a. 不能征服的; 不气馁的 [indomitable courage 不可征服的勇气]

indoor ['indɔ:] a. 屋内 [indoor lighting 室内照明]

indoors ['in'dɔ:z] ad. 在户内; 入户内

[Let us go indoors. 我们进屋里去。]

indorse [in'dɔ:s] v. ①签名于票据等背面以便付款 ②赞成,支持(亦拼为 endorse)/**indorsement** n. /**indorser** n.

indubitable [in'dju:bitəbl] a. 不容置疑的,明确的/**indubitably** ad.

induce [in'dju:s] v. ①引诱;说服(Can't we induce you to stay another week? 难道我们不能劝你再呆一周吗?)②招致,惹起(Indigestion may be induced by overeating. 消化不良可能是由于饮食过量而引起的。)③归纳④感应电流

inducement [in'dju:smənt] n. ①动机②刺激

induct [in'dʌkt] v. ①使正式就任;任职(The new councilmen were inducted this morning. 今天早晨最新的市政会成员正式就任。)②入伍,加入会社等

induction [in'dʌkʃən] n. ①就职仪式(任职、入伍、加入会社等)②归纳法③感应/**inductive** a.

indulge [in'dʌldʒ] v. ①纵情;任意;沉溺②迁就(He indulges his son too much. 他太迁就他的儿子了。)

indulgence [in'dʌldʒəns] n. ①放任②嗜好(Golf is my one indulgence. 高尔夫球是我的嗜好。)③恩惠或特权④天主教免罪;赦免

indulgent [in'dʌldʒənt] a. 从容的;宽容的/**indulgently** ad.

industrial [in'dʌstriəl] a. 工业的;实业的/**industrially** ad.

industrialist [in'dʌstriəlist] n. 工业家;企业家;实业家

industrialize [in'dʌstriəlaiz] v. 使工业化(to industrialize a backward country 使一个落后国家工业化)

industrious [in'dʌstriəs] a. 勤勉的;奋发的/**industriously** ad.

industry ['indəstri] n. ①工业、实业、制造业分支②工业,实业,制造业③勤奋

-ine [in] [后缀] ①似…,…的②表示"女性","女人"

inebriate [i'ni:brieit] v. 使醉 ‖ n.

[i'ni:briit] 酒徒

inedible [in'edibl] a. 不可食用的

ineffable [in'efəbl] a. ①言语难以形容的②不应说出的

ineffective [,ini'fektiv] a. 无效的;用处很小的/**ineffectively** ad.

ineffectual [,ini'fektjuəl] a. 无用的;无效果的/**ineffectually** ad.

inefficient [,ini'fiʃənt] a. ①无能的;不能干的②效率很低的/**inefficiency** n. /**inefficiently** ad.

inelastic [,ini'læstik] a. 无弹性的;无弹力的;无伸缩性的

inelegant [in'eligənt] a. 不优美的;不雅致的;粗俗的/**inelegance** n. /**inelegantly** ad.

ineligible [in'elidʒəbl] a. 没有资格的;不合格的/**ineligibility** n.

inept [i'nept] a. ①不合适的;不相宜的②愚蠢的/**ineptly** ad. /**ineptness** n.

inequality [,ini(:)'kwɔliti] n. ①不平等;不平均②不规则;不齐整处

inequitable [in'ekwitəbl] a. 不公平的;不公正的/**inequitably** ad.

inert [i'nə:t] a. ①无行动能力的,无生命的②不活泼的,懒惰的③不起化学作用的;惰性的

inertia [i'nə:ʃiə] n. ①惯性;惯量

inescapable [,inis'keipəbl] a. 不可避免的(an inescapable conclusion 一个不可避免的结论)/**inescapably** ad.

inestimable [in'estiməbl] a. 不能估计的,难评价的

inevitable [in'evitəbl] a. 不可避免的,必然发生的/**inevitably** ad.

inexact [,inig'zækt] a. 不正确的,不精确的

inexcusable [,iniks'kju:zəbl] a. 不可原谅的,不可辩解的/**inexcusably** ad.

inexhaustible [,inig'zɔ:stəbl] a. 取之不尽的,无穷尽的

inexorable [in'eksərəbl] a. 无情的,坚决不屈的(the inexorable passing of time

时间无情的流逝〕/**inexorably** ad.

inexpedient [ˌiniks'pi:djənt] a. 不得当的,不合权宜的

inexpensive [ˌiniks'pensiv] a. 不贵的,价廉的

inexperience [ˌiniks'piəriəns] n. 无经验,缺乏经验/**inexperienced** a. 无经验的

inexpert [in'ekspəːt] a. 不熟练的/**inexpertly** ad.

inexpiable [in'ekspiəbl] a. (指罪过)不可赎的,(指憎恨)不能和解的

inexplicable [in'eksplikəbl] a. 不可解释的/**inexplicably** ad.

inexpressible [ˌiniks'presəbl] a. 言语无法表达的

inextinguishable [ˌiniks'tiŋgwiʃəbl] a. 不能消减的,不能磨灭的

inextricable [　　　in'ekstrikəbl, iniks'trikəbl] a. ①不能解决的,解不开的,不能避免的②弄不清的

infallible [in'fæləbl] a. 不会犯错误的,不会做错事的/**infallibility** n. /**infallibly** ad.

infamous ['infəməs] a. 邪恶的,可耻的,不名誉的/**infamously** ad.

infamy ['infəmi] n. 邪恶,可耻,不名誉

infancy ['infənsi] n. 幼稚状态;幼儿期,未成年/**infancies** [复]

infant ['infənt] n. 幼儿,婴儿‖ a. ①婴儿的②早期的,初期的

infantile ['infəntail] a. ①婴儿的,幼稚的②婴儿般,似婴儿的

infantry ['infəntri] n. 步兵

infantryman ['infəntrimən] n. 步兵战士

infatuate [in'fætjueit] v. 使糊涂,使有疯狂糊涂的热情〔He is infatuated with each pretty girl he meets. 他被他见到的漂亮姑娘们弄得神魂颠倒〕

infect [in'fekt] v. 传染,感染〔①〔The dirty bandage infected his wound. 他的伤口被脏绷带感染了。〕②〔Her gaiety infected

the whole group. 她的欢乐感染了全组。〕

infection [in'fekʃən] n. 传染,被传染,传染病

infectious [in'fekʃəs] a. ①传染疾病的,易传播的②有感染力的/**infectiously** ad.

infer [in'fəː] v. 推断,推知〔I infer from your smile that you're happy. 从你的笑容可以推断你很高兴。〕

inference ['infərəns] n. 推断,推知

inferior [in'fiəriə] a. 社会地位低的,次要的,劣势的

inferiority [in,fiəri'ɔriti] n. 较低,下级,低劣

infernal [in'fəːnl] a. 地狱的,可憎的,恶魔般的〔infernal torture 严刑拷打〕

inferno [in'fəːnəu] n. 地狱,恐怖的景象

infest [in'fest] v. 大批出没,成群出现〔Mice infested the house. 老鼠在房间里出没。〕

infidel ['infidl] n. 不信教的人

infidelity [ˌinfi'deliti] n. 不忠实,不贞

infield ['infiːld] n. 内场

infielder ['infiːldə] n. 内场人员

infiltrate ['infiltreit] v. 使渗透,使思想渗入人的心中〔Our troops infiltrated the enemy lines. 我们的部队渗透到敌占区。〕

infinite ['infinit] a. 无穷的,无限的,无法计量或想像的

infinitesimal [ˌinfini'tesiməl] a. 极微小的/**infinitesimally** ad.

infinitive [in'finitiv] n. (动词)不定式‖ a. 不定的

infinitude [in'finitjuːd] n. 无限,无限的数目或范围

infinity [in'finiti] n. 无限,(数字)无限大

infirm [in'fəːm] a. 体弱的(尤指由于年迈);动摇的

infirmary [in'fəːməri] n. 医院,医务所

inflame [in'fleim] v. 使红,使怒,发怒〔Our remarks just inflamed his rage. 我们的话语使他大怒。A wound inflamed by infection. 伤口由于感染发炎了。]

inflammable [inˈflæməbl] a. 易燃的；易激动的/**inflammably** ad.

inflammation [ˌinfləˈmeiʃən] n. 肺部（肝部）发炎

inflammatory [inˈflæmətəri] a. 使激动的；煽动性的

inflate [inˈfleit] v. ①灌气（于…）[to inflate a balloon 给气球打气]②使膨胀[He is inflated by his victory. 他被胜利冲昏了头脑。]

inflation [inˈfleiʃən] n. 通货膨胀；膨胀

inflationary [inˈfleiʃənəri] a. 膨胀的，通货膨胀的

inflect [inˈflekt] v. [文法]使（字词）变化词尾或变形

inflection [inˈflekʃən] n. 词尾变化，字形变化/**inflectional** a.

inflexible [inˈfleksəbl] a. 不能弯曲的；不屈的；不可改变的/**inflexibility** n. /**inflexibly** ad.

inflict [inˈflikt] v. 予以（打击），使受痛苦/**infliction** n.

inflow [ˈinfləu] n. 流入，流入物

influence [ˈinfluəns] n. 影响力，感化力；有影响力的事物（人）

influential [ˌinfluˈenʃəl] a. 有影响的，有势力的

influenza [ˌinfluˈenzə] n. 流行性感冒

influx [ˈinflʌks] n. 流入；注入；涌入[an influx of tourists 游客大量涌入]

infold [inˈfəuld] v. 包(进)，拥抱；折叠[to infold a baby in a blanket 把孩子用毛毯包起来]

inform [inˈfɔːm] v. 通知，报告，告诉[Inform us of your plans. 把你的计划通知我们。]

informal [inˈfɔːml] a. 非正式的，非正规的/**informally** ad.

informality [ˌinfɔːˈmæliti] n. 非正式，不拘礼仪

informant [inˈfɔːmənt] n. 提供消息（或情报）的人

information [ˌinfəˈmeiʃən] n. 通知，报告，消息，情报

informative [inˈfɔːmətiv] a. 供给消息的，给予知识的

informer [inˈfɔːmə] n. 告发者，检举者

infraction [inˈfrækʃən] n. 犯规，违法

infrared [ˈinfrəˈred] n. a. 红外线的，红外线区的

infrequent [inˈfriːkwənt] a. 罕见的；少有的；不寻常的/**infrequently** ad.

infringe [inˈfrindʒ] v. ①不服从，违背或违犯[to infringe a law 违法]②闯入，侵犯[to infringe on the rights of others 侵犯他人权利]/**infringement** n.

infuriate [inˈfjuərieit] v. 使发怒，激怒

infuse [inˈfjuːz] v. ①[向…]注入或灌输[The teacher infuses a desire to learn into the students. 老师激发学生好学的热情。]②充满或激励[He infuses us with hope. 他激起我们的希望。]③浸或泡[Tea is made by infusing tea leaves in hot water. 茶是通过在热水中浸泡的茶树叶制成的。]/**infusion** [inˈfjuːʒən] n.

-ing [后缀]用于构成许多动词的现在分词和动名词[①表示动作（或动作的过程）[washing 洗]②表示"某物的形成或某物用于"[Carpeting is material used for carpets. 地毯料是生产地毯的原料。]③表示"与某一概念有关的事物"[covering 覆盖物]

ingenious [inˈdʒiːnjəs] a. ①聪明的，灵巧的，如在发明方面②精巧制成的/**geniously** ad.

ingenuity [ˌindʒiˈnjuː(ː)iti] n. 机灵；精巧

ingenuous [inˈdʒenjuəs] a. 坦率的；天真的/**ingenuously** ad.

inglorious [inˈɡlɔːriəs] a. ①可耻的；不光彩的[an inglorious defeat 可耻的失败]②不光荣的；默默无闻的

ingrained [inˈɡreind] a. 根深蒂固的，不可改变的

ingrate [inˈɡreit] n. 忘恩负义的人

ingratiate [inˈɡreiʃieit] v. 使讨好；使巴

结[He ingratiated himself by flattering her. 他用奉承的方式讨好她。]

ingratitude [in'grætitju:d] *n.* 忘恩负义

ingredient [in'gri:djənt] *n.* (混合物的) 组成部分

ingress ['ingres] *n.* ①进入或进入权 [The guard refused us ingress. 守卫拒绝我们进入。] ②入口处；通道

ingrown ['ingrəun] *a.* 向内长的

inhabit [in'hæbit] *v.* 居住于；占领[The island is not inhabited. 这个岛屿未被占领。]

inhabitable [in'hæbitəbl] *a.* 可居住的；适合居住的

inhabitant [in'hæbitənt] *n.* 居民或栖居的动物

inhalant [in'heilənt] *n.* 被吸入的药剂

inhale [in'heil] *v.* 吸入；吸进肺中/**inhalation** [ˌinhə'leiʃən] *n.* /**inhaler** *n.*

inharmonious [ˌinhɑ:'məunjəs] *a.* 不协调的；不调合的或不和睦的

inherent [in'hiərənt] *a.* 内在的；天生的；特有的/**inherently** *ad.*

inherit [in'herit] *v.* ①继承；成为继承人[John inherited his uncle's fortune. 约翰继承了他叔父的财产。]②经遗传而得性格、特征[Paul inherited his father's good looks. 保罗继承了他父亲的美貌。]/**inheritor** *n.*

inheritance [in'heritəns] *n.* ①继承行为或继承权②继承物

inhibit [in'hibit] *v.* 禁止或阻止某些行为、感情等；制止[a boy inhibited by fear 一个被恐惧吓倒了的男孩 drugs that inhibit sweating 止汗药]

inhibition [ˌinhi'biʃən] *n.* ①禁止或阻止②抑制物，尤指抑制人的某些行为、感情等的某一心理过程

inhospitable [in'hɒspitəbl] *a.* 不好客的；(对来访者)不和蔼或不宽宏大量的

inhuman [in'hju:mən] *a.* 残忍的，无情的/**inhumanity** [ˌinhju:'mæniti] *n.*

inimical [i'nimikəl] *a.* ①不友好的；敌意的②不利的；有害的

iniquitous [i'nikwitəs] *a.* 极坏的；不公正的

iniquity [i'nikwiti] *n.* 极坏，极不公正②坏行为，不公正行为/**iniquities**[复]

initial [i'niʃəl] *a.* 最初的，开始的±*n.* 首字母‖*v.* 标注姓名的首字母于[He initialed the letter to show he had read it. 他将自己姓名的首字母标在信上，说明已经读过信了。]

initially [i'niʃəli] *ad.* 最初，开始

initiate [i'niʃieit] *v.* ①开始使用、做等；开始[to initiate a new course of studies 开始一门新的学习课程]②使入门[Father initiated me into the study of Latin. 在父亲的帮助下，我的拉丁语学习入了门。]③(经过特殊或秘密仪式)加入(联谊会或俱乐部。)‖*n.* [i'niʃiit, i'niʃieit]新加入的人/**initiation** *n.* /**initiator** *n.*

initiative [i'niʃiətiv] *n.* ①发端；创始

inject [in'dʒekt] *v.* ①注入[The doctor injected the serum in Bob's arm with a hypodermic syringe. 医生用注射器将血浆注入鲍勃的手臂。]②插进[to inject a lot of humor in a serious story 在一个严肃故事中插进许多幽默]/**injection** *n.* /**injector** *n.*

injudicious [ˌindʒu(:)'diʃəs] *a.* 判断不明的；不明智的

injunction [in'dʒʌŋkʃən] *n.* 命令(尤指法院对某事的禁令或对某事的指令)

injure ['indʒə] *v.* 损害；伤害；毁坏[to injure a leg 伤了一条腿]

injurious [in'dʒuəriəs] *a.* 有害的；有破坏性的

injury ['indʒəri] *n.* 损害，伤害

injustice [in'dʒʌstis] *n.* ①非正义；不公正②非正义的行为；侵犯权利

ink [iŋk] *n.* 墨水；油墨‖*v.* 用墨水遮盖，作记号或着色

inkling ['iŋkliŋ] *n.* 细微的暗示或提示；模糊的想法

inkwell ['iŋkwel] *n.* (镶在桌上的)墨水池

inky [ˈiŋki] a. ①墨似的；漆黑的 ②给墨水弄污的

inlaid [ˈinˈleid] a. ①镶嵌的 ②嵌饰的

inland [ˈinlənd] a. 内地的；内陆的 ‖ ad. 在内地；向内地

in-law [in] n. [口] 姻亲

inlay [ˈinˈlei] v. ①镶嵌 ②用镶嵌物装饰 [to inlay a wood panel with mother-of-pearl 用珍珠母装饰木板] ‖ n. [ˈinlei] ①镶嵌物②嵌体/**inlays** [复]

inlet [ˈinlet] n. ①水湾；小港②通道；入口

inmate [ˈinmeit] n. 同住者(尤其同狱犯人、同院病人等)

inmost [ˈinməust] a. 最里面的；最深入的

inn [in] n. 小旅馆

innate [iˈneit] a. 天生的，生来的

inner [ˈinə] a. ①内部的；里面的 ②秘密的；内心的

innermost [ˈinəməust] a. ①最里面的 ②最秘密的；最内心的

inning [ˈiniŋ] n. ①局，盘，回合②棒球的一局③[复](个人或政党)当权期间

innkeeper [ˈinˌkiːpə] n. 小旅馆老板

innocence [ˈinəsns] n. 清白；无罪；无知；无害

innocent [ˈinəsnt] a. ①无罪的 ②无邪的，单纯的 ③无害的 ‖ n. 无罪的人/**innocently** ad.

innocuous [iˈnɔkjuəs] a. 无害的/**innocuously** ad.

innovation [ˌinəuˈveiʃən] n. 革新，创新；改革

innovator [ˈinəuveitə] n. 革新者，创新者

innuendo [ˌinjuˈ(ː)ˈendəu] n. 暗讽；影射/**innuendoes** [复]

innumerable [iˈnjuːmərəbl] a. 无数的，数不清的

inoculate [iˈnɔkjuleit] v. 给…接种；给…作(预防)注射/**Inoculation** n.

inoffensive [ˌinəˈfensiv] a. 不令人讨厌的；不添麻烦的；无害的

inoperative [inˈɔpərətiv] a. 不起作用的；不生效的

inopportune [inˈɔpətjuːn] a. 不合时宜的，不合适的

inordinate [inˈɔːdinit] a. 过多的，过大的；过度的/**inordinately** ad.

inorganic [ˌinɔːˈgænik] a. 无生物的，无生机的

input [ˈinput] n. 输入

inquest [ˈinkwest] n. 审讯，审问

inquire [inˈkwaiə] v. 询问；调查 [The student inquired about his grade. 这个学生询问他的分数。]/**inquirer** n.

inquiry [inˈkwaiəri] n. ①询问②调查；质询；质问/**inquiries** [复]

inquisition [ˌinkwiˈziʃən] n. ①探究，调查②(当权者对他人信念的)严格控制

inquisitive [inˈkwizitiv] a. 好询问的，好奇的/**inquisitively** ad.

inquisitor [inˈkwizitə] n. ①审问官，调查官②Inquisitor(中世纪天主教的)宗教法庭的成员

inroad [ˈinrəud] n. ①突然袭击，突然进攻②损害

insane [inˈsein] a. ①精神病的②精神病患者的③极其愚蠢的/**insanely** ad.

insanity [inˈsæniti] n. ①精神病②愚行，愚念

insatiable [inˈseiʃəbl] a. 贪得无厌的；不能满足的；贪婪的/**insatiably** ad.

inscribe [inˈskraib] v. ①写，印，刻 [an old tombstone inscribed with a verse 一块刻有诗文的墓碑] ②将…注册 [Harold's name was inscribed on the Honour Roll. 哈罗德的名字被写进光荣榜。] ③牢记，铭记

inscription [inˈskripʃən] n. ①铭刻，铭文②(硬币或纪念碑上的)刻印文字

inscrutable [inˈskruːtəbl] a. 不可理解的；不可思议的；神秘的/**inscrutably** ad.

insect [ˈinsekt] n. ①昆虫②小昆虫(不科学但普遍的用法)

I

insecticide [in'sektisaid] n. 杀虫药剂

insecure [,insi'kjuə] a. ①不安全的,危险的,不可靠的②没安全感的或不自信的,担心的/**insecurely** ad. /**insecurity** [,insi'kjuriti] n.

insensate [in'senseit] a. ①没感觉的,无生气的②没有理智的,没有情理的;愚蠢的③没感情的;冷酷的;无动于衷的

insensible [in'sensibl] a. ①失去知觉的;无感觉的②不省人事的③不知道的;不被察觉的;不关心的④极微的/**insensibility** n. /**insensibly** ad.

insensitive [in'sensitiv] a. 感觉迟钝的;不敏感的

inseparable [in'sepərəbl] a. 分不开的,不可分割的/**inseparably** ad.

insert [in'sə:t] v. 插入,嵌入[to insert a hand in the pocket 将手插入衣兜内] ‖ ['insə:t] 插入物

insertion [in'sə:ʃən] n. ①插入②插入物;插入广告

inset ['inset] n. 插入物;插页;大地图上的插图;插画 ‖ v. [in'set] 插入,嵌进

inshore ['in'ʃɔ:] ad. & a. 靠近海岸,向着海岸

inside ['in'said] n. ①里面,内部②[复][口]肚子,肠胃 ‖ a. ①里面的,内部的,屋内的②内幕的,秘密的 ‖ ad. 在里面,在内部[They played inside. 他们在里面玩。] ‖ prep. 在…的里面;在…之内[inside the box 在盒内]/**inside out** 里面翻到外面

insider ['in'saidə] n. 知内情者,了解内幕的人

insidious [in'sidiəs] a. ①不老实的,狡诈的,狡猾的②隐伏的/**insidiously** ad.

insight ['insait] n. ①洞察力②洞悉

insignia [in'signiə] n. [复] (某些组织、军队等的)标志,徽章

insignificant [,insig'nifikənt] a. 无关紧要的;无价值的/**insignificance** n.

insincere [,insin'siə] a. 不真诚的;虚假的/**insincerely** ad. /**insincerity** n.

insinuate [in'sinjueit] v. ①使逐渐而巧妙地进入,使潜入[to insinuate oneself into a group 巧妙地进入一个团体]②暗示[Are you insinuating that I lied? 你是说我说谎了吗?]/**insinuation** n.

insipid [in'sipid] a. ①无味的,不能辨味的②无趣的,迟钝的

insist [in'sist] v. ①坚信[I insist that I saw her there. 我坚信在那儿看见她了。]②坚决要求[I insist that you come. 我坚决要求你来。]

insistent [in'sistənt] a. ①坚持的,坚决要求的②逼人注意的/**insistence** n. /**insistently** ad.

insole ['insəul] n. 鞋底的内底,鞋垫

insolent ['insələnt] a. 无礼的;粗鲁的/**insolence** n. /**insolently** ad.

insoluble [in'sɔljubl] a. ①不能解决的②不可溶解的

insolvent [in'sɔlvənt] a. 无偿债能力的,破产的/**insolvency** n.

insomnia [in'sɔmniə] n. 失眠

insomuch [,insəu'mʌtʃ] ad. ①到这样的程度,如此地[He worked fast insomuch that he finished first. 他工作得快,以致第一个完成工作。]②因为;由于

inspect [in'spekt] v. ①检查,审查[Inspect the house before buying it. 买房前要检查一下房子。]②视察,检阅[The major will inspect Company B. 少校将要视察二连。]/**inspection** n.

inspector [in'spektə] n. ①检查员②巡官

inspiration [,inspə'reiʃən] n. ①鼓舞,激励②灵感③妙想,好主意④吸入,吸气/**inspirational** a.

inspire [in'spaiə] v. ①鼓舞,激励[The sunset inspired her to write a poem. 日落美景激发了她写诗的灵感。]②产生[Praise inspires us with confidence. 赞扬使我们产生信心。]③唤起,带来[Her kindness inspired our love. 她的友好唤起我们的爱意。]④授意,唆使[The Bible is an inspired book.《圣经》是一部由别人授意而

写的书。]⑤吸入,吸气

inspirit [in'spirit] v. 鼓舞,激励,使振奋 [inspiriting news 振奋人心的消息]

instability [,instə'biliti]n. 不稳定性,不坚决

install [in'stɔ:l] v. ①任命 [We saw the new governor installed. 我们看见新州长就任。]②安装 [to install a gas stove 安装气炉]③安顿 [John installed himself in the hammock and fell asleep. 约翰在吊床上躺下入睡。]/**installation** n.

installment [in'stɔ:lmənt] n. ①分期付款②(分期连载的)一部分③任命

instance [instəns]. ①例子,事例②诉讼

instant ['instənt]. ①瞬息,霎时②(某一)时刻‖ a. ①刻不容缓的,立即的②紧急的③速溶的④本月的

instantaneous [,instən'teinjəs] a. 瞬间的,即刻的/**instantaneously** ad.

instantly ['instəntli] ad. 立即,即刻

instead [in'sted] ad. 代替,顶替 [If you have no cream, use milk instead. 如果你没有奶油,用牛奶代替。]/**instead of** 代替

instep [instep] n. ①脚背②鞋面,袜子的脚面部分

instigate ['instigeit] v. 煽动,鼓动,教唆 [to instigate a plot 策划阴谋]/**instigation** n. /**instigator** n.

instil(l) [in'stil] v. ①滴注②逐渐灌输 [He instilled honesty in his children. 他将诚实逐渐灌输给他的孩子。]

instinct [in'stiŋkt] n. ①本能,直觉②生性,天性‖ a. 充满的

instinctive [in'stiŋktiv] a. 本能的,天生的/**instinctively** ad.

institute ['institju:t] v. ①建立,设立,制定 [The modern Olympic Games were instituted in 1896. 现代奥林匹克运动会开始于1896年。]②开始,着手 [The police instituted a search. 警察着手调查。]‖ n. 学校,学会

institution [,insti'tju:ʃən] n. ①建立,设立,制定②制度,惯例,风俗③学校,学

会,公共机构/**institutional** a.

instruct [in'strʌkt] v. ①教育,指导 [Mother instructed me in algebra. 妈妈教我代数]②命令,指示 [Father instructed me to be quiet. 父亲命令我静下来。]③向…提供事实情况;通知 [The judge instructed the jury. 法官向陪审团提供了事实。]

instruction [in'strʌkʃən] n. ①教育,教导②一节课③[复]指示,命令

instructive [in'strʌktiv] a. 教育的;有教益的

instructor [in'strʌktə] n. ①教师②大学讲师

instrument ['instrumənt] n. ①傀儡,工具②仪器,器械,器具③乐器④(法律上的)文件

instrumental [,instru'mentl] a. ①作为手段(或工具)的,有帮助的②乐器的;为乐器谱的;用乐器演奏的

instrumentality [,instrumen'tæliti] n. 手段,工具媒介

insubordinate [,insə'bɔ:dinət] a. 不服从的/**insubordination** n.

insubstantial [,insəb'stænʃəl] a. ①不坚固的,不牢的②不现实的,幻想的

insufferable [in'sʌfərəbl] a. 难以忍受的,难堪的/**insufferably** ad.

insufficiency [,insə'fiʃənsi] n. 不充分,不足

insufficient [,insə'fiʃənt] a. 不足的;不够的/**insufficiently** ad.

insular ['insjulə] a. ①海岛的;在岛上居住的②思想狭窄的,有偏见的

insulate ['insjuleit] v. ①使绝缘,使绝热,使绝声 [electric wire insulated with rubber 用橡胶绝缘的电线]②隔离,使孤立

insulation [,insju'leiʃən] n. ①隔离,孤立②绝缘材料

insulator [,insju'leitə] n. 绝缘体

insulin ['insjulin] n. 胰岛素

insult [in'sʌlt] v. 侮辱 [He insulted me by

ignoring my question. 他用不理我问题的办法来侮辱我。‖ n.〔'insʌlt〕侮辱,议论

insuperable〔in'sju:pərəbl〕a. 不能克服的

insupportable〔,insə'pɔ:təbl〕a. 不能容忍的,难以忍受的

insurance〔in'ʃuərəns〕n. ①保险②保险单③保险费④保险额⑤保险业

insure〔in'ʃuə〕v. ①保证〔He went early to insure to get a good seat. 他去得很早以确保得到一个好座位。〕②保护〔Care insure one against error. 细心使人少出差错。〕③给…保险〔She insured her jewels against theft. 她给自己的宝石保盗窃。Will your company insure my house against storms? 你们公司可以给我们房子保风暴险吗?〕

insurgent〔in'sə:dʒənt〕a. 起义的,反抗的 ‖ n. 起义者,反抗者/**insurgence** n.

insurmountable〔,insə'mauntəbl〕a. 不可克服的〔insurmountable task 艰苦的工作〕

insurrection〔,insə'rekʃən〕n. 起义,造反/**insurrectionist** n.

intact〔in'tækt〕a. 未经触动的;未受损的;完整的

intake〔'inteik〕n. ①纳入,吸入②(水、气体流入管沟的)入口③纳入量

intangible〔in'tændʒəbl〕a. 触摸不到的,抓不到的

integer〔'intidʒə〕a. 整数,完整的东西

integral〔'intigrəl〕a. ①构成整体所必要的,不可少的②整数的

integrate〔'intigreit〕v. ①使结合,使并入,使一体化〔to integrate the study of history with the study of English 将历史学习和英语学习相结合〕②取消(学校等)的种族隔离/**integration** n.

integrity〔in'tegriti〕n. ①诚实,正直〔A man of integrity never takes a bribe. 正直的人从不受贿。〕②完整,完全,完善〔the territorial integrity 领土完整〕

integument〔in'tegjumənt〕n. 覆盖物

intellect〔'intilekt〕n. ①理解力,判断力②理智;才智③智者

intellectual〔,inti'lektjuəl〕a. ①智力的,理智的②需要智力的,用脑筋的③有智力的 ‖ n. 知识分子/**intellectually** ad.

intelligence〔in'telidʒəns〕n. ①智力,理解力②消息,情报③秘密情报(机构)

intelligent〔in'telidʒənt〕a. 理解力强的,聪明的/**intelligently** ad.

intelligible〔in'telidʒəbl〕a. 可理解的,明白的/**intelligibly** ad.

intemperance〔in'tempərəns〕n. ①无节制,放纵②饮酒过度,酗酒

intemperate〔in'tempərit〕a. ①无节制的,放纵的,过度的②恶劣的③饮酒过度的

intend〔in'tend〕v. ①想要;打算〔I intend to leave tomorrow. 我想明天离开。〕②留出;意指〔The cake is intended for the party. 蛋糕是给聚会准备的。〕

intended〔in'tendid〕a. ①打算中的;计划中的②预期的,未来的 ‖ n.〔口〕未婚夫,未婚妻

intense〔in'tens〕a. ①强烈的;极度的;极大的;极端的②热切的,热情的/**intensely** ad.

intensify〔in'tensifai〕v. 加强,增加〔to intensify one's efforts 增加某人的努力〕/**intensification** n.

intensity〔in'tensiti〕n. ①强烈,剧烈〔the intensity of the battle 激烈的战斗〕②强度

intensive〔in'tensiv〕a. ①深入细致的;深刻的,彻底的②加强的,重读的/**intensively** ad.

intent〔in'tent〕a. ①专心致志的;集中的②凝视的;径直的;热切的③坚决的 ‖ n. 目的,意图/**intently** ad.

intention〔in'tenʃən〕n. ①打算;意图;目的

intentional〔in'tenʃənl〕a. 有意的,故意的/**intentionally** ad.

inter〔in'tə:〕v. 埋葬

inter-〔前缀〕①在…之间,在…之中〔An

intercontinental missile can be fired between continents. 洲际导弹可在大洲之间发射。]②相互，一起[Interacting parts act on each other. 相互作用的部件互相起作用。]

interact [ˌintərˈækt] v. 互相作用/**interaction** n.

interbreed [ˈintə(ː)ˈbriːd] v. (动、植物)品种间杂交[to interbreed a lion with a tiger 狮虎交配]

intercede [ˌintə(ː)ˈsiːd] v. 代为请求，说情[The prisoner's wife interceded with the king for his release. 这个囚犯的妻子向国王求情释放他。][to intercede in another's quarrel 调解他人争吵]

intercept [ˌintə(ː)ˈsept] v. ①拦截，截断[to intercept a message 截取消息]②停止，防止[to intercept the escape of a thief 防止小偷逃跑]/**interception** n.

intercession [ˌintəˈseʃən] n. 调解，说情/**intercessor** n.

interchange [ˌintəˈtʃeindʒ] v. ①交替，调换②交换[to interchange ideas 交换意见] ‖ n. [ˈintəˈtʃeindʒ]①交换，交替②道路立体枢纽

interchangeable [ˌintə(ː)ˈtʃeindʒəbl] a. 可交换的，可交替的

intercollegiate [ˌintə(ː)kəˈliːdʒiit] a. 学院间的

intercommunicate [ˌintə(ː)kəˈmjuːnikeit] v. 互相联系，互通/**intercommunication** n.

interconnect [ˈintə(ː)kəˈnekt] v. 使相联系，使互相结合/**interconnection** n.

intercontinental [ˌintə(ː)kɔntiˈnentl] a. 洲际的

intercourse [ˈintə(ː)kɔːs] n. ①交际，往来，交流[Airplanes have made intercourse between nations more rapid. 飞机加快了各国间的交往。]②交合

interdependent [ˌintə(ː)diˈpendənt] a. 互相依赖的，互相依存的/**interde-**

pendence n.

interdict [ˌintə(ː)ˈdikt] v. ①禁止，阻止②(天主教)禁止某一宗教活动 ‖ n. [ˈintə(ː)dikt] 禁止

interest [ˈintrist] n. ①兴趣，好奇心，关心②趣味③感兴趣的事④股份⑤利益⑥行业⑦利益 ‖ v. ①使感兴趣[His new novel interests me. 他新完成的小说引起了我的兴趣。]②使参与，使卷入[Can I interest you in a game of tennis? 我能请你参加网球比赛吗?]/**in the interest of** 为了…缘故

interesting [ˈintristiŋ] a. 令人感兴趣的，注意的

interfere [ˌintəˈfiə] v. ①干涉，干预[His parents seldom interfere in his plans. 他的双亲很少干涉他的计划。]②离间，分开[The teacher interfered in the boy's fight. 老师把打架的男孩拉开了。]③妨碍，打扰[Noise interfered with his work. 噪音妨碍了他的工作。]

interference [ˌintəˈfiərəns] n. 干涉，妨碍

interim [ˈintərim] n. 间歇 ‖ a. 间歇的；临时的

interior [inˈtiəriə] n. ①里面，内部②内地③内务，内政 ‖ a. 内的，里面的，内部的[an interior wall 内墙]

interject [ˌintəˈdʒekt] v. 中断，插入[to interject a question 加进一个问题]

interjection [ˌintəˈdʒekʃən] n. ①插入②感叹词③突然插入(评论，问题等等)

interlace [ˌintəˈleis] v. 使交织，使交错[a chair seat made by interlacing strip of cane 用藤条编织的椅座]

interline[1] [ˌintəˈlain] v. 在…的字行间书写

interline[2] [ˌintəˈlain] v. 在(衣服)内层装衬里

interlock [ˌintə(ː)ˈlɔk] v. 联锁，连结[an interlock jigsaw puzzle 可连结的拼板玩具]

interloper [ˈintə(ː)ləupə] n. 干涉他人事务者，入侵者

interlude [ˈintə(ː)luːd] n. ①间歇②幕间;幕间插人的表演③插曲

intermarry [ˈintə(ː)ˈmæri] v. (不同民族、种族、宗教信仰间) 通婚/**intermarriage** [ˌintə(ː)ˈmæridʒ] n.

intermediary [ˌintə(ː)ˈmiːdjəri] n. 中间人,调解人 ‖ a. ①中间的②中间人的

intermediate [ˌintə(ː)ˈmiːdjət] a. 中间的,居间的 ‖ n. 中间体,中间人

interment [inˈtəːmənt] n. 埋葬

intermezzo [ˌintə(ː)ˈmetsəu] n. 间奏曲/**intermezzos, intermezzi** [ˌintə(ː)ˈmetsi] [复]

interminable [inˈtəːminəbl] a. 漫无止境的,没完没了的/**interminably** ad.

intermingle [ˌintə(ː)ˈmiŋgl] v. 使混合

intermission [ˌintə(ː)ˈmiʃən] n. 间歇,休息,暂停

intermittent [ˌintə(ː)ˈmitənt] a. 断断续续的,复发的/**intermittently** ad.

intermix [ˌintə(ː)ˈmiks] v. 使混合,使混杂/**intermixture** n.

intern¹, interne [ˈintəːn] n. 实习医生 ‖ v. 做实习医生

intern² [inˈtəːn] v. 拘留 [to intern aliens in time of war 战争期间拘留外侨]

internal [inˈtəːnl] a. ①内的,内部的②本国的;国内的/**internally** ad.

internal-combustion engine 内燃机

international [ˌintə(ː)ˈnæʃənl] ‖ a. ①国际的②国际性的③国际通用的/**internationally** ad.

internationalize [ˌintə(ː)ˈnæʃənəlaiz] v. 使国际化;把…置于共管之下 [The Suez Canal was internationalized in 1888. 苏伊士运河于1888年归国际共管。]

internecine [ˌintə(ː)ˈniːsain] a. 两败俱伤的,破坏(性的) [internecine warfare 毁灭性战争]

interplanetary [ˌintə(ː)ˈplænitəri] a. 星际间的,行星际的 [interplanetary travel 星际航行]

interplay [ˈintə(ː)plei] n. 相互影响,相互作用

interpolate [inˈtəːpəuleit] v. 加添字句(于书,文稿)/**interpolation** n.

interpose [ˌintə(ː)ˈpəuz] v. ①提出 [异议] [to interpose a question 提出问题]②插进来 [Our view is cut off by an interposing wall. 我们的视线被中间的墙挡住了。]③调停,干预/**interposition** n.

interpret [inˈtəːprit] v. ①解释,说明②翻译 [Our guide interpreted for us what the native said. 我们的导游将当地人说的话翻译给我们。]③把…理解为,把…看作 [I interpreted his smile as a sign of approval 我把他的微笑看作是同意的表示。]④(根据本人的理解)表演;表现(剧中人物);演奏(乐曲)/**interpretation** n.

interpretation [in,təːpriˈteiʃən] n. 解释;阐明;表演 [the interpretation of dreams 解梦]

interpreter [inˈtəːpritə] n. 译员,口译者;解释者

interracial [ˌintə(ː)ˈreiʃəl] a. 不同种族之间的

interregnum [ˌintəˈregnəm] n. ①空位期②间歇中断

interrelated [ˌintə(ː)riˈleitid] a. 相互紧密联系的/**interrelation** n.

interrogate [inˈterəgeit] v. ①讯问;审问 [to interrogate a witness 讯问证人]/**interrogation** n. /**interrogator** n.

interrogation mark 问号

interrogative [ˌintəˈrɔgətiv] a. 疑问的,询问的 ‖ n. 疑问词

interrupt [ˌintəˈrʌpt] v. ①打断,打扰 [We interrupt this program with a news bulletin. 我们发布一个新闻公告将节目打断。]②中断,遮断 [to interrupt a view 遮住视线]

interruption [ˌintəˈrʌpʃən] n. ①打断;打扰②障碍物;遮断物③中止;暂停;停止

interscholastic [ˌintəskəˈlæstik] a. 学校间的

intersect [ˌintə(ː)'sekt] v. ①横断，横切〔A river intersects the plain. 一条河把平原分成二块。〕②交叉〔The lines intersect to form right angles. 线条交叉构成直角。〕

intersection [ˌintə(ː)'sekʃən] n. ①横断②交叉点十字街口

intersperse [ˌintə(ː)'spəːs] v. ①散布，散置〔Springs of mistletoe were interspersed in the holly wreath. 槲寄生丝穿插在神圣的花环之中。〕②点缀〔black hair interspersed with gray 黑发中点缀着银丝〕

interstate [ˌintə(ː)'steit] a. 州与州之间的

interstice [in'təːstis] n. 空隙，间隙；裂缝

intertwine [ˌintə(ː)'twain] v. 缠绕〔strands of hemp are intertwined to make rope 多股麻缠在一起制麻绳〕

interurban [ˌintə(ː)'rəːbən] a. 城市与城市之间的；镇与镇之间的

interval [ˈintəvəl] n. ①间隔；间歇②音程/**at intervals**①时时，不时②处处

intervene [ˌintə(ː)'viːn] v. ①介于〔Two days intervened between semesters. 介于学期之间的两天。〕②介入〔to intervene in a dispute, a war etc. 介入一场争执或战争等〕③插入〔If nothing intervenes, I'll arrive on Monday. 如没有什么特殊情况，我将在星期一到达。〕

intervention [ˌintə(ː)'venʃən] n. ①干预②干涉（尤指在国际事务中）

interview [ˈintəvjuː] n. ①会谈②采访 ‖ v. 访问，接见

interweave [ˌintə(ː)'wiːv] v. ①交织一起②混在一起

intestate [in'testit] a. 没有留下遗嘱的

intestinal [in'testinl] a. 肠的〔intestinal flu 肠胃感冒〕

intestine [in'testin] n. 〔常用复〕肠

intimacy [ˈintiməsi] n. 亲密；密切

intimate¹ [ˈintimit] a. ①内心的②非常亲近或熟悉的③全面的 ‖ n. 知己，密友/

intimately ad.

intimate² [ˈintimeit] v. ①暗示〔He only intimated what he felt. 他只是暗示了他感觉到的。〕②宣布/**intimation** n.

intimidate [in'timideit] v. 恐吓，胁迫做某事/**intimidation** n.

into [ˈintu] prep. ①进入〔to go into a house 走进屋子〕②变化，转入〔He got into trouble. 他遇到了麻烦。The land was turned into a park. 这片土地变成了公园。〕

intolerable [in'tɔlərəbl] a. 不能忍受的/**intolerably** ad.

intolerant [in'tɔlərənt] a. 不容忍的，尤不同的观点、信仰等/**intolerant of** 受不了/**intolerance** n.

intonation [ˌintəu'neiʃən] n. ①语调，②抑扬

intoxicate [in'tɔksikeit] v. ①使喝醉，使醉〔He was intoxicated by his new wealth. 他为有新的财产而陶醉。〕②使醉

intoxication [inˌtɔksi'keiʃən] n. ①喝醉②高兴欲狂③中毒

intractable [in'træktəbl] a. 难驾驭的，倔强的

intramural [ˈintrə'mjuərəl] a. 自己范围内的〔intramural games 校内球赛〕

intransitive [in'trænsitiv] a. 不及物的

intravenous [ˌintrə'viːnəs] a. 直接进入静脉的〔an intravenous injection 静脉注射〕

intrepid [in'trepid] a. 无畏的/**intrepidity** [ˌintri'piditi] n.

intricacy [ˈintrikəsi] n. ①错综，复杂②曲折，复杂

intricate [ˈintikit] a. 难懂的，复杂的/**intricately** ad.

intrigue [in'triːg] v. ①耍阴谋〔The nobles intrigued against the king. 贵族们与国王耍鬼。〕②引起兴趣〔Her beauty intrigued me. 她的美貌引起了我的兴趣〕‖ n. ①诡计②私通

intrinsic [in'trinsik] a. 内在的，本质的/**intrinsically** ad.

introduce [ˌintrə'djuːs] v. ① 介绍 [Please introduce me to your friend. 请把我介绍给你的朋友。] ② 引进，采用 [The war introduced the jeep. 战争导致了吉普车的产生。] ③ 带领，引入 [Jane's father introduced her to the fun of swimming. 珍妮的父亲引导她喜欢上游泳。] ④ 加入 [The clown introduces humor into the play. 小丑在剧间加入了幽默。] ⑤ 提出 [to introduce a bill into congress. 向国会提出议案。] ⑥ 插入 [to introduce a cotton swab in the outer ear 在外耳插入药棉签]

introduction [ˌintrə'dʌkʃən] n. ① 介绍 ② 前言 ③ 引进的东西

introductory [ˌintrə'dʌktəri] a. 介绍的，开端的 [an introductory course in science 科学入门课]

introspection [ˌintrəu'spekʃən] n. 反省/**introspective** a.

introvert [ˌintrəu'vəːt] n. 内向性格的人/**introverted** a.

intrude [in'truːd] v. 侵入，闯入/**intruder** n.

intrusion [in'truːʒən] n. 侵入/**intrusive** a.

intuition [ˌintju(ː)'iʃən] n. 直觉知识；直观

intuitive [in'tju(ː)itiv] a. 直觉的，直观的/**intuitively** ad.

inundate [in'ʌndeit] v. 淹没，充斥 [Creek water inundated the road. 河水淹没了道路。Angry letters inundated the newspaper. 愤怒的信件充满报纸。]/**inundation** n.

inure [i'njuə] v. 使习惯（不良条件）[His term as mayor has inured him to criticism. 市长对批评已可以习以为常了。]

invade [in'veid] v. ① 侵略 [Caesar invaded Gaul. 凯撒入侵高卢。] ② 拥入 [Crowds invaded the new hotel. 人群拥入新旅馆。] ③ 触犯；涉入 [Reporter invaded his privacy by asking personal question. 记者通过人个人问题而触及他的私生活。]/**invader** n.

invalid [ˈinvəliːd] n. 病弱者 ‖ a. ① 有病

的 ② 属于病弱的，伤残的 ‖ v. 伤残军人的送回 [The major was invalided home from Japan. 少校被作为伤残人员从日本送回家乡。]

invalid [in'vælid] a. 无效力的

invalidate [in'vælideit] v. 使无效 [The new will invalidates the old one. 新的愿望取代了旧的。]

invaluable [in'væljuəbl] a. 无价的，珍贵的

invariable [in'vɛəriəbl] a. 不变的，永恒的/**invariably** ad.

invasion [in'veiʒən] n. 入侵

invective [in'vektiv] n. 痛骂，抨击

inveigh [in'vei] v. 猛烈抨击，申斥

inveigle [in'viːgl] v. 诱骗 [Tom Sawyer inveigled his friends into painting the fence. 汤姆索亚诱骗他的朋友来油栅栏。]

invent [in'vent] v. ① 发明，创造 [Bell invented the telephone. 贝尔发明了电话。] ② 捏造 [to invent excuses 编借口]

invention [in'venʃən] n. ① 发明 ② 发明物 ③ 创造力 ④ 捏造

inventive [in'ventiv] a. ① 有发明才能的 ② 发明创造的

inventor [in'ventə] n. 发明者

inventory [ˈinvəntri] n. ① 财产目录 ② 存货 ‖ v. 为…编财产目录

inverse [in'vəːs] a. 相反的 ‖ n. 反面

inversion [in'vəːʃən] n. ① 反向，倒装 ② 倒置物

invert [in'vəːt] v. 使倒转 [The image that falls on the film in a camera is inverted. 落在相机胶片上的影像是倒的。] ② 反向

invertebrate [in'vəːtibrit] a. 无脊椎的 ‖ n. 无脊椎动物

invest [in'vest] v. ① 投资 ② 投入 [to invest much time in a project 在一个项目上投入大量时间] ③ 任命 ④ 授予 [a regent invested with the power to rule 被授予一定权力的董事] ⑤ 披盖/**investor** n.

investigate [in'vestigeit] v. 调查 [to in-

I

vestigate an accident 调查一件事故]/**investigation** n. /**investigator** n.

investment [in'vestmənt] n. 投资②投资数额③投入资金的东西

inveterate [in'vetərit] a. ①长期形成的②习惯的

invidious [in'vidiəs] a. 引起反感的

invigorate [in'vigəreit] v. 使精力充沛/**invigoration** n.

invincible [in'vinsəbl] a. 无敌的/**invincibility** n. /**invincibly** ad.

inviolable [in'vaiələbl] a. 不可侵犯的，神圣的[an inviolable promise 不容违背的诺言]/**inviolability** n.

inviolate [in'vaiəlit] a. 不受侵犯的，无损的

invisible [in'vizəbl] a. 看不见的/**invisibility** n. /**invisibly** ad.

invitation [invi'teiʃən] n. 邀请②邀请的话或信

invite [in'vait] v. ①邀请[They invited her to dine with them. 他们邀请她一起去吃饭。]②征求[After his talk he invited questions from the audience. 讲话之后，他请听众提问题。]③招致[His sudden wealth invited gossip. 他突然发迹招来了闲话。]

inviting [in'vaitiŋ] a. 诱人的

invocation [ˌinvəu'keiʃən] n. ①祈祷②符咒

invoice ['invɔis] n. 装货清单 ‖ v. 开清单

invoke [in'vəuk] v. ①祈求保佑[to invoke the muse of poetry 祈求灵感]②乞求[to invoke aid 乞求帮助]③招回[to invoke evil spirits 招回邪恶的灵魂]

involuntary [in'vɔləntəri] a. ①非故意的②无意识的/**involuntarily** ad.

involve [in'vɔlv] v. ①使卷入[Becoming a doctor involves years of study. 经过多年的学习才能成为一名医生。]②专心[involved in work 专心工作]③拖累[Repairs on his house involved him in debt. 他为修房子而负债。]④复杂[The more he spoke, the more involved his plan became.

他越说，别人越听不懂他的计划。]

invulnerable [in'vʌlnərəbl] a. 刀枪不入的

inward ['inwəd] a. ①内部的②向内的③内心的 ‖ ad. 向内/**inwardly** ad.

inwrought [in'rɔːt] a. 嵌在…的

iodine ['aiədiːn] n. 碘酊

ion ['aiən] n. 离子

-ion [后缀] ①表示"行为"，"状态"[translation 翻译]②表示"结果"[correction 正确]

ir- [前缀] 表示"不"，用在以 r 开始的词前面

irascible [i'ræsibl] a. 易怒的

irate [ai'reit] a. 发怒的/**irately** ad.

iridescent [ˌiri'desnt] a. 彩虹色的/**iridescence** n.

iris ['aiəris] n. 虹膜②鸢尾属植物③彩虹

irk [əːk] v. 使厌烦

irksome ['əːksəm] a. 使人厌烦的

iron ['aiən] n. ①铁②铁制品③熨斗，烙铁④[复]铁链⑤坚强 ‖ a. ①铁制的②像铁一样的 ‖ v. 熨衣服/**iron out** 消除[to iron out a problem 消除困难]/**Strike while the iron is hot** 趁热打铁

ironclad ['aiənklæd] a. ①装甲的②打不破的

ironical [ai'rɔnik(ə)l] a. 用反语的②出人所料的/**ironically** ad.

irony ['aiərəni] n. ①冷嘲②相反的命运与结果/**ironies** [复]

irradiate [i'reidieit] v. ①用紫外线（X线）照射②发出，放射[to irradiate joy 喜气洋洋]③照耀[Stars irradiate the night. 星星照亮夜空。]

irrational [i'ræʃənl] a. 荒谬的/**irrationally** ad.

irreclaimable [ˌiri'kleiməbl] a. 不能开垦的

irreconcilable [i'rekənsailəbl] a. 难和解的

irrecoverable [ˌiri'kʌvərəbl] a. 不能

恢复的

irredeemable [ˌiri'diːməbl] a. 不能偿还的

irreducible [ˌiri'djuːsəbl] a. 不能缩小的

irrefutable [i'refjutəbl] a. 不能反驳的；驳不倒的

irregular [i'regjulə] a. ①不规则的；不分常规的；不正当的②不整齐的，非正规的③变化不规则的

irregularity [iˌregju'læriti] n. ①不规则，无规律②不规则的事物

irrelevant [i'relivənt] a. 不相干的；离题的/**irrelevance** n. /**irrelevantly** ad.

irreligious [ˌiri'lidʒəs] a. 无宗教(信仰)的

irremediable [ˌiri'miːdjəbl] a. 不能医治的，医治不好的，不能改正的

irreparable [i'repərəbl] a. 不能恢复的，不可弥补的/**irreparably** ad.

irreplaceable [ˌiri'pleisəbl] a. 不能替代的

irrepressible [ˌiri'presəbl] a. 压抑不住的；控制不住的

irreproachable [ˌiri'prəutʃəbl] a. 无可指责的，无缺点的

irresistible [ˌiri'zistəbl] a. 不可抗拒的；不可阻挡的〔an irresistible force 不可抗拒的力量〕/**irresistibly** ad.

irresolute [i'rezəluːt] a. 犹豫不决的/**irresolution** n.

irrespective [ˌiris'pektiv] a. 不考虑的；不同的

irresponsible [ˌiris'pɔnsəbl] a. 不承担责任的；无责任感的；随个人意愿的/**irresponsibly** ad.

irretrievable [ˌiri'triːvəbl] a. 不能恢复的；无法挽救的

irreverent [i'revərənt] a. 不虔诚的；不尊敬的/**irreverence** n.

irreversible [ˌiri'vəːsəbl] a. 不可逆的，不可改变的

irrevocable [i'revəkəbl] a. 不能挽回的；不能废止的；不可改变的/**irrevocably** ad.

irrigate ['irigeit] v. 灌溉〔to irrigate desert land so it can bear crops 为了种庄稼给荒地灌溉〕/**irrigation** n.

irritable ['iritəbl] a. 易激动的；易激怒的/**irritability** [ˌiritə'biliti] n. /**irritable** ad.

irritant ['iritənt] a. 刺激的 ‖ n. 刺激物

irritate ['iriteit] v. ①使烦躁，激怒；引起不愉快〔Jack's bragging irritates his schoolmates. 杰克吹牛使他的同学们很厌烦。〕②使变红、粗糙、痛等；刺激〔Harsh soap irritates her skin. 粗糙的肥皂刺激她的皮肤。〕/**irritation** n.

irruption [i'rʌpʃən] n. 突然冲入；闯入

is [iz] 动词 be 的一般现在时第三人称单数形式

-ish [后缀] ①表示"…的"，"属于…的"〔a swedish citizen 瑞典公民〕②表示"像…的"，"有…性质的"〔a boyish man 像小孩的人〕③表示"颇…的"〔warmish weather 相当暖的天气〕

Islam ['izlɑːm] n. ①伊斯兰教②[总称]伊斯兰世界，伊斯兰国家/**Islamic** [iz'læmik] a.

island ['ailənd] n. ①岛，岛屿②岛状区，孤立的地区

islander ['ailəndə] n. 岛民，岛上居民

isle [ail] n. 岛

islet ['ailit] n. 小岛

-ism [后缀] ①表示"主义"，"学说"，"信仰"等〔liberalism 对自由理想的信仰，自由主义〕②表示"行为"，"结果"〔criticism 批评的行动或结果〕③表示"状态"，"性质"等〔patriotism 爱国者的品行〕④表示"特性"，"特征"等〔witticism 妙语〕

isobar ['aisəubɑː] n. 高压线

isolate ['aisəleit] v. 隔离，孤立，隔开〔The snowstorm isolated the village. 暴风雪使小村子与世隔绝。〕/**isolation** n.

isolationist [ˌaisə'leiʃənist] n. 孤立主义者/**isolationism** n.

I

isosceles triangle [ai'sɔsiliːz'traiæŋgl] *a.* 等腰三角形

isotherm ['aisəuθɜːm] *n.* 等温线

isotope ['aisəutəup] *n.* 同位素

issuance ['isju(ː)əns] *n.* 发行,发送

issue ['isju:] *n.* ①发放,发送②发行物,发行量③问题,争论点④流出,放出⑤结果,结局⑥子孙,后代 ‖ *v.* ①发行,送出[The city issued bonds. 市里发行了公债。The general issued an order. 将军签发了命令。]②分发;分配[The teacher issued new books. 老师发了新书。]③流出[Blood issued from the wound. 鲜血从伤口中流出来。]④产生[Victory issued from our efforts. 胜利来自我们的奋斗。]/**at issue** 争论中的,待决定的/**take issue** 争论

-ist [后缀]①表示"…的人"[moralist 道德说教者]②表示"专业人员"[artist 艺术家]③表示"…主义者","信仰者"[socialist 社会主义者]

it [it] *pron.* 它[I read that book and like it. 我读了那本书,而且挺喜欢它。] ‖ it 也作以下用法:①在一个分句中做主语,替代后跟的一个分句[It is settled that he will go. 已决定他去。]②代指天气状况或事物名称[It is snowing. 天下雪了。It's all right:no harm was done. 很好,没有伤害。]③在某些儿童游戏中(如捉人游戏)指另一个参加者/**they** [复]

italic [i'tælik] *a.* 斜体的 ‖ *n.* [复]斜体字(有时前一单数动词)

italicize [i'tælisaiz] *v.* ①用斜体字印刷②在(动词)下划线(表示印刷时用斜体字)

itch [itʃ] *v.* ①发痒②渴望[He's itching to leave. 他想离开。] ‖ *n.* ①痒②疥疮③渴望/**itchy** *a.*

-ite [后缀]①表示"…的居民"[Canaanite 迦南人]②表示"…的信徒","…的支持者"[laborite 劳工党的支持者]

item ['aitəm] *n.* ①条,项,项目②新闻的一条

itemize ['aitəmaiz] *v.* 详列[Please itemize my purchases. 请把我买的东西列一下。]

iterate ['itəreit] *v.* 重复,重述/**iteration** *n.*

itinerant [i'tinərənt] *a.* 巡回的,巡游的 ‖ *n.* 巡回做工者

itinerary [ai'tinərəri] *n.* ①路线,旅行计划②旅行记录/**itineraries** [复]

its [its] *pron.* it 的所有格[Give the cat its dinner. 把猫的食儿给它。The frost had done its damage. 严寒已造成了损失。]

itself [it'self] *pron.* [反身代词]它自己[The dog scratched itself. 那狗自己搔痒。]用于加强语气[Life itself was not dearer to him than freedom. 对于他来说,生命并不比自由可贵。]

-ity [后缀]表示"状态","性质"

-ive [后缀]①表示"…的","与…有关的"[Instinctive feelings are feelings having to do with instinct. "Instinctive feelings" 是与本能有关的感觉。]②表示"倾向于…"[An instructive story is a story that is likely to instruct. "instructive story" 是具有教育意义的故事。]

ivied ['aivid] *a.* 长满了常春藤的。

ivory ['aivəri] *n.* ①象牙,象牙质②似象牙质③象牙色,乳白色 ‖ *a.* 象牙制的②乳白色的

ivy ['aivi] *n.* ①常春藤②类似常春藤的植物

-ize [后缀]①表示"使成为","使形成"②表示"像…似地从事活动","照…法规处理"③表示"作…处理","使与…结合"

J j

J,j [dʒei] n. 英语的第十个字母/**J's ,j's** [dʒeiz] [复]

jab [dʒæb] v. ①刺,戳[He jabbed his elbow into my ribs. 他用胳膊插我的肋部。]②猛击 ‖ n. 猛刺,猛戳,猛击

jabber [ˈdʒæbə] v. 急促而不清楚地说;闲聊/**jabberer** n.

jack [dʒæk] n. ①起重器,千斤顶②某些动物的雄性③纸牌中的杰克④[罕]男人,男孩⑤(游戏中的)小石块⑥玩小石块的游戏⑦(标志国籍的)船首旗⑧[俚]钱/**jack up** ①用起重工具抬起②[日常用语]提高(价格等)

jackal [ˈdʒækɔːl] n. 豺

jackass [ˈdʒækæs] n. ①公驴②愚蠢的人

jackboot [ˈdʒækbuːt] n. 长统靴

jacket [ˈdʒækit] n. ①短上衣②(书籍的)护封;钅铃薯皮

jack-of-all-trades [ˈdʒækəˈvɔːltreidz] n. 万事通;做手工者

jack rabbit [ˈdʒækˈræbit] n. 长腿长耳兔

jackstone [ˈdʒækstəun] n. ①(游戏用的)小金属块,小石块

jackstraw [ˈdʒækstrɔː] n. (做游戏用的)木片,塑料片

jade¹ [dʒeid] n. ①玉②绿色玉

jade² [dʒeid] n. ①老马,驾马②轻佻的女人 ‖ v. 使疲倦

jagged [ˈdʒægid] a. 锯齿状的

jaguar [ˈdʒægjuə] n. 美洲虎,美洲豹

jail [dʒeil] n. 监狱 ‖ v. 监禁,关人

jailer ,jailor [ˈdʒeilə] n. 看守

jalopy [dʒəˈlɔpi] n. [日常用语]破旧不堪的汽车

jalousie [ˈʒæluːziː] n. 遮窗,百页窗

jam¹ [dʒæm] v. ①把·v 挤进,塞进[to jam one's hands into one's pockets 把手插入口袋]②压伤,挤伤[His hand was jammed in the car door. 他的手被车门挤伤了。]③挤满[Cars jammed the parking lot. 停车场挤满了汽车。]④使劲儿推[to jam on the brakes 刹车]⑤使轧住不动[The door was jammed shut. 门死死地关着。]⑥无线电干扰 ‖ n. ①挤住,拥挤,堵塞[a traffic jam 交通堵塞]②[口]困境

jam² [dʒæm] n. 果酱

jamboree [ˌdʒæmbəˈriː] n. ①童子军大会②[口]大集合

jangle [ˈdʒæŋgl] v. ①(使)发出不和谐的刺耳声[keys jangling together 钥匙叮当乱响]②吵架 ‖ n. 不和谐的刺耳声

janitor [ˈdʒænitə] n. 照管房屋的工友

January [ˈdʒænjuəri] n. 一月

jar¹ [dʒɑː] v. ①震动,摇动[The explosion jarred our windows. 爆炸震动了我们的窗户。]②发出刺耳的声音③使人产生不愉快的感觉,刺激[a jarring noise 刺耳的声音 jarring news 刺激性新闻]④不协调,不和谐[Her rude remark jarred with her refined manners. 她粗鲁的言谈与高雅的举止不和谐。] ‖ n. ①震动②刺耳声

jar² [dʒɑː] n. ①广口瓶②一瓶所装的量

jardinière [ˌʒɑːdiˈnjɛə] n. [法语]花盆架,(装饰用)大花盆

jargon [ˈdʒɑːgən] n. ①术语,行话,土语②无意义的话,无意义的声音

jaundice [ˈdʒɔːndis] n. ①黄疸②妒忌

jaunt [dʒɔːnt] n. 短途游览

jaunty [ˈdʒɔːnti] a. 逍遥自在的/**jauntily**
ad. /**jauntiness** n.

javelin [ˈdʒævlin] n. 标枪

jaw [dʒɔː] n. ①颌,虎钳牙②[复]狭窄的入
口;[俚]闲聊

jaywalk [ˈdʒeiwɔːk] v. 乱穿马路/**jaywalk-
er** n.

jazz [dʒæz] n. 爵士乐(舞)

jealous [ˈdʒeləs] a. ①妒忌的②猜疑的
③妒忌别人的④留意提防的/**jealously**
ad.

jealousy [ˈdʒeləsi] n. 妒忌

jeans [dʒinz] n. [复]牛仔裤

jeep [dʒiːp] n. 吉普车

jeer [dʒiə] n. 嘲笑[The audience jeered at
the awkward dancer. 观众嘲笑这个笨拙
的舞蹈演员。] v. 嘲笑的言语

jejune [dʒiˈdʒuːn] a. 枯燥无味的

jell [dʒel] v. ①定形[The mixture will jell
when it cools. 混合物冷却后会定形。]②
[口]明确[Plans for the dance have
jelled. 舞会的事定下来了。]

jelly [ˈdʒeli] n. ①果冻②胶状物 ‖ v. 使冻
结

jellybean [ˈdʒelibiːn] n. 豆形胶质软糖

jellyfish [ˈdʒelifiʃ] n. 海蜇

jenny [ˈdʒeni] n. ①纺纱机②雌性的动物

jeopardize [ˈdʒepədaiz] v. 使受危险
[He jeopardized his career by supporting
his friend. 他为了朋友而不顾自己的事
业。]

jeopardy [ˈdʒepədi] n. 危险

jerk¹ [dʒəːk] n. ①急拉,急推②痉挛 ‖ v.
①急拉,急推[He jerked the book from my
hand. 他从我手中把书抢走。]②颤动

jerk² [dʒəːk] v. 把肉切成长片晒干
[jerked beef 牛肉干]

jest [dʒest] n. ①笑话②玩笑③笑料 ‖ v.
①说笑话②嘲弄

jester [ˈdʒestə] n. ①爱开玩笑的人②(中
世纪的)弄臣

jet¹ [dʒet] n. ①气流②喷嘴③喷气式飞机
‖ v. 喷射出①喷气驱动的②喷气式
的[a jet flight 喷气式飞机]

jet² [dʒet] n. ①煤玉②乌黑发亮的颜色 ‖
a. 乌黑发亮的

jet-propelled [ˈdʒetprəˈpeld] v. 喷气式
发动机推进的

jetpropulsion 喷气推进

jetsam [ˈdʒetsəm] n. ①(船遇难时)投弃
的货物②被冲上岸的投弃货物

jettison [ˈdʒetisn] v. ①抛弃(船上的货
物)②丢弃

jetty [ˈdʒeti] n. ①防波堤②码头/**jetties**
[复]

jeweler , jeweller [ˈdʒuːlə] n. 珠宝
商;钟表商

jewelry [ˈdʒuːəlri] n. 珠宝

jibe [dʒaib] v. ①帆自一舷移至他舷②改
变船首方向③[口]同意,和谐

jig [dʒig] n. ①快步舞②快步舞曲③钓鱼
钩④夹具 ‖ v. 用快步跳舞

jiggle [ˈdʒigl] v. 轻轻摇晃 ‖ n. 摇晃

jigsaw [ˈdʒigsɔː] n. 竖锯

jilt [dʒilt] v. 抛弃情人 ‖ n. 抛弃情人的女
子

jimmy [ˈdʒimi] n. 强盗用的撬棍 ‖ v. 撬
开

jingle [ˈdʒiŋgl] v. ①叮咚响[The pennies
jingled in his pocket. 零钱在他的口袋里
叮当响。]②使叮当响[He jingled his
key. 他把钥匙弄得直响。]③合于简单韵
律 ‖ n. ①叮当响声②合于简单韵律的

jinrikisha , jinricksha [dʒinˈrikʃə]
n. 人力车

jinx [dʒiŋks] v. 使倒霉 ‖ n. [俚]不吉祥
的人(物)

jittery [ˈdʒitəri] a. 极度紧张不安的/**the
jitters** [俚]紧张的心情

job [dʒɔb] n. ①工作②任务③职业 ‖ v.
包工的[job work 包工]

jobber [ˈdʒɔbə] n. 批发商

jockey [ˈdʒɔki] n. 职业骑师 ‖ v. ①欺骗,
使落入圈套②运用手段获利[to jockey

for position in a race 在比赛中作假获得名次〕

jocose [dʒə'kəus] a. 开玩笑的〔a jocose talk 一次幽默的谈话〕/**jocosely** ad.

jocular [ˈdʒɔkjulə] a. 诙谐的/**jocularity** [ˌdʒɔkju'læriti] n./**jocularly** ad.

jocund [ˈdʒɔkənd] a. 欢乐的,友好的

jog¹ [dʒɔg] n. 突然转向

jog² [dʒɔg] v. ①轻轻摇动〔Jog him to see if he's awake. 推推他看他是否醒着。〕②唤起(记忆)③缓步前行 ‖ n. ①轻推②慢步

joggle [ˈdʒɔgl] v. 轻轻颠摇 ‖ n. 轻摇

johnnycake [ˈdʒɔn,keik] n. 玉米面做的饼

join [dʒɔin] v. ①连接,合〔We joined hands and stood in a circle. 我们手拉手站成一圈。〕②汇合〔Where do the Ohio and Mississippi river join? 俄亥俄与密西西比河在哪儿汇合?〕③加入〔Paul joined our club. 保罗加入了我们俱乐部。〕④参加〔Will you join us in a walk? 和我们一起散步好吗?〕⑤加入〔Everyone joined in the singing. 人人都加入了合唱的队伍。〕‖ n. 接合点/**join battle** 参战,开始交战

joiner [ˈdʒɔinə] n. ①接合者,接合物②细木工人

joint [dʒɔint] n. ①接头②关节③结合部分〔the joints of a finger 手指关节〕④带骨的肉⑤〔俚〕便宜的小饭店 ‖ v. ①连接〔Bamboo is jointed. 竹子是有接头的。〕②从关节处把肉切开〔The butcher jointed the chicken for me. 卖肉的帮我把鸡切开。〕‖ a. ①联合的,共和的〔a joint appeal by several colleges for money 一种几所大学联合提出的募款呼吁〕〔the joint property of husband and wife 夫妻共有财产〕②共有的,合办的〔a joint owner 共同拥有者〕/**out of joint** ①脱节的,脱臼的②出毛病的/**jointly** ad.

joke [dʒəuk] n. ①笑话②笑料 ‖ v. ①开玩笑②取笑/**no joke** 不是开玩笑的事

joker [ˈdʒəukə] n. ①爱开玩笑的人②(纸牌)百搭③伏笔

jolly [ˈdʒɔli] a. ①快活的②〔口〕令人高兴的 ‖ ad. 〔口〕非常/**jolliness** n.

jolt [dʒəult] v. ①使颠簸〔We were jolted along over the bumpy road. 我们在崎岖的路上颠簸。〕②震摇〔The cart jolted over the cobblestones. 大车摇晃地走过鹅卵石地带。〕‖ n. ①猛然一击②震惊

jostle [ˈdʒɔsl] v. 推搡 ‖ n. 拥挤

jot [dʒɔt] n. 一点儿 ‖ v. 草草记下〔He jotted down the address. 他简单地记下了地址。〕

journal [ˈdʒəːnl] n. ①日志②议事录③报纸,杂志④日记帐⑤轴颈

journalism [ˈdʒəːnəlizəm] n. 新闻工作

journalist [ˈdʒəːnəlist] n. 新闻工作者/**journalistic** a.

journey [ˈdʒəːni] n. 旅行 ‖ v. 旅行

journeyman [ˈdʒəːnimən] n. 雇工

joust [dʒaust] v. 骑着马厮打 ‖ v. 比武

jovial [ˈdʒəuvjəl] a. 快活的/**joviality** [ˌdʒəuvi'æliti] n./**jovially** ad.

jowl [dʒaul] n. ①颚骨,下颚②颊③〔复〕垂肉

joy [dʒɔi] n. ①欢乐②乐事

joyful [ˈdʒɔiful] a. 高兴的/**joyfully** ad.

joyless [ˈdʒɔilis] a. 不高兴的/**joylessly** ad.

joyous [ˈdʒɔiəs] a. 快乐的/**joyously** ad.

jubilant [ˈdʒuːbilənt] a. 兴高采烈的/**jubilantly** ad.

jubilation [ˌdʒuːbi'leiʃən] n. 欢心,庆庆,庆祝

jubilee [ˈdʒuːbiliː] n. ①五十周年纪念(或庆祝)②二十五周年纪念(或庆祝)③喜庆,佳节

judge [dʒʌdʒ] n. ①审判官;法官②(比赛等的)裁判员;(纠纷等的)评判员③鉴定人,鉴赏家 ‖ v. ①审判,裁决〔to judge a beauty contest 裁判一场选美比赛〕③判断;断定〔Don't judge by first impressions. 不要凭第一印象下结论。]④责备；批评[Try not to judge me too harshly. 不要试图严厉地批评我。]⑤认为；想像[How tall do you judge him to be? 你认为他有多高?]

judgment ['dʒʌdʒmənt] n. ①审判；判决②判决书③看法，意见④批评；责备⑤判断；鉴定；鉴赏

judicial [dʒu(ː)'diʃəl] a. ①法官的；法院的②法院下令的；法院允许的③明智的；公平的/**judicially** ad.

judiciary [dʒu(ː)'diʃiəri] a. 法官的；法院的 ‖ n. ①司法部②法院系统②[总称]法官

judicious [dʒuː'diʃəs] a. 明断的/**judiciously** ad.

judo ['dʒuːdəu] n. 现代柔道

jug [dʒʌg] n. (有柄、小口、盛水等的)大壶；罐；盂

juggle ['dʒʌgl] v. ①玩杂耍；变戏法②歪曲，篡改[The cashier juggled the figures so as to show a profit. 出纳员篡改数字以便显示收益。]/**juggler** n.

jugular ['dʒʌgjulə] a. 颈的；喉的，颈静脉的

juice [dʒuːs] n. ①(植物、动物的)汁，液②[俚]电 ‖ v. 从…中榨出汁[to juice lemons 榨柠檬汁]

juicy ['dʒuːsi] a. ①多汁的②有趣的，刺激的

jukebox ['dʒuːkbɔks] n. (丢进硬币即放唱片的)电唱机

July [dʒuˈlai] n. 七月

jumble ['dʒʌmbl] v. 搞乱，使混乱[The file cards were jumbled together on the desk. 卷宗卡片乱堆在桌上。] ‖ n. 混乱的一堆，混乱[a jumble of words 杂乱的消息]

jumbo ['dʒʌmbəu] n. 体大而笨重的东西(或动物) ‖ a. 特大的，巨大的

jump [dʒʌmp] v. ①跳起[to jump up and touch a branch 跳起来触摸树枝]②跃过[The boy jumped the creek. 男孩跃过小河。]③跳；跃[He jumped his horse

over the fence. 他纵马跃过栅栏。]④弹起，上下跳动[The line jumped when the fish took a bait. 当鱼咬钩的时候，鱼线上下跳动。]⑤惊跳[She jumped when the door banged shut. 当门被砰的一声关上时，她惊跳起来。]⑥暴涨，猛增[The price of milk jumped two cents last week. 牛奶价格上周涨了两分钱。]⑦匆匆做出；突然变动[to jump to conclusions 匆匆做出结论 to jump to a new subject 突然跳到一个新的题目上]⑧[俚]突然表白 ‖ n. ①跳距②一跳的距离③暴涨④惊吓；震颤⑤跳跃[to jump into …之前行动/**jump a claim** 强占别人得到的土地/**jump at** 迫不及待地接受；欣然接受[She jumped at the chance to go. 她迫不及待地找了一个离开的机会。] /**jump the gun** 过早地行动；信号未发前就开始行动/**jumper** n.

jumpy ['dʒʌmpi] a. ①跳动的②神经过敏的，易受惊的/**jumpiness** n.

junction ['dʒʌŋkʃən] n. ①连接，接合②连接处，交叉处

juncture ['dʒʌŋktʃə] n. ①连接；接合②连接点(线)③时机，关头[At this juncture, we changed our plans. 在这个关头我们改变了计划。]

June [dʒuːn] n. 六月

jungle ['dʒʌŋgl] n. 丛林；密林

junior ['dʒuːniə] a. ①年少的；年幼的(加在姓名后)②资历较浅的；等级较低的③低年级的 ‖ n. ①年少者；等级较低者②三年级学生

junk [dʒʌŋk] n. 废弃的旧物；废物；旧物 ‖ v. 把…(当作废物)丢弃[I junked my old car. 我把我的旧车丢了。]

junket ['dʒʌŋkit] n. ①凝乳食品②野餐③郊游 ‖ v. 郊游；举行野餐

junkman ['dʒʌŋkmən] n. 船工

jurisdiction [ˌdʒuərisˈdikʃən] n. ①司法权，司法，裁判权②管辖权；权限；管辖范围

jurisprudence ['dʒuərisˌpruːdəns] n. ①法学；法理学②一种法律制度

jurist〔'dʒuərist〕*n.* 法理学家；律师；法官

juror〔'dʒuərə〕*n.* 陪审员

jury〔'dʒuəri〕*n.* ①陪审团②(竞赛时的) 评奖团

juryman〔'dʒuərimən〕*n.* 陪审员/**jurymen**[复]

just〔dʒʌst〕*a.* ①正义的，公正的②正直的；公平的③合理的，恰当的；正当的，有充分根据的④真实的；正确的，准确的‖*ad.* ①正好；确切地〔You are just in time. 你正好准时。〕②刚才；方才〔I was just leaving. 我刚要离开。〕③仅仅；只是〔He is just teasing you. 他只是逗你玩。〕④差一点，勉强〔The arrow just missed the bull's-eye. 箭差一点射中靶心。〕⑤刚才；方才〔The plane just took off. 飞机刚刚起飞。〕⑥真正〔I feel just fine. 我感觉很好。〕/**just now** 刚才/**just the same** 完全一样；尽管/**justness** *n.*

justice〔'dʒʌstis〕*n.* ①正义；正当②公正，公平③司法④审判/**bring to justice** 送交法院/**do just to** ①公平对待，适当

地处理②大吃，饱吃〔to do justice to a meal 大吃一顿〕

justifiable〔'dʒʌstifaiəbl〕*a.* 可证明为正当的，有理的，不可非议的/**justifiably** *ad.*

justification〔ˌdʒʌstifi'keiʃən〕*n.* ①证明为正当②无过失；无咎

justify〔'dʒʌstifai〕*v.* ①证明…是正当的(或有理的)〔His higher pay is justified by the extra work he does. 他的较高薪金是加班得到的正常工资。〕②为…提供法律根据，辩明；开脱〔He tried to justify himself before the court. 开庭前他试图为自己开脱。〕

justly〔dʒʌstli〕*ad.* ①公正地，正当地②应得地

juvenile〔'dʒuːvinail〕*a.* ①青少年的②青少年特有的，适合于青少年的‖*n.* ①青少年②少年读物

juxtaposition〔ˌdʒʌkstəpə'ziʃən〕*n.* 并列，并置

J

𝒦 𝓀 **K** k

K，k〔kei〕*n.* 英语字母表的第十一个字母/**K's，k's**〔keiz〕〔复〕

kaleidoscope〔kə'laidəskəup〕*n.* ①万花筒②千变万化的情景/**kaleidoscopic** *a.*

kangaroo〔,kæŋgə'ru:〕*n.* 大袋鼠

keel〔ki:l〕*n.* ①龙骨②同类物（如梁、板条）/**keel over** ①（使）打翻；倾覆②昏倒/**on an even keel** 平稳地；稳定地

keen〔ki:n〕*a.* ①锋利的；刺人的②剧烈的，强烈的③敏锐的；敏捷的④渴望的；热心的⑤热切的，激烈的⑥极好的/**keenly** *ad.*/**keenness** *n.*

keep〔ki:p〕*v.* ①保持；保存；保留；保守〔He was kept after school. 放学后他被留下来。Can you keep a secret? 你能保守秘密吗?〕②使（人或物）保持在（某一状态）〔I kept the cake to eat later. 我把蛋糕留下来以后吃。〕③阻止；制止〔I can't keep her from talk. 我不能阻止她讲话。〕④照顾；照料〔She keeps house for her father. 她为父亲照料家务。〕⑤看守；保持〔Tighten the cap to keep the bottle from spilling. 盖紧瓶盖，别让水溢出来。〕⑥记〔to keep a diary 记日记 to keep the books 记帐〕⑦备有（商品等），经销〔Our grocer keeps meat. 我们的食品商经销肉。〕⑧雇用〔to keep servants 雇仆人〕⑨保持着某一状态〔The fruit will keep in the refrigerator. 将水果放在冰箱中保鲜。Keep your engine running. 别关发动机。Keep on dancing. 继续跳舞。〕⑩实现；履行，纪念；庆祝〔to keep a promise 履行诺言〕‖ *n.* ①生计，衣食②城堡，要塞/**for**

keeps①获胜的标志②永久地/**keep to oneself** ①不与人来往②保守秘密/**keep up** ①不低落②坚持，继续③保守秘密/**keep up with** 跟上

keeper〔'ki:pə〕*n.* 看守人；看护人

keeping〔'ki:piŋ〕*n.* ①保管；保护②遵守/**in keeping with** 与……一致；与……协调

keepsake〔'ki:pseik〕*n.* 纪念品

ken〔ken〕*n.* 认识范围；知识范围〔Nuclear physics is beyond his ken. 原子核物理学超出了他的知识范围。〕‖ *v.* 知道

kennel〔'kenl〕*n.* ①狗窝②〔复〕养狗场‖ *v.* 使住进狗窝；使呆在狗窝

kernel〔'kə:nl〕*n.* ①谷粒②果核③要点，（诉讼的）依据

kerosene，kerosine〔'kerəsi:n〕*n.* 煤油；火油

ketchup〔'ketʃəp〕*n.* 番茄沙司，番茄酱

kettle〔'ketl〕*n.* 水壶，水锅②茶水壶

kettledrum〔'ketldrʌm〕*n.* 铜鼓，定音鼓

key〔ki:〕*n.* ①钥匙②（上钟表发条的）键匙③（钢琴、打字机键的）键④答案⑤关键，要害⑥音调⑦式样，调子；风格⑧主要的；关键的；重要的‖ *v.* ①向……提供解决的线索（或答案）②使一致；和谐〔The colors in the drapes are keyed to the red and blue carpet. 这个窗帘的颜色与红蓝地毯相和谐。〕/**key up** 使紧张；使激动

keyboard〔'ki:bɔ:d〕*n.* （钢琴、打字机等的）键盘；挂钥匙的板

keyhole〔'ki:həul〕*n.* 锁眼，钥匙孔

keynote [ˈkiːˈnəut] n. ①基调,主音②主旨,要旨

keyring [ˈkiːˈriŋ] n. 钥匙圈

keystone [ˈkiːˈstəun] n. ①冠石,塞缝石,拱顶石②基本原理,要旨〔Free speech is the keystone of our liberties. 言论自由是自由的根本。〕

kick [kik] v. ①踢〔to kick a door 踢门 to kick a football 踢足球〕②反冲,反弹③发牢骚 ‖ n. ①踢②反冲,反弹③牢骚,抗议⑤兴奋,刺激力/**kick out** 撵走,解雇

kickoff [ˈkikˈɔf] n. (足球)开球

kid [kid] n. ①小山羊②山羊皮③小孩,少年 ‖ v. 哄骗,戏弄

kiddy, kiddie [ˈkidi] n. 小孩,小家伙

kidnap [ˈkidnæp] v. 诱拐;绑架/**kidnaper, kidnapper** n.

kidney [ˈkidni] n. ①肾,腰子②腰花(菜)③脾气,性格

kill [kil] v. ①杀死,弄死;宰②扼杀,毁掉〔His defeat killed all our hopes. 他的失败使大家的希望全部破灭。〕③否决④消磨(时间)〔an hour to kill before my train leaves 火车开车前要消磨一小时时间〕‖ n. ①杀伤②屠宰/**killer** n. 凶手,杀人者

kilo [ˈkiːləu] n. ①公斤②公里/**kilos** [复]

kilogram , kilogramme [ˈkiləgræm] n. 公斤,千克

kilohertz [ˈkiləhəːts] n. [无]千赫兹,千周

kilometer, kilometre [ˈkiləmiːtə] n. 公里

kilowatt [ˈkiləwɔt] n. 千瓦

kilter [ˈkiltə] n. 良好状态

kin [kin] n. 家族,门弟,家属 ‖ a. 有亲属关系的

-kin [后缀] 表示"小的"

kind [kaind] n. ①种类〔He reads all kinds of books. 他读各种各样书籍。〕②动植物的品种/**in kind** ①以同样的方法(手段)②以货代款/**kind of** [口] 有几分〔It's kind of cold here. 这儿有点冷。〕/**of a**

kind 同一种类的〔The twins are two of a kind. 这对孪生子很相似。〕

kind [kaind] a. ①仁慈的,和蔼的,友善的,友爱的②亲切的,同情的

kindergarten [ˈkindəˌgɑːtn] n. 幼儿园

kindhearted [ˈkaindˌhɑːtid] a. 好心的

kindle [ˈkindl] v. ①点火,点燃②照亮,使明亮③激发起(愤怒等)④发亮〔Her eyes kindled with joy. 她的眼睛因喜悦而发亮。〕

kindly [ˈkaindli] a. ①仁慈的,和蔼的,友好的②(天气)宜人的,温和的 ‖ ad. ①友好地,和蔼地,有礼貌地〔Please treat my cousins kindly. 请对我的堂兄礼貌一些。〕②请〔Kindly shut the door. 请关门。〕/**take kindly to** 自然而然地/**kindliness** n. 仁慈

kindness [ˈkaindnis] n. ①仁慈,友好,和气②好事,友好行为

kindred [ˈkindrid] n. ①宗族,亲属②血缘关系 ‖ a. ①宗族的,亲属的②相似的,类似的

kinetic [kaiˈnetik] a. 动的〔kinetic energy 动能〕

kinfolks [ˈkinfəuks] n. 家属,亲属

king [kiŋ] n. ①王,国王,首领②大王,(某些范围)最有势力者〔an oil king 石油大王〕③纸牌 K ④棋王⑤棋子

kingdom [ˈkiŋdəm] n. ①王国②天国③领域

kingly [ˈkiŋli] a. 国王的

kingship [ˈkiŋʃip] n. 王位,王权

kingsize [ˈkiŋsaiz] a. 特大的

kinky [ˈkiŋki] adj. 绞缠的,卷曲的

kinship [ˈkinʃip] n. 亲属关系

kiosk [kiˈɔsk] n. 凉亭,报摊,电话亭

kipper [ˈkipə] v. 腌(鲱鱼)‖ n. 腌的鱼

kiss [kis] v. ①吻②轻拂,轻触 ‖ n. ①吻②轻触③小糖果

kit [kit] n. ①成套工具,配套元件②工具包

kitchen [ˈkitʃn] n. 厨房

kitchenware [ˈkitʃinˈwɛə] n. 厨房用具

kite [kait] n. ①风筝 ②花

kitten [ˈkitn] n. 小猫

kitty [ˈkiti] n. [爱称] 小猫

knack [næk] n. 诀窍

knapsack [ˈnæpsæk] n. (旅行用的帆布或皮的) 背包

knave [neiv] n. ①流氓 ②(纸牌中的) 杰克

knavery [ˈneivəri] n. 流氓行为

knavish [ˈneiviʃ] adj. 无赖的, 欺诈的/ **knavishly** ad.

knead [ni:d] v. ①揉, 捏(面粉、陶土等) ②按摩

knee [ni:] n. ①膝, 膝盖 ②(衣裤) 膝部 ③膝状物

kneecap [ˈni:kæp] n. [医] 半月板

kneel [ni:l] v. 下跪

knell [nel] n. ①丧钟声 ②(死亡等的) 凶兆, (失败等的) 征兆 ‖ v. 敲(丧) 钟, 报丧 [The judge's sentence knelled his death. 法官宣判了他的死刑。]

knife [naif] n. ①小刀 ②刀片 ‖ v. 削, 割

knight [nait] n. ①(欧洲中世纪) 骑士, 武士 ②爵士 ③(国际象棋中的) 马 ‖ v. 封…为骑士

knighthood [ˈnaithud] n. ①骑士的地位(身分) ②骑士的侠义、骑士精神 ③[总称] 骑士

knightly [ˈnaitli] a. 骑士的, 侠义的/ **knightliness** n.

knit [nit] v. ①针织(衣物) ②结合 [My broken leg knit slowly. 我断的腿渐渐地愈合了。] ③皱起, 皱紧(眉, 皱纹等)

knob [nɔb] n. ①按钮 ②球型把手 ③圆丘/ **knobby** a.

knock [nɔk] v. ①敲门 [Who is knocking? 谁敲门?] ②击倒 [The dog knocked down Billy. 狗把贝利撞倒了。] ③冲击 ④发出

(故障) 爆震声 ⑤挑剔 ‖ n. ①敲打(门等) ②发动机的爆震声/ **knock about** 碰撞

knock off ①停工 ②拿走, 除去/ **knock out** ①(拳击中) 打倒 ②使昏迷, 使疲劳/ **knock together** 使相撞

knocker [ˈnɔkə] n. 敲门的人, 挑剔者

knockkneed [ˈnɔkni:d] a. X 型腿的

knockout [ˈnɔkaut] n. (拳击) 打倒, 一击

knoll [nəul] n. 圆丘, 小山

knot [nɔt] n. ①绳结 ②打结 ③小组 ④结合 ⑤难题 ⑥节疤 ⑦[海] 节 ‖ v. ①打绳结 ②纠缠

knothole [ˈnɔθəul] n. 树洞, 节孔

knotty [ˈnɔti] a. ①多节的, 棘手的

know [nəu] v. ①知道, 了解 [Do you know why grass is green? 你知道草为什么是绿的吗?] ②认识到, 意识到 [He suddenly knew that she wouldn't stay. 他突然意识到她可能不在。] ③牢记 ④熟悉 [I know your brother well. 我很熟悉你兄弟。] ⑤辨认出 [I'd know that face anywhere. 我到哪儿都会认出那张脸。] ⑥分辨 [It's not always easy to know right from wrong. 是非并不总是一下子就分辨出来的。]

knowing [ˈnəuiŋ] a. 知道的, 有知识的 ②老练的, 世故的 ③会意的

knowingly [ˈnəuiŋli] ad. ①故意地 ②老练地

knowledge [ˈnɔlidʒ] n. ①知识, 学问 ②了解, 信息 ③认识, 知道

knuckle [ˈnʌkl] n. ①指关节 ②(猪等动物的) 脚关节

koala [kəuˈɑ:lə] n. [动] 考拉

kohlrabi [kəulˈrɑ:bi] n. [植] 球茎甘蓝

kuchen [ˈkutʃin] n. 甜饼

kumquat [ˈkʌmkwɔt] n. 金桔

K

𝓛 *l* **L** l

L, l 〔el〕n. 英语的第十二个字母/**L's, l's** 〔elz〕〔复〕

label 〔'leibl〕n. 纸条,布条(用来系或贴在物品上,标明物品名称、内装物品、物主等)‖ v. ①贴标签于〔to label a package 把包裹贴上标签〕②把…称做;把…说做〔No one wants to be labeled a coward. 没人愿被称做懦夫。〕

labial 〔'leibiəl〕a. ①嘴唇的②唇音的‖ n. 唇音

labor 〔'leibə〕n. ①劳动②工作,活计③〔集合名词〕工人,劳方④分娩‖ v. ①劳动或苦干〔Coal miners labor underground. 煤矿工人在地下劳动。〕②费力地前进〔Grandpa labored up the steps. 爷爷吃力地爬上台阶。〕

laboratory 〔lə'bɔrətəri, 'læbərətəri〕n. 实验室,研究室

labored 〔'leibəd〕a. 费力做的;尽力做的

laborer 〔'leibərə〕n. 劳动者,工人(尤指有一点技术的重体力工人)

laborious 〔lə'bɔːriəs〕a. ①费力的〔laborious tasks 吃力的工作〕②勤勉的

labor union 工会

lace 〔leis〕n. ①鞋带,系带②(带有装饰图案的)精细网织品‖ v. ①用带子束紧②用带子束扎装饰③交织;给…搀酒④鞭打

lacerate 〔'læsəreit〕v. ①撕碎,划破〔He lacerated his arm on the barbed wire. 铁丝网的刺把他的胳臂划破。〕②使痛心〔Her cruel words lacerated his feelings. 她尖刻的语言刺痛了他的自尊心。〕

lachrymal 〔'lækriməl〕a. 泪的,泌泪的

lack 〔læk〕n. ①缺乏;不足②需要的东西‖ v. ①没有;短少;需要〔The soil lacks nitrogen. 土壤需要氮。〕②缺乏,不足〔Money is lacking to buy new band uniforms. 买新乐队制服钱还不够。〕

lackadaisical 〔,lækə'deizikəl〕a. 若有所思的,感伤的

lackey 〔'læki〕n. ①仆人,仆从②走狗

lackluster 〔'læk,lʌstə〕a.(眼睛等)没有光泽的;毫无生气的

laconic 〔lə'kɔnik〕a.(文章、说话等)简洁的,简短的;精练的

lacquer 〔'lækə〕n. ①(涂在黄铜等金属上的)漆②真漆‖ v. 用漆涂

lacteal 〔'læktiəl〕a. 乳汁的

lactic 〔'læktik〕a. 乳的,得自乳汁的

lad 〔læd〕n. 小伙子,少年

ladder 〔'lædə〕n. ①梯子②梯状物;〔喻〕(进身的)阶梯

lade 〔leid〕v. 装载

laden 〔'leidn〕a. 装满了的;充满了的;负了重担的

lading 〔'leidiŋ〕n. 装载/**bill of lading**(船运)提(货)单

ladle 〔'leidl〕n. 长柄勺子‖ v.(用勺子)舀,盛

lady 〔'leidi〕n. ①女士,夫人,小姐②(英国拥有某些爵位的贵族妻女的尊称)夫人,小姐③Lady 夫人(英国一些上层社会妇女的头衔)‖ a. 女性的〔a lady barber 女理发师〕/**Our Lady** 圣母

L

ladybug [ˈleidibʌg] n. 瓢虫

ladylike [ˈleidilaik] a. 贵夫人似的；温柔的；优雅的

ladyship [ˈleidiʃip] n.（对有头衔妇女的尊称）夫人，小姐

lag [læg] n. ①走得慢；落后；延迟 [The tired hikers lagged behind. 疲劳的旅行者们落在后面。] n. 落后；滞后；延迟②差距

laggard [ˈlægəd] n. 落后者；迟钝者‖ a. 落后的；迟缓的 [a laggard pupil 落后生]

lair [lɛə] n. 兽穴；躲藏处

lake [leik] n. 湖；池

lamasery [ˈlɑːməsəri] n. ①羔羊②羔羊肉③羔羊皮④羔羊般柔弱的人（尤指孩子）

lambaste [læmˈbeist] v.〔俚〕①鞭打；狠打②严厉责骂

lambent [ˈlæmbənt] a. ①（火焰等）轻轻摇曳的；闪烁的②发柔光的 [the lambent sky 微亮的天空]③巧妙的

lambkin [ˈlæmkin] n. 小羊羔

lambskin [ˈlæmskin] n. ①羊羔皮（尤指带羊毛的）②羔羊皮革；羊皮纸

lame [leim] a. ①瘸的；跛的②僵直而疼痛的③有缺点的 [a lame excuse 站不住脚的借口]‖ v. 使跛/**lamely** ad. /**lameness** n.

lament [ləˈment] v. 悲痛，伤心 [to lament the death of someone 为某人的死而悲伤]‖ n. 哭泣；哀悼②悼词；挽歌

lamentable [ˈlæməntəbl] a. ①表现悲哀的；令人痛惜的 [a lamentable accident 令人痛心的事故]②质量低的 [a lamentable piece of acting 拙劣的表演]/**lamentably** ad.

lamentation [læmenˈteiʃən] n. 悲伤，恸哭

laminate [ˈlæmineit] v. ①把…压成薄片②把薄片叠成/**lamination** n.

lamp [læmp] n. ①灯②灯具 [a table lamp 台灯 a floor lamp 地灯]

lampoon [læmˈpuːn] n.（针对某人的）讽刺文 ‖ v. 用讽刺诗嘲讽

lance [lɑːns] n. ①长矛，旗杆矛②长矛骑兵③矛状的器具 ‖ v. 用矛刺或②用柳叶刀切开 [to lance a boil 把疖切开]

land [lænd] n. ①陆地②国家；国土③土地；土壤④（私有的）田地；地产‖ v. ①登陆（The ship landed its cargo. 船把货物则卸到岸上。The Marines landed. 海军陆战队登陆。）②到达，靠岸 [The Mayflower landed in America in 1620. 五月花号于1620年到达美洲。]③着陆 [The cat landed on its feet. 猫四脚落地。]⑤把…送到；（罪犯）落网 [This bus lands you in Reno at 8 A.M. 公共汽车将在上午8点到达里诺。He stole the money and landed in jail. 他因偷钱而被捕入狱。]⑥把（鱼）捕上岸 [to land a fish 捕上一条鱼]⑦（口）弄到；得到 [to land a job 得到一份工作]⑧击；打 [to land a blow to the jaw 朝着上颌打了一下]

landed [ˈlændid] a. ①拥有土地的②由田地等构成的

landholder [ˈlændˌhəuldə] n. 土地所有者/**landholding** n. & a.

landing [ˈlændiŋ] n. ①登陆②着陆；卸货码头③楼梯平台④降落

landlocked [ˈlændlɔkt] a. ①为陆地围住的②（鱼等）生活在淡水的

landlord [ˈlændlɔːd] n. ①房东②旅店老板

landmark [ˈlændmɑːk] n. ①标识物②（历史上划时代的）重要事件③界石；地界标

landowner [ˈlændˌəunə] n. 地主；土地拥有者

landscape [ˈlændskeip] n. ①（陆地）风景；山水②山水风景画 ‖ v. 使美化；使风景宜人/**landscaper** n.

landslide [ˈlændslaid] n. ①山崩；因崩裂所滑下的山石②（政党或候选人选举的）压倒多数票

landward [ˈlændwəd] a. 向陆地的 ‖ ad. 向陆地

lane [lein] n. ①（乡村、城市的）小径；小路；小巷②狭窄的通路③（船、汽车或

机的)专用航路④(保龄球)球道

language ['læŋgwidʒ] n. ①语言②一个国家、民族的语言③任何表达思想感情的方法④专门语言;术语⑤语言学 [the Greek language 希腊语]

languid ['læŋgwid] a. 精神不振的;倦怠的;毫无兴趣的;漠不关心的/**languidly** ad.

languish ['læŋgwiʃ] v. ①消瘦;变弱;凋谢②受折磨;受苦[to languish in poverty 在贫困中受苦]③作出面呈愁思、伤感或脉脉含情之色/**languishing** a.

languor ['læŋgə] n. ①(感觉)倦怠;衰弱②柔情③沉闷;静止/**languorous** a.

lank [læŋk] a. ①细长的、瘦的②(头发)平直的;不卷的

lanky ['læŋki] a. 瘦长的;细长笨拙的/**lankiness** n.

lantern ['læntən] n. 提灯;灯笼

lap¹ [læp] n. ①(人坐着时)腰以下及大腿的前面部分;(衣服的)下摆②山坳;(任何东西)休息或养育之地③搭接;重叠部分④(跑道的)一圈 || v. ①包;包住②(部分)重叠[Lap each row of shingles over the next row. 用一行木瓦压在另一行木瓦上面。]③伸出;伸延;突出[The English class lapped over into the next period. 英语课延续到下堂课。]

lap² [læp] v. ①舐;舐食(液质食物)②(波浪)拍打[Waves lapped the boat. 波浪拍打着小船。] || n. (波浪的)拍打声/**lap up** [口]舐光;欣然接受

lappet ['læpit] n. (衣帽等的)垂片;耳垂;垂肉

lapse [læps] n. ①小的错误;差错②(时间的)流逝③过失;缺点④失效;终止 || v. ①失误;失足[He lapsed into his old life of crime. 他又堕入以前的犯罪生涯。]②终止;失败[His insurance lapsed. 他的保险终止了。]

larboard ['lɑːbəd] n. (船的)左舷 || a. & ad. 左舷方面的;朝左舷方面

larceny ['lɑːsni] n. 偷窃/**larcenous** a.

larch [lɑːtʃ] n. ①落叶松②落叶松木

lard [lɑːd] n. 猪油 || v. ①涂油于;搭油于②加紧;点缀[a talk larded with puns 谈话中夹杂着双关语]

large [lɑːdʒ] a. 大的;巨大的 || ad. 大大地[Do not write so large. 不要写这么大。]/**at large** ①未被捕的;自由[Bandits roamed at large in the countryside. 土匪在乡间自出出没。]②长篇大论地;代表一州或一区的[a congressman at large 代表一州的国会议员]/**largeness** n.

largely ['lɑːdʒli] ad. 主要地;通常地[Jim is largely to blame for the fight. 吉姆应为打架负主要责任。]

largess, largesse ['lɑːdʒes] n. 慨赠,厚予

largo ['lɑːgəu] a. & ad. (音乐)慢而庄严的

lark¹ [lɑːk] n. ①欧洲的鸣鸟(尤指云雀)②百灵鸟

lark² [lɑːk] n. 快乐时光;玩笑 || v. 玩乐;嬉耍

larva ['lɑːvə] n. 幼虫 **larvae** ['lɑːviː][复]/**larval** a.

laryngitis [,lærin'dʒaitis] n. 喉炎

larynx ['læriŋks] n. 喉头

lascivious [lə'siviəs] a. 淫荡的;好色的/**lasciviously** ad.

laser ['leizə] n. [物理]镭射

lash [læʃ] n. ①鞭子(尤指鞭子上的皮条)②鞭打;鞭挞③睫毛 || v. ①鞭打;抽打[The driver lashed the horses onward. 赶车人抽打马匹驱使它前进。]②用力击打[Waves lashed against the rocks. 海浪重重拍打着岩石。]③前后左右晃动;摆动[The tiger lashed his tail in fury. 老虎暴怒地摇动着尾巴。]④痛斥,挖苦;嘲笑[to lash out at critics 痛斥评论家]⑤捆,绑

lassitude ['læsitjuːd] n. 疲乏;无力;无精打采

lasso ['læsəu] n. (捕马、牛等用的)套索 || v. 用套索捕捉/**lassos, lassoes**[复]

last¹ [lɑːst] a. ①最后的;末尾的②惟一的

的③紧接前面的；最近过去的④极少可能的；最不希望的 ‖ *ad.* ①最后〔Our team came in last. 我们队是最后进来的。〕②最近地〔I last heard from him in May. 我最近一次收到他的信是在五月。〕‖ *n.* ①最后；末尾；末端〔friends to the last 忠实的朋友〕/**at last** 最后终于

last² 〔lɑːst〕*v.* ①持续；继续〔The play lasts only an hour. 演出仅持续一个小时。〕②支持，保持；耐穿〔Stone lasts longer than wood. 石料比木料经久耐用。〕

lastly 〔'lɑːstli〕*ad.* 最后；终于〔Lastly, the speaker discussed the future. 最后，发言者讨论未来远景。〕

latch 〔lætʃ〕*n.* 门闩，插销 ‖ *v.* 闩上；紧闭

latchkey 〔'lætʃkiː〕*n.* 门锁钥匙；弹簧钥匙

late 〔leit〕*a.* ①迟的；晚的〔late for school 上学迟到 a late train 晚点火车〕②较晚的〔the late middle ages 接近老年〕③刚发生的〔a late issue of the magazine 新近出版的杂志〕④已故的；不久前才卸任的〔her late father 她已故的父亲 our late mayor's new job 我们刚卸任市长的新工作〕‖ *ad.* ①迟；晚〔Roses bloomed late last year. 玫瑰花去年开得很晚。〕②末期，晚些时候〔He came late in th day. 他很晚才到。〕③近来；新近〔I saw him as late as yesterday. 我昨天才见到他。〕/**of late** 近来

lately 〔'leitli〕*ad.* 不久；近来

latent 〔'leitənt〕*a.* 潜在的；潜伏的才能〔latent talents 潜在的才能〕

lateral 〔'lætərəl〕*a.* 侧面的；旁边的〔a lateral pass in football 足球的一个侧传〕/**laterally** *ad.*

latex 〔'leiteks〕*n.*（一些植物的）乳液

lath 〔lɑːθ〕*n.* ①（用以制做浇灌水泥构架的）板条；细长木条②（浇灌水泥用的）构架〔**laths** 〔lɑːthz〕〔复〕

lather 〔'lɑːðə〕*n.* ①肥皂沫（马等的）汗沫 ‖ *v.* ①涂上肥皂沫〔He lathered his face and shaved. 他把脸上涂上

肥皂沫后开始刮脸。〕②起泡〔Few soaps lather in salt water. 几乎没有什么皂类在盐水中起泡。〕

Latin 〔'lætin〕*n.* ①拉丁语②拉丁人 ‖ *a.* ①拉丁语的②拉丁民族的

Latin America 拉丁美洲

latitude 〔'lætitjuːd〕*n.* ①自由；不受限制②纬度；纬线③某纬度地区

latter 〔'lætə〕late 的比较级 ‖ *a.* ①末了的；后半的；后面的②（两者中）后者的

lattice 〔'lætis〕*n.*（用木条和材料做成的）格子 ‖ *v.* 把…制成格子式

latticework 〔'lætiswəːk〕*n.* 格子

laudable 〔'lɔːdəbl〕*a.* 值得表扬的〔laudable work 值得赞美的工作〕/**laudably** *ad.*

laudatory 〔'lɔːdətəri〕*a.* 赞颂的

laugh 〔lɑːf〕*v.* ①笑②笑得得…，以笑影响〔Laugh your fears away. 笑会赶走你的恐惧。〕‖ *n.* 笑，笑声/**have the last laugh** 笑在最后，获得最后胜利/**laugh at** ①笑②取笑/**laugh off**（借笑）以消除〔You can't laugh off that mistake. 那个错误不能一笑了之。〕

laughable 〔'lɑːfəbl〕*a.* 有趣的；可笑的〔a laughable costume 可笑的服装〕

laughing stock 〔'lɑːfiŋstɔk〕*n.* 笑柄

laughter 〔'lɑːftə〕*n.* 笑，笑声

launch 〔lɔːntʃ〕*v.* ①发射，投掷〔to launch a rocket 发射火箭〕②（使船）入水，下水〔to launch a new ship 使新船下水〕③开始〔to launch an attack 开始进攻〕‖ *n.* 军舰所带的大艇，大型游艇

laundry 〔'lɔːndri〕*n.* ①洗衣者；洗衣店②送洗的衣物

laundryman 〔'lɔːndrimən〕*n.* 洗衣匠

laureate 〔'lɔːriit〕*a.* 戴桂冠的

laurel 〔'lɔrəl〕*n.* ①月桂树②月桂属植物③荣誉；胜利/**rest on one's laurels** 满足于已有的成就，吃老本

lava 〔'lɑːvə〕*n.* ①岩浆②熔岩

lavatory 〔'lævətəri〕*n.* ①（洗脸和用的）盆钵②盥洗室；厕所

lavish [ˈlæviʃ] *a.* ①过分大方的;浪费的②过分丰富的;过度的 ‖ *v.* 过多地赠送;慷慨地给予[She lavished time and money on her dogs. 她在狗的身上浪费了大量的时间和金钱。]

law [lɔː] *n.* ①法;法律②法规;条例③法治④诉讼⑤(专项)法规⑥司法界⑦规律;定律⑧法则,原则

law-abiding [ˈlɔːəˌbaidiŋ] *a.* 守法的

lawbreaker [ˈlɔːˌbreikə] *n.* 犯法者/**lawbreaking** *n.* & *a.*

lawful [ˈlɔːfəl] *a.* 守法的;法定的;依法的;合法的/**lawfully** *ad.*

lawgiver [ˈlɔːgivə] *n.* 立法者;制定法律者

lawless [ˈlɔːlis] *a.* ①不被法律约束的;无法纪的②不遵守法律的;目无法纪的;野蛮的

lawmaker [ˈlɔːmeikə] *n.* 立法者/**lawmaking** *n.* & *a.*

lawn [lɔːn] *n.* 草坪,草场

lawsuit [ˈlɔːsjuːt] *n.* 诉讼(案件)

lawyer [ˈlɔːjə] *n.* 律师

lax [læks] *a.* ①松懈的;不小心的②松的;质地松的;松弛的

laxative [ˈlæksətiv] *a.* 通便的 ‖ *n.* 轻泻药

laxity [ˈlæksiti] *n.* 放纵;松弛

lay¹ [lei] *v.* ①放,搁;躺下[Lay your books on the shelf. 把你的书放到架子上。]②击倒[One blow laid him low. 打击使他萎靡不振。]③置于适当位置,铺设[to lay floor tiles 铺地砖]④放;搁,设置[He lays great emphasis on diet. 他把重点放在饮食上。]⑤生蛋⑥使缓和;使平静[Sprinkle water to lay dust. 撒水使灰尘落下。]⑦拟订出,准备[to lay plans 拟订计划]⑧提出,公布[He laid claim to the property. 他提出财产要求。]⑨(用力地)做;干[Lay to your oars men! 伙计们,用力划桨呀!]⑩打赌[to lay a wager 打赌] ‖ *n.* 方位;地形;地势/**lay aside**, **lay away**, **lay by** 把…留待以后用,贮存/**lay for** [口]等待时机/**lay in** 贮藏/**lay into** [俚]痛打,痛斥/**lay off** (暂时)解雇/**lay open** ①擦伤,弄破②冒险;使自己易受(攻击,指责)/**lay out** ①(服装等)摆开;展示②准备埋葬③设计,安排[to lay out a flower garden 设计一座花园]④(花)钱,投资/**lay over** (旅行者)短暂停留/**lay up** ①贮存;储蓄②(因病等)卧床

lay² [lei] *a.* ①凡俗的;世俗的②外行的;非专业性的

layer [ˈleiə] *n.* ①层;地层②生蛋的鸡

layman [ˈleimən] *n.* 俗人;外行人

layout [ˈleiaut] *n.* ①设计;计划②安排

layover [ˈleiˌəuvə] *n.* (旅行时)中途停留

lazy [leizi] *a.* ①偷懒的;懒惰的②缓慢的;不积极的/**lazily** *ad.* /**laziness** *n.*

leach [liːtʃ] *v.* ①沥滤;沥取[Leach wood ashes to get lye. 沥掉木灰末取灰汁。]②溶解;洗除[The minerals in this soil have leached out. 这块土壤的无机物已被溶解。]

L

lead [liːd] *v.* ①带领;引导[He led us along the path. 他领着我们沿小路走。The lights led me to the house. 顺着灯光我找到房子。]②劝导;影响[His advice led me to change jobs. 他的劝告使我改变了工作。]③通向;导致[This path leads to the lake. 这条路通向湖边。Drainpipes lead the water away. 排水管将水排走。]④居首;率先[to lead a band 指挥乐队 to lead in a game 在比赛中领先]⑤经历;花费[They lead a hard life. 他们过着苦难的生活。]⑥致使;引发[A bad cold may lead to pneumonia. 重感冒会导致肺炎。]⑦领先;开始[He led with a left jab to the jaw. 他先开始向左下颌一击。] ‖ *n.* ①领导;榜样②首位;领先③领先的距离(程度)④暗示;提示⑤(纸牌游戏中的)出牌权;先出牌⑥(戏中)扮演主角的演员⑦(新闻报道开端的)内容提要;导语/**lead off**, **lead out** 开始/**lead on** ①带领…继续前进②引诱/**lead up to** 渐次接近

lead [led] *n.* ①铅②测深锤③子弹④笔铅 ‖ *a.* 铅制的;含铅的 ‖ *v.* ①用铅包;在…

的里面补上一层铅②用铅来增加…的重量

leaden [ˈledn] a. ①铅制的②沉重的〔a leaden weight 很重的重量〕③沉闷的；乏味的〔a leaden sky 铅灰色的天空〕

leader [ˈliːdə] n. 领导者；领袖；居首位的事物/**leadership** n.

leading [ˈliːdiŋ] a. ①领导的；指导的②最重要的；演主角的

leaf [liːf] n. ①树叶②花瓣③（纸张的）一页④薄的金属片⑤活动桌板 ‖ v. ①生叶；长叶②翻书页〔to leaf through a book 很快地翻阅书籍〕/**turn over a new leaf** 翻开新的一页；重新开始/**leafless** a.

leaflet [ˈliːflit] n. ①小叶②传单；散页印刷品〔advertising leaflets 广告传单〕

leafy [ˈliːfi] a. 叶所构成的；多叶的〔a leafy vegetable 多叶蔬菜 a leafy tree 枝叶茂密的树〕

league [liːg] n. 联盟；同盟；联盟会 ‖ v. （使）结盟；联合/**in league** (使)结盟

leak [liːk] v. ①漏〔The roof leaks when it rains. 天天雨房顶漏雨。The oven is leaking gas. 炉子正在漏气。〕②渗出；渗入〔The air in the tire leaked out through the valve. 轮胎通过胎嘴阀门向外泄气。〕③（一点点地）传出〔The truth leaked out. 实情被传出去了。〕‖ n. ①漏洞，漏隙②漏出；泄漏③渗出；渗入/**leaky** a.

leakage [ˈliːkidʒ] n. ①漏；泄漏②泄漏物(量)

lean¹ [liːn] v. ①倚，靠〔John leaned against the desk. 约翰靠着桌子。〕②倾斜；倾立〔The old tree leans toward the barn. 老树歪向库房。〕③依赖；依靠〔Jack still leans on his parents. 杰克还在依靠他的父母。〕④倾向；趋向〔to lean toward an opposite opinion 倾向反对意见〕

lean² [liːn] a. ①瘦的②产量少的；贫乏的 ‖ n. 瘦肉/**leanness** n.

leap [liːp] v. ①跳，跃〔The cat leaped onto my lap. 猫跳到我的腿上。〕②飞快地移动

〔The deer were leaping across the meadow. 鹿正飞快地跑过草地。〕③跳过〔to leap a brook 跳过小溪〕‖ n. 跳跃/**leap at** 抢着抓住；跳起来（急切地）接受〔I'd leap at a chance to go to Europe. 我想抓住机会去欧洲。〕

learn [ləːn] v. ①学；学习〔I have learned to knit. 我学会了编织。〕②认识到；得知〔When did you learn of her illness? 你什么时候得知她病了?〕③记住〔Learn this poem by tomorrow. 到明天要记住这首诗。〕

learned [ˈləːnid] a. 有学问的；博学的

learning [ˈləːniŋ] n. ①学习②学问

lease [liːs] n. 租约；租契 ‖ v. ①租给；租借②出租；租借〔I leased this car for a week. 这辆车我租了一周。〕

leash [liːʃ] n. (系狗等的) 皮带，皮条 ‖ v. ①用皮带系住②束缚；控制〔to leash the energy of a river with a dam 用水闸来控制河流的水量〕/**hold in leash** 束缚；控制

least [liːst] a. 最小的；最少的；最不重要的 ‖ ad. 最少地；最小地；最不〔I was least impressed by the music. 这首音乐给我印象不深。〕‖ n. 最小；最少/**at least** 至少；无论〔At least I tried. 至少我试了。〕

leather [ˈleðə] n. 皮革 ‖ a. 皮革制的；皮的

leathern [ˈleðən] a. 革制的；革的

leathery [ˈleðəri] a. 似革的；坚韧的；粗糙的〔a leathery skin 粗糙的皮肤〕

leave [liːv] v. ①离开〔Ted left early. 泰德很早就离开了。〕②脱离；出走〔Ten members left the club last year. 去年有 10 名会员离开俱乐部。〕③使…留下；使…处于（某种状态）〔Leave the door open. 让门开着吧。〕④遗留；留下〔The invaders left a trail of destruction. 犯罪者留下破坏踪迹。〕⑤把…交给；委托〔He leaves such decisions to me. 他让我作出决定。〕⑥剩下〔Five minus two leaves three. 5 减 2 剩 3.〕⑦死后遗留；遗赠〔Mr Hall left all his money to charity. 霍尔先生把他所有

的钱留给慈善团体。]/**leave off**①停止
②不再做；不再使用/**leave one alone**
不理会；不理睬/**leave out**省去；遗漏

leave¹ ['liːv] n. ①许可 [May I have your
leave to go？你允许我走吗？]②请假；放
假引假期 [a three-day leave 三天假期]/
take leave of 辞别，离开/**take one's
leave** 离开，起程

leave² [liːv] v. 生叶；长叶

leaven ['levn] n. ①酵；酵母②影响力；潜
在势力引 v. ①(加发酵剂)使发酵②感
化；使渐变

leavening ['levniŋ] n. 酵母

leaving ['liːviŋ] n. [复]渣滓；糟粕；残
余

lecture ['lektʃə] n. ①演讲；讲课②严责；
长篇大论的教训引 v. ①讲演，讲课②教
训；训斥/**lecturer** n.

ledge [ledʒ] n. (悬崖、墙壁等物的)突
出部分 [a ledge of rock 悬崖]

ledger ['ledʒə] n. 总帐

lee [liː] n. ①避风处②背风面，下风 ‖ a.
下风的；背风的

leech [liːtʃ] n. ①水蛭②吸血鬼；榨取他
人利益者

leer [liə] n. 含恶意的一瞥 ‖ v. 斜眼看；送
秋波

leery ['liəri] a. [口]留神的；猜疑的

lees [liːz] n. [复]残渣

leeward ['liːwəd] a. 在下风方向的；在
下风处的 ‖ n. 下风处；背风处引 ad. 向下
风

leeway ['liːwei] n. ①风压(船只或飞机
被风吹向下风处而离开航线)②(时间、
金钱等的)损失

left [left] a. ①左的②左边的；左侧的③
左翼的引 n. 左边引 ad. 左手地；左侧地

lefthand ['lefthænd] a. ①左手边的 [a
left hand turn 向左转]②用左手的

left-handed ['left'hændid] a.①惯用左
手的②用左手做的 [a left-handed throw
一个左手投掷 left-handed scissors 左手用
的剪刀]③可疑的；无诚意的 [a left-hand-

ed compliment 毫无诚意的赞扬话] ‖ ad.
用左手地 [He writes left-handed. 他用左
手写字。]

leftist ['leftist] n. 左派的人 ‖ a. 左派的

leftover ['left,əuvə] n. 残余的东西；剩余
的东西

leg [leg] n. ①腿②衣物的腿部分 (桌椅等
的)腿脚③支撑柱条 [the legs of a chair 椅
子腿]④(船朝某一方向抢风行驶的)一
段航程；一段旅程/**on one's last legs**
垂死；临近结束/**pull one's leg** [口]哄
骗取笑某人；愚弄某人

legacy ['legəsi] n. ①遗赠物 (一般指动
产)②传代物

legal ['liːgəl] a. ①法律的②合法的；正
当的③法定的/**legally** ad.

legality [liː'gæliti] n. 合法；正当

legalize ['liːgəlaiz] v. 使合法化 [Some
states have legalized gambling. 一些州已
使赌博合法化。]

legatee [,legə'tiː] n. 遗产继承人；受遗
赠人

legend ['ledʒənd] n. ①传奇②传奇文学
集③(金币、奖章上的)刻字④(插图、地
图的)说明；图例

legendary ['ledʒəndəri] a. 传奇性的 [a
legendary hero 传奇英雄]

legerdemain ['ledʒədə'mein] n. ②手
法；戏法②障眼法②诡术；欺诈

leggings ['leginz] n. [复]绑腿；裹腿②
童裤

legible ['ledʒəbl] a. 清晰的；易读的
[legible handwriting 清晰的手写体]/**leg-
ibility** n. /**legibly** ad.

legion ['liːdʒən] n. ①古罗马军团 (由 3
千到 6 千士兵组成)②军团；大批军队③
众多；大批 [a legion of followers 大批追随
者]

legionary ['liːdʒənəri] a. 军团的；组成
军团的 ‖ n. 退伍军人协会会员；军团 (或
部队)的一员

legislate ['ledʒisleit] v. 制定(通过)法
律

legislation [,ledʒis'leiʃən] n. ①立法②

L

法规

legislative ['ledʒislətiv] a. ①立法的② 有立法权的

legislator ['ledʒisleitə] n. 立法者；国会；议院成员

legislature ['ledʒisleitʃə] n. 立法机关

legitimate [li'dʒitimit] a. ①合法的；合理的②适当的；预期的③由合法婚姻所生的/**legitimacy** [le'dʒitiməsi] n.

legume ['legju:m] n. 豆科植物

leguminous [le'gju:minəs] a. 豆科类的

leisure ['leʒə] n. 空闲时间 ‖ a. 空闲的/ **at one's leisure** 当有空的时候

leisurely ['leʒəli; 'li:ʒəli] a. 悠闲的 ‖ ad. 慢慢地；从容地 [We talked leisurely. 我们从容地交谈。]

lemon ['lemən] n. ①柠檬②柠檬色

lend [lend] v. ①把（某物）借给（某人）使用 [Will you lend me your umbrella until tomorrow? 可以把你的伞借给我使到明天吗?]②贷与；出借 [to lend a cup of sugar 借与一杯糖]③借助，提供 [The flowers lend gaiety to the room. 花儿把房间装饰得更加漂亮。Lend us your support. 请给我们以支持。]/**lend itself, lend oneself to** 对……有用，适合/**lender** n.

length [leŋθ] n. ①物体的长度；距离的长度或时间的长短②物体最长的一面③一节，一段（确切长度）④（元音或音节确切的发音时间）音长/**at full length** 全身平伸地/**at length** ①终于；最后②充分地/**go to any length** 竭尽全力

lengthen ['leŋθən] v. 使延长，使变长

lengthwise ['leŋθ,waiz] **lengthways** ['leŋθ,weiz] a. & ad. 纵长的(地)

lengthy ['leŋθi] a. 长的；过长的 [a lengthy speech 冗长的演说] /**lengthily** ad.

lenient ['li:njənt] a. 对人不严厉、不苛刻的；宽容的，仁慈的/**lenience** n. / **leniently** ad.

lens [lenz] n. ①透镜②晶体

leonine ['li:ənain] a. 狮子般的

leopard ['lepəd] n. ①豹② American leopard 美洲豹

leper ['lepə] n. 麻疯病人

leprosy ['leprəsi] n. 麻风病/**leprous** a.

less [les] a. 更少，更小；较小，较少 ‖ ad. 更少地；较小地 [Please talk less and work more. 请少说多做。] ‖ n. 更少(较小)；更小(较小) [She ate less than I did. 她吃的比我少。] ‖ prep. 减去 [She earned ＄5 000 less taxes. 去掉交税她挣 5 000 元。]

-less [-lis] [后缀] ①没有②无，不……的

lessee [le'si:] n. 承租人；租户

lessen ['lesn] v. 减少；减轻 [Your help lessens my work. 由于你的帮助，减轻了我的工作。The rain lessened. 雨小了。]

lesser ['lesə] a. 较少的；更少的；次要的

lesson ['lesn] n. ①课业；功课②教训③（在礼拜仪式中所读的）一段经文

lessor ['leso:] n. 房东；地主；出租人

lest [lest] conj. ①惟恐；免得 [We spoke low lest we be overheard. 我们说话声音很低，惟恐被人听到。]②（用于 fear 一类动词后面，起连接从句的作用）[I was afraid lest he should fall. 我怕他跌倒。]

let [let] v. ①允许；准许 [She let me help her. 她让我帮助她。]②允许进入（通过）[Let him by. 让他过去。]③出租 [We let our spare room. 我们把空房租出去。]④使流出 [to let blood 放血]⑤用于第一和第三人称的祈使句中，表示建议、请求、命令、警告等 [Let us go to the movies. 让我们看电影吧。] /**let alone** ①别睬；勿打搅②更不要说 [He can't walk let alone run. 他不会走，更不用说跑了。]/**let down** ①放下，放低②使失望/**let off** ①放掉；放 [to let off steam 放掉蒸气]②饶恕；从轻处置/**let on** ①假装②[口]泄露秘密/**let out** ①放掉；泄露②（衣服）放宽/**let up** 减弱，静止，停

-let [-lit] [后缀] 表示"小"

lethal ['li:θəl] a. 致死的；致命的

lethargy ['leθədʒi] n. 无气力；昏睡/**lethargic** a.

letter ['letə] n. ①字母②书信；函③书面意义④(用名字的第一个字母缩写成的)学校标志⑤[复]文学，学问‖ v. 用印刷体字母在…上写[Will you letter this poster? 请你写一下这张海报可以吗?]/**to the letter** 严格照字句

letter-perfect ['letə'pə:fikt] a. 完全明了的，牢记在心的

lettuce ['letis] n. 莴苣

leucocyte ['lju:kəsait] n. 白血球

level ['levl] a. ①平坦的；水平的②平行的；同阶级的③平口的④平稳的；冷静的‖ n. ①水平面②高度[The water in the tank rose to a level of five feet. 容器里的水上升到五英尺的高度。sea level 海拔]③水平线；水平面[The tops of the pictures are on a level with each other. 画的顶端两侧成水平。]④阶段，地位；等级[the reading level of sixth graders 六年级阅读水平]‖ v. ①使平；使平坦[to level ground with a bulldozer 用推土机把地推平]②击倒[The storm leveled the tree. 风暴把树击倒了。]③举枪瞄准/**level off** 平整；弄平；夯平④使成水平[Airplanes level off just before landing. 飞机降落前平飞。]/**on the level** [俚]坦率和公平/**leveller** n. 公平的人；校平器；平等主义者/**levelness** n.

lever ['li:və, 'levə] n. ①杠杆②杆[a gearshift lever 变速杆]

leverage ['li:vəridʒ; 'levəridʒ] n. ①杠杆作用②影响力

levy ['levi] v. ①征收[to levy a tax 征税]②征兵；征募[to levy troops 征集军队]③发动；进行[to levy war 发动战争]‖ n. ①征税；征集军队②征收钱等

lewd [lu:d] a. 淫荡的；淫猥的/**lewdness** n. 淫荡；淫猥

lexicography [,leksi'kɔgrəfi] n. 词典编纂法/**lexicographer** n. 词典编纂家

lexicon ['leksikən] n. 字典②特殊词汇，科学词汇

liability [,laiə'biliti] n. 责任①[复]负债；债务③不利条件

liable ['laiəbl] a. ①应受罚的；有责任的②易于…的；有…倾向的

libel ['laibl] n. ①诽谤②侮辱‖ v. 发表文章诽谤/**libeler**, **libeller** n.

libelous, **libellous** ['laibələs] a. 诽谤性的，诽谤的

liberal ['librəl] a. ①慷慨的；大方的②丰富的；大量的③开明的；心胸宽大的；宽容的④广泛的；自由随便的⑤自由主义的‖ n. 自由主义者/**liberally** ad.

liberalism ['librəlizəm] n. 自由主义

liberality [,libə'ræliti] n. 自由；慷慨；心胸宽大；宽容

liberalize ['librəlaiz] v. 使自由主义化/**liberalization** n.

liberate ['libəreit] v. 从奴隶化生活中解放出来[to liberate prisoners of war 解放战俘]/**liberator** n.

liberty ['libəti] n. ①自由②自由权③自由活动权④水手上岸许可/**at liberty** ①自由②有权[I am not at liberty to say. 我无权讲话。]③有空或不在使用中/**take liberties** 太随便，太放肆

librarian [lai'brɛəriən] n. 图书管理员

library ['laibrəri] n. ①图书馆②藏书

license ['laisəns] n. ①许可证②放纵③放肆‖ v. 准许；批准[Is he licensed to hunt? 准许他狩猎吗?]

licentious [lai'senfəs] a. 无法无天的；放荡的/**licentiously** ad. /**licentiousness** n.

lichen ['laikən] n. 苔藓

lick [lik] v. ①舔[to lick one's lips 舔嘴唇]②舔吃[The dog licked the gravy from the floor. 狗舔吃地上的肉汁。]③像舌一样伸吐[Flames were licking the roof of the house. 火焰窜到了房顶。]④[日常用语]鞭打或抽打[a lick 舔一舔]⑤[日常用语]野兽常舔盐的盐渍地(全称是 salt lick)[日常用语]猛击

lie¹ [lai] v. ①平躺②平放[The book is lying on the table. 书平放在桌上。]③被存放[The treasure lay hidden for years. 财宝

被藏了好些年。〕④位于〔Ohio lies east of Indiana. 俄亥俄州位于印第安纳州东部。〕⑤在于；存在〔被埋葬〔He lies in the graveyard. 他被埋葬在墓地。〕/**lie over** 等待以后/**take something lying down** 甘受处罚，俯首屈服

lie² [lai] n. 谎话 ‖ v. ①说谎；欺骗〔Your camera lied; she isn't that stout. 你对她的印象有错，她并非那么健壮。〕/**give the lie to** 〔指责说谎〕拆穿虚伪

lief [li:f] ad. 乐意地；欣然〔He would as lief die as tell the secret. 他宁可死也不愿讲出秘密。〕

liege [li:dʒ] a.①有权受臣服的；君主的〔a liege lord 君主；王侯〕②有臣服义务的〔liege subjects 臣下〕‖ n. 臣下

lien [liən] n. 留置权

Lieut. [缩] Lieutenant

lieutenant [lif'ten³nt, 美 lu:'ten³nt] n.①陆、空军中尉〔a second lieutenant 少尉 a first lieutenant 中尉〕②海军中尉〕③副职军官

lieutenant colonel 陆军中校

lieutenant commander 海军少校

lieutenant general 陆军中将

lieutenant governor 副州长

life [laif] n.①生命；性命②生物③人④生物群⑤寿命⑥传记⑦生活⑧快乐或活力

life belt 安全带

lifeblood ['laif,blʌd] n.①生命必须的血②命根子

lifeless ['laiflis] a.①无生命的；死的②没生气的，沉闷的，单调的

lifelike [laiflaik] a. 逼真的，栩栩如生

lifeline ['laiflain] n.①潜水员的开降索②生命线

lifelong ['laiflɔŋ] a. 终身的

lifesaver ['laif,seivə] n. 救生员；救生物

life-size ['laif'saiz], **life-sized** ['laif'saizd] a. 与原人原物一般大小的

lifetime ['laiftaim] n. 一生；终身

lift [lift] v.①提起；举起〔I can't lift that heavy box onto the truck. 那个箱子太重，

我不能把它举到卡车上。〕②提升；提高〔to lift oneself up from poverty 摆脱贫穷〕③鼓舞〔His spirits lifted when he heard the news. 当他听到这消息，他的精神受到很大的鼓舞。〕④消灭；走掉〔The fog is beginning to lift. 雾开始散了。〕⑤〔口〕偷窃 ‖ n.①升②举③情绪激昂；鼓舞④高昂的姿态⑤帮助⑥〔英〕电梯/**lift one's voice** 提高嗓门

light¹ [lait] n.①光②光亮；光线③灯④火花；点火物⑤见解或见识⑥显露或为所周知⑦外观；观点⑧显赫人物 ‖ a.①发光的；明亮的②淡色的；白皙的〔a light skin 白皙的皮肤〕②绿色的〔a light green dress 一件淡绿色服装〕‖ v.①点着；着火〔to light a match 划火柴；wood that lights easily 易燃木柴〕②点灯〔to light a lamp 点灯〕③照亮〔Lamps light the streets. 灯照亮了街道。〕④用火光指引〔The servant lighted their way with a torch. 仆人用火把给他们照路。〕⑤变亮〔Her face lighted up with joy. 她脸上喜气洋洋。〕/**in the light of**, **throw light on** 使某事清楚明白地显示出来/**lightness** n.

light² [lait] a.①轻的，不重的②轻微的；少量的③轻松的，不重要的④愉快的，快乐的，快活的⑤容易做的；容易忍受的，不重的⑥眩晕的⑦松软的⑧轻快的；轻松的⑨轻要的 ‖ v.①落下；栖息〔Birds lighted on the roof. 鸟在房顶歇息。〕③偶然得到；突然发生〔He lighted on the right answer. 他偶然找到正确的答案。〕/**light out**〔俚〕突然离去/**make light of** 轻视，藐视/**lightness** n.

lighten¹ ['laitn] v.①使明亮；照亮②发光；闪耀

lighten² ['laitn] v.①减轻〔to lighten a load 减轻负载〕②使轻松〔His jokes lightened our spirits. 他的笑话使我们的心情轻松起来。〕

lighter ['laitə] n. 点火器〔a cigarette lighter 打火机〕

lightheaded ['lait'hedid] a.①头晕目

眩的②轻率的；轻浮的

lighthearted [ˈlaitˈhɑːtid] a. ①轻松愉快的；无忧无虑的

lighthouse [ˈlaithaus] n. 灯塔

lightly [ˈlaitli] ad. ①轻轻地；轻微地〔The leaves brushed lightly against his face. 树叶轻轻地擦过他的脸。〕②少量地；很少〔to eat lightly 吃得很少〕③轻盈地；轻巧地〔skipping lightly along 轻盈地跳动〕④轻松愉快地⑤粗心大意地；漠不关心地〔taking the responsibility lightly 不负责任〕

lightning [ˈlaitniŋ] n. 闪电

lightning bug 萤火虫

lightsome [ˈlaitsəm] a. 轻松愉快的②优雅的或轻盈的

lightweight [ˈlaitweit] n. ①〔体〕轻量级②体重在标准重量以下的人或动物

likable [ˈlaikəbl] a. 值得喜欢的

like¹ [laik] prep. 如；跟…一样，像 a. 相同的；相像的；相似的〔a cup of sugar and a like amount of flour 一杯糖和相同数量的面粉〕‖ n. 同样的人或事物〔Did you ever see the like of this rain? 你见过这样的雨吗？〕‖ conj.〔日常用语〕①如同〔It's like you said. 这如同你说的一样。〕②好像〔It looks like you'll win. 看起来你好像要赢。〕/**and the like** 及诸 如此类/**like anything**，**like crazy**，**like mad**〔俚〕像什么似地，发狂似地，猛烈地/**like as not**〔口〕很可能

like² [laik] v. 喜欢；喜爱〔I like to travel. 我喜欢旅行。Tom likes cats. 汤姆喜欢猫。〕②希望；想〔Would you like more milk？你还要点奶吗？You may go whenever you like. 你想什么时候走就什么时候走。〕‖ n.〔复〕爱好

-like [laik] n.〔后缀〕像…的

likelihood [ˈlaiklihud] n. 可能性

likely [ˈlaikli] a. ①很可能的；像有的②像真实的③恰当的；有希望的 ‖ ad. 很可能〔I will very likely go. 我很有可能走。〕

liken [ˈlaikən] v. 把…比做；把…比拟〔The poet likened her eyes to cornflowers.

诗人把她的眼睛比做矢车菊。〕

likeness [ˈlaiknis] n. ①相像；类似②形状，外表③肖像；写真，照片

likewise [ˈlaikwaiz] ad. ① 同样地〔He gave generously and we must do likewise. 他慷慨捐赠，我们也应该慷慨捐赠。〕②也，又〔Jim will sing and Mary likewise. 吉姆要唱歌，玛丽也要唱歌。〕

liking [ˈlaikiŋ] n. 喜欢；爱好

lilt [lilt] v. 轻快有节奏地唱或演奏 ‖ n. ①轻快有节奏的摆动②轻快活泼的歌曲

lily [ˈlili] n. ①百合花②百合属植物 ‖ a. 像百合花的；洁白的/**lilies**〔复〕

limber [ˈlimə] a. 易弯曲的；柔软的；顺从的 v. 使柔软〔Exercise limbers the fingers. 锻炼使手指变得柔软起来。〕

limelight [ˈlaimlait] n. ①灰光灯②引人注目的中心

limit [ˈlimit] n. ①界限，界线②〔复〕边界；范围③最大限额 ‖ v. 限定；限制〔Limit your talk to ten minutes. 只允许你讲 10 分钟。〕

limitation [ˌlimiˈteiʃən] n. ①限制②限度

limited [ˈlimitid] a. ①有限的②有限制的②停站少的

limitless [ˈlimitlis] a. 无限的；无限制的；一望无际的

limousine [ˈlimuˌ(ː)ziːn] n. 大型客车

limp¹ [limp] v. 一瘸一拐地走 ‖ n. 跛行

limp² [limp] a. 柔软的；易曲的

limpid [ˈlimpid] a. 清澈的

line¹ [lain] n. ①线，绳②金属线；电线；管，管路③线条④界线；界限⑤设计；外形⑥排；行⑦一系列相关人或事物⑧汽车公司，运输公司；航运公司；航空公司⑨交通线；航线；铁路线⑩路线⑪方法；方式⑫行业；工作⑬防线——种货物⑭短信；便条⑮〔复〕台词⑯出场比赛的足球运动员⑰赤道⑱〔数学〕线 ‖ v. ①起皱纹〔Age has lined his face. 岁月使他的脸上留下了皱纹。〕②沿——排列〔Elms line the street. 榆树沿街排列。〕/**all a-**

L

long the line 在每一点上，到处/draw a line 划一界线/get a line on（电话）[口]找出，弄明白/hold the line 等着不挂；坚定不移/in line 成一直线；一致/into line 排齐，一致[to bring or come into line 使排齐或同意]/line of duty 职责；公务[above and beyond the line of duty 超出职权范围]/line up 使整队；排列起来/on a line 公平坦率/out of line 不成一直线；不一致/read between the lines 体会字里行间的言外之意/toe the line 听从命令

line² [lain] v. 加衬里于[Canvas lined the trunk. 画布用粗帆布做衬里。]

lineage [ˈliniidʒ] n. 血统；门第

lineal [ˈliniəl] a. ①直系的；世袭的②线的

lineament [ˈliniəmənt] n. 面貌；面部；轮廓

linear [ˈliniə] a. ①直线的②长度的

line-up [ˈlainʌp] n. ①一组人；一批东西②球队的阵容

-ling [liŋ][后级]①小[duckling 小鸭]②不重要；低劣

linger [ˈliŋɡə] v. 徘徊；逗留；闲荡[The last guest lingered. 最后一个客人迟迟不走。]

lingo [ˈliŋɡəu] n. 难懂的方言，行话语言[the lingo of lawyers 律师的用语]/**lingoes** [复]

linguist [ˈliŋɡwist] n. ①通晓数国语言的人②语言学家

linguistics [liŋˈɡwistiks] n. [复]语言学[同单数动词一起使用]/**linguistic** a.

liniment [ˈlinimənt] n. 搽剂；涂抹油

lining [ˈlainiŋ] n. 衬里[the lining of a hat 帽里子]

link [liŋk] n. ①链环②一节[a link of sausage 一节香肠]③联系，连接 ‖ v. 连接；联系[We linked arms. 我们挽起了手臂。]

linking verb 联系动词

links [liŋks] n. [复]高尔夫球场

linseed 亚麻籽

linseed oil 亚麻油

lint [lint] n. ①棉绒②软麻布/**linty** a.

lion [ˈlaiən] n. 狮子

lip [lip] n. ①嘴唇②唇状物；器皿的边，伤口的边缘 ‖ a. 口头上的；不真诚的/**keep a stiff upper lip** 坚定不移；顽强不屈/**lip reading** 唇读法

lipstick [ˈlipstik] n. 口红

liquefy [ˈlikwifai] v. 使液化[Gases can be liquefied. 气体可以液化。]/**liquefaction** [ˌlikwiˈfækʃən] n.

liqueur [liˈkjuə] n. 味液性烈的一种甜酒

liquid [ˈlikwid] n. 液体 ‖ a. ①流动的；液体的[Oil is a liquid fuel. 油是液体燃料。]②流畅的[dancing with liquid grace 流畅优美的舞蹈]③易变换现金的[Bonds and stocks are liquid assets. 债券和股票是流动资产。]

liquidate [ˈlikwideit] v. ①清算[破产企业]②偿清③肃清[The dictator liquidated his enemies. 独裁者肃清他的敌人。]/**liquidation** n.

liquor [ˈlikə] n. ①酒②树液或肉汁

lisle [lail] n. 坚韧的细棉线 ‖ a. 细棉线制的

lissome，lissom [ˈlisəm] a. 柔软的；敏捷的；轻快的

list¹ [list] n. 目录；表；名单 ‖ v. 把…编成表；把…入入目录[Is your name listed in the phone book? 你的名字被编入电话簿了吗？]

list² [list] v. 倾侧[The ship listed in the storm. 船在暴风雨中倾斜。] ‖ n. 倾侧

listen [ˈlisn] v. 留神听；倾听[Listen to the rain. 听雨。Please listen when I speak to you. 我跟你讲话时，请注意听。]/**listen in** 收听/**listener** n.

listless [ˈlistlis] a. 倦怠的/**listlessly** ad.

lists [lists] n. [复]竞斗场 /**enter the lists** 接受挑战

liter [ˈlitə] n. 升（容量单位）

literacy [ˈlitərəsi] n. 阅读和写作的能力

literal [ˈlitərəl] a. ①照词句本义的 [a literal translation of a French poem 对一首法语诗的直译]②原义的，不加夸张的 [The literal meaning of "lend an ear" is to let another borrow one's ear. "lend an ear" 的原义是把自己的耳朵借给别人一只。]③确凿实实的；实际的；端正的 [the literal truth 实事求是]/**literally** ad.

literary [ˈlitərəri] a. 文学的 [literary studies 文学研究 literary men 文人]

literate [ˈlitərit] a. 有文化的；有阅读和写作能力的 ‖ n. 有文化的人

literature [ˈlitərətʃə] n. ①文学作品②写作③文献 [medical literature 医学文献]

lithe [laið] a. 易弯曲的；柔软的或轻快的

lithograph [ˈliθəgrɑːf] n. 平版画 ‖ v. 用平版印刷

lithography [liˈθɔgrəfi] n. 平版印刷术/**lithographer** n.

litigant [ˈlitigənt] n. 诉讼当事人

litigation [ˌlitiˈgeiʃən] n. ①打官司②诉讼

litter [ˈlitə] n. ①担架②轿③供动物睡眠用的稻草或干草④四下乱丢的东西⑤一胎生下的小狗、小猫等 ‖ v. ①使在一处布满杂乱的东西 [The lawn was littered with leaves. 草地上布满了树叶。]②产仔

little [ˈlitl] a. ①小的②一点点；不多的③短暂的④微不足道的；琐碎的⑤狭小的；可爱的⑥稍许；一点儿 [He is a little better. 他稍好一点。]⑥毫不 [He little knew what lay ahead. 他一点不知道将来会怎么样。] ‖ n. ①小量②短时间/**little by little** 一点一点地；少量；逐渐地/**not a little** 很多；很/**think little of** 不重视/**littleness** n.

livable [ˈlivəbl] a. ①适于居住的②过得去的

live[1] [liv] v. ①活；活着②生存③生活④享受人生 [That man has really lived. 那个男人真正享受到人生。]⑤维持生计 [She lives on a small pension. 她靠很少的养老金维

持生活。]⑥喂养 [Bats live on insects and fruits. 蝙蝠靠昆虫和水果过活。]⑦安家；居住 [We live on a farm. 我们住在农场。]/**live down** 过着一种使人忘记以往过错的生活/**live up to** 实践

live[2] [laiv] a. ①有生命的②精力充沛的；充满活力的③目前大家关心的④燃着的⑤未爆炸的⑥带电流的⑦实况播送的

livelihood [ˈlaivlihud] n. 生活；生计

livelong [ˈlivlɔŋ, laivlɔŋ] a. 漫长的；整个的

lively [ˈlaivli] a. ①充满生气的；活泼的②热烈的③欢快的；鲜明的④轻快的⑤弹力足的 ‖ ad. 活泼地/**liveliness** n.

liven [ˈlaivn] v. 使活跃起来；使愉快起来等 [Games liven up a party. 游戏节目使聚会活跃起来。]

liver[1] [ˈlivə] n. ①肝脏②供食用的动物肝

liver[2] [ˈlivə] n. 过着某种生活的人

livery [ˈlivəri] n. ①仆人或做某种工作的人所穿的制服②代客养马；马车行③马房

livestock [ˈlaivstɔk] n. 家畜；牲畜

livid [ˈlivid] a. ①青黑色的（肉皮擦伤后呈现的）②青灰色的；铅色的

living [ˈliviŋ] a. ①有生命的；活的；存在的②生动的③起作用的④逼真的⑤生活的；维持生活的⑥能够维持的 ‖ n. ①活着②生存；生计③生活

living room 起居室

lizard [ˈlizəd] n. 蜥蜴

load [ləud] n. ①担子，重担，负担②装载量；一车③发电量，弹药一次装入枪④[复][日常用语]大量；许多 ‖ v. ①装载[to load a bus with passengers 让乘客上公共汽车 to load coal 装煤]②使负担[She is loaded with troubles. 她被困难压得心事重重。]③ [She was loaded with medals. 他被授予了很多奖章。]④装入[to load gun with bullets 把子弹装入

枪〕⑤装货〔The truck is loading at the
platform. 这辆卡车正在站台上装货。〕⑥
含蓄〔a loaded question 另有用意的问
题〕/**loader** n.

loadstone ['ləudstəun] n. ①天然磁石
②吸引人的东西

loaf[1] [ləuf] n. ①一条面包②一只面包③
圆锥形糖块

loaf[2] [ləuf] v. 消磨时间；懒散〔to loaf on
the job 磨洋工〕

loafer ['ləufə] n. ①游手好闲的人，懒人
②软帮运动鞋

loan [ləun] n. ①借出②贷款‖ v. 借出

loath [ləuθ] a. 不愿意的；勉强的

loathe [ləuð] v. 厌恶；憎恨

loathing ['ləuðiŋ] n. 厌恶；憎恨

lob [lɔb] v. 把球打出或扔出‖ n. 打球
或扔球

lobby ['lɔbi] n. ①旅馆或剧院的门厅或
招待室②院外活动集团（向立法人员施
加影响的人或集团）‖ v. 进行疏通活动/
lobbyist n.

lobster ['lɔbstə] n. ①龙虾②龙虾肉

local ['ləukəl] a. ①地方的；当地的②局
部的③沿途各站必停的；速度慢的‖ n.
①慢车(指火车和公共汽车)②工会的地
方分会

localism ['ləukəlizəm] n. 方言

locality [ləu'kæliti] n. 地方；地点；地区

localize ['ləukəlaiz] v. 使限制于局部
〔The pain is localized in his hand. 他只是
手疼。〕

locally ['ləukəli] ad. 局部地〔The storm
did much damage locally. 风暴给局部地区
造成很大损失。〕

locate [ləu'keit] v. ①把…设置在；使…
位于〔His shop is located downtown. 他的
商店位于城市的商业区。〕②找出〔Locate
Alaska on this map. 在这张地图上找出阿
拉斯加。〕③找出〔He finally located the
gloves he had lost. 他最后找出了他丢的
手 套。〕④〔日 常 用 语〕定居〔The family
located on Boston. 全家定居在波士顿。〕

---

location [ləu'keiʃən] n. ①定位②位置；
场所

lock[1] [lɔk] n. ①锁②船闸③揪扭④枪
机 ‖ v. ①锁上②把…锁进来或锁出去
〔Lock the money in the box. 把钱锁在箱
子里。〕③紧紧衔接；紧紧抱住〔The two
elks lock horn while fighting. 两只麋决斗
时它们的角紧紧地搅在一起。〕④卡住
〔The gear are locked. 齿轮被卡住。〕

lock[2] [lɔk] n. ①一绺头发②(羊毛、棉花
的)一簇

lockout ['lɔk'aut] n. 封闭工厂

locksmith ['lɔksmiθ] n. 锁匠

lockup [lɔkʌp] n. 拘留所

locomotion [,ləukə'məuʃən] n. 运动

locomotive ['ləukə,məutiv] n. 火车头
‖ a. 运动的

locust ['ləukəst] n. ①蝗虫②蝉③洋槐树

lodestar ['ləudsta:] n. 北极星

lodge [lɔdʒ] n. ①小屋②社团和联谊会
的分会或集会处③水獭的巢穴 ‖ v. ①供
给…住宿〔She agreed to lodge the strangers
overnight. 她同意给陌生人提供一宿
住处。〕②暂住〔John lodged with the Smith
family while attending college. 约翰上大学
期间住在史密斯家。〕③把…射人，投人
〔The archer lodged the arrow in the center
of the target. 射箭运动员把箭射人靶心。〕
④进人而停留〔The fish bone lodged in
her throat. 鱼骨卡在她的喉咙里。〕⑤提
出〔to lodge a protest with the mayor 向市
长提出抗议〕

lodger ['lɔdʒə] n. 房客

lodging ['lɔdʒiŋ] n. ①寄宿处②〔复〕出租
的一间房或几间房

lodgment ['lɔdʒmənt] n. ①住所或住处
②立足点③沉积物

loft [lɔft] n. ①阁楼②统楼层③楼厢 ‖ v.
把…向高处发射〔The golfer lofted the ball
over the bunker. 高尔夫球运动员把球打
过球洞。〕

lofty ['lɔfti] a. ①极高的②崇高的；高尚
的③高傲的；傲慢的/**loftiness** n.

log [lɔg] n. ①木料②计程仪③航海日志④旅行记录 ‖ a. 木制的 ‖ v. ①砍伐森林木然后把它运到锯木厂②把…记入航海日志

logarithm [ˈlɔgəˈriθm] n. 对数②对数表

logbook [ˈlɔgbuk] n. 航海（或飞行）日志

logging [ˈlɔgiŋ] n. 伐木工作/**logger** n. 伐木者

logic [ˈlɔdʒik] n. ①逻辑；逻辑学②逻辑性③推理

logical [ˈlɔgikl] a. ①逻辑的；符合逻辑的②逻辑上必然的

logician [ləuˈdʒiʃən] n. 逻辑学家

-logy [lədʒi] [后缀] n. 表示"…学，…论"的

loin [lɔin] n. ①腰②loins [复] 耻骨区/**gird up the loins** 准备奋斗①

loiter [ˈlɔitə] v. ①消磨时光；闲逛②游荡/**loiterer** n.

loll [lɔl] v. ①懒洋洋地倚靠②垂下 [The dog's tongue lolled out. 这条狗垂下它的舌头。]

lone [ləun] a. 独自的；孤独的

lonely [ˈləunli] a. ①寂寞的②孤独的③人迹稀少的/**loneliness** n.

lonesome [ˈləunsəm] a. ①孤独的②凄凉的/**lonesomeness** n.

long¹ [lɔŋ] a. ①长久的；长期的；长的②达到远处的；长远的③大的；众多的④冗长的 ‖ ad. ①长久地 [all summer long 整个夏天③]⑤长期地 [He died long ago. 他很久以前就死了。]/**as long as, so long as** ①达…之久②长达…；从…以来④/**before long** 不久

long² [lɔŋ] v. 渴望；极想念 [We long to go home. 我们想回家。]

long distance 长途电话

longevity [lɔnˈdʒeviti] n. 长寿

longhand [ˈlɔŋhænd] n. 普通写法

longing [ˈlɔŋiŋ] n. 渴望；期望 ‖ a. 显示出渴望的/**longingly** ad.

longitude [ˈlɔndʒitjuːd] n. 经度

longitudinal [ˌlɔndʒiˈtjuːdinl] a. ①纵的②纵向的③经度的/**longitudinally** ad.

longlived [ˈlɔŋˈlivd] a. 长命的，长存的

long-playing [lɔŋˈpleiiŋ] a. 慢转的，密纹的

long-range [ˈlɔŋreindʒ] a. 远程的

longshoreman [ˈlɔŋʃɔːmən] n. 码头装卸工人/**longshoremen** [复]

long-suffering [lɔŋˈsʌfəriŋ] a. 能忍耐的

long-winded [lɔŋˈwindid] a. 冗长乏味的

look [luk] v. ①看 [Don't look back. 别往后看。]②瞧 [Look me in the face. 直视我的脸。]③注意 [Just look at the trouble we've caused. 注意我们引起的麻烦。]④寻找 [Did you look in every pocket for the letter? 这封信你每个兜都找了吗？]⑤显得，好像 [Jane looks sad. 珍妮好像有点悲伤。]⑥朝着 [The hotel looks to the lake. 这家旅馆面朝着湖。] ‖ n. ①看；一瞥②样子；外表③ [复] [日常用语] 面貌/**look after** 照料/**look alive!** 当心！快些！/**look back** 回顾/**look down on** 轻视；看不起/**look for** ①寻找②期盼/**look forward to** 盼望/**look in on** 顺便访问/**look into** ①研究②审查；调查/**look in** 观看；看待；注视/**look out** 注意/**look to** ①照料②依赖③指望/**look up** ①查字典②[日常用语] 拜访/**look up** 尊敬；仰慕/**looker** n.

looker-on [ˈlukərˈɔn] n. 旁观者；观察员/**lookers-on** [复]

lookout [ˈlukˈaut] n. ①注意②看守者③了望台④[日常用语] 与个人有关的事

loom¹ [luːm] n. 织机

loom² [luːm] v. 隐隐呈现 [A ship loomed out of the fog. 一艘船在大雾中隐隐出现。]

loop [luːp] n. ①圈，环②环状物 ‖ v. ①打环 [to loop a rope 把绳子打成环]②翻筋斗 [The airplane loops. 飞机翻筋斗。]③打环扣住 [The curtain was looped to one side. 用绳环把窗帘系在一边。〕

loophole〔ˈluːphəul〕n. 墙上的窥孔或射击眼;漏洞,空子

loose〔luːs〕a. ①没加束缚的;自由的;松开的〔a loose end of wire 电线松着的一端〕②松的、宽的③松散的④散装的⑤不确切的;不严谨的⑥放荡的 ‖ ad. 松散地〔The coat hung loose. 上衣松散地垂下来。〕‖ v. ①放开;释放〔We loosed the wild horse. 我们松开了这匹野马。〕②放松;松弛〔He loosed his collar. 他松了一下衣领。〕/**break loose** 挣脱出来;逃脱/**cast loose** 解开/**set loose**,**turn loose** 放走;释放/**loosely** ad. /**looseness** n.

loose-leaf〔ˈluːsliːf〕a. 活页的

loosen〔ˈluːsn〕v. 放松或解开

loot〔luːt〕n. 掠夺物;赃物;战利品 ‖ v. 掠夺;抢劫

lop〔lɔp〕v. ①剪掉;砍掉 to lop a branch 砍掉树枝②修剪树枝

lope〔ləup〕v. 大步跳跃着慢跑 ‖ n. 大步慢跑

lopsided〔ˈlɔpsaidid〕a. 倾侧的,不平衡的

loquacious〔ləuˈkweiʃəs〕a. 多话的;健谈的/**loquacity**〔ləuˈkwæsiti〕n.

lord〔lɔːd〕n. ①贵族;君主;国王陛下②中世纪的庄园主③上帝;基督耶稣④the House of Lords 英国上议院⑤英国封给贵族的勋爵头衔⑥带有勋爵称号的人/**lord it over** 逞威风

lordly〔ˈlɔːdli〕a. ①贵族的;气派十足的②妄自尊大的;藐视的;傲慢的

lordship〔ˈlɔːdʃip〕n. 贵族身分

lose〔luːz〕v. ①丢;丢失〔He lost a glove in the library. 他在图书馆丢了一只手套。〕②丧失〔In the war he lost a brother in the war. 在战争中他失去了一个哥哥。〕③失控〔to lose one's temper 发脾气〕④未赢得;输掉〔We lost the football game. 我们输掉了这场足球比赛。〕⑤错过;浪费〔He lost his chance. 他错过了机会。Don't lose any time. 不要浪费任何时间。〕⑥抓不住;看

不见;听不着〔I did not lose a word of the lecture. 这堂课我一个字也没漏下。〕⑦毁灭,使丧失〔The ship was lost in a storm. 这艘船在风暴中遇难了。〕⑧使失去〔His bad manners lost his friends. 他的坏态度使他失去了朋友。〕⑨迷失〔He lost his way in the woods. 他在森林中迷了路。〕/**lose oneself** ①迷路;使糊涂不清②使沉湎于/**loser** n.

losing〔ˈluːziŋ〕a. 要输掉的 ‖ n. 赌博中输钱

loss〔lɔ(ː)s〕n. ①丧失或遗失②亏损不在,缺席/**at a loss** 困惑;不知所措

lost〔lɔst〕lose 的过去式和过去分词;丢失的,失去的,损毁的;失败的,浪费的/**lost in** 入迷的;忘我的/**lost on** 对…不起作用

lot〔lɔt〕n. ①抽签②抽签决定③拈阄④运气⑤命运⑥一小块土地⑦一堆东西或一些人⑧〔复〕〔日常用语〕大量;许多 ‖ ad. 非常,相当〔He is a lot happier. 他非常幸福。〕/**cast in one's lot with** 同命运

lotion〔ˈləuʃən〕n. 洗液;洗剂

loud〔laud〕a. ①响亮的,大声的②吵闹的③强调的;强有力的④〔口〕过分鲜艳的;招摇的 ‖ ad. 大声地/**loudly** ad. /**loudness** n.

loudspeaker〔ˈlaudˈspiːkə〕n. 扬声器,喇叭

lounge〔laundʒ〕v. ①(懒洋洋地)躺,靠倚;懒散地闲荡 ‖ n. ①起居室②沙发

louse〔laus〕n. ①虱②植物上的小虫/**lice**〔复〕

lout〔laut〕n. 蠢人;乡下佬/**loutish** a.

Louvre〔ˈluːvrə〕n. 卢浮宫

lovable,**loveable**〔ˈlʌvəbl〕a. 可爱的;讨人喜欢的

love〔lʌv〕n. ①爱②爱好③恋人④(网球)零分 ‖ v. ①爱〔to love parents 爱父母 to love all mankind 爱全人类〕②喜欢〔He loves to eat. 他喜欢吃。〕/**fall in love with** 爱上/**for the love of** 为了…起见/**in love** 热爱/**make love** 做爱/**loveless** a.

L

lovebird [ˈlʌvbəːd] n. 相思鸟

lovelorn [ˈlʌv lɔːn] a. 失恋的;害相思病的

lovely [ˈlʌvli] a. ①可爱的;好看的;美丽的②[日常用语]令人愉快的/**loveliness** n.

lover [ˈlʌvə] n. ①情人;恋人②爱好者

lovesick [ˈlʌvsik] a. 害相思病的

loving [ˈlʌviŋ] a. 爱的;表示爱的/**lovingly** ad.

low [ləu] a. ①浅的、矮的②低的③洼地的④地位低的;低下的;卑下的⑤少的;低廉的;低下的⑥低音的;低声的;软弱的⑧不好的;不赞成的;粗劣的⑨消沉的;无精神的⑩粗俗的;下流的⑪厌恶的 ‖ ad. 向下地;低声地[pitch the ball low 向下投球 speak low 低声讲话] ‖ n. ①低水平;低地;低点②低排档/**lay low** 击倒;弄死/**lie low** 隐匿;潜伏/**lowness** n.

low-brow [ˈləubrau] n. [俚]教养不高的人

low-down [ˈləuˌdaun] n. [俚]真相;内幕

lower¹ [ˈləuə] a. ①较低的②地位较低的 ‖ v. ①放下[Lower the window. 放下窗子。]②减少;降低[He will lower the price. 他准备降低价格。His voice lowered to a whisper. 他放低了声音。]③贬低[His cowardly acts lowed him in our eyes. 他遣小慎微的行为降低了他在我们眼里的威信。]

lower² [ˈləuə] v. ①皱眉②变阴沉;变昏暗[a lowering sky 阴沉的天空]

lowermost [ˈləuəməust] a. 最低的

low-grade [ˈləuˈgreid] a. 低质量的

lowland [ˈləulænd] n. 低地/**the lowlands** 苏格兰低地/**lowlander** n.

lowly [ˈləuli] a. ①地位低下的②谦逊的;卑下的;地位低下的 ‖ ad. 谦逊地;卑下地/**lowliness** n.

low-spirited [ˈləuˈspiritid] a. 沮丧的;精神不振的;不幸福的

loyal [ˈlɔiəl] a. ①忠诚的②忠心的;忠实的/**loyally** ad.

loyalist [ˈlɔiəlist] n. 忠臣

loyalty [ˈlɔilti] n. 忠诚;忠心

lubricant [ˈljuːbrikənt] n. 润滑油

lubricate [ˈljuːbrikeit] v. 给…涂润滑油[to lubricate a motor 给发动机涂润滑油]/**lubrication** n./**lubricator** n.

lucid [ˈljuːsid] a. ①清楚的;易懂的;明了的②清澈的;透明的③神志清醒的;头脑清楚的④[诗]光辉的;明亮的/**lucidity** [ljuːˈsiditi] n./**lucidly** ad.

luck [lʌk] n. ①运气;好运②幸运/**in luck** 运气好/**out of luck** 运气不好

luckless [ˈlʌklis] a. 运气不好的;不幸的/**lucklessly** ad.

lucky [ˈlʌki] a. ①幸运的②侥幸的③能带来好运的/**luckily** ad.

lucrative [ˈljuːkrətiv] a. 赚钱的;获利的;有利的

lucre [ˈljuːkə] n. [贬]钱财

ludicrous [ˈljuːdikrəs] a. 荒唐的,滑稽的;荒谬可笑的

lug [lʌg] v. 用力地拉、拖[We lugged the heavy box upstairs. 我们用力把这重箱子拖上楼。] ‖ n. 架子

luggage [ˈlʌgidʒ] n. 行李

lugubrious [ljuːˈgjuːbriəs] a. ①(尤指故意装出)非常悲哀的;阴郁的

lukewarm [ˈljuːˈkwɔːm] a. ①微温的②半心半意的;不热情的

lull [lʌl] v. ①安静[She lulled her baby to sleep. 她哄婴儿入睡。]②镇静;平息[The good news lulled her fears. 好消息使她的恐惧心理平静下来。The storm lulled. 风暴平息了。] ‖ n. 间歇;暂停[a lull in business 生意的暂停]

lullaby [ˈlʌləbai] n. 催眠曲;摇篮曲

lumbar [ˈlʌmbə] n. 腰部的

lumber [ˈlʌmbə] v. 笨重地移动[The trucks lumbered up the hill. 卡车笨重地爬上了小山坡。]

lumbering [ˈlʌmbəriŋ] n. 伐木

L

lumberman [ˈlʌmbəmən] n. ①伐木者②木材商/**lumbermen**[复]

luminous [ˈljuːminəs] a. ①发光的;发亮的②明亮的③明白易懂的/**luminosity**[ˌluːjmiˈnɔsiti] n.

lump [lʌmp] n. ①团,块,土块;面团②隆起;肿块 ‖ a. ①块的;成块的②一次全部的 ‖ v. ①使成块;使成团②把…归并在一起③[日常用语]忍受[If you don't like it you can lump it. 你不喜欢,也得忍受。]

lumpish [ˈlʌmpiʃ] a. ①团状的;块状的;笨重的②迟钝的;笨拙的

lumpy [ˈlʌmpi] a. 多块的/**lumpiness** n.

lunacy [ˈljuːnəsi] n. ①疯狂;精神错乱;狂暴②蠢笨的行为

lunar [ˈljuːnə] a. ①月亮的;似月的②按照月球的运转而测定的

lunatic [ˈljuːnətik] a. ①精神病的;神经错乱的②为收容精神病人而设的③极端愚蠢的 ‖ n. [罕]精神病人

lunch [lʌntʃ] n. ①午餐②便餐 ‖ v. 吃午餐

luncheon [ˈlʌntʃən] n. 午餐,午餐会

lunchroom [ˈlʌntʃruː(ː)m] n. 便餐馆

lung [lʌŋ] n. 肺脏;肺

lunge [lʌndʒ] n. 用剑刺;戳 ‖ v. 刺,戳

lurch [ləːtʃ] v. 突然倾斜 ‖ n. 突然倾斜

lure [ljuə] v. 引诱;诱惑 [The witch lured Hansel and Gretel to her house. 女巫把汉塞尔和格雷特尔引诱到她的房子里。] ‖ n. ①魅力[the lure of the sea 海的魅力]②诱饵

lurid [ˈljuərid] a. ①可怕的;惊人的②可怕的;阴惨的

luscious [ˈlʌʃəs] a. ①甘美的;芬芳的②高兴看到的或听到的

lush [lʌʃ] a. 茂盛的;葱翠的

lust [lʌst] n. ①欲望②色欲 ‖ v. 渴望 [The tyrant lusted for more power. 暴君渴望更多的权力。]/**lustful** a.

luster [ˈlʌstə] n. ①光辉;光彩;光泽②光荣;荣誉

lustrous [ˈlʌstrəs] a. 有光泽的;有光彩的

lusty [ˈlʌsti] a. 强壮的;精力充沛的;朝气蓬勃的/**lustily** ad. /**lustiness** n.

luxuriant [lʌgˈzjuəriənt] a. ①繁茂的;丰饶的②绚丽的;华丽的/**luxuriance** n. /**luxuriantly** ad.

luxuriate [lʌgˈzjuərieit] v. ①茂盛②沉迷;享受

luxurious [lʌgˈzjuəriəs] a. ①豪华的;奢侈的;非常舒适的②爱好奢侈的

luxury [ˈlʌkʃəri] n. ①奢侈;豪华②奢侈品

-ly [li] [后缀]用来构成形容词和副词①像…的;适合的②每一特定时期发生一次的③表示方式、时间、地点 [To sing harshly is to sing in a harsh way. 刺耳地唱就是用刺耳的方式唱。]④表示方向;方面⑤表示顺序

lyceum [laiˈsiː(ː)əm] n. ①学术讲演会堂②文艺团体

lying [ˈlaiiŋ] lie 的现在分词 ‖ a. 说谎的 [a lying witness 说谎的证人] ‖ n. 谎话

lymph [limf] n. 淋巴;淋巴液

lymphatic [limˈfætik] a. ①(含)淋巴的②迟缓的;软弱的

lynch [lintʃ] v. 私刑处死

lynx [liŋks] n. 山猫

lyric [ˈlirik] a. ①抒情诗的②适合于演唱的③热情奔放的 ‖ n. ①抒情诗②歌词/**lyrics**[复]民歌中的词句

lyrical [ˈlirikəl] a. ①同 lyric②奔放的,极兴奋的,热情的/**lyrically** ad.

$\mathcal{M}$ m **M** m

M,m [em]n. 英语的第十三个字母/**M's, m's**[emz][复]

macadam [mə'kædəm]n. ①铺路用的碎石②碎石路

macadamize [mə'kædəmaiz]v. 用碎石筑(路),筑(碎石路)

mach [mɑːk]n. [物]马赫数;飞机速度与音速之比率

machination [ˌmæki'meiʃən]n. ①[常用复数]图谋,策划②诡计,奸计,阴谋

machine [mə'ʃiːn]n. ①机器,机械②汽车、飞机等③(能以简单的方法获得最大的力量的)工具,装置④机械般工作的人(或机构)⑤机构;(控制政党的)核心小集团 ‖ a. ①机械的,机器的②机制的 ‖ v. 机制,用机床加工

machinery [mə'ʃiːnəri]n. ①[总称]机器,机械②(机器的)运转部分③(政府等的)机构

machinist [mə'ʃiːnist]n. ①机工,机械师②机器操作工人

mackintosh [ˈmækintɔʃ]n. 雨衣

macron [ˈmækrɔn]n.[语](加在元音上的)长音符号

mad [mæd] a. ①发疯的,发狂的,精神错乱的②异常激动的,狂乱的③愚蠢的,轻妄的,不明智的④狂热的,着迷的⑤狗患疯犬病的⑥[口]恼火的,狂怒的

madam [ˈmædəm]n. (对妇女的尊称)夫人,女士,太太,小姐/**madams, madames** [ˈmeidæm][复]

madcap [ˈmædkæp]n. 鲁莽的人,狂妄的人 ‖ a. 鲁莽的,不顾前后的

madden [ˈmædn]v. 使发疯,使发狂;使狂怒,使恼火

made [meid]make 的过去式和过去分词 ‖ a. ①人工制造的②虚构的,捏造的③拼成的

made-to-order [ˈmeidtuˈɔːdə] a. 订制的,订做的

made-up [ˈmeidʌp] a. ①制定的②虚构的,捏造的③化了妆的

madly [ˈmædli] ad. 疯狂地,发狂地;愚蠢地,狂妄地

madman [ˈmædmən] n. 疯子,狂人/**madmen** [复]

madness [ˈmædnis] n. ①发疯或发狂的状态②狂怒③十分愚蠢

madrigal [ˈmædrigəl] n. 情歌;小曲,牧歌

maelstrom [ˈmeilstrəum] n. ①大漩涡,大激流;尤指挪威西海岸的大漩涡②猛烈(或破坏性)的力量;大动乱

magazine [ˌmægə'ziːn] n. ①杂志,期刊,(报纸的)星期专刊②仓库;弹药库;库存物;库存弹药③弹盒,弹盘④(照相机内的)胶卷盒

maggot [ˈmægət] n. 蛆

magic [ˈmædʒik] n. ①(迷信中的)魔法,巫术②魔力,魅力③魔术,戏法 ‖ a. ①魔术的,巫术的②有魅力的,不可思议的

magical [ˈmædʒikəl] a. ①魔术的,巫术的②有魅力的,不可思议的/**magically** ad.

magician [mə'dʒiʃən] n. ①术士②魔术师

magisterial [ˌmædʒisˈtiəriəl] a. ①地方行政长官的;官吏的②教师的;师长作风的,威严傲慢的③(意见等)有权威的;专横的

magistracy [ˈmædʒistrəsi] n. ①地方行政官的职位②[总称]行政长官

magistrate [ˈmædʒistrit] n. ①地方行政官②文职官员③地方法官

magnanimity [ˌmægnəˈnimiti] n. ①宽宏大量;高尚②宽宏大量的行为;高尚的行为

magnanimous [mægˈnæniməs] a. 宽宏大量的;高尚的

magnate [ˈmægneit] n. ①大官,权贵,要人②(资本主义商业的)巨头,大王

magnesia [mægˈniːʃə] n. ①[化]氧化镁;[矿]镁氧

magnesiun [mægˈniːzjəm] n. 镁

magnet [ˈmægnit] n. ①磁体,磁铁,磁石②有吸引力的人(或物)

magnetic [mægˈnetik] a. ①磁的,有磁性的,(可)磁化的,由磁性引起的②有吸引力的,有魅力的

magnetism [ˈmægnitizəm] n. ①磁,磁力②磁学③魅力,吸引力

magnetize [ˈmægnitaiz] v. ①使磁化,使生磁力,使有磁力②使醉迷,吸引[We were magnetized by his personality. 我们被他的个性所吸引。]

magneto [mægˈniːtəu] n. 磁电机,永磁发电机,磁石发电机

magnificence [mægˈnifisns] n. ①壮丽,宏伟,宏大②华丽,豪华

magnificent [mægˈnifisnt] a. ①壮丽的,宏伟的,宏大的②华丽的,豪华的③(思想等)高尚的,高贵的

magnify [ˈmægnifai] v. ①放大,扩大[This lens magnifies an object to twice its size. 这个透镜把物像放大到原来的两倍。]②夸张,夸大[He magnified the seriousness of his illness. 他夸大他的病重程度。]

magniloquent [mægˈniləkwənt] a. ①

(文风、语言等)华而不实的,夸张的②唱高调的,说得好听的/**magniloquence** [mægˈniləkwəns] n.

magnitude [ˈmægnitjuːd] n. ①巨大;广大;伟大②重大,重要性③大小;数量,重要

magpie [ˈmægpai] n. ①[动]鹊②[喻]爱说话的人,叽叽喳喳的人

maid [meid] n. ①少女,未婚女子②侍女,女仆

maiden [ˈmeidn] n. ①少女;未婚女子;处女 ‖ a. ①少女的②未婚女子的,处女的[a maiden aunt 未婚的姑妈(或姨妈)]③初次的[the ship's maiden voyage 轮船的初航/**maidenly** a.

maid of honor 在婚礼上担任主要女傧相的未婚女子

maidservant [ˈmeidˌsəːvənt] n. 女仆

mail [meil] n. ①邮件②[美]邮递,邮政制度 ‖ a. 邮寄的 ‖ v. 邮寄,放在信箱里

mailbox [ˈmeilbɔks] n. [美]邮筒;邮箱,信箱

mailman [ˈmeilmən] n. [美]邮递员

main¹ [mein] n. 残害,使残废,使负重伤

main² [mein] a. 主要的,最重要的;总的 ‖ n. ①体力,力气;力量②(自来水、煤气等)的总管道③[诗]海洋,沧海

main clause 主句

mainly [ˈmeinli] ad. 大体上,主要地

mainspring [ˈmeinspriŋ] n. ①(钟表的)主发条②主要动力,主要动机,主要原因

mainstay [ˈmeinstei] n. ①主桅支索②主要的依靠[She was the mainstay of her family. 她是家庭的主要依靠。]

maintain [menˈtein] v. ①维持;保持;继续[Try to maintain this speed. 保持这个速度。Food maintains life. 食物维持生命。]②供养,扶养[Father maintains a family of six. 父亲供养六口人。]③坚持,维护④(坚决)主张,强调[He still maintains that he's innocent. 他仍强调他是无辜的。]

maintenance [ˈmeintinəns] n. ①维持

保持②维修,保养③扶养;生活(费),生计

majestic [mə'dʒestik], **majestical** [mə'dʒestikəl] a. 雄伟的,壮丽的;庄严的,威严的,崇高的 || **majestically** ad.

majesty ['mædʒisti] n. ①雄伟,宏伟,壮观,壮丽,庄严,崇高②(帝王的)威仪,尊严,威严③Majesty[尊称]陛下

major ['meidʒə] a. ①较大的,较多的,较长大的,较重要的,较大范围的②[音]大调的,大音阶的 || n. ①少校②[美](大学中的)主课,专业,专业学生 || v. [美]主修某专业[to major in English 主修英语]

majority [mə'dʒɔriti] n. ①多数,大多数,半数以上②(选举中)多得的票数③成年,法定年龄

make [meik] v. ①做,制造,建造,创造[to make a dress 做衣服 to make a fire 生火 to make plans 制定计划 to make a sound 弄出声音]②引起,使得,使成为[Her giggling makes me nervous. 她的傻笑使我感到紧张。][Lincoln made Grant a general. 林肯使格兰特成为一名将军。]③成为,变成[He will make a good doctor. 他会成为一名好医生。]④实行,进行[to make a right turn 向右转 to make a speech 进行演讲]⑤获得,挣得,赢得[to make money 挣钱 to make friends 交朋友]⑥整理,布置,准备[to make the bed 铺床]⑦总计,等于[Two pints make a quart. 两品脱等于一夸脱。]⑧使得,迫使[Who made her cry? 谁使她哭了?]⑨使……成队[Good pitching can make a baseball team. 好的投球队能使一支棒球队获胜。]⑩认为,估计[What do you make of his strange behavior? 你对他的奇怪行为怎么看?]⑪到达,赶上[The ship makes port today. 轮船今天到达港口。]⑫以……速度航行[The ship can make 35 knots. 轮船能以每小时35节的速度航行。]⑬[口]成功地成为……之中的一员,在……被提到[Jack made the honor roll. 杰克进了光荣册。] || n. ①制造法,构造,样式[Do you like the make of this suit? 你喜欢这套衣服的样式吗?]②产品来源[a foreign made of car 一辆外

国造的车]/ **make after** 追逐,跟踪/ **make away with** ①偷,携……而逃②除去,摧毁③杀死/ **make believe** 假装/ **make for** ①走向,向……前进②有利于,有助于,倾向于[Respect for the rights of others makes for a happy home. 尊重别人的权利有利于家庭幸福。]/ **make it** [口]①规定②办成功,做到,赶到/ **make off with** 携……而逃,拐走/ **make out** ①辨认出②理解③书写,填写,开列④(企图)证明,说明,把……说成[She makes me out to be a coward. 她把我说成一个胆小鬼。]⑤进展,成功/ **make over** ①改造,把……改制(或翻新)②把(财产)转让,移交[He made over the house to his son. 他把房子移交给他的儿子]/ **make up** ①拼凑成②组成③编造,捏造④补考⑤弥补,补偿,赔偿[How can I make up for your loss? 我怎么才能补偿你的损失呢?]⑥调停(纠纷等);和解[演员等]化装;扮演⑧决定[He made up his mind to go. 他决定去。

make-believe ['meikbiˌliːv] n. 假装,假托;假托者 || a. 假装的,虚假的

makeshift ['meikʃift] n. 权宜之计;临时凑合的代用品

make-up ['meikʌp] n. ①组成,构成[the make-up of the atom 原子的构成]②性格,特质,体质③(妇女用)化妆品④演出的)化装(术),化装用具⑤(学校的)补考

mal- [前缀]①表示"坏","恶","不良"②表示"不","非","不当"

maladjusted ['mælə'dʒʌstid] a. 调节得不好的;尤指不适应环境的/ **maladjusted** Ament n. ①调节不良;失调②不适应环境

maladroit ['mælə'drɔit] a. 不灵巧的,笨拙的

malady ['mælədi] n. 病,疾病。

malaria [mə'leəriə] n. ①[医]疟疾②[古]污浊的空气,瘴气/ **malarial** a.

malcontent ['mælkən,tent] a. 不满的;对政治现状不满的;反叛的 || n. 不满者;不满于政治现状者,反叛者

male [meil] a. ①公的,雄的②男性的 ||

M

n. 男子, 雄性动物, 雄性植物

malediction [ˌmæliˈdikʃən] n. 诅咒, 咒骂, 诽谤

malefactor [ˈmælifæktə] n. 犯罪分子, 罪大恶极者, 作恶者; 坏分子

malevolent [məˈlevələnt] a. 含有恶意的, 恶毒的/**malevolence** n. ①邪恶的行径, 坏事②邪恶性/**malevolently** ad.

malfeasance [mælˈfiːzəns] n. 胡作非为, 违法乱纪

malformation [ˌmælfɔːˈmeiʃən] n. ①畸形(性)②畸形物, 畸形体/**malformed** a. 畸形的, 残缺的

malfunction [ˈmælˈfʌŋkʃən] v. 失灵, 发生故障, 机能失常 [Malfunctioning brakes caused the car to swerve. 车闸失灵导致车突然转向。] n. 失灵, 故障

malice [ˈmælis] n. 恶意, 怨恨②蓄意犯罪或害人

malicious [məˈliʃəs] a. 恶意的, 恶毒的, 怀恨的/**maliciously** ad.

malign [məˈlain] v. 诽谤, 中伤, 诬蔑 ‖ a. 有害的, 邪恶的 [malign forces 邪恶的力量]/**maligner** n. 诽谤者, 中伤者

malignant [məˈlignənt] a. ①恶意的, 有害的, 邪恶的②[医]恶性的/**malignancy** n. ①恶意, 恶毒, 恶意的行为②邪恶③[医]恶性瘤

malignity [məˈligniti] n. ①极度的恶意, 狠毒②(病)的恶性③恶意(或恶毒)行

malinger [məˈliŋgə] v. 装病, 托病逃差, 开小差/**malingerer** n. 装病逃差者(尤指士兵)

malleable [ˈmæliəbl] a. ①(金属)有延展性的, 可锻的, 韧性的②(性格)柔顺的, 顺从的, 易适应的③可训练的/**malleability** n.

mallet [ˈmælit] n. 槌, 木槌②打槌球用的长柄木槌③打马球用的球棍

malnutrition [ˌmælnjuː(ː)ˈtriʃən] n. 营养不良

malpractice [ˈmælˈpræktis] n. ①不法行为, 利用职权营私舞弊, 玩忽职守, 渎职②

治疗失当, 治疗错误

malt [mɔːlt] n. ①麦芽②麦芽酒, 啤酒③麦乳精 ‖ v. ①使成麦芽②用麦芽(或麦精)处理(或调制) [A malted milk is made with milk, ice cream, and malt. 麦乳精是用牛奶、冰激淋和麦芽制成的]

maltreat [mælˈtriːt] v. ①粗暴地对待, 虐待②乱用, 滥用/**maltreatment** n.

mammal [ˈmæməl] n. 哺乳动物/**mammalian** a. 哺乳动物的, 哺乳类的

mammon [ˈmæmən] n. (视作使人们自私和贪婪的罪恶根源的)钱财, 财富

mammoth [ˈmæməθ] n. ①猛犸②巨物, 庞然大物 ‖ a. 巨大的, 庞大的

man [mæn] n. ①成年男子, 男子汉②(任何)人, 个人③人类④(男性的)雇工, 雇员, 仆人, 侍从, 部下⑤(棋)子 ‖ v. ①给…配备人员 [to man a ship 为一艘船配船员]②在…就位, 操纵 [to man a gun (对炮兵的口令)就位! man oneself 使某人增强勇气, 使振作精神 to a man 全体无例外地

-man [后缀] ①表示"某一国家的人"②表示"从事某种职业的人"③表示"使用某种工具的人"

manacle [ˈmænəkl] n. 手铐 ‖ v. ①给…上手铐②束缚

manage [ˈmænidʒ] v. ①管理, 处理, 经营, 安排 [to manage a factory 经营一个工厂]②运用, 操纵, 控制, 驾驭 [Grandmother knows how to manage the children. 祖母懂得如何管教孩子。]③设法, 弄得

manageable [ˈmænidʒəbl] a. ①易管理的, 易处理的②易驾驭的, 驯服的③可以设法的

management [ˈmænidʒmənt] n. ①管理, 处理, 经营, 安排②管理部门, 资方

manager [ˈmænidʒə] n. 经理, 管理人

managerial [ˌmænəˈdʒiəriəl] a. ①经营的, 管理人的②管理上的, 经营上的

mandate [ˈmændeit] n. ①命令, 训令②(选民对选出的代表, 议会等的)授权③委任, (前国际联盟的)委任统治权, 托管地

mandatory ['mændətəri] *a.* ①命令的, 训令的②强制性的, 义务的

mandrill ['mændril] *n.* [动] (西非洲的) 狒狒, 山魈

mane [mein] *n.* (马、狮等的)鬃毛

maneuver [mə'nu:və] [美] 同 manoeuvre ‖ *n.* ①(部队、舰艇的)机动,调动②策略,花招 ‖ *v.* ①调动,使演习 [The major maneuvered his troops on the left. 少校调动他左翼的部队。]②策划 [Who maneuvered this plot? 谁策划的这个阴谋?]③设法作弄… [I maneuvered Bill into asking the question for me. 我设法让比尔为我问这个问题。]

manful ['mænful] *a.* 勇敢的, 果断的/ **manfully** *ad.* / **manfulness** *n.*

manganese [,mæŋgə'ni:z, 'mæŋgəni:z] *n.* [化] 锰

mange [meindʒ] *n.* ①兽疥癣, 癞疥②皮肤的肮脏

mangle¹ ['mæŋgl] *v.* ①乱切,乱砍,弄伤,损坏 [The toy was mangled in the lawn mower. 玩具在割草机里被弄坏了。]

mangle² ['mæŋgl] *n.* (轧干洗过的衣服等用的)轧液机; 码光机; 轧布机; 轧板机 ‖ *v.* 把(布等)送入轧机中轧压

mango ['mæŋgəu] *n.* ①芒果②芒果树/ mangoes, mangos [复]

mangy ['meindʒi] *a.* ①(兽、畜)患疥癣的②污秽的, 褴褛的③卑鄙的, 拙劣的/ **manginess** *n.*

manhandle ['mæn,hændl] *v.* ①用人力搬动(或处理)②粗暴地对待

manhole ['mænhəul] *n.* (进)入孔(指下水道、锅炉等的修理入口)

manhood ['mænhud] *n.* ①(男子的)成年身分(或资格),成年期②男子气概,勇气,刚毅③[总称]男子

mania ['meinjə] *n.* ①[医] 躁狂症, 疯狂②狂热, 癖好

maniac ['meiniæk] *n.* 疯子 ‖ *a.* 狂热的, 疯狂的, 狂乱的

maniacal [mə'naiəkəl] *a.* 狂热的, 疯狂

的, 狂乱的

manicure ['mænikjuə] *n.* 修指甲 ‖ *v.* 修剪, 修平/ **manicurist** *n.*

manifest ['mænifest] *a.* 明白的, 明显的, 明了的 ‖ *v.* ①出现, 显露 [When did your illness manifest itself? 你的病是什么时候出现的?]②表明, 证明 [Her kindness to them manifested her love. 她对他们的友好表明了她的爱心。] ‖ *n.* (飞机或船的)货物清单, 舱单/ **manifestly** *ad.*

manifestation [,mænifes'teiʃən] *n.* ①表明, 现象②表现

manifesto [,mæni'festəu] *n.* 宣言, 声明

manifold ['mænifəuld] *a.* 多样的, 种种的,多方面的 ‖ *n.* ①复写本②集合管,多头管结 ‖ *v.* 复制 [to manifold a letter with carbon paper 用复写纸复写一封信]

manikin ['mænikin] *n.* ①人体模型②女模特,时装模特③矮人,侏儒

manipulate [mə'nipjuleit] *v.* ①熟练地操作, 操纵, 控制 [to manipulate the controls of an airplane 操作飞机的控制器]②(权势或不正当的手段)操纵, 摆布 [to manipulate an election by bribing the voters 通过贿赂选民操纵选举]③篡改, 伪造(帐目)/ **manipulation** *n.*

mankind [mæn'kaind] *n.* ①[单复数]人类②['mænkaind] 男子, 男性

manly ['mænli] *a.* ①男子气概的;雄赳赳的;果断的②适合男子的/ **manliness** *n.*

mannequin ['mænikin] *n.* ①人体模型②女模特,时装模特

manner ['mænə] *n.* ①方式,样式;方法②态度;举止,风度③[复] 礼貌,规矩④种类

mannerism ['mænərizəm] *n.* (说话、举止等的)癖性, 习气

mannerly ['mænəli] *a.* 有礼貌的 ‖ *ad.* 有礼貌地

mannish ['mæniʃ] *a.* ①(女子)似男人的, 男子气的②适合男子的

manor ['mænə] *n.* ①庄园;庄园中的宅第②[英史] 采地,采邑

manorial [mə'nɔ:riəl] *a.* 庄园的

mansard ['mænsɑːd] *n.* ①[建]复折屋顶②复折屋顶的顶层房间,阁楼

mansion ['mænʃən] *n.* ①大厦,大楼②宅第,官邸③[常用复]公寓大厦④一套房间

manslaughter ['mæn,slɔːtə] *n.* ①杀人②[法]误杀人罪(指非预谋的杀人);误杀

mantel ['mæntl] *n.* ①壁炉架②壁炉台

mantis ['mæntis] *n.* 螳 螂/**mantises**, **mantes** ['mænti:z][复]

mantle ['mæntl] *n.* ①披风,斗篷②覆盖物,罩,幕③(煤气灯的)罩‖ *v.* ①(用披风等)盖、罩、覆盖②(脸)发红,涨红

manual ['mænjuəl] *a.* 手的,用手(操作)的,手工做的‖ *n.* 手册,便览,指南

manufacture [,mænju'fæktʃə] *n.* ①(大量)制造②制造业③制造品,产品‖ *v.* ①(大量)制造,加工[to manufacture an excuse 制造一个借口]②捏造,虚构(证据,借口等)

manufacturer [,mænju'fæktʃərə] *n.* ①制造人;制造商,工厂主②制造厂

manure [mə'njuə] *n.* ①(人、牲畜的)粪;粪肥,肥料‖ *v.* ①给(土地)施肥,施肥于…

manuscript ['mænjuskript] *n.* 手稿;打字稿;底稿;原稿;手写本

many ['meni] *a.* 许多的,多的‖ *n.* 多数/**a good many** 很多,相当多

map [mæp] *n.* ①地图②天体图‖ *v.* ①绘制…的地图,在地图上表示出[Lewis and Clark mapped western America. 刘易斯和克拉克绘制美国西部的地图]②(详细地)制定,(周密地)筹划[to map out one's work 筹划某人的工作]

maple ['meipl] *n.* ①[植]槭树,枫树②槭木③槭树汁味,槭糖味

mar [mɑː] *v.* 损坏,毁坏,弄糟[The kitten's claws marred the table top. 小猫的爪子损坏了桌面。]

marble ['mɑːbl] *n.* ①大理石,大理岩,云石,大理石制品②(游戏用的玻璃、石头等做的)弹子‖ adj. 大理石的,大理石般的‖ *v.* 把(书边、纸卷)弄上大理石花纹[to marble the edges of a book 把书边

弄上大理石花纹]

March [mɑːtʃ] *n.* 三月

march¹ [mɑːtʃ] *v.* ①(齐步)行进,前进,行军②走过,通过③(事件)进行,进展‖ *v.* 使行进,使行军,迫使前进[He marched the children up to bed. 他迫使孩子们上床睡觉。]‖ *n.* ①行进,行军[the army's march to the sea 部队向大海方向的进军]②行进,进展[the march of history 历史的进展]③(进行曲)(部队一天)行程/**on the march** 行军中,进行中/**steal a march on**(偷偷地)抢在某人之前/**marcher** *n.* 行进者,行军者,游行者

march² [mɑːtʃ] *n.* 边界,边境

marchioness ['mɑːʃənis] *n.* 侯爵夫人,女侯爵

mare [meə] *n.* 牝马,母马,牝驴,母猴

margarine [,mɑːdʒə'riːn], **margarin** [,mɑːdʒə'rin] *n.* 人造黄油,代黄油

margin ['mɑːdʒin] *n.* ①边缘②页边的空白,栏外③(时间、花费上保留的)余裕,余地

marginal ['mɑːdʒinəl] *a.* ①记在页边的,有旁注的②边缘的,边际的,边沿地区的

marina [mə'riːnə] *n.* (供小船停泊、补充物资和修理等的)系船池(或小船坞)

marine [mə'riːn] *a.* ①海的,海生的,海产的②海运的,航海的③航用的[a marine engine 航用发动机]‖ *n.* [只用单数][总称](一个国家的)船舶;海运业

mariner ['mærinə] *n.* 水手,海员

marionette [,mæriə'net] 活动木偶;提线木偶

marital ['mæritl] *a.* ①夫的②婚姻的[marital bliss 婚姻幸福]

maritime ['mæritaim] *a.* ①海岸的,栖于海岸的②海的,海上的③海事的

mark [mɑːk] *n.* ①痕迹,斑点,污点②记号,标识,特征③标志④(考试成绩的)分数,等级⑤(文言画着在文件上当作签名的)十字画押⑥影响⑦线点⑧[体]起点,

起跑线⑨瞄准物;靶子⑩分界,界碑⑪重要或名誉‖v.①加记号;加符号,作标志,加标识②命名或显示〔His answers marked him as a good student. 他的回答表明他是一个好学生。〕③画或写〔He marked his name on his gym shoes. 他在他的运动鞋上写上自己的名字。〕④标明位置〔Mark the capitals on the map. 在地图上标明首都的位置。〕⑤表示…的特性,显示…的特色〔the qualities that mark a scholar 一个学者特有的品质〕⑥注意〔Mark what I say. 注意我说的话。〕⑦给(试卷等)打分数〔to mark a test 判卷〕**beside the mark**①没有打中目标②不切题,不相关/**hit the mark** ①达到目标;成功②合适/**make one's mark** 使出名/**mark down** ①记下②标低(商品)的价目/**mark off, mark out**①划分出②规划/**mark time** ①踏步不前;原地踏步;(军队)原地踏步;加速以弥补失去的时间②(以某种速度)进行;(快速)行驶/**mark up** ①把…记上去;抬高(商品)的价目;赊欠(帐项)/**miss the mark**①没有达到目标②出错/**marker** n.①打记号(或分数)的人(在比赛中)的记分员,记分器,(美国)(比赛中)的得分③书签④[美]纪念碑;墓碑;里程碑,标示物⑤标识器,指示器

marked [mɑːkt] a. ①打上记号的;有标记的②显著的;清楚的③被监视的;受人注目的

markedly ['mɑːkidli] ad. 显著地

market ['mɑːkit] n.①(交易)市场②(集)市,菜市(场),商业中心③[美]食品店④推销市区⑤销路,需要‖v.①(在市场上)销售②买食物〔Mother markets on Saturday. 母亲在星期六买食物。〕/**be in the market for** 购某物,想买进某物/**put on the market** 拿到市场上出售/**marketable** a. 可销售的;适合市场出售的;有销路的,有销路的;市场买卖的

marking ['mɑːkiŋ] n.①记号,作标志;记分数②识别标志③(兽皮、鸟羽等)的斑纹

marksman ['mɑːksmən] n. 射手;神枪手 **marksmanship** n. 射击术,枪法/**marksmen** [复]

marmalade ['mɑːməleid] n. 果酱;橘子酱

marmot ['mɑːmət] n. [动] 土拨鼠,旱獭

maroon[1] [mə'ruːn] n.①栗色,紫酱色②被放逐到孤岛的人‖a. 栗色的,紫酱色的

maroon[2] [mə'ruːn] v.①放逐到孤岛(或无人烟的海滩)②使处于孤立无援(或无法脱逃)的境地

marquess ['mɑːkwis] n. 同 marquis

marquis ['mɑːkwis] n. 侯爵

marquise [mɑː'kiːz] n.①侯爵夫人(或遗孀)②女侯爵

marriage ['mæridʒ] n.①结婚;婚姻;婚姻生活②结婚仪式;婚礼

marriageable ['mæridʒəbl] a. 达到结婚年龄的;(年龄)适宜结婚的

married ['mærid] a.①结了婚的,夫妇的②有配偶的③婚姻的〔married life 婚后生活〕

marry ['mæri] v.①(指牧师、官员)主持结婚礼;使正式结为夫妇〔A ship's captain may marry people at sea. 船长可在海上为人们主持婚礼。〕②娶,嫁,结婚〔John Alden married Priscilla. 约翰艾尔登和普丽西拉结了婚。〕③把(女儿等)嫁出〔Mrs. Benett was anxious to marry off her daughters. 本内特夫人急于把女儿嫁出去。〕④使紧密结合〔Strength and tenderness are married in her. 力量和温柔在她身上得到了完美的结合。〕

Mars [mɑːz] n.①[罗神]玛尔斯(战神)②[天]火星

marsh [mɑːʃ] n.①沼泽,湿地/**marshy** a.

marshal ['mɑːʃəl] n.①美国的联邦法院的执行官②市警察局长③(集会的)司仪①(宫廷的)典礼②[军]元帅,陆军元帅,相当于陆军元帅的其他军种将领,最高级指挥官,[英]空军元帅‖v.①排列,安排,整理②引领

marsupial [mɑː'sjuːpjəl] n. 有袋(目)

M

动物

marten ['mɑːtin] n. 貂,貂皮

martial ['mɑːʃəl] a. ①军事的,战争的②军人的,英勇的,尚武的

martial law 军事管制法,戒严令

Martian ['mɑːʃjən] n. (假想的)火星人 ‖ a. [天]火星的

martinet [,mɑːti'net] n. ①严峻的军纪官②履行严格纪律的人

martyr ['mɑːtə] n. ①烈士;殉难者②(因疾病等)长期受痛苦的人 ‖ v. ①杀害(坚持某种信仰者)②折磨/**martyrdom** n. ①殉难;牺牲②折磨,受苦

martyrize ['mɑːtəraiz] v. ①使殉难,折磨②成为烈士

marvel ['mɑːvəl] n. 令人惊奇的事物 ‖ v. 惊异;惊奇;感到惊异 [We marveled at her skill. 我们对她的技艺感到惊异。]

marvelous, marvellous ['mɑːviləs] a. ①奇异的,奇迹般的,惊人的,不可思议的②[口]了不起的,妙极的/**marvelously, marvellously** ad.

M

mascot ['mæskət] n. (迷信的人认为能带来好运气的)吉祥的人(或动物、东西)[A goat is the mascot of the U. S. Naval Academy. 山羊是美国海军学院的吉祥物。]

masculine ['mɑːskjulin] a. ①男性的;男子气概的②(女子)有男子气的③[语]阳性的/**masculinity** [mæskju'liniti] n.

mash [mæʃ] n. ①麦芽浆②谷糠③捣成糊状的东西,[俚]马铃薯泥 ‖ v. 捣碎,捣烂;压碎[to mash potatoes 捣土豆]/**masher** n. 捣碎器;制麦芽浆的工人

mask [mɑːsk] n. ①面具,面罩,防护面具;口罩②假面具,伪装;遮蔽物③假面舞会;假面剧④面部模型 ‖ v. 在(脸)上戴面具[to mask one's face 在某人的脸上戴面具]②掩饰(感情等);伪装,遮蔽[to mask one's fear 掩饰恐惧]/**masker** n. 戴面具的人;参加假面舞会的人

mason ['meisn] n. ①石工,砖石工;泥瓦工②Mason 共济会成员

Masonic, masonic [mə'sɔnik] a. 共

济会成员的,共济会的

masonry ['meisnri] n. ①石工(业);圬工(业)②砖石建筑③共济会纲领;共济会仪式;(集合名词)共济会成员

masque [mɑːsk] n. ①假面舞会②假面剧剧本

masquerade [,mæskə'reid, ,mɑːskə'reid] n. ①化装舞会,化装聚会②化装舞会上穿的服装③伪装,掩饰 ‖ v. ①化装,参加化装舞会(或聚会)②伪装;冒充/**masquerader** n. 参加化装舞会(聚会)者,伪装者

mass [mæs] n. ①(聚成一起的)团,块,堆,片,群②众多,大量,大②容积,体积,大块④大部分,主体,总体⑤[物]质量 ‖ a. 群众的,民众的;群众性的②大量的,大规模的,大批的 ‖ v. 集中,聚集[Crowds were massing along the curbs. 人群沿着路边聚集。]/**In the mass** 总体上,整个儿地/**the masses** 劳动人民,一般公众

massacre ['mæsəkə] n. ①大屠杀,残杀②成批屠宰 ‖ v. 大规模地屠杀,残杀

massage ['mæsɑːʒ] n. 按摩;推拿 ‖ v. 按摩(或推拿)

massive ['mæsiv] a. 大而重的,厚实的/**massiveness** n.

mast [mɑːst] n. ①樯,桅杆②杆,柱,天线杆,天线塔

master ['mɑːstə] n. ①(男)主人,主子,户主,雇主,(商船的)船长②[英]男教师③师傅;能手④大师,名家,名家作品⑤[M～](用在人名前称呼)少爷⑥[M～]硕士 ‖ a. ①精通的,熟练的,优秀的②主要的,总的,支配的,统治的,主人的 ‖ v. ①做主人;控制;统治;制服[He mastered his fear. 他控制住了恐惧心理。]②精通,掌握[Rubens mastered the art of painting. 鲁宾斯精通绘画艺术。]

masterful ['mɑːstəful] a. ①好支配人的,专横的②熟练的,巧妙的;名家的

masterly ['mɑːstəli] a. 熟练的,巧妙的,高明的 ‖ ad. 熟练地,巧妙地,高明地

mastermind ['mɑːstəmaind] n. 有极

大才智的人，出谋划策的人 ‖ v. 策划

masterpiece ['mɑːstəpiːs] n. ①杰作，名作②杰出的事［" The Divine Comedy " was Dante's masterpiece.《神圣的喜剧》是丹蒂的杰作。］

mastery ['mɑːstəri] n. ①控制，统治②优势，优胜③精通，掌握

masticate ['mæstikeit] v. ①咀嚼②捏（橡胶等）/**mastication** [ˌmæsti'keiʃən] n.①咀嚼（作用），撕碎（作用），捏和（作用）③化（橡胶）素炼

mastoid ['mæstoid] n. [解] 颞骨，乳突

masturbate ['mæstəbeit] v. 手淫

mat [mæt] n. ①地席；席子；草席，蒲席②（放在门口处的）蹭垫③（花瓶、杯子等的）衬垫④（体操或角斗等用的）垫子⑤丛，簇 ‖ v. 铺上（或盖上）席子；铺上垫子，缠结

matador ['mætədɔː] n. 斗牛士

match¹ [mætʃ] n. ①火柴②导火线，绳

match² [mætʃ] n. ①对手，敌手②相配者；配对物③比赛，竞赛④婚姻⑤（婚姻的）对象 ‖ v. ①相配，相称［Do your socks and suit match? 你的袜子和衣服相配吗?］②使成对，使相配，使相称［Can you match this cloth? 你能（为我）找一块和这块相配的布吗?］③使对付；比得上［I could never match my father in an argument. 在争论当中我从来敌不过我父亲。］④使较量，使比赛［to match two boxers 使两个拳击手较量］

matchless ['mætʃlis] a. 不相称的；同类中最好的，无比的，无可匹敌的

mate [meit] n. ①配对物②配偶③鸟兽④伙伴，同事⑤［海］（商船的）大副，助手（海军的）军士 ‖ v. 使配对；使（鸟等）交配④使成配偶

material [mə'tiəriəl] n. a. ①物质的，实体的，有形的，物质性的②身体上的，肉体的③重要的，必要的，实质性的 ‖ n. ①材料，原料，物质［raw material 原料］②布，织物，料子③素材，题材，资料④[复] 用具，设备

materialism [mə'tiəriəlizm] n. ①（注重物质利益的）实利主义②［哲］唯物主义，唯物论/**materialist** n. ①唯物主义者，唯物论者②实利主义者 ‖ a. 唯物主义的，唯物论者的

materialize [mə'tiəriəlaiz] v. ①成为事实，（希望、计划等）实现［His plan never materialized. 他的计划从来没有实现过。］②使物质化，使具体化［to materialize an idea by drawing a sketch of it 通过起草一个草稿把这个想法具体化］

materially [mə'tiəriəli] ad. ①物质上，实质上②大大地，相当地［He is materially improved. 他进步得相当大。］

maternal [mə'təːnl] a. ①母亲的；母性的，母亲似的②母方的，母系的/**maternally** ad.

maternity [mə'təːniti] n. 母性；母道 ‖ a. 产妇的，孕妇的

mathematical [ˌmæθi'mætikəl] a. ①数学的，数学上的②精确的，确定无疑的/**mathematically** ad.

mathematician [ˌmæθimə'tiʃən] n. 数学家

mathematics [ˌmæθi'mætiks] n. [用作单或复]数学

matriculate [mə'trikjuleit] v. 录取（大学生等），准许注册入学/**matriculation** n.①录取入学，注册入学；入学典礼②（大学）的入学考试

matrimony ['mætriməni] n. 结婚，婚礼，婚姻；婚姻生活/**matrimonial** a.

matrix ['meitriks] n.①[解] 子宫②[生] 基质，母质③[冶]（合金的）基体④发源地，策源地/**matrixes**, **matrices** [复]

matron ['meitrən] n. ①已婚妇女，主妇②（监狱等的）女看守

matronly ['meitrənli] n. ①主妇的，主妇似的，适合主妇身分的②尊严的，庄重的，安详的，沉着的

matted ['mætid] a. ①缠结的②用席子铺上（或盖上）的

matter ['mætə] n. ①物质②物料，物品③邮件④事务，事件，问题⑤（文章、讲话

等的)内容,素材⑥(表示数量)…左右,
上下⑦要紧事,要紧⑧麻烦事,毛病⑨
脓,脓液‖ v. 有关系,要紧[Getting good
grades really matters to me. 得到好分数对
我来说真的很重要。]⑩化脓/**as a mat-
ter of fact** 事实上,其实/**for the mat-
ter** 就此而言,至于那个/**matter of
course** 当然的,不言而喻的/**no matter**
①不要紧,没关系②不管,不顾

matting ['mætiŋ] n. ①[总称]地席,
席;草席②蒲席③编席的材料,编席

mattress ['mætris] n. 褥垫,床垫

mature [mə'tjuə] a. ①成熟的②[商]
(票据等)到期的‖ v. 成熟,长成②[
商](借据等)到期

maturity [mə'tjuəriti] n. ①成熟②[商]
(借据等)到期;到期日

maudlin ['mɔːdlin] a. ①易伤感的,感
情脆弱的②酒后伤感的‖ n. 脆弱的感情

maul [mɔːl] v. ①殴打,打伤,(用言语)
挫伤②粗手粗脚地碰(或弄)[The lion
mauled its victim. 狮子玩弄它的猎物。]

maunder ['mɔːndə] v. ①胡言乱语①
[英方]咕哝,唠叨②发牢骚③没精打采地
走(或行动)

mausoleum [ˌmɔːsə'liəm] n. 陵墓/
mausoleums, mausolea [ˌmɔːsə'liə]
[复]

maw [mɔː] n. ①(鸟的)嗉囊②(动物
的)胃③鱼鳔,鱼泡④肉食动物的咽喉、
食道等

mawkish ['mɔːkiʃ] a. ①假装多情的,
感情脆弱的②使人作呕的,令人厌恶的,
乏味的/**mawkishly** ad.

maxim ['mæksim] n. ①格言,箴言,准
则②谚语

maximum ['mæksiməm] n. ①最大量;
最大数;最大限度②顶点,极限‖ a. 最大
的;最多的,顶点的/**maxima**
['mæksimə], **maximums**[复]

May [mei] n. 五月

may [mei] v. aux. [无人称变化,后接不
带 to 的不定式]①(表示可能性)可能,
也许[It may rain. 可能要下雨。]②(表示

许可或用于请求许可,相当于 can]可以
[You may go. 你可以走了。]③[用于从
句中表示目的](以便)能,(使…)可以
[Be quiet so that we may hear. 安静点,以
便我们能听见。]④[用于感叹句中,表示
祝愿、希望、祈求等][May you win! 祝你
获胜!]

maybe ['meibi] ad. 大概,或许

May Day ①五一国际劳动节②五朔节

mayhem ['meihem] n. ①[法]残害人
的肢体(或器官)罪②故意(或不必要)
的损害

mayonnaise [ˌmeiə'neiz] n. ①蛋黄酱
②用蛋黄酱调味的食物

mayor [mɛə] n. 市长

mayoralty ['mɛərəlti] n. 市长的职位;
市长的任期

mayst [meist] may 的古时写法,《圣经》
里与 thou 一起用

maze [meiz] n. 迷宫,迷津;曲径②混乱,
迷惑

me [miː] 弱 mi] pron. [I 的宾格]①用作
宾语[She helped me. 她帮助了我。Send
it to me. 把它给我。]②[口]用作表语
[It's me. 是我。]

meadow ['medəu] n. ①草地,牧草地②
河(或湖)边肥沃的低草地

meager, meagre ['miːgə] a. ①贫乏
的,不足的,贫弱的,思想贫乏的②(人
等)瘦的;(土地)不毛的

meal¹ [miːl] n. ①一餐,一顿(饭),进餐
(时间)②膳食

meal² [miːl] n. ①(谷豆类)未经筛选
的粗粉②像粗粉的东西,麦片,玉米
片

mealtime ['miːltaim] n. 进餐时间

mealy ['miːli] a. ①粉状的,含粉的,撒
上粉的②苍白的③杂有另一种颜色的;
有斑点的

mealy-mouthed ['miːliˌmauðd] a. 说
话转弯抹角的,说话不真诚的,说话时过
分注意选择字眼的

mean¹ [miːn] v. ①意欲,打算,怀着[She

meant to go ,but she changed her mind. 她本来打算去，但她改变了主意。〕②意指，意味〔He says exactly what he means. 他准确地说明了他的意思。〕③意味着，就是，表明〔Falling leaves mean winter is near. 落叶意着冬天来临。〕④具有意义〔Good grades mean a lot if you plan to enter college. 如果想上大学，好成绩意义重大。〕/**mean well** 心怀善意

mean² [miːn] a.①简陋的，难看的②地位低下的，可怜的③卑鄙的，卑劣的④吝啬的，小气的；刻薄的⑤危险的；（马等）脾气坏的，难驯服的⑥[口]自私的，不友好的；粗鲁的

mean³ [miːn] a. 中间的，中庸，平均的‖ n.①中数，平均（数），平均（值）②中间，中庸，适度③[复]方法，手段，工具④[复]金钱，财富，财产，财力，收入/**by all means**①尽一切办法，一定，务必②（表示答应）好的，当然可以/**by means of** 用；依靠/**by no means** 决不，并没有

meander [miˈændə] v.①漫步，闲荡②蜿蜒而流；曲折迂回地前进〔a meandering creek 一条弯弯曲曲的小河〕

meaning [ˈmiːniŋ] n. 意义,意思,含意 ‖ a. 意味深长的〔a meaning smile 意味深长的微笑〕

meaningful [ˈmiːniŋful] a. 意味深长的,富有意义的

meaningless [ˈmiːniŋlis] a. 无意义的

meantime [ˈmiːntaim] ad.①当时,在那当中〔She came back in an hour; meantime,I had eaten. 一小时之后她回来了;当时我已吃完了。〕②同时〔She ironed some shirts;meantime,dinner was cooking. 她一边做饭,一边熨衣服。〕‖ n. 其时,其间〔in the meantime 在此期间;当其时;同时〕

meanwhile [ˈmiːnwail] ad. & n. 同meantime

measles [ˈmiːzlz] n. [复]①家畜囊虫病②[医] 麻疹

measurable [ˈmeʒərəbl] a. 可测量的/**measurably** ad.

measure [ˈmeʒə] v.①量,测量〔Measure the boy's height with a yardstick. 用尺子量一下这个男孩的身高。How do you measure a man's worth? 你怎么估量一个人的价值呢?〕②按量分配,量出〔Measure out three pounds of sugar. 称量出三磅糖。〕③长（或宽、高等）〔The table measures five feet on each side. 这张桌面边都是 5 英尺。〕④计量〔Clocks measure time. 钟表计时。〕⑤比较〔Measure her score against the class average. 拿她的分数与全班的平均水平作比较。〕‖ n.①分量,尺寸②计量单位,（衡量标准）③计量制度,度量法④量具,量器⑤程度,范围,适度,分寸⑥措施,办法⑦议案,法律⑧[音] 拍子,小节⑨（诗歌的）韵律/**beyond measure** 无法估量,极度,过分/**measure up to** 符合,达到,够得上

measured [ˈmeʒəd] a.①量过的,按标准的,精确的②整齐的,有节奏的③（言语）有分寸的,慎重的,经过斟酌的④韵律的

measureless [ˈmeʒəlis] a. 无边无际的,巨大的

measurement [ˈmeʒəmənt] n.①量,测量②尺寸,大小,长（或宽、深）度③度量制,测量法

meat [miːt] n.①食用肉类（通常不包括鱼和家禽的肉）②（蛋、果子等的）食用部分,肉③内容,实质,要点

meaty [ˈmiːti] a.①（似）肉的,多肉的②内容丰富的,有血有肉的,有力的/**meatiness** n.

mechanic [miˈkænik] n. 技工,机械工,机修工

mechanical [miˈkænikəl] a.①机械方面的,有机器的,用机械的②机械制的,机器（或机械）操纵的②（蛋、家禽等）行动等）的;呆板的,无表情（或感情）的;缺乏独创性的,习惯性的/**mechanically** ad.

mechanics [miˈkæniks] n. [复]①力学②机械学③结构,构成法,技巧

mechanism [ˈmekənizəm] n.①机械

装置②机构,结构

mechanize ['mekənaiz] v. ①使机械化
〔Henry Ford mechanized the production of
automobiles. 亨利福特使汽车生产机械
化。〕②用机械装备部队③使变得机械
(呆板),使成老一套

medal ['medl] n. 奖章,勋章,纪念章

medallion [mi'dæljən] n. ①圆雕饰②
大奖章,大纪念章

meddle ['medl] v. 干涉,干预/**meddler**
n. 干涉者,爱管闲事的人

meddlesome ['medlsəm] a. 好干涉
的,爱管闲事的

medial ['mi:djəl] a. ①中间的,中央的,
居中的②平均的,一般的

median ['mi:djən] a. ①中央的,当中的
②中线的,中(位)数的,中值的‖ n. ①
中部,当中,中点[数]中线,中(位)
数,中值

mediate ['mi:dieit] v. ①处于中间地位
②调解,调停

mediation [,mi:di'eiʃən] n. 调停,调解

medic ['medik] n. [口] ①医务工作者,
医生②医科学生,实习医生②(战地随军)
军医,(急救)卫生员

medical ['medikəl] a. ①医学的,医术
的;医疗的②内科的,医药的/**medically**
ad.

medicament [me'dikəmənt] n. 药物,
药剂

medicare ['medikɛə] n. [美] (尤指对
老年人的)医疗保障方案(或项目)

medicate ['medikeit] v. ①用药(剂)
浸;加药物于②用药治疗〔It is often dan-
gerous to medicate oneself without a
doctor's advice. 不遵医嘱自己用药常常
是危险的。〕

medication [,medi'keiʃən] n. ①药疗
法②加入药物;药物处理③药物,药剂

medicinal [me'disinl] a. 药的,药用的,
治疗的〔a medicinal substance 药物〕

medicine ['medsin,'medisin] n. ①内服
药(剂)②医学,内科学③带来幸

福的事物,(原始民族迷信的)符咒,巫
术,魔力

medieval [,medi'i:vəl] a. ①中世纪的,
中古(时代)的②类似中世纪的③古老
的,过时的

mediocre ['mi:diəukə] a. ①普普通通
的,平庸的,中等的②低劣的/**medioc-
rity** [,mi:di'ɔkriti] n. ①平庸,平凡②平
庸的才能;平凡的成就③平庸的人

meditate ['mediteit] v. ①深思,沉思,反
省,冥想②考虑;策划,企图〔to meditate
making a change 考虑(对计划)作一点更
动〕/**meditation** [,medi'teiʃən] n. /
meditative ['mediteitiv] a. 沉思的,冥想
的,爱思考的

Mediterranean [,meditə'reinjən] n.
①地中海②地中海地区的居民③地中海
沿岸的高加索人 ‖ a. ①地中海的,地中
海地区的②地中海沿岸的高加索人种的

medium ['mi:djəm] a. 中等的,中间的;
适中的;平均的 ‖ n. ①中间,中庸,适中
②媒质,媒介物,传导体③手段,工具;
[复] 宣传工具④[喻]环境,生活条件;
[生]培养基 ⑤ 调解人,中间人,(搞迷
信活动的)巫师/**mediums**, **media** [复]

medley ['medli] n. ①杂乱的一群,混乱
的人群;混合物,杂烩②[诗、文等的]杂
集

meek [mi:k] a. ①适中的,柔和的,不猛
烈的②逆来顺受的,温顺的③缺乏勇气
和胆量的/**meekly** ad. /**meekness** n.

meet[1] [mi:t] v. ①遇见,相见,碰上〔We
met two friends walking down the street. 我
们上街的时候遇见两个朋友。〕②被引
见,被介绍〔I met her at your party. 在
你的晚会上我被介绍给她。〕③认识
〔Have you two met? 你俩认识吗?〕④迎
接〔He met the bus. 他接车去了。〕⑤
(践)约,会见〔I'll meet you there. 我中
午与你会面。〕⑥ 互相接触,相撞〔The
cars met with a crash. 车随着一声巨响相
撞。〕⑦ 集合,聚会,开会〔The school
board meet today. 学校全体委员今天开
会。〕⑧ 汇合〔The rivers meet below the

hill. 河流在小山下汇合。〕⑨ 对付,应付
〔He met our questions with frank answer.
他坦率地回答我们的问题。〕⑩经历,遭
受〔Their plan will meet disaster. 他们的
计划将遇到灾难。〕⑪满足,符合 ⑫ 如
期偿付〔to meet one's bills 如期支付到期
的票据〕‖ n. 〔美〕集会;会〔a track
meet 田径运动会〕/**meet with**①(偶尔)
遇见,碰到〔to meet with an acci-
dent 遭遇一起事故〕②(灾难、恐惧等)
突然向……袭来,(想法等)突然产生

meet² 〔mi:t〕a. 适当的,适合的

meeting 〔'mi:tiŋ〕n. 聚合,会合②
会议,会,集会

megalopolis 〔ˌmegə'lɔpəlis〕n. 特大
城市

megaphone 〔'megəfəun〕n. 喇叭筒,
喊话筒,传声筒

melancholy 〔'melənkəli〕a. 忧郁,意气
消沉 ‖ a. 忧郁的;意气消沉的

mellifluous 〔me'lifluəs〕a. 产蜜的,甜
的

mellow 〔'meləu〕a. ①(光、色等)柔和
的,甜蜜的;(水果)甘美多汁的;成熟的
②(酒)芳醇的③(声音)圆润的④(人)
老成的,成熟的/**mellowness** n.

melodious 〔mi'ləudjəs〕a. ①旋律的;
有旋律的②音调悦耳的,音调优美的

melodrama 〔'melədrɑ:mə〕n. ①〔戏〕
情节剧②煽动的事件;感情夸张的事件

melodramatic 〔ˌmelədrə'mætik〕a.
①情节剧的,具有情节剧特点的②惊人
的,煽动的,事情夸张的/**melodramati-
cally** ad.

melody 〔'melədi〕n. ①〔音〕旋律,曲
调,主调,歌曲②悦耳的音调,美妙的音
乐

melon 〔'melən〕n. 瓜,西瓜

melt 〔melt〕v. ①液化,溶化,熔化〔The
butter melted in the sunlight. 奶油经太阳
晒融化了。〕②酥融,融化〔The candy
melted in his mouth. 这块糖一进嘴就融
掉了。〕③消散,消失〔His fear melted a-
way. 他的恐惧消失了。〕④混合,交融,

混成一体〔The blue sky seemed to melt
into the sea. 蓝天与大海仿佛连成一体。〕
⑤(人的心肠或态度)变软化〔Tears
melt my heart. 泪水使我的心变软。〕

member 〔'membə〕n. ①(团体、组织
的)成员,一分子;会员②身体的一部分,
(人和动物的)器官,植物体的一部分③
部分

membership 〔'membəʃip〕n. ①成员
资格;会员资格②全体成员,全体会员③
成员人数,会员人数

membrane 〔'membrein〕n. ①〔解〕
〔生〕膜②膜状物,薄膜③羊皮纸,羊皮
纸文件的一页

membranous 〔mem'breinəs〕a. ①膜
的,膜状的;膜质的②(指疾病)膜性的

memento 〔mi'mentəu〕n. ①纪念品②
引起人回忆的东西;引起人警惕的东西
③回忆/ memento (e)s〔复〕

memoir 〔'memwɑ:〕n. 〔复〕回忆录;
自传 ②传记,传略,报道③学术论文;研
究报告,专题报告,节略〔复〕学会纪要④
〔罕〕外交上的备忘录

memorable 〔'memərəbl〕a. 值得纪念
的;值得注意的;难忘的

memorandum 〔ˌmemə'rændəm〕n. ①
备忘录,(契约或条文的)节略②〔商〕便
笺,便函/**memorandums, memoranda**
〔ˌmemə'rændə〕〔复〕

memorial 〔mi'mɔ:riəl〕a. ①记忆的②
纪念的,追悼的 ‖ n. ①纪念物,纪念日,
纪念碑,纪念馆,纪念仪式②请愿书,抗
议书③〔复〕年代记,编年史④(外交
的)备忘录

memorize 〔'meməraiz〕v. ①记住,熟记
②记录③〔自〕存储

memory 〔'meməri〕n. ①记忆,记忆力
②留在记忆中的人(或事物)③回忆④记
忆期间,追想起起的年限/**In memory of**
纪念

menace 〔'menəs〕n. 威胁,恐吓,威胁
者,危险命令;引起麻烦者 ‖ v. 威胁,恐吓,
危及〔Snow menaced the crops. 大雪危及
庄稼。〕

M

menagerie [mi'nædʒəri] n. ①动物园②动物展览,(马戏团中)①在笼内的兽群

mend [mend] v. ①修理,修补,织补,缝补[to mend a broken lamp 修理一盏破灯 to mend a torn shirt 缝补一件扯破的衬衫]②改正,纠正,改善,改进;好转,渐愈[He mended his ways. 他改进了方法。 Her health mended. 她的身体好转了。] ‖ n. 修补;缝补;修补好的地方/**on the mend**(病情或事态)在好转中

mendacious [men'deiʃəs] a. 虚假的,捏造的/**mendacity** [men'dæsiti] ‖ n. 虚假,说谎②谎言

mendicant ['mendikənt] a. 行乞的,乞丐的 ‖ n. 乞丐;行乞者

menial ['mi:njəl] a. ①仆人的,奴仆的②奴性的;卑下的 ‖ n. 仆人,奴仆

meningitis [menin'dʒaitis] n. 脑膜炎

menstruate ['menstrueit] v. 行经,来月经/**menstruation** [menstru'eiʃən] n. 月经,行经,行经期

mensuration [mensjuə'reiʃən] n. ①测定,测量

-ment [后缀] ①表示"行为","结果"②表示"手段","工具"③表示"过程","状态","程度"

mental ['mentl] a. ①精神的,思想的,内心的②脑力的,智力的③精神病的④治疗精神病的

mentality [men'tæliti] n. ①脑力,智力②精神,思想,心理

mentally ['mentli] ad. 精神上,在内心;智力上[mentally ill 精神病的 mentally alert 精神警觉的]

mention ['menʃən] v. 提及,说起 ‖ n. 提及,说起/ **make mention of** 提及

mentor ['mentɔ:] n. ①良师益友②私人教师,辅导教师

menu ['menju:] n. ①菜单②饭菜,菜肴

mercantile ['mə:kəntail] a. ①商业的,贸易的,商人的②重商主义的

mercenary ['mə:sinəri] a. ①为钱的,唯利是图的,贪财的②被雇佣在外国军队中的,雇佣的 ‖ n. 外国雇佣兵

mercerize ['mə:səraiz] v. ①将(棉布、棉纱)作丝光处理②将(木浆等)碱化处理

merchandise ['mə:tʃəndaiz] n. [总称]商品,货物 ‖ v. [美]经商,买卖,推销

merchant ['mə:tʃənt] n. ①(批发)商人(尤指进出口贸易商人)②零售商 ‖ a. 商人的;商业的,商船的

merciful ['mə:siful] a. 仁慈的,宽大的/**mercilessly** ad.

mercurial [mə:'kjuəriəl] a. ①活泼的,易变的②水银的,汞的,含有水银的,由水银引起的

mercy ['mə:si] n. ①宽恕,饶恕,怜悯;对罪犯或对臣民的同情或宽容②对被宣判犯谋杀罪者宽大为怀,免除死刑而改判徒刑③幸运,侥幸 ‖ int. 嗳呀(表示惊奇或假装惊恐等)/**at the mercy of** 在…支配中,任凭摆布

mere [miə] a. ①仅仅的,只不过的②纯粹的

meretricious [meri'triʃəs] a. ①浮华的,耀眼的,俗气的②(论据等)虚夸的,似是而非的③娼妓的

merge [mə:dʒ] v. 合并[The two companies merged. 两家公司合并了。]

merger ['mə:dʒə] n. (企业等的)合并,并吞;合并者

meridian [mə'ridiən] n. ①[天] 子午圈;子午线②太阳或一颗恒星在天空中所达到的最高点③顶点,极点;全盛时期

merit ['merit] n. ①长处,优点,价值②[复] 是非曲直[to decide a case on its merits 根据是非曲直断案]③功绩,功劳,荣誉④[有时用复数]功绩,功劳⑤法律意义,法律依据 ‖ v. 值得,应受[to merit praise 应受表扬]

meritorious [meri'tɔ:riəs] a. 有功的,值得称赞的,可奖励的

merriment ['merimənt] n. 欢乐,愉快,兴高采烈

merry ['meri] a. 欢乐的,愉快的,兴高采烈的[a merry party 欢乐的的晚会]/**merrily** ad./**merriness** n.

mesh [meʃ] n. ①网眼,网孔,筛眼,筛孔②[复]网(丝);网络,网状结构③网织品,网状物④[复]罗网,圈套‖v. ①用网捕捉,使缠住②紧密配合/in mesh (齿轮的)啮合

mesmerize ['mezməraiz] v. ①施催眠术②使人迷/**mesmerism** ['mezmərizm] n. ①催眠状态,催眠术②催眠力,巨大的魅力

mess [mes] n. ①一份食品②混乱,混杂;大杂烩③肮脏④困境⑤伙食团(尤指海军的),集体用膳食人员 ⑥伙食,食堂‖v. ①弄糟,搞得一塌糊涂,弄脏;搞乱②乱弄,瞎弄,摆弄,干涉[Don't mess around with my books. 别乱动我的书。]③就餐,用膳

message ['mesidʒ] n.①电文,通讯;消息,音信,祝词②启示,教训;(先知的)预言,寓言

messenger ['mesindʒə] n. ①送信者,使者②[军] 通信员,传令兵

metabolism [me'tæbəlizəm] n. 新陈代谢,代谢作用/**metabolic** [ˌmetə'bɔlik] a. 新陈代谢的,代谢作用的

metal ['metl] n. ①金属,金属性[Iron, gold, aluminum, lead, and magnesium are some of the metals. 铁、金、铝、铅、镁都是金属。]②金属制品③气质,本质,勇气‖a. (从事)金属制造的

metallic [mi'tælik] a. ①金属(性)的,金属质的,金属制的,含金属的②(颜色等)像金属的,(态度、声音等)生硬的,刺耳的

metallurgy [me'tælədʒi] n. 冶金学,冶金术/**metallurgical** [ˌmetə'lə:dʒikəl] a. 冶金(学)的/**metallurgist** [me'tælədʒist] n. 冶金学家

metalwork ['metlwə:k] n. ①金属制品②金属制造,金属加工/**metalworker** ['metlˌwə:kə] n. 金属制造工

metamorphose [ˌmetə'mɔ:fəuz] v. 变形,变质,变成[The caterpillar metamorphosed into a butterfly. 毛虫变成了蝴蝶。]

metamorphosis [ˌmetə'mɔ:fəsis] n. ①变形,变质,变状②[生]变态/**metamorphoses** [ˌmetə'mɔ:fəsi:z] (复数)

metaphor ['metəfə] n. [语]隐喻

metaphorical [ˌmetə'fɔrikəl] a. 隐喻的;(似)隐喻的;含有"隐喻的";(惯)用隐喻的

metaphysical [ˌmetə'fizikəl] a. ①形而上学的,玄学的②玄奥的;抽象的

metaphysics [ˌmetə'fiziks] n. [复]①形而上学,玄学;[口]空谈,空洞的理论

mete [mi:t] v. 给予,派给[The king meted out punishments. 国王给(别人)以惩罚。]

meteor ['mi:tjə] n. ①大气现象②流星③(流星的)曳光

meteoric [ˌmi:ti'ɔ:rik] a. ①大气的,气象(学)的②流星的③流星似的,[喻]转瞬即逝的,闪烁的

meteorite ['mi:tjərait] n. 陨星

meteorological [ˌmi:tjərə'lɔdʒikəl] a. ①气象的②气象学的/**meteorologist** n. 气象学家

meter[1] ['mi:tə] n. ①米(1 米等于 39. 37英寸)②(诗的)韵律,格律③[音] 拍子

meter[2] ['mi:tə] n. ①计量器,计,表,仪表②计量人,计量官

methane ['mi:θein] n. [化] 甲烷,沼气

method ['meθəd] n. ①方法,办法,法,[美]教学法②条理,秩序

methodical [mi'θɔdikəl] a. 有方法的;有条理的/**methodically** ad.

meticulous [mi'tikjuləs] a. ①过分注意细节的,谨小慎微的②过细的,细致的

metric ['metrik] a. ①公制的,米制的/同 metrical

metrical ['metrikəl] a. ①(诗的)韵律的,格律的②测量的,度量的

metropolis [mi'trɔpəlis] n. ①大城市,

M

大都会②(某种商业活动中的)中心城市

metropolitan [ˌmetrəˈpɔlitən] a. ①主要都市的,大城市的,大都会的 ‖ n. ①大城市人,大城市派来的人②[宗] 大主教

mettle [ˈmetl] n. 气质,气概,勇气,精神/**on one's mettle** 鼓起勇气,奋发

mezzanine [ˈmezəniːn] n. ①[建] (底楼与二楼之间的)夹层楼面②(戏院的)楼厅前座

mezzo-soprano [ˌmetsəuəˈprænəu] n. ①[音] 女中音②女中音歌手/**mezzo-sopranos**[复]

micro- [前缀] ①表示"小", "微", "微量"②表示"扩大","放大"

microbe [ˈmaikrəub] n. 微生物,细菌

microfilm [ˈmaikrəfilm] n. ①缩微胶卷②缩微照片,缩微放大照片

micrometer [maiˈkrɔmitə] n. 测微计,微距计,千分尺

microorganism [ˈmaikrəuˈɔːɡənizəm] n. 微生物

microphone [ˈmaikrəfəun] n. 扩音器;麦克风

microscope [ˈmaikrəskəup] n. 显微镜

microscopic [ˌmaikrəsˈkɔpik] a. ①显微镜的;像显微镜的②用显微镜可见的;微观的/**microscopically** ad.

mid [mid] a. 中部的,中间的,居中的;当中的

mid- [前缀],意为"中"或"中部" [Midweek 一周的中间几天]

midday [ˈmiddei] n. & a. 正午,日中

middle [ˈmidl] n. 中部,中间,当中 ‖ a. 中部的,中间的,当中的

middle age 中年/**middle-aged** a. 中年的

Middle Ages 中世纪

middle class 中产阶级/**middle-class** a. 中产阶级的

middle ear [解] 中耳

middleman [ˈmidlmən] n. 经纪人,中间人,中人/**middlemen**[复]

middleweight [ˈmidlweit] n. 中量级拳击选手

middling [ˈmidliŋ] a. 中号的,中级的,中等的 ‖ n. ①中级品,中等货②麦麸,粗粉

middy [ˈmidi] n. ①水手领上衣,水手领罩衫②[美口]海军军官学校学员;[英]海军候补生

midge [midʒ] n. ①[动]蠓,小蚊②矮人,侏儒③极小的鱼

midget [ˈmidʒit] n. ①矮子,侏儒②(同类事物中的)极小者

midland [ˈmidlənd] n. 中部地方,内地 ‖ a. 中部地方的,内地的

midmost [ˈmidməust] a. 正中的,中间的,最内部的

midnight [ˈmidnait] n. 午夜,漆黑 ‖ a. ①午夜的②漆黑的 [midnight blue 黑蓝色]

midriff [ˈmidrif] n. ①[解] 横隔膜②腹部,肚子

midst[1] [midst] n. 中部,中央,中间/**in the midst of** ①在(或,从)…的中间②在…过程中;在…之间

midst[2] [midst] prep. 在…中间;在…中部

midsummer [ˈmidˌsʌmə] n. ①仲夏②中夏

midway [ˈmidˈwei] n. 中途的 ‖ n. [美] (博览会等中的)游乐场,游艺场

midwife [ˈmidwaif] n. 助产士,接生婆/**midwives**[ˈmidwaivz][复]

midwinter [ˈmidˈwintə] n. ①仲冬②冬至

mien [miːn] n. ①风度,神采;态度②外表,外貌

might[1] [mait] may 的过去式 ‖ v. aux. [无人称变化;后接不带 to 的动词不定式,只用于表示现在或将来的概念等,相当于 may,但更带迟疑、婉转、谦逊等色彩] 可能,也许,可以 [It might be raining there. 那儿可能要下雨。I might go. 我恐怕得去。]

might² [mait]n.①力量,威力,能力②强权;势力/**with might and main** 尽全力

mighty ['maiti] a.①强大的,强有力的②巨大的,浩大的;伟大的,非凡的 ‖ ad.[口]非常,很 [mighty tired 很累]/**mightily** ad./**mightiness** n.

migrant ['maigrənt] a.迁移的,移居的;移栖的 ‖ n.候鸟,移栖的动物,移栖者,[美]农业季节工人

migrate [mai'greit] v.①迁移;移居(尤指移居外国)②(候鸟等)定期移栖;(鱼群)回游/**migration** n.

migratory ['maigrətəri, mai'greitəri] a.①迁移的,移居的;移栖的②流浪性的,游牧的,(应季节性劳动需求而)流动的

milady, miladi [mi'leidi] n.夫人,太太;英国贵妇,时髦女人

milch [miltʃ] a.(家畜)有奶的,生乳的;为取乳而饲养的,适于产乳的

mild [maild] a.①温和的,温柔的,温暖的,暖和的②(处罚等)轻微的,宽大的③(烟,酒等)味淡的④和缓的,适度的/**mildly** ad./**mildness** n.

mildew ['mildju:] n.霉 ‖ v.发霉,长霉

mile [mail] n.英里,哩

militant ['militənt] a.战争(性)的,富于战斗性的 ‖ n.富有战斗精神的人;斗士/**militancy** n.战斗性,战斗精神/**militantly** ad.

militarism ['militərizəm] n.①军国主义②好战精神;尚武精神/**militarist** n.①军国主义者②军事家

militaristic [ˌmilitə'ristik] a.军国主义的;穷兵黩武的

militarize ['militəraiz] v.①使军事化,使带上军事性质;武装②使军国主义化,使好战/**militarization** n.

military ['militəri] a.①军人的,军队的②军事的,军用的③陆军的 ‖ n.[口][总称]武装部队,军方,陆军[集合名词]军人(尤指军官)

militate ['militeit] v.发生影响;起作用 [Careless habits militate against chances of success. 粗心大意这个习惯影响成功的机会。]

militia [mi'liʃə] n.民兵组织,[总称]民兵

milk [milk] n.①乳,牛奶②(植物、果实的)乳液,乳状物 ‖ v.①挤奶②压,榨,榨取③套出(消息等)/**milker** n./**milking** n.

milksop ['milksɔp] n.懦弱的人,没有骨气的人

milky ['milki] a.①牛奶的;掺奶的,多乳的;出乳汁的②像牛奶的,乳白色的/**milkiness** n.

Milky Way [天]银河

mill [mil] n.①磨坊;碾磨厂,面粉厂②磨臼,磨(粉)机,碾磨机③制造厂,工厂,制造机构 ‖ v.①碾磨,碾碎,碾出(面粉)②在(钱币)上压印花边 [to mill a coin 在硬币上压印花边]③(人、家畜)成群地乱转 [The crowd was milling around outside the stadium. 人群在体育场外转悠。]

millennium [mi'leniəm] n.①一千年,千年期②千年周年纪念日(或庆典)③[基督教]至福一千年④[喻]太平盛世;想象中的黄金时代/**millennial** a./**millennia, millennia** [复]

miller ['milə] n.①磨坊主;面粉厂主②粉翅蛾③磨坊工人④铣床⑤铣工⑥碾磨机(或轧钢机等)的操作工人

millet ['milit] n.①黍,稷,小米②[植]狗尾草属植物

milligram(me) ['miligræm] n.毫克

millimeter, millimetre ['mili,mi:tə] n.毫米

millinery ['milinəri] n.[总称]女帽,妇女头饰,女帽及妇女头饰商(或制造业)

million ['miljən] n. um.百万,百万个(人或物) ‖ n.①百万元②[复]无数③the million 大众 ‖ a.①百万,兆②很大的数字,许许多多

millionaire [ˌmiljə'nɛə] n.百万富翁;巨富

millionth ['miljənθ] a.第一百万(个) ‖ n.①一百万分之一②一百万

millpond ['milpɔnd] n. (为发动水车用的)贮水池

mime [maim] n. ①摹拟笑剧的演员；哑剧演员；小丑②摹拟笑剧；滑稽戏 ‖ v. 在笑剧中扮演；摹拟，模仿

mimeograph ['mimiəgrɑːf] n. 油印机；油印品 ‖ v. (用油印机)油印

mimic ['mimik] v. ①以模仿而取笑②模仿，摹拟，细致地临摹 [Parakeets mimic human voices. 长尾小鹦鹉模仿人的声音。] ‖ n. 好学样者，效颦者；模拟笑剧的演员，小丑 ‖ a. ①模仿的，好模仿的，摹拟的②假装的

mimicry ['mimikri] n. ①模仿；学样，效颦；摹拟(表演)②仿制品③[生]拟态

mince [mins] v. 切碎，剁碎，斩细，(用绞碎机)绞碎 [to mince onions 把洋葱切碎]②吞吞吐吐地说，婉转地说 [He minced no words. 他吞吞吐吐地说不出话。]③矫揉造作，装腔作势 ‖ n. 同 mincemeat/**not mince matters** 直言不讳地说，坦率地说

mincemeat ['minsmiːt] n. 剁碎的肉，百果馅，肉馅/**mince pie** 碎肉馅饼

mincing ['minsiŋ] a. (说话、举动等)装腔作势的，矫揉造作的，装得斯文的

mind [maind] n. ①头脑，精神，心(神)②意见，愿望，意见，见解③理智，智力，智能④记忆⑤有才智的人 ‖ v. ①注意，留心 [Mind your manners. 注意你的举止。]②服从 [The dog minds its master. 狗服从它的主人。]③(细心地)照看，照料，关心 [Will you mind the store while I'm out? 我出去的时候你照看一下商店好吗？]④介意，反对 [I don't mind the noise. 我不介意噪音。]⑤使想起；记得/**bear in mind**, **keep in mind** 记住/**be of one mind** 同心协力，相一致/**give a person a piece of one's mind** 对某人直言不讳，责备某人/**have a mind to** (很)想(做某事)/**have half a mind to** 有点想(做某事)/**have in mind** 决定，记得，不要紧，没关系，不用担心/**on one's mind** 压在某人心上/**out of one's mind**

①精神病的②发狂的，神志错乱的

minded ['maindid] a. [常用以构成复合词]有心的，有思想的，关心的，重视的 [strong -minded 有独立见解(或主张)的，意志坚强的]

mindful ['maindful] a. 留心的，注意的，记住的，不忘的

mindless ['maindlis] a. ①没头脑的，愚笨的；无知觉的②不注意的；不留心的，忘却的

mine¹ [main] pron. [名词性物主代语]我的(东西)

mine² [main] n. ①矿(藏)，矿山，矿井②宝库，源泉③地雷，水雷 ‖ v. ①开采(矿物)②从…中提取 [to mine copper 开铜矿]③在…下挖坑道(或洞)④在…中(或在…下)埋雷；(用雷)炸毁 [to mine a harbor 在海港敷设水雷]

miner ['mainə] n. 矿工

mineral ['minərəl] n. 矿物，矿石 ‖ a. 矿物的，矿质的

mineralogy [,minə'rælədʒi] n. 矿物学/**mineralogist** n. 矿物学家

mingle ['miŋgl] v. ①使混合，使相混 [mingled feelings of pleasure and disappointment 悲喜交加]②参加，加入 [We mingled with the crowd to watch the parade. 我们混在人群里面看游行。]

mini- [前缀]表示"小" [A miniskirt is a very short skirt. 超短裙就是很短的裙子。]

miniature ['minjətʃə] n. ①雏型，缩样，小型物②小画像，袖珍画 ‖ a. 雏型的，小型的

minimize ['minimaiz] v. ①使减到最少，使缩到最小 [Proper care will minimize the danger of fire. 密切注意将使火灾危险减少到最小程度。]②把…估计得最低；极度轻视 [He minimized his act of bravery. 他低估了他的勇敢行动。]

minimum ['miniməm] n. ①最小量，最小数，[数]极小值②最低限度，最低点 ‖ a. 最小的；最少的；最低的/**minimums**, **minima** [复]

mining ['mainiŋ] n. 采矿,矿业

minion ['minjən] n. 奴才,顺从讨好的仆佣

minister ['ministə] n. ①[基督教新教]牧师;圣餐礼的执行者,(某些教派的)教长②部长;大臣③公使,(泛指)外交使节 ‖ v. 伺候;照顾;给予帮助 to minister to the poor 给予穷人帮助/**ministerial** [,minis'tiəriəl] a.

ministrant ['ministrənt] a. 部长的,部署的;公使的 ‖ n. 主持仪式的牧师;服务者;济助者

ministration [,minis'treiʃən] n.①行宗教仪式②服务,服侍,帮助

ministry ['ministri] n.①部长(或公使,牧师)的职位②[the ~](全体)牧师,[常作 M ~](全体)部长,内阁③政府的部;部的办公楼④服务

mink [miŋk] n.[动]水貂②貂皮

minor ['mainə] a.①较小的,较少的,较年幼的,较次要的②[音]小调的,小音阶的 ‖ n. 未成年的

minority [mai'nɔriti] n.①少数,少数派;少数票②少数民族③未成年,未到法定年龄

minstrelsy ['minstrəlsi] n.①吟游,游阳②[总称]吟游诗人③歌谣集

mint[1] [mint] n.①造币厂,[喻]制造所②巨额,巨大;富源 ‖ a. 崭新的,完美的;新造的 ‖ v. 铸造(硬币)

mint[2] [mint] n.①[植]薄荷;薄荷属植物②薄荷糖;薄荷点心

minuend ['minjuend] n.[数]被减数

minuet [,minju'et] n.①小步舞②小步舞曲

minus ['mainəs] prep.①减(去)[Four minus two equals two. 四减二等于二。]②没有,失去[This cup is minus a handle. 这个茶杯没有柄。] ‖ a.①负的,减去的[The temperature is minus 5° or five degree below zero. 气温是零下 5 度。] ‖ n.[数]负号,减号;负数,负量

minute ['minit] n.①分,60 秒②分(一度

的六十分之一)③一会儿,片刻,瞬间④此刻⑤[复]会议记录

minutiae [mai'nju:ʃiːi] n.(minutia [mai'nju:ʃiə]的复数)细节,小节

minx [miŋks] n. 顽皮姑娘,[口]轻佻女子

miracle ['mirəkl] n.①(中世纪表演基督教《圣经》故事的)奇迹剧②奇迹,非凡的事例;令人惊奇的人(或事物)

miraculous [mi'rækjuləs] a.①超自然的,非凡的②像奇迹一样的,令人惊奇的,不可思议的③能创造奇迹的/**miraculously** ad.

mirage ['mira:ʒ, mi'ra:ʒ] n. 海市蜃楼,蜃景,幻景

mire ['maiə] n. 淤泥,泥潭,泥坑,[喻]困境 ‖ v. 陷入泥坑

mirror ['mirə] n.①镜②[喻]反映,能反映真相的东西;借鉴 ‖ v. 反映,反射[The moon was mirrored in the lake. 月亮映在湖面上。]

mirth [mə:θ] n. 欢笑,高兴/**mirthless** a. 不快乐的,沉闷的

mirthful ['mə:θful] a. 欢笑的,高兴的

mis-[前缀] 表示"坏","错""误"[To misplace is to place wrongly. 误放就是放错了。]

misadventure [,misəd'ventʃə] n.①不幸的事,不幸的遭遇,灾难②[法]意外事故

misanthrope ['mizənθrəup] n. 厌恶人类者,厌世者,愤世嫉俗者/**misanthropic** a.

misapply ['misə'plai] v.①误用②滥用[to misappy one's energy 瞎费劲]/**misapplication** n.

misapprehend ['mis,æpri'hend] v. 误会,误解

misappropriate ['misə'prəuprieit] v.①滥用,滥支②私吞,私占,挪用,盗用/**misappropriation** n.

misbehave ['misbi'heiv] v.①行为不当,举止不端②举止出人意外,行为失常/**misbehavior** ['misbi'heivjə] ‖ n. 行

M

正常的举止,不规矩的行为

miscalculate [mis'kælkjuleit] v. ①算错(数量等)②错误地估计/**miscalculation** n.

miscall [mis'kɔ:l] v. 叫错…的名字,误称

miscarriage [mis'kæridʒ] n. ①(计划等的)失败②(信件等的)误投,误送③(孕妇的)小产,流产,堕胎

miscarry [mis'kæri] v. ①(计划等)失败[Our careful plans miscarried. 我们仔细制订的计划失败了。]②(信件等)被误投,被误送③(孕妇)小产,流产

miscellaneous [,misi'leinjəs] a. ①混杂的,各种各样杂在一起的②有种种特点的杂凑的,兴趣杂的

miscellany [mi'seləni ,'misiləni] n. ①混合物,杂物②[常用复数]杂集,杂录

mischance [mis'tʃɑ:ns] n. 不幸,横祸,灾祸

mischief ['mistʃif] n. ①(尤指人为的)损害,伤害,危害,毒害②造成损害的行为(或人);祸根③调皮的人,淘气鬼,捣蛋鬼④胡闹;捣蛋,恶作剧⑤调皮,嬉戏,淘气[a child full of mischief 一个淘气的孩子]

mischievous ['mistʃivəs] a. ①调皮的,淘气的②恶作剧的③有害的,为害的

misconceive [,miskən'si:v] v. 误解,看法错误,错觉

misconception ['miskən'sepʃən] n. 误解,看法错误,错觉

misconduct [mis'kən'dʌkt] n. ①办错,处置不当②(尤指官吏的)胡作非为,渎职③不端的行为,通奸 ‖ v. 办错,处置不当

misconstruction [,miskəns'trʌkʃən] n. 曲解,误解

misconstrue [,miskən'stru:] v. 曲解,误解

miscreant ['miskriənt] n. 恶棍,歹徒,无赖 ‖ a. 堕落的,邪恶的,无赖的

misdeed ['mis'di:d] n. 不端行为,罪行

misdemeanor [,misdi'mi:nə] n. [法]

轻罪

misdirect ['misdi'rekt] v. ①给(某人)指错方向;作错误指导②写错(信的)投递地址[to misdirect a letter 把信上的投递地址写错了]

misdoing ['misdu(:)iŋ] n. [常用复]坏事,恶行,罪行

miser ['maizə] n. 守财奴,财迷,吝啬鬼,小气鬼/**miserly** a.

miserable ['mizərəbl] a. 痛苦的,悲惨的,可怜的②糟糕的,使人难受的③蹩脚的,粗劣的/**miserably** ad.

misery ['mizəri] n. ①痛苦,悲惨②[复]痛苦的事

misfire ['mis'faiə] v. ①(枪等)不发火,射不出;(内燃机等)发动不起来[The rocket misfired. 火箭发射失败。]②不奏效,打不中要害

misfit ['misfit, mis'fit] n. ①不合身的衣着②[喻]不适应环境的人;不称职的人 ‖ v. 不合适,不相称

misfortune [mis'fɔ:tʃən] n. ①不幸,灾祸②不幸的事

misgive [mis'giv] v. [主语常用 heart, mind, conscience 等]使疑惑(或担忧,害怕)[His heart misgave him. 他感到心中不安。]

misgiving [mis'giviŋ] n. [常用复]疑惑,担忧,害怕

misguided [mis'gaidid] a. 被引导错的,误入歧途的

mishandle [mis'hændl] v. ①粗暴地对待,虐待(某人)②胡乱地处置,瞎弄某物

mishap ['mishæp,mis'hæp] n. 不幸的事,灾祸

misinform ['misin'fɔ:m] v. 告诉…错误的消息/**misinformation** n. 错误的消息;误传

misinterpret ['misin'tə:prit] v. 曲解,解释错;译错/**misinterpretation** n.

misjudge ['mis'dʒʌdʒ] v. ①判断错②估计错

mislay [mis'lei] v. 置错;放错;丢失

mislead [ˌmis'li:d] v. ①带错路,引导错 [That old map will mislead you. 这张旧地图会把你领错路。]②错误引象,使误解 [He tried to mislead us into thinking he would help. 他企图使我们产生错误理解,以为他会帮忙。]③把带坏,使误入歧途 [He was misled by criminals who taught him to steal. 他被教他偷盗的罪犯带坏了。]

mismanage [ˌmis'mænidʒ] v. 错误地管理,不当地经办

misname [ˌmis'neim] v. 叫错名字,误称,称呼不当

misnomer [ˌmis'nəumə] n. 名词使用不当,用词不当,使用不当的名称

misplace [ˌmis'pleis] v. ①放错地方,误放 [He misplaced the book of poems in the science section. 他误把诗集放在科学类书里。]②把感情等寄托于不该寄托的对象 [I misplaced my confidence in you. 我信错人了。]

mispronounce [ˌmisprə'nauns] v. 发错(一种语言)的音;读错(词等)的音 / **mispronunciation** [ˌmisprəˌnʌnsi'eiʃʌn] n. 发音错误,读错音的词

misquote [ˌmis'kwəut] v. 错误地引用,误引

misread [ˌmis'ri:d] v. ①读错;看错②解释误解 [to misread directions 错误解释]

misrepresent [ˌmisˌrepri'zent] v. 误传,误述,歪曲,颠倒黑白 / **misrepresentation** n.

misrule [ˌmis'ru:l] v. 施暴政 ‖ n. ①暴政,苛政②无政府状态,混乱

miss¹ [mis] v. ①未击中,未得到,未达到,未赶上,未领会 [The arrow missed the target. 箭未射中目标。We missed our train. 我们没赶上火车。I missed the last line of the joke. 我没有理解这个笑话的最后一行。]②错过 [You missed your turn. 你错过了你的一轮。]③逃脱,免于 [He just missed being hit. 他险些被打中。]④未履行,未出席 [She missed a class yesterday. 她昨天没来上课。]⑤发觉没有,惦念,未看到 [I suddenly missed my watch. 我突然发现我的手表不见了。Do you miss your friends back home? 你惦念你家乡的朋友吗?] ‖ n. 击不中,得不到,达不到

miss² [mis] n. Miss(用于姓名或姓之前对未婚女子的称呼)小姐

missal [ˈmisəl] n. [天主教]弥撒书,祈祷书

misshapen [ˌmis'ʃeipən] a. 奇形怪状的,畸形的

missile [ˈmisail, 美 ˈmisəl] n. ①发射物,投掷物(尤指武器)②导弹,飞弹

missing [ˈmisiŋ] a. 缺掉的,失去的,失踪的,下落不明的

mission [ˈmiʃən] n. ①职责,任务,差使;[军]战斗任务,飞行任务②传教团,传教机构,传教地区,传道活动,[复]传教,布道③(外交)使团,代表团,使团④使命,天职,职业,行业

missionary [ˈmiʃənəri] n. [复]传教士 ‖ a. 教会的,传教的,传教士的

missive [ˈmisiv] n. 信件,公文,公函

misspell [ˌmis'spel] v. 拼错 / **misspelling** n.

misspent [ˌmis'spent] a. 滥用的,浪费的,虚度的 [a misspent life 虚度的年华]

misstate [ˌmis'steit] v. 谎报,伪称 / **misstatement** n.

misstep [ˌmis'step] n. ①失检,失策②失足

mist [mist] n. ①薄雾,霭②[喻] 起模糊作用的东西,造成理解上困难的事物;霾,烟雾;(眼睛的)迷糊不清 ‖ v. ①下薄雾,被蒙上薄雾②变得模糊,迷糊 [windows misted by steam 被蒸汽弄模糊的玻璃]

mistake [mis'teik] n. 错误,过失,误会 ‖ v. ①误解,弄错 [You mistake his real purpose. 你误解他的真实意图了。]②错认 [to mistake John for his brother 把约翰错当作他的兄弟了]

mistaken [mis'teikən] a. 错误的,弄错

的/**mistakenly** *ad.*

mister ['mistə] *n.* [常略作 Mr. 或 Mr, 复数略作 Messrs, 用于姓氏或职称前]先生

mistreat ['mis'tri:t] *v.* 虐待

mistress ['mistris] *n.* ①女主人, 主妇, 女雇主; 有支配能力的女子, 称霸的国家, 霸主②情妇

mistrust ['mis'trʌst] *n.* 不信任, 不相信, 怀疑 ‖ *v.* 不相信; 不信任; 怀疑/**mistrustful** *a.*

misty ['misti] *a.* ①有薄雾的, 薄雾笼罩的②朦胧不清的, 模糊的, 糊涂的/**mistiness** *n.*

misunderstand ['misʌndə'stænd] *v.* 误解; 误会; 曲解

misunderstanding ['misʌndə'stændiŋ] *n.* ①误解; 曲解②误会

misuse ['mis'ju:z] *v.* ①苛待, 虐待②误用, 滥用[to misuse one's time 浪费某人的时间] ‖ *n.* ['mis'ju:s] 误用, 滥用

mite [mait] *n.* ①螨, 壁虱, 蛆②很少量的钱③少许, 一点儿

mitigate ['mitigeit] *v.* ①使缓和, 使镇静②安慰(忧伤、悲苦等), 平息(怒气等)③减轻(病痛、惩罚等)[The aspirin helped to mitigate her pain. 阿斯匹林有助于减轻她的病痛。]/**mitigation** *n.*

mitt [mit] *n.* ①(女用)露指长手套②连指手套③[常用复]棒球手套④[常用复]拳击练习手套(用于击沙袋练习)⑤[美俚]手

mitten ['mitn] *n.* 连指手套(拇指分开, 其他四指连在一起)

mix [miks] *v.* ①配制[Mix red and yellow paint to get orange. 用红颜料和黄颜料配成柑色颜料。]②调制[to mix a cake 拌做蛋糕]③使结合, 使结交[We try to mix work and play. 我们设法把工作和娱乐结合起来。]④交往, 结交[He mixes well with all kinds of people. 他善于同各种各样的人相处。] ‖ *n.* 混合, 搀和②混合物, 拌和物③(由几种成分配成的)调制的食品, 速煮(或速溶)食品[a cake mix 调制蛋糕]/**mix up**①搅匀, 拌和②混淆

搞混③卷入

mixed [mikst] *a.* ①混合的, 混成的②混杂的; 杂种的③男女混合的④头脑混乱的, (酒醉)糊涂的, 无条理的

mixed number [数]带分数

mixer ['miksə] *n.* ①混合者; 搅拌器②交际家

mixture ['mikstʃə] *n.* ①混合, 混合状态, 混合比②混合物, 混合料, 混合气, 混合剂

mix-up ['miks'ʌp] *n.* ①混乱, 迷惑②混合物

moan [məun] *n.* ①呻吟声, 呜咽声, 悲叹声②(风、树等的)萧萧声 ‖ *v.* ①呻吟, 呜咽②①呻吟(或呜咽等)声说出②抱怨

moat [məut] *n.* (城堡等的)护城河, 壕, 深沟

mob [mɔb] *n.* ①一群人, (尤指)一群暴徒; 乌合之众, [蔑]暴民②[the ~]下层民众; 群氓③[美俚](盗贼等的)一伙; 一群罪犯 ‖ *v.* ①成群结队地袭击(或骚扰)②成群结队地涌进(或围着)②成群结队地围着…来叫骂③聚众闹事

mobile ['məubail, 'məubi(:)l] *a.* ①流动的; 机动的; 装在车上的, 用车辆运输的②易变的, 多变的③上流动物体, 活动装置④[美]汽车

mobilize ['məubilaiz] *v.* 动员[to mobilize the armed forces 动员武装力量]/**mobilization** *n.*

mock [mɔk] *v.* ①嘲弄, 嘲笑; 模拟[Many scientists mocked Darwin's theories. 许多科学家嘲笑达尔文的理论。]②通过模仿进行嘲弄, 嘲笑[It is cruel to mock a limping person. 通过模仿来嘲笑一个跛子是残忍的。]③使失望, 欺骗[The weather mocked them by changing suddenly. 天气突然变化使他们感到很失望。]④使无效, 挫败[The high wall mocked his hopes of escaping. 高墙使他逃跑的希望落空。] ‖ *a.* 假的, 虚假的, 模拟的[a mock battle 模拟战斗]/**make a mock of** 嘲笑, 嘲弄/**mocker** *n.* /**mockingly** *ad.*

mockery ['mɔkəri] *n.* ①嘲笑, 嘲弄②嘲

笑的对象,笑柄③拙劣的模仿,冒牌④徒劳

mocking bird ['mɔkiŋbə:d] n. 模仿鸟

mode [məud] n. ①方式,样式,方法,操作方式②风尚,风气,时尚③语气

model ['mɔdl] n. ①模型,图样②雏形③模范,典型④样式⑤(供画家或摄影师作描绘或摄影对象的)模特 ⑥(供顾客挑选服装用的)时装模特儿(活人或用木、蜡制的)‖ a. 模范的,值得仿效的 ‖ v. ①按模型制作,使模仿[a church modeled after a Greek temple 仿照希腊神庙建造的教堂]②做…的模型[to model a figure in clay 用粘土做人的模型]③做模特展示(服装等)[Will you model this coat for me? 你为我做模特穿一下这件外套好吗?]④做模特

moderate ['mɔdəreit] a. ①中等的,适度的,(价钱)公道的;花费不多的②温和的,温柔的,稳健的;有节制的 ‖ n. 温和主义者,稳健派 ‖ v. 使和缓,使减弱,节制①主持(会议等)/moderately ad.

moderation [,mɔdə'reiʃən] n. 中等,适度,温和,缓和,节制

moderator ['mɔdəreitə] n. ①仲裁人,调解人②(市镇会议、辩论会等的)主席

modern ['mɔdən] a. ①现代的②近代的③新式的 ‖ n. 现代人,近代人,现代派的人

modernize ['mɔdə(:)naiz] v. 使现代化;使适应现代需要/modernization n.

modest ['mɔdist] a. ①谦虚的,谦让的,谦恭的②羞怯的③端庄的,庄严的,贞节的,朴素的,朴实的④讲道理的,(希望、要求等)有节制的,不过分的

modesty ['mɔdisti] n. ①谦逊,虚心②端庄;稳重③羞怯④节制,中肯⑤朴素,朴实

modicum ['mɔdikəm] n. [只用单数]一小份,少量

modify ['mɔdifai] v. ①更改,修改[Modern exploration has modified our maps of Antarctic. 现代的探测已经修改了南极洲的地图。]②缓和,减轻[to modify a jail

sentence 减轻囚犯的刑罚]③[语]修饰/modification n. /modifier n.

modish ['məudiʃ] a. 时髦的,流行的

modulate ['mɔdjuleit] v. ①调整,调节[to modulate the light in the room 调节房间里的灯光]②[音]转调,变调③[无]调制/modulation n.

module ['mɔdju:l] n. ①[无]微型组件;组件②(宇宙飞船上各个独立的)舱

mohair ['məuhɛə] n. ①马海毛,安哥拉山羊毛②马海毛织物,仿马海毛织物

moiety ['mɔiəti] n. ①一半,约一半②组成部分,一份

moist [mɔist] a. 潮湿的,微湿的,多雨的

moisten ['mɔisn] v. 弄湿,沾湿,使略湿

moisture ['mɔistʃə] n. ①潮湿,潮气,湿气②湿度,水分,含水量

molar ['məulə] n. [解]磨牙,臼齿

molasses [mə'læsiz] n. [复][用作单]糖蜜,糖浆

mold¹ [məuld] n. [美]①模子,模型;铸模;铸型②模制品,铸造物③类型,形状,气质 ‖ v. ①用模子做,浇铸,把…放在模子里做[He molded the soft clay into a figure. 他用模子把软泥做成人像。]②对…产生影响,形成[Education molds character. 教育影响人的性格。]

mold² [məuld] n. 霉,霉菌 ‖ v. [美]发霉

molder ['məuldə] v. ①崩碎;腐朽②消衰,退化[Even iron in time molders away. 连铁最后都会腐烂。]

molding ['məuldiŋ] n. ①模制,浇铸,造型②模制件,铸造物③[建]装饰线条,(凹凸)线脚

moldy ['məuldi] a. ①发霉的,陈腐的,过时的②[俚]乏味的,令人厌烦的③[俚]脏陈破烂的,不像样的

molecule ['mɔlikju:l] n. [化]分子;克分子②微小颗粒/molecular a.

molest [məu'lest] v. 骚扰,干扰,使麻烦/molestation n.

mollify ['mɔlifai] v. 使平静,平息[She mollified the crying child. 她使孩子不哭

了。]

mollusk , mollusc ['mɔləsk] n. [动]
软体动物

mollycoddle ['mɔlikɔdl] n. 女子气的
男子，懦夫 ‖ v. 娇养，溺爱

molt [məult] v. 换羽, 脱毛, 脱角, 蜕皮

molten ['məultən] melt 的过去分词 ‖ a.
①熔融的，溶化的②铸造的

moment ['məumənt] n. ①片刻；瞬间，刹
那②时刻③重要，重大

momentarily ['məumənterili,
ˌməumən'terili] ad. ①瞬息间地，顷刻地，
暂时地 [I saw him momentarily between
classes. 我在课间看了他一眼。]②时时刻
刻地 [We expect him momentarily. 我们时
刻期待着他。]

momentary ['məuməntəri] a. 瞬息间
的，短暂的

momentous [məu'mentəs] a. 重大的，
重要的；严重的

momentum [məu'mentəm] n. ①[物]
动量；(火箭发动机的)总冲量②势头，力
量

monarchical [mɔ'nɑ:kik(ə)l] a. ①君
主的；君主政治的②君主政体的③君主
国的

monarchist ['mɔnəkist] n. 君主主义
者，拥护君主制度者

monarchy ['mɔnəki] n. ①君主政体，君
主制度②君主国

monastery ['mɔnəstəri] n. 修道院，庙
字，寺院

monastic [mə'næstik] a. 修道院的，庙
宇的，寺院的 ‖ n. 修道士，和尚

Monday ['mʌndi, ˌmʌndei] n. 星期一

monetary ['mʌnitəri] a. ①钱的②货币
的；金融的

money ['mʌni] n. ①货币；[复]特种钱
币②以前用来当钱的物品③金钱，财富，
财产/**moneys, monies**[复]

monologue ['mɔnəlɔg] n. ①滔滔不绝
的说话②[戏]独白，独白场白③独脚剧
本，独脚戏，独白式文学作品

monomania ['mɔnəu'meinjə] n. [心]单
狂，偏癖，偏执狂/**monomaniac**
['mɔnəu'meiniæk] n. 单狂者，偏癖者

monopolist [mə'nɔpəlist] n. 垄断者，独
占者；专利者

monopolistic [məˌnɔpə'listik] a. 垄断
的，独占的，专利的

monopolize [mə'nɔpəlaiz] v. ①专营，
专利②垄断，独占 [to monopolize a conver-
sation 谈话时滔滔不绝地别别人插不上
嘴]

monopoly [mə'nɔpəli] n. ①垄断，独
占；专利②垄断权，专利权③垄断者，专
利者④垄断集团，垄断企业⑤独占，独有，
专利品，专利事业⑤独占，独有，完全控
制

monosyllable ['mɔnəˌsiləbl] n. 单音节
词/**monosyllabic** ['mɔnəsi'læbik] a. ①
单音节的②用单音节短词的，极其简短
的

monotheism ['mɔnəuθiˌizəm] n. 一神
教，一神论/**monotheist** n. 信一神教者；
一神论者/**monotheistic** a.

monotone ['mɔnətəun] n. ①不变的音
调，单调的歌曲②只会用单调歌唱的人
③单调

monotonous [mə'nɔtənəs] a. ①单音
调的，无抑扬顿挫的②单调的，一成不变
的，使人厌倦的

monotony [mə'nɔtəni] n. 单音，单调；
无变化，千篇一律

monsoon [mɔn'su:n] n. ①季风，季风风
②(印度等地的)夏季季风期，雨季

monster ['mɔnstə] n. ①怪形的动植物
②怪物，妖怪③恶人，残忍的人④巨兽；
异常大的东西，极可怕的东西 ‖ a. [只用
作定语]非常大的

monstrosity [mɔns'trɔsiti] n. ①(动植
物的)畸形，怪异，怪物②异常大的东西，
可怕的东西，极可恶的事物

monstrous ['mɔnstrəs] a. ①极大的②
畸形的，怪异的③可怕的，极恶的，极可
笑的，荒谬的

month [mʌnθ] n. 月；一个月的时间

monthly [ˈmʌnθli] a. ①每月的,每月一次的,按月计算的②以一个月为期的‖ n. ①月刊②[复]月经‖ ad. 每月一次,每月

monument [ˈmɔnjumənt] n. ①纪念碑;纪念馆;纪念像;纪念性作品;纪念文②历史上的遗迹,遗址③有永久性价值的作品;不朽的功业④[古]纪录,标记

monumental [ˌmɔnjuˈmentl] a. ①纪念碑(或物)的,纪念的②巨大的,雄伟的,不朽的③非常的,极大的/**monumentally** ad.

mood¹ [muːd] n. 心境,心情,情绪,(精神)状态

mood² [muːd] n. [语]语气

moody [ˈmuːdi] a. ①喜怒无常的,易怒的;心情易变的②忧郁的,不快的/**moodily** ad./**moodiness** n.

moon [muːn] n. ①月球,月亮②卫星③月光④月状物,新月状物‖ v. 闲荡;出神,呆看

moonbeam [ˈmuːnbiːm] n. (一道)月光

moonlight [ˈmuːnlait] n. 月光‖ a. ①月照的,月明的②月下的,月夜的

moonlit [ˈmuːnlit] a. 月光照的,月明的

moonshine [ˈmuːnʃain] n. ①月光②空谈,空想③[美俚]非法酿造(或贩卖)的威士忌酒

moonstruck [ˈmuːnstrʌk] a. 狂乱的,神经错乱的

moor¹ [muə] n. ①[英]荒野②沼,高沼,酸沼

moor² [muə] v. 使停泊,系泊(船只),系留(飞艇等)②使固定,系住

moorings [ˈmuəriŋz] n. [复]①系泊用具,系留用具②系泊处,停系处

moose [muːs] n. [单复同][动]麋;驼鹿

moot [muːt] a. 可讨论的,争论未决的‖ v. 讨论,争论

mop [mɔp] n. ①拖把,洗碗刷②拖把似的东西‖ v. 用拖把拖洗,擦,抹

mope [məup] v. 忧郁,闷闷不乐

moral [ˈmɔrəl] a. ①道德(上)的②合乎道德的,有道德的③道德教育的④能辨别是非的⑤精神上的,心理上的,道义上的‖ n. ①(由事件,故事等引出的)道德上的教训,寓意②[复]道德,伦理,(男女的)品行

morale [mɔˈrɑːl] n. 士气;风纪;精神

moralist [ˈmɔrəlist] n. 道德家,德育家,说教者

morality [məˈræliti] n. ①道德,(行为等的)道德性②良好行为③伦理学,道德规范

moralize [ˈmɔrəlaiz] v. ①从道德上解释;从…引出道德上的教训,指出…的寓意②提高…的德性,教化

morally [ˈmɔrəli] ad. ①道德上,道义上②有道理地,正直地[a morally admirable man 一个有道德的大好人]③简直,几乎[I am morally certain that we shall win. 我几乎确信我们会赢。]

morass [məˈræs] n. ①沼泽,泥淖②陷阱;困境

morbid [ˈmɔːbid] a. ①(精神,思想等)不健康的,病态的②可怕的,令人毛骨悚然的③疾病的,生病的,病理学的/**morbidity** n./**morbidly** ad.

mordant [ˈmɔːdənt] a. 讥讽的,尖锐的,辛辣的‖ n. ①媒染剂②金属腐蚀剂

more [mɔː] a. [much 的比较级]①更多的,较多的②更高程度的[many 的比较级]更多的,较多的③另外的,附加的‖ n. ①更多的数量,较多的数量②额外的数量,另外的一些③[the more] The laughs more than he used to. 他比以往更爱笑了。more horrible 更可怕 more quickly 更快]②另外,再[Do it once more. 再做一遍。]/**more and more** 越来越(多)/**more or less** 或多或少,左右

moreover [mɔːˈrəuvə] ad. 再者,加之,此外,而且

morning [ˈmɔːniŋ] n. 早晨,上午

morning-glory [ˈmɔːniŋˈɡlɔːri] n. 牵牛花

moron ['mɔːrɔn] n. ①低能者，痴愚者② [口] 蠢人/**moronic** [mɔːˈrɔnik] a.

morose [mɔˈrəus] a. ①郁闷的，愁眉不展的②脾气不好的，乖僻的，难相处的/**morosely** ad.

morphine ['mɔːfiːn] n. 吗啡

morsel ['mɔːsəl] n. ①（食物的）一口，一小份，一小片②少量，一点点，片断

mortal ['mɔːtl] a. ①终有一死的，死的，临死的②致死的，致命的③ [宗] 要人下地狱的，不可饶恕的④你死我活的，不共戴天的⑤极大的，极度的 ‖ n. ①终有一死的人，凡人② [谑] 家伙

mortality [mɔːˈtæliti] n. ①致命性，必死性②大量死亡③死亡数，死亡率

mortally ['mɔːtli] ad. ①致命地 [mortally wounded 致命地受伤]②极，非常 [mortally embarrassed 非常窘迫]

mortar ['mɔːtə] n. ①灰浆，砂浆，灰泥，胶泥②迫击炮③臼，研

mortgage ['mɔːgidʒ] n. ①抵押②抵押契据 ‖ v. ①抵押②以抵押为条件用房子作抵押③当作抵押，许给，献身于；冒险 [He mortgaged his future by piling up debts. 他以自己的未来作抵押，借了一大堆债。]

mortgagee [ˌmɔːgəˈdʒiː] n. 承受抵押者，受押人

mortgager,mortgagor ['mɔːgidʒə, -ˌmɔːgiˈdʒɔː] n. 抵押人，出押人

mortify ['mɔːtifai] v. ①使受辱，使窘迫，伤害（别人的感情）[He was mortified when he forgot his speech. 他因忘记演讲词而感到窘迫。]②（通过苦行）抑制，克制 [to mortify one's body 禁欲]③腐坏/**mortification** n.

mortise，mortice ['mɔːtis] n. 榫眼 ‖ v. ①开榫眼②用榫接合，使上榫，牢固结合

mortuary ['mɔːtjuəri] n.（丧葬前的）停尸室；（医院的）太平间，殡仪馆 ‖ a. 丧葬的，死亡的

mosaic [məuˈzeiik] n. ①镶嵌图案，[建] 镶嵌砖②镶嵌细工，镶嵌工艺③拼成的东西 ‖ a. 镶嵌细工的，嵌花式的

Moslem ['mɔzlem] n. 伊斯兰教教徒；回教徒；穆斯林 ‖ a. 伊斯兰教教徒的，穆斯林的，回教徒的

mosquito [məsˈkiːtəu] n. ①蚊子② [M~]军]蚊式飞机；（瑞士）蚊式地对地导弹

moss [mɔs] n. ①苔藓，地衣②泥炭沼，沼泽

mossy ['mɔsi] a. ①生了苔的，长满苔藓的，多苔的②苔状的

most [məust] a. [many，much 的最高级] ①最多的，最高程度的②大部分的，多数的，多半的 ‖ n. ①最大量，最多数，最高额②大多数，大部分，大多数人 ‖ ad. ①最 [The music pleased me most. 这段乐曲我最喜欢。most horrible me 最可怕的 most quickly 最快的]②很，十分 [a most beautiful dress 十分漂亮的礼服]/at most 或 at the most 至多，不超过/for the most part 就绝大部分而言，在很大程度上；多半/make the most of①尽量利用②极为重视

-most [后缀]（构成最高级形容词）表示"最" [The topmost branch is the highest one. 最顶部的树枝就是最高枝。]

mostly ['məustli] ad. 主要地；大部分；多半；通常

mote [məut] n. ①尘埃，微粒，屑②瑕疵，小缺点

motel [məuˈtel] n. 汽车旅馆

moth [mɔθ] n. 蛾，蛀虫/**moths** [复]

mothball ['mɔθbɔːl] n. 卫生球（即樟脑丸或萘丸）

moth-eaten ['mɔθˌiːtn] a. ①蛀坏了的，破烂的，过时的

mother ['mʌðə] n. ①母亲，妈妈② [喻] 起源，根由③女主管人，女宗教团体中的女主持人 ‖ a. 母亲的，慈母般的 ‖ v. 母亲般地，照管，保护/**motherhood** n. 母性；母亲身份；[总称]母亲/**motherless** a. 没有母亲的

mother-in-law ['mʌðərinˌlɔː] n. 岳母，婆婆/**mothers-in-law** [复]

motherland [ˈmʌðələnd] n. 祖国

motherly [ˈmʌðəli] a. 母亲的,慈母般的/**motherliness** n.

mother-of-pearl [ˈmʌðərəvˈpɜːl] n. 珍珠母,螺钿

motion [ˈməʊʃən] n. ①(物体的)运动,动②手势,眼色,动作,姿势③(会议上的)提议,动议‖v. 打手势,摇(或点)头示意[He motioned me forward. 他示意我往前走。]/**in motion** 开动,运转

motionless [ˈməʊʃənlis] a. 不动的,静止的

motivate [ˈməʊtiveit] v. 作为…的动机,促动,激发[Love motivated his actions. 爱激发了他的行动。]/**motivation** [ˌməʊtiˈveiʃən] n. 动机的形成,促动因素,动力

motive [ˈməʊtiv] n. ①动机,主旨,目的②(文艺作品的)主题‖a. [只作定语]发动的;运动的

motley [ˈmɒtli] a. ①杂色的,五颜六色的;穿杂色衣的②混杂的,成分杂的‖n. ①(小丑穿的)彩衣,小丑②杂色呢,杂色布

motor [ˈməʊtə] n. ①电动机,马达②发动机,内燃机,摩托③原动力④机动车,汽车‖a. ①原动的,机动的②汽车的③[解]运动的,运动神经的‖v. 乘车旅行

motorboat [ˈməʊtəbəʊt] n. 汽船

motorcar [ˈməʊtəkɑː] n. 汽车

motorcycle [ˈməʊtəsaikl] n. 摩托车‖v. 骑(坐)摩托车/**motorcyclist** n. 骑(或坐)摩托车的人

motorman [ˈməʊtəmən] n. 电车(或电气机车)司机;电动机操作工人

mottle [ˈmɒtl] v. 使呈杂色,使呈斑驳

motto [ˈmɒtəʊ] n. ①箴言,座右铭,格言②题词,(书籍扉页上或章节前所引用的)警句/**mottoes, mottos** [复]

mound [maʊnd] n. ①土墩,土石堆,土冈,土丘②坟墩③(城堡的)护堤

mount¹ [maʊnt] n. 山

mount² [maʊnt] v. ①登上,爬上(山,梯、王位等)[to mount stairs 爬上楼梯]②上(马等),骑在…上[to mount a bicycle 骑自行车]③给(某人)备马;使上马(或车),扶(某人)上马[Troops that are mounted on horses are called cavalry. 备有马匹的军队叫做骑兵。]④增长,上升[The flood waters are mounting. 洪水在上涨。Profits are mounting. 利润增长了。]⑤安放;镶嵌(宝石等),裱贴(画、邮票、照片等)⑥把(剧本)搬上舞台,上演,演出[to mount a play 上演一出戏]⑦架置;装有(炮等)[This ship mounts six cannon. 这艘军舰装有六门大炮。]‖n. ①可乘骑的东西(如马、车等),坐骑②底座,座架,炮架

mountain [ˈmaʊntin] n. ①山,山岳②[复]山脉③巨大如山的物,大堆,大量‖a. 山的,山脉的

mountaineer [ˌmaʊntiˈniə] n. ①山地人,山区人②爬山家,登山运动员

mountainous [ˈmaʊntinəs] a. ①多山的②如山的,巨大的

mountebank [ˈmaʊntibæŋk] n. ①走江湖卖假药的人,江湖医生②江湖骗子

mourn [mɔːn] v. 哀痛,哀悼/**mourner** n. 哀痛者,哀悼者;送葬者

mournful [ˈmɔːnful] a. 悲哀的,哀痛的;令人沮丧的/**mournfully** ad.

mourning [ˈmɔːniŋ] n. ①哀痛;哀悼②丧服;戴孝

mouse [maʊs] n. ①鼠,耗子②[俚]胆小怕羞的人‖v. 仔细搜寻,探出/**mice**[复]

moustache [məsˈtɑːʃ] n. 髭,小胡子

mousy , mousey [ˈmaʊsi] a. ①老鼠似的;胆小的,悄悄的②鼠的,多鼠的

mouth [maʊθ] n. ①口,嘴,口腔②口状物,进出口,河口,容器口③喷口,枪口,(乐器等的)吹口‖v. 做作地说,夸大地说[to mouth speeches in a play 在戏剧中装腔作势地说话]②用嘴接触,吻

mouth organ 口琴

mov(e)able [ˈmuːvəbl] a. ①可移动的,活动的②(指日期)每年变动的,不固定的‖n. [复]移动的东西,可搬动的家具;[复]动产

move 〔muːv〕v. ①移动,搬动〔Move the lamp close. 使灯靠近点。〕②使改变位置(或姿势)〔Please move to the left. 请往左边动一下。〕③开动,使运行〔The steering wheel moves the front wheels of the car. 方向盘使汽车的前轮开动起来。〕④迁移,搬家〔We moved three times in the last year. 在去年我们搬了三次家。〕⑤鼓动,推动,促使〔What moved you to buy a car? 什么事促使你买一辆车?〕⑥感动,激起〔His plea moved me deeply. 他的恳求深深地打动了我。〕⑦脱手,转手〔This book moves slowly. 这本书卖得很慢。〕⑧离开,动身,前进,(肠子)通便〔Fresh troops moved against the enemy. 新兵出发去抵御敌人。Laxatives move the bowels. 泻药利大便。〕⑨提议,请求,申请,呼吁〔I move that we accept his offer. 我提议我们接受他的报价。〕⑩(下棋)走一子‖ n. ①动,移动〔Don't make a move！别动!〕②迁移,搬家③步骤,行动〔the city's latest move in its housing program 这个城市在住房方案方面的最新步骤〕③〔棋类用语〕走棋,一步/**on the move**〔口〕在活动中,在进展中

movement〔'muːvmənt〕n. ①运动,活动,动作,姿势②(政治、社会或思想)运动③通便;粪便④〔机〕动用,机构,装置(尤指钟、表的机件)⑤〔音〕乐章;速度⑥长曲子的主要部分之一⑦移动,迁移,迁居⑧倾向,动态,思想动机

mover〔'muːvə〕n. ①移动者;(使…)运行者,搬场工人(替搬家者搬运家具等物)

movie〔'muːvi〕n. ①电影②〔美俚〕电影院

moving〔'muːviŋ〕a. ①(使)活动的,移动的②鼓动的〔the moving spirit behind the revolt 反叛的幕后策动者〕③动人的,令人感动的

mow[1]〔məu,美 mau〕v. ①刈,割〔to mow a lawn 割草坪〕②(像刈草一样)刈倒,扫除,〔喻〕扫杀,摧毁〔to mow down pins in bowling 在滚木球戏中击倒滚柱〕

mow[2]〔məu,美 mau〕n. ①禾草,谷堆,干草堆②(谷仓内)禾,草等堆积处

mower〔'məuə〕n. 刈割者,割草机

much〔mʌtʃ〕a. 许多的,大量的,很大程度的‖ n. ①许多,大量②重要(或有意义)的事物‖ ad. ①更…〔I feel much better. 我感觉好多了。〕②差不多,几乎〔The patient is much the same. 病人的病毫无起色。〕

mucilage〔'mjuːsilidʒ〕n. 胶水,胶浆

muck〔mʌk〕n. ①湿粪,粪肥②腐殖土③污秽,污物

muckrake〔'mʌkreik〕v. 搜集并揭发名人的丑事‖ n. 爱打听丑闻的人/**muckraker** n. 专门报道丑事的人(尤指新闻记者)

mucous〔'mjuːkəs〕a. ①有粘液的;蒙上粘液的;粘液质的②像粘液的;分泌粘液的

mucous membrane〔解〕粘膜

mucus〔'mjuːkəs〕n.〔生〕由粘膜分泌的粘液

mud〔mʌd〕n. ①(软)泥,泥浆;泥淖

muddle〔'mʌdl〕v. ①使混浊,使多淤泥②使糊涂;使喝醉③使混乱,弄糟〔to muddle a discussion 使讨论混乱〕④糊里糊涂地打发,胡乱对付,鬼混〔to muddle through a hard day at work 胡乱地对付上班时难熬的一天〕‖ n. 混乱,杂乱,(头脑)糊涂

muddy〔'mʌdi〕a. ①多泥的,泥泞的,泥状的②浑浊的③模糊的④糊涂的,混乱的‖ v. ①使沾上污泥,弄脏,使浑浊,搅浑②使糊涂,使混乱

muff〔mʌf〕n. ①(妇女防寒用的)皮手筒,皮手筒②接球的失误③笨拙的行动,糟糕的行为‖ v. ①弄糟②漏接(球)

muffle〔'mʌfl〕v. ①包裹,裹住;蒙住(某人)的头部(或眼睛)〔muffled up in a scarf against the cold 用围巾把头裹起来防寒〕②捂住,用布等将(锋、鼓等)包住使其声音低沉〔to muffle with muffled oars to surprise the enemy 用布包住的船桨划船以突袭敌人〕③抑住,压抑(声音)

[Heavy shutters muffled the sounds from the street. 厚厚的窗板减弱了从街上传来的声音。]

muffler ['mʌflə] n. ①围巾②厚手套,拳击用手套③消声器,减音器

mug [mʌg] n. ①大杯(通常有柄的)②一大杯的量③[俚]脸,嘴,下颌

muggy ['mʌgi] a. 闷热的,湿热的

mulberry ['mʌlbəri] n. ①桑属植物②桑葚,桑子③深紫红色

mulch [mʌltʃ] n. ①林地覆盖物②地面覆盖料③护根物 ‖ v. 用烂麦秆等覆盖(树根等),用覆盖料覆盖(地面)

mulct [mʌlkt] v. ①诈骗,盗取,骗得[The scoundrel mulcted the poor woman out of her life savings. 那个坏蛋骗走了这个可怜妇女的终身积蓄。]②处以罚款 ‖ n. 罚款;惩罚

mule [mjuːl] n. 骡②[喻]顽固的人③[纺]走锭精纺机

muleteer [ˌmjuːliˈtiə] n. 赶骡人

mulish ['mjuːliʃ] a. ①骡的,骡子似的②执拗的,顽固

multi- [构词成分]表示"多"[A multicolored scarf has many colors in it. 五彩缤纷的围巾上面有许多种颜色。A multilateral agreement is one entered into by several nations. 多边协议是由多个国家缔结的协议。]

multicolored [ˌmʌltiˈkʌləd] a. 多种色彩的,五彩缤纷的

multifarious [ˌmʌltiˈfɛəriəs] a. 多种多样的,五花八门的

multiform ['mʌltifɔːm] a. 多种形式的,多种多样的

multilateral ['mʌltiˈlætərəl] a. ①多边的②涉及多方面的,多国参加的

multimillionaire ['mʌltiˌmiljəˈnɛə] n. 百万富翁,大富豪

multiple ['mʌltipl] a. 复合的,多样的,多重的,多倍的 ‖ n. [数]倍数

multiplicand [ˌmʌltipliˈkænd] n. [数]被乘数

multiplication [ˌmʌltipliˈkeiʃən] n. ①增加,增多②增殖,繁殖③[数]乘法;乘法运算

multiplicity [ˌmʌltiˈplisiti] n. ①复合,多样,多重性②多倍③复合③多,大量

multiplier ['mʌltiplaiə] n. ①增加者,增殖者②[数]乘数③乘法器

multiply ['mʌltiplai] v. ①增加,增多[His troubles multiplied. 他的麻烦增多了。]②[数]乘,使相乘

multitude ['mʌltitjuːd] n. ①大批,大群②众多,大量

multitudinous [ˌmʌltiˈtjuːdinəs] a. ①大群的,人多的②众多的,大量的

mum [mʌm] n. 沉默,缄默 ‖ a. 沉默的,缄默的

mumble ['mʌmbl] v. 含糊地说,咕哝 ‖ n. 含糊的话,咕噜

mummer ['mʌmə] n. ①(节目中)化装游玩的人②哑剧演员,演员

mummery ['mʌməri] n. ①哑剧演员的表演,哑剧②做作可笑的仪式(或表演)

mummify ['mʌmifai] v. 使(尸体)成木乃伊②使干瘪,使皱缩

mummy ['mʌmi] n. 木乃伊,干尸

mumps [mʌmps] n. [复][医]流行性腮腺炎

munch [mʌntʃ] v. 用力嚼,大声嚼[Rabbits munch carrots. 兔子用力嚼萝卜。]

mundane ['mʌndein] a. ①世间的,世俗的,庸俗的②宇宙的

municipal [mjuˈnisipəl] a. 市的,市政的,市立的,市办的

municipality [mjuːnisiˈpæliti] n. ①市,自治城市,自治地区②市政府,市政当局

munificent [mjuːˈnifisnt] a. 慷慨解囊的,毫不吝啬的②大量的/**munificence** n.

munitions [mjuːˈniʃənz] n. [复]军需品,军火

mural ['mjuərəl] n. 壁画;壁饰 ‖ a. 墙壁的;墙壁上的

murder ['mə:də] n. 谋杀，凶杀，谋杀案，谋杀罪，(战争中的)屠杀‖ v. ①谋杀，凶杀，屠杀②扼杀(真理、艺术等)；糟蹋(语言、乐曲等)〔to murder a poem in reading it aloud 大声读这首诗就是糟蹋了它〕

murderer ['mə:dərə] n. 杀人犯，凶手/**murderess** ['mə:dəris] n. 女杀人犯，女凶手

murderous ['mə:dərəs] a. ①杀人的，行凶的②凶恶的，杀气腾腾的

murk [mə:k] n. 黑暗，阴沉，朦胧

murky ['mə:ki] a. 黑暗的，阴沉的；(黑暗)浓密的

murmur ['mə:mə] n. ①低沉连续的声音②咕哝，怨言‖ v. 发低沉连续的声音〔The wind murmured through the trees. 风吹过树林沙沙作响。〕②咕哝，低声抱怨

murrain ['mʌrin] n. 兽瘟，兽疫，农作物病害

muscle ['mʌsl] n. ①肌肉②[解]肌③体力，臂力

muscular ['mʌskjulə] a. ①肌肉的，解剖的②肌肉发达的，强健的，强有力的

muse [mju:z] v. 沉思，冥想

museum [mju(:)'ziəm] n. 博物馆，博物院

mushroom ['mʌʃrum] n. 蘑菇‖ a. 蘑菇形的‖ v. ①采蘑菇②蘑菇似地迅速增长，雨后春笋般地发展

mushy ['mʌʃi] a. ①软糊糊的，玉米粥状的②[口]多愁善感的，痴情的

music ['mju:zik] n. ①音乐；乐曲②乐谱③和谐悦耳的声音/**face the music** 勇于承担后果(或批评)；临危不惧/**set to music** 把(诗)谱成曲

musical ['mju:zikəl] a. ①音乐的，配音乐的(a musical instrument 乐器)②音乐般好听的，和谐的，悦耳的③爱好音乐的，精通音乐的，有音乐才能的④音乐家的，音乐爱好者的‖ n. 音乐喜剧/**musically** ad.

musicale [ˌmju(:)zi'kæl] n. [美]音乐晚会

music box [美]自动奏乐器，百音盒

musician [mju(:)'ziʃən] n. 音乐家，乐师，作曲家

musk [mʌsk] n. ①麝香②麝香味

musk deer [动]麝 musket ['mʌskit] n. 滑膛枪，旧式步枪

musketeer [ˌmʌski'tiə] n. 滑膛枪手，用滑膛枪装备的步兵

musketry ['mʌskitri] n. ①步枪射击，步枪训练；射击术②[总称]滑膛枪，旧式步枪

muskmelon ['mʌsk,melən] n. 甜瓜，香瓜

musky ['mʌski] a. 麝香(气味)的；似麝香(味)的

muslin ['mʌzlin] n. 平纹细布，薄纱织物

muss [mʌs] v. 使混乱，弄乱；弄脏‖ n. 混乱，一团糟/**mussy** a.

mussel ['mʌsl] n. [动]贻贝，壳菜，淡菜

must [强 mʌst；弱 məst] v. aux. [无时态和人称变化，后接不带 to 的动词不定式]①必须，应当[I must pay the bill. 我必须付帐。]②很可能，谅必[It must be five o'clock. 现在准是 5 点了。You must have seen him. 你谅必见过他了。]‖ n. 必须做的事，不可少的事物

mustache [məs'tɑ:ʃ] n. ①髭②小胡子

mustachio [məs'tɑ:ʃiəu] n. 蓬松的大胡子/**mustachios** [复]

mustang ['mʌstæŋ] n. 野马

mustard ['mʌstəd] n. ①[植]芥；芥子，芥末②芥末色，深黄色

muster ['mʌstə] v. ①集合，召集；召集点名[to muster troops for a roll call 集合部队点名]②搜集，收集③征召；把列人名册④振起，鼓起[He mustered up his strength. 他用上全身的劲。]‖ n. ①检验；检阅②集合，聚集；[总称]被集合在的人员(或物)；一群、一堆③清单；花名册/**muster out** 使退伍/**pass muster** 及格，符合要求

musty ['mʌsti] a. ①霉的，发霉的，霉臭

的②陈腐的，老朽的〔musty ideas 陈腐的思想〕

mutable［'mju:təbl］a. 可变的；易变的；无常的，不定的/**mutability**〔,mju:tə'biliti〕n.

mutation［mju(:)'teiʃən］n. ①（根本的）变化，变异，更换，转变②〔生〕突变；变种

mute［mju:t］a. ①缄默的，不出声的；一时说不出话的；n.①以言语表达的②哑的③〔语〕不发音的 ‖ n. 哑巴（尤指聋哑人）；沉默的人②〔音〕弱音器 ‖ v. 减弱的声音；柔和的色调/**mutely** ad.

mutilate［'mju:tileit］v. ①使断肢；使残废；切去（手、足或身体的重要部分）〔to mutilate a hand by removing a finger 由于切除一个手指而使手残废〕②使残缺不全，删改得支离破碎〔to mutilate a book by tearing out pages 由于撕掉几页使书变得残缺不全〕/**mutilation** n.

mutineer［,mju:ti'niə］n. 叛变者，反抗者

mutinous［'mju:tinəs］a. ①叛变的，反抗的②骚乱的，难以控制的

mutiny［'mju:tini］n. 叛变，兵变，反抗 ‖ v. 叛变，反抗（against）

mutt［mʌt］n. ①笨蛋，糊涂人，庸人②〔贬〕杂种狗，小狗

mutter［'mʌtə］v. ①轻声低语，咕哝②抱怨〔The people muttered about the high taxes. 人们抱怨税款太重。〕‖ n. 轻声低语；抱怨

mutton［'mʌtn］n. 羊肉

mutual［'mju:tjuəl,'mju:tʃuəl］a. ①相互的，彼此的②共同的，共有的/**mutually** ad.

muzzle［'mʌzl］n. ①（狗、狐等）凸出的口和鼻②（动物的）口套，口络③喷口，喷嘴④炮口，枪口 ‖ v. ①给（动物）上口络②封住嘴，使缄默〔The writer was muzzled by censorship. 作家被审查制度搞得不能自由发表意见。〕

my［mai；弱 mi］pron.〔I 的所有格，形容

词性物主代词〕我的

myna(h)［'mainə］n.〔动〕八哥，鹩哥，椋鸟

myopia［mai'əupjə］n.〔医〕近视/**myopic**［mai'ɔpik］a.

myriad［'miriəd］n. ①〔诗〕万，一万②无数，极大数量

myself［mai'self］pron. ①我自己〔I hurt myself. 我伤着了自己。〕②〔用于 be, become, come to 等之后〕我的正常情况〔I'm not myself today. 我今天有点不舒服。〕③〔用以加强语气〕我亲自，我本人〔I'll do it myself. 我要亲自来做这件事。〕

mysterious［mis'tiəriəs］a. 神秘的，不可思议的；难以理解的/**mysteriously** ad.

mystery［'mistəri］n. ①神秘的事物，不可思议的事物，难以理解的事物②神秘小说（或故事、戏剧），侦探小说③神秘，秘密④神秘剧（欧洲中世纪一种宣传宗教的戏剧）

mystic［'mistik］n. 神秘主义者 ‖ a. ①神秘主义的，神秘主义者的②神秘的，不可思议的；难以理解的

mystical［'mistikəl］a. ①〔宗〕（心灵上）具有象征意义的②神秘的，不可理解的，隐秘的

mysticism［'mistisizəm］n. ①神秘主义；神秘教②玄想；基于玄想的谬说

mystify［'mistifai］v. 使神秘化，蒙蔽，迷惑〔I was completely mystified by his answer. 我完全被他的回答迷惑了。〕

myth［miθ］n. ①神话②虚构的故事，荒诞的说法③神话式人物（或事物）

mythical［'miθik(ə)l］a. ①神话的，神话式的，只存在于神话中的②幻想出来的，虚构的

mythology［mi'θɔlədʒi］n. ①〔总称〕神话〔Roman mythology 罗马神话〕②神话学③神话集/**mythological** a.

M

N n N n

N, n [en]英语字母表中的第十四个字母
/N's, n's[enz]〔复〕

nab [næb] v. ①逮捕,捉住(现行犯等)②
[口]猛然抓取

nadir ['neidiə] n. ①[天]天底②最低点;
极度消沉的时刻

nail [neil] n. ①钉②指甲,爪‖ v. 钉,钉
牢;使固定②[口]抓住,捕获/**hit the
nail on the head** 说得中肯,猜中;打中
要害,做得恰到好处

naive [nɑː'iːv] a. ①天真的,幼稚的②朴
素的,朴实的/**naively** ad.

naked ['neikid] a. ①裸体的,光身的②
无遮蔽的,无保护的,无防备的,(灯火)
无罩的,(房屋等)未加陈设的,(土地
等)无树木的,暴露的③无掩饰的;坦白
的,直率的,赤裸裸的/**nakedness** n.

name [neim] n. ①名字,姓,姓名,名称②
给人起的描绘性的名字③[只用单]名
誉,名声‖ v. ①给…取名[She named a
child after his father. 她以父亲的名字为
孩子取名。]②正确叫出…的名字;列举
[Can you name all the presidents? 你能正
确地说出所有总统的名字吗?]③说到,
提到[to name an example 举个例子]④任
命,提名[He was named Secretary of
State. 他被任命为国务卿。]⑤指定/**in
the name of**①凭…,凭…而言,为…的
缘故[in the name of good sense 凭常识而
言]②以…的名义;代表;凭…的权威
[Open in the name of the law! 凭法律的
权威打开!]/**to one's name** 于自己所
有

nameless ['neimlis] a. ①无名的,无名

声的②不知其名的③不可名状的,难以
形容的

namely ['neimli] ad. 即,也就是[a choice
of two desserts,namely,cake or pie 两种点
心,即蛋糕或馅饼的选择]

namesake ['neimseik] n. 同姓名的人
(或物)

nap [næp] v. ①(白天)小睡,打盹②疏
忽,不留神[to be caught napping 被发现
在打瞌睡,被出其不意地发现错误]

napalm ['neipɑːm] n. [化]凝汽油剂,凝
固汽油

nape [neip] n. 项,颈背,后颈

napkin ['næpkin] n. ①揩嘴布,餐巾②
[英方]手帕,头巾

narcotic [nɑː'kɔtik] n. 麻醉剂‖ a. 麻醉
(性)的,麻醉剂的

narrate [næ'reit] v. 讲(故事),叙述/
narrator n.

narration [næ'reiʃən] n. ①讲述②故事,
(一篇)叙述③记叙体

narrative ['nærətiv] n. ①记事;叙述,记
叙文②记叙体‖ a. 叙述的,叙事的

narrow ['nærəu] a. ①狭的,狭窄的,狭
长的②险胜的,(胜负间)相差小的,勉强
的③狭隘的,(程度、范围等)有局限的,
小的④勉强够的,紧巴巴的;贫穷的,贫
乏的‖ v. 使变窄;使有局限;使缩小;缩
减[The road narrows at the bend. 拐弯处
道路变窄。]‖ n. (山谷、道路等的)狭窄
部分/**narrowly** ad./**narrowness** n.

narrow-minded ['nærəu'maindid] a.
气量狭窄的;眼光短浅的;有偏见的

nary ['nɛəri] a. [方][口]一个也没有

nasal ['neizəl] a. ①鼻的②鼻音的

nasty ['nɑːsti] a. ①龌龊的,极脏的,(气味等)令人作呕的②淫猥的,下流的③卑鄙的,恶意的④庸俗的,俗丽的⑤(天气等)非常恶劣的,脾气不好的,使人感到极不愉快的/**nastily** ad. /**nastiness** n.

natal ['neitl] a. 出生的,诞生时的

nation ['neiʃən] n. ①民族,国家②(北美印第安人等的)部落;部落联盟

national ['næʃənl] a. 民族的,国家的;国民的;全国性的;国有的;国立的 ‖ n. 国民(尤指侨居于外国的)

Nationalism ['næʃənəliz] n. ①民族主义②国家主义/**nationalist** n. & a. /**nationalistic** [ˌnæʃənə'listik] a.

nationality [ˌnæʃə'næliti] n. ①国籍②民族,族③独立国地位

nationalize ['næʃənəlaiz] v. ①把…收归国有,使国有化[Coal mines in England were nationalized in 1947. 1947年英国把煤矿收归国有。]②使民族化[Mark Twain nationalized the American novel. 马克吐温使美国小说民族化。]③使组成国家

nationally ['næʃənəli] ad. 在全国范围内;全国性地

nation-wide ['neiʃən'waid] a. 全国性的[nation-wide effort 全国性的努力]

native ['neitiv] a. ①出生的;本国的②本土的;土生的③土人的,土著的④天生的⑤(金属等)天然的,自然的 ‖ n. 本地人,本国人,当地人(与暂居者相对);土人,土著②当地产的动物(或植物)

native-born ['neitiv'bɔːn] a. 本地生的;本国生的

nativity [nə'tiviti] n. 出生,诞生/**the Nativity** [①[宗]耶稣诞生②圣诞节

natty ['næti] a. (外貌、衣着)整洁的,漂亮的/**nattily** ad.

natural ['nætʃərəl] a. ①天然的②自然界的,关于自然界的③天生的,生来的④天赋的⑤逼真的⑥合乎自然规律的,正常的,惯常的⑦自然的,不加做作的⑧本位音的,自然的 ‖ n. ①本位音,本位号,(钢琴等的)白键②[口]似乎在某方面有天生才能的人/**naturalness** n.

naturalist ['nætʃərəlist] n. ①博物学家②自然主义者,自然主义作家

naturalize, naturalise ['nætʃərəlaiz] v. ①授予…以国籍,使入国籍②采纳(外国词语、风俗等)[The French word "menu" has been naturalized in English. 法语词"menu"已被英语采纳。]使(动、植物)顺化,移植,移养[Hawaiian farmers naturalized the South American pineapple. 夏威夷农民把南美的菠萝移植过去了。]/**naturalization** n.

naturally ['nætʃərəli] ad. ①自然地[to behave naturally 举止自然]②天生地;生来[He is naturally shy. 他生来害羞。]③当然,必然地,不出所料地[Naturally he caught cold from being chilled. 不出所料他由于受寒而患了感冒。]

nature ['neitʃə] n. ①大自然,自然界②自然力③风景;(人的)原始状态,裸体;(动、植物的)野生状态④性质⑤本性,性格,性情,具有某种性格的人⑥种类⑦(人的)原始状态

naught [nɔːt] n. ①无②[数]零

naughty ['nɔːti] a. ①顽皮的,淘气的,不听话的②猥亵的,下流的 **naughtily** ad. /**naughtiness** n.

nausea ['nɔːsjə] n. ①极端的憎恶(或厌恶)②恶心,晕船

nauseate ['nɔːsieit] v. 使恶心,使厌恶

nauseous ['nɔːsjəs] a. ①令人恶心的,令人作呕的②使人厌恶的

nautical ['nɔːtikəl] a. 航海的,海员的,船舶的,海上的/**nautically** ad.

naval ['neivəl] a. ①军舰的;船的②海军的

navel ['neivəl] n. ①脐,肚脐②中心(点)

navel orange [植]脐橙

navigable ['nævigəbl] a. ①(河、海等)可航行的,可通航的②(船舶等)具备航行条件的,可操纵航向的/**navigability** n.

navigate ['nævigeit] v. ①航行于②驾驶，操纵（船舶、飞机等）③使通过［to navigate the Nile 通过尼罗河］

navigation [,nævi'geiʃən] n. ①航行，航海，航空②航海术③导航④海上交通

navigator ['nævigeitə] n. ①（船舶、飞机的）驾驶员；领航员②领航者，航行者

navy ['neivi] n. ①海军②藏青色③［古］［诗］舰队，舰队

nay [nei] ad. ①不仅如此，而且，甚至②［古］否，不‖n. 反对票

Nazi ['nɑːtsi] a. 德国国社党的，纳粹党的，纳粹的‖n. 德国国社党党员，纳粹分子／**Nazism** n. 纳粹主义

near [niə] ad. ①（空间、时间）接近，近［Spring is drawing near. 春天即将来临。］②差不多，几乎［You are near right. 你差不多对。］‖a. ①（空间、时间）近的②关系接近的，亲密的③接近的，近似的，勉强的④（路等）直达的，近的⑤吝啬的，小气的，贪乏的，精乏的，靠近‖v. 接近，走近，驶近［Slow down as you near the curve. 当你接近拐弯的时候，要把速度降下来。］／**near at hand** 在近旁；在不久的将来／**nearness** n.

near-by, nearby ['niəbai] a. 附近的‖ad. 在附近

nearly ['niəli] ad. ①差不多，几乎［We are nearly ready. 我们差不多准备好了。］②密切地，亲密地［They are nearly related. 他们关系很密切。］／**not nearly** 远非，相差很远［That's not nearly enough. 那远远不够。］

nearsighted ['niə'saitid] a. ①近视眼的②眼光短浅的／**nearsightedness** n.

neat [niːt] a. ①整洁的，简洁的，整齐的②熟练的，灵巧的③匀称的；样子好的④巧妙的／**neatly** ad. ／**neatness** n.

nebula ['nebjulə] n. ①［天］星云／**nebular** a. 星云的，星云状的／**nebulae, nebulas**［复］

nebulous ['nebjuləs] a. ①星云的；星云状的②模糊不清的，朦胧的

necessarily ['nesisərili, ,nesi'serili] ad. 必定，必然［She likes those shoes, but she will not necessarily buy them. 她喜欢那些鞋，但她不一定买。］

necessary ['nesisəri] a. ①必须的，必要的②必然的，不可避免的‖n.［常用复］必需品

necessitate [ni'sesiteit] v. ①使被需要；使成为必要，迫使［The hard words in the article necessitated his use of a dictionary. 文章里面的生词使他不得不查词典。］

necessity [ni'sesiti] n. ①必需品②需要，必要，危急③贫穷，困难／**of necessity** 必然

neck [nek] n. ①（头）颈，脖子②（衣服的）领圈③（物的）颈状部分／**neck and neck** 并驾齐驱，不分上下／**risk one's neck** 冒生命危险

neckerchief ['nekətʃif] n. 围巾，颈巾

necklace ['neklis] n. 项圈，项链

necktie ['nektai] n. 领带

nectarine ['nektərin] n.［植］油桃

need [niːd] n. ①需要②缺乏，欠缺③需要，必要④急需帮助的情况⑤贫穷，困窘，危急‖v. ①必需，需要［He needs new shoes. 他需要新鞋。］②［情态动词，无时态人称变化］需要［She needs to take a rest. 她需要休息一会儿。］／**have need to** 必需／**if need to** 如果需要的话

needful ['niːdful] a. 需要的，必要的

needle ['niːdl] n. ①针，缝针②编织针③唱针④指针，磁针；罗盘针⑤［植］针叶⑥注射针‖v. ①用针缝②用刺激③［口］刺激，煽动

needless ['niːdlis] a. 不需要的／**needlessly** ad.

needlework ['niːdlwəːk] n. 刺绣活，缝纫业

needy ['niːdi] a. 贫困的／**neediness** n.

nefarious [ni'fɛəriəs] a. 恶毒的，极坏的

negation [ni'geiʃən] n. ①虚无，不存在

②否定,否认,否定性的话(或学说)

negative ['negətiv] a. ①否定的②消极的③反面的,相反的,败事的④[医]阴性的⑤[电]阴性的,负电⑥[数]负的 ‖ n. ①否定词,否定语;否定的观点["No"和"Not"are negatives."没有"和"不"是否定词。]②否定的观点③[摄]底片/**in the negative** 否定地/**negatively** ad.

neglect [ni'glekt] v. ①疏忽,玩忽,漏做[In his hurry, Bob neglected to lock the door. 由于匆促,鲍勃忘了锁门。]②忽视,忽略[to neglect one's family 很少管家] ‖ n. 忽略,疏忽,玩忽[The old house suffered from neglect. 这座旧房子无人照顾。]

neglectful [ni'glektful] a. 疏忽的,不注意的

negligent ['neglidʒənt] a. 玩忽的,疏忽的,粗心大意的/**negligence** n. /**negligently** ad.

negligible ['neglidʒəbl] a. 可以忽略的,微不足道的

negotiable [ni'gəuʃjəbl] a. (票据、证券等)可转让的,可流通的

negotiate [ni'gəuʃieit] v. ①谈判,协商[to negotiate with the enemy 与敌人谈判]②议定,谈妥[to negotiate a loan 谈妥一笔贷款]③转让,兑现(票据等)④通过,越过(障碍等)[to negotiate a flooded river 通过一条泛滥的河流]/**negotiation** n. /**negotiator** n.

Negro ['ni:grəu] a. 黑人的 ‖ n. ①黑人②具有黑人血统的人

neighbor ['neibə] n. ①邻居,邻人,邻座②邻国,邻接的东西③世人,(对不知姓名者的称呼)朋友 ‖ v. 邻近,邻接

neighborhood ['neibəhud] n. ①街道,地区②四邻,街坊/**in the neighborhood of** ①在…附近[in the neighborhood of the zoo 在动物园附近]②大约[in the neighborhood of $10 大约10美元]

neighboring ['neibəriŋ] a. 邻近的,附近的,接壤的[neighboring farms 附近的农场]

neighborly ['neibəli] a. 邻人似的,睦邻的;友好的/**neighborliness** n.

neither ['naiðə, 'ni:ðə] a. (与单数名词或代词连用)既非此又非彼的,(两者)都不的[Neither boy went. 两个男孩都没去。] ‖ pron. 两者中无[Neither of them was invited. 他们俩都没被邀请。] ‖ conj. 也不[I could neither laugh nor cry. 我哭笑不得。],并且不[He doesn't sing, neither does he dance. 他不会唱歌,也不会跳舞。]

nemesis ['nemisis] n. ①公正的惩罚,报应②给以报应者,复仇者,难以对付的敌手

neon ['ni:ən, 'ni:ɔn] n. [化]氖②氖光灯,霓虹灯

nephew ['nevju(:), 'nefju(:)] n. ①侄子②外甥

nepotism ['nepətizəm] n. 重用亲戚,裙带关系

nerve [nə:v] n. ①神经②勇敢,沉着,果断③[复]神经紧张,激动④[植]脉⑤[口]厚颜,鲁莽 ‖ v. 给…以力量,给…以勇气[He nerved himself for the ordeal. 他鼓起勇气去经受严峻考验。]/**get on one's nerves** [口]使某人心烦,使某人不安/**strain every nerve** 竭力

nerveless ['nə:vlis] a. ①没有劲的,无生气的②[解]无神经的

nerve-racking, nerve-wracking ['nə:v,rækiŋ] a. 使人心烦的,伤脑筋的

nervous ['nə:vəs] a. ①神经的,神经方面的②胆怯的,害怕的③易激动的,神经质的,紧张不安的④强有力的/**nervously** ad. /**nervousness** n.

-ness [后缀][构成抽象名词]①表示"性质","状态","程度"②表示"行为","举止"

nest [nest] n. ①巢,窝,穴②(同栖一巢的鸟、昆虫等的)群③住所,家,藏蔽处④(盗贼的)窟,(罪恶等的)渊薮,温床⑤一套同类物件,(相互套得起来的)一套物件 ‖ v. ①筑巢,巢居[Swallows often nest in chimney. 燕子常在烟囱里筑巢。]

②把…放在巢中

nestle ['nesl] v. ①依偎②舒适地安顿下来;安卧 [The baby nestled in his mother's arms. 婴儿安卧在他母亲的怀里。] ③抱,使紧贴 [She nestled the puppy in her lap. 她把小狗抱在衣服的下摆上。] ④半隐半现地处于 [a house nestled in the hills 小山中时隐时现的房屋]

net[1] [net] n. ①网;网状物②罗网③[纺]网眼织物④(花边的)地网 ‖ v. ①编网②用网捕

net[2] [net] a. 纯净的 ‖ v. ①净得,净赚②得到,使得到

nether ['neðə] a. ①下面的 [Underwear was once called nether garments. 内衣曾被叫做下衣。] ②地下的

nethermost ['neðəməust] a. 最下面的,最低的

netting ['netiŋ] n. 网;网状(织)物

nettle ['netl] n. 荨麻 ‖ v. 惹怒,使烦恼

network ['netwə:k] n. ①(纺)网眼织物②网状物,网状系统③广播网,电视网

neuralgia [njuə'rældʒə] n. [医]神经痛

neuritis [njuə'raitis] n. [医]神经炎

neurology [njuə'rɔlədʒi] n. [医]神经病学/**neurologist** n. 神经病学家

neurosis [njuə'rəusis] n. [医]①神经(机能)病②神经病/**neuroses** [njuə'rəusi:z] [复]

neurotic [njuə'rɔtik] a. ①神经(机能)病的②神经过敏的 ‖ n. 神经过敏者;神经病患者/**neurotically** ad.

neuter ['nju:tə] a. ①[语](名词等)中性的②[植][动]无性的,无生殖器的③生殖器发育不全的

neutral ['nju:trəl] a. ①中立的,中立国的②[化]中性的③非彩色的(指黑、灰或白色的,尤指灰色的)④[语](元音)松弛的 ‖ n. ①中立者;中立国;中立国的国民②[机]空档

neutrality [nju(:)'træliti] n. ①中立,中立地位②中性

neutralize ['nju:trəlaiz] v. ①使无效,抵

消②[化][电]使中和 [An alkali neutralizes an acid. 碱使酸中和。] ③使中立化/**neutralization** n.

neutron ['nju:trɔn] n. [物]中子

never ['nevə] ad. ①永不,决不,从来没有 [I never saw him again. 我再也没有与他见过面。] ②不,没有,不要 [Never mind what he says. 别介意他说的话。]

nevermore ['nevə'mɔ:] ad. 永不再,决不再

nevertheless [,nevəðə'les] ad. 仍然,不过 [They were losing the game; nevertheless, they kept on trying. 他们虽然输了一局,但仍然继续努力。]

new [nju:] a. ①新的②新鲜的,新型的;时新的,流行的③新近出现的;新制成的,新就任的④没有用旧的⑤新产的⑥奇特的,生疏的,不熟悉的,不寻惯的,没经验的⑦更多的,另加的,附加的⑧重新开始的,周而复始的 ‖ ad. 新,最近 the new-fallen snow 新降的雪/**newness** n.

newborn ['nju:bɔ:n] a. ①新生的②再生的

newcomer ['nju:kʌmə] n. 新来的人,移民,新手

newel ['nju:əl] n. [建]①(盘旋扶梯的)中心柱②望柱,起柱(楼梯两端支持扶手的柱子)

newfangled ['nju:'fæŋgld] a. 新花样的,新奇的;爱好新奇的

newly ['nju:li] ad. ①新近,最近②重新,以新的方式

news [nju:z] n. [复][用作单]①新闻,新闻报道,新闻广播,新闻节目②消息,新情况③新闻人物

newsboy ['nju:zbɔi] n. 报童

newscast ['nju:zkɑ:st] n. 新闻广播/**newscaster** n.

newspaper ['nju:s,peipə] n. 报纸,报

newsreel ['nju:zri:l] n. 新闻短片

newsstand ['nju:zstænd] n. 报摊,报刊柜

newsy ['nju:zi] a. [口]①新闻多的②饶

舌的

next [nekst] a. 紧接的,其次的,邻近的,隔壁的,紧接着到来的,下(年、月、日等) ‖ ad. ①紧挨,在旁边,贴近 [He sits next to me in school. 在学校里他坐在我旁边。Please wait on me next. 请靠近陪着我。] ②下次 ‖ prep. 靠近,贴近,在…旁边 [He sat next the tree. 他坐在树旁。]/**next door** 隔壁的,在隔壁

next-door a. 隔壁的,在隔壁的

nib [nib] n. ①(鸟的)嘴②钢笔尖

nibble ['nibl] v. ①啃,一点一点地咬(或吃)[The mouse nibbled the cheese. 老鼠啃了奶酪。]②小心谨慎地对付[The fish nibbled at the bait. 鱼小心地咬鱼饵。] ‖ n. ①小啃,轻咬②咬一口的量,很少量

nice [nais] a. ①美好的,合宜的,令人愉快的;和蔼的,友好的②细心的;精密的;慎重的;敏感的,灵巧的③微妙的;细微的④难处理的,须慎重对待的⑤挑剔的,难以满足的/**nicely** ad.

nicety ['naisiti] n. ①准确,精确②微妙③[常用复]细微的区别;细节④美好,优美;优美的东西⑤拘泥;挑剔/**to a nicety** 精细入微地,恰到好处地

niche [nitʃ] n. ①壁龛②合适的职务(或地位)

nick [nik] v. ①刻痕于,弄缺(刀口等)[to nick a cup 在杯子上刻痕迹]②正好击中;正好猜中;正好赶上[The bat just nicked the ball. 球拍正好打中了球。] ‖ n. 槽口;刻痕;裂口,缺口/**In the nick of time** 正是时候,正是关键时刻

nickel ['nikl] n. ①[化]镍②(美国和加拿大的)五分镍币

nickname ['nikneim] n. 诨名,绰号

nicotine ['nikəti:n] n. [化]烟碱,尼古丁

niece [ni:s] n. 侄女,甥女

niggard ['nigəd] n. 小气的人;吝啬鬼 ‖ a. 小气的,吝啬的

niggardly ['nigədli] a. ①小气的②很少量的 ‖ ad. 吝啬地/**niggardliness** n.

nigh [nai] ad. ①(地点、时间、关系等)

(接)近地,靠近地②几乎 ‖ a. (接)近的,亲密的 ‖ prep. (接)近的

night [nait] n. ①夜,夜间②黑夜,黑暗③黑夜般的状况,黑暗时期,悲伤的时刻;死亡 ‖ a. 黑夜的,夜间的

nightcap ['naitkæp] n. ①睡帽②临睡前喝的酒

night club 夜总会

nightfall ['naitfɔ:l] n. 黄昏

nightgown ['naitgaun] n. 妇女(或孩子)穿的睡衣

nighthawk ['naithɔ:k] n. ①夜鹰②猫头鹰;晚睡的人

nightly ['naitli] a. 晚上的,夜间的,每夜的[his nightly bath 他的夜澡] ‖ ad. 在夜间;每夜[He reads a chapter nightly. 他每夜读一章。]

nightmare ['naitmɛə] n. ①梦魇;恶梦②经常的恐惧,可怕的事物

night owl ①猫头鹰②晚睡的人

nil [nil] n. 无,零[Our chances are nil. 我们的机会等于零。]

nimble ['nimbl] a. ①灵活的,敏捷的②聪明的,机智的,多才的/**nimbleness** n. /**nimbly** ad.

nincompoop ['ninkəmpu:p] n. 傻子,无用的人

nine [nain] n. um. 九;九个(人或物) ‖ a. ①九个一组②the Nine [希神]九个文艺女神③九岁的④九点钟

nineteen ['nain'ti:n] n. & a. 十九

nineteenth ['nain'ti:nθ] a. 十九,第十九 ‖ n. ①第十九个②十九分之一

ninetieth ['naintiiθ] a. 第九十 ‖ n. ①第九十个②九十分之一

ninety ['nainti] n. 九十,第九十个 ‖ a. ①第九十的②the nineties [复]九十年代

ninny ['nini] n. 笨人,傻瓜

ninth [nainθ] a. 九,第九 ‖ n. ①第九个②九分之一

nip¹ [nip] v. ①夹,钳,掐,捏,咬[He nipped his finger in the door. 他的手指被门夹住了。]②剪断,夹断,摘取[to nip dead leaves from a plant 从植物上摘取死叶③（风、霜等）摧残，冻伤〔Frost nipped the buds. 严寒冻伤了枝芽。〕‖ n. ①夹，钳，掐，捏，咬；被掐（或咬）下的东西②寒冷/**nip and tuck** 势均力敌，不相上下/**nip in the bud** 把…消灭于萌芽状态，防…于未然

nip² [nip] n. 一小口（酒），一呷

nipper [´nipə] n. ①夹（或提、掐）的人（或器具）②[复]钳子，镊子③[复]（马的）门齿；（蟹类的）螯

nipple [´nipl] n. ①乳头②橡皮奶头；奶头罩

nippy [´nipi] a. ①刺人的，寒冷刺骨的②刺鼻的，尖锐的

niter，nitre [´naitə] n. [化]硝石，硝酸钠

nitrate [´naitreit] n. [化]硝酸根②硝酸盐

nitric acid [´naitrik´æsid] 硝酸

nitrogen [´naitridʒən] n. [化]氮/**nitrogenous** a. [化]含氮的

no [nəu] ad. 不，不是②并不，毫不 ‖ a. 没有，并非，决非〔He is no student. 他根本不是学生。〕‖ n. noes[复]不，拒绝，否定，否认②反对票

nobility [nəu´biliti] n. ①高贵，崇高②高位③[the～] 〔集合名词〕贵族（阶层）

noble [´nəubl] a. ①（品质、思想等）高尚的，崇高的②贵族的；显贵的（指贵族出身、称号、头衔等）③壮丽的，宏伟的 ‖ n. 贵族/**nobleness** n./**nobly** ad.

nobody [´nəubədi] pron. 谁也不；没有人 ‖ n. 无足轻重的人，小人物

nocturnal [nɔk´tə:nl] a. ①夜的，夜间发生的②夜间活动的，夜出的③夜间开花的/**nocturnally** ad.

nocturne [´nɔktə:n, nɔk´tə:n] n. [音]夜曲

nod [nɔd] v. 点头（表示同意或打招呼等）②打盹，瞌睡③（树梢、花等）上下（或前后）摆动

node [nəud] n. 节，结，瘤②[植]节

nodule [´nɔdju:l] n. ①小结节，小瘤②[植]节（藻）, 瘤（菌）③[医]结，小结④[矿]结核/**nodular** [´nɔdjulə] a.

noggin [´nɔgin] n. ①小杯子②[美俚]头，脑袋

noise [nɔiz] n. 喧闹声，嘈杂声 ‖ v. ①哄传，谣传②大声讲话，喧闹

noiseless [´nɔizlis] a. 无声的，声音轻的

noisome [´nɔisəm] a. ①恶臭的②有害的，有毒的

noisy [´nɔizi] a. ①喧闹的②嘈杂的/**noisily** ad./**noisiness** n.

nomad [´nɔmæd] n. ①游牧民中的一员②流浪者/**nomadic** a. 游牧的；流浪的

nomenclature [nəu´menklətʃə] n. 名称，术语

nominal [´nɔminl] a. ①名义上的，有名无实的②（金额）微不足道的/**nominally** ad.

nominate [´nɔmineit] v. ①提名〔Three students were nominated for chairman of the council. 三个学生被提名为委员会主席候选人。〕②任命，指定〔The president nominates all postmasters. 总统任命了所有的邮政局长。〕

nomination [,nɔmi´neiʃən] n. ①提名；任命②提名权；任命权

nominative [´nɔminətiv] a. ①主格的②被提名的；被任命的③具有姓名的 ‖ n. [语]主格

nominee [,nɔmi´ni:] n. 被提名者（尤指被提名为候选人者），被任命者

non- [前缀]〔常附在名词、形容词及副词前〕表示"非"，"不（是）"，"无"

nonalcoholic [´nɔnælkə´hɔlik] a. 不含酒精的

nonbreakable [´nɔn´breikəbl] a. 不易破碎的，不能断的

nonce [nɔns] n. 眼下，当前/**for the nonce** 目前，暂且

nonchalant [´nɔnʃələnt] a. 漠不关心的；冷漠的，若无其事的，不激动的/**non-**

chalantly *ad.*

noncombatant [ˌnɔnˈkɔmbətənt] *n.* ①[军]非战斗人员②(战争时期的)平民 ‖ *a.* 非战斗(人员)的

noncommercial [ˌnɔnkəˈməːʃəl] *a.* ①非商业的,非商业上的,非商务的②非商品化的,不以营利为目的的

noncommittal [ˌnɔnkəˈmitl] *a.* (态度、观点等)不明朗的,不表明意见的,不承担义务的

nonconductor [ˌnɔnkənˈdʌktə] *n.* [物]非导体,绝缘体

noncontagious [ˌnɔnkənˈteidʒəs] *a.* 非(接触)传染的;非传染性的;没有感染力的

nondescript [ˈnɔndiskript] *a.* 难以归类的;难以形容的

none [nʌn] *pron.*①没有人,…中任何一个人都不[None of us is ready. 我们当中没有一个准备好。]②没有任何东西;…中任何事物(部分)都不[None of the money is left. 一点钱都没剩下。Many letters were received but none were answered. 收到许多信,但一封也没有答复。] ‖ *ad.* 一点也不[He came none too soon. 他来得一点也不早,时间已很晚了。]/**none the less** 仍然,依然

nonentity [nɔˈnentiti] *n.* 无足轻重的人

nonessential [ˌnɔniˈsenʃəl] *a.* 非本质的;不重要的;非必需的 ‖ *n.* 不重要的人(或物),可有可无的人(或物)

nonexistent [ˌnɔnigˈzistənt] *a.* 不存在的/**nonexistence** *n.*

nonpareil [ˈnɔnpərəl] *a.* 无比的,无上的 ‖ *n.* 完美无比的人(或物)

nonpayment [ˌnɔnˈpeimənt] *n.* 不支付,无力支付

nonplus [ˌnɔnˈplʌs] *v.* 使迷惑;使为难,使窘狈[The speaker was nonplused by the sudden interruption. 讲话人因讲话被突然打断而不知所措。]

nonproductive [ˌnɔnprəˈdʌktiv] *a.* 不能生产的,无生产能力的

nonprofit [ˌnɔnˈprɔfit] *a.* 不以营利为目的的

nonresident [ˌnɔnˈrezidənt] *a.* 不住在工作地点的,不寄宿的 ‖ *n.* 不住在工作地点的人;暂居的人

nonrestrictive [ˌnɔnrisˈtriktiv] *a.* 非限制性的

nonsectarian [ˌnɔnsekˈtɛəriən] *a.* 无派性的;不属于任何宗教派别的

nonsense [ˈnɔnsəns] *n.* ①胡说,废话;胡闹,愚蠢的举动②无价值的东西,无用的装饰品 ‖ *int.* 胡说! 废话! 我不同意!

nonsensical [nɔnˈsensikəl] *a.* 无意义的;愚蠢的;荒谬的

nonstop [ˈnɔnˈstɔp] *a.* 不停的;不断的;(列车、飞机等)直达的 ‖ *ad.* 不停地,不断地,直达地

nonunion [ˌnɔnˈjuːnjən] *a.* ①不属于(或不加入工会的)②不遵守工会规定的;不承认(或不赞成)工会的

noodle [ˈnuːdl] *n.* [常用复]面条,鸡蛋面

nook [nuk] *n.* ①凹角;偏僻隐蔽的角落②隐蔽处,隐匿处

noon [nuːn] *n.* 中午,正午

noose [nuːz] *n.* ①绞索;套索②羁绊,束缚/**the noose** 绞死

nor [nɔː] *conj.* ①[常与 neither 或 not 连用,有时也与 no, never 等表示否定的词连用]也不[Neither John nor Jane can go. 约翰和珍妮都不能去。]②[用在其它否定词后]也不,也不了[They have no car, nor do they want one. 他们没有轿车,也不想要。]

normal [ˈnɔːməl] *a.* 正常的,正规的,标准的 ‖ *n.* [只用单数]正常的状态(或数量,程度等);标准

normally [ˈnɔːməli] *ad.* ①正常地[to behave normally 举止正常]②通常[Normally we eat at home. 通常我们在家吃饭。]

north [nɔːθ] *n.* ①北,北方②North(一国或一地区的)北部③North 地球的北部(尤指北极地区) ‖ *a.* ①北的,北方的②从北面来的③North(一国、一州或一地

区)北方的 ‖ ad. 向北方,在北方,自北方

northeast ['nɔːθ'iːst] n. ①东北②(一国或一地区的)东北部 ‖ a. ①位于东北的;朝东北的②来自东北的 ‖ ad. 在东北,向东北,从东北〔to sail northeast 向东北航行〕

northeasterly [nɔːθ'iːstəli] a. ①在东北的;向东北的②来自东北的 ‖ ad. ①在东北,向东北②从东北

northeastern [nɔːθ'iːstən] a. ①(在)东北的,向东北的②来自东北的

northerly ['nɔːðəli] a. ①在北方的,向北方的②来自北方的 ‖ ad. ①在北方;向北方②来自北方

northern lights 北极光

northernmost ['nɔːðənməust] a. 最北端的,极北的

North Pole 北极

North Star 北极星

northward ['nɔːθwəd] a. 向北的 ‖ ad. 向北方 ‖ n. 向北的方向,北方的地区

northwest [nɔːθ'west] n. ①西北②Northwest(一国或一地区的)西北部 ‖ a. ①位于西北的;朝西北的②来自西北的 ‖ ad. 在西北,向西北;从西北〔to sail northwest 向西北航行〕

northwesterly ['nɔːθ'westəli] a. ①在西北的;向西北的②来自西北的 ‖ ad. ①在西北,向西北②从西北

northwestern ['nɔːθ'westən] a. ①在西北的,向西北的②来自西北的

nose [nəuz] n. ①鼻子②嗅觉③鼻状物 ‖ v. ①(船等)缓慢小心地前进〔The ship nosed into the harbor. 轮船徐徐驶进海港。〕②探听,干涉③嗅,闻④用鼻子擦(或触)/**look down one's nose at,turn up one's nose at**〔口〕瞧不起/**nose out**〔美〕(竞争中)以些微差距胜过,以…略胜一筹/**pay through the nose** 被敲竹杠,付出过高的代价

nose dive ①俯冲②(价格等)猛跌,暴落

nose-dive ['nəuzdaiv] v. ①俯冲②猛跌,猛落

nostalgia [nɔs'tældʒiə] n. ①怀乡病②留恋过去,怀旧/**nostalgic** a.

nostril ['nɔstril] n. ①鼻孔②鼻孔内壁

nostrum ['nɔstrəm] n. ①秘剂,秘方;有专利权的药品②〔贬〕(社会或政治改革方面的)灵丹妙药,万应药

not [nɔt] ad. 不〔Do not talk. 别讲话。She is not happy. 她不高兴。〕

notable ['nəutəbl] a. ①值得注意的;显著的②著名的,显要的/**notably** ad.

notarize ['nəutəraiz] v. 以公证人资格证实

notary ['nəutəri] n. 公证人,公证员

notation [nəu'teiʃən] n. ①记法,标志法②(尤指在数学、化学、音乐中所用的)系统成套的标志(或记号),棋谱符号,舞步谱号③注解,批注,记录

notch [nɔtʃ] n. ①(V字形)槽口,凹口②山谷,山峡③〔口〕等,级 ‖ v. 在…开槽口

note [nəut] n. ①笔记,记录②按语,评论,注释③短笺,便条④(外交上的)照会⑤票据,借据,纸币⑥注意⑦琴键⑧叫声,声音,鸟鸣声⑩显要,名望⑪暗示 ‖ v. ①注意;观察②特别提到/**compare notes** 对笔记,交换意见/**take notes** 记笔记

notebook ['nəutbuk] n. 笔记簿,期票簿

noteworthy ['nəut,wəːði] a. 值得注意的,显著的

nothing ['nʌθiŋ] n. ①没有东西,没有什么②微不足道的事(或人)③〔数〕零 ‖ ad. 一点也不,并不/**for nothing**①免费,不要钱②徒然,没有结果③没有理由/**nothing but** 除了…以外什么也不,只有,只不过/**nothing less than** 和…一模一样,完全是

nothingness ['nʌθiŋnis] n. ①无,虚无,不存在②无价值的(事物),微不足道(的事物)

notice ['nəutis] n. ①通知②通告,布告③注意,留意;注意,对待④预先通知(尤用雇主、雇员或房东、房客之间)⑤(报刊上对图书、戏剧等的)短评,介绍 ‖ v. ①注意,注意到〔He didn't notice his visitor. 他没有注意到来访者。]②观察③通知④评论；介绍/**serve notice**①正式通知；宣布②正式警告/(on) **take notice**①注意②看

noticeable [ˈnəutisəbl] a. ①显而易见的，显著的②值得注意的，重要的/**noticeably** ad.

notification [ˌnəutifiˈkeiʃən] n. ①通知②通知单，通知书

notify [ˈnəutifai] v. ①通知 [Please notify me when he arrives. 他到达的时候请通知我。]②报告，宣告

notion [ˈnəuʃən] n. ①概念②想法，看法，见解③突然的念头，一时的兴致；狂想，幻想，怪想④打算，意图⑤[复][美]指针线等小件日用品

notoriety [ˌnəutəˈraiəti] n. ①臭名昭著②声名狼藉的人

notorious [nəuˈtɔːriəs] a. 臭名昭著的，声名狼藉的/**notoriously** ad.

notwithstanding [ˌnɔtwiθˈstændiŋ] prep. 不管，不顾，尽管 [He drove on, notwithstanding the storm. 尽管有风暴，他仍然继续赶路。]‖ ad. 尽管，还是 [He must be told, notwithstanding. 他还是必须通知到。]

nought [nɔːt] n. ①没有东西，没有什么 [All his dreams came to nought. 他的全部梦想都落空了。]②[数]零

noun [naun] n. [语]名词

nourish [ˈnʌriʃ] v. ①养育，使健壮，施肥于 [Water and sunlight nourished the plants. 水和阳光滋养了作物。]②维持，使增长，培养，鼓励，促进 [Fair treatment nourishes good will. 合理的待遇鼓舞十足的干劲。]③怀有（希望、仇恨等）/**nourishing** a. 滋养的；富于营养的

nourishment [ˈnʌriʃmənt] n. ①营养情况②食物，滋养品

novel [ˈnɔvəl] a. 新的，新颖的，新奇的 ‖ n. (长篇)小说

novelist [ˈnɔvəlist] n. 小说家

novelty [ˈnɔvəlti] n. ①新颖，新奇②新奇的事物③[常用复]新编小巧而廉价的物品（尤指装饰品、玩具等）

November [nəuˈvembə] n. 十一月

now [nau] ad. ①现在，此刻，目前 [He is sleeping now. 他现在正在睡觉。]②[在叙述中表示新涉及的时间]于是，然后，当时 [Now he started to climb the hill. 然后他开始爬山。]③[不表示时间，而表示说话者的语气，包括说明、命令、请求、警告、安慰等语气] [（表示说明）Now we'll never know what happened. 这样的话我们永远也不会知道发生什么事了。（不耐烦的口气）Now where could it be? 它到底在哪儿？（安慰的口气）Now, now, don't cry. 好了，好了，别哭了。]‖ conj. 既然，由于 [Now that you're here, we can leave. 既然你在这儿，我们可以走了。]② now. 现在，此刻 [That's all for now. 现在到此为止。]/**just now** 刚才，一会儿以前/**now and then, now and again** 时而，不时

nowadays [ˈnauədeiz] ad. 现今，现在 ‖ n. 现今，当今

noway [ˈnəuwei], **noways** [ˈnəuweiz] a. 一点也不，决不

nowhere [ˈnəuwɛə] ad. 任何地方都不 [He is nowhere to be found. 哪儿都找不到他。]‖ n. ①无处②不知道的地方/**nowhere near** 离…很远

nowise [ˈnəuwaiz] ad. 一点也不，决不 [I am nowise pleased about this. 对此我一点也不高兴。]

noxious [ˈnɔkʃəs] a. 有害的，不卫生的，有毒的 [a noxious gas 毒气]

nuance [njuː ˈɑːns, ˈnjuːɑːns] n. 细微差别

nubby [ˈnʌbi] a. 粗糙的，不平滑的 [a nubby cloth 粗布]

nuclear [ˈnjuːkliə] a. ①原子核的，原子能的②原子弹的，核动力的

nucleus [ˈnjuːkliəs] n. ①核②核心，中心③[生]细胞核，核④[原](原子)核/**nuclei**[复]

nude [njuːd] a. 裸体的 ‖ n. 裸体者/**in the nude** ①赤身裸体的②公开的；赤裸

裸的

nudge [nʌdʒ] v. 用肘轻推(以引起注意或暗示) ‖ n. 用肘轻推

nugget ['nʌgit] n. ①[矿](天然)块金；矿块

nuisance ['nju:sns] n. ①损害,妨害②讨厌(或有害)的东西(或事情、行为等);讨厌(或麻烦)的人

null [nʌl] a. ①无束缚力的,无效的②不存在的,等于零的③无价值的,无用的/ **null and void** 无效

nullify ['nʌlifai] v. ①使无效,废弃[to nullify a treaty by ignoring its terms 由于不顾条款规定而使条约无效]②使无价值,使无用,取消,抵消[His losses nullified his profits. 他的损失抵消了他的利润。]/ **nullification** n.

numb [nʌm] a. 麻木的；失去感觉的 ‖ v. 使麻木；使麻痹/**numbly** ad. /**numbness** n.

number ['nʌmbə] n. ①数;数字②一群人,一帮人③数目;[复]大批,许多④(报刊的)期,册⑤(一个)节目;(歌剧的)部分⑥[语]数 ‖ v. ①给…编号[Dollar bills are numbered. 美元钞票被编了号。]②把…算作,认为[He is numbered among our friend. 他被认为是我们的朋友。]③达…之数,总计[My books number almost eighty. 我的书总计 80 册。]④[常用被动语态]使在数目方面受到限制,变少[He is old and his years are numbered. 他老了,活的日子有限了。]/**a number of** 若干,许多/**beyond number,without number** 多得数不清

numberless ['nʌmbəlis] a. 数不清的

numeral ['nju:mərəl] n. ①数字②[复][美](奖给在课外活动某一方面有显著成绩的班级的)荣誉符号

numerate ['nju:məreit] v. ①[数]计算②读(数)

numerator ['nju:məreitə] n. ①[数]分子②计算者;计算器,计算管

numerical [nju(:)'merikəl] a. ①数字的,用数字表示的②数值的,用数字而不

是用字母表示的/**numerically** ad.

numerous ['nju:mərəs] a. ①[修饰复数名词]许多②[修饰单数名词]为数众多的

numismatics [,nju:miz'mætiks] n. [复][用作单]钱币学,古钱学/**numismatist** n. ①钱币学专家②钱币收集者

numskull ['nʌmskʌl] n. ①笨蛋②笨脑瓜

nun [nʌn] n. 修女;尼姑

nunnery ['nʌnəri] n. 女修道院,尼姑庵

nuptial ['nʌpʃəl] a. 婚姻的,结婚的,婚礼的/**nuptials** n. [复]婚礼

nurse [nə:s] n. ①护士,看护②保姆;奶妈 ‖ v. ①看护,护理(病人、疾病等)②设法治疗[He's nursing a cold. 他正治疗感冒。]③怀有(希望、仇恨等)[to nurse revenge 怀有报复心理]④喂奶,哺乳⑤吸…的奶

nursemaid ['nə:smeid] n. 保姆

nursery ['nə:səri] n. ①托儿所;保育室;儿童室②幼儿园③苗圃;养鱼池;动物繁殖场

nursery rhyme 童谣

nurture ['nə:tʃə] v. ①养育,培育,教养②营养物,食物 ‖ v. ①养育,培养,教养②给…营养物

nut [nʌt] n. ①坚果②坚果仁③[机]螺母;螺帽④[美俚]疯子,傻瓜

nutcracker ['nʌt,krækə] n. [常用复]轧碎坚果的钳子(一端有铰)

nutmeg ['nʌtmeg] n. [植]肉豆蔻(树)

nutria ['nju:triə] n. ①[动]海狸鼠②海狸鼠毛皮

nutrient ['nju:triənt] a. 营养的,滋养的 ‖ n. 营养品,营养物

nutriment ['nju:trimənt] n. 营养品;食物

nutrition [nju(:)'triʃən] n. ①营养,滋养②营养物,滋养物,食物/**nutritional** a.

nutritious [nju(:)'triʃəs] a. 有营养的,滋养的

nutritive ['nju:tritiv] a. ①有关营养的

②有营养的,滋养的

nutshell ['nʌtʃel] *n.* 坚果外壳/**in a nutshell** 简概地说,一句话

nutty ['nʌti] *a.* ①有许多坚果的,生坚果的②有坚果味的③[俚]狂热于…的,迷恋着…的④(俚)古怪的;傻的;发疯的

nuzzle ['nʌzl] *v.* ①(用鼻子或用鼻子般地)掘,擦,触,伸入[The horse nuzzled my hand for the sugar. 马舔我手上的糖。]②舒服地躺着;紧挨地躺着

nylon ['nailən] *n.* ①[纺]耐纶,尼龙②耐纶制品,[复]耐纶长袜

𝒪 o O o

O, o [əu] 英语字母表中的第十五个字母/**O's, o's** [əuz] [复]

oaf [əuf] n. ①畸形儿；痴儿②蠢人，笨汉/**oafish** a. 畸形儿(似)的，蠢人(似)的

oak [əuk] n. ①[植]栎属植物；栎，橡②栎木

oaken [ˈəukən] a. 栎木制的[an oaken bucket 栎木桶]

oakum [ˈəukəm] n. 麻絮，填絮

oar [ɔː] n. ①桨，橹②划手；桨手/**put one's oar in** 干涉，干预/**rest on one's oars** ①搁桨停划②停下来休息一会儿

oarsman [ˈɔːzmən] n. 划手；划桨能手

oasis [əuˈeisis] n. (沙漠中的)绿洲，(不毛之地中的)沃洲/**oases** [复]

oat [əut] n. ①[常用复]燕麦；燕麦属植物②[常作复数][用作单]燕麦粥；麦片粥/**feel one's oats** [美俚]兴高采烈，活跃

oaten [ˈəutn] a. 燕麦(片)的，燕麦(片)制的；燕麦秆(制)的

oath [əuθ] n. ①誓言，誓约，宣誓②妄ющ神名，渎神的言词③诅咒，咒骂/**take oath** 宣誓，发誓/**under oath** 发誓/**oaths** [əuðz, əuθs] [复]

oatmeal [ˈəutmiːl] n. 燕麦片，燕麦粥

obdurate [ˈɔbdjurit] a. ①执拗的，倔强的冷酷无情的；顽固不化的/**obduracy** [ˈɔbdjurəsi] n.

obedience [əˈbiːdjəns] n. 服从，顺从

obedient [əˈbiːdjənt] a. 服从的，顺从的，恭顺的/**obediently** ad.

obeisance [əuˈbeisəns] n. ①敬礼 (指鞠躬、屈膝礼等)②敬意

obese [əuˈbiːs] a. 人过度肥胖的，肥大的/**obesity** [əuˈbiːsiti] n. 过度肥胖，肥大

obey [əˈbei] v. ①服从，顺从；听从；执行 [My dog always obeys. 我的狗总顺从我。Obey your father. 服从你爸。]②按照…行动[to obey one's conscience 按照某人的良心行动 to obey the rules of a game 遵守比赛规则]

obituary [əˈbitjuəri] n. (常附死者传略的)讣告，讣闻

object [ˈɔbdʒikt] n. ①物，物体②对象③目的，目标，宗旨④[语]宾语 ‖ v. 抱反感，不赞成[Mother objects to my reading in bed. 妈妈不赞成我躺在床上看书。]②反对，抗议[Jane objected that the prices were too high. 珍妮抗议价格太高。]/**objector** [əbˈdʒektə] n. 反对者

objection [əbˈdʒekʃən] n. ①反对，异议；不喜欢②反对(或不喜欢)的理由

objectionable [əbˈdʒekʃənəbl] a. ①引起反对的；要不得的②令人不愉快的，讨厌的

objective [əbˈdʒektiv] a. ①如实的客观的，不带感情的，无偏见的②真实的，客观上存在的③[医](症状)客观的，[症状除本人感觉外他人感觉的，他觉的④[语]宾语的 ‖ n. ①目的，目标，宗旨②可见的事物③[语]宾格

obligation [ˌɔbliˈgeiʃən] n. ①(道义上或法律上的)义务；职责，责任②[法]合约，契约，证券

obligatory [ˈɔbligətəri] a. (道义上或

法律上)必须履行的,应尽的;强制性的

oblige [ə'blaidʒ] v. ①迫使,责成〔His religion obliges him to fast on those days. 宗教信仰迫使他在那些日子禁食。〕②施恩惠于;答应…的请求;使满足③〔用被动语态〕使感激〔I am much obliged for your help. 我非常感激你的帮助。〕④帮…的忙〔Please oblige me by coming along. 快来帮我一下。〕

obliging [ə'blaidʒiŋ] a. ①乐于助人的,有礼貌的;恳切的②〔罕〕(道义上或法律上)必须履行的,应尽的,强制性的

oblique [ə'bli:k] a. ①斜的,倾斜的;偏斜的②躲躲闪闪的;无诚意的;拐弯抹角大的③转弯抹角的,不坦率的,不直截了当的/**obliquely** ad.

obliterate [ə'blitəreit] v. ①涂抹,擦去;去掉…的痕迹〔The spilled ink obliterated her signature. 溅出去的墨水涂掉了她的签名。〕②使消失;除去〔The bombs obliterated the bridge. 炸弹把桥炸掉了。〕/**obliteration** n.

oblivion [ə'bliviən] n. ①被遗忘的状态,湮没②遗忘,(头脑的)一片空白状态

oblivious [ə'bliviəs] a. ①忘却的,健忘的,不在意的,不以为然的②〔古〕令人忘却的 (oblivious, carefree days of vacation 忘却烦恼、无忧无虑的假期)

oblong [ˈɔblɔŋ] n. 长方形的,椭圆形的;拉长的 ‖ n. 长方形;椭圆形

obloquy [ˈɔbləkwi] n. ①大骂;强烈的指责②(由于被人强烈指责而引起的)坏名声,丑名,耻辱/**obloquies** [复]

obnoxious [əb'nɔkʃəs] a. ①令人非常不快的,引起反感的,讨厌的

obscene [əb'si:n] a. ①猥亵的;淫秽的②可憎的,污秽的,令人厌恶的/**obscenely** ad.

obscenity [əb'si:niti] n. ①猥亵;淫秽②〔常用复〕猥亵的话(或行为)

obscure [əb'skjuə] a. ①模糊的;含糊不清楚的,不分明的;晦涩的,难解的②暗的;昏暗的;黑暗的③不引人注目的,偏僻的,隐僻的④无名的;微贱的 ‖

v. ①使暗,使黑暗;遮掩②使难理解,搞混/**obscurity** n.

obsequies [ˈɔbsikwiz] n. [复]葬礼,丧礼

obsequious [əb'si:kwiəs] a. ①谄媚的,奉承的,巴结的②顺从的,忠实的,孝顺的/**obsequiously** ad.

observable [əb'zə:vəbl] a. ①值得注意的,显著的;看得见的,观察(或观测)得到的,可辨别的②可遵守的;应遵守的③可庆祝的,应庆祝的

observance [əb'zə:vəns] n. ①(法律、习俗、规章等的)遵行,奉行②(节日、生日等的)纪念,庆祝③惯例,习惯④礼仪,仪式

observant [əb'zə:vənt] a. ①严格遵守的②观察力敏锐的③留心的,当心的

observation [ˌɔbzə(:)'veiʃən] n. ①观察;观测②注意,监视③〔常用复〕观察(或观测)资料(或报告)④(观察后发表的)言论,意见

observatory [əb'zə:vətəri] n. ①天文台②气象台

observe [əb'zə:v] v. ①遵守,奉行(法律、习俗、规章等)〔to observe the rules of a game 遵守竞赛规则〕②〔按传统习惯〕纪念,庆祝(节日、生日等)〔We observe Memorial Day by putting flowers in graves. 我们在烈士纪念日给烈士墓献花,以纪念烈士们。〕③看到,注意到〔He observed that she was smiling. 他注意到她在笑。〕④说,评述,评论〔"It may rain," he observed. "可能要下雨,"他说。〕⑤观察(天体、气象等)〔to observe an experiment 观察一次实验〕/**observer** n.

obsess [əb'ses] v. ①使窘困,使烦扰②(魔鬼、妄想等)迷住,使着迷,缠住〔obsessed with dream of wealth 被成名望迷住〕

obsession [əb'seʃən] n. ①着迷,缠住②摆脱不了的思想(情感等)

obsolescent [ˌɔbsə'lesnt] a. 逐渐被废弃的,正废退中的,快要过时的/**obsolescence** n.

obsolete [ˈɔbsəli:t] a. ①已废弃的,已

不用的②过时的，陈腐的，老式的

obstacle [ˈɔbstəkl] n. 障碍(物)，妨碍

obstetrician [ˌɔbsteˈtriʃən] n. 产科医生

obstetrics [ɔbˈstetriks] n. [复] [用作单] [医] 产科学，助产术/**obstetric, obstetrical** a.

obstinacy [ˈɔbstinəsi] n. ①固执，顽固②顽强，不易克服性

obstinate [ˈɔbstinit] a. ①固执的，顽固②(病痛等)难治的，难解除的/**obstinately** ad.

obstreperous [əbˈstrepərəs] a. ①吵吵嚷嚷的，喧哗的②顽固对抗的，骚动的，任性的，难驾驭的

obstruct [əbˈstrʌkt] v. ①阻塞，堵塞 [Dirt obstructed the drain in the sink. 脏物堵塞了洗涤槽的排水管。] ②阻挡，阻止，阻碍③挡住(视线)，遮住 [The billboards obstructed our view. 广告牌挡住了我们的视线。] /**obstructive** a.

obstruction [əbˈstrʌkʃən] n. ①阻塞，堵塞②阻挡，阻止，阻碍 [the obstruction of justice 公正的阻碍] ③障碍物

obtain [əbˈtein] v. ①获得；得到；买到 [to obtain a job 得到工作] ②得到公认，流行，通行 [That law no longer obtains. 这项法律已经过时了。]

obtainable [əbˈteinəbl] a. 可获得的；可取得的；可买到的

obtrude [əbˈtruːd] v. ①强加于人；闯入；扰乱 [to obtrude upon another's privacy 打扰某人的安宁] ②挤出，冲出

obtrusive [əbˈtruːsiv] a. ①伸出的，突出的②炫耀的，夸耀的③强迫人的，闯入的，冒失的

obtuse [əbˈtjuːs] a. ①(感觉)迟钝的；愚钝的②钝的，不尖的；不锐利的/**obtuseness** n.

obverse [ˈɔbvəːs] n. (铸币、奖章等的)正面

obviate [ˈɔbvieit] v. ①排除，消除②预防；避免 [Proper care of one's car can obvi-

ate the need for much repair. 小心保护轿车就可避免经常修理。]

obvious [ˈɔbviəs] a. 明显的，显而易见的；显著的/**obviously** ad. /**obviousness** n.

occasion [əˈkeiʒən] n. ①时机，机会②理由，必要，需要③场合④(重大的)时刻 ‖ v. 引起 [Jerry occasioned the quarrel by his impolite remarks. 杰里不礼貌的话引起了争吵。] /**on occasion** 间或，有时

occasional [əˈkeiʒənl] a. ①偶尔的，偶然的 [间或发生的] ②重大活动的，盛会的，供重大活动(或盛会)使用的③临时的；特殊场合的

occasionally [əˈkeiʒənəli] ad. 偶然，偶尔，间或

occult [[ɔˈkʌlt] a. ①隐藏的，看不见的②秘密的，不公开的，秘传的③神秘的，玄妙的

occupancy [ˈɔkjupənsi] n. 占有，占用；居住

occupant [ˈɔkjupənt] n. ①占有人，占用者，居住者②任职者

occupation [ˌɔkjuˈpeiʃən] n. ①职业，工作；消遣②占领，占据，占领状态，占领军(当局)③占有，占用；居住/**occupational** a.

occupy [ˈɔkjupai] v. ①占领，占据，侵占 [The Germans occupied much of France during World War Ⅱ. 第二次世界大战期间德国人侵占了法国大部分土地。Pioneers occupied the wilderness of the west. 拓荒者占了西部的荒地。] ②处于(某种地位)，担任(职务) [He occupies an important post in government. 他在政府中担任重要职务。] ③住(房子等)，占用(房子) [to occupy a house 住房子] ④全部占据，占满 [The store occupies the entire building. 商店占满了整个大楼。] ⑤使忙碌，使从事 [Many problems occupy his mind. 他脑子里有许多问题。]

occur [əˈkəː] v. ①被想到 [The idea occurred to me before. 以前我想到过这个主

意。〕②发生〔The accident occurred last night. 事故是昨晚发生的。〕③出现，存在〔Errors occur in his work. 他工作中存在错误。〕

occurrence [ə'kʌrəns] n. ①发生；出现②(偶发)事件，事变，发生的事物

ocean ['əuʃən] n. ①[总称]海洋，[诗]海②[O～][地]洋

Oceania [,əuʃi'einjə] n. 大洋洲

oceanic [,əunʃi'ænik] a. ①海洋的，生活于海洋中的；海洋产生的②似海洋的，广大的，无边无际的

o'clock [ə'klɔk] …点钟

octagon ['ɔktəgən] n. ①[数]八边形②八角形物体

octagonal [ɔk'tægənl] a. 八边形的

octave ['ɔktiv, 'ɔkteiv] n. ①[音]八音度，一音阶②高(或低)八度音③低频程④风琴上的高八度音栓⑤八行(体)诗，十四行诗的前八行

octavo [ɔk'teivəu] n. ①八开本②八开纸；八开页

October [ɔk'təubə] n. 十月

octopus ['ɔktəpəs] n. ①章鱼属动物；章鱼，蛸②[喻]章鱼状物(尤指多方面伸手进行控制的势力或团体)

ocular ['ɔkjulə] a. ①眼睛的；视觉(上)的②用眼的；凭直觉的③目击的④像眼睛的，起眼睛作用的

odd [ɔd] a. ①单只的，不成对的，零散的②奇数的③有单数的〔the odd days of the month 本月的单日〕④有零数的；带零头的〔forty odd years ago 四十多年前〕⑤临时的，不固定的，额外的⑥奇特的，古怪的/**oddly** ad. /**oddness** n.

oddity ['ɔditi] n. ①奇特，古怪②怪人，古怪的事(物)；怪癖

odds [ɔdz] n. [复]①力量(或形势等)对比上的差距，差额②(比赛或打赌时给对方的)让步；投注赔率/**at odds** 争执；不一致/**by all odds** (相比之下)远远地，大大超过地/**odds and ends** 残舸(或零星)的东西；零碎的事情/**the odds are**

可能是…，多半是…

odious ['əudjəs] a. 可憎的；丑恶的；令人作呕的

odium ['əudiəm] n. ①憎恨，公愤，强烈的厌恶②臭名；耻辱

odometer [ɔ'dɔmitə] n. 里程表，路码表，自动计程仪

odor ['əudə] n. ①气味，香气，臭气②味道；迹象/**be in bad odor** 名誉不好/**odorless** a. 没有气味的

odoriferous [,əudə'rifərəs] a. ①散气味的②(道德上)臭的，引起反感的

odorous ['əudərəs] a. 有气味的，香的；臭的

odour ['əudə] n. [英]①气味；香气②味道；迹象

of [强 ɔv；弱 əv, v, f] prep. ①来自…的；从…的〔men of Ohio 俄亥俄州人〕②由于；因为〔She died of fever. 她死于高烧。〕③(表示方位、时间等的范围)〔a mile east of town 城镇以东一英里〕④(属于)…的〔the novels of Dickens 狄更斯的小说〕⑤表示除去、剥夺等〔robbed of his money 抢了他的钱〕⑥表示…的部分或全部〔most of one's time 某人的大部分时间〕⑦由…组成(做成)的〔a house of brick 一座砖房〕⑧(属于)…的〔the pages of a book 书页〕⑨表示具有某种性质、内容、状况等〔a man of wealth 一个富有的人〕⑩含有〔a box of popcorn 一盒子爆玉米花〕⑪表示"同位"〔a height of six feet 六英尺高〕⑫(关于)…的〔a reader of books 书的读者〕⑬关于〔Think of me when I'm a-way. 我不在的时侯想着我。〕⑭…的时候或时期〔He's been sick of recent months. 最近几个月里他一直生病。〕⑮[表示时间]在…之前的〔ten of four 四点差十分〕

off [ɔ(:)f] ad. ①(离)开，(走)开〔He moved off down the road. 他沿路走远了。〕②(脱离)掉；(断)掉〔Take your coat off. 脱掉上装。〕③离，距〔My birthday is only two weeks off. 离我的生日只有两周了。〕

④切断；停止，中止；(休)止〔Turn the motor off. 把发动机关掉。They broke off their talk. 他们中断了谈话。〕⑤(减)掉，(扣)掉〔Sales dropped off. 销售量下降。〕⑥不工作，休息〔Let's take the day off. 我们休天假吧。〕‖ prep. ①从；从…离开(或脱离，去掉)〔The car is off the road. 汽车从路上开走。〕②(路等)从…分岔；通向〔a lane off the main road 从大路岔出的一条小胡同〕③不再从事…，在…休息〔off duty 休息〕④低于…；差于…水平〔He's off his game today. 他今天竞技水平不佳。〕⑤戒…；停服…；不爱好〔I'm off candy. 我不再吃糖了。〕‖ a. ①脱离的〔His hat is off. 他的帽子掉了。〕②停止了的；取消的〔The motor is off. 马达停了。〕③来到的；接近的；正在进行中的；出发的，离去的〔The children are off to school. 孩子们上学去了。〕④低于通常水平的；较差的；(商业季节等)萧条的，淡的〔Business is off a little. 生意淡了一点。〕⑤(可能性)极小的〔an off chance 极小的机会〕⑥受到照顾的，被提供的〔They are well off. 他们很富有。〕⑦错误的〔Your guess is off. 你的猜测错了。〕‖ int. 去！滚！/be off, take off 走开！滚开！/off and on 断断续续地，间歇地，有时/off with (用于祈使句)去！去掉！

offal ['ɔfəl] n. ①内脏，下水②废物；垃圾，碎屑，渣滓

offend [ə'fend] v. ①冒犯；触怒，伤害…的感情〔His rude answer offended her. 他粗鲁的回答伤害了她的感情。〕②使不舒服〔The noise offends my ears. 噪音使我的耳朵不舒服。〕③犯过错，违规，犯罪/**offender** n.

offense [ə'fens] n. ①犯法(行为)，罪过，过错②冒犯；触怒③讨厌的东西，引起反感的事物④进攻，攻击，进攻的一方/**give offense to** 得罪某人/**take offense at** 因某事而生气

offensive [ə'fensiv] a. ①进攻的；进攻性的，攻势的②讨厌的；令人作呕的③冒犯的；唐突的 ‖ n. 进攻，攻势〔to take the

offensive〕进攻，采取攻势/**offensively** ad.

offer ['ɔfə] v. ①提出；提供〔to offer one's help 提供某人的帮助〕②奉献；贡献〔to offer prayers 做祷告〕③试图，表示要〔I offered to go with him. 我表示要跟他一起去。〕④出价；提供〔I offer him \$3 for the book 我出价 3 美元买这本书〕⑤呈现出；使出现〔The rusty lock offered some resistance. 这把生锈的锁不好开了。〕‖ n. ①提供；提议②企图；想做③[商]报价；发价〔Will you accept a lower offer? 你愿意接受较低的报价吗？〕

offering ['ɔfəriŋ] n. ①提供；提出②礼物；捐献物；(给教会的)捐款；祭品③出售物④课程

offhand ['ɔ:f'hænd] ad. 立即，当下，事先无准备地〔Can you tell us offhand how many you will need? 你能立即告诉我们你们将需要多少吗？〕‖ a. ①即席的；临时的；随便的〔an offhand reply 即席回答〕②漫不经心的，无礼的〔an offhand refusal 无礼的拒绝〕

office ['ɔfis] n. ①办公室，办事处，事务所，营业所，[美]诊所②处，局，社，行，公司③公职；官职④[复]照料，帮助⑤礼仪，[宗]祭礼，圣餐，祷告

officer ['ɔfisə] n. ①官员，办事员②警官，法警，执达员③军官 ‖ v. [常用被动语态]①给…配备军官(或高级船员)②指挥，统率

official [ə'fiʃəl] n. 官员，行政人员，高级职员 ‖ a. ①官员的②公务(职务)上的③官方的，法定的，正式的/**officially** ad.

officiate [ə'fiʃieit] v. ①行使职务〔to officiate as secretary 行使部长职务〕②[宗]司祭，司仪〔to officiate at a wedding 在婚礼上当司仪〕

officious [ə'fiʃəs] a. ①过分殷勤的；好管闲事的②(外交上)非官方的，非正式的

offing ['ɔ(:)fiŋ] n. ①视野范围内的远处海面，离岸不太远的位置②在离岸不远

处的抛锚③附近处;不远的将来

offset ['ɔ(:)fset] v. 抵消;补偿〔The farmer's loss on corn was offset by his profit on wheat. 这位农场主在玉米上的损失通过小麦的利润得到了补偿。〕‖ n. 抵消;补偿

offshoot ['ɔ(:)ʃuːt] n. ①分枝,分株②支脉,支流,支线

offshore ['ɔ(:)ʃɔ:] a. ①离岸的,向海的②在近海处的〔an offshore island 近海岛屿〕‖ ad. 离岸;近海岸;向海面

offside ['ɔ(:)f'said] a. [体]越位的

often ['ɔ(:)fn] ad. 经常,常常

ogle ['əugl] v. 对…做媚眼;贪婪地看‖ n. 媚眼;秋波

ohm [əum] n. 欧姆(电阻单位)

-oid [后缀] 构成名词或形容词,表示"似","像"

oil [ɔil] n. ①油;[复]油类;石油②油面颜料③油画作品‖ v. 加油于;加润滑油〔to oil the works of a clock 给钟表机件加润滑油〕/strike oil ①发现油矿②一下子发了财,飞黄腾达的/oiler ①加油工,润滑工②加油器,油壶③正产着油的油井④油轮,用油作燃料供加润的轮胎

oilcloth ['ɔilklɔθ] n. 油布,漆布

oilskin ['ɔilskin] n. ①油布,油布雨衣②[复]油布衣裤

oil well 油井

oily ['ɔili] a. ①(含)油的,油状的②涂满油的,浸透油的;油腻的③(言行等)圆滑的,讨好人的/oilness n.

ointment ['ɔintmənt] n. 软膏,油膏,药膏

O. K., OK ['əu'kei] a., ad. & int. 对;好;可以;行‖ n. 同意,签认

old [əuld] a. (older, elder; oldest, eldest) ①年老的,老的②古老的,古老的③(年龄)…岁的;(时间)…久的〔He's ten years old. 他十岁了。〕③旧时的,过去的④陈旧的;破旧的;废弃的⑤古代的⑥较早的,最早的⑦老资格的;老练的;有经验的;根深蒂固的⑧以前的,从前的⑨看

来年老的,老年人一般的⑩[口]表示亲密、戏谑等〔Good old Jerry! 杰里老伙计!〕 n. 古时的;早已过去的日子〕/the old 老人们 n. oldness

old-fashioned ['əuld-'fæʃənd] a. 老式的;过时的

oldish ['əuldiʃ] a. 有点上了年纪的;有点旧的

old maid 老处女/oldmaidish a. 像老处女的;带点老处女脾气的

old-time ['əuldtaim] a. 古时的,旧时的

old-timer ['əuld‚taimə] n. 老资格的人,老前辈

oleander [‚əuli'ændə] n. [植] 夹竹桃

olfactory [ɔl'fæktəri] a. 嗅觉的,嗅觉器官的〔olfactory nerves 嗅觉神经〕

oligarchy ['ɔligɑːki] n. ①寡头政治,寡头统治②实行寡头独裁的政府(或国家)③寡头政治集团④少数人垄断的组织

olive ['ɔliv] n. ①橄榄②橄榄树③橄榄色,茶青色

omelet, omelette ['ɔmlit] n. 煎蛋卷,炒 蛋,煎蛋饼

omen ['əumen] n. 预兆,兆头

ominous ['ɔminəs] a. 不祥的,不吉的

omission [əu'miʃən] n. ①省略;删节②遗漏;忽略;失职

omit [əu'mit] v. ①省略;删节〔You may o-mit the raisins. 你可以舍去葡萄干。〕②遗漏;忽略;忘记,遗忘〔Don't omit to cross your t's. 不要忘记划掉你的 t's。〕

omnipotent [ɔm'nipətənt] a. 全能的;有无限权力的/omnipotence n. 全能;无限权力;无限威力

omnipresent ['ɔmni'prezənt] a. 无所不在的/omnipresence n. 无所不在,普遍存在

omniscient [ɔm'nisiənt] a. 无所不知的;有无限知识的/omniscience n. 无所不知,无限知识

omnivorous [ɔm'nivərəs] a. ①什么食

物都吃的，[动]杂食性的②[喻]什么书都读的，博览群书的

on [ɔn] *prep.* ①在…上[a pack on his back 他背上的包　a cloth on the table 桌上的布　a picture on the wall 墙上的画]②在…表面上[a scratch on his arm 他胳膊上的抓痕]③在…旁，靠近…[the boy on my left 在我左边的男孩]④在…的时候；在…后立即[Pay your bill on leaving. 你离开时付帐。]⑤关于…[a book on birds 关于鸟类的书]⑥在…的成员；在…供职[a pitcher on the team(棒球)队的投手]⑦在从事…中；处于…情况中[We bought it on sale. 我们在减价出售时买了它。He is on vacation. 他在度假。]⑧通过…的方式[We made ＄50 on the paper sale. 我们通过卖纸赚了 50 美元。]⑨向着…，对着…[Indians crept up on the fort. 印第安人朝着堡垒爬去。]⑩根据…，靠…[Most cars run on gasoline. 大多数汽车靠汽油行驶。] ‖ *ad.* ①(安装)上去[Put your shoes on. 把你的鞋穿上！]②朝着(某人或某物)[I looked on while I worked. 我工作时他在一旁看着。]③向前去[Move on! 前进！]④(进行)下去；(继续)下去[The band played on. 乐队不停地演奏。]⑤(连接)上去[Turn the light on. 把灯打开！] ‖ *a.* 在发生(或活动着)的；起着作用的[The motor is on. 发动机转起来了。]/**on and off** 断断续续地/**on and on** 继续不停地

once [wʌns] *ad.* ①一次[I see him only once a week. 我一周只见他一次。]②曾经，一度；从前[He once was rich. 他从前很富有。]③曾经；在任何时候[He'll succeed if once given a chance. 一旦给他个机会，他会成功的。] ‖ *conj.* 一旦…(就…)[Once he hears about it, he'll tell everyone. 一旦他听到这个消息，他就会告诉每一个人。] ‖ *n.* 一次[I'll go this once. 这一次我要去。]/**all at once** ①同时②突然/**for once** 就这一次/**once and for all** 一次了结地，一劳永逸地，彻底地，永远地/**once in a while** 偶尔，间或/**once**

upon a time(常用于故事开头)从前

oncoming [ˈɔn,kʌmiŋ] *a.* 即将到来的；接近的；迎面而来的，未来的 ‖ *n.* 来临

one [wʌn] *a.* ①惟一的，单独一个的②完整的，一体的③某一，一致的，同一的 ‖ *n.* ①(数目)一；(数字)一②一个人；一件物 ‖ *pron.* ①一个特定的人(或物)②任何人(或物)，一个(任何)人/**all one** 都一样/**at one** 一致/**one and all** 个个都，全都/**one another** 互相/**one by one** 一个个，依次地

oneness [ˈwʌnnis] *n.* ①惟一②单一，一致

onerous [ˈɔnərəs] *a.* 繁重的；艰巨的；麻烦的

oneself [wʌnˈself] *pron.* ①自己，自身[One cannot think only of oneself. 人不能只考虑自己。]②[用于加强语气]亲自

one-sided [ˈwʌnˈsaidid] *a.* ①片面的；单方面的②不平衡的，不平等的；不公正的③单侧的，单边的④有一边的，一面发达的

one-way [ˈwʌnˈwei] *a.* 单程的，单行的

onion [ˈʌnjən] *n.* ①[植]葱属植物②洋葱，洋葱头

onlooker [ˈɔn,lukə] *n.* 旁观者，袖手旁观者

only [ˈəunli] *a.* ①惟一的，仅有(一些)的②最好的，独一无二的③[I have only ten cents. 我只有十美分。Bite off only what you chew. 只咬掉你能嚼碎的。] ‖ *conj.* 可是，不过[I would have run, only I hurt my leg. 我本来想跑，可是我的腿受了伤。]/**if only** 要是…就好了[If only he would leave! 要是他离开就好了！]/**only too** 非常，实在[I'll be only too glad to do it. 我非常高兴做这件事。]

onset [ˈɔnset] *n.* ①攻击，袭击②开始

onto [ˈɔntu] *prep.* ①到…上[He climbed onto the roof. 他爬到屋顶上。]②[俚]对…心中有数[I'm onto your tricks. 我了解你的诡计。]

onward [ˈɔnwəd] *ad.* [亦 onwards]向前，

在前面〔They march onward. 他们向前移动。〕‖ a. 向前的，前进的〔an onward course 前进路线〕

ooze [uːz] v. ①渗出，冒出，分泌出〔Oil oozed through the crack. 石油从裂缝中渗出。〕②〔喻〕(秘密等)泄露；(勇气等)逐渐消失〔Her hope oozed away. 她的希望渐渐破灭了。〕‖ n. ①渗出，分泌〔the ooze of sap from the tree 树液的分泌〕②河床(或海底等)的沉淀物，淤泥，软泥，沼泽地/**oozy** a. ①软泥的；泥泞的②渗出的，冒出的，分泌出的

opalescent [ˌəupəˈlesnt] a. 乳光的，乳色的/**opalescence** n. 乳光，乳色

opaque [əuˈpeik] a. ①不透光的，不透明的，不传导的②不发光的，不发亮的，暗的③愚钝的，迟钝的

open [ˈəupən] a. ①开(着)的②开阔的，空旷的，敞开的，不设防的③传开的，普及的④散开的，稀疏的⑤可自由参加的⑥悬而未决的⑦无偏见的，诚实的，公正的⑧慷慨的，坦率的⑨开放的，不受(法律)禁止的⑩空缺未用的；可达到的⑪不是秘密的，公开的 ‖ v. ①(打)开〔Please open a window. 请把窗户打开。The door suddenly opened. 门突然开了。〕②疏开(队列)，张开，展开〔The soldiers opened their ranks. 士兵展开了队形。Opened the book. 翻开书。〕③开始〔We opened the program with a song. 我们以一首歌曲开始了表演〕④ 开放，开立，开设〔He opened a new store. 他开了一家新店。〕⑤通向，导致〔This door opens onto a porch. 这个门通往门廊。〕/**open to** ①对…开放的②愿接受(或考虑)的〔Open to suggestions 愿接受建议。〕/**the open** ①户外，野外②公开/**openly** ad. /**openness** n.

open air 户外，野外/**open-air** [ˈəupənˈeə] a. 户外的，野外的

opener [ˈəupənə] n. ①开的人；开局人，开具②(一系列项目中的)首项

open-eyed [ˈəupənˈaid] a. ①睁着眼的，留神的②惊讶的

open-faced [ˈəupənˈfeist] a. ①露面的②坦率的

open-handed [ˈəupənˈhændid] a. 慷慨的

opening [ˈəupniŋ] n. ①开口②穴，孔，空隙，通道③开始；开端④机会⑤(职位的)空缺

open-minded [ˈəupənˈmaindid] a. 虚心的；坦率的，没有偏见的

opera [ˈɔpərə] n. 歌剧

operate [ˈɔpəreit] v. ①操作，开动，运转〔Can you operate a sewing machine? 你会用缝纫机吗？Our dishwasher operates automatically. 我们的洗碗机自动操作。〕②起作用，(药物等)奏效〔This drug operates on the heart attack. 这药治心脏病有效。〕③施行手术，开刀〔to operate on diseased tonsils 对害了病的扁桃体施行手术〕④〔主美〕经营，管理〔He operates a laundry. 他经营一个洗衣店。〕

operatic [ˌɔpəˈrætik] a. 歌剧的，歌剧式的，适合于歌剧的

operation [ˌɔpəˈreiʃən] n. ①操作，工作；运转(方式)②〔美〕经营；业务③〔常作复〕作战；军事演习，行动计划，工序④(外科)手术

operational [ˌɔpəˈreiʃənl] a. ①操作上的；用于操作的②业务上的③可使用(或起作用)的

operative [ˈɔpərətiv] a. ①有效的，施行的②操作的，工作着的③起作用的④手术的 ‖ n. 技工；工人

operator [ˈɔpəreitə] n. ①操作人员②〔美〕(厂、矿、铁路、农场等的)经营者，(股票、商品等的)经纪人，投机商人③〔美〕手术医生

ophthalmology [ˌɔfθælˈmɔlədʒi] n. 〔医〕眼科学/**ophthalmologist** n. 眼科学者；眼科医生

opiate [ˈəupiit] n. ①鸦片剂②麻醉剂

opine [əuˈpain] v. ①认为，以为②发表意见

opinion [ə'pinjən] n. ①意见；看法；主张；见解 ②[用单数，并常加不定冠词和形容词]评价③(医生、专家等的)鉴定；判定

opinionated [ə'pinjəneitid] a. 固执己见的

opium ['əupjəm] n. ①鸦片②起鸦片作用的事物，麻醉剂

opponent [ə'pəunənt] n. 对手，敌手；反对者

opportune ['ɔpətjuːn] a. ①(指时间)恰好的，适宜的②(行动、事情等)及时的；适时的

opportunist ['ɔpətjuːnist] n. 机会主义者 ‖ a. 机会主义的，机会主义者的/**opportunism** n. 机会主义

opportunity [,ɔpə'tjuːniti] n. 机会；良机

oppose [ə'pəuz] v. ①反对，反抗〔The mayor opposes raising taxes. 市长反对提高税收。〕②使相对，使对抗〔Black is opposed to white. 黑白相对。〕

opposite ['ɔpəzit] a. ①相反的，对立的②对面的，相对的 ‖ n. 对立面，对立物 ‖ prep. 在…的对面〔We sat opposite each other. 我们面对面坐着。〕/**oppositely** ad.

opposition [,ɔpə'ziʃən] n. ①(位置)面对，相对②反对，反抗③相反，对立④[O~]反对党④反对物(如反对派的政策等)；反对派

oppress [ə'pres] v. ①压抑，使感到沉重，使烦恼〔oppressed by a feeling of fear被恐惧感笼罩着〕②压迫，压制〔Pharaoh oppressed the Israelite slave. 法老压迫犹太奴隶。〕

oppression [ə'preʃən] n. ①压迫；压制②沉闷，压抑，苦恼

oppressive [ə'presiv] a. ①沉重的，烦闷的，难以忍受的②压迫的；压制的，暴虐的

opprobrious [ə'prəubriəs] a. ①辱骂的，无礼的〔opprobrious remarks 骂人的话〕②该骂的，可耻的

opprobrium [ə'prəubriəm] n. 责骂；轻蔑，不名誉，耻辱

optic ['ɔptik] a. 眼的；视力的；视觉的

optical ['ɔptikl] a. ①眼的；视力的；视觉的②光学的③有助于视力的

optician [ɔp'tiʃən] n. ①眼镜商，光学仪器商②眼镜(或光学仪器)制造者

optics ['ɔptiks] n. [复]光学

optimism ['ɔptimizəm] n. 乐观，乐观主义/**optimistic** a. 乐观的，乐观主义的/**optimistically** ad.

optimist ['ɔptimist] n. 乐观者；乐观主义者

optimum ['ɔptiməm] n. [生](生长繁殖的)最合适的条件，最适度 ‖ a. 最适合的

option ['ɔpʃən] n. ①选择；选择自由②选择权③[经]买卖的特权

optional ['ɔpʃənl] a. 可任意选择的，非强制的

optometry [ɔp'tɔmitri] n. ①[医]视力测定法②验光配镜术，验光配镜业

opulence ['ɔpjuləns] n. ①富裕②繁盛，丰富/**opulent** a. 富裕的，富饶的；繁盛的，丰富的

opus ['əupəs] n. 作品(尤指乐曲)/**opera**, **opuses** [复]

or [ɔː, 弱 ə] conj. ①或，或者；还是〔Do you want milk or cocoa? 你要牛奶还是可可茶?〕②否则〔Answer, or he will be angry. 回答，否则他要生气了。〕③[引导同义语或同义短语]即，就是〔the study of plants 植物学，即关于植物的科学〕④[与 either, whether 连用]要么〔Take either this one or that one. 不是拿这一个，就是拿那个。〕

-or [后缀][构成名词]表示"…者"

oral ['ɔːrəl] a. ①口头的，口述的②[解]口的，口部的/**orally** ad.

orange ['ɔrindʒ] n. ①橙，柑橘②[植]柑橘属植物③橙色，橘色，赤黄色 ‖ a. 橙色的，橘色的，赤黄色的

orangutan ['ɔːræŋ'uːtæn] n. [动]猩猩

oration [ɔːˈreɪʃən] n. 演说，演讲

orator [ˈɔrətə] n. ①演说者②以技巧、雄辩著称的演讲者；雄辩家

oratory [ˈɔrətəri] n. 演讲（术），雄辩（术），修辞/**oratorical** a.

orbit [ˈɔːbit] n. （天体等的）运行轨道 ‖ v. 使进入轨道运行

orchard [ˈɔːtʃəd] n. ①果园②果园里的全部果树

orchestra [ˈɔːkistrə] n. ①管弦乐队②管弦乐队的全部乐器③（剧场中的）乐队席④剧场正厅的全部前排座位；剧场的正厅/**orchestral** [ɔːˈkestrəl] a.

orchestrate [ˈɔːkistreit] v. 为管弦乐队谱写（音乐）；给…配管弦乐曲/**orchestration** n.

orchid [ˈɔːkid] n. [植]兰，兰花②淡紫色

ordain [ɔːˈdein] v. ①（神、命运等）注定 [to believe that fate ordains one's future 相信命运注定人的未来]②委任（某人）为牧师，任命（某人）任圣职③（法律等）制定，规定，命令

ordeal [ɔːˈdiːl] n. ①（对品质或忍耐力的）严峻考验②苦难的经验，折磨

order [ˈɔːdə] n. ①次序，顺序②有条理；整齐③正常状况④秩序；制度⑤（会议等的）规程，程序⑥[常用复]命令⑦定购，定货单⑧定货⑨种类⑩等级①阶层，界，团体①建制度，获得勋章（或勋位）的一批人①[建]柱式（尤指古典建筑的柱型），式样 ‖ v. ①命令，指令 [The captain ordered his men to charge. 上尉命令部下冲锋。]②整理，安排 [I must order my affairs before I leave. 我离开之前必须料理好我的事务。]③定购 [Please order some art supplies for the class. 请给全班定购些美术用品。]/**by order of** 奉命 [by order of the king 奉国王之命]/**call to order**①叫（人）遵守议事规程②宣布开（会）/**in order**①整齐，秩序井然②状况良好③符合（会议等的）规程④适宜；妥当/**in order that** 为了，以…为目的；以便/**in or-**

der to 为了，以…为目的/**on short or-der** 在短期内，迅速地/**on order** 已定（购）而尚未交货的/**on the order of** 属于…同类的，跟…相似的/**out of order**①次序颠倒②不整齐③状况不佳；发生故障④不符合（会议）规程⑤不适宜，不妥当/**to order** 定制，定购，定做 [a suit made to order 定制的衣服]

orderly [ˈɔːdəli] a. ①整洁的，整齐的，有条理的②有秩序的，守纪律的 ‖ n. ①[军]传令兵，勤务兵，通讯员②护理员（尤指军医院的），勤杂工/**orderliness** n.

ordinal number [ˈɔːdinl]序数

ordinance [ˈɔːdnəns] n. 法令；条令；条例

ordinarily [ˈɔːdinərili，美 ɔːdiˈnerili] ad. 通常；一般地；普通地

ordinary [ˈɔːdinəri] a. ①普通的；平常的②平凡的③差劲的，低等的；不精致的/**out of the ordinary** 不平常的，非凡的

ordination [ˌɔːdiˈneiʃən] n. ①委任；受委任②[宗]圣职授任；授予圣命

ordnance [ˈɔːdnəns] n. [总称]①大炮②军械，军用器材

ore [ɔː] n. 矿；矿砂，矿石 [iron ore 铁矿石]

organ [ˈɔːgən] n. ①管风琴，风琴②类似风琴的乐器③器官；[机]元件④机构，机关⑤喉舌；报刊

organic [ɔːˈɡænik] a. ①器官的②组织的，建制的③有机体的，有机物的④[化]有机的⑤有机的；有组织的/**organically** ad.

organism [ˈɔːɡənizəm] n. ①生物体②有机体

organization [ˌɔːɡənaiˈzeiʃən] n. ①组织（指动作或状态），体制，编制②（政党、社会、企业等的）组织，团体③[生]有机体，机构

organize [ˈɔːɡənaiz] v. ①使有条理，使井然有序；安排 [She organized her books according to their subject. 她按照书的主

题把书整理得井然有序。]②创办；开设
[to organize a club 创办俱乐部 to organize
a bank 开办银行]③[美]使(工人)组成
工会(The coal miners were organized. 煤
矿工人组成了工会。]④组织；编组

orgy ['ɔːdʒi] n. 纵酒作乐，狂欢，狂舞

oriel ['ɔːriəl] n. [建]凸肚窗

orient ['ɔːriənt] n. ①[诗]东方②Orient
东方；亚洲；远东；东亚 v. ['ɔːrient] ①
调整，定…的位[to orient a map with the
directions of the compass 按罗盘的方向给
地图定位。]②[喻]使适应，使认清势势
[The new boy has oriented himself to our
school. 新来的男孩已经适应了我们学
校。]

Oriental [ɔːri'entl] a. ①东方的，东方
国家的；东方人特有的；远东的②oriental
东方的 ‖ n. 东方人(尤指中国人和日本
人)

orientation [ɔːrien'teiʃən] n. ①向东方
定位，定向，方针(或态度等的)确定②方
向；方位；倾向性

orifice ['ɔrifis] n. 孔，口，洞口，通气口

origin ['ɔridʒin] n. ①起源，由来，起因②
出身，血统

original [ə'ridʒənəl] a. ①最初的，最早
的，原始的，原先的②新的；独创的，新颖
的；非抄袭的③有独创性的，有独到见解
的④原版的，原作的，原件的 ‖ n. ①原
物②原作品，原文，原件②原型(指文艺
作品中描绘形象所依据的真人或真事)/
originality [əridʒi'næliti] n. ①创造力，
独创性，创见，创举②新颖

originally [ə'ridʒənəli] ad. ①最初地，最
早地，原始地，原先地[There were origi-
nally great herds of bison in America. 美洲
曾有大群原始野牛。]②新地，新颖地，独
创地

originate [ə'ridʒineit] v. ①创始，开创，
发明，创作[England originated the use of
government postage stamps. 英国首创使用
政府邮票。]②发源，发生，起源[Many
TV programs originate on New York. 许多

电视节目源于纽约。]

oriole ['ɔːriəul] n. [动]黄鹂，金莺

ornament ['ɔːnəmənt] n. ①装饰物，装
饰品，装饰，修饰②添光彩的人(或物)
v. ['ɔːnəment] 装饰，美化

ornamental [ɔːnə'mentl] a. 装饰的，
作装饰用的

ornamentation [ɔːnəmen'teiʃən] n. ①
装饰，修饰②装饰品

ornate [ɔː'neit] a. ①装饰华丽的，过分
装饰的②(文体)华美的，绚丽的，矫揉造
作的

ornithology [ɔːni'θɔlədʒi] n. ①鸟学，
禽学②鸟学论文/**ornithologist** n. 鸟学
家，禽类学家

orotund ['ɔ(ː)rʌtʌnd] a. ①(声音)洪
亮的，朗朗的，圆润的②(演说、文体等)
浮夸的，做作的

orphan ['ɔːfən] n. 孤儿 ‖ a. ①无父母
的；孤儿的②为孤儿的 v. 使成孤儿
[children orphaned by the war 由于战争成
为孤儿的孩子们]

orthodontics [ɔːθə'dɔntiks] /**ortho-
dontia** [ɔːθə'dɔnʃiə] n. [医]正牙学，畸
齿校整术

orthodox ['ɔːθədɔks] a. 正统的(尤指
宗教方面)；传统的，习俗的，保守的/**or-
thodoxy** n.

orthography [ɔː'θɔgrəfi] n. ①正字法，
缀字法②表音法/**orthographic**
[ɔːθə'græfik] a.

-ory [后缀]①[构成形容词]表示"…性
质的"，"属于…的"②[构成名词]表示
"…的处所"

oscillate ['ɔsileit] v. ①摆动；振动；(物)
振荡[an oscillating pendulum 振动摆]②
动摇，犹豫/**oscillation** n.

-osity [后缀]①[构成与 ous，ose 结尾的形
容词相应的名词][generous→generosity]

osmosis [ɔz'məusis] n. 渗透，渗透作用

osprey ['ɔspri] n. [动]鱼鹰

ossify ['ɔsifai] v. ①使骨化；使硬化[The

soft spots in a baby's skull ossify as he grows. 婴儿脑壳的软部位随着成长而骨化。②[喻]使僵化,使无情,使不进展[a mind ossified by prejudice 由于偏见而僵化的思想。]/**ossification** *n.*

ostensible [ɔs'tensəbl] *a.* ①可公开的;显然的②外表的,表面的;诡称的/**ostensibly** *ad.*

ostentation [ˌɔsten'teiʃən] *n.* 夸示;卖弄,铺张,风头主义

ostentatious [ˌɔsten'teiʃəs] *a.* 夸示的,卖弄的;虚饰的,炫耀的/**ostentatiously** *ad.*

osteopathy [ˌɔsti'ɔpəθi] *n.* 疗骨术;整骨术

ostracize ['ɔstrəsaiz] *v.* ①(古希腊)用贝壳放逐法放逐②流放;放逐③把…排除在团体之外,排斥[The club ostracized him for his bad manners. 俱乐部因他举止不良而把他排除出去了。]

ostrich ['ɔstritʃ] *n.* 鸵鸟

other ['ʌðə] *a.* ①另外的,其他的②[常加定冠词](两个中)另一个;其余的③更多的,额外的 ‖ *pron.* ①[常加定冠词](两个中)另一个人(或事物)[Each loved the other. 两个人相爱了。]②其他的人(或事物),另外的人(或事物)[How many others are coming? 还有多少人要来?]‖ *ad.* 另外地,不同地[He can't do other than go. 他除了去别无他法。]/**every other** 每隔[every other day 每隔一天]/**the other day** 不久以前某天;最近

otherwise ['ʌðəwaiz] *ad.* ①另外,别样[I believe otherwise. 我不这样认为。]②在其他方面[He has a cough, but otherwise feels fine. 他患了咳嗽病,但在其他方面感觉良好。]③要不然;否则[I'm tired; otherwise I would play. 我太累了,要不然,我就去玩了。]‖ *a.* 另外的,不那样的

otter ['ɔtə] *n.* ①[动]獭,水獭②水獭(毛)皮

ought [ɔːt] *v. aux.* [无时态和人称变化,

后接动词不定式]①(表示责任、合适性、可能性等)应当,应该;总应该[He ought to pay his debts. 他应当偿付他的债务。]②[后接动词不定式的完成式]早应该,本应,本当[He ought to have arrived by now. 他现在早该到。]

ounce [auns] *n.* ①盎司,英两(常衡等于 1/16 磅;金衡及药衡等于 1/12 磅)②流量盎司,液盎司③少量

our [auə] *pron.* 我们的

ours ['auəz] *pron.* 我们的(东西);我们的(有关的)[This car is ours. 这辆车是我们的。Ours are larger. 我们的更大。]

ourself [auə'self] *pron.* ①(报刊编者用语)我(们)自己②(帝王在正式场合用以代替 myself)我自己

ourselves [ˌauə'selvz] *pron.* ①[反身代词]我们自己[We hurt ourselves. 我们伤了自己。]②[用于加强语气]我们亲自,我们自己[We built it ourselves. 这是我们亲手建造的。]③我们的正常情况(指身体、情绪等)[We are not ourselves today. 我们今天情绪不佳。]

-ous [后缀]表示"具有…的","多…的","有…特性的"[A courageous person is full of courage. 勇敢的人浑身是胆。]

oust [aust] *v.* 驱逐;撵走[The usher ousted them from our seats. 引座员把他们从我们的座位上撵走。]

out [aut] *ad.* ①出[Open the door and look out. 打开门向外看。]②在外[Let's go out for dinner. 我们去外面吃饭吧。]③现出来,显露出来[A fire broke out. 火灾突然发生了。]④到竭尽点;彻底地[tired out 十分疲劳 The fire died out. 火熄灭了。]⑤离开正常位置[ears that stick out 突出的耳朵]⑥大声地[Sing out! 大声唱!]⑦从几个中选出来[to pick out a new suit 挑选一件新衣服]⑧(板球、棒球运动中)处于出局(或退场)状态[He struck out. 他出局了。]⑨处于无知觉状态[to pass out 昏过去了]‖ *a.* ①未去上班(上学)的[He is out because of illness. 他因生病未

O

去上班』②外面的,往外去的,外围的
〔Turn off the light after everyone is out. 大
家都出去之后把灯关掉。〕③错误的〔He
is out in his estimate. 他的估计是错误
的。〕④公开的〔Her secret is out. 她的秘
密泄漏了。〕⑤丢失的〔He is out ten
dollars. 他丢失 10 美元。〕⑥出故障的
〔The lights are out. 那些灯不亮了。〕⑦
(板球、棒球等运动中)出局的 ‖ prep. 通
过…而出〔He walked out door. 他走出去
了。〕‖ n. ①(网球等的)出界球 ②推托
的借口,脱身之计,出路〔He has an out
and won't have to go. 他有一个推托的借
口不必去了。〕‖ v. 暴露,泄露出去〔The
Murder will out. 谋杀案将暴露。〕‖ int.
滚出去! 胡说! /all out 竭尽全力,
[口]彻底/out and away 远远地,大大
地/out and out 十足地,彻头彻尾地/
out for 力图要,一心为/out of ①从…
里出来〔He went out of the room. 他从房
间里出去了。〕②在…外,离开③从(一群
人)中〔chosen out of a crowd 从人群中选
出〕④超出…之外〔out of sight 超出视
线〕⑤用…(制成)〔made out of bricks 用
砖头制成〕⑥出于,由于〔to do out of spite
出于恶意而做〕⑦缺乏,没有〔out of gas
缺乏汽油〕⑧放弃,丧失〔cheated out of
one's money 被骗去钱〕/out to 力图要,
一心要

out-[前缀][构成动词、名词、形容词]①
表示"在外","向外"〔An outbuilding is
away from a main building. 外屋远离主建
筑。〕②表示"远离中心"〔The outbound
traffic goes away from the city. 开往外地的
车辆从城市驶出。〕③表示"超过","胜
过"〔To outdo another means to do better
than another. 超过另一个人意味着比
另一个人做得更好。〕

out-and-out [ˈaut-ənd-ˈaut] a. ①十足
的;彻头彻尾的②公开的,明目张胆的

outbid [autˈbid] v. 出价高于别人

outbound [ˈautbaund] a. 开往外地的,
开往外国的

outbreak [ˈautbreik] n. ①(战争、叛乱、

愤怒等的)爆发;(瘟疫、虫害等的)突然
蔓延②暴动,反抗

outbuilding [ˈautˌbildiŋ] n. [建]外屋
(指车库、谷仓等)

outburst [ˈautbəːst] n. (感情等的)爆发

outcast [ˈautkɑːst] a. 被遗弃的;被放逐
的;无家可归的 ‖ n. 一个无家可归的人

outclass [autˈklɑːs] v. 大幅度地超过;
比…高一档

outcome [ˈautkʌm] n. 结果;后果,成果

outcry [ˈautkrai] n. ①喊叫,吆喝,呐喊②
强烈抗议或反对

outdated [autˈdeitid] a. 过时的

outdistance [autˈdistəns] v. (指赛跑或
竞争中)把…远远抛在后面,大大超越

outdo [autˈduː] v. ①胜过,超越②战胜,
制服/**outdo oneself**①超过自己原有水
平②尽自己最大的努力

outdoor [ˈautdɔː] a. 户外的,室外的,
野外的,露天的

outdoors [ˈautˈdɔːz] ad. 在户外,在野外
〔We went outdoors to play. 我们去野外
玩。〕‖ n. [复]①露天②野外

outer [ˈautə] a. 外部的,外面的,外侧的

outermost [ˈautəməust] a. 最外面的;
远离中心的

outfield [ˈautfiːld] n. ①(棒球、全球等
的)外场②[总称]外野手

outfielder [ˈautfiːldə] n. (棒球、全球等
的)外野手

outfit [ˈautfit] n. ①全套工具,全部用品②
全套设备,全套装备③全套衣
装③有组织的团体、单位,(某人手下的)
全部人马 ‖ v. 装备,配备〔a store which
outfits hunting parties 装备狩猎队的商
店〕

outflow [ˈautfləu] n. ①流出,外流②流
出物,流出量

outgo [ˈautgəu] n. 支出,消耗

outgoing [ˈautˌgəuiŋ] a. ①往外去的,
出发的②对人友好的,开朗的

outgrow [autˈgrəu] v. ①生长速度超过,

长得比…快〔Tom outgrew his older brother. 汤姆长得比他哥哥还高。〕②长（或发展）得不再要（某事物）〔to outgrow an interest in dolls 长得不再对玩偶感兴趣了〕③长（或发展）得超过（某事物）的作用范围〔Jim has outgrown this suit. 吉姆长大,穿不了这套衣服了。〕

outgrowth〔'autgrauθ〕n. ①长出,派生②旁枝,支派③副产品,结果

outhouse〔'authaus〕n. ①外屋,附属的小屋②〔户外〕厕所

outing〔'autiŋ〕n. 出游;户外活动（尤指远足野餐）

outlandish〔aut'lændiʃ〕a. 稀奇古怪的

outlaw〔'autlɔ:〕n. ①被剥夺公民权者;被放逐者②歹徒,逃犯,亡命之徒‖v. ①剥夺（某人的公民权）,将（某人）放逐②宣布…在法律上失效,宣告…为不合法

outlay〔'autlei〕n. 支出,费用

outlet〔'autlet〕n. ①（河流等的）出口,出路,通风口（或孔）②〔电〕输出口,引出线,电插座〔an electrical outlet 电源插座〕③发泄（感情或精力等）的方法（或机会）④销路,批发商店

outline〔'autlain〕n. ①轮廓②略图,素描③大纲;提纲;草案;概要‖v. ①画出…的轮廓;打…的草图②概括,提出…的纲要,略述

outlive〔aut'liv〕v. ①在（某人）死时尚未死,比（某物）经久,度过（风暴、危机等）而健在②老到超过…的程度

outlook〔'autluk〕n. ①眺望处,望楼②（眺望中的）景色,风光③外观,看法,眼界,视野④展望,前景

outlying〔'autlaiiŋ〕a. 远离中心（或主体）的

outmoded〔aut'maudid〕a.（式样等）过时了的,废弃了的

outnumber〔aut'nʌmbə〕v. 在数量上超过〔Girls outnumber boys here. 这儿的女孩比男孩多。〕

out-of-date〔'autəv'deit〕a. 过时的

out-of-doors〔'autəv'dɔ:z〕a. 户外的,

室外的,露天的,野外的‖n.〔用作单〕室外,露天‖ad. 在室外,在露天

out-of-the-way〔'autəvðə'wei〕a. ①偏僻的②罕见的,少有的,破例的〔an out-of-the-way experience 少有的经历〕

outpost〔'autpəust〕n. ①前哨,营戒前驱②前哨基地③边区村落

output〔'autput〕n. ①产量（尤指某一特定时期的）,〔总称〕产品②〔讯〕输出功率,输出信号,输出

outrage〔'autreidʒ〕n. ①蛮横逞凶,暴行②伤害,凌辱,蹂躏③严重的违法行为④义愤,痛恨‖v. ①对…施暴行;伤害④辱;违（法）②引起…的义愤③强奸

outrageous〔aut'reidʒəs〕a. ①蛮横的;残暴的②无耻的,使人憎厌的,令人不能容忍的/**outrageously** ad.

outrank〔aut'ræŋk〕v. 在级别（身分、地位等）方面比…高

outright〔'autrait〕a. ①彻底的,全部的‖ad.〔aut'rait〕①彻底地,全部地〔The farm was sold outright. 农场全部卖了。〕②直率地,痛快地〔to laugh outright 放声大笑〕③立即,当场〔He was hired outright. 他立即被雇用了。〕

outrun〔aut'rʌn〕v. ①比…跑得更快（或更远,更好）,超过,胜过②超出…的界限〔His expenses outran his income. 他的花费超过他的收入。〕

outsell〔aut'sel〕v. 比（别的货品）更畅销〔This brand of tea outsells that. 这种牌子的茶比那种更畅销。〕

outset〔'autset〕n. 开端,开始

outshine〔aut'ʃain〕v. ①比…更亮,比…更灿烂;发光比…更久②胜过,优于;使相形见绌〔Eddie outshines the other players. 埃迪胜过其他选手。〕

outside〔'aut'said〕n. ①外部,外面,外侧②外界③外表,外观‖a. ①外部的,外侧的,表面的;外面的②外界的③最大限度的④微小的;轻微的‖ad. 向外面外面;向室外,在室外〔Let's play outside. 我们去外面玩吧。〕‖ prep. 向…外;在…外

〔Leave it outside the door. 把它留在门外。〕/**at the outside** 充其量/**outside of** ①同 outside ②〔口〕同 except for

outsider ['aut'saidə] n. ①外人，局外人；非会员②外行，门外汉

outskirts ['autskə:ts] n. 〔复〕外边；郊区

outspoken ['aut'spəukən] a. 直言的，坦率的，毫无保留的

outspread ['aut'spred] a. 伸开的，展开的

outstanding ['aut'stændiŋ] a. ①杰出的，显著的②未完成的，未解决的，未付款的

outstretched ['aut'stretʃt] a. 伸出的，伸展的

outstrip ['aut'strip] v. ①越过②胜过，超过〔to outstrip other runners 超过别的赛跑者〕

outward ['autwəd] a. ①外面的，外表的②明显的，可见的，公开的③外出的 ‖ ad. 向外，(船等)往海外〔The door opens outward. 门向外开。〕/**outwardly** ad.

outwear [aut'wɛə] v. ①比……经久(耐用)〔These shoes will outwear than any others. 这些鞋比其他任何鞋经久耐用。〕②穿坏；用旧；耗尽(力气等)

outweigh [aut'wei] v. ①在重量上超过②在价值(或重要性、影响)上超过〔With him, honesty outweighs success. 对他来说，诚实比成功更重要。〕

outworn [aut'wɔ:n] a. ①穿坏的，用旧的②过时的

oval ['əuvəl] a. 卵形的；椭圆形的 ‖ n. 卵形(物)

ovary ['əuvəri] n. ①〔解〕卵巢②〔植〕子房

ovation [əu'veiʃən] n. 热烈鼓掌，欢呼，热烈欢迎

oven ['ʌvn] n. 炉，灶

over ['əuvə] prep. ①在……上方〔Hang the picture over the fireplace. 把画挂在壁炉上方〕②在……上面〔Put a blanket over his

legs. 把毯子放在他腿上。〕③(地位、职权、势力等)高于……，在……之上〔A king ruled over them. 国王统治着他们。〕④沿着〔I've driven over this road before. 我以前沿着这条路开过车。〕⑤越过〔Jump over the puddle. 跳过水坑。〕⑥从……边缘向下，越过……向下〔He leaned over the edge. 他斜靠在这栏杆上。〕⑦遍及〔over the whole country 遍及全国〕⑧在……期间；直到……过完〔over the years 这些年来〕⑨(数目、程度)在……上超过〔It costs over ten cents. 它要花费十多美分。〕⑩而不是〔They chose him over me. 他们选的是他，而不是我。〕⑪(作为效果、影响)在〔He cast a spell over us. 他用符咒镇住我们。〕⑫在……方面，关于；由于〔Don't fight over it. 别为此打架。〕⑬通过……的通讯途径〔He told me over the telephone. 他在电话告诉了我。〕‖ ad. ①(越)过〔A plane flew over. 一架飞机飞过去了。〕②(越)出〔The soup boiled over. 汤煮得溢了出来。〕③多一些〔He worked three hours or over. 他工作三小时或更长些。〕④全部地〔The wound healed over. 伤口全部愈合了。〕⑤翻倒〔The tree fell over. 那棵树倒了。〕⑥翻转过来〔Turn the plate over. 把盘子翻过来。〕⑦再〔Write the letter again. 把信再写一次。〕⑧从头至尾地〔They live over in France. 他们一直住在法国。〕⑨从一边到另一边〔We'll win him over. 我们将把他争取过来。〕‖ a. ①结束的，完成的〔The game is over. 比赛结束了。〕②已到达另一边的〔We were already over when the bridge collapsed. 当桥塌掉的时候我们已经过去了。〕/**all over** ①浑身，到处②全部结束；完蛋/**over again** 再一遍，重新/**over against** 在……对面，与……相反/**over all** 遍，从一头到另一头/**over and above** ①在……之上，高于……；重于……②在……之外(还)/**over and over** 反复，再三

over- 〔前缀〕①表示“在……上面”，“在……上空”②表示“过分”③表示“越过”，“超过”

overall ['əuvɔ:l] *a.* ①从头至尾的②包括一切的,全面的,综合的

overalls ['əuvɔ:lz] *n.* [复]①工装裤②[英](军礼服中的)紧身军裤

overawe [,əuvə'ɔ:] *v.* 威慑,吓住[The giant did not overawe Jack. 巨物没有吓倒杰克。]

overbalance [,əuvə'bæləns] *v.* ①重于,压倒,超过②失去平衡,歪倒下来

overbearing [,əuvə'bɛəriŋ] *a.* ①傲慢的,专横的②压倒的,支配的

overboard ['əuvəbɔ:d] *ad.* 向船外,从船上落(或抛)入水中[He fell overboard. 他从船上落入水中。]

overburden [,əuvə'bə:dn] *v.* 使装载过多,使负担过重,使过劳,压垂

overcast ['əuvəkɑ:st] *a.* ①多云的,阴暗的 ‖ *v.* [əvkɑst] ①覆盖,遮盖②包(边)缝纫,拷(边),锁(边)

overcharge [,əuvə'tʃɑ:dʒ] *v.* ①对…要价太高;索要(费用)太多②超载;过重地负担

overcloud [,əuvə'klaud] *v.* ①使布满乌云,使阴暗,使黯然失色②使忧郁;使生气[Grief overclouds his face. 悲伤使他脸色忧郁。]

overcoat ['əuvəkəut] *n.* 大衣

overcome [,əuvə'kʌm] *v.* ①战胜,克服[to overcome an enemy 战胜敌人 to overcome a problem 克服难题]②[常用被动语态]压掉[He was overcome by laughter. 他笑逐颜开。]

overcrowd [,əuvə'kraud] *v.* 挤满,塞满

overdo [,əuvə'du:] *v.* ①使过于劳累;耗尽②把…做得过头;对…使用过度;对…作过火表演[He overdid his praise. 他滥用表扬。]

overdose ['əuvədəus] *n.* 过量用药 ‖ *v.* 使服药过量

overdraw ['əuvə'drɔ:] *v.* ①透支(存款帐户)②把…描绘过分,把…说得过分[Villains are overdrawn in melodramas. 反面人物在情节剧中都会被极度丑化。]

overdrive ['əuvə'draiv] *n.* [机]超速传动

overdue ['əuvə'dju:] *a.* ①过期(未付)的;迟到的,延误的[an overdue bill 过期未付的帐单]

overeat ['əuvə'i:t] *v.* 吃得过多

overestimate ['əuvər'estimeit] *v.* 过高估计,过高评价 ‖ *n.* 过高的估计,过高的评价

overflow [,əuvə'fləu] *v.* ①使涨满;使泛滥[Water overflowed the streets. 水涨满了街道。]②从…溢出,塞满[The river overflowed its banks. 河水淹没了两岸。The crowd overflowed the hall. 人群充满了大厅。]③泛滥起来,满(或多)得溢出[The sink is overflowing. 洗涤槽中的水溢了出来。]④充满,洋溢[She is overflowing with kindness. 她心里充满着友善。] ‖ *n.* ['əuvəfləu] ①泛滥;溢流②溢流口;溢流管;溢流器

overgrow [,əuvə'grəu] *v.* ①长满[The lawn is overgrown with weeds. 草坪长满了杂草。]②长得过大(过快)[He is overgrown for his age. 按他的年龄他长得过快。]

overhand ['əuvəhænd] *a.* 手举过肩的[an overhand pitch(在棒球等运动中)手举过肩的投掷] ‖ *ad.* 举手过肩地

overhang ['əuvə'hæŋ] *v.* 悬于…之上;突出于…之上[The roof overhangs the house. 屋顶突出于房屋之上。] ‖ *n.* ['əuvəhæŋ] 垂悬物;伸出物;延伸量,伸出量

overhaul [,əuvə'hɔ:l] *v.* ①彻底检修;详细检查[to overhaul an engine 彻底检修发动机]②赶上,追上 ‖ *n.* ['əuvəhɔ:l] 大检修,详细检查

overhead ['əuvəhed] *a.* ①在头顶上的;在上头的②架空的;空中的 ‖ *n.* 企业一般管理费 ‖ *ad.* ['əuvə'hed] 在头顶上,在上头,高高地

overhear [,əuvə'hiə] *v.* ①无意中听到,偶然听到[I overheard you arguing in the next room. 我无意中听到你在隔壁房间里争吵。②偷听

overjoy [ˌəuvə'dʒɔi] v. 使狂喜；使非常高兴/**overjoyed** a. 极度高兴的

overland [ˌəuvə'lænd] a. 陆上的，经由陆路的〔an overland journey 横越大陆的旅行〕‖ ad. 陆上，通过陆路，横越大陆地

overlap [ˌəuvə'læp] v. 与…部分一致，与…部分巧合，与…互搭，与…复叠〔The scales on a fish overlap one another. 鱼的鳞是一层压一层。The two events overlapped in time. 两个事件在时间上部分巧合。〕‖ n. ['əuvəlæp] ①交搭，重迭②重迭部分，交搭处

overlay [ˌəuvə'lei] v. 在…上铺（盖、涂）〔The box was overlaid with ivory. 这个盒子涂了乳白色。〕‖ n. ['əuvəlei] 覆盖物，涂盖层

overload ['əuvə'ləud] v. 使超载，使负荷过重〔Don't overload the washing machine. 不要使洗衣机负荷过重。〕‖ n. ['əuvələud] 过重负载，过重负担

overlook [ˌəuvə'luk] v. ①眺望，俯瞰〔Our cottage overlooks the ocean. 我们的小型别墅俯瞰大海。〕②看漏〔I overlooked that detail 我忽略了细节。〕③忽略④放任，宽容〔Can you overlook his rudeness? 你能宽容他的无礼吗?〕

overlord ['əuvəlɔːd] n. ①封建领主，封建君主②最高统治者，霸王，君主

overly ['əuvəli] ad. 过度地〔Macbeth is overly ambitious. 麦克白野心过度。〕

overmaster [ˌəuvə'mɑːstə] v. 征服，制服，压制

overmuch ['əuvə'mʌtʃ] a. 过多的 ‖ ad. 过度地，过于地

overnight ['əuvə'nait] ad. 一夜〔to stop at a hotel overnight 在旅馆住一夜〕‖ a. ①一整夜的，过夜的；持续一夜的〔an overnight snow 下了一夜的雪〕②只供一夜使用的〔an overnight guest 过（一）夜的客人〕③短途旅行（用）的；短期访问（用）

的〔an overnight bag 短途旅行包〕

overpower [ˌəuvə'pauə] v. ①以较强力量打败；制服〔Samson overpowered the lion. 萨姆森制服了狮子。〕②（感情等）压倒，使无法忍受〔His rage overpowered him. 他的愤怒使他不能自制。〕

overproduction [ˌəuvəprə'dʌkʃən] n. 生产过多，生产过剩

overrate [ˌəuvə'reit] v. 对…估计（或估价）过高

overreach [ˌəuvə'riːtʃ] v. ①伸出在…之上（或之外）；超越，越出…而未击中目标②伸展…过度③伸得过远/**overreach oneself** 由于好高骛远而失败；手伸得太长；弄巧成拙

override [ˌəuvə'raid] v. ①不顾，无视〔The tyrant overrode the wishes of the people. 暴君无视人民的愿望。〕②（以更大的权力）撤销，推翻，使无效；把…推在一边；制服，压倒〔Congress overrode the president's veto. 国会推翻了总统的否决。〕

overrule [ˌəuvə'ruːl] v. ①否决，驳回，宣布…无效；拒绝〔The higher court overruled the judge's decision. 高级法院宣布法官的决定无效。〕②统治；制服，压倒，对…施加影响

overrun [ˌəuvə'rʌn] v. ①（杂草等）蔓延于〔Weeds overran the garden. 花园里长满了杂草。〕②（虫害等）侵扰〔a house overrun with mice 老鼠猖獗的房子〕③超越（期限、范围等）〔Lou overran the second base and was tagged out. 洛跑过二垒全位因而被赶杀出局。〕

overseas [ˌəuvə'siːz]，**oversea** a. ①（向）海外，（向）国外〔Troops were sent overseas. 部队被派到国外。〕‖ a. ①（向）海外的，（向）国外的②（在）海外的，（在）国外的，（向或来自）外国的

oversee ['əuvə'siː] v. 监视；监督，管理，指导，看管〔A teacher oversees our games at recess. 老师在比赛休息时指导我们。〕

overshadow [ˌəuvəˈʃædəu] v. ①对…投上阴影②遮暗；使暗淡；使模糊〔Troubles overshadowed his life. 困难使他的生活暗淡。〕③超过，使相形见绌；似乎比…更重要〔Good times overshadow the bad ones. 好时代超过了坏时代。〕④夺去…的光彩

overshoot [ˈəuvəˈʃuːt] v. 射(箭等)过头，[军]弹着超越(目标)；超过(界线)；[空](飞机在准备着陆时)飞过(指定地点)

oversight [ˈəuvəsait] n. ①失察，疏忽出错；忽略②监督，看管，细心料料

oversize [ˈəuvəˈsaiz] a. 太大的，比普通尺码大的〔oversize shoes 特大号鞋〕

oversleep [ˈəuvəˈsliːp] v. 睡过头；睡过度

overspread [ˌəuvəˈspred] v. 蒙盖，铺盖，布满〔A faint blush overspread her face. 她脸上布满了淡淡的红晕。〕

overstate [ˌəuvəˈsteit] v. 把…讲得过分；夸大/**overstatement** n.

overstay [ˈəuvəˈstei] v. 呆得超过…的限度〔The guest overstayed his welcome. 客人因呆得太久而不再受欢迎。〕

overstep [ˈəuvəˈstep] v. 逾越；违犯〔to overstep one's authority 越权〕

overstock [ˈəuvəˈstɔk] v. 进(货)过多，存(货)过多 ‖ n. [ˈəuvəstɔk]过多的进(或存)货；供应过剩

oversupply [ˈəuvəsəˈplai] v. 过度供给 ‖ n. 过多的供应

overt [ˈəuvəːt] a. 公开的，明显的/**overtly** ad.

overtake [ˌəuvəˈteik] v. ①追上，赶上，超过〔The tortoise overtook the hare. 乌龟超过了野兔。〕②突然侵袭，压倒〔A sudden storm overtook us. 我们突然遭到暴风雨的袭击。〕

overtax [ˈəuvəˈtæks] v. ①对…赋税过重〔an overtaxed country 赋税过重的国家〕②使负担过度；对…要求过高〔The work overtaxed his strength. 这项工作使他用力过度。〕

overthrow [ˌəuvəˈθrəu] v. ①推翻，打倒；废除〔The rebels overthrew the government. 反叛者推翻了政府。〕②(棒球等运动中)把球扔出(垒)外，把球扔得比…远〔The catcher overthrew first base. 棒球接手把第一垒扔出垒外。〕③弄翻，打翻，倾覆，打乱，搅乱④使心烦意乱⑤(体育比赛或政党竞争时)意外地击败(对方) ‖ n. [ˈəuvəθrəu]①推翻，打倒②(棒球等中)扔得过远的球

overtime [ˈəuvətaim] n. ①超时，加班加点的时间②(体育比赛中赛成和局后的)延长时间③加班费 ‖ ad. 在规定(工作)时间之外

overture [ˈəuvətjuə] n. ①开端，序幕；(歌剧等的)前奏曲，序诗②[常用复]主动的表示，提议

overturn [ˌəuvəˈtəːn] v. ①打翻，使翻过来②推翻，颠覆，毁灭

overweening [ˌəuvəˈwiːniŋ] a. 过分自负的；傲慢的

overweight [ˈəuvəˈweit] a. 超重的 ‖ n. 超重量

overwhelm [ˌəuvəˈwelm] v. ①制服；压倒；使不知所措〔Our team overwhelmed theirs. 我们队击败了他们队。〕②覆盖；淹没〔Floods overwhelmed the farm. 洪水淹没了农田。〕③打翻；倾覆

overwork [ˈəuvəˈwəːk] v. ①使劳累过分；使工作过度；对…使用过度〔Pharaoh overworked his slaves. 法老让他的奴隶工作过度。〕②把…做得过火；把…说过火〔Don't overwork that excuse. 别把借口说得太过分。〕 ‖ n. [ˈəuvəwəːk]①额外的工作②过度工作，过分劳累③繁重的工作

overwrought [ˈəuvəˈrɔːt] a. ①过度紧张的；过度兴奋的，神经质的②外面经过装饰的〔an overwrought design 外面经过装饰的图案〕③过分劳累的④过分推敲的，不自然的

ovum [ˈəuvəm] n. [生]卵，卵细胞/**ova**

［复］

owe［əu］v. ①欠（债等）〔He still owes $200 on his car. 他为买车还欠 200 美元。〕②应该向（某人）付出〔I owe my aunt a letter. 我应该给我姑姑写一封信。〕③应该把…归功于〔I owe my life to that doctor. 亏得那位大夫，我才活了下来。〕

owing［'əuiŋ］①应给予的②欠着的，未付的/**owing to** 由于

owl［aul］n.［动］鸱鸺，猫头鹰，枭/**owl-ish**［'auliʃ］a. ①像猫头鹰的②面孔严肃的；笨的

own［əun］a.〔用在所有格后面，加强语气〕自己的‖n. 属于某人自己的东西‖v. ①有，拥有〔He owns three houses. 他有三座房子。〕②承认〔He owned that he was wrong. 他承认他错了。〕/**come into one's own** ①得到自己名分应得的东西

（如信用、名誉等）②进入繁盛期，盛行起来/**hold one's own** 坚守住，不被打败，坚持住，支撑住/**of one's own** 属于某人自己的/**on one's own** ①［口］独地②独立地，凭自己力量③主动地，自愿地

owner［'əunə］n. 所有人，物主

ownership［'əunəʃip］n. 所有（权），所有制

ox［ɔks］n. ①牛②公牛，阉牛/**oxen**［复］

oxidation［,ɔksi'deiʃən］n.［化］氧化（作用），正化

oxide［'ɔksaid］n.［化］氧化物

oxidize［'ɔksidaiz］v. 使氧化，使生锈〔When iron rusts or paper burns, it is oxidized. 当铁生锈或者纸烧毁时，它就被氧化了。〕

oxygen［'ɔksidʒən］n.［化］氧，氧气

oyster［'ɔistə］n.［动］牡蛎，蚝

O

𝒫 p **P** p

P, p〔pi:〕英语的第十六个字母/**mind one's p's and q's** 小心地做某事/**P's, p's**〔pi:z〕[复]

pace〔peis〕n. ①(一)步②步幅③步速；速度；进度④步调⑤溜蹄(马的同侧两蹄同时并举的步法) v. ①踱步于，慢慢地走过[He paced the floor nervously. 他紧张不安地在地上走来走去。]②用步子测定[pace off 30 yards 用步子量出 30 码的距离]③为…定步速(或速度)④跑在…前面；为…的标兵/**keep pace with** 跟…齐步前进；和…并驾齐驱/**put one through his paces** 检验某人的本领(或能力)，掂量某人的斤两/**pacer** n. ①定步速者，带头人；标兵②溜蹄的马

pachyderm〔'pækidə:m〕n. ①(非反刍、有蹄的)厚皮动物(如象、犀、河马等)②[喻]脸皮厚的人；麻木不仁的人，迟钝的人

pacific〔pə'sifik〕a. ①温和的，平静的②和平的；爱好和平的/**pacifically** ad.

Pacific Standard Time 太平洋标准时间(美国太平洋沿岸等地采用的西八区时间)

pacifier〔'pæsifaiə〕n. ①安慰者，抚慰者，平定者②(供婴儿吸吮或咬的)橡皮奶头

pacifism〔'pæsifizəm〕n. ①和平主义②不抵抗主义；消极态度

pacifist〔'pæsifist〕n. 和平主义者；不抵抗主义者；持消极态度者

pacify〔'pæsifai〕v. ①使镇静；抚慰[Apologies pacified his neighbors. 道歉使他

的邻居感到宽慰。]②平定，绥靖/**pacification**〔,pæsifi'keiʃən〕n. ①镇定，平定，绥靖，媾和②和约

pack¹〔pæk〕n. ①包，捆，包裹②[美]小包，小盒③[常贬](追求一目的的)一伙，一帮④(海里成堆的)大块浮冰⑤大量，一大群⑥(纸牌的)一副⑦包装，包装法,包装材料⑧[军]背包,驮包;驮载⑨降落伞包⑩容器⑪润肤膏，头油，发蜡⑪(橄榄球)一队的全体前锋 v. ①捆扎;包装②把…打包(或装箱等)，打(行李)，整(装)[to pack away summer clothes 把夏装收起来]③挤满，塞满，装满[A huge crowd packed the stadium. 许多人挤满了体育场。]④填塞[pack the wheel bearing with grease 用润滑油涂满车轴] ‖ a. (人)背负的，(牲口)驮的;背负(或驮载)用的[A camel is a pack animal. 骆驼是驮兽。]/**pack off** 把…打发走;撵走,解雇[They packed him off to school. 他们打发他上学去。]/**send packing** 叫…立即卷铺盖走人;撵走

pack²〔pæk〕v. 挑选,纠集(偏袒某一方的陪审团、委员会等)[The chairman packed the committee so that it would approve his plan. 主席遴选委员会成员以使他的计划能被批准。]

package〔'pækidʒ〕n. (中、小型的)包裹，包;捆 v. 把…打包;包装

packer〔'pækə〕n. ①包装工人,打包工人,罐头食品工人②[美](车站、旅馆等场所)搬运行李的工人

packet〔'pækit〕n. ①小包(裹),小捆,封套,袋②(定期)邮船,班轮

pact [pækt] *n.* ①合同，契约②条约，公约，盟约

pad¹ [pæd] *n.* 低沉的拍打声（或脚步声）‖ *v.* 步行；放轻脚步走（或跑）

pad² [pæd] *n.* ①垫；衬垫；（球类运动等用的）护垫，（骑马者用的）鞍褥②（狼、狮等动物的）爪垫，肉趾③水生植物的浮叶④（可一张张撕用的）本子，便笺簿⑤打印台，印色盒 ‖ *v.* ①（用软物）填塞，衬填〔a padded chair 有软垫的椅子〕②（用废话等）拉长，铺张（文章等）〔to pad a speech with jokes 用笑话拉长讲话〕

padding [ˈpædiŋ] *n.* ①垫塞，填料②（句子、文章等中的）铺张词藻

paddle¹ [ˈpædl] *n.* ①（短而宽的）桨②桨状物；（桨状）搅拌器；捣衣棒；扁形刑杖③（船的）明轮翼 ‖ *v.* ①用桨划（独木舟等）〔to paddle a canoe 用桨划独木舟〕②（用桨状物）搅，打，（用扁形刑杖）鞭挞／**paddler** *n.*

paddle² [ˈpædl] *v.* 在浅水中行走，涉水；用手或脚玩水

padlock [ˈpædlɔk] *n.* 挂锁，扣锁 ‖ *v.* （用挂锁）锁上；把…上锁

page¹ [peidʒ] *n.* ①（书、报等的单面的）页②一页版面③（书等的）全页④【常用复】记载〔the pages of history 历史的纪录〕‖ *v.* 标记…的页数，给…标页码

page² [peidʒ] *n.* ①（旅馆、办事处等处穿制服的）小听差，僮仆，侍者②（有身分者的）青年侍从③（中世纪）受训练做骑士的青年 ‖ *v.* ①给…当听差，侍候②【美】（旅馆等的侍者）当众呼唤名字以找寻（某人）

pageant [ˈpædʒənt] *n.* ①庆典；华丽的展览；壮丽的行列（或游行等，常伴有彩车）②露天表演

pageantry [ˈpædʒəntri] *n.* ①【总称】壮丽的行列（或表演）；壮观②夸耀，虚饰

paid [peid] pay 的过去式和过去分词‖ *a.* ①支薪金的，受雇的②已付的；付清的

pain [pein] *n.* ①（肉体上的）痛，疼痛②（精神上的）痛苦，悲痛③【复】辛苦，刻苦，苦心，操心 ‖ *v.* （使）痛，使痛苦〔His wound pains him. 伤口使他疼痛。〕／**on pain of／under pain of death** 违者处死

pained [ˈpeind] *a.* 痛苦的，（感情上）受了害的

painful [ˈpeinful] *a.* ①使痛的；使痛苦的②令人不快的，恼人的，使人厌烦的／**painfully** *ad.*

painless [ˈpeinlis] *a.* 无痛（苦）的，不痛的／**painlessly** *ad.*

painstaking [ˈpeinzˌteikiŋ] *a.* ①苦干的，辛勤的，费力的，艰苦的②（煞费）苦心的，刻苦的

paint [peint] *n.* ①涂漆，绘画作品②颜料③油漆，涂料④脂膏，香粉，（演员化妆用的）油彩 ‖ *v.* ①（用颜料）画，绘〔He painted the same scene twice. 他两次画了同样的风景。〕②（用颜料等）绘画〔She paints as a hobby. 她以绘画为业余消遣。〕③油漆，着色于〔to paint furniture 油漆家具〕④描写，（用语言、文字等）描绘⑤涂，搽〔The doctor painted his throat. 医生给他的喉咙涂药。〕

paintbrush [ˈpeintbrʌʃ] *n.* 画笔，漆刷，漆帚

painter [ˈpeintə] *n.* ①画家，绘画者②（油）漆工

painting [ˈpeintiŋ] *n.* ①油漆；绘画艺术，画法②（一张）油画，水彩画

pair [peə] *n.* ①（表示一起使用的同种的两样东西）一对，一副，一双②（表示两部分合起来使用的一样东西）一把，一副，一条③（动物等）一对；（同挽并排的）两匹马；双套马④一对夫妇⑤（相约对某议案不投票的）对立政党的两个议员；对立政党两个议员之间的不投票协议⑥（纸牌等）同点子的一对 ‖ *v.* ①成对，配对②合作，配合③结婚，（动物）交配／**pair off** ①把…分成一对一对②成对而去

palace [ˈpælis] *n.* ①宫，宫殿②宏伟的建筑物，华丽的公共娱乐场所

palatable [ˈpælətəbl] *a.* ①好吃的，可口的，美味的②【喻】惬意的，合趣味的

palate [ˈpælit] *n.* ①腭〔hard palate 硬腭

soft palate 软腭〕②味觉嗜好,鉴赏力

palatial [pə'leiʃəl] a. ①宫殿(似)的,宏伟的,壮丽的

palaver [pə'lɑːvə] n. ①废话,空谈②笼络;诱骗 ‖ v. 奉承,拍马,哄骗

pale¹ [peil] a. ①苍白的,灰白的②淡的,暗淡的,软弱的,无力的 ‖ v. ①变苍白②变暗淡,失色,似乎更弱,好像更不重要/**paleness** n.

pale² [peil] n. ①(做栅栏用的)尖板条,桩②栅栏,围栏③界限,范围

paling ['peiliŋ] n. ①(做栅栏用的)尖板条,桩②木桩,围篱③打桩做栅栏

palisade [ˌpæli'seid] n. ①栅,木栅,栅栏②[复](河边的)岩壁,绝壁

pall [pɔːl] v. ①不发生作用,丧失吸引力〔His jokes are beginning to pall on me. 他的笑话开始使我感到厌烦。〕②感到腻烦,厌倦

pallbearer ['pɔːlˌbeərə] n. 丧礼中抬棺材的人

palliate ['pælieit] v. ①减轻;缓和(痛苦、疾病等)〔Aspirin palliates a fever. 阿斯匹林解热。〕②掩饰(罪过等)〔to palliate an error 掩饰过错〕

palliative ['pæliətiv] a. ①减轻的,缓和的②掩饰的 ‖ n. [医]姑息剂,治标剂

pallid ['pælid] a. ①无血色的,苍白的;病状的②无生气的

pallor ['pælə] n. (脸色等的)苍白,灰白

palm¹ [pɑːm] n. ①棕榈(树)(或枝)②胜利的[军]荣誉勋章/**carry off the palm** 得胜,获奖,得到最大的荣誉

palm² [pɑːm] n. ①手掌,手心②手(长度的)掌部 ‖ v. (变戏法、打牌时)把…藏在手掌内(以哄骗他人)/**palm off**(用欺骗手段)把…卖给(硬塞给)

palmy ['pɑːmi] a. ①棕榈(似)的,多棕榈的;棕榈遮盖的②胜利的,兴旺的,繁荣的

palpable ['pælpəbl] a. ①摸得出的,容易感觉的②明显可知的/**palpably** ad.

palpitate ['pælpiteit] v. ①(心脏)悸动,突突跳,急速地跳动②颤抖/**palpitation** n.

palsied ['pɔːlzid] a. ①麻痹的,瘫痪的②颤抖的,摇摆的

palsy ['pɔːlzi] n. ①麻痹,瘫痪,中风②痉挛;颤抖

paltry ['pɔːltri] a. ①没价值的;微不足道的

pamper ['pæmpə] v. 纵容,姑息;娇养

pan [pæn] n. ①平锅;盘子②[矿]淘盘③(旧式枪的)火药池 ‖ v. ①用淘盘选淘(金子或含金的矿石等)②(用淘盘去)淘金,出金,产金③[口]严厉批评/**pan out** 用淘盘选淘(金子或含金的矿石等)

pan- [前缀]表示"全","总","万","泛"〔Pan-American means of all the Americas or their people. 泛美指的是全美洲各国及其人民。〕

panacea [ˌpænə'siə] n. 治百病的灵药,万应药

pancake ['pænkeik] n. 薄煎饼

pancreas ['pæŋkriəs] n. [解]胰(腺)/**pancreatic** [ˌpæŋkri'ætik] a. [解]胰(腺)的

panda ['pændə] n. ①(大)猫熊,(大)熊猫②小猫熊,小熊猫

pandemonium [ˌpændi'məunjəm] n. 混乱无天,乌烟瘴气,大吵大闹;大混乱

panegyric [ˌpæni'dʒirik] n. ①颂词(指演讲或文章)②推崇备至

panel ['pænl] n. ①[建]嵌板,镶板,节间,板条②[机]控制板,操纵盘,仪表盘,面板③[空](飞机的)翼段④[电]配电盘;控电板⑤油画板,油车板上的画⑥(缝缀在衣服上的)不同质料⑦陪审员名单;全体陪审员⑧(选定的)专门小组,(广播或电视中)就重大问题进行公开讨论的小组;猜谜节目的表演小组 ‖ v. (用嵌板等)嵌镶(门、墙等)/to panel a room with pine 用松木装修房间〕

paneling, panelling ['pænliŋ] n. ①嵌板细工②[总称]嵌板,门心板

panelist ['pænlist] n. 专门小组人员;参

加广播（或电视）分开讨论会的成员；演出小组成员

pang [pæŋ] n. ①（肉体上的）一阵剧痛，（精神上的）一阵极度悲痛

panic ['pænik] n. 恐慌，惊慌 ‖ v. 使恐慌 [The loud noise panicked the hens. 巨大的声音吓坏了母鸡。]

panicky ['pæniki] a. ①恐慌的；由恐慌引起的②惊慌的

panoplied ['pænəplaid] a. ①披戴全副甲胄的②盛装的

panoply ['pænəpli] n. ①全副甲胄②壮丽的陈列或装饰③礼服④防护物

panorama [ˌpænəˈrɑːmə] n. ①回转画，活动画景②全景，概观③变化不停的景象（或事件），对于一系列事件的印象④概论⑤风景的全貌⑥，全景照片/**panoramic** [ˌpænəˈræmik] a. 全景的，全貌的

pant [pænt] v. ①气喘②气喘吁吁地讲 [A man rushed up and panted out the news. 有个男人跑来气喘吁吁地说出一个消息。]③渴望 [to pant after fame and fortune 渴望名誉和财富] ‖ n. 气喘

panther ['pænθə] n. ①豹，黑豹②美洲狮③美洲虎

pantomime ['pæntəmaim] n. ①哑剧，舞剧；哑剧演员②手势，表意动作 ‖ v. ①用手势表达②演哑剧

pantry ['pæntri] n. 餐具室，食品室，冷藏厨房

pants [pænts] n. [复]①[美口]裤子②[英]男用短衬裤，[商]紧身长衬裤③[美]儿童或妇女穿的紧身短衬裤

paper ['peipə] n. ①纸②一张纸③文章，论文，书面作业，考卷④报纸，期刊⑤糊墙纸⑥（装有东西的）一纸包；一纸板⑦[总称]证券，票据；票据，[常用复]官方文件，[复]个人（或家庭）书信文件集 ‖ a. ①纸做的；硬纸板做的；制型纸做的②纸上的；名义上的，仅在理论上存在的 ‖ v. 用纸裱糊

paperback ['peipəbæk] n. 纸面本，平装本，简装本

par [pɑː] n. ①常态，一般标准（或水平

②股票等的票面价值③（高尔夫球的）标准打数 ‖ a. ①与票面价值相等的，平价的②常态的，平均的，一般标准（或水平的）/**on a par** 平均；等（或同价）[They are on a par in ability. 他们的能力相当。]

parabola [pəˈræbələ] n. [数]抛物线

parachute ['pærəʃuːt] n. 降落伞 ‖ v. 用降落伞投送，伞投/**parachutist** 跳伞者，伞兵

parade [pəˈreid] n. ①（军队等的）检阅，阅兵场②（庆祝）游行③公共广场，在广场漫步的人群④陈列，展览，炫示，夸耀 ‖ v. ①在…游行，在…散步②使（军队等）集队行进（以受检阅或操练）③夸耀，标榜 [He parades his wealth. 他炫耀他的财富。]/**on parade**①在游行中，在列队行进，在接受检阅②在炫耀自己，在示众

paradise ['pærədaiz] n. ①[P～][宗]伊甸乐园，天国②乐园，福地，天堂③极乐，至福

paradox ['pærədɔks] n. ①反论②似是而非的论点③自相矛盾的话（事、物、人等）；谬论；怪事，妄人/**paradoxical** a.

paragraph ['pærəgrɑːf] n. ①（文章的）段，节②（报刊的）短评，短讯（往往没有标题）‖ v. ①写短文报道②将…分段

parallax ['pærəlæks] n. ①（因观察位置改变而引起的）视差（量）②天视差③（取景器所取影像与镜头所摄图像间的）摄视差④（因聚焦不良而引起的）望远镜十字线视差

parallel ['pærəlel] a. ①平行的，并行的②相同的，类似的③[电]平行线（或面）②类似的事（或物、人、情况等）③比较④纬线；纬圈 ‖ v. ①使成平行；与…平行 [The road parallels the river. 这条路与河平行。]②比得过，配得上，与…相应 [Nothing can parallel that discovery. 没有什么能比得过这项发现。]③比较…

parallelism ['pærəlelizəm] n. ①平行②类似，对应

parallelogram [ˌpærəˈleləgræm] n. [数]平行四边形

paralysis [pəˈrælisis] n. ①[医]麻痹，瘫

痪②完全无力;停顿

paralytic [ˌpærə'litik] a. 麻痹的,瘫痪的,患麻痹的 ‖ n. 麻痹病人

paralyze ['pærəlaiz] v. ①使麻痹;使瘫痪②使无力,使无能为力,使气馁,使惊呆 [Heavy snows paralyzed the city. 大雪使城市陷于瘫痪。

paramecium [ˌpærə'miːsiəm] n. [动] 草履虫/**paramecia** [ˌpærə'miːsiə][复]

paramount ['pærəmaunt] a. 最高的,至上的,卓越的,首要的

parapet ['pærəpit] n. ①[军] 胸墙②(阳台、桥等旁边的)栏杆,护墙,女儿墙

paraphernalia [ˌpærəfə'neiljə] n. [复] ①随身用具②设备,装置,工具

paraphrase ['pærəfreiz] n. 释义,意译 ‖ v. 释义,意译

parasite ['pærəsait] n. ①寄生虫,寄生菌,寄生(植)物②食客,清客

parasitic, parasitical [ˌpærə'sitik (əl)] a. 寄生的,由寄生虫引起的

paratroops ['pærətruːps] n. [复] 伞兵部队/**paratrooper** 伞兵

parboil ['pɑːbɔil] v. 把…煮成半熟

parcel ['pɑːsl] n. ①小包,包裹②(土地的)一块 ‖ v. 把土地划成部分后分给了开拓者/**part and parcel** 重要(或必要、基本)的部分

parcel post 包裹邮递;包裹邮务处,[总称]邮包,包裹邮件

parch [pɑːtʃ] v. ①烘烤 [to parch corn 烤玉米]②使焦干 [parched fields 焦干的田地]③使干透

parchment ['pɑːtʃmənt] n. ①羊皮纸②(羊皮纸似的)上等纸③羊皮纸文稿,大学毕业文凭

pardon ['pɑːdn] v. ①[法] 赦免 [A governor may pardon a criminal. 总督可以赦免罪犯。]②原谅,饶恕 [Pardon me for interrupting. 对不起打扰(你)了。]/**pardoner** n.

pardonable ['pɑːdnəbl] a. 可以原谅的,可以宽恕的

pare [pɛə] v. ①削(某物)的皮,剪,修(指甲等) [to pare a potato 削土豆皮 to pare the bark from a tree 从树上削皮]②(逐渐)削减,减少 [to pare expenses 削减费用]

paregoric [ˌpærə'gɔrik] n. 止痛剂

parent ['pɛərənt] n. ①父亲;母亲②(动、植物的)亲本,母体③起源,根源,原因/**parenthood** n.

parentage ['pɛərəntidʒ] n. ①出身,家系,门第②来源③父母的身分

parental [pə'rentl] a. ①父母的;父的,母的,[生] 亲本的②作为渊源(或根源)的

parenthesis [pə'renθisis] n. [语] 插句,插入语②[常用复] 圆括号/**parentheses**[复]

parenthetical, parenthetic [ˌpærən'θetik (əl)] a. ①作为插入语的②作为附带说明的,作为附加注解的③放在括号里的/**parenthetically** ad.

pariah [pə'raiə] n. ①贱民②为社会所遗弃者,流浪者

paring ['pɛəriŋ] n. ①削皮②削下的皮 [potato parings 削下的土豆皮]

parity ['pæriti] n. 同等,平等

park [pɑːk] n. ①公共游憩场②公园③(乡村别墅四周的)园林 ‖ v. ①停放(车辆、飞机等)②把(车等)开进停车处

parka ['pɑːkə] n. 风雪大衣,派克大衣

parkway ['pɑːkwei] n. (两旁有草地、树木等的)大路

parlance ['pɑːləns] n. [总称] 说法,用语 [military parlance 军事用语]

parley ['pɑːli] n. 会谈;(与敌方的)谈判 ‖ v. 会谈,谈判

parliament ['pɑːləmənt] n. ①(英国和加拿大等的)议会②Parliament 议会,国会

parliamentary [ˌpɑːlə'mentəri] a. ①议会的,国会的②根据议会法的,(合乎)议会法规的③议会政治的;议会支配的;有议会的

parlor [美], **parlour** [英] ['pɑːlə] n. ① 客厅,会客室;起居室②[美](装潢得很好的)营业室

parochial [pə'rəukjəl] a. ①教区的② 地方范围的,狭隘的

parody ['pærədi] n. (为嘲弄某作者或某作品而作成的)模仿滑稽作品 ‖ v. 拙劣地模仿

parole [pə'rəul] n. ①[美]有条件的释放;假释②(俘虏)宣誓(如保证永不脱逃等) ‖ v. ①凭誓释放(俘虏)②[美]假释

paroxysm ['pærəksizəm] n. (疾病、感情等的)突然发作,阵发

parricide ['pærisaid] n. ①杀父母者;杀近亲者,杀长者②杀父母,杀近亲;杀长上③叛国者或忤逆罪,叛逆罪

parrot ['pærət] n. ①鹦鹉②应声虫,人云亦云者,学舌者 ‖ v. 鹦鹉学舌地复述

parry ['pæri] v. ①挡开,避开②回避 ‖ ①挡开,避开②回避;遁词

parse [pɑːz] v. ①从语法上分析②解析(词、句等)

parsimonious [ˌpɑːsi'məunjəs] a. 过度节俭的;吝啬小气的/**parsimoniously** ad.

P

parsimony ['pɑːsiməni] n. ①异常俭省,过度节俭②吝啬,小气

part [pɑːt] n. ①一部分,部分,局部,(身体的)部位②零件,部分…分之一,等分④本分,职责;份儿[常用复]才华⑥作用,角色⑦[音]音部,乐曲的一部⑧[常用复]地区,区域⑨(争论、交易等中的)一方,方面⑩(头发)分开的缝 ‖ ①分,使分开[She parted the curtains to look out. 她拉开窗帘往外看。]②断裂[The rope parted in the middle. 绳子从中间断开了。]③分手,分别,中止联系,断绝关系[They parted at the crossroads. 他们在十字路口分手了。]④使(头发)分开[He parts his hair in the middle. 他头发从中间分开。] ‖ a. 部分的;局部的[part owner of a factory 工厂的部分业主] ‖ ad. 部分地[The house is part mine. 这

个房子部分是我的]/**for one's part** 至于某人;对某人来说/**for the most part** 就绝大部分而言;在极大程度上,多半/**on good part** 温和地;脾气好地/**on part** 在某种程度上,部分地/**on one's part** ①就…而言;在…一边②由…表现出来的;由…所经历的;由…所作出的/**part from** 以…离开;离开/**part with** 放弃;放开/**take part**(**in**)参与…,参加…

partake [pɑː'teik] v. ①分享;分担;同吃(或喝等),[口]吃光,喝光②参加/**partake of** ①分享;分担②带有某种性质(或特征等)/**partaker** n. 参与者,分担者,共享者

partial ['pɑːʃəl] a. ①部分的,不完全的②偏袒的,不公平的/**be partial to** 癖好,过分错爱的/**partially** ad.

partiality [ˌpɑːʃi'æliti] n. ①偏心,不公平②特殊爱好,偏爱;癖好

participant [pɑː'tisipənt] n. 参加者;参与者

participate [pɑː'tisipeit] v. 参与,参加[He participated in the school play. 他参加了学校的演出。]/**participation** n. **participator** n.

participial [ˌpɑːti'sipiəl] a. [语]分词的 ‖ n. 分词

participle ['pɑːtisipl] n. [语]分词

particle ['pɑːtikl] n. ①粒子,微粒②极小量③[语]小品词,虚词,不变词,词缀

particolored ['pɑːtiˌkʌləd] a. 杂色的,斑驳的

particular [pə'tikjulə] a. ①特殊的;特别的②特定的,各个的,(人)个别的;特指的③特有的,独特的,异常的④(过于)讲究的,苛求的,挑剔的 ‖ n. 项目,细节,[复]详细情况/**in particular** 特别,尤其

particularity [pəˌtikju'læriti] n. ①特殊性,[常用复]特征②个性;癖性③细致,详细,精确性④过分讲究,苛求,挑剔

particularize [pə'tikjuləraiz] v. ①列举;分列②特别举出(或讲述)

particularly [pə'tikjuləli] ad. ①特别,

尤其，格外②详细地，细致地

parting [ˈpɑːtiŋ] a. ①离别的，临别的②分开的，分离的，分隔的③临死的，临终的 ‖ n. ①分手；告别；离别②分裂，分离

partisan，partizan [ˌpɑːtiˈzæn，ˈpɑːtiˈzæn] n. ①党人，党徒；坚决支持者②骚扰部队成员，敌后游击队员 ‖ a. ①党派的，党派性的，有偏袒的②由一个党派组成的（或控制）的③游击队的/**partisanship，partizanship** n. 对党派的效忠，党派偏见

partition [pɑːˈtiʃən] n. ①分开，被分开，分割，划分②隔开物；隔墙；隔物 ‖ v. 把…分成几部分 [to partition a basement 把地下室分成部分]

partly [ˈpɑːtli] ad. 部分地，不完全地，在一定程度上

partner [ˈpɑːtnə] n. ①伙伴，合作者；合股人，合伙人②（乒乓球等运动中的）合作者，配手，（桥牌等游戏中的）搭档③（双人舞中的）舞伴④配偶（指夫或妻）

partnership [ˈpɑːtnəʃip] n. ①合伙（或合作）关系，伙伴关系，合股关系②全体合伙（或合股）人③合伙（或合股）商行（或公司）

partridge [ˈpɑːtridʒ] n. 鹧鸪，斑翅山鹑（又称斑鸡），石鸡（又称嘎嘎鸟、红腿鸡）

part time 非全日，部分时间/**parttime** a. 部分时间的，非全日的，（教师等）兼职的，兼任的

party [ˈpɑːti] n. ①（社交性或娱乐性的）聚会，党，党派，政党③（参加共同活动的）一批，一组，一伙人，随行人员④（条约、会议、诉讼等有关的）一方，当事人，参与者⑤[俚][谑]（一个）人

pass¹ [pɑːs] n. 关口，要隘；海峡；（河流）渡口

pass² [pɑːs] v. ①经过，穿过，越过，超过 [The mailman passed our house. 邮递员经过我们的房子。] ②向前行进 [The crowd passed down the street. 人群沿街往前走。] ③变化，转化，（在所有权方面）转换 [The liquid passed into solid form

when it froze. 结冰时，液体变成了固体。The property will pass to her son when she dies. 她死后财产将要传给她儿子。] ④（时间）推移，流逝 [The days passed quickly. 日子很快过去了。] ⑤终止，消失，消逝 [The fever passed. 热度退了。] ⑥通过（考试、检查等） [He passed the final exam. 他通过了期终考试。] ⑦使通过，被…批准（或通过） [The bill passed Congress. 国会通过了议案。] ⑧批准（议案等）；赞成 [City council passed the resolution. 市政会通过了这项决议。] ⑨使移过，使行进，使进入 [He passed a comb through his hair. 他用梳子梳头发。The teacher passed the entire class into the next grade. 老师让全班同学都升了级。] ⑩传递，传送 [Pass the bread to George. 把面包递给乔治。] ⑪度过 [He passed the night with friends. 他与朋友们度过了一个晚上。] ⑫被认为…，被当作… [They look so much alike that they could pass for brothers. 他们长得这么像，以至于被当作亲弟兄。] ⑬宣布（判决等）；提出（批评、意见等），宣（誓），发（誓） [to pass sentence on a criminal 宣布对罪犯的判决] ⑭发生 [No one knows what passed behind those locked doors. 没人知道锁着的门后发生了什么事。] ⑮（纸牌戏中）不叫牌，放弃叫牌⑯（球类运动中）传（球） ‖ n. ①通过；穿过②入场证；通行证，护照③（士兵的）短期休假证④（尤指不利的）境地，境遇⑤（魔术、牌戏等中的）手法；变戏法⑥传球动作，（击剑中的）一次）戳刺 **/a pretty pass** [口] 困境，不幸（或危急）的局面 **/bring to pass** 使发生，使实现 **/come to pass** 发生，产生，实现 **/pass away** ①终止，停止②死亡 **/pass off** ①（感觉等）终止，停止②（事件等）发生，进行到最后③使假冒，使冒充，假充 [to pass oneself off as a police officer 把自己冒充成警官] **/pass out** [俚] 失去知觉，昏倒；死 **/pass over** 不注意，忽略，省略 **/pass up** [美俚] 放过，拒绝（机会等）**/passer** n.

passable [´pɑːsəbl] a. ①可通行的，能通行的②合格的，过得去的，还好的，尚可的

passage [´pæsidʒ] n. ①通过，经过，过渡②自由通过权；通行自由（或许可）③（海上、空中）航行④（船、车、飞机等的）座位，卧铺⑤通道，通路，管，航道，小径⑥（文章、讲话、乐曲等的）一段，一节⑦[复]交流，交换

passageway [´pæsidʒwei] n. 走廊，过道

passenger [´pæsindʒə] n. 乘客，旅客，过路人

passer-by [´pɑːsə´bai] n. 过路人，过客/**passersby** [´pɑːsəz´bai] [复]

passing [´pɑːsiŋ] a. ①经过的，穿过的，越过的②短暂的，一时的③仓促的，偶然的，附带的，随便的④及格的，通过的‖ad. [古]极其，非常[She was passing fair. 她非常美丽。] ‖n. ①经过，穿过，越过，通过，消逝②死亡/**on passing** 顺便，附带地

passion [´pæʃən] n. ①激情，热情②激怒，激情爆发③热烈的恋情，强烈的情欲；热恋对象④极度喜爱，酷爱⑤酷爱的事物⑥[the P ~] [宗]（十字架上）耶稣的苦难

passionate [´pæʃənit] a. ①热情的，热烈的，激昂的②易动情的③易怒的，性情暴躁的，愤怒的，出自强烈感情的，情感激昂的/**passionately** ad.

passive [´pæsiv] a. ①被动的；消极的②驯服的，缺乏精力的③[语]被动的/**passively** ad.

passkey [´pɑːskiː] n. ①万能钥匙②（大门等的）私人钥匙

passport [´pɑːspɔːt] n. ①护照②获得允准的手段；保障

password [´pɑːswɜːd] n. [军]（通过警戒线等时使用的）口令

past [pɑːst] a. ①过去的，以前的，结束的②前任的，曾任的③刚过去的④[语]过去（时）的‖n. ①过去，昔日②往事，经历（尤指秘密的、不可告人的丑史）‖prep. ①（指时间、地点、数量、程度等）过[ten minutes past two 两点过十分]②（指范围、限度、能力等）超过[past the city limits 超出市区范围 That story is past belief. 那个故事不可思议。] ‖ad. 过[The band marched past. 乐队走过去了。]

pasta [´pɑːstə] n. 意大利面制品，意大利面食（包括通心粉及细面条等）

paste [peist] n. ①糨糊，糊，酱，糊状物③（做人造宝石等用的）玻璃混合物，制成的人造宝石④一种软糖⑤（制陶、瓷器用的）湿粘土‖v. 用糨糊粘（to paste pictures in a book 在书上糊图画）

pasteboard [´peistbɔːd] n. ①纸板②名片③纸牌④门票，火车票

pastel [´pæstel] n. ①菘蓝染料；[植]菘蓝②彩色粉笔，彩色蜡笔③彩色粉笔画（或画法）；彩色蜡笔画（或画法）④[pæstl]（色彩）柔和的，淡的[pastel blue 淡蓝色]

pasteurize [´pæstəraiz] v. [医]用巴氏法对…消毒（或灭菌）；对…进行巴氏灭菌（或灭菌）/**pasteurization** [ˌpæstərai´zeiʃən] n. 巴氏灭菌法，低热灭菌

pastime [´pɑːstaim] n. 消遣；娱乐

pastor [´pɑːstə] n. ①（基督教的）牧师；精神生活方面的指路人②牧人，牧羊人

pastoral [´pɑːstərəl] a. ①牧师的；主教的②牧（羊）人的，（关于）牧人的生活方式的；畜牧的，以畜牧为基础的，田园诗的①田园诗（或剧、画），牧歌；[音]田园曲②乡村景色

past participle 过去分词

pastry [´peistri] n. ①面粉制的糕点（如馅饼、蛋糕等）②一块糕点③各式烘烤糕点（如蛋糕、甜面包等）

pasture [´pɑːstʃə] n. ①牧场②牧草‖v. ①放（牛、羊）吃草，把（土地）作为牧场②（牛、羊）吃（草）

pasty [´peisti] a. 面糊似的，苍白的，不健康的

pat [pæt] n. ①轻拍，轻打②有节奏的轻拍声③（黄油等的）小块，似小块黄油的东西‖v. ①轻拍，轻拍…使平滑（成形）

轻拍…表示抚慰(或赞同)③恰好合适的,完全适时的[a pat answer 合适的回答〕/have down pat,know pat[口]完全掌握,彻底了解,对…熟悉得可随口说出(或随手写出)/stand pat[口]坚持不变,固守

patch [pætʃ] n. ①补丁,补片,补块②膏药,裹伤(胶)布,眼罩③斑;与周围不同的部分④一小块地;(种有某种植物的)一块田地;田里的作物⑤碎片,碎屑‖v. ①补缀,修补;[喻]弥补,(暂时)掩盖;平息[to patch a torn coat 缝补破衣](匆忙)拼凑;匆匆制成[He patched together a speech. 他草草拼凑了一个发言稿。〕/patch up 平息

patchwork ['pætʃwəːk] n. ①缝缀起来的各色布片②拼凑的东西,混杂物

patent ['peitənt, 'pætənt] n. ①专利;专利权②专利证③专利品‖v. ①给予…专利权(或证)②取得…的专利权(或证)‖a. ①专利的,获得专利权的(专利证)保护的,特许的②[口]首创的;独出心裁的③门敞开的,分开的,显然的

patentee [,peitən'tiː, ,pætən'tiː] n. 专利权的获得者

patently ['peitəntli] ad. 显然地,一清二楚地[patently false 显然不正确的]/**patent medicine**①成药,专卖药(指不要处方就能买到的现成药)②专利药品③秘方药,万应灵药

paternal [pə'təːnl] a. ①父亲的,像父亲的②父方的;父系的;得自(或保自)父亲的/**paternally** ad.

paternalism [pə'təːnəlizəm] n. 家长式统治;家长作风/**paternalistic** a.

paternity [pə'təːniti] n. ①父亲的身分,父权,父系②[喻]渊源,来源,出处

path [paːθ] n. ①(走出来的)小路,小道,小径②(公路旁的)人行道③路线,路程,轨道④思想,生活,行为等的道路,路径,行动路线/**pathless** a. 没路的

pathetic [pə'θetik] a. ①哀婉动人的,可怜的②悲哀的,忧郁的③感情(上)的,情绪(上)的/**pathetically** ad.

pathologic(al) [,pæθə'lɔdʒik(əl)] a. ①病理学的②由疾病引起的/**pathologically** ad.

pathology [pə'θɔlədʒi] n. 病理学/**pathologist** n. 病理学家

pathos ['peiθɔs] n. 引起怜悯(或同情)的因素;怜悯;同情

pathway ['paːθwei] n. 小路,小径

patience ['peiʃəns] n. ①忍耐,容忍,耐心,忍耐力;坚韧②[主英]单人纸牌戏

patient ['peiʃənt] a. ①有耐心的,平静等待的②忍耐的,容忍的;有刻苦精神的③坚韧的,勤奋的④显示出忍耐的(长期)忍受苦难的‖n.(接受治疗的)病人/**patiently** ad.

patio ['pætiəu, 'paːtiəu] n. [西]①院子,天井②(和房屋连接的)室外就餐处/**patios**[复]

patriarch ['peitriɑːk] n. ①家长;族长②(宗教,学派等的)创始者,鼻祖③可尊敬的老人,(一群人中的)最年长者④(基督教的)早期的主教,(罗马天主教和东正教的)最高一级的主教/**patriarchal** a.

patrician [pə'triʃən] n. ①(古罗马的)贵族②(一般的)贵族,地位高的人‖a. 贵族的;贵族似的

patrimony ['pætriməni] n. 祖传的财物,遗产

patriot ['peitriət, 'pætriət] n. 爱国者,爱国主义者

patriotic [,pætri'ɔtik, ,peitri'ɔtik] a. 爱国的,有爱国热忱的/**patriotically** ad.

patriotism ['pætriətizəm, 'peitriətizəm] n. 爱国主义;爱国精神,爱国心

patrol [pə'trəul] v. 巡逻;巡查‖n. ①巡逻兵,巡逻队②巡逻艇;巡逻机队③[美]童子军小队

patrolman [pə'trəulmən] n. [美]巡警

patron ['peitrən] n. ①赞助人,资助人②老顾客,主顾③庇护人,保护人,恩主/**patroness** n. 女庇护人(保护人、赞助人等)

patronage ['pætrənidʒ] n. ①庇护,保

护,赞助,资助②光顾,惠顾③任意授予官职(或特权)的权力,官职的恩赐,被恩赐的官职

patronize [ˈpætrənaiz] v. ①庇护,保护;赞助,资助②对…以恩人自居,对…摆出屈尊俯就的样子③光顾,惠顾

patter[1] [ˈpætə] n. (急促的)嗒嗒声 ‖ v. 发出嗒嗒声

patter[2] [ˈpætə] n. ①喋喋不休说说,念经似地说 ‖ v. ①(滑稽演员的)急口词,快板;(滑稽歌曲的)快板插词,歌词②喋喋不休的废话,饶舌③行话,黑话,切口④顺口溜

pattern [ˈpætən] n. ①型,式样,(服装裁剪的)纸样②模范,榜样,典范③(糊墙纸等的)图案;图样④方式,形式,格局,格调,模式 ‖ v. 摹制;仿造[She patterned her life on that of Florence Nightingale. 她模仿弗洛伦斯·南丁格尔的生活。]

paucity [ˈpɔːsiti] n. ①少量,少许②缺乏,贫乏

paunch [pɔːntʃ] n. 肚子,腹;大肚皮/**paunchy** a. 大腹便便的

pauper [ˈpɔːpə] n. ①靠救济过活的人,乞丐②穷人,贫民/**pauperism** n. ①[总称]穷人,贫民②贫穷

pauperize [ˈpɔːpəraiz] v. 使贫穷,使成为贫民

pause [pɔːz] n. ①中止,暂停;停顿②[音]延长号 ‖ v. 中止,暂停;停顿,停留[He paused to catch his breath. 他停下来端口气。]

pave [peiv] v. 铺,筑(路等)/**pave the way for(to)** 为…铺平道路

pavement [ˈpeivmənt] n. ①铺筑过的地面(或路面),铺过的道路②[英]人行道

pavilion [pəˈviljən] n. ①(尖顶)大帐篷,帐篷形临时建筑物②(公园等中)小巧玲珑的建筑,亭子,楼阁,(博览会等)的馆③(大楼等的)装饰华美的突出部分;(医院等建筑物的)分隔部分

paving [ˈpeiviŋ] n. ①铺筑过的地面(或路面)②铺过的道路③铺筑材料

paw [pɔː] n. 脚爪,爪子 ‖ v. ①(用脚爪等)抓,扒[The horse pawed the air. 马用蹄子在空中乱踢。]②笨拙地搔;粗鲁地摸弄;乱抓[The angry man pawed through the papers on his desk. 男人生气地乱抓书桌上的报纸。]

pawn[1] [pɔːn] n. 当,抵押[to pawn a watch for $20.00 以 20 美元当一块手表] ‖ n. 典当,押/**in pawn**(物品等)当掉,押出

pawn[2] [pɔːn] n. ①(国际象棋)兵,卒②[喻]马前卒,爪牙,工具

pawnbroker [ˈpɔːnbrəukə] n. 当铺老板

pawnshop [ˈpɔːnʃɔp] n. 当铺

pay [pei] v. ①付给(某人),给…报酬;出钱[Did you pay the milkman? 你付钱给送牛奶的人了吗?]②支付,付清;缴纳[She paid ten dollars for the hat. 她买那顶帽子花了十美元。]③偿还,抵偿,补偿[to pay a debt 还债]④给予(注意等);致以(问候等),进行(访问等)[to pay a compliment 致以敬意]⑥有收益;(职位等)有(若干)报酬[The job pays $100 a week. 这个工作一周有一百美元的报酬。]⑦有利,有好处[It will pay you to listen. 听听对你有好处。]⑧(payed)[海]放松(绳索等) ‖ n. 工资,薪金②偿还,报答,报应 ‖ a. [美]需交费的,收费的;自动收费的/**in the pay of**[贬]受…的雇用/**pay back** 偿付(借款等);报答;向…报复/**pay for**①因…而受到(或受苦)为…付出代价/**pay out**①付出(钱),出钱②向…报复③放出,松出(绳索等)

payable [ˈpeiəbl] a. ①(到期)应支付的②可支付的

payee [peiˈiː] n. 受款人,收款人

payment [ˈpeimənt] n. ①支付,付款②交付的款项(实物)

pay roll ①工资名单;饷金名单②发放的工资额

pea [piː] n. ①豌豆属植物②豌豆

peace [piːs] n. ①和平,和平时期,和睦,和好②和约③[常作the ~]治安,社会秩序④平静,安宁,寂静/**at peace** ①处于

peaceable [ˈpiːsəbl] a. ①平和的，息事宁人的，安静的 ②和平的，太平的/**peaceably** ad.

peaceful [ˈpiːsful] a. ①安静的，平静的；安宁的 ②和平的 ②和平的，爱好和平的 ③和平时期的，平时的/**peacefully** ad. /**peacefulness** n.

peacemaker [ˈpiːsˌmeikə] n. 调解人，和事佬

peach [piːtʃ] n. ①桃子 ②桃树 ③桃色，桃红色

peacock [ˈpiːkɔk] n. 雄孔雀；孔雀

pea jacket 水手短外套，双排钮厚呢上装

peak [piːk] n. ①山峰巅 ②有尖峰的山 ③（物体的）尖端，尖儿 ④最高点，高峰，顶端，峰值，极值

peaked¹ [piːkt, ˈpiːkid] a. 有峰的，有尖顶的，有帽舌的

peaked² [ˈpiːkid] a. 消瘦的，有病容的，苍白的，憔悴的

peal [piːl] n. ①钟声 ②响亮持久的声音 ③（组钟奏出的）钟乐；（奏钟乐的）一组钟，编钟 ‖ v. ①使鸣响，大声说出，大声发出②大声鸣响，震响

peanut [ˈpiːnʌt] n. ①[植] 花生，落花生 ②花生米，花生荚

pear [pɛə] n. ①梨子 ②梨树

pearl [pəːl] n. ①珍珠 ②珍珠母 ③珍珠色，蓝灰色④珠状物（如露珠、洁白的牙齿等）‖ a. ①珍珠（制）的，珍珠似的，镶珍珠的②珍珠母制的/**pearly** a.

peasant [ˈpezənt] n. ①农民，②庄稼人，乡下人

peasantry [ˈpezəntri] n. ①[总称] 农民 ②农民的地位（或特点）

pebble [ˈpebl] n. 卵石，细砾

pebbly [ˈpebli] a. ①多卵石的②有卵石

花纹的

peccadillo [ˌpekəˈdiləu] n. 轻罪；小过失/**peccadilloes, peccadillos**[复]

peck¹ [pek] v. ①连续敲击②啄穿；啄成 [to peck a hole 啄一个洞] ③啄；啄起 [Chickens peck corn. 小鸡啄食谷粒。] ‖ n. ①啄；凿，琢 ②[口] 匆忙的一顿，**peck at**③斯文地吃，一点一点地吃；吃③找岔子，吹毛求疵

peck² [pek] n. ①配克（英美谷物、水果、蔬菜等的干量单位，等于 8 夸脱或 2 加仑；略作 pk.）②一配克的容器③[口] 众多，大量

peculiar [piˈkjuːljə] a. ①罕见的，奇怪的，乖僻的②（个人或一个团体）特有的，独具的 ③特别的，特殊的/**peculiarly** ad.

peculiarity [piˌkjuːliˈæriti] n. ①独特性，特色，特质②特殊的东西，奇怪的东西③怪癖

pecuniary [piˈkjuːnjəri] a. 金钱的

pedagogy [ˈpedəgɔgi] n. 教育学，教学法；教师职业/**pedagogic** [ˌpedəˈɡɔdʒik]，**pedagogical** [ˌpedəˈɡɔdʒikəl] a. 教师的，适宜于教师的；教学法的

pedal [ˈpedl] n.（自行车、缝纫机等机械的）踏脚，踏板；（钢琴的）踏板 ‖ a. ①[动] 足的②踏板的，脚踏的

pedant [ˈpedənt] n.（卖弄学问的人，空谈家②迂腐的教师，书呆子，学究/**pedantic** [piˈdæntik] a.

peddle [ˈpedl] v. ①叫卖；零售 [to peddle magazines 叫卖杂志] ②兜售（理论等），散播（谣言等）[to peddle gossip 说闲话，传播小道新闻] /**peddler** n. [美俚] 每站都停的货运列车

pedestal [ˈpedistl] n. ①[建] 柱脚；（雕像等的）垫座，（书桌的）基座，[机] 轴架，支座②基础，支撑③受人尊敬的地位

pedestrian [piˈdestriən] n. ①行人，步行者 ‖ a. ①徒步的，步行的②（作品风格等）缺乏想象力的；平淡的；沉闷的 [a pedestrian lecture 乏味的演讲]

pediatrician [ˌpiːdiəˈtriʃən] n. 儿科医

师,儿科专家

pediatrics [ˌpiːdiˈætriks] n. [复] [用作
单或复] 儿科学,小儿科/**pediatric** a.

pedigree ['pedigriː] n. ①家谱,[生] 谱
系]家系,血统;门第,出身,名门出身③
(事物的)起源和历史,[喻] 词源④(家
畜的)种,纯种/**pedigreed** a.

peek [piːk] v. 偷看,窥视 ‖ n. 偷偷的一
看;一瞥

peel [piːl] v. ①剥(皮),削(皮),剥(或
削)…的皮[to peel a banana 剥香蕉皮]
②(皮肤等)被剥(或削)去皮[My back is peeling from a sun-
burn. 我的背由于日晒而脱皮。] ③(树
皮、油漆、壁纸等)剥落[The paint on the
house is peeling. 房子的油漆在剥落。] ‖
n. 果皮,蔬菜皮,幼苗皮/**keep one's
eyes peeled** [俚] 擦亮眼睛,提高警惕,
谨慎小心

peep¹ [piːp] n. (小鸟、鼠等的) 唧唧声,
啾啾声 ‖ v. ①(小鸟、鼠等) 唧唧叫②嘀
咕

peep² [piːp] v. ①(从缝隙中等) 偷看,窥
探[to peep through a keyhole 从锁眼中偷
看]②从隐蔽处出现,[喻] (品质等) 露
出真相;微微伸出 [头部等] [Stars
peeped through the clouds. 星星从云层中
隐约出现。] ‖ n. 偷看,窥探,一瞥②初
现,隐约的显现[the peep of dawn 黎明时
分]/**peeper** n. ①唧唧叫的鸟(或鼠)②
雨蛙③嘀咕的人

peer¹ [piə] n. ①同等的人,同等地位的
公民[英国] 贵族,可成为上议院议员
的贵族/**peeress** ['piəris] ①女贵族,贵
妇②上议院议员夫人

peer² [piə] v. ①凝视,盯着看[to peer into
a dark room 注视着黑暗的房间]②隐约
出现;出现[The moon peered over the
hill. 月亮从山那边隐约出现。]

peerage ['piəridʒ] n. ①(总称)贵族②
贵族爵位③贵族名册

peerless ['piəlis] a. 无比的,无可匹敌

的

peeve [piːv] v. (使)气恼,(使)怨恨
[Mother will be peeved if we are late. 如果
我们迟到,妈妈会生气的。] ‖ n. ①气恼;
怨恨②讨厌的对象,惹人怨恨的事物[a
pet peeve 特别讨厌的事人讨厌的东西]

peevish ['piːviʃ] a. 易怒的,暴躁的,乖
戾的/**peevishly** ad. /**peevishness** n.

peg [peg] n. ①木(或金属)钉;短桩,
[建]测标;(桶)塞;(弦乐器的)弦轴②
(用以抓、撕、钩的)尖头物,爪,[晒衣用
的]衣夹③栓与栓的间隔,[喻] 等,级;
(物价等的)限定标准 ‖ v. ①用木钉钉,
用短桩固定②[主英]用衣夹(洗的衣
服)夹在晒衣绳上③固定,限制,限定(价
格、工资等),鉴定④用木桩在地上标出;
用木钉记(分数)/**peg away at** 孜孜不
倦地做/**take down a peg** 落…的面子,
杀…的威风;挫…的锐气

pelican ['pelikən] n. [动]鹈鹕

pell-mell, **pellmell** ['pel'mel] ad. ①混
乱地,乱七八糟地[He tossed his clothes
pellmell into the suitcase 他把衣服胡乱地
扔进衣箱。] ②匆匆地[He ran pellmell
down the hill. 他匆匆地跑下山去。]

pelt¹ [pelt] v. ①重重地拍打,不停地打击
[Rain pelted the roof. 雨水拍打屋顶。] ②
连续地向…投掷,连续地投掷[We pelted
each other with snowballs. 我们打雪仗。]

pelt² [pelt] n. ①毛皮,(去毛待鞣的)生皮
②做衣服用的)皮货

pelvic ['pelvik] a. [解]骨盆的

pelvis ['pelvis] n. [解]骨盆

pen¹ [pen] n. ①(家畜的)栏,圈,棚,一栏
(或圈等)家畜②小圈栏 ‖ v. 把(家畜)关
入栏圈;把…关起来

pen² [pen] n. ①笔,笔杆,笔尖②(作家等
的)笔调,笔法,写作 ‖ v. 写

penal ['piːnl] a. 刑事的,刑法上的②
受刑罚的,当受刑罚的[penal offence 刑
事罪]

penalize ['piːnəlaiz] v. ①对…处以刑事
处罚;处罚[How shall we penalize cheat-

ing? 我们该怎样处罚作弊呢?②(尤指比赛中因犯规而)对…处罚,处刑 [to penalize a boxer for a foul blow 拳击手因出拳犯规而受处罚]

penalty ['penlti] n. ①处罚,惩罚,刑罚②[体]犯规的处罚,(桥牌中的)罚分③(行为等)造成的困难,障碍,不利后果

penance ['penəns] n. ①(赎罪的)苦行,苦修②[天主教]补赎

penchant ['pentʃənt] n. [法语](强烈的)爱好,嗜好

pencil ['pensl] n. ①铅笔②小画笔,[古]画笔 ‖ v. 用铅笔写(或画、标),用画笔画(或描)

pendant ['pendənt] n. ①下垂物,垂饰,挂表壳上系表链的环②[建]悬饰;吊灯架

pendent ['pendənt] a. ①吊着的,下垂的[a pendent lamp 吊灯]②(岩石等)悬空的[a pendent cliff 悬崖]③悬而未决的

pending ['pendiŋ] a. ①悬而未决的②迫切的 ‖ prep. ①在…期间[pending this discussion 在讨论期间]②在…以前[pending his arrival 在他到达之前]

pendulous ['pendjuləs] a. ①悬垂的②摆动的

pendulum ['pendjuləm] n. (钟摆的)摆

penetrable ['penitrəbl] a. ①可穿透的,刺穿的,可被渗透的

penetrate ['penitreit] v. ①穿过,穿透,刺入[The needle penetrated her arm. 针刺入她的胳膊。]②渗透入;弥漫于,扩散于[Smoke penetrated the whole school. 全校弥漫着烟雾。]③看穿,看透,识破[I finally penetrated the meaning of this riddle. 我最终发现了谜底。]

penetrating ['penitreitiŋ] a. ①穿透的,贯穿的;渗透的②(目光等)尖锐的,深刻的,透彻的

penetration [,peni'treiʃən] n. ①穿入,穿透②穿透能力;穿透程度②(目光等)尖锐,洞察力

penguin ['peŋgwin] n. 企鹅

penicillin [,peni'silin, pe'nisilin] n. 青霉素,盘尼西林

peninsula [pi'ninsjulə] n. 半岛/**peninsular** a. 半岛的;半岛状的

penis ['piːnis] n. [解]阴茎

penitence ['penitəns] n. 悔罪,悔过,后悔,忏悔

penitent ['penitənt] a. 悔罪的,悔过的,后悔的,忏悔的 ‖ n. 悔罪者,悔过者,忏悔者

penitential [,peni'tenʃəl] a. 后悔的,忏悔的,苦行赎罪的

penman ['penmən] n. ①抄写人②书法家

penmanship ['penmənʃip] n. ①书写,书法②写作,文体

penniless ['penilis] a. 身无分文的,穷的

pennon ['penən] n. ①(长矛等上的)狭长三角旗,燕尾旗;[海]尖旗;[美](印有学校名称的)三角旗②(任何形状的)旗帜

penny ['peni] n. ①(美国或加拿大辅币)分(同 cent)②便士(英国辅币单位)/**a pretty penny** [口]一大笔钱/**pennies,** **pence** [复]

pennywise ['peni'waiz] a. 小处精明的;小事聪明的;谨小慎微的/**penny-wise and pound-foolish** 大处不算小处算的,小事精明大事糊涂的

pension ['penʃən] n. 抚恤金,年金,养老金 ‖ v. 给予…抚恤金(或养老金等)

pensioner ['penʃənə] n. 领取抚恤金(养老金)者

pensive ['pensiv] a. 沉思的,忧郁的/**pensively** ad.

pent [pent] pen(把…关起来)的过去式和过去分词 ‖ a. 被关禁的;被关起来的

pentagon ['pentəgən] n. ①五边形,五角形②[the P~]五角大楼(美国国防部的办公大楼)/**pentagonal** [pen'tægənl] a. 五边形的,五角形的

penthouse ['penthaus] n. ①(大楼等边上搭的)披屋(建于大楼平顶上的)楼顶

房屋，小棚屋②（靠墙的）单斜顶棚，庇棚③遮篷，雨篷

pent-up ['pent'ʌp] a. 被抑制的，被关住的

penurious [pi'njuəriəs] a. ①赤贫的，（出产或供给）缺乏②吝啬的

penury ['penjuri] n. 赤贫，缺乏

peony ['piəni] n. ①芍药属植物②芍药，牡丹

people ['pi:pl] n. ①人，人类（以别于其他动物而言）②[复]民族；种族；（某国的）国民③（某一个阶级、地区、团体、行业的）人，人员④[口]家庭；家人；亲属（尤指父母）⑤公民，百姓⑥平民，老百姓⑦人民③（泛指）人，人们⑨仆从，随员，（武器）随从 ‖ v. 使在着（或住满）人 [The pioneers peopled the West. 拓荒者向西部移民。]

pep [pep] n. 精力，活力；劲力 ‖ v. 激励，给…打气，叫…加油 [pep up 激励]

pepper ['pepə] n. ①[植] 胡椒属②胡椒；胡椒粉③[植] 辣椒，佐料④辣椒，辣椒粉 ‖ v. ①加胡椒粉于②雨点般地撒（或掷，射）[Hailstones peppered the lawn. 冰雹雨点般打在草地上。]

peppery ['pepəri] a. ①胡椒的，胡椒似的；加了很多胡椒的；胡椒味的，辣的②易怒的，暴躁的

pepsin ['pepsin] n. ①胃蛋白酶②（用牛、猪等的胃提取的）胃蛋白酶制剂

per [强 pə:，弱 pə] prep. ①每，每一 [fifty cents per yard 每码五十美分 50 miles per hour 每小时 50 英里]②经，由，靠 [delivery per messenger 由送信者投递]

perambulate [pə'ræmbjuleit] v. 漫步，闲荡，徘徊 / **perambulation** n.

perambulator ['præmbjuleitə, pə'ræmbjuleitə] n. 漫步者，闲荡者；巡行者，巡视者；察勘者

per capita [pə:'kæpitə] 每人，按人口（计算）[the per capita cost of education 每人的教育费用]

perceive [pə'si:v] v. ①察觉，发觉，看见，看出 [to perceive the difference be-tween two shades of red 看出两种不同的红色之间的差别]②领悟，理解 [I quickly perceived the joke. 我很快领悟了这个笑话。]

percent [pə'sent] n. 同 per cent

per cent 每百中，百分之…

percentage [pə'sentidʒ] n. ①百分数，百分率②比例，部分

perceptible [pə'septəbl] a. 感觉得到的，察觉得到的，看得出的/**perceptibly** ad.

perception [pə'sepʃən] n. ①感觉；知觉②认识，观念；看法

perceptive [pə'septiv] a. 知觉的；感觉灵敏的，有察觉力的，有理解力的

perch [pə:tʃ] n. ①（禽鸟的）栖木，悬挂东西的横条②（尤指在高处的）休息地位，有利的地位，高位③杆（英国长度单位，相当于 51/2 码），④栖息，停歇，坐（或落）在高处

percolate ['pə:kəleit] v. ①（用渗透壶）煮咖啡②滤，使渗滤，使渗透

percolator ['pə:kəleitə] n. 渗滤器；咖啡渗滤壶

percussion [pə:'kʌʃən] n. 敲打，叩击；碰撞

perdition [pə:'diʃən] n. ①万劫不复之地，地狱②毁灭③沉沦③损耗，损失

peregrination [ˌperigri'neiʃən] n. 旅行；旅程

peremptory [pə'remptəri] a. ①断然的，命令式的②高傲的，专横的，独断的③[法]绝对的，最后决定的/**peremptorily** ad.

perennial [pə'renjəl] a. ①多年生的②四季皆有的，终年的③长期的，持久不断的，循环反复现的 ‖ n. 多年生植物/**perennially** ad.

perfect ['pə:fikt] a. ①完美的，完善的，理想的②完好的，完整的，健全的③精确的，绝对正确的④完全的，绝对的，十足的⑤地道的⑤[语]完成时的；完整的 ‖ v. [pə(:)'fekt, 'pə:fikt] ①使完美，使完善，改善②使熟练，使精通 [Practice per-

fects your work. 熟能生巧。]/**perfectly**
ad.

perfectible [pə(:)'fektəbl] *a.* 可改善
的;可完美的,可臻完美的/**perfectibility**
n.

perfection [pə'fekʃən] *n.* ①精良,精
湛,造诣,成就②无比精确,圆满成熟③
完美的人(或物);完美的典型(或现象)
④尽善尽美,完整无缺,登峰造极⑤完
成,改善/**to perfection** 完全地,极好了

perfidious [pə:'fidiəs] *a.* 背信弃义的,
叛卖的,不忠的

perfidy ['pə:fidi] *n.* 背信弃义;叛变,出
卖

perforate ['pə:fəreit] *v.* ①穿孔于,打眼
于[to perforate the top of a can of cleaning
powder 在洗衣粉罐顶部穿孔]②打一排
孔于[(邮票等)以便于撕开[Sheets of
stamps are usually perforated. 大张的邮票
上通常打有齿孔。]

perforce [pə'fɔ:s] *ad.* 必然地,必要地,
不得已地

perform [pə'fɔ:m] *v.* ①履行,执行,完成
(事业等)[to perform a task 完成任务 to
perform promise 履行诺言]②演出;表演,
演奏/**performer** *n.*

performance [pə'fɔ:məns] *n.* ①履行,
执行,完成②行为,行动,工作,成绩,功
绩③演出,演奏,表演,把戏

perfume ['pə:fju:m] *n.* ①香味,芳香②
香料;香水 ‖ *v.* [pə(:)'fju:m] 使发香,洒
香水于

perfumery [pə(:)'fju:məri] ①香料厂,
香料店②(总称)香料,香水类

perfunctory [pə(:)'fʌŋktəri] *a.* 敷衍
塞责的,草率的,马马虎虎的/**perfunc-
torily** *ad.*

perhaps [pə'hæps, præps] *ad.* 也许,可
能,多半,大概[Perhaps it will rain. 可能
要下雨。]

peril ['peril] *n.* ①(严重的)危险②危险
的事物③冒险 ‖ *v.* 置…于危险中

perilous ['periləs] *a.* 危险的,冒险的/
perilously *ad.*

perimeter [pə'rimitə] *n.* ①周,周边,周
界线②周长

period ['piəriəd] *n.* ①时期,时代,期间
②学时,课时,(比赛的)一节时间③句
号,句点④结束,终止

periodic [,piəri'ɔdik] *a.* 周期的,定期
的;间歇的,间发性的,循环的

periodical [,piəri'ɔdikəl] *n.* 刊物,杂志
‖ *a.* ①同 *periodic* ②定期出版的③期刊
的[a periodical index 期刊索引]/**period-
ically** *ad.*

peripatetic [,peripə'tetik] *a.* 徒步游历
的,走来走去的

periphery [pə'rifəri] *n.* ①边缘,周围,外
围,界限②圆周,圆周界线/**peripheral** *a.*

periscope ['periskəup] *n.* 潜望镜

perish ['periʃ] *v.* ①灭亡,消灭,死去,暴
卒[Many animals perished in the forest
fire. 许多动物在森林大火中死亡。]②枯
萎;腐烂,腐朽

perishable ['periʃəbl] *a.* 容易腐烂的,
易死的,不经久的 ‖ *n.* [复]容易腐坏的
东西(尤指食物)

perjure ['pə:dʒə] *v.* 使发假誓,使作伪
证/**perjurer** *n.*

perjury ['pə:dʒəri] *n.* 假誓,伪证,伪证罪

perk [pə:k] *v.* ①昂起,竖起,翘起[He
perked up his head at the noise. 听到那声
音,他抬起头头。]②打扮,修饰[all perked
out in a new dress 全身打扮一新]/**perk
up** 使振作;使活跃

perky ['pə:ki] *a.* ①活跃的②傲慢的,自
信的③打扮漂亮的④鲁莽的,莽撞的

permanent ['pə:mənənt] *a.* 永久的,持
久的 ‖ *n.* 电烫的头发/**permanence**,
permanency *n.* 永久(性),持久(性)

permeable ['pə:mjəbl] *a.* 可渗透的,具
渗透性的/**permeability** *n.*

permeate ['pə:mieit] *v.* 渗入;透过,弥
漫,充满[The smells of cooking permeated
the house. 屋里充满了饭菜味。]

permissible [pə(:)'misəbl] *a.* 可允许
的;容许的,许可的;准许的

permission [pə(ː)'miʃən] n. 允许,许可,同意

permissive [pə(ː)'misiv] a. 容许的,放任的,宽容的

permit [pə(ː)'mit] v.①允许;许可,准许〔Will you permit me to help you? 我帮助你好吗?〕②给机会,容许〔We'll fly if the weather permits. 天气好的话,我们就飞行。〕‖ n. ['pəːmit]①许可②执照,许可证〔a permit to carry a gun 持枪证〕

pernicious [pə(ː)'niʃəs] a. 有害的,有毒的,致命的

peroration [ˌperə'reiʃən] n.①(演说等的)结束语,结论②结尾的演说

peroxide [pə'rɔksaid] n. [化]过氧化物

perpendicular [ˌpəːpən'dikjulə] a.①垂直的,成直角的,正交的③直立的,盖立的‖ n.①垂直③垂直线;垂直面;垂规,铅垂线

perpetrate ['pəːpitreit] v. 犯(罪),作(恶);做(坏事)〔to perpetrate a crime 犯罪〕

perpetual [pə'petjuəl, pə'petʃuəl] a.①永远的;永恒的;(职位等)终身的②不断的,重复不停的/**perpetually** ad.

perpetuate [pə'petjueit, pə(ː)'petʃueit] v. 使永久存在,使不朽〔The Rhodes scholarships perpetuate the Cecil Rhodes. 罗兹奖学金使塞西尔罗兹永垂不朽。〕/**perpetuation** n.

perpetuity [ˌpəː(ː)pe'tjuː)iti] n. 永久,永恒;不朽/**In perpetuity** 永远地

perplex [pə'pleks] v.①困扰,难住〔Her strange silence perplexed him. 她奇怪的沉默使他感到困惑。〕②使复杂化,使纠缠不清

perplexity [pə'pleksiti] n.①困惑,窘困②令人困惑的事物③纠缠,扭结

persecute ['pəːsikjuːt] v.①(尤指因政治、宗教信仰不同)迫害,残害②困扰,为难/**persecution** n./**persecutor** n.

perseverance [ˌpəːsi'viərəns] n. 坚持不拔,坚忍不拔,不屈不挠

persevere [ˌpəːsi'viə] v. 坚持,不屈不挠〔Columbus persevered in sailing west, even though his crew was discouraged. 即使船员们都泄气了,哥伦布仍坚持向西航行。〕

persiflage [ˌpəːsi'flɑːʒ] n. 挖苦,戏弄,揶揄

persimmon [pəː'simən] n.①[植]柿树②柿;美洲柿

persist [pə(ː)'sist] v.①坚持;固执〔He persisted in his courtship until she said "yes". 他固执地向她求婚,直到她答应为止。〕②坚持说,坚持问,追问〔He persists in calling her "Shorty". 他坚持叫她"矮子"。〕③持续,存留〔The pain persisted all day. 疼痛持续了一整天。〕

persistent [pə(ː)'sistənt] a.①坚持的;固执的②持续的,持久的,不断的/**persistence, persistency** n./**persistently** ad.

person ['pəːsn] n.①人②容貌,外表,风度③[语] 人称/**in person**①亲自,本人②(与上银幕或电视等相对而言)直接,当面

personable ['pəːsənəbl] a. 漂亮的,美貌的,风度好的

personage ['pəːsənidʒ] n.①要人,名流,显贵②人,个人

personal ['pəːsənl] a.①个人的,私人的②本人的,亲自的③身体的,容貌的④人身的,涉及个人的⑤[语]人称的⑥[法]属于个人的;可动的‖ n.[美][常用复]报纸上有关个人的简讯

personality [ˌpəːsə'næliti] n.①个性②人格,品格③人物(指有名的)④[常用复]人身攻击,人物评议

personalize ['pəːsənəlaiz] v.①在(物品)上标出姓名(或记号)〔Personalized bank checks are printed with one's name. 标明使用人的银行支票上印有使用人姓名。〕②使个人化,拟(某物)为人,使人格化,体现

personally ['pəːsənəli] ad.①亲自地〔I'll ask him personally. 我要亲自问问他。〕②作为一个人〔I dislike the artist personally. 作为个人，我不喜欢那个艺术家。③就个人而言 [Personally, I think you're right. 就我而言，我认为你是对的。]④针对个人地 [She took his remark personally. 她把他的话当作人身攻击。]

personify [pə(:) 'sɔnifai] v. ①拟(某物)为人，赋予…以人性，使人格化 [A ship is personified when it is referred to as "she". 当用"她"来称呼船只时，船就被拟人化了。]②表现，体现；是…的化身 [Tom Sawyer personifies the spirit of boyhood. 汤姆索亚是男孩精神的化身。]/ **personification** n.

personnel [ˌpəːsə'nel] n. ① [集合名词]全体人员，全体职员②人事(部门)

perspective [pə(:) 'spektiv] n. ①远景，前景，展望，前途，景象②透视，透视画法，透视图③观点，看法④正确观察事物相互关系的能力，眼力⑤事物相互关系的外观，整体与各个部分的比例(或关系)

perspicacious [ˌpəːspi'keiʃəs] a. 敏锐的/**perspicacity** n.

perspiration [ˌpəːspə'reiʃən] n. ①排汗②汗

perspire [pəs'paiə] v. 排汗

persuade [pə(:) 'sweid] v. ①说服，劝服②使(某人)相信

persuasion [pə(:) 'sweiʒən] n. ①说服，劝服；劝说②说服力③主张，见解；信念；(宗教的)信仰

persuasive [pə(:) 'sweisiv] a. 有说服力的，劝导性的，劝诱的/**persuasively** ad./**persuasiveness** n.

pert [pəːt] a. 没有礼貌的，冒失的

pertain [pə(:) 'tein] v. ①从属，附属 [lands pertaining to an estate 从属于一项地产的土地]②有关，涉及 [laws that pertain to civil rights 有关公民事权利的法律]

pertinacious [ˌpəːti'neiʃəs] a. 坚持的；固执的；执拗的；顽固的/**pertinacity** n.

pertinent ['pəːtinənt] a. 有关系的，相互的/**pertinence** n.

perturb [pə(:) 'təːb] v. 使心绪不宁，使烦恼；使担心 [I became perturbed when he failed to arrive. 他没到来，我变得心烦意乱。]/**perturbation** [ˌpəːtəː'beiʃən] n.

pervade [pəː'veid] v. 弥漫，渗透；遍及，充满 [Joy pervades his poem. 他的诗充满了欢乐。]

pervasive [pə(:) 'veisiv] a. 弥漫的，渗透的；遍布的，充满的

perverse [pə(:) 'vəːs] a. ①坚持错误的；刚愎的②不正当的，堕落的，邪恶的/**perversely** ad./**perverseness** n./**perversity** n.

perversion [pə(:) 'vəʃən] n. ①走入邪路，堕落，败坏②违反常情，反常[心]性反常行为③误用，滥用④歪曲，颠倒

pervert [pə(:) 'vəːt] v. ①使走入邪路，使堕落；使败坏 [Too much candy can pervert one's appetite. 吃糖太多会破坏人的食欲。]②歪曲，曲解 ‖ n. ['pəːvəːt] ①走入邪路者，堕落者②反常者，[心]性反常者

pessimism ['pesimizəm] n. ①悲观主义，厌世主义/**pessimistic** a.

pessimist ['pesimist] n. 悲观者，悲观主义者，厌世者

pest [pest] n. ①有害动物，害虫；有害植物②讨厌的人，害人虫，有害的东西

pester ['pestə] v. 烦扰，纠缠 [to pester someone with questions 缠住某人问问题]

pesticide ['pestisaid] n. 杀虫剂，农药

pestiferous [pes'tifərəs] a. ①传播疾病的，传染的 [得了传染病的社会的，邪恶的③ [口]讨厌的，纠缠不休的

pestilence ['pestiləns] n. 疫，瘟疫，恶性流行病(尤指鼠疫)

pestilent ['pestilənt] a. ①致命的，有害生命的②(对和平、幸福、社会、道德等)有害的，有危害性的

pestle ['pesl, 'pestl] n. (捣研用的)杵，碾槌

pet¹ [pet] n. ①供玩赏的动物；爱着②宠儿；宝贝儿 ‖ a. ①作为玩赏动物豢养的

②宠爱的③表示亲昵的 ‖ v. 抚弄, 爱抚 [to pet a dog 抚弄狗]

pet² [pet] n. 生气, 愠怒, 不开心

petal ['petl] n. 花瓣

petite [pə'ti:t, pə'tit] a. [法语] 小的, 次要的

petition [pi'tiʃən] n. ①请愿, 申请, 请求, 祈求②请愿书 [法] (向法院递交的) 请求书 ‖ v. 向…请愿; 祈求 [Our town has petitioned the Governor for flood relief. 我们镇已经就水灾救援一事向州长提出请求。] /petitioner n.

petrel ['petral] n. 海燕

petrify ['petrifai] v. ①[地] 使石化②使僵化, 使消失活力

petrol ['petral] n. [英] 汽油

petrolatum [ˌpetrə'leitəm] n. [化] 矿脂; 凡士林

pettish ['petiʃ] a. 易发脾气的, 爱生气的

petty ['peti] a. ①小的, 微小的, 小规模的, 次要的②渺小的, 不足道的; 器量小的, 偏狭的, 派头小的, 卑劣的③地位低微的, 下级的/pettiness n.

petulant ['petjulənt] a. 易怒的, 使性子的, 脾气坏的/petulance n. /petulantly ad.

phantasm ['fæntæzəm] n. ①幻觉, 幻影, 幻想, 幽灵②幻象象, 假相

phantom ['fæntəm] n. ①幻象②幽灵, 鬼怪; 阴影, 令人恐惧的东西③影子, 有名无实的人 (或物) ‖ a. 幻象的; 幻觉的

pharmaceutical [ˌfɑ:mə'sju:tikəl], **pharmaceutic** a. ①药学的②药 (剂) 师的, 药物的, 药用的

pharmacist ['fɑ:məsist], **pharmaceutist**['fɑ:mə'sju:tist] n. ①药师, 药剂师②药商

pharmacy ['fɑ:məsi] n. ①药学②药房, 药店

pharyngitis [ˌfærin'dʒaitis] n. [医] 咽炎

pharynx ['færiŋks] n. [解] 咽/pharyn-

xes, pharynges [fə'rindʒi:z] [复]

phase [feiz] n. ①方面, 侧面②阶段; 状态③天相, 周相, 相位 ‖ v. 使分阶段进行; 使按计划进行; 逐步采用 [New equipment will be phased into our production line as we phase out old products. 随着逐步淘汰旧产品, 新设备将逐步转入生产线。]

pheasant ['feznt] n. 雉, 野鸡

phenomenal [fi'nɔminl] a. ①非凡的, 出众的②现象的, 关于现象的/phenomenally ad.

phenomenon [fi'nɔminən] n. ①现象②稀有现象, 奇迹/phenomena [fi'nɔminə], phenomenons [复]

philanthropic [ˌfilən'θrɔpik] a. ①慈善的, 有爱心的②慈善事业的

philanthropist [fi'lænθrəpist] n. 慈善家

philanthropy [fi'lænθrəpi] n. ①慈善, 善心, 博爱主义②善行, 慈善性赠与物; 慈善事业

philately [fi'lætəli] n. 集邮/philatelist n.

-phile [后缀] 表示 "爱好", "亲", "爱好者" [An Anglophile is a person who likes English people and their ways of life. 亲英派的人也就是喜欢英国人及其生活方式的人。]

philharmonic [ˌfilɑ:'mɔnik] a. ①爱好音乐的, 爱乐的②交响乐团的; 音乐团体的 ‖ n. [P~] ①交响乐团②(交响乐团主持的) 管弦乐队, (交响乐团主办的) 音乐会

philology [fi'lɔlədʒi] n. 语言学/philologist n.

philosopher [fi'lɔsəfə] n. ①哲学家②思想家, 学者③能泰然自若地对待危难的人, 达观者, 逆来顺受者

philosophic [ˌfilə'sɔfik] 同 philosophical

philosophical [ˌfilə'sɔfikl] a. ①哲学家的, 哲学 (上) 的②有哲人态度的; 镇静的, 达观的; 逆来顺受的/philosophically *ad.*

philosophy [fi'lɔsəfi] *n.* ①哲学②哲学体系③哲人态度；达观，镇静④哲理⑤人生观，宗旨⑥(某一门学科的)基本原理

phlegm [flem] *n.* 痰

phlegmatic [fleg'mætik] *a.* 迟钝的；冷淡的，不动感情的

-phobe [后缀][构成名词或形容词]表示"恐惧…的人"，"憎恶…的人"[An Anglophobe is a person who fears or dislikes the English and their ways of life. 仇英派的人就是恐惧或憎恶英国人及其生活方式的人。]

phobia ['fəubjə] *n.* (病态的)恐惧，憎恶

phoenix ['fi:niks] *n.* ①(埃及神话中阿拉伯沙漠中的)不死鸟，长生鸟②(中国古代传说中的)凤凰③毁灭后又会再生的事物④尽善尽美的模范(或典型)，十分优秀的人(或物)，完人，殊品

phone [fəun] *n.* [口]电话；电话机 ‖ *v.* ①给…打电话②打电话

phonetic [fəu'netik] *a.* ①表示语音的②语音的，语音学的

phonetics [fəu'netiks] *n.* [复][用作单]语音学，发音学

phonics ['fəuniks] *n.* [复][用作单]①声学②基础语音教学法

phonograph ['fəunəgrɑːf] *n.* [美]留声机，唱机 / **phonographic** *a.*

phony, phoney ['fəuni] *a.* 假的；伪造的；假冒的 ‖ *n.* ①骗子，假冒者②假货

phosphate ['fɔsfeit] *n.* ①[化]磷酸盐，磷酸脂②磷肥③(由苏打水和糖浆制成的)软饮料

phosphorus ['fɔsfərəs] *n.* ①[化]磷②磷光体

photo ['fəutəu] *n.* [口]照片

photoflash ['fəutəuflæʃ] *n.* ①(摄影用)闪光灯②闪光灯照片

photogenic [ˌfəutə'dʒenik] *a.* 适宜于拍照的，上照的

photograph ['fəutəgrɑːf] *n.* 照片 ‖ *v.* ①为…拍照②在照片上显得[He always

photographs taller than he is. 他照出相来总显得比他本人高些。]

photographer [fə'tɔgrəfə] *n.* 摄影师，摄影者

photographic [ˌfəutə'græfik] *a.* ①摄影(术)的②摄影用的 / **photographically** *ad.*

photography [fə'tɔgrəfi] *n.* 摄影术

photosynthesis [ˌfəutəu'sinθəsis] *n.* [植]光合作用

phrase [freiz] *n.* ①[语]短语，片语，词组②习惯用语；警句③[音]短句 ‖ *v.* 用话表示，用短语描述(或限定)[He phrased his answer carefully. 他以小心的措词回答。]

phraseology [ˌfreizi'ɔlədʒi] *n.* ①措词，用语；表达方式②术语

physical ['fizikəl] *a.* ①物质的，有形的；确确实实的②身体的，肉体的③自然(界)的；自然科学的，按自然法则的

physical education 体育

physically ['fizikəli] *ad.* ①自然地，自然科学地；按自然法则地[It is physically impossible to be in two places at one time. 同一时间处在两个地方自然是不可能的。]②身体地，肉体地[Keep physically fit. 保持身体健康。]

physician [fi'ziʃən] *n.* 医生，内科医生

physicist ['fizisist] *n.* 物理学家

physics ['fiziks] *n.* [复][用作单或复]物理学

physiognomy [ˌfizi'ɔnəmi] *n.* ①相法，观相术②相貌，容貌；[俗]脸，面孔[the physiognomy of an honest man 诚实的人的相貌]

physiology [ˌfizi'ɔlədʒi] *n.* 生理学 / **physiological** [ˌfiziə'lɔdʒikəl] *a.* / **physiologist** *n.* 生理学家

physique [fi'zi:k] *n.* 体格

pianist ['pianist] *n.* 钢琴家，钢琴演奏者

piano ['piænəu, pi'ænəu] *n.* 钢琴

picayune [ˌpikə'ju:n] *a.* 微不足道的，不值钱的，可鄙的

P

pick¹ [pik] n. ①鹤嘴锄,镐②用来挖掘的尖状物,牙签[an ice pick(餐桌上用的)碎冰锥]③(弹弦乐器用的金属或角质)拨子

pick² [pik] v. ①挑选,选择[The judges picked the winner. 裁判挑选获胜者。]②(用鹤嘴锄等)凿,掘,挖,凿成(洞等)③(用手指等)挖(鼻子、耳朵等),剔(骨头、牙齿等),剔去[to pick the teeth with a toothpick 用牙签剔牙]④摘,采(花朵、果实等)⑤拔(鸡毛)摘去⑤拔(禽类等)的羽毛[To pick a chicken means to remove its feathers. "To pick a chicken" 意思是拔掉鸡毛。]⑥找(碴儿),寻找机会吵(架)[to pick a fight 寻找机会打架 to pick flaws 找碴儿]⑦拨(琴弦),弹(弦乐器等)[to pick a guitar 弹六弦琴(吉他)]⑧撬(锁)⑨扒窃(别人口袋)中的东西[to pick pockets 扒窃别人口袋中的钱物] ‖ n. 选择,选出物①(人或物的)精华,最好的部分/**pick at** 少量(或挑精拣肥)地吃[to pick at one's food 挑食]/**pick off** 瞄准射中/**pick on** 老是挑剔(某人),偏偏(挑)中(某人)(进行责骂、批评或叫他干不愉快的事情等)/**pick out** ①选出,拣出②区别出,看出,嗅出[Can you pick her out in the crowd? 你能在人群中认出她来吗?]/**pick over** 在…里挑,分档挑选/**pick up** ①拾起,捡起②(偶然地、无意地)获得(收益、生计、知识、消息等),学会(语言)[He picks up languages quickly. 他学语言很快。]③(车辆等)中途搭(人),中途带(货)④加快(速度),加速⑤收拾,整理/**picker** n.

pickaback ['pikəbæk] ad. & a. 在肩上(的);在背上(的)

pickax, pickaxe ['pikæks] n. 鹤嘴锄,镐

picket ['pikit] n. ①桩,尖桩②[军]前哨;警戒哨(或队、船、飞机)③[罢工时]工会派出的纠察队员 ‖ v. ①在(工厂等)设置(或担任)纠察,用纠察包围①②用尖桩围住,用围篱(或栅栏)护③把(马等)拴在桩上

pickings ['pikinz] [复]n. 可采物,可拾物(尤指垃圾、废品),捡得物(尤指从垃圾中捡得的)

pickle ['pikl] n. ①腌制食品,腌菜,泡菜②(腌鱼、蔬菜等的)盐水,泡菜水;醋③逆境,困境 ‖ v. 腌制,腌渍[pickled beets 腌甜菜]

pickpocket ['pik,pɔkit] n. 扒手

pickup ['pikʌp] n. ①拾起②加速;(汽车等的)突然加速能力③小吨位运货汽车④唱头,拾音器,拾波器

picnic ['piknik] n. (自带食物的)郊游,野餐 ‖ v. (去)野餐,参加野餐

pictorial [pik'tɔ:riəl] a. ①绘画的②图片的,用图片组成的,用图片表示的③图画似的;形象化的/**pictorially** ad.

picture ['piktʃə] n. ①画,图像,图片,照片②相似的形象,化身;体现③美貌,美丽的事物(或人)④心象,情景;局面,状况⑤(用语言文字的)描写,写照⑥影片 ‖ v. ①画,用图表示②显示出;使清楚[Joy was pictured in his face. 他的脸上显露出快乐。]③(生动地)描写,描述[Dickens pictured life in England. 狄更斯描写了英国的生活。]④想像[You can picture how pleased I was! 你能想像出我有多么高兴!]

picturesque [,piktʃə'resk] a. ①(景色)似画的[a picturesque village 景色如画的村庄]②别致的③(语言等)生动的,形象化的[a picturesque description 生动的描写]

pie¹ [pai] n. (西点)馅饼,馅饼状物

pie² [pai] n. [动]喜鹊

piece [pi:s] n. ①碎片,断片,切片,部分,部件②块,片断③(成套中的)件,个④棋子,(国际象棋)卒以上的棋子⑤(文艺作品的)篇,出,章等,文艺作品⑥[常用以构成复合词]轻武器;枪炮⑦钱币⑧项,番⑨(按固定规格生产或发售的)件;匹;桶 ‖ v. ①修理,修补;添补[to piece a pair of trousers 修补一条裤子]②拼合;拼接;串成[to piece together a broken jug 拼合

一个打碎的罐〕/**go to pieces**①崩溃,瓦解②身体(或精神上)垮下来/**of a piece, of one piece**(与…)一致的,(与…)同一性质的

piecemeal ['piːsmiːl] *ad.* ①一件一件地;逐渐地②零碎地‖*a.* 一件一件的,逐渐的,零碎的

piecework ['piːswək] *n.* 计件工作,计工/**pieceworker** *n.* 计件工

pied [paid] *a.* ①斑驳的,杂色的②穿杂色衣服的

pierce [piəs] *v.* ①刺穿,刺破〔The needle pierced her finger. 针刺破了她的手指。A light pierced the darkness. 亮光刺破了黑暗。〕②〔喻〕(寒冷、痛苦、声音等深深地)刺入,侵袭,感动,打动〔pierced by the cold 寒风刺骨〕③穿(洞、孔)④突入,突破〔The explorer pierced the jungle. 探险者突入丛林。〕⑤看穿,洞察〔to pierce a mystery 看穿秘密〕

piety ['paiəti] *n.* ①虔敬,虔诚②顺从,孝敬③虔敬行为

pig [pig] *n.* ①猪;野猪②小猪③〔口〕猪一般的人(指肮脏、贪吃等的人)④生铁块(锭),生铁

pigeon ['pidʒin] *n.* 鸽子

pigeonhole ['pidʒinhəul] *n.* ①(鸽棚中隔开的)鸽巢;(门、墙上的)鸽子出入孔②(书橱中、书桌上的鸽笼式的)分类格,文件架,信件架‖*v.* ①把(计划等)搁置;把…束之高阁〔The governor pigeonholed the plan for a new hospital. 州长把建新医院的计划搁置了。〕②把(文件等)插入分类架中,把(文件等)分类(归档)

piggish ['pigiʃ] *a.* 猪一般的;肮脏的;贪吃的;贪婪的;顽固的;讨厌的/**piggishly** *ad.*/**piggishness** *n.*

pigheaded ['pig'hedid] *a.* 顽固的,愚蠢的

pig iron [冶] 生铁

pigment ['pigmənt] *n.* ①颜料,色料②[生]色素

pigpen ['pig pən] *n.* ①猪圈②肮脏的地方

pigtail ['pigteil] *n.* 辫子

pike¹ [paik] *n.* ①收税栅,收费门,关卡②通行税税栅,收税路

pike² [paik] *n.* 长矛;长枪,矛头,枪刺,(行人防滑用的)尖头杖

pikestaff ['paikstɑːf] *n.* 长矛柄,(旅行者防滑用的)尖头杖

pile¹ [pail] *n.* ①堆,堆②火化堆(火化尸体等的燃料堆)③高大的建筑物,一群建筑物④[口]大量,大数,大笔钱财⑤[原]核反应堆⑥[电]电池‖*v.* ①堆叠,累积,积累(给rubbish 堆积垃圾)②堆积,堆起,积累〔Letters piled up on his desk. 他的书桌上堆满了信件。〕③在…堆东西〔He piled the cart with hay. 他在马车上堆干草。〕④拥挤;进(人),走(出)〔The football fans piled into the stadium. 足球迷拥进体育场。〕

pile² [pail] *n.* ①绒面,软绒②绒毛,绒头,毛茸

pile³ [pail] *n.* 桩,桥桩

pilfer ['pilfə] *v.* 小偷小摸,偷窃

pilgrimage ['pilgrimidʒ] *n.* ①朝圣,朝觐②远游

pill [pil] *n.* 药丸,丸剂

pillage ['pilidʒ] *v.* 抢劫,劫掠‖*n.* 在战争中的抢劫,抢掠

pillar ['pilə] *n.* ①柱,柱子②〔喻〕梁栋,支柱③柱形物(如水柱、火柱等)④[建]墩;[矿]矿柱,煤柱/**from pillar to post**(被逼得)四处奔走,(被逼得)走投无路,四处碰壁

pillory ['piləri] *n.* 颈手枷(用以将罪犯示众的古代刑具)‖*v.* ①给…上颈手枷,处以…枷刑②使受公众嘲笑〔to pillory a man in a newspaper 在报纸上使一个人出丑〕

pillow ['piləu] *n.* 枕头‖*v.* ①把…搁在枕头上②给…当枕头;垫〔Roll up a blanket to pillow his head. 卷起毯子当他的枕头。〕

pillowcase ['piləukeis] *n.* 枕套

pilot ['pailət] *n.* ①领港员,领航员,引水

员,舵手,航海指南②飞行员,飞机驾驶
[电]领示,导向器,指示灯‖v.①给(船
等)领航(或领港)②[喻]带领,指引,引
导[to pilot a team to a championship 带队
参加锦标赛]

pilot light [指示灯,信号灯,领航灯②
气体点火器

pimple ['pimpl] n. [医]丘疹;脓疱/**pim-
ply** a. 有丘疹的,多脓疱的

pin [pin] n.①针,别针,大头针①饰针,
(反面有别针的)徽章,像章,针状物③
钉,轴钉;销;栓④(晒衣用的)衣夹,
发夹;定桩④(擀面杖的)擀面杖⑤(保龄球
的)球棒⑥[复][口]腿‖v.①(用别针
等)别住;(用钉等)钉住②使不能行动,
牵制[The wrestler pinned his opponent to
the floor. 摔跤运动员把他的对手按在地
土上不能动弹。]/**on pins and needles** 如
坐针毡,坐立不安,急得要命/**pin one
down** 使受约束/**pin something on
one** 归罪于某人

pinafore ['pinəfɔː] n.①(小孩的)围涎
②防脏的围裙

pincers ['pinsəz] n. [复][用作单或复]
①铁钳,钳子②[动]螯足;尾螯

pinch [pintʃ] v.①捏,拧,夹痛,轧痛[He
gently pinched the baby's cheek. 他轻轻地
捏婴儿的脸颊。She pinched her finger in
the door. 她的手指被门轧住。These new
shoes pinch my toes. 我的鞋子太紧(挤痛
脚趾头)。]②使消瘦,使萎缩[The illness
had pinched his face. 他病得面容清瘦。]
③节食,吝啬[He pinched and saved for
years to buy the car. 为了买车他几年来节
衣缩食。]④[俚]盗窃⑤[俚]逮捕,拘留
‖n. 捏,拧;夹[a pinch on the arm 在胳膊
上拧一下]②(一)撮,微量[a pinch of
salt 一撮盐]③紧急情况,紧要关头④
[俚]逮捕,拘留

pincushion ['pinkuʃən] 插针的小针
扎

pine¹ [pain] n.①松树②松木

pine² [pain] v.①衰弱,憔悴,消瘦[The

jilted lover pined away. 被抛弃的情人面
容憔悴。]②渴望[to pine for the old day
渴望过去的日子]

pineapple ['painæpl] n.①凤梨,菠萝
②[植]凤梨树;菠萝树

ping-pong ['piŋpɒŋ] n. 乒乓球

pinion ['pinjən] n.①(鸟的)翅膀,羽毛
②昆虫翅的前部‖v.①缚住(鸟)的翼,
剪断(鸟)的翅膀②绑住双臂,绑住(或铐
住)

pink¹ [piŋk] n.①[植]石竹,石竹花②桃
红色,粉红色‖a. 粉红色的/**in the pink**
非常健康/**pinkish** a.

pink² [piŋk] v.①在(布等)上打饰孔②
把(布等)的边剪成锯齿形③刺,扎,戳

pinnace ['pinis] n.①大舢板(常作军舰
等的供应船)②(任何种类的)舰载艇

pinnacle ['pinəkl] n.①山顶,山峰②顶
峰,极点,顶点[the pinnacle of success 成
功的顶峰]③小尖塔;尖顶

pinpoint ['pinpɔint] v. 为…准确定位;指
出;确认

pint [paint] n. 品脱(英美干量或液量名,
=1/2 夸脱)

pinto ['pintəu] a. 有杂色斑点的,杂色的
‖n.①花马,杂色马②斑豆

pin-up ['pinʌp] a. 可钉在墙上的

pinwheel ['pinwiːl] n.①玩具风车②彩
焰花

pioneer [ˌpaiə'niə] n.①拓荒者,开辟者
②先驱者,先锋,倡导者‖v. 开辟;倡导;
当先驱,当先锋[The Wright brothers pio-
neered in air travel. 莱特兄弟开辟了空中
旅行。]

pipe [paip] n.①管子,导管,输送管②烟
斗,旱烟筒,一斗烟丝②[美俚]雪茄③管
乐器;(管风琴的)管④[复](苏格兰)风
笛‖v.①用管乐器吹奏(曲调)②用尖嗓
子讲话唱歌③用管道输送(液体、气体
等)④装管子

piping ['paipiŋ] n.①吹笛,管乐②尖声
③(蛋糕上的)糖制花色条纹;花饰边④
管(道)系(统),管道‖a. 尖音的,高音

piquant ['pi:kənt] a. ①辛辣的,开胃的②泼辣的,使人兴奋的,痛快的;活泼有趣的/**piquancy** ['pi:kənsi] n.

pique [pi:k] n. 生气,呕气,愠怒,不满 ‖ v. ①生气,激怒 [His rudeness piqued her. 他的粗鲁使她生气。]②刺激,激发,激起(好奇心、兴趣等) [to pique one's curiosity 激发好奇心。]/**pique oneself on** 自夸

piracy ['paiərəsi] n. ①海盗行为,海上掠夺②侵犯版权,非法翻印,侵犯专利权

pirate ['paiərit] n. ①海盗,掠夺者②侵犯版权者,非法翻印者 v. ①(以海盗方式)掠夺②非法翻印/**piratical** [pai'rætikəl] a.

pirouette [,piru'et] v. (芭蕾)舞蹈中以脚尖立地旋转 ‖ n. 用脚尖旋转

pistachio [pis'tɑ:ʃiəu] n. ①[植]阿月浑子②阿月浑子的果实③阿月浑子果实的香味④淡黄绿色

pistil ['pistil] n. [植]雌蕊

pistillate ['pistilit] a. 有雌蕊的;仅有雌蕊的

pistol ['pistl] n. ①手枪②信号手枪

piston ['pistən] n. ①[机]活塞②[音](铜管乐器的)直升式活塞

pit¹ [pit] n. 果核 ‖ v. 除去核

pit² [pit] n. ①坑,地坑;深注;[军]散兵坑,靶壕,炮兵掩体②躯体凹部③陷阱;[喻]圈套④兽栏,斗兽场,斗鸡场 ⑤[英][剧场]楼下正厅(尤指正厅后座);正厅后座观众,(剧场舞台前的)乐队池⑥(平面上的)小凹陷,天花疤痕,麻子 ‖ v. ①使留下疤痕 [iron pitted by rust 锈迹斑斑的铁]②使相斗,使对立,使竞争

pitch¹ [pitʃ] n. ①沥青②(针叶树的)树脂③人造沥青,人造树脂

pitch² [pitʃ] n. ①投,掷,扔 [Pitch the newspaper on the porch. 把报纸扔在入口处。](棒球等中)以…为投手,作为投手(投一局球或球)②搭(帐),扎(营) [to pitch a tent 搭帐篷]③(头向下)坠落,摔倒,跳入④⑤(地面、道路等)倾斜 [The roof

pitches sharply. 屋顶陡斜。]⑥(船只)前后颠簸,纵摇⑦[音]定音高;定调 ‖ v. ①投掷②投掷物,投掷量;投球③程度;高度;强度④坡度,[建](屋顶)斜度,高跨比,(地层或矿脉)的倾斜,斜角⑤[语][音]音高;音标准/**pitch in** 口开始使劲干活,努力投入工作/**pitch into** ①投入,投身于②猛烈攻击

pitcher¹ ['pitʃə] n. ①(有嘴和柄的)大水罐②罐里盛的东西

pitcher² ['pitʃə] n. 投掷手,(棒球)投手

pitchfork ['pitʃfɔ:k] n. ①干草叉,草耙②音叉

pitch pipe [音]定调管,律管

pitchy ['pitʃi] a. ①沥青的,沥青似的,粘性的②[常与 black 或 dark 连用]漆黑的

piteous ['pitiəs] a. 引人哀怜的,乞怜的;可怜的/**piteously** ad.

pitfall ['pitfɔ:l] n. ①陷阱,圈套②隐藏着的危险,易犯的错误

pith [piθ] n. ①木髓②[解]髓,骨髓核心,精髓,要旨

pithy ['piθi] a. ①有髓的,多髓的②精辟的;简练的/**pithily** ad.

pitiable ['pitiəbl] a. ①引人怜悯的,可怜的②可怜而又可鄙的

pitiful ['pitiful] a. ①令人怜悯的,可怜的②可鄙的③[古]慈悲的,有同情心的/**pitifully** ad.

pitiless ['pitilis] a. 没有怜悯心的,无情的/**pitilessly** ad.

pittance ['pitəns] n. 少量的给予物,微薄的收入

pituitary [pi'tju(:)təri] a. [解](脑)垂体的,脑下腺的 ‖ [解](脑)垂体

pity ['piti] n. ①怜悯;同情②可惜的事,憾事 [v. 怜悯;对…表示同情]/**have pity on, take pity on** 怜悯…;同情…

pivot ['pivət] n. ①枢,枢轴,支枢,支点②中枢,枢纽,要点,中心点③回转运动 ‖ v. ①随…转移;依…而定 [The dancer pivoted on one toe. 舞蹈演员随着一只脚尖转动。②装帧轴下;把…放在枢轴上;使绕着枢轴转动

pivotal ['pivətl] a. ①枢轴的②中枢的,重要的;关键性的

pixy, pixie ['piksi] n. 妖精, 小鬼/**pixies**[复]

placard ['plækɑːd] n. ①招贴, 布告, 标语牌②(钉在门上的)小牌子 ‖ v. 张贴布告于, 悬挂布告于

placate [plə'keit] v. 安抚, 抚慰, 使和解

place [pleis] n. ①席位, 座位②地方, 地点, 地区, 位置③住所, 寓所④(有特定用途的)场所⑤(身体等表面的)特定位置;地位;处境⑥(第…)名, (第…)位⑦通常的(或合适的)时间(或地点)⑧职务⑨职责, 职权⑩[常用于专有名词]广场, 街道; 别墅 ‖ v. 放置, 安置[Place the pencil on the table. 把铅笔放在桌上。]②寄托(希望等), 给予(信任等)[He placed his trust in God. 他把希望寄托在上帝身上。]③完全认定, 认清(人)[I can't place that man's face. 我认不清那个人的脸。]④名列前茅, 得名次[He placed sixth in the race. 他在比赛中得了第六名。]/**give place** 让位(于)/**让步, 投降/in place of 代替/take place 发生/take the place of 代替

placer ['plæsə] n. [矿](含金、铂等的)砂矿床, 砂积矿床

placid ['plæsid] a. 平静的, 安静的, 温和的/**placidity** [plæ'siditi] n. /**placidly** ad.

placket ['plækit] n. (裙子腰上的)开口

plagiarize ['pleidʒəraiz] v. 剽窃, 抄袭/**plagiarism** ['pleidʒərizm] n. /**plagiarist** n.

plague [pleig] n. ①瘟疫②天灾, 灾害, 祸患 ‖ v. 使染瘟疫;使得灾祸[As a child he was plagued with illness. 他孩提时染上了疾病。]

plain [plein] a. ①(景色等)清晰的, 无障碍的②清楚的, 明白的③直率的;坦白的, 爽快的④朴素的⑤简单的, 容易的⑥不好看的, 家常的, 简朴的⑦无装饰的,

无花纹的⑧普通的, 平凡的 ‖ n. 平原, 旷野/**the Great Plains** 美国密西西比河流域以西的大平原/**plainly** ad. /**plainness** n.

plainsman ['pleinzmən] n. 平原居民/**plainsmen** [复]

plainspoken ['plein'spəukən] a. 直言不讳的, 坦率的

plaint [pleint] n. ①抗议, 诉苦②[诗]悲叹;怨诉

plaintiff ['pleintif] n. [法] 原告

plaintive ['pleintiv] a. 表示哀怨的, 表示悲痛的/**plaintively** ad.

plait [plæt, plet] n. ①辫子②褶, 裥 ‖ v. ①把…编成辫③在(布)上打褶

plan [plæn] n. ①计划;规划;方案, 打算②平面图, 设计图, 轮廓图, 图样, 设计 ‖ v. ①订计划;想办法[He planned his escape carefully. 他仔细想了逃跑的办法。]②设计, 绘制…的平面图[An architect is planning the new house. 建筑师正在绘制他们的新房的平面图。]③计划, 打算, 部署[I plan to visit Hawaii soon. 我计划不久去观赏夏威夷。]

plane[1] [plein] a. ①平的, 平坦的②平面的[plane geometry 平面几何学] ‖ n. ①平面②程度, 水平, 阶段, 级③飞机

plane[2] [plein] n. 刨 ‖ v. ①刨平②刨掉[to plane off the top of a door 刨掉门上面]

planet ['plænit] n. 行星/**planetary** a.

planetarium [,plæni'tɛəriəm] n. ①天文馆②太阳系仪, 天象仪

plank [plæŋk] n. ①板(条), 厚板②政纲条目, 政策要点 ‖ v. ①上铺板[to plank the deck of a sailboat 在帆船甲板上铺板]②把(鱼、鸡等)烧后置于板上供食/**plank down**①[口]用力放下, 搁下②[美口]立即支付/**walk the plank**①蒙着眼在突出舷外的板上行走而掉落海中(十七世纪海盗用以残杀俘虏的一种方法)②被迫辞职

plankton ['plæŋktən] n. 浮游生物

plant [plɑːnt] n. ①植物, 作物②幼苗, 插枝, 秧苗, 营养繁殖茎③(医院、学校等

的)全部设备④工厂,车间 ‖ v. ①种,植,栽种;播种〔to plant corn 种玉米〕②在…内种上植物;给…种上植物〔to plant a garden 在园中种植〕③把(鱼苗、牡蛎等)放养于水中〔to plant trout in a pond 把真鳟放养于池塘中〕④插;使固定;放置〔plant both feet squarely on the ground 站稳双脚〕⑤灌输,使(思想等)生根〔to plant an idea 灌输一种思想〕⑥建立;设立(城镇、教会等)〔to plant a colony 建立殖民地〕

plantain〔plæntin〕n.〔植〕车前草

plantation〔plæn'teiʃən〕n. ①种植园,种植物,大农场②栽植;植树造林;人造林③殖民地

planter〔'plɑːntə〕n. ①种植园主②种植者,栽培者;播种器,种植器③花盆

plaque〔plɑːk〕n.(用金属、象牙、陶瓷、木料等做的)匾,饰板

plash〔plæʃ〕n.(水等的)溅泼;溅泼声 ‖ v. 水溅泼;作溅泼声

plasma〔'plæzmə〕n.〔解〕血浆,淋巴液

plaster〔'plɑːstə〕n. ①(涂墙等用的)灰泥②硬膏;膏药 ‖ v. ①在…上涂灰泥;厚厚地涂抹〔to plaster walls 在墙上涂灰泥 to plaster one's hair down with hair oil 用头油抹头发〕②粘贴;使紧贴〔to plaster posters on a wall 在墙上贴海报〕/**plasterer** n. /**plastering** n.

plastic〔'plæstik,'plɑːstik〕a. ①可塑的,塑性的;粘的②造型的,塑造的;产生立体感的③塑料的,塑料制的,合成树脂做的 ‖ n.〔常用复〕塑料,塑料制品/**plasticity**〔plæs'tisiti〕n.

plastic surgery 整形(或成形)外科(学)

plat〔plæt〕n. ①地图;地区图;平面图②小块地 ‖ v. 制…的地图

plate〔pleit〕n. ①盘子,盆子②(一)满盘;一道正菜;一顿饭菜④〔总称〕金银餐具;镀金(或镀银)餐具⑤(金属)板,片,盘;钢板⑥金属牌子⑦〔印〕印版;图版;整页插图⑧制铠甲的金属片,装甲板;铠甲⑨(棒球中的)投手板⑩假牙托;一副假牙⑪〔摄〕底片;感光板 ‖ v. ①镀;电镀②给(船体等)装钢板;给…装甲

plateau〔'plætəu,plæ'təu〕n. ①高原②平稳时期,停滞时期;〔心〕学习高原(指学习上无进步也无退步的一段)/**plateaus**〔复〕

platform〔'plætfɔːm〕n. ①平台;台②(铁路等的)站台,月台;〔美〕(火车、电车上的)乘客上下平台③讲台;戏台④(政党等的)党纲,政纲;宣言

platinum〔'plætinəm〕n.〔化〕铂,白金

platitude〔'plætitjuːd〕n. ①老生常谈,平凡的话,陈词滥调 ②平凡,陈腐

platoon〔plə'tuːn〕n. ①〔军〕排②(相当于一排的)一队

platypus〔'plætipəs〕n.〔动〕鸭嘴兽/**platypuses**,**platypi**〔复〕

plaudit〔plɔːdit〕n. 拍手;喝彩;称赞,赞扬/**plaudits**〔复〕

plausible〔'plɔːzəbl〕a. ①似乎有理的;似乎可能的;可信的②嘴巧的,善于花言巧语的/**plausibility**〔ˌplɔːzə'biliti〕n.

play〔plei〕v. ①取乐;以…自娱〔to play with dolls 用洋娃娃自娱〕②开玩笑;嘲弄;愚弄;耍(花样等);玩弄〔to play a joke on one 对某人开玩笑〕③玩(游戏等),打(球),踢(球)〔to play golf 打高尔夫球〕④同…比赛,使上场〔We played West High today. 今天我们同西高队比赛。〕⑤演奏;弹(或吹)奏;奏乐迎(或送)〔She played the piano. 她弹钢琴。〕⑥表演;演出,上演于(某地、某剧场等)〔The orchestra played brilliantly. 管弦乐队的演出棒极了。What is playing at the movies tonight? 今晚电影院演什么片?〕⑦扮演〔Who played Hamlet? 谁扮演哈姆雷特?〕⑧玩弄;闲混〔He merely played with his food. 他只是玩弄他的食物。〕⑨以某种方式比赛,以某种方式行动〔to play fair 公平地比赛〕⑩跳来蹦去;闪动;飘动,飞舞;浮现〔A smile played across her face. 她脸上露出一丝微笑。〕⑪(不停地或反复地)发射(喷射、照射)〔to play a stream of water on a fire 往火上喷

射一流еск水〕⑫让上钩的(鱼)不停地拉动钓线而使之疲乏〔to play a fish on a line让上钩的鱼在钓线上挣扎得筋疲力尽〕⑬(恶作剧地)造成,引起〔to play havoc 造成破坏〕⑭赌,与(某人)打赌,对(赛马等)打赌;打出(牌);走(一个棋子)〔to play the horses 对赛马打赌〕‖ n. ①游戏,玩耍;消遣②玩笑;玩弄;调戏;花样;把戏③(体育)比赛④比赛的进行;比赛中轮到的一次机会,(比赛中)的动作,(一)步,比赛的方式⑤剧本,戏剧;表演⑥跳动;闪动;飘动;波动⑦活动的范围(或余地)作用;(才智等的)运用⑧[机]间隙,游动,游隙〔a play on words 文字游戏,玩弄词藻〕〔to play down 降低;贬低;减弱;缩小〕〔played out (使)筋疲力尽,(使)耗尽,(使)逐渐减弱(或消失)②履行;完成〕〔play into someone's hands 为某人利益而做;干对某人有利的事〕〔play off①[美]延长比赛(或加赛)(平局)②(平局双方)延长比赛(或加赛),打延长赛(或加赛)③(尤指为渔利)使相斗④嘲弄;使暴露缺点,使出丑〕〔play in,play out 继续比赛(或演奏)②[美俚](黑人用语)虐待,威胁〕〔play out ①演出;把(戏)演完;把(比赛)进行到底②放出,放松(绳索等)〕〔play up 大肆宣扬,鼓吹;渲染〕〔play up to 向…讨好,迎合,奉承〕

player [ˈpleiə] n. ①比赛者,选手②演奏者③演员

playful [ˈpleiful] a. ①爱玩耍的,嬉笑的;顽皮的②开玩笑的,幽默的,滑稽的/**playfully** ad. /**playfulness** n.

playground [ˈpleigraund] n. (学校的)操场,运动场;(儿童)游戏场

playhouse [ˈpleihaus] n. ①剧场②儿童游戏室

play-off [ˈpleiˈɔ(:)f] n. (因不分胜负而进行的)加时赛

plaything [ˈpleiθiŋ] n. 玩具;被玩弄的人,玩物

playwright [ˈpleirait] n. 剧作家

plea [pli:] n. ①请愿,恳求,请求②托词,口实③[法]抗辩

plead [pli:d] v. ①恳求〔to plead for mercy 恳求宽恕〕②以…作为答辩,以…为理由,以…为借口〔She pleaded her lack of experience. 她以缺乏经验为理由〕③辩护,抗辩;申明〔to plead guilty 服罪〕

pleasant [ˈplezənt] a. ①令人愉快的,舒适的,合意的②举止文雅的;外貌悦人的/**pleasantly** ad. /**pleasantness** n.

pleasantry [ˈplezəntri] n. ①开玩笑,打趣的话②幽默,诙谐

please [pli:z] v. ①使高兴,使喜欢,使满意〔Nothing pleased him more than good music. 没有什么东西能比优美的音乐使他更高兴。〕②[用于祈使语气]请〔Please pass the salt. 请递一下盐。〕③愿意,喜欢,认为合适〔Do as you please. 你愿怎么做就怎么做。〕④合…的心意,是…的意愿〔It pleased the king to go. 去正合国王的心意。〕

pleasing [ˈpli:ziŋ] a. 使人愉快的,合意的;可爱的

pleasurable [ˈpleʒərəbl] a. 令人愉快的,舒适的

pleasure [ˈpleʒə] n. ①高兴,快乐,愉快,满足②令人高兴的事物,令人愉快的事物,乐事,乐趣③意愿,愿望,意向

pleat [pli:t] n. 褶;褶状褶起物

pledge [pledʒ] n. ①誓言,誓约;保证②保证物,信物;象征③抵押(品),当当(物)保人,保证者④祝酒,干杯 ‖ v. ①保证给予,许诺,保证;发誓〔He pledged $ 100 to the building fund. 他保证给予100美元的建设基金。〕②许诺,使保证;使发誓〔He is pledged to marry her. 他发誓娶她。〕③用…抵押,以…典押④向…祝酒;为…干杯

plenary [ˈpli:nəri] a. ①完全的,充分的;绝对的②全体出席的

plenipotentiary [ˌplenipəˈtenʃəri] n. 受全权委任的人;全权大使;全权大臣 ‖ a. 有全权的

plenitude [ˈplenitju:d] n. 完全,充分

plentiful ['plentiful] a. 富裕的，丰富的；多的/**plentifully** ad.

plenty ['plenti] n. 丰富，充足；大量‖ad. 充分地，十分 [It's plenty hot. 这足够热了。]

pleurisy ['pluərisi] n. [医] 胸膜炎，肋膜炎

plexus ['pleksəs] n. [解] (血管、淋巴管、神经等的) 丛

pliable ['plaiəbl] a. ①易弯的，柔韧的②柔顺的，顺从的/**pliability** n.

pliers ['plaiəz] n. [复] [用作单或复] 钳子，老虎钳，手钳

plight¹ [plait] n. 境况，困境，苦境

plight² [plait] v. 保证/**plight one's troth** 盟誓 (尤指订婚)

plod [plɔd] v. ①沉重缓慢地走 [The old horse plodded along the street. 老马慢腾腾地沿街走。] ②努力从事；沉闷地苦干 [to plod away at one's work 苦差地干活]

plop [plɔp] n. 扑通声，啪哒声‖v. 扑通地坠落；啪地落下

plot [plɔt] n. ①秘密计划，阴谋②情节③一块土地，小块地皮④标绘图；地区图‖①密谋反对 (国王) [to plot against the king 密谋反国王]②绘制，绘制…的图 [to plot a ship's course 标绘一艘船的航线]/**plotter** n.

plow [plau] n. ①犁②犁形器具；雪犁，扫雪机；[矿] 煤犁，刨煤机；[建] 路架；(木工的) 沟刨；[印] 手动式切书机‖v. ①犁，耕 [to plow a field 犁田]②开 (路)，破 (浪) [He plowed his way through the crowd. 他用力从人群中挤过去。Ships plowed the waves. 轮船破浪前进。]

plowman ['plaumən] n. ①把犁人②庄稼汉

plowshare ['plauʃeə] n. 犁铧，犁头

pluck [plʌk] v. ①采，摘，拔 [to pluck an apple from a tree 从树上摘苹果]②扯，拉 [He plucked a burning stick from the fire. 他从火中拉出一根燃着的棍来。]③拔…的毛 [to pluck a chicken 拔去鸡毛]④

拨；弹 [to pluck the string of a guitar 拨吉他的弦]‖n. ①(一) 拉，(一) 拖，(一) 扯②精神，勇气/**pluck up** 鼓起，振作；振作起精神

plucky ['plʌki] a. 有勇气的；有胆量的/**pluckiness** n.

plug [plʌg] n. ①塞子，栓；堵塞物②[电] 插头；针形接点③消防龙头，消防栓④(压制的) 扁形烟草块，口嚼烟草状⑤不中用的东西 (尤指年老无力的马)；安稳沉着的人⑥[俚] 广告 (尤指插入节目中的)；捧场；推荐‖v. 塞，堵 [to plug up a hole 堵洞]②[口] 苦干③(在无线电，电视上) 为…大做广告④[俚] 把子弹射入/**plug in** (将插头插入插座) 给…接通电源；接通电源

plum [plʌm] n. ①李子，洋李②李属植物 (尤指洋李)③青紫色④最好的东西，佳品；令人垂涎的东西 (尤指待遇好的职位、奖金等)；意外收获 (指遗产、财产、收入等)⑤(用于布丁及糕点中的) 葡萄干

plumage ['pluːmidʒ] n. 羽衣，(鸟的) 全身羽毛

plumb [plʌm] n. 铅锤，测锤，垂球‖a. ①垂直的‖ad. 垂直地 [to fall plumb to the ground 与地面垂直]②[口] 完全地，绝对地 [plumb crazy 完全疯狂]‖v. ①用铅锤测量；探测，查明；了解 [to plumb a mystery 探秘]/**out of plumb, off plumb** 不垂直

plumber ['plʌmbə] n. 管子工，铅管工

plumbing ['plʌmiŋ] n. ①[总称] 管件②铅管业；管子工作

plume [pluːm] n. ①羽毛；大羽；羽衣②多毛的尾；羽状物；[植] 羽状部③羽饰‖v. ①用羽毛装饰，翎饰②(鸟) 整理 (羽毛)/**plume itself** 打扮 [The bird plumed itself. 鸟整理羽毛。]/**plume oneself on** 因…而自夸

plummet ['plʌmit] n. 铅锤，测锤，垂球；铅垂线‖v. 垂直落下 [The plane plummeted to earth. 飞机垂直落到地上。]

plump¹ [plʌmp] a. 丰满的‖v. 使丰满

使鼓起[to plump up a pillow 使枕头鼓起来]/**plumpness** n.

plump² [plʌmp] v. 扑通地坠下；猛地触撞[He plumped himself down on the bed. 他猛地坐在床上。] ‖ ad. 扑通一声地，沉重地[He fell plump to the ground. 他扑通一声倒在地上。]/**to plump for** ①投票赞成②坚决拥护

plunder ['plʌndə] v. 夺取，劫掠，抢劫[The soldiers plundered the cities. 士兵们抢劫了城市。] ‖ n. [抢夺，抢劫；盗窃②]掠夺物；赃物[the pirates' plunder 海盗们的掠夺物]/**plunder** n.

plunge [plʌndʒ] v. ①使投入，使插入；使刺进[He plunged his hand into the water. 他把手伸进水中。]②使陷入，使遭受[The action plunged the country into war. 这个行动使国家陷入战争。]③投(人)；跳，冲[She plunged into the pool. 她跳入池中。We plunged into our work. 我们投入到工作中。]④(马等)猛然前冲[The car plunged over the cliff. 汽车猛地冲过了悬崖。]⑤盲目投资(或投机)；滥赌，负债 ‖ n. ①跳水②游水③[口]盲目投资(或投机)，赌博

plunger ['plʌndʒə] n. ①跳进(水中等)的人；跳水人②潜水人③[机]活塞，柱塞

plunk [plʌŋk] v. ①砰地投掷；扑通地放下[He plunked down his money. 他猛地放下钱。The stone plunked into the water. 石头猛地落进水中。]②砰砰地弹(弦乐器等)③使砰砰地作响 ‖ n. (弹琴的)砰砰声；扑通声

plural ['pluərəl] a. [语]复数的 ‖ n. [语]复数；(词的)复数形式；复数形式的单词

plurality [pluə'ræliti] n. ①复数②许多，众多③较大数(指超过另一数的数目)④[美]超过票数(指得票最多者和比得票次多者所得的票数)

plus [plʌs] prep. ①加[Two plus two equals four. 二加二等于四。]②加上[It costs $10 plus tax. 连税共计10美元。] ‖ a. ①正的[a plus quantity 正的数量]②

(通常放在被修饰的词之后)[口]略大(或略多)的；标准以上的[a grade of C plus C+的成绩]③[口]有增益的；附加的[I'm plus a dollar. 我赚有一元。] ‖ [数]正号，加号

plutocrat ['pluːtəkræt] n. ①富豪，财阀②[口]有钱的人

plutonium [pluː'təunjəm] n. [化]钚

ply¹ [plai] n. ①厚度②层片；股

ply² [plai] v. ①使劲挥舞；勤奋地使用[to ply a chisel 不断挥动凿子]②努力从事，经营[He plied his trade as a bricklayer. 他努力从事的他作为一个砌砖工人的工艺。]③不断劝(人)吃喝；缠绕[Our host plied us with food. 主人不断地劝我们吃饭。]④(车船等)定期地来回，定期地往返[Buses and trains ply between the two cities. 公共汽车和火车在两个城市之间定期地往返。]

plywood ['plaiwud] n. 胶合板，层压木板

P. M. , p. m. [缩][拉]post meridiem 下午，午后

pneumatic [njuː'mætik] a. ①空气的，气体的②可充空气(或气体)的[a pneumatic tire 气胎]③由压缩空气推动(或操作)的，气动的；风动的[a pneumatic hammer 气锤]

pneumonia [njuː'məunjə] n. 肺炎

poach [pəutʃ] v. (侵入他人地界)偷猎(偷捕鱼)/**poacher** n.

pock [pɔk] n. 痘疱；痘凹

pocket ['pɔkit] n. ①小袋；钱袋；衣袋②贮器，容器，囊，(弹子球台四角的)球囊；[矿]穴；小矿窝；矿囊③[空](大气中的)气阱 ‖ a. 可放在衣袋内的，袖珍的，小型的 ‖ v. ①把……装入袋内[He pocketed his change. 他把零钱装入袋内。]②包藏，封人[The airport was shut in fog. 机场被雾笼罩。]③侵吞，盗用(款项等)[He pocketed some of the money he had collected for charity. 他侵吞了一些为慈善事业募集的钱。]④忍受①深藏；抑制，抑[He pocketed his pride and begged for

help. 他忍辱求助。]/**line one's pockets**
赚大钱, 肥私囊

pockmark ['pɔkmɑ:k] n. 痘痕, 麻点, 麻子

pod [pɔd] n. 豆荚, 荚果

podiatrist [pəu'daiətrist] n. 足病医生

poem ['pəuim] n. 诗, 韵文, 诗体文

poesy ['pəuizi] n. 〖总称〗诗歌, 韵文

poet ['pəuit] n. 诗人

poetess ['pəuitis] n. 女诗人

poetic [pəu'etik], **poetical** [pəu'etikəl] a. ①诗人的; 爱好(或擅长)写诗的; 富于诗意的; 具有想象力的②诗的; 韵文的; 用诗写成的/**poetically** ad.

poet laureate ['pəuit 'lɔ:riit] ①桂冠诗人②官方诗人/**poets laureate, poet laureates** 〖复〗

poetry ['pəuitri] n. ①作诗; 作诗法②〖总称〗诗歌; 诗作; 诗集③诗意, 富有诗意的东西

poignant ['pɔinənt] a. ①尖锐得伤人感情的; 深深打动人的②敏锐的; 敏捷的③锋利的; 刺人的④辛辣的; 强烈的; 生动透彻的/**poignancy** n. /**poignantly** ad.

point [pɔint] n. ①(空间的)一点, 地点; (警察执勤的)固定岗位; (球类运动员)的位置, (在某一位置上的)球员②(几何、物理等概念中的)点, 小数点③(时间上的)一点; (特定)时刻; 瞬间④(温度计等的)度⑤分(数); (比赛等的)得分; 〖美〗(修毕某一课程获得的)学分; 点数, 点(配给等的计算单位)⑥〖海〗罗盘主方位, 罗经点; 两罗经点间的差度⑦细目, 条款⑧特点, 特征⑨尖端; 尖状物⑩岬, 海角; 峰顶⑪要点; 主旨; 论点, 意义⑫目的, 用途‖v. ①把…对准, 使对准[Never point a gun at anyone. 永远不要把枪口对准任何人。]②指向[He pointed to the book he wanted. 他指着他要的那本书。]③面向; 表明; 暗示[Our house points toward the park. 我们的房屋面向公园。Everything points to a happy outcome. 每件事情都暗示一个愉快的结果。]④指出[to point the way 指路 to point out mis-

takes 指出错误]⑤(猎犬)站住以头指向猎物⑥使尖锐; 加强; 强调[He raised his voice to point up his meaning. 他抬高声音强调他的意思。]⑦弄尖, 削尖⑧加标点; 加小数点/**at the point of** 靠近, 将近, 接近…的时候/**beside the point** 离题, 不中肯/**make a point of** 决心(或坚持)做/**on the point of** 即将…之时, 正要…的时候/**stretch a point** 破例作出让步/**to the point, in point** 中肯; 扼要

point blank ['pɔint 'blæŋk] a. ①[军](火力)近距离平射的②直截了当的, 干脆的[a point blank answer 直截了当的回答]‖ad. ①近距离平射地; 在一条直线上[to fire a gun point blank 近距离开枪平射]②直截了当地; 断然[to refuse point blank 断然拒绝]

pointed ['pɔintid] a. ①尖的; 尖角的②(言语等)尖锐的; 犀利的; 直截了当的; 率直的; 中肯的③有所指的④显然的; 突出的/**pointedly** ad.

pointer ['pɔintə] n. ①教鞭②指示者; 指示物(钟表、仪表、天平称等的)指针一种短毛大猎犬④〖口〗暗示, 线索, 点子

pointless ['pɔint lis] a. ①无尖头的; 钝的②无意义的; 不得要领的; 空洞的③乏味的/**point of view** 立场; 观点

poise [pɔiz] n. ①平衡, 均衡(身体或头部的)姿态②沉着, 泰然自若; 自信; 静谧; 安静, 沉静‖v. ①使…平衡; 使保持均衡[The stork poised itself on one leg. 鹳以一条腿保持平衡。]②(头部等)保持一种特殊的姿势; 使悬着[The earth is poised in space. 地球悬于太空之中。]

poison ['pɔizn] n. ①毒; 毒药; 毒物②毒害; 败坏社会的学说(或主义等)‖v. ①使中毒; 毒杀[to poison rats 毒杀老鼠]②放毒于[to poison bait 放毒于饵中]③毒害; 败坏; 伤害; 玷污[Fear poisoned his happiness. 恐惧破坏了他的幸福。]‖ a. 有毒的[poison gas 有毒气体]/**poisoner** n.

poisonous ['pɔiznəs] a. 有毒的; 有害的

poke [pəuk] v. ①(用手指、肘等)触,碰 ②(用棍棒等)戳,刺,捅,拨弄[to poke a hole in a sack 在麻袋上戳一个洞] ③(头等)伸出;[喻]探听,刺探;瞎管,干涉[Don't poke your nose into my affairs. 别探听(或干涉)我的事。]④在…中搜寻;搜查;翻动;刺[to poke around in the attic 在阁楼里东翻西戳]⑤摸索地走;逛;闲荡[along, about around 等]⑥[美](用拳)揍,击,打(一拳) ‖ n. ①戳,捅,拨;触②懒汉;游手好闲的人;慢性子的人③朝前撑起的阔边大帽;(女帽)朝前撑起的阔边 / **poke fun at** 取笑某人

poker ['pəukə] n. 扑克牌戏,纸牌戏

poky, pokey ['pəuki] a. ①慢吞吞的,(性格)迟钝的,冷漠的②(地方)死气沉沉的③(场所、房屋等)狭小的,简陋的

polar ['pəulə] a. ①南极的,北极的;地极的;近地极的②[物][化]极的,极性的;[数]配极的;极的

polaris [pəu'læris] n. [天]北极星

pole¹ [pəul] n. 杆,柱,竿②支柱;电线杆;旗杆 ‖ v. ①用杆支撑,用竿跳②用篙撑(船等)[to pole a raft down a river 顺流撑筏]

pole² [pəul] n. ①极(点)②磁极;[电]电极

polemic [pə'lemik] a. 争论的;爱争论的 ‖ n. polemics[复]用作单或复]争论,辩论

polestar ['pəulstɑ:] n. 北极星

police [pə'li:s] n. [单复同]①[常作the ~]警察当局;警务人员②警察③[美][军](兵营内的)打扫,整顿;内务值勤;内务值勤人员 ‖ v. ①维持…的治安,警备[to police a city 维持城市的治安]②[美][军]整理…的内务;打扫,整顿(兵营等)

policeman [pə'li:smən] n. 警察

policy¹ ['pɔlisi] n. ①政策,方针②策略(性);贤明(性);精明的行为;权谋

policy² ['pɔlisi] n. 保险单

poliomyelitis [ˌpəuliəuˌmaiə'laitis] n.
[医]脊髓灰质炎,小儿麻痹症

polish ['pɔliʃ] v. ①磨光,擦亮;琢磨[to polish silverware 擦亮银器]②使优美,使精炼,润饰[to polish one's manners 使某人的举止优美]‖ n. ①光泽,光滑②擦光剂;擦光油③优美;完善

polite [pə'lait] a. ①有礼貌的;殷勤的;温和的②有教养的;斯文的,文雅的;(文学作品等)优雅的 / **politely** ad. / **politeness** n.

politic ['pɔlitik] a. ①(人)精明的,有策略的;狡猾的②(计划、言行等)考虑周到的

political [pə'litikəl] a. ①政治的;政治上的②党派政治的;政治家的 / **politically** ad.

politician [ˌpɔli'tiʃən] n. ①从事政治者;通晓政事者②[贬]政客,专搞党派政治的人

politics ['pɔlitiks] n. ①[复]用作单或复]政治;政治家②政治活动;政治生活[to enter politics 入政界]③政纲;政见;策略;党派关系

polity ['pɔliti] n. ①政治形态;政体②政治组织;国家组织

poll [pəul] n. ①民意测验②民意测验记录;投票记录,投票数③选举人(或投票人)名单④[常用复]投票处⑤人头(尤指顶部、后部或头发);颈背 ‖ v. ①收受及登记…选票[to poll a county 收受及登记一县的选票]②得到(若干票数);得到(某一类投票者)的选票[Jones polled a majority of the votes cast. 琼斯得到投票总数的多数票。]③投票④剪掉(或剪短)…的头发(或羊毛等);剪去(树木)的顶部(枝梢);截去(牛等)的角⑤[英]进行民意测验

pollen ['pɔlin] n. [植]花粉

pollinate ['pɔlineit] v. 传花粉给 / **pollination** n.

polliwog ['pɔliwɔg] n. 蝌蚪

pollutant [pə'lju:tənt] n. 污染物质

pollute [pə'lju:t] v. 弄脏,玷污,污染[Smoke from factories polluted the air. 工厂

的黑烟污染了空气。〗

polo ['pəuləu] n. ①[体]马球②水球

polygamy [pə'ligəmi] n. 多配偶，一夫多妻，一妻多夫/**polygamous** a.

polyglot ['pɔliglɔt] a. ①多种语言的；通晓(或使用)多种语言的②有数种文字对照的〖a polyglot book 有数种文字对照的书〗③数种语言混合组成的

polygon ['pɔligən] n.〖数〗多边形，多角形/**polygonal** [pə'ligənl] a.

polyp ['pɔlip] n.〖动〗珊瑚虫

polysyllable ['pɔli,siləbl] n. 多音节词，三音节以上的词 /**polysyllabic** ['pɔli,si'læbik]〖语〗多音节的，三音节以上的；多音词的

polytechnic [,pɔli'teknik] a.（传授）多种工艺的，多种学艺的，多种科技的〖a polytechnic institute 专科学校〗

polytheism ['pɔliθi(:)izəm] n. 多神论，多神主义／多神教/**polytheistic** a.

pomade [pə'mɑ:d] n. 润发脂，润发油

pomegranate ['pɔm,grænit] n. 石榴；石榴树

pomp [pɔmp] n. 华丽；壮丽；(典礼等的)盛况；壮观；(节日或庆祝的)游行行列〖the pomp of a coronation 加冕典礼盛况〗

pompon ['pɔmpɔn] n.（妇女、儿童衣、帽等上面作装饰的)绒球；丝球；(军帽上的)毛球②〖植〗绒球菊花；(生圆形小花的)大丽花

pomposity [pɔm'pɔsiti] n. 夸大的言词；自负的行为；摆架子

pompous ['pɔmpəs] a. 浮华的；浮夸的；夸大的；自负的/**pompously** ad.

pond [pɔnd] n. 池塘

ponder ['pɔndə] v. 默想，深思，考虑〖to ponder an offer 考虑一项提议〗

ponderous ['pɔndərəs] a. ①极重的；沉重的，笨重的②(文章、谈话等)冗长的，沉闷的，平凡的/**ponderously** ad.

pone [pəun] n. 玉米面包；玉米饼

pongee [pɔn'dʒi:] n. 茧绸，柞丝绸；充茧绸

poniard ['pɔnjəd] n. 短剑，匕首

pontoon [pɔn'tu:n] n. ①(架设浮桥用的)平底船，浮舟②浮桥③(装在飞机上使从水面浮起的)浮筒，浮囊

pony ['pəuni] n. 矮种马，小马

pool¹ [pu:l] n. ①小水坑，潭，渊②水池，游泳池③河水水深处

pool² [pu:l] n. ①(赢家独得全部赌注的)一种弹子戏；落袋弹子戏②集合基金；集中备用的物资③合伙经营，联营；合伙经营者 ‖ v. 合伙经营②拿(奖金等)入伙〖We pooled our money and rented a cottage. 我们合伙租了一个小型别墅。〗

poor [puə, pɔ:] a. ①贫穷的；贫困的②粗劣的；蹩脚的；不好的③可怜的，不幸的〖the poor 穷人/**poorly** ad. /**poorness** n.

poorhouse ['puəhaus] n. 贫民院，养济院

pop [pɔp] n. ①砰的一声；爆破声②〖美俚〗有气的瓶装饮料(如汽水、啤酒等) ‖ v. ①(突然)爆开；(开枪)射击②〖美〗爆(玉米等)；开枪打〖to pop corn 爆响玉米花〗③(意外地、突然地)出现，发生；(突然地、迅速地)行动，来，去；提出问题等〖She popped out of bed. 她从床上突然起来。He popped an unexpected question. 他突然提出一个意料之外的问题。〗④(眼睛)瞪出，张大；突出〖eyes popping with curiosity 好奇地瞪大眼睛〗

popcorn ['pɔpkɔ:n] n. ①爆玉米花②炒包米

poppy ['pɔpi] n. 罂粟属植物；罂粟属植物的花；药用罂粟汁

populace ['pɔpjuləs] n. ①平民；大众②人口

popular ['pɔpjulə] a. ①有许多朋友的；有人缘的；得人心的②受欢迎的，被爱戴的③民众的；大众的，人民的④价格低廉的⑤普及的；通俗的；大众化的⑥流行的；大众(或某种人)喜爱的；(民间)流传的；为一般人接受(或认为)的/**popularity** [,pɔpju'læriti] n. /**popularly** ad.

popularize [ˈpɔpjuləraiz] v. ①使普及；推广②使通俗，使大众化③使受欢迎/ **popularization** n.

populate [ˈpɔpjuleit] v. 聚居；移民于；殖民于[New York is densely populated. 纽约人口稠密。The English populated Australia. 英国人移民于澳大利亚。]

population [ˌpɔpjuˈleiʃən] n. ①人口（数字），全体居民②（人或物的）全体，总数③（人口的）聚居

populous [ˈpɔpjuləs] a. ①人口稠密的②众多的③挤满的

porcelain [ˈpɔːslin] n. 瓷；[总称]瓷器

porch [pɔːtʃ] n. ①（上有顶棚的）门廊；入口处②[美]走廊；游廊

pore¹ [pɔː] v. ①注视，凝视②钻研，熟读[He pored over the book. 他钻研这本书。]③默想，沉思

pore² [pɔː] n. 毛孔；气孔；细孔，微孔

pork [pɔːk] n. 猪肉

porous [ˈpɔːrəs] a. 多孔的；有气孔的/ **porosity** [pɔːˈrɔsiti] n.

porphyry [ˈpɔːfiri] n. [地]斑岩

porpoise [ˈpɔːpəs] n. [动]海豚

porridge [ˈpɔridʒ] n. 麦片粥；粥

port¹ [pɔːt] n. ①港②港市，口岸

port² [pɔːt] n. 举止，样子

port³ [pɔːt] n. (船、飞机的）左舷 ‖ a. ①左边的；左派的②[美俚]用左手的

port⁴ [pɔːt] n. [海]舷窗；（装卸货物的船口②（装甲车、工事等的）炮眼，枪眼；射击孔③[机]口；汽门；水门

portable [ˈpɔːtəbl] a. 轻便的；手提（式）的；便于携带的；可移动的

portage [ˈpɔːtidʒ] n. ①搬运；运输②水陆联运，（两条水路间的）陆上运送路线

portal [ˈpɔːtl] n. 门，入口（尤指大建筑物的门）

portcullis [pɔːtˈkʌlis] n. 城堡的吊闸；吊门

portend [pɔːˈtend] v. 预示；为…的兆头，给…以警告

portent [ˈpɔːtənt] n. 不祥之兆；预兆；警告

portentous [pɔːˈtentəs] a. ①预兆的，凶兆的，不祥的②怪的，奇特的

porter¹ [ˈpɔːtə] n. [英]守门人；门房

porter² [ˈpɔːtə] n. ①搬运工人；（火车站、旅馆等的）搬运李工人②（列车等列车的）服务员③（银行、商店等的）杂务工，清洁工④黑啤酒

portfolio [pɔːtˈfəuljəu] n. ①（皮制）公事包；文件夹②公事包（或文件夹）中一卷图纸（或其他文件）/ **portfolios** [复]

porthole [ˈpɔːthəul] n. ①舷窗；舱口②炮眼；射击孔

portico [ˈpɔːtikəu] n. [建]（有圆柱的）门廊/ **porticoes, porticos** [复]

portion [ˈpɔːʃən] n. ①一部分；一份②嫁妆 ‖ v. ①把…分成份额；分配[She portioned out the food. 她分配食物。]②给…嫁妆

portly [ˈpɔːtli] a. ①肥沃的；粗壮的，魁梧的（常指年长者）②举止庄重的

portrait [ˈpɔːtrit] n. ①肖像，画像；相片②生动的描写；人物描写

portraiture [ˈpɔːtritʃə] n. ①肖像画法②肖像，画像；照相

portray [pɔːˈtrei] v. ①画（人物、风景等）②描绘，描述，描写[The writer portrays life in New York. 作家描写纽约的生活。]③扮演[The actor portrayed a doctor. 那个演员扮演一个医生。]

portrayal [pɔːˈtreiəl] n. ①描绘；描写②画像，肖像

pose [pəuz] v. ①摆好姿势②摆正位置[The artist placed the children around their mother. 画家使母亲周围的孩子们摆好姿势。]③摆样子（或架子），装腔作势，假装[He posed as a war hero though he had never been in battle. 虽然他从没有打过仗，却装出一个战斗英雄的样子。]④提出；造成，形成[The slums pose a problem for the city. 贫民窟给城市出了个难题。] ‖ n. ①（摄影、画像、表演时的）姿态②装腔作势；伪装

position [pə'ziʃən] n. ①(身体的)姿势 ②方位③主张,见解;立场,态度④(适当的)位置;地点⑤职位;职务⑥地位;身分 ‖ v. 放在适当的位置;给…定位

positive ['pɔzətiv] a. ①确定的,明确的;确实的②有把握的,确信的③过于自信的;独断的④肯定的⑤积极的,建设性的;确有助益的⑥证实的;实际的,实在的⑦[医](试验)阳性的;Rh 阳性的⑧[语]原级的⑨[美]正电的;产生正电的;带正电的;[电](电池或电子管)正极的⑩[数]正的⑪[口]完全的,纯粹的 ‖ n. ①正量;增加的量②正号③电池的正极,阳极④[摄]正片,正像/**positively** ad.

possess [pə'zes] v. ①占有;拥有(财产等);使占有,使得有[to possess great wealth 拥有巨大财富]②具有(品质、才能等)[to possess wisdom 有智慧]③(常指心情方面)保持;克制,抑制④支配,控制[Fear suddenly possessed her. 恐惧突然控制了她。]/**possessor** n.

possession [pə'zeʃən] n. ①有,所有,拥有②[常用复]占有物,所有物,财产③[常用复]领地,属地,殖民地④自制,镇定自若

possessive [pə'zesiv] a. ①占有的,所有的;占有欲强的②[语]所属关系的,所格的 ‖ n. ①[语]所有格的词,物主代词,(表示)所属关系的词(或词组等)/**possessively** ad. /**possessiveness** n.

possibility [ˌpɔsə'biliti] n. ①可能(性)②可能的事;可能的情况

possible ['pɔsəbl] a. ①可能的;有可能做到(或得到)的②可能发生(或实现)的③尚可接受的;合适的;可能被选中的;可用的

possibly ['pɔsəbli] ad. ①[用于否定句,疑问句]无论如何,究竟[He can't possibly carry that load. 他无论如何担不动那么重的东西。]②也许,可能[Possibly it's true. 那也许是真的。]

possum ['pɔsəm] n. [动] 负鼠/**play**

possum 假装睡着;装死;装病

post¹ [pəust] n. 柱;杆;桩;标杆,标桩 ‖ v. ①张贴(通知、公告等)②(张榜)宣布,公布③[美]张贴告示禁止进入

post² [pəust] n. ①岗位,哨所,站②(部队的)驻地;兵营,营区③守备部队④职位;职守⑤同 trading post ‖ v. 布置(岗位哨等)[Guards were posted at every exit. 每个出口处都布置了岗哨。]

post³ [pəust] n. [英](一批)邮件;邮件的一次发送(或收进) ‖ v. ①[主英]投寄,邮寄②告诉,通知[I will keep you posted on my activities. 我会不断地告诉你我的活动情况。]③快速旅行;赶紧走

post- [前缀]表示"后…";"次…"[A postwar period is a period after a war. 战后时期就是战争结束后的一段时期。]

postage ['pəustidʒ] n. 邮费;邮资

postal ['pəustəl] a. 邮政的;邮局的[the postal service 邮政服务]

poster ['pəustə] n. (贴在公共场所的大型)招贴;标语;广告(画)

posterior [pɔs'tiəriə] a. ①(位置上)后面的②(时间上)以后的;(次序上)其次的

posterity [pɔs'teriti] n. ①后代;后裔②后裔,子孙

postgraduate [ˌpəust'grædjuit, ˌpəust'grædʒu it] a. 大学毕业后的,大学研究院的 ‖ n. 研究生

posthaste ['pəust'heist] ad. 尽可能快速地,急速地

posthumous ['pɔstjuməs] a. ①父死后出生的,遗腹的②著作者死后出版的③死后的,身后的/**posthumously** ad.

postman ['pəustmən] n. 邮递员 ‖ v. 盖邮戳于

postmaster ['pəustˌmɑːstə] n. 邮政局长/**postmistress** 女邮政局局长

postmaster general 邮政部长/**postmasters general** [复]

postmortem ['pəust'mɔːtəm] a. 死后

的;验尸的,用来验尸的 n. 尸体解剖,验
尸

post office ①邮局②邮电部/**post-of-
fice** a.

postpaid [ˈpəustˈpeid] a. 邮费付讫的

postpone [ˈpəustˈpəun] v. 延迟,使延期
[I postponed my trip because of illness. 我
由于生病推迟了旅行。]/**postpone-
ment** n.

postscript [ˈpəustskript] n. (信末签名
后的)又及;附言

postulate [ˈpɔstjuleit] v. 假定;以…为出
发点 ‖ n. [ˈpɔstjulit, ˈpɔstjuleit] 假定

posture [ˈpɔstʃə] n. ①姿态;姿势;态
度 ‖ v. 使作出某种姿势(或态度);故作
姿态

postwar [ˈpəustˈwɔː] a. 战后的

pot [pɔt] n. ①[常用以构成复合词]罐,
锅,壶②一罐(或锅,壶)的容量③[俚]
大麻叶 ‖ v. ①把…栽在花盆里[to pot a
plant 把植物栽在花盆里]②把…放在罐
(或锅)里;把…装罐(或坛)[potted
meat 罐装肉]③射击;打中④把…放入
袋内/**go to pot** 遭毁坏,垮掉,破产,滚
倒,(营业等)衰落,萧条/**potful** n.

potassium [pəˈtæsjəm] n. [化]钾

potato [pəˈteitəu] n. [植]马铃薯,土豆;
[植]块茎②[美]甘薯/**potatoes** [复]

potent [ˈpəutənt] a. ①有力的;强有力
的;有势力的②(药、酒等)有效力的,有
效验的;烈性的;(议论等)有说服力的/
potency [ˈpəutənsi] n.

potentate [ˈpəutənteit] n. 有权势的人;
当权者,统治者;君主

potential [pəˈtenʃəl] a. ①潜在的;[物]
势的,位的②可能性的 ‖ n. ①潜势,潜
能;潜力②[物]势,位/**potentially** ad.

potentiality [pəˌtenʃiˈæliti] n. 潜在性;
潜在的可能性;可能性;[复]潜力

pother [ˈpɔðə] n. 喧闹,骚动;忙乱

potluck [ˈpɔtˈlʌk] n. 家常便饭

potpourri [pəuˈpuəri(ː)] n. ①百花香
(放在壶内的干燥花瓣和香料混合物)②

混杂物;肉菜杂烩,[喻]杂烩③[音]集
成曲,杂曲,(文学作品的)杂集,杂录[a
potpourri of songs 歌曲集]

pottage [ˈpɔtidʒ] n. (蔬菜或菜肉)浓汤

potter[1] [ˈpɔtə] n. 陶工[potter's wheel 陶
工旋盘]

potter[2] [pɔtə] v. [英方]①松松垮垮地做
事②闲逛,闲荡

pottery [ˈpɔtəri] n. ①[总称]陶器②陶
器制造厂(或作坊)③陶器制造(术)

pouch [pautʃ] n. ①(随身携带的)小袋;
烟草袋;邮袋②(有袋类动物躯体腹面
的)育儿袋,肚囊③[古]钱袋 ‖ v. 使成
袋状,使鼓起[His cheeks pouch out. 他的
双颊鼓起来了。]

poultry [ˈpəultri] n. [总称]家禽

pounce [pauns] v. 猛扑;突然袭击[The
cat pounced at a bird. 猫猛地向一只鸟扑
去。The catch pounced on the bunted ball.
棒球接手猛扑打出去的球。] ‖ n. (猛禽
等的)猛扑,飞扑

pound[1] [paund] n. ①磅②英镑(= 100
便士)③镑(爱尔兰、马耳他、苏丹等的货
币单位)

pound[2] [paund] v. ①(连续)猛击;(猛
烈)敲打[to pound on a door 砰砰敲门]
②捣碎;春烂[to pound corn into meal 把
玉米捣成碎粉]③踏着重步地走(或跑);
隆隆行驶(或飞行)[He pounded down the
hall. 他脚步沉重地沿着大厅走去。]
③(心)怦怦地跳[His heart pounded from
the exercise. 他由于作运动心脏怦怦直
跳。] ‖ n. 重击;重击声

pound foolish [ˈpaundˈfuliʃ] a. 大
目上马虎的;大事情糊涂的

pour [pɔː, pɔə] v. ①倒,灌;注[to pour
milk into a glass 把牛奶倒进玻璃杯]②源
源不断地输送[to pour money into a busi-
ness 不断地把钱投资于一项生意]③倾
泻,不断流出[Wet salt will not pour. 未经
晒制的盐不会流。]④涌出,涌来[Fans
poured out of the stadium. 体育迷们涌出
了体育场。]⑤下倾盆大雨;(雨)倾盆而
下

pout [paut] v. ①撅嘴,板脸;不高兴②发脾气;生气 ‖ n. ①撅嘴了[常用复]生气,不高兴

poverty ['pɔvəti] n. ①贫穷,贫困②贫乏,缺少

poverty-stricken ['pɔvəti'strikən] a. 贫穷的,贫困的;贫乏的

powder ['paudə] n. ①粉末;香粉;粉;火药;炸药②爽身粉,滑石粉 ‖ v. ①洒粉于;(用粉状物)覆盖[Snow powdered the rooftops. 雪花飘满了屋顶。]②使成粉末

powdery ['paudəri] a. ①粉的;粉状的②易碎成粉末的[soft powdery rock 软的、易碎成粉末的岩石]③布满粉状物(或尘埃)的

power ['pauə] n. ①能力②力;力量③动力,电力;功率,率④权力;政权,统治地位,支配地位;权势,影响力⑤强国,大国;掌握大权的人物;有影响的机构⑥[数]幂,乘方⑦(光学仪器的)放大率,透镜的焦距 ‖ v. 用动力驱动;赋予…动力[The machine is powered by an engine. 机器用发动机发动。] ‖ a. 电力开动的;动力驱动的[a power saw 电锯]/in power掌权的,执政的

powerful ['pauəful] a. 强有力的,强大的/**powerfully** ad.

powerhouse ['pauəhaus] n. 发电站

powerless ['pauəlis] a. 无力量的;无能为力的;无权力的,无效力的

pox [pɔks] n. [医]痘;(皮)疹;脓疱;[古]天花

practicable ['præktikəbl] a. ①能实行的;行得通的②适用的;(舞台布景等)能实际使用的/**practicability** n. /**practicably** ad.

practical ['præktikəl] a. ①可实施的,切合实际的;实用的,有实用价值的②注重实效的,讲求实际的③有实践经验的④事实上的;实际上的;实事求是的

practical joke 恶作剧,要弄别人的玩笑

practically ['præktikəli] ad. ①讲究实际地;从实用角度,实用地[Let's look at

the problem practically. 让我们从实用角度考虑问题。]②实际上[The Civil War was practically over when Richmond fell. 当里士满被攻克的时候内战实际上就结束了。]③[口]几乎;简直

practice ['præktis] v. ①实践;实行[to practice what one preaches 实践某人鼓吹的理论 to practice charity 实行施舍]②练习,实习;使练习;训练[He practices six hours a day on the piano. 他一天练六小时钢琴。]③开业,从事[to practice medicine 开业行医] ‖ n. ①惯例;习惯做法;习俗[It is his practice to sleep late. 晚睡是他的习惯。]②练习,实习[batting practice 击球练习]③熟练[I am out of practice. 我好久不练习了。]④(医生、律师等的)开业[the practice of law 开业律师]⑤(医生、律师等的)业务;律师业[to have a large practice 有大宗业务]

practiced ['præktist] a. 有经验的;精通的;熟练的

practitioner [præk'tiʃənə] n. ①开业者(尤指医生、律师等)②从事者,实践者

prairie ['preəri] n. 大草原

praise [preiz] v. ①赞扬,表扬;歌颂[to praise someone's work 赞扬某人的工作]②[宗]赞美(上帝)[to praise God 赞美上帝] ‖ n. 赞扬,表扬;[复]赞词,赞美的话/**sing one's praises** 赞扬某人,夸奖某人

praiseworthy ['preiz,wəði] a. 值得赞扬的,可嘉的

prance [prɑːns] v. ①(马)腾跃[prancing horses 腾跃的马]②昂首阔步,神气活现地走(或骑马)

prank [præŋk] n. 胡闹,恶作剧;开玩笑

prattle ['prætl] v. ①发出小孩喃喃般的声音,发出连续而无意义的声音②空谈,胡说;唠叨 ‖ n. 空谈,胡说,废话

prawn [prɔːn] n. 对虾,明虾,斑节虾

pray [prei] v. ①请求,恳求②[宗]祈祷,祈求②请

prayer [preə] n. ①祈祷,祈求②恳求(或祈求)的事物③恳求④[常用复]祈祷

P

式;祈祷文

prayerful ['prɛəful] a. ①常祈祷的;虔诚的②恳切的/**prayerfully** ad.

pre- [前缀]表示"前","先","预先"

preach [pri:tʃ] v. ①[宗]布道,宣讲;讲(道)[to preach the word of God 宣讲上帝的教诲]②鼓吹[to preach peace 鼓吹和平]③说教,由于说教而…

preacher ['pri:tʃə] n. 传道士,说教者;鼓吹者

preamble [pri(:)'æmbl] n. (法规、条约等的)序言,绪论,开场白

prearrange ['pri:ə'reindʒ] v. 预先安排,预定[The meeting was prearranged. 会议被预先安排了。]

precarious [pri'kɛəriəs] a. 不稳定的,不确定的;不安全的;危险的/**precariously** ad.

precaution [pri'kɔ:ʃən] n. 预防;警惕,谨慎/**precautionary** a.

precede [pri(:)'si:d] v. 先于,位于…之前;比…优先,(地位等)高于[She preceded him into the room. 她比他先进入房间。]

precedence [pri(:)'si:dəns] n. 领先,在前,优先

precedent ['presidənt] n. 先例,前例,[法]判例 || a. [pri'si:dənt] 先前的,在先的,优先的

preceding [pri(:)'si:diŋ] a. 在前的,在先的,前面的

precept ['pri:sept] n. 教训,戒律,格言,箴言

preceptor [pri'septə] n. 教师,校长

precinct ['pri:siŋkt] n. ①[美]管辖区;(选举)区②(教室等的)围地,境域③分界;分区

precious ['preʃəs] a. ①宝贵的,珍贵的②非常可爱的,亲爱的③(语言,工艺等)过分讲究的,娇揉造作的④[口]十足的,大大的/**preciously** ad.

precipitant [pri'sipitənt] a. 急躁的,鲁莽的;仓促的,突然的 || n. [化]沉淀剂

precipitate [pri'sipiteit] v. ①猛然落下(或摔下来);陡斜地落下[The floods precipitated a crisis. 洪水造成了危机。]②猛抛;猛投;猛然抛下③[化]沉淀④[气]水蒸气凝结成雨(或露等) || a. [pri'sipitit] 急躁的,鲁莽的;仓促的[his precipitate departure 他仓促的离开] || n. [pri'sipitit] [化]沉淀物

precipitation [pri.sipi'teiʃən] n. ①突如其来,突然发生②猛然落下(或摔下);猛冲③急躁,鲁莽;仓促④(雨、雪、冰雹等)降下⑤[化]沉淀(作用)

precipitous [pri'sipitəs] a. ①(似)悬崖峭壁的,险峻的,陡峭的②急躁的,鲁莽的,仓促的

precise [pri'sais] a. ①精确的,准确的;讲究精确的②严格的,细致的/**precisely** ad. /**preciseness** n.

precision [pri'siʒən]. n. 精确(性);精密,精密度

preclude [pri'klu:d] v. 预防;排除,消除[His care precluded any chance of failure. 他的细心排除了任何失败的可能性。]

precocious [pri'kəuʃəs] a. ①(人)发育过早的,早熟的,早慧的,(行为、知识等)过早发展的/**precociously** ad. /**precocity** [pri'kɔsiti] n.

preconceive ['pri:kən'si:v] n. 预想,事先想好(意见等)

preconception ['pri:kən'sepʃən] n. ①预想②先入之见,偏见

preconcerted ['pri:kən'sə:tid] a. 预定的;预先商定的;预先同意的

precursor [pri(:)'kə:sə] n. ①先驱者;先锋②前辈,前任

predatory ['predətəri] a. ①[动]捕食其他动物的,食肉的②掠夺(性)的,掠夺成性的

predecessor ['pri:disesə] n. 前辈,前任者

predestination [pri(:).desti'neiʃən] n. [宗]宿命论,命定论,预定;命运

predestine [pri(:)'destin] v. ①预先安排

定,预先决定②[宗]（命中）注定[He
seemed predestined to be a poet. 他似乎命
中注定当个诗人。]

predetermine [ˈpriːdiˈtəːmin] v. 预定,
先定,注定[a predetermined route 预定路
线]

predicament [priˈdikəmənt] n. 困境,
尴尬的处境;危境

predicate [ˈpredikət] n. [语] 谓语 ‖ a.
谓语的 ‖ v. [ˈprediket] ①谓依据,使基
于[The decisions of the courts are predica-
ted upon the Constitution. 法院的判决是
以宪法为依据的。]②论断,断言,断言…
为某物的基础[Let us predicate the hones-
ty of his motives. 让我们断定他的动机的
诚实性。]

predict [priˈdikt] v. 预言;预告,预示[I
predict that you will win. 我预言你会
赢。]/**predictable** a.

prediction [priˈdikʃən] n. ①预言,预告
②被预言的事物;（气象等的）预报

predilection [ˌpriːdiˈlekʃən] n. 偏爱,偏
好,特别喜爱

predispose [ˌpriːdisˈpəuz] v. ①预先安
排（或处理）②使有倾向于,使易感染
[Being tired predisposes a person to il-
lness. 劳累易使人生病。]/**predisposi-
tion** [ˌpriːdispəˈziʃən] n.

predominant [priˈdominənt] a. ① 占
优势的;支配其他的②流行的/**predomi-
nance** n. /**predominantly** ad.

pre-eminent, preeminent [pri(ː)
ˈeminənt] a. 卓越的,杰出的/**pre-emi-
nence, preeminence** n. /**pre-eminent-
ly, preeminently** ad.

pre-empt, preempt [pri(ː)ˈempt]
v. ①先占,先取[They came early and pre-
empted the best seats. 他们早早来,先占
了最好的座位。]②以优先权取得;（为取
得先买权而）预先占有（公地）[Each set-
tler preempted 160 acres of public land. 每
个定居者先占有有了 160 英亩公地。]

preen [priːn] v. ①鸟用嘴整理（羽毛）②
把自己打扮得漂亮

pre-exist, preexist [ˈpriːigˈzist] v. 先
（存）在/**pre-existence, preexistence**
n. /**pre-existent, preexistent** a.

prefabricate [ˈpriːˈfæbrikeit] v. 预制[a
prefabricated house 活动房屋]

preface [ˈprefis] n. 序言,前言,绪言;引
语 ‖ v. ①作为…的开端（或序言）[He
prefaced his talk with a joke. 他以一个笑
话作为他讲话的开端。]②给…作序

prefatory [ˈprefətəri] a. ①序言的;引言
性的②位于前面的

prefer [priˈfəː] v. ①宁可,宁愿;更喜欢
[He prefers baseball to football. 他宁愿打
棒球而不愿踢足球。]②提出（声明、请
求、控诉等）[He preferred charges against
the man who robbed him. 他对那个抢劫他
的人提出控告。]

preferable [ˈprefərəbl] a. 更可取的,更
好的/**preferably** ad.

preference [ˈprefərəns] n. ①偏爱;优先
②偏爱物;优先权,选择机会③（关税等
方面的）特惠

preferential [ˌprefəˈrenʃəl] a. ①优先
的;优待的[preferential treatment 优待]

preferment [priˈfəːmənt] n. ①提升,升
级②显赫的职位;有利可图的职位

prefigure [ˈpriːˈfigə] v. ①预示;通过形
象预示,预先②预想;预见,预言

prefix [ˈpriːfiks] n. [语] 前缀,词头 ‖ v.
[priˈfiks, ˈpriːfiks] 给…加前缀（或标题
等）

pregnant [ˈpregnənt] a. ①怀孕的,怀
胎的②[喻]孕育着的,充满的,富有的③
意义深长的,含蓄的④富于想象力的,有
创造力的⑤富于成果的,多产的/**preg-
nancy** [ˈpregnənsi] n.

prehistoric [ˈpriːhisˈtorik], **prehistori-
cal** [ˈpriːhisˈtorikəl] a.（有记载的）历史
以前的,史前的/**prehistorically** ad.

prejudge [ˈpriːˈdʒʌdʒ] v. 预先判断,过早
判断

prejudice [ˈpredʒudis] n. ①偏见,成见
②歧视③[法]损害,侵害,不利 ‖ v. ①使
抱偏见,使怀成见[Joan prejudiced her

P

sister against their aunt. 琼使姐妹妹对她们的姑姑产生偏见。]②损害,侵害,不利于[One low grade prejudiced his chances for a scholarship. 低分数不利于他获得奖学金的机会。]

prejudicial [ˌpredʒuˈdiʃəl] a.①引起偏见的;有成见的②有损害的;不利的

preliminary [priˈliminəri] n. 预备的,初步的;序言(性)的;开端的 ‖ n.①预考;初考②[体]预赛,淘汰赛 ③[常用复]初步,开端,预备(指步骤、措施等)

premature [ˈpreməˈtjuə, ˈpriːməˈtjuə] a.①早熟的;不成熟的 ②过早的,不到期的

premeditate [priːˈmediteit] v. 预先思考,预先计划;预谋[a premeditated crime 预谋犯罪]/**premeditation** n.

premier [ˈpremjə] n. 总理,首相 ‖ a. 首位的,首先的

premise [ˈpremis] n.①前提 ②[复]房屋及其附属建筑、基地等] ‖ v. [priˈmaiz]①预述(条件等);引导(论证等)②提出…为前提;假定

premium [ˈpriːmjəm] n.①奖赏,奖励,奖金②[利息、工资等以外的]酬金;额外费用③保险费④[喻]非常珍贵,很受重视/**at a premium** 在票面(或一般)价值以上

premonition [ˌpriːməˈniʃən] n.①预先的警告(或告诫)②预感,预兆

prenatal [ˈpriːˈneitl] a. 出生前的,胎儿期的

preoccupy [priːˈɔkjupai] v.①[常用被动语态]使对…全神贯注,使专心于;使出神,迷住,吸引住[He is preoccupied with vacation plans. 他一心想着假期计划。]②先占,先取/**preoccupation** n.

preordain [ˈpriːɔːˈdein] v. 预先注定,预先规定

prepaid [ˈpriːˈpeid] prepay 的过去式和过去分词 ‖ a. (邮资等)预先付讫的

preparation [ˌprepəˈreiʃən] n.①准备,预备;[常用复]准备工作,准备措施②预习,备课;预习(或备课)时间③制备;制

剂④配制好的食物

preparatory [priˈpærətəri] a.①准备的,预备的②筹备的

prepare [priˈpɛə] v.①准备,预备,筹备[to prepare for a test 准备考试 to prepare ground for planting 整理土地准备栽种]②训练;配备,装备[to prepare an expedition 为探险(或考察)队作各方面的配备]③配制,调制[to prepare a medicine 配药]

prepay [ˈpriːˈpei] v. 预付,先付(邮资等)[Postage is normally prepaid. 邮资通常预付。]

preponderant [priˈpɔndərənt] a. 优势的;压倒的/**preponderance** n.

preponderate [priˈpɔndəreit] v.①超过,占优势②重量上超过;偏重

preposition [ˌprepəˈziʃən] n. [语]前置词,介词

prepositional [ˌprepəˈziʃənl] a. 前置词的,介词的

prepossessing [ˌpriːpəˈzesiŋ] a. 给人好感的;令人喜爱的,有吸引力的

preposterous [priˈpɔstərəs] a. 反常的,乖戾的;十分荒谬的;愚蠢的

prerequisite [ˈpriːˈrekwizit] n. 先决条件,前提;必要条件

prerogative [priˈrɔɡətiv] n. 特权;独有的权利(或权力)

presage [priˈseidʒ] n. 预示,预兆;预先警告[dark clouds presaging a storm 预示着暴风雨要来的黑云] ‖ v. [ˈpresidʒ]①预示,预兆;预先警告②预知;预感

preschool [ˈpriːˈskuːl] a. 学龄前的,入学前的

prescribe [prisˈkraib] v.①命令,指示;规定[the penalty prescribed by law 法律规定的处罚]②处(方);开药;嘱咐,建议[The doctor prescribed aspirin and warm compresses. 医生开了些阿斯匹林和热敷布。]

prescription [prisˈkripʃən] n.①命令,指示;规定,法规②药方,处方

presence [ˈprezns] n.①出席②面前,眼前;[英]御前③风采,风度④(感到在面

前的)精灵,鬼怪/**presence of mind** 镇定,沉着

present ['preznt] a. ①出席的,在座的;到场的②现在的,目前的,现存的③[语]现在时(态)的 ‖ n. ①现在,目前②礼物,赠送物 ‖ v. 〔pri'zent〕介绍;引见[John presented his friend to me. 约翰 把他的朋友介绍给我。〕②上演[to present a play on Broadway 在百老汇上演戏剧〕③提出,呈递,提供[May I present my ideas at the meeting? 我可以在会上提出我的观点吗?〕④赠送,授予[to present a book to someone 赠送某人一本书]⑤给予[He presented the school with a piano. 他给了学校一架钢琴。〕

presentable [pri'zentəbl] a. ①拿得出的,像样的;经得起挑剔的②中看的,见得了人的

presentation [ˌprezen'teiʃən] n. ①介绍,引见;赠送,授予仪式;呈递②礼品,赠品;显示的事物

present-day ['prezənt'dei] a. 当今的,现时的;现代的,当代的

presentiment [pri'zentimənt] n. 预感(尤指不祥的)

presently ['prezntli] ad. ①一会儿,不久[I'll join you presently. 我一会儿就和你们作伴。〕②现在,目前[Bob is presently on vacation. 鲍勃目前在度假。〕

presentment [pri'zentmənt] n. 显示,呈现;表现,描述;赠送,提出;呈递

present participle [语] 现在分词

preservation [ˌprezə(ː)'veiʃən] n. 保存;保管;储藏;保护

preservative [pri'zəːvətiv] n. 防腐剂,防腐料;保护料;预防药

preserve [pri'zəːv] v. ①保护;防护;维护;维持[to preserve our national forests 保护我们的国有森林]②保护;保藏;防腐③腌(肉等);把做成蜜饯(或果酱);把…制成罐头(食品)④维护(尊严,名誉等)[He tried to preserve his dignity. 他在尽力维护自己的尊严。〕‖ n. ①[常用复]蜜饯;果酱;罐头水果②禁猎地;(畜

养鸟兽的)苑,林;鱼塘

preside [pri'zaid] v. ①作会议的主席;主持[The vice president presides over the US senate. 副总统主持美国参议院会议。〕②管辖;主宰;指挥;负责

presidency ['prezidənsi] n. ①总统(或校长,会长,行长等)的职位(或职权)②总统(或校长等)的任期

president ['prezidənt] n. ①会长;社长;校长,行长;总裁;董事长②President 共和国的总统,国家主席

presidential [ˌprezi'denʃəl] a. 总统(或校长等)的,总统(或校长等)职务的

press [pres] v. ①按,扳,压;撤[to press a doorbell 按门铃]②挤[Thousands pressed into the arena. 数千人挤进了竞技场。〕③烫平,熨平④压榨,榨取(汁等)[to press oil from olives 榨取橄榄]⑤使贴紧,紧抱[He pressed the child in his arms. 他把孩子紧抱在怀里。〕⑥奋力前进,挤向前[The soldiers pressed on through the night. 战士们整夜急行军。〕⑦迫使接受;把…强加于[She pressed the gift on her friend. 她迫使朋友接受她的礼物。〕⑧带来沉重负担,造成紧张;使苦恼,使窘迫[pressed for money 因缺钱而造成窘迫]⑨竭力要求,坚持[The store pressed her for the money she owed. 这家商店不断要她还欠款。〕‖ n. ①紧迫,繁忙[The press of business kept him away for a time. 繁忙的事务使他曾一度离开了。〕②人群,人丛③压榨机,压机[a cider press 苹果汁挤压器]④同 printing press⑤印刷所⑥新闻报道;报刊;新闻界,出版界[The president meets the press on Tuesday. 总统于星期二接见新闻界人士。〕⑦衣橱;柜橱/**go to press** 付印,开印;出版,发表/**presser** n.

press [pres] v. 强征…入伍(或服劳役等);征用,强迫征募;抓壮丁

pressing ['presiŋ] a. 紧迫的,迫切的

pressure ['preʃə] n. ①按,挤,压,榨②困扰,艰难③压力,强制④通过,催促⑤大气压力;[物]压力,压强;电压 ‖ v. 对

…施加压力（或影响）；迫使，说服

pressurize ['preʃəraiz] v. 使（高空飞行的飞机的机舱等）增压；密封

prestige [pres'ti:ʒ] n. 威信，威望，声望；（由于财富等而产生的）显赫

presumable [pre'zju:məbl] a. 可假定的；可推测的/**presumably** ad.

presume [pri'zju:m] v. ①［后接动词不定式，用于第一人称时为谦语］冒昧（做），擅（做）［I wouldn't presume to tell you what to do. 我不敢擅自告诉你该做什么。］②假定，假设，（没有证据地）相信［I presume you know what you are doing. 我假设你知道你在做什么。］③指望，把希望寄托于，信赖，依靠；放肆［Would I be presuming on our friendship if I asked a favor? 如果我请求帮忙的话，我能寄希望于你们吗？］

presumption [pri'zʌmpʃən] n. ①冒昧，放肆②假定，设想，推测，推断③作出推论的根据（或理由、证据）④傲慢，专横，自以为是

presumptive [pri'zʌmptiv] a. ①可据以推定的②假定的，设想的/**presumptively** ad.

P

presumptuous [pri'zʌmptjuəs] a. 专横的，自以为是的；傲慢的；冒昧的，放肆的/**presumptuously** ad.

presuppose [ˌpri:sə'pəuz] v. 预先假定；预料，推测［Let's presuppose that we win the game. 先假定我们赢了这场比赛。］②以…为先决条件；含有［A healthy body presupposes a proper diet. 一个健康的身体必定是以合理的饮食为先决条件。］/**presupposition** [ˌpri:sʌpə'ziʃən] n.

pretend [pri'tend] v. ①（演戏等中）装扮［Let's pretend to be cowboys. 我们扮演牧童吧。］②伪称，伴称，假装，佯装［He pretended to be happy. 他装出快乐的样子。］③自称，自封；觊觎［to pretend to a throne 觊觎王位］/**pretended** a.

pretender [pri'tendə] n. ①伴装者，冒充者②妄求者，觊觎王位者

pretense [pri'tens] n. ①自命，自称②假装，矫饰，虚伪；做作③（比赛中的）作假，假装④炫耀；为炫耀而作的事

pretension [pri'tenʃən] n. ①要求，主张；权利要求②借口，托词③炫耀；虚荣，做作

pretentious [pri'tenʃəs] a. 自负的，自命不凡的；狂妄的；矫饰的；炫耀的，做作的/**pretentiously** ad. /**pretentiousness** n.

preternatural [ˌpri:tə(:)'nætʃərəl] a. 超自然的；不可思议的；异常的/**preternaturally** ad.

pretext ['pri:tekst] n. 借口，托词

pretty ['priti] a. ①漂亮的，标致的，俏的，美丽的，优美的；悦耳的，愉快的②［经常作讽刺语］好的，妙的 ‖ ad. 相当，颇；很，非常［I'm pretty tired. 我太累了。］ ‖ n. 漂亮的人（常指孩子）；漂亮的东西/**prettily** ad. /**prettiness** n.

prevail [pri'veil] v. ①胜（过），优胜［to prevail over an enemy 胜过敌人］②流行，盛行；普遍/**prevail upon/prevail in** 说服，劝说，诱使

prevailing [pri'veiliŋ] a. 占优势的，主要的；流行的；盛行的；普遍的

prevalent ['prevələnt] a. 流行的，盛行的，普遍的［a prevalent belief 一种普遍的信仰］/**prevalence** n.

prevaricate [pri'værikeit] v. 支吾，搪塞，推诿；撒谎/**prevarication** n. /**prevaricator** n.

prevent [pri'vent] v. ①阻止，阻挡；制止，妨碍［A storm prevented us from going. 一场暴风雨阻止了我们前去。］②防止，预防［Careful driving prevents accidents. 小心驾驶能防止事故的发生。］/**preventable , preventible** a.

prevention [pri'venʃən] n. ①预防，防止；阻止，妨碍②预防药，预防法

preventive [pri'ventiv] a. 预防的，防止的 ‖ n. 预防药；预防措施

preview ['pri:vju:] n. 预演，预映，试演，预展，预习 ‖ v. 预演，预映，预展，预习

previous ['pri:vjəs] a. ①先的,前的,以前的②过早的,过急的;过快的/**previously** ad.

prewar ['pri:'wɔ:] a. 战前的

prey [prei] n. ①被捕食的动物②牺牲者,牺牲品③捕食 ‖ v. ①(猛兽等)捕食,攫食②掠夺,劫掠[The pirates preyed upon helpless ships. 海盗劫掠那些无助的船只。]③诈取;骗取钱财[Gamblers prey in foolish people. 赌徒骗取蠢人的钱财。]④(疾病等)折磨,损害[Debts prey upon my mind. 债务使我内心痛苦。]

price [prais] n. ①价格,价钱②价值③(给杀死或捉拿到某人者的)赏金④代价 ‖ v. ①给…定价;给…标价[The rug was priced at ＄10. 这块地毯标价十美元。]②[口]询问(或查明)…的价格[I'll price all the models before I buy. 买以前我得先弄清所有这些样式的价格。]/**at any price** 无论花多大代价,无论如何/**beyond price** 极其珍贵的,无价的,千金难买的

priceless ['praislis] a. 无价的;贵重的;无法估价的

prick [prik] v. ①刺(穿),扎(穿)[I pricked my finger with the needle. 我用针扎破了手指。]②刺伤,刺痛,使内心极度痛苦[Guilt pricked his conscience. 负罪感折磨着他的良心。]③(刺出小孔或用小点)标出(在名单等上做小记号)挑选出[to prick a design in leather 在皮革上刺出一个图案] ‖ n. ①戳出的孔(或记号)②一刺,一戳,一扎/**prick up one's ears** 竖起耳朵仔细听

prickle ['prikl] n. ①(动植物的)皮刺,刺;棘②针刺般的感觉,刺痛 ‖ v. ①用刺②刺痛;使感到刺痛

prickly ['prikli] a. 刺的,满是针刺的②针刺般痛的

pride [praid] n. ①骄傲,骄气;傲慢,自大,自负②自尊(心)③自豪,得意④引以自豪的人(或事物)/**pride oneself on** 使得意,以…自豪

priest [pri:st] n. ①[基督教]牧师,牧师

(英国国教或天主教驻位于执事及主教间的)神父,僧侣②(基督教以外的宗教的)祭司;和尚;术士/**priestess** n. 女教士,女牧师/**priesthood** n.

prig [prig] n. 一本正经的人;自命不凡者;道学先生,学究气的人;讨厌的人/**priggish** a.

prim [prim] a. 一本正经的,拘谨的,古板的/**primly** ad. /**primness** n.

primacy ['praiməsi] n. ①第一位,首位,卓越②大主教的职责(或身分,权力)

primal ['praiməl] a. ①最初的,原始的②主要的,首要的;根本的

primarily ['praimərili, prai'merili] ad. ①首先;起初,原来[The idea was primarily yours. 这个主意首先是你提出来的。]②首要地,主要地;根本上

primary ['praiməri] a. ①初级的;初等的②原有的,原来的;(颜色)原色的③首要的,主要的 ‖ n. ①(次序,质量等)居首位的事物②(常用复)候选人选拔会议;初选

primate ['praimit, 'praimeit] n. ①大主教②灵长目动物(包括人,猿,猴等)

prime [praim] a. ①首要的,主要的;首位的,第一位的②最好的,第一流的③[数]质数的,素数的 ‖ n. ①最初,初期②青春,全盛时期 ‖ v. 通过注(或装)入(某物)使做好准备;在…上涂底漆,事先给…指导;事先为…提供消息(或情报等)[to prime a student for a test by supplying him with facts 通过给学生提供事实依据使他做好考试的准备]

prime minister 首相;总理

primer[1] ['praimə,'primə] n. 识字课本,初级读本②入门书;入门

primer[2] ['praimə] n. 装火药者;雷管,火帽,底火,发火药,导火线

primeval [prai'mi:vəl] a. 原始的,早期的,远古的

priming ['praimiŋ] n. ①装雷管(或火药)爆药,发火,起爆药,引火药②底漆,涂底漆

primitive ['primitiv] a. ①原始的,上古

的②早期的,粗糙的,简单的 ‖ *n.* ①原始人;原始事物②(一种文化运动或艺术派的)早期艺术家;原始派艺术家/**primitively** *ad.*

primogeniture [ˌpraiməu'dʒenitʃə] *n.* ①长子身份②[法]长子继承权

prince [prins] *n.* ①(封邑、公国或小国的)君主;诸侯②王子;王孙;亲王③巨头;大王;名家

princely [ˈprinsli] *a.* ①王侯的;王子的;高贵的,堂皇的,庄严的②与王侯(或王子)相称的;豪华的,奢侈的

princess [prin'ses，作定语时 'prinses] *n.* ①公主②王妃,亲王夫人③女王

principal [ˈprinsəpəl] *a.* 主要的,首要的;最重要的 ‖ *n.* ①为首的人,起主要作用的人;首领,负责人②(中(小)学校长③资本,本金

principality [ˌprinsi'pæliti] *n.* 公国,侯国[the principality of Monaco 摩纳哥公国]

principally [ˈprinsəpəli] *ad.* 主要地,首要地

principle [ˈprinsəpl] *n.* ①原则,主义,原理②(行为)准则,道义③正直,诚实④基本原理⑤(机器等)工作方法/**on principle** 根据原则,按照原则

print [print] *n.* ①印痕,痕迹②印花布;印花布服装;印花布制品③印出的字体②印刷字体印花布,晒图;版画⑤[摄]正片,照片 ‖ *v.* ①印,铭刻,打上(印记等)②印刷;付印;把……用书面发表[The magazine printed his story. 这本杂志发表了他的小说。]③用印刷体写④[摄]印,晒图,复制(电影拷贝等)/**in print** 已出版的,(书等)在销售的

printing [ˈprintiŋ] *n.* ①印刷;印刷术;印刷业②印刷品③印刷字体;印出的字(或图片)④(书等的)一次印刷/**printer** *n.*

prior [ˈpraiə] *a.* 在先的,在前的;居先的,优先的,更重要的/**prior to** 在……以前;先于

priority [prai'ɔriti] *n.* ①先,前;优先,重点②优先权;先取权

prismatic [priz'mætik] *a.* ①棱柱的;棱镜的,棱柱形的②用棱镜分析的,分光的

prison [ˈprizn] *n.* 监狱,监牢,看守所,拘留所;羁押室,禁闭室

prisoner [ˈprizənə] *n.* 囚犯;俘虏;拘留犯,羁押犯

pristine [ˈpristain] *a.* 太古的,原始状态的;早期的;质朴的,纯洁的,未受腐蚀的

privacy [ˈpraivəsi，ˈprivəsi] *n.* ①隐退,隐居;(不受打扰的)独处,清静②秘密;私下

private [ˈpraivit] *a.* ①私人的,个人的;私立的,私营的②非官职的,士兵的③秘密的,机密的 ‖ *n.* 列兵,陆军(或海军陆战队)二等兵,士兵/**in private** 私下地,秘密地/**privately** *ad.*

privation [prai'veiʃən] *n.* 丧失;缺乏;(生活必需品的)匮乏,贫困

privilege [ˈprivilidʒ] *n.* 特权;优惠,特免;特殊的荣幸 ‖ *v.* 给予……特权(或优惠)[Nobles were privileged in many ways. 贵族在很多方面享受特权。]

privy [ˈprivi] *a.* 私人的,秘密的,机密的(现仅用于/**privy council** [英国]枢密院] ‖ *n.* (尤指露天)厕所/**privy to** 与知情的,秘密参与的/**privily** *ad.*

prize [praiz] *n.* ①奖赏;奖金,奖品②(值得追求的东西;令人羡慕的东西;珍品③俘获品,战利品;(战时)捕获的船只(或货物) ‖ *a.* ①获奖的,为得奖而参加的,该得奖的,一流的,了不起的②作为奖品珍视的,珍藏的,高度评价的

pro[1] [prəu] *ad.* 在赞成方面,正面地[We discussed the subject pro and con. 我们从正反两方面讨论了这个问题。]/**pros** [复]赞成的理由;赞成票

pro[2] [prəu] *a. &. n.* 同 professional [pro golf 职业高尔夫球;a golf pro 职业高尔夫球员]/**pros** [复]

pro- [prəu] [前缀]表示"亲","赞成"

probability [ˌprɔbə'biliti] *n.* ①或有,可能性,或然性②或有的事,可能的结果/**in all probability** 很可能,多半,十之八九

P

probable ['prɔbəbl] *a.* 或有的, 或然的, 大概的, 很可能的

probably ['prɔbəbli] *ad.* 很可能, 大概, 或许 [It will probably rain. 大概要下雨。]

probate ['prəubeit] *v.* 检验(遗嘱)认证(遗嘱)之真实性或效力 ‖ [法] 遗嘱检验的[a probate court 有权认证遗嘱与管理死者遗产等的特种法庭] ‖ *n.* [法] 遗嘱之认证

probation [prə'beiʃən] *n.* ① 试用, 见习; 试读; 试用期, 见习期, 试读期, 预备期 ② [法] (对初次犯情节轻微之罪的少年犯之)缓刑

probationer [prə'beiʃənə] *n.* 见习生, 试读生; 被试用者, 见习者; 缓刑犯

probe [prəub] *n.* ① [医] 探针, 探子 ② 探索, 查究, 彻底调查 ‖ *v.* ① 用探针探查[to probe a wound 用探针探查内伤] ② 探索, 查究, 彻底调查[to probe space with rockets 用火箭探索太空]

probity ['prəubiti] *n.* 正直; 诚实, 笃实

problem ['prɔbləm] *n.* ① 问题, 疑难问题, 令人困惑的事(或人, 情况等) ② [数] 难题, 习题, 几何做图题; 待解题

problematical [,prɔbli'mætikəl], / **problematic** [,prɔbli'mætik] *a.* 成问题的, 有疑问的; 疑难的; 未定的

proboscis [prə'bɔsis] *n.* ① 象鼻, (兽的)长鼻 ② (昆虫的)喙

procedure [prə'si:dʒə] *n.* 过程; 步骤; 程序

proceed [prə'si:d] *v.* ① (停止后)继续进行 [After eating we proceeded to the next town. 晚饭后, 我们继续向下一个城市进发。] ② 开始, 着手 [He proceeded to recite the poem. 他开始背诵这首诗。] ③ 发出, 出(自) [Smoke proceeded from the chimney. 烟囱里冒出了烟。]

proceeding [prə'si:diŋ] *n.* ① 程序, 进程, 进行 ② 会议的记录; 事项, 项目 ③ 诉讼

proceeds ['prəusi:dz] *n.* [复] 收入, 收益

process ['prəuses, 美 'prɔses] *n.* ① 变化

的过程, 进程, 作用 ② 工序, 制作法 ③ 过程, 进行 ④ 诉讼程序, 传票(送传票的人被称做 process server) ⑤ (动、植物)机体的突起, 隆起 [a bony process in his heel 他的脚后跟上一块骨头的突起] ‖ *v.* 加工 [to process cheese 加工乳酪]

procession [prə'seʃən] *n.* ① (人或车辆等的)行列, 队伍 ② (列队的)行进

processional [prə'seʃənəl] *a.* 列队行进的, 列队行进时用的(或唱的) ‖ *n.* ① [宗] 游行圣歌(或歌集) ② 列队行进时唱的歌

proclaim [prə'kleim] *v.* 宣告, 宣布, 公布; 声明 [They proclaimed him a hero. 他们当众宣布他为英雄。]

proclamation [,prɔklə'meiʃən] *n.* 宣布, 公布; 声明; 公告, 布告, 宣言; 声明书

procrastinate [prəu'kræstineit] *v.* 拖延, 耽搁, 迟滞 / **procrastination** *n.* / **procrastinator** *n.*

procreation [,prəukri'eiʃən] *n.* 生产; 生育; 生殖, 产仔

proctor ['prɔktə] *n.* (大学的)学监, 监考人; 监督者

procure [prə'kjuə] *v.* (努力)取得, (设法)获得; 实现, 达成; 完成 [to procure money for one's education 为某人的受教育而设法弄钱] / **procurable** *a.*

prod [prɔd] *v.* ① 刺, 戳 ② 刺激; 促进, 激励 [Ruth needed no prodding to practice on her violin. 露丝在练小提琴方面很自觉。] ‖ *n.* ① 刺, 戳 ② 刺(或戳)的东西; 刺针, 刺棒; 锥

prodigal ['prɔdigəl] *a.* ① 非常浪费的, 挥霍的, 奢侈的 ② 不吝惜的, 十分慷慨的 ‖ *n.* 浪费者, 浪子 / **prodigality** [,prɔdi'gæliti] *n.*

prodigious [prə'didʒəs] *a.* ① 巨大的, 庞大的 ② 异常的, 惊人的, 奇妙的

prodigy ['prɔdidʒi] *n.* 奇才, 天才(尤指神童); 奇迹, 奇事, 奇物, 奇观

produce [prə'dju:s] *v.* ① 生产, 出产 [trees producing apples 苹果树 a well that produces oil 油井] ② 制造 ③ 出示 [Pro-

P

duce your fishing license. 出示你的钓鱼执照。④产生,引起〔The flood produced misery. 洪灾造成了悲惨的局面。〕⑤上演,演出,放映;出版 ‖ n. 〔'prɔdju:s〕〔总称〕产品,农产品;结果,成果/**producer** n.

product 〔'prɔdʌkt〕 n. ①产品,产物;产量②结果,成果③〔数〕(乘)积

production 〔prə'dʌkʃən〕 n. ①生产②产品,总产量;成果,(文艺)作品;(电影、戏剧等)摄制,演出

productive 〔prə'dʌktiv〕 a. ①丰饶的,多产的;肥沃的②生产的,生产性的③生产性结果的〔War is productive of much misery. 战争引起诸多灾难。〕/**productivity** 〔ˌprɔdʌk'tiviti〕 n.

profane 〔prə'fein〕 a. ①亵渎的,渎神的;不敬(神)的;不圣洁的②世俗的,非宗教的 ‖ v. 亵渎(圣物);玷污〔to profane a Bible by ripping its pages 通过撕书页来亵渎《圣经》〕/**profanely** ad. /**profanation** 〔ˌprɔfə'neiʃən〕 n.

profanity 〔prə'fæniti〕 n. ①渎神,使用亵渎的言语②亵渎的语言

profess 〔prə'fes〕 v. ①表示〔He professed his love for her. 他向她表示爱。〕自称,声称;承认;显得有,显示出〔He professed a friendship which he did not really feel. 他声称有一种他并未真正感觉到的友谊。〕②宣称信奉(宗教等)〔to profess Christianity 宣称信奉基督教〕④以…为业〔to profess medicine 行医〕

professsed 〔prə'fest〕 a. ①公开表示的,公开声称的;假装的

profession 〔prə'feʃən〕 n. ①(尤指从事脑力劳动或受过专门训练的)职业②〔总称〕同业,同行③表白;明言,声明

professional 〔prə'feʃənəl〕 a. ①职业的,专业的;业务的②职业性的,非业余的③由职业运动员从事的 ‖ n. 以某种职业为生的人(如职业运动员等);专业人员,内行/**professionalism** n. /**professionally** ad.

professor 〔prə'fesə〕 n. (大学)教授;

[美](泛指)教师,教员/**professorial** 〔ˌprɔfe'sɔ:riəl〕 a. /**professorship** n.

proffer 〔'prɔfə〕 v. 提供,贡献,提出〔to proffer friendship to a new neighbor 向一位新邻居表示友谊〕‖ n. 提供;贡献,提议,建议

proficient 〔prə'fiʃənt〕 a. 熟练的,精通的/**proficiency** n. /**proficiently** ad.

profile 〔'prəufail〕 n. ①(人的)侧面②侧面像③外形,轮廓;外观,形象④传略,人物简介

profit 〔'prɔfit〕 n. ①利润,赢利②益处,得益 ‖ v. ①有益于〔It will profit you to study hard. 努力学习会对你有益。〕②得益,利用;获利〔He profited by the sale. 他从销售中获利。〕

profitable 〔'prɔfitəbl〕 a. 有益的,有用的,有利可图的/**profitably** ad.

profiteer 〔ˌprɔfi'tiə〕 n. (趁物资缺乏等时)牟取暴利的人;投机商,奸商 ‖ v. 牟取暴利

profligate 〔'prɔfligit〕 a. ①恣意挥霍的,极其浪费的②放荡的,荒淫的 ‖ n. 放荡的人,浪子;恣意挥霍的人/**profligacy** n.

profound 〔prə'faund〕 a. ①深奥的,奥妙的;渊博的,造诣深的②深深的,极度的;深刻的③意味深长的,意义深远的,彻底的/**profoundly** ad.

profundity 〔prə'fʌnditi〕 n. ①深奥;深刻;深厚;深处;深度②深奥的事物;深刻的思想;意义深刻的话

profuse 〔prə'fju:s〕 a. ①极其丰富的,充沛的;过多的②毫不吝惜的,十分慷慨的/**profusely** ad. /**profuseness** n.

profusion 〔prə'fju:ʒən〕 n. 充沛,丰富,大量

prognostic 〔prɔg'nɔstik〕 a. 预兆的,预示…的 ‖ n. 预兆,先兆

prognosticate 〔prɔg'nɔstikeit〕 v. 预言,预示,预兆/**prognostication** n.

program 〔'prəugræm〕 n. ①节目,表演②节目单,说明书③纲领,要领;计划,方案 ‖ v. ①为…安排节目;把…列入节目②

P

progress ['prougres, 'progres] n. ①前进，行进②进步，上进；发展 ‖ v. [prə'gres]①前进,行进②进行,进展,进步[Science has helped man progress. 科学有助于人类的进步。]

progression [prə'greʃən] n. ①前进,行进②(行为、动作、事件等的)接续,连续,一系列③[数]级数

progressive [prə'gresiv] a. ①向前进的;前进中的②进步的,进步的;主张改革的,主张革新的 ‖ n. 进步分子,进步人士;革新主义者,改良主义者/**progressively** ad.

prohibit [prə'hibit] v. ①禁止[Smoking is prohibited in this building. 禁止在此楼吸烟。]②阻止[A high wall prohibited us from going farther. 一堵高墙挡住了我们的去路。]

prohibitive [prə'hibitiv] a. 禁止(性)的;(对使用、滥用或购买等)起阻止作用的,抑制的

project ['prɔdʒekt] n. 方案,计划,规划工程 ‖ v. [prə'dʒekt]①设计,规划,计划[our projected trip next summer 我们已计划好的明年夏天的旅行]②投掷,发射,喷射③[使凸出,突出[The shelf projects from the wall. 架从墙上凸出。]④投射(阴影等);映[to project motion pictures on a screen 把影片放映在银幕上]

projection [prə'dʒekʃən] n. ①设计,规划,投掷,发射,凸出②投影图;凸出物

projector [prə'dʒektə] n. (电影)放映机,幻灯,映画器

proletarian [.prəulə'teəriən] a. 无产阶级的,(大工业的)工人阶级的 ‖ n. 无产者;产业工人,劳工

proletariat [.prəulə'teəriət] n. 无产阶级,(大工业的)工人阶级

prolific [prə'lifik] a. ①有生殖力的,多育的②多产的/**prolifically** ad.

prolix ['prouliks] a. 冗长的,啰唆的/**prolixity** n.

prologue ['proulɔg] n. ①序诗(戏剧的)开场白[正戏开始前通常由主要角色朗诵的)诗白;序幕②(一系列事件的)开端,[喻]序幕

prolong [prə'lɔŋ] v. 延长;拉长;拖延[We prolonged our visit by another day. 我们把访问时间延长一天。Don't prolong the suspense. 别让人老挂念着。]

prolongation [.prəulɔŋ'geiʃən] n. ①延长;拉长;拖延②延长的部分

prominence ['prɔminəns] n. ①突起,凸出;显著,突出,杰出②凸起物(如小山等)

prominent ['prɔminənt] a. ①突起的,凸出的②杰出的,卓越的,重要的;著名的③突出的;显著的/**prominently** ad.

promiscuous [prə'miskjuəs] a. ①无区别的;无选择的②混杂的,杂乱的,乱七八糟的/**promiscuity** [.prɔmis'kju(ː)iti] n./**promiscuously** ad.

promise ['prɔmis] n. ①允诺,诺言;字据②(有)指望,(有)出息,(有)前途 ‖ v. ①允诺,答应[I promised mother to be home by ten. 我答应母亲十点前回家。]②答应给予[I promised my help. 我答应给予帮助。]③给人以…的指望,有…的可能;预示[Clear skies promise good weather. 晴空预示着好天气。]

promising ['prɔmisiŋ] a. 有指望的,有希望的,有出息的,有前途的

promissory ['prɔmisəri] a. 表示允诺的;约定的

promote [prə'məut] v. ①提升;使(学生)升级[Corporal Brown was promoted to sergeant. 布朗下士被提升为中士。]②促进,发扬;助长;提倡,增进[to promote the general welfare 全民福利的提高]③发起,创立(企业等)/**promoter** n. /**promotion** n.

prompt [prɔmpt] a. ①及时的,立刻的②迅速的,敏捷的,干脆的,果断的 ‖ v. ①敦促,促使;激起[Tyranny prompted them to revolt. 暴政激起了他们的反叛。②为(演员)提白,给……提词〔to prompt an actor when he forgets a line 演员忘了台词时给他提示〕③激励,鼓舞,引起〔Gay music prompts happy thoughts. 轻快的音乐引起幸福的联想。〕/**promptly** ad. / **promptness** n.

prompter ['prɔmptə] n. 提白员,提词员;提示者

promptitude ['prɔmptitju:d] n. 敏捷,迅速;果断

promulgate ['prɔməlgeit] v. ①颁布,公布,宣布〔to promulgate a law 颁布法律〕②散播,传播〔to promulgate a rumor 散布谣言〕/**promulgation** n. /**promulgator** n.

prone [prəun] a. ①有……倾向的,易于……的②俯伏的,面向下的③倾斜的;陡的/**proneness** n.

prong [prɔŋ] n. ①叉子,干草耙②尖头;(叉、耙的)尖;齿尖,鹿角尖/**pronged** a.

pronoun ['prəunaun] n. [语]代(名)词

pronounce [prə'nauns] v. ①发……的音;注……的音〔How do you pronounce "leisure"? 你怎样念"leisure"这个词?〕②宣布,宣称,宣告,断言,表示〔I now pronounce you man and wife. 现在我宣布你们为夫妻。〕

pronounced [prə'naunst] a. 显著的,明显的,明确的,决然的

pronouncement [prə'naunsmənt] n. 声明;公告,文告

pronunciation [prəˌnʌnsi'eiʃən] n. ①发音②发音方法

proof [pru:f] n. ①证据;物证;[法]证词②证明,论证③检验,考验④(版面或照相的)样张⑤[印]校样 ‖ a. 不能穿过的,能抵挡的

-proof [pru:f] [后缀]表示"不透……的","防……的","抗……的"〔Waterproof cloth resists wetting by water. 防水布不透水。〕

proofread ['pru:fri:d] v. 校对;校正(校样等)/**proofreader** n.

prop [prɔp] n. ①支柱;撑材,支持物②(机关、企业等的)支持者,拥护者;后盾,靠山 ‖ v. ①支撑,支持〔to prop up a sagging roof 撑住下陷的屋顶〕②斜靠在……上〔He propped his back against a pillow. 他把后背斜靠在枕头上。〕

propaganda [ˌprɔpə'gændə] n. 宣传,传道;宣传之言论或信仰;不实的消息或资料/**propagandist** n.

propagandize [ˌprɔpə'gændaiz] v. 宣传,传播;传道

propagate ['prɔpəgeit] v. ①繁殖,增殖〔Animals and plants propagate their species. 动植物都繁殖后代。〕②使再生,养育〔to propagate pine trees 种松树〕③传播,宣传;传送,传导〔to propagate ideas 传播思想〕/**propagation** n.

propel [prə'pel] v. 推进,推动〔a rocket propelled by liquid fuel 由液态燃料推动的火箭〕

propellant [prə'pelənt] n. 推进者,推进剂;推进剂,火箭燃料,发射剂

propellent [prə'pelənt] a. 推进的,有推动力的 ‖ n. 同 propellant

propeller [prə'pelə] n. (轮船、飞机上的)螺旋桨,推进器

propensity [prə'pensiti] n. (性格上的)倾向;嗜好,癖好

proper ['prɔpə] a. ①适合的,适当的②合乎体统的;正当的,规矩的,正经的③高尚的〔用在名词后面〕严格意义上的,本身的〔Boston proper 波士顿市区(不包括郊区)〕④特有的,专门的/**properly** ad.

proper fraction [数]真分数

proper noun 专有名词

property ['prɔpəti] n. ①财产,资产,(房)地产②性质,性能;特性,特征③(戏剧或电影的)道具

prophecy ['prɔfisi] n. ①预言,预言能力②预言之事物

prophesy ['prɔfisai] v. ①预言,预告,预示〔to prophesy a change 预言变化〕②受神启示而说出(或写出)

prophylactic [ˌprɔfi'læktik] a. [医]预防(性)的 ‖ n. 预防剂;预防器;预防法;避孕用品

propinquity [prə'piŋkwiti] n. 接近,邻近;近亲关系

propitiate [prə'piʃieit] v. 劝解;抚慰;使息怒;谋求…的好感 [sacrifices made to propitiate the gods 用来敬神的祭品] ‖ **propitiation** n.

propitious [prə'piʃəs] a. ①顺利的;有利的,适合的②(神等)慈悲的;吉祥的/ **propitiously** ad.

proponent [prə'pəunənt] n. 建议者,提议者;支持者;辩护者

proportion [prə'pɔːʃən] n. ①比,比率,比例②均衡,相称,调和③部分,份儿 ‖ [数]比例,比例法⑤面积;容积;大小 ‖ v. ①使成比例,使匀衡 [a well proportioned statue 一尊比例协调的雕像]②使协调,使匀衡 [proportion the punishment to the crime 罚罚相当]

proportional [prə'pɔːʃənl] a. 成比例的,有比例性的②相称的,均衡的,调和的/ **propotionally** ad.

proportionate [prə'pɔːʃənit] a. 成比例的;相称的;均衡的/ **proportionately** ad.

proposal [prə'pəuzəl] n. ①(建议等的)提出,提议,建议②计划③求婚

propose [prə'pəuz] v. ①提议,建议,提出;提(名),推荐[I propose Tom for treasurer. 我推荐汤姆掌管财务。]②打算,计划[He proposes to leave us. 他打算离开我们。]③求(婚)

proposition [ˌprɔpə'ziʃən] n. ①提议,建议,计划②提案,论题,主题;(讨论)③[数]命题

propound [prə'paund] v. 提出(问题等)供考虑(或讨论),建议,提议[to propound a new theory 提出一个新理论]

proprietary [prə'praiətəri] a. ①专有的,专卖的②有财产的③所有人的,业主的[proprietary rights 所有权]

proprietor [prə'praiətə] n. 所有人,业

主/**proprietress** n. 女所有人,女业主

propriety [prə'praiəti] n. ①[常用复]礼仪,礼节②适当;妥当,正当;得体,合宜;礼貌

propulsion [prə'pʌlʃən] n. ①推进;被推进②推进力

prosaic [prəu'zeiik] a. ①散文的,散文的②无诗意的,平凡的,无聊的/ **prosaically** ad.

proscribe [prəu'skraib] v. ①禁止;排斥,谴责[Candy is proscribed for children by most dentists. 多数牙医不赞成给孩子吃糖果。]②剥夺(公民)的法律保护权,使失去法律保护,把…充军,把…放逐/ **proscription** [prəu'skripʃən] n.

prose [prəuz] n. 散文;平铺直叙的文体;乏味的话,无聊的议论

prosecute ['prɔsikjuːt] v. ①对…起诉,告发;检举,依法进行②彻底进行,坚持(做);不停地做[to prosecute one's studies 坚持进行研究]

prosecution [ˌprɔsi'kjuːʃən] n. ①起诉;告发,检举②[总称]原告及其律师③彻底进行;执行;从事

prosecutor ['prɔsikjuːtə] n. 原告,起诉人;检察官,公诉人

proselyte ['prɔsilait] n. 改变宗教信仰(或政治信仰、意见等)的人,改入他党者 ‖ v. 同 proselytize

proselytize ['prɔsilitaiz] v. 使改变宗教信仰(或政治信仰、意见)

prospect ['prɔspekt] n. ①预期,展望,指望②[常用复](成功、得意等的)可能性,机会;前程,前景③可能成为主顾(或委托者)的人,可望有利益的人;有希望的候选人④视野;景色,境界 ‖ v. 勘探(矿藏);找矿[prospecting for uranium 找铀矿]/**in prospect** 期望中的,展望中的

prospective [prə'spektiv] a. 预期中的,盼望中的,未来的,即将产生(或发生)的[prospective parents 即将为人父母]

prospector [prɔs'pektə] n. (矿藏等的)

P

勘探者

prospectus [prəs'pektəs] n.（创办学校、企业等的）计划书,发起书,说明书

prosper ['prɔspə] v. 繁荣,昌盛,成功〔The town prospered when oil was discovered nearby. 附近发现石油后这个城镇就繁荣起来了。〕

prosperity [prɔs'periti] n. 繁荣,昌盛,幸运,成功

prosperous ['prɔspərəs] a. 繁荣的,昌盛的,成功的,富裕的/**prosperously** ad.

prostitute ['prɔstitjuːt] n. 妓女,娼妓;出卖节操者‖v. 出卖（名誉等）;滥用（才能等）〔to prostitute one's talent 糟蹋自己的才华〕/**prostitution** n.

prostrate ['prɔstreit] a. ①俯伏的,（表示崇拜或顺从等而）拜倒的②俯卧的,平卧的;倒在地上的③被征服的,降服的,屈服的,衰竭的,疲惫的‖v. ①使俯卧,使拜倒,使匍匐②使屈服;使衰竭,使疲惫意〔prostrated by illness 病得大伤元气〕/**prostration** n.

prosy ['prəuzi] a. 单调的,乏味的,啰嗦的

protect [prə'tekt] v. 保护,防护,警戒〔armor to protect the knight's body 为骑士护体的盔甲〕/**protector** n.

protection [prə'tekʃən] n. ①保护,防护,警戒②保护者,保护物

protective [prə'tektiv] a. ①保护的,防护的②保护贸易的/**protectively** ad.

protectorate [prə'tektərit] n. ①保护国,保护领地②（较强国对较弱国的）保护关系

protege ['prəuteʒei] n. 被保护人,门徒,门生

protein ['prəutiːn] n.〔生化〕朊,蛋白质

protest [prə'test] v. ①提出抗议,抗议〔to protest against injustice 抗议不公〕②明言,断言;主张,坚决表示〔Bill protested that he was glad to help. 比尔坚决表示他乐意帮忙。〕‖n. ['prəutest] 抗议,反对,明言,主张/**under protest** 抗议着;持异议地;极

不乐意地

protestation [ˌprɔtes'teiʃən] n. 抗议,异议,反对;明言,断言,主张;郑重声明〔protestations of love 明确的爱的表示〕

proton ['prəutɔn] n.〔物〕质子

protoplasm ['prəutəplæzəm] n.〔生〕原生质,原浆,细胞质

prototype ['prəutətaip] n. 原型,典型,范例,样板,标准

protract [prə'trækt] v. ①延长,拖延〔protracted arguments 拖延时间的辩论〕②伸出,扩展

protractor [prə'træktə] n. 量角器,分度规

protrude [prə'truːd] v. 使伸出,使突出〔protruding front teeth 突出的门牙〕/**protrusion** [prə'truːʒən] n.

protuberance [prə'tjuːbərəns] n. 隆起部;突出物/**protuberant** a.

proud [praud] a. ①自尊的,自尊心的②骄傲的,妄自尊大的,自高自大的;高傲的③自豪的,得意的;高兴的④辉煌的,壮丽的;堂皇的/**proud of** 以…为荣;为…沾沾自喜/**proudly** ad.

prove [pruːv] v. ①证明,证实〔Your grades prove that you know how to study. 你的成绩证明你知道如何学习。〕②检验,实验;考验〔A proving ground is a place for testing new equipment as aircraft. 实验场是用来检验新装备（比如飞机）的地方。〕③结果(是),证明(是),原来(是)〔Your guess proved right. 你的猜测证明是对的。〕

proverb ['prɔvə(ː)b] n. 谚语,格言,箴言

proverbial [prə'vəːbjəl] a. ①谚语的,格言式的②众所周知的;闻名的/**proverbially** ad.

provide [prə'vaid] v. ①作准备,预防〔to provide for rain by taking umbrellas 带把雨伞以防下雨〕②提供〔The school provides free books. 学校免费提供书本。〕③规定〔Our lease provides that rent will be paid monthly. 我们的租约规定租金按月支

付。]

provided [prə'vaidid]*conj.* 以…为条件，假如[You may go swimming provided you come home early. 假如你能早点回家，就可以去游泳。]

providence ['prɔvidəns]*n.* ①远见，远虑，准备，预备②上天的保佑，天意，天命③Providence 天公，上帝/**provident** *a.*/**providential** [,prɔvi'denʃəl]*a.*

province ['prɔvins]*n.* ①省②[复]地方；乡间③本分，职责，职权④学术领域，部门

provincial [prə'vinʃəl]*a.* ①省的②外省的；地方的，乡间的③乡气的，粗野的④地方性的，偏狭的/*n.*①一省的居民；地方居民，外省人，乡下人②兴趣(或眼界)狭窄的人；粗野的人/**provincialism** *n.*

provision [prə'viʒən]*n.* ①供应，提供②供应品；预备；防备；措施③存粮，粮食，食物，口粮，给养④规定，条款‖*v.* 向…供应粮食(或给养)[to provision an army 向部队供给给养]

provisional [prə'viʒənl]*a.* 临时的，暂时性的，暂定的/**provisionally** *ad.*

provocation [,prɔvə'keiʃən]*n.* ①挑衅，挑拨，惹起，激怒，刺激②激怒的原因，惹人恼火的事

provocative [prə'vɔkətiv]*a.* 挑衅的，挑拨的，挑逗的，激怒的；引起争论的

provoke [prə'vəuk]*v.* ①激怒；刺激；惹…挑衅[It provoked me to see such waste. 看见这种浪费现象真令我生气。]②引起，激起，惹[His antics provoked a smile from the sick child. 他的滑稽动作引得了个病孩发笑。]

prowess ['prauis]*n.* ①杰出的才能(或技巧等)；技术，本领②英勇，勇猛

prowl [praul]*v.* ①(野兽等)四处觅食；暗中来回寻觅；徘徊；潜行/on the prowl 徘徊，潜行/**prowler** *n.*

proximity [prɔk'simiti]*n.* 最近；接近；亲近；近似

proxy ['prɔksi]*n.* ①代理人，代表人②

(对代理人的)委托书③代理权，代表权④代理，代表

prude [pru:d]*n.* 过分拘谨的人，故作守礼或谦逊的人

prudent ['pru:dənt]*a.* 谨慎的，慎重的，深谋远虑的；精明的/**prudence** *n.*/**prudently** *ad.*

prudential [pru(:)'denʃəl]*a.* 谨慎的，慎重的，深谋远虑的

prudery ['pru:dəri]*n.* ①过分守礼或谦逊，假正经，装规矩②过分守礼或谦逊的行为或言行

prudish ['pru:diʃ]*a.* 过分守礼或谦逊的，装得规规矩矩的，过分守礼谦逊之人的/**prudishly** *ad.*/**prudishness** *n.*

prune [pru:n]*v.* ①修剪(树枝等)[to prune hedges 修剪树篱]②删除，删节；删改，删掉[to prune a novel 删改一篇小说]

pry¹ [prai]*v.* ①(用杠杆等)撬，撬起，撬动②费力于得到[to pry money from a miser 从吝啬鬼那儿弄到钱]‖*n.* [复]杠杆，撬具

pry² [prai]*v.* 窥探，盯着看，打听，探问[Don't pry into my affairs. 别打听我的私事。]

pseudo ['sju:dəu]*a.* 假的，伪的，冒充的[a pseudo science 伪科学]

pseudonym ['sju:dənim]*n.* 假名，笔名

psychedelic [,saikə'delik]*a.* ①迷幻药的，幻觉剂的，迷幻药的，服用迷幻药的②致迷幻的，引起幻觉的；(怪异的色、光、形或电声)造成迷幻效果的

psychiatrist [sai'kaiətrist]*n.* 精神病医生，精神病专家

psychiatry [sai'kaiətri]*n.* 精神病学/**psychiatric** [,saiki'ætrik]*a.*

psychic ['saikik], **psychical**['saikikəl]*a.* ①超自然的，超已知物理学的②对超自然力量敏感的，通灵的③心灵的，精神的，灵魂的，心理的/**psychically** *ad.*

psychological [,saikə'lɔdʒikəl]*a.* ①心理学的，使用心理学的②心理(上)的③最适当的，最有利的/**psychologically**

ad.

psychology [sai'kɔlədʒi] *n.* ①心理学②心理,心理特点/**psychologist** *n.*

psychosis [sai'kəusis] *n.* 精神病,精神变态/**psychoses** [sai'kəusiːz] [复]

psychotic [sai'kɔtik] *a.* 精神病的,患精神病的 ‖ *n.* 精神病患者/**psychotically** *ad.*

pub [pʌb] *n.* [主英]酒店,酒吧

puberty ['pjuːbə(ː)ti] *n.* 发育,青春期

public ['pʌblik] *a.* ①公(有)的,公众的②公用的,公共的③为大众的,公众事务的④知名的,众所周知的 ‖ *n.* ①公众,民众,众人②(有共同兴趣、参加共同活动或有共同特点的)一群人,(某一部分的)社会人士/**in public** 公开地,当众

publication [ˌpʌbliˈkeiʃən] *n.* ①出版物②出版,发行③发表,公布

publicist ['pʌblisist] *n.* ①(报纸等的)时事评论员②广告商,宣传员,公关人员

publicity [pʌbˈlisiti] *n.* ①宣传,宣扬②(公众的)注意,名声③(向报界等散发的)宣传材料,广告

publicize ['pʌblisaiz] *v.* 宣传,公布;为…做广告

publicly ['pʌblikli] *ad.* ①当众,公开地;明显地[sold publicly at an auction 公开拍卖]②由公众,由政府(出资或持有等)[a publicly owned park 国有公园]

publish ['pʌbliʃ] *v.* ①发表,宣传;出版,发行;刊印②公布,发布[to publish a secret 把秘密公布于众]

publisher ['pʌbliʃə] *n.* 出版(或发行)者,出版(或发行)公司,出版商;(报社)业主,(报刊)发行人

pucker ['pʌkə] *v.* ①折叠;使起皱[to pucker the brow in frown 皱起眉头 to pucker cloth by pulling a thread 抽线使布起皱]②缩拢(嘴唇) ‖ *n.* 皱纹;皱褶

puddle ['pʌdl] *n.* 水坑,泥坑,泥潭[puddles after the rain 雨水坑]

puddling ['pʌdliŋ] *n.* 搅炼法,搅炼法

pudgy ['pʌdʒi] *a.* 矮胖的,圆胖的,短而

粗的

puff [pʌf] *n.* ①一喷,一吹;一阵,一股(气味,烟等);噗的一声②松饼(③蓬松的发卷④吹捧性的短文(或书评、广告等) ‖ *v.* ①(一阵阵地)吹(或喷)[The wind puffed out the flame. 风吹灭了火焰。]②喷着烟(或蒸气)移动[The steam engine puffed uphill. 蒸汽机车喷着气上山。]③喘气④膨胀,充气;鼓起来[The sails puffed out in the breeze. 帆在风中鼓了起来。]⑤吹捧(书等),为(商品)作广告⑥吸(烟等)[to puff a cigar 吸烟斗]⑦使(头发)成松的发卷,使松软/**puffer** *n.*

puffy ['pʌfi] *a.* ①膨胀的,肿胀的,肿大的,鼓起的②一阵阵地吹(或喷)的/**puffiness** *n.*

pule [pjuːl] *v.* (小孩等)抽噎地哭,呜咽,低泣

pull [pul] *v.* ①拉,拖,牵[to pull a sled 拉雪橇 to pull up a sock 穿上袜子]②拔,抽出[to pull a tooth 拔牙]③撕开,扯开[The shutter pulled loose in the storm. 百叶窗在暴风雨中撕扯松了。]④过分用力而弄伤,拉伤[to pull a muscle 拉伤了肌肉]⑤能被拉(或)拖拽[This wagon pulls easily. 这辆马车容易拉动。]⑥划船,行驶⑦疾走,跑[Tony跑在其它运动员的前面。]⑦实行,做,干[to pull a trick 搞鬼] ‖ *n.* ①拉,拖,牵;拉力,拖力,牵引力②供拉的东西,拉手,把手[a drawer pull 抽屉上的把手]③[俚]影响力,门路,有利条件/**pull for** 希望…成功,向…鼓气/**pull off** 努力实现,赢得/**pull oneself together** 振作起来,恢复镇定 pull through 使渡过危机;使渡过(危险等);(使)恢复健康/**pull up** ①拔掉,根除②(使)停下③(在赛马等中)追上,赶上去/**puller** *n.*

pulley ['puli] *n.* 机滑轮,滑车,辘轳,皮带轮

pulmonary ['pʌlmənəri] *a.* 肺的,肺状的,侵犯肺的

pulp [pʌlp] *n.* ①果肉②髓,牙髓③浆状

物;纸浆;矿浆/**pulpy** a.

pulsate ['pʌlseit] v. ①(脉等)搏动,(心脏)跳动,有节奏地鼓动②震动,抖动/**pulsation** n.

pulse [pʌls] n. ①脉搏,脉的一次跳动②有节奏的跳动(或拍打) ‖ v. 搏动,跳动,拍打,震动〔The music pulsed in his ears. 乐拍在他耳边响起伏。〕

pulverize ['pʌlvəraiz] v. ①使成粉末,研磨②粉碎,彻底摧毁〔The bombs pulverized the city. 炸弹彻底摧毁了这座城市。〕

puma ['pju:mə] n. 美洲狮

pump [pʌmp] n. 泵,抽(水)机,唧筒 ‖ v. ①用抽机械(液体)②用打气筒打气〔to pump water from a well 从井里抽水 to pump air into a tire 把气打入轮胎〕②用泵抽干(或空)〔to pump out a flooded basement 用泵抽干水淹了的地下室〕③(用泵)抽运〔The heart pumps blood. 心脏输送血液。〕④(像唧筒把手或活塞等)上下往复运动〔His legs kept pumping as the bicycle climbed the hill. 骑自行车爬山时,他的两腿不停地上下运动。〕⑤向…不断提问(或追问)〔The police pumped the suspect. 警察不断地向嫌疑犯发问。〕

pumpkin ['pʌmpkin] n. 南瓜

pun [pʌn] n. 双关诙谐语,双关语 ‖ v. 用双关语

punch [pʌntʃ] n. ①(纸、纸板等的)打孔器,穿孔机②冲压机,冲床③用拳猛击 ‖ v. ①用拳猛击②(用打孔器等)上打孔③赶(牲口),放牧(牲口)

punctilious [pʌŋk'tiliəs] a. ①拘礼的;拘谨的②审慎的,小心谨慎的,非常准确的

punctual ['pʌŋktjuəl, 'pʌŋktʃuəl] a. 严守时刻的,守时的,不误期的,即时的,迅速的,准时的/**punctuality** n. /**punctually** ad.

punctuate ['pʌŋktjueit, 'pʌŋktʃueit] v. ①加标点于,在…中加标点〔to punctuate a sentence 给句子加标点〕②不时打断〔a speech punctuated with applause 不时被掌

声打断的讲话〕

punctuation [ˌpʌŋktju'eiʃən, ˌpʌŋktʃu'eiʃən] n. ①点标点;标点法②标点符号

puncture ['pʌŋktʃə] n. ①刺,穿刺,刺痕,(车胎等的)刺孔 ‖ v. ①(用针)刺,刺穿,戳破〔to puncture a balloon 刺破气球〕②削弱,损坏,揭穿,使无用〔to puncture one's pride 削弱某人的傲气〕

pungent ['pʌndʒənt] a. ①(气味等)刺激性的,刺鼻的,辣的②(语言等)辛辣的,尖刻的,尖锐的,敏锐的,敏捷的〔pungent criticism 尖锐的批评 pungent wit 机智〕/**pungency** n. /**pungently** ad.

punish ['pʌniʃ] v. ①惩罚,痛击②处罚,惩罚;罚〔to punish murder with death 对犯谋杀罪的人处以死刑〕③粗暴(或严厉)地对待,损害〔The rough gravel punished his feet. 粗砂砾磨破了他的脚。〕

punishable ['pʌniʃəbl] n. (人或罪行)该罚的,可受惩处的

punishment ['pʌniʃmənt] n. ①猛烈的对待,折磨,痛击,损害②罚,处罚,惩罚;刑罚

punitive ['pju:nitiv] a. (用以)惩罚的,惩罚性的;刑罚的

punk [pʌŋk] n. ①半朽的木头;(点火用的)干燥朽木②(干燥蕈类制的)火绒、(点爆竹用的)细棒状点火物

puny ['pju:ni] a. 弱小的,软弱无力的

pup [pʌp] n. ①小狗,犬幼②幼畜,幼兽(尤指小海豹)

pupa ['pju:pə] n. 蛹/**pupae** ['pju:pi:], **pupas**[复]

pupil ['pju:pl] n. ①小学生,学生;门生,弟子②[解]瞳孔

puppet ['pʌpit] n. ①(演木偶戏用的)木偶,玩偶②受他人操纵的人,傀儡

purblind ['pə:blaind] a. ①半瞎的,半盲的②迟钝的,愚笨的

purchase ['pə:tʃəs] v. ①买,购买②赢得,(用牺牲等)换得〔The hero purchased fame with his life. 这位英雄以生命赢得了荣誉。〕 ‖ n. ①所购物②购买〔his purchase of a house 他购置的房屋③(用以移动或升举重物或防止其滑落而用的)紧握,紧绕;牢靠的立足点/**purchaser** n.

pure [pjuə] a. ①不搀杂的,纯粹的②纯净的,洁净的,无垢的(品德等)纯洁的,清白的④完全的,十足的,纯的⑤仅仅的⑤纯理论的,抽象的(区别于 applied science 应用科学)/**purely** ad. /**pureness** n.

purgative [ˈpəːgətiv] n. 泻药‖a. 净化的,清洗的,通便的

purgatory [ˈpəːgətəri] n. ①[宗]炼狱;(在炼狱中的)涤罪②暂时受苦的地方,暂时的苦难/**purgatorial** a.

purge [pəːdʒ] v. ①使洁净,使净化;清除,清洗[to purge a city of slums 清除城市的贫民窟]②用药物使(肠)通便‖n. ①净化;清除,清洗②泻药

purify [ˈpjuərifai] v. 使纯净,使洁净,使净化;提纯,精炼[to purify water by filtering it through sand 通过沙子过滤使水净化]/**purification** n.

purity [ˈpjuəriti] n. 纯净;纯洁,清白;纯正

purl [pəːl] v. (溪水等)潺潺地流,潺潺作响‖n. (流水的)潺潺声

purple [ˈpəːpl] n. ①紫色,紫红色②紫色布;(尤指帝王、高级官员等所穿以示显贵的)紫袍,紫衣‖a. 紫的,紫红的

purport [pəˈpɔːt] v. 意味,声称,号称[a book that purports to give the true facts 一本自称揭示了事情本来面目的书]‖n. [ˈpəːpɔːt]意义,含义,主旨[What is the purport of his message? 他的电文的主要内容是什么?]

purpose [ˈpəːpəs] n. ①意图,目的②效果,效用,意义③决意(做),打算(做)/**on purpose** 故意地/**to good purpose** 有益地,有成效地/**to little , no purpose** 几乎(或根本)徒劳地,少有(或无)成效地/**purposeful** a. /**purposeless** a.

purposely [ˈpəːpəsli] ad. 特意地,故意地

purse [pəːs] n. ①钱包,小钱袋②女用手提包③(募集或捐赠的)一笔款子,一笔奖金‖v. 缩拢;皱起

purslane [ˈpəːslin] n. [植]马齿苋

pursuance [pəˈsjuːəns] n. ①追赶,追求②进行,实行,从事,继续进行

pursuant [pəˈsjuːənt] a. 追赶的,追求的,依据的,按照的/**pursuant to** 按照[He will leave now, pursuant to our plans. 根据现在的计划,他现在就走。]

pursue [pəˈsjuː] v. ①追赶,追捕,追寻[to pursue a runaway horse 追赶一匹脱缰的马]②进行,实行;从事,继续[She pursued a career in science. 她从事科学职业。]③追求,寻求[to pursue knowledge 追求知识]④追随,跟随,(疾病、灾祸等)纠缠[Bad luck still pursued him. 厄运仍在纠缠着他。]/**pursuer** n.

pursuit [pəˈsjuːt] n. ①追赶,追捕,追求,寻求②职业,消遣,娱乐活动

push [puʃ] v. ①推,推动,推进[to push a stalled car 推一辆陷进泥里的汽车 to push a stake into the ground 把木桩推进土里]②使劲推(或操)[He pushed through the crowd. 他从人群中挤过。]③逼迫,催逼,促使[He pushed the men to work faster. 他催着那些人快点干。]④推销(商品)[The company is pushing its new product. 这家公司正在推销新产品。]‖n. ①推②劲头,进取心,事业心,毅力/**push on** 推进,推进,努力向前/**pusher** n.

pusillanimous [ˌpjuːsiˈlæniməs] a. 胆怯的,怯懦的,优柔寡断的/**pusillanimity** [ˌpjuːsiləˈnimiti] n.

pussy [ˈpusi] n. [复]猫

pussyfoot [ˈpusifut] v. ①(猫一般地)偷偷地走,轻轻地走②[喻]抱骑墙态度,不表态,观望[The candidate pussyfooted on the subject of taxes. 候选人在税收问题上态度暧昧。]

put [put] v. ①放,摆,装,使处于特定位置[Put soap in the water. 把肥皂放进水里。]

Put the books side by side. 把这些书一本挨一本平放着。②使处于特定状态〔The sound of the waves put him to sleep. 波涛声使他睡着了。〕③表达,表述,说〔Can you put the problem in simple words？你能把问题用简单的话说清楚吗？〕④使变过;插,扎〔The tree has put down roots. 这棵树已扎下根。〕⑤给予,投入,投资;课(税),征(税)〔He put a price of ＄10 in the rug. 他买地毯花了十美元。The government put a tax on luxuries. 政府对奢侈品征税。〕⑥出发,走〔The fleet put out to sea. 船队出航了。〕⑦投掷,发射〔to put the shot 推铅球〕/**put about** (使…)转向,〔海〕使掉转航向/**put across**〔俚〕使被人接受(或理解);(尤指用欺骗手段)做成功,完成/**put aside, put away, put by** 储存…备用/**put down**①平定,镇压,取缔②记下,写下③〔俚〕贬低,轻蔑,羞辱;冷落/**put forth** 生出,长出(叶等)/**put off**①推迟,拖延②搪塞;设法使…等待,暂时把…打发掉;敷衍/**put on**①穿上,戴上②假装,装出,伪称有及③上演(戏剧等)/**put out**①欺骗,愚弄/**put out**①赶走,撵走,解雇②熄灭,关熄,灭(火)③困扰,使不安;激怒;麻烦/**put over** (尤指用不当手段)搞成,做成,做(难做的事)/**put through**①做成,完成〔to put through a business deal 做成一桩生意〕②使从事,使经受;测试〔He put the horse through its paces. 他测试这匹马的本领。〕/**put up**①把…拿出来出售(拍卖、竞争)〔to put up a house for sale 出售一幢房子〕②包装;把…(加工)贮藏起来,把…装罐③建造,搭建④为…提供住处;住宿;接待⑤提供(资金等)⑥唆使,做〔His friends put him up to it. 他的朋友们唆使他做那件事。〕/**put upon** 利用,占…的便宜/**put up with** 忍受,容忍(讨厌的人或物)

putrefy ['pju:trifai] v. (使)化脓,(使)腐烂,(使)腐败/**putrefaction**[,pju:tri'fækʃən] n.

putrid ['pju:trid] a. ①腐烂的,腐败的②腐臭的〔a putrid smell 臭味〕

putter ['pʌtə] v. 闲逛,闲荡;行动懒散〔He puttered around the house all day. 他整天在房子周围闲逛。〕

putty ['pʌti] n.〔建〕油灰,腻子;油灰状粘性材料 ‖ v. 用油灰接合(或填塞)

puzzle ['pʌzl] n. ①难题;迷惑,困惑②测验智力的问题(或玩具),谜〔a jigsaw puzzle 拼板玩具〕‖ v. ①使迷惑,使为难,使窘困〔Her strange behavior puzzled them. 她奇怪的行为使他们困惑不解。〕②冥思苦想,苦思〔She puzzled a long time over his question. 她对他的问题苦思良久。〕/**puzzle out** 苦苦思索而弄清楚(或解决)/**puzzlement** n.

pyramid ['pirəmid] n. ①〔数〕棱锥(体),角锥(体)②角锥状物;(古埃及建造的)金字塔 ‖ v. 建成(或形成)方尖塔/**the Pyramids** 古埃及三大金字塔

pyramidal [pi'ræmidl] a. 金字塔形的,角锥体的,金字塔形的,角锥状的

pyre ['paiə] n. 供燃烧的大堆木料;火葬用的柴堆

pyrite ['paiərait] n.〔矿〕黄铁矿,天然的二硫化铁

pyrites [pai'raiti:z] n.〔矿〕硫化矿类

pyromania [,paiərəu'meinjə] n. 放火狂,纵火狂

pyromaniac [,paiərəu'meiniæk] n. 放火狂者,纵火狂者

pyrotechnics [,paiərəu'tekniks] n.〔复〕①烟火制造术,烟火施放法②(烟火,烟火信号(弹);烟火会③(演奏技巧等的)出色表演,炫示/**pyrotechnic, pyro-technical** a.

pyrrhic victory ['pirik] n. 付极大代价而得到的胜利

python ['paiθən] n.〔动〕蟒蛇,巨蛇

P

$\mathcal{Q}$ q $\mathcal{Q}$ q

Q, q〔kiu:〕英语字母表中的第十七个字母/**Q's**, **q's**〔kju:tz〕〔复〕

quack〔kwæk〕*n.* ①庸医, 江湖医生 ②冒充内行的人, 骗子 ‖ *a.* 庸医的, 骗人的, 假的

quadrangle〔'kwɔdræŋgl〕*n.* ①四角形, 四边形 ②(有建筑物围着的) 四方院子 ③(围着四方院子的) 建筑物/**quadrangular**〔kwɔ'dræŋgjulə〕*a.*

quadrant〔'kwɔdrənt〕*n.* ①四分之一圆周, 九十度弧; 四分之一圆 ②〔天〕〔海〕象限仪

quadrennial〔kwɔ'dreniəl〕*a.* ①每四年一次的 ②连续四年的/**quadrennially** *ad.*

quadrilateral〔kwɔdri'lætərəl〕*a.* 四边的, 四边形的 ‖ *n.* 四边形, 四角形

quadruped〔'kwɔdruped〕*n.* 四足动物 ‖ *a.* 有四足的; 四足动物的

quadruple〔'kwɔdrupl〕*a.* ①由四部分组成的 ②四倍的 ‖ *ad.* 四倍地 ‖ *n.* 四倍, 四倍量 ‖ *v.* 使成四倍, 以四乘〔The population of the city has quadrupled. 该市的人口是原来的四倍。

quadruplet〔'kwɔdruplit〕*n.* 四胞胎中的任何一个孩子

quagmire〔'kwægmaiə〕*n.* ①沼泽地; 泥潭, 泥坑 ②困境, 危险的境地

quail¹〔kweil〕*v.* 胆怯, 畏缩; 丧失勇气

quail²〔kweil〕*n.*〔动〕鹌, 鹌鹑

quaint〔kweint〕*a.* 离奇的; 古雅的, 富有奇趣的/**quaintly** *ad.*/**quaintness** *n.*

quake〔kweik〕*v.* ①震动, 颤动 ②颤抖, 发抖 ‖ *n.* ①地震 ②震动; 颤抖

qualification〔kwɔlifi'keifən〕*n.* ①限定, 修饰 ②限制条件; 保留 ③资格; 合格性, 合格证明

qualified〔'kwɔlifaid〕*a.* ①有资格的; 合格的 ②有限制的, 有保留的

qualify〔'kwɔlifai〕*v.* ①使具有资格; 取得合格条件〔His training qualifies him for the job. 他的训练使他能胜任这项工作。Does he qualify for the team? 他有资格加入该队吗?〕②授权, 取得权利〔His license qualifies him to drive a car. 他的驾驶执照使他有权开车。〕③(使) 缓和, 减轻; 限制, 限定〔to qualify a punishment by adding "perhaps" 通过加上 "也许" 使语气缓和 to qualify a statement by adding "perhaps" 通过加上 "也许" 使语气缓和 ④修饰, 限定词义〔Adjectives qualify nouns. 形容词修饰名词。〕

qualitative〔'kwɔlitətiv〕*a.* 质的, 质量的

quality〔'kwɔliti〕*n.* ①品质, 特性 ②性质 ③质量, 品级 ④优质

qualm〔kwɔːm〕*n.* ①内疚; 顾忌, 良心之谴责 ②不安, 不适; 疑虑 ③暂时之恶心或昏晕的感觉

quandary〔'kwɔndəri〕*n.* 困境, 犹豫不定

quantitative〔'kwɔntitətiv〕*a.* ①量的, 数量的 ②能量的

quantity〔'kwɔntiti〕*n.* ①数量; 量; 分量 ②大量, 大宗 ③〔数〕量, 数

quarantine〔'kwɔrəntiːn〕*n.* ①检疫, 留验 ②检疫所 ③检疫期 ‖ *v.* ①使受检疫

使(一国在商业上)孤立

quarrel ['kwɔrəl] n. ①争吵, 吵架; 口角, 不和②争吵的原因 ‖ v. ①争吵, 吵架②挑剔; 抱怨

quarrelsome ['kwɔrəlsəm] a. 爱争吵的, 好斗的

quarry ['kwɔri] n. 采石场 ‖ v. (从采石场)挖出

quart [kwɔːt] n. n. ①夸脱(液量单位, 相当于2品脱)②干量(相当于1/8 配克)③装一夸脱的容器

quarter ['kwɔːtə] n. ①四等分; 四分之一②一季度; 三个月③一刻钟(美国、加拿大的)四角五分钱; 1/4 美元④(美国)一条腿在内的一大块肉⑥(罗盘上)四个主要点中的一点; 东, 西, 南或北⑦(城镇中的)地区⑧[复](短暂的)住处⑨来源⑩一个月的四分之一; 大约七天⑪(对敌人的)宽恕 ‖ v. ①把…四等分②供…住宿, 安置…驻扎 [to quarter soldiers in barracks 把士兵安置于营房内] ‖ a. 四分之一的 [a quarter share of the profits 利润的四分之一份] / **at close quarters** 逼近地; 非常接近地 / **cry quarter** 请求饶恕

quarterly ['kwɔːtəli] a. 季度的, 按季度的 ‖ ad. 季度地, 一季一次地 [to pay rent quarterly 按季交房租] ‖ n. 季刊

quartermaster ['kwɔːtəmɑːstə] n. ①[军]军需官②[海](兼管信号等的)舵手, 航信士官

quartet, quartette [kwɔː'tet] n. ①四重奏曲, 四重唱曲②四重唱, 四重奏③四人一组, 四件一套

quarto ['kwɔːtəu] n. ①四开②四开本的书 / **quartos**[复]

quartz [kwɔːts] n. ①[矿]石英

quash[1] [kwɔʃ] v. [法]废止, 取消, 宣布…无效 [to quash an order 宣布判决无效]

quash[2] [kwɔʃ] v. 镇压; 压制; 平息 [to quash an uprising 镇压起义]

quaver ['kweivə] v. ①颤抖, 震颤②用颤声唱, 用颤音演奏 ‖ n. 颤音

queasy ['kwiːzi] a. ①欲呕吐的, 催人呕

吐的②(胃)易呕的③不舒服的, 局促不安的 / **queasily** ad. / **queasiness** n.

queen [kwiːn] n. ①王后, 皇后②女王③(权力、地位、相貌等)出众的女人④雌蜂, 雌蚁⑤(扑克牌中的)王后⑥(国际象棋中的)王后

queer [kwiə] a. ①奇怪的, 古怪的②不舒服的; 眩晕的, 眼花的 ‖ v. [俚]糟蹋, 破坏 / **queerly** ad. / **queerness** n.

quell [kwel] v. ①镇压, 平息 [to quell a riot 镇压暴动]②缓和, 使镇静 [to quell fears 减少恐惧]

quench [kwentʃ] v. ①熄灭, 扑灭 [Water quenched the fire. 水扑灭了火。]②满足, 解渴 [to quench one's thirst 解渴]

querulous ['kwerulas] a. ①爱发牢骚的, 吹毛求疵的②抱怨的 / **querulously** ad.

query ['kwiəri] n. ①问题; 质问, 询问②问号 ‖ v. ①询问, 讯问; 审问 [He queried my reasons for leaving. 他问我离开的理由。]②表示怀疑 [to query the date in an article 对文章的日期表示怀疑]

question ['kwestʃən] n. ①问题②疑问③难题; 需考虑的问题④提案, 议题; (对议案等的)表决 ‖ v. ①问, 询问; 审问, 盘问 [Question the prisoners. 审问犯人。]②怀疑, 对…表示疑问 [The batter questioned the umpire's decision. 球员对裁判的决定表示异议。] / **beyond question** 毫无疑问, 确定无疑 / **call in question** 对…表示怀疑, 对…有异议 / **in question** 考虑中的, 讨论中的, 正被谈论的 out of the question 不可能的 / **questioner** n.

questionable ['kwestʃənəbl] a. ①成问题的, 有疑问的②(品德等)可疑的, 不诚实的, 不可靠的

questionnaire [kwestʃə'neə] n. (用于收集信息的)一组问题, 问题单

queue [kjuː] n. ①辫子②[主英]人或车辆等的)行列, 长队 ‖ v. 排队等候

quibble ['kwibl] n. 含糊其词, 回避问题实质; 遁词 ‖ v. 使用遁词

quick [kwik] a. ①快的, 迅速的②急速

的、短暂的、匆匆的③聪敏的、敏锐的④性急的、急躁的‖ *ad.* 快，迅速地〔Run quick! 快跑！〕‖ *n.* ①(趾甲或指甲下的)活肉②感情的中枢；感觉敏锐的部位；痛处③活着的人们〔仅用于词组 the quick and the dead 活人与死人〕/**quickly** *ad.* /**quickness** *n.*

quicken ['kwikən] *v.* ①加快，加速〔The horses quickened their pace. 马加快了步伐。〕②(使)复活，(使)有生气〔The old trees quickened in the spring sun. 在春天的阳光下，这些老树都更有生机了。〕

quicksilver ['kwik,silvə] *n.* 水银，汞

quicktempered ['kwik'tempəd] *a.* 性情急躁的、动辄发脾气的、易怒的

quick-witted ['kwik'witid] *a.* 机敏的，机智的，机灵的

quiescent [kwai'esnt] *a.* 静止的，不动不活动的，休眠的/**quiescence** *n.*

quiet ['kwaiət] *a.* ①安静的，无声的，没有噪音的②不说话的，不出声的③平稳的，静止的④温和的，温和的⑤静谧的，平静的；闲适的⑥暗淡的，朴素的‖ *n.* 寂静，宁静，镇静，平静‖ *v.* 使静；使平静；安静下来〔Mother quieted the children. 母亲使孩子们安静下来。Quiet down and go to sleep. 安静下来，睡觉去吧！〕/**quietly** *ad.* /**quietness** *n.*

quietude ['kwaiətju:d] *n.* 平静，寂静，宁静

quietus [kwai'i:təs] *n.* ①(债务等的)偿清；解除②死亡平息，制止

quill [kwil] *n.* ①大而硬直的羽毛②羽毛做成的笔③豪猪的刚毛

quilt [kwilt] *n.* 棉被‖ *v.* ①加棉垫子内；缝合〔a quilted potholder 缝制的布垫子(用以握持热锅)〕②缝成棉被

quinine [kwi'ni:n,'kwini:n；美 'kwainain] *n.* 奎宁，金鸡纳碱

quinsy ['kwinzi] *n.* 〔医〕扁桃腺发炎；扁桃体周脓肿

quintessence [kwin'tesns] *n.* ①精华，精髓②典型，典范

quintuplet ['kwintjuplit] *n.* 五胞胎中的

任何一个孩子

quip [kwip] *n.* 妙语，警语，双关语，讥讽‖ *v.* 讥讽，说妙语

quirk [kwə:k] *n.* ①古怪的举动，乖僻，怪僻②突然的弯曲；(书写的)花体③遁词，双关语，妙语④讥讽，嘲弄

quisling ['kwizliŋ] *n.* 卖国贼，内奸，吉斯林

quit [kwit] *v.* ①停止做〔We quit plowing when the sun goes down. 太阳下山时我们停止犁地。〕②放弃〔He quit his job. 他放弃了他的工作。〕③离开，离去〔The prince promised to quit England forever. 王子答应永远离开英国。〕④偿清付款；报答‖ *a.* 免除的，清除的〔be quit of all debts 了清债务〕

quitclaim ['kwitkleim] *n.* 转让契约；放弃契约

quite [kwait] *ad.* ①完全，彻底〔I haven't quite finished eating. 我还没有全吃完。〕②真正地，确实〔You are quite right. 你完全是对的。〕③很，相当，或多或少〔He's quite a man! 他的确是个男子汉！It's quite warm outside. 外面很暖和。〕/**quite a few** 〔口〕相当多

quits [kwits] *a.* (因报复或偿清债务而)抵消的，对等的

quittance ['kwitəns] *n.* ①(债务或义务等的)免除②免除债务(或义务)的证书；收据③赔偿；报答

quitter ['kwitə] *n.* 轻易放弃的人；半途而废的人

quiver ['kwivə] *v.* (轻微地)颤动，抖动〔Leaves quivering in the breeze. 树叶在微风中颤动。〕‖ *n.* 颤动，抖动

quixotic [kwik'sɔtik] *a.* 愚侠的，不切实际的，空想的/**quixotically** *ad.*

quiz [kwiz] *n.* (小型)考试，测验；提问‖ *v.* 提问；测验

quizzical ['kwizikəl] *a.* ①嘲弄的，戏弄的②探询的，好奇的，疑问的③滑稽的，可笑的

quondam ['kwɔndæm] *a.* 一度曾是的，昔日的，旧时的

quota ['kwəutə] *n.* 定额,分配额,限额

quotable ['kwəutəbl] *a.* 可引用的,值得引用的

quotation [kwəu'teiʃən] *n.* ①引用,引证②引语,引文③(股票或债券的)行情;报价单,估价单

quote [kwəut] *v.* ①引用,引证;复述〔to quote my father 引用(复述)我父亲的话 to quote from Shakespeare 引用莎士比亚作品中的话〕②报…的价,开…的价;报价,开价〔Cotton was quoted at 40 cents a pound. 棉花定价 1 磅 40 美分。〕‖ *n.* ①〔口〕引语,引文②〔复〕引号

quotient ['kwəuʃənt] *n.* 〔数〕商

R r R r

R, r [ɑː] n. 英语字母表中的第十八个字母/**the three R's** 读，写，算/R's, r's [ɑːz] [复]

rabbit ['ræbit] n. ①兔，野兔（比 hare 略小，常住于地洞）②兔子的毛皮

rabble ['ræbl] n. 乱民，暴民/**the rabble** [蔑]贱民

rabid ['ræbid] a. ①狂暴的，激烈的，偏执的，狂热的②患狂犬病的，发狂的

raccoon [rə'kuːn] n. ①浣熊②浣熊毛皮

race¹ [reis] n. ①竞赛，比赛②竞选，竞争③急流；水道 / v. ①参加竞赛[How many air planes are racing? 多少架飞机参加比赛?]②使…参加比赛[Three owners are racing their horses. 三位马主正在赛马。]③和…比赛[I'll race you to the corner. 我和你比赛看谁先跑到拐角处去。]④使疾走，使迅速跑，使全速行进⑤使（发动机）空转

race¹ [reis] n. ①人种，种族，民族②（生物的）种类，族③（具有同样活动、习惯、思想等的）一批人，同道，同流

racer ['reisə] n. ①参加竞赛者；比赛用的动物/汽车等②[动]一种黑蛇

racial ['reiʃəl] a. 种族的，人种的，由种族引起的，种族间的/**racially** ad.

rack [ræk] n. ①搁物架，挂物架②（大车上的）载草架③[机]齿条，齿轨 / v. 折磨，使痛苦[a body racked with disease 疾病缠身]/**on the rack** 极度痛苦（或艰难）处境/**rack one's brains** 绞尽脑汁，苦苦动脑筋

racket ['rækit] n. ①喧嚷，吵闹声；（刀叉、碗碟等的）铿锵声②[俚]敲诈，骗钱；非法勾当

racket, racquet ['rækit] n.（网球、羽毛球等的）球拍

racketeer [ræki'tiə] n. 诈骗者，敲诈勒索者 ‖ v. 诈骗，敲诈勒索

racy ['reisi] a. ①活泼的，充满活力的②猥亵的，挑逗性的/**raciness** n.

radar ['reidə] n. 雷达，无线电探测器

radial ['reidjəl] a. 光线的，射线的；辐射状的，放射的

radiant ['reidjənt] a. ①光芒四射的，光辉灿烂的②喜悦的，容光焕发的③放射的，辐射的/**radiance, radiancy** n. /**radiantly** ad.

radiate ['reidieit] v. ①发射光线；放射热量[The hot water radiated heat. 热水散热。]②射出[Light radiates from the sun. 光是太阳射出的。]③表现[Her face radiates happiness. 她脸上露出了愉快的神情。]④以辐射状发出[The main streets radiate from a central square. 主要街道从中央广场向四面伸展出去。] ‖ a. 有射线的；[植]辐射状的，辐射对称的，放射形的

radiation [reidi'eiʃən] n. ①辐射，放射②辐射能，放射物③[医]射线疗法

radiator ['reidieitə] n. ①暖气装置，散热器②（汽车的）水箱；冷却器

radical ['rædikəl] a. ①根本的，基本的②激进的 ‖ n. ①激进分子，极端分子；激进党派的成员②[化]基，根，原子团

radicalism n. /**radically** ad.

radio ['reidiəu] n. ①无线电,射电;无线电传送②收音机③无线电广播,无线电广播事业④(收报,发报用的)无线电设备 ‖ a. 无线电的,发送(或接收)无线电波的,无线电广播的 ‖ v. 发无线电报

radioactive ['reidiəu'æktiv] a. 放射性的, 放射引起的/**radioactivity** ['reidiəuæk'tiviti] n.

radiology [reidi'ɔlədʒi] n. 放射学;(应用)辐射学/**radiologist** n.

radish ['rædiʃ] n. ①[植]萝卜②(常作生菜食用的)小萝卜

radium ['reidiəm] n. [化]镭

radius ['reidjəs] n. ①半径②半径范围;半径距离③[解]桡骨/**radii** ['reidiai], **radiuses** [复]

raffia ['ræfiə] n. [纺]酒椰叶纤维

raffle ['ræfl] n. 抽彩售货法,对奖售物 ‖ v. 用对奖办法出售,以抽彩法出售[Their club made money by raffling off a new car. 他们的俱乐部通过抽奖卖车的办法赚钱。]

raft[1] [rɑːft] n. 木排,木筏,筏子

raft[2] [rɑːft] n. [口]大量,许多

rag[1] [ræg] n. ①破布,碎布②抹布,洗涤布③[复]破旧衣服④破布般无价值的东西 ‖ a. 破布做的,碎布做的

rag[2] [ræg] v. [俚]取笑,戏弄;责骂,呵斥

rage [reidʒ] n. ①(一阵)狂怒,盛怒②(风浪的)狂暴,凶猛③风靡一时的事物,时尚 ‖ v. ①大怒②(风)狂吹;(浪)汹涌[a raging storm 肆虐的风暴]

ragged ['rægid] a. ①破烂的,穿破的②衣着褴褛的③高低不平的,(边缘)参差不齐的/**raggedness** n.

raid [reid] n. ①突然袭击②(警察的)突然搜查,搜捕 ‖ v. 袭击,搜查,搜捕/**raider** n.

rail[1] [reil] n. ①横条,横杆;栏杆,扶手②铁轨,钢轨③铁路

rail[2] [reil] v. 责骂,挑剔,抱怨[to rail at one's fate 抱怨命运]

railing ['reiliŋ] n. 围栏,栏杆;栅栏,篱垣

raillery ['reiləri] n. 善意的嘲笑;戏弄

railroad ['reilrəud] n. ①铁道②铁路系统,铁道部门 ‖ v. ①在铁道部门工作②[口]使草率通过[to railroad a bill through Congress 使议案在国会草率通过]

railway ['reilwei] n. ①[主英]铁道,铁路②有轨车道,电车路轨

rain [rein] n. ①雨,雨水②下雨,阵雨③(雨点般的)落下 ‖ v. ①下雨,降雨[It is raining. 下雨了。]②雨点般地落下[Bullets rained about them. 子弹雨点般地落在他们周围。]③大量地落下[They rained praises on him. 他们连声称赞他。]

rainbow ['reinbəu] n. 虹,彩虹

raincoat ['reinkəut] n. 雨衣

rainfall ['reinfɔːl] n. ①降雨量②一阵雨,一场雨

rainstorm ['reinstɔːm] n. 雨暴,暴风雨

rainy ['reini] a. 多雨的/**a rainy day** 可能碰到的困难日子(尤指财政拮据)/**raininess** n.

raise [reiz] v. ①举起,使升高[Raise your hand if you have a question. 你如果有问题就举手。Raise the window. 把窗户摇上去。]②竖起,建起[to raise a monument to a hero 为英雄建起一座纪念碑]③提高,增加;提升;提拔[to raise prices 提价/raise one's voice 提高嗓音]④养育,教养[to raise a family 养家]⑤种植,饲养[to raise cabbages 种卷心菜]⑥唤起,引起[Her joke raised a laugh. 她讲的笑话引起一阵笑声。]⑦提出[to raise a question 提出问题]⑧征集,筹集;招募[to raise money for flood victims 为受水灾的人民募捐]⑨解除,使终止[to raise a blockade 解除封锁] ‖ n. 提高;(尤指工资)增加

rake [reik] n. ①(长柄的)耙子,钉齿耙,草耙 ‖ v. ①(用耙子)耙,耙松[to rake leaves 把叶子耙在一起/to rake a gravel path 耙砾石路面]②搜索,探索[He raked through the old papers looking for the letter. 他在旧报纸中仔细搜寻那封信。]

R

[军]扫射,纵射〔The deck of the ship was raked by cannon. 炮弹落在轮船的甲板上。〕

rakish ['reikiʃ] a. ①潇洒的,漂亮的;洋洋得意的②看上去速度快的;外形灵巧的

rally¹ ['ræli] v. ①(重新)集合,重整(溃败的军队等)〔The troops retreated then rallied for another charge. 部队撤退下来,然后重整旗鼓,准备再一次冲锋。〕②召集,集合〔The students rallied to cheer the football team. 学生们集合起来为球队加油。〕③团结,扶助,支持〔to rally to the side of a friend in trouble 帮助一个处境困难的朋友〕④恢复健康,复元〔As the fever left him ,he began to rally. 烧退了,他开始复元。〕‖ n. 集合;重整旗鼓;恢复;集会(a political rally 政党集会)

rally² ['ræli] v. 取笑,戏弄;嘲笑,挖苦

ram [ræm] n. ①公羊②(旧时兵器)攻城槌‖ v. ①猛撞,撞击〔The car rammed into the fence. 汽车撞进了篱笆内。〕②塞,压;装填(弹药)〔to ram a charge into a gun 把火药装入枪炮内〕

ramble ['ræmbl] v. ①闲逛,漫步②漫谈,聊天;漫笔③蔓生,蔓延‖ n. 闲逛,漫步;随笔;漫谈

rambler ['ræmblə] n. 漫步者;漫谈者;蔓生植物(尤指攀缘蔷薇)

ramify ['ræmifai] v. 分枝,分叉/**ramification** n.

ramp [ræmp] n. 斜面,斜坡

rampage [ræm'peidʒ] v. 横冲直撞,暴跳‖ n. ['ræmpeidʒ] 横冲直撞,暴跳(仅用于短语 on the rampage, on a rampage 横冲直撞,暴跳如雷)

rampant ['ræmpənt] a. ①蔓延的,猖獗的②(行为、说话等)猛烈的;不受控制的③(狮等)用后腿为支点跃立并扬起前爪的

ramrod ['ræmrɔd] n. [军]推弹杆;(枪的)通条

ramshackle ['ræmʃækl] a. 摇摇欲坠的,东倒西歪的,摇晃的

ranch [rɑ:ntʃ, ræntʃ] n. (尤指美国西部各州的)大牧场②(专业性的)饲养场;(专营某一作物的)农场‖ v. 在牧场(或农场)工作;经营牧场(或农场)/**rancher, ranchman** n.

rancid ['rænsid] a. 腐败变质的,腐臭的;酸臭的

rancor ['ræŋkə] n. 深仇;积怨/**rancorous** a.

random ['rændəm] a. 胡乱的;随便的,任意的/at random 胡乱地,随便地,任意地

range [reindʒ] n. ①排,行;(尤指)山脉②射程;距离③射击场,靶场④变动范围;界限⑤牧场,牧场⑥炉灶‖ v. ①徘徊;漫游;漫步〔Bears ranged the forests. 熊在林间漫游。〕②绵亘,延伸〔Rocky cliffs range along the seashore. 落基山的悬崖峭壁沿着海岸延伸。〕③在某范围内变化〔The prices range from $ 5 to $ 15. 价格自 5 美元至 15 美元不等。〕④排列,整理;使成直线〔The tulips were ranged along the path. 郁金香沿路排列着。〕⑤加入,与…为伍〔He ranged himself with the rebels. 他与反叛者为伍。〕

ranger ['reindʒə] n. ①巡逻员,巡逻队员②[美]国有森林看守员

rank [ræŋk] n. ①社会阶层②高位,显位③[军]军阶,军衔④等级⑤[复]士兵;军队;平民⑥一列士兵,一排士兵‖ v. ①列为〔I would rank this school among the best. 我把该校列为最好的学校。〕②保持某地位〔South Africa ranks first in world gold production. 南非的黄金产量居世界第一。〕③等级或级别较高或最高(one of our ranking scholars 级别较高的学者之一)/**rank and file** ①士兵(别于军官)②普通人,平民

rank [ræŋk] a. ①野生的,繁茂的;丛生的②臭气难闻的,腥臭的③极坏的;极端的

rankle ['ræŋkl] v. 引起怨恨,使人痛恨〔Her harsh words rankled for days. 她苛刻的话语使人怨恨了好几天。〕

ransack ['rænsæk] v. ①彻底搜索,仔细检查〔to ransack one's pocket for a key 在

口袋里仔细找钥匙]②洗劫,抢劫;掠夺
[Bandits ransacked the town. 匪徒将该镇
洗劫一空。]

ransom ['rænsəm] n. ①赎金②赎身,赎
回 ‖ v. 赎;赎身。

rant [rænt] v. 作狂言,发壮语;胡言乱语
‖ n. 狂言,壮语;夸夸其谈

rap¹ [ræp] v. ①叩击,敲击;急拍[to rap
on a door 急促地敲门]②突然说出,尖声
说出[The captain rapped out an order. 上
尉高声发出命令。]③[口]挑错;批评
[The reviewer rapped the movie. 评论家批
评这部影片。] ‖ n. 敲击,急拍②[俚]
斥责,责罚[to take the rap for a crime 因
犯罪而受惩]

rap² [ræp] n. [口]极少的一点

rapacious [rə'peiʃəs] a. ①强取的;抢
劫的,掠夺的②贪得无厌的;贪婪的③捕
食生物的

rapacity [rə'pæsiti] n. 强取;掠夺;贪婪;
贪吃

rape¹ [reip] n. ①强夺;洗劫②强奸,强奸
罪 ‖ v. 强奸,强夺;洗劫

rape² [reip] n. 油菜

rapid ['ræpid] a. 快的,迅速的 ‖ n. [常
用复]急流,湍流/rapidly ad.

rapid-fire ['ræpid'faiə] a. ①速射的②
急速做的,急速进行的

rapidity [rə'piditi] n. 快,迅速

rapine ['ræpain] n. 抢劫,抢夺,掠夺

rapscallion [ræp'skæljən] n. 流氓,无
赖,恶棍

rapt [ræpt] a. ①着迷的,全神贯注的②
狂喜的,欣喜若狂的

rapture ['ræptʃə] n. 着迷,销魂;全神贯
注

rare¹ [reə] a. ①稀有的,罕见的;不常发
生的②极好的③稀的,稀薄的/rarely
ad. /rareness n.

rare² [reə] a. 未完全煮熟的,嫩的/rare-
ness n.

rarefy ['reərifai] v. ①使稀薄,使稀少
[The air at high altitudes is rarefied. 高山

地区空气稀薄。]②精炼,使变纯或变精
[a rarefied sense of humor 绝妙的幽默
感]

rarity ['reəriti] n. ①罕见之物,稀有之物;
珍贵之物②稀有;罕见;珍贵③稀薄;稀
疏

rascal ['rɑ:skəl] n. ①流氓,无赖,恶棍②
淘气的孩子/rascality n. /rascally a.

rash¹ [ræʃ] a. 急躁的,性急的;鲁莽的/
rashly ad. /rashness n.

rash² [ræʃ] n. [医]疹,红疹

rasp [rɑ:sp] v. ①用锉子锉②以刺耳声说
出;粗声粗气地说[The sergeant rasped
out a command. 中士粗气地施发命
令。]③发出刺耳的声音[The old hinges
rasped as the door opened. 门开时,旧的枢
纽发出了刺耳的声音。]④刺激;使焦躁
[Her giggling rasped his nerves. 她的笑声
刺激了他的神经。] ‖ n. ①锉刀,木锉②
刺耳声

raspberry ['rɑ:zbəri] n. ①[植]木莓,草
莓;覆盆子②木莓树;山莓树;覆盆子树

rat [ræt] n. ①老鼠,耗子②[俚]卑鄙的
人,下贱的人;叛徒,变节者;告密者 ‖ v.
①捕鼠,猎鼠②[俚]叛变,变节,当密探/
smell a rat 怀疑其中有诈;觉得可疑

ratan [ræ'tæn] n. 同 rattan

rate¹ [reit] n. ①比率,率②价格,费用③
速度④等级 ‖ v. ①对…估价;对…评价
[The dealer rated the diamond at $8,000.
商人估价该钻石值8 000美元。]②认为
[Sid is rated among the best student. 思德
被认为是最好的学生之一。]③[口]值
得,应得[She rates the best. 她应得到最
好的。]/**at any rate**①无论如何②至少

rate² [reit] v. 挑剔;斥骂;斥责

rather ['rɑ:ðə] ad. ①宁可,宁愿[He
would rather read than watch TV. 他宁愿看
书也不愿看电视。]②更合理,更恰当[I,
rather than you, should pay. 应该是我来
付款而不是你。]③更确切地说;更正确地
说[a bad storm, or rather a hurricane 强风暴
雨,或者更确切地说,是飓风]④相反地说
[We won't go; rather, we'll stay. 我们不去;

相反地,我们要留下来)⑤颇,有几分;相当[I rather liked the play. 我有些喜欢这个剧。]⑥[英口]当然,的确(回答问题时用)/**had rather, would rather** 宁愿[I had rather you went. 我宁愿你去。]

ratify ['rætifai] v. 批准,认可[The Senate must ratify any treaty between the U. S. and another country. 美国和别国签订的条约必须经参议院批准。]/**ratification** [ˌrætifi'keiʃən] n.

rating ['reitiŋ] n. ①级别,等级;军阶②信用程度

ratio ['reiʃiəu] n. ①比率,比②[数]商/**ratios**[复]

ration ['ræʃən] n. 定量(尤指配给士兵的每日食物的定额)‖ v. ①分发(定量的食物、衣服等)②定量供应,配给

rational ['ræʃənl] a. ①有推理能力的,能推理的②理性的,推理的;合理的;明事理的

rationality [ˌræʃə'næliti] n. 合理性;推理力,具有理性

rationalize ['ræʃənəlaiz] v. 合理地说明(解释)[We rationalized the team's defeat by blaming it on the weather. 我们解释说球队失败的原因在于天气不好。]/**ra-toinalization** n.

rattan [ræ'tæn] n. ①藤条;藤②藤杖③[植]白藤属植物

rattle ['rætl] v. ①发出格格声[He rattled the door handle. 他把门把手摇得格格作响。]②带嘎嘎声行进(移动)[The wagon rattled over the stones. 马车在石子路上嘎嘎驶过。]③喋喋不休地说;不加思索地说出[Ann rattled on about her clothes. 安喋喋不休地谈着她的衣着。]④急促地说(或背诵)[The actor rattled off his speech. 演员快速地背着台词。]⑤[口]使紊乱;使烦恼[The noisy audience rattled the speaker. 吵吵嚷嚷的听众使演讲者乱了方寸。]‖ n. ①嘎嘎作响的玩具②嘎嘎声[What is causing the rattle in your car? 你车上什么在响?]③(响尾蛇尾部的)响环

rattler ['rætlə] n. 喋喋不休的人,饶舌的人;格格响的东西(尤指响尾蛇)

rattlesnake ['rætlsneik] n. 响尾蛇

raucous ['rɔ:kəs] a. 沙哑的;粗声的/**raucously** ad.

ravage ['rævidʒ] v. 破坏‖ n. 蹂躏,毁坏,破坏[the ravages of war 战争的创伤]

rave [reiv] v. ①胡言乱语[The fever made him rave. 发烧使他胡言乱语。]②过分赞扬[She raved about the movie. 她对这部影片大加赞扬。]‖ n. 胡言乱语;过分赞扬

ravel ['rævəl] v. (raveled, ravelled; raveling, ravelling)①拆散,解开[The scarf has begun to ravel at one end. 围巾的一端开始开线了。]②使纠缠,使混乱

raveling, ravelling ['rævəliŋ] n. (从织物上拆下的)线

raven ['reivən] n. [动]渡鸦‖ a. 乌油油的,墨黑的

ravening ['rævəniŋ] a. 觅食的;极饥饿的;贪婪的

ravenous ['rævinəs] a. 极饥饿的,贪婪的/**ravenously** ad.

ravine [rə'vi:n] n. 沟壑;深谷

raving ['reiviŋ] a. ①语无伦次的;疯狂的;精神错乱的②[口]卓越的,非凡的‖ ad. 语无伦次地;疯狂地

ravish ['ræviʃ] v. ①迷住;使狂喜[We were ravished by the beautiful music. 我们都被优美的音乐迷住了。]②强奸

ravishing ['ræviʃiŋ] a. 迷人的;狂喜的;令人陶醉的

raw [rɔ:] a. ①未煮过的;生的②未加工的;处于自然状态的③未经训练的;无经验的④擦掉皮的;疼痛的⑤阴冷的,湿冷的⑥[俚]苛刻的;不公正的/**rawness** n.

ray [rei] n. ①光线②微光③射线;(热,能等的)辐射线④辐射状的直线‖ v. 放射;射出(光线等)

rayon ['reiɔn] n. 人造丝;人造纤维

raze [reiz] v. 铲平;把…夷为平地;毁灭

拆毁〔The tower was razed by the earthquake. 塔被地震毁坏了。〕

razor ['reizə] 剃刀

razz [ræz] v.〔俚〕嘲笑,讥笑,戏弄

re- [前缀] ①又;再;重;反复 [注意] 一般以 re 前缀与其他字结合时,不加连字符;但在下列情形下加连字符: (1)与前缀结合之字以 e 开始时 [re-elect 重新选举] (2)加连字符之字与未加连字符之字有不同意义时 [resound 再发声, resound 回响,回荡] ②还;返;回 [To repay is to pay back. "repay" 意思是还钱。]

reach [ri:tʃ] v. ①伸出(物、胳膊等) [He reached up and shook the branch. 他伸出手去摇动树枝。] ②伸手去到 [Can you reach the top shelf? 你(的手)能去到那最高的架子吗?] ③伸展;延及;扩展到 [His fame reaches into all parts of the world. 他的英名遍及世界各地。] ④把盐递来 [Can you reach me the salt? 你把盐递过来,好吗?] ⑤(伸手)欲达;欲达 [He reached for his gun. 他伸手欲拿枪。] ⑥到达;及至 [The climbers reached the top of Mt. Everest. 登山者登上了珠穆朗玛峰。The news reached me this morning. 我今天上午得到此消息。] ⑦与⋯取得联系 [You can reach me at this address. 依此地址你可以和我取得联系。] ⑧得到同情或(理解);影响 [Her sad face reached our hearts. 她悲哀的神色使我们很同情。] ‖ n. ①伸出,伸展 ②范围;能力所及之范围 ③宽阔的一片(水等)

react [ri(:)'ækt] v. ①有影响;起作用 [Do wages and prices react on each other in rising and falling? 工资的增减与物价的升降相互反影响?] ②起反应 [She reacted to the news by fainting. 她得知此消息后就晕过去了。] ③复出;回复原状 [After wearing short skirts, women react by choosing longer ones. 穿了一段时间短裙以后,妇女们又反过来选择长裙。] ④起化学反应

reaction [ri(:)'ækʃən] n. ①反应,感应 ②回复原状 ③化学反应

reactionary [ri(:)'ækʃənəri] a. 反动

的;保守的;复古的 ‖ n. 反动分子

reactor [ri(:)'æktə] n. ①起反应者 ②反应器;[原] 反应堆

read¹ [ri:d] v. ①看懂 [I read the book. 我看过这本书。Can you read music? 你能看懂乐谱吗?] ②读;朗读 [Read the story to me. 把故事读给我听。] ③观察;了解;辨认 [I read the answer in his face. 从他的脸我就知道答案了。We can read the history of a canyon in its rocks. 从其岩石我们便能得知该峡谷的历史。] ④预测 [to read the future 预测未来] ⑤攻读;学习 [to read law 学习法律] ⑥标明;显示 [The thermometer reads 72 degrees. 温度计显示为 72 度。] ⑦载明,写明 [The sentence reads as follows. 这一句内容如下。] /**read into** , **read in** 作某种解释

read² [red] read 的过去式和过去分词 ‖ a. 书看得多的,有学问的 [He is well-read. 他很博学。]

readable ['ri:dəbl] a. ①可读的,可看懂的;清楚的 ②使人爱读的;易懂的

reading ['ri:diŋ] n. ①读,阅读;朗诵 ②读起来⋯的东西 ③读数,仪器指示数 [a thermometer reading 温度计读数] ④解释;表演

ready ['redi] a. ①准备好的 ②愿意的,乐意的 ③快要⋯的;易于⋯的;动辄⋯的 ④快的,立即的 ⑤手头现成的;立即可得到的 v. 使准备好 [to ready the house for company 为客人准备好房子] /**readily** ad. /**readiness** n.

readymade ['redi'meid] a. 现成的;预先制成的 [a readymade suit 一套成衣]

real [riəl] a. ①真实的;实在的;实际的 ②真正的;名副其实的 ‖ ad. [口] 很,真正地 [Have a real nice time. 祝你过得真愉快。]

real estate 不动产,房地产 /**realestate** a.

realism ['riəlizəm] n. ①现实;现实态度;注重现实的倾向 ②(文艺)的现实主义,写实主义

realist ['riəlist] n. ①现实主义者;注重实

际的人②现实主义作家(或艺术家)/re-alistic a./realistically ad.

reality [ri(:)'æliti] n.①实在;真实,真实性②真实的人或物③真实感;逼真性/in reality 实际上,事实上

realize ['riəlaiz] v.①体会;认识到;了解[I realize that good grades depend on careful work. 我认识到要取得好分数必须认真学习。]②实现[to realize one's ambitions 实现抱负]③把……变为现实[The company realized its assets. 公司变卖其资产。]④赚取;获得(利润等)/re-alization n.

really ['riəli] ad.①真正地;事实上[I am not really angry. 事实上我并未生气。]②的确;说真的[Really, you shouldn't do that. 说真的,你不应该做那件事。]

realty ['riəlti] n. 不动产,房地产

reamer ['ri:mə] n.①[机] 铰刀;铰床②果汁压榨器

reap [ri:p] v.①收割②收获[to reap a crop 收获庄稼]③获得,得到[to reap a reward 得到报酬]

reaper ['ri:pə] n.①收割者;收获者②收割机/the Reaper, the Grim Reaper 死亡

rear¹ [riə] n.①后都;后面②[军] 后方,(部队、舰队等的)后尾 ∥ a. 后都的,后面的/bring up the rear 殿后,断后

rear² [riə] v.①抚养,培养[to rear children 抚养孩子]②栽种[to rear sheep 养羊]③竖起,举起[to rear a flagpole 竖起旗杆]④建立,建造[The barn was reared in a day. 马厩一天就建起来了。]⑤(马等)用后腿直立

rearrange [,riə'reindʒ] v. 重新整理;再排列;再布置/rearrangement n.

rearward ['riəwəd] a. 在后面的;向后面的 ∥ ad. 在后面;向后面(同 rearwards)

reason ['ri:zn] n.①理由②原因;动机③理智;理性;判断力④道理,情理,明智 ∥ v.①推论,推理[A lawyer learns to reason clearly. 律师学会清晰地推理。]②与……评理,理喻,劝说[to reason with a child who

is afraid of the dark 劝说一个怕黑的孩子]/by reason of 因为,由于/stand to reason 合情理;是当然的,自不待言

reasonable ['ri:znəbl] a.①通情达理的;讲道理的;适当的,合理的②公平的;(价钱)公道的/reasonably ad.

reasoning ['ri:zəniŋ] n.①推论,推理②论证,论据

reassemble [,ri:ə'sembl] v. 重新聚集,重新装配

reassure [,ri:ə'ʃuə] v. 使放心,使消疑虑;再向……保证/reassurance n.

rebate ['ri:beit, ri'beit] n. 退还;回扣,折扣

rebel ['rebl] n. 造反者;反抗者;反叛者 ∥ a. 造反的;反抗的;反叛的 ∥ v. [ri'bel]①造反;反抗;反抗[The peasants rebelled against the king. 农民们反抗国王的统治。]②嫌恶,反感[My mind rebels at the idea of leaving. 一想到要离开,我的内心就很反感。]

rebellion [ri'beljən] n.①造反;叛乱②反抗,对抗

rebellious [ri'beljəs] a. 造反的;反抗的;反叛的/rebelliously ad.

rebirth ['ri:'bə:θ] n. 再生;新生;更新,复兴

reborn ['ri:'bɔ:n] a. 再生的,新生的;更新的,复兴的

rebound [ri'baund] v. 弹回,跳回[Stan caught the ball as it rebounded from the fence. 球从篱笆上弹回时,斯坦抓住了它。] ∥ n. ['ri:baund] 弹回;跳回

rebuff [ri'bʌf] n. 断然的拒绝;挫败 ∥ v. 断然拒绝;挫折[She rebuffed our friendship. 她拒绝我们的友好。]

rebuild ['ri:'bild] v. (rebuilt) 再建;重建;再造

rebuke [ri'bju:k] v. 指责;非难;训斥 ∥ n. 指责;非难

rebut [ri'bʌt] v. 辩驳;反驳;驳回[to rebut a claim 驳回要求]/rebuttal n.

recalcitrant [ri'kælsitrənt] a. 不服从的,不顺从的;执拗的;固执的/recalci-

trance n.

recall 〔ri'kɔːl〕v. ①回想，回忆，记起〔Can you recall how you felt? 你记得当时感觉如何?〕②召回〔The ambassador was recalled to Washington. 大使被召回华盛顿。〕③收回，撤销，取消〔They recalled his license. 他们收回了他的执照。〕‖ n. 〔'riːkɔːl〕①回想，回忆，叫回，召回，收回，撤销②（由公民投票对官员的）罢免；罢免权

recant 〔ri'kænt〕v. 放弃（信仰、主张等）；公开认错/**recantation**〔ˌriːkæn'teiʃən〕n.

recapitulate 〔ˌriːkə'pitjuleit〕v. 扼要重述；摘要说明；概括/**recapitulation** n.

recapture 〔'riːˈkæptʃə〕v. ①重获；夺回，收复②（通过回忆）再经历；再体验〔You can't recapture your youth. 你不可能再经历一次年轻时代。〕

recast 〔'riːkɑːst〕v.（recast）①重铸；再铸造〔to recast a bronze statue 重铸一尊铜像〕②彻底改造；重做〔to recast a sentence 重写一个句子〕

recede 〔ri(ː)'siːd〕v. 退，退去；向后倾斜；缩进〔The flood waters receded. 洪水退了。Her chin recedes. 她的下巴向后倾斜。〕

receipt 〔ri'siːt〕n. ①收到②收条；收据③〔复〕收入，进款④处方；食谱‖ v. 开…的收据，在…上注明"收讫"

receivable 〔ri'siːvəbl〕a. 可收到的，应收的

receive 〔ri'siːv〕v. ①收到，接到〔to receive gifts 收到礼物〕②得到；受到〔to receive punishment 受到惩罚；receive applause 博得掌声〕③接受；承认，获悉〔He received the news calmly. 他平静地接受了这条消息。〕④接待；款待；欢迎〔Our host received us at the door. 主人在门口欢迎我们。〕⑤容纳；承受〔Each wheel receives an equal part of the weight. 每个轮子承受着相等的重量。〕⑥〔无线电、电视等的〕接收〔Our radio receives poorly. 我们的收音机接收能力差。〕

receiver 〔ri'siːvə〕n. ①接受者；收件人；收款人②破产案产业管理人；涉讼财产管理人③接收器

receivership 〔ri'siːvəʃip〕n. 破产管理，破产在管

recent 〔'riːsnt〕a. 新近的；最近的；近来的，近代的/**recently** ad.

receptacle 〔ri'septəkl〕n. 容器，贮藏器〔a trash receptacle 垃圾箱〕

reception 〔ri'sepʃən〕n. ①接待，接见②招待会；欢迎会；宴会③〔无〕接收，接收力

receptive 〔ri'septiv〕a. 接受的，接纳的；接受能力的

recess 〔ri'ses〕n.①（墙壁的）凹进处；壁龛②深处，幽深处③〔'riːses〕休息；短暂的休假；休会‖ v.①把…放在凹处〔a recessed door 嵌进墙壁中的门〕②休息；休假；休会

recession 〔ri'seʃən〕n.①（经济的）衰退；衰退期②后退，退回；撤回

recessive 〔ri'sesiv〕a. 后退的，退回的，退缩的；有倒退倾向的

recharge 〔'riːˈtʃɑːdʒ〕v. 再装；〔电〕给…再充电‖ n.〔'riːtʃɑːdʒ〕再装弹药；再充电

recipe 〔'resipi〕n.①〔医〕处方；烹饪法，食谱②诀窍，窍门；方法

recipient 〔ri'sipiənt〕n. 接受者，领受者；接受器，容器

reciprocal 〔ri'siprəkəl〕a.①相互的，有来有往的②双边的，互惠的③相应的，相互补足的，互补的‖ n.〔数〕倒数，反商/**reciprocally** ad.

reciprocate 〔ri'siprəkeit〕v.①互报，报答〔They reciprocate good wishes. 他们相互报答对方的好意。〕②互给，互换〔He reciprocated her greeting with a cheerful "Hello"! 他以一声使人快乐的"您好"来回答她的问候。〕③往复移动，互换位置〔Reciprocating pistons are used in steam engines. 蒸汽机中使用往复移动式活塞。〕/**reciprocation** n.

reciprocity 〔ˌresi'prɔsiti〕n.①相互关

R

系;相互性,相关性②交换;互惠;对等

recital [ri'saitl] n. ①背诵;详述,列举②
(详述的)故事,报告③独奏会;独唱会;
独舞表演会

recitation [ˌresi'teiʃən] n. ①叙述,详
述,列举②背诵(诗,文章等)③背诵
的诗(或文章等)④口头答问课,口头提
问

recite [ri'sait] v. ①背诵;朗诵 [to recite
the Gettysburg Address 背诵葛底斯堡演
讲]②详述;叙述③回答(关于课文的)
提问/**reciter** n.

reckon ['rekən] v. ①计算 [to reckon
one's hotel bill 计算某人住旅馆的帐单]
②认为;把…看作 [I reckon him a real
friend. 我把他看作真正的朋友。]③指
望;依赖 [I reckoned on his being early. 我
指望他早来。]④[口] 想,料想/**reckon
with** 考虑到;预料到

reckoning ['rekəniŋ] n. ①计算,估算②
付帐③帐单

reclaim [ri'kleim] v. ①开垦,开拓 [to re-
claim a desert by irrigating it 通过灌溉垦
植沙漠]②(从废料或废产品中)回收 [to
reclaim metal from wrecked cars 从废汽车
中回收金属]③改造,使悔改,感化(犯错
误者,犯罪者等)

reclamation [ˌreklə'meiʃən] n. 开垦,开
拓;回收;改造,感化

recognition [ˌrekəg'niʃən] n. ①承认②
认出;识别;认识;招呼;致意

recognize ['rekəgnaiz] v. ①认出,识别;
认识 [to recognize a street 认出一条街]②
辨认 [to recognize a giraffe by its long neck
通过其长脖子辨认出长颈鹿]③赏识;表
彰 [to recognize an employee for his years
of service 因其数年服务而赏识一位雇
员]④认识别到;认可;承认 [to recognize
defeat 承认失败]⑤承认(一新国家或政
府)⑥准许…在会上发言 [The chair rec-
ognizes Mr. Jones. 主席允许琼斯先生在
会上发言。]

recoil [ri'kɔil] v. ①后退;退缩,畏缩 [She
recoiled in horror. 她吓得直往后退。]②

跳回,弹回;(枪等)产生后座力,反冲 ∥
n. ['ri:kɔil] 后退;退缩,畏缩;弹回;(枪
等)的后座力;反冲

recollect ['ri:kə'lekt] v. ①重新收集,再
集合 [to recollect scattered pearls 将散落
的珍珠再收集起来]②使镇定 [to recol-
lect oneself 使自己镇定下来]

recollection [ˌrekə'lekʃən] n. ①回忆,
追忆;记忆力②回忆起的事物,往事;回
忆录

recommend [ˌrekə'mend] v. ①推荐,推
举;称赞 [to recommend a good plumber 推
荐一位好管子工 / to recommend a book 推
荐一本书]②使成为可取,使受欢迎 [We
found little to recommend that barren is-
land. 我们发现那个荒凉的岛基本无可取
之处。]③劝告 [I recommend that
you study harder. 我建议你学习再努力
些。]④托,托付 [I recommend him to your
care. 我把他托给你照管。]

recommendation [ˌrekəmen'deiʃən]
n. ①推荐,介绍②介绍信;推荐的话③忠
告,建议

recompense ['rekəmpens] v. ①酬报,
酬谢;加报,惩罚 [The company recom-
pensed him for his services. 公司因其服务
而酬谢他。]②赔偿,补偿 [Insurance rec-
ompensed his losses. 保险公司赔偿了他
的损失。] ∥ n. 赔偿,补偿;酬谢;报答

reconcile ['rekənsail] v. ①使和解,使和
好 [to reconcile feuding families 使长期不
和的家庭言归于好]②调停,调解 [to rec-
oncile a quarrel 调解争吵]③使和谐,使
一致,使符合 [I can't reconcile my memory
of him with your description. 我记忆中的他和
你的描述不一致。]④使顺从(于),使安心
(于),使甘心(于) [Time has reconciled him
to his fate. 时间使他认命了。]/**reconcilia-
tion** [ˌrekənsili'eiʃən] n.

recondition [ˌri:kən'diʃən] v. 修理,修
复,修整

reconsider [ˌri:kən'sidə] v. 重新考虑;
重新审议

reconstruct [ˌri:kəns'trʌkt] v. 重建,再

R

建; (按原样)修复

reconstruction [ˌriːkəns'trʌkʃən] n. ①重建,再建②重建物,复原物

record [ri'kɔːd] v. ①记录,记载[to record an event in a diary 在日记里记下一件事]②标明;在刻度上指示[A thermometer records temperatures. 温度计指示温度。]③将(声音等)录下[to record music 录下音乐] ‖ n. ['rekɔːd] ①案卷,档案[secret government records 政府的秘密档案]②履历,经历[his fine record as mayor 他当市长的良好履历]③唱片④最高纪录;最佳成绩[The record for the high jump is over seven feet. 跳高的最好纪录是七英尺多。] ‖ a. ['rekɔːd] 创纪录的,空前的[a record wheat crop 空前的小麦大丰收]/**break a record** 打破纪录/**off the record** 不得引用的(地),不得发表的(地);非正式的(地)/**on record** 记录在案的;公开宣布的

recorder [ri'kɔːdə] n. ①记录员;录音机;记录器②书记员③一种八孔直笛

recording [ri'kɔːdiŋ] n. ①记录,录制②唱片

recount[1] [ri'kaunt] v. 详细叙述,描述[He recounted his adventures. 他讲述了他的冒险经历。]

recount[2] [ˌriː'kaunt] v. 重新计算;再数 ‖ n. ['riːkaunt] 重计(选票等)

recoup [ri'kuːp] v. ①赔偿,补偿[to recoup a loss 赔偿损失]②偿还,报答;报复

recourse [ri'kɔːs] n. ①求助,求援;(赖以得救的)手段,办法

recover [ri'kʌvə] v. ①重新获得;重新找到[to recover a stolen car 找回失盗的汽车 to recover consciousness 恢复知觉]②恢复;使(身体)复原[Has he recovered from the flu? 他的流感好了吗?]③使恢复正常状态[She stumbled but was able to recover herself. 她绊了一下,但又站稳了。]④挽回,弥补[to recover losses 弥补损失]⑤使重新有用;围垦[to recover flooded land 围垦洪水淹过的土地]

re-cover [ˌriː'kʌvə] v. 再盖,重新盖;给

…换新貌

recovery [ri'kʌvəri] n. ①追回,寻回②复原;痊愈;恢复

recreant ['rekriənt] n. ①懦夫,胆小鬼②背叛者,变节者 ‖ a. ①胆小的,怯懦的②不忠的;叛逆的

recreation [ˌrekri'eiʃən] n. ①消遣②娱乐活动/**recreational** a.

recriminate [ri'krimineit] v. 反责,反诉/**recrimination** n.

recruit [ri'kruːt] n. ①新兵,新水手②新成员 ‖ v. ①(通过招募)补充…的兵员[to recruit an army 补充陆军兵员]②吸收新成员[Our nature club recruited six new members. 我们的自然俱乐部吸收了六名新成员。]③请求帮助;得到供应[We'll need to recruit some help. 我们必须请求帮助。]/**recruitment** n.

rectal ['rektəl] a. [解]直肠的;近直肠的

rectangle ['rektæŋgl] n. [数]矩形,长方形

rectangular [rek'tæŋgjulə] a. [数]矩形的,长方形的;成直角的[a rectangular field 长方形的地]

rectify ['rektifai] v. ①纠正,矫正;整顿;校正[to rectify an error 纠正错误]②[电]整(流),把交流电变成直流电/**rectification** n. /**rectifier** n.

rectitude ['rektitjuːd] n. 正直,严正,操行端正

rectum ['rektəm] n. [解]直肠

recumbent [ri'kʌmbənt] a. 躺着的,斜靠的

recuperate [ri'kjuːpəreit] v. ①使复原,恢复(健康、元气等)[He is recuperating from the flu. 他的流感渐渐好起来了。]②挽回,弥补[to recuperate one's losses 挽回损失]/**recuperation** n.

recur [ri'kəː] v. ①再发生;复发[His fever recurs every few months. 他每几个月就发烧一次。]②重新提起;回到[The speaker recurred to his first point. 说话人又回到了他的第一点上。]

recurrent [ri'kʌrənt] a. 一再发生的,复

R

发的；反复出现的，周期性的/**recurrence** n.

red [red] a. ①红色的，鲜红的 ②常作 [Red] 赤化的，左派的；共产党领导的 ‖ n. ①红，红色 ②红颜料，红染料；红色物 ③[常作 Red] 赤色分子，共产党员 / **in the red** 亏损，负债，赤字 / **see red** [口] 火冒三丈，怒不可遏/**redness** n.

redden ['redən] v. 使变红，染红；变红，脸红 [He reddened with anger. 他因愤怒而涨红了脸。]

reddish ['rediʃ] a. 带红色的，微红的，淡红的

redeem [ri'di:m] v. ①赎回；买回 [He redeemed his watch from the pawnshop. 他从当铺赎回抵押的表。] ②偿还，付清 ③将（赠券等）兑换物品 [She redeemed the coupon for a free box of soap. 她用赠券换了一盒免费肥皂。] ④解救，挽救；[宗] 救赎 ⑤履行，贱（诺）⑥弥补，补偿；抵消 [His brave act redeemed his faults. 他的勇敢行为弥补了他的错误。]/**redeemable** a.

redemption [ri'dempʃən] n. ①赎回；被赎回；补偿，付清 ②救出；赎救

red-handed ['red'hændid] a. 正在作案的

redletter ['red'letə] a. (日子) 值得纪念的，有特殊意义的；喜庆的 [a redletter day 喜庆的日子]

redolent ['ridəulənt] a. ①香的，芬芳的 ②散发出强烈气味的 ③使人联想起…的；充满…气氛的/**redolence** n.

redouble [ri(:)'dʌbl] v. ①使加倍，加强 [to redouble one's efforts 加倍努力] ②急速折回 [to redouble on one's tracks 急速转身沿原路往回跑]

redoubtable [ri'dautəbl] a. 可怕的，厉害的，难对付的

redound [ri'daund] v. 回报，返回到；起作用，促进，有助于 [His honors redound to the nation's credit. 他的荣誉为国增了光。]

redress [ri'dres] v. 纠正，改正，矫正；赔

偿，弥补 [to redress a wrong 改正错误] ‖ n. 纠正，改正，矫正；赔偿，补救；平反

reduce [ri'dju:s] v. ①减少，减小 [to reduce speed 降低速度 to reduce taxes 减税] ②减肥 ③使降级，使降职 [to reduce a major to the rank of captain 将上校降为上尉 a people reduced to poverty 处于贫困的民族] ④使化为，使变为 [to reduce peanuts to a paste by grinding 把花生磨成浆 to reduce the fraction 6/8 to 3/4 把 6/8 化简成 3/4] ⑤降服，攻陷 [The army reduced the enemy fort. 部队攻下了敌人的要塞。]/**reducer** n./**reducible** a.

reduction [ri'dʌkʃən] n. ①减小，减少，缩减 ②缩减的量 ③缩小了的东西 (如降价等)

redundancy [ri'dʌndənsi] n. ①过多，多余，累赘 ②多余的东西，多余部分 ③冗长

redundant [ri'dʌndənt] a. ①过多的，过剩的，多余的 ②冗长的

redwood ['redwud] n. ①红杉 ②红木树；红木

reecho [ri(:)'ekəu] v. 再发回声；再回响；回荡 [The sound echoed and reechoed through the valley. 声音在山谷里几经回荡。] ‖ n. [复] 回声的回响，再回声

reed [ri:d] n. ①芦苇；芦杆 ②芦苇笛 ③[音] 簧片；簧 (或管) 乐器

reedy ['ri:di] a. ①芦苇多的，用芦苇做的 ②芦苇似的，细长的 ③声音像簧乐器的；似笛声的，尖声的 [the old man's high, reedy voice 老人的又高又尖的声音]

reef [ri:f] n. 礁，暗礁

reek [ri:k] v. 冒烟；发臭气，充满臭气 ‖ n. 臭气，烟臭味

reel¹ [ri:l] v. ①蹒跚；摇晃，摇摆 ②眩晕，震颤 ③旋转；好似在旋转 [The room seemed to reel before his eyes. 房子似在他眼前旋转。]

reel² [ri:l] n. ① (电线等的) 卷轴，卷筒；卷线架；(电影胶片的) 卷盘；(钓鱼杆上的) 绕线轮 ②一卷；一盘 ‖ v. ①卷，绕；(从卷轴等上) 放出 [The firemen reeled out the hose. 消防队员从卷轴上放出水龙软管。]②(卷着)拉起[He reeled in a trout. 他(收绕钓丝)钓起一条鲑鱼。]滔滔不绝地讲述，流畅地写[He reeled off a long list of names. 他接连不断地读出(或流畅地写出)一长串名字。]

refer [ri'fə:] v. ①谈到，提到；涉及[He seldom refers to his brother. 他很少提到他兄弟。]②查阅，参考；查询[Columbus had no accurate maps to refer to. 哥伦布没有准确的地图可参考。]③指点，使求助于，使向…请教[John referred me to his doctor. 约翰叫我去他的医生处看病。]④把…提交；把…委托[We referred our argument to the teacher. 我们把争论的问题交给老师。]

referee [,refə'ri:] n. ①受委托者；仲裁人，公断人；调停人②(足球、拳击等的)裁判员 ‖ v. (为…)担任仲裁；(为…)担任裁判[to referee a game 为比赛担任裁判]

reference ['refərəns] n. ①提及，涉及②关系，关联③出处，参照；参考书目④参考资料⑤证明人，介绍人；证明，介绍；证明书

refill ['ri:'fil] v. 再装满，再灌满 ‖ ['ri:fil] n. 再供给的东西；替换物[a refill for ball point pen 圆珠笔的替换笔芯]

refine [ri'fain] v. ①精炼，提炼；精制[to refine sugar 制糖]②使精确，使优美，使文雅[to refine one's style of writing 使文体更优美]/ **refiner** n.

refined [ri'faind] a. ①精炼的；精制的②优美的，文雅的；讲究的

refit ['ri:'fit] v. 整修，重新装配，改装[a passenger ship refitted for use as a freighter 改装成货轮的客船]

reflect [ri'flekt] v. ①反射(光、热等)[A polished metal surface reflects both light and heat. 磨光的金属表面反射光和热。]②照出，映出(影子等)[The calm lake reflected the trees on the shore. 平静的湖面映出了岸边的树木。]③带来，招致[His success reflects credit on his teachers. 他的

成功给老师带来了荣誉。]④丢脸；责备；怀疑[That act reflects on his honesty. 该行为使人对他的诚实产生了怀疑。]⑤思考，反省[He reflected on his past errors. 他反省过去的错误。]

reflection [ri'flekʃən] n. ①反射；反照②反射物；映象，倒影③思考，反省④想法，见解⑤非议；指责；责难(或丢脸)的话；丢脸的行为

reflective [ri'flektiv] a. ①反射的，反映的②思考的，沉思的

reflector [ri'flektə] n. 反射器；反射镜；反射物[a reflector on a lamp 电灯反光罩]

reflex ['ri:fleks] n. (对刺激的)本能反应，反应能力 ‖ a. 本能反应的[A sneeze is a reflex action. 打喷嚏是本能的反应。]

reflexive [ri'fleksiv] a. ①[语]反身的(动词)②[语]反身的(代词)

reform [ri'fɔ:m] v. ①改革，革新；改良，改造[to reform working conditions in a factory 改进工厂的工作条件 / to reform a criminal 改造犯人]②改过；改邪归正[The outlaw reformed and became a useful citizen. 罪犯改过自新，成为对社会有益的公民。]‖ n. (政治、社会等方面的)改革，改良

reformation [,refə'meiʃən] n. ①改革，革新②(罪犯)改过自新③Reformation(十六世纪欧洲的)基督教改革运动

reformatory [ri'fɔ:mətəri] n. (少年犯或女犯的)教养院，管教所 ‖ a. 改革的，革新的

reformer [ri'fɔ:mə] n. 改革者，革新者；改良者

refract [ri'frækt] v. 使折射[Glass refracts light. 玻璃使光折射。]

refraction [ri'frækʃən] n. [物]折射(作用)，折射度

refractory [ri'fræktəri] a. ①倔强的，难驾驭的，执拗的②耐熔的，耐火的

refrain [ri'frein] v. 忍住，抑制，禁止[Please refrain from talking. 请别讲话。]

refresh [ri'freʃ] v. 使清新，使变得新鲜；

使精力恢复;使更新;使得到补充〔A soft rain refreshed the wilted plants. 细雨滋润枯萎的植物。He refreshed himself with a short nap. 小睡后他精神振作。Refresh my memory by playing the piece again. 把这首曲子再演奏一遍我就能想起来了。〕

refreshing [ri'freʃiŋ] *a.* ①使精力恢复的,使精神振作的②使人耳目一新的,使人喜欢的

refreshment [ri'freʃmənt] *n.* ①(精力或精神上的)恢复;爽快②使恢复精神的事物(如食物、休息等)③茶点,点心,便餐;饮料

refrigerate [ri'fridʒəreit] *v.* 使冷,使凉;冷冻,冷藏〔Milk will sour if it is not refrigerated. 如果不冷藏起来,牛奶就会变酸。〕/ **refrigeration** *n.*

refrigerator [ri'fridʒəreitə] *n.* 冰箱;冷冻机;冷藏室;冷藏库

refuge ['refju:dʒ] *n.* ①避难,庇护②庇护者;避难所;安全地带

refugee [ˌrefju(:)'dʒi:] *n.* 避难者;流亡者;难民

refund [ri:'fʌnd] *v.* 归还,偿还〔We will refund the full price if you are not satisfied. 如果你不满意,我们将按全价退款。〕‖ *n.* ['ri:fʌnd] 归还;归还额,偿还额

refuse [ri'fju:z] *v.* ①拒收,拒受〔to refuse a gift 拒收礼物 to refuse a suggestion 拒绝接受提议〕②拒绝给予;拒不,不肯〔to refuse a request 拒绝要求 to refuse to go 不肯去〕/ **refusal** [ri'fju:zəl] *n.*

refute [ri'fju:t] *v.* 驳斥,反驳,驳倒〔to refute an argument 驳斥一种论点〕/ **refutation** [ˌrefju'teiʃən] *n.*

regain [ri'gein] *v.* ①收回,复得;恢复〔He regained his health slowly. 他逐渐地恢复了健康。〕②重到,回到〔故乡等〕〔The boat regained the harbor. 小船返回港口。〕

regal ['ri:gəl] *a.* 国王的,王室的;庄严的,豪华的/ **regally** *ad.*

regale [ri'geil] *v.* 盛情招待,款待,使快乐,使喜悦〔to regale guests with a feast 以盛宴款待客人〕

regalia [ri'geiljə] *n.* [复]①(等级、社团等的)标记,徽章②华丽的服饰

regard [ri'ga:d] *v.* ①把…当作,把…认为〔I regard him as a friend. 我把他当作朋友。He regards you highly. 他对你评价很高。〕②注意,注重,考虑〔He never regards the feelings of others. 他从不考虑别人的感情。〕③注视,凝视④与…有关〔This regards your welfare. 这与你的福利有关。〕‖ *n.* ①注重,注意②尊敬,尊重,敬意③注视,凝视④[复]问候,致意/**as regards** 关于,至于/**in regard to**,**with regard to** 关于

regarding [ri'ga:diŋ] *prep.* 关于〔regarding your letter 关于你的信〕

regardless [ri'ga:dlis] *a.* 不留心的,不注意的‖ *ad.* [口]不管怎样地;无论如何;不顾一切地〔We objected, but he went regardless. 我们反对,但他还是不顾一切地去了。〕

regenerate [ri'dʒenəreit] *v.* ①使获得新力量,使新生〔to regenerate an old idea 予旧观点新的意义〕②(精神上)使新生;(道德上)使提高③改革,更新④重新生出;更生〔If a lizard loses its tail, it can regenerate a new one. 如果蜥蜴失去了尾巴,它能重新长出一个来。〕‖ *a.* [ri'dʒenərit] 新生的,再生的,更新的,更生的〔regenerate spirits 再生的灵魂〕/**regeneration** *n.* / **regenerative** *a.*

regiment ['redʒimənt] *n.* [军]团‖ *v.* [ˌredʒi'ment] 严密地组织;管辖〔Life in a prison is regimented. 监狱的生活是受严格管制的。〕/ **regimental** *a.* / **regimentation** *n.*

region ['ri:dʒən] *n.* ①地区,地带;行政区②部位;(大气、海水等的)层/**regional** ['ri:dʒənəl] *a.*

register ['redʒistə] *n.* ①登记,注册;登记簿,花名册②记录器;记数器③通风装置;调温装置④换音区域;(乐器的)音域‖ *v.* ①登记,注册〔to register a birth 登记出生〕②登记为选民③指示;

自动记下[The thermometer registers 72°. 温度计显示 72 度。④(用表情、动作)显示,表达[to register surprise 露出了吃惊的表情]⑤把(邮件)挂号

registration [ˌredʒis'treiʃən] n. ①登记,注册②登记簿中的项目③登记人数;注册人数

registry ['redʒistri] n.登记处,注册处②登记簿,注册簿③登记;注册

regress [ri'gres] v.退回,倒退;回归/**regression** n.

regret [ri'gret] v.悔恨,懊悔[to regret the loss of a pet 懊悔失去了宠物 to regret a mistake 悔恨犯了错误]‖ n.悔恨,懊悔;抱歉[复]歉意,表示谢意的短柬/**regretful** a. /**regrettable** a.

regular ['regjulə] a.①规则的,有规律的;整齐的,匀称的②经常的,习惯性的③平稳的,不变的④[语]按规则变化的⑤[军]常备军的;由备役兵组成的⑥正式的,正规的⑦[口]十足的,彻底的⑧[口]挺不错的,靠得住的‖ n.正规兵,职业军人/**regularly** ad. /**regularity** [ˌregju'læriti] n.

regulate ['regjuleit] v.①管理,控制;制约[What forces regulate the weather? 什么力量在控制着天气的变化?]②调整,调节;校准[to regulate the heat 调节热量 to regulate a fast clock 把走快的钟表校准]/**regulator** n.

regulation [ˌregju'leiʃən] n.①管理,控制,调整,调节;校准②规则,规章,法规‖ a.①规定的②普通的,正常的③正式的

regurgitate [ri(ː)'gəːdʒiteit] v.反胃,反刍/**regurgitation** n.

rehabilitate [ˌriːhə'biliteit] v.①修复,整顿;使(身体)复原[to rehabilitate a slum area 重建贫民区]②恢复…的地位(权利、财主、名誉等)/**rehabilitation** n.

rehash ['riː'hæʃ] v.重讲;改头换面地重复谈论[to rehash an argument 把旧论据拿出来老调重弹]‖ n.改成新形式的旧材料;改写品,故事新编;改写[a rehash of an earlier book 旧书的改写品]

rehearse [ri'həːs] v.①排练,排演②详述,复述[He rehearsed all his troubles to me. 他把自己遇到的麻烦详细讲给我听。]/**rehearsal** n.

reign [rein] n.①君主统治(时期)②支配;影响‖ v.①(君主等)统治;称王②兴盛,盛行[when peace reigns 当和平占上风时]

reimburse [ˌriːim'bəːs] v.偿还,赔偿,补偿[You will be reimbursed for your work. 你将因你的工作而得到报偿。]/**reimbursement** n.

rein [rein] n.①缰绳[复]驾驭;控制手段,驾驭手段[to take up the reins of leadership 开始掌权]‖ v.用(缰绳)勒住;驾驭,控制/**draw rein, draw in the reins** 慢下来,停止/**give free rein to** 对…放任;使…自由发挥

reincarnate [ˌriːin'kɑːneit] v.赋予(灵魂)新的肉体,使再生[Souls are reincarnated, according to Hindu religious belief. 印度人的宗教信仰认为灵魂可以再生。]/**reincarnation** n.

reinforce [ˌriːin'fɔːs] v.加强;增加…的数量(或厚度);进一步证实[to reinforce concrete with steel bars 给混凝土中加钢筋 to reinforce a theory with new evidence 用新证据来进一步证实理论]

reinforcement [ˌriːin'fɔːsmənt] n.①增援;增强;加强②加固物[复]援军,增援部队

reiterate [riː'itəreit] v.反复做,反复讲;重申,重做[The prisoner reiterated his innocence. 犯人反复地说他是无辜的。]/**reiteration** n.

reject [ri'dʒekt] v.①拒绝采纳,拒绝考虑,不同意[to reject advice 拒纳意见]②丢掉,抛弃,摈弃‖ n.['riːdʒekt] 遭拒绝的东西;被抛弃的东西;废品;次品/**rejection** n.

rejoice [ri'dʒɔis] v.欣喜,高兴[We rejoiced at the news. 我们为这个消息感到欣喜。]/**rejoicing** n.

rejoin ['riː'dʒɔin] v.①使再结合,使再聚

R

合;重返;再加入〔to rejoin one's class after an illness 病愈后重返班级 to rejoin the ends of a torn rope 再接断绳〕②回答〔"That's not", he rejoined. 他答道:"不是这样。"〕

rejuvenate [ri'dʒu:vineit] v. 使返老还童,使恢复活力;使回春,使更生〔The rest rejuvenated us. 休息使我们恢复了活力。〕/**rejuvenation** n.

relate [ri'leit] v. ①叙述,讲〔Relate to us what you did. 把你做的事告诉我们。〕②使联系〔to relate two events 把两件事联系起来〕③有关联〔Proper diet relates to good health. 合理的膳食与良好的身体有关系。〕

related [ri'leitid] a. 有联系的,相关的;有亲戚关系的

relation [ri'leiʃən] n. ①叙述;叙述的事,故事②关系,联系③亲属关系④亲属,家属⑤〔复〕交往,事务,关系/**in relation to, with relation to** 关于,涉及,有关/**relationship** n.

relative ['relətiv] a. ①相对的〔"Cold" is a relative term. "冷"是个相对的词。〕②比较的〔the relative importance of an idea 比较重要的观点〕③相关的,有关系的〔Is your question relative to this subject? 你的问题同这个题目有关吗?〕④相应的,成比例的⑤〔语〕(词)表示关系的,(从句等)关系词引导的 ‖ n.①关系词②亲戚,亲属;亲缘动(或植)物/**relative to** ①关于,有关②与…相比;按…的比例

relativity [,relə'tiviti] n. ①相关性,相对性②〔物〕相对论

relax [ri'læks] v. ①(使)松弛,(使)放松〔The body relaxes in sleep. 身体在睡眠时得到放松。The guard never relaxed his watch. 哨兵不曾放松警戒。〕②休养,休息;娱乐〔He relaxes by going fishing. 他通过钓鱼使身心得到休息。〕/**relaxation** n.

relay ['ri:lei] n. ①替班;接替人员②〔体〕接力赛跑 ‖ v. ['ri:lei, ri'lei] ①分程传递;传达;使接替,给…换班〔to relay a message 一站站接力传送讯息〕

re-lay ['ri:'lei] v. 再放,重新放;重新铺设〔to re-lay a cable 重新铺设电缆〕

release [ri'li:s] v. ①释放;解放;豁免,免除〔Release the bird from the cage. 把鸟从笼里放出来。He was released from debt. 他被免除了债务。〕②放松,放出〔to release an arrow 射箭〕③发布(新闻等);公开发行〔to release information to reporters 向记者发布消息〕‖ n. ①释放,解放②(消息、影片等)的发布,发行③〔法〕(权)让渡;弃权(或让渡)的证书④〔机〕释放装置;排气装置

relegate ['religeit] v. ①使降位,使降级〔The manager of the team was relegated to the job of assistant coach. 把球队经理降级为助理教练。〕②驱逐,放逐③交付,托付〔He relegated the task to his assistant. 他把工作交付给助手了。〕

relent [ri'lent] v. 发慈悲,怜悯;变宽厚,变温和〔Dad relented and let us go. 父亲心软了,放我们走了。〕

relentless [ri'lentlis] a. ①不仁慈的,无情的,严酷的②坚韧的,不屈不挠的,不间断的

relevant ['relivənt] a. 贴切的,中肯的,恰当的;有关的/**relevance, relevancy** n.

reliable [ri'laiəbl] a. 可靠的,可信赖的;确实的/**reliability** [ri,laiə'biliti] n. · **reliably** ad.

reliance [ri'laiəns] n. ①信任,信赖,信心,依靠②信赖的人(或物)

reliant [ri'laiənt] a. ①信赖的,依靠的②信赖自己的,依靠自己的,自力更生的

relic ['relik] n. ①遗物,纪念物;遗风,遗俗;残片,废墟②圣徒遗物,圣物③圣骨

relief [ri'li:f] n. ①(痛苦等的)减轻,缓解;解除②减轻或缓解(痛苦、忧虑)的东西;(痛苦等消除后感到的)轻松,宽心,宽慰③救济;救济品④休息,娱乐,消遣⑤换班的人,接班的人⑥浮雕/**in relief** 浮雕地,浮雕地似的/**on relief** 接受救济的

relieve [ri'li:v] v. ①减轻;解除〔Cold water relieves a swelling. 凉水消肿。②使解除；使宽慰〔We were relieved when the danger passed. 危险过去后我们都感到宽慰〕③救济供应食品（或物资等）给〔to relieve a besieged city 援救被围的城市〕④换…的班；换防〔The guard is relieved every four hours. 哨兵每四小时换防。〕⑤调剂，使不单调，使不乏味

religion 〔ri'lidʒən〕 n. ①宗教信仰②宗教，教

religious 〔ri'lidʒəs〕 a. ①虔诚的，笃信宗教的②宗教的，宗教上的③认真的，严谨的 ‖ n. 修道士；修女；和尚，尼姑/**religiously** ad.

relish 〔'reliʃ〕 n. ①滋味；特殊的味道，风味；美味②食欲；乐趣，爱好③调味品，作料 ‖ v. 乐于，爱好；津津有味地吃；欣赏〔to relish a joke 体会笑话乐趣所在〕

reluctant 〔ri'lʌktənt〕 a. ①不愿的；勉强的②难得到的/**reluctance** n. /**reluctantly** ad.

rely 〔ri'lai〕 v. 依赖，依靠〔You can rely on me to be on time. 你尽可相信，我会准时的。〕

remain 〔ri'mein〕 v. ①留下，逗留〔He remained at home when they went into town. 他们到城里去时，他则留在家里。〕②剩下，余留〔Only a few columns of the ancient temple remain. 古庙只剩下几根柱子。〕③继续；保持不变；仍是…〔He remained loyal to his friends. 他对朋友仍然很忠诚。〕④尚待，留待〔That remains to be seen. 那事还得日后才能知晓。〕

remainder 〔ri'meində〕 n. 剩余物；残余部分；[数]余数

remains 〔ri'meinz〕 n. [复]①剩下的东西，残余；废墟；遗迹②遗体

remake 〔'ri:'meik〕 v. 重制；翻新；改造，修改〔to remake a long coat into a jacket 把长大衣改成短上衣〕

remand 〔ri'ma:nd〕 v. 送回，招回 [法] 还押，押候

remark 〔ri'ma:k〕 v. ①评论，谈论，议论；说起，提到②注意到；觉察；看见〔to re-

mark a difference in quality 注意到质量上的差异〕‖ n. 评论，谈论，议论；陈述，话〔an unkind remark 不友好的话〕

remarkable 〔ri'ma:kəbl〕 a. 异常的，非凡的，卓越的，值得注意的/**remarkably** ad.

remarry 〔'ri:'mæri〕 v. 再婚；再娶；再嫁/**remarriage** n.

remedial 〔ri'mi:djəl〕 a. 可换回的；可补救的；可纠正的；可疗的

remediable 〔ri'mi:djəbl〕 a. 治疗的，治疗上(用)的；补救的，纠正的

remedy 〔'remidi〕 n. ①治疗，治疗法；药物②补救(法)；赔偿 ‖ v. 治疗，纠正，改善；去除(弊病等)〔to remedy a situation 改善境遇〕

remember 〔ri'membə〕 v. ①想起〔I suddenly remembered my first day at school. 我突然想起第一天上学的情景。〕②回忆起，记得〔I just can't remember your name. 我记不得你的名字了。〕③记住；牢记，不忘〔Remember to look both ways before crossing. 过马路时别忘了看两边的路。〕④代…致意，代…问安〔Remember me to your family. 代我向你全家问安。〕⑤送礼给…；遗赠财产给…；付小费给…〔He always remembers me at Christmas. 圣诞节他总要给我送礼物。〕

remind 〔ri'maind〕 v. 提醒；使记起〔Remind me to pay the gas bill. 提醒我去付煤气费。〕

remiss 〔ri'mis〕 a. 疏忽的，粗心的；不负责任的/**remissness** n.

R

remission 〔ri'miʃən〕 n. ①宽恕；赦免②(债务、捐税等的)免除，豁免③缓和，减轻

remit 〔ri'mit〕 v. ①汇(款)；汇寄〔Remit fifty cents in coin. 汇去五十美分的硬币。〕②缓和；减轻，减退〔to keep working, without remitting one's efforts 继续工作，毫不松劲〕③宽恕；赦免〔to remit a sin 免罪〕④豁免；免除〔to remit a prison sentence 免除监禁 to remit a debt 豁免债务〕

remodel [ˌriːˈmɔdl] v. 重新塑造；改造，重建〔to remodel a kitchen 重建一个厨房〕

remonstrance [riˈmɔnstrəns] n. 抗议，抗辩；规劝

remonstrate [riˈmɔnstreit] v. 抗议；规劝，告诫〔Ella remonstrated with her naughty sister. 埃拉规劝她那淘气的妹妹。〕

remorse [riˈmɔːs] n. 懊悔，悔恨，自责/ **remorseless** a. /**remorsefully** ad.

remote [riˈməut] a. ①遥远的②关系远的；(亲戚) 远房的③很少的，细微的/**remotely** ad. /**remoteness** n.

removal [riˈmuːvəl] n. ①除掉，切除②撤换，免职③迁移；迁居

remove [riˈmuːv] v. ①移动，搬开；调动；脱掉，拿掉〔Remove the rugs so we can dance. 把地毯拖开，这样我们就能跳舞了。They removed their coats. 他们脱了大衣。〕②把…免职，撤去，使离去③去掉，消除〔to remove a stain 去污〕‖ n. 间距，相隔的距离；一步 (一代) 差距〔a remark that was only one remove from an insult 差不多相当于侮辱的话〕/**removable** a. /**remover** n.

remunerate [riˈmjuːnəreit] v. 酬报，酬劳，给…补偿 (或赔偿)〔You will be remunerated for your kindness. 你的好心会得到回报的。〕/**remuneration** n.

remunerative [riˈmjuːnərətiv] a. 有报酬的，有利的〔a remunerative business 有利可图的事〕

rename [ˈriːˈneim] v. 给…重新命名，给…再命名〔Siam was renamed Thailand 暹罗改名为泰国。〕

renascence [riˈnæsns] n. ①新生，复兴；复活〔Renascence 文艺复兴〕/**renascent** a.

rend [rend] v. 撕碎，扯破；割裂，分裂；分开〔The tree was rent by lightning. 树被雷电击断了。〕

render [ˈrendə] v. ①提出 (理由等)；呈递；汇报，开出〔to render a bill 开帐单；to render an account of one's actions 说明自己的行动〕②放弃，交出，让予〔to render up a city to the enemy 把城市让予敌人〕③还给；归还〔to render good for evil 以德报怨〕④报答〔to render thanks 答谢〕⑤使…变得，使成为〔to render a contract invalid 使条约无效〕⑥表演，扮演，演奏；执行，行使〔to render first aid 进行急救 to render a tune on the piano 在钢琴上演奏一首曲子〕⑦翻译〔to render a Spanish song into English 把一首西班牙歌曲译成英语〕⑧煎熬；提取(脂肪)

rendezvous [ˈrɔndivuː] n. ①聚会的地方；公共场所；人们常去的地方②(军队或舰队的) 指定集合地；集合③约定；约会地点，幽会地点④约会，幽会 ‖ v. 在指定地点集合 (或聚会、相见)/**rendezvous** [ˈrɔndivuːz] v. 〔聚会〕

rendition [renˈdiʃən] n. 表演，演奏；演唱

renegade [ˈrenigeid] n. 叛徒，变节者；脱党者，逃兵

renew [riˈnjuː] v. ①使更新；使复原，使恢复〔Renew your old car by painting it. 刷层油漆，你的旧车就变新了。〕②重新开始〔The enemy renewed its attack. 敌人重新发动进攻。〕③换新，补充，加强〔to renew provisions 补充食物〕④继续〔to renew a subscription 续订〕/**renewal** n.

renounce [riˈnauns] v. ①放弃，抛弃〔The king renounced the throne. 这位国王放弃了王位。〕②与…脱离关系，拒绝承认(子女等)〔He renounced his son. 他与儿子脱离父子关系。〕

renovate [ˈrenəuveit] v. 革新，更新；修复，整修〔to renovate a sofa 修理沙发〕/**renovation** n.

rent[1] [rent] n. 租金，租费 ‖ v. ①租人，租出②出租〔This room rents for $7 a week. 这房间每星期租金七美元。〕/**for rent** 出租的/**renter** n.

rent[2] [rent] rend 的过去式和过去分词 ‖ a. 撕裂的，分裂的 ‖ n. (衣服等的) 破裂处；裂缝，缝隙

R

rental ['rentl] n. ①租费;租金收入②出租的财产(如房屋、汽车等) ‖ a. 租用的,出租的

renunciation [ri,nʌnsi'eiʃən] n. 放弃,抛弃(权利等)

reorganize ['ri:'ɔ:gənaiz] v. 改组;改编;整顿[to reorganize a company 改组公司]/**reorganization** n.

repair¹ [ri'peə] v. ①修理,修补[to repair a broken toy 修补破了的玩具]②补救;纠正[to repair a mistake 纠正错误 to repair an injustice 平反冤屈] ‖ n. ①修理,修补②[常用复]修理工程;修理工作③维修状况/**repairable** a.

repair² [ri'peə] v. 去[After class they repaired to the library. 下课后,他们去了图书馆。]

reparation [,repə'reiʃən] n. ①补偿;弥补,恢复②[战败国赔付的]赔款,赔偿

repatriate [ri:'pætrieit] v. 把…遣返回国[to repatriate prisoners of war 遣返战俘]/**repatriation** n.

repay [ri'pei] v. repaid①偿还,还钱给(某人)[to repay a loan 还贷款]②报答;报复;回敬[to repay a kindness 报答好意]/**repayment** n.

repeal [ri'pi:l] v. 撤销;废除[to repeal a law 废除法令] ‖ n. 撤销;废除

repeat [ri'pi:t] v. ①重说,重做[Will you repeat that question? 你把问题再说一遍,好吗?]②背诵[to repeat a poem 背诵一首诗]③把…讲出去[to repeat a secret 把秘密讲出去]④重演,重播;使再现,再经历[to repeat a success 再经历一次成功] ‖ n. ①重说,重做;重复②重演,重播,重播~**peat oneself** 不自觉地重复说(或做)

repel [ri'pel] v. ①击退,抵制[to repel an attack 击退进攻]②拒绝;排斥[She repelled his attentions. 她拒绝他的殷勤。]③使厌恶,使反感[The odor repelled me. 这种气味使我很不快。]④抗,防[This raincoat repels water. 雨衣防水。]

repellent [ri'pelənt] a. 击退的;排斥的;令人反感的;防水的 ‖ n. 防水布;[药]驱

虫剂,消肿药

repent [ri'pent] v. 悔悟;悔改,后悔[He repented and returned the stolen bicycle. 他后悔了,退还了偷来的自行车。]②改变主意[He gave away his books, but later repented his kindness. 他把书送人了,可是后来又改了主意。]

repentance [ri'pentəns] n. 悔悟;悔改,后悔,忏悔/**repentant** a.

repercussion [,ri:pə(:)'kʌʃən] n. ①击回,弹回,反冲②回声;反射③[指间接深远的]反响,影响,后果

repetition [,repi'tiʃən] n. ①重复;反复做(或说)②重复的事物;复制品;副本

repetitious [,repi'tiʃəs] a. 重复的,反复的,(尤指使人腻烦的)

repine [ri'pain] v. 不满,烦恼,埋怨,发牢骚

replace [ri(:)'pleis] v. ①把…放回(原处)[Replace the tools on my bench when you are through. 你用完后把工具放回我的凳子上。]②取代,以…代替;接替[The automobile has replaced the horse. 汽车已取代了马。]③更换,调换[to replace a worn tire 更换破了的轮胎]

replacement [ri'pleismənt] n. ①取代,代替;替换,更换;复位②代替者;补充人员;替换物,代替物

replenish [ri'pleniʃ] v. (再)填满,(再)装满;添加,添足[to replenish a coal pile 填满煤堆]/**replenishment** n.

replete [ri'pli:t] a. 饱满的,充分供应的;充满的,塞满的/**repletion** n.

reply [ri'plai] v. 回答,答复;(以行动)答复,回击[to reply to a question 回答问题 to reply to the enemy's fire with a counterattack 以反攻来回击敌人的炮火] ‖ n. [复]回答,答复

report [ri'pɔ:t] v. ①报告,汇报[We will report on our field trip today. 今天我们将汇报实习情况。]②报道[The papers reported little damage as a result of the storm. 报纸报道说暴雨几乎没造成什么损失。]③宣布,发表[The committee reported on arrangements for the dance. 委员会宣布了对舞会的安排。]④告发，揭发〔某人或其行为〕[to report a theft to the police 向警方告发一起偷窃行为]⑤报到，出现[Report for work at 8 o'clock. 八点钟上班。] ‖ n. ①（书面的）报告[a financial report 财务报告]②传说；（公众）议论[Report of victory filled the air. 胜利的消息街谈巷议。]③名声[a man of good report 好名声的人]④爆炸声，爆裂声[the report of a gun 枪炮声]

reporter [ri'pɔːtə] n. 报告人，汇报人；记者，通讯员；新闻广播员

repose [ri'pəuz] v. ①使休息，（躺着）休息[to repose on a bed 躺在床上休息]②使休息，把（头部等）靠着休息[to repose oneself on a sofa 在沙发上靠着休息] ‖ n. ①休息，安眠②宁静；镇静；平静[repose of mind or manner 心绪宁静，泰然自若；举止镇静]

repository [ri'pɔzitəri] n. 贮藏所；仓库；贮物器（如箱、柜等）；博物馆，陈列室

repossess [ˌriːpə'zes] v. 重获，重新占有；使重新占有[The loan company repossessed his car. 放贷公司收回了他的汽车。]

reprehend [ˌrepri'hend] v. ①严责；非难；训斥②找…的差错

reprehensible [ˌrepri'hensəbl] a. 应受严责的，应受指摘的；应受训斥的

represent [ˌrepri'zent] v. ①代表，表示，象征[Three dots represent "S" in the Morse code. 在摩尔斯电码中三个圆点表示 S。]②描绘，（形象地）表现[The artist represented America as a woman holding a torch. 艺术家把美国描绘为一位妇女手持火炬的形象。]③作为…的代表（或代理人）[My lawyer will represent me in court. 我的律师将替我出庭。]④演出，扮演⑤意味着，相当于，相等于[A cave represented home to them. 山洞就是他们的家。]⑥集中地体现，典型地反映[He represents the youth of America. 他是美国青年的典型的代表。]⑦声称[He represen-

ted himself as an authority. 他声称自己是权威人士。]

representation [ˌreprizen'teiʃən] n. ①代表，表示；表现，描写②图画，图像；雕像，塑像③[复]陈述；请求，正式抗议④[总称]代表；代理/**representational** a.

representative [ˌrepri'zentətiv] a. ①代表的，代理的②代议制的，代表制的③代表性的，典型的 ‖ n. ①典型②代表；代理人③Representative 众议院议员

repress [ri'pres] v. ①抑制（感情等）；忍住[to repress a sigh 强抑着不叹气]②镇压[to repress an uprising 镇压起义]③压制，约束[to repress sad thoughts 节制愁思]/**repression** n.，

repressive [ri'presiv] a. 镇压的；抑制的，约束的

reprimand ['reprimɑːnd] n. 惩戒；（尤指当权者所作的）谴责 ‖ v. 惩戒，谴责

reprint ['riːprint] v. 重印，再版 ‖ n. ['riːprint]重印本，再版本；翻版书；翻印品

reproach [ri'prəutʃ] v. 责备，申斥；指责，非难[She reproached me for spending too much. 她责备我花费太多。] ‖ n. 耻辱[Slums are a reproach to a city. 贫民窟是城市的耻辱。]/**reproachful** a.

reprobation [ˌreprə'beiʃən] n. 谴责；斥责；拒绝，摈弃

reproduce [ˌriːprə'djuːs] v. ①繁殖，生殖[Most animals reproduce by fertilizing eggs. 多数动物是通过产卵来繁殖后代的。]②复制，翻版；复写③再生产；产造；再生长

reproduction [ˌriːprə'dʌkʃən] n. ①繁殖；再生产②复制，复制品，翻版[a reproduction of an ancient statue 一尊古像的复制品]/**reproductive** a.

reprove [ri'pruːv] v. 责骂，谴责；指摘，非难[She reproved him for being so rude. 她责备他太粗鲁。]

reptile ['reptail] n. ①[动]爬行动物，爬虫②卑躬屈节的人，卑鄙的人

republic [ri'pʌblik] n. 共和国，共和政体

republican [ri'pʌblikən] a. ①共和国的②(美国)共和党和政体者②Republican(美国)共和党党员 ‖ n. ①拥护共和政体者②Republican(美国)共和党党员

repudiate [ri'pju:dieit] v. ①拒绝;拒绝接受[to repudiate a belief 拒绝接受一种信条]②拒付(债款) /**repudiation** n.

repugnant [ri'pʌgnənt] a. ①令人厌恶的,使人反感的②相反的,不一致的/**repugnance** n.

repulse [ri'pʌls] v. ①打退,击退(攻击等)②(以无礼、冷淡等)排斥,严厉拒绝[He repulsed his former friends. 他对以前的朋友冷颜以拒。] ‖ n. ①打退,击退②严拒

repulsion [ri'pʌlʃən] n. ①排斥,严拒②反感,厌恶

repulsive [ri'pʌlsiv] a. 使人反感的,令人厌恶的,可憎的

reputable ['repjutəbl] a. 声誉好的,可尊敬的

reputation [ˌrepju(:)'teiʃən] n. ①名誉,名声②好名声,声望③荣誉,信誉;体面

repute [ri'pju:t] n. 名誉;好名声;信誉 ‖ v. 称为,(普遍地)认为[She is reputed to be very learned. 她被公认为学识渊博的人。]

request [ri'kwest] v. ①请求[to request a hearing 请求举行听证会]②要求;恳求(做某事)[She requested him to shut the door. 她请求他关上门。] ‖ n. ①请求,要求;恳求[a request for help 请求帮忙]②要求的事物;请求的话[Will he grant our request? 他答应了我们所要的东西了吗?]③需要,需求[Is this song much in request? 这首歌很受欢迎吗?]/**by request** 应要求(或请求)[He sang by request. 他应邀而唱。]

require [ri'kwaiə] v. ①需要[Most plants require sunlight. 绝大多数植物需要阳光。]②要求;命令[He required us to leave. 他命令我们离开。]

requirement [ri'kwaiəmənt] n. ①需要②需要的东西

requisite ['rekwizit] a. 需要的,必要的;必不可少的 ‖ n. 必需品

requisition [ˌrekwi'ziʃən] n. ①调拨单,征用文书;申请书②需要;征用;使用③正式请求;正式要求;申请 ‖ v. 要求;征用[The general requisitioned trucks for the troops. 将军要求该部队征用卡车。]

requital [ri'kwaitl] n. 报答的事;酬谢之物;补偿

requite [ri'kwait] v. ①酬答(某人);向…报复[How can I requite him for his help? 我该如何答谢他的帮助呢?]②报答;回报;报复[She requited his love. 她回报了他的爱。]

rescind [ri'sind] v. 废除;取消,撤消;解除[to rescind a law 废除法令]

rescue ['reskju:] v. 援助,营救;挽救[to rescue a man from a fire 火中救人] ‖ n. 援救,营救/**rescuer** n.

research [ri'sə:tʃ] n. 调查,探究;研究 ‖ v. 调查,研究

resemblance [ri'zembləns] n. 相似;相似性,相似点,相似物

resemble [ri'zembl] v. 像,类似[Rabbits resemble hares but are smaller. 家兔像野兔,但略小。]

resent [ri'zent] v. 对…忿恨,对…不满,怨恨[He resented being called a coward. 他对被叫做胆小鬼而忿恨不已。]/**resentful** a. /**resentfully** ad.

resentment [ri'zentmənt] n. 忿恨,不满,怨恨,恼怒

reservation [ˌrezə'veiʃən] n. ①保留②保留意见;异议③保留地;居留地;专用地④(旅馆房间、火车票等)预定

reserve [ri'zə:v] v. ①储备,留给,留出[to reserve part of one's pay for emergencies 留出部分工资以备急需]②预定[Call the theater and reserve two seats. 给剧院打电话预定两个座位。]③保留[I reserve the right to refuse. 我保留拒绝的权利。] ‖ n. ①储备(物),保存(物)[a bank's cash reserve 银行的现金储备]②保留;限度[He told us the plain facts without reserve. 他毫无保留地把事实原原本本地告诉了我们。②自我克制；沉默寡言；含蓄④[复][军]后备军，后备队(员)；预备役；预备役军人⑤保留地，专用地[a forest reserve 保留林，预备林]/**in reserve** 被留出备用，被留作后用

reserved [ri'zə:vd] a. ①留作专用的，预定的②沉默寡言的，缄默的；含蓄的

reservoir ['rezəvwa:] n. ①水库，蓄水池②贮液器，储蓄器③储藏，蓄积，[喻]宝库

reside [ri'zaid] v. ①居住[to reside in the suburbs 住在郊区]②(权力、权利等)属于，归于[The power to tax resides in Congress. 征税的权力属于国会。]

residence ['rezidəns] n. ①住处，住宅，公馆②居住，居留③驻扎，居留期间

resident ['rezidənt] 居民 || a. 居住的，常驻的

residential [,rezi'denʃəl] a. ①作居住用的，住宅的②居住的

resign [ri'zain] v. 放弃，辞去，辞职[He resigned from the club. 他辞去了在俱乐部的职务。]/**resign oneself** 听任，顺从

resignation [,rezig'neiʃən] n. ①放弃，辞职②辞职书，辞呈③屈从，听从，顺从

resilient [ri'ziliənt] a. ①有弹性的，能回复原来位置的②恢复活力的，恢复精神的；心情愉快的/**resilience, resiliency** n.

resist [ri'zist] v. ①抵抗，反抗，对抗[to resist an invasion 抵抗侵略]②抗，耐；抵制，抗拒；忍住[Gold resists rust. 金子不生锈。Try to resist temptation. 努力不受诱惑。]

resistance [ri'zistəns] n. ①抵抗，反抗②(对疾病等)抵抗力③(物质的)耐力，阻力；[电]电阻

resistant [ri'zistənt] a. 抵抗的，反抗的；有抵抗力的

resistless [ri'zistlis] a. 不可抵抗的；不可避免的；不抵抗的；无抵抗力的

resolute ['rezəlju:t] a. 坚决的；果敢的，

果断的；不屈不挠的/**resolutely** ad.

resolution [,rezə'lju:ʃən] n. ①坚决，坚定②决心③决定，决议案④果断⑤解答，解决；消除

resolve [ri'zolv] v. ①决心，决定[I resolved to tell him. 我决定告诉他。]②解决，解答③(通过投票)决定[It was resolved at the meeting to raise our club dues. 会上投票决定提高我们俱乐部的会费。]④使分解，使解体；解析[to resolve water into hydrogen and oxygen 把水分解为氢和氧]|| n. 决心，决意；坚定；刚毅[his resolve to be a teacher 他当教师的决心]

resonance ['rezənəns] n. ①回声，反响②共振；共鸣；谐振

resonant ['rezənənt] a. ①洪亮的；由共鸣而加强的②回响的，共鸣的

resort [ri'zɔ:t] v. ①求助，凭借；诉诸[She resorted to tears when her pleas failed. 她的请求失败后，她哭了起来。]②常去；成群地去[People resort to parks in the summer. 夏天人们常去公园。]|| n. ①常去之地，胜地[a winter resort for skiing 冬天滑雪的好去处]②求助，凭借；采取[a resort to threats 采取威吓手段]③所求助的人(或东西)；凭借的方法(或手段)[Pawning his watch was his last resort. 他最后的办法就是当表。]

resound [ri'zaund] v. ①回响，充满声响[The hall resounded with music. 大厅中回响着音乐声。]②鸣响；反响，回荡[Her shout resounded throughout the cave. 她的喊声在山洞里回荡。]

resource [ri'sɔ:s] n. ①资源；物力，财力②办法，对策；智谋；应变能力

respect [ris'pekt] v. ①尊敬，尊重[We respect learned people. 我们尊敬知识渊博的人。]②考虑，重视，关心[to respect another's rights 考虑别人的权益]|| n. ①尊敬，尊重②考虑，重视[She had respect for our feelings. 她重视我们的看法。]③

[复]敬意,问候〔He paid his respects to the hostess. 他向女主人致以问候。〕④方面,着眼点〔In this respect he's wrong. 在这一点上他错了。〕⑤关系〔a new solution with respect to this problem 关于这个问题的新的解决办法〕

respectable [ris'pektəbl] a. ① 可敬的,值得尊敬的;有相当身分的,正派的,高尚的,体面的②(质量等)过得去的,不错的;(数量等)相当大的/**respectability** n.

respectful [ris'pektful] a. 恭敬的;尊敬人的,尊重人的/**respectfully** ad.

respecting [ris'pektiŋ] prep. 关于〔I know little respecting the plan. 关于该计划,我知之甚少。〕

respective [ris'pektiv] a. 各自的,各个的

respiration [ˌrespə'reiʃən] n. ① 呼吸;呼吸的过程②(植物、动物的)呼吸作用

respite ['respait, 美 'respit] n. ①(痛苦的)缓解,暂止;暂时的休息(或喘息)②暂缓(死刑等)的缓期执行

resplendent [ris'plendənt] a. 灿烂的,光辉的;辉煌的,华丽的/**resplendence** n.

respond [ris'pɔnd] v. ① 回答〔He didn't respond to my question. 他没有回答我的问题。〕② 有反应,作出反应〔His infection hasn't responded to treatment. 他的感染处还没治好。〕

response [ris'pɔns] n. ① 回答,作答;响应②(礼拜仪式中会众同牧师)轮流答应(或吟唱)的祈祷文

responsibility [risˌpɔnsə'biliti] n. ① 责任;负责状态②职责;任务;义务

responsible [ris'pɔnsəbl] a. ① 有责任的,应负责的②有功的;应承担责任的③责任重大的;可靠的,可信赖的

responsive [ris'pɔnsiv] a. 响应的,易起反应的②(礼拜仪式)用应答(或吟唱)的祈祷文的③应答的,(表示)回答的

rest¹ [rest] n. ①休息,歇息②安宁,安睡,安定③静止,停止;暂停②撑架,支座,托架⑤[音]休止;休止符⑥休息处,住宿处‖v. ①休息;睡②使休息,使轻松〔He rested his horse. 他让马休息一会儿。〕③使支撑(在);使搁(在),躺(在),斜靠〔Rest your head on the pillow. 你把头枕在枕头上。The hoe rested against a tree. 锄头斜靠在树上。〕④ 安宁,安心〔He couldn't rest until he found it. 东西找到了,他才安下心来。〕⑤ 安息,长眠;逝世,死〔to rest in one's grave 去世〕⑥ 静止,停止〔Let the matter rest. 事情就到此为止吧。〕⑦ 在于,存在于,归属于〔The fault rests with him. 错误落在他头上。〕⑧使支撑,使…停留(在)〔His eyes rested on the picture. 他的目光落在那幅画上。〕⑨依赖,依靠〔Success often rests on luck. 成功常要靠运气。〕/**lay to rest** 埋葬

rest² [rest] n. ①剩余部分②[动词用复数]其余;其余的人‖v. 仍然是;保持〔Rest assured that I'll be there. 放心好了,我会来的。〕

restate ['ri:'steit] v. 再声明;重申;(以新的形式)重新陈述〔He restated the question as a riddle. 他把问题作为谜语重说了一遍。〕/**restatement** n.

restaurant ['restərɔːŋ, 'restərənt] n. 餐馆,饭店

restitution [ˌresti'tju:ʃən] n. 归还,赔偿

restive ['restiv] a. ①难控制的,倔强的②不安定的;不安静的,烦躁的

restless ['restlis] a. ①不静止的;永不宁静的;不安定的;烦躁的②得不到休息的/**restlessly** ad. /**restlessness** n.

restoration [ˌrestə'reiʃən] n. ①恢复,回复;复位②(受损文物的)修补;修复物;重建(物)

restorative [ri'stɔrətiv] a. 恢复健康(或体力)的;滋补的‖n. 营养食品;恢复剂;补药

restore [ri'stɔː] v. ①归还,交还〔He restored the lost dog to its owner. 他把迷路的狗交还给主人。]②(使)恢复;修复;重建[to restore an old house 修建旧房屋 to restore one's health 恢复健康]③(使)回复;使(帝王等)复位 to restore a king to power 使国王重新掌权]/**restorer** n.

restrain [ris'trein] v. 抑制;制止;遏制[Restrain your temper. 别发脾气。]

restraint [ris'treint] n.①抑制;制止;遏制②困厄因素,约束措施;克制,节制;谨慎;拘谨

restrict [ris'trikt] v. 限制,限定;约束[The use of the pool is restricted to members. 游泳池只限会员使用。]/**restricted** a.

restrictive [ris'triktiv] a.①限制(性)的,约束(性)的②限制性的(从句、短语等)

result [ri'zʌlt] v. 发生,产生,导致[Floods may result from heavy rains. 洪灾是由暴雨造成的。] ‖ n. ①结果;成果[His skill is a result of practice. 他的技艺是反复练习的结果。②[数](计算)结果,答案| **result in** 结果是,导致;结果造成

resultant [ri'zʌltənt] a. 作为结果而发生的 ‖ n. 结果

resume [ri'zju:m] v.①恢复;重新占用[We resumed our seats after the intermission. 休息后我们又回到原座。]②重新开始;继续[The game will be resumed when the rain stops. 雨一停,比赛就会重新开始。]

resumption [ri'zʌmpʃən] n. 恢复,再开始;(中断后)再继续

resurrect [,rezə'rekt] v. ①使复活②复兴,恢复;使再现[to resurrect an old custom 恢复古老的习俗]

resurrection [,rezə'rekʃən] n.①死人的复活②复活,复兴,恢复/**the Resurrection** 耶稣复活

resuscitate [ri'sʌsiteit] v. (使)苏醒;(使)复活,(使)恢复知觉[The fireman resuscitated the man overcome by smoke. 消防队员救活了这位快被烟呛死的

人。]/**resuscitation** n.

retail ['ri:teil, ri:'teil] n. 零售,零卖 ‖ a. 零售的;零售商品的 ‖ v. ①零售,零卖[ri:'teil]细诉,到处传播[to retail gossip 传播流言]/**retailer** n.

retain [ri'tein] v.①保持,保留;留住,挡住[He retained a firm grip on the rope. 他紧紧地抓住了绳子。This oven retains heat well. 这个炉子保持热量好。]②记住[He retains what he reads. 他记住了他读的东西。]③聘,雇[to retain a lawyer 聘请律师]

retainer [ri'teinə] n.①律师费②家臣,侍从;仆人③保持者,保留人

retake [ri:'teik] v. ①再取;取回;夺回[摄]重摄,补摄 ‖ n. ['ri:teik] 重摄镜头;重拍照片

retaliate [ri'tælieit] v. 报复,反击,以牙还牙/**retaliation** n.

retaliatory [ri'tæliətəri] a. 报复(性)的

retard [ri'ta:d] v. 减速,放慢;延迟[to retard a musical phrase 放慢音乐短句]/**retardation** [,ri:ta:'deiʃən] n.

retch [retʃ] v. 呕吐;作呕;恶心;干呕

retention [ri'tenʃən] n. ①保持;保留②保持力,记忆力

retentive [ri'tentiv] a. 有保持力的,记忆力强的

reticent ['retisənt] a. 沉默寡言的;爱缄默的,有保留的/**reticence** n.

retina ['retinə] n.[解]视网膜

retire [ri'taiə] v. ①退休;退职;退役[Dr Held is 72 but refuses to retire. 海尔德先生七十二岁了,但拒绝退休。]②使引退(或退休等)[to retire a general 使将军引退]③退下,离开;去[He retired to the library after dinner. 饭后他去了图书馆。]④[正式用语]就寝⑤(战斗中)退却,撤退⑥收回(纸币等);付清(证券等的本息)/**retirement** n.

retired [ri'taiəd] a. ①退休的;退职的;退役的②僻静的,幽静的

retiring [ri'taiəriŋ] a. 孤独的;腼腆的;缄默的;谦让的

retort [ti'tɔːt] v. 反击，反驳 ‖ n. 反击，反驳

retrace [ri'treis] v. ①折回，折返 [to retrace one's steps 顺原路返回]②回忆，回顾 [ri'treis] 再修描，再描摹

retract [ri'trækt] v. ①缩回，缩进（爪、触角等）[The turtle can retract his head into his shell. 海龟能把头缩进壳里。]②收回（声明、诺言等）/**retraction** n.

retreat [ri'triːt] v.（被迫）退却，后退，撤退 [The bear retreated from the honey when the bees began to swarm. 当蜜蜂成群飞回来时，熊吓得不敢再吃蜂蜜了。] ‖ n. ①撤退，退却②退却的信号③隐避的场所；休养所；避难所/**beat a retreat** 匆匆撤退

retrench [ri'trentʃ] v. 减少，紧缩，节省（经费等）/**retrenchment** n.

retribution [,retri'bjuːʃən] n. 惩罚；报应/**retributive** [ri'tribjutiv] a.

retrieve [ri'triːv] v. ①重新得到，取回，收回 [to retrieve a kite from a tree 从树上取回风筝]②（猎犬）找回，衔回（被击中的猎物）[The spaniel retrieved the wounded duck. 狗衔回了受伤的鸭子。]③使恢复，使再生 [to retrieve a fortune 重新聚敛大笔的钱财]④挽回（损失）；纠正（错误）

retroactive [,retrəu'æktiv] a. 倒行的，反作用的（法律等）追溯既往的；补发增加的工资的

retrograde [,retrəugreid] a. ①后退的，向后的②逆行的②衰退的，恶化的

retrogress [,retrəu'gres] v. 衰退，恶化；后退，倒退/**retrogression** n.

retrospect [,retrəuspekt] n. 回顾，回想，追溯/**retrospective** a.

return [ri'təːn] v. ①回，回来，返回 [He returned home from his trip. 他风尘仆仆地回到家里。]②送还，归还 [I'll return your loan mower tomorrow. 我明天还你的割草机。]③回报，报答 [to return a visit 回访；to return a favor 报恩]④获得，产生（利润等）⑤[法]正式宣布（裁决）；对…宣布

裁决；（向法官等）交送（传票）[The jury returned a verdict of "not guilty." 陪审团宣告"无罪"的裁决。]⑥回答，反 驳 ["Never mind," he returned, "I'll do it myself." "没关系，"他回答道，"我要亲自干。"] ‖ n. ①回来，返回 [the return of summer 夏天的复归]②报答，回报 [the return of a favor on恩惠的回报]③回报之物；归还之物④[常用复]利润；收入，收益；利润率⑤报告书，统计表；（选举）结果报告；申报 [an income tax return 所得税申报；election returns from Hawaii 夏威夷选举结果报告] ‖ n. 返回的，回程的 [a return visit 回访]/**in return** 作为回答，作为回报

reunion [ri'juːnjən] n. 再联合；重聚，团聚；联欢会

reunite [,riːju(ː)'nait] v.（使）再结合，（使）再联合；（使）重聚 [The States were reunited after the Civil War. 南北战争结束后，美国又得到了统一。]

revamp [,riː'væmp] v. 修理，修补；修改，改进 [to revamp an old plot for a play 修改剧本的一个情节]

reveal [ri'viːl] v. ①揭示，揭露 [The map revealed the spot where the treasure was buried. 这幅地图标出了藏宝的地点。]②展现，（显）露出 [She took off her hat, revealing her golden hair. 她摘掉帽子，露出了满头金发。]

revel ['revl] v. ①狂欢；作乐②陶醉，着迷 [He reveled in his new freedom. 他陶醉在新获得的自由之中。]‖ n. 狂欢作乐 [holiday revels 假期狂欢]/**revel(l)er** n.

revenge [ri'vendʒ] v. 向…报仇，报复 [Hamlet swore to revenge the murder of his father. 哈姆雷特发誓要向谋杀父亲的凶手报仇。] ‖ n. ①报仇；报复行为②复仇心，报复欲望/**be revenged, revenge oneself** 报仇，报复/**revengeful** a.

revenue ['revinjuː] n.（国家的）岁入；税收；收益

reverberate [ri'vəːbəreit] v.（使）反响；（使）回响；（使）回荡 [His call reverbera-

R

ted in the cave. 他的喊声在山洞中回响。]/**reverberation** n.

revere [ri'viə] v. 尊敬,崇敬;敬畏

reverence ['revərəns] n. ①尊敬,崇敬;敬畏[旧时用作牧师的尊称] ‖ v. 尊敬,崇敬;敬畏

reversal [ri'və:səl] n. 颠倒;相反;推翻,变更

reverse [ri'və:s] a. ①颠倒的,反面的,背面的②反向的;[机]回动的 ‖ n. ①相反②(硬币或地毯的)背面,反面③挫折;败北;倒霉④[机]回动装置(或齿轮) ‖ v. ①颠倒;翻转[Reverse the vest and wear the other side out. 背心穿反了,里子朝外了。]②使变得相反[to reverse an opinion 完全改变了意见]③[法]推翻,撤销[The Supreme Court reversed the lower court's decision. 最高法院撤销了下级法院的裁决。]④使倒退,使倒转

reversible [ri'və:səbl] a. ①可撤销的,可翻转的;(正反)两面可用的②可逆的,可反向的

revert[1] [ri'və:t] n. 回复,复原,翻转;[法](地产等的)归还,归属

revert[2] [ri'və:t] v. ①回复,回返,复归[Without care, the lawn reverted to a field of weeds. 未经仔细照管,草坪上又长满了杂草。]②[法](财产等的)归还,归属

review [ri'vju:] v. ①再考查,检查,复习[to review a subject before a test 考试前复习功课]②回顾[He reviewed the events that led to their quarrel. 他回顾了导致他们争吵的事情。]③检阅,阅兵[to review troops 检阅部队]④评论;写评论 ‖ n. ①复习,回顾;复现②评论(文章);评论性刊物③检阅,阅兵(式)④(有小型歌舞的)时事讽刺剧

revile [ri'vail] v. 辱骂,谩骂[The fisherman reviled the thieves who stole his nets. 渔民咒骂盗窃他渔网的贼。]

revise [ri'vaiz] v. ①修改,修正[to revise one's opinion 改变看法]②修订,校订[to revise a history book 修订历史书]

revision [ri'viʒən] n. ①修订,校订;修改,修正②修订本,修订版

revival [ri'vaivəl] n. ①苏醒,复活,再生②复兴,再流行③[宗]鼓动性的福音布道会

revive [ri'vaiv] v. ①(使)苏醒,(使)复活,(使)再生[to revive a person who has fainted 使昏倒的人苏醒]②(使)恢复精力;(使)振奋[The warm bath revived him after the long journey. 长途旅行后洗个热水澡使他精神焕发。]③使复兴,使再流行[to revive an old song 使一首老歌再度流行]

revoke [ri'vəuk] v. 撤回,撤消;废除,取消(法律等)

revolt [ri'vəult] v. ①叛乱,造反;起义,反叛②反抗,违抗;背叛 ‖ n. ①叛乱,造反;起义,反叛②使厌恶;使恶心/**revolting** a.

revolution [ˌrevə'lu:ʃən, ˌrevə'lju:ʃən] n. ①革命②彻底的改革,大变革③绕转[天]公转④旋转,转动,[天]自转⑤一圈

revolutionary [ˌrevə'lu:ʃənəri, ˌrevə'lju:ʃənəri] a. ①革命的②大变革的③旋转的,绕转的 ‖ n. 革命者,革命党人

revolutionize [ˌrevə'lu:ʃənaiz] v. 使革命化;彻底改革[Automation has revolutionized industry. 自动化使工业发生了根本性的变革。]

revolve [ri'vɔlv] v. ①使绕行,[天]公转[The earth revolves around the sun. 地球绕着太阳公转。]②转动,[天]自转③细想,默想

revolver [ri'vɔlvə] n. 左轮手枪

revulsion [ri'vʌlʃən] n. (感情等的)突变,剧变,厌恶,强烈反感

reward [ri'wɔ:d] n. ①报答,报偿,奖赏;报应②酬金,赏金;奖品 ‖ v. 报答,报偿,奖赏;酬劳

reword ['ri:'wə:d] v. 重说,重复;改说,改变…的措辞

rewrite ['ri:'rait] v. 改写;重写;修改旧作[to rewrite a story 改写故事]

rheostat ['riːəstæt] n. [电] 变阻器, 电阻箱

rhetoric ['retərik] n. ①修辞学②修辞学书③花言巧语;(措词,文体的)浮夸与修饰;豪言壮语/**rhetorical** [ri'tɔrikəl] a. / **rhetorically** ad.

rhetorician [ˌretəˈriʃən] n. ①修辞学者,修辞学教师;雄辩家,演说家②说话雄辩而浮夸的人;词藻华丽而浮夸的作家

rheum [ruːm] n. [医] 稀黏液;感冒;鼻炎;粘膜炎/**rheumy** a.

rheumatic [ru(ː)'mætik] a. ①风湿病的,引起风湿病的②患风湿病的 ‖ n. 风湿病患者

rheumatism ['ruːmətizəm] n. [医] 风湿病

rhino ['rainəu] n. [口] 犀牛/**rhinos** [复]

rhinoceros [rai'nɔsərəs] n. 犀牛

rhyme [raim] n. ①韵, 韵脚②同韵的词③押韵诗;韵文 ‖ v. ①押韵["More" rhymes with "door". "More" 和 "door" 同韵。]②使(与)[to rhyme "new" with "blue" 使"new"步"blue"的韵]③作押韵诗④成韵/**rhymer** n.

rhythm ['riðəm] n. ①律动, 节律;(循环往复的)规则变化[the rhythm of the heart 心动节律]②[音] 节奏, 拍子

rhythmical ['riðmikəl], **rhythmic** ['riðmik] a. 有韵律的;有节奏的/**rhythmically** ad.

rib [rib] n. ①(肉类)肋条, 排骨;[解] 肋骨②[纺] 棱纹, 凸条, 罗纹③类似肋骨(作用)的东西;肋骨状物[the ribs of an umbrella 雨伞的伞骨]④[植] 叶主脉 ‖ v. ①在…上织结罗纹②[俚] 取笑, 戏弄, 逗弄

ribbon ['ribən] n. ①(用于捆扎或装饰的)缎带, 丝带, 绒带②条状物, 带状物[a ribbon of smoke 一缕炊烟]③[复] 碎片;碎条;破布④(打字机的)色带 ‖ v. 用缎带装饰

rice [rais] n. ①米, 米饭②[稻③ v. 把(马铃薯等)压成米粒状

rich [ritʃ] a. ①富的, 富裕的, 有钱的②丰富的;富饶的;多产的③贵重的, 珍贵的④味浓的, 油腻的⑤(声音)圆润的, 深的;(色彩)浓艳的, 鲜艳的⑥多产的⑦[口]有趣的, 可笑的/**the rich** [总称] 富人, 有钱人/**richly** ad. /**richness** n.

rickets ['rikits] n. [医] 佝偻病, 软骨病

ricochet ['rikəʃet, ˌrikəʃei] n. (石片、子弹等接触地面、水面等后的)跳飞, 回跳, 漂掠 ‖ v. 跳飞, 漂掠[The bullet ricocheted from the rock. 子弹从岩石上跳飞了。]

rid [rid] v. 使摆脱, 使去掉[to rid a garden of weeds 给花园除去杂草]/**be rid of** 摆脱, /**get rid of** ①摆脱, 除去, 去掉②处理掉, 丢弃, 扔掉

ridden ['ridn] ride 的过去分词 ‖ a. 受…支配的;受…压迫的;…横行的[ridden by fear 十分恐惧的]

riddle[1] ['ridl] n. ①谜, 谜语②难以捉摸的人;莫名其妙的事物 ‖ v. 解(谜);给…出谜

riddle[2] ['ridl] v. ①把…打得布满窟窿[Worms riddled our apples. 虫子把苹果咬得全是窟窿。]②难倒, 驳倒③筛(谷物等) ‖ n. 粗筛

ride [raid] v. ①骑, 乘[to ride a horse 骑马 to ride a bicycle 骑自行车]②乘车③乘(风、浪等), 航行[Tanks ride on treads. 坦克靠履带前进。The ship rode the waves. 轮船破浪前进。]④让…骑(或乘);搭载[I'll ride you in my wagon. 我让你坐我的马车。]⑤缠住, 控制[Fear rides him. 他非常恐惧。]⑥[口]使苦恼, 嘲弄⑦[俚]照旧进行, 听任自然发展[Let the matter ride for a while. 这件事先由它去吧, 过会儿再说。]‖ n. 骑;乘车, 乘坐;骑马(或乘车)旅行/**ride down** ①骑马撞(倒);践踏②克服, 战胜/**ride out** 安然渡过(风暴);平安渡过(困难等)

ridge [ridʒ] n. ①脊;岭②山脉;分水岭③(狭长的)隆起部;脊状突起 ‖ v. 使成脊状;使起皱

ridicule ['ridikjuːl] n. ①嘲笑, 嘲弄;奚落②笑料, 笑柄 ‖ v. 嘲笑, 嘲弄;奚落

R

ridiculous [ri'dikjuləs] a. 可笑的，荒谬的；滑稽的/**ridiculously** ad.

rife [raif] a.①流行的，盛行的；普通的②充满的，众多的

rifle¹ ['raifl] n. 步枪，来复枪 ‖ v. 在(枪、枪管、枪膛)内凿制来复线

rifle² ['raifl] v. 搜劫，抢劫，掠夺〔Soldiers rifled the city. 士兵把城市劫掠一空。Thieves rifled the safe. 贼人搜劫了保险箱。〕/**rifler** n.

rift [rift] n. 裂缝；空隙，裂隙，分裂，不和 ‖ v. 断开，断裂

rig [rig] v.①给(船等)装配帆(或索具等)〔Rig the mainsail. 装上帆。〕②装配，装置③临时赶造，草草做成〔to rig up a table from boards and boxes 用木板和箱子临时搭个桌子〕④(用欺骗等手段)操纵，控制〔to rig an election 控制选举〕⑤〔口〕装束(尤指以华丽或式样奇特的服装)，打扮〔He was rigged out in a cowboy suit. 他穿了一身牛仔服。〕‖ n.①〔海〕帆装(一只船特有的帆、桅型式)②马车(全套)③〔口〕服装/**rigger** n.

right [rait] a.①合法的，对的②正确的，准确的③恰当的，适当的④正(面)的⑤正常的，好的，健康的⑥并并有条的，有秩序的⑦右的，右边的⑧靠右的⑨笔直的⑩(政治上)右倾的，右翼的，右派的 ‖ n.①正确，对②权利③右边，右方，右翼 ‖ ad.①直接地，径直〔Go right home. 直接回家。〕②正直地，正当地；公正地，符合要求地；合适地〔Do it right. 按要求去做。〕③完全，彻底〔The rain soaked right through his coat. 他的大衣全被雨淋透了。〕④就，恰恰〔right here 就在此处 right now 就在此时〕⑤在右边，向右⑥〔用在宗教界、政界某些高级职衔中以尊之贵地〔the Right Honorable Earl of Essex 至尊至贵的埃塞克斯伯爵〕‖ v.①使竖直，使正；使(船等)恢复平稳〔We righted the boat. 我们使船恢复了平稳。〕②纠正，矫正；为……伸冤〔to right a wrong 矫枉；雪冤〕③整理，整顿〔The maid righted the room. 女仆把房间收拾得并并有条。〕/**by**

right, by rights 按理；正当地/**in the right** 正确，有理/**right away, right off** 立刻/**to rights** 〔口〕使恢复正常〔Set the room to rights 把房间整理好。〕/**rightness** n.

righteous ['raitʃəs] a.①正直的，正当的②正义的/**righteously** ad./**righteousness** n.

rightful ['raitful] a.①正义的，公正的②合法的；依法有正当要求权的/**rightfully** ad./**rightfulness** n.

righthand ['rait'hænd] a.①右手的，右边的，右方的②同 righthanded(第 2 义)③最得力的

righthanded ['rait'hændid] a.①惯用右手的②供右手用的；用右手的 ‖ ad. 用右手〔He eats righthanded. 他用右手吃饭。〕

rightly ['raitli] ad.①公正地，正当地②合适地，适当地③正确地

rigid ['ridʒid] a.①刚硬的，坚硬的，不易弯的②严格的，刻板的/**rigidity** [ri'dʒiditi] n./**rigidly** ad.

rigor ['rigə] n.①严格，严厉；苛严②(生活)艰苦，(气候)严酷

rigorous ['rigərəs] a.①严峻的，严厉的；苛刻的，严格的②(气候)严酷的③严密的，精确的，缜密的/**rigorously** ad.

rile [rail] v.①搅浑(水等)②〔口〕激怒

rim [rim] n. 边(尤指圆形物的) ‖ v. 装边于，形成边缘状

rind [raind] n.(瓜、果等的)皮，外皮；树皮；(结成的)硬皮

ring¹ [riŋ] v.①按(铃)，摇(铃)〔Ring the doorbell. 按门铃。〕②(钟、铃等)鸣，响〔The telephone rang. 电话铃响了。〕③按铃；敲钟；摇铃〔Ring in the new year. 新年的钟声敲响了。Ring for the maid. 按铃叫女仆。〕④回响，响彻〔The room rang with laughter. 笑声在满屋里回响。〕⑤听起来〔Your story rings true. 你的故事听起来是真的。〕⑥(两耳)鸣响，(头)嗡嗡作响〔The blow made his ears ring. 这一击使得他双耳嗡嗡直响〕‖ n.①铃声，钟声②洪

亮的声音③(表示某种感情)声调,味儿,口气④打电话/**ring in**〔俚〕(赛马等)暗中掉换;冒名顶替/**ring up** 把(款项)打在现金出纳机上‖ **ringer** n.

ring² [riŋ] n. ①环形物(如圈、环、戒指等),金属环②圈状,环状③(树的)年轮④团伙,帮派,小集团⑤圆形场地(如马戏场等)‖ v. 成环形;包围,围拢②给(牛鼻子等)扣环〔to ring a bull's nose 给公牛鼻子扣环〕/**run rings around**〔口〕(跑路或做事)比某人快得多;轻易地大大超过某人/**ringed** a. /**ringer** n.

rink [riŋk] n. (室内)溜冰场;滑冰场;滚球场

rinse [rins] v. ①冲洗,轻洗;涮;漱〔to rinse out stockings 轻轻洗长袜〕②漂掉,冲洗掉(肥皂等)‖ n. ①漂洗,冲洗②(冲洗用的)清水

riot [ˈraiət] n. ①暴乱,骚乱②(色彩等的)丰富;众多‖ v. ①闹事,骚乱②放纵,狂欢/**read the riot act to** 向(骚动的群众)宣读法令(以示警告);对(淘气的小孩等)提出警告/**run riot** ①乱跑,胡闹;肆无忌惮,无法无天②(植物等)茂盛〔Roses run riot along the fence. 玫瑰花在篱笆上蔓生。〕/**rioter** n.

riotous [ˈraiətəs] a. 喧闹的,闹嚷嚷的,兴高采烈的/**riotously** ad.

rip [rip] v. ①撕,扯〔to rip the hem of a skirt 把裙子边撕开〕②撕裂,划破〔My sleeve ripped on the nail. 我的衣袖被钉子挂破了。〕③猛力扯掉,猛力移去〔to rip a sheet of paper from a tablet 从便笺簿上猛撕下一张纸〕④沿纹理锯(木料),劈⑤〔口〕狠狠地发出(诅咒等);(车船等)猛开,猛冲‖ n. 裂口,裂缝;撕裂

ripe [raip] a. ①熟的,成熟的②(贮存后)适于食用的及成年的;老练的④作好充分准备的;准备好的

ripple [ˈripl] v. 起细浪,作潺潺声‖ n. ①涟漪,细波;波纹〔ripples in a field of grain 麦浪翻滚〕②潺潺声;起伏声〔a ripple of applause 一阵微弱的掌声〕

rise [raiz] v. ①起立,起身;直立②起床③

升起,上升;升高〔He rose to be president of the company. 他一跃而成为公司的经理。〕④高起,隆起,高出〔At the edge of the desert the hills begin to rise. 在沙漠边缘,小山开始隆起。〕⑤上涨,增长,增高〔The temperature rose. 温度升高了来了。〕⑥(面团)发起,发酵胀起来②起义;起来反抗〔The peasants rose against the king. 农民们起来反抗国王。〕⑧发源,起因〔The Mississippi rises in northern Minnesota. 密西西比河发源于明尼苏达州北部。〕⑨死而复生,复活〔to rise from the grave 死而复生〕②升起②逐渐升高的斜坡③高地,岗②上涨,增长③起源,发生/**give rise to** 引起,使发生/**rise to** 奋起应付;证明能够应付〔to rise to an emergency 起而应付紧急事变〕

risk [risk] n. ①危险,风险‖ v. ①使(生命、财产等)遭受危险〔He is risking his health by smoking. 他抽烟是在危害自身的健康。〕②冒…的危险〔Are you willing to risk failure? 你愿意冒失败的危险吗?〕

ritual [ˈritjuəl] a. (宗教)仪式的,典礼的‖ n. (宗教)仪式的程序;仪式;典礼②宗教仪式/**ritualism** n. /**ritually** ad.

rival [ˈraivəl] n. 竞争者;对手;匹敌者‖ a. 竞争的‖ v. ①与…相匹敌;比得上〔Her paintings soon rivaled her teacher's. 不久她的画就可以和教师的相媲美了。〕②与…竞争〔They rivaled each other for her love. 他们彼此竞争她的爱。〕

riven [ˈrivən] a. 劈开的,扯开的;裂开的

river [ˈrivə] n. ①江,河,水道②巨流

riverside [ˈrivəsaid] n. 河岸‖ a. 河岸上的,河边的

rivet [ˈrivit] n. 铆钉‖ v. ①铆,铆接,铆牢②固定;钉牢〔He stood riveted to the spot with fear. 他吓得一动不动地站在原地。〕

road [rəud] n. ①道,道路②公路③途径④铁路⑤〔常用复〕锚地/**on the road** 在旅途中(尤指商人)

roam [rəum] v. 漫步,漫游,游历〔to roam the streets 在街上漫步〕

roar [rɔː] v. ①吼叫;怒号,呼啸;轰鸣〔A lion roars. 狮在吼。〕②吼叫,大喊,大叫;狂笑〔The crowd roared at the clown. 人群在对着丑角大喊大叫。〕‖ n. 吼,啸;怒号,咆哮;(马达)轰鸣声

roast [rəust] v. ①烤;炙;烘〔to roast a chicken or a whole ox 烤鸡或一整头牛〕②烘干〔to roast coffee 烘咖啡豆〕③(烤得)使受热(或烫)‖ n. ①烤肉;炙肉②待烤的一块烤肉③烤食聚餐会〔a steak roast 烤牛肉野餐会〕‖ a. 烤过的〔roast beef 烤牛肉〕

roaster [ˈrəustə] n. ①烤具,烤炉,烤肉盘②供烧烤的嫩鸡(或乳猪等)

rob [rɔb] v. ①抢劫,劫取〔to rob a bank 抢劫银行〕②非法剥夺,使丧失〔to rob a person of his right to vote 非法剥夺一个人的投票权〕/**robber** n.

robbery [ˈrɔbəri] n. 抢劫,劫掠;抢劫案

robe [rəub] n. ①长袍,罩袍;浴衣②礼服;官服,制服;法衣③披肩,覆盖物‖ v. (给…)穿上长袍(或罩袍);(给…)披上法衣

robot [ˈrəubɔt] n. ①机器人;自动机②机器般工作的人

robust [rəˈbʌst, rəuˈbʌst] a. 强健的,健全的

rock¹ [rɔk] n. ①岩,岩石,磐石②石头,石块③矿石,矿砂④礁石,暗礁,柱石/**on the rocks** [口] 触礁,毁灭,遭难

rock² [rɔk] v. ①摇,轻摇〔to rock a cradle 晃动摇篮〕②使摇动,使震动,使震惊〔rocked by an explosion 被爆炸声所震惊〕‖ n. ①摇动,摇摆②摇摆舞

rocker [ˈrɔkə] n. ①(摇篮、摇椅等脚下摇动用的)弯杆②摇椅 ③[机]摇轴,摇杆,摇臂

rocket [ˈrɔkit] n. 火箭;火箭发动机;火箭式投射器,火箭弹‖ v. 飞速上升;惊飞,急速高飞

rocky¹ [ˈrɔki] a. ①岩石的,多岩石的②岩石构成的,磐石般的,坚固的;铁石般的,无情的

rocky² [ˈrɔki] a. ①摇动的,不稳的②[俚](因酒醉、体弱等)摇摇晃晃的,头晕目眩的/**rockiness** n.

rod [rɔd] n. ①杆,竿,棒②(拷打用的)荆条,棍棒③拷打,鞭笞,惩罚④(度量单位)杆⑤节,节(标志职权、地位的标志),(君王等手执的)权杖/**spare the rod** 不惩罚

rodent [ˈrəudənt] n. 啮齿动物

roe [rəu] n. 鱼卵

rogue [rəug] n. ①流氓,无赖②淘气鬼,爱捉弄人者③凶劣的离群兽,凶野的离群象

roguery [ˈrəugəri] n. 流氓行为,无赖行为;淘气,捣蛋,恶作剧

roguish [ˈrəugiʃ] a. ①不诚实的,无赖的,耍诡计的②淘气的,调皮的,恶作剧的

roil [rɔil] v. ①搅浑,使浑浊〔to roil a pond 把池塘的水搅浑〕②激怒,使生气

roister [ˈrɔistə] v. ①喧闹作乐,狂饮②大摇大摆,摆架子,逞威风/**roisterer** n.

role [rəul] n. 角色,作用,任务

roll [rəul] v. ①使滚动;打滚②行驶,乘车行使;推(车)〔The wagons rolled by. 马车驶过去了。Roll the cart over there. 把车推过去。〕③卷,裹;绕〔Roll up the rug. 把地毯卷起来。〕④滚滚而来,流逝〔The waves rolled to the shore. 波浪滚滚而来,直冲岸边。The weeks rolled by. 一星期又一星期过去了。〕⑤左右摇晃,摇摆;蹒跚地走;使(眼睛等)转动〔The ship rolled in the heavy seas. 船在波涛汹涌的海上晃晃颠簸。Sally rolled her eyes. 萨莉的眼睛在骨碌碌地转。〕⑥辗轧,辗,压平;烫平〔to roll steel 轧钢〕⑦发(卷舌音或颤音),用颤音发出⑧发出隆隆声〔The thunder rolled. 雷声隆隆。〕⑨擂(鼓)〔to roll a drum 擂鼓〕‖ n. ①滚动,打滚②名册,目录③(一)卷;卷状物④面包卷⑤滚柱,滚筒;辗子⑥滚轴⑦翻滚;摇晃⑦隆隆声⑧(鼓)急促声/**roll in** ①滚滚而来②[口]大量拥有〔rolling in wealth 拥有大量财富〕/**roll out** ①辗平,滚平②展开

（卷起之物），铺开/**roll up** 渐次增加，积累成[to roll up a big score 积分越来越多]

roller ['rəulə] n. ①滚柱，滚筒；辗子，滚轴；辊②滚路机，压路机；滚轧机③巨浪，卷浪④[动]翻头鸽；金丝雀⑤打滚的人；滚动的东西

rollick ['rɔlik] v. 嬉戏，欢闹/**rollicking** a.

roly-poly ['rəuli'pəuli] a. 矮胖的，圆胖的[a roly-poly boy 矮胖的男孩]

romance [rə'mæns, rəu'mæns] n. ①(中世纪)骑士故事，传奇；(虚构的)冒险(或恋爱)故事②风流韵事；风流遗迹③离奇的遭遇④恋爱故事 ‖ v. ①写传奇；讲传奇故事②作空想，作空谈，沉溺于幻想

romantic [rə'mæntik] a. ①传奇故事的，传奇色彩的；浪漫的②不切实际的；耽于幻想的；虚构的③浪漫主义的，浪漫派的④适于谈情说爱的，沉溺于理想化爱情的 ‖ n. 浪漫主义作家(或作曲家等)/**romantically** ad.

romanticism [rə'mæntisizəm] n. 浪漫主义(运动)，浪漫精神(或倾向等)

romp [rɔmp] v. ①(儿童等)蹦来跳去，嬉闹玩耍；蹦蹦跳跳地走；愉快活泼地行进 ‖ n. ①蹦跳嬉戏；欢闹；顽皮的游戏②顽皮孩子(尤指女孩)

roof [ru:f] n. ①屋顶②车顶，洞顶；顶部，顶 ‖ v. ~盖上屋顶，遮蔽，庇护[a cottage roofed with straw 稻草做顶的小屋]/**roofless** a.

rook [ruk] n. ①[动]秃鼻乌鸦，白嘴鸦②赌棍，骗子 ‖ v. 骗钱，诈取，敲诈

rookery ['rukəri] n. ①秃鼻乌鸦结集处，秃鼻乌鸦群②(海豹、企鹅等)的群；鸟栖处③贫民窟；破旧而拥挤的住房

room [rum, ru:m] n. ①房间，室②地位，空间(余地)；机会③全室的人④[复]一套房间，寓所 ‖ v. 住宿，寄寓，居住[to room with friends 与朋友合住]

roommate ['ru:mmeit] n. 住在同室的人，室友

roomy ['ru:mi] a. 宽敞的，宽大的

roost [ru:st] n. ①栖木，栖息处②鸡棚(尤指母鸡棚)③卧室，床 ‖ v. 栖息，进窝/**come home to roost** 得到恶报/**rule the roost** 当家，称雄

root¹ [ru:t] n. ①根；根茎，地下茎，块根②[解]根；(齿、毛发、指甲等的)根③根子，根源，来源④[数]根⑤[语]词根 ‖ v. ①生根，固定[The new rosebush is rooting nicely. 蔷薇树根已扎牢了。]②使生根，使扎根，使固定/**root up, root out** 根除，铲除，肃清/**take root** ①生根，扎根，长出根来②被牢固树立，固定不动

root² [ru:t] v. ①(猪等)用鼻拱土[The wild pigs rooted up acorns in the forest. 野猪在森林里用鼻拱土觅橡果。]②翻，搜，寻找[to root through a closet 在壁橱里寻找]③[俚](为参赛者等)鼓气，捧场；欢呼，喝彩/**rooter** n.

rope [rəup] n. ①粗绳，索；缆绳，钢丝绳②一串(东西)③(酒等液体产生的)丝状粘质 ‖ v. ①捆，扎，缚，绑；用绳系住②用绳圈起(或隔开)[Rope off the hole in the ice. 把冰上的窟窿用绳子圈起。]③用套索套捉[The cowboy roped the steer. 牧人用套索套住了这头小公牛。]/**know the ropes** [口] 晓得诀窍，懂行，在行/**rope in** [俚] 拉…参加；使…上当/**the end of one's rope** 山穷水尽，智穷力竭

rose [rəuz] n. ①[植]玫瑰，蔷薇花，玫瑰花③玫瑰色，玫瑰红

rostrum ['rɔstrəm] n. 演讲台；坛，讲坛/**rostrums, rostra** ['rɔstrə] [复]

rosy ['rəuzi] a. ①玫瑰色的，玫瑰红的；红润的②美好的，光明的；乐观的/**rosiness** n.

rot [rɔt] v. ①烂，腐烂[A dead tree will rot. 死树将会腐烂。]②使腐烂，使腐败[Water standing in the fields rots young plants. 田里长时间的积水会使幼苗腐烂。] ‖ n. ①腐烂，腐朽；腐败；堕落②[农]腐烂病；羊肝蛭病；[医]肝双盘吸虫病

rotary ['rəutəri] a. ①旋转的，转动的②轮转(印刷)的

rotate [rəu'teit] v. ①旋转，转动；[天]自

转〔The earth rotates on its axis. 地球绕地轴自转。〕②使循环,使交替;〔农〕轮作〔Farmers rotate crops to keep soil fertile. 农民们轮种庄稼以保持土壤的肥力。〕/ **rotation** n. / **rotator** n.

rote [rəut] n. 机械的做法,生搬硬套,死记硬背〔只用于短语〕by rote〔to answer by rote 生搬硬套地回答〕

rotor [ˈrəutə] n. 〔机〕旋转部;转动体②(直升飞机的)水平旋翼

rotten [ˈrɔtn] a.①腐烂的,发臭的,腐败的;腐朽的②有恶臭的③邪恶的,不诚实的;(政治等)腐败的,腐化的④〔俚〕蹩脚的,讨厌的,糟糕的/ **rottenness** n.

rouge [ruːʒ] n. 胭脂;口红‖v. 在…上搽胭脂(或口红)

rough [rʌf] a.①表面不平的;粗糙的,毛糙的②汹涌的,狂暴的③暴风雨的④粗野的,粗暴的⑤粗俗的,粗鲁的⑥简陋的,不讲究的;艰难的,艰苦的⑦未加工的,未经琢磨的⑧未完成的,初步的,不精确的⑨〔口〕难受的,不愉快的〔a rough time 吃苦,受难〕‖n.①(高尔夫球场上生杂草的)障碍区域②〔英〕粗暴的人;流氓,无赖,暴徒‖ad. 粗暴地,粗略地,粗糙地‖v.①使不平,使毛糙〔Use the file to rough up the metal. 用锉刀把金属锉毛糙。〕②粗暴对待;殴打〔The gangsters roughed up their victim. 歹徒殴打了他们抓来的人。〕③草拟,画…的轮廓〔He roughed in the windows and doors in the sketch of the house. 他在房子的草图上画门和窗。〕/ **in the rough** 粗略,大致上/ **rough it** 生活简单;过简单的生活

roughly [ˈrʌfli] ad.①粗暴地②粗略地,大体上,大约〔Roughly 50 people came. 来了大约五十人。〕

roughshod [ˈrʌfʃɔd] a.(马匹)钉有防滑蹄铁的/ **ride roughshod over** 粗暴地对待,对…横行霸道;对…不予同情

round [raund] a.①圆的;球形的,圆柱形的②半圆的③滚圆的,丰满的;匀称的③圈状的;绕圈的④〔语〕圆唇的⑤圆润的,嘹亮的⑥整整的,十足的⑦大的,巨

大的⑧用十(或百、千等)一类整数表示的;大概的,约略的⑨轻捷的,迅速而有力的‖n.①圆形物;扶梯级棍,横档②兜圈③圆舞④〔常用复〕巡视,巡逻⑤(活动、事件等的)一连串⑥(多支枪或多门炮等的)整发,一次齐发⑦(弹药的)(一)发,一发子弹(或炮弹)⑧(欢呼等的)一阵〔a round of applause 一阵掌声〕⑨(比赛等的)一轮,一圈,一局,一场⑩(拳击的)一回合⑪〔音〕轮唱⑫牛的圆腿肉⑬圆雕‖v.①使成圆形;变圆〔Round the corners of the board. 把木板的各个角都弄成圆的。〕②完成;结束〔to round out the day 过完了一天〕③环绕而行;拐(弯)〔The car rounded the corner. 汽车在街角拐了弯。〕④用圆唇发(音)〔to round a vowel 以圆唇发元音〕‖ad.①成圆圈地;围绕地,环行地〔The wheels turned round. 轮子转着圈。〕②循环地,从头至尾地〔Summer will come round again. 夏天又来了。〕He works the whole year round. 他一年到头地工作。③遍及〔The peddler went round from door to door. 小贩挨家挨户兜售。〕④逐一,挨次〔We have enough candy to go round. 我们有足够的糖果可让每人都分到。〕⑤以周长计〔His waist measures 28 inches round. 他的腰围 28 英寸。〕⑥在四处,到处,在各处;从各方面〔The woods stretched round. 森林向四处延伸。〕⑦在附近,周围〔We'll save all the people round. 我们将设法把附近所有的人。〕⑧迂回地,绕道地〔We drove round by the river on our way home. 我们开车绕道河边回家。〕⑨朝反方向〔He turned round. 他转过身来。〕‖ prep.①围着〔Tie the rope round the tree. 把绳子系在树上。〕②在…的四面八方〔The crowd gathered round him. 人群聚到了他的周围。〕③在…周围;在…附近〔the farms round Cleveland 克利夫兰周围的农场〕④逐个〔He passed the picture round the class. 他把这幅画在全班逐个传阅。〕⑤在…各处;向…四周〔The boy played round the room. 男孩在屋里玩。〕⑥绕过〔The water flowed round the rock. 水绕过岩石流走了。‖ [round 和 around, 作为副词和介词, 在非正式的讲话和写作时常互相代替]/**round out, round out** 把…修圆磨光, (使)成圆形完成, 结束/**round up** 驱拢(牲口), 围捕②[口]聚集, 搜集/**roundish** a. /**roundness** n.

roundabout ['raundəbaut] a. 迂回的, (说话等)绕圈子的, 不直接的

roundly ['raundli] ad. ①圆圆地, 滚圆地②严厉地, 狠狠地[He was roundly scolded. 他受到严厉指责。]③完全地, 全面地

roundup ['raundʌp] n. ①(对牲口的)驱集, 赶拢②赶拢牲口的人(或其坐骑)③(对人或物的)集拢, 聚拢

rouse [rauz] v. ①唤醒, 醒来②使觉醒激起③激发④使振奋[to rouse anger 激怒]

rout¹ [raut] n. ①溃败, 溃退②彻底失败 ‖ v. ①使溃退[to rout enemy troops 使敌军溃退]②彻底击溃, 打垮

rout² [raut] v. ①(猪等)用鼻子拱地(觅食)②翻, 搜, 寻③赶出, 驱逐④(在金属、木料上)挖, 刻

route [ru:t] n. ①路, 路线; 路程; 航线②(邮递员、送奶人等的)划定送递路线(地区)[a milkman's route 送奶人的递送路线] ‖ v. 按规定路线发送

routine [ru:'ti:n] n. ①例行公事; 日常工作; 常规, 惯例, 机械方式, 程序 ‖ a. 日常的; 例行的; 常规的[a routine task 日常工作]

row¹ [rəu] n. 一排, 一行

row² [rəu] v. ①划船②划运, 划渡[I'll row you up across the lake. 我把你们划过湖对岸。] ‖ n. 划船, 划船游览[to go for a row 去划船]/**rower** n.

row³ [rau] n. ①[口]吵架; 口角②吵嚷, 骚动

rowdy ['raudi] a. 好吵闹的人; 粗暴的人; 无赖 ‖ n. 吵闹的, 粗暴的/**rowdyism** n.

royal ['rɔiəl] a. ①王的, 女王的②王室

的③王国的, 王国政府的④适于国王(或女王)的; 堂皇, 庄严; 高贵的的/**royally** ad.

royalty ['rɔiəlti] n. ①王族, 皇亲②王位, 王权③堂皇, 庄严④(王室成员对专利权的)使用税; (著作的)版税; 特许使用费

rub [rʌb] v. ①擦, 揉擦[Will you rub my sore leg? 你替我揉一下酸疼的腿好吗?]②(两物)互相摩擦, 触碰[The chair rubbed against the wall. 椅子碰着墙了。]③用…擦; 擦上[to rub wax on a car 用蜡擦汽车]④把…擦得干[He rubbed himself dry with a towel. 他用毛巾把全身擦干。]⑤擦痛, 磨破[These shoes rub my heel. 这些鞋子都磨我的脚跟。]⑥擦掉[You can rub out that mark with an eraser. 你用橡皮就能把那个记号擦掉。] ‖ n. ①摩擦, 擦②麻烦, 疑难点; 要点[伤人感情的嘲笑(或挖苦、批评等)/**rub down** 按摩, 推拿/**rub it in** [俚](故意)反复讲别人不爱听的事; 触人痛处/**rub the wrong way** 触犯, 惹怒

rubber ['rʌbə] n. ①摩擦的人; 按摩师; 摩擦的工具; 砥石, 擦棒; 橡皮②橡胶; 橡胶状物; 合成橡胶③橡皮制品; 橡皮筋; 橡皮套鞋 ‖ a. 橡胶制的[rubber gloves 橡胶手套]/**rubbery** a.

rubberize ['rʌbəraiz] v. 给…涂上橡胶(液), 用橡胶浸渍[to rubberize cloth 用橡胶浸布]

rubbish ['rʌbiʃ] n. ①垃圾, 废物②废话

rubble ['rʌbl] n. ①碎石, 碎砖, 破瓦②[建]毛石, 块石

ruby ['ru:bi] n. ①红宝石②红宝石色, 红玉色

ruddy ['rʌdi] a. ①红润的, 血色好的, 健康的②红的, 微红的/**ruddiness** n.

rude [ru:d] a. ①粗野的, 粗鲁的; 无礼的②加工粗糙的, 简陋的; 拙劣的③原始的; 未开化的④狂暴的, 猛烈的; 突然的/**rudely** ad. /**rudeness** n.

rudiment ['ru:dimənt] n. ①基础, 基本原理; 入门②雏形, 萌芽; 未成熟的器官[This animal has the rudiment of a tail. 这

种动物刚长出个尾巴。〕

rudimentary [ˌruːdiˈmentəri] a. ①基本的,初步的,起码的②发展不完全的,未成熟的

rue [ruː] v. 后悔,悔恨,悲叹〔He rued his angry words. 他后悔他说的气话。〕

rueful [ˈruːful] a. ①后悔的,悔恨的,悲哀的②引起悲哀的,引人同情的;悲惨的/**ruefully** ad.

ruffian [ˈrʌfjən] n. 流氓,暴徒

ruffle [ˈrʌfl] n. ①褶边,褶裥饰边②烦恼,生气 ‖ v. ①给…装褶边②把…打褶裥③弄皱,弄毛糙;使起涟漪〔The wind ruffled the water. 风吹皱了水面。〕③弄乱〔The bird ruffled its feathers. 鸟弄乱了自己的羽毛。〕④触怒,使生气〔Their questions ruffled him. 他们提的问题触怒了他。〕

rugged [ˈrʌgid] a. ①不平的,崎岖的,多岩石的②粗糙的,粗线条的③(气候)严酷的;狂风暴雨的;(生活)艰难的④粗壮的,强的⑤粗鲁的,不文雅的〔rugged manners 粗鲁的态度〕

ruin [ˈruː(i)n] n. ①[常用复]废墟;遗迹②毁灭;崩溃,坍塌③破灭,丧失④祸因 ‖ v. ①使毁灭;毁坏〔The mud ruined her shoes. 泥水弄脏了她的鞋。〕②使破产;使堕落〔ruined by gambling 因赌博而破产〕

ruinous [ˈruː(ː)inəs] a. ①毁灭性的,破坏性的,灾难性的②倾圮的,废墟似的,破败的

R

rule [ruːl] n. ①规则;章程,条例②习惯,规律③惯常的事,通常发生的事;普通情况④统治(期);管辖(期);范围,标准;刻度尺,界尺 ‖ v. ①统治,管辖;控制,支配〔to rule as king 君临天下 to be ruled by one's heart 被某人的心所征服〕②裁决,裁定〔The judge ruled that Smith must pay the damages. 法官裁定史密斯必须赔偿损失。〕③(用尺)在纸上划(直线),在…上划(平行)线〔ruled paper 划线纸的〕/ **as a rule** 通常/ **rule out** 排除,取消;拒绝考虑

ruler [ˈruːlə] n. ①统治者;管理者;支配

者②尺,直尺;划线板

ruling [ˈruːliŋ] a. 统治的;支配的,主导的 ‖ n. 裁决,裁定②统治,支配

rumble [ˈrʌmbl] v. ①(雷、炮等)隆隆响〔Thunder rumbles. 雷声隆隆。〕②(车辆)辘辘行驶〔The truck rumbled across the bridge. 卡车辘辘驶过大桥。〕 ‖ n. ①隆隆(声);辘辘(声)②马车背后的座位(或放行李处)

ruminant [ˈruːminənt] n. 反刍动物 ‖ a. ①反刍的②沉思默想的;反复思考的

ruminate [ˈruːmineit] v. ①反刍②沉思默想〔He ruminated over the problem. 他对这个问题沉思默想。〕

rummage [ˈrʌmidʒ] v. 翻找;搜查;仔细检查〔She rummaged in the closet for a pair of shoes. 她在壁橱里仔细翻找一双鞋。〕 ‖ n. 零星的东西;杂物〔A rummage sale is a sale of odds and ends. 清仓拍卖就是卖些零碎的小物品。〕

rumor [ˈruːmə] n. ①传闻,传说②谣言,谣传

rumple [ˈrʌmpl] n. 褶纹,皱褶 ‖ v. 弄皱,压皱,弄乱

run [rʌn] v. ①跑,奔②吹动,吹过〔A breeze ran through the trees. 微风吹过树木。〕③赶紧,赶去〔Let's run up to Chicago. 我们赶紧去芝加哥吧!〕④逃跑〔Run for your life! 逃命去吧!〕⑤参加竞赛;提出(候选人)〔John ran in the 100-yard dash. 约翰参加了百码赛跑。Smith ran for mayor. 史密斯竞选市长。The Democrats ran Jones. 民主党提名琼斯为候选人。〕⑥(车、船)来回于,往返于〔This train runs between Detroit and Chicago. 这列火车往返于底特律和芝加哥之间。〕⑦连续,继续;伸展;(合同等)继续有效〔This road runs to the lake. 这条路延伸到湖边。The lease runs for two more years. 租约还有两年年有效期。〕⑧(机器等)运转〔What makes the engine run? 引擎靠什么运转?〕⑨蔓生,蔓延⑩使撞(或碰)〔He ran his car into a tree. 他开车撞了树。〕⑪流,淌〔Hot water runs through this pipe. 热水从管子里流过。〕⑫负责,管理,经办〔He runs a small business. 他办了个

小店。〕⑬跑(一段距离);靠奔跑 进行;以奔跑完成〔to run errands 替人跑腿〕⑭遭遇,使陷入〔His work runs him ragged. 他的工作使他精疲力竭。We ran into trouble. 我们陷入困境。〕⑮价格为;使花费〔These shirts run $ 5 each. 这些衬衫每件五美元。〕⑯迅速传播,扩散〔The story runs that he is rich. 传说他很富有。〕⑰渗开,渗化,渗色〔The dye in the design ran when the dress was washed. 这条裙子在洗涤时图案上的染料渗化了。〕⑱流出(脓、涎水等),(眼、鼻等)排出液体〔The dog is running at the mouth. 狗嘴里流出了涎水。〕⑲脱丝;(长统袜等)抽丝,纵向脱散〔Her stocking ran. 她的长统袜抽丝了。〕⑳冒(险)〔to run a risk 冒险〕㉑偷越,冲过〔The ship ran the blockade. 轮船偷越封锁线。〕㉒发(烧),有(热度)〔to run a fever 发烧〕㉓出版,刊登〔All the newspapers ran the story. 所有报纸都刊登了这篇报道。〕㉔直线快缝,疏缝‖ n. ①跑步,奔跑②奔跑的步伐③递送路线;一连串,连续;(戏的)连演⑤购买;抢购,流量⑥小溪,小河⑦(机器的)运转;运转期⑧(普通)类型;普通产品;一批产品⑨放牧场,饲养场⑩使用(或出入)的自由

⑪(产卵期)洄游的鱼群;鱼群的洄游⑫脱针,抽丝⑬(棒球等的)得分单位,一分⑭(按音阶顺序的)演奏,急唱/**a run for one's money** ①剧烈的竞争②花了钱(或力气)而得到的一些满足/**In the long run** 终究;最后,结果/**on the run** 跑着;逃跑,跑走/**run across** 偶然碰见/**run away with** 在(比赛中)取胜;获得(奖品等)/**run down** ①(钟)停走;用完②与…相撞,撞倒③追捕到;捕杀;追查到④贬低,说…的坏话⑤(人)逐渐精疲力竭;衰弱的/**run for it** 为躲避大雨而迅速行进;快跑/**run in** ①插入,补入②〔俚〕拘留,逮捕/**run into** ①偶然碰见②(使)撞/**run off** ①印出,打印出②把(比赛)进行到底;以决赛决出…的胜负;进行决赛/**run on** 连续;喋喋不休(或滔滔不绝)地讲/**run out** 完成,跑完(赛跑);被用完,将尽/**run out of** 用完/**run over** ①(车辆等)辗过②溢出;超出限度③匆匆排练(或唱);匆匆看过(或读过),浏览/**run through** ①挥霍;很快用完②戳,刺/**run up** 向上跑;升(旗等),很快地缝,赶做…;抬高…,(物价)高涨;很快生长

R

S s

S, s [es] n. 英语字母表的第十九个字母/**S's, s's** ['esiz][复]

sable ['seibl] n. ①[动]黑貂②黑貂皮③黑色

sabotage ['sæbətɑːʒ] n. ①破坏活动 ②(不满的职工对机器、工具等的)破坏，毁坏‖v. 破坏;从事破坏活动

sac [sæk] n. [生]囊;液囊

saccharin(e) ['sækərin] n. 糖精

saccharine ['sækərain, 'sækəriːn] a. ①糖的;含糖的;像糖似的;甜的②极甜的;奉承的;美妙的

sack¹ [sæk] n. ①袋,粗布袋;麻袋②(一)袋;(一)包③宽大上衣;妇女宽身长服‖v. 装···入袋[to sack grain 把谷子装入袋]

sack² [sæk] n. 劫掠,洗劫‖v. 劫掠,洗劫(被攻陷的城市等)

sackful ['sækful] n. 一满袋,一整包

sacking ['sækiŋ] n. 袋布,麻袋布,粗麻布

sacred ['seikrid] a. ①[宗]上帝的,神的,神圣的;宗教的②应受尊敬的,值得尊敬的;供···用的,专供···用的③郑重的,严肃的;庄严的;神圣不可侵犯的

sacrifice ['sækrifais] n. ①献祭,供奉;祭品,供品,祭牲②牺牲;牺牲品③亏本出售,贱卖;损失④(棒球中为牺牲击而使的)牺牲的一击‖v. ①牺牲;献出②亏本出售/**the supreme sacrifice** 为国(或理想)献身/**sacrificial** [,sækri'fiʃəl] a.

sad [sæd] a. ①悲哀的,伤心的;难过的②显露悲伤(或难过)的③令人悲痛的,令

人伤心的;可悲的/**sadly** ad. /**sadness** n.

sadden ['sædn] v. (使)悲哀,(使)悲痛

saddle ['sædl] n. ①鞍子,马鞍②(自行车的)鞍座③(马背等的)鞍部④鞍状物;鞍状山脊④(带脊骨与胛骨的)脊肉‖v. ①给···装鞍②使负担;强加[saddled with debts 债务负担]/**In the saddle** 在位,掌权

safe [seif] a. ①安全的,保险的②平安的,无损的③可靠的;稳健的④无害的;不能为害的⑤谨慎的,不冒任何风险的⑥(棒球运动员)安抵某垒的‖n. 保险箱/**safely** ad.

safeguard ['seifgɑːd] n. 护送者,警卫;(尤指战时的)安全通行证;护照‖v. 保护,捍卫,维护

safety ['seifti] n. ①安全,保险②安全设备,保险装置③(枪炮等)保险机关‖a. 安全的,保障安全的,防护的

saffron ['sæfrən] n. ①[植]藏红花,藏花,番红②干藏红花柱头(用于食品加色和调味等)③藏红色;橘黄色

sag [sæg] v. ①(尤指中部)下垂;下陷,下弯[shelves that sag 下陷的书架]②(面部等)松垂[sagging flesh 松垂的皮肉]③(精神)萎靡,衰弱[School spirit sagged. 校风不振]‖n. 下陷处

sagacious [sə'geiʃəs] a. 有洞察力的;有远见的;精明的;明智的/**sagacity** [sə'gæsiti] n.

sage [seidʒ] a. 聪明的,明智的;睿智的‖n. 哲人,贤人,圣人,年高望重的人/

sagely *ad.*

sail [seil] *n.* ①帆,篷②航行,乘船旅行(或游览)③船,船只④帆状物;(风车的)翼板 ‖ *v.* ①扬帆行驶,(船)航行②(人)乘船航行;(船)从事往于 [This liner sails between France and Italy. 这艘客轮来往于法国和意大利之间。]③启航,开船 [We sail at noon for England. 我们在午间启航前往英格兰。]④航行 [to sail the seas 在海上航行]⑤驾驶(帆船)⑥(鸟、飞机等)翱翔,(鱼、云等)浮游,飘 [a hawk sailing in the sky 在空中翱翔的鹰]⑦[口]迅速进行 [to sail through one's work 迅速做完某人的工作]/**sail into** [口]攻击;痛骂;殴打/**set sail , make sail** 准备张帆起航/**under sail** 张着帆

sailor [ˈseilə] *n.* ①水手,海员②水兵③乘船旅行者④扁平的硬边草帽

saint [seint] *n.* ①圣人,②谦卑慈爱的人,极有耐心的人,道德高尚的人③进入天国的死者,天使 ‖ *v.* 承认(死者)为圣徒,使成为圣徒;把…列在基督教《圣经》的正经中/**sainthood** *n.*

sake [seik] *n.* ①目的,原因,动机②缘故,利益;理由

salable , saleable [ˈseiləbl] *a.* 可出售的;卖得出的,有销路的

salad [ˈsæləd] *n.* 色拉

salary [ˈsæləri] *n.* 薪水

sale [seil] *n.* ①卖,出售②拍卖③(尤指季节性或存货的)廉价出售/**for sale, on sale** 待售的,出售的,上市的

salesman [ˈseilzmən] *n.* 售货员,店员,推销员

salient [ˈseiljənt] *a.* 显著的,突出的;凸起的

saline [ˈseilain] *a.* 盐的;含盐的;咸的 ‖ *n.* 盐泉,盐湖;盐碱滩,盐渍地

saliva [səˈlaivə] *n.* 涎,唾液

salivary [ˈsælivəri] *a.* 唾液的;分泌唾液的

sallow [ˈsæləu] *a.* (皮肤)灰黄色的,菜色的;土色的

sally [ˈsæli] *n.* ①(被军队的)突围,出击②远足,漫游③俏皮话,妙语 ‖ *v.* 突围;动身,出发

salon [ˈsælɔ(ɔ̃)n] *n.* ①(大宅中的)客厅,会客室②沙龙(尤指十八世纪法国文艺界或政界名流家里定期举行的社交聚会)③美术展览室;画廊④(营业性的)厅,院,室,店

salt [sɔ:lt] *n.* ①盐②[化]盐类③[复]泻盐④[口](尤指有经验的)水手 ‖ *a.* ①含盐的或咸的,腌的③尝起来(或闻起来)有盐味的 ‖ *v.* ①加盐于,腌,盐渍,(为了防止结冰)撒 盐于(道路等)②(为……)加盐于;往…加盐 [to salt soup 往汤中加盐 to salt meat 腌肉 to salt icy streets 往结冰的街道上撒盐]/**salt away**①腌(肉等)②[口]贮存,积蓄(钱)/**salt of the earth** 社会中坚;最高尚的人,最优秀的人/**with a grain of salt** 半信半疑地/**worth one's salt** 称职,任职,值得雇佣

saltpeter , saltpetre [ˈsɔːltˈpiːtə] *n.* [化]硝石,钾硝,硝酸钾

salt-water [ˈsɔːltˌwɔːtə] *a.* 咸水的;生活在咸水中的

salty [ˈsɔːlti] *a.* 盐的,咸的,含盐的②泼辣的,尖锐的,风趣的/**saltiness** *n.*

salubrious [səˈljuːbriəs] *a.* (气候、空气等)有益健康的;健康的

salutary [ˈsæljutəri] *a.* ①有益健康的;强身的②有益的

salutation [ˌsælju(ː)ˈteifən] *n.* ①招呼,致意;行礼②(书信开头的)客气称呼

salute [səˈljuːt] *v.* ①向…行军礼;(以鸣炮、行点旗礼等方式)向…致敬 [A soldier salutes his superior officers. 战士向上级军官行军礼。 The battleship saluted the President when he arrived. 总统到达时,战列舰鸣炮致敬。]②向…打招呼,向…致意 ‖ *n.* 招呼,行礼,敬礼 [a twenty-one gun salute 二十一响礼炮 a salute to the flag 向旗帜敬礼]

salvage [ˈsælvidʒ] *n.* ①海上救助;救助报酬②抢救,挽救③被救船船;救出的货物;脱险人员 ‖ *v.* ①救助;营救;抢救②

利用(废物、损坏的货物等)〔We salvaged two tires from the wreck. 我们利用了两只废旧轮胎。〕

salvation [sæl'veiʃən] n. ①救助,拯救 ②救助者,拯救者;救星;解救办法 ③[宗]灵魂的得救;超度

salve [sælv,saːv] n. ①油膏剂,药膏;止痛药②安慰(物),缓和物‖v. 安慰,缓和,减轻〔He salved his wounded pride by praising his courage. 我们称赞他的勇敢以抚慰他受到伤害的自尊心。〕

same [seim] a. ①同一的②同样的 ③无变化的,不变的‖pron. 同样的人;同样的事物〔Bill wants chocolate and I'll have the same. 比尔要巧克力,我也同样。〕‖ad. 同样地〔Treat her the same as us. 像待我们一样待她。〕**/all the same** ①完全一样,毫无区别;无所谓②还是,仍然**/just the same** ①同样地②依然,仍然,照样

sample ['saːmpl] n. 样品;试样;货样;实例,标本‖a. 样品的,试样的‖v. 从…取样检验;提供…的样品〔He sampled the basket of grapes. 他从这篮子葡萄里抽样检验。〕

sanctify ['sæŋktifai] v. 使神圣,把…奉若神明;保留…以供宗教用途〔to sanctify a new altar 把新建的祭坛用于宗教仪式〕②使圣洁,洗涤…的罪③证实为…为正当;认可,批准**/sanctification** n.

sanction ['sæŋkʃən] n. ①认可,批准〔The club was formed with the sanction of the principal. 俱乐部是经校长批准才成立的。〕②国际制裁‖v. 认可,批准,同意,支持〔I cannot sanction such rudeness. 我不能同意这种无礼行为。〕

sanctity ['sæŋktiti] n. ①圣洁,神圣②神圣不可侵犯性③神圣的义务(或权利)

sanctuary ['sæŋktjuəri] n. ①圣所,圣殿;教堂,寺院②内殿,祭坛〔犹太教堂中的圣所〕③避难所,庇护所;避难,庇护④鸟兽禁猎区

sand [sænd] n. ①沙,沙子②[常用复]沙滩,沙洲;沙地‖v. 用沙(或沙纸)擦

②掺沙于,撒沙于;铺沙于;填沙于**/sander** n.

sandal ['sændl] n. ①凉鞋,便鞋②拖鞋

sandwich ['sænwidʒ,'sænwitʃ] n. 夹心面包片片,三明治‖v. 夹入,挤进〔a shed sandwiched between two houses 夹在两间房屋中的货棚〕

sandy ['sændi] a. ①含沙的,多沙的②沙土色的,浅黄灰色的,黄中带红的〔sandy hair 沙色的头发〕

sane [sein] a. ①心智健全的,神态正常的②稳健的,明智的,合情合理的**/sanely** ad.

sanguinary ['sæŋgwinəri] a. ①血淋淋的,血腥的②好杀戮的,嗜血成性的,残忍的

sanguine ['sæŋgwin] a. ①怀着希望的;乐观的;自信的;[心]多血质的②血红的;红润的;有血色的

sanitary ['sænitəri] a. ①关于环境卫生的②(保持)清洁的,卫生的

sanitation [,sæni'teiʃən] n. ①(环境)卫生;环境卫生的提倡(或维持)②卫生设备(尤指下水道设备)

sanitize ['sænitaiz] v. 使清洁,给…消毒〔a sanitized water glass in each hotel room 每个旅馆客房中一只消了毒的水杯〕

sanity ['sæniti] n. ①心智健全,神态正常②明智,判断正确,稳健

sap¹ [sæp] n. 树液

sap² [sæp] v. ①在…下面挖使受损;(潮水等)逐渐侵蚀〔The flood waters sapped the wall of the canal. 洪水逐渐侵蚀着运河的墙。〕②渐渐削弱〔A bad cold sapped his energy. 重感冒在一天天地削弱着他的元气。〕

sapient ['seipjənt] a. 贤明的,有见识的,有才智的**/sapience** n.

sapling ['sæpliŋ] n. 树苗,幼树

sapphire ['sæfaiə] n. ①[矿]蓝宝石②宝石蓝,天蓝色

sappy ['sæpi] a. ①树液多的②[俚]愚蠢的,傻的

sarcasm [ˈsɑːkæzəm] *n.* ①讥讽语,挖苦话②讽刺,挖苦,嘲笑

sarcastic [sɑːˈkæstik] *a.* 讽刺的,挖苦的;好挖苦人的;用讽刺语的

sardonic [sɑːˈdɔnik] *a.* 讽刺的,挖苦的,嘲笑的[a sardonic smile 冷笑]/**sardonically** *ad.*

sartorial [sɑːˈtɔːriəl] *a.* ①(尤指男式)服装的②裁缝的;缝纫的

satanic [səˈtænik] *a.* 魔鬼(似的),邪恶的,穷凶极恶的

sate [seit] *v.* ①充分满足[to sate a desire 充分满足欲望②使厌腻[We were sated with all the rich food. 我们吃厌了这些油腻的食物。]

satellite [ˈsætəlait] *n.* ①卫星,人造卫星③卫星国;卫星城镇④附属物,仆从

satiate [ˈseiʃieit] *v.* ①使过饱生厌,使厌腻[satiated with praise 厌烦了赞美之词]②[罕] 使充分满足/**satiation** *n.*

satin [ˈsætin] *n.* 缎子 ‖ *a.* 缎子做的;缎子般的;光亮柔滑的/**satiny** *a.*

satire [ˈsætaiə] *n.* ①讽刺,讥讽②讽刺作品,讽刺文学

satiric [səˈtirik] *a.* 讽刺的;讽刺作品的;好挖苦的/**satirically** *ad.*

satirist [ˈsætərist] *n.* 讽刺作家;爱说挖苦话的人

satirize [ˈsætəraiz] *v.* 讽刺;用讽刺文抨击;讲讽刺话

satisfaction [ˌsætisˈfækʃən] *n.* ①满意,满足;称心②快事,乐事/**give satisfaction** 使满意,使满足

satisfactory [ˌsætisˈfæktəri] *a.* 令人满意的,符合要求的,良好的/**satisfactorily** *ad.*

satisfy [ˈsætisfai] *v.* ①满足,使满意[Only first prize will satisfy him. 只有一等奖才会使他满意。]②说服;使相信;向…证实[The jury was satisfied that he was innocent. 陪审团裁定他无罪。]③偿还(债务);履行(义务、契约等);向…偿清[to satisfy a debt 还清债务]

saturate [ˈsætʃəreit] *v.* ①浸透;渗透;使充满[The baby's bib was saturated with milk. 婴儿的围涎上满是奶。]②使饱和;使中和[to saturate water with salt 使水中饱含盐]/**saturation** *n.*

Saturday [ˈsætədi] *n.* 星期六

saturnine [ˈsætə(ː)nain] *a.* (表情等)阴沉的;忧郁的

sauce [sɔːs] *n.* ①调味汁;酱汁[I'll make a tomato sauce for the spaghetti. 我将做些番茄酱来吃这些面条。]

saucer [ˈsɔːsə] *n.* ①茶托;浅碟②浅碟形物

saucy [ˈsɔːsi] *a.* ①莽撞的;无礼的②活泼的,愉快的/**sauciness** *n.*

saunter [ˈsɔːntə] *v.* 闲逛,漫步;逍遥 ‖ n. 闲逛,漫步[to take a saunter through the park 漫步穿过公园]

sausage [ˈsɔsidʒ] *n.* 香肠 ,腊肠

saute [ˈsəutei] *v.* 炒,嫩煎 ‖ *a.* 嫩煎的,用少量油快炸的[saute chicken livers 炒鸡肝]

savage [ˈsævidʒ] *a.* ①(部落等)原始的;未开化的,野蛮的②未驯服的;野的;残暴的③凶恶的;粗野的;无礼的 ‖ *n.* ①原始时代的人;未开化的人②残酷成性的人/**savagely** ad. /**savageness** *n.*

savagery [ˈsævidʒəri] *n.* ①野性,凶狠,残酷;原始状态,未开化状态②暴行

savant [ˈsævənt,美 səˈvɑːnt] *n.* 博学多闻的人;专家;学者

save¹ [seiv] *v.* ①救,搭救,挽救[He was saved from drowning. 他被人从水中救起。]②储蓄;贮存[She saved her money for a vacation. 她存钱去度假。]③节约,免去[Traveling by plane saved many hours. 乘飞机旅行能少花好几个小时。]④节省,省去[He saved the expense by doing it himself. 他通过自己干节省了一笔开支。]⑤保留;保全[Save your dress by wearing this apron. 系上围裙,以免把裙子弄脏。]⑥避免(在…方面损失、浪费)[She saves on meat by buying cheaper cuts. 她买便宜的肉块以省钱。]⑦[宗] 替…赎罪;拯救/**saver** *n.*

save² [seiv] *prep.* 除…以外 [I've asked everyone save you two. 除了你们俩，别的人我都问过了。]

saving ['seiviŋ] *a.* 搭救的，节俭的；节约的；保留的 ‖ *n.* ①节省；节约；俭省；保留 ②节省物；储蓄金，存款

savor ['seivə] *n.* ①滋味，气味；风味 ②引起兴趣（或食欲等）的力量；吸引力 ‖ *v.* ①品尝，尝到 [He savored his success as an actor. 他尝到了演员成功的滋味。] ②具有…的滋味；带有…的意味 [His action savors of rudeness. 他的行为有些鲁莽。]

savory ['seivəri] *a.* 美味可口的；芳香开胃的；香的

saw¹ [sɔː] *n.* 锯；锯状器；锯床；锯条 ‖ *v.* 锯；锯开 [to saw wood 锯木料] ②拉锯般地来回移动 [He sawed the air as he argued. 他辩论时，手在空中挥来挥去。] ③用锯；拉锯，锯开 [This plank saws easily. 这种板容易锯开。]

saw² [sɔː] *n.* 格言，谚语

sawmill ['sɔːmil] *n.* 锯木厂②锯床

sawyer ['sɔːjə] *n.* 锯木人；锯工

say [sei] *v.* ①说，讲 ["Hello," he said. 他说，"您好！"] ②报道 [The newspaper says it will rain. 报纸报道有雨。] ③表明 [I cannot say who will win. 我说不清谁会赢。] ④念，背诵 [Did you say your prayers? 你祈祷了吗？] ⑤约莫地说，估计 [He is , I'd say, forty. 我估计他有40岁。] ‖ *n.* ①要说的话；意见 ②发言的机会 ③决定权 / **go without saying** 不言而喻，理所当然，/ **that is to say** 那就是说，即；换句话说 / **sayer** *n.*

saying ['seiiŋ] *n.* 言论；谚语，俗话，格言

scab [skæb] *n.* ①痂②动物的皮肤病（尤指羊的）③（家畜的）疥癣④[植] 斑点病④拒不参加罢工者；破坏罢工者；工贼 ‖ *v.* ①（伤口等）结痂②当工贼

scaffold ['skæfəld] *n.* ①[建] 脚手架；临时搭起的台架；支架②断头台；绞刑架

scaffolding ['skæfəldiŋ] *n.* ①搭脚手架的材料②[建] 脚手架；台架，支架

scald [skɔːld] *v.* ①烫伤②用沸水清洗，烫洗③把…加热到接近沸点 [to scald milk for a custard 把牛奶加热做成牛奶蛋糊] ‖ *n.* 烫伤

scale¹ [skeil] *n.* ①标度，刻度；尺度②（实物与图表的）比例，比率；比例尺；缩尺③等级，级别④[音] 音列，音阶 ‖ *v.* ①攀登 [to scale a wall 爬墙] ②（按比例）排列；（用比例尺）测量；按（比例或标准）绘制；调节 [The pay is scaled according to skill. 按照技术水平的高低付工资。] / **on a large scale** 大规模地（的），广泛地（的）

scale² [skeil] *n.* ①鳞，鱼鳞②铁屑；水垢，水锈 ‖ *v.* ①刮去…的鳞片 [to scale a fish 刮鱼鳞] ②剥落，脱落 [The old, dry paint scaled off in the hot sun. 在炽热的太阳下，年久干燥的油漆纷纷脱落了。]

scale³ [skeil] *n.* ①天平盘，称盘②[常用复] 天平；磅称，称 ‖ *v.* 把…过秤；称…的重量 / **turn the scales** 起决定性作用，扭转局面

scallop ['skɔləp] *n.* ①[动] 扇贝；扇贝肉②（衣服等上的）扇形花样 ‖ *v.* ①用扇贝壳（或扇贝壳状）盆子烘烤；在（食物）上涂以酱汁、面包屑后烘烤 [scalloped potatoes 烤土豆] ②把…切成扇形；使成扇形 [a scalloped neckline 扇形领口]

scalp [skælp] *n.* ①（人的）头皮；（狼、狗等的）头顶皮②带发头皮（从前北美印第安人把它从敌人头上割下来作为战利品）‖ *v.* 剥取头皮

scalpel ['skælpəl] *n.* 解剖刀，外科用小刀

scaly ['skeili] *a.* 有鳞的；多鳞的；鳞状的 / **scaliness** *n.*

scamper ['skæmpə] *v.* 惊惶中奔跑；奔逃 [squirrels scampering through the trees 在树木间惊惶奔跑的松鼠] ‖ *n.* 蹦跳，奔跑；短距离的快走（或疾驰）

scan [skæn] *v.* ①细看；反复查看；审视 [Columbus scanned the horizon for land. 哥伦布反复查看着寻找陆地。] ②粗略地看；浏览 [I scanned the list of names to find yours. 我粗略地看了一下名单以找

出你的名字。]③标出(诗)的格律(指划分音步等);按韵节吟诵

scandal ['skændl] n. ①丑事,丑闻,干丑事②耻辱③反感③流言蜚语;恶意的诽谤

scandalize ['skændəlaiz] v. 使生反感,使感愤慨;使感震惊 [We were scandalized at the lies he told. 我们对他讲的谎话感到震惊。]

scandalous ['skændələs] a. ①恶意中伤的,诽谤性的②受传播丑闻的/**scandalously** ad.

scant [skænt] a. ①不足的,缺乏的②将近的;还差一点的,刚刚够的 ‖. (在供应上)限制;克扣;节省/**scant of** sth 缺乏…

scapegoat ['skeipgəut] n. 替罪羊,代人受过的人(或物)

scapula ['skæpjulə] n. [解]肩胛骨;肩板/**scapulae** ['skæpjuli:], /**scapulas** [复]

scar [skɑ:] n. ①伤痛②[植]癥痕③(精神上的)创伤 ‖ v. 使留下伤痕;结疤;(伤口)愈合

scarce [skɛəs] a. ①稀有的,珍贵的②缺乏的,不足的/**make oneself scarce** [口]溜走,悄悄溜开;不露面/**scarceness** n.

scarcely ['skɛəsli] ad. ①仅仅;几乎不,简直不;几乎没有 [I can scarcely taste the pepper in it. 我几乎尝不出里面的胡椒味。]②决不 [You can scarcely expect us to believe it. 你决不要期望我们相信它。]

scare [skɛə] v. ①惊吓;使惊慌②把…吓跑 [an alarm to scare off burglars 把贼吓跑的报警器] ‖ n. 惊恐,大恐慌 [The loud noise gave me quite a scare. 这么大响声可真吓了我一跳。]/**scare up** [口]张罗,凑合

scarf [skɑ:f] n. ①围巾;肩上的披巾;头巾②(装饰用的)桌巾;狭长罩布/**scarfs**, **scarves** [skɑ:vz] [复]

scarlatina [,skɑ:lə'ti:nə] n. [医]猩红热

scarlet ['skɑ:lit] n. 猩红色,绯红色,鲜红色 ‖ a. 猩红的,绯红的,鲜红的

scary ['skɛəri] a. ①引起惊慌的,骇人的②容易受惊的;胆小的

scathing ['skeiðiŋ] a. 严厉的,尖刻的/**scathingly** ad.

scatter ['skætə] v. ①撒;撒于…上 [to scatter seed over a lawn 把种籽撒于草坪上]②(使)消散;(使)分散 [The wind scattered the leaves. 风把树叶散到各处。The crowd scattered after the game. 比赛结束后,人群散去。]

scattering ['skætəriŋ] n. 散布,散落

scavenger ['skævindʒə] n. ①食腐动物②清道夫,拾垃圾的人;清扫工

scene [si:n] n. ①(事件或故事的)发生地点②(戏剧、故事的)地点和时间③(戏剧的)一场④(戏剧、电影或故事的)情节⑤道具;布景;场景⑥景色,景象⑦当众吵嚷;发脾气

scenery ['si:nəri] n. ①风景,景色②舞台布置

scenic ['si:nik] a. ①自然景色的②风景优美的③舞台的;布景的

scent [sent] n. ①气味;香味②嗅觉③遗臭,臭迹;踪迹,线索④香水 ‖ v. ①嗅,闻;嗅出,闻出 [Our dog scented a rat. 我们的狗闻出了一只耗子。]②察觉,隐约感到 [to scent trouble 预感有麻烦]③洒香水于 [a scented handkerchief 一块洒了香水的手帕]

schedule ['ʃedju:l, 美 'skedʒu:l] n. ①时间表;课程表②计划表,程序表,议事日程③一览表;细目单 ‖ v. 将…列表;将…列入程序表(或时间表等) [to schedule a work program 将工作计划列表]

scheme [ski:m] n. ①组合,配合;系统,体制组的色彩搭配②诡计,阴谋 ‖ v. 搞阴谋,策划(阴谋等) [He is always scheming to get out of work. 他一直在计划逃避工作。]/**schemer** n.

scheming ['ski:miŋ] a. 富于心计的,诡计多的

scherzo ['skɛətsəu] n. [音]谐谑曲/**scherzos**, **scherzi** ['skɛətsi:] [复]

schismatic [siz'mætik] a. ①分裂(论)的;教会分立(论)的②趋向分裂的,引起分裂的 ‖ n. 分裂(论)者,教会分立者

scholar ['skɔlə] n. ①(尤指人文学科的)学者②学生,学习者③奖学金获得者

scholarly ['skɔləli] a. ①学者派头的,学者风度的②博学的,学问深的③好学的/**scholarliness** n.

scholarship ['skɔləʃip] n. ①学问,学识②学业成绩;学术成就③奖学金

scholastic [skə'læstik] a. 学校的;学生的;教师的;学术的/**scholastically** ad.

school¹ [sku:l] n. ①学校建筑物,校舍②全校师生;全校学生③上课时间;学期④学业,功课⑤获得知识的方式(或环境、场所等)⑥锻炼⑥专科学校;(大学里的)学院⑦学派,流派③学术界,(中世纪)书院,经院② v. ①教育,训练[He was schooled in the old methods. 他接受过传统方式的教育。]②控制;约束[to school oneself to be patient 使自己的耐心]∥ a. 学校的,学院的[our school colors 我们的校旗]

school² [sku:l] n. 鱼群;同类水生物群 ∥ v. (鱼、鲸等)成群地游

science ['saiəns] n. ①科学②(一门)学科③专门的技巧,技术

scientific [,saiən'tifik] a. ①科学(上的)由自然科学的②科学性的,符合科学定律的;系统的,精确的③技术熟练的,受过技术训练的/**scientifically** ad.

scientist ['saiəntist] n. 自然科学家

scintilla [sin'tilə] n. ①火花②一点点,丝毫

scintillate ['sintileit] v. ①发出火花;(星等)闪烁,闪耀②焕发才智[to scintillate in conversation 言谈之间才智焕发]/**scintillation** n.

scissors ['sizəz] n. [复] 剪刀,剪子

scoff [skɔf] v. 嘲弄;嘲笑;藐视[He scoffed at her foolish fear. 他嘲笑她愚蠢的恐惧。] ∥ n. ①嘲弄的话②嘲笑的对象,笑柄/**scoffer** n.

scold [skəuld] v. 申斥,怒骂;责骂[A mother scolds a naughty child. 母亲训斥淘气的孩子。] ∥ n. 老爱责骂的人;好骂街的泼妇

scoop [sku:p] n. ①勺,勺子②铲斗,煤斗③舀,铲④一勺,一铲⑤穴,口,凹处 ∥ v. ①用勺取出[We scooped up water with our hands. 我们用手舀水。]②挖空;挖成,挖出

-scope [skəup] [后缀] 表示"观察的仪器","…镜"[A telescope is an instrument for seeing things at a distance. 望远镜是用来观察远处事物的仪器。]

scorch [skɔ:tʃ] v. ①把…烧焦,把…烤焦;把…烤(烫、晒)得变色[I scorched the shirt with the iron. 我把衬衫烫焦了。]②使枯萎[The sun scorched the plants. 烈日把植物都晒枯了。] ∥ n. 烧焦,焦痕

score [skɔ:] n. ①(比赛中)的得分(记录),比分②(测验)的成绩,分数③二十④[复]许多,大量⑤[音]总谱,乐谱;(电影、戏剧、歌剧等的)配乐⑥刻痕,抓痕⑦欠帐(额);债③宿怨,旧仇⑨[口]真相,现实情况 ∥ v. ①(比赛中)得分[The hockey player scored two goals. 这位曲棍球运动员因进两球得了两分。]②记分[Will you score our game? 你为我们的比赛记分吗?]③给…评分[to score a test 给测验评分]④刻痕于,划线于,打记号于[a face furrowed by age 布满皱纹的脸]⑤赢得,取得,获得[to score a success 获胜]⑥为(音乐作品)编写总谱;为…配乐/**scorer** n.

scorn [skɔ:n] n. ①轻蔑,鄙视②嘲弄,嘲笑;奚落③嘲弄的对象 ∥ v. ①轻蔑;鄙视②拒绝,不屑(做)[He scorns to fight with girls. 他不屑与女孩子打架。]

scornful ['skɔ:nful] a. 轻蔑的,鄙视的;藐视的/**scornfully** ad.

scorpion ['skɔ:pjən] n. 蝎子

scotch [skɔtʃ] v. ①镇压;扑灭;粉碎②戳穿[to scotch a rumor 揭穿谣言]③使受伤;打伤

scoundrel ['skaundrəl] n. 坏蛋,恶棍

流氓

scour¹ [ˈskauə] v. ① 擦亮；擦净 [She scoured the greasy skillet with soap and steel wool. 她用肥皂和钢丝绒把油腻的煎锅擦净了。] ② 冲洗，冲掉；冲刷 ‖ n. 擦，洗；冲刷

scour² [ˈskauə] v. 急速穿过；走遍(某地)搜索 [Men scoured the town for the lost child. 男人们在镇里到处寻找失去的孩子。]

scourge [skəːdʒ] n. ① 鞭子 ② 灾祸(如战争、瘟疫等) ‖ v. 鞭打，鞭笞 ② 严惩；使痛苦；蹂躏

scout¹ [skaut] n. ① 侦察员；侦察机；侦察舰艇 ② (一个)童子军 ③ 四处物色新人才的人；[体]派出去了解对方战术者 ‖ v. ① 搜集敌方情报，侦察 ② 搜索；寻找 [Scout around for some firewood. 找些柴火来。]

scout² [skaut] v. 讥笑，嘲弄；轻蔑地拒绝

scowl [skaul] v. 皱眉头；沉着脸，怒视 ‖ n. 皱眉，愁眉苦脸；怒容

scrabble [ˈskræbl] v. ① (用爪)扒抓；抓拢；(用手)摸索 ② 挣扎；争夺 ③ 乱涂，乱写 ‖ n. 扒，抓；挣扎；争夺；乱涂

scrag [skræg] n. ① 皮包骨的人(或动物)；矮小的植物 ② [俚]人的脖子

scraggly [ˈskrægli] a. 蓬乱的，未梳理的；不平坦的，参差的

scraggy [ˈskrægi] a. ① 凹凸不平的；参差不齐的 ② 瘦的，皮包骨的

scramble [ˈskræmbl] v. ① 爬行，攀爬；攀登 [The children scrambled up the steep hill. 孩子们爬上了陡峭的高地。] ② 争夺，抢夺 [The puppies scrambled for the meat. 几个小狗抢肉吃。] ③ 炒蛋 ④ 使混杂，搅乱 ‖ n. ① 爬行，攀登 ② 争夺，抢夺

scrap [skræp] n. ① 碎片；少许，点滴 ② 废金属；切屑；废料 ③ [复] 残羹剩饭 ‖ a. 零碎的，片断的；用过的 ‖ v. ① 敲碎，拆毁；炸碎 ② 废弃；丢弃 [He scrapped his old habits. 他丢掉了旧习

惯。]

scrape [skreip] v. ① 刮，擦 [to scrape the bottom of a ship 刮船底] ② 刮落，擦去 [Scrape off the old paint. 刮掉旧油漆。] ③ 擦伤 [He fell and scraped his knee. 他跌倒了，擦伤了膝盖。] ④ 刮(或擦)出刺耳声 [The shovel scraped across the sidewalk. 铁锹在人行道上擦出刺耳声。] ⑤ (艰难地)凑集，积蓄，积攒 [They finally scraped up enough money to buy the stove. 他们终于攒够了买炉子的钱。] ⑥ 勉强过日子 [They get by on very little money. 他们只靠一点点钱勉强度日。] ‖ n. ① 刮，擦，挖 ② 擦伤；擦痕 ③ 刮擦声 ④ 困境，窘境

scratch [skrætʃ] v. ① 刺；抓破，抓伤 [Thorns scratched his legs. 荆棘划破了他的腿。Our cat scratched the chair with its claws. 我们的猫用爪子抓椅子。] ② 搔，抓 [to scratch a mosquito bite 搔蚊子咬处] ③ 作刮擦声 [The pen scratched as he wrote. 他写字时这支钢笔刮纸。] ④ 勾划掉 [He scratched out what he had written. 他划掉了已写好的东西。] ⑤ 涂写，乱画 [to scratch a letter 草草地写封信] ⑥ 把(马)撤出比赛 [Two horses were scratched from the race. 两匹马退出了比赛。] ‖ n. ① 抓痕，刮痕 ② 擦伤(处)；微伤 ③ 刮擦声 ‖ a. ① 打草稿用的，写便条用的 ② 侥幸的，碰巧的/**from scratch** 从起点开始，从零开始，从头做起，白手起家/**up to scratch** 达到标准，合格；处于良好状态

scratchy [ˈskrætʃi] a. ① (钢笔)发刮擦声，钩纸的；扎人的，使人发痒的 ② (书写等)潦草的，乱涂的

scrawl [skrɔːl] v. 乱写，乱画 ‖ n. 潦草模糊的笔迹；潦草写成的便条(或短信等)；乱涂的画

scrawny [ˈskrɔːni] a. 骨瘦如柴的

scream [skriːm] v. ① 尖叫 [She screamed when she saw the mouse. 她一看见老鼠就尖叫了起来。] ② 发出尖锐刺耳的声音；(风)呼啸；放声大笑 [The sirens screamed. 警报发出尖叫声。The children screamed with laughter at the clown. 孩子们看着小丑放声大笑。〗‖ *n.* ①尖叫；尖锐刺耳的声音 ②[口]引人捧腹大笑的人(或事物)

screech [skri:tʃ] *v.* 发出尖锐刺耳声 ‖ *n.* 尖锐刺耳的声音

screen [skri:n] *n.* ①纱窗，纱门②屏，帘；帐；隔板③掩蔽物；警戒幕④粗眼筛子，圆眼筛；滤网，过滤器⑤(电影、幻灯的)银幕；(电视的)屏幕 ‖ *v.* ①掩蔽；遮护；遮[A hedge screens the yard. 树篱围住了庭院。]②筛煤(或石头等)③甄别；审查；测试[to screen people applying for jobs 对申请工作的人进行审查]

screw [skru:] *n.* ①螺钉；螺杆；螺丝，螺(丝)钉②螺旋状物③(螺旋的)一拧④螺旋桨 ‖ *v.* ①旋；拧[Screw the lid on tight. 把盖子拧紧。]②(用螺丝)拧紧；(用螺钉)钉住；旋牢[He screwed the bookshelf to the wall. 他用螺钉把书架紧钉在墙上。This hinge screws to the door. 这个折叶能旋到门上。]③扭歪；皱起；皱紧[to screw up one's face 皱起面孔]④加强；鼓舞[He screwed up his courage. 他鼓起勇气。]/**put the screws on** 对…施加压力，强迫

screwdriver [skru:draivə] *n.* 螺丝刀

scribble ['skribl] *v.* ①潦草书写；草率创作②乱涂，乱写，乱画[The baby scribbled on the wall. 婴儿在墙上乱画。]‖ *n.* ①潦草的笔迹；涂鸦；草草写成的便条②乱涂的画/**scribbler** *n.*

scribe [skraib] *n.* ①抄写员(尤指印刷术发明前以抄写书籍为生的人)②作家；新闻记者③古时犹太法律学家

scrimp [skrimp] *v.* 过度缩减；节省；精打细算；吝啬[to scrimp on food 缩食 to scrimp to save money 精打细算以攒钱]

script [skript] *n.* ①手迹，笔迹，手写体②[印]书写体③剧本；电影剧本(尤指手稿)；广播(原)稿

scrofula ['skrɔfjulə] *n.* [医]瘰疬，淋巴结核/**scrofulos** *a.*

scroll [skrəul] *n.* ①卷轴，纸卷；写成卷轴的古书②画卷；刻有铭辞的纹章饰带

scrub¹ [skrʌb] *n.* ①矮树，灌木，灌丛②小于一般尺寸的东西；次品；地位低的人；矮小动物③非正规球队的运动员；二流选手，替补队员 ‖ *a.* ①矮小的；小于一般尺寸的②非正规球队的；由二流运动员组成的；临时凑合的/**scrubby** *a.*

scrub² [skrʌb] *v.* 擦净，擦净[to scrub floors 擦洗地板]‖ *n.* 擦洗，擦净

scruff [skrʌf] *n.* 颈背，后颈/颈背皮

scruple ['skru:pl] *n.* ①顾虑，顾忌，良心上的不安②吩(英美药衡单位；相当于1.295 克)‖ *v.* 感到迟疑不安，有顾虑[He scrupled at taking a bribe. 他对受贿感到于心不安。]

scrupulous ['skru:pjuləs] *a.* ①有顾忌的，有道德原则的；凭良心办事的②细致的，一丝不苟的，严格认真的/**scrupulously** *ad.*

scrutinize ['skru:tinaiz] *v.* 细看，细阅；仔细检查

scud [skʌd] *v.* ①飞奔；急行；掠过②(船等)顺风行驶 ‖ *n.* ①飞奔；急行②飞云；飘飞的雾(或雨、雪等)

scuff [skʌf] *v.* ①拖着(脚)走；用脚来回擦(鞋)等[He scuffed his new shoes. 他用脚来回地磨擦他的新鞋。]②拖着脚走；(局促不安时)在地上拖脚 ‖ *n.* ①拖脚行走②磨损；磨损处

scuffle ['skʌfl] *v.* ①扭打；混战②拖着脚走 ‖ *n.* ①扭打，混战②拖脚行走，拖脚走的脚步声

scull [skʌl] *n.* ①(船的)尾橹②(双桨小艇的)短桨，橹③(比赛用)小划艇 ‖ *v.* 用桨划，用橹播(船)/**sculler** *n.*

sculptor ['skʌlptə] *n.* 雕刻家，雕塑家

sculpture ['skʌlptʃə] *n.* ①雕刻；雕塑②雕刻品；雕塑品 ‖ *v.* ①雕刻；雕塑；塑造②以雕刻装饰/**sculptural** *a.*

scum [skʌm] *n.* ①浮渣；浮垢 ②下贱的人，卑鄙者；社会最低层的人

scurf [skə:f] *n.* ①头皮屑；皮(肤)屑②鳞片状的附着物

scurrilous ['skʌriləs] a. 庸俗下流的；含有粗鲁辱骂的；满口下流话的/**scurrility** [skʌ'riliti] n.

scurry ['skʌri] v. 匆匆地跑；急赶 ‖ n. 急促奔跑；急赶；急转

scurvy ['skəːvi] n. [医]坏血病 ‖ a. 卑鄙的，下流的/**scurvily** ad.

scuttle¹ ['skʌtl] v. 急促奔跑；急赶 ‖ n. 急速逃走(或离去)；匆忙的撤退

scuttle² ['skʌtl] v. 使(船)沉没，凿沉 [to scuttle a ship 把船凿沉] ‖ n. [建]天窗；气窗；[船]小舱口；船底(或船侧的)孔洞；舷窗

sea [siː] n. ①海，海洋②内海③淡水湖④海面动态⑤汹涌的波涛⑥大量；浩瀚，茫茫一片/ **at sea** ①在...在海上航行②茫然，困惑，不知所措/ **follow the sea** 做海员，当水手/**go to sea** 去当水手/**put to sea** 离港出海，出航

seaboard ['siːbɔːd] n. 海滨，海岸；沿海地区；海岸线

seacoast ['siːkəust] n. 海岸，海滨

seafaring ['siːˌfɛəriŋ] n. ①海员的职业②海上航行，航海 ‖ a. 以航海为业的，航海的；在航海中发生的

seagirt ['siːgəːt] a. 四面环海的

seagoing ['siːˌgəuiŋ] a. ①适于远洋航行的②航海的，以航海为业的

sea gull 海鸥

sea horse ①[鱼]海马，龙落子②[神话中]半马半鱼的怪兽③[动]海象

seal¹ [siːl] n. ①封条；封蜡；封铅；火漆②印章，图章，玺③印记，图记④密封物(如封口胶布等)⑤密封装置⑥[机]密封；焊接；[物]绝缘⑥(尤指向赠送慈善事业捐款的)贴签⑦保证；约约；批准⑧象征，标志 ‖ v. ①封，密封；填塞 [to seal cracks with putty 用油灰填嵌裂缝以seal a letter 封信]②决定，确定，解决 [His fate was sealed. 他的命运已注定了。]③盖章于；对...提出确保证，保证；在(度量衡器等商品)上盖检验印/**sealer** n.

seal² [siːl] n. ①[动]海豹②海豹(毛皮)

③人造海豹皮；海豹皮制品 ‖ v. 捕海豹/**sealer** n.

sealskin ['siːlskin] n. ①海豹皮②海豹皮制的服装

seam [siːm] n. ①线缝，缝口②伤痕，皱纹③[矿][地]层；矿层；煤层 ‖ v. ①缝合；接合；焊合，铆合②使留下伤痕；使生皱纹 [a face seamed with wrinkles 布满皱纹的脸]

seaman ['siːmən] n. ①海员，水手②(海军)水兵

seamstress ['semstris, 美 'siːmstris] n. 女裁缝；女缝工

seamy ['siːmi] a. 露出线缝的；有线缝的；有裂缝的/**the seamy side**(生活等的)阴暗面

seaplane ['siːplein] n. 水上飞机

seaport ['siːpɔːt] n. 海港；海港城市

sear [siə] v. ①使干枯，使凋谢 [The hot sun seared the crops. 烈日把庄稼晒枯了。]②烧焦；烙烫；烙；烫 [The hot grease seared her arm. 热油烫伤了她的胳膊。]③使变得冷酷无情 [a seared conscience 冷酷的心] ‖ a. 干枯的，凋谢的

search [səːtʃ] v. ①在...中搜寻；搜查 [We searched the house. 我们搜查了这所房子。 The police searched him for a gun. 警察在他身上搜枪。]②寻找；探究 [to search for an answer 寻找答案] n. 搜寻；搜查；探究/ **in search of** 寻找，寻求/**search out** 寻找；找到/**searcher** n.

searching ['səːtʃiŋ] a. (搜寻、检查等)彻底的，无孔不入的；锐利的

searchlight ['səːtʃlait] n. ①探照灯②探照灯光

seashore ['siːʃɔː] n. 海岸，海滨，海边

seasick ['siːsik] a. 晕船的/**seasickness** n.

seaside ['siːsaid] n. 海滨(胜地)；滨海城镇

season ['siːzn] n. ①季，季节，时节②当令期，旺季；(文娱、社交、商业等的)活跃季节③时期 ‖ v. ①给...调味；加味于 [to season meat with herbs 用香草给肉调

S

味)②处理(木材等)以备应用;使合用〔to season lumber 处理木材以备应用〕③使增添趣味〔to season a speech with humor 使讲话幽默风趣〕④使服水土;使适应;使得到锻炼〔a seasoned traveler 饱经风霜的旅行者〕/**for a season** 一会儿,**in season**①(水果等)应时的,当令的〔Corn is in season in late summer. 玉米晚夏时正当令。〕②于允猎捕期〔Ducks are not in season now. 现在鸭还不是猎捕的时候。〕/**in good season** 及时,及时地/**out of season** 已过时的,不合时令

seasonable ['si:znəbl] a. ①合时令的②及时的,合时宜的

seasonal ['si:zənl] a. 季节的,季节性的;随季节而变化的/**seasonally** ad.

seat [si:t] n. ①座椅;椅子;凳子②座,座位;席位③臀部〔the seat of his pants 他的裤子臀部〕④(椅子等的)座部⑤坐的姿势;骑马(或自行车)的坐法⑥所在地,活动中心⑦邸宅;别墅 ‖ v. ①使坐下,使就座〔Seat yourself quickly. 快坐下。〕②坐得下…人;供给…座位〔This car seats six people. 这辆汽车能坐六人。〕/**be seated**①坐下②坐着③坐落在,位于…

seaward ['si:wəd] a. ①朝海的,向海的②来自海的 ‖ ad. 潮海,向海 ‖ n. 朝海方位;临海位置

seaway ['si:wei] n. ①(可行驶远洋巨轮的)内深水航道②海上航路,可航海区

seaweed ['si:wi:d] n. 海草,海藻

seaworthy ['si:ˌwə:ði] a. 适于航海的,经得起风浪的

sebaceous [si'beiʃəs] a. 油脂的;皮脂的;分泌脂质的

seclude [si'klu:d] v. ①使隔离,使孤立②使隐退〔nuns secluded in a convent 隐居在修道院的女修道士〕③隔开;把…隐蔽起来〔a secluded cabin 隐蔽的小屋〕

seclusion [si'klu:ʒən] n. 隔离;孤立;隐居

second¹ ['sekənd] a. ①二等的;次要的②另一的,又一的;类似的③[音]第二度

音程的;低音部的;唱(或奏)第二声部的 ‖ n. ①第二名,第二位;二等奖②二级品,二等货;次货;等外品③(拳击赛中的)助手,副手 ‖ v. ①支持,赞同〔to second a cause by giving money 捐钱以支持一项事业〕②赞成(提案等) ‖ ad. 居第二位,属第二等;归第二类,第二,其次

second² ['sekənd] n. ①秒②片刻,瞬间

secondary ['sekəndəri] a. ①第二的,第二位的;(教育,学校等)中等的②次要的;副的;辅助的;从属的③(颜色)次的,合成的/**secondarily** ad.

secondclass ['sekənd'klɑ:s] a. ①二级的,乙等的,第二流的②次的;平庸的;社会地位低下的 ‖ ad. 乘坐二等舱(车等)〔to go second class 乘坐二等舱(车)〕

secondhand ['sekənd'hænd] a. ①间接的,第二手的②用过的,旧的③经营旧货的

secondly ['sekəndli] ad. [用于列举条目、论点等]第二,其次

second person [语]第二人称

secondrate ['sekənd'reit] a. 第二流的,二等的;次等的;普普通通的

secrecy ['si:krisi] n. ①秘密,秘密状态②保密能力;保守习惯

secret ['si:krit] a. ①秘密的;机密的;隐蔽的 ②暗中进行的;秘密活动的 ‖ n. ①秘密;机密;内情②神秘,奥秘/**in secret** 暗地里;秘密地/**secretly** ad.

secretariat [ˌsekrə'tɛəriət] n. 书记处;秘书处;书记(或秘书)处的全体成员

secretary ['sekrətri] n. ①秘书;干事;②大臣,大〔官〕部长③写字台,有抽屉的写字桌/**secretarial** [ˌsekrə'tɛəriəl] a.

secrete [si'kri:t] v. ①藏匿(人或物)②[生]分泌〔Glands in the skin secrete oil. 皮肤上的汗腺分泌油脂。〕

secretion [si'kri:ʃən] n. ①藏匿②分泌;分泌液

secretive [si'kri:tiv] a. ①遮遮掩掩的;守口如瓶的;不坦率的,②分泌的;促进分泌的

sect [sekt] n. 派别;宗派;[宗]分裂出来

的教派(尤指异端)

sectarian [sek'tɛəriən] a. ①宗派的;教派的②闹宗派的;思想狭隘的,偏执的‖ n. 宗派主义者;分裂教派的一员;思想狭隘者

section ['sekʃən] n. ①切下的部分,切片;部件,零件;(果子的)瓣②地区,区域;地段③(书的)段,章;(条文等的)款,项;事物的一段,一部分④断面;剖面;截面‖ v. 把…分成段(或组等);将…切片

sectional ['sekʃənl] a. ①截面的;部分的;段落的;地区的②由可拆卸的部件拼制成的

sectionalism ['sekʃənəlizəm] n. 地方主义;本位主义

sector ['sektə] n. ①[数]扇形;扇形面;部分,部门②[军]防御分区,防区‖ v. 把…分成扇形;使分成部分

secular ['sekjulə] a. ①现世的,世俗的;非宗教(或教会)的②不受修道院誓约约束的;修道院外的

secure [si'kjuə] a. ①安全的,可靠的②无忧虑的,无恐惧的;安心的③牢固的,牢靠的④有把握的,确定无疑的‖ v. ①使安全;掩护,保卫[Secure your house against burglars. 保护你的房子免遭盗窃。]②关紧,把…弄牢[Secure the boat to the dock. 把船缚牢在船坞上。]③保证;为(借款)等作保[to secure a loan with a pledge 以抵押为贷款作担保]④获得;弄到;替…弄到/**securely** ad.

security [si'kjuəriti] n. ①安全;安全感②使免遭危险的东西;保护物③抵押品,保证金④[复]证券,债券

sedate [si'deit] a. 安静的;稳重的,严肃的/**sedately** ad.

sedative ['sedətiv] a. 镇静的;止痛的‖ n. [药]镇静剂;止痛药

sedentary ['sedəntəri] a. ①坐着的,惯于久坐的②需要久坐的[a sedentary job 案头工作]

sediment ['sedimənt] n. ①沉积,沉淀;沉渣②[地]沉积物/**sedimentary** a.

sedition [si'diʃən] n. 煽动叛乱(或闹事);煽动性的言论(或行为)/**seditious** a.

seduce [si'djuːs] v. 诱惑;诱使…堕落(或犯罪);诱奸,勾引/**seduction** [si'dʌkʃən] n.

seductive [si'dʌktiv] a. 诱惑的;诱人堕落的;富有魅力的

sedulous ['sedjuləs] a. 勤勉的,孜孜不倦的;小心周到的/**sedulously** ad.

see [siː] v. ①看见,看到;看[I see two birds. 我看见两只鸟。He doesn't see well. 他视力不好。]②领会,理解[Do you see the point of the joke? 你领会了这个笑话的要点了吗?]③察看,看看[See what he wants. 去看看他要些什么。]④注意;当心,务必使…[See that the door is locked. 务必把门锁上。]⑤目睹,经历;经受[Our town has seen many changes. 我们市已发生了很大变化。]⑥陪伴,送[I'll see you to the door. 我送你到门口。]⑦访问[We stopped to see a friend. 我们停下来去拜访一位朋友。]⑧求医[See a doctor about your cough. 到医生处去看看你的咳嗽病。]⑨ 会见,会晤;接见,接待[He's too ill to see you. 他病重得不能见你。]⑩ 想,考虑[Let me see , where does he live? 让我想一想,他在哪里住着?]/**see after** 照应,照顾/**see off** 为…送行/**see through** ①看穿,识破②把…干到底,办完,使顺利通过③帮助…渡过(困难等);使得以维持过(…)/**see to** 负责;注意

seed [siːd] n. ①种子,籽②大把(或大量)籽③萌芽,开端;起因④子孙,后裔‖ v. ①播种;播种[to seed a lawn 在草坪上播种]②脱…的籽;去…的核[to seed grapes 去葡萄籽]③[植物]的结实,生籽/**go to seed** ①花谢结子②变得衰弱无用;退化/**seedless** a./**seeds**,**seed**[复]

seedy ['siːdi] a. ①多籽的;多核的②破烂的;衣衫褴褛的

seeing ['siːiŋ] conj. 鉴于,由于,因为

〔Seeing that he's here, let's begin eating. 既然他已来了，我们就开饭吧。〕‖ n. 视力，视觉〔a. 看见的，有视觉的〕

seek [siːk] v. ①寻找〔to seek gold 寻金〕②探索，追求〔to seek a prize 想得奖品〕③试图，企图〔He seeks to please us. 他企图取悦我们。〕

seem [siːm] v. ①好像，在外表上显出〔He seems happy. 他显得很高兴。The house seems empty. 房子好像空的。〕②感到好像，觉得似乎〔Her voice seems to falter. 她的声音似乎在发颤。〕③看来好像，似乎〔It seems I was right. 看来我是对的。〕

seeming [ˈsiːmiŋ] a. 表面上的，似似真实而其实未必的；假装的／**seemingly** ad.

seemly [ˈsiːmli] a. 合适的；适宜的；得体的；合乎礼仪的／ad. 合适地；适宜地；得体地／**seemliness** n.

seep [siːp] v. 渗出；渗漏〔Rain seeped through the roof. 房顶漏雨。〕

seesaw [ˈsiːsɔː] n. ①跷跷板；跷跷板游戏②〔无似跷跷板的〕一上一下（或一前一后）的动作；（双方）交替占优势的竞争‖ a. 忽上忽下的；忽前忽后的；摇摆不定的‖ v. 上下（或前后）摇动；交替

seethe [siːð] v. ①翻腾，冒泡②（内心中）发怒；激动，骚动〔seething with rage 怒火中烧〕

segment [ˈseɡmənt] n. ①部分，切片②〔数〕段，节，弓形；球缺

segregate [ˈseɡriɡeit] v. 使分离，使分开；对…实行种族隔离／**segregation** n.／**segregationist** n.

seismic [ˈsaizmik] a. 地震(引起)的；与地震有关的

seismograph [ˈsaizməɡrɑːf] n. 〔地〕地震仪

seize [siːz] v. ①抓住；（突然）拿起〔to seize a weapon and fight 拿起武器作战；to seize an opportunity 抓住机会〕②逮捕（罪犯）；俘获③夺取；占领；（依法）没收，把…充公〔The troops seized the fort. 部队占领了要塞。The city seized the property for nonpayment of taxes. 市府没收了这些未纳税的财产。〕④（疾病）侵袭；（情绪）支配〔seized with a fit of sneezing 连连打喷嚏〕/ **seize on**，**seize upon** 抓住；捉住；利用

seizure [ˈsiːʒə] n. ①抓住，取，捕捉；占领；没收，充公②（疾病）发作

seldom [ˈseldəm] ad. 很少，不常，难得〔I seldom see my old friends since I've moved. 我搬家后很少见到老朋友。〕

select [siˈlekt] v. 选择，挑选，选拔〔He selected a tie to go with his suit. 他选了一条和西服相配的领带。〕‖ a. ①挑选出来的，精选的，优美的，杰出的②（协会、学校等）选择成员严格的／**selector** n.

selection [siˈlekʃən] n. ①选择，挑选，选拔②待选择物；精选物；供选择的范围

selective [siˈlektiv] a. ①选择的，选择性的②有选择力的，善于挑选的③〔无〕有选择力的〔A selective radio set brings in each station clearly. 有选台能力的收音机收到的各台都很清楚。〕

self [self] n. ①自我，自己，自身②私利，私欲，私心 / pron. 〔口〕我（你、他、她）自己〔tickets for self and wife 给自己和妻子留（买的）票〕／**selves**〔复〕

self-〔前缀〕①自身的，自我的②由自身的③向自己的，给自己的④对自身的⑤靠自身的；为自身的

self-assertion [ˌselfəˈsəːʃən] n. 自作主张，一意孤行，专断／**self-assertive** a.

self-assurance [ˌselfəˈʃuərəns] n. 自信，自持／**self-assured** a.

self-centered [ˈselfˈsentəd] a. 自我中心的；自私自利的；自给自足的；不受外界影响的

self-command [ˈselfkəˈmɑːnd] n. 自制

self-conceit [ˈselfkənˈsiːt] n. 自负，自大，自命不凡

self-confident [ˈselfˈkɔnfidənt] a. 自信的，满怀信心的／**self-confidently** ad.／**self-confidence** n.

self-conscious [ˈselfˈkɔnʃəs] a. ①自觉

的;自我意识的②不自然的;忸怩的,害羞的/**self-consciously** ad. /**self-consciousness** n.

self-contained ['selfkən'teind] a. ①整套装在一起(并带有动力设备)的②自给的,不受外界影响的③沉默寡言的;有自制力的;不易冲动的

self-control ['selfkən'trəul] n. 自制

self-defense ['selfdi'fens] n. 自卫,[法]正当防卫

self-denial ['selfdi'naiəl] 自我克制/**self-denying** a.

self-determination ['selfdi,tə:mi'neiʃən] n. ①自决,自主②民族自决

self-discipline ['self'disiplin] n. 自律;自我约束

self-educated ['self'edju(:)keitid] a. 自学的,自修的

self-esteem ['selfis'ti:m] n. ①自尊心②自负,自大

self-evident ['self'evidənt] a. 自明的,不需证明的,不言而喻的

self-expression ['selfiks'preʃən] n. (尤指通过艺术作品的)自我表现

self-government ['self'gʌvənmənt] n. 自治;民主政治/**self-governing** a.

self-important ['selfim'pɔ:tənt] a. 妄自尊大的,高傲的/**self-importance** n.

self-imposed ['selfim'pəuzd] a. 自己施加(或强加)的,自愿担负的

self-indulgent ['selfin'dʌldʒənt] a. 放纵自己的/**self-indulgence** n.

self-interest ['self'intrist] n. ①自身利益②自私自利;利己主义

selfish ['selfiʃ] a. 自私的,利己的;不顾别人的/**selfishly** ad. /**selfishness** n.

selfless ['selflis] a. 无私的,忘我的

self-made ['self'meid] a. ①靠个人奋斗而成功的;白手起家的②自己做的;独自搞的

self-pity ['self'piti] n. 自怜

self-possession ['selfpə'zeʃən] n. 自制;沉着,冷静,镇定/**self-possessed** a.

self-preservation ['self,prezə(:)'veiʃən] n. 自我保存;自卫本能

self-propelled ['selfprə'peld] a. 自动推进的,自己开动的,[军](火炮)自行的

self-reliant ['selfri'laiənt] a. 依靠自己的,依赖自己能力的,自力更生的/**self-reliance** n.

self-reproach ['selfri'prəutʃ] n. 自责

self-respect ['selfris'pekt] n. 自尊自重/**self-respecting** a.

self-restraint ['selfris'treint] n. 自我克制;自我约束/**self-restrained** a.

self-righteous ['self'raitʃəs] a. 自以为正直的,自认为有道德的,自以为是的;伪善的

self-sacrifice ['self'sækrifais] n. 自我牺牲的/**self-sacrificing** a.

selfsame ['selfseim] a. 完全一样的;同一的

self-satisfied ['self'sætisfaid] a. 自满的;自鸣得意的/**self-satisfaction** n.

self-seeking ['self'si:kiŋ] a. 追求私利的;追求个人享乐的

self-styled ['self'staild] a. 自封的,自称的[He is a self- styled expert. 他是个自封的专家。]

self-sufficient ['selfsə'fiʃənt] a. 自给自足的;自力更生的

self-supporting ['selfsə'pɔ:tiŋ] a. 自承的;自立的,自给的

self-taught ['self'tɔ:t] a. 自学的,自修的;自学而获得的

self-willed ['self'wild] a. 任性的;固执的,执拗的/**self-will** n.

self-winding ['self'waindiŋ] a. (钟、表等)自动上发条的

sell [sel] v. ①卖;出售[Will you sell me your skates for $5.00? 你把溜冰鞋五美元卖给我,行吗?]②经售,经销[This store sells radios. 此店经销收音

S

机。〕③被出售④促进…的销路;有助于售出(某物)〔TV sells many products. 电视促进了许多产品的销售。〕⑤出卖,背叛〔to sell one's honor 出卖荣誉〕⑥〔口〕宣传;说服(某人),使接受〔to sell someone on an idea 说服某人接受某一主意〕/**sell out** ①卖完,不再有存货②〔口〕出卖,背叛;屈服

semantics [si'mæntiks] n. 〔复〕(用作单)〔语〕语义学/**semantic** a.

semaphore ['seməfɔ:] n. (铁路的)臂板信号机,信号灯;旗语通信法‖ v. 发信号;打旗语

semblance ['sembləns] n. 外貌,外观;类似,酷似〔a semblance of order 表面上的秩序〕

semester [si'mestə] n. 学期

semi- [前缀]①半⑨部分的(地),不完全的(地)〔A semiskilled worker is only partly skilled. 半熟练工人即是不完全熟练的。〕③一段时期中 发生两次的

semiannual ['semi'ænjuəl] a. 一年两次的,半年一次的/**semiannually** ad.

semicircle ['semi,sə:kl] n. 半圆,半圆弧/**semicircular** ['semi'sə:kjulə] a.

semicolon ['semi'kəulən] n. 分号

semifinal ['semi'fainl] n. 〔体〕半决赛

semimonthly ['semi'mʌnθli] a. 一月两次的‖ n. 半月刊‖ ad. 一月两次地

seminary ['seminəri] n. ①(尤指私立女子)学校,学院②神学院

semitropical ['semi'trɔpikəl] a. 亚热带的,副热带的

semiweekly ['semi'wi:kli] a. 每周两次的,半周一次的‖ n. 半周刊‖ ad. 每周两次地,半周一次地

senate ['senit] n. ①立法机构②Senate (美,法等的)参议院,上院

senator ['senətə] n. 参议员,上议员/**senatorial** [,senə'tɔ:riəl] a.

send [send] v. ①派遣;差遣;打发;发送,寄〔Send him home for the book. 打发他回家取书。〕②(神)赏赐;施,降③使变

成;使陷入,使处于〔The noise sent him out of his mind. 噪音吵得他发疯。〕/**send for** ①派人去叫,召唤;派人去拿②订购;函购/**send forth** 发出,放出(光、热等);长出(树叶等)/**sender** n.

senile ['si:nail] a. ①老年的;衰老的;老态龙钟的②老年所致的,由年老引起的

senility [si'niliti] n. ①年老,高龄②衰老;老迈;老态龙钟;年老糊涂

senior ['si:njə] a. ①(置于姓名后表示同名父子中的父或同姓二人中之较年长者,略作 Sr.)老大②(地位(或级别)较高的;资格较老的;资历较深的②〔美〕(大学)四年级的;(中学)最高年级的〔英〕(大学)高年级的〔the senior class 〔美〕大学四年级学生;中学最高年级学生〕‖ n. ①年长者;前辈,资历较深者②〔美〕大学四年级学生;中学最高年级学生

seniority [,si:ni'ɔriti] n. 年长;资历深;职位高

sensation [sen'seiʃən] n. ①感觉,知觉②轰动,激动③轰动一时的事件(或人物)

sensational [sen'seiʃənl] a. ①激起强烈感情的,令人兴奋的,轰动性的〔a sensational new theory 引起轰动的新理论〕②耸人听闻的,夸张的;追求轰动效应的/**sensationalism** n. /**sensationally** ad.

sense [sens] n. ①感官,官能②感觉③观念;意识④辨别力,判断力,鉴赏力;道理,情理⑤〔复〕知觉,理智,理性‖ v. 感觉;觉察,意识到;领悟〔I sensed something wrong as soon as I saw them. 我一看见他们就意识到什么地方不对劲。〕/**In a sense** 从某种意义上说/**make sense** 讲得通;有意义

senseless ['senslis] a. ①无知觉的,无感觉的②愚蠢的;无意义的

sensibility [,sensi'biliti] n. ①感觉(力);感受性②〔常用复〕情感;感情

sensible ['sensəbl] a. ①明智的;合情理的;切合实际的②知道的,意识到的③

明显的,可注意到的④有知觉的/**sensibly** ad.

sensitive ['sensitiv] a.①敏感的②灵敏的;感光的③神经过敏的,容易生气的④(身体部位)易疼痛的/**sensitively** ad. / **sensitiveness** n.

sensitivity [,sensi'tiviti] n. 敏感性;灵敏性;过敏;灵敏度

sensory ['sensəri] a. 感觉的,感官;知觉器官的;传递感觉的

sensual ['sensjuəl] a.①肉体方面的;耽于声色口腹之乐的;肉欲的②肉体的,色情的,淫荡的/**sensuality** [,sensju'æliti] n.

sensuous ['sensjuəs] a.①感官方面的;给感官以快感的,使身体舒适的②激发美感的,给人以美的享受的/**sensuously** ad.

sentence ['sentəns] n.①[语]句子②[法]判决,宣判③课刑‖ v. 宣判,判决;使遭受

sententious [sen'tenʃəs] a.①(说话、文体)简洁的;多格言警句的②好用格言警句的;故作庄重的;说教式的

sentient ['senʃənt] a. 有感觉能力的;有感觉的,有知觉的

sentiment ['sentimənt] n.①思想感情,情操②意见,观点③伤感情绪;脆弱的感情;多愁善感④感情;(文艺作品的)情趣

sentimental [,senti'mentl] a.①感伤的②情感(上)的;多愁善感的,易动感情的/**sentimentally** ad. /**sentimentalist** n. /**sentimentality** [,sentimen'tæliti]

sentinel ['sentinl] n. 哨兵;步哨;卫兵;看守[stand sentinel 站岗,放哨]

separable ['sepərəbl] a. 可分隔的;可分离的;可分开的;可区分的

separate ['sepəreit] v.①使分离,分开[Separate the good apples from the bad ones. 把好苹果和烂苹果分开。]②分隔,划分[A hedge separates his yard from ours. 一道树篱把他的院和我们的隔开

了。]③分手;分散[The friends separated at the crossroads. 朋友们在十字路口分手了。]‖ a. ['sepərit]①隔开的,不连接的②独立的;不同的③独用的,单独的④各别的/**separately** ad. /**separation** n.

separator ['sepəreitə] n. 分离者;分离器,离析器;脱脂器

September [səp'tembə] n. 九月

septic ['septik] a.①引起感染的;引起腐败的②由腐败(或感染)引起的;腐败性的

sequel ['si:kwəl] n.①后果;结局,随之而来的事②(文艺作品的)续集,续编

sequence ['si:kwəns] n.①连续,继续②先后②次序,顺序③一连串

sequester [si'kwestə] v.①使隔绝,使退隐;使分离[He sequestered himself in a lonely cabin. 他把自己关在一个僻静的小屋里。]②[法]扣押(债务人的地产等);没收;查封

serenade [,seri'neid] n.①[音]小夜曲②月下情歌‖ v. 对…唱(或奏)小夜曲

serene [si'ri:n] a.①安详的②晴朗的,明朗的;无云的/**serenely** ad.

serenity [si'reniti] n. 安详;晴朗,明朗;宁静

sergeant ['sɑ:dʒənt] n.①[美]陆军(或海军陆战队)中士②警官,巡佐

serial ['siəriəl] a.①连续的;一连串的;一系列的②分期刊载的,连载的‖ n. 连载小说(或图画等)/**serially** ad.

serialize ['siəriəlaiz] v. 使连续;连载;连续出版

series ['siəriz] n.①连续;系列;接连②(邮票)套;丛书;辑/组/ **series**[复]

serious ['siəriəs] a.①严肃的,认真的[a serious interest in art 对艺术的酷爱]②当真的,不是开玩笑的③重要的;须认真对待的④严重的,危急的,令人担心的/**seriously** ad. / **seriousness** n.

serous ['siərəs] a.①含浆液的;血清的②浆状的;浆液性的;水状的

serpent ['sə:pənt] n.①蛇(尤指大蛇或

S

毒蛇)②阴险毒辣的人

serpentine ['sə:pəntain] a. ①蛇状的;
蜿蜒的;迂回的②盘旋的③阴险毒辣的,狡
猾的

serrate ['serit, 'sereit], **serrated**
[se'reitid] a. 锯齿状的

serried ['serid] a. (行列、树木等)密集
的,排紧的

serum ['siərəm] n. ①浆液②血清;免疫
血清

servant ['sə:vənt] n. ①仆人,佣人;雇工
②公务员;雇员③献身于事业者

serve [sə:v] v. ①帮佣,当仆人 [She
served in their household ten years. 她在他
们家帮佣十年。]②为…服务;为…服役
[He served his country well. 他尽力为国
效力。]③任职[He served as mayor for two
terms. 他任市长已有两届。]④侍奉(上
帝,君主等) [to serve God 侍奉上帝]⑤服
务;服役;供职[He served in the navy dur-
ing the war. 战争期间他在海军服役。]⑥
经历;度过[He served six years for the
robbery. 他因犯抢劫罪而坐了六年牢。]
⑦招待(顾客等);端上,摆出(饭菜等)
[May I serve you some chicken? 我给你
端上鸡肉好吗?]⑧供应;足够供给
[One hospital serves the town. 这个城镇
有一个医院就足够了。]⑨有用;起
作用;足够[One nail will serve to hang
the picture. 一个钉子就够挂这幅画
了。]This recipe serves four. 这道菜足
够四个人吃了。]⑩对待;对付[She
was cruelly served by fate. 命运对她报
残酷。]⑪送交(传票等);向…送交
(令状等) [to serve a summons to ap-
pear in court 送交出庭的传票]⑫(网
球等中)发球,开球 ‖ n.①发球,开球
②轮到发球/**serve one right** 给某人
应得的报应

server ['sə:və] n. ①侍者;上菜者;发球
人;送出人②菜盘,托盘

service ['sə:vis] n.①(尤指需要专业知
识的)服务②贡献;帮助;效劳③公职;
(政府的)部门;[总称]部门人员④兵役;

(陆、海、空)军;勤务部队⑤(宗教)礼拜
式;仪式⑥(全套)食器⑦公共设施(尤
指交通设施);公用事业⑧(传票、命令等
的)送达⑨(网球等的)发球;发球方式;
轮到发球 ‖ 帮佣;服侍;招待;供应[to 上
菜;斟酒(或其他饮料) ‖ a.①服务性的;
提供保养(或维修等)服务的②仆人的;
仆人用的 ‖ v.①检修;维修;保养[We
service radios. 我们检修收音机。]②为…
提供服务[One gas company services the
whole region. 整个地区有一家煤气公司在
提供服务。]/**at one's service** ①听候主
人吩咐②听凭主人使用/**of service** 有用
的

serviceable ['sə:visəbl] a.①经用的;
耐用的②有用的;肯帮忙的

serviceman ['sə:vismən] n.①军人②维
修人员

servile ['sə:vail, 美 'sə:vil] a.①奴性的;
奴态的②奴隶的,奴隶般的/**servility**
[sə'viliti] n.

sesame ['sesəmi] n.①[植]芝麻,脂麻,
胡麻②芝麻种子,胡麻子/**open sea-
same** 开门咒;秘诀;关键

session ['seʃən] n.①(法庭的)开庭,上
课②一届会议③开庭期;上课时间;会期
④约会,会见/**in session** 在开会;在开
庭;在上课[Congress is in session. 议会正
在开会。]

set [set] v.①放,置,竖立[Set the book on
the table. 把书放在桌上。]②使处于某种
状态(或位置) [The captives were set free.
俘虏被释放了。]③安置,装置;排置;使牢
固;使固定;使(骨等)复位[to set a trap
设陷阱 to set a broken bone 接合断骨]④
使开始[My remark set him to thinking. 我
的话使他开始深思。]⑤使凝结,使凝固
[He set his jaw. 他紧闭着嘴。Has the ce-
ment set? 水泥凝固了吗?]⑥定(日期、限
度、价格等);制定(规则等);创造(纪录等)⑦使(鸡)孵卵
(卵)受孵⑧镶,嵌,点缀⑨使朝向;使
移动[He set his face toward home. 他面朝
家乡。]⑩为(诗、文)等谱曲[He set the
poem to an old tune. 他为这首诗配上一支

旧曲。〕⑪ 树立〔to set an example 树立榜样〕⑫〔日月等〕落，下沉〔The sun sets in the west. 太阳从西边落下。〕‖ a. ①〔时间等〕预先确定的，约定的；指定的；固定不变的②不变的；顽固的；固执的③准备停当的；赛跑等中作好预备姿势的④〔常用以构成复合词〕位置（或身材）…的‖ n. ①放；置；安装；安排②形状；身材；姿势；（服装穿在身上的）样子③（风水流等的）方向；倾向，趋势③（舞台、电影等的）布景；（影片的）摄影场⑤一套；一副；（一批）同伙；一群同伴⑥〔无〕接收机；电子仪器；〔网球等的〕一盘（以输赢局数决定单打或双打比赛胜负的计数单位，一般胜六局为胜一盘〕/ all set 准备就绪/ set about 开始，着手/ set against ①使平衡；使补偿；把…和…对比②对立；使反对③使反对，使反感/ set aside ①留出，拨出②取消，驳回；宣布…无效/ set back 阻碍；使受挫折/ set down ①放下，使下，使（飞机）着陆②记下，记入，登记，记载/ set forth ①出发，动身②陈述，阐明；宣布，传知/ set in 开始，到来〔Infection had set in. 传染病开始流行了。〕/ set off ①出发，动身②衬托，使更明显；点缀②使爆炸；使爆发/ set on , set upon 攻击；袭击/ set out ①出发②装帅；陈列③种植；移植/ set to ①开始认真干起来；大搞起来②（人们、动物群等）打起来/ set up ①使掌权；使居高位②竖立；升高③建立，创立；设立，开办④开业，开始（经商等）

setter ['setə] n. ①从事安装（或镶嵌等）的人；制定者，〔无〕调节器，给定装置②塞特种猎犬（一种捕猎用的长毛狗，经训练能站定用鼻指示猎物的所在）

setting ['setiŋ] n. ①安装；调整；装置②镶嵌物（舞台等的）布景，（小说、戏剧等的）背景③环境，配境，配谱

settle¹ ['setl] n. 木制有扶手的高背长椅

settle² ['setl] v. ①调停；解决；决定〔Did you settle on which route to take? 你决定了走哪条路吗？ We settled the argument by dividing our find. 我们以平

分拾到的东西而结束了争吵。〕②安排；料理；整理③安放〔He settled himself in the chair to read. 他坐在椅子上看书。〕④使平静，使镇定，使安宁〔This medicine will settle your stomach. 这药能缓解你的胃部不适。〕⑤停息，停留〔The bird settled on the limb. 鸟飞落在树枝上。The pain settled in his heart. 他的心绞痛还没好。〕⑥使定居；使移居〔Mr. Jones settled his family in the country. 琼斯先生一家住在乡下。The Dutch settled New York. 荷兰人移居纽约。〕⑦下陷，下沉，沉淀；使沉降〔The car settled in the mud. 汽车陷进了淤泥。The rain settled the dust. 雨平息了尘土。〕⑧沉淀，澄清〔Let the coffee settle before you pour it. 在你倒以前先让咖啡沉淀一下。〕⑨支付，结算⑩〔雾等〕笼罩〔Fog settled over the city. 雾笼罩在城市上空。 Gloom settled over him. 他满脸忧愁。〕/ settle down ①定居；过安定的生活②安下心来，专心致志于/ settle upon , settle on 付清（欠帐），结算（帐目）

settlement ['setlmənt] n. ①安顿；定居；安排②殖民，拓居；移民③殖民地，新拓居地④小村落，小社区，小居民点⑤解决，和解⑥清算，结帐 ⑦〔法〕财产授予；依法设定的财产 ⑧ 街坊文教团，街坊文教馆（指为城市等地的贫民区居民提供教育、娱乐等社会服务的团体或场所）

seven ['sevn] n. &a. 七(的)；七个人或物(的)

seventeen ['sevn'ti:n] n. &a. 十七(的)；十七个人或物(的)

seventeenth ['sevn'ti:nθ] a. 第十七的‖ n. ①第十七②十七分之一

seventh ['sevnθ] a. 第七的‖ n. ①第七②七分之一

seventh heaven 极乐；极乐之地

seventieth ['sevntiiθ] a. 第七十的‖ n. ①第七十②七十分之一

seventy ['sevnti] n. &a. ①七十(的)；七十个人或物的②[复](世纪的)七十年代

sever ['sevə] v. ①断绝，中断；折断〔to

sever a limb from a tree 折断树枝 to sever a friendship 中止友谊）②把…分隔开；使分离［A river severs Ohio from West Virginia. 一条河流把俄亥俄州和西弗吉尼亚州分开了。］③切断，割断［to sever a cable 割断电缆］/**severance** n.

several [ˈsevrəl] a.①几个，数个(至少三个)②各自的，各别的/**severally** ad.

severe [siˈviə] a.①严厉的；苛刻的；非常严格的②严肃的；正经的③朴素的；洁的，不加装饰的④严重的；剧烈的⑤严峻的；激烈的，艰难的/**severely** ad./**severeness** n.

sew [səu] v.①缝制；缝合［to sew buttons on a coat 给衣服钉纽扣］②缝补［She sewed me a fine shirt. 她为我做了一件漂亮的衬衣。］③缝纫；干针线活［Can you sew ? 你会做针线活吗？］/**sew up** ①缝合，缝拢②［口］垄断，独占/**sewer** n.

sewage [ˈsjuː(ː)idʒ] n.(阴沟等处的)污水，污物

sewer [sjuə, 美 ˈsu(ː)jə] n. 阴沟；污水管；排水管，下水道

sewing [ˈsəuiŋ] n.①缝纫；缝纫技术②缝制物

sex [seks] n.①[总称]男人；女人②性别

sexual [ˈseksjuəl] a. 性别的；关于两性的；关于性生活的/**sexually** ad.

shabby [ˈʃæbi] a.①破旧的；破烂的②衣衫褴褛的③失修的；坍倒的④吝啬的；低劣的；可鄙的；不光彩的；卑鄙的/**shabbily** ad./**shabbiness** n.

shackle [ˈʃækl] n.①镣铐；(马的)脚镣②束缚，枷锁③束缚装置；机钩环‖v. 给…带上镣铐；束缚，羁绊；给…扣上钩环

shade [ʃeid] n.①荫；阴凉处②阴暗；阴暗部分③遮光物；帘，幕④(色彩的)浓淡；色度⑤少量，少许⑥细微的差别⑦[复]黑暗；暮色，夜色 ⑧[诗]虚幻的事物；鬼，幽灵‖v. ①荫蔽，遮蔽［The trees shade the house. 树遮住了房子的阳光。］②(色彩等)渐变，

(意义等)出现细微的差别［The drapes shade from purple to lavender. 窗帘从紫红色渐渐变成了淡紫色。］③使阴暗，使黯然失色［to shade the sun's rays 使太阳光变暗淡］④画阴影于，使…的色调渐变

shading [ˈʃeidiŋ] n.①荫蔽，遮蔽②(绘画的)明暗(法)③(在品质、种类等方面的)细微差别

shadow [ˈʃædəu] n.①阴影；荫；影子②[复]日落后渐暗的天色③阴郁，悲哀④[喻]阴影［the shadow of illness 疾病的阴影］④微量，少许⑤幻影；虚幻之物⑥形影不离的人；[美俚]侦探⑦(面部的)阴暗部分 ⑧ 幽灵，鬼‖v.①投阴影于，覆阴影于［Hills shadowed the valley. 小山在山谷里投下了阴影。］②使阴暗；使阴郁［A frown shadowed his face. 他的脸色因皱眉而显得阴郁起来。］③(如影子一样)盯…的梢，尾随/**in the shadow of** 与…很接近；在…的附近

shadowy [ˈʃædəui] a.①有影的；多荫的；阴凉的②幽暗的；朦胧的，模糊的

shady [ˈʃeidi] a.①成荫的②背阴的③[口]可疑的，靠不住的/**shadiness** n.

shaft [ʃɑːft] n.①箭杆，矛杆②箭；矛③箭一般的东西④杆状物；(工具的)长柄，旗杆；烛台杆⑤车杠，辕⑥[机]轴⑦井穴；矿，矿井；竖井⑧(电梯的)升降机井；通风管；烟囱

shaggy [ˈʃægi] a.①长满粗毛的②(毛发等)粗浓蓬松的③(织物等)起毛的，有毛绒的，质地粗糙的/**shagginess** n.

shake [ʃeik] v.①摇；摇晃［to shake one's head in approval 点头表示同意］②握手③(猛力)摇动，抖动［I'll shake salt on the popcorn. 我将往爆玉米花里放些盐。Shake the medicine well before taking it. 服药前先摇匀。］④使震动，(使)发抖［His voice shook with fear. 他因害怕而声音发颤。Chills shook his body. 他冷得发抖。］⑤动摇，减弱，使心绪不宁［He was shaken by the news. 消息使他心绪

宁。〕⑥[俚]摆脱；抛弃[He shook his pursuers. 他摆脱了跟踪者。] ‖ n. ①摇动，握、晃动 动②发抖；发颤(音)/ **no great shakes** [口]不太出色的人；不太重要的人，平凡的人/ **shake down** ①摇落果实等②(用毯子等)临时搭床铺；安顿下来/**shake off** 抖落，摔去；撵走，摆脱/**shake out** 把…抖干净；摇(或抖)出…里面的东西；抖开/**shake up** ①摇匀②摇醒，使振作③把…打散后重新组合，使…经历剧变

shaker [ˈʃeikə] n. ①摇动者②摇动器，混和器③Shaker 震教徒(十八世纪时基督教一派，祭神等时颤抖狂舞，故名)

shaky [ˈʃeiki] a. ①摇晃的；摇动的②发抖的③不可靠的，不足为信的/ **shakely** ad. / **shakeness** n.

shall [ʃæl；ʃəl,ʃl] v. aux. [和其他动词一起表示将来]将要，会[I shall leave tomorrow. 我明天离开。Shall we eat at once? 我们马上开饭吗?]

shallow [ˈʃæləu] a. ①浅的②(知识、议论等)浅薄的，肤浅的 ‖ n.

sham [ʃæm] n. 假冒，哄骗；假的东西 ‖ a. 假的，虚伪的；劣等的 ‖ v. 假装[He's not asleep,he's only shamming. 他没睡着，他只是装睡。]

shamble [ˈʃæmbl] v. 蹒跚，拖着地走 ‖ n. 蹒跚，拖着的步子

shambles [ˈʃæmblz] n. ①屠宰场②屠宰场所，大流血场所③混乱，一团糟；毁坏的景象，废墟

shame [ʃeim] n. ①羞耻(心)，羞愧(感)②羞辱，耻辱③可耻的事(或人)，不应该的事，遗憾的事 ‖ v. ①使难为情，使(人)羞愧②使蒙受耻辱，使丢脸[The actions of a few shamed the whole school. 几个人的行为玷辱了学校蒙受了耻辱。]③使痛感羞愧而[Her pained look shamed him into apologizing. 她痛苦的表情使他感到惭愧而道歉。]/**for shame!** 真丢脸，不像话/**put to shame**①使蒙羞愧②胜过，使相形见绌

shameful [ˈʃeimful] a. 可耻的，丢脸的，不体面的/**shamefully** ad.

shameless [ˈʃeimlis] a. 无耻的，不要脸的，伤风败俗的/**shamelessly** ad.

shank [ʃæŋk] n. ①胫，小腿；胫骨②整条腿③牛(或羊)的腿肉④(工具的)柄，杆；锚杆；钉杆

shape [ʃeip] n. ①形状，形态；样子②定形；具体形式，体现③[口]情况，状态 ‖ v. ①使成形，使具有…形状；塑造，制作[He shaped the clay into a bowl. 他用粘土做了个碗。]②计划；想象[I am shaping an answer to his letter. 我在构思给他的回信。The campaign is shaping up well. 竞选活动在顺利进行。]/**take shape** 成形；形成，具体化，有显著发展

shapeless [ˈʃeiplis] a. 无形状的，不定形的；不匀称的，不像样的

shapely [ˈʃeipli] a. 样子好的，匀称的，美观的；定形的，有条理的

share [ʃɛə] n. ①一份，份儿②股份；[主英]股票 ‖ v. ①均分；分摊；分配[The owners shared the profits with their employees. 业主和他们的雇员共享利润。]②共同使用，共同拥有[The three of you will share the back seat. 你们三个都坐后边的座位。]③分享，分担[We all shared in the gift for Miss Jones. 我们合伙给琼斯小姐买了礼物。]/**go share** 分享，分担，合伙经营

shareholder [ˈʃɛəhəuldə] n. 股票持有人，股东

shark [ʃɑ:k] n. ①鲨鱼②贪婪狡猾的人，诈骗勒索者；骗子

sharp [ʃɑ:p] a. ①锋利的，锐利的；尖的②有突边的；线条分明的③陡的，急转的④明显的⑤精明的；狡猾的⑥敏锐的，机警的⑦尖刻的；严厉的⑧激烈的，猛烈的⑨(感觉、味道等)强烈的，刺耳的，刺骨的⑩敏捷的；轻快的⑪[音]偏高的，升半音的 ⑫[俚]时髦的，漂亮的 ‖ n. [音]升音；升号 ‖ ad. ①正(指时刻)[He gets up at 6:30 sharp. 他整六点半起床。]②突然地，急剧地，轻快地，机警地；注意地[Look sharp when crossing streets.

过街时注意看路。③[音]偏高地,升半音地,把(音调)提高半音[to sharp a note 把音调提高半音]/**sharply** ad. /**sharpness** n.

sharpen [ˈʃɑːpən] v. 削尖,磨快;使敏锐,使敏捷/**sharpener** n.

shatter [ˈʃætə] v. ①粉碎,砸碎[Our ball shattered the window. 我们的球把窗户砸坏了。]②破坏,毁坏,使垮掉[The storm shattered our plans. 暴风雨打乱了我们的计划。]

shave [ʃeiv] v. ①剃头,修面,刮脸②剃,刮(胡须等)[He carefully shaved his chin. 他仔细地刮下巴上的胡须。]③削…的胡须[The barber will shave you. 理发师会为你刮脸。]④削(或剃)去…的薄薄一层;把…切削成薄片[to shave ham 把火腿切成薄片]⑤擦过,掠过[The car shaved the side of the tree. 汽车擦破了树皮。]‖ n. 修面,剃脸/**close shave** [口]侥幸的脱险

shaver [ˈʃeivə] n. ①剃刀,刮刀[an electric shaver 电动剃须刀]②修面的人

shaving [ˈʃeiviŋ] n. ①刮,削,刨②刨花;削片,薄片

she [ʃiː; ʃi] pron. [主格]她;(作为国家、地球、月亮、船等的代词)她,它[Ellen thought she heard a noise. 埃伦认为她听到了响声。] ‖ n. 女;雌[This dog is a she. 这条狗是母狗。]

sheaf [ʃiːf] n. ①一捆,一束②扎/**sheaves**[复]

shear [ʃiə] v. ①用(刀、剪)砍;斩;切[to shear one corner off a sheet of metal 从一块金属板上切下一角]②剪,剪…的毛(或发);修剪[to shear a sheep 剪羊毛]③穿越[The plane sheared through the clouds. 飞机穿越云层。]

sheath [ʃiːθ] n. ①(刀、剑等的)鞘;(枪)壳,套②[解]鞘,兜/**sheaths** [ʃiːθz, ʃiːðs][复]

sheathe [ʃiːð] v. ①插…入鞘[to sheathe a sword 把剑入鞘]②包,覆盖[wire sheathed with rubber insulation 包着绝缘胶的电线]

sheave [ʃiːv] v. ①捆(稻、纸等)

shed[1] [ʃed] n. 棚,小屋;货棚,工棚,车库

shed[2] [ʃed] v. ①流出,流下[to shed tears 流泪 to shed blood 流血]②使淌水,防[Raincoats shed water. 雨衣不透水。]③脱落,掉,脱去;蜕(壳等)[Maples shed their leaves each year. 枫树每年都落叶。]④散发,放射[to shed confidence 有信心]/**shed blood** 屠杀,杀人/**shed light**①发光,照耀②解释;使清楚明白地显示出来

sheen [ʃiːn] n. 光泽;光彩

sheep [ʃiːp] n. ①羊,绵羊[害羞而忸怩的人;胆小鬼;蠢人/**make sheep's eyes at** 害羞而忸怩地看着…/**sheep**[复]

sheepfold [ˈʃiːpfəuld] n. 羊圈,羊舍

sheepherder [ˈʃiːpˌhəːdə] n. 牧羊人

sheepish [ˈʃiːpiʃ] a. 忸怩的,害羞的,局促不安的;胆怯的/**sheepishly** ad.

sheepskin [ˈʃiːpskin] n. ①绵羊毛皮②(绵羊皮制的)羊皮纸;绵羊皮革③[口]毕业文凭;文件

sheer[1] [ʃiə] v. 偏航,急转向;使偏航;使转向

sheer[2] [ʃiə] a. ①(织物)极薄的,透明的②纯粹的,十足的;绝对的,纯粹的③陡峭的,垂直的 ‖ ad. ①全然,彻底,十足②垂直地,陡峭地

sheet [ʃiːt] n. ①被单②纸张,一张纸③纸片④薄片,(一)片,(一)块

sheeting [ˈʃiːtiŋ] n. ①被单布,床单布,阔幅平布②覆盖;挡板;挡板材料

shelf [ʃelf] n. ①搁板,架子②搁板状物;突出的扁平的岩石/**on the shelf** 束之高阁,废弃的;不再流通的;不再流行的/**shelves**[复]

shell [ʃel] n. ①壳;果壳,荚;动物的壳(如贝壳等)②壳质,壳料;(用作装饰品的)龟壳③外壳;饼壳;菜,箪;(房屋的)框架④轻快的赛艇⑤炮弹,弹药筒 ‖ v. ①剥…的壳[to shell peas 剥豆]②使…脱壳③炮轰;射击/**come out of one's shell** 去

掉冷淡的态度,开始愿与别人交谈;不再
羞怯,开始活跃/**shell out** [口]支付,付
出,交付

shellac [ʃə'læk] n. ①虫胶,紫(胶虫)胶
②(主要用于家具抛光等的)虫胶清漆 ‖
v. ①(shellacked)①以虫胶清漆
涂刷①以虫胶清漆处理②[俚]殴打,彻底
打垮

shellfire ['ʃel,faiə] n. 炮火;炮轰

shellfish ['ʃelfiʃ] n. 水生贝壳类动物

shelter ['ʃeltə] n. ①躲避处,隐蔽处;隐
蔽处;避难所②掩蔽,遮蔽,庇护,保护 ‖
v. ①掩蔽,遮蔽;庇护,保护;为…提供避
难所[This barn will shelter us from the
rain. 这间房子将使我们免遭雨淋。]②躲
避,避难

shelve [ʃelv] v. ①装搁板(或架子)于②
把…放在搁板(或架子)上[to shelve
books 把书放上书架]③搁置,暂缓考虑
[to shelve a proposal 暂缓考虑一条建议]

shepherd ['ʃepəd] n. ①牧羊人,羊倌②
牧师③牧(羊),护(羊);看管;护送,指
导;带领/ the Good Shepherd [宗]耶
稣/ **shepherdess** n. 女牧羊人

shibboleth ['ʃibəleθ] n. 考验用的词;口
令,口号;暗语,行语

shield [ʃiːld] n. ①盾,盾牌②保护者,防
御物③盾形物,盾形徽章 ‖ v. 保护,保卫;
挡开[Trees shield our house from the sun.
树木的遮挡使我们的房子免受日晒。]

shift [ʃift] v. ①推卸,转嫁;替换,转移②变
速,调挡[Don't try to shift the responsibili-
ty. 别企图推卸责任。He shifted his feet.
他换了换脚。The wind is shifting. 风向转
了。Shift into third gear. 换成第三挡。]②
设法应付(或谋生),想办法[He shifts for
himself. 他独自设法谋生。] ‖ n. ①转换,
转移,改变,变向[a shift of public opinion
民意的变化 a shift in the wind 风向的转
变]②轮班换工[The night shift will soon
take over. 夜班工人很快会来替班的。]③
轮班;轮班工作时间④手段,办法;权宜之
计;诡计,计谋[He invented a shift to keep
him home from school. 他想出个可以不上

学而呆在家里的鬼点子。]/ **make shift**
(在困难等条件下)尽力设法应付(或利
用)

shiftless ['ʃiftlis] a. 懒惰的,无志气的;
得过且过的;无能的

shifty ['ʃifti] a. 狡猾的,诡诈的,惯要花
招的;不可靠的

shilling ['ʃiliŋ] n. 先令

shilly-shally ['ʃili,ʃæli] v. 犹豫不决
(尤指对小事) ‖ n. 犹豫不决

shimmer ['ʃimə] v. 发微光,闪烁[a lake
shimmering in the moonlight 在月光下闪烁
的湖面] ‖ n. 微光,闪光/ **shimmery** a.

shine [ʃain] v. ①照耀;发光,发亮[The
sun shines. 阳光照耀。Her hair shone. 她
的头发很亮。]②使发光;使发亮[to shine
a flashlight 打开手电]③干得出色;出类
拔萃[He shines in arithmetic. 他的算术学
得很好。]④(情感等)显露,变得明显,看
得出来[Love shone from her face. 她面露
爱慕之情。]⑤擦亮[to shine shoes 擦皮
鞋] ‖ n. ①光亮;光泽;光辉;光彩②擦皮
鞋;磨,擦

shingle¹ ['ʃiŋgl] n. (海滩)圆卵石,铺满
圆卵石的海滩

shingle² ['ʃiŋgl] n. ①[建]木瓦,盖屋板
②女子短发式样③[口]小招牌,(尤指
医生、律师的)营业招牌 ‖ v. ①用木瓦盖
(屋顶)②把(女人头发)理成短式

shingles ['ʃiŋglz] n. [医]带状疱疹

shiny ['ʃaini] a. 晴朗的;发亮的,闪耀
的;有光泽的,擦亮的/ **shininess** n.

ship [ʃip] n. ①大船;海船;舰②全体船员
③飞船,飞机 ‖ v. ①把…装上船;在舷侧
进(水)[to ship a cargo 装上货物 to ship
water during a storm 风暴期间舷侧进水]
②用船运;装运,运送[to ship coal by rail
用火车运煤]③安装(舵、桅杆等)[to ship
the rudder 装舵]④雇用;上船⑤[口]
解雇,撵走;开除(学生)/**when one's
ship comes in** 当发财的时候

-ship [ʃip] [后缀] ①表示"情况","性
质","状态"②表示"身分","职业","
地位","资格"③表示"技巧","技能"

shipload [ˈʃipləud] n. 船舶装载量；船货

shipment [ˈʃipmənt] n. ①装运②装载的货物

shipowner [ˈʃipˌəunə] n. 船舶所有人；船舶公司股东

shipper [ˈʃipə] n. 发货人，托运人

shipshape [ˈʃipʃeip] a. & ad. 整洁的(地)，整齐的(地)，井井有条的(地)

shipwreck [ˈʃiprek] n. ①失事船的残骸②船只失事③毁灭，失败 ‖ 使(船只)失事；使毁灭

shipyard [ˈʃipjɑːd] n. 造船厂；修船厂；船坞

shirk [ʃəːk] v. 溜掉，偷偷跑掉，开小差；逃避义务(责任等)[to shirk homework 逃避作业] ‖ n. 逃避工作(责任、义务)者，开小差的人

shirr [ʃəː] n. 宽紧线，橡皮线；宽紧织物 ‖ v. ①使成抽褶②焙(去蛋壳)

shirt [ʃəːt] n.①(男式)衬衫②内衣；汗衫

shiver [ˈʃivə] v. 颤抖，哆嗦 ‖ n. 冷颤；战栗/**shivery** a.

shiver [ˈʃivə] n. 碎块，裂片 ‖ v. 打碎，敲碎；粉碎/**shivery** a.

shoal[1] [ʃəul] n. 鱼群，大量，大群

shoal[2] [ʃəul] n.①浅水处，一片浅水②浅滩，沙洲 ‖ v. 变浅；使变浅

shock [ʃɔk] n.①冲击，冲撞；震动②震惊；引起震惊的事件(或东西)；打击③(电流通过身体引起的)电震，电击④[医]休克；中风，心脏病引起的昏厥 ‖ v.①使震动，使震惊(愤慨、厌恶)[His crime shocked us. 他犯下的罪行使我们感到震惊。]②使电震/**shocker** n.

shocking [ˈʃɔkiŋ] a. 令人震惊的，骇人听闻的；十分丑恶的；非常讨厌的/**shockingly** ad.

shoddy [ˈʃɔdi] n. 长弹毛织物；软再生毛织物 ‖ a.①长弹毛的，软再生毛的②质量差的；以次充好的③卑鄙的；可鄙的[shoddy behavior 卑鄙的行为]

shoe [ʃuː] n.①鞋，皮鞋②蹄铁；轮胎，外胎；鞋状物 ‖ v. 给…穿上鞋；给(马)钉蹄铁；给…装上鞋状物[to shoe a horse 给马钉蹄铁]/**fill one's shoes** 就位/in another's shoes 处于别人的地位(境遇)/where the shoe pinches 症结所在，困难(烦恼、痛苦)之处

shoemaker [ˈʃuːmeikə] n. 制(补)鞋工人；鞋铺老板

shoestring [ˈʃuːstriŋ] n. 鞋带/on a shoestring 小本经营地

shoot [ʃuːt] v.①发射；开(枪)，放(炮)[to shoot bullets or arrows 发射子弹或箭]②从…中射出子弹(或箭)[to shoot a gun 开枪]③射击[This gun won't shoot. 这支枪不能射击。]④射中；射死[The policeman shot the mad dog. 警察开枪打死了那只疯狗。]⑤放出，放射；射出；抛出；连珠炮似地说出[to shoot out rays of heat 射出热辐射线 to shoot insults at someone 一个劲地骂某人]⑥(船等)飞速通过；急送；使(船等)飞速行进[The horses shot out of the barn. 马冲出了马棚。The oil shot up from the gusher. 油从油井喷出。He shot the rapids in a canoe. 他乘独木舟迅速通过急流。]⑦拍摄；拍⑧射(门)，投(篮)[He shot six baskets in the basketball game. 篮球比赛中他六次投篮得分。]⑨打(高尔夫球或弹子戏等)[to shoot nine holes of golf 打高尔夫球得打九洞]⑩发(芽)；长出(枝、叶或花等)[The plant shoots out its new leaves. 植物长出了新叶。]⑪长高，迅速生长；发育[He shot up in his early teens. 他十几岁时长得很快。]⑫(另一种颜色的线或条纹)使成杂色[blue shot with orange 夹杂着橘色的蓝色]⑬(疼痛等)刺激[A pain shot across his back. 一阵疼痛从背上袭来。]⑭突出，伸出，伸展[A peninsula shoots out into the sea. 半岛伸入海里。] ‖ n.①狩猎；射猎②发芽；抽枝；嫩枝；芽③急流，瀑布；供急流通过的水道/**shooter** n.

shop [ʃɔp] n.①商店，店铺②车间，工场；工厂 ‖ v. 到商店去买东西；到处选购商品/set up shop 开店；开业/talk shop 说行话；谈论自己的工作(或职业)/**shopper** n.

shore¹ [ʃɔː] n. ①滨，岸/**off shore** 在离岸不远处；离岸/**on shore** ①上岸②在陆地上

shore² [ʃɔː] n. (房屋、船等的) 斜撑柱；支柱，顶撑 ‖ v. 用支柱撑住，支持 [to shore up a sagging wall 用支柱撑住倾斜的墙]

shoreward [ˈʃɔːwəd] ad. &a. 向岸地(的)，近岸地(的)

short [ʃɔːt] a. ①短的②矮的，低的③简短的；简慢的；唐突的；暴躁的④短缺的，不足的；缺钱用的⑤松脆的；易碎的⑥[语](元音)短音的；(音节)非重读的 ‖ n. ①(电影)短片，(报刊等的)短讯，短篇特写②shorts 复[短裤复]宽松运动短裤，男用短裤③[电]短路 ‖ ad. ①突然地[The car stopped short. 汽车突然停住了。]②简短地，唐突地[to speak short 简慢地讲话]③短地；截短地；达不到目标地[Cut it off short. 长话短说。We fell short of our goal. 我们感到没有达到预定目标。] ‖ v. [电]使短路/**for short** 简称，缩写[Thomas is called Tom for short. Thomas 简称 Tom]/**in short** 总之，言简之/**short for** …的简略形式/**short of** ①不足，缺乏；达不到②除了…以外；只要不/**shortness** n.

shortage [ˈʃɔːtidʒ] n. 不足，缺少；不足额 [a shortage of help 缺乏帮助]

shortcoming [ˈʃɔːtˈkʌmiŋ] n. 缺点，短处

shorten [ˈʃɔːtn] v. ①弄短；缩短；减少 [to shorten a skirt 把裙子改短]②使松脆

shortening [ˈʃɔːtəniŋ] n. ①缩短，弄短②使糕饼松脆的油

shortly [ˈʃɔːtli] ad. ①立刻，马上 [I'll leave shortly. 我立刻就走。]②简短地，简洁地[to put it shortly 简言之]③简慢地，唐突地[to answer shortly 简慢地回答]

shortsighted [ˈʃɔːtˈsaitid] a. ①同 nearsighted ②目光短浅的；缺乏预见的/**shortsightedness** n.

short-tempered [ˈʃɔːtˈtempəd] a. 急性子的，脾气暴躁的

short-winded [ˈʃɔːtˈwindid] a. 气短

的，气急的；容易生气的

shot¹ [ʃɔt] n. ①发射，射击，开枪；射击声②射程；范围③一次尝试；猜测，推测⑤尖锐的批评；一针见血的评述；针对性的评论⑥[体] (一次)射门，投篮；(乒乓球等的)一击 ⑦弹丸，子弹，炮弹；散弹⑧[体]铅球 ⑨射击手 ⑩拍摄；(电影等一次曝光的)镜头，(一段)影片；照相 ⑪注射/**a long shot** 不大会成功的尝试/**like a shot** 飞快地；立刻，马上/**not by a long shot** 绝对没有希望的

shot² [ʃɔt] shoot 的过去式和过去分词 ‖ a. ①闪色的，杂色的 [a green dress shot with blue 夹杂着蓝色的绿裙]②[口]筋疲力尽的；用坏的，破旧的；毁灭的，破灭的；失败的

should [ʃud; ʃəd, ʃd] shall 的过去式 ‖ v. aux. ①[表示过去将来时；常用于间接引语] [I thought I should never see him again. 我想我再也见不到他了。]②[表示可能性、推测或推论] 可能，该 [It should rain tomorrow. 明天可能有雨。]③[表示语气较强的假设] 万一，倘若 [If I should go, would you care? 万一我走了，你介意吗？]④[表示义务、责任] 应当，应该 [We should obey the law. 我们应该守法。] ‖ would 有时用来代替should

shoulder [ˈʃəuldə] n. ①肩，肩膀，肩胛；肩膀关节②[复]上背部③(肉类)带肉的前腿肉④(衣服的)肩部⑤肩状物；肩状突出物⑥[建]路的边缘；路肩 ‖ v. ①用肩膀推(或挤) [He shouldered his way into the room. 他用肩膀挤进了屋。]②肩负起，挑起③担负；承担[to shoulder a task 承担一项任务]/**give a cold shoulder to** 冷落；怠慢；冷冰冰地拒绝；对…不友好/**put one's shoulder to the wheel** 努力工作，尽力完成任务；全力以赴/**shoulder arms** 枪上肩/**shoulder to shoulder** ①并肩地②齐心协力地/**straight from the shoulder**(批评、驳斥等)直截了当；一针见血；坦率地

shout [ʃaut] n. 呼喊，叫声 ‖ v. 呼喊，喊叫，嚷，大声说/**shout someone down**

用叫喊声淹没(压倒、使住口)/**shouter** n.

shove [ʃʌv] v. ①推 [Shove the chair across the room. 把椅子推到房间的另一边。]②猛推；乱塞，硬推 [to shove others aside 将别人猛推到一边] ‖ n. 推/**shove off** ①(用桨撑岸或)开船；乘船离去②[口]离开,动身

shovel [ʃʌvl] n. ①铲；铁锹，铁铲②一铲的量 [a shovel of coal 一铲煤] ‖ v. ①用铲子掘起(或开出)②把…大量倒入 [to shovel food into one's mouth 大口地吃]

show [ʃou] v. ①给…看，出示；显示，显出 [Show us the new fashions. 给我们看看新款式。His red face showed his anger. 他涨红的脸显示出他很生气。]②表现，露出 [Daylight began to show in the sky. 曙光开始在天边显露出来。]③带引，带领 [Show him to his room. 领他去他的房间。]④指示 [We showed them the sights of the city. 我们指给他们看城市的风景名胜。A thermometer shows the temperature. 温度计指示温度。]⑤显现,明显 [The stain won't show. 污迹看不出来了。]⑥(通过示范)教,告知 [He showed how it could be done. 他在示范该怎么做。]⑦给予；赐予 [She has shown many favors to us. 她已给予我们许多帮助。] ‖ n. ①表示,显示②展览(会)③演出;节目;娱乐④假相,假装;托辞⑤虚饰,炫耀,卖弄/**for show** 为装门面;为虚张声势/**on show** 在展览,陈列;使显眼,使夺目②炫耀,卖弄/**show up** ①揭穿,揭露②露出,显出③出席,到场

shower [ʃauə] n. ①阵雨;冰雹的一阵②阵雨般的东西(眼泪、火花等的)一阵③(为新娘等举行的)送礼会④淋浴 ‖ v. ①浇,溅,使湿透②下阵雨,阵雨般地落下③淋浴

show-off [ʃouˌɔːf] n. [口]爱炫耀的人;爱卖弄的人

showy [ʃoui] a. ①引人注目的;显眼的;艳丽的②炫耀的,卖弄的;华丽而俗气的/ **showily** ad. /**showiness** n.

shrapnel [ʃræpnəl] n. ①榴霰弹,子母弹②(炮弹、水雷等)弹片

shred [ʃred] n. ①碎片,碎条;破布②少量剩余;最少量③撕碎,切碎

shrewd [ʃruːd] a. 机灵的,敏锐的;精明的;伶俐的/**shrewdly** ad. /**shrewdness** n.

shriek [ʃriːk] n. 尖叫(声);尖声 ‖ v. 尖声喊叫,发出尖声

shrift [ʃrift] n. (对牧师的)忏悔;(牧师对忏悔者的)赦免,宽恕;承认,招认/ **short shrift** 漠不关心;简慢无礼

shrill [ʃril] a. 尖声的,伴有尖声叫喊的 [a shrill whistle 刺耳的汽笛声] ‖ v. 发出尖锐刺耳的声音/**shrilliness** n. /**shrilly** ad.

shrimp [ʃrimp] n. ①[动]小虾,褐虾;河虾②[口]矮小的人;无足轻重的人;小东西,无价值的东西

shrine [ʃrain] n. ①圣陵;圣骨匣;圣物柜②神龛;圣祠;神殿③圣地,神圣场所;神圣的东西

shrink [ʃriŋk] v. ①收缩,蜷缩;缩小;减少 [Wool often shrinks when washed. 毛织物洗时常缩水。]②退缩,畏缩

shrinkage [ʃriŋkidʒ] n. ①收缩;缩水,减少,低落②收缩量;收缩程度;[物]缩误

shrivel [ʃrivl] v. 使皱缩,使枯萎;使束手无策 [Without water, the flowers shriveled up and died. 如果没有水,这些花就会枯萎凋谢。]

shroud [ʃraud] n. ①裹尸布,寿衣②遮蔽物;幕,罩③[船](桅)的左右支索 ‖ v. 给…覆盖裹尸布;掩盖;掩蔽

shrubbery [ʃrʌbəri] n. [总称]灌木;灌木丛

shrubby [ʃrʌbi] a. ①多灌木的;灌木丛生的②灌木状的

shrug [ʃrʌg] v. 耸肩 ‖ n. 耸肩

shuck [ʃʌk] n. 壳,荚,外皮 ‖ v. ①剥…的壳(或荚、外皮) [to shuck corn 剥玉米]②剥去;脱去 [He shucked his coat. 他脱掉了大衣。]

shudder ['ʃʌdə] v. 震颤、战栗、发抖 [He shuddered with fear. 他怕得发抖。] ‖ n. 震颤、战栗、抖动

shuffle ['ʃʌfl] v. ①拖着脚走 [站或坐时] 把 (脚) 在地上滑来滑去; 跳 (曳步舞) ②洗 (牌) ③搅乱, 弄混 [He shuffled his clothes into a bag. 他把衣服胡乱地塞进一个包里。] ④不断改变位置 [He shuffled the papers about on his desk. 他把桌上的报纸挪动来挪动去。] ‖ n. ①洗牌②洗牌的轮值 / **shuffle off** 摆脱, 把 … 推开 (或放开) / **shuffler** n.

shunt [ʃʌnt] v. ①改变 (谈话等) 的路子; 使分路, 使分流②使 (火车) 转轨 ‖ n. ①调轨, 转轨; 转向一边 (铁路的) 转辙器③ [电] 分流 (器), 分路器

shut [ʃʌt] v. ①关上, 关闭 [to shut a door or window 关上门或窗口] ②(用插销等) 把 … 闩 (或扣住) ③合上 … 的盖子 [to shut a chest 把柜子的盖合上] ④折拢; 收拢, 合拢 [to shut an umbrella 收拢雨伞] ‖ a. ①关闭的; 闩住的; 合拢的; 封闭的 [Keep the lid shut. 把盖子盖紧。] / **shut down** ①放下来关上 (窗等); (夜幕) 降临 ②(使) 停工, (使) 关闭 (常指临时性的) [to shut down a factory 把工厂关闭] / **shut in** 围住; 笼罩; 关进, 禁闭 / **shut off** ①关掉 (煤气等); 停止 … 的活动 [to shut off the water 使水断流] ②切断, 中断 [to shut off a street 禁止在一条街上通行] / **shut out** ①遮住, 把 … 挡在外面 [The curtains shut out the light. 帘子挡住了光线。] ②(在比赛中) 使 (对方) 不能得分 / **shut up** ①监禁; 关人 (或关进, 关上) ②关上全部门窗 ③ [口] 使住口; 住口, 停止写 (或讲)

shutdown ['ʃʌtdaun] n. 停工, 关闭 (常指临时性的); (机器的) 停止

shutter ['ʃʌtə] n. ①百叶窗, 窗板 (窗户的活动遮板) ② (照相机的) 快门, (光) 闸 ③关窗板 ‖ v. 为 … 装窗板 (或快门等); 用窗板关闭

shuttle ['ʃʌtl] n. ① (织机的) 梭, 梭子② (缝纫机的) 滑梭③短程穿梭运行的车辆 (如火车、汽车等) ‖ v. 穿梭般来回移动; 穿梭般运行

shy [ʃai] a. ①易受惊的; 胆怯的②害羞的, 怕羞的③ [俚] 不足的、缺乏的 ‖ v. ①惊退, 惊逸 [The horse shied when the gun went off. 枪响时那匹马惊得连连后退。] ②后退, 缩躲; 不愿意 [John shied at going in the deep water. 约翰不愿往深水里去。] / **fight shy of** 退避, 避开, 不与 … 接触 / **shyly** ad. / **shyness** n.

sick¹ [sik] a. ①有病的, 患病的; 不适的②恶心的, 要呕吐的; 引起呕吐的③病人的④不愉快的, 懊丧的; 心烦意乱的渴望的, 想望的⑤厌倦的, 发腻的; 厌恶的, 讨厌的 / **the sick** [总称] 病人 / **sickness** n.

sick² [sik] v. 使 (狗等) 去攻击 (或猛扰) [He sicked his dog on the burglar. 他纵狗去咬那个窃贼。]

sicken ['sikn] v. (使) 生病, (使) 作呕, (使) 厌恶, (使) 厌倦

sickle ['sikl] n. 镰刀

sickly ['sikli] a. ①有病的, 多病的②因疾病而产生的; 病态的, 苍白的③好像有病的, 弱的, 无力的④令人作呕的, 使人厌恶的

side [said] n. ①肋; (身体的) 侧边②左右的位置; 身边③边, 面; 边缘④侧面, 旁边⑤(纸、布等的) 面, 半面⑥(由屏障等隔开的) 地区, 部分⑦(山等的) 斜坡; (河等的) 岸, 堤⑧(从分界线出发的) 方向, 侧⑨方面⑩(敌对的) 一派、一方; [英] (比赛的) 队⑪一派 (或一方) 的态度 [立场、看法等] ⑫家系, 血统 ‖ a. ①旁边的, 侧面的②从侧面来的; 向一侧的③次要的; 枝节的, 附带的 ‖ v. 同意, 支持, 站在 … 的一边 [The council sided with the mayor. 市议会站在市长一边。] / **on the side** [口] 作为兼职; 另外 / **side by side** 肩并肩地, 一起 / **take sides** 同意; 支持某一方; 袒护

sideburns ['saidbə:nz] n. [复] (短的) 连鬓胡子, 鬓脚

sidelong ['saidlɔŋ] a. & ad. 倾斜的 (地), 向旁边的 (地); 向侧面的 (地) [a sidelong glance 斜视]

穿梭般运行

sidereal [saiˈdiəriəl] a. ①星的,恒星的 ②(时间)根据恒星测定的

sidetrack [ˈsaidtræk] v. ①转(火车)转入 侧线②转移(某人)的目标;转变(话题) ‖ n. (铁路的)侧线,旁轨

sidewalk [ˈsaidwɔːk] n. 人行道

sideways [ˈsaidweiz] ad. ①(斜)向一边 (或一侧);向旁边[See sideways, it looks quite thin. 从侧面看,它很细。]②一边(或 一侧)向前地[He turned his head sideways to show his profile. 他把头扭向一侧以显 示其侧面。] ‖ a. 向一边(或一侧);向 前的

sidle [ˈsaidl] v. 侧身而行(尤指着怯地或 鬼鬼祟祟地)[He sidled past the guard. 他 鬼鬼祟祟地侧→从哨兵跟前走过。]

siege [siːdʒ] n. ①包围,围攻,围困;围城 ②再三的努力③(灾难等的)不断袭击; (疾病等的)长期折磨/**lay siege to** 包 围,围攻;企图赢得,努力追求

sieve [siv] n. 筛;细筛;滤网 ‖ v. 筛,滤

sift [sift] v. ①筛,筛分[to sift sand so as to remove pebbles 筛沙,去石]②(像通过筛 具般地)落下,通过[Rays of sunshine sifted through the clouds. 阳光透过云层照在 地上。]③细查,详审[The jury sifted the evidence. 陪审团在审查证据。]④撒;撒 于…上[Sift flour over the bottom of the pan. 把面粉撒在锅底。]/**sifter** n.

sigh [sai] v. ①叹气,叹息,悲叹②(风、树 等)呼啸,悲鸣[trees sighing in the wind 在风中悲泣的树]③痛惜;渴望,思慕 [He sighed for the old days. 他为过去的日 子而感到痛惜。] ‖ n. 叹气,叹息声;(风、 树的)啸声,悲鸣声[a sigh of relief 松一 口气]

sight [sait] n. ①情景,奇观;名胜,风景 ②看见,瞥见③视力;视觉④视域,眼界⑤ [常用复]一见(就)的瞄准器,观测器⑥ 瞄准,观测⑦见解;意见,看法 ‖ v. ①(初 次)看见;发现[The sailor sighted land. 水 手看见了陆地。]②(用观测器)观测;(用 瞄准器)瞄准,调整(枪、炮)的瞄准器;装 瞄准器于[to sight a rifle 给来复枪装瞄准 器 to sight a target 瞄准靶子]③(向某一 方向)仔细看,察看[Sight along this line. 沿着这条线仔细看看。]/**at sight,on sight** 一见(就)/**by sight** 根据外表(或印象) [I know her only by sight. 我只是见过 她。]/**catch sight of** 看到,发现,意识 到/**not by a long sight** 远不,根本不

sightseeing [ˈsaitˌsiːŋ] n. 观光,游览 **sightseer** n.

sign [sain] n. ①符号,记号;标志,标记; 表示②招牌;标记;指示牌;标牌③征兆, 迹象 ‖ v. ①签(名),署(名);签字于[to sign a contract to make it legal 在合同上签 字以使其合法]②(通过签订合约)雇用 [The baseball club signed five new players. 棒球俱乐部通过签约转入了五名新运动 员。]/**sign off** (电台)停止广播,宣布广 播结束(尤指全天广播结束)/**sign up** ① 签约雇佣;使签约承担义务②报名从军; 签约参加工作

signal [ˈsiɡnəl] n. ①标志,表示②信号, 暗号③(电报、电话、无线电、电视等的) 信号 ‖ a. ①作为信号的,显著的,非凡 的;出色的 ‖ v. ①向…发信号;发信号 [The man in the car signaled for a turn. 汽 车里的人示意要求拐弯。The policeman signaled us to drive on. 警察示意我们朝前 开。]②用信号表示[The ship signaled it was sinking. 轮船用信号表示它在下沉。]

signalize [ˈsiɡnəlaiz] v. 使(人、事物)显 得突出;使显著[His career was signalized by great achievements. 他的一生成就非 凡,令人注目。]

signature [ˈsiɡnətʃə] n. ①署名,签名② [音]调号,拍号

signet [ˈsiɡnit] n. ①(用图章盖的)印,印 记②图章;私章;玺

significance [siɡˈnifikəns] n. ①意义, 意味;含意②重要性,重大

significant [siɡˈnifikənt] a. ①重要的, 意义重大的②有意义的;意味深长的/ **significantly** ad.

signify [ˈsiɡnifai] v. ①表示…的意思 [What does the sign ÷ signify? ÷号表示

什么意思?〕②表示,表明;意味;示意〔Signify your approval by saying "aye". 说"是"来表明你同意。〕

silage ['sailidʒ] *n.* 青贮饲料

silence ['sailəns] *n.* ①沉默,默不作声②无声,寂静 ‖ *v.* 使沉默;使住口〔Silence the dog's barking. 让狗别叫了。〕②压制;镇压;制止〔to silence a rebellion 镇压叛乱〕‖ *int.* 安静! 别作声!/**silencer** *n.*

silent ['sailənt] *a.* ①沉默的,不作声的;寡言的②寂静的,安静的③未说出的,未明言的;[语]不发音的④静止的,不活动的/**silently** *ad.*

silhouette [ˌsilu(ː)'et] *n.* ①侧面影像,黑色轮廓像,剪影②轮廓 ‖ *v.* 把…画成侧面影像;使现出轮廓〔birds silhouetted against the sky 在天空的背景上现出轮廓的鸟〕

silica ['silikə] *n.* [矿]硅石,二氧化硅

silk [silk] *n.* ①蚕丝,丝②丝线;丝织品,绸③丝状物,丝样物 ‖ *a.* 丝的,丝织的;像丝的

silken ['silkən] *a.* ①丝制的②丝一样的,柔软的;光滑的③柔和的,温柔的;讨好的

silkworm ['silkwə(ː)m] *n.* 蚕

silky ['silki] *a.* ①丝的,丝一样的;柔滑的,有光泽的/**silkiness** *n.*

silly ['sili] *a.* ①愚蠢的,糊涂的,傻的;缺乏常识(或理智)的②低能的,弱的③[口]眼花的;失去知觉的;眩晕的 ‖ *n.* [复][口]呆子,傻瓜/**silliness** *n.*

silt [silt] *n.* 泥沙,淤泥 ‖ *v.* 使淤塞,被淤塞/**silty** *a.*

silver ['silvə] *n.* ①银,白银②银币;钱③银器;银皿,银制用具④银白色,银灰色⑤(光泽或色泽)似银的东西 ‖ *a.* ①银的;含银的②白银似的,银白色的,有银白光泽的③银制的;银铃般悦耳的 ‖ *v.* 镀银于〔to silver a mirror 给镜子涂上银白色的涂料〕②(使)变成银白色

silverware ['silvəwɛə] *n.* [总称]银器,银制品;银餐具

silvery ['silvəri] *a.* ①似银的,有银色光泽的,银铃般的,清脆的

simian ['simiən] *a.* 类人猿的;猿猴的;像猿猴的 ‖ *n.* 猿,猴(尤指类人猿)

similar ['similə] *a.* 相似的,类似的/**similarly** *ad.*

similarity [ˌsimi'læriti] *n.* ①类似,相似②类似点;类似物;相似事物

simile ['simili] *n.* [语]直喻,明喻

similitude [si'militjuːd] *n.* 类似,相似

simmer ['simə] *v.* ①慢慢地沸腾;发出慢的沸腾声②煨;炖,以(文火)慢慢地煮〔Simmer the peas for ten minutes. 把豌豆以文火煮十分钟。〕③(争吵等)激化,即将爆发〔He simmered with rage. 他的愤怒一触即发。〕‖ *n.* 将沸未沸状态/**simmer down**①被煮浓;炖得稠些②平静下来,息怒

simper ['simpə] *v.* 痴笑,傻笑;假笑②傻(或假)笑着说 ‖ *n.* 傻笑;假笑

simple ['simpl] *a.* ①结构单一的,初级的;原始的②简单的;简易的,简明的③朴素的,简朴的;纯粹的,不折不扣的④自然的;纯朴的;单纯的;真诚的⑤(出身、地位)低微的;低下的⑥普通的;头脑简单的;糊涂的,愚蠢的

simplehearted [ˌsimpl'hɑːtid] *a.* 心地纯洁的,天真无邪的;真诚的

simpleton ['simpltən] *n.* 傻子,笨人;易受骗者

simplicity [sim'plisiti] *n.* ①简单,简易,简明②真诚,坦率③纯朴,朴素

simplify ['simplifai] *v.* 简化,精简;使易做,使易懂/**simplification** *n.*

simply ['simpli] *a.* ①简单地,简易地,简明地②仅仅,只不过③简直,完全;很,十分

simulate ['simjuleit] *v.* ①假装,冒充〔to simulate anger 假装生气〕②模仿,模拟;看上去像〔The insect simulated a twig. 这种昆虫看上去像一根小树枝。〕/**simulation** *n.*

simultaneous [ˌsaiməl'teinjəs, ˌsiməl'teinjəs] *a.* 同时发生的,同时存在的,同时的,一齐的/**simultaneously** *ad.*

sin [sin] *n.* ①(宗教或道德上的)罪,罪孽,

罪恶②〖违反礼节、习俗的〗过错,过失‖ v. 犯罪,违反教规;犯过失

since [sins] ad. ①从那以后,此后〖He came Monday and has been here ever since. 他星期一来,此后一直呆在这儿。〗②后来〖He was ill last week but has since recovered. 他上周病了,后来就好了。〗③之前,以前〖It happened many years since. 这事是多年以前发生的。〗‖ prep. 自从,从…以来〖I've been up since dawn. 我黎明时分就起床了。〗‖ conj. ①自…以来,…以后〖It's been two years since I last saw him. 我有两年没见到他了。〗②既然;鉴于〖You may have these tools,since I no longer need them. 既然我不再需要了,这些工具就归你了。〗

sincere [sin'siə] a. ①真诚的,诚恳的,笃实的②〖感情、行为等〗真挚的;表里一致的,不作假的/**sincerely** ad.

sincerity [sin'seriti] n. 真诚,诚意;真挚;真实

sinew ['sinju] n. ①〖解〗腱②力量,精力〖a man of sinew 浑身是劲的人〗③力量的源泉,主要资源;主要手段,主要依靠

sinewy ['sinju(:)i] a. ①有粗腱的;多筋的②强劲的;坚韧的,雄健的

sing [siŋ] v. ①唱〖She sings well. 她唱得好。〗②唱(歌)等〖to sing a song 唱一首歌 to sing an opera 演唱歌剧〗③(鸟等)啼,啭,鸣④(风、蜂等)作响,发出嗖嗖声(或嘤嘤声)⑤作诗;用诗歌赞美,歌颂〖Of thee I sing. 我写诗赞美你。We sing his praises. 我们高度赞扬他。〗⑥唱着使〖Sing me to sleep. 唱着歌使我入睡。〗‖ n. 〖口〗合唱,合唱会/ **sing out** 〖口〗大声讲,叫喊

singe [sindʒ] v. ①把…轻微地烧焦〖The moth singed its wings at the candle flame. 飞蛾在烛火上烧焦了双翅。〗②用微火烧去(毛);燎去(屠宰后动物)的毛〖to singe a chicken 燎去鸡毛〗‖ n. 烧焦,烤焦

singer ['siŋə] n. ①歌唱家,歌手②鸣禽

single ['siŋgl] a. ①单个的,一个的②单人的③独身的,未婚的④〖植〗单瓣的⑤一对一的,两人之间的‖ v. ①选出,选拔〖The teacher singled Tom out for praise. 教师挑选出汤姆来给予表扬。〗②(棒球中)作一垒打‖ n. ①一个,单个②(棒球的)一垒打③〖复〗(网球等的)单打/**singleness** n.

singly ['siŋgli] ad. ①个别地,逐一地〖We'll deal with each problem singly. 我们将一个个地处理问题。〗②单个地,单独地〖They entered the hall singly. 他们单独走入大厅。〗③同 single-handed

singular ['siŋgjulə] a. ①非凡的;卓越的;独一无二的,奇怪的②单一的,独一的④〖语〗单数的‖ n. 〖语〗单数/**singularity** [ˌsiŋgju'læriti] n. /**singularly** ad.

sinister ['sinistə] a. ①凶兆的,不祥的②阴险的,邪恶的;恶意的〖a sinister plot 阴谋〗

sink [siŋk] v. ①(船等)下沉,沉没;使入〖The boat is sinking. 小船在下沉。He sank the spade into the ground. 他把铲插入地里。〗②慢慢落下〖The balloon sank to the earth. 气球慢慢地落到地面上。〗③(日、月等)下落,沉〖The sun is sinking in the west. 太阳在西边落下。〗④降低;减弱〖Her voice sank to a whisper. 她的声音减弱为耳语。Prices sank to a new low. 价格跌到一个新的低点。〗⑤(面颊、眼睛)下陷⑥渐渐进入,陷入〖to sink into sleep 入睡〗⑦衰微;衰弱〖The patient is sinking rapidly. 病人已濒于死亡。〗⑧深入,渗入〖The experience sank into his memory. 那段经历已深入他的记忆里。〗⑨挖,掘〖to sink a well 掘井〗⑩投资〖He sank a fortune into that business. 他把一笔钱投进了那家企业。〗⑪搞垮,使完蛋〖If they see us,we're sunk. 如果让他们看见了,我们就完了。〗‖ n. ①(厨房内洗菜、碟等的)洗涤槽②排水系统,排水管,下水道③阴沟,污水坑

sinuous ['sinjuəs] a. ①蜿蜒的,弯曲的②邪门邪道的,不正当的,不老实的/**sinuosity** [ˌsinju'ositi] n.

-sion [ʃən, ʒən] 〖后缀〗表示"行为",

"状态","性质","结果"

sip [sip] v. 小口地喝,抿 ‖ n. ①小口喝,抿
②一小口,一抿的量

siphon ['saifən] n. ①虹吸;虹吸管②苏
打水瓶 ‖ v. 用虹吸管吸出(或输送)

sir [sə:,sə] n. ①先生,阁下②爵士

sire [saiə] n. ①四脚动物的)父兽;种马
②[古]父;男性祖先③[古]陛下 ‖ v. 做
…的父亲;(尤指公兽)生殖

siren ['saiərin] n. ①汽笛;警报器 ②迷人
的美女 ‖ v. 诱惑的,迷人的

sirup ['sirəp] n. ①糖浆,糖汁②果汁,果
子露/**sirupy** v.

sissy ['sisi] n. [口]女人气的男子

sister ['sistə] n. ①姐妹,姐,妹②姐妹(指
亲如手足的女子)③修女,尼姑

sisterhood ['sistəhud] n. ①姐妹关系,
姐妹身分,姐妹感情②妇女(宗教)团体,
妇女会

sister-in-law ['sistərinlɔ:] n. 姑子,姨
子,嫂子;弟媳妇/ **sisters-in-law** [复]

sisterly ['sistəli] v. ①姐妹的②姐妹般
的,慈爱的,亲切的/ **sisterliness** n.

sit [sit] v. ①坐[He is sitting on a bench. 他
坐在一张凳子上。The dog sat still. 狗一
动不动地蹲着。②使就座,(使某人)坐
[Sit yourself down. 你请坐。]③骑(马)
[He sits his horse well. 他善骑马。]④(鸟
类)停歇;重压;停留[A bird sat on the
fence. 鸟落在篱笆上。Worry sits on his
brow. 他忧心忡忡,眉头紧锁。]⑤占议
席,当代表[to sit in the Senate 在参议院
当议员]⑥(议会等)开会;(法庭)开庭
⑦(被画像或被照相时)摆好姿势;做模
特儿⑧合身,适合[This coat sits loosely.
这件大衣穿起来宽松肥大。]⑨(鸡等)孵
卵,伏窝[a sitting hen 一只伏窝的母鸡]/
sit down 坐下/ **sit in** (作为被邀请者)参
加,出席/ **sit on**,**sit upon** (陪审团,委
员会等)的一员/ **sit out** ①一直坐到…
结束②坐在一旁不参加(跳舞等)/ **sit up**
①使坐起②(使)端坐;坐直③迟睡,熬夜
④[口]警觉起来;诧异,关注/ **sitter** n.

site [sait] v. ①(建造房屋等的)地点,地

基②场所;现场;遗址

sitting ['sitiŋ] n. ①坐着供人画像②(议
会等的)开会;(法院)的开庭;会期③一
次连续坐着的时间

situate ['sitjueit] v. 使位于,使处于[The
cabin is situated in a wood. 这座小屋位于
森林里。]

situation [,sitju'eiʃən] n. ①(建筑物等
的)位置,地点②形势,局面;环境;情况,
处理③职位,工作;职业

six [siks] n. &a. 六个(人或物)/ **at sixes
and sevens** ①乱七八糟②不和

sixteen ['siks'ti:n] n. &a. 十六(的);十六
个(的)

sixteenth ['siks'ti:nθ] a. 十六(的)n. ①
第十六(个)②十六分之一

sixth ['siksθ] a. 第六的 ‖ n. ①第六(个)
②六分之一

sixty ['siksti] n. &a. 六十的;[复]六十到
六十九岁的时期;(世纪的)六十年代

size¹ [saiz] n. ①(尺寸、体积、规模等的)
大小(数量等的)多少(服装等的)尺
码,号③巨大 ‖ v. 依大小排列(或分类)/
of a size 一般大小的,同一尺寸的/ **size
up** [口]估计,品评

size² [saiz] n. 胶料,浆料 ‖ v. 把…上胶,
对…施浆

skate [skeit] n. ①(滑)冰鞋②四轮溜冰
鞋 ‖ v. 滑冰,溜冰/ **skater** n.

skeletal ['skelitl] a. 骨骼的;骸骨的

skeleton ['skelitn] n. ①骨骼;骷髅 ②
[建]骨架,(文艺作品的)梗概;轮廓/
skeleton in the closet 不可外扬的家
丑,隐情

skeptic ['skeptik] n. ①惯抱怀疑态度的
人②怀疑有宗教条条的人

skeptical ['skeptikəl] a. 怀疑的,怀疑宗
教条条的/ **skeptically** ad.

skepticism ['skeptisizəm] n. [哲]怀疑
论;怀疑态度;怀疑主义

sketch [sketʃ] n. ①略图,草图;粗样,草
稿②速写;素描③概略,梗概;短篇作品,
小品 ‖ v. 绘略图;写生,速写;草拟

sketchy [ˈsketʃi] a. 粗略的，大概的；略图似的，肤浅的，不完全的

skew [skju:] v. 歪斜，扭曲，使偏斜 ‖ a. 斜的，歪的，偏的

ski [ski:] n. 滑橇，滑雪屐 ‖ v. 滑雪／**skier** n.

skid [skid] n. ①滑动垫木，滑行器②刹车，制轮器③（车轮的）打滑，溜滑 ‖ v. ①（用刹车）刹住，使减速②使（车轮）打滑，（用滑动垫木）溜滑，溜滑／**on the skids** [俚] 注定要遭殃的；注定失败的；在衰落，走下坡路

skiff [skif] n. 轻舟，小快艇

skill [skil] n. ①熟练，熟巧，能力②技能，技巧，技艺

skillful, skilful [ˈskilful] a. 灵巧的；熟练的／**skillfully, skilfully** ad.

skim [skim] v. ①撇去（液体表面的）漂浮物［to skim cream from milk 从牛奶上撇去奶油 to skim molten lead 撇去铅水上的漂浮物］②略读，快读③掠过，擦过；滑过［bugs skimming over the water 掠过水面的虫子］

skimp [skimp] v. 克俭，节省；舍不得给（用）；少给，克扣［They skimped on clothes to save for a new home. 他们在衣服上省钱以买套新房。

skimpy [ˈskimpi] a. 缺乏的，不足的，不够的

skin [skin] n. ①皮，皮肤②（兽）皮；毛皮；皮张③（果实等的）皮 ‖ v. ①剥去…的皮；擦破（身体某部位）的皮［to skin a rabbit 剥去兔皮 to skin one's elbow by falling 由于跌倒而擦破了肘部的皮］②［口］诈骗，骗去…的钱财／**by the skin of one's teeth** 刚好，勉强／**save one's skin** [口] 保全自己，使自己免遭杀害（或损伤）

skinny [ˈskini] a. 皮包骨的，极瘦的

skip [skip] v. ①跳，蹦②跳过［to skip a brook 跳过小溪］③使（石片等）跳跃着擦过水面［The boys skipped flat stones across the pond. 男孩子们往池塘水面上用石片打水漂。］④跳过，遗漏；故意略去，有意

不出席［Skip from page 56 to page 64. 把56 到 64 页略过不读。I skipped lunch. 我没吃午饭。]⑤匆匆离开，悄悄离开［to skip town 匆匆离开城镇］‖ n. ①轻跳，走走边跳［跳过，漏过；略过／**skipper** n.

skirmish [ˈskə:miʃ] n. [军]小规模战斗；小争论，小冲突 ‖ v. 进行小规模战斗，发生小冲突

skirt [skə:t] n. ①（衣服的）裙，下摆②女裙③垂下来似裙子的东西，（马鞍两边边下的）皮垂④[复]郊区，郊外；边缘 ‖ v. 位于…的边缘，绕过…的边缘［The new highway will skirt our town. 这条新公路将环绕我们城镇的边缘。]

skittish [ˈskitiʃ] a. ①易惊的②轻佻的，活泼好动的

skulduggery [skʌlˈdʌgəri] n. [口] 欺骗，诈骗，诡计

skulk [skʌlk] v. 躲藏，隐伏；偷偷摸摸地行走［a hyena skulking in the shadows 躲藏在阴暗处的鬣狗］

skull [skʌl] n. 颅骨，脑壳，头盖骨

skunk [skʌŋk] n. ①[动]臭鼬②臭鼬毛皮③[口]卑鄙的人，可恶的人

sky [skai] n. ①天，天空②[宗]天堂，天国，西天／**out of a clear sky** 晴天霹雳似地；出乎意外地；突然

skyrocket [ˈskaiˌrɔkit] n. 焰火；高空探测火箭 ‖ v. [口]突升；（物价）猛涨［Meat prices skyrocketed. 肉价飞涨。]

skyscraper [ˈskaiˌskreipə] n. 摩天大楼

skyward [ˈskaiwəd] ad. &a. 朝天空的；向上的(的)

slab [slæb] n. ①平板；厚板，厚片②背板（锯木材成板时最外面的有皮的板块）

slack [slæk] n. ①松弛的，不紧的，不严的②懈怠的，懒散的；疏忽的，马虎的③呆滞的，萧条的，不活跃的④行动迟缓的，有气无力的，没精打采的 ‖ n. ①松缓（带、帆等）松垂部分②淡季；萧条期③[复]宽松的裤子，便裤／**slack off** 松弛，懈怠；偷懒／**slack up** 减低速度；减弱，减退／**slackly** ad.／**slackness** n.

slacken [ˈslækən] n. ①使缓慢；放慢

[Slacken your pace so that I can keep up. 你把步子放慢些，这样我好跟上去。]②放松，松懈[to slacken one's grip 放松控制]

slake [sleik] v. ①消除;平息;使缓和,满足,使缓解[to slake one's thirst with water 用水解渴]②使(石灰)熟化

slam [slæm] v. ①使劲关,砰地关上(门等)[to slam a door 砰地关门]②猛投,猛击[to slam a baseball over the fence 把棒球投到篱笆上]‖ n. ①猛关,猛击,猛撞;砰的一声②(桥牌类的)满贯

slander ['slɑːndə] v. ①诽谤,诋毁,造谣中伤②[律]口头诽谤(罪),诋毁‖ v. 对…进行口头诽谤,诋毁

slanderous ['slɑːndərəs] a. 诽谤的,诋毁的,造谣中伤的

slang [slæŋ] n. 俚语

slant [slɑːnt] v. (使)倾斜,(使)歪向[Straighten the picture,it slants to the left. 把画挂直,它歪到左边了。]‖ n. ①倾斜;斜面,斜线;斜向②[口]观点,看法;态度/**slanting** a.

slap [slæp] v. 掴,拍,掌击‖ v. ①(用扁平的东西)掴,拍,击②啪的一声放下;猛掷,漫不经心地扔[She slapped some butter into the pan. 她啪的一声把黄油扔进盘里。]

slash [slæʃ] v. ①(用刀、剑等)砍,砍击;在…上留下深长切口(或砍痕)[The knife slipped and he slashed his finger. 刀滑脱时砍伤了他的手指。]②鞭打,抽打;挥击③(为镶嵌或使异色里衬显露等)在(衣服)上做开叉;使呈条状④(大幅度)削减,减低[to slash prices 大幅度削价]⑤严厉地批评‖ n. 猛砍,乱砍;深的切痕;衣叉;削减

slat [slæt] n. (木头、金属等的)条板;板条,狭板

slate [sleit] n. ①板岩②暗蓝灰色,石板色③石板瓦;(书写用的)石板④候选人(提名)名单‖ v. ①用石板瓦盖(屋顶等);给…铺石板[to slated a roof 用石板瓦盖屋]②预定,规划;选定[John is slated to speak

at the assembly. 约翰被选定在会议上发言。]‖ **a clean slate** 历史清白,无污点

slattern ['slætə(ː)n] n. 懒妇,邋遢女人/**slatternly** a. & ad.

slaughter ['slɔːtə] v. ①屠宰②屠杀,残杀‖ v. ①屠宰(牛、羊等)[to slaughter a hog 宰杀一头猪]②屠杀,杀戮/**slaughterer** n.

slaughterhouse ['slɔːtəhaus] n. 屠宰场

Slav [slɑːv,slæv] n. 斯拉夫人‖ a. 斯拉夫人的,斯拉夫语的

slave [sleiv] n. ①奴隶②摆脱不了某种习惯(或影响)的人的人,苦工‖ v. 作苦工,奴隶般工作;作牛马

slaver ['sleivə] v. 垂涎‖ n. 唾液,涎沫,口水

slavery ['sleivəri] n. ①奴隶制度,淌口水②奴隶身分③苦役,奴隶般的劳动

slavish ['sleiviʃ] a. ①奴隶的,奴性的,卑屈的②奴隶般的,苦役的③缺乏独创性的,盲从的/**slavishly** ad./ **slavishness** n.

slay [slei] v. 杀死,宰杀,杀害,杀戮[Forty people were slain in traffic. 四十人死于交通事故。]/**slayer** n.

sleazy ['sliːzi] a. ①质量差的,质地薄的;用劣等材料粗制滥造的;质次量少的/**sleaziness** n.

sled [sled] n. (滑雪用的)小橇;(运载用的)雪橇‖ v. 用雪橇运送;乘雪橇

sleek [sliːk] a. ①(毛发等)光滑的,柔滑的,油亮的②健壮的,养得好的③圆滑的,滑头的,花言巧语的‖ v. 使光滑;使柔顺发亮;扮扮整洁/**sleekly** ad.

sleep [sliːp] n. ①睡眠②昏迷状态,麻木;冬眠;长眠,死亡‖ v. ①睡,睡眠,睡着[to sleep ten hours each night 每晚睡十个小时]②冬眠,蛰伏[Bears sleep through the winter. 熊在冬天冬眠。]/**sleep away** 以睡眠度过;睡过[to sleep away the morning 以睡眠打发掉一个上午]/**sleep off** 以睡眠治好(或消除)

sleeping bag (野外用的)睡袋

sleepless ['sli:plis] a. 失眠的;不眠的,醒着的

sleepwalker ['sli:pwɔ:kə] n. 梦游者,梦行者/**sleepwalking** n.

sleepy ['sli:pi] a. ①想睡的,瞌睡的,嗜睡的②困乏的②寂静的,不活跃的/**sleepily** ad./**sleepiness** n.

sleet [sli:t] n. ①冻雨②雨夹雪,雨夹雹 ‖ v. 下冻雨,下雨夹雪/**sleety** a.

sleeve [sli:v] n. 袖子,袖套/**laugh up one's sleeve** 暗自发笑,偷笑/**up one's sleeve** 暗藏,准备好的/**sleeveless** a. 无袖的

sleigh [slei] n. (马拉)雪橇,雪车 ‖ v. 拉雪橇,乘雪橇旅行

slender ['slendə] a. ①细长的,(身材)苗条的②微弱的,不足的

slice [slais] n. 片,薄片 ‖ v. ①切成薄片 [to slice a cake 把糕点切成片]②切开,割下 [slice off the crust 把硬皮割开]③(用犁、铲)翻土,划开 [The plow sliced through the soft earth. 犁翻开松软的泥土]④使(高尔夫球)成曲线球/**slicer** n. 切片机,刀片

slick [slik] a. ①光滑的②滑的③(行为、言语)圆滑的④[俗]奸猾的⑤[俚]极好的,头等的 ‖ v. 使发光打滑 [Slick down your hair with oil. 用头油把你的头发梳光滑。] ‖ n. 水面上沾有油污的一块光滑水面,油膜

slide [slaid] v. 滑 [Children run and slide on the ice. 孩子们在冰面上奔跑,打滑溜。The window won't slide up. 滑动窗子拉不上去了。Slide the note under the door. 把便条从门下溜进去。]②滑脱,滑落 [The wet glass slid from his hand. 湿玻璃杯从他手中滑落。]③(不知不觉地)滑入,陷入 [to slide into bad habits 不知不觉地养成坏习惯]①滑动行为 ‖ n. 滑面,滑坡③(滑门、滑板等)活动部分④(山体、雪崩)滑下的泥土和石块等⑤(显微镜)承物玻璃片⑥(幻灯机)放幻灯片的框架

slight [slait] a. ①微弱的(量)(身材、体态)细长,瘦小的 ‖ v. 轻视,忽视,怠慢 [to slight one's homework 忽视家庭作业 to slight a neighbor 怠慢了邻居] ‖ n. 对他人的轻蔑或怠慢/**slightly** ad. 略微地

slim [slim] a. ①修长的,纤细的,苗条的②微弱的,稀疏的 ‖ v. 便变瘦,变瘦 [She diets to slim down. 她进行节食,想瘦下来。]

slimy ['slaimi] a. ①粘糊糊的,沾有粘性物质的②污秽的,令人讨厌的/**sliminess** n. 粘性

slip[1] [slip] v. ①(不引起注意地)溜开 [He slipped out of the door. 溜出了门。It slipped my mind. 我一时想不起它来了。Time slipped by. 时间不知不觉地过去了。]②滑落 [The plate slipped from my hand. 盘子从我手里滑了出去。]③陷入 [to slip into bad habits 形成坏习惯]④滑倒 [He slipped on the ice. 他在冰面上滑倒。]⑤因疏忽而出错⑥滑动 [He slipped his shoes off. 他把鞋从脚上滑掉了。]⑦下降,恶化,变坏 [My memory is slipping. 我的记忆力在下降。Prices have slipped. 价格已降下来。] ‖ n. ①船台两码头间让船靠泊的水面②衬裙③枕套④意外事故,失足,滑跤,下跌,过失 [a slip of the tongue 说走了嘴]/**give one the slip** 乘人不备时溜掉/**lit slip** 走漏,无意中说出,放走/**slip one over on** [俗]欺骗/**slip up** [俗]疏忽,出错

slip[2] [slip] n. ①(接枝用)枝条②身材修长的年轻人③纸条/**slip cover** 沙发套,椅套

slipper ['slipə] n. 拖鞋,便鞋/**slippered** a. 穿拖鞋的

slippery ['slipəri] a. ①打滑的,使滑的②滑的③不可靠的,狡猾的

slit [slit] v. ①割开长口 [to slit an envelope open 开信封]②切成长条 ‖ n. ①长形切口②长形开口

sliver ['slivə] n. (切下或断开的)碎片 ‖ v. 切成或裂成碎片

slobber ['slɔbə] v. ①流涎,淌口水②轻率地表示出同情或爱恋之情 ‖ n. 口水/**slobbery** a. 流口水的

slogan ['sləʊgən] n. 标语,口号

slop [slɔp] n. ①泥泞,泥雪②污水③稀薄而无味的食物④[复]泔水 ‖ v. ①溢出②在泥雪地里走/**slop over** 泼撒,溢出,超出界限

slope [sləʊp] n. ①斜坡,坡地②斜度,斜线,斜面 ‖ v. 有斜度,倾斜〔The lawn slopes down to a lake. 草地向湖的方向斜倾。〕

sloppy ['slɔpi] a. ①泥泞多水的,易溅的②[俗]粗糙不整的;邋遢的/**sloppily** ad./**sloppiness** n.

sloth [sləʊθ] n. ①懒惰,懒散②[动]树懒

slothful ['sləʊθful] a. 懒惰的/**slothfully** ad.

slouch [slaʊtʃ] v. ①没精打采地走(坐、站等)②懒散 ‖ n. ①懒人,精神不振的人,[俗]没特长的人〔He's no slouch at golf. 他打高尔夫可不是等闲之辈。〕②懒散的姿势,垂头丧气的样子/**slouchy** a.

slough [slʌf] v. ①(蛇)脱皮〔Snakes slough their skins at least once a year. 蛇每年至少脱一次皮。〕②摆脱〔He has sloughed off his cold. 他的感冒已经好了。〕③脱勾,情况变坏〔Business has sloughed off. 生意已经不成了。〕 ‖ n. 被脱掉,摆脱的东西

slough [slaʊ] n. 泥沼,沼泽地

slovenly ['slʌvnli] a. 精心的,不整洁的,邋遢的/**slovenliness** n.

slow [sləʊ] a. ①慢的②难以提高速度的③花费时间长的④思维迟钝的⑤无生气的,无趣味的⑥落后的,落伍的 ‖ v. 使慢下来,慢下来 ‖ ad. 慢地/**slowness** n.

slue [sluː] v. &n. 旋转,回旋

slug[1] [slʌg] n. ①蛞蝓②任何软体动物的幼体

slug[2] [slʌg] n. ①弹丸,子弹②(开动自动售货机等的)金属代用币

sluggard ['slʌgəd] n. 懒人

sluggish ['slʌgiʃ] a. ①懒散的,无生气的,不活跃的②缓慢的,呆滞的/**sluggishly** ad./**sluggishness** n.

sluice [sluːs] n. ①水闸,水门②被闸门挡住的蓄水③(装有水闸,水门的)水渠,④(能调整水位的)水道,(淘金)流矿槽,(放水)水槽 ‖ v. ①(开水闸)放水②(放水)冲洗/to sluice gravel for gold 放水淘金/to sluice a ship's deck with hoses 用水龙冲洗甲板〕

slum [slʌm] n. 贫民区 ‖ v. 访贫民区

slumber ['slʌmbə] v. ①睡眠②处于宁静、懈怠状态〔trees slumbering in the winter 冬季处于懈怠状态的树木〕 ‖ n. ①睡眠②宁静、懈怠的环境

slumberous, slumbrous ['slʌmb(ə)rəs] a. ①嗜睡的,困倦的②使人瞌睡的,催眠的〔slumberous music 催人入睡的音乐〕

slump [slʌmp] v. ①暴跌,猛跌〔She slumped to the floor in a faint. 她昏倒了,一下跌在地上。〕②陷入,掉入 ‖ n. (量、价值)猛跌

slur [sləː] v. ①略过,草率而过〔He slurred over this point in his talk. 在他的谈话中他对这一点一带而过。〕②含糊地发音③把几个音符连接起来演唱或演奏④低密,污蔑 ‖ n. ①污蔑的行为②含糊不清的发音③诋毁他人声誉的言行④连唱或连奏的音符;[音]连接号

slush [slʌʃ] n. ①半融的冰雪②烂泥③轻率或愚蠢地表达情态的话/**slushiness** n./**slushy** a.

slut [slʌt] n. ①懒女人②邋遢女人③荡妇

sly [slai] a. ①狡诈的,会欺骗的②机敏的/**on the sly** 秘密地,偷偷摸摸地/**slyly, slily** ad.

smack[1] [smæk] n. ①(微略的)味道②少量,丝毫 ‖ v. 略有…味,略带…〔a plan that smacks of injustice 一项有些不公正的计划〕

smack[2] [smæk] n. ①咂嘴的声音②带响的亲吻③(用掌)拍打 ‖ v. ①使发出咂声〔to smack one's lips 咂嘴〕②发出拍击声 ‖ ad.〔He ran smack into the wall. 他啪地一声撞到墙上。〕

small [smɔːl] a. ①小的②微弱的③不重

要的④卑劣的,自私的 ‖ 狭小的部位〔the small of the back 腰背部〕feel small 自觉低微卑贱〕/**smallness** n.

smallpox 〔'smɔːlpɒks〕n. 天花

smart 〔smɑːt〕a. ①精明的, 聪明的, 思维敏捷的②整洁的, 潇洒的③时髦的, 俏的, 新式的④厉害的, 剧烈的⑤引起剧烈疼痛的, 痛的⑥敏捷的, 灵巧的, 有生气的 ‖ v. ①使刺痛〔A bee stings smarts. 蜜蜂蜇得刺痛。〕②使感到刺痛〔Smoke makes my eyes smart. 烟刺得我眼睛痛。〕③使感到痛苦, 伤心, 悔恨〔His insult left her smarting. 他的侮辱刺痛了她。〕‖ n. 刺痛, 痛苦/**smartly** ad. /**smartness** n.

smash 〔smæʃ〕v. ① 打碎〔The plate smashed as it hit the ground. 盘子掉到地上打得粉碎。The fireman smashed the door with his axe. 消防队员用斧子把门打碎。〕②猛冲, 猛撞〔The car smashed into a tree. 汽车猛撞到一棵树上。〕③击毁, 使彻底破产〔to smash one's hopes 使某人的希望破灭〕‖ n. ①打碎的行为或发出的声响②撞击, 碰撞〔Both drivers were hurt in the smash. 撞车中两个司机都受了伤。〕a. ①〔俗〕非常成功的, 十分流行的〔The play is a smash hit. 这个剧目十分受欢迎。〕

smashup 〔'smæʃʌp〕n. ①〔汽车〕撞车事故, 严重的撞击②彻底的失败, 破产

smattering 〔'smætəriŋ〕n. 一知半解, 肤浅, 片面的知识

smear 〔smiə〕v. ①涂, 敷, 抹〔软膏等〕〔She smeared her face with cold cream. 她在脸上抹面霜。〕②涂抹〔Smear some grease on the wheel. 往轮子上涂些油。〕③弄脏〔He smeared the wet paint with his sleeve. 他的袖子把这幅还湿着的画弄脏了。〕④玷污, 诽谤〔He claimed that the newspaper had smeared him. 他声称报纸玷污了他的名声。〕‖ n. ①污点, 污迹②诽谤, 玷污

smell 〔smel〕v. 嗅, 嗅到〔I smell something burning. 我闻到有什么东西烧着了。〕②嗅, 吸入气味③散发出…的气味, 有…的

气味〔This perfume smells of violets. 这种香水是紫罗兰香型的。〕④发出臭味儿。‖ n. ①嗅觉②嗅味, 气味, 气息②嗅, 闻

smelt 〔smelt〕v. ①熔炼, 精炼〔to smelt iron ore 炼铁〕②熔化〔to smelt tin 熔化锡〕

smile 〔smail〕v. ①微笑②用微笑表示〔He smiled his appreciation. 他笑了笑, 表示出他的赞赏。〕‖ n. ①笑容, 喜色②微笑/**smile on** 赞许某事/**smilingly** ad.

smirch 〔smɜːtʃ〕v. 弄脏, 玷污〔His name was smirched by ugly rumors. 一些污言秽语的传闻玷污了他的名誉。〕‖ n. 污点, 污迹

smirk 〔smɜːk〕v. &n. 假笑, 傻笑

smite 〔smait〕v. ①重击(以击毙)②(强烈感情的)冲击〔He was smitten with love. 他受着爱的折磨。〕

smock 〔smɒk〕n. ①宽大的工作服罩衣;(儿童)罩衣②用打褶的布料装饰

smog 〔smɒg〕n. 烟雾, 含有烟尘的雾气

smoke 〔sməuk〕n. ①烟②吸烟③香烟, 雪茄烟等 ‖ v. ①散发出烟, 冒烟〔a smoking volcano 一座冒烟的火山〕②跑烟, 漏烟〔This fireplace smokes. 这个壁炉冒烟。〕③吸烟④用烟熏制〔to smoke a ham 熏制火腿〕⑤用烟熏赶〔We smoked the bees from the hollow tree. 我们用烟把蜂从空树里赶走。〕

smokeless 〔'sməuklis〕a. 无烟的

smokestack 〔'sməukstæk〕n. 烟道, (工厂等的)大烟囱

smoky 〔'sməuki〕a. ①冒烟的; 跑烟的②如烟似的, 烟色的, 有烟味的③充满烟雾的④被烟熏黑的/**smokiness** n.

smolder 〔'sməuldə〕v. ①(无火焰地)燃烧, 冒烟, 熏烧②(愤怒等)闷在心里〔a smoldering feeling of revenge 郁积在心里的复仇欲望〕

smooth 〔smuːð〕a. ①光滑的, 平坦的②平稳的没有疙瘩的③顺利的⑤(味, 听觉)和谐的⑥(语调)过分客气的, 迎合讨好的 ‖ v. ①使光滑〔to smooth a board with sandpaper 用砂纸把木板打光〕②

smoothbore [smu:ð'bɔ:] a. 滑膛的〔a smoothbore gun 滑膛炮〕

smother ['smʌðə] v. ①使窒息，把…闷死②把火闷熄〔to smother a fire with sand 用沙把火闷熄〕③闷盖〔liver smothered in onions 用葱头闷淹起来的肝〕④抑制(感情)，把…掩盖起来〔to smother a yawn 忍住哈欠〕‖ n. (令人窒息的)浓烟，浓雾等

smudge [smʌdʒ] n. ①污点，污迹②浓烟，无焰浓烟的火堆‖ v. ①弄脏②使火生浓烟/**smudgy** a.

smug [smʌg] a. 沾沾自喜的，自我欣赏的/**smugly** ad. /**smugness** n.

smuggle ['smʌgl] v. 走私，私运，私送〔to smuggle a letter out of a jail 把信件私自带出监狱〕/**smuggler** n.

smut [smʌt] n. ①污点，污迹②淫词秽语③(农作物)黑穗病

smutty ['smʌti] a. ①被煤炭弄脏的②污秽的，猥亵的

snag [snæg] n. ①(淹在水中的)残根断枝②任何能绊住或造成阻碍的实物③被绊住或挂住而撕扯开的裂口④意外障碍，隐伏困难

snail [sneil] n. 蜗牛

snake [sneik] n. ①蛇②卑鄙、阴险、虚伪的人③(管子等的)弯杆，疏通下水管道用的弯管，弯杆等‖ v. (像蛇一样)游行；蜿蜒，迂回前进

snaky ['sneiki] a. ①像蛇一样的〔snaky hair 弯曲的毛发〕②蜿蜒的

snap [snæp] v. ①猛咬，猛夺，立即抓住〔The frog snapped at the fly. 青蛙一口咬掉了苍蝇。We snapped up his offer at once. 我们立刻接受了他的好意。〕②简洁、急促地说话〔to snap out orders 急促地发出命令③厉声说，气愤地〔to snap back at a person in anger 气愤地用快言快语回击一个人〕④啪地

一声忽然折断〔The cord snapped when I pulled it tight. 我拉得太紧，线啪地一声断了。〕④发出"啪"地一声关上〔He snapped his fingers. 他捻手指发出啪啪响声〕⑤敏捷、迅速地行动〔The soldiers snapped to attention. 士兵们咯嚓一声立正。〕⑥抓拍‖ n. ①猛咬，猛扑，立即抓到②咯嚓一声，啪的一声，啪的一声关闭④快言快语，快捷的行为③(天气的)转时的忽然变化②薄脆饼⑦容易做的工作，好解决的问题等‖ a. ①突然的，仓促的②[俗]容易的，容易解决的/**not a snap** 一点也不，绝不/**snap out of it** 忽然改变(情绪，习惯等)

snappish ['snæpiʃ] a. 咬人的，易怒的，老虎屁股摸不得的

snappy ['snæpi] a. ①易怒的，惹不起的②[俗]敏捷的，有生气的

snare [snɛə] n. ①(捕捉动物的)圈套②陷阱，罗网‖ v. 用圈套捕捉；用计谋诱获，陷害

snarl¹ [snɑ:l] v. ①(狼狗)嗥吠〔a snarling wolf 一只嗥叫的狼〕②(人)咆哮，怒吼〔"Go away!" he snarled. "走开!"他咆哮着说。〕

snarl² [snɑ:l] v. 使缠结，搞乱〔The cat snarled the ball of yarn. 猫咪把线团搞乱了。Traffic is snarled. 交通乱作一团。〕‖ n. 团，结，乱糟糟的状态〔hair full of snarls 打了结的乱糟糟的头发〕

snatch [snætʃ] v. 忽然抓住，夺得〔The thief snatched her purse and ran. 窃贼猛冲一把抓住她的包，跑掉了。〕‖ n. ①猛夺②短暂的时间〔to sleep in snatches 一阵阵的小睡〕③少量〔I remember a snatch of the tune. 那个调子我还记得一点儿。〕/**snatch at** ①夺得，一把抓住②对…感到愤怒

sneak [sni:k] v. 偷偷摸摸地行动，潜行〔He sneaked out of the room while we were talking. 趁我们在谈话的时候，他偷偷地溜出了屋子。〕‖ n. 鬼鬼祟祟的人，不老实的人

sneaking ['sni:kiŋ] a. ①小偷②偷偷摸

摸的②隐秘的/**sneaking suspicion** 心中难解除的猜疑

sneer [sniə] v.①轻蔑地笑，冷笑②轻蔑地说，嘲笑 [Many people sneered at the first automobiles. 许多人都嘲笑最早的汽车。] ‖ n. 喷嚏，喷嚏声/**not to be sneezed at** 不可小看；不容忽视

snicker [ˈsnikə] v. 窃笑 ‖ n. 窃笑

sniff [snif] v.①大声吸气②（发出声音地）闻，嗅 [He sniffed the butter before tasting it. 他用力地闻了闻乳酪，然后才尝了尝。]③嗤之以鼻 [She just sniffed when I said hello. 我向她招呼时，她显出不屑一理的样子。] ‖ n.①嗅闻的动作②所吸的东西

sniffle [ˈsnifl] v. 连续地抽鼻子 ‖ n. 抽鼻子的行为或发出的声响/**the sniffles** [俗]流清鼻涕，感冒

snip [snip] v. 一下剪断；剪 [to snip a thread 剪一根线] ‖ n.①剪断的行为②被剪断的物品③[复]剪金属板的钢剪，平头剪④青年人，初出茅庐、不足道的青年

snivel [ˈsnivl] v. 痛哭流涕，啜泣，哭诉

snob [snɔb] n. 势利小人，谄上欺下的人/**snobbish** a. /**snobbishly** ad.

snobbery [ˈsnɔbəri] n. 势利，势利行为

snood [snuːd] n.①妇女用发网②早对青年妇女用的发带

snoop [snuːp] v. 探听，窃探 ‖ n. [俗]爱窃探的人

snooze [snuːz] n. 午睡，小睡 ‖ v. [俗]午觉，小睡

snore [snɔː] v. 打鼾，鼾声

snorkel [ˈsnɔːkl] n.①潜水艇或潜水员的通气管②游泳时含在口中便于在水中呼吸的管子

snort [snɔːt] v.①发出哼声（表示轻蔑、气愤等情绪）[He snorted in disgust. 他哼了一声，表示厌恶。]②喷鼻息，鼓鼻 ‖ n. 喷鼻息的行为或发出的声响

snout [snaut] n.①动物（如猪、狗）突出的口鼻部②形似猪嘴的东西

snow [snəu] n.①雪②下雪 ‖ v.①下雪②用雪覆盖，被雪封住

snowball [ˈsnəubɔːl] n. 雪球 ‖ v. 像滚雪球一样很快增长，变大

snowbank [ˈsnəubæŋk] n. 雪堆，堆起来的雪

snow-blind [ˈsnəublaind] a. 雪盲的/**snow blindness** 雪盲症

snowfall [ˈsnəufɔːl] n.①降雪②降雪量

snowflake [ˈsnəufleik] n. 雪花

snowstorm [ˈsnəustɔːm] n. 暴风雪

snowy [ˈsnəui] a.①雪的，下雪的，有雪的②被雪覆盖的③像雪一样的

snub [snʌb] v.①斥责，冷落，怠慢②挽桩滞缓，止住 [to snub rope by looping it around a post 把绳子挽在桩柱上] ‖ n. 冷落，怠慢的行为

snuff[1] [snʌf] v.①掐灭；扑杀，扑灭 [to snuff a candle 把蜡烛掐灭]/**snuff out** 忽然扑灭，结束 [The accident snuffed out three lives. 这场事故一下子结束了三条人命。]

snuff[2] [snʌf] v.①用鼻子使劲地吸②用力闻(味儿) ‖ n. 鼻烟/**up to snuff** [俗]像料想的一样好的

snuffle [ˈsnʌfl] v. 大声地抽鼻子 ‖ n. 抽鼻子时发出的声音，抽鼻子的动作

snug [snʌg] a.①温暖的，舒适的②小而安排适当的，整洁的③合体贴身的

snuggle [ˈsnʌgl] v. 舒适地蜷伏，偎依 [The kittens snuggled together. 小猫熙舒服地蜷伏在一起。]

so [səu] ad.①(程度)如此地，这样地 [is not so tall as I. 他不像我这么高。Why are you so late? 你为什么这样晚?]②(结果)因此 [He couldn't swim and so was drowned. 他不会游泳，因此淹死了。]③非常，很 [They are so happy. 他们非常高兴。]④也，同样 [I am hungry and so is he. 我饿了，他也饿了。]⑤大约，差不多 [I spent a dollar or so on candy. 我花了大约一元钱买糖果。]⑥那么，说到底 [So you really don't care. 那么说，你真不在乎了。]⑦如同，照…样子 [Hold your pencil just so. 照这个样子握住铅笔。]⑧[俗]很，非常 [She loves her garden so. 她很喜

欢她的花园。〕‖ conj. ①为的是；以便
〔Talk louder so that I may hear you. 讲得
声音大些，好让我可以听到你的声
音。〕②〔俗〕因此，结果〔He didn't study,
so he failed the test. 他没有学习，因此考
试没及格。〕‖ pron. 同样，照样〔I am his
friend and will remain so. 我现在是他的朋
友，并永远是他的朋友。〕‖ int. 表示惊
异、不喜欢、同意、怀疑等情绪〔So! I
caught you！好啊，我抓住你了!〕**/and
so on, and so forth** 等等**/so as(to
do)**为了，以便〔He left early so as to be
on time. 他离开得很早，以便能按时到
达。〕

soak〔səuk〕v. ①浸泡，渍〔He soaked his
sore hand in hot water. 他把酸痛的手泡在
热水里。Let the beans soak overnight to
soften them. 让豆子泡一夜，泡软。〕②
吸，吸收〔Use a sponge to soak up that wa-
ter. 用一块海绵把那些水吸起来。〕③吸
收，印入脑海〔to soak up information from
books 从书本吸取信息〕④渗入，浸透
〔The rain soaked through his coat. 雨水浸
透了他的衣服。〕‖ n. 浸，渗透(量)

soap〔səup〕n. 肥皂‖v. 用肥皂洗刷

soapy〔'səupi〕a. ①涂着肥皂的，带有肥
皂泡沫的②含有肥皂的，像肥皂的；像
肥皂泡的

soar〔sɔ:〕v. ①高飞〔The plane soared out
of sight. 飞机飞上高空，看不见了。〕②猛
增，上涨〔Prices soared after the war. 战后
物价飞速上涨。〕

sob〔sɔb〕v. ①抽泣，呜咽②抽泣得使…
〔to sob oneself to sleep 抽抽泣泣地睡着
了〕③发出呜咽声〔The wind sobbed in
the trees. 风在树林中发出呜咽声。〕‖ n.
呜咽(声)

sober〔'səubə〕a. ①对酒有节制的，适度
的②未喝醉的③严肃的，从容安静的，朴
实的，肃静的，有理智的‖v. 使自制，使
清醒，使严肃的

sobriety〔səu'braiəti〕n. 清醒，节制，自
制；严肃，冷静

so-called〔'səukɔld〕a. 所谓的，如此称

呼的

soccer〔'sɔkə〕n. 足球

sociable〔'səuʃəbl〕a. ①好交际的，友
善的②社交的，增进友谊的‖ n. 联谊会，
联欢会**/sociability** n. **/sociably** ad.

social〔'səuʃəl〕a. ①社会的②社会性
的，群居的③社交的，好交际的④上流社
会的，一定社会阶层的⑤联谊的‖ n. 联
谊活动，联欢会**/socially** ad.

socialism〔'səuʃəlizm〕n. 社会主义

socialist〔'səuʃəlist〕n. ①社会主义者②
Socialist 社会党人‖ a. 社会主义的**/so-
cialistic** a.

socialize〔'səuʃəlaiz〕v. ①使社会化②
使社会主义化〔to socialize industry 使工
业社会主义化〕

social work 社会工作**/social worker**
社会工作者

society〔sə'saiəti〕n. ①社会②全社会的
人③交往，友谊④联谊社团，协会⑤上流
社会

sociology〔‚səusi'ɔlədʒi〕n. 社会学**/so-
ciological** a. 社会学的**/sociologist** n. 社
会学家

sock[1]〔sɔk〕n. 短袜

sock[2]〔sɔk〕v.〔俚〕猛投‖ n. 重击

socket〔'sɔkit〕n. 窝；穴；孔

sod〔sɔd〕n. ①草皮，草地②一块草皮‖
v. 铺草皮

sodden〔'sɔdn〕a. ①湿的，浸透的②未
烘的

sofa〔'səufə〕n. 沙发

soft〔sɔft〕a. ①软的，低硬度的②柔滑的
③柔和的④轻柔的，温和的⑤容易的，易
做的⑥温柔的，宽厚的⑦轻松的，温和的
⑧(度，量)低的⑨不含酒精的⑩不易
影响肥皂起泡的矿物质的⑪发软音的，
发浊音不送气的‖ ad. 柔软地，温和地‖
int. 别出声，安静**/softly** ad. **/softness**
n.

softball〔'sɔftbɔl〕n. 垒球(运动)

soften〔'sɔftn〕v. 使柔软，使温和**/softe-
ner** n.

soggy [ˈsɔgi] a. 浸水的，湿透的；未烘干的

soil¹ [sɔil] n. ①土壤，地表层②国土，本土，家乡[his native soil 他的家乡]

soil² [sɔil] v. ①弄脏②玷污[to soil one's honor 玷污某人声誉] ‖ n. 玷污的行为，污点

soiree [ˈswɑːri] n. 社交晚会

sojourn [ˈsɔdʒən] v. 逗留[We sojourned in Italy. 我们在意大利逗留了一下。] ‖ n. 逗留者/**sojourner** n. 逗留者

solace [ˈsɔləs] n. 安慰，慰解 ‖ v. 安慰，慰解

solar [ˈsəulə] a. ①太阳的②太阳能的③根据公转的

solarium [səuˈlɛəriəm] n. 日光浴室

solar system 太阳系

solder [ˈsɔldə] n. 焊料，焊锡 ‖ v. 用焊锡焊

soldier [ˈsəuldʒə] n. ①（陆军）士兵，军人②战士 ‖ v. ①从军，当兵②偷懒，磨洋工/**soldierly** a.

sole¹ [səul] n. ①脚掌②鞋底 ‖ v. 上鞋底

sole² [səul] a. ①单独的，惟一的②只，仅

solecism [ˈsɔlisizəm] n. ①语法错误②失礼的举止

solely [ˈsəuli] ad. ①惟一地，仅仅[We are solely to blame. 只有我们受到责备。]②仅，只[He reads solely for pleasure. 他读东西只是为了消遣。]

solemn [ˈsɔləm] a. ①严肃的，庄严的，认真的②庄重的，隆重的③合礼仪式圣的④暗色的/**solemnly** ad.

solemnize [ˈsɔləmnaiz] v. ①隆重庆祝②严肃庄重的（宗教）仪式[to solemnize a marriage 为婚礼举行庄重的宗教仪式]③使庄重，使严肃

solicit [səˈlisit] v. （严肃地）请求，恳求[to solicit money for charity 为慈善事业集资]/**solicitation** n.

solicitor [səˈlisitə] n. ①掮客，游说者；募捐者②律师，法务官员③[英]初级律师

solicitous [səˈlisitəs] a. ①关注的，担心的，焦虑的②急切的，渴望的/**solicitously** ad.

solicitude [səˈlisitjuːd] n. 焦虑，牵挂，担心，渴望

solid [ˈsɔlid] a. ①固体的②实心的③立体的④坚固的，结实的，靠得住的，站得住脚的⑤严肃的，深入的⑥完整的，无缝隙的，整体的⑦纯色的，(颜色)同一的⑧团结一致的 ‖ n. ①固体②立体图形/**solidly** ad.

solidarity [ˌsɔliˈdæriti] n. 团结一致

solidify [səˈlidifai] v. 使（变）坚硬，(使)变成固体[Butter solidifies as it cools. 奶酪放冷后变硬。]/**solidification** n.

solidity [sɔˈliditi] n. 固体特征，坚固性，强度，完整性

soliloquize [səˈliləkwaiz] v. 自言自语地说

soliloquy [səˈliləkwi] n. ①自言自语②（戏剧中的）独白

solitary [ˈsɔlitəri] a. ①独居的，单独的，孤独的②惟一的，惟独的，仅有的

solitude [ˈsɔlitjuːd] n. 孤独，寂寞的处境

solo [ˈsəuləu] n. 独唱，独奏；独唱曲，独奏曲 ‖ a. ①独唱(奏)的②由单人进行的 ‖ n. 单独表演/ **solos** [复]/**soloist** n.

solstice [ˈsɔlstis] n. [天]至点

soluble [ˈsɔljubl] a. ①可溶解的②可解释的，可解释的/**solubility** n.

solution [səˈljuːʃən] n. ①(对问题的)解决②解答；解释③溶解(于液体中)④混合溶液

solve [sɔlv] v. 解答，解释，解决[to solve a problem in arithmetic 解答一个算术题]

solvent [ˈsɔlvənt] a. ①有偿付能力的；可付清全部债务的②有溶解能力的 ‖ n. 可溶剂

somber [ˈsɔmbə] a. ①昏暗的②忧郁的，阴郁的/**somberly** ad.

some [sʌm] a. & ad. ①某一，某些②一些③大约④[俗]杰出，极好 ‖ pron. 一

师

些,某些〔Some of the milk was spilled. 有些牛奶洒了。There are some who know. 有一些人知道。〕

-some [形容词后缀]表示为"易…的", "具…倾向的"

-some [名词后缀]表示为"让…人组成的一组"

somebody [ˈsʌmbədi] *pron.* 某人〔Somebody left the door open. 有人走了没关门。〕‖ *n.* 重要人物

someday [ˈsʌmdei] *ad.* 将来某一天,有朝一日,总有一天,改天

somehow [ˈsʌmhau] *ad.* 不知怎么地,以某种(不知的)方式

someone [ˈsʌmwʌn] *pron.* 某人,有人

somersault [ˈsʌməsɔːlt] *n.* 筋斗 ‖ *v.* 翻筋斗

something [ˈsʌmθiŋ] *n.* ①一些事,一些东西②某事,某物③重要人物,重要事物 ‖ *ad.* 有些〔He looks something like me. 他的样子有些像我。〕

sometime [ˈsʌmtaim] *ad.* ①(将来)某一时候,日后;有朝一日〔Come to see us sometime soon. 过些时候来看望我们吧。〕②某时〔I saw her sometime last week. 我在上个星期的什么时候曾见过她。〕‖ *a.* 以前的,昔日的〔my sometime friend〕我以前的朋友〕

sometimes [ˈsʌmtaimz] *ad.* 不时地,有时〔Sometimes she sings for us. 有时她给我们唱歌。〕

somewhat [ˈsʌmhwɔt] *ad.* 有些,有几分〔I'm somewhat late. 我有点晚了。〕‖ *n.* 某种程度,有些〔He is somewhat of a fool. 他有些傻。〕

somewhere [ˈsʌmhwɛə] *ad.* ①在某处,去某处②在某种程度;大约

somnambulism [sɔmˈnæmbjulizəm] *n.* 梦游(症)/**somnambulist** *n.* 梦游症患者

somnolent [ˈsɔmnələnt] *a.* ①想睡的,困倦的②催眠的,令人发困的

son [sʌn] *n.* ①儿子②(被认为是)儿子〔sons of France 法兰西之子/ **the Son**

上帝之子(耶稣基督)

sonar [ˈsəunɑː] *n.* 声纳

sonata [səˈnɑːtə] *n.* 奏鸣曲

song [sɔŋ] *n.* ①歌;歌曲②歌唱③歌词;诗歌,韵文④歌唱般的声音,鸟鸣/ **for a song** 用极少的钱,很便宜

songster [ˈsɔŋstə] *n.* ①歌唱家②歌曲作家,词作家③鸣鸟/**songstress** *n.* 女歌唱家,女歌曲(词)作家

sonic [ˈsɔnik] *a.* 声音的,音速的

son-in-law [ˈsʌninlɔː] *n.* 女婿/**sons-in-law** [复]

sonorous [səˈnɔːrəs] *a.* ①能发出洪亮声音的②响亮的,洪亮的③听上去重要的

soon [suːn] *a.* ①不久②快,早③(比应该的)时间早,④乐意

soot [sut] *n.* 煤烟,煤灰

soothe [suːð] *v.* ①使平静,抚慰〔She soothed the angry man with her kind words. 她用好言劝慰那个生气的男人。〕②使(疼痛、痛苦、悲痛)减轻,缓和〔This lotion will soothe your sunburn. 这种软膏可以减轻你晒伤的疼痛。〕

soothsayer [ˈsuːθseiə] *n.* 占卜者,预言者

sop [sɔp] *n.* ①泡在牛奶或汤里的一块食物②抛给别人用以安慰他人的任何东西 ‖ *v.* ①吸饱,湿透〔He used bread to sop up the gravy. 他用面包把肉汤吸起。〕②使湿透〔His clothes were sopped through. 他的衣服全湿透了。〕

sophist [ˈsɔfist] *n.* 诡辩家

sophisticate [səˈfistikeit] *n.* 世故很深的人

sophisticated [səˈfistikeitid] *a.* ①老于世故的②复杂的,(技术)高级先进的,尖端的/**sophistication** *n.*

sophistry [ˈsɔfistri] *n.* 诡辩

soppy [ˈsɔpi] *a.* 湿透的,浸湿的

soprano [səˈprɑːnəu] *n.* ①女高音,高音部②女高音歌手,高音乐器 ‖ *a.* 女高音的,最高音的/**sopranos** [复]

S

sorcerer [ˈsɔːsərə] n. 男巫, 巫士, 魔术师/**sorceress** 女巫, 女魔术师

sorcery [ˈsɔːsəri] n. 巫术, 妖术; 魔术

sordid [ˈsɔːdid] a.①肮脏的, 污浊的, 令人讨厌的 ②卑鄙的, 下贱的, 自私的/**sordidly** ad.

sore [sɔː] a.①疼痛的, 痛痒的 ②感到疼痛的 ③悲痛的, 引起精神痛苦的 ④令人悲痛的, 倒霉的 ⑤令人恼火的 ⑥[俗] 生气的, 恼火的 ‖ n. 痛处, 伤痛 ‖ ad.[俗]非常, 很 [sore afraid 很害怕]

sorely [ˈsɔːli] ad. 非常地, 强烈地 [Help is sorely needed. 极需帮助。]

sorghum [ˈsɔːɡəm] n.①蜀黍, 高粱 ②高粱糖浆

sorrel [ˈsɔrəl] n.①红色, 红褐色, 栗色 ②枣红马, 栗色马

sorrow [ˈsɔrəu] n.①悲伤, 悲痛 ②令人悲痛的事 ‖ v. 感到或表现出悲痛

sorrowful [ˈsɔrəful] a.(感到、表现出、引起)悲伤的, 悲痛的/**sorrowfully** ad.

sorry [ˈsɔri] a.①惋惜的, 对不起的, 遗憾的 ②令人难过的 ‖ int. 懊悔的, 惭愧的

sort [sɔːt] n.①种类, 类别 ②品质, 性质 ③分类, 分拣/**of sorts, of a sort** 种类略差的/**out of sorts**[俗]不舒服, 没情趣/**sort of**[俗]有些, 有几分

sortie [ˈsɔːtiː] n.①突围, 出击 ②一架飞机的一次出击

SOS [ˈesəuˈes] n.(船舶、飞机遇险)呼救信号

so-so [ˈsəusəu] a. & ad. 平常, 一般化的(地); 还过得去的(地)

sot [sɔt] n. & ad. 酒鬼

sough [sau] n. 飕飕声, 飒飒声 ‖ v. 发出飕飕声

soul [səul] n.①灵魂, 心灵 ②精神, 气魄, 热情 ③精髓, 精华, 中心 ④典型, 化身 ⑤人

soulful [ˈsəulful] a. 充满感情的, 深情的

soulless [ˈsəulis] a. 无情的

sound¹ [saund] n.①声音 ②声响 ③语音 ④听力范围 ‖ v. 发出声音 [His voice

sounds hoarse. 他的嗓音(发音)有些沙哑。] ②使发出声音 [Sound your horn. 鸣喇叭。] ③听起来像 [The plan sounds all right. 这个计划听起来不错。] ④(用发声方式)通知, 宣布 [Sound the alarm. 发警报。] ⑤发音

sound² [saund] a.①健全的, 无损的 ②健康的, 正常的 ③坚固的, 可靠的, 安全的 ④合理的, 明智的 ⑤殷实的, 不被打搅的 ⑥充分的, 完全的, 彻底的 ‖ ad. 健全地, 完全地, 深地 [sound asleep 熟睡] / **soundly** ad. /**soundness** n.

sound³ [saund] n.①海峡 ②海湾 ③鱼鳔

sound⁴ [saund] v.①探测水(水)的深度 ②试探他人的看法或态度 [Let's sound him out on the subject. 咱们探一探他在这个问题上的看法。] ③(鲸鱼等)突然潜入水底

soundless [ˈsaundlis] a. 无声的, 安静的, 寂静的/**soundlessly** ad.

soundproof [ˈsaundpruːf] a. 隔音的 ‖ v. 使隔音

soup [suːp] n. 汤

sour [ˈsauə] a.①味酸的 ②发酸的 [sour milk 酸奶] ③酸性的 ④不随和的, 令人不愉快的 ‖ v. 使发酸/**sourly** ad. /**sourness** n.

source [sɔːs] n.①源泉 ②根源, 来源

souse [saus] v.①使湿透 ②浸, 泡 ③腌, 渍 ‖ n. ①泡菜, 腌制 ②腌渍用的盐水 ③腌制品

south [sauθ] n.①南, 南方 ②南部 ③ South 南半球, 特指南极地区 ‖ a.①在南方的, 向南的 ②从南方来的, 自南方来的 ③South 南部的 ‖ ad. 在南方, 向南方 [Go two blocks south. 往南走两个街区。]

southeast [ˌsauθˈiːst] n.①东南方 ②东南部 ‖ a.①在东南方的, 向东南方的 ②来自东南方(部)的 ‖ ad. 在东南, 向东南方向 [The town lies southeast of here. 那座城在这里的东南方。]

southeastern [ˌsauθˈiːstən] a.①东南的, 在东南方的, 向东南的 ②从东南方来的

southerly [ˈsʌðəli] a. & ad. ①在南方

southern ['sʌðən] a. ①南方的，在南方的，向南方的[the southern sky 南边的天际]②从南方来的[a southern wind 南风]③Southern 南部的(地区)，南部地区的

southerner ['sʌðənə] n. 南方人

southernmost ['sʌðənməust] a. 最南端的，极南部的

southward ['sauθwəd] ad. &a. 向南方(的)/**southwards** ad. ‖ n. 向南的方向，向南的地方

southwest ['sauθ'west] n. ①西南方向②西南部，西南地区 ‖ a. ①在西南方的，向西南方的②从西南方来的 ‖ ad. 在西南方，向西南方[to sail southwest 向西南方航行]

southwester [sauθ'westə] n. ①西南大风，西南风暴②水手戴的防水帽

southwesterly [sauθ'westəli] ad. & a. ①在西南方的，向西南方的②来自西南(的)

southwestern [sauθ'westən] a. ①在西南方的，向西南方的②来自西南的

souvenir ['suːvəniə] n. 纪念品

souwester [sau'westə] n. ①西南大风，西南风暴②水手戴的防水帽

sovereign ['sɔvrin] a. ①(权力、级别)最高的，无上的②不受他人控制的，独立自主的③最高的，最大的，最重要的 ‖ n. 统治者，国王，女王，君主等

sovereignty ['sɔvrənti] n. ①君权，统治权②主权

sow [səu] v. ①播种，撒种[to sow wheat 播种小麦]②往…里播种，播种于…[Sow the lawn with clover. 往草地里播种三叶草。]③散布，撒播[to sow hate 播下仇恨的种子]/**sower** n. 播种人

soy [sɔi] n. 酱油

soybean ['sɔi'biːn] n. ①大豆，黄豆②[植]大豆，黄豆(棵)

spa [spɑː] n. 矿泉，矿泉疗养地

space [speis] n. ①太空②地方，空间③一段时间④太空 ‖ v. 把…分隔开(在…中留出空间)[The trees are evenly spaced. 树之间留有均匀的空间。]

spacecraft ['speiskrɑːft] n. 宇宙飞行器

spaceship ['speisʃip] n. 宇宙飞船

spacing ['speisiŋ] n. ①(留)间隔，空隔②空间，空白，空隙

spacious ['speiʃəs] a. 宽敞的，广大的，宽阔的/**spaciously** ad./**spaciousness** n.

spade[1] [speid] n. 锹 ‖ v. 用锹铲，用锹挖

spade[2] [speid] n. ①(纸牌)黑桃②黑桃牌

span [spæn] n. ①一拃的宽度(大约为9英寸)②桥墩间的距离，跨度，跨距③一段时间④(一起并列使用的)双马，双骡；共轭牛 ‖ v. ①横跨[The bridge spans the river. 这座桥横跨河流。]②用指距测量

spangle ['spæŋgl] n. (装饰衣服用的)亮晶晶的金属片，电光片 ‖ v. 用电光片装饰[the Star-Spangled Banner 星条旗]

spank [spæŋk] v. (用手掌)打屁股 ‖ n. 巴掌

spanking ['spæŋkiŋ] a. 疾行的，强烈的，快的 ‖ ad. [俗]非常，完全[spanking new 很新的，完全新的]

spar[1] [spɑː] n. (竖立船帆等用的)粗大的圆木杆

spar[2] [spɑː] v. ①(拳击)有技巧、谨慎的攻击②争论

spare [spɛə] v. ①节省[Spare your mother the trouble of going to the store. 给妈妈省去上商店的麻烦。]②吝惜[Spare no effort to save the sinking ship. 不遗余力救下沉的船。]③出让，让给，匀出[I can't spare the money or the time. 我拿不出这钱，也匀不出这时间。]④饶恕，宽容[Try to spare her feelings. 努力宽慰她的情感。] ‖ a. ①多余的，空间的，剩下的②闲暇的③少量的，贫乏的④瘦的 ‖ n. ①备件，备品②(保龄球)用头两个球把十个立柱击倒/**sparely** ad.

sparerib ['spɛərib] n. 排骨

sparing ['spɛəriŋ] a. 节约的，节省的，节

制的,俭朴的,花钱少的/**sparingly** ad.

spark [spɑːk] n. ①火星,火花②任何闪烁的光③一星儿,一点儿④电火花,瞬间放电 ‖ v. ①发出火花,放出火星②激发,点燃,鼓舞[to spark one's interest 引起某人的兴趣]

sparkle ['spɑːkl] v. ①发出火花,闪烁[A lake sparkles in sunlight. 在阳光下闪烁的湖水。]②显示活力,机智[talk that sparkles 妙趣横生的谈话]③发泡,冒泡 ‖ n. ①火花,闪耀②光彩

sparrow ['spærəu] n. 麻雀

sparse [spɑːs] a. 稀疏的,稀的/**sparsity** n. /**sparsely** ad.

spasm ['spæzəm] n. ①痉挛,抽搐—阵发作

spasmodic [spæz'mɔdik] a. 痉挛的,抽搐的,一阵阵发作的,间歇性的,突发性的/**spasmodically** ad.

spatial ['speiʃəl] a. ①空间的,宽敞的②存在于或发生在空间的,占据空间的/**spatially** ad.

spatter ['spætə] v. ①溅,洒;溅污了[The hot fat spattered the stove. 热油溅到炉灶上。]②滴下,溅[rain spattering on the sidewalk 嘀嘀嗒嗒溅落在人行道上的雨] ‖ n. ①洒,溅②洒溅的污迹

spatula ['spætjulə] n. (涂敷用的)刮子,抹刀,刮铲,刮刀,油漆刀等

spawn [spɔːn] n. ①(鱼、蛙)卵,幼子[蔑称]小崽子 ‖ v. ①(鲟)产卵,大量生育②产生,引起[This popular song spawned many imitations. 这支流行的歌曲引出了许多模仿它的歌。]

speak [spiːk] v. ①说话,讲话[I spoke to her over the telephone. 我用电话跟她谈话。]②说出,说[Speak your mind freely. 你怎么想就怎么讲。]③演讲,致辞[Who speaks first on the program? 节目单上谁第一个讲话?]④讲,操某语言[Do you speak French? 你讲法语吗?]/**so to speak** 可以这样说,就是说/**speak for** ①代表某人②提出对…的要求/**speak out, speak up** 大胆说出,大声说

出/**speak well for** 证明…是好的、对的等

speaker ['spiːkə] n. ①说话者,演讲者②(下院,众议院)议长③扬声器

spear [spiə] n. ①矛,镖枪,梭镖;单头叉①(草)叶片,草芽,幼苗 ‖ v. (用矛,镖枪等)刺,戳

special ['speʃəl] a. ①特别的,特殊的,与众不同的②独特的,不一般的③主要的,特别亲密的④特设的,专门的⑤特殊人物,特别的东西,专车,专号等/**specially** ad.

specialist [ˌspeʃə'list] n. 专家

specialize ['speʃəlaiz] v. ①专门研究,专攻,专门从事于[The doctor specialized in skin diseases. 这位大夫专门从事皮肤病的研究。]②使…专门化,用于专门目的[The word "hound" has become specialized in meaning, though it once meant any dog. 尽管"hound"一词曾意为"所有的狗",但这个词已经有专门的意思了。]/**specialization** n.

specialty [ˈspeʃəlti], **speciality** [ˌspeʃi'æliti] n. ①专长,特长,专门研究、工作等②特产,特制品③特点,特征

specie ['spiːʃi] n. 硬币

species ['spiːʃiːz] n. ①(动植物的)种类,物种②一种,一类/**the species** 人类/**species** [复]

specific [spi'sifik] a. ①特定的,特有的;具体的,明确的②特别的,特效的[Streptomycin is a specific remedy for tuberculosis. 链霉素是治疗结核病的特效药。]‖ n. 特效药/**specifically** ad.

specification [ˌspesifi'keiʃən] n. ①详细说明②规范,规格,明细单③(常用复数)说明书,计划书

specific gravity 比重

specify ['spesifai] v. ①指定,详细说明[He specified the time and place for the meeting. 他指定了会议的时间和地点。]②特别要求,指定要求[The architect specified hardwood floors for the house. 建

筑师特别要求这座房子的地板要使用硬木。〕

specimen ['spesimin] *n.* 样本，样品，抽样，标本

specious ['spi:ʃəs] *a.* 表面好的，看上去有理的，正确的

speck [spek] *n.* ①斑点，污点②微粒，一点点 ‖ *v.* 使弄上污点，搞出斑点

speckle [spekl] *n.* 小斑点 ‖ *v.* 弄上斑点

spectacle ['spektəkl] *n.* 景观，场面〔The fireworks display were quite a spectacle. 放烟花真是个壮观的场面。〕②〔复〕眼镜

spectacular [spek'tækjulə] *a.* 公开展现的，场面壮观的，引人注目的／**spectacularly** *ad.*

spectator ['spek'teitə; 'spekteitə] *n.* 观众，观看的人，旁观者

spectral ['spektrəl] *a.* ①鬼怪似的②光谱的〔spectral colors 光谱色〕

specter ['spektə] *n.* 鬼怪，幽灵

spectrum ['spektrəm] *n.* 光谱，系列；范围／**spectra** ['spektrə]／**spectrums** ['spektrəmz]〔复〕

speculate ['spekjuleit] *v.* 思索，猜测，沉思〔Scientists have speculated on the kinds of life there may be on Mars. 科学家们已经对在火星上可能存在的生命类型做出推测。〕②（商业活动）投机／**speculation** *n.* 思索，推测，沉思；投机买卖／**speculator** *n.* 思索者，推理者；投机者，投机商

speech [spi:tʃ] *n.* ①讲话，讲话方式②语言能力③言语，讲话，发言，演讲④演说⑤民族语言，方言

speechless ['spi:tʃlis] *a.* ①不会说话的，一时说不出话的②非语言能表达的，说不出的

speed [spi:d] *n.* ①快速，迅速②速度③（汽车发动机）速率排挡④〔古〕好运，成功 ‖ *v.* ①快速前进〔The arrow sped to its mark. 箭高速飞向目标。He was arrested for speeding. 他由于超速行驶被拘留。〕②加速〔He sped the letter on its way. 他加速了信的传递。〕③促进，助长〔Your gifts

will speed the building program. 你的才华将促进这项建筑项目。〕④祝好运〔to speed the parting guest 祝离别的客人好运〕／**speed up** 加速，增速

speedometer [spi'dɒmitə] *n.* 速度计，示速器

speed-up ['spi:dʌp] *n.* 加速，增速

speedway ['spi:dwei] *n.* 高速车道，赛车跑道

speedy ['spi:di] *a.* ①高速的，飞快的②不耽搁的，立即的／**speedily** *ad.* 高速地，迅捷地／**speediness** *n.* 快捷

spell¹ [spel] *n.* ①咒语②迷惑力，魅力〔His talk cast a spell over us. 他的谈话使我们着迷。〕

spell² [spel] *vt.* ①用字母拼出，拼写〔Can you spell "seize"? 你会拼"seize"这个词吗？He spells badly. 他的拼写很糟。〕②（字母）拼法，拼作〔What word do these letters spell? 这些字母拼成什么字？〕③意味着，带来〔Hard work spells success. 勤奋的工作带来成功。〕

spell³ [spel] *v.* 替代，使替班休息〔I'll spell you at mowing the lawn. 我来替换你修剪草坪。〕‖ *n.* ①一段时间〔a spell of sickness 一段生病的时间 a hot spell 一段炎热的时间〕②轮班，轮值时间

spellbinder ['spelbaində] *n.* 能使听众入迷的演讲人

spellbound ['spelbaund] *a.* 被咒语镇住的，入迷的，着魔的

spelling ['speliŋ] *n.* ①拼写②（字词的）拼法

spend [spend] *v.* ①花费〔He spent $10 for groceries. 他花了十美元买各种日用杂品。Try to spend some time with Grandma. 尽量和祖母一起多呆些时间。〕②度过（时光），消磨（时间）〔He spent the summer at the beach. 他在海边度过夏天。〕③消耗，用尽〔His fury was spent. 他的气发泄完了。〕

spendthrift ['spendθrift] *n.* 大手大脚花钱的人，挥霍、浪费的人 ‖ *a.* 乱花钱的，挥霍的，浪费的

spent [spent]spend 的过去式和过去分词 ‖ *a.* 精疲力竭的,消耗已尽的

sperm [spəːm]*n.* 精液 ‖ *n.* 精子

spew [spjuː]*v.* 吐出,喷出 ‖ *n.* 喷出物,呕吐物

sphere [sfiə]*n.* ①球体;球面;球,地球仪 ②星球,星云图 ③星球;星空,天体 ④范围,领域 ⑤社会地位,职业领域,身分

spherical ['sferikəl] *a.* 球形的,球体的,天体的/ **spherically** *ad.*

spheroid ['sfiərɔid] *n.* 球状体;扁球体;椭圆体

spice [spais]*n.* ①食品香料,调味品②趣味,意味,情趣 ‖ *v.* ①用香料调味②增加情趣,使增加趣味

spicy ['spaisi] *a.* ①加香料的,调以香料的②有香料味儿的 ③有趣的,生动的,有生气的/ **spiciness** *n.*

spider ['spaidə]*n.* ①蜘蛛②带脚的煎锅/ **spidery** *a.*

spigot ['spigət]*n.* ①塞子②龙头,旋塞

spike¹ [spaik]*n.* ①(插在墙头上或铁栏上防止翻人的)尖铁,尖物;(跑鞋上的)尖刺②大钉子 ‖ *v.* ①安装尖刺,用大钉子②被带尖刺物刺③阻止,抑制,挫败(计划)/ **spiky** *a.*

spike² [spaik]*n.* ①穗状花序②(谷,稻)穗

spill¹ [spil]*v.* ①使溢出,使溅出;使散落 [Who spilled water on the floor? 谁把水撒到地板上了? Try not to spill any sugar. 尽量别把糖撒出来。]②溢出,溅出 [Tears spilled from her eyes. 泪水从眼里流了出来。]③流血,使血流出④(使)摔下,跌落 [My horse spilled me. 我的马把我摔了下来。]⑤[俚]泄漏(秘密),泄密 ‖ *n.* 溢出,摔落

spill² [spil]*n.* 火引子

spillway ['spilwei]*n.* 溢水口,溢洪渠

spin [spin]*v.* ①纺织[to spin cotton, wool, flax, etc.纺棉花,纺毛,捻麻线等]②纺线[to spin yarn 纺纱]③吐丝,结网[Spiders spin webs. 蜘蛛吐丝织网。]④详尽地,慢慢地讲[to spin out a story 详细地讲述一个故事]⑤旋转[The earth spins in space. 地球在太空旋转。Spin the wheel.使轮子旋转。]⑥似是旋转,眩晕[My head is spinning.我头晕。]⑦疾驶[Cars spun past us.汽车从我们身边疾驰而过。汽车旋转运动②疾驶,(驾车)兜风/ **spinner** *n.* ①纺工

spinach ['spinidʒ]*n.* 菠菜

spinal ['spainl] *a.* 脊骨的,脊柱的

spindle ['spindl]*n.* ①纺锤,锭子②像纺锤样的物件③轴,心轴 ‖ *v.* 长得又细又长

spindling ['spindliŋ] *a.* 细长的/ **spindly** *ad.*

spine [spain]*n.* ①(动,植物)刺,针②脊骨,脊柱,脊椎③像脊骨的东西,书背

spineless ['spainlis] *a.* ①无脊骨的②无骨气的,软弱无力的③无针刺的

spiny ['spaini] *a.* ①布满尖刺的,多刺的②刺状的

spiracle ['spaiərəkl]*n.* 通气孔,(昆虫)的气门,(鲸鱼的)喷水口

spiral ['spaiərəl] *a.* 螺旋的,螺旋形的,盘旋的 ‖ *n.* 螺旋,盘旋 ‖ *v.* 成螺旋形,作盘旋运动/ **spirally** *ad.*

spire [spaiə]*n.* ①尖顶②锥形体,塔状的东西

spirit ['spirit]*n.* ①灵魂,心灵②鬼魂,神灵③幽灵,鬼怪④精神,品格出众的人物,杰出人才⑤[复]心情,情绪,兴致⑥精神,勇气,活力⑦热情,忠诚的精神⑧精髓,精神实质⑨主要原则,本意⑩[复]烈性酒,酒精 ‖ *v.* 偷走,迅速地,偷偷地带走[The fox spirited off two chickens.狐狸人不知鬼不觉地偷走两只鸡。] ‖ *a.* ①精神的[the spirit world 精神世界]②酒精的,以酒精为燃料的[a spirit lamp 酒精灯]/ **out of spirits** 情绪低落,伤感,不悦/ **spiritless** *a.* 没精神的,无情绪的,无兴致的

spiritual ['spiritjuəl] *a.* ①精神上的,心灵的②神圣的,宗教的,脱俗的 ‖ *n.* 由美国黑人创作的宗教圣歌/ **spirituality** [spiritju'æliti]*n.* 精神性,灵性/ **spiritually** ['spiritjuəli]*ad.*

spiritualism [ˈspiritjuəlizm] n. ①唯灵论 ②精神上，脱俗的(品格)/**spiritualist** n. 唯灵论者，迷信招魂术者/**spiritualistic** a. 唯灵论的，相信招魂术的

spirituous [ˈspiritjuəs] a. 像酒精的，含酒精的，酒精的

spit[1] [spit] n. ①烤肉的叉或钎②岬，沙嘴；伸入海中的狭长陆地或礁石 ‖ v. 用炙叉、钎插串肉，以利物刺、戳

spit[2] [spit] v. ①吐，吐痰②(有力地)说出，发出[He spat out an oath. 他有力地(愤怒地)发出誓约(诅咒)。The radiator is spitting steam. 暖气包散发着很足的热气。]③(猫)发的愤怒的嘶声 ‖ n. ①吐，啐②唾沫，涎/**spit and image**，**spitting image**[俗]同——模一样的东西

spite [spait] n. 怨恨，恶意 ‖ v. 恶意对待，使恼怒[He built a high fence to spite his neighbors. 他建起一道高高的篱笆来对付他的邻人。]/**In spite of** 尽管/**spiteful** a. 有恶意的，怀恨的

spitfire [ˈspitfaiə] n. 脾气暴躁的人(尤指女人)

spittle [ˈspitl] n. 唾沫，唾液，涎

spittoon [spiˈtuːn] n. 痰盂

splash [splæʃ] v. ①溅，泼撒[to splash water or mud about 向四处溅起水或污泥]②使溅起水或泥土[The car splashed her dress. 汽车溅起泥水，弄脏了她的衣裙。]③淌着水，溅着水(行进、落下等)[He splashed through the swamp. 他溅着水穿过沼泽地。]‖ n. ①溅，泼的行为，或发出的声响②溅出的水、泥浆等③溅上的污迹/**make a splash**[俗]引起注意，引人注目/**splashy** a.

splatter [ˈsplætə] v. &n. 发出溅声，发声；泼，溅

splay [splei] n. 斜面，斜角，角度 ‖ a. 伸展开的，平铺开的 ‖ v. 伸展，张开①使倾斜

spleen [spliːn] n. ①脾脏②坏脾气，恶意，气恼，怒气

splendid [ˈsplendid] a. ①光彩照人的，灿烂辉煌的，壮丽的②值得高度赞美的，光荣的，大的③[俗]极好的，杰出的/**splendidly** ad.

splendor [ˈsplendə] [英口] n. ①光辉，光彩②壮观，显赫，荣耀

splenetic [spliˈnetik] a. 易恼怒的，脾气坏的，怀恨的

splice [splais] v. ①编接，捻接，绞接(绳索)②拼接，选接(板条) ‖ n. 拼接，编接，接头，接口

splinter [ˈsplintə] v. (使)裂成碎片[Soft pine splinters easily. 软松木容易碎裂。] ‖ n. (木头、骨头、玻璃等的)裂片，碎片 ‖ a.(组织、派别等)分裂的，分崩离析的

split [split] v. ①切开，劈开[to split a wiener 切开一条猪肉夹肉馅香肠]②裂开，爆裂[The board split when I hammered in the nail. 我往里敲钉子时，木板裂了。]③分担，分裂[We split the cost of our trip. 我们分担旅行的开销。] ‖ n. ①裂开②裂口，一条缝[a split in the seam of her dress 她衣裙上升线的裂口]③分裂，(分裂的)派系，派别[The argument caused a split in our club. 一场争论造成了我们俱乐部的分裂。]④[复](体操，舞蹈中的)劈叉 ‖ a. 分裂的，裂开的，劈开的，分离的

splotch [splɔtʃ] n. 斑点，污点，污迹 ‖ v. 使沾上污迹/**splotchy** a.

splurge [spləːdʒ] v. ①卖弄，炫耀②挥霍(以示)[to splurge on a big wedding 花许多钱办盛大的婚礼炫耀] ‖ n. [俗]炫耀的行为，卖弄，夸示

splutter [ˈsplʌtə] v. ①发出劈劈啪啪声②(气愤)唾沫飞溅地、语流很快地说话；③(尴尬时)语无伦次地说话[He spluttered out an excuse. 他慌乱地说了声对不起。] ‖ n. 劈啪声，发出劈啪声的行为，说出的语流很快，或语无伦次的话

spoil [spɔil] v. ①(使)成废物，(使)变坏，损坏[Ink stains spoiled the paper. 墨迹损坏了这张纸。]②宠坏[to spoil a child 把孩子宠坏] ‖ n. [复]①(战争中)掠夺的物品；赃物②(得势党可分派的)职务

S

spoken ['spəukən] speak 的过去分词 ‖ a. ①口说的,口头的②[构成复合形容词]以…口吻说话的

sponge [spʌndʒ] n. ①海绵生物体(群)②海绵③海绵状物 ‖ v. ①用海绵(状物)擦洗,用海绵(状物)吸附[to sponge up gravy with a crust of bread 用一块面包皮把肉汤吸起来]②[俗]不劳动,依靠他人生活/**sponger** n. 采集海绵的人,用海绵擦洗的人,过寄生生活的人

spongy ['spʌndʒi] a. 轻的,松软的,多孔的,像海绵似的

sponsor ['spɒnsə] n. ①(经济)担保人,保证人②出资在广播电视节目中承办广告的人或商号③教父,教母 ‖ v. 做担保人,做广播,电视节目广告出资人,做教父(母)/**sponsorship** n. 发起,主办,倡议,担保人身分,教父(母)身分

spontaneous [spɒn'teinjəs] a. ①自发性的,不由自主的②出自自然的,本能的,自动的/**spontaneously** ad.

spool [spu:l] n. 线轴(相卷,胶带等的)卷轴

spoon [spu:n] n. 匙,勺 ‖ v. 用匙取饭

spoonful ['spu:nful] n. 一匙的量,满满一匙

spoor [spuə] n. (野兽留下的)脚迹,足印,臭迹

sporadic [spə'rædik] a. 时而发生的,零星的/**sporadically** ad.

spore [spɔ:] n. (苔藓植物等)孢子

sport [spɔ:t] n. ①运动项目,体育项目②游戏,好玩的活动 ‖ v. ①游戏,玩耍,作乐[to sport on a beach 在海滩嬉戏]②佩带或炫耀[to sport a new tie 带一条新领带炫耀] ‖ a. 运动的,休闲的/**in sport, for sport** 取乐,嬉戏,打趣,快活/**make sport of** 取笑,嘲弄,奚落

sportsman ['spɔ:tsmən] n. ①运动员,爱好体育的人②讲运动道德的人,有风格的运动员/**sportsmanlike** 具有运动家道德或风格的/**sportsmanship** n. 运动家道德,运动家风格

spot [spɒt] n. ①点,斑点②污点,污迹,瑕

疵,缺点③地点,地方 ‖ v. ①弄上污点;点缀②放置,确定位置[Let's spot two sentries on the hill. 咱们在山上布置两个岗哨。]③[俗]看到,认出[I can spot our house from here. 从这儿我一眼就能看出我的房子。]从我一眼就能看出我的房子。现金(spot cash 现金,现款)②抽样的,任选的[a spot check 抽查]/**hit the spot** [俗]正是所要的,正合要求/**on the spot** 当场,立即;在现场②[俚]在困难中/**in a spot** 在困境中/**spotless** a. 没污点的,无瑕的

spotlight ['spɒtlait] n. ①(舞台上的)一束强光②聚光灯③众人注意的中心

spotty ['spɒti] a. ①多斑点的,缀有斑点的②不规则的,不一致的,不平稳的

spout [spaut] n. ①管口,壶嘴②喷流,水柱 ‖ v. ①喷出[The well began to spout oil. 油井开始喷油。Water spouted from the cracked hose. 水从水龙管的裂口喷了出来。]②高谈阔论

sprain [sprein] v. 扭伤,扭伤[to sprain one's wrist 扭伤手腕] ‖ n. 扭伤

sprawl [sprɔ:l] v. ①四肢分开地、懒散地躺或坐②胡乱地铺展[His hand-writing sprawls across the page. 整整一页纸上都是他胡乱的字迹。] ‖ n. 四肢分开的姿势

spray [sprei] n. ①(飞溅的)水沫,水气,雾气②(喷出的)雾,雾气③像雾一样的东西④喷水枪,喷雾器 ‖ v. ①喷,向…喷射[to spray a car with paint 给汽车喷漆]②喷射,喷洒[She sprayed perfume on herself. 她往身上喷香水。]/**sprayer** n. 喷雾器

spread [spred] v. ①伸展开,铺开,摆平[Spread out the tablecloth. 把桌布铺开。The eagle spread its wings. 鹰展开它的翅膀。Our trip spread out over two weeks, 我们的旅行持续了两个多星期。]②布满,铺展[He spread his paintings on the floor. 他把他的画铺了一地。]③展开,展现[A beautiful valley spread out before us. 一个美丽的山谷展现在我们面前。]④流传,散布[The rumors spread quickly. 谣言流

传得很快。〕⑤散布，传播〔Flies spread disease. 苍蝇传播疾病。〕⑥涂敷，摊，抹〔to spread bread with jelly 往面包上抹果酱冻〕⑦摆放〔饭菜〕〔to spread a table 把饭菜摆上桌〕‖ n. ①伸展，扩散②展开的距离，面积等③床单，床罩，床罩④涂料，敷料⑤〔俗〕一桌丰盛的饭菜/**spreader** n. 散布者，传播者，涂具

sprightly [ˈspraitli] a. 欢快的，有生气的，精力旺盛的/**sprightliness** n.

spring [spriŋ] v. ①跳跃，弹跳〔The cowboy sprang to his horse. 牛仔跳到他的马。〕②弹回〔如皮条〕③〔弹一下〕关上〔to spring a trap 使陷阱押回关上〕④〔忽然〕出现，冒出，发生，长出〔The plant springs from a seed. 从种子里冒出了新芽。〕⑤忽然发出，发生〔to spring a surprise 给一个想不到的意外〕⑥裂开，块开，变曲等〔The door has sprung. 门裂开了。〕‖ n. ①跳跃②弹簧，发条③弹力④泉，温泉，矿泉⑤源泉，根源，原动力⑥春季，春天，春日①〔春天的，春季的②有弹力的，弹性好的，弹簧的③泉的/**spring a leak** 忽然漏水（气）

springboard [ˈspriŋbɔ:d] n. 跳板，踏板

springy [ˈspriŋi] a. 有弹性的，弹力的

sprinkle [ˈspriŋkl] v. ①喷洒，淋，撒〔to sprinkle salt on an egg 在鸡蛋上撒盐〕②喷灌，喷洒〔to sprinkle a lawn with water 给草坪喷水〕③下小雨〔‖ n. ①喷洒②小雨/**sprinkler** n. 洒水器，洒水车，喷灌设备

sprinkling [ˈspriŋkliŋ] n. 少量，稀落，点滴

sprint [sprint] v. 疾跑，全速奔跑‖ n. 短跑，疾跑/**sprinter** n. 短跑选手，疾跑的人

sprout [spraut] v. ①发芽，抽条〔Buds are sprouting on the roses. 玫瑰正在长出花蕾。〕②迅速发展，很快生长〔Billy sprouted up this summer. 比尔今年夏天长得很快。〕③使（很快）生长〔Rain will sprout the grass. 雨会使草长得很快。〕‖ n. 芽，苞，蕾；籽苗，嫩枝

spruce [spru:s] a. 整洁的，潇洒的，‖ v. 使整洁，把…打扮整齐，修剪〔树木〕〔New drapes will spruce up the room. 新的窗帘会把房间打扮整齐。〕

spry [sprai] a. 行动敏捷的，充满活力的/**spryly** ad.

spume [spju:m] n. & v. 泡沫，浮沫；起沫，发泡

spunk [spʌŋk] n. 勇气，胆量；精神；〔俗〕生气

spur [spɜ:] n. ①马刺，靴刺②尖坡，山嘴，石嘴；鸟类等的距③（铁路的）支线④刺激物，鼓舞‖ v. ①用马刺驱马前进②鞭策，激励〔The prize money spurred him to greater efforts. 奖金使他做出更大的努力。〕/**on the spur of the moment** 立即，马上，很快地；不加盘算地，一时冲动地/**win one's spurs** 立功，赢得荣誉

spurious [ˈspjuəriəs] a. 假的，伪造的

spurn [spɜ:n] v. ①摒弃，唾弃〔He spurned my friendship. 他摒弃了我的友谊。〕②踢开〔to spurn a cat 把猫一脚踢开〕

spurt [spɜ:t] v. ①喷射，刺出来〔Juice spurted forth the grape fruit. 果汁从葡萄里刺出来。〕②冲刺，突然迸发出〔‖ n. ①突然的喷射〔The ketchup came out in spurts. 番茄酱剌了出来。〕②迸发，突然、突然的爆发〔to work in spurts 忽冷忽热地干工作〕

sputter [ˈspʌtə] v. ①喷溅唾沫或食渣②语流很快地说，含混不清地说，急促地说〔He sputtered out an excuse. 他含混地说了声对不起。〕③发出劈劈啪啪的声响〔The hamburgers sputtered over the fire. 汉堡包的肉蕊饼在烤架上发出劈劈啪啪的声响。〕‖ n. ①喷溅、喷洒的行为；喷溅、喷洒的声音②激动，气愤时语无伦次的言语

sputum [ˈspju:təm] n. 唾沫，痰

spy [spai] n. ①密探，侦探②间谍，特务‖ v. ①暗中监视，做谍报工作②看到，发现〔Can you spy the ship yet? 你能看清那只船吗?〕③仔细察看到，探出〔She spied out our plans. 他探出了我们的计划。〕

squabble [ˈskwɒbl] v. 口角，为琐事争吵 ‖ n. 口角，斗嘴，争吵

squad [skwɒd] n. ①(士兵的)班②班，组，小队

squalid [ˈskwɒlid] a. ①肮脏的，邋遢的②悲惨的，窝囊的，可怜的

squall¹ [skwɔːl] n. 伴有雨雪的短时阵风 ‖ v. 一时起风暴的/**squally** a. 将起风暴的，起风暴的

squall² [skwɔːl] v. 大声啼哭，嚎啕 ‖ n. 嚎啕，啼哭，喊叫

squalor [ˈskweilə] n. 肮脏，邋遢；悲惨，窝囊，可怜

squander [ˈskwɒndə] v. 浪费，滥用，乱花 [to squander money or time 浪费金钱或时间]

square [skweə] n. ①正方形②方形，方形物③广场，四面有街的街区空地④直角尺，丁字尺⑤[复]平方 ‖ a. ①正方形的②成直角的，成直角的②直的，平的，公平的，正直的③平方的⑥令人满意的，实惠的(食物)‖ v. ①使成正方形，把…弄成方形[to square a stone 把石头打磨成方形 to square a wall 砌一道方形的墙]②使直，平；抬平，调正[Square your shoulders. 端平你的肩膀。]③结清(帐目)，付讫(帐目)[to square accounts 算清帐]④划分成方格，分成方块，打方格[A checkerboard is squared off. 在棋盘上打上方格。]⑤平方[5 squared is 25.5 的平方是 25。]⑥符合，一致[His story squares with mine. 他所讲述的和我的一致。]/**on the square**①成直角；[俗]正直的；公正的/**square off** 就位(准备好进攻或防守)/**square oneself** 弥补过失，赔偿他人损失/**squarely** ad. 成直角地；正直地，公平地；坚定地/**squareness** n.

squash¹ [skwɒʃ] v. ①压扁，被压扁[Grapes squash easily. 葡萄很容易被压坏。]②镇压，压制(暴乱等)③挤，压 ‖ n. ①压挤的动作或压时所发出的声响[The tomatoes hit the floor with a squash. 番茄扑哧一声掉在地上。]②被压坏的(碎、扁、烂)的东西③用网拍玩的橡皮球状的游戏

squash² [skwɒʃ] n. 南瓜，倭瓜；西葫芦

squashy [ˈskwɒʃi] a. ①又软又湿的，烂糊糊的②易压烂的，易压扁的

squat [skwɒt] v. ①蹲坐②蹲伏③非法定居④在公地上定居下来(以取得该块地所有权)‖ a. ①蹲伏的②短粗的，矮胖的 ‖ n. 蹲的行为或姿势/**squatter** n. 蹲坐着的人；擅自占地(或空房)的人；在公地上定居以取得该地所有权的人

squeak [skwiːk] n. 短促刺耳的尖叫声或任何短促刺耳的声音 ‖ v. 发出尖叫声，发出吱吱声[His new shoes squeak. 他的新鞋走起路来格吱格吱地响。]/**narrow squeak, close squeak** 九死一生的脱险/**squeaky** a. 发出短促尖叫的，发出吱吱声的

squeal [skwiːl] n. 长而尖的叫声，长而尖的声音 ‖ v. ①发出长而尖的声音②[俚]闲谈，饶舌；泄露别人隐私

squeamish [ˈskwiːmiʃ] a. ①易吐的，易倒胃的，易恶心的，易不安的②易受惊吓的③过分拘谨的/**squeamishness** n.

squeeze [skwiːz] v. ①挤压，压，榨[Squeeze the sponge to get rid of the water. 压挤海绵，把水挤出来。]②榨取[to squeeze money from poor people 榨穷人的钱]③压进，挤进[He squeezed his hand into the jar. 他把手挤进罐子。]④紧紧拥抱③挤过[He squeezed through the narrow window. 他从狭窄的窗口挤过去。]⑥易被挤出[Foam rubber squeezes easily. 泡沫橡胶易被挤压。]‖ n. ①压挤，压榨，重压/**squeezer** n. 压榨者，压榨机

squelch [skweltʃ] v. 使不作声，压服[to squelch an unruly child 压服一个不守规矩的孩子]

squid [skwid] n. 鱿鱼

squint [skwint] v. ①眯眼看②斜视看③对眼 ‖ n. ①眯眼，斜视看的动作②对眼③[俗]一瞥 ‖ a. 对眼的

squire [ˈskwaiə] n. ①(英国)乡绅，地主②治安官③对女人殷勤的男子④骑士的矩的队子

崽从 ‖ *v.* 殷勤地伺奉女人,向女人献殷勤

squirm [skwəːm] *v.* ①蠕动,蠢动②感到羞耻,不安/**squirmy** *a.*

squirrel ['skwirəl] *n.* ①松鼠②松鼠毛皮

squirt [skwəːt] *v.* ①喷,喷发,喷出②喷湿[He squirted us with the hose. 他用水龙管把我们淋湿了。] ‖ *n.* ①喷洒、淋的动作②喷出的小水流

stab [stæb] *v.* ①刺,刺伤,戳②刺入[He stabbed the pitchfork into the hay. 他把叉子刺入稻草堆。]③刺痛,重创[a stabbing pain 刀割一样的刺痛 stabbed by insults 受到凌辱的重创]/**stabber** *n.* 刺客,刺者

stability [stə'biliti] *n.* 稳定,稳定性,坚定,巩固

stabilize ['steibilaiz] *v.* ①使稳定,使巩固②保持稳定[to stabilize prices 保持物价稳定]/**stabilization** *n.*

stabilizer [steibi'laizə] *n.* 稳定器,安全器;起稳定作用的人

stable[1] ['steibl] *a.* ①稳固的,不易破碎的②稳定的,不易变更的,持久的

stable[2] ['steibl] *n.* ①马厩,牛棚②属于同一主人的一群赛马 ‖ *v.* 把…拴进马厩(牛棚),把…关在马厩(牛棚)里

stack [stæk] *n.* ①稻草堆,草垛②整整齐齐的一堆[a stack of books 整整齐齐的一堆书]③一排书架④烟囱,烟囱群⑤排成尖塔形架在一起的一组步枪 ‖ *v.* ①堆成堆②堆起,堆积,堆满[We stacked the truck with boxes. 我们把箱子堆上卡车。]③作弊[to stack a deck of playing cards 打扑克作弊]

stadium ['steidjəm] *n.* 运动场,体育场

staff [stɑːf] *n.* ①杆,杖,棒②支柱,主要材料③[复](全体)工作人员④五线乐谱 ‖ *v.* 为…配备工作人员

stag [stæg] *n.* ①成年雄鹿②雄性 ‖ *a.* 全是男人的,只为男人的

stage [steidʒ] *n.* ①舞台,讲台②戏剧活动,戏剧生涯③台阶④场所,场景⑤站,驿站⑥两个站间的距离 ⑦驿站间的公共马车 ⑧阶段,发展时期 ⑨(火箭的)级 ‖ *v.* ①搬上舞台,上演②策划,举行[to stage an attack 策划进行一次攻击]/**by easy stages** 一点一点地,从容不迫地,干干歇歇地

stagger ['stægə] *v.* ①蹒跚地走,摇晃地站立[The tired boxer staggered from the ring. 疲劳的拳击手摇晃着走下拳击场。]②使蹒跚,使摇晃[The blow staggered him. 这一重击打得他站不稳脚跟。]③使震惊,使不知所措[staggering news 令人不知如何是好的消息]④使交错⑤使错开(时间)[to stagger vacations 使假期错开] ‖ *n.* 蹒跚的行为

stagnant ['stægnənt] *a.* ①停滞的,不流动的②迟钝的,不活跃的,呆笨的

stagnate ['stægneit] *v.* 使(变)迟钝,使(变)停滞,使(变)萧条/**stagnation** *n.*

staid [steid] 动词 stayed(依然)的古式 ‖ *a.* 稳重的,庄重的;固定的,安定的

stain [stein] *v.* ①玷污,沾染[a rug stained with ink 染上墨迹的小地毯]②玷污,蒙耻[to stain one's reputation 玷污某人声誉]③染色,着色[to stain wood to look like walnut 把木料着上胡桃似的颜色] ‖ *n.* ①斑迹,污迹②污点,瑕疵,令人羞耻的东西

stainless ['steinlis] *a.* ①无瑕的,完美的②不易被弄污的,不易生锈的

stair [stεə] *n.* ①台阶②[复]一段楼梯,一段台阶

stake [steik] *n.* ①桩,标桩②火刑柱③[复]赌金,赌注④竞赛的奖励,资金⑤利息分成,股,利益 ‖ *v.* ①立桩标出区界[to stake out a claim 立桩标出领地]②用支柱支撑[to stake up a tomato plant 用架子把蕃茄支起来]③赌,冒险④[俗](由于某种原因)借钱给某人[He staked us to meal. 他把钱(借)给我们吃饭。]/**at stake** 在危急中,生命攸关

stale [steil] *a.* ①不新鲜的,放太久的②陈旧的,老一套的③(由于练习过多或过少)境况不佳的,停滞的 ‖ *v.* (使)变陈旧,走味,僵化

S

stalemate ['steil'meit] n. ①（国际象棋中）僵局，②僵持，对峙 ‖ v. 使成僵局

stalk¹ [stɔ:k] v. ①大踏步地走②广泛散布，漫布〔Terror stalked the streets. 恐怖笼罩着街区。〕③蹑手蹑脚地走近（以便捕杀）〔to stalk game 潜行接近猎物〕‖ n. ①高视阔步②潜行

stalk² [stɔ:k] n. ①（植物的）茎，梗②像茎、梗样的东西

stall¹ [stɔ:l] n. ①（畜舍内）供一头牲畜的厩，分隔栏②（市场上的）货摊，货亭，棚店③（教堂里的）长排座椅 ‖ v. ①（牲畜）被关入厩内②停顿，停止〔The car stalled when the motor got wet. 发动机湿了，汽车停了下来。〕

stall² [stɔ:l] v. 拖延，敷衍〔to stall for time 拖延时间〕‖ n. 任何为拖延或敷衍而讲的话或做的事

stallion ['stæljən] n. 种马

stalwart ['stɔːlwət] a. ①健壮的，结实的，强健的，苗壮的②勇敢的，无畏的③坚强的，坚定的 ‖ n. 健壮的人；勇敢、坚强的人

stammer ['stæmə] v. 结结巴巴地说，口吃地说 ‖ n. 结结巴巴讲的话，口吃

stamp [stæmp] v. ①重踏，踩，跺脚〔"No" she said, stamping on the floor. 她跺着脚说，"不"。〕②用重步走，跺脚走〔The angry boy stamped out of the room. 那男孩气呼呼地跺着脚走出房间。〕③踏，踩；捣碎，压，扑灭〔to stamp out a fire 扑灭一场火 to stamp out a revolt 扑灭一场暴乱〕④压印，盖章，打上标记〔He stamped his initials on all his clothing. 他在自己所有的衣服上都盖上了自己名字的首字母。〕⑤冲压，压模〔This machine can stamp out a hundred shoe soles every minute. 这台机器每分钟能压出一百只鞋底。〕⑥标志显出，显示出（某特征）〔His face was stamped with fear. 他的脸上表现出害怕的样子。〕⑦贴邮票卡，贴封印于 ‖ n. ①跺脚②捣碎机，冲压机，模子,印章③打上的印迹④官方封印，印花⑤邮票⑥报销凭证，盖章证明⑦标志，标记，

印迹⑧种类

stance [stæns] n. 站立的姿势；脚的位置，姿态

stanch [stɑːntʃ] v. 使伤口止血 ‖ a. 坚定的，忠诚的

stand [stænd] v. ①站，站立，〔Stand by your desk. 站在你的课桌旁边。〕②耸立，竖立〔The birdbath stands in the garden. 供鸟洗浴的装饰性小池子耸立在花园里。〕③持某种态度，有某种立场〔I stand with you in this matter. 在这件事上我和你看法一样。〕④放置于，坐落于，位于〔Our house stands on a hill. 我们的房子坐落在山上。〕⑤处于某种状态或境地〔Where do you stand in your class? 你在班上是什么样的学生？〕⑥处于某种状态或境地〔She stands convicted of cruelty. 他被判犯有残暴罪。〕⑦聚集并保持〔Sweat stood in drops on his forehead. 汗珠挂在他的额头上。〕⑧维持，保持原状，继续有效〔My orders stand until I cancel them. 我的指示在我取消它们之前一直有效。〕⑨站住不动，停滞，滞留⑩坚持到底，顶住〔One man stood alone against the enemy. 一个人单独坚持和敌人对抗。〕⑪忍受〔She can't stand noise. 她忍受不了噪音。〕⑫经受，经得住⑬经历，承受〔He must stand trial for his crime. 他必须因他犯下的罪受审。〕⑭付款〔Who will stand the cost? 谁来承担这些花费？〕‖ n. ①站立②停住，站住，停下抵抗③站立的位置〔Take your stand at the door. 站在门口。〕④立场，态度，看法，意见〔What is the Senator's stand on higher taxes? 参议员对提高税收的看法如何？〕⑤台，席〔a band stand 乐手席 the witness stand in a courtroom 法庭上的证人席〕⑥〔复〕看台，一排排，阶梯座椅⑦商亭，小柜台，小店面，摊点〔a cigar stand 卖香烟的小铺子〕⑧架子，立架〔a stand 一片正在生长的树木和植物〔a stand of willows 一片柳林〕/**stand a chance** 有个机会，有可能/**stand by** ①在附近，做好准备②支持，帮助/**stand for**①象征，意味着；代表〔The mark & stands for the word "and". & 这个符号代表"and"这个字。]②[俗]忍受，容忍/**stand off** 远离，疏远，保持距离/**stand out** ①突出②出色/**stand up** ①起立②站得住，证明正确，能持久/**stand up for** 支持，捍卫

standard ['stændəd]*n.* ①标准，水准，规格[The government sets the standards for pure food and drugs. 政府确定了食品和药品的纯度标准。]②标准，国旗，国旗，军旗，队旗，族旗[The tricolor is the standard of France. 法国国旗是三色旗。]③立柱；旗杆，电杆，标杆等[Flagpoles are often called standards. 旗杆经常称做"standards"。] ‖ *a.* ①标准的，规范的[The standard Canadian gallon is larger than the standard American one. 标准的加拿大加仑要比标准的美国加仑大些。]②一般性的，普通的[Headlights are standard equipment on all cars. 车头照明灯是所有车辆的普通设备。]③公认的，被公认为是正确，好的[Both "catalogue" and "catalog" are now standard spellings. "catalogue"和"catalog"两种拼法都被认为是正确的。]

standardize ['stændədaiz]*v.* 使符合标准；标准化[Radio and television have begun to standardize American speech. 广播和电视已开始使美国的语言趋于标准化。]/**standardization** *n.* 标准化

standing ['stændiŋ]*a.* ①站立的，直立的②以站立姿势做的[a standing broad jump 立定跳远]③不流动的，停滞的[standing water in the tins 锡桶里的死水]④常备的，常设的，常规的，固定不变的[a standing order for two quarts of milk each day 每天订两夸脱牛奶的常期订单]‖ *n.* ①身分，地位，级别，名望[a man of high standing 享有很高地位(声望)的人]②持续期[a custom of long standing 持续很长时间的惯例]

stanza ['stænzə](诗的)节，一节诗

staple[1] ['steipl]*n.* ①主要产品[Coffee is the staple of Brazil. 咖啡是巴西的主要产品。]②主食，常吃的食品[We bought flour, sugar, and other staples. 我们的面粉、糖果及其他常备食品都是买来的。]

③(棉、毛、麻)纤维[Egyptian cotton has a very long staple. 埃及的棉花有很长的纤维。] ‖ *a.* ①经常使用的，主要的[staple foods 主食]②最主要的，重要的[Automobile manufacturing is a staple industry in our economy. 汽车生产是我们经济领域的主要工业项目。]

staple[2] ['steipl]*n.* ①U 形钉②订书钉 ‖ *v.* 用 U 形钉(订书钉)钉牢/**stapler** *n.*

star [sta:]*n.* ①星，星辰②[占星术]司命星③星状物④(印刷中使用的)星号⑤明星(杰出的运动员，演员等) ‖ *v.* ①出演主角，被给予主要角色[She is starred in the new movie. 她主演了一个新影片中的主角。]②用星装饰，标以星号[Some names on the list are starred. 名单里的一些名字被标记上了星号。]③表现突出，表演出色[He stars at football. 他足球踢得非常好。] ‖ *a.* 技艺高超的，杰出的[a star athlete 体育名星]

starboard ['sta:bɔ:d]*n.* (飞机、船的)右舷 ‖ *a.* 右舷的，右边的

starch [sta:tʃ]*n.* ①淀粉质②淀粉，粉子③拘谨，生硬 ‖ *v.* 用淀粉浆硬，(给衣服，织物)上浆[to starch a collar 浆衣领]

starchy ['sta:tʃi]*a.* ①淀粉的，像淀粉的，含淀粉的②用淀粉浆过的，生硬的，拘泥的，死性的[a starchy manner 生硬的举止]

stare [steə]*v.* ①盯视，凝视；(由于惊奇、好奇、迟钝等)目不转睛地看②(色彩)惹眼，显眼 ‖ *n.* 盯视，凝视/**stare down** 盯得某人移开目光

stark [sta:k]*a.* ①荒凉的，空旷的，光秃秃的[a stark landscape 一片荒寂的景色]②完全的，十足的[stark terror 十分的恐惧]③僵硬的，刻板的，严格的 ‖ *ad.* 完全地，十足地[stark naked 完全裸露的]/**starkly** *ad.*

starlight ['sta:lait]*n.* 星光 ‖ *a.* 被星光照亮的

starry ['sta:ri]*a.* ①星星的[starry light 星光]②布满星星的[a starry sky 布满星星的天空]③像星星一样闪耀的，明亮的

〔starry eyes 明亮的眼睛〕

start 〔stɑːt〕v. ①开始，出发〔We start for Boston today. 我们今天出发到波士顿去。〕②起动，开动，使开动〔Start the car. 把车发动起来。Who started the fight? 谁先打起来的?〕③惊起，跳起〔The noise made her start. 这声音吓了她一跳。〕④惊吓起，使惊起〔We started a bird. 我们惊起了一只鸟。〕‖ n. ①开始，出发，惊跳起，跳起②跳起，惊起，出发，起程④开始的时间或地点〔He was ahead from the start. 从一开始时他就处于领先地位。〕/ **start in** 开始做某事/ **start out** 出发，起动/ **start up** ①跳起，惊起，忽然站起来②开动，开始运转

starter 〔ˈstɑːtə〕n. ①开始的人或物②（一系列中的）第一个，打头的②发令员

startle 〔ˈstɑːtl〕v. 使惊跳，使跳起，使大吃一惊〔The ring of the telephone startled me. 电话铃声吓了我一跳。〕

startling 〔ˈstɑːtliŋ〕a. 令人惊奇的，吓人的〔a startling sight 让人吓一跳的情景〕

starve 〔stɑːv〕v. ①饿死，挨饿②使饿死，使挨饿③〔俗〕感到饥饿〔starve for 极需，渴望得到〕/ **starvation** 〔stɑːˈveiʃən〕n. 饥饿

state 〔steit〕n. ①状况，状态，情况〔He's in a nervous state. 他处于一种紧张状态。Things are in a state of change. 情况在变化中。〕②富贵，堂皇，庄重（的方式或条件）〔We dined in state. 我们很气派地进餐。〕③国家④State（美国）州〔the State of Ohio 俄亥俄州〕⑤政府，领土〕‖ v. ①确定，规定〔Let's state a time and place for meeting. 咱们把会见的时间和地点确定下来。〕②陈述，声明，说明，郑重地说〔He stated his views. 他阐述了自己的看法。〕/ **the States**〔俗〕美国/ **statehood**

stately 〔ˈsteitli〕a. 高贵的，堂皇的，雄伟的，庄重的〔a stately dance 有气派的舞蹈〕/ **stateliness**

statement 〔ˈsteitmənt〕n. ①陈述，声明②声明书，话语〔May we quote your state-

ment? 我们可以引用你的话吗?〕③（财务、银行的）报告单，帐单〔This store sends its customers monthly statements. 这家商店每个月都向顾客寄送财务清单。〕

static 〔ˈstætik〕a. ①静止的，不活跃的，不动的，不变的②静力的，静态的，处于平衡状态的〔static equilibrium 静态均衡〕③重力的〔static pressure 重力（压力）〕④静电的 ‖ n. 无电，静电干扰

station 〔ˈsteiʃən〕n. ①站，台，所，局〔a sentry's station 哨所 a police station 警察局〕②车站，车站建筑③电台，广播，电视台④位置，岗位，身分，地位，职位〔A judge is a man of high station. 法官是有很高地位的人。〕‖ v. 驻扎，安置

stationary 〔ˈsteiʃənəri〕a. ①不动的，静止的〔stationary engines 固定的发动机〕②不变的，固定的〔Prices were kept stationary under wartime controls. 物价保持不超过战时物价控制标准。〕

stationery 〔ˈsteiʃənəri〕n. 文具，纸张，信笺

statistical 〔stəˈtistikəl〕a. 统计学的，统计的/ **statistically** ad.

statistician 〔ˌstætisˈtiʃən〕n. 统计学家，统计员

statistics 〔stəˈtistiks〕n.〔复〕①统计数据〔census statistics 人口普查统计数据〕②统计学〔使用单数动词〕

statue 〔ˈstætjuː〕n. 雕像，塑像，铸像

stature 〔ˈstætʃə〕n. ①身高，身材〔a man of short stature 身材短小的男子〕②发展状况，成长情况，高度〔of high moral stature 高道德水准〕

status 〔ˈsteitəs〕n. ①地位，身分〔A doctor has high status in our society. 医生在社会中享有很高地位。〕②情况，状况，状态

statute 〔ˈstætjuːt〕n. 法则，法规，法令

statutory 〔ˈstætjutəri〕a. ①法令的，法规的②法定的③依法的

staunch 〔stɔːntʃ; stɑːntʃ〕a. 健壮的，坚定的，忠诚的〔a staunch patriot 坚定的爱国者 staunch friendship 坚贞的友谊〕②防水的，不透水的〔a staunch ship 坚固的

船 ‖ v. 同 stanch /**staunchly** ad.

stave 〔steiv〕n. ①(木桶的)桶板②棍，棒，杖〔诗，歌剧〕节③乐谱，五线谱 ‖ v. ①(用棍、棒)击穿，弄破；凿孔〔to stave a hole in a boat 在船上凿个洞〕②装上桶板 /**stave in** 在…上弄个洞 /**stave off** (用技巧，力量)挡开，避开，延缓

stay¹ 〔stei〕n. ①支撑物②(衣领、胸衣的)支衬 ‖ v. 支撑，用支条撑起；支持

stay² 〔stei〕v. ①保持(某状态)，停留在某处〔Stay at home today. 今天呆在家里。The weather stayed bad for two weeks. 坏天气已经持续了两周了。〕②暂住，逗留〔I am staying with friends. 我暂住在朋友那里。〕③停止，止住〔Stay your anger. 不用再生气了。〕④抑制，延缓〔A snack will stay your appetite. 一些方便食品会让你抑制一下你的饥饿感。〕⑤持续，坚持，持久〔This horse won't stay the distance in a long race. 这匹马坚持不了这么长距离的赛程。〕‖ n. ①停止，终止，延缓〔The prisoner won a stay of execution. 这个罪犯得到了缓期执行。〕②停留，逗留〔a long stay in the hospital 长期住院〕

stead 〔sted〕n. 替代〔If you can't come, send someone in your stead. 如果你不能来，派别人替你来。〕/**stand in good stead** 给予好处

steadfast 〔'stedfɑ:st〕n. 坚固的，固定的，不变的〔a steadfast friendship 牢固的友谊〕/**steadfastly** ad.

steady 〔'stedi〕a. ①坚定的，平稳的〔a steady table 平稳的桌子〕②不变的，稳定的；稳固的，扎实的，一贯的〔a steady gaze 目不转睛的盯视〕③镇静的，沉着的〔steady nerves 沉着冷静的精神状态〕④稳重的，明白事理的，靠得住的〔a steady young man 一个靠得住的青年人〕‖ v. 使平稳，使镇静，使稳定；保持稳定，坚定；变得从容，稳定，沉着 /**go steady** 〔俗〕成为确定关系的情侣 /**steadily** ad. 平稳地，稳定地，镇静地，一步一个脚印地，扎实实地 /**steadiness** n.

steak 〔steik〕n. 牛排，大块肉片或鱼片

steal 〔sti:l〕v. ①偷，窃取②偷偷地拿，偷偷地做〔to steal a look 偷偷地看一眼〕③使用伎俩获取，巧夺〔He stole her heart. 他巧妙地赢得了她的心。〕④偷偷地行走，溜〔He stole out of the house. 他偷偷溜出那所房子。〕‖ n. ①偷窃行为②〔俗〕以特别低的价格得到的东西

stealthy 〔'stelθi〕a. 隐秘的，暗中的，不为人知的〔the stealthy approach of a cat 不让人发觉地走近猫〕/**stealthily** ad. /**stealthiness** n.

steam 〔sti:m〕n. ①蒸汽，水蒸气②水气，雾气〔the steam on windows during cold weather 冷天窗子上的水汽〕③〔俗〕精力，体力，气力〔He ran out of steam late in the afternoon. 他到后半晌就精力不足了。〕‖ a. ①使用蒸汽为动力的，用蒸气的〔a steam engine 蒸汽机〕②用来输导蒸气的〔a steam pipe 蒸气管道〕‖ v. ①送蒸汽，放蒸汽，冒热气〔a steaming tea kettle 冒着热气的壶〕②变得带有蒸汽，带有雾气〔His eyeglasses steamed up in the warm room. 在温暖的屋里他的眼镜遮满了水汽。〕③用蒸气驱动〔The ship steamed out of the harbor. 汽轮驶出了港。〕④蒸，煮，蒸发，散发〔to steam asparagus 蒸芦笋 to steam labels off jars 把罐上的标贴泡软弄掉〕

steamy 〔'sti:mi〕a. ①充满蒸汽的，多水雾的〔a steamy bathroom 充满水蒸汽的浴室〕②蒸汽的，似蒸汽的〔the steamy breath in the cold air 冷天带有哈汽的呼吸〕

steel 〔sti:l〕n. ①钢②钢制品③坚硬，坚固〔muscles of steel 坚硬的肌肉〕‖ a. 像钢一样的，钢的 ‖ v. 使像钢一样坚硬，冷峻〔He steeled himself for the shock. 他使自己能经受这一震惊。〕

steely 〔'sti:li〕a. ①钢制的②像钢铁一样坚硬的；像钢的颜色的〔a steely heart 钢铁般的心〕

steep¹ 〔sti:p〕a. ①急剧升降的，有陡坡的〔a steep hill 陡峭的山〕②〔俗〕极高的，高出常规的〔a steep price 过分高的

价格〕**/steeply** ad. **/steepness** n.

steep² [stiːp] v. 浸,渍〔to steep tea leaves 渍泡茶叶〕**/steeped in** 浸渍于,沉浸于〔steeped in a subject 沉浸于一个题目之中〕

steer¹ [stiə] v. ①驾驶,掌舵〔A helmsman steers a ship. 舵手驾驶着航船。She steered the car into the driveway. 她把车开上车道。〕②被驾驶,开起来〔This car steers smoothly. 车开得很平稳。〕③遵循〔He steered a straight course. 他循着一条直路走。〕④引导,指引〔The coach steered his team to victory. 教练员指导着他的队员取得胜利。〕**/steer clear of** 避免,避开

steer² [stiə] n. 肉牛,阉牛

steerage [ˈstiəridʒ] n. 轮船的下等舱,统舱

stellar [ˈstelə] a. ①星的,星球的;像星一般的②由明星演的,为明星演员的;最重要的,领衔的〔a stellar role in a play 剧中的主要角色〕

stem [stem] n. ①茎,树干,叶梗②枝③柄,把,杆〔the stem of a goblet 高脚杯的柄〕④(船体的)艏,船头,舰首⑤词根,词干 ‖ v. ①摘除茎,抽去梗〔to stem cherries 摘掉樱桃的梗〕②迎着冒上,逆流而行〔We rowed upstream, stemming the current. 我们顶着水流划船逆流而上。〕③停止,制止,止住〔to stem the bleeding 止住正在流的血〕④分枝,从……生出〔Your troubles stem from past mistakes. 你的麻烦是从过去的错误产生的。〕

stencil [ˈstensl] n. ①镂花模板,模绘板②用模板印上的文字或花纹 ‖ v. 用模板绘制,用模板印上〔He stenciled his name on the mailbox. 他用模板在信箱上印上自己的名字。〕

stenographer [ˈstenəɡrɑːfə] n. 速记员

stenographic [ˌstenəˈɡræfik] a. 速记的〔a stenographic record of a conversation 谈话的速记记录稿〕

step [step] n. ①脚步②步幅〔They stood three steps apart. 他们以相隔三步远的距

离站着。〕③步态,步伐〔light, skipping steps 轻盈跳跃的步子〕④脚步声〔I hear steps outside. 我听见外面的脚步声。〕⑤脚印,足迹⑥台阶,梯级,踏板⑦等级,阶〔A major is one step above a captain. 少校比上尉高一级别。〕⑧步骤〔After giving first aid, the next step is to call the doctor. 进行了急救之后,下一个步骤就是请医生。〕⑨舞步〔Step on the brake 脚踩刹车〕 ‖ v. ①迈步,步行②跨步,走〔Step outside. 出去。〕③用步测〔John stepped off 100 yards. 约翰一步步跨出 100 码。〕④踏,踩〔to step on the brake 脚踩刹车,踩闸门〕⑤轻快地走〔That horse can really step along. 那匹马的步子走起来确实快快。〕⑥进入,卷入,走进〔to step into an argument 进入一场争论〕**/in step** 按着别人的步子走,照音乐节奏跳舞;效法他人,步……之后尘,步调一致**/keep step** 保持步伐,保持步律**/out of step** 乱了步伐,乱了阵脚,步调不一致**/step by step** 一步一步地,一步一个脚印地**/step down** 离开职位,下台,让位**/step up** ①走向前,走近②增加,增长,加快步伐〔Steel mills have stepped up production. 钢厂提高了生产。〕**/take steps** 采取步骤,采取措施**/watch one's step** 〔俗〕当心,小心,留神

steppingstone [ˈstepiŋstəun] n. ①过河的踏脚石②达到某一目标的手段,途径,跳板〔Education is a steppingstone to success. 受教育是达到成功的一个手段。〕

stereophonic [ˌstiəriəˈfɔnik] a. 立体声的

stereoscope [ˈstiəriəskəup] n. 立体视镜**/stereoscopic** [ˌstiəriəsˈkɔpik] a. 立体的,立体视镜的,体视的

sterile [ˈsterail] a. ①不生育的,不结果的;不肥沃的;贫瘠的〔a sterile woman 患不育症的女人 sterile soil 种东西不长的土壤,贫瘠的土壤〕②无菌的,消过毒的〔A dentist's tools must be kept clean and sterile. 牙科医生的工具必须保持清洁无菌。〕**/sterility** [steˈriliti] n.

sterilize [ˈsterilaiz] v. 使无菌,把……进行

消毒〔Sterilize the baby's bottles by putting them in boiling water. 把婴儿奶瓶放到开水里消一下毒。〕/**sterilization** n.

sterling ['stə:liŋ] a. ①符合含银量标准的(不少于 92.5g)②标准纯银的〔sterling candlesticks 纯银烛台〕③英国货币的〔twenty pounds sterling 20 磅英币〕④纯正的,极好的〔a man of sterling character 有好性格的人〕‖ n. ①标准纯银②英国货币.

stern[1] [stə:n] a. ①严格的,严厉的,严峻的〔stern parents 严厉的父母 stern treatment 严格的对待〕②坚定的,不变的,不屈服的〔stern reality 不变的现实〕/**sternly** ad. /**sternness** n.

stern[2] [stə:n] n. 艉,船尾.

sternum ['stə:nəm] n. 胸骨

stethoscope ['steθəskəup] n. 听诊器

stew [stju:, stu:] v. ①炖,焖,煨,用文火煮②[俗]使焦急,使烦恼 ‖ n. ①炖制食品(炖肉、炖鱼等)②[俗]令人焦急的状况

steward ['stjuəd; 'stuːəd] n. ①管家,财产管理人②财产代理人③伙食管理人员④客轮乘务人员/**stewardship** n.

stick [stik] n. ①断枝,枯枝②棍,棒,杖③条,根,细长片〔a stick of chewing gum 一条(片)口香糖〕④[俗]木头疙瘩的人,长着榆木脑袋的人‖ v. ①刺,戳,扎〔She stuck her finger with a needle. 她用针刺了她的手指。〕②钉住,扎牢;贴住,粘牢〔He stuck a medal on his coat. 他把奖章别在外衣上。The stamp won't stick to the paper. 这邮票在纸上贴不住。〕③插,伸〔He stuck his hands in his pockets. 他双手插进口袋里。His ears stick out. 他的耳朵伸张开来。〕④卡住,阻塞〔The wheels stuck in the mud. 轮子陷进了泥里,动不了〕⑤抓牢,固定,坚持住〔Stick to your job until you finish. 在做完你的工作之前不要放弃。Friends stick together. 朋友们抱成一团。〕⑥(由于害怕或怀疑而停顿下来)迟疑〔He'll stick at nothing to get what he wants. 为了得到他想要得到的东

西,他决不会对任何事情犹豫。〕⑦[俗]使困惑〔Here's a riddle that will stick you. 这儿有个你不会一下就解开的谜语。〕/**stick by** 忠诚于/**stick up for** 捍卫,支持

sticky ['stiki] a. ①有粘性的,胶粘的〔His fingers were sticky with candy. 他手指上的糖粘粘糊糊的。〕②[俗](天气)闷热潮湿的〔a sticky August day 八月份闷热的一天〕/**stickiness** n.

stiff [stif] a. ①硬的,不易变折的〔stiff cardboard 硬纸板〕②坚硬的,僵硬的〔stiff muscles 僵直的肌肉〕③不流动的,稠的〔Beat the egg whites until they are stiff. 把蛋白打成稠稠的糊状为止。〕④强劲的,有力的〔a stiff breeze 一阵强劲的风〕⑤艰难的,费力的;严厉的,惩罚的〔a stiff test 有难度的考试 stiff punishment 严厉的惩罚〕⑥紧张的,生硬的;拘谨的,不自然的〔a stiff smile 拘谨的一笑〕/**stiffly** ad. /**stiffness** n.

stiffen ['stifn] v. 使(或变得)硬,使(变得)更硬;使(变得)僵硬;使(变得)呆板等

stiffnecked ['stifnekt] a. 不屈的,固执的

stifle ['staifl] v. ①使窒息而死,闷死②窒息,闷住③抑制〔to stifle a sob 抑制住抽泣〕

stigma ['stigmə] n. ①历史污点,耻辱〔the stigma of having been in jail 曾经人过狱的历史污点〕②(花株的)柱头

stigmatize ['stigmətaiz] v. 给留下恶名,留下污点〔His accident stigmatized him as a reckless driver. 他的行车事故给他留下开车鲁莽的坏名声。〕

S

still [stil] a. ①宁静的,寂静的,无声息的②静止的,平静的,一丝不动的〔The air was still before the storm. 暴风雨来临之前,空气像凝固了一样。Sit still! 坐着,别动!〕‖ n. [诗]寂静,安静 ‖ ad. ①仍然,依旧,还〔Is he still living? 他仍然活着吗?〕②更为,还要更(用于比较级)〔It became still colder. 天气变得更冷了。〕③

(尽管…)还是〔Mr. Jones, though rich, is still unhappy. 尽管琼斯先生很富有,他还是不幸福。〕‖ *conj.* 然而,还是〔I admire her bravery; still I think she was foolish. 我佩服她的勇敢,但我仍然认为她很蠢。〕‖ *v.* 使安静,使镇静;变得安静下来,变得镇静下来〔The audience stilled as he began to speak. 他开始讲话时,听众静了下来。The police stilled the outbreak. 警察使暴乱平静了下来。〕/**stillness** *n.*

stilt〔stilt〕*n.* ①高跷②高长的支杆,支撑物,支材

stimulant〔'stimjulənt〕*n.* 兴奋剂;刺激物

stimulate〔'stimjuleit〕*v.* 激发,激励,刺激,唤起〔Smells of cooking stimulate my appetite. 做饭的香味刺激起我的食欲。〕/**stimulation** *n.*

stimulus〔'stimjuləs〕*n.* 刺激物,促进因素;刺激〔Under the stimulus of bright light, the pupil of the eye gets smaller. 在强光的刺激下,眼睛的瞳孔变小。Advertising can be a stimulus to business. 广告业对商业可以是一个促进因素。〕/**stimuli**〔复〕

sting〔stiŋ〕*v.* ①刺,叮,螫〔Bees and wasps can sting you. 蜜蜂和黄蜂会螫人。〕②使感到刺痛,刺痛〔The cold wind stung her cheeks. 冷风使她的脸颊像针刺一样的痛。My arm stings from the blow. 我的臂膀挨了一击而感到刺痛。〕③使不快,刺痛〔He was stung by her criticism. 她的批评刺痛了他(使他不快)。〕④〔俚〕欺骗 ‖ *n.* ①刺,叮,螫〔The sting of some insects is dangerous. 一些昆虫的叮咬是危险的。〕②(叮、刺、螫带来的)刺痛,或伤痛③(昆虫)的刺,螫针

stink〔stiŋk〕*v.* 发出恶臭 ‖ *n.* 恶臭,臭气

stint〔stint〕*v.* 限量,节省,紧缩,吝惜〔He stinted himself on meals to buy an opera ticket. 为了买剧票,他吃饭非常节省。〕‖ *n.* ①吝惜,限制〔to help without stint 不惜一切地帮助,不遗余力地帮助〕②工作定额,定量,限量〔Each child does his stint of housework. 每个孩子做他分的那份家务活。〕

stipulate〔'stipjuleit〕*v.* 约定,规定;以…为协议的条件〔He stipulated that the college use his gift for a new library. 他规定学院必须把他的礼品用于新图书馆。〕/**stipulation** *n.*

stir〔stəː〕*v.* ①微动,轻摇〔Not a leaf stirred in the quiet air. 在宁静的空气中没有一个树叶在摇动。〕②移动,走动,活动〔Not a creature was stirring. 万籁俱静。〕③使移动,使活动,鼓动,激励〔He stirred himself to finish the work. 他鼓励自己去完成工作。〕④搅动,搅拌,搅起〔Stir the paint well. 把油漆搅和均匀。〕⑤使激动,鼓动,煽动〔His speech stirred the crowd. 他的讲话使人群激动起来。〕‖ *n.* ①拨动,搅动〔Give the fire a stir. 拨一下火(让它更好地烧起来。〕②激动,轰动,骚动〔The touchdown caused a stir in the crowd. (橄榄球赛中的)底线得分在人群中引起 轰动。〕

stirring〔stəːriŋ〕*a.* 激动人心的〔sirring music 激动人心的音乐〕

stitch〔stitʃ〕*n.* ①(缝纫)一针②(编织、钩织的)一针③斜角,针法,缝法〔Tight stitches pucker the cloth. 密针脚使布料起皱。〕④忽然的刺痛;(肋部)尖痛⑤〔俗〕一点,少许〔I didn't do a stitch of work. 我一点儿工作也没干。〕‖ *v.* 缝,缝合

stock〔stɔk〕*n.* ①库存,贮存,存货〔Our stock of food is low. 我们的食品贮备不多。〕②牲畜,家畜③〔总称〕股份,股本,股票〔He bought stock in several companies. 他在几个公司购有股份。〕④世系,家系,血统〔He is of French stock. 他有法国人血统。〕⑤(动、植物的)种,类,族⑥(炖鱼,煮肉的)汤,原汁 ⑦托柄,托盘,夹架,座架〔The stock of a rifle holds the barrel in place. 枪托把枪管固定在一定位置上。〕⑧树干,树桩 ⑨〔复〕(刑具)枷 ⑩ 旧时男子用的硬领带 ‖ *v.* ①供货〔to stock a farm with cattle 给农场提供牲畜 to stock a store with new goods 给商店供应新货〕②存放,库存〔This shop stocks the kind of shirt you want. 你要的那种衬衫这个商店有货。〕 a. ①库存的,现货的,常备的〔The lumber yard has stock sizes of door frames. 这木材厂有各种尺寸的门框的现货。〕②普通的,老一套的〔a stock joke 听俗了的笑话〕/**in stock** 储备中;现有,备有/**out of stock** 无现货,无储备/**take stock** ①盘货 ②估量,观察/**take stock in** 〔俗〕对…有信心,信任

stockade [stɔ'keid] n. ①围栏,围桩 ②用栅栏或围桩围起的堡

stocking ['stɔkiŋ] n. 长统袜

stocky ['stɔki] a. 矮胖的、短粗的

stockyard ['stɔkjɑ:d] n. 牲畜围场(尤指在送往市场或屠宰场前关牲畜的场地)

stodgy ['stɔdʒi] a. 笨重的,迟钝的;装得满满的,无趣的〔stodgy thinking 迟钝的思维〕

stoic ['stəuik] n. 能沉着、耐心地承受痛苦、困难的人/**stoical, stoic** a. /**stoically** ad.

stoke [stəuk] v. 把火拨旺,给炉火添燃料〔to stoke a fire 把火拨旺/to stoke a furnace 给炉子加煤〕

stoker ['stəukə] n. ①司炉,锅炉工②(给锅炉上料的)加煤机

stolid ['stɔlid] a. 感情不丰富的,不表达情感的;不易动感情的/**stolidity** [stɔ'liditi] n. /**stolidly** ad.

stomach ['stʌmək] n. ①胃②肚子,腹部〔He was hit in the stomach. 他的肚子被打着了。〕③食欲,胃口;欲望,志趣〔He has no stomach for fighting. 他不想打架。〕‖ v. 忍耐,忍受〔She could not stomach such injustice. 她不能忍受这样的不公正。〕

stone [stəun] n. ①石,石头〔a monument built of stone 用石头建的纪念碑〕②石块,石料〔Don't throw stones. 别扔石头。Rubies are precious stones. 红宝石是非常宝贵的石粒。〕③石碑,墓碑,界碑,里程碑,纪念碑④果核〔the stone of a peach 桃核〕⑤stone〔复〕英国重量单位,相当于 14 磅⑥(肾、胆)结石‖ v. ①投石头,

用石头杀死②将石头移开;去核〔to stone cherries 给樱桃去核〕‖ a. 石头的,石头制的

stoneware ['stəunwɛə] n. 石制品,粗陶器

stonework ['stəunwə:k] n. ①建筑中的石料部分②石制物

stony ['stəuni] a. ①石铺的〔a stony road 一条石路〕②像石头的,硬的,冷冰冰的〔a stony heart 铁石心肠 a stony look 冷冷的目光,冷冷的面色〕/**stonily** ad.

stool [stu:l] n. ①凳子②搁脚凳

stoop¹ [stu:p] v. ①俯身,弯腰〔He stooped to tie his shoes. 他弯身去系鞋带。〕②低头弯背地站立或行走③屈从,降低尊严〔He stooped to taking bribes. 他不计自己的尊严去行贿。〕‖ n. 弯腰、俯身的行为或姿势

stoop² [stu:p] n. 门户阶,门廊

stop [stɔp] v. ①停止,中止;止住〔My watch stopped. 我的表停了。〕②(使)塞住,堵住〔to stop up cracks with putty 用油灰堵住裂缝〕③堵塞,填塞〔The drain in the sink is stopped up. 水池的下水道堵塞了。〕④停留,逗留〔We stopped there overnight. 我们在那里停留了一晚。〕‖ n. ①停止处,停车站〔a stop on a bus route 公共汽车线路上的停车站〕②阻塞,障碍③停止,中止(行为或事实);结束,完结〔Put a stop to this argument. 不要再争论下去了。〕④逗留,停留,停顿⑤句号⑥(乐器调音时,用手指按按的)孔,键等/**stop off** 中途停留,逗留/**stop over** 旅程中的停留

stopover ['stɔpəuvə] n. 中途停留地,逗留

stoppage ['stɔpidʒ] n. 停止,中止;阻塞,障碍〔a stoppage in the pipe 烟道中的阻塞(物)〕

stopper ['stɔpə] n. 制止者(物),阻塞(者)物,塞子〔A cork is a bottle stopper. 软木塞是种瓶塞〕

stopple ['stɔpl] n. 塞子

storage ['stɔ:ridʒ] n. ①贮藏,保管②仓

store [stɔː] n. ①商店,店铺 [a candy store 糖果店 a department store 百货商店]②贮存,贮备,库存[a store of coal 煤的贮备量]③仓库④大量[a store of knowledge 丰富的知识] ‖ v. ①存贮[Store the extra chairs in the attic. 把多余的椅子存放在阁楼上。]②提供补给品;贮藏[to store a cabin with provisions 把贮备品放在小屋里]/**In store** 存着,贮存中/**set store by** 有好的看法,重视,珍视

storekeeper [ˈstɔːˌkiːpə] n. 仓库管理人员,店主

storeroom [ˈstɔːruːm] n. 贮藏室

storey [ˈstɔːri] n. 楼层

stork [stɔːk] n. 鹳

storm [stɔːm] n. ①风暴,暴风雨,暴风雪②暴雨,暴雪③爆发,发作,风暴般的一阵 [a storm of bullets 一阵弹雨 a storm of criticism 劈头盖脸的一阵批评]④猛烈的攻击,突然发起的攻击 [They took the city by storm. 他们发起暴风雨般的突然攻击,占领了城市。] ‖ v. ①起风暴,刮大风,下暴雨;猛烈袭击②暴怒③猛跑,猛冲 [He stormed out of the house. 他猛地跑出房间。]④发起猛攻 [to storm a fort 猛攻一城堡]

stormy [ˈstɔːmi] a. ①暴风雨的,有风暴的 [stormy weather 多风暴的天气 a stormy day 有风暴的日子]②狂暴的,暴怒的 [a stormy debate 激烈的争论]

story[1] [ˈstɔːri] n. ①轶事,传说,传记,史话,阅历 [the story of the first Thanksgiving 第一个感恩节的记事]②故事 [the stories of Poe 坡的故事]③[俗]谎言,假话

story[2] [ˈstɔːri] n. 楼层 [a building with ten stories 一座十层楼的建筑]

stout [staut] a. ①身体胖的,短粗的②强壮的,牢固的,坚实的 [a stout wall 牢实的墙]③有力的,猛烈的,激烈的 [They put up a stout fight. 他们进行了一场激烈的战斗。]④勇敢的,坚强的,有勇气的 [a stout heart 勇气] ‖ n. 烈性黑啤酒/**stoutly** ad. /**stoutness** n.

stove [stəuv] n. (烹饪或取暖的)炉子

stow [stəu] v. ①堆垛,有秩序地堆放 [to stow luggage in a car trunk 把行李垛在车厢里]②堆放,装载/**stow away** ①偷藏起②做偷乘乘客

straddle [ˈstrædl] v. ①叉开腿坐或站,跨骑 [to straddle a horse 骑马]②叉着腿走、坐、站③骑墙,态度暧昧 ‖ n. 叉开腿坐、立、站、走的姿势

straggle [ˈstrægl] v. ①迷路,离群②蔓延,蔓生,散落 [old rambler roses straggling on a trellis 多年的攀缘玫瑰爬满栅架]/**straggler** n. /**straggly** a.

straight [streit] a. ①直的,没有弯的,不摇晃的 [a straight line 一条直线]②竖直的,竖直的 [straight posture 笔直的姿势]③平直的,水平的 [Put the picture straight. 把画儿挂平。]④率直的,直截了当的,径直的 [a straight answer 坦率的回答]⑤整齐的,有条理的,明了的,正确的 [Put your room straight. 把你的房间收拾整齐。]⑥正直的,坦诚的,公正的 [straight dealing 诚实的交易]⑦纯粹的,不搀杂的,完全的 [to vote a straight ticket 投一个清一色的选票]。 ‖ a. ①直线似的②笔直的,率直的,直接的,正确的等 ‖ ad. /**straight away**, **straight off** 立刻,马上

straighten [ˈstreitn] v. ①使直,使正,使正确;变直,变正,变正确等 [He straightened his line. 他把他领带拉直]②使整齐 [to straighten a room 整理房间]

straightforward [streitˈfɔːwəd] a. ①径直向前的;直截了当的,直率的②正直的,坦诚的,坦率的 ‖ ad. 直截了当地,坦率地

straightway [ˈstreitwei] ad. 立即,立刻,马上

strain[1] [strein] v. ①拉紧,伸张,崩紧 [Samson strained his chains and broke them. 桑姆森拉紧链子并把链子拉断了。]②滥用,(用强力)歪曲,曲解 [He strained the rules to suit himself. 他牵强地解释这些规定以适合他自己的利益。]③竭力,尽力 [He strained every nerve to

win. 他全力去取胜。〕④拉伤,使用过度
〔to strain a muscle 拉伤肌肉〕⑤努力
〔She strained to hear him. 她努力要听清
他在说些什么。〕⑥强迫,紧拖〔The horse
strained at the harness. 马紧紧地拖着马
套具。〕⑦过滤,渗出〔to strain soup 过滤
显影液〕⑧紧紧拥抱〔to strain a child to
one's bosom 把孩子紧紧抱在怀里〕‖ n.
①拉紧,被拉紧〕紧张,过度劳累③压
力,重负〔The strain of the weight on the
bridge made it collapse. 桥所承担的重负
使它倒塌了。〕④拉伤,扭伤

strain² 〔strein〕n.①世系;族;种等②血
缘,气质性格的倾向〔There is a strain of
genius in that family. 那个家庭的人生性
都聪慧。〕③情调,口吻,语气〔There is a
strain of sadness in his poems. 他的诗里有
种哀伤的情调。〕④〔复〕曲调,旋律,一
段诗或歌

strained 〔streind〕a. 不自然的,强制的,
牵强附会的,紧张的〔a strained laugh 勉
强的笑〕

strainer 〔'streinə〕n. 滤器,滤网,筛网

strait 〔streit〕n.〔常用复〕①海峡②困境,
窘迫〔to be in desperate straits 陷于极度
困境之中〕

strand¹ 〔strænd〕n. 海滩,海滨;岸‖ v.①
使搁浅〔to strand a ship 使船搁浅〕②使
处于无望的困境〔stranded in a desert
without water 困在没水的沙漠之中〕

strand² 〔strænd〕n.(绳、线、发的)股,缕
〔a strand of hair 一缕头发〕

strange 〔streindʒ〕a.①陌生的,不熟悉
的〔I saw a strange man at the door. 我看
见门口有个生人。〕②奇怪的,奇特的,古
怪的〔wearing a strange costume 穿着古怪
的服装〕③生疏的,无经验的〔He is
strange to this job. 这项工作对他来说还
很生疏。〕‖ ad. 反常地,奇怪地〔He acts
so strange lately. 他最近举止那么反
常。〕/**strangely** ad.

stranger 〔'streindʒə〕n.①新来的人,异
乡人,外地人②生人,陌生人,不熟悉的
人〔The children were warned not to speak

to strangers. 孩子们被警告不要和不认识
的人讲话〕

strangle 〔'stræŋgl〕v.①扼死,勒死,绞
死②使窒息,闷住〔strangled by the thick
smoke 被浓烟憋得出不来气〕③扼制,压
制〔He strangled a desire to scream. 他扼
制住想嘶叫的念头。〕/**strangler** n.

strap 〔stræp〕n.①(加固皮箱子用的、有
搭扣的)皮带,帆布带②带〔a shoulder
strap 肩带〕‖ v.①用带捆扎〔Strap
the boxes together. 用带子把箱子绑在一
起。〕②用皮带抽打/**strapless** a. 无带的

stratagem 〔'strætidʒəm〕n. 计谋,计策,
策略,谋略

strategic 〔strə'tiːdʒik〕a.①策略的,战
略上的;有策略的〔strategic problems 策
略问题〕②周密策划的;有重要战略意义
的〔a strategic retreat 战略撤退〕

strategist 〔'strætidʒist〕n. 战略家,会用
策略的人

strategy 〔'strætidʒi〕n.①战略学②战
略,策略,计谋〔It took strategy to get him
to come with us. 要让他跟我们去需要使
些计谋。〕

stratum 〔'strɑːtəm, 'streitəm〕n.①地层
②社会阶层〔the upper stratum 上层社
会〕/**strata, stratums**〔复〕

straw 〔strɔː〕n.①稻草,麦秆②一根稻
草,一根麦秆③吸管‖ a.①稻草色的,略
发黄的②稻草(麦秆)做的〔a straw hat
草帽〕

strawberry 〔'strɔːbəri〕n.①草莓果②
草莓

stray 〔strei〕v.①走离,走失〔Don't stray
from the camp. 不要从营地走失。〕②His
thoughts strayed from the test. 他考试的时
候思想溜号了。〕②偏离,迷失正确方向
〔to stray from truth 偏离了真理〕‖ n. 步
入迷途的人,迷路的人或动物〕a.①迷
路的,走失的〔a stray dog 找不到家的狗〕
②偶尔的,零落的〔few stray cars on the
streets 街上几辆偶尔开过的汽车〕

streak 〔striːk〕n.①条纹,条〔a streak of
dirt 一道污泥〕②层,条层③一些特色

〔He has a mean streak in him. 他性格上有些自私。〕④〔俗〕一段时间,一串〔a streak of bad luck 一连串的背运事情〕‖ v. ①划道,加条纹②飞跑,疾驶〔to streak down the street 沿街飞快疾跑〕/**like a streak**〔俗〕飞快地

stream〔striːm〕n. ①溪流,小河川②流,一串移动的任何东西〔a stream of cold air 一股冷空气 a stream of light 一束光 a stream of cars 车流,一连串在行驶的车〕‖ v. ①流,流动②涌出,涌流〔eyes streaming with tears 眼里涌出泪水〕③川流而行,稳定运动,快速行进〔The crowd streamed out of the stadium. 人群川流不息地走出运动场。〕④飘扬,招展〔a flag streaming in the breeze 在微风中招展的旗帜〕

streamline〔'striːmlain〕v. 成为流线型‖ a. 流线型的

streamlined〔'striːmlaind〕a. ①流线型的〔a streamlined boat 流线型船〕②高效率的,合理化的,速成的,精简的〔a streamlined program 高效、合理的计划〕

street〔striːt〕n. ①街,街道,街区②住在同一街区的人

strength〔streŋθ〕n. ①力,力量,力气,实力〔the strength of a blow, of a steel girder, or of a nation 一击的力量,钢梁的经受力,国家的实力〕②效力,强度,浓度③兵力,人数,人员〔an army at full strength 有全员兵力的部队〕④力量源泉,力量所在/**on the strength of** 凭借…,依靠…

strengthen〔'streŋθən〕v. 加强,巩固;使增强;变强

strenuous〔'strenjuəs〕a. ①费力的,需要力气的〔Chopping wood is a strenuous task. 劈木头是个力气活儿。〕②有生气的,精力充沛的〔a strenuous worker 有工作热情的工人〕/**strenuously** ad.

stress〔stres〕n. ①紧张,压力,重压〔under the stress of a crisis 在危机的重压下〕②强调,看重〔Our doctor puts stress on good health habits. 我们的医生十分重视良好的卫生习惯。〕③重读,重音‖ v. ①施予重力,重压②重读;强调

stretch〔stretʃ〕v. ①伸直,伸展②铺平,展开,伸展〔He stretched out on the sofa. 他四肢分开地坐在沙发上。〕③拉紧,绷紧〔to stretch a muscle 绷紧一块肌肉〕④引申,滥用,曲解,夸大〔to stretch a rule 引申一条规则 to stretch the truth 夸大事实〕‖ n. ①伸展,伸长;延亘,连绵〔伸张力,抻劲儿〔This elastic band has lost its stretch. 这条松紧带已没有抻劲儿。〕一段持续的时间(空间)〔a stretch of two years 连续两年的一段时间 a long stretch of beach 一片长长的海滩〕

strew〔struː〕v. ①撒,播;四散〔clothes strewn on the floor 衣服四散在地板上〕②铺盖,撒遍〔The street was strewn with litter. 街上到处是乱丢的杂物。〕

stricken〔'strikən〕strike 的过去分词‖ a. ①被击中的,被打伤的②受灾的,罹难的

strict〔strikt〕a. ①严格按规则的,一丝不苟的②严格不变的,严格的〔a strict rule 严格的规定〕③完美的,精确的,绝对的〔a strict translation 一篇准确的译文〕/**strictly** ad. /**strictness** n.

stricture〔'striktʃə〕n. ①严厉的批评或责难〔(通道)狭窄(如人体器官病变)

stride〔straid〕v. ①大步走,迈进②跨过,跨过〔He strode over the log. 他跨过那根木头。〕③跨立,跨骑〔to stride a horse 骑在马背上〕‖ n. ①阔步;一大步(的距离)②〔复〕进展,进步〔great strides in industry 工业的重大进步〕/**hit one's stride** 发挥至水平、技术、速度等/**take in one's stride** 轻松自如地对待(处理)某事

strident〔'straidnt〕a. 刺耳的;轧轧响的〔a strident voice 又尖又沙哑的嗓音〕

strike〔straik〕v. ①打击,撞击,冲击〔John struck him in anger. 约翰在愤怒中打了他。The car struck the curb. 汽车撞到马路牙子上。〕②敲击〔Strike middle C on the piano. 敲击钢琴的中 C 键。〕③擦火,打火〔to strike a match 擦根火柴〕④盖

印,冲制[The mint strikes coins. 这家造币厂制造硬币。]⑤攻击[A rattlesnake makes a noise before it strikes. 响尾蛇在发起攻击之前会发出声响。]⑥遇到,发现,到达[A sound of music struck my ear. 我听到一阵音乐声。They drilled and struck oil. 他们钻井并且找到了石油。]⑦打动,感动,给…的印象[The idea just struck me. 我对这个主意很感兴趣。It strikes me as silly. 我对它的看法很愚蠢。]⑧带来,使…袭来[The scream struck terror to my heart. 这尖叫使一阵恐惧向我的心袭来。]⑨侵袭[Flu struck the entire family. 全家都得了流感。]⑩定约,定下(交易,合同等)[We struck a bargain. 我们说定了一项成交条件。]⑪拆除,撤除[We struck camp at noon. 我们在中午拆除了营地帐篷。]⑫向…方向前进[We struck northward. 我们向北走去。]⑬采取…姿态,装出[to strike a pose 采取一种姿态]⑭罢工∥*n.*①打,击,重击②罢工③意外的成功,走运的事,忽然发现(石油等)④(棒球)投出的好球⑤(保龄球)一球将木柱全部击倒/**strike on, out on strike** 在罢工/**strike dumb** 使震惊/**strike home** 取得成效/**strike it rich** 忽然取得成功(如发现了石油)/**strike off** 取消,勾销/**strike out** ①划掉,勾销②开始③(棒球)三击不中或投三个坏球被罚下场/**strike up** 开始,开始建立起/**striker***n.* 打击者,罢工者,钟锤

striking ['straikiŋ] *a.* 显著的,引人注目的,惹眼的/**strikingly** *ad.*

string [striŋ] *n.* ①细绳,布条,皮带②(用线串起的)串[a string of pearls 一串珍珠]③排,列[a string of lights 一排灯]④弦⑤[复]弦乐器(总称)⑥(植物的)纤维状的筋⑦[俗]条件,局限[an offer with no strings attached 没有附加条件的主动帮助]∥*v.* ①上弦于…,加绳于…[to string a tennis racket 给网球拍上网]②用线穿成串[to string beads 穿珠子]③用扎,挂等④伸展,拉直[to string telephone wires on poles 拉直杆上的电话线

to string out a speech 延伸一个讲话]⑤去掉(豆荚等的)筋[to string beans 给豆角去筋]/**pull strings** (幕后)操纵他人/**string along** [俗] 愚弄/**string along with** 追随,忠于

stringed [striŋd] *a.* ①有弦的;由弦所发出的②用弦缚住的,用弦固住的

stringent ['strindʒənt] *a.* ①严格的,严厉的[a stringent rule 一项严格的规定]②有力的,令人信服的[stringent reasons 让人信服的原因]③银根紧张的,缺少信贷额的[a stringent market 资金短缺的市场]/**stringency** *n.* /**stringently** *ad.*

stringy ['striŋi] *a.* ①像线一样的,又细又长的②有硬纤维的,多筋的③有粘性的,能拉丝的[stringy honey 粘稠的蜂蜜]

strip¹ [strip] *v.* ①脱去衣服,剥光②剥皮,去皮,去掉覆盖物[to strip a tree of bark 剥下树皮]③去掉,摘除,移开[to strip husks from corn 谷物脱粒]④清除,掠夺[to strip a room of furniture 将室内的家具全部清除]⑤拆除,卸[to strip down a motor 拆卸一台摩托]⑥拆卸,磨掉(螺纹,齿轮的齿等)/**stripper** *n.*

strip² [strip] *n.* 条,带,细长片

stripe [straip] *n.* ①条纹,条子[The flag has red and white stripes. 那面旗子有红色和白色的条纹。]②(皮肤上的)鞭痕,伤痕,道子③(人的)类型[a man of his stripe 他这种类型的人]∥*v.* 划上条纹,使有条纹

strive [straiv] *v.* ①力求,奋力[We must strive to win. 我们必须奋力去赢。]②奋斗,斗争[We strive against disease. 我们和疾病作斗争。]

stroke [strəuk] *n.* ①打,击,敲;一击[a tree felled with six strokes 六斧子砍倒的一棵树]②敲击声,钟声[a stroke of luck 意想不到的运气]⑤(病)突然发作,中风⑥笔法,打法,划法等[a backhand stroke in tennis 网球中的后手抽球](字的)笔画,(绘画的)一笔⑧一系列连续动

作中的一个，一打，一划，一抽⑨〔赛船、赛艇〕领桨，尾桨手‖v.①用手抚摩，捋，用刷子轻刷②确定赛船的时速

stroll [strəul] v. 漫步，溜达，闲逛〔a strolling musician 流浪音乐艺人〕‖ n. 散步，溜达

strong [strɔŋ] a. ①强有力的，强壮的，强大的〔a strong man 健壮的男子〕②坚固的，牢固的，坚实的，结实的〔a strong wall 坚固的围墙〕③强烈的，猛烈的〔a strong taste 很重的口味〕④达…人员的，有…兵力的〔an army 50,000 strong 一支有五万兵员的部队〕‖ ad. 强大地／**strongly** ad./**strongness** n.

strop [strɔp] n.（磨剃刀的）皮带‖v.（在磨刀皮带上）磨刀

structural ['strʌktʃərəl] a. ①用于建筑的〔structural steel 建筑钢材〕②结构上的，构造的〔structural design 结构设计〕/**structurally** ad.

structure ['strʌktʃə] n. ①建筑物，结构物②楼房，桥梁，水坝等③结构〔建筑物，计划，设计等〕〔the structure of a novel 小说的结构〕

struggle ['strʌgl] v. ①斗争，奋斗，搏斗，〔The wrestlers struggled with one another. 摔跤手在相互争斗。〕②奋力，努力〔She struggled to learn French. 她竭尽努力学习法语。〕③奋力向前，挣扎〔He struggled through the thicket. 他奋力穿过灌木丛。〕‖ n. ①斗争，奋斗②挣扎

strum [strʌm] v. 弹，乱弹，弹拨‖ n. 乱弹出的声

stub [stʌb] n. ①残余的部分〔a pencil stub 铅笔头儿〕②票簿存根，票根③任何短而粗的东西④树桩‖v. 碰，踢〔He stubbed his toe on the rock. 他一脚踢了石头上。〕

stubble ['stʌbl] n. ①（庄稼收割后留在地里的）茬②任何生长的、不平整的、短粗的残梗〔a stubble of beard 胡茬〕

stubborn ['stʌbən] a. ①固执的，执拗的，顽固的②难对付的，棘手的〔a stubborn rash 难以治愈的皮疹〕/**stubbornly**

ad. /**stubbornness** n.

stubby ['stʌbi] a. ①布满残株的，多茬子的〔stubby land 多残根、残株的原野〕②短粗的〔stubby fingers 短粗的手指〕

stud [stʌd] n. ①（用于装饰的）圆钉，饰钉②（可摘下的装饰性）领扣，领纽③壁骨，墙筋，中间柱‖v. ①用圆钉装饰；点缀〔a crown studded with rubies 用红宝石点缀的王冠〕②遍布于，散布〔Rocks stud the hillside. 山上到处散布着石头。〕

student ['stju:dənt] n. 学生

studied ['stʌdid] a. 仔细思考过的，故意的，用了心计的〔Her clothes are simple in a studied way. 她故意穿得简朴。〕

studio ['stju:diəu] n. ①艺术家的工作间②〔复〕播音室，演播室

studious ['stju:djəs] a. ①好学的，勤奋的〔a studious pupil 用功的学生〕②认真的，专注的〔a studious look 专心致志的样子（目光）〕/**studiously** ad. /**studiousness** n.

study ['stʌdi] v. ①学习〔to study law 学习法律〕②研究，钻研〔He promised to study our problem. 他答应要研究我们的问题。〕③钻研，研读〔to study a lesson 钻研课程〕④仔细考虑，想〔He studies to do right. 他想做对。〕⑤选课，上课〔All seniors must study history. 所有高年级学生都必修历史课。〕‖ n. ①学习，研读②研究〔a study of traffic problems 交通问题研究〕③研究专题，学科〔the study of medicine 医科〕④〔复〕学业〔He continued his studies at college. 他上了大学继续他的学业。〕⑤论文，习作；试作，试画等⑥练习曲⑦深入的思考〔He is lost in study. 他想得出了神。〕⑧书房

stuff [stʌf] n. ①材料，原料，物质②素质，本质，要素，性质〔He is made of sterner stuff than she is. 他性格要比她更坚强。〕③东西，物品〔She emptied the stuff from her purse. 她把提包里的东西都拿了出来。〕④蠢事，废话‖v. ①塞，装〔pockets stuffed with candy 装满糖果的口袋〕②填充，填满〔The bear was stuffed and put in a museum. 那只熊的毛皮被填满并被放到了博物馆。那只熊的毛皮被填满并被放到了博物馆。〕③填以烹调佐料〔to stuff a chicken 在鸡的空肚膛里填入各种佐料〕④吃得过饱⑤堵塞〔His nose is stuffed up. 他的鼻子塞住了。〕⑥挤，压，塞，填〔He stuffed the money in his wallet. 他把钱硬塞进钱包。〕

stuffy ['stʌfi] a. ①空气不流通的，闷热的〔a stuffy room 闷热得让人透不过气的房间〕②塞住的，塞满的〔Her head feels stuffy. 他的头像被塞满了似的。〕③[俗]呆滞的，乏味的〔a stuffy book 乏味的书〕/**stuffiness** n.

stultify ['stʌltifai] v. 使显得愚蠢，使显得无用

stumble ['stʌmbl] v. ①绊脚；绊跌;蹒跚地走〔The tired boy stumbled off to bed. 疲倦的孩子跌跌撞撞地去睡觉。〕③偶然寻找，碰巧遇到〔We stumbled upon a clue to the mystery. 我们碰巧找到解开这个谜的一个线索。〕④结结巴巴地说⑤犯错误，做错事‖n. 绊倒，过失

stump [stʌmp] n. ①树桩②残肢，断肢③残留部分，断头儿〔the stump of a pencil 铅笔头儿〕④政治演说的讲台‖v. ①四处游说，进行政治演说〔The candidate stumped the West. 竞选人在西部到处进行竞选演说。〕②[俗]使困惑，使为难〔Her questions stumped the expert. 她的问题把专家都难住了。〕③以笨重的步履行走

stun [stʌn] v. ①使眩晕，把…打晕过去②使震惊〔The news stunned us. 这消息使我们大为震惊。〕

stunt[1] [stʌnt] v. 妨碍…的发育成长〔Poor soil stunted the plants. 贫瘠的土壤妨碍植物的生长。〕

stunt[2] [stʌnt] n. 惊人、引人注目的东西（绝技等）‖v. [口]作惊人之举，使绝招，表演绝活

stupefaction [stju:pi'fækʃən] n. ①昏迷，麻木状态②惊异

stupefy ['stju:pifai] v. ①使昏迷，使麻木〔The drug stupefied her. 药物使她昏迷。〕②使惊异

stupendous [stju:'pendəs] a. 惊人的，大的，巨大的，了不起的/**stupendously** ad.

stupid ['stju:pid] a. ①愚笨的，反应迟钝的，愚蠢的，呆傻的〔a stupid idea 愚蠢的主意〕②枯燥无味的〔a stupid party 枯燥无味的晚会〕/**stupidly** ad.

stupor ['stju:pə] n. 恍惚，昏迷，不省人事的状态

sturdy ['stə:di] a. ①坚实的，壮实的〔a sturdy oak 一棵壮实的橡树〕②坚强的，坚定的〔sturdy defence 坚强的防御〕/**sturdily** ad./**sturdiness** n.

stutter ['stʌtə] v. （由于恐惧或窘迫）结结巴巴地说话‖n. 结结巴巴说出的话

style [stail] n. ①风格，方式，方法〔Pointed arches in Gothic style 哥德式的尖顶拱门〕②样式，风格〔Styles in clothing keep changing. 衣着的样式在不断地变化。〕③(诗画)文体，文风笔调④〔雌蕊靠近子房的部分〕花柱⑤铁笔，唱针‖v. ①命名，称呼〔Lincoln was styled Honest Abe. 人们称林肯是"诚实的阿伯"。〕②设计式样〔Her gowns are styled in Paris. 她的长礼服都是在巴黎设计的〕

stylish ['stailiʃ] a. 时兴的，时髦的，漂亮的〔a stylish hat 式样新颖的帽子〕/**stylishly** ad./**stylishness** n.

stylus ['stailəs] n. ①(唱机的)唱针，描画针②(刻蜡板的)铁笔/**styluses, styli** ['stailai] [复]

styptic ['stiptik] a. 止血的

sub-[前缀] ①在…以下②次，亚，副，不完全，有些程度上③分，再，更

subcommittee ['sʌbkə,miti] n. (委员会下的)分委会，小组委员会

subconscious ['sʌb'kɔnʃəs] a. 下意识的，潜意识的‖n. 下意识，潜意识/**subconsciously** ad.

subdivide ['sʌbdi'vaid] v. ①再次划分，再细分②把土地分成小块(供出售)/**subdivision** n. 再分，细分，被分成小块供出售的土地

subdue [səb'dju:] v. ①使屈服,征服,克服 [Caesar subdued the tribes of Gaul. 凯撒征服了高尔的各个部落。] ②使缓和,使减轻 [subdued anger 使气恼的情绪得到缓解]

subject ['sʌbdʒikt] a. ①隶属的,受人支配的 [the subject peoples in colonies 殖民地居民] ②易受…的,易遭…的 [He is subject to fits of anger. 他动不动就冒火。] ③受…条件制约的,视…而定的,以…为条件的 [Our treaties are subject to the approval of the Senate. 我们的条约要经参议院批准才能生效。] ‖ n. ①隶属于某君王或政府的国民,臣民② [被讨论、研究、处理的] 主题,目标,对象 [Mice have been made the subject of many experiments. 老鼠一直在多种试验中用来做试验品。] ③ [语] 主语④学科,课题,科目,课程 [What is your favorite subject? 你最喜欢什么课程?] ‖ v. [səb'dʒekt] ①使隶属于②使受到,使易遭到 [His weakness subjected him to disease. 他体弱,容易得病。] ③使经受,经历 [The suspect was subjected to a thorough questioning. 那个嫌疑犯经历了彻底的审问。] /**subjection** n.

subjective [səb'dʒektiv] a. 主观的

subjugate ['sʌbdʒugeit] v. 使屈服,征服

subjunctive [səb'dʒʌŋktiv] n. 动词的虚拟语气,虚拟形式

sublease ['sʌb'li:s] n. 转租,分租 ‖ v. 转租(分租)给…,转租(分租)到

sublet ['sʌb'let] v. ①转租,分租②把(活计)转包给 [The builder of the house sublet the contract for the plumbing. 房屋的建造人把水暖工程的合同转包了。]

sublime [sə'blaim] a. 卓越的,伟大的,崇高的 [sublime beauty 壮观的美] ‖ v. 使固体升华,使纯化,使高尚/**sublimity** [sə'blimiti] n. 庄严,崇高,卓越,卓绝

submarine ['sʌbmə:ri:n] n. 潜水艇 ‖ a. [sʌbmə'ri:n] 水下的,水底的,海底的 [Sponges are submarine animals. 海绵是海底动物。]

submerge [səb'mə:dʒ] v. 浸没,淹没,投入水中,潜在水中 [Whales can submerge for as long as half an hour. 鲸鱼可以在水中潜没长达半小时之久。]/**submergence** n.

submersion [səb'mə:ʃən] n. 潜水

submission [səb'miʃən] n. ①屈服,让步,投降 [He brought the rebels to submission. 他制服了叛乱者。] ②顺服,谦恭 [The queen's subjects kneeled in submission. 女王的臣民谦恭地跪下。] ③呈现,提交 [the submission of a petition to the mayor 向市长呈递一份申请]

submissive [səb'misiv] a. 恭顺的,服从的;谦恭的,听话的

submit [səb'mit] v. ①呈送,提交,提出 [A new levy was submitted to the voters. 一项新的征税制提交给人们投票表决。]

subordinate [sə'bɔ:dinit] a. ①低级别的;次要的,第二位的 [a subordinate job 低级的工作] ②从属的,下属的 ‖ n. 部属,部下,下级人员 ‖ v. [sə'bɔ:dineit] 把…放到次要地位;将…做次要对待 [We subordinated our wishes to his. 我们把我们自己的愿望放到他的之下。]/**subordination** n.

subpoena, subpena [sə'bpi:nə] n. (法庭的)传票 ‖ v. 用传票传唤到庭

subscribe [səb'skraib] v. ①预订,订阅 [to subscribe to a magazine for a year 订阅一年某杂志] ②捐helP款,赞助 [He subscribed $100 to the campaign for a new museum. 他为兴建新博物馆的活动捐款一百美元。] ③赞同,同意,赞成 [I subscribe to the principles in the Constitution. 我赞成宪法里规定的原则。] ④在(文件、信件、税单等)上签字/**subscriber** n.

subscription [səbs'kripʃən] n. ①预订;签名,赞助,赞同②订阅单

subsequent ['sʌbsikwənt] a. 继…之后的,后来的,随后的 [He lost the first race but won a subsequent one. 第一场比赛他输了,但他赢了后来的一场。]/**subsequently** ad.

subservient [səb'sə:vjənt] a. ①屈从的，奉承的，谄媚的；过分客气的，奴颜的，卑躬的[He is annoyed by subservient waiters. 奴气十足的招待员使他生气。]②有用的，有助于更重要的目的的/**subservience** n.

subside [səb'said] v. ①沉降，下沉[In June, the river began to subside. 在六月份，河水的水位开始下降。]②消沉，减退[Her temper subsided. 她的气消了。]

subsidiary [səb'sidjəri] a. ①辅助的②补助的，补充的 ‖ n. ①辅助者，辅助品②附属机构，子公司

subsidize ['sʌbsidaiz] v. 发给补助金

subsidy ['sʌbsidi] n. 补助金，津贴，资助[The airlines get a subsidy because they carry mail. 航空公司由于携带邮件而得到一笔资助。]

subsist [səb'sist] v. ①生活，生存[The lost children subsisted on berries and roots. 那些迷失的孩子靠野莓和根茎过活。]②继续生活，依然存在

subsistence [səb'sistəns] n. ①生存，存活；存在②生活，生计，生存方式

substance ['sʌbstəns] n. ①物质，材料[He invented a plastic substance much like leather. 他发明了一种看上去像皮革的塑料材料。]②实质，本质[The movie is not changed in substance from the novel. 这部电影和小说原著没有实质的变化。]要旨，主旨③财产，财物，财富[a man of substance 富有的人]

substandard ['sʌb'stændəd] a. 低于标准的，不合规格的[a substandard dwelling 低于标准的住所]

substantial [səb'stænʃəl] a. ①物质的，实体的，真实的，实在的[His fears turned out not to be substantial. 他所害怕的结果并非是实际存在的东西。]②结实的，坚固的，牢固的[The bridge didn't look very substantial. 这座桥看上去并不很坚固。]③大的，多的，大量的[a substantial share 一大部分份额]④富有的，殷实的[a substantial businessman 富裕的商人]⑤重要的，实质性的[We are in substantial agreement. 在重大问题上我们一致。]/**substantially** ad.

substantiate [səb'stænʃieit] v. 证实，证明(真实有据)[The experiments substantiated his theory. 这些试验证明了他的理论的正确性。]

substantive ['sʌbstəntiv] n. 名词，做名词用的词或词组 ‖ a. ①名词的，做名词用的②真实存在的，实体的，本质的；大量的，大的/**substantively** ad.

substitute ['sʌbstitju:t] n. 取代者，替代物，代用品[a substitute for the regular teacher 代课老师] ‖ v. 用…替代；作替代[to substitute vinegar for lemon juice 用醋代替柠檬汁 to substitute for an injured player 替代一名受伤的球员]/**substitution** n.

subterfuge ['sʌbtəfju:dʒ] n. 狡猾，巧妙的逃避手段，托词，借口

subtle ['sʌtl] a. ①敏锐的，有辨别力的[a subtle thinker 敏锐的思想家]②微妙的，细微的，难以捉摸的[a subtle problem 微妙的问题]③不明显的，不直接的；巧妙的，狡猾的[a subtle hint 微妙的暗示]④精致的，精致的[a subtle design in lace 精巧的花边设计]⑤淡薄的，微弱的[a subtle shade of red 淡淡的红色]/**subtly** ad.

subtlety ['sʌtlti] n. ①敏锐，敏感，微妙，精巧等特性②敏锐，敏感，难以捉摸，精巧的事物

subtract [səb'trækt] v. 减去，去掉[If 3 is subtracted from 5, the remainder is 2. 从五里减去三，剩下二。]

subtraction [səb'trækʃən] n. 减法，做减法

subtrahend ['sʌbtrəhend] n. 减数

subtropical ['sʌb'trɔpikəl] a. 亚热带的，副热带的

suburb ['sʌbə:b] n. 郊区，近郊

suburban [sə'bə:bən] a. ①郊外的，郊区的，住郊外的，住近郊的②具有郊区特征的，具有乡下人特征的[a suburban attitude 一种乡下人的态度]

S

subversive [sʌb'vəːsiv] a. 颠覆性的，破坏性的 ‖ n. 颠覆分子，破坏分子

subvert [sʌb'vəːt] v. ①颠覆②破坏，败坏/**subversion** [sʌb'vəːʃən] n.

subway ['sʌbwei] n. ①地下铁道②地下通道

succeed [sək'siːd] v. ①成功 [I succeeded in convincing him. 我把他说服了。]②相继，继…之后

success [sək'ses] n. ①成功，成就，令人满意的结果 [Did you have success in training your dog? 你训练狗的事有什么满意的结果吗?]②成功的事，做出的成就 [Her success did not change her. 她所取得的成就并没有使她有什么改变。]③取得成功的人或事

successful [sək'sesful] a. ①成功的，结果良好的②有成就的/**successfully** ad.

succession [sək'seʃən] n. ①相继，连续不断的人或事 [a succession of cold, rainy days 一连串的寒冷的雨天]②就任，继承，接续 [the succession of a new king to the throne 新国王继承王位]③继承权④继承次序，接替次序/**in succession** 相继地，一个接一个地

successive [sək'sesiv] a. 相继的，连续的，接连不断的 [I won six successive games. 我连续赢了六场比赛。]/**successively** ad.

successor [sək'sesə] n. 继承人，继任者，后继者

succinct [sək'siŋkt] a. 用词简明扼要的，简洁的 [a succinct explanation 简单明了的说明]/**succinctly** ad.

succor ['sʌkə] v. 救助，救援，救济 ‖ n. 帮助，救济，救助

succulent ['sʌkjulənt] a. 多汁的/**succulence** n.

succumb [sə'kʌm] v. ①屈从，让步②死

such [sʌtʃ] a. ①这种的，这样的 [Such rugs are quite expensive. 这种的小地毯相当贵。]②如此多的，如此大的，如此…的 [We had such fun that nobody left. 我们玩]

得如此有趣，没人离去。]③某某 [at such time as you may decide to go 在你可能决定要走的那个时候] ‖ pron. ①这样的人或物 [All such as need help will find it here. 所有需要帮助的人都能在这里得到帮助。]②所提到的人或事 [Such is the price of fame. 这就是为名声付的代价。]/**as such** ①照此，由此 [He is the mayor and as such must be consulted. 他是市长，正因为如此，必须与他商量。]②本身，就其本身而言/**such as** ①例如，诸如…之类②像…一样 [I enjoy poets such as Keats. 我喜爱爱像济慈那样的诗人。]

suck [sʌk] v. ①吸，吮，咂，嘬 [to suck the juice from an orange 吸吮桔子里的汁]②吸收，吸取，吸进③吸取水份，吸收汁液 [to suck a lemon 吸取柠檬汁] [to suck a candy 含吮糖果] ‖ n. 吸吮的动作

sucker ['sʌkə] ①吸吮者，乳儿，乳兽②有大而软的唇部的鱼（如鲤鱼）③（章鱼等的）吸盘④植物的匍匐枝⑤棒棒糖⑥[俗]容易上当受骗的人

suckle ['sʌkl] v. ①给…喂奶，哺乳；养育②吸（母亲的）奶

suction ['sʌkʃən] n. ①（排除空气后）吸，吸入②吸吮 ‖ a. 有吸力的，用吸力操纵的 [a suction pump 吸泵]

sudden ['sʌdn] a. ①突然的，突发的；意外的②迅捷的，即刻的，急促的 [He made a sudden change in his plans. 他对计划里做了即时的修改。]/**all of a sudden** 突然地，迅速地/**suddenly** ad. /**suddenness** n.

suds [sʌds] n. [复]肥皂泡沫液，肥皂水的泡沫/**sudsy** a.

sue [sjuː; suː] v. ①控告，起诉②提出请求 [The weary enemy sued for peace. 疲惫的敌人请求停火。]

suffer ['sʌfə] v. ①受痛苦，遭罪 [Do you suffer in the heat? 在炎热中你不遭罪吗?]②经受，遭受，蒙受 [The team suffered a great loss when Bill was injured. 比尔受了伤，球队遭受很大损失。]③变糟，更坏 [Her grades suffered when she didn't

S

study. 她不学习,成绩更坏了。]④忍受,
容忍

sufferance [ˈsʌfərəns] n. 容忍,默许,
容让/on sufferance 经默许

suffering [ˈsʌfəriŋ] n. 痛苦,苦难,疾苦
〔War causes great suffering. 战争造成重
大的苦难。〕

suffice [səˈfais] v. 足够,满足〔One cake
should suffice for serving the guests. 一块
饼就足够客人们吃了。〕

sufficiency [səˈfiʃənsi] n. 足量,充足

sufficient [səˈfiʃənt] a. 充足的,足够
的,充分的/sufficiently ad.

suffix [ˈsʌfiks] n. 后缀 ‖ v. [səˈfiks] 加后
级

suffocate [ˈsʌfəkeit] v. ①使窒息,把…
闷死;窒息②透不过气③压抑,阻碍/
suffocation n.

suffrage [ˈsʌfridʒ] n. ①投票权,选举
权②选票,投票

suffuse [səˈfjuːz] v. 弥漫于,充满于〔A
blush suffused her cheek. 她脸颊泛起一阵
红晕。〕/suffusion n.

sugar [ˈʃugə] n. 糖,糖类 ‖ v. ①加糖于,
撒糖于,使变甜②使看上去更好,更易接
受〔sugared criticism 委婉的批评〕③形成
糖状的颗粒物体

sugar-coat [ˈʃugəkəut] v. ①包糖衣于
②使(看上去、听起来)更好些〔to sugar-
coat bad news 使坏消息听起来更容易接
受些〕

sugary [ˈʃugəri] a. ①糖的,像糖的,含
糖的;很甜的②媚人的,说得好听的

suggest [səˈdʒest] v. ①建议,提议〔I
suggest we meet again. 我建议我们再聚会
一次。〕②使人联想起,使想到〔His poetry
suggests that of Keats. 他的诗使人想到济
慈的诗〕

suggestion [səˈdʒestʃən] n. ①建议
(行为)②示意,联想,迹象〔A suggestion
of a smile crossed his face. 他的脸上掠过
一丝笑意。〕

suicide [ˈsjuisaid] n. ①自杀②(由于自
己的过失而遭受的)伤害,毁坏③自杀

者/suicidal a.

suit [sjuːt, suːt] n. ①一套衣服②一副清
一色的纸牌③起诉,诉讼,案案④请求,
恳求,求婚 ‖ v. ①适合〔This color suits
your complexion. 这种颜色适合你的肤
色。〕②使适合,使适应/follow suit ①跟
出同花色的牌②照别人的样子做/suit
oneself 自便,随自己心意行事

suitable [ˈsjuːtəbl] a. 适宜的,合适的,
适当的/suitability n. /suitably ad.

suitcase [ˈsjuːtkeis] n. 小衣箱,小提箱

suite [swiːt] n. ①一套住房〔a hotel suite
旅馆套房〕②一套家具③(音乐)组曲,组
舞④一组随从人员

sulfur [ˈsʌlfə] n. 硫,硫磺

sulfuric acid 硫酸

sulk [sʌlk] v. 生闷气,愠怒 ‖ n. [复]愠怒
的情绪

sulky [ˈsʌlki] a. 生闷气的,阴沉着脸的
〔a sulky child 生闷气的孩子〕

sullen [ˈsʌlən] a. ①闷闷不乐的②阴沉
的〔a sullen day 阴沉的天〕/sullenly
ad. /sullenness n.

sully [ˈsʌli] v. 玷污,毁坏,糟蹋(名誉等)

sultry [ˈsʌltri] a. ①闷热的,酷热的〔a
sultry summer day 一个闷热的夏日〕②狂
热的,易怒的/sultriness n.

sum [sʌm] n. ①总和〔The sum of 7 and 9
is 16. 7 加9 的和是 16。〕②金额〔We paid
the sum he asked for. 我们付给了他要求的
钱数。〕③总数,总和,总量〔the sum of
one's experiences 一个人的全部经历〕
[俗]算术题 ‖ v. 加起来求;(做)概要,
总结/sum up 总结

summarize [ˈsʌməraiz] v. 总结,概括

summary [ˈsʌməri] n. 摘要,概要 ‖ a. ①
即时的,简捷的〔summary justice 即决裁判
(权)〕②概括的,扼要的〔a summary report
简要的报告〕/summarily [səˈmerəli] a.

summer [ˈsʌmə] n. 夏季 ‖ a. 夏季的〔a
summer day 一个夏日〕‖ v. 渡过夏日

summit [ˈsʌmit] n. 顶点,顶[the summit
of success 成功的巅峰〕‖ a. 政府首脑的
〔a summit meeting 首脑会议,最高级会

S

晤]

summon ['sʌmən] v. ①召集，召唤[The President summoned his Cabinet. 总统召集内阁会议。]②唤起，激起，集合起[Summon up your strength. 鼓起你们的力量。]③法庭传唤

sumptuous ['sʌmptjuəs] a. 奢侈的，豪华的[a sumptuous feast 豪华的宴席]

sun [sʌn] n. ①太阳，日②阳光，日光③恒星④像太阳般光辉灿烂的东西 ‖ v. 晒，曝；晒太阳[We sunned ourselves on the roof. 我们在屋顶晒太阳。]

sunburn ['sʌnbə:n] n. 晒伤，日灸 ‖ v. (使)晒黑，使晒伤

Sunday ['sʌndi] n. 星期日，星期天；(基督徒的)礼拜天，礼拜日

sunder ['sʌndə] v. 分开，裂开，劈开[The ship sundered on the rock. 船在石头上撞裂了。]/in sunder 成碎片，分开着

sundial ['sʌndaiəl] n. 日规，日晷仪

sundries ['sʌndriz] n. [复]杂货，杂物，杂项[The drug store sells drugs and sundries. 杂货店卖药和各种杂品。]

sundry ['sʌndri] a. 各种的，不同种类的，各式各样的，杂的

sunflower ['sʌnflauə] n. 向日葵

sunglasses ['sʌnglɑ:siz] n. [复]日光镜，太阳镜，墨镜

sunken ['sʌŋkən] a. ①沉没的，没在水下的[a sunken boat 一艘沉船]②低于周围平面的[a sunken patio 低于四周地面的院子]③下陷的，凹陷的[sunken eyes 凹陷的双眼]

sunlight ['sʌnlait] n. 阳光，日光

sunny ['sʌni] a. ①阳光灿烂的，和煦的[a sunny day 阳光充足的一天]②太阳的，像太阳般的[sunny beams 一道道太阳光]③欢快的，开朗乐观的[a sunny face 欢快的面容]

sunrise ['sʌnraiz] n. ①日出②日出时分③日出时天际的色彩

sunset ['sʌnset] n. ①日落②日落时分③日落时天际的色彩

sunshine ['sʌnʃain] n. ①日照②阳光③快乐，幸福/**sunshiny** a.

sunspot ['sʌnspɔt] n. 太阳黑子

super- ['su:pə, sju:pə] [前缀] ①上，在…上②很，超常以及超级，超群④附加的

superabundant [,sju:pərə'bʌndənt] a. 过多的，过剩的/**superabundance** n.

superannuated [,sju:pə'rænjueitid] a. ①享受退休养老金的②年老无用的，年老不能工作的

superb [sju(:)'pə:b] a. ①壮丽的，华美的②极好的，第一流的[superb cooking 最好的烹调技术]

supercilious [,sju:pə'siliəs] a. 目空一切的，看不起他人的，傲慢的

superficial [,sju:pə'fiʃəl] a. ①表面的，没有深度的[a superficial cut 表层外伤]②肤浅的，浅薄的，浮在表面的，快而粗的[a superficial mind 肤浅的思维]/**superficiality** [,sju:pə,fiʃi'æliti] n. 表面性；浅薄，肤浅/**superficially** ad.

superfine ['sju:ə'fain] a. ①特别精细的②过分精细的，微妙的

superfluity [,sju:pə'flu(:)iti] n. ①多余，过剩②多余，剩余的物品

superfluous [sju(:)'pə:fluəs] a. 过剩的，不必要的[superfluous motions 过多的动作]/**superfluously** ad.

superhuman [,sju:pə'hju:mən] a. ①超人的，非凡的，天才的[a superhuman being 非凡的人]②超常的

superior [sju(:)'piəriə] a. ①(地位、级别)较高的[Soldiers salute their superior officers. 士兵向级别较高的军官敬礼。]②(质量、价值、技术)上乘的，极好的③目中无人的，自认比别人高一等的，傲慢的 ‖ n. ①上级，长官，优胜者，占优势者②修道院院长/**superior to** ①(地位、职位)高于…②优越于…，大于…③不受…影响，不屈从于…/**superiority** [sju(:)piəri'ɔriti]n. 优越性，优势

superlative [sju(:)'pə:lətiv] a. ①最高的②形容词或副词最高级的 ‖ n. ①最高的级别，高度②形容词或副词的最高级/**superlatively** ad.

S

supermarket [ˈsjuːpəˈmɑːkit] n. 超级市场,自选商店

supernumerary [ˌsjuːpəˈnjuːmərəri] a. 多余的,额外的 ‖ n. 多余的人或事物

supersede [ˌsjuːpəˈsiːd] v. 替代,接替 [Mr. Smith superseded Mr. Fox as principal. 史密斯先生接替福克斯先生作校长。]

supersonic [ˈsjuːpəˈsɔnik] a. ①超声频的②超声速的

superstition [ˌsjuːpəˈstiʃən] n. 迷信,迷信行为

superstitious [ˌsjuːpəˈstiʃəs] a. 迷信的,由迷信引起的,相信迷信的/**superstitiously** ad.

superstructure [ˈsjuːpəˌstrʌktʃə] n. ①上层建筑②(建筑物的)上部结构(指地基以上部分)③(船体的)上层结构(指甲板以上部分)

supervise [ˈsjuːpəvaiz] v. 指导,管理,监督

supine [sjuːˈpain] a. ①仰卧的②懒散的,不想活动的,倦怠的,无精打采的/**supinely** ad.

supper [ˈsʌpə] n. 晚餐,晚饭

supplant [səˈplɑːnt] v. 把…排挤掉,(用阴谋或武力)取代

supple [ˈsʌpl] a. ①柔软易弯的,灵活的 [supple leather 柔软的皮革 a supple body 灵活的身体]②易适应新情况的,易变的 [a supple mind 易变的心,易适应新思想的人]

supplement [ˈsʌplimənt] n. ①补充,补遗,增补 [Vitamin pills are a supplement for a poor diet. 维生素药丸是对营养不全的食品的补充。]②增刊,副刊 ‖ v. [ˈsʌpliment] 增补,补充,增加

suppliant [ˈsʌpliənt] n. 乞求者;哀求者,恳求者 ‖ a. 表示哀求的,表示恳求的

supplicate [ˈsʌplikeit] v. 乞求,哀求,恳求/**supplication** n.

supply [səˈplai] v. ①提供,供给,供应 [The hotel supplies sheets and towels. 旅馆提供床单和毛巾。]②填补,补充,弥补 [Insurance will supply the loss. 保险金将会弥补这项损失。] ‖ n. ①补给,供给,给养的储备量 [a small supply of money 货币储备量不足]②[复]供应品,补给品 [school supplies 学校备品]③供应,供应(行为)

support [səˈpɔːt] v. ①支承,支撑 [Will that old ladder support you？那个旧梯子能支撑得住你吗？]②支持 [to support a cause 支持一个事业]③供养,维持生计 [He supports a large family. 他供养一个大家庭。]④为…提供证据,证实⑤忍受,经受住 [This wall needs support. 这面墙需要撑一下。] ‖ n. 支撑,支持,支柱,支架/**supporter** n.

suppose [səˈpəuz] v. ①设想,假设 [Let's suppose that these two lines are equal. 让我们假设这两条线是平行的。]②猜想,认为 [I suppose you're right. 我想你是对的。]③料想

supposed [səˈpəuzd] a. 假定的,想像认定的,被信以为真的 [his supposed wealth 他的被人们假想的财富]/**supposedly** ad.

supposition [ˌsʌpəˈziʃən] n. ①想像,假定,推测②假定的事物,假设的理论

suppress [səˈpres] v. ①镇压,用强力压制 [to suppress a mutiny 镇压一场叛乱]②抑制,忍住,掩盖,隐藏/**suppression** [səˈpreʃən] n.

suppurate [ˈsʌpjuəreit] v. 化脓,酿脓/**suppuration** n. 化脓,脓

supremacy [sjuˈpreməsi] n. 至高无上的权力或地位

supreme [sjuˈpriːm] a. 最高的,至上的,最大的,最强的/**supremely** ad.

surcharge [ˈsəːtʃɑːdʒ] n. ①额外费;附加费②超载,过度的负担③(邮票上)更改邮票值的印记;盖有改值印记的邮票 ‖ v. 索取附加费;使超载;在邮票上加改值印记

sure [ʃuə] a. ①有把握的,稳当的,可靠的,确定的 [a sure cure 万无一失的治疗方法 a sure friend 可靠的朋友]②稳当

的，坚定的〔a sure footing 稳定的立足点〕
③无疑的，必定的，肯定的〔**I'm sure he
did it.** 我肯定他做了那事。〕④不可避免
的，必会发生的⑤必将要，必将是‖*ad.*
〔俗〕肯定地，必定地/**for sure, to be
sure** 肯定地，无疑地，必定地/**sureness**
n.

surely 〔'ʃuəli〕*ad.* ①确定地，稳当地，坚
定地，踏实地②确实地，无疑地

surety 〔'ʃuəti〕*n.* ①确实，肯定②保证，担
保③担保人，保证人

surface 〔'sə:fis〕*n.* ①表面，表层〔the sur-
face of the earth 地球表面〕②面〔the sur-
faces of a box 箱子的各个面〕③外表，外
观〔She was all smiles on the surface but
angry within. 她表面满脸带笑但内心很生
气。〕‖*v.* ①做表面处理②露出水面，浮出表面

surfeit 〔'sə:fit〕*n.* ①过量，过度；饮食过
量，饮食过度②饮食过量引起的不适或病
症‖*v.* 过量地供给

surfing 〔'sə:fiŋ〕*n.* 冲浪运动

surge 〔sə:dʒ〕*n.* ①大浪，波涛②突发；有
力的涌，流〔the surge of immigrants to A-
merica 向美洲的移民潮〕‖*v.* 汹涌，涌流
〔The crowd surged over the football field.
人群涌上足球场。〕

surgeon 〔'sə:dʒən〕*n.* 外科医生

surgery 〔'sə:dʒəri〕*n.* ①外科②外科手术
③手术室

surgical 〔'sə:dʒikəl〕*a.* 外科的；外科方
面的；外科用的〔surgical gauze 外科手术
用的纱布〕

surly 〔'sə:li〕*a.* 坏脾气的，粗暴的，无礼
的/**surliness** *n.*

surmise 〔'sə:maiz〕*n.* 推测，猜测，臆测
〔My surmise is that they were delayed by
the storm. 我的推测是暴风雨把他们耽搁
了。〕‖*v.* 做推测，猜想

surmount 〔sə:'maunt〕*v.* ①战胜，克服，
击败〔to surmount a difficulty 克服困难〕
②登上，翻越〔to surmount an obstacle 越
过障碍〕③置于……顶上，位于……顶端

surname 〔'sə:neim〕*n.* ①姓氏②别名，诨

名，绰号‖*v.* 起别名

surpass 〔sə:'pɑ:s〕*v.* ①胜过②超越
〔riches surpassing belief 财富超越信仰〕

surplus 〔'sə:pləs〕*n.* 过剩，剩余，剩余额
‖*a.* 剩余的，过剩的，多余的〔surplus
profits 剩余利润〕

surprise 〔sə'praiz〕*v.* ①使惊异，使诧异
〔Her sudden anger surprised us. 她突然生
气，这使我们很吃惊。〕②意外地遇见，撞
见，当场捉住〔I surprised him in the act of
stealing the watch. 他正偷表时突然让我
抓住。〕③突然袭击，突然攻占，出其不意
地俘获‖*n.* ①惊奇，诧异〔The news took
them by surprise. 那消息使我们很吃惊。〕
②吃惊的状态〔Much to our surprise, it be-
gan to snow. 我们大为吃惊的是，开始下
起雪来。〕③使人惊异的事〔His answer
was quite a surprise. 他的回答出人预料。〕

surprising 〔sə'praiziŋ〕*a.* 使人惊奇的，
惊人的，出人意外的/**surprisingly** *ad.*

surrender 〔sə'rendə〕*v.* ①投降，自首
〔The troops surrendered. 部队投降了。〕②
交出，放弃〔She never surrendered hope
that her son would return. 她从未放弃其儿
子会回来的希望。〕‖*v.* 交出，放弃

surreptitious 〔ˌsʌrəp'tiʃəs〕*a.* 鬼鬼祟
祟的，偷偷摸摸的，秘密的〔a surreptitious
wink 偷偷转眼色〕/**surreptitiously** *ad.*

surrogate 〔'sʌrəgit〕*n.* ①代理人，主教
代理人②（美国某些州的主管遗嘱检验
等事的）地方推事

surround 〔sə'raund〕*v.* 围，围绕，圈住，
包围〔The police surrounded the criminals.
警察包围了罪犯。〕

surrounding 〔sə'raundiŋ〕*n.* 〔复〕周围
的环境，环境〔They work in fine surround-
ings. 他们在良好的环境中工作。〕

surtax 〔'sə:tæks〕*n.* 附加税

surveillance 〔sə:'veiləns〕*n.* 监视，监视
〔We kept the enemy patrol under surveil-
lance. 我们监视敌人的巡逻队。〕

survey 〔sə(:)'vei〕*v.* ①俯瞰，眺望，检
查，审视〔The lookout surveyed the hori-
zon. 了望台俯瞰地平线。〕②测量，勘定

[to survey a farm 测量农场〕‖ n. ['sɔːvei] ①概观，概括的研究，调查〔The survey shows that we need more schools. 调查表明我们需要更多的学校。〕②测量，测量记录〔to make a survey of the lake shore 对湖岸进行测量〕

surveyor [sə(ː)'veiə] n. 测量员，勘测员，测地员

survival [sə'vaivəl] n. ①幸存，残存，生存〔Atomic war threatens the survival of mankind. 原子战争威胁着人类的生存。〕②残存物

survive [sə'vaiv] v. ①幸存，残存，活下去②比…活得长〔He survived his brother. 他比他弟弟活得时间长。〕③幸免于，从…中逃生〔We survived the fire. 在这场火灾中我们幸免于死亡〕

susceptible [sə'septəbl] a. 易受感动的，易受影响的，敏感的〔Sad stories make a susceptible child cry. 悲伤的故事使易动感情的孩子哭。〕/**susceptible of** 能容许…的〔His answer is susceptible of being understood in two different ways. 他的回答能容许有两种不同的理解。〕/**susceptible to** 可受…的，易受…的影响〔susceptible to flattery 容易被奉承 susceptible to colds 容易患感冒〕/**susceptibility** n.

suspect [sə'spekt] v. ①怀疑〔某人犯有过错〕〔The detective suspected the butcher of the murder. 侦探怀疑屠夫杀人。〕②怀疑，不信任〔I suspect his honesty. 我怀疑他是否诚实。〕③猜想，觉得〔I suspect that you are right. 我觉得你是对的。〕‖ n. ['sʌspekt] 嫌疑犯，可疑分子〔a suspect in the robbery 抢劫嫌疑犯〕‖ a. ['sʌspekt] 可疑的〔His excuse remains suspect. 他的理由仍然可疑。〕

suspend [sə'spend] v. ①吊，挂，悬〔The keys were suspended by a chain from his belt. 钥匙挂在他的皮带的链上。〕②悬浮〔In homogenized milk, the fat particles are suspended in the milk. 在均脂牛乳中，脂肪悬浮在牛奶中。〕③暂停，停职或停学等〔He was suspended from school for misbehaving. 由于举止不轨，他被勒令停

学。〕④中止，暂停〔to suspend train service 中止火车运行 to suspend a rule 中止一项规定〕⑤推迟〔The judge suspended his sentence. 法官延缓对他的处刑。〕

suspense [sə'spens] n. ①悬而不决，未定〔a movie full of suspense 充满悬念的电影〕②挂虑，不安，提心〔He waited in suspense for the jury's verdict. 他不安地等待陪审团判决。〕

suspension [səs'penʃən] n. ①悬，吊，暂停，中止，暂时停职，暂时停学〔the suspension of a policeman from the force 警察暂时停职 the suspension of dust in the air 浮在空气中的尘埃〕②悬вар

suspicion [səs'piʃən] n. ①怀疑，嫌疑〔Everyone here is above suspicion. 不能怀疑这儿的任何人。〕②猜疑，疑心〔I have a suspicion you are right. 我怀疑你是否正确。〕

suspicious [səs'piʃəs] a. ①可疑的〔suspicious behavior 可疑的行为〕②猜疑的，疑心的，多疑的〔a suspicious look 猜疑的一瞥〕/**suspiciously** ad.

sustain [səs'tein] v. ①支撑，撑住，承受住〔Heavy piers sustain the bridge. 结实的桥墩支撑着桥杆。〕②维持，继续〔The soft music sustained the mood. 轻音乐维持着气氛。〕③支持〔Hope of rescue sustained the shipwrecked sailors. 营救的希望使受难的船员怀有信心。〕④遭受，蒙受〔He sustained injuries in the accident. 他在事故中受伤。〕⑤确认，认可〔The Supreme Court sustained the verdict. 最高法院确认了这个裁决。〕

suture ['sjuːtʃə] n. ①缝合②缝线③骨缝‖ v. 缝合

swab [swɔb] n. ①〔医〕拭子，药签②拖把‖ v. ①用药签敷药于②用拖把擦

swagger ['swægə] v. ①昂首阔步②吹牛皮，说大话‖ n. 昂首阔步，狂妄自大

swallow¹ ['swɔləu] n. 燕子

swallow² ['swɔləu] v. ①吞下，咽下②抑制〔I swallowed hard to keep from crying. 他强忍着没哭。〕③吞没，淹没〔The waters of the lake swallowed him up. 湖水淹没了他。④忍受〔to swallow the taunts of another 忍受别人的嘲笑〕⑤压制〔to swallow one's pride 不表露自傲〕⑥取消 ⑦〔口〕轻信〔Surely you won't swallow that story. 你肯定不会轻信那件事。〕‖ n. ①吞，咽 ②一次吞咽之物

swamp〔swɔmp〕n. 沼泽，沼泽地 ‖ v. 使陷入沼泽②淹没〔The street was swamped in the flood. 洪水淹没了街道。〕③沉没〔High waves swamped the boat. 大浪沉没了小船。〕④击溃，压倒〔swamped with debts 债务压身〕/**swampy** a.

swan〔swɔn〕n. 天鹅

sward〔swɔːd〕n. 草地，草皮

swarm〔swɔːm〕n. ①蜂群②(蜂房中的)蜂群③一大群〔a swarm of flies 一群苍蝇〕‖ v. ①成群飞离②密集，云集，涌往〔Shoppers swarmed into the store. 购货人涌进商店。〕③挤满〔The beach is swarming with people. 海滩上挤满了人。〕

swarthy〔ˈswɔːði〕a. 黝黑的，黑皮肤的

swash〔swɔʃ〕v. 发激荡声，冲激，泼〔The waves swashed against the pier. 浪花冲激着墩子。〕‖ n. 冲激

swat〔swɔt〕v. 重拍，猛击 ‖ n. 重拍，猛击/**swatter** n.

swathe〔sweið〕v. 绑，裹，缠〔His head was swathed in a turban. 他头上裹着头巾。〕

sway〔swei〕v. ①摇动，摆ltfl〔The flowers swayed in the breeze. 花在微风中摇动。〕②歪，倾斜，偏向一边〔The car swayed to the right on the curve. 汽车在弯路上向右倾斜。〕③动摇，转向〔His threats will not sway us. 他的威胁不能动摇我们。〕‖ n. ①摇动，摆ltfl，动摇，倾斜②影响，支配〔under the sway of emotion 受感情的支配〕

swear〔swɛə〕v. ①宣誓，发誓〔He swore on his honor that it was true. 他以自己的名誉担保这是真的。〕②宣誓表示，郑重保证〔He swore that he would always love her. 他保证他永远爱她。〕③诅咒，骂④宣

誓就职〔The President was sworn in by the Chief Justice. 最高法官使总统宣誓就职。The bailiff swore in the witness. 执行官在证人面前宣誓就职。〕/**swear by**①对…发誓②极其信赖〔The cook swears by this recipe. 这位厨师极其信赖这个菜谱。〕/**swear off** 戒酒〔to swear off smoking 立誓戒烟〕/**swear out** 通过宣誓控告使法院发出〔to swear out a warrant for his arrest. 我宣誓控告他使法院发出对他的拘捕证。〕/**swearer** n.

sweat〔swet〕v. ①出汗〔Running fast made him sweat. 快跑使他出汗。〕②拼命努力工作④干苦活儿 ‖ n. ①汗②水珠，湿气③出汗〔The long run left him in a sweat. 长跑使他出了一身汗。〕④不安，焦躁/**sweat out**①出一身汗以去掉〔to sweat out a cold 出汗医伤风〕②〔俚〕焦虑地等待

sweater〔ˈswetə〕n. 毛线衫，厚运动衫

sweaty〔ˈsweti〕a. ①汗湿透的②发汗臭的〔a sweaty odor 汗臭味〕③引起出汗的〔sweaty work 出力的工作〕

sweep〔swiːp〕v. ①扫〔to sweep a floor 扫地〕②扫除，打扫〔Sweep the dirt from the porch. 把门廊的灰尘扫掉。〕③冲走，席卷〔The tornado swept the shed away. 飓风把小房刮走了。〕④猛力移动〔He swept the cards into a pile. 他把牌一下子推到一起。〕⑤擦过，扫过〔Her dress sweeps the ground. 她的裙裾在地上拖曳。〕⑥环视〔His glance swept the crowd. 他环视人群。〕⑦急速移动〔He swept down the aisle to the stage. 他从过道急速走上舞台。〕⑧连绵，延伸〔The road sweeps up the hill. 道路向山上延伸而去。〕‖ n. ①扫除②冲激，挥动〔the sweep of their oars 挥动他们的桨〕③范围，视野〔beyond the sweep of his flashlight 在他的手电筒照明之外〕④连绵区域〔a sweep of flat country 一片连绵的平地〕⑤弯曲，线〔the sweep of his high forehead 他前额的皱纹〕⑥扫烟囱的人〔a chimney sweep 扫烟囱的人〕⑦长柄⑧汲井水用的长杆/**sweeper** n.

sweeping〔ˈswiːpiŋ〕a. ①扫除的，扫荡

的，一举尽收的〔a sweeping look 尽收眼
底的一看〕②总括的，范围广大的〔The ad
made sweeping claims. 这个广告的要求很
笼统。〕‖ n. ①扫除，扫荡 ②〔复〕扫拢的
垃圾

sweet 〔swi:t〕 a. ①甜的，甜味的〔a sweet
apple 甜苹果〕②滋味好的，悦耳的，美味
的〔sweet music 悦耳的音乐 sweet perfume
芬香的味道 a sweet girl 可爱的女孩〕③
淡的，不咸的〔sweet milk 新鲜的鲜
牛奶〕①甜食，蜜饯，糖果②爱人，情
人 ‖ ad. 甜甜蜜蜜地，可爱地，亲切地/
sweetish a. / **sweetly** ad. / **sweetness** n.

sweeten 〔'swi:tn〕v. 使变甜，使变音，使
悦耳，变温和

sweetheart 〔'swi:tha:t〕n. 爱人，情人

swell 〔swel〕v. ①增长，增大，壮大〔buds
swelling in the early spring 早春花蕾增大
music swelling to a grand climax 达到高潮
的音乐〕②膨胀，肿胀〔The wind swelled
the sails. 风鼓起了船帆。〕③骄傲，自负，
夸大之力。①隆起之处，膨胀处，肿胀
③增长，增大 ④〔口〕衣着时髦的人 ‖ a.
〔俚〕好的，漂亮的

swelling 〔'swelig〕n. ①增大，增长〔a
swelling of profits 利润的增长〕②肿胀，肿
大，隆起部〔a swelling from a bump 碰的肿
块〕

swelter 〔'sweltə〕v. 热得发昏，热得无力，
中暑 ‖ n. 闷热，酷热，满身大汗

swerve 〔swə:v〕v. 突然转向，转弯〔He
swerved the car to avoid hitting a dog. 为了
不撞到狗，他急速使汽车转向。〕‖ n. 转
向

swift 〔swift〕 a. ①快的，迅速的〔a swift
runner 跑得快的人〕②立刻的，突然发生
的〔a swift reply 立刻的回答〕③反应快
的，思想敏捷的〔He was swift to help us.
他立即来帮助我们。〕‖ n. 雨燕 / **swiftly**
ad. / **swiftness** n.

swim 〔swim〕v. ①游，游泳 ②游过〔to swim
a river 游过河〕③滑行 ④漂浮，浸，泡
〔food swimming in butter 浸在黄油里的食
物〕⑤充溢，充满〔eyes swimming with

tears 充满泪水的眼睛〕⑥眼花，眩晕〔The
ride made her head swim. 乘车使她头晕。〕
⑦旋转，摇晃〔The room swam before her
eyes. 房间好像在她眼前旋转。〕‖ n. ①游
泳 ②眩晕，眼花 / **in the swim** 合时适，合
潮流 / **swimmer** n.

swimmingly 〔'swimiŋli〕ad. 顺利地，如
意地〔We got along swimmingly. 我们进展
顺利。〕

swindle 〔'swindl〕v. 诈取，骗取 ‖ n. 欺
诈，诈骗 / **swindler** n.

swine 〔swain〕n. ①猪，②下流坏/ swine
〔复〕

swineherd 〔'swainhə:d〕n. 养猪人，猪倌

swing 〔swiŋ〕v. ①摇摆，摆动，摇荡〔The
pendulum swings in the clock. 钟摆在钟里
摆动。〕②轻松地走，大摇大摆地行走
〔They swung down the road. 他们大摇大摆
地走在路上。〕③(绕轴心等)回转，旋转
〔The door swung open. 门开了。〕He swung
the chair around to face the table. 他转过
椅子面对桌子。〕④被如绕着转。He
swung the bat at the ball. 他挥棒击球。I
swung the bag onto my back. 我把包一下
背在肩上。〕⑥(成功地)处理，完成，获取
〔to swing an election 选举获胜〕‖ n. ①摇
摆，摆动 ②振幅，摆幅〔the swing of a pen-
dulum 钟摆的摆幅〕③挥舞〔He took a
swing at the golf ball. 他击打高尔夫球。〕
④韵律，音律，节奏 ⑤秋千/ **in full swing**
活跃，正在全力进行

swirl 〔swə:l〕v. ①打漩，旋动，涡动〔The
snow kept swirling down. 雪旋动而下。〕②
(头)发晕〔The fever made my head swirl.
发烧使我头晕。〕‖ n. ①旋动，漩涡〔a
swirl of water down a drain 水在排水沟里
旋动〕②弯曲

swish 〔swiʃ〕v. ①嗖地挥动〔He swished
his cane through the air. 他挥动拐杖。〕②
作瑟瑟声〔Her skirts swished as she
walked. 她走路时裙子瑟瑟作响。〕‖ n. 嗖
嗖声，瑟瑟声，嗖一声的动作

switch 〔switʃ〕n. ①软枝条，鞭子〔②杖条
③开关，电闸④(铁路的)转辙器⑤骤变，

S

转换[a switch in attitude 态度的改变] ‖ *v.* ①鞭打②摆动[The horse switched its tail. 马摆动尾巴。]③转换，改变[Let's switch the party to Friday. 让我们把晚会改到星期五。]④(使用铁路转辙器)使转轨⑤接通电流

swivel ['swivl] *n.* 转节，转环，旋轴，旋转接头 ‖ *v.* 旋转[to swivel in one's seat 在椅子上旋转]

swoop [swu:p] *v.* ①飞扑，猛扑②抢去[He swooped up the change. 他抓住了变化。] ‖ *n.* 飞扑

sword [sɔːd] *n.* ①剑，刀②武力，兵权，军权，战争[The pen is mightier than the sword. 文战比武战更有力。]/**at swords' points** 一触即发之势，准备了吵架或战斗/**cross swords** 交锋，争论

syllable ['siləbl] *n.* 音节②分音节的符号

syllabus ['siləbəs] *n.* 摘要，提纲，教学大纲，课程提纲/**syllabuses, syllabi** [复][复]

syllogism ['silədʒizəm] *n.* 三段论法，演绎推理

sylvan ['silvən] *a.* ①森林的，住在森林中的，在森林中发现的[sylvan creatures 森林的动物]②树木多的[a sylvan valley 树木多的山谷]

symbol ['simbl] *n.* 象征；符号，记号，代号[The dove is a symbol of peace. 鸽子是和平的象征。]

symbolic [sim'bɔlik], **symbolical** [sim'bɔlikəl] *a.* ①使用符号的[symbolic writings 符号写作]②象征的，象征性的[White is symbolic of purity. 白色象征着纯洁。]/**symbolically** *ad.*

symbolism ['simbəlizm] *n.* ①(尤指文学艺术上的)象征主义②象征或符号体系

symbolize ['simbəlaiz] *v.* ①象征，作为…的象征[A heart symbolizes love. 心象征着爱。]②用象征表示，用符号表示[How does this poet symbolize man's spirit? 这位诗人用什么来象征人类的精神。]

symmetry ['simitri] *n.* ①对称，匀称[the symmetry of the human body 人体的对称]②对称美

sympathetic [,simpə'θetik] *a.* ①同情的，表示同情的，有同情心的[sympathetic words 表示同情的言语]②和谐的，合意的[sympathetic surroundings 合意的环境]③有好感的，赞同的[He's sympathetic to our plan. 他赞同我们的计划。]/**sympathetically** *ad.*

sympathize ['simpəθaiz] *v.* 同情，表示同情，同感，共鸣，同意，赞同[to sympathize with a friend who has lost something 同情朋友丢失东西的损失]/**sympathizer** *n.*

sympathy ['simpəθi] *n.* ①同情，同情心[He wept out of sympathy for my loss. 他由于同情我的损失而落泪。]②一致，同感[Our tastes in art are in sympathy. 我们对艺术的欣赏是一致的。]③赞同[He is in sympathy with the strikers. 他赞同罢工者。]

symphony ['simfəni] *n.* ①交响曲，交响乐②交响乐队，交响乐团③谐音，调和[The dance was a symphony in motion. 那个舞蹈动作协调。]/**symphonic** [sim'fɔnik] *a.*/**symphonically** *ad.*

symposium [sim'pəuzjəm] *n.* ①座谈会，专题讨论会②专题论丛，专题论文集/**symposiums, symposia** [sim'pəuzjə] [复]

symptom ['simptəm] *n.* 症状，征候，征兆[Spots on the skin may be a symptom of measles. 皮肤上的斑疹可能是麻疹的症状。]/**symptomatic** [,simptə'mætik] *a.*

synchronize ['siŋkrənaiz] *v.* ①同时发生，同步[The gears must synchronize when you shift. 你转挡时必须同时换挡。]②使同步，使在时间上一致[Synchronize your watch with mine. 使你的手表和我的时间一致。]

synchronous ['siŋkrənəs] *a.* 同时发生的，同步的[synchronous drum beats 同步的鼓声]

syndicate ['sindikit] *n.* ①辛迪加，企业

联合组织②报业辛迪加 ‖ v. 〔'sindikeit〕
①把…组成辛迪加②通过报业辛迪加在
多家报纸上同时发表 **syndication** n.

synonym 〔'sinɒnim〕n. 同义词

synopsis 〔si'nɒpsis〕n.（书、剧本等的）
提要，概要，梗概／**synopses** 〔si'nɒpsiːz〕
〔复〕

syntax 〔'sintæks〕n. 句法／**syntactical**,
syntactic a.

synthesis 〔'sinθisis〕n. 综合，综合物，合
成（法）〔Plastics are made by chemical
synthesis. 塑料是通过化学合成而制成
的。〕／**syntheses** 〔'sinθisiːz〕〔复〕

synthetic 〔sin'θetik〕a. ①综合的②合
成的，人造的〔synthetic rubber 合成橡胶〕
③假想的，虚假的〔a synthetic excuse 假
借口〕‖ n. 化学合成物，合成纤维织物，
合成剂〔Nylon is a synthetic. 尼龙是一种
化学合成物。〕／**synthetically** ad.

syringe 〔'sirindʒ〕n. 注射器，灌肠器，洗
涤器，喷水器 ‖ v. 注射，灌洗，冲洗

syrup 〔'sirəp〕同 sirup ／**syrupy** a.

system 〔'sistəm〕n. ①系统，体系〔the so-
lar system 太阳系 a school system 教育体
系 a system of highways 公路网 the nervous
system 神经系统〕②制度，体制〔a demo-
cratic system of government 政府的民主制
度〕③方法，方式，秩序，规律〔He works
with system. 他工作有条理。〕④身体，全
身〔poison in his system 他体内的毒〕

systematic 〔sisti'mætik〕a. ①有系统
的，成体系的，有秩序的〔a systematic
search 有组织、有秩序的寻找〕②有计划
的〔a systematic person 有条理的人〕／
systematically ad.

systematize 〔'sistimətaiz〕v. 使系统化，
使成体系，使有秩序，使组织化

S

𝒯 t T t

T, t [ti:] n. 英语字母表中的第二十个字母/ **T's**, **t's**; **Ts**, **ts** [ti:z] [复]

tab [tæb] n. ①供手拉(或悬挂等)用的短小的突出部,标签,标牌 [He hung his jacket by the tab. 他用衣襟把衣服挂起来。Cards for dividing a filing box have tabs lettered from A to Z. 区分档案盒的卡片上有从 A 到 Z 的字母标签。] ②帐单/ **keep tab on**, **keep tabs on** 记录;监视

table [teibl] n. ①桌子,台子 ②餐桌 [His manners at the table have improved. 他吃饭的风度有改进。] ③一桌人(指进餐者、玩牌者等) [Our table played bridge. 我们一桌人玩桥牌。] ④项目表 [a table of contents in a book 书里的目录] ⑤表格 [multiplication tables 乘法表,九九表] ⑥ [地] 高原,台地,平地层 ⑦木牌,石板,(碑、板上刻的)铭文,文献 ‖ v. ①搁置(议案等) [to table a bill in congress 在国会搁置议案] ②把…放在桌上/ **turn the tables** 转变形势,扭转局面,转败为胜

tablet [tæblit] n. ①便笺簿;拍纸簿,报告纸簿 ②药片 [an aspirin tablet 阿斯匹林药片] ③(刻铭文的)碑,匾 [A tablet on the museum wall lists the names of the founders. 博物馆墙上的碑牌列出了创立者的名字。]

table tennis 乒乓球

tableware [teiblwɛə] n. [总称]餐具

tabloid [tæbloid] n. ①(以耸动性报道为特点的、多图画的)小报 ②文摘,摘要

taboo [bə'bu:] n. ①信奉禁忌 ②(宗教迷信或社会习俗方面的)禁忌,忌讳;戒律 ‖ a. 禁忌的,忌讳的;禁止的 ‖ v. 把…列为禁忌;禁止/ **taboos** [复]

tabular [tæbjulə] a. ①表格式的,列成表的;按表格计算的 [tabular data 表格状的资料] ②平坦的;平板(状)的,薄层的,片状的

tabulate [tæbjuleit] v. 把…制成表,列表显示 [to tabulate facts 列表显示事实]/ **tabulation** n./ **tabulator** n.

tacit [tæsit] a. ①心照不宣的,不言而喻的 [His smile gave tacit approval. 他的微笑表示默认。] ②缄默的/ **tacitly** ad.

taciturn [tæsitə:n] a. 沉默寡言的/ **taciturnity** n.

tack [tæk] n. ①平头钉 ②航向;航向不变所驶过的一段航程 ③ [海] (帆船的)抢风行驶 ④在陆上所作的之字形移动 ⑤行动步骤,方针 [He is on the wrong tack. 他犯了方针路线错误。] ⑥ [复] (缝纫中的)粗缝,假缝 ‖ v. ①钉住 [to tack down a carpet 钉住地毯] ②在议会提案中增加附加条款;附加,添加 [I'll tack a new ending on to the story. 我要给这个故事加一个新的结局。] ③使(船)抢风转变航向 ④之字形地移动 ⑤用粗针脚缝

tackle [tækl] n. ①用具,装备 [fishing tackle 钓鱼用具] ②滑车,复滑车; [船]

帆的滑车索具③擒抱,阻挡(指橄榄球赛中抱住带球跑的对方球员)〕‖ v.①看手处理,对付,解决〔He tackled the job. 他处理了那项工作。〕②抓住,揪住(〔橄榄球中)抑住并摔倒(或挡住)(对方带球跑的球员)③用滑车固定;给(马)套上马具/**tackler** n.

tactical [ˈtæktikəl] a. ①战术的,作战的;与地面(或海上)作战直接配合进行的②策略(上)的,善于机变的;巧妙设计的/**tactically** ad.

tactician [tækˈtiʃən] n. ①战术家,兵法家②策略家,策士

tactics [ˈtæktiks] n. [复]①[用作单]战术;兵法〔Tactics is studied at West Point. 西点军校研究兵法。〕②[常用复]策略,手法〔the tactics of a political campaign 政治运动的策略〕

tactless [ˈtæktlis] a. 不老练的,不机智的,不圆滑的;不得体的/**tactlessly** ad. / **tactlessness** n.

tag [tæg] n. ①标签〔price tags on merchandise 商品上的价目标签〕②(在衣裙等上)悬着的碎片;松散(或破碎)的末尾部〔Pull the tag to close the zipper. 拉悬着的碎片拉得紧贴拉链。〕③(鞋带末端的)包头,镶④(戏剧、演说等的)终场词,结束语;歌曲末尾的迭句⑤儿童捉人游戏‖ v. ①装包头子(鞋带)、加标签于②(儿童捉人游戏中)追到,捉到③[口]紧紧地跟在…后面,尾随〔Billy always tags along after us. 比利总是紧紧地跟在我们后面。〕

tail [teil] n. ①尾巴②尾状物;发辫;末尾部分,后部,底部;较弱的部分〔the tail of a shirt 衬衫后部的a pigtail 辫子〕③(等候乘车、购物等的)队伍,长列;随员,扈从〔the tail of a parade 游行长队〕④[常用复]钱币背面〔heads or tails〕⑤[复][口]燕尾服,男子夜礼服‖ v. [口]尾随,跟踪;追随〔A detective was tailing us. 一个侦探正在跟踪我们。〕‖ a. ①尾部的,后部的〔We saw the tail end of the movie 我们看了电影的结尾部分。〕②后面来的〔a

tail wind 后面来的风〕/**turn tail** 逃跑/**tailless** a.

tailor [ˈteilə] n. (尤指做外衣的)裁缝,成衣工‖ v. ①裁剪(衣服)〔suits tailored for stout men 为胖人做的衣服〕②(为某一特定目的)而剪裁,制作〔movies tailored for young people 为年轻人制作的电影〕

taint [teint] n. ①污点;(名誉等的)玷污②感染;腐败‖ v. 使感染,使腐坏;沾染〔The food is tainted. 这食物腐坏了。〕

take [teik] v. ①抓住;握紧〔Take my hand as we cross the street. 我们过马路时抓紧我的手。〕②攻取;抓,捕;赢〔The soldiers took the town. 战士们攻克了这座城镇。〕③吸引〔We were taken by her wit. 我们被她的妙语吸引住了。〕④接受;收(房客等),娶(妻);得到;选取,采取;就(座、职等)〔He took a wife. 他娶了妻子。She took the job. 她得到了这份工作。When does the senator take office? 参议员何时就职?〕⑤吃,喝;服(药等);吸入(新鲜空气等);吸引;容纳〔He is so sick that he can't take food. 他病得很厉害以致不能进食。〕⑥买下,租下;订阅(报刊等);订(座等)〔We take two daily papers. 我们订阅两份日报。〕⑦与…一起使用,用…〔The verb "hit" takes an object. 动词"hit"带宾语。〕⑧乘,搭(车、船等)〔to take a bus 乘公共汽车;to take a shortcut 抄近路〕⑨以为;把…看作,对待〔He took his studies seriously. 他认真对待他的学业。Take this as an example. 把这个当作范例。〕⑩需要,花费,占用〔It took courage to jump. 跳跃需要勇气。〕⑪取得,获得,得到,吸取,摘录〔He took this quotation from Shakespeare. 他从莎士比亚那儿摘录了引语。〕⑫(通过观察、学习)得到〔to take a class 在学校学习拉丁文〕⑬记录;抄写〔to take notes on a lecture 记讲课笔记〕⑭拍摄(照相等)〔She took our picture. 她给我们照相。〕⑮接受〔She took my advice.

她接受了我的劝告。He took his punish-ment. 他接受了惩罚。⑯受…影响；染上…[He took cold. 他感冒了。The cloth took the dye. 布染了色。⑰理解，领会[He took her remarks as praise. 他把她的话理解为赞扬。⑱生，产生[to take pity 产生怜悯]⑲表示做一次动作[to take a walk 散步 to take a look 看一看 to take care 关心]⑳夺走，取走；夺去[Somebody took my purse. 有人拿走了我的钱包。㉑带去，带上[Take your skates with you. 随身带去你的冰鞋。㉒减，减去，去掉[Take two dollars off the price. 减价两美元。㉓引导，带领[This road takes us to the lake. 这条路引导我们来到湖边。I took her to a movie. 我带她去看电影。㉔疾病，(不愉快的)事情等)突然侵袭[The fire took quickly. 火迅速蔓延开来。㉕(植物等)生根，开始生长；(计划、接种等)奏效；起作用[Roses won't take in this soil. 玫瑰花在这种土壤中不会生根。His vaccination took. 他的种痘奏效了。㉖走，行走[They took to the hills. 他们向小山走去。㉗[口]成为，变得[He took sick. 他病了。㉘[俚]欺骗，使上当』‖ n. ①得，取，拿[捕获量；收入[the day's take of money at the store 商店每天的进款]**take after** (面貌、性格方面)像(自己的父母等)/**take back** 拿回，收回/**take down**①记下；(用机器)录下②压下…的气焰/**take for** 认为，以为，误认为[I took him for his father. 我把他当作他的父亲。/**take in**①接受，接待；收容；吸引[to take in lodgers 收房客]②改小(衣服)③领会，理解④观看，参观[to take in all the sights 参观所有的名胜]⑤欺骗⑥包含/**take it**①[俚]相信②[俚]忍受/**take off**①(飞机等)起飞，离地；离开②嘲弄模仿…的样子/**take on**①呈现(新面貌等)；具有(特征)②雇用③承担④同(对手)较量，对付⑤[口](因发怒等)激动/**take one's time**不着急，不匆忙/**take over**①接过来，接收；接管②接任/**take to** 喜欢，亲近(人)/**take up**①使绷紧；绷紧；收缩；扎

住②吸收(水分)③对…发生兴趣④占去，占据(时间、地位、注意力等)

taking ['teikiŋ] *a.* 引人注目的，吸引人的，迷人的[her taking smile 她的迷人的微笑] ‖ *n.* ①拿，取得，获得，捕获物[the taking of census 统计数字的取得]②[复]收入；利息；进款

talcum ['tælkəm] *n.* ①滑石 ②滑石粉，爽身粉

tale [teil] *n.* ①故事，传说；叙述 ②谎言；坏话，流言蜚语

talent ['tælənt] *n.* ①天才，天资[his talent as an artist 他的作为艺术家的天才]②有才能的人；人才，有才能的人[He helps young talent along. 他帮助年轻有为的人。③古希腊(或罗马、中东等)的重量及货币单位

talk [tɔːk] *v.* ①讲话；谈话；演讲[We talked of many things. 我们谈到许多事情。②(会)说话；有讲话能力；学人讲话[The baby is learning to talk. 婴儿正学说话。③说得使…，讲得使…[He talked himself hoarse. 他讲得声音嘶哑。We talked him into going with us. 我们说得他跟我们一起去。④讲(语言等)；通话[He talked in sign language. 他用手势语谈话。⑤谈话；讨论[to talk business 谈生意经；讲正经事]⑥闲聊，说闲话；讲人坏话，揭人隐私；传播小道消息,讲[(某种语言、方言等)讲[to talk Spanish 讲西班牙语]‖ *n.* ①谈话；交谈[language used in everyday talk 口语中使用的语言]②讲话；(非正式的)演讲,报告,讲话[He gave a talk on gardening. 他作了园艺学报告。③(正式)会谈，谈判[talks between the company and the union 公司和工会之间的会谈]④谣言；流言蜚语；(小道)传说[There is talk going around that they are engaged. 他们订婚的说法正在传开。⑤谈论的题材[Her new play is the talk of the town. 她的新剧是这个城镇谈论的话题。/**talk back** 顶嘴，反驳/**talk down to** 高人一等地对某人讲话(因轻视而对某人讲得简单)/**talker** *n.*

tall [tɔːl] *a.* ①高的[a tall building 高大的

建筑物〕②身材高的③[口]夸大的，过分的，难以相信的〔a tall tale 难以相信的故事〕

tally ['tæli] n. ①账，记账，记录〔Keep a tally of the money you spend. 把你花的钱记下来。〕②记账表格,簿记帐页③计算的签，筹码 ‖ v. ①记录,记（分）〔The team tallied, two runs in the ninth inning. 这个队在第九局比赛中积了两分。〕②计算,数,清点（货物等）〔Tally up the score. 统计分数。〕③使（两物）符合,使吻合〔His story of what happened doesn't tally with hers. 他讲的事情经过与她讲得不一致。〕

tamale ['teiməbl] n. 可驯养的，能驯服的

tame [teim] a. ①（动物）养服了的,驯服的〔Pat has a tame skunk. 帕特有一只驯服的臭鼬。〕②顺从的,听话的〔The bronco soon became quite tame. 野马很快变得很顺从。〕③无精打采的,没有劲的,平淡的,沉闷的〔a tame boxing match 沉闷的拳击比赛〕‖ v. ①驯服,制服〔to tame wild animals for a circus 为马戏团驯兽〕②使软化〔Kind treatment helped tame the boy down. 善待有助于使那男孩软化。〕

tamp [tæmp] v. 用粘土等填塞（装有炸药的洞口）〔to tamp down tobacco in a pipe 用烟草填满烟斗〕

tamper ['tæmpə] v. ①损害,削弱,窜改②瞎摸弄〔He tampered with the clock, and now it's slow. 他瞎摸弄钟表,现在表走得了。〕

tan [tæn] n. ①鞣料树皮②鞣料的颜色,棕黄色③日晒后的肤色,棕褐色 ‖ a. 棕黄色的,棕褐色的 ‖ v. ①鞣（革）,硝（皮）②晒黑〔His skin tans quickly. 他的皮肤很容易晒黑。〕③狠狠鞭打

tandem ['tændəm] ad. 一前一后地,以纵列,以串联（或串列）方式〔five dogs hitched tandem to a sled 以纵列套在雪橇上的五条狗〕‖ n. ①两匹前后成纵列套在马上的马②两匹

马前后成纵列拉的双轮马车③同 tandem bicycle

tangent ['tændʒənt] a. [数] 正切的;相切的;切线的〔a line tangent to a circle 一个圆的正切线〕‖ n. ①[数] 正切;切线②（铁路或道路的）直线区间〔go off at a tangent（说话时）突然扯到题外,突然背离原来的路途,突然改变行径

tangible ['tændʒəbl] a. ①可触知的;有实质的,有形的〔a house is tangible property. 房屋是有形财产。〕②明确的,确实的〔I was frightened for no tangible reason. 我没有任何具体理由,就是害怕。〕**tangly** ad.

tangle ['tæŋgl] v. ①使纠结,使混乱;弄乱;使缠结;使纠缠〔Our fishing lines are tangled. 我们的钓鱼线缠了结。〕②缠住;使卷入;使陷入〔His feet became tangled in the garden hose. 他的脚被花园浇水管绊住了。〕‖ n.（头发、线、树枝等的）缠结,纠缠〔a tangle of underbrush 矮树丛的缠结 His affairs are in a tangle. 他的事情搞成一团糟。〕

tank [tæŋk] n. ①（盛液体或气体的）大容器;槽;箱;柜;罐〔a fuel tank 油箱〕②储水池;游泳池〔a swimming tank 游泳池〕③坦克/**tankful** n.

tanner ['tænə] n. 制革工人,鞣皮工人

tannery ['tænəri] n. 制革厂,鞣皮厂

tantalize ['tæntəlaiz] v.（引起兴趣而不给予满足地）逗弄,惹弄,使干着急〔Dreams of food tantalized the hungry man. 梦见食品惹得这个饥饿的男人垂涎欲滴。〕

tantamount ['tæntəmaunt] a. 相等(于…)的,相当(于…)的〔The king's wishes were tantamount to orders. 国王的愿望就等于命令。〕

tap¹ [tæp] v. ①（连续）轻打,轻叩,轻拍〔He tapped my shoulder. 他轻拍我的肩膀。〕②用…叩〔He tapped the chalk against the blackboard. 他用粉笔轻敲黑板。〕③轻轻敲掉（或敲成,敲出）〔to tap out a rhythm 敲出节奏〕‖ n. 轻叩,轻拍;

轻敲声

tap² [tæp] n. ①旋塞，龙头②塞子③排出孔；[电]分接头，抽头；分支，支管‖ v. ①在…上开一个孔(导出液体)；旋开…的旋塞放出液体[to tap a rubber tree 采橡胶 to tap a barrel 旋开桶塞]②(开孔、去塞或旋开旋塞)放出(液体)，开发，开辟[to tap wine from a cask 放出桶里的酒 to tap the wealth of a treasury 开发宝藏]③分接(电流、自来水等)；在(电话或电报线)上装窃听器，搭线窃听[to tap a telephone line 在电话线上装窃听器]/**on tap** (桶里的酒等)可以随时取用的

tape [teip] n. ①狭带，线带，棉纱带；[电]绝缘胶布[adhesive tape 胶带]②磁带，录音带，卷尺，带尺[recording tape 录音磁带 a measuring tape 一个卷尺]③赛跑终点线的细绳‖ v. ①用带子捆扎，用狭带装订；用胶布把…粘牢；用卷尺量②用磁带为…录音

taper [ˈteipə] v. ①(使) 逐渐变细[A sword tapers to a point. 刀的一头逐渐变细，成一尖梢。]②逐渐减少 (或减弱) [Her voice tapered off to a whisper. 她的声音逐渐减弱成耳语。]‖ n. ①(形体、力量等的)逐渐缩减，逐渐减弱②极细的蜡烛

tapeworm [ˈteipwə:m] n. [动] 绦虫

taps [tæps] n. [军] 熄灯号；葬礼号

tar [tɑ:] n. 焦油；焦油沥青，柏油‖ v. 涂(或浇)焦油(或柏油)于

tardy [ˈtɑ:di] a. ①迟的，迟到的[to be tardy for class 上课迟到了]②行动缓慢的，慢的/**tardily** ad. /**tardiness** n.

T

target [ˈtɑ:git] n. ①靶，标的②目标；(批评、嘲笑等的)对象[to be the target of someone's hatred 成为某人仇恨的对象]

tariff [ˈtærif] n. ①关税②关税，关税率③(旅馆或公用事业的)收费表，价目表

tarnish [ˈtɑ:niʃ] v. 使失去光泽，使变灰暗，使黯然失色‖ n. 晦暗，无光泽

tarpaulin [tɑ:ˈpɔ:lin] n. ①防水帆布，油布；船上的舱盖布②(海员用的)油布雨帽；油布雨衣

tarry¹ [ˈtæri] v. ①逗留，停留；住[We tarried in the park till sundown. 我们在公园一直呆到日落。]②耽搁，没延[Don't tarry, mail the letter now. 别耽搁，现在就去邮信。]

tarry² [ˈtɑ:ri] a. ①柏油的；粘性的，像柏油的②涂柏油的；被柏油弄脏的/**tarriness** n.

tart [tɑ:t] a. ① 酸的，辛酸的[tart grapes 酸葡萄]②尖刻的，刻薄的[tart answer 尖刻的回答]/**tartly** a. /**tartness** n.

tartar [ˈtɑ:tə] n. ①[医] 牙垢，牙石②[化] 酒石，酒石酸氢钾

task [tɑ:sk] n. 任务，工作；作业，功课‖ v. 使辛劳；使过于劳累；使做艰苦的工作[Reading the small print tasked her eyesight. 阅读小号字体的印刷品费视力。]/**take to task** 责备，申斥；挑…的错

tassel [ˈtæsəl] n. ①缨；缨，流苏(一头固定在书脊上端作书签用的)丝带②流苏状物；玉蜀黍的穗状雄花‖ v. 装缨(流苏)于…

taste [teist] v. ①尝出…的味道[I taste garlic in the salad. 我吃出色拉里有蒜味。]②尝，辨味[Taste this sauce to see if it's too sweet. 尝尝这汤浆汁，看是否太甜。]③(少量地) 吃，喝[He just tasted his food. 他只尝了尝他的食物。]④尝起来，吃起来；有某种味道(或气息)[The milk tastes sour. 牛奶有股酸味。]⑤尝到，感到，体验[to taste success 尝到胜利的滋味]‖ n. ①味觉②味道，滋味[Candy has a sweet taste. 糖果有种甜味。]③一口，一点儿；少量，微量[Let me give me a taste of the cake. 给我一块蛋糕尝尝。 He had a short taste of fame. 他有过短期的成名体验。]④趣味，情趣，鉴赏(力)，审美(力)[Her simple dress showed her good taste. 她朴素的衣着显示出了高雅的审美情趣。]⑤(行为、谈吐等的)得体，有礼[That remark was in bad taste. 那句话不得体。]⑥爱好，兴趣[He has no taste for sports. 他对体育一点也不感兴

趣。〕/**taster** n.

tasteful ['teistful] a. 有鉴赏力的，有审美力的；雅致的，雅观的/**tastefully** ad.

tasteless ['teistlis] a. ①无味的〔tasteless food 不好吃的食物〕②不雅观的；庸俗的；不得体的，不礼貌的/**tastelessly** ad.

tasty ['teisti] a. 美味的，可口的〔a tasty meal 美味可口的饭菜〕/**tastiness** n.

tat [tæt] n. 梭织，用梭织法编织

tatter ['tætə] n. ①破布条，碎纸片；破布②[复]破衣服

tattered ['tætəd] a. ①（衣服等）破烂的〔tattered clothes 破烂的衣服〕②（人）衣衫褴褛的〔a tattered child 衣衫褴褛的孩子〕

tattle ['tætl] v. ①闲谈，聊天；饶舌②泄露别人的隐私 ‖ v. 空谈；闲谈；饶舌/**tattler** n.

tattoo¹ [tə'tu:] v. 刺花纹于…，刺（花纹等）‖ n. tattoos[复] 皮肤上的刺花纹，文身，黥墨

tattoo² [tə'tu:] n. ①[军]归营号（指号声或鼓声）②嘟嘟的连敲声〔His fingers beat a tattoo on the table. 他的手指在桌上敲出嘟嘟的声。〕‖ n. tattoos[复]

taunt [tɔ:nt] v. 嘲笑，辱骂，奚落 ‖ n. 嘲笑，辱骂；奚落人的话

taut ['tɔ:t] a. ①（绳子等）拉紧的，绷紧的②（神经等）紧张的，（说话声调等）不自然的〔a taut smile 强笑〕

tax [tæks] n. ①税，税款②负担，重负，压力〔The illness was a tax on his health. 疾病损害着他的健康。〕‖ v. ①对…征税〔to tax cigarettes 征收烟草税〕②使人交税〔Congress has the power to tax the people. 国会有权要人民交税。〕③使负担，使受压力〔His pranks tax my patience. 他的胡闹使我忍无可忍。〕④指责，责备，谴责〔They taxed him with being unfair. 他们指责他不公平。〕/**taxable** a.

taxation [tæk'seiʃən] n. ①征税；纳税；税制②税款，税；税收

taxi ['tæksi] n. 出租汽车 ‖ v. ①乘出租汽车②（飞机在地面或水上）滑行；（驾驶员）驾驶飞机滑行

tea [ti:] n. ①茶树②茶叶③茶（指饮料）④high tea [英]傍晚茶⑤afternoon tea 午后的茶点；午后茶会⑥浸剂，饮料

teach [ti:tʃ] v. ①训练；给…示范〔He taught us to skate. 他教我们学滑冰。〕②教，讲授〔Who teaches your class? 谁给你们上课？He teaches French. 他教法语。〕③教书，讲课，当教师〔He wants to teach. 他想当教师。〕④教导；使知道，使懂得〔The accident taught him to be careful. 这次事故使他懂得要小心谨慎。〕/**teachable** a.

teacher ['ti:tʃə] n. 教员，教师，老师，先生

teacup ['ti:kʌp] n. 茶杯

teak [ti:k] n. ①柚木树②柚木

teakettle ['ti:,ketl] n. （烧水沏茶用的）茶壶

team [ti:m] n. ①（一起拉车或拉犁的）一组马（或牛），班子组〔a team of scientists 一组科学家 a baseball team 棒球队〕‖ v. 结成一队；协作，合作〔Let's team up with them. 我们与他们联手干吧。〕

teapot ['ti:pɔt] n. 茶壶

tear¹ [tɛə] v. ①撕开，撕裂〔Paper tears easily. 纸容易撕开。The saw tore his skin. 锯子划破了他的皮肤。〕②扯破〔The nail tore a hole in her dress. 钉子把她的衣服钩了个洞。〕③拉裂，拔倒，撕掉〔The wind tore up trees by their roots. 风把树木连根拔起。〕④使分裂〔The country was torn by civil war. 国家被内战弄得四分五裂。〕⑤（疑虑等）使精神不安；使苦恼，折磨〔torn by grief 极度悲伤的〕⑥飞驰，狂奔，猛闯〔He tore home. 他飞快地跑回家。〕‖ n. ①撕，扯②裂缝；扯破的洞；撕裂处/**tear down** 扯下，拆除，拆掉

tear² [tiə] n. 眼泪，泪珠 ‖ v. 流泪，含泪/**in tears** 流着泪，含着泪哭着

tearful ['tiəful] a. ①流泪的,含泪的,眼泪汪汪的②使人流泪的,悲哀的/**tearfully** ad.

tear gas 催泪性毒气

tease [ti:z] v. ①取笑;逗弄,戏弄②强求,缠扰;哄[He keeps teasing for candy. 他缠着要糖果。]③梳理(羊毛、亚麻等)‖ n. 爱戏弄别人的人;缠扰者(尤指小孩)

technical ['teknikəl] a. ①技术的,工艺的,技能的[A technical school has courses in mechanics, welding, etc. 技校开设机械学、焊接等课程。]②专门性的[technical words 专业名词,术语 technical skill 专门技术]③技术的,技术性的[technical differences between football and Rugby 足球和橄榄球技术上的区别]/**technically** ad.

technicality [,tekni'kæliti] n. ①技术性细节[the technicalities of radio repair 无线电修理的技术性细节]②专门名称,术语[found guilty on a legal technicality 按法律条款上说有罪]③技术性,专门性

technician [tek'niʃən] n. 技术员;技师;技术专家;(艺术等方面)技巧熟练的人

technique [tek'ni:k] n. (工艺或艺术上的)技术,技巧,技能[Painting in water colors requires a sure and quick technique. 画水彩画需要准确熟练的技巧。]

technology [tek'nɔlədʒi] n. 工艺学;工艺,(工业)技术/**technologist** n. / **technological** [,teknə'lɔdʒikəl] a. / **technologically** ad.

tedious ['ti:djəs] a. 冗长乏味的,令人厌烦的;沉闷的[a tedious play 一出冗长乏味的戏]/**tediously** ad.

tedium ['ti:djəm] n. 冗长乏味,沉闷;单调

teem [ti:m] v. 充满,充足;多产;大量出现,涌现[a cabin teeming with flies 满是苍蝇的船舱]

teenage ['ti:neidʒ] a. ①十几岁的(指13岁至19岁的)②青少年的,供青少年

使用的/**teenager** n.

teens [ti:nz] n. [复]十多岁(13至19岁)的孩子

telecast ['telika:st] v. 电视广播‖ n. 电视广播,电视节目/**telecaster** n.

telegram ['teligræm] n. 电报

telegraph ['teligra:f] n. 电报机,电报‖ v. ①用电报发送②打电报给(某人)

telegraphic [,teli'græfik] a. 电报的,电送的/**telegraphically** ad.

telegraphy [ti'legrəfi] n. 电报学;电报术;电报系统;电报通讯/**telegrapher** n.

telemeter ['telimi:tə] n. 遥测计,遥测仪,遥测器

telephone ['telifəun] n. ①电话②电话机‖ v. ①打电话,通电话②用电话告知(消息等)③打电话给(某人)/**telephonic** [teli'fɔnik] a.

telescope ['teliskəup] n. 望远镜;望远装置‖ v. ①套入,插入②(由于碰撞而)嵌进;使(汽车等)相撞而嵌进[The crash telescoped the whole front end of the car. 碰撞使汽车的整个前部都嵌进去了。]

telescopic [,telis'kɔpik] a. ①望远镜的②用望远镜得到的;只能在望远镜看得见的[telescopic photographs of the stars 用望远镜拍摄的星体照片]③能看见远处的,远视的④套叠的,伸缩的[a telescopic drinking cup 一只可伸缩酒杯]

televise ['telivaiz] v. 电视播送[to televise a baseball game 电视转播棒球赛]

television ['telivi:ʒən] n. ①电视②电视接收机③电视广播事业,电视业‖ a. 电视的,使用电视的;用电视播送的[a television program 电视节目 a television tube 电视显像管]

tell [tel] v. ①讲;说[Tell the facts. 讲述事实。]②讲述,叙述[The book tells about his early adventures. 这本书叙述了他早期的冒险经历。]③显露,显示[Her smile told her joy better than any words. 微笑比任何语言更能显示出她欢乐的神

情。〕④告诉〔Tell me how to get there. 告诉我怎么才能到那儿。〕⑤辨别, 分辨〔I can tell the difference between the twins. 我能分辨出这两个孪生子(或女)的不同。〕⑥命令〔He told us to leave. 他命令我们离开。〕⑦产生效果, 发生影响〔His hard efforts are beginning to tell. 他辛勤的努力逐渐开始产生效果了。〕⑧数〔to tell one's beads in saying prayers with a rosary 用念珠祈祷时数念珠〕/**tell off** [口] 斥责, 责备/**tell on** [口] 厌倦, 厌烦使劳累〔The hard work is beginning to tell on him. 艰苦的工作逐渐在他身上看出后果了。〕/[口] 说坏话, 告发

telltale [ˈtelteil] n. 搬弄是非者, 告密者; 泄露内情的人或物 ‖ a. 搬弄是非的, 泄露秘密的, 暴露内情的, 能说明问题的〔I knew he had been outside, by the telltale mud on his shoes. 看他鞋上的泥, 我就知道他曾经到外面去过。〕

temerity [tiˈmeriti] n. 轻率, 鲁莽; 蛮勇

temper [ˈtempə] n. ① 心情, 情绪〔She's in a bad temper. 她心情不好。〕② 性情, 脾气, 冷静, 沉着〔Keep your temper. 你冷静点。〕He lost his temper. 他发脾气了。〕③怒气〔He flew into a temper. 他发怒了。She has quite a temper. 她很容易生气。〕④(钢等的) 硬度, 强度, 韧度 ‖ v. ①使调和; 使变淡, 使缓和, 使温和〔to temper boldness with caution 把大胆和谨慎结合起来〕②[冶] 把火回火〔Steel is tempered by heating and sudden cooling to make it hard and tough. 钢要经加热和突然冷却以使之坚硬, 有韧性。〕

temperament [ˈtempərəmənt] n. ①气质, 性情, 性格〔a person of calm temperament 性格沉着冷静的人〕②容易激动, 喜怒无常; 急躁〔Some actors are noted for their temperament. 有些演员以其喜怒无常而闻名。〕

temperamental [ˌtempərəˈmentl] a. ①气质的, 性情的, 性格的〔a temperamental burst of anger 由性情引起的勃然

大怒〕②敏感的, 易激动的, 冲动的, 变幻无常的/**temperamentally** ad.

temperance [ˈtempərəns] n. ①节制, 自我克制, 节欲〔Temperance in eating would help him lose weight. 节制饮食有助于他减肥。〕②戒酒; 禁酒

temperate [ˈtempərit] a. ①有节制的, 不过分的, 稳健的, 适度的〔Although I was angry, I made a temperate reply. 尽管我很生气, 我还是做出克制的回答。〕②(气候等) 温和的, 温带的〔a temperate climate 温和的气候 the temperate zones of the earth 地球的温带〕/**temperately** ad.

temperature [ˈtempritʃə] n. ①温度, 气温②体温

tempest [ˈtempist] n. ①大风雪; 暴风雨; 暴风雪②骚动, 风波

tempestuous [temˈpestjuəs] a. 大风暴的, 暴风雨的, 暴风雪的, 剧烈的, 骚动的

temple¹ [ˈtempl] n. ①圣殿, 神殿; 庙宇, 寺院; 教堂; 礼拜堂②Temple 古代耶路撒冷三个相继建立的犹太教圣殿之一③(专供某种活动之用的) 殿堂, 会堂〔a temple of art 艺术殿堂〕

temple² [ˈtempl] n. 太阳穴, 鬓角

tempo [ˈtempəu] n. ①[音] 速度/**tempos**, **tempi** [ˈtempiː] [复]

temporal¹ [ˈtempərəl] a. ①时间的②暂存的, 短暂的, 非永恒的③世间的④世俗的, 现世的

temporal² [ˈtempərəl] a. 太阳穴的

temporary [ˈtempərəri] a. 暂时的; 临时的〔a temporary chairman 临时主席〕/**temporarily** ad.

temporize [ˈtempəraiz] v. ①随潮流, 见风使舵②为争取时间拖延, 应付, 敷衍

tempt [tempt] v. ①引诱, 诱惑〔The old sailor's tales tempted the boy to run away from home. 这位老水手的故事引诱将这个男孩逃离了家庭。〕②吸引; 使发生兴趣, 诱导〔The fish tempted the cat. 鱼吸

引了猫。〕③触犯;冒…的风险〔to tempt fate by driving with a bad tire 冒险驾驶轮胎破了的车〕/**tempter** n. /**temptress** n.

temptation [temp'teiʃən] n. ①引诱,诱惑②诱惑物〔The cooling pie was a real temptation to the boys. 正在冷却的馅饼对男孩子们来说是个真正的诱惑。〕

ten [ten] n. & a. 十(的),十个人或物(的)

tenable ['tenəbl] a. (阵地等)守得住的,可防守的〔主张等〕站得住脚的,可信的〔The theory that the sun goes around the earth is no longer tenable. 太阳绕地球转的理论站不住脚了。〕

tenacious [ti'neiʃəs] a. ①粘的,粘着力强的;坚韧的〔the tenacious ivy on the wall 墙上抓着力强的常春藤〕②紧握的,坚持的,顽固的,固执的〔tenacious courage 顽强的勇气〕③(记忆力等)强的〔a tenacious memory 很强的记忆力〕/**tenaciously** ad.

tenacity [ti'næsiti] n. 坚韧,韧性,粘性;紧握;坚持,顽强;固执

tenancy ['tenənsi] n. ①(土地的)租佃,(房屋的)租赁;租用②租期

tenant ['tenənt] n. ①承租人;租户;佃户;房客②居住者,占用者〔These owls are tenants of barns. 这些猫头鹰栖居在谷仓里。〕‖ v. 租借,租用

tend[1] [tend] v. 照管,照料〔to tend sheep 照管羊群 to tend a store 照看店铺,招呼顾客〕

tend[2] [tend] v. ①有某种倾向;致使,易于〔He tends to eat too much. 他贪吃。〕②移动,通向,流向〔a river tending east 一条向东流的河〕

tendency ['tendənsi] n. 趋向,趋势;倾向;脾气,癖好〔the tendency of prices to go up 物价上涨的趋势 Peggy's tendency to complain 佩吉爱抱怨的脾气〕

tender[1] ['tendə] a. ①嫩的,柔软的〔tender meat 嫩肉〕②敏感的,引起疼痛的〔a tender skin 敏感的皮肤〕③温柔的,亲切的〔a tender smile 亲切的微笑〕④幼稚

的,未成熟的;年幼的〔at the tender age of five 年仅五岁〕/**tenderly** ad. /**tenderness** n.

tender[2] ['tendə] v. ①清偿,偿付②(正式)提出,提供〔to tender an invitation or an apology 提出邀请或道歉〕‖ n. (正式)提出,提供〔a tender of marriage 求婚〕②清偿(或偿付)债务的手段;货币

tender[3] ['tendə] n. ①供应船,补给船;交通船;小船;汽艇②铁路煤水车③看管人,照料人

tenderfoot ['tendəfut] n. ①[美]不惯于拓荒或开矿等艰苦生活的新手②最低级的童子军③生手,新手/**tenderfoots**, **tenderfeet**[复]

tenderhearted ['tendə'hɑːtid] a. 软心肠的,易感动的,同情的

tenderize ['tendəraiz] v. 使嫩,使柔和;使软〔to tenderize a tough cut of meat 使一块老得咬不动的肉变嫩〕

tendon ['tendən] n. [解]腱

tenement ['tenimənt] n. ①房客所租的一部分房屋②共同住宅,经济公寓

tenet ['tiːnet, 'tenit] n. 信条,宗旨,原则;主义

tennis ['tenis] n. 网球(运动)

tenon ['tenən] n. (木工的) 雄榫,榫舌,凸榫‖ v. 用榫接合

tenor ['tenə] n. ①男高音②男高音歌手;次中音乐器③(生活等的)一般趋向,进程〔the even tenor of her happy life 她平静安定的幸福生活〕④要旨,大意〔What was the tenor of his remarks? 他说话的大意是什么?〕‖ a. 男高音的;次中音部的;中音的

tense[1] [tens] a. ①拉紧的,绷紧的〔a tense rope 拉紧的绳子 tense muscles 绷紧的肌肉 〕②(心理或神经) 紧张的〔a tense silence 紧张中的安静〕‖ v. (使)拉紧;(使)紧张/**tensely** ad.

tense[2] [tens] n. [语](动词的)时态,时

tensile ['tensail] a. ①张力的,拉力的;抗张的〔tensile strength 抗张强度〕②能

伸长的;能拉长的

tension ['tenʃən] n. ①拉紧,绷紧②(精神上的)紧张[The actress felt tension before the play. 演出前女演员感到很紧张。]③[电]电压[high-tension wire 高压电线]

tent [tent] n. 帐篷,帐棚‖v. 住帐篷;使在帐篷里宿营

tentacle ['tentəkl] n. ①[动]触手,触角,触须,触器[The octopus has eight tentacles. 章鱼有八条触角。]②[植](食虫植物的)触毛

tentative ['tentətiv] a. 试验(性的),试探(性)的;暂时(性的),(凭)推测的[tentative plans 试验性计划]/ **tentatively** ad.

tenth [tenθ] a. 第十的‖n. ①第十(个)②十分之一

tenuous ['tenjuəs] a. ①细的,薄的[tenuous threads of a cobweb 蜘蛛网上的细丝]②(空气)稀薄的③脆弱的,不坚固的;微弱的[a tenuous argument 站不住脚的论点]/ **tenuously** ad.

tenure ['tenjuə] n. ①(职位,财产等的)占有,占有权②任期[A Senator's tenure of office is six years. 参议员的任期是六年。]

term [təːm] n. ①任期,学期[a school term 一学期 a term of office 任期]②[复](契约、谈判等的)条件,条款③[复]关系,友谊[They are not on speaking terms. 他们关系不好。]④词,名称,术语,专业名词⑤[复]说话的方式,措辞[He spoke of you in friendly terms. 他以友好的方式提到你。]⑥[复]协议[to bring or come to terms 迫使(某人)屈服或达成协议、妥协、让步]⑦[数][物]项,条‖v. 把…称为,把…叫做

terminable ['təːminəbl] a. ①有期限的[a terminable contract 有限期的合同]②可终止的

terminal ['təːminl] n. ①末端的,终点的,结尾的,末期的,晚期的,[植]顶生的

[the terminal game of the season 季末比赛]‖n. ①末端,终点②[电]端子;线接头;接线柱③终点(站);总站

terminate ['təːmineit] v. ①(时间上)使停止,使结束[to terminate a contract 解除契约]②(空间上)使终止,使结尾/ **termination** n.

terminology [ˌtəːmi'nɔlədʒi] n. 术语学;术语,专业名词[legal terminology 法律术语]

terminus ['təːminəs] n. ①终点站②终点;目标/ **termini** ['təːminai], **terminuses** [复]

terrace ['terəs] n. ①倾斜的平地;台地;阶地;梯田②露台,平台,阳台③斜坡上(或高于街道地面)的一排房屋④台阶上房屋前的街巷⑤平台屋顶‖v. 使成阶地;把…筑成坛,使成梯田

terracotta [terə'kɔtə] ①赤土,赤陶②赤褐色

terrestrial [ti'restriəl] a. ①地球的[a terrestrial globe 地球]②陆地的,陆上的[the terrestrial parts of the world 世界的陆地部分]③陆生的,长在土壤里的;陆栖的[Man is terrestrial; fish are aquatic. 人是生长在陆地上的;鱼则是生活在水里的。]④人间的;世俗的[terrestrial pleasures 人间欢乐]

terrible ['terəbl] a. ①可怕的,可怖的,骇人的[a terrible earthquake 一场骇人的地震]②[口]极坏的,很糟的[terrible manners 不雅观的举止]/ **terribly** ad.

terrific [tə'rifik] a. ①可怕的,可怖的,骇人的[a terrific hurricane 可怕的飓风]②[口]极妙的,了不起的;极大的,极度的,非常的[a terrific play 极好的一出戏]/ **terrifically** ad.

terrify ['terifai] v. 使恐怖,使惊吓;恐吓

territorial [teri'tɔːriəl] a. ①领有的,土地的[territorial expansion 领土扩张]②领土的;区域的[territorial waters 领海]/ **territorially** ad.

territory ['teritəri] n. ①领土,版图;领地②(美国的)准州;(加拿大的)地方;

（澳大利亚的）区〔the Northwest Territories 西南区〕③地区，地方④（商业）推销区

terror ['terə] n.①恐怖，惊骇②引起恐怖的人（或事物）

terrorism ['terərizəm] n. 恐怖主义，恐怖行为／**terrorist** n.

terrorize ['terəraiz] v.①使恐怖〔The tiger terrorized the village. 老虎使全村的人都很恐惧。〕②恐吓，胁迫；实行恐怖统治

terse [tə:s] a.（说话、文笔等）精练的，简洁的，扼要的〔a terse reply 简洁的回答〕／**tersely** ad.

tertiary ['tə:ʃəri] a. 第三的，第三位的；第三级的

test [test] n.①测试，检查；检验〔an eye test 视力检测 a test of one's courage 对某人勇气的考验〕②测验，考查；小考〔a spelling test 拼写测验 a driver's test 对驾驶员的测验〕‖ v. 测验；试验；检验；考查／**tester** n.

testicle ['testikl] n. 睾丸

testify ['testifai] v.①证明，证实，〔法〕（宣誓）作证〔The witness testified that he saw the robbery. 证人作证说他亲眼目睹抢劫案。〕②声明，表明〔His words testify to his anger. 他的话表明他很生气。〕

testimonial [,testi'məunjəl] n.①（能力、资格或品质等的）证明书，介绍信〔鉴定书〕②奖品，奖金，奖状，书面的感谢（或表扬等）；纪念品

testimony ['testiməni] n.①证据，证明；〔律〕宣誓证言②声明；陈述；公开的承认③表示，表明〔His smile was testimony of his joy. 他的微笑表明他很高兴。〕

testy ['testi] a.（人）易怒的，暴躁的，（话等）恼火的／烦躁的／**testily** ad. ／**testiness** n.

tetanus ['tetənəs] n.〔医〕破伤风

tether ['teðə] n.（拴牛、马等的）系绳，系链‖ v.（用绳、链等）拴〔at the end of one's tether 山穷水尽；智穷力竭〕

text [tekst] n.①正文②本文③课

文；教科书，课本④（基督教《圣经》的）经文（引作布道的题目等）⑤（讨论等的）题目，主题

textile ['tekstail] n. 纺织品，纺织原料‖ a.①纺织的〔the textile industry 纺织工业〕②编织的〔a textile fabric 纺织品，织物〕

textual ['tekstjuəl] a. 原文的，本文的，正文的；按原文的，逐字的〔textual criticism 校勘〕

texture ['tekstʃə] n.①（织物的）组织，结构，质地〔Corduroy has a ribbed texture. 灯芯绒有罗纹。〕②（文艺作品等的）结构，组织；（物等的）构造，构成〔岩石等的）纹理〔Stucco has a rough texture. 拉毛水泥纹理粗糙。〕

-th [后缀] 加在 four 以上基数词后，构成序数词表示"第（几）"／**-eth** 加在元音字母后

than [ðæn, ðən, ðn] conj.①[用于形容词、副词的比较级之后] 比〔I am older than you. 我比你大。〕②[用于 else、other 等之后] 除…（外）〔What could I do other than leave? 除了离开以外我还能做什么呢？〕‖ prep.[用于 than which, than whom 词组中] 比〔a man than whom there is none finer 最优秀的人〕

thank [θæŋk] v.①谢谢，感谢〔I thanked her for her help. 我感谢她帮助了我。〕②要…负责，责怪〔We have him to thank for this trouble. 我们要他对这场纠纷负责。〕

thankful ['θæŋkful] a. 感谢的，感激的；欣慰的／**thankfully** ad.

thanks [θæŋks] n.[复] 感谢，谢忱，谢意〔I owe you thanks. 我得向你道谢。〕‖ int. 同 I thank you. ／**thanks to** [用作 ①因为；由于②幸亏

that [ðæt] pron.①[指已被提到的人或事物等] 那，那个〔That is John. 那是约翰。〕②[指两个或两个以上的人或东西中较远的一个] 那个〔This is larger than that. 这个比那个大。〕③[在从句中作主语时，相当于 who 或 which，作宾语

时常省略,相当于 whom 或 which〕〔He's the one that I saw. 他就是我看见的那个人。Here's the money that I owe you. 这是我欠你的钱。〕④〔用来代替表示时间的词,相当于 when〕〔It rained the day that we left. 我们走的那天下雨。〕‖ a.①〔后接复数名词时用 those 指已被提到的人或事物等〕那,那个〔That boy is John. 那个男孩是约翰。〕②〔指两个或两个以上的人或东西中较远的一个〕那,那个〔This car costs more than that one. 这辆汽车比那辆贵。〕‖ conj.①〔引导名词性从句〕〔I know that he is right. 我知道他是对的。〕②〔引导状语从句,表示目的〕为了〔He died that we might live. 他的牺牲是为了我们能活着。〕③〔引导状语从句,表示结果〕以至于〔He left so late that he missed the train. 他走得太晚了以致误了火车。〕④〔引导状语从句,表示原因或理由〕因为,由于〔I'm sorry that you are ill. 你生病了我很难过。〕⑤〔引导表示愿望、感叹等的从句;主句常可省略〕〔Oh, that she were here! 噢,真没想到她竟然来了!〕‖ ad. 那样,那么〔I can't see that far. 我看不到那么远。〕/at that 就那样,就这样;到此为止〔口〕(加强语气用)而且/in that〔书面语〕既然,因为在于…/that's that!〔口语(加强语气用)(表示决心、结束争论、讲完故事等时用语)就是这样;就是那么回事;再没什么可说的

thatch 〔θætʃ〕 n. 盖屋顶的材料(指稻草,茅草,棕榈等)‖ v. 用茅草等盖(屋顶);像茅草屋顶一样地覆盖

thaw 〔θɔː〕 v.①(冰、雪等)融化了,融解,解冻〔The snow on the roof thawed. 屋顶上的雪融化了。〕②〔用 it 作主语表示天气〕转暖使冰雪融化〔The weatherman says that it will thaw today. 气象员说今天天气将转暖,冰雪会融化。〕③变得随和,变得缓和;变得不拘束 ‖ n.①融化,融解,解冻;(在态度、感情等方面的)和缓②(足以解冻的)温暖气候

the 〔ði;弱(元音前) ði,辅音前 ðə,ð〕 art.①指已提到或正谈到的事物或

〔The day is hot. 今天天气很热。The story ended. 这个故事结束了。〕②指独一无二的事物〔the universe 宇宙〕③指谈话双方能体会到的人或事物〔Close the back door. 关上后门。Take the one you want. 拿走你想要的那个。〕④用来加强特指意义,表示"恰恰是"、"最适合的"、"最典型的"等意思,"the"须重读,印刷中常用斜体〔the baseball player of the year 本年度最佳棒球运动员〕⑤用于可数名词的单数前,统指类别〔The cow is a mammal. 牛是哺乳动物。〕‖ ad.①用于形容词、副词比较级前,表示"为了那个","由于某事而更…","到相应程度"等意思〔the better to see you with 同意你的观点更好〕②the…the…用于形容词、副词比较级前,表示"越…越…"〔The sooner the better. 越快越好。〕

theater, theatre 〔'θiətə〕 n.①戏院,剧场;电影院②(阶梯式的)讲堂,教室;(科学方面的)示范室③活动场所;(发生重要事件的)场所;〔军〕战区,战场〔the Pacific theater of war 太平洋战区〕④戏,戏剧;戏剧文学⑤戏剧界;从事戏剧活动的人们

theatrical 〔θi'ætrikəl〕 a.①剧场的;戏剧的,演剧的〔a theatrical company 剧团〕②戏剧性的,演戏似的;夸张的,不自然的〔She waved her arms around in a theatrical way. 她不自然地挥着胳膊。〕/**theatrically** ad.

theft 〔θeft〕 n. 偷窃,失窃

their 〔ðeə;弱(元音前)ðər〕 pron.〔they 的所有格〕他(她、它)们的〔their house 他(她、它)们的房子;their work 他们的工作〕

theirs 〔ðeəz〕 pron.〔物主代词〕他(她)们的东西;他(她)们的家属(或有关的人)〔This house is theirs. 这座房子是他们的。Theirs are larger than ours. 他们的比我们的大。〕

them 〔ðem,弱 ðəm,ðm〕 pron.〔they 的宾格,用作宾语〕他们,她们,它们〔I saw them. 我见过他们。Give it to them. 把它给他们吧。〕

theme 〔θiːm〕 n.①(谈话、讨论、文章等

的）题目，主题②学生的作文；作文题③〖音〗主题，主旋律②主题歌②（表示某广播节目开始或完毕的）信号曲，信号调／**thematic**〔θi'mætik〕a.

themselves〔ðəm'selvz〕pron.①〖反身代词〗他们自己；她们自己；它们自己〔They hurt themselves. 他们伤了自己。〕②他们（或她们）的正常状态〔They are not themselves today. 他们今天不正常。〕③〖用以加强语气〗他们（或她们）亲自〔They built it themselves. 这是他们亲自建造的。〕

then〔ðen〕ad.①（指过去）那时，（指将来）到那时〔He was young then. 那时他还年轻。〕②然后；于是；后来〔The party ended, and then we left. 晚会结束了，于是我们就走了。〕③紧接着〔Our house is on the corner and then comes Tom's. 我们的房子在拐角处，紧挨着的是汤姆的房子。〕④那么，既然是那样，假使那样〔If he read it，then he knows. 如果他读过，那么他就会知道。〕⑤而且，另外；还有，再者〔I like to swim, and then it's good exercise. 我喜欢游泳，而且它是良好的强身锻炼。〕⑥〖常与 now，sometimes 等连用〗（一会儿…）一会儿又…〔Now he's serious, then he's joking. 他一会儿严肃，一会又开玩笑。〕‖a. 〖用作定语〗当时的〔the then mayor 当时的市长〕‖n. 〖常用于前置词后〗那时〔They were gone by then. 到那时他们已不在了。〕‖**but then** 但另一方面／**then and there** 在当时当地；当场，立即／**What then?** 那会怎样呢？

T

thence〔ðens〕ad. 从那里〔We flew to Boston and thence by bus to Providence. 我们坐飞机到波士顿，再从那里坐汽车到普罗维登斯。〕

thenceforth〔'ðens'fɔ:θ〕ad. 从那时起，此后〔We were thenceforth friends. 我们从那时起就成了朋友。〕

thenceforward〔'ðens'fɔ:wəd〕ad. 从那时起，此后；从那里起

theology〔θi'ɔlədʒi〕n.①神学；宗教学②神学理论；神学理论系统；宗教信仰制

度／**theologian**〔θiə'ləudʒiən〕n.

theorem〔'θiərəm〕n.①原理，原则②定理

theoretical〔θiə'retikəl〕a.①理论（上）的；纯理论的〔a theoretical explanation 纯理论的的解释〕②好理论的，热衷于理论的〔a theoretical mind 杰出的理论头脑〕／**theoretically** ad.

theorize〔'θiəraiz〕v. 建立理论；推理；讲理论／**theorist** n.

theory〔'θiəri〕n.①论说；学说〔Darwin's theory of evolution 达尔文的进化论〕②理论，学理，原理〔music theory 音乐理论〕③意见，看法；推测，揣度〔My theory is that he's lying. 依我看，他在撒谎。〕

therapeutic〔,θerə'pju:tik〕a. 治疗（学）的，疗法的／**therapeutically** ad.

there〔ðɛə；弱 ðə〕ad.①在那里〔Who lives there? 谁住在那里？〕②到那里〔Go there. 到那里去。〕③在那点上，在那个方面（或阶段）〔He read to page 51, and there he stopped. 他读到第 51 页，在那儿停了下来。〕④在那个问题（或那件事情）上〔There you are wrong. 在那件事情上你错了。〕⑤与动词 to be 连用，表示"有"的意思〔There's the whistle. 有哨声。There are three men here. 这儿有三个人。〕‖int. 表示安慰、引起注意、加强语气、进行挑衅等〔There! see what you've done. 瞧，看你都干了些什么！There, there! don't worry. 得啦，得啦，别担心。〕‖n. 那个地方〔We left from there at six. 我们六点离开那个地方。〕

thereabouts〔'ðɛərəbauts〕，**thereabout**〔'ðɛərəbaut〕ad.①在那附近②（表示时间）大约②（表示数目、数量、程度等）上下，左右

thereafter〔ðɛər'ɑ:ftə〕ad.（书面语）此后，以后

thereat〔,ðɛər'æt〕ad.〖古〗①在那个地方②在那时候〔There was the whistle.〕

thereby〔'ðɛə'bai〕ad.①因此，由此，从而②在那件事上〔Thereby hangs a tale.〕

其中大有文章。〕③同 thereabouts

therefor [ðɛəˈfɔː] ad. 为此,因此[I enclose a check and request a receipt therefor. 我封入一张支票,因此要了一个收据。]

therefore [ˈðɛəfɔː] ad. & conj. 因此,所以[He missed the bus and therefore was late. 他误了公共汽车,所以来迟了。]

therefrom [ðɛəˈfrɔm] ad. 从那里,从那一点

therein [ðɛəˈrin] ad. ①在其中[the box and all the contents therein 盒子和里面所有的东西]②在那点上;在那里[Therein you are wrong. 在那一点上你错了。]

thereof [ðɛəˈɔv] ad. ①在其中,其[He lifted the cup and drank thereof. 他端起杯子把里面的东西喝了。]②由此,因此

thereon [ðɛəˈɔn] ad. ①在其上;关于那②紧接着,随即

thereto [ðɛəˈtuː] ad. ①向那里②此外,又

theretofore [ˌðɛətəˈfɔː] ad. 直到那时,在那时之前

thereupon [ˈðɛərəˈpɔn] ad. ①随即,立即②因此,于是③在其上;关于那

therewith [ðɛəˈwið, ðɛəˈwiθ] ad. ①以此,与此之同②随即,立即

therewithal [ˌðɛəwiˈðɔːl] ad. ①此外,又②以此,因此

thermal [ˈθəːməl] a. ①热的,热量的;由热造成的②温泉的;温暖的

thermometer [θəˈmɔmitə] n. 温度计,寒暑表

thermostat [ˈθəːməstæt] n. 自动调温器/**thermostatic** a.

these [ðiːz] pron. & a. this 的复数

thesis [ˈθiːsis] n. ①论题,论点②毕业论文 / **theses** [ˈθiːsiːz] n. [复]

they [ðei] pron. ①他们,她们,它们[The boys knew they had won. 男孩子知道他们已经赢了。Put the keys back where they were. 把钥匙放回原处。〕②人们[They

say it can't happen. 据说不会发生这件事。〕

thick [θik] a. ①厚的,粗的[a thick board 一块厚板]②有厚度的[a wall ten inches thick 十英寸厚的墙]③密,茂密的,密集的[thick hair 浓密的头发 a thick crowd 密集的人群]④浓,粘稠的[thick soup 浓汤]⑤不清的,看不清的[a thick voice 重浊的声音 air thick with smoke 充满烟的空气]⑥愚钝的,笨的,[口]很友好的‖ ad. 厚,密,浓 ‖ n. 最活跃的部分[the thick of a fight 酣战]/**through thick and thin** 同甘共苦,在任何情况下/**thickly** ad.

thicken [ˈθikən] v. ①使变厚,使更厚②使变复杂[The plot thickens. 情节变复杂了]

thickness [ˈθiknis] n. ①厚,粗②厚度[a thickness of four inches 四寸厚]③(一)层[three thicknesses of cloth 三层布]

thickset [ˈθikˈset] a. ①稠密的,密植的[thickset trees 密植的树木]②体格结实的

thick-skinned [ˈθikˈskind] a. ①厚皮的②不知羞耻的,感觉迟钝的

thief [θiːf] n. 小偷,窃贼,偷窃犯 / **thieves** [θiːvz] [复]

thieve [θiːv] v. 偷窃/**thievish** a.

thigh [θai] n. 股,大腿

thimble [ˈθimbl] n. (缝纫用的)顶针,针箍

thin [θin] a. ①薄的,细的[a thin board 薄板]②瘦的③稀少的,稀疏的[thin hair 稀疏的头发 a thin crowd 不多的人]④稀薄的,淡薄的[thin soup 稀粥]⑤淡的,浅色的,微弱的[thin colors 浅色 a thin voice 微弱的声音]⑥浅薄的,显而易见的,易看破的[thin cloth 薄布 a thin excuse 勉强的借口]‖ ad. 薄,细,稀,疏,微 ‖ v. (使)变薄,(使)变细,(使)变瘦,(使)变淡/**thinness** n.

thing [θiŋ] n. ①物,东西,事物[A stone is a thing. 石头是物体。She likes pretty things. 她喜欢漂亮的东西。〕②事件，行为，举动等〔What a thing to do！要做的是多么重要的事啊！The next thing is to clean house. 下一步是清扫房屋。〕③事情〔How are things with you？你的情况如何？〕④[复]所有物，用品，用具等〔Pick up your things. 把你的东西拾起来。〕[口]人〔Poor thing！可怜的人！〕/**the thing** 风行之式样或形式

think [θiŋk] v. ①想，思索〔Think before you act. 考虑后再行动。〕②想出，想起③认为，以为〔I think her charming. 我认为她很迷人。〕④料想，想像〔They think they can come. 他们想他们能来。〕⑤思考解决〔Think the problem through. 思考解决这个问题。〕/**think better of** ①对……有新的好想法②重新考虑后决定不做/**think nothing of** 认为无所谓/**think of** ①想起，记得②有……看法③发现④考虑/**think over** 仔细考虑/**think twice** 重新考虑/**think up** 想出，发明/**thinker** n.

third [θə:d] a. 第三的 ‖ n. ①第三个②三分之一 ‖ ad. 第三

third degree（警察的）逼过，拷问

thirdly [ˈθə:dli] ad. 第三

thirst [θə:st] n. ①渴，口渴②渴望，热望〔a thirst for fame 对名誉的渴望〕 ‖ v. ①感到口渴②渴望，热望

thirsty [ˈθə:sti] a. ①渴的〔The spicy food made him thirsty. 辣食物使他感到口渴。〕②干旱的〔thirsty fields 干旱的土地〕/**thirstily** ad. /**thirstiness** n.

thirteen [ˈθə:ˈti:n] n. & a. 十三

thirteenth [ˈθə:ˈti:nθ] a. 第十三的 ‖ n. ①第十三②十三分之一

thirtieth [ˈθə:tiiθ] a. 第三十的 ‖ n. ①第三十②三十分之一

thirty [ˈθə:ti] n. & a. 三十 ‖ [复]三十与四十之间，三十年代

this [ðis] pron. ①这，这个〔This is John. 这是约翰。What is the meaning of this？这是什么意思？〕②此，本〔This is prettier than that. 这个比那个漂亮。〕③以下所

述〔Now hear this！现在听听这件事！〕 ‖ a. ①此，本〔Copy down this rule. 把这个规定抄下来。〕②这〔This house is newer than that one. 这幢房子比那幢新。〕 ‖ ad. 达到这样的程度，这样地，这么〔It was this big. 那有这么大。〕

thoracic [θɔ(ː)ˈræsik] a. 胸的，胸部的

thorax [ˈθɔ:ræks] n. ①胸，胸部，胸腔②（昆虫体三部分的）中间部分

thorn [θɔ:n] n. ①刺，棘②使人苦恼的事物/**thorny** a.

thorough [ˈθʌrə] a. ①彻底的，完全的〔a thorough search 彻底的搜索〕②绝对的，彻头彻尾的〔a thorough rascal 彻头彻尾的坏蛋〕③非常精确的〔a thorough worker 一丝不苟的工人〕/**throughly** ad.

thoroughgoing [ˈθʌrəˌgəuiŋ] a. 彻底的，十足的

those [ðəuz] a. &. pron. that 的复数

though [ðəu] conj. ①虽然，尽管〔Though he wasn't very tired, he fell asleep. 虽然他不太累，但是他还是睡觉。〕②不过，然而〔She was kind, though not as generous as her sister. 她心肠好，可是她没有她姐姐慷慨。〕③即使〔Though he may fail, he will have tried. 即使可能失败，他也要试试。〕 ‖ ad. 然而，不过，可是〔I must leave now；I'll be back, though. 我现在必须离开，不过我还要回来。〕/**as though** 好像，仿佛

thought [θɔ:t] n. ①思维，思考，思想活动〔When deep in thought, he doesn't hear. 他沉思时，什么也听不见。〕②想法，意图，观念③思想〔ancient Greek thought 古希腊思想〕④关心，挂念〔Give this matter some thought. 想一想这件事情。〕⑤一点点，少量，稍许〔Be a thought less hasty. 不要太匆忙。〕

thoughtful [ˈθɔ:tful] a. ①富有思想的，表达思想的〔a thoughtful book 一本富有思想内容的书〕②体贴的，考虑周到的〔It was thoughtful of you to remember her birthday. 你考虑得真周到，记着她的生日。〕/**thoughtfully** ad.

thoughtless [ˈθɔːtlis] a. ①缺少考虑的，粗心的〔The thoughtless driver passed the red light. 那个粗心大意的司机闯了红灯。〕②自私的，不顾及他人的〔Our thoughtless neighbors are very noisy. 我们自私的邻居总是大声吵闹。〕/**thoughtlessly** ad.

thousand [ˈθauzənd] n. & a. 千，千个

thrall [θrɔːl] n. ①奴隶，奴仆，农奴②奴隶状态，奴役，束缚

thralldom, thraldom [ˈθrɔːldəm] n. 奴隶的身分，奴役，束缚

thrash [θræʃ] v. ①(用棍、鞭) 痛打②猛烈摆动，翻来覆去〔to thrash about in sleep 睡觉时翻来覆去〕③打谷/**thrash out** 研究解决，通过研究获得/**thrasher** n.

thread [θred] n. ①线，丝②细细的一条③思路〔I can't follow the thread of his story. 我跟不上他的故事的思路。〕④螺纹 ‖ v. ①穿线于〔to thread a needle 穿针〕②把…穿成一串〔to thread beads 穿珠子〕③通过，穿过〔We threaded our way through the crowd. 我们穿过人群。〕④刻螺纹于〔to thread a screw 刻螺纹〕/**threadlike** a.

threadbare [ˈθredbeə] a. ①绒毛摩损露出织纹的〔a threadbare rug 磨光的毯子〕②穿旧的，俗套的，乏味的〔a threadbare joke 陈腐的笑话〕

threat [θret] n. ①威胁，恐吓〔In spite of the bully's threats to beat him, Tom continued on his way. 尽管暴徒威胁要打汤姆，但是他还是继续赶路。〕②凶兆，坏兆头〔the threat of war 战争的兆头〕

threaten [ˈθretn] v. ①威胁，恐吓，恫吓〔The umpire threatened to stop the game if we kept on arguing. 裁判威胁说如果我们继续争吵，他将中断比赛。〕②预示…的凶兆〔Those odd sounds threaten engine trouble. 那些奇怪的声音说明发动机可能出现故障。〕③有…的危险〔A forest fire threatened the cabin. 森林大火可能对小屋造成危险。〕

three [θriː] n. & a. 三，三个

threefold [ˈθriːfəuld] a. ①有三部分的②三倍的 ‖ ad. 三倍

threescore [ˈθriːˈskɔː] a. 六十

threesome [ˈθriːsəm] n. 三个人一组

thresh [θreʃ] v. ①打谷②猛烈摆动，翻来覆去/**thresh out** 同 thrash out

thresher [ˈθreʃə] n. ①打谷者②打谷机，脱粒机③长尾鲨

threshold [ˈθreʃhəuld] n. ①门槛②开端，开始，入门〔at the threshold of a new career 在新事业的开始〕

thrice [θrais] ad. 三次，三倍〔The cock crowed thrice. 公鸡啼叫三声。He paid thrice what it is worth. 他付了其价值三倍的款。〕

thrift [θrift] n. 节俭，节约〔By practicing thrift, we managed a long vacation. 凭着节俭，我们设法渡过了漫长的假期。〕

thrifty [ˈθrifti] a. 节俭的，节约的〔a thrifty housewife 节俭的家庭主妇 thrifty habits 节约的习惯〕/**thriftily** ad. /**thriftiness** n.

thrill [θril] v. ①(使)激动〔She thrilled at the praise. 她听到表扬很激动。〕②(使)颤动，(使)震动〔His playing thrilled us. 他的表演使我们很震动。a voice that thrilled with pleasure 高兴地发抖的声音〕‖ n. ①激动〔Meeting the movie star gave her a thrill. 见到电影明星使她很激动。〕②激动的事情〔His first airplane ride was a real thrill. 他第一次乘飞机是非常激动的。〕

thrive [θraiv] v. ①兴旺，繁荣，旺盛〔a thriving business 兴旺的事业〕②茁壮成长〔Plants thrive under her care. 植物在她的照料下茁壮成长。〕

throat [θrəut] n. ①颈前②咽喉，喉头，喉咙〔I have a sore throat. 我喉咙痛。〕③窄路入口〔the throat of a bottle 瓶子口〕/ **a lump in the throat** 喉咙哽住

throaty [ˈθrəuti] a. ①喉音的②类似喉音的，声音低沉而宏亮的〔a deep, throaty voice 低沉而宏亮的声音〕

throb [θrɔb] v. 跳动，悸动，颤动 ‖ n. 跳动，悸动，颤动

throe [θrəu] n. 剧痛/**in the throes of** 在…的痛苦中

throne [θrəun] n. ①宝座，御座②王位，帝位，王权，君权〔The king lost his throne in the revolution. 国王在革命中失去了王位。〕

throng [θrɔŋ] n. 群，人群‖v. 挤满，拥挤，群集〔The people thronged to see the parade. 人们挤着去看游行。〕

throttle [ˈθrɔtl] n.①节流阀②操纵节流阀的柄或踏板‖v.①节流〔to throttle an engine 使发动机节流〕②扼杀，压制〔to throttle freedom 扼杀自由〕

through [θru] prep. ①穿过，〔The nail went through the board. 钉子穿透木板。We drove through the tunnel. 我们驱车穿过隧道。〕②通过〔Birds fly through the air. 鸟在空中飞。〕③经过〔a route to Boston through New York 路经纽约去波士顿的路线〕④游遍〔We toured through Utah. 我们游遍犹他。〕⑤从头到尾经过〔We stayed in Maine through the summer. 我们整个夏天呆在缅因。〕⑥以，经由〔We heard the news through friends. 我们从朋友那里听到了这个消息。〕⑦由于，因为〔He won out through sheer courage. 纯粹是由于勇气，他获胜了。〕‖ad.①穿过，通过〔The target was pierced through by the arrow. 靶子被箭穿透。〕②从头到尾，自始至终，到底〔to see a job through 把工作做完〕③完全地，彻底地〔soaked through by the rain 浑身被雨湿透〕‖a.①对穿的，可通行的〔a through street 直通街道，干道〕②直达的〔a through plane to Seattle 去西雅图的直达飞机〕③完成的，完毕的〔Are you through with your homework? 你完成作业了吗？〕

throughout [θru(ː)ˈaut] prep. 遍及，贯穿〔The fire spread throughout the barn. 仓里到处是火。It rained throughout the day. 下了一整天雨。〕‖ad. 到处，始终〔painted white throughout 全部漆成白色 staying hopeful throughout 始终保持充满希望〕

throw [θrəu] v.①投，掷，抛，扔〔to throw a ball 扔球〕②摔倒，摔下〔to throw a man in wrestling 在摔跤中把一个人摔倒〕③投射，投置，抛向，移向〔to throw into confusion 处于混乱 to throw into prison 置于狱中〕④开关(离合器)⑤[口] 故意输掉(比赛等)‖n.①投掷〔The fast throw put the runner out at first base. 迅速的投掷下跑的人跑到第一垒。〕②投掷的距离〔It's a stone's throw from here. 离这儿不远。〕/**throw away** 扔掉①浪费掉/**throw in** 扔进，增添，免费添加/**throw off** 摆脱掉，甩开〔to throw off a cold 摆脱感冒〕发出，放出〔to throw off sparks 发出火花〕/**throw out** 扔掉②提出，暗示〔to throw out a hint 暗示〕③(棒球中) 使出局/**throw over** ①抛弃②遗弃/**throw together** 匆匆拼凑成/**throw up** ①放弃②呕吐

thrum [θrʌm] v.①乱弹(弦乐器)〔to thrum a guitar 漫弹吉他〕②(用指头)轻敲〔to thrum on a table 轻敲桌子〕

thrust [θrʌst] v.①猛地一插，刺入〔He thrust the book into her hand. 他把书猛投在她的手中。She thrust forward through the crowd. 她挤过人群。〕②插，刺，戳‖n.①插，刺，戳②推力

thumb [θʌm] n.①大拇指②(手套的)大拇指部分‖v.①(用大拇指) 处理，翻阅，弄脏〔to thumb the pages of a book 用拇指翻书页〕②(竖起拇指)向过路汽车作手势要求(搭乘)/**all thumbs** 笨手笨脚的/**under one's thumb** 在某人的支配下，在某人的势力下

thumbnail [ˈθʌmneil] n. 拇指甲 ‖ a. 小型的，简略的〔a thumbnail sketch of a man's life 对一个人一生的简略的描述〕

thump [θʌmp] n.①重击，捶击②重击声，砰然声‖v. 重击，捶击，砰然地声

thunder [ˈθʌndə] n.①雷②似雷的响声〔the thunder of stampeding cattle 牛狂跑的巨声〕‖v.①打雷，发出雷鸣般

的声音〔The boys thundered down the steps. 男孩们砰砰地下楼梯。〕②大声说出，吼叫

thunderous [ˈθʌndərəs] a. 雷声似的，轰隆轰隆的

thundershower [ˈθʌndəˌʃauə] n. 雷阵雨

thunderstorm [ˈθʌndəstɔːm] n. 雷暴雨

thunderstruck [ˈθʌndəˌstrʌk] a. 吓坏了的，大吃一惊的

Thursday [ˈθəːzdi] n. 星期四

thus [ðʌs] a. ①如此，这样〔Do it thus. 这样做。〕②到如此程度〔Thus far he has done well. 到目前为止，他做得很好。〕③因而，从而〔He is ill and thus absent. 他病了，因而缺席。〕

thwack [θwæk] v. 猛打，重击 ‖ n. 猛打，猛击

thwart [θwɔːt] v. 阻挠，挫败，反对〔The guards thwarted his attempt to escape. 卫兵挫败了他逃跑的企图。〕‖ n. 横贯船体的座板 a. 横放着，横着的

thymus [ˈθaiməs] n. 胸腺

thyroid [ˈθairɔid] n. 甲状腺②甲状腺剂 ‖ a. 甲状腺的

tibia [ˈtibiə] n. 胫骨 /**tibiae** [ˈtibiiː]，**tibias** [复]

tick [tik] n. 滴答声②记号 ‖ v. 滴答滴答响②滴答滴答记录〔The watch ticked away the seconds. 手表滴答滴答响，时间一秒秒地过去。〕③对…标以记号〔Tick off the names of those who are absent. 把缺席人的名字标个记号。〕

ticket [ˈtikit] n. ①票，车票，入场券②（货物上的）票签，标签③（某一政党在一次选举中所提出的）候选人名单④[口]（违反交通规则者等的）传票 ‖ v. 加票签于

tickle [ˈtikl] v. ①觉得痒②使觉得痒〔The dust made my nose tickle. 灰尘使得我鼻子发痒。〕③逗乐，使高兴，激起〔The joke really tickled her. 那个笑话使她真想笑。〕/**tickler** n.

ticklish [ˈtikliʃ] a. ①怕痒的〔He is ticklish under the arms. 他腋下怕痒。〕②不稳定的，易变的，易怒的〔Jane is ticklish on the subject of her grades. 简最不喜欢提到她的分数。〕③需要小心从事的，难对付的，棘手的〔a ticklish situation 难处理的局面〕

tidal [ˈtaidl] a. 潮汐的，受潮汐影响的〔tidal current 潮流 tidal basin 潮汐盆地〕

tide [taid] n. ①潮汐，潮水②引起升降或增减的事物〔His tide of popularity is ebbing. 他的名望越来越低。〕③潮流，趋势〔the tide of public opinion 舆论的趋势〕‖ v. 克服，渡过〔Will ten dollars tide you over till Monday? 十美元能帮你过到星期一吗？〕

tidy [ˈtaidi] a. ①整洁的，整齐的，有条不紊的〔a tidy person 整洁的人 a tidy cupboard 整洁的食橱〕②[口] 相当大的〔a tidy sum 一大笔款〕‖ v. 使整洁，整理〔Tidy up your room. 整理你的房间。〕/**tidily** ad. /**tidiness** n.

tie [tai] v. ①系，拴，扎〔They tied his hands behind his back. 他们把他的手反绑在背后。Tie the boat to the pier. 把船系到船墩上。〕②系〔to tie one's shoes 系鞋带〕③打结④给…打结〔to tie a necktie 打领结〕⑤束缚，约束，限制〔He is tied to his work. 他受其工作所束缚。〕⑥与…打成平局〔Bill tied with Jim for first place. 比尔和吉姆并列第一名。〕‖ n. ①（结物用的）带子，线，绳②联系，关系，纽带〔family ties 家庭关系〕③领带，领结④轨枕，轨枕木〔The rails of a railroad are fastened to wooden ties. 铁轨紧靠着枕木。〕⑤（比赛等的）同分，平局⑥音乐中的连结符号/**tie down** 束缚，箝制/**tie up** ①束紧，缚牢②包扎③阻碍④使无空闲，占用

tier [tiə] n. （一）排，（一）层

tie-up [ˈtaiʌp] n. ①停止，停滞〔a traffic tie-up 塞车〕②[口] 关系，联系

tiger [ˈtaigə] n. 虎

tight [tait] a. ①不漏的〔a tight boat 不漏

水的船〕②紧的〔a tight knot 打得紧的结〕③紧身的，太紧的〔a tight shirt 太紧的衬衫 a tight door 很紧的门〕④张紧的〔a tight wire 张紧的电线 tight nerves 紧张的神经〕⑤棘手的，困难的〔a tight situation 难对付的局面〕⑥(比赛等)势力均敌的〔a tight game 势力均敌的比赛〕⑦难得到的，银根紧的〔Money was tight in 1930. 1930 年银根紧。〕⑧吝啬的，小气的 ‖ ad. 紧，紧紧地/**sit tight** 固守地位，固执意见/**tightly** ad. /**tightness** n.

tighten ['taitn] v. 使紧，变紧

tight-fisted ['tait'fistid] a. 吝啬的，小气的

tightlipped ['taitlipt] n. 少说话的，嘴紧的

tights [taits] n. [复](走绳者、跳舞者等的)紧身衣

tile [tail] n. ①瓦片，瓷砖，花砖②瓦管，瓦筒‖v. 用瓦盖，铺瓦于，贴砖于，装瓦管于

tillage ['tilidʒ] n. 耕种，耕作

tiller ['tilə] n. 舵柄

tilt [tilt] v. ①(使) 倾斜，(使)歪斜〔The deck tilted suddenly. 甲板突然倾斜。He tilted his head to one side. 他把头歪到一边。〕②骑马持矛冲刺，冲刺‖n. ①骑马持矛冲刺，马上比枪②激烈的竞争③倾斜，歪斜/**at full tilt** 全速地，用力地

timber ['timbə] n. ①(可作木材的) 树木②木材，木料③树林‖v. 用木材建造，用木材支撑

timbered ['timbəd] a.①木造的②长满可供建筑用的树木的

timbre ['timbə, 'tæmbə] n. 音色

timbrel ['timbrəl] n. 铃鼓，小手鼓

time [taim] n.①一段时间，时期〔an hour's time 一小时的时间 a time of joy 愉快的时间〕②时刻，时候〔It's time for bed. 睡觉时间到了。〕③时间〔Time and tide wait for no man. 岁月不待人。〕④[常用复数] 时代〔in ancient times 在古代〕⑤

[常用复数] 境况〔Times are getting better. 情况越来越好。〕⑥次，回〔I read it three times. 我读过三遍。〕⑦衡量的时间⑧进行速度，速度，节拍〔waltz time 圆舞曲节拍 用加倍的速度进行，跑步前进〕⑨工作时间，按计时工资率领取的工资〔He gets double time for working on holidays. 他假期工作得到双倍的工资。〕‖v.①安排…的时间，为…选择时机〔He timed his visit to find her at home. 他算好时间去拜访她，她正好在家。Time your marching to the music. 按乐曲踏步。〕②测定…的时间，记录…的时间〔to time a racer 测定赛跑者的时间〕‖ a.①时间的②定时的〔a time lock 由机械控制在特定时间才能开启的锁〕/**against time** 争分夺秒地，力争及时完成地/**at one time**①同时②曾经/**at the same time** 然而，但/**at times** 有时，不时/**behind the times** 过时/**for the time being** 暂时，眼下/**from time to time** 有时，不时/**in no time** 立刻，很快/**in time**①最后，终于②及时，合拍子/**make time** 腾出时间，快速行使，快速工作/**on time**①按时，准时，于指定时间②以分期付款方式〔He bought the car on time. 他分期付款购买这辆车。〕/**time after time, time and again** 多次，反复地，不断地/**times** 乘〔Six times ten is sixty. 十乘以六等于六十。〕/**timer** n.

timekeeper ['taim,ki:pə] n. 计时员

timeless ['taimlis] a.①永恒的，无始无终的②无时间限制的

timely ['taimli] a. 及时的，适时的〔a timely remark 适时的话〕/**timeliness** n.

timepiece ['taimpi:s] n. 时计，钟，表

timetable ['taimteibl] n. 时间表，时刻表

timid ['timid] a. 胆怯的，易受惊的，羞怯的/**timidity** [ti'miditi] n.

timing ['taimiŋ] n. 时间的选择，计时，定时，调速〔A batter needs good timing to hit a home run. 击球手需要算好时间才能打一个本垒球。〕

timorous ['timərəs] a. 胆小的, 易受惊的, 畏怯的

tin [tin] n. ①锡②镀锡铁皮, 马口铁③[英](保藏食物的) 罐头 ‖ v. ①在…上镀锡 (或包锡、包马口铁)②[英]把(食品等) 装罐

tincture ['tiŋktʃə] n. ①药酒[tincture of quinine 奎宁酊药]②迹象, 特征, 气息 ‖ v. 使有气息, 使带风味

tinder ['tində] n. 引火物, 火绒, 火种

tine [tain] n. 叉, 尖齿[the tines of a fork 叉子尖]

tinge [tindʒ] v. ①(较淡地) 着色于, 染[Northern lights tinged the sky. 北面的光映满天空。]②使带气息、味道、风味[joy tinged with sorrow 带有悲痛的欢乐] ‖ n. ①(较淡的) 色调, 色彩②气息, 味道, 风味

tingle ['tiŋgl] v. 感到刺痛, 抖动 ‖ n. 刺痛, 激动

tinker ['tiŋkə] n. (流动的) 补锅工人 ‖ v. ①做补锅工人②作拙劣的修补③无事忙

tinkle ['tiŋkl] v. ①发丁丁声②使发丁丁声 ‖ n. 丁丁声

tinny ['tini] a. ①锡的, 含锡的②像锡的, 锡的无力的, 光亮而不值钱的[tinny jewelry 不值钱的珠宝]

tin plate 马口铁, 镀锡铁皮

tinsel ['tinsəl] n. ①金属丝, 金属箔②华美而不值钱的东西 ‖ a. ①金银丝 (或箔) 制的, 饰有金银丝 (或箔) 的②虚饰的, 华而不实的 ‖ v. 用金属丝 (或箔) 修饰

tint [tint] n. ①浅色, 淡色②色辉, 色泽, 色彩[several tints of green 几种绿色] ‖ v. 给…着色, 染…色

tiny ['taini] a. 极小的, 微小的

-tion ['ʃən] [后缀] ①表示"动作"②表示"状态"③表示"东西"

tip¹ [tip] n. ①梢, 末端, 尖, 尖端[the tip of the nose 鼻子尖 a spear tip 矛尖]②顶端附加的东西[a ruber tip on a cane 手杖上的橡皮头] ‖ v. 在…的顶端装附加物

tip² [tip] v. ①轻击, 轻触②给小费[to tip a waitress 给女招待小费]③[口] 泄露消息, 暗示[He tipped off the police about the robbery. 他向警察泄露关于盗窃的事情。] ‖ n. ①轻击②秘密消息③告诫, 揭示④小费/**tipper** n.

tip³ [tip] v. ①使翻倒, 使倾覆[He tipped over his glass. 他把玻璃杯弄翻。]②倾斜③轻轻抬起以示敬意 ‖ n. 倾斜

tippet ['tipit] n. ①披肩②(披肩的) 狭而长的下垂部分

tipple ['tipl] v. 惯饮烈酒 ‖ n. 烈酒/**tippler** n.

tipsy ['tipsi] a. ①歪斜的, 摇摇晃晃的②喝醉的, 微醉的/**tipsily** ad.

tiptoe ['tiptəu] n. 脚趾尖, 脚尖 ‖ v. 踮着脚走/**on tiptoe** ①踮着脚②蹑手蹑脚

tiptop ['tip'tɔp] n. 绝顶, 最高点 ‖ a. & ad. ①在最高点②[口] 非常好的(地), 出色的(地)

tirade [tai'reid] n. 长篇的激烈演说(尤指指责性的)

tire¹ ['taiə] v. ①(使) 疲倦, (使) 累[The hike tired me. 徒步旅行使我很累。] ②(使) 厌倦, (使) 厌烦

tire² ['taiə] n. 轮胎, 车胎

tired ['taiəd] a. 疲劳的, 累的

tireless ['taiəlis] a. 不疲劳的, 不累的, 不厌倦的/**tirelessly** ad.

tiresome ['taiəsəm] a. 使人疲劳的, 令人厌倦的, 讨厌的

tissue ['tisju:] n. ①组织[muscle tissue 肌肉组织 nerve tissue 神经组织]②薄绢, 纱, 织物③一套, 连篇[a tissue of lies 连篇谎话]④薄纸

tit [tit] n. 山雀

titanic [tai'tænik] a. 巨大的, 力大无比的, 伟大的

titanium [tai'teinjəm] n. 钛

titillate ['titileit] v. 使兴奋, 使愉快/**titillation** n.

title ['taitl] n. ①(书籍、诗歌、乐曲等的) 标题, 题目, 书名, 篇名②称号, 衔头

〔Baron, Miss, and Dr. are titles. "男爵"、"小姐"和"博士"都是称呼。〕③权利,资格,所有权〔Who has the title to this house? 谁拥有这幢房子?〕④锦标,冠军〔Our team won the football title. 我们队获得足球冠军〕‖ v. 加标题于,授予……称号,用衔头称呼

titter ['titə] v. 窃笑,傻笑,咪咪地笑‖ n. 窃笑,傻笑

titular ['titjulə] a. ①有名无实的,挂名的〔The king is the titular head of their government. 国王是他们政府的有名无实的领导。〕②有称号的,有衔头的③享有所有权的,有权持有的

to [tuː, tu, tə] prep. ①到,向,往〔Turn to the left. 向左转。〕②到,到达〔When we got to Boston 当我们到达波士顿时 wet to the skin 湿透了〕③直至…为止,在…之前〔from dawn to dark 从早到晚〕④给,对,于〔Tie it to the post. 把它系到杆子上。He put a hand to his eyes. 他用手遮着眼睛。〕⑤为了〔Go to their help. 去帮助他们。〕⑥对于,至于,关于〔It's nothing to me. 对我来说没什么。〕⑦致,使得〔to my amazement 使我吃惊 torn to pieces 被撕成碎片〕⑧随同,伴随〔Add this to the rest. 把这东西加到其它东西里。〕⑨为…专属,归于〔the coat to this suit 这套衣服的上衣〕⑩比〔a score of 7 to 0 七比零的比分〕⑪按,按照〔not to my taste 不合我的口味〕⑫每〔4 quarts to a gallon 每加仑四夸脱〕/ 经常用在间接宾语或动作的接受人或物的前面〔Give it to me. 给我。Listen to that noise. 听听那吵闹声。〕/用作不定式的符号〔I want to stay. 我想呆下去。〕‖ ad. ①向前②关上〔The door was blown to. 门刮上了。〕③苏醒过来〔He fainted, but a dash of cold water brought him to. 他昏过去了,但一泼冷水,又让他醒过来了。〕④着手看〔They fell to and devoured the cake. 他们开始进食,狼吞虎咽地吃起蛋糕。〕/**to and fro** 往复地,来回跑

toad [təud] n. 蟾蜍,癞蛤蟆

toady ['təudi] n. 谄媚者,马屁精‖ v. 奉

承,谄媚

toast[1] [təust] v. ①烤,烘②使暖和〔Toast yourself by the fire. 在火边暖和暖和。〕‖ n. 烤面包/**toaster** n.

toast[2] [təust] n. ①受祝酒的人或事物②祝酒,干杯‖ v. ①祝酒②举杯祝酒

tobacco [tə'bækəu] n. ①烟草②烟叶/**tobaccos** 〔复〕

toboggan [tə'bɔgən] n. 平底雪橇‖ v. ①坐雪橇滑行②(价格等)突然下降

tocsin ['tɔksin] n. ①警钟②警声③警报

today, to-day [tə'dei, tu'dei] ad. ①在今天,在今日〔Do it today. 今天就干。〕②现在,现今〔We are making great strides in medicine today. 如今,医学突飞猛进。〕‖ n. ①今天,今日〔today's game 今天的比赛〕②现在,现今;当代〔the fashions of today 现在流行的式样〕

toe [təu] n. ①脚趾②(鞋、袜的)足尖部③脚趾状物‖ v. 用脚趾触〔The runners toed the starting line. 赛跑的人准备起跑。〕/**on one's toes** ①警觉的;准备行动的/**toe the line, toe the mark** 严格服从命令

toenail ['təuneil] n. 脚趾甲

together [tə'geðə] ad. ①共同,在一起〔The reunion brought the whole family together. 全家人团聚在一起。〕②一起〔They arrived together. 他们一起到达。〕③集合起;集拢地;总合地〔The cars skidded together. 汽车滑到一起。〕④同时〔The shots were fired together. 同时进行射击。〕⑤意见一致地〔to get together on a deal 就一桩交易取得一致的意见〕

toil [tɔil] v. ①苦干②艰苦地行动;跋涉〔to toil up a hill 很吃力地走上一座山〕‖ n. 苦工,苦活/**toiler** n. 辛勤工作的人,劳苦者,勤劳者

toilet ['tɔilit] n. ①梳妆,打扮②便池,抽水马桶③厕所,盥洗室,浴室‖ a. 梳妆的,打扮的〔toilet articles 梳妆用具〕

toils [tɔilz] n. 〔复〕网,罗网,圈套,陷阱〔caught in the toils of the law 陷入法网〕

toilsome ['tɔilsəm] a. 辛苦的,劳累的

费力的〔a toilsome task 费力的任务〕

token [ˈtəukən] n. ①记号，标志，象征〔This gift is a token of my love. 这件礼物是我爱情的象征。〕②纪念品③代用货币

tolerable [ˈtɔlərəbl] a. ①可忍受的，可容忍的〔a tolerable burden 可忍受的负担〕②尚好的，过得去的〔a tolerable dinner 尚佳的饭菜〕/**tolerably** ad.

tolerance [ˈtɔlərəns] n. ①忍受，容忍，宽恕②忍受或抗拒药物、毒药的能力，耐药力〔His body built up a tolerance for penicillin , so that it could no longer help him. 他的身体对青霉素产生了抗药力，所以青霉素对他无作用。〕

tolerant [ˈtɔlərənt] a. 忍受的，容忍的，宽恕的/**tolerantly** ad.

tolerate [ˈtɔləreit] v. ①容许〔I won't tolerate such talk. 我不容许这样的传说。〕②容忍，忍受〔She can't tolerate cats. 她不能忍受猫。〕③有耐药力

toll¹ [təul] n. ①(道路、桥梁等的)捐税，通行税，过路费②通行费③服务，长途电话费③代价，牺牲，损失等〔The storm took a heavy toll of lives. 暴风雨使许许多多的人丧失生命。〕

toll² [təul] v.①鸣(钟)，敲(钟)②鸣钟报告〔The bell tolled ten o'clock. 钟敲响了十点。〕‖ n. 钟声

tollgate [ˈtəulgeit] n. 收费门

tomato [təˈmɑːtəu, təˈmeitəu] n. ①番茄，西红柿②番茄树

tomb [tuːm] n. 坟/**the tomb** 死亡

tombstone [ˈtuːmstəun] n. 墓碑，墓石

tomfoolery [ˈtɔmˈfuːləri] n. 蠢举，傻话，蠢事

tomorrow, to-morrow [təˈmɔrəu, tuˈmɔrəu] ad. 在明天，在明日 ‖ n. ①明天，明日②来日，未来

ton [tʌn] n. 吨

tonal [ˈtəunl] a. 声音的，音调的

tone [təun] a. ①音②乐音③调子〔A is two tones below C. A 调比 C 调低两个调。〕④腔调，语气〔Her answer had a friendly tone. 她回答的语气很友好。〕⑤风气，气氛〔Their many paintings gave the house a cultured tone. 他们的很多幅画给这座房子一种文雅的气氛。〕⑥色调〔Her dress has several tones of brown. 她的衣服上有着深浅不同的褐色。〕⑦身体各部分的健康状况〔Exercise will improve the tone of your muscles. 运动将会增进肌肉的健康。〕‖ v. 定调子，定色调/**tone down** (使) 降低，(使) 柔和/**tone in with** 与…和谐，与…调和〔Her green hat toned in with her red hair. 她的绿帽子配她的红头发很合适。〕/**tone up** 增强，提高

tongue [tʌŋ] n. ①舌，舌头②(供食用的) 动物的舌头③说话能力〔He lost his tongue. 他说不出话。〕④讲话的方式〔He has a glib tongue. 他长着三寸不烂之舌。〕⑤语言〔the French tongue 法语〕⑥舌状物，鞋舌，铃舌，伸入湖或海中的狭长陆地/**hold one's tongue** 不开口，缄默/**on the tip of one's tongue** 即将说出，就在嘴边/**tongueless** a.

tonic [ˈtɔnik] a. ①滋补的，强身的；有兴奋作用的〔Swimming has a tonic effect. 游泳可以健身。〕②主音的，主调音的〔a tonic chord 主和弦〕‖ n. ①补药，有兴奋作用的东西②主音

tonight, to-night [təˈnait, tuˈnait] ad. 在今晚，在今夜 ‖ n. 今夜，今晚

tonnage [ˈtʌnidʒ] n. ①(船的) 吨数，载重量②(一国或一港口的) 船舶总吨数③船舶吨位

tonsil [ˈtɔnsl] n. 扁桃体，扁桃腺

tonsillitis [ˌtɔnsiˈlaitis] n. 扁桃体炎

T

too [tuː] ad. ①而且，还，也〔You come too. 你也来。〕②太，过分〔This hat is too big. 这顶帽子太大。〕③非常，很〔You are too kind. 你太好了。〕

tool [tuːl] n. ①工具，器具，用具〔Knives, saws, drills, etc. are tools. 刀、锯、钻子等是工具。〕②用于使某事得以实现的人或物〔Books are tools of education. 书籍是教育的工具。〕‖ v. ①用工具加工〔to tool leather 加工皮革〕②用机床或器械装备〔to tool a factory 为一家工厂提供机床〕

tooth [tu:θ] n. ①牙齿②齿状物,(锯、梳、齿轮等)的齿③嗜好,爱好〔He has a sweet tooth 喜吃甜食〕/**in the teeth of** 对抗,面对,不顾 **tooth and nail** 竭尽全力地/**toothless** a. 无牙的〔tiːθ〕〔复〕

toothache [ˈtuːθeik] n. 牙痛

toothbrush [ˈtuːθbrʌʃ] n. 牙刷

tooth paste 牙膏

toothpick [ˈtuːθpik] n. 牙签

top¹ [tɔp] n. ①顶,顶部,顶端〔the top of a hill 山顶 the top of a page 书页的上端〕②(植物)长出地面的部分〔carrot tops 胡萝卜叶〕③头或头顶〔His hair is cut short on top. 他头顶上的头发理得很短。〕④盖,顶盖〔a box top 盒盖〕⑤最高度〔He shouted at the top of his voice. 他竭力喊叫。〕⑥最高职位,最高地位〔Sue is at the top of her class. 休在班上名列前茅。〕⑦精华〔the top of the crop 收成中最好的一部分〕⑧船的桅楼 ‖ a. 顶的,顶上的,最高的,头等的〔a top student 最好的学生〕‖ v. ①给…加盖(或顶)〔to top a cake with icing 给蛋糕加霜皮〕②截去(植物等)的顶端③位于…的顶点〔Snow topped the mountain. 雪覆盖着山顶。〕④到达…的顶部,高达…到于,超过,越过〔The fish topped 7.5 pounds. 这条鱼超过七点五磅。〕⑤胜过〔He tops them all at golf. 他的高尔夫球比他们打得都好。〕⑥位于…之首〔Bill topped his class. 比尔是班上最好的学生。〕/**on top** 在上面,成功/**on top of** ①在…上面②另外,除此之外/**over the top** 从战壕〔开枪〕/**top off** 结束,完成

top² [tɔp] n. 陀螺

topheavy [ˈtɔpˈhevi] a. 头重脚轻的

topic [ˈtɔpik] n. (报告、文章、讲演等的)题目

topical [ˈtɔpikəl] a. 话题的,有关时事的〔The comedian told some topical jokes. 那个喜剧演员讲了一些有关时事的笑话。〕②题目的,标题的〔a topical outline 主题概要〕

topmost [ˈtɔpməust] a. 最高的,最上的

topography [təˈpɔɡræfi] n. ①地形②地形学/**topographer** n. 地形测量员/**topographical** [ˌtɔpəˈɡræfikəl] a. dj. 地形的,地形学的

topple [ˈtɔpl] v. ①倒塌,倒下〔The tall pile of books toppled over. 那一大堆书倒了。〕②使倒塌,推翻

topsy-turvy [ˈtɔpsiˈtəːvi] ad. & a. 颠倒地(的);乱七八糟地(的)〔The tornado left many houses topsy-turvy. 那场龙卷风使很多房屋东倒西歪。〕

torch [tɔːtʃ] n. ①火炬,火把②知识、文明等的源泉〔the torch of science 科学之源〕③喷火器〔英〕手电筒

torment [ˈtɔːment] n. ①痛苦,苦恼②使人痛苦或苦恼的东西 ‖ v. 〔tɔːˈment〕①使痛苦,使烦恼②烦扰,折磨/**tormentor**, **tormenter** n. 使痛苦或苦恼的人或物

tornado [tɔːˈneidəu] n. 龙卷风,旋风/**tornadoes**, **tornados** 〔复〕

torpedo [tɔːˈpiːdəu] n. 鱼雷,水雷 ‖ v. 用水雷进攻或破坏〔复〕**torpedoes**

torpid [ˈtɔːpid] a. 迟钝的,不活泼的,蛰伏的〔A hibernating animal is torpid. 冬眠动物是蛰伏的。〕

torrent [ˈtɔrənt] n. ①水的急流,洪流②连续不断,滔滔不绝〔a torrent of insults 连续的侮辱〕③倾盆大雨

torrential [tɔˈrenʃəl] a. 急流的,猛烈的〔torrential rains 倾盆大雨〕

torrid [ˈtɔrid] a. 灼热的,晒热的〔a torrid desert 晒得滚热的沙漠〕

torso [ˈtɔːsəu] n. ①(人体的)躯干②躯干塑像/**torsos** 〔复〕

tortoise [ˈtɔːtəs] n. 龟,陆龟

tortuous [ˈtɔːtjuəs] a. 曲折的,弯弯曲曲的,居心叵测的,不正直的〔a tortuous river 曲折的河流 tortuous thinking 不正直的想法〕

torture [ˈtɔːtʃə] n. ①拷问,拷打,严刑②痛苦,苦恼〔the torture of a toothache 牙痛

的痛苦。‖ v. ①打，拷问②折磨，使痛苦
〔He was tortured by doubts. 他为怀疑的
苦。〕③歪曲，曲解/**torturer** n. 拷问者

toss 〔tɔs〕 v. ①扔，抛，掷〔to toss a ball 扔
球〕②使摇摆，使颠簸，使动摇〔The waves
tossed the boat. 波浪打得船只颠簸不停。〕
③摇摆〔The kite tossed in the wind. 风筝
在风中摇摆〕④突然举起，突然抬起〔to
toss one's head 抬起头来〕⑤掷钱币
（看其正反）决定某事〔toss 扔，抛，掷/摇
摆颠簸，掷钱币决定某事/**toss off**①轻
而易举地完成或处理②一饮而尽

total 〔'təutl〕 n. 总数，总额①v. 总的，
总括的，全体的〔The total amount of your
bill is $ 350. 你的帐单的总额是 350 美
元。〕②完全的〔a total eclipse of the moon
月全食〕‖ v. ①加起来，计算…的总数
〔to total a column of figures 把一组数字加
起来〕②共计，总计〔His golf score totals
89. 他高尔夫球共得 89 分。〕/**totally** ad.

totality 〔təu'tæliti〕 n. 全体，总括，总数

totem 〔'təutəm〕 n. ①图腾②图腾形象

totter 〔'tɔtə〕 v. ①摇摇欲坠②蹒跚，踉跄

touch 〔tʌtʃ〕 v. ①触摸，接触，碰到〔He
touched the fence to see if the paint was
wet. 他轻轻摸一下围栏，看看油漆是否
干了。〕②轻击，轻按〔to touch a horse
with a whip 用鞭子轻轻打马〕③使用，乱
动〔Don't touch the papers on my desk. 不
要乱动我桌子上的文件。〕④吃，喝〔He
won't touch carrots. 他不吃胡萝卜。〕⑤伤
害，损害〔roses touched by the frost 被霜
打了的玫瑰〕⑥使接触，使相碰〔He tou-
ched a match to the candle. 他擦着火柴
点蜡烛。The bumpers of the cars touched.
汽车的保险杆相撞了。〕⑦触动，感动
〔Your kindness touches me. 你的好意感
动了我。〕⑧（简略地）论及，提到〔The
speaker touched on many subjects. 发言人
谈到很多题目。〕⑨涉及，关系〔a subject
that touches our welfare 涉及到我们福利
的话题〕⑩匹敌，比得上〔His boat can't
touch mine for speed. 我的船的速度比不
上我的。〕‖ n. ①触，碰触，轻击，按〔I felt
the touch of a hand on my arm. 我觉得有

人碰了一下我的手臂。〕②触觉③触感
〔The cloth was soft, smooth touch. 这块
布摸起来很软，很光滑。〕④笔触，润色等
〔With a few touches he made the joke real-
ly funny. 稍加润色，他把笑话讲得非常
可笑。〕⑤少许，一点〔Add a touch of salt.
加点盐。〕⑥微症〔a touch of the flu 轻微
流感〕⑦弹奏法/**in touch with** 能接触
到的；有联系的/**out of touch with** 与脱
离，失去联系/**touch off** ①使炸开②触
发/**touch up** 润色

touching 〔'tʌtʃiŋ〕 a. 动人的，使人感
伤的〔a touching sight 动人的场面〕

touchstone 〔'tʌtʃstəun〕 n. ①试金石
②检验，检验标准

touchy 〔'tʌtʃi〕 a. ①易因小事生气的，
易怒的②须小心对待的，棘手的〔a
touchy situation 棘手的局面〕

tough 〔tʌf〕 a. ①坚韧的，强韧的〔tough
rubber 硬橡皮〕②咬不动的，难切的
〔tough meat 嚼不烂的肉〕③坚强的，强健
的〔a tough pioneer 强壮的开拓者〕④难
对付的，费力的〔a tough job 棘手的工
作〕⑤粗暴的‖ n. 粗野的人，恶棍/
toughness n.

toughen 〔'tʌfn〕 v. （使）变坚韧，（使）变
健壮,（使）变坚硬,（使）变困难

tour 〔tuə〕 n. ①旅行，观光②巡回演出‖
v. ①旅行，观光②周游〔to tour New Eng-
land 漫游新英格兰〕

tourism 〔'tuərizəm〕 n. 旅游，旅游业

tourist 〔'tuərist〕 n. 旅行者，游览者‖ a.
旅行的，游览的，观光的

tourmaline 〔'tuəməliːn, 'tuəməlin〕 n.
电气石

tousle 〔'tauzl〕 v. 弄乱，弄皱〔tousled hair
蓬乱的头发〕

tow[1] 〔təu〕 v. 拖，拉，牵引〔A horse
towed the canal boat. 马拖运河里的小船。〕
‖ n. 拖，拉，牵引②被拖或拉的东西③拖
缆，缆子/**have in tow**,**take in tow** 在指
导或保护下

tow[2] 〔təu〕n. 落纤，短麻屑，丝束，纤维束

toward 〔tə'wɔːd, twɔːd〕 prep. ①向，朝，

对[The house faces toward the park. 这幢房子朝公园。]②导致[step toward peace 实现和平的步骤]③关于，对于[What is his feeling toward you? 他对你的感情如何?]④接近，将近[It became cold toward morning. 将近早晨时，天气变冷。]⑤为了[to save toward a new car 省钱买新汽车]

towel［'tauəl］*n.* 毛巾，擦手纸

tower［'tauə］*n.* ①塔，高楼[a water tower 水塔 the bell tower of a church 教堂的钟楼]②堡垒 ‖ *v.* 高耸，高飞[The giraffe towers over other animals. 长颈鹿比其它动物高。]

towering［'tauəriŋ］*a.* 屹立的，极大的，个头高大的，极为伟大的，激烈的[a towering steeple 高耸的尖塔 a towering rage 狂怒]

town［taun］*n.* ①镇，小市镇，城镇②城市③商业中心区[I'm going into town. 我打算进城。]④镇民，市民[a friendly town 友好的市民]

townsman［'taunzmən］*n.* *n.* ①镇民，市民，城里人②同镇人，同乡人，同乡

townspeople［'taunz,pi:pl］*n.* [复]市民

toxic［'tɔksik］*a.* 有毒的，中毒的[the toxic effects of some berries 一些浆果的中毒作用]

toxin［'tɔksin］*n.* ①毒素②毒质[Snake venom is a toxin. 蛇的毒液是一种毒质。]

toy［tɔi］*n.* ①玩具②不值钱的小东西 ‖ *a.* ①小如玩具的[a toy dog 小狗]②作为玩具的[a toy train 玩具火车]‖ *v.* 玩弄，玩耍[The boy just toyed with his food. 那个男孩玩弄的东西。]

trace［treis］*n.* ①痕迹，踪迹，遗迹[no human trace on the island 岛上没有人的痕迹]②微量，少许[a trace of garlic in the dressing 调味品里有点蒜味]‖ *v.* ①沿着路或路线走②跟踪，追踪[to trace a lion to his den 追踪到狮子的巢穴]③追溯[We traced the history of Rome back to Caesar. 我们把罗马的历史追溯到凯

撒。]④摹写，映描⑤描绘，勾出…的轮廓

trace［treis］*n.* 挽绳，缰绳

trachea［trə'ki:ə］*n.* 气管/**tracheae**［trə'ki:i:］[复]

track［træk］*n.* ①行踪，足迹②路，径，小道③轨道及跑道④径赛运动，田径运动⑥行动路线[He's on the right track to solve the problem. 他解决这个问题的方法是对的。]‖ *v.* ①追踪[We tracked the fox to its den. 我们追踪到狐狸的巢穴。]②留下印迹[The boys tracked up the clean floor. 男孩子把干净的地板踩脏了。]③带着印迹[The dog tracked snow into the house. 狗把雪带进房内。]‖ *a.* 田径运动的[a track meet 田径运动会]/**in one's tracks** 当时当地/**keep track of** 掌握…的线索/**lose track of** 失去…的线索/**tracker** *n.*

trackless［'træklis］*n.* ①无路的，无足迹的[a trackless wilderness 人迹未到的荒原]②无轨的[a trackless trolley 无轨电车]

tract［trækt］*n.* ①(土地等)一片②系，道[the digestive tract 消化道]

tractable［'træktəbl］*a.* ①易管教的，易控制的，温顺的，驯服的[a tractable horse 驯服的马]②易处理的，易加工的[a tractable metal 易加工的金属]

traction［'trækʃən］*n.* ①附着摩擦力[The tires lost traction on the icy hill, and the car slid backward. 轮胎在冰山没有摩擦力，汽车向后滑行。]②拖，拉及牵引力

tractor［'træktə］*n.* ①拖拉机及牵引车

trade［treid］*n.* ①行业，手艺[the plumber's trade 管子工手艺]②生意[the book trade 图书生意]③贸易，商业[Tariffs restrict trade between nations. 税收限制国家间的贸易。]④顾客[This sale will bring in the trade. 这种出售将带来顾客。]⑤交易，买卖⑥贸易风 ‖ *v.* ①交易，经商[This company trades in tea. 这家公司经营茶叶。 Our country trades with other countries. 我国和其他国家做生意。

②对换〔I traded my stamp collection for John's camera. 我用集邮册和约翰换了照相机。〕③〔俗〕购物〔We trade at the corner grocery. 我们在街角的杂货店买东西。〕/**trade in** 以旧物折价购买/**trade on, trade upon** 利用〔He traded on his war record to get votes. 他利用战功来获得选票。〕

trademark,   trade-mark ['treidmɑːk] n. 商标

trader ['treidə] n. ①贸易者,商人②商船,贸易船

tradition [trə'diʃən] n. ①传统②惯例〔It's a tradition to eat turkey at Thanksgiving. 感恩节吃火鸡是一个传统。〕

traditional [trə'diʃənl] a. 传统的,惯例的〔a traditional costume 传统服装〕/ **traditionally** ad.

traduce [trə'djuːs] v. 诽谤,中伤/**traducer** n.

traffic ['træfik] n. ①交通,通行〔to direct traffic on city streets 在街上指挥交通 the heavy traffic on weekends 周末拥挤的交通〕②交通量③(常指不合法的)买卖,交易,贸易〔the 19th-century traffic in slaves 十九世纪奴隶贸易〕‖ v. ①买卖,交易②〔I have no traffic with his kind. 我和他这种人没有交往。〕‖ a. 交通的〔a traffic light 交通管理色灯〕‖ v. 在…上通行,(做非法)买卖

tragedian [trə'dʒiːdjən] n. 悲剧演员,悲剧作者

tragedy ['trædʒidi] n. ①悲剧,②惨事,不幸

tragic ['trædʒik] a. ①悲剧的〔a tragic actor 悲剧演员 a tragic tale 悲剧故事〕②悲惨的,凄惨的,灾难性的〔a tragic accident 悲惨的事故 a tragic misunderstanding 可怕的误解〕/**tragically** ad.

trail [treil] v. ①拖,拉,拖带〔The bride's veil trailed on the floor. 新娘的面纱拖到地上。He trailed dirt into the house. 他把灰尘带到屋内。〕②飘出,流出③跟在后面走,落后〔The children trailed along after

us. 孩子们跟在我们后面。He is trailing in the race. 他在比赛中落后。〕④跟踪,追猎⑤蔓生⑥变小,减弱〔Her voice trailed off into a whisper. 她的声音渐渐变成低语。〕‖ n. ①余缕〔a trail of dust 一层灰尘〕②痕迹,臭迹③小径,小道

trailer ['treilə] n. ①拖拉车②拖车,挂车

train [trein] n. ①后拖物,拖裙②随行人员③长队,队列〔a wagon train heading west 一队朝西去的马车 a train of thought 一连串的想法 a gear train 齿轮系〕⑤列车,火车 ‖ v. ①教养〔They trained their children to be kind. 他们教育孩子要和善。〕②训练,培养〔to train airplane pilots 训练飞行员 to train animals to do tricks 训练动物做动作〕③锻炼④使(植物)沿着…生长〔to train roses along a trellis 使玫瑰沿架子生长〕⑤对准,瞄准〔Four guns were trained on the target. 四门大炮对准目标。〕/**trainer** n.

training ['treiniŋ] n. ①训练;锻炼的方法和练习②训练,锻炼,培养

trait [treit] n. 特性,性格〔A sense of humor is his finest trait. 幽默感是他最好的特性。〕

traitor ['treitə] n. 叛徒,卖国贼

traitorous ['treitərəs] a. 叛徒的,卖国贼的,叛变的,卖国的,奸诈的

trajectory ['trædʒiktəri] n. (射体)轨道,弹道

trammel ['træməl] n. ①马梏②(捕鱼、鸟)网③锅钩 ‖ v. 遏制,束缚,妨碍〔trammeled by harsh laws 受到严厉的法律的束缚〕

tramp [træmp] v. ①用沉重的脚步走②踏,踩〔The horse tramped on my foot. 马踩了我的脚。〕②走,漂泊〔We tramped through the woods. 我们走过小树林。〕‖ n. ①游民,流氓乞丐,流浪者②步行;徒步旅行〔a tramp through the woods 步行穿过小树林〕③重步声④不定期货船

trample ['træmpl] v. ①踩②践踏,踩躏〔A herd of buffaloes trampled the crops. 一群水牛践踏了庄稼。〕

trance [trɑːns] n. ①昏睡状态②恍惚，出神,发呆

tranquil ['træŋkwil] a. 平静的,安静的,安宁的〔tranquil waters 宁静的水 a tranquil mood 安宁的情绪〕/**tranquility** n. /**tranquilly** ad.

tranquilize, tranquillize ['træŋkwilaiz] v. 使平静,使镇静,使安定,平静,镇静,安静

tranquilizer, tranquillizer ['træŋkwilaizə] n. 镇静剂

trans- [前缀] 表示"横过","超越","横断"

transact [træn'sækt] v. 办理,处理,完成〔He has some business to transact in the city. 他在该市有些事情要处理。〕

transaction [træn'zækʃən] n. ①办理,处理,执行②交易,事务 ③[复] 会议记录

transatlantic ['trænzət'læntik] a. ①横渡大西洋的〔Lindbergh's transatlantic flight 林德伯格横越大西洋的飞行〕②大西洋彼岸的

transcend [træn'send] v. ①超出,超过〔His story transcends belief. 他讲的事无法让人相信。〕②胜过,优于〔Her beauty transcends that of others. 她比别人漂亮。〕

transcendent [træn'sendənt] a. 超常的,卓越的,出类拔萃的〔her transcendent wisdom 她那超人的智慧〕

transcendental [,trænsen'dentl] a. ①超常的,卓越的②超自然的

transcontinental [,trænzkɔnti'nentl] a. 横贯大陆的〔a transcontinental airplane flight 横穿大陆的飞行〕

transcribe [træns'kraib] v. ①写下,用打字机打出〔She took down his speech in shorthand and then transcribed her notes. 她把他的发言速记下来,然后用打字机打出。〕②录音播送

transcript ['trænskript] n. 抄本,誊本

transcription [træns'kripʃən] n. ①抄写,誊写②抄本,誊本③录音广播

transfer [træns'fə:] v. ①转移,传递,调动,改变〔He transferred his notes to another notebook. 他把笔记转抄到另一个笔记本上。Jill has transferred to a new school. 吉尔已转到一所新学校。〕②转印,摹绘③换车 ‖ n. ['trænsfə:] ①转移,传递,调动,改变②调动或转移的东西或人〔John is a transfer from another school. 约翰是从别的学校转来的学生。〕③ 转车票/**transferable** a.

transference ['trænsfərəns] n. 转移,传递,调动

transfigure [træns'figə] v. ①使变样,使改观〔A new dress and hair-do transfigured her. 新衣服和发型使她变了样。〕②使精神美化,使变为高尚〔He was transfigured by his deep love. 真挚的爱使他变得高尚了。〕

transfix [træns'fiks] v. ①戳穿,刺穿②使呆着不动,使麻木〔transfixed with horror 吓得呆若木鸡〕

transform [træns'fɔ:m] v. ①使变形,使改观〔A vase of roses transformed the drab room. 一瓶玫瑰给这单调的房间带来了生气。〕②改变性质〔The barn has been transformed into a house. 仓库改成了住房。〕/**transformation** n.

transformer [træns'fɔ:mə] n. ①促使变化的人或物②变压器

transfuse [træns'fju:z] v. ①输血②倾注,渗入〔The victory transfused new courage into the team. 胜利给全队灌输了新的勇气。〕/**transfusion** n.

transgress [træns'gres] v. ①违法,犯罪②越过,越界〔His remark transgressed the limits of decency. 他的话超越了礼仪的范围。〕/**transgressor** n.

transient ['trænziənt] a. 路过的,留片刻就走的，片刻的〔transient guests at a hotel 旅店的暂住客人 transient pleasures 瞬间的快乐〕‖ n. 过客

transistor [træn'sistə] n. 晶体管

transistorize [træn'sistəraiz] v. 装晶体管于〔a transistorized portable radio 可携

式晶体管收音机]

transit [ˈtrænsit] n. ①通过,经过,通告②运输,运送〔The package was lost in transit. 包裹在运送中丢失。〕③转镜仪

transition [trænˈsiʒən] n. 过渡〔the transition from war to peace 从战争过渡到和平〕/**transitional** a.

transitive [ˈtrænsitiv] a. 及物的

transitory [ˈtrænsitəri] a. 暂时的,瞬息的〔transitory fame 暂时的名誉〕

translate [trænsˈleit] v. ①翻译〔to translate a Latin poem into English 把一首拉丁诗译成英语〕②使以另一形式表现〔to translate ideas into action 把想法化为行动〕③肉身不死而升天

translation [trænsˈleiʃən] n. ①翻译②译文

translator [trænsˈleitə] n. 翻译者,译员

translucent [trænzˈljuːsnt] a. 半透明的〔Tissue paper is translucent. 薄纸是半透明的。〕

transmission [trænzˈmiʃən] n. ①传送,传达,传播〔the transmission of messages by telegraph 用电报传送信息〕②传播之物③传动系统④无线电传送

transmit [trænzˈmit] v. ①传送,传达,传播,传染〔to transmit a disease 传播疾病 to transmit a letter 递送信件 to transmit power from an engine by means of gears 用齿轮从发动机传送动力〕②遗传〔Color blindness may be transmitted. 色盲可能是遗传的。〕③传导〔Water transmits sound. 水能传声。〕④发射,播送

transmute [trænzˈmjuːt] v. 使变形,变质,使变化〔Alchemists tried to transmute lead into gold. 炼金术士试图把铅变成金。〕/**transmutation** n.

transom [ˈtrænsəm] n. ①门顶窗,气窗②(门、窗)的横档

transonic, transsonic [trænˈsɔnik] a. 超声的,超声速的,跨音速的

transparent [trænsˈpɛərənt] a. ①透明的〔transparent glass 透明玻璃〕②易识破

的,显而易见的〔a transparent lie 明显的谎言〕

transpire [trænsˈpaiə] v. ①蒸发,排出②被人知道,泄露③发生〔What transpired while I was gone? 我不在时发生了什么事?〕

transplant [trænsˈplɑːnt] v. ①移植,移种②做移植手术

transport [trænsˈpɔːt] v. ①运输,运送〔to transport goods by train or truck 用火车或卡车运输货物〕②使万分激动〔transported with delight 欣喜若狂〕③流放‖n. [ˈtrænspɔːt] ①运输②运输工具,运输船,运输飞机③激动

transportation [ˌtrænspɔːˈteiʃən] n. ①运输,运送②交通业③运输费(票)

transpose [trænsˈpəuz] v. ①使互换位置,调换,变换〔Don't transpose the e and i in weird. 不要把"weird"中的 e 和 i 的位置写错。〕②使换调,使变调/**transposition** [ˌtrænspəˈziʃən] n.

transverse [ˈtrænzvəːs] a. 横向的,横切的,横断的〔transverse beams 横梁〕

trap [træp] n. ①陷阱,罗网,捕捉机②圈套,诡计〔His question was a trap to make her tell the truth. 他的问题是个圈套,使她说出事实的真相。〕③存水弯,防(臭)气阀④飞靶射击机⑤双轮轻便马车⑥地板或屋顶的活门⑦[复] 打击乐器‖v. ①使落入圈套②设陷阱

trash [træʃ] n. ①废物,垃圾②废话/**trashy** a.

travail [ˈtræveil] n. ①艰苦的工作,苦工②分娩③痛苦,剧痛‖v. ①辛勤劳动②受分娩的阵痛

travel [ˈtrævl] v. ①旅行〔a salesman who spends much time traveling 花很多时间旅行的推销员〕②经过,走过〔to travel a road 走过一条路〕③行进,被传送〔A train travels on tracks. 火车在轨道上行进。Light travels faster than sound. 光比声音传得快。〕‖n. ①旅行②[复] 游记/**traveler, traveller** n.

travelogue, travelog [ˈtrævəlɔɡ] n.

①旅行见闻讲座②旅行记录片

traverse ['trævə(ː)s] v. 横越, 横切, 横向穿过, 经过 [Pioneers traversed the plains in covered wagons. 开拓者坐有帆布篷顶的大马车穿过平原。] ‖ n. 横断物 ‖ a.①横越的, 横断的②(窗户)向两边拉开的

travesty ['trævisti] n. 滑稽模仿①歪曲 [a travesty of justice 对正义的歪曲] ‖ v. 滑稽地模仿

trawler ['trɔːlə] n. 拖网渔船

tray [trei] n. 浅盘, 托盘

treacherous ['tretʃərəs] a.①背叛的, 背信弃义的②不可靠的, 有暗藏的危险的 [treacherous rocks 危险的岩石] ‖ **treacherously** ad.

treachery ['tretʃəri] n.①不忠, 奸诈行为②叛逆, 叛国

tread [tred] v.①踩, 踏, 在……上行走 [We trod the dusty road for hours. 我们在泥路上走了几个小时。]②踏出, 踏成 [to tread grapes in making wine 踏葡萄酿酒]③跳 [They tread the measures gaily. 他们高兴地合着拍子跳舞。] ‖ n.①步法, 足音 [We heard a heavy tread on the stairs. 我们听到楼梯上沉重的脚步声。]②(梯)的踏板;(轮胎的)着地面/**tread on air** 洋洋得意/**tread water**(游泳时)踩水

treadle ['tredl] n. 踏板 ‖ v. 踏动踏板

treadmill ['tredmil] n.①踏车②单调的工作

treasure ['treʒə] n.①金银财宝, 财富②被珍爱的人或物 ‖ v.①珍重, 珍惜 [I treasure their friendship. 我珍惜他们的友谊。]②储藏, 珍藏

treasurer ['treʒərə] n. 司库, 掌管财务的人

treasury ['treʒəri] n.①(国家、公司、俱乐部等)所拥有的资金②Treasury 财政部③珍藏宝物的地方④艺术品集

treat [triːt] v.①对待, 看待 [He treats all people with respect. 他对所有人都很尊敬。Don't treat this matter lightly. 不要看

轻这件事。]②医治, 治疗 [The doctor treated my cuts. 医生治疗我的刀伤。]③处理 [The water is treated with chlorine. 水经过氯气处理。]④款待, 请客 [Uncle Ed treated us to the movies. 埃德叔叔请我们看电影。] ‖ n.①款待, 请客②别人请客的食物, 乐事等③使人喜悦的事物, 乐事 [It was a treat to hear the children sing. 听孩子们唱歌是一种乐趣。]/**treat of** 涉及, 关于, 论及

treatment ['triːtmənt] n.①待遇, 处理 [kind treatment 良好的待遇]②治疗

treaty ['triːti] n.(国家之间的)条约

treble ['trebl] n.①唱最高音部的人, 奏最高音部用的乐器②尖锐刺耳声 ‖ a.①最高音部的, 唱(或奏)最高音部的②尖锐刺耳声的③三倍的, 三重的 ‖ v.(使)增三倍

tree [triː] n.①树②用于某种特殊目的的一种木头 [a clothes tree 衣帽架 a single tree on a wagon 马车上的横木]③似树木的东西 [A family tree is a diagram of a family line. 家谱是家族世系图。] ‖ v. 驱使上树 [The pack of dogs treed a possum. 一群狗把一只负鼠赶上了树。]/**up a tree**〔俗〕进退两难/**treeless** a.

trellis ['trelis] n.(葡萄等的)棚, 架, 格子结构

tremble ['trembl] v.①发抖, 哆嗦②摇晃, 摇动 [The earth trembled. 地面在颤动。] ‖ n. 颤抖, 一阵哆嗦/**trembly** a.

tremendous [tri'mendəs] a.①巨大的, 非常的②〔俗〕非常好的/**tremendously** ad.

tremor ['tremə] n.①震颤, 发抖②情绪的激动, 兴奋

tremulous ['tremjuləs] a.①震颤的, 发抖的 [a tremulous voice 颤抖的声音]②怯懦的, 畏缩的/**tremulously** ad.

trench [trentʃ] n.①深沟, 地沟②堑沟, 壕沟 ‖ v. 挖战壕, 挖沟

trenchant ['trentʃənt] n. 尖刻的, 锐利的, 有力的, 清晰的 [trenchant thinking 清晰的思路]

trend [trend] n. 倾向, 趋势, 走向 [the trend of public opinion 公众舆论的趋向] ‖ v. 倾向, 趋向

trepidation [ˌtrepiˈdeiʃən] n. ①惊惶, 慌张②发抖, 震颤

trespass [ˈtrespəs] v. ①非法侵入, 侵犯②扰乱, 妨碍 [to trespass on one's privacy 妨碍别人的私事]③犯罪, 违犯 ‖ n. ①侵入, 侵犯②冒犯, 罪过/**trespasser** n.

tri- [前缀]①表示"三"②表示"三倍"③表示"隔三"

trial [ˈtraiəl] n. ①审问, 审判 [The trial proved him innocent. 审讯证明他无罪。]②考验, 艰苦, 磨炼 [He was allowed two trials at high jump. 跳高时允许他试两次。]③试验 [the trial of a new rocket 试验一种新型火箭]④试用 [the trial of Job 对乔布的试用]⑤讨厌的人, 麻烦的事物 [His stubborn son is a great trial to him. 他那固执的儿子真使他头疼。] ‖ a. 尝试的, 试验性的, 试制的 [a trial run 试车 a trial sample 试用样品]/**on trial** 在受审中, 在受审判中/**trial and error** 反复试验, 不断摸索

triangle [ˈtraiæŋgl] n. ①三角形②三角形之物③三角铁(一种打击乐器)

tribe [traib] n. ①部落, 宗族 [the Indian tribes of North America 北美的印第安人部落]②做同一种工作或有同样兴趣的人 [the tribe of newspapermen 那些新闻记者]③族(动植物分类单位)/**tribal** a.

tribulation [ˌtribjuˈleiʃən] n. 苦难, 困苦 [the tribulations of the poor 穷人的困苦]

tributary [ˈtribjutəri] n. ①支流②附庸国, 属国, 进贡国 ‖ a. ①支流的 [a tributary stream 支流]②纳贡的, 附庸的 [a tributary nation 进贡国, 附属国, 属国]

tribute [ˈtribjuːt] n. ①表示感谢或尊敬的行为或言辞 [He wrote a poem as a tribute to his mother. 他写了一首诗歌颂他的母亲。]②贡金及附以缴纳的款额

trick [trik] n. ①诡计, 奸计, 骗局 [Her tears were just a trick to sympathy. 她

的眼泪只不过是想得到同情的诡计。]②恶作剧②戏法, 把戏 [Can you do any card tricks? 你会用扑克变戏法吗?]④窍门, 诀窍 [the trick of making good gravy 做好肉汤的窍门]⑤习惯 [his trick of tugging at his ear 他习惯扯耳朵]⑥值班 [He's on the night trick. 他上夜班。]⑦一圈所打的牌 ‖ v. 哄骗, 戏弄 ‖ a. ①有诀窍的, 特技的 [trick photography 特技摄影]②欺诈的, 弄虚作假的 [a trick question 奸诈的问题]/**do the trick** 达到预期目的, 获得成功/**trick out**, **trick up** 打扮

trickery [ˈtrikəri] n. 欺骗, 哄骗, 诡计

trickle [ˈtrikl] v. ①细流, 细水 [Rain trickled down the window. 雨水从窗户上滴下。]②慢慢地移动 [The crowd trickled away. 人群慢慢地散去。] ‖ n. 滴, 细流

trickster [ˈtrikstə] n. 骗子, 欺骗者, 魔术师

tricky [ˈtriki] a. ①狡猾的, 耍花招的, 奸诈的 [a tricky scheme 奸诈的计划]②复杂的, 棘手的 [a tricky problem 棘手的问题]/**trickiness** n.

trident [ˈtraidənt] n. 三叉戟 ‖ a. 三叉的

triennial [traiˈenjəl] a. ①每三年一次的 [a triennial convention 三年一次的会议]②持续三年的 ‖ n. 每三年发生一次的事件/**triennially** ad.

trifle [ˈtraifl] n. ①小事, 琐事, 无价值的东西②少许, 少量③一点点钱 ‖ v. ①开玩笑, 轻视 [He's not a person to trifle with. 他不是可轻视的人。]②玩弄 [Don't trifle with your food. 不要玩弄食物。]③闲混, 浪费 [to trifle time away 浪费时间]/**trifler** n.

trifling [ˈtraifliŋ] a. ①不重要的, 微不足道的②玩忽的, 轻率的, 情意不专的

trigger [ˈtrigə] n. ①扳机, 触发器②起动装置 ‖ v. (俗)引起, 促使 [The trigger triggered a riot. 战斗引起了暴乱。]

trigonometry [ˌtrigəˈnɔmitri] n. 三角, 三角学

trill [tril] n. ①颤音②颤动③(鸟的)啭鸣 ‖ v. 以颤声发出, 以颤声唱或奏

trillion [ˈtriljən] n. & a. ① (美、法）百万的二次幂（或平方）②(英、德）百万的三次幂（或立方）

trilogy [ˈtrilədʒi] n.（戏剧、小说等的）三部曲

trim [trim] v. ①使整齐, 整理[to trim one's hair 修剪头发]②修剪[He trimmed dead branches off the tree. 他把树上的枯枝修剪掉。]③装饰, 布置[to trim a store window 布置商店橱窗]④装稳船只⑤调整（船帆）以适应风向[to trim the sails 随风使帆]⑥两面讨好[俗]击败‖ n. ①准备, 齐备[An athlete must keep in trim. 运动员必须做好准备。]②整理、修剪③装饰④（船的）准备就绪, 吃水差‖ a. ①整洁的, 整齐的②装饰的[the trim lines of the boat 船上装饰的线]

trimming [ˈtrimiŋ] n. ①装饰品[复]花色配菜[steak with all the trimmings 有花色配菜的牛排]③[复]修剪下来的东西

trinity [ˈtriniti] n. ①三位一体②Trinity（圣父、圣子、圣灵）三位一体

trio [ˈtriː(ˌ)əu] n. ①三部合唱或合奏曲②三重唱或三重奏演出小组③三人一组, 一件一套[复 **trios**]

trip [trip] v. ①绊, 绊倒[I tripped over the rug. 我让地毯绊了一下。Bill put out his foot and tripped me. 比尔伸出脚把我绊倒了。]②犯错误, 出差错[He tripped on the spelling of "rhythm". 他把"rhythm"拼写错了。That question tripped us all. 我们都答错了那个问题。]③轻快地走（跑或跳舞）[She tripped gaily about the room. 她高兴地满屋跑。]‖ n. ①旅行②绊倒③过失④错误⑤[俚] 吸麻醉毒品者的幻觉

triple [ˈtripl] a. ①三部分合成的[a triple alliance of nations 三国同盟]②三倍的‖ n. ①三倍数②（棒球的）三垒打‖ v. 三倍于

triplicate [ˈtriplikit] n. 一式三份的[a triplicate receipt 一式三份的收据]/in triplicate 一式三份

tripod [ˈtraipɒd] n. 三角架

trisect [traiˈsekt] v. 把…分成三份

trite [trait] a. 用坏了的, 陈腐的[Happy as a lark is a trite expression. Happy as a lark 是一个陈腐的表达法。]

triumph [ˈtraiəmf] n. ①凯旋, 胜利, 成功[his triumph over illness 战胜疾病]②胜利或成功时的狂欢, 喜悦[He grinned in triumph when he won the race. 他比赛获胜时, 得意洋洋地咧嘴笑了。]‖ v. ①击败, 获胜, 成功[to triumph over an enemy 击败敌人]②因胜利而狂欢/**triumphal** [traiˈʌmfəl] a.

triumphant [traiˈʌmfənt] a. ①成功的, 胜利的[the triumphant team 胜队]②因胜利而狂欢的, 喜悦的[a triumphant laugh 狂欢的笑声]/**triumphantly** ad.

trivet [ˈtrivit] n. ①（搁在火上支承锅或水壶的）三脚架②（桌上搁热菜用的）矮脚金属架

trivia [ˈtriviə] n. [复] 琐事[Her diary was filled with trivia. 她日记里写满了琐事。]

triviality [ˌtriviˈæliti] n. ①琐碎, 平凡②琐事

troll [trəul] v. ①拖钓, 在…钩②高声地唱③轮唱

trolley [ˈtrɒli] n. ①触轮（托在电线上的滑轮, 以导电至电车上）②电车③空中吊运车

trombone [trɒmˈbəun] n. 长号, 拉管

troop [truːp] n. ①骑兵②[复]军队, 部队③十六人或三十二人一队的童子军④一群[a troop of happy children 一群高兴的孩子]v. 群集, 成群结队地走[The students trooped into the hall. 学生列队走进礼堂。]

trooper [ˈtruːpə] n. ①骑兵②骑警

trophy [ˈtrəufi] n. 战利品, 胜利纪念品

tropic [ˈtrɒpik] n. ①回归线[the Tropic of Cancer 北回归线 the Tropic of Capricorn 南回归线]②tropics 热带地区‖ a. 热带的

tropical [ˈtrɒpikəl] a. 热带的, 炎热的

[tropical rains 热带雨林 the tropical air of the greenhouse 温室里的热空气]

trot [trɔt] v. ①疾走,疾驰②驾马小跑③小跑[boys trotting to school 小跑去上学的男孩] ‖ n. ①马的疾驰②小跑

trouble [ˈtrʌbl] n. ①烦恼,苦恼,忧虑,痛苦[a mind free from trouble 无忧无虑的人]②困难,困境[We've had no trouble with our neighbors. 我们和邻居从来没有纠纷。]③讨厌的人或事④烦劳,辛苦[He took the trouble to thank us. 他不辞辛苦感谢我们。]⑤疾病[heart trouble 心脏病] ‖ v. ①使烦恼,使苦恼,使忧虑[He was troubled by the bad news. 那坏消息使他烦恼。 Her back troubles her. 她后背疼。]②麻烦[May I trouble you for a match? 麻烦你把火柴递给我好吗? Don't trouble to return the pencil. 不必还铅笔。]③扰乱,使激动[The waters were troubled. 水面上波涛起伏。]

troublesome [ˈtrʌblsəm] a. 令人烦恼的,麻烦的[a troublesome cough 讨厌的咳嗽]

trough [trɔːf] n. ①槽,饲料槽,水槽②檐槽③(波)谷

trousers [ˈtrauzəz] n. [复]裤子,长裤

trousseau [ˈtruːsəu] n. 嫁妆/**trousseaus, trousseaux** [ˈtruːsəuz] [复]

truant [ˈtruː(ː)ənt] n. ①逃学者,旷课者②玩忽职守者 ‖ a. ①逃学的②调查逃学的[a truant boy 逃学的男孩 a truant officer 调查旷课或逃学的学校职员]③闲荡的

truce [truːs] n. 休战,停战

truck [trʌk] n. ①卡车,载重汽车②(车站上推运行李的)手推车③(火车的)车架④小轮 ‖ v. ①以货车运货②驾驶货车

truckle [ˈtrʌkl] v. ①屈从,讨好[to truckle to a tyrant 讨好暴君]

truculent [ˈtrʌkjulənt] a. 凶猛的,好斗的,好战的/**truculence** n.

trudge [trʌdʒ] v. 艰难地走 ‖ n. 长途跋涉

true [truː] ad j. ①真实的,确实的[a true

story 真实的故事]②真正的[a true ruby 一块真红宝石 true love 纯真的爱情]③可靠的,忠诚的,忠实的[a true friend 真正的朋友]④正确的,准确的[a true copy 准确的抄本]⑤开头正确的[The door is not true with the frame. 门和门框不一致。]⑥合法的[the true heirs 合法继承人] ‖ ad. 真正地,确实地[He shot true to the mark. 他确实击中那个标志。] ‖ n. ①真实,真理[Can you tell the true from the false? 你能分辨真假吗?]②(安装)正,准[The door is out of true. 这门安得不正。]/**come true** 实现,达到

truly [ˈtruːli] ad. ①真实地,确实地,忠实地[I love you truly. 我真爱你。]②事实上,真实地[Are you truly sorry? 你真抱歉吗?]

trump [trʌmp] n. ①(牌戏的)王牌,牌[有时用复数]一套王牌 ‖ v. 以王牌取胜/**trump up** 捏造,假造[to trump up an excuse 制造借口]

trumpet [ˈtrʌmpit] n. ①喇叭,小号②喇叭形的东西③喇叭似的声音 ‖ n. ①吹喇叭,吹号,发出喇叭似的声音②宣布/**trumpeter** n.

trundle [ˈtrʌndl] n. ①矮轮手推车②有脚轮的矮床③小脚轮 ‖ v. 转动

trunk [trʌŋk] n. ①树干②(人体、动物的)躯干③象鼻④大血管⑤(旅行用的)大衣箱⑥汽车车尾的行李箱⑦[复]男用运动短裤,游泳裤

truss [trʌs] n. ①桁架,构架②疝气带 ‖ v. 扎,捆

trust [trʌst] n. ①信任,信赖[You can put your trust in that bank. 你可以信赖那家银行。]②可信任的人[The Lord is our trust. 上帝是我们所信赖的。]③责任,职责[The children's welfare is his sacred trust. 孩子的福利是他神圣的责任。]④信用,赊帐[to sell on trust 赊帐出售]⑤信托财产⑥托拉斯 ‖ v. ①信任,信赖[Can I trust you to be on time? 你能放心吗? I don't trust that rickety ladder. 我觉得那东倒西歪的梯子不牢固。]②委托

［His father trusted him with the car. 他父亲把汽车托付给他。］③盼望，希望［I trust that you are well. 我希望你身体好。］④相信［I trust his story. 我相信他的故事。］⑤卖给［The grocer refused to trust them for another week's supply. 杂货商不再卖给他们一周的东西。］‖ a. ①信托的，代人保管的［a trust fund 信托的基金］②被信托的［a trust company 信托公司］/in trust 被托管/trust to 信赖

trustee [trʌs'ti:] ①n. (财产或事务的)受托管理人②(学校、医务等的)理事

trustful ['trʌstful] a. 相信的，信任的/**trustfully** ad.

trusting ['trʌstiŋ] a. 信赖的，信任的，相信的/**trustingly** ad.

trustworthy ['trʌst,wə:ði] a. 值得相信的，可靠的/**trustworthiness** n.

trusty ['trʌsti] a. 可信赖的，可靠的［a trusty worker 可信赖的工人］‖ n. (因表现好而)享有特权的犯人

truth [tru:θ] n. ①真实，真相②确实，真实性［Did the newspaper print the truth about him? 报纸是否刊登了关于他的真实消息?］③真理/in truth 的确，事实上

truthful ['tru:θful] a. ①说真话的，诚实的［a truthful boy 诚实的男孩］②真实的，如实的［a truthful account 如实记述］/**truthfully** ad.

try [trai] v. ①试，尝试［try to win 想获胜］②试用，试验［to try a recipe 试一个方法／try your luck 碰运气］③审问，审判［The judge tried the case. 法官审讯诉讼案件。They tried him and found him guilty. 他们审问他，判他有罪。］④磨难，使受痛苦［He was sorely tried. 他惨遭痛苦。］⑤考验［Such exercise tried his strength. 这种训练考验他的力量。］‖ n. 尝试，试验/**try on** 试穿(衣等)/**try out**①试验②参加选拔赛

trying ['traiiŋ] a. 难受的，恼人的，使人痛苦的［That child has trying ways. 那孩子有很多难对付的方法。］

tub [tʌb] n. ①木桶②木盆③一桶或一盘

的容量④浴盆⑤［英、口］洗澡‖ v. 在浴盆里洗澡

tuba ['tju:bə] n. 大号

tube [tju:b] n. ①管，筒［a fluorescent light tube 日光灯管 the bronchial tubes 支气管］②软管②电子管④(轮胎的)内胎⑤地下铁道

tuber ['tju:bə] n. ①块茎，小块茎，小瘤②结节，结核体

tubercle ['tju:bəkl] n. ①(植物)小块茎；小瘤，小突②［医］结核；结节；结节；小节

tubercular [tju(:)'bə:kjulə] a. ①患结核病的②结节的，小瘤的，瘤状的

tuberculosis [tju(:),bə:kju'ləusis] n. 结核病，肺结核

tuberous ['tju:bərəs] a. ①隆凸的②有块茎的，有结节的

tubing ['tju:biŋ] n. ①管道，管道系统②管子形材料［glass tubing 玻璃管子］③管子

tubular ['tju:bjulə] a. ①管的，管形的［tubular steel 管钢］②由管构成的

tuck [tʌk] v. ①卷起，折短［She tucked up her dress to wade the stream. 她卷起连衣裙过小河。］②塞［Tuck in the sheets of the bed. 把床单塞进去。］③贴身覆盖或围裹［to tuck a baby in bed 为婴儿盖好被］④放进小地方［to tuck shoes in a suitcase 把鞋塞进手提箱里］⑤在(衣服)上打横褶［衣服上的］缝褶

tucker ['tʌkə] v. ［口］使精疲力竭，使疲乏［I'm all tuckered out. 我累极了。］

tuft [tʌft] n. (头发、羽毛、草、线等的)一簇，一束；v. ①用卷束装饰，装上卷束②(为固定垫心，每隔一定距离)用线束钉住

tug [tʌg] v. ①用力拖，使劲拉［He tugged the trunk out of the locker. 他把箱子从舱里拉出来。］②用拖轮拖曳 ‖ n. ①猛拉［A tug on the shoelace broke it. 猛拉了一下旧鞋带把鞋带拉断了。］②拖船

tuition [tju(:)'iʃən] n. ①学费②教诲

T

教授

tulip [ˈtjuːlip] n. 郁金香

tumble [ˈtʌmbl] v. ①翻筋斗，作杂技表演②跌倒，摔倒 [Jill came tumbling after. 吉尔跟着撞撞地摔下来了。]③滚动 [The dryer tumbles the clothes. 干燥机使衣服翻滚。]④仓促地行动 [The boys tumbled out of the house into the yard. 男孩子们匆匆忙忙从屋里走进院子了。] ‖ n. ①摔跤 [to take a tumble down the stairs 从楼梯上摔下来]②混乱，杂乱的一堆

tumbler [ˈtʌmblə] n. ①无脚无脚酒杯②杂技演员③锁的制栓

tumid [ˈtjuːmid] a. ①肿大的，凸出的②浮夸的，浮华的 [a tumid style of writing 浮夸的文笔]

tumor [ˈtjuːmə] n. (肿) 瘤

tumult [ˈtjuːmʌlt] n. ①吵闹，喧哗②激动；混乱 [The news left us in a tumult. 这消息使我们很激动。]

tumultuous [tjuːˈmʌltjuəs] a. 吵闹的，喧哗的，激动的，混乱的 [a tumultuous greeting for the hero 喧哗地迎接英雄]

tune [tjuːn] n. ①歌曲，曲调 [The music of "America" is a very old tune. "美国"的音乐是一首很老的曲子。]②正确的音高 [Every instrument was in tune. 每个乐器音调正确。]③协调，一致 [He is out of tune with the times. 他不适应时代的潮流。] ‖ v. 为…调音 [to tune a piano 调钢琴的声音]/**to the tune of** 达到…数量/**tune in to** 调收音机以收听/**tune up** ①调整 (机器) 使其进入最佳工作状况/**to tune up a motor** ②调弦，定弦/**tuneless** a./**tuner** n.

tuneful [ˈtjuːnful] a. 和谐的，曲调优美的，悦耳的 ["Carmen" is a tuneful opera. "卡门"是一部曲调优美的歌剧。]

tungsten [ˈtʌŋstən] n. 钨

tunnel [ˈtʌnl] n. ①隧道②动物之穴 ‖ v. 挖隧道

turbid [ˈtɜːbid] a. ①污浊的，混浊的，烟雾腾腾的 [a turbid pond 混浊的池塘]②混乱的

turbine [ˈtɜːbin, ˈtɜːbain] n. 汽轮机，涡轮机

turbulent [ˈtɜːbjulənt] a. ①狂烈的，动乱的 [turbulent feelings 狂烈的情感 a turbulent crowd 动乱的人群]②狂暴的 [turbulent rapids 急流]/**turbulence** n./**turbulently** ad.

turf [tɜːf] n. ①草皮，草地②一块草皮/**the turf** 赛马场②赛马

turgid [ˈtɜːdʒid] a. ①肿的，肿胀的②夸张的，虚饰的

turkey [ˈtɜːki] n. ①火鸡②(食用) 火鸡肉

turmoil [ˈtɜːmɔil] n. 喧嚷，骚动，混乱

turn [tɜːn] v. ①转，转动，旋转 [The wheels turn. 车轮转动。]②[Turn a somersault. 翻一个筋斗。]③昏狂 [It made my head turn. 它使我头昏。]④转动，翻身 [He tossed and turned in bed. 他在床上翻来翻去。]⑤转向 [Turn your chair around. 把你的椅子转过来。The tide has turned. 潮流已经变了。]⑥翻转，翻 [Turn the page. 翻书页。]⑦转变，改变 [The news turned his family against him. 那消息使家里人反对他。He turned against his friends. 他改变了对朋友的态度，和他们闹翻了。]⑧把注意力转向 [He turned to music. 他把注意力转向音乐。]⑨变成 [Churning turns the cream to butter. 把牛奶搅拌成黄油。The milk turned sour. 牛奶变酸了。]⑩驱逐，撵 [The cat was turned loose. 猫被放走了。]⑪依靠，依赖 [The outcome turns on whether he will agree. 结果取决于他是否同意。]⑫反 (胃) [The smell turned his stomach. 那味道使他恶心。]⑬超过 [She has just turned 21. 她刚满二十一岁。]⑭车削 (某　物) [to turn the legs of a table on a lathe 在车床上车桌子腿]⑮做成，形成 [turn a pretty phrase 写出漂亮的词语] ‖ n. ①转动，旋转 [a turn of the wheel 车轮的转动]②转向 [a turn to the right 向右转 the turn of the tide 潮流的改变]③散步，驾车，骑马等④转弯处 [a turn in the road 道路的转变处〕⑤一圈〔Make one more turn with the rope. 把绳子再绕一圈。〕⑥轮值，机会〔It's your turn to wash dishes. 轮到你洗碗了。〕⑦事迹，行为〔to do someone a good turn 帮某人一次忙〕⑧转机，变化〔a turn for the worse 变坏〕⑨格式，样子〔an odd turn of speech 一种古老的措辞特征〕⑩ 转折(点)〔the turn of the century 世纪初，世纪末〕⑪〔口〕惊吓，吃惊〔His shout gave me quite a turn. 他的喊叫使我大吃一惊。〕/**by turns** 轮流，交替/**in turn** 依次，轮流/**out of turn** 不依顺序地/**take turns** 依次，轮流/**to a turn** 正好，恰好/**turn down** 拒绝，摒弃/**turn in** ①转身进入，拐入〔Turn in that driveway. 拐进车道。〕②交出〔Turn in your homework. 交作业。〕③〔口〕上床睡觉/**turn off** ①转向旁边②关闭〔Turn off the water. 把水关掉。〕/**turn on** ①开，旋开〔Turn on the radio. 开收音机。〕②攻击/**turn out** ①关，旋息(灯) 等②逐出③出来，出动〔Many people turned out for the picnic. 很多人出来野餐。〕④生产，制造〔She turns out good pies. 她做的馅饼很好。〕⑤结果，原来〔The trip turned out well. 旅行结果很好。He turned out to be a good worker. 他原来是个好工人。〕/**turn over** 移交，交给②反复考虑③〔口〕开始工作，求助于/**turn up** 发生，出现/**turner** n.

turnip ['tə:nip] n. 芜菁，萝卜

turnover ['tə:nəuvə] n. ①出动②移交③营业额，成交量〔The store had a high turnover in men's suits last year. 去年这家商店男装营业额很高。〕④人员周转 ‖ a. 翻转的〔a turnover collar 翻领〕

turntable ['tə:nteibl] n. 转台，转盘

turpentine ['tə:pəntain] n. 松节油

turpitude ['tə:pitju:d] n. 卑鄙，堕落

turret ['tʌrit] n. ①角塔，塔楼②炮塔③转台〔a turret lathe 转塔车床，六角车床〕/**turreted** a.

turtle ['tə:tl] n. 海龟，甲鱼；（食用）海龟肉，甲鱼肉/**turn turtle** 倾覆

turtledove ['tə:tldʌv] n. 斑鸠

tusk [tʌsk] n.（象、野猪、海象等的）长牙

tussle ['tʌsl] v. 扭打，扭斗 ‖ n. 剧烈的争斗，扭打

tutelage ['tju:tilidʒ] n. ①教导，指导②保护，监护

tutelary ['tju:tiləri] a. 保护的，监护的〔Each Roman family had its tutelary gods. 每个罗马家庭都有其保护神。〕

tutor ['tju:tə] n. 私人老师，家庭教师 ‖ v.（个别地）教，指导/**tutorial** [tju(:)'tɔ:riəl] a.

twaddle ['twɔdl] n. 废话，蠢话

twang [twæŋ] n. ①拨弦声②鼻声，鼻音 ‖ v. 拨拨弦音②带鼻音讲话

tweak [twi:k] v. 拧，捏，扭〔to tweak someone's cheek 拧某人的脸〕 ‖ n. 拧，捏，扭

tweezers ['twi:zəz] n.〔复〕镊子

twelfth ['twelfθ] a. 第十二的 ‖ n. ①第十二②十二分之一

Twelfth-night ['twelfθnait] n. 主显节的前夕，主显节之夜

twelve [twelv] n. & a. 十二(的)

twentieth ['twentiiθ] a. 第二十的 ‖ n. ①第二十②二十分之一

twenty ['twenti] n. & a.二十(的)〔复〕二十到二十九岁的时期，(世纪的)二十年代

twice [twais] ad. ①两次〔Don't make me ask you twice. 不要让我请你两次。〕②两倍

twiddle ['twidl] v. 捻弄，玩弄/**twiddle one's thumbs** ①无聊地交互绕动着两个拇指②无所事事

twig [twig] n. 细枝，嫩枝

twilight ['twailait] n. ①黄昏时的光线②黄昏

twin [twin] n. ①孪生儿之一②两个相像的人（或物）之一 ‖ a. 孪生的，成对的〔twin sisters 孪生姐妹 twin gables on the house 房子的两面山墙〕

twine〔twain〕*n.* 二股或二股以上的线，细线‖*v.* ①捻，搓，绞②缠绕，盘绕〔The ivy twined around the post. 常春藤缠绕着杆子。〕

twinge〔twind3〕*n.* ①剧痛②痛苦〔a twinge of conscience 良心的痛责〕‖ 剧痛

twinkle〔'twiŋkl〕*v.* ①闪烁，闪耀②闪闪发光〔twinkling eyes 闪光光芒的双眼〕③（双脚）快速移动‖*n.* ①闪烁，发光②闪动

twinkling〔'twiŋkliŋ〕*n.* ①闪烁②瞬间

twirl〔twə:l〕*v.* 快速转动，捻弄，扭动，旋转‖*n.* ①转动②旋转的东西，螺旋形的东西

twist〔twist〕*v.* ①捻，搓，拈〔to twist wool fibers into yarn 把毛搓成毛线〕②扭伤，扭歪〔I tripped and twisted my ankle. 我掉入陷阱，扭伤了足踝。〕③歪曲，曲解〔He twisted my compliment into an insult. 他把我的恭维曲解成侮辱。〕④拧〔Twist the lid to take it off. 把盖拧下来。〕⑤弯弯曲曲地行动，使扭转〔Dough is twisted to make pretzels. 揉面做椒盐卷饼。The road twists up the hill. 这条路弯弯曲曲地通往山上。〕⑥拧下梗，把等〔to twist the stem from an apple 拧下苹果柄〕‖*n.* ①拧成的东西②捻成的线③扭转④特殊意思，曲解〔to give a new twist to an old joke 给过去的玩笑以新的意思〕

twister〔'twistə〕*n.* ①扭曲者，扭卷者，缠绕者，缠线物，盘绕物②龙卷风，旋风

twit〔twit〕*v.* 责备，挖苦

twitch〔twitʃ〕*v.* 抽动，抽搐〔A rabbit's nose twitches. 兔子的鼻子抽搐着。〕‖ 颤动，抽搐〔a twitch of the mouth 嘴巴抽搐一下〕

twitter〔'twitə〕*v.* ①（鸟）吱吱地叫②（因激动而）颤抖‖*n.* ①鸟叫（声）②兴奋〔She's in a twitter. 她很兴奋。〕

two〔tu:〕*n. & a.* 二，两个（的）‖**in two** 两部分

twosome〔'tu:səm〕*n.* 两人一组，一对

人

-ty〔ti〕〔后缀〕表示"性质"，"状态"

-ty〔ti〕〔后缀〕表示"十"

tycoon〔tai'ku:n〕*n.*〔口〕（企业）巨头

tyke〔taik〕*n.* ①〔口〕孩子②狗杂种，劣种狗

tympanic membrane〔tim'pænik〕鼓膜

tympanum〔'timpənəm〕*n.* ①中耳②鼓膜③鼓

type〔taip〕*n.* ①类型，型〔men of the bravest type 勇敢型的人 several types of insurance 几种保险〕②式，样式〔That's not the type of shoe I wanted. 那不是我要的那种鞋。〕③典型，榜样，表率〔The Greek temple has been the type for many public buildings. 希腊圣堂是很多公共建筑的样板。〕④木头或金属上的刻字或图案⑤活字，铅字⑥（印出的）字体〔Small type is hard to read. 小的字体读起来费力。〕‖*v.* ①测定…的类型〔to type sample of blood 验明血型〕②打字

typewrite〔'taiprait〕*v.* 用打字机打

typhoid〔'taifɔid〕*n.* 伤寒

typhoon〔tai'fu:n〕*n.* 台风

typhus〔'taifəs〕*n.* 斑疹伤寒

typical〔'tipikəl〕*a.* ①典型的②代表的，象征性的〔a snail moving with typical slowness 缓慢行走的蜗牛〕/**typically** *ad.*

typify〔'tipifai〕*v.* 具有…的特征，作为…的典型〔Tom Sawyer typified the American boy. 汤姆索亚是美国男孩的典型。〕

typist〔'taipist〕*n.* 打字者，打字员

typography〔tai'pɔgrəfi〕*n.* ①（活版）印刷术②印刷格式/**typographer** *n.* /**typographical**〔taipə'græfikəl〕*a.*

tyrannical〔ti'rænikəl〕*a.* 暴君的，专制的，暴虐的，残酷的/**tyrannically** *ad.*

tyrannize〔'tirənaiz〕*v.* 施暴政，横行霸道

tyrannous〔'tirənəs〕*a.* 暴政的，严酷的，暴虐的，专横的

tyranny ['tirəni] *n.* ①暴政②专横③暴行

tyrant ['taiərənt] *n.* ①(古希腊的)专政统治者②暴君③恶霸

tyro ['taiərəu] *n.* 初学者,新手,出手

𝒰 𝓊 U u

U , u [juː] n. 英语中的第二十一个字母/**U's, u's** [juːz] [复]

ubiquitous [juː(ː)'bikwitəs] a. 无处不在的,(同时)普遍存在的 /**ubiquity** n.

udder [ˈʌdə] n. (牛、羊等的)乳房,乳腺

UFO [缩] unidentified flying object 不明飞行物,飞碟

ugly [ˈʌgli] a. ①难看的,丑陋的 [an ugly shack 丑陋的小屋] ②可恶的,可憎的 [an ugly lie 可恶的谎言 an ugly habit 坏习惯] ③险恶的 [a wolf with ugly fangs 长着险恶的尖牙的狼] ④[口] 脾气坏的,好争吵的 /**ugliness** n.

ulcer [ˈʌlsə] n. ①溃疡②腐烂的事物,腐败的状况 [Slums are the ulcers of our cities. 贫民窟是我们城市的痛疽。] /**ulcerous** a.

ulcerate [ˈʌlsəreit] v. 使溃疡,形成溃疡 [an ulcerated stomach 胃溃疡]

ulterior [ʌlˈtiəriə] a. ①隐蔽的,秘而不宣 [We suspect that he had an ulterior purpose in agreeing to help us. 我们怀疑他同意帮助我们引起别人的怀疑。在那边的,较远的] ③日后的,将来的,进一步的

ultimate [ˈʌltimit] a. ①最远的 [the ultimate limits of space 宇宙最远的界线] ②最后的,最终的 [an ultimate decision 最后的决定] ③根本的,基本的,首要的 [the ultimate goodness of man 人基本的仁善] ④最大的,极限的 [The flood water reached its ultimate level at noon. 中午洪水达到了最高峰。] ‖ n. 终极 [the ultimate in pleasure 快乐的极点]

ultimatum [ˌʌltiˈmeitəm] n. 最后通牒

ultra [ˈʌltrə] a. 过激的,极端的 [He is an ultra liberal. 他是一个极端自由主义者。]

ultra- [前缀] ①表示"在…的那一边" ②表示"极端"

ultramarine [ˌʌltrəməˈriːn] a. 深蓝色的 ‖ n. 深蓝色;群青

ultraviolet [ˌʌltrəˈvaiəlit] a. 紫外的

umbel [ˈʌmbəl] n. 伞形花序

umber [ˈʌmbə] n. ①棕土 (一种深棕色天然颜料) ②焦茶色,红棕色

umbilical cord [ʌmbiˈlaikəl] 脐带

umbrage [ˈʌmˈbridʒ] n. 生气,不愉快 [to take umbrage at a remark 为一句话生气]

umbrella [ʌmˈbrelə] n. 伞

umpire [ˈʌmpaiə] n. ①裁判员②裁决者 ‖ v. 任公断人,当裁判

un- [前缀] ①表示"不","相反的" ②表示"做相反的动作"

unable [ˈʌnˈeibl] a. 不能的,不会的,无能力的,没有办法的

unaccountable [ˌʌnəˈkauntəbl] a. ①无法解释的,神秘的 [an unaccountable event 无法解释的事件] ②不负责任的,不可靠的 [He is unaccountable to you. 他对你不负责任。] /**unaccountably** ad.

unaccustomed [ˌʌnəkʌstəmd] a. ①不习惯的 [unaccustomed to wealth 对财富不习惯] ②不平常的,奇怪的 [unaccustomed action 反常的行动]

unaffected [ˌʌnəˈfektid] a. ①未受影响的②真挚的,自然的

unanimity [ˌjuːnəˈnimiti] n. (全体)一致，一致同意。

unanimous [ju(ː)ˈnæniməs] a. 一致同意的，无异议的〔unanimous in their decision 对决定无异议〕/**unanimously** ad.

unappetizing [ˌʌnˈæpitaiziŋ] a. 引不起食欲的

unapproachable [ˌʌnəˈprəutʃəbl] a. ①不能接近的，冷淡的②无可匹敌的〔unapproachable skill 无比的技术〕

unarmed [ˌʌnˈɑːmd] a. 非武装的

unassuming [ˌʌnəˈsjuːmiŋ] a. 不摆架子的，谦逊的

unattached [ˌʌnəˈtætʃt] a. ①无关系的，无联系的②未订婚的，未婚的

unavailing [ˌʌnəˈveiliŋ] a. 没有效果的，无用的，徒劳的

unavoidable [ˌʌnəˈvɔidəbl] a. 不可避免的，不得已的〔an unavoidable accident 不可避免的事故〕/**unavoidably** ad.

unaware [ˌʌnəˈwɛə] a. 不知道的，不注意的〔We were unaware that he was there. 我们不知道他在那里。〕

unawares [ˌʌnəˈwɛəz] ad. 突然地，出其不意地〔to sneak up on someone unawares 偷袭某人〕

unbalanced [ˌʌnˈbælənst] a. ①不均衡的，失衡的〔an unbalanced budget 失衡的预算〕②精神失常的，错乱的

unbar [ˈʌnˈbɑː] v. 打开，拿掉门闩

unbecoming [ˌʌnbiˈkʌmiŋ] a. 不相称的，不合礼的，不恰当的〔unbecoming behavior 不合礼节的举止〕

unbelieving [ˌʌnbiˈliːviŋ] a. 不相信的，怀疑的

unbend [ˈʌnˈbend] v. ①弄直，伸直②放松，变得和蔼〔After his interview, the senator unbent and told some jokes. 会晤结束后，参议员变得和蔼了，讲了几个笑话。〕

unbending [ˈʌnˈbendiŋ] a. ①不易弯曲的，挺直的②不屈不挠的，坚定的

unbidden [ˈʌnˈbidn] a. 未受命令的，未

受邀请的〔She walked in unbidden. 她未受邀请而走进去。〕

unbind [ˈʌnˈbaind] v. 释放，解开，松开〔Unbind these prisoners! 释放这些囚犯！〕

unblessed, unblest [ˈʌnˈblest] a. ①不受祝福的②不幸的，邪恶的

unblushing [ˌʌnˈblʌʃiŋ] a. ①不脸红的②厚颜无耻的

unbolt [ˈʌnˈbəult] v. 打开…的栓，打开

unborn [ˈʌnˈbɔːn] a. ①未诞生的②有待诞生的，未来〔unborn generations 未来的一代〕

unbosom [ˈʌnˈbuzəm] v. 吐露，说出(秘密)/**unbosom oneself** 吐露心事，暴露思想

unbound [ˈʌnˈbaund] unbind 的过去式和过去分词‖ a. ①无约束的，被释放的②(书等)未装订的

unbridled [ˌʌnˈbraidld] a. ①(马等)脱缰的②放纵的，放肆的〔an unbridled temper 放纵的脾气〕

unbroken [ˈʌnˈbrəukən] a. ①未破损的，完整的②(马等)未驯服的③未中断的，继续不断的〔an unbroken silence 一直沉默〕

unbuckle [ˈʌnˈbʌkl] v. 解开…的带扣

unburden [ˈʌnˈbɜːdn] v. 卸去…的负担，卸去精神上的负担

unbutton [ˈʌnˈbʌtn] v. 解开…的纽扣

uncalled-for [ˈʌnˈkɔːldfɔː] a. 不必要的，不适宜的〔an uncalled-for act 不适宜的举动〕

uncanny [ˌʌnˈkæni] a. ①神秘的，奇怪的〔The empty house had an uncanny look. 这座空房子看上去有些神秘。〕②神奇的，不可思议的〔an uncanny sense of hearing 神奇的听觉〕

uncap [ˈʌnˈkæp] v. 打开…的盖子

uncertain [ˈʌnˈsəːtn] a. ①不确信的，不确知的，可疑的〔He looked uncertain of what to do. 他看上去不知道做什么好。〕②不确定的，模糊不清的〔an uncertain number 不确定的数字〕③不可靠的，常变

化的〔uncertain weather 易变的天气〕

uncertainty 〔ʌn'səːtnti〕 n. ①不确定，有疑问②不确定的事情

unchain 〔ʌn'tʃein〕 v. 给…解开锁链，释放

uncivil 〔ʌn'sivil〕 a. 不文明的，无礼的，野蛮的

unclasp 〔ʌn'klɑːsp〕 v.①解开…的钩子〔to unclasp a string of pearls 解开一串珍珠〕②放开，松开

uncle 〔'ʌŋkl〕 n.①伯父，叔父，舅父②姑丈，姨丈

unclean 〔ʌn'kliːn〕 a.①肮脏的②不纯洁的

uncoil 〔ʌn'kɔil〕 v. 解开，展开

uncomfortable 〔ʌn'kʌmfətəbl〕 a. 不舒服的，不安的，令人不快的 /**uncomfortably** ad.

uncommon 〔ʌn'kɔmən〕 a.①罕见的，不普通的，不寻常的，②杰出的，显著的/**uncommonly** ad.

uncompromising 〔ʌn'kɔmprəmaiziŋ〕 a. 不让步的，坚定的，不屈的

unconcern 〔ʌnkən'səːn〕 n. 不感兴趣，漠不关心，淡漠

unconcerned 〔ʌnkən'səːnd〕 a. 漠不关心的，不感兴趣的，无忧无虑的，淡漠的

unconditional 〔'ʌnkən'diʃənl〕 a. 无条件的，绝对的〔an unconditional guarantee 绝对保证〕/**unconditionally** ad.

unconscious 〔ʌn'kɔnʃəs〕 a.①失去知觉的，不省人事的〔unconscious from a blow on the head 头部被击失去知觉〕②不知道的，未发觉的〔unconscious of his mistake 不知道自己的错误〕③无意识的，不知不觉的〔an unconsious habit 无意识的习惯〕/**the unconscious** 〔心〕无意识/**unconsciously** ad. /**unconsciousness** n.

unconstitutional 〔'ʌnkɔnsti'tjuːʃənl〕 a. 违反宪法的〔an unconstitutional law 违反宪法的法律〕

uncork 〔ʌn'kɔːk〕 v. 拔去…的塞子

uncounted 〔ʌn'kauntid〕 a.①未数过的②无数的，不可胜数的

uncouple 〔ʌn'kʌpl〕 v. 解开，松开〔to uncouple railroad cars 使车皮脱钩分开〕

uncover 〔ʌn'kʌvə〕 v.①揭开…的盖子，移去…的覆盖物②使知道，揭露③脱帽致敬

unctuous 〔'ʌŋktjuəs〕 a.①油的，油质的②假殷勤的，甜言蜜语的

uncurl 〔ʌn'kəːl〕 v. 弄直，展开

undaunted 〔ʌn'dɔːntid〕 a. 无畏的，勇敢的〔a team undaunted by its losses 不因失败而气馁的队〕

undeceive 〔ʌndi'siːv〕 v. 使不陷于错误，使醒悟

undecided 〔ʌndi'saidid〕 a.①未决的，未定的〔undecided whether to go or stay 没有决定去留〕②设定下来〔The date for the dance is undecided. 舞会的日期还没定下来。〕

undeniable 〔ʌndi'naiəbl〕 a. 不可否认的，不可争辩的〔an undeniable fact 不可否认的事实 of undeniable value 具有不可否认的价值〕/**undeniably** ad.

under 〔'ʌndə〕 prep.①在…下面，低于，少于，在…以下〔He sang under her window. 他在她窗下唱歌。It rolled under the table. 它滚到桌子下面。It weighs under a pound. 它的重量不足一磅。〕②在…底下〔We drove under the bridge. 我们开车从桥下驶过。〕③在…的表面之下〔oil wells under the sea 海底油井〕④下面穿了〔a sweater under his coat. 我外衣里面穿了件毛衣。He goes under an assumed name. 他用了个假名。〕⑤根据〔under orders from the President 根据总统的命令 under oath 根据誓言〕⑥在…之下，中〔to work under a strain 紧张工作 a bridge under repair 修理中的桥梁〕⑦在…过程中〔the question under discussion 讨论中的问题〕⑧由于〔under the circumstances 在这些情况下〕⑨在…之中〔List your rent under fixed expenses. 把你的房租列入固定的支出中。〕‖ ad.①在下面②隐藏〔The car was snowed under.

汽车让雪盖在下面。‖ a. 下面的，次一级的，标准以下的／**go under** 失败

under- [前缀] ① 表示"在…之下"，"在下" ② 表示"太少"，"不足"

underage [ˌʌndərˈeidʒ] a. 未成年的，未及法定年龄的

underarm [ˈʌndərˌɑːm] a. 手臂下的，腋下的

underbid [ˌʌndəˈbid] v. 喊价过低

underbrush [ˈʌndəˌbrʌʃ] n. 下木，下层林丛

underclothes [ˈʌndəˌkləuðz] n. [复] 内衣裤，衬衣裤

undercover [ˌʌndəˈkʌvə] a. 秘密地做的 [undercover work as a spy 秘密特务]

undercurrent [ˈʌndəˌkʌrənt] n. ① 潜流 ② 底流 [a river with a strong undercurrent 有强潜流的河] ②（感情、舆论等的）暗流，潜伏的情绪 [an undercurrent of anger about the policies 对政策有一种潜伏的气愤情绪]

underdevelop [ˌʌndədiˈveləp] v. 发展不充分

underdone [ˈʌndəˈdʌn] a. 煮得嫩的，半生不熟的 [Underdone pork may be harmful. 未煮熟的猪肉可能有害。]

underestimate [ˌʌndərˈestimeit] v. 对…估价过低，低估 ‖ n. 低估，估计不足

underfeed [ˌʌndəˈfiːd] v. 未喂饱，给…太少的食物

underfoot [ˈʌndəˈfut] ad. & a. ① 在脚下 [to trample young grass underfoot 把小草踩在脚下] ② 碍事，挡路

undergarment [ˈʌndəˌɡɑːmənt] n. （一件）衬衣，（一件）内衣

undergo [ˌʌndəˈɡəu] v. 经历，经受，忍受 [to undergo years of poverty 遭受几年贫困]

undergraduate [ˌʌndəˈɡrædjuit] n. 尚未取得学位的大学生

underground [ˈʌndəˈɡraund] a. ① 地下的，地面下的 [an underground lake 地下湖] ② 秘密的，不公开的 [an underground

revolt 秘密造反] ‖ ad. ① 在地下 [Moles burrow underground. 鼹鼠在地下打洞。] ② 隐蔽地 [The hunted criminal went underground. 被追赶的罪犯藏起来了。] ‖ n. [ˈʌndəˌɡraund] ① 地下面，下层 ② 地下组织，秘密团体

underhand [ˈʌndəˌhænd] a. ① 手不过肩的 [an underhand pitch in softball 垒球中手不过肩投球] ② 不正大光明的，不公平的，秘密的，阴险的 [underhand dealings in business 商业中的欺诈的交易] ‖ ad. ① 手不过肩地 [to toss a ball underhand 手不过肩抛球] ② 阴险地，秘密地

underhanded [ˈʌndəˈhændid] a. 手不过肩的；秘密的，阴险的／**underhandedly** ad.

underlie [ˌʌndəˈlai] v. ① 位于…的下面 [Solid rock underlies this topsoil. 表层土下面是坚固的岩石。] ② 构成…的基础，支承 [Hard work underlies his success. 努力工作是他成功的基础。]

underline [ˌʌndəˈlain] v. ① 划线于…之下 [He underlined the word "now". 他在 now 这个词下划了线。] ② 强调 [The speaker underlined his main points by repeating them. 发言人通过重复来强调要点。]

underling [ˈʌndəliŋ] n. 下属，下手，走卒

underlying [ˈʌndəˈlaiiŋ] a. ① 在下的，放在下面的 ② 根本的，基础的 [the underlying causes of the Civil War 南北战争的根本原因]

undermine [ˌʌndəˈmain] v. ① 在…下挖坑道 ② 削弱…的基础 [to undermine a dock 侵蚀船坞] ③ 暗中破坏，逐渐损害 [False rumors and gossip had undermined their confidence in him. 流言蜚语损害了他们对他的信任。]

undermost [ˈʌndəˌməust] a. & ad. （位置、地位、级别等）最低的(地)

underneath [ˌʌndəˈniːθ] prep. & ad. 在下面，在下部，在下层

undernourished [ˌʌndəˈnʌriʃt] a. 营

养不足的

underpants [ˈʌndəpænts] n. [复]衬裤

underpass [ˈʌndəpɑːs] n. 高架桥下通道·

underpinning [ˈʌndəpiniŋ] n. 基础材料,基础结构

underprivileged [ˌʌndəˈpriviledʒd] a. 被剥夺基本社会权利的

underrate [ˌʌndəˈreit] v. 对…评价过低,低估

underscore [ˌʌndəˈskɔː] v. 在…下划线,强调

undersea [ˈʌndəsiː] a. & ad. 海底的(地),海面下的(地)/underseas ad.

undershirt [ˈʌndəʃəːt] n. 贴身内衣,汗衫,汗背心

undershot [ˈʌndəʃɔt] a. ①下前牙突出的②(水车等)由下面水流冲击而转动的

underside [ˈʌndəsaid] n. 下侧,下面

undersigned [ˈʌndəsaind] n. (信件或文件的)签名人

understand [ˌʌndəˈstænd] v. ①懂,了解[Do you understand my question? 你懂我的问题吗?]②获悉,听说[I understand that you like to fish. 我听说你喜欢钓鱼。]③推断,认为[He understood my silence to be a refusal. 他认为我不作声是拒绝。]④认为某事当然,相信[It is understood that no one is to leave. 相信没有人将离开。]⑤通晓[Do you understand French? 你懂法语吗?]⑥理解[Jane felt that no one understood her. 简觉得没有人理解她。]⑦(因领会而)省略 || understandable a.

understanding [ˌʌndəˈstændiŋ] n. ①了解,理解[a full understanding of the subject 完全理解该主题]②理解力,悟性③意思,解释[What is your understanding of this poem? 你怎么解释这首诗?]④协议,协定[The feuding families have reached an understanding. 长期争斗的家族达成了协议。] || a. 有理解力的,能谅解的

understate [ˌʌndəˈsteit] v. 没有充分表达实情地陈述/understatement n.

understudy [ˈʌndəˌstʌdi] n. 预备演员,替角 || v. 练习当替角

undertake [ˌʌndəˈteik] v. ①着手做,进行,从事②同意,保证,担保

undertaking [ˌʌndəˈteikiŋ] n. ①任务,事业,企业②许诺,保证

undertone [ˈʌndətəun] n. ①低音②暗色,潜在的含意[an undertone of blue in the rug 地毯上有一层淡淡的蓝色]

undertow [ˈʌndətəu] n. 回头

undervalue [ˌʌndəˈvæljuː] v. 低估

underwater [ˈʌndəˌwɔːtə] a. 在水下生长(运动、使用)的

underwear [ˈʌndəwɛə] n. 衬衣,内衣,贴身衣

underweight [ˈʌndəweit] a. 重量不足的,标准重量以下的

underworld [ˈʌndəwəːld] n. ①下层社会,下流社会②阴间,地狱

underwrite [ˈʌndərait] v. ①同意负担…费用②认购(证券、公债等)③签名于保险单/underwriter n.

undo [ʌnˈduː] v. ①开,解开,松开[to undo a knot 解开结子 to undo a package 打开包裹]②使失败,取消,使复旧[You cannot undo the damage done by your remark. 你并不能消除你的话造成的损害。]③毁灭,破坏[undone by his own folly 被他自己的愚蠢所毁]

undoing [ʌnˈduːiŋ] n. ①取消②毁灭,毁灭的原因[His ambition was his undoing. 野心是他致败之由。]

undone [ʌnˈdʌn] undo 的过去分词 ||①没有做的,未完成的②毁掉的

undoubted [ʌnˈdautid] a. 不容置疑的,肯定的[undoubted evidence 不容置疑的证据]

undoubtedly [ʌnˈdautidli] ad. 无疑地,肯定地

U

undreamed-of [ˌʌnˈdriːmdəv],**undre-amt-of** [ʌnˈdremtəv] a. 梦想不到的,想像不到的

undress [ʌnˈdres] v. 脱衣服 ‖ n. 便服

undue [ʌnˈdjuː] a. 不适当的,过度的[to pay undue attention to someone 对某人过分注意]

undulate [ˈʌndjuleit] v. ①起浪②呈波浪形[undulating fields of grain 似波浪般的庄稼地]

undulation [ˌʌndjuˈleiʃən] n. ①波动②波浪形

unduly [ʌnˈdjuːli] a. 不适当的,过度的,过分的[You are unduly alarmed. 你过分吃惊。]

undying [ʌnˈdaiiŋ] a. 不死的,永恒的[undying love 永恒的爱]

uneasy [ʌnˈiːzi] a. ①不安的,不舒服的[an uneasy conscience 良心不安]②不自然的,拘束的[an uneasy smile 拘束的笑]③提心的,忧虑的[Mother felt uneasy when he was late. 他回来晚的时候,妈妈感到不安。]/**uneasily** ad. /**uneasiness** n.

unemployed [ˌʌnimˈplɔid] a. ①未受雇用的,失业的②不用的,闲着的[unemployed wealth 闲置的财富]/**the unem-ployed** [总称] 失业者

unequal [ʌnˈiːkwəl] a. 不相等的/**unequal to** 不胜任[unequal to the task of halting the fire 不胜任停火这项工作]/**unequally** ad.

unequaled , unequalled [ʌnˈiːkwəld] a. 不等同的,不能比拟的,无敌的

unequivocal [ˌʌniˈkwivəkəl] a. 不含糊的,明确的[an unequivocal answer of "No!" 明确的"否定"回答]/**unequivo-cally** ad.

unerring [ʌnˈəːriŋ] a. 没有过错的,没有偏差的,准确的[He took unerring aim at the target. 他准确地射中靶子。]

uneven [ʌnˈiːvən] a. ①不平坦的,凹凸不平的,参差不齐的,不规则的[an une-ven hem on the skirt 裙子上参差不齐的边]②不等的[pencils of uneven length 长短不一的铅笔]③奇数的,不能用二除尽的[Five is an uneven number. 五是奇数。]/**unevenly** ad. /**unevenness** n.

unexampled [ˌʌnigˈzɑːmpld] a. 无先例的,空前的,绝无仅有的[an unexampled achievement 空前的成就]

unexceptionable [ˌʌnikˈsepʃənəbl] a. 无缺点的,无懈可击的

unexpected [ˌʌniksˈpektid] a. 想不到的,意外的,突然的/**unexpectedly** ad.

unfailing [ʌnˈfeiliŋ] a. 经久不衰的,可靠的,确实的[an unfailing source of water 源源不断的水源]

unfair [ʌnˈfɛə] a. 不公平的,不公正的,不正直的/**unfairly** ad. /**unfairness** n.

unfaithful [ʌnˈfeiθful] a. 不忠实的,不诚实的又不准确的[an unfaithful trans-lation 不准确的译文]/**unfaithfulness** n.

unfamiliar [ˌʌnfəˈmiljə] a. ①陌生的,新奇的[This street is unfamiliar to me. 这条街我不熟悉。]②不熟悉的,不知道的[I am unfamiliar with his poetry. 我不熟悉他的诗。]

unfasten [ʌnˈfɑːsn] v. 解开,松开,打开

unfavorable [ʌnˈfeivərəbl] a. 不利的,反对的,有害的[an unfavorable review of a book 对一本书不利的评论]/**unfavor-ably** ad.

unfeeling [ʌnˈfiːliŋ] a. ①无情的,冷酷的[her unfeeling refusal to help 她无情地拒绝帮忙]②无感觉的

unfeigned [ʌnˈfeind] a. 不是假装的,真正的,真诚的[unfeigned joy 真正的喜悦]

unfinished [ʌnˈfiniʃt] a. ①未完成的,未结束的②未润饰的

unfit [ʌnˈfit] a. 不相宜的,不合适的[food unfit to eat 不能吃的食物] ‖ v. 使不相宜/**unfitness** n.

unflinching [ʌnˈflintʃiŋ] a. 不畏缩的,果敢的,坚定的

unfold [ʌnˈfəuld] v. ①展开,摊开,打开〔to unfold a map 摊开地图〕②阐明,表露〔to unfold one's plans 公开自己的计划〕

unforgettable [ˌʌnfəˈgetəbl] a. 难忘的,不会被遗忘的

unfortunate [ʌnˈfɔːtʃənət] a. 不幸的,倒霉的 ‖ n. 不幸的人/**unfortunately** ad.

unfounded [ʌnˈfaundid] a. 没有事实根据的,没有理由的〔unfounded rumors 没有根据的谣言〕

unfreeze [ʌnˈfriːz] v. 使解冻

unfurl [ʌnˈfɜːl] v. 打开,展开

ungainly [ʌnˈgeinli] a. 笨拙的,难看的

ungodly [ʌnˈgɔdli] a. 不敬神的,邪恶的

ungovernable [ʌnˈgʌvənəbl] a. 难抑制的,任性的

unguent [ˈʌŋgwənt] n. 药膏,软膏

unhappy [ʌnˈhæpi] a. ①不幸福的,不高兴的,愁苦的,悲惨的②不幸的,倒霉的〔an unhappy result 不幸的结果〕③不适当的〔an unhappy choice of words 不适当的选词〕/**unhappily** ad. /**unhappiness** n.

unhealthful [ʌnˈhelθful] a. 对健康有害的,不卫生的〔unhealthful foods 不卫生的食物〕

unhealthy [ʌnˈhelθi] a. ①不健康的,有病的②对健康有害的〔unhealthy habits 对健康有害的习惯〕

unheard [ʌnˈhɜːd] a. 没听到的,不予倾听的〔My warning went unheard. 我的警告没人听。〕

unhook [ʌnˈhuk] v. ①把…从钩上取下〔to unhook a fish 把鱼从钩上取下〕②解开…的搭扣〔to unhook a dress 解开衣服的搭扣〕

uni- [前缀] 表示“一”,“单”

unicameral [ˌjuːniˈkæmərəl] a. (议会的)一院制的〔the unicameral State legislature of Nebraska 内布拉斯加州一院制

立法机关〕

unification [ˌjuːnifiˈkeiʃən] n. 统一,联合,一致

uniform [ˈjuːnifɔːm] a. ①始终如一的,一直不变的〔He drove at a uniform speed. 他用同一种速度开车。〕②一样的,相同的〔a row of uniform houses 一排同样的房子〕‖ n. 制服〔a nurse's uniform 护士制服〕‖ v. 穿制服/**uniformly** ad.

uniformity [ˌjuːniˈfɔːmiti] n. 一样,一致性

unify [ˈjuːnifai] v. 使成一体,统一

unilateral [ˌjuːniˈlætərəl] a. ①一方的②单方的

unimpeachable [ˌʌnimˈpiːtʃəbl] a. 无懈可击的,无可怀疑的〔a man of unimpeachable honesty 不可指责的诚实的人〕

union [ˈjuːnjən] n. ①联合,合并〔A large corporation was formed by the union of several companies. 一家大公司是由几家小公司合并形成的。〕②联邦,联盟〔the Soviet Union 苏联〕③结婚④联管节,管子接头⑤工会/**the Union** 美利坚合众国,(南北战争期间的)联邦政府

unionize [ˈjuːnjənaiz] v. ①使加入工会〔to unionize miners 使矿工加入工会〕②使成立工会〔to unionize shops 使车间成立工会〕

unique [juˈ(ː)niːk] a. ①惟一的,独一无二的,无比的〔Man is unique among the animals in having language. 在动物中,惟独人类拥有语言。〕②不寻常的,不平凡的,罕有的

unison [ˈjuːnizn] n. ①同音②一致,调和〔The group shows a unison of spirit. 这组人表现得同心同德。〕/**In unison** 齐唱,齐奏

unit [ˈjuːnit] n. ①一人,单位,部队〔an army unit (军队的)一个部队〕②部件,元件,装置〔the lens unit of a camera 照相机的一组镜头装置〕③(计数或计量的)单位〔The ounce is a unit of weight. 盎司是一个重量单位〕④最小整数

unite [juˈ(ː)nait] v. ①联合,统一〔The

two churches united to form a new church. 那两个教会联合形成一个新教会。〕②一致行动,使团结〔The allied nations united in their war effort. 联盟国家团结奋战。〕

united 〔ju(:)'naitid〕a. ①联合的,统一的〔united efforts 同心协力〕②一致的〔a group united in spirit 同心同德的一组人〕

United Nations 联合国

unitize 〔'ju:nitaiz〕v. 使成一个单位

unity 〔'ju:niti〕n. ①个体,整体,团结,联合②统一,一致③连贯,协调④一贯性

universal 〔'ju:ni'və:səl〕a. ①全体的〔universal aid 大家的援助〕②普遍的,宇宙的〔universal ruin 宇宙的毁灭〕/**universality** 〔ju:nivə:'sæliti〕n.

universally 〔ju:ni'və:səli〕ad. ①一般地〔universally true 一般来说真实的〕②普遍地〔used universally 普遍被使用的〕

universe 〔'ju:nivə:s〕n. 宇宙,天地万物

university 〔ju:ni'və:siti〕n. 综合性大学,大学

unjust 〔ʌn'dʒʌst〕a. 非正义的,不公平的/**unjustly** ad.

unkempt 〔ʌn'kempt〕a. ①未梳的,蓬乱的〔unkempt hair 蓬乱的头发〕②不整洁的,邋遢的

unkind 〔ʌn'kaind〕a. 不仁慈的,刻薄的,不客气的,严酷的/**unkindly** ad.‖**unkindness** n.

unlatch 〔ʌn'lætʃ〕v. 拉开…的栓

unlawful 〔ʌn'lɔ:ful〕a. 不法的,非法的〔an unlawful search of one's home 非法搜查民宅〕/**unlawfully** ad.

unless 〔ən'les〕conj. 如果不,除非〔Don't go unless you want to. 如果你不想去就别去。〕

unlettered 〔ʌn'letəd〕a. ①未受教育的,无学问的②不识字的,文盲的

unlike 〔ʌn'laik〕a. 不相似的,不同的‖prep. 不像〔It's unlike Bob to cry. 哭叫不像他为人。〕/**unlikeness** n.

unlimited 〔ʌn'limitid〕a. 无限的,无边

无际的,不定的〔unlimited freedom 无限的自由 unlimited space 无边无际的空间〕

unload 〔ʌn'ləud〕v. ①从…卸下货物〔to unload crates 从旧汽车上卸下货物 to unload a freight car 从货车上卸下货物〕②退出(枪等的)子弹〔to unload responsibilities 推卸责任〕

unlock 〔ʌn'lɔk〕v. ①开…的锁②揭露

unloose 〔ʌn'lu:s〕v. 放松,释放,解开

unloosen 〔ʌn'lu:sn〕v. 解开,放松,解放

unlucky 〔ʌn'lʌki〕a. 倒霉的,不幸的,不吉利的/**unluckily** ad.

unmannerly 〔ʌn'mænəli〕a. 没有礼貌的,粗野的‖ad. 粗野地

unmask 〔ʌn'mɑ:sk〕v. ①脱下假面具②露出本来面目

unmeaning 〔ʌn'mi:niŋ〕a. 无意义的,索然无味的

unmeet 〔ʌn'mi:t〕a. 不合适的,不相宜的

unmentionable 〔ʌn'menʃənəbl〕a. 不宜提到的,说不出口的

unmistakable 〔ʌn'mis'teikəbl〕a. 不会弄错的,不会误解的,清楚明白的/**unmistakably** ad.

unmitigated 〔ʌn'mitigeitid〕a. ①未缓和的,未减轻的〔unmitigated suffering 未减轻的痛苦〕②十足的,纯粹的〔an unmitigated fool 十足的傻瓜〕

unmoral 〔ʌn'mɔrəl〕a. 非道德的,不属于道德范围的

unmoved 〔ʌn'mu:vd〕a. ①不动的②坚定的,不动摇的③冷漠的,无动于衷的〔unmoved by their suffering 对他们的遭遇无动于衷〕

unnatural 〔ʌn'nætʃərəl〕a. ①不自然的,反常的②矫揉造作的③邪恶的/**unnaturally** ad.

unnecessary 〔ʌn'nesisəri〕a. 不必要的,多余的/**unnecessarily** ad.

unnerve 〔ʌn'nə:v〕v. 使气馁,使丧失勇气,使失去控制〔The accident unnerved him. 那次事故使他失常。〕

unnumbered 〔ʌn'nʌmbəd〕 a. ①未计数的,未编号的②不可胜数的,数不清的

unpack 〔ʌn'pæk〕 v. ①拆包,打开包裹②从…中拿出〔to unpack books 拿出书籍〕

unparalleled 〔ʌn'pærəleld〕 a. 无比的

unpleasant 〔ʌn'pleznt〕 a. 使人不愉快的,不合意的,讨厌的 **unpleasantly** ad. /**unpleasantness** n.

unpopular 〔ʌn'pɔpjulə〕 a. 不流行的,不得人心的 /**unpopularity** 〔ˌʌnpɔpju'læriti〕 n.

unpracticed, **unpractised** 〔ʌn'præktist〕 a. ①未经反复实践过的②无实际经验的,不熟练的

unprecedented 〔ʌn'presidəntid〕 a. 无前例的,前所未有的,崭新的〔an unprecedented award 最高报酬〕

unprejudiced 〔ʌn'predʒudist〕 a. 没有偏见的,公正的

unprincipled 〔ʌn'prinsəpld〕 a. 不道德的,无原则的,肆无忌惮的,无耻的

unpronounceable 〔ʌnprə'naunsəbl〕 a. 不能发音的

unquenchable 〔ʌn'kwentʃəbl〕 a. 不能遏制的,止不住的〔an unquenchable fire 不能熄灭的火 an unquenchable thirst 止不住的口渴〕

unquote 〔ʌn'kwəut〕 int. 引语结束

unravel 〔ʌn'rævəl〕 v. ①解开,拆散〔to unravel a scarf 解开围巾〕②阐明,解决

unready 〔ʌn'redi〕 a. ①没有准备的②不灵敏的,不机警的,迟钝的 /**unreadily** ad. /**unreadiness** n.

unreal 〔ʌn'riəl〕 a. 假的,幻想的 /**unreality** 〔ʌnri'æliti〕 n.

unreasonable 〔ʌn'riːznəbl〕 a. ①不讲道理的,不理智的〔He is in an unreasonable mood. 他的情绪非常不理智。〕②超出常情的,过度的,过高的〔an unreasonable price 过高的价格〕/**unreasonably** ad.

unregenerate 〔ʌnri'dʒenərit〕 a. ①灵魂未得再生的②邪恶的,有罪的

unrelenting 〔ʌnri'lentiŋ〕 a. ①不退让的,不屈不挠的②冷酷无情的,铁石心肠的③不松懈的

unremitting 〔ʌnri'mitiŋ〕 a. ①不间断的,不停的,持续的

unreserved 〔ʌnri'zəːvd〕 a. ①无保留的,坦白的,坦率的②无限制的 /**unreservedly** 〔ʌnri'zəːvidli〕 ad.

unrighteous 〔ʌn'raitʃəs〕 a. 邪恶的,有罪的,不公正的 /**unrighteousness** n.

unroll 〔ʌn'rəul〕 v. ①展开,铺开②显示,展现

unruffled 〔ʌn'rʌfld〕 a. 不起皱的,不混乱的,平的,平静的,沉着的

unruly 〔ʌn'ruːli〕 a. 难控制的,难驾驭的,不守秩序的,不守规矩的

unsavory 〔ʌn'seivəri〕 a. ①没有味道的②难吃的,难闻的〔unsavory odors 难闻的味道〕③令人不快的,令人讨厌的〔an unsavory scandal 令人讨厌的丑闻〕

unscathed 〔ʌn'skeiðd〕 a. 没有受伤的,没有受伤害的〔a warrior unscathed in battle 在战斗中没受伤的战士〕

unscrew 〔ʌn'skruː〕 v. ①(旋出螺丝钉)拆卸〔to unscrew the hinges on a door 拆卸门上的合页〕②旋开,旋松〔to unscrew a bolt ,a jar lid, etc. 旋开栓、瓶盖等〕

unscrupulous 〔ʌn'skruːpjuləs〕 a. 不审慎的,无耻的〔unscrupulous business practices 不审慎的商业作法〕

unseemly 〔ʌn'siːmli〕 a. 不恰当的,不适宜的〔unseemly behavior 不恰当的举止〕|| ad. 不恰当地,不适宜地

unselfish 〔ʌn'selfiʃ〕 a. 无私的,不谋私利的 /**unselfishly** ad. /**unselfishness** n.

unsettle 〔ʌn'setl〕 v. 使移动,动摇,使不安定,使不安〔The news unsettled her. 这消息使她不安。〕

unsettled 〔ʌn'setld〕 a. ①不稳定的,易变的〔unsettled weather 变幻莫测的天气〕②不安定的③未付清的〔an unsettled debt 未清的债务〕④不定的〔an unsettled argument 没解决的争论〕⑤未定居的,无居民的〔unsettled lands 无人定居的土地〕

unsightly 〔ʌn'saitli〕a. 不悦目的,难看的

unskilled 〔ʌn'skild〕a. 无需技能的〔Digging ditches is unskilled labor. 挖沟是粗活。〕

unskillful, unskilful 〔ʌn'skilful〕a. 不熟练的,笨拙的

unsophisticated 〔ʌnsə'fistikeitid〕a. 简单的,天真的,纯的,不懂世故的

unsound 〔ʌn'saund〕a. 不稳固的,不健康的,不健全的,不安全的〔an unsound mind 不健全的精神 an unsound ship 不安全的船〕无根据的〔an unsound plan 无根据的计划〕

unsparing 〔ʌn'speəriŋ〕a. ①不吝惜的,大方的,慷慨的〔unsparing charity 慷慨的施舍〕②不留情的,严厉的〔unsparing criticism 严厉的批评〕/**unsparingly** ad.

unspeakable 〔ʌn'spi:kəbl〕a. 无法形容的,不能以言语表达的〔unspeakable joy 说不出的高兴 unspeakable tortures 难以形容的折磨〕/**unspeakably** ad.

unstable 〔ʌn'steibl〕a. ①不稳固的,不固定的,不牢靠的〔an unstable foundation 不牢固的基础〕② 易变的〔the unstable weather of spring 春天易变的气候〕

unsteady 〔ʌn'stedi〕a. 不稳固的,不安定的,摇摆的,易变的

unstop 〔ʌn'stɔp〕v. ①拔去…的塞子②除去…的障碍

unstrung 〔ʌn'strʌŋ〕a. ①心烦不安的②弦线放松的,解去弦线的

unsubstantial 〔ʌnsəb'stænʃəl〕a. 无实质的,不坚固的,不结实的,不现实的

untangle 〔ʌn'tæŋgl〕v. 解开,松开,整理,解决〔to untangle a knot 解开一个结 to untangle a mystery 解开秘密〕

untaught 〔ʌn'tɔ:t〕a. ①未教过的,未受教育的,无知的②无师自通的,自然的〔an untaught skill 自己学的技术〕

unthinkable 〔ʌn'θiŋkəbl〕a. 不可思议的,难以想象的〔It is unthinkable that anyone could be so cruel. 很难相信有人会这么残酷。〕

untidy 〔ʌn'taidi〕a. 不整齐的,不干净利落的,凌乱的/**untidily** ad. /**untidiness** n.

until 〔ʌn'til〕prep. ①直到…为止〔Wait until noon. 一直等到中午。〕②在…以前〔Don't leave until tomorrow. 明天再离开。〕‖ conj. ①直到…为止〔He was lonely until he met her. 他遇到她以前很寂寞。〕②直到…程度,直到…地方〔He ate until he was full. 他吃到很饱。〕③在…以前〔Don't stop until I do. 在我停下之前别停下。〕

untimely 〔ʌn'taimli〕a. 不适时的,过早的〔his untimely death 他过早死亡〕‖ ad. 过早地,不合时宜地

untold 〔ʌn'təuld〕a. ①未说过的,未透露的〔He left, his story still untold. 他离开了,他的事情仍然无人知道。〕②说不清的,无限的〔untold wealth 大量财富〕

untoward 〔ˌʌntə'wɔ:d〕a. ①麻烦的,不幸的〔Untoward delays made us miss the bus. 不幸的耽误使我们没赶上汽车。〕②难对付的,倔强的

untrue 〔ʌn'tru:〕a. ①不真实的,假的②不忠实的,不忠诚的/**untruly** ad.

untruth 〔ʌn'tru:θ〕n. ①假话,谎言②虚假,不真实

untutored 〔ʌn'tju:təd〕a. 未受教育的,无知的

unused 〔ʌn'ju:st〕a. ①不用的,未用过的〔unused space 没用过的空间 unused clothing 没穿过的衣服〕②不习惯的〔He's unused to traveling. 他不习惯旅行。〕

unusual 〔ʌn'ju:ʒuəl〕a. 不平常的,与众不同的,稀有的,独特的/**unusually** ad.

unutterable 〔ʌn'ʌtərəbl〕a. 说不出的,难以形容的/**unutterably** ad.

unveil 〔ʌn'veil〕v. ①揭开…的幕〔to unveil a statue 举行塑像揭幕典礼〕②除去…的面纱

unwary [ʌnˈwɛəri] a. 不注意的,不警惕的[the unwary victims of a fraud 不警惕的上当人]

unwell [ʌnˈwel] a. 不舒服的,有病的

unwieldy [ʌnˈwiːldi] a. 难操纵的,难控制的[an unwieldy crate 难操纵的旧汽车]/**unwieldiness** n.

unwilling [ʌnˈwiliŋ] a.①不愿意的,不情愿的[unwilling to take the blame 不愿意承担责任]②勉强做(给等)的[unwilling permission 勉强允许]/**unwillingly** ad.

unwind [ʌnˈwaind] v. 解开,展开[to unwind thread from a spool 从线轴上放下线]

unwise [ʌnˈwaiz] a. 不明智的,轻率的,愚蠢的/**unwisely** ad.

unwitting [ʌnˈwitiŋ] a.①不知情的[unwitting of the danger around her 不知道她周围的危险]②不知不觉的,不是故意的[an unwitting insult 无心的侮辱]/**unwittingly** ad.

unwonted [ʌnˈwəuntid] a. 不平常的,异常的[His unwonted politeness surprised us. 他异常的礼貌使我们吃惊。]

unworthy [ʌnˈwəːði] a.①不值得的,不配的[I am unworthy of such honors. 我配不上这样的荣誉。]②不相称的,不适当的[That remark is unworthy of a gentleman. 绅士不该说那句话。]/**unworthily** ad./**unworthiness** n.

unwritten [ʌnˈritn] a.①没有写下的[an unwritten agreement 不成文的协议]②习惯的,未成文的[an unwritten law or rule 习惯法或惯例]

up [ʌp] ad.①在(较)高处[to climb up 爬上去 to stay up in the air 呆在空中]②向上[The sun comes up at dawn. 太阳在黎明升起。He has come up in the world. 他来到世上。]③一直到[from childhood up 从童年时代起(到现在)]④由小变大,由少到多[to go up in price 涨价 to swell up 肿起来]⑤处于或趋向直立姿势[to stand up 站起来]⑥发生,提出[Who

brought up that question? 谁提出了那个问题? I put up the new sign. 我贴出那新的指示牌。]⑦贮藏起[to lay up wealth 储存财富]⑧赶上,达到[Run to keep up with him! 跑着赶上他!]⑨…光,…完[He ate up all our food. 他光完我们所有的食物。Don't use up the paste. 不要把糨糊用完。]⑩每,个[The score is six up. 比分为六平。]‖ a.①向上的,上行的[His hand is up. 他的手举起来了。The sun is up. 太阳升起来了。Prices are up. 价格上涨了。Is the sign up yet? 指示牌贴上了吗?]②起床的[Aren't you up yet? 你还没起床吗?]③在地面上的[The new grass is up. 新草长出来了。]④结束的[Time's up. 时间到了。]⑤(棒球比赛中)正在击球的[You're up. 现在是一轮到你击球。]⑥[口]发生[What's up? 发生了什么事?]‖ prep. 向上,朝着,沿着,通过,向…的内地,向…,上面[We climbed up the hill. 我们爬上山。We rowed up the river. 我们向河上游划去。]‖ v.[口]站起来,举起,拿起[The grocer upped his prices. 杂货商提高了价格。]‖ n. 兴盛[to have one's ups and downs 有盛衰,有浮沉]/**up against** [口] 面临/**up for** ①在(选举等)中被提名[up for class president 被提名当班长]②在法庭受(审)[up for murder 因杀人受审]/**up to** [口]①从事于,忙于[That child is up to some mischief. 那孩子想要耍花招。]②胜任③由…决定④应由…负责

upbraid [ʌpˈbreid] v. 责备,申斥

upbringing [ˈʌpˌbriŋiŋ] n. 抚育,养育,教养,培养

upcountry [ˈʌpˈkʌntri] a. & ad. 在内地的,往内地(的)

update [ʌpˈdeit] v. 使现代化,使依照最近的事实、想法

upend [ʌpˈend] v. 倒放,倒立

upheaval [ʌpˈhiːvəl] n.①举起,隆起[the upheaval of ground in an earthquake 地震中地面隆起]②激变,剧变[the upheaval begun by the French Revolution 法国革命开始的大变动]

U

　　　　　　　　　　　　upturn

uphill [ˈʌpˈhil] a. & ad. ①上坡的(地)，向上的(地) ②艰难的(地)，费力的(地) [an uphill battle against illness 与疾病(进行)艰难的斗争]

uphold [ʌpˈhəuld] v. ①举起,支撑 ②支持,赞成,拥护 [to uphold the right of every citizen to vote 支持每个公民的选举权]

upholstery [ʌpˈhəulstəri] n. 室内装潢;室内装饰品

upkeep [ˈʌpkiːp] n. 保养,维修,维修费 [the upkeep of a car 汽车维修费]

uplift [ʌpˈlift] v. ①高举,上升,抬高 [trees with uplifted branches 树枝被抬高的树] ②提高,促进,振奋 [Her heart was uplifted by the good news. 她的心被那好消息所振奋。] ‖ n. [ˈʌplift] n. 举起,抬起,提高,情绪高涨

upon [əˈpɔn] prep. & ad. 在…上面,向上 [He climbed upon the fence. 他爬上篱笆。We were set upon by bandits. 我们遭到土匪的猛烈攻击。]

upper [ˈʌpə] a. ①上的,上首的 [the upper lip 上唇 an upper floor 上层楼] ②较重要的,地位较高的 [the upper house of a legislature 立法机构的上院] ‖ n. 鞋帮

uppermost [ˈʌpəməust] a. ①最高的,最主要的 [The thought was uppermost in his mind. 那个想法是他头脑中最主要的想法。] ad. 至上,最高

upraise [ʌpˈreiz] v. 提高,举起 [marching with banners upraised 高举旗帜行进]

upright [ˈʌprait] a. ①垂直的,直立的,笔直的 [upright pickets in a fence 篱笆的笔直的桩子] ②诚实的,正直的 [an upright judge 正直的法官] ③竖立的(钢琴) ‖ ad. 笔直地 [to stand upright 笔挺地立着] ‖ n. ①柱 [a lake house built on uprights 建在柱子上的湖面房屋] ②竖式钢琴

uprising [ˈʌpraiziŋ] n. ①上升 ②起义,暴动

uproar [ˈʌprɔː] n. ①扰乱,骚动 [His re-mark threw the meeting into an uproar. 他的话使会场出现骚动。] ②吵闹声

uproarious [ʌpˈrɔːriəs] a. ①骚动的,喧嚣的 ②吵闹的 [uproarious laughter 纵声大笑]

uproot [ʌpˈruːt] v. ①连根拔 [to uproot a dead shrub 拔掉死灌木] ②根除 [to uproot crime 根除罪恶]

upset [ʌpˈset] v. ①弄翻,打翻 [The frightened horse upset the wagon. 受惊的马弄翻了马车。] ②打乱,弄乱 [to upset a busy schedule 打乱繁忙的日程表] ③意外地击败 [Our swimming team upset the champions. 我们的游泳队意外地击败了冠军。] ④使心烦意乱 [The news upset poor dad. 那消息使可怜的爸爸心烦意乱。] ‖ n. [ˈʌpset] ①翻倒,倾覆 ②意外的击败 ③翻倒的,倾覆的 [an upset bowl of flowers 一个打翻了的花盆] ②弄乱的,乱乱的 [upset plans 乱乱的计划]

upside down [ˈʌpsaid] ad. ①颠倒 [Turn the glasses upside down to drain them. 把玻璃杯倒过来控干。] ②混乱,乱七八糟 [We turned the room upside down looking for the book. 我们把房间弄得乱七八糟找那本书。] /**upside-down** a.

upstairs [ˈʌpˈstɛəz] ad. & a. 往楼上(的),在楼上(的) [to go upstairs 上楼] ‖ n. 楼上

upstanding [ʌpˈstændiŋ] a. 诚实的,正直的 [a fine, upstanding young man 正直的好年青人]

upstart [ˈʌpstɑːt] n. 暴发户,傲慢自负的人

upstream [ˈʌpˈstriːm] ad. & a. 在上游(的),逆流(的)

up-to-date [ˈʌptəˈdeit] a. ①现时的,现代的 [an up-to-date report 包括最新资料的报告] ②最新的,最新式的

upturn [ˈʌptəːn] n. 提高,好转 [Business took a sharp upturn. 商业大有好转。] v. 使向上,翻转

U

upward [ˈʌpwəd] ad. & a. 向上地(的)，上升地(的)／**upward of, upwards of** 超过，多于

uranium [juəˈreinjəm] n. 铀

urban [ˈəːbən] a. 城市的，住在城市的 [urban dwellers 城市居民]

urbane [əːˈbein] a. 有礼貌的，温文有礼的，文雅的／**urbanely** ad.

urbanity [əːˈbæniti] n. 温文有礼，文雅

-ure [后缀]①表示"动作"，"结果"②表示"状态"③表示"职务"，"执行职务的团体"

urea [ˈjuəriə] n. 脲，尿素

urge [əːdʒ] v. ①催促，鼓励 [We urged Ned to finish college. 我们激励内德读完大学。]②推进，驱策 [He urged his mule up the hill. 他赶着骡子上山。]③力言，极力主张 [to urge caution 力言注意]／n. 冲动 [an urge to sneeze 想打喷嚏的冲动 the urge to become a writer 当作家的强烈愿望]

urgency [ˈəːdʒənsi] n. ①紧急，迫切 [the urgency of their need 他们的迫切需要]②强求，坚持 [The urgency of public opinion forced him to resign. 公众舆论迫使他辞职。]

urgent [ˈəːdʒənt] a. ①紧急的，急迫的 [an urgent situation 紧急情况]②强求的，力促的 [an urgent call for help 强烈请求帮助]／**urgently** ad.

urinary [ˈjuərinəri] a. 尿的，泌尿器的

urinate [ˈjuərineit] v. 排尿，撒尿，小便

urine [ˈjuərin] n. 尿

us [ʌs] pron. [we 的宾格]我们[用作动词或介词的宾语]我们 [They warned us. 他们警告了我们。Write a letter to us. 给我们写封信。]

usable, useable [ˈjuːzəbl] a. 可用的，便于使用的

usage [ˈjuːzidʒ] n. ①使用，用法，对待 [His shoes were scuffed from hard usage. 他的鞋穿得费，穿破了。]②惯例，习俗③惯用法

use [juːs] v. ①用，使用，应用 [She used

the vacuum cleaner. 她用吸尘器。Do not use a singular verb with a plural subject. 主语是复数时，不要使用单数动词。]②对待 [He used us badly. 他待我们不好。]③耗尽，消费 [She used up all the soap. 她把肥皂用完了。Do not use up your energy. 不要搞得筋疲力尽。]‖ n. [juːz] 用，使用 [the use of atomic energy of power 使用原子能做动力 old tools still in use 仍使用的旧工具 He lost the use of his hand. 他手失去了功能。]③使用权 [May I have the use of your car? 我可以用你的汽车吗？]④用途，效用 [Give away what you have no use for. 你用不着的东西就送人。]⑤用法 [to be taught the use of the typewriter 学习打字机的用法]⑥益处，价值 [What is the use of your worrying? 你担心有什么用呢?]／**make use of, put to use** 利用／**used to** ①过去常常 [I used to live in El Paso. 我过去住在厄尔巴索。]②习惯于 [He is used to hard work. 他习惯于艰苦工作。]／**user** n.

used [juːzd] a. 用旧了的，旧的 [used cars 旧汽车]

useful [ˈjuːsful] a. 有用的，实用的，有帮助的 [useful advice 有帮助的劝告]／**usefully** ad.／**usefulness** n.

useless [ˈjuːslis] a. 无用的，无价值的 [It is useless for you to complain. 你抱怨没有用。]／**uselessly** ad.／**uselessness** n.

usual [ˈjuːʒuəl] a. 惯常的，通常的，平常的／**as usual** 像往常一样，照例／**usually** ad.

usurp [juː(ː)ˈzəːp] v. 侵占，篡夺，夺取 [to usurp another's power or position 篡权或夺位]／**usurpation** n.／**usurper** n.

usury [ˈjuːʒuri] n. ①高利贷②高利／**usurer** n.／**usurious** [juː(ː)ˈzjuəriəs] a.

utensil [juː(ː)ˈtensl] n. 器皿，用具 [Pots, pans, egg beaters, can openers, etc. are kitchen utensils. 罐、锅、打蛋器、罐头刀具等是厨房用具。]

uterus ['juːtərəs] n. 子宫 ‖ **uteri** ['juːtərai][复]

utility [juː'tiliti] n. ①效用,有用,实用 ②公用事业 ‖ a. 实用的〔a utility room 杂用室〕

utilize ['juːtilaiz] v. 利用〔to utilize atomic power for peaceful purposes 把原子动力用于和平目的〕/**utilization** n.

utmost ['ʌtməust] a. ①最远的〔the utmost regions of the earth 地球上最远的区域〕②最大的,最高的〔a meeting of the utmost importance 极重要的会议〕‖ n. 极限,极度,最大可能〔He strained his muscles to the utmost. 他的肌肉极度损伤。〕

utter[1]['ʌtə] v. 完全的,彻底的,十足的〔utter joy 十分高兴 an utter fool 十足的傻瓜〕/**utterly** ad.

utter[2]['ʌtə] v. 发出(声音),讲,表达〔to utter a cry 喊叫 to utter a thought 用言词表达思想〕

utterance ['ʌtərəns] n. ①发声,表达〔to give utterance to an idea 用言词表达出看法〕②言词,言论,意见

uvula ['juːvjulə] n. 小舌,悬雍垂 ‖ **uvulas**, **uvulae** ['juːvjuliː][复]

U

$\mathcal{V}$ v V v

V, v [viː] 英语的第二十二个字母/V's, v's [viːz] [复]

VA, V. A. [缩] Veterans Administration 退伍军人管理局(美国)

vacancy ['veikənsi] n. ①空缺②空房间③空白④空座位, 失神

vacant ['veikənt] a. ①空的, 空白的〔a vacant lot 一块空地 a vacant seat 空座 a vacant house 一所空房子〕②清闲的, 空闲的〔a vacant period in the day 白天空闲的时间〕③空虚的, 心不在焉的〔a vacant stare 呆滞的眼神〕/**vacantly** ad.

vacate ['veikeit] v. 使空出, 腾出〔You must vacate your room by noon. 你必须中午前把房间腾出来。〕

vacation [və'keiʃən, vei'keiʃən] n. 假期, 休假 ‖ v. 度假日, 休假

vaccinate ['væksineit] v. 施种牛痘, 进行预防接种

vaccine ['væksiːn] n. ①牛痘苗②疫苗

vacillate ['væsileit] v. ①犹豫, 踌躇②摇摆, 振荡, 波动/**vacillation** n.

vacuity [væ'kjuː(ː)iti] n. ①空, 空白②空间, 真空③茫然若失, 愚蠢

vacuous ['vækjuəs] a. ①没有头脑的, 愚蠢的②空的, 空虚的

vacuum ['vækjuəm] n. ①真空②空间 ‖ v. [口] 用真空吸尘器打扫

vagabond ['vægəbənd] n. ①流浪者②流氓乞丐 ‖ a. 流浪的, 漂泊的〔a vagabond tribe 游荡部落〕②流浪者的, 浪荡的〔vagabond habits 浪荡习惯〕

vagary [və'gɛəri] n. 奇想, 古怪的行动,

异想天开

vagina [və'dʒainə] n. 阴道

vagrancy ['veigrənsi] n. 流浪, 漂泊

vagrant ['veigrənt] n. 流浪者, 漂泊者 ‖ a. 流浪的, 漂泊不定的

vague [veig] a. 不清楚的, 不明确的, 模糊的〔vague figures in the fog 雾中模糊的身影 a vague answer 含糊的回答〕/**vaguely** ad. /**vagueness** n.

vain [vein] a. ①自负的, 得意的〔He is vain about his looks. 他对自己的长相很自负。〕②徒劳的, 徒然的〔a vain attempt to climb the mountain 徒劳的爬山尝试〕③无结果的, 无益的〔vain promises 无意义的许诺〕/**in vain** ①徒劳, 白辛苦〔I pleaded in vain for help. 我们白请求帮助了。〕②轻慢, 不尊敬〔to use the name of god in vain 滥用上帝之名〕/**vainly** ad.

vainglorious [vein'glɔːriəs] a. 自负的, 极度虚荣的

vainglory [vein'glɔːri] n. 自负, 极度的虚荣心

valiant ['væljənt] a. 勇敢的, 英勇的/**valiantly** ad.

valid ['vælid] a. ①有根据的, 正当的, 正确的〔a valid argument 正确的论点〕②有效的〔a valid deed or will 有效的契约或遗嘱〕

validate ['vælideit] v. ①使生效②证实〔A witness to the accident validated my story. 一个事故的目击者证实了我所述的。〕

validity [və'liditi] n. 有效, 正确, 确实

valley ['væli] n. ①谷，溪谷②流域〔the Mississippi Valley 密西西比河流域〕

valuable ['væljuəbl] a. ①值钱的，贵重的〔a valuable diamond 贵重的钻石〕②有价值的，有用的〔valuable knowledge 有用的知识〕‖ n. 贵重物品，财宝

valuation [,vælju'eiʃən] n. ①估价，定价〔We took the pearls to a jeweler for a valuation. 我们把珍珠拿给珠宝商估价。〕②估定的价值〔He sold the car for less than its valuation. 他出售汽车的价格比估定的价值低。〕

value ['vælju:] n. ①价值，重要性〔the value of true friendship 纯真的友谊的价值〕②价格，交换力〔The value of our house has gone up. 我们房子的价格已涨。〕③购买力〔The value of the dollar falls with inflation. 由于通货膨胀，(美)元的购买力下跌了。〕④公平的代价，等值〔I am willing to pay for value received. 我愿意付收到的实价。〕⑤涵义，意义 ⑥〔复〕标准，理想〔the moral values of a nation 民族的道德标准〕‖ v. ①估价，定价〔He valued the property at $ 2,000. 他估计财产价值两千美元。〕②评价〔I value health above wealth. 我认为健康重于财富。〕③尊重，重视〔I value his advice. 我尊重他的劝告。〕/**valueless** a.

valve [vælv] n. ①阀，活门②瓣，瓣膜〔The valves of the heart let the blood flow in one direction only. 心脏瓣膜让血液朝一个方向流。〕③(管乐器用以改变音调的)检音④贝壳

vamp [væmp] n. ①(鞋、靴)前端的鞋面②补丁‖ v. 补缀，修补

vampire ['væmpaiə] n. ①吸血鬼②敲诈勒索者③吸血蝙

vanadium [və'neidjəm] n. 钒

vane [vein] n. ①风向标②叶片，轮叶

vanguard ['vænɡɑ:d] n. ①前卫，先头部队②领导者

vanish ['væniʃ] v. ①突然不见，消失②消灭〔The dodo has vanished. 渡渡鸟已绝迹。〕

vanity ['væniti] n. ①自负，自大②空虚，无益，无价值的东西

vanquish ['væŋkwiʃ] v. 克服，击败，征服

vantage ['vɑ:ntidʒ] n. 优越的地位，优势〔Capturing the hill gave our troops a point of vantage. 攻占山头使我们的部队处于优势。〕

vapid ['væpid] a. ①乏味的，无滋味的〔a vapid drink 淡而无味的饮料〕②无兴趣的，枯燥乏味的〔vapid talk 枯燥乏味的谈话〕

vapor ['veipə] n. ①水汽，雾，烟雾②蒸气〔Mercury vapor is used in some lamps. 汞汽用于一些灯中。〕

vaporize ['veipəraiz] v. 蒸发，汽化〔Atomizers are used to vaporize perfume. 用喷雾器来汽化香水。〕/**vaporizer** n.

vaporous ['veipərəs] a. ①形成蒸气的，有蒸气的〔a vaporous marsh 形成蒸气的沼泽〕②似蒸气的③空想的，富于幻想的〔vaporous ideas 空想的想法〕

variable ['vɛəriəbl] a. ①易变的，反复不定的〔in a variable mood 处于反复无常的情绪〕②可变的〔a variable price 可变价格〕‖ n. 可变物，变化不定/**variability** [,vɛəriə'biliti]

variance ['vɛəriəns] n. 变化，变动，变异/**at variance** ①有分歧，不和②不符

variant ['vɛəriənt] a. 不同的，变异的，差别的〔Theatre is a variant spelling of theater. theatre 是 theater 的不同拼法。〕‖ n. 变体，变形，异体字

variation [,vɛəri'eiʃən] n. ①变化，变动，变更〔variation in style 风格的变化〕②变量〔variation of ten feet 十英尺的变化〕③变奏(曲)

varicolored ['vɛəri,kʌləd] a. 杂色的，五颜六色的

varicose ['værikəus] a. 静脉曲张的〔varicose veins 静脉曲张〕

varied ['vɛərid] a. ①各种各样的〔a program of varied entertainment 各种各样的

文娱节目〕②有多种颜色的③改变了的

variegated ['veərigeitid] *a.* ①杂色的,
斑驳的〔variegated tulips 杂色郁金香〕②
多样化的,有变化的/**variegation** *n.*

variety [və'raiəti] *n.* ①变化,多样化〔to
like variety in one's meals 喜欢饮食变化〕
②种类〔many varieties of cloth 很多布匹〕
a cat of the striped variety 身上带条纹的
那种猫〕③种种〔a variety of fruits at the
market 市场上种种的水果〕④杂耍演出

various ['veəriəs] *a.* ①各种各样的,种种
的〔We planted various seeds. 我们种下各
种种子。〕②几个的,许多的〔Various peo-
ple have said so. 许多人这样说。〕/**vari-
ously** *ad.*

varnish ['vɑ:niʃ] *n.* ①清漆,罩光漆②
光泽③光泽面‖ *v.* ①给…涂清漆②掩
饰,文饰〔to varnish a lie with an innocent
look 用天真的表情掩饰谎言〕

vary ['veəri] *v.* ①变化,使不同,改变
〔She varies her hair style. 她改变发型。
The weather has varied from day to day. 天
气一天天有所不同。〕②不同〔Opinions
vary on this matter. 在这件事上意见各不
相同。〕使多样化〔Vary your reading.
扩大你的阅读范围。〕

vascular ['væskjulə *a.* 血管的,脉管的

vaseline ['væsili:n] 石油冻,矿脂

vassal ['væsəl] *n.* ①(封建时代的)诸
侯,封臣,陪臣②附庸,奴仆,奴隶‖ *a.* 臣
的,处于的,奴仆的,为奴仆的/**vassal-
age** *n.*

vast [vɑ:st] *a.* 巨大的,庞大的〔a vast
desert 大沙漠 a matter of vast importance
非常重大的事情〕/**vastly** */* **vastness**
n.

vault¹ [vɔlt] *n.* ①拱顶②拱顶室〔the
vault of the sky 天穹,苍穹〕③(银行等
的)保管库④墓穴⑤地下室,地窖‖ *v.*
①给…盖上拱顶②使成穹形

vault² [vɔ:lt] *v.* 跳跃,撑竿跳过

vaulting ['vɔ:ltiŋ] *a.* ①用于跳跃的②过
度的〔vaulting ambition 过大的雄心〕

veer [viə] *v.* ①改变方向,改向〔Veer to

the left at the fork in the road. 在岔道口向
左转。〕②转变航向〔to veer a ship 使船
改变航向〕‖ *n.* 方向的改变

vegetable ['vedʒitəbl] *n.* ①蔬菜②植
物‖ *a.* ①蔬菜的②植物的,植物性的,由
植物得来的〔the vegetable kingdom 植物
界〕

vegetarian [,vedʒi'teəriən] *n.* 吃素的
人‖ *a.* ①素食者的②素菜的/**vegetari-
anism** *n.*

vegetate ['vedʒiteit] *v.* 植物似地生活,
过呆板单调的生活

vegetation [,vedʒi'teiʃən] *n.* ①草木,
植物,〔thick vegetation in the jungle 丛林
里茂盛的植物〕②(植物的)生长

vegetative ['vedʒitətiv] *a.* ①植物的,能
生长植物的〔vegetative forms of life 植物
的生长形式〕②过呆板单调的〔a vege-
tative life 呆板单调的生活〕

vehement ['vi:imənt] *a.* ①感情激烈
的,热烈的〔a vehement argument 激烈的
争论〕②强烈的,猛烈的,激烈的/**vehe-
mence** */* **vehemently** *ad.*

vehicle ['vi:ikl] *n.* ①运载工具,车辆②
传达的媒介〔He uses poetry as the vehicle
for his ideas. 他以诗歌作为表达思想的工
具。〕③调颜料的液体

veil [veil] *n.* ①面纱,面罩〔a bride's veil
新娘面纱 a nun's veil 修女的头巾〕②遮
蔽物,掩饰物〔a veil of mist over the valley
笼罩山谷的薄雾〕‖ *v.* ①蒙上面纱②遮
盖,掩饰/**take the veil** 去当修女

vein [vein] *n.* ①静脉②叶脉,翅脉②矿
脉,岩脉〔a vein of silver or coal 银或煤矿
层〕④纹理⑤性情,情绪〔He spoke in a
serious vein. 他说话很严肃。〕⑥意向,气
质〔His writing has a vein of humor. 他的
作品幽默。〕‖ *v.* 使成脉络

vellum ['veləm] *n.* ①精制盖皮纸②仿
羊皮纸

velocity [vi'lɔsiti] *n.* ①速度,速率②
a wind velocity of 15 miles per hour 每小时
十五哩的风速〕③迅速,快速

velour, velours [və'luə] *n.* 天鹅绒,丝

绒,拉绒织物

velvet ['velvit] n. 天鹅绒,立绒,丝绒 ‖ a.①天鹅绒制的②柔软的/**velvety** a.

velveteen ['velvi'tiːn] n. 棉绒,平绒

venal ['viːnl] a.①可以收买的,为钱而做的②可用金钱得到的,腐败的[a venal advantage 金钱买来的优势]/**venality** n.

vendetta [ven'detə] n. 族间血仇

vending machine 自动售货机

vendor , vender ['vendɔː, 'vendə]① 卖主,小贩②自动售货机

veneer [vi'niə] v. 以质量好的木材或贵重的材料镶盖[piano keys veneered with ivory 镶一层象牙的钢琴键] ‖ n.①饰面[a walnut veneer on a pine chest 松树箱子上的胡桃木镶面]②外表,虚饰[a coarse man with a thin veneer of culture 外表文明的粗野人]

venerable ['venərəbl] a. 可尊敬的,可崇敬的,古老的[a venerable scholar 可尊敬的学者]

venerate ['venəreit] v. 尊敬,崇拜/**veneration** n.

venereal [vi'niəriəl] a. 性病的,花柳病的

vengeance ['vendʒəns] n. 报仇,报复/**with a vengeance**①猛烈地②极度地,过度地

vengeful ['vendʒfəl] a. 有报仇心理的,谋报复的/**vengefully** ad.

venial ['viːnjəl] a. 可原谅的,可宽恕的

venom ['venəm] n.①(毒蛇等的)毒液②恶意[a look full of venom 充满恶意的表情]

venomous ['venəməs] a.①有毒的[a venomous snake 毒蛇]②恶意的,狠毒的[a venomous reply 恶意的回答]

vent [vent] n.①排气道,通风口,出口②发泄,吐露[He gave vent to his good spirits by laughing. 他大笑来表露 高兴的情绪。] ‖ v.①给…开孔,给…一个出口②放出,排出③发泄[to vent one's wrath 发泄怒愤]

ventilate ['ventileit] v.①使通风,使通

气[Open the windows to ventilate the room. 打开窗,让房间通通风。]②自由讨论[to ventilate a problem 自由讨论问题]/**ventilation** n.

ventilator ['ventileitə] n. 通气孔,通风装置

ventral ['ventrəl] a. 腹的,腹面的,腹侧的

ventricle ['ventrikl] n. 室,心室

venture ['ventʃə] n.①冒险,冒险行动,冒险事业[a business venture 商业冒险] ‖ v.①冒…的危险[to venture one's life, a fortune, etc. 冒生命危险,孤注一掷等]②敢于说,做,走,干等[She ventured the opinion that we were wrong. 她大胆地说出我们错了。]

venturesome ['ventʃəsəm] a.①好冒险的,大胆的②危险的,有危险的

venturous ['ventʃərəs] a. 好冒险的,大胆的,危险的,有危险的

veracity [və'ræsiti] n. 真实性,准确性

verandah [və'rændə] n. 阳台

verb [vəːb] n. 动词

verbal ['vəːbəl] a.①词语的,言语的,字句的,关于词语的[the author's great verbal skill 作者的高超的词语技能]②口头的,非书面的[a verbal agreement 口头协定]③逐字的,照字面的[a verbal translation 逐字翻译,直译]④动词的,动词性质的,由动词形成的,用以构成动词的[a verbal noun 动名词 a verbal ending 动词结尾] ‖ n. 动词的非谓语形式[Gerunds, infinitives , and participles are verbals. 动名词、不定式和分词是动词的非谓语形式。]/**verbally** ad.

verbatim [vəː'beitim] ad. & a. 逐字地(的),照字面地(的)[to copy a speech verbatim 逐字地抄写一篇演说 a verbatim report 毫无改动的报道]

verbiage ['vəːbiidʒ] n. 冗词,赘语

verbose [vəː'bəus] a. 啰苏的,累赘的,冗长的/**verbosity** [vəː'bɔsiti] n.

verdant ['vəːdənt] a.①青翠的,嫩绿的[verdant grass 青草]②长满了绿色草

V

木的〔the verdant plain 长满草木的平
原〕

verdict ['və:dikt] n. ①(陪审团的)裁
决,评决〔a verdict of not guilty 裁决"无
罪"〕②定论,判断,意见

verge [və:dʒ] n. 边缘,边界,界限〔the
verge of forest 森林的边缘 on the verge of
tears 差点流眼泪〕‖ v. 接近,濒于〔a
comedy that verges on the serious 关于严
肃问题的喜剧〕

verification [ˌverifiˈkeiʃən] n. 证实,证
明,证据,核实〔to seek verification of a
theory 证实理论〕

verify ['verifai] v. ①证实〔New research
has verified his theory. 新的研究证实了他
的理论。〕②查证,核实〔Will you please
verify these figures? 请你核实一下这些数
字好吗?〕

veritable ['veritəbl] a. 确实的,名符其
实的,真正的〔He is a veritable hero. 他
是一个真正的英雄。〕

verity ['veriti] n. ①真实性〔I doubt the
verity of that rumor. 我怀疑那传说的真
实性。〕②真理,事实〔the eternal verities
永恒的真理〕

vermiform ['və:mifɔ:m] a. 蠕虫状的,蚓
状的〔vermiform appendix 阑尾〕

vermin ['və:min] [单复同] ①害虫,害
兽,害鸟②害人虫,歹徒

vernacular [vəˈnækjulə] n. ①本国语,
本地话②土话③行话〔In the vernacular
of sailors, "deck" is the word for "floor".
在海员的行话中,"deck"是"floor"的意
思。〕‖ a. 用本国语的,用方言的,白话
的

vernal ['və:nl] a. ①春天的,春天发生的
〔the vernal equinox 春分,春分点〕②春天
似的,清新的,和煦的〔a vernal breeze 微
风〕

versatile ['və:sətail] a. 多才多艺的,多
方面的〔a versatile musician who plays five
instruments 可以弹奏五种乐器的多才多
艺的音乐家〕/**versatility** [ˌvə:səˈtiliti]
n.

verse [və:s] n. ①诗,诗体〔French verse
法国诗 to write in verse 以诗体写〕②韵
文〔free verse 自由诗〕③诗节④诗句⑤
《圣经》中的节,短句

versed [və:st] a. 通晓的,精通的,熟练
的〔He is well versed in languages. 他精通
语言。〕

versification [ˌvə:sifiˈkeiʃən] n. ①作
诗,作诗法②诗体,韵律〔the versification
of a sonnet 十四行诗的韵律〕

versifier ['və:sifaiə] n. 作劣诗者,打油
诗人

versify ['və:sifai] v. ①作诗②用诗表达,
把…写成诗〔to versify the story of Paul
Bunyan 把保罗·班扬的故事改写成诗〕

version ['və:ʃən] n. ①译文,译本,翻译
〔an English version of the Bible《圣经》的
英译本〕②(根据个人观点的)描述,说
法,看法〔Give us your version of the argu-
ment. 告诉我们你对这个论点的看法。〕
③改写本〔an abridged version of a novel
小说的简写本〕

versus ['və:səs] prep. 对〔the law case
of William Smith versus John Doe 威廉·
史密斯对约翰·多的案件〕

vertebra ['və:tibrə] n. 椎骨,脊椎/**ver-
tebral** a. /**vertebrae** ['və:tibri:] , **verte-
bras**[复]

vertebrate ['və:tibrait, 'və:tibrit] a. 有
椎骨的,有脊椎的 ‖ n. 脊椎动物

vertex ['və:teks] 顶点,至高点,顶,角
顶/**vertexes**, **vertices** ['və:tisi:z] [复]

vertical ['və:tikəl] a. 垂直的,直立的
〔The walls of a house are vertical. 房屋的
墙是垂直的。〕‖ n. 垂直线,垂直面

verve [və:v] n. 活力,热情

very ['veri] ad. ①很,甚,极其,非常〔ver-
y cold 很冷〕②真地,真正地〔This is the
very same man. 这正是同一个人。〕‖ a.
①十足的,完全的,绝对的〔This is the
very opposite of what I wanted. 这和我要
的东西正好相反。〕②正是所要的,同一
的〔That is the very hat I lost. 那正是我丢
失的帽子。〕/**the very** ①就连…也〔The

very rafters shook with noise. 就连屋椽也吱吱地震动了。〕恰好的〔caught in the very act 就在行动时被抓住〕

vesicle ['vesikl] n. 泡，囊

vesper ['vespə] n. ①薄暮②Vesper 长庚星，金星③vespers，Vespers 晚祷 ‖ a. 夜晚的，晚祷的〔vesper service 晚祷〕

vessel ['vesl] n. ①容器，器皿②船③管，血管〔a blood vessel 血管〕

vest [vest] n. ①背心，马甲②内衣，衬衣 ‖ v. ①给穿上②授予，赋予〔The power to levy taxes is vested in congress. 征税权授予国会。〕

vestige ['vestidʒ] n. 痕迹，遗迹，残余〔Vestiges of the ancient wall still stand. 古墙的遗迹仍在。Not a vestige of hope is left. 一点希望也没有。〕退化器官/**vestigial** [ves'tidʒiəl] a.

vestment ['vestmənt] n. 衣服，法衣

veteran ['vetərən] n. ①退伍军人②老手，富有经验的人 ‖ a. 老练的，经验丰富的〔veteran troops 有作战经验的部队 a veteran diplomat 老练的外交官〕

veterinarian [ˌvetəri'neəriən] n. 兽医

veterinary ['vetərinəri] a. 兽医的 ‖ n. 兽医

veto ['vi:təu] n. ①否决，禁止②行使否决权，行使禁止权〔Congress can overrule the President's veto by a two-thirds vote. 国会可以三分之二的选票宣布总统行使的否决权无效。〕③否决权，禁止权 ‖ v. 否决，禁止〔to veto a bill 否决议案〕/**vetoes**[复]

vex [veks] v. 使烦恼，使恼火，使苦恼〔I shall be vexed if you are late again. 如果你再迟到，我就发火了。〕

vexation [vek'seiʃən] n. ①烦恼，苦恼，伤脑筋〔Our vexation grew as we waited in line. 我们排队时越来越烦恼。〕②使人恼火的事情〔He was a great vexation to his sisters. 他是使姐妹恼火的人。〕

vexatious [vek'seiʃəs] a. 使人烦恼的，伤脑筋的，使人恼火的

via ['vaiə] prep. 经过，经由，取道〔from

Rome to London via Paris 从罗马经由巴黎去伦敦〕

viable ['vaiəbl] a. 能活的，能生存的

viaduct ['vaiədʌkt] n. 高架桥，跨线桥

vial ['vaiəl] n. 小瓶，小玻璃瓶，小药水瓶

vibrant ['vaibrənt] a. ①振动的，颤动的〔vibrant harp strings 颤动的竖琴弦〕②回响的〔vibrant tones 震颤的音调〕③有活力的〔a vibrant person 充满活力的人〕/**vibrancy** n.

vibrate [vai'breit] v. ①振动，颤动〔A guitar string vibrates when plucked. 拨吉他弦时弦颤动。〕②回响〔The hall vibrated with their cheers. 大厅里回响着他们的欢呼声。〕③激动

vibration [vai'breiʃən] n. 颤动，振动，摆动〔The vibration of the motor shook the bolts loose. 马达的振动使栓松了。〕/**vibratory** ['vaibrətəri] a.

vibrator [vai'breitə] n. 振动，颤震器

vicarious [vai'keəriəs] a. ①产生同感的〔She gets vicarious thrills from the movies. 她看电影感到同样兴奋的。〕②替代别人的〔vicarious punishment 代别人受的惩罚〕③代理的，代理人的〔a vicarious ruler 代理统治者〕/**vicariously** ad.

vice¹ [vais] n. ①坏事，罪恶〔He led a life of vice. 他过着堕落的生活。〕②恶习〔Greed is his worst vice. 贪婪是他最大的恶习。〕

vice² [vais] n. 同 vise

vice- [前缀] 表示"代理"，"副"

viceroy ['vaisrɔi] n. (代表国王管辖行省或殖民地的)总督

vice versa [ˌvaisi'və:sə, ˌvais'və:sə] 反过来(也是这样)〔We like him and vice versa; that is, he likes us. 我们喜欢他，他也喜欢我们。〕

vicinity [vi'siniti] n. ①附近地区，近邻〔suburbs in the vicinity of the city 城郊〕②附近，邻近〔two theaters in close vicinity 附近的两家剧院〕

vicious ['viʃəs] a. ①邪恶的〔vicious habits 恶习〕②凶恶的〔a vicious dog 凶恶的狗〕③恶意的,恶毒的〔a vicious rumor 恶毒的谣言〕④〔口〕疼楚的〔a vicious pain 疼痛难忍〕/**viciously** ad. /**viciousness** n.

vicissitude [vi'sisitjuːd] n. 变化,盛衰〔The vicissitudes of life brought Mozart both fame and poverty. 人生的浮沉给莫扎特带来了荣誉和贫困。〕

victim ['viktim] n. ①受害者,牺牲者〔victims of disease 患病者〕②受骗者〔a victim of swindlers 被骗子所骗的人〕

victimize ['viktimaiz] v. 使牺牲,使受害,欺骗〔victimized by blackmail 受敲诈之害〕

victor ['viktə] n. 战胜者,得胜者

victorious [vik'tɔːriəs] a. 胜利的,战胜的,得胜的

victory ['viktəri] n. 胜利,战胜

victuals ['vitlz] n. 〔复〕〔口〕食物,食品,粮食

video ['vidiəu] n. 电视的‖n. 电视

vie [vai] v. 争,竞争〔I vied with Bill for first place. 我和比尔竞争冠军。〕

view [vjuː] n. ①看,眺望,观察〔On closer view, I saw it was a robin. 近看,我看到那是一只知更鸟。〕②视域,视力〔The parade marched out of view. 游行队伍向前走,消失了。〕③看见的东西,风景,景色〔We admired the view from the bridge. 我们从桥上欣赏景色。〕④风景画,风景照〔He showed views of Niagara Falls. 他出示尼亚加拉瀑布的景色照片。〕⑤意见,考虑〔These facts will help you get a clear view of the situation. 这些事实将有助你清楚地了解局势。〕⑥想法,看法〔What are your views on this matter? 你对这件事情的看法如何?〕‖v. ①仔细观察,视察〔The landlord viewed the damage. 房东观察损失情况。〕②看〔A crowd gathered to view the fireworks. 聚集了一群人看烟火。〕③考虑〔His plan was viewed with scorn. 他的计划遭到蔑视。〕/**in view**①在看得见的地方〔②被考虑③被期待,被

指望/**in view of** 由于,考虑到/**on view** 展览着/**with a view to** 着眼于/**viewless** a.

viewpoint ['vjuːpɔint] n. ①观察点,视点②看法,见解,观点

vigil ['vidʒil] n. ①守夜,值夜,监视〔The nurses vigil by the patient's bed 护士在病人床边值夜〕②(宗教节日前夜) 守夜③vigils (宗教节日前夜的) 祝祷仪式

vigilant ['vidʒilənt] a. 警醒的,警备的,警惕着的/**vigilance** n.

vigor ['vigə] n. 力量,活力,精力

vigorous ['vigərəs] a. 朝气蓬勃的,精力充沛的/**vigorously** ad.

vile [vail] a. ①卑鄙的,邪恶的〔vile crimes 卑鄙的罪行〕②令人作呕的,讨厌的〔vile language 秽言〕③坏透的,低下的〔vile conditions in the prison 监狱的恶劣条件〕

vilify ['vilifai] v. 诬蔑中伤,诽谤,辱骂

villa ['vilə] n. 别墅

village ['vilidʒ] n. ①乡村,村庄②村民/**villager** n.

villain ['vilən] n. 坏人,恶棍;(戏剧、小说等中的)反派角色,反面人物

villainous ['vilənəs] a. 坏人的,恶棍似的,罪恶的,坏透的〔villainous plots 邪恶阴谋〕

villainy ['viləni] n. ①邪恶,腐化堕落,卑鄙②邪恶的行为,犯罪的行为

villein ['vilin] n. 农奴,佃农

vindicate ['vindikeit] v. ①维护,辩护〔Smith's confession completely vindicated Brown. 史密斯的告白完全证明布朗无罪。〕②证明…正确〔Can the company vindicate its claims for its product? 该公司能证明对其产品的权利吗?〕

vindication [,vindi'keiʃən] n. ①辩明,辩白②证明有理由之事〔His success was the vindication of their faith. 他的成功证明了他们的信仰。〕

vindictive [vin'diktiv] a. ①志在报复的〔He was not vindictive, but readily forgave his enemies. 他不打算报复,他已准备原谅他的敌人。〕②复仇的〔vindictive punishment 报复性的惩罚]/**vindictively** ad.

vine [vain] n. ①葡萄树②蔓，藤[Pumpkins, melons, etc. grow on vines. 南瓜、瓜等生在藤上。]

vinegar ['viniɡə] n. 醋

vintage ['vintidʒ] n. ①葡萄收获量，酿酒②昔日产品的形式[an automobile of ancient vintage 老式汽车] ‖ a. 古老而享有声誉的，最好的[vintage wine 上等葡萄酒]

viola [vi'əulə] n. 中提琴/**violist** n.

violate ['vaiəleit] v. ①违犯，违背，违反[to violate a treaty 违反条约]②亵渎[Robbers violated the grave by digging it up. 强盗挖坟墓，亵渎了它。]③闯入，扰乱[to violate one's privacy 惊扰某人]/**violation** n. /**violator** n.

violence ['vaiələns] n. ①暴力[The prisoners attacked their guards with violence. 囚犯用暴力袭击了看护。]②猛烈，强烈[the violence of the tornado 猛烈的旋风][the violence of her tantrum 她的暴躁的脾气]③歪曲[His insults did violence to our sense of decency. 他的侮辱歪曲了我们的正义。]

violent ['vaiələnt] a. ①狂暴的，凶暴的[violent blows of the fists 凶暴的拳击]②由暴力引起的[a violent death 横死]③激烈的，强烈的[violent language 激烈的语言]④极端的，极度的[violent headache 极严重的头疼]/**violently** ad.

violet ['vaiəlit] n. ①紫罗兰②紫罗兰色 ‖ a. 紫罗兰色的

violin [vaiə'lin] n. 小提琴/**violinist** n.

violoncello [ˌvaiələn'tʃeləu] n. 大提琴

viper ['vaipə] n. ①毒蛇②阴险毒恶的人/**viperous** a.

virgin ['və:dʒin] n. ①处女②Virgin 圣母玛利亚 ‖ a. ①处女的②纯洁的③纯粹的，未开发的，未经使用的[virgin snow 白雪 a virgin forest 原始森林]/**virginal** a.

virginity [və:'dʒiniti] n. 童贞，处女，纯

洁

virile ['virail] a. ①男的，男性的②有男子气概的，强有力的/**virility** [vi'riliti] n.

virtual ['və:tjuəl] a. 实质上的，实际上的，事实上的[Although we have met, he is a virtual stranger to me. 我们虽曾见过面，但他对我来说实在还是个陌生人。]

virtue ['və:tju:] n. ①善，德②美德[Courage is his greatest virtue. 勇敢是他的最大的美德。]③贞操，纯洁④长处，优点[Your plan has virtues. 你的计划有一些长处。]/**by virtue of**，**in virtue of** 由于，因为

virtuous ['və:tjuəs] a. 有道德的，善良的，贞节的/**virtuously** ad.

virulent ['virulənt] a. ①剧毒的，致命的，恶性的[a virulent disease 致命的疾病]②痛恨的，恶毒的，敌意的[a virulent enemy 恶毒的敌人]/**virulence** n. /**virulently** ad.

virus ['vaiərəs] n. 病毒

visa ['vizə] n. (护照上的) 背签，签证

visage ['vizidʒ] n. 脸，面容[his stern visage 他严厉的面容]

viscera ['visərə] n. [复] 内脏，脏腑

visibility [ˌvizi'biliti] n. ①可见度，能见度②视程，能见距离[Fog reduced the visibility to 500 feet. 雾使能见距离减少至五百呎。]

visible ['vizəbl] a. 看得见的，可见的，明显的[a barely visible scar 不明显的伤疤 a visible increase in crime 犯罪明显增加]/**visibly** ad.

vision ['viʒən] n. ①视，视力，视觉[She wears glasses to improve her vision. 她戴眼镜来提高视力。]②想像或梦幻中所见的物，梦幻[while visions of sugarplums danced through their heads 当小糖果的想像从他们头脑中掠过时]③远见，想像力[a statesman of great vision 高瞻远瞩的政治家]④极美的人，绝妙的物

visionary ['viʒənəri] a. ①梦幻的，幻觉的②想像的，不实际的[a visionary

scheme 不实际的计划〕‖ n. ①有幻觉的人②空想像

visit ['vizit] v. ①访问，拜访，参观，游览②在…处逗留作客③侵袭，降临〔The village was visited by a drought. 那个村庄遭到旱灾。〕n. 访问，参观，游览，逗留

visitor ['vizitə] n. 访问者，来宾，游客，参观者

visor ['vaizə] n. ①（盔的）面甲②帽舌③护目镜，遮阳板

visual ['viʒjuəl] a. ①看的，视觉的，视力的②看得见的/**visually** ad.

visualize ['viʒjuəlaiz] v. 设想，想像〔Try to visualize your first home. 尽量想像一下你第一个家。〕

vital ['vaitl] a. ①生命的〔vital energy 生命力〕②维持生命所必需的〔the vital organs 生命器官〕③有生命力的，充满活力的〔a vital personality 充满活力的性格〕④极其重要的〔a vital matter 极其重要的事情〕⑤致命的〔a vital wound 致命伤〕‖ n. 〔复〕身体的主要器官②要害/**vitally** ad.

vitality [vai'tæliti] n. ①活力，生命力②维持力

vitalize ['vaitəlaiz] v. 赋以生命力，赋予生机

vitamin ['vaitəmin] n. 维生素，维他命

vitiate ['viʃieit] v. ①使堕落，败坏〔Bad company has vitiated his character. 与坏人在一起使他堕落。〕②使失效/**vitiation** n.

vitreous ['vitriəs] a. 玻璃的，玻璃质的，玻璃状的〔vitreous china 玻璃瓷〕

vitrify ['vitrifai] v. 成玻璃或玻璃状物体

vitriol ['vitriəl] n. ①硫酸②硫酸盐〔Green vitriol is iron sulfate. 绿矾是硫酸铁。〕

vitriolic [,vitri'olik] a. ①硫酸的，由硫酸得来的②尖刻的，辛辣的，讽刺的〔vitriolic talk 尖刻的谈话〕

vituperate [vi'tju:pəreit] v. 漫骂，咒骂，辱骂/**vituperation** n. /**vituperative** a.

vivacious [vi'veiʃəs] a. 有生气的，快

活的，活泼的/**vivaciously** ad. /**vivaciousness** n.

vivacity [vi'væsiti] n. 活泼，快活，高兴，有生气，轻松愉快

vivid ['vivid] a. ①鲜艳的，强烈的〔vivid colors 鲜艳的颜色〕②生动的，清晰的〔a vivid imagination 生动的想像力 a vivid description 生动的描写〕③有生气的，活泼的〔a vivid personality 活泼的性格〕/**vividly** ad. /**vividness** n.

vivify ['vivifai] v. 使发生，使生动，使活泼

vocabulary [və'kæbjuləri] ① 词汇〔Bob's vocabulary is large. 鲍勃的词汇量很大。〕②词汇表

vocal ['vəukəl] a. ①有声的，使用嗓音的，歌唱的，用语言表达的〔the vocal cords 声带 vocal music 声乐〕②发嗓音的，畅所欲言的，直言无忌的〔She was very vocal in the fight for women's rights. 她在妇女权力的斗争中畅所欲言。〕/**vocally** ad.

vocalize ['vəukəlaiz] v. 用嗓音发声，说，唱

vocation [vəu'keiʃən] n. 行业，职业〔He found his vocation in social work. 他以社会工作作为职业。〕/**vocational** a.

vociferous [vəu'sifərəs] a. 叫喊的，吵闹的，大事声张的〔a vociferous crowd 吵闹的人群 vociferous complaints 大吵大闹的抱怨〕

vogue [vəug] ①时髦，流行〔Powdered wigs were in vogue in the 18th century. 十八世纪流行有装饰的假发。〕②风行〔Folk singers have had a great vogue in recent years. 民间歌手近年来很风行。〕

voice [vɔis] n. ①说话声音②发音能力，发声能力〔She lost her voice in terror. 她惊恐地说不出话来。〕③（转义）声音〔the voice of the sea 大海的波涛声 the voice of one's conscience 良心的呼声〕④发言权〔Each voter has a voice in the government. 每个投票人在政府中都有发言权。〕⑤表达，表露〔to give voice to one's opinion 表达意见〕⑥嗓音〔He has a fine voice for radio. 他具有广播员的嗓音。She has a soprano voice. 她有着女高音的嗓子。⑦语态 ‖ v. ①(用言语)表达,吐露②使变成浊音/**voiceless** a.

void 〔 void a. ①空无所有的,空的,无人担任的〔A vacuum is a void space. 真空是空无所有的空间。〕②没有的,缺乏的〔a heart void of kindness 不善良的心〕③无效的,作废的〔The contract is void. 契约是无效的。〕‖ n. ①空处,空间,真空,空位〔The craters of the moon are huge voids. 月球的火山口是大空处。〕②空虚感〔Bill's departure for the army left a void in our club. 比尔离开去参军使我们俱乐部产生一种空虚感。〕‖ v. ①使空出,退出②③无效,取消〔to void an agreement 取消协议〕/**voidable** a.

volatile 〔'voletail〕a. ①易挥发的,易散发的〔Alcohol is a volatile liquid. 酒精是易挥发液体。〕②易变的,反复无常的

volcanic 〔vol'kænik〕a. ①火山的,由火山构成的〔volcanic rock 火山岩〕②火山似的,猛烈的,暴烈的〔a volcanic temper 暴躁易怒的脾气〕

volcano 〔vol'keinəu〕n. ①火山②火山口〔volcanoes, volcanos〔复〕

volley 〔'voli〕n. ①群射,挑枪射击②群射出的子弹或箭④③齐发,连发,迸发〔a volley of oaths 一连串的发誓〕④截击(指球落地前即回击)‖ v. ①进行群射②截击

volleyball 〔'volibo:l〕n. ①排球运动②排球

voltage 〔'vəultidʒ〕n. 电压

voltmeter 〔'vəult₁mi:tə〕n. 伏特计,电压表

voluble 〔'voljubl〕a. 滔滔不绝的,健谈的/**volubility** n. /**volubly** ad.

volume 〔'volju:m〕n. ①书籍〔You may borrow four volumes at a time. 你一次可以借四本书。〕②卷,册〔volume III of the encyclopedia 百科全书第三卷〕③容积,容量,体积④大量,许多〔a large volume of sales 大量销售〕

voluminous 〔və'lju:minəs a. ①著作多的,多卷的〔the voluminous works of Dickens 狄更斯的大量著作〕②庞大的,宽大的,丰满的〔a voluminous skirt 宽大的裙子〕

voluntary 〔'volantari a. ①自愿的,志愿的〔voluntary workers 自愿工作者 voluntary gifts 自愿给的礼物〕②由主观意志所控制的〔voluntary muscles 随意肌〕/**voluntarily** ad.

volunteer 〔₁volon'tiə〕n. 自愿参加者,志愿兵,义勇兵 ‖ a. 自愿参加的,自愿的〔a volunteer regiment 志愿团〕‖ v. ①自愿〔He volunteered some information. 他自愿提供一些信息。〕②当志愿兵〔The soldier volunteered for service overseas. 那个士兵自愿去海外部队当兵。

voluptuary 〔və'lʌptjuəri〕n. 骄奢淫逸的人

voluptuous 〔və'lʌptjuəs a. 骄奢淫逸的,贪图酒色的〔a voluptuous feast 大吃大喝的宴会〕/**voluptuousness** n.

vomit 〔'vomit〕v. ①呕吐②喷出〔The cannons vomited smoke and fire. 大炮喷出烟和火。〕‖ n. 呕吐物

voracious 〔və'reiʃəs a. ①狼吞虎咽的,贪吃的②贪婪的,贪得无厌的〔a voracious reader 求知欲很强的读者〕/**voraciously** ad. /**voracity** 〔və'ræsiti〕n.

vortex 〔'vo:teks〕n. 旋涡,旋风/**vortexes, vortices** 〔'vo:tisi:z〔复〕

vote 〔vəut〕n. ①选举,表决②选票,票〔to count the votes 数选票〕③投票总数〔A heavy vote is expected. 期待得很高票。〕④赞同的表示〔I call for a vote. 我建议投票表决。〕⑤选举权,选举权 ‖ v. ①投票,表决〔For whom did you vote? 你投票选谁?〕②投票决定,投票选举,投票通过〔Congress voted new taxes. 国会投票决定新税收。〕③公认〔口〕建议〔I vote we leave now. 我建议现在离开。〕

voter 〔'vəutə〕n. 选举人,投票人,有投票权者

vouch 〔vautʃ〕v. 担保,保证,证明,作证

voucher ['vautʃə] n. ①证件,证书,收据②担保人,保证人,证人

vouchsafe [vautʃ'seif] v. 赐予,给予〔He did not vouchsafe an answer. 他没给答复。〕

vow [vau] n. 誓,誓约,誓言〔marriage vows 结婚誓言〕‖ v. ①立誓,起誓〔He vowed to love her always. 他起誓永远爱她。〕②发誓〔He vowed that he had never heard such a racket. 他发誓他从未听到过这样的吵闹声。〕

vowel ['vauəl] n.①元音②元音字母

voyage ['vɔiidʒ] n. ①航海〔an ocean voyage 远洋航行〕②航空〔a voyage by rocket into outer space 乘火箭到太空旅行〕‖ v. 航海,航空,航行/**voyager** n.

vulgar ['vʌlgə] a.①粗俗的,庸俗的,卑下的〔a vulgar joke 低级的笑话〕②平民的,普通的〔The Italian language developed from Vulgar Latin. 意大利语从通俗拉丁文发展而来。〕/**vulgarly** ad.

vulgarism ['vʌgərizəm] n. 粗俗语

vulgarity [vʌl'gæriti] n.①粗俗,粗鄙②粗野行为,粗野习惯,粗俗语

vulgarize ['vʌlgəraiz] v. 使庸俗化

vulnerable ['vʌlnərəbl] a.①易受伤的,易受攻击的〔The wolf looked for a vulnerable spot into which to sink his fangs. 狼寻找一个容易咬的地方。〕②易受责难的,敏感的〔A vain person is vulnerable to criticism. 自负的人对批评很敏感。〕/**vulnerability** n.

vulture ['vʌltʃə] n.①秃鹫,坐山雕,狗头雕②贪得无厌的人,残酷的人

𝒲 w 𝐖 w

W, w [ˈdʌblju:] 英语的第二十三个字母/ **W's, w's** [ˈdʌblju:z] [复]

wad [wɔd] n. ①软物的小块[a wad of cotton 一小块棉花]②一小块[a wad of chewing gum 一口口香糖]③炮塞‖v. 把…卷成一卷或一团，把…搓成小块[to wad paper in a ball 把纸搓成球]②(用填料)填塞

waddle [ˈwɔdl] v. (鸭等) 摇摇摆摆地走‖n. 蹒跚/**waddler** n.

wade [weid] v. ①趟(河)，涉(泥水)②费力地进行[to wade through a long, dull report 费力地阅读一个枯燥冗长的报告]③费力地前进[to wade a stream 费力过河]/**wade in, wade into** [口] 精神饱满地开始

wafer [ˈweifə] n. ①薄脆饼②圣饼③薄片糖果④干胶片(用于封信或文件等)

waft [wɑ:ft] v. 飘浮，飘荡[Cooking odors were wafted through the hallway. 从大厅行道飘来做饭的味道。]‖n. ①一阵味，一阵声音②一阵风③飘动

wag [wæg] v. 摇，摆摇，摇动[The dog wagged its tail. 狗摆动着尾巴。]‖n. ①摇摆，摆动②好说笑话的人

wage [weidʒ] v. 开展，进行[to wage war 进行战争]‖n. [常用复]①工资②报应，报答["The wages of sin is death." "罪恶的代价是死亡。"]

wager [ˈweidʒə] n. 赌注，赌物‖v. 押(赌注)

waggery [ˈwægəri] n. 玩笑，大笑话

waggish [ˈwægiʃ] a. ①滑稽的，诙谐的，幽默的②恶作剧的，开玩笑的[a waggish remark 开玩笑的话]

waggle [ˈwægl] v. 来回摇动，来回摇摆‖n. 摇动，摆动

wagon [ˈwægən] n. 运货车

waif [weif] v. ①无家可归者，流浪儿②迷路的动物

wail [weil] v. ①恸哭，号啕②呼啸[The wind wailed in the trees. 风在树丛中呼啸。]‖n. 恸哭声，号啕声，呼啸声/**wailer** n.

wainscot [ˈweinskət] n. ①护壁板②(装饰与上部不同的)房间墙壁下部‖v. 用护壁板装饰

waist [weist] n. ①腰，腰部②衣服的上身或腰身部分③紧身胸衣④腰围，腰身部分⑤中间细的部分[the waist of a violin 小提琴的腰部]

waistline [ˈweistlain] n. ①腰线，腰围②腰身部分

wait [weit] v. ①等待，等[Wait for the signal. 等信号。]②延缓[Let it wait till next week. 把那事搁到下星期再做。]③伺候(进餐)[She waits table at the inn. 她在那家饭店当招待。]④期待[I'm waiting my chance. 我在等待机会。]⑤[口] 推迟(进餐)[We'll wait dinner for you. 我们等你吃饭。]‖n. 等待，等待的时间[We had an hour's wait for the train. 我们等火车等了一个小时。]/**lie in wait** 埋伏着等待/**wait on, wait upon** ①服侍(某人)②招待(顾客)[to wait on customers 招待顾客]③晋谒，谒见

waiter [ˈweitə] n. ①侍者，服务员②等候

者

waiting ['weitiŋ] a. 等待的,服侍的,伺候的‖n. 等候,服侍,等待期间/in waiting 侍奉地位高的人的〔a lady in waiting to the queen 侍奉皇后的女子〕

waive [weiv] v.①放弃②推迟〔to waive a question 推迟一个问题〕

waiver ['weivə] n. 自动放弃,弃权,弃权声明书〔to sign a waiver of all claims after an accident 事故后签放弃所有要求的声明书〕

wake¹ [weik] v.①唤醒,醒来,醒着〔Wake up! 醒一醒! Time to wake your sister! 该叫醒你妹妹了!〕②使活跃,变活跃,激发,引起〔His cruelty woke our anger. 他的残酷激起我们的气愤。〕③警觉,认识到〔to wake to a danger 认识到危险〕‖n.〔葬礼前的〕守夜,守灵

wake² [weik] n.①(船的)尾波,航迹②痕迹〔The storm left wreckage in its wake. 风暴过后留下了残骸。〕/in the wake of 紧接

wakeful ['weikful] a.①不眠的,警觉的〔wakeful guards 警觉的卫兵〕②失眠的〔a wakeful night 不眠之夜〕/wakefulness n.

waken ['weikən] v. 醒来,睡醒,觉醒,使振奋,激发

walk [wɔːk] v.①走,步行,散步〔Walk, do not run to the nearest exit. 走到最近的出口处,不要跑。〕②走过,走遍,沿着…走〔I walk this path twice a day. 我一天沿着这条路走两次。〕③使走④陪着走〔I'll walk you home. 我陪你走回家的路程〕⑤(棒球)投四坏球后让(击球手)上垒〔The pitcher walked three men. 投手让三个人上垒。〕‖n.①走,步行,散步〔an afternoon walk 下午散步〕②走步的姿势〔We knew her by her walk. 我们从她走路的样子认出她。〕③走道,人行道〔The park has gravel walks. 公园有砾石道。〕④走的路程〔an hour's walk 一小时的路程〕⑤(棒球)四坏球保送上垒/walk of life 生活方式,行业,阶层〔people of all walks of life 各界人士〕/walker n.

walkie-talkie ['wɔːki'tɔːki] n. 背负式步谈机,步话机

wall [wɔːl] n.①墙,围城〔a stone wall around the town 石头城墙〕②(形状如墙的)东西〔the walls of the chest 胸壁〕‖v.①(用墙)围住,分隔〔to wall off an unused room 隔出一个闲房间〕②堵塞〔The windows have been walled up. 窗户都堵上了。〕/go to the wall 失败

wallet ['wɔlit] n.(放钞票等的)皮夹子

walleyed ['wɔːlaid] a.①有大而闪光的眼睛的②白眼的

wallop ['wɔləp] v.[口]①猛击,痛打②击溃,打败‖n. 重击,猛击力

wallow ['wɔləu] v.①(猪等在泥中)打滚②沉迷,纵乐〔to wallow in riches 沉迷于财富〕‖n. 动物打滚的地方

wallpaper ['wɔːlˌpeipə] n. 糊墙纸/v. 糊墙纸

walnut ['wɔːlnʌt] n.①胡桃②胡桃树③胡桃木

walrus ['wɔːlrəs] n. 海象

waltz [wɔːlts, wɔːls] n.①华尔兹舞②圆舞曲/v. 跳华尔兹舞

wan [wɔn] a.①苍白的,无血色的〔a wan complexion 苍白的面色〕②病态的,有愁容的,有倦容的〔a wan smile 惨淡的笑容〕

wand [wɔnd] n. 魔杖

wander ['wɔndə] v.①漫游,闲逛,漫步,徘徊〔to wander about a city 在市内徘徊〕②迷路〔The ship wandered off course. 船迷失了航向。The speaker wandered from his subject. 发言人离题了。〕/wanderer n.

wane [wein] v.①变小,变弱,变暗淡〔The moon waxes and wanes. 月盈月亏。The actor's fame waned as he grew older. 那个演员越老名声越小了。〕②消逝〔The day is waning. 一天快过去了。〕/on the wane 日益衰落,逐渐衰弱

want [wɔnt] v.①想,想要〔Do you want dessert? 你要甜食吗?〕②需要,应该

〔Your coat wants mending. 你的上衣需要补。〕③想见，想和…谈〔Your mother wants you. 你妈想见你。〕④通缉〔The man is wanted by the police. 那个人被警察局通缉。〕⑤缺少，欠缺〔It wants two minutes of noon. 差两分钟中午十二点。〕⑥贫困〔Waste not, want not. 不浪费，不缺乏。〕‖ n. ①缺少，需要〔to starve for want of food 由于缺粮而饥饿〕②贫困〔a family in want 贫困的家庭〕③欲望

wanting ['wɒntiŋ] a. ①没有的，缺少的〔Two forks are wanting in this set. 这一套餐具缺两个叉子。〕②不够格的〔given a chance and found wanting 给了机会，发现不达标准〕‖ prep. 缺〔The fund is wanting $ 500 of the goal set. 基金离规定的目标差五百美元。〕

wanton ['wɒntən] a. ①放纵的，任性的，胡乱的〔the wanton killing by the Nazis 纳粹胡乱杀人〕②不负责任的〔wanton disregard of the law 无视法律〕③淫乱的〔a wanton woman 淫荡的女人〕④爱玩的，嬉闹的，任性的〔wanton breezes 飘忽不定的微风〕‖ n. 荡女/**wantonly** ad.

war [wɔː] n. ①战争②任何种类的斗争〔the war against disease and poverty 同疾病和贫困所作的斗争〕③战斗〔a general skilled in modern war 精通现代战术的将军〕‖ v. 进行战争

warble ['wɔːbl] v. 用柔和的颤音唱歌，(鸟) 啭鸣着唱‖ n. 啭鸣，颤声的歌唱，颤音

ward [wɔːd] n. ①由(监护人或法院)监护的人②病房，病室〔the children's ward 儿童病房〕③行政区，选区‖ v.〔古〕保护，守卫/**ward off** 挡住，避开〔to ward off a blow，a disaster etc. 避开拳击、疾病等〕

-ward 〔后缀〕表示"向…的"

warden ['wɔːdn] n. ①看守人，保管员，管理员，监察人〔a game warden 渔猎监督官〕②监狱长，看守长

warder ['wɔːdə] n. 看门人，门警

wardrobe ['wɔːdrəub] n. ①衣柜，衣橱②全部服装〔a spring wardrobe 春装

-wards 〔后缀〕同-ward

ware [wɛə] n. ①商品②瓷器〔dishes of fine white ware 白细瓷盘子〕

warehouse ['wɛəhaus] n. 仓库，货栈

warfare ['wɔːfɛə] n. 战争，冲突

warhead ['wɔːhed] n. 弹头

warily ['wɛərili] ad. 谨慎地，小心翼翼地，警惕地

warlike ['wɔːlaik] a. ①好战的〔a warlike general 好战的将军〕②战争的〔a warlike expedition 军事远征〕③有战争危险的〔a warlike editorial 一篇充满火药味的社论〕

warm [wɔːm] a. ①暖和的，温暖的，暖热的，保暖的〔warm weather 暖和的天气〕②使暖和的〔Chopping wood is warm work. 劈柴是使人暖和的活。〕③保暖的〔a warm coat 暖和的上衣〕④激烈的，兴奋的，热情的〔a warm argument 激烈的争论〕⑤富于同情心的，热心的〔warm friends 热心的朋友〕⑥(使想起)温暖的〔Yellow and orange are warm colors. 红色和橙色是暖色。〕⑦〔口〕即将接近的，快要找到的‖ v. ①使暖和，变暖和〔Warm yourself by the fire. 烤火取暖。〕②使感兴趣，使兴奋，热心〔Your kind words warmed my heart. 你的热情的话使我感到温暖。〕/**warm up** ①使暖和，变暖和，加热，重新加热②作热身运动/**warmly** ad. / **warmness** n.

warm-blooded ['wɔːm'blʌdid] a. ①热血的②热情的

warmhearted ['wɔːm'hɑːtid] a. 热情的，亲切的

warmth [wɔːmθ] n. ①暖和，温暖，暖热〔the sun's warmth 太阳的温暖〕②热情，生气，热心，激动〔to reply with warmth 激动地回答〕

warn [wɔːn] v. ①警告，告诫〔I warned him not to play with matches. 我告诫他不要玩火柴。〕②预先通知〔He signaled to warn us that he would turn. 他打信号预先通知我们他会转过去。〕

warning ['wɔːniŋ] n. 警告，告诫，前兆〔Pain in the body is a warning of trouble.

身体的疼痛是生病的前兆。

War of American Independence 美国独立战争

warp [wɔːp] v. ①使翘起，弄弯，弄歪〔Rain and heat had warped the boards. 雨和热使木板弯翘。〕②歪曲，使…不正常〔Bad companions had warped his character. 不好的同伴把他的性格带坏了。〕‖ n. ①弯曲，歪斜②偏差，偏见③(纺织物的)经线

warrant ['wɔrənt] n. ①(正当)理由〔He has no warrant for such a belief. 他没有理由有这样的信念。〕②证明，保证〔His wealth is no warrant of happiness. 他的财富并不能保证幸福。〕③授权证，许可证〔The police must have a warrant to search a house. 警察必须有搜查证才能搜查住宅。〕‖ v. ①使有理由，成为…的理由〔Her good work warrants our praise. 她优异的工作值得我们表扬。〕②授权给，批准〔His arrest was not warranted. 没批准逮捕他。〕③保证，提保〔This appliance is warranted. 保证这种器具的质量。〕④〔口〕确信，肯定〔I warrant he'll be late. 我确信他会迟到。〕

warren ['wɔrin] n. 养兔场

warship ['wɔːʃip] n. 军舰，战舰

wart [wɔːt] n. ①疣，肉赘②树瘤

wartime ['wɔːtaim] n. 战时

wary ['wɛəri] a. ①警惕的，谨慎的〔a wary patrol 警惕的巡逻兵〕②谨防的，惟恐的〔a wary look 谨慎的面孔〕**/wary of** 留意

was [wɔz, wəz] be 的过去式，用于第一和第三人称单数

wash [wɔʃ] v. ①洗，洗涤〔to wash one's hands 洗手〕②洗衣服〔She washes on Monday. 她星期一洗衣服。〕③洗去，清洗〔Wash the dirt off your hands. 把你手上的泥垢去。The bridge was washed out. 桥梁被冲垮了。〕④冲蚀〔The flood washed out the road. 洪水冲垮了公路。〕⑤冲上，(海水等)拍打〔The sea washed the shore. 海水拍打海岸。〕⑥以水洗去〔The miners

washed the gravel for gold. 矿工用水冲洗沙砾淘金。〕⑦镀…于〔silverware washed with gold 镀金的银器〕⑧洗刷®耐洗〔Good muslin washes well. 好平纹细布很耐洗。〕‖ n. ①洗，洗涤〔Your car needs a wash. 你的汽车需要冲洗一下。〕②洗的衣物〔to hang out a wash 晾洗好的衣服〕③冲击声，冲击〔the wash of the waves 波涛的拍打声〕④旋涡(在空气中引起的)激荡⑤用于特殊目的的液体〔a mouth wash 漱口剂 a hair wash 洗发剂〕⑦(漆或金属的)涂层⑧稀薄的汤⑨冲积物〕**/wash down** (用水等)吞下，咽下

washable ['wɔʃəbl] a. 可洗的

washedout ['wɔʃt'aut] a. ①褪色的②〔口〕筋疲力尽的，面容苍白的

washer ['wɔʃə] n. ①洗涤器，洗衣机〔an automatic clothes washer 自动洗衣机〕②垫圈〔洗衣人，洗刷人〔a car washer 刷车人〕

washing ['wɔʃiŋ] n. ①洗，洗涤②洗的衣物‖ a. 洗衣用的〔a washing machine 洗衣机〕

washout ['wɔʃaut] n. ①(道路等的)冲坏部分②〔俚〕大败，惨败

wasp [wɔsp] n. 黄蜂，蚂蜂

waspish ['wɔspiʃ] a. ①黄蜂的，黄蜂似的②易怒的，暴躁的

wastage ['weistidʒ] n. 浪费，漏失

waste [weist] v. ①浪费〔to waste money or time 浪费钱或者时间〕②未充分利用〔She wasted her chance for an education. 她错过了受教育的机会。〕③消耗，使荒废〔soil wasted away by erosion 侵蚀冲掉的土壤〕④衰弱⑤蹂躏，损毁〔Swarms of locusts wasted the fields. 成群的蝗虫蹂躏了田地。〕‖ n. ①浪费，损耗〔Prevent waste by using less. 通过少使用来防止浪费。〕②废物，垃圾〔Sewers carry away waste. 下水道排除废物。〕③棉或羊毛线头(用于擦机器)④粗地‖ a. ①(土地)荒芜的，荒瘠的②废弃的，无用的〔waste paper 废纸〕③排除废物的，盛放

废物的〔waste pipes 排除废物的管道〕/ **go to waste** 浪费掉/**lay waste** 损毁，蹂躏/**waster** n.

wasteful 〔'weistful〕 a. 浪费的，挥霍的〔a wasteful person 挥霍的人 wasteful practices 浪费的作法〕/**wastefully** ad.

watch 〔wɔtʃ〕 v. ①注视，观看〔We watched the sun setting. 我们看日落。〕②注意，监视〔I've watched his career with interest. 我感兴趣地注意着他的事业。〕③照管，看守〔The shepherd watched his flock. 牧羊人看守羊群。〕④护理，守护⑤守候，等候〔Watch for the signal. 等候信号。〕⑥小心，警惕〔Watch that you don't drop the plate. 小心不要把盘子掉了。〕‖ n. ①守护，照管，留心〔The dog keeps watch over the house. 狗守护房子。〕②看守人，警卫队员③值班〔His watch is finished. 他值班完毕了。〕④手表，怀表⑤（船上的）值班时间（每班四小时）⑥值班的船员 /**on the watch** 留神，戒备着/**watch out** 提防，戒备/**watcher** n.

watchword 〔'wɔtʃwəːd〕 n. ①暗语，口令②口号，标语

water 〔'wɔːtə〕 n. ①水②waters 水体（指渠、河、湖或海洋）③像水或有水的液体〔water from a blister 水疱的水 soda water 苏打水〕④透明度〔a diamond of the first water 最好的钻石〕⑤（织物或金属面的）光泽，波纹‖ v. ①供给…饮水〔to water a horse 饮马〕②在…上浇水〔to water a lawn 浇草坪〕③在…中掺水，冲淡〔to water milk 在牛奶中掺水〕④流泪〔The onion made her eyes water. 洋葱辣得她流泪。〕⑤流口水〔The smell made his mouth water. 那味道使得他流口水。〕⑥使有波纹〔watered silk 有波纹的丝绸〕‖ a. ①水的,用水的〔water pipes 水管〕②水中的,水上的〔water sports 水上运动〕③水生的,生长在水边的〔water plants 水生植物〕/**by water** 乘船/**waterless** a.

water bird 水鸟,水禽

watercourse 〔'wɔːtəkɔːs〕 n. ①水流，河②水道,河床

water cress 水田芥

waterfall 〔'wɔːtəfɔːl〕 n. 瀑布

waterfowl 〔'wɔːtəfaul〕 n. 水鸟,水禽

waterlogged 〔'wɔːtəlɔgd〕 a. 浸透水的

water main 总水管

waterman 〔'wɔːtəmən〕 n. ①船工，船夫,船家②划手

watermelon 〔'wɔːtəˌmelən〕 n. 西瓜

waterproof 〔'wɔːtəpruːf〕 a. 不透水的，防水的‖ v. 使不透水,使防水

watershed 〔'wɔːtəʃed〕 n. ①分水岭②流域

waterside 〔'wɔːtəsaid〕 n. 水边,河畔,湖岸,海滨

waterski 〔'wɔːtəskiː〕 v. 用滑水橇滑行,滑水

watertight 〔'wɔːtətait〕 a. ①不漏水的,水密的〔a watertight hatch on a ship 船上不漏水的舱〕②严密的,无懈可击的〔a watertight plan 严密的计划〕

waterway 〔'wɔːtəwei〕 n. ①水路,②航道

waterworks 〔'wɔːtəwəːks〕 n. 〔复〕①供水系统②自来水厂

watery 〔'wɔːtəri a. ①水的〔the fish in his watery home 在水中生存的鱼〕②充满水的〔watery soil 水分甚多的土壤 watery eyes 泪汪汪的眼睛〕③像水的④淡的,乏味的〔watery soup 清水般的汤〕

watt 〔wɔt〕 n. 瓦(特)

wattle 〔'wɔtl〕 n. ①（火鸡、鸡等的）垂肉②枝条构架‖ v. ①编枝条②以枝条作

wave 〔weiv〕 v. ①波动,飘扬,飘动〔The flag waved in the breeze. 旗子迎风飘扬。〕②挥手,挥手示意〔The crowd waved as he drove past. 他驱车驶过时人群挥手致意。 She waved a good-bye to us. 她向我们挥手告别。〕③使卷曲〔Her hair has waved. 她的头发卷曲着。〕‖ n. ①波,波浪,波涛②波〔a light wave 光波 a sound wave 声波〕③波浪形,卷曲〔Her hair has natural wave. 她的头发自然弯曲。〕④挥手示意,致意⑤激增,高潮〔a crime wave 犯罪剧增 a wave of new settlers 新移民潮〕

waver〔'weivə〕v. ①犹豫不决,动摇〔He never wavered in his decision to study law. 他学习法律的决心从没动摇。〕②颤抖,闪烁〔His voice wavered. 他的声音颤抖。The candlelight wavered. 烛光闪烁。〕‖ n. 抖动,犹豫,动摇

wavy〔'weivi〕a. 起浪的,弯曲的,不稳定的〔wavy hair 弯曲的头发 wavy shadows 晃动的影子〕/**waviness** n.

wax¹〔wæks〕n.①蜂蜡,蜡状物②蜡‖v. 上蜡

wax²〔wæks〕v. ①变大,增加,渐圆②变成,转为〔He began to wax angry. 他开始生气了。〕

waxen〔'wæksən〕a. ①蜡制的〔a waxen candle 蜡烛〕②蜡似的〔his waxen face 他那蜡黄的脸〕

way〔wei〕n. ①道,道路〔an old Roman way 一条古罗马路 a highway 公路〕②通路〔Make way for the king! 给国王让路!〕③路线,路途〔He took the long way home. 他远行回家。〕④路〔You lead the way. 你带路。The wind died and the sailboat slowly lost way. 风停了,航船前进的速度慢了。〕⑤方向〔Go that way. 向那边走去。〕⑥路程〔Come part of the way with me. 和我走一段路。〕⑦方法,手段〔the wrong way to shell peas 脱豆荚的错误方法〕⑧方式〔She smiled in a friendly way. 她友好地微笑。〕⑨习惯,作风〔to study the ways of ants 研究蚂蚁的习性〕⑩意向〔He's happy when he gets his way. 他得到所欲为时很高兴。〕⑪方面,某一点〔a bad idea in some ways 从某些方面看来的坏主意〕⑫〔复〕船台,下水台⑬〔口〕情况,状况〔He's in a bad way. 他的状况不佳。〕‖ ad. 〔口〕远远地,大大地〔way behind in the race 比赛中远远落在后面〕/**by the way** 顺便说说/**by way of** ①经由〔go to Rome by way of Paris 经过巴黎去罗马〕②意在,当作〔He did it by way of showing his thanks. 他做此举表达谢意。〕/**give way** ①让步,屈服②塌陷,倒塌/**in the way** 挡道的/**make one's way**①前进,行进②成功/**out of the way**①不挡道②处理掉③走错路/**under way** 前进

着,进行中

-way〔后缀〕表示"在…方向或位置""以…方式"

wayside〔'weisaid〕n. 路边‖a. 路边的

wayward〔'weiwəd〕a. ①任性的,倔强的②不规则的,反复无常的

we〔wi:〕pron.①〔Here we are! 我们到了! Are we still friends? 我们仍然是朋友吗?〕/〔国王、编辑等用 we, 实际上该用"I"〕〔"We have so ordered," said Queen Victoria. 维多利亚女皇说:"我是这样命令的。"〕

weak〔wi:k a. ①弱的,虚弱的,无力的,软弱的〔weak from illness 由于生病而体弱〕②不耐用的,易折的〔a weak railing 不经用的扶手〕③差的,薄弱的〔weak tea 淡茶〕④对…不精的〔He is weak in arithmetic. 他算术不好。〕/**weakness** n.

weaken〔'wi:kən〕v. 削弱,减弱,使稀薄

weakling〔'wi:kliŋ〕n. 体弱的人,意志薄弱的人

weakly〔'wi:kli〕a. 虚弱的,虚弱的‖ad. 软弱地,虚弱地

weakness〔'wi:knis〕n. ①虚弱,软弱,薄弱②弱点,缺点③嗜好,癖好〔a weakness for pickles 特别喜欢吃泡菜〕

weal¹〔wi:l〕n. 鞭痕,伤痕

weal²〔wi:l〕n. 幸福,福利〔the common weal of the nation 国家的共同福利〕

wealth〔welθ〕n.①财富,财产②大量〔a wealth of ideas 大量的想法〕③值钱的东西

wealthy〔'welθi〕a. 富的,富裕的,丰富的/**wealthy in** 富于〔a home wealthy in love 充满爱的家庭〕

wean〔wi:n〕v. ①使断奶②使放弃,使戒掉

weapon〔'wepən〕n.①武器,兵器②进攻或自卫的工具〔A cat's claws are its weapons. 猫爪子是其进攻的工具。His best weapon was silence. 他最大的本事是沉默。〕

wear [wɛə] v.①穿着、戴,蓄留着〔Wear your coat. 穿着上衣。He wears glasses. 他戴眼镜。How do you wear your hair? 你留什么发型?〕②呈现,显出〔He wore a frown. 他皱眉。〕③磨损,用旧,穿破,用坏〔He wore his jeans to rags. 他把牛仔裤穿得破烂不堪。The water is wearing away the river bank. 水在磨损河岸。〕④磨成,擦成〔to wear a hole in a sock 袜子上洞〕⑤耐穿,耐磨〔This cloth wears well. 这种布耐穿。〕⑥逐渐消逝〔The year wore on. 那年过得很慢。〕‖ n.①穿,戴〔a dress for holiday wear 节日穿的衣服〕②衣服,服装〔men's wear 男装〕③磨损,损耗〔His shoes show a little wear. 他的鞋磨损不大。〕④耐用性〔There's much wear left in that coat. 那件外套还能穿很久。〕/**wear down** ①磨短,磨薄②克服/**wear off** 消失,消退/**wear out** ①穿破,用坏,用旧②疲乏,耗尽/**wearer** n.

wearing [ˈwɛəriŋ] a. 使人疲乏的

wearisome [ˈwiərisəm] a. 使人疲倦的,使人厌烦的

weary [ˈwiəri] a.①疲倦的,困乏的〔weary after a day's work 干完一天的活而感到疲倦〕②厌倦的,不耐烦的〔weary of reading 厌倦读书〕③令人疲倦的〔a weary walk 令人疲倦的散步〕④令人厌倦的,令人厌烦的〔a weary speech 令人厌烦的发言〕‖ v. 使疲乏,使厌烦,疲乏,厌倦/**wearily** ad. /**weariness** n.

weasel [ˈwiːzl] n. 鼬鼠,黄鼠狼

weather [ˈweðə] n. 天气〔winter weather 冬天的天气 good weather for a picnic 野餐的好天气〕‖ v.①度过〔to weather a storm 战胜暴风雨〕②经受风吹雨打,经受日晒夜露〔his weathered face 他那饱经风霜的脸〕③上风的,迎风的〔the weather side of a ship 船的挡风的一边〕/**keep one's weather eye open** [口] 警觉/**under the weather** [口] 不舒服,有点小病

weave [wiːv] v.①织,编〔to weave cloth 织布 to weave a straw mat 编草垫子〕②编制〔to weave grass into a basket 把草编成篮子〕③插入〔She wove flowers into her hair. 她把花插进头发里。〕④编排〔to weave events into a story 把事件编成故事〕⑤(蜘蛛等)结网⑥迂回行进〔a car weaving through traffic 在车辆中曲折穿行的车〕‖ n. 织法,编法,编织式样〔Burlap has a rough weave. 粗麻布是组织。〕/**weaver** n.

web [web] n.①织物,棉网②(蜘蛛等的)网③圈套,一套〔a web of lies 一篇谎言 the web of fate 命运的圈套〕④(鸭、蛙等)手蹼

webbed [webd] a.①有蹼的〔webbed feet 蹼足〕②交织成网状的

webbing [ˈwebiŋ] n.①带子,结实的带状织物②蹼

wed [wed] v.①娶,嫁,与…结婚②使结合〔Science and art are wedded in this project. 在这个项目中科学和艺术结合在一起。〕

wedded [ˈwedid] a.①已结婚的,结婚的②婚姻的〔wedded bliss 婚姻幸福〕③献身的〔He's wedded to his work. 他献身于工作。〕④结合在一起的〔They are wedded by common interests. 共同的利益把他们结合在一起〕

wedding [ˈwediŋ] n.①婚礼,结婚②结婚纪念〔A silver wedding is the 25th wedding anniversary. 银婚是结婚二十五周年纪念。〕

wedge [wedʒ] n.①楔子②楔形,楔形物〔a wedge of pie 楔形的饼〕③引起某种行动或变化的事物〔 〕‖ v.①楔入,劈开②楔牢〔to wedge a door open 把门楔开〕③挤入〔Ten people were wedged into the car. 十个人挤进车里。〕

Wednesday [ˈwenzdi] n. 星期三

weed [wiːd] n. 杂草,野草‖ v.①除草②剔出,清除〔to weed out faded pictures from an album 把相簿上退色的照片除掉〕/**weeder** n.

weeds [wiːdz] n. [复] 丧服

weedy [ˈwiːdi] a.①杂草丛生的②像杂草

的③瘦长的，瘦弱的，丑陋的

week [wiːk] n.①星期，周②工作周 [35-hour week 三十五小时的工作周 a five-day week 每周五天的工作周]

weekday ['wiːkdei] n. 周日，工作日

weekend, week-end ['wiːkend] n. 周末 ∥v. 过周末 [to weekend at home 在家过周末]

weekly ['wiːkli] a.①一周发生一次的 [weekly payments 周薪]②持续一周的 ∥ad. 每周一次，每周 ∥n. 周报，周刊

weep [wiːp] v.①流泪，哭泣②流下 [to weep bitter tears 痛哭]③为…而哭泣，哀悼/**weeper** n./**weepy** a.

weeping ['wiːpiŋ] a.①哭泣的②垂枝的 [a weeping willow 垂柳] ∥n. 哭泣，流泪

weigh [wei] v.①称 [to weigh oneself 称体量]②重若干 [He weighs 126 pounds. 他重一百二十六磅。]③具有重要性 [His good behavior weighs in his favor. 他良好的举止对他极有利。]④称出 [to weigh out two pounds of candy 称出两磅糖 to weigh out justice in a law court 在法庭上权衡公正]⑤掂量，考虑 [to weigh one plan against another 考虑一个计划与另一个计划的优劣]⑥重压 [He is weighed down with worry. 他担心过重。The theft weighs on his mind. 偷窃使他心情沉重。]⑦起(锚)，拔(锚)

weight [weit] n.①重②重量 [What is your weight? 你体重多少？]③砝码，称砣 [Put the two ounce weight on the balance. 把两盎司的砝码放在天平上。]④重物 [to lift weights for exercise 举重锻炼 a paper weight 镇纸]⑤重量单位，衡量制⑥重压，负担⑦重要，影响 [a matter of great weight 重大的事件]∥v.①加重量于②重压 [He is weighted down with sorrow. 他悲痛万分。]

weightless ['weitlis] a. 无重量的，失重的 [Astronauts are weightless on flights to the moon. 宇航员在月球航行中是失重的。]

weighty ['weiti] a.①重的②累人的，繁重的 [weighty responsibilities 重任]③重大的，重要的 [a weighty problem 重大的问题]

welcome ['welkəm] a.①受欢迎的 [a welcome guest 受欢迎的客人 welcome news 好消息]②可随便享用的，可任意的 [You're welcome to use our library. 你可以随意使用我们的图书馆。]③任何不约束的，无任何义务的 ∥n. 欢迎，款待 [We'll give him a hearty welcome. 我们衷心地欢迎他。] ∥v. 欢迎 [I welcome your advice. 欢迎你的劝告。] ∥int. 欢迎 /**wear out one's welcome** 拜访过勤或停留过久而使人讨厌

weld [weld] v.①熔接，焊接②结合 [The boys were welded in friendship. 男孩们结成友谊。]③可焊接，可熔接 [This metal welds easily. 这种金属很容易熔接。] ∥n.①熔接②熔接的接头/**welder** n.

welfare ['welfeə] n. 健康，幸福，福利/**on welfare** 接受救济的

well¹ [wel] n.①泉②井③源泉，来源 [The book is a well of information. 书是信息的来源。]④井孔 (以安设楼梯或电梯)⑤盛放液体的容器 (如墨水池等) ∥v. 流出，喷出 [Pity welled up in her. 她产生怜悯之心。]

well² [wel] ad.①好，很好 [The work is going well. 工作进行得很好。 Treat him well. 好好招待他。 She sings well. 她唱歌好。]②舒服甚多地 [to live well 生活富裕]③有理由地 [You may well ask for mercy. 你有理由求宽恕。]④很好地 [well advanced 非常先进]⑤确定地，无疑地 [You know perfectly well that he did it. 你十分清楚他做了这件事。]⑥彻底地，充分地 [Stir it well. 搅拌一搅。]⑦详细地，周全地 [I know him well. 我非常了解他。]⑧完全地，适当地 [well-fed 营养充分的 well-worn 十分破旧的] ∥a.①健康的②令人满意的 [Things are well with us. 我们的事情很顺利。]③恰当的，可取的，顺利的 [It is well that you

came. 幸好你来了。 ‖ *int.* (表示惊讶）
咳，(表示懊悔）好啦，（表示同意）好
吧 /**as well** ①以外②也，同样地/**as well
as** ①同样安②除…外

wellborn ['wel'bɔːn] *a.* 出身名门的

well-bred ['wel'bred] *a.* 有教养的，有
礼貌的

well-done ['weldʌn] *a.* ①做得好的②
完全煮熟的〔a well-done steak 全熟的牛
排〕

well-fed ['wel'fed] *a.* 营养充足的，丰满
的，肥胖的

well-grounded ['wel'graundid] *a.* ①
基础好的②有充分根据的

well-informed [welin'fɔːmd] *a.* ①博
识的〔well-informed on music 精通音乐〕
②消息灵通的

well-known ['welnəun] *a.* ①著名的②
熟知的

well-mannered ['wel'mænəd] *a.* 举止
得体的，有礼貌的

well-meaning ['wel'miːniŋ] *a.* 善意
的，好心的

wellspring ['welspriŋ] *n.* ①泉源，水源
②来源

well-worn ['wel'wɔːn] *a.* ①十分破旧的
〔a well-worn sweater 十分破旧的毛衣〕②
用得太多的，陈腐的〔a well-worn joke 陈
旧的笑话〕

welt [welt] *n.* ①贴边，沿条②鞭痕，条痕
‖ *v.* ①加贴边②鞭打

welter ['weltə] *v.* ①滚，打滚〔The pigs
weltered in the mud. 猪在泥里打滚。〕②
浸，浸湿，染污〔to welter in blood 浸于血
泊之中〕 ‖ *n.* ①起伏，翻腾②混乱

were [wəː] be 的过去式

west [west] *n.* ①西，西方②西部〔the
West 美国西部〕③West 西方，欧美 ‖ *a.*
①西方的，西部的，朝西的〔the west side
of the house 房子的西面 〕②从西方来的
〔a west wind 西风〕③West 西部的 ‖ *ad.*
在西方，向西方〔"Go west, young man."
"向西走，年青人。"

westerly ['westəli] *a. & ad.* ①向西方
（的)②从西方的

western ['westən] *a.* ①西的，朝西的
〔the western sky 西方的天空 〕②来自西
方的〔a western wind 西风〕③Western 西
方的 ‖ *n.* 西部电影，小说等

westerner ['westənə] *n.* 西方人〔A n-
ative of the West is called a Westerner. 西
方的居民叫西方人。〕

westward ['westwəd] *a. & ad.* 向西(的)

wet [wet] *a.* ①湿的〔Wipe it off with a wet
rag. 用块湿布把它擦掉。〕②下雨的，多
雨的〔a wet day 下雨天〕③未干的〔wet
paint 未干的油漆〕④允许卖酒的〔a wet
town 不禁酒的城镇〕 ‖ *n.* 水分，雨，潮湿
〔He's out there working in the wet. 他冒雨
在外面干活。〕 ‖ *v.* 把…弄湿，变湿〔He
wet his lips 他把嘴唇舔湿。〕/**wetness**
n.

whale [hweil] *n.* 鲸 ‖ *v.* 捕鲸

whaler ['hweilə] *n.* 捕鲸船②捕鲸者

whaling ['hweiliŋ] *n.* 捕鲸

wharf [hwɔːf] *n.* 码头，停泊处 ‖
wharves, wharfs 复

what [hwɔt] *pron.* ①什么〔What is that
object? 那个东西是什么? What did he
ask you? 他问你什么? What is your ad-
dress? 你住在哪儿?〕②所…的事物或人
〔I heard what he said. 我听到他说的
话。〕 ‖ *a.* ①什么〔What dog is your favor-
ite? 你最爱吃什么狗? I know what cook-
ies you like. 我知道你喜欢什么甜点心。〕
②尽可能多的〔Borrow what books you
need. 借你所需要的所有的书。〕③多么，
何等〔What nonsense he's talking! 真是胡
说八道啊呀!〕 ‖ *ad.* ①到何等程度〔What
does it help to complain? 抱怨有什么用
呢?〕②一部分由于〔What with song and
games, the hours flew by. 由于有歌声和
游戏，时间过得快。〕 ‖ *conj.* 所…的，任
何的〔Never doubt but what he loves you.
永远不要怀疑他对你的爱。〕 ‖ *int.* (表
示惊讶，气愤等）什么〔What！什么! A-
gain? 什么! 又晚了?〕/**and what not**
诸如此类，等等/**what for** 为何目的，为

什么/**what if** 倘使…将会怎样，即使…又有什么要紧/**what's what** 〔口〕事情的真相

whatever 〔hwɔt'evə〕 pron. ①无论什么，不管什么〔Tell her whatever you wish. 告诉她你想说的事情。〕②无论什么，不管做什么，不要着急〔Whatever you do, don't hurry. 无论做什么，不要着急。Whatever can it be? 究竟能是什么?〕‖ a. ①任何的〔I have no plans whatever. 我什么计划也没有。〕②不管什么样的〔Whatever game we play, I never win. 我们不管玩什么游戏，我总赢不了。〕

wheat 〔hwiːt〕 n. ①小麦②麦粒

wheel 〔hwiːl〕 n. ①轮，车轮②车轮〔a wagon wheel 马车车轮〕②轮状物〔the steering wheel of a car 汽车的方向盘 a spinning wheel 手纺车〕③〔口〕自行车④〔常用复数〕原动力，机器〔the wheel of progress 进展的动力〕‖ v. ①推动〔to wheel a grocery cart 推购货车〕②旋转，转变方向〔The deer wheeled to face the dogs. 鹿转过身面对着狗。〕/**at the wheel** 把舵

wheeze 〔hwiːz〕 v. ①喘息，哮喘②呼哧呼哧地响〔The old organ wheezed. 旧风琴呼哧呼哧地响。〕‖ n. 喘气声，喘息声/**wheezy** a.

when 〔hwen〕 ad. 什么时候，何时〔When did he leave? 他什么时候走的?〕‖ conj. ①什么时候〔They told us when to eat. 他们告诉我们什么时候吃饭。〕②当…时〔The rooster crowed at six, when the sun rose. 公鸡六点叫，那时太阳升起。〕③在那时〔When I was your age, I couldn't swim. 我像你这么大时不会游泳。〕④虽然〔He's reading when he might be playing. 他虽然可以玩，但是他在读书。〕⑤与其〔How can we finish, when you don't help? 如果你不帮忙，我们怎么能完成呢?〕‖ pron. 什么时候〔Until when will you be here? 你在这儿能呆到什么时候?〕

whenever 〔hwen'evə〕 conj. 每当，无论何时〔Visit us whenever you can. 你什么时候有空，就来看看我们!〕‖ ad. 究竟何时〔Whenever will you stop teasing? 你什么时候能不开玩笑了呢?〕

where 〔hwɛə〕 ad. ①在哪里〔Where is my hat? 我的帽子在哪儿?〕②往哪里〔Where did he go next? 然后他去哪里?〕③在哪一点上〔Where is he at fault? 他错在哪儿?〕④从哪里〔Where did you find out? 你从哪儿发现的?〕‖ conj. ①在哪里〔I know where it is. 我知道它在哪里。〕②在该处，…的地方〔Stay home where you belong. 呆在你该呆的家里。Moss grows where trees are shade. 阴凉的地方长苔藓。〕③往哪里〔We'll go where you go. 我们将要去你去的地方。〕‖ pron. ①哪里〔Where are you from? 你是哪里人?〕②哪里〔a mile to where I live 离我居住的地方一哩〕

whereas 〔hwɛər'æz〕 conj. ①鉴于，因为〔Whereas the club needs more money, we hereby raise the dues. 因为俱乐部需要更多的钱，因此我们提高会费。〕②而，却，反之〔We had good luck, whereas they had none. 我们运气好，他们则不好。〕

whereat 〔hwɛər'æt〕 conj. 对那个〔I scolded her, whereat she wept. 我责骂了她，为此事她哭了。〕

whereby 〔hwɛə'bai〕 ad. 靠那个，靠什么〔a scheme whereby to make money 赚钱的计划〕

wherefore 〔'hwɛəfɔ:〕 ad. 为此，为什么〔Wherefore did you leave? 你为什么离开?〕‖ conj. 因此〔n. 理由，原因〔the wherefores of the plan 计划的理由〕

wherein 〔hwɛər'in〕 ad. ①在哪方面，在哪一点〔Wherein was Tom wrong? 汤姆错在哪里?〕②在里面〔the book wherein he read the story 有他读过的故事的那本书〕

whereof 〔hwɛər'ɔv〕 ad. 关于那事，关于那物，关于那人〔the things whereof I spoke 我谈到的那些事〕

whereon 〔hwɛər'ɔn〕 ad. 在那上面〔the rock whereon he stood 他站在上面的那块岩石〕

whereto 〔hwɛə'tuː〕 ad. 向那里，对那个〔the place whereto they hurry 他们赶着要去的地方〕

whereupon [͵hwɛərə'pɒn] conj. 在那点上，在那以后 [He ended his speech, whereupon everyone cheered. 他发言结束，而后大家欢呼起来。] ‖ ad. 在什么上面 [Whereupon does he base his argument? 他的论点建于什么基础上?]

wherever [hwɛər'evə] conj. 在任何地方，到任何地方 [I'll go wherever you tell me. 你告诉我到哪里，我就到哪里。] ‖ ad. [口] 究竟在哪里 [Wherever have you been? 你究竟去哪里了?]

wherewithal [͵hwɛəwi'ðɔːl] n. 必要的资力，钱财 [Do you have the wherewithal to travel? 你有旅行所需要的钱吗?]

whet [hwet] v. 磨 [增强，刺激 [to whet the appetite 增强食欲]

whether ['hwɛðə] conj. ①是否 [I don't know whether I can leave. 我不知道我是否能离开。] ②是⋯⋯还是 [It makes no difference to me whether he comes or not. 他来不来对我来说没有任何区别。]

whetstone ['hwetstəun] n. 磨刀石

which [hwitʃ] pron. ①哪一个，哪一些 [Which will you choose? 你选择哪一个?] ②那一个，那一些 [I know which I like best. 我知道我最喜欢那些。] ③其物，该物 [the story which we all know 我们都知道的那个故事] ‖ a. 哪一个，哪一些 [Which apples are best for baking? 哪些苹果最适合烘烤呢?]

whichever [hwitʃ'evə] pron. & a. 任何一个 [Choose whichever desk you like. 你喜欢哪一张书桌，就挑哪一张。] ②无论哪个 [Whichever you choose, I'll buy it. 你选择什么，我就买什么。]

while [hwail] ‖ n. 一会儿，一段时间 [I waited a short while. 我稍等了一会儿。] ‖ conj. ①当⋯⋯时候，和⋯⋯同时 [I read a book while I waited. 我一边等，一边看书。] ②虽然，尽管 [While she isn't pretty she has much charm. 虽然她不漂亮，但是她很有魅力。] ③[口] 并且，另一方面 [She likes concerts, while I like plays. 她喜欢听音乐会，我却喜欢看剧。] ‖ v. 度

过 [to while away a few hours 度过几个小时] **/the while** 当时，同时 **/worth one's while** 值得某人花时间

whilst [hwailst] conj. [英] 同 while

whim [hwim] n. 突然的念头，一时的兴致 [On a whim, he climbed aboard the bus for Chicago. 他产生突然的念头，上了去芝加哥的汽车。]

whimper ['hwimpə] v. 啜泣，呜咽，低吠 [The dog whimpered in fear of the bear. 那条狗因害怕熊而在低吠。] ‖ n. 啜泣声，呜咽声，啜泣

whimsical ['hwimzikəl] a. ①怪诞的，古怪的 [a whimsical inventor of useless machines 发明了无用的机器的古怪人] ②想入非非的，异想天开的 [a whimsical costume for the party 难以预料的晚会服装] **/whimsically** ad.

whine [hwain] v. ①发哀鸣声，发牢骚 [a whining child 抱怨的孩子] ②哀诉 [Susie kept whining to go home. 苏西一直哀求要回家。] ‖ n. 哀鸣声，哀诉，牢骚

whip [hwip] n. ①鞭子 ②抽打 ③用搅奶油或搅打的鸡蛋清和水果、糖制成的餐后甜食 ‖ v. ①鞭笞，抽打，打击 ②突然移动，拿取 [He whipped off his hat. 他一下子把帽子摘下来。] ③把⋯⋯打起泡沫 [to whip cream 搅奶油] ④拍击，漂动 [sail whipping in the wind 迎风飘动的帆]

whippletree ['hwipltriː] n. 车前横木

whirl [hwəːl] v. ①回旋，旋转，急转 [The dancers whirled around the room. 跳舞的人在房间里转来转去。] ②急走，急动 [The car whirled up the hill. 汽车疾驶上山。] ③发晕 [My head is whirling. 我的头在发晕。] ‖ n. ①回旋，旋转，急转 [Give the crank a whirl. 旋转一下曲柄。] ②⋯⋯中的聚会等 [in the social whirl 在一系列的社交活动中] ③眩晕，混乱 [My head's in a whirl. 我的头脑一片混乱。]

whirlpool ['hwəːlpuːl] n. 旋涡

whirlwind ['hwəːlwind] n. 旋风，旋流

whisk [hwisk] v. ①掸拂 [He whisked the lint from his coat with his hand. 他用手掸

掉衣服上的棉绒。〕②突然移动,飞奔〔The cat whisked under the sofa. 猫急奔到沙发底下。〕‖ n. ①掸②小扫帚,掸帚

whisper〔'hwispə〕v. ①低语,耳语②发出沙沙声,发飒飒声〔The breeze whispered in the tall grass. 微风在高草中飒飒作响。〕③私下说〔It has been whispered that they will marry. 有人私下说他们要结婚。〕‖ n. ①低语,耳语②谣传,秘密说③沙沙声,飒飒声

whistle〔'hwisl〕v. ①吹口哨②发啸声行进〔The arrow whistled past his ear. 箭嗖嗖地从他耳边飞过。〕③吹哨④用口哨吹奏〔to whistle a tune 用口哨吹奏曲子〕‖ n. 哨子,口哨,笛②口哨声,哨子声,笛声/**whistler** n.

whit〔hwit〕n. 一点点,丝毫〔He hasn't changed a whit. 他一点也没变。〕

white〔hwait〕a. ①白的,白色的②淡色的〔white meat 白肉(尤指鸡胸脯肉)white wine 白葡萄酒〕③苍白的〔She turned white with fear. 她吓得脸发白。〕④清白的,纯洁的,无瑕疵的⑤白种人的〔the white race 白种人〕‖ n. ①白漆,白色颜料②白衣服〔The bride wore white. 新娘穿白衣服。〕③白种人④白色的部分或东西〔the white of an egg 蛋白 the whites of the eyes 眼白〕/**whiteness** n.

white ant 白蚁

white flag (用于表示投降的) 白旗,休战旗

whitewash〔'hwaitwɔʃ〕n. ①白涂料②掩盖真相③掩盖真相的话‖ v. ①粉刷②掩饰③〔口〕彻底击败(对手)

whittle〔'hwitl〕v. ①切,削②削成形〔to whittle a doll's head 削成玩具娃娃的头〕③削减,削弱〔to whittle down costs 削减费用〕/**whittler** n.

whiz , whizz〔hwiz〕v. ①发嗖嗖声②嗖嗖掠过〔The bus whizzed by. 汽车嗖嗖飞过。〕‖ n. 嗖嗖声

who〔hu:〕pron. ①谁〔Who helped you ? 谁帮助你?〕②我知道她是谁.我知道她是谁。〕③…的人〔the girl who lives next door 住在隔壁的那个女孩〕④任何人〔Who steals my purse steals trash. 偷我钱包的人什么也没偷到。〕

whoever〔hu(:)'evə〕pron. ①谁〔Whoever wins gets a prize. 获胜者得到奖品。〕②无论谁,不管什么人〔Whoever told you that, it isn't true. 不管谁告诉你那件事那也不是真的。〕③到底是谁,究竟是谁〔Whoever is that knocking? 到底是谁在敲门?〕

whole〔həul〕a. ①整个的,未经分割的〔Put whole carrots in the stew. 把整胡萝卜放到炖过的食品中。〕②完整的,齐全的〔The whole opera is on two records. 全剧在两张唱片上。〕③无损的〔Not one dish was left whole when the shelf broke. 架子塌了,没剩下一个无损的盘子。〕④总数的⑤整(数)的‖ n. ①全部,全数②整体〔Our 50 separate States form a whole. 我们五十个州组成一个整体。〕/**on the whole** 大体上,基本上,总的看来/**wholeness** n.

wholehearted〔'həul'ha:tid〕a. 全心全意的,全神贯注的〔You have my wholehearted support. 你得到我的全心全意的支持。〕

whole note 全音符(四拍)

wholesale〔'həuseil〕n. 批发‖ a. ①批发的,成批售出的〔a wholesale dealer 批发商 a wholesale price 批发价格〕②大批的,大规模的〔wholesale destruction by the volcano 火山造成的大破坏〕‖ v. 成批售出/**wholesaler** n.

wholesome〔'həulsəm〕a. ①适合卫生的,促进健康的〔a wholesome climate 有益于健康的气候〕②健康的,有益的〔a wholesome book 有益的书〕③显示身心健康的,强健的〔There is a wholesome look about her. 她的面容很健康。〕/**wholesomeness** n.

whole-wheat〔'həul'wi:t〕a. 保麸的

〔whole-wheat flour 保麸面粉 whole-wheat bread 全营养面包〕

wholly〔'houli〕ad. 全部, 完全地〔You are wholly right. 你完全正确。The building was wholly destroyed. 这座楼全部被破坏。〕

whom〔hu:m〕pron.〔who 的宾格〕谁〔Whom did you see? 你见到谁了? He is the man to whom I wrote. 他就是我给写信的那个人。〕‖在口语中常用 who 代替 whom

whoop〔hu:p〕n.①(欢乐、激动时的)高喊, 高呼②哮喘声, 喘息声 ‖ v. 高声说, 高喊

whooping cough 百日咳

whopper〔'hwɔpə〕n.〔口〕①巨大的东西, 庞然大物②弥天大谎

whore〔hɔ:〕n. 妓女

whose〔hu:z〕pron.〔who 或 which 的所有格〕谁的〔Whose books are these? 这些书是谁的? the man whose car I bought 我买了他的汽车的那个人 the tree whose branches shaded me 其树枝给我阴凉的那棵树〕

whosoever〔,hu:səu'evə〕pron. 同 whoever

why〔hwai〕ad.①为什么〔Why are you angry? 你为什么生气?〕②所以…〔There are good reasons why he left. 他离开有充足理由。〕③所以, …是我告诉你的理由。〕This is why I warned you. 这就是我警告你的理由。〕‖ n. 理由, 原因〔Never mind the why and wherefore. 不要介意理由和原因。〕‖ int. 表示惊奇、不耐烦等〔Why, I didn't know it was so late! 哎呀, 我不知道这么晚了!〕

wick〔wick〕n. 灯芯, 灯带, 烛芯

wicked〔'wikid〕a.①坏的, 邪恶的〔a wicked scheme 邪恶的计划〕②引起疼痛的, 引起麻烦的〔a wicked blow on the head 在头部剧烈的一击〕③捣蛋的, 淘气的 ‖ **wickedly** ad. ‖ **wickedness** n.

wicker〔'wikə〕n.①枝条, 柳条②柳条编制品 ‖ a. 柳条编制的

wickerwork〔'wikəwə:k〕n.①柳条制品②柳条

wicket〔'wikit〕n.①(槌球的游戏中的)弓形小铁门②(板球的)三柱门③(售票处等的)窗口④(正门边上的)小门, 边门

wide〔waid〕a.①宽阔的〔a wide road 宽路〕②宽〔three feet wide 三英尺宽〕③广泛的, 广大的〔a wide variety of items 品种繁多的项目〕④充分张开的, 开得很大的〔eyes wide with surprise 惊奇而睁大的眼睛〕⑤离目标远的〔The arrow was wide of the mark. 箭离目标很远。〕‖ ad.①广大地, 广阔地〔The news spread far and wide. 消息到处传播。〕②张得很大地, 离目标很远地〔Open your mouth wide. 把嘴张大。Their shots went wide. 他们的子弹打飞了。〕‖ **widely** ad.

wideawake〔'waidə'weik〕a.①完全清醒的②机警的, 警惕的

wide-eyed〔'waidaid〕a. 睁大眼睛的, 大为吃惊的

widen〔'waidn〕v. 加宽, 放宽, 变宽

widespread〔'waidspred〕a.①扩展开的〔widespread wings 扩展开的翅膀〕②分布广的, 流传广的, 普遍的〔widespread damage from the forest fire 森林大火产生的大规模的破坏〕

widgeon〔'widʒən〕n. 赤颈凫, 水凫

widow〔'widəu〕n. 寡妇 ‖ v. 使成寡妇, 使丧偶〔widowed late in life 晚年丧偶〕

widower〔'widəuə〕n. 鳏夫

width〔widθ〕n.①宽度, 阔度〔a river 500 yards in width 五百码宽的河流〕②(某宽度的)一块布料〔Sew two widths of cloth together. 把两幅布料缝到一起。〕

wield〔wi:ld〕v.①挥动, 使用〔to wield a scythe 挥镰〕②行使, 运用〔to wield power in a town 在一个镇行使权力〕

wiener〔'wi:nə〕n. 牛肉熏香肠

wife〔waif〕n. 妻, 已婚妇女／**wives**〔复〕

wifely〔'waifli〕a. 妻子的, (适于)已婚妇女的

wig〔wig〕n. 假发

wiggle〔'wigl〕v. 摆动, 扭动〔The pollywong moves by wiggling its tail. 蝌蚪通过摆动尾巴行进。〕‖ n. 摆动, 扭动

wiggly ['wigli] a. ①摆动的, 扭动的〔a wiggly worm 摆动的肉虫〕②波状的〔a wiggly line 波状的曲线〕

wigwag ['wigwæg] v. 摇摆, 摇动, 打旗语信号, 用灯光发信号 ‖ n. 旗语信号, 灯光信号

wigwam ['wigwæm] n. (美国印第安人所住、用树皮覆盖的)棚屋

wild [waild] a. ①野生的, 野的, 不驯服的〔wild animals 野兽 wild flowers 野花〕②无人居住的, 荒野的〔wild land 荒地〕③未开化的, 野蛮的〔wild tribes 野蛮的部落〕④失去控制的, 任性的, 放荡的〔a wild boy 任性的男孩 wild with delight 欣喜若狂〕⑤狂暴的, 暴风雨的〔a wild sea-coast 激涛怒浪的海边〕⑥轻率的, 疯狂的, 发怒的〔a wild plan to get rich 急于发财的计划〕⑦未中目标的〔a wild shot 未射中的一枪〕‖ ad. 狂暴地, 胡乱地, 无控制地〔to shoot wild 乱射 to run wild 乱跑〕‖ n. 〔常用复数〕荒野, 荒地〔the wilds of Africa 非洲未开发的地方〕/**wild about** 热衷于/**wildly** ad. /**wildness** n.

wildcat ['waildkæt] n. ①野猫②暴戾的家伙③盲目开掘的油井 ‖ a. 不可靠的〔a wildcat scheme 靠不住的冒险计划〕

wilderness ['wildənis] n. 荒芜的地方, 荒地, 荒野

wildfire ['waildfaiə] n. 大火灾, 控制不住的野火〔The rumors spread like wildfire. 谣言像野火般迅速传播〕

Wild West, wild west 未开发前的美国西部

wile [wail] n. 诡计, 奸计, 骗人的把戏〔using flattery and other wiles to gain his confidence 用恭维话和其它诡计来赢得他的信任〕‖ v. 欺骗, 诱惑

will¹ [wil] n. ①意志〔a weak will 薄弱的意志 a strong will 坚强的意志 free will 自愿〕②意愿, 意向〔What is your will? 你需要什么?〕③决心, 目的〔Where there's a will, there's a way. 有志者, 事竟成。〕④

旨意〔ill will 恶意 good will 好意〕⑤遗嘱 ‖ v. ①决定, 下定决心〔Let him do as he wills. 让他做他决定做的事情〕②立遗嘱言明〔He willed her to do as he wished. 他立遗嘱言明要她做他希望的事情。〕③立遗嘱/**at will** 任意, 随意

will² [wil] v. aux. ①〔表示将来, 用于第二、三人称, 第一人称用 shall, 但是现在也可以用 will〕将要〔He will be here soon. 他很快就到这儿。〕②能〔This jar will hold three pints. 这罐能装三品脱。〕③愿意〔Will you open the door? 你把门打开好吗?〕

willful, wilful ['wilful] a. ①任性的, 固执的〔his willful son 他的任性的儿子〕②故意的, 存心的〔willful lies 蓄意的谎言〕/**willfully, wilfully** ad. /**willfulness, wilfulness** n.

willing ['wiliŋ] a. ①愿意的〔Are you willing to try? 你愿意试试吗?〕②心甘情愿的〔a willing helper 心甘情愿的帮忙人 willing service 心甘情愿的服务〕/**willingly** ad. /**willingness** n.

will-o'-the-wisp ['wiləðə'wisp] n. ①鬼火, 磷火②捉摸不定的东西

willow ['wiləu] n. ①柳树②柳木

willowy ['wiləui] a. ①多柳树的〔a willowy river bank 柳树多的河岸〕②苗条的〔She has a willowy figure. 她身材苗条。〕

willy-nilly ['wili'nili] ad. 不管愿意与否〔He did his chores willy-nilly. 不管愿意与否, 他都做这些琐事。〕

wilt [wilt] v. ①枯萎, 凋谢〔Water the flowers so they won't wilt. 浇浇花, 花就不会凋谢。〕②衰弱, 憔悴〔We wilted under the tropical sun. 在热带的太阳光下, 我们都变得衰弱。〕

wily ['waili] a. 诡计多端的, 狡猾的/**wiliness** n.

wimble ['wimbl] n. 锥, 钻

wimple ['wimpl] n. 妇女头巾(现只为修女所用)

win [win] v. ①赢得, 获得, 博得〔to win a prize 获奖 to win applause 赢得掌声〕②

打胜,打赢〔Our team won. 我们的队获胜。You win the argument. 这场争论你赢了。〕③争取,说服〔I won him over to our side. 我们把他争取过来了。She won new friends. 她有了新朋友。〕④(经努力)到达〔The climbers won the top of the hill. 爬山者终于抵达山顶。〕‖ n.〔口〕赢,胜利

wince〔wins〕v. (因疼痛或害怕)畏缩,退缩‖ n. 畏缩,退缩

winch〔wintʃ〕n. 起货机

wind¹〔waind〕v. ①绕,缠绕〔to wind yarn in a ball 把毛线绕成一团 to wind a bandage around one's hand 把绷带裹在手上〕②盘绕〔The grapevine wound around the tree. 葡萄藤盘绕在树上。〕③用…包起〔Wind the armature with wire. 用电线绕电阻。〕④上紧〔Did you wind your watch? 你的表上弦了吗?〕⑤使弯曲前进〔The river winds through the valley. 这条河蜿蜒流过山谷。〕‖ n. 一转,一圈/**wind up** ①结束②使振奋起来③(棒球中)掷球前挥舞(手臂)

wind²〔wind〕n. ①风〔Some seeds are carried by the wind. 有些种子由风传播〕②强风,狂风〔A wind blew the tree down. 狂风把树刮倒。〕③呼吸,气息〔The blow knocked the wind out of him. 那一击使他断了气。〕④空话,空谈⑤气味〔The dogs lost the wind of the fox. 狗没嗅出狐狸的气味。〕⑥〔复〕管乐器‖ v. 使喘气〔The old man was winded from climbing. 那老人爬山直喘气。〕/**get wind of** 得到…的风声,获得…的线索/**in the wind** 将要发生

wind³〔waind,wind〕v. 吹(号角等)

windbreak〔'windbreik〕n. 防风篱,防风林

windfall〔'windfɔːl〕n. ①被风吹的果实②意外的收获,横财

windflower〔'windˌflauə〕n. 银莲花属植物

winding〔'waindiŋ〕n. ①(卷绕着的)一圈,一转②卷绕的东西‖ a. 卷绕的,弯曲的,迂回的〔a winding road 迂回的弯曲的道路〕

wind instrument〔wind〕管乐器

windjammer〔'windˌdʒæmə〕n. 帆船

windlass〔'windləs〕n. 起锚机

windmill〔'windmil〕n. 风车

window〔'windəu〕n. ①窗口②窗户

window box 窗槛花箱

windowpane〔'windəupein〕n. 窗玻璃

window-shop〔'windəuʃɔp〕v. (在街上)溜达着看橱窗

windpipe〔'windpaip〕n. 气管

windrow〔'windrəu〕n. 干草

windshield〔'windʃiːd〕n. 挡风玻璃

windstorm〔'windstɔːm〕n. 风暴

wind tunnel 风洞

windup〔'waindʌp〕n. ①终结,结局,结束②(棒球)掷球前挥动手臂的准备动作

windward〔'windwəd,'winwəd〕n. 上风面,迎风面‖ ad. 上风,迎风,逆风‖ a. ①向风的②逆风的

windy〔'windi〕a. ①有风的,风大的〔a windy day 风大的日子 a windy city 风大的城市〕②空谈的,夸夸其谈的/**windiness** n.

wine〔wain〕n. ①葡萄酒②果子酒,酒〔dandelion wine 蒲公英酒〕‖ v. 喝酒

wine-colored〔'wainˌkʌləd〕a. 深红色的

wing〔wiŋ〕n. ①翅膀②翼,翅〔Bats' wings are formed of a webbing of skin. 蝙蝠的翅是由皮肤网状形成的。Most insects have two pairs of wings. 大多数昆虫有两对翅膀。〕③形状或其像翼的物体〔the wings of an airplane 飞机机翼〕④主体中突出来的一部分〔The wing of a building is often a part added later. 楼房的边房经常是后加的。The wings of a stage are at the sides out of sight of the audience. 舞台两侧在观众看不见的侧面。〕⑤(军队中的)侧翼⑥(政党中的左、右)翼‖ v. ①飞行〔The bird winged its way across the lake. 鸟飞过湖面。〕②使飞〔The archer winged his arrow at the target. 弓箭手放箭射靶。〕③伤翼，伤臂／**on the wing** 在飞行中／**take wing** 起飞／**under the wing of** 在…的庇护下／**wingless** a.

winged〔wiŋd, 'wiŋid〕a. ①有翼的②展翅飞行的，飞速的，快的

wingspread〔'wiŋspred〕n. 翼展

wink〔wiŋk〕v. ①眨眼，使眼色〔He winked to show he was joking. 他使眼色表示他在开玩笑。〕②闪烁，闪耀〔the winking stars 闪光的星星〕‖ n. ①眨眼②瞬息〔I'll be there in a wink. 我一会儿就到那儿。〕③眨眼际意／**wink at** 假装不见〔to wink at wrongdoing 对错误做法视而不见〕

winner〔'winə〕n. 胜利者，获奖者

winning〔'winiŋ〕a. ①获胜的，赢的〔the winning team 获胜的队〕②迷人的，可爱的〔a winning smile 迷人的笑容〕‖ n. ①获胜，胜利，赢②〔复〕赢得物（尤指赌博赢的钱）

Winnipeg〔'winipeg〕n. ①温尼伯（加拿大城市）②温尼伯湖

winnow〔'winəu〕v. ①扬掉，筛去〔to winnow barley after it is threshed 大麦打完后扬麦〕②选出〔to winnow useful facts from a report 从报告中选出有用的事实〕

winsome〔'winsəm〕a. 使愉快的，迷人的，有吸引力的〔a winsome girl 迷人的女孩〕

winter〔'wintə〕n. ①冬，冬季‖ a. 冬天的〔winter weather 冬天的天气〕‖ v. 过冬〔We winter in Florida. 我们在佛罗里达过冬。〕

wintergreen〔'wintəgri:n〕n. ①鹿蹄草②冬青油

winterize〔'wintəraiz〕v. 使准备过冬，使防冻

wintertime〔'wintətaim〕n. 冬天

wintry〔'wintri〕a. 冬天的，冬天似的，寒冷的，风雪交加的，无热情的〔a wintry day 寒冷的日子〕

wipe〔waip〕v. ①擦，擦干〔to wipe dishes 擦盘子 to wipe one's shoes 擦鞋〕②擦去，

去掉〔to wipe dust off a table 把桌子上的灰尘擦去〕‖ n. 擦／**wipe out** ①除去②消灭，歼灭／**wiper** n.

wire〔'waiə〕n. ①金属线，金属丝〔Wire is used for carrying electric current, for making fences, for tying bales, etc. 金属丝用来传电、做篱笆、打包等等。〕②〔口〕电报〔to send a message by wire 发电报〕‖ v. ①用金属丝绑〔to wire a vine to a stake 用金属丝把藤缚在桩上〕②给…装电线〔The cottage is wired. 小屋装上了电线。〕③〔口〕发电报

wire-haired〔'waiəhεəd〕a. 有硬毛的

wireless〔'waiəlis〕a. 无线电的，无线电的‖ n. ①无线电报，无线电话②〔英〕无线电收音机③无线传送的信息

wiretap〔'waiətæp〕v. 从电话线路上窃取

wiring〔'waiəriŋ〕n. 配线，接线

wiry〔'waiəri〕a. ①金属丝般的，坚硬的〔wiry hair 硬发〕②瘦长而结实的〔a wiry young man 瘦长而结实的年青人〕

wisdom〔'wizdəm〕n. ①智慧，才智，明智〔He had the wisdom to save money for his old age. 他很明智攒钱养老。〕②学问，知识〔a book filled with the wisdom of India 充满印度知识的书〕

wisdom tooth 智牙

wise¹〔waiz〕a. ①英明的，贤明的〔a wise judge 贤明的法官 a wise decision 英明的决定〕②博学的，有见识的〔I was no wiser after reading that article. 读完那篇文章后我什么也没学到。〕／**wisely** ad. ／**wiseness** n.

wise²〔waiz〕n. 方式，方法〔She is no wise at fault. 她一点也没有错。〕

-wise〔后缀〕①表示"样子"，"位置"〔Likewise means in a like way. Likewise 的意思是以同样的方式。〕②表示"方向"〔To move clockwise is to move in the same direction as the hands of a clock. 朝顺时针方向转是指随着时针的方向转。〕③表示"在…方面"〔Weatherwise means with regard to the weather. Weatherwise 意思是在天气方面。〕

wiseacre ['waiz,eikə] n. 自作聪明的人

wisecrack ['waizkræk] n.〔俚〕妙语,俏皮话

wish [wiʃ] v. ①想要,渴望,愿望〔You may have whatever you wish. 你可以拿你想要的东西。〕②祝,祝愿〔I wish you were here. 我希望你在这里。We wished him a happy birthday. 我们祝愿他生日快乐。〕③命令,请求〔I wish you to leave now. 我请你现在离开。〕n. ①希望,愿望〔I have no wish to hear it. 我不希望听到这件事。〕②想要的东西,希望得到的东西〔He got his wish. 他如愿以偿了。〕③请求,命令〔We obeyed his wishes. 我们遵从他的命令。〕④〔复〕祝愿〔I send you my best wishes. 我向你致意。〕/ **make a wish** 想或说出自己的愿望

wishbone ['wiʃbəun] n. (鸟胸的)叉骨,如愿骨(两人同扯此骨时,扯到长的一段的人可有求必应)

wishful ['wiʃful] a. 表示愿望的,怀有希望的,愿望的〔a wishful look 渴望的眼光〕

wishy-washy ['wiʃi,wɔʃi] a. 软弱无力的

wisp [wisp] n. ①小捆,小把,小束〔a wisp of hair 一绺头发〕②一缕〔a wisp of smoke 一缕烟〕③纤弱的人,细嫩的东西〔a wisp of a girl 娇弱的女孩〕/**wispy** a.

wist [wist]〔古〕wit (知道)的过去式和过去分词

wisteria [wis'tiəriə], **wistaria** [wistɛəriə] n. 紫藤

wistful ['wistful] a. 渴望的,想望的〔With a wistful smile, he watched the others play ball. 他带着渴望的微笑看其他人玩球。〕/**wistfully** ad.

wit[1] [wit] n. ①机智,智能,智力,才智②富于机智的人,才子③〔复〕理智〔frightened out of his wits 吓呆了〕

wit[2] [wit] v.〔古〕知道/**to wit** 即,就是〔Only one person knows; to wit, my father.

只有一个人知道,就是我的父亲。〕

witch [witʃ] n. ①女巫②老丑妇

witchcraft ['witʃkrɑːft] n. 巫术,魔法

witchery ['witʃəri] n. ①巫术,魔法②魅力

witch hazel ①金缕梅②金缕梅树皮汁

with [wið] prep. ①和…一起,和…〔Did Mary leave with her father? 玛丽和她父亲一起离开的吗?〕②加上〔Mix blue with yellow to get green. 把蓝色和黄色混合起来可以得到绿色。〕③服务于,是…的一员〔He has been with the company for years. 他已在该公司工作多年。She sings with the choir. 她是合唱队员。〕④对〔Don't argue with him. 不要与他争论。〕⑤就…来说,关于〔Deal with that problem yourself. 你自己对付那个问题。〕⑥以…看法(或意见)〔It's all right with me. 我觉得可以。〕⑦由于,因〔pale with fear 吓得脸色苍白〕⑧用〔Paint with a large brush. 用大刷子刷油漆。〕⑨以〔a pail filled with sand 装满沙子的桶〕⑩获得,取得〔With his help, we finished on time. 在他的帮助下,我们按时完成。〕⑪具有,带有〔She met him with a smile. 她看见他面带笑容。She has a coat with a fur collar. 她有一件带毛领子的大衣。〕⑫尽管,虽有〔With all her faults, I love her still. 她尽管有很多缺点,我还是爱她。〕⑬同时〔With the coming of spring, the birds returned. 春天来临,小鸟都回来了。〕⑭加于〔Join this end with that one. 把这一端和那一端连在一起。〕⑮和…一样〔She can sew with the best. 她缝纫最好。〕⑯同…分别〔I parted with him in June. 我六月与他分手。〕⑰在…以后〔With that remark, he left. 说完那句话,他离开了。〕

withal [wi'ðɔːl] a.〔古〕此外,而且,又〔a handsome boy and brave withal 又英俊又勇敢的男孩〕

withdraw [wið'drɔː] v. ①收回,取回,提取〔to withdraw one's hand from a pocket 把手从口袋里缩回〕②离开,撤退〔She withdrew behind the curtain. 她退到幕后。〕③退出〔to withdraw from school 退学,休学〕④收回〔I withdraw my statement. 我收回我所说的话。〕

withdrawal 〔wið'drɔːəl〕n. 收回,撤回,退居,提款

withdrawn 〔wið'drɔːn〕withdraw 的过去分词 ‖ a. 内向的,孤独的

withe 〔wiθ〕n. 坚韧的枝条(尤指柳条)

wither 〔'wiðə〕v. ①枯萎,干枯,凋谢〔The hot sun withered the grass. 烈日使草干枯。〕②使衰弱〔Our hopes soon withered 我们的希望很快破灭了。〕③使畏缩,使感到羞惭〔her withering scorn 她那使人感到羞惭的嘲笑〕

withers 〔'wiðəz〕n.〔复〕马肩隆(马脊骨间隆起部分)

withhold 〔wið'həuld〕v. ①不给,拒绝〔She withheld her approval of the plan. 她不同意这个计划。〕②抑制,制止,阻止〔He withheld his anger. 他忍着不发火。〕

withholding tax 预扣赋税(雇主发工资时替政府预扣的所得税)

within 〔wi'ðin〕prep. ①在…里面,在…内部〔Stay within the house. 呆在房子里。〕②不超过〔They live within a mile of the school. 他们住在离学校不到一哩的地方。〕③在…范围内〔to stay within the law 不触犯法律〕‖ ad. 在里面,户内〔It is cold outdoors but warm within. 室外冷,室内暖和。〕

without 〔wi'ðaut〕prep. ①无,没有〔a man without a worry 无忧无虑的人 a cup without a saucer 没有碟的杯子〕②不〔He passed by without speaking. 他路过不说话。〕③在…外面,在…外部〔They stood without the gates. 他们站在大门外。〕‖ ad. 在外面,外表上〔The apples were sound within but wrinkled without. 这些苹果里面好,但外面干了。〕

withstand 〔wið'stænd〕v. 抵挡,反抗,顶得住,经受住〔These trees can withstand cold winters. 这些树能经受住寒冷的冬天。〕

witless 〔'witlis〕a. 无才智的,愚蠢的,糊涂的

witness 〔'witnis〕n.①目击者〔A witness told how the fire started. 目击者讲了火灾引起的经过。〕②证人③连署人④证言,证据〔to give false witness 作假证〕‖ v. ①目睹,目击〔to witness a sports event 目睹体育事件〕②作(协议、遗嘱等)的连署人③证明〔Her tears witnessed her sadness. 她的眼泪证明她的悲伤。〕/**bear witness** 证明,作证

witticism 〔'witisizəm〕n. 妙语,打趣话

wittingly 〔'witiŋli〕ad. 故意地

witty 〔'witi〕a. 机智的,聪明的,有才智的〔a witty boy 聪明的孩子 a witty remark 妙语〕/**wittily** ad. /**wittiness** n.

wive 〔waiv〕v. 娶妻

wives 〔waivz〕n. wife 的复数

wizard 〔'wizəd〕n. 男巫,术士

wizardry 〔'wizədri〕n. 巫术,魔力

wizened 〔'wiznd〕a. 枯萎的,凋谢的〔the old man's wizened face 老人枯槁的脸〕

wk.〔缩〕week

wobble 〔'wɔbl〕v. ①摇晃,晃动②犹豫不决/**wobbly** a.

woe, wo 〔wəu〕n. ①悲哀,苦恼②灾难 int. 嗳哟!

woebegone , **wobegone** 〔'wəubi,gɔn〕a. 愁眉苦脸的

woeful, woful 〔'wəuful〕a. ①悲哀的,悲痛的②可悲的 /**woefully, wofully** ad.

woke 〔wəuk〕wake 的过去式

wold 〔wəuld〕n. (无树的)山地,高原

wolf 〔wulf〕n. ①狼②残暴成性的人,阴险狡猾的人,贪婪的人 /**cry wolf** 发假警报/**keep the wolf from the door** 免于饥饿,勉强度日/**wolfish** a. ‖ **wolves**〔复〕

wolfhound 〔'wulfhaund〕n. 猎狼犬

wolverine, wolverene 〔'wulvəriːn〕n. 貂熊

wolves 〔wulvz〕n. wolf 的复数

woman [ˈwumən] n. ①成年女子，妇女② [总称]女人[Woman's work is never done. 女人的活总也干不完。]③女仆

womanhood [ˈwumənhud] n. ①女子成年期，女子成年身分②女子气质，女子特征③[总称]女子

womanish [ˈwuməniʃ] a. 女子气的，适于女子的[womanish frills 女人的服装褶边]

womankind [ˈwumənkaind] n. 女子，女性，妇女们

womanlike [ˈwumənlaik] a. 像女人的，女子似的，有女子气质的

womanly [ˈwumənli] a. 有女子气质的，适合女子的[womanly modesty 女子的谦虚]/**womanliness** n.

womb [wuːm] n. 子宫

wombat [ˈwɔmbət] n. 袋熊

women [ˈwimin] woman 的复数

womenfolk(s) [ˈwiminfəulk] n. [复]妇女

won [wʌn] win 的过去式和过去分词

wonder [ˈwʌndə] n. ①奇迹，奇观，奇事[The Colossus of Rhodes was one of the Seven Wonders of the ancient world. 罗得兹巨像是世界七大古代奇观之一。]②惊异，惊奇，惊讶[We gazed in wonder at the northern lights. 我们惊异地看着北面的灯光。] ‖ v. ①感到惊异，感到奇怪，惊叹[I wonder that we were able to do it. 我很吃惊你能做此事。]②对…感到怀疑，想知道[I wonder why he came. 我想知道他为什么来。]

wonderful [ˈwʌndəful] a. ①惊人的，奇妙的，精彩的②[口]极好的/**wonderfully** ad.

wonderland [ˈwʌndəlænd] n. 仙境，奇境

wonderment [ˈwʌndəmənt] n. 惊奇，惊讶

wondrous [ˈwʌndrəs] a. [诗]惊人的，奇妙的 ‖ ad. 异常地，异常地[a maid wondrous fair 非常贤淑的女子]

wont [wɔnt，wəunt] a. 惯于[He was wont to agree. 他常常同意。] ‖ n. 惯常作法，习惯[It is his wont to dine late. 他惯于晚吃饭。]

wonted [ˈwɔntid，ˈwəuntid] a. 习惯的，惯常的[in his wonted manner 以他习惯的方式]

woo [wuː] v. ①向…求爱，向…求婚[to woo a maid 向少女求爱]②追求，想得到[She wooed fame. 她追求名誉。]/**wooer** n.

wood [wud] n. ①木头②木材，木柴[常作 woods]树林，森林，林地④[复]木制乐器 ‖ a. ①木制的②在森林里生长的/**out of the woods** [口]脱离困境或险境

wood alcohol 甲醇，木醇

woodbine [ˈwudbain] n. 忍冬

woodchuck [ˈwudtʃʌk] n. 土拨鼠

woodcock [ˈwudkɔk] n. 丘鹬

woodcraft [ˈwudkrɑːft] n. ①森林知识②木工技术

woodcut [ˈwudkʌt] n. ①木刻②木刻画

woodcutter [ˈwudˌkʌtə] n. 樵夫，伐木工人，木刻家/**wood-cutting** n.

wooded [ˈwudid] a. 长满树木的

wooden [ˈwudn] a. ①木制的②呆板的，毫无表情的③笨拙的

woodenheaded [ˈwudnˌhedid] a. [口]愚笨的，笨头笨脑的

wooden horse 特洛伊木马

woodland [ˈwudlənd] n. 林地，森林 ‖ a. 林地的，森林的[woodland creatures 森林中的动物]

wood louse 土鳖，地鳖

woodman [ˈwudmən] n. ①樵夫②在森林中居住的人

woodpecker [ˈwudˌpekə] n. 啄木鸟

woodpile [ˈwudpail] n. 柴堆

woodshed [ˈwudʃed] n. 柴间，木料间

woodsman [ˈwudzmən] n. 在森林里居住的人，在森林里工作的人，猎人

woodsy [ˈwudzi] a. 森林的，似森林的

wood winds 木制管乐器[The clarinet,

bassoon,oboe,and flute are wood winds. 单簧管、巴松管、双簧管和笛子都是木制管乐器〕/**woodwind** a.

woodwork ['wudwɔ:k] n. ①木制品,房屋内部的木建部分②木工活

woodworking ['wudwɔ:kiŋ] n. 木工活

woody ['wudi] a. ①树林茂密的②木质的,木本的〔the woody stem of a shrub 灌木的木干〕/**woodiness** n.

woof [wu:f] n. ①纬,纬线②布,织物

wool [wul] n. ①羊毛②毛线,毛织物③羊毛状物 ‖ 羊毛的/**pull the wool over one's eyes** 蒙蔽某人

woolen, woollen ['wulən] a. ①羊毛制的②生产或经营毛织品的 ‖ n.〔复〕毛织品,羊毛织物,毛料衣服

woolgathering ['wul,gæðəriŋ] n. 心不在焉,胡思乱想

woolly ['wuli] a. ①羊毛的,羊毛似的,长满羊毛的②粗犷的〔wild and woolly 粗野的〕 ‖ n. 毛线衣

wooly ['wuli] a. & n. 同 woolly

word [wə:d] n. ①言词②单词③话〔a word of advice 一句忠告〕④消息,信息〔Send word of yourself. 通知我你的消息。〕⑤口令,命令〔We got the word to go ahead. 我们得到前进的命令。〕⑥诺言,保证〔Give me your word. 向我发誓。〕⑦words 口角 ‖ v. 用言词表达〔How shall I word this request? 我怎么说这个请求才好呢?〕/**by word of mouth** 口头地/**eat one's words** 收回前言/**have a word with** 与…略谈/**in so many words** 明确地,直截了当地/**man of his word** 有信用的人/**the Word, Word of God** 圣经/**upon my word!** 的确! 真的!/**word for word** 逐字地,一字不变地

wordbook ['wə:dbuk] n. ①词典,词汇表②歌剧剧本

wording ['wə:diŋ] n. 措辞,用词

wordy ['wə:di] a. 多言的,唠叨的,冗长的/**wordiness** n.

wore [wɔ:] wear 的过去式

work [wə:k] n. ①工作,劳动〔Chopping wood is hard work. 砍木头是重活。〕②职业,业务〔His work is teaching. 他的工作是教学。〕③要做的事情,任务〔to bring some work home from the office 把任务从办公室带到家里〕④行为〔his good works 他的好行为〕⑤成果,产品,作品〔the works of Charles Dickens 查尔斯狄更斯的作品〕⑥〔复〕工厂〔The steel works is shut down. 钢厂关闭。〕⑦活动的机件〔the works of a watch 表的机件〕⑧工艺 ‖ v. ①工作,劳动,干活②从事某种职业〔He works in an office. 他在办公室工作。〕③使工作,使干活〔He works himself too hard. 他操劳过度。〕④运转〔My watch doesn't work. 我的手表坏了。〕⑤使转动,操作〔Can you work this can opener? 你会使用这个开罐器吗?〕⑥造成,引起〔His plan worked wonders. 他的计划创造了奇迹。〕⑦使缓慢前进,使逐渐变动〔He worked up to a better job. 他逐渐得到一个较好的工作。He worked his tooth loose. 他把牙齿松了。〕⑧制作,成形〔Work the clay into a ball. 把泥土揉成一个球。〕⑨计算,算出 ⑩ 主管…的工作〔This salesman works Ohio. 这个推销员主管俄亥俄州的工作。〕/**at work** 在工作/**out of work** 失业/**work in** 插进,引进/**work off** 排除,清理/**work on** 设法说服/**work out** ①作出,制订出②算出③有结果④〔口〕锻炼/**work up** ①促成②发展③激起,引起

workable ['wə:kəbl] a. 可使用的,可操作的,切实可行的〔a machine in workable condition 可运转的机器 a workable plan 切实可行的计划〕

workaday ['wə:kədei] a. ①工作日的,普通日的②普通的,平凡的,乏味的〔a workaday style of writing 乏味的写作文体〕

workbench ['wə:kbentʃ] n. 工作台

workbook ['wə:kbuk] n. 辅助练习册

workday ['wə:kdei] n. ①工作日②一日的工作时间〔a 7-hour workday 七小时工作日〕

W

worker [ˈwəːkə] n. ①工人,劳动者②职虫（工蚁、工蜂等）

workhouse [ˈwəːkhaus] n. 监犯工厂

working [ˈwəːkiŋ] a. ①工作的,劳动的〔a working girl 工作的女孩〕②用于工作的〔a working day 工作日 working clothes 工作服〕③足以成事的〔a working majority 足以成事的大多数〕‖ n. ①工作,劳动,运转②[常用复]矿内巷道,矿内工作区

workingman [ˈwəːkiŋˌmæn] n. 工人,工作者

workman [ˈwəːkmən] n. 工人,劳动者,工作者

workmanlike [ˈwəːkmənlaik] a. 工作熟练的,精巧的〔a workmanlike repair job 精巧的修理工作〕

workmanship [ˈwəːkmənʃip] n. ①手艺,工艺,工作质量②工艺品,作品〔This lamp is my workmanship. 这盏灯是我做的。〕

workout [ˈwəːkaut] n. [口] 运动

workroom [ˈwəːkrum] n. 工场间

workshop [ˈwəːkʃɔp] n. ①车间,工场②实习班,实验班〔a summer workshop in dramatics 暑期舞台技术研究班〕

worktable [ˈwəːkˌteibl] n. 工作台

world [wəːld] n. ①世界〔a cruise around the world 环球航行〕②宇宙③类似地球的天体,星球〔Are there other worlds in space? 宇宙间有其它类似地球的天体吗?〕④众人,世人〔He thinks the world is against him. 他认为别人都和他作对。〕⑤地球上的一部分,历史上的一段时间,一部分人,界〔the Old World 东半球 the world of ancient Rome 古罗马时期 the business world 商界 the plant world 植物界〕⑥人世生活〔She retired from the world to enter a convent. 她退隐当了修女。〕⑦[常用复] 大量,无数〔Your visit did me worlds of good. 你的来访对我有很大的好处。〕**/for all the world** 完全,一点不差地

worldly [ˈwəːldli] a. ①世间的,尘世的〔his worldly cares 他关心的琐事〕②老于世故的,善于处世的**/worldliness** n.

worldly-wise [ˈwəːldliˈwaiz] a. 老于世故的,善于处世的

world-weary [ˈwəːldˌwiəri] a. 厌世的

world-wide [ˈwəːldˈwaid] a. 遍及全球的,世界范围的〔a world-wide reputation 世界性的声誉〕

worm [wəːm] n. ①虫②幼虫,幼体③小人物,可鄙的家伙④与虫相似的东西,如螺纹等⑤worms 寄生虫病 ‖ v. ①蠕行〔The hunter wormed his way through the underbrush. 猎人慢慢地爬过灌木丛。〕②慢慢探得〔Delilah wormed the secret out of Samson. 德利拉慢慢探出桑普森的秘密。〕

worm-eaten [ˈwəːmˌiːtn] a. ①虫蛀的,多蛀孔的〔worm-eaten wood 虫蛀的木头〕②陈旧的,过时的〔worm-eaten ideas 陈旧的思想〕

wormwood [ˈwəːmwud] n. ①苦艾②苦恼,苦恼的原因

wormy [ˈwəːmi] a. ①生虫的,多虫的,虫蛀的〔wormy apples 虫蛀的苹果〕②似虫的**/worminess** n.

worn [wɔːn] wear 的过去式 ‖ a. ①用旧的,穿旧的,穿破的②筋疲力尽的,耗尽的

worn-out [ˈwɔːnˈaut] a. ①用坏的,穿破的,不能再用的②筋疲力尽的

worrisome [ˈwʌrisəm] a. ①使人烦恼的〔a worrisome child 令人烦恼的孩子〕②容易烦恼的

worry [ˈwʌri] v. ①使烦恼,使焦虑,使担忧〔Don't worry. 不要担心。His absence worried us. 他没来使我们担忧。〕②困扰,折磨〔撕咬,咬啮〔The dog worried an old shoe. 狗撕咬一只旧鞋。〕‖ n. ①烦恼,焦虑,担心〔sick with worry 焦虑成疾〕②烦恼事〔He has many worries. 他有很多烦恼事。〕**/worrier** n.

worse [wəːs] a. ①[bad 的比较级] 更坏的,更差的,更恶化的〔an even worse crime 更严重的罪行〕②[ill 的比较级]（病情）更重的〔The patient is worse today. 病人今天病情加重。〕‖ ad. [badly, ill 的

比较级〕更坏,更糟,(病)更重〔He acted worse than ever. 他比任何时候表现得都糟。〕‖ n. 更坏的人或事〔I have worse to report. 我还有更坏的事要报告。〕/**for the worse** 向更坏的情况/**worse off** 情况更坏

worsen ['wə:sn] v. (使)变得更坏, (使)恶化

worship ['wə:ʃip] n. ①礼拜②崇拜,敬仰,敬慕〔her worship of older brother 她崇拜她的哥哥〕③[主英]阁下(对地方长官的尊称)‖ v. ①崇拜〔to worship God 崇拜上帝〕②敬爱〔He worships his wife. 他敬爱妻子。〕③做礼拜〔Where do you worship? 你在哪个教堂做礼拜?〕/**worshiper, worshipper** n.

worshipful ['wə:ʃipful] a. 尊敬的,可敬的〔用于称呼〕〔Worshipful Sir 尊敬的先生〕

worst [wə:st] a. [bad, ill 的最高级]最坏地,最有害的,最差的,最恶劣的〔the worst cold I've ever had 我患的最严重的感冒〕‖ ad. [badly, ill 的最高级]最坏地,最恶劣地,最有害地,最差地〔Of the three, he played worst. 三个人中,他打得最差。〕‖ n. ①最坏者,最坏的部分〔The worst of it is that he never told me. 最糟糕的是他从未告诉我。〕②最坏的事情〔The villain did his worst. 那个恶棍坏事做绝。〕‖ v. 击败,胜过〔Our team was worsted. 我们队被击败。〕/**at worst** 在最坏的情况下/**if worst comes to worst** 如果最坏的事情发生/**in the worst way** [俚]十分,非常

worsted ['wustid] n. ①毛线,绒线,精纺毛纱②精纺毛织物

worth [wə:θ] a. ①价值,精神价值〔I know his worth as a friend. 我知道他够朋友。〕②货币价值,物质价值〔What is its worth to you？它对你有什么价值?〕③值一定金额的数量〔a dime's worth of candy 一块值十美分的糖果〕‖ n. ①值…的〔a movie worth seeing 一看的电影〕②相当于…的价值的〔It's not worth a nickel. 这一文不值。〕③拥有…价值的财产的

〔He's worth a million dollars. 他拥有一百万美元。〕

worthless ['wə:θlis] a. 无价值的,无用的/**worthlessly** ad. /**worthlessness** n.

worth-while ['wə:θ'hwail] a. 值得花时间或精力的〔a worth-while book 值得一读的书〕

worthy ['wə:ði] a. ①有价值的,可尊敬的〔a worthy cause 正义的事业〕②值得的,配得上的,相称的〔not worthy of her love 不值得她爱〕‖ n. [谑][讽]大人物/**worthily** ad.

wot [wɔt] wit(知道)的一般现在式第一、第二人称单数〔God wot. 上帝知道。〕

would [wud] will 的过去式〔He promised he would return. 他答应他回来。〕‖ v. aux. ①会,就会〔He would have helped if you had asked me. 如果你请他,他会帮忙的。〕②但愿〔Would that he were here! 我真希望他在这儿!〕③表示客气的意味〔Would you please leave？请你离开好吗?〕/**would-be** a. ①将要成为的,想要成为的〔a would-be actor 将要成为演员的人〕②自称的〔His would-be helpfulness was a bother. 他所称的帮助是麻烦事。〕

wound[1] [wu:nd] n. ①创伤,伤,伤口②伤疤③(感情上的)痛苦,(名誉等的)损伤‖ v. 使受伤,伤害〔Her cruel words wounded him. 他的无情的话伤害了他。〕

wound[2] [waund] ①wind(转)的过去式和过去分词②wind(吹)的过去式和过去分词

wove [wəuv] weave 的过去式

woven ['wəuvən] weave 的过去分词

wrack [ræk] n. ①毁灭,破坏〔wrack and ruin 毁灭〕②(被冲上岸的)海生植物

wraith [reiθ] n. 幽灵,鬼

wrangle ['ræŋgl] v. ①争论,争辩,口角,争吵②赶拢(牲口等)‖ n. 口角,吵嘴/**wrangler** n.

wrap [ræp] v. ①捆,缠,环绕〔She wrapped a scarf around her head. 她把围巾围在头上。〕②裹,包〔They wrapped the baby in a blanket. 他们把婴儿裹在毯子里。〕③包装

〔to wrap a present 包礼品〕④隐藏,覆盖〔a town wrapped in fog 大雾笼罩的城镇〕‖ *n.* 外衣〔Put your wraps in the closet. 把你的外衣放到衣柜里。〕/**wrapped up in** 埋头于,全神贯注于〔wrapped up in his work 埋头于工作〕

wrapper〔'ræpə〕*n.* ①包裹者,包装者②包装物,覆盖物〔a newspaper mailed in a paper wrapper 用纸包装邮寄的报纸〕③妇女晨衣

wrapping〔'ræpiŋ〕*n.*〔常用复〕用于包裹的材料

wrath〔rɔːθ〕*n.* 愤怒,激怒,狂怒,愤慨

wrathful〔'rɔːθful〕*a.* 怒气冲冲的,大怒的/**wrathfully** *ad.*

wreak〔riːk〕*v.* ①泄(怒),露出(恶意),发(脾气)〔He wreaked his fury on the boy. 他对这男孩发火。〕②报(仇),施加〔to wreak vengeance on someone 向某人报仇〕

wreath〔riːθ〕*n.* ①花圈,花环,花冠②圈状物,环状物〔wreaths of smoke 缭绕的烟圈〕/**wreaths**〔riːðz〕〔复〕

wreathe〔riːð〕*v.* ①将…扎成圈、环、冠〔to wreathe flowers and leaves 把花和树叶扎成圈〕②覆盖,包围〔Wrinkles wreathed his brow. 皱纹布满他的前额。〕③用花圈或花圈般的物装饰〔His face was wreathed in smiles. 他满脸含笑。〕

wreck〔rek〕*n.* ①(船只等)失事,遭难②残骸〔an old wreck stranded on the reef 搁浅在礁上的旧残骸〕③健康极度受损的人④破坏,毁灭〔the wreck of all our hopes 我们所有希望的毁灭〕‖ *v.* ①破坏,损害,毁灭〔to wreck a car in an accident 在事故中毁坏一辆车 to wreck one's plans for a picnic 破坏某人的野餐计划〕②拆毁〔to wreck an old house 拆毁旧房子〕

W

wreckage〔'rekidʒ〕*n.* ①失事,遭难,毁坏②(被毁物的)残骸,残余

wrecker〔'rekə〕*n.* ①寻觅失事船只者②救险车,救险的人③拆卸旧建筑物者

wrecking〔'rekiŋ〕*n.* 营救,打捞,破坏 ‖ *a.* 拆除的,打捞的,营救的〔a wrecking bar 拔钉撬棍 a wrecking crew 打捞队,营救队〕

wren〔ren〕*n.* 鹪鹩

wrench〔rentʃ〕*n.* ①猛扭,突然一扭,一拧,一扳〔With one wrench, he loosened the lid. 他一拧把盖子拧开了。〕②扭伤③(离别场合的)突然的一阵悲痛④扳手,扳头,扳钳,搬子 ‖ *v.* ①猛扭〔He wrenched the keys from my grasp. 他猛拧了我抓住的钥匙。〕②扭伤〔She wrenched her knee when she fell. 她摔倒时扭伤了膝盖。〕③曲解,弯曲

wrest〔rest〕*v.* ①扭,拧〔He wrested the pistol from the robber's hand. 他用力从强盗的手中拧拔手枪。〕②压取,强夺〔Rebels wrested control of the government from the king. 造反者从国王手中强夺政府。〕

wrestle〔'resl〕*v.* ①摔跤,角力②斗争,搏斗,全力对付 ‖ *n.* ①摔跤,角力②斗争,搏斗/**wrestler** *n.*

wrestling〔'resliŋ〕*n.* 摔角,角力

wretch〔retʃ〕*n.* ①可怜的人,不幸的人②卑鄙的人,可耻的人

wretched〔'retʃid〕*a.* ①不幸的,悲惨的②使人很不舒服的〔wretched slums 肮脏破烂的贫民窟〕③讨厌的,可恶的〔a wretched tyrant 可恶的暴君〕④质量差的,不足道的〔a wretched meal 很差的饭〕/**wretchedly** *ad.* /**wretchedness** *n.*

wriggle〔'rigl〕*v.* ①蠕动,扭动〔to wriggle in one's seat 在座位上蠕动〕②蜿蜒而行③摆脱,溜掉,混入〔He wriggled out of his promise. 他千方百计地摆脱自己的承诺。〕‖ *n.* 蠕动,扭动,蜿蜒/**wriggler** *n.*

wright〔rait〕*n.*〔用以构成复合词〕工人,匠,制作者〔A shipwright is one who builds ships. 造船工人是制造船的人。〕

wring〔riŋ〕*v.* ①(用力)绞,拧,挤,榨,扭〔to wring out wet clothes 把湿衣服拧干〕②绞出,榨出〔to wring water from a wet towel 把湿毛巾的水拧出来〕③榨取,勒取,强求〔to wring a confession from someone 迫使某人供认〕④使苦恼,折磨,使悲痛〔Her sad story wrung our hearts. 她悲惨的事情使我们很悲痛。〕‖ *n.* 绞,拧,挤,榨,扭

wringer [´riŋə] *n*. 绞衣机

wrinkle [´riŋkl] *n*. ①皱,皱纹〔wrinkles in a coat 上衣的皱褶 wrinkles in skin 皮肤上的皱纹〕②〔口〕妙计,好主意 ‖ *v*. ①使起皱纹〔a brow wrinkled with care 关切地皱起眉毛〕②皱起来〔This cloth wrinkles easily. 这种布容易起皱。〕

wrist [rist] *n*. 腕,腕关节

wristband [´ristbænd] *n*. 袖口

writ [rit] write 的过去式和过去分词 ‖ *n*. ①〔法院等的〕命令,令状〔a writ of habeas corpus 人身保护令〕②〔古〕书写物,文书〔Holy Writ 基督教《圣经》〕

write [rait] *v*. ①写,写字〔Write your address here. 把你的地址写在这儿。〕②写作,编写〔Dickens wrote novels. 狄更斯写小说。Mozart wrote symphonies. 莫扎特作交响乐曲。〕④填写,写满〔to write a check 开支票 to write ten pages 写满十页〕⑤写信给,写信说,函告〔Write me every week. 每周给我写封信。He wrote that he was ill. 他写信说他病了。〕⑥显露,使留下印记〔Joy was written all over her face. 她脸上显露出欢乐。〕/ **write down** 写下,记下/**write off**/注销,取消(债款等)/**write out** 〔写出/全部写出/**write up** 写成文,详细描写

writer [´raitə] *n*. 作者,作家,文学家,记者

write-up [´raitʌp] *n*. 〔口〕捧场文章

writhe [raið] *v*. ①(因剧痛等)翻滚,扭动②苦恼,不安

writing [´raitiŋ] *n*. ①书写,写,写作②信件,文章,诗,书等〔the writings of Thomas Jefferson 托马斯·杰斐逊的著作〕③书面形式〔to put a request in writing 把要求写下来〕④书法,笔迹〔Can you read her writing? 你能认出她的笔迹吗?〕⑤作家职业

written [´ritn] write 的过去分词

wrong [rɔŋ] *a*. ①不对的,邪恶的,不法的〔It is wrong to steal. 偷窃是不法的。〕②不正确的〔the wrong answer 错误的答案〕③错误的〔He's not wrong. 他没错。〕④不适当的〔Purple is the wrong color for her. 她穿紫色不合适。〕⑤有毛病的,出岔子的〔What's wrong with the radio? 收音机哪儿有毛病?〕⑥反(面)的〔the wrong side of the rug 地毯的反面〕‖ *n*. 错误,坏事,邪恶,不公正,冤屈〔Does he know right from wrong? 他能分辨是非吗? You do him a wrong to accuse him. 你错误地责怪了他。〕‖ *ad*. 错,不对〔You did it wrong. 你错了。〕‖ *v*. 冤枉,委屈,无礼对待,虐待,诈骗〔They wronged her by telling lies. 他们说谎冤枉了她。〕/**go wrong** ①不对头,出毛病②变坏/**in the wrong** 错误/**wrongly** *ad*. /**wrongness** *n*.

wrongdoing [´rɔŋ´duːiŋ] *n*. 不道德的行为,坏事/**wrongdoer** *n*.

wrongful [´rɔŋful] *a*. 不正当的,不义的,非法的

wrongheaded [´rɔŋ´hedid] *a*. 坚持错误的,固执的

wrote [rəut] write 的过去式

wroth [rɔːθ] *a*. 极愤怒的,怒气冲冲的

wrought [rɔːt] work 的过去式和过去分词 ‖ *a*. ①制造的,形成的〔furniture wrought by craftsmen 名匠制作的家具〕②锻的,用锤敲击成的/**wrought iron** 熟铁,锻铁

wrung [rʌŋ] wring 的过去式和过去分词

wry [rai] *a*. 扭歪的,歪斜的〔a wry face 鬼脸 a wry smile 苦笑〕

wt. 〔缩〕weight

$\mathscr{X}$　*x*　**X**　x

X, x 〔eks〕 *n.* 英语的第二十四个字母/
　X's, x's 〔'eksiz〕〔复〕
xebec 〔'zi:bek〕 *n.* 用于地中海的一种
　三桅帆船
Xerox 〔'ziərɔks〕 *n.* 全录影印法
Xray ①X 射线，X 光②X 光照片

X-ray 〔'eks'rei〕 *a.* X 射线的，X 光的‖*v.*
　用 X 光检查（或处理、摄影等）
xylem 〔'zailem〕 *n.* （植物的）木（质）部
xylophone 〔'zailəfəun〕 n 木琴

X

𝒴 𝓎 Y y

Y, y 〔wai〕n. ①英语的第二十五个字母②
Y 形之物/**Y's, y's**〔waiz〕[复]

-y [后缀] 表示"小"，"可爱"

-y [后缀]①表示"有…的"，"多…的"，
"布满…的"②表示"有点…的"③表示
"有…倾向的"④表示"似…的"

-y [后缀]①表示"性质"，"情况"②表示
"行为"

yacht〔jɔt〕n. 快艇,游艇‖ v. 驾快艇,
乘游船/**yachting**〔 〕

yak〔jæk〕n. 牦牛

yap〔jæp〕n.（狗的）狂吠声‖ v.（狗）
狂吠

yard¹〔jɑːd〕n.①码（长度单位,相当于3
口）②（帆）桁

yard²〔jɑːd〕n.①院子〔a churchyard 教
堂的院子〕②（作一定用途的）场地〔a
lumber yard 贮木场 a navy yard 海军造船
厂〕③铁路调车场

yardage〔'jɑːdidʒ〕n.①以码测量的长
度②码数

yarn〔jɑːn〕n.①纱,线②[口] 故事

yaw〔jɔː〕v. & n.（船等）偏航,出航线

yawn〔jɔːn〕v.①打呵欠②张开口,裂开
〔a yawning hole 裂口〕‖ n. 呵欠,裂口,
裂缝

year〔jəː, jiə〕n.①年②年度〔She was six
years old in July. 七月份她六岁。〕③一
年中某一活动所用的时间, 学年〔the
school year 学年〕④years 年纪, 岁数
〔He is old for his years. 他比其年龄
显得老。〕/**year after year** 年年, 每
年

yearbook〔'jəːbuk〕n. 年鉴,年刊

yearly〔'jəːli〕a.①一年一次的〔He sent
his yearly greetings. 他寄来每年一次的
问候。〕②每年的,一年间的〔one's yearly
income 某人的年收入〕‖ ad. 一年一度,
每年

yearn〔jəːn〕v.①想念,思慕,向往,渴望
〔to yearn for fame 渴望名誉〕②怀念,怜
悯/**yearning** n. & a.

yeast〔jiːst〕n.①酵母②鲜酵母块

yell〔jel〕v. 叫喊,叫嚷‖ n.①叫声,喊叫
②（鼓励运动员的）喊声有节奏的叫喊
声

yellow〔'jeləu〕a.①黄(色)的②黄皮肤
的③[口] 胆怯的‖ n.①黄色②黄色颜
色或染料③蛋黄‖ v. 使变黄,变黄〔lin-
ens yellowed with age 因年久而变黄的亚
麻布〕/**yellowish** n.

yelp〔jelp〕n.（短促而尖锐的）吠声或
叫喊声‖ v. 狗吠,（因痛而）叫喊

yes〔jes〕ad.①是,是的②不但如此,而
且〔I am ready, yes , eager to help you. 我
准备,而且渴望帮助你。〕‖ n.①是,同
意,赞成②赞成票

yesterday〔'jestədi〕ad. 昨天,昨日‖
n.①昨天,昨日②过去的日子,往昔

yet〔jet〕ad.①迄今,还〔He has not gone
yet. 他还没走。〕②现在, 目前〔We can't
leave just yet. 我们现在不能离开。〕③
仍然〔There is yet some hope. 仍然有些
希望。〕④迟早〔We'll get there yet. 我们
会到达那里。〕⑤而,而又,甚至〔He was
yet kinder. 他更慈祥。〕⑥已经〔Haven't

you finished yet? 你还没有完成吗?]⑦ 但
是,然而〔He is comfortable, yet lonely. 他
很舒服,但是很寂寞。〕‖ *conj.* 然而,但
是,可是〔She seems happy, yet she is wor-
ried. 她似乎高兴,但是她很担心。〕/**as
yet** 到目前为止

yield 〔ji:ld〕 *v.*①放弃,投降〔to yield to a
demand 听从要求to yield a city 放弃城
市〕②给与,让与〔to yield one's permis-
sion 允许〕③服从,屈服〔The gate would
not yield to our pushing. 我们怎么推,门
也不开。〕④产生,出产,生长出,结果
〔The orchard yielded a good crop. 果园收
成好。〕⑤让位于〔I yield to the Senator
from Utah. 我让位于犹他的议员。〕‖ *n.*
产量,收获量,收益

yielding 〔'ji:ldɪŋ〕 *a.* 出产的,屈从的

yodel 〔'joudl〕 *v.* 反复用常声和假声唱
‖ *n.* 用此方式唱歌,用此方式所唱
的歌/**yodeler, yodeller** 用此方式唱歌

yoke 〔jouk〕 *n.*①牛轭,轭②(同轭的)一
对牛等〔a yoke of oxen 一对同轭牛〕③束
缚,压力,支配,管辖〔The peasants threw
off their yoke. 农民摆脱枷锁。〕④情义〔a
yoke of friendship 朋友情义〕⑤轭状扁担
⑥上衣的抵肩,裙子的腰〔the yoke of a
shirt 衬衫的抵肩〕‖ *v.*①给…上轭②把
牛套到…轭〔to yoke oxen to a
plow 把牛套到犁上〕③结合,连合,连接

yolk 〔jouk〕 *n.* 蛋黄

yonder 〔'jɔndə〕 *a.* 那边的,远处的
〔Go to yonder village. 到那边的村子。〕
‖ *ad.* 那边,在远处

you 〔ju:〕 *pron.* 〔单数、复数、主格、宾格
形式均同〕①你,你们〔You are right. 你
对了。Did I tell you? 我告诉你们了吗?〕
②一个人,任何人〔You seldom see a
horse and buggy now. 你现在很少能见到

马和轻便马车。〕

young 〔jʌŋ〕 *a.*①年轻的,幼小的,青年
时期的〔a young actor 年轻的演员〕②像
青年的,有青春活力的,朝气蓬勃的〔She
is young for her age. 她比她的年龄显得年
轻。〕③(父子、兄弟等之间) 年龄较小的
‖ *n.* 青年们,崽,仔,雏〔The bear defen-
ded her young. 熊保护她的孩子。〕/**the
young** 青年们/**with young** 怀胎

youngster 〔'jʌŋstə〕 *n.* 小孩,小伙子,年
轻人

your 〔jɔ:〕 *pron.* 〔you 的所有格〕你的,
你们的,一个人的,任何人的〔your book
你的书〕

yours 〔jɔ:z〕 *pron.* 你的(东西),你们的
(东西)〔Is this pen yours? 这支钢笔是你
的吗? Yours cost more than ours. 你们的
比我们的值钱。〕/〔Yours 在信尾具名前
与 truly, sincerely 等连用,作为客套语〕

yourself 〔jɔ:'self〕 *pron.* ①你自己〔Did
you cut yourself? 你伤了自己吗?〕②你的
正常情况〔You are not yourself today. 你
今天精神不好。〕③〔用以加强语气〕你亲
自,你本人〔You yourself told me so. 你亲
自这样告诉我的。〕/**yourselves**
〔jɔ:'selvz〕〔复〕

youth 〔ju:θ〕 *n.*①青年时期,青少年时期
②初期③青年们〔a club for the youth of
our town 我们镇的青年俱乐部〕④男青
年,小伙子⑤青春〔to recapture one's
youth 恢复青春活力〕

youthful 〔'ju:θful〕 *a.*①年轻的,青年
②青年人的,富于青春活力的,朝气蓬勃
的〔youthful styles 青年人的风格 youthful
vigor 青春活力〕

yowl 〔jaul〕 *n. & v.* 嚎,厉声叫喊

Y

Ƶ z Z z

Z, z [ziː] n. 英语的第二十六个字母/Z's, z's [ziːz] [复]

zany ['zeini] n. ①小丑,摹仿丑角动作的小丑②糊涂虫,笨人‖a. 滑稽的,好笑的,愚蠢的,笨的 [zany tricks 滑稽的花招]

zeal [ziːl] n. 热心,热情,热忱

zealot ['zelət] n. 热心者,狂热者

zealous ['zeləs] a. 热心的,热情的,积极的 [a zealous patriot 热情的爱国者]/**zealously** ad./**zealousness** n.

zebra ['ziːbrə] n. 斑马

zenith ['ziːniθ] n. ①天顶②顶点,顶峰 [at the zenith of his career 在他事业的顶峰]

zero ['ziərəu] n. ①数字零②零点,零位,零度 [It is ten below zero on the thermometer. 温度计上的温度是零下十度。]③无,乌有 [Four minus four equals zero. 四减四等于零。]④最低点 [His chances fell to zero. 他的机会降到了零点。]‖n. 零的/**zeros, zeroes** [复]

zest [zest] n. ①风趣,兴趣 [Danger adds zest to an acrobat's work. 危险给杂技演员的工作增添风趣。]②热情 [to work with zest 热情地工作]/**zestful** a.

zigzag ['zigzæg] n. ①之字形,Z 字形,锯齿形②之字形的设计、道路等 [The lightning made a zigzag in the sky. 闪电在空中呈乙字形。]‖a. & ad. 成之字形的(地),成锯齿形的(地)‖v. 成之字形,作乙字形进行

zinc [ziŋk] n. 锌

zip [zip] v. ①嘘嘘地响,嘘嘘地飞 [A bullet zipped past. 子弹嘘嘘地飞过。]②[口]突进 [We zipped through our work. 我们飞速地完成工作。]③扣上拉链‖n. ①尖啸声②[口]精力,活力

zodiac ['zəudiæk] n. 黄道带/**zodiacal** [zəu'daiəkəl] a.

zone [zəun] n. ①带,地带②区域 [the Canal Zone 运河区 a 25 mph traffic zone 每小时行驶二十五哩的区域]③(城市的)区,地区④邮区,(包裹邮资分区计算的)邮区⑤带子,腰带‖v. 分成区,分成地带 [an area zoned for industry 分为工业的区域]

zoological [ˌzəuə'lɔdʒikəl] a. 动物学的/**zoologically** ad.

zoological garden 动物园

zoology [zəu'ɔlədʒi] n. 动物学/**zoologist** n.

zoom [zuːm] v. ①(飞机)陡直上升②发出嗡嗡声而动 [cars zooming past 呼啸驶过的汽车]③激增 [Prices are zooming. 物价正在激增。]‖n. (飞机的)陡直上升,嗡嗡声

不规则动词表

不定式	过去式	过去分词
abide	abode, abided	abode, abided
arise	arose	arisen
awake	awoke	awaked, awoke
be(am, are, is; are)	was, were	been
bear	bore	borne, born
beat	beat	beaten
become	became	become
befall	befell	befallen
beget	begot	begotten, begot
begin	began	begun
behold	beheld	beheld
bend	bent	bent, bended
bereave	bereaved, bereft	bereaved, bereft
beseech	besought, beseeched	besought, beseeched
beset	beset	beset
bespeak	bespoke	bespoken, bespoke
bestride	bestrode	bestridden, bestrid, bestrode
bet	bet, betted	bet, betted
betake	betook	betaken
bethink	bethought	bethought
bid	bade, bid	bidden, bid
bide	bode, bided	bided
bind	bound	bound

不定式	过去式	过去分词
bite	bit	bitten, bit
bleed	bled	bled
blend	blended, blent	blended, blent
blow	blew	blown
break	broke	broken
breed	bred	bred
bring	brought	brought
broadcast	broadcast, broadcasted	broadcast, broadcasted
browbeat	browbeat	browbeaten
build	built	built
burn	burnt, burned	burnt, burned
burst	burst	burst
buy	bought	bought
cast	cast	cast
catch	caught	caught
chide	chid, chided	chid, chided, chidden
choose	chose	chosen
cleave	cleaved, clove, cleft	cleaved, cloven, cleft
cling	clung	clung
come	came	come
cost	cost	cost
creep	crept	crept
crow	crowed, crew	crowed
cut	cut	cut
deal	dealt	dealt
dig	dug	dug

不定式	过去式	过去分词
do	did	done
draw	drew	drawn
dream	dreamed, dreamt	dreamed, dreamt
drink	drank	drunk
drive	drove	driven
dwell	dwelt	dwelt
eat	ate	eaten
fall	fell	fallen
feed	fed	fed
feel	felt	felt
fight	fought	fought
find	found	found
flee	fled	fled
fling	flung	flung
fly	flew	flown
forbear	forbore	forborne
forbid	forbade, forbad	forbidden
forecast	forecast, forecasted	forecast, forecasted
forego	forewent	foregone
foreknow	foreknew	foreknown
foresee	foresaw	foreseen
foretell	foretold	foretold
forget	forgot	forgotten
forgive	forgave	forgiven
forsake	forsook	forsaken

不定式	过去式	过去分词
forswear	forswore	forsworn
freeze	froze	frozen
gainsay	gainsaid	gainsaid
get	got	got, gotten
gild	gilded, gilt	gilded
gird	girded, girt	girded, girt
give	gave	given
go	went	gone
grave	graved	graven, graved
grind	ground	ground
grow	grew	grown
hamstring	hamstringed, hamstrung	hamstringed, hamstrung
hang	hung, hanged	hung, hanged
have, has	had	had
hear	heard	heard
heave	heaved, hove	heaved, hove
hew	hewed	hewed, hewn
hide	hid	hidden, hid
hit	hit	hit
hold	held	held
hurt	hurt	hurt
inlay	inlaid	inlaid
keep	kept	kept
kneel	knelt, kneeled	knelt, kneeled
knit	knitted, knit	knitted, knit

不定式	过去式	过去分词
know	knew	known
lade	laded	laden
lay	laid	laid
lead	led	led
lean	leant, leaned	leant, leaned
leap	leapt, leaped	leapt, leaped
learn	learnt, learned	learnt, learned
leave	left	left
lend	lent	lent
let	let	let
lie	lay	lain
light	lighted, lit	lighted, lit
lose	lost	lost
make	made	made
mean	meant	meant
meet	met	met
melt	melted	melted, molten
misdeal	misdealt	misdealt
misgive	misgave	misgiven
mislay	mislaid	mislaid
mislead	misled	misled
mistake	mistook	mistaken
misunderstand	misunderstood	misunderstood
mow	mowed	mowed, mown
outbid	outbade, outbid	outbidden, outbid

不定式	过去式	过去分词
outdo	outdid	outdone
outgo	outwent	outgone
outgrow	outgrew	outgrown
outride	outrode	outridden
outrun	outran	outrun
outshine	outshone	outshone
outspread	outspread	outspread
outwear	outwore	outworn
overbear	overbore	overborne
overcast	overcast	overcast
overcome	overcame	overcome
overdo	overdid	overdone
overdraw	overdrew	overdrawn
overeat	overate	overeaten
overfeed	overfed	overfed
overgrow	overgrew	overgrown
overhang	overhung	overhung
overhear	overheard	overheard
overlay	overlaid	overlaid
overleap	overleapt , overleaped	overleapt , overleaped
overlie	overlay	overlain
override	overrode	overridden
overrun	overran	overrun
oversee	oversaw	overseen
overset	overset	overset
overshoot	overshot	overshot

不定式	过去式	过去分词
oversleep	overslept	overslept
overspread	overspread	overspread
overtake	overtook	overtaken
overthrow	overthrew	overthrown
partake	partook	partaken
pay	paid	paid
put	put	put
quit	quitted, quit	quitted, quit
read	read[red]	read[red]
rebuild	rebuilt	rebuilt
recast	recast	recast
relay	relaid	relaid
rend	rent	rent
repay	repaid	repaid
reset	reset	reset
retell	retold	retold
rid	rid, ridded	rid, ridded
ride	rode	ridden
ring	rang	rung
rise	rose	risen
rive	rived	riven, rived
run	ran	run
saw	sawed	sawn, sawed
say	said	said
see	saw	seen
séek	sought	sought

不定式	过去式	过去分词
sell	sold	sold
send	sent	sent
set	set	set
sew	sewed	sewn, sewed
shake	shook	shaken
shear	sheared	shorn, sheared
shed	shed	shed
shine	shone	shone
shoe	shod	shod
shoot	shot	shot
show	showed	shown, showed
shred	shredded, shred	shredded, shred
shrink	shrank, shrunk	shrunk, shrunken
shrive	shrove, shrived	shriven, shrived
shut	shut	shut
sing	sang, sung	sung
sink	sank, sunk	sunk, sunken
sit	sat	sat
slay	slew	slain
sleep	slept	slept
slide	slid	slid, slidden
sling	slung	slung
slink	slunk	slunk
slit	slit	slit
smell	smelt, smelled	smelt, smelled
smite	smote	smitten, smote

不定式	过去式	过去分词
sow	sowed	sown, sowed
speak	spoke	spoken
speed	sped, speeded	sped, speeded
spell	spelt, spelled	spelt, spelled
spend	spent	spent
spill	spilt, spilled	spilt, spilled
spin	spun	spun
spit	spat, spit	spat, spit
split	split	split
spoil	spoilt, spoiled	spoilt, spoiled
spread	spread	spread
spring	sprang	sprung
stand	stood	stood
stave	staved, stove	staved, stove
steal	stole	stolen
stick	stuck	stuck
sting	stung	stung
stink	stank, stunk	stunk
strew	strewed	strewn, strewed
stride	strode	stridden, strid
strike	struck	struck, stricken
string	strung	strung
strive	strove, strived	striven, strived
sunburn	sunburned, sunburnt	sunburned, sunburnt
swear	swore	sworn

不定式	过去式	过去分词
sweat	sweat, sweated	sweat, sweated
sweep	swept	swept
swell	swelled	swollen, swelled
swim	swam	swum
swing	swung	swung
take	took	taken
teach	taught	taught
tear	tore	torn
tell	told	told
think	thought	thought
thrive	throve, thrived	thriven, thrived
throw	threw	thrown
thrust	thrust	thrust
tread	trod	trodden, trod
unbend	unbent	unbent
unbind	unbound	unbound
underbid	underbid	underbid
undergo	underwent	undergone
undersell	undersold	undersold
understand	understood	understood
undertake	undertook	undertaken
underwrite	underwrote	underwritten
undo	undid	undone
upset	upset	upset
wake	waked, woke	waked, woken, woke

不定式	过去式	过去分词
waylay	waylaid	waylaid
wear	wore	worn
weave	wove	woven
wed	wedded, wed	wedded, wed
weep	wept	wept
win	won	won
wind	wound, winded	wound, winded
withdraw	withdrew	withdrawn
withhold	withheld	withheld
withstand	withstood	withstood
wring	wrung	wrung
write	wrote	written

汉英词典
Chinese-English Dictionary

非常英语词典编写组

内容简介

"读者第一，注重实际"是这本《汉英词典》的编写思想。在多年的翻译实践中，深感当今的各种汉英辞书各有长处，却也各有不足之处。或得之全而失之于拙，或得之轻而失之于简。间或有两相兼顾者，也有诸多过时内容，与当今时代不相契合。有感于此，笔者不惮浅陋，试采众家之长，摭拾版本之不足，编成这本《学生新汉英词典》。

本词典所选入的 3 000 多个单字及 20 000 余条词句均是最常用的汉字和最常见的表达方式，可以满足大、中学生，英语自学者及学习汉语的外国朋友们在日常的学习生活中使用。

本词典在选词方面有如下几个特点：

一、多收新词。根据时代特点，将一些人们常常能接触到的最新出现的事物收录进来，如笔记本(电脑)、因特网等。

二、多收常见专业词汇。有些词语相当专业，只有大型工具书才收录。但是随着传媒的发展，知识的普及，许多相当专业的词汇已经成为人们的谈资，频繁出现在报刊杂志上。这类词日益常用，因此也是本词典的重点收录对象，如安乐死、基因、纳米等。

三、多收口语习语。汉语中的某些口语表达方式往往不被其他汉英辞书收录，因为这些习语既不登大雅之堂，又不易于收编。本词典虽小，但是在这方面做了一定的尝试。本词典收录这类词语时所遵循的原则是，尽量用英文中地道的表达方式作为英释，也就是意译，同时遇到确实形神俱似的直译也照录。如"搂草打兔子"，意译为"a stab in the dark"，而"跑得了和尚跑不了庙"则直译为"The runaway monk can't run away with the temple"。

四、适当收录了一些专有名词。专有名词往往不为小型工具书收录。本词典则适当地收录了一些最为常见的专有名词以方便读者使用。如万维网、宝马(汽车)等。

在编写过程中,笔者发现其他版本辞书中一些汉语词语的英释有少量不妥之处。如"尾气"一词,绝大多数辞书都释为"tail gas",这个英文单词是个化学方面的专业词汇,而人们口头上常说"尾气"应该是"exhaust",即汽车尾气。本词典相应做了一些修正工作。

本词典在成书过程中,参考了几乎所有市场上能见到的其他版本的汉英辞书以及许多其他类辞书,限于篇幅,就不在此一一致谢了。但是有一点是必须声明的,任何辞书都是集体智慧的结晶,编撰者只是做了一些选录的工作,因此选词取舍不当之处咎在编者,而内容上可圈点的地方则是众人之功。最后要特别感谢外文出版社的编辑同志,没有他们的帮助,读者朋友们是见不到这本词典的。

由于时间仓促,本词典仍有很多各种各样令人不满意的地方。希望读者朋友多提宝贵意见。诸多遗憾只能待再版时一一订正了。

体例说明

　　一、本词典所收条目分单字条目和多字条目。前者用大字号标宋排印,后者用小字号书宋排印。

　　二、单字条目按汉语拼音字母次序排列。同音异调的汉字按声调次序排列。同音同调的汉字,按笔画多寡的顺序排列。单字条目用汉语拼音字母注音。正文前有"汉语拼音索引",供读者查字时使用。

　　三、多字条目按第一个字排列在单字条目后。同一单字条目后的多字条目不止一条时,按第二个字的汉语拼音字母次序排列,多字条目不注音。

　　四、条目一般用对应的英语释义。单字条目若无独立义项,则在拼音后直接排多字条目;若有两个或两个以上的英语释义时,分立义项,用❶❷❸等数码标出顺序。

　　五、多字条目的不同义项,意思相距较远者用①②③分立,相距较近者用分号(;)隔开。

　　六、条目释义后,根据需要收入词句作为例证。所有例证均用小字号楷体排印。

　　七、条目释义、例证或其译文中,如有限定性(或补充性)说明,可省略部分或可替换部分,用圆括号(())括出。

《汉英词典》目录

汉语拼音索引

chì 赤炽翅

chōng 冲充春 chóng 虫重崇 chǒng 宠

chōu 抽 chóu 仇愁稠酬筹踌 chǒu 丑
chòu 臭

chū 出初 chú 除厨锄橱 chǔ 处储 chù
处触

chuǎi 揣

chuān 川穿 chuán 传船 chuàn 串

chuāng 疮窗 chuáng 床 chuǎng 闯
chuàng 创

chuī 吹 chuí 垂捶锤

chūn 春 chún 纯唇 chǔn 蠢

chuō 戳 chuò 绰

cī 疵 cí 词祠瓷辞慈磁雌 cǐ 此 cì 次伺
刺

cōng 从匆葱聪 cóng 从丛

còu 凑

cū 粗 cù 促醋

cuán 攒 cuàn 窜篡

cuī 催 cuì 脆淬粹翠

cūn 村 cún 存 cùn 寸

cuō 搓磋 cuò 挫措错

D(721－736)

dā 耷搭答 dá 打达沓答 dǎ 打 dà 大

dāi 呆待 dǎi 歹 dài 大代带待贷怠袋
逮戴

dān 丹单担耽 dǎn 胆 dàn 旦但诞淡蛋
弹氮

dāng 当 dǎng 挡党 dàng 旦但诞淡蛋
弹氮

dāo 刀叨 dǎo 导岛倒捣祷 dào 到倒悼
盗道稻

dé 得德

dēng 灯登 děng 等 dèng 凳澄瞪

dī 低堤滴 dí 的敌涤笛嘀嫡 dǐ 底诋抵

dì 地弟的帝递第缔

diān 掂颠巅 diǎn 典点碘踮 diàn 电佃
店垫淀惦奠殿

diāo 刁叼凋貂碉雕 diào 吊钓调掉

diē 爹跌 dié 谍喋牒叠碟蝶

dīng 丁叮盯钉 dǐng 顶 dìng 订钉定

diū 丢

dōng 东冬 dǒng 董懂 dòng 动冻洞恫
栋

dōu 都兜 dǒu 斗抖陡 dòu 斗豆逗痘

dū 都督 dú 毒独读犊牍黩 dǔ 堵赌睹
dù 杜肚妒度渡镀

duān 端 duǎn 短 duàn 段断缎锻

duī 堆 duì 队对兑

dūn 吨墩蹲 dǔn 盹 dùn 囤炖盾钝顿遁

duō 多咄哆 duó 夺踱 duǒ 朵垛躲 duò
剁垛舵堕惰踩

E(737－738)

ē 阿 é 讹俄鹅蛾额 ě 恶 è 厄扼恶饿
愕遏腭颚鳄

ēn 恩 èn 摁

ér 儿而 ěr 尔耳 èr 二

F(739－748)

fā 发 fá 乏伐罚阀筏 fǎ 法砝 fà 发

fān 帆番藩翻 fán 凡烦繁 fǎn 反返 fàn
犯泛饭范贩

fāng 方芳 fáng 防坊妨房 fǎng 访仿纺
舫 fàng 放

fēi 飞妃非绯扉萋 féi 肥 fěi 诽匪菲翡
fèi 沸废肺费痱

fēn 分芬吩纷 fén 坟焚 fěn 粉 fèn 分份
奋粪愤

fēng 丰风枫疯封峰烽锋蜂 féng 逢缝
fěng 讽 fèng 凤奉俸缝

fó 佛

fǒu 否

fū 夫肤孵敷 fú 伏凫扶拂服俘浮符幅福辐 fǔ 抚府斧俯辅腐 fù 父讣付负妇附服赴复副富赋傅腹缚覆馥

G（749－763）

gā 咖嘎 gá 轧

gāi 该 gǎi 改 gài 钙盖概

gān 干甘杆肝泔柑竿尴 gǎn 杆秆赶敢感擀橄 gàn 干

gāng 刚纲肛缸钢 gǎng 岗港 gàng 杠

gāo 高羔膏糕篙 gǎo 搞稿镐 gào 告

gē 戈疙哥胳鸽割搁歌 gé 革阁格隔嗝 gè 个各

gěi 给

gēn 根跟

gēng 更耕羹 gěng 耿哽梗 gèng 更

gōng 弓公功攻供宫恭 gǒng 巩拱 gòng 共贡供

gōu 勾沟钩篝 gǒu 苟狗 gòu 勾构购垢够媾

gū 估沽咕孤姑辜箍 gú 骨 gǔ 古谷股骨贾蛊鼓 gù 固故顾雇

guā 瓜呱刮 guǎ 寡 guà 卦挂褂

guāi 乖 guǎi 拐 guài 怪

guān 关观官冠棺鳏 guǎn 馆管 guàn 贯冠盥灌罐

guāng 光逛广 guǎng 逛

guī 归龟规闺硅瑰 guǐ 轨诡鬼 guì 刿柜贵桂跪

gǔn 滚 gùn 棍

guō 锅 guó 国 guǒ 果裹 guò 过

H（764－777）

hā 哈

hāi 咳 hái 还孩 hǎi 海 hài 骇害

hān 酣憨鼾 hán 含函涵寒 hǎn 罕喊 hàn 汉汗旱悍捍焊憾

hāng 夯 háng 行吭航

háo 号毫豪壕嚎 hǎo 好 hào 号好耗浩皓

hē 呵喝 hé 禾合何河和荷核盒 hè 吓和贺荷喝褐鹤

hēi 黑

hén 痕 hěn 很狠 hèn 恨

hēng 亨哼 héng 恒横衡 hèng 横

hōng 轰哄烘 hóng 弘红宏洪虹鸿 hǒng 哄 hòng 哄

hóu 侯喉猴 hǒu 吼 hòu 后厚候

hū 呼忽糊 hú 囫狐弧胡壶核湖葫糊蝴 hǔ 虎唬琥 hù 户护糊

huā 花 huá 划华哗滑 huà 化划话画

huái 怀踝 huài 坏

huān 欢 huán 还环 huǎn 缓 huàn 幻宦涣换唤焕患

huāng 荒慌 huáng 皇黄惶蝗 huǎng 恍晃谎幌 huàng 晃

huī 灰诙恢挥晖辉徽 huí 回茴蛔 huǐ 悔毁 huì 汇卉会讳海绘烩贿晦秽惠慧

hūn 昏荤婚 hún 浑混魂 hùn 混

huō 豁 huó 和活 huǒ 火伙 huò 或和货获祸惑豁

J（778－800）

jī 几讥击叽饥肌机鸡奇迹基绩缉畸稽激羁 jí 及汲吉级极即急疾脊棘集嫉籍 jǐ 几己挤给脊 jì 计记纪伎技系忌际妓季剂济既继寄寂祭

jiā 加夹佳枷家嘉 jiá 夹荚颊 jiǎ 甲假 jià 价驾架假嫁稼

jiān 尖奸间歼坚肩艰兼监缄煎 jiǎn 拣
　茧柬俭检检剪减简碱 jiàn 见件间建
　剑荐贱洞舰健谏渐溅践建鉴箭

jiāng 江将姜浆僵疆 jiǎng 讲奖桨
　jiàng 匠降将强酱犟

jiāo 交郊浇骄骄胶教焦椒礁 jiáo 矫嚼
　jiǎo 角佼狡绞饺皎铰脚矫搅剿缴 jiào
　叫觉校较轿教窖醇

jiē 阶皆结接秸揭街 jié 节劫杰诘拮桔
　结捷睫竭截 jiě 姐解 jiè 介芥戒届诫
　界借

jīn 巾今斤金津矜筋禁襟 jǐn 仅尽紧锦
　谨 jìn 尽进近劲浸晋禁噤

jīng 京茎经荆惊晶睛精兢鲸 jǐng 井颈
　景警儆 jìng 净径胫痉竞敬境静镜

jiōng 迥炯窘

jiū 纠究阄揪 jiǔ 九久灸韭酒 jiù 旧臼
　咎枢救厩就舅

jū 拘狙居驹掬鞠 jú 局菊橘 jǔ 沮咀举
　jù 巨句拒具炬俱据惧据距飓锯聚

juān 捐娟圈 juǎn 卷 juàn 卷倦绢眷圈

juē 撅 jué 决诀抉角觉绝倔掘崛厥爵
　嚼攫 juè 倔

jūn 军均君龟菌 jùn 俊郡浚峻骏菌竣

K (801 – 808)

kā 咖 kǎ 卡咯

kāi 开揩 kǎi 凯慨楷

kān 刊看勘堪 kǎn 坎砍 kàn 看

kāng 康慷糠 káng 扛 kàng 亢抗

kǎo 考拷烤 kào 铐靠

kē 苛科窠颗磕瞌蝌 ké 壳咳 kě 可渴
　kè 克刻客恪课

kěn 肯垦恳啃

kēng 坑吭铿

kōng 空 kǒng 孔恐 kòng 空控

kōu 抠 kǒu 口 kòu 扣寇

kū 枯哭窟骷 kǔ 苦 kù 库裤酷

kuā 夸 kuǎ 垮 kuà 挎胯跨

kuài 会快块脍筷

kuān 宽 kuǎn 款

kuāng 匡诓框筐 kuáng 狂 kuàng 况旷
　矿框眶

kuī 亏盔窥 kuí 葵魁暌 kuǐ 傀 kuì 溃馈
　愧

kūn 坤昆 kǔn 捆 kùn 困

kuò 扩括阔

L (809 – 824)

lā 垃拉 lá 拉 là 喇 là 落腊辣蜡

lái 来 lài 赖癞

lán 兰拦栏阑蓝谰澜褴篮 lǎn 览揽缆
　懒 làn 烂滥

láng 郎狼廊 lǎng 朗 làng 浪

lāo 捞 láo 牢劳痨 lǎo 老 lào 涝烙落酪
　le 乐勒

lēi 勒 léi 累雷 lěi 垒累磊 lèi 肋泪类累
　擂

léng 棱 lěng 冷 lèng 愣

lí 离梨犁黎篱 lǐ 礼李里俚理鲤 lì 力历
　立厉吏沥丽励利例隶荔俪栗粒笠痢
　liǎ 俩

lián 连帘怜涟莲联廉镰 liǎn 敛脸 liàn
　练炼恋链

liáng 良凉梁量梁粮 liǎng 两 liàng 亮
　凉谅晾量靓

liāo 撩 liáo 辽疗聊寥撩嘹缭燎 liǎo
　了潦 liào 了料撂镣

liě 咧 liè 列劣烈猎裂

lín 邻林临淋琳磷鳞 lǐn 凛 lìn 吝赁淋

líng 伶灵玲凌铃陵聆菱翎零龄 lǐng 岭
　领 lìng 另令

liū 溜熘 liú 浏流留琉硫瘤 liǔ 柳绺 liù
六溜遛

lóng 龙聋笼隆 lǒng 垄拢笼 lòng 弄

lōu 搂 lóu 喽楼 lǒu 搂篓 lòu 陋漏露

lú 卢庐芦炉颅 lǔ 卤虏掳鲁橹 lù 陆录
鹿禄碌路戮露

lǘ 驴 lǚ 侣旅捋铝偻屡缕膂履 lǜ 律虑
率绿滤

luán 孪 luǎn 卵 luàn 乱

lüè 掠略

lūn 抡 lún 伦沦纶轮 lùn 论

luō 罗捋 luó 罗萝逻锣箩骡螺 luǒ 裸
luò 络骆落摞

M(825－836)

mā 妈抹麻 mǎ 马吗码蚂 mà 骂

mái 埋 mǎi 买 mài 迈麦卖脉

mán 埋蛮馒瞒 mǎn 满 màn 曼谩漫蔓
慢幔

máng 忙芒杧盲茫 mǎng 莽蟒

māo 猫 máo 毛矛茅锚 mǎo 铆 mào 茂
冒贸帽貌

méi 没玫眉梅媒煤霉 měi 每美镁 mèi
妹昧媚魅

mēn 闷 mén 门扪 mèn 闷焖 men 们

mēng 蒙 méng 萌蒙盟朦 měng 猛蒙锰
mèng 梦

mī 咪眯 mí 弥迷谜糜麇 mǐ 米眯靡 mì
泌觅秘密蜜

mián 眠绵棉 miǎn 免勉 miàn 面

miáo 苗描瞄 miǎo 秒渺藐 miào 妙庙
miè 灭蔑

mín 民 mǐn 泯抿悯敏

míng 名明鸣茗冥铭瞑 mìng 命

miù 谬

mō 摸 mó 摹模膜摩磨蘑魔 mǒ 抹 mò

末没沫茉抹陌脉莫漠寞蓦墨默磨

móu 牟谋眸 mǒu 某

mú 模 mǔ 母亩牡拇 mù 木目沐牧募墓
幕睦慕暮穆

N(837－843)

ná 拿 nǎ 哪 nà 那呐纳捺

nǎi 乃奶 nài 奈耐

nān 囡 nán 男南难喃 nàn 难

náng 囊

náo 挠 nǎo 恼脑 nào 闹

něi 馁 nèi 内

nèn 嫩

néng 能

ní 尼泥呢霓 nǐ 拟你 nì 泥逆昵匿溺腻

niān 拈蔫 nián 年黏 niǎn 捻碾撵 niàn
念

niáng 娘酿

niǎo 鸟 niào 尿

niē 捏 niè 啮镊镍蹑孽

níng 宁拧狞柠凝 nǐng 拧 nìng 宁

niū 妞 niú 牛 niǔ 忸扭纽 niù 拗

nóng 农浓脓 nòng 弄

nú 奴 nǔ 努 nù 怒 nǚ 女

nuǎn 暖

nüè 疟虐

nuó 挪 nuò 诺懦糯

O(844)

ōu 讴欧殴鸥 ǒu 呕偶藕 òu 沤怄

P(845－853)

pā 趴 pá 扒爬耙 pà 怕

pāi 拍 pái 排徘牌 pǎi 迫 pài 派

pān 攀 pán 盘磐蹒 pàn 判叛盼畔

pāng 滂 páng 彷庞旁膀磅螃 pàng 胖

pāo 抛泡 páo 刨咆袍 pǎo 跑 pào 泡炮
炮

pēi 呸胚 péi 陪培赔 pèi 沛佩配

pēn 喷 pén 盆 pèn 喷

pēng 抨烹澎 péng 朋棚蓬硼鹏篷膨
pěng 捧 pèng 碰

pī 批纰坯砒劈霹 pí 皮枇毗疲啤脾
pǐ 匹否痞劈癖 pì 屁辟媲僻譬

piān 片偏翩篇 pián 便 piàn 片骗

piāo 剽漂缥飘 piáo 嫖瓢 piǎo 漂瞟
piào 票漂

piē 撇瞥 piě 撇

pīn 拼姘 pín 贫频 pǐn 品 pìn 牝聘

pīng 乒 píng 平评坪苹凭屏瓶萍

pō 泊坡泼颇 pó 婆 pǒ 叵笸 pò 迫破魄

pōu 剖 póu 抔 pǒu 掊

pū 仆扑铺 pú 仆匍菩脯葡蒲 pǔ 朴圃
普谱蹼 pù 铺瀑曝

Q(854 – 866)

qī 七沏妻凄栖戚期欺漆蹊 qí 齐祈其
奇歧脐畦崎骑棋旗 qǐ 乞岂企启起
绮 qì 气讫迄汽弃泣契砌器

qiā 掐 qiǎ 卡 qià 洽恰

qiān 千扦迁钎牵悭铅谦签 qián 前荨
钳虔钱掮乾潜黔 qiǎn 浅遣谴 qiàn
欠纤倩堑嵌歉

qiāng 枪戗戕腔锖锵 qiáng 强墙蔷
qiǎng 抢强襁 qiàng 呛

qiāo 悄跷敲锹橇 qiáo 乔侨荞桥翘憔
瞧 qiǎo 巧悄 qiào 壳俏诮窍峭翘撬
鞘

qiē 切 qié 茄 qiě 且 qiè 切妾怯窃挈慊
锲

qīn 亲侵钦 qín 芹琴禽勤擒噙 qǐn 寝
qìn 沁

qīng 青轻氢倾清蜻 qíng 情晴擎 qǐng
顷请 qìng 庆亲磬

qióng 穷穹琼

qiū 丘秋蚯 qiú 囚求泅酋球

qū 区曲驱屈祛蛆躯趋 qú 渠 qǔ 曲取
娶龋 qù 去趣觑

quān 圈 quán 权全泉拳痊蜷 quǎn 犬
quàn 劝券

quē 缺 qué 瘸 què 却雀确鹊

qún 裙群

R(867 – 871)

rán 然燃 rǎn 染

rāng 嚷 ráng 瓤 rǎng 壤攘嚷 ràng 让

rǎo 饶 rǎo 扰 rào 绕

rě 惹 rè 热

rén 人仁 rěn 忍 rèn 刃认任妊纫韧

rēng 扔 réng 仍

rì 日

róng 荣茸绒容溶熔融 rǒng 冗

róu 柔揉糅蹂 ròu 肉

rú 如儒孺蠕 rǔ 乳辱 rù 入褥

ruǎn 软

ruǐ 蕊 ruì 锐瑞

rùn 闰润

ruò 若弱

S(872 – 893)

sā 撒 sǎ 洒撒 sà 飒

sāi 塞腮 sài 塞赛

sān 三 sǎn 伞散 sàn 散

sāng 丧桑 sǎng 嗓 sàng 丧

sāo 搔骚缫臊 sǎo 扫嫂 sào 扫臊

sè 色涩塞

sēn 森

sēng 僧

shā 杀沙纱刹砂煞 shǎ 傻 shà 厦煞霎

shāi 筛 shài 晒

shān 山删衫姗珊舢扇膻 shǎn 闪 shàn 讪扇善缮擅膳赡鳝

shāng 伤商墒 shǎng 晌赏 shàng 上尚

shāo 烧捎梢稍 sháo 勺芍韶 shǎo 少 shào 少捎哨

shē 奢赊 shé 舌折蛇 shě 舍 shè 设社 舍涉射赦摄慑麝

shēn 申伸身呻绅参深 shén 什神 shěn 审婶 shèn 肾甚渗慎

shēng 升生声牲甥 shéng 绳 shěng 省 shèng 圣胜盛剩

shī 尸失师虱诗狮施湿 shí 十什石识 时实拾食蚀 shǐ 史矢使始驶屎 shì 士氏市示世仕式势事侍视饰室恃 拭柿是适逝释嗜誓噬螫

shōu 收 shǒu 手守首 shòu 寿受兽授售 瘦

shū 书抒枢叔殊倏淑梳舒疏蔬 shú 赎塾熟 shǔ 属暑署数鼠薯曙 shù 术 戌束述树竖恕庶数漱

shuā 刷 shuǎ 耍 shuà 刷

shuāi 衰摔 shuǎi 甩 shuài 帅率

shuān 闩拴栓 shuàn 涮

shuāng 双霜孀 shuǎng 爽

shuí 谁 shuǐ 水 shuì 税睡

shùn 顺瞬

shuō 说 shuò 烁朔硕

sī 司丝私思斯撕嘶 sǐ 死 sì 四寺似伺 饲肆

sōng 松 sǒng 怂耸 sòng 讼送诵颂

sōu 搜馊

sū 苏酥 sú 俗 sù 夙诉肃素速宿溯塑簌

suān 酸 suàn 蒜算

suī 虽 suí 绥随 suǐ 髓 suì 岁祟遂碎隧

燧穗

sūn 孙 sǔn 笋损

suō 唆梭缩 suǒ 所索琐锁

T(894－906)

tā 它他她塌踏 tǎ 塔 tà 榻踏

tāi 胎 tái 台抬苔 tài 太汰态泰

tān 坍贪滩摊瘫 tán 坛昙谈弹痰潭檀 tǎn 忐坦袒毯 tàn 叹炭探碳

tāng 汤蹚 táng 唐堂塘搪膛糖 tǎng 倘 淌躺 tàng 烫

tāo 涛掏滔韬 táo 逃桃陶淘 tǎo 讨 tào 套

tè 特

téng 疼誊腾藤

tī 剔梯踢 tí 提啼题蹄 tǐ 体 tì 屉剃涕惕 替嚏

tiān 天添 tián 田恬甜填

tiāo 挑 tiáo 条迢调笤 tiǎo 挑 tiào 眺跳

tiē 贴 tiě 铁 tiè 帖

tīng 厅听 tíng 延亭庭停 tǐng 挺铤艇

tōng 通 tóng 同桐铜童瞳 tǒng 统捅桶 筒 tòng 痛

tōu 偷 tóu 头投 tòu 透

tū 凸秃突 tú 图涂途徒屠 tǔ 土吐 tù 吐 兔

tuān 湍 tuán 团

tuī 推 tuí 颓 tuǐ 腿 tuì 退蜕褪

tūn 吞 tún 屯囤豚臀 tùn 褪

tuō 托拖脱 tuó 驮陀驼鸵 tuǒ 妥椭 tuò 拓唾

W(907－917)

wā 洼挖蛙 wá 娃 wǎ 瓦 wà 瓦袜

wāi 歪 wài 外

wān 弯剜湾蜿豌 wán 丸纨完玩顽 wǎn

宛挽惋晚婉碗 **wàn** 万腕蔓

wāng 汪 **wáng** 亡王 **wǎng** 网枉往惘
　　wàng 妄忘旺往望

wēi 危威逶葳煨煨微巍 **wéi** 为违围桅
　　惟唯维 **wěi** 伪伟苇纬尾委娓萎唯猥
　　wèi 卫为未位味畏胃谓尉喂蔚慰

wēn 温瘟 **wén** 文纹闻蚊 **wěn** 刎吻紊稳
　　wèn 问

wēng 翁嗡 **wèng** 瓮

wō 涡莴窝蜗 **wǒ** 我 **wò** 沃卧握斡醒

wū 乌污巫诬屋钨 **wú** 无梧蜈 **wǔ** 五
　　午妩忤武侮捂舞 **wù** 勿务坞物误悟
　　恶晤雾

X (918 – 935)

xī 夕汐汐吸希昔析牺息惜悉稀犀溪锡
　　熄熙蜥膝嬉熹蟋 **xí** 习席袭媳檄 **xǐ**
　　洗玺徙铣喜 **xì** 戏系细隙

xiā 虾瞎 **xiá** 匣侠峡狭遐瑕辖霞 **xià**
　　下吓夏

xiān 仙先纤掀锨鲜 **xián** 闲贤弦咸娴
　　舷衔嫌 **xiǎn** 险显 **xiàn** 县现限线宪
　　陷馅羡献腺

xiāng 相香厢箱襄镶 **xiáng** 详降祥翔
　　xiǎng 享响饷想 **xiàng** 向巷项相象像
　　橡

xiāo 削哮消宵逍萧硝销箫霄嚣 **xiáo**
　　淆 **xiǎo** 小晓 **xiào** 孝肖效校笑啸

xiē 些歇蝎 **xié** 协邪胁挟谐偕斜携鞋
　　xiě 写血 **xiè** 泻泄卸屑械谢亵榭懈邂
　　蟹

xīn 心辛欣锌新薪馨 **xín** 寻 **xìn** 芯信

xīng 兴星惺猩腥 **xíng** 刑行形型 **xǐng**
　　省醒擤 **xìng** 兴杏性幸悻

xiōng 凶兄胸胸 **xióng** 雄熊

xiū 休修羞 **xiǔ** 朽 **xiù** 秀袖绣臭锈嗅

xū 吁须虚嘘需 **xú** 徐 **xǔ** 许栩 **xù** 旭序恤
　　叙畜酗绪续絮婿蓄

xuān 轩宣喧 **xuán** 玄悬旋 **xuǎn** 选
　　xuàn 炫绚眩渲

xuē 削靴 **xué** 穴学 **xuě** 雪 **xuè** 血谑

xūn 勋熏 **xún** 旬驯寻巡询循 **xùn** 讯训
　　汛迅逊殉

Y (936 – 956)

yā 丫压呀押鸦鸭 **yá** 牙芽涯崖 **yǎ** 哑
　　雅 **yà** 轧亚

yān 咽烟胭淹阉湮腌嫣 **yán** 延言严沿
　　炎岩研盐阎筵颜檐 **yǎn** 奄俨掩眼演
　　yàn 厌沿砚咽宴晏艳唁验谚焰雁燕
　　赝

yāng 央殃秧 **yáng** 羊阳扬杨佯洋 **yǎng**
　　仰养氧痒 **yàng** 怏恙样漾

yāo 夭吆妖要腰邀 **yáo** 肴窑谣遥摇
　　yǎo 杳咬窈舀 **yào** 药要钥鹞耀

yē 耶椰噎 **yé** 爷 **yě** 也冶野 **yè** 业叶
　　页曳夜液谒腋

yī 一衣伊依揖 **yí** 仪夷宜怡饴贻姨
　　胰移遗颐疑 **yǐ** 乙已与以蚁倚椅 **yì**
　　义亿忆艺刈议亦屹异译抑呓役诣易
　　疫益谊逸翌溢意裔肆毅臆翼

yīn 因阴音茵姻荫殷 **yín** 吟淫银 **yǐn** 引
　　饮隐瘾 **yìn** 印饮荫

yīng 应英莺婴缨樱璎鹦鹰 **yíng** 迎盈
　　荧莹营萤萦蝇赢 **yǐng** 颖影 **yìng** 应
　　映硬

yōng 佣拥庸雍壅臃 **yǒng** 永甬泳咏俑
　　勇涌踊 **yòng** 用佣

yōu 优忧幽悠 **yóu** 尤由邮犹油铀游
　　yǒu 友有 **yòu** 又右幼佑诱

yū 迂淤 **yú** 于余鱼谀娱隅渔渝愉逾愚
　　榆舆 **yǔ** 与予屿羽雨语 **yù** 与玉

A

A

阿 ā 阿波罗 Apollo 阿尔法 alpha 阿飞 teddy boy; hooligan; a youth given to rowdy behaviour and queer dress 阿拉伯 Arab 阿拉伯人 Arabian; Arab 阿拉伯数字 Arabic numerals 阿拉伯语 Arabic 阿门 amen 阿司匹林 aspirin 阿姨 auntie; aunt

AI

哀 āi ❶ grieved; sorrowful ❷ mourning ❸ pity 哀愁 be distressed; sorrowful; sad 哀悼 mourn for (over); lament for 哀号 wail 哀怜 have pity on; feel compassion for sb. 哀求 entreat; implore; beseech 哀伤 feel grief; grieve over; feel distressed 哀叹 bewail; bemoan

挨 āi ❶ be or get close to; be next to ❷ follow a regular order or sequence; do sth. in sequence or by turn 挨个儿 in turn; one by one 挨门挨户 from door to door; house-to-house 挨着 close to

挨 ái ❶ suffer; endure ❷ struggle to pull through (hard times); drag out ❸ delay; stall; put off 挨打 take (get) a beating (thrashing); come under attack 挨饿 suffer from hunger; go hungry 挨罚 be punished 挨骂 get a dressing down 挨批评 be criticized 挨整 be the target of attack

挨揍 get a thrashing; be knocked about

癌 ái cancer; carcinoma 癌细胞 cancer cell

矮 ǎi ❶ short ❷ low 矮一级 a grade lower 矮墩墩 pudgy; stumpy 矮胖 roly-poly 矮小 short and small 矮子 dwarf; a short person

蔼 ǎi friendly; amiable

爱 ài ❶ love; affection ❷ like; be keen on ❸ be apt to; be in the habit of 爱发脾气 be short-tempered 爱不释手 be so fond of sth.; like too much to hold out/part with sth. 爱称 term of endearment; pet name; diminutive 爱戴 love and support 爱尔兰 Ireland 爱尔兰人 the Irish; Irishman 爱尔兰语 Irish 爱抚 show tender care for; fondle 爱国 patriotic; love one's homeland 爱好 love; like; be fond of; be keen on; interest; hobby 爱护 take good care of; cherish 爱恋 be in love with 爱面子 be concerned about face-saving 爱慕 love; admire 爱情 love 爱人 husband; wife; honey 爱心工程 Loving Care Project 爱惜 treasure; use sparingly 爱屋及乌 love for a person extends even to the crows on his roof; love me, love my dog

隘 ài ❶ narrow ❷ narrow pass 隘路 defile; narrow passage

碍 ài hinder; obstruct; be in the way of 碍事 be a hindrance; be of consequence; matter 碍手碍脚 underfoot

A

暖 ài 暖昧 equivocal; shady 态度暧昧 assume an ambiguous attitude 暖昧关系 dubious relationship

AN

安 ān ❶ peaceful; quiet; tranquil; calm 安睡 sleep peacefully ❷ set (sb.'s mind) at ease ❸ rest content; be satisfied 安于现状 be content with things as they are ❹ safe; secure; in good health ❺ place in a suitable position; find a place for install; fix; fit 安好 safe and sound; well 安家 set up a home 安静 quiet; peaceful 安居工程 Comfortable Housing Project 安居乐业 live and work in peace and contentment 安康 be in good health 安乐 peace and happiness 安乐死 euthanasia 安理会 the (U.N.) Security Council 安眠 sleep peacefully 安宁 peaceful; tranquil 安排 arrange; put in proper place 安培 ampere 安全 safe; se ❻ cure 安全套 condom 安然 safely; peacefully 安如磐石 as solid as a rock 安身 make one's home; take shelter 安神 calm the nerves 安适 quiet and comfortable 安危 safety and danger 安慰 comfort; console 安稳 smooth and steady; safe and secure 安息 rest; go to sleep; rest in peace (悼念用语) 安闲 enjoying leisure; relaxed 安详 composed; serene; unruffled; unhurried 安歇 rest; sleep; retire for the night 安心 set one's mind to; keep one's mind on; not worried; set one's mind at rest 安逸 easy and comfortable; leisurely 安营扎寨 pitch a camp; encamp 安于现状 be satisfied with things as they are 安葬 bury 安置 place (a person) in certain post; find a place for; help settle down 安装 install; erect; fix; set up; mount

氨 ān ammonia 氨水 ammonia water 氨基酸 amino acid

鞍 ān saddle

岸 àn bank; shore; coast 岸边 shoreside 岸标 shore beacon 岸然 in a solemn manner

按 àn ❶ press; push down ❷ leave aside; shelve ❸ restrain; control (one's anger) ❹ keep one's hand on; keep a tight grip on ❺ according to; in accordance with; in the light of; on the basis of 按比例 prorata basis 按部就班 follow the prescribed order; be in a rut; jog along 按揭 mortgage 按揭贷款 mortgage loan 按劳分配 distribution according to work 按理 according to reason; normally 按脉 feel the pulse 按摩 massage 按捺 restrain; control 按钮 push button 按期 on schedule; on time 按时 in the ordinary course of events; ordinarily 按需分配 distribution according to need 按语 note; comment 按照 according to 按质论价 fix the price according to the quality

案 àn table; desk 案板 kitchen chopping board 案件 law case, legal case 案卷 files of documents; files; archives 案例 case 案情 details of a case; facts of a legal case 案头 on the desk 案头工作 desk-tied work 案由 brief; summary 案子 law case

暗 àn ❶ dark; dull 暗绿 dark green ❷ hidden; secret 暗暗 secretly; to oneself 暗藏 hide; conceal 暗淡 dim; dismal; faint; gloomy 暗害 kill secretly; stab in the back 暗含 imply 暗号 secret signal; cipher 暗箭 an arrow from hiding 暗礁 submerged rock 暗亏 hidden loss 暗杀 assassinate 暗伤 internal injury 暗示 hint; suggest 暗室 darkroom 暗探 secret agent 暗物质 dark matter 暗中 in secret; in the dark

ANG

肮 āng 肮脏 dirty; filthy

昂 áng ❶ hold (one's head) high ❷ high; soaring 昂贵 expensive; costly 昂贵的费用 a whopping fee 昂然 upright and unafraid 昂首阔步 stride proudly ahead 昂头 hold one's head high 昂扬 high-spirited

盎 àng 盎然 abundant; full; overflowing; exuberant 盎司 ounce

AO

凹 āo concave; hollow; sunken; dented 凹面镜 concave mirror 凹透镜 concave lens 凹凸不平 full of bumps and holes; uneven

熬 áo 熬不过 be unable to sustain or endure; cannot survive 熬药 decoct medicinal herbs 熬夜 stay up all night; burn the midnight oil 熬粥 make gruel

傲 ào ❶ proud; haughty ❷ refuse to yield to; brave; defy 傲慢 arrogant; haughty; overbearing 傲气 ① air of arrogance; haughtiness ② arrogant; haughty

奥 ào profound and difficult to understand; abstruse 奥迪 Audi 奥林匹克运动会 the Olympic Games 奥秘 mystery 奥妙 mysterious; subtle; wonderful 奥斯卡金像奖 Oscar award

懊 ào ❶ regretful; remorseful ❷ annoyed; vexed 懊悔 repent; feel remorse; regret 懊恼 displeased; annoyed; vexed 懊丧 dispirited; dejected; despondent; downcast

B

BA

八 bā eight 八倍 octuple; eightfold 八成 eighty percent 八卦 the Eight Diagrams 八路军 the Eighth Route Army 八月 August

巴 bā 巴不得 be only too anxious 巴儿狗 ①pekingese ②sycophant; toady 巴拿马 Panama 巴望 hope earnestly; wait anxiously; look forward to 巴西 Brazil 巴掌 palm; hand

扒 bā ①cling to; hold on to ②push aside 扒开树叶 push aside the leaves ③strip off; take off 扒狐皮 skin a fox 扒衣服 strip off one's clothes 扒掉 take off 扒开 push aside 扒拉 push lightly

芭 bā 芭蕉 banana 芭蕾舞 ballet

疤 bā scar 疤痕 scar

拔 bá ①pull out; pull up 拔牙 pull out a tooth ②choose; select 选拔 select (from candi-dates) ③stand out among; surpass 出类拔萃 stand out among one's fellows 拔草 pull up weeds 拔河 tug-of-war 拔尖儿 tiptop; push oneself to the front

跋 bá ①cross mountains ②postscript 跋扈 bossy 跋涉 trudge; trek 长途跋涉 make a long and difficult journey

把 bǎ ①hold; grasp ②guard; watch 把门 guard a gate ③handle (of a pushcart, etc.) ④bundle; bunch 草把 a bundle of straw 把柄 handle; hold 有…的把柄 have a hold over sb. 把持 control; dominate; monopolize 把关 ①guard a pass ②check on 把好质量关 guarantee the quality (of products) 把守 guard 把握 hold; grasp 把握时机 seize the opportunity 没有把握 have no certainty of success 把戏 cheap trick

靶 bǎ target 打靶 shooting practice 靶心 bull's-eye

把 bà ①grip; handle (of a teapot, etc.) ②stem (of a leaf, flower or fruit) 把子 handle (of a knife, etc.)

坝 bà ①dam ②dyke; embankment

爸 bà dad; father

罢 bà ①stop; cease 欲罢不能 try to stop but cannot ②dismiss 罢工 strike; go on strike 罢官 dismiss from office 罢课 students' strike; moratorium on classes 罢免 recall 罢市 shopkeepers' strike 罢手 give up

霸 bà 霸道 play the tyrant domineering unreasonable 霸权 hegemony; supremacy 霸权主义 hegemonism 霸占 forcibly occupy; seize

BAI

掰 bāi break off (with the fingers and

thumb) 掰玉米 break off corncobs

白 bái ❶white 白发 white hairs ❷clear 真相大白 everything is clear now ❸pure; plain; blank 白纸 a blank sheet of paper ❹ in vain; for nothing 白忙 go to a lot of trouble for nothing 白跑一趟 make a fruitless trip ❺free of charge; gratis 白送 give away free (of charge) 白布 plain white cloth 白菜 Chinese cabbage 白痴 idiocy; idiot 白费 waste (one's energy, etc.) 白费心思 bother one's head for nothing 白花花 shining white 白话 vernacular 白话文 writings in the vernacular 白桦 white birch 白金 platinum 白净 fair and clear 白酒 white spirit 白葡萄酒 white wine 白卷 blank examination paper 交白卷 hand in an examination paper unanswered 白开水 plain boiled water 白兰地 brandy 白领 white-collar 白米 (polished) rice 白面 wheat flour; flour 白皮书 white paper 白热化 turn white-hot 白人 white man or woman 白刃 naked sword 白刃战 bayonet charge 白色 white (colour) 白色恐怖 White terror 白色污染 white pollution 白薯 sweet potato 白糖 (refined) white sugar 白天 daytime; day 白熊 polar bear 白血球 white blood cell 白眼 supercilious look 白杨 white poplar 白蚁 white ant 白银 silver 白纸黑字 (written) in black and white 白昼 day time 白字 wrongly written or mispronounced character

百 bǎi ❶hundred ❷numerous; all kinds of 百般 in every possible way; by every means 百倍 a hundred times 百发百中 make every shot tell 百分比 percentage 百分之 a hundred per cent; out and out 百分制 hundred-mark system 百合 lily 百花齐放,百家争鸣 let a hundred flowers blossom and a hundred schools of thought contend 百货 general merchandise 百货商店 department store 百科全书 encyclopaedia 百灵 lark 百年大计 a major project 百事可乐 Pepsi co-

la 百闻不如一见 seeing is believing 百万 million 百万富翁 millionaire 百叶窗 shutter; blind; jalousie

柏 bǎi cypress 柏油 pitch; tar; asphalt 柏油路 asphalt road

摆 bǎi ❶put; place ❷lay bare; state clearly ❸put on; assume 摆威风 put on airs 摆老资格 flaunt one's seniority ❹ sway; wave ❺pendulum 摆布 order about; have sb. in one's pocket 摆动 swing; sway 摆渡 ferry 摆架子 assume great airs; attitudinize 摆阔 parade one's wealth 摆弄 move back and forth; fiddle with 摆设 furnish and decorate 摆摊子 set up a stall 摆脱 cast off; shake off; break away from; free oneself from 摆脱困境 extricate oneself from a predicament; shake off difficulties

败 bài ❶be defeated; lose (a battle, etc.) ❷defeat; beat ❸fail ❹spoil 败坏 ruin; corrupt; undermine 败坏名誉 discredit; defame 道德败坏 morally degenerate 败家子 spendthrift; wastrel 败局 losing game; losing battle 败露 be brought to light 败落 decline (in wealth and position) 败诉 lose a lawsuit 败退 retreat in defeat 败兴 disappointed 败仗 lost battle

拜 bài 拜倒 fall on one's knees; grovel; prostrate 拜访 pay a visit; call on 拜佛 worship Buddha 拜年 pay a New Year call; wish sb. a Happy New Year

BAN

扳 bān pull; turn 扳道岔 pull railway switches 扳道员 switchman 扳机 trigger 扳平 get even; even up scores with

班 bān ❶class; team 作业班 work team ❷ shift; duty 上夜班 be on night shift 班车 regular bus (service) 班次 order of classes or grades at school 班房 jail 班机 airliner; regular air service 班级 classes and grades in school 班轮 regular steamship service 班门弄斧 teach one's grandmother how to suck eggs 班务会 a routine meeting of a squad, team or class 班长 class monitor; team leader 班主任 a teacher in charge of a class

颁 bān promulgate; issue 颁布 issue (a decree); publish 颁行 issue for enforcement

斑 bān 斑白 grizzled; greying 斑驳 mottled; motley 斑点 stain 斑斓 bright-coloured 斑马 zebra

搬 bān ❶take away; move; remove ❷apply indiscriminately; copy mechanically 搬家 move (house) 搬弄 move sth. about; show off 搬弄是非 sow discord; tell tales 搬迁 resettle 搬迁户 relocated families 搬运 carry; transport 搬运工人 porter; docker

板 bǎn ❶board; plate ❷shutter ❸bat; battledore ❹clappers ❺stiff; unnatural ❻stop smiling; look serious 板着脸 keep a straight face 板壁 wooden partition 板擦 blackboard eraser 板凳 wooden bench or stool 板结 harden 板书 writing on the blackboard 板刷 scrubbing brush 板鸭 pressed salted duck

版 bǎn ❶printing plate ❷edition ❸page (of a newspaper) 版本 edition 版面 print 版刻 carving; engraving 版面 space of a whole page; layout of a printed sheet 版权 copyright 版权所有 all rights reserved 版权页 copyright page 版税 royalty (on books) 版图 domain

办 bàn ❶do; handle; manage; attend to ❷set up; run 班班 organize a study class ❸punish (by law) 办案 handle a case 办报 run a newspaper 办法 way; means;

measure 办公 handle official business; work 办公时间 office hours 办公室 office 办公桌 desk; bureau 办理 handle; conduct 办理手续 go through the formalities 办事 handle affairs; work 办事处 office; agency 办事机构 working body 办事效率 work efficiency

半 bàn ❶half; semi- 半小时 half an hour 降半旗 fly a flag at half mast ❷in the middle; halfway 半山腰 halfway up a hill ❸partly; about half 半百 fifty (years of age) 半边 half of sth.; one side of sth. 半边天 (woman hold up) half the sky 半成品 semi-finished products 半导体 semiconductor 半导体收音机 transistor radio 半岛 peninsula 半封建 semifeudal 半工半读 part work, part study 半公开 semi-overt 半官方 semi-official 半价 (at) half price 半径 radius 半空中 in mid air; in the air 半路 halfway; midway; on the way 半票 half-price ticket; half fare 半旗 at half-mast 半身不遂 hemiplegia 半身像 half-length photo 半生 half a lifetime 半途而废 give up halfway 半夜 midnight; the small hours 半夜三更 in the depth of night 半元音 semi-vowel 半圆 semicircle 半月刊 semimonthly 半殖民地 semi-colonial

扮 bàn ❶be dressed up as ❷put on (an expression) 扮演 play the part of; act

伴 bàn ❶companion 做伴 keep sb. company ❷accompany 伴唱 vocal accompaniment; accompany (a singer) 伴侣 companion; partner 伴随 accompany; follow 伴奏 accompany (with musical instruments)

拌 bàn mix 拌和 mix and stir 拌嘴 quarrel

绊 bàn trip 绊脚石 stumbling block; obstacle

BANG

邦 bāng nation; state; country 邻邦 a neighbouring country 邦交 diplomatic relations

帮 bāng ❶help; assist ❷gang; band; clique 帮厨 help in the mess kitchen 帮工 help with farm work 帮会 secret society 帮忙 help; give a hand; do a favour 帮派 faction 帮腔 speak in support of sb.; echo sb. 帮手 helper; assistant 帮凶 accomplice

绑 bǎng bind; tie truss up 绑匪 kidnapper 绑架 kidnap; staking 绑票 kidnap (for ransom)

榜 bǎng ❶a list of names posted up ❷announcement; notice 榜样 example; model

膀 bǎng ❶upper arm; arm ❷shoulder ❸wing (of a bird) 膀臂 arm

谤 bàng slander; defame; vilify

傍 bàng draw near; be close to 傍晚 toward evening; at nightfall; at dusk

棒 bàng ❶stick; club ❷good; fine; excellent; strong 棒槌 wooden club 棒球 baseball 棒球场 baseball field

磅 bàng ❶pound ❷scales ❸weigh 磅秤 platform balance

镑 bàng pound (a currency)

BAO

包 bāo ❶wrap ❷bundle; package; pack; packet; parcel 邮包 postal parcel ❸bag; sack 书包 school bag ❹bale; sack ❺swelling; lump 起了个包 have a swelling ❻surround; encircle; envelop ❼include; contain 包办 run the whole show 包办婚姻 ar-

ranged marriage 包庇 harbour; cover up 包藏 contain; harbour; conceal 包藏祸心 harbour evil intentions 包产 make a production contract 包产到户 (system of) fixed output quotas for each household 包袱 cloth-wrapper; weight 包含 contain; embody; include 海水包含盐分 sea water contains salt 包涵 excuse; forgive 包金 gild 包括 include; consist of 包揽 undertake the whole thing; take on everything 包罗 include; cover; embrace 包罗万象 all-inclusive; catch-all 包容 pardon; forgive; contain; hold 包围 surround; encircle 包围圈 ring of encirclement 包销 firm sale; underwriting 包扎 wrap up; bind up, pack 包扎伤口 dress a wound 包装 pack; package 包装箱 packing box 包装纸 wrapping paper 包子 steamed stuffed bun

胞 bāo ❶afterbirth ❷born of the same parents 胞姊妹 full sisters

剥 bāo shell; peel; skin 剥花生 shell peanuts 剥香蕉 peel a banana 剥羊皮 skin a sheep

煲 bāo 煲电话粥 be ages on the phone to sb.

褒 bāo praise; honour; commend 褒义 commendatory (term)

薄 báo ❶thin; flimsy 薄纸 thin paper ❷weak; light 薄酒 light wine ❸poor (land, etc.) 薄饼 thin pancake

宝 bǎo ❶treasure ❷precious; treasured 宝宝 darling; baby 宝贝 ①treasure ②darling; baby 宝贵 valuable; value; treasure 宝贵意见 (经验) valuable suggestion (experience) 宝剑 a double-edged sword 宝洁公司 P & G 宝库 treasure-house 宝马 Bavarian Motor Works (BMW) 宝石 precious stone; gem 宝藏 precious deposits 宝座 throne

饱 bǎo ❶ have eaten one's fill; be full ❷ full; plump ❸ fully; to the full 饱经风霜 weather-beaten; having experienced the hardships of life 饱满 full; plump 精神饱满 full of vigour 饱学 learned; erudite

保 bǎo ❶ protect; defend ❷ keep; maintain; preserve ❸ guarantee 保质保量 guarantee both quality and quantity 保安 ensure public security 保安措施(人员) security measures (personnel) 保镖 bodyguard 保藏 keep in store; preserve 保持 keep; maintain 保持安静 keep quiet 保持低姿态 maintain a low profile 保持警惕 maintain vigilance 保持车距 keep space 保存 preserve; conserve; keep 保存实力 conserve one's strength 保单 guarantee slip 保管 take care of 保管员 storeman; storekeeper 保护 protect; safeguard 保护环境 protect the environment 保护现场 keep intact the scene of a crime or accident 保监会 The China Insurance Regulatory Commission 保健 health protection; health care 保留 ① continue to have; retain ② hold back; reserve 持保留意见 have reservations 保留剧目 repertory 保密 maintain secrecy; keep sth. secret 保姆 ①(children's) nurse baby-sitter ②housekeeper 保全 save from damage; keep in good repair 保释 release on bail 保税区 surety 保守 conservative 保税区 bonded area; free trade zone 保送 recommend sb. for admission to school, etc. 保卫 defend; safeguard 保卫祖国 defend one's country 保卫科 security section 保险 insurance 保险公司 insurance company 保险索赔 insurance claim 保修 guarantee to keep sth. in good repair 保养 ①take good care of one's health ②maintain; keep in good repair 保佑 bless and protect 保障 ensure; guarantee; safeguard 保证 pledge; guarantee; assure 保证书 guarantee 保值 preserve the value 保值储蓄 inflation-proof savings deposits 保值利率 index-linked interest rate

葆 bǎo ❶ luxuriant growth ❷ preserve; nurture 永葆青春 keep alive the fervour of youth

报 bào ❶ report; announce; declare 报户口 apply for a residence permit ❷ reply; respond ❸ recompense; requite ❹ newspaper ❺ periodical; journal 学报 college journal ❻ bulletin report 战报 war bulletin ❼ telegram; cable 发报 send a telegram 报表 report forms 报偿 repay 报仇 revenge 报酬 reward; pay 报答 repay; requite 报到 report for duty; check in 报道 report (news) 报恩 pay a debt of gratitude 报废 report sth. as worthless 报复 make reprisals; retaliate 报复性关税 retaliatory duty or tariff 报告 report; make known; talk; lecture 报告文学 reportage 报捷 report a success; announce a victory 报警 report (an incident) to the police; give an alarm 报刊 newspapers and periodicals; the press 报考 enter oneself for an examination 报名 enter one's name; sign up 报幕 announce the items on a programme 报社 newspaper office 报数 number off; count off 报摊 news-stand; news stall 报务员 telegraph or radio operator 报喜 announce good news; report success 报销 get reimbursed; recoup ... expenses 报信 notify; inform 报应 judgment 报帐 render an account 报纸 newspaper

刨 bào ❶ plane sth. down; plane ❷ plane; planing machine 刨冰 water ice 刨床 planer 刨花 wood shavings

抱 bào ❶ hold or carry in the arms; hug ❷ hang together 抱成团 gang up ❸ cherish ❹ an armful (of hay, firewood, etc.) 抱病 be ill; be in bad health 抱病工作 go on working in spite of ill health 抱不平 defend sb.

against an injustice 抱负 aspirations; ambition 抱恨 have a gnawing regret 抱歉 be sorry; feel apologetic; regret 抱养 adopt (a child) 抱怨 complain

豹 bào leopard; panther

暴 bào ❶sudden and violent ❷cruel; savage; fierce ❸hot-tempered 脾气暴 have a hot temper ❹stick out; stand out; bulge 暴病 sudden attack of a serious illness 暴跌 steep fall (in price); slump 暴发户 upstart 暴风 storm wind 暴风雪 snowstorm 暴风雨 rainstorm; storm 暴风骤雨 violent storm 暴富 suddenly become rich 暴利 exorbitant profits; scoop 暴饮暴食 eat and drink too much at one meal 暴雨 torrential rain; rainstorm 暴躁 irascible; irritable 暴涨 (of floods, prices, etc.) rise suddenly and sharply

爆 bào ❶explode; burst ❷quick-fry 爆发 erupt; burst out; break out 爆裂 burst; crack 爆竹 firecracker 放爆竹 let off firecrackers

BEI

杯 bēi ❶cup; glass 茶杯 teacup 一杯茶 a cup of tea ❷(prize) cup; trophy 银杯 silver cup

卑 bēi ❶low ❷inferior ❸modest; humble 卑鄙 base; mean; contemptible; despicable 卑贱 lowly; mean

背 bēi ❶carry on the back ❷bear; shoulder 背包 knapsack; kit-bag 背带 braces; suspenders

悲 bēi ❶sad ❷compassion 悲哀 sorrowful 悲惨 miserable 悲愤 grief and indignation 悲观 pessimistic 悲观主义 pessimism 悲剧 tragedy

碑 bēi stone tablet; stele 碑帖 a rubbing from a stone inscription 碑文 an inscription on a tablet

北 běi north 北方 north; the northern part of the country 北风 a north wind 北极 the North Pole; the North Pole; the north magnetic pole 北极圈 the Arctic Circle 北极星 Polaris

贝 bèi ❶shellfish ❷cowrie 贝壳 shell 贝类 molluscs

备 bèi ❶be equipped with; have ❷prepare; get ready ❸provide against ❹equipment 军备 military equipment 备案 put on record; enter (a case) in the records 备考 for reference 备课 (of a teacher) prepare lessons 备料 get the materials ready 备忘录 memorandum; memorandum book 备用 reserve; spare 备灾 prepare against disasters 备注 remarks 备注栏 remarks column

背 bèi ❶the back of the body 背痛 backache ❷the back of an object ❸with the back towards ❹turn away 把脸背过去 turn one's face away ❺hide sth. from; do sth. behind sb.'s back 背着某人说话 talk behind sb.'s back ❻recite from memory; learn by heart 背台词 speak one's lines ❼violate; break 背约 violate an agreement 背道而驰 run counter to 背后 behind; at the back; behind sb.'s back 背景 back-ground 背面 the back; the wrong side 背叛 betray 背诵 recite; repeat from memory 背信弃义 break faith with sb.

被 bèi quilt 棉被 cotton-wadded quilt 被单 (bed) sheet 被动 passive 被动式 passive form 被动语态 passive voice 被告 defendant; the accused 被告席 dock 被害人 the victim 被迫 be forced; be constrained 被褥 bedding; bedclothes 被提名人 nominee

倍 bèi ❶times; -fold 四倍 four times; four-fold 增长两倍 increase by 200% ❷double 倍数 multiple

BEN

奔 bēn ❶run quickly 奔马 a galloping horse❷hurry; hasten; rush 奔赴前线 hurry to the front 奔波 rush about; be busy running about 奔驰 ①speed ②Benz 奔流入海 flow into the sea

本 běn ❶the root or stem of a plant ❷foundation; basis ❸capital; principal ❹original ❺one's own; native ❻this; current; present 本周 this week ❼based on 本着政策办事 act according to policy ❽book 本分 one's duty 本国 one's own country 本行 one's line; one's own profession 本届 current; this year's 本科 undergraduate course; regular college course 本科生 undergraduate 本来 original; at first 本来会（能，可以，应该）would（could, might, should）have done 本来面目 true features 本领 skill; ability 本末倒置 put the cart before the horse 本能 instinct 本钱 capital 本色 true qualities; distinctive character 本身 itself; in itself 本事 skill; ability; capability 本田 Honda 本土 one's native country 本位主义 selfish departmentalism 本性 natural character; nature 本性难移 it is difficult to alter one's character

笨 bèn ❶stupid; dull; foolish ❷clumsy; awkward ❸cumbersome 笨蛋 fool; idiot

BENG

崩 bēng ❶collapse ❷burst ❸be hit by sth. bursting 崩溃 fall apart 崩裂 break apart; crack

迸 bèng spout; spurt; burst forth 迸发

burst（out）进裂 split; burst（open）

泵 bèng pump 泵房 pump house

蹦 bèng leap; jump; spring 蹦极 bungy（jump）

BI

逼 bī❶force; drive ❷extort 逼供 extort a confession 逼近 press on towards; close in on; approach; draw near 逼上梁山 be driven to revolt 逼真 be true to life

鼻 bí nose 鼻涕 nasal mucus; snivel 流鼻涕 have a running nose 鼻息 breath 鼻炎 rhinitis 鼻音 nasal sound 鼻祖 the earliest ancestor; originator

匕 bǐ 匕首 dagger

比 bǐ❶compare; contrast 比得上 can compare with ❷emulate; compete; match 比干劲 emulate each other in drive ❸draw an analogy; liken to; compare to ❹copy; model after ❺ratio; proportion 比方 analogy; for instance 比分 score 比价 price relations; parity; rate of exchange 比较 compare; comparatively; relatively; quite; rather 比较级 comparative degree 比例 proportion 比例尺 scale 比率 ratio; rate 比目鱼 flatfish 比如 for example; for instance; such as 比赛 match; competition; contest 比赛项目 event 比翼 fly wing to wing 比翼鸟 a pair of lovebirds 比喻 analogy; figure of speech 比照 according to; compare with 比值 specific value; ratio 比重 ①proportion ②specific gravity

彼 bǐ❶that; those; each other; the other; another ❷the other party 知己知彼 know both your opponent and yourself 彼此 each other; one another

笔 bǐ❶pen 毛笔 writing brush ❷technique of writing, calligraphy or drawing 文笔 style of writing ❸stroke; touch 添几笔 add a few touches 笔画 strokes of a Chinese character 笔迹 a person's handwriting; hand 笔记 notes 记笔记 take notes 笔记本 ①notebook ②laptop (computer) 笔架 pen rack 笔名 pen name; pseudonym 笔墨 pen and ink; words; writing 笔试 written examination 笔者 the author; the writer 笔直 perfectly straight

币 bì money; currency 外币 foreign currency 银币 silver coin 币值 currency value

必 bì ❶certainly; surely; necessarily ❷must; have to 必读书目 a list of must reading 必然 certain 必然结果 inevitable outcome 必然规律 inexorable law 必然性 necessity; certainty 必修课 a required course 必须 must; have to 必需 essential; indispensable 必需品 necessities 必要 necessary; indispensable 必要条件 essential condition

闭 bì ❶shut; close 闭眼 close one's eyes 闭嘴 shut up; button your lips! ❷stop up 闭住气 hold one's breath 闭幕 the curtain falls; conclude 闭幕词 closing address 闭幕式 closing ceremony 闭塞 stop up; close up; out-of-the-way

毕 bì ❶finish; accomplish; conclude ❷fully; completely 毕竟 after all; all in all 毕业 graduate 毕业班 graduating class 毕业典礼 graduation (ceremony); commencement 毕业论文 graduation thesis; dissertation 毕业设计 graduation project 毕业生 graduate 毕业实习 graduation field work 毕业证书 graduation certificate

庇 bì shelter; protect; shield 庇护 take under one's wing

陛 bì 陛下 Your (His, Her) Majesty

毙 bì ❶die; get killed 倒毙 drop dead 击

shoot 枪毙 execute byshooting

敝 bì ❶shabby; worn-out; ragged 敝衣 ragged clothing ❷my; our; this 敝校 my school

婢 bì slave girl; servant-girl

萞 bì 萞麻 castor-oil plant 萞麻蚕 castor silkworm 萞麻油 castor oil 萞麻子 castor bean

碧 bì ❶green jade ❷bluish green; blue 碧空 an azure sky 碧玉 jasper 小家碧玉 a pretty girl of humble birth

蔽 bì cover; hide 衣不蔽体 be dressed in rags 蔽雨 shelter from the rain

弊 bì ❶fraud; abuse; malpractice ❷disadvantage; harm 弊病 malady; evil; corrupt practice; drawback 弊大于利 disadvantages outweigh advantages

避 bì ❶avoid; evade; shun ❷prevent; keep away; repel 避而不谈 evade the question 避风 take shelter from the wind 避风港 haven 避免 avoid; refrain from; avert 避难 take refuge; seek asylum 避暑 be away for the summer holidays; prevent sunstroke 避孕套 condom; rubber

壁 bì ❶wall ❷cliff ❸breastwork 壁橱 closet 壁灯 wall lamp 壁画 mural (painting) 壁龛 niche 壁垒 rampart 壁炉 fireplace

臂 bì ❶arm ❷upper arm 臂膀 arm 臂章 armband; shoulder emblem

BIAN

边 biān ❶side ❷margin; edge ❸border; frontier; boundary ❹limit; bound 无边 boundless ❺by the side of; close by 边地 border district; borderland 边防 frontier defence 边际 limit; bound; boundary 漫无边际 rambling; discursive 不着边际 wide of the mark 边界 boundary; border 边界线 boundary line 边境 frontier 边框 frame; rim 边门 side door 边沿 edge; fringe 边缘 edge; fringe

编 biān ❶weave 编筐子 weave baskets ❷organize; group; arrange ❸edit; compile 编教材 compile teaching material ❹write 编剧本 write a play ❺invent; make up 编 part of a book; book; volume 编导 write and direct (a play, film, etc.) 编队 form into columns; organize into teams 编号 number 编辑 edit; editor; compiler 编辑部 editorial department 编辑委员会 editorial board 编剧 playwright

鞭 biān whip 鞭策 spur on 鞭打 whip; lash; flog; thrash 鞭长莫及 beyond the reach of one's power

贬 biān ❶demote; relegate ❷reduce; devalue ❸censure 贬低 belittle; play down; disparage 贬义词 derogatory term 贬值 devalue

扁 biǎn flat 扁担 shoulder pole 扁豆 hyacinth bean 扁平足 flatfeet 扁桃体 tonsil

变 biàn ❶ change; become different ❷change into; become 变废为宝 change waste material into things of value 变本加厉 become aggravated; be further intensified 变成 change into; turn into 把理想变成现实 translate an ideal into reality 变动 change; alteration 变更 alter 变更作息时间 alter the daily timetable 变故 event; accident; misfortune 变卦 change one's mind 变脸 suddenly turn hostile 变乱 turmoil; social upheaval 变卖 sell off (one's property) 变色 change colour; become angry; go pale 变色龙 chameleon 变态 abnormal 变态者 pervert 变态心理 abnormal psychology

便 biàn ❶convenient; handy ❷informal; plain ❸relieve oneself ❹piss or shit 小便 piss 便道 pavement; sidewalk 便饭 a simple meal 便服 informal dress 便壶 chamber pot 便笺 notepaper 便览 brief guide 便利 convenient; easy 便条 (informal) note 便宴 informal dinner 便衣警察 plain clothes police

遍 biàn all over; everywhere 遍布 be found everywhere; spread all over 遍及 extend all over

辨 biàn distinguish 辨别 differentiate; discriminate 辨别方向 take one's bearings 辨别是非 draw a clear distinction between right and wrong 辨认 identify; recognize 辨析 differentiate and analyse

辩 biàn argue; dispute; debate 辩驳 refute 辩才 eloquence 辩护 speak in defence of; defend (a case) 辩护权 right to defence 辩护人 defender 辩解 provide an explanation 辩论 argue; debate 辩证 dialectical 辩证法 dialectics

辫 biàn plait; braid; pigtail 辫子 plait; handle 揪辫子 seize on sb.'s mistake

BIAO

标 biāo ❶mark; sign 音标 phonetic symbol ❷put a mark, label 标界 demarcate a boundary ❸ prize; award 夺标 win the championship ❹outward sign; symptom 治标 seek temporary relief ❺tender; bid 标榜 flaunt; advertise; parade; excessively praise 标本 specimen; sample 标兵 parade guards; model; pacesetter 树标兵 set a good example 标点 punctuation 标点符号 punctuation mark 标记 sign; mark 标价 marked price 标签 tag 标枪 javelin 掷标枪 javelin throw 标题 title; heading; headline 标语

poster 标志 sign; mark; indicate 标致 beautiful; handsome 标准 standard; criterion 合乎标准 up to standard

表 biǎo ❶ surface; outside ❷ show; express 表决心 declare one's determination ❸ table; form; list 时间表 timetable ❹ meter; gauge 温度表 thermometer ❺ watch 手表 wrist watch 表白 vindicate 表层 surface layer 表达 express; convey; voice 表带 watchband; watch strap 表格 form; table 表决 decide by vote; vote 表露 show; reveal 表面 surface; face; outside; appearance 表面现象 superficial phenomenon 表明 make clear; state clearly; indicate 表明立场 declare one's stand 表亲 cousinship 表情 (facial) expression 表示 show; express; indicate 表示关切 show concern 表率 example; model 表态 declare one's stand 表现 expression; show; display; manifest 表现积极 active; show initiative 好表现 like to show off 表演 perform; act; play; performance; exhibition 杂技表演 acrobatic performance 体育表演 sports exhibition 表演赛 exhibition match 表演节目 put on a show 表扬 praise; commend 表扬信 commendatory letter 表彰 cite; award

BIE

憋 biē ❶ suppress; hold back 憋住气 hold one's breath 憋足了劲儿 be bursting with energy ❷ feel oppressed 憋闷 be depressed; be dejected

别 bié ❶ leave; part ❷ other; another ❸ difference; distinction 性别 gender ❹ differentiate; distinguish ❺ fasten with a pin or clip ❻ stick in ❼ don't 别忘了 don't forget; after all 别出心裁 adopt an original approach 别管 no matter (who, what, etc.) 别具一格 having a unique style 别

离 take leave of; leave 别名 another name 别人 other people; others 别墅 villa; town house 别有用心 have ulterior motives 别针 safety pin; brooch 别致 unique

蹩 bié sprain (one's ankle or wrist) 蹩脚 inferior; shoddy

瘪 biě shrivelled; shrunken

BIN

宾 bīn guest 宾馆 hotel 宾客 guests; visitors 宾语 object 直接宾语 direct object

滨 bīn ❶ bank; brink; shore ❷ be close to (the sea, a river, etc.); border on 海滨 seashore

BING

冰 bīng ❶ ice ❷ put on the ice; ice ❸ feel cold 冰雹 hail; hailstone 冰场 skating rink; ice stadium 冰刀 (ice) skates 冰点 freezing point 冰冻食物 frozen food 冰棍儿 ice-lolly; popsicle; ice-sucker 冰窖 icehouse 冰凉 ice-cold 冰淇淋 ice cream 冰球 ice hockey 冰山 iceberg 冰上运动 ice-sports 冰糖 rock candy 冰糖葫芦 candied haws on a stick 冰箱 icebox; refrigerator; fridge 冰鞋 skates 冰镇 iced

兵 bīng ❶ weapons; arms ❷ soldier ❸ army; troops 兵变 mutiny 兵船 man-of-war; naval vessel 兵法 art of war 兵工厂 munitions factory 兵舰 warship 兵力 military strength; armed forces; troops 兵团 large unit; formation; corps dinergate 兵役 military service 服兵役 serve in the army 兵营 military camp

柄 bǐng ❶handle (of a knife); shaft (of an axe) ❷ stem (of a flower, leaf or fruit) ❸power; authority

饼 bǐng a round flat cake 饼铛 baking pan 饼干 biscuit; cracker

并 bìng ❶combine; merge; incorporate ❷equally; side by side ❸and 并发 be complicated by 并发症 complication 并肩 shoulder to shoulder; keep abreast of 并肩作战 fight side by side 并列 stand side by side 并列句 compound sentence 并排 side by side 并且 and; besides; moreover; furthermore 并行不悖 not be mutually exclusive; run parallel 并重 lay equal stress on

病 bìng ❶ ill; sick 生病 fall ill ❷disease ❸fault; defect 语病 ill-chosen expression 病倒 be laid up 病毒 virus 病房 ward; sickroom 病故 die of an illness 病假 sick leave 请病假 ask for sick leave 病菌 pathogenic bacteria; germs 病理 pathology 病历 medical record; case history 病例 case (of illness) 病人 patient 病痛 slight illness; ailment 病危 be critically ill

BO

波 bō wave 波长 wavelength 波荡 heave; surge 波动 undulate; wave motion 波段 wave band 波及 spread to; involve; affect 波澜 great waves; billows 波澜壮阔 surging forward with great momentum; unfolding on a magnificent scale 波纹 ripple 波折 twists and turns

拨 bō move with hand, foot, stick, etc.; turn; stir; poke 拨火 poke a fire 拨电话号码 dial a telephone 拨款 allocate funds

玻 bō 玻璃 glass 玻璃杯 glass; tumbler

玻璃厂 glassworks 玻璃丝 glass silk 玻璃纸 glassine

剥 bō 剥削 exploit 剥削者 exploiter

菠 bō 菠菜 spinach 菠萝 pineapple

播 bō ❶sow; seed ❷broadcast 播送 transmit; beam 播送新闻 broadcast news 播音 broadcast 播音室 broadcasting studio 播音员 announcer

伯 bó ❶ uncle ❷the eldest of brothers 伯母 wife of father's elder brother; aunt

驳 bó ❶ refute; gainsay ❷barge 驳斥 denounce 驳船 barge; lighter 驳倒 demolish sb.'s argument 驳回 reject; turn down; overrule

勃 bó suddenly 勃勃 thriving; vigorous 勃发 thrive; break out 勃然 vigorously

脖 bó neck 脖颈 back of the neck; nape

博 bó ❶ rich; abundant; plentiful ❷win; gain 博爱 universal brotherhood; universal love 博得 win; gain 博得同情 win sympathy 博得好评 have a favourable reception 博览 read extensively 博览会 (international) fair 博士 doctor 博士学位 doctor's degree; doctorate 博物 natural science 博物馆 museum 博学 learned 博学强记 erudite and retentive

搏 bó ❶ fight; combat 肉搏 hand-to-hand fight ❷pounce on ❸beat 搏斗 struggle; wrestle with sb.

箔 bó ❶ screen (of sorghum stalks, etc.) ❷foil; tinsel 金箔 gold foil

薄 bó ❶ slight; meagre; small ❷despise; belittle 薄利 small profits 薄利多销 small profits but quick turnover 薄膜 film 薄片 thin slice; thin section 薄情 inconstant in love; fickle 薄弱 weak; frail

薄 bó 薄荷 field mint; peppermint 薄荷糖 (油) peppermint drops (oil)

簸 bò 簸箕 dustpan; winnowing fan

BU

补 bǔ ❶mend; patch; repair 补衣服 mend clothes ❷fill; supply; make up for (a loss) 补牙 fill a tooth ❸nourish 补血 enrich the blood ❹benefit; use; help 补白 filler (in a newspaper or magazine) 补偿 compensate; make up for 补偿损失 make compensation for sb.'s losses 补偿贸易 compensatory trade 补充 replenish; supplement 补充规定 (说明) additional regulations (remarks) 补丁 patch 打补丁 sew a patch on; patch up 补给 supply 补给品 supplies 补给线 supply line 补觉 catch up on sleep 补考 make-up examination 补课 make up a missed lesson 补品 tonic 补习 take lessons after school or work 补习学校 continuation school 补语 complement 补助 subsidy

捕 bǔ catch; seize; arrest 捕获 capture 当场捕获 catch sb. red-handed 捕捞 fish for (aquatic animals and plants); catch 捕食 catch and feed on; prey on

哺 bǔ feed (a baby); nurse 哺乳 breast-feed; nurse 哺育 feed; nurture

不 bù not 不安 intranquil; unpeaceful; unstable; uneasy; disturbed; restless 不备 unprepared 不比 unlike 不必 need not; not have to 不测 accident; mishap; contingency 不出所料 as expected 不辞而别 leave without saying good-bye 不辞辛苦 make nothing of hardships 不但 not only 不当 unsuitable; improper 不倒翁 tumbler; roly-poly 不道德 immoral 不得 must not; may not 不得不 have no choice but to 不得了 formidable 不得已 act against one's will; have no alterna-tive but to; have to 不等 differ (in size, in amount) 不定 indefinite 不定冠词 indefinite article 不定式 infinitive 不断 unceasing; un-interrupted; continuous; constant 不法 law-less; illegal; unlawful 不凡 out of the ordi-nary 不妨 there is no harm in; might as well 不分上下 be neck and neck 不服 refuse to obey; not give in 不服老 refuse to give in to old age 不符 not agree with; not conform to 不甘 unreconciled to; not resigned to 不甘落后 unwilling to lag behind 不公 unjust; unfair 不苟言笑 keep a straight face 不够 not enough 不顾 in spite of 不顾廉耻 brave all the shame 不管 no matter (what, how, etc.) 不管怎样 anyway 不规则 irregular 不规则动词 irregular verb 不过 only; but; however 不寒而栗 tremble with fear 不好意思 feel embarrassed 不合理 unjustifiable 不怀好意 harbour evil designs 不欢而散 part on bad terms, end unpleasantly 不计其数 countless; innumerable 不见不散 not leave without seeing each other 不拘小节 not bother about small matters; not be punctili-ous 不堪 cannot bear 不堪设想 dreadful to contemplate 不堪一击 cannot withstand a single blow; be a pushover 疲惫不堪 ex-tremely tired 不理 have none of it 不了了之 let the subject drop 不良贷款 non-perform-ing loan 不领情 not half thank sb. 不明是非 confuse right and wrong 不明真相 be una-ware of the truth 不切实际 unrealistic; un-practical; impracticable 不相上下 equally matched; about the same 不省人事 be un-conscious; be in a coma 不幸 misfortune; adversity; unfortunately 不修边幅 be obliv-ious to one's appearance 不朽 immortal 不锈钢 stainless steel 不许动! Don't budge! 不言而喻 it goes without saying 不遗余力 spare no pains 不义之财 ill-gotten wealth 不折不扣 a hundred per cent; to the letter; out-and-out 不至于 know better than do; not to the point of doing 不正之风 unhealthy tendency 不知不觉 unconsciously; unwittingly 不知所措 be at a loss 不知所云 sb. is all wet

布 bù ❶cloth 花布 cotton prints ❷declare; announce; publish 公布 make public ❸ spread ❹ dispose; arrange; deploy 布店 cloth store 布尔什维克 Bolshevik 布告 notice; bulletin 布告栏 notice board; bulletin board 布谷鸟 cuckoo 布景 composition of a setting 布局 layout; composition of a picture, piece of writing, etc. 布置 fix up; arrange; assign; make arrangements for 布置会场 fix up a place for a meeting 布置工作 assign work

步 bù ❶step; pace ❷stage; step ❸condition; situation; state ❹walk; go on foot 散

步 take a walk 步兵 foot soldier 步步 step by step; at every step 步伐 step; pace 步法 footwork 步话机 walkie-talkie 步枪 rifle 步行 go on foot; walk 步骤 step; move; measure

部 bù ❶part; section ❷unit; ministry; department; board 解放军某部 a certain PLA unit ❸headquarters 前沿指挥部 advance command post 部队 army; armed forces; troops; force; unit 部分 part; share 部件 parts; components; assembly 部类 category; division 部落 tribe 部门 department; branch 部署 dispose; deploy 部署兵力 dispose troops for battle 部位 position; place 部下 troops under one's command; subordinate 部长 minister; head of a department

C

CA

拆 cā 拆烂污 do slovenly work; leave things in a mess; be irresponsible

擦 cā ❶ rub; graze; scratch 擦火柴 strike a match ❷ wipe; scrub 擦桌子 wipe the desk 擦地板 mop the floor 擦汗 wipe the sweat away 擦皮鞋 polish shoes 擦亮眼 get one's eyeballs polished ❸ spread on; put on 擦粉 powder (one's face) ❹ brush; shave 擦肩而过 brush past sb. 擦边球 touch ball 擦拭 clean; cleanse 擦网球 net ball 擦音 fricative

CAI

猜 cāi ❶ guess; conjecture; speculate ❷ suspect 猜测 surmise 猜忌 be suspicious and jealous of 猜谜 guess a riddle 猜想 suppose; suspect 猜疑 harbour; have misgivings

才 cái ❶ ability; talent; gift ❷ capable person ❸ people of a certain type ❹ just; only 才干 ability; competence 才华 literary or artistic talent 才疏学浅 have little talent and less learning 才思敏捷 have a facile imagination 才学 talent and learning 才智 ability and wisdom 才子 gifted scholar 才子佳人 gifted scholars and beautiful ladies (in Chinese romances); a handsome scholar and a pretty girl

材 cái ❶ timber ❷ material ❸ ability; talent; aptitude ❹ capable person 材料 materia makings; stuff 搜集材料 gather material; collect data

财 cái wealth; money 财宝 money and valuables 财产 property 公共财产 public property 财阀 financial magnate 财富 wealth; riches 财会 finance and accounting 财力 financial resources 财贸 finance and trade 财迷 miser 财务 financial affairs 财务科 finance section 财物 belongings 个人财物 personal effects 财源 financial resources; source of revenue 财源茂盛 Revenues are accruing 财政 (public) finance 财政部 the Ministry of Finance 财政收入 revenue 财政支出 expenditure

裁 cái ❶ cut (paper, cloth, etc.) into parts ❷ reduce; dismiss ❸ judge; decide ❹ check; sanction 经济制裁 economic sanction 裁撤 dissolve (an organization) 裁缝 tailor; dressmaker 裁减 reduce; cut down 裁决 ruling; adjudication 裁判 judgment judge; referee 裁衣服 cut out garments 裁员 reduce the staff

采 cǎi ❶ pick; pluck; gather 采茶 pick tea 采药 gather medicinal herbs ❷ adopt; select ❸ complexion; spirit 采伐 fell; cut 采访 (of a reporter) gather material; cover 采访新闻 gather news 采集 gather; collect 采掘 excavate 采矿 mining 采煤 coal cutting 采纳 accept 采取 take 采取

措施 take measures 采取主动 take the initiative 采用 use; employ

彩 cǎi ❶ colour ❷ coloured silk ❸ variety; splendour ❹ prize 中彩 win a prize (in a lottery) 彩绸 coloured silk 彩带 coloured ribbon 彩绘 coloured drawing or pattern 彩排 dress rehearsal 彩票 lottery ticket 彩旗 coloured flag 彩色 multicolour; colour 彩色电视 colour television 彩色胶片 colour film 彩云 rosy clouds

睬 cǎi pay attention to; take notice of

踩 cǎi step on; trample 踩庄稼 tread on the crops 踩水 tread water 踩线 step on the line

菜 cài ❶ vegetable; greens 种菜 grow vegetables ❷ dish; course 做菜 prepare the dishes; do the cooking 菜场 food market 菜单 menu; bill of fare 菜刀 kitchen knife 菜地 vegetable plot 菜窖 clamp 菜农 vegetable grower 菜色 famished look 菜摊 vegetable stall 菜肴 cooked food (usu. meat dishes) 菜油 rape oil 菜园 vegetable farm 菜籽 rapeseed

CAN

参 cān join; enter; take part in 参观 visit; look around 参观游览 visit places of interest 欢迎参观 visitors are welcome 参加 join; attend; take part in 参加会议 attend a meeting 参加建设 take part in construction 参军 join the army 参看 see (also); read sth. for reference 参考 consult; refer to; reference 仅供参考 for reference only 参考书 reference book 参考资料 reference material 参谋 staff officer; give advice 参与 have a hand in 参战 enter a war

餐 cān ❶ eat 进餐 dine ❷ food; meal 餐

车 dining car; diner 餐巾 table napkin 餐具 dinner set 餐厅 restaurant

残 cán ❶ deficient remaining 残敌 remnants of the enemy forces ❷ injure; damage ❸ savage 残存 surviving 残废 maimed; disabled (person) 残骸 wreckage 残酷 cruel; ruthless 残破 broken; 残缺 incomplete 残杀 murder 残余 remnants; remains; survivals

蚕 cán silkworm 养蚕 raise silkworms 蚕豆 broad bean 蚕茧 silkworm cocoon 蚕食 nibble 蚕丝 natural silk

惭 cán feel ashamed 惭愧 be ashamed

惨 cǎn ❶ miserable; pitiful ❷ cruel 惨无人道 inhuman 惨案 murder case 惨白 pale 惨败 crushing defeat 惨淡 gloomy; dismal; bleak 惨祸 horrible disaster 惨境 miserable condition 惨然 saddened 惨痛 painful 惨象 pitiful sight 惨重 heavy; disastrous 损失惨重 suffer grievous losses

灿 càn 灿烂 magnificent; splendid; bright 灿烂的阳光 brilliant sunshine

CANG

仓 cāng storehouse 谷仓 barn 盘仓 take stock; check warehouse stocks 仓促 hurriedly 仓皇 in a flurry; in panic 仓皇逃窜 flee in confusion 仓库 storehouse 仓库保管员 warehouseman

伧 cāng rude; rough

沧 cāng dark blue 沧海 the blue sea 沧海桑田 vicissitude

苍 cāng ❶ dark green 苍松 green pines ❷ blue 苍天 the blue sky; heaven ❸ grey 苍白 pale; pallid; wan; pallor 苍苍 grey and hazy 苍翠 dark green; verdant 苍老

old; aged 苍茫 indistinct 苍蝇 fly

舱 cāng module 舱口 hatchway 舱位 shipping space

藏 cáng ❶hide ❷store 藏身 hide oneself 藏书 collect books

CAO

操 cāo ❶grasp; hold 操刀 hold a sword (in one's hand) ❷act; do 操之过急 act with undue haste ❸drill; exercise ❹conduct 操场 playground; sports ground 操持 handle 操劳 work hard 操练 drill; practice 操守 personal integrity 操心 worry about 操纵 operate; control 操纵机器 operate a machine 操纵市场 rig the market 操纵台 control board 操作 operate 操作方法 method of operation 操作规程 operating rules

嘈 cáo noise 嘈杂 noisy 人声嘈杂 a hubbub of voices

槽 cáo trough 马槽 manger 水槽 water trough

草 cǎo ❶grass 草绳 straw rope ❷careless; hasty 草案 draft (of a plan, law, etc.) 草本 herbaceous 草草 carelessly; hastily 草草收场 hastily wind up the matter 草创 start (an enterprise, etc.) 草丛 a thick growth of grass 草稿 rough draft 草绿 grass green 草帽 straw hat 草拟 draw up 草棚 straw shed 草坪 lawn 草率 careless; rash 草席 straw mat 草药 medicinal herbs 草原 grasslands; prairie 草约 draft treaty 草纸 rough straw paper

CE

册 cè ❶volume; book 画册 an album of paintings ❷copy 册子 book; volume 小册子 booklet; pamphlet

厕 cè washroom; W. C. 公厕 public lavatory 男厕 men's room 女厕 women's room

侧 cè ❶side 左侧 left side ❷incline; lean 侧睡 sleep on one's side 侧击 flank attack 侧记 sidelights 侧门 side door 侧面 side 侧目 sidelong glance 侧目而视 look askance at sb. 侧身 on one's side; sideways 侧翼 flank 侧影 silhouette; profile 侧重 lay particular emphasis on

测 cè ❶survey; measure ❷infer 测定 determine 测绘 survey and drawing 测绘员 surveyor 测验 test

策 cè ❶plan ❷whip 策划 plot; scheme 策划阴谋 hatch a plot 策略 tactics; tactful 策马前进 whip a horse on

CEN

参 cēn 参差 irregular 参差不齐 not uniform

CENG

层 céng ❶layer ❷storey; floor 层层 layer upon layer 层层包围 surround ring upon ring 层层设防 set up successive lines of defence 层层把关 check at each level 层出不穷 emerge in an endless stream 层次 administrative levels

蹭 cèng ❶rub ❷be smeared with ❸dillydally; loiter

CHA

叉 chā ❶fork 草叉 hayfork ❷work with a fork ❸cross 叉腰 akimbo

差 chā ❶ difference ❷ mistake 时差 time difference 差别 disparity 差错 mistake; error; accident 差额 balance 差价 price difference 差距 gap; disparity; long way to go

插 chā stick in; insert 插上插头 plug in 插上门 bolt the door 插班 join a class in the middle of the course 插队 go to live and work in a production team 插话 interpose (a remark, etc.) 插曲 interlude; songs in a film or play 插入 insert 插入几句话 insert a few words 插图 illustration 插销 bolt (for a door); plug 插秧 transplant rice seedlings 插嘴 inset; insert 插一手 take part; lend a hand; have a hand in 插足 put one's foot in 插嘴 interrupt 插座 outlet

茶 chá tea 沏茶 make tea 浓茶 strong tea 茶杯 teacup 茶匙 teaspoon 茶点 tea and pastries 茶碟 saucer 茶缸 mug 茶馆 teahouse 茶壶 teapot 茶花 camellia 茶几 tea table 茶具 tea-things; tea service 茶水 tea or boiled water (supplied to walkers) 茶叶 tea; tea-leaves 茶叶罐 tea caddy 茶园 tea plantation; tea garden

查 chá ❶ check; examine 查卫生 make a public health and sanitation check 查血 have a blood test ❷ look into ❸ look up; consult 查词典 consult a dictionary 查资料 read up the literature 查档案 look into the archives 查点 make an inventory of 查点人数 check the number of people present 查封 check 查封 seal up; close down 查岗 inspect the sentries 查户口 check residence cards 查获 hunt down and seize 查禁 ban; prohibit 查看 look over; examine 查考 examine 查明 prove through investigation 查明真相 find out the truth 现已查明 it has been established that 查票 examine tickets 查讫 checked 查缺 find

wanting 查问 question 查无实据 investigation reveals no evidence 查询 inquire about 查阅 consult; look up 查帐 audit accounts 查证属实 be checked and found to be true

搽 chá put (powder, etc.) on the skin; apply 搽药 apply ointment, lotion, etc. 搽粉 powder

察 chá examine; look into 察觉 become aware of 察看 watch; observe 察看地形 survey the terrain

杈 chà branch (of a tree)

岔 chà ❶ branch off; fork ❷ turn off 岔开 branch off 岔开话题 sidestep a topic 岔路 branch road 岔子 accident; trouble

诧 chà be surprised 诧异 be astonished

刹 chà Buddhist temple 刹那 instant

差 chà ❶ differ from; fall short of ❷ wrong short of ❸ not up to standard; poor 差不多 almost; nearly; about the same; similar; just about right; not far off 差点儿 not good enough; almost; nearly 差点儿没赶上车 very nearly miss the bus 差点儿(没)哭出来 be on the verge of tears 差劲 no good; disappointing

CHAI

拆 chāi ❶ tear open; take apart ❷ pull down 拆毛衣 unravel a sweater 拆除 remove 拆穿 expose; unmask 拆股 dissolve a partnership; split 拆毁 pull down 拆开 take apart; open; separate 拆迁 demolition 拆迁补偿 compensation for demolition 拆散 break up (a marriage, family, etc.) 拆台 pull away a prop 别拆他的台 don't let him down

差 chāi ❶ send on an errand ❷ errand;

job 差遣 dispatch; assign 差使 send; assign; appoint

柴 chái firewood 柴火 kindling wood 柴油 diesel oil 柴油机车 diesel locomotive

豺 chái jackal

CHAN

搀 chān help by the arm 搀扶 support sb. with one's hand 搀和 mix 搀限制 mixing restriction 搀水股票 watered stock 搀杂 mingle

谗 chán slander 谗言 slanderous talk

馋 chán greedy; fond of good food 馋嘴 gluttonous

缠 chán ❶twine; wind ❷tie up 缠绵 touching; moving

蝉 chán cicada 蝉联 continue to hold a post or title

潺 chán 潺潺 murmur

产 chǎn❶give birth ❷produce ❸product 土产 local product 家产 family possessions 产地 producing area 产房 delivery room 产妇 lying-in woman 产假 maternity leave; parental leave 产科 obstetrical department 产科医院 maternity hospital 产量 output 产品 product; produce 产品附加值 added value of product 产权 property right 产生 produce; come into being 产物 outcome; product 产业 estate; property;industrial 产业化 industria lization 产业升级 upgrade industries 产值 output value

谄 chǎn flatter; fawn on 谄媚 toady

铲 chǎn ❶ shovel 锅铲 slice ❷lift or move with a shovel 铲煤 shovel coal 铲除 root out; uproot

阐 chǎn explain 阐明 expound 阐释 interpret 阐述 elaborate

忏 chàn repent 忏悔 be penitent;confess (one's sins)

颤 chàn quiver；tremble；vibrate voice 颤动 quiver 声带颤动 vibration of the vocal chords 颤抖 shake；shiver；tremble； quiver 颤音 trill；shake 颤悠 flicker

CHANG

昌 chāng prosperous；flourishing 昌盛 well developed

猖 chāng 猖獗 be rampant；run wild 这个地区过去风沙猖獗。The area used to be struck by raging sandstorms. 猖狂 savage；furious

娼 chāng prostitute 娼妇 bitch；whore 娼妓 street walker

长 cháng❶long ❷length ❸lasting ❹ steadily；regularly ❺strong point；forte 长于某事 be good at sth. 长波 long wave 长处 good qualities；good points 长度 length 长方形 rectangle 长颈鹿 giraffe 长久 for a long time 长空 vast sky 长裤 trousers 长眠 death 长年 all the year round 长袍 long gown；robe 长跑 long-distance race 长篇小说 novel 长期 long-term 长期国债 long-term government bonds 长期信用 long-term credit 长期性 protracted nature 长枪 spear；long-barrelled gun 长驱 push deep 长驱直入 drive straight in 长寿 long life 长叹 deep sigh 长统袜 stockings 长途 long-distance 长线产品 goods in excess supply 长远 long-term 长远利益 longterm interests 长远规划 long-range plan 长征 long march 长足发展 march forward in giant strides

场 cháng a level open space 场院 threshing ground

肠 cháng intestines 肠胃 intestines and stomach; stomach; belly 肠胃不好 suffer from indigestion 肠炎 enteritis

尝 cháng ❶ taste 尝尝(鞭子)的滋味 have a taste of (the whip) ❷ ever; once 尝试 attempt; try

常 cháng ❶ ordinary; normal 习以为常 be used to sth. ❷ constant 常青树 evergreen (tree) 常来往 keep in constant touch; pay frequent calls 常备不懈 always be on the ale 常备军 standing army 常常 frequently; often; usually 常规 convention; rule 打破常规 break with convention 常规战争 conventional war 常会 regular meeting 常见 common 常见病 common disease 常例 common practice 常情 reason; sense 常人 ordinary person 常任 standing 常设机构 standing body; permanent organization 常识 general knowledge 常数 constant 常态 normality 常委 member of the standing committee 常务 day-to-day business 常务董事 managing director 常用 in common use 常用词语 everyday expressions 常驻 resident; permanent

偿 cháng repay 偿付 pay back 偿还 repay 偿还能力 solvency 偿命 pay with one's life 偿清 clear off 偿债 pay a debt 偿债基金 sinking fund 偿债能力 credit standing

厂 chǎng ❶ factory; plant; works ❷ yard 厂房 factory building; workshop 厂矿 factories and mines 厂商 factory owner 厂长 factory director 厂址 the site of a factory 厂主 factory owner

场 chǎng 战场 battle field 场地 space; place 场合 occasion; situation 场面 scene (in drama, fiction, etc.); occasion; appearance 场所 arena

敞 chǎng open; uncovered 敞着门 leave the door open 敞开 open wide 敞亮 light and spacious; clear (in one's thinking)

怅 chàng disappointed; sorry 怅然 upset

畅 chàng ❶ smooth ❷ free; uninhibited 畅饮 drink one's fill 畅快 carefree 心情畅快 have ease of mind 畅所欲言 speak out freely; say one'e say 畅通 unblocked 畅销 sell well 畅销国外 sell well on foreign markets 畅销书 best seller 畅游 have a good swim

倡 chàng initiate; advocate 倡议 propose 提出倡议 put forward a proposal 倡议书(written) proposal 倡议者 initiator

唱 chàng ❶ sing ❷ call; cry 唱词 words of a ballad 唱对台戏 put on a rival show 唱反调 sing a different tune 唱歌 sing (a song) 唱机 gramophone; phonograph 唱片 gramophone record; disc 唱头 pickup 唱戏 act in an opera

CHAO

抄 chāo ❶ copy ❷ go off with 把字典抄走 go off with a dictionary ❸ grab; take up 抄起一把铁锹 take up a spade 抄本 hand-copied book 抄后路 turn the (enemy's) rear 抄家 search sb.'s house and confiscate his property 抄件 copy 抄袭 plagiarize 抄写 copy 抄写员 copyist

吵 chāo 吵吵 make a row

钞 chāo ❶ bank note 现钞 cash ❷ collected writings 诗钞 collected poems 钞票 bank note; paper money

超 chāo ❶ exceed; surpass; overtake ❷

ultra-; super-; extra- ❸transcend; go beyond 超标排放 excessive discharge 超产 overfulfil a production target 超短裙 miniskirt 超额 above quota 超额利润 superprofit 超负荷 overload 超过 outstrip; surpass; exceed; overtake 超过限度 go beyond the limit 超过历史最高水平 top all previous records 超级 super 超龄 overage 超龄团员 overage Youth League member 超前消费 deficit spending; over-consumption 超人 be out of the common run; superman 超脱 unconventional stand aloof 超文本 hypertext 超文本链接 hypertext link 超文本传送协议 hypertext transfer protocol（HTTP） 超越 overstep; surpass 超越障碍 surmount an obstacle 超载 overload 超载过牧 overgraze 超支 overspend 超重 overload;overweight

巢 *cháo* nest 巢穴 den; nest; hideout

朝 *cháo* ❶court; government ❷dynasty ❸facing; towards 朝西 facing west 朝南走 go southward 朝拜 pay respects to（a sovereign）; pay religious homage to; worship 朝见 have an audience with（a king, etc.） 朝廷 royal government

潮 *cháo* ❶tide 涨潮 flood tide ❷（social）upsurge; current; tide 思潮 trend of thought ❸damp 返潮 get damp 潮流 tide; tidal current; trend 潮气 moisture in the air; humidity 潮湿 damp 潮水 tidewater; tidal water 潮汐 morning and evening tides; tide

嘲 *cháo* 嘲讽 sneer at 嘲弄 poke fun at 嘲笑 laugh at

吵 *chǎo* ❶make a noise 别吵 be quiet ❷quarrel 吵架 quarrel; have a row 吵闹 hubbub 吵嚷 shout in confusion 吵嘴 bicker

炒 *chǎo* stir-fry; fry 炒鸡蛋 scrambled eggs 炒菜 a dish cooked to order 炒股票 play the stock market; speculate in shares 炒汇 speculate in foreign exchange 炒面 fried noodles 炒鱿鱼 fire; dismiss; lay off

CHE

车 *chē* ❶vehicle ❷wheeled machine or instrument 滑车 pulley ❸machine 开车 drive or start a car ❹lathe; turn 车光 smooth sth. on a lathe ❺lift water（by waterwheel） 车把 handlebar（of a bicycle, etc.） 车床 lathe 车次 train number 车费 fare 车工 lathe work 车祸 traffic accident 车技 trick-cycling 车架 frame（of a car） 车间 workshop 车库 garage 车辆 car 车辆税 vehicle excise duty 车轮 wheel 车马费 travel allowance 车皮 railway wagon or carriage 车票 ticket 车胎 tyre 车厢 railroad car 车站 station; stop 车照 licence

扯 *chě* ❶pull ❷tear 扯下假面具 tear off the mask 扯后腿 hold sb. back（from action） 扯谎 tell a lie

彻 *chè* thorough 彻底 thorough; thoroughgoing 彻骨 penetrate to the bone 彻头彻尾 out and out; through and through 彻夜 all through the night 彻夜不眠 lie awake all night

撤 *chè* ❶remove; take away ❷withdraw; evacuate 撤兵 withdraw troops 撤除 remove 撤换 dismiss; recall; replace 撤回 recall; retract 撤离 leave 撤退 pull out 撤消 cancel 撤消注册 deregistration 撤职 dismiss sb. from his post

CHEN

抻 *chēn* pull out; stretch

嗔 chēn be angry; be displeased 嗔怪 blame 嗔怒 get angry

尘 chén ❶dust; dirt ❷this world 尘垢 dirt 尘世 this world; this mortal life 尘土 dust

臣 chén official (under a feudal ruler); subject

沉 chén ❶sink 沉船 a sunken boat ❷ keep down; lower 把脸一沉 pull a long face ❸deep ❹heavy 沉淀 sediment; precipitate 沉积 deposit 沉寂 quiet; still 沉 浸 steep 沉静 quiet 沉沦 sink into (vice, degradation, depravity, etc.) 沉迷 indulge; wallow 沉湎 wallow in; be given to 沉没 sink silent 沉睡 be sunk in sleep; be fast asleep 沉思 ponder; be lost in thought 沉吟 mutter to oneself 沉重 heavy 沉住气 keep calm; be steady 沉着 cool-headed; composed; steady 沉着应 战 meet the attack calmly 沉醉 get drunk

陈 chén ❶lay out; put on display ❷ state; explain ❸old; stale 陈兵 mass troops 陈兵百万 deploy a million troops 陈腐 old and decayed; outworn 陈规 outmoded conventions 陈货 shopworn goods 陈酒 mellow wine 陈旧 old-fashioned; out-of-date 陈列 display; set out; exhibit 陈列馆 exhibition hall 陈列品 exhibit 陈 列室 showroom 陈设 display; set out; furnishings 陈述 state; recite; explain

晨 chén morning 晨曦 first rays of the morning sun 晨星 stars at dawn

衬 chèn ❶line ❷lining; liner ❸set off 衬布 lining cloth 衬裤 underpants; pants 衬裙 underskirt 衬衫 shirt 衬托 set off 衬 衣 underclothes; shirt

称 chèn fit; suit 相称 well matched 称 身 fit 称心 find sth. satisfactory 称职 be competent

趁 chèn ❶avail oneself of 趁势 take advantage of a favourable situation ❷while 趁热 drink it hot ❸be possessed of; be rich in 趁钱 have lots of money 趁机 seize the chance 趁空 use one's spare time 趁热打铁 strike while the iron is hot 趁早 as early as possible

CHENG

称 chēng 俗称 popular name 称霸 dominate 称病 plead illness 称得起 deserve to be called 称号 title; name 称呼 call 称颂 praise 称谓 title 称羡 envy 称谢 thank 称赞 praise; commend

撑 chēng ❶prop up; support ❷push or move with a pole 撑船 pole a boat ❸ maintain 撑场面 keep up appearances ❹ open; unfurl 撑伞 open an umbrella ❺fill to the point of bursting 撑竿跳高 pole vault 撑腰 support; back up

成 chéng ❶succeed ❷become; turn into ❸achievement; result ❹fully grown 成人 adult ❺ready-made 既成事实 established fact ❺ in considerable numbers or amounts 成千上万 tens of thousands of ❼ all right; O. K. 成本 cost 成本分析 cost analysis 成本管理 cost control 成本核算 cost accounting 成本效益 cost efficiency 成材 become a useful person 成分 composition; component part 成功 succeed; success 成果 achievement; fruit; gain; positive result 成婚 get married 成活 survive 成活率 survival rate 成绩 result; achievement 成绩单 transcript 成见 preconceived idea 成交 strike a bargain 成就 achievement 成立 found; set up; hold water 成名 become famous 成年 grow up; grown-up 成批 group by group 成批生产

serial production 成品 finished product 成全 help (sb. to achieve his aim) 成群 in groups; in large numbers 成群结队 in crowds 成熟 ripe; mature 时机成熟 the time is ripe 成套 form a complete set; whole set 成套设备 complete sets of equipment 成为 become; turn into 成文 written 成文法 written law 成问题 be a problem 成效 effect; result 成性 by nature 成衣 readymade clothes 成因 cause of formation 成语 set phrase; idiom 成员 member 成员国 member state 成灾 cause disaster

诚 chéng honest 诚恳 sincere 诚然 true; indeed 诚实 honest 诚心诚意 wholeheartedness 诚意 good faith; sincerity

承 chéng ❶bear; hold; carry ❷undertake; contract (to do a job) ❸continue; carry on 承办 undertake 承包 contract 承包商 contractor 承担 bear; undertake 承担费用 bear the costs 承担责任 bear responsibility for 承兑 accept 承兑交单 documents against acceptance 承认 admit; acknowledge; recognize 承认错误 admit one's mistake; acknowledge one's fault 承受 bear; support; endure (a legacy, etc.)承受风险 exposure 承销商 underwriter 承重墙 bearing wall

城 chéng ❶city wall; wall ❷city 内城 inner city ❸town 城堡 castle 城堞 battlements 城防 the defence of a city 城关 the area just outside a city gate 城郊 outskirts of a town 城楼 gate tower 城门 city gate 城区 the city proper 城市 town; city 城市化 urbanism

乘 chéng ❶ride 乘公共汽车 go by bus ❷times; multiply ❸take advantage of 乘法 multiplication 乘法表 multiplication table 乘机 seize the opportunity 乘客 passenger 乘凉 enjoy the cool 乘人之危 take advantage of sb.'s precarious position 乘胜 exploit a victory 乘胜追击 follow up a victory with hot pursuit 乘兴 while one is in high spirits

盛 chéng ❶fill; ladle 盛饭 fill a bowl with rice 盛菜 dish out food 盛汤 ladle out soup ❷hold 盛一百斤粮食 hold 100 *jin* of grain

程 chéng ❶rule ❷order 议程 agenda ❸journey 启程 set out on a journey ❹distance 行程 distance of travel 程度 level; degree 程式 form; pattern 程序 order; procedure; course

惩 chéng penalize 惩罚 punish; chastise 惩罚税 penalty duty 惩罚性关税 punishtive tariff 惩戒 punish sb. to teach him a lesson 惩前毖后 learn from past mistakes to avoid future ones 惩治 mete out punishment to

澄 chéng clear 澄清 clear; clear up 澄清事实 clarify some facts

逞 chěng 逞能 show off one's skill 逞强 flaunt one's superiority

秤 chèng balance; steelyard

CHI

吃 chī ❶eat; take ❷live on 吃利钱 live on interest ❸suffer; suffer 吃白食 live off others 吃败仗 suffer a defeat 吃闭门羹 to a locked door 吃不开 won't work 吃醋 be jealous 吃大锅饭 mess together 吃豆腐 flirt with 吃饭 eat; have a meal make a living 吃紧 be critical; be hard pressed 吃惊 be startled; be shocked; be amazed 吃苦 bear hardships 吃亏 suffer losses;

the undoing of sb 吃老本 live off one's past gains 吃零嘴 nibble between meals 吃奶 suck the breast 吃奶的孩子 sucking child 吃素 be a vegetarian 吃透 have a thorough understand 吃香 be very popular 吃斋 practise abstinence from meat

痴 chī ❶silly; idiotic 白痴 idiot ❷crazy about ❸insane; mad 痴呆 stupid 痴情 infatuation 痴想 wishful thinking; fond dream

池 chí pool; pond 游泳池 swimming pool

驰 chí ❶speed ❷spread 驰骋 gallop 驰名 well-known; famous 驰名中外 renowned at home and abroad

迟 chí ❶slow ❷late 迟到 be late; arrive late 迟缓 slow (in thought or action) 行动迟缓 act slowly 迟误 delay 迟延 retard 迟疑 hesitate 迟疑不决 hesitate to make a decision 迟早 不迟疑 without hesitation 迟早 sooner or later

持 chí ❶hold; grasp 持不同意见 hold differing views ❷support ❸manage; run 主持 take charge of 主持人 anchorperson ❹oppose 持股公司 holding company 持股人 holder 持家 run one's home; keep house 持久 lasting 持久战 protracted war 持久和平 lasting peace 持枪 hold a gun 持球 holding 持续 continued 持有 hold 持有护照 hold a passport

匙 chí spoon 汤匙 soup spoon 茶匙 teaspoon

尺 chǐ ❶chi , a unit of length ❷rule; ruler 尺寸 measurement; size 量尺寸 take sb.'s measurements 尺度 yardstick; measure

齿 chǐ tooth 锯齿 the teeth of a saw 齿轮 gear wheel; gear

侈 chǐ wasteful

耻 chǐ shame; disgrace 引以为耻 regard as a disgrace 耻笑 sneer at

赤 chǐ ❶red ❷loyal; sincere ❸bare 赤膊 barebacked 赤诚 absolute sincerity 赤道 the equator 赤金 pure gold 赤裸裸 stark-naked; out-and-out 赤手空拳 barehanded; unarmed 赤字 deficit 财政(贸易)赤字 financial (trade) deficit 赤字财政 deficit financing

炽 chì flaming; ablaze 炽烈 burning fiercely 炽热 red-hot

翅 chì ❶wing ❷shark's fin

CHONG

冲 chōng ❶pour boiling water on 冲茶 make tea ❷flush ❸charge; rush; dash 冲便桶 flush the toilet after use 冲刺 spurt; sprint 冲淡 water down 冲动 get excited 冲锋 charge 冲锋号 bugle call to charge 冲锋枪 tommy gun 冲击 lash; pound 冲击波 shock wave 冲胶卷 develop a roll of film 冲垮 burst 冲破 break through; breach 冲散 break up 冲杀 rush ahead 冲突 conflict; clash

充 chōng ❶full ❷fill; charge 充电 charge (a battery); rechargeable ❸serve as; act as 充向导 serve as a guide 充内行 pretend to be an expert 充好汉 pose as a hero 充斥 flood; be full of 充当 serve as; act as 充耳不闻 turn a deaf ear to 充分 full 充分就业 full employment 充分利用 make full use of 有充分理由 have every reason 充饥 allay one's hunger 充军 banish 充满 full of; brimming with; permeated with; imbued with 充沛 plentiful; full of 充其量 at most; at best 充塞 fill (up) 充实 substantial;

rich 充数 make up the number

春 chōng pound; pestle 春米 husk rice with mortar and pestle 春药 pound medicinal herbs in a mortar

虫 chóng insect; worm 虫害 insect pest 虫灾 plague of insects

重 chóng ❶repeat ❷again; once more ❸layer 双重领导 dual leadership 重重 layer upon layer 被重重包围 be encircled ring upon ring 重迭 one on top of another; overlapping 重返 return 重返前线 go back to the front 重犯 repeat (an error or offence) 重逢 meet again 重复 repeat; duplicate 重婚 bigamy 重建 rebuild; reconstruct 重建家园 rehabilitate one's homeland 重申 restate 重孙 great-grandson 重孙女 great-granddaughter 重提 bring up again 重温 review 重温旧梦 revive an old dream 重现 reappear 重新 again; anew 重新做人 begin one's life anew 重新考虑 reconsider 重演 put on an old play repeat 重组 institutional reorgnization

崇 chóng ❶high; lofty ❷worship 崇拜 adore 崇拜偶像 worship of idols 崇奉 believe in (a religion) 崇高 lofty; sublime; high 崇敬 respect; revere 崇尚 uphold; advocate

宠 chǒng dote on; bestow favour on 宠爱 make a pet of sb. 宠儿 pet; favourite

CHOU

抽 chōu ❶take out (from in between) ❷take (a part from a whole) ❸(of certain plants) put forth 抽芽 bud ❹obtain by drawing, etc. 抽陀螺 whip a top 抽查 spot check 抽打 lash; whip 抽调 transfer (personnel or material) 抽筋 twitch; spasm 抽筋 pull out a tendon 抽空

manage to find time 抽空学习 study at odd moments 抽泣 sob 抽签 cast lots 抽身 leave (one's work); get away 抽水 draw water 抽水马桶 water closet 抽税 levy a tax 抽屉 drawer 抽象 abstract 科学的抽象 scientific abstraction 抽烟 smoke (a cigarette or a pipe)

仇 chóu ❶enemy ❷hatred; enmity 记仇 nurse a grievance 仇恨 hostility 仇人 personal enemy 仇视 look upon with hatred

愁 chóu worry; be anxious 愁苦 anxiety 愁眉 worried look 愁眉不展 with a worried frown 愁眉苦脸 pull a long face 愁闷 feel gloomy; be depressed 愁容 anxious expression 愁容满面 look extremely worried

稠 chóu ❶thick 稠粥 thick gruel ❷dense 稠密 dense 人口稠密 densely populated

酬 chóu reward; payment 酬报 repay 酬金 monetary reward 酬劳 recompense 酬谢 thank sb. with a gift

筹 chóu ❶chip; counter ❷prepare; plan 筹款 raise money 筹办 make preparations; make arrangements 筹备 prepare; arrange 筹备工作 preparatory work 筹划 plan and prepare 筹集 raise (money) 筹建 prepare to construct or establish sth. 筹款 raise money (funds) 筹码 chip; counter 筹募 collect (funds)

踌 chóu 踌躇 hesitate; shilly-shally 踌躇不前 hesitate to move forward 踌躇满志 enormously proud of one's success; complacent

丑 chǒu ❶ugly; unsightly; homely ❷shameful; scandalous 出丑 make a fool of oneself 丑恶 ugly 丑化 uglify; defame; vilify 丑角 clown; buffoon 丑剧 farce 丑闻 scandal

臭 chòu ❶smelly; foul; stinking 臭鸡蛋 a

rotten egg ❷臭架子 nauseating airs 臭虫 bedbug 臭骂 curse roundly 臭名远扬 notorious; of ill repute 臭气 bad smell

CHU

出 chū ❶ go or come out 出了龙潭又入虎穴 out of the frying-pan into the fire ❷exceed; go beyond ❸put up 出证明 issue a certificate 出考题 set the paper 出主意 offer advice 出布告 put up a notice ❹produce; turn out 出煤 produce coal ❺arise; happen 出问题 go wrong; go amiss 出事故 have an accident ❻rise well (with cooking) ❼put forth; vent 出芽 put forth buds 出气 vent one's spleen ❽pay out; expend 入不敷出 one's income falling short of one's expenditure ❾out 走出大厅 come out of the hall 出版 come off the press; publish; come out 出版社 publishing house 出版物 publication 出殡 hold a funeral procession 出岔 go awry 出操 (go out to) drill or do exercises 出差 be away on official business 出差补贴 per diem for business trips 出产 produce; manufacture 出厂 leave the factory 出厂价格 producer price 出厂日期 date of production 出场 appear on the scene 出车 dispatch a vehicle; be out driving a vehicle; be out with the car 出丑 make a fool of oneself 出处 source 注明出处 give references 出错 make mistakes 出点子 offer advice; make suggestions 出动 set out; start off 出发 set out; start off; proceed from 出风头 seek or be in the limelight 出格 exceed what is proper; go too far 出国 go abroad 出海 go to sea 出汗 sweat 出航 set out on a voyage; set sail; take off 出乎意料 exceeding one's expectations; unexpectedly 出击 launch an attack; hit out 出嫁 (of a woman) get married; marry 出境 leave the country 出口 speak; utter; export 出口货

exports; exportation 出口贸易 export trade 出口配额 export quotas 出口商品 export commodities 出口转内销 export reject 出类拔萃 stand out from one's fellows 出力 put forth one's strength 出路 way out; outlet 出马 go into action 出卖 offer for sale; sell out 出毛病 go wrong 出门 be away from home; go on a journey; go out 出面 appear personally 出面调停 act as a mediator 出名 famous; well-known 出没 haunt 出谋划策 give counsel; mastermind a scheme 出纳 receive and pay out money or bills; teller; cashier 出其不意 take sb. by surprise; catch sb. unawares 出奇 unusually; extraordinarily 出气 give vent to one's anger 出勤 turn out for work; be out on duty 出勤率 rate of attendance 出色 outstanding; remarkable; splendid 出神 be spellbound; lost in thought 出生 be born 出使 serve as an envoy abroad 出示 show; produce (one's papers, etc.) 出世 come into the world; born 出事 have an accident 出售 offer for sale; sell 出庭 appear in court 出头 appear in public; come forward 出土文物 unearthed relics 出席 attend (a meeting); be present (at a banquet) 出现 appear; arise; emerge 出于 start from 出众 be out of the ordinary; be outstanding 出走 leave; run away; flee 出租 hire out; rent; let 出租车 taxicab; taxi; cab

初 chū ❶ at the beginning of; in the early part of 初夏 early summer ❷first (in order) 初战 first battle ❸for the first time 初级 elementary; rudimentary ❺original 初愿 one's original intention 初版 first edition 初次 the first time 初等 elementary; primary 初等教育 primary education 初等数学 elementary mathematics 初犯 first offender; first offence 初稿 first draft 初级 elementary 初级市场 primary market 初恋 first love; puppy love 初露锋芒 display one's talent for the

first time 初中 junior middle school 初衷 o-
riginal intension

除 chú ❶get rid of; remove 为民除害 rid
the people of a scourge ❷except ❸besides
❹divide 除草 weeding 除草机 weeder 除草
剂 weed killer 除尘器 dust remover 除法
division 除非 only if; only when; unless 除
根 dig up the roots; cure once and for all;
root out 除名 remove sb.'s name from the
rolls 除外 except; not counting; not inclu-
ding 除夕 New Year's Eve 除邪 spirit exor-
cising

厨 chú kitchen 厨房 kitchen 厨师 cook;
chef

锄 chú ❶hoe ❷work with a hoe; hoe 锄草
hoe up weeds ❸uproot; wipe out

橱 chú cabinet; closet 橱窗 display win-
dow; show case; shopwindow 橱柜 cup-
board; sideboard

处 chù ❶get along (with sb.) 相处得好 get
on well with each other 处不来 be not at
home with ❷be situated in; be in a certain
condition ❸manage; handle; deal with 处事
handle affairs; manage matters ❹punish;
sentence ❺dwell; live 处方 write out a
prescription 处分 take disciplina-
ry action against; punish 处境 situation;
plight 处境困难 be in a difficult situation 处
境危险 be in peril 处决 put to death; exe-
cute 处理 handle; deal with; dispose of 处
理价格 reduced price 处理品 goods sold at
reduced prices 处女 virgin; maiden 处女地
virgin land 处女膜 hymen 处世 conduct one-
self in society 处心积虑 deliberately plan
(to achieve evil ends) 处之泰然 take things
calmly 处置 handle; deal with; manage;
punish

储 chǔ store up 储备 store for future use;
lay in; lay up 外汇储备 foreign exchange re-

serve 储藏 save and preserve; store; keep 储
藏室 storeroom 储存 lay in; lay up; store;
储户 depositor 储蓄 save; deposit 储蓄存款
savings deposit 储蓄额 total savings deposits
储蓄所 savings bank

处 chù ❶place ❷point; part 长处 strong
point ❸department; office 总务处 general
affairs department 处处 everywhere; in all
respects 处所 place; location 处长 section
chief

触 chù ❶touch; contact ❷strike; hit ❸
move sb.; stir up sb.'s feelings 触电 get an
electric shock 触动 touch sth., moving it
slightly; stir up sb.'s feelings 触犯 offend;
violate; go against 触犯法律 break the law
触及 touch 触及灵魂 touch people to their
very souls 触角 antenna; feeler 触觉 tactile
sensation; sense of touch 触目惊心 startling;
shocking; grim 触怒 make angry

CHUAI

揣 chuǎi 揣测 guess 揣摩 try to fathom; try
to figure out 不揣冒昧 I venture to …

CHUAN

川 chuān ❶river ❷plain 川流不息 flowing
past in an endless stream; never-ending 川资
travelling expenses

穿 chuān ❶pierce through; penetrate 看穿
see through ❷pass through; cross 穿马路
cross a street ❸wear; be dressed in 穿衣 put
on one's clothes 穿插 do in turn; weave in;
insert; interlude 穿戴 apparel; dress 穿孔
bore a hole 穿针引线 act as a go-be-tween
穿凿附会 give strained interpretations and
draw farfetched analogies

传 chuán ❶pass (on) 传球 pass a ball 传

话 pass on a message ❷hand down 传世 be handed down from ancient times ❸pass on (knowledge, skill, etc.); impart; teach ❹spread ❺conduct 传热 transmit heat ❻convey; express ❼summon 传证人 summon a witness ❽infect 传播 disseminate; propagate; spread 传抄 make private copies 传达 pass on (information, etc.); transmit (an order); relay 传达室 reception office 传单 handbill 传呼 page sb. 传呼机 pager; beeper 传教 do missionary work 传教士 missionary 传奇 legend; romance 传染 infect 传染病 infectious disease 传神 lifelike 传授 pass on (knowledge, skill, etc.); teach 传说 it is said; they say; tradition 传统 tradition 传统产业 conventional industries 传统观念 traditional ideas 传统剧目 traditional theatrical pieces 传销 multi-level marketing; pyramid selling 传真 portraiture; facsimile; fax 传真电报 phototelegraph 传真照片 radiophoto

船 chuán boat; ship 上船 go on board 乘船 go by boat 船舱 ship's hold 船队 fleet 船票 steamer ticket 船员 crew 船长 captain; skipper

串 chuàn ❶ string together ❷ get things mixed up ❸run about 串亲戚 go visiting one's relatives ❹play a part (in a play); act 客串 be a guest performer 串bunch 一串钥匙 a bunch of keys 串联 establish ties; contact 串门儿 call at sb.'s home; drop in 串通 gang up; collude

CHUANG

疮 chuāng❶sore; skin ulcer 褥疮 bedsore ❷wound 疮疤 scar 疮口 the open part of a sore

窗 chuāng window 窗玻璃 windowpane 窗花 paper-cut for window decoration 窗口 wicket; window 窗帘 curtain 窗纱 window screening 窗台 windowsill

床 chuáng bed 床单 sheet 床垫 mattress 床架 bedstead 床罩 bedspread; counterpane

闯 chuǎng❶rush; dash; charge 闯进来 break in; force one's way in ❷temper oneself (by battling through difficulties and dangers) 闯出新路 break a new path 闯祸 catch disaster; stir up trouble 闯江湖 make a living wandering from place to place

创 chuàng start (doing sth.); achieve (sth. for the first time) 创记录 set a record 创刊 start publication 创刊号 first issue 创立 originate 创始人 founder; originator 创收 make profits 创新 bring forth new ideas; blaze new trails 创业 start an undertaking; do pioneering work 创造 create; produce 创造力 creative power 创造性 creativeness; creativity 创作 create; produce; write; creative work

CHUI

吹 chuī❶blow; puff ❷play (wind instruments) 吹笛 play the flute ❸boast; brag ❹break off; break up; fall through 吹风机 hair-drier 吹拂 sway; stir blow a cold wind over; throw cold water on 吹毛求疵 find fault; nitpick; be hair-split 吹牛 boast; brag; talk big 吹捧 flatter 吹奏 play (wind instruments)

垂 chuí hang down; droop; let fall 垂泪 shed tears; weep 垂死 moribund; dying 垂死挣扎 put up a last ditch struggle 垂头丧气 crestfallen; dejected 垂涎 drool; slaver; covet 垂涎欲滴 make one's mouth water

捶 chuí beat; thump 捶背 pound sb.'s back 捶胸顿足 beat one's breast and stamp one's feet (in deep sorrow)

锤 chuí ❶hammer ❷hammer into shape 锤炼 hammer into shape; temper; polish (a piece of writing)

CHUN

春 chūn ❶spring 春色 spring scenery ❷love; lust 春情 stirrings of love ❸life; vitality 春播 spring sowing 春风 spring breeze 春风满面 beaming with satisfaction (smiles, happiness) 春耕 spring ploughing 春光 sights and sounds of spring; spring scenery 春节 the Spring Festival 春雷 spring thunder 春笋 bamboo shoots in spring 春天 springtime 春意 the beginning of spring; thoughts of love 春游 spring outing 春装 spring clothing

纯 chún ❶pure; unmixed 纯金 pure gold ❷simple 纯粹 pure; unadulterated 纯度 purity 纯洁 pure; clean and honest; impeccable 纯朴 water; simple 纯利 net profit 纯朴 honest; simple 纯熟 skilful; practised 纯真 sincere 纯正 pure

唇 chún lip 唇膏 lipstick 唇枪舌剑 cross verbal swords 唇舌 words; argument 唇音 labial (sound)

蠢 chǔn stupid; foolish; dull 蠢货 idiot; fool

CHUO

戳 chuō jab; poke; stab 戳了他眼睛 jab sb.'s eye 戳一个洞 poke a hole 戳穿 puncture; lay bare; expose

绰 chuò ample; spacious 绰绰有余 more than sufficient; enough and to spare 绰号 nickname

CI

疵 cī flaw; defect; blemish 疵点 flaw; fault 疵毛 defective wool

词 cí ❶word; term ❷speech; statement 词典 dictionary 词法 morphology 词根 root 词汇 vocabulary; words and phrases 词汇表 word list; vocabulary; glossary 词汇学 lexicology 词句 words and phrases; expressions 词类 parts of speech 词头 prefix 词尾 suffix 词形 morphology 词义 the meaning of a word 词语 words and expressions; terms 词级 affix 词组 word group; phrase

祠 cí ancestral temple 祠堂 ancestral hall; memorial temple

瓷 cí porcelain; china 瓷器 chinaware 瓷实 solid; firm; substantial 瓷砖 ceramic tile; glazed tile

辞 cí ❶diction; phraseology ❷take leave ❸decline ❹dismiss 辞别 bid farewell; take one's leave 辞呈 resignation 辞典 dictionary 辞让 politely decline 辞退 dismiss; discharge 辞谢 decline with thanks 辞藻 flowery language; rhetoric 辞章 poetry and prose; art of writing 辞职 resign

慈 cí kind; loving 慈爱 love; affection; kindness 慈悲 mercy; pity 发慈悲 have pity; be merciful 慈善 charitable; benevolent 慈善机关 charitable institution 慈善家 philanthropist 慈善事业 charities; good works

磁 cí magnetism 磁场 magnetic field 磁带 (magnetic) tape 磁带录音机 tape recorder 磁铁 magnet 磁悬浮列车 aerotrain 磁针 magnetic needle

雌 cí female 雌花 female flower 雌雄 male and female 决一雌雄 see who's master

此 cǐ this 此地 this place; here 此后 after this; hereafter 此起彼伏 rise one after another 此时 this moment; right now 此外 besides; in addition; moreover 此致敬礼 with greetings

次 cì ❶ order; sequence 依次 in due order; in succession ❷ second; next 次子 second son 次日 next day ❸ second-rate ❹ time 首次 first time 次等 second-class; inferior 次品 defective goods 次数 number of times; frequency 次序 order; sequence 次要 secondary; minor 次之 take second place

伺 cì 伺候 wait upon; serve

刺 cì ❶ thorn; splinter ❷ stab; prick ❸ assassinate ❹ irritate; stimulate 刺鼻 irritate the nose 刺刀 bayonet 拼刺刀 bayonet-fighting 刺耳 grating on the ear 刺骨 piercing (to the bones); biting 刺客 assassin 刺探 pry; spy 刺猬 hedgehog 刺绣 embroider 刺眼 dazzling; offending to the eye

CONG

从 cōng 从容 calm; unhurried

匆 cōng hastily; hurriedly 匆忙 hastily

葱 cōng onion; scallion 葱花 chopped green onion 葱花饼 green onion pancake 葱茏 verdant; luxuriantly green 葱绿 pale yellowish green; light green 葱头 onion

聪 cōng 聪明 intelligent; bright; clever

从 cóng ❶ from; through ❷ ever 从不计较 never give any consideration to ❸ follow; comply with; obey 从命 obey an order ❹ join; be engaged in ❺ follower; attendant 随从 retainer ❻ secondary 从犯

accessary criminal 从此 from this time on; from now on; henceforth; thereupon 从而 thus; thereby 从句 subordinate clause 从军 join the army; enlist 从宽处理 lenient punishment 从来 always; at all times; all along 从前 before; formerly; in the past 从事 go in for; be engaged in; work on 从属 subordinate 从速 as soon as possible; without delay 从头 from the beginning; once again 从头到尾 from cover to cover 从头来 start afresh 从小 from childhood; as a child 从中 out of; from among; therefrom 从重处罚 give a severe punishment

丛 cóng ❶ clump; thicket; grove 草丛 a patch of grass 灌木丛 a clump of bushes ❷ crowd; collection 丛林 jungle; forest 丛生 (of plants) grow thickly; (of disease, evils, etc.) break out from 丛书 a series of books; collection

COU

凑 còu ❶ gather together; pool; collect 凑钱 pool money 凑份子 club together (to present a gift to sb.) ❷ happen by chance; take advantage of ❸ move close to; press near 凑合 collect; passable; not too bad 凑集 gather together 凑巧 luckily; fortunately 凑热闹 join in the fun; add trouble to 凑数 make up the number or amount; serve as a stopgap

CU

粗 cū ❶ wide (in diameter); thick ❷ crude; rough 粗布 coarse cloth ❸ careless; negligent ❹ rude; vulgar 说话很粗 speak rudely ❺ roughly; slightly 粗暴 rude; rough; crude; brutal 粗糙 coarse;

rough; crude 粗大 thick; loud (voice) 粗放经营 extensive farming or management 粗话 vulgar language 粗活 unskilled work 粗粮 coarse food grain (e. g. maize, sorghum, etc.) 粗鲁 rude; boorish 粗略 rough; sketchy 粗浅 superficial; shallow; simple 粗俗 vulgar; coarse 粗心 careless; thoughtless 粗野 boorish; uncouth 粗枝大叶 sloppy; slapdash 粗制滥造 manufacture in a rough and slipshod way 粗壮 sturdy; thickset; brawny (arms); thick and strong

促 cù ❶(of time) short; hurried; urgent ❷urge; promote ❸close to; near 促成 help to bring about; facilitate 促进 promote; advance; accelerate 互相促进 help each other forward 促进派 promoter of progress 促使 impel; urge; spur 促使我们钻研技术 impel us to study technique 促使我们刻苦学习 spur us on to study diligently 促销 promote the sales of; sales promotion

醋 cù ❶vinegar ❷jealousy (as in love affair) 吃醋 feel jealous 醋酸 acetic acid

CUAN

攒 cuán collect together; assemble

窜 cuàn flee; scurry 东逃西窜 flee in all directions

篡 cuàn usurp; seize 篡改 distort; misrepresent 篡改历史 distort history 篡权 usurp power

CUI

催 cuī hasten; urge; hurry; press (sb. to do sth.) 催他一下 hurry him up 催泪弹 tear bomb; tear-gas grenade 催眠 lull

(to sleep); hypnotize 催眠曲 lullaby; cradlesong 催眠术 hypnotism

脆 cuì ❶crisp 又甜又脆 be sweet and crisp ❷(of voice) clear 脆弱 fragile; frail; weak

淬 cuì 淬火 quench

粹 cuì ❶pure ❷essence; the best 精粹 quintessence

翠 cuì ❶emerald green; green 翠竹 green bamboos ❷kingfisher ❸jadeite 翠绿 emerald green; jade green 翠鸟 kingfisher

CUN

村 cūn village 村长 village head

存 cún ❶exist; live; survive ❷store; keep ❸collect ❹deposit (money) ❺leave with; check (one's luggage, etc.) ❻reserve; retain ❼remain on balance; be in stock 存在幻想 harbour some illusions 存车处 parking lot (for bicycles) bicycle park or shed 存单 deposit receipt 存档 keep in the archives; place on file; file 存根 counterfoil; stub 存户 depositor 存货 goods in stock; existing stock 存款 deposit; bank savings 存款单 deposit slip; deposit ticket 存身 take shelter; make one's home 存亡 live or die; survive or perish 存在 exist; be 存折 deposit book; bankbook

寸 cùn ❶*cun*, a unit of length (= 1；3 decimetre)·❷very little; very short; small 寸土必争 fight for every inch of land 寸步 a tiny step; a single step 寸步不离 follow sb. closely; keep close to 寸步难行 can't move a single step

CUO

搓 cuō 搓手 rub one's hands together 搓板 washboard 搓澡 give sb. a rubdown with a damp towel

磋 cuō consult 磋商 exchange views 进行磋商 hold consultations with

挫 cuò ❶defeat; foil ❷subdue; lower 挫伤 dampen; discourage 挫伤积极性 dampen the enthusiasm 挫折 setback; reverse 遭受挫折 suffer setbacks

措 cuò ❶ arrange; manage; handle ❷ make plans 措辞 wording; diction 措辞强硬 strongly worded 措施 measure; step 采取措施 make a measure 措手不及 be caught unprepared

错 cuò❶wrong; mistaken ❷fault; demerit ❸bad; poor 错案 misjudged case 错别字 wrongly written or mispronounced characters 错处 fault; demerit 错怪 blame sb. wrongly 错过 miss; let slip 错过机会 miss an opportunity 错觉 illusion; misconception 造成错觉 give sb. a false impression 错乱 in disorder; in confusion 精神错乱 mentally deranged; insane 错误 wrong; mistaken; erroneous; blunder 犯错误 commit an error 错杂 mixed; heterogeneous; jumbled 错综复杂 intricate; complex

D

DA

耷 dā 耷拉 droop; hang down

搭 dā ❶put up; build ❷hang over; put over ❸come into contact; join ❹throw in more (people, money, etc.); add ❺lift sth. together ❻take (a ship, plane, etc.); travel by 搭乘 travel by (plane; car; etc.) 搭档 cooperate; partner 搭伙 go into partnership; join as partner; eat regularly in (a canteen, etc.) 搭架子 build a framework 搭救 rescue; help 搭客 passengers (of train, etc.); take on passengers 搭配 to match up; match; collocation 搭配销售 tie-in sale 搭棚子 put up a shed; build a makeshift shelter 搭腔 answer; respond; talk to each other 搭讪 strike up a conversation with sb.; say something to smooth over an embarrassing situation 搭帐篷 pitch a tent

答 dā 答茬儿 pick up one's words and take part in a conversation 答理 respond; answer; acknowledge sb.'s greeting, etc. 答应 answer; reply; assent to; promise; comply with

打 dá dozen

达 dá ❶extend ❷reach; amount to ❸express; communicate 词不达意 the words fail to convey the idea ❹eminent; distinguished 达官 ranking official 达成协议 reach agreement 达到 achieve; attain; reach 达到目的 achieve the goal

沓 dá pile (of paper, etc.); pad 一沓钞票 a wad of bank notes

答 dá ❶answer; reply; respond ❷return (a visit, salute, etc.) 答案 answer; solution; key 练习的答案 key to an exercise 答辩 reply (to a charge, query or an argument) 答复 answer; reply 请尽早答复 please reply at your earliest convenience 答谢 express appreciation; acknowledge 答谢宴会 a return banquet

打 dǎ ❶strike; hit; knock 打垮某人 beat sb. all hollow ❷break ❸fight; attack ❹construct; build ❺play 打篮球 play basketball ❻mix; stir; beat 打鸡蛋 beat eggs ❼tie up; pack ❽knit; weave 打毛衣 knit a sweater ❾spray; spread 打农药 spray insecticide ❿open; dig 打井 dig a well ⓫raise; hoist 打伞 hold up an umbrella ⓬send; dispatch 打电话 make a phone call ⓭remove; get rid of 打蛔虫 take worm medicine ⓮gather in; collect; reap 打柴 gather firewood ⓯buy 打酱油 buy soy sauce ⓰catch; hunt 打鱼 catch fish ⓱work out 打草稿 work out a draft ⓲do; engage in 打短工 be a temporary worker 打靶 target practice 打白条 issue IOUs (I owed you) 打败 defeat; beat; be defeated 打扮 dress up; make up; deck out 打岔 interrupt; cut in 打成一片 become one with 打倒 overthrow; do sb. down; down with sb. 打掉 knock out; wipe out 打动 move; touch 打赌 bet; wager 打断 break; interrupt 打断思路 interrupt sb.'s train of thought 打发 send; dismiss; send away; send sb packing off 打翻 overturn; strike down 打官腔 stall with official jargon 打官司 go to court 打滚 roll about 打击 hit; strike; attack 打击报复 retaliate 打假 launch a crackdown on fakes 打架 fight; scuffle 打搅 disturb; trouble 打劫 rob; plunder 打结 tie a knot 打卡 punch card 打开 open; turn on 打量 measure; look sb. up and down; size up 打猎 go hunting 打破 break; smash 打听 ask about; inquire about 打消 give up (an idea, etc.); dispel (a doubt, etc.) 打消顾虑 dispel misgivings 打杂 do odds and ends 打仗 fight; go to war 打针 give or have an injection 打字 type-write; type 打字机 typewriter

大 dà ❶big; large; great 大城市 metropolis ❷heavy (rain, etc.); strong (wind, etc.) ❸loud 说大声点 speak louder ❹main 大路 main road ❺greatly; fully 大吃一惊 be greatly surprised ❻eldest 大哥 eldest brother 大半 more than half; most probably 大包干 all-round responsibility system; lump-sum appropriations operation 大便 defecate; human excrement; shit 大部 greater part 大车 cart 大臣 minister 大吹大擂 make a big noise 大慈大悲 infinite merty 大大 greatly 大胆 daring 大地 earth 大动肝火 be up in arms 大豆 soybean; soyabean 大队 group;a large body of 大多数 great majority 大方向 general orientation 大风 gale; strong wind 大副 mate; chief officer 大概 probably; most likely 大干 go all out; make an all out effort 大纲 outline 大规模 large-scale; massive 大海捞针 look for a needle in a haystack 大汗淋漓 be drenched with sweat 大合唱 canta-ta; chorus 大话 big talk 大会 general membership meeting 大家 great mass; all; everybody 大件商品 major durable consumer goods 大将 senior general; high-ranking of-ficer 大街 main street 大惊小怪 be surprised

at sth. perfectly normal; make a fuss 大局 general situation 大快人心 affording general satisfaction 大理石 marble 大力士 a man of unusual strength 大量 a large number; a great quantity; magnanimous 大量财富 enor-mous wealth 大量事实 a host of facts 大陆 continent; mainland 大陆架 continental shelf 大麻 hemp; marijuana 大麦 barley 大拇指 thumb 大脑 cerebrum 大炮 big gun; cannon 大批 large quantities of 大起大落 big ups and downs 大气 atmosphere; air 大人物 im-portant person; great personage; VIP 大赦 general pardon 大师 master 大使 ambassador 大使馆 embassy 大势所趋 the trend of the times; the general trend 大势已去 the game is as good as lost 大是大非 major issues of principle 大手大脚 wasteful; extravagant 大蒜 garlic 大厅 hall 大庭广众 (before) a big crowd; (on) a public occasion 大同小异 a-like except for slight differences; very much the same 大头针 pin 大团圆 happy ending 大腿 thigh 大王 king; magnate 大无畏 dauntless; utterly fearless; indomitable 大喜 great rejoicing 大喜过望 be overjoyed 大写 capitalization 大写字母 capital letter 大型 large-scale; large 大选 general election 大学 university; college 大学生 university or col-lege student 大衣 overcoat 大雨 heavy rain 大约 approximately; about; probably 大张旗鼓 on a grand scale; in a big way 大治 great order 大致 roughly; approximately 大众 ① the masses; the people; the public 大众文艺 popular literature 大众化 popular; in a popu-lar style ②Volkswagen 大专院校 universities and colleges; institutions of higher education

DAI

呆 dāi ❶slow-witted; dull ❷wooden ❸stay 呆在家里 stay at home 呆若木鸡 dumb as a wooden chicken

待 dāi stay

歺 dǎi bad; evil; vicious 为非作歺 do evil 歺徒 evildoer

大 dài 大夫 doctor; physician

代 dài ❶take the place of 代人受过 suffer for the faults of another ❷acting 代部长 acting minister ❸historical period 古代 ancient times 代办 do sth. for sb.; act onsb.'s behalf 代笔 write on sb.'s behalf 代表 deputy; delegate; represent; stand for in the name of 代表大会 congress; representative assembly 代表人物 representative figure 代表团 delegation; deputation 代词 pronoun 代价 price; cost 代金券 coupons 代理 act as agent 代理人 agent; deputy 代数 algebra 代替 replace; take the place of 代销 sell goods on a commission basis 代销店 commission agent 代言人 spokesman

带 dài ❶belt; girdle; ribbon; band; tape ❷tyre ❸area 热带 the torrid zone ❹take; bring; carry ❺bear; have ❻lead; head 带兵 lead troops 带领 look after; bring up; raise 带孩子 look after children 带徒弟 train an apprentice 带动 drive; bring along 带动全局 promote the work as a whole 带动生产 give an impetus to production 带领 guide; 带路 show the way; act as a guide 带头 take the lead; be the first; set an example 起带头作用 play a leading role 带鱼 hairtail

待 dài ❶treat; deal with 待人接物 the way one gets along with people ❷entertain 待客 entertain a guest ❸wait for; await 待机 await an opportunity 待价而沽 wait for the right price to sell 待命 await orders 待续 be continued 待遇 treatment; pay

贷 dài ❶loan ❷borrow or lend shirk ❸pardon; forgive 贷款 provide a loan 贷学金 student loans

怠 dài idle; remiss; slack 怠工 slow down; go slow 怠慢 cold-shoulder; slight

袋 dài bag; sack; pocket; pouch 一袋粮食 a sack of corn 袋鼠 kangaroo 袋装 in bags

逮 dài reach 逮捕 arrest; take into custody

戴 dài put on; wear 戴手套 put on one's gloves 戴眼镜 wear glasses 戴孝 be in mourning

DAN

丹 dān ❶red ❷pellet or powder 丹田 the pubic region 丹心 a loyal heart; loyalty

单 dān ❶one; single ❷odd 单号 odd numbers ❸singly; alone; only 不单 not only ❹unlined (clothing) ❺list 单薄 (of clothing) thin and weak 单纯 simple; pure 单刀直入 waste no time on preliminaries 单调 monotonous; dull; drab 单独 alone; by oneself; on one's own 单方面 one-sided 单干 go it alone 单个 alone; an odd one 单间 separate room (in a hotel, restaurant, etc.) 单枪匹马 single-handed; all by oneself; alone 单身 single; live alone; celibate 单身汉 bachelor 单身宿舍 bachelor quarters 单位 unit 单一汇率 single exchange rate 单一市场 single market

担 dān ❶carry on a shoulder pole ❷take on; undertake 担当 take on; undertake 担负 bear; shoulder; take on; be charged with 担负责任 bear responsibility 担负费用 bear an expense 担惊受怕 feel alarmed; be in a state of anxiety 担任 hold the post of 担心 worry

耽 dān delay 耽搁 stop over; delay 耽误 delay; hold up 耽误工夫 waste time

胆 dǎn ❶gallbladder ❷courage; guts; bravery 胆大 bold 胆敢 dare 胆量 courage 胆略 courage and resourcefulness 胆识 courage and insight 胆小 timid; cowardly 胆小鬼 coward 胆战心惊 tremble with fear

旦 dàn ❶dawn; daybreak ❷day 元旦 New Year's Day

但 dàn ❶but ❷only; merely 但是 but; yet; still; nevertheless 但愿 if only; I wish 但愿如此 let's hope so

诞 dàn ❶birth ❷birthday ❸fantastic 诞辰 birthday 诞生 be born; come into being

淡 dàn ❶thin; light ❷tasteless; weak ❸light; pale 淡黄 light yellow ❹indifferent 淡然处之 treat with indifference ❺slack; dull 生意清淡 business is slack 淡化 desalination (of sea water) 淡季 slack season 淡漠 indifferent 淡水 fresh water 淡水鱼 freshwater fish 淡忘 fade from one's memory 淡雅 simple and elegant; quietly elegant

蛋 dàn egg 蛋白质 protein 蛋粉 egg powder 蛋糕 cake 蛋黄 yolk 蛋壳 eggshell

弹 dàn ❶ball; pellet ❷bullet; bomb 弹片 shell fragment 弹头 bullet 弹丸 pellet; shot 弹丸之地 a tiny area 弹药 ammunition 弹药库 ammunition

氮 dàn nitrogen 氮肥 nitrogenous fertilizer

DANG

当 dāng ❶equal ❷ought; should; must ❸in sb.'s presence 当面一套背后一套 double talk ❹just at (a time or place) 当场 on the spot 当场抓获 catch sb. red-handed ❺work as; serve as; be 当兵 be a soldier 当初 originally; in the first place 当代 the present age 当地 local 当机立断 make a prompt decision 当即 at once; right away 当家 manage (household) affairs 当家作主 be master in one's own house 当局 the authorities 当年 in those years 当前 before one; present; current 当权 be in power; hold power 当然 certainly; of course; to be sure 当时 then; at that time 当务之急 a task of top priority 当先 in the van; at the head 当心 be careful; look out 当选 be elected 当政 be in office 当中 in the middle; in the centre 当众 in public; in the presence of all

挡 dǎng ❶keep off; ward off; block 挡雨 keep off the rain 挡风 shelter sth. from the wind ❷block; get in the way of 挡路 be in the way ❸blind 窗挡 window blind 挡箭牌 shield; excuse; pretext

党 dǎng ❶political party; party 中国共产党 the Communist Party of China ❷clique; gang 死党 sworn follower ❸relative; kinsfolk 党报 party newspaper; the party organ 党代表 party representative 党费 party membership dues 党风 party conduct 党纲 party program 党籍 party membership 党纪 party discipline 党课 party class; party lecture 党魁 party chieftain 党龄 party standing 党内 within the party; inner-party 党派 parties; party cliques 党派关系 party affiliation 党旗 party flag 党外 outside the party 党委 party committee 党务 party affairs 党小组 party group 党校 party school 党性 party spirit 党员 party member 党章 party constitution 党政机关 party and governmental offices 党证 party card 党支部 party branch 党中央 the Party Central Committee 党组 leading party group

当 dàng ❶proper; right 用词不当 inappropriate choice of words ❷match; equal to ❸treat as; regard as; take for ❹think 当年 the same year; that very year 当票 pawn ticket 当铺 pawnshop 当日 the same day; that very day 当时 right away; at once; immediately 当真 really true; really 当作 treat as; regard as; look upon as

荡 dàng swing; sway; wave 荡秋千 play on a swing 荡船 swingboat 涤荡 cleanse; clean up; wash away 荡漾 ripple

档 dàng ❶shelves (for files); pigeonholes ❷files; archives 查档 consult the files ❸ crosspiece (of a table, etc.) ❹grade 高档商品 high-grade goods 档案 files; record 档案馆 archives 档案管理员 archivist

DAO

刀 dāo knife; sword 刀背 the back of a knife blade 刀兵 weapons; fighting; war 刀叉 knife and fork 刀耕火种 slash-and-burn cultivation 刀具 cutting tool 刀片 razor blade 刀枪 sword and spear; weapons 刀鞘 sheath; scabbard 刀刃 the edge of a knife; the crucial point 把劲儿使在刀刃上 bring efforts to bear on the right spot

叨 dāo 叨唠 talk on and on; chatter away

导 dǎo ❶lead; guide ❷conduct 导电 conduct electricity ❸instruct; teach 教导 teach 导弹 guided missile 导航 navigation 导航台 guidance station 导火线 (blasting) fuse 导师 tutor; guide of a great cause 导线 lead; wire 导言 introduction (to a piece of writing); introductory remarks 导演 direct (a film, play, etc.); director 导游 conduct a sightseeing tour 导致 lead to; bring about; result in; cause

岛 dǎo island 岛国 island country 岛屿 islands and islets; islands

倒 dǎo fall, topple 摔倒 fall over 倒班 changes shifts; work in shifts 倒闭 close down; go bankrupt 倒车 change trains or buses 倒卖 resell at a profit 倒买倒卖 fraudulent buying and selling 倒手 change hands

倒台 fall from power; downfall

捣 dǎo ❶pound; smash ❷harass; disturb 捣蛋 make trouble 捣鬼 play tricks; do mischief 捣毁 smash up; demolish; destroy 捣乱 create a disturbance 捣乱分子 troublemaker 捣碎 pound to pieces 捣药 pound medicine in a mortar

祷 dǎo pray 祷告 say one's prayers

到 dào ❶arrive; reach 夏天到了 Summer is in. ❷go to; leave for 到群众中去 go among the masses; go into the midst of the masses ❸up until; up to 从星期一到星期五 from Monday to Friday 说到做到 be as good as one's word 到场 be present 到处 at all places; everywhere 到处找 look for ... high and low 到处碰壁 run against the wall everywhere 到达 arrive; reach; get to 到期 become due; expire 到期债券 matured bond 签证下月到期。The visa expires next month. 到手 in one's hands 到职 take office; arrive at one's post

倒 dào ❶inverted; inverse 倒立 stand upside down ❷move backward; turn upside down 倒车 back a car ❸pour; tip 倒垃圾 tip rubbish 倒彩 booing; hooting; catcall 倒数 count backwards 倒数第三行 the third line from the bottom 倒退 go backwards 倒行逆施 go against the historical trend 倒叙 flashback 倒因为果 reverse cause and effect; take cause for effect 倒影 inverted image 倒置 place upside down; invert 倒转 turn the other way round; reverse 倒装词序 inverted word order

悼 dào mourn; grieve 悼词 memorial speech

盗 dào ❶steal; rob ❷thief; robber 盗版 pirating; piracy 盗匪 bandits; robbers 盗卖 steal and sell (public property) 盗窃 steal 盗窃犯 thief 盗窃罪 larceny 盗取 embezzle 盗用 usurp (a name, etc.); embezzle (pub-

...lic funds; etc.)

道 dào ❶road; way; path ❷channel; course ❸way; method ❹doctrine; principle 孔孟之道 doctrines of Confucius and Mencius 道德 morals; ethics 商业道德 commercial morality; business ethics 道德品质 moral character 道家 Taoist school 道理 principle; reason 摆事实, 讲道理 bring out facts and reason things out 道路 road; way; path 道歉 apologize 道听途说 hearsay; rumor; gossip 道谢 express one's thanks; thank 道义 morality and justice

稻 dào rice; paddy 稻草 rice straw 稻草人 scarecrow 稻糠 rice chaff 稻壳 rice husk 稻田 rice field 稻秧 rice seedlings; rice shoots

DE

得 dé ❶get; obtain; gain ❷(of a calculation) result in ❸fit; proper ❹satisfied; complacent ❺be finished; be ready 得便 when it's convenient 得不偿失 the loss outweighs the gain 得逞 succeed; have one's way 得宠 find favour with sb.; win the favour of 得出 reach a conclusion 得当 proper; suitable 得到 get; obtain; gain; receive 得法 do sth. in the proper way 得分 score 得计 succeed in one's scheme 得奖 win a prize 得空 have leisure; be free 得力 capable; competent; benefit from 得胜 win a victory; triumph 得失 success or failure; advantages and disadvantages; merits and demerits 得势 get the upper hand; be in power 得手 go smoothly; come off; do fine; succeed 得体 appropriate; suited to the occasion 得闲 have leisure; be at leisure 得心应手 with facility; with high proficiency; servi-ceable; handy 得以 so that … can … 得益 benefit; profit 得意 proud of oneself; pleased with oneself; complacent 得志 achieve one's

ambition; have a successful career 得罪 offend; displease; get in Dutch with sb.

德 dé ❶virtue; morals; moral character ❷heart; mind ❸kindness; favour 德才兼备 have both ability and political integrity 德高望重 be of noble character and high prestige 德行 moral conduct 德语 German (language) 德育 moral education 德政 benevolent rule

DENG

灯 dēng ❶lamp; light 电灯 electric light 华灯初上 The street lights just on. ❷valve 灯光 the light of a lamp; lamplight; lighting 灯火 lights 灯火辉煌 ablaze with lights 灯笼 lantern 灯谜 lantern riddles 灯泡 (electric) bulb; light bulb 灯塔 lighthouse; beacon 灯头 lamp holder; electric light socket 灯油 lamp-oil 灯罩 lampshade

登 dēng ❶ascend 登岸 go ashore ❷publish; record; enter 登广告 advertise (in a newspaper) 登报 tread 登报 publish in the newspaper 登峰造极 reach the peak of perfection; reach the limit 登高 ascend a height 登记 register; check in 结婚登记 marriage registration 登记处 registration office 登陆 land; disembark 登陆部队 landing force 登陆舰(艇) landing ship (boat) 登山 mountain-climbing 登山队 mountaineering party 登山运动 mountaineering

等 dēng ❶class; grade; rank ❷equal ❸wait; await ❹when; till 等待 wait; await 等到 by the time; when 等号 equal-sign 等候 wait; await; expect 等级 grade; rank; order and degree; social estate 等级制度 hierarchy 等价 of equal value 等价交换 equivalent exchange 等式 e-quality

凳 dèng stool; bench 方凳 square stool 长凳 bench

澄 dèng (of a liquid) settle 澄清 (of a liquid) settle; become clear 澄沙 sweetened bean paste

瞪 dèng open one's eyes wide; stare 瞪眼 stare; glare; glower and glare at sb.; get angry with sb. 干瞪眼 look on helplessly

DI

低 dī ❶low ❷let droop; hang down 低头 hang one's head 低潮 low tide 低沉 low-spirited; downcast 低估 underestimate 低级 elementary; vulgar; low 低级趣味 vulgar interests; bad taste 低廉 cheap; low 物价低廉 prices are low 低声 in a low voice 低洼 low lying 低微 low; humble 低温 low temperature 低息 low interest 低压 low pressure

堤 dī dyke; embankment; dam

滴 dī ❶drip 滴眼药 put drops in one's eyes ❷drop 一滴水 a drop of water 滴答 tick; ticktack

的 dí 的确 indeed; really 的确良 dacron

敌 dí ❶enemy ❷oppose; fight; resist ❸match; equal 敌对 hostile; antagonistic 敌国 enemy state 敌军 enemy troops 敌情 the enemy's situation 敌视 be antagonistic to; adopt a hostile attitude towards 敌探 enemy spy 敌意 hostility

涤 dí wash; cleanse 涤除 wash away; do away with 涤荡 clean up 涤纶 polyester fibre; dacron

笛 dí ❶bamboo flute ❷whistle 汽笛 steam whistle

嘀 dí 嘀咕 whisper; talk in whispers; have misgivings about sth.; have sth. on one's mind

嫡 dí ❶of or by the wife 嫡长子 the wife's eldest son ❷closely related 嫡传 handed down in a direct line from the master 嫡系 direct line of descent; direct posterity 嫡系部队 troops under one's direct control

底 dī ❶ins and outs 心里没底 feel unsure of sth. ❷rough draft ❸a copy kept as a record 留底 keep a copy on file ❹end 年底 the end of a year ❺ground; background; foundation 红底 red background 底层 ground floor; first floor; bottom 社会的底层 the bottom of society 底价 base price 底细 ins and outs 底下 under; below; next; later; afterwards

诋 dī slander; defame 诋毁 badmouth sb.

抵 dī ❶support; sustain; prop ❷resist; withstand ❸compensate for; make good ❹mortgage ❺balance; set off 收支相抵 income balances expenditure 抵偿 be equal to 抵偿 compensate for 抵偿贸易 compensation trade 抵触 resent; resist 抵触情绪 resentment; resistance 抵抗 resist; stand up to 抵抗力 resistance (to disease) 抵赖 deny; disavow 抵消 offset; cancel out; counteract 抵押 mortgage 抵御 resist; withstand 抵制 boycott

地 dì ❶the earth ❷land; soil ❸fields ❹ground; floor ❺place; locality ❻position; situation ❼background; ground 地板 floor board; floor 地堡 blockhouse; pillbox 地步 condition; plight; extent 地层 stratum; layer 地产 real estate; landed property 地秤 weighbridge 地带 district; region; belt; zone 地道 ①tunnel ②genuine; true; pure; typical; well-done 地点 site; locale; place 地洞 burrow; hole in the earth 地段 sector of an area 地对地导弹 ground-to-ground missile; surface-to-surface missile 地方 ①locality; local ②place; space; room; part; respect 地基 ground; foundation 地窖 cellar 地界 the boundary of a piece of land 地雷 (land) mine 地理 geography; geographical features 地利 favourable geographical position; land productivity 地貌 configuration of earth surface; land forms 地面 ground level; earth's surface; area; territory 地名 place name 地皮 land for building; ground 地痞 local ruffian 地平线 horizon 地铺 shakedown 地壳 the earth's crust 地球 the earth; the globe 地区 area; district; zone; prefecture 地上 on the ground 地势 terrain; relief; topography 地毯 carpet; rug 地铁 underground (railway); subway 地头蛇 local villain; bully 地图 map; atlas 地位 standing; ranking; status; place 地峡 isthmus 地下 underground; subterranean; secret (activities) 地形 topography; terrain 地狱 hell; inferno 地域 region; district 地震 earthquake; seism 地址 address 地质 geology 地中海 the Mediterranean (Sea) 地主 landlord; host 地租 land rent

弟 dì younger brother 弟媳妇 younger brother's wife; sister-in-law 弟兄 brothers 弟子 disciple; pupil

的 dì target; bull's-eye

帝 dì ❶emperor ❷imperialism 帝国 empire 帝国主义 imperialism 帝王 monarch 帝制 monarchy

递 dì ❶hand over; pass; give 请把书递给我 please pass me the book 请把杯子递给我 please reach me the glass 递眼色 wink at sb. ❷successively; in the proper order 递升 promote to the next rank 递加 progressively increase 递减 decrease progressively 递交 hand over; present 递送 send; deliver

第 dì 第二性 secondary 第二职业 by work; moonlighting 第三者 a third party (to a dis-

pute, etc.) 第一 first; primary; foremost 第一书记 the first secretary 得第一名 win first place 第一性 primary

缔 dì form (a friendship); conclude (a treaty) 缔交 contract a friendship 缔造 found; create 缔造者 founder

DIAN

掂 diān weigh (in the hand) 掂量 think over; weigh up

颠 diān ❶crown (of the head) ❷bump ❸fall; turn over; topple down 颠簸 jolt; bump 颠倒 turn upside down; reverse; invert; disordered 神魂颠倒 be infatuated 颠倒黑白(颠倒是非)confuse truth and falsehood 颠覆 overturn; subvert 颠沛流离 drift from place to place 颠三倒四 disorderly; confused

巅 diān mountain peak; summit 华山之巅 the summit of Huashan Mountain

典 diǎn ❶standard; law; canon ❷standard work of scholarship ❸allusion; literary quotation 用典 use allusions 典当 pawn 典范 model; example 典故 allusion 典礼 celebration 典型 typical case; model; type; typical 典型事例(人物)a typical instance (character) 典章 institutions

点 diǎn ❶drop (of liquid) 雨点 raindrops ❷spot 圆点 dot 墨点 ink spots ❸point 基准点 datum point ❹a bit ❺aspect; feature 特点 characteristic feature ❻touch; skim ❼drip 点眼药 put drops in the eyes ❽select; choose 点菜 order dishes (in a restaurant) ❾hint 点明 put one's finger on; point out ❿light; burn; kindle 点灯 light a lamp ⓫o'clock 九点 nine o'clock 几点了 what time is it 点火 light a fire 点货 check over goods 点名 call the roll 点名册 roll book; roll 点破 lay bare; point out bluntly

点燃 light; kindle 点收 check and accept 点题 bring out the theme 点头 nod one's head; nod 点心 light refreshments; pastry 点缀 embellish; ornament; use sth. merely for show 点子 drop (of liquid); dot; key point; essentials; right idea; pointer

碘 diǎn iodine 碘酒 tincture of iodine

踮 diǎn stand on tiptoe 踮着脚走 tiptoe; tip

电 diàn ❶electricity ❷give or get an electric shock ❸telegram; cable 电报 telegram; cable 电报机 telegraph 电表 electric meter 电冰箱 electric refrigerator; fridge 电唱机 electric gramophone; record player 电唱针 (gramophone) stylus; needle 电车 tram; streetcar; trolley 电池 electric cell; battery 电磁 electromagnetism 电灯 electric lamp; light 电动 motor-driven; power-operated 电动力学 electrodynamics 电度表 electric meter 电复 reply by telegraph 电贺 cable a message of congratulations 电工 electric engineer; electrician 电光 lightning 电焊 electric welding 电荷 electric charge 正(负)电荷 positive (negative) charge 电化教育 audio-visual education program 电话 telephone; phone; phone call 电汇 telegraphic money order; remittance by telegram 电机 electrical machinery 电极 electrode 阳电极 anode; positive electrode 阴电极 cathode; negative electrode 电缆 electric cable 电烙铁 electric iron 电力 (electric) power 电力供应 supply of electricity 电疗 electrotherapy 电料 electrical materials and appliances 电铃 electric bell 电流 electric current 电炉 electric stove; electric furnace 电码 (telegraphic) code 电门 switch 电脑 computer 电脑空间 cyberspace 电钮 push button; button 电瓶 storage battery; accumulator 电气 electric 电器 electrical equipment (appliances) 电扇 electric fan 电视 television; TV 电台 transmitter-receiver;

broadcasting station 电烫 permanent hair styling; perm 电梯 elevator; lift 电筒 (electric) torch; flashlight 电文 text (of a telegram) 电线 wire 电信 telecommunications 电讯 (telegraphic) dispatch 电压 voltage 电压表 voltmeter 电唁 send a telegram of condolence 电影 film; movie; motion picture 电源 power supply; mains 电灶 electric cooking stove 电子 electron 电子邮件 E-mail 电阻 resistance 电阻率 resistivity; specific resistance

佃 diàn rent land 佃户 tenant (farmer) 佃农 tenant farmer

店 diàn ❶shop; store 书店 bookshop ❷inn 住店 stop at an inn 店员 shop assistant; salesclerk; clerk

垫 diàn ❶fill up; pad 垫平 level up 垫路 repair a road by filling the holes ❷pad; cushion; mat 椅垫 chair cushion 垫款 money advanced for sb. to be paid back later

淀 diàn ❶form sediment; settle; precipitate ❷shallow lake 淀粉 starch; amylum

惦 diàn be concerned about 惦记 remember with concern; keep thinking about 惦念 be anxious about

奠 diàn ❶establish; settle ❷make offerings to the spirits of the dead 奠基 lay a foundation 奠基礼 foundation laying ceremony 奠基人 founder 奠基石 foundation stone

殿 diàn ❶hall; palace; temple ❷at the rear 殿后 bring up the rear

DIAO

刁 diāo tricky; artful; sly 刁悍 cunning and fierce 刁滑 crafty 刁难 make things difficult 刁钻 artful 刁钻古怪 sly and capricious

叼 diāo hold in the mouth

凋 diāo wither 凋敝 (of life) hard; (of business) depressed 民生凋敝 the people lived in destitution 凋零 withered, fallen and scattered about 凋谢 wither and fall

貂 diāo marten 貂皮 fur or pelt of marten 貂裘 marten coat

碉 diāo 碉堡 pillbox; blockhouse

雕 diāo ❶carve; engrave ❷vulture 雕刻 carve; engrave 雕刻刀 carving tool 雕刻品 carving 雕刻工艺 artistic carving 雕塑 sculpture 雕像 statue 雕琢 cut and polish (jade, etc.);write in an ornate style

吊 diào ❶hang; suspend ❷lift up or let down with a rope, etc. 吊上去 hoist up 吊车 crane; hoist 吊床 hammock 吊灯 pendent lamp 吊桥 drawbridge 吊死 hang oneself 吊桶 bucket 吊袜带 garters 吊销 revoke (a driving licence, etc.); withdraw (a passport) 吊唁 condole; offer one's condolences 吊装 hoisting

钓 diào fishing; angle 钓饵 bait 钓竿 fishing rod 钓钩 fishhook 钓具 fishing tackle 钓鱼 angle; go fishing

调 diào ❶transfer; move ❷accent ❸key ❹air; tune; melody ❺tone; tune 调兵遣将 move troops 调拨 allocate and transfer (goods or funds); allot 调查 investigate; survey 调查报告 findings report 调查会 fact-finding meeting 调查团 fact-finding mission 调度 dispatch (trains, buses, etc.); dispatcher; manage; control 调度室 dispatcher's office; control room 调度员 dispatcher; controller 调换 exchange; change; swop 调配 allocate; deploy 调遣 assign; dispatch (troops) 调子 tune; tone (of speech); note

掉 diào ❶fall; drop; shed; come off ❷lose; be missing ❸change; exchange;

swop ❹turn 掉转车头 turn the car round 掉队 drop out; fall behind 掉色 lose colour 掉以轻心 lower one's guard; treat sth. lightly 掉转 turn round 掉转枪口 turn one's gun

DIE

爹 diē father; dad; daddy; pa

跌 diē ❶fall; tumble ❷drop 物价下跌 prices have dropped 跌价 go down in price 跌跤 trip and fall; make a mistake; meet with a setback 跌势 bearish

谍 dié ❶espionage ❷intelligence agent; spy 谍报 intelligence

喋 dié 喋喋不休 chatter away; rattle on; talk endlessly

牒 dié an official document or note; certificate 最后通牒 ultimatum

叠 dié ❶pile up; repeat ❷fold 叠被 fold up a quilt 叠信 fold the letter

碟 dié small plate; small dish

蝶 dié butterfly 蝶泳 butterfly stroke

DING

丁 dīng ❶man 成丁 reach manhood 添丁 have a baby born into the family ❷fourth 丁等 the fourth grade; grade D 丁香 lilac; clove

叮 dīng sting; bite 被蚊子叮了一下 get a mosquito bite 叮嘱 warn; exhort

盯 dīng fix one's eyes on; gaze at; stare at 盯梢 shadow sb.; tail sb.

钉 dīng ❶nail; tack ❷follow closely; tail ❸urge; press 钉锤 nail hammer 钉耙 rake

钉梢 shadow sb.; tail sb. 钉鞋 spiked shoes 钉子 nail

顶 dǐng❶the crown of the head ❷top ❸carry on the head ❹turn down 顶端 top; peak 顶多 at most 顶多是个 be not better than a 顶风 against the wind 顶棚 ceiling 顶事 be useful 顶替 take sb.'s place; replace 顶用 be of use; serve the purpose 不顶用 be of help 顶针 thimble 顶住 stand up to 顶住压力 withstand pressure 顶住风浪 weather a storm 顶撞 contradict (one's elder or superior) 顶嘴 answer back

订 dìng❶conclude; draw up; agree on 订条约 conclude a treaty 订合同 enter into a contract 订计划 work out a plan 订日期 fix a date 订指标 set a target ❷subscribe to (a newspaper, etc.); book (seats, tickets, etc.); order (merchandise, etc.) ❸make corrections; revise ❹staple together 订单 order for goods 订购 order (goods); place an order for sth. 欢迎订购 orders are welcome 订婚 be engaged (to be married) 订货 order goods 订金 earnest money 订书机 stapler; stapling-machine

钉 dìng ❶nail 钉钉子 drive in a nail ❷sew on 钉扣子 sew a button on

定 dìng❶calm; stable; quiet ❷decide; fix; set ❸fixed; settled; established 定案 decide on a verdict; verdict; final decision 定本 definitive edition 定单 order (for goods); order form 定调子 set the tone; set the keynote 定夺 decide; settle; make a final decision 定额 quota; norm 定稿 finalize a manuscript; final version 定冠词 definite article 定婚 be engaged (to be married); be betrothed 定计 work out a scheme 定价 fix a price; fixed price 定见 set view 定金 down payment; earnest money 定居 settle down 定局 inevitable outcome; irreversible situation; settle a situation finally 定理 theorem 定量 ration; fixed quantity 定量供应 rationing 定律 law 定论 final conclusion 定名 denominate 定期 regular; periodical; at regular intervals; fix a date 定期engagement; betrothal; be engaged 定期存款 time deposit 定期贷款 term loan 定然definitely; certainly 定神 collect oneself; compose oneself 定时炸弹 time tomb 定向培训 target training 定向培养 training for specific posts 定义 definition 定语 attribute 定罪 convict sb. (of a crime) 定做 have sth. made

DIU

丢 diū❶lose; mislay ❷throw; cast ❸put aside 丢在脑后 clean forget; completely ignore 丢掉 lose; throw away; cast away; discard 丢脸 lose face; be disgraced 丢弃 abandon; discard; give up 丢三落四 forgetful; scatterbrained

DONG

东 dōng❶east 东风 east wind ❷master; owner 房东 landlord 东道 host 做东 stand treat; stand host 东奔西跑 bustle about; rush about 东道 host 做东道 play the host; stand treat 东拉西扯 talk at random; ramble 东拼西凑 scrape together 东西 thing 东张西望 gaze around

冬 dōng winter 冬菇 dried mushrooms (picked in winter) 冬瓜 wax gourd; white gourd 冬眠 winter sleep 冬笋 winter bamboo shoots 冬衣 winter clothes

董 dǒng direct; superintend; supervise 董事 director; trustee 董事会 board of trustees or directors 董事长 chairman of the board

懂 dǒng understand; know 懂英语 know English 懂得 know; grasp 懂行 know the business 懂事 come of age; intelligent

动 dòng ❶move; stir ❷act ❸change; alter ❹touch (one's heart); arouse 动感情 be carried away by emotion 动笔 start writing the pen; start writing 动宾词组 verb-object word group 动不动 easily; frequently 动产 movable property; personal property 动产抵押 chattel mortgage 动产置留权 chattels lien 动词 verb 动词不定式 infinitive 动荡 upheaval; turbulence 动荡不安 in turmoil 动工 start building 动画片 animated drawing; cartoon 动机 motive; intention 动静 the sound of sth. astir; movement; activity 动力 power; motive power; impetus; dynamics; kinetics 动量 momentum 动乱 turmoil; disturbance; turbulence; upheaval 动脉 artery 动脉硬化 arteriosclerosis 动名词 gerund 动脑筋 consider; use one's brains; think hard 动能 kinetic energy 动怒 lose one's temper; flare up 动气 take offence; get angry 动情 become excited; become enamoured; have one's (sexual) passions aroused moving; touching 动身 set out on a journey; leave (for a distant place) 动手 start work; get to work; touch; handle 动手术 perform or have an operation 动态 trends; developments 动听 interesting or pleasant to listen to 动武 use force; start a fight 动物 animal 动向 trend; tendency 动心 one's mind is perturbed; one's desire, enthusiasm or interest is aroused 动刑 torture 动摇 shake; waver 动议 motion 动用 employ; use; draw on 动员 mobilize; arouse 动作 movement; action; motion

冻 dòng ❶freeze 冻肉 frozen meat 冻伤 be damaged by frost ❷jelly ❸feel very cold; freeze 冻疮 chilblain 冻僵 frozen stiff; numb with cold 冻结 congeal; (of wa-

ges prices, etc.) freeze 冻结资产 frozen assets 冻伤 frostbite 冻死 freeze to death; die of frost 冻土 frozen soil

洞 dòng hole; cavity 山洞 mountain cave 洞察 see clearly 洞房 bridal chamber 洞悉 know clearly; understand thoroughly

恫 dòng fear 恫吓 threaten; intimidate

栋 dòng ridgepole 栋梁 ridgepole and beam—pillar of the state

DOU

都 dōu ❶all ❷even ❸already

兜 dōu ❶pocket; bag ❷wrap up in a piece of cloth, etc. ❸move round 兜风 catch the wind; go for a drive, ride or sail; go for a spin 兜揽生意 solicit custom 兜圈子 go around in circles 别兜圈子了 Let's quit horsing around. 兜售 peddle; hawk

斗 dǒu ❶ *dou*, a unit of dry measure for grain (= 1 decalitre) ❷a *dou* measure 斗笠 bamboo hat 斗篷 cape; cloak

抖 dǒu ❶tremble; shiver; quiver ❷shake; jerk ❸stir up 抖动 shake; vibrate 抖擞 enliven; rouse 精神抖擞 full of energy 抖威风 throw one's weight about

陡 dǒu ❶steep; precipitous ❷suddenly; abruptly 陡立 rise steeply 陡峭 precipitous

斗 dòu fight 斗争 struggle; fight; combat; strive for; fight for 斗志 will to fight; fighting will 斗志昂扬 have high morale 斗智 battle of wits

豆 dòu legumes; pulses; beans; peas 豆包 steamed bun stuffed with sweetened bean paste 豆饼 bean cake 豆腐 bean curd 豆腐坊 bean-curd plant 豆腐干 dried bean curd 豆腐渣工程 jerry-built project 豆浆 soyabean milk 豆角 fresh kidney beans 豆沙 sweetened bean paste 豆芽 bean sprouts 豆油 soya-bean oil 豆制品 bean products

逗 dòu ❶tease; play with 逗小孩 keep a baby amused ❷funny 逗号 comma 逗留 stay; stop

痘 dòu ❶smallpox ❷smallpox pustule 痘苗 (bovine) vaccine

DU

都 dū ❶capital ❷big city; metropolis 都城 capital 都市 city; metropolis

督 dū superintend and direct 督察 superintend; supervise 督促 supervise and urge 督战 supervise operations

毒 dú ❶poison; toxin 服毒 take poison ❷narcotics 贩毒 traffic in drugs ❸noxious ❹poison 毒死 kill with poison ❺malicious; cruel; fierce 毒害 poison (sb.'s mind) 毒化 poison; spoil 毒计 deadly trap 毒剂 toxic; toxicant 毒辣 sinister; diabolic 毒瘤 cancer 毒品 narcotic drugs; narcotics 毒品贩子 drug pusher; drug trafficker 毒蛇 poisonous snake; viper 毒手 murderous scheme 下毒手 resort to violent treachery 毒刑 horrible torture 毒性 toxicity 毒药 poison

独 dú ❶only; single ❷alone; by oneself; in solitude 独霸一方 be a local despot 独白 monologue 独裁 autocratic rule 独裁者 autocrat; dictator 独唱 (vocal) solo 独唱会 recital (of a vocalist) 独出心裁 show originality 独创 original creation 独断 arbitrary; dictatorial 独断专行 act arbitrarily 独家代理 sole agent 独力 by one's own efforts 独立 stand alone; independent; on one's own 独立自主 maintain independence and keep the initiative in one's own hands 独特

unique; distinctive 独舞 solo dance 独一无二 unique; unmatched 独占 have sth. all to oneself 独自 alone; by oneself 独奏 (instrumental) solo 独奏会 recital (of an instrumentalist)

读 dú read; read aloud 读本 reader; textbook 读书 read; study 读书笔记 reading notes 读物 reading matter 读音 pronunciation 读者 reader

犊 dú calf

牍 dú documents; archives; correspondence

黩 dú ❶blacken; defile ❷act wantonly 黩武 militaristic; warlike; bellicose

堵 dǔ ❶stop up; block up ❷stifled; suffocated; oppressed 堵击 intercept and attack 堵塞 stop up; block up 交通堵塞 traffic jam 堵塞漏洞 plug a hole 堵嘴 gag sb.; silence sb.

赌 dǔ ❶gamble ❷bet 打赌 make a bet 赌本 money to gamble with 赌博 gambling 赌棍 hardened gambler 赌气 feel wronged and act rashly 赌徒 gambler 赌咒 take an oath; swear 赌注 stake 赌资 money to gamble with

睹 dǔ see 目睹 see with one's own eyes; be an eyewitness to

杜 dù ❶birch-leaf pear ❷shut out; stop; prevent 杜鹃 cuckoo 杜绝 stop (corrupt practices); put an end to (waste, etc.) 杜撰 fabricate; make up

肚 dù belly; abdomen; stomach 肚脐 navel; belly button 肚子 belly 肚子痛 suffer from abdominal pain

妒 dù be jealous of; envy 妒忌 be envious of

度 dù ❶linear measure ❷degree of intensity 硬度 hardness ❸degree ❹time 一年一度 once a year ❺spend; pass 度假 spend one's holidays 度荒 tide over a lean year ❻kilowatthour 度量 tolerance; magnanimity 度量衡 length, capacity and weight 度日如年 days wear on like years 度数 number of degrees; reading

渡 dù❶cross (a river, the sea, etc.) ❷tide over (a difficulty, etc.); pull through ❸ferry (people, goods, etc.) across 渡场 crossing site 渡船 ferryboat 渡过 tide over 渡口 ferry

镀 dù plating 镀金 gold-plating; get gilded 镀锡 tin-plating 镀银 silver-plating

DUAN

端 duān❶end ❷beginning ❸point; item ❹reason; cause 无端 without reason ❺upright; proper 端坐 sit up straight ❻carry 端盘子 carry a tray 端点 end 端详 look sb. up and down 端正 upright; regular; correct 端庄 dignified; sedate

短 duǎn❶short; brief 短短几个月 in as few months ❷lack; owe ❸weak point; 短兵相接 fight at close quarters; hand-to-hand fight 短波 shortwave 短处 shortcoming; fault; weakness 短促 very brief 短大衣 short overcoat 短刀 a dagger; a short sword 短笛 piccolo 短发 bob; shingle 短工 casual labourer 短见 shortsighted view; suicide 寻短见 commit suicide 短距离 short distance 短裤 shorts 短命 die young 短跑 dash; sprint 短篇小说 short story 短片 short (film) 短评 brief comment 短期 short-term 短期贷款 short-term loan 短期汇率 short rate 短期利率 short-term rate of interest 短浅 narrow and shallow 目光短浅 shortsighted 短枪 short arm; handgun 短缺 shortage 短少 deficient; short; missing 短

统靴 ankle boots 短途 short distance 短途运输 short haul 短线产品 goods in short supply 短小 short 短评 brief commentary; short comment 短训班 short-term training course 短语 phrase 短元音 short vowel 短暂 of short duration; transient; brief

段 duàn❶section; part 一段布 a length of cloth ❷passage 段落 paragraph; phase; stage

断 duàn❶break; snap ❷break off; stop 断水 cut off the water supply ❸give up; abstain from ❹judge; decide 当机立断 decide promptly and opportunely; make a prompt decision 断案 settle a lawsuit 断电 blackout; power failure 断定 form a judgment; decide; conclude; determine 断断续续 off and on; intermittently 断断续续地说 speak disjointedly 断交 break off a friendship; sever diplomatic relations 断绝 break off; cut off; sever 断绝外交关系 sever diplomatic relations 断路 open circuit; broken circuit 断然 absolutely; flatly resolute 断然拒绝 flatly refuse 断然不能接受 absolutely inacceptable 采取断然措施 take drastic measures

缎 duàn satin 缎纹 satin weave

锻 duàn forge 锻炼 take exercise; have physical training; temper (oneself); steel 锻炼身体 build up a good physique (slogan)

DUI

堆 duī❶pile up; heap up; stack ❷heap; pile; crowd 粪堆 dung heap 一堆人 a crowd of people 堆砌 load one's writing with fancy phrases; pile up (hewn rocks, etc. to build sth.) 堆栈 storehouse

队 duì❶a row of people; line ❷team;

group 篮球队 basketball team 队部 the office or headquarters of a team 队列 formation 队旗 team pennant 队伍 troops; ranks; contingent 队形 formation 队员 team member 队长 captain; team leader

对 duì ❶answer 无言以对 have nothing to say in reply ❷treat; cope with; counter 山西队对上海队 the Shanxi team versus the Shanghai team ❸be directed at ❹mutual; face to face 对饮(two people) have a drink together ❺opposite; opposing 对岸 the other side of the river ❻suit; agree; get along 对胃口 suit one's taste ❼right; correct 对比 contrast; balance 今昔对比 contrast the present with the past 对比分析 comparative analysis 对不起 sorry; excuse me; beg your pardon; do disservice to sb 对策 countermeasure; countermove 对冲 offset 对冲基金 hedge fund 对答 answer; reply 对待 treat; approach 对待各种复杂局面 deal with all kinds of complicated situations 对得起 be worthy of (her); be credit to sb 对方 the other side 对付 deal with 对话 dialogue 对讲机 walkie-talkie; intercom 对抗 confrontation 对立 oppose; set sth. against 对立情绪 antagohism 对立物 opposite; antithesis 对流 convection 对面 opposite 对手 match; opponent 对虾 prawn 对象 object; target; boy or girl friend 研究对象 object of study 找对象 look for a partner in marriage 对应 corresponding 对照 contrast; compare 汉英对照读物 an Chinese-English bilingual reader 形成鲜明的对照 form a sharp contrast 对准 aim at; alignment

兑 duì ❶exchange ❷add (water, etc.) 兑换 exchange; convert 兑现 cash (a cheque, etc.); honour (a commitment, etc.)

DUN

吨 dūn ton 吨位 tonnage

墩 dūn ❶mound ❷a block of stone or wood 树墩 stump 桥墩 pier (of a bridge) 墩布 mop; swab

蹲 dūn ❶squat (on the heels) ❷stay 蹲点 stay (at a selected grass-roots unit)

盹 dǔn doze 打盹儿 doze off

囤 dùn a grain bin

炖 dùn ❶stew 炖鸡 stewed chicken ❷warm 炖酒 warm wine

盾 dùn shield 盾牌 shield; excuse

钝 dùn ❶blunt; dull 钝刀 blunt knife ❷stupid; dull-witted 钝角 obtuse angle

顿 dùn ❶pause; come to a pause ❷arrange; settle ❸stamp (one's foot) ❹suddenly; immediately 顿悟 realize suddenly

遁 dùn escape; flee; fly

DUO

多 duō ❶many; much; more ❷too many ❸excessive; too much ❹more; over; odd ❺much more; far more 多半 the greater part; most probably; most likely 多边 multilateral 多边形 polygon 多变 changeable; varied 多才多艺 versatile; gifted in many ways 多愁善感 sentimental; emotional; sensitive 多次 many times; time and again 多弹头 multiple warhead 多多少少 more or less 多多益善 the more the better 多方 in every way 多方面 in many ways 多管闲事 be a busy-body; poke one's nose into other's business 多国公司 multinational corporation 多亏 thanks to; luckily 多劳多

得 more pay for more work 多么 how; what 多米诺骨牌 dominoes 多面手 a many-sided person; a versatile; an all-rounder 多面体 polyhedron 多幕剧 a full-length drama 多瑙河 the Danube 多年生 perennial 多偶制 polygamy 多情 full of tenderness or affection (for a person of the opposite sex) 多色 polychrome 多少 number; amount; more or less; to some extent; somewhat; as much as 多时 a long time 多事 meddlesome; eventful 多数 majority; most 多谢 many thanks; thanks a lot 多心 oversensitive; suspicious 多样化 diversify; make varied 多义词 polysemant 多余 unnecessary; surplus; superfluous 多种 varied; manifold 多种经营 diversified economy 多嘴 speak out of turn; longtongued; shoot off one's mouth

咄 duō tut-tut 咄咄逼人 overbearing; aggressive 咄咄怪事 monstrous absurdity

哆 duō 哆嗦 tremble; shiver 气得直哆嗦 tremble with rage 冷得打哆嗦 shiver with cold

夺 duó ❶take by force; seize; wrest knife ❷force one's way ❸contend for; compete for 夺门而出 force one's way out 夺冠军 carry off the first prize 夺回 recapture; retake; seize back 夺回一局 win a game (after losing one or more) 夺回失去的时间 make up for lost time 夺目 dazzle the eyes 夺取 capture; seize 夺取政权 seize state

power 夺取新胜利 strive for new victories 夺权 seize power; take over power

踱 duó pace; stroll 踱来踱去 pace to and fro 踱方步 walk with measured tread

朵 duǒ 一朵花 a flower 一朵云 a cloud

垛 duǒ ❶buttress ❷battlements (on a city wall) 垛口 crenel

躲 duǒ ❶hide (one-self) ❷avoid; dodge 躲雨 take shelter from the rain 躲避 hide (oneself); elude; dodge 躲避挑战 duck a challenge 躲藏 conceal oneself; go into hiding 躲躲闪闪 be evasive; hedge; equivocate 躲闪 dodge; evade

剁 duò chop; cut

垛 duò ❶pile up (logs, etc.) ❷pile; stack 麦垛 a stack of wheat

舵 duò rudder; helm 舵手 steersman; helmsman

堕 duò fall; sink 堕落 degenerate; sink low 堕入 lapse into; land oneself in; fall into; sink into 堕胎 induced abortion; have an (induced) abortion

惰 duò lazy; indolent 惰性 inertia 惰性气体 inert gas

跺 duò stamp (one's foot) 气得直跺脚 stamp one's foot with fury

E

阿 ē play up to; pander to 阿谀 fawn on; flatter

讹 é ❶ erroneous; mistaken ❷ extort; blackmail 讹传 false rumour 讹误 error (in a text) 讹诈 blackmail; bully

俄 é very soon; presently; suddenly 俄语 Russian (language)

鹅 é goose 鹅黄 light yellow 鹅卵石 cobble 鹅毛 goose feather

蛾 é moth

额 é ❶ forehead ❷ a horizontal tablet ❸ a specified number or amount 额角 frontal eminence 额定 specified number or amount; rated 额定电压 voltage rating 额定功率 rated power 额定吨位 specified tonnage 额头 forehead 额外 extra; additional; added

恶 ě 恶心 feel like vomiting; feel sick; nauseating; disgusting

厄 è ❶ strategic point ❷ disaster; hardship ❸ be in distress; be stranded 厄运 misfortune

扼 è ❶ clutch; grip ❷ guard; control 扼杀 strangle; smother; throttle 扼守 hold (a strategic point); guard 扼要 to the point 请扼要说明 please explain the main points briefly

恶 è ❶ evil; vice; wickedness ❷ fierce; ferocious ❸ bad; wicked 恶势力 evil force 恶霸 local tyrant; local despot 恶臭 foul smell; stench 恶毒 malicious 恶毒攻击 viciously attack 恶棍 ruffian; scoundrel 恶果 evil consequence 恶化 worsen 恶劣 odious; disgusting 恶魔 demon; devil; evil spirit 恶人 evil person; a bad lot 恶习 bad habit 恶性 pernicious 恶性循环 vicious circle 恶性肿瘤 malignant tumour 恶意 evil intentions; ill will; malice 恶有恶报 Evil is rewarded with evil 恶作剧 practical joke; mischief

饿 è ❶ hungry 挨饿 go hungry ❷ starve 饿殍 bodies of the starved

愕 è stunned 愕然 astounded

遏 è check; hold back 遏制 keep within limits; contain

腭 è palate 硬腭 hard palate 软腭 soft palate

颚 è ❶ jaw 上颚 upper jaw 下颚 lower jaw ❷ palate

噩 è shocking; upsetting 噩耗 sad news of the death of one's beloved 噩梦 frightening dream; nightmare

鳄 è 鳄鱼 crocodile; alligator

EN

恩 ēn kindness; grace 恩爱 conjugal love

恩爱夫妻 an affectionate couple 恩赐 favour; charity 恩惠 favour 恩情 loving-kindness 恩人 benefactor

摁 èn press (with the hand or finger) 摁电铃 ring an electric bell 摁电钮 push a button

ER

儿 ér ❶child ❷youngster; youth ❸son ❹male 儿歌 children's song; nursery rhymes 儿科 (department of) paediatrics 儿女 sons and daughters 儿女情长 be immersed in love 儿孙 descendants; posterity 儿童 children 儿童读物 children's books 儿童节(International) Children's Day (June 1) 儿童文学 children's literature 儿童医院 children's hospital

而 ér❶and ❷but 有名而无实 in name but not in reality ❸from 由南而北 from south to north 自远而近 approach from a distance 而后 after that; then 而今 now; at the present time 而且 and; but, and that 而已 that is all; nothing more

尔 ěr❶you ❷like that; so 尔虞我诈 each trying to cheat or outwit the other

耳 ěr❶ear ❷side 耳房 side rooms 耳边风 unheeded advice 当作耳边风 turn a deaf ear to sth. 耳朵 ear 耳朵软 easily influenced 耳光 a box on the ear 打耳光 slap sb.'s face 耳环 earrings 耳机 earphone 耳塞 earplug 耳闻 hear of 耳闻不如目睹 seeing for oneself is better than hearing from others 耳闻目睹 what one sees and hears 耳语 whisper (in sb.'s ear) 耳坠子 eardrop

二 èr❶two ❷different 二心 disloyalty; half-heartedness 二重性 dual character; duality 二副 second mate; second officer 二月 February; the second moon

F

FA

发 fā ❶send out; issue; emit; give forth; shoot ❷utter; express ❸come or bring into existence ❹become; come to be ❺develop; expand ❻open up; expose ❼feel ❽start; set out ❾for bullets and shells 发报 transmit messages by radio; telegraphy 发表 issue; publish; air 发病 (of a disease) come on 发布 issue; release 发布会 news briefing 发财 get rich; make a fortune 发车 dispatch (send off) a car (truck; bus) 发愁 be anxious; worry 发出 give out; issue; send out 发达 developed; flourishing 发呆 stare blankly; be in a daze; be in a trance 发电 generate electricity 发动 start; launch; call into action; mobilize; arouse 发抖 shake; tremble 发放 provide; grant; extend 发奋 work energetically 发愤图强 work with a will to make the country strong 发光 give out light; shine; be luminous 发还 give back 发慌 feel nervous; get flustered; get flurried 发挥 bring into play; give play to; give free rein to; develop (an idea, etc.) 发昏 lose one's head; become confused 发货 send out goods; deliver goods 发奖仪式 prize-giving ceremony 发觉 find; discover; detect 发掘 excavate; unearth; explore 发明 invent; invention 发脾气 lose one's temper; get angry 发票 bill; receipt 发起 initiate; sponsor; start; launch 发烧 run (have) a fever; have a temperature 发射 launch; project; discharge; shoot; fire 发现 find; discover 发祥地 place of origin; birthplace 发泄 let off; give vent to 发信 mail a letter; post a letter 发行 issue; publish; distribute; put on sale 发芽 germinate; sprout 发言 speak; make a statement (speech); take the floor 发炎 inflammation 发扬 develop; carry on; make the most of; make full use of 发扬传统 carry the tradition forward 发音 pronunciation; articulation; enunciation 发育 growth; development 发源 rise; originate 发展 develop; admit; recruit; expand 发胀 swell 肚子发胀 feel bloated 头脑发胀 have a swelled head 发作 break out; show effect; have a fit of anger

乏 fá ❶lack ❷tired; weary ❸exhausted; worn-out 乏味 dull; insipid; drab; tasteless

伐 fá ❶fell; cut down ❷send an expedition against; strike; attack 伐木 lumbering; cutting 伐木工 lumberman 伐木业 lumbering

罚 fá punish; penalize 罚金 fine; forfeit 罚酒 be made to drink as a forfeit 罚款 impose a fine or forfeit; fine; forfeit; penalty 罚球 penalty shot; penalty kick

阀 fá ❶a powerful person or family 军阀 warlord 财阀 financial magnate; plutocrat ❷valve

筏 fá raft 橡皮筏 rubber raft

法 fǎ ❶law ❷method; way; mode ❸follow; model after ❹standard; model 法案 proposed law; bill 法宝 a magic weapon 法场 execution ground 法典 code; statute book 法定年龄 lawful age 法定继承人 heir at law 法官 judge; justice 法规 laws and regulations 法纪 law and discipline 法警 bailiff 法郎 franc 法力 supernatural power 法令 decree 法律 law; statute 法律顾问 legal adviser 法律纠纷 legalism 法权 right 法术 magic arts 法庭 court; tribunal 法网 the net of justice 法西斯 fascist 法学 the science of law 法医 legal medical expert 法语 French (language) 法院 court (of justice); law court 法治 rule of law 法治国家 a country under the rule of law 法制 legal system; legality; rule by law 法制国家 a state with an adequate legal system 法制建设 improve the legal system 法制教育 education in legal matters 加强社会主义法制 strengthen the socialist legal system 法子 way; method

砝 fǎ 砝码 weight (used on a balance)

发 fà hair 发卡 hairpin 发型 hair style; hairdo; coiffure

FAN

帆 fān sail 帆布 canvas 帆布包 canvas bag; kit bag 帆布床 cot 帆布篷 canvas roof 帆船 sailing boat

番 fān time 三番五次 time and again 番茄 tomato 番茄酱 tomato ketchup 番茄汁 tomato juice 番薯 sweet potato

藩 fān 藩篱 hedge; fence 藩属 vassal state

翻 fān❶turn over 翻地 turn up the soil 翻车 the cart turned over ❷cross; get over 翻山 cross over a mountain ❸ rummage; search 翻抽屉 rummage the drawers 翻词典

look through dictionary ❹translate 翻案 reverse a verdict 翻版 reprint; reproduction 翻覆 overturn; turn upside down 翻盖 renovate (a house) 翻跟头 turn a somersault; loop the loop 翻供 retract one's testimony 翻滚 roll; toss; tumble 翻来覆去 toss and turn; again and again 翻脸 fall out; suddenly turn hostile 翻身 turn over; free oneself; stand up 翻天覆地 earth-shaking; world-shaking 翻新 renovate; recondition; make over 翻新车胎 retread a tyre 花样翻新(the same old thing) in a new guise 翻修 rebuild 翻修马路 repair the roads 翻译 translate; interpret; interpreter 翻译电码 decode; decipher 翻印 reprint; reproduce 翻阅 look over; glance over

凡 fán❶commonplace; ordinary 非凡 extraordinary ❷this mortal world 下凡 come down to earth ❸every; any; all 凡人 ordinary person; mortal 凡事 everything 凡是 every; any; all

烦 fán❶be vexed; be annoyed 心烦 feel vexed ❷be tired of 厌烦 be fed up with ❸ superfluous and confusing ❹trouble 烦闷 be unhappy; be worried 烦恼 be vexed 烦琐 overelaborate; tedious; pedantic 烦躁 be fidgety

繁 fán❶numerous; manifold ❷propagate; multiply 繁多 various 繁华 bustling 繁忙 busy 繁茂 lush; luxuriant 繁荣 flourishing; prosperous; booming; make sth. prosper 繁荣昌盛 thriving and prosperous 市场繁荣 the market is brisk 繁殖 breed; reproduce; propagate 繁重 heavy; strenuous

反 fǎn❶ turn over 反败为胜 turn defeat into victory ❷in reverse; in an opposite direction; inside out 反面 the reverse side 适得其反 The result is just the contrary. ❸on the contrary ❹return; counter 反击 counterattack ❺revolt; rebel ❻oppose; combat

反比 inverse ratio 反比例 inverse proportion 反常 unusual; strange 反弹道导弹 anti-ballistic missile 反帝 anti-imperialist 反动 reactionary 反对 oppose; be against 反对官僚主义 combat bureaucracy 反对票 dissenting vote; negative vote; veto 反对党 opposition party 反而 on the contrary; instead 反腐败 combat corruption 反复 repeatedly; again and again; reversal; relapse 反复较量 repeated trials of strength 思想上有反复 have ideological relapses 反感 dislike 反攻 counterattack 反悔 go back on one's word 反抗 revolt; resist 反面 reverse side; wrong side; back negative side 唱片的反面 the reverse side of a disc 反面教材 negative example which may serve as a lesson 反射 reflect; reflection; reflex 反胃 turn one's stomach 反物质 antimatter 反应 reaction; response; repercussion 反语 irony 反正 anyway; anyhow; in any case 反正得去一个人, 就让我去吧。 Since someone has to go anyway, let me go. 反之 conversely; on the contrary; otherwise 反之亦然 vice versa; the same is true the other way round 反作用 counteraction; reaction

返 fǎn return 一去不返 gone forever; gone never to return 返潮 get damp 返工 do poorly done work over again 返航 return to base or port

犯 fàn ❶ violate; offend (against law, etc.) ❷attack; work against ❸criminal ❹ have a recurrence of (an old illness); revert to (a bad habit) 犯脾气 get angry 犯法 break the law 犯规 break the rules 犯忌 violate a taboo 犯人 prisoner; convict 犯罪 commit a crime 犯罪分子 offender; criminal 犯罪行为 criminal offence

泛 fàn ❶ float 泛舟 go boating ❷be suffused with (blushes) ❸flood; inundate ❹ extensive; general; nonspecific 泛泛 general; not deepgoing 泛滥 be in flood; run wild 泛指 be used in a general sense

饭 fàn meal 菜饭 meal; repast 饭店 hotel; restaurant 饭锅 rice cooker 饭盒 lunch-box 饭票 meal ticket; mess card 饭厅 dining hall; mess hall 饭桶 big eater; good-for-nothing 饭碗 rice bowl 饭桌 dining table

范 fàn example; pattern 范文 model essay 范本 model (for calligraphy or painting) 范畴 category 范围 scope; limits; range

贩 fàn ❶ buy to resell ❷pedlar; vendor 贩夫走卒 the riff-raff 贩运 transport goods for sale 贩子 dealer; monger

FANG

方 fāng ❶square ❷cubic metre (of lumber, earth, stone, etc.) ❸ direction ❹ side; party ❺place; region; locality ❻ method; way ❼prescription ❽just; at the time when 方案 scheme; plan 方便 convenient 交通方便 have a good transport 你要方便一下吗? Do you want to use the lavatory? 方便面 instant noodles 方程 equation 方法 method; way; means 方面 respect; field 方式 way; fashion; pattern 方糖 cube sugar 方向 direction 方兴未艾 be just unfolding 方言 dialect 方言土语 dialects of various places 方针 policy; principle 方形 square

芳 fāng ❶ sweet-smelling 芳草 fragrant grass ❷ good (name or reputation); virtuous 芳香 aromatic

防 fāng ❶guard against; provide 防病 prevent disease ❷defend 防身 defend oneself 防弹 shellproof 防弹玻璃 bulletproof glass 防盗 guard against theft 防范 be on guard; keep a lookout 防护 protect; shelter 防护林 shelter-forest 防患于未然 nip in the bud

防火 fire prevention 防空 air defence; anti-aircraft line of defence 防疫 epidemic prevention 防雨布 waterproof cloth 防御 defence 防止 forestall; avoid

坊 fáng ❶ workshop; mill 染坊 dyer's workshop 油坊 oil mill

妨 fáng hinder 妨碍 impede; obstruct 妨碍团结 hinder unity 妨碍工作 hinder one's work 妨害 impair; jeopardize 妨害健康 be harmful to one's health

房 fáng ❶ house ❷ room 房东 landlord or landlady 房改 housing reform 房间 room 房客 lodger 房屋 houses; buildings 房檐 eaves 房主 house-owner 房租 rent (for a house, etc.)

访 fǎng ❶ visit 访友 call on a friend ❷ seek by inquiry or search; try to get 访查 investigate 访问 visit

仿 fǎng ❶ imitate; copy ❷ resemble; be like 仿佛 seem; as if; be more or less the same 仿古 pseudo-antique 仿效 imitate; follow the example of 仿制 be modelled on

纺 fǎng spin 纺毛 spin wool 纺车 spinning wheel 纺纱 spinning 纺纱工人 spinner 纺纱机 spinning machine 纺织 spinning and weaving 纺织厂 textile mill 纺织工 textile worker 纺织工业 textile industry 纺织品 textile

舫 fǎng boat 画舫 a gaily-painted pleasure-boat

放 fàng ❶ let go; set free; release ❷ let off; give out ❸ put out to pasture ❹ let oneself go; give way to ❺ lend (money) at interest ❻ let out; expand; make larger, longer, etc. ❼ blossom; open ❽ put in ❾ put; place ❿ leave alone; lay aside ⓫ send away ⓬ readjust (attitude, behaviour, etc.) to a certain extent ⓭ show 放出 give out; let out; emit 放大 enlarge; magnify; amplify 放荡 dissolute; dissipated; unconventional 放荡不羁的(者) maverick 放电 discharge 放风筝 kiteflying 放过 let off; let slip by 放火 set fire to; set on fire; create disturbances 放火犯 arsonist 放假 have a holiday or vacation; have a day off 放宽 relax; relax restrictions; liberalize; be more flexible 放款 make loans 放牧 put out to pasture; herd 放炮 fire a gun; blowout (of a tyre, etc.) blasting 放屁 ①break wind; fart ② What crap! Shit! 放弃 abandon; give up 放弃表决权 abstain from voting 放弃财产 relinquish one's possessions 放弃原则 forsake one's principles 放弃职守 desert one's post 放权 empower; delegate powers to lower level 放任 not interfere; let alone; let things drift; noninterference 放哨 stand sentry; be on sentry go 放射 radiate 放声歌唱 lift up one's voice and sing 放手 let go; let go one's hold; have a free hand; go all out 放肆 unbridled; wanton 放松 slacken; loosen 放下 lay down; put down 放心 set one's mind at rest; be at ease; rest assured; feel relieved 放学 classes are over 放映 show; project 放置 lay up; lay aside; lie idle 放逐 exile; banish 放纵 let sb. have his own way; connive at; indulge; self-indulgent; undisciplined

FEI

飞 fēi ❶ fly; flit ❷ swiftly 飞奔 dash 飞驰 speed along 飞船 airship 飞机 aircraft; aeroplane; plane 飞机场 airfield; airport 飞快 very fast; at lightning speed 飞速 at full speed 飞腾 fly swiftly upward 飞舞 dance in the air; flutter 飞翔 circle in the air 飞行 flight; flying 飞行员 pilot; aviator; flyer 飞扬跋扈 arrogant and domineering 飞跃 leap 飞涨 (of prices, etc.) soar; shoot up;

skyrocket

妃 fēi ❶ imperial concubine ❷ the wife of a prince

非 fēi ❶wrong ❷not; no 答非所问 give an irrelevant answer 非比寻常 unusual; out of the ordinary 非常 extraordinary; unusual; special; extremely; highly 非但 not only 非法 illegal; unlawful 非法入境 illegally cross the border 非凡 outstanding (achievements); extraordinary; uncommon 非卖品 (articles) not for sale 非难 blame; censure; reproach 非议 reproach; censure

绯 fēi red 绯红 bright red; crimson 绯红的晚霞 rosy evening clouds

扉 fēi door leaf 扉页 title page

蜚 fēi 蜚声 make a name; become famous 蜚声海外 enjoy a high reputation abroad

肥 fēi ❶fat 到嘴的肥肉别让它跑了。Don't let go of a bone once your teeth are in. ❷fertile; rich ❸fertilize ❹fertilizer ❺loose-fitting; loose; large 肥大 loose; large; fat; plump; corpulent 肥厚 plump; fleshy 肥料 fertilizer; manure 肥胖 corpulent 肥沃 fertile; rich 肥皂 soap

诽 fēi slander 诽谤 calumniate; libel; slander

匪 fēi bandit; brigand; robber 匪巢 bandits' lair 匪徒 gangster

菲 fēi poor; humble; unworthy 菲薄 humble; despise

翡 fēi 翡翠 jadeite

沸 fēi boil 沸点 boiling point 沸水 boiling water 沸腾 boiling; boil over

废 fēi ❶give up; abandon 半途而废 give up halfway ❷waste; useless; disused 废除 abolish; abrogate; annul; repeal 废话 non-sense; rubbish 废料 waste (material) 废品 waste product; reject; waste 废弃 discard; cast aside 废寝忘食 forget food and sleep 废人 disabled person 废物 waste material 废物利用 make use of waste material 废墟 ruins 废止 annul; put an end to 废纸 waste paper

肺 fēi lungs 肺癌 lung cancer 肺病 pulmonary tuberculosis (TB) 肺腑 the bottom of one's heart 肺腑之言 words from one's heart

费 fēi ❶fee; dues; expenses; charge ❷spend; expend ❸wasteful 费改税 transform administrative fees into taxes 费工 take a lot of work 费工夫 be time-consuming 费解 hard to understand 费尽心机 rack one's brains in scheming 费力 need or use great effort 费神 may I trouble you (to do sth.); would you mind (doing sth.) 费事 give or take a lot of trouble 费心 give a lot of care 费用 cost; expenses 生产费用 production cost 生活费用 living expenses

痱 fēi 痱子 prickly heat 痱子粉 prickly-heat powder

FEN

分 fēn ❶divide; separate; part ❷distribute; assign ❸distinguish; differentiate 是非不分 make no distinction between right and wrong ❹branch (of an organization) 分公司 branch (of a company) ❺minute ❻point, mark 分辨 differentiate; distinguish 分辩 defend oneself; explain 不容分辩 allowing no explanation to be offered 分别 part; leave each other difference 分布 distribute 人口分布 population distribute 分担 share responsibility 分发 distribute; hand out 分房 allot dwelling houses 分工 divide the work 社会分工 social division of labor 分管 put in charge of 分行 branch (of a

F

bank) 国外分行 overseas branch 分红 share out bonus; draw extra profits; bonus 分化 split up; break up 分化组合 realignment and regrouping 分级 grade; classify 分家 divide up family property; live apart 分居 live apart; separate 分开 separate; part 分类 classify 分裂 split; break up; divide 使国家分裂 disrupt a state 制造分裂 create dissensions 分流 employment redirection; reposition of redundant personnel 分馏 distillation 分配 assign; allote 分配住房 allot dwelling houses 分期付款 payment by instalments 分歧 difference; dispute; divergence 分清 distinguish; draw a clear distinction between 分手 part company; say good-bye 分数 fraction; mark 分析 analyse 分享 share 分忧 share sb.'s cares and burdens 分子 molecule 分组 divide into groups

芬 fēn sweet smell 芬芳 sweet-smelling; fragrant

吩 fēn 吩咐 tell; instruct

纷 fēn❶confused; tangled; disorderly ❷many and various; profuse 纷繁 numerous and complicated 纷纷 one after another; fused 议论纷纷 that has become the subject of much discussion 纷乱 numerous and disorderly 纷扰 confusion; turmoil 纷纭 diverse and confused 纷争 dispute; wrangle 纷至沓来 come thick and fast

坟 fēn grave; tomb 坟地 graveyard; cemetery 坟头 grave mound

焚 fēn burn 焚香 burn incense 焚毁 destroy by fire; burn down 焚烧 set on fire

粉 fēn❶powder ❷pink 粉色 pink colour 粉笔 chalk 粉笔画 crayon 粉红 pink 粉刷 powder 粉饰 gloss over; whitewash; veneer 粉刷 whitewash 粉丝 vermicelli (made from bean starch) 粉碎 smash; shatter; broken to pieces

分 fēn❶component ❷what is within one's rights or duty 本分 one's duty 分量 weight 给足分量 give full measure 分内 one's job 分外 particularly; not one's job 分子 member; element

份 fēn share; portion 股份 stock 份额 share 出一份力 do one's bit

奋 fēn❶ exert oneself; act vigorously ❷raise; lift 奋斗 struggle; fight; strive 奋力 do all one can; spare no effort 奋起 rise (with force and spirit) 奋勇 summon up all one's courage and energy 奋战 fight bravely

粪 fēn excrement; faeces; dung; droppings 粪便 night soil

愤 fēn indignation; anger 愤愤不平 feel aggrieved 愤恨 resent; detest 愤慨 (righteous) indignation 愤怒 anger; wrath 愤世嫉俗 detest the world and its ways

FENG

丰 fēng❶ abundant; plentiful ❷great ❸fine-looking; handsome 丰碑 monument; monumental work 丰富 rich; plentiful; enrich 积累丰富的资料 accumulate a wealth of data 丰富自己的生活经验 enrich one's experience of life 丰富多彩 rich and colourful 丰功伟绩 great achievements; signal contributions 丰厚 rich and generous 丰满 plentiful; full and round; well-developed; chubby (cheeks, face); plump (figure) 丰茂 luxuriant; lush 丰年 good year 丰饶 rich and fertile 丰润 plump and smooth-skinned 丰盛 sumptuous 丰收 bumper harvest 丰收在望 a good harvest is in sight 丰硕 plentiful and substantial 取得丰硕的成果 reap rich fruits 丰田 Toyota 丰裕 well provided for; in plenty

风 fēng ❶wind ❷style; practice; custom 不正之风 unhealthy tendencies ❸scene; view ❹news; information 闻风而动 act without delay upon hearing sth. 风暴 windstorm; storm 风车 windmill 风格 style 独特风格 characteristic style 风光 scene; view; sight 风景 landscape; scenery 风卷残云 like a whirlwind scattering wisps of clouds 风力 wind-force; windpower 风流人物 distinguished person; admirable person 风马牛不相及 have absolutely nothing to do with each other; be totally unrelated 风靡 fashionable 风靡一时 become fashionable for a time; be all the rage at the time 风沙 dust storm 风扇 fan 风霜 wind and frost 风速 wind velocity; wind speed 风俗 custom 风土人情 local conditions; customs 风味 special flavour 地方风味 local cuisine 家乡风味 local flavor 风险 hazard; risk 风衣 car coat; wind coat 风言风语 groundless talk; slanderous gossip 风雨同舟 in the same storm-tossed boat; stand together through thick and thin 风云 wind and cloud 风云变幻 a changeable situation 风云人物 man of the hour 风筝 kite

枫 fēng ❶Chinese sweet gum ❷maple

疯 fēng mad; insane; crazy 疯狗 mad dog 疯狂 insane; unbridled 疯牛病 Boving Spongiform Encephalopathy (BSE) 疯人院 madhouse 疯瘫 paralysis 疯子 madman

封 fēng ❶seal ❷bank (a fire) ❸confer (a title, territory, etc.) upon 封闭 seal off; close 封官许愿 offer official posts and make lavish promises 封建 the system of enfeoffment 封建社会 feudal society 封建主义 feudalism 封面 the front and back cover of a book; front cover 封锁 blockade; block; seal off 封条 paper strip seal

峰 fēng ❶peak; summit 山峰 mountain peak 峰峦 ridges and peaks 艺术高峰 the heights of art ❷hump 驼峰 camel's hump

烽 fēng beacon 烽火 beacon-fire; flames of war 烽火台 beacon tower

锋 fēng ❶the sharp point or cutting edge (of a sword, etc.) ❷van 锋利 sharp; poignant 锋芒 cutting edge; spearhead (of struggle, etc.) 锋芒毕露 make a showy display of one's abilities

蜂 fēng ❶wasp ❷bee; honeybee ❸in swarms 蜂巢 honeycomb 蜂糕 steamed sponge cake 蜂聚 gather in swarms 蜂蜡 beeswax 蜂蜜 honey 蜂鸟 hummingbird 蜂起 rise in swarms 蜂群 (bee) colony 蜂王 queen bee; queen wasp 蜂窝 honeycomb 蜂窝煤 honeycomb briquet 蜂箱 bee hive 蜂拥 swarm; flock

逢 fēng meet; come upon 重逢 meet again 逢场作戏 join in the fun on occasion 逢凶化吉 turn ill luck into good 逢迎 fawn on; curry favour with

缝 fēng stitch; sew 缝补 sew and mend 缝合 suture; sew up (a wound) 缝纫 sewing 缝纫机 sewing machine

讽 fēng satirize; mock 讽刺 satirize 讽刺小品 satirical essay 讽喻 parable; allegory

凤 fēng phoenix 凤梨 pineapple 凤毛麟角 rarity of rarities 凤尾鱼 anchovy

奉 fēng ❶give or present with respect 无可奉告 no comment ❷receive (orders, etc.) ❸esteem; revere ❹believe in ❺wait upon; attend to 奉承 flatter on; fawn upon; toady 奉承话 flattery 奉公守法 be law-abiding 奉命 act under orders 奉陪 keep sb. company 奉送 offer as a gift 奉献 present with all respect 奉行 pursue (a policy, etc.) 奉养 support and wait upon sb.

俸 fēng pay; salary 俸禄 an official's salary

缝 fèng ❶seam ❷crack; crevice; fissure; chink

FO

佛 fó ❶Buddha ❷Buddhism ❸image of Buddha 佛法 Buddhist doctrine; power of Buddha 佛教 Buddhism 佛教徒 Buddhist 佛经 Buddhist Scripture

FOU

否 fǒu ❶negate; deny 否认 deny ❷no 否定 negate; deny 否决 veto; overrule 否决权 veto (power) 否则 otherwise; if not; or else

FU

夫 fū ❶husband ❷man 夫妻 man and wife; couple 夫权 authority of the husband 夫人 Lady; Madame; Mrs.

肤 fū skin 肤浅 superficial; shallow 肤色 colour of skin

孵 fū hatch; brood; incubate 孵小鸡 hatch chickens 孵化 hatching

敷 fū ❶apply (powder, ointment, etc.) ❷spread; lay out ❸be sufficient for 敷设 lay (pipelines, a railway track, etc.) 敷衍了事 muddle through one's work; perform one's duty in a perfunctory manner 敷衍搪塞 give sb. the runaround

伏 fú ❶bend over ❷lie prostrate downward ❸go down 此起彼伏 down here, up there ❹hide 昼伏夜出 hide by day and come out at night ❺hot season 伏笔 foreshadowing 伏兵 (troops in) ambush 伏击 ambush 伏

贴 fit perfectly

凫 fú ❶wild duck ❷swim

扶 fú ❶support with the hand ❷help sb. up; straighten sth. ❸help; relieve 扶病 in spite of illness 扶持 sustain; give aid to; help sb. to stand or walk; support 扶手 handrail; rail; armrest 扶梯 staircase 扶养 provide for; foster; bring up 扶植 foster 扶助 help; assist; support

拂 fú ❶stroke 轻风拂面 a light breeze stroking the face ❷whisk; flick ❸go against (sb.'s wishes) 拂拭 whisk or wipe off 拂晓 before dawn

服 fú ❶clothes; dress ❷take (medicine) ❸serve (in the army) ❹be convinced; obey ❺be accustomed to (the climate) 服从 obey 服毒 take poison 服气 be convinced 服饰 dress and personal adornment; dress 服侍 wait upon; attend 服侍病人 attend the sick 服输 admit defeat 服贴 docile; obedient; well arranged 服务 give service to; serve 服务器 server; compuserver 服务员 attendant 服务中心 service centre 服刑 serve a sentence 服刑期满 complete a term of imprisonment 服役 enlist in the army 服装 dress; clothing; costume 服罪 admit one' guilt

俘 fú ❶capture; take prisoner ❷captive 俘获 capture 俘虏 take prisoner; prisoner of war

浮 fú ❶float ❷swim ❸on the surface; ❹temporary; provisional ❺flighty; unstable ❻hollow 浮名 bubble reputation 浮雕 relief (sculpture) 浮动 float; fluctuate 浮华 showy; ostentatious; flashy; flowery 浮夸 be boastful; exaggerate 浮力 buoyancy 浮浅 superficial; shallow 浮桥 pontoon bridge 浮躁 impetuous 浮肿 dropsy; general edema

符 fú ❶symbol ❷tally with; accord with 符号 symbol; mark; insignia 符合 accord with; tally with; be in keeping with 符合要求 accord with the demands 符合实际情况 conform to reality 符咒 incantations

幅 fú ❶width of cloth ❷size 幅度 range; scope 幅员 the size of a country

福 fú good fortune; blessing; happiness 福利 material benefits; well-being; welfare 福利彩票 welfare lotteries 福利待遇 fringe benefits 福利费 welfare funds 福利国家 welfare state 福气 happy lot; good fortune

辐 fú spoke (of a wheel, etc.) 辐射 radiation 辐照 irradiation

抚 fú ❶comfort; ❷nurture; foster 抚爱 caress 抚摩 stroke 抚弄 stroke; fondle 抚慰 comfort 抚恤 comfort and compensate a bereaved family 抚养 raise; bring up 抚育 nurture; tend

府 fú ❶seat of government; government office ❷official residence; mansion 总统府 presidential palace 府第 mansion (house) 府上 your home; your native place

斧 fú axe; hatchet 斧正 (please) make corrections

俯 fú bow (one's head) 俯冲 dive 俯视 look down at; overlook 俯首听命 obey submissively

辅 fú assist; complement; supplement 辅导 give guidance in study or training; coach 辅导员 assistant; instructor 辅音 consonant 辅助 assist; auxiliary

腐 fú rotten; putrid; stale; corroded 腐肉 rotten meat 腐败 rotten; putrid (food); corrupt 腐败无能 corrupt and incompetent 腐化 degenerate; corrupt 腐化分子 degenerate; a depraved person 腐烂 decomposed; corrupt; rotten 腐蚀 corrode; corrupt

父 fù father 父老 elders (of a country or district) 父母 father and mother; parents 父系 paternal line

讣 fù obituary 讣告 announce sb.'s death; obituary notice

付 fù ❶hand over to; commit to 付诸实施 put into effect 付之一笑 dismiss with a laugh ❷pay 付税 pay taxes 付出 pay; expend 付款 pay a sum of money 付讫 (of a bill) paid 付清 pay off; clear (a bill) 付梓 payment of interest 付现 (pay in) cash 付印 send to the press 付帐 pay a bill 付之一炬 commit to the flames

负 fù ❶carry on the back or shoulder; bear 负重任 shoulder an important task 如释重负 feel as if relieved of a heavy load ❷rely on ❸suffer 负伤 get wounded ❹enjoy 久负盛名 have long enjoyed a good reputation ❺owe 负债 be in debt ❻fail in one's duty, obligation, etc.; betray ❼lose a (battle, game, etc.) be defeated 不分胜负 end in a tie 负担 bear (a burden); shoulder; burden; load 家庭负担 family burden 负电荷 negative (electric) charge 负电极 negative electrode 负荷 load 负约 break a promise; go back on one's word 负责 ①be responsible for; be in charge of ②conscientious 对工作很负责 be very conscientious in one's work. 负增长 negative growth

妇 fù ❶woman ❷married woman ❸wife 妇科 (department of) gynaecology 妇联 the Women's Federation 妇女 woman 妇女病 women's disease 妇女节 International Working Women's Day (March 8) 妇幼保健 maternity andchild health care

附 fù ❶add; attach; enclose 附表 attached list or chart ❷get close to; be near ❸agree to 附笔 postscript; additional note 附带 in passing attach; subsidiary 附和 echo; chime in with 附加 add; attach; additional; attached; appended 附件 ①appendix; annex ②enclosure ③accessories; attachment 附近 ①nearby; neighbouring ②close to; in the vicinity of 附录 appendix 附上 enclosed herewith 附设 have as an attached institution 附属 subsidiary; auxiliary; attached; affiliated 附图 attached map or drawing; figure 附小 attached primary school 附议 second a motion 附庸 dependency; vassal 附中 attached middle school 附注 annotations 附着 adhere to; stick to 附言 postscript(P. S.)

服 fù dose 一服药 a dose of medicine

赴 fù go to; attend 赴任 go to one's post 赴汤蹈火 go through fire and water 赴宴 attend a banquet 赴约 keep an appointment

复 fù❶compound; complex ❷turn round; turn over 翻来复去睡不着 toss in bed, unable to sleep ❸answer; reply ❹recover; resume ❺revenge ❻again 一去不复返 gone never to return 复本 duplicate 复查 check; reexamine 一个星期后到医院复查 come back to the hospital for a check in a week's time 复仇 revenge; avenge 复发 recur; have a relapse 旧病复发 have an attack of an old illness; have a relapse 复合 compound; complex; composite 复杂 complicated; complex 复杂的心情 mixed feelings 使问题复杂化 complicate matters; perplex problems 复职 resume one's post 复制 make a copy of; reproduce 复制品 replica

副 fù❶assistant; vice 副部长 vice-minister 副书记 deputy secretary 副教授 associate professor ❷ secondary ❸ correspond to; fit 副本 transcript; copy 副产品 by-product 副词 adverb 副官 adjutant 副刊 supplement 副食 non-staple food 副食商店 grocer's; grocery 副手 assistant 副业 sideline; side occupation 副作用 side effect; by-effect

富 fù rich; wealthy 富于创造性 be highly creative 富贵 riches and honour 富豪 rich and powerful people 富丽堂皇 sumptuous; gorgeous; splendid 富强 prosperous and strong 富饶 fertile; abundant 富饶的土地 fertile land 富翁 man of wealth 富有 rich; wealthy; rich in; full of 富裕 prosperous; well-off 富余 have enough and to spare 富源 natural resources 富足 plentiful

赋 fù❶bestow on; endow with; vest with 秉赋 natural endowments ❷tax ❸compose (a poem) 赋税 taxes

傅 fù❶teach; instruct ❷teacher; instructor

腹 fù belly; stomach 腹背受敌 be attacked front and rear 腹地 hinterland 腹稿 mental notes 腹泻 diarrhoea

缚 fù tie up; bind fast

覆 fù❶cover ❷overturn; upset 覆盖 cover; vegetation 覆没 capsize and sink 全军覆没 the whole army was destroyed 覆水难收 water under the bridge; water over the dam 覆亡 fall (of an empire, nation, etc.) 覆辙 the track of an overturned cart

馥 fù fragrance

G

GA

咖 gā
咖喱 curry

嘎 gā
嘎巴 crack; snap 嘎嘎 quack 嘎吱 creak

轧 gá ❶press hard against each other ❷make friends ❸check

GAI

该 gāi ❶ought to; should ❷be sb.'s turn to do sth. ❸deserve ❹most likely ❺owe ❻this; that 该当 deserve; should 该死 damn

改 gǎi ❶change; transform ❷alter; revise ❸correct; rectify; put right ❹switch over to (doing sth. else) 改版 correcting 改编 ①adapt; rearrange; revise ②recognize; redesignate 改变 change; alter; transform 改道 change one's route; (of a river) change its course 改掉 give up; drop 改订 reformulate; rewrite 改动 change; alter; modify 改革 reform 改革开放 reform and o-pening-up 改观 change the appearance of 改过 mend one's ways; correct one's mis-takes 改过自新 turn over a new leaf 改行 change one's profession 改换 change over to; change 改悔 repent 改嫁 remarry 改进 improve; make better 改口 correct oneself 改良 improve; ameliorate; reform 改期 change the date 改日 another day; some other day 改善 improve; ameliorate 改头换面 change the appearance 改邪归正 give up evil and return to good 改写 re-write; adapt 改选 reelect 改正 correct; a-mend; put right 改正错误 correct one's mistakes 改锥 screwdriver 改组 reorgan-ize; reshuffle 改组内阁 reshuffle the cab-inet

钙 gài calcium 钙化 calcification 钙镁磷肥 calcium magnesium phosphate

盖 gài ❶lid; cover 壶盖 pot lid ❷cover ❸build 盖房 build houses 盖世 peerless 盖章 seal; stamp 盖子 lid; cover; cap; top

概 gài ❶general ❷without exception; categorically 概不追究 no action will be taken (against sb. for his past offences) 概况 general situation; survey 概括 summarize; briefly; synopsize 概略 outline; summary 概论 outline; introduction 概念 concept; notion; idea 概要 essentials; outline

GAN

干 gān ❶be concerned with ❷dry slowly ❸dried food ❹taken into 干巴 dried up; wizened 干巴巴 dull and dry; insipid; dryasdust 干杯 drink a toast 干瘪 shrivelled 干菜 dried vegetable 干草 hay 干脆 clear-cut; simply; just; altogether 干电池 dry cell 干饭 cooked rice 干果 dry fruit; dried fruit 干旱 arid; dry; drought 干净 clean; completely; totally 忘得干净 have completely forgotten; clean forgot 干净利落 neat and tidy; neat; efficient 干枯 dried-up 干枯的树木 withered trees 干枯的皮肤 wizened skin 干酪 cheese 干粮 solid food 干扰 disturb; interfere 排除干扰 overcome obstruction 干涉 interfere; intervene 干洗 dry-clean 干系 implication 干燥 dry; dull; uninteresting

甘 gān ❶ sweet; pleasant 甘泉 sweet spring water ❷ willingly 甘拜下风 candidly admit defeat (in friendly competition, etc.) 甘苦 sweetness and bitterness; joys and sorrows 甘美 sweet and refreshing 甘薯 sweet potato 甘心 willingly; readily 甘于 be willing to; be ready to 甘蔗 sugarcane

杆 gān pole; staff 旗杆 flagstaff; flagpole 电线杆 pole (for telephone or electric power lines, etc.)

肝 gān liver 肝癌 cancer of the liver 肝火 irascibility 肝炎 hepatitis

泔 gān 泔水 swill; slops; hogwash

柑 gān mandarin orange 柑橘 oranges and tangerines; citrus

竿 gān pole; rod 竹竿 bamboo pole 钓鱼竿 fishing rod

尴 gān 尴尬 awkward; embarrassed

杆 gān the shaft or arm of sth. 枪杆 the barrel of a rifle 杆秤 steelyard 杆菌 bacillus

杆 gǎn stalk 高粱杆 sorghum stalk 麻秆 hemp stalk

赶 gǎn ❶catch up with; overtake ❷try to catch; make a dash for; rush for ❸ hurry through; rush through one's job ❹ drive ❺drive away; ❻happen to; find oneself in (a situation) 赶集 go to market; go to a fair 赶紧 lose no time; hasten 赶快 at once; quickly 赶路 hurry on with one's journey 赶忙 hurry; make haste 赶巧 happen to; it so happened that 赶上 catch up with; run into (a situation); be in time for 赶时间 work against the clock 赶时髦 follow the fashion

敢 gǎn ❶bold; courageous; daring 敢做敢当 If the cap fits, wear it. ❷dare to ❸ have the confidence to; be certain 敢情 so; I say; of course; indeed; really 敢于 be bold in; have the courage to

感 gǎn ❶feel; sense 略感不适 not feel very well ❷ move; touch 感人 moving ❸ sense; feeling 责任感 sense of responsibility 自豪感 sense of pride 感触 thoughts and feelings 深有感触地说 say with deep feeling 感动 touch; move 感动得流下眼泪 be moved to tears 感光纸 sensitive paper 感激 feel grateful; be thankful 感激涕零 shed grateful tears; be moved to tears of gratitude 不胜感激 very much indebted 感觉 sense; feel 感冒 cold; flu 感情 emotion; sentiment 感染

infect 细菌感染 bacterial infection 艺术感染力 artistic appeal 感受 ①be affected by 感受风寒 be affected by the cold ② experience; feel 感想 impressions; reflections 感谢 thank; be grateful 感应 reaction; response

擀 gǎn roll (dough, ect.) 擀面条 make noodles 擀面杖 rolling pin

橄 gǎn 橄榄 (Chinese) olive 橄榄球 Rugby (football) 橄榄油 olive oil 橄榄枝 olive branch

干 gàn ❶trunk; main part 树干 tree-trunk ❷cadre 高干 senior cadre ❸do; work ❹fight; strike 干到底 fight to the bitter end ❺capable; able 干部 cadre 干掉 kill; get rid of 干活 work; work on a job 干将 capable person; go-getter 干劲 drive; vigour; enthusiasm 干练 capable and experienced 干事 clerical worker in charge of sth. 干线 main line; trunk line 干校 cadre school

GANG

刚 gāng ❶firm; strong; ❷just; exactly 大小刚合适 just the right size ❸barely; only just ❹only a short while ago; just 她刚走 she has just left 刚才 just now; a moment ago 刚好 just; exactly; happen to; it so happened that 刚劲 bold; vigorous; sturdy 刚强 firm 刚毅 resolute and steadfast 刚正 upright; honourable

纲 gāng ❶the headrope of a fishing net ❷key link; guiding principle ❸outline; programme 总纲 the general programme 纲领 programme 纲领性文件 programmatic document 纲要 outline

肛 gāng 肛门 anus

缸 gāng vat; jar; crock 水缸 water vat 金鱼缸 gold-fish bowl 缸子 mug; bowl 茶缸(tea) mug

钢 gāng steel 钢板 steel plate 钢笔 pen; fountain pen 钢材 steel products; steels 钢锭 steel ingot 钢骨水泥 reinforced concrete 钢管 steel tube 钢轨 rail 钢筋 reinforcing bar 钢琴 piano 钢琴家 pianist 钢丝 (steel) wire 走钢丝 high-wire walking 钢铁 iron and steel; steel 钢铁意志 iron will 钢铁战士 a dauntless fighter 钢铁厂 steelworks 钢印 steel seal 钢珠 steel ball

岗 gǎng ❶hillock; mound ❷ridge; welt; wale ❸sentry; post 下岗工人 laid-off workers 站岗 stand sentry 岗楼 watchtower 岗哨 lookout post; sentry; sentinel 岗亭 sentry box 岗位 post; station 岗位工资 job wage

港 gǎng port; harbour 天然港 natural harbour 港口 port; harbour 沿海港 coastal port

杠 gàng ❶thick stick; stout carrying pole ❷bar ❸thick line ❹cross out; delete 杠杆 lever 杠杆效应 leverage effects 杠铃 barbell

GAO

高 gāo ❶tall; high ❷of a high level or degree 高年级 higher grades 高质量 high quality 高风格 fine style ❸loud 高喊 shout loudly ❹dear; expensive 要价太高 ask too high a price ❺your 高见 your opinion 高矮 height 高昂 hold high (one's head, etc.); high; elated; exalted;

dear; expensive 高傲 supercilious; arrogant; haughty 高不可攀 too high to reach 高才生 outstanding student 高层 high rise 高产 high yield; high production 高超 superb; excellent 高潮 high tide; upsurge; climax 高大 ①tall and big; tall ②lofty 高档 top grade; superior quality 高等 higher 高低杠 uneven (parallel) bars 高地 ①highland; upland ②elevation ②height 高调 lofty tone; high-sounding words 高度 altitude; height; a high degree of 高尔夫球 golf (ball)高分子 high polymer 高峰 peak; summit; height (交通)高峰期 the rush hour 高跟鞋 high-heeled shoes 高贵 noble; high; highly privileged; elitist 高级 senior; high-level; high; high-grade 高级法院 higher court 高级中学 senior middle school 高价 high price 高亢 loud and sonorous; resounding 高空 high altitude; upper air 高利贷 usury; usurious loan 高粱 Chinese sorghum 高龄 advanced age 高楼大厦 high buildings and large mansions 高炉 blast furnace 高帽子 flattery 高妙 ingenious; masterly 高明 brilliant; wise 高品味 high-grade 高强 excel in; be master of 高跷 stilts 踩高跷 walk on stilts 高尚 noble; lofty 高烧 high fever 发高烧 have a high fever 高射炮 antiaircraft gun (或 artillery) 高深 advanced; profound; recondite 高手 past master 高耸 stand tall and erect; tower 高速 high speed 高温 high temperature 高兴 ①glad; happy; cheerful ②be willing to; be happy to 高血压 hypertension; high blood pressure 高压 ①high pressure ② high tension; high voltage ③high-handed 高压锅 pressure cooker 高压线 high-tension line (wire) 高音喇叭 tweeter 高原 plateau; highland; tableland 高瞻远瞩 stand high and see far 高涨 rise; upsurge 高中 high school 高姿态 lofty stance

羔 gāo lamb; kid; fawn 羔皮 lambskin; kidskin

膏 gāo ❶ fat; grease; oil ❷ paste; cream; ointment 牙膏 toothpaste

糕 gāo cake; pudding 糕点 cake pastry

篙 gāo punt-pole

搞 gāo ❶do; carry on; be engaged in ❷make; produce; work out ❸ set up; start ❹get; get hold of; ❺cause to become 搞好团结 strengthen unity 搞好关系 make good relations

稿 gāo ❶draft; sketch 初稿 first draft ❷manuscript; original text 定稿 finalize a text 稿费 contribution fee 稿件 contribution; manuscript 稿约 notice to contributors 稿纸 squared or lined paper

镐 gǎo pick; pickaxe

告 gào ❶tell; inform; notify ❷accuse; go to law against; bring an action against ❸ask for; request; solicit 告假 ask for leave ❹declare; announce 告别 leave; part from; say good-bye to 告别仪式 farewell ceremony 告吹 fizzle out; fail 告辞 take leave (of one's host) 告发 report (an offender); inform against 告急 be in an emergency 告捷 report a victory; win victory 告诫 warn 告密 inform against sb. 告密者 informer 告示 official notice; bulletin; placard 告诉 tell; let know 告知 inform; notify 告终 end up 告状 go to law against sb.

GE

戈 gē dagger-axe 戈壁 gobi; the Gobi Desert

疙 gē 疙瘩 pimple; lump; knot; a knot in one's heart 解开我心上的疙瘩 get rid of my hang-up

哥 gē (elder) brother 哥儿们 brothers; buddies; pals

胳 gē 胳膊 arm 胳膊腕 wrist 胳膊肘 elbow

鸽 gē pigeon; dove 野鸽 wild pigeon; dove 通信鸽 carrier pigeon 和平鸽 peace of dove

割 gē cut 割草 cut grass 割爱 give up what one treasures 割草机 mower 割除 cut off 割断 sever; cut off 割断联系 sever relations 割断历史 apart from historical context up a separatist regime 割据 set up a separatist regime 军阀割据 separatist warlord regimes 割裂 cut apart; separate; isolate 割让 cede 割舍 give up 难以割舍 find it hard to part with

搁 gē ❶put 汤里搁点盐 put some salt in the soup 搁在这儿 leave it here ❷put aside; leave over; shelve 搁浅 run aground 船搁浅了 the ship got stranded 搁置 shelve; lay aside 搁置争议 put aside disputes

歌 gē ❶song ❷sing 歌本 songbook 歌唱 sing 歌唱家 vocalist 歌词 words of a song 歌功颂德 sing the praises of sb. 歌剧 opera 歌剧院 opera house 歌谱 music of a song 歌曲 song 歌手 singer 歌颂 sing the praises of 歌舞 song and dance

歌舞剧 song and dance drama 歌舞团 song and dance ensemble 歌谣 folk song 歌咏 singing 歌咏比赛 singing contest

革 gé ❶leather; hide 革制品 leather goods ❷change; transform ❸remove from office 革除 abolish; get rid of 革命 revolution 革命家 revolutionist 革命烈士 revolutionary martyr 革新 innovation 技术革新 technological innovation

阁 gé ❶pavilion ❷cabinet 组阁 form a cabinet 阁楼 attic; loft; garret

格 gé ❶check ❷division (horizontal or otherwise) 横格纸 ruled paper ❸standard; pattern; style 合格 up to standard ❹case 主格 the nominative case 宾格 the objective case 格调 style 格斗 grapple; fistfight 格格不入 incompatible with 格式 form; pattern 格外 especially 格言 maxim 格子 check; chequer

隔 gé ❶separate; partition 把屋子隔成两间 partition a room into two ❷at a distance from 相隔千里 be a thousand li away from each other 隔壁 next door 隔断 cut off; separate 隔阂 misunderstanding 隔绝 isolated 隔离 keep apart; isolate 隔音 sound insulation

嗝 gé ❶belch ❷hiccup

个 gè individual 个别 individual; very few 个个 each and every one; all 个儿 size; height; stature 个人 individual (person) 个人信用制度 credit rating system 个体 individual 个体经济 individual economy 个性 individuality; personality

各 gè each; every; various; different 全国各地 in all parts of the country 各奔东西 drift apart 各不相让 neither being ready to give way 各持己见 each sticks to his own view 各个击破 destroy one by one 各级 all or different levels 各尽所能 from each according to his ability 各就各位 on your marks; man your posts 各取所需 each takes what he needs 各抒己见 each airs his own views 各行其是 each goes his own way 各有利弊 cut both ways 各有所好 each follows his own bent 各自为政 each does things in his own way

GEI

给 gěi ❶give; grant ❷for; for the benefit of ❸let; allow 给予 give; grant 给予重视 pay attention to 给予照顾 show consideration for

GEN

根 gēn ❶root; foot; base 祸根 the root of trouble or disaster ❷cause; origin; source ❸thoroughly; completely 根本 basic; fundamental; essential; at all; thoroughly 根底 foundation; root 根究 get to the bottom of; probe into 根据 on the basis of; according to; basis; grounds; foundation 根绝 stamp out; exterminate 根深蒂固 deep-rooted; ingrained; inveterate 观念根深蒂固 the prisoner of one's long-hold views 根源 source; origin; root 根治 effect a radical cure

跟 gēn ❶heel ❷follow ❸with; about; as ❹and 你跟我 you and I 跟前 in front of; close to; near 跟上 keep pace with; catch up with 跟头 (have a) fall; (turn a) somersault 跟着 follow in the wake of 跟踪 follow the tracks of

GENG

更 gēng ❶change; replace ❷watch 打更 beat the watches 更改 change; alter 更换 replace 更换成本 replacement cost 更新 renew 更新换代 uprate and upgrade 设备更新 renewal of equipment 更衣 change one's clothes 更衣室 locker room 更正 make corrections

耕 gēng plough; till 深耕 deep ploughing 耕地 plough; cultivated land 耕牛 farm cattle 耕耘 ploughing and weeding 耕作 tillage; farming

羹 gēng a thick soup 羹匙 soup spoon; tablespoon

耿 gěng ❶dedicated ❷honest and just; upright 耿耿于怀 brood on (an injury); take sth. to heart

哽 gěng choke (with emotion); feel a lump in one's throat 哽咽 choke with sobs

梗 gěng ❶stalk; stem ❷a slender piece (of wood or metal) 火柴梗 matchstick ❸obstruct; block 从中作梗 place obstacles in the way 梗概 broad outline; main idea 梗塞 block; clog 心肌梗塞 myocardial infarction 梗直 honest and frank; upright

更 gèng ❶more; still more ❷further; furthermore 更不用说 much more (less); let alone; not to speak of 更上一层楼 climb one storey higher 更有甚者 There is something worse.

GONG

工 gōng ❶worker; the working class ❷

work; labor ❸ (construction) project 竣工 complete a project 动工 begin a project ❹ industry ❺ be versed in; be good at 工于词画 be well versed in painting and poetry 工兵 engineer 工厂 factory; mill 工程 engineering; project 工程师 engineer 工地 building site 工夫 ①time ②workmanship; skill; art 练工夫 (of actors; athletes, etc) practice 工夫 ②work; labor; effort 只要工夫深,铁杵磨成针。If you work at it hard enough, you can grind an iron rod into a needle 工会 trade union; labour union 工件 workpiece; work 工匠 craftsman; artisan 工具 tool; means; instrument; implement 工龄 length of service; standing; seniority 工人 worker; workman 工人阶级 the working class 工伤事故 industrial accident 工商界 industrial and commercial circles; business circles 工休日 dayoff; holiday 工序 working procedure; process 工业 industry 工业区 industrial park 工艺 technology; craft 工整 carefully and neatly done 工种 type of work in production 工资 wages; salary 工作 work; job 工作单位 place of work 工作队 work team 工作服 work clothes 工作量 work load 工作流程 work flow 工作人员 working personnel 工作日 workday 工作证 employee's card; I. D. card

弓 gōng ❶bow 弓箭 bow and arrow ❷ bend; arch; bow 弓背 arch one's back 弓弦 bowstring

公 gōng ❶public; state-owned; collective 公与私 public and private (interests) ❷ common; general ❸metric ❹make public ❺fair; just ❻public affairs; official business ❼husband's father; father-in-law ❽ male(animal)公安 public security 公安部 the Ministry of Public Security 公安局 pub-

lic security bureau 公报 bulletin 联合公报 joint communique 新闻公报 press bulletin 公倍数 common multiple 公布 promulgate; announce; publish; make public 公差 ① common difference ②tolerance 公差 public errand; noncombatant duty 出公差 go on a business errand; go on official business 米 metre 公道 ①justice ②fair; just; reasonable; impartial 公德 social morality; social ethics 公敌 public enemy 公断 arbitration 公法 public law 公费 at public expense 厘米 centimetre 公愤 public indignation 公告 announcement; proclamation 公共 public; common; communal 公共汽车(public) bus 公害 social effects of pollution 公函 official letter 公积金 accumulation fund 公家 the state; the public; the organization 公检法 public security organs; procuratorial organs and people's courts 公斤 kilogram(kg.) 公开 ①open; overt; public ②make public; make known to the public 公开招标 public tender 公款 public money 公里 kilometre (km.) 公理 ①self-evident truth ②axiom 公历 the Gregorian calendar 公路 highway; road 高速公路 express highway; expressway 公论 public opinion 公民 citizen 公亩 are 公墓 cemetery 公平 fair; just; impartial; equitable 公平竞争 fair competition 公仆 public servant 公顷 hectare 公然 openly; undisguisedly; brazenly 公审 public trial 公使 envoy; minister 公式 formula 公事 public affairs; official business 公司 company; corporation 公诉 public prosecution 公文 official document 公务 official business 公务员 civil servant 公物 public property 公休 general holiday 公演 perform in public 公羊 ram 公议 public or mass discussion 公益 public good; public welfare 公意 public will 公因子 common factor 公用 for public use; public; communal 公用电话

public telephone 公有 publicly-owned; public 公有制 public ownership 公寓① flats; apartment house ②lodging house 公元 the Christian era 公园 park 公约数 common divisor 公允 just and sound 公债 (government) bonds 公章 official seal 公正 just; fair; impartial 公证 notarization 公证人 notary 公职 public employment 公众 the public 公主 princess

功 gōng ❶meritorious service; merit; exploit 立大功 render outstanding service ❷achievement; result 劳而无功 work hard but to no avail ❸skill 练功 practise one's skill 功臣 a person who has rendered outstanding service; meritorious workers 功德 merits and virtues 功绩 contribution 功课 schoolwork; homework 功劳 meritorious service; credit 功利 utility; material gain 功能 function 功效 efficacy; effect 功用 function; use

攻 gōng ❶attack; take the offensive ❷accuse; charge 群起而攻之 everyone points an accusing finger at him ❸study 攻读 diligently study; specialize in 攻打 attack; assault 攻关 tackle key problems 攻击 assault; charge; vilify 攻坚 storm fortifications 攻克 capture; take 攻破 make a breakthrough; breach 攻势 offensive 攻占 attack and occupy

供 gōng ❶supply; feed ❷for (the use or convenience of) 仅供参考 for your reference only 供不应求 supply falls short of demand 供给 supply; provide; furnish 供养 provide for (one's parents or elders) 供应 supply

宫 gōng palace 宫灯 palace lantern 宫女 maid of honour 宫廷 palace; court

恭 gōng respectful; reverent 恭贺 congratulate 恭贺新禧 Happy New Year 恭候 await respectfully 恭顺 respectful and submissive 恭维 flatter; flattery 恭喜 congratulations

巩 gǒng consolidate 巩固 consolidate; strengthen; strong

拱 gǒng ❶hump up; arch ❷arch 拱顶 vault 拱门 arched door 拱桥 arch bridge 用肩拱 push sth. with one's shoulder

共 gòng ❶common; general ❷share 命运与共 share a common fate 共饮一江水 drink from the same river ❸altogether; in all; all told 共产党 the Communist Party 共产党员 Communist 共产主义 communism 共和 republicanism; republic 共和国 republic 共计 amount to; add up to; total 共青团 the Communist Youth League 共青团员 League member 共事 work together; be fellow workers 共同 common; together 共享 enjoy together; share 共赢 all win; win for all

贡 gòng tribute 进贡 pay tribute 贡献 dedicate; devote

供 gòng ❶lay (offerings) ❷offerings ❸confess; own up ❹confession 口供 oral confession 供品 offerings 供认 confess; own to 供养 make offerings to; consecrate 供桌 altar

GOU

勾 gōu ❶cross out; strike out; tick off ❷delineate; draw ❸induce; evoke; call to mind ❹collude with 勾搭 gang up with; seduce 勾画 draw the outline of; delineate 勾结 collaborate with 勾销 liquidate; strike out 一笔勾销 write off at one stroke 勾引 tempt; entice; seduce

沟 gōu ❶ditch; channel ❷groove; rut; furrow ❸gully; ravine 沟渠 irrigation canals and ditches 沟通 link up

钩 gōu ❶hook ❷check mark; tick ❸sew (with large stitches) 钩心斗角 intrigue against each other; jockey for position 钩针 crochet hook

篝 gōu cage 篝火 bonfire; campfire

苟 gōu ❶careless; negligent ❷if 苟安 seek momentary ease 苟合 illicit sexual relations 苟活 live on in degradation 苟且 drift along; perfunctorily; carelessly; improper 苟且偷生 drag out an ignoble existence 苟全 preserve (one's own life) at all costs 苟延残喘 be on one's last legs

狗 gǒu dog 狗急跳墙 Even a worm, when trodden on, will turn. 狗腿子 lackey; henchman 狗窝 kennel; doghouse 狗熊 black bear; coward

勾 gòu 勾当 business; deal 肮脏勾当 a dirty deal

构 gòu ❶construct; form; compose 构词 form a word ❷make up ❸literary composition 构成 constitute; form 构成威胁 pose a threat 构词法 word-building 构思 work out the plot (of a literary work) 构图 composition (of a picture) 构陷 make a false charge against sb.; frame sb. up 构造 structure 人体构造 the structure of the human body

购 gòu buy 购回 repurchase 购粮 purchase grain 购货单 order (form) 购买 purchase; buy 购物 go shopping 购物车 shopping cart 购物中心 shopping mall

垢 gòu ❶dirty; filthy ❷dirt; filth 油垢

grease stain

够 gòu ❶enough; sufficient ❷reach; be up to (a certain standard, etc.) ❸quite; rather 够本 make enough money to cover the cost 够格 be qualified; be up to standard

媾 gòu ❶wed 婚媾 marriage ❷reach agreement 媾和 make peace ❸coition 交媾 copulate

GU

估 gū appraise 估计 appraise 估价 evaluate; appraised price

沽 gū ❶buy 沽酒 buy wine ❷sell 待价而沽 wait to sell at a good price 沽名钓誉 fish for fame and compliments

咕 gū (of hens, etc.) cluck; (of turtledoves, etc.) coo 咕嘟 bubble; gurgle 咕噜 rumble; murmur 咕哝 mutter; grumble

孤 gū ❶fatherless; orphaned ❷solitary; alone 孤岛 an isolated island 孤单 alone; lonely; friendless 孤独 lonely; solitary 孤儿 orphan 孤苦伶仃 orphaned and helpless 孤立 isolated; isolate 孤僻 unsociable and eccentric

姑 gū ❶ father's sister; aunt ❷ husband's sister; sister-in-law 姑夫 the husband of one's father's sister; uncle 姑母 father's sister; aunt 姑娘 girl; daughter; bevy 姑且 tentatively; for the moment 姑息 appease 姑息养奸 to tolerate evil is to abet it

辜 gū guilt; crime 无辜 guiltless; innocent 辜负 fail to live up to; belie (one's expectation); be unworthy of; disappoint

箍 gū ❶hoop；band 铁箍 hoop iron ❷ bind round；hoop 箍桶匠 cooper；hooper

骨 gú bone 骨头 bone；character；a person of a certain character

古 gǔ ancient；age-old；palaeo- 古时 in olden days 古奥 archaic andabstruse 古板 old-fashioned and inflexible 古代 ancient times 古代史 ancient history 古典 classical 古典文学 classical literature 古董 old fogey 古怪 odd；strange 古迹 historic site 古旧 antiquated；archaic 古老 ancient；age-old 古人 the ancients；our forefathers 古诗 ancient poetry 古铜色 bronze 古为今用 make the past serve the present 古文 prose written in the classical literary style；ancient Chinese prose 古装 ancient costume

谷 gǔ ❶valley；gorge 深谷 a deep valley ❷cereal；grain ❸millet 谷仓 granary；barn 谷草 millet straw 谷壳 husk (of rice)

股 gǔ ❶thigh ❷section (of an office, enterprise, etc.) ❸strand；ply❹one of several equal parts；share in a company ❺一股线 a skein of thread 一股泉水 a stream of spring water 一股香味 a whiff of fragrance 一股热气 a puff of hot air 股本 capital stock 股东 shareholder 股份 share；stock 股份公司 stock company 股份有限公司 limited company 股份制 share-holding system 股票 share；stock 股票行情 stock market list 股票交易 buying and selling of stocks 股票交易所 stock exchange 股票市场 stock market 股票指数 share index 股权 equity；share-holding 股息 dividend

骨 gǔ ❶bone ❷skeleton；framework 伞骨 umbrella frame 扇骨 the ribs of a fan ❸character；spirit 傲骨 lofty and un-yielding character 骨粉 bone meal；bone dust 骨干 backbone 骨干分子 core member 骨骼 skeleton 骨灰 bone ash 骨架 skeleton；framework (of a house, novel, etc.) 骨节 joint 骨科 (department of) orthopaedics 骨气 strength of character 骨肉 flesh and blood；kindred 骨肉团聚 afamily reunion 骨髓 marrow 骨折 fracture 骨子 frame；ribs 骨子里 in one's heart of hearts

贾 gǔ ❶merchant ❷engage in trade ❸ sell；afford

蛊 gǔ a legendary venomous insect 蛊惑人心 confuse and poison people's minds

鼓 gǔ ❶drum 打鼓 beat a drum 鼓声 drumbeats ❷beat；strike；sound 鼓掌 clap one's hands；applaud 鼓足 well with bellows, etc. ❹rouse；pluck up 鼓起勇气 muster one's courage ❺bulge；swell 鼓吹 advertise 鼓动 agitate；insti-鼓励 encourage；urge 鼓舞 inspire；hearten 鼓足干劲 go all out

固 gù ❶solid；firm ❷firmly；resolutely ❸solidify；consolidate 固定 fixed；regular 固定职业 permanent occupation 固然 no doubt；of course；admittedly 固守 be firmly entrenched in 固体 solid (body) 固有 intrinsic；inherent；innate 固执 persist in；cling to 固执己见 stubbornly adhere to one's opinions

故 gù ❶incident；happening ❷reason；cause ❸ on purpose；intentionally ❹ hence；therefore；for this reason ❺old 故道 course (of a river) ❻friend ❼die 病故 die of illness 故步自封 be complacent and conservative 故都 onetime capital 故

官 the Imperial Palace 故居 former residence 故弄玄虚 be deliberately mystifying 故人 old friend 故世 die; pass away 故事 story; tale 故事会 story-telling session 故土 native land 故乡 native place; hometown; birthplace 故意 intentionally; wilfully 故障 hitch; stoppage; trouble

顾 gù ❶turn round and look at; look at 顾左右而言他 sidestep a topic ❷attend to; take into consideration 顾及 take into account; give consideration to 顾忌 scruple; misgiving 顾客 customer; shopper; client 顾虑 apprehension; worry 顾全 show consideration for and take care to preserve 顾问 adviser; consultant

雇 gù hire; employ 雇船 hire a boat 雇工 hire labour; hired hand 雇农 farmhand 雇佣 employ; hire 雇佣兵 mercenary 雇佣军 mercenary army 雇员 employee 雇主 employer

GUA

瓜 guā melon, gourd, etc. 瓜分 carve up; divide up 瓜葛 connection; implication 瓜子 melon seeds

呱 guā 呱嗒 clip-clop; clack 呱呱叫 tiptop; top-notch

刮 guā ❶scrape ❷smear with (paste, etc.) ❸plunder; fleece ❹blow 刮大风 it's blowing hard 刮刀 scraper 刮脸 shave (the face) 刮脸刀 razor 刮目相看 look at sb. with new eyes

寡 guǎ ❶few ❷tasteless ❸widowed 寡妇 widow 寡头 oligarch 寡头垄断 oligopoly 寡头政治 oligarchy

卦 guà divinatory symbols 卜卦 divina-tion

挂 guà ❶hang; put up wall ❷hitch; get caught ❸ring off ❹call up; put sb. through to ❺be concerned about ❻register (at a hospital, etc.) 挂外科 register for surgery 挂彩 be wounded in action 挂车 trailer 挂钩 couple (two railway coaches) 挂号 register (at a hospital, etc.) 挂虑 be anxious about; worry about 挂面 fine dried noodles; vermicelli 挂名 titular; nominal; only in name 挂念 miss one's mind 挂失 report the loss of 挂帅 be in command; take command 挂锁 padlock 挂毯 tapestry 挂图 wall map 挂衣钩 clothes-hook 挂钟 wall clock

褂 guà gown; unlined garment 短褂 short gown 长褂儿 long gown

GUAI

乖 guāi ❶well-behaved (child); good ❷clever; shrewd; alert 乖戾 perverse (behaviour) 乖谬 absurd; abnormal 乖僻 eccentric; odd 乖巧 clever; lovely

拐 guǎi ❶turn ❷limp ❸crutch ❹abduct; kidnap ❺swindle; make off with 拐棍 walking stick 拐角 corner; turning 拐骗 swindle (money out of sb.) 拐弯 turn (a corner); turn round 拐弯抹角 talk in a roundabout way; beat about the bush 拐杖 walking stick

怪 guài ❶strange; odd ❷monster; demon; evil being ❸blame 怪不得 no wonder; not to blame 怪诞 weird; strange 怪话 cynical remark; grumble; complaint 怪模怪样 queer-looking 怪僻 eccentric; peculiar 怪物 monster; freak 怪异 monstrous; unusual

GUAN

关 guān ❶shut; close ❷turn off ❸lock up (in prison); shut in ❹close down ❺pass ❻customhouse ❼barrier; critical juncture ❽concern; involve 关闭 close; shut; close down; shut down 关怀 show loving care for; show solicitude for 关键 hinge; key; crux; swing 关节 joint; links 关节炎 arthritis 关口 pass; juncture 关联 be related; be connected 关门 close; behind closed doors 关切 be deeply concerned 关税 customs duty; tariff 关头 juncture; moment 关系 relation; bearing; concern; have to do with 关系网 network of personal connections 关心 be concerned with; be interested in; care for 关押 lock up; put in prison 关于 about; on; with regard to; concerning 关照 look after; notify by word of mouth 关注 follow with interest; pay close attention to

观 guān ❶look at; watch; observe ❷sight; view ❸outlook; view; concept 观察 observe; watch; survey 观点 point of view; viewpoint; standpoint 观感 impressions 观光 go sightseeing; visit 观光团 visiting group 观看 watch; view 观台 reviewing stand 观摩 view and emulate 观念 sense; idea; concept 观赏 view and admire; enjoy the sight of 观望 wait and see; look on 观众 spectator; viewer; audience

官 guān ❶government official; officer ❷organ 感官 sense organ 官场 official circles 官倒 official speculator 官邸 official residence 官方 of or by the government; official 官方汇率 official exchange rate 官复原职 be reinstated 官架子 bureaucratic airs 官阶 official rank 官僚 bureaucrat 官僚主义 bureaucracy 官腔 (speak in a) bureaucratic tone; (stall with) official jargon 官司 lawsuit 官衔 official title 官员 official 官职 government post; official position

冠 guān ❶hat ❷corona; crown (of a tree) ❸crest; (cock's) comb 冠冕 royal crown; official hat 冠冕堂皇 highfalutin; high-sounding

棺 guān coffin

鳏 guān wifeless; widowered 鳏夫 bachelor; widower

馆 guān ❶accommodation for guests 旅馆 hotel ❷embassy, legation or consulate ❸shop 饭馆 restaurant ❹a place for cultural activities 文化馆 cultural centre

管 guǎn ❶tube; pipe ❷wind instrument ❸valve; tube ❹manage; run; be in charge of ❺subject sb. to discipline ❻bother about; mind ❼provide; guarantee 管住 provide accommodation 管保 guarantee; certainly; surely 管道 pipeline; piping; conduit; tubing 管风琴 organ 管家 manager; house-keeper 管教 subject sb. to discipline 管理 manage; run; administer; supervise 管理不善 maladministration 管事 run affairs; be in charge of; of use 管束 restrain; check; control 管辖 have jurisdiction over; administer 管弦乐 orchestral music 管用 sth. will work 还真管用。It works. 管乐队 wind band 管乐器 wind instrument 管制 control; put under surveillance

贯 guàn ❶pass through; pierce ❷be linked together ❸birthplace; native place

贯彻 carry out; implement; put into effect 贯穿 run through; penetrate 贯串 run through; permeate 贯通 have a thorough knowledge of; joined up; run 贯注 concentrate on; be absorbed in

冠 guàn precede; crown with the best 全国之冠 rank first in the whole country 冠词 article 冠军 champion

惯 guàn ❶be used to; be in the habit of ❷indulge; spoil (a child) 惯犯 habitual offender 惯匪 hardened bandit 惯例 convention; usual practice 惯用 habitually practise; consistently use

盥 guàn wash 盥洗室 washroom 盥洗用具 toilet articles

灌 guàn ❶irrigate ❷fill; pour 把某人灌到桌子下 drink sb. under the table 灌醉 get sb. drunk 灌肠 sausage 灌唱片 cut a disc 灌溉 irrigate 灌木 bush; shrub 灌输 instil into; inculcate; imbue with; indoctrinate

罐 guàn jar; pot; tin 茶叶罐 tea caddy 罐头 tin; can 罐头食品 tinned food 罐子 pitcher; jug; pot

GUANG

光 guāng ❶light; ray ❷brightness; lustre ❸honour; glory ❹ scenery 春光 spring scene ❺smooth; glossy; polished be smooth on both sides ❻used up; nothing left ❼bare; naked ❽solely; only; merely; alone 光波 light wave 光复 recover 光棍儿 unmarried man; bachelor 光华 brilliance; splendour 光滑 smooth; glossy; sleek 光辉 radiance; brilliance; brilliant; magnificent; glorious 光景 scene; conditions 光亮 bright;

luminous; shiny 光芒 rays of light; brilliant rays; radiance 光明 light; bright; promising 光明磊落 open and aboveboard 光荣 honour; glory; credit 光天化日 in broad daylight 光头 bareheaded 光线 light; ray 光阴 time 光阴似箭 time flies like an arrow; how time flies

广 guǎng ❶wide; vast; extensive ❷numerous ❸expand; spread 广播 broadcast; be on the air 广播电台 radio station 广博 wide; extensive (knowledge) 广场 (public) square 广大 vast; wide; large-scale; numerous 广大读者 the reading public 广度 scope; range 广泛 extensive; wide-ranging; widespread 广告 advertisement 做广告 advertise 广告画 poster 广告栏 advertisement column 广告牌 billboard 广阔 vast; wide; broad 广漠 vast and bare 广义 broad sense

逛 guàng stroll; ramble; roam 逛大街 stroll around the streets 游逛 loiter; loaf about

GUI

归 guī ❶go back to; return 无家可归 be homeless ❷give back; return sth. to (its rightful owner, etc.) ❸converge; come together ❹turn over to; put in sb.'s charge 归案 bring (a criminal) to justice 归档 place on file; file 归队 rejoin one's unit 归根结底 in the final analysis 归功于 give the credit to 归国 return to one's country 归还 return; revert 归结 sum up; put in a nutshell 归类 sort out; classify 归纳 induce; conclude 归入 classify; include 归属 belong to 归宿 a home to return to 归心似箭 impatient to get back; anxious to return 归于 belong to; result in; end in 归

罪 put the blame on; impute to

龟 guī tortoise; turtle 龟甲 tortoise-shell 龟缩 withdraw into passive defence; hole up

规 guī ❶compasses; dividers ❷regulation; rule ❸advise ❹map out ❺gauge 规避 evade; dodge; avoid 规程 rules; regulations 规定 provide; fix; set 规范 standard; norm 规范管理 standardized administration 规格 standards; norms 规划 programme; plan 规矩 rule; established practice; well-behaved; well-disciplined; behave oneself 规律 law; regular pattern 规模 scale; scope; dimensions 规劝 admonish; advise 规则 rule; regulation

闺 guī boudoir 闺房 boudoir 闺女 girl; daughter

硅 guī silicon 硅谷 silicon valley

瑰 guī rare; marvellous 瑰宝 rarity; treasure; gem 瑰丽 surpassingly beautiful; magnificent

轨 guī ❶rail; track ❷course; path 轨道 track course; path 轨范 standard; criterion

诡 guī deceitful; tricky; cunning 诡辩 sophistry; sophism 诡计 crafty plot; trick; ruse 诡秘 surreptitious（in one's movements）; secretive 诡诈 crafty; treacherous

鬼 guī ❶ghost; spirit; apparition ❷ stealthy; surreptitious ❸ sinister; plot; dirty trick ❹terrible; damn ~ able; horrible ❺clever; smart; quick 鬼怪 ghosts and monsters 鬼鬼祟祟 sneaking; furtive; stealthy 鬼话 lie 鬼混 lead an aimless or irregular existence; fool around 鬼脸 funny face; wry face 鬼迷心窍 be pos-

sessed; be obsessed 鬼神 ghosts and gods; spirits 鬼主意 evil plan; wicked idea 鬼子 devil

刽 guì cut off; chop off 刽子手 headsman; butcher

柜 guì cupboard; cabinet 书柜 bookcase 衣柜 wardrobe 柜台 counter; bar

贵 guì ❶expensive; costly; dear 价钱太贵 it is too dear ❷ highly valued; worth; valuable; precious ❸noble ❹your 贵宾 honoured guest; distinguished guest 贵金属 precious metal 贵族 noble; aristocrat

桂 guì ❶cassiabarktree ❷laurel; bay tree ❸sweet-scented osmanthus 桂冠 laurel 桂花 sweet-scented osmanthus 桂皮 cassia bark 桂圆 longan

跪 guì kneel; go down on one's knees 跪拜 worship on bended knees; kowtow 跪倒 throw oneself on one's knees; grovel

GUN

滚 gǔn ❶ roll; trundle ❷ get away; beat it ❸ bind; trim 滚蛋 get out; scram 滚动 roll; trundle 滚滚 roll; billow; surge

棍 gùn ❶ rod; stick ❷ scoundrel; rascal 恶棍 ruffian 赌棍 gambler 棍棒 club; cudgel; a stick or staff used in gymnastics

GUO

锅 guō❶ pot, pan, boiler, cauldron, etc. ❷ bowl（of a pipe, etc.）锅巴 rice crust 锅炉 boiler 锅台 the top of a kitchen range 锅贴儿 lightly fried dumpling

国 guó ❶ country; state; nation ❷ of the state; national ❸ of our country; Chinese 国宝 national treasure 国宾 state guest 国策 national policy 国产 made in our country; made in China 国耻 national humiliation 国都 (national) capital 国法 (national) law 国防 national defence 国歌 national anthem 国画 traditional Chinese painting 国徽 national emblem 国会(英) parliament; (美) Congress; (日) the Diet Chinese goods 国货 Chinese goods 国籍 nationality 国计民生 the national economy and the people's livelihood 国际 international 国际歌 The Internationale 国际公认 internationally recognized 国际惯例 international practice 国际主义 internationalism 国家 country; state; nation 国家大事 national affairs 国家机关 state organs; government offices 国家重点工程 national key project 国界 national boundaries 国境 territory 国境线 territory line 国库 national treasury; exchequer 国力 national power 国民 national 国难 national calamity 国旗 national flag 国情 the condition of a country; national conditions 国庆 National Day 国事 state affairs 国手 national champion; grand master 国土 territory; land 国外 external; overseas; abroad 国王 king 国务会议 state conference 最高国务会议 the Supreme State Conference 国务卿 (美) Secretary of State 国务院 ①the State Council ②(美) the State Department 国宴 state banquet 国内 internal; domestic; home 国营 state-operated; state-run 国有 state-owned 国债 national debt

果 guǒ ❶ fruit ❷ result; consequence ❸ determined ❹ really; sure enough ❺ if indeed; if really 果断 resolute; decisive 果脯 preserved fruit; candied fruit 果敢 courageous and resolute 果酱 jam 果木 fruit tree 果皮 peel; rind 果品 fruit 果

然 really; as expected; sure enough 果仁儿 kernel 果肉 the flesh of fruit; pulp 果实 fruit; gains; fruits 果树 fruit tree 果园 orchard 果汁 fruit juice 果子 fruit 果子酒 fruit wine 果子露 fruit syrup

裹 guǒ bind; wrap 裹腿 puttee 裹胁 force to take part; coerce 裹足不前 hesitate to move forward

过 guò ❶ cross; pass 过不去 cannot get through; be hard on; make it difficult for ❷ across; past; through; over ❸ spend (time); pass (time) how did you spend your holiday ❹ after; past ❺ undergo a process; go through ❻ exceed; go beyond ❼ excessively; unduly ❽ fault; mistake 过场 cross the stage 过磅 weigh 过程 course process 在讨论过程中 in the course of the discussion 过错 fault; mistake 过度 excessive; undue 过度开垦 excess reclamation 过渡 interim; transition 过渡时期 a period of transition 过分 excessive 过分强调 put undue stress on; overemphasize 过分自信 overconfidence in oneself 过后 afterwards; later 过火 go too far; overdo; overplay one's hand 过奖 overpraise 过境贸易 transit trade 过境签证 transit visa 过境税 transit duty 过来 come over; come up 过敏 allergy 过目 look over 过期 be overdue; expire 过去 ① formerly; previously; ②go over; pass by 过剩 excess; surplus 过失 error; fault; slip 过时 out-of-date; out of fashion 过时的观念 antiquated ideas 过时的设备 outmoded equipment 过时不候 no waiting after the set time 过头 go beyond the limit; overdo 过问 concern oneself with; take an interest in 过夜 stay overnight 过重 overweight 过足(眼瘾) quench the thirsty of one's (eye)

H

HA

哈 hā ❶breathe out (with the mouth open) ❷aha 打哈 give a yawn 哈欠 yawn 哈腰 bend one's back; stoop; bow

HAI

咳 hāi oh; what; dammit

还 hái ❶still; yet ❷even more; still more ❸also; too; as well; in addition ❹passably; fairly ❺even 还好 not bad; passable; fortunately 还是 still; nevertheless; all the same 你还是别这样做吧。I should advice you not to do so.

孩 hái child 孩子 child; son or daughter; children 孩子气 childishness

海 hǎi ❶sea or big lake ❷a great number of people or things coming together 人海 a sea of people ❸extra large; of great capacity 海碗 a very big bowl 海岸 seacoast; seashore 海岸线 coastline 海拔 elevation 海报 playbill 海豹 seal 海滨 seaside 海产 marine products 海船 seagoing vessel 海带 kelp 海岛 island (in the sea) 海盗 pirate; sea rover 海堤 sea wall 海底 seabed; sea floor 海尔 Haier 海防 coast defence 海风 sea breeze; sea wind 海港 seaport; harbour 海关 customs 海角 cape

海景 seascape 海军 navy 海枯石烂 till all the seas gang dry and the rocks melt with the sun 海里 sea mile 海量 have a hollow leg 海路 sea route; sea-lane; seaway 走海路 travel by sea 海米 dried shrimps 海绵 foam rubber or plastic 海鸥 sea gull 海上 at sea; on the sea 海上作业 operation on the sea 海参 sea cucumber 海市蜃楼 mirage 海誓山盟 (make) a solemn pledge of love 海水 seawater; brine; the sea 海水淡化 desalination 海滩 seabeach; beach 海图 marine chart 海外 overseas; abroad 海外华侨 overseas Chinese 海外同胞 countryman or compatriots residing abroad 海湾 bay; gulf 海王星 Neptune 海味 choice seafood 海峡 strait; channel 海员 seaman; sailor; mariner 海运 ocean shipping

骇 hài be astonished; be shocked 骇客 hacker 骇然 gasping with astonishment 骇人听闻 shocking; appalling

害 hài ❶evil; harm; calamity ❷harmful; destructive; injurious ❸do harm to; impair ❹kill; murder ❺contract (an illness); suffer from ❻feel (ashamed, afraid, etc.) 害虫 injurious insect 害处 harm 害鸟 harmful bird 害怕 be afraid; be scared 害群之马 An evil member of the herd; black sheep 害人害己 Harm watch, harm catch. 害臊 feel ashamed; be bashful 害羞 be bashful; be shy 害眼

have eye trouble

HAN

酣 hān (drink, etc.) to one's heart's content 酣畅 merry and lively (with drinking); fully 酣睡 be fast asleep 酣战 hard-fought battle

憨 hān ❶foolish; silly ❷naive; ingenuous 憨厚 simple and honest

鼾 hān snore 鼾声 sound of snoring 鼾睡 sound, snoring sleep

含 hán ❶keep in the mouth ❷contain ❸nurse; cherish; harbour 含恨 nurse one's hatred 含苞 be in bud 含糊 ambiguous; vague; careless; perfunctory 含糊其词 talk ambiguously 含混 indistinct 含金量 gold content 含沙射影 attack by innuendo 含笑 have a smile on one's face 含羞 with a shy look 含蓄 contain; reserved 含义 meaning; implication

函 hán ❶case; envelope ❷letter 函授 teach by correspondence 函授学校 correspondence school

涵 hán contain 涵养 virtue of patience; self-restraint

寒 hán ❶cold ❷tremble (with fear) ❸poor; needy ❹humble 寒舍 my humble home 寒伧 ugly; shabby; disgraceful 寒带 frigid zone 寒假 winter vacation 寒噤 shiver (with cold or fear) 寒流 cold current 寒气 cold air; cold draught 寒暑表 thermometer 寒酸 miserable and shabby 寒心 be bitterly disappointed 寒暄 exchange of conventional greetings

罕 hǎn rarely; seldom 罕见 seldom

seen; rare 罕闻 seldom heard of

喊 hǎn ❶shout; cry out; yell 喊口号 shout slogans ❷call (a person) 喊话 propaganda directed to the enemy at the front line; communicate by tele-equipment 喊冤叫屈 cry out about one's grievances

汉 hàn ❶the Han nationality ❷Chinese (language) ❸man 老汉 an old man 汉奸 traitor (to China) 汉学家 sinologist 汉语 Chinese (language) 汉字 Chinese character

汗 hàn sweat; perspiration 出汗 sweat; perspire 汗背心 sleeveless undershirt; vest; singlet 汗流浃背 streaming with sweat 汗马功劳 distinctions won in battle; one's contributions in work 汗毛 fine hair on the human body 汗衫 undershirt

旱 hàn ❶dry spell; drought 抗旱 combat drought ❷dryland ❸on land 旱稻 dry rice 旱季 dry season 旱路 overland route 走旱路 travel by land 旱田 dry farmland 旱象 signs of drought 旱烟 tobacco (smoked in a long-stemmed Chinese pipe)

悍 hàn ❶brave; bold ❷fierce; ferocious 悍然 outrageously; brazenly

捍 hàn defend; guard 捍卫 guard; protect 捍卫国家主权 uphold state sovereignty

焊 hàn weld; solder 焊工 welder 焊接 welding

憾 hàn regret 引为憾事 deem it regrettable 死而无憾 die without regret 憾事 a matter for regret

HANG

夯 hāng ❶ rammer; tamper ❷ ram; tamp; pound 夯土 ram the earth

行 háng ❶ line; row ❷ seniority among brothers and sisters ❸ trade; profession; line of business ❹ business firm 改行 change one's profession 行当 trade; profession; line of business 行话 jargon; cant 行家 expert; connoisseur 行列 ranks 行情 quotations (on the market); prices 行业 trade; profession

吭 háng throat 引吭高歌 sing lustily

航 háng ❶ boat; ship ❷ navigate (by water or air) 夜航 night navigation 民航 civil aviation 航标 navigation mark 航程 voyage; passage; range 航道 channel; lane; course 航海 navigation 航空 aviation 航空小姐 air hostess 航空母舰 aircraft carrier 航天 spaceflight 航图 chart 航线 air or shipping line; route; course 航向 course (of a ship or plane) 航行 navigate by water; sail; navigate by air; fly 航运 shipping

HAO

号 háo ❶ howl; yell ❷ wail 哀号 cry piteously; wail 号啕 cry loudly 号啕大哭 cry one's eyes out

毫 háo ❶ fine long hair ❷ writing brush ❸ in the least; at all 毫不动摇 not waver in the least 毫不夸张地说 It may be said without fear of exaggeration 毫不迟延 without delay 毫不知情 be in the dark about sth. 毫无道理 utterly unjustifiable

毫厘 the least bit; an iota 毫毛 soft hair on the body 毫无进展 make no headway on sth.

豪 háo ❶ bold and unconstrained; forthright ❷ despotic; bullying 豪富 powerful and wealthy; the rich and powerful 豪华 luxurious; sumptuous; de luxe 豪杰 person of exceptional ability; hero 豪迈 bold and generous; heroic 豪门 rich and powerful family; wealthy and influential family 豪气 heroism; heroic spirit 豪强 despotic; tyrannical; bully 豪情 lofty sentiments 豪爽 straightforward; forthright 豪兴 exuberant spirits 豪言壮语 brave words

壕 háo ❶ moat ❷ trench 挖壕 dig trenches 壕沟 trench; ditch 壕堑战 trench warfare

嚎 háo howl; wail 狼嚎 the howl of a wolf

好 hǎo ❶ good; fine; nice ❷ friendly; kind ❸ be in good health; get well ❹ O. K.; all right; well ❺ be easy (to do); be convenient ❻ so as to; so that 好半天 quite a while 好办 easy to handle 好比 can be compared to; may be likened to 好吃 good to eat; tasty; delicious 好处 good; benefit; advantage; gain; profit 空谈没有好处。Empty talk is no good. 他没有捞到任何好处。He has gained nothing. 好感 good opinion; favourable impression 好过 have an easy time 好汉 brave man; hero 好话 a good word 好看 good-looking; nice 好莱坞 Hollywood 好评 high opinion; favourable comment 好听 pleasant to hear 好玩儿 interesting; amusing 好像 be like; seem 好笑 funny 又好气又好笑 be annoying and amusing at the same time 好心 good intention; kindhearted 好意 good intention

号 hào ❶ name 绰号 nickname ❷ assumed name; alternative name ❸ businesshouse 分号 branch (of a firm, etc.) ❹ mark; signal 加号 plus sign ❺ number 编号 serial number ❻ size ❼ date ❽ order ❾ any brasswind instrument ❿ anything used as a horn 螺号 conch ⓫ bugle call 起床号 reveille 号称 be known as; claim to be 号角 bugle; bugle call 号令 verbal command; order 号码 number 号码机 numbering machine 号手 trumpeter; bugler 号外 extra (of a newspaper) 号召 call; appeal

好 hào ❶ like; love; be fond of 好表现 like to show off 好学 eager to learn ❷ be liable to 好伤风 be subject to colds 好吃懒做 be gluttonous and lazy 好高骛远 aim too high 好客 be hospitable 好奇 be curious 好奇心 curiosity 好强 eager to do well in everything 好胜 seek to do others down 好事 meddlesome; officious 好逸恶劳 love ease and hate work 好战 bellicose; warlike

耗 hào ❶ consume; cost 耗电量 power consumption 别耗了 stop dawdling ❷ waste time; dawdle ❸ bad news 耗费 expend (time, money, etc.) 耗尽 exhaust; use up 耗损 consume; waste; lose 耗用 usage 耗子 mouse; rat

浩 hào great; vast; grand 浩大 very great; huge 浩荡 vast and mighty 浩繁 vast and numerous 浩劫 great calamity; catastrophe 浩气 noble spirit

皓 hào ❶ white ❷ bright; luminous 皓齿 white teeth 皓首 hoary head 皓月 bright moon

HE

呵 hē breathe out (with the mouth open) 呵一口气 give a puff 呵斥 berate; excoriate 呵欠 yawn

喝 hē ❶ drink 喝矿泉水 drink the spring water ❷ drink alcoholic liquor 喝茶 drink tea 喝醉 be drunk

禾 hé standing grain (esp. rice) 禾苗 seedlings of cereal crops

合 hé ❶ close; shut ❷ join; combine ❸ whole (family) ❹ suit; agree (with) 合胃口 suit one's taste 合得来 get along well ❺ be equal to; add up to 合并 merge; amalgamate 合唱 chorus 合成 compose; compound 合成词 compound word 合法 lawful; legal 惟一合法政府 the sole legal government 合法地位 legal status 合法继承人 legitimate heir 合法权益 legitimate right and interests 合格 qualified; up to standard 合格率 acceptance rate 合伙 form a partnership; be cheek by jowl with sb 合伙经营 run a business in partnership 合计 ①amount to ②total ③consult 大家合计一下, 看哪个方案比较好。Let's lay our heads together to see which of the plans is better. 合理 reasonable; rational; equitable 合理利用 make rational use of 合力 join forces 合谋 conspire 合身 fit 合时 be times 合适 appropriate; suitable 合算 worthwhile 合同 contract 合营 jointly owned; jointly operated 合组 consolidate 合作 cooperate

何 hé 何人 who 何时 when 何处 where 何必 there is no need; why 何不 why not 何妨 why not; might as well 何苦 why bother; is it worth the trouble 何况 much less; let alone 何以 how; why 何以见得 what makes you think so 何在 where 困难何在 wherein lies the difficulty 原因何在 what is the reason for it 何止 far more than

河 hé river 河岸 river bank 河床 riverbed 河沟 brook; stream 河谷 river valley

和 hé ❶gentle; mild; kind ❷harmonious; on good terms ❸peace 讲和 make peace ❹draw; tie chess ended in a draw ❺together with ❻with; as ❼and 和蔼 kindly; affable; amiable; genial; suave 和好 become reconciled 和好如初 be on good terms again 和缓 gentle; mild; ease up; relax 和会 peace conference 和解 become reconciled 和局 drawn game; draw; tie 和睦 harmony; concord; amity 和睦的家庭 closely knit family 和平 peace 和平共处 peaceful coexistence 和平主义 pacifism 和气 gentle; kind; polite; amiable 和善 kind and gentle; genial 和尚 Buddhist monk 和谈 peace talks 和谐 harmonious 和煦 pleasantly warm; genial (sunshine) 和颜悦色 with a kind and pleasant countenance 和约 peace treaty 和衷共济 work together with one heart and one mind

荷 hé lotus 荷包 small bag 荷蛋 fried eggs 荷花 lotus 荷叶 lotus leaf

核 hé ❶pit; stone ❷nucleus ❸examine; check 核爆炸 nuclear explosion 核不扩散 unclear non-proliferation 核定 check and ratify 核对 check 核计 assess; calculate 核仁 kernel (of a fruit-stone) 核实 verify; check 核试验 nuclear test 核酸 nucleic acid 核算 business accounting 核桃 walnut 核武器 nuclear weapon 核心 nucleus; core; kernel 核心力量

force at the core 核战争 nuclear war 核装置 nuclear device

盒 hé box; case 铅笔盒 pencil box 盒饭 a box lunch (带) 盒饭 brown-bag lunch 盒子枪 Mauser pistol

吓 hè threaten; intimidate

和 hè ❶join in the singing ❷compose a poem in reply

贺 hè congratulate 贺词 congratulations 贺电 message of congratulation 贺礼 gift 贺岁片 new year greeting film 贺喜 congratulate sb. on a happy occasion 贺信 congratulatory letter

荷 hè ❶carry sth. on one's shoulder or back ❷burden 荷载 load

喝 hè shout loudly 喝彩 acclaim; cheer 喝倒彩 make catcalls; hoot; boo

褐 hè brown 褐煤 brown coal 褐色土 drab soil

鹤 hè crane 鹤嘴锄 pick; pickaxe; mattock

HEI

黑 hēi ❶black ❷dark ❸secret; shady ❹wicked; sinister 黑暗 dark 黑暗统治 dark rule 黑白 black and white; right and wrong 黑板 blackboard 黑帮 reactionary gang; sinister gang 黑豆 black soybean 黑话 (bandits') argot 黑货 smuggled goods; trash 黑客 hacker 黑面包 black bread 黑名单 blacklist 黑幕 inside story of a plot, shady deal, etc. 黑人 Black people; Black; Negro 黑市 black market 黑体 boldface (type) 黑匣子 black box

HEN

痕 hén mark; trace 泪痕 tear stains 痕迹 mark; trace; vestige

很 hěn very; quite; awfully

狠 hěn ❶ruthless; relentless ❷suppress (one's feelings); harden (the heart) ❸firm; resolute 狠毒 vicious; venomous 狠心 cruel-hearted; heartless 狠宰一笔 a big killing

恨 hèn ❶hate ❷regret 遗恨 eternal regret 恨不得 how one wishes one could; itch to 恨事 a matter for regret

HENG

亨 hēng go smoothly 亨通 go smoothly 万事亨通 everything is going smoothly

哼 hēng ❶groan; snort ❷hum; croon 哼哧 puff hard

恒 héng ❶permanent; lasting 永恒 eternal; everlasting ❷perseverance 持之以恒 persevere in (doing sth.) ❸usual; common; constant 恒心 constancy of purpose 恒星 (fixed) star

横 héng ❶ horizontal; transverse ❷across; sideways ❸move cross-wise; traverse traverses five provinces ❹ unrestrainedly; turbulently ❺violently; fiercely; flagrantly 横加阻挠 wilfully obstruct 横加干涉 flagrantly interfere 横财 ill-gotten wealth 横冲直撞 push one's way by shoving or bumping; barge about 横幅 rank; row 横幅 streamer; banner 横格纸 lined paper 横跨 stretch over or across 横

眉 frown; scowl 横眉怒目 dart fierce looks of hate 横批 a horizontal scroll (bearing an inscription) 横扫 sweep away 横行 run amuck; be on a rampage 横行霸道 play the tyrant 横征暴敛 levy exorbitant taxes

衡 héng ❶the graduated arm of a steelyard ❷weighing apparatus 衡量 measure; judge

横 hèng ❶harsh and unreasonable; perverse ❷unexpected 横财 ill-gotten wealth 横祸 unexpected calamity

HONG

轰 hōng ❶bang; boom ❷rumble; bombard; explode ❸shoo away; drive off 轰动 make a stir 轰轰烈烈 vigorous; dynamic 轰击 shell; bombard 轰隆 rumble; roll 轰鸣 thunder; roar 轰然 with a loud crash 轰炸 bomb 轰炸机 bomber

哄 hōng ❶roars of laughter ❷hubbub 哄抬 drive up (prices) 哄堂大笑 the whole room rocking with laughter

烘 hōng ❶dry or warm by the fire ❷set off 烘焙 cure (tea or tobacco leaves) 烘烤 toast; bake 烘托 set off by contrast 烘箱 oven

弘 hóng ❶great; grand; magnificent ❷enlarge; expand 弘大 grand

红 hóng ❶ red ❷ revolutionary 红榜 honour board 红宝石 ruby 红茶 black tea 红豆 love pea 红果 haw 红军 the Red Army; Red Army man 红利 bonus; extra dividend 红脸 blush; flush with anger 红领巾 red scarf; Young Pioneer 红领章 red collar tab 红绿灯 traffic light 红木

padauk 红旗 red flag or banner 红薯 sweet potato 红糖 brown sugar 红星 red star 红血球 red blood cell 红晕 blush; flush

宏 hóng great; grand; magnificent 宏大 grand; great 宏观 macro 宏观调控 macro-control 宏图 great plan

洪 hóng ❶big; vast ❷flood 洪大 loud 洪峰 flood peak 洪亮 loud and clear; sonorous 洪流 powerful current 洪水 flood; floodwater

虹 hóng rainbow 虹吸管 siphon 虹吸现象 siphonage

鸿 hóng ❶swan goose ❷letter ❸great; grand 鸿沟 wide gap; chasm 鸿雁 swan goose

哄 hōng ❶fool; humbug ❷coax; humour 哄骗 cheat

哄 hòng uproar, horseplay 起哄 (of a crowd of people) jeer; boo and hoot 一哄而散 break up in an uproar

HOU

侯 hóu ❶marquis ❷a nobleman or a high official 侯爵 marquis 侯爵夫人 marquise

喉 hóu larynx; throat 喉结 Adam's apple 喉咙 throat 喉舌 mouthpiece

猴 hóu ❶monkey 耍猴 monkey show ❷clever boy 猴皮筋 rubber band

吼 hǒu roar; howl

后 hòu ❶behind; back; rear ❷after; afterwards; later ❸offspring ❹empress; queen 后半 latter half; second half 后备

reserve 后备资金 reserve fund 后备力量 reserve forces 后辈 younger generation (in later periods; descendants; posterity) 后爹 step-father 后盾 backing 后方 rear 后方基地 rear base 后顾 turn back (to take care of sth.) 后顾之忧 fear of disturbance in the rear 后果 consequence; aftermath 后患 future trouble 后患无穷 no end of trouble for the future 后悔 regret; repent 后悔莫及 too late to repent 后继 succeed; carry on 后来 afterwards; later 后来居上 the latecomers surpass the old-timers 后路 route of retreat; a way of escape 后门 back door 走后门 get in by the "back door"; get sth. done through pull 后面 at the back; in the rear; behind 后年 the year after next 后娘 step-mother 后起之秀 an up-and-coming youngster 后勤 rear service; logistics 后台 backstage; backstage supporter 后台老板 backstage boss 后天 day after tomorrow; acquired 后退 draw back; retreat 后裔 descendant; offspring 后援 backing 后院 backyard 后缀 suffix

厚 hòu ❶thick ❷deep; profound ❸kind; magnanimous ❹large; generous ❺rich or strong in flavour ❻favour; stress 厚道 honest and kind; accommodating 厚度 thickness 厚望 great expectations 不负厚望 live up to sb.'s expectations 厚颜无耻 brazen; shameless; effrontery 厚意 kind thought; kindness

候 hòu ❶wait; await ❷inquire after 候补 be a candidate (for a vacancy); be an alternate 候车室 waiting room 候机楼 air terminal 候机室 airport lounge or waiting room 候鸟 migratory bird; migrant 候选人 candidate

HU

呼 hū ❶breathe out; exhale ❷shout; cry out ❸call 呼号 call sign; call letters 呼唤 call; shout to 呼救 call for help 呼哨 whistle 呼吸 breathe; respire 呼啸 whistle; scream; whizz 呼应 echo; work in concert with 呼吁 appeal; call on 呼吁书（letter of）appeal

忽 hū ❶neglect; overlook; ignore ❷suddenly 忽略 overlook; lose sight of 忽然 suddenly; all of a sudden 忽视 ignore; neglect

糊 hū plaster 糊一层泥 spread a layer of mud

囫 hú 囫囵 whole 囫囵吞枣 swallow dates whole—read without understanding

狐 hú fox 狐臭 body odour 狐媚 bewitch by cajolery; entice by flattery 狐朋狗友 a gang of scoundrels 狐裘 fox-fur robe 狐疑 doubt; suspicion

弧 hú arc 弧度 radian 弧光 arc light 弧形 arc; curve

胡 hú ❶ introduced from the northern and western nationalities or from abroad ❷recklessly; wantonly; outrageously ❸moustache, beard or whiskers 胡扯（talk）nonsense; talk rot 胡蜂 wasp; hornet 胡搞 mess things up; carry on an affair with sb.; be promiscuous 胡话 ravings; wild talk 胡椒 pepper 胡搅 pester sb.; be mischievous 胡搅蛮缠 pester sb. endlessly; harass 胡来 make trouble 胡乱 carelessly; casually 胡萝卜 carrot 胡闹 run wild 胡说八道 shoot from the hip 胡思乱想 go off into wild flights of fancy 胡

同 lane; alley 胡须 beard, moustache or whiskers

壶 hú ❶kettle; pot 茶壶 teapot 油壶 oil can ❷bottle; flask 行军壶 water bottle; canteen

核 hú stone; pit; core 杏核 apricot stone 梨核 pear core 煤核 cinders

湖 hú lake 湖滨 lakeside 湖泊 lakes 湖色 light green

葫 hú 葫芦 bottle gourd; calabash

糊 hú ❶paste ❷stick with paste ❸（of food）burnt 糊精 dextrin 糊墙纸 wall paper 糊涂 muddled; confused

蝴 hú 蝴蝶 butterfly 蝴结 bow

虎 hǔ tiger 虎口 tiger's mouth—jaws of death 虎口余生 survive a disaster; have a narrow escape 虎头蛇尾 in like a lion, out like a lamb; fine start and poor finish 虎穴 tiger's den

唬 hǔ bluff

琥 hǔ 琥珀 amber 琥油 amber oil

户 hù ❶door ❷household; family ❸（bank）account 存户（bank）depositor 户籍 household register 户警 policeman in charge of household registration 户口 number of households and total population 户口簿 residence booklet 户头（bank）account 开户头 open an account 户外运动 open-air excercise; outdoor activities 户主 head of a household

互 hù mutual; each other 互补 complement 互补性 complementality 互访 exchange visits 互惠 mutual benefit 互惠贸易 reciprocal trade 互利 mutually beneficial 互联网 internet 互相 mutual; each other 互助 help each other

护 hù ❶protect; guard; shield ❷be partial to 护航 escort; convoy 护理 tend and protect; nurse 护身符 protective talisman 护士 (hospital) nurse 护送 escort 护照 passport

糊 hù paste 糊弄 fool; deceive; go through the motions

HUA

花 huā ❶flower; blossom; bloom ❷pattern; design ❸coloured; variegated ❹blurred; dim ❺spend; expend 花瓣 petal 花边 decorative border 花布 cotton print 花丛 flowering shrubs 花房 greenhouse 花费 expend; cost 花岗岩 granite 花环 garland; floral hoop 花椒 Chinese prickly ash 花篮 a basket of flowers 花露水 toilet water 花名册 membership roster 花盆 flowerpot 花瓶 flower vase 花圈 (floral) wreath 花生 peanut; groundnut 花饰 ornamental design 花束 bouquet 花坛 flower bed 花纹 decorative pattern; figure 花言巧语 sweet words 花样 pattern; variety 花样繁多 a great variety 花园 (flower) garden 花招 flourish; trick

划 huá ❶paddle; row (a boat) ❷be to one's profit; pay ❸scratch; cut the surface of 划拳 finger-guessing game 划算 calculate; weigh; pay 划子 small rowboat

华 huá ❶magnificent; splendid 华灯初上 The street lights just on. ❷prosperous; flourishing 繁华 bustling ❸best part ❹flashy; extravagant 华尔街 Wall Street 华尔兹 waltz 华贵 luxurious;

sumptuous; costly 华丽 resplendent; gorgeous 华侨 overseas Chinese 华裔 foreign citizen of Chinese origin

哗 huá noise; clamour 哗变 mutiny 哗众取宠 try to please the public with claptrap

滑 huá ❶slippery; smooth ❷slip; slide ❸cunning; crafty 滑板 skateboard 滑板运动 skateboarding 滑板车 skatemobile 滑冰 ice-skating; skating 滑动 slide 滑动平价 gliding parity 滑动税率 sliding scale duty 滑稽 funny; amusing; ludicrous 滑润 smooth 滑梯 (children's) slide 滑头 slippery; sly 滑雪 skiing

化 huà ❶change; turn; transform ❷convert; influence ❸melt; dissolve ❹digest ❺burn up ❻chemistry ❼-ize; -ify 工业化 industrialize 现代化 modernize 化肥 chemical fertilizer 化工 chemical industry 化脓 fester; suppurate 化身 incarnation; embodiment 化石 fossil 化为乌有 melt into thin air; vanish; come to naught 化学 chemistry 化验 chemical examination; laboratory test 化妆 put on makeup; make up 化妆品 cosmetics 化装 (of actors) make up

划 huà ❶delimit; differentiate ❷transfer; assign ❸draw; mark; delineate 划定 delimit; designate 划分 divide; differentiate 划清 draw a clear line of demarcation 划时代 epoch-making 划时代的意义 epoch-making significance 划一 standardized; uniform

话 huà ❶word; talk ❷talk about; speak about 话别 say good-bye 话柄 subject for ridicule; handle 话剧 modern drama; stage play 话题 topic of conversation 话筒 microphone; telephone transmitter 话头 thread of discourse 话务员 (telephone) operator

画 huà ❶draw; paint ❷drawing; painting ❸be decorated with paintings or pictures 画板 drawing board 画报 pictorial 画笔（painting）brush 画布 canvas （for painting）画册 picture album 画家 painter; artist 画架 easel 画匠 artisanpainter 画具 painter's paraphernalia 画廊 painted corridor 画面 tableau; frame 画蛇添足 gild the lily 画室 studio 画图 draw designs, maps, etc.; picture 画像 draw a portrait 画展 art exhibition

HUAI

怀 huái ❶bosom ❷mind ❸keep in mind ❹think of; yearn for ❺conceive （a child）怀抱 bosom 怀表 pocket watch 怀恨 nurse hatred 怀恨在心 bear sb. a grudge 怀疑 doubt; suspect 怀孕 be pregnant 怀孕期 period of pregnancy

踝 huái ankle

坏 huài ❶bad ❷go bad; spoil; ruin ❸badly; awfully; very 坏处 harm; disadvantage 坏蛋 bastard; scoundrel 坏东西 bastard; rogue 坏分子 bad element; evildoer 坏话 malicious remarks; vicious talk 坏人 bad person; evildoer 坏事 bad thing; evil deed

HUAN

欢 huān ❶joyous; merry; jubilant ❷vigorously; with great drive; in full swing 欢畅 thoroughly delighted; elated 欢度 spend（an occasion）joyfully 欢度佳节 celebrate a festival with jubilation 欢呼 hail; cheer 欢聚 happy reunion 欢聚一堂 enjoy a nice meeting together 欢快 lively 欢乐 happy; joyous; gay 欢庆 celebrate joyously 欢送 see off; send off 欢送仪式 seeing-off ceremony 欢腾 great rejoicing; jubilation 欢喜 joyful; happy; like; be fond of; delight in 欢笑 laugh heartily 欢心 favour; liking; love 欢欣鼓舞 be filled with exultation 欢迎 welcome; greet 欢迎词 welcoming speech

还 huán ❶go back ❷give back; return; repay ❸give or do sth. in return 还本 repayment of principal 还本付息 repayment of principal with interest 还击 fight back; return fire 还价 counter-offer 还礼 present a gift in return 还清 pay off （one's debts, etc.）还债 repay a debt

环 huán ❶ring; hoop ❷link ❸surround; encircle; hem in 环抱 surround; encircle 环顾 look about 环节 link 环境 environment; surroundings（人文）环境 ambience 环境保护 environmental protection 环球 global world; the whole world 环绕 encircle; revolve around 环行 going in a ring

缓 huǎn ❶slow; unhurried ❷delay; postpone; put off ❸not tense; relaxed ❹recuperate; revive; come to 缓冲 buffer; cushion 缓和 relax; ease（up）mitigate 缓慢 slow 缓期 postpone a deadline; suspend 缓刑 reprieve; probation

幻 huàn ❶unreal; imaginary; illusory ❷magical; changeable 幻灯 slide show 幻梦 illusion; dream 幻灭 vanish into thin air 幻想 fancy 幻影 unreal image

宦 huàn ❶official ❷eunuch 宦海 official circles

H

焕 huàn melt; vanish 涣散 lax; slack 纪律涣散 be lax in discipline

换 huàn ❶ exchange; barter; trade ❷ change 换班 change shifts; changing of the guard 换车 change trains or buses 换货贸易 barter trade 换气 take a breath (in swimming) 换钱 change money; sell 换取 exchange sth. for; get in return 换人 substitution of (players)

唤 huàn call out 唤起 arouse; call; recall 唤醒 wake up; awaken

焕 huàn shining; glowing 焕发 shine; glow; irradiate 焕发精神 call forth all one's vigour 焕然一新 take on an entirely new look; look brand-new

患 huàn ❶ trouble; peril; disaster ❷ anxiety; worry ❸ contract 患得患失 worry about personal gains and losses 患难 trials and tribulations 患难之交 tested friend 患难与共 go through thick and thin together 患者 sufferer; patient

HUANG

荒 huāng ❶ waste ❷ uncultivated land ❸ desolate; barren ❹ famine; crop failure ❺ neglect; be out of practice ❻ shortage; scarcity 荒诞 fantastic; absurd; incredible 荒岛 desert island 荒地 wasteland; uncultivated land 荒废 leave uncultivated; lie waste; neglect 荒山 barren hill 荒唐 absurd; fantastic; preposterous; loose; intemperate 荒芜 lie waste; go out of cultivation 荒野 wilderness; the wilds 荒淫 dissolute; licentious

慌 huāng flurried; flustered 慌忙 in a great rush; hurriedly

皇 huáng emperor; sovereign 皇帝 emperor 皇宫 (imperial) palace 皇冠 imperial crown 皇后 empress 皇权 imperial power 皇上 the emperor; the throne; the reigning sovereign; Your (His) Majesty 皇室 imperial family 皇太后 empress dowager 皇太子 crown prince 皇族 imperial kinsmen

黄 huáng yellow; sallow 黄澄澄 glistening yellow; golden 黄豆 soybean 黄蜂 wasp 黄瓜 cucumber 黄昏 dusk 黄金 gold 黄金储备 gold reserve 黄金时间 prime time 黄牛 cattle 黄泉 netherworld 黄色 yellow; decadent; obscene 黄色电影 blue movie 黄铜 brass 黄土高原 loess plateau 黄莺 oriole 黄油 butter 黄鱼 yellow croaker 黄种 the yellow race

惶 huáng fear; trepidation 惶惶 in a state of anxiety; alarmed 惶恐 terrified

蝗 huáng locust 蝗灾 plague of locusts

恍 huǎng ❶ all of a sudden; suddenly ❷ seem; as if 恍惚 in a trance; absent-minded; faintly 恍然大悟 suddenly see the light; it flashed on me

晃 huǎng ❶ dazzle ❷ flash past

谎 huǎng lie; falsehood 说谎 tell a lie 谎报 lie about sth.; give information; make a false report

幌 huǎng 幌子 shop sign; cover; front

晃 huàng shake; sway 晃动 rock; sway 晃悠 wobble; stagger; shake from side to side

HUI

灰 huī ❶ ash ❷ dust ❸ lime; mortar ❹

grey ❺ discouraged 灰暗 murky grey; gloomy 灰白 greyish white; ashen; pale 灰尘 dust; dirt 灰烬 ashes 灰溜溜 gloomy; crestfallen 灰蒙蒙 dusky; overcast 灰色 grey; ashy; gloomy; ambiguous 灰心 lose heart; be discouraged; be disheartened

诙 huī 诙谐 humorous; jocular 诙曲 humoresque

恢 huī extensive; vast 恢复 renew; resume (diplomatic relations, etc.); recover (one's health, consciousness, etc.); restore; reinstate

挥 huī ❶ wave; wield ❷ wipe off ❸ command (an army) ❹ scatter 挥动 brandish; wave; wield 挥霍 spend freely; squander 挥手 wave (one's hand) 挥手致意 wave greetings to

晖 huī sunshine; sunlight

辉 huī ❶ brightness; splendour ❷ shine 辉煌 brilliant

徽 huī emblem; badge 徽号 title of honour 徽章 badge; insignia

回 huí ❶ circle; wind ❷ return; go back ❸ turn ❹ answer; reply 回避 evade; dodge; avoid (meeting sb.) 回答 answer; reply; response 回访 pay a return visit 回购 buyback 回顾 look back; review 回击 fight back; return fire 回教 Islam 回绝 decline; refuse 回扣 kickback 回来 return; come back; be back 回声 echo 回收 retrieve; recover 回头 turn one's head; turn round 回味 aftertaste; call sth. to mind and ponder over it 回乡 return to one's home village 回想 think back; recall 回心转意 change one's views 回信 write in reply; reply 回

形针 (paper) clip 回忆 call to mind; recollect; recall 回忆录 recollections 回音 echo; reply 回执 receipt 回转 turn round

茴 huí 茴香 fennel; aniseed 茴香豆 beans flavoured with aniseed

蛔 huí 蛔虫 roundworm; ascarid

悔 huǐ regret; repent 悔改 repent and mend one's ways 悔过 repent one's error; be repentant 悔恨 regret deeply 悔悟 realize one's error and show repentance 悔罪 show repentance

毁 huǐ ❶ destroy; ruin; damage ❷ burn up ❸ defame 毁谤 slander; malign; calumniate 毁灭 exterminate 毁灭性打击 crushing blow 毁约 break one's promise

汇 huì ❶ converge ❷ gather together ❸ things collected; collection 词汇 vocabulary ❹ remit (money) 电汇 telegraphic transfer 汇报 report; give an account of 汇编 compilation; collection 汇兑 remittance 汇费 remittance fee 汇合 converge; join 汇集 collect; come together; converge 汇价 conversion rate 汇款 remit money 汇款单 remmitance advice 汇率 exchange rate 汇票 draft; bill of exchange

卉 huì (various kinds of) grass

会 huì ❶ get together ❷ see ❸ meeting; gathering; party ❹ association; society; union ❺ can; be able to ❻ be skilful in ❼ be likely to ❽ pay a bill 会餐 have a dinner party 会场 meeting-place 会合 join; meet; converge 会话 conversation 会聚 assemble; flock together 会客 receive a visitor 会客室 reception room 会商 hold a conference or consultation 会师 join forces; effect a junction 会谈

talks 会谈纪要 noteson talks 会堂 (assembly) hall 会演 joint performance 文艺会演 theatrical festival 会议 meeting; conference 会议日程 daily agenda of a conference 会员 member 会员国 member state 会长 the president of an association or society 会帐 pay a bill 会诊 consultation of doctors

讳 huì ❶avoid as taboo ❷forbidden word; taboo 讳言 dare not or would not speak up

诲 huì teach; instruct 诲人不倦 be tireless in teaching 诲淫诲盗 propagate sex and violence

绘 huì paint; draw 绘画 drawing; painting 绘声绘色 vivid; lively

烩 huì ❶braise ❷cook (rice or shredded pancakes) with meat, vegetables, etc.

贿 huì bribe 受贿 take bribes 行贿 practise bribery 贿赂 bribe; bribery

晦 huì dark; obscure 晦暗 dark and gloomy 晦气 unlucky 晦涩 hard to understand

秽 huì ❶dirty 污秽 filthy ❷ugly; immoral

惠 huì favour; kindness; benefit 惠存 please keep (this photograph, book, etc. as a souvenir) 惠予 kindly; be kindly enough to

慧 huì intelligent; bright 慧眼 insight; acumen

HUN

昏 hūn ❶dusk ❷dark; dim ❸confused ❹lose consciousness; faint 昏倒 go off into a faint 昏暗 dim; dusky 昏花 dimsighted (from old age) 昏厥 faint; swoon 昏迷 stupor; coma 昏迷不醒 remain unconscious 昏睡 lethargic sleep; lethargy 昏头昏脑 muddleheaded; forgetful 昏眩 dizzy; giddy 昏庸 fatuous; stupid

荤 hūn meat or fish 荤菜 meat dishes 荤油 lard

婚 hūn ❶wed; marry ❷marriage; wedding 婚礼 wedding (ceremony) 婚期 wedding day 婚姻 marriage; matrimony 婚姻法 marriage law 婚约 engagement

浑 hún ❶muddy; turbid ❷foolish; stupid ❸simple and natural ❹whole; all over 浑厚 simple and honest 浑身 from head to foot; all over 浑身是劲 brimming with energy 浑水摸鱼 fish in troubled waters

混 hún 混蛋 rascal; bastard

魂 hún ❶soul ❷mood; spirit 魂不附体 as if the soul had left the body

混 hùn ❶mix; confuse ❷pass for; pass off as ❸muddle along 混日子 drift along aimlessly ❹ get along with sb. thoughtlessly; recklessly 混充 pass oneself off as 混纺 blending 混合 mix; blend 混乱 confusion; chaos 混凝土 concrete 混同 confuse; mix up 混为一谈 lump together; confuse sth. with sth. else 混淆 obscure; blur 混血儿 halfbreed 混杂 mix; mingle

HUO

豁 huō ❶slit; break; crack ❷give up;

sacrifice 豁出去 go ahead regardless; be ready to risk everything 豁口 break; breach 豁嘴 harelip; a harelipped person

和 huó mix (powder) with water, etc. 和面 knead dough

活 huó ❶live ❷alive; living 活剥皮 skin sb. (sth.) alive ❸save (the life of a person) ❹vivid; lively ❺movable; moving ❻exactly; simply ❼work ❽product 活动 move about; exercise; shaky; unsteady; movable; flexible; activity; manoeuvre 活该 serve sb. right 活计 handicraft work; manual labour; handiwork; work 活结 slipknot 活力 vigour; vitality; energy 活路 way out; workable method 活命 earn a bare living; save sb.'s life 活泼 lively; vivid 活期 current 活期储蓄 current deposit 活期存款 current account; demand deposit 活页 loose-leaf (binder, selections, etc.) 活跃 brisk; active; animate

火 huò ❶fire ❷firearms; ammunition ❸fiery; flaming ❹anger; temper 火柴 match 火车 train 火攻 fire attack 火光 flame; blaze 火锅 chafing dish 火红 red as fire 火花 spark 火碱 caustic soda 火箭 rocket 火警 fire alarm 火炬 torch 火坑 fiery pit 火辣辣 burning 火力 firepower; fire 火炉 (heating) stove 火苗 a tongue of flame; flame 火炮 cannon; gun 火热 burning hot; fiery 火山 volcano 火上加油 pour oil on the fire 火石 flint 火腿 ham 火险 fire insurance 火线 front line 火星 spark; Mars 火焰 flame 火药 gunpowder; powder 火药库 powder magazine 火灾 fire (as a disaster); conflagration 火葬 cremation

伙 huò ❶mess; board; meals ❷part-

ner; mate ❸ partnership; company ❹ group; crowd; band ❺combine; join 伙伴 partner; companion 伙房 kitchen 伙计 partner; fellow; mate 伙食 mess; food; meals

或 huò ❶perhaps; maybe; probably ❷ or; either ... or ....

和 huò mix; blend 和稀泥 try to smooth things over

货 huò ❶goods; commodity 货比三家 comparison of different offers ❷money 货币 money; currency 货车 goods train; freight car; truck 货船 freighter; cargo ship 货机 air freighter 货价 price of goods 货架子 goods shelves 货款 payment for goods 货品 kinds or types of goods 货色 goods; trash; rubbish 货摊 stall; stand 货物 goods; commodity; merchandise 货物清单 cargo manifest 货样 sample (goods) 货源 source of goods 货栈 warehouse

获 huò ❶capture; catch ❷obtain; win 获得 gain; obtain; win

祸 huò ❶misfortune; disaster; calamity; mishap ❷bring disaster upon; ruin 祸根 the cause of ruin 祸国殃民 bring calamity to the country and the people 祸害 curse; damage 祸心 evil intent 包藏祸心 harbour malicious intentions

惑 huò ❶be puzzled; be bewildered ❷ delude; mislead

豁 huò ❶clear; open; generous ❷exempt; remit 豁达大度 open-mindedand magnanimouse 豁亮 roomy and bright 豁免 exempt; remit 豁然开朗 suddenly see the light

H

J

JI

几 jī a small table 茶几 teapog 几乎 nearly; almost; hardly

讥 jī ridicule; mock 讥讽 satirize 讥笑 jeer; sneer at; deride

击 jī ❶beat; hit; strike ❷attack; assault ❸come in contact with; bump into 击败 defeat 击毙 shoot dead 击沉 send (a ship) to the bottom 击毁 smash; wreck; destroy 击中 hit 击中目标 hit the target 击中要害 hit sb.'s vital point

叽 jī 叽咕 whisper; mutter 叽叽喳喳 chirp; twitter; jabber

饥 jī ❶be hungry; ❷famine 饥饿 hunger; starvation 饥寒交迫 suffer hunger and cold 饥民 famine victim

机 jī ❶machine; engine ❷aircraft; aeroplane ❸crucial point; pivot; key link ❹chance; occasion 机场 airport; airfield 机车 locomotive; engine 机床 machine tool 机动 power-driven; motorized in reserve 机构 mechanism; organization; organizational structure 机构改组 organization reshuffling 机构臃肿 overstaffed organization 机关 mechanism; machine-operated; organ; body 机会 chance; opportunity 机警 alert; vigilant 机灵 clever; smart; sharp; intelligent 机密 secret; confidential 机敏 alert and resourceful 机器 machine; apparatus 机枪 machine gun 机群 a group of planes 机械 machinery; machine; mechanical; inflexible; rigid 机要 confidential (work, etc.) 机翼 wing 机油 engine oil 机缘 good luck 机长 aircraft commander 机智 quick-witted; resourceful

肌 jī muscle; flesh 肌肤 (human) skin 肌肉 muscle 肌体 organism

鸡 jī chicken 公鸡 cock 母鸡 hen 鸡蛋 egg 鸡尾酒 cocktail 鸡窝 henhouse; roost

奇 jī odd (number) 奇数 odd number

迹 jī ❶mark; trace ❷remains; ruins; vestige 迹象 sign; indication

积 jī ❶amass; store up; ❷long-standing; long-pending; age-old 积弊 age-old malpractice 积存 store up; lay up; stockpile 积肥 collect manure 积极 positive; active; energetic; 积累 accumulate 积木 toy bricks 积少成多 many a little makes a mickle 积蓄 put aside; savings 积压 keep long in stock

基 jī ❶base; foundation ❷basic; key; primary; cardinal ❸radical; base; group 基本 basic; fundamental; main; basically; in the main; on the whole 基本国策 basic state policy 基本路线 basic line 基

本生活费 basic allowances 基层 basic level; grass-roots unit 基础 foundation; base; basis 基地 base 基点 basic point; starting point 基调 main key 基督 Christ 基督教 Christianity; the Christian religion 基金 fund 基因 gene 基因库 gene banks 基因组 geneome 基于 becauseof; inview of

绩 jī ❶twist hempen thread ❷achievement; accomplishment; merit 战绩 military exploit

缉 jī seize; arrest 缉拿 arrest 缉拿凶手 apprehend the murderer 缉私 suppress smuggling

畸 jī ❶lopsided; unbalanced ❷irregular; abnormal 畸形 unbalanced 畸形发展 lopsided development

稽 jī ❶check; examine; investigate 无稽可考 be unverifiable ❷delay; procrastinate 稽考 ascertain; verify

激 jī ❶swash; surge; dash ❷stimulate; excite ❸sharp; fierce; violent 激昂 excited and indignant; roused 激荡 agitate; surge; rage 激动 excite; stir; agitate 激愤 wrathful; indignant 激光 laser 激光打印机 laser printer 激化 sharpen; intensify 激进 radical 激励 encourage; impel; urge; spur sb. on to success 激烈 intense; sharp 激流 torrent; rapids 激怒 enrage; infuriate 激起 arouse; evoke; stir up 激情 fervour; passion 激增 increase sharply; soar

羁 jī ❶bridle; headstall ❷control; restrain ❸stay; delay; detain 羁绊 trammels; fetters; yoke 羁留 stay; stop over

及 jí ❶reach; come up to 力所能及 within one's power ❷in time for ❸and

及格 pass (a test, examination, etc.); make the grade 及时 timely; in time; seasonable; without delay 及物动词 transitive verb 及早 as soon as possible; before it is too late 及至 up to; until

汲 jí draw (water) 汲取 draw; derive (from)

吉 jí lucky 吉普车 jeep 吉庆 auspicious; propitious; happy 吉他 guitar

级 jí ❶level; rank; grade ❷grade; class; form ❸step ❹degree 比较级 the comparative degree

极 jí ❶the utmost point; extreme ❷pole 极地 polar region ❸extremely; exceedingly 极重要 of the utmost importance 极少数 a tiny minority 极点 the limit; the extreme 极端 extreme; exceeding 极端分子 extremist; radical 极力 do one's utmost; spare no effort

即 jí ❶approach; reach; be near ❷assume; undertake ❸at present; in the immediate future ❹prompted by the occasion ❺be; mean; namely 即将 be on the point of 即刻 at once; immediately; instantly 即期 spot; immediate 即期汇价 spot rate 即使 even; even if; even though

急 jí ❶impatient; anxious ❷worry ❸irritated; annoyed; ❹fast; rapid; violent ❺urgent; pressing ❻urgency ❼be eager to help (those in need) 急促 hurried; rapid; short; pressing 急电 urgent telegram 急风暴雨 violent storm; tempest 急件 urgent document or dispatch 急进 radical 急救 first aid 急剧 rapid; sharp; sudden 急流 torrent; jet stream 急流勇进 forge ahead against a swift current 急

流勇退 resolutely retire at the height of one's official career; quit while you are ahead 急忙 in a hurry; in haste 急迫 urgent; imperative 急切 eager; impatient; in a hurry; in haste 急速 very fast; at high speed 急行军 rapid march 急需 be in need of; urgent need 急用 urgent need 急于 eager; anxious; impatient 急于求成 overanxious for quick results 急躁 irritable; impetuous; rash; impatient 急诊 emergency call or treatment 急智 quick-wittedness

疾 jí ❶disease; sickness; illness ❷suffering; pain; difficulty ❸hate; abhor 疾恶如仇 hate evil like an enemy ❹fast; quick 疾驰而过 speed past 疾风 strong wind

脊 jí 脊骨 backbone; spine 脊梁 back (of the human body)

棘 jí ❶sour jujube ❷thorn bushes; brambles ❸spine; spina 棘手 thorny; troublesome; knotty; sticky

集 jí ❶gather; collect ❷country fair; market ❸collection; anthology ❹volume; part 集成电路 integrated circuit 集合 gather; assemble; muster; call together 集会 assembly; rally; gathering; meeting 集结 concentrate; build up 集权 centralization of state power 集市 country fair; market 集思广益 pool the wisdom of the masses 集体 collective 集团 group; circle; bloc 集训 assemble for training 集邮 stamp collecting 集镇 (market) town 集中 centralize; focus

嫉 jí ❶be envious ❷hate 嫉妒 be jealous of; envy 嫉恨 hate out of jealousy

籍 jí ❶book; record ❷registry; roll ❸

native place; birthplace ❹membership

几 jǐ ❶how many ❷a few; several; some 几分 a bit; somewhat; rather 几何 geometry

己 jǐ oneself; one's own; personal 己方 one's own side

挤 jǐ ❶squeeze; press 挤出时间(做) sandwich in time to do sth. ❷jostle; push against ❸crowd; pack; cram 挤眉弄眼 make eyes; wink

给 jǐ ❶supply; provide ❷ample; well provided for 给养 provisions 给予 give; render

脊 jǐ ❶spine; backbone ❷ridge 脊背 back (of a human being) 脊髓 spinal cord 脊柱 spinal column 脊椎 vertebra 脊椎骨 vertebra; spine

计 jì ❶count; compute; calculate; number ❷meter; gauge ❸idea; ruse; plan 计策 stratagem; plan 计划 plan; project; programme; map out; plan 计划经济 planned economy 计划生育 family planning; birth control 计件 reckon by the piece 计较 haggle over; argue; think over 计上心来 stratagem comes to mind 计时 reckon by time 计数 count 计算 count; compute; calculate 计算机 computer

记 jì ❶remember; bear in mind; under the impression ❷write down; record phone number ❸notes; record ❹mark; sign 记分 record the points (in a game) 记功 record a merit 记过 record a demerit 记号 mark; sign 记录 take notes; record; minutes; notes; notetaker; recorder 创记录 set a record 记录在案 place on record 记名 put down one's name; sign 记述 record and narrate 记诵 learn by heart 记性 memory 记忆 remember; recall; memory 记帐 keep accounts; charge to an account 记者 reporter; correspondent

纪 jì ❶discipline ❷put down in writing; record ❸age; epoch 世纪 century 纪律 discipline 纪念 commemorate; mark 纪实 on-the-spot report 纪要 summary (of minutes) 纪元 the beginning of an era; era

伎 jì skill; ability; trick 故伎 old tricks 伎俩 intrigue; manoeuvre

技 jì skill; ability; trick 技工 skilled worker; technician 技能 technical ability 技巧 skill; technique 技师 technician 技术 technology; skill; technique 技术密集型 skill-intensive 技艺 artistry

系 jì tie; fasten; do up; button up 系鞋带 tie shoe laces

忌 jì ❶ be jealous of; envy ❷ fear; dread; scruple 肆无忌惮 stopping at nothing ❸avoid; shun; abstain from ❹ quit; give up 忌酒 abstain from wine 忌烟 quit smoking

际 jì ❶border; boundary; edge ❷between; among; inter ❸ inside ❹ occasion; time 临别之际 at the time of parting

妓 jì prostitute 妓女 prostitute 妓院 brothel

季 jì season 四季 the four seasons (of the year) 季度 quarter (of a year) 季风 monsoon 季节 season 季刊 quarterly

剂 jì a pharmaceutical or other chemical preparation 剂量 dosage; dose

济 jì ❶cross a river 同舟共济 people in the same boat help each other ❷aid; relieve; help 济人之急 relieve sb. in need ❸be of help 无济于事 not help matters

既 jì ❶already ❷since; as; now that ❸both ... and; as well as 既成事实 accomplished fact; fait accompli 既得利益 vested interest 既得利益集团 vested interests 既定 set; fixed 既然 since; as; now that 既然如此 since it is so; such being the case 既往不咎 forgive sb.'s past misdeeds

继 jì continue; succeed; follow 继承 inherit; carry on 继父 stepfather 继母 stepmother 继任 succeed sb. in a post 继续 continue; go on

寄 jì ❶send; post; mail ❷entrust; deposit; place ❸depend on; attach oneself to 寄食 live with a relative, etc. 寄存 deposit; leave with; check 寄放 leave with; leave in the care of 寄生 parasitism; parasitic 寄宿 lodge; (of students) board 寄托 find sustenance in

寂 jì ❶quiet; still; silent ❷lonesome 寂静 quiet; still 寂寞 lonely

祭 jì ❶hold a memorial ceremony for ❷offer a sacrifice to ❸wield (a magic wand, etc.) 祭奠 hold a memorial ceremony for 祭礼 memorial ceremony 祭品 sacrificial offerings

JIA

加 jiā ❶add; plus ❷increase; augment ❸put in; add; append 加班 work overtime 加倍 double; redouble 加工 machining; working 加工贸易 trade involving the processing of supplied raw materials 加固 reinforce; consolidate 加害 injure; do harm to 加紧 step up; intensify 加剧 aggravate; intensify; exacerbate 加快 quicken; speed up 加宽 broaden; widen 加强 strengthen; enhance; augment; reinforce 加入 add; mix; put in; join 加深 deepen 加速 quicken; speed up; accelerate 加重 make or become heavier; increase the weight of

夹 jiā ❶press from both sides; place in between 夹道欢迎 line the streets to welcome ❷mix; mingle; ❸clip, clamp, folder, etc. 纸夹 paper clip 夹道 a narrow lane 夹缝 crack; crevice 夹攻 attack from both sides 夹生 half-cooked 夹馅 stuffed (pastry, etc.) 夹心 with filling

佳 jiā good; fine; beautiful 佳宾 a welcome guest 佳话 a story on everybody's lips 佳期 wedding day 佳肴 delicacies

枷 jiā cangue 枷锁 yoke; chains; fetters

家 jiā ❶family; household ❷home ❸a person or family engaged in a certain trade ❹a specialist in a certain field ❺school 法家 the Legalist School ❻my 家父 my father ❼domestic; tame 家兔 rabbit 家败人亡 go to rack and ruin 家产 family property 家常 the daily life of a family 家丑 family scandal 家畜 domestic animal; livestock 家当 family belongings 家访 a visit to the parents of schoolchildren or young workers 家鸽 pigeon 家伙 tool; weapon; fellow; guy 家教 family education 家境 family circumstances 家具 furniture 家眷 wife and children 家谱 family tree 家属 family members; dependents 家庭 family;

household 家庭作业 homework (assignment) 家务 housework 家乡 hometown; native town 家信 a letter to or from one's family 家业 family property; property 家用 family expenses 家喻户晓 widely known; known to all 家园 home; homeland 家长 the head of a family 家族 clan; family

嘉 jiā ❶good; fine ❷praise 嘉奖 commend; cite 嘉许 approve

夹 jiá double-layered; lined

荚 jiá pod 结荚 bear pods 荚果 pod; legume

颊 jiá cheek 两颊红润 with rosy cheeks 颊骨 cheekbone

甲 jiǎ ❶first ❷shell; carapace ❸nail ❹armour 甲板 deck 甲虫 beetle 甲壳 crust 甲鱼 soft-shelled turtle

假 jiǎ ❶false; fake; phoney 假肢 artificial limb ❷borrow; avail oneself of ❸if; suppose 假扮 dress up as 假充 pretend to be 假定 suppose; assume; grant 假发 wig 假公济私 use public office for private gain 假花 artificial flower 假话 lie; falsehood 假借 make use of 假冒 pass oneself off as 假冒伪劣产品 fake and inferior goods; counterfeit and shoddy goods 假如 if; supposing; in case 假手 do sth. through sb. else 假想 imagination; supposition; hypothetical; fictitious 假象 false appearance 假牙 false tooth 假意 unction; insincerity; hypocrisy; pretend; put on 假造 forge; counterfeit 假证券 straw bond 假装 pretend; feign; simulate

价 jià ❶price ❷value 价款 cost 价目 marked price; price 价表 price list 价格

price 价格标签 price tag 价格保护 price umbrella 价格垄断 price fixing 价钱 price 价钱公道 a fair price 价值 value; worth 价值规律 law of value

驾 jià ❶harness; draw (a cart, etc.) ❷drive (a vehicle); pilot (a plane); sail (a boat) 驾驶 drive (a vehicle); pilot (a ship or plane) 驾驭 drive (a cart, horse, etc.);control

架 jià ❶frame; rack; shelf; stand ❷put up; erect ❸support; prop; help ❹kidnap ❺fight; quarrel 架设 erect 架势 posture; manner 架子 frame; stand; framework;airs

假 jià ❶holiday ❷leave of absence 假期 vacation; period of leave 假条 leave permit

嫁 jià ❶marry ❷shift; transfer 嫁祸于人 put the blame on sb. else 嫁娶 marriage 嫁妆 dowry; trousseau

稼 jià ❶sow (grain) ❷cereals; crops 庄稼 standing grain

JIAN

尖 jiān ❶point; tip; top ❷pointed; tapering ❸shrill; piercing ❹sharp; acute 耳朵尖 have sharp ears 眼尖 be sharp-eyed 尖兵 point; pioneer 尖刀 sharp knife; dagger 尖端 pointed end; most advanced 尖端产品 highly sophisticated products 尖刻 caustic; biting 尖利 sharp; keen; cutting 尖锐 sharp pointed incisive; sharp; keen 尖酸 acrid; acrimonious; tart 尖子 the best of its kind; the pick of the bunch

奸 jiān ❶wicked; evil; treacherous ❷traitor ❸illicit sexual relations 奸猾 treacherous; crafty; deceitful 奸商 unscrupulous merchant; profiteer 奸污 rape or seduce 奸细 spy; enemy agent 奸险 wicked and crafty 奸诈 fraudulent

间 jiān ❶between; among ❷within a definite time or space ❸room 晚间 (in the) evening; (at) night

歼 jiān annihilate; wipe out; destroy 歼击机 fighter (plane) 歼灭战 war or battle of annihilation

坚 jiān ❶hard; solid ❷fortification; stronghold ❸firmly; steadfastly 坚持 persist in; persevere in; uphold; insist on; stick to 坚持原则 adhere to principle 坚持正义 uphold justice 坚定 firm; staunch; steadfast 坚定不移 unswerving; unflinching 坚固 sturdy; strong 坚决 firm; resolute; determined 坚强 strong; firm; strengthen 坚韧 tough and tensile; firm and tenacious 坚韧不拔 persistent and dauntless 坚如磐石 solid as a rock 坚实 solid; substantial 坚守 stick to; stand fast 坚硬 hard; solid 坚贞 faithful; constant

肩 jiān ❶shoulder ❷take on; bear 肩负 shoulder; bear 肩负光荣的任务 undertake a glorious task 肩章 shoulder loop

艰 jiān difficult; hard 艰巨 arduous; formidable 艰苦 arduous; difficult 艰难 difficult; hard; uphill 艰深 difficult to understand

兼 jiān ❶double; twice ❷simultaneously; concurrently 兼并 annex (territory, property, etc.) 兼顾 give consideration to two or more things 兼任 hold a concurrent post; part-time 兼任教师 part-time teacher 兼职 part-time job

监 jiān ❶supervise; inspect; watch ❷prison; jail 监察 supervise; control 监督 supervise; control 监工 supervise work; overseer; supervisor 监禁 take into custody; imprison 监考 invigilate 监视 keep watch on 监听 monitor 监狱 prison; jail

缄 jiān seal; close 缄口 keep one's mouth shut 缄默 keep silent;

煎 jiān ❶fry in shallow oil 煎鸡蛋 fried eggs ❷simmer in water; decoct 煎药 decoct medicinal herbs

拣 jiǎn choose; select; pick out

茧 jiǎn ❶cocoon ❷callus 蚕茧 silkworm cocoon 茧绸 pongee 老茧 thick callus

柬 jiǎn card; note; letter 请柬 invitation card 柬埔寨 Cambodia

俭 jiǎn thrifty; frugal 俭朴 thrifty and simple; economical 生活俭朴 lead a thrifty and simple life

捡 jiǎn pick up; collect; gather 捡麦穗 pick up ears of wheat

检 jiǎn ❶check up; inspect; examine ❷restrain oneself 检查 check up; inspect 检察 procuratorial work 检点 examine; check 检举 report (an offence) to the authorities; inform against (an offender) 检讨 self-criticism 检修 overhaul 检验 test; examine; inspect 检疫 quarantine 检阅 review; inspect 检阅台 reviewing stand

剪 jiǎn ❶scissors; shears; clippers ❷cut (with scissors); clip 剪指甲 trim

one's nails 剪羊毛 shear a sheep 剪票 punch a ticket 剪报 newspaper cutting 剪除 wipe out; annihilate 剪刀 scissors; shears 剪辑 editing and rearrangement 剪纸 paper-cut

减 jiǎn ❶subtract ❷reduce; decrease 减半 reduce by half 减产 reduction of output 减低 reduce; lower 减价 reduce the price 减肥 lose weight; the abatement of one's weight 减轻 lighten; ease; alleviate 减让 concession 减弱 weaken; abate 减色 lose lustre 减少 reduce; lessen; cut down 减少人口 thin out population 减退 drop; go down 减刑 reduce a penalty 减员 depletion of numbers 减员增效 downsizing for efficiency; cut payroll to improve efficiency

简 jiǎn simple; simplified 简报 bulletin 简编 short course 简便 simple and convenient; handy 简称 abbreviation 简单 simple; uncomplicated 简化 simplify 简洁 succinct; terse; pithy 简介 synopsis 简历 biographical notes 简练 terse; succinct; pithy 简略 simple (in content); brief; sketchy 简明 concise 简谱 numbered musical notation 简图 sketch; diagram 简讯 news in brief 简易 simple and easy 简章 general regulations 简直就是 be little short of

碱 jiǎn ❶alkali ❷soda 碱地 alkaline land 碱化 alkalization 碱性 basicity

见 jiàn ❶see; catch sight of ❷meet with; be exposed to 见不得人的勾当 under-the-table deal ❸show evidence of; appear to be ❹refer to; see ❺meet; call on; see ❻view; opinion; 见地 insight; judgment 见多识广 experienced and knowledgeable 见怪 mind; take offence 见机行

事 do as one sees fit 见解 view; opinion; understanding 见利抛售 profit-taking 见面 meet; see 见世面 see the world; 见识 widen one's knowledge; experience; knowledge 见闻 knowledge; information 见习 probation 见效 become effective; produce the desired result 见证 witness; testimony 见证人 eyewitness; witness

件 jiàn ❶piece ❷letter; correspondence 密件 secret papers

间 jiàn ❶space in between; opening ❷separate ❸sow discord ❹thin out (seedlings) 间谍 spy 间断 be disconnected; be interrupted 间隔 interval; space 间接 indirect; secondhand 间接宾语 indirect object 间隙 gap; space 间歇 intermission

建 jiàn ❶build; erect ❷establish; set up; found ❸propose; advocate 建党 found a party; Party building 建都 found a capital 建国 build up a country 建交 establish diplomatic relations 建军 army building 建军节 Army Day (August 1) 建立 establish; found 建设 build; construct 建树 contribute 建议 propose; suggest; suggestion 建制 organizational system (of the army, etc.) 建筑 build; building; structure; edifice

剑 jiàn sword; sabre 剑拔弩张 at daggers drawn 剑柄 the handle of a sword; hilt 剑鞘 scabbard

荐 jiàn ❶recommend ❷grass; straw 荐举 propose sb. for an office; recommend

贱 jiàn ❶low-priced; inexpensive 贱卖 sell cheap ❷lowly; humble 贫贱 poor and lowly ❸base

涧 jiàn ravine; gully

舰 jiàn warship; naval vessel; man-of-war 舰队 fleet; naval force 舰艇 naval vessels 舰长 captain

健 jiàn ❶healthy; strong ❷strengthen; toughen ❸be strong in 健儿 valiant fighter; good athlete 健将 master sportsman; top-notch player 健康 health; physique; healthy; sound 健康食品 health food 健美 strong and handsome 健全 sound; perfect; strengthen 健身房 gym 健忘 forgetful 健壮 robust

谏 jiàn remonstrate with; expostulate with; admonish (against sth.)

渐 jiàn gradually; by degrees 渐变 gradual change 渐渐 gradually; little by little 渐进 advance gradually; progress step by step

溅 jiàn splash; spatter 溅落 splash down

践 jiàn ❶trample; tread ❷act on; carry out 践诺 keep a promise 践踏 tread on; trample underfoot 践习期 probationary period

毽 jiàn shuttlecock 毽子 shuttlecock 踢毽子 kick the shuttlecock (as a game)

鉴 jiàn ❶reflect; mirror ❷warning; object lesson ❸inspect; examine 鉴别 distinguish; differentiate 鉴别文物 make an appraisal of a cultural relic 鉴定 appraisal (of a person's strong and weak points); appraise; identify 鉴赏 appreciate 鉴赏家 connoisseur

箭 jiàn arrow 箭靶 target for archery 箭杆 arrow shaft 箭筒 quiver 箭头 arrowhead; arrow

J

JIANG

江 jiāng river 江湖 rivers and lakes；all corners of the country 江湖医生 quack 江米 polished glutinous rice 江山 rivers and mountains；land；country 打江山 fight to win state power

将 jiāng ❶support；take；bring ❷take care of (one's health) ❸do sth.；handle (a matter) ❹put sb. on the spot 将计就计 turn sb.'s trick against him 将近 close to；nearly；almost 将就 make do with；put up with 将军 general 将来 future before long 将要 be going to；will；shall

姜 jiāng ginger

浆 jiāng ❶thick liquid ❷starch 浆衣服 starch clothes 浆果 berry

僵 jiāng ❶stiff；numb ❷deadlocked 僵持 (of both parties) refuse to budge；in a stalemate 僵化 become rigid；ossify 僵局 deadlock；impasse；stalemate 僵尸 corpse 僵死 ossified 僵硬 rigid；inflexible

疆 jiāng boundary；border 疆场 battlefield 疆域 territory；domain

讲 jiāng ❶speak；say；tell ❷explain；make clear；interpret ❸discuss；negotiate ❹stress；pay attention to 讲稿 lecture notes 讲和 make peace；settle a dispute 讲话 speak；talk；address；speech；guide；introduction 讲价 bargain 讲解 explain 讲解员 guide；narrator；commentator 讲究 be particular about；pay attention to；stress；strive for；careful study 讲课 teach；lecture 讲理 reason with sb.；listen to reason；be reasonable；be sensible 讲明 state explicitly；explain；make clear 讲评 comment on and appraise 讲情 intercede；plead for sb. 讲求 be particular about；stress 讲师 lecturer 讲授 lecture；instruct；teach 讲述 tell about；narrate；relate 讲台 platform；dais 讲堂 lecture room；classroom 讲习 lecture and study 讲学 give lectures 讲演 lecture；speech 讲义 teaching materials 讲义气 be loyal to friends 讲座 a course of lectures 英语广播讲座 English lessons over the radio

奖 jiǎng ❶encourage；praise；reward ❷award；prize 奖杯 cup (as a prize) 奖金 money award；bonus；premium 奖励 award；reward 奖品 prize；award；trophy 奖券 lottery ticket 奖学金 scholarship；exhibition 奖章 medal 奖状 certificate of merit

桨 jiǎng oar

匠 jiàng craftsman；artisan 巧匠 skilled craftsmen 石匠 stonemason 匠心 ingenuity；craftsmanship

降 jiàng fall；drop；lower 降低 reduce；drop；lower 降格 lower one's standard or status 降级 reduce to a lower rank；send (a student) to a lower grade 降临 befall；arrive；come 降落 descend；land 降水 precipitation

将 jiàng general 将在外，君命有所不受 A general in the field is not bound by orders from his sovereign. 将领 high-ranking military officer 将士 officers and men

强 jiàng stubborn；unyielding 强嘴 reply defiantly；answer back；talk back

酱 jiàng ❶a thick sauce made from soya beans, flour, etc. ❷cooked or pickled in soy sauce ❸paste; jam 苹果酱 apple jam 酱菜 vegetables pickled in soy sauce; pickles 酱油 soy（sauce）酱园 sauce and pickle shop

犟 jiàng obstinate; stubborn; selfwilled; pigheaded; bullheaded

JIAO

交 jiāo ❶hand in; hand over; give up; deliver 交党费 pay Party membership dues ❷meet; join 春夏之交 when spring is changing into summer ❸cross; intersect ❹associate with 结交朋友 make friends ❺friendship; relationship 多年之交 a friendship of many years 建交 establish diplomatic relations 绝交 break off relations ❻deal; business transaction 成交 make a deal 交班 hand over to the next shift 交叉 cross; intersect 交出 surrender; hand over 交错 interlock; crisscross; interlace 交代 hand over 交点 point of intersection 交锋 cross swords with sb.; engage in a battle or contest; fight with 交付 pay; hand to; deliver to; hand over; turn over 交付使用 be made available to the users 交给 leave sth. to; hand to 交工 hand over a completed project 交公 hand over to the collective or the state 交还 give back; return 交换 exchange; interchange 交好 be friendly with; be on friendly terms 交火 fight 交货 delivery 交集 be mixed 悲喜交集 mixed feelings of grief and joy 交际 communication 交接 transfer; hand over; take over 交卷 hand in an examination paper 交流 exchange; interchange 交纳 pay; hand in 交情 friendship 交融 blend; mingle 交涉 negotiate; make representations with sb.; take up a matter with sb. 交手 fight hand to hand; come to grips 交谈 talk with; chat; have a conversation 交替 replace; alternately; take place by turn; in turn 交通 traffic; communications; transport; transportation 交通发达 easy communication 交通枢纽 hub of communication 交头接耳 whisper to each other 交往 be in contact with; association; association; contact 交心 open one's heart to 交易 trade; business; deal 交易会 trade fair 交易所 exchange 交友 make friends with 交织 interweave; mingle

郊 jiāo suburbs 郊区 suburban district 郊外 outskirts 郊游 outing; excursion

浇 jiāo ❶pour liquid on; sprinkle water on ❷irrigate; water 浇花 water flowers 浇地 irrigate the fields

娇 jiāo ❶tender; lovely ❷fragile; delicate 娇惯 coddle; spoil; pamper（a child）娇媚 sweet and charming 娇气 squeamish; finicky 娇小玲珑 delicate and exquisite 娇艳 tender and beautiful

骄 jiāo proud 骄傲 arrogant; be proud; take pride in（the achievements of）; cocky 骄气 overbearing airs; arrogance

胶 jiāo ❶glue; gum ❷stick with glue; glue ❸gluey; sticky; gummy ❹rubber 胶布 rubberized fabric 胶卷 roll film 胶水 mucilage; glue 胶鞋 rubber overshoes; tennis shoes 胶印 offset

教 jiāo teach; instruct 教书 teach

焦 jiāo ❶burnt; scorched; charred ❷

coke ❸ worried; anxious 焦点 focal point 焦黄 sallow; brown 焦急 anxious; worried 焦煤 coking coal 焦炭 coke 焦头烂额 badly battered; in a terrible fix 焦躁 restless with anxiety; impatient

椒 jiāo any of several hot spice plants 辣椒 chili; red pepper 胡椒辣椒 pepper 椒盐 spiced salt

礁 jiāo reef 触礁 run up on a rock 礁石 reef; rock

矫 jiāo 矫情 argumentative; unreasonable

嚼 jiāo masticate; chew; munch 嚼舌头 chatter; gossip squabble; dish the dirt about… 嚼子 bit

角 jiāo ❶horn ❷horn ❸corner ❹angle ❺cape; promontory; headland 角度 angle; point of view 角落 corner; nook 角膜 cornea

侥 jiāo 侥幸 lucky; by luck

狡 jiāo crafty; foxy; cunning 狡辩 indulge in sophistry; extenuate 狡猾 sly; tricky 狡赖 deny (by resorting to sophistry)

绞 jiāo ❶twist; wring; entangle ❷wind (a windlass, etc.) ❸hang by the neck 绞车 winch 绞架 gallows 绞盘 capstan 绞肉机 meat mincer 绞杀 strangle 绞索 noose 绞刑 death by hanging

饺 jiāo dumpling 饺子 dumpling (with meat and vegetable stuffing)

皎 jiāo clear and bright; glistening white 皎洁的月亮 a bright moon

铰 jiāo ❶cut with scissors ❷bore with a reamer; ream 铰链 hinge

脚 jiāo ❶foot ❷base; foot ❸leg 脚背 instep 脚本 script; scenario 脚步 step; pace 脚步声 the patter of one's feet 脚蹬子 pedal; treadle 脚跟 heel 脚尖 tiptoe 脚镣 fetters 脚踏实地 earnest and down-to-earth 脚腕子 ankle 脚心 arch 脚印 footprint; footmark; track 脚掌 sole 脚指头 toe

矫 jiāo ❶rectify; straighten out; correct ❷strong; brave ❸pretend; feign; dissemble 矫健 strong and vigorous 矫揉造作 affected; artificial 矫枉过正 exceed the proper limits in righting a wrong; overcorrect 矫正 correct; put right; rectify

搅 jiāo ❶stir; mix ❷disturb; annoy 搅拌 stir; agitate 搅拌机 mixer 搅和 mix; blend; mess up; spoil 搅乱 confuse; throw into disorder 搅扰 disturb; annoy

剿 jiāo send armed forces to suppress; put down 剿匪 suppress bandits 剿灭 exterminate; wipe out

缴 jiāo ❶pay; hand over; hand in 缴款通知单 paying-in slip ❷capture 缴枪不杀 lay down your arms and we'll spare your lives 缴获 capture; seize 缴械 disarm 缴税 pay taxes

叫 jiāo ❶cry; shout ❷call; greet ❸hire; order ❹name; call ❺ask; order 叫喊 shout; yell; howl 叫好 applaud 叫唤 cry out; call out 叫苦 complain of hardship or suffering; moan and groan 叫骂 shout curses 叫卖 cry one's wares; hawk 叫醒 wake up 叫作 be called; be known as

觉 jiāo sleep

校 jiào check; proofread; collate 校订 check against the authoritative text 校对 proofread; proofreader 校样 proof sheet; proof 校正 proofread and correct;

较 jiào ❶ compare ❷ comparatively; quite; rather 较量 have a contest; dispute

轿 jiào ❶sedan (chair) ❷bus or car 轿车 ①(horse-drawn) carriage ②car

教 jiào ❶teach; instruct ❷religion 信教 believe in a religion 教案 teaching plan; lesson plan 教材 teaching material 教程 course of study 教导 instruct; teach 教皇 pope 教会 (the Christian) church 教具 teaching aid 教科书 textbook 教练 train; drill; coach; instructor 教师 teacher; schoolteacher 教士 priest; clergyman 教室 classroom; schoolroom 教授 professor; teach 副教授 associate professor 教唆 instigate; abet 教堂 church; cathedral 教条 dogma; creed; tenet 教条主义 dogmatism 教徒 believer of a religion 教务 educational administration 教务处 Dean's Office 教学 teaching; education 教训 lesson; teach sb. a lesson 教研室 teaching and research section 教养 bring up; train; education 教义 religious doctrine 教益 benefit gained from sb.'s wisdom; enlightenment 教育 education; teach; educate; inculcate 教员 teacher; instructor

窖 jiào ❶cellar or pit for storing things ❷store sth. in a cellar or pit

酵 jiào ferment; leaven 酵母 yeast 酵母菌 saccharomycete

JIE

阶 jiē ❶steps; stairs ❷rank 阶层 (social) stratum 阶段 stage; phase 阶级 (social) class 阶级斗争 class struggle 阶梯 ladder

皆 jiē all; each and every 皆大欢喜 everybody is happy

结 jiē bear (fruit); form (seed) 结巴 stammer 结实 solid; strong; sturdy

接 jiē ❶come into contact with; come close to ❷connect; join 接电线 connect wires ❸catch; take hold of ❹receive ❺ meet; welcome ❻take over 接班 carry on; take over from 接触 come into contact with; get in touch with 接待 receive; admit (热情)接待 accord sb a (hearty) reception 接管 take over (control) 接济 give material assistance to 接见 receive sb. 接近 be close to; near 接口 interface 接力(赛跑) relay (race) 接连 on end; in a row; in succession 接洽 arrange (business, etc.) with; consult with 接生 deliver a child 接收 receive (radio signals, etc.); take over (property, etc.) 接手 take over (duties, etc.) 接受 accept 接替 take over; replace 接通 put through 接头 connect; join; get in touch with; know about 接吻 kiss 接续 continue; follow 接应 come to sb.'s aid

秸 jiē stalks; straw 麦秸 wheat straw

揭 jiē ❶tear off; take off ❷uncover; lift (the lid, etc.) ❸expose; show up; bring to light 揭穿 expose; show up 揭发 expose; unmask; bring to light 揭开

uncover; reveal; open 揭开新篇章 open a new chapter in 揭开序幕 raise the curtain on 揭露 expose; unmask 揭示 announce 揭晓 announce; make known; publish

街 jié street 街道 street neighbourhood 街谈巷议 street gossip 街头 street (corner)

节 jié ❶joint; node; knot ❷division; part ❸section; length ❹festival; holiday ❺abridge ❻economize; save ❼item ❽chastity 节本 abridged edition 节俭 thrifty; frugal 节节 successively; steadily 节流 reduce expenditure 节录 extract 节目 item (on a programme); number 节目单 programme 节日 festival; red-letter day 节省 economize; save; cut down on 节余 surplus (as a result of economizing) 节育 birth control 节约 practise thrift; save 节制 control; restrain 节奏 rhythm

劫 jié ❶rob; plunder; raid ❷coerce; compel ❸calamity; disaster; misfortune 劫持 kidnap; hijack 劫夺 seize by force 劫掠 plunder; loot

杰 jié ❶prominent ❷outstanding person; hero 杰出 outstanding; remarkable 杰作 masterpiece

诘 jié closely question; interrogate; cross-examine 诘责 censure; rebuke; denounce

洁 jié clean 洁白 spotlessly white; pure white 洁身自好 preserve one's purity

拮 jié 拮据 short of money; hard up; be tighted squeezed

结 jié ❶tie; knit; knot; weave ❷knot

❸congeal; form; forge; cement ❹settle; conclude 结案 wind up a case 结伴 go with 结冰 freeze; ice up 结肠 colon 结成 form 结仇 start a feud 结存 cash on hand; goods on hand; inventory 结构 structure; composition 结果 result; outcome 结合 combine; unite; be united in wedlock 结核 tuberculosis 结婚 marry 结集 mass 结交 make friends with 结晶 crystallize 结局 final result 结论 conclusion; verdict 结盟 form an alliance; ally; align 结清 settle; square (accounts with sb.) 结社 form an association 结识 get acquainted with sb. 结束 end; finish; conclude 结算 settle accounts; close an account 结算价格 settlement price 结尾 ending; winding-up 结业 complete a course 结余 (cash) surplus; balance 结怨 incur hatred

捷 jié ❶victory; triumph ❷prompt; quick 捷报 news of victory; report of a success 捷径 shortcut 捷足先登 the swift-footed arrive first;

睫 jié 睫毛 eyelash; lash

竭 jié use up 竭诚 wholeheartedly 竭尽 use up; exhaust 竭尽全力 spare no effort 竭力 do one's utmost

截 jié ❶cut; sever ❷section; chunk; length ❸stop; check; stem 截断 cut off; cut short 截获 intercept and capture 截击 intercept 截然 sharply 截止 end; close 截至 by (a specified time); up to

姐 jié elder sister 姐夫 elder sister's husband; brother-in-law 姐妹 sisters

解 jié ❶separate; divide ❷untie; undo ❸allay; dispel; dismiss ❹explain; interpret; solve ❺understand; comprehend solution 解除 remove; relieve; get rid of 解除合同 terminate a contract 解除婚约 dissolve an engagement 解答 answer 解冻 unfreeze 解冻资产 unblocked assets 解放 liberate; liberation 解雇 discharge; dismiss; fire 解救 save 解决 solve; resolve; settle 解开 untie; undo 解渴 quench one's thirst 解剖 dissect 解散 dismiss; disband (an organization, etc.) 解释 explain; expound; interpret 解说 explain crally; comment 解体 disintegrate 解脱 extricate oneself 解约 cancel a contract

介 jiè ❶be situated between; interpose ❷ take seriously; take to heart; mind 介词 preposition 介面 interface 介入 intervene; get involved in 介绍 introduce; present recommend; suggest 介意 take offence; mind

芥 jiè mustard 芥菜 leaf mustard 芥蒂 grudge 芥末 mustard

戒 jiè ❶ guard against ❷ exhort; admonish ❸ warn ❸give up; drop; stop 戒烟 give up smoking 戒酒 give up drinking ❹(finger) ring 钻戒 diamond ring 戒备 guard; take precautions 戒备森严 be heavily guarded 戒骄戒躁 guard against arrogance and rashness 戒律 religious discipline 戒心 vigilance; wariness 戒严 enforce martial law; impose a curfew

届 jiè fall due 届满 at the expiration of one's term of office 届期 on the appointed date 届时 on the occasion

诫 jiè ❶ warn; admonish 告诫 give warning; admonish ❷commandment

界 jiè ❶boundary ❷scope; extent ❸ circles; industry ❹ primary division; kingdom 动物界 the animal kingdom 界

标 land mark 界河 boundary river 界外球 out 界限 demarcation line

借 jiè ❶borrow (sth. from sb.) ❷lend ❸make use of ❹use as a pretext 借贷 borrow or lend money 借调 temporarily transfer; loan 借读 study at a school on a temporary basis 借故 find an excuse (to refuse, etc.) 借火 ask for a light 借鉴 use for reference; draw lessons from 借据 receipt for a loan 借口 use as an excuse; pretext 借款 borrow or lend money 借入资本 borrowed capital 借书处 loan desk (of a library) 借书证 library card 借宿 stay overnight at sb. else's place 借以 so as to; for the purpose of; by way of 借用 borrow; for another purpose 借债 borrow money; raise a loan 借支 ask for an advance on one's pay 借重 rely on for support 借助 have the aid of

JIN

巾 jīn a piece of cloth 巾帼 ❶ancient woman's headdress ❷woman 巾帼英雄 heroine

今 jīn ❶modern; present-day ❷today ❸this (year) ❹now; the present 今胜于昔 the present is superior to the past 今后 from now on; henceforth; hereafter; in future 今年 this year 今生 this life 今天 today; the present; now

斤 jīn jìn, a unit of weight (= 1;2 kilogram) 斤斤计较 haggle over every ounce; be calculating

金 jīn ❶ metals ❷ money 现金 ready money ❸gold 镀金 gild ❹golden 金字 golden characters 金笔 (quality) fountain pen 金币 gold coin 金箔 goldleaf; gold foil 金额 sum of money 金刚石 diamond 金光 golden ray 金黄 golden (yellow) 金库 state treasury; exchequer 金块 gold bullion 金钱 money 金融 finance; banking 金融监管 financial supervision 金融市场 financial market 金色 golden 金属 metal 金条 gold bar 金星 Venus 金鱼 goldfish 金元 gold dollar 金字塔 pyramid

津 jīn ❶ferry crossing; ford ❷saliva 津津乐道 take delight in talking about 津津有味 with relish; with gusto 津贴 subsidy; allowance; perquisite (perk)

矜 jīn ❶pity; sympathize with ❷self-important; conceited 矜持 restrained; reserved 举止矜持 have a reserved manner; play a little hard-to-get

筋 jīn ❶muscle ❷tendon; sinew 筋斗 fall; tumble 筋骨 bones and muscles—physique 筋疲力尽 exhausted; worn out; tired out

禁 jīn ❶bear; stand; endure ❷contain oneself 禁不起 be unable to stand (tests, trials, etc.) 禁不住 can't help (doing sth.) 禁得起 be able to stand (tests, trials, etc.) 禁得住 be able to bear or endure

襟 jīn ❶front of a garment ❷brothers-in-law 襟怀 bosom; (breadth of) mind

仅 jǐn only; merely; barely 仅供参考 this is for reference only 这仅仅是开始 this is only the beginning

尽 jǐn ❶to the greatest extent ❷within the limits of ❸give priority to 尽管 feel free to; even though; in spite of; despite 尽可能 as far as possible 尽快 as quickly as possible 尽量 to the best of one's ability

紧 jǐn ❶tight; taut; close ❷tighten ❸urgent; pressing; tense ❹strict; stringent ❺hard up 手头紧 be short of money 紧凑 compact; terse; well-knit 紧跟 follow closely 紧急 urgent; pressing; critical 紧紧 closely; firmly; tightly 紧密 close together 紧迫 urgent; imminent 紧身 close-fitting undergarment 紧缩 reduce; retrench 紧缩开支 curtail financial outlays; cut down expenses 紧要 critical; crucial 紧张 nervous; tense; tight 紧张局势 tense situation

锦 jǐn ❶brocade ❷bright and beautiful 锦标 prize; trophy; title 锦缎 brocade 锦囊妙计 wise counsel 锦旗 silk banner 锦绣 beautiful; splendid 锦绣山河 a land of charm and beauty

谨 jǐn ❶careful; cautious ❷solemnly; sincerely 谨防 guard against; beware of 谨慎 prudent; cautious 谨小慎微 over-cautious 谨严 careful and precise

尽 jìn ❶exhausted; finished ❷to the utmost; to the limit ❸use up; exhaust ❹try one's best; put to the best use ❺all; exhaustive 尽力 do all one can; do one's best 尽量 (drink or eat) to the full 尽弃前嫌 wipe the slate clean 尽情 to one's heart's content; as much as one likes 尽人皆知 be known to all 尽善尽美 perfect 尽头 end 尽心 with all one's heart 尽兴 enjoy oneself to the full 尽义务 work for no reward 尽职 fulfil one's duty

进 jìn ❶advance; move ahead ❷enter; come or go into; get into 火车进站了。The train is in. ❸receive ❹eat; drink; take ❺submit; present ❻into; in 进逼 close in on; advance on 进步 advance progress; improve; progressive 进步人士 progressive personage 进程 course; process; progress 进出口 imports and exports; exit 进度 rate of progress; planned speed 进犯 intrude into; invade 进攻 attack; assault 进化 evolution 进军 march; advance 进口 enter port; import; entrance 进口配额 import quota 进款 income; receipts 进来 come in; enter 进取 be eager to make progress 进去 go in; get in; enter 进入 enter; get into 进退 advance and retreat 进项 income; receipts 进行 be in progress; go on; carry on; conduct; march; advance 进修 engage in advanced studies 进一步 go a step further; further 进展 make progress

近 jìn ❶near; close ❷approximately; close to 近代 modern times 近郊 outskirts 近况 recent developments; how things stand 近来 recently; of late; lately 近路 shortcut 近期 in the near future 近亲 close relative 近日 recently 近视 nearsightedness 近似 approximate; similar 近因 immediate cause

劲 jìn ❶ strength; energy ❷ vigour; spirit; drive; zeal 工作有劲 be full of drive in one's work

浸 jìn soak; steep; immerse 浸剂 infusion 浸软 macerate 浸润 infiltrate 浸透 saturate; infuse

晋 jìn ❶enter; advance ❷promote 晋级 rise in rank; be promoted 晋见 have an audience with; call on (sb. holding high office)

禁 jìn ❶prohibit; forbid; ban ❷ detain ❸taboo 禁闭 confinement (as a punishment) 禁忌 avoid; abstain from 禁令 prohibition; ban 禁区 restricted zone or

area 禁书 banned book 禁运 embargo 禁止 prohibit; ban; forbid

噤 jìn ❶ keep silent ❷ shiver (with cold) 噤若寒蝉 as silent as a cicada in cold weather; keep quiet out of fear

JING

京 jīng ❶capital (of a country) 进京 go to the capital ❷short for Beijing 京剧 Beijing opera

茎 jīng stem (of a plant); stalk

经 jīng ❶manage; deal in ❷constant; regular ❸scripture; canon; classics ❹ menses ❺pass through; undergo ❻as a result of; after; ❼stand; bear; endure 经常 day-to-day; everyday; daily; constantly; regularly; often 经常项目 开支 running expenses 经典 classics; classical 经费 funds; outlay 经管 be in charge of 经过 pass; go through; as a result of; after; through; course 经纪 manage (a business) 经纪人 broker; middleman 经济 economy; financial condition; economical; thrifty 经济特区 special economic zone 经济适用房 economic and functional buildings 经济调整 economic restructure 经济萎缩 economic contraction 经济一体化 economic integration 经济法制化 to manage economic affairs according to law; to put economic operation on a legal basis 经久 prolonged 经理 handle; manage; manager; director 经历 go through; experience 经商 engage in trade; be in business 经手 handle; deal with 经受 undergo; withstand 经售 sell (on commission); deal in 经心 careful; mindful 经验 experience 经

营 manage; run; engage in 经由 via; by way of

荆 jīng chaste tree; vitex 荆棘 thistles and thorns; brambles 荆条 twigs of the chaste tree

惊 jīng ❶ start; be frightened ❷ surprise; shock; ❸ shy; stampede 惊动 alarm; alert; disturb 惊呼 cry out in alarm 惊慌 alarmed; scared 惊叫 cry in fear; scream 惊恐 terrified; seized with terror 惊奇 wonder; be surprised; be amazed 惊扰 alarm; agitate 惊人 astonishing 惊叹 wonder at; marvel at 惊涛骇浪 terrifying waves; a situation or life full of perils 惊天动地 earthshaking; world-shaking 惊喜 pleasantly surprised 惊险 breathtaking; 惊心动魄 soul-stirring; profoundly affecting 惊醒 wake up with a start; awaken 惊讶 surprised; amazed; astonished

晶 jīng ❶brilliant; glittering ❷quartz; (rock) crystal 晶石 spar 晶体 crystal 晶莹 sparkling and crystal-clear

睛 jīng eyeball 定睛一看 give sth. a good look 目不转睛地看 gaze fixedly

精 jīng ❶refined; picked; choice ❷essence; extract ❸perfect; excellent ❹meticulous; fine; precise ❺smart; sharp; clever ❻skilled; proficient ❼energy; spirit ❽sperm; semen; seed ❾goblin; spirit; demon 精兵 picked troops 精彩 wonderful; splendid; marvelous 精萃 cream; pick 精粹 succinct; pithy; terse 精打细算 calculate meticulously 精当 precise and appropriate 精到 precise and penetrating 精雕细刻 work at sth. with the care and precision of a sculptor 精读 read carefully and thoroughly; in-tensive reading 精干 small in number but highly trained; crack; keen-witted and capable 精悍 capable and vigorous; pithy and poignant 精华 essence; cream; soul 精简 simplify; reduce; cut; re-trench 精力 energy; vigour 精力充沛 be full of vim and vigor 精练 concise; suc-cinct; terse 精良 excellent; superior; of the best quality 装备精良 well-equipped 精灵 spirit 精美 delicate; elegant; exquisite 精密 precise; accurate 精明 astute; shrewd 精明强干 keen (smart) and capable; able and efficient 精疲力竭 worn out; exhausted; tired out; dog-tired 精辟 penetrating; incisive 精辟论述 brilliant exposition 精巧 ingen-ious 精确 accurate; exact; precise 精锐 crack; picked 精深 profound 精神 ① spirit; mind; consciousness ② essence; gist 精神病 mental disease; psychosis 精髓 marrow; pith; quintessence 精通 be good at; be(an)expert at; have a good command of; master; be proficient in 精细 meticulous; fine; careful 精心 metic-ulously; painstakingly; elaborately; the best of care 精选 rarefied 精盐 table salt; refined salt 精液 semen 精益求精 keep improving; constantly improve sth. 精制 refine 精致 fine; exquisite; delicate 精装 (of books) clothbound; hardcover 精装本 de luxe edition 精壮 able-bodied; strong 精子 sperm

兢 jīng 兢兢业业 cautious and consci-entious

鲸 jīng whale 鲸吞 swallow like a whale; annex 鲸油 whale oil

井 jǐng well 打井 sink a well 矿井 pit 井井有条 in perfect order 井然 orderly;

neat and tidy

颈 jǐng neck 颈椎 cervical vertebra

景 jǐng ❶view; scenery; scene ❷situation; condition ❸scenery (of a play or film) ❹scene (of a play) ❺admire; revere; respect 景况 situation; circumstances 景片 a piece of (stage) scenery; flat 景气 prosperity; boom 景色 view; scene; landscape 景象 scene; sight; picture

警 jǐng ❶alert; vigilant ❷warn; alarm ❸alarm ❹police 警报 alarm; alert 警备 guard; garrison 警备区 garrison command 警察 police; policeman 警笛 police whistle 警告 warn; caution 警戒 warn; guard against 警句 aphorism 警觉 vigilance; alertness 警犬 police dog 警惕 be on guard against 警卫 (security) guard 警钟 tocsin

劲 jìng strong; powerful; sturdy 劲敌 formidable adversary 劲旅 strong contingent

净 jìng ❶clean ❷completely ❸only; merely; nothing but 净说不干 all talk, no action; just pay lips service 净出口 net export 净化 purify 净利 net profit 净余 remainder 净值 net worth; net value 净重 net weight

径 jìng ❶footpath; path; track ❷way; means ❸directly 径赛 track

胫 jìng shin 胫骨 shin bone; tibia

痉 jìng 痉挛 convulsion; spasm

竞 jìng compete; contest; vie 竞技 sports; athletics 竞技场 arena 竞技状态 form (of an athlete) 竞赛 competition; race 竞选 campaign for (office); run for

竞争 compete 竞争力 competitive power 竞走 heel-and-toe walking race

竟 jìng ❶finish; complete ❷throughout; whole ❸in the end; eventually 竟敢 dare; have the audacity 竟然 unexpectedly; to one's surprise; actually 竟然到了这个地步 should have come to this

敬 jìng ❶respect; esteem ❷offer politely 敬茶 serve tea 敬爱 respect and love 敬辞 term of respect 敬老院 old folks' home 敬礼 salute 敬佩 esteem; admire 敬仰 revere; venerate 敬意 respect 敬重 honour; hold sb. in high regard

境 jìng ❶border; boundary ❷place; area ❸situation 困境 difficult position 境界 boundary; state; realm; level 境况 condition; circumstances 境遇 one's lot

静 jìng still; quiet; calm 静脉 vein 静默 become silent 静穆 solemn and quiet 静物 still life 静养 rest quietly to recuperate; convalesce 静止 static; at a standstill 静坐 sit quietly 静坐罢工 sit-down (strike)

镜 jìng ❶looking glass; mirror ❷lens 玻璃 镜框 picture frame 镜片 lens 镜头 camera lens; shot; scene

JIONG

迥 jiǒng ❶far away ❷widely different 迥然 far apart 迥然不同 utterly different;

炯 jiǒng bright; shining 炯炯 (of eyes) bright; shining 眼睛炯炯有神 a pair of bright piercing eyes

窘 jiǒng ❶in straitened circumstances ❷ awkward; ill at ease ❸embarrass; disconcert 窘境 predicament; plight 窘迫 poverty-stricken; very poor; hard pressed

JIU

纠 jiū ❶entangle ❷gather together ❸ correct; rectify 有错必纠 mistakes must be corrected whenever discovered 纠察 picket 纠缠 get entangled; worry 纠纷 dispute; issue 纠葛 entanglement 纠集 get together 纠正 correct; put right

究 jiū study carefully; go into 究其根源 trace sth. to its source 究竟 outcome; what actually happened; after all; in the end

阄 jiū lot 抓阄 draw lots

揪 jiū ❶hold tight; seize ❷pull; tug; drag 揪辫子 seize sb. 's queue 揪出 uncover 揪心 anxious; worried

九 jiǔ nine 九九表 multiplication table 九泉 grave; the nether world 九死一生 a narrow escape from death 九霄云外 beyond the highest heavens 九月 September; the ninth moon

久 jiǔ for a long time; long 久而久之 in the course of time; as time passes 久 久 for a long time 久违 I haven't seen you for ages 久仰 I'm very pleased to meet you 久远 far back; ages ago;

灸 jiǔ moxibustion

韭 jiǔ fragrant-flowered garlic; (Chinese) chives 韭黄 hotbed chives

酒 jiǔ alcoholic drink; wine; liquor;

spirits 酒吧间 bar; barroom 酒菜 food and drink 酒厂 winery; distillery 酒店 wineshop; public house 酒鬼 drunkard; wine bibber 酒壶 wine pot 酒会 cocktail party 酒窖 wine cellar 酒精 alcohol 酒量 capacity for liquor 酒酿 fermented glutinous rice 酒气 a blast of whisky-laden breath 酒窝 dimple 酒席 feast 酒意 a tipsy feeling 酒盅 a small handleless wine cup

旧 jiù ❶past; bygone; old ❷used; worn; old 旧案 old regulations; former practice 旧恶 old grievance; old wrong 旧货店 secondhand shop 旧货市场 flea market 旧交 old acquaintance 旧诗 classical poetry 旧时 old times; old days 旧式 old type 旧书 used book

臼 jiù ❶mortar ❷joint (of bones) 脱臼 dislocation (of joints) 臼齿 molar

咎 jiù ❶fault; blame ❷censure 咎由自取 have only oneself to blame

柩 jiù a coffin with a corpse in it 柩车 hearse

救 jiù ❶rescue; save; salvage ❷help; relieve; succour 救兵 relief troops; reinforcements 救护 give first aid (to the wounded, etc.) 救护车 ambulance 救活 bring sb. back to life 救火 fire fighting 救急 help meet an urgent need 救济 relieve; succour 救命 save sb. 's life 救生 lifesaving 救生筏 life raft 救生圈 life buoy 救死扶伤 heal the wounded and rescue the dying 救援 rescue; come to sb. 's help 救灾 send relief to a disaster area 救治 treat and cure 救助 succour

厩 jiù stable; cattle-shed; pen

就 jiù ❶come near; move towards ❷

engage in; enter upon ❸ accomplish; make ❹accomodate oneself to; suit; fit ❺go with ❻with regard to; concerning; on ❼at once ❽as early as; already ❾as soon as; right after ❿only; just 就此 at this point; thus 就地 on the spot 就范 submit; give in 就近 nearby 就是 (某人) no other man than 就事论事 consider sth. as it stands 就算 even if 就行 sb. (sth.) will do 就绪 be in order 就要 be about to; be going to 就业 obtain employment; get a job 就业不足 underemployment 就医 seek medical advice; go to a doctor 就义 die a martyr 就职 assume office 就职宣誓 oath of office

舅 jiù ❶ mother's brother; uncle ❷ wife's brother; brother-in-law 舅母 wife of mother's brother; aunt

JU

拘 jū ❶detain ❷limit; constrain 拘捕 arrest 拘谨 overcautious; reserved 拘禁 take into custody 拘礼 be punctilious; stand on ceremony 拘留 detain; intern 拘泥 be a stickler for (form, etc.) 拘票 warrant 拘束 restrain; constrained; awkward

狙 jū 狙击 snipe 狙击手 sniper

居 jū ❶ reside; dwell; live ❷ residence; house ❸ be (in a certain position); occupy (a place) ❹claim; assert 居多 be in the majority 居功 claim credit for oneself 居留 reside 居民 resident; inhabitant 居然 unexpectedly 居心 harbour (evil) intentions 居住 live; dwell

驹 jū ❶colt ❷foal 怀驹 be in foal

掬 jū hold with both hands 笑容可掬 radiant with smiles

鞠 jū rear; bring up 鞠躬 bow 鞠躬尽瘁 bend oneself to a task and exert oneself to the utmost

局 jú ❶chessboard ❷game; set; innings ❸situation; state of affairs ❹limit ❺office; bureau; shop 局部 part 局促 (of place) narrow 局促不安 like a fish out of water 局面 phase; situation 局势 situation 局外人 outsider 局限 limit; confine

菊 jú chrysanthemum 菊科 the composite family

橘 jú tangerine 橘红 tangerine (colour) 橘黄 orange (colour) 橘汁 orange juice

沮 jǔ ❶stop; prevent ❷turn gloomy 沮丧 dejected; depressed; dispirited; disheartened

咀 jǔ chew 咀嚼 masticate; chew the cud

举 jǔ ❶lift; raise; hold up ❷deed; move ❸start ❹elect; choose ❺cite; enumerate ❻ whole; entire 举办 conduct; hold; run; put on 举报 report (an offender); inform against 举报中心 corruption reporting center 举动 move; act; activity 举国 the whole nation 举荐 recommend (a person) 举例 give an example 举棋不定 be unable to make up one's mind 举世 throughout the world 举世皆知 known to all 举世闻名 of world renown; world-famous 举世无双 unrivalled; matchless 举手 put up one's hand or hands 举手表决 vote by a show of hands 举行 hold (a meeting, ceremony, etc.) 举止 behaviour 举止端正

be well conducted 举重 weight lifting 举重运动员 weight lifter 举足轻重 hold the balance; prove decisive

巨 jù huge; gigantic 巨款 a huge sum of money 巨大 gigantic; immense 巨额 a huge sum 巨人 giant 巨头 magnate; tycoon 巨著 monumental work

句 jù sentence 句法 sentence structure 句号 full stop; full point; period 句型 sentence pattern 句子 sentence

拒 jù ❶resist; repel ❷refuse; reject 拒捕 resist arrest 拒付 refuse payment 拒绝 refuse; reject; decline 拒收 rejection

具 jù ❶utensil; tool; implement ❷possess; have 具名 affix one's signature 具体 concrete; particular 具有 possess; have; be provided with

炬 jù ❶torch ❷fire 付之一炬 be burnt down

俱 jù all; complete 俱乐部 club 俱全 complete in all varieties

剧 jù ❶theatrical work; drama; play; opera ❷acute; severe; intense 剧变 a violent change 剧本 drama; play 剧场 theatre 剧烈 severe; fierce 剧烈运动 strenuous exercise 剧目 a list of plays or operas 剧评 a review of a play or opera 剧情 the story of a play or opera 剧团 theatrical company 剧务 stage management 剧照 stage photo; still 剧中人 characters in a play or opera 剧种 type of drama 剧作家 playwright

惧 jù fear; dread 惧色 a look of fear 面无惧色 look undaunted

据 jù ❶occupy; seize ❷rely on; depend on ❸according to ❹evidence; cer-

tificate 据传 rumour has it that 据点 strongpoint 据说 it is said; they say

距 jù ❶distance ❷be at a distance from 距离 distance; be away from 保持距离 keep at a distance

飓 jù 飓风 hurricane

锯 jù ❶saw ❷cut with a saw 锯齿 sawtooth 锯床 sawing machine 锯末 sawdust 锯木厂 lumber-mill 锯条 saw blade

聚 jù assemble; gather; get together 聚餐 dine together; have a dinner party 聚光灯 spotlight 聚会 get together; meet 聚积 collect; build up 聚集 gather; collect 聚精会神 concentrate one's attention 聚居 inhabit a region 聚敛 amass wealth by heavy taxation

JUAN

捐 juān ❶abandon ❷contribute (money); donate; subscribe ❸tax 上捐 pay a tax 捐款 contribute money; subscription 捐税 taxes and levies 捐赠 contribute (as a gift) 捐助 offer (financial or material assistance)

娟 juān beautiful; graceful 娟秀 graceful

圈 juān ❶shut in a pen; pen in ❷lock up; put in jail

卷 juǎn ❶roll up ❷sweep off; carry along ❸roll ❹roll; spool; reel 卷笔刀 pencil sharpener 卷尺 band tape 卷发 curly hair 卷入 be drawn into (a whirlpool, etc.) 卷逃 abscond with valuables 卷土重来 stage a comeback 卷心菜 cabbage 卷烟 cigarette

卷 juàn ❶book ❷volume ❸examination paper ❹file; dossier 卷子 examination paper 卷宗 folder; file; dossier

倦 juàn weary; tired

绢 juàn thin, tough silk 绢本 silk scroll 绢花 silk flower 绢丝 spun silk

眷 juàn ❶family dependant ❷have tender feeling for 眷恋 be sentimentally attached to 眷念 think fondly of 眷属 family dependants

圈 juàn pen; fold; sty 圈肥 barnyard manure

JUE

撅 juē ❶stick up (the tail, etc.) ❷ break; snap 把棍子撅断 break the stick in two

决 jué ❶decide; determine ❷definitely; certainly ❸execute a person 决策 make policy; policy decision 决定 decide; resolve; make up one's mind; determine 决斗 duel; decisive struggle 决断 make a decision; resolution 决计 have decided; certainly 决口 (of a dyke, etc.) be breached; burst 决裂 break with; rupture 决赛 finals 决胜 determine the victory 决算 final accounts 决心 determination; resolution 决议 resolution 决意 have one's mind made up 决战 decisive battle

诀 jué ❶rhymed formula ❷knack 诀别 bid farewell; part 诀窍 secret of success; knack

抉 jué pick out; single out 抉择 choose

角 jué ❶role; part ❷actor or actress ❸ contend 口角 quarrel; bicker; wrangle 角斗 wrestle 角逐 contend; enter into rivalry

觉 jué ❶sense; feel ❷wake (up); awake 觉察 detect; become aware of; smell a rat 觉得 feel; think 觉悟 consciousness; awareness; understanding; become aware of 觉醒 awaken

绝 jué ❶cut off; sever ❷exhausted; used up; finished ❸desperate; hopeless ❹unique; superb; matchless ❺extremely; most ❻absolutely 绝非偶然 by no means fortuitous 绝版 out of print 绝壁 precipice 绝对 absolute; absolutely; perfectly 绝对优势 absolute advantage 绝后 withoutoffspring 绝迹 disappear; vanish 绝技 unique skill 绝交 break off relations 绝路 road to ruin 绝密 top-secret 绝妙 extremely clever; perfect 绝命书 suicide note 绝望 give up all hope 绝无仅有 the only one of its kind 绝症 incurable disease

倔 jué 倔强 stubborn; unbending

掘 jué dig 掘井 dig a well 掘墓人 gravedigger 掘土机 excavator

崛 jué 崛起 suddenly appear on the horizon; rise (as a political force)

厥 jué faint; lose consciousness; fall into a coma

爵 jué peerage 爵士 knight; Sir 爵士音乐 jazz 爵位 the rank of nobility

嚼 jué masticate; chew

攫 jué 攫取 seize; grab 攫取暴利 rake in exorbitant profits

倔 jué gruff; blunt 脾气倔 be rather surly

JUN

军 jūn ❶armed forces ❷army 军备竞赛 arms race 军备控制 arm control 军部 army headquarters 军阀 warlord 军法 military criminal code 军费 military expenditure 军港 naval port 军功 military exploit 军官 officer 军管 military control 军国主义 militarism 军号 bugle 军火 munitions 军机 military plan 军籍 military status 军纪 military discipline 军舰 warship; naval vessel 军阶 rank; grade 军界 the military 军令 military orders 军旗 army flag 军区 military region 军人 soldier; armyman 军师 army adviser 军事 military affairs 军衔 military rank 军校 military school 军械 armament 军心 army's morale 军需 military supplies 军训 military training 军医 medical officer 军营 military camp; barracks 军用 military 军援 military aid 军乐 martial music 军长 army commander 军职 military appointment 军种 (armed) services

均 jūn ❶equal; even ❷without exception; all 均等 impartial; fair; parity 均分 divide equally 均匀 even; well-distributed

君 jūn ❶monarch; supreme ruler ❷gentleman; Mr. 君权 monarchical power 君主 monarch 君主国 monarchy 君子 gentleman; a man of noble character 君子动口不动手 gentleman should reason things out rather than resort to force

龟 jūn 龟裂 (of parched earth) be full of cracks; (of skin) chap

菌 jūn ❶fungus ❷bacterium 菌肥 bacterial manure 菌苗 vaccine

俊 jùn ❶handsome; pretty ❷a person of outstanding talent 俊杰 hero 俊俏 pretty and charming

郡 jùn prefecture

浚 jùn dredge

峻 jùn ❶high 崇山峻岭 high mountains ❷harsh; severe; stern 峻峭 high and steep

骏 jùn 骏马 fine horse; steed

菌 jùn mushroom

竣 jùn complete; finish 告竣 have been completed 竣工 (of a project) be completed

K

KA

咖 kā 咖啡 coffee 咖啡色 coffee (colour) 咖啡因 caffeine

卡 kǎ block; check 卡宾枪 carbine 卡车 lorry; truck 卡片 card 卡片目录 card catalogue 卡片索引 card index

咯 kǎ cough up 咯痰 cough up phlegm 咯血 spit blood

KAI

开 kāi ①open ②make an opening; open up; reclaim ③open out; come loose ④thaw; become navigable ⑤lift (a restriction, etc.) ⑥start; operate ⑦(of troops, etc.) set out; move ⑧set up; run ⑨begin; start ⑩hold (a meeting, exhibition, etc.) ⑪write out ⑫pay (wages, fares, etc.) ⑬boil 开采 extract; exploit 开场 begin 开场白 preface; preliminary 开车 drive or start a car, train, etc.; set a machine going 开诚布公 openhearted; of open minds; frankly and sincerely; strip one's mind bare for sb. 开除 dismiss (from school or party) 开创 start; initiate 开创新局面 create a new situation 开刀 perform or have an operation 开导 en-lighten 开动 start; set in motion 开发 develop; open up; exploit 开发银行 development bank 开饭 serve a meal 开方 extraction of a root; evolution 开放 ①come into bloom ②lift a ban, restriction, etc. ③open to traffic or public use ④be open (to the public) 开赴 march to; be bound for 开工 ①(of a factory, etc.) go into operation ②(of work on a construction or project, etc.) start operation 开关 switch 开国大典 inauguration 开航 become open for navigation; set sail 开户 open or establish an account 开花 blossom; bloom 开化 become civilized 开怀 to one's heart's content 开会 hold or attend a meeting 开完会 sit out the meeting 开架 open-shelf 开戒 break an abstinence (from smoking or drinking, ect.) 开卷 open a book; read 开掘 dig 开课 school begins; (chiefly in college) give a course; teach a subject 开口 open one's mouth; start to talk 开快车 step on the gas 开矿 open up a mine 开阔 open; widen 开朗 open and clear; sanguine 开列 draw up (a list) 开路 open a way 开绿灯 give the green light 开门 open the door; open-door 开门见山 go straight to the point 开明 enlightened 开幕 the curtain rises 开盘 give the opening quotation 开盘价 opening price 开炮 open fire with artillery; fire 开枪 fire with a rifle, pistol, etc.; shoot 开始

begin; start; beginning; outset 开庭 open a court session（为…）开脱 extenuate one's guilt 开玩笑 joke; make fun of 开胃 whet the appetite 开小差（of a soldier）desert; be absent-minded 开销 expense 开心 feel happy; make fun of sb. 开心果 pistachio nut 开学 school opens; term begins 开演 begin 开业（of a shop, etc.）start business 开夜车 work late into the night 开展 develop; launch 开战 make war 开张 open a business 开帐 make out a bill; pay the bill（at a restaurant, hotel, etc.）开支 pay（expenses）; expenses; expenditure

揩 kāi wipe 揩油 get petty advantages at the expense of other people; scrounge

凯 kǎi ❶triumphant strains ❷victorious 凯歌 a song of triumph; paean 凯旋 triumphant return

慨 kǎi ❶indignant ❷deeply touched ❸generous 慨然 with deep feeling

楷 kǎi ❶model; pattern ❷regular script

KAN

刊 kān ❶ print; publish ❷ periodical; publication ❸delete or correct 刊登 publish; carry 刊物 publication

看 kān ❶look after; take care of; tend ❷keep under surveillance; keep an eye on sb. 看管 look after; attend to; guard (prisoners, etc.) 看护 nurse (the sick) 看家 mind the house 看门 guard the entrance 看守 watch; guard; warder

勘 kān ❶collate ❷investigate 勘测 survey 勘察 reconnaissance 勘界 conduct boundary survey 勘探 exploration; pros-

pecting 勘误表 errata; corrigenda

堪 kān ❶may; can 堪当此任 be capable of shouldering the tasks ❷bear; endure 不堪一击 cannot withstand a single blow

坎 kǎn ❶bank; ridge ❷pit; hole 坎肩 sleeveless jacket 坎坷 bumpy; rough (road)

砍 kǎn ❶cut; chop; hack ❷throw sth. at 砍柴 cut firewood 砍刀 chopper 砍伐 fell (trees) 砍价 dicker with sb. 砍头 behead

看 kàn ❶see; look at; watch 看个够 look my fill 看你下次还敢不敢 If you ever do...again❷read ❸think; consider ❹look upon; regard ❺treat (a patient or an illness) ❻look after ❼call on; visit; see ❽depend on 看病 (of a doctor) see a patient;（of a patient）consult a doctor 看不惯 cannot bear the sight of 看不起 scorn; despise 看成 look upon as 看出 make out; see 看穿 see through 看得见 noticeable; visible; tangible 看法 view 看见 catch sight of; see 看来 it seems; it appears; it looks as if 看上 take a fancy to (a girl, etc.); settle on 看台 bleachers; stand 看望 call on; visit; see 看重 regard as important; value 看做 look upon as; regard as

KANG

康 kāng well-being; health 康复 restored to health 康乐 peace and happiness 康庄大道 broad road; main road

慷 kāng 慷慨 vehement; fervent; liberal 慷慨解囊 help sb. generously with money 慷慨激昂 impassioned 慷慨就义 die a martyr's death

糠 kāng ❶chaff; bran; husk ❷(usu. of a radish) spongy

扛 káng carry on the shoulder

亢 kàng ❶high; haughty ❷excessive; extreme 亢奋 stimulated; excited

抗 kàng ❶resist; combat; fight ❷refuse; defy 抗衡 contend with; match 抗击 beat back; resist (the aggressors, etc.) 抗拒 resist; defy 抗议 protest 抗战 war of resistance against aggression

KAO

考 kǎo ❶give or take an examination, test or quiz ❷check; inspect ❸study; investigate; verify 待考 remain to be verified 考查 examine; check 考察 inspect; observe and study 考察团 observation group 考场 examination hall or room 考古 archaeology 考核 examine; check; assess (sb.'s proficiency) 考究 observe and study; investigate; particular; fine 考卷 examination paper 考虑 think over; consider 考勤 check on work attendance; take attendance 考取 pass an entrance examination 考生 examinee 考试 examination; test 考题 examination questions 考问 examine orally; question 考验 test; trial have stood a severe test 考证 textual research

拷 kǎo torture 拷贝 copy 拷打 torture; beat

烤 kǎo ❶bake; roast; toast 烤面包 toast ❷scorching 烤火 warm oneself by a fire 烤炉 oven 烤肉 roast meat; roast 烤鸭 roast duck

铐 kào ❶handcuffs ❷put handcuffs on 铐罪犯 handcuff the criminal

靠 kào ❶lean on ❷keep to; get near; come up to ❸rely on ❹trust 靠岸 pull in to shore; draw alongside 靠背 back (of a chair) 靠边 keep to the side (of the road, etc.) 靠不住 unreliable; untrustworthy 靠得住 dependable; trustworthy 靠近 near; close to 靠山 backer; patron 靠手 armrest

KE

苛 kē severe; exacting 苛捐杂税 exorbitant taxes and levies 苛刻 harsh (terms, etc.) 苛求 be overcritical 苛政 tyranny

科 kē ❶a branch of academic or vocational study ❷section ❸family ❹pass a sentence 科班出身 graduated from a regular higher education institute 科技 science and technology 科教片 science and educational film 科教兴国 developing the country by relying on science and education 科举 imperial examinations 科目 subject (in a curriculum); course 科室 administrative or technical offices 科学 science; scientific knowledge 科研 scientific research 科员 section member 科长 section chief

窠 kē nest; burrow etc. 不落窠臼 show originality; be unconventional

颗 kē 颗粒 pellet; grain 颗粒归仓 every grain to the granary

磕 kē ❶knock (against sth. hard) ❷knock sth. out of a vessel 磕碰 collide with; bump against 磕头 kowtow

瞌 kē 瞌睡 sleepy; drowsy 打瞌睡 doze

off; nod; have a nap

蝌 kē 蝌蚪 tadpole

壳 ké ❶shell ❷housing; casing; case

咳 ké cough 咳嗽 cough 咳嗽糖浆 cough syrup

可 kě ❶approve 不置可否 decline to comment ❷can; may ❸need (doing); be worth (doing) ❹fit; suit ❺but; yet 可爱 lovable; likable; lovely 可保利益 insurable interest 可悲 sad; lamentable 可比性 comparativeness 可鄙 contemptible 可持续发展 sustainable development 可耻 shameful; disgraceful 可观 considerable; impressive 可观的薪水 handsome salary 可见 it is thus clear that 可敬 worthy of respect; respected 可靠 dependable; 可可 cocoa 可口 good to eat; tasty 可口可乐 Coca-cola 可怜 pitiful; pitiable; poor miserable 可能 possible; probable;probably; maybe 可能性 possibility 可是 but 可恶 hateful; detestable 可惜 it's a pity; it's too bad 可喜 heartening encouraging progress 可笑 laughable; ridiculous; funny 可行 feasible 可行性研究 feasibility study 可疑 suspicious; dubious 可以 can; may; passable; not bad 完全可以说 It may be safely said that 可遇不可求 be serendipitous

渴 kě ❶thirsty ❷yearningly 渴望 thirst for; long for

克 kè ❶can; be able to ❷restrain ❸overcome; capture (a city, etc.) ❹gram 克敌制胜 vanquish the enemy 克服 overcome; put up with (hardships, inconveniences, etc.) 克隆 clone 克制 restrain (one's passion, etc.)

刻 kè ❶carve; engrave; cut ❷a quarter (of an hour) ❸moment ❹cutting; penetrating 刻板 cut blocks for printing 刻薄 unkind; harsh; mean 刻不容缓 brook no delay; be of great urgency 刻刀 burin; graver 刻毒 venomous 刻骨 deep-rooted 刻画 depict; portray (characters, etc.) 刻苦 hardworking; painstaking

客 kè ❶visitor; guest ❷traveller; passenger ❸customer lodger ❹settle or live in a strange place 客车 passenger train 客串 be a guest performer 客店 inn 客观 objective 客满 full house 客气 polite; courteous 客人 visitor; guest (at a hotel, etc.) 客套 polite formula 客厅 drawing room

恪 kè scrupulously and respectfully 恪守 scrupulously abide by (a treaty, promise, etc.)

课 kè ❶subject; course ❷class ❸lesson ❹tax ❺levy (a tax on sb.) 课本 textbook 课程 course; curriculum 课程表 school timetable 课时 class hour; period 课堂 classroom; schoolroom 课题 problem; task 课外 extracurricular; outside class; after school 课文 text 课业 lessons 课余 after class

KEN

肯 kěn ❶agree; consent 首肯 nod assent ❷be willing to; be ready to 肯定 affirm; confirm; positive; definite; sure

垦 kěn cultivate (land); reclaim (wasteland) 垦荒 open up virgin soil

恳 kěn ❶sincerely ❷request 恳切 earnest; sincere 恳请 earnestly request 恳求 implore; entreat

啃 kěn gnaw; nibble 啃骨头 gnaw a bone 啃书本 delve into books

KENG

坑 kēng ❶hole; hollow ❷tunnel; pit ❸entrap; cheat 坑道 tunnel 坑害 lead into a trap 坑坑洼洼 bumpy; rough

吭 kēng utter a sound or a word 吭哧 hum and haw

铿 kēng clang; clatter 铿锵 rhythmic and sonorous 铿然 loud and clear

KONG

空 kōng ❶empty; hollow; ❷sky; air ❸for nothing; in vain 空荡荡 empty; deserted 空洞 empty; hollow 空泛 vague and general 空话 empty talk 空间 space 空降 airborne 空军 air force 空气 air; atmosphere 空前 unprecedented 空谈 (indulge in) empty talk 空调 air-conditioner 空头支票 bad cheque; empty promise; lip service 空投 air-drop; paradrop 空文 ineffective law, rule, etc. 空袭 air raid; air attack 空想 idle dream; fantasy 空心 hollow 空虚 hollow; void 空运 air transport; airlift 空战 air battle 空中 in the sky; in the air; overhead

孔 kǒng hole; opening; aperture 孔道 pass; narrow passage 孔雀 peacock

恐 kǒng ❶fear; dread ❷terrify; intimidate 恐怖 terror 恐怖分子 terrorist 恐吓 threaten; intimidate 恐吓信 blackmailing letter 恐慌 panic 恐惧 fear; dread 恐惧症 phobia 恐怕 I'm afraid I think

空 kòng ❶leave empty or blank ❷unoccupied; vacant ❸ empty space ❹ free time; spare time 空白 blank space 空地 open ground 空额 vacancy 空格 blank space (on a form) 空缺 vacancy 空隙 space; gap 空闲 idle; free 空子 gap; opening chance; opportunity

控 kòng ❶accuse ❷control; dominate 控告 charge; accuse; complain 控诉 denounce; condemn 控制 control; dominate; command

KOU

抠 kōu ❶dig; dig out; scratch ❷carve; cut ❸delve into ❹stingy

口 kǒu ❶ mouth ❷ opening; entrance ❸ cut; hole ❹edge (of a knife) 口才 eloquence 口吃 stutter 口齿 ability to speak 口袋 pocket; bag; sack 口号 slogan 口红 lipstick 口惠 (pay) lip service 口技 vocal mimicry 口诀 a pithy formula (often in rhyme) 口角 quarrel 口渴 thirsty 口声声 keep on saying 口粮 grain ration 口令 password; watchword; countersign 口气 tone; note 口腔 oral cavity 口琴 mouth organ 口哨 whistle 口舌 quarrel; dispute 口实 handle 口试 oral test 口是心非 say one thing and mean another 口授 oral instruction-dictate 口述 oral account 口水 saliva 口味 taste 口吻 tone; note 口香糖 chewing gum 口信 (oral) message 口译 oral interpretation 口音 voice 口语 spoken language 口罩 gauze mask

扣 kòu ❶button up; buckle ❷place a cup, bowl, etc. upside down ❸detain; arrest ❹deduct (a part of sb.'s pay, etc.) ❺discount ❻knot; button; buckle ❼smash (the ball) 扣除 deduct 扣留 detain; arrest; hold in custody 扣帽子 put a label on sb. 扣压 withhold; pigeonhole

寇 kòu ❶bandit; invader ❷invade

KU

枯 kū ❶withered ❷dried up ❸dull 枯竭 dried up; exhausted 枯燥 dull and dry

哭 kū cry; weep 哭哭啼啼 endlessly weep and wail 哭泣 sob 哭穷 to poor-mouth 哭丧着脸 put on a long face 哭笑不得 not know whether to laugh or to cry

窟 kū ❶hole; cave 石窟 grotto ❷den 匪窟 a robbers'den 赌窟 a gambling-den 窟窿 hole; cavity

骷 kū 骷髅 human skeleton; human skull; death's head

苦 kǔ ❶bitter ❷hardship; suffering; pain ❸cause sb. suffering; give sb. a hard time ❹be troubled by ❺painstakingly; doing one's utmost 苦干 work hard 苦工 hard work 苦功 painstaking effort 苦海 sea of bitterness 苦口 (admonish) in earnest 苦闷 feeling low 苦难 suffering; misery 苦恼 vexed; worried 苦思 think hard 苦于 suffer from (a disadvantage) 苦战 struggle hard

库 kù warehouse; storehouse 库存 stock; reserve 库存资产 inventory assets

裤 kù trousers; pants 裤衩 pants 裤裆 crotch 裤腿 trouser legs 裤腰 waist of trousers

酷 kù ❶cruel ❷very; extremely ❸cool 酷暑 the intense heat of summer 酷刑 cruel torture

KUA

夸 kuā ❶exaggerate ❷praise 夸大 overstate; boast 夸奖 praise; commend 夸耀 show off; flaunt 夸赞 speak highly of 夸张 overstate

垮 kuǎ collapse; fall; break down 垮台 collapse; fall from power

挎 kuà ❶carry on the arm ❷carry sth. over one's shoulder

胯 kuà hip 胯骨 hipbone; innominate bone

跨 kuà ❶step; stride ❷bestride; straddle ❸cut across 跨世纪工程 trans-century project 跨越 stride across; leap over; cut across

KUAI

会 kuài 会计 accounting; bookkeeper 会计凭证 accounting evidence 会计师 certified accountant 会计师事务所 accounting firm

快 kuài ❶fast; quick; rapid ❷speed ❸hurry up; make haste ❹soon; before long ❺quick-witted; ingenious ❻sharp ❼plainspoken ❽pleased; happy 快报 bulletin 快餐 quick meal; snack 快车 express train or bus 快递 express delivery 快干 quick-drying (paint, etc.) (病态的)快感 euphoria 快活 happy; merry; cheerful; joyful 快手 quick worker 快艇 speedboat 快意 satisfied; comfortable

块 kuài ❶piece; lump; chunk 块煤

lump coal ❷piece; cake

脍 kuài meat chopped into small pieces 脍炙人口 win universal praise; enjoy great popularity

筷 kuài 筷子 chopsticks

KUAN

宽 kuān❶wide; broad ❷breadth ❸relax; relieve ❹generous; lenient 宽敞 spacious; roomy 宽大 spacious; roomy 宽待 be lenient in dealing with 宽厚 generous 宽阔 broad; wide 宽容 tolerant; lenient 宽恕 forgive 宽慰 comfort; console 宽心 feel relieved 宽银幕 wide-screen (film)

款 kuǎn❶receive with hospitality; entertain ❷section of an article; paragraph ❸fund 公款 public funds 款待 treat cordially; entertain 款式 pattern; style; design

KUANG

匡 kuāng❶rectify; correct (mistakes) ❷assist; save

诳 kuāng deceive; hoax; dupe

框 kuāng ❶ frame; circle ❷ draw a frame round 框框 frame; restriction; set pattern

筐 kuāng basket

狂 kuáng ❶ mad; crazy ❷ violent ❸ wild; unrestrained ❹arrogant; overbearing 狂暴 violent; wild 狂飙 hurricane 狂风 fierce wind 狂欢 revelry; carnival 狂人 madman 狂妄 wildly arrogant 狂笑

laugh wildly 狂言 ravings

况 kuàng❶condition; situation ❷compare 况且 moreover; besides; in addition

旷 kuàng❶vast; spacious ❷free from worries and petty ideas 旷工 stay away from work without leave or good reason 旷课 cut school 旷一堂课 cut a class 旷日持久 long-drawn-out

矿 kuàng❶mineral deposit ❷ore 铁矿 iron ore ❸mine 煤矿 coal mine; colliery 矿藏 mineral resources 矿床 deposit 矿灯 miner's lamp 矿工 miner 矿井 mine; pit 矿区 mining area 矿山 mine 矿石 ore 矿物 mineral 矿业 mining industry 矿渣 slag

框 kuàng frame; case 门框 door frame 窗框 window case 镜框 picture frame 眼镜框 rims (of spectacles)

眶 kuàng the socket of the eye 热泪盈眶 one's eyes filling with tears

KUI

亏 kuī❶lose (money, etc.); have a deficit ❷deficient; short ❸treat unfairly ❹fortunately; luckily; thanks to 亏本 lose money in business 亏待 treat unfairly 亏空 debt; deficit 亏损 operate at a loss; general debility 亏损面 percentage of loss-making enterprises 亏心 have a guilty conscience

盔 kuī helmet 盔甲 a suit of armour

窥 kuī peep; spy 窥测 spy out 窥见 catch a glimpse of 窥视 peep at; spy on 窥伺 lie in wait for; be on watch for 窥探 pry about

K

葵 kuí 葵花 sunflower 葵花子 sunflower seeds

魁 kuí ❶chief; head ❷of stalwart build 魁梧 big and tall; stalwart

睽 kuí 睽睽 stare; gaze 众目睽睽 (in) the public eye

傀 kuí 傀儡 puppet stooge 傀儡政府 puppet government

溃 kuì ❶(of a dyke or dam) burst ❷break through (an encirclement) ❸be routed ❹fester; ulcerate 溃败 be defeated 溃烂 fester; ulcerate 溃灭 crumble and fall 溃散 be defeated and dispersed 溃逃 escape in disorder 溃疡 ulcer

馈 kuì make a present of

愧 kuì ashamed; conscience-stricken 问心无愧 have a clear conscience 愧色 a look of shame 毫无愧色 look unabashed

KUN

坤 kūn female; feminine 坤表 woman's watch

昆 kūn elder brother 昆虫 insect

捆 kǔn ❶tie; bind; bundle up 捆住手脚 bound hand and foot ❷bundle

困 kùn ❶be stranded; be hard pressed ❷surround; pin down ❸tired ❹sleepy 困乏 tired; fatigued 困惑 perplexed; puzzled 困境 predicament 困窘 embarrassed 困倦 sleepy 困苦 (live) in privation 困难 difficulty

KUO

扩 kuò expand; enlarge; extend 扩充 strengthen; augment; expand (forces, etc.) 扩大 enlarge; expand; extend 扩大内需 expansion of domestic demand 扩建 extend (a factory, mine, etc.) 扩散 spread; diffuse 扩音器 megaphone 扩展 expand; spread; develop 扩张 expand; enlarge

括 kuò ❶ draw together (muscles, etc.); contract ❷include 括号 brackets 括弧 parentheses

阔 kuò ❶wide; broad; vast ❷wealthy; rich 阔步 take big strides 阔绰 ostentatious 阔气 luxurious; lavish

K

L

LA

垃 lā 垃圾 rubbish；garbage；refuse 垃圾车 garbage truck；dust-cart 垃圾堆 rubbish heap；refuse dump 垃圾箱 dustbin；garbage can；ash can

拉 lā ❶pull；draw；tug；drag ❷transport by vehicle；haul ❸move（troops to a place）❹play 拉扯 ①drag；pull ②take great pains to bring up ③drag in；implicate ④chat 拉出去 pull out；drag out 拉倒 ①forget about it ②drop it 拉丁美洲 Latin America 拉丁文 Latin（language）拉丁字母 the Latin alphabet；the Roman alphabet 拉关系 try to establish underhand connections（for the sake of personal gain）拉后腿 hold sb. back；be a drag on sb.；lag behind 拉交情 try to form ties with；cotton up to 拉脚 transport by cart at a charge 拉开 pull open；draw back；space out 拉拉扯扯 ①pull sb. about ②exchange flattery and favours 拉杂 rambling；jumbled 拉拉队 cheering squad；rooters；pompom girls 拉力 pulling force 拉力器 chest-developer；chest-expander 拉力测试 pull test；tension test 拉链（拉锁）zip-fastener；zipper 拉上拉链（拉锁）zip up 拉买卖 push sales；act as a broker 拉皮条 act as procurer 拉纤 tow a boat 拉琴 play a

certain instrument 拉山头 form a faction 拉屎 empty the bowels；shit 拉手 ① shake hands ②handle 门拉手 doorknob 拉稀 have loose bowels；have diarrhoea

拉 lá ❶slash；slit；cut；make a gash in ❷chat

喇 lǎ 喇叭 ❶suona 吹喇叭 blow a trumpet ❷loudspeaker 喇叭裤 flared trousers；bell-bottoms 喇嘛 lama

落 là ❶leave out；be missing ❷leave behind；forget to bring ❸lag behind

腊 là cured（fish，meat，etc.）腊肠 sausage 腊梅 wintersweet 腊肉 bacon 腊月 the twelfth moon

辣 là ❶peppery；hot ❷（of smell or taste）burn；bite；sting ❸vicious；ruthless 辣酱 thick chilli sauce 辣椒 hot pepper；chilli

蜡 là ❶wax ❷candle 蜡版 mimeograph stencil（already cut）蜡笔 wax crayon 蜡笔画 crayon drawing 蜡纸 wax paper；stencil（paper）

LAI

来 lái ❶come；arrive ❷crop up；take place ❸future；coming；next ❹about；around 来宾 guest；visitor 来犯 come to attack us 来访 come to visit 来复枪 rifle

来回 make a round trip; back and forth 来人 bearer; messenger 来生 next life 来势 oncoming force 来势汹汹 break in full fury 来头 connections; backing 来往 come and go 来往 dealings; contact; intercourse 来文 document received 来信 send a letter here 来意 one's purpose in coming 来源 source; origin; stem from

赖 lài ❶rely; depend ❷hold on to a place ❸deny one's error or responsibility; go back on one's word ❹blame sb. wrongly 赖皮 rascally; unreasonable 赖帐 repudiate a debt

癫 lài ❶leprosy ❷favus of the scalp 癞蛤蟆 toad 癞皮狗 mangy dog

LAN

兰 lán orchid 兰草 fragrant thoroughwort 兰花 cymbidium; orchid

拦 lán bar; block; hold back 拦挡 obstruct 拦截 intercept 拦腰 by the waist

栏 lán ❶fence; railing; balustrade; hurdle ❷pen; shed ❸column 布告栏 notice board 栏杆 banisters

阑 lán ❶late ❷railing; balustrade 阑尾 appendix 阑尾炎 appendicitis

蓝 lán ❶blue ❷indigo plant 蓝宝石 sapphire 蓝本 chief source 蓝靛 indigo 蓝皮书 blue book 蓝图 blueprint

谰 lán calumniate; slander 无耻谰言 a shameless slander

澜 lán billows

褴 lán 褴褛 ragged; shabby 衣衫褴褛 shabbily dressed; in rags

篮 lán ❶basket ❷goal; basket 篮板 backboard; bank 篮球 basketball 篮圈 ring; hoop

览 lǎn ❶look at; see; view ❷read

揽 lǎn ❶pull sb. into one's arms; take into one's arms ❷fasten with a rope, etc. ❸take on; canvass ❹grasp

缆 lǎn ❶hawser; mooring rope ❷thick rope; cable 缆车 cable car 缆道 cableway

懒 lǎn ❶lazy; indolent; slothful ❷languid 懒得 not feel like (doing sth.); not be in the mood to 懒惰 lazy 懒汉 sluggard; idler 懒散 negligent; indolent 懒洋洋 listless

烂 làn ❶sodden; mashed; pappy ❷rot; fester ❸worn-out ❹messy 烂糊 (of food) mashed; pulpy 烂漫 bright-coloured; brilliant 烂泥 mud; slush

滥 làn ❶overflow; flood ❷excessive; indiscriminate 滥施轰炸 wanton bombing 滥发钞票 reckless issuing of banknotes 滥调 hackneyed tune; worn-out theme 滥用 abuse; misuse 滥用职权 abuse one's power; the unbridled exercise of power

LANG

郎 láng 令郎 your son 新郎 bridegroom 货郎 street vendor 郎舅 a man and his wife's brother

狼 láng wolf 狼狈 in a difficult position; in a tight corner; in a sorry plight 狼狈逃窜 flee in panic 狼狈相 sorry figure 陷于狼狈境地 find oneself in a fix

狼狈为奸 act in collusion with each other 狼狗 wolfhound 狼吞虎咽 gobble up

廊 láng porch; corridor; veranda 回廊 winding corridor 画廊 picture gallery 廊檐 the eaves of a veranda

朗 lǎng ❶light; bright ❷loud and clear 朗读 read aloud 朗诵 recite; declaim

浪 làng ❶ wave; billow 白浪 white breakers ❷unrestrained 浪潮 tide; wave 浪荡 loaf about; dissipated 浪费 waste; squander; be extravagant 反对浪费 combat waste 浪费时间 waste time 浪花 spray; spindrift 浪漫 romantic 浪漫主义 romanticism 浪头 wave; trend 赶浪头 follow the trend 浪子 prodigal; loafer

LAO

捞 lāo ❶drag for; scoop up from the water 捞水草 dredge up water plants 捞鱼 catch fish ❷get by improper means 捞本 win back lost wagers 捞取 fish for; gain 捞取政治资本 seek political advantage 捞一把 reap some profit; profiteer 捞着 get the opportunity

牢 láo ❶prison; jail 坐牢 be in prison ❷firm; fast; durable 牢不可破 unbreakable; indestructible 牢固 firm; secure 牢记 keep firmly in mind; remember well; bear in mind 牢靠 firm; strong; sturdy; dependable 办事牢靠 reliable in handling matters 牢牢 firmly; safely 牢笼 cage; bonds; trap; snare 陷入牢笼 fall into a trap; be entrapped 牢骚 discontent; grievance; complaint 满腹牢骚 be querulous 发牢骚 grumble

劳 láo ❶work; labour 多劳多得 more pay for more work ❷put sb. to the trouble of 劳你帮个忙 will you please do me a favour ❸fatigue ❹meritorious deed; service ❺express one's appreciation (to the performer of a task); reward 劳军 bring greetings and gifts to army units 劳保 labour insurance 劳动 work; (manual) labour 劳动创造世界 labour creates the world 劳动布 denim 劳动定额 work norm 劳动观点 attitude to labour 劳动教养 reeducation through labour 劳动节 International Labour Day 劳动竞赛 labour emulation 劳动量 amount of labour 劳动日 workday 劳动生产率 productivity 劳动者 labourer; worker 劳动力 ①work force; labour ②capacity for physical labour 丧失劳动力 lose one's ability to work 劳改 reform (of criminals) through labour 劳改农场 reformthrough-labour farm 劳绩 merits and accomplishments 劳驾 excuse me; may I trouble you 劳苦 toil; hard work 劳累 tired; run-down; overworked 劳力 labour 劳民伤财 waste money and manpower 劳模 model worker 劳务 labour services 劳务费 service charge; labour cost 劳务市场 labour market 劳务输出 export of labour 劳心 work with one's mind or brains 劳役 forced labour; corvée 劳逸 work and rest 劳逸结合 strike a proper balance between work and rest 劳逸不均 uneven allocation of work 劳资 labour and capital 劳资关系 labour-capital relations 劳资谈判 labour-management negotiations

痨 láo consumptive disease; tuberculosis; consumption 肺痨 pulmonary tuberculosis

老 lǎo ❶old; aged ❷old people ❸of long standing; old ❹outdated 老式 old-fashioned ❺overgrown ❻(of colour) dark ❼for a long time ❽always. (doing sth.) ❾very 老百姓 common people; civilians 老板 boss 老保 pension plans 老本 principal; capital 老兵 veteran 老搭档 old partner 老大娘 aunty; granny 老大爷 uncle; grandpa 老调 hackneyed theme 老底 sb.'s past 老地方 rendezvous 老虎 tiger 老化 ageing 老家 native place; old home 老练 seasoned; experienced 老毛病 old trouble 老谋深算 experienced and astute 老婆 wife 老师 teacher 老师傅 master craftsman; experienced worker 老实 honest; well-behaved 老手 old hand; veteran; a skilled hand 老鼠 mouse; rat 老兄 brother; man; old chap 老爷 master; lord 老一辈 older generation 老一套 the same old stuff 老帐 old debts

涝 lào waterlogging 涝洼地 waterlogged lowland 涝灾 damage or crop failure caused by waterlogging

烙 lào❶brand; iron ❷bake in a pan 烙饼 a kind of pancake 烙铁 flatiron; soldering iron

落 lào 落色 discolour; fade 落枕 stiff neck

酪 lào❶junket ❷thick fruit juice; fruit jelly ❸sweet nut paste

LE

乐 lè❶happy; cheerful; joyful ❷be glad to; find pleasure in; enjoy ❸laugh; be amused 乐得 be only too glad to 乐观 optimistic; hopeful 乐趣 delight; pleasure; joy 乐意 be willing to; be ready to; happy

勒 lè❶rein in (the horse) ❷force; coerce sb. to hand sth. over 勒令 compel; order 勒索 blackmail

LEI

勒 lēi tie or strap sth. tight 勒紧裤腰带 tighten the belt

累 léi 累累 clusters of; heaps of 累赘 burdensome; a white elephant

雷 léi❶thunder ❷mine 雷达 radar 雷管 detonator 雷厉风行 vigorously and speedily 雷声 thunderclap; thunder 雷声大雨点小 There is more squeal than wool. 雷同 duplicate; identical

垒 léi ❶build (by piling up bricks, stones, earth, etc.) ❷rampart ❸base 垒球 softball 垒球棒 softball bat

累 lěi❶pile up; accumulate ❷continuous; repeated; running ❸involve 连累 get sb. into trouble 累积 accumulate 累积存款 cumulative deposit 累计 add up 累进 progression 累进率 graduated rates 累进税 progressive tax

磊 lěi 磊落 open and upright 光明磊落 open and aboveboard

肋 lèi ❶ rib ❷costal region 肋骨 rib 肋条 pork ribs

泪 lèi tear 泪痕 tear stains 泪花 tears in one's eyes 泪水 tear; teardrop 泪汪汪 (eyes) brimming with tears 泪眼 tearful eyes

类 lèi ❶ kind; type; class; category ❷resemble; be similar to 类比 analogy 类别 category 类似 similar 类推 analogize

类型 type

累 lèi ❶ tired; fatigued; weary ❷ tire; strain; wear out ❸ work hard; toil

擂 lèi beat (a drum) 擂台 ring (for martial contests); arena 摆擂台 give an open challenge 打擂台 take up the challenge

LENG

棱 léng ❶ arris; edge ❷ corrugation; ridge
棱角 edges and corners, pointedness 棱镜 prism

冷 lěng ❶ cold ❷ cold in manner; frosty ❸ shot from hiding 冷冰冰 ice cold 冷不防 by surprise 冷餐 buffet 冷场 awkward silence (on the stage or at a meeting) 冷嘲热讽 freezing irony and burning satire 冷淡 cheerless; standoffish; aloof 冷冻 freezing 冷汗 cold sweat 冷静 sober; calm 冷酷 unfeeling; callous 冷冷清清 cold and cheerless; desolate 冷落 treat coldly; cold-shoulder 冷门 ① a profession, trade or branch of learning that receives little attention ② an unexpected winner; dark horse 冷漠 unconcerned 冷气 air conditioning 冷清 desolate; lonely 冷食 cold drinks and snacks 冷水浴 cold bath 冷飕飕 (of wind) chilling 冷笑 sneer; laugh grimly 冷言冷语 sarcastic comments; ironical remarks 冷眼 cold shoulder 冷眼旁观 look on coldly 冷饮 cold drink 冷战 cold war

愣 lèng ❶ distracted; stupefied; blank ❷ rash; reckless; foolhardy

LI

离 lí ❶ leave; part from ❷ off; away; from ❸ without; independent of 离婚 divorce 离婚证 divorce certificate 离间 sow discord 离境 leave a country or place 离开 leave; depart from 离奇 odd; fantastic; bizarre 离任 leave one's post 离题 digress from the subject

梨 lí pear 梨膏 pear syrup (for the relief of coughs)

犁 lí ❶ plough ❷ work with a plough 犁铧 ploughshare; share

黎 lí multitude; host 黎民 the common people; the multitude 黎明 dawn; day-break

篱 lí hedge; fence 篱笆 bamboo or twig fence 篱笆墙 wattled wall

礼 lǐ ❶ ceremony; rite ❷ courtesy; manners ❸ gift; present 礼拜 week; day of the week 做礼拜 go to church 礼服 full dress; formal attire 礼花 fireworks display 礼节 courtesy; etiquette; protocol 礼貌 courtesy; manners 礼炮 salvo; (gun) salute 礼品 gift; present 礼让 comity 礼堂 assembly hall

李 lǐ plum

里 lǐ ❶ lining; inside ❷ inner 里外不是人 lose out two ways ❸ native place ❹ li, a Chinese unit of length (= 1;2 kilometre) ❺ in; inside 里边 inside; in; within 里程 mileage 里程碑 milestone

俚 lǐ vulgar 俚俗 unrefined; uncultured 俚语 slang

理 lǐ ❶ texture; grain (in wood, skin,

etc.) ❷reason; logic; truth ❸natural science, esp. physics ❹manage; run ❺tidy up ❻pay attention to; acknowledge 理财 manage money matters 理睬 show interest in 理发 haircut; hairdressing (or one's hair done) 理解 understand; comprehend prehension 理科 science department in a college; science (as a school subject) 理亏 be in the wrong 理论 theory 理事 member of a council; director 理所当然 of course; naturally 理想 ideal 理性 reason 理应 ought to; should 理由 reason; ground; argument 理智 reason; intellect

鲤 lǐ carp

力 lì ❶power; strength; ability ❷force ❸physical strength ❹do all one can; make every effort 力不从心 ability not equal to one's ambition 力不胜任 be unequal to one's task 力戒 strictly avoid 力量 power; force 力挽狂澜 make vigorous efforts to turn the tide 力学 mechanics 力争 work hard for

历 lì ❶go through; undergo; experience ❷all previous (occasions, sessions, etc.) ❸covering all; one by one ❹calendar 历程 course 历次 all previous (occasions, etc.) 历代 successive dynasties 历届 all previous (sessions, governments, etc.) 历来 always; constantly 历历在目 come clearly into view 历年 over the years 历史 history; past records 历书 almanac

立 lì ❶stand ❷erect; set up ❸upright; erect; vertical ❹found; establish ❺exist; live ❻instantaneous 立案 register; put on record 立场 position; standpoint 立场坚定 firm position 立法 legis-

lation 立方 cube metre; stere 立功 win honour 立刻 immediately; at once; right away 立论 set forth one's views 立体 solid 立正 stand at attention 立志 be determined 立足 have a foothold somewhere; base oneself upon

厉 lì ❶strict; rigorous ❷stern; severe 厉行节约 practise strict economy

吏 lì official; mandarin

沥 lì ❶drip; trickle ❷drop 沥青 pitch; asphalt; bitumen

丽 lì beautiful 丽人 a beauty

励 lì encourage 励精图治 rouse oneself for vigorous efforts to make the country prosperous

利 lì ❶sharp ❷favourable ❸advantage; benefit ❹profit; interest ❺do good to; benefit 利弊 pros and cons 利害 gains and losses 利己主义 egoism 利令智昏 be blinded by lust for gain 利率 interest rate 利落 agile; nimble; orderly 利润 profit 利息 interest 利益 interest; benefit; profit 利用 use; take advantage of 利诱 lure by promise of gain

例 lì ❶example; instance ❷precedent ❸case (of illness, etc.); instance ❹rule; regulation ❺regular; routine 例会 regular meeting 例假 official holiday; menstrual period 例句 illustrative sentence 例如 for example; such as 例题 example 例外 exception 例证 example; case in point

隶 lì be subordinate to; be under 隶属 be under the jurisdiction or command of

荔 lì 荔枝 litchi

俪 lì ❶pair; couple ❷husband and

wife; married couple

栗 lì ❶chestnut ❷tremble; shudder 不寒而栗 tremble with fear 栗色 chestnut colour

粒 lì grain; granule; pellet 粒状 granular 粒子 particle

笠 lì a large bamboo or straw hat with a conical crown and broad brim

痢 lì 痢疾 dysentery

LIA

俩 liǎ❶two ❷some; several

LIAN

连 lián❶link; join; connect ❷in succession; one after another; repeatedly ❸including ❹company ❺even 我连听都没听说过他 I have not so much as heard of him 连招呼也不打 without so much as saying hello 连词 conjunction 连队 company link up; piece together; consistent 连贯 link up; piece together; consistent 连环 chain of rings 连接 join; link 连襟 husbands of sisters 连累 implicate; involve 连连 repeatedly 连忙 promptly; at once 连绵 continuous 连年 for years running 连篇 throughout a piece of writing; one article after another 连任 be reappointed or reelected consecutively 连日 for days on end; day after day 连天 reaching the sky 连续 successive; in a row; running 连夜 the same night 连衣裙 a woman's dress 连用 use together 连载 publish in instalments; serialize 连长 company commander 连字号 hyphen

帘 lián ❶flag as shop sign ❷curtain; (hanging) screen 窗帘 window curtain

怜 lián sympathize with; pity 怜爱 love tenderly; have tender affection for 怜悯 have compassion for

涟 lián❶ripples ❷continual flow (of tears) 涟漪 ripples

莲 lián lotus 莲花 lotus (flower) 莲蓬 seedpod of the lotus 莲子 lotus seed

联 lián❶ally oneself with; unite; join ❷couplet 联邦 federation; union 联播 radio hookup; broadcast over a radio network 联队 wing (of an air force) 联防 joint defence 联合 unite; ally; union; joint 联合国 the United Nations (U. N.) 联合国秘书长 secretary general of U. N. 联欢 have a get-together 联结 bind; tie; join 联军 allied forces 联络 get in touch with 联盟 alliance; league; union 联名 jointly (signed) 联赛 league matches 联席会议 joint conference 联系 contact; touch; connection; relation 联想 associate; connect in the mind

廉 lián ❶ honest and clean ❷ low-priced; inexpensive; cheap 廉耻 sense of honour 廉价 low-priced; cheap 廉洁 honest and clean

镰 lián sickle

敛 liǎn❶hold back; restrain ❷collect 敛财 accumulate wealth by unfair means

脸 liǎn face; countenance 丢脸 lose face 脸蛋儿 cheeks; face 脸红 blush with shame; get excited 脸面 face; self-respect; sb.'s feelings 脸盆 washbasin 脸皮 face; cheek 脸色 complexion; look

练 liàn❶practise; train; drill ❷experienced; skilled; seasoned 练兵（troop）training 练操（of troops）drill 练功 do exercises in gymnastics; practise one's skill 练摊 to be a vendor（do business）练习 practise; exercise

炼 liàn❶smelt; refine 炼钢 steel-smelting ❷temper with fire 炼乳 condensed milk 炼油 oil refining

恋 liàn❶ love 初恋 first love ❷ long for; feel attached to 恋爱 love 谈恋爱 be in love 恋恋不舍 be reluctant to part with

链 liàn chain 链球 hammer 链套 chain case 链条 chain

LIANG

良 liáng❶good ❷good（people）良方 sound strategy 良好 good; well 良机 golden opportunity 良师益友 good teacher and helpful friend 良田 fertile farmland 良心 conscience 良药苦口 good-natured needling 良种 fine breed

凉 liáng❶cool; cold ❷discouraged; disappointed 凉菜 cold dish 凉粉 bean jelly 凉快 nice and cool 凉棚 mat-awning 凉爽 pleasantly cool 凉水 cold water 凉台 balcony 凉席 summer sleeping mat 凉鞋 sandals

梁 liáng❶ roof beam ❷ bridge ❸（mountain）ridge

量 liáng measure 量规 gauge 量具 measuring tool

粱 liáng❶a fine strain of millet ❷fine grain; choice food

粮 liáng grain; food; provisions 粮仓 granary; barn 粮店 grain shop 粮库 grain depot 粮票 grain coupon 粮食 grain; cereals; food

两 liǎng❶two ❷both（sides）; either（side）作两手准备 prepare oneself for both eventualities ❸ a few; some ❹ liang, a unit of weight（= 50 grams）两败俱伤 both sides suffer 两半 two halves 两边 both sides 两便 be convenient to both 两重 double; twofold 两回事 two entirely different things; two different matters 两口子 husband and wife; couple 两面 two sides; dual; double 两面派（resort）double-dealer 两难 be in a dilemma 两旁 both sides; either side 两栖 amphibious 两全其美 satisfy rival claims 两条心 not of one mind 两头 both ends

亮 liàng❶bright; light ❷shine ❸loud and clear ❹show 亮度 brightness; brilliance 亮晶晶 glittering; sparkling; glistening 亮堂 light; bright

凉 liàng make or become cool

谅 liàng ❶ forgive; understand ❷ I think; I suppose 谅解 understand; make allowance for; forgive 谅解备忘录 memorandum of understanding

晾 liàng dry in the air or sun 晾干 dry by airing 晾衣绳 clothesline

量 liàng ❶ capacity ❷ quantity; amount; volume ❸estimate; measure 量变 quantitative change 量词 classifier; measure word 量力而行 act according to one's capability 量入为出 cut one's coat according to one's cloth

踉 liàng 踉跄 stagger

LIAO

撩 liāo ❶hold up (a curtain, skirt, etc. from the bottom) ❷sprinkle (with one's hand)

辽 liáo distant 辽阔 vast; extensive 辽远 distant; faraway

疗 liáo cure; treat (a patient) 疗程 course of treatment 疗法 therapy 疗效 curative effect 疗养 recuperate; convalesce

聊 liáo ❶merely; just ❷a little; slightly ❸chat

寥 liáo ❶few; scanty ❷silent; deserted 寥廓 boundless; vast 寥落 sparse; scattered

僚 liáo ❶official ❷an associate in office 僚机 wing plane; wingman

撩 liáo ❶tease; tantalize ❷provoke; stir up 撩拨 banter

嘹 liáo 嘹亮 resonant; loud and clear

缭 liáo ❶entangled ❷sew with slanting stitches 缭乱 confused; in a turmoil 缭绕 curl up; wind around

燎 liáo burn 燎原 set the prairie ablaze

了 liǎo ❶know clearly; understand ❷end; finish; settle 了不得 extraordinary 了不起 amazing; terrific; extraordinary 了结 finish; settle; wind up; bring to an end 了解 understand; find out 了如指掌 have sth. at one's fingertips 了事 dispose of a matter; get sth. over

潦 liǎo 潦草 (of handwriting) hasty and careless; sloppy 潦倒 be frustrated

了 liào 了望 watch from a height or a distance; keep a lookout

料 liào ❶expect; anticipate ❷material; stuff ❸(grain) feed 料到 foresee; expect 料酒 cooking wine 料理 arrange; manage; attend to 料想 think; presume 料子 material for making clothes

撂 liào put down; leave behind 撂挑子 throw up one's job

镣 liào fetters 镣铐 fetters and handcuffs; shackles; irons; chains

LIE

咧 liè 咧嘴 grin

列 liè ❶arrange; line up ❷list; enter in a list ❸row; file; rank ❹kind; sort ❺various; each and every 列兵 private 列车 train 列举 enumerate; list 列宁主义 Leninism 列强 big powers 列席 attend (a meeting) as a nonvoting delegate 列传 biographies

劣 liè bad; inferior; of low quality 劣等 low-grade; poor 劣根性 deep-rooted bad habits 劣迹 misdeed 劣绅 evil gentry 劣质 inferior (coal, etc.)

烈 liè ❶strong; violent; ❷staunch; upright; stern 烈火 raging fire 烈日 burning sun; scorching sun 烈士 martyr 烈属 members of a revolutionary martyr's family 烈性 spirited; strong

猎 liè hunt 猎场 hunting field 猎刀 hunting knife 猎狗 hound 猎获 capture or kill in hunting; bag 猎奇 hunt for novelty 猎枪 shotgun; hunting rifle 猎取 hunt; seek; hunt for 猎人 hunter

裂 liè split; crack 裂缝 rift; crack; fissure 裂口 breach; gap 裂纹 crackle

LIN

邻 lín ❶neighbour ❷near; adjacent 邻近 close to

林 lín ❶ forest; woods; grove 竹林 bamboo grove ❷circles ❸forestry 林场 forestry centre; tree farm 林带 forest belt 林地 forest land; woodland 林区 forest (region) 林业 forestry 林荫道 boulevard; avenue

临 lín ❶ face; overlook ❷ arrive; be present ❸just before; be about to ❹copy 临别 just before parting 临产 be about to give birth 临床 clinical 临摹 copy (a model of calligraphy or painting) 临时 at the time when sth. happens 临时住所 temporary accomodation 临死 on one's deathbed

淋 lín pour; drench 淋巴 lymph 淋漓尽致 incisively and vividly; thoroughly 淋浴 shower

琳 lín 琳琅 beautiful jade; gem 琳琅满目 a feast for the eyes

磷 lín phosphorus 磷肥 phosphate fertilizer

鳞 lín scale (of fish, etc.)

凛 lín ❶cold ❷strict; stern; severe ❸ afraid; apprehensive 凛冽 piercingly cold 凛凛 cold; awe-inspiring 威风凛凛 majestic-looking

吝 lìn stingy; mean; closefisted 吝啬 niggardly; miserly 吝啬鬼 miser; niggard; skinflint 吝惜 grudge; stint

赁 lìn rent; hire

淋 lìn strain; filter

LING

伶 líng actor or actress 伶仃 lonely 伶俐 clever; bright; quick-witted

灵 líng❶quick; clever; sharp ❷efficacious; effective ❸spirit; intelligence ❹ fairy; sprite ❺ (remains) of the deceased; bier 守灵 keep vigil beside the bier 灵便 nimble; easy to handle; handy 灵丹妙药 miraculous cure; panacea 灵感 inspiration; a brain-wave 灵魂 soul; spirit 灵活 nimble; agile; quick 灵机 sudden inspiration; brainwave 灵柩 a coffin containing a corpse; bier 灵敏 keen; agile 灵巧 skilful; ingenious 灵堂 mourning hall 灵通 have quick access to information 灵性 intelligence (of animals) 灵验 efficacious; effective; right

玲 líng 玲珑 ingeniously and delicately wrought; exquisite 小巧玲珑 small and exquisite

凌 líng❶insult ❷approach ❸rise high 凌驾 place oneself above; override 凌空 be high up in the air 凌乱 in disorder 凌辱 insult; humiliate

铃 líng❶bell 铃铛 small bell ❷boll; bud 棉铃 cotton boll

陵 líng❶hill; mound ❷imperial tomb 陵墓 tomb 陵园 tombs surrounded by a park

聆 líng listen; hear 聆听 listen (respectfully)

菱 líng ling; water chestnut 菱形 rhombus; lozenge

翎 líng plume; tail feather

零 líng ❶zero sign; nought ❷odd; with a little extra ❸zero ❹nil; love love all 零存整取 cumulative deposit 零度 zero degree 零活 odd jobs 零件 spare parts 零落 withered and fallen 零卖 retail; sell retail 零七八碎 scattered and disorderly 零钱 small change 零散 scattered 零时 zero hour 零食 snacks 零售 retail; sell retail 零碎 scrappy; odds and ends 零头 odd; remnant (of cloth) 零星 odd; piecemeal

龄 líng❶age; years ❷length of time 工龄 length of service

岭 líng❶mountain range ❷mountain; ridge

领 líng❶neck ❷collar; neckband ❸outline ❹lead; usher ❺receive; draw; get 领带 necktie; tie 领导 lead; leadership; leader 领导班子 echelon 领地 manor (of a feudal lord) 领队 lead a group 领海 territorial sea 领航 navigate; pilot 领会 understand; grasp 领结 bow tie 领巾 scarf 领空 territorial sky 领口 collarband 领扣 collar button 领款 draw money 领路 lead the way 领略 realize 领情 feel grateful to sb. 领取 draw; receive 领事 consul 领头 take the lead 领土 territory 领先 lead 领袖 leader 领养 adopt (a child) 领域 field; domain; realm 领章 collar badge

另 líng other; another; separate 另行安排 make separate arrangements 另外 in addition; moreover; besides

令 líng ❶command; order ❷make; cause 令人鼓舞 heartening; inspiring; encouraging ❸season ❹your 令尊 your father

LIU

溜 liū❶slide; glide ❷smooth ❸sneak off; slip away 溜冰 skating 溜达 stroll; go for a walk

熘 liū sauté(with thick gravy); quick-fry

浏 liú ❶(of water) clear; limpid ❷(of wind) swift 浏览 look over; skim through

流 liú❶flow ❷drifting; wandering ❸spread; circulate ❹stream of water ❺current ❻class; rate; grade 流弊 corrupt practices; abuses 流产 abortion; fall through 流畅 easy and smooth 流传 circulate; hand down 流窜 flee (hither and thither) 流弹 stray bullet 流动 flow; on the move 流毒 exert a pernicious influence; baneful influence 流芳百世 leave a good name for a hundred generations 流放 ①banish; send into exile ②float (logs)downstream 流感 influenza (flu) 流寇 roving bandits; roving rebel bands 流浪 roam about 流浪街头 roam the streets 到处流浪 wander here and there 流浪汉 tramp 流离失所 drift about aimlessly; wander about; homeless 流量 rate of flow; flow; discharge 流露 reveal; betray; show unintentionally 流落 wander about destitute 流落他乡 wander destitute far from home 流氓 ①rogue; ganster; rascal ②immoral behaviour; indecency 流派 school; sect 流利 fluent;

smooth 流气 rascally behaviour 流沙 drift sand; quicksand 流失 run off; be washed away 水土流失 soil erosion 流逝 (of time) pass; elapse 流水线 assembly line 流水作业 assembly line method; conveyer system 流体 fluid 流通 circulate 流亡 go into exile 流线型 streamline 流星 meteor; shooting star 流行 popular; fashionable; prevalent; in vogue; sth is in 流血 bleed; shed blood 流言 rumour; gossip; grapevine 流域 valley; river basin; drainage area 黄河流域 the Yellow River valley(basin)

留 liú ❶remain; stay ❷ask sb. to stay ❸reserve; keep; save ❹grow; wear ❺ accept; take ❻leave 留步 don't bother to see me out; don't bother to come any further 留成比例 retention ratio 留存 ① preserve; keep ②remain; be extant 留后路 leave a way out 留后手 leave room for manoeuvre 留级 repeat the year's work 留空 leave a blank or a space 留恋 be reluctant to part (from sb., or with sth.) can't bear to part 留难 put obstacles in sb.'s way 留念 accept or keep as a souvenir 留情 be lenient 留神 be careful; take care; on the alert 留神别碰头! mind your head! 留声机 gramophone; phonograph 留守 stay behind to take care of things 留宿 stay overnight 留心 be careful; take care 留学 study abroad 留学生 returned student 留意 look out 留影 have a picture taken as a souvenir 留用 keep on 留有余地 leave some leeway; allow for unforeseen circumstances

琉 liú 琉璃 coloured glaze 琉璃瓦 glazed tile

硫 liú sulphur 硫磺 sulphur 硫酸 sulphuric acid

瘤 liú tumour

柳 liǔ willow 柳条 willow twig; osier; wicker 柳絮 willow catkin

绺 liǔ tuft; lock; skein

六 liù six 六月 June; the sixth moon

溜 liù ❶swift current ❷rainwater from the roof ❸roof gutter ❹row

遛 liù saunter; stroll 遛狗 walk a dog

LONG

龙 lóng ❶dragon 龙生龙,凤生凤 An apple doesn't fall far from the tree. ❷ imperial 龙船 dragon boat 龙灯 dragon lantern 龙卷风 tornado 龙头 tap; cock 龙王 the Dragon King 龙虾 lobster 龙眼 longan

聋 lóng deaf; hard of hearing 聋哑 deaf-mute 聋子 a deaf person

笼 lóng ❶ cage; coop 鸟笼 birdcage ❷basket 笼屉 food steamer 笼头 headstall

隆 lóng ❶grand ❷prosperous; thriving ❸intense; deep 隆冬 midwinter 隆隆 rumble 隆重 grand; solemn; ceremonious

垄 lǒng ❶ridge (in a field) ❷raised path between fields 垄断 monopolize 垄沟 field ditch; furrow

拢 lǒng ❶approach; reach ❷add up ❸ hold together ❹comb (hair) 拢共 all told; in all 拢子 a fine-toothed comb

笼 lǒng ❶envelop; cover ❷a large box

or chest; trunk 笼络 draw over; rope in 笼络人心 try to win people's support by hook or by crook 笼统 general; sweeping 笼罩 envelop; shroud

弄 lòng lane; alley; alleyway 里弄 neighbourhood

LOU

搂 lōu ❶ gather up; rake together 搂柴火 rake up twigs 搂草打兔子 a stab in the dark ❷ hold up; tuck up ❸ squeeze (money) 搂钱 extort money

喽 lóu 喽罗 lackey

楼 lóu ❶ a storied building ❷ storey; floor 楼板 floor 楼道 passageway 楼房 a building of two or more storeys 楼上 upstairs 楼梯 stairs; staircase 楼下 downstairs

搂 lǒu hold in one's arms 搂抱 hug; embrace

篓 lǒu basket 废纸篓 wastepaper basket; wastebasket

陋 lòu ❶ plain 丑陋 ugly ❷ humble 陋室 a humble room ❸ vulgar; undesirable ❹ (of knowledge) scanty; limited 浅陋 shallow; superficial 陋规 objectionable practices

漏 lòu ❶ leak ❷ divulge; leak ❸ be missing; leave out 漏报 fail to report sth. 漏洞 leak; flaw; hole 漏斗 funnel 漏风 air leak; (of secrets) leak out 漏光 light leak 漏税 evade taxation 漏网 escape unpunished

露 lòu reveal; show 露马脚 give oneself away; show the cloven foot 露面

show one's face 露头 show one's head; appear 露馅儿 give the game away 露一手 show off

LU

卢 lú 卢比 rupee 卢布 rouble

庐 lú hut; cottage 庐舍 house; farmhouse

芦 lú reed 芦花 reed catkins 芦笋 asparagus 芦苇 reed 芦席 reed mat

炉 lú ❶ stove; furnace; oven ❷ heat 炉灶 kitchen range 炉渣 slag; cinder

颅 lú cranium; skull 颅骨 skull 颅腔 cranial cavity

卤 lǔ ❶ bittern ❷ halogen ❸ stew (chickens meat, etc.) in soy sauce ❹ thick gravy used as a sauce for noodles, etc. 卤味 pot-stewed fowl, meat, etc. served cold

虏 lǔ ❶ take prisoner ❷ captive; prisoner of war 虏获 capture; men and arms captured

掳 lǔ carry off; capture 掳掠 pillage; loot

鲁 lǔ ❶ stupid; dull ❷ rash; rough; rude 鲁钝 dull-witted 鲁莽 crude and rash

橹 lǔ scull; sweep

陆 lù land 陆地 dry land 陆军 ground force; army 陆路 land route 陆续 in succession 陆运 land transportation 陆战队 marines

录 lù ❶ record; write down; copy ❷ employ; hire ❸ tape-record ❹ record;

register; collection 录取 enroll; recruit; admit 录像机 video recorder 录音 sound recording 录用 employ

鹿 lù deer 公鹿 stag 母鹿 doe 小鹿 fawn 鹿角 deerhorn 鹿皮 deerskin 鹿茸 pilose antler

禄 lù official's salary in feudal China 高官厚禄 high position and handsome salary

碌 lù ❶ commonplace ❷ busy 碌碌 mediocre; busy with miscellaneous work 碌碌无为 devoid of ability 忙忙碌碌 busy going about one's work

路 lù ❶ road; path; way ❷ journey; distance ❸ means ❹ sequence; line; logic ❺ region; district ❻ route ❼ sort; grade; class 路标 road sign; route sign 路程 distance travelled; jou-rney 路道 way; approach 路灯 street lamp 路费 travelling expenses 路轨 rail; track 路过 pass by or through (a place) 路基 roadbed 路警 railway police 路径 route; way; method; path 路口 crossing; intersection 路人 passerby; stranger 形同陌路 treat sb. like a stranger 路上 on the road; on the way 路途 road; path; way; journey 路线 route; line

戮 lù ❶ kill; slay ❷ unite; join 戮力同心 make concerted efforts

露 lù ❶ dew ❷ syrup ❸ show; reveal 露骨 thinly veiled; barefaced 露水 dew 露宿 sleep in the open 露天 in the open (air); outdoors

Lü

驴 lǘ donkey; ass

侣 lǚ companion; associate

旅 lǚ ❶ travel ❷ brigade ❸ troops; force 旅伴 travelling companion; fellow traveller 旅店 inn 旅差费 travelling expenses 旅馆 hotel 旅居 reside abroad; sojourn 旅客 hotel guest; traveller; passenger 旅途 journey; trip 旅行 travel; journey; tour 旅游 tour; tourism 旅长 brigade commander

捋 lǚ smooth out with the fingers; stroke

铝 lǚ aluminium 铝箔 aluminium foil 铝土矿 bauxite

偻 lǚ ❶ crooked (back) ❷ instantly; directly; at once

屡 lǚ repeatedly; time and again 屡见不鲜 common occurrence; nothing new 屡教不改 refuse to mend one's ways despite repeated admonition 屡试不爽 time-tested

缕 lǚ ❶ thread ❷ wisp; strand; lock ❸ detailed 缕述 state in detail 缕析 make a detailed analysis

膂 lǚ backbone 膂力 muscular strength; brawn 膂力过人 possessing extraordinary physical strength

履 lǚ ❶ shoe ❷ tread on; walk on ❸ footstep ❹ carry out; fulfil 履历 personal details; antecedents 履行 perform; fulfil; carry out 履行期限 the time limit for performance

律 lǜ ❶ law; statute; rule ❷ restrain 严以律己 be strict with oneself 律师 lawyer

虑 lǜ ❶ consider; ponder; think over ❷ concern; anxiety; worry 深思熟虑 careful deliberation

率 lǜ rate; proportion; ratio

绿 lǜ green 绿宝石 emerald 绿茶 green tea 绿灯 green light 绿豆 green gram 绿肥 green manure 绿化 afforest 绿卡 green card 绿洲 oasis

滤 lǜ strain; filter 滤色镜 filter 滤液 filtrate 滤纸 filter paper

LUAN

孪 luán 孪生 twin 孪生兄弟 twin brothers

卵 luǎn ovum; egg; spawn 卵巢 ovary 卵翼 shield

乱 luàn ❶in disorder; in confusion ❷disorder; riot; turmoil ❸confuse; mix up; ❹confused（state of mind）乱兵 mutinous soldiers 乱罚款 arbitrary fines 乱哄哄 in noisy disorder 乱伦 commit incest 乱蓬蓬 tangled; jumbled; tousled 乱七八糟 in a mess; in a muddle 乱世 troubled times 乱说 speak carelessly; gossip 乱收费 arbitrary charges 乱摊派 arbitrary fund-raising 乱弹琴 act or talk like a fool 乱套 muddle things up; turn things upside down 乱腾 confusion; disorder; unrest 乱糟糟 chaotic; confused 乱子 disturbance; disorder

LUE

掠 lüè ❶plunder; sack ❷sweep past; brush past; graze 掠夺 rob; pillage 掠夺成性 predatory by nature 掠美 claim credit due to others 掠取 seize; grab; plunder

略 lüè ❶brief; sketchy ❷slightly; a little; somewhat ❸summary; outline ❹omit; delete; leave out ❺strategy; plan 策略 tactics ❻capture; seize 攻城略地 attack cities and seize territories 略见一斑 get a rough idea of 略略 slightly; briefly 略胜一筹 a notch above; slightly better 略微 a little; somewhat

LUN

抡 lūn brandish; swing 抡刀 brandish a sword

伦 lún ❶human relations 天伦之乐 the happiness of a family union ❷logic; order 语无伦次 speak incoherently ❸peer; match 绝伦 peerless; matchless 伦巴 rumba 伦理 ethics

沦 lún ❶sink ❷fall 沦落 fall low; come down in the world; be reduced to poverty 沦亡 be annexed; be subjugated 沦陷 be occupied by the enemy

纶 lún ❶black silk ribbon ❷fishing line ❸fibre 涤纶 polyester fibre

轮 lún ❶wheel ❷disc; ring ❸steamboat ❹take turns ❺round 轮班 in shifts; in relays 轮唱 round 轮船 steamer; steamship 轮渡（steam）ferry 轮番 take turns 轮番轰炸 bomb in waves 轮换 rotate; take turns 轮机 engine 轮空（draw a）bye 轮廓 outline; contour 轮流 take turns 轮胎 tyre 轮休 rotate days off 轮训 training in rotation 轮椅 wheelchair

论 lùn ❶discuss; discourse ❷view ❸dissertation; essay ❹theory ❺mention; regard; consider ❻decide on ❼by; in terms of 论处 decide on sb.'s punish-

L

ment 论敌 one's opponent in a debate 论点 thesis 论调 view; argument 论断 judgment 论功行赏 award people according to their contributions 论据 grounds of argument 论理 normally; logic 论述 discuss; expound 论说 exposition and argumentation 论坛 forum; tribune 论文 thesis; dissertation; paper 论战 polemic; debate 论著 treatise; work

LUO

罗 luō 罗嗦 long-winded; wordy

捋 luō rub one's palm along (sth. long)

罗 luó ❶a net for catching birds ❷catch birds with a net ❸collect; gat her together ❹display; ❺sift ❻silk gauze 罗锅儿 hunchbacked 罗列 spread out 罗盘 compass 罗圈腿 bowlegs 罗网 net; trap 罗织罪名 cook up charges

萝 luó trailing plants 藤萝 Chinese wistaria 萝卜 radish

逻 luó patrol 逻辑 logic

锣 luó gong 锣鼓 gong and drum

箩 luó a square-bottomed bamboo basket 箩筐 a large bamboo or wicker basket

骡 luó mule

螺 luó spiral shell; snail 螺杯 conch; shell trumpet 螺母 (screw) nut 螺栓 screw 螺旋 spiral

裸 luǒ bare; exposed 裸露 uncovered 裸体 naked; nude

络 luò ❶ sth. resembling a net ❷ twine; wind 络腮胡子 whiskers 络绎不绝 in an endless stream

骆 luò 骆驼 camel

落 luò ❶ fall; drop ❷go down; set ❸ lower ❹decline; sink ❺lag behind ❻ leave behind ❼fall on; rest with 落笔 put pen to paper 落泊 be down and out 落潮 ebb tide 落成 completion (of a building, etc.) 落得 get; end in 落地 fall to the ground 落后 fall behind; backward 落户 settle 落花流水 like fallen flowers carried away by the flowing water; utterly routed 落脚 stay (for a time); stop over; put up 落空 come to nothing; fail; fall through 落泪 shed tears; weep 落难 fall on evil days 落实 practicable; workable 落网 be caught 落伍 fallbehind the ranks; drop behind 落选 fail to be elected; lose an election 落叶 fallen leaves

摞 luò ❶pile up; stack up ❷pile; stack 一摞砖 a stack of bricks

M

MA

妈 mā ❶ma; mother ❷aunt 姑妈 (paternal) aunt 姨妈 (maternal) aunt

抹 mā ❶wipe ❷rub sth. down 抹布 rag

麻 má ❶a general term for hemp, flax, etc. ❷sesame ❸pocked; pitted; spotty ❹tingle ❺anaesthesia 麻痹 paralysis; lull 麻布 gunny; sackcloth 麻袋 gunnybag; gunnysack; sack 麻刀 hemp; hair 麻烦 troublesome; bother 麻花 fried dough twist 麻将 mah-jong 麻酱 sesame paste 麻利 quick and neat 麻木 numb; insensitive 麻雀 sparrow 麻纱 haircords 麻绳 rope (made of hemp, etc.) 麻线 flaxen thread 麻药 anaesthetic 麻油 sesame oil 麻子 pockmarks 麻醉 anaesthesia; narcosis

马 mǎ horse 母马 mare 种马 stallion; stud 马鞍 saddle 马鞭 horsewhip 马不停蹄 without a stop 马车 (horse-drawn) carriage 马达 motor 马刀 sabre 马灯 lantern 马队 caravan; cavalry 马粪纸 strawboard 马蜂 hornet 马虎 careless; casual 马厩 stable 马列主义 Marxism-Leninism 马口铁 tinplate 马拉松 marathon 马力 horsepower 马铃薯 potato 马路 road; street 马枪 carbine 马球 polo 马赛克 mosaic 马上 at once; immediately 马术 horsemanship 马蹄 horse's hoof 马桶 nightstool 马戏 circus 马戏团 circus troupe 马靴 riding boots 马扎 campstool

吗 mǎ 吗啡 morphine

玛 mǎ 玛瑙 agate

码 mǎ ❶a sign or thing indicating number 页码 page number 价码 marked price ❷pile up; stack 码砖 stack bricks ❸yard 码头 wharf; dock; quay; pier

蚂 mǎ 蚂蟥 leech 蚂蚁 ant

骂 mà ❶abuse; curse; swear ❷condemn; rebuke; reprove 骂街 shout abuses in public 骂名 bad name; infamy

MAI

埋 mái cover up (with earth); bury 埋藏 lie hidden in the earth; bury 埋伏 ambush 埋没 bury; cover up 埋头 be engrossed in 埋葬 bury

买 mǎi buy; purchase 买办 comprador 买方 the buying party; buyer 买价 buying price 买空卖空 speculate (in stocks, etc.) 买卖 buying and selling; business; deal 买通 bribe; buy over; suborn 买主 buyer; customer

迈 mài step; stride 迈步 take a step; step forward 迈进 stride forward; forge ahead

麦 mài ❶ a general term for wheat, barley, etc. ❷ wheat 麦麸 wheat bran 麦秸 wheat straw 麦克风 microphone; mike 麦片 oatmeal 麦乳精 extract of malt and milk 麦穗 ear of wheat 麦芽 malt

卖 mài ❶ sell ❷ betray ❸ exert to the utmost; not spare ❹ show off 卖方 the selling party 卖关子 keep people guessing 卖国 betray one's country 卖价 selling price 卖空 short sale 卖力气 do one's very best 卖命 work oneself to the bone for sb. 卖弄 show off; parade 卖俏 (play the) coquette; flirt 卖艺 make a living as a performer 卖淫 prostitution 卖主 seller

脉 mài ❶ arteries and veins ❷ pulse ❸ vein 脉搏 pulse 脉络 arteries and veins

MAN

埋 mán 埋怨 blame; complain

蛮 mán rough; fierce; reckless; unreasoning 蛮干 act rashly; be foolhardy 蛮横 rude and unreasonable; peremptory

馒 mán 馒头 steamed bun; steamed bread

瞒 mán hide the truth from 瞒哄 deceive 瞒上欺下 deceive those above and bully those below

满 mǎn ❶ full; filled; packed ❷ fill ❸ expire; reach the limit ❹ entirely; completely ❺ satisfied 不满 dissatisfied ❻ complacent; conceited 满城风雨 (become) the talk of the town 满打满算 at the very most 满额 fulfil the (enrolment, etc.) quota 满分 full marks 满腹

full of grievances 满怀 have one's heart filled with; be imbued with 满口 profusely; glibly 满面笑容 be all smiles 满面红光 glowing with health 满腔仇恨 burning with hatred 满腔热忱 filled with ardour and sincerity 满天 all over the sky 满心欢喜 filled with joy 满意 satisfied; pleased 满员 at full strength 满月 full moon 满载 loaded to capacity; fully loaded 满足 satisfied; content; contented 满座 capacity audience; full house

曼 màn ❶ graceful ❷ prolonged; long-drawn-out 曼妙 lithe and graceful 曼陀林 mandolin

谩 màn disrespectful; rude 谩骂 hurl invectives; fling abuses; rail

漫 màn ❶ overflow; flood ❷ all over the place; everywhere ❸ free; unrestrained; casual 漫不经心 careless; negligent 漫步 stroll; ramble 漫长 very long 漫画 caricature 漫漫 very long 漫谈 (have) informal discussion; talk 漫天要价 ask an exorbitant price 漫无边际 boundless; rambling 漫游 roam; wander

蔓 màn 蔓生植物 trailing plant 蔓延 spread; extend

慢 màn ❶ slow ❷ postpone; defer 慢坡 gentle slope 慢四 blues 慢腾腾 at a leisurely pace 慢性 slow (in taking effect)

幔 màn curtain; screen 布幔 cotton curtain

MANG

忙 máng ❶ busy; fully occupied ❷ hurry; hasten 忙碌 be busy; bustle about 忙乱 be in a rush and a muddle

芒 máng awn; beard; arista

杧 máng 杧果 mango

盲 máng blind 盲肠 caecum 盲从 follow blindly 盲动 act blindly; act rashly 盲流 jobless migrants from rural areas to cities 盲目 blind 盲目崇拜 worship blindly 盲目乐观 be unrealistically optimistic 盲人 blind person 盲文 braille

茫 máng ❶ boundless and indistinct ❷ ignorant 茫茫 vast 茫然 in the dark; at a loss

莽 mǎng ❶ rank grass ❷ rash 莽汉 a boor 莽莽 luxuriant; boundless 莽撞 crude and impetuous; rash

蟒 mǎng boa 蟒蛇 boa; python

MAO

猫 māo cat 雄猫 tomcat 小猫 kitten 熊猫 panda 猫叫 mewing 猫头鹰 owl

毛 máo ❶ hair; feather ❷ wool ❸ mildew ❹ semifinished ❺ gross ❻ little; small ❼ crude; rash ❽ panicky; flurried 毛笔 writing brush 毛病 trouble; mishap mistake; illness 毛玻璃 frosted glass 毛糙 crude; coarse 毛虫 caterpillar 毛豆 young soya bean 毛纺 wool spinning 毛巾 towel 毛孔 pore 毛料 woollen cloth 毛毛雨 drizzle 毛皮 fur; pelt 毛茸茸 hairy; downy 毛瑟枪 Mauser 毛收入 gross income 毛毯 woollen blanket 毛细管 capillary 毛线 knitting wool 毛衣 woollen sweater 毛泽东思想 Mao Zedong Thought 毛毡 felt 毛织品 wool fabric; woollens

矛 máo lance; pike; spear 矛盾 contra-dictory 矛头 spearhead

茅 máo 茅草 cogongrass 茅草棚 thatched shed 茅草屋 thatched cottage 茅房 latrine

锚 máo anchor 抛锚 drop anchor 起锚 weigh anchor

铆 mǎo riveting 铆钉 rivet 铆枪 riveting gun

茂 mào ❶ luxuriant; profuse ❷ rich and splendid 茂密 dense; thick 茂盛 exuberant; flourishing

冒 mào ❶ emit; send out ❷ risk; brave ❸ boldly; rashly ❹ falsely (claim, etc.) 冒充 pretend to be (sb. or sth. else); pass sb. or sth. off as 冒犯 offend; affront 冒号 colon 冒火 get angry 冒进 rash advance 冒领 falsely claim as one's own 冒昧 make bold 冒牌货 fake 冒失 rash; injudicious 冒头 begin to crop up 冒险 take a risk; take chances

贸 mào trade 贸然 rashly; hastily 贸易 trade 贸易融资 trade financing 贸易盈余 trade surplus

帽 mào headgear; hat; cap 草帽 straw hat 军帽 service cap 笔帽 the cap of a pen 帽徽 insignia on a cap 帽檐 the brim of a hat 帽子 headgear; hat; cap

貌 mào looks; appearance 美貌 good looks 新貌 new look 貌似强大 outwardly strong 貌似公正 seemingly impartial

MEI

没 méi 没词儿 be at a loss for words 没错儿 can't go wrong 没法子 can't help it 没关系 it's nothing; never mind 没精打

采 in low spirits; out of sorts 没命 lose one's life; die 没趣 boring 自讨没趣 ask for a snub 没什么 it's nothing 没事儿 be free; never mind 没事找事 ask for trouble 没有 not have; there is not; be without; devoid of

玫 méi 玫瑰 rugosa rose; rose

眉 méi ❶ eyebrow; brow ❷ the top margin of a page 眉笔 eyebrow pencil 眉开眼笑 beam with joy 眉来眼去 make eyes at each other 眉目 features; looks; sequence of ideas 眉梢 the tip of the brow

梅 méi plum 梅毒 syphilis 梅花 plum blossom 梅子 plum

媒 méi ❶ go-between 保媒 act as a matchmaker ❷ intermediary 媒介 medium; vehicle 媒体 media

煤 méi coal 块煤 lump coal 煤层 coal seam 煤场 coal yard 煤尘 coal dust 煤灰 coal ash 煤焦油 coal tar 煤矿 coal imne; colliery 煤气 gas 煤球 egg-shaped briquet 煤炭 coal 煤田 coalfield 煤烟 smoke from burning coal 煤窑 coalpht 煤油 kerosene 煤渣 coal cinder 煤砖 briquet

霉 méi mould; mildew 霉菌 mould 霉烂 mildew and rot

每 měi ❶ every; each; per 每股收益 earning per share ❷ often 每当 whenever; every time 每况愈下 steadily deteriorate; go from bad to worse

美 měi ❶ beautiful; pretty ❷ very satisfactory; good 美酒 good wine 美德 virtue; moral excellence 美感 aesthetic feeling; sense of beauty 美工 art design-

ning 美观 beautiful; artistic 美国 the United States of America 美好 fine; 美化 prettify 美景 beautiful scenery 美丽 beautiful 美满 happy 美梦 fond dream 美妙 beautiful; splendid; wonderful 美名 good name 美人 beautiful woman; beauty 美容 improve (a woman's) looks 美容院 beauty parlour 美术 art; painting 美味 delicious food; dainty 美学 aesthetics 美育 art education 美元 American dollar; U. S. dollar 美中不足 a fly in the ointment 美洲 the America

镁 měi magnesium 镁光 magnesium light

妹 mèi younger sister; sister 妹夫 younger sister's husband; brother-in-law

昧 mèi ❶ have hazy notions about; be ignorant of ❷ hide; conceal 拾金不昧 not pocket the money one has picked up

媚 mèi ❶ fawn on; curry favour with; flatter ❷ charming; fascinating 媚外 toady to foreign powers

魅 mèi evil spirit; demon 魅力 glamour; enchantment 艺术魅力 artistic charm

MEN

闷 mēn ❶ stuffy; close ❷ cover tightly ❸ (of a sound) muffled ❹ shut oneself or sb. indoors

门 mén ❶ entrance; door; gate ❷ valve; switch ❸ way to do sth.; knack ❹ family ❺ (religious) sect; school (of thought) ❻ class; category 门把 door knob; door handle 门板 door plank 门洞儿 gateway; doorway 门房 gate house; doorman 门岗

gate sentry 门户之见 sectarianism 门槛 threshold 门口 entrance; doorway 门类 class; kind; category 门帘 door curtain 门路 knack; way 门面 shop front; appearance 门牌（house）number plate 门票 entrance ticket 门扇 door leaf 门市 retail sales 门市部 salesroom 门厅 entrance hall 门徒 disciple; follower 门外汉 layman 门牙 front tooth 门诊 outpatient service

扪 mén touch; stroke 扪心自问 examine one's conscience

闷 mèn ❶bored ❷tightly closed; sealed 闷闷不乐 depressed; in low spirits 闷气 (be in the) sulks

焖 mèn boil in a covered pot over a slow fire; braise 焖饭 cook rice over a slow fire

们 mén 我们 we; us 他们 they; them 人们 people

MENG

蒙 mēng ❶cheat; deceive; dupe ❷make a wild guess ❸unconscious 蒙蒙亮 first glimmer of dawn; daybreak 蒙头转向 lose one's bearings

萌 méng shoot forth 萌芽 sprout; shoot; bud; seed; germ

蒙 méng ❶cover ❷ignorant; illiterate 蒙蔽 hoodwink; deceive 蒙汗药酒 hocus 蒙哄 swindle; cheat 蒙混 mislead (people)蒙混过关 get by under false pretences 蒙蒙 drizzly; misty 蒙受 suffer; sustain 蒙受耻辱 be subjected to humiliation 蒙受损失 sustain a loss

盟 méng ❶alliance 结盟 form an alli-

ance ❷ sworn（brothers）盟国 allied country; ally 盟军 allied forces 盟友 ally 盟约 treaty of alliance 盟主 the chief of an alliance

朦 méng 朦胧 dim moonlight; dim; hazy

猛 měng ❶ fierce; violent; energetic; vigorous ❷suddenly; abruptly 猛进 push ahead vigorously 猛力 vigorously; with sudden force 猛烈 fierce; violent 猛禽 bird of prey 猛然 suddenly 猛士 brave warrior 猛兽 beast of prey

蒙 měng 蒙古 Mongolia 蒙古包 yurt 蒙古人 Mongolian 蒙古语 Mongol（language）

锰 měng manganese 锰钢 manganese steel 锰铁 ferromanganese

梦 mèng dream 梦话 words uttered in one's sleep; daydream; nonsense 梦幻 illusion; reverie 梦见 dream about 梦境 dreamland 梦想 vainly hope; fond dream 梦魇 nightmare

MI

咪 mī ❶mew; miaow ❷smilingly 笑咪咪 be all smiles

眯 mī❶narrow（one's）眯着眼笑 narrow one's eyes into a smile❷take a nap

弥 mí❶full; overflowing ❷cover; fill 弥补 make up; remedy; make good 弥合 close; bridge 弥留 be dying 弥漫 fill the air

迷 mí ❶be confused; be lost ❷be fascinated by ❸fan; fiend 棋迷 a chess fiend ❹confuse 迷航 lose one's course

M

迷糊 misted dazed; confused; muddled 迷惑 puzzle; confuse 迷恋 be infatuated with; madly cling to 迷路 lose one's way; get lost 迷失 lose (one's way. etc.) 迷途 lose one's way 迷惘 be at a loss 迷信 superstition; blind worship

谜 mí ❶riddle; conundrum ❷enigma; mystery; puzzle 不解之谜 insoluble puzzle 谜底 answer to a riddle; truth

糜 mí❶gruel ❷rotten ❸wasteful 糜烂 rotten to the core; dissipated 生活糜烂 lead a fast life

靡 mí waste 奢靡 wasteful

米 mí ❶rice ❷shelled or husked seed ❸metre 米饭 (cooked) rice 米酒 rice wine 米老鼠 Mickey Mouse 米粒 grain of rice 米色 cream-coloured 米制 the metric system

眯 mí (of dust, etc.) get into one's eye

靡 mí blown away by the wind 靡靡之音 decadent music

泌 mì secrete 泌尿科 urological department 泌尿器官 urinary organs

觅 mì look for; hunt for; seek 觅食 look for food

秘 mì❶secret ❷keep sth. secret; hold sth. back 秘而不宣 not let anyone into a secret 秘方 secret recipe 秘诀 secret (of success) 秘密 secret; confidential 秘史 secret history; inside story 秘书 secretary

密 mì ❶close; dense; thick ❷intimate; close ❸fine; meticulous 绝密 top secret 密布 densely covered 密电 cipher telegram 密度 density; thick-

ness 密封 seal up 密集 crowded together 密件 a confidential paper 密码 secret code 密谋 conspire; plot 密切 close; carefully; intently 密商 hold private counsel 密使 secret emissary 密谈 private talk; talk behind closed doors 密探 secret agent 密纹唱片 long-playing record 密约 secret treaty 密植 close planting

蜜 mì❶honey ❷honeyed; sweet 蜜蜂 honeybee; bee 蜜柑 mandarin orange 蜜饯 candied fruit 蜜橘 tangerine 蜜月 honeymoon 蜜枣 candied date or jujube

MIAN

眠 mián ❶不眠之夜 a sleepless night ❷dormancy 冬眠 hibernate

绵 mián❶silk floss ❷continuous ❸soft 绵绵 continuous; unbroken 绵软 soft; weak 绵延 be continuous 绵羊 sheep 绵纸 tissue paper

棉 mián❶cotton ❷cotton-padded 棉衣 cottonpadded clothes 棉袄 quilted jacket 棉被 a quilt with cotton wadding 棉布 cotton (cloth) 棉花 cotton 棉裤 cotton-padded trousers 棉毛裤 cotton (interlock) trousers 棉毛衫 cotton (interlock) jersey 棉纱 cotton yarn 棉毯 cotton blanket 棉桃 cotton boll 棉田 cotton field 棉线 cotton (thread) 棉絮 cotton fibre 棉织品 cotton goods 棉籽 cottonseed

免 miǎn ❶excuse sb. from sth.; exempt; dispense with ❷remove from office; dismiss ❸avoid; avert 免不了 be unavoidable 免除 prevent; avoid 免得 so as not to 免费 free of charge 免票 free pass; free ticket 免试 be excused from an examination 免税 exempt from taxation; tax-free 免验 exempt from customs examination 免职 relieve sb. of his post

勉 miǎn ❶exert oneself; strive ❷encourage; urge; exhort ❸strive (to do what is beyond one's power) 勉励 encourage; urge 勉强 manage with an effort; barely enough

面 miàn ❶face ❷face (a certain direction) ❸surface; top ❹personally; directly ❺cover; outside ❻side; aspect ❼extent; range; scale; scope ❽flour ❾powder ❿noodles 面包 bread 面不改色 retain calm 面对 face; confront 面对面 face up each other 面粉 (wheat) flour 面红耳赤 be flushed 面积 area 面颊 cheek 面筋 gluten 面具 mask 面孔 face 面临 be faced with 面貌 face; appearance (of things); look 面目 face; features; appearance (of things); look 面前 in (the) face of; in front of 面容 face 面纱 veil 面生 look unfamiliar 面食 cooked wheaten food 面熟 look familiar 面谈 talk over with sb. face to face 面条 noodles 面团 dough 面向 turn one's face to; face 面向新世纪 gear to the new century 面无表情 wooden-faced 面罩 face guard 面值 par value; face value 面子 outer part; outside; face 丢面子 lose face 爱面子 be concerned about face-saving 有面子 enjoy due respect 给面子 show due respect for sb.'s feelings

MIAO

苗 miáo ❶young plant; seedling 麦苗 wheat seedling ❷the young of some animals 鱼苗 fry 苗圃 nursery (of young plants) 苗条 slim 苗头 symptom of a trend

描 miáo ❶trace; copy (designs, etc.) ❷touch up; retouch 描画 draw; paint 描摹 delineate 描述 describe

瞄 miáo concentrate one's gaze on 瞄准 take aim; lay; sight 瞄准靶心 aim at the bull's-eye

秒 miǎo second 秒表 stopwatch 秒针 second hand

渺 miǎo ❶vast ❷vague ❸tiny; insignificant 渺茫 distant and indistinct; uncertain 前途渺茫 have an uncertain future 希望渺茫 have slim hopes 渺小 tiny; paltry

藐 miǎo ❶small; petty ❷slight 藐视 despise; look down upon 藐小 tiny

妙 miào ❶wonderful; excellent; fine ❷ingenious; clever; subtle 妙计 brilliant scheme 妙诀 knack 妙用 magical effect 妙语 witty remark; witticism

庙 miào ❶temple; shrine ❷temple fair 庙会 temple fair 赶庙会 go to the fair

MIE

灭 miè ❶go out ❷put out; turn off ❸submerge ❹destroy; exterminate; wipe out 灭顶 be drowned; be swamped 灭口 do away with a witness or accomplice 灭亡 be destroyed; become extinct; die out

蔑 miè ❶slight; disdain ❷smear 诬蔑 slander; vilify 蔑视 despise; show contempt for; scorn

M

MIN

民 mín ❶ the people ❷ a person of a certain occupation ❸ folk ❹ civilian 民办 run by the local people 民兵 militia 民不聊生 the people have no means of livelihood 民法 civil law 民房 a house owned by a citizen 民愤 popular indignation 民愤极大 have incurred great popular indignation 民国时期 the period of the Republic of China 民航 civil aviation 民间 among the people; popular 民间活动 popular activities 民间往来 non-governmental contact 民情 condition of the people; public feeling 民权 civil rights 民生 the people's livelihood 民事 civil 民心 popular feelings 深得民心 enjoy the ardent support of the people 民谣 folk rhyme 民意 popular will 民意测验 public poll 民用 civil 民众 the masses of the people; the common people 民主 democracy; democratic 民族 nation; nationality; ethnic group 民族地区 regions inhabited by ethnic groups 民族国家 nation state

泯 mín vanish; die out; disappear 泯没 sink into oblivion; become lost

抿 mín ❶ smooth (hair, etc. with a wet brush) ❷ close lightly; furl ❸ sip

悯 mín ❶ commiserate; pity ❷ sorrow

敏 mín quick; agile 敏感 sensitive; susceptible 敏捷 nimble; agile 敏锐 sharp; acute; keen

MING

名 míng ❶ name ❷ given name ❸ fame; reputation; renown ❹ famous; celebrated ❺ express; describe 名不副实 be unworthy of the name or title 名不虚传 deserve the reputation one enjoys 名册 register; roll 名产 famous product 名垂青史 go down in history 名词 noun; term; phrase 名次 position in a name list 名存实亡 exist in name only 名单 name list 名额 quota of people 名副其实 be worthy of the name 名贵 famous and precious; rare 名家 famous expert; master 名将 famous general 名利 fame and wealth 名流 celebrities 名目 names of things; items 名牌 famous brand 名片 visiting card; name card 名气 fame; name 名人 famous person; celebrity 名人录 who's who 名声 renown 名胜古迹 places of historic interest and scenic beauty 名堂 variety; result; achievement; reason 名望 fame and prestige 名言 famous remark 名义 name; nominal; in name 名誉 fame; honorary 名著 famous work

明 míng ❶ bright; brilliant; light ❷ clear; distinct ❸ open; overt; explicit ❹ sharp-eyed; clear-sighted ❺ aboveboard; honest ❻ sight ❼ understand; know ❽ immediately following in time 明白 clear; plain; frank; explicit; sensible; reasonable; realize 明辨是非 distinguish right from wrong 明澈 bright and limpid; transparent 明处 in the open; in public 明晃晃 gleaming; shining 明净 bright and clean 明镜 bright mirror 明快 lucid and lively; sprightly 明朗 ① bright and clear ② clear; obvious ③bright and cheerful 明亮 ①light; bright ②bright; shining 明了 clear; plain 明令 explicit order; formal decree 明码 plain code (telegram); with the price clearly marked 明媒正娶 formal wedding 明媚 radiant and enchanting 明明 obviously; plainly 明明是 it is obviously that 明目张胆 brazen; flagrant; barefaced; outright 明年 next year 明确 ①clear and definite; clearcut; explicit; unequivocal ② make clear and definite 明天 ①tomorrow 明天见 see you tomorrow ②the near future 明文 (of laws, regulations, etc.) proclaimed in writing 明文规定 stipulate in explicit terms 明晰 distinct; clear 明虾 prawn 明显 obvious; clear; evident; distinct; tangible; apparent; unmistakable 明信片 postcard 美术明信片 picture postcard 明星 star 电影明星 film star; movie star 明喻 simile 明哲保身 be worldly wise and play safe 明争暗斗 both open strife and veiled struggle 明证 clear proof 明知 know perfectly well; be fully aware 明知故犯 violate the discipline not from ignorance 明知山有虎，偏向虎山行 like rising to the bait 明智 sensible; wise; sagacious 明珠 jewel 明子 pine torch

鸣 míng ❶the cry of birds, animals or insects ❷ring; sound ❸express; voice; air 鸣不平 cry out against an injustice 鸣禽 songbird; singing bird 鸣冤叫屈 voice grievances

茗 míng ❶tender tea leaves ❷tea 品茗 sip tea (to judge its quality)

冥 míng ❶dark; obscure ❷deep; profound ❸dull; stupid ❹underworld 冥币 spirit money 冥府 the nether world 冥思

苦想 cudgel one's brains; deep thought; meditation 冥顽不化 thickheaded 冥王星 Pluto

铭 míng ❶inscription 座右铭 motto ❷engrave (on one's mind) 铭记 bear firmly in mind; always remember 铭感 be deeply grateful 铭文 epigraph

瞑 míng 瞑目 close one's eyes in death-die content 死不瞑目 die discontent

命 mìng ❶life ❷lot; fate; destiny ❸order; command ❹assign (a name, title, etc.) 命案 homicide case 命定 determined by fate; predestined 命该⋯ It falls to one's lot to 命根子 one's very life; lifeblood 命令 order; command 命脉 lifeblood; lifeline 命名 name (sb. or sth.) 命题 assign a topic; set a question 命中 hit the mark

MIU

谬 miù wrong; false; mistaken 谬传 a false report 谬论 fallacy; falsehood 谬误 error; mistake

MO

摸 mō ❶feel; stroke; touch ❷feel for; grope for ❸try to find out; feel out 摸底 know the real situation feel sb. out 摸索 grope; feel about; try to find out (laws, secret, etc.)

摹 mó copy; trace 摹本 facsimile 摹拟 imitate; simulate 摹写 copy; imitate

模 mó ❶pattern; standard ❷imitate ❸model 模本 calligraphy or painting model 模范 model; fine example 模仿 imi-

tate; copy; model oneself on 模糊 ①
blurred ②confuse; mix up 模棱两可
ambiguous (formulation, etc.); equivo-
cal (attitude, etc.) 模拟 imitate; simu-
late 模特儿 model 模型 model

膜 mó ❶membrane 细胞膜 cell mem-
brane ❷film; thin coating 膜拜 prostrate
oneself; worship

摩 mó❶rub; scrape; touch ❷mull o-
ver; study 摩擦 rub; clash (betweentwo
parties) 摩登 modern; fashionable 摩天
skyscraping 摩天大楼 skyscraper 摩托
motor 摩托车 motorcycle

磨 mó❶rub; wear 脚磨出了泡 blister
one's feet from the rubbing ❷grind; pol-
ish ❸dawdle; waste time 磨蹭 move
slowly; dawdle 磨床 grinder 磨刀石
grindstone 磨光 polish 磨练 temper one-
self; steel oneself 磨灭 wear away; ef-
face 磨难 hardship; suffering 磨砂玻璃
ground glass

蘑 mó 蘑菇 ①mushroom ②keep on at
蘑菇云 mushroom cloud

魔 mó ❶ evil spirit; demon; devil;
monster ❷ magic; mystic 魔窟 den of
monsters 魔力 magic power; magic 魔术
magic 魔爪 devil's talons; claws

抹 mó❶put on; apply; smear ❷wipe
❸strike out; erase 抹眼泪 be weeping
抹黑 blacken sb.'s name 抹杀 blot out;
obliterate

末 mò❶tip; end 本末倒置 put the non-
essentials before the essentials ❷nones-
sentials; minor details ❸end; last stage
❹powder; dust 末班车 last bus 末代 the
last reign of a dynasty 末了 last; finally;
in the end 末路 dead end; impasse 末期

last phase; final phase

没 mò❶sink; submerge ❷rise beyond
❸hide ❹take possession of ❺till the
end (of one's life) 没落 decline; wane
没收 confiscate; expropriate

沫 mò foam; froth 口吐白沫 foam at
the mouth

茉 mò 茉莉 jasmine 茉莉花茶 jasmine
tea

抹 mò daub; plaster (a wall, etc.) 抹
不开 feel embarrassed 抹灰 plastering

陌 mò❶a path between fields ❷road
陌生 strange; unfamiliar

脉 mò 脉脉 affectionately; lovingly;
amorously 温情脉脉 full of tender affec-
tion

莫 mò❶no one; nothing; none ❷no;
not 高深莫测 unfathomable; enigmatic
❸don't 莫不 there's no one who doesn't
or isn't 莫大 greatest; utmost 莫非 can it
be that; is it possible that 莫过于 noth-
ing is more…than 莫名其妙 be unable
to make head or tail of sth.; inexplicable
莫须有 unfounded(charges)

漠 mò❶desert ❷indifferent; uncon-
cerned 漠漠 misty; foggy; vast and
lonely 漠然 indifferently 漠视 treat with
indifference; ignore; overlook

寞 mò lonely; deserted

蓦 mò suddenly 蓦地 unexpectedly; all
of a sudden

墨 mò❶ink stick ❷ink ❸handwriting
or painting ❹black; pitch-dark 墨斗鱼
inkfish; cuttlefish 墨盒 ink box 墨迹 ink
marks 墨镜 sunglasses 墨绿 blackish

green 墨守成规 stick to conventions

默 mò ❶ silent; tacit ❷ write from memory 默哀 stand in silent tribute 默祷 say a silent prayer 默读 read silently 默默 quietly; silently 默契 tacit agreement 默默无语 fall silent 默认 tacitly approve

磨 mò❶mill 电磨 electric mill ❷grind ❸turn (the cart, etc.) round 磨面 mill flour 磨面机 flour-milling machine 磨盘 millstones

MOU

牟 móu try to gain; seek (profit) 牟取 try to gain; seek; obtain 牟取暴利 price hikes for exorbitant profits

谋 móu❶stratagem; plan; scheme ❷ seek; plot ❸consult 谋财害命 murder sb. for his money 谋反 conspire against the state 谋害 plot to murder 谋划 plan; scheme 谋略 strategy 谋求 seek; strive for 谋杀 murder 谋生 seek a livelihood; make a living 谋生手段 means of subsistance 谋士 adviser 谋事 plan matters

眸 móu pupil (of the eye); eye 凝眸 fix one's eyes on

某 mǒu certain; some 某日 at a certain date 在某种程度上 to some extent 某某 so-and-so

MU

模 mú mould; matrix; pattern; die 模板 formwork 模压 mould pressing 模样 appearance; look; about; around

母 mǔ❶mother ❷one's female elders ❸female (animal) 母爱 mother love 母狗 bitch 母鸡 hen 母老虎 tigress; shrew 母马 mare 母系 maternal side 母系社会 matriarchal society 母校 one's old school; Alma Mater 母性 maternal instinct 母音 vowel

亩 mǔ mu, a unit of area (= 0.0667 hectares) 亩产量 per mu yield

牡 mǔ male 牡丹 tree peony; peony 牡蛎 oyster

拇 mǔ 拇指 thumb; big toe

木 mù❶tree ❷timber; wood ❸made of wood; wooden ❹coffin 行将就木 have one foot in the grave ❺numb; wooden 木板 plank; board 木版 block 木本植物 woody plant 木材 wood; timber 木柴 firewood 木耳 an edible fungus 木筏 raft 木工 woodwork 木屐 clogs 木匠 carpenter 木刻 woodcut; wood engraving 木马 vaulting horse; rocking horse 木马计 Trojan horse 木偶 wooden image 木偶剧 puppet show; puppet play 木排 raft 木然 stupefied 木梳 wooden comb 木炭 charcoal 木头 wood; log; timber 木屋 log cabin 木锨 wooden winnowing spade 木星 Jupiter

目 mù❶eye ❷look; regard ❸item ❹order ❺list; catalogue 目标 objective; aim 目不转睛 look with fixed eyes 目瞪口呆 gaping; stupefied; dumbfounded 目的 aim; goal; end 目光 sight; vision; view 目录 list; contents 目前 at present; at the moment 目送 watch sb. go; gaze after 目无法纪 disregard law and discipline 目眩 dizzy 目中无人 consider everyone beneath one's notice

沐 mù wash one's hair 沐浴 take a

bath，immerse

牧 mù herd；tend 牧草 herbage；forage grass 牧场 grazing land；牧歌 pastoral (song) 牧民 herdsman 牧区 pastoral area 牧师 pastor；minister；clergyman 牧童 shepherd boy 牧羊 tend sheep

募 mù raise；collect；enlist；recruit 募集 collect；raise (a fund) 募捐 collect donations

墓 mù grave；tomb；mausoleum 墓碑 tombstone 墓地 cemetery 墓穴 coffin pit 墓志铭 epitaph

幕 mù ❶curtain；screen ❷act 第一幕 the first act；Act 1 幕布 (theatre) curtain；(cinema) screen 幕后 behind the scenes；backstage 幕后操纵 pull strings 幕僚 aides and staff

睦 mù peaceful；harmonious 睦邻 good-neighbourliness 睦邻政策 good-neighbour policy

慕 mù admire；yearn for 仰慕 look up to with admiration 慕名 out of admiration for a famous person

暮 mù ❶dusk；evening；sunset ❷towards the end；late 暮霭 evening；mist 暮春 late spring 暮气 lethargy；apathy 暮色 dusk；twilight；gloaming

穆 mù solemn；reverent 穆斯林 Moslem；Muslim

M

N

NA

拿 ná ❶ hold; take 拿原则作交易 trade in principles ❷ seize; capture ❸ be able to do; be sure of 拿不出手 not be presentable 拿手 adept; expert; good at 拿手戏 one's strong suit 拿主意 make a decision

哪 nǎ which; what 哪个 which; who 哪里 where; wherever 哪怕 even; even if 哪些 which; who; what

那 nà ❶ that ❷ then 那个 that 那么 like that; in that way; then; in that case 那时候 at that time; then 那些 those 那样 of that kind; like that; such

呐 nà 呐喊 shout loudly; cry out 呐喊助威 shout encouragement; cheer

纳 nà ❶ receive; admit ❷ accept ❸ enjoy ❹ pay; offer ❺ sew close stitches (over a patch, etc.) 纳凉 enjoy the cool (in the open air) 纳闷 feel puzzled; wonder 纳米 nanometer 纳税 pay taxes

捺 nà press down; restrain 捺着性子 control one's temper

NAI

乃 nǎi ❶ be ❷ so; therefore ❸ only then ❹ you; your 乃至 and even

奶 nǎi ❶ breasts ❷ milk ❸ suckle; breast-feed 奶茶 tea with milk 奶粉 milk powder 奶酪 cheese 奶妈 wet nurse 奶名 infant name 奶奶 grandma 奶牛 milk cow 奶瓶 nursing bottle 奶糖 toffee 奶头 nipple 奶羊 milch goat 奶罩 bra 奶嘴 nipple (of a feeding bottle)

奈 nài 奈何 how; to no avail 无可奈何 be utterly helpless

耐 nài be able to bear or endure 耐寒 cold-resistant 耐火 fire-resistant 耐热 heat-resisting; heatproof 耐人寻味 afford food for thought 耐心 patient 耐性 patience; endurance 耐用 durable

NAN

囡 nān child 囡囡 little darling

男 nán ❶ man; male 男厕所 men's lavatory 男子服饰店 haberdashery ❷ son; boy 男低音 bass 男高音 tenor 男孩 boy 男女 men and women 男朋友 boyfriend 男人 man 男声 male voice 男中音 baritone 男装 men's clothing

南 nán south 南水北调 divert water from the south to the north 南北 north and south 南部 southern part; south 南方 south 南瓜 pumpkin; cushaw 南极 the South Pole

难 nán ❶difficult; hard; troublesome ❷put sb. into a difficult position ❸hardly possible ❹had; unpleasant 难办 hard to do 难办之事 have a long row to hoe 难保 one cannot say for sure 难辨 difficult to discriminate 难产 ①difficult labour; dystocia ②be slow in coming 难吃 unpalatable 难处 ①difficult to deal with; hard to get along with ②difficulties, troubles; disaster; predicament 难倒 daunt; baffle 难道 can; can't; how can 难得 hard to come by; rare; seldom; rarely 难度 degree of difficulty 难怪 no wonder; understandable; pardonable 难关 crisis, a critical situation; difficulty 难过 ①have a hard time ②feel very sorry; feel very uncomfortable 难解难分 be inextricably involved (in a dispute); be locked together(in a struggle) 难堪 unbearable; embar-rassed 难看 ugly; unsightly; shameful 难免 hard to avoid; can't help 难能可贵 difficult to attainment, hence worthy of esteem; estimable; commendable 难色 appear to be embarrassed 难舍难分 loath to part from each other 难说 it's hard to say; no one can tell 难题 difficult problem 难听 unpleasant to hear; not very pleasing to the ear; offensive; coarse 难忘 unforgettable; memorable 难为 embarrass; press; be a tough job to 难为情 ashamed; shy; embarrassing; disconcerting 难闻 smell unpleasant; smell bad 难以 difficult to 难以捉摸 difficult to pin down; elusive 难以想象 unimaginable 难以形容 indescribable

喃 nán 喃喃 murmur 喃喃自语 mutter to oneself

难 nàn ❶calamity; disaster; adversity ❷take to task 非难 blame; reproach 难民 refugee 难友 fellow sufferer

NANG

囊 náng bag pocket 囊空如洗 with empty pockets 囊中之物 sth. is in the bag for sb. 囊括 include; embrace 囊肿 cyst

NAO

挠 náo❶scratch ❷hinder 阻挠 obstruct ❸yield; flinch 不屈不挠 unyielding 挠头 scratch one's head; difficult to tackle

恼 náo ❶angry; annoyed ❷unhappy; worried 恼恨 resent; hate 恼火 irritated; vexed 恼怒 angry; furious 恼人 irritating; annoying 恼羞成怒 be shamed into anger

脑 nǎo brain 脑体倒挂 manual workers earning more than mental workers 脑充血 encephalemia 脑袋 head 脑海 brain; mind 脑筋 brains; mind; head 动脑筋 use one's head 脑壳 skull

闹 nào❶noisy ❷make a noise; stir up trouble ❸give vent (to one's anger, resentment, etc.) temper ❹suffer from; be troubled by ❺go in for; do; make 闹别扭 be difficult with sb. 闹病 fall ill 闹翻 fall out with sb. 闹风潮 carry on agitation; stage strikes 闹革命 make revolution 闹鬼 be haunted; play tricks 闹哄哄 noisy 闹剧 farce 闹情绪 be in low spirits 闹市 busy streets 闹事 make trouble 闹意见 be on bad terms 闹着玩 joke 闹钟 alarm clock

NEI

馁 něi ❶hungry ❷disheartened; dispirited 气馁 lose heart; be discouraged

内 nèi ❶inner; within; inside ❷one's wife or her relatives 内弟 wife's younger brother; brother-in-law 内部 inside; interior 内部矛盾 contradiction among sth. (sb.) 内地 inland; hinterland 内分泌 endocrine; internal secretion 内服 to be taken orally 内阁 cabinet 内海 inland sea 内行 expert; adept 内耗 in-fighting 内河 inland river 内讧 internal strife 内奸 hidden traitor 内疚 compunction; guilty(lacerated) conscience 内科 (department of) internal medicine 内陆 inland; interior 内乱 civil strife; internal disorder 内幕 inside story 内亲 a relative on one's wife's side; in-law 内勤 office staff; internal or office work 内情 inside story 内燃机 internalcombustion engine 内容 content; substance 内伤 internal injury 内胎 the inner tube of a tyre 内外 inside and outside 内外交困 beset with difficulties both at home and abroad 内务 internal affairs 内线 planted agent 内向 introversion 内销 sold inside the country 内心 heart; innermost being 内因 internal cause 内忧外患 domestic trouble and foreign invasion 内在规律 inherent law 内脏 internal organs 内债 internal debt 内战 civil war 内政 internal affairs 内置 built-in

NEN

嫩 nèn ❶tender; delicate ❷light ❸inexperienced; unskilled 嫩绿 light green;

soft green

NENG

能 néng ❶ability; capability; skill ❷energy ❸able; capable ❹can; be able to 能动 active; dynamic 能干 competent; have a lot on the ball 能手 dab; expert; a good hand 能说会道 have the gift of the gab 能源 energy (resources) 能源密集型 energy-intensive

NI

尼 ní Buddhist nun 尼姑庵 Buddhist nunnery 尼龙 nylon 尼桑 Nissan

泥 ní❶mud; mire ❷mashed vegetable or fruit 泥垢 dirt; grime 泥浆 slurry; mud 泥坑 mud pit 泥煤 peat 泥泞 muddy 泥鳅 loach 泥沙 silt 泥石流 mud-rock flow 泥水匠 bricklayer 泥塑 clay sculpture 泥潭 mire; bog 泥土 earth; soil 泥沼 swamp; mire

呢 ní wool; woollen cloth; wool coating; wool suiting 呢绒 woollen goods

霓 ní secondary rainbow 霓虹灯 neon light

拟 nǐ❶draw up; draft ❷intend; plan ❸imitate 拟订 draw up; work out 拟人 personification 拟议 draw up

你 nǐ you 你死我活的斗争 a life-and-death struggle 拼个你死我活 fight to the bitter end 你好 how do you do; how are you; hello 你们 you

泥 nì daub with plaster, putty, etc.; putty; plaster

N

逆 nì ❶contrary; counter ❷go against; disobey ❸traitor 逆差 trade deficit 逆耳 grate on the ear 逆风 against the wind 逆境 adversity 逆来顺受 be resigned 逆流 adverse current; countercurrent 逆水行舟，不进则退 a boat sailing against the current must forge ahead or it will be driven back 逆子 unfilial son

昵 nì close; intimate 亲昵 very intimate

匿 nì hide; conceal 匿迹 go into hiding 匿名信 anonymous letter

溺 nì ❶drown ❷be addicted to 溺死 be drowned 溺爱 spoil (a child)

腻 nì ❶greasy; oily ❷be bored with ❸ meticulous 腻烦 be bored; be fed up; be surfeited with

NIAN

拈 niān pick up 信手拈来 pick up at rankom 拈阄儿 draw lots

蔫 niān ❶fade; wither; shrivel up ❷ listless; spiritless; droopy

年 nián ❶year ❷annual; yearly 年产量 annual output ❸age ❹New Year ❺a period in one's life ❻a period in history ❼ harvest 丰年 rich harvest 年表 chronological table 年初 the beginning of the year 年代 age; years; time 年底 the end of the year 年度计划 annual plan 年糕 New Year cake 虚度年华 waste one's life 年画 Spring Festival pictures 年会 annual meeting 年级 grade; year 年鉴 yearbook; almanac 年历 single-page calendar 年利 annual interest 年龄 age 年轮 annual ring 年迈 old; aged 年轻 young

年限 fixed number of years 年终 yearend 年终奖 year-end bonus

黏 nián sticky; glutinous 黏附 adhere 黏结 cohere 黏土 clay 黏性 stickiness 黏液 mucus

捻 niǎn twist with the fingers 捻子 spill; wick

碾 niǎn ❶roller ❷grind with a roller ❸ crush 碾坊 grain mill 碾米机 rice mill

撵 niǎn ❶drive out; oust ❷catch up with sb.

念 niàn ❶think of; miss ❷thought; idea ❸read aloud ❹study; attend school 念头 thought; idea; intention 念珠 beads

NIANG

娘 niáng ma; mother 娘家 a married woman's parents's home 娘胎 mother's womb

酿 niàng ❶ make (wine, vinegar, etc.); brew (beer) ❷make (honey) ❸ result in ❹wine 酿成 lead to; bring on 酿酒 make wine

NIAO

鸟 niǎo bird 鸟粪 birds droppings 鸟瞰 get a bird's-eye view (of the city, etc.) 鸟类 birds 鸟笼 birdcage 鸟枪 air gun 鸟兽 birds and beasts 鸟嘴 beak; bill

尿 niào ❶urine ❷make water; pass water 尿布 diaper; napkin; nappy 尿床 wet the bed 尿盆 chamber pot 尿素 carbamide

NIE

捏 niē ❶hold between the fingers; pinch 捏一把汗 be breathless with anxiety or tension❷knead; mould ❸fabricate; make up 捏合 mediate; act as go-between 捏造 concoct; take
啮 niè gnaw 啮齿动物 rodent

镊 niè ❶tweezers ❷pick up sth. with tweezers

镍 niè nickel 镍币 nickel coin; nickel

蹑 niè ❶lighten (one's step); walk on tiptoe ❷tread; step on; walk with

孽 niè evil; sin 妖孽 evildoer 孽障 evil creature; vile spawn

NING

宁 níng peaceful; tranquil 宁静 tranquil; quiet

拧 |níng ❶twist; wring ❷pinch; tweak

狞 níng ferocious; hideous 狞笑 grin hideously

柠 níng 柠檬 lemon 柠檬水 lemonade; lemon squash

凝 níng ❶congeal; curdle; coagulate ❷with fixed attention 凝点 condensation point 凝固 solidify 凝结 coagulate 凝聚 (of vapour) condense 凝练 concise; condensed 凝神 with fixed attention 凝视 gaze fixedly; stare

拧 níng ❶twist; screw ❷wrong ❸disagree

宁 nìng rather; better 宁可 would rather 宁缺毋滥 rather go without than have something shoddy-put quality before quantity 宁死不屈 rather die than submit 宁勿 rather 言之无物宁勿闭嘴 Rather say nothering than nothing to the point 宁愿 would just as soon

NIU

妞 niū girl

牛 niú ox 母牛 cow 公牛 bull 小牛 calf 牛车 ox cart 牛痘 cowpox 种牛痘 give or get smallpox vaccination 牛角 ox horn 牛栏 cattle pen 牛毛 ox hair 牛虻 gadfly 牛奶 milk 牛排 beefsteak 牛棚 cowshed 吹牛 talk big 牛肉 beef 牛尾 oxtail 牛仔裤 jeans

忸 niǔ 忸怩 blushing; bashful

扭 niǔ❶turn round ❷twist; wrench ❸sprain ❹roll; swing ❺seize; grapple with 扭打 wrestle; grapple 扭伤 wrench 扭转 turn round; turn back; reverse

纽 niǔ handle; knob 纽带 link; tie; bond 纽扣 button

拗 niù stubborn; obstinate; difficult

NONG

农 nóng❶agriculture; farming ❷peasant; farmer 农产品 agricultural products; farm produce 农场 farm 农村 countryside; village 农户 peasant household 农活 farm work 农家 peasant family 农具

N

farm tools 农历 the lunar calendar 农忙 busy season (in farming) 农民 peasant 农奴 serf 农时 farming season 农田 farmland; cropland 农闲 slack season (in farming) 农学 agronomy; agriculture 农谚 farmer's proverb 农药 farm chemical 农业 agriculture; farming 农业产业化 industrial management of agriculture 农艺师 agronomist 农艺学 agronomy 农转非 people changing from agricultural to non-agricultural status 农作物 crops

浓 nóng ❶dense; thick; ❷great; strong 浓度 consistency; density 浓厚 dense; thick; strong; pronounced 浓眉 heavy eyebrows 浓缩 concentrate; enrich

脓 nóng pus 脓包 pustule; worthless fellow 脓疮 running sore 脓肿 abscess

弄 nòng ❶play with; fool with ❷do; manage; handle ❸get; fetch ❹play 弄错 make a mistake; misunderstand 弄好 do well 弄坏 ruin; put out of order 弄假成真 what was make believe has become reality 弄僵 (bring to a) deadlock 弄巧成拙 try to be clever only to end up with a blunder; outsmart oneself 弄通 get a good grasp of 弄虚作假 practise fraud; employ trickery

NU

奴 nú ❶bondservant; slave ❷enslave 奴才 flunkey; lackey 奴化 enslave 奴隶 slave 奴仆 servant; lackey 奴性 servility 奴颜媚膝 servile 奴役 enslave; keep in bondage

努 nǔ ❶put forth (strength); exert (effort) ❷protrude; bulge 努力 make great efforts

怒 nù anger; rage; fury 怒不可遏 be beside oneself with anger 怒潮 raging tide 怒斥 angrily rebuke 怒冲冲 in a rage; furiously 怒放 in full bloom 心花怒放 be wild with joy 怒号 howl; roar 怒吼 roar; howl 怒目而视 stare angrily 怒气 anger; rage; fury 怒气冲天 be in a towering rage 怒容 an angry look

Nü

女 nǚ ❶woman; female ❷daughter; girl 女厕所 women's lavatory 女低音 alto 女儿 daughter; girl 女服务员 air hostess; waitress 女高音 soprano 女工 woman worker 女郎 young woman; maiden; girl 女朋友 girm friend 女色 woman's charms 女神 goddess 女生 woman student; girl student; schoolgirl 女声 female voice 女士 lady; madam 女王 queen 女巫 witch 女性 the female; woman 女婿 son-in-law 女主角 leading lady

NUAN

暖 nuǎn ❶warm; genial ❷warm up 暖和 warm; warm up 暖气 central heating 暖水瓶 thermos flask

NüE

疟 nüè malaria 疟疾 malaria; ague 疟蚊 malarial mosquito

虐 nüè cruel; tyrannical 虐待 maltreat; ill-treat; tyrannize

NUO

挪 nuó move; shift 挪借 get a short-term loan 挪用 divert (funds), misappropriate (public funds, etc.)

诺 nuò ❶promise ❷yes 诺贝尔奖 Nobel Prize 诺言 promise 履行诺言 fulfil one's promise

懦 nuò cowardly; weak 懦夫 coward; weakling

糯 nuò glutinous (cereal)糯米 polished glutinous rice

O

OU

讴 ōu ❶sing ❷folk songs 讴歌 sing the praises of

欧 ōu short for Europe 欧化 Europeanize; westernize; 欧元 Euro dollar 欧洲 Europe

殴 ōu hit 殴打 beat up; hit

鸥 ōu gull 海鸥 sea gull

呕 ǒu vomit 呕吐 vomit; throw up; be sick 呕心沥血 shed one's heart's blood

偶 ǒu ❶image; idol ❷even (number); in pairs ❸mate ❹by chance; by accident 偶尔 once in a while; occasionally 偶然 accidental; chance 偶数 even number 偶像 image; idol 偶像崇拜 idolatry

藕 ǒu lotus root 藕粉 lotus root starch

沤 òu soak; steep; macerate 沤肥 make compost; wet compost

怄 òu ❶irritate; annoy ❷be irritated 怄气 be difficult and sulky

P

PA

趴 pā❶lie on one's stomach; lie prone ❷bend over; lean on

扒 pá❶gather up; rake up ❷stew; braise 扒犁 sledge; sleigh 扒手 pickpocket

爬 pá❶crawl; creep ❷climb; clamber; scramble 爬虫 reptile

耙 pá ❶rake ❷make smooth with a rake; rake

怕 pà❶fear; dread; be afraid of afraid of fatigue ❷I'm afraid; I suppose; perhaps 怕事 be afraid of getting into trouble 怕死 fear death 怕羞 coy; shy; bashful

PAI

拍 pāi❶clap; pat; beat ❷bat; racket ❸beat; time ❹take（a picture）; shoot ❺send（a telegram, etc.）❻flatter; fawn on 拍打 pat; slap 拍发 send（a telegram）拍马屁 lick sb.'s boots; fawn on 拍卖 ①auction ②selling off goods at reduced prices 拍卖行 auction house 拍摄 take（a picture）; shoot 拍手 clap one's hands; applaud 拍照 take a picture

排 pái❶arrange; put in order ❷row; line ❸rehearse ❹raft ❺exclude; eject; discharge ❻push ❼pie ❽platoon 排场（go in for）ostentation and extravagance 排斥 repel; exclude; reject 排除 get rid of; remove; get over 排挡 gear（of a car, tractor, etc.）排队 form a line; line up; queue up 排骨 spareribs 排灌 irrigation and drainage 排行榜 league table; hit parade 排挤 push aside; push out 排解 mediate; reconcile 排涝 drain flooded fields 排练 rehearse 排列 arrange（in a line, etc.）; range; put in order 排球 volley ball 排水 drain off water 排外 exclusive 排泄 drain; excrete 排长 platoon leader 排字 composing

徘 pái 徘徊 pace up and down; hesitate; waver

牌 pái❶plate; tablet ❷brand ❸cards, dominoes, etc. 牌价 list price 牌照 license plate; license tag 牌子 plate; sign; brand; trademark

迫 pǎi 迫击炮 mortar

派 pài❶group; school; faction; clique ❷style; manner and air ❸send; dispatch; assign; appoint 派出所 police substation 派遣 send; dispatch 派生 derive 派头 style; manner 派系 factions 派性 factionalism

PAN

攀 pān ❶climb; clamber ❷seek connections in high places ❸involve; implicate (sb. in a crime) 攀登 climb; scale 攀亲 claim kinship 攀谈 engage in small talk 攀岩运动 rock climbing 攀缘 climb; clamber 攀折 pull down and break off (twigs, etc.)

盘 pán ❶tray; plate ❷coil; wind; twist ❸build ❹check; examine ❺game; set ❻coil 盘剥 practise usury; exploit 盘查 interrogate and examine 盘缠 travelling expenses 盘存 take inventory 盘点 check; make an inventory of 盘踞 entrenched 盘弄 play with; fiddle with 盘绕 twine; coil 盘算 calculate; figure; plan 盘梯 spiral 盘腿 cross one's legs 盘问 cross-examine 盘香 incense coil 盘旋 spiral; circle; wheel

磐 pán 磐石 huge rock 坚如磐石 as solid as a rock

蹒 pán 蹒跚 walk haltingly; limp; hobble

判 pàn ❶ distinguish; discriminate ❷ obviously different ❸ judge; decide ❹ sentence; condemn 判刑 be sentenced to imprisonment 判别 differentiate 判处 condemn 判断 judge; decide; determine 判决 court decision; judgment 判例 legal precedent 判明 ascertain 判罪 declare guilty; convict

叛 pàn rebel against; betray (one's country, the Party, etc.)叛变 turn traitor; turn renegade 叛军 rebel army 叛离 desert 叛乱 armed rebellion 叛卖 betray;

sell 叛徒 traitor; renegade; turncoat

盼 pàn ❶hope for; long for; expect ❷ look forward 盼头 good prospects 盼望 hope for; long for; look forward to

畔 pàn ❶side; bank ❷the border of a field

PANG

滂 pāng 滂沱 torrential 大雨滂沱 it's raining in torrents

彷 páng 彷徨 walk back and forth, not knowing which way to go

庞 páng ❶huge ❷innumerable and disordered ❸face 庞大 huge; enormous 庞然大物 huge; monster; giant

旁 páng ❶side ❷other; else 旁白 aside (in a play) 旁边 side 旁观 look on; be an onlooker 旁观者清 the spectator sees most clearly 旁门 side door 旁敲侧击 attack by innuendo 旁人 other people 旁听 in a school class, etc. 旁系亲属 collateral (relative)

膀 páng 膀胱 (urinary) bladder

磅 páng 磅礴 boundless; fill; permeate

螃 páng 螃蟹 crab

胖 pàng fat; stout; plump 胖头鱼 bighead 胖子 fat person; fatty

PAO

抛 pāo ❶throw; cast; toss; fling ❷ leave behind; cast aside 抛光 polishing 抛锚 (of vehicles) break down 抛弃 forsake; cast aside 抛头露面 show one's face in public

泡 pāo ❶sth. puffy and soft ❷spongy 泡桐 paulownia

刨 páo dig; excavate 刨根儿 get to the bottom (root) of sth.

咆 páo 咆哮 roar; thunder

袍 páo robe; gown

跑 pǎo❶run ❷run away; escape; flee 跑得了和尚跑不了庙。The runaway monk can't run away with the temple. ❸ run about doing sth. ❹away; off 跑步 run; march at the double 跑车 racing bike 跑道 runway; track 跑龙套 play a bit role 跑腿儿 run errands

泡 pào❶ bubble ❷sth. shaped like a bubble ❸steep; soak ❹dawdle 泡菜 pickles 泡茶 make tea 泡蘑菇 play for time pester 泡沫 foam; froth 泡沫经济 bubble economy 泡影 visionary hope, plan, scheme, etc.; bubble

炮 pào big gun; cannon; artillery piece 炮兵 artillery 炮弹(artillery) shell 炮轰 bombard 炮灰 cannon fodder 炮火 gunfire 炮舰 gunboat 炮楼 blockhouse 炮声 report of a gun 炮手 gunner 炮塔 turret 炮台 fort; battery 炮艇 gunboat 炮筒 barrel (of a gun)

疱 pào blister; bleb 疱疹 bleb; herpes

PEI

呸 pēi pah; bah; pooh

胚 pēi 胚胎 embryo

陪 péi accompany; keep sb. company 陪衬 serve as a contrast or foil; set off; foil 陪嫁 dowry 陪审 act as an assessor

培 péi ❶earth up (the roots, etc.) ❷ foster 培养 foster; train; develop

赔 péi ❶compensate; pay for ❷stand a loss 赔本 sustain losses in business 赔偿 compensate; pay for 赔礼 offer an apology 赔笑 smile obsequiously or apologetically

沛 pèi 沛然 copious; abundant

佩 pèi ❶wear (at the waist, etc.) ❷ admire 佩带 wear 佩服 admire

配 pèi ❶join in marriage ❷mate (animals) ❸compound; mix ❹apportion❺ find sth. to fit or replace sth. else ❻ match ❼deserve; be worthy of 配备 allocate; provide 配合 coordinate; cooperate; concert 配给 ration 配股 rights issue 配角 minor role 配偶 spouse 配色 match colours 配套 form a complete set 配套资金 supporting funds 配戏 play a supporting role 配音 dub (a film, etc.)配乐 dub in background music 配制 make up

PEN

喷 pēn ❶spout; gush ❷spray; sprinkle 喷灌 spray irrigation 喷壶 sprinkling can 喷火器 flamethrower 喷漆 spray paint 喷气发动机 jet engine 喷气式 jet-propelled 喷枪 spray gun 喷泉 fountain 喷射 spray; jet 喷嚏 sneeze 喷雾 spraying 喷嘴 spray nozzle

盆 pén basin; tub; pot 盆地 basin 盆花 potted flower 盆景 potted landscape

喷 pèn 喷香 fragrant; delicious

P

one's luck; take one's chance 碰撞 collide; run into

PENG

抨 pēng 抨击 attack (in speech or writing); lash out at

烹 pēng ❶boil; cook ❷fry quickly in hot oil and stir in sauce 烹饪 cooking 烹调 cook (dishes)

澎 pēng splash; spatter 澎湃 surge 心潮澎湃 feel an upsurge of emotion

朋 péng friend 朋比为奸 act in collusion with 朋友 friend

棚 péng❶canopy of reed mats, etc. ❷shed; shack 草棚 straw mat shed

蓬 péng fluffy; dishevelled 蓬勃 vigorous; flourishing 蓬松 puffy

硼 péng boron 硼砂 borax 硼酸 boric acid

鹏 péng roc 鹏程万里 (make) a roc's flight of 10,000 li; have a bright future

篷 péng❶covering or awning on a car, boat, etc. ❷sail (of a boat) 篷布 tarpaulin

膨 péng 膨大 expand; inflate 膨胀 expand; swell

捧 pěng❶hold or carry in both hands 捧上台 thrust sb. into power 捧上天 laud (praise) sb. to the skies ❷exalt; extol 捧场 be a member of a claque; sing the praises of

碰 pèng❶touch; bump ❷meet; run into ❸take one's chance 碰杯 clink glasses 碰壁 be rebuffed 碰钉子 meet with a rebuff 碰见 meet unexpectedly 碰巧 by chance 碰头 meet and discuss 碰运气 try

PI

批 pī ❶slap ❷refute ❸write comments on (a report, etc.) ❹wholesale❺batch; lot; group 批驳 refute; criticize; rebut 批发 wholesale 批改 correct 批判 criticize 批评 criticize 批语 remarks on a piece of writing 批准 ratify; approve

纰 pī (of cloth, thread, etc.) become unwoven or untwisted; be spoilt 纰漏 small accident; slip

坯 pī❶base; product; blank ❷unburnt brick; earthen brick

披 pī ❶ drape over one's shoulders; wrap around ❷open; unroll; spread out ❸split open; crack stick has split 披风 cloak 披肩 shawl 披露 announce 披头散发 with hair dishevelled

砒 pī arsenic 砒霜 (white) arsenic

劈 pī ❶ split; cleave ❷ right against (one's face, chest, etc.) 劈头 straight on the head; at the very start

霹 pī 霹雳 thunderclap 晴天霹雳 a bolt from the blue

皮 pí❶skin ❷leather; hide ❸cover; wrapper ❹surface ❺sheet ❻become soft and soggy ❼naughty ❽case-hardened ❾ rubber 皮袄 fur-lined jacket 皮包 leather handbag 皮鞭 leather-thonged whip 皮尺 tape (measure)皮带 belt 皮蛋 preserved egg 皮筏 skin raft 皮肤 skin 皮革 leather; hide 皮猴 fur parka 皮货 fur; pelt 皮夹子 wallet; pocketbook 皮匠 cobbler 皮

毛 fur 皮球（rubber）ball 皮软①fatigued and weak ②weaken；slump 皮箱 leather suitcase 皮鞋 leather shoes 皮衣 fur clothing；leather clothing 皮影戏 shadow play

枇 pí 枇杷 loquat

毗 pí 毗邻 adjoin；be adjacent to；border on 毗邻地区 contiguous zone

疲 pí tired；weary；exhausted 疲倦 tired；weary 疲劳 tired 疲于奔命 be kept constantly on the run；be weighed down with work

啤 pí 啤酒 beer 生啤酒 draught beer 黑啤酒 porter；brown ale；stout 啤酒厂 brewery

脾 pí spleen 脾气 temperament 发脾气 lose one's temper 脾胃 taste

匹 pǐ be equal to；be a match for 匹敌 be well matched 匹夫 an ignorant person 匹配 mate

否 pǐ ❶bad；wicked；evil ❷censure 否极泰来 out of the depth of misfortune comes bliss

痞 pǐ ❶a lump in the abdomen ❷ruffian；riffraff 地痞 local ruffian

劈 pǐ ❶divide；split ❷break off；strip off 劈叉 do the splits 劈柴 firewood

癖 pǐ addiction；weakness for 癖好 favourite hobby 癖性 natural inclination

屁 pì wind（from bowels）放屁 break wind 屁股 buttocks；bottom；haunch 屁话 nonsense

辟 pì ❶ open up（territory，land，etc.）；break（ground）❷ penetrating；incisive 精辟 profound ❸refute；repudi-ate 辟谣 refute a rumour

媲 pì 媲美 compare favourably with；rival

僻 pì ❶out-of-the-way；secluded ❷eccentric ❸rare 僻静 secluded；lonely

譬 pì example；analogy 譬如 for example；such as 譬喻 metaphor；simile

PIAN

片 piān film；disc 片子 a roll of film

偏 piān ❶inclined to one side；slanting；leaning ❷partial；prejudiced 偏差 deviation；error 偏方 folk prescription 偏废 do one thing and neglect another 偏激 extreme 偏见 prejudice 偏离 deviate；diverge 偏僻 remote；out-of-the-way 偏巧 it so happened that 偏袒 be partial to and side with 偏听偏信 listen only to one side 偏向 erroneous tendency 偏心 partiality 偏重 lay particular stress on

翩 piān 翩翩 lightly（dance，flutter，etc.）翩跹 lightly trippingly

篇 piān ❶a piece of writing ❷sheet（of paper，etc.）篇幅 length（of a piece of writing）篇目（table of）contents；list of articles 篇章 sections and chapters

便 pián 便宜 cheap；let sb. off lightly 贪小便宜 out for small advantages 便宜一点好吗？How about knocking something off the price？

片 piàn ❶a flat，thin piece；slice；flake ❷part of a place ❸cut into slices ❹incomplete；partial；brief ❺slice；stretch 片段 part；passage 片剂 tablet 片刻 a short while；an instant 片面 one-sided 片

面之词 one party's version

骗 piàn ❶deceive; fool; hoodwink ❷cheat; swindle 骗汇 obtain foreign currency under false pretenses 骗局 fraud; hoax; swindle 骗取 gain sth. by cheating 骗税 tax fraud 骗子 swindler

PIAO

剽 piāo ❶rob ❷nimble; swift 剽悍 agile and brave 剽窃 lift

漂 piāo float; drift 漂泊 lead a wandering life; drift

缥 piāo 缥缈 dimly discernible; misty 虚无缥缈 visionary

飘 piāo wave to and fro; float (in the air); flutter 飘带 streamer; ribbon 飘荡 drift; wave 飘忽 (of clouds) move swiftly 飘流 wandering 飘飘然 smug; self-satisfied; complacent 飘飘欲仙 have a blissfull, breathless sense of floating on air 飘摇 sway; shake

嫖 piáo visit prostitutes; go whoring

瓢 piáo gourd ladle; wooden dipper 瓢虫 ladybug; ladybird 瓢泼大雨 torrential rain; down pour

漂 piǎo ❶bleach ❷rinse 漂白 bleach 漂白棉布 bleached cotton cloth 漂白粉 bleaching powder

瞟 piǎo look askance at; glance sideways at 瞟了一眼 cast a sidelong glance at sb.

票 piào ❶ticket 火车票 train ticket 票贩子 scalper ❷ballot 投票 cast a ballot ❸bank note; bill 零票 change 票额 denomination; face value 票房 booking office; box office 票价值 box-office value 票根 counterfoil; stub 票价 the price of a ticket; admission fee; entrance fee; fare 票价一元 admission one yuan 票据 bill; note; receipt 票据交换所 clearinghouse 票箱 ballot box

漂 piào 漂亮 handsome; good-looking; pretty; beautiful; remarkable; brilliant; splendid 漂亮话 fine words

PIE

撇 piē ❶cast aside; neglect 把别的事撇在一边 neglect everything else ❷skim 撇油 skim off the grease 撇沫 skim off the scum 撇开 leave aside 撇开这个问题 bypass this issue 撇弃 cast away; abandon; desert

瞥 piē shoot a glance at; dart a look at 瞥见 get a glimpse of; catch sight of

撇 piě throw; fling; cast 撇嘴 curl one's lip; twitch one's mouth

PIN

拼 pīn ❶put together; piece together ❷go all out in work 拼版 makeup 拼凑 piece together; rig up 拼命 risk one's life; defy death; with all one's might 拼命地 by a long shot; desperately 拼盘 assorted cold dishes 拼写 spell; transliterate 拼音 phoneticize

姘 pīn have illicit relations with 姘居 live illicitly as husband and wife 姘头 paramour

贫 pín ❶poor; impove-rished ❷inadequate；deficient ❸loquacious 贫乏 short；lacking 贫富分化 polarization og rich and poor 贫雇农 poor peasants and farm labourers 贫寒 poor；poverty-stricken 贫瘠 barren 贫困 in straitened circumstances 贫困线 poverty line 贫民 poor people；pauper 贫农 poor peasant 贫穷 needy 贫弱（of a country）poor and weak 贫血 anaemia

频 pín frequently；repeatedly 频道 frequency channel 频繁 frequently；often 频率 frequency 频频 repeatedly

品 pín ❶ article；product ❷ grade；class；rank ❸character；quality ❹taste；sample；savour 品德 moral character 品格 one's character and morals 品级 grade (of products，commodities，etc.) 品类 category；class 品貌 looks；appearance；character and looks 品行 conduct；behaviour 品性 moral character 品质 character；quality 品种 breed；variety

牝 pìn female（of some birds and animals）牝马 mare 牝牛 cow

聘 pìn engage 聘礼 betrothal gifts 聘请 engage；invite 聘书 letter of appointment

PING

乒 pīng 乒乓球 table tennis；ping-pong 乒乓球拍 table tennis bat 乒乓球台 table tennis table

平 píng❶flat；level；even；smooth ❷be on the same level；be on a par；equal ❸make the same score；tie；draw ❹equal；fair ❺suppress ❻common 平安 safe and sound 平白 for no reason 平板 dull and stereotyped；flat 平板车 ①flat-

bed（tricycle）②flatcar 平辈 of the same generation 平常 ordinary；common；usually；as a rule 平淡 flat；insipid 平等 e-quality 平底鞋 walking shoes 平定 calm down put down 平凡 ordinary；common 平反 redress（a mishandled case）平复 calm down；subside；be pacified 平和 gentle；mild 平衡 balance 平坦 level and smooth 平价超市 parity supermarket 平静 calm；quiet 平局 draw；tie 平均 average；mean 平面 plane 平面几何 plane geometry 平民 the common people 平权 equal rights 平绒 velveteen 平时 at ordinary times；in normal times 平台 platform 平坦 level 平信 surface mail 平行 of equal rank；parallel 平易近人 amiable and easy of approach 平庸 commonplace 平原 plain；flatlands 平装 paper-cover

评 píng criticize；review appraise 评比 appraise through comparison 评定 evaluate；assess 评断 judge 评分 give a mark；mark（students' papers，etc.）评级 appraise sb.'s merits 评价 appraise 评奖 decide on awards through discussion 评理 reason things out；have it out 评论 comment on；discuss review 评判 judge 评头论足 carping 评议 appraise sth. through discussion 评语 comment；remark

坪 píng level ground 草坪 lawn

苹 píng 苹果 apple 苹果酱 apple jam

凭 píng❶lean on；lean against ❷rely on；depend on ❸evidence；proof 口说无凭 verbal statements are no guarantee ❹go by；base on；take as the basis ❺no matter（what，how，etc.）凭单 a certificate（for drawing money，goods，etc.）凭借 depend on 凭据 evidence；proof 凭

P

空 without foundation; groundless 凭信 believe

屏 píng ❶ screen ❷ a set of scrolls ❸ shield sb. or sth. 屏风 screen 屏幕 screen 电屏障 natural defence

瓶 píng bottle; jar; flask 花瓶 flower vase 瓶胆 glass liner (of a thermos flask) 瓶装 bottled

萍 píng duckweed 萍水相逢 meet by chance like patches of drifting duckweed

PO

泊 pō lake 血泊 pool of blood

坡 pō ❶ slope ❷ sloping; slanting 坡地 hillside fields; sloping fields 坡度 slope

泼 pō ❶ sprinkle; splash; spill ❷ rude and unreasonable; shrewish 泼妇 shrew 泼辣 rude and unreasonable; bold and vigorous 泼冷水 throw cold water on

颇 pō ❶ inclined to one side; oblique ❷ quite; rather 颇为费解 rather difficult to understand

婆 pó ❶ old woman ❷ husband's mother; mother-in-law 婆家 husband's family

叵 pǒ impossible 居心叵测 with hidden intent

筥 pǒ 筥笭 shallow basket

迫 pò ❶ compel; force; press ❷ urgent; pressing ❸ go towards 迫不得已 have no alternative (but to); be forced to 迫不及待 unable to hold oneself back 迫害 persecute 迫切 urgent; pressing

破 pò ❶ broken; damaged; torn; worn-out ❷ break; split; cleave; cut ❸ get rid of; destroy; break with 破纪录 break a record ❹ defeat; capture (a city, etc.) ❺ expose the truth of; lay bare ❻ paltry; lousy 破案 solve a case 破冰船 icebreaker 破产 go bankrupt 银行破产 bank failure 破除 get rid of 破釜沉舟 break the cauldrons and sink the boats; burn one's boats 破格提升 break a rule to promote sb. 破坏 destroy 破获 unearth; uncover; crack (a criminal case, etc.) 破旧 old and shabby; worn-out 破口大骂 shout abuse 破烂 tattered; ragged scrap 破例 break a rule 破裂 burst; split; crack 破落 decline (in wealth and position) 破灭 fall through 破碎 tattered; broken sth. to pieces 破损 damaged; worn; torn 破涕为笑 smile through tears 破绽 flaw 破折号 dash

魄 pò ❶ soul ❷ vigour; spirit 魄力 daring and resolution

POU

剖 pōu ❶ cut open; rip open ❷ analyse; examine 剖面 section 剖析 dissect

抔 póu hold sth. with cupped hand — 一抔土 a handful of earth

PU

仆 pū fall forward; fall prostrate

扑 pū ❶ throw oneself on; pounce on ❷ rush at; attack ❸ flap; flutter ❹ bend over 扑鼻 assail the nostrils 扑打 beat; pat 扑粉 face powder 扑克 playing cards 扑空 come away empty-handed 扑面 blow on one's face 扑灭 stamp out 扑腾 flop; throb; palpitate 扑通 thump; splash

铺 pū ❶ spread; extend; unfold ❷ pave; lay 铺床 make the bed 铺垫 bedding 铺盖 bedclothes 铺设 lay (a railroad track, etc.); build 铺展 spread out 铺张 extravagant

仆 pú servant 仆从 footman; henchman

匍 pú 匍匐 crawl; lie prostrate 匍匐前进 crawl forward

菩 pú 菩萨 Buddha

脯 pú chest; breast 脯子 breast meat (of chicken, duck, etc.)

葡 pú 葡萄 grape 葡萄酒(grape) wine

蒲 pú cattail 蒲包 cattail bag; rush bag 蒲扇 cattail leaf fan 蒲席 rush mat

朴 pú plain 朴实 simple; sincere and honest 朴素 simple; plain

圃 pú garden 菜圃 vegetable plot 苗圃 seed plot; (seedling) nursery

普 pǔ general; universal 普遍 general; common 普查 general survey 普及 ① popularize ②universal; popular 普通 ordinary; common; average 普选 general election 普照 illuminate all things

谱 pǔ ❶ table; chart; register ❷ manual; guide ❸ music score; music ❹ compose (music) 谱系 pedigree; family tree

蹼 pǔ web (of the feet of ducks, frogs, etc.) 蹼趾 webbed toe 蹼足 webfoot

铺 pù ❶ shop; store ❷ plank bed 铺板 bed board 铺面 shop front 铺位 bunk; berth

瀑 pù 瀑布 waterfall; falls

曝 pù expose to the sun 曝光 exposure 曝露 exposed to the open air

P

Q

QI

七 qī seven 七零八落 scattered here and there; in disorder 七拼八凑 piece together; rig up 七情六欲 seven emotions and six carnal desires 七上八下 be agitated; be perturbed 七月 July; the seventh moon

沏 qī infuse 沏茶 make tea

妻 qī wife 妻管严 hen-pecked husband 妻离子散 breaking up or scattering of one's family

凄 qī ❶chilly; cold ❷bleak and desolate ❸sad 凄惨 wretched; miserable 凄厉 sad and shrill (cries, etc.) 凄凉 dreary; desolate

栖 qī ❶(of birds) perch ❷dwell; stay 栖身 stay; sojourn 无栖身之处 have no place to stay

戚 qī ❶relative ❷sorrow; woe 休戚相关 share joys and sorrows

期 qī ❶a period of time; phase; stage ❷scheduled time ❸make an appointment 期待 expect; look forward to 期刊 periodical 期满 run out; come to an end 期末考试 end-of-semester examination 期票 promissory note 期望 hope 期限 allotted time; time limit

欺 qī ❶deceive ❷bully ❸take advan-

tage of 欺人太甚 that's going too far 欺负 bully; treat sb. high-handedly 欺行霸市 forced quotation 欺凌 bully and humiliate 欺骗 deceive; cheat 欺压 bully and oppress 欺诈 cheat

漆 qī ❶paint; lacquer ❷coat with lacquer; paint 漆布 varnished cloth 漆工 painting; painter 漆黑 pitch-dark

蹊 qī 蹊跷 odd; queer; fishy

齐 qí ❶neat; even; uniform ❷on a level with ❸together; simultaneously ❹all ready; all present ❺alike; similar 齐备 be all ready 齐步走 quick march 齐唱 (singing in) unison 齐集 gather; collect 齐名 be equally famous 齐全 complete 齐声 in chorus; in unison 齐头并进 advance side by side 齐心 be of one mind 齐整 neat; uniform 齐奏 playing (instruments) in unison; unison

祈 qí ❶pray ❷entreat 祈祷 pray; say one's prayers 祈求 earnestly hope; pray for 祈使句 imperative sentence 祈望 hope; wish

其 qí ❶his (her; its; their) ❷he (she, it, they) ❸that; such 不乏其人 there is no lack of such people 其次 next; secondly; then 其实 actually; in fact 其他 other; else 其余 the others; the rest; the remainder 其中 among (which, them, etc.); in (which, it)

奇 qí ❶strange; queer; rare ❷surprise;

wonder 奇耻大辱 galling shame and humiliation 奇功 outstanding service 奇怪 strange; surprising; odd 奇观 wonder 奇迹 miracle 奇景 wonderful view; extraordinary sight 奇妙 wonderful; intriguing 奇巧 ingenious; exquisite 奇谈 strange tale 奇特 peculiar; singular 奇闻 unheard-of 奇袭 surprise attack; raid 奇怪 queer; curious 奇遇 fortuitous meeting 奇装异服 exotic costume

歧 qí ❶fork; branch ❷divergent; different 歧路 branch road; forked road 歧视 discriminate against 歧途 wrong road 歧义 different meanings

脐 qí navel; umbilicus 脐带 umbilical cord

畦 qí rectangular pieces of land in a field 菜畦 a vegetable bed

崎 qí 崎岖 rugged 山路崎岖 rugged mountain path

骑 qí ride 骑兵 cavalry 骑墙 sit on the fence 骑墙派 fence-sitter 骑士 knight; cavalier

棋 qí chess 棋迷 chess fan 棋盘 chessboard 棋谱 chess manual 棋子 piece (in a board game); chessman

旗 qí flag; banner; standard 旗杆 flagpole 旗鼓相当 be well-matched 旗舰 flagship 旗开得胜 win victory in the first battle 旗袍 cheongsam 旗手 standard-bearer 旗语 (signal by) semaphore

乞 qí beg (for alms, etc.); supplicate 乞丐 beggar 乞怜 beg for pity

岂 qí 岂敢 you flatter me 岂能 how could; how is it possible 岂有此理 outrageous

企 qí ❶stand on tiptoe ❷anxiously expect sth.; look forward to 企鹅 penguin 企求 seek for 企图 try; seek 企望 hope for; look foward to 企业 business; company 企业形象 corporate identity (image)

启 qí ❶open ❷start; initiate ❸enlighten; awaken 启程 set out 启动 start (a machine, etc); switch on 启动资金 kick-off fund 启发 arouse; inspire 启封 unseal; open an envelop or wrapper 启航 set sail 启蒙 initiate 启示 enlightenment; inspiration; revelation 启事 notice; announcement

起 qí ❶rise; get up; stand up ❷remove; extract; pull ❸appear; raise ❹rise; grow ❺draft; work out ❻build; set up ❼start; begin ❽case; instance; group 起草 draft; draw up 起程 leave; set out; start on a journey 起初 originally; at first; at the outset 起床 get up; get out of bed 起点 starting point 起飞 take off 起伏 rise and fall; undulate 起来 stand up; sit up; rise to one's feet; get up; get out of bed; rise; arise 起立 stand up; rise to one's feet 起锚 set sail; weigh anchor 起诉 sue; prosecute 起先 at first; in the beginning 起义 uprising; revolt 起因 cause; origin 起源 origin 起作用 play a part; take effect 起重机 crane 起子 bottle opener; baking powder; screwdriver

绮 qí damask 绮丽 beautiful; gorgeous

气 qì ❶gas ❷air ❸breath ❹smell; odour ❺weather ❻airs; manner ❼spirit; morale ❽make angry; enrage ❾be enraged ❿bully; insult 气昂昂 full of mettle; full of dash 气冲冲 furious; beside oneself with rage 气喘 asthma 气喘吁吁 panting; gasping for breath 气窗 transom (window); fanlight 气度 tolerance;

Q

bearing 气氛 atmosphere 气愤 indignant; furious 气概 lofty quality; mettle; spirit; force 气管 windpipe; trachea 气候 climate; situation 气急败坏 flustered and exasperated 气节 integrity; moral courage 气力 effort; energy; strength 气量 tolerance 气量大 large-minded 气量窄 narrow-minded 气流 air current; airflow; airstream 气门 (air) valve of a tyre 气恼 take offence; be ruffled 气馁 become dejected; be discouraged; lose heart 气派 manner; style; air 气泡 air bubble 气魄 boldness of vision; breadth of spirit; daring 气枪 air gun 气球 balloon 气色 complexion; colour 气势 momentum; imposing manner 气势汹汹 fierce; truculent; overbearing 气体 gas 气筒 inflator; bicycle pump 气味 smell; odour; flavour; smack; taste 气温 air temperature 气息 breath; flavour; smell 气象 meteorological phenomena; meteorology; atmosphere; scene 气象万千 spectacular; majestic 气压 atmospheric pressure 气焰 arrogance; bluster 气质 temperament; disposition; qualities; makings

讫 qì ❶settled; completed 付讫 paid 收讫 received in full 验讫 checked ❷end

迄 qì ❶up to; till ❷so far 迄今 up to now; to this day

汽 qì vapour; steam 汽车 automobile; car 汽船 steamship; steamer 汽锤 steam hammer 汽灯 gas lamp 汽笛 steam whistle 汽水 soft drink; soda water 汽艇 motorboat 汽油 petrol; gas

弃 qì throw away; discard; abandon 弃城 abandon the city 弃旧图新 turn over a new leaf 弃权 waive the right (to play); forfeit 弃置 throw aside

泣 qì ❶weep; sob ❷tears 泣不成声

choke with sobs 泣下如雨 weep copious tears

契 qì ❶engrave; carve ❷contract; deed 地契 land deed ❸agree 默契 tacit agreement 契合 agree with 契机 moment juncture 契约 deed

砌 qì ❶build by laying bricks or stones ❷step 砌墙 build a wall (with bricks, stones, etc.)

器 qì ❶implement; utensil; ware ❷organ ❸capacity; talent 器材 equipment; material 器官 organ; apparatus 器具 utensil; implement 器量 tolerance 器皿 household utensils 器械 apparatus 器乐 instrumental music 器重 think highly of; regard highly

QIA

掐 qiā ❶pinch; nip ❷clutch 掐断 nip off; cut off 掐头去尾 break off both ends

卡 qiǎ ❶wedge; get stuck ❷clip; fastener 卡口灯泡 bayonet-socket bulb 卡子 clip; checkpost

洽 qià ❶be in harmony; agree ❷consult; arrange with

恰 qià ❶appropriate; proper ❷just; exactly 恰当 suitable; fitting 恰巧 by chance; fortunately; as chance would have it

QIAN

千 qiān ❶thousand ❷a great amount of 千变万化 ever changing 千方百计 in a thousand and one ways 千古 through-the ages; for all time 千里迢迢 thousands of li away; from afar 千篇一律 following the same pattern 千丝万缕 countless ties; a thousand and one links 千头万绪 thousands of strands and loose ends 千辛万苦 innumerable trials and tribulations; untold hardships 千言万语 thousands and thousands of words

扦 qiān a short slender pointed piece of metal, bamboo, etc. 蜡扦 candlestick 竹扦 bamboo spike

迁 qiān❶move ❷change 迁就 yield to 迁居 move (house)迁延 delay; defer 迁移 migrate

钎 qiān drill rod; drill steel; borer 钎子 hammer drill; rock drill

牵 qiān❶ lead along (by holding the hand, the halter, etc.); pull ❷involve 牵扯 involve; drag in 牵动 affect; influence 牵挂 worry; care 牵累 tie down 牵连 involve (in trouble); tie up with 牵强 附会 draw a forced analogy; far-fetching 牵涉 involve; drag in 牵线 pull strings; act as go-between 牵引 tow; draw 牵制 tie up; check; contain 牵制敌人 pin down the enemy

铅 qiān lead 铅笔 pencil 铅笔刀 penknife 铅笔盒 pencilbox 铅笔画 pencil drawing 铅笔芯 lead (in a pencil)铅球 shot 推铅球 shot put 铅印 stereotype 铅字 type; letter

谦 qiān modest 谦恭 modest and courteous 谦让 modestly decline 谦虚 modest; self-effacing

签 qiān❶sign ❷make brief comments on a document ❸bamboo slips used for divination or drawing lots ❹label; sticker ❺a slender pointed piece of bamboo or wood 签到 sign in 签订 conclude and sign (a treaty, etc.)签发 sign and issue

(a document, certificate, etc.)签名 sign one's name; autograph 签署 sign 签证 visa 签字 sign; affix one's signature

前 qián❶ front ❷ forward; ahead ❸ ago; before ❹preceding ❺former; formerly ❻first 前半夜 the first half of the night 前辈 senior (person); elder; the older generation 前臂 forearm 前边①in front; ahead ②above; preceding 前程 future; prospect 前导 lead the way; march in front; precede; guide 前额 forehead 前方①ahead ②the front 前锋①vanguard ②forward 前赴后继 advance wave upon wave 前滚翻 forward roll 前后①around (a certain time); about 春节前后 around the Spring Festival ②from beginning to end; altogether ③in front and behind 前呼后拥 with a large retinue 前进 advance; go forward; forge ahead 前景①foreground ②prospect; vista; perspective 前列 front row (or rank); fore front; van 前排 front row 前仆后继 no sooner has one fallen than another steps into the breach 前期 earlier stage; early days 前前后后 the whole story; the ins and outs 前驱 forerunner; precursor; pioneer 前人 forefathers; predecessors 前任 predecessor 前任书记 former secretary 前任总统 ex-president 前日 the day before yesterday 前哨 outpost; advance guard 前身 predecesor 前所未有 hitherto unknown; unprecedented 前台 proscenium; (on) the stage 前提①premise 大(小)前提 major (minor) premise ②prerequisite; presupposition 前天 the day before yesterday 前天晚上 the night before last 前厅 antechamber; vestibule 前途 future; prospect 前往 go to; leave for; proceed to 前卫 vanguard; avantgarde 前夕 eve 前线 front; frontline 前言 preface; foreword; introduction 前沿 forward position 前因后果 cause and effect；the entire process 前兆 omen；forewarning；premonition 前者 the former 前置词 preposition 前缀 prefix 前奏 prelude

荨 qián 荨麻 nettle 荨麻疹 nettle rash；urticaria

钳 qián ❶ pincers；tongs；forceps ❷ grip (with pincers)；clamp ❸ restrain 钳口不言 keep one's mouth shut 钳工 benchwork 钳制舆论 muzzle public opinion

虔 qián sincere 虔诚 pious；devout 虔敬 reverent

钱 qián ❶ copper coin；cash ❷ money 挣钱 make money ❸ fund；sum ❹ *qian*, a unit of weight (= 5 grams) 钱包 wallet；purse 钱币 coin 钱财 wealth；money

搯 qián 搯客 broker；bird dogs

乾 qián male 乾坤 heaven and earth；the universe

潜 qián ❶ latent；hidden ❷ stealthily；secretly；on the sly 潜藏 hide；go into hiding 潜伏 hide；conceal；lie low 潜力 latent capacity；potential 潜入 slip into；dive；submerge 潜水 go under water；dive 潜逃 abscond 潜艇 submarine 潜心 with great concentration 潜移默化 imperceptibly influence 潜泳 underwater swimming 潜在 latent；potential

黔 qián black 黔驴技穷 at one's wit's end

浅 qián ❶ shallow ❷ simple；easy ❸ superficial ❹ not intimate；not close ❺ (of colour) light ❻ not long in time 浅薄 shallow；meagre 浅海 shallow sea 浅见 humble opinion 浅陋 meagre；mean 浅滩

shoal；shallows 浅显 simple and easy

遣 qiǎn ❶ send；dispatch ❷ dispel；expel 消遣 diversion；pastime 遣词造句 choice of words and building of sentences；wording and phrasing 遣返战俘 repatriate prisoners of war 遣散 disband；dismiss；send away 遣送 send back

谴 qiǎn 谴责 condemn；denounce；censure

欠 qiàn ❶ owe；be behind with ❷ not enough；lacking；wanting ❸ raise slightly 欠款 balance due；debt 欠缺 be deficient in；be short of 欠妥 not proper 欠息 debit interest 欠帐 bills due

纤 qiàn a rope for towing a boat；tow line 拉纤 track (a boat) 纤夫 boattracker

倩 qiàn pretty；handsome

堑 qiàn moat；chasm 天堑 natural chasm 堑壕 trench；entrenchment

嵌 qiàn inlay；embed；set

歉 qiàn ❶ apology ❷ crop failure 以丰补歉 make up for a crop failure with a bumper harvest 歉收 poor harvest 歉意 apology；regret

QIANG

枪 qiāng ❶ rifle；gun；firearm ❷ spear 枪毙 execute by shooting 枪刺 bayonet 枪弹 bullet 枪法 marksmanship 枪杆子 gun；arms 枪管 barrel (of a gun) 枪口 muzzle 枪林弹雨 a hail of bullets 枪杀 shoot dead 枪伤 bullet wound 枪声 shot；crack 枪栓 rifle bolt 枪膛 bore (of a gun) 枪托 buttstock 枪械 firearms 枪眼 loophole；bullet hole

戗 qiāng ❶ in an opposite direction ❷

戕 qiāng kill 自戕 kill oneself; commit suicide

腔 qiāng ❶cavity ❷tune; pitch ❸accent ❹speech 不开腔 keep mum 腔调 tune; accent

锵 qiāng clang; gong

镪 qiāng 镪水 strong acid

强 qiáng❶strong; powerful ❷by force ❸better ❹slightly more than; plus 强暴 violent; brutal; ferocious adversary 不畏强暴 defy brute force 强大 big and powerful; powerful; formidable 强盗 robber; bandit 强调 stress; emphasize; underline 强度 intensity 强渡 force a river 强风 strong breeze 强攻 take by storm 强固 strong; solid 强国 powerful nation; power 强悍 intrepid; valiant 强横 tyrannical 强化 strengthen; intensify; consolidate 强加 impose; force 强奸 ①rape ② violate 强奸民意 defile public opinion 强健 strong and healthy 强烈 strong; intense; violent 强烈反对 strongly oppose 强权 power; might 强盛 powerful and prosperous 强行 force 强硬 strong; tough; unyielding 强硬派 hardliner 强有力 strong; vigorous; forceful 强壮 strong; sturdy; robust 强占 forcibly occupy; seize 强制 force; compel; coerce

墙 qiáng wall 墙报 wall newspaper 墙根 the foot of a wall 墙角 corner

蔷 qiáng 蔷薇 rose

抢 qiāng ❶rob; loot ❷snatch; grab ❸vie for; scramble for ❹scrape 抢夺 snatch; wrest; seize 抢购 rush to purchase 抢劫 rob; plunder 抢救 save; salvage 抢时间 race against time 抢收 rush in the harvest 抢先 forestall 抢险 rush to deal with an emergency 抢修 do rush repairs 抢占 race to control; seize

强 qiǎng make an effort; strive 强词夺理 resort to sophistry 强迫 force; compel 强求 insist on; impose

襁 qiǎng 襁褓 swaddling clothes

呛 qiàng irritate (respiratory organs)

QIAO

悄 qiāo 悄悄 quietly; on the quiet

跷 qiāo❶lift up (a leg); hold up (a finger) ❷on tiptoe ❸stilts 跷蹊 fishy; dubious; queer

敲 qiāo❶knock; beat; strike ❷overcharge; fleece sb. 敲打 beat; rap; tap 敲诈 extort; blackmail

锹 qiāo spade

橇 qiāo sledge; sled; sleigh

乔 qiáo❶tall ❷disguise 乔木 arbor; tree 乔装 disguise

侨 qiáo❶live abroad ❷a person living abroad 侨胞 countrymen residing abroad 侨居 live abroad 侨民 a national of a particular country residing abroad 侨务 affairs concerning nationals living abroad

荞 qiáo 荞麦 buckwheat

桥 qiáo bridge 桥洞 bridge opening 桥墩 pier 桥梁 bridge 桥牌 bridge

翘 qiáo❶raise (one's head) ❷become warped

憔 qiáo 憔悴 wan and sallow; thin and pallid

瞧 qiáo look; see 瞧不起 look down

upon 瞧得起 think much of sb.

巧 qiǎo ❶skilful; ingenious; clever ❷cunning; artful ❸opportunely; coincidentally; as it happens 巧干 do sth. in a clever way 巧合 coincidence 巧计 clever device; finesse 巧克力 chocolate 巧立名目 invent all sorts of names 巧妙 ingenious; clever 巧取豪夺 secure (sb.'s belongings, right, etc.) 巧言令色 unctuous 巧遇 chance encounter

悄 qiǎo ❶quiet; silent ❷sad; worried 悄然 sorrowfully; sadly softly

壳 qiào shell; hard surface

俏 qiào ❶pretty; smart ❷sell well 俏丽 handsome; pretty 俏皮 good-looking; smart lightful; witty

诮 qiào censure; blame

窍 qiào ❶aperture ❷a key to sth. 窍门 key; knack

峭 qiào ❶high and steep; precipitous ❷severe; stern 峭壁 cliff; precipice

翘 qiào stick up; hold up; bend upwards 翘辫子 kick the bucket 翘尾巴 be cocky; get stuck-up

撬 qiào prize; pry 撬杠 crowbar

鞘 qiào sheath; scabbard

QIE

切 qiē cut; slice 切除 excision; resection 切磋 learn from each other by exchanging views; compare notes 切断 cut off 切面 cut noodles 切片 cut into slices

茄 qié 茄子 eggplant; aubergine

且 qiě just; for the time being 且慢 wait a moment

切 qiè ❶correspond to; be close to ❷eager; anxious 心切 be anxious ❸be sure to 切勿 be sure not 切齿 gnash one's teeth (in hatred) 切合 suit; fit in with 切记 must always remember 切忌 must guard against 切身 personal 切实 feasible; practical earnestly 切题 keep to the point 切中 hit (the mark)

妾 qiè concubine

怯 qiè timid; cowardly; nervous 怯场 have stage fright 怯弱 timid and weak-willed

窃 qiè ❶steal; pilfer 行窃 practise theft ❷secretly; furtively 窃窃私议 exchange whispered comments 窃国大盗 arch usurper of state power; Robber-baron 窃据 usurp 窃取 steal; grab 窃听 wiretap; bug 窃笑 laugh up one's sleeve 窃贼 thief; burglar

挈 qiè ❶take along ❷lift; raise; take up 挈妇 take one's wife

惬 qiè be satisfied 惬意 be pleased

锲 qiè carve; engrave 锲而不舍 work with perseverance

QIN

亲 qīn ❶parent ❷blood relation; next of kin ❸relative ❹marriage; kiss match ❺close; intimate; dear 亲如一家 as dear to each other as members of one family ❻kiss 亲爱 dear; beloved 亲笔 (in) one's own handwriting 亲近 lean to sb. 亲口 (say sth.) personally 亲密 close; intimate 亲密无间 be on very intimate terms with each other 亲戚 relative 亲切 kind 亲热 affectionate 亲善 goodwill (between countries) 亲生 one's own （children, parents）亲事 marriage 亲手 personally; oneself 亲属 kinsfolk; relatives 亲王 prince 亲信 trusted follower 亲眼 with one's own eyes; personally 亲友 relatives and friends 亲自 personally; in person 亲嘴 kiss

侵 qīn invade; intrude into 侵犯 violate 侵犯人权 infringe upon human rights 侵害 encroach on 侵略 aggression 侵扰 invade and harass 侵入 invade; intrude into 侵吞公款 embezzle public funds 侵占 seize

钦 qīn ❶admire; respect ❷by the emperor himself 钦差 imperial envoy 钦佩 admire; esteem

芹 qīn 芹菜 celery

琴 qīn a general name for certain musical instruments 钢琴 piano 口琴 harmonica 琴键 key 琴弦 string

禽 qīn birds 禽兽 birds and beasts

勤 qīn ❶ diligent; industrious ❷ frequently; regularly ❸attendance 勤奋 diligent; assiduous 勤工俭学 work-study programme 勤俭 hardworking and thrifty 勤恳 diligent and conscientious 勤务 duty; service

擒 qīn capture; catch; seize 生擒 capture alive 擒贼先擒王 to catch bandits, first catch the ringleader

噙 qīn hold in the mouth or the eyes 眼里噙着泪 eyes brimming with tears

寝 qīn ❶ sleep 就寝 go to bed ❷bedroom 寝室 bedroom ❸coffin chamber 陵寝 mausoleum

沁 qìn ooze; seep; exude 沁人心脾 mentally refreshing

QING

青 qīng ❶blue or green ❷black ❸green grass; young crops ❹young 青菜 green vegetables 青草 green grass 青春 youth; youthfulness 青翠 fresh and green 青豆 green soya bean 青果 Chinese olive 青梅 green plum 青霉素 penicillin 青苗 young crops 青年 youth; young people 青山 green hill 青少年 teen-agers; youngsters 青史 annals of history 青饲料 greenfeed 青松 pine 青苔 moss 青铜 bronze 青蛙 frog

轻 qīng ❶light ❷small in number, degree, etc. ❸ not important ❹ gently; softly ❺rashly ❻belittle; make light of 轻便 light; portable 轻薄 given to philandering; frivolous 轻脆 light and fragile; flimsy; frail 轻敌 take the enemy lightly; underestimate the enemy 轻而易举 easy to do 轻放 put down gently 轻浮 frivolous; flighty; light 举止轻浮 behave frivolously 轻工业 light industry 轻活 light work; soft job 轻机枪 machine gun 轻举妄动 act rashly 轻快① brisk; spry ②light-hearted; lively 轻量级 lightweight 轻描淡写 mention casually 轻蔑 scornful; disdainful; contemptuous 轻巧 light and handy; dexterous; deft 轻伤 slight wound; flesh wound 轻生 make light of one's life; commit suicide 轻声 in a soft voice; softly 轻视 despise; look down on; underestimate 轻手轻脚 gently; softly 轻率 rash; hasty; indiscreet 轻率从事 act rashly 轻佻 frivolous; skittish; giddy 轻微 light; slight; trifling; to a small extent 轻信 be credulous; readily place trust in 轻型 light-duty; light 轻易 easily; lightly; rashly 轻音乐 light music 轻盈 slim and graceful;

lithe; lissom 轻油 light oil 轻重①weight ②degree of seriousness; relative importance 轻装前进 march with light packs 轻罪 minor crime 轻松 light; relaxed

氢 qīng hydrogen 氢弹 hydrogen bomb 氢气球 hydrogen balloon

倾 qīng❶incline; lean; bend ❷deviation; tendency ❸collapse ❹overturn and pour out; empty 倾倒 topple over 倾覆 overturn 倾家荡产 lose a family fortune 倾慕 have a strong admiration for 倾盆大雨 heavy downpour; torrential rain 倾诉 pour out (one's heart, troubles, etc.)倾谈 heart-to-heart talk 倾听 lend an attentive ear to 倾向 tendency; trend; prefer 倾销 dump (goods)倾斜 tilt; incline; slope; slant 倾心 admire; fall in love with 一见倾心 fall in love at first sight 倾心交谈 have a heart-to-heart talk

清 qīng❶unmixed; clear ❷distinct; clarified ❸quiet ❹completely ❺settle; clean up ❻count 清白 pure; clean; stainless 清册 detailed list 清茶 green tea 清查 check; comb out 清偿 pay off (debts, etc.); clear off 清澈 limpid 清晨 early morning 清除 éliminate; get rid of 清楚 clear; be clear about; understand 清脆 clear and melodious 清单 detailed list 清淡 light; weak 清点 check; sort and count 清高 aloof (from politics and material pursuits) 清官 honest and upright official 清规戒律 restrictions and fetters 清洁 clean 清净 peace and quiet 清理 put in order; clear 清理三角债 break up chains of debt among enterprises 清凉 cool and refreshing 清爽 fresh and cool 清算 clear (accounts)清晰 distinct; clear 清洗 rinse; wash; clean comb out 清闲 at leisure; idle 清醒 clearheaded 清秀 delicate and pretty 清样 fi-

nal proof 清真 Islamic; Muslim 清真教 Islam 清真寺 mosque

蜻 qīng 蜻蜓 dragonfly

情 qīng ❶ feeling; affection ❷ love; passion ❸favour; kindness ❹situation; stances 情报 intelligence; information 情不自禁 cannot refrain from; cannot help (doing sth.); be seized with a sudden impulse to 情操 sentiment 情调 sentiment; emotional appeal 情窦初开(of a young girl) first awakening of love 情分 mutual affection 情夫 lover 情妇 mistress 情感 emotion; feeling 情歌 love song 情话 lovers' prattle 情怀 feelings 情节① plot ②circumstances 情结 complex 情景; scene; sight; circumstances 情况① circumstances; situation; condition; state of affairs ②military situation 情理 reason; sense 情侣 sweethearts; lovers 情面 feelings; sensibilities 情人 sweetheart 情势 situation; trend of events 情书 love letter 情态 spirit; mood 情投意合 find each other congenial 情绪 morale; feeling; depression; the sulks 情义 ties of friendship, comradeship, etc. 情谊 friendly feelings 情意 affection; goodwill 情由 the hows and whys 情有可原 excusable; pardonable 情欲 sexual passion; lust 情愿①be willing to ②would rather; prefer

晴 qíng fine; clear 晴空 clear sky 晴和 warm and fine 晴朗 fine; sunny(day)晴天霹雳 a bolt from the blue 晴雨表 barometer

擎 qíng prop up; hold up; lift up

顷 qīng❶qing, a unit of area (= 6. 6667 hectares)❷just 顷刻 in a moment; instantly

请 qīng❶request; ask ❷invite; engage

❸please 请便 do as you wish; please yourself 请假 ask for leave 请教 ask for advice; consult 请客 stand treat; invite sb. to dinner 请求 ask; request 请示 ask for instructions 请帖 invitation 请问 excuse me; it may be asked 请愿 present a petition 请战 ask for a battle assignment 请罪 apologize

庆 qìng ❶celebrate; congratulate ❷occasion for celebration 庆幸 rejoice 庆祝 celebrate

亲 qìng 亲家 parents of one's daughter-in-law or son-in-law; relatives by marriage

馨 qìng use up; exhaust 告罄 run out 罄竹难书 (of crimes, etc.) too numerous to record

QIONG

穷 qióng ❶ poor; poverty-stricken ❷ limit; end ❸ thoroughly 穷苦 impoverished 穷困 destitute 穷人 poor people 穷日子 days of poverty 穷奢极欲 (indulge in) luxury and extravagance; (live a life of) wanton extravagance 穷途末路 dead end 穷乡僻壤 a remote, backward place 穷凶极恶 extremely vicious; flagrant; utterly evil

穹 qióng ❶vault; dome ❷the sky 穹苍 the sky; the heavens

琼 qióng fine jade 琼脂 agar-agar; agar

QIU

丘 qiū ❶mound; hillock ❷grave 丘陵 hills 丘疹 papule

秋 qiū ❶autumn ❷harvest time ❸year

秋 ❹a period of time 多事之秋 an eventful period 秋波 make eyes; ogle 秋季 autumn 秋凉 cool autumn days 秋千 swing

蚯 qiū 蚯蚓 earthworm

囚 qiú ❶imprison ❷prisoner 囚车 prison van 囚犯 convict 囚禁 imprison; put in jail 囚牢 prison; jail 囚室 prison cell

求 qiú ❶beg; request; entreat; beseech ❷seek; try ❸demand 求爱 pay court to 求和 sue for peace 求婚 make an offer of marriage 求见 request an interview 求教 ask for advice 求救 cry for help 求乞 beg 求亲 seek a marriage alliance 求情 plead; intercede 求全 demand perfection 求饶 beg for mercy 求人 ask for help 求胜 strive for victory 求学 attend school 求援 request reinforcements 求知 seek knowledge

泅 qiú swim 泅渡 swim across

酋 qiú ❶chief of a tribe ❷chieftain 匪酋 bandit chief 酋长 chief of a tribe

球 qiú ❶ sphere; globe ❷ ball ❸ the globe; the earth 球场 court; field 球胆 bladder (of a ball) 球队 (ball game) team 球门 goal 球迷 (ball game) fan 球拍 (tennis, etc.) racket bat 球赛 ball game; match 球坛 ball-playing circles 球网 net (for ball games) 球鞋 gym shoes; tennis shoes 球艺 ball game skills

QU

区 qū ❶area; district; region ❷an administrative division ❸classify; subdivide 区别 distinguish; difference 区区 trivial; trifling 区域 region; area 区域性经济合作 regional economic cooperation

曲 qū ❶bent; crooked ❷bend (of a river, etc.）❸wrong; unjustifiable 曲别针 paper clip 曲尺 carpenter's square 曲棍球 hockey ball 曲解（deliberately）misinterpret 曲线 curve 曲折 tortuous; winding 曲直 right and wrong

驱 qū ❶drive（a horse, car, etc.）❷expel; disperse 驱除 drive out; get rid of 驱散 disperse; dispel; break up 驱使 order about; urge 驱逐 drive out; banish

屈 qū ❶bend; bow; crook ❷subdue; submit ❸wrong; injustice ❹in the wrong 理屈 have a weak case 屈服 surrender; yield 屈居第二 run a close second 屈辱 humiliation 屈膝 bend one's knees 屈于压力 yield to pressure

祛 qū dispel; remove 祛暑 drive away summer heat 祛除 dispel; get rid of; drive out

蛆 qū maggot

躯 qū the human body 血肉之躯 mortal flesh and blood 躯干 trunk 躯体 body

趋 qū ❶hasten; hurry along ❷tend to become 趋势 trend; tendency 趋向 tend to; incline to direction 趋炎附势 curry favour with the powerful

渠 qú canal; channel 渠道 irrigation ditch

曲 qū ❶song; tune; melody ❷music （of a song）曲调 tune（of a song）; melody

取 qū ❶take; get; fetch ❷aim at; seek ❸adopt; assume 取材 draw materials 取代 replace; substitute for 取道 by way of; via 取得 gain; acquire 取缔 outlaw; suppress 取给 draw（supplies, etc.）取决 be decided by; depend on 取暖 warm oneself（by a fire, etc.）取巧 resort to

trickery to serve oneself 取舍 accept or reject 取胜 win victory 取消 cancel; call off 取样 sampling 取悦 try to please

娶 qū marry（a woman）; take to wife 娶亲（of a man）get married

龋 qū 龋齿 decayed tooth

去 qù ❶go; leave ❷remove; get rid of ❸of last year 去路 outlet; way 去年 last year 去世 die; pass away 去伪存真 eliminate the false and retain the true 去污粉 cleanser 去职 no longer hold the post

趣 qù ❶interest; delight ❷interesting ❸bent; purport 趣剧 farce 趣味 interest; delight liking; preference

觑 qù ❶look; gaze ❷narrow（one's eyes）; squint

QUAN

圈 quān ❶circle; ring ❷group 他 ❸enclose; encircle ❹mark with a circle 圈套 snare; trap 落入圈套 fall into a trap

权 quán ❶right ❷power; authority ❸advantageous position ❹tentatively; for the time being ❺expediency 权贵 influential officials; bigwigs 权衡 weigh; balance; weigh in the balance 权力 power; authority 权利 right 权势 power and influence 权术 political trickery 权威 authority; a person of authority 权限 limits of authority 权宜 expedient 权益 rights and interests 权益资本 equity capital

全 quán ❶complete ❷whole; full; total ❸entirely; completely ❹make perfect or complete 全部 whole; complete; total; all 全才 a versatile person 全场 all those present; all-court 全程 whole journey; whole course 全方位开放 open in all domains 全国 the whole nation; country-wide; throughout the country 全会 plenary meeting 十届三中全会 the Third Plenary Session of the Tenth Central Committee 全集 complete works 全景 panorama; full view; whole scene 全局 overall situation 全军 the whole army 全力 all-out; sparing no effort 全力以赴 spare no effort 全貌 complete picture; full-view 全面 overall; comprehensive; allround. 全民 the whole (entire) people; all the people 全民健身 nationwide fitness programs 全民所有制 ownership by the state 全能 all-round 全能冠军 allround Champion 全年 annual; yearly 全盘 comprehensive; wholesale 全球 the whole world 全球卫星定位系统 global positioning system 全权 full powers; plenary powers 全日制 full-time 全日制教育 full-time schooling 全身 the whole body; all over (the body) 全神贯注 be absorbed (engrossed) in; be preoccupied with; be all attention 全盛 flourishing; in full bloom 全速 full speed 全体 all; entire 全体工作人员 the whole staff 全文 full text 全线 all fronts; the whole line 全心全意 wholeheartedly; heart and soul 全休 complete rest

泉 quán spring 泉水 spring water 泉源 springhead; source (of wisdom, strength, etc.)

拳 quán ❶fist ❷boxing; pugilism 拳打脚踢 cuff and kick; beat up 拳师 boxing coach 拳术 Chinese boxing 拳头产品 competitive products or knock-out products; blockbuster; core product

痊 quán recover from an illness 痊愈 be fully recovered

蜷 quán curl up; huddle up 蜷曲 coil; twist 蜷缩 roll up; curl up

犬 quǎn dog 警犬 police dog 丧家之犬 a stray cur 犬牙交错 jigsaw-like

劝 quàn ❶advise; urge; try to persuade ❷ encourage 劝导 induce; talk sb. round; bring sb. around 劝架 try to reconcile parties to a quarrel 劝解 help sb. to get over his worries, etc. 劝诫 admonish 劝慰 console; soothe 劝阻 dissuade sb. from; advise sb. not to

券 quàn certificate; ticket 入场券 admission ticket

QUE

缺 quē ❶ be short of; lack ❷ incomplete; imperfect 完美无缺 flawless; perfect ❸be absent ❹vacancy; opening 补缺 fill a vacancy 缺德 mean; wicked 缺点 shortcoming; weakness 缺额 vacancy 缺乏 lack 缺货 be in short supply 缺课 be absent from school 缺口 breach; gap 缺门 gap (in a branch of learning, etc.) 缺勤 absence from duty 缺少 lack; be short of 缺席 absent (from a meeting, etc.)缺陷 drawback; flaw

瘸 qué be lame; limp 瘸子 a lame person; cripple

却 què ❶step back ❷drive back; repulse ❸ decline; refuse ❹ but; yet; while 望而却步 shrink back at the sight (of sth. dangerous or disgusting)

雀 què sparrow 雀斑 freckle 雀跃 jump for joy

确 què ❶ true; reliable; authentic ❷ firmly 确保 ensure; guarantee 确定 define; fix; determine 确立 establish 确切 definite; exact 确认 affirm; confirm 确实 true; really; indeed 确信 firmly believe; be convinced; be sure 确诊 make a definite diagnosis; diagnose 确凿 conclusive; authentic

鹊 què magpie

QUN

裙 qún skirt 裙带 connected through one's female relatives 裙带关系 nepotism; crony relatives 裙带经济 crony economy

群 qún❶crowd; group ❷group; flock 群策群力 pool the wisdom and efforts of everyone 群岛 archipelago 群情激昂 popular feeling ran high 群众 the masses

Q

R

RAN

然 rán ❶right; correct 不以为然 object to; not approve ❷so; like that 不尽然 not exactly so 然而 yet; but; however 然后 then; after that; afterwards

燃 rán burn; ignite; light 燃放 set off (fireworks, etc.) 燃料 fuel 燃烧 burn

染 rǎn ❶dye ❷catch (a disease); acquire (a bad habit, etc.); soil; contaminate 染料 dyestuff; dye 染色体 chromosome 染指 encroach on; put a finger on

RANG

嚷 rāng 嚷嚷 shout; yell; make widely known

瓤 ráng pulp; flesh; pith

壤 rǎng ❶soil ❷earth ❸area 接壤 have a common border

攘 rǎng ❶reject; resist ❷seize; grab ❸push up one's sleeves 攘外 resist foreign aggression

嚷 rǎng shout; yell; make an uproar

让 ràng ❶ give way; give ground; yield; give up ❷invite; offer ❸let; allow; make ❹let sb. have sth. at a fair price 让步 make a concession; give in 让路 give way; give sb. the right of way 让位 abdicate; yield to; change into 让座 offer one's seat to sb.

RAO

饶 ráo ❶rich; plentiful 饶有风趣 full of wit and humour ❷have mercy on; let sb. off ❸give sth. extra 饶命 spare sb.'s life 饶恕 forgive; pardon

扰 rǎo harass; trouble 扰乱 disturb; create confusion

绕 rào ❶wind; coil ❷circle; revolve ❸make a detour; go round 绕道 make a detour 绕口令 tongue twister 绕圈子 circle; go round and round 绕弯儿 go for a stroll

RE

惹 rě ❶invite; ask for ❷offend; tease ❸attract; cause 惹祸 court disaster 惹气 get angry 惹事 stir up trouble

热 rè ❶heat ❷hot ❸heat up; warm ❹fever; temperature ❺ardent; warmhearted ❻craze; fad ❼envious; eager 热爱 ardently love; have deep affection for 热诚 warm and sincere 热带 the torrid zone; the tropics 热度 degree of heat; heat; fever; temperature 热量 quantity of heat 热烈 warm 热烈拥护 warm support

R

热烈祝贺 warm congratulations 热门 in great demand; popular 热门股票 blue chips 热闹 lively; bustling with noise, excitement and activity 热能 heat energy 热气 steam; heat 热切 fervent; earnest 热情 enthusiasm 热水瓶 thermos; vacuum bottle 热天 hot days 热望 ardently wish 热销产品 hot property 热心 ardent; warmhearted; solicitous 热血 warm blood; righteous ardour 热饮 hot drinks 热衷 crave; be keen on 热衷于（名利）hanker after（fame and gain）

REN

人 rén ❶human being; man; person; people ❷adult ❸a person engaged in a particular activity ❹（other）people ❺personality; character ❻each; all ❼manpower; hand 人才 talent; a talented person 人才市场 job fair 人次 person-time 人称 person 人大 the National People's Congress 人大代表 deputy to the NPC 人大常委会 the Standing Committee of the NPC 人道 humanity 人道主义 humanitarianism 人多手杂 too many cooks spoil the broth 人浮于事 be overstaffed 人格 personality; character; human dignity 人工 man-made; artificial 人家 household; family 人间 man's world 人口 population; all the members of a family 人类 mankind; humanity 人力 manpower 人力资源 human resources 人马 forces; troops 人满为患 much too crowded 人们 people; men; the public 人面兽心 a beast in human shape 人民 the people 人民币 Renminbi（RMB）人民政府 the People's Government 人命 human life 人品 personal character; moral quality 人情 human feelings; favour; present 人权 human rights 人群 crowd;

multitude 人人 everybody 人山人海 a sea of people 人身 living body of a human being; person 人参 ginseng 人生 life 人生观 outlook on life 人生哲学 philosophy of life 人声 voice 人士 personage; public figure 爱国人士 patriotic personage 知名人士 wellknown figures 消息灵通人士 well-informed sources 各界人士 people of all walks of life 人世 this world 人事不省 lose consciousness 人事处 personnel division 人事档案 personnel file 人事调动 transfer of personnel 人手 manpower; hand 人手不足 shortly staffed 人为 artificial; man-made 人物 personage; figure 人像 portrait; image; figure 人心 popular feeling; the will of the people 人行道 pavement; sidewalk 人行横道 pedestrian crossing; zebra crossing 人性 human nature; humanity; normal human feelings; reason 人选 person selected 人烟 signs of human habitation 人影 the shadow of a human figure; figure 人员 personnel; staff 人云亦云 parrot others' view 人造 man-made; artificial 人证 testimony of a witness

仁 rén ❶benevolence; humanity ❷sensitive ❸kernel 核桃仁 walnut kernel 仁爱 kindheartedness 仁慈 merciful; kind 仁义道德 virtue and morality

忍 rěn ❶bear; tolerate; put up with ❷be hardhearted enough to 忍耐 exercise patience 忍气吞声 swallow an insult 忍让 exercise forbearance 忍受 endure; stand 忍痛 reluctantly 忍心 have the heart to

刃 rèn ❶the edge of a knife, sword, etc.; blade 刃 knife blade ❷sword; knife ❸kill with a sword or knife 刃具 cutting tool

认 rèn ❶recognize; know; make out

❷adopt 认干儿子 adopt sb. as a son ❸ admit; recognize; own 认错 admit a fault; make an apology 认定 firmly believe; set one's mind on 认购 offer to buy; subscribe 认股证 warrant 认捐 pledge 认可 approve 认了 resign oneself to 认领 claim 认清 see clearly; recognize; get a clear understanding of 认生 (of a child) be shy with strangers 认识 know; unde rstand; recognize; understanding; knowledge 认输 admit defeat; give up 认为 think; consider; hold 认帐 acknowledge a debt 认真 conscientious; earnest 认字 know or learn how to read 认罪 admit one's guilt

任 rèn ❶appoint ❷take up a job ❸official post; office ❹let; allow ❺no matter (how, what, etc.)任何 any; whichever; whatever 任免 appoint and remove 任命 appoint 任期 term of office 任人唯亲 nepotism 任务 task; job 任性 self-willed; capricious 任意 wantonly; wilfully 任职 hold a post; be in office

妊 rèn be pregnant 妊娠 gestation; pregnancy 妊娠期 gestational period

纫 rèn❶ sew; stitch ❷ thread (a needle)

韧 rèn pliable but strong; tough 韧带 ligament 韧性 toughness

RENG

扔 rēng ❶throw; toss; cast ❷throw away; cast aside 扔下 abandon; put aside; leave behind

仍 réng ❶remain ❷still; yet 仍旧 remain the same; still; yet

RI

日 rì ❶sun 日出 sunrise ❷daytime 日久见真情 time reveals the truth ❸day ❹daily; with each passing day ❺time 日班 day shift 日报 daily; daily paper 日本 Japan 日常 usual; usually; daily 日场 matinée; day show 日程 daily schedule; agenda 工作日程 work schedule 日光 sunlight 日光浴 sun bath 日光灯 fluorescent lamp 日后 in the future; in days to come 日积月累 by slow accumulation 日记 diary 日间 during the day 日见 with each passing day; day by day 日渐 day by day 日久 in (the) course of time 日历 calendar 日落 sunset 日内 in a few days; in a couple of days 日期 date 日食 solar eclipse 日托 part-time nusery; day care 日新月异 change with each passing day 日夜 day and night; round the clock 日夜操劳 work day and night 日用 daily expenses 日有所思夜有所梦 sth. filling the waking day will penetrate sleep 日语 Japanese 日月如梭 time flies 日照 sunshine 日子 day; date; time; life

RONG

荣 róng❶grow luxuriantly; flourish ❷honour; glory 荣获 have the honour to get or win 荣幸 be (feel) honoured 荣誉 honour; glory

茸 róng ❶ fine and soft; downy ❷ young pilose antler

绒 róng❶fine hair; down ❷cloth with a soft nap or pile ❸fine floss for embroidery 绒布 flannelette; cotton flannel 绒花 velvet flowers, birds, etc. 绒裤 sweat pants 绒毛 fine hair; down; villus; nap;

pile 绒衣 sweat shirt

容 róng ❶hold; contain ❷tolerate ❸permit; allow ❹facial expression ❺appearance; looks 容光焕发 one's face glowing with health 容积 volume 容量 capacity 容貌 appearance; looks 容器 container 容忍 tolerate; condone 容易 easy likely

溶 róng dissolve 溶剂 solvent 溶解 dissolve 溶液 solution

熔 róng melt; fuse; smelt 熔点 melting point 熔化 melt 熔解 fuse 熔炉 furnace

融 róng ❶melt; thaw ❷blend; fuse; be in harmony 融合 mix together 融化 melt; thaw 融会贯通 achieve mastery through a comprehensive study of the subject 融洽 harmonious 融资 financing 融资渠道 financing channels

冗 rǒng ❶redundant ❷full of trivial details 冗长 tediously long; lengthy

ROU

柔 róu ❶soft; supple; flexible ❷gentle; yielding; mild 柔和 soft; gentle; mild 柔嫩 tender; delicate 柔情 tender feelings; tenderness 柔韧 pliable and tough 柔软 soft; lithe 柔弱 weak

揉 róu rub; knead

糅 róu mix; mingle 糅合 mix; form a mixture (usu. of things which don't blend well)

蹂 róu 蹂躏 trample on; make havoc of; devastate

肉 ròu ❶meat; flesh ❷pulp; flesh (of fruit) 肉饼 meat pie 肉搏 fight hand-to-hand 肉店 butcher's (shop) 肉丁 diced

meat 肉末 minced meat 肉排 steak 肉皮 pork skin 肉片 sliced meat 肉色 yellowish pink 肉丝 shredded meat 肉松 dried meat floss 肉汤 broth 肉体 the human body; flesh 肉丸 meatball 肉馅 meat stuffing 肉欲 carnal desire 肉汁 gravy; (meat) juice

RU

如 rú ❶in compliance with; according to ❷like; as; as if 如临大敌 as if faced with a formidable enemy ❸be as good as ❹for instance; such as ❺if 如常 as usual 如此 so; such; in this way; like that 如果 if; in case 如何 how; what 如火如荼 like a raging fire 如获至宝 as if one had found a treasure 如履薄冰 tread on thin ice 如梦初醒 as if awakening from a dream 如实 strictly according to the facts 如释重负 as if relieved of a heavy load 如数 exactly the number or amount 如同 like 如下 as follows 如意 as one wishes 如愿以偿 achieve what one wishes 如坐针毡 be on pins and needles; on a knife edge of suspense

儒 rú ❶Confucianism ❷scholar; learned man 儒家 the Confucianists

孺 rú child 妇孺 women and children

蠕 rú wriggle; squirm 蠕虫 worm; helminth 蠕动 wriggle

乳 rǔ ❶breast ❷milk ❸any milk-like liquid ❹give birth to ❺newborn (animal) 乳白 milky white; cream colour 乳儿 suckling 乳房 breast; mamma 乳母 wet nurse 乳糖 milk sugar 乳汁 milk 乳制品 dairy products

辱 rǔ ❶disgrace ❷bring disgrace to; insult; humiliate 辱骂 abuse; call sb.

R

names

入 rù ❶enter ❷join; be admitted into ❸income ❹conform to; agree with 入场 go in; admission 入党 join a political party 入股 become a share holder 入骨 to the marrow 入伙 join in partnership 入教 be converted to a religion 入境 enter a country 入口 entrance 入库 be put in storage 入门 be initiated into a subject; ABC 入迷 fascinated; enchanted; enraptured 入魔 completely bewitched 入侵 invade; intrude 入时 modish; fashionable 入手 commence; get; under way; start up 入睡 fall asleep 入托 start going to a nursery 入伍 enlist; enroll 入席 take one's seat at a banquet, ceremony, etc. 入学 enter a school 入狱 be sent to jail

褥 rù cotton-padded mattress 被褥 bedding; bedclothes 褥单 bed sheet

RUAN

软 ruǎn ❶soft; flexible; supple; pliable ❷mild; gentle ❸weak; feeble ❹poor in quality, ability, etc. ❺easily moved or influenced 软腭 soft palate 软膏 ointment; paste 软化 soften 软件 software 软禁 place sb. under house arrest 软肋 a vulnerable area 软磨 use soft tactics 软木 cork 软盘 soft disk 软弱 weak; feeble; pusillanimous 软食 soft diet 软糖 soft sweets; jelly drops 软硬兼施 use both hard and soft tactics 软着陆 softland

the inflation without a recession

RUI

蕊 ruǐ stamen or pistil 雄蕊 stamen 雌蕊 pistil

锐 ruì ❶sharp; keen; acute ❷vigour; fighting spirit 锐利 sharp; keen 锐气 dash; drive

瑞 ruì auspicious; lucky 瑞雪 auspicious snow 瑞雪兆丰年。 A timely snow promises a good harvest.

RUN

闰 rùn intercalary 闰年 intercalary year 闰月 intercalary month

润 rùn ❶moist; smooth; sleek ❷lubricate ❸polish ❹profit 润滑 lubricate 润色 polish (a piece of writing)

RUO

若 ruò ❶like; seem; as if ❷if 若有所思 seem lost in thought; look pensive 若隐若现 appear indistinctly 若非 if not; were it not for 若干 a certain number or amount 若无其事 as if nothing had happened; calmly; casually

弱 ruò ❶weak; feeble ❷inferior 弱点 weakness; weak point

R

S

SA

撒 sā ❶cast; let go; let out ❷throw off all restraint; let oneself go 撒谎 tell a lie 撒娇 act like a spoiled child 撒尿 piss; pee 撒气 (of a ball, tyre, etc.) leak; vent one's anger or ill temper; take it out on sb. 撒野 act wildly

洒 sǎ sprinkle; spray; spill 洒扫 sprinkle water and sweep the floor 洒水车 watering car; sprinkler 洒脱 free and easy

撒 sǎ ❶ scatter; sprinkle; spread ❷ spill; drop

飒 sà 飒然 soughing 飒飒 sough; rustle 飒爽 of martial bearing; valiant

SAI

塞 sāi ❶fill in; squeeze in; stuff ❷stopper; plug; spigot 软木塞 cork 塞车 traffic jam

腮 sāi cheek 腮腺 parotid gland

塞 sài a place of strategic importance 边塞 frontier fortress

赛 sài ❶match; game; competition; contest ❷be comparable to; surpass 赛车 cycle racing; motorcycle race 赛璐珞 celluloid 赛马 horse race 赛跑 race 赛艇 rowing

SAN

三 sān ❶three ❷several; many 三部曲 trilogy 三岔路口 a fork in the road 三个代表 the Three Represents Theory 三角 triangle 三角债 debt chains 三角恋爱 the eternal triangle 三角债 chain debts 三轮车 tricycle; pedicab 三轮摩托车 motor tricycle 三轮汽车 three-wheeled automobile 三陪 escort services 三心二意 half-hearted 三言两语 in a few words 三月 March; the third moon 三资企业 sino-foreign joint ventures, co-operative enterprises and exclusively foreign-owned enterprises

伞 sǎn umbrella 伞兵 paratrooper; parachuter

散 sǎn ❶come loose; fall apart ❷medicinal powder 散兵游勇 stragglers and disbanded soldiers 散光 astigmatism 散居 live scattered 散漫 careless and sloppy 散文 prose 散装 bulk 散装货物 bulk cargo

散 sàn ❶break up; disperse ❷disseminate ❸dispel; let out 散布 spread; scatter; diffuse 散步 take a walk 散场 empty after the show 散发 send out 散会 be over; break up 散伙 dissolve 散开 spread out 散失 be lost; be missing 散心 drive away one's cares

SANG

丧 sāng funeral; mourning 丧礼 obsequies 丧葬 burial 丧钟 funeral bell

桑 sāng mulberry 桑葚 mulberry 桑园 mulberry field

嗓 sǎng ❶throat; larynx ❷voice 嗓子 throat; voice

丧 sàng lose 丧魂落魄 be driven to distraction 丧家之犬 stray cur 丧尽天良 heartless 丧命 meet one's death 丧气 lose heart 丧失 lose; forfeit 丧心病狂 frenzied; perverse

SAO

搔 sāo scratch 搔首 scratch one's head

骚 sāo disturb; upset 骚动 commotion; be in a tumult 骚乱 riot 骚扰 harass

缫 sāo reel 缫丝 silk reeling; filature

臊 sāo the smell of urine; foul smell

扫 sǎo ❶ sweep; clear away ❷ pass quickly along or over ❸put all together 扫除 cleaning; clear away; wipe out 扫荡 mop up; mopping-up operations 扫地 sweep the floor 扫黄打非 campaign against porns 扫雷 mine sweeping 扫盲 wipe out illiteracy 扫射 strafe 扫尾 wind up 扫兴 have one's spirits dampened

嫂 sǎo ❶elder brother's wife; sister-in-law ❷sister

扫 sào 扫帚 broom 扫帚星 comet

臊 sào shy; bashful 不害臊 shameless

SE

色 sè ❶colour ❷look; countenance; expression ❸kind; description ❹scene; scenery ❺quality ❻woman's looks 色彩 colour; shade 色盲 colour blindness 色情 sexy 色泽 colour and lustre

涩 sè ❶ puckery; astringent ❷ unsmooth; hard-going

塞 sè 敷衍塞责 perform one's duty in a perfunctory manner

SEN

森 sēn ❶full of trees ❷dark; gloomy 森林 forest 森严 stern; strict; forbidding

SENG

僧 sēng (Buddhist) monk 僧侣 monks and priests; clergy

SHA

杀 shā ❶kill; slaughter ❷fight; go into battle ❸weaken; reduce 杀虫剂 insecticide 杀菌 disinfect 杀戮 massacre; slaughter 杀气 murderous look

沙 shā ❶sand ❷granulated; powdered ❸(of voice) hoarse; husky 沙场 battlefield 沙船 large junk 沙袋 sandbag 沙丁鱼 sardine 沙发 sofa; settee 沙锅 earthenware pot 沙皇 tsar 沙坑 jumping pit 沙拉 salad 沙砾 grit 沙漠 desert 沙丘(sand) dune 沙沙 rustle 沙滩 sandy beach 沙眼 trachoma 沙洲 sandbank 沙子 sand; grit

纱 shā ❶ yarn ❷gauze; sheer 纱布

gauze 纱窗 screen window 纱灯 gauze lantern 纱锭 spindle 纱巾 gauze kerchief 纱线 yarn

刹 shā put on the brakes; stop; check 刹车 put on the brakes; brake

砂 shā sand; grit 砂布 emery cloth 砂砾 gravel 砂糖 granulated sugar 砂土 sandy soil 砂纸 sand paper

煞 shā ❶stop; halt; check ❷tighten 煞风景 wet blanket 煞尾 finish off; end

傻 shǎ ❶stupid; muddleheaded ❷think or act mechanically 傻瓜 fool; blockhead 傻呵呵 not very clever 傻劲儿 foolishness

厦 shà a tall building; mansion 高楼大厦 tall buildings and great mansions

煞 shà ❶evil spirit; goblin ❷very 煞白 deathly pale 煞费苦心 cudgel one's brains; take great pains

霎 shà a very short time; moment; instant 霎那 in a twinkling; in a split second

SHAI

筛 shāi ❶sieve; sifter; screen ❷sift; riddle 筛砂子 riddle gravel

晒 shài ❶(of the sun) shine upon ❷dry in the sun; bask 晒粮食 dry grain in the sun

SHAN

山 shān hill; mountain 山坳 col 山崩 landslide 山地 hilly area; fields on a hill 山顶 hilltop 山洞 cave 山峰 mountain peak 山冈 hillock 山歌 folk song 山沟 gully 山谷 mountain valley 山洪 mountain torrents 山货 mountain products 山涧 mountain stream 山脚 the foot of a hill 山口 mountain pass 山林 mountain forest 山麓 the foot of a mountain 山脉 mountain chain 山盟海誓 (make) a solemn pledge of love 山明水秀 green hills and clear waters 山坡 hillside 山区 mountain area 山崖 cliff 山羊 goat; buck 山腰 half way up the mountain 山药 Chinese yam 山楂(Chinese) hawthorn 山寨 mountain fastness 山珍海味 dainties of every kind

删 shān delete; leave out 删除 delete; strike out 删改 delete and change; revise (draft, etc.) 删节 abridge

衫 shān unlined upper garment 衬衫 shirt 汗衫 undershirt

姗 shān 姗姗来迟 be slow in coming; be late

珊 shān 珊瑚 coral 珊瑚虫 coral insect 珊瑚岛 coral island 珊瑚礁 coral reef

舢 shān 舢板 sampan

扇 shān ❶fan ❷incite; fan up 扇动 fan; flap; stir up 扇风机 ventilating fan

膻 shān the smell of mutton

闪 shǎn ❶dodge; get out of the way ❷twist; sprain ❸lightning ❹flash; shine 闪电 lightning 闪躲 evade 闪光 flash of light 闪开 get out of the way; jump aside 闪烁 twinkle; glimmer 闪烁其词 speak evasively; hedge 闪现 flash before one 闪耀 shine; radiate

讪 shàn ❶mock; ridicule ❷awkward; shamefaced 讪笑 deride

扇 shàn ❶fan ❷leaf 扇骨 the ribs of a fan 扇面 the covering of a fan 扇形 fan-shaped

善 shàn ❶good ❷satisfactory; good ❸ make a success of; perfect ❹kind friendly ❺be good at; be expert in 善战 be skilful in battle ❻properly ❼be apt to 善后 deal with problems arising from an accident, etc. 善良 good and honest 善人 charitable person 善始善终 start well and end well 善心 mercy 善意 goodwill 善于 be good at; be adept in 善终 die a natural death; die in one's bed

缮 shàn ❶repair; mend ❷copy; write out

擅 shàn ❶arrogate to oneself; do sth. on one's own authority ❷be expert in 擅长 be good at; be skilled in 擅离职守 be absent from one's post without leave 擅自行动 act presumptuously

膳 shàn meals; board 膳费 board expenses 膳食 meals; food 膳宿 board and lodging

赡 shàn 赡养 support; provide for

鳝 shàn eel; finless eel

SHANG

伤 shāng ❶ wound; injury ❷ injure; hurt ❸be distressed ❹get sick ❺be detrimental to; hinder 伤疤 scar 伤兵 wounded soldier 伤病员 the sick and wounded 伤风 catch cold; have a cold 伤风败俗 offend public decency 伤感 sick at heart 伤害 injure; harm; hurt 伤害民族感情 wound the national pride 伤寒 typhoid fever 伤耗 damage 伤痕 scar 伤口 wound; cut 伤脑筋 troublesome; bothersome 伤神 overtax one's nerves 伤亡 casualties 伤心 sad; grieved

商 shāng ❶ discuss; consult ❷ commerce; business ❸ merchant; trader; dealer 商标 trade mark 商场 market; bazaar 商船 merchant ship 商店 shop; store 商贩 small retailer 商界 business circles 商量 consult 商品 commodity; goods 商榷 discuss 商人 businessman; merchant 商讨 deliberate over 商务 business affairs 商业 commerce; trade; business 商战 trade war

墒 shāng moisture in the soil 墒情 soil moisture content

晌 shǎng part of the day 晌午 midday; noon

赏 shǎng ❶grant a reward; award ❷reward; award ❸admire; enjoy; appreciate 赏月 enjoy looking at the moon 赏赐 award 赏罚 rewards and punishments 赏格 the size of a reward 赏金 money reward 赏识 recognize the worth of

上 shàng ❶upper; up; upward ❷higher; superior; better ❸first (part); preceding; previous ❹ the emperor ❺ go up; get on ❻go to; leave for ❼supply; serve ❽set; fix ❾apply; paint; smear ❿be engaged (in work, study, etc.) at a fixed time ⓫up to; as many as 上千 as many as a thousand 上班 go to work; start work; be on duty; work; employment 上操 go out to drill 上策 the best plan; the best way out; the best thing to do 上层 upper strata; upper levels 上场 appear on the stage; enter; enter the court or field; join in a contest 上床 go to bed 上当 be taken in; be fooled; be duped; victimize; take 上等 upper; first-class; first-rate; superior 上帝 God 上吊 hang oneself 上告 complain to the higher authorities 上工 go to work 上钩 get hooked; take; hook; bite 上古 ancient times 上级 superordinate; higher level; higher authorities 上交 turn over to the higher authorities; hand in 上缴 turn over (revenues, etc.) to the higher authorities 上街 go into the street 上届 previous term or session; last 上进 go forward; make progress; ascend 上课 attend class; go to class; conduct a class; give a lesson (lecture) 上空 in the sky; overhead; over 上来 come up 上列 the above-listed; the above 上列各项 the items listed above; the above-listed items 上流 upper reaches (of a river); belonging to the upper circles; upper-class 上路 set out on a journey; start off 上马 mount a horse; start (a project, etc.) 上面 above; over; on top of; on the surface of; above-mentioned; aspect; respect 上年纪 be getting on in years 上铺 upper berth 上任 take up an official post; assume office; entrance into office 上身 the upper part of the body; upper outer garment; shirt; blouse; jacket 上升 rise; go up; ascend 上声 falling-rising tone 上市 ①go on the market ②(company) get listed 上市公司 listed company; quoted company 上述 above-mentioned 上税 pay taxes 上司 superior; boss 上诉 appeal (to a higher court) 上算 worthwhile 上台 come to power(酒)上头 heady log in 上文 preceding part of the text 上午 forenoon; morning 上学 go to school; attend school 上演 put on the stage; perform 上衣 upper outer garment; jacket 上瘾 get into the habit (of doing sth.) 上映 show (a film); screen 上游 advanced position 上涨 rise; go up 上肢 upper limbs

尚 shàng ❶still; yet ❷esteem; value 尚武 set great store by martial qualities

烧 shāo ❶burn ❷cook; bake; heat ❸ stew; fry; roast ❹(run a) fever 烧饼 sesame seed cake 烧火 make a fire; light a fire 烧酒 white spirit 烧伤 burn 烧香 burn joss sticks 烧纸 burn paper 烧纸钱 burn spirit money

捎 shāo take along sth. to or for sb.; bring to sb. 捎个口信 take a message to sb. 捎带 in passing

梢 shāo tip; the thin end of a twig, etc. 树梢 the top of a tree

稍 shāo a little; a bit 稍微 slightly; a trifle 稍息 (stand) at ease

勺 sháo spoon; ladle; dipper; scoop

芍 sháo 芍药 Chinese herbaceous peony

韶 sháo splendid 韶光 beautiful springtime; glorious youth

少 shǎo ❶few; little; less ❷be short; lack ❸lose; be missing 一年少五天 a year wanting five days ❹a little while ❺ stop; quit 少不得 cannot do without 少量 a little; a few 少数 small number; few 少数民族 minority ethnic

少 shào ❶young ❷son of a rich family; young master 少妇 young married woman 少年 early youth 少女 young girl 少先队 Young Pioneers

捎 shào drive (a cart) backwards; back (a cart)

哨 shào ❶(sentry) post ❷whistle 哨兵 sentry; guard 哨所 sentry post; post

SHE

奢 shē ❶luxurious 穷奢极欲（indulge in）luxury and extravagance ❷excessive; inordinate 奢侈 extravagant; wasteful 奢华 sumptuous 奢望 extravagant hopes; wild wishes

赊 shē buy or sell on credit 赊购 buy on credit 赊欠 give or get credit

舌 shé tongue 舌尖 the tip of the tongue 舌头 tongue 舌战 have a verbal battle with

折 shé break; snap 折本 lose money in business

蛇 shé snake; serpent 蛇形 snakelike; S-shaped

舍 shě give up; abandon 舍不得 hate to part with or use 舍得 be willing to part with; not grudge

设 shè set up; establish; found 设备 equipment; installation 设法 think of a way; try; do what one can 设防 set up defences 设计 design; plan 设立 establish; set up 设身处地 put oneself in sb. else's position 设想 imagine; tentative plan; have consideration for 设宴 give a banquet; fête（the distinguished guests, etc.）设置 set up; put up

社 shè ❶organized body; agency; society ❷people's commune 社会 society 社会办学 non-government schools 社会保障金 social security funds 社会财富 public wealth 社会生活 social activities 社会治安 law-and-order situation 社会主义 socialism 社会主义市场经济 socialist market economy 社交 social contact 社论 editorial 社团 mass organizations 社员 a member of a society, etc.

舍 shè ❶house; shed; hut ❷my 舍弟 my younger brother

涉 shè ❶wade; ford ❷go through; experience 涉及 involve; touch upon 涉外 concerning foreign affairs 涉嫌 be a suspect

射 shè ❶shoot; fire ❷discharge in a jet ❸send out（light, heat, etc.）❹allude to sth. or sb. 射程 range（of fire）射击 shoot; fire; shooting 射手 shooter; marksman 射线 ray

赦 shè remit（a punishment）; pardon 赦罪 absolve sb. from guilt

摄 shè ❶absorb; assimilate ❷take a photograph of; shoot ❸conserve（one's health）摄取 absorb; take in 摄像机 pick-up camera 摄影 shoot a film 摄影留念 have a souvenir photograph taken 摄制 produce

慑 shè fear; be awed 慑服 submit in fear; cow sb. into submission

麝 shè ❶ musk deer ❷ musk 麝鼠 muskrat

SHEN

申 shēn state; express; explain 申辩 defend oneself; argue one's case 申斥 rebuke 申明 declare; avow 申请 apply for 申述 state; explain in detail 申诉 appeal 申讨 condemn; denounce 申冤 redress an injustice

伸 shēn stretch; extend 伸手 stretch out one's hand; ask for help, etc. 伸缩 stretch out and draw back 伸展 spread; extend 伸张 uphold

S

身 shēn ❶body ❷life ❸oneself; personally 感同身受 I shall count it as a personal favour; I recall feel for you. ❹ one's moral character andconduct ❺body 身边 one's side 身材 stature; figure 身段（woman's）figure;（dancer's）posture 身教 teach others by one's own example 身强力壮 strong; tough; sturdy 身世 one's life experience 身手 skill; talent 身体 body; health

呻 shēn 呻吟 groan; moan 无病呻吟 moan and groan without being ill

绅 shēn gentry 绅士 gentleman; gentry

参 shēn ginseng

深 shēn ❶deep ❷difficult; profound ❸thoroughgoing; profound ❹close; intimate ❺dark ❻late ❼very; greatly; deeply 深知 know very well 深奥 abstruse; profound; recondite 深沉 dark; deep 深处 depths; recesses 深度 degree of depth 深厚 profound 深加工 further processing; downstream processing 深更半夜 the small hours 深化 deepen 深刻 deep; deepgoing 深浅 depth（of a river）; shade（of colour）深切 heartfelt; deep 深入 deepgoing 深思 ponder deeply over 深思熟虑 careful consideration 深夜 late at night 深渊 abyss 深造 pursue advanced studies 深重 very grave

什 shén 什么 what; when

神 shén ❶god; deity; divinity ❷supernatural; magical ❸spirit; mind ❹expression; look 神采 expression 神化 deify 神话 myth; fairy tale 神魂颠倒 be infatuated 神秘 mysterious; mystical 神明 gods; deities 神女 goddess 神奇 mystical; miraculous 神气 expression; air; manner; spirited; vigorous; putting on airs 神色 expression; look 神圣 sacred; holy 神速 with amazing speed 神态 bearing; mien 神通广大 be infinitely resourceful 神童 child prodigy 神往 be carried away; be rapt 神仙 celestial being; immortal 神学 theology 神志 senses

审 shěn ❶careful ❷examine; go over ❸interrogate 审查 examine 审订 examine and revise 审核 examine and verify 审理 try（a case）; hear 审美 appreciation of the beautiful 审判 bring to trial 审批 examine and approve 审慎 cautious; careful 审问 question 审讯 interrogate; try 审阅 check and approve

婶 shěn wife of father's younger brother; aunt

肾 shèn kidney 肾炎 nephritis 肾盂 renal pelvis

甚 shèn ❶very; extremely ❷more than 甚至 even;（go）so far as to

渗 shèn ooze; seep 渗沟 sewer 渗坑 seepage pit 渗入 permeate 渗入地下 seep into the ground 渗透 permeate

慎 shèn careful; cautious 一着不慎, 满盘皆输 one careless move loses the whole game 慎重 prudent; discreet

SHENG

升 shēng ❶rise; hoist; go up; ascend ❷promote ❸litre 升班 go up（one grade in school）升级 go up（one grade, etc.）升降机 elevator; lift 升旗 raise a flag

生 shēng ❶give birth to（a child）; bear ❷grow ❸life ❹livelihood ❺living ❻get; have ❼light（a fire, stove, etc.）❽unripe; green ❾raw; uncooked meat ❿unprocessed; unrefined; crude ⓫unfamiliar; strange ⑫pupil; student 生病 fall ill 生产 produce; manufacture 生存 survive; exist; live 生动 lively; vivid 生活 life; live 生活情趣 quality of life 生火 make a fire 生机 lease of life; life 生计 livelihood 生姜 ginger 生理 physiology 生力军 fresh troops; fresh activists 生路 way out 生命 life 生僻 uncommon; rare 生平 all one's life 生气 take offence; get angry 生前 before one's death 生日 birthday 生事 make trouble 生杀大权 have a life and death power over sb. 生手 green hand 生疏 not familiar; out of practice 生水 unboiled water 生丝 raw silk 生态 农业 environmentally friendly agriculture 生态平衡 ecological balance 生铁 pig iron 生物 living things; living beings 生效 go into effect 生意 business; trade 生意兴隆 business is thriving 生硬 stiff; rigid; harsh 生油 unboiled oil 生育 give birth to; bear 生长 grow; grow up 生殖 reproduction

声 shēng ❶ sound; voice ❷ make a sound 声辩 argue; justify 声波 sound wave 声称 profess; claim; assert 声调 tone; note 声浪 voice; clamour 声明 state; declare; announce statement; declaration 声色俱厉 stern in voice and countenance 声势浩大 great in strength and impetus 声嘶力竭 shout oneself hoarse 声讨 denounce; condemn 声望 popularity 声音 sound; voice 声誉 reputation; fame 声援 express support for 声乐 vocal music 声张 make public; disclose

性 shēng ❶ domestic animal ❷ animal sacrifice 牲畜 livestock 牲口 draught animals

甥 shēng sister's son; nephew 外甥女 sister's daughter; niece

绳 shéng ❶ rope; cord; string ❷ restrict; restrain 绳梯 rope ladder 绳之以法 be dealt with according to law

省 shěng ❶ economize; save ❷ omit; leave out ❸ province 省吃俭用 live frugally; tighten the belt 省得 so as to avoid 省会 provincial capital 省力 save effort; save labour 省略 leave out 省钱 save money 省事 save trouble 省委 provincial Party committee 省心 save worry

圣 shèng ❶ sage; saint ❷ holy; sacred 圣诞 the birthday of Jesus Christ 圣诞老人 Santa Claus 圣诞树 Christmas tree 圣诞节 Christmas Day 圣地 sacred place 圣经 holy book; the Bible 圣人 sage 圣旨 imperial edict

胜 shèng ❶ victory; success ❷ be superior to; get the better of 聊胜于无 better than nothing ❸ wonderful; lovely ❹ be equal to; can bear 胜地 famous scenic spot 胜负 victory or defeat 胜利 victory; win; successfully 胜任 competent; qualified 胜仗 victorious battle; victory

盛 shèng ❶ prosperous ❷ vigorous; energetic ❸ magnificent; grand ❹ plentiful ❺ popular; common ❻ greatly; deeply 盛产 abound in; teem with 盛大 grand; magnificent 盛典 grand ceremony 盛会 distinguished gathering; grand meeting 盛极一时 be in fashion for a time 盛况 spectacular event 盛况空前 an exceptionally grand occasion 盛气凌人 domineering 盛情 great kindness 盛情难却 it would be ungracious not to accept your invitation 盛夏 midsummer 盛行 be current 盛誉 great fame; high reputation 盛赞 highly praise 盛装 rich dress

剩 shèng surplus; remnant 剩下 be left (over); remain 剩余 surplus; remainder

剩余资本 surplus capital

SHI

尸 shī corpse; dead body; remains 尸骨 skeleton

失 shī ❶lose ❷miss; let slip ❸fail to achieve one's end ❹defect; mistake ❺break (a promise); go back on (one's word) 失败 be defeated; lose; fail 失败是成功之母 failure is the mother of success 失策 unwise; inexpedient 失宠 fall into disfavour 失传 be lost 失措 lose one's head 失火 catch fire; be on fire 失礼 impoliteness; discourteous 失利 suffer a defeat 失恋 be disappointed in a love affair 失灵 not work; be out of order 失眠 (suffer from) insomnia; have a sleepless night 失明 go blind 失窃 have things stolen 失去 lose 失散 be scattered 失色 turn pale 失神 absent-minded; out of sorts 失实 inconsistent with the facts 失势 lose power and influence 失事 (have an) accident 失手 accidentally drop 失算 misjudge 失调 imbalance 失望 lose hope; be disappointed 失物 lost article 失误 fault; muff 失陷 fall into enemy hands 失信 break one's promise 失修 (of houses, etc.) be in bad repair 失血 lose blood 失言 make an indiscreet remark 失业 be out of work; be unemployed 失业保险金 unemployment insurance benefits 失业救济金 unemployment benefits 失意 be frustrated; be disappointed 失约 fail to keep an appointment 失职 neglect one's duty 失主 owner of lost property 失踪 be missing 失足 lose one's footing

师 shī ❶teacher; master ❷model; example ❸of one's master or teacher ❹division ❺troops; army 师部 division headquarters 师范 teacher-training; normal school 师傅 master worker 师长 teacher; division commander 师资 teachers

虱 shī louse

诗 shī poetry; verse; poem 诗歌 poems and songs; poetry 诗话 notes on poets and poetry 诗集 collection of poems 诗句 verse; line 诗剧 drama in verse 诗人 poet 诗兴 poetic mood 诗意 poetic quality or flavour

狮 shī lion 狮子狗 pug-dog 狮子头 large meatball

施 shī ❶execute; carry out ❷bestow; grant ❸exert; impose ❹use; apply 施放 discharge; fire 施工 construction 施行 put in force; execute 施展 put to good use; give free play to 施政 administration

湿 shī wet; damp; humid 湿度 humidity 湿淋淋 dripping wet; drenched 湿气 moisture; dampness 湿润 moist

十 shí ❶ten ❷topmost; fully 十二月 December; the twelfth moon 十分 very; fully 十全十美 be perfect in every way 十一月 November; the eleventh moon 十月 October; the tenth moon 十字镐 pick; pickaxe 十字架 cross 十字路口 crossroads 十足 out-and-out; sheer

什 shí assorted; varied; miscellaneous 什锦 assorted; mixed

石 shí ❶stone; rock ❷stone inscription 石碑 stone table; stele 石笔 slate pencil 石壁 cliff; precipice 石雕 stone carving 石方 cubic metre of stone 石膏 gypsum; plaster stone 石灰 lime 石匠 stonemason 石窟 rock cave; grotto 石榴 pomegranate 石棉 asbestos 石漠化 stony desertification 石墨 graphite 石器 stone artifact 石

S

英 quartz 石油 petroleum；oil

识 shí ❶ know ❷ knowledge 识别 distinguish；discern；spot 识破 see through；penetrate 识字 learn to read；become literate

时 shí ❶ time；times；days ❷ fixed time ❸ hour ❹ season ❺ current；present ❻ opportunity；chance ❼ occasionally；from time to time ❽ tense 时差 time difference 时常 often；frequently 时代 times；age；era；epoch 时代的 temporal 时代作品 period piece 时而 from time to time；sometime 时光 time；times；years；days 时候（the duration of）time；(a point in) time；moment 时机 opportunity；an opportune moment；occasion；time；issue 时间 time 时局 the current political situation 时刻 occasion；juncture；time；hour；moment；constantly；always 时刻表 timetable；schedule 时令 season 时髦 fashionable；stylish；in vogue 时期 period epoch；age；year；life；midst；duration 时区 time zone 时尚 fashion；fad 时时 often；constantly 时势 the current situation 时事 current events；current affairs 时事评论家 commentator 时速 speed per hour 时态 tense 时务 the trend of the times 时鲜 in season 不合时宜 be out of keeping with the times 时运 luck；fortune 时针 hands of a clock or watch；hour hand 时装 fashionable dress；the latest fashion 时装店 boutique

实 shí ❶ solid ❷ true；real；honest ❸ reality；fact ❹ fruit；seed 实报实销 get reimbursed for actual expenses incurred 实词 notional word 实地 on the spot 实干 do solid work 实股 real shares 实话 truth 实话实说 not mince words 实惠 material benefit solid 实际 reality；prac-

tice；real 实价 actual price 实践 practice；put into practice 实况转播 live broadcast；live telecast 实力 actual strength；strength 实例（living）example 实情 the true state of affairs；truth 实权 real power 实施 put into effect；carry out 实事求是 seek truth from facts 实收资本 paid-up capital 实数 realnumber 实体经济 real economy 实物 material object 实习 practice；fieldwork；field trip；internship 实习生 intern 实现 realize；achieve 实现利润 profit taking 实效 actual effect 实行 put into practice；implement 实验 experiment；test 实业 industry and commerce；industry 实业家 industrialist 实用 practical；pragmatic；functional 实用主义 pragmatism 实在 true；real；honest；indeed；really；honestly；in fact 实质 substance；essence 实足 full；solid

拾 shí pick up；collect 拾掇 put in order；repair；fix

食 shí ❶ eat ❷ meal；food ❸ feed ❹ edible ❺ eclipse 食道 esophagus 食粮 grain；food 食品 foodstuff；food 食谱 recipes；cookbook 食堂 dining room；mess hall；canteen 食糖 sugar 食物 food；eatables 食言 break one's promise 食欲 appetite

蚀 shí ❶ lose ❷ erode；corrode 蚀本 lose one's capital 蚀刻 etching

史 shǐ history 史册 history；annals 史料 historical data 史前 prehistoric（age，times）史诗 epic 史实 historical facts 史书 history；historical records 史无前例 without precedent in history 史学 the science of history；historical science

矢 shǐ ❶ arrow ❷ vow；swear 矢口否认 flatly deny 矢志不渝 vow to adhere to one's chosen course

S

使 shǐ ❶send; tell sb. to do sth. ❷ use; employ; apply ❸make; cause; enable ❹envoy; messenger ❺if; supposing 使出use; exert 使得可以can be used; usable; workable; make; cause 使节 (diplomatic) envoy 使馆embassy 使用 make use of; use; employ; apply 使用须知 care label 使者emissary; envoy

始 shǐ ❶beginning; start ❷only then; not...until 始末 beginning and end 始终 from beginning to end 始终不渝 unswerving; steadfast

驶 shǐ ❶sail; drive ❷speed 疾驶而过 speed by; fly past

屎 shǐ ❶excrement; faeces ❷secretion (of the eye, ear, etc.) 耳屎 earwax

士 shì ❶bachelor ❷scholar ❸(commendable) person 士兵 rank-and-file soldiers 士气 morale

氏 shì ❶family name; surname ❷née 李王氏 Mrs. Li, née Wang 氏族 clan 氏族社会 clan society 氏族制度 clan system

市 shì ❶market ❷city, municipality 市场 marketplace; market 市场导向 market-oriented 市场疲软 sluggish market 市场需求 market demand 市集 fair 市侩 sordid merchant 市面 market conditions; business 市民 residents of a city; townspeople 市区 city proper 市委 municipal Party committee 市长 mayor 市镇 towns

示 shì show; notify; instruct 示范 set an example; demonstrate 示警 give a warning; warn 示弱 give the impression of weakness; take sth. lying down 示威 demonstrate; display one's strength 示意 signal; hint 示众 publicly expose

世 shì ❶lifetime; life ❷generation ❸ age; era ❹world 世传 be handed down through generations 世代 generation 世故 the ways of the world 世纪 century 世家 old and well-known family 世界 world 世贸组织 World Trade Organization (WTO) 世面 society; world; life 世人 common people 世事 affairs of human life 世俗 common customs; worldly 世态 炎凉 inconstancy of human relationships 世袭 hereditary

仕 shì be an official; fill an office 仕途 official career

式 shì ❶type; style ❷pattern; form ❸ ceremony; ritual ❹formula ❺mood; mode 式样 style; type; model

试 shì try; test ❷examination; test 试场 examination hall 试点 make experiments; launch a pilot project 试点工程 pilot project 试飞 test flight 试管 test tube 试剂 reagent 试金石 touchstone 试卷 examination paper; test paper 试探 sound out; feel out 试题 test questions 试验 trial; experiment; test 试样（test） sample 试映 preview 试用 try out; on probation 试用期 probationary period 试纸 test paper 试制 trial-produce

势 shì ❶power; force; influence ❷momentum; tendency ❸the outward appearance of a natural object ❹situation; state of affairs; circumstances ❺sign; gesture 势必 certainly will; be bound to 势不可当 irresistible 势不两立 mutually exclusive 势均力敌 match each other in strength 势力 force; power 势利 snobbish 势头 impetus; momentum 势在必行 be imperative (under the circumstances)

事 shì ❶matter; affair; thing; business ❷trouble; accident ❸job; work ❹be engaged in 无所事事 doing nothing 事半

功倍 get twice the result with half the effort 事倍功半 get half the result with twice the effort 事变 incident 事出有因 there is good reason for it 事端 disturbance; incident 事故 accident; mishap 事后 after the event; afterwards 事后诸葛 use hindsight; afterwit 事迹 deed; achievement 事假 leave of absence 事件 incident; event 事理 reason; logic 事例 example; instance 事前 before the event; in advance; beforehand 事情 affair; matter; thing; business 事实 fact 事事 everything 事态 state of affairs; situation 事务 work; routine 事物 thing; object 事先 in advance; prior 事业 cause; undertaking facilities 事与愿违 things go contrary to one's wishes 事主 the victim of a crime

侍 shì wait upon; attend upon; serve 侍从 attendants; retinue 侍候 look after; attend 侍女 maid 侍者 waiter

视 shì ❶look at ❷regard 视如仇敌 look upon sb. as one's enemy ❸watch 视察 inspect 视而不见 look but see not 视角 angle of view 视界 visual field 视觉 vision; sense of sight 视力 vision; sight 视听 seeing and hearing 视线 line of vision 视野 field of vision

饰 shì ❶decorations; ornaments ❷adorn; dress up; polish ❸play the role of; act the part of 饰词 excuse; pretext 饰物 jewelry decorations

室 shì room 室内 indoor 室外 outside 室外活动 outdoor activities

恃 shì rely on; depend on 恃才傲物 be conceited and contemptuous 恃强凌弱 use one's strength to bully the weak

拭 shì wipe away; wipe 拭目以待 wait and see

柿 shì persimmon 柿饼 dried persimmon 柿子椒 sweetbell redpepper

是 shì ❶correct; right ❷yes; right ❸ be 是的 yes; right; that's it 是非 right and wrong 是否 whether or not; whether; if

适 shì ❶fit; suitable; proper ❷right; opportune ❸comfortable; well ❹go; follow; pursue 适当 suitable; proper 适得其反 run counter to one's desire 适度 appropriate measure 适合 suit; fit 适可而止 stop before going too far 适时 at the right moment; timely 适宜 suitable; fit 适意 agreeable; enjoyable; comfortable 适应 suit; adapt; fit 适用 suit; be applicable 适中 wellsituated

逝 shì ❶pass ❷die; pass away 逝世 pass away; die

释 shì ❶explain; elucidate ❷clear up ❸let go; be relieved of ❹set free 释放 release (prisoners, energy, etc.)

嗜 shì have a liking for; be addicted to 嗜酒 be addicted to drink 嗜好 hobby habit

誓 shì ❶swear; vow; pledge ❷oath 誓不罢休 swear not to stop 誓不两立 be irreconcilable 誓词 oath; pledge 誓师 a mass pledge 誓约 pledge; solemn promise

噬 shì bite 吞噬 swallow up

螫 shì sting 螫针 sting; stinger

SHOU

收 shōu ❶receive ❷put away; take in ❸collect ❹money received; income ❺ harvest; gather in ❻close 收兵 withdraw

S

troops 收藏 collect; store up 收场 wind up; end up; ending 收成 harvest; crop 收存 receive and keep 收到 receive; get; achieve 收发 receive and dispatch 收费 collect fees; charge 收复 recover 收割 reap; harvest 收工 stop work for the day; knock off; pack up 收购 buy 收回 take back; call in; regain 收获 gather in the crops; harvest; results; gains 收集 collect; gather 收件人 addressee 收缴 take over 收紧 tighten up 收据 receipt 收口 (of a wound) close up 收款人 payee 收敛 weaken or disappear 收留 take sb. in 收罗 collect; gather 收买 purchase; buy in 收容 take in; accept 收容难民 house refugees 收容所 collecting post 收入 income; take in; gains 收拾 put in order; tidy; clear away 收束 bring together; collect 收缩 contract; shrink draw back 收条 receipt 收听 listen in 收尾 tie up some lose end 收文 incoming dispatches 收效 yield results; bear fruit 收信人 the recipient of a letter; addressee 收养 adopt 收养孤儿 adopt an orphan 收益 income; earnings; gains 收音 (of radio) reception 收支 income and expenses 收支平衡 revenue and expenditure are balanced

手 shǒu ❶hand ❷have in one's hand; hold ❸handy; convenient ❹personally 手背 the back of the hand 手臂 arm 手边 on hand; at hand 手表 wrist watch 手册 handbook 手抄本 hand-written copy 手电筒 electric torch 手段 means; medium; measure; method 手法 skill; technique; trick 手风琴 accordion 手扶拖拉机 walking tractor 手稿 manuscript 手工 handwork; by hand 手工业 handicraft 手工艺 handicraft art 手机 mobile phone; cellular phone 手巾 towel 手锯 handsaw 手绢 handkerchief 手铐 handcuffs 手雷

antitank grenade 手榴弹 hand grenade 手忙脚乱 in a frantic rush 手枪 pistol 手巧 skilful with one's hands 手球 handball 手软 be softhearted 手势 sign; signal 手术 (surgical) operaton 手套 gloves; baseball gloves 手提 portable 手推车 handcart 手腕 artifice; finesse; stratagem 手腕子 wrist 手无寸铁 bare-handed; unarmed 手舞足蹈 dance for joy 手写体 handwritten form 手续 procedures; formalities 手艺 workmanship; handicraft 手淫 masturbation 手印 an impression of the hand fingerprint 手掌 palm 手杖 stick 手指 finger 手指甲 finger nail 手纸 toilet paper 手镯 bracelet 手足 brothers 手足无措 at a loss what to do

守 shǒu ❶guard; defend ❷keep watch ❸observe; abide by ❹keep watch 手财奴 miser 守法 abide by the law 守寡 remain a widow; live in widowhood 守候 wait for; keep watch 守护 guard; defend 守旧 stick to old ways 守军 defending troops; defenders 守口如瓶 keep one's mouth shut 守门 keep goal 守势 defensive 守卫 guard; defend 守夜 keep watch at night 守则 rules; regulations

首 shǒu ❶head ❷first ❸leader; head; chief ❹bring charges against sb. 首倡 initiate; start 首创 originate; pioneer 首次 for the first time 首次公开发行 initial public offering (IPO) 首当其冲 be the first to be affected (by a disaster, etc.) 首都 capital (of a country) 首恶 chief criminal 首付款 initial payment 首领 chieftain; leader; head 首脑 head (of government, etc.) 首屈一指 come first on the list 首饰 ornaments; jewelry 首尾 the beginning and the end; from beginning to end 首位 (put in) the first place 首席 seat of honour; the head of the table 首席执行官 Chief Executive Officer

(CEO) 首先 first; in the firstplace; above all 首相 prime minister 首长 leading cadre; senior officer

寿 shòu ❶ longevity ❷ life; age ❸ birthday ❹ for burial 寿礼 birthday present 寿命 life-span; life 寿衣 graveclothes 寿终正寝 die in one's bed of old age

受 shòu ❶ receive; accept ❷ suffer; be subjected to 受冷落 feel left out ❸ stand; bear 受潮 be affected with damp 受挫 be foiled 受罚 be punished 受害 suffer 受贿 take bribes 受奖 be rewarded 受惊 be frightened 受苦 suffer (hardships) 受凉 catch cold 受命 receive instructions 受难 be in distress 受骗 be deceived; be fooled 受气 suffer wrong 受热 be heated 受辱 be insulted; be disgraced 受伤 be injured; be wounded 受审 be tried 受刑 be tortured; be put to torture 受训 receive training 受益 profit by; benefit from benefit from; enjoy 受援 receive aid 受孕 become pregnant; conceive 受灾 be hit by a natural adversity 受罪 endure hard ships

兽 shòu ❶ beast; animal ❷ beastly; bestial 人面兽心 a beast in human shape 兽行 brutal act 兽性 brutish nature 兽欲 bestial desire

授 shòu ❶ award; vest; confer; give ❷ teach; instruct 函授 teach by correspondence 授奖 give a prize 授精 insemination 授课 give lessons; give instruction 授权 empower; authorize 授勋 confer orders or medals 授意 incite sb. to do sth.; inspire 授予 confer; award

售 shòu ❶ sell ❷ make (one's plan, trick, etc.) work; carry out (intrigues) 售货机 sell goods machine 售货摊 stand 售价 selling price 售票处 ticket office 售

票员 ticket seller

瘦 shòu ❶ thin; emaciated ❷ lean ❸ tight ❹ not fertile; poor 瘦长 long and thin; tall and thin 瘦弱 thin and weak; emaciated 瘦小 thin and small 瘦子 a lean person

SHU

书 shū ❶ write ❷ script ❸ book ❹ letter ❺ document 书包 satchel; schoolbag 书报 books and newspapers 书本 book 书橱 bookcase 书呆子 pedant bookworm 书挡 bookend 书店 bookshop; bookseller's 书法 penmanship 书房 study 书籍 books; works; literature 书记 secretary; clerk 书架 bookshelf 书简 letters 书局 publishing house; press 书刊 books and periodicals 书面 written; in written form 书名 title (of a book) 书目 booklist; title catalogue 书皮 (book) cover; jacket 书评 book review 书签 bookmark 书生 intellectual; scholar 书摊 bookstall 书亭 book-kiosk 书写 write 书信 letter 书页 page 书桌 (writing) desk

抒 shū express; give expression to; convey 抒发 express; voice 抒情 express one's emotion

枢 shū pivot; hub; centre 枢纽 axis; key position

叔 shū father's younger brother; uncle 叔母 wife of father's younger brother; aunt

殊 shū ❶ different ❷ outstanding; special; remarkable ❸ very much; extremely 殊不知 little imagine; hardly realize 殊死 life-and-death (struggle) 殊途同归 reach the same goal by different routes

倏 shū swiftly 倏然不见 quickly disappear

淑 shū kind and gentle; fair 淑女 a fair maiden

梳 shū ❶comb ❷comb one's hair, etc. 梳洗 wash and dress 梳妆 dress and make up

舒 shū ❶stretch; unfold ❷easy; leisurely 舒畅 happy 舒服 comfortable; be well 舒适 cosy; snug 舒展 unfold; extend; smooth out

疏 shū ❶ dredge (a river, etc.) thin; sparse; scattered ❸ (of family or social relations) distant ❹ not familiar with ❺ neglect ❻ scanty ❼ disperse; scatter 疏导 dredge 疏忽 carelessness 疏浚 dredge (the waterways, a harbour, etc.) 疏漏 careless mission; slip 疏落 sparse 疏散 sparse; scattered 疏松 loose 疏通 mediate between two parties 疏远 drift apart; alienate oneself from

输 shū ❶transport; convey ❷lose; be beaten; be defeated 输出 export 输电 transmit electricity 输入 import 输送 carry 输血 blood transfusion 输油管 petroleum pipeline

蔬 shū 蔬菜 vegetables; greens; greenstuff 蔬菜栽培 vegetable growing; vegetable farming

赎 shū ❶redeem; ransom ❷atone for (a crime) 赎价 ransom price 赎金 ransom money 赎买 redeem; buy out 赎罪 atone for one's crime

塾 shú private school 塾师 tutor of a private school

熟 shú ❶ripe 葡萄熟了。Grapes are in. ❷cooked; done ❸processed 熟皮 tanned leather ❹familiar ❺skilled; ex-

perienced ❻deeply 熟菜 cooked food 熟记 learn by heart; memorize 熟客 frequent visitor 熟练 skilled; practised 熟路 familiar route; beaten track 熟能生巧 skill comes from practice 熟人 acquaintance; friend 熟识 be well acquainted with; know well 熟睡 be fast asleep 熟思 ponder deeply 熟悉 be familiar with; be in the know; be skilful at; be practised in; be proficient at(in) 熟语 idiom 熟知 know intimately 熟字 words already learned

属 shŭ ❶category ❷ genus ❸ under; subordinate to ❹belong to 属地 possession; dependency 属国 dependent state 属性 property 属于 belong to; be part of

暑 shŭ heat; hot weather 暑假 summer vacation 暑期 summer vacation time 暑天 hot summer days; dog days

署 shŭ ❶a government office; office ❷handle by proxy; act as deputy 署名 put one's signature to

数 shŭ ❶count ❷enumerate; list 数一数二 count as one of the very best

鼠 shŭ mouse; rat 鼠窜 scamper off like a rat 鼠疫 the plague

薯 shŭ potato; yam

曙 shŭ daybreak; dawn 曙光 first light of morning; dawn

术 shù ❶art; skill; technique ❷method; tactics 术语 technical terms; terminology

戍 shù defend; garrison (the frontiers)

束 shù ❶bind; tie 腰束皮带 wear a belt round one's waist ❷bundle; bunch; sheaf ❸control; restrain 无拘无束 without any restraint 束缚 tie; bind up; fetter

束手就擒 allow oneself to be seized without putting up a fight 束手待毙 helplessly wait for death 束手无策 be quite helpless; be stranded 束之高阁 lay aside and neglect; shelve

述 shù state; relate; narrate 述评 review; commentary

树 shù ❶tree ❷plant; cultivate ❸set up; uphold 树雄心 aim high 树杈 crotch (of a tree) 树丛 grove; thicket 树敌 make an enemy of sb. 树墩 stump 树干 trunk 树冠 crown 树胶 gum 树立 set up 树林 woods; grove 树苗 sapling 树木 trees 树皮 bark 树梢 treetop 树枝 branch

竖 shù ❶ vertical; upright ❷ set upright; erect; stand 竖立 erect; set upright; stand 竖起 hold up; erect 竖琴 harp

恕 shù ❶ forgive; pardon; excuse ❷ beg your pardon 恕不奉陪 excuse me (for not keeping you company)

庶 shù multitudinous; numerous 富庶 rich and populous

数 shù ❶number; figure ❷number ❸ several; a few 数词 numeral 数额 number; amount 数据 data 数据库 data base 数量 quantity; amount 数学 mathematics 数字 numeral; figure; quantity 数字化 ①digitalize ②digitalized

漱 shù gargle; rinse 漱口 rinse the mouth; gargle 漱口杯 tooth glass

SHUA

刷 shuā ❶ brush 牙刷 toothbrush ❷ brush; scrub ❸daub; paste up ❹rustle 刷新 renovate; break

耍 shuǎ ❶play ❷play with; flourish ❸ play (tricks) 耍笔杆 wield a pen 耍花招 play tricks 耍滑 act in a slick way 耍滑头 goof-off 耍赖 act shamelessly 耍流氓 take liberties with women 耍弄 make fun of 耍威风 make a show of authority 耍无赖 be perverse

刷 shuà 刷白 white; pale

SHUAI

衰 shuāi decline; wane 衰败 decline; wane 衰竭 exhaustion 衰老 old and feeble; senile 衰落 go downhill 衰弱 weak; feeble 衰退 fail; decline 衰亡 become feeble and die; decline and fall

摔 shuāi ❶fall; tumble; lose one's balance ❷hurtle down; plunge ❸cause to fall and break; break ❹cast; throw; fling 摔打 beat; knock 摔跟头 tumble; trip and fall 摔跤 tumble; come a cropper

甩 shuǎi ❶ move backward and forward; swing ❷ throw; fling; toss ❸ leave sb. behind; throw off 甩palm off 甩手 swing one's arms; refuse to do

帅 shuài❶commander in chief ❷beautiful; graceful; smart

率 shuài ❶ lead; command ❷ rash; hasty ❸frank; straightforward ❹generally; usually 率领 lead; head; command 率先 be the first to do sth. 率直 straightforward; unreserved

S

SHUAN

闩 shuān ❶bolt；latch 门闩 door bolt ❷ fasten with a bolt or latch

拴 shuān tie；fasten 拴马 tether a horse

栓 shuān ❶bolt；plug 消火栓 fireplug ❷stopper；cork

涮 shuàn ❶ rinse 涮衣服 rinse the clothes ❷ instant-boil 涮羊肉 instant boiled mutton

SHUANG

双 shuāng ❶two；twin；both；dual ❷ pair ❸even ❹double；twofold amount 双胞胎 twins 双边 bilateral 双层 double-deck 双重 double；dual；twofold 双唇音 bilabial（sound）双打 doubles 双方 both sides 双幅 double width 双杠 parallel bars 双关语 pun 一语双关 a phrase with a double meaning 双轨 double track 双号 even numbers（of tickets，seats，etc.）双簧管 oboe 双季稻 double-harvest rice 双料 extra quality 双面 two-sided 双亲（both）parents；father and mother 双全 possessing both 智勇双全 possessing both wisdom and courage 文武双全 adept with both the pen and the sword 双人床 double bed 双人舞 dance for two people 双生 twin 双手 both hands 双数 even numbers 双休日 the two-day day-offs 双学位 double major 双赢 win-win 双月刊 bimonthly 双职工 working couple 双周刊 biweekly

霜 shuāng ❶frost ❷frostlike powder ❸ white；hoar 霜冻 frost 霜害 frostbite；frost injury 霜花 frostwork 霜叶 red leaves

孀 shuāng widow 孀居 be a widow；live in widowhood

爽 shuǎng ❶ bright；clear；crisp ❷ frank；openhearted ❸feel well ❹deviate ❺cool 毫厘不爽 not deviating a hair's breadth ❺cool 爽口 tasty and refreshing 爽快 comfortable outright；readily 爽朗 bright and clear，frank and open 爽利 efficient and able 爽身粉 talcum powder

SHUI

谁 shuí ❶who ❷someone；anyone

水 shuǐ ❶water ❷a general term for rivers，lakes，seas，etc. 水坝 dam 水泵 water pump 水表 water meter 水兵 seaman；sailor 水彩 watercolour 水草 water and grass；waterweeds；water plants 水产 aquatic product 水床 water bed 水车 waterwheel；water wagon 水池 pond；pool 水道 waterway 水稻 paddy（rice）；rice 水电 water and electricity 水分 moisture content 水沟 ditch；drain；gutter 水管 waterpipe 水果 fruit 水壶 canteen 水花 spray 水火不相容 be incompatible as fire and water 水火无情 floods and fires have no mercy for anybody 水饺 boiled dumplings 水晶（rock）crystal 水井 well 水坑 puddle；pool 水库 reservoir 水雷 mine 水力 waterpower 水利 water conservation network 水流 rivers；streams；waters；current；flow 水龙（fire）hose 水龙头（water）tap 水陆 land and water 水陆运输 transportation by land and water 水路 waterway；water route 水落石出 come to light 辩个水落石出 argue a matter out 水门汀 water valve 水母 jellyfish；medusa 水泥 cement 水泥标号 cement grade 水泥厂 cement plant 水鸟 aquatic bird；water bird 水牛（wa-

S

ter) buffalo 水暖工 plumber 水泡 bubble;blister 水疱 blister 水瓢（gourd）water ladle 水平 horizontal；standard；level 认识水平 level of one's understanding 水球 water polo 水渠 ditch；canal 水上飞机 seaplane；hydroplane 水上运动 aquatic sports 水手 seaman；sailor 水手长 boatswain 水塔 water tower 水獭 otter 水塘 pond；pool 水田 paddy field 水桶 pail；bucket 水土 water and soil；natural environment and climate 水土流失 soil erosion 水土不服 not acclimatized 水汪汪 bright and intelligent 水位 water level 地下水位 groundwater level 水文 hydrology 水文工作者 hydrologist 水文站 hydrometric station 水文资料 hydrological data 水系 river system 水仙 narcissus 水线 waterline 水乡 a region of rivers and lakes 水箱 water tank 水泻 watery diarrhoea 水星 Mercury 水性 ability in swimming 水压 water pressure 水压机 hydraulic press 水银 mercury；quicksilver 水银灯 mercury-vapour lamp 水印 watercolour block printing；watermark 水域 waters；water area 水源 the source of a river；source of water 水运 water transport 水灾 flood；inundation 水藻 algae 水闸 sluice；water gate 水蒸汽 steam；water vapour 水珠 drop of water 水柱 water column 水准 level；standard 水族 aquatic animals

税 shuì tax；duty 税费改革 reform of taxes and charges 税款 tax payment 税率 tax rate 税收 tax revenue 税务局 tax bureau 税务员 tax collector

睡 shuì sleep 睡回笼觉 drift back to sleep 睡觉 sleep 睡帽 nightcap 睡梦 sleep；slumber 睡眠 sleep 睡醒 wake up 睡衣 night clothes 睡意 sleepiness

SHUN

顺 shùn ❶ in the same direction as；with downstream ❷ along ❸ obey；yield to ❹ suitable；agreeable ❺ in sequence 顺便 conveniently；in passing 顺畅 smooth；unhindered 顺次 in order 顺从 yield to 顺风 have a tail wind 顺口溜 doggerel；jingle 顺利 smoothly；successfully 顺路 on the way 顺手 smoothly；convenient and easy to use 顺序 in proper order；in turn 顺延 postpone 顺眼 pleasing to the eye 顺应 comply with

瞬 shùn wink 瞬息 twinkling 瞬息万变 fast changing

SHUO

说 shuō ❶ speak；talk；say 那还用说！That goes with saying！❷ explain ❸ theory；teachings ❹ scold 说不得 unspeakable 说不定 perhaps；maybe 说不来 cannot get along（with sb.）说不上 cannot say 说不通 it doesn't hold water 说穿 reveal；disclose 说大话 talk big 说到底 at bottom 说到做到 do what one says 说得过去 passable 说得来 can get along 说定 settle；agree on 说法 wording；version 说服 persuade；convince；talk sb. over 说好 come to an agreement or understanding 说话 speak；talk；say gossip 说谎 tell a lie 说教 preach 说来话长 it's a long story 说理 argue；reason things out 说媒 act as matchmaker 说明 explain；show 说情 plead for mercy for sb. 说书 storytelling

烁 shuò bright；shining 闪烁 twinkle；glimmer 烁烁 glitter；sparkle

朔 shuò ❶new moon ❷the first day of the lunar month ❸north 朔风 north wind 朔望 syzygy

硕 shuò large 硕大 gigantic 硕果 rich fruits; great achievements 硕士 Master

SI

司 sī ❶take charge of; attend to; manage ❷department (under a ministry) 司法 judicature 司号员 bugler; trumpeter 司机 driver 火车司机 engine driver 司空见惯 a common sight 司令 commander 司炉 stoker; fireman 司务长 mess officer 司药 pharmacist; druggist; chemist 司仪 master of ceremonies; compère

丝 sī ❶silk ❷a threadlike thing ❸a tiny bit; trace 一丝不差 not a bit of difference 丝绸 silk cloth; silk 丝带 silk ribbon 丝糕 steamed corn cake 丝瓜 towel gourd 丝毫 a bit; a particle 丝绵 silk wadding 丝绒 velvet; velour 丝线 silk thread (for sewing) 丝织品 silk fabrics 丝状 filiform

私 sī ❶personal; private 中饱私囊 line one's pockets ❷selfish ❸secret ❹illicit; illegal 私奔 elopement 私产 private property 私仇 personal enmity 私房 private savings; confidential 私愤 personal spite 私货 smuggled goods 私利 selfish interests sonal gain 私募基金 privately placed funds; privately offered funds 私念 selfish ideas 私情 personal relationships 私人 private; personal 私生活 private life 私生子 illegitimate child 私逃 abscond 私通 have secret communication with (the ene-my); illicit intercourse; adultery 私下 in private; in secret 私心 selfish motives; selfishness 私刑 illegal punishment

(meted out by a kangaroo court) 私营 privately owned; privately operated 私有 privately owned; private 私语 whisper 私欲 selfish desire

思 sī ❶think; consider; deliberate ❷think of; long for ❸thought; thinking 思潮 trend of thought; thoughts 思考 think deeply 思量 consider 思路 thinking 思念 long for; miss 思索 think deeply; ponder 思想 thought; idea

斯 sī ❶this ❷then; thus 斯文 refined; gentle

撕 sī tear; rip 撕毁 tear to shreds 撕毁协定 tear up an agreement

嘶 sī ❶neigh 人喊马嘶 men shouting and horses neighing ❷hoarse 声嘶力竭 hoarse and exhausted

死 sī ❶die ❷to the death ❸extremely ❹implacable; deadly ❺fixed; rigid ❻impassable; closed 死板 rigid 死党 die-hard followers 死得其所 die a worthy death 死敌 deadly enemy; implacable foe 死读书 study mechanically; be a bookworm 死鬼 devil 死胡同 dead-end lane 死角 dead angle 死里逃生 have a narrow escape 死路 blind alley; the road to ruin 死气沉沉 lifeless; spiritless 死去活来 half alive 死尸 corpse; dead body 死亡 death; doom 死心塌地 be dead set; be hell-bent 死心眼儿 stubborn 死刑 death penalty 死硬 stiff; die-hard 死硬派 die-hards 死有余辜 even death would be too good for him 死于非命 die an unnatural death 死者 the dead 死罪 capital crime

四 sì four 四边 (on) four sides 四处 all around; everywhere 四方 all sides; all quarters; cubic 四季 the four seasons; all 四邻 one's near neighbours 四面 (on) four sides; (on) all sides 四面出击 hit out in all directions 四散 scatter in all directions 四月 April; the fourth moon 四肢 the four limbs; arms and legs 四肢无力 feel wobbly and rough 四周 all around

寺 sì temple 寺院 temple; monastery

似 sì ❶similar; like ❷seem; appear 似乎 it seems; as if; seemingly 似是而非 apparently right but actually wrong

伺 sì watch; await 伺机 watch for one's chance 伺机而动 wait for the opportune moment to go into action

饲 sì raise; rear 饲料 forage; fodder; feed 饲养 raise

肆 sì wanton; unbridled 肆虐 wreak havoc 肆无忌惮 brazen; unscrupulous 肆意 recklessly; wilfully

SONG

松 sōng ❶pine ❷loose; slack ❸loosen; relax; slacken ❹not hard up ❺light and flaky; soft ❻dried meat floss; dried minced meat 松弛 limp; flabby; lax 纪律松弛 lax discipline 松节油 turpentine 松软 soft; spongy; loose 松散 loose; inattentive 松手 loosen one's grip; let go 松鼠 squirrel 松土 loosen the soil 松香 rosin 松懈 relax; slacken; slack 松针 pine needle 松子 pine nut

怂 sǒng 怂恿 instigate; incite; egg sb. on; abet

耸 sǒng ❶ towering; lofty ❷ alarm; shock 耸立 tower aloft 耸人听闻 deliberately exaggerate so as to create a sensation

讼 sòng ❶bring a case to court ❷dispute; argue 讼事 lawsuit; litigation

送 sòng ❶deliver; carry ❷give (as a present) ❸see sb. off or out 送殡 attend a funeral 送风机 blower 送话器 microphone 送还 give back; return 送货 deliver goods 送交 deliver; hand over 送客 see a visitor out 送礼 give sb. a present 送命 lose one's life 送人情 make a gift of sth. 送死 court death 送行 give a send-off party 送葬 take part in a funeral procession

诵 sòng ❶read aloud ❷recite

颂 sòng ❶praise; extol ❷song; ode; paean; eulogy 颂词 panegyric 颂扬 sing sb.'s praises

SOU

搜 sōu search 搜捕 track down and arrest 搜查 ransack; rummage 搜肠刮肚 rack one's brains (for fresh ideas, etc.) 搜刮 extort; plunder 搜集 collect 搜罗 gather; recruit (qualified persons) 搜索 hunt for; scout around 搜寻 search for; look for; seek

馊 sōu sour; spoiled 馊主意 rotten idea; lousy idea 面包馊了 the bread has turned sour

SU

苏 sū revive; come to 复苏 come back 经济复苏 economic resurgence 苏打 soda 苏醒 revive; come to

酥 sū ❶crisp; short ❷shortbread 酥脆 crisp 酥麻 limp and numb 酥软 limp; weak; soft 酥油 butter

俗 sú ❶custom; convention ❷popular; common ❸vulgar ❹secular; lay 俗不可

S

耐 unbearably vulgar 俗话 common saying 俗话说 as the saying goes 俗气 vulgar; in poor taste 俗套 convention 不落俗套 conform to no conventional pattern 俗语 folk adage

凤 sù ❶early in the morning ❷long-standing; old 凤愿 long-cherished ambition

诉 sù ❶tell; relate; inform ❷complain; accuse ❸appeal to 诉苦 vent one's grievances 诉讼 lawsuit; litigation 诉状 plaint; indictment

肃 sù ❶respectful ❷solemn 肃反 elimination of counterrevolutionaries 肃静 solemn silence 肃立 stand (as a mark of respect) 肃穆 solemn and respectful 肃清 eliminate; clean up

素 sù ❶white ❷plain; simple; quiet ❸vegetable ❹native ❺basic element ❻usually; always 素材 (source) material 素菜 vegetable dish 素常 usually; habitually; ordin-arily 素描 sketch 素食 vegetarian diet 素席 vegetarian feast 素雅 simple but elegant 素养 accomplishment 素油 vegetable oil 素质 quality 素质教育 education designed to raise the overall quality of students

速 sù ❶fast; rapid; quick; speedy ❷speed; velocity 速成 speeded-up educational program 速度 speed; rate; pace 速决 quick decision 速溶咖啡 instant coffee 速射 rapid fire 速效 quick results 速写 sketch

宿 sù ❶lodge for the night; stay overnight ❷longstanding; old 宿命论 fatalism 宿舍 dormitory; living quarters 宿营 take up quarters 宿怨 old grudge 宿愿 long-cherished wish

溯 sù ❶go against the stream ❷trace

back; recall 溯源 trace to the source

塑 sù model; mould 塑像 mould a statue 塑料 plastics

簌 sù 簌簌 ❶rustle ❷(tears) streaming down

SUAN

酸 suān ❶acid ❷sour ❸tingle; ache 酸菜 Chinese sauerkraut 酸梅 smoked plum; dark plum 酸牛奶 sour milk 酸软 aching and limp 酸痛 ache 酸味 tart flavour 酸性 acidity

蒜 suàn garlic 蒜瓣儿 garlic clove 蒜黄 blanched garlic leaves 蒜苗 garlic bolt 蒜泥 mashed garlic 蒜头 the head of garlic

算 suàn ❶calculate; reckon; compute; figure ❷include; count ❸plan; calculate ❹at long last; in the end 算计 calculate; reckon; plot 算命 fortune-telling 算命先生 fortune-teller 算盘 abacus 算术 arithmetic 算数 count; hold; stand 算学 mathematics 算帐 do accounts; balance the books; get even with sb. 算总帐 take one's final toll

SUI

虽 suī though; although; even if 虽死犹荣 honoured though dead

绥 suí ❶peaceful ❷pacify 绥靖 appease 绥靖政策 policy of appeasement

随 suí ❶follow ❷comply with; adapt to ❸let (sb. do as he likes) ❹along with (some other action) 随笔 informal essay 随便 casual; random; careless 随波逐流 drift (swim) with the tide 随从 accompany (one's superior); attend;

suite 随带 going along with 随地 anywhere 随风转舵 trim one's sails 随和 o-bliging; unassuming; easy-going 随机应变 act according to circumstances 随即 immediately; presently 随口 speak thoughtlessly or casually 随身（carry）on one's person 随身听 walkman 随声附和 echo what others say 随时 at any time; whenever necessary 随手 conveniently 随同 be in company with 随心所欲 have one's own way; do as one pleases 随行人员 suite; party 随意 at will; as one pleases 随员 suite; retinue 随着 along with; in pace with

髓 suǐ ❶marrow ❷pith

岁 suì ❶ year ❷ year（of age）岁月 years

祟 suì evil spirit; ghost 做祟 act like an evil spirit

遂 suì ❶satisfy; fulfil ❷succeed 遂心 after one's own heart; to one's liking

碎 suì ❶break to pieces; smash ❷broken; fragmentary ❸garrulous; gabby 碎步 quick short steps 碎石 crushed stones; broken stones 碎石路 broken stone road

隧 suì 隧道 tunnel

燧 suì ❶flint ❷beacon fire 燧石 flint

穗 suì ❶the ear of grain; spike 麦穗 the ear of wheat ❷tassel; fringe

SUN

孙 sūn ❶grandson ❷generations below that of the grandchild 孙女 granddaughter

笋 sǔn bamboo shoot 笋干 dried bamboo shoots

损 sǔn ❶decrease; lose ❷harm; damage 损公肥私 seek private gain at public expense 损害 harm; damage 损耗 loss; wear and tear 损坏 damage; injure 损人利己 harm others to benefit oneself 损失 lose; damage

SUO

唆 suō instigate; abet 唆使 instigate

梭 suō shuttle 梭鱼（redeye）mullet 梭子 shuttle

缩 suō ❶contract; shrink ❷draw back; withdraw 缩短 shorten; curtail 缩减 reduce; cut 缩小 reduce; lessen; narrow 缩写 abbreviation; abridge

所 suǒ place 所长 one's strong point; one's forte 所得 income; gains 所谓 so-called 所向披靡 carry all before one 所以 so; therefore; as a result 所有 own; possessions 所在 place; location 所致 be caused by

索 suǒ ❶large rope ❷demand; ask; exact 索道 cableway; ropeway 索取 ask for; demand 索引 index

琐 suǒ trivial; petty 琐事 trifles; trivial matters 琐碎 trifling 琐闻 bits of news

锁 suǒ ❶lock ❷lock up ❸lockstitch 锁匠 locksmith 锁链 chain; fetters

S

T

TA

它 tā it
它们 they; them 它们的 their; theirs

他 tā ❶he ❷other; another; some other 他方 the other party; other places 他们 they 他们自己 themselves 他人 another person; other people; others 他日 some other time; some day; later on 他杀 homicide 他乡 an alien land

她 tā she
她们 they 她们的 their, theirs 她们自己 themselves

塌 tā ❶collapse; fall down; cave in ❷sink; droop ❸calm down 塌鼻子 a flat nose; a snubby nose 塌方 landslide; landslip 塌实 steady and sure; dependable; free from anxiety; having peace of mind 塌台 collapse; fall from power 塌陷 subside; sink; cave in

踏 tā
踏实 dependable; steady and sure; free from anxiety

塔 tǎ ❶pagoda ❷tower 塔吊 tower crane

榻 tà couch 藤榻 rattan couch 同榻 sleep in the same bed

踏 tà step on; tread; stamp 踏上人生的道路 tread the path of life 把火踏灭 tread out a fire 踏板 treadle (of a sewing machine, etc.); footboard; footrest; footstool 卡车的踏板 the step of a truck 踏步 mark time

TAI

胎 tāi ❶foetus; embryo 胎发 foetal hair 怀胎 become or be pregnant ❷birth 头胎 first baby ❸padding; stuffing; wadding 棉花胎 the cotton padding of a quilt, etc. ❹tyre 内胎 inner tube (of a tyre) 胎衣 afterbirth

台 tái ❶platform; stage; terrace 讲台 rostrum 下不了台 unable to get off the spot ❷stand; support 灯台 lampstand ❸table; desk 写字台 (writing) desk ❹broadcasting station 电视台 television broadcasting station ❺a special telephone service 长途台 trunk call service; long distance 台本 a playscript with stage directions 台布 tablecloth 台秤 platform scale 台词 actor's lines 台灯 desk lamp; reading lamp 台风 typhoon 台阶 a flight of steps; steps leading up to a house, etc. 跑下台阶 run down the steps 给他个台阶下吧 give him an out 台历 desk calendar 台球 billiard(ball) 台柱子 leading light; pillar; mainstay

抬 tái ❶lift; raise 抬桌子 lift (up) the table ❷carry 抬担架 carry a stretcher 抬杠 argue for the sake of arguing; bicker;

wrangle 抬价 force up commodity prices 抬举 praise or promote sb. to show favour 抬头 ① raise one's head ② gain ground; look up; rise

苔 tái liver mosses 苔藓植物 bryophyte 苔原 tundra

太 tài ❶highest; greatest; remotest ❷excessively; too; over ❸extremely ❹very 太古 remote antiquity 太后 empress dowager; queen mother 太监(court) eunuch 太太 Mrs.; madame; lady 太阳 the sun; sunshine; sunlight 太阴 the moon; lunar 太子 crown prince

汰 tài discard; eliminate

态 tài ❶form; appearance; condition ❷state ❸voice 态度 manner; bearing; approach; attitude

泰 tài ❶safe; peaceful 国泰民安 the country is pros perous and the people ❷extreme; most 泰然 calm; composed

TAN

坍 tān collapse; fall; tumble 坍塌 cave in; landslide; landslip

贪 tān ❶corrupt; venal ❷have an insatiable desire for ❸covet; hanker after 贪便宜 anxious to get things on the cheap 贪婪 avaricious; greedy 贪图 seek 贪污 corruption; graft 贪心 greed; avarice; greedy 贪小失大 covet a little and lose a lot 贪赃枉法 take bribes and bend the law 贪嘴 greedy (for food)

滩 tān ❶beach; sands ❷shoal 险滩 dangerous shoals

摊 tān ❶spread out ❷take a share in ❸vendor's stand; stall ❹fry batter in a

thin layer 摊鸡蛋 make an omelet 摊贩 street pedlar 摊派 apportion (expenses, etc.)摊子 vendor's stand; booth; stall

瘫 tān paralysis 瘫痪 paralysis; palsy; break down 瘫软 weak and limp 瘫子 paralytic

坛 tán ❶altar 日坛 the Altar to the Sun ❷a raised plot of land for planting flowers, etc. ❸forum ❹circles; world ❺earthen jar 酒坛 wine jug

昙 tán covered with clouds 昙花 broadleaved epiphyllum 昙花一现 last briefly

谈 tán ❶talk; chat; discuss ❷what is said or talked about 谈不到 out of the question 谈到 speak of; talk about 谈话 conversation; talk 谈论 discuss; talk about 谈判 negotiations; talks 谈天 chat; make conversation 谈笑风生 talk cheerfully and humorously 谈心 heart-to-heart talk

弹 tán ❶shoot; send forth ❷spring; leap ❸flick; flip ❹fluff; tease ❺play (a stringed musical instrument) ❻pluck ❻elastic ❼accuse 弹劾 impeach (a public official) 弹簧 spring 弹力 elastic force; spring 弹球(play) marbles 弹射 launch (as with a catapult); catapult; shoot off 弹跳 bounce; spring 弹压 quell

痰 tán phlegm; sputum 痰盂 spittoon; cuspidor

潭 tán ❶deep pool; pond ❷pit; depression

檀 tán wingceltis 檀板 hardwood clappers 檀香 sandalwood

忐 tǎn 忐忑 mentally disturbed 忐忑不安 uneasy

坦 tǎn ❶level; smooth ❷calm; com-

T

posed ❸open 坦白 honest; frank; make a confession; own up (to)坦荡 magnanimous; bighearted 坦克 tank 坦然 calm; unperturbed 坦率 candid; frank 坦途 level road; highway

祖 tǎn ❶leave (the upper part of the body) uncovered; be stripped to the waist or have one's shirt unbuttoned ❷shield; shelter 祖护 shield

毯 tǎn blanket; rug; carpet 毛毯 woollen blanket

叹 tàn ❶sigh ❷exclaim in admiration; acclaim 叹词 interjection; exclamation 叹服 gasp in admiration 叹气 sigh

炭 tàn charcoal 炭笔 charcoal pencil 炭火 charcoal fire 炭盆 charcoal brazier 炭窑 charcoal kiln

探 tàn ❶try to find out; explore; sound ❷scout; spy; detective ❸visit ❹stretch forward 探测 survey; sound 探访 seek by inquiry or search; visit 探戈 tango 探监 visit a prisoner 探究 make a thorough inquiry 探口气 sound sb. out 探矿 prospect 探明 ascertain; verify 探亲 go home to visit one's family or go to visit one's relatives 探求 seek; search after 探索 explore 探讨 inquire into; probe into 探听 try to find out; make inquiries 探望 look about; visit 探问 inquire after 探悉 learn; find out 探险 explore 探照灯 searchlight 探针 probe

碳 tàn carbon 碳水化合物 carbohydrate 碳酸 carbonic acid

TANG

汤 tāng ❶hot water ❷soup; broth 汤匙 soupspoon 汤面 noodles in soup 汤勺

soup ladle 汤碗 soup bowl

蹚 tāng ❶wade; ford ❷turn the soil and dig up weeds (with a hoe, etc.)

唐 táng 唐朝 Tang Dynasty 唐老鸭 Donald Duck

堂 táng ❶the main room of a house ❷a hall for a specific purpose 课堂 classroom ❸court of law 堂皇 grand; stately; magnificent 堂堂 dignified; imposing; awe-inspiring 堂堂正正 open and aboveboard 堂屋 central room

塘 táng ❶dyke; embankment ❷pool; pond ❸hot-water bathing pool 塘泥 pond sludge

搪 táng ❶ward off; keep out ❷spread (clay, paint, etc.) over; daub 搪瓷 enamel 搪塞 stall sb. off; do sth. perfunctorily

膛 táng ❶thorax; chest ❷an enclosed space inside sth.; chamber 炉膛 stove chamber

糖 táng ❶sugar 冰糖 crystal sugar ❷sugared; in syrup ❸sweets; candy 糖厂 sugar refinery 糖醋 sugar and vinegar; sweet and sour 糖果 sweets; candy; sweetmeats 糖葫芦 sugarcoated haws on a stick 糖浆 syrup 糖精 gluside 糖衣炮弹 sugarcoated bullet

倘 tǎng if; supposing; in case 倘有不测 in case of accidents

淌 tǎng drip; shed; trickle 血淌 trickled from the wound

躺 tǎng lie; recline 躺倒 lie down 躺椅 deck chair; sling chair

烫 tàng ❶scald; burn ❷heat up in hot water; warm ❸very hot ❹iron; press ❺perm 冷烫 cold wave 烫发 give or have a permanent wave; perm 烫金 gilding

TAO

涛 tāo great waves; billows

掏 tāo ❶draw out; pull out; fish out ❷dig (a hole, etc.); hollow out ❸steal from sb.'s pocket 掏腰包 pay out of one's own pocket

滔 tāo inundate; flood 滔滔 torrential; surging 滔天 (of billows, etc.) dash to the skies

韬 tāo ❶sheath or bow case ❷hide; conceal ❸the art of war 韬晦 conceal one's true features or intentions; lie low 韬略 military strategy

逃 táo ❶run away; escape; flee ❷evade; dodge; shirk; escape 逃避 escape; evade; shirk 逃兵 deserter 逃审 run away; flee in disorder 逃遁 flee; escape; evade 逃犯 escaped criminal or convict 逃荒 flee from famine 逃命 fly for one's life 逃难 flee from a calamity 逃跑 flee; escape 逃脱 make good one's escape 逃亡 go into exile 逃学 out class

桃 táo peach 桃红 pink 桃花 peach blossom

陶 táo ❶pottery; earthenware ❷make pottery ❸cultivate; mould; educate ❹contented; happy 陶器 pottery; earthenware 陶土 pottery clay 陶冶 edification 陶醉 be intoxicated (with success etc.); revel in

淘 táo ❶wash in a pan or basket ❷clean out; dredge 淘金 panning 淘井 dredge a well 淘米 wash rice 淘气 naughty 淘汰 die out; fall into disuse

讨 tǎo ❶send armed forces to suppress ❷denounce; condemn ❸demand; ask for; beg for ❹marry (a woman) 讨老婆 take a wife ❺incur; invite 讨个没趣儿 ask for a snub 讨饭 beg for food; be a beggar 讨好 fawn on; toady to 讨还 get sth. back 讨价 bargain 讨教 ask for advice 讨论 discuss; talk over 讨便宜 look for a bargain 讨饶 beg for mercy 讨嫌 disagreeable; annoying 讨厌 hard to handle; troublesome

套 tào ❶case; cover; sleeve ❷cover with; slip over; ❸that which covers (other garments, etc.) ❹overlap; interlink ❺traces; harness (for a draught animal) ❻harness (an animal); hitch up (an animal to a cart) ❼knot; loop; noose ❽put a ring, etc. round; tie ❾model on; copy ❿convention; formula ⓫pump sb. about sth. ⓬try to win (sb.'s friendship) ⓭set; suit 套包 collar (for a horse) 套车 harness an animal to a cart 套购 illegally buy up 套间 inner room; flat 套期保值 hedge 套期图利 spread; traddle 套头交易 hedging 套用 apply mechanically 套种 interplanting

TE

特 tè ❶special; particular; unusual; ❷for a special purpose; specially ❸secret agent 特别 special; particular; especially; particularly 特别稽查员 special inspector 特产 special (local) product; specialty 特长 strong point 特出 extraordinary 特大 especially big; the most 特地 for a special purpose; specially 特点 peculiarity; trait 特定 specific; specified 特定置留权 particular lien 特工 secret service 特混舰队(naval) task force 特级 special grade 特急 extra urgent (telegram) 特技 stunt; trick; special effects

T

特价 special offer 特快 express 特快专递 express mail service (EMS) 特困地区 destitute areas 特派 specially appointed 特遣部队 task force 特权 privilege; prerogative; perquisite (perk) 特色 distinguishing feature 特色餐馆 specialty restaurant 特赦 special pardon 特殊 particular; peculiar 特殊化 become privileged 特殊津贴 special allowances 特务 special task (battalion, etc.); spy 特效 specially good effect; special efficacy 特写 feature article or story; close-up 特写镜头 close-up view (shot) 特许 special permission 特邀 specially invite 特有 peculiar; characteristic 特征 feature; trait 特指 refer in particular to 特种 special type; particular kind

TENG

疼 téng ❶ache; pain; sore ❷love dearly; be fond of

誊 téng transcribe; copy out 誊清 make a fair copy of 誊清稿 fair copy

腾 téng ❶gallop; jump; prance ❷rise; soar ❸make room; clear out; vacate 腾空 soar; rise to the sky 腾腾 steaming; seething 烟雾腾腾 hazy with smoke

藤 téng ❶ cane; rattan ❷ vine 藤牌 cane shield

TI

剔 tī ❶ pick ❷ pick out and throw away; reject 剔除 get rid of

梯 tī ❶ladder; steps; stairs ❷terraced 梯队 echelon 梯级 stair; step 梯田 terraced fields; terrace 梯形 ladder-shaped; trapezium 梯子 stepladder

踢 tī ❶kick ❷play (football); kick 踢皮球 play children's football; pass the buck 踢踏舞 step dance

提 tí ❶carry ❷lift; raise; promote ❸shift to an earlier time; move up a date ❹bring up; raise ❺draw out; extract ❻mention; refer to 提案 motion; proposal 提拨 promote 提包 handbag; bag 提倡 promote; encourage; recommend 提出 advance; pose; raise; produce (evidence) 提法 formulation; wording 提纲 outline 提纲挈领 bring out the essentials 提高 raise; increase; improve 提供 provide; supply; furnish; offer 提货 pick up goods 提交 submit (a problem, draft resolution, etc.) to; refer to 提款 draw money (from a bank) 提炼 extract and purify 提名 nominate (sb. for representative, etc.) 提起 mention; speak of; raise 提前 move up (a date); advance; ahead of time; beforehand 提琴 the violin family 提请 submit sth. to 提取 draw; collect; extract 提神 refresh oneself 提审 bring (a prisoner) before the court; bring (sb. in custody) to trial 提升 promote 提示 point out 提问 put questions to 提箱 suitcase 提心吊胆 have one's heart in one's mouth 提醒 remind; warn; call attention to 提要 abstract; epitome 提议 propose; suggest; move 提早 be earlier than planned or expected

啼 tí ❶cry; wail; weep aloud ❷crow; caw 啼笑皆非 not know whether to laugh or cry

题 tí ❶topic; subject; title; problem ❷inscribe 题诗 inscribe a poem 题材 subject matter; theme 题词 inscription; dedication; foreword

蹄 tí hoof 马蹄 horse's hoofs 蹄筋 tendons (of beef, mutton or pork)

体 tǐ ❶body；part of the body ❷(state of a) substance ❸style；form ❹personally do or experience sth. 身体力行 earnestly practise what one advocates ❺system ❻aspect (of a verb) 体裁 types or forms of literature 体操 gymnastics 体察 experience and observe 体罚 physical punishment 体格 physique；build 体积 volume (of a container, etc.)；bulk 体力 physical strength 体谅 make allowances for 体面 dignity；face；creditable 体态 posture；carriage 体贴 give every care to 体统 decorum；propriety；decency 体味 appreciate；savour 体温 (body) temperature 体无完肤 have cuts and bruises all over the body 体系 system 体现 reflect；give expression to 体形 bodily form；build 体型 type of build or figure 体验 learn through practice or one's personal experience 体育 physical education；sports 体制 system of organization 体质 physique；constitution 体重 (body) weight

屉 tì ❶a food steamer with several trays；steamer tray ❷drawer 五屉柜 five-drawer closet

剃 tì shave 剃刀 razor 剃头 have a haircut

涕 tì ❶tears 痛哭流涕 shed bitter tears 感激涕零 be moved to tears of gratitude ❷snivel 涕泣 weep

惕 tì cautious；watchful 警惕 be on the alert；watch out

替 tì ❶take the place of；replace；❷for；on behalf of 替代 substitute for；replace 替换 displace 替换成本 alternative cost 替身 substitute；replacement；stand-in 替罪羊 scapegoat

嚏 tì sneeze 嚏喷 sneeze

TIAN

天 tiān ❶sky；heaven ❷overhead ❸day ❹a period of time in a day ❺season ❻weather ❼nature ❽God；Heaven 天窗 skylight 天地 heaven and earth；world；universe 天鹅 swan 天翻地覆 earthshaking (闹得) 天翻地覆 play hell and Tommy 天分 natural gift；talent 天赋 inborn；innate 天宫 heavenly palace 天国 the Kingdom of Heaven 天花 smallpox 天花板 ceiling 天昏地暗 dark all round 天经地义 right and proper；perfectly justified 天井 small yard；skylight 天空 the sky；the heavens 天蓝 sky blue 天理 justice 天良 conscience 天亮 daybreak；dawn 天罗地网 nets above and snares below 天幕 backdrop (of a stage) 天平 balance；scales 天气 weather 天堑 natural moat 天壤之别 be poles apart 天日 the sky and the sun；light 天色 colour of the sky；weather 天生 born；inherent 天时 weather；climate 天使 angel 天堂 paradise；heaven 天体 celestial body 天王星 Uranus 天文 astronomy 天下 land under heaven 天险 natural barrier 天线 aerial；antenna 天性 nature 天涯 the end of the world 天真 innocent；naive 天职 bounden duty 天主教 Catholicism 天主教徒 Catholic 天资 natural gift；talent 天子 the emperor

添 tiān add；increase 添补 replenish；get more 添枝加叶 embellish a story 添置 add to one's possessions

田 tián field；farmland 田地 field；cropland 田埂 ridge 田鸡 frog 田间 field；farm 田径 track and field 田螺 river snail

田赛 field events 田鼠 (field) vole 田野 field; open country 田园 fields and gardens; countryside

恬 tián ❶quiet; tranquil; calm ❷not care at all 恬不知耻 have no sense of shame

甜 tián ❶sweet; honeyed ❷sound 甜菜 beet 甜瓜 muskmelon 甜美 sweet; pleasant; refreshing 甜蜜 sweet; happy 甜食 sweet food; sweetmeats 甜头 sweet taste; good; benefit (as an inducement) 甜味 sweet taste 甜言蜜语 fine-sounding words

填 tián ❶fill; stuff ❷write; fill in 填补 fill (a vacancy, gap, etc.) 填充 fill up; stuff 填空 fill a vacant position; fill a vacancy 填平 fill and level up

TIAO

挑 tiāo ❶choose; select; pick ❷carry; shoulder 挑拣 pick and choose 挑剔 nit-pick 挑选 choose; select; pick out 挑子 carrying pole with its load

条 tiáo ❶twig ❷a long narrow piece; strip; slip ❸item; article ❹order 有条不紊 in perfect order; orderly 条案 a long narrow table 条幅 scroll 条件 condition; term; factor 条款 clause; article 条理 orderliness; method 条例 regulations; rules; ordinances 条目 clauses and sub-clauses 条条框框 rules and regulations 条文 article; clause 条约 treaty; pact 条子 strip

迢 tiáo far; remote 迢迢 far away; remote 千里迢迢 from a thousand li away; from afar

调 tiáo ❶mix; adjust ❷suit well; fit in perfectly ❸mediate ❹tease; provoke 调处 arbitrate (a dispute) 调羹 spoon 调和 mediate; reconcile; make concessions 调剂 adjust; regulate; salt with 调节 adjust; regulate 调解 mediate; make peace 调理 nurse one's health; recuperate look after 调料 seasoning 调皮 naughty 调情 flirt 调唆 incite; instigate 调停 mediate; intervene 调味 flavour; season 调戏 take liberties with (a woman) 调笑 make fun of 调谐 harmonious 调整 adjust; regulate; revise

笤 tiáo 笤帚 whisk broom

挑 tiáo ❶push sth. up with a pole or stick; raise ❷poke; pick ❸instigate 挑拨 instigate; incite; sow discord 挑拨离间 sow dissension 挑动 provoke; stir up; incite 挑逗 provoke; tease 挑花 cross-stitch work 挑唆 abet 挑衅 provoke 挑战 throw down the gauntlet

眺 tiào look into the distance from a high place 远眺 look far into the distance

跳 tiào ❶jump; leap; spring; bounce ❷move up and down; beat ❸skip (over); make omissions 跳班 (of pupils) skip a grade 跳板 springboard 跳动 beat; pulsate 跳高 high jump 跳脚 stamp one's foot 跳栏 hurdle race 跳马 horse-vaulting 跳棋 Chinese checkers 跳伞 parachute; bale out 跳绳 ropeskipping 跳水 dive 跳台 diving tower 跳舞 dance 跳远 long jump; broad jump 跳蚤 flea

TIE

贴 tiē ❶paste; stick; glue ❷keep close to ❸subsidies; allowance 贴边 hem (of a garment）贴补 subsidize 贴切（of words）apt；suitable 贴身 next to the skin 贴心 intimate；close

铁 tiě ❶iron ❷arms；weapon ❸hard or strong as iron ❹indisputable；unalterable ❺resolve；determine 铁板 iron plate 铁饼 discus 铁道 railway；railroad 铁饭碗 a secure job 铁箍 iron hoop 铁管 iron pipe 铁轨 rail 铁环 iron hoop 铁甲 armour 铁匠 blacksmith 铁矿 iron ore 铁链 iron chain 铁路 railway；railroad 铁门 iron gate 铁皮 iron sheet 铁骑 cavalry 铁器 ironware 铁锹 spade；shovel 铁纱 wire cloth 铁石心肠 be ironhearted 铁水 molten iron 铁丝 iron wire 铁索 cable；iron chain 铁腕 iron hand 铁锈 rust 铁证 iron-clad proof

帖 tiè a book containing models of handwriting or painting for learners to copy 字帖 calligraphy models

TING

厅 tīng ❶hall ❷office ❸a government department at the provincial level 教育厅 the Education Department

听 tīng ❶listen；hear 听我说完 hear me out ❷heed；obey ❸allow；let ❹tin；can 听便 as one pleases；please yourself 听从 obey；heed；comply with 听而不闻 hear but pay no attention；close one's ears to 听候 wait for（a decision，settlement，etc.）听话 be obedient 听见 hear 听讲 attend a talk 听觉 sense of hearing 听课 visit a class 听力 hearing 听命 take orders from；be at sb.'s command 听其自然 let things take their own course 听起来 sound 听取 listen to 听筒（telephone）receiver 听写 dictation 听信 be-

lieve（what one hears）；buy one's story 听众 audience；listeners

廷 tíng the court of a feudal ruler；the seat of a monarchical government 清廷 the Qing government

亭 tíng pavilion；kiosk 书亭 bookstall 亭亭玉立 slim and graceful；tall and e-rect

庭 tíng ❶front courtyard；front yard ❷law court 庭外和解 settlement 庭园 flower garden；grounds 庭院 courtyard

停 tíng ❶stop；cease；halt；pause ❷stop over；stay ❸（of cars）be parked 停办 close down 停泊 anchor；berth 停产 stop production 停车 stop；park 停当 ready；settled 停电 power cut 停顿 stop；pause（in speaking）停放 park；place 停工 stop work；shut down 停火 cease fire 停机坪 aircraft parking area 停刊 stop publication（of a newspaper，magazine，etc.）停课 suspend classes 停留 stay for a time；stop；remain 停薪留职 remain employed without pay 停战 armistice；truce 停职 suspend sb. from his duties 停止 stop；cease；halt 停滞 stagnate；be at a standstill；bog down

挺 tǐng ❶straight；erect；stiff ❷stick out；straighten up（physically）❸en-dure；stand；hold out ❹rather；quite 挺拔 tall and straight 挺进 press onward；push forward 挺举 clean and jerk 挺身而出 step forward bravely

铤 tǐng （run）quickly 铤而走险 risk danger in desperation；make a reckless move

艇 tǐng a light boat 汽艇 steamboat 登陆艇 0landing craft

T

TONG

通 tōng ❶open; through ❷poke; jab 通炉子 poke the fire ❸lead to; go to ❹connect; communicate ❺notify; tell ❻understand; know ❼authority; expert hand ❽logical; coherent ❾general; common ❿all; whole 通报 circular (on the situation, etc.); journal 通病 common failing 通常 general; usual; normal 通车 (of a railway or highway) be open to traffic 通称 a general term 通达 understand 通道 thoroughfare; passage 通电 electrify; energize 通牒 diplomatic note 通风 ventilate 通告 give public notice; announce 通过 pass through; get past; pass, through 通航 be open to navigation or air traffic 通红 very red 通话 converse 通婚 intermarry 通货 currency; current money 通缉 order the arrest of a criminal at large 通奸 commit adultery 通栏标题 banner 通令 circular order 通路 thoroughfare 通盘 overall; all-round 通情达理 showing good sense; reasonable 通融 make an exception in sb.'s favour (可以) 通融 there is no slammed door (no blank refusal) 通商 (of nations) have trade relations 通史 comprehensive history 通顺 clear and coherent; smooth 通俗 popular; common 通俗歌曲 pop songs 通宵 all night; throughout the night 通晓 thoroughly understand 通心粉 macaroni 通行证 pass; permit 通讯 communication 通用 in common use 通邮 accessible by postal communication 通知 notify; notice

同 tóng ❶same; alike; similar ❷be the same as ❸together; in common ❹with 同班同学 classmate 同伴 companion 同胞兄弟 full brother 同辈 of the same generation 同病相怜 misery loves company 同窗 schoolmate 同等 on an equal basis 同房 sleep together 同甘共苦 cast (throw) in one's lot with sb. 同感 the same feeling 同工同酬 equal pay for equal work 同归于尽 perish together 同化 assimilate (ethnic groups) 同伙 work in partnership; partner; confederate 同居 live together; cohabit 同流合污 wallow in the mire with sb. 同路 go the same way 同盟 alliance; league 同名 of the same name 同谋 conspire (with sb.) 同情 sympathy; fellow feeling 同时 at the same time 同事 colleague; fellow worker 同岁 of the same age 同位语 appositive 同心同德 be of one heart and one mind 同行 travel together 同性 of the same sex 同姓 of the same surname 同学 fellow student; schoolmate 同样 same; equal 同一 same; identical 同义词 synonym 同意 agree; approve 同音词 homonym; homophone 同志 comrade 同宗 of the same clan

桐 tóng a general term for paulownia, phoenix tree and tung tree 桐油 tung oil

铜 tóng copper 铜版 copperplate 铜管乐队 brass band 铜管乐器 brass wind 铜匠 coppersmith 铜模 matrix 铜器 bronze, brass or copper ware 铜钱 copper cash 铜墙铁壁 bastion of iron

童 tóng ❶child ❷virgin 童男 virgin boy ❸bare; bald 童山 bare hills 童工 child labourer 童话 fairy tales 童年 childhood 童声 child's voice 童心 childishness 童谣 children's folk rhymes 童贞 virginity 童子 boy; lad

瞳 tóng pupil (of the eye) 瞳孔 pupil

统 tǒng ❶interconnected system 传统 tradition ❷gather into one; unite 统舱 steerage 统筹 plan as a whole 统筹规划

overall planning 统共 altogether; in all 统购统销 state monopoly for purchase and marketing 统计 add up; count 统帅 commander (in chief); command 统率 command 统统 all; completely; entirely 统一 unify; unite; unified; unitary 统治 rule 统制 control

捅 tǒng ❶poke; stab ❷disclose; give away 捅娄子 make a mess of sth.; get into trouble

桶 tǒng tub; pail; bucket; barrel 汽油桶 petrol drum 一桶水 a pail of milk

筒 tǒng ❶a section of thick bamboo ❷a tube-shaped object or part 烟筒 chimney 袜筒 the leg of a stocking 袖筒 sleeve

痛 tòng ❶ache; pain 痛得弯下身去 double up with pain ❷sadness ❸extremely; deeply 痛处 tender spot 痛感 keenly feel 痛恨 hate bitterly 痛觉 sense of pain 痛哭 cry bitterly; wail 痛苦 pain; suffering 痛快 very happy; delighted; joyful 痛切 with intense sorrow; most sorrowfully 痛恶 bitterly detest; abhor 痛惜 deeply regret 痛心 pained; grieved

TOU

偷 tōu ❶steal; pilfer; make off with's ❷stealthily; secretly; on the sly ❸find (time) 偷安 seek temporary ease 偷工减料 do shoddy work and use inferior material 偷懒 loaf on the job; be lazy 偷情 carry on a clandestine love affair 偷税 evade taxes; tax evasion 偷偷 stealthily; secretly; covertly 偷偷摸摸 furtively; surreptitiously 偷袭 sneak attack; surprise attack 偷闲 snatch a moment of leisure

头 tóu ❶head ❷hair ❸top; end ❹beginning or end ❺remnant; end ❻chief; head ❼side; aspect ❽first 头版 front page (of a newspaper) 头等 first-class; first-rate 头顶 the top of the head 头发 hair 头号 number one; size one 头昏 dizzy; giddy 头角 brilliance; talent 头巾 scarf; kerchief 头里 in front; ahead; in advance; beforehand 头脑 brains; mind 头皮 scalp; scurf 头生 firstborn 头套 actor's headgear 头衔 title 头像 head (portrait or sculpture) 头绪 main threads (of a complicated affair) 头油 hair oil 头子 chieftain; chief; boss

投 tóu ❶throw; fling; hurl ❷put in; drop ❸throw oneself into (a river, well, etc. to commit suicide) ❹send; deliver ❺fit in with; agree with 投案 give oneself up to the police 投奔 go to (a friend or a place) for shelter 投标 submit a tender; enter a bid 投产 put into production 投诚 surrender 投敌 go over to the enemy 投递员 postman; letter carrier 投合 agree; get along 脾气投合 be quite congenial 投机 agreeable; engage in speculation 投考 sign up for an examination 投靠 go and seek refuge with sb. 投篮 shoot (a basket) 投票 vote; cast a vote 投入 throw into; put into 投宿 put up for the night 投诉①appeal ②complain 投诉热线 dial-a-cheat confidential hotline 投降 surrender; capitulate 投资 invest; money invested 投资需求 demand for investment

透 tòu ❶penetrate; pass through ❷fully; thoroughly 透彻 penetrating; thorough 透镜 lens 透亮 bright; perfectly clear 透露 divulge; leak; reveal 透明 transparent 透气 let air in; breathe freely 透视 perspective

TU

凸 tū protruding; raised 凸版 relief printing plate 凸透镜 convex lens

秃 tū ❶bald; bare ❷blunt; without a point 秃山 bare hills ❸incomplete; unsatisfactory 秃顶 bald 秃子 baldhead

突 tū ❶dash forward; charge ❷sudden; abrupt 突出 protruding; sticking out 突发奇想 on a whim; have a whim to do 突飞猛进 advance by leaps and bounds; make giant strides 突击 assault; shock 突击检查 a spot-check on sth. 突破 make a breakthrough; break 突然 suddenly; abruptly; unexpectedly 突围 break out of an encirclement 突袭 surprise attack

图 tú ❶ picture; drawing; chart; map ❷scheme; plan; attempt ❸pursue; seek ❹intention; intent 图案 pattern; design 图表 chart; diagram 图钉 drawing pin; thumbtack 图画 drawing; picture; painting 图记 seal; stamp 图解 diagram; graph; figure 图景 view; prospect 图谋 scheme; conspire 图片 picture; photograph 图谱 a collection of illustrative plates; atlas 图书 books 图像 picture; image 图形 graph; figure 图样 pattern; deign; drawing; 图章 seal; stamp 图纸 blueprint; drawing (of a building, etc.)

涂 tú ❶ spread on; apply; smear ❷scribble; scrawl ❸blot out 涂层 coat; coating 涂改 alter 涂改无效 invalid if altered 涂料 coating; paint 涂抹 daub; smear 涂脂抹粉 apply powder and paint; prettify

途 tú way; road; route 沿途 along the way 途中 on the way 途经 by way of; via 途径 way; channel

徒 tú ❶on foot ❷empty; bare ❸merely; only ❹in vain; to no avail ❺apprentice; pupil ❻follower; believer ❼person; fellow ❽(prison) sentence; imprisonment 徒步 on foot 徒弟 apprentice; disciple 徒工 apprentice 徒劳 futile 徒然 in vain; for nothing 徒刑 imprisonment; (prison) sentence

屠 tú ❶ slaughter ❷ massacre 屠刀 butcher's knife 屠夫 butcher 屠杀 massacre; butcher

土 tǔ ❶soil; earth ❷land; ground ❸local; native ❹homemade ❺unrefined; unenlightened 土崩瓦解 crumble; fall apart 土布 handwoven cloth; homespun cloth 土地 land; soil 土方 earthwork; folk recipe 土匪 bandit; brigand 土改 land reform 土豪 local tyrant 土话 local, colloquial expressions 土皇帝 local despot; local tyrant 土货 local product 土牢 dungeon 土木 building; construction 土坯 sun-dried mud brick; adobe 土气 rustic; uncouth; countrified 土壤 soil 土人 natives 土色 ashen; pale 土星 Saturn 土音 local accent 土著 original inhabitants

吐 tǔ ❶spit ❷say; tell; pour out 吐怨气 vent one's grievances 吐露 reveal; tell

吐 tù ❶vomit; throw up ❷give up unwillingly; disgorge (ill-gotten gains) 吐沫 saliva; spittle 吐血 spitting blood

兔 tù hare; rabbit 兔死狐悲 the fox mourns the death of the hare

TUAN

湍 tuān ❶(of a current) rapid; torrential ❷rapids; rushing waters 湍急 rapid; swift 水流湍急 the current is swift

团 tuán ❶ round; circular ❷ sth. shaped like a ball ❸ roll (sth. into a ball) ❹ unite; conglomerate ❺ group; society; organization ❻ regiment ❼ the League 团粉 cooking starch 团结 unite; rally 团结就是力量 unity is strength 团聚 reunite 团体 organization; group; team 团团 round and round; all round 团员 a member of the Communist Youth League of China; League member 团圆 reunion 团长 regimental commander 团子 dumpling

TUI

推 tuī ❶ push; shove ❷ turn (a mill or grindstone); grind ❸ cut; pare ❹ push forward; promote; advance ❺ infer; deduce ❻ push away; shirk; ❼ put off; postpone ❽ elect; choose 推测 infer; conjecture; guess 推陈出新 weed through the old to bring forth the new 推迟 put off; postpone; defer 推崇 hold in esteem 推辞 decline (an appointment, invitation, etc.) 推倒 push over; overturn 推动 promote; give impetus to 推断 infer; deduce 推翻 overthrow; overturn 推广 popularize; spread; extend 推荐 recommend 推进 push on; carry forward; advance 推究 examine; study 推举 elect; choose; press 推理 inference; reasoning 推敲 weigh 推卸 refuse, decline 推让 decline (a position, favour, etc, out of modesty) 推算 calculate; reckon 推土机 bulldozer 推托 offer as an excuse 推想 imagine; guess 推销 market; peddle 推卸 shirk (responsibility) 推行 carry out; pursue; practise 推选 elect; choose 推移 (of time) 推重 have a high regard for 推子 hair-clippers

颓 tuí ❶ ruined; dilapidated ❷ declining; decadent ❸ dejected 颓废 dispirited 颓丧 listless 颓势 declining tendency

腿 tuǐ ❶ leg 大腿 thigh 小腿 shank ❷ a leglike support 桌腿 legs of a table 腿勤 tireless in running around 腿肚子 calf (of the leg) 腿腕子 ankle

退 tuì ❶ move back; retreat ❷ cause to move back; remove ❸ withdraw from; quit ❹ decline; recede; ebb ❺ fade ❻ return; give back; refund ❼ cancel; break off 退避 withdraw and keep off 退兵 retreat; withdrawal 退步 lag behind; retrogress 退潮 ebb tide 退出 withdraw from; secede; quit 退化 degeneration; deteriorate; retrograde 退还 return 退换 replace a purchase 退回 go back 退婚 break off an engagement 退路 leeway 退票 return a ticket 退却 withdraw; flinch 退让 make a concession; yield; give in 退烧 bring down a fever 退缩 shrink back 退伍 leave the army 退席 leave a banquet or a meeting 退休 retire 退学 leave school 退役 retire or be released from military service (on completing the term of reserve) 退隐 go into retirement 退赃 give up ill-gotten gains 退职 resign or be discharged from office; quit working

蜕 tuì ❶ slough off; exuviate; moult ❷ exuviae 蜕变 change qualitatively; transform 蜕化 ①slough off; exuviate ②degenerate

褪 tuì ❶ take off (clothes); shed (feathers) ❷ (of colour) fade

TUN

吞 tūn ❶ swallow; gulp down ❷ take possession of; annex 吞并 annex; gobble up 吞声 gulp down one's sobs 吞噬 swallow; gobble up 吞吐 swallow and spit 吞吞吐吐 hesitate in speech

屯 tún ❶ collect; store up ❷ station (troops); quarter

囤 tún store up; hoard 囤货 store goods 囤积居奇 hoarding and cornering; forestall market

豚 tún ❶ suckling pig ❷ pig 豚鼠 guinea pig; cavy

臀 tún buttocks 臀部 buttocks

褪 tùn slip out of sth. 褪下一只袖子 slip one's arm out of one' sleeve

TUO

托 tuō ❶ hold in the palm; support with the hand or palm ❷ sth. serving as a support ❸ serve as a foil; set off ❹ ask; entrust ❺ plead; give as a pretext ❻ rely upon; owe to 托词 find a pretext; make an excuse; excuse subterfuge 托儿 bird dogs 托儿所 nursery; child-care centre 托付 en-trust; commit sth. to sb.'s care 托拉斯 trust 托名 do sth. in sb. else's name 托盘 (serving) tray 托人情 gain one's end through pull; seek the good offices of sb. 托运 check

拖 tuō ❶ pull; drag; haul ❷ delay; drag on 拖把 mop 拖车 trailer 拖带 pulling; towing 拖拉 dilatory; slow; sluggish 拖拉机 tractor 拖累 encumber; be a burden on; involve 拖轮 tugboat; tug; towboat 拖泥带水 messy; sloppy 拖欠 be behind in payment; default 拖鞋 slippers 拖延

delay; put off;

脱 tuō ❶ (of hair, skin) shed; come off ❷ take off; cast off ❸ escape from; get out of ❹ miss (out) 脱党 quit a political party 脱缰之马 a runaway horse 脱节 come apart 脱口而出 say sth. unwittingly; let slip 脱口秀 talk show 脱离 break away from 脱漏 be left out; be o-mitted; be missing 脱落 drop; fall off; come off 脱帽 raise one's hat (in respect)脱期 fail to come out on time 脱手 get off one's hands; sell 脱胎 be born out of 脱胎换骨 be reborn; cast off one'old self 脱险 out of danger 脱销 out of stock 脱脂 de-fat; degrease

驮 tuó carry on the back 驮马 pack horse

陀 tuó 陀螺 top 陀螺仪 gyroscope; gyro

驼 tuó ❶ camel ❷ hunchbacked 驼背 hunchback 驼绒 camel's hair 驼色 light tan

鸵 tuó 鸵鸟 ostrich

妥 tuǒ ❶ appropriate; proper ❷ ready; settled; finished 妥当 appropriate; proper 妥善 proper; well arranged 妥协 come to terms; compromise

椭 tuǒ 椭圆 ellipse

拓 tuò open up; develop 拓荒 open up virgin soil 拓荒者 pioneer; pathbreaker

唾 tuò ❶ saliva; spittle ❷ spit 唾骂 spit on and curse; revile 唾沫 spittle 唾弃 cast aside 唾手可得 extremely easy to obtain

W

WA

洼 wā ❶hollow ❷low-lying area 洼地 depression; low-lying land

挖 wā dig; excavate 挖补 mend by replacing a damaged part 挖沟 ditch; trench 挖掘 excavate; unearth 挖苦 ridicule; satirize; speak sarcastically or ironically 挖泥船 dredger; dredge 挖墙角 undermine sb.'s prestige; let sb. down

蛙 wā frog 蛙人 frogman 蛙式打夯机 frog rammer 蛙泳 breaststroke

娃 wá ❶baby; child ❷newborn animal

瓦 wǎ❶tile ❷made of baked clay 瓦房 tile-roofed house 瓦工 bricklaying, tiling or plastering; bricklayer; tiler; plasterer 瓦解 disintegrate; collapse; fall in to pieces; crumble 瓦砾 rubble; debris 瓦斯 gas

袜 wà socks; stockings; hose 袜带 suspenders; garters 袜套 socks; ankle socks 袜筒 the leg of a stocking 袜子 socks; stockings; hose

WAI

歪 wāi❶askew; aslant; inclined; slanting ❷devious; underhand 歪风 unhealthy trend 歪曲 distort; misrepresent; twist 歪曲事实 distort the facts

外 wài❶outer; outward; outside ❷other ❸foreign; external ❹(relatives) of one's mother, sisters or daughters ❺not of the same organization, class, etc.; not closely related ❻in addition; beyond 此外 besides; into the bargain ❼unofficial (biography) 外币 foreign currency 外边 outside; out 外表 outward appearance; exterior; surface 外宾 foreign guest 外部 outside; exterior 外层空间 outer space 外敷 apply (oin tment, etc.) 外国 foreign country 外行 layman; lay; unprofessional 外号 nickname 外患 foreign aggression 外汇 foreign exchange 外货 foreign goods 外籍 foreign nationality 外加 more; additional; extra 外间 outer room; outside circles 外交 diplomacy; foreign affairs 外界 outside 外景 outdoor scene; exterior 外科 surgical department 外壳 shell; case 外快 extra income 外来 outside; external; foreign 外力 outside force 外流 outflow; drain 外贸 foreign trade; external trade 外貌 appearance; exterior; looks 外面 outward appearance; exterior; surface; out 外婆 (maternal) grandmother 外侨 foreign national; alien 外勤 field personnel 外人 stranger; outsider; alien 外伤 an injury or wound; trauma 外甥 sister's son; nephew 外甥女 sister's daughter; niece 外事 foreign affairs 外孙 daughter's son; grandson 外孙女 daughter's daughter;

granddaughter 外胎 tyre（cover）外逃 flee the country 外套 overcoat; outer garment 外头 outside; out 外围 periphery 外文 foreign language 外侮 foreign aggression 外线 exterior lines; out going line 外向 extroversion 外销 for sale abroad or in another part or the country 外形 appearance; external form 外秀慧中 unite beauty and intelligence 外衣 coat; jacket; outer clothing; outer garment appearance; garb 外因 external cause 外用 external use; external application 外语 foreign language 外域 foreign lands 外援 foreign aid; outside help 外在 extrinsic; external 外债 external debt; foreign debt 外资 foreign capital 外资企业 overseas-funded enterprises 外族 foreigner; alien 外祖父（maternal）grandfather 外祖母（maternal）grandmother

WAN

弯 wān ❶curved; tortuous; crooked ❷bend; flex 弯路 crooked road; tortuous path 弯曲 winding; meandering; zigzag; curved 弯子 turn

削 wān cut out; gouge out; scoop out

湾 wān ❶a bend in a stream ❷gulf; bay ❸cast anchor; moor

蜿 wān 蜿蜒 ❶(of snakes, etc.) wriggle ❷wind; zigzag; meander

豌 wān 豌豆 pea

丸 wán ❶ball; pellet ❷pill; bolus 丸药 pill of Chinese medicine 丸子 a round mass of food; ball

纨 wán fine silk fabrics 纨袴子弟 profligate son of the rich; fop; dandy; playboy 纨扇 round silk fan

完 wán ❶intact; whole, intact ❷run out; use up ❸finish; complete; be over; be through ❹pay（taxes）完备 complete; perfect 完毕 finish; complete; end 完成 complete; bring to success 完蛋 be done for; be finished 完稿 complete the manuscript 完工 complete a project, etc.; finish doing sth.; get through 完婚（of a man）get married; marry 完结 end; be over; finish 完满 satisfactory; successful 完美 perfect; consummate 完全 complete; whole; entirely 完人 perfect man 完事 finish; get through; come to an end 完整 complete; integrated; intact

玩 wán ❶play; have fun; amuse oneself ❷employ; resort to ❸treat lightly ❹enjoy; appreciate ❺object for appreciation 玩忽 trifle with; neglect（of duty）玩火 play with fire 玩具 toy; plaything 玩弄 play with; juggle with 玩偶 doll; toy figurine 玩命 play with one's life; risk one's life needlessly 玩赏 enjoy; take pleasure in 玩世不恭 be cynical; have an air of mild dissipation 玩味 ponder; ruminate 玩物 plaything; toy 玩笑 joke; jest 开玩笑 make joke

顽 wán ❶stupid; dense; insensate stone ❷stubborn; obstinate 顽固 obstinate; stubborn; die-hard 顽抗 stubbornly resist 顽皮 naughty; mischievous 顽强 indomitable; staunch 顽童 naughty child; urchin 顽症 persistent ailment

宛 wǎn winding; tortuous 宛然 as if 宛如 just like

挽 wǎn ❶draw; pull ❷roll up ❸lament sb.'s death ❹coil up 挽歌 dirge; elegy 挽回 retrieve; redeem 挽救 save;

silk fan

remedy; rescue 挽联 elegiac couplet 挽留 urge sb. to stay 挽马 draught horse

惋 wǎn sigh 惋惜 feel sorry for sb. or about sth.; sympathize with

晚 wǎn ❶evening; night ❷far on in time; late 晚安 good night 晚班 night shift 晚报 evening paper 晚辈 the younger generation; one's juniors 晚场 evening show; evening performance 晚车 night train 晚稻 late rice 晚点 (of a train, ship, etc.) late; behind schedule 晚饭 supper; dinner 晚会 soiree; social evening; evening party 晚婚 marry at a mature age 晚节 integrity in one's later years 晚景 evening scene 晚年 old age; one's remaining years 晚期 later period 晚秋 late autumn 晚上 (in the) evening; (at) night 晚熟 late-maturing 晚霞 sunset glow; sunset clouds

婉 wǎn ❶gentle; gracious; tactful ❷beautiful; graceful; elegant 婉辞 gentle words; euphemism politely refuse 婉言 tactful expressions 婉转 sweet and agreeable

碗 wǎn bowl

万 wàn ❶ten thousand ❷a very great number ❸absolutely; by all means 万般 utterly; extremely 万端 multifarious 万恶 extremely evil; absolutely vicious 万分 very much; extremely 万古 through the ages; eternally; forever 万花筒 kaleidoscope 万籁俱寂 all is quiet; silence reigns supreme 万灵丹 panacea 万难 extremely difficult; utterly impossible 万能 omnipotent; universal 万年 ten thousand years; all ages; eternity 万千 multifarious; myriad 万全 perfectly sound; surefire 万世 all ages; generation after generation 万事 all things; everything 万事俱

备 Not a single thing is lacking for the plan. 万万 absolutely; wholly 万维网 World Wide Web (WWW) 万无一失 norisk at all 万象 every phenomenon on earth; all manifestations of nature 万幸 very lucky 万一 just in case; if by any chance

腕 wàn wrist

蔓 wàn a tendrilled vine

WANG

汪 wāng (of liquid) collect; accumulate 汪洋 (of a body of water) vast; boundless (ocean)

亡 wáng ❶flee; run away ❷lose; be gone ❸die; perish ❹deceased 亡故 die; pass away; decease 亡国 subjugate a nation; a conquered nation 亡命 flee; seek refuge; desperate

王 wáng king; monarch 王朝 imperial court; dynasty 王储 crown prince 王道 kingly way; benevolent government 王法 the law of the land; the law 王宫 (imperial) palace 王冠 imperial crown; royal crown 王国 realm; domain dependent kingdom; private preserve 王后 queen (consort) 王浆 royal jelly 王牌 trump card 王室 royal family; royal court 王位 throne 王子 king's son; prince

网 wǎng ❶net ❷network ❸catch with a net 网吧 cybercafe 网虫 cyber worm 网兜 string bag 网篮 a basket with netting on top 网罗 a net for catching fish or birds; trap 网络 internet; network 网迷 cyber joke 网民 netizen 网球 tennis 网眼 mesh 网站 cyber station 网址 website

枉 wǎng ❶crooked ❷twist; pervert ❸

treat unjustly; wrong 枉费 waste; try in vain; be of no avail 枉然 in vain; to no purpose

往 wǎng ❶go ❷in the direction of; toward ❸past; previous 往常 habitually in the past 往返 go there and back; journey to and fro 往复 move back and forth; reciprocate 往还 contact; dealings; intercourse 往来 contact; dealings 往年 (in) former years 往日 (in) former days 往事 past events; the past 往往 often; frequently

惘 wǎng feel frustrated; feel disappointed 惘然 frustrated; disappointed

妄 wǎng ❶absurd; preposterous ❷presumptuous; rash 妄动 (take) rash action 妄念 wild fancy; improper thought 妄求 inappropriate request 妄图 try in vain; vainly attempt 妄想 vain hope 妄自菲薄 unduly humble oneself

忘 wàng ❶forget; dismiss from one's mind ❷overlook; neglect 忘本 forget one's class origin; forget one's past suffering 忘恩负义 devoid of gratitude; ungrateful 忘乎所以 forget oneself; be carried away 忘我 oblivious of oneself; selfless

旺 wàng prosperous; flourishing 旺季 peak period; busy season 旺盛 vigorous; exuberant

往 wàng to; toward 往后 from now on; later on

望 wàng ❶gaze into the distance; look over ❷call on; visit ❸hope; expect ❹reputation; prestige 望尘莫及 too far behind to catch up; too inferior to bear comparison 望而生畏 be terrified by the sight of 望风 be on the lookout; keep

watch 望远镜 telescope; opera glasses

WEI

危 wēi ❶danger; peril ❷endanger; imperil ❸dying 危害 harm; endanger 危机 crisis 危急 critical; in imminent danger; in a desperate situation 危局 a dangerous situation 危难 danger and disaster; calamity 危亡 in peril; at stake 危险 dangerous; perilous

威 wēi ❶impressive strength; might; power ❷by force 威逼 threaten by force; coerce; intimidate 威风 imposing; impressive 威名 prestige; renown 威权 authority; power 威慑 terrorize with military force; deter 威士忌 whisky 威势 power and influence 威望 prestige 威武 force; power, mighty 威武雄壮 full of power and grandeur 威胁 threaten; menace 威信 prestige; popular trust 威严 dignified; stately; prestige; dignity

逶 wēi 逶迤 winding; meandering

萎 wēi decline

偎 wēi snuggle up to; lean close to 偎抱 hug; cuddle 偎依 lean close to

煨 wēi ❶cook over a slow fire; stew; simmer ❷roast in fresh cinders

微 wēi ❶minute; tiny ❷profound; abstruse ❸decline 微波炉 microwave oven 微薄 meagre; little; scanty 微不足道 not worth mentioning; insignificant 微观 microcosmic 微乎其微 very little; next to nothing 微贱 humble; lowly 微米 micron 微妙 delicate; subtle 微末 trifling; insignificant 微弱 faint; feeble; weak 微生物 microorganism; microbe 微微 slight; faint 微微一笑 give the ghost of a smile

微细 very small 微小 small; little 微笑 smile 微型 miniature; mini

巍 wēi towering; lofty 巍峨 towering; lofty

为 wéi ❶do; act ❷act as; serve as ❸ become ❹be; mean ❺by 为非作歹 do evil; commit crimes 为富不仁 be rich and cruel 为难 feel embarrassed; make things difficult for 为期 (to be completed) by a definite date 为人 behave; conduct oneself 为生 make a living 为时过早 premature; too early; too soon 为首 with sb. as the leader; headed by 为数 amount to; number 为所欲为 do as one pleases; do whatever one likes 为伍 associate with 为止 up to; till

违 wéi❶disobey; violate ❷be separated 违碍 taboo; prohibition 违背 violate; go against 违法 break the law; be illegal 违反 transgress 违犯 violate; infringe; act contrary to 违禁 violate a ban 违抗 disobey (orders, etc.); defy (one's superiors, etc.) 违心 against one's will; be (go) against grain 违约 break a contract 违章 break rules and regulations

围 wéi ❶ enclose; surround ❷ all round; around 围城 ①besieged city ② marriage 围攻 besiege; lay siege to 围歼 surround and annihilate 围剿 encircle and suppress 围巾 muffler; scarf 围困 hem in; pin down 围拢 crowd around 围棋 weiqi 围墙 enclosure; enclosing wall 围裙 apron 围绕 round; around; revolve round

桅 wéi mast 桅灯 mast head light; range light

惟 wéi ❶only; alone ❷but 惟恐 for fear that; lest 惟利是图 be bent solely on profit; be intent on nothing but profit;

mercenary 惟一 only; sole

唯 wéi only; alone 唯物辩证法 materialist dialectics 唯物论 materialism 唯物史观 materialist conception of history; historical materialism 唯物主义 materialism 唯心论 idealism 唯心史观 idealist conception of history; historical idealism 唯心主义 idealism

维 wéi❶tie up; hold together ❷safeguard; preserve; maintain; defend; uphold ❸ thinking; thought 维持 keep; maintain; preserve 维护 safeguard; defend 维妙维肖 remarkably true to life; absolutely lifelike 维生素 vitamin 维新 reform; modernization 维修 keep in (good) repair

伪 wěi❶false; fake; bogus ❷puppet; collaborationist 伪币 counterfeit money; forged bank note 伪军 puppet army or soldier 伪君子 hypocrite; whited sepulcher 伪劣品 botchery 伪善 hypocritical 伪书 apocrypha 伪造 forge; falsify; spurious (book)伪装 pretend; guise; mask

伟 wěi big; great 伟大 great; mighty 伟绩 great feats; great exploits; brilliant achievements 伟人 a great man 伟业 great cause

苇 wěi reed 苇箔 reed matting 苇塘 reed pond 苇席 reed mat

纬 wěi❶weft; woof ❷latitude

尾 wěi❶tail ❷end ❸remaining part; remnant 尾巴 tail 尾气 tail exhaust 尾声 end 尾数 odd amount in addition to the round number 尾随 tail behind; tag along after 尾追 hot on the trail of

委 wěi❶entrust; appoint ❷throw away; cast aside ❸ shift ❹indirect; roundabout 委顿 tired; exhausted; weary

委靡 listless；dispirited 委派 appoint；delegate；designate 委屈 feel wronged （hurt）；nurse a grievance 委任 appoint 委托 entrust；trust 委婉 mild and roundabout 委员 committee member

娓 wěi 娓娓（talk）tirelessly

萎 wěi wither；wilt；fade 萎缩 wither；shrivel shrink；sag

唯 wěi yea 唯唯诺诺 be a yes-man；be obsequious

猥 wěi ❶ numerous；multifarious ❷ base；obscene；salacious；indecent 猥贱 lowly；humble 猥亵 obscene；salacious

卫 wèi defend；guard；protect 卫兵 guard；bodyguard 卫队 squad of bodyguards 卫生 hygiene；health；sanitation 卫戍 garrison 卫戍部队 garrison force 卫星 satellite；moon；man-made satellite

为 wèi ❶for ❷for the sake of；in order to 为此 to this end；for this reason；in this connection 为何 why；for what reason 为虎作伥 help a villain do evil 为民请命 plead for the people 为什么 why；how come

未 wèi ❶have not；did not ❷not 未必 may not 未便 not be in a position to；find it hard to 未卜先知 foresee；have foresight 未尝 have not；did not 未成年 not yet of age；under age 未定 uncertain；undecided；undefined boundary 未婚 unmarried；single 未决 unsettled；outstanding 未可 cannot 未来 coming；approaching；next 未老先衰 prematurely senile；old before one's time 未了 unfinished；outstanding 未免 rather；a bit too；truly 未能 cannot 未遂 not accomplished 未完 unfinished 未详 unknown 未雨绸缪 provide for a rainy day；take pre-

cautions 未知数 unknown （number）；uncertain

位 wèi ❶place；location ❷position ❸throne ❹place；figure；digit 位次 precedence；seating arrangement 位于 be located；be situated；lie 位置 seat；place

味 wèi ❶taste；flavour ❷smell；odour ❸interest ❹distinguish the flavour of 味道 taste；flavour 味精 monosodium glutamate；gourmet powder 味觉 sense of taste

畏 wèi ❶ fear ❷ respect 畏避 recoil from；flinch from 畏惧 fear；dread 畏难 be afraid of difficulty 畏怯 cowardly；timid；chickenhearted 畏缩 recoil；shrink；flinch 畏罪 dread punishme

胃 wèi stomach 胃病 stomach trouble 胃口 appetite 胃溃疡 gastric ulcer

谓 wèi ❶say ❷call；name ❸meaning；sense 谓语 predicate

尉 wèi 尉官 a junior officer

喂 wèi ❶hello；hey ❷feed 喂奶 breastfeed；suckle；nurse 喂养 raise；feed

蔚 wèi ❶luxuriant；grand ❷colourful 蔚蓝 azure；sky blue 蔚然成风 become common practice；become the order of the day

慰 wèi ❶console；comfort ❷be relieved 慰劳 bring gifts to, or send one's best wishes to, in recognition of services rendered 慰问 extend one's regards to；convey greetings to；salute

WEN

温 wēn ❶warm ❷temperature （of the body）❸warm up ❹review；revise 温床

W

hotbed 温存 gentle; kind 温带 temperate zone 温度 temperature 温和 temperate; gentle; mild 温厚 gentle and kind; good-natured 温暖 warm 温情 tender feeling 温泉 hot spring 温柔 gentle and soft 温室 greenhouse 温顺 docile; meek

瘟 wēn acute communicable diseases 瘟神 god of plague 瘟疫 pestilence

文 wén ❶character; script; writing ❷language ❸literary composition; writing ❹literary language ❺culture ❻formal ritual ❼civilian; civil ❽gentle; refined ❾certain natural phenomena ❿cover up; paint over 文本 text; version 文笔 style of writing 文才 literary talent 文采 literary grace 文辞 diction; language 文牍 official documents and correspondence 文法 grammar 文风 style of writing 文稿 manuscript; draft 文告 statement; message 文工团 art troupe; cultural troupe 文官 civil official 文豪 literary giant; great writer 文化 civilization; schooling; culture; literacy 文火 slow fire 文集 collected works 文件 documents; papers; instruments 文教 culture and education 文静 gentle and quiet 文具 writing materials; stationery 文科 liberal arts 文科院校 colleges of arts 文库 library 文盲 an illiterate person 文明 civilization; culture 文明经商 conduct oneself honorably in commercial transactions 文凭 diploma 文人 man of letters; scholar 文史 literature and history 文书 document; copy clerk 文思 the train of thought in writing 文坛 the literary circles; the world of letters 文体 type of writing; literary form; style 文物 historical relic 文献 document; literature 文选 selected works 文学 literature 文雅 elegant; refined; cultured 文言 classical Chinese 文言文 writings in classical Chinese; classical style of writing

文艺 literature and art 文艺创作 literary and artistic creation 文艺工作 work in the literary and artistic fields 文艺工作者 literary and art workers 文艺会演 theatrical festival 文艺节目 theatrical items 文艺界 the world of literature and art 文艺理论 theory of literature and art 文艺批评 literaryor art criticism 文艺思潮 trend of thought in literature and art 文艺团体 theatre troupe 文艺作品 literary and artistic works 文娱 cultural recreation; entertainment 文娱活动 recreational activities 文责 author's responsibility 文责自负 the author takes sole responsibility for his views 文摘 abstract; digest 文章 essay; article; literary works; writings 文职 civilian post 文职人员 nonmilitary personnel 文质彬彬 gentle; suave 文绉绉 genteel 文字 characters; script; writing;written language 文字游戏 play with words

纹 wén lines; veins; grain 纹理 veins; grain 纹丝不动 absolutely still

闻 wén ❶hear 闻讯 hear the news 听而不闻 listen but not hear ❷news; story 要闻 important news ❸famous ❹reputation 秽闻 ill repute ❺smell 闻风而动 go into action without delay 闻名 famous; renowned;be familiar with sb's name 闻名全国 well-known throughout the country

蚊 wén mosquito 蚊香 mosquito-repellent incense 蚊帐 mosquito net 蚊子 mosquito

刎 wěn cut one's throat

吻 wěn ❶ lips ❷ kiss ❸ an animal's mouth 吻别 kiss goodbye 吻合 be identical; coincide; tally 意见吻合 have identical views

W

紊 wěn disorderly; confused 紊乱 disorder; chaos; confusion 秩序紊乱 in a state of chaos

稳 wěn ❶steady; firm 站稳 stand firm 坐稳 sit tight 企图稳住阵脚 try to maintain one's position ❷sure; certain 这事你拿得稳吗? Are you quite sure of it? 稳步 with steady steps 稳当 reliable; secure; safe 稳当的办法 a reliable method 稳定 stable; steady; stabilize 物价稳定 prices remain stable 情绪稳定 be in a calm, unruffled mood 稳定的多数 a stable majority 稳定物价 stabilize commodity prices 稳定情绪 set sb. 's mind at rest; reassure sb. 稳固 firm; stable 稳固的基础 a solid foundation 稳固的政权 a stable government 稳健 firm; steady 迈着稳健的步子 walk with firm steps 办事稳健 go about things steadily 稳健派 moderates 稳妥 safe; reliable 稳妥的计划 a safe plan 稳重 steady; staid; sedate

问 wèn ❶ask; inquire 问路 ask the way 不懂就问 If you don't know, just ask. 问长问短 assail sb with questions ❷inquire after 他信里问起你 he asks after you in his letter ❸interrogate; examine ❹hold responsible 出了事唯你是问。You'll be held responsible if anything goes wrong. 问安 pay one's respects; wish sb. good health 问案 hear a case 问答 questions and answers 问答练习 question-and-answer drills 问好 send one's regards to; say hello to 代我向你父亲问好 remember me to your father 问号 question mark; unknown factor; unsolved problem 问候 send one's respects to; extend greetings to 问世 be published; come out 问题 question; problem; issue; trouble; mishap 问心无愧 have a clear conscience; feel no qualm about 问心有愧 have a guilty conscience 问讯 inquire; ask 问罪 denounce; condemn

WENG

翁 wēng ❶old man ❷father ❸father-in-law

嗡 wēng drone; buzz; hum

瓮 wèng urn; earthen jar 瓮声瓮气 in a low, muffled voice

WO

涡 wō whirlpool; eddy (of water) 涡轮 turbine

莴 wō 莴苣 lettuce 莴笋 asparagus lettuce

窝 wō ❶nest ❷lair; den ❸pit ❹place ❺shelter; harbour (stolen goods) ❻hold in; check ❼bend ❽litter; brood 窝藏 harbour 窝工 holdup in the work through poor organization 窝头 steamed bread of corn, sorghum, etc. 窝主 a person who harbours criminals, loot or contraband goods

蜗 wō 蜗牛 snail

我 wǒ ❶I ❷we ❸self 我们 we 我行我素 persist in one's old ways (no matter what others say)

沃 wò ❶fertile; rich ❷irrigate (farmland)

卧 wò ❶lie ❷for sleeping in 卧病 be confined to bed; be laid up 卧车 sleeping car; sleeper; car; limousine; sedan 卧床 lie in bed 卧倒 drop to the ground; take a prone position 卧铺 sleeping berth;

sleeper 卧射 prone fire 卧式 horizontal 卧室 bedroom 卧榻 bed

握 wò hold; grasp 握别 shake hands at parting; part 握力 the power of gripping; grip 握拳 make a fist 握手 shake hands

幹 wò 幹旋 mediate

齷 wò 齷齪 dirty; filthy

WU

烏 wū ❶crow ❷black; dark 烏龜 tortoise 烏合之众 a motley crowd; rabble; mob 烏黑 pitch-black; jet-black 烏七八糟 in a horrible mess; obscene; dirty; filthy 烏紗帽 official post 烏托邦 Utopia 烏鴉 crow 烏烟瘴气 foul atmosphere 烏有 nothing; naught 烏賊 inkfish

污 wū ❶dirt; filth ❷dirty; filthy; foul; mire; sludge ❸corrupt (officials) ❹defile; smear 污点 spot; blemish; smirch 污点证人 muckraker 污迹 smudge 污蔑 sully 污染 pollute; contaminate 污辱 humiliate; insult; tarnish 污水 foul water; sewage; slops

巫 wū shaman witch 巫婆 witch; sorceress 巫師 wizard; sorcerer 巫术 witchcraft; sorcery

嗚 wū toot; hoot; zoom 嗚呼 alas; die 嗚咽 sob; whimper

誣 wū accuse falsely 誣告 bring a false charge against 誣害 calumniate; malign 誣賴 falsely incriminate 誣蔑 slander; vilify 誣陷 frame sb.

屋 wū ❶house ❷room 屋顶 roof; housetop 屋脊 ridge (of a roof) 屋檐 eaves

鎢 wū tungsten; wolfram 鎢鋼 tungsten steel 鎢砂 tungsten ore 鎢絲 tungsten filament

无 wú ❶nothing; nil ❷not have; without 无一定计划 without a definite ❸not ❹ regardless of; no matter whether, what, etc. 无比 incomparable; unparalleled; matchless 无边无际 boundless; limitless; vast 无补于事 of no help; of no avail 无不 all without exception; invariably 无产阶级 the proletariat 无偿 free; gratuitous 无耻 impudent 无从 have no way (of doing sth.) 无党派人士 nonparty personage 无敌 invincible 无的放矢 shoot at random 无动于衷 aloof and indifferent; unmoved; nonchalant 无恶不作 stop at no evil 无法 unable; incapable 无妨 there's no harm; may as well 无非 nothing but; no more than 无辜 innocent 无故 without cause 无怪 no wonder; not to be wondered at 无关 have nothing to do with 无轨电车 trolleybus 无花果 fig 无机 inorganic 无稽 unfounded; absurd 无计可施 at one's wits' end 无济于事 of no avail; to no effect; (doing) mends no holes 无精打采 listless; in low spirits; out of sorts 无拘无束 unrestrained; unconstrained 无可非议 be above reproach 无可厚非 give no cause for much criticism 无可讳言 there is no hiding the fact 无可救药 incorrigible; incurable 无可奈何 have no way out; have no alternative 无可争辩 indisputable 无可置疑 indubitable; have a clear conscience 无赖 rascally; rascal 无厘头 absurd and unconventional 无理 unreasonable; unjustifiable 无力 lack strength; unable; incapable 无量 measureless; immeasurable 无聊 bored; silly; stupid 无论 no matter what, how, etc.; regardless of 无论如何 in any case 无名 nameless; unknown; indescribable 无名英雄 an unknown hero

无名指 the third finger 无奈 cannot help but; have no alternative 无能 incompetent; incapable 无能为力 powerless; helpless 无期徒刑 life imprisonment 无奇不有 pig might fly 无情 merciless; ruthless; inexorable 无穷 infinite; endless 无权 have no right 无人 unmanned 无人能及 No one else could get within a mile of sb. 无声 noiseless; silent 无时无刻 all the time; incessantly 无事生非 make trouble out of nothing 无视 ignore; disregard; defy 无数 innumerable; countless 无双 unparalleled; matchless; peerless 无私 selfless 无所不为 stop at nothing; do all manner of evil 无所事事 have nothing to do 无所谓 be indifferent; not matter 无条件 unconditional; without preconditions 无暇 have no time; be too busy 无限 infinite; limitless; immeasurable 无限制 unrestricted; unlimited 无线电 radio 无效 of no avail; invalid; null and void 无懈可击 unassailable; invulnerable 无心 unwittingly; inadvertently 无形 invisible (shackles, fronts, etc.) 无形中 imperceptibly; virtually 无疑 beyond doubt; undoubtedly 无异 not different from; the same as; next to 无用 useless; of no use 无原则 unprincipled (dispute, etc.) 无缘无故 without cause or reason; for no reason at all 无政府主义 anarchism 无知 ignorant 无止境 have no limits; know no end 无足轻重 insignificant 无罪 innocent; not guilty

梧 wú 梧桐 Chinese parasol (tree)

蜈 wú 蜈蚣 centipede

五 wǔ five 五彩 multicoloured 五斗柜 chest of drawers 五分制 the five-grade marking system 五更 the fifth watch of the night; just before dawn 五谷 food crops 五官 facial features 五光十色 multi coloured; of great variety; of all kinds 五湖四海 all corners of the land 五花八门 multifarious; of a rich variety; kaleidoscopic 五角星 five-pointed star 五金 the five metals (gold, silver, copper, iron and tin)五年 lustrum 五十步笑百步 A miss is as good as a mile; the pot calls the kettle black 五味 the five flavours (sweet, sour, bitter, pungent and salty) 五线谱 staff; stave 五香 the five spices (prickly ash, star aniseed, cinnamon, clove and fennel) 五星红旗 the Five-Starred Red Flag 五颜六色 of various colours; colourful 五月 May; the fifth moon 五脏 the five internal organs (heart, liver, spleen, lungs and kidneys) 五指 the five fingers (thumb, index finger, middle finger, third finger and little finger)

午 wǔ noon; midday 午饭 lunch 午后 afternoon 午前 forenoon; beforenoon; morning 午睡 afternoon nap; noontime snooze 午休 noon break 午夜 midnight; the small hours

妩 wǔ 妩媚 lovely; charming

忤 wǔ ❶disobedient (to parents, etc.) ❷uncongenial

武 wǔ ❶military ❷valiant; fierce 武打片 gongfu movie 武断 arbitrary decision 武工 skill in acrobatics 武力 force 武器 weapon; arms 武士 palace guards in ancient times; warrior 武侠小说 swordsman fiction; gongfu novel 武装 arms; battle outfit

侮 wǔ insult; bully 侮慢 slight; treat disrespectfully 侮辱 humiliate

捂 wǔ seal; cover; muffle 捂鼻子 cover one's nose with one's hand

W

舞 wǔ ❶dance ❷brandish; wave 舞伴 dancing partner 舞弊 malpractices 舞场 dance hall 舞蹈 dance 舞会 dance; ball 舞剧 dance drama; ballet 舞女 dancing girl 舞曲 dance（music）舞台 stage; arena

勿 wù no; not 请勿吸烟 no smoking

务 wù ❶affair; business ❷be engaged in 务必 must and see him 务使 make sure; ensure

坞 wù a depressed place 船坞 dock

物 wù❶thing; matter ❷content; substance 物产 products; produce 物归原主 return sth. to its rightful owner 物价（commodity）prices 物理 physics 物力 material resources 物品 article 物色 look for; seek out; choose 物体 body; object 物以类聚 birds of a feather flock together；like attracts like 物有所值 worth every penny 物证 material evidence 物质 matter; substance; material 物种 species 物资 goods and materials

误 wù ❶mistake; error ❷miss ❸harm ❹by mistake; by accident 误差 error 误点 late; overdue; behind schedule 误工 delay one's work 误会 mistake; misconstrue 误解 misread; misunderstand 误区 erroneous zone 误入歧途 go astray; be misled 误杀 manslaughter 误事 cause delay in work or business; hold things up

悟 wù realize; awaken 悟性 comprehension

恶 wù loathe; dislike; hate 可恶 loathsome; hateful

晤 wù meet; interview; see 晤谈 meet and talk; have a talk

雾 wù❶for 浓雾 dense fog ❷fine spray 喷雾器 sprayer

X

XI

夕 xī ❶sunset ❷evening; night 夕烟 evening mist 夕阳 the setting sun 夕照 evening glow

汐 xī tide during the night; nighttide

西 xī ❶west ❷Occidental; Western 西餐 Western-style food 西方 the West; the Occident 西服 suit 西瓜 watermelon 西红柿 tomato 西式 Western style 西药 Western medicine 西医 Western medicine 西装 suit

吸 xī ❶inhale; breathe in; draw 倒吸一口凉气 a sharp intake of breath ❷absorb; suck up ❸attract; draw to oneself 吸尘器 dust catcher 吸毒 drug taking 吸力 suction; attraction 吸墨纸 blotting paper 吸取 absorb; draw 吸食 suck; take in 吸收 absorb; suck up; draw 吸吮 suck; absorb 吸铁石 magnet; lodestone 吸血鬼 bloodsucker; vampire 吸烟 smoke 吸引 attract; draw

希 xī ❶hope ❷rare; scarce 希罕 rare; value as a rarity; cherish 希冀 hope for; wish for 希奇 rare; strange 希图 attempt to 希望 hope; wish; expect

昔 xī former times; the past 今胜于昔 the present is superior to the past 昔日 in former days

析 xī ❶divide; separate ❷analyse; dissect 析疑 resolve a doubt

牺 xī sacrifice 牺牲 sacrifice oneself; give up; do sth. at the expense of

息 xī ❶breath ❷news ❸cease; stop ❹rest ❺interest 息息相关 be closely linked; be closely bound up

惜 xī ❶cherish; care for tenderly ❷spare; grudge; stint ❸have pity on sb.; feel sorry for sb. 惜别 hate to see sb. go

悉 xī ❶all; entirely ❷know; learn 熟悉 know very well 悉心 all one's attention; take the utmost care

稀 xī ❶rare; scarce; uncommon ❷sparse; scattered ❸watery; thin 稀粥 thin gruel 稀薄 thin; rare 稀客 rare visitor 稀烂 completely mashed; pulpy 稀少 few; rare; scarce 稀释 dilute 稀疏 thin; sparse 稀松 poor; trivial 稀有 rare; unusual

犀 xī rhinoceros 犀角 rhinoceros horn 犀利 sharp; trenchant

溪 xī small stream; brook 溪涧 mountain stream

锡 xī tin 锡箔 tinfoil paper 锡匠 tinsmith 锡矿 tin ore 锡纸 silver paper; tinfoil

熄 xī extinguish; put out 熄灯 put out the light 熄灭 go out; die out

熙 xī ❶bright; sunny ❷prosperous ❸merry 熙熙攘攘 bustling with activity; with people bustling about

蜥 xī 蜥蜴 lizard

膝 xī knee 膝盖 knee 膝关节 knee joint

嬉 xī play; sport 嬉皮笑脸 grinning cheekily; smiling and grimacing

熹 xī dawn; brightness 熹微 dim; pale 晨光熹微 the dim light of dawn

螇 xī 螇蟀 cricket

习 xí ❶practise; exercise ❷get accustomed to; be used to ❸habit; custom; usual practice 积习 old habit 习气 bad habit; bad practice 习俗 custom; convention 习题 exercises (in school work) 习性 habits and characteristics 习以为常 be accustomed to sth. 习用 habitually use 习语 idiom 习字 practise penmanship

席 xí ❶mat ❷seat; place one's seat ❸feast; banquet 席次 the order of seats; seating arrangement 席地 (sit) on the ground 席卷 roll up like a mat; take away everything 席棚 mat shed 席位 seat

袭 xí ❶make a surprise attack on; raid ❷follow the pattern of 因袭 carry on (an old tradition, etc.) 袭击 surprise; raid 袭扰 harassing attack

媳 xí daughter-in-law 儿媳 son's wife; daughter-in-law

檄 xí 檄文 an official call to arms

洗 xǐ ❶wash; bathe ❷baptize ❸redress; right ❹kill and loot ❺develop (a film) ❻ shuffle (cards, etc.) 洗涤 wash; cleanse 洗耳恭听 listen to sb. with respectful attention 洗发剂 shampoo 洗劫 loot; sack 洗礼 severe test 洗脸盆 washbasin; washbowl 洗脑 wash one's brain 洗钱 money laundering 洗染店 laundering and dyeing shop 洗刷 wash and brush; wash off; clear oneself of (opprobrium, stigma, guilt, etc.) 洗碗机 dish-washer 洗心革面 turn over a new leaf 洗雪 wipe out (a disgrace) 洗衣 wash clothes; do one's washing 洗衣机 washer; washing machine 洗澡 bathe

玺 xǐ imperial or royal seal

徙 xǐ move (form one place to another) 徙居 move house

铣 xǐ mill 铣床 miller 铣刀 milling cutter 铣工 milling (work)

喜 xǐ ❶happy; delighted; pleased ❷happy event (esp. wedding); ❸pregnancy❹like 喜爱 like; love; be fond of; be keen on 喜报 a bulletin of glad tidings 喜出望外 be overjoyed; be pleasantly surprised 喜欢 like; love; be fond of; happy; filled with joy 喜酒 wedding feast 喜剧 comedy 喜气洋洋 full of joy 喜庆 joyous; happy event 喜鹊 magpie 喜人 a satisfactory 喜色 joyful look 喜事 happy event; joyous wedding 喜闻乐见 love (to see and hear) 喜新厌旧 love the new and loathe the old 喜雨 seasonable rain 喜悦 joyous

戏 xì ❶play; sport ❷make fun of; joke ❸drama; play; show 戏班 theatrical troupe 戏法 juggling; tricks; magic 戏剧 drama; play; theatre 戏迷 theatre fan 戏目 theatrical programme 戏弄 make fun of; tease; kid 戏曲 traditional opera 戏台 stage 戏院 theatre 戏装 theatrical costume

系 xì ❶system; series ❷department (in a college); faculty ❸tie; fasten ❹feel anxious; be concerned 系词 copula;

X

linking verb 系列 series; set 系念 be anxious about 系数 coefficient 系统 system; systematic

fiord

细 xì ❶thin; slender ❷in small particles; fine ❸thin and soft ❹fine; delicate ❺meticulous; detailed ❻minute; trifling 细胞 cell 细布 fine cloth 细长 long and thin; tall and slender 细节 details; particulars 细菌 germ 细粮 flour and rice 细毛 fine, soft fur 细密 fine and closely woven; close 细嫩 delicate; tender 细腻 fine and smooth 细巧 exquisite; dainty; delicate 细弱 thin and delicate 细纱 spun yarn 细声细气 soft-spoken 细水长流 go about sth. little by little without a letup 细微 fine; subtle 细小 very small; tiny; fine 细心 careful; attentive 细雨 fine rain

隙 xì ❶crack; chink; crevice ❷gap; interval ❸opportunity 无隙可乘 no loophole to take advantage of

XIA

虾 xiā shrimp 虾酱 shrimp paste 虾米 dried, 虾仁 shrimp meat

瞎 xiā ❶blind 瞎了一只眼 blind in one eye ❷foolishly; to no purpose 瞎话 untruth; lie 瞎忙 make much ado about nothing 瞎闹 mess about; fool around 瞎说 talk irresponsibly; talk rubbish 瞎指挥 issue confused orders 瞎子 a blind person

匣 xiá 匣子 a small box; casket

侠 xiá 侠客 a person adept in martial arts and given to chivalrous conduct (in olden times) 侠义 chivalrous

峡 xiá gorge 峡谷 gorge; canyon 峡湾

狭 xiá narrow 狭隘 narrow 狭义 narrow sense 狭窄 narrow; limited

遐 xiá far; distant; long 遐想 reverie; daydream

瑕 xiá ❶flaw in a piece of jade ❷flaw; defect; shortcoming 瑕疵 blemish

暇 xiá free time; leisure 无暇兼顾 be too busy to attend to other things

辖 xiá ❶linchpin ❷administer; govern 辖区 area under one's jurisdiction

霞 xiá rosy clouds; morning or evening glow 霞光 rays of morning or evening sunlight

下 xià ❶below; down; under ❷lower; inferior ❸ next; latter ❹ downward; down ❺descend; get off ❻ (of rain, snow, etc.) fall ❼issue; deliver; send ❽go to ❾exit; leave ❿put in; cast ⓫ take away; dismantle ⓬form (an opinion, idea, etc.) ⓭apply; use ⓮give birth to 下巴①the lower jaw ②chin 下班 off duty; knock off; come off work 下半场 second half (of a game) 下半旗 fly a flag at half-mast 下半夜 the latter half of the night 下笔 put pen to paper; begin to write or paint 下不为例 not to be repeated; just this once 下策 a bad plan; an unwise decision 下层 lower levels; lower strata 下场 end; fate 下车 get off 下沉①sink; submerge ②go down; cave in 下船 go ashore; disembark 下垂 hang down 下次 next time 下次吧. Give me a rain-check. 下达 make known to lower levels; transmit to lower levels 下达任务 assign a mission 下达指示 give instruction 下地 go to the fields; leave a sickbed 下毒手 strike a vicious blow 下

颚 the lower jaw; mandible 下放 transfer to a lower level 下风 leeward; disadvantageous position 下岗 come or go off sentry duty; laid-off 下岗工人 laid-off workers 下工夫 make painstaking effort; put in time and energy; concentrate one's effort 下跪 kneel down 下海 ①go to sea ②go into business; leave state-run unit to set up one's own business 下级 lower level; subordinate 下贱 low; base; mean; degrading; ornery 下降 descend; drop; fall; decline 下课 class is over or dismissed 下来 come down 下列 listed below; following 下令 give orders 下流 lower reaches (of a river); mean; dirty; coarse 下落 whereabouts; drop; fall 下马 get down from a horse; discontinue (a project, etc.) 下蒙汗药 hocus 下面 below; under; next; following; lower level 下坡路 downhill path 下棋 play chess 下 ①go down; descend ②go on; continue 下身 the lower part of the body; private parts 下手 put one's hand to; start; set about; set to; right-hand seat; assistant; helper 下属 subordinate 下水 (of a ship) enter the water; be launched; fall into evil ways 下水道 sewer; drainage 下台 step down from the stage or platform; fall out of power; leave office 下文 ①the sentence; paragraph or chapter that follows; context ②further development; follow-up 下午 afternoon 下乡 go to the countryside 下旬 the last ten-day period of a month 下游 ①(of a river) lower reaches ②backward position 下载 download 下肢 legs

吓 xià frighten; scare 吓得没魂了 frighten sb. out of one's senses

夏 xià summer 夏历 the lunar calendar 夏令 summer; summer weather 夏令营 summer camp 夏收 summer harvest

XIAN

仙 xiān celestial being; immortal 仙鹤 red-crowned crane 仙境 fairyland 仙女 female celestial 仙人掌 cactus

先 xiān ❶earlier; before; first; in advance ❷elder generation; ancestor ❸deceased; late 先导 guide; forerunner 先发制人 gain the initiative by striking first; forestall 先锋 van 先后 early or late; successively 先进 advanced 先决 prerequisite 先例 precedent 先烈 martyr 先前 before 先遣 sent in advance 先驱 pioneer; forerunner 先入为主 first impressions are strongest 先声 first signs; herald 先生 teacher; mister (Mr.); gentleman; sir 先天 congenital; inborn 先行 go ahead of the rest; beforehand 先兆 omen; portent; sign 先哲 sage

纤 xiān fine; minute 纤巧 dainty; delicate 纤弱 slim and fragile 纤维 fibre 纤细 very thin; slender

掀 xiān lift (a cover, etc.) 掀盖子 take the lid off 掀动 lift; start; set in motion 掀起 lift; raise; set off (a movement)

锨 xiān shovel

鲜 xiān ❶ fresh ❷ bright-coloured; bright ❸delicious; tasty ❹delicacy ❺aquatic foods 鲜红 bright red 鲜花 (fresh) flowers 鲜美 delicious; tasty 鲜明 bright; clear-cut 鲜嫩 fresh and tender 鲜血 blood 鲜艳 bright-coloured; gaily-coloured

闲 xián❶not busy; idle ❷not in use; lying idle ❸ spare time; leisure 闲逛 saunter; stroll; loaf 闲话 complaint; gossip 闲聊 chat 闲气 anger about trifles

X

闲钱 spare cash 闲人 an unoccupied person 闲散 free and at leisure; at a loose end; unused 闲散余额 idle balance 闲事 unimportant matter 闲适 leisurely and comfortable 闲谈 engage in chitchat 闲暇 leisure 闲心 leisurely mood 闲杂 without fixed duties 闲置 leave unused; set aside

贤 xián ❶virtuous; worthy ❷an able and virtuous person
贤达 prominent personage 贤惠 virtuous 贤良 able and virtuous 贤明 sagacious

弦 xián❶bowstring; string ❷the string of a musical instrument 弦外之音 overtones 弦乐队 string orchestra 弦乐器 stringed instrument

咸 xián salted; salty 咸蛋 salted egg 咸菜 salted vegetables 咸肉 salt meat; bacon

娴 xián❶refined ❷adept; skilled 娴静 gentle and refined 娴熟 skilled 娴于辞令 be gifted with a silver tongue

舷 xián the side of a ship; board 舷窗 porthole 舷梯 gangway ladder

衔 xián❶hold in the mouth ❷harbour; bear ❸rank; title 衔接 link up; join

嫌 xián ❶ suspicion ❷enmity; ill will ❸dislike; mind; complain of 嫌恶 dislike and avoid; cold-shoulder 嫌恶 detest 嫌疑 suspicion 嫌怨 grudge; resentment

险 xián ❶a place difficult of access; narrow pass ❷danger; risk ❸vicious; venomous ❹by a hair's breadth; by inches; nearly 险恶 dangerous; perilous 处境险恶 be in a perilous position 险境 dangerous situation 险滩 rapids 险要 strategically located and difficult of access 险阻(of roads) dangerous and difficult

显 xiǎn ❶apparent; obvious ❷show; display 显而易见 obviously; evidently; clearly 显赫 illustrious; celebrated 显露 become visible; appear 显然 obvious; evident; clear 显身手 display one's talent or skill 显示 show; display 显微镜 microscope 显眼 showy 显要 influential figure; important personage 显影 develop 显著 notable; striking

县 xiàn county 县城 county town 县委 county Party committee 县长 county magistrate

现 xiàn❶present; current ❷(do sth.) in time of need ❸(of money) on hand ❹cash; ready money ❺show; appear 现场 scene (of an incident), spot 现成 readymade 现代 modern; contemporary 现代化 modernize 现代化建设 modernization drive 现汇 spot exchange 现金 ready money; cash 现金交割 cash delivery 现金投放 currency issue 现任 currently in office; incumbent 现实 reality; real; actual 现世 this life; lose face 现象 appearance (of things) 现行 in effect; in force; active 现形 betray oneself 现役 active service; active duty 现在 now; at present; today 现值 present value 现状 present situation; status quo

限 xiàn ❶limit; bounds ❷set a limit; restrict 限定 limit; restrict 限定汇率 pegging 限度 limit; limitation 限额 norm; limit 限量 limit the quantity of 限期 time limit; deadline 限于 be confined to; be limited to 限制 restrict; limit; confine

线 xiàn❶thread; string; wire ❷made of cotton thread ❸line; route ❹brink; verge 线路 line; route 线索 clue; thread 线条 line 线装 thread binding; hand-tooled binding

X

宪 xiàn ❶ statute ❷ constitution 宪兵 military police 宪法 constitution 宪章 charter 宪政 constitutionalism

陷 xiàn ❶ get stuck; be bogged down in ❷ sink; cave in 陷害 frame (up) 陷阱 pitfall; pit; trap 陷落 subside; sink in; cave in 陷入 sink into; be caught in

馅 xiàn filling; stuffing 饺子馅 stuffing for dumplings 馅儿饼 meat pie

羡 xiàn admire 羡慕 admire; envy

献 xiàn ❶ offer; present; dedicate; donate ❷ show; put on; display 献宝 present a treasure 献策 offer advice 献词 congratulatory message 献计 offer advice; make suggestions 献技 show one's skill 献礼 present a gift 献媚 make up to 献身 dedicate oneself to; give one's life for

腺 xiàn gland 汗腺 sweat gland

XIANG

乡 xiāng ❶ country; village; rural area ❷ native place; home village or town ❸ township 乡亲 local people; villagers; folks 乡绅 country gentleman 乡思 homesickness; nostalgia 乡土 native soil; home village; local 乡下 village; countryside

相 xiāng each other; one another; mutually 素不相识 not know each other 相比 compare 相差悬殊 as different as chalk from cheese 相称 match; suit 相持 be locked in a stalemate 相处 get along 相当 match; suitable; fit; fairly 相等 be equal 相抵 offset; balance; counterbalance 相对 opposite; relative 相对优势理论 comparative advantage theory 相反 opposite; contrary 相仿 similar 相逢 meet (by chance); come across 相符 conform to 相辅相成 supplement each other 相隔 be separated by; be apart 相关 be interrelated 相互 mutual; each other 相继 one after another 相间 alternate with 相交 intersect; make friends with 相近 close; near 相距 apart; away from 相连 be linked together; be joined 相劝 persuade; offer advice 相识 acquaintance 相思 yearning between lovers 相似 be similar; be alike 相提并论 mention in the same breath 相通 communicate with each other 相同 the same; alike 相投 agree with each other 相像 resemble; similar 相信 believe in; be convinced of 相形见绌 prove definitely inferior 相依 为命 depend on each other for survival 相宜 suitable; fitting 相映成趣 form a delightful contrast 相左 run counter to sth.

香 xiāng ❶ sweet-smelling; aromatic; scented ❷ savoury; appetizing ❸ with good appetite ❹ perfume; spice ❺ incense; joss stick 香槟酒 champagne 香菜 coriander 香草 sweetgrass 香肠 sausage 香粉 face powder 香瓜 muskmelon 香蕉 banana 香精 essence 香客 pilgrim 香料 perfume 香炉 incense burner 香喷喷 sweet-smelling; appetizing 香水 perfume 香味 sweet smell 香烟 cigarette; incense smoke 香油 sesame oil 香皂 perfumed soap

厢 xiāng ❶ wing; wing-room ❷ railway carriage or compartment; (theatre) box ❸ side 一厢情愿 one-sided wish

箱 xiāng chest; box; case; trunk 货箱 packing box

襄 xiāng assist; help 襄理 assistant manager 襄助 assist

X

镶 xiāng❶inlay; set; mount 镶宝石 set gems 给窗子镶玻璃 glaze a window❷rim; edge; border 给裙子镶花边 edge a skirt with lace 镶牙 put in a false tooth

详 xiáng ❶detailed; minute ❷details; particulars ❸know clearly 详尽 detailed 详情 detailed information 详图 detail (drawing)详细 detailed; minute

降 xiáng surrender; capitulate 降伏 subdue; vanquish; tame 降服 yield; break in (a wild horse)

祥 xiáng propitious; lucky 祥瑞 auspicious sign

翔 xiáng circle in the air 翱翔 hover 翔实 full and accurate

享 xiǎng enjoy 享福 enjoy a happy life 享乐 indulge in creature comforts 享年 die at the age of 享受 enjoy; treat 享用 enjoy (the use of) 享有 enjoy (rights, prestige, etc.)

响 xiǎng ❶ sound; noise ❷ make a sound; ring ❸noisy; loud ❹echo 响彻 resound through (the skies, etc.) 响动 sound of sth. astir 响亮 resonant; sonorous 响应 respond; answer

饷 xiǎng ❶ entertain (with food and drink) ❷pay (for soldiers, policemen, etc.)

想 xiǎng ❶think ❷suppose; reckon; consider ❸want to; would like to ❹remember with longing; miss 想必 presumably; most likely 想不到 unexpected 想当然 of course; take for granted 想到 think of; call to mind 想法 idea; opinion 想方设法 do everything possible; try every means 想见 infer; gather 想来 presumably 想念 long to see again; miss 想

起 remember; recall; think of 想入非非 indulge in fantasy; allow one's fancy to run wild 想通 become convinced 想望 desire; long for 想像 imagine; fancy

向 xiàng ❶ direction ❷ face; turn towards ❸take sb.'s part; be partial to ❹to; from 向导 guide 向来 always; all along 向前 forward; onward; ahead 向日葵 sunflower 向上 upward; up 向往 yearn for 向下 downward; down 向阳 exposed to the sun; sunny exposure 向着 turn towards; face; side with

巷 xiàng lane; alley 巷战 street fighting

项 xiàng ❶nape (of the neck) ❷sum (of money) ❸term 项链 necklace 项目 item 田径项目 track and field events

相 xiàng ❶looks; appearance ❷bearing; posture ❸look at and appraise ❹photograph 相册 photo album 相机 camera 相貌 facial features; looks; appearance 相片 photograph; photo 相声 comic dialogue; cross talk 相纸 photographic paper

象 xiàng elephant 象棋(Chinese) chess 象牙 elephant's tusk 象牙塔 ivory tower 象征 symbolize; stand for

像 xiàng ❶appearance; shape; image ❷resemble ❸look as if; seem ❹such as; like ❺likeness (of sb.); portrait; picture 铜像 bronze statute image ❻image 像章 badge 像样 up to the mark; presentable; decent; sound reason

橡 xiàng ❶oak ❷rubber tree 橡胶 rubber 橡皮 rubber

XIAO

削 xiāo❶pare (with a knife) ❷cut;

chop 削铅笔 sharpen a pencil

哮 xiāo ❶heavy breathing; wheeze ❷roar; howl 哮喘 asthma

消 xiāo ❶disappear; vanish ❷eliminate; dispel; remove ❸while away (the time) 消沉 downhearted; low-spirited 意志消沉 demoralized; despondent 消除 eliminate; dispel 消毒 disinfect; sterilize 消防 fire control 消费 consume 消费信贷 consumer credit services 消费需求 consumer demand 消费者 consumer 消耗 use up; deplete; expend 消化 digest 消火栓 fire hydrant 消极 passive; inactive 消灭 die out; pass away 消磨 wear down; fritter away 消气 cool down; be mollified 消遣 divert oneself; while away the time 消融 melt 消散 scatter and disappear 消失 disappear; die away 消逝 fade away; elapse 消瘦 become thin 消亡 wither away; die out 消息 news; information

宵 xiāo night 宵禁 curfew

逍 xiāo 逍遥 free and unfettered 逍遥自在 be leisurely and carefree 逍遥法外 go scot-free; be at large

萧 xiāo desolate; dreary 萧瑟 bleak; desolate 萧条 bleak 经济萧条 slump

硝 xiāo ❶nitre; saltpetre ❷tawing 硝酸 nitric acid 硝烟 smoke of gunpowder

销 xiāo ❶melt (metal) ❷cancel; annul ❸sell; market ❹expend; spend 销毁 destroy by melting or burning 销魂 feel transported 销路 sale; market 销声匿迹 disappear from the scene 销售 sell; market

潇 xiāo (of water) deep and clear 潇洒 natural and unrestrained 潇潇 whistling and pattering

箫 xiāo a vertical bamboo flute

霄 xiāo ❶clouds ❷sky; heaven 霄壤之别 as far apart as heaven and earth

嚣 xiāo clamour; hubbub; din 嚣张 arrogant; aggressive

淆 xiāo confuse; mix 混淆 mix up; obscure 淆乱 confuse; befuddle

小 xiāo ❶small; little; petty ❷for a short time ❸young 小班 the bottom class in a kindergarten 小半 less than half 小报 tabloid 小辈 younger member of a family; junior 小本经营 business with a small capital; do business in a small way 小便 pass (or make) water; empty one's bladder 小辫儿 short braid; pigtail 小辫子 vulnerable point; handle 小标题 subheading; subhead 小册子 booklet; pamphlet 小产 miscarriage; abortion 小肠 small intestine 小车 handcart; pushcart; sedan (car) 小吃①cold dish; made dish ②snack; refreshments 小丑 clown; buffoon 小葱 spring onion 小聪明 play petty tricks 小刀 pocket knife 小道 path; 羊肠小道 winding trail 小道消息 a rumour on the grapevine; hearsay; grapevine 小调 ditty; minor 小动作 petty action; little trick 小豆 red bean 小队 team; squad 小恩小惠 petty favours 小儿 children 小儿科 department of pediatrics 小儿科医生 pediatrician 小贩 pedlar 小费 tip; gratuity 小工 unskilled labourer 小鬼 imp; goblin; little devil 小孩 child 小伙子 youngster; guy 小集团 clique; faction 小将 young general; young militant; young pathbreaker 小轿车 sedan (car); limousine 小结 brief summary; brief sum-up 小姐①Miss ②young lady 小看 look down upon; belittle 小康 moderately well-off; well-to-do 小康之家 a comfortable family; a well-to-do family 小康型 being fairly well-off 小考 mid-term examination; quiz 小老婆 concubine 小麦 wheat 小卖部 ①a small shop attached to a hotel ②snack counter; buffet 小米 millet 小名 pet name for a child; nickname 小拇指 little finger 小脑 cerebellum 小农 small farmer 小朋友 children; little boy or girl; child 小便宜 small gain 小品 a short, simple creation; sketch 小品文 familiar essay; essay 小气 ①(对自己) stingy ②(对别人) mean; close-fisted 小巧玲珑 small and exquisite 小曲 ditty; popular tune 小圈子 small circle of people 小人 a person of low position; a base person; vile character 小人书 picture-story book 小人物 an unimportant person; a nobody 小商品 small commodities 小商品生产者 small-scale producer 小生产 small production 小时 hour 小时候 in one's childhood 小市民 urban petty bourgeois 小事 trifle; minor matter 计较小事 fuss over trifles 小手小脚 stingy; mean; lacking boldness; timid; niggling 小数 decimal 小数点 decimal point 小说 fiction 小算盘 selfish calculations 小提琴 violin 小题大作 make a fuss over a trifling matter; make mountains out of molehills 小偷 petty thief; pickpocket 小腿 shank 小写 small letter 小心 take care; be cautious 小心翼翼 with great care 小心轻放 Handle with care! 小心眼 narrow-minded; petty 小型 small-sized; small-scale; miniature 小熊猫 lesser panda 小学 primary (or elementary) school 小学生 pupil; schoolboy; schoolgirl 小样 galley proof 小业主 small proprietor 小夜曲 serenade 小意思 mere trifle 小灶 special mess 小帐 tip; gratuity 小照 small-sized photograph 小传 brief biography 小资产阶级 petty bourgeoisie 小组

group 小组讨论 group discussion

晓 xiǎo ❶dawn; daybreak ❷know ❸let sb. know; tell 晓以利害 warn sb. of the consequences 晓得 know

孝 xiào ❶filial piety ❷mourning 孝服 mourning (dress) 孝敬 give presents (to one's elders or superiors) 孝顺 show filial obedience 孝子 dutiful son

肖 xiào resemble; be like 肖像 portrait; portraiture

效 xiào ❶ effect ❷ imitate ❸ devote (one's energy or life) to; render (a service) 效法 follow the example of; model oneself on; learn from 效果 effect; result 效劳 work in the service of; work for 效力 render a service to; serve (one's country, etc.) 效率 efficiency 效命 go all out to serve sb. regardless of the consequences 效能 efficacy; usefulness 效益 beneficial result; benefit 效忠 pledge devote oneself heart and soul to

笑 xiào ❶smile; laugh; grin 皮笑肉不笑 unwarmed smile 笑得肚子都疼了 laugh till one's sides split 笑得直不起腰 be convulsed with laughter ❷ridicule 笑柄 laughingstock; butt; joke 笑哈哈 laughingly; with a laugh 笑话 joke; jest 笑剧 farce 笑里藏刀 with murderous intent behind one's smiles 笑脸 smiling face 笑料 the butt of a joke 笑容 smiling expression; smile 笑谈 object of ridicule 笑颜 smiling face 笑逐颜开 beam with smiles; be wreathed in smiles

校 xiào ❶school ❷field officer 校车 school bus 校风 school spirit 校官 field officer 校徽 school badge 校刊 school magazine 校庆 anniversary of the founding of a school or college 校舍 school-

X

house; school building 校外 outside school; after school 校医 school doctor 校友 alumnus or alumna 校园 campus; school yard 校长 headmaster; president

啸 xiào ❶ whistle ❷ howl; roar 啸聚 band together; gang up the greenwood

XIE

些 xiē some; few 些微 slightly; a little; a bit

歇 xiē ❶ have a rest ❷ stop (work, etc.) 歇班 be off duty 歇工 stop work; knock off 歇晌 take a midday nap or rest 歇手 stop doing sth. 歇斯底里 hysteria 歇息 have a rest 歇业 close a business

蝎 xiē scorpion 蝎虎 gecko; house lizard

协 xié ❶ joint; common ❷ assist 协定 agreement; accord 协会 association; society 协力 unite efforts; join in a common effort 协商 consult; talk things over 协调 coordinate; concert; 协同 work in coordination with; cooperate with 协议 agree on ment 协助 assist; help; provide help 协奏曲 concerto 协作 cooperation; coordination

邪 xié evil; heretical; irregular heresy 邪道 evil ways; vice 邪恶 wicked; vicious 邪门歪道 dishonest practices 邪魔 evil spirit 邪念 evil thought 邪气 perverse trend; evil influence; unhealthy trend 邪说歪理 heresy; heretical ideas

胁 xié ❶ the upper part of the side of the human body ❷ coerce; force 胁从 be an accomplice under duress

挟 xié ❶ hold sth. under the arm ❷ coerce; force sb. to submit to one's will ❸

harbour (resentment, etc.) 挟持 hold sb. under duress 挟制 force sb. to do one's bidding

谐 xié ❶ in harmony; in accord ❷ humorous 谐和 concordant 谐谑 banter 谐音 partials

偕 xié together with; in the company of 偕老 husband and wife grow old together 偕同 in the company of

斜 xié oblique; slanting; inclined; tilted 斜坡 slope 斜视 strabismus 斜体字 italics 斜纹 twill (weave) drill 斜线 oblique line 斜眼 strabismus 斜阳 setting sun

携 xié ❶ carry; take along ❷ take sb. by the hand; join (hands) 携带 carry; take along 携手 hand in hand

鞋 xié shoes 鞋带 shoelace; shoestring 鞋底 sole 鞋垫 shoe-pad; insole 鞋跟 heel 鞋匠 shoemaker; cobbler 鞋扣 shoe buckle 鞋里 shoe lining 鞋面 instep; vamp 鞋刷 shoe brush 鞋楦 shoe tree 鞋样 shoe pattern; outline of sole 鞋油 shoe polish

写 xiě ❶ write ❷ compose ❸ describe; depict 写稿 write for a magazine, etc. 写生 paint from life; draw, paint or sketch from nature 写实 write or paint realistically 写照 portrayal; portraiture 写真 portray a person; portrait 写字台 (writing) desk 写作 writing

血 xiě blood 血晕 bruise

泻 xiè ❶ flow swiftly; rush down; pour out ❷ have loose bowels 泻盐 salts 泻药 laxative

泄 xiè ❶ let out; release ❷ leak (news, secrets, etc.) ❸ vent personal spite 泄漏

leak; divulge; give away 泄露 let out; reveal 泄气 lose heart

卸 xiè ❶unload; discharge; lay down draught animal ❷remove; strip ❸get rid of; shirk (the responsibility)卸货 discharge cargo; unload 卸任 be relieved of one's office 卸装 remove stage makeup and costume

屑 xiè ❶bits; scraps; crumbs ❷trifling

械 xiè ❶tool; instrument ❷weapon 械斗 fight with weapons between groups of people

谢 xiè ❶thank ❷decline ❸(of flowers, leaves) wither 谢忱 gratitude; thankfulness 谢词 thank-you speech 谢绝 refuse; decline 谢幕 answer a curtain call 谢天谢地 thank goodness; thank heaven 谢帖 a thank-you note 谢谢 thanks; thank you 谢意 gratitude; thankfulness 谢罪 offer an apology

亵 xiè ❶treat with irreverence; be disrespectful ❷obscene; indecent 亵渎 blaspheme; profane; pollute

榭 xiè a pavilion or house on a terrace

懈 xiè slack; lax efforts 懈怠 sluggish

邂 xiè 邂逅 meet (a relative, friend, etc.) unexpectedly; run into sb.; encounter

蟹 xiè crab 蟹粉 crab meat 蟹黄 the ovary and digestive glands of a crab

XIN

心 xīn ❶the heart ❷heart; mind; feeling; intention 心凉了半截 cool one's ardour ❸centre 心爱 love; treasure 心安理得 feel at ease and justified 心病 worry; anxiety; secret trouble 心不在焉 absent-minded; inattentive 心肠 heart; intention 心潮 surging thoughts and emotions 心得 what one has learned from work, study, etc. 心地 a person's mind, character, moral nature, etc. 心烦 be vexed; be perturbed 心浮 flighty and impatient; unstable 心服 be genuinely convinced; acknowledge (one's defeat, mistake, etc.) sincerely 心腹 trusted subordinate; reliable agent 心甘情愿 be most willing to 心肝 darling; deary 心狠 cruel; merciless 心花怒放 burst with joy; be elated; mood 心怀叵测 harbour dark designs mood 心慌 be flustered; be nervous 心灰意懒 be disheartened; be downhearted 心机 thinking; scheming 心迹 the true state of one's mind 心急 impatient; short-tempered 心计 calculation; planning 心焦 anxious; worried 心惊胆战 tremble with fear; be filled with apprehension 心境 state of mind; mental state 心静 calm 心坎 the bottom of one's heart 心口 the pit of the stomach 心口如一 say what one thinks 心旷神怡 carefree and joyous 心理 psychology; mentality 心力 mental and physical efforts 心里 in the heart; at heart; in (the) mind 心里话 one's innermost thoughts and feelings 心灵 clever; intelligent; heart; soul; spirit 心领神会 understand tacitly; readily take a hint 心满意足 be perfectly content 心明眼亮 see and think clearly 心目 mind; mental view 心平气和 even-tempered and good-humoured; calm 心窍 capacity for clear thinking for power 心情 state of mind 心软 be tenderhearted 心神 mind 心声 heartfelt wishes; thinking 心事 a load on one's mind; worry 心事重重 sth. weighs heavily on one's mind 心思 thought; idea 心术不正 not have one's heart in right place 心酸 be grieved; feel sad 心算 mental arithmetic 心疼 feel sorry; be distressed 心跳 palpitation 心头 mind; heart 心窝 the pit of the stomach 心细 careful; scrupulous 心弦 heartstrings 心心相印 have mutual affinity; be kindred spirits 心绪 state of mind 心血 painstaking effort 心眼儿 heart; mind 心意 regard; intention; purpose 心硬 hardhearted 心有余悸 have a lingering fear 心愿 cherished desire; aspiration; wish; dream 心悦诚服 feel a heartfelt admiration; be completely convinced 心脏 the heart 心照不宣 understand without being told 心直口快 frank and outspoken 心中有数 have a pretty good idea of; know fairly well; know what's what 心醉 be charmed; be enchanted; be intoxicated

辛 xīn ❶hot (in taste, flavour, etc.); pungent ❷hard; laborious ❸suffering 辛苦 hard; toilsome; go through hardships 辛辣 pungent; hot 辛劳 pains; toil 辛勤 industrious; hardworking assiduously 辛酸 sad; bitter; miserable 辛辛苦苦 take a lot of trouble

欣 xīn glad; happy 欣悉 be glad to learn 欣然 joyfully 欣赏 appreciate; admire 欣慰 be gratified 欣喜 happy 欣欣向荣 thriving; flourishing; prosperous

锌 xīn zinc 锌版 zinc plate

新 xīn ❶new; fresh 新股发行 issue (offer) new shares ❷newly; freshly; recently 新陈代谢 metabolism 新仇旧恨 old scores and new 新村 new residential quarter 新房 bridal chamber 新婚 newly-married; newlyweds 新纪元 new era; new epoch 新近 recently; lately 新居 new home; new residence 新郎 bridegroom 新名词 new term 新年 New Year

新娘 bride 新篇章 new page 新奇 strange; novel 新 new 新人 people of a new type; new talent 新生 newborn; newly born; rebirth; regeneration 新诗 free verse written in the vernacular 新式 latest type; new-style 新手 new hand; raw recruit 新闻 news 新兴 new and developing; rising; burgeoning 新兴产业 emerging industries 新型 new type; new pattern 新颖 new and original; novel 新月 crescent 新装 new clothes

薪 xīn ❶firewood; fuel ❷salary; pay; wages 薪炭林 fuel forest

馨 xīn strong and pervasive fragrance 馨香 fragrance

寻 xín 寻死 (try to) commit suicide 寻思 think sth. over; consider

芯 xìn core 芯子 fuse; wick

信 xìn ❶true ❷confidence; faith ❸believe ❹profess faith in; believe in ❺at will; at random; without plan ❻sign; evidence ❼letter; mail ❽message; word; information 信步 take a leisurely walk; stroll; walk aimlessly 信贷 credit 信风 trade (wind) 信封 envelope 信奉 believe in 信服 completely accept; be convinced 信鸽 carrier pigeon; homer 信管 fuse 信号 signal 信汇 mail transfer 信笺 letter paper; writing paper 信件 letters; mail 信教 profess a religion; be religious 信口开河 talk irresponsibly 信赖 trust; count on; have faith in 信任 have confidence in 信守 stand by 信条 creed; precept; tenet 信徒 pillar-box 信徒 believer; disciple; adherent 信托 trust; entrust 信托股 trustee stocks 信息 information; news; message 信息高速公路 information highway 信息技术 information technology (IT) 信息时代 IT age 信心

confidence; faith 信仰 faith; belief; conviction 信用 trustworthiness; credit 信誉 prestige; credit; reputation 信纸 letter paper

XING

兴 xīng ❶ prosper; rise; prevail; become popular ❷ start; begin ❸ encourage; promote 兴办 initiate; set up 兴奋 be excited 兴风作浪 stir up trouble; fan the flames of disorder 兴建 build; construct 兴隆 prosperous; thriving; flourishing; brisk 兴起 rise; spring up; be on the upgrade 兴盛 prosperous; in the ascendant 兴亡 rise and fall (of a nation) 兴修 start construction; build

星 xīng ❶ star ❷ heavenly body 星辰 stars 星号 asterisk 星火 spark; meteor 星际 interplanetary; interstellar 星罗棋布 spread all over the place 星期 week 星体 heavenly body 星团 cluster 星系 galaxy 星云 nebula 星座 constellation

惺 xīng 惺忪 not yet fully open on waking up 睡眼惺忪 sleepy eyes 惺惺 clear-headed; wise

猩 xīng orangutan 猩红 scarlet; blood-red 猩红热 scarlet fever 猩猩 orangutan

腥 xīng ❶ raw meat or fish ❷ having the smell of fish, seafood, etc.; fishy 腥臭 stinking smell (as of rotten fish); stench 腥膻 smelling of fish or mutton

刑 xíng ❶ punishment ❷ torture 刑场 execution ground 刑罚 penalty; punishment 刑法 penal code; criminal law 刑具 instruments of torture 刑律 criminal law 刑期 prison term 刑事 criminal; penal 刑讯 inquisition by torture

行 xíng ❶ go ❷ travel ❸ temporary ❹ be

current; prevail; circulate ❺ do; perform; carry out; engage in ❻ behaviour; conduct ❼ capable; competent ❽ all right; O. K. 行不通 won't do; get nowhere 行车 drive a vehicle 行程 route of distance of travel 行船 sail a boat; navigate 行刺 assassinate 行动 act 行方便 make things convenient for sb. 行贿 (offer a) bribe; resort to bribery 行劫 commit robbery; rob 行进 march forward; advance 行经 go by; pass by 行径 act; action; move 行军 (of troops) march 行乐 indulge in pleasures; make merry 行礼 salute 行李 luggage; baggage 行旅 traveller; wayfarer 行期 date of departure 行乞 beg one's bread 行人 pedestrian 行善 do good works for sb.(of a vehicle, ship, etc.) go; ply; travel 行事 act; handle behaviour; conduct 行为 action; conduct 行销 be on sale; sell 行星 planet 行刑 carry out a death sentence; execute 行凶 commit physical assault or murder; do violence 行医 practise medicine (usu. on one's own) 行营 field headquarters 行政 administration 行之有效 effective (in practice); effectual 行装 outfit for a journey; luggage 行踪 track 行走 walk

形 xíng ❶ form; shape ❷ body; entity ❸ appear; look ❹ compare 形成 take shape; form 形而上学 metaphysics 形迹 formality 形容 appearance; describe 形容词 adjective 形式 form; shape form; formal 形势 terrain; topographical features; circumstances 形似 be similar in form 形态 form; shape; pattern 形体 shape (of a person's body); physique; body 形象 image; figure 形形色色 of every hue; of all shades 形状 form; appearance; shape

型 xíng ❶ mould ❷ type; pattern 型号 model; type

X

省 xǐng ❶examine oneself critically ❷ visit ❸become conscious; be aware 省视 call upon; inspect

醒 xǐng ❶regain consciousness; sober up ❷wake up; be awake ❸be clear in mind ❹be striking to the eye 醒目 catch the eye; attract attention 醒悟 come to see the truth, one's error, etc.

擤 xǐng blow (one's nose)

兴 xìng mood or desire to do sth.; interest 兴高采烈 in high spirits; in great delight; jubilant 兴趣 interest 兴头 enthusiasm 兴味 interest 兴致 mood to enjoy

杏 xìng apricot 杏红 apricot pink 杏黄 apricot yellow 杏仁 apricot kernel; almond

性 xìng ❶nature; character; disposition ❷property; quality ❸sex ❹gender 性别 sexual distinction; sex 性病 venereal disease 性格 nature; disposition 性急 impatient; short-tempered 性交 sexual intercourse 性命 life 性能 function (of a machine, etc.); property 性情 temperament; temper short-tempered 性欲 sexual desire 性质 quality; nature 性状 properties 性子 temper

幸 xìng ❶(have) good fortune ❷rejoice ❸luckily 幸福 happiness; fortunate 幸好 It is a good job that 幸亏 fortunately; luckily 幸免 escape by sheer luck; have a narrow escape 幸事 good fortune; blessing 幸运 fortunate; lucky; lucky fellow 幸灾乐祸 gloat over in others' misfortune

姓 xìng surname; family name 姓名 surname and personal name; full name

悸 xìng 悸悸 angry; resentful 悸悸而去 go away angry

XIONG

凶 xiōng ❶inauspicious; ominous ❷ crop failure ❸fierce; ferocious 样子很凶 fierce-looking ❹terrible; fearful ❺act of violence; murder sault or murder 凶暴 fierce and brutal 凶残 savage and cruel 凶多吉少 bode ill rather than well 凶恶 ferocious; fiendish 凶犯 murderer 凶猛 violent; ferocious 凶器 lethal weapon 凶杀 homicide; murder 凶神 demon; fiend 凶手 murderer; assassin; assailant 凶险 in a very dangerous state; critical 凶宅 haunted house

兄 xiōng elder brother 兄弟 brothers

汹 xiōng 汹汹 agitated 汹涌 tempestuous

胸 xiōng ❶chest; bosom; thorax chest ❷mind; heart try in mind 胸襟 (breadth of) mind 胸腔 thoracic cavity 胸围 chest measurement; bust 胸像 (sculptured) bust 胸有成竹 have a well-thought-out plan, stratagem, etc. sth.; have sth. up one's sleeve

雄 xióng ❶male ❷grand; imposing ❸ powerful; mighty 雄辩 convincing argument; eloquence 雄才大略 great talent and bold vision; rare gifts and bold strategy 雄厚 rich; solid 雄浑 vigorous and firm; forceful 雄健 robust; vigorous; powerful 雄赳赳 valiantly; gallantly 雄图 great ambition; grandiose plan 雄伟 grand; imposing; magnificent 雄心 great ambition 雄壮 full of power and grandeur; magnificent 雄姿 majestic appearance; heroic posture

熊 xióng bear 熊猫 panda 熊熊 flaming;

ablaze 熊熊烈火 raging flames 熊掌 bear's paw

XIU

休 xiū stop; cease 休会 adjourn 休假 have a holiday or vacation; be nn leave 休克 shock 休戚 joys and sorrows 休息 take a rest 休想 don't imagine (that it's possible) 休学 suspend one's schooling without losing one's status as a student 休养 recuperate; convalesce 休业 suspend business; be closed down 休战 truce; cease-fire armistice 休整 (of troops) rest and reorganization

修 xiū ❶embellish ❷repair; overhaul ❸study; cultivate ❹build; construct ❺trim; prune ❻long; tall and slender ❼revisionism 修补 mend; patch up; repair; revamp 修辞 rhetoric 修道 cultivate oneself according to a religious doctrine 修订 revise 修复 repair; restore 修改 revise; modify; alter 修剪 prune; trim; clip 修建 build; construct; erect 修旧利废 repair and utilize old or discarded things 修理 mend; fix 修配 make repairs and supply replacements shop 修饰 decorate; adorn; embellish; modify 修养 accomplishment; training; mastery 修筑 build

羞 xiū ❶shy; bashful; coy ❷shame; disgrace ❸feel ashamed 羞惭 be ashamed 羞耻 shame 羞愧 abashed 羞怯 timid; sheepish 羞人 feel embarrassed 羞辱 dishonour; humiliate; put sb. to shame

朽 xiū ❶rotten; decayed ❷senile 朽木 a hopeless case

秀 xiù ❶put forth flowers or ears ❷ele-gant; beautiful ❸excellent 秀丽 pretty 秀美 graceful; elegant 秀气 delicate; fine; urbane

袖 xiù ❶sleeve ❷tuck inside the sleeve 袖口 cuff (of a sleeve) 袖手旁观 look on with folded arms; look on unconcerned 袖章 armband 袖珍 pocket-size; pocket

绣 xiù embroider 绣花 embroider; do embroidery

臭 xiù odour; smell

锈 xiù ❶rust ❷become rusty

嗅 xiù smell; scent; sniff 嗅觉 smell; scent

XU

吁 xū sigh

须 xū ❶must; have to ❷beard; mustache 须知 one should know that; points for attention; notice

虚 xū ❶ void; emptiness ❷ empty; void; unoccupied ❸diffident; timid ❹in vain ❺false; nominal ❻weak; in poor health 虚报 make a false report 虚词 function word; form word 虚度 spend time in vain; waste 虚浮 impractical 虚构 fabricate 虚幻 unreal; illusory 虚假 false; shambility 虚惊 false alarm 虚拟 invented; fictitious; virtual 虚拟社区 virtual community 虚抛 wash sale 虚情假意 false display of affection; hypocritical show of friendship 虚荣 vanity 虚弱 in poor health; weak; feeble 虚妄 unfounded; invented 虚伪 sham; false; hypocritical 虚位 a token post 虚无 nihility; nothingness 虚线 imaginary line 虚心 open-minded; modest 虚张声势 bravado

需 xū ❶ need; want ❷ necessaries;

needs 需求 requirement; demand 需要 need; required; demand

嘘 xū ❶breathe out slowly ❷utter a sigh ❸hiss; boo 嘘寒问暖 be solicitous about sb.'s health

徐 xú slowly; gently 徐步 walk slowly 徐徐 gently

许 xǔ ❶praise ❷allow; permit permit of no delay 许多 many; much; a great deal of; a lot of a lot of work to do 许久 for a long time; for ages 许可 permit; allow 许诺 promise 许配 betroth a girl 许愿 promise sb. a reward

栩 xǔ 栩栩 vivid; lively

旭 xù 旭日 the rising sun

序 xù ❶order; sequence ❷preface; foreword 序列 alignment; array 序幕 prologue; prelude 序曲 overture 序数 ordinal (numbers)

恤 xù ❶pity; sympathize ❷give relief; compensate 恤金 pension

叙 xù ❷talk; chat ❷narrate; relate ❸assess; appraise 叙旧 talk about the old days 叙事 narrate 叙述 recount; tell; relate

畜 xù raise (domestic animals) 畜产 livestock products 畜牧 raise livestock or poultry

酗 xù 酗酒 excessive drinking

绪 xù thread 绪言 introduction

续 xù ❶continuous; successive ❷continue; extend; join ❸add; supply more 续订 renew one's subscription 续集 continuation (of a book); sequel 续假 extend leave 续借 renew (a library book)

絮 xù ❶(cotton) wadding ❷wad with cotton 絮叨 garrulous 絮棉 cotton for wadding

婿 xù ❶son-in-law ❷husband

蓄 xù ❶store up ❷grow ❸entertain (ideas); harbour 蓄电池 storage battery; accumulator 蓄积 store up; save up 蓄谋 premeditate 蓄意 premeditated; deliberate

XUAN

轩 xuān❶high; lofty ❷a small room or veranda with windows 轩然大波 a great disturbance

宣 xuān declare; announce 宣布 declare; proclaim 宣称 assert; profess 宣传 propagate; give publicity to 宣告 proclaim 宣讲 explain and publicise 宣判 pronounce judgment 宣誓 swear an oath; make a pledge 宣泄 lead off (liquids); drain unbosom oneself 宣言 declaration; manifesto 宣扬 publicise; advocate; advertise 宣战 declare war

喧 xuān noisy 喧哗 confused noise; uproar 喧闹 bustle; racket 喧嚷 clamour; din; hubbub 喧扰 noise and disturbance; tumult

玄 xuán❶black; dark ❷profound; abstruse ❸unreliable; incredible 玄妙 mysterious; abstruse 玄虚 deceitful trick; mystery

旋 xuán ❶ revolve; circle ❷ return; come back 旋律 melody 旋绕 curl up; wind around 旋涡 whirlpool; vortex; eddy 旋转 revolve; gyrate; rotate; spin

悬 xuán❶hang; suspend ❷outstanding; unresolved question ❸far apart 悬案 outstanding issue; unsettled question 悬挂

X

hang 悬赏 offer a reward (for) 悬殊 great disparity 悬想 imagine; fancy 悬崖 steep cliff; precipice

选 xuǎn ❶select; choose; pick ❷elect ❸ selections; anthology 选拔 select; choose 选材 select (suitable) material 选读 selected readings (in literature, etc.) 选购 pick out and buy; choose 选集 selected works; selections 选举 elect 选举权 franchise 选民 voter; elector 选票 vote; ballot 选区 electoral district 选曲 selected songs 选手 (selected) contestant; player 选修 take as an elective course 选择 select; choose; opt 选种 seed selection

炫 xuàn ❶dazzle ❷display 炫耀 make a display of

绚 xuàn gorgeous 绚烂 splendid 绚丽 magnificent

眩 xuàn ❶dizzy; giddy ❷dazzled; bewildered

渲 xuàn 渲染 play up; exaggerate

XUE

削 xuē pare; cut 削价 cut prices 削减 reduce; slash; whittle down 削弱 weaken

靴 xuē boots

穴 xué ❶cave; den; hole ❷grave 穴位 acupoint

学 xué ❶ study; learn ❷ imitate ❸ learning; knowledge ❹ school; college school 学报 (learned) journal 学潮 student strike 学费 tuition (fee) 学分 credit 学风 style of study 学府 seat of learning; institution of higher learning 学好 learn from good examples; emulate

good 学会 learn; master; institute 学籍 one's status as a student 学究 pedant 学科 course; subject 学力 knowledge; academic attainments 学历 record of formal schooling 学龄 school age (children) 学名 formal name 学年 school year 学派 school (of thought) 学期 (school) term; semester 学生 student; pupil; follower 学时 class hour 学识 learning; knowledge 学士 scholar 学术 learning; science 学说 theory; doctrine 学徒 apprentice; trainee 学位 (academic) degree 学问 learning; scholarship 学习 study; learn 学衔 academic rank 学校 school; educational institution 学业 one's studies; school work 学院 college; academy; institute 学者 scholar; learned man 学制 educational system

雪 xuě ❶snow ❷wipe out (a humiliation) 雪白 snow-white 雪崩 snowslide 雪堆 snow drift 雪糕 ice cream 雪花 snowflake 雪花膏 vanishing cream 雪茄 cigar 雪里红 potherb mustard 雪亮 bright as snow; shiny 雪橇 sled; sledge

血 xuè ❶blood ❷related by blood 血案 murder case 血管 blood vessel 血迹 bloodstain 血浆 (blood) plasma 血库 blood bank 血泪 tears of blood blood and tears 血泊 pool of blood 血气 sap; vigour rightness 血清 (blood) serum 血球 blood cell 血肉 flesh and blood 血色 redness of the skin; colour 血统 blood lineage 血腥 bloody 血型 blood type 血压 blood pressure 血液 blood 血缘 ties of blood; blood relationship 血债 a debt of blood 血债血还 blood must atone for blood 血战 bloody battle

谑 xuè crack a joke 戏谑 banter; tease

XUN

勋 xūn merit; achievement; contribution 勋劳 meritorious service 勋章 medal; decoration

熏 xūn ❶ smoke; fumigate ❷ treat (meat, etc.) with smoke; smoke 熏染 exert a gradual, corrupting influence on 熏陶 nurture; edify

旬 xún ❶a period of ten days ❷a period of ten years in a person's age

驯 xún ❶tame and docile ❷tame; domesticate 驯服 docile; tame; break; domesticate 驯化 domestication; taming 驯鹿 reindeer 驯养 raise and train (animals)

寻 xún search; seek 寻常 ordinary; usual; common 寻根究底 get to the bottom of things 寻求 explore; go in quest of 寻衅 pick a quarrel

巡 xún patrol; make one's rounds 巡查 make one's rounds 巡回 go the rounds; tour; make a circuit of 巡逻 (go on) patrol 巡视 make an inspection tour 巡洋舰 cruiser

询 xún ask; inquire 询问 ask about

循 xún follow; abide by 循环 circulate; cycle 循序 in proper order or sequence 循循善诱 be good at giving systematic guidance; teach with skill and patience

讯 xùn message; dispatch 讯问 interrogate; inquire; question

训 xùn lecture; teach; train 训斥 reprimand; re 训词 (give) an admonitory talk to subordinates; pontificate 训诫 advise; reprimand 训练 train; drill

汛 xùn flood; high water 防汛 flood control 汛期 flood season

迅 xùn fast; swift 迅猛 swift and violent 迅速 rapid; speedy

逊 xùn ❶abdicate ❷modest 出言不逊 speak insolently

殉 xùn sacrifice one's life for 殉葬 be buried alive with the dead 殉职 die at one's post

X

Y

YA

丫 yā fork 丫杈 fork（of a tree）丫头（slave）girl

压 yā ❶press；hold down；push down 这盒子怕压。This box won't stand much weight. ❷keep under control；control 强压怒火 try hard to control one's anger ❸bring pressure to bear on 以势压人 overwhelm people with one's power ❹approach ❺shelve；pigeonhole 这份方案被压下来了。The scheme has been pigeonholed. 压扁 press flat；flatten 压倒 overpower；overwhelm；prevail over 压价 force prices down；demand a lower price 压紧 compress tightly 压惊 help sb. get over a shock 压垮 collapse under pressure 压力 pressure；press；force 压迫 oppress；repress 压缩 compress；reduce；condense；cut down 压弯 bend 压抑 inhibit；depress；constrain；hold back 精神压抑 feel much depressed 压制 inhibit；suppress；stifle

呀 yā ❶ah；oh ❷creak

押 yā ❶mortgage；pawn；pledge ❷detain；take into custody ❸escort 押行李 escort luggage 押当 pawn sth. 押金 cash pledge；deposit 押送 escort

鸦 yā crow 鸦片 opium 鸦雀无声 silence reigns

鸭 yā duck 公鸭 drake 小鸭 duckling 鸭蛋 duck's egg 鸭绒 duck's down 鸭舌帽 peaked cap

牙 yá ❶tooth ❷ivory 牙齿 tooth 牙床 gum 牙雕 ivory carving 牙粉 tooth powder 牙膏 toothpaste 牙关 mandibular joint 牙科（department of）dentistry 牙签 toothpick 牙刷 toothbrush 牙痛 toothache 牙龈 gum

芽 yá bud；sprout；shoot

涯 yá margin；limit

崖 yá precipice；cliff

哑 yǎ ❶mute；dumb ❷hoarse；husky 哑巴 a dumb person 哑剧 dumb show；pantomime 哑口无言 be left without an argument 哑铃 dumbbell 哑谜 puzzling remark；riddle

雅 yǎ ❶standard；proper；correct ❷refined；elegant 雅观 refined（in manner, etc.）；in good, taste 雅虎 yahoo 雅兴 aesthetic mood 雅致 refined；tasteful 雅座 private room（in a restaurant, etc.）

轧 yà ❶roll；run over ❷oust；push out 轧花 cotton ginning

亚 yà inferior；second 亚军 second place（in a sports contest）；runner-up 亚麻 flax 亚洲 Asia

YAN

咽 yān pharynx 咽喉 throat; key link

烟 yān ❶smoke ❷tobacco ❸cigarette ❹opium 烟草 tobacco 烟囱 chimney 烟斗(tobacco) pipe 烟盒 cigarette case 烟火 fireworks 烟具 smoking set 烟煤 soft coal 烟幕 smoke screen 烟丝 pipe tobacco 烟头 cigarette end 烟土 crude opium 烟雾 smoke; vapour 烟消云散 vanish like mist and smoke 烟叶 tobacco leaf 烟瘾 a craving for tobacco 烟嘴儿 cigarette holder

胭 yān 胭脂 rouge 胭脂红 carmine

淹 yān flood; submerge 淹没 flood 淹死 drown

阉 yān castrate or spay 阉割 castrate or spay; emasculate

湮 yān ❶fall into oblivion ❷clog up; stop 湮灭 bury in oblivion; annihilate 湮没 be neglected

腌 yān preserve in salt; pickle; cure 腌菜 pickled vegetables 腌肉 bacon

嫣 yān handsome; beautiful 嫣红 bright red 嫣然一笑 give a winsome smile

延 yán ❶prolong; extend; protract ❷postpone; delay ❸engage 延长 lengthen 延缓 delay; put off 延年益寿 promise longevity 延期 postpone; defer 延烧(of fire) spread 延伸 stretch; elongate 延误 incur loss through delay 延续 continue; go on; last

言 yán ❶speech; word ❷say; talk; speak ❸character; word 言不由衷 speak insincerely 只可意会，不可言传 only to be sensed, not explained 言辞 one's words 言归于好 make it up with sb.; patch up the quarrel 言归正传 return to the subject 言过其实 overstate 言简意赅 concise and comprehensive; compendious 言论 opinion on public affairs; speech 言谈 the way one speaks or what he says 言外之意 implication; what is actually meant 言行 words and deeds 言语 spoken language; speech

严 yán ❶tight ❷strict; severe; rigorous 严办 deal with severely 严惩 punish severely 严词 in strong terms 严冬 severe winter 严防 take strict precautions against 严格 rigid; stringent 严寒 severe cold 严谨 strict 严禁 strictly prohibit 严峻 stern 严酷 harsh; grim 严厉 stern; severe 严密 tight 严明 strict and impartial 严肃 serious; solemn 严刑 cruel torture 严正 serious and principled; stern 严重 serious; grave

沿 yán ❶along ❷follow (a tradition, pattern, etc.) ❸edge; border 沿岸 along the bank or coast 沿革 evolution 沿海 along the coast; coastal 沿海开放城市 an open city of coastal economy 沿途 throughout a journey 沿袭 carry on as before; follow (convention, etc.) 沿线 along the (railway, etc.) line 沿用 continue to use (an old method, name, etc.)

炎 yán ❶scorching; burning hot ❷inflammation 炎热 blazing 炎暑 dog days

岩 yán ❶rock ❷cliff; crag 岩层 rock stratum 岩洞 grotto 岩浆 magma 岩石 rock

研 yán ❶grind; pestle ❷study 研钵 mortar 研杵 pestle; pounder 研究 study; research; consider 研磨 grind; pestle polish 研讨 deliberate; discuss 研制 pre-

Y

pare; manufacture

盐 yán salt 盐场 saltern 盐池 salt pond 盐井 salt well 盐卤 bittern 盐水 salt solution; brine 盐酸 hydrochloric acid 盐业 salt industry

阎 yán 阎王 Yama; King of Hell 阎王殿 the Palace of Hell

筵 yán feast; banquet 筵席 seats arranged at a banquet; feast

颜 yán ❶face; countenance ❷prestige; face ❸colour 颜料 pigment; colour 颜色 colour; facial expression

檐 yán ❶eaves ❷ledge; brim 屋檐 the eaves of a house

奄 yǎn ❶cover; overspread ❷suddenly 奄奄一息 at one's last gasp

佯 yán 佯然 just like 佯然一幅…模样 assume the airs of a, take on the coloration of a

掩 yǎn ❶cover; hide ❷shut; close ❸ by surprise 掩盖 cover; conceal 掩护 screen; shield; cover 掩人耳目 deceive the public 掩饰 cover up; conceal 掩体 bunker 掩映 set off (one another)

眼 yǎn ❶ eye 眼不见心不烦 out of sight, out of mind ❷look; glance ❸ small hole; aperture ❹key point 节骨眼儿 critical juncture 眼光 eye; sight; insight 眼红 covet; be envious 眼花 have dim eyesight 眼疾手快 quick of eye and deft of hand 眼尖 have sharp eyes (用)眼角余光 out of the tail of one's eyes 眼界 field of view; outlook 眼镜 glasses; spectacles 眼睛 eye 眼科 (department of) ophthalmology 眼泪 tears 眼里 within one's vision 眼帘 eye 眼皮 eyelid 眼皮都没眨一下 give no reaction, not an eyelid

flicker 眼前 at the moment; at present 眼球 eyeball 眼圈 eye socket 眼色 hint given with the eyes 眼神 expression in one's eyes; eyesight 眼生 look unfamiliar 眼熟 look familiar 眼药 eye ointment or eyedrops 眼中钉 thorn in one's flesh

演 yǎn ❶develop; evolve ❷elaborate ❸drill; practise ❹perform; play; act; put on 演变 develop; evolve 演唱 sing (in a performance) 演出 perform; show; put on a show 演化 evolution 演技 acting 演讲 give a lecture 演示 demonstrate 演说 make an address; speech 演算 perform mathematical calculations 演习 exercise; practice 演戏 put on a play; act in a play 演义 historical romance 演绎 deduction 演员 actor or actress 演奏 play a musical instrument

厌 yàn ❶be disgusted with ❷be tired of 厌烦 be fed up with 厌倦 be weary of 厌世 be world-weary 厌恶 detest; abominate 厌战 be weary of war

沿 yàn water's edge; bank

砚 yàn inkstone; inkslab

咽 yàn swallow 细嚼慢咽 chew carefully and swallow slowly 咽气 breathe one's last; die

宴 yàn ❶entertain at a banquet ❷feast 宴会 banquet; dinner party 宴请 entertain (to dinner)

晏 yàn ❶late ❷ease and comfort

艳 yàn ❶gorgeous; colourful; gaudy ❷ amorous 艳诗 love poem in a flowery style 艳丽 bright-coloured and beautiful

唁 yàn extend condolences 唁电 telegram of condolence

验 yàn ❶examine; check; test ❷prove

effective; produce the expected result 验方 proved recipe 验光 optometry 验尸 autopsy 验收 check and accept 验算 checking computations 验血 blood test 验证 test and verify

谚 yàn proverbs; saying 农谚 peasants'proverb 谚语 saying; adage; saw

焰 yàn flame; blaze 烈焰 raging flames

雁 yàn wild goose

燕 yàn swallow 燕麦 oats 燕尾服 swallowtail; tails 燕窝 edible bird's nest

赝 yàn counterfeit; spurious; fake 赝品 art forgery

YANG

央 yāng❶entreat ❷centre ❸end; finish 央告 beg; plead

殃 yāng ❶ calamity; misfortune ❷ bring disaster to

秧 yāng❶seedling ❷rice seedling ❸vine ❹young; fry

羊 yáng sheep 山羊 goat 羊羔 lamb 羊倌 shepherd 羊圈 sheep pen 羊毛 wool 羊皮 sheepskin 羊肉 mutton

阳 yáng❶the sun ❷in relief ❸belonging to this world ❹positive 阳电 positive ion 阳离子 positive ion 阳奉阴违 comply in public but oppose in private; feign compliance 阳光 sunlight; sunshine 阳极 positive pole 阳伞 parasol; sunshade 阳台 balcony 阳性 positive

扬 yáng❶raise ❷throw up and scatter; winnow (the chaff from the grain) ❸spread; make known 宣扬 publicize 扬眉吐气 feel proud and elated 扬名 make a name for oneself 扬琴 dulcimer 扬声器 loudspeaker 扬言 threaten (that one is going to take action)

杨 yáng poplar 杨柳 poplar and willow; willow 杨梅 red bayberry

佯 yáng pretend; feign; sham

洋 yáng❶vast; multitudinous ❷ocean ❸foreign ❹modern 洋白菜 cabbage 洋葱 onion 洋服 Western-style clothes 洋行 foreign firm (in preliberation China) 洋灰 cement 洋火 matches 洋泾浜 pidgin (English) 洋奴 slave of a foreign master 洋气 foreign flavour; Western style 洋人 foreigner 洋为中用 make foreign things serve China 洋溢 be permeated with; brim with

仰 yǎng❶face upward ❷admire; respect 仰慕 admire; look up to 仰望 look up at 仰卧 lie on one's back 仰泳 backstroke 仰仗 rely on; look to sb. for support

养 yǎng❶provide for ❷raise ❸give birth to ❹foster; adoptive ❺form; acquire ❻rest; convalesce ❼keep in good repair 养兵 maintain an army 养分 nutrient 养活 support; feed (a family) 养精蓄锐 conserve strength and store up energy 养老 provide for the aged 养料 nutriment 养神 rest to attain mental tranquility 养生 preserve one's health 养育 bring up; rear 养殖 breed (aquatics) 养尊处优 enjoy high position and live in ease and comfort

氧 yǎng oxygen 氧化 oxidize 氧气 oxygen

痒 yǎng itch; tickle

怏 yàng 怏怏 disgruntled; sullen 怏怏不乐 unhappy about sth.

Y

恙 yàng ailment; illness 安然无恙 in good health

样 yàng ❶appearance; shape ❷sample; model; pattern ❸kind; type 样板 sample plate; model; prototype 样本 sample book 样品 sample 样式 type; style; form

漾 yàng ❶ripple ❷brim over; overflow 荡漾 undulate

YAO

夭 yāo 夭折 die young

吆 yāo 吆喝 cry out; call; loudly urge on (an animal)

妖 yāo ❶goblin; demon; evil spirit ❷ evil and fraudulent ❸ bewitching; co-quettish 妖风 evil wind 妖怪 monster; bogy 妖精 alluring woman 妖娆 seductively charming 妖魔鬼怪 demons and ghosts 妖娆 enchanting; fascinating 妖言 heresy 妖艳 pretty and coquettish

要 yāo❶demand; ask ❷force; coerce 要求 ask; require; claim 要挟 coerce; put pressure on; threaten

腰 yāo ❶ waist; small of the back ❷ waist (of a garment) 腰带 waistband; belt; girdle 腰鼓 waist drum 腰果 kidney nut 腰身 waistline; waist; girth 腰痛 lumbago 腰子 kidney

邀 yāo ❶invite; request ❷intercept 邀集 invite to meet together; call together 邀请 invite

肴 yáo meat and fish dishes 肴馔 sumptuous courses at a meal

窑 yáo❶kiln ❷(coal) pit 窑洞 cave dwelling

谣 yáo❶rhyme ❷rumour 谣传 rumour; hearsay

遥 yáo distant; remote; far 遥测 tele-metering 遥控 remote control; telecontrol 遥望 look into the distance 遥相呼应 echo each other at a distance 遥远 far a-way; a long way off 遥远 faraway

摇 yáo shake; rock; turn (a windlass, etc.) 摇船 row a boat 摇手(头) shake one's hand (head) 摇尾巴 wag the tail 摇摆 sway; swing 摇动 wave; shake; sway; rock 摇撼 give a violent shake to 摇篮 cradle 摇旗呐喊 bang the drum for sb. 摇钱树 a ready source of money 摇身一变 suddenly change one's identity, etc. 摇头丸 dancing outreach 摇摇欲坠 tottering; crumbling; on the verge of collapse 摇曳 sway

杳 yǎo distant and out of sight 杳无音信 have never been heard of since

咬 yǎo ❶bite; snap at ❷(of a dog) bark ❸pronounce ❹be nitpicking (on words) 咬耳朵 whisper (in sb.'s ear) 咬紧牙关 grip one's jaws 咬文嚼字 pay excessive attention to wording 咬牙 grit one's teeth 咬住 bite into; grip; take firm hold of

窈 yǎo 窈窕(of a woman) gentle and graceful

舀 yǎo ladle out; spoon up; scoop up 舀子 dipper; ladle; scoop

药 yào ❶ medicine; drug; remedy ❷ certain chemicals ❸kill with poison 药材 medicinal materials; crude drugs 药厂 pharmaceutical factory 药方 prescription 药房 drugstore; chemist's shop 药剂 medicament 药酒 medicinal liquor 药力 efficacy of a drug 药片 tablet 药铺 herbal medicine shop 药水 liquid medicine 药丸 pill; bolus 药物 medicines; medicaments 药箱 medical kit 药皂 medicated soap 药渣 dregs of a decoction

要 yào ❶important; essential ❷want; ask for; wish ❸ask sb. to do sth. ❹ want to; wish to ❺must; should; it is necessary ❻shall; will; be going to ❼ need; take ❽if; suppose; in case 要隘 strategic pass 要不 otherwise; or else; or 要不得 no good 要不是 if it were not for; but for 要冲 communications centre 要点 main points 要犯 important criminal 要害 vital part 要好 be on good terms 要价 ask a price; charge 要紧 important; be serious; matter 要领 main points 要么 or; either... or... 要面子 be keen on facesaving 要强 be eager to excel 要人 very important person 要是 if; suppose; in case 要素 essential factor 要闻 important news 要职 important post

钥 yào 钥匙 key

鹞 yào ❶harrier ❷sparrow hawk

耀 yào ❶shine; illuminate ❷boast of; laud ❸honour; credit 耀武扬威 make a show of one's strength

YE

耶 yē 耶稣 Jesus 耶稣基督 Jesus Christ

椰 yē coconut palm; coconut tree; coco 椰子 coconut palm; coconut 椰子糖 coconut candy 椰子汁 coconut milk

噎 yē choke

爷 yé ❶ father ❷ grandfather 爷爷 grandfather; grandpa

揶 yé 揶揄 ridicule; deride

也 yě also; too; as well; either 也曾 did as much 我也曾这么想。I thought as much. 也好 it may not be a bad idea; may as well 也许 perhaps; probably; maybe

冶 yě ❶ smelt（metal）❷ seductively dressed or made up 冶金 metallurgy 冶炼 smelt

野 yě ❶open country; the open ❷limit; boundary ❸not in power; out of office ❹ wild; uncultivated; undomesticated ❺rude; rough ❻unrestrained; abandoned; unruly 野菜 edible wild herbs 野餐 picnic 野草 weeds 野地 wilderness 野火 prairie fire 野鸡（ringnecked）pheasant 野蛮 uncivilized; savage; barbarous; cruel 野牛 wild ox 野禽 wild fowl 野人 savage 野生 wild; uncultivated; feral 野史 unofficial history 野兽 wild beast; wild animal 野兔 hare 野外 open country; field 野味 game（as food）野心 wild ambition; careerism 野性 wild nature; unruliness 野营 camp; bivouac 野战 field operations 野猪 wild boar

业 yè ❶line of business; trade; industry ❷ occupation; profession; employment; job ❸course of study ❹cause ❺ estate ❻engage in ❼already 业绩 outstanding achievement 业务 vocational work; professional work; business 业余 sparetime; after-hours; amateur 业余爱好 make game of sth.; poke fun at sth. 业主 owner; proprietor

叶 yè ❶leaf; foliage ❷part of a historical period 叶绿素 chlorophyll 叶脉 vein

页 yè page; leaf 页边 margin 页码 page number

曳 yè drag; haul; tug; tow 曳光弹 tracer 曳力 drag force

夜 yè night; evening 夜班 night shift 夜长梦多 a long delay means many hitches 夜车 night train 夜大学 evening university 夜工 night work 夜光表 luminous watch 夜壶 chamber pot 夜景 night scene 夜阑人静 in the dead of night 夜幕降临 night has fallen 夜色 the dim light of night 夜袭 night attack 夜宵 midnight snack 夜校 night school 夜以继日 day and night; round the clock 夜莺 nightingale 夜总会 nightclub

液 yè liquid; fluid; juice 液化 liquefaction 液态 liquid state 液体 liquid 液压 hydraulic pressure

谒 yè call on(a superior); pay one's respects to 谒见 have an audience with

腋 yè ❶axilla; armpit ❷axil 腋毛 armpit hair 腋窝 armpit

YI

一 yī ❶one ❷alone; only one ❸same ❹whole; all; throughout ❺each; per; every time 一般 the same as; just like; general; ordinary; common 一般化 vague generalization 一半 one half; half; in part 一报还一报 requite (return) like for like 一辈子 all one's life; throughout one's life; a lifetime 一笔勾销 wipe the slate clean 一边 one side; at the same time; simultaneously; while; as 一边喝茶一边聊天 chat over a cup of tea 一并 along with all the others; in the lump 一场空 all in vain; futile 一筹莫展 can find no way out 一触即发 be on the verge of breaking out 一串 a string 一串珍珠 a string of pearls 一次 once 一次方程 linear equation 一次函数 linear function 一

次性付款 lump-sum payment 一打 a dozen 一大堆 a big heap of; a great pile of; a large amount of 一旦 in a single day; in a very short time; once; in case 一刀两断 sever at one blow; make a clean break 一道 together; side by side; alongside 一等 first class; first rate; topgrade 一点儿 a bit; a little 一点儿活也不干 never did a stroke of work 一点也不 not at all; not in the least 0 一点一滴 bit by bit; little by little 一定 ①fixed; established; regular ②certainly; surely; be bound to ③certain; specific; given ④definite; constant 一度 once; for a time 一段 a section; a paragraph 一堆 a pile; a heap 一堆书 a heap of books 一对 a pair; a couple 一二 just a few; just a little 略知一二 know a little about; have some idea about 一帆风顺 plain sailing 一方面 one side; on one hand; on the other hand …; for one thing …, for another …一副 a pair; a set 一副眼镜 a pair of spectacles 一概 one and all; without exception; totally 一干二净 thoroughly; completely 一共 altogether; in all; all told 一股暖流 a surge of warmth 一贯 consistent; persistent; all along 一回事 one and the same (thing); one thing 一会儿 a little while; in a moment; presently 一技之长 professional skill 一举两得 kill two birds with one stone 一蹶不振 collapse after one setback; never recover from a setback 一律 same; alike; all 一面 one side; at the same time 一片 a stretch of (trees); a piece of (bread) 一瞥 a quick glance 一齐 at the same time; in unison 一起 in the same place; together; in company 一窍不通 know nothing about (a subject) 一切 all; every; everything 一如既往 just as in the past 一色 of the same colour 一声不响 not utter a sound 一事无成

accomplish nothing; get nowhere 一视同仁 treat equally without discrimination 一手包办 keep everything in one's own hands 一瞬 an instant; a flash 一丝不苟 not be the least bit negligent 一丝焦虑 a flicker of anxiety 一丝不挂 not have a stitch on 一丝一毫 a tiny bit; an iota; a trace 一塌糊涂 in a complete mess; in an awful state 一团和气 keep on good terms with everyone at the expense of principle 一团漆黑 pitch-dark 一团糟 a complete mess; chaos 一文不名 penniless 一窝蜂 (flock) in droves 一无所长 have no special skill 一无所有 not have a thing to one's name 一无所知 know nothing about 一系列 a series of 一言难尽 it is hard to explain in a few words 一言为定 that's settled then 一眼 a glimpse 一眼没合 not sleep a wink 一针见血 hit the nail on the head 一阵 a waft of (fragrance) 一知半解 have scanty knowledge 一直 straight; always; all along; all the way 一致 showing no difference; consistent 一专多能 expert in one thing and good at many

衣 yī ❶clothing; clothes; garment ❷coating; covering 衣胞 (human) afterbirth 衣服 clothing; clothes 衣钩 clothes hook 衣柜 wardrobe 衣架 coat hanger 衣料 material for clothing; dress material 衣帽间 cloakroom 衣箱 suitcase; trunk 衣着 clothing, headgear and footwear

伊 yī he or she 伊始 beginning 伊斯兰教 Islam; Islamism 伊斯兰教国家 Islamic country 伊斯兰教徒 Moslem

医 yī ❶doctor(of medicine) ❷medical science; medical service; medicine ❸cure; treat 医科 medical courses in general; medicine 医疗 medical treatment 医生 doctor; medical man 医术 medical

skill; art of healing 医务 medical matters 医学 medical science; medicine 医药 medicine 医院 hospital 医治 cure; treat; heal

依 yī ❶depend on ❷comply with; listen to; yield to ❸according to 依此类推 and so on and so forth 依次 in proper order 依从 comply with; yield to 依附 attach oneself to 依据 according to; foundation 依靠 rely on; depend on; support; backing 依赖 rely on 依恋 be reluctant to leave 依然 still; as before 依顺 be obedient 依依 reluctant to part 依仗 rely on 依照 in the light of

揖 yī (make a) bow with hands clasped

仪 yí ❶appearance ❷rite ❸gift ❹apparatus; instrument 仪表 appearance; bearing 仪器 instrument; apparatus 仪容 looks; appearance 仪式 ceremony; rite; function 仪态 bearing; deportment 仪仗 flags, weapons, etc. carried by a guard of honour

夷 yí ❶smooth; safe ❷raze 夷为平地 level to the ground; raze

宜 yí ❶suitable; appropriate; fitting ❷should; ought to 宜人 pleasant; delightful

怡 yí happy; joyful; cheerful 怡然 contented 怡然自得 happy and pleased with oneself

饴 yí maltose 饴糖 maltose; malt sugar

贻 yí ❶make a gift of sth.; present ❷leave behind 贻害 leave a legacy of trouble 贻误 bungle

姨 yí ❶one's mother's sister; aunt ❷one's wife's sister; sister-in-law 姨表 maternal cousin 姨夫 the husband of

Y

one's maternal aunt; uncle 姨母 maternal aunt; aunt

胰 yí pancreas 胰岛 pancreas islet 胰岛素 insulin

移 yí ❶move; remove; shift ❷change 移风易俗 change prevailing habits and customs 移交 turn over 移居 move one's residence 移植 transplant

遗 yí❶lose ❷omit ❸leave behind (at one's death); bequeath; hand down 遗产 legacy; inheritance; heritage 遗传 heredity; inheritance 遗憾 regret; pity 表示遗憾 express regret 遗迹 vestige; traces 遗留 leave over; hand down 遗漏 omit; leave out 遗失 lose 遗事 incidents of past ages 遗孀 widow; relict 遗体 remains(of the dead) 遗忘 forget 遗像 a portrait of the deceased 遗言 words of the deceased 遗愿 last wish 遗址 ruins; relics 遗志 unfulfilled wish 遗嘱 will; dying words 遗著 posthumous work(of an author)

颐 yí❶cheek ❷keep fit; take care of oneself

疑 yí ❶doubt; disbelieve; suspect ❷doubtful; uncertain 疑案 doubtful case; open question 疑惑 feel uncertain 疑虑 misgivings; doubt 疑难 difficult; knotty 疑团 doubts and suspicions 疑问 query; question; doubt 疑心 suspicion 疑义 doubt

乙 yǐ second 乙等 the second grade; grade B 乙醚 ether 乙炔 ethyne

已 yǐ ❶stop; cease; end ❷already 已故 deceased; late 已经 already 已往 before; in the past 已知数 known number

与 yǐ and 与其…不如 be more... than... 与其说他悲伤不如说他生气。 He is more in anger than in sorrow.

以 yǐ ❶use; take ❷according to ❸because of ❹in order to; so as to 以便 so that; in order to; so as to 以德报怨 return good for evil 以毒攻毒 combat poison with poison 以讹传讹 incorrectly relay an erroneous message 以寡敌众 pit the few against the many 以后 after; afterwards; later 以及 as well as; and 以来 since 以免 in order to avoid 以内 within; less than 以前 before; formerly; previously 以人为本 human factor come first 以身殉职 die in harness 以身作则 set an example with one's own conduct 以退为进 retreat in order to advance 以外 beyond; outside; except 以往 before; in the past 以为 think; believe; consider 以小人之心度君子之腹 arrogate bad (evil) motives to other one 以牙还牙 teeth for teeth 以眼还眼 an eye for an eye 以怨报德 return evil for good 以致 so that; with the result that; as a result 以资 as a means of

蚁 yǐ ant 兵蚁 soldier ant 蚁巢 ant nest 蚁丘 ant hill

倚 yǐ ❶lean on or against; rest on or against ❷rely on; count on ❸biased; partial

椅 yǐ chair

义 yì ❶justice; righteousness ❷equitable; just ❸significance 词义 the meaning of a word ❹adopted; adoptive 义母 adoptive mother ❺artificial(limb, etc.); false(hair, tooth, etc.) 义不容辞 be duty-bound; have an unshirkable duty 义愤填膺 be filled with indignation 义卖 charity bazaar 义旗 banner of righteousness 义气 personal loyalty 义务 duty; obligation; voluntary 义演 benefit performance 义勇军(army of) volunteers 义正词严

speak with the force of justice; speak sternly out of a sense of justice

亿 yì a hundred million 亿万 hundreds of millions; millions upon millions 亿万富翁 billionaire

忆 yì recall; recollect

艺 yì ❶skill ❷art 艺名 stage name 艺人 actor or artist 艺术 art; skill; craft

刈 yì mow; cut down 刈草机 mowing machine; mower

议 yì ❶ opinion; view ❷ discuss; exchange views on; talk over 议案 proposal; motion 议程 agenda 议定书 protocol 议付日 the date of negotiation 议和 negotiate peace 议会 parliament 议价 negotiate a price 议论 comment; talk; discuss 议题 subject under discussion 议员 member of a legislative assembly 议长 speaker; president

亦 yì also; too 亦步亦趋 imitate sb.'s every move 亦即 that is; i. e.; namely

屹 yì towering like a mountain peak 屹立 stand erect 屹然 towering; majestic

异 yì ❶different ❷strange; unusual ❸surprise ❹other; another 异常 unusual; abnormal 异端邪说 unorthodox opinions 异己 dissident 排除异己 get rid of dissidents 异教徒 pagan 异口同声 with one voice; in unison 异乡 foreign land; strange land 异想天开 indulge in the wildest fantasy 异样 difference; unusual; peculiar 异议 objection; dissent 异族 different race of nation

译 yì translate; interpret 译本 translation 译电 encode; encipher 译码 decode; decipher 译名 translated term or name 译述 translate freely 译文 translated text 译

音 transliteration 译员 interpreter 译者 translator 译制 dub

抑 yì restrain; repress; curb 抑郁 depressed; despondent; gloomy 抑制 restrain; control; check

呓 yì 呓语 talk in one's sleep; crazy talk; ravings

役 yì ❶labour; service ❷use as a servant ❸servant ❹battle; campaign 役畜 draught animal 役使 work (an animal); use

诣 yì ❶call on(sb. one respects); visit ❷(academic or technical) attainments

易 yì ❶easy ❷amiable 平易近人 amiable and easy of access ❸change ❹exchange

疫 yì epidemic disease; pestilence 疫苗 vaccine 疫情 epidemic situation

益 yì ❶benefit; profit; advantage ❷beneficial ❸increase ❹all the more; increasingly 多多益善 the more the better 益鸟 beneficial bird 益友 friend and mentor

谊 yì friendship 深情厚谊 profound friendship

逸 yì ❶ease; leisure ❷escape 逸乐 comfort and pleasure 逸事 anecdote

翌 yì next 翌日 next day 翌年 next year

溢 yì ❶overflow; spill ❷excessive 溢美 undeserved praise; compliment

意 yì ❶meaning; idea ❷wish; desire ❸anticipate; expect ❹suggestion; hint; trace 意见 idea; view; opinion; differing 意境 artistic conception 意料 anticipate; expect 意气 will and spirit; temperament; personal feelings 意气风发 high-spirited and vigorous 意趣 interest and charm 意识 consciousness; be conscious of 意思 meaning; idea; wish 意图 intention; intent 意外 unexpected; accident; mishap 意味 implication; interest 意想 imagine; expect 意向 intention; purpose 意象 image; imagery 意义 meaning; sense; significance 意译 free (liberal) translation 意愿 wish; desire; aspiration 意志 will 意志坚强 strong-willed 意志消沉 demoralized 意中人 person of one's heart

裔 yì ❶descendants; posterity 华裔美国人 an American of Chinese descent ❷borderland; distant land

肆 yì study 肆业 study in school or at college

毅 yì firm; resolute 毅力 willpower; will 毅然 resolutely; firmly

臆 yì ❶chest ❷subjectively 臆测 conjecture; surmise; guess 臆造 fabricate (a story, reason, etc.); concoct

翼 yì the wing of a bird, aeroplane, etc.

YIN

因 yīn ❶follow; carry on ❷in accordance with; in the light of ❸cause; reason ❹because; for 因材施教 teach students in accordance with their aptitude 因此 therefore; for this reason 因地制宜 suit measures to local conditions 因而 thus; as a result 因果 cause and effect 因势利导 adroitly guide action according to circumstances 因素 factor; element 因特网 Internet 因为 because; for 因袭 follow (old customs, methods, rules, etc.) 因小失大 try to save a little only to lose a lot

阴 yīn ❶the moon ❷overcast ❸shade ❹in intaglio ❺hidden; secret ❻of the nether world ❼negative ❽private parts (esp. of the female) 阴暗 dark 阴部 private parts; pudenda 阴沉 cloudy; overcast; gloomy 阴电 negative electricity 阴风 evil wind 阴沟 sewer 阴魂 soul; spirit 阴极 negative pole 阴凉 shady and cool 阴霾 haze 阴谋 plot; scheme 阴森 gloomy; ghastly 阴天 cloudy day 阴险 sinister; insidious 阴影 shadow 阴云 dark clouds

音 yīn ❶sound ❷news; tidings ❸tone 音标 phonetic symbol 音波 sound wave 音调 tone 音符 note 音高 pitch 音阶 scale 音节 syllable 音量 volume (of sound) 音律 temperament 音色 tone colour 音响 sound; acoustics 音响效果 sound effects 音信 mail; message; news 音译 transliteration 音域 range; compass 音乐 music

茵 yīn mattress 绿草如茵 a carpet of green grass

姻 yīn marriage 姻亲 relation by marriage 姻缘 the happy fate which brings lovers together

荫 yīn shade 荫蔽 cover; conceal

殷 yīn ❶abundant; rich ❷eager; ardent ❸hospitable 殷切 eager 殷勤 eagerly attentive 殷实 substantial (firm, etc.); well-off (families)

吟 yín chant; recite 吟咏 recite (poetry) with a cadence

淫 yín ❶excessive ❷loose; wanton ❸lewd ❹obscene 淫荡 lascivious; licentious 淫秽 salacious; bawdy 淫威 abuse of power

Y

银 yín ❶silver ❷silver-coloured 银杯 silver cup 银币 silver coin 银耳 tremella 银根 silver money 银行 bank 银河 silver Way 银婚 silver wedding 银匠 silversmith 银幕 screen 银牌 silver medal 银器 silverware 银圆 silver dollar

引 yín ❶lead; guide ❷lure; attract ❸cause; make ❹quote; cite 引爆 ignite; detonate 引出 draw forth; lead to 引导 guide; lead 引渡 extradite 引号 quotation marks 引火柴 kindling 引见 introduce; present 引进 recommend 引经据典 quote the classics 引力 gravitation 引起 cause 引人入胜 fascinating; enchanting; bewitching 引人注目 noticeable 引人 lead into; draw into 引申 extend (the meaning of a word, etc.) 引水 draw or channel water 引退 retire from office 引言 foreword; introduction 引以为戒 learn a lesson; take warning 引用 quote; cite 引诱 lure; seduce

饮 yín drink 饮茶 drink tea 饮料 drink; beverage 饮食 food and drink; diet 饮食店 eating house 饮食卫生 dietetic hygiene 饮食业 catering trade 饮用水 drinking water

隐 yín ❶hidden ❷secret 隐蔽 take cover 隐藏 hide; remain under cover 隐患 hidden trouble 隐讳 avoid mentioning; cover up 隐晦 obscure; veiled 隐疾 unmentionable disease 隐居 live in seclusion; be a hermit 隐瞒 hide; hold back 隐情 facts one wishes to hide 隐忍 bear patiently 隐士 hermit 隐私 one's secrets; privacy 隐姓埋名 conceal one's identity 隐语 enigmatic language 隐喻 metaphor 隐约 indistinct; faint

瘾 yín ❶addiction; habitual craving 过瘾 satisfy a craving ❷strong interest (in

a sport or pastime) 有球瘾 have a passion for ball games

印 yìn ❶seal; stamp; chop ❷print; mark ❸print ❹tally; conform 印版 (printing) plate 印发 print and distribute 印盒 seal box 印花 printing 印泥 redink paste used for seals 印染 printing and dyeing (of textiles) 印数 printing; impression 印刷 printing 印象 impression 印信 official seal 印行 publish 印油 stamp-padink 印章 seal; signet; stamp 印证 confirm; verify

饮 yìn give (animals) water to drink; water 饮马 water a horse

荫 yìn shady; damp and chilly 荫庇 protection by one's elders or ancestors 荫凉 shady and cool

YING

应 yīng ❶answer; respond ❷agree (to do sth.); promise; accept ❸should; ought to; must 应得 (well) deserved; due 应届毕业生 graduating students or pupils 应有 due; proper; deserved

英 yīng hero; outstanding person 英镑 pound sterling 英才 person of outstanding ability 英尺 foot 英寸 inch 英国 Britain; England 英俊 handsome and spirited; smart 英里 mile 英灵 spirit of the 英明 wise 英亩 acre 英气 heroic spirit 英武 of soldierly bearing 英雄 hero 英勇 valiant; brave; gallant 英语 English (language) 英姿 heroic bearing

莺 yīng warbler; oriole

婴 yīng 婴儿 baby; infant

罂 yīng 罂粟 opium poppy 罂粟花 poppy flower

缨 yīng ❶ tassel 红缨枪 red-tasselled spear ❷ sth. shaped like a tassel 萝卜缨子 radish leaves ❸ ribbon

樱 yīng ❶ cherry ❷ oriental cherry 樱花 flowering cherry 樱桃 cherry

鹦 yīng 鹦鹉 parrot 鹦鹉学舌 repeat the words of others like a parrot; parrot

鹰 yīng hawk; eagle 鹰犬 lackeys; hired thugs

迎 yīng ❶ go to meet; greet; welcome; receive ❷ move towards; meet face to face 迎风 facing the wind 迎合 cater to; gear to 迎候 await the arrival of 迎击 meet (an approaching enemy) head-on 迎接 meet; welcome; greet 迎来 usher in 迎面 head-on; in one's face 迎刃而解 (of a problem) be readily solved 迎头 head-on; directly 迎新 see the New Year in; welcome new arrivals

盈 yíng ❶ be full of ❷ have a surplus of 盈亏 profit and loss 盈余 gain

荧 yíng ❶ glimmering ❷ dazzled; perplexed 荧光笔 marker pen 荧光灯 fluorescent lamp

莹 yíng ❶ jade-like stone ❷ lustrous and transparent

营 yíng ❶ seek ❷ operate; run ❸ camp; barracks ❹ battalion 营地 campsite; camping ground 营房 barracks 营火 campfire 营救 succour; rescue 营私 seek private gain 营养 nutrition 营业 do business 营造 construct; build 营长 battalion commander 营帐 tent

萤 yíng firefly; glowworm 萤石 fluorite; fluorspar

萦 yíng entangle; encompass 萦怀 occupy one's mind

蝇 yíng fly 蝇拍 flyswatter; flyflap 蝇头小利 petty profits

赢 yíng ❶ win; beat ❷ gain (profit) 赢得 win; gain 赢利 profit; gain 赢余 surplus; profit

颖 yíng ❶ glume; grain husk ❷ clever 聪颖 bright; intelligent

影 yíng ❶ shadow; reflection; image ❷ photograph; picture ❸ film; movie 影集 photo album 影片 film; movie 影评 film review 影射 allude to; hint obliquely at 影响 effect; affect 影印 photo offset process 影院 cinema

应 yìng ❶ answer ❷ comply with; grant ❸ suit; respond to ❹ deal with; cope with 应变 meet an emergency 应承 agree (to do sth.); promise 应酬 treat with courtesy 应答如流 be quick at repartee 应对 reply; answer 应付 deal with; handle 应急 make do 应急 meet an urgent need; meet an contingency 应考 take an examination 应时 seasonable; in season 应验 come true 应邀 at sb.'s invitation 应用 apply; use 应战 meet an enemy attack 应诊 see patients 应征 be recruited (into the army)

映 yìng reflect; mirror; shine 映衬 set of 映射 shine upon; cast light upon 映象 image 映照 shine upon

硬 yìng ❶ hard; stiff; tough ❷ strong; firm ❸ manage to do sth. with difficulty ❹ good (quality); able (person) 硬币 coin; specie 硬功夫 masterly skill 硬木 hardwood 硬盘 hard disk 硬拼 fight recklessly 硬水 hard water 硬说 stubbornly insist; assert; allege 硬通货 hard currency 硬席 hard seats (on a train)

YONG

佣 yōng ❶hire (a labourer) ❷servant 女佣 woman servant; maid

拥 yōng ❶hold in one's arms ❷gather around ❸crowd; throng; swarm ❹support ❺have; possess 拥抱 embrace; hug 拥戴 support (sb. as leader) 拥护 support; uphold; endorse 拥挤 crowd 拥塞 jam; congest 拥有 possess

庸 yōng ❶commonplace; mediocre ❷inferior; second-rate 庸碌 mediocre and unambitious 庸人 mediocre person 庸人自扰 worry about troubles of one's own imagining 庸俗 vulgar; philistine; low 庸医 quack; charlatan

雍 yōng harmony 雍容 natural 雍容华贵 elegant and poised

臃 yōng 臃肿 too fat to move; overstaffed

永 yōng perpetually; forever; always 永别 part forever 永恒 eternal; perpetual 永久 everlasting; for good (and all) 永生 eternal life 永世 forever 永远 always; forever

甬 yǒng 甬道 paved path leading to a main hall or a tomb

泳 yǒng swim 蛙泳 breaststroke 蝶泳 butterfly stroke 自由泳 crawl stroke; freestyle

咏 yǒng chant; intone 吟咏 recite (a poem) 咏叹 intone; sing 咏叹调 aria

俑 yǒng tomb figure; figurine 武士俑 warrior figure

勇 yǒng brave; valiant 勇敢 brave 勇猛 bold and powerful 勇气 courage; nerve

勇士 a brave and strong man 勇往直前 advance bravely

涌 yǒng ❶gush; well; pour; surge ❷rise; surge; emerge 涌现 spring up; come to the fore

踊 yǒng leap up; jump up 踊跃 leap; jump

用 yòng ❶use; employ; apply ❷expenses; outlay ❸usefulness; use ❹(no) need ❺eat; drink 用兵 resort to arms 用处 use; good 用得着 find sth. useful; need 用度 expenditure; outlay 用法 use; usage 用费 expense; cost 用功 diligent; studious 用户 consumer; user 用具 utensil; appliance 用力 put forth one's strength 用品 articles for use 用途 use 用心 attentively; intention 用以 in order to; so as to 用意 intention; purpose 用语 wording; term

佣 yòng commission 佣金 commission; middleman's fee

YOU

优 yōu excellent; fine 质优价廉 fine in quality and low in price 优待 give favoured treatment 优等 first-rate; excellent 优点 advantage; virtue 优厚 liberal; favourable 优惠 preferential; favourable 优良 fine; good 优美 graceful; fine; exquisite 优胜 winning 优势 superiority; preponderance 优先 have priority 优秀 excellent; splendid 优异 outstanding; exceedingly good 优裕 affluent; abundant 优越 superior; advantageous 优质 high quality 优质名牌产品 high-quality and famous-brand products

忧 yōu ❶worry ❷sorrow; anxiety 忧愁 sad; depressed 忧患 suffering; hardship

忧惧 worried and apprehensive 忧虑 anxious 忧闷 feeling low 忧伤 laden with grief 忧心 heavyhearted 忧心如焚 burning with anxiety 忧郁 melancholy

幽 yōu ❶ deep and remote; dim ❷ secret; hidden ❸ tranquil ❹ of the nether world ❺ imprison 幽暗 dim; gloomy 幽会 a lovers'rendezvous; tryst 幽静 quiet and secluded 幽灵 spectre; spirit 幽默 humorous

悠 yōu ❶ long-drawn-out; remote in time or space ❷ leisurely ❸ swing (across) 悠久 long; age-old 悠闲 leisurely and carefree 悠扬 rising and falling

尤 yóu ❶ outstanding ❷ fault 效尤 knowingly follow the example of a wrongdoer 尤其 especially; particularly

由 yóu ❶ cause; reason ❷ because of; due to 咎由自取 have only oneself to blame ❸ through way in ❹ follow; obey ❺ by ❻ from 由此 from this 由来 origin 由于 thanks to; as a result of; due to 由衷 sincere; heartfelt

邮 yóu ❶ post; mail ❷ postal 邮（postal）parcel 邮车 postal car 邮包（o-cean）liner; packet ship 邮戳 postmark 邮袋 mailbag; postbag; pouch 邮递 send by post 邮电 post and telecommunications 邮费 postage 邮购 mail-order 邮汇 remit by post 邮寄（send by）post 邮件 postal matter; post; mail 邮局 post office 邮票 postage stamp 邮亭 postal kiosk 邮筒 postbox; mailbox 邮政 postal service 邮资 postage

犹 yóu ❶ just as; like; as if ❷ still 记忆犹新 be still fresh in one's memory 犹豫 hesitate; be irresolute 犹豫不决 remain undecided; be of two minds

油 yóu ❶ oil; fat; grease ❷ apply tung oil or paint ❸ be stained with oil or grease ❹ oily; glib 油饼 oil cake 油布 oilcloth 油彩 greasepaint 油菜 rape 油层 oil reservoir 油船 tanker 油灯 oil lamp 油膏 ointment 油管 oil pipe 油罐 oil tank 油滑 slippery; foxy 油画 oil painting 油灰 putty 油迹 oil stains; grease spots 油井 oil well 油库 oil depot 油矿 oil field 油料作物 oil crops 油门 throttle 油墨 printing ink 油母页岩 oil shale 油泥 greasy filth; grease 油腻 greasy; oily 油漆 paint; cover with paint 油腔滑调 glib; unctuous 油然 involuntarily 油石 oilstone 油水 grease 油酥 short; crisp; flaky 油田 oil field 油桐 tung oil tree 油桶 oil drum 油头滑脑 slick; flippant 油箱 fuel tank 油烟 lampblack 油渣 dregs of fat 油毡 asphalt felt 油脂 oil; fat 油纸 oilpaper

铀 yóu uranium

游 yóu ❶ swim ❷ wander; travel; tour ❸ roving; itinerant ❹ reach 游伴 travel companion 游荡 loaf about; loiter 游动 move about 游逛 go sight-seeing 游击 guerrilla warfare 游记 travel notes; travels 游街 parade sb. through the streets 游客 visitor (to a park, etc.) 游览 visit 游廊 covered corridor; veranda 游离 dissociate; drift away 游历 travel (for pleasure) 游牧 rove around as a nomad 游手好闲 idle about; loaf 游说 go about selling an idea 游艇 pleasure-boat 游玩 amuse oneself; play 游戏 game; play 游行 parade; march 游移 waver; wobble 游艺 entertainment; recreation 游泳 swim 游资 idle fund

友 yóu ❶ friend ❷ friendly 友爱 friendly affection; fraternal love 友邦 friendly nation 友好（close）friendly; amicable 友情 friendly sentiments 友善 amicable 友

谊 friendship

有 yǒu❶have; possess ❷there is; exist 有点儿 some; a little; somewhat; rather; a bit 有功 have performed meritorious service 有关 relate to; concern 有鬼 there's something fishy 有害 harmful; detrimental (还) 有门 there is no slammed door 有把握 be sure of; with confidence 有备无患 preparedness averts peril 有本领 capable; resourceful; talented 有偿 compensated 有待 await; remain 有分量 weighty 有机可乘 there's an oppotunity to take advantage of 有计划 in a planned way; according to plan 有价证券 securities; negotiable securities 有赖 depend on; rest on 有理 reasonable; justified; rational 有理数 rational number 有理函数 rational function 有力 forceful; powerful; strong; vigorous 有利 beneficial; advantageous; favourable 有利可图 be profitable; stand to gain 有名 well-known; famous 有名无实 merely nominal; titular 有目共睹 be obvious to all 有期徒刑 set term of imprisonment 有钱 rich; wealthy 有趣 interesting; fascinating; amusing 有声有色 vivid and dramatic 有识之士 a man of insight 有时 sometimes, now and then; at times 有终 carry sth. through to the end 有事 if sth. happens; occupied; busy 有数 know exactly how things stand 有条不紊 in an orderly way; methodically 有为 promising 年轻有为 young and promising 有希望 hopeful; promising 有限 limited; finite 有线 wired 有线广播 wire broadcasting 有线电视 cable television 有线电话 telephone 有心 have a mind to purposely 有益 profitable; beneficial; useful 有心 have a mind to; purposely 有意识 consciously 有意思 significant; meaningful; enjoyable 有勇无谋

brave but not resourceful 有余 have a surplus 有助于 contribute to; be conducive to; conduce to

又 yòu❶again ❷but ❸and 一又二分之一 one and a half

右 yòu❶the right (side) ❷the Right 右派 the Right 右倾 Right deviation 右手 the right hand 右首 the right-hand side; the right 右翼 right wing; the Right

幼 yòu❶young; under age ❷children; the young 幼虫 larva 幼儿 child; infant 幼苗 seedling 幼年 childhood; infancy 幼小 immature 幼稚 young; childish; naive]

佑 yòu help; protect; bless

诱 yòu❶guide; lead ❷seduce; entice 诱敌深入 lure the enemy in deep 诱饵 bait 诱惑 tempt; lure 诱奸 seduce 诱骗 inveigle; cajole; trap; trick 诱杀 trap and kill

YU

迂 yū ❶circuitous; winding; tortuous ❷pedantic 迂腐 pedantry 迂回 roundabout; outflank 迂阔 high-sounding and impracticable

淤 yū ❶become silted up ❷silt ❸stasis (of blood) 淤积 silt up; deposit 淤泥 silt; sludge; ooze 淤塞 silt up; be choked with silt 淤血 extravasated blood

于 yú❶in; at ❷for 求助于人 ask people for help ❸to ❹from; of 出于无知 out of ignorance 于是 thereupon; hence; as a result

余 yú ❶surplus; spare; remaining ❷more than; odd; over ❸beyond; after

余波 repercussions 余存 balance; remainder 余党 remaining confederates 余地 leeway; room 余毒 residual poison 余额 remaining sum 余悸 lingering fear 心有余悸 have a lingering fear 余粮 surplus grain 余年 one's remaining years 余孽 leftover evil 余生 one's remaining years 余剩 surplus; remainder 余威 remaining prestige or influence 余味 agreeable aftertaste 余暇 spare time; leisure time 余音 lingering sound

鱼 yú fish 鱼与熊掌兼得 have one's cake and eat it too 鱼叉 fish spear 鱼翅 shark's fin 鱼虫 water flea 鱼刺 fishbone 鱼饵 (fish) bait 鱼粉 fish meal 鱼肝油 cod-liver oil 鱼竿 fishing rod 鱼钩 fishhook 鱼雷 torpedo 鱼米之乡 a land of fish and rice 鱼苗 fry 鱼目混珠 pass off fish eyes as pearls 鱼水情深 be close as fish and water 鱼网 fishnet 鱼汛 fishing season fingerling 鱼子 roe 鱼子酱 caviare

谀 yú flatter 阿谀 flatter and toady

娱 yú ❶give pleasure to; amuse ❷joy 娱乐 amusement; recreation 娱乐场所 public place of entertainment

隅 yú ❶corner; nook ❷outlying place; border 海隅 seaboard

渔 yú fishing 渔船 fishing boat 渔村 fishing village fishery 渔港 fishing port 渔具 fishing tackle 渔利 easy gains; spoils 渔民 fisherman 渔业 fishery

渝 yú (of one's attitude or feeling) change 始终不渝 unswerving; consistent

愉 yú pleased; happy 愉快 joyful; cheerful

逾 yú exceed; go beyond 逾期 exceed the time limit; be overdue 逾越 exceed

愚 yú ❶stupid; foolish ❷make a fool of ❸I; my 愚不可及 couldn't be more foolish 愚见 my humble opinion 愚蠢 foolish; silly; stupid 愚弄 deceive; hoodwink; dupe

榆 yú 榆树 elm

舆 yú public 舆论 public opinion 舆论界 the media; press circles

与 yǔ ❶give; offer; grant ❷help; support ❸to ❹and 工业与农业 industry and agriculture 与日俱增 grow with each passing day 与众不同 out of the ordinary

予 yǔ give; grant; bestow 予人口实 give people a handle

宇 yǔ ❶eaves ❷house ❸space; universe; world 宇宙 universe; cosmos

屿 yǔ small island; islet 岛屿 islands and islets; islands

羽 yǔ feather 羽毛 feather; plume 羽毛未丰 unfledged; young and immature 羽毛球 badminton 羽纱 camlet 羽翼 wing

雨 yǔ rain 雨点 raindrop 雨后春笋 (spring up like) bamboo shoots after a spring rain 雨具 rain gear (i. e. umbrella, raincoat, etc.) 雨露 rain and dew; favour 雨伞 umbrella 雨水 rainwater; rainfall; rain 雨鞋 rubber boots; rubbers 雨衣 raincoat; waterproof

语 yǔ ❶language; tongue; words ❷speak; say ❸set phrase; proverb ❹sign; signal 语病 faulty wording or formulation 语词 words and phrases 语调 intonation 语法 grammar 语句 sentence 语录 quotation 语气 tone; manner of speaking 语态 voice 语体 type of writing; style 语文 Chinese 语系 language family 语序 word order 语言 language 语

义学 semantics 语音 speech sounds; pronunciation 语重心长 sincere words and earnest wishes

与 yù take part in 与会 participate in a conference

玉 yù jade 玉雕 jade carving 玉米 maize; Indian corn; corn 玉器 jade article; jadeware 玉蜀黍 maize

驭 yù drive (a carriage) 驭手 soldier in charge of pack animals; driver of a military pack train

芋 yù ❶taro ❷tuber crops 洋芋 potato 山芋 sweet potato

育 yù ❶give birth to 生儿育女 give birth to children ❷rear; raise; bring up ❸educate 育秧 raise rice seedlings

郁 yù ❶strongly fragrant ❷luxuriant ❸gloomy; sad 郁积 pent-up 郁闷 depressed; oppressive 郁郁 lush; gloomy

狱 yù ❶prison; jail ❷lawsuit; case 断狱 hear and pass judgment on a case

浴 yù bath; bathe 浴场 outdoor bathing place 浴池 public bathhouse 浴巾 bath towel 浴盆 bathtub 浴室 bathroom 浴血奋战 fight a bloody battle 浴衣 bathrobe

预 yù in advance; beforehand 预报 forecast 预备 prepare; get ready 预测 calculate; forecast 预产期 expected date of childbirth 预处理 pretreatment 预订 book; place an order for 预定 fix in advance; predetermine 预断 prejudge 预防 prevent; guard against 预付款 advance; advanced payment 预感 premonition 预告 announce in ad 预购 purchase in advance 预计 calculate in advance; estimate 预见 foresee; foresight; prevision 预科 preparatory course (in a college) 预

料 expect; anticipate 预谋 plan beforehand 预期 expect 预赛 preliminary (contest; trial 预示 betoken; indicate; presage 预算 budget 预习 (of students) prepare lessons before class 预先 in advance 预言 prophesy; foretell 预演 preview (of a performance, etc.) 预约 make an appointment 预展 preview (of an exhibition) 预兆 omen; presage; sign; harbinger 预制 prefabricate

欲 yù ❶desire; longing; wish ❷wish; want 欲加之罪,何患无词 give a dog a bad name and hang him ❸about to; just going to 欲罢不能 cannot help carrying on 欲望 desire; wish; lust

域 yù land within certain boundaries; territory; region 异域 foreign lands

谕 yù instruct; tell 上谕 imperial edict

寓 yù ❶reside; live ❷residence; abode ❸imply; contain 寓所 residence; abode 寓言 fable; allegory 寓意 implied meaning; import

裕 yù abundant; plentiful 富裕 well-to-do 应付裕如 handle with ease

遇 yù ❶ meet ❷ treat; receive ❸ chance; opportunity 机遇 favourable circumstances 遇到 run into; encounter; meet; come across 遇难 die in an accident; be murdered 遇事沉着 be unruffled whatever happens 遇险 meet with a mishap; be in danger

喻 yù ❶explain; inform ❷understand; know 家喻户晓 known to every household ❸analogy 比喻 metaphor

御 yù ❶drive (a carriage). ❷imperial ❸resist; ward off 御用 be in the pay of

誉 yù ❶reputation; fame 誉满全国 of

country renown ❷praise; eulogize 毁誉参半 be as much censured as praised

愈 yù ❶heal; recover; become well ❷ the more…, the more…, 愈合 heal 愈加 all the more; even more; further

YUAN

冤 yuān ❶wrong; injustice 不白之冤 unrighted wrong ❷hatred; enmity 冤仇 rancour 冤家 enemy; foe 冤屈 wrong; wrongful treatment 冤枉 wrong; treat unjustly 冤狱 an unjust charge or verdict

鸳 yuān 鸳鸯 mandarin duck; an affectionate couple

渊 yuān deep pool 深渊 abyss 渊博 broad and profound; erudite 渊源 origin; source

元 yuán ❶first; primary 元月 the first month of the year; January ❷component 元旦 New Year's Day 元件 element; cell 元老 senior statesman; founding member (of a political organization, etc.) 元气 vitality; vigour 元气大伤 bleed white 元首 head of state 元帅 marshal 元素 element 元凶 prime culprit 元音 vowel

园 yuán ❶an area of land for growing plants 果园 orchard ❷a place for public recreation 动物园 zoo 园丁 gardener 园林 gardens; park 园艺 gardening

员 yuán ❶a person engaged in some field of activity ❷member 炊事员 cook 员工 staff; personnel

原 yuán ❶primary; original; former ❷ raw ❸excuse; pardon ❹open country 平原 plain 原版 original edition (of a book, etc.) 原本 master copy; the original; originally 原材料 raw and processed materials 原产地 place of origin 原产地证明书 certificate of origin 原动力 motivity 原封不动 be left intact 原稿 original manuscript; master copy 原告 plaintiff; prosecutor 原级 positive degree 原籍 ancestral home 原价 cost price 原始 script 原来 ①original; former ②turn out to be; so 原理 principle; tenet 原谅 excuse; pardon; forgive 原料 raw material 原煤 raw coal 原棉 raw cotton 原木 log 原始 original; firsthand; primeval; primitive 原委 the whole story; all the details 原文 original text; the original 原先 former; original 原形 original shape 原形毕露 show one's true colour 原野 open country; champaign 原意 original intention 曲解原意 distort the meaning 原因 cause; reason 原油 crude oil; crude 原则 principle 原址 former address 原主 original owner 物归原主 return sth. to its owner 原著 original; original work 原状 original state; previous condition 原子 atom 原子弹 atom bomb; atomic bomb 原作 original work

圆 yuán ❶round; circular; ❷circle ❸ justify 自圆其说 justify oneself ❹yuan the monetary unit of China 圆规 compasses 圆滑 slick and sly 圆满 satisfactory 圆圈 circle; ring 圆润 mellow and full 圆熟 skilful; proficient 圆舞曲 waltz 圆心 the centre of a circle 圆形 circular; round 圆周 circumference 圆珠笔 ball-pen 圆柱 cylinder 圆锥 circular cone 圆桌 round table

援 yuán ❶help; aid 求援 ask for help ❷cite; quote 援例 cite a precedent 援救 rescue; save 援军 relief troops 援外 foreign aid 援助 help; support; aid

源 yuán source 河源 river source 源泉

fountainhead

猿 yuán ape 猿猴 apes and monkeys 猿人 ape-man

缘 yuán ❶reason ❷edge; fringe; brink 缘故 cause 缘起 genesis; origin

辕 yuán shafts of a cart or carriage 辕马 shaft-horse

远 yuǎn far; distant; remote 远不如 half as (good) as 远大 longrange; broad 远道 a long way 远方 distant place 远古 remote antiquity 远见 foresight; vision 远郊 outer suburbs; outlying district 远景 distant view; prospect 远亲 distant relative 远视 long sight 远行 go on a long journey 远洋 ocean 远因 remote cause 远征 expedition 远足 hike

怨 yuàn ❶resentment ❷blame; complain 怨恨 have a grudge against sb.; hate; hatred 怨气 complaint 怨声载道 cries of discontent rise all round 怨言 grumble

院 yuàn ❶courtyard; yard ❷a designation for certain government offices and public places 科学院 the academy of sciences 电影院 cinema 院士 academician

愿 yuàn❶hope; wish; desire ❷be willing ❸vow 还愿 redeem a vow 愿望 wish; aspiration 愿意 be willing; be ready; wish; like; want

YUE

曰 yuē ❶say ❷call; name 美其名曰 give sth. the finesounding name of

约 yuē ❶make an appointment (with sb.); arrange ❷ask or invite in advance ❸pact; agreement ❹restrict; restrain;

bind ❺economical; frugal ❻simple; brief ❼about; around 约定 agree on; appoint; arrange 约会 appointment; engagement; date 约计 count roughly; come roughly to 约略 rough; approximate 约请 invite; ask 约束 keep within bounds; restrain; bind 约数 approximate number

月 yuè❶the moon 月球车 lunar rove ❷month 月报 monthly report 月饼 moon cake 月份 month 月光 moonlight 月经 menses; period 月刊 monthly (magazine)月票 monthly ticket 月食 lunar eclipse 月薪 monthly pay

乐 yuè music 奏乐 play music 乐池 orchestra (pit) 乐队 band 乐谱 music (score)乐器(musical) instrument 乐曲 (musical) composition; music 乐团 philharmonic society or orchestra 乐章 movement

岳 yuè ❶high mountain ❷wife's parents 岳父 wife's father; father-in-law 岳母 wife's mother; mother-in-law

悦 yuè❶happy; pleased; delighted ❷please; delight 悦耳 sweet-sounding 悦服 heartily admire 悦目 pleasing to the eye; good-looking

阅 yuè❶read; go over ❷review; inspect 阅兵 review troops 阅读 read 阅览 read 阅历 experience

跃 yuè leap; jump 一跃而起 get up with a jump 跃居首位 leap to first place 跃进 leap forward 跃跃欲试 be eager to have a try

越 yuè ❶get over; jump over ❷exceed; overstep 越轨 exceed the bounds; transgress 越过 cross; negotiate 越界 cross the border 越境 cross the boundary illegally 越南 Viet Nam 越权 exceed one's authority 越狱 escape from prison

YUN

晕 yūn ❶dizzy; giddy ❷swoon; faint 晕倒 fall in a faint 晕头转向 confused and disoriented

云 yún ❶say 人云亦云 repeat what others say; parrot others' views ❷cloud 云层 cloud layer 云集 gather 云雾 cloud and mist 云霄 the skies

匀 yún ❶even ❷even up; divide evenly ❸spare 匀称 well-balanced

耘 yún weed 耕耘 ploughing and weeding

允 yǔn ❶permit; allow ❷fair; just 允许 permit; allow; undertake

陨 yǔn fall from the sky or outer space 陨石 stony meteorite 陨铁 meteoric iron 陨星 meteorite

殒 yǔn perish; die 殒命 meet one's death; perish

孕 yùn pregnant 孕妇 pregnant woman 孕期 pregnancy 孕育 be pregnant with; breed

运 yùn ❶carry; transport ❷use; wield; utilize ❸fortune; fate 运筹学 operational research 运动 motion; sports; exercise; movement 运河 canal 运气 fortune; luck 运输 transport; carriage 运算 operation 运行 be in motion 运用 utilize; put to use 运转 revolve; turn round; work; operate

晕 yùn ❶dizzy; giddy; faint ❷halo 日晕 solar halo 月晕 lunar halo 晕车 carsickness 晕船 seasickness

酝 yùn 酝酿 brew; ferment

愠 yùn angry; irritated 面有愠色 look irritated 愠怒 be inwardly angry

韵 yùn ❶ musical sound ❷ rhyme ❸ charm 韵味 lasting appeal 韵文 verse

熨 yùn iron; press 熨衣服 iron clothes 熨斗 flatiron; iron

蕴 yùn accumulate 蕴藏 hold in store; contain 蕴量 reserves; deposits

Z

ZA

扎 zā tie; bind

杂 zá ❶sundry; mixed ❷mix; mingle 杂拌儿 ① assorted preserved fruits ② mixture; miscellany 杂草 weeds 杂费 miscellaneous expenses 杂感 random thoughts; miscellaneous impressions 杂烩①mixed stew ②mixture; miscellany 杂货 groceries 杂记 jottings; notes; miscellanies (as a type of literature)杂技 acrobatics 杂技表演 acrobatic show 杂技演员 acrobat 杂技团 acrobatic troupe 杂交 cross; crossbreed; hybridize 杂粮 food grains other than wheat and rice 杂乱 in disorder; in a jumble; in a muddle; in a mess; disorganized 杂念 distracting thoughts 杂牌 a less known and inferior brand 杂耍 variety show; vaudeville 杂文 essay 杂务 odd jobs 杂音 noise; murmur 杂志 magazine 杂质 impurity 杂种 crossbreed; bastard

砸 zá ❶pound; tamp ❷break; smash 砸开门 smash the door open 砸锅 fail; fall through

ZAI

灾 zāi ❶ calamity ❷ personal misfortune; adversity 灾荒 famine due to crop failures 灾民 victims of a natural calamity 灾难 suffering 灾情 the condition of a disaster 灾区 disaster area

栽 zāi ❶plant; grow ❷stick in; insert; plant ❸force sth. on sb.; impose ❹fall 栽跟头 tumble; suffer a setback 栽培 cultivate; grow

宰 zǎi ❶slaughter; butcher ❷govern; rule 宰割 invade, oppress and exploit 任人宰割 allow oneself to be trampled upon 宰客 rip off 宰相 prime minister (in feudal China); chancellor

载 zǎi ❶year ❷put down in writing; record

再 zài ❶another time; again; once more ❷come back; return 再版 second edition; second print 再次 once more; once again 再见 good-bye; see you again 再接再励 make persistent efforts 再起 recurrence; revival 再三 over and over again 再生产 reproduction 再说 what's more; besides 再现 reappear

在 zài ❶exist; be living ❷be ❸at; in ❹rest with; depend on 在案 be on record 在场 be present 在行 be expert at sth. 在乎 care about; mind 在家 be at home 在理 reasonable; right 在世 be living 在逃 have escaped; be at large 在望 be visible; be in sight 在握 be under one's control 在先 formerly; in the past; before 在押 be in prison 在押犯 prisoner 在野 out of office 在野党 a party not in office 在于 lie in; lie in office 在职 on the job 在座 be present (at a meeting, banquet, etc.)

载 zài carry; hold 载运 convey (by vehicles, ships, etc.); transport 载重 load; carrying capacity

ZAN

簪 zān ❶hairpin ❷wear in one's hair 簪子 hair clasp

咱 zán 咱们 we

攒 zǎn accumulate; hoard; save 攒钱 save up money

暂 zàn ❶ of short duration ❷ for the time being; for the moment 暂定 tentative; provisional 暂缓 postpone; defer 暂时 temporary 暂停 time-out 暂行 provisional

赞 zàn ❶ support; favour ❷ praise; commend 赞成 approve of; favour; agree with 赞歌 paean 赞美 eulogize; extol 赞美诗 hymn 赞赏 admire 赞叹 gasp i admiration; highly praise 赞许 speak favourably of

ZANG

赃 zāng ❶ stolen goods; spoils 分赃 share the booty ❷ bribes 贪赃 practise graft 赃官 corrupt official 赃款 money stolen, illicit money

脏 zāng dirty; filthy 脏衣服 soiled clothes 脏水 filthy water

脏 zàng intenal organs of the body (usu. referring to the heart, liver, spleen, lungs, kidneys, etc.); viscera

葬 zàng bury; inter 葬礼 funeral (rites) 葬身 be buried 葬身鱼腹 be drowned 葬送 ruin

藏 zàng storing place; depository 宝藏 precious (mineral) deposits

ZAO

遭 zāo suffer 遭到 suffer; come across; encounter 遭难 meet with misfortune 遭受 be subjected to 遭殃 suffer disaster 遭遇 meet with run up against; (bitter) experience; (hard) lot

糟 zāo ❶(distillers') grains ❷be pickled with grains or in wine ❸rotten; poor ❹in a terrible state; in a mess 糟糕 how terrible; too bad 糟粕 waste matter 糟蹋 ruin; spoil

凿 záo❶chisel ❷cut a hole; chisel 穿凿 far-fetching 凿井 dig a well

早 zǎo❶(early) morning ❷long ago; for a long time ❸early; beforehand ❹ good morning 早班 morning shift 早餐 breakfast 早操 morning exercises 早场 morning show 早春 early spring 早稻 early (season) rice 早点 (light) breakfast 早婚 marry too early 早年 one's early years 早期 early stage 早日 early; soon 早熟 precocious; early-maturing 早退 leave early 早先 previously 早已 long ago; long since

枣 zǎo jujube; (Chinese) date; tsao 枣红 purplish red; claret 枣泥 jujube paste 枣树 jujube tree

蚤 zǎo flea 水蚤 water flea

澡 zǎo bath 澡盆 bathtub 澡堂 public baths; bathhouse

藻 zǎo ❶algae ❷aquatic plants ❸literary embellishment

灶 zào ❶kitchen range; cooking stove ❷kitchen; mess; canteen 灶台 the top of a kitchen range

皂 zào ❶black ❷soap 香皂 toilet soap

造 zào ❶make; build; create ❷invent; cook up; concoct ❸train; educate 造船 shipbuilding 造反 rebel; revolt 造福 benefit 造价 cost 造假帐 cook the book 造就 train; bring up (a new generation, etc.) 造句 sentence-making 造林 afforestation 造型 modelling; model; mould 造谣 cook up a story; start a rumour 造诣 attainments 造作 affected; artificial

噪 zào ❶chirp ❷a confusion of voices 名噪一时 be a celebrity for a time 噪音 noise

燥 zào dry 燥热 hot and dry

躁 zào rash; impetuous 躁动 move restlessly

ZE

则 zé ❶standard; norm; criterion ❷rule; regulation

责 zé ❶duty ❷demand; require ❸question closely ❹reproach; rebuke; blame 自责 reprove oneself ❺punish 责备 blame 责成 instruct (sb. to fulfil a task) 责罚 punish 责令 order; instruct; charge 责骂 scold; dress down 责难 censure; blame 责任 duty; responsibility 责任编辑 executive editor 责任方 lead partner 责问 call sb. to account 责无旁贷 be duty-bound

泽 zé ❶pool; pond ❷damp; moist ❸

lustre (of metals, pearls, etc.)

择 zé select; choose; pick 二者任择其一 choose either of the two

ZEI

贼 zéi ❶thief ❷traintor; enemy ❸crooked; wicked; evil; furtive 贼船 pirate ship

ZEN

怎 zěn why; how 怎么 what; why; how 怎么样 what; how 乘公车去怎么样 what about going by bus 怎么也不会 Not for the (whole) world would I do sth.

ZENG

曾 zēng relationship between great-grandchildren and great-grandparents 曾孙 great-grandson 曾孙女 great-granddaughter 曾祖 (paternal) great-grandfather 曾祖母 (paternal) great-grandmother

憎 zēng hate; detest; abhor 憎恶 loathe; abominate

增 zēng increase; gain; add 增补 augment; supplement 增产 increase production 增订 revise and enlarge (a book) 增多 increase 增发新股 issue (offer) additional shares 增光 add lustre to; do credit to 增加 increase; raise; add 增进 enhance; further 增强 strengthen; enhance 增删 additions and deletions 增添 add; increase 增援 reinforce 增长 increase; rise; grow 增值 increment; added value

赠 zèng give as a present 赠品 gift;

Z

giveaway 赠送 present as a gift 赠阅 given free by the publisher

ZHA

扎 zhā ❶prick; run or stick (a needle, etc.) into ❷plunge into; get into 扎根 take root (among the masses, etc.)扎实 sturdy; solid; sound

渣 zhā ❶dregs; sediment 豆腐渣 soyabean residue ❷ broken bits 面包渣 (bread) crumbs

揸 zhā❶pick up sth. with the fingers ❷spread one's fingers

扎 zhá pitch (a tent, etc.)扎营 pitch a tent or camp; encamp

札 zhá letter 札记 reading notes

轧 zhá roll (steel)轧钢 steel rolling 轧制 rolling

闸 zhá❶floodgate; sluice gate ❷dam up water ❸brake ❹switch 扳闸 operate a switch; switch on or off 闸门 sluice gate; throttle valve

炸 zhá deep-fry 炸酱 fried bean sauce

铡 zhá❶hand hay cutter; fodder chopper ❷cut up with a hay cutter 铡草机 hay cutter 铡刀 hand hay cutter

眨 zhǎ blink; wink 眨眼间 very short time

乍 zhà❶first; for the first time ❷suddenly; abruptly

诈 zhà ❶ cheat; swindle ❷ pretend; feign ❸bluff sb. into giving information out 诈败 feign defeat 诈唬 bluff; bluster 诈骗 defraud 诈骗犯 swindler

炸 zhà ❶explode; burst ❷blow up 炸

弹 bomb 炸药 explosive (charges); dynamite

栅 zhà railings; paling; bars; boom 木栅 palisade 铁栅 metal rails; iron bars

蚱 zhà 蚱蜢 grasshopper

榨 zhà press; extract 榨菜 hot pickled mustard tuber 榨取 squeeze; extort 榨油 extract oil 榨油机 oil press

ZHAI

斋 zhāi❶vegetarian diet (adopted for religious reasons) ❷ give alms (to a monk) ❸room or building 斋戒 abstain from meat, wine, etc.; fast

摘 zhāi ❶pick; pluck; take off ❷select; make extracts from 摘抄 take passages; extract 摘除 excise (an abdominal tumour, etc.)摘记 take notes 摘录 digest 摘要 make a summary abstract 摘引 quote

宅 zhái residence; house

择 zhái select; choose; pick

窄 zhǎi ❶ narrow 窄轨铁路 narrow-gauge railway ❷petty 心眼儿窄 narrow-minded

债 zhài debt 欠债 be in debt 还债 pay one's debt 借债 borrow money 债款 loan 债权 creditor's rights 债券 bond 债务 debt

寨 zhài ❶stockade ❷stockaded village ❸ camp ❹ mountain stronghold 寨子 stockaded village

ZHAN

占 zhān practise divination coins 占梦

Z

divine by interpreting dreams 占星 divine by astrology

沾 zhān ❶ be stained with ❷ touch 烟酒不沾 touch neither tobacco nor alcohol 沾光 benefit from association with sb. or sth. 沾染 be contaminated by 沾沾自喜 feel complacent; be pleased with oneself

毡 zhān felt 毡帽 felt hat 毡子 felt rug; felt blanket

粘 zhān glue; stick; paste 粘连 adhesion

谵 zhān rave; be delirious 谵妄 delirium 谵语 delirious speech

瞻 zhān look up or forward 瞻前顾后 look ahead and behind——be overcautious and indecisive 瞻仰 look at with reverence

斩 zhǎn ❶ chop; cut ❷ behead; decapitate 斩钉截铁 resolute and decisive; categorical 斩尽杀绝 kill all

展 zhǎn ❶ open up; spread out; unfold; unfurl ❷ put to good use; give free play to 大展宏图 carry out a great plan ❸ postpone; prolong ❹ exhibition 展开 spread out; unfold; open up develop; carry out 展览 put on display; exhibit; show 展览馆 exhibition hall 展示 reveal; lay bare 展望 look ahead; forecast; prospect 展现 emerge; develop

盏 zhǎn small cup 一盏灯 a lamp

崭 zhǎn 崭新 brand-new; completely new

搌 zhǎn 搌布 dishcloth; dish towel

辗 zhǎn 辗转 pass through many hands or places; toss about (in bed) 辗转流传 spread from place to place 辗转反侧 toss and turn restlessly

占 zhàn ❶ occupy; seize; take ❷ make up; account for 占据 occupy; hold 占领 capture; seize 占便宜 profit at other people's expense; favourable 占上风 play into one's hand 占先 take the lead; get ahead of 占线 the line is busy 占有 own; possess; have hold

战 zhàn ❶ war; warfare; battle ❷ fight 夜战 night fighting 战败 be defeated; beat 战报 battlefield report 战备 preparedness 战场 battleground; battlefront 战地 battlefield; combat zone 战抖 tremble; shiver; shudder 战斗 fight; battle; combat 战犯 war criminal 战费 war expenses 战俘 prisoner of war (P. O. W.) 战歌 battle song 战功 meritorious military service 战鼓 war drum 战果 victory; results of battle 战壕 trench 战后 postwar 战火 flames of war 战祸 disaster of war 战机 opportunity for combat 战绩 military successes; combat gains 战舰 warship 战局 war situation 战况 situation on the battlefield 战利品 spoils of war; war booty 战列舰 battleship 战列巡洋舰 battle cruiser 战乱 chaos caused by war 战略 strategy 战马 battle steed 战前 prewar 战区 war zone 战胜 defeat; overcome 战时 wartime 战士 soldier 战事 war; hostilities 战事结束 conclusion of the war 战书 letter of challenge 战术 military tactics 战线 battle line; front 战役 campaign; battle 战友 comrade-in-arms 战战兢兢 trembling with fear; with fear and trepidation; with caution; gingerly 战争 war; warfare

栈 zhàn ❶ warehouse ❷ inn ❸ shed; pen 栈房 warehouse; storehouse

站 zhàn ❶ stand ❷ stop; halt ❸ station; stop ❹ centre 站队 line up; stand in line 站岗 stand guard 站台 platform 站稳

stand firm; take a firm stand 站长 head of a station

绽 zhàn split; burst 鞋开绽了 the shoe has split open

湛 zhàn ❶profound; deep 精湛 exquisite ❷crystal clear 湛蓝 azure

颤 zhàn tremble; shiver; shudder

蘸 zhàn dip in 蘸酱 dip in thick sauce

ZHANG

张 zhāng❶open; spread; stretch ❷set out; display 大张筵席 lay on a feast ❸look 张大 magnify 张灯结彩 be decorated with lanterns and coloured streamers 张口结舌 be agape and tongue-tied 张罗 take care of; get busy about; get together (money, etc.)张贴 put up (a notice, poster, etc.)张望 look around 张扬 make widely known; make public

章 zhāng❶chapter; section ❷order ❸rules; regulations ❹seal; stamp ❺badge; medal 章鱼 octopus

彰 zhāng clear; evident; conspicuous 彰明 very obvious; easily seen

樟 zhāng camphor tree 樟木 camphor-wood 樟脑 camphor

长 zhǎng ❶older; elder; senior ❷eldest; oldest ❸chief; head ❹grow; develop ❺come into being; begin to grow; form 长辈 elder member of a family 长大 grow up 长机 lead aircraft 长进 progress 长孙 son's eldest son; eldest grandson 长相 looks; appearance 长者 elder; venerable elder 长子 eldest son

涨 zhǎng (of water, etc.) rise; go up 涨潮 rising tide 涨价 rise in price 涨落

(of water, prices, etc.) rise and fall; fluctuate

掌 zhǎng ❶palm ❷strike with the palm of the hand ❸be in charge of; control ❹pad ❺shoe sole or heel ❻horseshoe 掌舵 operate the rudder 掌故 anecdotes 掌管 be in charge of; administer 掌柜 shopkeeper; manager (of a shop)掌权 be in power 掌声 clapping 掌握 grasp; master; take into one's hands; control 掌心 the centre of the palm

丈 zhàng *zhang*, a unit of length(= 3 1/3 metres) 丈夫 husband 丈量 measure (land)丈母娘 wife's mother; mother-in-law 丈人 wife's father; father-in-law

仗 zhàng❶weaponry; weapons ❷hold (a weapon) ❸depend on ❹battle; war 仗势欺人 take advantage of one's or sb. else's power to bully people 仗义疏财 be generous in aiding needy people

杖 zhàng cane; stick 拐杖 walking stick

帐 zhàng ❶curtain; canopy ❷account ❸debt; credit 帐簿 account book 帐单 bill; check 帐户 account 帐款 funds on account 帐目 accounts 帐篷 tent 搭(拆)帐篷 pitch (strike) a tent 帐子 bed-curtain

胀 zhàng❶expand; distend ❷swell 肿胀 swollen

涨 zhàng❶swell after absorbing water, being soaked, etc. ❷be swelled by a rush of blood 头昏脑涨 feel one's head swimming

障 zhàng❶hinder ❷barrier; block 路障 roadblock 障碍 hinder; impediment

瘴 zhàng miasma 瘴疠 communicable subtropical diseases

ZHAO

招 zhāo ❶beckon ❷recruit；enlist；enrol ❸attract；incur；court ❹provoke；tease ❺confess；own up ❻trick；device；move 招标 invite bids 招标投标制 the public bidding system 招兵 recruit soldiers 招兵买马 recruit men and buy horses；raise an army；recruit followers 招待 receive；entertain；serve 招待会 reception 招供 confess 招呼①call ②hail；greet；say hello to 招架 ward off blows 招考 give public notice of entrance examination；admit（students，applicants，etc.）by examination 招徕 solicit 招揽 solicit 招领 announce the finding of lost property 招牌 shop sign；signboard 招聘 advertize for a job；invite applications for a job 招惹 provoke；incur；court；tease 招认 confess one's crime；plead guilty 招生 enrol new students；recruit students 招收 enrol；recruit；take in 招手 beckon；wave 招贴 poster；placard；bill 招摇 put on airs；act ostentatiously；show off 招降 summon sb. to surrender 招引 attract；induce 招展 flutter；wave 招致 recruit（followers）；incur；lead to 招致失败 cause defeat

昭 zhāo clear；obvious 昭示 declare publicly 昭雪 exonerate；rehabilitate

着 zhāo ❶a move in chess ❷trick；device

朝 zhāo ❶early morning；morning ❷day 今朝 today；the present 朝晖 morning sunlight 朝气 youthful spirit 朝夕 morning and evening；daily 朝霞 rosy clouds of dawn；rosy dawn

着 zháo❶touch ❷feel；be affected by（cold，etc.）❸burn ❹fall asleep 着慌 get alarmed 着火 catch fire；be on fire 着急 feel anxious 着凉 catch cold 着忙 be in a hurry 着迷 be fascinated 着实 truly really 着实了得 formidable（为…）着想 for one's good（sake）

爪 zhǎo claw；talon 爪牙 talons and fangs；lackeys

找 zhǎo❶look for；try to find；seek ❷want to see；call on；ask for ❸give change 找补 make up a deficiency

沼 zhǎo natural pond 沼气 marsh gas；firedamp；methane 沼泽 marsh；swamp；bog

召 zhào convene 召唤 call；summon 召回 recall 召集 call together 召见 call in（a subordinate）召开 convoke（a conference）

兆 zhào❶sign；omen；portent ❷foretell ❸million；mega- ❹billion

诏 zhào 诏书 edict

照 zhào❶shine；illuminate；light（up）❷take a picture；photograph；film；shoot ❹photograph；picture ❺license；permit ❻take care of；look after ❼notify ❽contrast ❾understand ❿in the direction of；towards ⓫according to；inaccordance with 照搬 indiscriminately imitate；copy 照办 act accordingly；comply with；act in accordance with；act upon 照本宣科 repeat what the book says 照常 as usual 照抄 copy word for word；make a word-for-word copy 照发 issue as before；；approved for distribution 照顾① care for；take care of；look after；attend to 照顾不周 haven't been much of a host ②give consideration to；show consideration for；make allowance for 照管 look after; tend 照会 present a note to (a government); note 照价(pay) according to the set price 照旧 as before; as usual; as of old 照看 look after; attend to; mind; keep an eye on 照例 as usual; as a rule; usually 照料 take care of; attend to 照明 illumination; lighting 照片 photograph; picture 照射 shine; illuminate; light up 照说 ordinarily; as a rule 照相 take a picture; take a photograph; photograph 照相机 camera 照样①after a pattern of model; follow suit ② in the same old way; just the same; as before 照耀 shine; illuminate 照应 coordinate; correlate; look after

罩 zhào ❶cover; overspread; wrap ❷shade; hood; casing 玻璃罩 glass cover 罩袍 overall; dust-robe 罩衣 dustcoat

肇 zhào❶start; commence; initiate ❷cause (trouble, etc.)肇事 create a disturbance 肇者 troublemaker

ZHE

折 zhē ❶roll over; turn over ❷pour back and forth between two containers 折腾 do sth. over and over again

蜇 zhē sting

遮 zhē ❶hide from view; cover; screen ❷obstruct; impede 遮蔽 cover; screen; block 遮丑 hide one's shame; cover up one's defect 遮挡 shelter from; keep out 遮盖 overspread; hide; cover up 遮阳 sunshade

折 zhé ❶break; snap ❷suffer the loss of; lose ❸ bend; twist ❹ turn back; change direction ❺ be convinced; be filled with admiration ❻convert into; ❼discount; rebate ❽fold 折尺 folding rule

折叠 fold 折服 subdue; be convinced; be filled with admiration 折合 convert into; amount to 折回 turn back (halfway)折价 convert into money 折旧 depreciation 折扣 discount 折磨 cause suffering; torment 折扇 folding fan 折射 refraction 折算 convert 折中 compromise

哲 zhé ❶wise; sagacious ❷wise man; sage 哲理 philosophic theory 哲学 philosophy

辙 zhé ❶the track of a wheel; rut ❷rhyme (of a song, poetic drama, etc.)

者 zhě -er; -or 读者 reader 医务工作者 medical worker 前者 the former 马克思主义者 Marxist

褶 zhě pleat; crease 褶皱 wrinkle; fold

这 zhè❶this ❷now 这边 this side; here 这次 this time; present 这会儿 now; at the moment; at present 这里 here 这么 so; such; this way; like this 这些 these

蔗 zhè sugarcane 蔗糖 sucrose; cane sugar

ZHEN

贞 zhēn ❶loyal; faithful ❷chastity or virginity 贞洁 chaste and undefiled

针 zhēn❶needle ❷stitch ❸injection; shot ❹acupuncture 针刺疗法 acupuncture treatment 针对 be directed against; be aimed at 针锋相对 give tit for tat; be diametrically opposed to 针箍 thimble 针剂 injection 针尖 pinpoint 针尖对麦芒 like diamond cutting diamond 针脚 stitch 针灸 acupuncture and moxibustion 针头 syringe needle 针线 needlework 针眼 pinprick 针织 knitting

侦 zhēn detect; scout 侦查 investigate

(a crime)侦察 reconnoitre; scout 侦探 spy 侦探小说 detective (story)

珍 zhēn ❶treasure ❷precious; valuable ❸value highly 珍爱 treasure; love dearly 珍宝 jewellery; treasure 珍本 rare edition; rare book 珍藏 collect (rare books, art treasures, etc.) 珍贵 valuable; precious 珍品 treasure 珍闻 news titbits; fillers 珍惜 treasure; value; cherish 珍馐 delicacies; dainties 珍重 highly value; take good care of yourself 珍珠 pearl

胗 zhēn gizzard 胗肝儿 gizzard and liver (esp. chicken's or duck's)

真 zhēn ❶true; genuine ❷really; truly; indeed ❸clearly; unmistakably 真才实学 real ability and learning; genuine talent 真诚 sincere; genuine; true 真谛 true essence; true meaning 真迹 authentic work 真假 true or false; genuine or sham 真空 vacuum 真理 truth 真面目 true features 真名实姓 real name 真凭实据 conclusive evidence; hard evidence 真切 vivid; clear; distinct 真情 the real situation; the facts; truth; real sentiments 真善美 the true, the good and the beautiful 真实 true; real; actual; authentic 真率 unaffected; straightforward 真髓 essence 真相 the real situation; the true facts; truth 真心 wholehearted; heartfelt; sincere; from the bottom of one's heart 真心话 sincere words 说真心话 speak from the bottom of one's heart 真正 genuine; true; real 真知 genuine knowledge; correct understanding 真挚 cordial; sincere 真珠 pearl 真主 Allah

砧 zhēn hammering block; anvil 砧板 chopping block

斟 zhēn pour (tea or wine)斟酌 consider; deliberate 斟酌词句 weigh one's words

甄 zhēn discriminate 甄别 screen 甄别委员会 screening committee 甄选 select

箴 zhēn ❶admonish; exhort ❷a type of didactic literary composition 箴言 admonition; maxim

诊 zhēn examine (a patient)诊断 diagnose

枕 zhēn ❶pillow ❷rest the head on 枕巾 a towel used to cover a pillow 枕木 sleeper; tie 枕套 pillowcase 枕心 pillow (without the pillowcase)

疹 zhěn rash 荨麻疹 nettle rash

缜 zhěn 缜密 careful; meticulous

阵 zhèn ❶battle array ❷position; front ❸a period of time ❹blast; spasm 阵地 position; front 阵脚 front line; situation 阵容 battle array; lineup 阵势 battle formation; situation; condition 阵亡 be killed in action 阵线 front; ranks 阵营 camp 阵雨 shower 阵阵 wafts of

振 zhèn ❶shake; flap ❷rise with force and spirit; brace up 精神为之一振 fell one's spirits buoyed up 振动 vibration 振奋 rouse oneself; inspire 振兴 promote 振作 exert oneself; display vigour

赈 zhèn relieve; aid 赈济 relieve; aid 赈灾款 relief fund

震 zhèn ❶shake; vibrate ❷greatly excited; deeply astonished 地震 earthquake 震动 shake; shock; quake 震惊 amaze; astonish 震怒 be enraged

镇 zhèn ❶press down; keep down; ease ❷calm; tranquil; at ease ❸guard ❹garrison post ❺town ❻cool with cold water or ice 镇定 calm; cool 镇静 composed; unruffled 镇压 suppress; repress 镇纸 paperweight

ZHENG

正 zhēng 正月 the first month of the lunar year; the first moon

争 zhēng ❶ contend; vie; strive ❷ argue; dispute 争霸 struggle for hegemony 争辩 argue; debate; contend 争吵 quarrel; wrangle; squabble 争持 refuse to give in to fight; struggle 争端 controversial issue; conflict 争夺 fight for; contend for 争光 win honour for try 争论 controversy; debate 争鸣 contend 争气 try to make a good showing 争取 strive for; fight for 争权夺利 scramble for power and profit 争先恐后 vie with catch other in doing sth. 争议 dispute; controversy 争执 disagree

怔 zhēng seized with terror; terrified; panic-stricken

征 zhēng ❶ go on a journey ❷ go on an expedition ❸ levy (troops); call up ❹ levy (taxes); impose ❺ ask for ❻ evidence; proof ❼ portent 征兵 conscription; draft; call-up 征调 call up 征伐 go on a punitive expedition 征服 conquer; subjugate 征购 requisition by purchase 征集 collect; call up; recruit 征求 solicit; seek; ask for 征收 levy; collect; impose 征税 levy taxes; taxation 征途 journey 征文 solicit articles or essays 征询 seek the opinion of; consult 征用 commandeer; requisition 征召 call up; conscript

挣 zhēng 挣扎 struggle 垂死挣扎 last-ditch struggle

峥 zhēng 峥嵘 lofty and steep; outstanding; extraordinary 峥嵘岁月 eventful years

狰 zhēng 狰狞 savage; hideous

症 zhēng 症结 crux; crucial reason

睁 zhēng open (the eyes)

蒸 zhēng ❶ evaporate ❷ steam 蒸发 evaporate 蒸锅 steamer 蒸馏 distillation 蒸笼 food steamer 蒸气 vapour 蒸汽 steam 蒸腾 (of steam) rising 蒸蒸日上 flourishing; thriving

拯 zhēng 拯救 save; rescue; deliver

整 zhēng ❶ whole; complete; full; entire ❷ in good order; neat; tidy ❸ put in order; rectify ❹ repair; mend ❺ make sb. suffer; punish; fix 整编 reorganize (troops) 整队 dress the ranks; line up 整顿 rectify; reorganize 整风 rectification of incorrect styles of work 整个 whole; entire 整洁 clean and tidy; neat 整理 put in order; arrange 整齐 in good order; neat; even; regular 整容 tidy oneself up; face-lifting 整数 whole number; round number 整套 a whole set of 整体 whole; entirety 整天 the whole day; all day (long) 整形 plastic 整修 rebuild; recondition 整装 get one's things ready (for a journey, etc.)

正 zhèng ❶ straight; upright ❷ situated in the middle; main ❸ (time) punctually; sharp ❹ obverse; right 纳入正轨 put on the right track ❺ honest; upright ❻ correct ❼ pure; right ❽ principal; chief ❾ regular ❿ positive ⓫ rectify; set right ⓬ just 正本 ① original ② reserved copy 正比 direct ratio 正比例 direct proportion 正常 normal; regular 正大 upright; honest; aboveboard 正大光明 just and honourable 正当 just when; just the time for 正道 the right way 正点 on schedule; on time; punctually 正反 positive and negative 正方 square 正规 regular；standard 正好①just in time；just right；just enough②happen to；chance to 正经 decent；respectable；honest serious 正面① front；facade；frontage②the right side③ directly；openly④positive 正派 upright； decent；honest 正品 quality products； quality goods 正气 healthy tendency 正巧 happen to；just in time 正确 correct； right 正式 formal；regular 正式访问 an official visit 正视 face up to；look in the face 正题 subject 正文 text 正误 correct (typographical) errors 正业 regular occupation 正义①justice②just；righteous 正在 in process of；in course of 正直 honest；upright；fairminded 正中 middle；centre 正宗 orthodox school

证 zhèng ❶prove；demonstrate ❷proof；testimony ❸certificate；card 证词 testimony 证婚人 chief witness at a wedding ceremony 证监会 China Security Regulatory Commission 证件 credentials；papers 证据 evidence；proof 证明 prove；testify；bear out；identification 证券 bond；stock 证人 witness 证实 confirm；verify 证章 badge

诤 zhèng criticize sb.'s faults frankly；expostulate 诤言 forthright admonition

郑 zhèng 郑重 serious；earnest

政 zhèng politics；political affairs 政变 coup d'état；coup 政策 policy 政党 political party 政敌 political opponent 政法 politics and law 政府 government 政纲 political programme 政界 political circles 政局 political situation 政客 politician 政令 government decree 政论 political comment 政权 political power；regime 政体 system of government 政委（political）commissar 政务 government administration 政治 politics；political affairs

挣 zhèng ❶struggle to get free one's life ❷earn；make 挣钱 make money

症 zhèng disease；illness 不治之症 incurable disease

ZHI

之 zhī someone；something 之后 later；after 之内 within（一年）之内 do it under（a year）之前 before；prior to

支 zhī ❶prop up；put up ❷protrude；raise ❸support；sustain；bear ❹send away ❺pay or draw（money）❻branch offshoot 支部 branch 支撑 prop up；shore up；sustain 支撑门面 maintain the front 支持①support；back；stand by② sustain；hold out；bear 支出①pay；expend②expenses；expenditure；outlay 支队 detachment 支付 pay 支行 subbranch 支架 support；stand 支离 fragmented；broken；disorganized；incoherent 支流 tributary；affluent；minor aspects 支脉 offshoot；branch range 支配①arrange；allocate；budget②control；determine 支票 cheque；check 支气管 bronchus 支取 draw 支吾 equivocate；hum and haw 支吾其词 speak evasively；hum and haw 支援 support；assist；help 支柱 pillar

汁 zhī juice 橘汁 orange juice 椰汁 coconut milk

只 zhī single；one only 只字未提 not say a single word 只身 alone

芝 zhī 芝麻 sesame（seed）芝麻酱 sesame paste 芝麻油 sesame oil

枝 zhī branch；twig 枝节 minor matters；complication

知 zhī ❶know；realize ❷knowledge 知

道 know; realize 知根知底 have sb.'s number 知己 intimate; understanding; bosom friends 知觉 consciousness 知名 noted; famous 知情 be in the know 知趣 be sensible; be tactful 知识 knowledge; intellectual 知识产权 intellectual property rights 知识经济 advanced knowledge-based economy 知悉 learn; be informed of 知足 be content with one's lot

肢 zhī limb 四肢 the four limbs

织 zhī ❶weave ❷knit a sweater 织布 weaving (cotton cloth)织物 fabric

指 zhī 指甲 nail

脂 zhī ❶fat; grease; tallow 脂肪 fat 脂粉 rouge and powder

掷 zhī throw; cast

蜘 zhī 蜘蛛 spider 蜘蛛网 spider web; cobweb

执 zhī ❶hold; grasp ❷take charge of; direct; manage ❸stick to (one's views, etc.); persist ❹catch; capture 执笔 write; do the actual writing 执法 execute the law 执迷不悟 obstinately stick to a wrong course; be perverse 执行 execute; embark upon 执拗 stubborn; wilful; pig-headedness 执行 carry out; implement 执意 insist on; be determined to 执照 license; permit 执政 be in power; be in office 执政党 the party in power

直 zhī ❶straight ❷straighten ❸vertical; perpendicular ❹just; upright ❺frank; straightforward ❻directly 一直走 go straight ahead 直达 through; nonstop 直观 audio-visual 直角 right angle 直接 direct; immediate 直截了当 straightforward; blunt; point-blank 直径 diameter 直觉 intuition; gut feeling 直升飞机 helicopter; copter 直率 frank; candid 直爽 straightforward; for-thright 直线 straight line; sharp (rise or fall) 直言 state outright 直言不讳 not mince words 直译 literal translation 直至 till; until; up to

侄 zhī brother's son; nephew 侄女 brother's daughter; niece

指 zhī 指头 finger; toe

值 zhī ❶value ❷be worth ❸take one's turn at sth. 轮值 work in shifts 值班 be on duty 值得 be worth; deserve 值钱 costly; valuable 值日 be on duty for the day

职 zhī ❶duty; job ❷post; office 职称 the title of a technical or professional post 职工 staff and workers 职能 function (of money, etc.)职权 powers or authority of office 职位 position 职务 post; duties; job 职业 occupation; profession 职员 office worker; staff member 职责 duty; obligation; responsibility

植 zhī plant; grow 植树 plant trees 植树造林 afforestation 植物 plant; flora

殖 zhī breed; multiply 生殖 reproduce 殖民 establish a colony; colonize 殖民地 colony

止 zhī ❶stop ❷to; till ❸only 止步 halt; stop; go no further 止境 end; limit 止咳 relieve a cough 止息 cease; stop 止血 stop bleeding

只 zhī only; merely 只得 be obliged to; have to 只顾 be absorbed in; merely; simply 只管 by all means 只能如此 could not do other than do 只能如此 It's a case of having to 只是 merely; only; just; simply 只要 so long as; provided 只有 alone

旨 zhī ❶purport; purpose; aim ❷decree 旨趣 objective 旨意 decree；order

址 zhǐ location；site 厂址 factory site 地址 address

纸 zhǐ paper 纸板 paperboard 纸币 paper money；note 纸老虎 paper tiger 纸牌 playing cards 纸绳 paper string 纸型 paper mould

指 zhǐ ❶finger ❷point at；point to ❸indicate；refer to ❹depend on；count on 指北针 compass 指标 target；quota；index 质量指标 quality index 指斥 reprove；denounce 指导 guide；direct 点点去 give directions 指定 appoint；assign 指环(finger)ring 指挥①command；direct；conduct②conductor 指挥棒 baton 指教 give advice or comments 指靠 depend on（for one's livelihood）；look to（for help）；count on 指控 accuse；charge 指令 instruct；order；direct；instructions 指名 name 指明 show clearly；demonstrate 指南 guide；guidebook 指派 appoint；designate 指使 incite；instigate 指示①indicate；point out 指示灯 pilot lamp②instruct；order③order；instruction 指示器 indicator 指数 index 指望①look forward to；count on；expect②hope 指纹 loops and whorls on a finger；fingerprint 指纹学 dactylography 指引 point（the way）；guide；show 指印 fingerprint；finger mark 指责 criticize；find fault with

趾 zhǐ ❶toe ❷foot 趾高气扬 strut about and give oneself airs 趾甲 toenail

至 zhì❶to；until❷most 至宝 most valuable treasure 至诚 complete sincerity straightforward 至迟 at（the）latest 至多 at（the）most 至高无上 most lofty 至交 best friend 至今 up to now；to this day；so far 至亲 close relative 至少 at（the）least 至于 as for；as to

志 zhì❶will；ideal❷keep in mind 志气 aspiration 志趣 inclination；bent 志士 person of ideals and integrity 志同道合 have a common goal 志愿 aspiration；wish

治 zhì❶rule；govern；administer；manage❷order；peace❸treat（a disease）；cure❹control；harness（a river）❺study；research 治安 public order 治本 take radical measures 治病救人 cure a sickness to save the patient 治国 run a country 治理 administer（a country）govern 治疗 treat；cure 治学 pursue one's studies；do scholarly research 治罪 punish sb.（for a crime）

质 zhì ❶nature；character ❷quality ❸simple；plain❹question 质变 qualitative change 质地 texture；grain disposition 质量 quality 质料 material 质朴 simple；unaffected 质问 call to account；query 质询 address inquiries to

制 zhì ❶make；manufacture❷work out ❸restrict；control❹system 制裁 sanction；punish 制成品 finished products 制导 control and guide（a missile，bomb，etc.）制定 lay down；draw up 制动 brake 制度 system 制伏 bring under control 制服 uniform 制图 charting；map-making 制药 pharmacy 制约 restrict；condition 制造 make；manufacture create 制止 check；curb；prevent；stop

峙 zhì stand erect；tower 对峙 stand up against each other；confront each other

桎 zhì fetters 桎梏 fetters and handcuffs；shackles

致 zhì❶send；deliver❷devote（one's efforts，etc.）专心致志 be wholly absorbed in ❸incur；result in；cause 招致

失败 cause defeat ④ fine; delicate 精致 exquisite 致辞 make a speech 致敬 salute; pay one's respects to 致力 work for 致命 fatal; mortal 致使 cause; result in 致死 causing death; deadly 致谢 express one's gratitude; extend thanks to 致意 give one's regards; give one's best wishes

秩 zhì 秩序 order; sequence 紧张有序 intense but orderly

挚 zhì sincere; earnest 挚友 intimate friend; bosom friend

掷 zhì throw; cast; fling 掷标枪 javelin throw 掷铁饼 discus throw

窒 zhì stop up; obstruct 窒息 stifle; suffocate

痔 zhì 痔疮 haemorrhoids; piles

滞 zhì stagnant; sluggish 滞留 be detained; be held up 滞销 unsalable

痣 zhì nevus; mole 胎痣 birthmark

智 zhì wisdom; resourcefulness; wit 智慧 wisdom 智力 intelligence; intellect 智谋 resourcefulness 智囊 brain truster 智取 take (a fort, town, etc.) by strategy 智勇双全 both brave and resourceful

置 zhì ❶ place; put ❷ set up; establish; install ❸ buy; purchase 置若罔闻 turn a deaf ear to 置身 place oneself; stay 置身事外 keep out of the business 置之不理 pay no attention to 置之度外 give no thought to; have no regard for

稚 zhì young; childish 稚气 childishness

ZHONG

中 zhōng ❶ centre; middle ❷ China ❸ in; among; amidst ❹ middle ❺ medium; intermediate ❻ mean ❼ intermediary ❽ in the process of ❾ fit for; good for 中班 middle shift 上中班 be on the middle shift 中饱私囊 line one's pockets 中波 medium wave 中部 central section; middle part 中餐 Chinese meal; Chinese food 中草药 Chinese herbal medicine 中策 the second best plan 中层 middle-level 中产阶级 middle class 中常 middling 中程 intermediate range; medium range 中程导弹 medium-range missile 中等 ① medium; moderate; middling ② secondary 中东 the Middle East 中断 discontinue; suspend; break off 中队 squadron 中国 China 中国国情 China's actual conditions 中国科学院 the Chinese Academy of Sciences 中国特色 Chinese characteristics 中华 China 中级 middle rank; intermediate 中坚 nucleus; hard core; backbone 中间 among; between; centre; middle 中间人 go-between 中看 be pleasant to the eye 中立 neutrality 中流 midstream 中落 (of family fortunes) ebb 中年 middle age 中农 middle peasant 中篇小说 novelette; medium-length novel 中秋节 the Mid-autumn Festival 中枢 centre 中提琴 viola 中型 middle sized 中性 neutral; neuter 中学 middle school 中医 traditional Chinese medical science; doctor of traditional Chinese medicine 中药 traditional Chinese medicine 中药学 traditional Chinese pharmacology 中庸 middle reaches; the state of being middling 中止 discontinue; break off 中指 middle finger 中专 special or technical secondary school; polytechnic school 中转 change trains 中装 traditional Chinese clothing 中子 neutron

忠 zhōng loyal; devoted; honest 忠臣 official loyal to his sovereign 忠诚 loyal; faithful 忠告 sincerely advise 忠厚 honest and tolerant 忠实 true；faithful most faithful and true 忠心耿耿 faithful 忠言逆耳 good advice jars on the ear 忠于 true to；faithful to

终 zhōng ❶end；finish ❷death；end ❸eventually；in the end ❹whole；entire；all 终点 terminal point 终极 untimate 终结 end；final stage 终了 end（of a period）终身 lifelong；all one's life 终于 at（long）last；in the end；finally 终止 stop；end

盅 zhōng handleless cup 茶盅 teacup 酒盅 winecup

钟 zhōng ❶bell ❷clock ❸time as measured in hours and minutes ❹concentrate （one's affections, etc.）钟爱 dote on（a child）；cherish 钟摆 pendulum 钟表 clocks and watches；timepiece 钟楼 bell tower；clock tower 钟情 be deeply in love

衷 zhōng inner feelings；heart 衷心 heartfelt

肿 zhǒng swelling 我的腿肿了 my legs are swollen 肿消了 the swelling has gone down 肿瘤 tumour

种 zhǒng ❶species 本地种 endemic species ❷race 黄种 the yellow race ❸seed；strain；breed 麦种 wheat seeds ❹kind；sort；type 各种仪器 all kinds of instruments 种畜 stud stock 种类 kind；type 种类繁多 a great variety 种马 stud 种马场 stud farm 种牛 bull kept for covering 种种 all sorts of；a variety of 由于种种原因 for a variety of reasons 用种种手段 resort to every means 种子处理 seed treatment 种子田 seed-breeding field 种子选手 seeded player；seed 种族 race 种族主义 racism

中 zhòng ❶hit；fit exactly ❷be hit by；

be affected by；suffer 中 hit the mark 中毒 poisoning 中风 apoplexy 中奖 win a prize in a lottery 中肯 apropos；pertinent 中签 be the lucky number（in drawing lots, etc.）中伤 slander；malign；vilify 中暑 suffer heatstroke；sunstroke 中意 be to one's liking

众 zhòng ❶many；numerous ❷crowd；multitude 众多 multifidinous 众寡悬殊 a great disparity in numerical strength 众口一词 with one voice 众叛亲离 be opposed by the masses and deserted by one's followers 众人 everybody 众矢之的 target of public criticism 众说纷纭 opinions vary 众所周知 as everyone knows

仲 zhòng ❶second ❷middle；intermediate 仲裁 arbitrate（a dispute, etc.）

种 zhòng grow；plant；cultivate 种庄稼 plant crops 种痘 vaccination（against smallpox）种田 till the land；farm 种植 plant；grow

重 zhòng ❶weight ❷heavy；weighty ❸considerable in amount or value ❹deep；serious ❺attach importance to 重办 severely punish（a criminal）重兵 massive forces 重创 inflict 重大 great；major；significant 重大损失 heavy losses 重担 heavy burden；difficult task 重点 key；emphasis 重点工程 major project；key projects 重读 stress 重负 heavy load；heavy burden 重负 feel as if relieved of a heavy load 重工业 heavy industry 重活 heavy work 重价 high price 重力 gravity；gravitational force 重利 high interest 重量 weight 重任 important task；heavy responsibility 重视 pay attention tp；attach importance to 重型 heavy-duty 重要 important；significant；major 重音 stress；accent 重用 put sb. in an important position 重油 heavy oil

ZHOU

州 zhōu ❶an administrative division ❷(autonomous) prefecture

舟 zhōu boat 泛舟 go boating

诌 zhōu fabricate (tales, etc.); make up 胡诌 making up wild stories

周 zhōu ❶circumference; periphery; circuit ❷all; whole ❸thoughtful; attentive ❹week 上周 last week 周报 weekly (publication) 周波 cycle 周到 attentive and satisfactory; considerate 周刊 weekly 周密 careful; thorough 周末 weekend 周年 anniversary 周期 period; cycle 周围 a-round; round; about 周旋 mix with other people; deal with; contend with 周游 travel round; journey round 周折 twists and turns 周转 turnover; have enough to meet the need

洲 zhōu ❶continent ❷islet in a river; sand bar 洲际 intercontinental

粥 zhōu gruel (made of rice, millet, etc.); porridge; congee 米粥 millet gruel

妯 zhóu 妯娌 wives of brothers; sisters-in-law

轴 zhóu ❶axle; shaft ❷spool; rod 轴承 bearing 轴线 spool thread; spool cotton 轴心 axis

肘 zhǒu elbow 肘子 elbow

咒 zhòu ❶ incantation ❷ damn 咒骂 curse; swear; abuse; revile

胄 zhòu ❶helmet 甲胄 armour and helmet ❷descendants; offspring

昼 zhòu daytime; daylight; day 昼伏夜出 hide by day and come out at night 昼夜 day and night 昼夜服务 round-the-clock service

皱 zhòu wrinkle; crease 皱眉 knit one's brows 皱纹 wrinkles; lines 皱褶 fold

骤 zhòu❶(of a horse) trot ❷sudden; abrupt 狂风骤起 a sudden gale struck 骤然 suddenly

ZHU

朱 zhū ❶vermilion; bright red ❷cinnabar 朱砂 cinnabar

诛 zhū put (a criminal) to death 伏诛 be executed

侏 zhū dwarf 侏儒 dwarf; midget; pygmy

珠 zhū ❶pearl ❷bead 露珠 beads of dew 珠宝 pearls and jewels; jewelry 珠算 calculation with an abacus

株 zhū ❶ trunk of a tree; stem of a plant ❷(individual) plant 株连 involve (others) in a criminal case; implicate

诸 zhū all; various 诸侯 dukes or princes under an emperor 诸如 such as 诸如此类 things like that 诸位 you

猪 zhū pig; hog; swine 母猪 sow 公猪 boar 猪草 greenfeed for pigs 猪场 pig farm 猪圈 pigsty; pigpen 猪排 pork chop 猪肉 pork 猪食 pig feed; swill 猪鬃 (hog) bristles

蛛 zhū spider 蛛丝马迹 thread of a spider and trail of a horse; clues; traces 蛛网 spider web

竹 zhú bamboo 竹板 bamboo clappers

竹竿 bamboo（pole）竹林 groves of bamboo 竹篓 bamboo basket 竹排 bamboo raft 竹笋 bamboo shoots

烛 zhú ❶ candle ❷ illuminate ❸ watt 100 烛灯泡 a 100-watt bulb 烛光 candle-power；candle 烛台 candlestick

逐 zhú ❶ pursue；chase ❷ drive out；expel ❸ one by one 逐步 progressively；step by step 逐渐 gradually；by degrees 逐字 word for word

主 zhǔ ❶ host ❷ owner；master ❸ main；primary ❹ manage ❺ hold a definite view about sth. 主办 sponsor 主编 chief editor 报纸的主编 the editor-in-chief of a newspaper 主宾席 seat for the guest of honour 主持①preside over；chair 主持宴会 host a banquet 主持人 compère；anchorperson ②take charge of；manage ③uphold；stand for 主持正义 uphold justice 主词 subject 主次 primary and secondary 主导 guiding；leading；dominant 主动 initiative 主队 host team 主犯 prime culprit；principal（criminal）主妇 housewife；hostess 主攻 main attack 主顾 customer；client 主观 subjective 主管 be in charge of；be responsible for 主管部门 department responsible for the work 主见 one's own judgment 主讲 be the speaker；give a lecture 主将 chief commander 主教 bishop 主句 principal clause 主角 leading role；lead；protagonist 主考 chief examiner 主课 major course 主力 principal strength；main force 主力队员 top players of a team 主流①main stream ②main trend；essential aspect 主谋 head a conspiracy；chief inst-igator 主脑 control centre；leader；chief 主权 sovereign rights；sove-reignty 主人①master；owner ②host 女主人 hostess 主人公 hero 女主人公 heroine 主人翁 master 主任 di-

rector；head 主食 staple food 主使 insti-gate；incite；abet 主题 theme；subject；motif 主体 main body；subject 主席 chairman（of a meeting）；president 主修 specialize（in a subject）；major 主演 act the leading role（in a play or film）主要 main；chief 主义 doctrine；-ism 主意 i-dea；plan；decision 主宰 dominate；dic-tate 主张 advocate；stand for；maintain hold；view；position；stand；proposition consistent stand 主旨 purport；gist；tenor 主治医生 physician-in-charge 主子 mas-ter；boss

拄 zhǔ lean on（a stick, etc.）拄拐棍 with a stick

煮 zhǔ boil；cook 煮鸡蛋 boil eggs

嘱 zhǔ enjoin；advise；urge 嘱咐 tell；exhort 嘱托 entrust

瞩 zhǔ gaze；look steadily 瞩目 fix one's eyes upon

助 zhù help；assist；aid 助产士 midwife 助动词 auxiliary verb 助攻 holding at-tack 助教 assistant（of a college faculty）助理 assistant 助手 assistant；helper；aide 助人为乐 find it a pleasure to help others 助听器 deaf-aid 助威 cheer for 助兴 liven things up；add to the fun 助学金 stipend 助战 assist in fighting 助长 abet；foster；encourage

住 zhù ❶ live；reside；stay ❷ stop；cease 住处 residence；quarters 住房 housing；lodgings 住户 household；resi-dent 住口 shut up；stop talking 住手 stay one's hand；stop 住宿 stay；get accom-modation 住院 be in hospital；be hospi-talized 住宅 residence；dwelling 住址 ad-dress

注 zhù ❶ pour ❷ concentrate；fix 全神

贯注 be engrossed in; cupied with ❸stakes (in gambling) ❹annotate; notes 注册 register 注定 be doomed; be destined 注脚 footnote 注解 annotate; explain with notes annotation 注明 give clear indication of 注目 gaze at; fix one's eyes on 注入 pour into; empty into 注射 inject 注视 look attentively at; gaze at 注释 explanatory note; annotation 注销 cancel; write off 注意 pay attention to; take note of 注音 phonetic notation 注重 pay attention to; attach imporatnce to

貯 zhù store; save; lay aside 貯粮 store grain 貯备 have in reserve 貯藏 store up 貯存 keep in storage

驻 zhù ❶halt; stay ❷be stationed 驻美大使 ambassador to America 驻地 place where troops, etc. are stationed 驻守 defend

炷 zhù ❶wick (of an oil lamp) ❷burn

祝 zhù wish 祝词 congratulatory speech; congratulations 祝福 blessing; benediction 祝贺 congratulate 祝捷 celebrate a victory 祝酒 toast 祝寿 congratulate (an elderly person) on his or her birthday 祝愿 wish

柱 zhù post; upright; pillar; column 门柱 doorposts 柱石 mainstay

著 zhù ❶marked; outstanding ❷show; prove ❸write ❹book; work 新著 sb.'s latest work 著名 famous; well-known 著者 author 著作 work; writings; write 著作权 copyright

蛀 zhù (of moths, etc.) eat; bore through 虫蛀 moth-eat 蛀齿 decayed tooth 蛀虫 moth

筑 zhù build; construct 筑路 construct a road

鑄 zhù casting; founding 鑄钟 cast a bell 鑄成大错 make a gross error

ZHUA

抓 zhuā ❶grab; seize; clutch ❷scratch ❸arrest; catch; press-gang (able-bodied men) 抓住把柄 catch sb out ❹pay special attention to ❺take charge of; be responsible for 抓差 draft sb. for a particular task 抓工夫 find time (to do sth.) 抓紧 firmly grasp 抓阄儿 draw lots 抓住 seize hold of; catch

爪 zhuǎ claw; talon 爪儿 paw (of a small animal) 猫爪儿 cat's paws

ZHUAI

拽 zhuài pull; drag; haul 拽住 catch hold of

ZHUAN

专 zhuān ❶focussed on one thing ❷special ❸expert ❹monopolize (power) 专案(special) case 专长 speciality 专场 special performance 专断 act arbitrarily 专号 special issue (of a periodical) 专横 imperious; peremptory 专机 special plane; private plane 专家 expert; specialist 专刊 monograph 专科学校 training school 专款 special fund 专款专用 earmark the funds for sth. 专栏 special column 专利 patent 专卖 monopoly 专门 special; specialized 专名 proper noun 专区 prefecture 专题 special subject 专线 special railway line 专心 concentrate one's attention 专修 specialize in (mathematics, chemistry, etc.）专业 special field of study; speciality; specialized trade or profession 专一 single-minded; concentrated 爱情专一 be constant in love 专用 for a special purpose 专员 assistant director 专政 dictatorship 专职 sole duty; specific duty; full-time 专制 autocracy; despotic 专著 monograph; treatise

砖 zhuān brick 砖茶 brick tea 砖厂 brickyard 砖坯 unfired brick

转 zhuǎn ❶turn; shift; change ❷pass on 转败为胜 turn defeat into victory 转变 change; transform 转播 relay (a radio orTV broadcast)转达 pass on; convey 转动 turn; move; turn round 转告 communicate; transmit 转换 change 转机 a turn for the better 转嫁 transfer; shift (off one's responsibility)转交 pass on 转配股 transferred rights shares 转让 make over 转入 change over to 转身 (of a person) turn round; face about 转手 sell what one has bought 转述 report; relate sth. as told by another 转送 pass on; make a present of what one has been given 转弯 turn a corner; make a turn 转眼 in the twinkling of an eye 转业 be transferred to civilian work 转移 shift; transfer; change 转载 reprint 转帐 transfer accounts 转折 a turn in the course of events

传 zhuàn ❶commentaries on classics ❷biography ❸a novel or story written in historical style 传略 biographical sketch; profile

转 zhuàn ❶turn; revolve; rotate ❷revolution 转轮手枪 revolver 转台 revolving stage 转椅 revolving chair

赚 zhuàn make a profit; gain 赚钱 make money

撰 zhuàn write; compose 撰稿 write articles

ZHUANG

妆 zhuāng❶apply makeup; make up ❷woman's personal adornments ❸trousseau 妆饰 adorn; dress up

庄 zhuāng❶village ❷a place of business 庄户人家 peasant family 庄稼 crops 庄严 dignified; stately 庄园 manor 庄重 serious; grave

桩 zhuāng stake; pile 打桩 drive piles

装 zhuāng ❶dress up; play the part of; act; deck ❷outfit; clothing ❸stage makeup and costume ❹pretend; feign; make believe ❺pack; hold ❻install; fit; assemble 装扮 attire; deck out 装备 equip; equipment; outfit 军事装备 military equipment 装订 binding 装疯卖傻 play the fool 装潢 mount (a picture, etc.); decorate; mounting; packaging 装甲 plate armour 装聋作哑 pretend to be ignorant of sth. 装门面 put up a front 装模作样 be affected; put on an act 装配 assemble; fit together 装腔 be artificial 装饰 decorate; adorn; deck 装束 dress; attire 装卸 load and unload (a truck, ship, etc. or goods)装修 fit up (a house, etc.)装样子 put on an act; do sth. for appearance sake 装运 load and transport; ship 装载 loading 装帧 binding and layout (of a book, magazine, etc.)装置 install; fit; unit; device

壮 zhuàng ❶strong; robust ❷magnificent; grand ❸strengthen; make better 壮大 grow in strength 壮胆 embolden; boost sb.'s courage; help hearten; help hearten 壮丁 able-bodied man 壮工 un-

Z

skilled labourer 壮举 magnificent feat 壮丽 majestic; glorious 壮烈 heroic; brave 壮士 heroic man; hero 壮实 sturdy 壮志 lofty ideal

状 zhuàng ❶form; shape ❷state; condition ❸describe ❹written complaint ❺certificate (of commendation, etc.) 状况 condition 状态 state; state of affairs 状语 adverbial modifier; adverbial 状元 Number One Scholar; the very best (in any field) 状子 plaint

撞 zhuàng ❶bump against; strike; collide ❷meet by chance; run into ❸rush; dash; barge 撞击 ram; dash against; strike 撞见 meet or discover by chance; run across; catch sb. in the act 撞骗 swindle 撞锁 spring lock

ZHUI

追 zhuī ❶chase after; pursue ❷trace ❸seek; go after ❹recall 追本溯源 trace to its cource; get at the root of the matter 追捕 pursue and capture 追查 trace; find out 追悼 mourn over a person's death 追赶 run after; pursue 追悔 regret 追悔莫及 too late to repent attack; follow up 追究 look into; investigate 追名逐利 seek fame and 追念往事 reminisce about the past 追求 seek; pursue; woo; court; chase; run after 追求真理 seek truth 追随 follow 追随者 follower 追尾 rear-end collision

椎 zhuī vertebra 颈椎 cervical vertebra

锥 zhuī ❶awl ❷anything shaped like an awl ❸bore; drill 锥孔 make a hole with an awl ❹cone

坠 zhuì ❶fall; drop ❷weigh down ❸weight 坠毁 (of a plane, etc.) fall and

break; crash 坠落 fall; drop

缀 zhuì ❶sew; stitch ❷put words together correctly; ❸embellish; decorate

惴 zhuì 惴惴不安 be anxious and fearful; be alarmed and on tenterhooks

赘 zhuì superfluous; redundant 不必赘述 it is unnecessary to go into details

ZHUN

谆 zhūn 谆谆 earnestly and tirelessly 谆谆教导 earnestly instruct 谆谆告诫 repeatedly admonish

准 zhǔn ❶ allow; grant; permit ❷standard; norm ❸accurate; exact ❹definitely; certainly ❺quasi-; para-备备 prepare; get ready; intend; plan 准确 accurate; exact; precise 准时 punctual; on time; on schedule 准则 norm; criterion

ZHUO

拙 zhuō ❶clumsy; awkward; dull ❷my 拙见 my humble opinion 拙劣 inferior; clumsy 拙于言词 be inarticulate

卓 zhuō ❶tall and erect ❷eminent; outstanding 卓见 brilliant idea 卓识 sagacity 卓有成效 fruitful; highly effective 卓越 brilliant; remarkable

捉 zhuō ❶clutch; hold; grasp 捉住 seize hold of sb. or sth. ❷catch; capture 活捉 capture sb. alive 捉迷藏 (play) hide-and-seek 捉拿 arrest; catch 捉拿归案 bring sb. to justice 捉弄 tease; make fun of

桌 zhuō table; desk 桌布 tablecloth 桌灯 desk lamp

灼 zhuó ❶burn; scorch ❷bright; luminous 灼见 profound view 灼灼 shining; brilliant 目光灼灼 with keen, sparkling eyes

苗 zhuó 苗壮 healthy and strong; sturdy

浊 zhuó ❶turbid; muddy ❷deep and thick 浊声浊气 in a raucous voice 浊音 voiced sound

酌 zhuó ❶pour out（wine）; drink ❷a meal with wine ❸consider; think over 酌办 do as one thinks fit 酌量 deliberate; use one's judgment 酌情 take into consideration the circumstances; use one's discretion

着 zhuó ❶wear（clothes）❷touch ❸apply; use ❹whereabouts 着笔 begin to write or paint 着陆 land; touch down 着落 whereabouts; assured source 着色 put colour on; colour 着实 really; indeed; severely 着手 put one's hand to; set about 着想 consider（the interests of sb. or sth.）着眼 see from the angle of 着重 stress; emphasize

啄 zhuó peck 啄木鸟 woodpecker

琢 zhuó chisel; carve 琢磨 carve and polish（jade）; improve（literary works）; polish

擢 zhuó ❶pull out; extract ❷raise（in lank）擢升 promote; advance（to a higher position or rank）

镯 zhuó bracelet 玉镯 jade bracelet

ZI

吱 zī ❶（of mice）squeak ❷（of small birds）chirp; peep 吱声 utter sth.; make a sound

孜 zī 孜孜 diligent; hardworking 孜孜不倦 indefatigably 孜孜以求 diligently strive after

咨 zī 咨询 seek advice from; hold counsel with; consult

姿 zī ❶looks; appearance ❷gesture 舞姿 a dancer's posture and movements 姿势 posture; gesture 姿态 carriage; attitude; pose

资 zī ❶money ❷subsidize; support ❸provide; supply ❹natural ability ❺qualifications 年资 years of service, seniority 资本 capital what is capitalized on 资本家 capitalist 资本主义 capitalism 资财 capital and goods; asses 资产 property; capital（fund）; assets 资产阶级 the capitalist class; the bourgeoisie 资方 capital 资格 qualifications; seniority 资金 fund 资力 financial strength 资历 qualifications and record of service 资料 means; data; material 资料室 reference room 资源 resources 资源丰富 abound in natural resources 资助 subsidize

滋 zī ❶grow; multiply 滋事 create trouble ❷more 滋补 nourishing; nutritious; tonic 滋蔓 grow and spread; grow vigorously 滋润 moist; moisten 滋生 multiply; breed; propagate; create; provoke 滋味 taste; flavour 滋养 nourish; nutriment 滋养品 nourishing food 滋长 grow; develop

辎 zī 辎重 impedimenta; supplies and gear of an army; baggage

子 zǐ ❶son; child ❷person ❸seed ❹egg ❺young; tender; small ❻something small and hard ❼copper（coin）子弹 bullet; cartridge 子弟 juniors; children 子宫 uterus; womb 子女 sons and daughters；children 子孙 descendants

仔 zǐ young 仔猪 piglet；pigling 仔细 careful；attentive；be careful；look out

姊 zǐ elder sister 姊妹 elder and younger sisters；sisters

紫 zǐ purple；violet 紫菜 laver 紫丁香 (early) lilac 紫红 purplishred 紫罗兰 violet；stock

字 zì ❶word；character ❷pronunciation (of a word or character) ❸ style of handwriting；printing type 字典 dictionary 字句 words and expressions；writing 字据 written pledge 字里行间 between the lines 字谜 a riddle about a character or word 字面 literal 字模 (type) matrix 字母 letters of an alphabet；letter 字幕 captions （of motion pictures，etc.）；subtitles 字盘 case 字体 script；typeface；style of calligraphy 字条 brief note 字帖 copybook （for calligraphy）字眼 wording 字斟句酌 weigh every word

自 zì ❶self；oneself；one's own ❷certainly；of course ❸from；since 自爱 regard for oneself；self-respect 自拔 free oneself（from pain or evildoing）自白 make clear one's meaning or position；vindicate oneself 自卑 feel oneself inferior 自备 provide for oneself 自便 at one's convenience 自称 claim to be；profess 自吹自擂 blow one's own trumpet 自动❶voluntarily ❷automatic 自发 spontaneous 自负盈亏（of an enterprise）assume sole responsibility for its profits or losses 自费 at one's own expense 自封 proclaim oneself 自负 be conceited 自高自大 arrogant；self-important 自供 confess 自豪 be proud of；be proud of 自给 self-sufficient；self-supporting 自给自足 self-sufficiency 自荐 recommend oneself 自尽

commit suicide；take one's own life 自咎 blame oneself 自救 save oneself 自觉 conscious；aware 自觉自愿 voluntarily；willingly；of one's own free will 自夸 sing one's own praises 自来水 tap water；running water 自来水笔 fountain pen 自理 provide for oneself；be at one's own expense 自立 support oneself；earn one's own lining 自力更生 regeneration through one's own efforts；self-reliance 自流（of water）flow by itself；（of a stream）take its natural course；（of a person）do as one pleases 自留地 family plot；private plot 自满 self-satisfied 自欺欺人 deceive oneself as well as others 自取灭亡 take the road to one's doom 自dmg 其咎 have only oneself to blame 自然① natural world；nature ②unaffected；natural ③naturally 自然而然 naturally；spontaneously；of oneself 自如 with ease 运用自如 handle with skill；use with ease 自若 self-possessed；composed 自杀 commit suicide 自上而下 from above to below；from top to bottom 自始至终 from start to finish；from beginning to end 自首 voluntarily surrender oneself；give oneself up；make a political recantation 自私 selfish；self-centred 自讨苦吃 ask for trouble 自投罗网 bite the hook 自卫 self-defence 自慰 ①make oneself relieved ②masturbation 自我 self；oneself 自我封闭 self-imposed seclusion 自习 study by oneself 自相残杀 kill each other；cause death to one another 自相矛盾 contradict oneself；be self-contradictory 自新 turn over a new leaf 自信 self-confident 自行 by oneself 自行车 bicycle；bike 自行其是 go one's own way 自修 study by oneself 自学 study independently；teach oneself 自寻烦恼 burn one's fingers 自寻死路 bring about one's own destruction 自言自语 talk to oneself；

think alone 自以为是 consider oneself (always) in the right; be opinionated 自用 for private use; per·sonal 自由① free-dom; liberty ② free; unrestrained 自由 在 leisurely and carefree 自圆其说 justify oneself 自愿 voluntary; of one's own ac-cord 自在 free; unrestrained; comforta-ble; at ease 自知之明 self-knowledge 自治 autonomy; self-restraint 自制 made by oneself; selfcontrol; self-restraint 自重 be self-possessed; dead weight 自主 act on one's own; decide for oneself 自传 autobiography 自转 rotation 自尊 self-re-spect; self-esteem 自作自受 suffer from one's own actions; lie in the bed one has made 自作聪明 think oneself clever

恣 zì do as one pleases 恣意 reckless; unbridled 恣意妄为 behave unscrupu-lously

渍 zì ❶ steep; soak; ret ❷ be soiled (with grease, etc.) ❸ stain; sludge 油渍 oil sludge

ZONG

宗 zōng ❶ ancestor ❷ clan ❸ sect; fac-tion ❹ principal aim; purpose ❺ take as one's model ❻ model; great master 宗法 patriarchal clan system 宗教 religion 宗派 faction; sect 宗旨 aim; purpose 宗族 patriarchal clan; clansman

综 zōng put together; sum up 综合 syn-thesize multiple 综计 sum up; add up

棕 zōng ❶ palm ❷ palm fibre; coir 棕绳 coir rope 棕榈 palm 棕色 brown

踪 zōng footprint; trace 踪迹 track 踪影 sign

鬃 zōng hair on the neck of a pig,

horse, etc. 马鬃 horse's mane 猪鬃 pig's bristles 鬃刷 bristle brush

总 zōng ❶ assemble; put together ❷ general; overall ❸ chief; head 总书记 general secretary ❹ always; invariably ❺ anyway; after all; inevitably 总得 must; have to; be bound to 总动员 general mo-bilization 总额 total 总而言之 in short, in a word; in brief 总方针 general poli-cy; general principle 总纲 general pro-gramme; general principles 总工会 fed-eration of trade unions 总攻 general of-fensive 总共 in all; altogether; in the ag-gregate 总管 manager 总归 anyhow; ev-entually 总和 sum; total parts 总汇 come or flow together; concourse 总机 switchboard; telephone exchange 总计 grand total; amount to; add up to; total 总结 sum up; summarize; summary 总揽 assume overall responsibility 总理 premier; prime minister. 总领事 consul general 总目 comprehensive table of con-tents 总评 general comment 总数 total 总司令 commander in chief 总算 at long last; finally; on the whole 总体 overall; total 总统 president (of a republic) 总务 general affairs 总则 general rules; gener-al principles 总帐 general ledger 总之 in a word; in short; in brief 总值 total val-ue 总指挥 commander in chief; general director

纵 zòng ❶ vertical; longitudinal; lengthwise ❷ release; set free ❸ let loose; let oneself go 放纵 indulge; let sb. have his way ❹ jump up 纵队 col-umn; file 纵火 set on fire; commit arson 纵火犯 arsonist 纵酒 drink to excess 纵情 to one's heart's content; as much as one likes 纵然 even if; even though 纵容 connive; wink at 纵身 jump; leap 纵深 depth 纵谈 talk freely 纵欲 indulge in sensual pleasures

棕 zòng 粽子 a pyramid-shaped dumpling made of glutinous rice wrapped in bamboo or reed leaves

ZOU

走 zǒu ❶walk; go 走回家 foot it home ❷run; move ❸leave; go away ❹visit; call on ❺through; from ❻leak; escape ❼depart from the original 走动 walk about; visit each other 走读 attend a day school 走生 day student 走访 pay a visit to; go and see 走狗 running dog; lackey 走火 (of firearms) discharge accidentally; go too far in what one says 走廊 corridor; passage 走漏 leak out; divulge (a secret) 走路 walk; go on foot 走神 (one's mind) wander (off) for a moment 走失 wander away; be lost; be missing 走兽 beast 走私 smuggle 走投无路 have no way out; be in an impasse 走味 lose flavour 走向 run; trend; head for; be on the way to 走样 lose shape; go out of form 走运 be in luck; have good luck 走着瞧 wait and see 走卒 pawn; cat's-paw

奏 zòu ❶play (music); perform (on a musical instrument) ❷achieve; produce ❸present a memorial to an emperor 奏捷 win a battle 奏凯 win victory 奏效 prove effective; be successful 奏乐 play music; strike up a tune

揍 zòu beat; hit; strike 揍揍 get a thrashing

ZU

租 zū ❶rent; hire; charter ❷rent out;

let out; lease ❸rent 房租 house rent 收租 collect rent ❹land tax 租金 rent; rental fee 租赁 take on lease

足 zú ❶foot; leg 赤足 barefoot ❷full; as much as 足够 enough; ample; sufficient 足迹 footmark; track 足见 it serves to show 足金 pure gold; solid gold 足球 soccer; football 足球队 football team 足智多谋 resourceful; wise and full of strategems

卒 zú ❶soldier ❷servant ❸finish; end ❹die 生卒年月 dates of birth and death

族 zú ❶clan 族长 clan elder ❷race; nationality ❸a class or group of things with common features 语族 a family of languages

阻 zǔ hinder; obstruct 拦阻 hold back 通行无阻 go through without hindrance 阻碍 block; impede 阻挡 resist; obstruct 阻隔 separate; cut off 阻击 block; check 阻拦 stop; obstruct; bar the way 阻力 obstruction; resistance 阻挠 thwart; stand in the way 阻止 prevent; stop

诅 zǔ 诅咒 curse; swear; wish sb. evil; imprecate

组 zǔ ❶organize; form ❷group ❸set; series 组成 make up; compose 组稿 solicit contributions 组阁 set up a cabinet 组合 constitute; association; combination 组织 organize; form; organization

祖 zǔ ❶grandfather ❷ancestor ❸founder (of a craft, religious sect, etc.); originator 祖传 handed down from one's ancestors 祖父 (paternal) grandfather 祖国 one's country; motherland; fatherland 祖籍 original family homel 祖母 (paternal) grandmother 祖先 ancestry; forbears; forefathers]

ZUAN

钻 zuān ❶ drill; bore ❷ get into; go through 钻孔 drill a hole 钻牛角尖 split hairs; get into a dead end 钻探 drilling 钻研 study intensively; dig into 钻营 secure personal gain

钻 zuàn ❶ drill; auger ❷ diamond; jewel ❸ bore; drill 钻床 driller 钻机 (drilling) rig 钻井 well drilling 钻队 drilling team 钻石 diamond; jewel (used in a watch) 钻塔 boring tower 钻头 bit (of a drill)

攥 zuàn grip; grasp

ZUI

嘴 zuǐ mouth 就在嘴边 on the tip of one's tongue 嘴皮子都快磨破了 talk till one's jaws ache 嘴笨 clumsy of speech 嘴馋 fond of good food 嘴唇 lip 嘴尖 sharp-tongued 嘴角 corners of the mouth 嘴快 have a loose tongue 嘴脸 look; features 嘴碎 loquacious 嘴甜 ingratiating in speech; honeymouthed 嘴稳 able to keep a secret

最 zuì most; -est 最小 the smallest 最快 the fastest 最初 initial; first 最低 lowest; minimum 最多 at most; maximum 最高 highest; supreme; tallest; supreme power manager 最高级 highest; summit 最好 best; first-rate 最后 final; last; ultimate 最近 recently; lately; of late; soon 最新 state of the art; up-to-date 最终 final; ultimate

罪 zuì ❶ crime; guilt ❷ fault; blame ❸ suffering; hardship ❹ put the blame on 罪案 details of a criminal case; case 罪恶 crime; evil 罪犯 criminal; offender 罪过 fault; offence; sin 罪名 charge; accusation 罪人 guilty person; sinner 罪证 evidence of a crime; proof of one's guilt 罪状 facts about a crime

醉 zuì ❶ drunk; intoxicated; tipsy 烂醉 be dead drunk ❷ steeped in liquor 醉蟹 liquor-saturated crab 醉鬼 drunkard; inebriate 醉汉 drunken man 醉生梦死 lead a befuddled life 醉心 be bent on; be wrapped up in 醉醺醺 sottish 醉意 signs or feeling of getting drunk

ZUN

尊 zūn ❶ senior; of a senior generation ❷ venerate; honour ❸ your 尊夫人 your wife 尊府 your residence 尊称 a respectful form of address; honorific title 尊崇 worship; revere 尊贵 honourable; respectable 尊敬 respect; esteem 尊严 dignity 尊重 respect; value

遵 zūn abide by; obey; observe 遵医嘱 follow the doctor's advice 遵从 defer to; follow 遵命 comply with your wish; obey your command 遵守 observe; abide by 遵循 follow; adhere to 遵照 conform to; comply with; obey

ZUO

作 zuō workshop 作坊 workshop

作 zuó 作践 spoil; waste; run sb. down; insult 作料 condiments; seasoning

昨 zuó yesterday 昨晚 yesterday evening; last night

琢 zuó 琢磨 turn sth. over in one's mind; ponder

Z

左 zuǒ ❶the left side ❷the Left ❸different; contrary 意见相左 hold different views 左近 in the vicinity; nearby 左轮 revolver 左面 the left side; the left-hand side 左派 the Left; Leftist 左倾 leftleaning; "Left" deviation 左首 the left-hand side 左翼 left wing; left flank; the Left 左右 master; influence 左右为难 in a dilemma; in an awkward predicament

坐 zuò ❶sit; take a seat ❷travel by (a plane, etc.) ❸have is back towards ❹put (a pan, pot, kettle, etc.) on a fire 坐等 sit back and wait 坐垫 cushion 坐牢 be in jail; be imprisoned 坐落 be situated; be located 坐视不理 sit by idly and remain indifferent 坐位 seat 坐卧不安 be fidgety; be on tenterhooks 坐以待毙 await one's doom

作 zuò ❶do; make ❷write; compose ❸writings; work ❹pretend; affect ❺regard as ❻feel; have ❼act as; be 作案 commit a crime 作罢 give up 作保 be sb.'s guarantor; go bail for sb. 作弊 cheat; practise fraud 作操 do exercises 作对 oppose 作恶 do evil 作法 way of doing things; method; practice 作废 become invalid 作风 style; way 那就是他的作风。That's just like him. 作怪 do mischief; make trouble 作家 writer 作假① pretend; put up a show to deceive 弄虚作假 resort to deception ②falsify 作乐 make merry; enjoy oneself 作乱 stage an armed rebellion 作难 feel awkward; make things difficult for sb. 作呕 feel sick 作品 works 作曲 compose; write music 作曲家 composer 作数 count; be valid 作祟 (of ghosts, spirits, etc.) haunt; make mischief; cause trouble 作为 conduct; deed; cation; accomplish; do sth. worthwhile; regard as; look on as; take for 作文① write a composition ②a composition 作物 crop 油料作物 oil-bearing crop 作息 work and rest 作业① assignment 家庭作业 homework ② work; task; operation 水下作业 underwater operation 野外作业 field work 作用 act on; affect; action; effect 作战 fight; do battle 作者 author; writer 作证 testify; give evidence 作主 decide

座 zuò ❶seat; place ❷stand ❸constellation 座谈 have an informal discussion 座会 forum; symposium 座位 seat; place 座右铭 motto; maxim

做 zuò ❶make; produce; manufacture 做做样子 make a token gesture ❷cook; prepare ❸do; act; engage in ❹be; become ❺write; compose ❻be used as ❼form or contract a relationship 做朋友 make friends with 做爱 make love 做伴 keep sb. company 做东 play the host; host sb. 做法 way of doing or making a thing; method of work; practice 做工 do manual work; work; workmanship 做官 be an official 做客 be a guest 做礼拜 go to church; be at church 做媒 be a matchmaker 做梦 have a dream; dream 做人 conduct oneself; behave; be an upright person 做事 handle affairs; do a deed; act; have a job 做寿 celebrate the birthday 做文章 write an essay 做戏 act in a play; playact 做贼心虚 have a guilty conscience 做作 affected

凿 zuò ❶certain; authentic; irrefutable ❷mortise 确凿 true; verified 言之凿凿 say sth. with certainty

附 录

（一）化学元素表

1. 氢　hydrogen（H）
2. 氦　helium（He）
3. 锂　lithium（Li）
4. 铍　beryllium（Be）
5. 硼　boron（B）
6. 碳　carbon（C）
7. 氮　nitrogen（N）
8. 氧　oxygen（O）
9. 氟　fluorine（F）
10. 氖　neon（Ne）
11. 钠　sodium（Na）
12. 镁　magnesium（Mg）
13. 铝　aluminium（Al）
14. 硅　silicon（Si）
15. 磷　phosphorus（P）
16. 硫　sulphur（S）
17. 氯　chlorine（Cl）
18. 氩　argon（Ar）

19. 钾　potassium（K）
20. 钙　calcium（Ca）
21. 钪　scandium（Sc）
22. 钛　titanium（Ti）
23. 钒　vanadium（V）
24. 铬　chromium（Cr）
25. 锰　manganese（Mn）
26. 铁　iron（Fe）
27. 钴　cobalt（Co）
28. 镍　nickel（Ni）
29. 铜　copper（Cu）
30. 锌　zinc（Zn）
31. 镓　gallium（Ga）
32. 锗　germanium（Ge）
33. 砷　arsenic（As）
34. 硒　selenium（Se）
35. 溴　bromine（Br）
36. 氪　krypton（Kr）

37.	铷	rubidium (Rb)	61.	钷 promethium (Pm)
38.	锶	strontium (Sr)		
39.	钇	yttrium (Y)	62.	钐 samarium (Sm)
40.	锆	zirconium (Zr)	63.	铕 europium (Eu)
41.	铌	niobium (Nb)	64.	钆 gadolinium (Gd)
42.	钼	molybdenum (Mo)	65.	铽 terbium (Tb)
43.	锝	technetium (Tc)	66.	镝 dysprosium (Dy)
44.	钌	ruthenium (Ru)	67.	钬 holmium (Ho)
45.	铑	rhodium (Rh)	68.	铒 erbium (Er)
46.	钯	palladium (Pd)	69.	铥 thulium (Tm)
47.	银	silver (Ag)	70.	镱 ytterbium (Yb)
48.	镉	cadmium (Cd)	71.	镥 lutecium (Lu)
49.	铟	indium (In)	72.	铪 hafnium (Hf)
50.	锡	tin (Sn)	73.	钽 tantalum (Ta)
51.	锑	antimony (Sb)	74.	钨 wolfram (W)
52.	碲	tellurium (Te)	75.	铼 rhenium (Re)
53.	碘	iodine (I)	76.	锇 osmium (Os)
54.	氙	xenon (Xe)	77.	铱 iridium (Ir)
55.	铯	cesium (Cs)	78.	铂 platinum (Pt)
56.	钡	barium (Ba)	79.	金 gold (Au)
57.	镧	lanthanum (La)	80.	汞 mercury (Hg)
58.	铈	cerium (Ce)	81.	铊 thallium (Tl)
59.	镨	praseodymium (Pr)	82.	铅 lead (Pb)
60.	钕	neodymium (Nd)	83.	铋 bismuth (Bi)
			84.	钋 polonium (Po)
			85.	砹 astatine (At)

86. 氡 radon（Rn）	95. 镅 americium（Am）
87. 钫 francium（Fr）	96. 锔 curium（Cm）
88. 镭 radium（Ra）	97. 锫 berkelium（Bk）
89. 锕 actinium（Ac）	98. 锎 californium（Cf）
90. 钍 thorium（Th）	99. 锿 einsteinium（Es）
91. 镤 protactinium （Pa）	100. 镄 fermium（Fm）
	101. 钔 mendelevium
92. 铀 uranium（U）	（Md）
93. 镎 neptunium（Np）	102. 锘 nobelium（No）
94. 钚 plutonium（Pu）	103. 铹 lawrencium（Lr）

(二)二十四节气

立春 the Beginning of Spring	处暑 the Limit of Heat
雨水 Rain Water	白露 White Dew
惊蛰 the Waking of Insects	秋分 the Autumnal
春分 the Spring Equinox	Equinox
清明 Pure Brightness	寒露 Cold Dew
谷雨 Grain Rain	霜降 Frost's Descent
立夏 the Beginning of Summer	立冬 the Beginning of
小满 Grain Full	Winter
芒种 Grain in Ear	小雪 Slight Snow
夏至 the Summer Solstice	大雪 Great Snow
小暑 Slight Heat	冬至 the Winter Solstice
大暑 Great Heat	小寒 Slight Cold
立秋 the Beginning of	大寒 Great Cold
Autumn	

(三)我国主要节日

一月一日 元旦 New Year's Day

三月八日 国际劳动妇女节 International Working Women's Day

五月一日 国际劳动节 International Labour Day

五月四日 中国青年节 Chinese Youth Day

六月一日 国际儿童节 International Children's Day

七月一日 中国共产党成立纪念日 Anniversary of the Founding of the Communist Party of China

八月一日 中国人民解放军建军节 Army Day (Anniversary of the Founding of the Chinese Liberation Army)

十月一日 国庆节 National Day

主要传统节日

农历正月初一 春节 1st of the first month of the Chinese lunar calendar SpringFestival

农历正月十五 元宵节;灯节 15th of the first month of the Chinese lunar calendar Lantern Festival

农历五月初五 端午节 5th of the fifth month of the Chinese lunar calendar Dragon-Boat Festival

农历八月十五 中秋节 15th of the eighth month of the Chinese lunar calendar Mid-Autumn Festival; the Moon Festival

(四) 数字表示法

整数　integers

零　0　nought; zero; O

十　10　ten

二百　200　two hundred

三千　3,000　three thousand

四万四千　44,000　forty-four thousand

五十万　500,000　five hundred thousand

六百万　6,000,000　six million

七千七百万　77,000,000　seventy-seven million

八亿　800,000,000　eight hundred million

* * *　* * *　* * *

五百四十三　543　five hundred and forty-three

一千五百　1,500　fifteen hundred; one thousand five hundred

四千四百零二　4,402　four thousand four hundred and two

五万六千七百八十九　56,789　fifty-six thousand, seven hundred and eighty-nine

二百一十三万四千六百五十四　2,134,654　two million, one hundred and thirty-four thousand six hundred and fifty-four

十亿八千万　1,080,000,000　one billion and eighty million

二百亿　20,000,000,000　twenty billion

三千亿　300,000,000,000　three hundred billion

四万亿　4,000,000,000,000　four million million

* * *　* * *　* * *

分数　fractions

二分之一　1;2　one-half; a half

三分之一,三分之二　1;3, 2;3　one-third, two-thirds

五分之一,五分之三　1;5, 3;5　one-fifth, three-fifths

十分之一　1;10　one-tenth; a tenth

五十分之一　1;50　one-fiftieth; a fiftieth

百分之一　1;100　one-hundredth; one per cent

千分之一　1;1,000　one-thousandth

万分之一　1;10,000　one ten-thousandth

一又二分之一　one and a half; a ... and a half

五又六分之五　fiye and five-sixths

* * *　* * *　* * *

百分比　percentages

百分之百　100%　one hundred per cent

百分之零点五　0.5% point five per cent

百分之零点二五　0.25% point two five per cent

* * *　* * *　* * *

小数　decimals

3.07　three point nought seven; three point O seven

5.002　five point nought nought two; five point O O two

35.12　thirty-five point one two

* * *　* * *　* * *

增减　increase & decrease

增加百分之百(即加倍,原数的二倍)　to increase by one hundred per cent; to double; to increase to twice as many (much) as

增加　to go up by; to shoot up by; to rise by (to); to be raised by

增加百分之一　to increase by one-hundredth

增加百分之十　to increase by one-tenth

增加百分之五十　to increase by one-half

增加百分之八十　an increase of eighty

per cent; an eightyper cent increase

* * *　* * *　* * *

下降,减少　to go down by; to fall by (to); to reduce by

下降(减少)百分之八十　a reduction (fall) of eighty per cent

下降百分之一　to decrease by one-hundredth; to reduce by one-hundredth

下降百分之十(或十分之一)　to decrease by ten per cent; to reduce by ten per cent; to reduce to nine-tenths; to be reduced to nine-tenths

下降百分之二十(或五分之一)　to decrease by one-fifth; to reduce by one-fifth; to reduce to four-fifths; to be reduced to four-fifths

下降百分之二十五(或四分之一)　to decrease by one quarter; to reduce by one quarter; to reduce to three-fourths; to be reduced to three-fourths

下降百分之五十(一半)　to decrease by one-half; to reduce by one-half; to reduce to one-half; to be reduced to one-half

（五）中国近代历史事件

鸦片战争　Opium War (1840-42)

三元里起义　Sanyuanli Uprising (1841)

太平天国运动　Movement of the Taiping Heavenly Kingdom (1851-64)

金田起义　Chintien Uprising (1851)

中法战争　Sino-French War (1884)

中日甲午战争　Sino-Japanese War of 1894

戊戌维新　Reform Movement of 1898

义和团运动　Yi Ho Tuan Movement (1900)

辛亥革命　Revolution of 1911

五四运动　May 4th Movement (1919)

中国共产党成立　The founding of the Communist Party of China (July 1, 1921)

"二七"惨案　February 7th Massacre (1923)

第一次国内革命战争　First Revolutionary Civil War (1924-27)

"五·卅"惨案　May 30th Massacre (1925)

沙基惨案　Shakee Massacre (1925)

北伐战争　Northern Expedition (1926-27)

"四·一二"事变　April 12th Incident (1927)

下关惨案　Hsiakuan Massacre (1927)

广州起义　Kwangchow Uprising (1927)

第二次国内革命战争　Second Revolutionary Civil War (1927-37)

南昌起义　Nanchang Uprising (Aug. 1, 1927)

秋收起义　Autumn Harvest Uprising (Sept. , 1927)

三湾改编　Sanwan Reorganization (1927)

古田会议　Kutien Congress (1929)

"九·一八"事变　September 18th Incident (1931)

长征　Long March (Oct. 1934-Oct. 1935)

遵义会议　Tsunyi Meeting (Jan. , 1935)

"一二·九"运动　December 9th Movement (1935)

西安事变　Sian Incident (1936)

抗日战争　War of Resistance Against Japan (1937-45)

芦沟桥事变　Lukouchiao Incident (July 7 , 1937)

平型关战役　Pinghsingkuan Campaign (1937)

皖南事变　Southern Anhwei Incident (Jan. , 1941)

重庆谈判　Chungking Negotiations (1945)

第三次国内革命战争　Third Revolutionary Civil War (1946-49)

中华人民共和国成立　The founding of the People's
Republic of China (Oct. 1 , 1949)

抗美援朝　Resist U. S. Aggression and Aid Korea (1950-53)

（六）中国主要地名

北京　Peking (Beijing)

上海　Shanghai (Shanghai)

天津　Tientsin (Tianjin)

重庆　Chungking (Chongqing)

河北　Hopei (Hebei)

　　石家庄　Shihchiachuang (Shijiazhuang)

山西　Shansi (Shanxi)

　　太原　Taiyuan (Taiyuan)

内蒙古自治区　Inner Mongolia Autonomous Region (Neimenggu)

　　呼和浩特　Huhehot (Huhehaote)

辽宁　Liaoning (Liaoning)

　　沈阳　Shenyang (Shenyang)

　　大连　Talien (Dalian)

吉林　Kirin (Jilin)

　　长春　Changchun (Changchun)

黑龙江　Heilungkiang（Heilongjiang）

　哈尔滨　Harbin（Ha'erbin）

陕西　Shensi（Shǎnxi）

　西安　Sian（Xi'an）

甘肃　Kansu（Gansu）

　兰州　Lanchow（Lanzhou）

宁夏回族自治区　Ningsia Hui Autonomous Region（Ningxia）

　银川　Yinchuan（Yinchuan）

青海　Chinghai（Qinghai）

　西宁　Sining（Xining）

新疆维吾尔自治区　Sinkiang Uighur Autonomous
Region（Xinjiang）

　乌鲁木齐　Urumchi（Wulumuqi）

山东　Shantung（Shandong）

　济南　Tsinan（Jinan）

江苏　Kiangsu（Jiangsu）

　南京　Nanking（Nanjing）

安徽　Anhwei（Anhui）

　合肥　Hofei（Hefei）

浙江　Chekiang（Zhejiang）

　杭州　Hangchow（Hangzhou）

福建　Fukien（Fujian）

　福州　Foochow（Fuzhou）

江西　Kiangsi（Jiangxi）

　南昌　Nanchang（Nanchang）

台湾　Taiwan（Taiwan）

河南　Honan（Henan）

　郑州　Chengchow（Zhengzhou）

湖北　Hupeh（Hubei）

　武汉　Wuhan（Wuhan）

湖南　Hunan（Hunan）

　长沙　Changsha（Changsha）

广东　Kwangtung（Guangdong）

　广州　Kwangchow（Guangzhou）

海南　Hainan（Hainan）

　海口　Haikou（haikou）

广西壮族自治区　Kwangsi Chuang Autonomous Region（Guangxi）

　南宁　Nanning（Nanning）

四川　Szechuan（Sichuan）

　成都　Chengtu（Chengdu）

贵州　Kweichow（Guizhou）

　贵阳　Kweiyang（Guiyang）

云南　Yunnan（Yunnan）

　昆明　Kunming（Kunming）

西藏自治区　Tibet Autonomous Region（Xizang）

　拉萨　Lhasa（Lasa）

香港　Hong Kong

澳门　Macao

喜马拉雅山　Himalayas

珠穆朗玛峰　Qomolangma（Everest）Mount

黄海　Yellow Sea

渤海　Pohai Sea

东海　East China Sea

南海　South China Sea

黑龙江　Heilung River

乌苏里江　Wusuli River

松花江   Sunghua River

黄河   Yellow River

长江   Yangtze River

珠江   Pearl River

雅鲁藏布江   Yalu Tsangpo River

(七) 度量衡 Weights and Measures

(1) 公制 (Metric System)

长度: (length)

微米   micron(μ) = 1/1,000,000m

忽米   centimillimetre(cmm) = 1/00,000m

丝米   decimillimetre(dmm) = 1/10,000m

毫米   millimetre(mm) = 1/1,000m

厘米   centimetre(cm) = 1/100m

分米   decimetre(dm) = 1/10m

米(公尺)   metre(m)

十米   decametre(dam) = 10m

百米   hectometre(hm) = 100m

公里(千米)   kilometre(km) = 1,000m

重量: (weight)

毫克   milligramme(mg) = 1/1,000,000kg

厘克   centigramme(cg) = 1/100,000kg

分克   decigramme(dg) = 1/10,000kg

克   gramme(g) = 1/1,000 kg = 0.02 *liang*

十克　decagramme(dag) = 1/100kg

百克　hectogramme(hg) = 1/10kg

千克(公斤)　kilogramme(kg) = 1,000g

公担　quintal(q) = 100kg

吨　metric ton(M. T.); tonne(t) = 1,000kg

容量:(capacity)

毫升　millilitre(ml) = 1/1,000l

厘升　centilitre(cl) = 1/100l

分升　decilitre(dl) = 1/10l

公升　litre(l) = 1,000ml

十升　decalitre(dal) = 10l = 1 市斗

百升　hectolitre(hl) = 100l = 1 市石

千升　kilolitre(kl) = 1,000l

1 metre = 3 *chi* = 3. 2808 feet

1 kilometre = 2 *li* = 0. 6214 mile

1 square kilometre(平方公里) = 100 hectares(公顷)　　 = 4 sq. *li* = 0. 3861 sq. mile

1 hectare(公顷) = 15 *mu* = 2. 471 acres

1 sq. metre(平方米) = 9 sq. *chi* = 10. 7636 sq. feet

1 kilogramme = 2 *jin* = 2. 2046 lb.

1 metric ton = 2,000 *jin* = 0. 9842 long ton(英吨)

1 cubic metre(立方米) = 1,000 litres(一吨水重)

　　 = 27 cubic *chi* = 35. 3166 cubic feet

1 litre = 1,000 c. c. (cubic centimetres) = 1 *sheng* = 0. 264 U. S. gallon

(2) 市制:(Chinese System)

1 zhang(丈) = 10 chi(尺) = 100 cun(寸)

1 li(里) = 150 zhang(丈) = 1,500 chi(尺)

1 square li(平方里) = 375 mu(亩)

1 jin(斤) = 10 liang(两) = 100 qian(钱)

1 dan(担) = 100 jin(斤)

1 石 = 10 dou(斗) = 100 sheng(升)

(3)英制:(English System)

1 inch(寸) = 2.54cm = 0.762 cun

1 foot(ft.)(尺) = 12 inches = 0.3048 m = 0.9144 chi

1 yard(yd.)(码) = 3 feet = 0.9144 m = 2.7432 chi

1 mile(哩) = 1,760 yards = 5,280 feet = 1.6093 km = 3.2187 li

1 cable's length(链) = 185.2m

1 nautical mile(浬) = 1.852km(苏、法) = 1.8532km (英) = 1.85498km (美)

1 square mile(平方哩) = 640 acres(英亩) = 2.59sq. km = 10.36sq. li

1 英亩 = 4,840sq. yards = 40.468(公亩) = 6.07 mu

1 pound(lb.)(磅) = 16 ounces(oz.)(盎司) = 0.4536kg = 0.9072 jin

1 long ton(英吨) = 2,240 pounds = 1,016.05kg

= 2,032.09 jin

1 gallon(gal.)(加仑) = 277.274 cubic inches(立方寸) = 4.546l

(4)度量衡比较表 Z:(Conversion Table)

市 制	公 制	英 制
1 chi(市尺)	= 1/3 metre	= 1.0936 feet
1 li(市里)	= 0.5 kilometre	= 0.3107 mile

1*mu*(亩)	=1/15hectare	=0.1644acre
1*liang*(市两)	=50grammes	=1.7637ounces
1*jin*(市斤)	=0.5kilogramme	=1.1023pounds
1*dan*(担)	=50kilogrammes	=0.9842hundred weight(cwt.)(英担)

1*dan*(担)

=0.05metric ton	=0.0492long ton	1*sheng*(市升)
	=0.0551short ton (美吨)	
=1litre	=0.22British gallon	1*dou*(斗)
=10litres	=2.2British gallons	1short ton 美吨)
		=2,000lb.
=907.1849kg	=1,814.3697*jin*	

（八）主要国家（地区）及首都（首府）

阿尔巴尼亚共和国 the Republic of Albania
　地拉那 Tirana
阿尔及利亚民主人民共和国 the Democratic People's Republic of Algeria
　阿尔及尔 Algiers
阿富汗共和国 the Republic of Afghanistan
　喀布尔 Kabul
阿根廷共和国 the Republic of Argentina
　布宜诺斯艾利斯 Buenos Aires
阿拉伯联合酋长国 the United Arab Emirates
　阿布扎比 Abu Dhabi
阿鲁巴（荷） Aruba
　奥兰也斯塔德 Oranjestad

阿曼苏丹国　the Sultanate of Oman

　马斯喀特　Muscat

阿塞拜疆共和国　the Azerbaijani Republic

　巴库　Baku

阿拉伯埃及共和国　the Arab Republic of Egypt

　开罗　Cairo

埃塞俄比亚人民民主共和国　the People's Democratic Republic of Ethiopia

　亚的斯亚贝巴　Addis Ababa

爱尔兰共和国　the Republic of Ireland

　都柏林　Dublin

爱沙尼亚共和国　the Republic of Estonia

　塔林　Tallinn

安道尔公国　the Principality of Andorra

　安道尔城　Andorra la Vella

安哥拉人民共和国　the People's Republic of Angola

　罗安达　Luanda

安圭拉(英)　Anguilla

　瓦利　Valley

安提瓜岛和巴布达　Antigua and Barbuda

　圣约翰　St. John's

澳大利亚联邦　the Commonwealth of Australia

　堪培拉　Canberra

奥地利共和国　the Republic of Austria

　维也纳　Vienna

巴巴多斯　Barbados

　布里奇顿　Bridgetown

巴布亚新几内亚独立国　the Independent State of Papua New Guinea

　莫尔兹比港　Port Moresby

巴哈马联邦　the Commonwealth of the Bahamas

　拿骚　Nassau

巴基斯坦伊斯兰共和国　the Islamic Republic of Pakistan

　伊斯兰堡　Islamabad

巴拉圭共和国　the Republic of Paraguay

　亚松森　Asunción

巴勒斯坦国　the State of Palestine

巴林国　the State of Bahrain

　麦纳麦　Manama

巴拿马共和国　the Republic of Panama

　巴拿马城　Panama City

巴西联邦共和国　the Federative Republic of Brazil

　巴西利亚　Brasilia

白俄罗斯共和国　the Republic of Belarus

　明斯克　Minsk

百慕大群岛(英)　the Bermuda Islands

　哈密尔顿　Hamilton

保加利亚共和国　the Republic of Bulgaria

　索非亚　Sofia

北马里亚纳联邦(美)　the Commonwealth of the Northern Mariana Islands

　塞班　Saipan

贝劳共和国　the Republic of Belau

　科罗尔　koror

贝宁共和国　the Republic of Benin

　波多诺伏　Porto Novo

比利时王国　the Kingdom of Belgium

　布鲁塞尔　Brussels

秘鲁共和国　the Republic of Peru

利马　Lima

冰岛共和国　the Republic of Iceland

　雷克雅未克　Reykjavik

波多黎各自由联邦　the Commonwealth of Puerto Rico

　圣胡安　San Juan

波斯尼亚-黑塞哥维那共和国　the Republic of Bosnia-Herzegovena

　萨拉热窝　Sarajevo

波兰共和国　the Republic of Poland

　华沙　Warsaw

玻利维亚共和国　the Republic of Bolivia

　拉巴斯(政府所在地)　La Paz 苏克雷(法定首都)　Sucre

博茨瓦纳共和国　the Republic of Botswana

　哈博罗内　Gaborone

伯利兹　Belize

　贝尔莫潘　Belmopan

不丹王国　the Kingdom of Bhutan

　廷布　Thimphu

布基纳法索　Burkina Faso

　瓦加杜古　Ouagadougou

布隆迪共和国　the Republic of Burundi

　布琼布拉　Bujumbura

朝鲜民主主义人民共和国　the Democratic People's Republic of Korea

　平壤　Pyongyang

赤道几内亚共和国　the Republic of Equatorial Guinea

　马拉博　Malabo

丹麦王国　the Kingdom of Denmark

　哥本哈根　Copenhagen

德意志联邦共和国　the Federal Republic of Germany

波恩　Bonn

东帝汶民主共和国　the Democratic Republic of East Timor

帝力　Díli

东萨摩亚(美)　Eastern Samoa

帕果-帕果　Pago-Pago

多哥共和国　the Republic of Togo

洛美　Lomé

多米尼加联邦　the Commonwealth of Dominica

罗索　Roseau

多米尼加共和国　the Dominican Republic

圣多明各　Santo Domingo

俄罗斯联邦　the Russian Federation

莫斯科　Moscow

厄瓜多尔共和国　the Republic of Ecuador

基多　Quito

厄立特里亚　Eritrea

阿斯马拉　Asmara

法兰西共和国　the Republic of France

巴黎　Paris

法罗群岛(丹)　the Faeroe Islands

曹斯哈恩　Tórshavn

法属波利尼西亚　French Polynesia

帕皮提　Papeete

梵蒂冈城国　the Vatican City State

梵蒂冈城　the Vatican City

菲律宾共和国　the Republic of the Philippines

马尼拉　Manila

斐济共和国　the Republic of Fiji

苏瓦　Suva

芬兰共和国　the Republic of Finland

　赫尔辛基　Helsinki

佛得角共和国　the Republic of Cape Verde

　普拉亚　Praia

冈比亚共和国　the Republic of the Gambia

　班珠尔　Banjul

刚果共和国　the Republic of the Congo

　布拉柴维尔　Brazzaville

哥伦比亚共和国　the Republic of Colombia

　圣菲波哥大　Santa Fe Bogotá

哥斯达黎加共和国　the Republic of Costa Rica

　圣何塞　San José

格林纳达　Grenada

　圣乔治　St. George's

格陵兰(丹)　Greenland

　戈特霍普　Godthaab

格鲁吉亚共和国　the Republic of Georgia

　第比利斯　Tbilisi

古巴共和国　the Republic of Cuba

　哈瓦那　La Havana

瓜德罗普(法)　Guadeloupe

　巴斯特尔　Basse-Terre

关岛(美)　Guam

　阿加尼亚　Aga†a

圭亚那合作共和国　the Cooperative Republic of Guyana

　乔治敦　Georgetown

圭亚那(法)　French Guiana

卡宴　Cayenne

哈萨克斯坦共和国　the Republic of Kazakhstan

　阿拉木图　Alma-Ata

海地共和国　the Republic of Haiti

　太子港　Port-au-Prince

大韩民国　the Republic of Korea

　汉城　Seoul

豪兰岛和贝克岛(美)　Howland Island and Baker Island

荷兰王国　the Kingdom of the Netherlands

　阿姆斯特丹　Amsterdam　海牙(政府所在地)　The Hague (the seat of government)

荷属安的列斯　Netherlands Antilles

　威廉斯塔德　Willemstad

洪都拉斯共和国　the Republic of Honduras

　特古西加尔巴　Tegucigalpa

基里巴斯共和国　the Republic of Kiribati

　塔拉瓦　Tarawa

吉布提共和国　the Republic of Djibouti

　吉布提　Djibouti

吉尔吉斯斯坦共和国　the Republic of Kirghizstan

　比什凯克　Bishkek

几内亚共和国　the Republic of Guinea

　科纳克里　Conakry

几内亚比绍共和国　the Republic of GuineaBissau

　比绍　Bissau

加拿大　Canada

　渥太华　Ottawa

加纳共和国　the Republic of Ghana

阿克拉　Accra

加蓬共和国　the Gabonese Republic

利伯维尔　Libreville

柬埔寨　Cambodia

金边　Phnom Penh

捷克共和国　the Czech Republic

布拉格　Prague

津巴布韦共和国　the Republic of Zimbabwe

哈拉雷　Harare

喀麦隆共和国　the Republic of Cameroon

雅温得　Yaoundé

卡塔尔国　the State of Qatar

多哈　Doha

开曼群岛(英)　Cayman Islands

乔治敦　Georgetown

科摩罗伊斯兰联邦共和国　the Federal Islamic Republic of the Comoros

莫罗尼　Moroni

科特迪瓦共和国　the Republic of Côte d'Ivoire

亚穆苏克罗　Yamoussoukro

科威特国　the State of Kuwait

科威特城　Kuwait City

克罗地亚共和国　the Republic of Croatia

萨格勒布　Zagreb

肯尼亚共和国　the Republic of Kenya

内罗毕　Nairobi

库克群岛(新)　the Cook Islands

阿瓦鲁阿　Avarua

拉脱维亚共和国　the Republic of Latvia

里加　Riga

莱索托王国　the Kingdom of Lesotho

　马塞卢　Maseru

老挝人民民主共和国　the Lao People's Democratic Republic

　万象　Vientiane

黎巴嫩共和国　the Republic of Lebanon

　贝鲁特　Beirut

立陶宛共和国　the Republic of Lithuania

　维尔纽斯　Vilnius

利比里亚共和国　the Republic of Liberia

　蒙罗维亚　Monrovia

大阿拉伯利比亚人民社会主义民众国　the Great Socialist People's Libyan Arab Jamahiriya

　的黎波里　Tripoli

列支敦士登公国　the Principality of Liechtenstein

　瓦杜兹　Vaduz

留尼汪岛（法）　Réunion

　圣但尼　Saint-Denis

卢森堡大公国　the Grand Duchy of Luxembourg

　卢森堡　Luxembourg-Ville

卢旺达共和国　the Republic of Rwanda

　基加利　Kigali

罗马尼亚　Romania

　布加勒斯特　Bucharest

马达加斯加民主共和国　the Democratic Republic of Madagascar

　塔那那利佛　Antananarivo

马尔代夫共和国　the Republic of Maldives

　马累　Malé

马耳他共和国　the Republic of Malta

　瓦莱塔　Valletta

马尔维纳斯群岛　Islas Malvinas（福克兰群岛）（the Falkland Islands）

　斯坦利港　Stanley

马拉维共和国　the Republic of Malawi

　利隆圭　Lilongwe

马来西亚　Malaysia

　吉隆坡　Kuala Lumpur

马里共和国　the Republic of Mali

　巴马科　Bamako

前南斯拉夫马其顿共和国　the Former Yugoslavia Republic of Macedonia

　斯科普里　Skoplje

马绍尔群岛共和国　the Republic of the Marshall Islands

　马朱罗　Majuro

马提尼克(岛)(法)　Martinique

　法兰西堡　Fort-de-France

马约特岛(法)　Mayotte

　扎乌兹　Dzaoudzi

毛里求斯　Mauritius

　路易港　Port Louis

毛里塔尼亚伊斯兰共和国　the Islamic Republic of Mauritania

　努瓦克肖特　Nouakchott

美利坚合众国　the United States of America

　华盛顿哥伦比亚特区　Washington D. C.

美属维尔京群岛　the Virgin Islands of the United States

　夏洛特阿马利亚　Charlotte Amalie

蒙古　Mongolia

　乌兰巴托　Ulan Bator

蒙特塞拉特岛(英)　Montserrat

　普利茅斯　Plymouth

孟加拉人民共和国　the People's Republic of Bangladesh

　达卡　Dhaka

密克罗尼西亚联邦　the Federated States of Micronesia

　科洛尼亚　Kolonia

缅甸联邦　the Union of Myanmar

　仰光　Yangon

摩尔多瓦共和国　the Republic of Moldova

　基希讷乌　Kishinev

摩洛哥王国　the Kingdom of Morocco

　拉巴特　Rabat

摩纳哥公国　the Principality of Monaco

　摩纳哥城　Monaco-Ville

莫桑比克共和国　the Republic of Mozambique

　马普托　Maputo

墨西哥合众国　the United Mexican States

　墨西哥城　Mexico City

纳米比亚共和国　the Republic of Namibia

　温得和克　Windhoek

南非共和国　the Republic of South Africa

　比勒陀利亚　Pretoria

南斯拉夫联盟共和国　the Federal Republic of Yugoslavia

　贝尔格莱德　Belgrade

瑙鲁共和国　the Republic of Nauru

　亚伦区(行政管理中心)　Yaren District

尼泊尔王国　the Kingdom of Nepal

　加德满都　Kathmandu

尼加拉瓜共和国　the Republic of Nicaragua

　马那瓜　Managua

尼日尔共和国　the Republic of Niger

　尼亚美　Niamey

尼日利亚联邦共和国　the Federal Republic of Nigeria

　阿布贾　Abuja

纽埃岛(新)　Niue Island

　阿洛菲　Alofi

挪威王国　the Kingdom of Norway

　奥斯陆　Oslo

诺福克岛(澳)　Norfolk Island

　金斯敦　Kingston

皮特克恩岛(英)　Pitcairn Island

　亚当斯敦　Adamstown

葡萄牙共和国　the Republic of Portugal

　里斯本　Lisbon

日本国　Japan

　东京　Tokyo

瑞典王国　the Kingdom of Sweden

　斯德哥尔摩　Stockholm

瑞士联邦　the Swiss Confederation

　伯尔尼　Bern

萨尔瓦多共和国　the Republic of El Salvador

　圣萨尔瓦多　San Salvador

塞拉利昂共和国　the Republic of Sierra Leone

　弗里敦　Freetown

塞内加尔共和国　the Republic of Senegal

　达喀尔　Dakar

塞浦路斯共和国 the Republic of Cyprus

尼科西亚 Nicosia

塞舌尔共和国 the Republic of Seychelles

维多利亚 Victoria

沙特阿拉伯王国 the Kingdom of Saudi Arabia

利雅得 Riyadh

圣多美和普林西比民主共和国 the Democratic Republic of São Tomé and Príncipe

圣多美 São Tomé

圣赫勒拿岛附阿森松岛等(英) St. Helena, Ascension Island, etc.

詹姆斯敦 Jamestown

圣基茨和尼维斯联邦 the Federation of St. Kitts and Nevis

巴斯特尔 Basseterre

圣卢西亚岛 St. Lucia

卡斯特里 Castries

圣马力诺共和国 the Republic of San Marino

圣马力诺 San Marino

圣皮埃尔岛和密克隆群岛(法) St. Pierre and Miquelon Islands

圣皮埃尔 St. Pierre

圣文森特岛和格林纳丁斯 St. Vincent and the Grenadines

金斯敦 Kingstown

斯里兰卡民主社会主义共和国 the Democratic Socialist Republic of Sri Lanka

科伦坡 Colombo

斯洛伐克共和国 the Republic of Slovakia

布迪斯拉发 Bratislava

斯洛文尼亚共和国 the Republic of Slovenia

卢布尔雅那 Ljubljana

斯威士兰王国 the Kingdom of Swaziland

姆巴巴纳 Mbabane

苏丹共和国　the Republic of the Sudan

　喀士穆　Khartoum

苏里南共和国　the Republic of Surinam

　帕拉马里博　Paramaribo

所罗门群岛　Solomon Islands

　霍尼亚拉　Honiara

索马里民主共和国　the Somali Democratic Republic

　摩加迪沙　Mogadishu

塔吉克斯坦共和国　the Republic of Tadzhikistan

　杜尚别　Dushanbe

泰王国　the Kingdom of Thailand

　曼谷　Bangkok

坦桑尼亚联合共和国　the United Republic of Tanzania

　达累斯萨拉姆　Dar es Salaam

汤加王国　the Kingdom of Tonga

　努库阿洛法　Nukuoalofa

特克斯群岛和凯科斯群岛(英)　Turks and Caicos Islands

　科伯恩城　Cockburn Town

特立尼达和多巴哥共和国　the Republic of Trinidad and Tobago

　西班牙港　Port of Spain

突尼斯共和国　the Republic of Tunisia

　突尼斯　Tunis

图瓦卢(英)　Tuvalu

　富纳富提　Funafuti

土耳其共和国　the Republic of Turkey

　安卡拉　Ankara

土库曼斯坦共和国　the Republic of Turkmenistan

　阿什哈巴德　Ashkhabad

托克劳群岛(新)　Tokelau Islands

　法考福　Fakaofo

瓦利斯群岛和富图纳群岛(法)　Wallis and Futuna

　马塔乌图　Mata-Utu

瓦努阿图共和国　the Republic of Vanuatu

　维拉港　Port Vila

危地马拉共和国　the Republic of Guatemala

　危地马拉城　Guatemala City

威克岛(美)　Wake Island

委内瑞拉共和国　the Republic of Venezuela

　加拉加斯　Caracas

文莱达鲁萨兰国　Negava Brunei Darussalam

　斯里巴加湾市　Bandar Seri Begawan

乌干达共和国　the Republic of Uganda

　坎帕拉　Kampala

乌克兰　Ukraine

　基辅　Kiev

乌拉圭东岸共和国　the Oriental Republic of Uruguay

　蒙得维的亚　Montevideo

乌兹别克斯坦共和国　the Republic of Uzbekistan

　塔什干　Tashkent

西班牙王国　the Kingdom of Spain

　马德里　Madrid

西撒哈拉　Western Sahara

　阿尤恩　Lá Youne

西萨摩亚独立国　the Independent State of Western Samoa

　阿皮亚　Apia

希腊共和国　the Hellenic Republic

　雅典　Athens

锡金　Sikkim

　甘托克　Gangtok

新加坡共和国　the Republic of Singapore

　新加坡　Singapore City

新喀里多尼亚(法)　New Caledonia

　努美阿　Nouméa

新西兰　New Zealand

　惠灵顿　Wellington

匈牙利共和国　the Republic of Hungary

　布达佩斯　Budapest

阿拉伯叙利亚共和国　the Syrian Arab Republic

　大马士革　Damascus

牙买加　Jamaica

　金斯敦　Kingston

亚美尼亚共和国　the Republic of Armenia

　埃里温　Yerevan

也门共和国　the Republic of Yemen

　萨那　San'a

伊拉克共和国　the Republic of Iraq

　巴格达　Baghdad

伊朗伊斯兰共和国　the Islamic Republic of Iran

　德黑兰　Teheran

以色列国　the State of Israel

　耶路撒冷　Jerusalem

意大利共和国　the Italian Republic

　罗马　Rome

印度共和国　the Republic of India

新德里　New Delhi

印度尼西亚共和国　the Republic of Indonesia

雅加达　Jakarta

大不列颠及北爱尔兰联合王国　the United Kingdom of Great Britain and Northern Ireland

伦敦　London

英属维尔京群岛　the British Virgin Islands

罗德城　Road Town

约旦哈希姆王国　the Hashemite Kingdom of Jordan

安曼　Amman

约翰斯顿岛(美)　Johnston Island

越南社会主义共和国　the Socialist Republic of Viet Nam

河内　Hanoi

赞比亚共和国　the Republic of Zambia

卢萨卡　Lusaka

扎伊尔共和国　the Republic of Za¿re

金沙萨　Kinshasa

乍得共和国　the Republic of Chad

恩贾梅纳　N'Djamena

直布罗陀(英、西)　Gibraltar

直布罗陀城　the City of Gibraltar

智利共和国　the Republic of Chile

圣地亚哥　Santiago

中非共和国　the Central African Republic

班吉　Bangui

中华人民共和国　the People's Republic of China

北京　Beijing

中途岛(美)　Midway Island